SÆCULUM NONUM.

CAROLINI SCRIPTORES

QUI

IN ECCLESIA LATINA FLORUERE.

B. CAROLI MAGNI

IMPERATORIS

OPERA OMNIA

JUXTA EDITIONES MEMORATISSIMAS BALUZII, PERTZII, CAJETANI CENNI,

RECENSITA

ET NUNC PRIMUM IN UNUM COLLECTA.

ACCURANTE J.-P. MIGNE,

BIBLIOTHECÆ CLERI UNIVERSÆ,

SIVE

CURSUUM COMPLETORUM IN SINGULOS SCIENTIÆ ECCLESIASTICÆ RAMOS EDITORE.

TOMUS PRIMUS

CONTINENS B. CAROLI MAGNI CAPITULARIA ET PRIVILEGIA.

VENEUNT DUO VOLUMINA 16 FRANCIS GALLICIS.

PARISIIS, APUD EDITOREM,
IN VIA DICTA *D'AMBOISE*, PROPE PORTAM VULGO *D'ENFER* NOMINATAM,
SEU PETIT-MONTROUGE.

1851

ELENCHUS
HUJUS TOMI NONAGESIMI SEPTIMI.

BEATUS CAROLUS MAGNUS, IMPERATOR AUGUSTUS.

Operum omnium pars prima. — Codex diplomaticus.　　col.　　63
Sectio prima. — Capitularia.　　　　　　　　　　　　　　Ibid.
Sectio secunda. — Privilegia.　　　　　　　　　　　　　913

Ex typis MIGNE, au Petit-Montrouge.

PATROLOGIÆ
CURSUS COMPLETUS

SIVE

BIBLIOTHECA UNIVERSALIS, INTEGRA, UNIFORMIS, COMMODA, OECONOMICA,

OMNIUM SS. PATRUM, DOCTORUM SCRIPTORUMQUE ECCLESIASTICORUM

QUI

AB ÆVO APOSTOLICO AD INNOCENTII III TEMPORA

FLORUERUNT;

RECUSIO CHRONOLOGICA

OMNIUM QUÆ EXSTITERE MONUMENTORUM CATHOLICÆ TRADITIONIS PER DUODECIM PRIORA
ECCLESIÆ SÆCULA,

JUXTA EDITIONES ACCURATISSIMAS, INTER SE CUMQUE NONNULLIS CODICIBUS MANUSCRIPTIS COLLATAS,
PERQUAM DILIGENTER CASTIGATA;
DISSERTATIONIBUS, COMMENTARIIS LECTIONIBUSQUE VARIANTIBUS CONTINENTER ILLUSTRATA;
OMNIBUS OPERIBUS POST AMPLISSIMAS EDITIONES QUÆ TRIBUS NOVISSIMIS SÆCULIS DEBENTUR ABSOLUTAS
DETECTIS, AUCTA;
INDICIBUS PARTICULARIBUS ANALYTICIS, SINGULOS SIVE TOMOS, SIVE AUCTORES ALICUJUS MOMENTI
SUBSEQUENTIBUS, DONATA;
CAPITULIS INTRA IPSUM TEXTUM RITE DISPOSITIS, NECNON ET TITULIS SINGULARUM PAGINARUM MARGINEM SUPERIOREM
DISTINGUENTIBUS SUBJECTAMQUE MATERIAM SIGNIFICANTIBUS, ADORNATA;
OPERIBUS CUM DUBIIS TUM APOCRYPHIS, ALIQUA VERO AUCTORITATE IN ORDINE AD TRADITIONEM
ECCLESIASTICAM POLLENTIBUS, AMPLIFICATA;
DUOBUS INDICIBUS GENERALIBUS LOCUPLETATA : ALTERO SCILICET RERUM, QUO CONSULTO, QUIDQUID
UNUSQUISQUE PATRUM IN QUODLIBET THEMA SCRIPSERIT UNO INTUITU CONSPICIATUR; ALTERO
SCRIPTURÆ SACRÆ, EX QUO LECTORI COMPERIRE SIT OBVIUM QUINAM PATRES
ET IN QUIBUS OPERUM SUORUM LOCIS SINGULOS SINGULORUM LIBRORUM
SCRIPTURÆ TEXTUS COMMENTATI SINT.
EDITIO ACCURATISSIMA, CÆTERISQUE OMNIBUS FACILE ANTEPONENDA, SI PERPENDANTUR : CHARACTERUM NITIDITAS,
CHARTÆ QUALITAS, INTEGRITAS TEXTUS, PERFECTIO CORRECTIONIS, OPERUM RECUSORUM TUM VARIETAS
TUM NUMERUS, FORMA VOLUMINUM PERQUAM COMMODA SIBIQUE IN TOTO OPERIS DECURSU CONSTANTER
SIMILIS, PRETII EXIGUITAS, PRÆSERTIMQUE ISTA COLLECTIO, UNA, METHODICA ET CHRONOLOGICA,
SEXCENTORUM FRAGMENTORUM OPUSCULORUMQUE HACTENUS HIC ILLIC SPARSORUM,
PRIMUM AUTEM IN NOSTRA BIBLIOTHECA, EX OPERIBUS AD OMNES ÆTATES,
LOCOS, LINGUAS FORMASQUE PERTINENTIBUS, COADUNATORUM.

SERIES SECUNDA,

IN QUA PRODEUNT PATRES, DOCTORES SCRIPTORESQUE ECCLESIÆ LATINÆ
A GREGORIO MAGNO AD INNOCENTIUM III.

Accurante J.-P. Migne,

BIBLIOTHECÆ CLERI UNIVERSÆ,

SIVE

CURSUUM COMPLETORUM IN SINGULOS SCIENTIÆ ECCLESIASTICÆ RAMOS EDITORE.

PATROLOGIÆ TOMUS XCVII.

OPERUM BEATI CAROLI MAGNI IMPERATORIS

TOMUS PRIMUS.

VENEUNT DUO VOLUMINA 16 FRANCIS GALLICIS.

PARISIIS EXCUSUS, VENIT APUD EDITOREM,
IN VIA DICTA D'AMBOISE, PROPE PORTAM VULGO D'ENFER NOMINATAM,
SEU PETIT-MONTROUGE.

1851

ANNO DOMINI DCCC.

BEATUS CAROLUS
COGNOMENTO MAGNUS, IMPERATOR AUGUSTUS.

B. CAROLI MAGNI IMPERATORIS VITA, AUCTORE EINHARDO.

PROLEGOMENA.

(Pertz, Monumenta Germaniæ historica.)

Nullus heroum qui medio ævo eminuerunt Caroli imperatoris historicorum nullus (*a*) Einhardi famam æquavit. Uterque gente et indole Germanus; et hic quidem; ut (*b*) recentiores, fallaci tamen conjectura ducti, tradunt, e regione sylvæ Ottohianæ pago Moingowe in Francia orientali oriundus, sub finem regni Pippini aut primis Caroli annis natus est (*c*). Cujus in aulam mox ut intravit, ab eo enutritus (*d*), atque postea et regni administrandi (*e*), et litterarii quo rex maxime delectabatur otii particeps effectus, talem se præbuit, ut perpetua regi et liberis ejus amicitia, post mortem quoque duratura, devinciretur (*f*): Una cum rege Alcuini discipulus, arithmeticæ gnarus ab ipso prædicatur (*g*): Puella nobilissima (*h*), Imma, quam regis filiam fuisse (*i*) posteri voluerunt, in matrimonium ducta, Vussinum ex ea filium suscepit (*j*). Summo igitur loco habitus, beneficiisque auctus (*k*); inter cætera abbatias S. Bavonis (*l*) et Blandiniensem Gandavenses (*m*), immunitate judiciaria donatas, accepit; quibus vel Carolo vel Ludovico imperante abbatiæ S. Servatii Trajectensis (*n*), S. Chlodoaldi (*o*); ecclesia S. Joannis Ticinensis (*p*), et annis 816-825 abbatia Fontanellensis (*q*), accesserunt. Anno 803 inter proceres recensetur (*r*), quibus obsides Saxonici custodiendi commissi erant. Operum regalium exactor constitutus (*s*), maximæ molis ædificia, pontem Moguntiacensem, palatia Ingelheimense et Aquense, et quam hodieque admiramur, basilicam Aquensem, simplicitate, soliditate, et concinnitudine æternam ingenii ejus testem, etsi non inchoasse, perfecisse tamen credendus est. Imperatori domi militiæque semper adhæsit (*t*); nec nisi semel, cum anno 806 legatus testamentum ejus Leoni papæ subscribendum porrigeret (*u*), ab eo discessisse videtur.

Anno 813, filiis Caroli majoribus natu defunctis, præcipuus ei Ludovici in societatem imperii sibi asciscendi auctor fuisse traditur (*v*). Proximis post obitum Caroli annis in grati et venerabundi animi stola ad Lupum anno 856 scripta senem se prædicat.

(*d*) Vita Caroli præfat.
(*e*) In Præfatione, et Ermoldi Nigelli II, 31, 34.
(*f*) In Præfat.
(*g*) Alcuini epistola 85; Opp. I, 126.
(*h*) Lupi epist. 4 ad Einhardum.
(*i*) Primus monachus, chronici Laureshamensis sæculo duodecimo auctor.
(*j*) Einhardi epistola 50.
(*k*) Exempli gratia, Fredeslare, Einhardi ep. 37.
(*l*) Miræi Opp. dipl. I, unde annales Gandavenses supra p. 187 erroris in anni 826 numero arguuntur. Einh. epp. 12, 22, 41; hist. translat. SS. Marcellini et Petri.
(*m*) Ibid. et Einh. ep. 12; Hist. trans. S. Wandregiseli.
(*n*) Einh. epistola 52 et charta notis Tironianis scripta codicis regii Paris. n. 2, 16.
(*o*) Einh. ep. 2.
(*p*) Einh. hist. translat. SS. Marcellini et Petri c. II, n. 12.
(*q*) Chron. Fontanel.
(*r*) In Prodromo Germaniæ sacræ, T. I, ex codice quem S. Pauli in Carinthia denuo exscripsi.
(*s*) Chron. Fontanell. Walafridi Strabonis carmen de eo; et Rhabani epitaphium.
(*t*) In Præfatione.
(*u*) Einh. Annales ad an. 806.
(*v*) Ermoldi Nigelli lib. II, v. 31 sqq.

(*a*) Ita nomen scribendum esse, chartæ Einhardo a Ludovico imperatore concessæ (una pro monasterio Blandiniensi Ainhardum scribit), et catalogus procerum Saxoniæ an. 803 (*Einhartus*) tum ipse in Annalibus an. 806, in duabus chartis pro monasterio Laureshamensi, aliisque quas notis Tironianis exaratas Parisiis nuper inspexi; in epistola ad Lupum, et in translationis SS. Marcellini et Petri historia (c. 1); necnon amicorum ejus præcipui; Gerwardus in versibus Vitæ Karoli subjectis, Lupus Ferrariensis (epp. 1, 2, 4, 5) et Rhabanus (in Epitaphio); coævi Ermoldus Nigellus (II, 31, *Heinardus*); Walafridus Strabo (*de Einharto*); Frotharius Tullensis (epist. 16), Anonymus vitæ Ludovici auctor, cap. 44 (*Heinhardus*); Chronographus Fontanellensis (*Heinhardus et Einhartus*); tum Annalista Fuldensis an. 874, poeta Saxo, ut præcipuos noni tantum sæculi scriptores adducam, evidentissime ostendunt. Unus tamen alterve posterioris ævi liber nomen ejus et in *Eginhardum* et *Agenardum* profert, quod variis præterea modis deformari, codicum recensio infra instituta monstrabit. In unico epistolarum codice, Lugduni-Clavati a me anno 1827 iterum reperto, initialis tantum littera E exprimitur.

(*b*) Codex bibl. regiæ Hannoveranæ, cujus ea de re sententia infra in codicibus recensendis sub B 8 edetur;- et scriptores haud ignobiles nostro ævo propiores.

(*c*) Nam cum Caroli libris nutritus est, et in epi-

PATROL. XCVII. 1

signum (*a*) Vitam ejus scribendam sibi proposuit, et ante annum 820 absolvit; anno enim sequenti 821 jam inter libros monasterii Sindleozes-Auva (*b*) occurrit, et anno 830 vel 831 famam ejus late patuisse, ex Lupi epistola ad Einhardum intelligimus. Conqueritur in præfatione de litterarum in aula honore jamjam imminuto, et quamvis apud Ludovicum imperatorem locum honoris pristinum retineret, tamen jam tum præsentiens se rebus imparem, quarum e medio amicus suus magnus discessisset, cotium quo aliquando perfrueretur, multimoda cogitatione meditari cœpit » (*c*). Quam ob rem villas Michilinstat et Mulinheim in saltu Odanwald a populari frequentia valde remotas nactus, eas sibi et Immæ uxori ab imperatore concedi rogavit (*d*). Qui petitioni non solum annuit, sed cum anno 817 Lotharium regem constituisset, Einhardum potissimum qui « ejus curam gereret, quique eum de moribus corrigendis et honestis atque utilibus sectandis sedulo commoneret, » elegit (*e*). Unde et magna post inter utramque necessitas remansit (*f*). Anno 818 Imma consentiente villam Michilinstat monasterio Laureshamensi contulit (*g*). Paucis postea annis cum uxore consilium iniit, ut fratris et sororis more in posterum viverent; quod tamen amoris imminuti signum non fuisse eo probatur, quod Imma in mariti domo usque ad obitum suum commorata est, rebusque ejus omnibus ut solita erat præfuit (*h*). Einhardus vero presbyter consecratus (*i*), basilicam non indecori operis in prædio suo Mulinheim ædificavit, et anno 825 Radleicum notarium suum reliquias sanctorum accersitum Romam misit (*j*). Quæ vix ægre impetratæ, annis 826 et 827 in monasterio illo Mulinheim, quod jam Selingenstadt audit, sunt reconditæ.

Cum igitur inter doctos clarus (*k*) et consiliariorum imperatoris cum Hildoino abbate S. Dionysii facile princeps, regni negotiis magna ex parte præesset, et licet statura parvus, Magni Einhardi nomine ferretur (*l*), gravis sensim sensimque rerum palatinarum commutatio intervenit. Carolo enim puero ex secundis imperatoris nuptiis nato, totum Judithæ et Ludovici studium in eo vertebatur, ut partem ei regni inter reliquos filios distributi vindicarent. In quo cum aliquantum temporis consumpsissent, republica magis magisque neglecta, omnia ita pessumdari cœperunt, ut Einhardus desiderio in prædia sua secedendi totus jam repleretur (*m*). Nec tamen abstinendum ratus, quin antea animum imperatoris tentaret (*n*), oblatis ei anno 828 Gabrielis archangeli monitis, duodecim capitibus comprehensis, et quo facto opus esset indicavit, et seditionem nisi illud adimpleret exorturam prædixit (*o*). Imperator libello perlecto, alia fecit, alia neglexit (*p*). Biennio post cum imperatoris aula magis magisque in partes traheretur, et Juditha Bernhardum, Septimaniæ ducem, camerarium constitui impetrasset, e contra filiorum amici

A Lotharium in subsidium vocarent, Einhardus pudiscipulum quondam suum, ne se patri opporet, diligentius institit (*q*). Interim Bernhardus au oritate sua ita abusus est, ut adversæ partis prin ipes sibi extrema potius tentanda quam illum diuti tolerandum putarent; et initio anni 830 cum im erator in Britannica expeditione Compendium ven set, exercitu seducto, rebellionem concitarunt. Quo untio accepto, Einhardus, qui Juditham Compen ium sequi jussus, valde ægrotus usque Valentianas venerat, Gandavum nave recessit, et novo jam r rum ordine imminente, missionem ab imperator petiit (*r*). Qua impetrata (*s*), mense Martio Mulinhei um se recepit. Sed cum rem publicam factionibus uassatam in diversa ferri conspiceret, mense April vel Maio (*t*) Lotharii imperatoris ex Italia reducis lloquium expetiit (*u*), et postea conventum illum magnum in quo in totius regni statum inquirendu esset, adire sibi proposuit (*v*). Qui cum Kalendis ctobribus Noviomagi celebraretur, Lotharius amici intercedentibus patri reconciliatus est. Ubi et Ei ardum nostrum fidelem operam dedisse, eo magi ut credamus inducimur, quod imperatorem æstate nni 856, cum unicum jam consilium de Lothario si cere sibi uniendo agitaret, amicum suum vetulum eligenstadi ultro visitasse legimus (*x*).

Reliquum vitæ, religioni, litteris, amicis de tus, in maxima regni perturbatione per quietem egi (*y*). Nec auctoritate qua valebat pagensium et vicin rum rebus benigne consulere (*z*), nec apud amicos i palatio remanentes pro oppressis intercedere (*aa*) stitit. Ecclesiam Mulinheimensem, martyrum m ritis jam longe lateque celebrem, adornavit et plu bo texit (*bb*). Libris conscribendis non tantum, qua tum olim inter regni negotia, tempus impendit (*cc*). Annales quos de Pippini Caroli et Ludovici rebus i palatio constitutus ediderat, ultra annum 820 non roducendos existimavit. Scripsit præterea libro de historia translationis sanctorum Marcellini et P tri, et ad Lupum libellum de cruce adoranda. Epi olæ ejus quæ supersunt, historiæ auctoris et tempor s illius illustrandæ multum conducunt. Historiam S xoniæ, sive libellum de adventu, moribus et sup rstitione Saxonum, et historiam translationis s ncti Alexandri, ab Adamo Bremensi ei tributas, Ru olfo et Meginhardo Fuldensibus deberi constat. La becius vero (*dd*) abbreviationem chronici ab Urbe ondita usque ad annum 809 ei vindicare conatus, ullo plane fundamento nititur, nec meliore jure alii inhardi cujusdam psalterium quod in bibliotheca Bobiensi recensetur, nostro ascripserint (*ee*). Quæ ero edidit, ita comparata sunt, ut præcipuum ei ıter historicos locum assignent. Scripsit enim su ıma integritate animi, non extera et aliena, sed te pus suum, sed amicum, nec docte tantum, sed ut is qui ætatem in re publica administranda consumpsi set.

(*a*) Præf. Vitæ.
(*b*) Apud Neugart episcopat. Constantiens. p. 540.
(*c*) Hist. translationis SS. Marcellini et Petri c. 2,
(*d*) Ibid. c. 2, et dipl. Ludovici in Codice diplomatico Laureshamensi I, p. 44.
(*e*) Einh. epist. 34.
(*f*) Ibid. et epp. 45, 48-50.
(*g*) Cod. dipl. Lauresh. I, p. 46, 48.
(*h*) Einhardi epistola ad Lupum, et Lupi 4.
(*i*) Anno 826 missam legit. Hist. transl. c. 42. anno 827 abbas fuit. Hist. trans. cap. 69.
(*j*) Hist. transl'.
(*k*) Cf. chron. Fontanell.
(*l*) Walafridi carmen de Einharto Magno.
(*m*) Hist. transl. c. 2, 46, 50. et al.
(*n*) Paulo antea offensam imperatoris incurrisse videtur; scribit enim Gerwardo palatii bibliothecario, cap. 14, se Seligenstadi immorari jussum, et septem dierum absentiam sibi pœnalem futuram. Epistola ea

D amicum suum de monitis Gabrielis imperatori tradendis consulit.

(*o*) Hist. transl. c. 47, 48. Ann. Fuld. an. 874
(*p*) Hist. tr. c. 47.
(*q*) Einh. epist. 34.
(*r*) Epist. 40, 41, 42, et alia nondum edita.
(*s*) Epist. 42.
(*t*) Annal. Berth. an. 830.
(*u*) Epist. 43 et alia inedita.
(*v*) Epist. 44.
(*x*) Ann. Fuldenses an. 836.
(*y*) Epist. 47 init.
(*z*) Epist. 6, 7, 15, (ibi loco *Boma* legendum idetur *Imma*) 16, 17, 18, 25, 53, 54.
(*aa*) Epist. 27, 28, fortasse et 26, 27; 48, 49, 51.
(*bb*) Ep. 46.
(*cc*) Ep. ad Lupum et ep. 50.
(*dd*) Comment. bibl. Vindob. II, p. 395, 398.
(*ee*) Mansi in Fabricii Bibl. mediæ et inf. Lati itatis, lib. v, p. 88.

Litteras Græcas (*n*) æque ac Romanas coluit, et ex antiquis non tantum historicos et poetas (*b*), mathematicos, grammaticos (*c*) et rhetores (*d*), sed Patres (*e*) etiam et sui ævi scriptores (*f*) legit (*g*). Cumque temporis sui virorum prudentissimus et doctissimus haberetur (*h*), commercium ejus a juvenibus optimæ indolis expetitum fuisse, facile nobis persuadebimus. Lupum, Ferrariensem postea abbatem, qui erudiendus in Germaniam missus fuerat, præcipuum cultorem habuit (*i*); cum Rhabano, Fuldensium tunc temporis abbate, quem propter doctrinæ copiam et morum probitatem magni fecit, societate continua junctus erat; cum eo bibliothecæ suæ catalogum communicaverat (*j*), ei libros commodavit (*k*), ei filium unicum Vussinum moribus et doctrina formandum et monaahum erudiendum commisit (*l*). Immæ etiam, dulcissimæ sororis, contubernio per aliquot annos gavisus est; quam anni 856 initio defunctam (*m*) adeo luxit, ut totum quod sibi superesset dierum, in mœrore transigendum statueret (*n*). Illam meminisse, illam intimo corde amplecti, illius se apud Deum intercessioni commendare, unica viventis voluptas, unicum morientis solamen fuit; in hæc vota animam Creatori reddere disposuerat (*o*). Obiit a. d. VIII Kal. Augusti, anno 844 (*p*). Corpus in ecclesia Seligenstadensi sepultum, eique hoc a Rhabano epitaphium ascriptum est :

Te peto qui hoc templum ingrederis, ne noscere
 [spernas
Quid locus hic habeat, quidque tenens moneat.
Conditus ecce jacet tumulo vir nobilis isto,
 Einhardus nomen cui genitor dederat.
Ingenio hic prudens, probus actu atque ore facundus
 Exstitit, ac multis arte fuit utilis.
Quem Carolus princeps propria nutrivit in aula,
 Per quem et confecit multa satis opera.
Nam horum sanctorum condigno functus honore
 Exquirens Romæ corpora duxit et huc,
Ut multis prosint precibus curaque medelæ,
 Ipsiusque animæ regna poli tribuant.
Christe Deus, hominum salvator, rector et auctor,
 Æternam huic requiem da super astra pius.

Fuerat Einhardus statura brevis, sed ardorem animi corporis agilitate exprimebat. Exstat ea de re testimonium Theodulfi episcopi Aurelianensis, cujus *Nardulum* Einardulum abbreviatum esse credo, Alcuino Beselecl audit, ab artifice, quem arcam fœderis ædificâsse legimus.

Talem virum, si historiam sui temporis scribendam sibi proponeret, opus rerum copia et dicendi ornatu eximium editurum fuisse, facile quisque intelligit. Amplissimam scribendi materiam ei suppetisse, ex supra allatis iisque quæ de se ipso atque de epistolis (quas exstare dicit) et legationibus ad imperatorem directis profitetur, patet; et veritatis non minus studiosum quam capacem in referendis (*q*) cladibus Francorum et fama sinistra de Caroli

(*a*) Eum Græca intellexisse, et proverbium in Vita Caroli recitatum et Lupi ep. 5, et quæ de Carolo ejus linguæ perito refert, testantur.
(*b*) Virgilii Georgica, ep. 50.
(*c*) Ibid Lupi ep. 1.
(*d*) Vitruvium ibid. Cf. Lupi ep. 5.
(*e*) Einh. ep. ad Lupum.
(*f*) Exempli gratia, Paulum Diaconum.
(*g*) Epp. 30?
(*h*) Anon. Vita Ludovici, cap. 41 ; Ermold. l. c. Chron. Fontanell.
(*i*) Lupi ad Einh. epp.
(*j*) Lupi ep. 1 ad Einh.
(*k*) Lupi ep. 5.
(*l*) Ep. 50, et Einh. epp. ad Lupum. Fuldensem bibliothecam Einhardus inspexisse videtur, novit enim ibi capsellam, in qua verba et nomina obscura demonstrari possint, ep. 50.
(*m*) Obiit hieme; Lupus post Aldrici obitum (VI

filiabus ac conjurationibus propter immanem Fastradæ crudelitatem exortis agnoscimus.

Ex operibus ejus, quæ modo exstant, Annales t. I edidimus; epistolis et historia translationis sanctorum Marcellini et Petri in posterum repositis. Quibus tamen Vita Caroli æquales et apud posteri ævi homines palmam præripuit; nam nec ullius per medium ævum historici, uno Martino Polono excepto, tot Codices exstare, nec cujusquam eorum scripta ita certatim ab omnibus qui Caroli res attigerunt decerpta esse meminimus. Laudis ejus partem Carolo, partem sibi, Einhardus debet. Sane nec sæculis proxime antecedentibus nec sequentibus historicum inveneris, qui ea cogitationum vi, claritate sententiarum, eaque dicendi arte excellat. Debuit id studio Romanorum, Ciceronis præcipue et Suetonii, quem in tantum cordi habuit, ut non solum operis dispositionem sed et integras haud raro sententias inde mutuatus esse videri possit. Primus ei ante oculos versabatur, quem Carolus factis quodammodo æquaverat, Octavianus Augustus, et Titus; sed nec Tiberium Claudiumve aspernatus est. Unde nonnulla operis loca, varie agitata, lucem accipiunt, e.g., quod cap. 4 dicit, se de nativitate et infantia vel etiam pueritia Caroli nec scriptis nec auditu aliquid percipere potuisse. Certe qualia Suetonius de Cæsaribus nonnullis tradidit, talium de Carolo ex libris saltem hauriendorum facultas Einhardo non suppetebat; quam tamen ob causam recentiorum quidam acriter in eum invecti sunt, de Carolo anno 754 coronato sibi constare gloriati; quod nec Einhardum ignorasse, utinam ex annalibus ejus discere voluissent! Ex Pauli Diaconi libello de episcopis Mettensibus paucas sententias in librum suum recepit. Ut autem nemo alios impune imitatur, ita Einhardum quoque uno alterove loco ejus rei pœnas dedisse haud diffitear; nec omni annisu id effecit, ut antiqui plane sermonis compos fieret, quippe qui vel contra grammaticam aliquoties peccaverit. De quo nulla amplius dubitatio locum habere potest, cum sexaginta jam Codicum ope novam Editionem instituerimus. Tot Einhardi exempla superesse nemini antea persuaderi potuisset, quorum majorem partem in Germaniæ, Italiæ, Helvetiæ, Belgii, Galliæ, Britanniæ bibliothecis ipsemet evolvi.

In tanta librorum copia in primis spectandum erat, ut quo nexu alter ab altero, omnesque ab Einhardi authentico, penderent, investigarem, levique negotio omnes qui modo supersint Codices a duobus exemplis derivari animadverti.

Sunt igitur prioris classis Codices, quos ab ipso Einhardi authentico, diversa licet ratione, descendisse puto :

1.) C. bibliothecæ Cæsareæ Vindobonensis in catal. historiæ profanæ, n. 667 signatus, membranaceus in-4°, sæculi IX exeuntis, cujus scripturæ specimen in tabula operi annexa dedimus. Subscriptione teste, sæculo decimo undecimove monasterio

Id. Oct.) in Gallias redux (Lupi ep. 41), Einhardum mense Junio visitavit.
(*n*) Einh. ep. ad Lupum.
(*o*) Epp. ad Lupum, ep. 32.
(*p*) Qui Einhardum annum 848 supergressum volunt videant quomodo Rhabani epitaphium Ratleici, successoris Einhardi, interpretentur. Ratleicus juvenis obiisse ibi legitur; at quomodo juvenis dici potuit, qui ante viginti quinque annos jam Einhardi notarius, et ab ipso Romam legatus fuerat ? Ratleicus certe (ne juventutem nimium extendamus) paulo post Einhardum defunctus est, Abbatiæ Seligenstadensis historia sæculo nono densis tenebris involvitur ; Weinckensii Navarchia Seligenstadensis, Eginhartus, et historia translationis SS. Petri et Marcellini, legenti nauseam movent.
(*q*) Ludovico imperante, et dum ipse primus ejus consiliarius erat.

sancti Maximini Treverensis pertinebat. Prologus deest. Einhardi librum manus quædam secunda scriptori cöætanea nonnullis locis correxit, nec alia anonymi Vitam Ludovici imperatoris subjecisse videtur. Loci aliquot usu attriti, atque colore recenti inducto; sæculo xiii, restituti aut depravati sunt. Voces et sententiæ ita haud raro connexæ, ut distinctionis signis nullam fere vim inesse sentias. Compendia scribendi pauca eaque solita; *ae* et *oe* aut duabus litteris aut *e* simplici vel caudato expressa, *t* et *c* parum discreta. Loco tituli antiqui *Vita Karoli imperatoris*, jam fere deleti, sæculo xiii, alius *Vita Karoli magni imperatoris* superscriptus est. Totum opus anno 1820 exscripsi.

2) C. bibl. Christinæ reginæ in Vaticano n. 637, chartaceus in-4° sæc. xvii inscriptus: *Vita Karoli imperatoris edita ab Eginardo sui temporis impense doctissimo et educato ab eodem principe incipit feliciter.* Præter Einhardum Vitam Ludovici, genealogiam regum Francorum, et prosapiam unde ortus est Carolus, qui vocatur magnus, continet. Codici Vindobonensi mirum in modum consentit, ita ut ex eodem fere cum eo fonte fluxisse existimandus sit. Contuli eum an. 1821, atque lectiones in textu non receptas in notis omnes retuli. Ad eum proxime accedit

2 b) C. bibl. regiæ Parisiensis n. 5925, membr., sæculi xiv, in quo Aimoini historiam Francorum excipit: *Vita et conversatio gloriosissimi imperatoris Caroli atque incipit incipit. Edita ab Eginardo sui temporis impense doctissimo. Nec non liberalium experientissimo artium viro. Educato a præfato principe propagatore et defensore religionis Christianæ quam feliciter perlegendo currentes letamini in Christo.* Prologus operis deest. Einhardum sequuntur gesta Caroli in Hispania. Loca præcipua, summis societatis directoribus id mihi facile concedentibus, cum Editis contulit cl. Færber.

2 c) C. bibl. regiæ Parisiensis n. 5943 B, membr., sæc. xiii, in quo anonymi Vitam Caroli ex eodem a Chesnio, t. II, p. 50, editam sequitur, et Gesta Caroli magni imperatoris præcedit. Inscribitur opus: *Incipit prologus Eginardi in Vita Karoli imperatoris.* Loca selecta D. Færber contulit.

3) C. bibl. regiæ Parisiensis n. 5927, membr., sæc. xi, primo loco Ademari Chronicon et chartam quamdam continet; quam sequitur: *Vita et conversatio gloriosissimi imperatoris Karoli invictissimi augusti edita ab Eginhardo sui temporis impense doctissimo nec non liberalium experientissimo artium viro, educato a præfato principe propagatore et defensore religionis Christianæ.* Codex jam in voce *Basilica* (cap. 17) deficit. Quæ supersunt cum Editis contulit D. Keller. Dum integer erat, sæculo xiii, exscriptus est, idque apographum jam.

3') in bibl. Parisiensi, N. 5926, exstat. Loca selecta contulit D. Færber.

3 b) C. bibl. Christinæ reginæ in Vaticano a quem an. 1821 totum evolvi, n. 692 signatus, membranaceus, in-fol. sæc. xii, littera Langobardica exaratus. Titulus ut in Cod. 2 b, exceptis vocibus *Karoli* et *doctissime*. Continet præterea anonymi Vitam Ludovici, et brevem Francorum historiam inde a Faramundo usque ad Henrici II imperatoris et Roberti regis tempora.

3 c) C. bibl. regiæ Parisiensis n. 5334, membr., sæc. xi, a D. Schneegans cum Editis collatus. Titulus idem ac supra Codicis 2 b. Sequitur anonymi Vita Ludovici imperatoris: Apographum ejus est.

3 c') C. bibl. regiæ Parisiensis n. 4631, sæc. xv, collatus a D. Oberlin.

4) C. bibl. palatinæ Vindobonensis inter historicos profanos n. 654, membran., in-4° sæc. x. Inscriptio *Gesta ac vita Karoli imperatoris* jam deleta est. Præfatio desideratur. Folia aliquot cum ante sæculum xiii excidissent, ab illius ævi viro ope sancti Maximini Treverensis pertinebat. Prologus A Codicis cujusdam secundæ classis, qui ad proxime accederet; suppleta, unaque lectiones n nullæ ut ei videbatur emendatæ sunt, quæ quid m nota 4 B insignienda duxi. Codicis auctor mag a cura opus explevit; ita ut paucis in eo vitiis offen aris; *æ*, *ce*, *œ* et *e* sæpius quam nostri temporis su requiritur, adhibuit.

4 b) Codex a Marquardo Freherd Editioni s æ in Corpore SS. Francic., p. 433, adhibitus, ut plurimum Codicibus hucusque recensitis consensi se videtur; sed non ut oportuit in rem suam a F hero versus est, quippe qui Editionem Nuenarian m plerumque tam presse sequatur; ut vel vitia ty ographica ad calcem ejus emendata rursus exprim t. Quare Freheri auctoritatem rarius, et fere non si quando a Nuenario discedit, invocavi.

5) C. bibl. Vaticanæ n. 3359, membr., in-fol o, sæc. xiii, aut xiv, quem anno 1822 perlegi. Ins iptio : *Incipit præfatio libelli de Vita et Moribus at ue actu Karoli excellentissimi regis.*

6) C. bibl. regiæ Parisiensis n. 4628 A, memb ., sæc. x, titulum præfert : *Vita Caroli magni ab inardo dictata.* Codicibus jam recensitis in majo is momenti lectionibus ut plurimum consentit, in s hendis vocibus *com*, *dicuntur*, *cincordia*, *cunmu* t*ter*, *cumpelleret*, *cumpositis*, *cumpletum*, *cumsim is cumvenientem*, *nundum* a vulgari modo recedit. Ext nditur usque ad illa capitis 16 verba; *Extat prov rbium*, quibus ultimæ Caroli voluntatis superscripti e a jecta desinit. Collatus est a D. Weber.

6 b) C. bibl. regiæ Parisiensis n. 4955, membra ., sæc. xi, collatus a D. Schneegans. Inscribitu : *Vita Caroli magni Franciæ regis atque imperato is per Eginhartum illius quandoque alumnum atque sc i bam adjuratum, germanni*: Libro finito genealo ia stirpis Carolinæ inde ab Arnulfo usque ad Loth arium imperatorem, et post eam demum form la *Explicit Vita Caroli regis atque imperatoris* habet r.

7) C. bibl. Cottonianæ signatus Tib. C XI men 1 branaceus, a D. Færbero cum Editis collatus.

7 a) C. olim Gemblacensis, membran., sæculi in-8° vel 4°, quem an. 1826 Bruxellis inter Codi s regios evolvi; post Gerali i poesin sive *librum du rum sodalium Waltharii et Haganonis*, librum nostr m ita inscriptum sistit : *Incipit prefatio Einardi su r vitam domni Karoli imperatoris*: Lectiones ej s proxime ad Codd. 7, 7 b, c, 10 f, g, h, 15, ac dunt.

7 b) C. bibl. Bodleianæ, Laud. H 39 signatt s, quem an. 1827 Oxonii evolvi. Est membranaceus i folio min., sæculi xii, et Victoris Vitensis hist riam persecutionis Vandalicæ, Pauli historiam La gobardorum, tum post Einhardi opus, librum besti rum, Alexandri Magni, et ultimo loco Apollonii hist riam continet.

7 c) C. quondam Paderbornensis societatis Jes , a Joanne Bollando Editioni suæ (in Actis SS. J nuar., t. II, p. 874-888. Antwerpiæ an. 1643) adl i bitus, cujus ulteriora fata ignorantur; quare h ipsum, sed de eo Bollandum tantum adire licui . Codici Cottoniano haud absimilem, lectio cap. , *monasterium Sithiu*, evincit. Ita in universum, quando de Codice non nisi paucæ mihi innotu rant, in eo inter cæteros collocando insignem qua dam lectionem sequi oportuit. Cæterum Bollan i Editio eo anterioribus præstat, quod Codicum su rum ope locos aliquos, rejecta Nuenarii corruption , restituit.

7 d) C. Londinensis in collegio Sionensi asserv tus, cujus aliquot lectiones a J. J. Schrædero si i transmissas Schminkius memorat. Codicem ad Pade bornensem accedere, ex eadem capitis 1 lection , *monasterium Sithiu*, agnoscas. Inscriptio : *Vita , Karoli et orthodoxi imperatoris edita a Eginardo c pellano ejus sui temporis impense docto.*

PROLEGOMENA

*Ex cod. bibl. palat. Vindobon. hist. prof. n.ro 667.
in quo Einhardi vita Karoli & Anonymi vita Hludowici Pii habentur.*

a) *Talis est*

IN NOMINE DNI DI OMNIPOTENTIS PATRIS ET FILI ET SPS SCI. descriptio atq. divisio quę facta est a gloriosissimo atq. piissimo domno Karolo imperatore augusto anno ab incarnatione dni nri Ihu Xpi DCCCXI, anno vero regni eius in Francia XLIII, in Italia vero XXXVII, imperii autem XI, indictione IIII, quam pia & prudenti consideratione facere decrevit, de dno annuente perfecta de thesauris suis atq. pecunia, quę illa die in camera eius inventa est. In qua illud p. apud precavere voluit, ut non solum elemosinarum largitio, quę solem. primer apud Xpianos de possessionibus eorum aguur, p. se quoq. de sua pecunia ordine atq. ratione p. ficeret, sed etiam heredes cui omni ambiguitate remota quid ad se pervenire deberet liquido cognoscere, & sine lite atq.

b) me potente post obitum eius summa cum devotione adimplere curaret. **EXPLICIT.**

CVM gesta priorum bona malave maxime principum ad memoriam reducunt, gemina inte utilitas legentibus conferat. Aliavenim ergo uiviari & edificationi plus erit, alia cautelę. Quis enim primum ut sublimi consistunt velut in specula, & ideo latere nequiverunt to quod fama eor latuis p. pagat, quod et diffusius cernit, & tanto quisq. illoru bono plurimi allicient, quanto p. mentiore se in vita gloriam. Haec ita se habere matrorum prodit monumenta qui telatione sua posteritate instruere studiverunt quisq. principum quo calle mortalium iter tenuerit. Quorum nos studium intrare nolumus. ee t p. sentibus in officios ut futuris incude sed a dulia itaq. dō amabilis atq. ortodoxi imp. ris Hludouuici filio luce minus docto contradimus. Facere enim absq. suspicio adulationis dico, quia succum

c) *bus* uestus damuncis plurimaq. sp. quem a tam clerici quam populi rumpuit, imprus peliquis cum magno humore motus, transportari fecit, & in basilica uit a uilli uio & mater eius condita erat nobiliter sepelire.

Feliciter

Cod. sci Lanchi Lucharii pmi p. tesorai archi epi. Liquis eum abstulerit anathema sit. Amen.

8 et 8') C. bibl. regiæ Parisiensis, ex bibliotheca Notre-Dame n. 133, olim II 4, membranaceus, in-folio sæculi XII, quem an. 1827 evolvi, ex eoque descriptus C. ejusdem bibliothecæ n. 6187, membr., sæc. XIII, post præfationem hæc habent : *Vita Karoli magni imperatoris ab Einardo abbate capellano suo descripta.* Lectiones aliquantum corruptæ. Deficiunt in verbis cap. 31, *Anno indictionis* VII, v *Kal. Febr.* In eodem volumine opus Turpini, excerpta ex quadam Alcuini epistola (Bouq, v. pag. 607), Caroli epistola Offæ (ibid., pag. 627); visio de Carolo Martello, et Bedæ historia Anglorum habentur.

8 b) Codex quo Hermannus comes Nuenarius in Editione sua, quæ Coloniæ Agrippinæ anno 1521, in-4° una cum Einhardi annalibus prodiit, usus est, aut ipse jam ab antiquis Exemplis nimis recedebat, aut quod magis credo, ab Editore, ut orationem concinniorem et magis latinam redderet, multis in locis immutatus est. Cujus rei indicium id potissimum erit, quod in talibus reliqui omnes, quotquot supersunt, Codices unanimi plerumque consensu a Nuenario recedunt; quare plurimæ lectiones ei peculiares ut meræ conjecturæ aspernandæ et ne in adnotationibus quidem referendæ erant. Inscribitur : *Vita et gesta Karoli cognomento Magni, Francorum regis fortissimi, et Germaniæ suæ illustratoris, auctorisque optime meriti, per Eginhartum illius quandoque alumnum atque scribam adjuratum, Germanum, incipiunt fœliciter.* Cujus tituli verba quæ in Codice 6 desiderantur, ab Editore adjecta fuerint, Proxime ad eum.

8 c) C. bibl. universitatis Bonnensis accedit, saltem in iis locis quos anno 1826 cum Editione mea contuli. Est membranaceus in-fol. longiori, sæc. XII, et præterea Capitularia nonnulla continet ; qua de re cf. Rheinisches Archiv. t. I.

9) C. olim monasterii Prumiensis jam vero bibliothecæ publicæ Treverensis, membranaceus in-4° minori, anno 1084 exaratus. Totius libri et præstantiorum præterea locorum collationem bono publico instituit nobisque transmisit vir cl. Wyttenbachius. Einhardi opus titulo et præfatione caret.

9 b) C. bibl. Bodleianæ Oxoniensis membranaceus, in usum Schminckii a J. J. Schrœdero cum Editis collatus. Ætatem uterque reticet; præfatio deest.

9 c) C. bibl. publicæ civitatis Bernensis n. 208, membran, in-fol, sæc. XIII. Paucæ lineæ post *Walah, Meginherius* desunt. Locos ejus aliquot an. 1823 inspexi, plus facturus, si per breve temporis spatium licuisset.

10) C. bibliothecæ regiæ Hannoveranæ membr., in 4°, sæc. XII, quem in usum nostrum converti. Hic, ut infra monacho Sangallensi præfaturus uberius dicam, una cum quinque subsequentibus eumdem fontem agnoscit. Continent enim post opus nostrum Einhardi Annales et monachum Sangallensem, tantaque invicem lectionum affinitate conjunguntur, ut jam antiquissimum monachi Sangallensis Codicem utrique Einhardi operi subjectum fuisse opinari liceat. Quatuor prima Codicis Hannoverani folia cum præfatione, ut opinor, et initio operis usque ad illa capitis 9 verba, *Ut loci et angustiarum situs,* exciderunt. Ultima Vitæ verba *Adimplere curavit,* Annalium initium *Hoc anno* eadem linea excipit.

10 b) C. bibliothecæ ducalis Gothanæ membr., in-4°, sæc. XII, quem viri cl. Jacobs, consiliarii aulici et bibliothecarii, in rem patriam favore, manibus tenere mihi licet. Liber effigie Caroli, throno insidentis, armigero ad dextram stante, insignis, post monachum Sangallensem, pro tertio et quarto gestorum Caroli libro computatum, pauca de obitu Bedæ presbyteri et versus duodecim de computo exhibet. Præfatio deest; inscriptio : *Incipit liber primus gestorum Karoli.* Textus haud raro temerarium scriptorem arguit.

10 c) C. bibl. regiæ Monacensis, olim monasterii sancti Mangi in Stadt-am-Hof, in-4°, sæc. XII, a viro cl. Docenio repertus et a D. Bachlechner in us m nostrum collatus est. In eo quoque præfatio desi eratur. Apographum ejus est :

10 c') C. bibl. Cæsareæ Vindobonensis inter his oricos profanos, n. 990, membran. in-4°, sæc. x v. Contuli cum anno 1826 ; lectiones ejus hic raro duxi. Inscribitur : *Incipit prologus librorum de estis Karoli imperatoris.*

10 c †) Easdem fere lectiones ac Codices 9 b, et præcipue 10, 10 b 10 c, exhibent libri duo ma uscripti, quos in bibliotheca sua fuisse Justus Reu erus olim retulit.

10 d) C. bibl. ducalis Modenensis chartace is, sæc. xv, quem ibi an. 1823 evolvi, duobus tantum ibusve locis consulendus erat.

10 e) C. bibliothecæ electoralis Casselanæ membranaceus anno 1498 exaratus. Apographum e us Schminckio transmissum, inspexi eum 1824, nec in tanta librorum multo antiquiorum copia iterum p rlegendum censui.

10 f) C. bibliothecæ publicæ Lugduni-Batavor membran. a Schminckio cum Editis collatus. C m vero cap. 6 eamdem ac Casselanus sententiam o ittat, utrumque conjungendum patet. Inscribitur : *ta et conversatio excellentissimi principis, domni Kar li, magni quondam imperatoris Romanorum et r is Francorum.*

10 g) D. Cantabrigiensis in collegio Caiogonville isi (olim ecclesiæ de Reading), a J. Gordon in us m Schminckii evolutus, cum Lugdunensi in easd m fere lectiones conspirat. Evolvi eum Cantabrigiæ 1827, et ita inscriptum reperi : *Incipit prolo us Alcuini in vitam Caroli magni regis Francorum et imperatoris Romanorum.* Exaratus est sæculo XII, in membrana, et post Einhardum Vitam Alexandri I., epistolam ejus ad Aristotelem de situ Indiæ, et abb eviationem gestorum regum Francorum continet.

11) C. bibl. Cæsareæ Vindobonensis in catal go Hohendorfiano n. 16, in-folio, membran., sæc. II, quem an. 1820 perlegi. Præcedit Pauli historia L ngobardorum. Inscribitur : *Incipit vita Karoli ma ni imperatoris.* Ex eodem Codice, quo sequentes q atuor, descriptus est.

11 b) C. bibl. regiæ Parisiensis n. 4877, memb ., in-fol. sæc. XIII, in quo Einhardus Orosio et Lan obardorum historiæ subjicitur, et Alexandri Ma ni historiam et epistolam de situ Indiæ præcedit. Ti ulus ut in C. 11. Loca selecta contulit D. Færber.

11 c) C. bibl. regiæ Parisiensis n. 5997, memb ., sæc. XIII, in quo Vita inter historiam Northman orum et abbreviationem gestorum regum Franco m collocata est. Titulus : *Incipit prologus in vitam aroli magni regis Francorum et imperatoris Roma orum.* Loca selecta contulit D. Færber.

11 c') C. bibl. regiæ Parisiensis n. 4937, memb ., sæc. XIV, apographum Codicis 11 c est. Loca sele ta Færbero debemus.

11 d) C. bibl. regiæ Parisiensis n. 5999, sæc. x I. In eo Caroli vitam historia Normannorum antece t, abbreviatio gestorum regum Francorum subsequi r. Titulus ut in 11 c. Loca selecta D. Færber excerp t.

12) C. bibl. publicæ Bremensis chartaceus in-°, sæc. XVII. Goldasti manu ex bono satis exem lo descriptus; sed ab eo de quo, infra, sub n. 7, relatus sum, differt. Librum paucis tantu.n lo is adeundum censui.

13) C. bibl. Sangallensis n. 547, membranace s, in-fol. majori, sæculi XI, aut XII. Bedæ histori n Anglorum, gesta regum Francorum et opus nostr m complectitur. Præfatio adest ; in fine operis nonnu la exciderunt.

14) C. Gladbacensis a Bollando Editioni suæ ad ibitus; lectiones ab eo allatæ tam paucæ sunt, t certi de eo nihil statuere liceat.

15) C. bibl. Guelferbytanæ inter extravagante , in-4°, numero 152 signatus, membranaceus st in-8°, sæc. xv.

16) C. a Jacobo Morellio in Bibliotheca s a

manuscripta Græca et Latina (Bassani an. 1802 edita) pag. 595-597, descriptus, membran., in-4°, sæc. xv. Jam, ut Venetiis viro cl. Petro Bettio humanissimo divi Marci bibliothecario, Morellii nepote, referente didici, in Britanniam ablatus est. Lectiones pleræque cum Editione nostra conveniunt; additamenta duo, nullius certe auctoritatis, in annotationibus retuli.

17) C. Goldasti, quem se a Schobingero accepisse testatur, in commentario ad opus nostrum a Schminckio publici juris facto, cum Editione nostra plerumque convenit. In commentario suo multa Goldastus docta, plurima minus necessaria, nonnulla scitu utilia attulit.

18) C. bibliothecæ Palatinæ n. 339, membranaceus, in-4° foliorum sexdecim, quem Excellentissimus dominus L. B. de Stein anno 1822 Romæ inspexit, hieme jam proxima reperiri nequivit; quare eum hic ultimum primæ classis recensui.

Secundæ classis Codices omnes ex uno quodam fluxerunt, cui Gerwardus, Caroli et Ludowici bibliothecarius et præcipuus Einhardi amicus, tria in Caroli et Einardi laudem disticha ascripserat. Unde cum pateat Codices istos originem suam ad antiquissimum exemplum et Einhardo coætaneum referre, qui studiosius ab Editore evolvantur digni videntur. Nec lectionum bonitas origini impar. Ut plurimum optimis et antiquissimis primæ classis consentiunt, a qua tamen aliquot locis, præcipue quod Rodlandum inter occisos a Wasconibus minime referunt, omnino discedunt. Præfatio in omnibus, præter Codicem B 2 b, desideratur. Plurimi hujus classis Codices in Germania, pauci in Italia Galliaque exstant. Disticha illa hic referre juvabit :

Hos tibi versiculos ad laudem, maxime princeps,
Edidit æternam memoriamque tuam
Gerwardus supplex (a) famulus, qui mente benigna
Egregium extollit nomen ad astra tuum.
Hanc prudens gestam noris tu scribere lector
Einhardum. (b) magni (c) magnificum Caroli.

Codices igitur sunt :-

B 1) C. bibl. Cæsareæ Vindobonensis inter Hist. eccles. n. 90, membranaceus, in-4° majori, sæc. ix exeuntis. Ex instituto scriptoris vocibus demum capitis 18 : *Cetera quæ ad interiorem* incipit. Diphthongum æ, œ, e sæpius quam nos solemus scribit; voces singulæ sæpius ut cohærent aut male separantur. Perlegi eum an. 1820.

B 2) C. Florentinus in bibl. Laurentiana, membran., in-folio majori, sæc xi. In eodem volumine Prosperi Chronicon, Jordanis res Geticæ, gesta Francorum et Pauli historia Langobardorum habentur. Titulus : *Incipit gesta Caroli*. Textus tam prope ad B 1, accedit, ut ex eodem cum hoc fonte non derivari nequiverit. Excerpta Codicis, ab Heinrico Meibomio sibi transmissa, jam Besselius Einhardum editurus in rem suam vocavit, sed minori diligentia confecta, ita ut cum Florentiæ an. 1822 degerem, eum denuo diligentius perlegendum statuerim. Præter hujus Codicis apographum Florentiæ asservatum, alterum exstat.

B 2') C. bibl. Cæsareæ Vindobonensis in Catalogo historiæ profanæ n. 477, chartac., in-fol., sæc xv, quod anno 1820 in usus nostros verti. Inscriptio : *Incipit gesta Karoli feliciter*.

B 2 b) C. bibl. regiæ Parisiensis n. 6264, sæc. xv, cujus lectiones selectas D. Færber exscripsit, ex Codice primæ classis, fortasse 3 c, præfatione et titulo auctus fuisse videtur. Qui quidem sic se habet : *Vita et conversatio gloriosissimi imperatoris, Karoli atque invictissimi augusti. Incipit edita ab*

(a) *Suplex* B 1.
(b) *Einchardum* B 3, 3 c, d. *Einardum* B 5 b. *Enchardum* B 4 b.
(c) *Magnum* B 2.
(d) *Præfatio ca est :* c Gesta Karoli magni, secun-

Eginardo sui temporis impense doctissimo nec non liberalium experientissimo artium viro educato a præfato principe propagatore et defensore religionis. Christianæ quam feliciter perlegendo currentes. letumini in Christo.

B 3) C. bibl. Cæsareæ Vindobonensis inter historicos profanos n. 338, membranaceus, in-folio, Conrado III imperatore, sæculo xii scriptus, atque a me ante hos sex annos evolutus est. Inscribitur : *Gesta Karoli*. Præcedunt Rutberti historia expeditionis Jerosolymitanæ et Chronica Isidori Hispaniensis, sequitur Liutprandi historia. Eum una cum Codicibus tribus vel quinque jam recensendis ex eodem fonte profluxisse, lectiones ex iis decerptas perlustranti facile patebit.

B 3 b) C. bibl. monasterii Claustroneoburgensis supra Vindobonam ad Danubium positi, membran., in-fol., sæc. xii. In eodem volumine Pauli Diaconi Historia miscella, Liutprandi Historia et Reginonis Chronicon exstant. Inscribitur : *Gesta Karoli*. Codicem anno 1821 perlegi.

B 3 c) C. bibl. Cæsareæ Vindobonensis in catal. historiæ prof. n. 1068, membr., in-8°, inscriptus : *Gesta Karoli regis magni*. Liber et Liutprandum et Reginonis chronicon continet. Eum et sequentes quatuor anno 1820 evolvi.

B 3 d) C. bibl. Cæsareæ Vindobonensis in catalogo, Schwandneri, n. 1080, chartaceus, in-4°, sæc. xv, et *Gesta Karoli* prætitulatus. In eodem libro Liutprandum et Reginonem invenias.

B 4) C. bibl. monasterii Zwetlensis in Austria membran., in-4°, sæc. xii, qui præter Einhardum Liutprandum, Victoris Vitensis Historiam persecutionis Vandalicæ et Ottonis Frisingensis Chronicon continet. Inscribitur : *Incipiunt gesta Karoli*.

B 4 b) C. bibl. Cæsareæ Vindobonensis in catal. Historiæ prof. n. 178, membran., in-fol., sæc. xiii, absque titulo. Eosdem ac C. Zwetlensis scriptores et præterea Pauli Historiam miscellani continet. Inscriptio abest.

B 5) C. bibl. palatinæ Vindobonensis in catal. Histor. eccles., n. 110, membran., in-fol., sæc. xii. Einhardi Vita ex Codice secundæ classis, monachus Sangallensis ex Codice Hannoverano descriptus est, Versus in laudem Einhardi desunt. Titulus : *Incipit Vita Karoli magni imperatoris augusti et Saxonum apostoli ab Enhardo capellano suo composita*. Singulare in eo scribendi compendium (et—etiam) offendi.

B 5 b.) C. Moissiacensis an. 1127 exaratus, qui Chesnio ad manus fuit.

B 6.) C. bibl. monasterii Einsidlensis in Helvetia, membran., sæc. xi vel xii. Quem, quia viro cl. Dumgio referente, disticha illa tria exhibet, secundæ classi adnumeravi. De textu ejus nihil præterea nobis constat.

B 7.) C. bibliothecæ Chisianæ F. IV 75 insignitus, membran., in-8°, sæc. x. Benedicti sancti Andreæ ad Soracten sæculo x monachi, Chronicon continet, cui nonnulla ex Einhardi Vita secundæ classis inserta esse conspexi, ex capitibus, scilicet, 15, 16, 17, 18, 19, 20, 22, 24, 25, 26, 30-33. Versus etiam Gerwardi, quamvis misere depravati, adsunt.

B 8.) C. bibliothecæ regiæ Hannoveranæ, olim congregationis sanctimonialium in Wittingen principatus Luneburgensis, chartaceus, in-4°, anno circiter 1400 exaratus, et *Varta de Carolo magno*, a Scheidio, nisi fallor, inscriptus, inter alia ex Einhardo et Thegano decerpta continet. Illis tertium distichon, quod libelli auctorem prodit, subjectum, et loco veræ præfationis, quam in hujus classis libris desiderari dixi, a scriptore Codicis (d) alia quædam præmissa

dum Strabum. Ex cronica sancti albani Maguncensis. Gloriosissimi imperatoris Karoli magni vitam et gesta. Einhartus vir inter omnes huius temporis palatinos . non solum pro sciencia * rerum et pro universa morum honestate laudis egregie descripsisse

est, quam Strabi auctoris nomine donavit, sine dubio quod eum Thegano præfatum esse vidisset. Cujus igitur ad exemplum et Caroli Vitam in capita distinguere conatus est; quorum ratio a recentiori paulum discedit, nec tamen hic referri meretur.

B 9, et 10) CC. bibliothecæ Universitatis Oxoniensis, n. 837, et apographum ejus in bibliotheca capituli Salisburiensis in Anglia, quos anno 1827 evolvi, membranacei, sæc. xiv, præterea Jordanis Historiam Gothorum et Historiam miscellam, Pauli Historiam Langobardorum, atque post Einhardi cap. 31 quædam ex monacho Sangallensi decerpta continent.

Præter hos sexaginta Codices, nominandi veniunt
C 1) C. bibl. regiæ Parisiensis, n. 5943 A, membr., sæc. xii, et
C 1 a) C. olim Vossianus, de quibus nondum constat cuinam classi adnumerandi sint.
C 2) Fragmentum Vindobonense in Codice bibl. Cæsareæ Vindobonensis, membr., sæc. ix, vel x, nomina ventorum exhibens.
C 3) Fragmentum Pesthinense, in Codice Virgilii membr. sæc. x, aut xi, quem in museo nationis Hungaricæ anno 1821 inspexi. Sunt nomina mensium et ventorum,
C d) Framentum Oxoniense, sive mensium ventorumque nomina a D. Færber ex *uno Junii fasciculo* (116 f) *in bibliotheca Bodleiana* transcripta.
C e) Fragmentum Hamelense, id est, eadem nomina in Codice conventus sancti Bonifacii Hamelensis membranaceo obvia, quorum Exemplum bibliothecæ regia Hannoverana servat.

Quibus subsidiis quomodo usus sim, jam dicendum restat.

Codicibus primum, quam diligenti investigatione fieri poterat, secundum classes et genera sua dispositis, nihil fere supererat, nisi ut Codicem optimum eumque omnium antiquissimum, Vindobonensem, scilicet, primo loco recensitum, reliquorum ope emendarem. Nam nec eum vitiis, iisque manifestis, carere, non solum reliquorum cum eo collatio, sed jam accuratior ejus lectio demonstrabat. Quare vel si quando ipsius lectio per se satis tolerari posset, sed reliqui omnes ab ea discederent, unum facilius quam sexaginta fallere opinatus, lectionem ejus corrigendam censui; quod tamen tam raro et unanimi, ut dixi, diversissimorum Codicum consensu factum est, ut suamet ipsa ratione consistere posse videatur. Lectiones Codicis Vindobonensis non a me receptas omnes in annotationibus recensui; reliquorum Codicum si unus alterve levissima quaque in re a cæteris discederet, id in antiquioribus tantum vel melioribus, e. g., 2, 2 b, c. 3, 4 B 1, 2, indicavi, cum nec pessima quæque scribarum (nedum editorum!) menda conjecturasve nosse ullius hominis intersit, nec iis colligendis otium meum vel animus sufficeret. Quod mihi in vitium verti, tantum abest ut verear, quin potius, doctos viros, vel ita inutilia congeri, conquæsturos esse, prævideam.

Divisionem operis a Besselio institutam, propter legentium commoda retinendam ratus, duobus tantum locis immutavi, quod neminem in errorem inducere posse confido.

Editiones anteriores fuerunt:
1. Nuenarii anno 1521, dissertatione de origine et cognoscitur, et purissimæ veritatis, utpote, quibus pene omnibus interfuit testimonio roborasse. Natus enim in orientali francia in pago qui dicitur moingeuui . in fuldensi cenobio sub pedagogio sancti bonifacii martiris pripua rudimenta suscepit. Inde ab augolfo (a bangolfo) abbate . monasterio (monasterii) supradicti in palacium Karoli translatus est, etc. Sequitur nunc uero relabentibus in contraria studiis lumen sapiencie . quod minus diligitur . rarescit in plurimis. Predictus itaque homuncio , nam statura despicabilis videbatur , in aula Karoli amatoris sa-

A sedibus priscorum Francorum præmissa, et Einhardi Annalibus subjectis, cujus supra (Cod. 8 b) mentio injeci. Repetita est an. 1532 Basileæ in collectione Scriptorum Germanicorum Frechtiana, an. 1566 (in Exemplis quæ evolvi, ultimo numero in 2 mutato, jam 1562 legitur) Coloniæ Agrippinæ in 12°, an. 1 16. Lipsiæ, excudente Justo Jansonio, in 4°, an. 170 , in Heineccii et Leukfeldi Scriptoribus rerum Germanicarum. Schminkius et a Basto Rhenano libris re um Germanicarum an. 1551 insertam esse dicit, sed nec ego nec amicorum ullus ejusmodi Exemplum asp xit; et tali additioni ratio libri vehementer adversa ur. Reliquæ autem Editiones omnes, licet haud rar ab ea recedant, Nuenarianæ ut principio et fundam nto suo innituntur.

2. Justi Reuberi in Scriptoribus rerum Germ nicarum an. 1584 Codicibus duobus, qui ad Cod 9, 10, 10 b, 10 c, proxime accedunt, adhibitis, bri Nuenariani lectiones primus suspectas reddidit, ec tamen emendare aggressus est. Eamdem recension em

B in altera Scriptorum Reuberi editione an. 1619 in Franzii, Historia Caroli Magni Argentinæ a. 1644 in 4° invenies; tertius Scriptorum Reuberi Edi or, Joannes, an. 1726 varietatem lectionis Schminki næ subjecit.

3. Freheri an. 1613 de qua supra (Cod. 4 b) di i.
4. Andreæ Duchesne, tomo II Scriptorum F ancic. an. 1636. Textum ope quinque Codicum, qui inter regios Parisienses supra adductos habean ur, correxit.
5. Bollandi an. 1643, de qua supra (Cod. 7 b et 15) judicium tuli. Editor dissertationem de reli uis Caroli Vitis et de Einhardo præmisit, textui ann tationes subjecit.
6. Friderici Besselii Helmstadii an. 1667, in 4°. Editio Codicis Florentini (B 2) lectionibus prol tis excellit. Annotationes ejus, licet multam eruditio em testantes, semper fere ululis Athenas portatis æq averis;

C 7. Joannis Hermanni Schmincke Trajecti ad R enum an. 1711 in 4°. Primus Codicum Bodleiani, L gdunensis, Cajogonvillensis, Sionensis, et Cassel i, præterea Alberti Stadensis aliorumque scriptor m qui Einhardum secuti sunt, lectiones dedit, et text im summo annisu emendare et illustrare conatus, B sselii commentarium, Bollandi notas, Goldasti a imadversiones cousque manuscriptas , Nuen rii dissertationem de origine Francorum, Freheri de statura Caroli Magni, et suum de Vita et scri tis Einhardi commentarium operi adjecit.

8. Bouqueti an. 1744, tomo V Scriptorum Ga licorum; adhibitis novem Codicibus regiis Parisie sibus, quos inter et Chesnianos fuisse opinari licet
9. Nicolai Heerkens, Groningæ an. 1755 in- °; Schminckium ut plurimum sequitur.
10. Gabrielis Godofredi Bredow, Helmstadii . . 1806, in 8°. Præter vetera subsidia Alberti Staden is et Henrici de Hervordia, qui Einhardum exscrip e-

D runt, lectiones attulit, et conquisitis undique q æ Einhardo illustrando inservire possent, id præcip e efficere voluisse videtur, ut tristissimo tempore G rmanos antiquæ virtutis exemplo ad redintegrand. m eam incitaret. Quod ad efficiendum utinam sem r historia patria valeat!

Einhardi libellus, mox ut prodiit, ingenti omni n

piencie . tantum glorie incrementi . merito prvde - cie et probitatis est assecutus . vt inter omnes re 'e maiestatis ministros pene unus haberetur. Cui r x id temporis potentissimus et sapientissimus pluri a familiaritatis sue secreta committeret erus. Hec di imus ut in dictis eius minus . quisque habeat dubit - cionis Sequitur huic opusculo Ego Strabus . tytul s et incisiones prout visum est congrvvm . inserui . t ad singula faciliter querenti quid placuerit eluce t accessus - finit prologus. Baugolfus, Sturmii successor, annis 779-802 monasterio Fuldensi præfui .

applausu exceptus, mox ab historicis qui Caroli tempora attingerent, saepissime defloratus est. Quorum numerus cum medii aevi decursu semper auctus sit, hic antiquissimos tantum eorum et Einhardo coaetaneos, Enhardum Fuldensem qui opus suum circa annum 830 incoepit, chronographum Fontanellensem, Theganum, Anonymum Vitae Ludovici auctorem, nominasse sufficiat; quorum tres Caroli Vitam exscripsisse, Theganum eam saltem imitatum esse, pro explorato habemus. Saeculo nono medio Ruodolfus Fuldensis monachus in Historia translationis sancti Alexandri plurima inde mutuatus est; Arnulfo rege, poetam Saxonem Vitam versibus expressisse, et saeculo duodecimo Radevicum in Friderico imperatore depingendo eam prae oculis habuisse, jam antea viri docti monuerant.

EINHARDI PRÆFATIO

IN VITAM BEATI CAROLI MAGNI.

(Pertz, Monumenta Germaniae historica.)

Vitam et conversationem, et ex parte non modica res gestas [1] domni et [2] nutritoris [3] mei Karoli, excellentissimi et merito famosissimi regis, postquam scribere animus tulit, quanta potui brevitate complexus sum; operam impendens, ut de his quae ad meam notitiam pervenire potuerunt, nihil omitterem, neque prolixitate narrandi nova quaeque [4] fastidientium animos offenderem; si tamen [5] hoc ullo modo vitari potest, ut nova scriptione [6] non offendantur, qui vetera et a viris doctissimis atque disertissimis confecta monimenta [7] fastidiunt. Et quanquam [8] plures esse non ambigam, qui otio ac litteris dediti, statum aevi praesentis non arbitrentur ita negligendum, ut omnia penitus quae nunc fiunt, velut nulla memoria digna, silentio atque oblivione tradantur, potiusque velint, amore diuturnitatis illecti, aliorum praeclara facta qualibuscunque scriptis inserere, quam sui nominis famam posteritatis memoriae nihil scribendo subtrahere, tamen [9] ab hujuscemodi scriptione non existimavi temperandum, quando mihi conscius eram, nullum ea veracius quam me scribere posse, quibus ipse interfui, quaeque praesens oculata, ut dicunt [10], fide cognovi, et utrum ab alio scriberentur necne, liquido scire non potui [11]. Satiusque judicavi eadem cum aliis velut communiter litteris mandata memoriae postererorum tradere, quam regis excellentissimi, et omnium sua aetate maximi, clarissimam [12] vitam et e regios atque moderni temporis hominibus vix imitabiles actus pati oblivionis tenebris aboleri. Suberat et alia non irrationabilis, ut opinor, causa, quae vel sola sufficere posset, ut me ad haec scribenda compelleret, nutrimentum videlicet in me impensum, et perpetua, postquam in aula ejus conversari coepi, cum ipso ac liberis ejus amicitia; qua me ita sibi devinxit, debitoremque tam vivo quam mortuo constituit, ut merito ingratus videri et judicari possem, si tot beneficiorum in me collatorum [13] immemor, clarissima et illustrissima hominis optime [14] de me meriti gesta silentio praeterirem, patererque vitam ejus, quasi qui nunquam vixerit, sine litteris ac debita laude manere [15]. Cui scribendae atque explicandae non meum ingeniolum, quod exile et parvum, immo paene [16] nullum est, sed Tullianam par erat desudare facundiam. En tibi librum, praeclarissimi et maximi viri memoriam continentem, in quo praeter illius facta non est quod admireris, nisi forte, quod homo [a] barbarus et in Romana locutione perparum exercitatus, aliquid me decenter aut commode Latine scribere posse, putaverim, atque in tantam impudentiam proruperim, ut illud Ciceronis putarem contemnendum, quod in primo Tusculanarum libro [b], cum de Latinis scriptoribus loqueretur, ita dixisse legitur: *Mandare quemquam*, inquit, *litteris cogitationes suas, qui eas nec disponere nec illustrare possit, nec delectatione aliqua allicere lectorem, hominis est intemperanter abutentis et otio et litteris.* Poterat quidem haec oratoris egregii sententia me a scribendo deterrere, nisi animo praemeditatum haberem, hominum judicia potius experiri, et scribendo [17] ingenioli mei periculum facere, quam tanti viri memoriam, mihi parcendo, praeterire.

VARIANTES LECTIONES.

[1] modica gestas 2 b. m. gesta 2 c. 3.   [2] d. et *deest* 3 b.   [3] et n. m. *deest* 3.   [4] n. q. *deest* 2 c.   [5] off. licet hoc 3.   [6] descriptione 2 b. 3.   [7] monumenta *omnes praeter* 2. 3 b. 8. 11 b. 11 c. B 2 b.   [8] quainvis 4 b. 7. 8. 8 b. 11 c?   [9] tamenque 2.   [10] ferunt 3 c.   [11] debui 6.   [12] *deest* 3. clarissimi 3 c. 6.   [13] cumulatorum 6.   [14] optimi *corr.* optime 2. optimi 2 b. 3. 3 b, c. B 2 b.   [15] remanere 6 b. 7, 11 b, c. d.   [16] *deest* 3.   [17] et haec sc. 5. 6. 6 b. 7. 8, 11. 11 b, c, d. 13.

NOTÆ.

[a] I. e. Germanus; Cf. Suetonii Caligul. c. 47.   [b] Cap. 3. Schmincke.

VITA CAROLI IMPERATORIS.

a Gens Merovingorum,[1] de qua Franci reges sibi creare[2] soliti erant, usque in Hildericum[3] regem, qui iussu b Stephani, Romani pontificis, depositus ac detonsus, atque in monasterium[4] trusus est, durasse putatur. Quae licet in illo finita possit videri, tamen iam dudum nullius vigoris erat, nec quicquam in se clarum praeter inane regis vocabulum praeferebat; nam et opes et potentia regni penes palatii praefectos, qui maiores domus dicebantur, et ad quos summa imperii pertinebat, tenebantur; neque[5] regi aliud relinquebatur, quam ut regio tantum nomine contentus, crine profuso, barba summissa, solio resideret, ac speciem dominantis[6] effingeret, legatos undecunque venientes audiret, eisque abeuntibus responsa[6] quae erat edoctus[7] vel etiam iussus, ex sua velut potestate redderet; cum praeter inutile regis nomen et precarium vitae stipendium, quod ei praefectus aulae, prout videbatur, exhibebat[8], nihil aliud proprii possideret, quam unam et eam[9] praeparvi[10] reditus villam, in qua domum et[11] ex qua famulos sibi necessaria ministrantes atque obsequium exhibentes paucae numerositatis habebat. Quocumque eundum erat, carpento[12] ibat, quod bubus iunctis, et bubulco rustico more agente, trahebatur; sic ad palatium, sic ad publicum populi sui conventum, qui annuatim ob regni[13] utilitatem celebrabatur[14], ire, sic domum redire solebat : c ad[15] regni amministrationem et omnia quae vel domi[16] vel foris agenda ac disponenda erant, praefectus aulae procurabat[17].

2. Quo officio tum[18] cum Hildericus deponebatur[19], Pippinus, pater Karoli regis iam velut hereditario[20] fungebatur. Nam pater eius Karolus, qui tyrannos[21] per totam Franciam dominatum[22] sibi vindicantes oppressit, et Sarracenos[23] Galliam occupare tem-

A ptantes duobus magnis proeliis, uno in Aquitania, apud Pictavium[24] civitatem, altero iuxta Narbonem[25] apud Birram[26] fluvium, ita devicit, ut in Hispaniam eos redire compelleret, eundem magistratum, patre Pippino sibi dimissum, egregie amministravit[27]; qui honor non aliis a populo dari consueverat, uam his, qui et claritate generis et opum amplitudine ceteris eminebant.

Huuc cum Pippinus, pater Karoli regis, ab a 'o et patre sibi et fratri Karlomanno[28] relictum, su na cum eo concordia divisum, aliquot[29] annis velut[2] sub rege memorato tenuisset, frater eius Karloma nus, incertum quibus de causis, tamen videtur uod amore conversationis contemplativae[30] succe sus, operosa temporalis regni amministratione[31] re icta,

B Romam se in otium contulit, ibique habitu pe nutato monachus factus, in monte Soracte[32] apud aecclesiam beati Silvestri constructo monasterio, cum fratribus secum ad hoc venientibus per aliquo annos optata quiete perfruitur. Sed cum ex Fr ncia multi nobilium ob vota solvenda Romam soll niter[33] commearent, et eum, velut dominum uondam[34] suum, praeterire nollent, otium quo m e delectabatur, crebra salutatione interrumpente cum mutare conpellunt[35]. Nam[36] huiuscemod frequentiam cum suo proposito officere vidisset, r licto monte, in Samnium[37] provintiam ad monaste ium sancti Benedicti situm in castro Casino[38] sec sit, et ibi, quod reliquum erat temporalis vitae, rcli iose conversando[39] complevit d.

C 3. Pippinus[40] autem, per auctoritatem Ro ani pontificis ex praefecto palatii rex constitutus[41], cum per annos 15 aut eo amplius e Francis solus i peraret, finito Aquitanico bello, quod contra aifarium[42], ducem Aquitaniae, ab eo susceptum, per

VARIANTES LECTIONES.

[1] al. merowingorum, meroingorum, meringorum, mervingorum 9 b. merwingorum 7 c. mercvingoru 8 c. [2] recreare B 2, 2 b, 3, b, d. procreare B 5, 3 b, c. 4. 4 b. [3] hildricum 1. 4 b, 8 b. 11. 11 b. c. d. B . 4. hildiricum 10 b, c. childericum. [4] m. sithiu 7. 7 b, c. [4*] nec 5. atque aliud regi non r. 3 b. [5] domina onis B. 2. [6] deest 2. [7] doctus 8 b. [8] exibebat 1. 2. 6. exihebat 5. [9] et eam deest 4 b. 8 b. [10] parvi 2. parvi 3. 3 b, c. 7. 8. 9. 11. 11 b, c, d. B 2 b. [11] deest 8 b. B 2. 2 b, 4. 4 b. [12] carpente B 2. [13] regn sae culo decimo tertio in regiam corruptum 1. regi 10 b. [14] celebratur B 2. [15] ita omnes saeculi IX et ac plerique saeculi XI codices. [16] domui 6. [17] curabat B 2. [18] corrigentis manu adiectum 1. o. cum cum h. 6, [19] disponebatur 3 b. 11. [20] h. iure 8 b. [21] ita omnes fere saec. X. et plerique saec. XI et XI . co dices; tirannos 1. [22] dominantes vel tum sibi vindicantes 2. dominantes o. 3 b. [23] saracenos 1. 2. 8 . et nonnulli codices recentiores. [24] pictavim 2. pictavum 2 c. 3. 3 c. 8. 10 c'. 11 c'. 11 d. [25] arbonam B . 4. 4 b. [26] byrram 3. 3 c. 4 b. 7. 9. 10 b. 10 c'. pyrram B 2. 2 b. buram 5 b. [27] administravit 3 b. 4 b. 5. 1 . B 2. 3 b. 5. [28] manu recentiori karlemanno 1. karolomanno 4 b. 8. 10 d'. carlomanno 5. [29] aliquod corr aliquot 1. [29*] deest 1. [30] contemplative 1. [31] administratione 4 b. 11. B 2. [32] saracte secunda manu 1. sora e 6. scrapti 11. syrapte B 2. syrapti 6 b. [33] sollempniter 3 b. 6. 10 c'. B 2. 3 e. solempniter B 3 b. ita sae ius. [34] deest, sed eadem manu appositum 1. [35] compellunt 4. B 2. [36] Cumque h. f. suo 1. [37] samniam 10 c'. 2. [38] cassinum B 2. cassino 1. 2. et alii multi. arce cassina 8 b. [39] deest B, 3 b, c. [40] pipinus 3 b. 11. B 2. 3 c. [41] constituitur. Cumque per 1. constitutus cumque 2. [42] gaufrarium 3 b. gaiferium 5. (constanter). g isfarium B 2.

NOTÆ.

a Cf. Suetonii Augustum c. 1.
b Zacharia mortuo, antequam jussu ejus Pippinus coronaretur, Stephanus antecessoris sui mandatum confirmasse putandus est. Ita et auctor fragmenti Urstisiani (SS. T. II, p. 76) nostrum intellexit. De secunda Pippini coronatione hic minime agitur.

c I. e. at.
d Cf. T. I. annales an. 753—755.
e Pippini regno a prima coronatione anno 752 computato, anni 16 et aliquot menses, a secun a et attonsione filiorum Karlomanni anno 754, anni 15 incompleti evadunt.

continuos novem annos gerebatur, apud Parisius[1] morbo aquae[2] intercutis[3] [a] diem obiit, superstitibus[4] liberis Karlo[5] et Karlomanno[6], ad quos successio regni divino nutu pervenerat. Franci siquidem, facto solemniter generali conventu[7], ambos sibi reges constituunt, ea conditione praemissa, ut totum regni corpus[8] ex aequo partirentur, et Karolus eam partem, quam pater eorum Pippinus tenuerat, Karlomannus vero eam, cui patruus eorum Karlomannus praecerat, regendi gratia susciperet[9]. Susceptae[10] sunt utrinque conditiones, et pars regni divisi iuxta modum sibi propositum ab utroque recepta est. Mansitque ista, quamvis cum summa difficultate, concordia, multis ex parte Karlomanni societatem separare molientibus, adeo ut quidam eos etiam bello committere sint[11] meditati. Sed in hoc plus suspecti[12] [b] quam periculi fuisse, ipse[13] rerum exitus approbavit, cum, defuncto Karlomanno[c], uxor eius[14] et filii cum quibusdam, qui ex optimatum eius numero priores[15] erant, Italiam fuga petiit[16], et nullis existentibus causis, spreto marito fratre, sub Desiderii, regis Langobardorum[17], patrocinium[18] se cum liberis suis contulit[19]. Et Karlomannus quidem post amministratum communiter[20] biennio[d] regnum morbo decessit; Karolus[21] autem, fratre defuncto, consensu omnium Francorum rex constituitur.

4. De cujus nativitate [e] atque infancia, vel etiam pueritia, quia neque scriptis usquam[22] aliquid declaratum est, neque quisquam modo superesse invenitur, qui horum se dicat habere notitiam, scribere ineptum iudicans, ad actus et mores ceterasque vitae illius partes explicandas ac demonstrandas, omissis incognitis, transire disposui; ita tamen [f] ut primo res

[A] gestas et domis et foris, deinde mores et studia eius, tum de regni amministratione et fine narrando, nihil de his[23], quae cognitu[24] vel digna vel necessaria sunt praetermittam[25].

5. Omnium [b] bellorum quae gessit, primo Aquitanicum, à patre inchoatum sed nondum finitum, quia cito peragi posse videbatur.[26] fratre adhuc vivo, etiam[27] et[28] auxilium ferre rogato, suscepit; et licet eum frater promisso frustrasset auxilio, susceptam expeditionem strenuissime exsecutus, non prius inceptu desistere aut semel suscepto labori[29] cedere voluit, quam hoc quod efficere moliebatur, perseverantia quadam ac iugitate[30] perfecto fine concluderet. Nam et Hunoldum[31], qui post Waifarii[32] mortem Aquitaniam occupare bellumque[33] iam pene[34] peractum reparare temptaverat, Aquitaniam relinquere et Wasconiam[35] petere coegit. Quem tamen ibi consistere non sustinens, transmisso amne Garonna[36], Lupo, Wasconum duci, per legatos mandat, ut[37] perfugam[38] reddat; quod ni[39] festinato faciat, bello se cum expostulaturum[40]. Sed Lupus, saniori usus consilio, non solum Hunoldum reddidit, sed etiam se ipsum cum provincia cui praeerat, ejus potestati permisit[41].

6. Compositis in Aquitania rebus eoque bello finito, regni quoque sotio[42] iam rebus humanis exempto, rogatu et precibus Adriani[43], Romanae urbis episcopi, exoratus, bellum contra Langobardos[44] suscepit. Quod prius quidem[45] et a patre eius[46], Stephano papa supplicante[47], cum magna difficultate suspectum est, quia quidam e primoribus Francorum cum quibus consultare solebat, adeo voluntati eius renisi sunt, ut, se regem desertos[48] domumque redituros, libera voce proclamarent[49] : suspectum est tamen[50] tunc contra Haistulfum[51] regem et celerrime

LECTIONES VARIANTES.

[1] parisios 3 b. 4. 4 b. 8 b. 10 c°. 11. B 2.   [2] atque 6.   [3] incutis B 2. nicutis B 2°. intercutaneo B 5. 3 b. 3 c. 3 d. 4. 4 b.   [4] fustibus 6.   [5] karolo 2 b. 2 c. 3. 3 h. 5. 7. 8. 9.   10 b. 11 b. 11 c°. B 2 b, 5.   [6] karlemanno 1. 2.*(6. 6 b.) 10 c. karolomanno 4 b.   8 b. karlomagno 11 c. charolomanno 11 d,   [7] cunventa 6.   [8] cor corr. corpus 1.   [9] susceperat 1. 2. 3.   [10] Susceptae *usque* recepta deest 3.   [11] sunt B 2.   [12] suspicionis 4 b. 8 b. *et tres Bouqueti codices*.   [13] ipsi B 2.   [14] eius quae dicitur teoberga 6.   [15] priores B 2.   [16] peteret 8 b. 4 b.   [17] longobardorum 5 b. 5. 10 c°. B 2°, 3. 3 b. 3 c, 3 d, 4, 4 b, 5.   [18] patrocinio, *2 manu corr.* patrocinium 1. patrocinio 5. B 3, 5 b, 3 c, 4 b.   [19] offerret 8 b. 4 b.   [20] communi 4.   [21] *editi hic capitis 4. initium ponunt.*   [22] unquam *corr.* usquam 1: unquam 2 c. 3. 11 b 11 c. 11 d. B 3, 5 c, 3 d, 4.   [23] eis B 2.   [24] condita vel digesta uel necessaria B 2.   [25] praetermittam. Explicit prologus. Incipit liber primus de amministracione regni et fine Karoli. Omnium 10 c°. Hic est pars prima in qua de bellis agitur 2.   [26] putabatur 8 b.   [27] deest 8 b. 4 b.   [28] deest 10 c°. B 3, 5 b, 5 c. 3 d. 4 b. 5.   [29] s. tamen e. 5? *Schmincke Bouquet*.   [30] labore 3 b. 11.   [31] ac i. deest 8 b. 4 b.   [32] unaldum 3. humoldum B 3 c. *hic et infra nonnulli*: hunaldum.   [33] uuai. pharii B 2. gaufarii 2.   [34] bellumque iam peractum reparare *in codicis 1 margine apposita sunt.*   [35] pene deest 1.   [36] guasconiam 3.   [37] garronna 2 c. garomna 4 b. 11. 11 b. garrona B 2. garona. B 2 b. garonna et aedificato castro frontiaco 5. 5°.   [38] deest 2 b. 2 c. 3. 5 b. 6. 11 c. 11 d.   [39] profugam 1. profugum 2.   [40] nisi 3. 3 c. 9. 10 c. B 3—4.   [41] postulaturum B 3—4. expulsurum *codex unus Bouq*.   [42] submisit 8 b. 4 b.   [43] socio *plurimi codd*.   [44] hadriani 1.   [45] longabardos 1. longobardos 3 b. 4. B 2 b. 5. 5 b. 5 d. 4. 4 b. 5. longobardus 6.   [46] deest B 2—4.   [47] eius sub. st. p. s. 1. 2. 2 b. 2 c. 3. 5°. sub *deest in reliquis; et Einhardum primo quidem sub (plicante) stephano papa scripsisse, tum vero supplicante remoto, sub non ita delevisse existamaverim, ut non scribarum aliqui id quoque recipiendum putaverint.*   [48] *in margine adiectum* 1.   [49] discerturos B 2.   [50] declamarent 3 b.   [51] tamen est 2. 3 b. 4. B 2—3. *alique*.   [52] haistolfum 8 b. 4 b. 10 c°. aistulfum 3. *constanter*.

NOTÆ.

[a] Cf. Suet. Neron. c. 5.

[b] I. e. suspicionis.

[c] Absona recentiorum commenta de Karlomanni obitus causa referre taedet.

[d] Karlomannus annis completis 769 et 770, anni 768 parte inde a die 9 Octobris, et multo majore anni 771, scilicet usque ad d. 4 Decembris, regnavit.

[e] Natus est anno 742 ex Einh. Vita cap. 31, die 2

[D] Aprilis ex Kalendario Laurishamensi sæculi IX. (Mabill. de Re diplom. suppl. c. 9.), Aquisgrani fortasse, ex Monacho Sangallensi l. II, c. 30, Ingelhemii auctore Godefrido Viterb. Partic. XVII, pag. 503. edit. Struv. *Pipinus moritur, consurgit Carolus acer, Natus in Ingelehein, cui Berta fit Ungara mater* (!).

[f] Cf. Suetonii August. c. 9.

[g] Cf. ibid. c. 10

completum. Sed [1] licet sibi et patri belli suscipiendi similis [2] ac potius eadem [3] causa subesse videretur; haud [4] simili tamen et labore certatum, et fine constat esse completum. Pippinus siquidem [5] Haistulfum regem paucorum dierum obsidione [6] apud Ticenum [7] compulit et obsides dare et erepta Romanis oppida [8] atque castella restituere, atque ut reddita non repeterentur; sacramento fidem facere; Karolus [9] vero post inchoatum a se bellum non prius destitit, quam et Desiderium regem, quem longa obsidione fatigaverat, in deditionem susciperet, filium [10] eius Adalgisum, [11] in quem [12] spes omnium inclinatae videbantur [13], non solum regno sed etiam Italia [14] excedere [15] compelleret, omnia [16] Romanis erepta restitueret, Hruodgausum [17], Foroiuliani [18] ducatus praefectum, res novas molientem [19] obprimeret, totamque Italiam suae ditioni subiugaret, subactaeque filium suum Pippinum regem imponeret. Italiam intranti quam difficilis Alpium transitus fuerit, quantoque Francorum labore invia montium iuga et eminentes in coelum scopuli atque asperae cautes [20] superatae sint, [21] hoc loco describerem [22], nisi vitae illius modum potius quam bellorum quae gessit eventus memoriae [23] mandare praesenti opere animo esset propositum. Finis tamen huius belli fuit [24] subacta Italia, et rex Desiderius perpetuo exilio deportatus, et filius eius Adalgisus Italia pulsus, et res a Langobardorum [25] regibus ereptae, Adriano [26], Romanae aecclesiae rectori, restitutae.

7. Post cuius finem Saxonicum, quod quasi intermissum videbatur, repetitum est; quo [27] nullum neque prolixius, neque atrocius Francorumque populo laboriosius susceptum est, quia Saxones, sicut omnes fere Germaniam incolentes nationes, et natura feroces, et cultui daemonum dediti, nostraeque religioni contrarii, neque divina neque humana iura vel polluere vel transgredi inhonestum arbitrabantur [28], Superant et causae quae cotidie [29] pace conturbare poterant, termini videlicet nostri [30] et illorum paene [31] ubique in plano contigui, praeter pauc loca, in quibus vel silvae maiores, vel montium [32] iu a interiecta utrorumque agros certo limite disterm nant, in quibus caedes et rapinae a vel [33] incendia vi issim fieri non cessabant; quibus adeo Franci sunt ir itati, ut non iam [34] vicissitudinem [35] reddere, sed ap rtum contra [36] eos bellum suscipere dignum iudic rent. Susceptum est igitur [37] adversus [38] eos bellum, quod magna [39] utrimque animositate, tamen maiore axo num quam Francorum dampno [40], per continu s triginta tres annos gerebatur. Poterat siquidem itius finiri, si Saxonum hoc perfidia pateretur. D cila dictu [41] est, quoties [42] superati ac supplices regi e dediderunt [43], imperata facturos polliciti sunt, o sides qui imperabantur absque dilatione dederunt, l atos qui mittebantur susceperunt, aliquoties [44] ita omiti et emolliti [45] ut etiam cultum daemonum dimitt re et Christianae religioni se subdere velle promitte ent: sed sicut ad haec facienda aliquoties [46] proni [47], ic ad eadem pervertenda semper fuere praecipites, n n sit [48] ut [49] satis aestimare [50], ad utrum horum faci iores verius [51] dici possint, quippe cum post inchoatu cum eis bellum vix ullus [52] annus exactus sit, quo n n ab eis huiuscemodi [53] facta sit permutatio. Sed ma animitas regis, ac perpetua tam in adversis qu m in prosperis mentis constantia, nulla eorum muta ilitate [54] vel vinci poterat, vel ab his quae agere coep at [55] defatigari; nam nunquam eos huiuscemodi a quid perpetrantes inpune [56] ferre passus est, quin au ipse per se [b] ductorem [57], aut per comites suos misso xercitu, perfidiam ulcisceretur et dignam ab eis iger ret poenam [58], usque dum, omnibus qui resiste e so lebant profligatis et in suam potestatem redacti, de cem millia hominum ex his qui utrasque ripa Al-

---

VARIANTES LECTIONES.

[1] Sed licet *usque* completum *deest* 10 f. 10 g. [2] aut similis 3. similis *in cod.* 1. *omissum sed eadem anu suppletum.* [3] eandem, *corr.* eadem 1. eindem causam B 2. eadem causam 6. [4] haut 3 b. 10 c². B 3 5 b. 4 b. aut B 2. [5] quidem *corr.* siquidem 4. [6] obsiditione, *corr.* obsidione 1. [7] ticenum *corr.* ticinum ticenum 3 c. 4. 6. 6 b, 10 b. B 2. 5. [8] opida, *corr.* oppida 1. [9] karlus 4, B 2. [10] et filium 8 b. 4 b. filiu que 3. 6 b. 11. [11] adaugisum 3 c. 3 c*. *ita et infra.* [12] quo B 2. [13] inclinate uidebantur, *corr.* inclinata uide atur. 1. inclinata uidebantur *corr.* uidebatur B 2. [14] italiam B 2. italiam cedere B 4 b. hitalia 3 b. [15] ceder B 3 —4, decedere 8 b. 4 b. [16] omnia r. e. r. *deest* 11. [17] hruadgausum B 2, ruodgausum 4 b. 10 b. c. 11. 1 b. B 5. ruotgausum B 3. ruothgausum B 3 b. c. ruothogausum B 3 d. rodgausum B 4. 4 b. rodgausum 2 c. ruoguausum 3. hruodgaudum 3 c. ruodgaudum 3 c*. 8 b. [18] foroiuliani *corr.* foroiulani B 2. foroiulan 6 b. B 2*. foroiulii 3. [19] molientes, *corr.* molientem 1. [20] caute B 2. [21] sunt 3. 5 b. [22] discriberem 2. [23] *deest* 3. [24] *deest* B 2. [25] longobardorum 3 b. 10 c*. B 3 —5. [26] hadriano 4. 8 b, 4 b. 6 b, [27] quod 6. B 2. [28] arbitrantur 8 b. 4 b. [29] cothidie 3 b. cottidie B 2 cottidie B 3 —5. quotidie *editi.* [30] v. francoru 3. [31] poene 1. [32] motium, *corr.* montium 1. [33] vel 1. *reliqui omnes et-legere videntur.* [34] *deest* B 3 4. [35] vices 7 a. 7 b. 8 b. 10 f. h. 15. [36] adversus 5. [37] ergo 3. [38] contra 8 b. 4 b. B 2. 3 —4. [39] ma ima 3 b. [40] damno 4. 4 b. 8 b. B 2. 3 —5. [41] dictum 6. B 2. 5. [42] quotiens 2. 3 b. 6 b. 11 B 2 —5. [43] dederunt 1. 2 b. 3 c. 6 b. 8. 10 b, c. B 2 —5. dediderint .. sint .. dederint .. susceperint 8 b. 4 b. [44] aliquotiens 3 b. 11. B 2. 3. 4. [45] molliti B 2. [46] aliquoties ad haec facienda 1. [47] *deest* B 3 —4. [48] si 11 . sic 7. 7 c. [49] ut non sit satis 2 b, 2 c. 10 b. 10 c, 11 c. 11 d. B 3 —5. ut non satis sit 7 a, b, c, d. 9 b. 10 f, h. 15. ut non satis potest 8. ut non facile aestimare possis 8 b. [50] estimari 11. 11 b. [51] ferius 4. [52] ille 2 b. 2 c. 3. 3 b. 3 c. 10 f. 11 b. 11 c. 11 d. [53] huiuscedi, *corr.* huiuscemodi ab eis 1. [54] multabilitate 1. [55] ae coeperant 1. [56] inpugne *corr.* iupune 1. [57] ductorem 1. 2. 2 b; *deest* 2 c; *reliqui omnes* ducto. Cf *infra cap.* 12 : « una et quam per se gesserat expeditione. » [58] p. e. 5. 3 b. 4. 8 b, 4 b. 6. 10 b. 10 c* B 2 —5.

NOTÆ.

a *vel* a scriptoribus hujus aevi eadem significatione qua *et* usurpatur. D
b Suet. Aug., c. 20.

bis¹ fluminis incolebant, cum uxoribus et parvulis sublatos² transtulit, et huc atque³ illuc per Galliam et⁴ Germaniam multimoda divisione distribuit⁵. Eaque conditione a rege proposita et ab illis suscepta, tractum per tot annos bellum constat esse finitum, ut abiecto daemonum cultu⁶ et relictis patriis caerimoniis⁷, christianae fidei atque religionis sacramenta susciperent, et Francis adunati, unus cum eis populus efficerentur⁸.

8. Hoc bello⁹, licet permultum temporis spatio¹⁰ traheretur, ipse non amplius cum hoste quam bis acie conflixit, semel iuxta montem qui Osnengi¹⁰* dicitur, in loco Theotmelli¹¹ nominato, et iterum apud Hasa¹² fluvium ᵃ, et hoc uno mense paucisque¹³ interpositis diebus. His duobus proeliis hostes adeo profligati ac devicti sunt, ut¹⁴ ulterius¹⁵ regem neque provocare, neque venienti resistere, nisi aliqua loci munitione¹⁶ defensi, auderent. Plures tamen eo bello tam ex nobilitate Francorum quam Saxonum, et functi summis honoribus, viri¹⁷ consumpti sunt; tandemque anno tricesimo tertio ᵇ finitum est, cum interim tot ac tanta in diversis terrarum partibus bella contra Francos et exorta sint et sollertia regis administrata, ut merito intuentibus in dubium venire possit, utrum in eo aut laborum patientiam, aut felicitatem potius mirari conveniat: Nam biennio ante Italicum hoc bellum sumpsit exordium, et cum sine intermissione gereretur, nihil tamen ex his quae alicubi¹⁸ erant¹⁹ gerenda dimissum, aut ulla in parte ab aeque operoso certamine cessatum est: nam rex, omnium qui sua aetate gentibus dominabantur²⁰, et prudentia maximus et animi magnitudine praestantissimus, nihil in his quae vel suscipienda erant vel A exequenda²¹, aut²² propter²³ laborem detractavit²⁴ aut propter periculum exhorruit, verum unum quodque²⁵ secundum suam qualitatem et subire²⁶ et ferre doctus, nec in adversis cedere, nec in prosperis false blandienti fortunae adsentiri²⁷ solebat.

9. Cum enim assiduo ac paene continuo cum Saxonibus²⁸ bello certaretur, dispositis per congrua confiniorum loca praesidiis, Hispaniam quam maximo poterat belli apparatu adgreditur, saltuque Pyrinei²⁹ superato, omnibus quae adierat oppidis atque castellis in deditionem acceptis, salvo et incolomi³⁰ exercitu revertitur; praeter quod in ipso Pyrinei³¹ iugo Wasconiam³² perfidiam³³ parumper³⁴ in redeundo³⁵ contigit experiri. Nam cum agmine longo, ut³⁶ loci et angustiarum situs permittebat, porrectus iret exercitus, Wascones³⁷, in summi montis vertice positis insidiis — est enim locus ex opacitate silvarum, quarum ibi maxima est copia, insidiis ponendis oportunus³⁸ — extremam impedimentorum partem, et eos, qui novissimi agminis incedentes, subsidio³⁹ praecedentes tuebantur, desuper incursantes, in⁴⁰ subiectam vallem deiciunt⁴¹, consertoque⁴² cum eis proelio, usque ad unum omnes interficiunt⁴³, ac direptis⁴⁴ impedimentis, noctis beneficio, quae iam instabat, protecti, summa cum celeritate⁴⁵ in diversa disperguntur. Adiuvabat in hoc facto Wascones et levitas armorum, et loci⁴⁶ in quo res gerebatur situs; e contra⁴⁷ Francos et armorum gravitas et loci iniquitas per omnia Wasconibus reddidit⁴⁸ impares. In quo proelio Eggihardus⁴⁹ regiae mensae praepositus, Anselmus⁵⁰ comes palatii, et Hruodlandus⁵¹ Brittannici⁵² limitis praefectus, cum⁵³ aliis compluribus interficiuntur. Neque

VARIANTES LECTIONES.

¹ albe 6 b. aluis 10 c*. B 2. albi B 3 — 4. ² sublato 4. ³ et 2. ⁴ deest 1. atque 2. 10 c*. ⁵ distibuit, corr. distribuit 1. ⁶ abiecta d. cultura 10 g. h. 11. ⁷ caeromoniis 6. ⁸ efficeretur 1. ⁹ bellum 2. 2 b. 2 c. 3*. 5 c. 11. 11 b. 11 c. 11 d. B 3 — 4. ¹⁰ per multum. spatium 2. 2 b. 2 c. 3*. 5 b. 5 c. 4. 8 b. 4 b. 6. 6 b. 7. 7 c? 7 d? 8. 9. 9 b? 10 b. 10 c. 10 f? 10 g? 11. 11 c. 11 d. 12? 13. B 2 — 5. ¹⁰* osnengi 1. 13. osnigni 3 b. hosneggi 3 c. 5 c*. neggi 5. 5*. osieedi 8. *reliqui* osneggi ¹¹ theohtm . . . 2. tcotmalli 3. tcetmelli 3 b. theofmille B 2. theothmelli 9. 10 b. theotinelli 8. 10 c*.11 c. theotinolli B4. 4 b. theotmolli B 3. 3 b. 5 d. theotmolli B 3 c. thietmelli 3 c*. thietmellē 8 b. ¹² asa 3. B 5 c. uasara, *corr.* uasera 5 b. hasam 8 b. 4 b. 5. asam 6. hesa B 2. ¹³ paucisque 1. 2. 2 c. *reliqui* paucis quoque. ¹⁴ deest B 2. 5. ¹⁵ uterius *corr.* ulterius 1. ¹⁶ minutione B 2. ¹⁷ consumpti sunt viri 1. ¹⁸ deest 5. aliubi *corr.* alibi 3 c. B 2. alibi 2. 3 b. B 3 — 4. ¹⁹ erant gerenda *omnes fere praeter* 1. ²⁰ dominabantur, *corr.* dominabatur 4. dominabatur B 3 — 5. ²¹ exsequenda 4. ²² a. p. l. d. *deest* 5 b. ²³ per B 2. ²⁴ detrectavit edd. decretavit 6. ²⁵ unum quoque 1. ²⁶ subripere B 2. surripere B 3 — 5. ²⁷ assentire 2. 3 b. 5 c. 8 b. 4 b. 11. B 3 — 5. adsentire 5. ²⁸ xonibus *corr.* saxonibus 1. ²⁹ pirenei 2. 3 b. 11. B 2 — 4. pirinei 3. 6. perinei 6 b. pyrenei et pyrenaei *editi.* ³⁰ incolumi *edd.* ³¹ pyrenei 3 b. B. 2. et *editi.* pirenei 11. B 3 — 4. pirinei 4. ³² uuasconicam 2 b. 4. 6. 8 b. 4 b. 8. 9. 11. 11 b, c, d. B 2 b. uuasconeam 11 c*. uuasconum 2 c. 3*. 7. guasconum 3. ³³ *deest* 3 b. ³⁴ *deest* 6. ³⁵ parumper in r. *deest* 10 g. 11. ³⁶ *hic incipit codex* 10. ³⁷ uuasconi B 2. *Ceterum editi ubique* uascones *scribunt*. ³⁸ opotunus *corr.* oportunus 1. ³⁹ subsidia B 2 — 4. ⁴⁰ *ab ipso scriptore adiectum* 1. ⁴¹ deitiunt 1. ⁴² certoque B 2. ⁴³ interfitiunt 1. ⁴⁴ directis *corr.* direptii 1. directis 6. 11. ⁴⁵ celebritate 6. ⁴⁶ locis B 2. ⁴⁷ et contra 3 b. 6. ⁴⁸ reddit 1. *et alii nonnulli.* ⁴⁹ eggihardus 3 c. eggibardus 2. 2 b. 5 b. 5 c. eggibaldus 2 c. eggiardus 11 d. B 2 b. eghartus 8 b. egbardus 8 c. aggibardus 1. agibardus 5. ekkbiardus 4 B. ekkibardus B 3 d. ekihardus B 3. 5 b. 4. 4 b. ekiardus B 3 c. ⁵⁰ anshelmus 4 B. 8 b. 8 c. 4 b. 10. 10 b. 10 c. B. 3 — 5. anshelmis B 2. ⁵¹ ita 1. 6. 6 b. 7. 11 c. 11 c*. 13. hruodlandus 2. hruoldandus 2 b. 11 d. hroadlandus 12. hrodlandus 5. hrollandus 4 b. hunoldus 8. 8*. ruodlandus 5. 7 b. 10. 10 c. 11. 11 b. ruodlannus 10 c*. ruothlandus 9. ruotlandus 4 b. 10 b. ruholandus 3 b. rotlandus 5. 3*. 5 c. rutlandus 7 c. 7 d. 8 b. 8 c. 9 b. 10 c. 10 f. 10 g. 15. *de codicum* 9 c. 14. 16. 17. *lectione non constat. Codices omnes* B *et* 4 B. *verba* et hruodlandus brittannici limitis praefectus *omittunt.* ⁵² brittanici *corr.* britannici 1. britannici 3 b. 6. 11. britanici 8 b. 4 b. ⁵³ cum aliis compluribus *omissa sed ab ipso scriptore adiecta* 1.

NOTAE.

ᵃ Prope Osnabrugam, in loco qui medio aevo Schlachtvorderberg, jam *die Clus* audit. ᵇ Duraverat annis 772 —

hoc factum ad praesens vindicari poterat, quia hostis re perpetrata ita dispersus est, ut ne fama quidem remaneret, ubinam ⁴ gentium ² quaeri potuisset.

10. Domuit ᵃ et Brittones ²ˣ qui ad occidentem in extrema quadam parte Galliae'³ super litus occeani ⁴ residentes, dicto audientes ⁵ non erant, missa in eos expeditione, qua ⁶ et obsides dare, et quae imperarentur se facturos polliceri, coacti sunt. Ipse postea cum exercitu Italiam ingressus, ac per Romam iter agens, Capuam, Campaniae urbem, accessit, atque ibi positis castris, bellum Beneventanis, ni dederentur ⁷, comminatus est. Praevenit hoc dux gentis Aragisus ⁸, filios suos, Rumoldum ⁹ et Grimoldum ¹⁰, cum magna pecunia obviam ¹¹ regi mittens, rogat, ut obsides ¹² filios ¹³ suscipiat, seque cum gente imperata facturum pollicetur, praeter ¹⁴ hoc solum, si ipse ad conspectum venire cogeretur ¹⁵. Rex ¹⁶, utilitate ᵇ gentis magis quam animi eius obstinatione considerata, et oblatos ¹⁷ sibi obsides ¹⁸* suscepit, eique, ut ad conspectum venire non cogeretur, pro magno munere concessit; unoque ex filiis, qui minor erat, obsidatus gratia retento, maiorem patri remisit, legastisque ob sacramenta fidelitatis a Beneventanis exigenda atque suscipienda cum ᶜ Aragiso ¹⁹ dimissis, Romam redit ²⁰; consumptisque ²¹ ibi in sanctorum veneratione locorum aliquot ²² diebus, in Galliam revertitur.

11. Baioaricum ²³ deinde bellum et repente ortum et celeri fine completum est. Quod superbia simul ac socordia Tassilonis ducis excitavit; qui hortatu ²⁴ uxoris, quae filia Desiderii regis erat, ac ²⁵ patris exilium per maritum ulcisci posse putabat, iuncto foedere cum Hunis ²⁶, qui Baioariis ²⁷ sunt ab oriente contermini ²⁸, non solum inperata non facere, sed bello regem provocare temptabat. Cuius co tumaciam, quia nimia ²⁸* videbatur, animositas reg s ferre nequiverat, ac proinde, copiis undique contrac s Baioriam petiturus, ipse ad Lechum ²⁹ amnem c magno ³⁰ venit exercitu. Is ³¹ fluvius Baioarios ab amannis ³² dividit. Cuius in ripa castris conlocatis, priusquam provinciam intraret, animum ducis per legatos statuit experiri. Sed nec ille pertinaciter ag re vel sibi vel genti utile ratus, supplex se regi per isit ³³, obsides qui inperabantur dedit, inter ios et filium suum Theodonem ³⁴; data ³⁵ insuper f e cum iuramento, quod ³⁶ ab illius potestate ³⁷ ad ³ defectionem ³⁹ nemini ⁴⁰ suadenti ⁴¹ adsentire ⁴² eberet. Sicque ⁴³ bello, quod quasi maximum futuru videbatur, celerrimus est finis impositus. Ta ilo ⁴⁴ tamen postmodum ad regem evocatus ⁴⁵, nequ redire permissus; neque provincia ⁴⁶ quam te ebat, ulterius duci ⁴⁷, sed comitibus ad regend commissa est.

12. His motibus ita compositis, Sclavis qui nostra consuetudine Wilzi ⁴⁸, proprie ⁴⁹ vero, id e t ⁵⁰ sua locutione ⁵¹, Welatabi ⁵² dicuntur, bellum i latum est. In quo et Saxones, velut auxiliares ⁵³, ter ceteras nationes quae regis signa iussae se uebantur, quamquam ficta et minus devota oboe ientia, militabant. Causa belli erat, quod Abodrito ⁵⁴, qui cum Francis olim foederati erant ⁵⁵, assidu incursione lacescebant ⁵⁶, nec iussionibus coerce i poterant. Sinus d quidam ⁵⁷ ab occidentali ⁵⁸ oc ano ⁵⁹ orientem versus porrigitur, longitudinis qui m inconpertae, latitudinis ⁶⁰ vero ⁶¹, quae nusqu centum milia passuum excedat, cum in multis loc s con-

VARIANTES LECTIONES.

¹ ubi B 2—5. ² deest B. 3—4. 4 B. ²* britones 3 b. 4 b. 10 b. 11. B 5, 3 c. 5. ³ galileae 6. ⁴ cccani 1. 2. 3 b. reliqui oceani. ⁵ obedientes 10. obaudientes 11. B 3 c. 5. ⁶ deest 3 qui 1. 2. et fort se alii nonnulli. ⁷ sese dederent 8 b. 4 b. ⁸ aritgisus 3. arigisus 10 c. ⁹ romulum 6 b. 7. romal um 3. romoldum B 2. ¹⁰ grimodum corr. grimoldum 1. grimaldum 3. grimoaldum 8 b. 4 b. ¹¹ deest 1. ¹² fil os obsides 3, 5 b. 5. 10. 10 b. 10 c. 11. B 3—5. 4 B. filios suos obsides 2. ¹³ filios suos B 2. ¹⁴ praeter h s. i. a. c. v. cogeretur deest. ¹⁵ non cogeretur 3. 5 b. 5 c. 8 b. 4 b. 8. 10 b. 10 c. 4 B. ¹⁶ Porro rex B — 5. ¹⁷ ablatos B 2. ¹⁸* pro obside 8b. ¹⁹ aragisio 5. 6. arigiso 10 c'. B 5 b, c, d. argiso B 3. 4. ²⁰ rediit B 5. 4 B. ²¹ consummatisque B 3 c. consummatis 5. 3 b. 3 d. 4. 4 b. B 4. ²² aliquod 1. 2. aliquid 6. ²³ baioric 3 b. bawoaricum 10 b. boioaricum B 3 d. ita deinceps ⁷ ortatu 1. 2. et alii nonnulli. ²⁵ hac 1. 2. ²⁶ hunis glossa ungaris 10 c. ²⁷ baioariis gl. abarie 10 c. bubatiis 10 c ²⁸ conuertimini 4. ²⁸* himio B 2. ²⁹ Iechnum B. leguchum B 5. ³⁰ maximo 3 b. 4. 8 b. 4 b. 11. B 5—5. ³¹ His 3 b. ³² alemannis 8 b. 4 b. 11. ³³ subiec t 8 b. ³⁴ teodonem 3. ³⁵ dedit i. fidem 1. data i. fide reliqui. ³⁶ q. illius ad 11 c. q. ad illius 11 d. ³⁷ fide 11 c'. est 10 g. ³⁸ ac defensione 3. ad defensionem deest 2 c. ³⁹ defensionem 2. 2 b. 1 b. B 2 b. d. sui 6 b. ⁴⁰ nullo 2. 3. b. 3 d. 4. 4 b. 5. nulli B 3 c. ⁴¹ suadente B 3 b. 3 d. p. nemini defectionem suadenti 8 b. 4 b. p nulli defectionem suadenti B 2 b. p. ac defensione nemini defectionem suadenti Chesn. Bouq. (arbitrio ce te suo ex diversis codicum lectionibus conflata.) ⁴² adsentiri 5. 6. 7. assentiri 2. 3 b. 3 c. 11. 11 b. ⁴³ Sique corr. Sicque 1. ⁴⁴ tassalo 5 b. ⁴⁵ vocatus corr. evocatus 1. ⁴⁶ provinciam B 2. provincia 1. provinciae.... praees 3 b. ⁴⁷ uti B 5—4. ⁴⁸ wilci 3. uiulci 3 b. wilti 6. 7. willzi 4 b. vuilsi 8 b. uulci 11. nulzi B 2. vvlzi au vvlti B 5. ⁴⁹ propria 2. 3. B 4, 4 b. ⁵⁰ id est deest B 2. ⁵¹ elocutione 4 b. lingua 8 b. ⁵² uueletabi 2. 3 b. 11, welezabi 3. weletabili 3 c. velatabi 7. weltabi B 5. ⁵³ auxiliatores 6. 6 b. 7. 10 b. B 2. 3—5. ⁵³* ius e 3 b. iussa 6 b. et iussa 7. iussa corr. iussae B 3. ⁵⁴ abotritos 3 b. 4, 8 b. 11. abodritos 5 b. ⁵⁵ fuerant 7. ⁵⁶ lacessebant 3. 4. 5. 8 b. 4 b. B 3—5 et alii fortasse: lacessabant 3 b. B 2. lacessaebant 6 b. ⁵⁷ quidem 2 c. 3. 3 c. 11 b. 11 c. 11 d. reliqui quidam. ⁵⁸ deest 8 b. ⁵⁹ occeano 5 b. B 2. ⁶⁰ latitudinis centu milia passuum excedit 10. 10 b. 1(c. 10 c'. Bredowius pag. 170 ita et codicem Bodleianum legere animad ertit quod unde habuerit mihi non liquet, quum Schminkius p. 63 ea de re nihil dicat. ⁶¹ huius q. 3.

NOTÆ.

ᵃ Cf. Suet. Aug., c. 21.
ᵇ l. e., virtute.
ᶜ l. e., apud Aragisum. Cf. Chron. Moissiac., an. 809, 812, Annal. Laurissenses, an. 784; Gregorii Tu-

ᴰ ron. Hist. epit.; c. 52.
ᵈ Cf. Adami Bremensis Hist. ecclesiasticam, ib. II cap. 9, sqq., et de Situ Daniae, cap. 217, sqq

tractior¹ inveniatur. Hunc multae circum sedent nationes; Dani² siquidem ac Sueones³, quos Nortmannos⁴ vocamus, et septentrionale litus et omnes in eo insulas tenent. At⁵ litus australe Sclavi et Aisti⁶ ᵃ, et aliae diversae incolunt nationes; inter quos vel praecipui sunt, quibus tunc⁷ a rege bellum inferebatur⁸, Welatabi⁹. Quos ille una tantum, et quam per se gesserat, expeditione ita contudit¹⁰ ac domuit, ut ulterius imperata facere minime renuendum¹¹ iudicarent.

13. Maximum omnium quae ab illo gesta sunt bellorum, praeter Saxonicum, huic bello successit, illud videlicet, quod contra Avares¹² vel¹³ Hunos¹⁴ susceptum est. Quod ille et animosius quam cetera et longe maiori apparatu administravit. Unam tamen per se in Pannoniam — nam hanc provinciam ea gens tum¹⁵ incolebat — expeditionem fecit; cetera¹⁶ filio suo Pippino¹⁷ ac praefectis¹⁸ provinciarum, comitibus¹⁹ etiam atque legatis, perficienda commisit²⁰. Quod cum ab his²¹ strenuissime fuisset administratum, octavo²² tandem²³ anno completum est. Quod²⁴ ᵇ proelia in eo gesta, quantum sanguinis effusum sit, testatur vacua²⁵ omni habitatore²⁶ Pannonia, et locus in quo²⁷ regia Kagani²⁸ erat, ita desertus²⁹, ut nec³⁰ vestigium quidem in eo humanae habitationis appareat. Tota in hoc bello Hunorum nobilitas periit³¹, tota gloria decidit. Omnis pecunia³² et congesti³³ ex longo tempore thesauri direpti³⁴ sunt, neque ullum bellum contra Francos exortum humana potest memoria recordari, quo illi magis ditati et opibus aucti sint³⁵. Quippe cum usque in³⁶ id temporis pene³⁷ pauperes viderentur,

A tantum auri et argenti in regia repertum, tot spolia praetiosa in proeliis sublata, ut merito credi possit³⁸, hoc Francos Hunis³⁹ iuste eripuisse, quod Huni prius aliis⁴⁰ gentibus iniuste eripuerunt. Duo tantum ex proceribus Francorum eo bello perierunt, Aericus⁴¹ dux Foroiulanus⁴², in Liburnia iuxta Tharsaticam⁴³, maritimam civitatem, insidiis oppidanorum⁴⁴ intercoeptus⁴⁵, et Geroldus⁴⁶ Baioariae praefectus, in Pannonia, cum contra Hunos⁴⁷ proeliaturus aciem instrueret⁴⁸, incertum a quo, cum duobus tantum qui eum obequitantem ac singulos hortantem comitabantur⁴⁹, interfectus est. Caeterum incruentum pene⁵⁰ Francis hoc bellum fuit, et prosperrimum exitum habuit, tametsi diutius magnitudine sui⁵¹ traheretur.

B 14. Post quod et Saxonicum suae⁵¹ᵃ prolixitati⁵² convenientem finem accepit⁵³. Boemanicum⁵⁴ quoque et Linonicum⁵⁵, quae postea exorta sunt, diu durare non potuerunt; quorum utrumque ductu Karoli iunioris celeri fine completum est. Ultimum⁵⁶ contra Nortmannos, qui Dani vocantur, primo pyraticam⁵⁷ exercentes, deinde maiore⁵⁸ classe litora Galliae atque Germaniae vastantes, bellum susceptum est. Quorum rex Godefridus⁵⁹ adeo⁶⁰ vana spe inflatus erat, ut sibi totius Germaniae⁶¹ promitteret potestatem; Frisiam⁶² quoque atque⁶³ Saxoniam haud aliter atque⁶⁴ suas provincias aestimabat; iam Abodritos⁶⁵, vicinos suos, in suam ditionem redegerat; iam eos sibi vectigales fecerat. Iactabat etiam⁶⁶, se brevi Aquasgrani⁶⁷, ubi regis comitatus erat, cum maximis

C copiis adventurum; nec dictis eius, quamvis vanissimis⁶⁸, omnino fides abnuebatur, quin potius⁶⁹ pu-

VARIANTES LECTIONES.

¹ contretior B 2. ² tam 2. 3 b. ³ suesones 1. suessones 2. 3. suaues 5 b. ⁴ nordmannos 4. 8 b. 4 b. sic et infra. nordemannos 5. normannos 2. 3. 3 b B 2. normanos B 3. normanos B 4. normiannos B 4 b. ⁵ Ad B 2. ⁶ haisti 11. aistri B 5 c. al. agisti Bouq. ⁷ nunc corr., tunc 4. ⁸ inferebantur 1. ⁹ uelathabi 1. uuelatabi 3 c. ueletabi 2. 3 b. 11. B. 3—4 weltabi B 5. ¹⁰ contulit 1. 3. 6. 6 b. 8. 10 c. B 2. c. conculit 3 c perculit 3 b. contulit, corr. centudit 10. contrivit 10 b. ¹¹ renuendum 5 b. 8 b. 4 b. B 3. c. et alii fortasse. ¹²auaros B 2—4. abaros B 5. ¹³siue 4. 8 b. 4 b. 11. B 2—5. ¹⁴hunnos B 2. ¹⁵ ea gestum B 2. ¹⁶ ceteras 8 b.... perficiendas B. 3—4 cetera et f. 2. ¹⁷ pipino 3 b. 8 b. B 2. 3 c. ¹⁸ praefectus B 2. ¹⁹ deest B 2. ²⁰ comissit 1. ²¹ iis B 2. hiis B 2. ²² VIIII B 3. 5 b. 4. 4 b. nono B 3 c. ²³ tamen 3 b. ²⁴ Quod 1, 2. 3 b. 6. 6 b. ²⁵ vascua 3. ²⁶ habitatione 3—4. ²⁷ qua B 2. ²⁸ cagani 3 b. 8 b. kagan 4 b. pagani B 2. ²⁹ disertus 2. ³⁰ ne 2. 4. 8 b. 4 b. 5. 10. 10 b. 10 c; 11. B 2—5. et Parisienses fortasse. ³¹ perit B 2. ³² pecunia 1. 2. 5. 6. reliqui pecunia. ³³ coniecti 3. ³⁴ disrepti B 2. ³⁵ sunt corr. sint 1. sunt B 2. ³⁶ deest, sed a scriptore additum 1. ³⁷ poene B 2. ³⁸ posset 8 b. 4 b. 9. B 2. 2 b. ³⁹ hunis ... huni, corr. hunnis ... hunni B 2. ⁴⁰ alius 1. ⁴¹ oelricus 1. aricus B 2 b. ericus 4. 8 b; 4 b. 6. 10 c. B 2—5. ericius 10. 10 b. erich 3. hericus 2. 2 c. 3 b. 3 c. 6 b. 7. 11. 11 b. herico 3. 3ᶜ. henricus 2 b. 10 g. 11 c. 11 d. ⁴² in foro iulanus in 1. B 2. foroiulani 3. 4. 3 b. foroiulianus 2. 8 b. 4 b. 5. 7. 10. 10 b. 10 c. 11 d. B 3—4. foroiuliani 9. foroiulii 2 c. 2 c. 11 c. foroiulianorum 8. ⁴³ thraraticam 1. tarsaticam B 4 b. B 3—4. tarsicam 2. B 2. asaticam 3. ⁴⁴ opidariorum B 2—4. ⁴⁵ intercoeptus 1. reliqui interceptus. ⁴⁶ geroltus 8 b. 4 b. gerulus 3 b. 3 c. 3 cᶜ. geruldus 13. giraldus 3. ⁴⁷ hunos corr. hunnos B. 2. unos 3. ⁴⁸ instrueret 1. 2 b., 2. 8. 9. 8 b. 4 b. instrueret corr. construeret 10. construeret 3 c. strueret 2. 3. 3 b. 4. 5. 6 b. 7. 10 b c. 10 f. 11. 11 b. 11 c. 11 d. B 2—5. ⁴⁹ commitabantur B 2. ⁵⁰ poene B 2. ⁵¹ ita 1. sua magnitudine 8 b. 4 b. reliqui sui magnitudine. ⁵¹ᵃ sua prolixitate 3 b. B 2. ⁵² prolixiati corr. prolixitati 1. ⁵³ hic in editis cap. 14. incipit. ⁵⁴ boematicum 3 b. ⁵⁵ liuonicum 3. 3 b. limonicum 6. liuonicum al. liconicum al. lilonicum 8 b. linomicum B 5. ⁵⁶ U. quoque 8 b. ⁵⁷ piraticam 3 b. 8 b. 4 b. 11. B 3. 5 b. ⁵⁸ maiori omnes quos inspexi praeter 1. ⁵⁹ godofridus 4. 5. 6 b. 10. B 2—4. godifridus 6. gotefridus 10 b. gotofridus 3 b. 11. gotofredus 3. ⁶⁰ adeo usque potestatem deest 3. ⁶¹ germarnie 1. ⁶² fresiam 2. B 5. ⁶³ et 8 b. ⁶⁴ quam B 3—4. ⁶⁵ abodricos 1. abotritos 8 b. abodyros 3 c. obodritos 11. ⁶⁶ enim B ⁶⁷ aquisgrani 2. 3. 3 b. 11. B 2—4. ⁶⁸ deest B 3—4. ⁶⁹ deest 8 b.

NOTÆ.

ᵃ A quibus Esthonia nomen accepit; Tacito, in D Rebus Geticis, cap. 23. Germ., cap. 45, Aestyi audiunt; cf. Jornandem, de ᵇ l. c., quot.

taretur tale aliquid inchoaturus, nisi festinata fuisset morte praeventus. Nam a proprio satellite interfectus, et suae vitae et belli a se [1] inchoati finem acceleravit [2].

15. Haec sunt bella, quae rex potentissimus per annos 47 [3] — tot [4] enim annis regnaverat — in diversis terrarum partibus summa prudentia atque [5] felicitate gessit [6]. Quibus regnum Francorum, quod post patrem Pippinum [7] magnum quidem et forte susceperat, ita nobiliter ampliavit, ut poene duplum [7*] illi adiecerit: Nam cum prius non amplius quam ea pars Galliae [8] quae inter Rhenum [9] et Ligerim [10]; oceanumque [11] ac [12] mare Balearicum iacet; et pars Germaniae quae inter [12] Saxoniam et Danubium, Hrenumque [14] ac Salam fluvium, qui Turingos [15] et Sorabos [16] dividit, posita [17], a Francis qui orientales dicuntur incolitur, et praeter haec Alamanni atque Baioarii ad regni Francorum potestatem pertinerent [18]; ipse per bella memorata primo Aquitaniam et Wasconiam [19] totumque Pirinei [20] montis iugum, et usque ad Hiberum [21] amnem, qui apud Navarros [22] ortus, et fertilissimos [23] Hispaniae agros secans, sub [24] Dertosae [25] civitatis moenia [26] Balearico [27] mari miscetur; deinde Italiam totam, quae ab Augusta [28] Praetoria usque in Galabriam [29] inferiorem; in qua Graecorum ac Beneventanorum [30] constat esse confinia, decies centum et eo amplius passuum milibus longitudine porrigitur; tum [31] Saxoniam [32]; quae quidem Germaniae pars non modica est, et eius quae a Francis incolitur, duplum [33] in lato habere putatur, cum ei longitudine possit esse consimilis; postquam utramque Pannoniam, et adpositam [34] in altera Danubii ripa Datiam [35], Histriam [36] quoque et Liburniam [37] atque Dalmatiam, exceptis maritimis civitatibus, quas ob [38] amicitiam et iunctum cum eo foedus Constantinopolitanum imperatorem habere permisit;

A. deinde omnes barbaras ac feras nationes, quae inter Renum [39] ac ᵃVisulam [40] fluvios [41], oceanumqu [42] ac Danubium positae, lingua quidem paene [43] similes [44] moribus vero atque habitu valde dissimiles [44] Germaniam incolunt, ita perdomuit, ut eas [45] tr utarias [46] efficeret [46*]. Inter quas fere praecipuae sunt Welatabi [47], Sorabi [48], Abodriti [49], Boemanni [50] cum his namque bello conflixit [—]; caeteras, q arum multo maior est numerus; in deditionem susc pit.

16. Auxit [51] etiam [52] gloriam regni sui quib sdam regibus ac gentibus per amicitiam [53] sibi co silia tis [53*]. Adeo namque Hadefonsum [55], Gallitiae [56] tque Asturicae [57] regem [58]; sibi societate devinxit, ut h s [59] cum ad eum vel [60] litteras vel legatos mit cret; non aliter se apud illum [61] quam proprium uum appellari iuberet. Scotorum [62] quoque reges si habuit ad suam voluntatem per munificentiam in lina tos, ut eum numquam aliter nisi dominum; eque subditos [63] et servos eius; pronuntiarent. Ex nt [64] epistolae ab eis ad illum missae; quibus huiu odi affectus [65] eorum erga illum indicatur. Cum A ron, rege Persarum, qui excepta India totum pene [66] tenebat Orientem; talem habuit in amicitia co cordiam, ut his [67] ᵇ gratiam eius omnium qui in toto orbe terrarum erant regum [68] ac principum amicitiae praeponeret solumque illum honore ac mu, nificentia sibi colendum iudicaret; ac proinde, cum legati eius; quos cum donariis ad sacratissi um domini ac Salvatoris nostri [69] sepulchrum locu que resurrectionis miserat; ad eum venissent, et domini sui voluntatem indicassent; non solum uae petebantur fieri permisit; sed etiam sacrum ill et salutarem locum, ut illius potestati adscriber tur, concessit; et revertentibus legatis suos adiun ens, inter vestes et aromata, et ceteras orientalium terrarum opes; ingentia illi dona direxit, cum ei ante

VARIANTES LECTIONES.

[1] a se *deest* 1 [2] accelerant *corr.* acceleravit.1 [3] XLVIII. 3 b. quadraginta quatuor B 5. [4] uod B 2. [5] ac B 2. [6] gessit *corr.* gessit 1. [7] pipini 6. pipinum 5 b. 8 b. 11. B 2; 5 c. [7*] dupplum B 2. [8] galileae 6. [9] hrenum 5. 3 c. B 2. renum 5 b. B 3—5. [10] eligerem 5. ligerem 4. 6; 6 b. B 5. ligure 10. [11] occeanumque 4. ac B : B 4 b. [12] ad B 2. [13] intra 8 b. [14] rhenumque 4. 11. renumque 3 b. B 2—5. [15] thuri igos 2. 5 b. 5 c. thuringo 6. turios B 2. toringos B 5. 5 c, d. [16] sarabos 11. B 5 b. 4 b. [17] postea 1. 2. 5. 7 c. 8 b. 4 b. 9 b. 10 f, g, h. [18] pertinent B 5—4. [19] guasconiam 5. [20] pirenei 5 b. 11. B 5 b. 4 b. pyrin i 4. B 2. 5. pyrenei 8 b. [21] hyberum 4. 10 b. 10 c. B 4. 5. [22] naruaros *corr.* naruarros 1. nauaros 2. 5. n ua rnos 5 b. naoarros 5 c. [23] fertilissimos *corr.* fertilissimos 1. [24] sul 1. [25] tortose 5. 5 b. dertosae 8 b. er tote 10 b. [26] moenibus 6. 6 b. 7. [27] ballearico 5 b. [28] angusta 1. augusto 5 b. [29] qualabriani 5. [30] bene en torum; *secunda manu* beneventanorum 1. [31] tam 5 b. tunc 6. B 2. [32] saxonia B 2. [33] dupplum B 2. [34] ad eam, quae a f. [35] latitudine dupla putatur 8 b. [34] appositum B 2. oppositam 8 b. [35] dariam B 2. [36] hy striam B 2. 4. 4 b. [37] liburneam B 2. [38] ab *corr.* ob 1. [39] renum 1. *alii* rhenum. [40] lineae super cri ptum 1. iusulam 1. wisulam 2. guisaram, *corr.* guiseram 5 b. uuissulam B 2. uisulam *corr.* insulam 5. insulam 5. 6. B 5 d. 4 b. vistulam 8 b. [41] fluvios *corr.* fluviis B 2. [42] oceanum 1. occeanumque 2. 2 b. q. 11 d. B. 2. 2 b. [43] penae 4. poene B 2. [44] similes B 2. [45] voci huic aquis *superscriptum et iterum del tum* 1. [46] eos tributarios B 2. 5. [46*] effecerit 8 b. [47] uueletabi 5 b. 11. muelatabi. B 5. weltabi B 5. [48] so obi. B 5—4. sorabe B 4. [49] obodriti B 2—4. abotriti 8 b. [50] boemanri B 2. 4. 6. 11. B 5—5. [51] Hoc sit 2. [52] etiam et B 2. 5—4. [53] sibi per a. 1: 2? [53*] conciliatus B 2. [55] adefonsum 2. 2 b; 2 c. 5. 5 b. 1 g. h. B 2. adaefonsum 5 c. aedefonsum 6. adesconsum, *corr.* adefonsum 6 b. adefensum 5. adeffensum 5. 5 b. 5 c. 5 d ad effesum * B 4. 4 b. haldefonsum 8. 11 c. hasdestinum 7. adelfonsum 8 b. 9. 9 b. [56] as a leciae 4. 5. 6. 6 b. galetiae 8 b. galatiae B 2. 5 b. galiciae 5 b. B 5. [57] arturicae B 2. asturiae 5. as ice 5. [58] regem s. s. d. *deest* B 5—4. [59] his, *corr.* is 1. his 5 b; 6. 6 b. B 2. *reliqui* is. [60] *deest* 1. 2. 5 . 5. [61] apud illum *deest* B 2. [62] scottorum 4. 6. B 2. 5. 5 d. 4. 4 b. [63] subditus 1. [64] extat *corr.* extat 1. [65] effectus 4. B 2. [66] poene B 2. [67] his 1. 3. 5. *reliqui* is. [68] regnum B 2. [69] s. mundi 5.

NOTAE.

ᵃ Vistula, quae et anno 1251 in jure municipali Culmensi *Wizele* et *Wizele* audit.   ᵇ I. e. is.

paucos annos eum, quem tunc solum habebat, roganti mitteret [1] elefantum [2]. Imperatores etiam Constantinopolitani, Niciforus [3], Michael [4] et Leo, ultro [5], amicitiam ac [6] societatem eius expetentes, complures [7] ad eum misere legatos. Cum quibus tamen propter [8] susceptum a [9] se imperatoris nomen et ob hoc eis [10], quasi qui [11] imperium eis eripere vellet, valde suspectum, foedus firmissimum statuit [12], ut nulla inter partes cuiuslibet scandali remaneret occasio. Erat enim semper Romanis et Graecis Francorum suspecta potentia, unde [13] et illud Graecum extat proverbium [14] : ΤΟΝ [15] a ΦΡΑΝΚΟΝ ΦΙΛΟΝ ΕΧΙΣ, ΓΙΤΟΝΑ ΟΥΚ ΕΧΙΣ [16].

17. Qui cum tantus [17] in ampliando regno et subigendis exteris nationibus existeret, et in eiusmodi occupationibus assidue versaretur, opera tamen plurima ad regni decorem et commoditatem pertinentia diversis in locis inchoavit, quaedam etiam consummavit. Inter quae [18] praecipua [19] fere [20] non immerito videri possunt basilica [21] sanctae Dei genitricis [22] Aquisgrani [23] opere mirabili constructa, et pons apud Mogontiacum [24] in Reno [25] quingentorum passuum longitudinis— nam [26] tanta est ibi fluminis latitudo. Qui tamen uno antequam decederet [27], anno incendio conflagravit [28], nec refici potuit propter festinatum illius decessum [29], quanquam in ea meditationis esset, ut pro ligneo lapideum restitueret. Inchoavit et palatia operis egregii, unum haud longe a Mogontiaco [30] civitate, iuxta villam cuius [31] vocabulum [32] est Engilenheim [33], alterum Noviomagi super Vahalem [34] fluvium qui Batavorum

A insulam a parte meridiana praeterfluit. Praecipue tamen aedes sacras [b], ubicunque in toto regno suo vetustate conlapsas comperit [35], pontificibus et patribus ad quorum curam pertinebant, ut restaurarentur, imperavit, adhibens curam per legatos, ut imperata perficerent [c]. Molitus est et classem contra bellum Nortmannicum [36], aedificatis ad hoc navibus iuxta flumina, quae et de Gallia et de Germania septentrionalem influunt oceanum; et quia Nortmanni [37] Gallicum litus atque [38] Germanicum assidua infestatione vastabant, per omnes portus et hostia [39] [d] fluminum, qui [40] naves recipi posse videbantur, stationibus et excubiis dispositis, ne qua hostis exire potuisset, tali munitione prohibuit. Fecit idem a parte meridiana in littore provinciae Narbonensis

B ac Septimaniae, toto etiam [41] Italiae littore usque Romam, contra Mauros nuper pyraticam [42] exercere aggressos [43]; ac per hoc nullo gravi dampno vel Italia a Mauris [44] vel Gallia atque Germania a Nortmannis [45] diebus suis affecta est, praeter quod Centumcellae, civitas Etruriae [46], per proditionem a Mauris capta atque vastata est, et in Frisia [47] quaedam insulae Germanico littori contiguae a Nortmannis [48] depraedatae sunt.

18. Talem [e] eum in tuendo et ampliando [49] simulque ornando regno [50] fuisse constat [51]. Cuius [52] animi dotes, et summam in qualicumque, et prospero et adverso, eventu mirari liceat [53] constantiam [54]. Ceteraque [55] ad interiorem atque domesticam vitam pertinentia iam ab [56] hinc dicere exordiar [57].

Post mortem patris cum fratre regnum partitus,
C tanta patientia [58] simultates et invidiam eius tulit, ut

VARIANTES LECTIONES

[1] miserit 11. [2] elephantum 6 b. B 4—5. elefantem 2. 11. helefantem 3 b. elephantem 8 b. [3] nuciforus 1. 4. 10. niniciforius 6. niciforus 6 b. niciphorus 11 d. nicoforus 2. nichoforus 8. nicheforus 3. nicephorus 8 b. 7. 9. naiforus B 2. naiphorus B 2 b. [4] michahel 3. 4. B 2. 3. 3 b. [5] ultra seriori manu corr. ultro B 2. ultra B 5. 3 c. d. [6] et 3. 4. 8 b. 5. 9. 11. B 2—5. [7] cum plures 1. quamplures 2. [8] deest, sed secunda manu additum. 1. [9] deest, sed ab ipso scriptore adjectum. 1. [10] hoc eis corr. eis 1. hoc ei 9 b. B 2. hoc eis B 3—5. [11] deest 10. 10 b. 10 c. B 2. [12] posuit B 2. [13] unde usque εχις deest 2 c. 5. [14] hic, adiecta supremae Caroli voluntatis superscriptione, desinit codex 6. proverbium. francorum genus amicos habet, uicinos non uult habere B 5. [15] deest 2. 3. [16] Hæc in reliquis codicibus vario modo corrupta; nullus tamen, ut editi, legit τὸν φραγκὸν φίλον ἔχης, γείτονα οὐκ ἔχης. [17] strenuus 3. [18] quaeque B 2. [19] precipue corr. precipua 1. [20] fere 1. 2. 3 c. 4 b. 5. 8. 9. 10. 10 b. 10 c. 10 c*. 13. deesse videtur in reliquis. [21] in hac voce desinit codex 5. [22] g. mariae 1. 11 c. [23] aquis mirabili opere 1. [24] magontiacum corr. mogontiacum 1. mongontiacum B 2. magontiacum 11. magontiacum Bouq. [25] rheno 4. 11. Bouq. hreno B 2. [26] deest B 2—5. [27] deceret 1. [28] conflavit 4. [29] discessum B 2. 3 b. 3 c. [30] maguntiaco 3 c. magontiaco 7. 11. moguntiaco 6 b. 8 b. [31] cui 2 b. 2 c. 3 c. 8 b. 6 b. 7. 8. 10. 10 b. 10 c. 11 b. 11 d. 13. B 2—5. [32] nomen 7 c? B b. 11 d. [33] ingilenheim 4. 5. 4 b. 6 b. 10. 10 b. 10 c. 11. B 5. ingilnheim B 2. ennigilecheim B 2*. engiletheim 3 b. ingilemheim 11 c. ingilenheim 8. ingelenheim B 4 b. ingelentheim B. 3. 3 b. 3 d. ingelenteim B 3 c. ingelehem 2 b. 3*. ingelenhim 9. ingelebem 3 c. ingelhem 2 c. ingelheim 8 b. B 2 b. [34] wahalem 8 b. [35] repperit 11 B 5. [36] nordomannicum 1. et alii. nortmannicum 10. 10 c. 11. B 5. etc. nordismannicum 5. normannicum 3 b. normannicum hic, per totum opus nortmanni etc. scribendum esse videtur. contra nordmannos 8 b. [37] nordmanni 4. 8 b. B 3. 3 b. 3 c. nordmanni 3 b. B 2. nordismanni 5. [38] atque germanicum deest B 3—4. [39] ostia 4. 8 b. B 3 b. c. hortus B 2. [40] qui 1. que 2 11 c. B 3 d. qua reliqui. [41] deest 4. [42] piraticam 8 b. 11. B 3—4. [43] adgressus 1. aggressus B 5. 5 c. 5 d. [44] a mauris italia 2. 4. 5. 8 b. 11. [45] nordomannis 1. 2. nardomannis B 2. normannis 3 b. nordimannis B 3 d. reliqui nordmannis et nortmannis. [46] hetruriae 8 b. [47] fresia B 5. [48] vide supra [49] ampliamdo 1. ampliendo 4. amplificando 11. [50] deest B 2. [51] prestat 1. [52] cuius 2. [53] mirari liceat in codice 1. eadem manu lineae superimpositum; adest praeterea in 2. 2 b, 2 c. 3*. 3 b. 3 c. 5 c*. deest in reliquis. [54] maldelgradam scilicet Gemblac. [55] Hic incipit codex B 1. Ceteraque 2. cetera 3 c. cetera quae B 1. 2. 3. 3 b. 3 d. 4. 4 b. ceteraque quae B 3 c. et cetera quaeque B 5.; reliqui ceteraque. [56] a scriptore lineae superimpositum 1. 3 c. iam ab deest 8 b. [57] exordior B 2. Liber primus finit. Incipit secundus B 3 c. [58] sapientia 1. 2. 3 b. reliqui patientia.

NOTÆ.

[a] I. e., Francum amicum habeas, vicinum non habeas. Græcum ει et η tunc temporis i legi solitum, apparet.
[b] Cf. Suet. Aug. c. 30.

[c] Cf. Capitulare ad Salz. anno 804. 2. 1. et Capit Aquisgranense a. 807, c. 7.
[d] I. e., ostia.
[e] Cf. Suet. Aug., c. 61.

omnibus mirum videretur, quod ne [1] ad iracundiam quidem ab eo provocari potuisset. Deinde cum matris hortatu filiam Desiderii, regis Langobardorum [2], duxisset uxorem, incertum qua de causa [3], post annum eam repudiavit, et [4] Hildegardem [5] de gente Suavorum [6], praecipuae nobilitatis feminam, in matrimonium accepit, de qua tres filios, Karolum videlicet et [7] Pippinum [8] et Ludowicum [9], totidemque filias, Hruodrudem [10] et Bertham [11] et Gislam [12], genuit. Habuit et alias tres filias, Theoderadam [13] et Hiltrudem [14] et Ruodhaidem [15], duas de Fastrada [16] uxore, quae de orientalium [17] Francorum, Germanorum videlicet, gente erat, tertiam de concubina [18] quadam, cuius nomen modo memoriae non occurrit. Defuncta Fastrada [19], Liudgardam [20] Alamannam duxit, de qua nihil [21] liberorum [22] tulit. Post cuius mortem [23] tres [24] habuit concubinas, Gersuindam [25] Saxonici generis, de qua ei filia nomen [26] Adaltrud [27] nata est, et Reginam [28], quae ei Drogonem [29] et Hugum [30] genuit, et Adallindem [31], ex qua Theodricum [32] procreavit. Mater quoque eius Berthrada [33] in magno apud eum honore consenuit. Colebat enim eam cum summa [34] reverentia [35]; ita ut nulla umquam [36] invicem [37] sit exorta discordia, praeter in divortio filiae Desiderii

A regis, quam illa suadente acceperat [38]. Decessit [39] tandem [40] post mortem Hildegardae [41], cum iam tre nepotes suos totidemque neptes in filii domo vidi set; quam ille in eadem basilica qua pater situs est, apud sanctum Dionisium [42], magno cum [43] honore fecit humari. Erat ei [44] unica soror, no ine Gisla [45], a puellaribus annis religiosae conv rsationi [46] mancipata, quam similiter ut m trem magna [47] coluit pietate; quae etiam, paucis ante obitum illius annis, in eo quo conversata est onasterio decessit.

19. Liberos suos ita [48] censuit [49] instituend s, ut tam filii quam filiae [50] primo liberalibus studiis, quibus et ipse operam dabat, erudirentur. Tum lios, cum primum aetas patiebatur, more Franc rum B equitare, armis ac venatibus [51] exerceri fecit, fi ias [a] vero lanificio adsuescere, coloque ac fuso [52], n per otium torperent, operam impendere, atque [53] ad omnem honestatem erudiri [54] iussit. Ex his [55] o nibus duos tantum filios et unam filiam, prius uam moreretur [56], amisit, Karolum, qui maior na u [57] erat, et Pippinum [58], quem regem Italiae [59] prae ecerat, et Hruodrudem [60], quae filiarum eius pri ogenita, et a [61] Constantino, Graecorum imperato [62], desponsata [63] erat. Quorum Pippinus [64] unum [65] fi-

VARIANTES LECTIONES.

[1] nec 5 b. B 1—4. [2] longobardorum 5 b. B. 5—5. [3] caussa 4. [4] deest B 1. 2. [5] hildigardem 4 10. 10 b. 10 c. hildigardam 5 b. 5. hildigardim 4 b. hildegardim 8 b. [6] suaborum 4 B. B 2. sueuorum 10. 0 b. 10 c. B 5—5. [7] et 4. deest in reliquis. [8] pipinum 11. B 2. [9] hludouuicum 4. B 1. 2, ludoicum 5. ludo cum 5 b. 8 b. 11. luodewicum B 5 b. 4. 4 b. 5. ludwicum B 5. 3 c. ludobicum B 5 d. [10] hruodtrudem 2 b. 3 c. hr odthrudem 5. hruotrudem 5 b. 11 d. hraodthrudem 6 b. broadtrudem 7. hruodtrudem 11 c. hruadrudem B . 2. 2 b. hruddrudem 9 b. 12. hrotrudem 2 c. hrutrudam 4 b. rotrudem 5*. ruodrudem 10. ruotrudem et ro trudem 8. 11. 11 b. B 5.—5. rotdrudim 8 b. gerdrudem 10 b. 10 c. [11] berhtam 4. 10 b. B 5 c. berctham 5 c. be tam 2 c. 5*. 5 b. 8 b. 6 b 7. 8. 41. 11 b. B 2 b. [12] giselam B 2. 5 b. 4. 4 b. 5. gisalam B 1. 5. 5 c. 5 d. gisilam 4 c*. [13] theoderanam 5*. theodeiadam 5. theoderadam B 2. 2 b. theodoratam 10. 10 b. 10 c. theodoradam 2 c. 1 . 11 b. theothradam 11 g. theotradam 11 d. theodoram 5 b. B 5—5. thedradam 8 b. [14] hittrudem 8 b. eltrude 5*. hildrudem 10. hildrudim 8 b. hiberudem B 5 d. [15] hruodhaidem 4. 5. 6 b. 7. bruohaidem 9. hruodhadeni 5 c. 11 c. hruodhadam 12, hruothadam 11 d. hruodgadem 5 b. hrothadem 2 b. ruodhaidem 1. 2. 10 b. 10 c. ru thaidem 10. B 5. ruodhárpam 8. ruedadam 11. 11 b. roladam 5*. ruadhaidem B 1. 2. 5, 5 c. 5 d. ruathaide B 5 b. 4. 4 b. routhaidem B 5. rothaidem 2 c. 8 b. rudhaidem 10 c*. [16] uastrada B 5. [17] orientaliam B 2. orientali B 5 4. [18] connubia B 1. conubia B 2. [19] uastrada B 5. 5 b. 3 d. 4. 4 b. [20] leodgardam 11 c. leotgardam 2. 2 b. 5 b. eotghardam 5 c. leogardam 2 c. letgardam 5*. leodegardam 11. 11 b. luodgardam 11 d. liutgardam 4. 5. 6 b. 7. B 1. 5. 5 b. 5 d. 4. 4 b. liuthgardam B 5 c. liutgardem 8. liutgundam B 2. 2 b, luidgardim 8 b. [21] liberum nihil . 2. liberorum nichil B 5—4. [22] nil liberum 5 b. [23] Post eius mortem 4. [24] quatuor habuit concubinas, ma halgardim scilicet, quae peperit ei filiam nomine rudhildam, gersuindam etc. 8. 8 b. (rothildim) 10 f. 10 h. [25] ersuuindam B 1. 5 b. 5 d. 5. gesuuindam 5 b. [26] deest 5 b. [27] nomine 2. 4. 8 b. 48. 10 b. 10 c. B 2 b. 5—5. [28] datrud B 1. adaltrudis 11 11 b. adalthrud 2. 4. B 2. 2 b. 5. 3 d. adatorud 6 b. adaltrut B 5 b. adaltrat B 4. 4 b. adalthrut B 5. adalthrud 5. adaldrud 10 b. adalruht 10. adatrhud 7. altrud 11 c. 11 d. adeldrudis 8 b. [29] regi am corr. rehinam 8. B 5 b. rehimam B 2. B 5. remam B 4. 4 b. regiam 2 b. [30] dronem corr. drogonem 1. ru gonem 10 10 b. 10 c. drougonem B 5. [31] hugonem 5 c. 7. 10 c. 11 c. 11 d. B 1—4. ugonem 9. [32] allindem, orr. adallindem 1. adalindem 6 b. 10. adillindem 10 b. adallindam 2. 2 b. 5 b. 8. 10 c. B 1.—2. 2 b. 5. adillin am B 5 b, 5 d. 4. 4 b. adlindam B 8 c. alindam 5*. adalintam 11 c*. aluidam 10 g. adalindam 2 c. 11. 11 b. 11 d. adelluidam 8 b. [33] theodericum 2. 4. 4 b. 10. B 5. theodoricum 5 b. 5 40 b. 10 c. B 5—4. theodricus B 2. the erichum 8 b. [34] berhtrada 4. B 5. 5 c. d. berethrada 11. bertrada 5 b. 8 b. B 5 b. perhtrat B 4. bethrada 5. [35] magna 5 b. 11. [36] reuentia 1. [37] nullaquam B 4. 2. nunquam B 5. [38] inter eos 8 b. [39] susceperat B 2—4. xorem acceperat 10 f. [40] Deccessit 1. Discessit B 4. [41] tamen B 2. [42] hildegharde 7. bildigardae 5 b 4. 11. B 5. bildegardis 8 b. [43] dyonisium 4. B 2. [44] deest 4 [45] enim 2. 5 b. unica ei 4. [46] gysla B 4. gisela 5. gisila 10 b. c. [47] religione m. B 2. [48] summa B 5. [49] ante B 4, 2. [50] consuit B 2. [51] filii quam nepotes b; mira corrigendi audacia! [52] venationibus 8 b. B 5—4. [53] fusio 4. [54] adque, 2a manu atque 4. [55] erudire B 4. 4. [56] iis 8 b. [57] moriretur, 2a manu moreretur 1. moriretur 4. B 5. moreretur. 8 b. B 2. et alii. [58] atu maior 4. 11. B 4—5. [59] pipinum 11. B 2 5 c. [60] i. r. B 5. [61] hruodrodem 9. hruodtrudem 5 b. 11 c. h othrudem B 1. hruotrudem B 2. 11 d. hrodtrudem 2 b. 6 b. 7. htroudrudem B 5. htruodem B 5 b. troudru m B 5 c. herdedrudem B 5 d. [62] routhrudem B 4 b. routrudem B 5. ruotrudem 8. 11. 11 b. ruodhrudem 10. ruodrudem 10 b. 11 c. rotdrudem 8 b. [63] deest 2 b. 5*. 7. 8. 8 b. 11 c. d. B 2 b. [64] imperatori 8 b. 11 d. [65] disp n sata B 1. d. erat deest B 2. [66] pipinus 11. B 2. 5 c. d. [67] unicum B 1. 2. 5. 5 b. c. d. 4. 4 b.

NOTÆ.

[a] Cf. Suet. Aug., c. 64.

lium suum Bernhardum [1], filias autem quinque, Adalhaidem [2], Atulam [3], Guntradam [4], Berthaidem [5], ac Theoderadam [6], superstites reliquit [7]. In quibus rex pietatis suae praecipuum documentum ostendit, cum, filio defuncto, nepotem patri [8] succedere, et neptes inter filias suas educari fecisset. Mortes filiorum ac filiae, pro magnanimitate qua excellebat, nimis [9] patienter [a] tulit, pietate videlicet, qua non minus insignis [10] erat, compulsus ad lacrimas. Nuntiato [11] etiam sibi Adriani [12] Romani [13] pontificis obitu, quem in [14] amicis [15] praecipuum habebat, sic flevit [16], ut filium aut [17] si fratrem amisisset carissimum. Erat enim in amicitiis [18] optime temperatus, ut eas et facile admitteret [b] et constantissime retineret, colebatque sanctissime quoscumque hac [19] adfinitate sibi coniunxerat. Filiorum ac filiarum tantam [20] in educando curam habuit, ut nunquam domi positus sine ipsis caenaret [c] numquam iter sine illis ageret [21]: adequitabant [22] ei filii, filiae vero pene [23] sequebantur, quarum agmen extremum ex satellitum numero ad hoc ordinati tuehantur. Quae cum pulcherrimae essent et ab eo plurimum diligerentur, mirum dictu [24], quod nullam earum [25] cuiquam aut suorum aut exterorum nuptum dare voluit; sed omnes secum usque ad obitum suum in domo [26] sua retinuit [27], dicens, se earum contubernio carere non posse. Ac propter hoc, licet alias felix, adversae fortunae malignitatem expertus est; quod tamen ita dissimulavit, ac si de eis nulla umquam alicuius probri suspicio exorta, vel fama dispersa fuisset [28] [d].

20. Erat ei filius nomine Pippinus [29], ex concubina [e] editus, cuius inter caeteros facere mentionem [30] distuli; facie quidem pulcher, sed gibbo [31] deformis.

A Is [32] cum pater, bello [33] contra Hunos [34] suscepto, in Baioaria hyemaret [35], aegritudine simulata, cum quibusdam e primoribus Francorum, qui [36] eum vana regni promissione inlexerant, adversus patrem coniuravit. Quem post fraudem detectam et dampnationem coniuratorum [37] detonsum in coenobio [38] Prumia religiosae vitae, iamque volentem, vacare permisit. Facta est et alia prius contra eum in Germania valida coniuratio, cuius auctores partim luminibus orbati, partim membris incolumes [39], omnes tamen exilio deportati sunt [40]; neque ullus ex eis est interfectus, nisi tres [41] tantum qui, cum se, ne comprehenderentur, strictis gladiis defenderent, aliquos etiam occidissent, quia aliter coerceri non poterant, interempti sunt. Harum tamen coniurationum Fastradae [42] reginae crudelitas causa et origo extitisse creditur, et idcirco in ambabus [43] contra regem conspiratum est, quia uxoris crudelitati [44] consentiens, a suae naturae benignitate ac solita mansuetudine immaniter [45] exorbitasse videbatur. Ceterum [46] per omne vitae suae tempus ita cum summo omnium amore atque favore et domi et foris conversatus est, ut nunquam ei vel minima iniustae crudelitatis nota a quoquam fuisset obiecta.

21. Amabat [47] peregrinos, et in eis suscipiendis [48] magnam habebat curam, adeo ut plerumque [49] eorum multitudo non solum palatio, verum etiam regno non inmerito videretur onerosa. Ipse tamen prae [50] magnitudine animi huiuscemodi pondere minime gravabatur, cum etiam ingentia incommoda laude liberalitatis ac bonae famae mercede compensaret.

22. [51] Corpore [f] fuit amplo [52] atque robusto [53], statura

VARIANTES LECTIONES.

[1] berngardum b 3. berhnardum B 2. berinhardum B 3. 3 d. berinardum B 3 c. bernardum 11. bernhartum 8 b. — [2] adaleidem 2 b. 3 b. 3 c. 11. 11 b. adalheidem B 2. adalhaidam 11 d. B 4. 4 b. adalheidam B 3. 3 b. c. adelheidam B 3 d. adelhedam B 5. adelheidem 8 b. — [3] attulam 2 c. 9. 11 d. B 3. 3 d. 5. alitilam B 4. atitilam B 4 b. atalam 8 b. — [4] guntradam B 5. gundratam B 1. 2. gunttradam 2 c. gundradam B 3. 4. 5. 6 b. 7. 8 b. 9. 10. 10 b. 10 c. 11. 11 b. c. *et reliqui omnes praeter 1. et 2. qui* gontradam, 3 b. qui gundeadem, *legunt*. — [5] bertaidem 8. 8 b, 10. berthaidam 2 b. 11. 11 b. d. B 3. 5 b. 3 d. 4. bertaidam 11 c. perthaidam B 1. 2. bertraidem 3 b. bertraidam B 3 c. berthadidam B 4 b. bertham B 5. — [6] theoderatam 10 B 1. theodoratam 10 b. B 2. theodoradam 4 b. theodoraidam B 3. 3 b. c. d. 4. 4 b. theodradam 2 c. 10 c. 11. 11 c. d. B 5. thedradam 8 b. — [7] reliquuid 1. 2. 10 c. reliquit *reliqui* — [8] patris 4. fratris B 1. — [9] nimis 1. 2. 3. 11 d. minus *reliqui*. — [10] non minor erat 1. *reliqui ut in textu*. — [11] Nutiato 1. Nonciato 3 c. Nontiato 3 c. — [12] hadriani 4. — [13] deest 3. 8 b. B 3—4 b. — [14] in amicis deest, *et secunda manu adiectum* 1. — [15] in amicitiis 10 c. B 3—5. quem amicum 8 b. — [16] flevit ut filium aut si fratrem amisisset carissimum 1. flevit ac si carissimum filium aut fratrem amisisset 2. flevit ac si fratrem aut carissimum filium amisisset 3 b. 4. 5. 7 a. 8 b. 9. 10. 10 b. 10 c. 6 b. B. 1—5. 7, *itaque certe et Parisienses*. f. ac si f. aut filium karissimum a. 11. — [17] ac 3 b. — [18] amiciis *corr*. amicitiis 1. — [19] ac B 1. 2. 3. — [20] tantum 1. 2. 5. B 1—5, — [21] facerct 3 b. 4. 5. 8 b. 10. 10 c. 11. Gemblac. faciebat B 1—5. — [22] adequibant, *corr*. adsquitabant 1. — [23] paene B 1. pene B 3. 3 d. 4 b. penes 6 b. B 2. 5. paulo 10 c. — [24] deest 8 b. — [25] eorum, *corr*. earum 1. — [26] domu, *corr*. domo 1. — [27] retenuit 4. 5. — [28] deest 8 b. 4 b. — [29] pipinus 11. B 2. 3. 3 b. — [30] m. f. 3 b. 4. 5. 7 a: 9, 10. 10 b, 11 c. B 1—5. *certe et alii*. mentionem nullam fecimus 8 b. — [31] gigbo 3 c. gypbo B 1. gyppo 10. 10 b. c. B 2. 3. 3 c. 3 d. 4. 4 b. gippo B 3 b. gybbo B 5. *ex corr*. 3 c. — [32] His B 2. — [33] bellum. suscepit 1. — [34] hunnos 2 c. 11 d. — [35] hymaret 2 a m. *corr*. hyemaret 4. hiemaret 3 b. 4. 10. 10 b. c. 11. B 1—5. *et alii*. — [36] qui sibi . . illuserant 8 b. *deest* 5. — [37] cenubii B 1. 2. — [38] priuma 11. — [39] incolomes 4. B 1—5. — [40] in exilium acti sunt 8 b. — [41] III. *corr*. lil B 2. in B 2. — [42] uastradae B 5. — [43] in a. *lineae superscriptum* 1. — [44] crudelitate B 1. 2. — [45] deest, 2 a manu suppletum 1. — [46] *Sequentia in editis capiti* 21 *adiiciuntur*. — [47] Amaibat 1. — [48] et eorum suscipiendorum 8 b. — [49] plerumque 4. 5. deest in reliquis. — [50] pro 8 b. — [51] capp. 22—26 *usque qua ab infantia desunt* 5. — [52] deest 3 c. — [53] robusta st. B 1. 2.

NOTÆ.

[a] Cf. Suet. Aug., c. 65.
[b] Cf. ibid., c. 66.
[c] Cf. ibid., c. 64.
[d] Hruothrudem Hludowicum abbatem S. Dionysii, Bertham Angilberto filios genuisse, constat.
[e] Himiltrude, Ann. Lauriss. min. T. I, p. 149, 2. Pro legitima eam habuisse videtur Stephanus III papa, in epistola 45 codicis Carolini.
[f] Cf. Suet. Tiber., c. 68; Aug. 79, Calig. 50.

eminenti, quae tamen iustam non excederet — nam septem suorum pedum proceritatem eius constat habuisse mensuram [1] — apice [2] capitis rotundo, oculis praegrandibus ac vegetis, naso paululum [3] mediocritatem [4] excedenti, canitie pulchra [e], facie laeta et hilari. Unde formae auctoritas [b] ac dignitas tam stanti quam sedenti plurima adquirebatur [5], quamquam cervix obesa et brevior [c], venterque proiectior [d] videretur: tamen haec [6] caeterorum membrorum celabat aequalitas [e]. Incessu firmo, totaque corporis habitudine virili, voce clara quidem, sed quae minus corporis formae conveniret; valitudine prospera [f], praeter quod, antequam decederet, per quatuor [7] annos crebro febribus [8] corripiebatur, ad extremum etiam uno pede claudicaret [9] [g]. Et tunc quidem plura suo arbitratu quam medicorum consilio faciebat, quos pene exosos habebat, quod ei in cibis assa, quibus assetus erat, dimittere, et elixis adsuescere suadebant. Exercebatur assidue equitando [h] ac venando, quod illi [10] gentilicium erat: quia vix ulla in terris natio invenitur [11], quae in hac arte [12] Francis possit aequari. Delectabatur etiam vaporibus aquarum naturaliter calentium, frequenti natatu corpus exercens, cuius [13] adeo peritus [14] fuit, ut nullus ei iuste valeat [15] anteferri. Ob hoc etiam Aquisgrani [16] regiam extruxit, ibique extremis vitae annis usque ad obitum perpetim [17] habitavit. Et non solum filios ad balneum, verum [18] optimates et amicos, aliquando etiam satellitum et custodum corporis [19] turbam, invitavit, ita ut nonnumquam centum vel eo amplius homines una lavarentur [i].

23. Vestitu [j] patrio [20], id est francisco [21] [k], utebatur. Ad corpus camisam [22] [l] lineam [23] et feminalibus [24]

A lineis induebatur; deinde tunicam [25] quae limbo serico [26] ambiebatur, et tibialia [27]; tum [28] fasciolis crura, et pedes caltiamentis [29] constringebat, et ex [30] pellibus lutrinis [31] et [32] murinis [33] [m] thorace confecto humeros [34] ac [35] pectus hyeme [36] muniebat; sago v neto amictus, et gladio semper accinctus, cuius capulus ac balteus [37] aut aureus aut argenteus erat. Aliquoties et gemmato [38] ense utebatur, quod tamen non nisi in praecipuis festivitatibus, vel si quando exterarum gentium legati venissent [39]. Peregrina vero indumenta, quamvis pulcherrima, respuebat, nec umquam eis indui patiebatur, excepto quod Romae semel, Ariano [40] pontifice petente, et [41] iterum Leone successore eius supplicante, longa tunica et clamide amictus, calceis quoque Romano more [42] formatis indueba tur. B In festivitatibus [43] veste auro texta [44] et calciamentis gemmatis [45], et fibula aurea sagum adstringens [46], diademate quoque ex auro et gemmis ornatus cedebat; aliis autem diebus habitus eius parum [47] a communi et [48] plebeio abhorrebat.

24. In cibo [n] et potu temperans [49], sed in potu emperantior [50], quippe qui ebrietatem in qualicumque homine, nedum in se ac suis, plurimum abhominabatur [51]. Cibo enim non adeo abstinere poterat ut saepe quereretur [52], noxia corpori suo esse ieiunia. Convivabatur [o] rarissime, et hoc praecipuis ta festivitatibus [53], tunc tamen cum magno hominum numero. Caena [p] cotidiana quaternis tantum ferculis praebebatur, praeter assam, quam venatores veribus [54] inferre solebant, qua ille libentius quam alio cibo vescebatur. Inter [55] caenandum aut aliquod acroama [56] [q] aut lectorem audiebat. Legebantur ei historiae [57] et antiquorum res [58] gestae [59]. Delect ba-

VARIANTES LECTIONES.

[1] figuram 8 b. [2] a. c. r. *deest* 3 c. [3] paululum B 1. [4] in mediocritatem 1. 2. [5] inerat 8 b. [6] oc B 1. 3. 3 b. [7] quattuor B 1. 2. [8] febrius, *corr.* febribus 1. [9] claudicarat 10. 10 b. c. claudicabat 11. B 5. claudicavit 3 b. [10] ei 1. [11] repperitur 1. [12] re 8 b. [13] cuius p. a. f. u. n. e. i. v. anteferr *in marg.* 2a manu adiecta 1. [14] p. a. 1. [15] potuerit 8 b. [16] aquis granum c. aquis grani 1. [17] conti uo 8 b. [18] verum et 11. [19] *deest* 8 b. [20] pario 3 b. [21] francico 4. 8 b. B 5. frantia B 1. 2. francio 10. 1 b. 10 c. B 3. 3 b, c, d. frantio B 4. 4 b. [22] camisiam 2. 2 b. 2 c. 3' 3 b. 3 c. 6 b. 7. 8. 8 b. 10. 10 b. c. 11 c. d. B 2. 2 b. [23] camisia linea 9. 11. 11 b. B 3 — 5. [24] femuralibus 11 c'. [25] tunica 9. 11. 11 b. B. 3 5. tonicam B 1. 2. 2 b. [26] sirico 3 b. syrico B 5. [27] tibialibus 11. 11 b. [28] tibialia cum fasciolis. crur et 1. 2. tibialia cum 3' 11 c. B 2 b. tibialia tum 2 b. 2 c. 6 b. 7. 8. 11 b. [29] calciamentis *codd.* plur i. [30] *deest* B 1. 2. [31] lutrinis et murinis *deest* 3 b. 3 c. 8. 11. 11 b, c, d. 12. B 1 — 5. [32] vel 4. 10. 10 b. 1 c. B 5. et Reuberi codd. [33] et murinis *deest* 7. 8 b. 15. [34] umeros 4. B 1. [35] muni at hyme *corr.* hyeme 1. — hieme 2. 3 b. 4. 10 10 b. c. 11. B 1. 2. *et alii.* [37] baltheus 8 b. B 2. 5. [38] gemi ato 3 b. 10 c' B 4 b. [39] adessent *Bouq.* [40] hadriano 4. [41] et i. fl. s. e. supplicante *deest* 9 b. 10. 10 b, c, c', et in Reuberi codd. [42] opere 1. reliqui more. [43] sollennitatibus 8 b. [44] testa *corr.* texta 1. [45] gemin tis 3 b. [46] astringebat B 3 — 4. [47] eius a. c. et p. non abhorrebat, *corr.* eius parum a c. et p. abhorreba 1. eius communi ac p. non abhorrebat B 3, 3 b, c, d. e. plebeius a plebeio non abhorrebat B 4. e. commun s a plebeio non abhorrebat B 4 b. [48] ac 2. 3 b. 4. 10. 10 b. c. 11. B 1. 2. (3 — 4) 5. [49] temperatus B 1 2. temperate 3 b. [50] tempercancior 1. [51] abominabatur 4. 11. B 1. 2. 5. *etc.* [52] quaereretur 4. B 1. [53] festitatibus B 1. [54] verubus 3 b. 8 b. B 2. 3 b. 4 b. [55] inter *usque* audiebat *deest* 3 b. [56] acroma 2a m nu *corr.* acroama 1. incroama *serius correctum* acroama B 1. incroama B 2. a:ro:ma B 5. [57] hystoriae 1. reliquorum plurimi historiae. [58] reges *corr.* regum B 1. [59] regum gesta 4. 8 b. 9. 10. 10 b, c. 13. B 3 4. rei gesta B 2. re gesta B 2. b.

NOTÆ.

[a] Cf. Suet. Claud., c. 30.
[b] Ibid.
[c] Suet. Neron., c. 51.
[d] Suet. Tit., c. 3.
[e] Cf. Suet. Aug., c. 79.
[f] Cf. Suet. Claud., c. 31.
[g] Cf. Suet. Aug., c. 80.
[h] Suet. Tit., c. 3.
[i] C. Suet. Tit., c. 8.
[j] Cf. Suet. Aug., 82, et Calig., 52.
[k] Cf. Monachum Sangallensem de Gestis Karol, l. 34.
[l] Gallice, *chemise*.
[m] Pellibus ermineæ vel zibelinæ.
[n] Suet. Aug., c. 76.
[o] Ibid., c. 74.
[p] Ibid.
[q] Ibid., c. 74; Vespas., c. 19.

VITA.

lium suum Bernhardum [1], filias autem quinque, Adalhaidem [2], Atulam [3], Guntradam [4], Berthaidem [5], ac Theoderadam [6], superstites reliquit [7]. In quibus rex pietatis suae praecipuum documentum ostendit, cum, filio defuncto, nepotem patri [8] succedere, et neptes inter filias suas educari fecisset. Mortes filiorum ac filiae, pro magnanimitate qua excellebat, nimis [9] patienter [a] tulit, pietate videlicet, qua non minus insignis [10] erat, compulsus ad lacrimas. Nuntiato [11] etiam sibi Adriani [12] Romani [13] pontificis obitu, quem in [14] amicis [15] praecipuum habebat, sic flevit [16], ut filium aut [17] si fratrem amisisset carissimum. Erat enim in amicitiis [18] optime temperatus, ut eas et facile admitteret [b] et constantissime retineret, colebatque sanctissime quoscumque hac [19] adfinitate sibi coniunxerat. Filiorum ac filiarum tantam [20] in educando curam habuit, ut nunquam domi positus sine ipsis caenaret [c] numquam iter sine illis ageret [21]: adequitabant [22] ei filii, filiae vero pene [23] sequebantur, quarum agmen extremum ex satellitum numero ad hoc ordinati tuehantur. Quae cum pulcherrimae essent et ab eo plurimum diligerentur, mirum dictu [24], quod nullam earum [25] cuiquam aut suorum aut exterorum nuptum dare voluit; sed omnes secum usque ad obitum suum in domo [26] sua retinuit [27], dicens, se earum contubernio carere non posse. Ac propter hoc, licet alias felix, adversae fortunae malignitatem expertus est; quod tamen ita dissimulavit, ac si de eis nulla umquam alicuius probri suspicio exorta, vel fama dispersa fuisset [28] [d].

20. Erat ei filius nomine Pippinus [29], ex concubina [e] editus, cuius inter caeteros facere mentionem [30] distuli; facie quidem pulcher, sed gibbo [31] deformis.

A Is [32] cum pater, bello [33] contra Hunos [34] suscepto, in Baioaria hyemaret [35], aegritudine simulata, cum quibusdam e primoribus Francorum, qui [36] eum vana regni promissione inlexerant, adversus patrem coniuravit. Quem post fraudem detectam et damnationem coniuratorum [37] detonsum in coenobio [38] Prumia religiosae vitae, iamque volentem, vacare permisit. Facta est et alia prius contra eum in Germania valida coniuratio, cuius auctores partim luminibus orbati, partim membris incolumes [39], omnes tamen exilio deportati sunt [40]; neque ullus ex eis est interfectus, nisi tres [41] tantum qui, cum se, ne comprehenderentur, strictis gladiis defenderent, aliquos etiam occidissent, quia aliter coerceri non poterant, interempti sunt. Harum tamen coniurationum Fas-

B tradae [42] reginae crudelitas causa et origo exitiisse creditur, et idcirco in ambabus [43] contra regem conspiratum est, quia uxoris crudelitati [44] consentiens, a suae naturae benignitate ac solita mansuetudine immaniter [45] exorbitasse videbatur. Ceterum [46] per omne vitae suae tempus ita cum summo omnium amore atque favore et domi et foris conversatus est, ut nunquam ei vel minima iniustae crudelitatis nota a quoquam fuisset obiecta.

21. Amabat [47] peregrinos, et in eis suscipiendis [48] magnam habebat curam, adeo ut plerumque [49] eorum multitudo non solum palatio, verum etiam regno non inmerito videretur onerosa. Ipse tamen prae [50] magnitudine animi huiuscemodi pondere minime

C gravabatur, cum etiam ingentia incommoda laude liberalitatis ac bonae famae mercede compensaret.

22. [51] Corpore [f] fuit amplo [52] atque robusto [53], statura

VARIANTES LECTIONES.

[1] berngardum b 3. berlinardum B 2. berinhardum B 3. 3 d. berinardum B 3 c. bernardum 11. bernhartum 8 b. [2] adaleidem 2 b. 3 b. 3 c. 11. 11 b. adalheidem B 2. adalhaidam 11 d. B 4. 4 b. adalhaidem B 3. 3 b. c. adelheidam B 3 d. adelhedam B 5. adelheidem 8 b. [3] attulam 2 c. 9. 11 d. B 3. 3 d. 5. alitilam B 4. atitilam B 4 b. atalam 8 b. [4] gundradam B 5. gundratam B 2. guntradam 2 c. gundradam 2 b. 4. 5. 6 b. 7. 8 b. 9. 10. 10 b. 10 c. 11. 11 b. c. et reliqui omnes praeter 1. et 2. qui gontradam, 3 b. qui gundeadem, legunt. [5] bertaidem 8. 8 b. 10. berthaidam 2 b. 11. 11 b. d. B 3. 5 b. 3 d. 4. bertaidam 11 c. perthaidam B 1. 2. bertraidem 3 b. bertraidam B 3 c. berthadidam B 4 b. bertham B 5. [6] theoderatam 10 B 1. theodoratam 10 b. B 2. theodoradam B 3. theodoraidam B 3. 3 b. c. d. 4. 4 b. theodradam 2 c. 10 c. 11. 11 c. d. B 5. thedradam B 3 b. [7] reliquuid 1. 2. 10 c. reliquit reliqui [8] patris 4. fratris B 1. [9] nimis 1. 2. 3* 11 d. minus reliqui. [10] non minor erat 1. reliqui ut in textu. [11] Nutiato 1. Nenciato 3 c. Nontiato 3 c*. [12] hadriani 4. [13] deest 3* 8 b. B 3—4 b. [14] in amicis deest, et secunda manu adiectum 1. [15] in amicitiis 10 c. B 3—5. quem amicum 3 b. [16] flevit ut filium aut si fratrem amisisset carissimum 1. flevit ac si fratrem amisisset filium aut fratrem amisisset 2. flevit ac si fratrem aut carissimum filium amisisset 3 b. 4. 5. 7 a. 8 b. 9. 10. 10 b. 10 c. 6 b. B. 1—5. 7, ita certe et Parisienses. f. ac sif. aut filium karissimum a. 11. [17] ac 3 b. [18] amiciis corr. amicitiis 1. [19] ac B 1. 2. 3. [20] tantum 1. 2. 5. B 1—5, [21] faceret 3 b. 4. 10. 10 c. 11. Gemblac. faciebat B 1—5. [22] adequibant, corr. adequitabant 1. [23] paene B 1. pene B 3. 3 d. 4 b. penes 6 b. B 2. 5. paulo 10 c. [24] deest 8 b. [25] eorum, corr. earum 1. [26] domu, corr. domo 1. [27] retenuit 4. 5. [28] deest 8 b. 4 b. [29] pipinus 11. B 2. 3. 3 b. [30] m. f. 3 b. 4. 5. 7 a. 9. 10. 10 b. 10 c. B 1—5. certet alii. mentionem nullam fecimus 8 b. [31] gigbo 3 c. gypbo B 1. gyppo 10. 10 b. c. B 2. 3. 3 c. 3 d. 4. 4 b. gippo B 5 b. gybbo B 5. ex corr. 3 c. [32] His B 2. [33] bellum. suscepit 1. [34] hunnos 2 c. 11 d. [35] hymaret 2 a m. corr. hyemaret 1. hiemaret 3 b. 4. 10. 10 b. c. 11. B 1—5. et alii. [36] qui sibi.. Illuserant 8 b. deest 3. [37] cenubii B 1. 2. [38] priuma 11. [39] incolomes B 1—5. [40] in exilium acti sunt 8 b. [41] III. corr. hi B 2. in B 2. [42] unstradae B 5. [43] in a. lineae superscriptum 1. [44] crudelitate B 1. 2. [45] deest, 2a manu suppletum 1. [46] Sequentia in editis capiti 21 adiiciuntur. [47] Amaibat 1. [48] et eorum suscipiendorum 8 b. [49] plerumque 1. 5. deest in reliquis. [50] pro 8 b. [51] capp. 22—26 usque qua ab infantia desunt 5. [52] deest 3 c. [53] robusta st. B 1. 2.

NOTÆ.

[a] Cf. Suet. Aug., c. 65.
[b] Cf. ibid., c. 66.
[c] Cf. ibid., c. 64.
[d] Hruothrudem Hludovicum abbatem S. Dionysii, Bertham Angilberto filios genuisse, constat.
[e] Himiltrude, Ann. Lauriss. min. T. I, p. 149, 2. Pro legitima eam habuisse videtur Stephanus III papa, in epistola 45 codicis Carolini.
[f] Cf. Suet. Tiber., c. 68; Aug. 79, Calig. 50.

eminenti, quae tamen iustam non excederet — nam septem suorum pedum proceritatem eius constat habuisse mensuram [1] — apice [2] capitis rotundo, oculis praegrandibus ac vegetis, naso paululum [3] mediocritatem [4] excedenti, canitie pulchra [a], facie laeta et hilari. Unde formae auctoritas [b] ac dignitas tam stanti quam sedenti plurima adquirebatur [5], quamquam cervix obesa et brevior [c], venterque proiectior [d] videretur: tamen haec [6] caeterorum membrorum celabat aequalitas [e]. Incessu firmo, totaque corporis habitudine virili, voce clara quidem, sed quae minus corporis formae conveniret; valitudine prospera [f], praeter quod, antequam decederet, per quatuor [7] annos crebro febribus [8] corripiebatur, ad extremum etiam uno pede claudicaret [9] [g]. Et tunc quidem plura suo arbitratu quam medicorum consilio faciebat, quos pene exosos habebat, quod ei in cibis assa, quibus assetus erat, dimittere, et elixis adsuescere suadebant. Exercebatur assidue equitando [h] ac venando, quod illi [10] gentilicium erat: quia vix ulla in terris natio invenitur [11], quae in hac arte [12] Francis possit aequari. Delectabatur etiam vaporibus aquarum naturaliter calentium, frequenti natatu corpus exercens, cuius [13] adeo peritus [14] fuit, ut nullus ei iuste valeat [15] anteferri. Ob hoc etiam Aquisgrani [16] regiam extruxit, ibique extremis vitae annis usque ad obitum perpetim [17] habitavit. Et non solum filios ad balneum, verum [18] optimates et amicos, aliquando etiam satellitum et custodum corporis [19] turbam, invitavit, ita ut nonnumquam centum vel eo amplius homines una lavarentur [i].

23. Vestitu [j] patrio [20], id est francisco [21] [k], utebatur. Ad corpus camisam [22] [l] lineam [23] et feminalibus [24] A lineis induebatur; deinde tunicam [25] quae limbo serico [26] ambiebatur, et tibialia [27]; tum [28] fasciolis cura, et pedes caltiamentis [29] constringebat, et ex [30] pellibus lutrinis [31] et [32] murinis [33] [m] thorace confecto heros [34] ac [35] pectus hyeme [36] muniebat; sago v neto amictus, et gladio semper accinctus, cuius capulus ac balteus [37] aut aureus aut argenteus erat. Aliquoties et gemmato [38] ense utebatur, quod tamen non nisi in praecipuis festivitatibus, vel si quando exterarum gentium legati venissent [39]. Peregrina vero indumenta, quamvis pulcherrima, respuebat, nec unquam eis indui patiebatur, excepto quod Romae semel, Adriano [40] pontifice petente, et [41] iterum Leone successore eius supplicante, longa tunica et clamide amictus, calceis quoque Romano more [42] formatis indueb tur. B In festivitatibus [43] veste auro texta [44] et calciamentis gemmatis [45], et fibula aurea sagum adstringen [46], diademate quoque ex auro et gemmis ornatus cedebat; aliis autem diebus habitus eius parum [47] a communi et [48] plebeio abhorrebat.

24. In cibo [n] et potu temperans [49], sed in potu emperantior [50], quippe qui ebrietatem in qualicumque homine, nedum in se ac suis, plurimum abhominabatur [51]. Cibo enim non adeo abstinere poterat ut saepe quereretur [52], noxia corpori suo esse iei a. Convivabatur [o] rarissime, et hoc praecipuis festivitatibus [53], tunc tamen cum magno hom' um numero. Caena [p] cotidiana quaternis tantum fe culis praebebatur, praeter assam, quam venatores veribus [54] inferre solebant, qua ille libentius quam alio cibo vescebatur. Inter [55] caenandum aut ali od C acroama [56] [q] aut lectorem audiebat. Legebantu ei historiae [57] et antiquorum res [58] gestae [59]. Delect ba-

VARIANTES LECTIONES.

[1] figuram 8 b. [2] a. c. r. *deest* 3 c. [3] paululum B 1. [4] in mediocritatem 1. 2. [5] inerat 8 b. [6] oc B 1. 3. 3 b. [7] quattuor B 1. 2. [8] febrius, *corr.* febribus 1. [9] claudicarat 10. 10 b. c. claudicabat 11. B 5. claudicavit 3 b. [10] ei 1. [11] repperitur 1. [12] re 8 b. [13] cuius p. a. f. u. n. e. i. v. anteferr *in marg.* 2a *manu adiecta* 1. [14] p. a. 1. [15] potuerit 8 b. [16] aquis granum *codd*. aquis grani 1. [17] conti uo 8 b. [18] verum et 11. [19] *deest* 8 b. [20] pario 3 b. [21] francico 4. 8 b. B 5. frantia B 1. 2. francio 10. 1 b. 10 c. B 3. 3 b, c, d. frantio B 4. 4 b. [22] camisiam 2. 2 b. 2 c. 3 3 b. 3 c. 6 b. 7. 8. 8 b. 10. 10 b. c. 11 c. d. B 2. 2 b. [23] camisia lineam 9. 11. 11 b. B 3—5. [24] femuralibus 11 c'. [25] tunica 9. 11. 11 b. B. 3 5. tonicam B 1. 2. 2 b. [26] sirico 3 b. syrico B 5. [27] tibialibus 11. 11 b. [28] tibialia cum fasciolis. crur et 1. 2. tibialia cum 3 ' 11 c. B 2 b. tibialia tum 2 ' b. 2 c. 6 b. 7. 8. 11 b. [29] calciamentis *codd. plur* i. [30] *deest* B 1. 2. [31] lutrinis et murinis *deest* 3 b. 3 c. 8. 11. 11 b, c, d. 12. B 1—5. [32] vel 4. 10. 10 b. 1 c. B 5. *et Reuberi codd.* [33] murinis *deest* 7. 8 b. 13. [34] umeros 4. B 1. [35] aspectus B 1. 2. [36] muni st hyme *corr.* hyeme 1.—hieme 2. 3 b. 4. 10 10 b. c. 11. B 1. 2. *et alii*. [37] baltheus 8 b. B 2. 5. [38] gemi ato 3 b. 10 c' B 4 b. [39] adessent *Bouq.* [40] hadriano 4. [41] et i. ||. s. e. supplicante *deest* 9 b. 10. 10 b, c, c', *et in Reuberi codd.* [42] opere 1. *reliqui more.* [43] solennitatibus 8 b. [44] testa *corr.* texta 1. [45] gemin tis 3 b. [46] astringebat B 3—4. [47] eius a c. et p. non abhorrebat, *corr.* eius parum e. et p. abhorreba 1. eius communi ac p. non abhorrebat B 3, 3 b, c, d. e. plebeius a plebeio non abhorrebat B 4. e. commun s a plebeio non abhorrebat B 4 b. [48] ac 2. 3 b. 4. 10. 10 b. c. 11. B 1. 2. (3—4) 5. [49] temperatus B 1 2. temperate 3 b. [50] temperancior 1. [51] abominabatur 4. 11. B 1. 2. 5. *etc.* [52] quaereretur 4. B 1. [53] festitatibus B 1. [54] verubus 3 b. 8 b. B 2. 3 b. 4 b. [55] inter *usque* audiebat *deest* 3 b. [56] acroma 2*a m nu corr.* acroama 1. incroama *serius correctum* acroama B 1. incroama B 2. a:ro:ma B 5. [57] hystoriae 1. *reliquorum plurimi* historiae. [58] reges *corr.* regum B 1. [59] regum gesta 4. 8 b. 9. 10. 10 b, c. 13. B 3 4. rei gesta B 2. re gesta B 2. b.

NOTÆ.

[a] Cf. Suet. Claud., c. 50.
[b] Ibid.
[c] Suet. Neron., c. 51.
[d] Suet. Tit., c. 3.
[e] Cf. Suet. Aug., c. 79.
[f] Cf. Suet. Claud., c. 31.
[g] Cf. Suet. Aug. c. 80.
[h] Suet. Tit., c. 3.
[i] C. Suet. Tit., c. 8.
[j] Cf. Suet. Aug., 82, et Calig., 52.
[k] Cf. Monachum Sangallensem de Gestis Karoli, 34.
[l] Gallice, *chemise.*
[m] Pellibus ermineæ vel zibelinæ.
[n] Suet. Aug., c. 76.
[o] Ibid., c.74.
[p] Ibid.
[q] Ibid., c. 74; Vespas., c. 19.

tur et libris sancti Augustini [1], praecipueque his qui [2] praetitulati sunt [4]. Vini [a] et omnis potus adeo parcus in bibendo erat, ut super caenam raro plus quam ter biberet. Aestate post [b] cibum meridianum pomorum aliquid sumens, ac semel bibens, depositis vestibus et calciamentis [5], velut [6] noctu [7] solitus erat, duabus aut tribus horis quiescebat. Noctibus [c] sic dormiebat, ut somnum quater aut quinquies non solum expergiscendo [8], sed [9] etiam deresurgendo [10] interrumperet. Cum [d] calciaretur [11] aut [12] amiciretur [13], non tantum amicos admittebat, verum etiam, si comes palatii litem aliquam [14] esse diceret quae sine eius iussu definiri [15] non posset, statim litigantes introducere iussit [16], et velut pro tribunali sederet, lite cognita sententiam dixit [17]; nec hoc tantum eo tempore, sed etiam, ea die quicquid [18] cuiuslibet officii agendum aut cuiquam ministrorum iniungendum erat, expediebat.

25. Erat [e] eloquentia copiosus et exuberans, poteratque, quicquid vellet, apertissime exprimere. Nec patrio tantum sermone contentus [19], etiam peregrinis linguis [20] ediscendis operam impendit; in quibus latinam ita didicit, ut aeque illa ac patria lingua orare [f] sit solitus; graecam [21] vero melius intelligere [22] quam pronuntiare poterat [g]. Adeo quidem facundus [23] erat, ut etiam didascalus [24] appareret. Artes [h] liberales studiosissime coluit, earumque doctores plurimum veneratus, magnis adficiebat honoribus [25]. In discenda grammatica Petrum Pisanum [26], diaconum [27], senem audivit, in caeteris disciplinis Albinum cognomento Alcoinum [28], item diaconum [29], de Brittania [30], Saxonici generis hominem, virum undecumque doctissimum, praeceptorem habuit; apud quem et rethoricae [31] et

dialecticae [32], praecipue tamen [33] astronomiae ediscendae, plurimum et temporis et laboris impertivit. Discebat artem computandi, et intentione sagaci syderum [34] cursus [35] curiosissime rimabatur. Temptabat et scribere, tabulasque et codicellos [36] ad hoc in lecto sub cervicalibus circumferre solebat, ut, cum vacuum tempus esset, manum litteris effingendis [37] adsuesceret; sed parum successit labor praeposterus ac sero inchoatus.

26. Religionem [38] [i] christianam, qua ab infantia fuerat imbutus, sanctissime [39] et cum summa pietate coluit, ac propter hoc plurimae pulchritudinis basilicam Aquisgrani [40] extruxit, auroque et argento et luminaribus [41] atque ex aere solido cancellis et ianuis adornavit. Ad cuius structuram cum columnas et marmora aliunde habere non posset, Roma atque Ravenna devehenda curavit. Ecclesiam et mane et vespere, item nocturnis horis et sacrificii tempore, quoad eum valitudo permiserat, impigre frequentabat, curabatque magnopere [42], ut omnia quae in ea gerebantur, cum quam [43] maxima fierent honestate; aedituos creberrime commonens, ne quid indecens aut sordidum aut inferri aut in ea remanere permitterent. Sacrorum vasorum ex auro et argento, vestimentorumque sacerdotalium tantam in ea [44] copiam procuravit, [45] ut in sacrificiis celebrandis ne [46] ianitoribus quidem, qui ultimi aecclesiastici ordinis sunt, privato habitu ministrare necesse [47] fuisset. Legendi [48] atque psallendi disciplinam diligentissime emendavit. Erat enim utriusque admodum eruditus, quamquam ipse nec publice legeret, nec nisi [49] submissim [50] et in commune cantaret [51].

VARIANTES LECTIONES.

[1] agustini B 4. [2] quae 1. [3] domini B 1—4. [4] quos de civitate Dei inscripsit 8 b. [5] calceamentis 7. 11 c. [6] ut 1. 3 b. [7] notu corr. noctu 1. [8] expergescendo B 1 3 b. expergescendum B 2. [9] 2a manu adiectum 1. sed e. d. deest 4. [10] deest 2. deresurgendo 1. desurgendo 2 b. 2 c. 3. 3 b. 4 b. 7. 7 a. 8 b. 9. 10. 10 b. c. B 1. 2. 2 b. 5. resurgendo 11 c. exurgendo 11. 11 b. assurgendo B 3—4. surgendo 3 c. 6 b? 11 d. [11] calcearetur 2 c. 3. 8. 9. 11 b. c, d. [12] et 2 b. c. 3. 3 b. 4. 7. 8. 9. 10. 10 b. c 11 b, c, d. B 2 b. 5. [13] amicitaretur B 1—4. [14] aliquem 1. aliquem corr. aliquam B 1. [15] definire B. 1. [16] iussisset.. dixisset 2 b. 3 b, c. iubebat.. dicebat 2 c. 3. 11 d? iussu B 2. [17] dixisset 2. [18] ea die quicquid 1. q. ea die reliqui. [19] contemptus 1. [20] 2a manu insertum 1. [21] gregam corr. grecam 1. [22] intellegere 4. B 1. 2. 5. [23] faecundus, corr. facundus B 1. fecundus B 2. [24] didasculus 1. didaculus 11 b. dicaculus 11. 11 d. B 1. 2. 5. dialecticus 7. [25] horibus, 2a m. corr. honoribus 1. [26] pisarum 15. [27] diaconem 4. 10. 10 b. 11. B 1. 2. 5. [28] alcuinum 2 b. c. 5 b. 8. 11. 11 b, c, d. alcuinum 8 b. B 5. [29] lineae superimpositum 1. diaconum 2 b. c. 3. 8 b. 9. 11 c. B 3 c. 4 b. [30] brittannia 4. B 4. 4 b. britania 8 b. B 4. britannia 3 b. 11. B 3. 3 b, c, d. [31] rhetoricae 8 b. [32] dialetice B 3—4. dialethicae B 5. [33] tantum, 2 a m. corr. tamen 1. [34] siderum 3 b. 4. 11. B 1. 3. 3 b, c, d. [35] cursum 2. 3. 4. 8 b. 9. 10. 10 b, c. 11. B. 1. 5. certe et alii. cursu B. 2. [36] codicellos 8 b. et alii. [37] effingendis 2 a m. corr. effigiendis, 1. 7 a. effigiendis corr. effigiandis 2 c. effigiendis 3 c. 4. 4 b. 6 b. 8. 8 b. 11 c. B 1. 2. 2 b. 3 b. effigiandis 2. 2 b. 3 3 b. 7. c. 9. 11. 11 b. 15. effingendis 9 b. 10. 10 b, c, f, h. Reuberi codd. B 4 b. 5. effigendis 1. 5. efficiendis 10 g. [38] Relionem. 2a m. Religionem 1. [39] sanctissima et summa 1. [40] aquis granis 1. [41] liminaribus B 3 b. 4. 4 b. [42] manopere 2a m. magnopere 1. [43] qua 4. 6 b. B 1. 2 [44] deest 5. 11. B 3 4. eo 3 b. 8 b. B 2, 3 b. 4. 4 b. 5. [45] procuravit copiam 1. [46] nec adrasum, ita ut iam ne legatur 1. reliqui ne [47] neccesse 1. [48] Legendi corr. Legendi 1. [49] nec sibi 1. 3 c. B 3 b. 4. 5. [50] submissim corr. submisse 1. submissim e. g. 4. 5. 8 b B. 1—5. submisse 2. 3 b. summisse 11. submissum 6 b. 7. [51] cantaret. Octingentas et Octuaginta sex ecclesias suis propriis sumptibus cum suppellectilibus et aliis ornamentis ad laudem Dei beataeque Virginis dedicavit, tria millia et septingentas in toto orbe restauravit 16.

NOTÆ.

[a] Suet. Aug., c. 77.
[b] Ibid., c. 78.
[c] Ibid.
[d] Cf. Suet. Vespas., c. 21.
[e] Cf. Suet. Aug., c. 84.
[f] Suet. Tit., c. 3.
[g] Suet. Aug., c. 89.
[h] Cf. Suet. Tiber., c. 70.
[i] Cf. Suet. Aug., c. 90, 93.

27. Circa pauperes sustentandos et gratuitam liberalitatem, quam Graeci elemosynam [1] vocant [2], devotissimus, ut qui non in [3] patria solum et [4] in regno [5] suo id facere curaverit, verum [6] trans maria in Syriam [7] et Aegyptum [8] atque Africam [9], Hierosolymis [10], Alexandriae [11], atque Carthagini [12] ubi christianos in paupertate vivere compererat,[13] paenuriae illorum compatiens, pecuniam mittere solebat [14]; ob hoc maxime transmarinorum regum amicitias expetens, ut christianis sub eorum dominatu degentibus refrigerium aliquod ac relevatio [15] proveniret [16]. Colebat prae ceteris sacris et venerabilibus locis apud Romam aecclesiam beati Petri [17] apostoli, in cuius donaria magna vis pecuniae, tam in auro quam in argento, nec non et gemmis, ab illo congesta est. Multa et innumera pontificibus munera missa [18], neque ille toto [19] regni sui tempore quicquam duxit [20] antiquius a quam ut urbs Roma [21] sua opera [22] suoque labore vetere polleret auctoritate, et aecclesia sancti Petri [23] per illum non solum tuta ac defensa, sed etiam suis opibus prae omnibus aecclesiis [24] esset [25] ornata [26] atque ditata [27]. Quam cum tanti penderet, tamen intra 47 annorum b, quibus regnaverat, spatium quater tantum illo votorum solvendorum ac supplicandi causa [28] profectus est c.

28. Ultimi adventus sui non solum hae fuere causae, verum etiam quod Romani Leonem pontificem, multis affectum iniuriis, erutis [29] scilicet oculis linguaque amputata, fidem regis implorare compulerunt. Idcirco Romam veniens, propter reparandum, qui nimis conturbatus erat, aecclesiae statum, ibi totum hiemis tempus extraxit. Quo tempore Imperatoris [30] et Augusti nomen accepit, quod primo in antum aversatus [31] est [32], ut adfirmaret, se eo die, q am vis praecipua festivitas esset, aecclesiam non i traturum, si pontificis consilium praescire potui set. Invidiam tamen suscepti nominis, Romanis [33] i peratoribus super hoc indignantibus, magna tuli pacientia, vicitque eorum contumaciam magnan itate [34], qua eis procul dubio longe praestantior rat, mittendo ad eos crebras legationes, et in epi tolis fratres eos [35] appellando

29. Post susceptum imperiale nomen, cum verteret [36] multa legibus populi sui deesse [37] — nam Franci duas habent leges [38] d in plurimis locis valde [39] diversas — cogitavit quae deerant adde e et discrepantia unire, prava quoque ac perperam prolata corrigere; sed de his nihil aliud ab eo f tum est, nisi quod pauca capitula e, et ea imperfec , legibus addidit. Omnium tamen nationum quae s eius dominatu [40] erant, iura [41] quae scripta non er nt f, describere ac literis mandari fecit. Item barl ra g et antiquissima carmina, quibus veterum r gum actus et bella canebantur, scripsit memori eque mandavit. Inchoavit et grammaticam patrii s rmonis. Mensibus etiam iuxta propriam linguam ocabula imposuit, cum ante id temporis [42] apud Fr ncos partim latinis, partim barbaris nominibus, pron nciarentur [43]. Item ventos duodecim propriis appell ionibus insignivit, cum prius non amplius qua vix quatuor ventorum vocabula possent [44] inveniri . Et de mensibus quidem Ianuarium Wintarman th [46], Februarium [47] Hornung [48], Martium Lentzinm oth [49] Aprilem [40] Ostarmanoth [51], Maium Winnema th [52]

VARIANTES LECTIONES.

[1] eleymosynam 4. eleymosynam 5. 10. 10 b, c. B 4 b, 5. heleymosinam 3 b. elymosinam B. 1. 2. el osinam 11. B 3—3 d. eleemosynam 8 b. [2] deest B 1. 2. (5—57) [3] 2a manu appositum 1. [4] sed B 1. . 2 b. [5] regno suo 1. 2. 2 c. in 2 b. deest suo; reliqui omnes suo regno. [6] verum etiam B 3—4. [7] siriam e g. 4. 11. B 3 b. 4 b. 5. [8] aegiptum 1. reliqui aegyptum aut egyptum. [9] affricam 5. B 3—4. [10] ih rosolimis 3 b. B 5 b. 4 b. hierosolymis 6 b. ierosolimis 11. B 3 c. 5. hyerosolymis 4. ierosolymas 8 b. ierós lymis Bouq. [11] alexandriam 8 b. [12] chartani 1. chartagini 4. cartagini 2. 3 b. 11. B 1—5. cartagini 5. c rthaginem 8 b. [13] compererat 2 a m. corr. comperirat 1. [14] soleret B 1. 2. 3 t c. d. [15] reuelatio 1. [16] roveniret. Redimebat omnes captivos et detentos in manibus barbarorum, et suis pecuniis eos liberabat 16. [17] petri apostoli et pauli cum pauli 10 b. et codex Goldasti. petri et pauli 11. [18] misit 1. reliqui missa. [19] toti B 1. 2. [20] dixit 1. [21] roma urbs 1. reliqui urbs roma. [22] suo opere 1. [23] beati B 5. 5 b. c. 4. 4 b. beati s cti B 3 d. [24] aliis 1 [25] deest 1. [26] ordinata 1. B. 3. 5. [27] ordinata B 1. 2. 2 b. [28] supplicante grati 3 b. [29] cruti 2a m. crutis 1. [30] 2a manu adiectum 1. [31] adversatus 2. 3 b. 5. B 2—4. [32] 2a manu s ppletum 1. [33] constantinopolitanis 8 b. [34] magnimitata 2a m. magnanimitate 1. [35] voci eos superscriptum ad 1. [36] averteret, 2a m. aduerteret 1. [37] de : esse 1. [38] im 4. [39] deest B 1. 2. [40] ditione 8 b. [41] iure B 1. [42] tempus 8 b. [43] appellarentur 8 b. [44] possent uocabula 1. reliqui uocabula possent; v. i. p. 8. b, [45] Huius capitis reliqua desunt 2 c. [46] in 7 c. constanter monath legitur — uuintaremanoth 9. uuintarm nodh B 2. 2 b. uuintharmanoth B 3. 3 d. Wintarmanodum C 3. uuintermanoth B. B 3 b. 5. wintermanoth B 4. wintermanoch B 4 b. wintermanoth 10 b. windermanoth 10 c. et Reuberi cod. uuindermanoth 10. (i 10. ubique manoht habet.) nuntirmanoth 5. Vuinthermonet 8 b. (ita constanter in 8 b. monet aut mont.) ndermonot 4 b. winterman B 8. uuuintermonet vel uindermonoth C 4. [47] febroarium 1. 3 b. 4. Menses F bruarius, Martius, Aprilis, Maius, Iunius, Iulius desunt in B 1. 2. 2 b. [48] hornungmanoth 7. hornug. 1. horinuing 11 c. ornung 5*. ornunhg 3 c. hornunch 10 b. B 4. 4 b. hornunt B 5. hormune vel orminhg C. 4. [49] lenzinmanoth 2 b. 3 b. 5 c. B 5. lenzinmanoth 9. lenzimanoth 2. B 3 c. C 4. linzinmanoth 5. lentzmo t 8 b. lepthinmanoth 10 b. lentinmanoth b, 7 . 11. 11 b. lentinmanoth C 3. lentimanoth 3*. 8. 11 c, d. encimanoth B 3 b. 4: (4 b.) lentzin id est meymam sive veris initium B 8. lenzemont C 4. lengtenmonath 7 b. [50] prilis et Maius, Iulius et Augustus desunt in 2. Aprilis, Maii et Augusti vocabula germanica desunt in 3*, ubi Iuli s malig audit. Aprilis et Maius desunt in B 8. 9. [51] ostarmanodum C 3. hostarmanoth 8. ostarmanoth 2 b. 10 b c. 11. 11 b, c, d. B 3 b. 4. 5. ostermanoh B 4 6. osterman B 8. ostermonet 8 b. ostermanot 4 b. estermonath 7 b. win

NOTÆ.

a Cf. Suet. Vespas., c. 8.
b Annos 768 et 814 pro completis computat.
c Cf. Suet. Tiber., c. 72.
d Legem Salicam et Ribuariorum.

e I. e., Additamenta ad legem Salicam et ad egem Ribuariorum, annis 803-806.
f Leges Saxonum, Thuringorum et Frisionu .
g I. e., Germanica.

Iunium[1] Brachmanoth[2], Iulium[3] Heuvimanoth[4], Augustum Aranmanoth[5], Septembrem[6] Witumanoth[7], Octobrem Windumenianoth[8], Novembrem Herbistmanoth[9], Decembrem Heilagmanoth[10] appellavit. Ventis vero[11] hoc modo nomina imposuit, ut Subsolanum vocaret Ostroniwint[12], Eurum Ostsundroni[13], Euroaustrum[14] Sundostroni[15], Austrum Sundroni[16], Austroafricum[17] Sundwestroni,[18] Africum[19] Westsundroni[20] Zephyrum[21] Westroni[22], Chorum[23], Westnordroni[24], Circium Nordwestroni[25], Septemtrionem[26] Nordroni[27] Aquilonem Nordostroni[28], Vulturnum Ostnordroni[29]. 50. Extremo[30] vitae[31] tempore, cum iam et[32] morbo et senectute premeretur, vocatum[33] ad se Hludowicum[34] filium, Aquitaniae regem, qui solus filiorum Hildegardae[35] supererat, congregatis sollemniter de B mense Ianuario, febre valida[44] correptus, decubuit.

A toto regno Francorum primoribus[36], cunctorum consilio consortem sibi totius regni et imperialis nominis heredem constituit, impositoque capiti eius diademate, Imperatorem et Augustum iussit appellari. Susceptum est hoc eius consilium ab omnibus qui aderant magno cum favore; nam divinitus ei propter regni[37] utilitatem videbatur inspiratum; auxitque maiestatem eius hoc factum, et[38] exteris nationibus non minimum terroris incussit. Dimisso deinde in Aquitaniam filio, ipse more solito, quamvis senectute confectus, non longe a regia[39] Aquensi venatum proficiscitur, exactoque in[40] huiuscemodi negotio quod reliquum erat autumni, circa Kalendas Novembris[41] Aquasgrani[42] revertitur. Cumque tibi hyemaret[43],

VARIANTES LECTIONES.

nemanod C 3. iuuinnemanoth 5. winemanoth 5 b. B 5. winemamoth 8. ulunnemanoth *corr.* uvunnemanoth B 3 b. wunemanoth B 4. wunemanoh B 4 b. wunnemanoth 10 c*. wunnemonet 8 b. C 4. wunnemän B 8. — [1] *menses Iunius et Iulii 2a manu in marg. adscripti.* 1. [2] *In codicibus* 8, B 3, 3 b, c, d, 4, 4 b. *germanica Iunii et Iulii vocabula permutantur.* — prahemanoth 10. brhacmonoth 5 b. bracmanoth 2 b. 3 *.* 3 c. 6 b. 9. 10. 11 b, c, d. bracmonod C 5. brachmonet 8 b. C 4. brahmonoth C 4. bracman B 8. (pracmanoth B 3, 5 d. prahelmanoth B 3 c. baramanoth 8.) prachmanot 4 b. [3] *Menses Iulius, Augustus et September desunt* 2 b. [4] uuimanoth 4. uuimanoth 3 b. inumanoth 7 b. heuuimanoth 8.) haymanoth 7. Wimanodum C 3. höwimanoth 9. houmanoth 10 b. heumanoth B 3. 3 b, c. hoemanoth B 3 b. howemanoth B 4. howemanoh B 4 b.) houwemanoth B 5. heymonet 4 b. heumonet 8 b. C. 4. hewinmanoth *Reuberi codd.* heuuinmanoth *vel* vainmanoth C 4. heuman B 8. [5] aranmanod C 3. aranmanoth B 2. aramanoth B 2 b. arnomanoth B 5. arnotmanoth 5. 10 b, c. arnman B. 8. arnmonet 8 b. [6] semtembrem 4. [7] widumanod C 5, widumanoth 7. uuintumanoth 5 b. 5 c. 7 b. B 1. 2. 2 b. c 4. uuitimanoth B 5. 3 b, c. uuithimanoth B 3 d. witemanoth B 5. witmanoth 5. B 4. 4 b. ouitman B 8. herbstmonet 8 b. c 4. [8] windumemanod C 3. widumemanoth 8. uuindummanoth 10. 10 b. uuindunmanoth 10 c. windumanoth 11 d. windumanoth B 3 b. 4. uuidumanoth. B 3. 3 c, d. 4 b. windemanoth B 5. uuindrumanoth C 4. winman B 2. vuynmonet 8 b. wynmanot 4 b. windrumanoth *Reuberi codd.* [9] Chestbistimahnöi, *corr.* herbistimanoth 4. herbistmanoth 5 * 3 b. 3 c. 4 5. 6 b. 9. 10. 10 b. 11. 11 b, c, d. B 3. C 4. herbistmanot 8. heribestmanoth B 1 heribistmanoth B 2. 2 b. herbestmanoth B 5 b. herebesmanoth B 4. 4 b. heruistmanoth 7. heruistmanod C 3. herbstmanoth 10 c. B 3 d. herhismanoth 2 b. B 5. heruestman B 5. veyndtmonet 8 b. wyndumanot 4 b. regenmanoth 10 f. [10] hielaginanod C 3. helagmanoth 11. 11 b*, c, d. hielagimanoth 8. heilegemanoth 9. eilagmanoth 3*. haeilagamanoth b 4. heilagamanoth B 5 b. 4 b. heiligimanoth 10 b. B 5. heiligmanoth 6 b. heiligmonet 8 b. heiligmanoth B 3. 4. uuidimanoth B 3. heligman B 8. heilmanoth 7. helamanoth 11 b. helmantob *Bouq.* [11] ergo 1: *reliqui vero.* [12] ostroniuinth B 3. ostraniuuind C 3. astroniuuint B 2. atromwint 2 b. ostrumuuind 11. 11 b. ostruniwind 11 c. ostrunniwind 11 d. ostronowind 7. ostronuwint 6 b. oslronowinth B 3 d. osteruuint 3 b. B 8. ostrenwyndt 8 b. ostrowyndt 4 b. [13] ostsumdooni 3 b. ostsumdroni 11 d. ostsundron B 3 b. 4 b. ostsundruni B 3 d. ostsundren 8 b. ostsuthronowind 7. [14] eroaustrum *corr.* euroaustrum 1. [15] suntaustroni 1. suadrostoni 8. sundostroni C 2. B 3 d. sundrostron B 3 b. sundostron B 4. 4 b. sundostren 8 b. 4 b. sondostroni 10 c, d. sudostroni C 3. suthostronowind 7. [16] sumdroni 1. sundron B 3 b. 4. 4 b. sundren 8 b. 4 b. sudwint B. suthronowind 7. [17] austro affricum 3 b. 10. 10 b, c. B 1 — 5. austrum africum 2 b, 11. 11 b, d. austricum africum 11 c. [18] suntuuestroni 1. suduuestroni C 3. sunduuuestroni B 1. suhdiuuestroni 11. 11 c. sundri :: unduuest :: ii C 2. sounuestroni 11 d. sudwestron B 3 b. sunwestron B 4. 4 b. sunduestren 8 b. suthwestronowind 7. — sundwestroni africum *deest* B 2. [19] affricum 2 b. 3 b. 10. 00 b, c. B 3. 3 c, d. 4. 4 b. 5. africum w. z. w. chorum *deest* 3 c. [20] uuestsumdron B 3 b. 4. 4 b. westsondroni 8. westsundren 8 b. westsuthronowind 7. [21] zephyrom 1. zefyrum 4. 10 c. zefirum 6 b. B 2. zephirum 2 b. 3 b. 10. 11. 11 b, d. cpyrum B 3. 4. 4 b. [22] westroni chorum *deest* 10. 10 b, c, c*. — üestroni B 3. westron B 5 b. 4. 4 b. uesteumi B 5 d. vuestren 8 b. westronewind 7. [23] choriam 6 b. [24] uuesthnordoni B 2. vestnordroni B 5. westnordorni B 3. westnordron B 4. 4 b. westnordron B 3 b. westnordronet 8 b. westnorthronowind 7. [25] norduuestroni 1. nordduuesthroni B 2. norduestroni B 3 d. nordenuestroni C 2. nordwesten B 3 b. 4. 4 b. nordiuestruni 11. nordwestruni 11 b, c. nordwestren 8 b. northwestronowind 7. westroni 8. nordwesdroni *Reuberi codd.* [26] *ita* 1. septentrionem 4. B 1. C 3. *et alii.* [27] nordron B 3 b. 4. 4 b. nordoni 3 c. 8. nordren 8 b. northronowind 7. [28] nordostronii 1. nordosthroni B 2. nordenastroni C 3. nordrostront B 3 d. nordrostruni 11. 11 b, d. nodstruni 11 c. nordostron B 3 b. 4. 4 b. nordstren 8 6. northostronowind 7. nordostdroni *Reuberi codd.* nordwestroni 8. [29] osopordroni 3 b. 3 c. oustnordroni 8. ostnordron B 4. 4 b. ostnordrun B 5 b. ostnorthronowind 7. — *Ceterum in codicibus* B 3, 5 b, c, d. 4. 4 b. *venti hoc ordine recitantur* : Subsol. Eur. Affr. Sept. Euroaust. Zeph. Aquil. Aust. Chor. Vult. Austroäff. Circius. *In cod.* B 8 : Subsol. vocaret Osterwint, Eurum Ostsud, Vulturnum Ostnord, Sefirum Westwint, Circium Nordwest, Favonium . . . , Austrum Sudwint, Affricum Sudwest, , Septentrionem id est Boream Nordwint, Chorum Westnord, Aquilonem Nordost. *In cod.* c*. · *Aquilo Circium et Septemtrionem antecedit.* [30] E. vero 4 b. 10. 10 b, c. [31] vitae suae 5 — 4. [32] *deest* 1. [33] et vocatum B 1. 2. [34] hluduuicum 4. hlodowicum 7. ludouicum 5 b. 8 b. 11. luodeuicum B 5 b. 4 b. ludouuicum B 2. ludewicum B 5. ludevicum B 3. ludbicum B, 3 d. [35] hildigarde 6 b. 11. B 1. 2. 3. 3 d. 5 hildegardis B 5. principibus B 3. 3 b, c. [36] *deest* B 1. 2. [37] *deest* 1. 2. [38] *deest* 4. 2. [39] regiae B. 1. 2. [40] *deest* B 1. 2. 5. 4. [41] novembres B 5. nouemb. B 1. 2. 10. [42] aquisgrani 1. aquasgrani 4. 5. 8 b. 10. 10 b. B. 1. *et reliquorum plurimi*. [43] hiemaret 5 b. 4. 11. B. 1. 2. 3 — 4. hiemaverat 7. [44] v. c. 4. 8 b. 10. 10 b. 11. B 1. 2. *et alii*.

B. CAROLI MAGNI

Qui statim, ut in febribus solebat, cibi sibi abstinentiam indixit, arbitratus hac [1] continentia morbum posse depelli vel certe mitigari; sed accedente ad febrem lateris dolore [2], quem Graeci pleuresin [3] dicunt [4], illoque adhuc inediam [5] retinente, neque corpus aliter quam rarissimo potu sustentante, septimo postquam decubuit die, sacra communione [6] percepta, decessit, anno aetatis suae septuagesimo [7] secundo, et [8] ex quo regnare coeperat, quadragesimo septimo, 5. Kalendas Februarii [9], hora diei tertia [10].

31. Corpus more sollempni lotum et curatum, et maximo totius populi luctu aecclesiae inlatum atque humatum est. Dubitatum est primo, ubi reponi [11] deberet, eo quod ipse vivus de hoc nihil praecepisset [12]; tandem omnium animis sedit [13], nusquam eum honestius tumulari posse, quam in ea basilica, quam ipse propter amorem Dei et domini nostri Iesu Christi, et ob honorem sanctae et aeternae Virginis, genitricis eius, proprio sumptu in eodem vico construxit. In hac sepultus est [14], eadem die qua defunctus est, arcusque supra [15] tumulum deauratus cum imagine et titulo exstructus [16]. Titulus ille hoc modo descriptus est [17]: SUB HOC CONDITORIO SITUM EST CORPUS KAROLI MAGNI ATQUE ORTHODOXI IMPERATORIS. QUI REGNUM FRANCORUM NOBILITER AMPLIAVIT ET PER ANNOS XLVII. [18] FELICITER REXIT. DECESSIT SEPTUAGENARIUS [19]. ANNO DOMINI [20] DCCC°. XIIII°. INDITIONE [21] VII. [22] V. KAL. FEBR. [23]

32. Appropinquantis [24] finis complura fuere praesagia [25] a, ut non solum alii, sed etiam [26] ipse hoc minitari sentiret. Per tres continuos vitaeque termino [27] proximos annos et solis et lunae creberrima defe-

A ctio, et in sole macula quaedam atri coloris s ptem dierum spatio visa [b]. Porticus, quam inter bas icam et regiam operosa mole construxerat, die ascen ionis Domini subita ruina usque ad fundamenta conla sa [28]. Item pons Hreni [29] apud Magontiacum [30], quem pse [31] per decem [32] annos ingenti labore et opere m rabili de ligno ita construxit, ut perhenniter [33] urare posse [34] videretur, ita tribus horis fortuitu [35] in endio conflagravit, ut, praeter quod aqua tegebatur, ne [36] una quidem hastula [37] ex eo remaneret. Ipse oque cum ultimam in Saxoniam [38] expeditionem ontra Godofridum [39], regem Danorum, ageret, quad die, cum ante exortum solis [40] castris egressus, iter gere coepisset, vidit repente delapsam caelitus cum genti lumine [41] facem a dextra in sinistram per se num aera transcurrere, cunctisque hoc signum, quid [b] por tenderet, admirantibus [43], subito equus quem [b] c sedebat [45], capite deorsum [46] merso decidit, eumqu tam graviter ad terram elisit, ut fibula sagi rupta b lteoque [47] gladii dissipato, a festinantibus qui ader t ministris exarmatus, non [48] sine amminiculo [49], l varetur [50]. Iaculum etiam quod [51] tunc forte manu [b] tenebat, ita elapsum est, ut viginti vel eo amplius p dum spacio longe iaceret. Accessit ad hoc creber [53] A ensis [54] palatii tremor, et in domibus ubi convers atur assiduus [55] laqueariorum crepitus; tecta etia de coelo, in qua postea sepultus est, basilica, malu que aureum, quo [56] tecti culmen erat ornatum, ict i fulminis [57] dissipatum et supra domum pontificis, quae basilicae contigua erat, proiectum est. Erat i eadem [58] basilica in margine coronae, quae inter upe-

VARIANTES LECTIONES.

[1] in hac B 1—4. [2] dolorem 1. [3] pleuresim 8 b. [4] vocant 2 c. 11 d. 8 b. [5] inedia, 2a m. inedi m 1. [6] communia B. [7] septagesimo corr. septuagesimo 1. [8] deest B 1—4. [9] februarias 3 b. [10] tertia in b ilica sancti salvatoris et sancte Dei genetricis marie honorifice sepultus est. ita codices B 9. et 10. deficiunt. [11] reponeri corr. reponi 1. [12] praecipisset 1. [13] insedit B 3—4. [14] deest B 1. 2. [15] super 8 b. [16] extru us 1. [17] erat B 3. 5 b, c, d? 4? 4 b. [18] Epitaphii pars prior in codice saeculi noni exeuntis in Bibl. palat. Vind bon. Nro 554. theolog. fol. 55. extat; ibi legitur annos XLVI. [19] LXX°II° aetatis anno indictione VI. V. Kal. febr. B 1. 2. 5 — 4. [20] christi 11 c. ab incarnatione domini 2 b, c. 5 c. anno incarnatione domini B 5. ann 814 a domini incarnatione 11. 11 b. — anno domini 814 deest 5 b. 5. 6 b. 7. — domini 814 deest 8. B 2. 8. [21] ita 1. ut saepissime in medii aevi scriptoribus et chartis occurrit; reliquorum codd. plurimi indictione; deest 2. 5. VI. B 5. [22] deest 2. 5 b. 5. 10. 10 c. et in Reub. in codd. [23] V. Kal. Febr. deest 11. — His vocibus expl ciunt 8 et 8°. [24] Adpropinquantis 4. 5. B 1. 2. et c., A. vero f. 10. Appropinquante vero finis termino 10 b, c. [25] ita 1. 4. 8 b. 4 b. 9. 10. 10 b. c. prodigia 2. 2 b. 2 c 3°. 5 b. 5 c. 5. 6 b. 7. 7 c. 10 g. 11. 11 b, c, d 13? B 1—5. 8. [26] et 8 b. [27] terminos 1. [28] deest 5 b. 5 b, d. 4 b. 5. [29] rheni 4. 11. B 5. c. et alii remi B 3. 3 b. reni 3 b. B 5 b. 5. in rheno B 1. [30] mogontiacum 4. B 1. 3 b. et alii mogontiam 3 b. B 4. 5. moguntiacum 8 b. [31] deest B 1. 2. [32] decim B 1. reliqui X. [33] perenniter 4. 6 b. 8 b. B 1. 2. 5. et alii. [34] deest 2 b, c. 5°. 3 b. 5 c? 9. 11. 11 b, c, d. [35] fortuito 11. 11 b, c, d 5 b. c. forti 10 b. for. 0 c. [36] nec B 1. 2. 3. 4. [37] astula 3 b. 4. 5. 10. 10 b, c, et Reuberi codd. [38] saxonia 7. 10. 10 b, c. 11. [39] otofridum 5 b. 11. godefridum 8 b. 10. B 5. dogofridum 10 b. togofridum 10 c. logofridum 10 c°. g dfridum B 3 c. [40] 2a manu adiectum 1. [41] luce B 3—4. [42] qd 1. [43] ammirantibus 4. B 1. 2. 3 b. 4 b. [44] em super 4 b. 9 b. 1000 b. super quem 10 c. 11 b. in quo 3°. B 5 c. cui insidebat 2 c. 8 b. 11 d. [45] sedit 0 b. [46] deosum, 2a m. deorsum 1. [47] baltheoque 8 b. B 5. 3 c, d. 5. [48] deest 8 b. 10 b. g. 12. 16. B 5. nec 6 b. et 2 b. 3 b. c. 4. 5. 7. 9. 10. 10 c. 11. 11 b, c, d. B 1. 2. 2 b. non ut B 3. 3 c. d. [49] aminiculo 2. 0 b. B 3 c. amiculo corr. aminiculo 5. amiculo 10 g. 11. 12. 16. 17. exarmatus aut sine amiculo 7 b. admi culo 8 b. 10. et alii. [50] laevaretur 1. 4. [51] quem 1. [52] manum 1. [53] crebre 3 b. [54] aquiensis b 1. aq s 2. equensis B 2. [55] adsiduus B 1. [56] quod B 1 2. [57] fluminis 4. B 1 [58] eodem 1.

NOTÆ.

a Cf. Suet. Aug., c. 97.
b Mercurium fuisse ipse Einhardus, in Annalib., a. 807, refert; hic vero Suetonium imitatus, rem ut prodigium potius effingit.
c « De equo quem sedebat, cum velocitate descendens. » Vita S. Wandregiseli, sæc. VII, cap. in Mabill. Actis O. S. B., sæc. II, p. 528. « Quia peditum equum sidebat. » Anonym. Salernit us, apud Murat. SS. t. II, p. 300. Cf. et infra Er oldi Nigelli l. III, v. 565 et 596.

VITA.

riores et inferiores arcus [1] interiorem [2] aedis partem ambiebat, epigramma sinopide [3] a scriptum, continens quis auctor esset eiusdem templi, cuius in extremo versu legebatur : KAROLUS PRINCEPS. Notatum est a quibusdam, eodem quo decessit anno paucis ante mortem mensibus, eas quae PRINCEPS [4] exprimebant [5] litteras, ita esse deletas [6] b, ut penitus non apparerent. Sed superiora omnia sic aut dissimulavit aut sprevit, ac si nihil horum ad res suas quolibet [7] modo pertineret.

33. Testamenta c facere instituit, quibus filias [8] et [9] ex concubinis liberos ex aliqua parte sibi heredes faceret, sed tarde inchoata, perfici non poterant. Divisionem tamen [10] thesaurorum et pecuniae ac vestium aliaeque suppellectilis [11] coram amicis et ministris suis, annis tribus [12] antequam decederet, fecit, contestatus eos, ut post obitum suum a se facta distributio per illorum suffragium rata permaneret; quidque ex his quae diviserat fieri vellet, breviario comprehendit, cuius ratio ac textus talis est : [13] «IN NOMINE DOMINI [14] DEI OMNIPOTENTIS PATRIS ET FILII ET SPIRITUS SANCTI. Descriptio [15] atque divisio [16], quae facta est a gloriosissimo atque piissimo [17] domno [18], Karolo imperatore [19] augusto, anno ab incarnatione domini nostri Iesu Christi 814, anno vero regni eius in Francia 43 [20], et in Italia 37 [21], imperii autem 14 [22], inditione [23] 4, quam pia et prudenti consideratione facere decrevit, et Domino annuente perfecit, de thesauris suis atque pecunia [24] quae in illa die in camera [25] eius inventa est. In qua illud praecipue praecavere voluit, ut non solum [26] elemosinarum [27] largitio, quae solempniter apud christianos de possessionibus eorum agitur, pro se quoque de sua pecunia [28] ordine atque ratione perficeretur, sed etiam, ut heredes sui, omni ambiguitate remota, quid ad se pertinere deberet, liquido cognoscere et sine lite atque contentione sua inter se competenti partitione dividere potuissent. Hac igitur intentione atque proposito omnem substantiam atque supellectilem [29] suam, quae in auro et argento gemmisque et ornatu regio in illa, ut dictum est, die in camera eius poterat inveniri, primo quidem trina divisione partitus est, deinde easdem [30] partes subdividendo, de duabus partibus 20 et unam partem [31] fecit, tertiam integram reservavit. Et duarum quidem partium in 20 et unam partem [32] facta divisio tali ratione consistit, ut quia in regno illius [33] metropolitanae civitates 20 et una esse noscuntur, unaquaeque illarum partium ad unamquamque metropolim per manus heredum et amicorum suorum elemosinae [34] nomine [35] perveniat, et archiepiscopus qui tunc illius aecclesiae rector exstiterit, partem quae ad suam aecclesiam data est suscipiens, cum suis suffraganeis partiatur, eo scilicet modo, ut pars [36] tertia suae sit aecclesiae, duae vero partes inter suffraganeos dividantur. Harum divisionum, quae ex duabus primis partibus factae sunt, et iuxta [37] metropoleorum [38] civitatum [39] numerum 20 et una esse noscuntur, unaquaeque ab altera sequestrata, semotim in suo repositorio cum [40] superscriptione civitatis ad [41] quam perferenda est, recondita iacet. Nomina [42] metropoleorum [43], ad quas eadem elemosina [44] sive largitio facienda [45] est, haec sunt : Roma, Ravenna, Mediolanum [46], Forum Iulii [47], Gradus [48], Colonia, Mogontiacus [49], Iuvavum [50] quae et Salzburg [51], Treveris [52], Senones [53], Vesontio [54], Lugdunum, Rotomagus [55], Remis [56], Arelas [57], Vienna, Daran-

VARIANTES LECTIONES.

[1] artus 1. [2] inferiorem 2 b, c. 3 *. 3 b. 10 b, c. c. 11 b, c, d [3] synopide 8 b. B 4 b. 5. synope descriptum 11. [4] principem 6 b. B 4 b. quas principes B 3 c. [5] exprimebat corr. exprimebant 1. exprimebat 3 b. [6] ita esse deletas deest 3 c. [7] quodlibet corr. quolibet 1. [8] quibus ex concubinis filias et liberos 1. filios ex c 1. 3*. — filios 11. 11 b, c, d. [9] deest 7. B 2. B 3. 5 c. [10] 2a manu adiectum 11. [11] suppelleculis 1. suppellectilis 2. 4 b. 6 b. B 3 c. [12] anno tercio B 3 — 4. [13] Quae sequuntur usque SANCTI in codice 1. littera maiuscula scribuntur, nec dubium videtur, ea in breviario ipso primam omnium lineam occupasse, atque littera pro temporis eius more longiori expressa fuisse. [14] deest B 3 — 5. [15] Incipit descriptio 8 b. [16] a. d. deest 7. [17] a. p. deest 6 b. 7. [18] deest 3 b, c. [19] k. i. deest 3 c. [20] XLIIII. B 2. [21] unus omnium codex 1. legit XXXVII, sed ultimum I a scriptore sub lineam deductum, et haec eius pars ab eodem postea iterum deleta esse videtur, quo et ipsum I paululum attigit. XXXIII. 2 b. B 5.; reliqui omnes XXXVI. [22] XII. 3 b. [23] indicione B 2. indictione 4. 5. 6 b. 10. 10 b, c. 11. B 1. 5 — 5. et alii certe multi. [24] peccunia 1. 3 b. 5. reliqui pecunia. [25] camara B 1. 4. [26] 2a manu additum. [27] eleymosinarum 4. elymosinarum B 1. 2. eleemosynarum 8 b. [28] peccunia B 2. 3. [29] suppellectilem 3 b. 4. 8 b. 10 b. 11. B 1. 2. 3 b — 5 [30] eadem, 2a m. easdem 1. [31] partes 8 b. [32] partem 8 b. [33] eius 6 b B 3 — 4. [34] eleimosinae 4. elemosinae B 1. eleemosynae 8 b. [35] deest B 1. 2. [36] p. illa t. B 2. [37] iusta 1. [38] metropolitanarum 11 c. d. metropoliticarum 8 b. [39] deest 3 *. B 2 b. [40] deest B 1. 2. [41] ad q. p. est deest 8 b. 4 b. [42] N. vero 2 c. 8 b. 11 d. [43] metropoliticarum civitatum 8 b. metropolium civitatum Bouq. [44] eleimosina 4. eleimosyna 6 b. eleemosyna 8 b. [45] data 8 b. [46] mediolanium 4. [47] foro iulii 10. 10 b. [48] gradis 5. vradus in marg. civitas Italio 11 c, c *, warendus 11 d. [49] mogontia B 3 b. 4. 5. magontia B 3 c, d. magontiacus 2 c. 10. 11. 11 b. maguntiacum 2 b. 11 c. moguntiacum 8 b. [50] iuuarium B 5. iuuauium 11 c, d. B 3. 3 b. 4. 4 b. iuuanium. Reuberi codd, iuuaiun B 3 d. iuvausum 4 b. vivanum 8 b. [51] salzbur 1. saltzburg 2 b. salzburch 7. 10 b. c. B 3. salzburc 5. 10. B 5. salzeburch B 4. 4 b. salzeburch B 3 b. salzaburg B 3 c. salzaburuo B 2. salzuburo B 3 d. saltburg 11. 11 b, c. salburg 11 d. saltzburgum 8 b. [52] treveri 4. 5. 7. B 1. 2. [53] renones B 2. senones B. 4. 4 b. [54] vesontio, 2a. m. vesontium 1. vesontium 8 b. B 5. [55] rotamagus 1 B 5. rotomagum 5. rodomagum 2. ratumagus 4. 7. 10. 10 b. c. B 4 — 4. [56] remi 4. 5. 7. B 1. 2. [57] arales 5. 7. arelatum 6 b. areles b 1 — 4.

NOTÆ.

a Colore rubro.
b Cf. Suet. Aug., c. 97.
c Ibid., c. 101.

tasia[1], Ebrodunum[2], Burdigala[3], Turones[4], Bituriges[5]. Unius autem partis quam integram reservari voluit, talis est ratio, ut illis duabus in supradictas divisiones[6] distributis et sub sigillo reconditis, haec tertia in usu cotidiano[7] versaretur[8], velut res[9] quam nulla voti obligatione a dominio possidentis alienatam esse constaret, et hoc tandiu[10], quoadusque vel[11] ille mansisset in corpore, vel[12] usum eius sibi necessarium indicaret. Post obitum vero suum aut voluntariam saecularium rerum carentiam, eadem pars quatuor subdivisionibus secaretur, et una quidem earum[13] supradictis 20 et unae[14] partibus adderetur[15], altera[16] a filiis ac filiabus suis, filiisque ac filiabus filiorum suorum adsumpta[17], iusta et rationabili inter eos partitione divideretur; tertia vero consueto christianis more[18] in usum pauperum fuisset erogata[19]; quarta simili modo nomine elemosinae[20] in servorum et ancillarum usibus palatii famulantium sustentationem distributa veniret. Ad hanc tertiam totius summae portionem, quae similiter ut ceterae ex auro et argento constat, adiungi voluit omnia ex aere et ferro aliisque metallis vasa atque[21] utensilia cum armis et vestibus alioque[22], aut pretioso[23] aut vili[24], ad varios usus facto[25] suppellectili[26], ut sunt[27] cortinae[a], stragula, tapetia, filtra[28][b], coria, sagmata[c], et quicquid in camera[29] atque[30] vestiario[31] eius eo die fuisset inventum, ut ex hoc maiores illius partis[32] divisiones fierent, et erogatio elemosinae ad plures pervenire potuisset. Capellam[33], id est aecclesiasticum ministerium, tum id quod ipse fecit atque con-

A gregavit, quam quod ad eum ex[34] paterna hereditate pervenit, ut[35] integrum esset[36], neque ulla divisione scinderetur, ordinavit. Si qua autem venirentur aut vasa aut libri aut alia[37] ornamenta, quae liquido constaret eidem capellae[38] ab eo conlata fuisse, haec qui habere vellet, dato iustae ae timationis praetio[40], emeret et haberet. Similiter et de libris[41], quorum magnum in bibliotheca[42] sua[43] copiam[44] congregavit[45], statuit, ut ab his qui habere vellent, iusto pretio fuissent redempti, pra tiumque in pauperibus[46] erogatum. Inter caeteros t esauros atque pecunias[47] tres mensas argent as et auream unam praecipue magnitudinis et po deris esse constat. De quibus statuit atque decrevit, ut[48] una ex his, quae forma quadrangula, descript nem urbis Constantinopolitanae continet, inter cete a donaria quae ad[49] hoc deputata sunt, Romam ad asilicam[50] beati Petri apostoli deferatur, et altera, quae forma rotunda, Romanae urbis effigie[51] deco ta est, episcopio[53] Ravennatis aecclesiae confera r[54]. Tertiam[d], quae ceteris et operis pulchritud e et ponderis gravitate multum excellit, quae ex ribus orbibus conexa[55], totius mundi descriptionen subtili ac minuta figuratione complectitur, et aur illam, quae quarta esse dicta est, inter[57] h edes suos atque in elemosinam[58] dividendae partis au mentum[59] esse constituit. Hanc[60] constitutionem tque ordinationem coram episcopis, abbatibus, comi ibusque, qui tunc praesentes esse potuerunt, quoru que hic nomina descripta sunt[61], fecit atque cons ituit.

VARIANTES LECTIONES.

[1] daratansia B 3 b. darentasia 11. tarantasia 8 b. [2] ebrodonum 1. ebredunum 11. B 5. [3] burdegala 3 b. 11. B 5. [4] turonis 3 b. 10 b. 11. B 4. 4 b. turonus 6 b. [5] biturigies 5. bituri s 7. B 5—4. bituricas 6 b. Ceterum in 8 b. Rotomagus, Treveros, Senones, Vesontium et Lugdunum, n B 3, 3 b, c, d. 4. 4 b. Mogontiacus Gradum et Coloniam, Treveri Iuvavum, et Lugdunum, A las, Ebrodunum, et Bituriges bina in vulgatis praecedentia nomina antecedunt. [6] diuiones 4. [7] cottidiano B 5. 3 d 4. 4 b 5. quotidiano 8 b. [8] uersatur corr. uersaretur 4. [9] veluti res B 3—. uel tres B 1. 2. [10] ita 1. 2. 5. reliqui tamdiu. [11] deest 1. 3. [12] vel u. e. n. s. indicaret deest 2. vel ut isum sibi 1. [13] eorum 1. eam B 2. [14] una B 2. uni B 5. 5 b, c, d. [15] adderentur B 1. 2. [16] in cod, 1. se unda manu additur vero. Quod nescio an et in 2. 5 b. et 5 legatur. [17] ad supra B 1. 2. [18] morte 1. [19] erog etur 8 b. 11. [20] eleimosine 4. eleemosynae 8 b. uterque constanter. [21] aque corr. atque 1. [22] aliaque 8 b. 1. 11 b, c. [23] pretiosa 2 b. 8 b. 11 c, d. [24] uilia aut B 1. uili ad 2 b. 3. B 2. 2 b. [25] facta 8 b. 11. 11 b, d. ctos 2 b. [26] ita 1 reliquorum plerique duo p scribunt. [27] sint B 1. 2. [28] fulcra 8 b. [29] camara B 1. [30] atque in 1. [31] uestiaria corr. vestiaria 1. [32] patis corr. partis 1. [33] cappellam 4. [34] ex paterna ad eum p. h. 1. r liqui ad eum ex p. h. pervenit. [35] 2a m. suppletum 1. [36] esse 2a m. esset 1. [37] 2a m. suppletum 1. [38] cap ellae 4. [39] 2a m. adiectum 1. [40] praemio 7. 10 b, c. [41] et de 1. deest 3 c. [42] biblioteca corr. bibliothe a 1. [43] deest 1. [44] copiam congregavit 1. [45] habebat congregatam 11, 11 b, c, d. [46] pauperes 4. 7. 8 b. 9. 10. 0 b, c. 11. B 1—5. etc. [47] pecunias B 5, 3 b, d. pecuniam 2. 4. 11. B 2. 5. fortasse et Parisienses. [48] ut ut orr. ut 1. [49] ab 2a m. corr. ad 1. [50] ad beati 2a m. corr. ad basilicam ad beati 1. [51] effigiae 4. [52] figurata 3 b. 5. 6 b. 7 a, 9. 10. 10 b, c. Reuberi codd. 11. etc. B 1—5. insignita 3 b. [53] episcopo 2. 2 b, c. 3. 3 b 5 c 7 8 b. 11 b, c, d. B 5. [54] daretur 1. reliqui omnes conferatur. [55] descripta 2a m. vel conexa 1. conexa 5. 11. B. 1. 2. 3. 3 b. 5. connexa 3 b. 6 b. 9. 10. 10 b, c. 11 b, c. B 3 b, d. 4 4, b conuexa 2. 2 b, c. 3. 11 d [56] et : : : : (auream?) illam quae quarta dicta est, scilicet auream 1. [57] in tertiae illius et inter 7 b, c. 4. 5. 6 b. 7 b. 9. 10. 10 b, c. 11 d. B 1. 2. 2 b. 3—5. inter filios et inter 11. 11 b. in theca 1. inter 11 c. [58] atque elemosinae 1. [59] augmento 4. 5. 6 b. 7. 10. 10 b, c. 11. 11 d. [60] Hic editores capu 34. inchoant, sed perperam, quum sequentia non minus ac anteriora breviarii adhuc verba sint. [61] fuerunt. laec omnia filius eius 5. media desunt.

NOTÆ.

[a] Vela, gardinen Germanice.
[b] Panni lanei genus, filz Germanice.
[c] Sagmata sunt sellae, sellæ impositae sarcinae, tum vasa.
[d] De fatis ejus cf. Thegani, cap. 8, et Ann. er tin. a. 842.

VITA.

Episcopi[1]: Hildebaldus[a,n], Ricolfus[2,b], Arno[4,c], Wolfa- Aginhardus[24], Hatto[22], Rihwinus[23], Edo[24]. Ercanga-
rius[5,d], Bernoin[5,e], Laidradus[7,f], Iohannes[8,g], Theodul- rius[25], Geroldus[26], Bero[27], Hildigerus[28], Rocculfus[29].
fus[9,h], Iesse[i], Heito[10,j], Waltgaudus[11,k]. Abbates : Haec omnia[30] filius eius Hluduicus[31], qui divina
Fredugisus[12,l], Adalung[13,m], Engelbertus[14,n], Irmi- ei[32] iussione successit[33], inspecto eodem breviario,
no[15,o]. Comites : Walacho[16,p], Meginherus[17], Otul- quam celerrime poterat, post obitum eius summa
fus[18], Stephanus, Unruochus[19], Burchardus[20]. Me- cum[34] devotione adimplere curavit[35].

VARIANTES LECTIONES.

[1] *deest* 2. 3 b, 3 c. *ita et infra voces* abbates *et* comites. [2] hildibaldus 2. 2 b. 3. b. 9 11 b, c*, d. hiddibaldus 11 c. heldebaldus 10 c. hildeboldus 8 b. B 1 — 4. hildebaldus agrippinus archiepiscopus B 5. addebaldus 3*. [3] ricolphus mogontinus archiepiscopus B 5. ricolfos B 4 b. richolfus 4. 6 b. 7. 8 b. 10. 10 b, c. B 1 — 4. riculfus 2 c. 3*. 11. 11 b, c. riculphus 11 d. [4] arn 2. 2 b. 3 b. 4 8 b. 9. 10. 10 b, 10 c? 11. 11 b, c, d. B 1 2. 5. arnon 6 b. arnus 2 c. 7. 10 c? arnulfus 3 c. arnulfus 4 b. [5] B 2. *et* 5. Arnwolfarius *contrahunt.* — wolpharius 11. 11 b, c, d. wolfarius 2. 2 b. voltfarius 2 c. wilfarius 3 c. uualfarius B 3. 3 d. wulfarius B 3 b, c. vulfarius B 4. 4 b. vulferius 3*. [6] benoin 1. bernoin 4. 9. B 3. bernonius 3 b. 11 d. bernuinus 3 c. bernvwinus B 5. *reliqui* bernoinus. [7] laidrad B 1 — 4. laitradus B 5. laidragus 11 c, d. [8] ioannes 8 b. 11 d B 3 d. [9] teodulfus 1. theodulphus 11 d. theodulfus B 3. 3 c, d. 4,.4 b. teudulfus B 3 b. theodolfus 7. 10 b. teodolfus 10. thedoffus 10 c, theotloffus 10 c*. [10] herto 2. 11. 11 b. herco 2 b. hierto B 2. 2 b. hetto 7. 8 b. 9. 10 b. 11 c*, d. B 1. 5. betto 11 c. B 3 — 4. etto 3*. heto 3 b. [11] uualdgaudus 2 b. 3 c. 6 b. 7. 11, 11 b. B 2. walgaudus 2 c. 11 c, d. B 3 — 4. walgadus 3*. watgaudus 10 c. wadlgaudus 3 b. [12] fredegisus 6 b. fridugisus 2. 2 b. 3*. 3 b. 4. 9. B 2. fridogisus 8 b. fridegisus 2 c. 7. 10. B 3 b. 4. 4 b. fridigisus 10 b, c. B 1. 3. 5 c, d. 3. frigtugisus 11, 11 b, c, d. [13] adalunc B 1. 2. adalungus 2. 2 b, c. 3 b, c. 4. 6 b. 7. 8 b. 9. 11. 11 b, c, (d) B 3. 3 c, d. adelung 10. adelungus B 3 b. 4. 4 b. adaluing 10 c. [14] engilbertus 2. 2 b. 8 b. 9. 10 b. 11. 11 b. B 1. 2. 3. 3 c, d. engilberdus 4, engilbetus B 5. engilbertus 3 b. angelbertus 5*. angilbertus 11 d. [15] *deest* 3 b. hirmino 3 c. hirnimo 11 d. hermino 2. 2 b, c. irmitio B 4 b. [16] walecho B 5. uualach 8 b. 9. walahe 10. vualah 2. 2 b,. c. 3 b, c. 4. 6 b. 7. 10 b, c. 11. 11 b, c, d. B 1. 2. wala 3*. B 3 — 4. [17] meinherus 1. meginheri 2. 2 b, 4. 10. 10 b,. c. B 1. 2. 5. 8. megingeri 3 b. megenhere 6 b. mengenhere. 7. meginher 8 b. mengiler 9. meginherius 3 c. 11. 11 b, c, d. B 3. 3 b, d. meginerius B 3 c. meginerius 2 c. megenherius B 4. 4 b. mainerius 3*. [18] oculfus 1. othulfus 6 b. 7. 8 b. 9. odulfus 2. 2 b, c. 3 b. 11. 11 b, c, d. osulfus 3*. [19] unruocus 4. 7. 10. 10 b, c. *Reuberi codd.* B 1. 2. unruoc 9. unroucus B 5 b, c. 4, 4 b. 5. undroucus B 3, 3 d. unrocus 3* 11. 11 b, c, d. unrochus 2 b, c. hunrocus 2. [20] *deest cum tribus proxime sequentibus* 7. burgardus 2. 2 b. 5 b, c. *(corr.* burcardus*).* 11 d. burghardus 11 c. buruchardus B 4. 2. burchartus 8 b. [21] meginhardus *usque* rocculfus *deest* 11. 11 b, c, d. — mehingardus 3 b, meginhardus 2 c. 3 c. B 3 c. meingardus 2. meinhardus 1. mainardus 3*. 9. meginherius 8 b. B 1. 2. [22] atto B 3 c. ato 3*. hazza B 5. [23] riuhuinus 1. richuinus 6 b. 8 b. 10 c. B 1. 2. 3 b. 4. 4 b, 5. riuchwinus B 3. 8 d. ricwinus 9. riwinus 10 b. richuinus B 3 c. richwin 2 b, c. riguinus 3*. [24] eddo 8 b. etto B 5. [25] ercamgarius 3 b. erchangarius 2. 2 b. 6 b. 8 b. B 1. erchengarius 2 c. erchemgarius 3 c. erkengarius B 5. ermingerius 3*. archangarius B 2. archarius B 3 — 4. [26] gerold. 7. geraldus 3*, 3, c. gerholthus 8 b. [27] pero 10 b. [28] hildigerius 2. 3 c, *(corr.* hildigarius). hilgerus B 5. hildigernus 6 b. hildigern 4. 10. 10 b. hildigerh 3 b. hiltigern. B 1. 2. hildegern 8 b. 10 c. bildegernus 7. hildecent 9. aldegerius 3*. hiltegernus B 3. 5 b, d, 4. 4 b. hiltiegernus B 3 c. [29] rocculfus 1. rhoculfus 8 b. roculfus B 2. 3*, 3 c. hrocculfus 4. 7. 10 b. c. B 1. roculfus 4 b. B 3, 3 c, d, 4. 4 b. brocculfus B 3 d. ricolfus 3 b. riculfus 3*. 3 c. ricolphus B 5. — *Quod reliquum, in cod* 2. Iohannes *statim post* Hildebaldum, *in* B 2 — 4. Edo *ante* Richwinum, *scribitur. cf. et supra* T. I. *pag.* 310. *t.* 55. [30] nomina 1. [31] hludouuicus 4. B 1. 2. ludowicus 10. 10 c, B 3. 3 c, d. luodewicus 10 b. B 3 b. ludewicus B 4 — 5. ludouicus 3 b. 5. 8 b. 11. [32] ei d. 2. 3 b. 4. 5. 11. B 3. [33] i. s. *deest* 2. [34] *deest* 2. 3 b. 4. 5. 8 b. 9. 10. 10 b, c. 11. B 1 — 5. [35] Finit vita invictissimi augusti Caroli magni 2. Praecellentissimi prestantissimi ac pie recordationis caroli inclyti augusti vita explicit 3*, Precellentissimi et prestantissimi pie recordationis Karoli invicti augusti vita finita explicit 3 b. Reliqua actuum eius gesta seu ea quam in carminibus vulgo canuntur de eo non hic planiter (pleniter?) descripta, sed require in vita quam Alchuinus (*Vita illa quam Alcuinus scripsisse dicitur, non alia est a nostra; in codice enim bibliothecae Caesareae Vindobonensis in Catalogo Iuris canonici Nro* 91 *signato, qui collectionem canonum saeculo XII exaratam continet, inter alia haec legi :* Ex gestis Karoli Magni iuxta Alcuinum. Rogatu et precibus adriani romanae urbis episcopi exoratus, Karolus rex bellum contra longobardos suscepit, quod prius quidem a patre eius papa, supplicante cum magna difficultate susceptum est, *et alia nonnulla quae supra capp.* 6. *et* 18. *habentur. Cf. et supra descriptionem codicis* 10 *g. pag.* 456.) de eo scribit. Explicit vita 3 c. 3 c*. Finit liber deo gratias amen 5, *Post genealogiam ab Arnulfo usque ad Lotharium* I. Explicit vita caroli regis atque imperatoris 6 b. Explicit liber primus. Incipit secundum 10 b. Explicit vita karoli magni imperatoris 11. 11 b. Explicit vita caroli magni imperatoris romanorum et regis francorum 11 c. 11 d (karoli). Finit vita karoli imperatoris Deo gratias amen 13. *In codd.* B. *versus sequuntur; in* B 2 b. *tamen ante legitur:* Explicit vita caroli magni.

NOTÆ.

[a] Coloniensis.
[b] Moguntinus.
[c] Salzburgensis.
[d] Remensis.
[e] Vesontiensis.
[f] Lugdunensis.
[g] Arelatensis.
[h] Aurelianensis.
[i] Ambianensis.
[j] Basileensis.
[k] Leodiensis.
[l] S. Bertini.
[m] S. Vedasti.
[n] Centulensis.
[o] S. Germani.
[p] Postea Corbeiensis abbas.

BEATI CAROLI MAGNI IMPERATORIS
OPERA OMNIA

SIVE AD SCRIPTA, SIVE AD DECRETA, SIVE AD GESTA IPSIUS REFEREN A.

PARS PRIMA.
CODEX DIPLOMATICUS

SECTIO PRIMA. — CAPITULARIA.

PROLEGOMENA [a].

STEPHANI BALUZII TUTELENSIS PRÆFATIO.

Capitularia Regum Francorum, quibus instituta sacrorum conciliorum et decreta sanctorum Patrum sanxere reverentiam, quibus etiam Romani pontifices obtemperare se velle olim apud Principes nostros scripto profitebantur, quorum denique præsidio et auctoritate bona disciplina diu conservata est in Ecclesiis Gallicanis, Germanicis, Italicis, in unum corpus colligere decrevi, Francis meis ostensurus amorem erga patriam meum, finitimis ac vicinis gentibus documentum daturus ut animos suos revocent ad memoriam beati illius temporis quo eadem Capitularia publicam apud illas felicitatem constituebant. Caroli namque Magni ætate, ut monachus Sangallensis tradit in libro primo de Vita ejus, pro magnifico accipiebatur Francum esse et Franciscis uti legibus, quas Basilius Joannes Heroldus *tam augustas, tam sacrosanctas, a veteribus habitas fuisse exploratum* se habere ait gravissimorum auctorum testimonio, ut cætera potius jura omnia et divina et humana *dissimulari abrogarique, quam ipsas violare, perferent tolerabilius.* Roma (*Herold. in præfat. ad Codic. leg. antiquar.*), olim gentium domina, malis oppressa civilibus, et diuturnis ac frequentibus discordiis, seditionibus vexata, cum tot malorum quæ pertulerat finem oraret, huc velut ad sacram anchoram confugit ut a Lamberto imperatore per Joannem IX, pontificem peteret in synodo Ravennatensi (*c. 1 et s.*) uti Capitulariun Caroli ac filiorum, nepotumque ejus auctoritas confirmaretur, et quæ perperam acta essent, legaliter, id est secundum eadem Capitularia, emendarentur. Quin et Germani ipsi, tametsi a Francis dissociati, nomen Francorum legesque eorum summa religione servarunt per multum ævi, donec ad Ottones ventum est. Tum enim, quasi præcipitantibus rem Germanicam satis, nomen Francorum, quod patrum eorum memoria gloriosum et illustre apud illos erat, abjecerunt, Capitulariorum reverentiam exuerunt, tam manifesta divini numinis ira, ut deinceps res eorum paulatim dilaberentur non sine magno religionis nostræ detrimento; adeo ut publica regni illius calamitas, præter cæteras causas, etiam ex neglectione disciplinæ in Capitularibus præscriptæ profecta jure videri possit. Ita s nsisse reperio virum inter Germanos doctissimum H rmannum Conringium, in libro de Origine juris ermanici, cap. 19, ubi infelicem Germanicæ E clesiæ statum qui fuit temporibus Burchardi episcopi Wormatiensis, cum leges canonicæ pro nihilo habe ntur, hinc arcessit quod nullo tum in usu apud Ger nanos essent collectiones Ansegisi et Benedicti Levi æ, in quibus Caroli Magni et Ludovici Pii constit tiones continentur, quas Joannes Justus Winkeli annus (*In Notitia vet. Saxo-Westph.*, p. 454) vocat retiosum antiquitatis et prudentiæ Germanicæ thesa rum. *Ex illa Burchardi paulo ante recitata querela iquet,* inquit Conringius, *quam misera legum canoni arum in Germania tum facies fuerit. Sane Capitula Ansegisi et Benedicti non amplius videntur per illa te pora ullo fuisse in usu. Neque enim ex illis quidq am in libros suos Burchardus transtulit, quinimmo ne v rbulo quidem eorum meminit.* Cæterum antequam ad inata componam, res poscere videtur ut primum no nulla dicamus de nomine ipso, tum qua ratione quov modo Capitula conderentur a principibus nostris; einde de eorum dignitate, auctoritate et usu, quan onam intermissus sit usus ille, quando reductus, pos remo de diversis Capitularium collectionibus et editio ibus.

II. Capitularium nomen generale est, et in u iversum intelligitur de omni opere scripto in varia apita diviso, uti jam observatum est a viris doctis imis. Confirmat hanc interpretationem sanctus Gre orius ad Anthemium subdiaconum scribens : *Jo nnes,* inquit, *frater et coepiscopus noster, directo per J stum clericum suum Capitulari, inter alia plura hoc nobis cognoscitur intimasse, aliquos monachos mona teriorum in Surrentina diœcesi positorum de mon terio in monasterium prout eis libuerit transmigrare* (*Lib. I, epist. 40*). Adrianus quoque primus in epist la ad Carolum Magnum, qua refellit Capitulare d non adorandis imaginibus, ita loquitur : *Unde pro estramelliflua regali dilectione per unumquodque Capi ulum responsum reddidimus.* Codex in quo des ripta erant initia et fines lectionum et Evangelioru quæ in ecclesiis olim cantabantur, hunc titulum ha et in

---

[a] Antequam ad ipsorum Capitularium exscriptionem manum admoveamus doctissimorum virorum qui illa jam pridem edidere, nempe Baluzii, Bouquetii, Pertzii, triplicem præfationem sub lecto- rum oculos ponere statuimus, ut, videlicet, qu sint illarum legum natura, origo necnon collectio mo- dus, perspicuum fiat. PATROLOGIÆ EDIT.

vetustis exemplaribus : *Capitulare Evangeliorum de circulo anni.*

III. Capitularium itaque nomen generale est, et ad omne constitutionum genus porrigitur, sive ecclesiasticæ illæ sint, sive civiles ac politicæ; quæ *Capitularia* sive *Capitula* dicebantur, ut recte adnotarunt Boetius Epo (*Lib.* II de *Jur. sac.*, p. 202) et Sirmondus (*Not. ad Theod.*, p. 274), eo quod capitulatim conceptæ distinctæque essent; nomenque ipsum Capitularis, ut idem Sirmondus (*Not. ad Capit.*, p. 752) alibi monet, decretum significat Capitulis digestum atque distinctum. Quanquam et aliquando lex quæ unico tantum capite constabat, Capitulare dicebatur, ut decretale precum quorumdam episcoporum quod anno Christi 779 constitutum est. Hinc factum ut leges aliquot Constantini et Valentiniani imperatorum, quæ exstant in codice Theodosiano, *ex Capitularibus Constantini imperatoris et ex Capitulo Valentiniani, Theodosii et Arcadii* sumptæ dicantur in vetustissimo Codice ms. Sancti Arnulfi Metensis. Constitutiones etiam Liutprandi, regis Longobardorum, quas ipse sueto et usitato Longobardis vocabulo *edicta* nuncupat, Capitularia frequenter vocantur in veteri chartulario monasterii Casauriensis, ex quo decerpere placet aliquot exempla. Charta Adæ, filii Inchæ, data anno 1026 : *Et quia dominus Luiprandus in suo Capitulare sic judicavit ut qualiscunque Longobardus de re sua,* etc. Item charta Ursonis presbyteri et abbatis data anno 1030, mense Augusto : *Quia domnus Luiprandus rex in suo Capitulare sic affixit, ut quicunque de re sua,* etc. Sane leges Caroli Magni vocatas fuisse Capitularia notius est, quam ut necesse sit istud admoneri. Eædem tamen *edicta* quoque et *decreta* interdum dicuntur, ut in titulo Capitularis anni 779, et in nota subjuncta priori Capitulari anni 790, et libro primo Capitularium, cap. 112. Quæ observatio confirmatur auctoritate Hincmari, Remensis archiepiscopi, qui loquens ide constitutione quam Carolus Magnus tulit de non dividendis rebus ecclesiasticis, ait: *De quo edicto partem in libro vestro qui appellatur liber Capitulorum imperialium scriptum habetur Capitulo* 77, *ubi scribitur : Quia juxta sanctorum Patrum traditionem,* etc. (*T. II. tit.* 27, *c.* 7, p. 320). Et in codice Capitulorum Caroli Calvi, ubi de eadem Caroli Magni lege agitur : *Unde et domnus Carolus imperator, adhuc in regio nomine constitutus, edictum fecit, ut neque ipse, neque filii ejus, neque successores, hujusmodi rem agere adtentarent.* Imo Capitularia regum nostrorum generaliter *edicta* nuncupantur in capite decimo concilii Valentini tertii, ut intelligeremus vocabula *capitularis* et *edicti* esse synonyma. Sic enim legitur in ipso concilio : *Placuit ut sicut edictis principum jussum est, nonæ et decimæ ipsis ecclesiis unde substractæ sunt, fideliter persolvantur;* respiciunt enim episcopi istius concilii ad caput 276 libri quinti, et ad caput 99 additionis quartæ. Ad eadem capita respicit etiam caput primum concilii Ravennatensis, habiti anno 904, in quo jubetur ut ii excommunicationi subjaceant qui *gloriosissimorum imperatorum, Caroli videlicet Magni imperatoris, et Ludovici atque Lotharii, et filii ejus Ludovici, quæ de ecclesiasticis decimis in eorum Capitularibus statuta atque sancita sunt, non observaverunt.* Isti ergo Capitularia vocant leges quas Patres synodi Valentinæ appellant *edicta*.

IV. Sanctiones ecclesiasticas, sive illæ generales essent, sive speciales, *Capitula* olim dicta fuisse ostendit canon primus concilii Toletani septimi, in quo hæc leguntur : *Sic enim nec nuper adnexa Capitula vel imperiis principum vel terroribus oportebit unquam evacuari.* Servatus Lupus, abbas Ferrariensis, in epistola 42 agens de canonibus synodi Vernensis : *Canones eosdem, sive, ut vos vocatis, Capitula meo stylo tunc comprehensa vobis direxi.* Concilium Calchutense in Anglia habitum, anno 787, in præfatione : *Scripsimus namque Capitulare de singulis rebus, et per ordinem cuncta disserentes, auribus illorum pertulimus.* Rhabanus in epistola ad Bonosum, loquens de collectione canonum Martini Bracharensis : *Item in Capitulari orientalium Patrum quod a Martino episcopo cæterisque episcopis constitutum est, ita scriptum reperitur : Si quæ mulier duos fratres,* etc. Concilium Tricassinum anni 878, capite tertio : *Ut illa Capitula quæ anno præcedente apud Ravennam statuimus synodali collegio, inconvulsa ab omnibus observentur* (*Tom. II Capitular.*, *pag.* 273). Constitutiones Theodulfi episcopi Aurelianensis, Haitonis Basileensis, Herardi Turonensis, Hincmari Remensis, Walterii Aurelianensis, Riculfi Suessionensis, et Attonis Vercellensis, *Capitula* et *Capitularia* vocantur a suis auctoribus.

V. Ex his quæ dicta hactenus sunt facile colligitur Capitularium nomen generale esse, uti dicebamus, et Capitulorum vocabulo leges intelligi. Sunt tamen quædam veterum loca ex quibus confici posse videtur discrimen esse inter leges et Capitula, imo Capitulorum nomine leges intelligi minime posse. Nam Ludovicus Pius in prologo Capitularis anni 816, loquens de constitutionibus a se recenter editis de vita canonicorum et monachorum, sic de legibus mundanis et de Capitulis disserit, ut aperte dicere videatur leges a Capitulis differre : *Quid etiam in legibus mundanis,* inquit, *quid quoque in Capitulis inserendum foret annotaverimus.* Et Hincmarus, archiepiscopus Remensis, in epistola 15 ad episcopos regni, cap. 15, loquens judicibus male agentibus, ait : *Quando enim sperant aliquid lucrari, ad legem se convertunt. Quando vero per legem non æstimant acquirere, ad Capitula confugiunt. Sicque interdum fit ut nec Capitula pleniter conserventur, sed pro nihilo habeantur, nec lex.* Denique inter Capitula Caroli Magni excerpta ex lege Longobardorum, cap. 49, ita legitur : *Generaliter omnes admonemus ut Capitula quæ præterito anno legi Salicæ cum omnium consensu addenda esse censuimus, jam non ulterius Capitula, sed tantum leges dicantur, imo pro lege Salica teneantur.*

VI. Verum adversus ista reponi potest discrimen quidem fuisse inter leges et Capitula, quia nonnulla erant in legibus quæ non exstabant in Capitulis, quædam vero in Capitulis legebantur, quæ in legibus non continebantur, sed istud non impedire quin Capitula comprehenderentur sub generali *legis* nomine. Docet istud aperte Hincmarus in epistola 14, cap. 8, ubi quæ primo Capitula dixit, statim inter leges recenset. *Habent enim,* inquit, *reges et reipublicæ ministri leges quibus in quacunque provincia degentes regere debent. Habent Capitula Christianorum regum ac progenitorum suorum, quæ generali consensu fidelium suorum tenere legaliter promulgaverunt. De quibus beatus Augustinus dicit : Quia licet homines de his judicent cum eas instituunt, tamen cum fuerint institutæ atque firmatæ, non licebit judicibus de ipsis judicare, sed secundum ipsas.* Nam et in Capitulis quoque Caroli Magni excerptis ex codice legis Longobardorum, constitutiones ejusdem Caroli, quæ vulgo *Capitula* vocantur, leges in aliquot locis dicuntur. In capite quippe 22 eorumdem Capitulorum jubetur ut advocati *tales eligantur quales lex jubet eligere,* id est, quemadmodum in libro tertio Capitularium, cap. 11, scriptum est. Rursum in capite 23 eorumdem Capitulorum excerptorum ita omnino legitur : *Jubemus ut testimonia ab invicem separentur, ut lex habet.* Respicit autem hic locus ad constitutionem ejusdem Caroli, quæ exstat in eodem libro tertio Capitularium, cap. 10 et 52. Denique in capite 36 eorumdem Capitulorum habetur scriptum : *De cæteris vero causis communi lege vivant quam domnus Carolus, excellentissimus rex Francorum atque Longobardorum, in edicto adjunxit;* id est, secundum Capitula quæ Carolus Magnus anno 801 legi Longobardorum addidit. Postremo Joannes VIII papa Romanus, confirmans in synodo Tricassina capitulare sive constitutionem Caroli regis de compositione sacrilegii, a Capitularis sive constitutionis nomine abstinet, legemque simpliciter vocat. *Sed nos*, inquit, *leniorem legem præcipimus esse tenendam quæ a Carolo est constituta, pio principe, de compositione sacrilegii*. Eam ob causam Ludovicus Pius in Capitulari Aquisgranensi anni 816, cap. 20 (*Leg.* 817), constitutiones suas vocat *Capitula legis mundanæ*, secundum quas judicari jubet causas puerorum tonsorum invitis parentibus.

VII. Postquam diximus de nomine Capitularium, consequens est ut de re ipsa agamus, primumque explicemus quonam illa modo conderentur, quæve solemnia adhibenda essent illis temporibus ut eorum auctoritas valeret. Carolus Calvus in edicto Pistensi, cap. 6, uno verbo rem conficit dum legis promulgationem tribuit arbitrio et voluntati principis, consensum populo. *Lex*, inquit, *consensu populi fit et constitutione regis*. Consensu, inquam, populi, non quidem hominum e trivio, ne quis hic insolenter abutatur vocabulo populi, sed fidelium regis, id est, hominum principum, optimatum, procerum, qui sunt capita populi: horum enim consilio reges utebantur cum de ferendis ac constituendis novis legibus agebatur, cum de tranquillitate populo procuranda quæstio erat. *Habent*, inquit Hincmarus, *Capitula Christianorum regum, quæ generali consensu fidelium suorum tenere legaliter promulgaverunt*. Generalem consensum dixit, quia ista decernebantur in generali procerum conventu, in generali placito regio, ut aperte docet Carolus Magnus his verbis: *Et quando, vita comite, Deo auxiliante, ad generale placitum venerimus, consultu omnium fidelium nostrorum scriptis firmare nostris nostrorumque, atque futuris temporibus irrefragabiliter manenda firmissime, Domino adminiculante, cupimus. Modo ea quæ generalia sunt, et omnibus conveniunt ordinibus, statuere ac cunctis sanctæ Dei Ecclesiæ nostrisque fidelibus ob Dei omnipotentis amorem et recordationem tradere parati sumus, et ad proximum synodalem nostrum conventum ac generale placitum, ubi plures episcopi et comites convenerint, ista sicut postulastis firmabimus* (*Lib.* VI *Capitular.*, c. 371). Hinc Ludovicus Pius anno 823 decrevit ut qui ecclesiarum restaurationes facere neglexerit, *illud volumus omnino ut subeat quod in nostro Capitulari de hac re communi consultu fidelium nostrorum ordinavimus* (*Lib.* II *Capitular.*, c. 22; et *lib.* v, c. 272). Carolus Calvus in Capitulari anni 873 apud Carisiacum : *Capitula avi et patris nostri, quæ Franci pro lege tenenda judicaverunt, et fideles nostri in generali placito nostro conservanda decreverunt* (*Tom.* II *Capitular.*, pag. 231, c. 8). Sed insignis est in eam rem locus ex Capitulis Caroli Calvi datis apud Carisiacum anno 877, ubi idem princeps ita loquitur : *Capitula quæ avus et pater noster pro statu et munimine sanctæ Dei Ecclesiæ et ministrorum ejus, et pro pace ac justitia populi ac quiete regni, constituerunt, et quæ nos cum fratribus nostris regibus et nostris et corum fidelibus communiter constituimus, sed et quæ nos consilio et consensu episcoporum, ac cæterorum Dei et nostrorum fidelium, pro suprascriptis causis in diversis placitis nostris conservanda statuimus, et manere inconvulsa decernimus, similiter et a filio nostro inconvulsa conservari volumus et mandamus* (*Id.*, p. 269, c. 2). Adfuisse ergo in his conventibus constat episcopos et cæteros fideles, id est, abbates, duces, comites, et cæteros, ut patet ex præfatione Capitularis anni 779, ex præfatione secundi Capitularis anni 815, ex præfatione tituli 34 Capitulorum Caroli Calvi, et ex multis aliis locis. Quare recte observatum est ab eruditissimo viro Francisco Florente (*in dissert. Jur. canon.*, p. 170) adhibitos per ea tempora in consilium regum, fuisse episcopos una cum regni proceribus in conventibus publicis qui a regibus nostris indicebantur, in quibus conciliorum sanctiones examinabantur, res ad ecclesiasticam politiam spectantes ordinabantur, et ad omnium utilitatem Capitula seu leges promulgabantur omnium ordinum consensu, quem desideratum

A fuisse ut Capitula in legis potestatem abirent cribit Marcus Antonius Dominicy (*Assertor. Gallic.*, 52).

VIII. Itaque postquam Capitula constituta rant a principe, legebantur coram populo; et po tquam omnes consenserant, novis illis Capitulis mnes subscribebant. Capitulare tertium anni 803, ca 19 : *Ut populus interrogetur de Capitulis quæ in l ge noviter addita sunt. Et postquam omnes consen erint, subscriptiones et manufirmationes suas in ipsi Capitulis faciant*. Hinc in retere nota adjecta s cundo Capitulari ejusdem anni legitur omnes scab neos, episcopos, abbates, comites manu propria subtersignasse Capitula eo anno addita ad legem Salicam. Præfatio secundi Capitularis anni 813 docet illud in palatio Aquisgranensi constitutum fuisse cum consensu et consilio episcoporum, abbatum, comitum, ducum, cæterorumque fidelium; Carolum vero imperatorem illud manu propria firmasse, *ut omnes fideles manu roborare studuissent*. Capitula Caroli

B Calvi facta anno 844, *in conventu habito in villa quæ dicitur Colonia, subscriptione ejusdem principis et episcoporum ac cæterorum fidelium Dei confirmata fuere, consensu Warini et aliorum optimatum*. Unde in præfatione eorumdem Capitulorum legitu : *Qua de re communiter inito consilio hoc scriptu n fieri proposuimus, quod etiam mantuum omnium nos rorum subscriptione roborandum decrevimus*. Quod ea de causa fiebat, ut opinor, ne lex quam populus acceperat, perrumpi posset, ut res omnium c sensu laudata, singulorum manibus roborata, nu am in posterum contradictionem pateretur, nullis repugnantium querelis obnoxia esset. *Nam leg s quæ communi optimatum consensu et rogantur et se untur, libentius populus accipit quam si a Rege sol m ederentur*, ut docet Melchior Canus, lib. I de Loc theologicis, cap. ult., sub finem.

IX. Sed quanquam certum sit Capitularia ondita fuisse a Regibus nostris in publicis regni co ventibus, astante frequenti nobilium virorum et m gistra-

C tuum corona, fatendum tamen est non on nia in istiusmodi conventibus fuisse constituta, sed l lurima etiam Capitularia sumpta esse ex conciliis et ynodis episcopalibus, adeoque verissimam esse cele errimi ac doctissimi viri Antonii Augustini Tarra nensis archiepiscopi sententiam, qui in Dialogis de emendatione Gratiani (*Lib.* I, *Dialog.* 10) ait susp ri se fontem Capitularium fuisse ipsa concilia atq e conventus in quibus imperator cum episcopis t aliis consiliariis de rebus tam ecclesiasticis qua profanis agebat. Quam observationem pluribus verbis erudite pro suo more explicat magnus ille P risiensium archiepiscopus Petrus de Marca, in libr sexto (*cap.* 25) de Concordia sacerdotii et imperii. Excerpta tamen illa Capitulorum synodalium non emper fiebant in conventibus aut synodis publicis, s d cum delegatione principis in privatis episcoporum virorumque ecclesiasticorum cœtibus, qui tum rte in comitatu erant, ut colligi potest ex titulo Cap tularis

D tertii anni 814, ubi sic legitur : *Capitula a domno Carolo et filio ejus, Hludovico ac sapien issimis ipsorum episcopis excerpta*. Scilicet ea cura Carolo erat ut, cum religionem Christianam salvam incolumemque esse vellet, moresque præterea Chr stianorum ad optimum exemplar componi, sanctissi iarum institutionum Capitula colligi faceret ex plac tis antiquorum Patrum et canonibus Conciliorum eaque legis locum habere mandaret in omni regno rancorum. Testis est hujus rei Benedictus Levita i præfatione Capitularium. *Tertio siquidem in libe o*, inquit, *post ejusdem libelli Capitulorum nu erum quædam ex canonibus a Paulino episcopo e Albino magistro, reliquisque jussione Caroli invictissi i principis magistris, sparsim collecta, sunt insert Capitula. Et in præfatiuncula libri septimi : N nnulla hæc Capitula pro brevitate libri canonum atq e levitate a domno Carolo et a suis sapientissimis rcerpto* sunt, quædam de capite sententiæ, quædam vero de medio, quædam autem de fine. Quæ valde necessaria habenda sunt atque memoriter retinenda. Reliqua vero tam ab eisdem quam et postea a domno Hludovico ejus filio suisque proceribus aucta sunt. Postquam Capitula illa collecta fuerant jussu principis, ejus auctoritate muniebantur, ut publicæ legis vim roburque obtinerent, non secus ac reliqua Capitula regia. Docet istud manifeste præfatiuncula posita in fronte additionis quartæ, in qua hæc leguntur: Sequentia quædam Capitula ex sanctorum Patrum decretis et imperatorum edictis colligere curavimus, atque inter nostra Capitula lege firmissima tenenda generali consultu Erchembaldo cancellario nostro inserere jussimus. Negari autem non potest quin multa Capitularia a principibus nostris jure suo statuta fuerint extra synodorum ac conventuum publicorum præsentiam, quæ postea illi, si res ita postulare videretur, in eisdem conventibus relegi a publico omnium consensu recipi procurabant.

X. Ista tamenetsi certa sint et extra omnem controversiam, Jacobus nihilominus Gretserus (in Myst. Salm., c. 35, p. 279, 298, et in Apol. pro Baron., c. 3, p. 323, et c. 7, p. 336) pronuntiat Pippinum, Carolum Magnum, et alios Francorum reges, qui leges ecclesiasticas sive Capitularia ad restaurandam disciplinam ecclesiasticam condidere, non suo precise auctoritate id fecisse, sed nutu et permissu episcoporum, approbantibus episcopis et conciliis, imo pleraque eorumdem Capitularium auctoritate Romanorum pontificum condita fuisse. Et quoniam Goldastus insignem hanc atrocemque injuriam sacrosanctæ principum dignitati factam acriter ultus erat in Replicatione (cap. 15) pro imperio, multisque perspicuis ac evidentibus testimoniis confirmaverat Carolum Magnum jure regio istiusmodi leges sancivisse, graviter et iniquo animo hanc audaciam tulit Gretserus (Lib. II adv. Guldinast., c. 4, p. 193), et oratione contumeliæ plena, abusus præterea verbis Christi Domini quibus claves regni cœlorum Petro et successoribus ejus promisit, omnem de rebus ecclesiasticis decernendi auctoritatem ademit principibus; nec imperatorem inquiens nec regem, qua talis est, ullam ecclesiasticam jurisdictionem habere, et Carolum Magnum nihil juris in rebus vel personis ecclesiasticis sibi vindicasse. Nec instituti mei ratio, nec augusti præfationis limites, sinunt ut istam Gretseri scriptionem, quam falsam omnino esse nemini in nostris studiis versato potest esse obscurum, pluribus verbis refellam, præsertim cum nonnulli viri celeberrimi dignitatem auctoritatemque principum editis doctissimis commentariis vindicaverint. Satis erit uno verbo admonuisse non ita, ut Gretsero visum est, ab episcoporum nutu ac permissu pependisse olim potestatem regum nostrorum in ferendis legibus ecclesiasticis, cum contra constet constitutiones ecclesiasticas episcoporum in consistorio principum examinari solitas ævo Caroli Magni et eorum confirmatione indiguisse ut valerent (Marca, lib. VI de Concordia, c. 28, §1). Sane reges nostri tum putabant se terræ dominos esse, non vero episcoporum vicedominos, villicos, ac ministros, quales eos facere voluisse videtur Gretserus. Testis Carolus Calvus in epistola scripta ad Adrianum II papam anno 871, in causa Hincmari episcopi Laudunensis : Reges Francorum ex regio genere nati, inquit, non episcoporum vicedomini, sed terræ domini hactenus fuimus computati; et ut Leo ac Romana synodus scripsit, reges et imperatores, quos terris divina potentia præcepit præesse, jus distringendorum negotiorum episcopis sanctis juxta divalia constituta permiserunt, non autem episcoporum villici exstiterunt. Et sanctus Augustinus dixit : Per jura regum possidentur possessiones, non autem per episcopale imperium reges villici fiunt actoresque episcoporum (Hincmar., tom. II, pag. 706).

XI. Ex eadem persuasione factum est ut cum il-

A lustrissimus cardinalis Baronius legeret apud Benedictum Levitam Capitula regum Francorum firmata fuisse auctoritate apostolica, primum de omnibus omnino Capitularibus in universum id intellexerit, et Capitularia a Gregorio IV, Sergio II, et Leone IV Romanis pontificibus potissimum confirmata fuisse putaverit contra manifesta et aperta Benedicti verba (Baron. ad an. 819, 845, 847); ac postea hinc collegerit reges, quos antea nullum jus in rebus ecclesiasticis habere dixerat, non posse auctoritate sua sancire leges ecclesiasticas, id est, ut ego interpretor, de rebus ecclesiasticis, indigere autem eos episcoporum conspirante sententia et auctoritate Romani pontificis (Idem ad an. 752, 819). Cæterum si quis attente consideraverit verba Benedicti Levitæ, deprehendet auctoritate quidem apostolica firmata fuisse Capitula regum nostrorum, attamen non omnia, sed ea tantum quæ constituta sunt in synodis celebratis in præsentia legatorum sedis apostolicæ;

B quia his cudendis, inquit Benedictus, maxime apostolica interfuit legatio (Lib. VII Capitular., cap. 478). Ac sane adeo parum hic sibi constat Baronius, ut quæ generaliter dixerat de Capitularibus regum nostrorum auctoritate Romanorum pontificum confirmatis, de illis postea Capitulis explicet quæ ex suppositiis veterum pontificum epistolis excerpsit idem Benedictus, qui sibi bene conscius auctoritatem illarum Epistolarum haud adeo constantem, sed nutare admodum, nunquam aliquem illarum citavit auctorem, ut fecit in reliquis, quarum fides constans esset, Romanorum pontificum epistolis Innocentii, Leonis, Gelasii, Symmachi, atque Gregorii, citans ac nominans earum auctores; sed et magna cautela, quod sciret ex eis accepta haud adeo haberi firma, curavit, ut ipse in fine testatur, eadem auctoritate apostolica confirmari (Baron., ad an. 865).

XII. Multifariam multisque modis lapsus hic est eruditissimus cardinalis. Nam primo Benedictus Ca-

C pitula illa non accepit ex ipsis pontificum Romanorum epistolis, sive veris, sive falsis, sed ex Capitularibus regum nostrorum, qui decreta illa sua fecerant, ut ipse docet in præfatione. Deinde non ait se curasse eadem Capitula confirmari auctoritate apostolica, ut Baronius existimavit, sed monuit tantum maxime trium ultimorum capitula istorum librorum apostolica esse cuncta auctoritate roborata, quia his cudendis maxime apostolica interfuit legatio. Postremo, verum non est Benedictum posuisse discrimen inter veras et falsas veterum pontificum Romanorum epistolas, et earum quidem auctores nominasse quæ extra controversiam sunt, veluti Innocentii, Leonis, Gelasii, Symmachi, atque Gregorii, a cæterorum nominibus abstinuisse, quia de epistolarum quæ illis tribuuntur auctoritate non constabat. Quamvis enim Capitula excerpta ex decretis Innocentii, Bonifacii, Cælestini, Leonis, Hilarii, Simplicii, Felicis secundi, Gelasii, Anastasii, Felicis ter-

D tii, et Gregorii tertii quinquagies aut circiter describat in sua collectione, ab eorum semper, quod libere dico, nominibus abstinet, semel tantum laudans epistolam sancti Leonis ad Theodorum episcopum Forojuliensem. Capitula vero ex suppositiis Anacleti, Evaristi, Alexandri, Calixti, Fabiani, Stephani primi, Eutychiani, Marcellini, Julii, Felicis secundi, Felicis quarti, et Pelagii secundi decretis collecta refert quindecies aut circiter, nulla pontificum mentione facta quibus hæc decreta tribuuntur.

XIII. Alia via in istius loci explicatione aberravit David Blondellus (In Prolegom. ad Pseudo-Isidor., c. 5, p. 27). Nam quæ a Benedicto Levita dicuntur de Capitulis regalibus apostolica auctoritate roborata, ea sic interpretatus est, ut quoniam legebat in fragmento vetusti scriptoris, cujus tamen fides non admodum certa est, Gregorium IV Romanum pontificem vices suas in Germania commisisse Autgario, archiepiscopo Moguntino, cujus jussu Benedictus videtur composuisse collectionem suam, firmata ideo apostolica auctoritate dici crediderit Capitula illa, quia Autgarius Romanæ Sedis legatus, Gregorii papæ consiliis et auctoritate fretus, eadem conscribi jussit, et postea probavit. Contra, Benedictus aperte in præfatione sua docet se Capitula illa, quæ in tribus postremis Capitularium libris continentur, in diversis locis et scedulis, sicut in diversis synodis ac placitis generalibus edita erant, sparsim inventa suo operi inseruisse, eaque sic dimisisse quomodo invenerat, id est, nihil mutasse. Quod si fidem Benedicto de se scribenti adhibere volumus, ut certe adhibenda prorsus esse videtur, manifestum erit Autgarium non jussisse ut Capitula illa conscriberentur, quemadmodum placuit Blondello, adeoque probabilis non est conjectura quæ ad Autgarium refert verba Benedicti de Capitulis regiis apostolica auctoritate firmatis. Præterea Benedictus apostolicam illam auctoritatem verbis minime ambiguis refert ad legatos apostolicæ sedis qui interfuerunt conventibus publicis in quibus Capitula illa constituta sunt, ad Leonem videlicet, Sergium, Georgium, alios, quorum nomina per singulos conventus inserta invenerat. *Maxime trium ultimorum Capitula istorum librorum apostolica sunt cuncta auctoritate roborata,* inquit, *quia his cudendis maxime apostolica interfuit legatio. Nam eorum nomina, præter trium, id est, Leonis, Sergii et Georgii, hic non inseruimus, licet ea per singulos conventus inserta invenissemus, vitantes legentium atque scribentium fastidia.* Itaque quæ a Blondello dicuntur de collectione Benedicti ab Autgario probata, ea facile corruunt. Putavit autem Antonius Augustinus (*Lib.* II *de Emend. Grat., dial.* 9) Leonem, Sergium, et Gregorium (sic enim legebat (*a*) hic a Benedicto commemoratos fuisse Romanos pontifices.

XIV. Legatorum nihilominus istiusmodi præsentiam non fuisse necessariam ad adjungendam auctoritatem Constitutionibus editis in synodis ac conventibus generalibus imperii Francici, sapienter admonet vir illustrissimus Petrus de Marca (*Lib.* VI *de Concord.,* cap. 27), archiepiscopus Parisiensis; qui præterea observat nullos alios synodorum Gallicanarum vetustis temporibus habitarum canones præsentia legatorum de industria missorum firmatos fuisse præter Liptinenses et Francofordienses; et si legati aliquando inveniuntur interfuisse conventibus publicis, datum id honori eorum qui propter alias causas a Romano pontifice ad principes nostros missi, in comitatu consistebant eo tempore quo conventus habebatur. Quare caute legendum esse addit Benedictum Levitam scribentem in præfatione ad librum quintum Capitularium, ut auctoritatem illis conciliet, ea fuisse maxima ex parte statuta in conventibus quibus legati Sedis apostolicæ interfuerunt, ea firmantes apostolica auctoritate, huncque locum intelligendum esse de tribus postremis Capitularium libris, non vero de cæteris. Ubi tamen observandum est non omnia quæ in tribus illis libris continentur, censenda esse confirmata auctoritate apostolica, sed illa tantum quæ in præsentia legatorum sedis apostolicæ constituta sunt, Capitularia nimirum Carlomanni principis et Pippini regis, ac fortasse Capitulare anni 826 apud Ingilenheim, quod editum fuit in conventu cui Romani pontificis legatus intererat. Capitularia enim Carlomanni principis, quibus cudendis interfuit sanctæ Romanæ et apostolicæ Ecclesiæ legatus Bonifacius, archiepiscopus Moguntinus, confirmata fuisse auctoritate apostolica anno 742 a Papa Zacharia, qui illa omnibus Ecclesiæ Dei fidelibus irrefragabiliter observanda constituit, tradit Isaac episcopus Lingonensis in præfatione suæ collectionis.

XV. Quemadmodum autem imperatores Romani antiquitus rescripta sive constitutiones suas mittebant ad præfectos prætorio, ut eorum cura proponerentur populis et exsecutioni mandarentur, ita principes nostri Capitularium suorum promulgati nem et exsecutionem committebant episcopis et co tibus ac missis dominicis (*Vide Marcam, lib.* I *de concordia,* c. 4, § 4). Atque ut id facilius obtineren , ne quis tergiversandi locus esse posset, Ludovicus Pius jussit anno 823 uti archiepiscopi et comites, ma ores videlicet, Capitula acciperent a cancellario p atii, et ipsi eorum postea copiam facerent minoribu comitibus, episcopis, et aliis magistratibus, i que relegi ac transcribi facerent in suis comitatib s ac provinciis. Hæc sunt verba edicti : *Volumus tiam ut Capitula quæ nunc et alio tempore consultu n strorum fidelium a nobis constituta sunt, a cance lario nostro archiepiscopi et comites eorum de propri s civitatibus modo aut per se aut per suos missos accipiant, et unusquisque per suam diœcesim cæter episcopis, abbatibus, comitibus, et aliis fidelibus n stris ea transcribi faciant, et in suis comitatibus c ram omnibus relegant, ut cunctis nostra ordinatio e voluntas nota fieri possit. Cancellarius tamen oster nomina episcoporum et comitum qui ea accipere curaverint, notet, et ea ad nostram notitiam per erat, ut nullus hoc prætermittere præsumat* (*Capitula an.* 823, c. 24). Hanc constitutionem confirmavit t renovavit Carolus Calvus anno 853 apud Silvac hoc modo : *Capitula autem avi et patris nostri, q e in præscriptis commemoravimus, qui ex missis n stris non habuerint, et eis indiguerint, ut commissa p r illa corrigere possint, sicut in eisdem Capitulis ju etur, de scrinio nostro vel a cancellario nostro acci iant, ut rationabiliter et legaliter cuncta corrigant et isponant* (*Capit. Caroli Calvi, tit.* 14, c. 11). De denr re eodem tempore ita scripsit ad missos, ut reg , dominicos : *Mandamus præterea ut si Capitula omni avi et genitoris nostri scripta non habetis, mitta is ad palatium nostrum, de more prædecessorum vestr rum, missum vestrum et scriptorem cum pergamena, et ibi de nostro armario ipsa Capitula accipiat atque co cribat. Et vos deinde secundum ipsa Capitula Dei justitiam populique a Deo vobis commissi neces arias proclamationes legaliter emendare solerti vigi antia procuretis* (*Ibid.,* c. 13). Rursum idem C rolus istam patris constitutionem renovavit anno 864, verbum e verbo describens (*Ibid., tit.* 36, c 36).

XVI. At non solum episcopos et comites hæ cura respiciebat, sed missos etiam dominicos, ut vid mus, imo præcipue istos, quia ad eorum officium ertinebat supplere negligentiam episcoporum et omitum, eaque emendare quæ perperam ab illis ac a essent in provinciis adversus leges publicas. Inst uctio data missis dominicis anno 825, cap. 27, ita oquitur : *Volumus etiam ut omnibus notum sit qu a ad hoc constituti sunt, ut ea quæ per Capitula nost a generaliter de quibuscunque causis statuimus, pe missos nota fiant omnibus, et in eorum procuration consistant, ut ab omnibus adimpleantur. Et ubi for e aliquo tali impedimento, quod per eos emendari no i possit, aliquid de his quæ constituimus ac jussim is remanserit imperfectum, eorum relatu nobis ad t mpus indicetur, ut per nos corrigatur quod per eos orrigi non potuit* (*Lib.* II *Capitul.,* c. 27). Constituti Ludovici Pii : *Ut missi et unusquisque in suo min sterio hæc Capitula relegi faciant coram populo; e nota sint omnibus, ne aliquis excusationem habere ossit. Et non prius bannum exigant a quoquam homi , donec omnibus hæc nota fiant* (*Ibid., lib.* IV, c 72). Exstat de eadem et alia regum nostrorum co stitutio, Caroli nimirum aut Ludovici, in collectio e Benedicti Levitæ, ubi sic legitur : *Præcipimus issis nostris ut ea quæ a multis jam annis per Capi ularia nostra in toto regno nostro mandavimus agere, discere, observare, vel in consuetudinem habere d eant, ut hæc omnia nunc diligenter inquirant, et om no ad servitium Dei et ad utilitatem nostram vel a d niuni Christianorum hominum profectum innovare st eant, et quantum Domino donante prævalent, ad per ectum*

(*a*) Sic etiam legit Baronius ad ann. 819 et 847.

usque perducant. Et nobis omnino annuntient, quis inde certamen bonum hoc adimplere habuisset, ut a Deo et a nobis gratiam habeat (Ibid., lib. v, c. 260; et lib. vi, cap. 290). Ea de causa Carolus Calvus cum edictum constitueret in Carisiaco palatio anni 861, statuit ut illud in palatio apud Cancellarium retineretur, et inde per Missos dirigeretur. *Propterea necessarium duximus*, inquit, *ut commendationem nostram ex hoc scribere rogaremus, quæ ex more in nostro palatio apud cancellarium retineatur, et inde per Missos nostros dirigatur; ut nemo per ignorantiam, nemo per industriam ab ea valeat deviare. Et in fine edicti ista adduntur : Hanc autem nostram de præsenti tempore constitutionem, salva in postmodum, ut diximus, ex hoc prædecessorum nostrorum constitutione, et in palatio nostro et in civitatibus, et in mallis atque in placitis, seu in mercatis relegi, adcognitari et observari mandamus* (Capitula Caroli. Calv., tit. 53).

XVII. Post constitutam novam aliquam legem, solebant reges nostri jubere uti plurima illius exemplaria fierent, ut ea ratione conservari possent et in publicum emitti: Carolus Magnus Capitulare anni 812 constituens, quod datum est missis dominicis ad exercitum promovendum, ita jubet in capite octavo: *Istius Capitularii exempla quatuor volumus ut scribantur, et unum habeant missi nostri, alterum comes in cujus ministeriis hæc facienda sunt, ut aliter non faciant neque missus noster neque comes, nisi sicut a nobis Capitulis ordinatum est. Tertium habeant missi nostri qui super exercitum nostrum constituendi sunt. Quartum habeat cancellarius noster* (Capitul 1, an. 812, cap. 8). Ludovicus Pius in epistola generali de formula Institutionis canonicæ missa per provincias anno 816, jubet ut formulæ illius exemplar apud armarium palatii detineatur, *ut eo probari patenter possit quis eam incuriose transcripserit, vel quis aliquam ejus partem detruncarit. Idem in privilegio quod eodem anno concessit Hispanis qui in regnum Francorum perfugerant ut se Sarracenorum immanitati subtraherent, jubet ut illius Constitutionis varia fiant exemplaria; quorum unum in Narbona, alterum in Carcassona, tertium in Rosciliona, quartum in Empuriis, quintum in Barchinona, sextum in Gerunda, septimum in Biterris haberi præcepimus, et exemplar eorum in archivo palatii nostri, ut prædicti Hispani ab illis septem exemplaria accipere et habere possint, et per exemplar quod in palatio retinemus, si rursum querela nobis delata fuerit, facilius possint definiri.*

XVIII. Verum enimvero quanquam universis imposita esset necessitas servandarum constitutionum quæ in Capitularibus continentur, quamdam tamen eximiam auctoritatem obtinebant in causis ecclesiasticis, adeo ut plurimus illis honor habitus sit ab episcopis et ab aliis divini muneris ministris, qui pari eas reverentia prosequebantur ac sacrosanctos conciliorum canones. Episcopi namque apud martyrium sanctæ Macræ congregati anno 881, de statutis a se in hac synodo conditis ita loquuntur in præfatione: *Ab omnibus qui juste et pie in communione catholicæ Ecclesiæ, quæ Christi est corpus, vivere volunt, ea quæ sequuntur, Domino mediante, observari decernimus, non nova condentes, sed quæ a majoribus nostris secundum tramitem sanctarum Scripturarum statuta; et a Christianis imperatoribus ac regibus promulgata, et usque ab hæc periculosa nostræ infelicitatis tempora fuere servata, quasi lumina in malignorum hominum tenebras, quæ excæcant diffidentiæ filios, devocamus.* Sed insigne in primis esse videtur testimonium episcoporum apud Trosleium in pago Suessionico congregatorum anno 909, qui regum Capitularia vocant canonum pedissequa, hoc ipsiusmodi modo, quamvis non admodum Latino, significantes ea secundum post canones locum habere in Ecclesia, et pari cum canonibus auctoritate vigere. *Itemque et canonum præcipiunt instituta,* inquiunt, *simulque eorum pedise-*

qua regum Capitularia, sicut in libro primo Capitulorum imperialium continetur, capitulo 28, ut clerici et monachi, si inter se negotium aliquod habuerint, a suo episcopo judicentur, et non a sæcularibus (Concil. Trosl., c. 3). Sane Ecclesia probavit Capitularia imperialia tanquam regularia, ut Hincmarus docet (Formula promoti episc., tit. 18, c. 6), id est, tanquam consentanea regulis ecclesiasticis et canonibus quibus Ecclesia regitur, et secundum illa voluit ut publica disciplina constaret. Eam ob causam Herardi archiepiscopi Turonensis Capitula, quæ constat esse accepta et abbreviata ex libris Capitularium, excerpta fuisse dicuntur ex corpore sanctorum canonum.; et Capitula Isaac episcopi Lingonensis, quæ similiter excerpta sunt ex tribus postremis Capitularium libris a Benedicto Levita collectis, *Canones Isaac* vocantur in chronico sancti Benigni Divionensis. *Composuit*, inquit auctor ejusdem Chronici, *et librum qui dicitur* CANONES ISAAC, *eo quod ex libris canonum utiliora quæque eligendo, in unum volumen coarctaverit* (Tom. I Spicileg. Dacher., p. 416). Eamdem ob causam episcopi synodi Meldensis petunt a Carolo Calvo *ut Capitula ecclesiastica a domno Carolo Magno imperatore, necnon et a domno Ludovico Pio augusto promulgata, obnixe observari præcipiantur* (Conci. Meld. c. 78). Et in synodo Ravennatensi habita anno 904, cui Joannes papa IX et Lambertus imperator interfuerunt, ante omnia ita statutum est de observandis eorumdem principum Capitularibus : *Si quis sanctorum Patrum regulas contempserit, et gloriosissimorum imperatorum, Caroli videlicet Magni imperatoris, et Ludovici atque Lotharii, necnon et filii ejus Ludovici, quæ de ecclesiasticis decimis in eorum Capitularibus statuta atque sancita sunt non observaverit, et qui dat et qui recipit, auctoritate sanctæ sedis apostolicæ et sanctione sanctæ synodi, excommunicationi subjaceat.* Quam constitutionem edicto suo confirmavit et explicavit idem Lambertus, ut inveni in veteri codice ms. bibliothecæ Thuanæ, in quo ita legitur : *Item ex legibus Romanis a domno Lamberto imperatore promulgatis, capitul. 41. Si quis sanctorum Patrum regulas contempserit, et gloriosissimorum imperatorum Caroli et Ludovici, atque Lotharii et Ludovici filii ejus, de decimis in eorum Capitularibus statuta et sancita non observaverit, easque alibi nisi in baptismalibus ecclesiis absque consensu episcopi dare tentaverit vel retinere præsumpserit, et qui dat et qui recipit, eisdem constitutis percellatur. Quod si neque sic correxerit, auctoritate et judicio sanctæ sedis apostolicæ modis omnibus subjaceat*; In eodem codice Thuano exstat constitutio ejusdem Lamberti : *Ut omnis decimatio episcopo vel ei qui ab eo substitutus est, præbeatur,* quam Baronius cum aliquot aliis Capitulis edidit ex codice scripto Antonii Augustini, et Ravennatensis concilii decretis subjecit. Binius vero attexuit concilio Romano ejusdem anni, putatque esse *canones concilii, anonymi*, sive ignoti. Hunc secutus est Goldastus (Tom. III Constitut. imperial. pag. 299), qui Capitula ista ait statuta a Berengario imperatore fuisse anno 903 in conventu Ticinensi. Verum Capitula illa ex codice Antonii Augustini edita esse Lamberti imperatoris nullus est dubitandi locus post testimonium codicis Thuani, præsertim si quis synodi Ravennatensis constitutionem conferat cum sanctione imperiali. Verum ut ad id unde pauliper digressi sumus nostra redeat oratio, sicut episcopi ac reliqui ex ordine ecclesiastico parem reverentiam tribuebant Capitularibus et canonibus, ita Reges nostri pari auctoritate ea pollere volebant, neque infringi aut violari tanquam superflua sinebant ab iis qui sacros canones sibi sufficere prædicarent. Nam quamvis leges civiles non dedignentur sequi divinas regulas, ut imperator Justinianus ait (Novell. 83. *Vide etiam c. 1; ext. de novi oper. nuntiat.*), sciebant tamen pr ncipes nostri leges quæ canonibus non adversantur, inviolatas esse debere, neque cuiquam licere legem perrumpere ab eis latam penes quos Deus noluit esse arbitrium legum condendarum. Itaque Carolus Calvus in Capitulari Tolosano anni 844, post constituta Capitula ad tranquillitatem publicam pertinentia, demum edicit ne episcopi illa rejiciant prætextu canonum, tanquam illi sibi satis superque sint. *Ut Episcopi,* inquit, *sub occasione quasi auctoritatem habeant canonum, his constitutis excellentiæ nostræ nequaquam resultent aut neglegant (Capitula Caroli Calv., tit. 5, c. 8).*

XIX. Hæc tamen Caroli cura, si sapientiam episcoporum illius ævi paulo attentius considerare volumus, supervacanea fortassis videri poterit. Nam episcopi, quod satis intelligerent Capitularia regalia esse utilissima ad conservandam disciplinam ecclesiasticam, ut supra vidimus, magnum illis honorem ubique habebant, ea assidue legebant et pervolutabant, his utebantur in omnibus occasionibus; denique, quod est omnino magnificum ad laudem et gloriam Capitularium, decreta in illis perscripta episcopi transcribebant in conciliis generalibus ac provincialibus, tum etiam in diœcesanis presbyterorum suorum synodis. Neque vero incunda in hoc loco est longa et scrupulosa enumeratio Capitulorum regalium, quorum verba vel sensus reperiuntur in constitutionibus episcopalibus quæ post edita Capitularia promulgatæ sunt. Legantur tantum sanctiones conciliorum et synodorum illius ævi, sive quæ in Francia nostra perscriptæ sunt, sive quæ in Germania et in Italia, præcipue vero concilium Meldense, Remense apud sanctam Macram, Moguntinum anno 888 habitum, Coloniense sub Carolo III imperatore celebratum, Triburiense et Troslcianum, tum etiam Capitula Herardi archiepiscopi Turonensis et Walterii episcopi Aurelianensis. Scilicet episcopi multum opræ ponebant in discendis Capitularibus, quia rationem de his reddere tenebantur in placitis generalibus, hoc est, in publicis regni conventibus, ut colligi potest ex epistola 28 Frotharii episcopi Tullensis ad Hetti archiepiscopum Trevirensem. *Nunc autem,* inquit, *in proximo est placitum, quo sine dubio sciscitabitur de obtemperatione mandati sui Dominus mandati.* Præterea, quoniam eadem Capitularia valde favorabilia erant ecclesiis et personis ecclesiasticis; quæ hinc multum juvabantur et attollebantur, necesse erat illa scire, ut usui esse possent quoties de conservanda disciplina ecclesiastica aut de rebus Ecclesiarum agi contingeret. Eam ob causam in codice Capitulorum Caroli Calvi *(Tit. 46, c. 1)* videmus Frodoinum episcopum Barcinonensem jura sedis suæ adversus Tyrsum presbyterum Cordubensem tuitum esse auctoritate Capitularium Caroli Magni et Ludovici Pii. Sic Ermengaudus episcopus Urgellensis, qui sanctus fuit, eorumdem Capitularium præsidio recuperavit anno 1024 Ecclesiam quamdam *(Appendix Capitular., tit. 145)* quam Abbas sanctæ Cæciliæ Elinalitensis pervaserat. Et eadem tempestate consultus ab episcopo quodam provinciæ Rhemensis, ut reor, Droco Bellovacensis episcopus quid agendum sit de his qui clericos verberant, postquam laudavit episcoporum quod illos excommunicasset, subjunxit constitutionem quæ de ea re exstat in libro sexto Capitularium *(Ibid. tit. 146).* Capitularia enim, quod sæpe dicendum est, erant valde favorabilia Ecclesiæ et utilissima, ut legitur etiam in testamento Adeledis cujusdam, quæ anno XXV regni regis Henrici dedit inter alia Ecclesiæ Barcinonensi *librum Garoli sanctæ Ecclesiæ utillimum, in tribus corporibus divisum*, id est, ut ego quidem interpretor, postremos tres libros corpus Capitularium constituebant etiam divisi loco.

XX. Adeo autem verum est Capitularia esse favorabilia Ecclesiæ, ut præterquam quod eorum decreta repetebantur et describebantur in Synodis episcoporum, ut observatum etiam est ab Antonio Augustino *(Lib. II. de Emendat. Gratiani, Dial. 10),* præterea qui collectiones canonum adornarunt sequentibus sæculis, veluti Regino, Burchardus, Ivo et Gratianus, plurima ex Capitularibus transtulerint in suas collectiones, aliquando suppresso vel supposito nomine, quemadmodum recte monuit Franciscus Iorens *(Dissertat. jur. canon., pag. 170),* vir litterarum nostrarum peritissimus. Et Regino quidem, Ivo et Gratianus frequenter nominant Capitularia. At urchardus, cum Reginonem compilaret, maluit a dax esse et mendax, et quæ hinc accipiebat Capitula, tribuere conciliis quibusdam aut Patribus antiquis, quam Regibus nostris, quod Francorum appellatio, qua Reginonis atque Witikindi etiamnum ævo gloriabantur reges Germanorum, usurpari desiisset late Burchardi, adeoque exula a Saxonibus esset o unis Capitularium istorum reverentia. Burchardus *(liv. I; c. 218 et seq.)* enim semel tantum expresso nomine citat Capitula Caroli Magni, sic ut addat illa ab episcopis collaudata fuisse apud Aquisgranum, ali qui forsitan his non usurus. Sed nos ejus fraudes libi sæpe deteximus, tum ad Reginonem et Gratianum, tum etiam in notis ad Capitularia.

XXI. Tametsi multa magnifica dicta hactenus sint ad laudem et gloriam Capitularium, nulla tamen res eorum dignitatem, majestatem, auctoritatem deo commendat ac obedientiä et obtemperatio pontificum Romanorum, quos viri docti annoarunt par issé olim legibus regum nostrorum, et earum obs rvationi sese obligavisse. Hujus porro rei probatio sumitur ex epistola quadam Leonis quarti ad Lotharium imperatorem scripta, quam Ivo et Gratianus reci aut. Hæc sunt ejus verba: *De Capitulis vel præcepti imperialibus vestris vestrorumque prædecessorum irr fragabiliter custodiendis et conservandis, quantum v luimus et valemus Christo propitio, et nunc et in vum nos conservaturos modis omnibus profitemur. Et si fortasse quilibet aliter vobis dixerit vel dicturus fu rit, sciatis eum pro certo mendacem* (Ivo, p. IV, c. 76, et II Panorm., c. 149. *Gratian. dist. 10, c. 9 De Capit.).* Hoc argumentum acerbe ac invidiose tractat Carolus Molinæus in libro de Origine, Progress, et Excellentia regni et monarchiæ Francorum (§ 1 5 *et seq.*); perstringens verbis asperioribus ambitionem et usurpationem sequentium pontificum Romano um, et cavillationem et imposturas canonistarum, qui non sunt veriti præfatum Leonem arguere ignaviæ et timiditatis, quasi metu sic scripserit et professus sit. Atque ut ostendat vanam et stolidam esse e rum interpretationem, addit eumdem Leonem quar um, imperatori videlicet subjectum, coram Ludovico II præfati Lotharii filio causam dixisse, ejusque judicio sese purgasse, noxaque ita exemplum esse, rgumento capitis, *Nos si incompetenter* (2, q. 7, c. 41). Demum, ut notam timiditatis et ignaviæ amov at a fama ejus lem Leonis, affert exemplum Sarrac norum ab eo devictorum, quorum alii strangulati fuerunt in portu Ostiæ, alii in servitutem abrepti, uorum opera usus est ad restauranda templa et moenia urbis Romæ in præcedentibus Sarracenorum in ursionibus demolita (a). Certe si quis paulo attentius legerit quæ in Gestis pontificalibus leguntur de lectione ejusdem Leonis, is facile animadvertet præcipuam illius causam fuisse metum Romanorum ex Sarracenis, propter quem illi magis in Leonem q am in quemvis alium inclinarunt.

XXII. Fatendum sane est istam canonistarum adnotationem quam Molinæus refellit, neque v ram esse neque honestam pro Leone et pontifice edis apostolicæ. Sed considerandum est deteriore i lam tempore in animos eorum intrasse, cum ii qui tum se studiis litterarum applicabant, nihil ferme di re possent nisi earum ignorantiam, exclusa vide licet penitus et in exsilium acta bonarum artium ac ve eris præsertim historiæ cognitione. Itaque Baronius, neglecta ac spreta ista canonistarum opinione, a iam viam iniit expediendi se a difficultatibus quæ i hoc

---

(a) Vide Gratian. 23, q. 8, c. 7, *Igitur,* et quæ illic adnotantur a correctoribus Romanis.

epistolæ Leonis fragmento occurrebant homini anna- les Ecclesiasticos scribenti in urbe Roma (*Baron. ad an.* 847). Primum igitur contendit hanc promissio- nem a Leone factam fuisse ex pacto et convento in- ter eum et Lotharium Ludovicumque filium ejus imperatores inito; istos liberam et canonicam ele- ctionem futuri Romani pontificis promisisse, et Leo- nem vice versa pollicitum esse servaturum se illibata jura imperialia; Leonis porro verba ad imperatores hæc sunt: *Inter nos et vos pacti serie statutum est et confirmatum quod electio et consecratio futuri Romani pontificis nonnisi juste et canonice fieri debeat* (*Ivo*, p. v, c. 14. *Gratian. dist.* 63, *c.* 31). Iłam porro Leonis papæ pollicitationem de conservandis juribus impe- rialibus explicandam esse ait Baronius ex epistola Nicolai primi ad Michaelem imperatorem scripta, in qua legitur pontifices pro cultu temporalium tantum- modo rerum imperialibus legibus uti.

XXIII. Adversus hanc Baronii sententiam sive scriptionem multa reponi possunt quæ Capitularium regiorum auctoritatem sartam tectamque et illibatam præstant. Nam primo manifestum est ex textu epistolæ Leonis delatam adversus eum querelam fuisse ad Lotharium imperatorem, tanquam is Capi- tularia Regum Francorum contemneret. Ad quam criminationem ille, injuriam suam ulturus, ac sui securus, respondit se ea velle irrefragabiliter in ævum conservare, magnum et impudens mendacium esse asseverans quidquid contra dictum fuerat impe- ratori. Hanc interpretationem, quæ alioqui mani- festa et cuivis obvia est, debemus Bartholomæo Brixiensi, cujus hæc sunt verba: *Lotharius audive- rat quod Leo papa nolebat leges servare imperiales. Unde interrogavit de hoc papam an esset verum. Quare Leo scribit ei, et dicit quod ipse vult leges observare irrefragabiliter, et qui aliter dicit, mendax est* (*Gloss. in c.* 9 *de Capitulis, dist.* 10). Deinde Baronius, quamvis paulo infra fateatur Leonis verba esse in- telligenda de libris Capitularium, hic tamen, ubi de vero sensu agitur istius epistolæ, quæ in illa dicuntur de conservandis Capitulis et præceptis imperialibus, ea transfert ad jura imperialia, generalibus verbis minuens auctoritatem eorum quæ de Capitularium observatione dicuntur. Denique jura illa imperialia explicat ex epistola Nicolai primi ad Michaelem im- peratorem Constantinopolitanum, in qua nulla Capi- tularium mentio exstat neque exstare potest, et in qua verbis tantum generalibus scriptum est Chri- stianos imperatores pro æterna vita Pontificibus in- digere, et pontifices pro cursu temporalium tantum- modo rerum imperialibus legibus uti; id est, subja- cere quidem pontifices legibus civilibus ratione rerum temporalium, non vero ratione personæ: episcopos enim esse deos, et deos ab hominibus judicari non posse, ut aiebat Constantinus Imperator. Nam quod Baronius ea Nicolai verba, ut congruere possent cum epistola Leonis quarti, interpretatus est de pontifi- bus Romanis, cum generaliter de omnibus episcopis intelligi debeant, tam alienum est a sensu verborum Nicolai, ut nihil alienius esse possit (*Nicol. I ep.* 8; *Gratian. dist.* 10; *c.* 8).

XXIV. Rursum Baronius, ut opinionem suam de pacto facto inter Leonem quartum et Lotharium ac Ludovicum imperatores confirmet, ait illum ea tem- pestate petiisse ab iisdem imperatoribus uti lex Ro- mana deinceps suum robur propriumque vigorem obtineret, annuisse porro postulatis papæ Lotharium, cujus decretum de ea re describit ex libro secundo legis Langobardorum. Antequam vero istam Baronii observationem excutiamus, monendus est lector eam non esse Baronii, sed correctorum Romanorum, qui ad caput *Vestram*, dist. 10, conjecturam fecerunt de re quam Baronius postea uti certam tradidit (*Ivo*, p. IV, *c.* 181). Hæc sunt verba papæ: *Vestram flagita- mus clementiam ut sicut hactenus Romana lex viguit absque universis procellis, et pro nullius persona ho- minis reminiscitur esse corrupta, ita nunc suum robur propriumque vigorem obtineat* (*Gratian., dist.* 10, *c.* 15). Ivo et Gratianus, qui locum istum nobis con- servaverunt, nullam hic Ludovici mentionem faciunt, sed Lotharii tantum, tanquam ad illum solum scri- pta sit epistola Leonis. Falsus est itaque aut fallere voluit Baronius, cum postulationem istam ad Lotha- rium et Ludovicum factam esse scripsit. Porro de- cretum Lotharii quod correctores Romani ac post eos Baronius existimarunt datum esse ad postulatio- nem Leonis quarti, quodque illi descripserunt ex co- dice legis Langobardorum, diu ante promulgatum fuerat quam idem Leo locaretur in sede beati Petri: conditum enim a Lothario fuit anno 824, tempore Eugenii secundi, ut legitur in veteri codice ms. bi- bliothecæ Thuanæ, et in collectione canonum Car- dinalis *Deusdedit*, ex qua Holstenius Capitulare edi- dit in quo caput istud continetur (*Vide tom. II Capi- tular.*, *p.* 318 *et* 1291). Itaque etiam ex hoc capite corruit opinio Baronii de pactis initis inter Leonem papam et imperatores Lotharium et Ludovicum.

XXV. Neque magis verum est quod ait Baronius eumdem Leonem pervicisse ne electio Romani ponti- ficis fieret nisi ex canonum præscripto, et eosdem imperatores remisisse confirmationem, quam sibi vendicabant, Romani pontificis electi, vel quacum- que aliud jus quod sibi in ejusdem electione vel con- secratione arrogare tentassent. Nam si verba Leonis, quæ paulo ante recitata sunt, absque ullo præjudi- cio legantur, manifestum erit consensisse quidem imperatores ut electio Romani pontificis fieret *juste et canonice*, sed tamen eosdem non abjecisse jura imperialia, imo illa expresse sibi retinuisse cum decreverunt uti ea electio *juste* fieret; id est, secun- dum mores antiquos, servato jure imperatorio, ita ut electus pontifex non prius consecretur quam sa- cramentum fidelitatis faciat coram missis imperato- ris, qui canonico ritu *et consuetudine ab imperatore diriguntur*, ut legitur in concilio Ravennatensi (*Vi- de tom. I Capitular.*, *p.* 648). Atque id adeo certum est, ut etiam mortuo Leone cum Benedictus III ele- ctus fuisset, *clerus et cuncti proceres*, ut legitur in Gestis pontificalibus, *decretum componentes, propriis manibus roboravere; et, ut consuetudo prisca exposcit, invictissimis Lothario ac Ludovico destinavere augu- stis*. Denique idem Benedictus non ante ordinatus est quam venientes in Urbem legati imperatorii, ejus electioni consenserunt. Cæterum etiam diu post ista tempora electiones Romanorum pontificum indigue- runt præsentia eorumdem Missorum; quemadmodum pluribus olim dictum est ad Agobardum.

XXVI. Verum ut ad Capitularia regum nostrorum redeamus, quamvis non reperiamus Romanos ponti- fices qui ante et post Leonem quartum vixere, pol- licitos esse observaturos se leges in eisdem Capitula- ribus perscriptas, hinc tamen facile colligere possu- mus subjectos illis fuisse, quod et ipsi interdum Ca- pitularium observationem commendaverunt, et eo- rum causæ ac lites a judicibus imperatoriis judicatæ sunt. Constat quippe Joannem IX in synodo Raven- næ celebrata anno 904, suggessisse Lamberto impe- ratori; qui sacro conventui intererat, uti Capitula Caroli Magni successorumque ejus inviolata esse ju- beret; et Lambertum edidisse decretum de ea re se- cundum suggestionem pontificis. Constat præterea li- tem de subjectione monasterii Acutiani sive Farfensis in ducatu Spoletano, quæ erat inter Paschalem pri- mum papam Romanum et monachos ejusdem mona- sterii, judicatam fuisse a judicibus imperatoriis anno 824, præsente et non repugnante Paschali, illumque acquievisse judicio quo libertas ejusdem monasterii sancita est per præceptum imperiale. Exstat viro Andrea Duchesnio editis.

XXVII. Sed nihil illustrius ad asserendam dignita- tem et auctoritatem judiciorum imperialium afferri potest, quam id quod de Gregorio IV narrat auctor ejusdem Chronici. Forte ea tempestate Ludovicus Pius imperator legatos Romam misit ad justitias fa- ciendas Josephum episcopum, ut reor, Eporediensem,

Leonem comitem, et Adelbrandum, ac fortasse alios. Cum illi resideret in judicio Romæ in palatio Lateranensi, proposita est coram eis controversia de quibusdam possessionibus quas Ingoaldus abbas ejusdem monasterii Farsensis aiebat pervasas fuisse ab Adriano et Leone pontificibus Romanis, injuste vero retentas ab eorum successoribus Stephano, Paschali et Eugenio. Cum primo die finis causæ imponi non potuisset, res dilata est in posterum. Tum vero, auditis utriusque partis rationibus ac mature discussis, pronuntiatum est secundum monasterium. Verum Gregorius papa noluit stare judicatis, sed a missorum imperialium sententia appellavit ad imperatorem. In quo maxime elucet vis et amplitudo auctoritatis imperatoriæ. Istius memorabilis ac valde singularis historiæ memoriam debemus eidem chronico Farfensi; cujus locum, licet sit valde prolixus, hic tamen integrum describere operæ pretium esse putavi.

« Dum Joseph episcopus et Leo comes, missi domini Hludovici imperatoris, resideret in judicio Romæ in palatio Lateranensi in præsentia domni Gregorii papæ, ibique adesset Leo episcopus et bibliothecarius sanctæ Romanæ Ecclesiæ, et Theodorus episcopus, Cirinus primicerius, Theophilaptus nummiculator, Gregorius filius Mercurii, et Petrus dux de Ravenna, et alii plurimi, venit domnus Ingoaldus abbas hujus monasterii cum Audulfo advocato, et retulit quod domni Adrianus et Leo pontifices per fortiam invasissent res hujus monasterii, id est, curtem Corvanianum, et curtem sancti Viti quæ est in Palmis, et curtem sanctæ Mariæ in Vico Novo, et curtem in Bariliano, cum rebus et familiis; unde tempore Stephani, Paschalis, et Eugenii semper reclamaverat, et justitiam minime invenire poterat. Tunc ipsi missi et judices, quibus dominus imperator in urbe mandaverat ut de hoc facerent justitiam, præsente domno apostolico interrogaverunt advocatum ipsius apostolici nomine Gregorium quod exinde diceret. Qui dixit quod ipsæ curtes ipsi monasterio nihil pertinerent. Deinde advocatus domni abbatis ostendit monimina ex ipsis, et continebatur in eis qualiter Insilberga abbatissa Sancti Salvatoris de Brixia easdem curtes in hoc monasterio per ipsa monimina delegaverat, et aliud monimen quod Teudicus dux eidem Ansilbergæ filiæ suæ donaverat, et præceptum Desiderii regis et domini Caroli imperatoris, quibus ipsas curtes cum omnibus ejus pertinentibus in hoc monasterio confirmaverant. Tunc supradicti missi et judices eos regualiare fecerunt, fidejussores utriusque secundum suam legem ponentes, et ut alia die ad idem placitum redirent jusserunt. Et sic venit domnus abbas et ejus advocatus una cum testimoniis, quorum nomina sunt Gradolfus, Guaspertus de Reate, qui sic testificati sunt, ut relatum est. Contra quæ prædictus advocatus pontificis nihil contrarium dixit nec potuit, quia boni homines visi sunt ei. Iterum venit Joseph Castaldus Reatinus cum bonis et veracibus hominibus; et interrogati per sacramentum quod domino imperatori fecerant, testimonium supradictorum virorum laudaverunt, et quod bene in omnibus recipi possent affirmaverunt; et seorsim interrogati sunt; quorum primus ait: *Ego scio et bene memoror quoniam tempore Longobardorum et domini Caroli imperatoris ipsas curtes ad partem monasterii vidi, et recordor ibi præpositos Joannem et Petrum et Christianum, monachos ipsius monasterii, usque dum per fortiam prædicti Pontifices exinde tollere fecerunt.* Similiter reliqui dixerunt. Deinde venerunt boni et veraciores homines duodecim, id est, Joannes, Clarissimus, Meitio, Teuio, Castinus, Audacius, Alboin medicus, Gualispertus, Constantinus Notarius, Petrus, Fratellus, Hydericus Scabinus. Hi omnes interrogati quid de ipsa causa scirent; similiter dixerunt. Post hæc Audulfus advocatus juravit, dicens: *Per ista sancta quatuor Evangelia, quia sicut isti testes dixerunt, ita fuit verum.* Hæc supradicti missi sive judices audientes judicaverunt

A ut Gregorius, advocatus pontificis, retraderet sas curtes Audullo advocato ad partem hujus monasterii; quod facere noluit. Sed et ipse apostolicus dixit nostro judicio se minime credere, usque dum in præsentia domini imperatoris simul venirent » (*Chron. Farfense apud Duchesn. t. III, p. 656*).

XXVIII. Ad confirmandam denique Francorum principum legumque Francicarum auctoritatem e iam in causis episcoporum urbis æternæ, sive illi ac ores essent, sive defensores, omitti non debet epi tola Leonis papæ ad Ludovicum imperatorem, cujus fragmentum exstat apud Ivonem et Gratianum. Sed nequam nos illud referamus, admonendum videtur epistolam istam Leoni quarto tribui a Gratiano, Coringium tamen putare illam esse Leonis tertii, e in primis argumento quod Leone quarto sedente su umà imperii penes Lotharium fuerit, non autem hes Ludovicum. Deinde apud neminem veterum criptorum reperitur intercessisse simultates ali uas inter Leonem quartum et Lotharium. At ver ex Eginhaldi annalibus liquet commotum adversus eorum tertium fuisse Ludovicum Pium anno 815, quia cum conspirationem adversum se initam detex set, *omnes illius factionis auctores ipsius jussu fueran trucidati, privata videlicet auctoritate sua, cum rem deferre debuisset ad aures principis rerum do ini*; Addit Eginhardus Leonem purgare se studuisse pud Ludovicum, missis ad eum legatis. Probabile a item est scriptam missamque eodem tempore a oque fuisse epistolam ad Ludovicum, de qua hic obis mentio est. Cæterum, Conringii conjecturam ad uvat Ivo Carnotensis, qui epistolam istam a Leone si pliciter scriptam docet, neque Leonis tertii nec q arti numerum exprimens. Admonendum præterea n cessario est fuisse per ea tempora in urbe Roma ju ices imperiales, illic assidue morantes *ad delibe das litigiosas contentiones*, et regiam dignitatem se oper fuisse Romæ suisque confiniis usque ad finem di rum ejusdem imperatoris, ut docet vetus Scriptor qu sub nomine Eutropii Longobardi solet laudari. It que quoties aliquæ tum causæ sive leves sive graves ıcidebant, judicabantur a judicibus imperatoriis. uod si quis sibi injuriam factam esse quereretur, *mit ebatur pro tali negotio legatus ab imperatore qui dil geuter examinaret rei veritatem*, ut ait idem auctor. 'uni ergo quidem Romani, ut ego quidem arbitror, nale tractati a Leone fuissent contra legis ordinem, uerelamque propterea suam adversus eum ad Lu ovicum imperatorem, velut ad supremum domi um, retulissent, isteque haud dubie Leonem redarg set, missurumque se esse legatos scripsisset qui rei eritatem inquirerent, Leo ad eum rescripsit parit rum se eorum judicio, rogans tamen principem ut iros sapientes et Deum timentes mittat. *Nos si inco petenter aliquid egimus*, inquit, *et in subditis justæ legis tramitem non conservavimus, vestro ac missorum vestrorum cuncta volumus emendare judicio: quo iam si nos, qui aliena debemus corrigere peccata, p ora committimus, certe non veritatis discipuli, sed, uod dolentes dicimus, erimus præ cæteris erroris mag stri. Inde magnitudinis vestræ magnopere clementiam i ploramus ut tales ad hæc, quæ diximus, perquirenda missos in his partibus dirigatis qui Deum per omni a timeant, et cuncta, quemadmodum si vestra pr sens fuisset imperialis gloria, diligenter exquirant. E non tantum hæc sola quæ superius diximus, quærim s ut examussim exagitent, sed sive minora sive etiam majora illis sint de nobis indicata negotia, ita eorum uncta legitimo terminentur examine, quatenus in p sterum nihil sit quod ex eis indiscussum vel indiffin tum remaneat* (Ivo, part. V, c. 22; Gratian., II, q. , c. 41).

XXIX. Putant plerique interpretes juris can nici et theologi scolastici, præsertim vero ii quibus aut origo aut mens fuit Italica, ista spectari non de jere tanquam si papa fuerit subjectus auctoritati im ratoris; sed quia præ nimia humilitate se sponte ublicere voluit ejus judicio, adeoque opus hoc esse, ut ipsi loquuntur, supererogationis, et non debiti: posse enim papam ex humilitate et pro bono pacis submittere se judicio alterius. Istam interpretationem hausisse illos constat ex glossa istius nostri capitis, quam postea verbis magnificis, ut ferme amat posterior adulatio, multum amplificarunt. *Quidam*, inquit auctor Glossæ, *conquerebantur de Leone papa apud Ludovicum de injuria eis facta. Papa committit se imperiali jurisdictioni, et rogat Ludovicum imperatorem ut tales nuntios mittat ad hæc inquirenda qui Deum timeant, et qui vicem imperialis gloriæ sic examinent et diffiniant, ut nulla possit in posterum dubitatio remanere, etiamsi majora opponantur ei quam ea quæ dicta sunt.* Et mox addit : *Hic papa se subjicit aliorum judicio, quod facere potest, ut ff. de juris. om. ju. est receptum.* Aiunt constans esse neminem a minore judicari posse, papam esse superiorem imperatore et omnibus regibus ac principibus, cum nullius judicio præterquam divino obnoxium esse, et ipsum debere de omnibus judicare. Confundunt videlicet spiritualem Romani pontificis auctoritatem cum temporali, et causas ejus civiles non distinguunt a criminalibus, cum tamen maximum inter hæc omnia discrimen sit. Etenim ut fatendum est il'um esse patrem spiritualem regum ac principum christianorum, et ipsius personam judicari non posse a judicibus sæcularibus (a), ita certum est, quemadmodum ex his quæ hactenus dicta sunt colligi abunde potest, et ex pluribus aliis veterum temporum monumentis, Romanorum pontificum causas civiles ad forum sæculare pertinuisse antiquitus, quandiu Romam in sua potestate habuerunt Reges et imperatores, hoc est, usque ad mortem Ludovici II imperatoris. Imo accusationes adversus eos institutas cognitioni principum aliquando subjectas fuisse ostendere videtur (b), ni fallor, exemplum Paschalis primi. Etenim cum seditio quædam facta esset Romæ anno 825, comprehensique ac capite truncati fuissent Theodorus Romanæ Ecclesiæ primicerius et Leo nomenclator, *et hoc ideo eis contigisset*, ut ait Eginhardus, *quod se in omnibus fideliter erga partes Lotharii juvenis imperatoris agerent*, dicerentque nonnulli *vel jussu vel consilio Paschalis pontificis rem fuisse perpetratam*, Ludovicus Pius imperator legatos, qui de ista causa cognoscerent, Romam misit Adalungum, abbatem monasterii sancti Vedasti, et Hunfridum, comitem Curiensem. *Legati Romam venientes*, inquit idem Eginhardus, *rei certitudinem assequi non potuere, quia Paschalis pontifex se ab hujus facti communione cum magno episcoporum numero* (id est, cum 34 episcopis, et presbyteris, et diaconibus quinque, ut Theganus tra-

dit) *jurejurando purgavit, et interfectores prædicto rum, quia de familia sancti Petri erant, summopere defendens, mortuos velut majestatis reos condemnabat, juraque cæsos pronuntiabat.* Cum itaque sic satisfactum esset imperatori, et rursum Paschalis ad eum excusationem suam misisset per legatos, accusatio ultra progressa non est. Ex quibus omnibus intelligi potest accusationes quæ fiebant per illas tempestates adversus pontifices Romanos, cum de homicidii crimine agebatur, ad imperatores delatas fuisse, missosque ab illis legatos qui rei veritatem inquirerent. Nam si nulla in hujuscemodi rebus erat auctoritas imperatoris, cur Leo III legatos ad Ludovicum Pium misit, qui ei *de iis quæ Domino suo objiciebantur per omnia satisfecerunt?* Cur Paschalis duas ad eum legationes misit ut innocentiam suam probaret? Cur se jurejurando purgavit coram judicibus imperatoriis? Ista enim omnia neque gratis neque sponte fieri consueverunt; præsertim a summis potestatibus. Sane imperatorum dominatus et principatus haud dubie non tam gratus quam gravis erat episcopis Romanis illorum temporum, quia monarchia temporalis Romanæ ecclesiæ jam tum surgebat, et lacertos valide movebat. Itaque tandem post varios conatus, cum post mortem Ludovici II imperatoris, Carolus Calvus Francorum rex evocatus ab illis fuisset, objecta spe imperii Romani, *veniens Romam*, inquit Eutropius Langobardus, *renovavit pactum cum Romanis, perdonans illis jura regni et consuetudines illius. Removit etiam ab eis regias legationes, assiduitatem vel præsentiam apostolicæ electionis. Quid plura? Cuncta illis contulit quæ voluerunt, quemadmodum dantur illa quæ nec recte acquiruntur, nec possessura sperantur.* Ab illo autem die honorificas consuetudines regiæ dignitatis nemo imperatorum, nemo regum acquisivit.

XXX. Quod autem ait Eginhardus Paschalem Papam ea de causa defensionem homicidarum suscepisse, *quia de familia sancti Petri erant, et mortuos, velut majestatis reos*, jure cæsos dixisse, aliquam difficultatem habet: nam actio violatæ majestatis in eum tantum intendi potest qui conspirationem facit adversus principem vel adversus Rempublicam. At isti nihil hujuscemodi commiserant (c); imo cæsi propterea dicuntur *quod se in omnibus fideliter erga partes Lotharii juvenis imperatoris agerent.* Reos porro majestatis fuisse dictos, quia majestatem pontificis læserant, putari non potest. Tametsi enim daremus verum ac sincerum esse privilegium quod Romanæ Ecclesiæ concessum esse volunt a Ludovico Pio, cujus fragmenta exstant apud Ivonem et Gratianum, semper tamen constaret supremum Romanæ urbis dominum fuisse, non papam, sed imperatorem,

---

(a) Id verissimum est ex quo in potestatem papæ pars magna Italiæ redacta est. Cum vero imperatoribus pontifex Romanus obediebat, persona ejus sicut et cæterorum fidelium a civilis potestatis judicio pendebat. Et si quis forte Romanorum pontificum perduellionis vel cujuslibet alterius facinoris publici, morte multandi, reus fuisset, pontificis auctoritate potuisset ad supplicium condemnari : hoc probare in promptu esset. Sed ut ea de re omnis relinquatur disceptatio, id unum quo allati principii veritas inconcussa remaneat attente perpendendum est : si dum Romanus pontifex imperatoribus parebat, ab eorum jurisdictione et summa potestate persona ejus libera fuisset, quot inde secuta fuissent absurda! Hinc enim nec personam cæterorum episcoporum omnium, quibus, ut ait sanctus Cyprianus (cum papa, Ecclesiæ capite) *episcopatus unus est, cujus a singulis in solidum pars tenetur*, quibuscunque facinoribus contaminaretur, a jurisdictione principum quibus subduntur, pendere inferendum esset. Quis vero talem sententiam ex adverso doctrinæ Evangelii rectoque ordini adversam, hodie defendere audeat? Dixit Christus, Joan. xviii, 36 : *Regnum meum non est de hoc mundo;* ergo nec regnum vica-

riorum ejus : siquidem ait divinus idem legislator, Matth. x, 24 : *Non est discipulus super magistrum, nec servus super dominum suum.* Uade Apostolus ad Rom. xiii, 1-4 : *Omnis anima potestatibus sublimioribus subdita sit.... Non est enim potestas nisi a Deo... Itaque qui resistit potestati, Dei ordinationi resistit... Nam principes non sunt timori boni operis, sed mali...; si autem malum feceris, time : non enim sine causa gladium portat....* Ad leges civiles cuilibet bona fide attendenti veritas eadem fulgebit; qua semel cognita, corruit hæc opinio, *personam papæ ab imperatoribus judicari olim non potuisse*. (Petr. de Chiniac.)

(b) Leo III judicatus et purgatus est coram Carolo Magno tanquam judice. Vide *Annales Eginhardi et Reginonis.*

(c) Hoc adeo verum est, ut eorum erga imperatorem obsequium vera mortis causa fuisse videatur. Nonne vero, quo facilius excusarentur homicidæ, eos accusare poterat Paschalis aliquid contra ordinem publicum machinasse, vel eos criminis alicujus æque gravis ac majestatis reos exhibuisse? quod Eginhardus, hic verbis reddiderit : *Mortuos velut majestatis reos condemnabat.* Hoc enim, *crimine majestatis*, sæpe sæpius abusi sunt (Petr. de Chiniac).

adeoque crimen majestatis in Paschalem papam committi non potuisse. Quippe Ludovicus Paschali et successoribus ejus usque ad finem sæculi tribuens civitatem Romanam, et tot amplas ditiones quibus hodie illius successores potiuntur, sibi retinuit supremum dominatum in civitates regionesque concessas : *Salva semper super eosdem ducatus*, inquit, *nostra in omnibus dominatione, et illorum ad nostram partem subjectione* (Tom. *I Capitular.*, p. 594). Fortassis ergo dicendum est seditionem cœptam fuisse per Theodorum et Leonem, a quibus familia sancti Petri lacessita fuerit ac læsa, ac propterea crimen majestatis commissum ab illis fuisse, quia vim et manus eis intulerant qui erant in speciali defensione Romani pontificis (a), quos tum æqualibus privilegiis ornatos fuisse cum illis qui erant in speciali defensione imperatoris colligi posse videtur ex Capitulis quæ Lotharius imperator, anno 824, addidit ad limina beati Petri, in quibus hæc primo loco leguntur: *Constituimus ut omnes qui sub speciali defensione domni apostolici seu nostra fuerint suscepti, impetrata inviolabiliter utantur defensione. Quod si quis in quocunque violare præsumpserit, sciat se periculum vitæ suæ incursurum* (Tom. *II Capitular.*, p. 517).

XXXI. Hactenus de Capitularibus regum nostrorum, deque eorum dignitate et auctoritate, generaliter egimus, et quomodo iisdem etiam Roma et Romani pontifices subjecti essent. Nunc suscepti operis ratio postulat ut de Carolo Magno, fundatore illo et auctore florentissimi Francorum imperii, deque Capitularibus ab eo promulgatis nonnulla seorsim dicamus. Existimavit illustrissimus Cardinalis Baronius (*Ad an.* 801) parcissimum illum fuisse in novis condendis legibus, adeo ut, cum tandiu vixerit rex atque imperator, regnavit enim per annos sex et quadraginta, perpauca tamen legum capita sanxisse dicatur. Et Baronii quidem opinionem confirmare videtur Eginhardus in Vita ejusdem Caroli, scribens eum, cum animadverteret multa legibus populi sui deesse, multaque in illis inveniri repugnantia, cogitasse quæ deerant addere et repugnantia tollere, sed nihil aliud ab eo factum esse quam quod pauca Capitula, et ea imperfecta, legibus addidit. Hæc sunt verba Eginhardi: *Post susceptum imperiale nomen, cum adverteret multa legibus populi sui deesse (nam Franci duas habent leges plurimis in locis valde diversas), cogitavit quæ deerant addere, et discrepantia unire, prava quoque ac perperam prolata corrigere. Sed in iis nihil aliud ab eo factum est, quam quod pauca Capitula, et ea imperfecta, legibus addidit. Omnium tamen nationum quæ sub ejus dominatu erant, jura quæ scripta non erant describere ac litteris mandari fecit.* Ista, inquam, favere videntur opinioni Baronii. Ego tamen putaverim ita intelligenda esse, ut dicatur Carolus, postquam factus est imperator, cogitasse de emendandis conciliandisque legibus populorum sibi subjectorum; cæterum destinata exsecutum non esse, ac nonnulla tantum addidisse legibus illis: nam Capitula quædam adjecit legi Salicæ et legi Ripuariorum, ac fortean aliis. Ista tamen non impediunt quin plurimas constitutiones generales sanciverit, quibus teneri voluit omnes nationes sibi subjectas.

XXXII. Sane Joannes Aventinus in Annalibus Bojorum notat illum jus assiduæ summa diligentia dixisse, nonnunquam mane, dum induceretur ac calcearetur. Addit autem: *Noctu dum in cubili cubaret, capiti pugillares supponebat; si quippiam utile (ut fieri in lectulo solet) in mentem veniebat, adnotabat, ne memoria laberetur* (*Aventin.* lib. IV, p. 368-371, pr. edit.). Accepisse hanc observationem videtur Aventinus ex concilio habito apud martyrium sanctæ Macræ in diœcesi Remensi anno 881, in quo ista leguntur: *Carolus Magnus imperator, qui regnum Francorum nobilitare ampliavit et per annos quadraginta sex feliciter rexit, et sapientia tam in sanctis Scripturis quam et in legibus ecclesiasticis et humanis reges Francorum*

præcessit, nullo unquam tempore sine tribus de s pientioribus et eminentissimis consiliariis suis esse p iebatur, sed vicissim per successiones, ut eis possibile oret, secum habebat, et ad capitium lecti sui tabula cum graphio habebat, et quæ sive in die sive in no te de utilitate sanctæ Ecclesiæ, et de profectu ac soli itate regni, meditabatur, in eisdem tabulis adnotab t, et cum eisdem consiliariis quos secum habebat ind tractabat; et quando ad placitum suum veniebat, mnia subtiliter tractata plenitudini consiliariorum s orum monstrabat, et communi consilio illa ad effectum ; rducere procurabat* (*Concil. apud Sanct. Macr.*, c. 8. Sic de Alexandro Severo imperatore narrat in Vit ejus Ælius Lampridius, illum leges de jure populi e fis i moderatas et infinitas sanxisse, neque ullam c nstitutionem sancivisse sine viginti jurisperitis t doctissimis et sapientibus viris. At quod apud A entinum et in synodo apud Sanctam Macram legit Carolum Magnum noctu, dum in cubili cubaret, apiti suo pugillares supposuisse, et quæ illi tum in ente veniebant, scribere solitum, confirmatur quide i auctoritate Eginhardi, sed tamen ita ut illa cura aroli coerceatur ad solam artem scribendi, ad qua n discendam Carolus sero venerat. Tentabat et scr bere, inquit Eginhardus in libro de Vita ejus, *tabulas ue et codicillos ad hoc in lectulo sub cervicalibus circum ferre solebat, ut cum vacuum tempus esset, manum e giendis litteris assuefaceret. Sed parum prospere s ccessit labor præposterus ac sero inchoatus.*

XXXIII. Sed ut ad Baronium redeamus, uem paulo ante diximus in ea fuisse sentent a ut exis imaret Carolum Magnum fuisse parcissimum in cond ndis novis legibus, et perpauca legum capita sanxis e in tot annorum spatio per quos regnavit et impe avit, observandum est neminem regum Francorum v teris ævi tot leges tulisse quot Carolus promulgav , et plures solius Caroli leges nunc superesse, quam ^ terorum regum qui ante et post eum vixere, us. e ad Hugonem cognomento Capetum. Nam præter L gem Salicam et cæteras, quibus ille pondus auctor tatis suæ addidit, præter Capitula sparsim relata in ibris Capitularium et in Codice legis Longobardorum, quorum originem reperire nequivimus, habemus lusquam sexaginta constitutiones ab eo editas ariis temporibus, sive cum rex tantum esset, sive po tea quam imperatoris nomen assumpsit. Quod si leg s ab eo latæ conferantur cum iis quæ a posteris ejus sancitæ sunt, facile est deprehendere in illis su lime et erectum Caroli ingenium, in istis labentem tque inclinatam Carolinæ gloriæ magnitudinem ac s lendorem. Et sane mirum non est virum tantum qui multum operæ posuit in condendis optimis legib s et in constituenda bona disciplina, qui, ut Bened tus Levita ait, *cunctorum vicit inclita gesta patrum*, æteros principes supergressum esse et longo post se i tervallo reliquisse. Vicit gentes immanitate barb ras, Christi regnum valde amplificavit, cleri mores llapsos emendavit, Ecclesias, præcipue vero Roma am, amplis latifundiis, possessionibus ac privilegiis ocupletavit, auxit, ornavit (Tom. *II Capitular.*, p. 251, *Lupus Ferrar. epist.* 1). Bonarum præterea lit erarum studia revocavit, scholas publicas instituit cæteris bonis artibus honorem habuit, earum prof ssores præmiis decoravit. Deficeret me tempu si cunctas maximi principis virtutes enarrare, si sin gula illustria ejus facinora recensere vellem. It que supersedeo, et ad Capitularia me rursum conv rto.

XXXIV. Fuit nuper vir doctus (*Thiers, de F tor. dier. imminut.*, cap. 15) qui existimavit Caroli M agni Capitula non fuisse recepta in episcopatu Tur nico, ævo Herardi archiepiscopi Turonensis; vel si excepta fateri necesse sit, non ita tamen istud in lligi debere, ut eorum gratia morem Ecclesiæ su de festis diebus observandis immutandum esse atu marit Turonicus præsul Herardus. Fundum a tem fundamentumque istius suæ opinionis accepi ex

---

(a) Vide Historiam purgationis Leonis III, ubi agitur de crimine læsæ majestatis.

capite 61 Capitulorum quæ idem Herardus edidit anno 838, in synodo sua diœcesana; in quo cum dies festi commemorentur qui a fidelibus Christianis observandi sunt, quidam eorum omittuntur quos Carolus Magnus coli jussit in capite CLXI (ut habet editio Pithœana), sive, ut nostra, capite CLVIII libri primi Capitularium; veluti Paschalis festi commemoratio, dies Dominica, beatæ Mariæ virginis Annuntiatio et Nativitas, tres Rogationum dies, et octava Epiphaniæ; Pentecostes porro uno tantum die celebranda proponitur. Ego neutram ex his duabus viri clarissimi conjecturis veram esse puto. Constat quippe Cæsarodunum Turonum fuisse tum in medio regni Francorum, eam urbem fuisse numeratam inter metropoles regni Caroli (*Tom. 1 Capitular., p. 488; Ibid., p. 641*), habitum illic concilium anno 813 jussu ejusdem Caroli, et Landrannum, Turonensem archiepiscopum, fuisse constitutum Missum dominicum in pago Turonensi, anno 823, in quo cum Ruotberto comite, ad imperandam et urgendam Capitulorum regalium exsecutionem. Ad festos dies quod attinet, quæ de prætermissis dicuntur ab eodem viro docto, ea minimum aut nihil habent difficultatis. Etenim quæ Herardus omisit in capite 61, ea in aliis locis commemoravit, Paschale videlicet festum capite 97, Dominicum diem capite secundo, Pentecostes venerationem in capite 97 conjungit cum Paschale, ita ut octo dies Paschæ feriari oportere dicat, de Pentecoste non dicat. Sed ista quæ videtur repugnantia tolli debet per caput 35 libri secundi Capitularium, ex quo caput istud Herardi abbreviatum est. In capite autem illo libri secundi sancit Ludovicus Pius imperator, Magni filius, ut dies Dominicus Paschæ cum honore et sobrietate colatur, et ut simili modo tota illa hebdomada observetur. Deinde addit: *In Pentecoste similiter ut in Pascha*. Mirum porro non est eum prætermisisse Annuntiationem et Nativitatem beatæ Mariæ virginis, cum nulla horum festorum mentio habeatur in Capitularibus e quibus Herardus excerpsit constitutiones suas synodales. Ac de Nativitate quidem constat eam diem non fuisse publico cultu celebratam ævo Caroli Magni. Concilii vero Rhemensis acta sub Sonnatio, quorum auctoritate idem vir doctus utitur ut ostendat eam observari jussam ante tempora Herardi; non sunt extra controversiam, et adeo sublestæ valdeque dubiæ fidei visa Sirmundo sunt, ut ea indigna putaverit quæ in collectionem veterum synodorum Galliæ referrentur. Annotat præterea vir clarissimus Rogationum tres dies imperari a Carolo Magno in loco paulo ante laudato ex libro primo Capitularium, et de illis tamen silere Herardum. Primo certum est nullam Rogationum triduanarum mentionem fieri in libro primo Capitularium, sed in quinto (*c.* 150) tantum, ubi sic legitur : *Placuit nobis ut litania major observanda sit a cunctis Christianis diebus tribus: quod sumptum est ex canone trigesimo tertio concilii Moguntiaci*, extremis Caroli Magni temporibus celebrati. Deinde, tametsi verum esset mentionem istiusmodi Rogationum fieri in libro primo Capitularium, non æque verum esset omissas illas fuisse ab Herardo. Quamvis enim de his non loquatur in capite 61, diserte tamen de diebus Rogationum agit in capite 95, *Rogationum* etiam vocabulo utens, licet non exstet in capite laudato. libris quinti Capitularium, et in additione 3 unde Herardus caput istud suum conflavit. De octavis Epiphaniæ fateor veram esse observationem, et prætermissas omnino esse in capitulis Herardi. At non inde tamen colligi potest capitula Caroli Magni neglecta tum fuisse in episcopatu Turonico. Error fortean librarii fuit, qui, ut sæpe videmus in antiquis libris, *octavas Epiphaniæ* omisit propter vicinitatem vocis *Epiphaniæ*.

XXXV. Capitularium itaque regalium magna ubique erat auctoritas, par cum sacris canonibus reverentia. Duravit autem usus eorum per aliquot sæcula, nimirum usque ad Gratiani tempora, imo etiam, ut videtur, usque ad regnum Philippi IV, cognomento Pulchri, Francorum regis. Neque in regno tantum Francorum valebant, sed in Germania quoque et in Italia. Ac de Germania quidem fidem faciunt plurima veteris ævi monumenta, præcipue vero decretum Ottonis Magni, Germaniæ regis, datum apud Franconofurt anno 952, in quo, *Capitularium præcedentium regum institutis coram positis*, statutum est ne oppressio virginum aut viduarum, vel raptus, ab ullis hominibus fiat (*Appendix. prim, Reginon., c.* 55). Apud Italos diutius observata fuisse quam apud Germanos multa probant, sed in primis collectio canonum ac decretorum a Gratiano composita, in qua persæpe referuntur constitutiones ex Capitularibus regum nostrorum descriptæ, uti jam observatum est a viris eruditissimis. Objici tamen posset Gratianum sua non accepisse ex libris Capitularium, sed ex Decreto Ivonis episcopi Carnotensis, quem compilasse videtur, adeoque ex Capitulis a Gratiano laudatis argumentum sumi non posse ad probandum Capitularia regum Francorum cognita fuisse Italis ævo Gratiani. Sane verum videri posset Gratianum ex Ivone descripsisse capita collectionis suæ quæ referuntur ex Capitularibus, nisi certis indiciis ostenderemus eum quædam ex Capitularibus descripsisse quæ apud Ivonem non exstant. Descripsit enim Caroli Magni constitutionem, qua probavit Constantini imperatoris legem de episcopali judicio. Hanc porro Caroli constitutionem accipere non potuit ex Ivone, apud quem non habetur. Accepit igitur ex Capitularibus, ut ipsemet docet his verbis : *Hæc si quis antiquata contendat, quia in Justiniani Codice non inveniuntur ita inserta, per Carolum renovata cognoscat, qui in suis Capitularibus ait inter cætera : Volumus atque præcipimus ut omnes*, etc. (*Gratian*. XI, qu. 1, c. 57, *Volumus*). At Innocentius III ex Gratiano (*Lib.* v *Capitular., c.* 366) manifeste descripsit in epistola scripta anno 1204 ad archiepiscopos et episcopos per Franciam constitutos (*Raynald. ad an.* 1203, § 58), quæ exstat in libro secundo Decretalium, in qua inter cætera ita habetur : *Nec sic illud humillimum omittamus quod Theodosius statuit Imperator; et Caroli innovavit, de cujus genere rex ipse* (Philippus Augustus) *noscitur descendisse* : *Quicunque videlicet litem habens*, etc. (*Cap. Novit. exst. de judiciis*). Ex Gratiano similiter acceperunt Gregorius IX et Innocentius IV quæcunque dicunt de ista Constantini lege a Carolo Magno confirmata et renovata. Tum enim non recurrebant ad fontes, sed cuncta ex Gratiano, suppresso ejus nomine, describebant (*Vid. Not. ad Capitul.*, p. 1232).

XXXVI. Francos nostros par erat diutius retinere usum Capitularium quam cæteras nationes, cum propter eos præcipue fuissent condita, et ab eorum regibus sancita. Itaque non solum Roberti regis ævo, ac deinde sub Philippo primo, ut notum est ex epistolis et ex collectionibus canonicis Ivonis, episcopi Carnotensis, eorum auctoritas passim valuit, sed etiam, ut dicebamus, regnante Philippo IV cognomento Pulchro. Vidimus enim veteres membranas in quibus descriptum erat concilium provinciale habitum Avarici Biturigum anno 1286, quas nobiscum humanissime pro suo more communicavit vir clarissimus Antonius Vyon Herovallius. In capite autem 32 illius concilii statuitur, ut *dies Dominici et festa cum omni cura et diligentia præcipiantur ab omni servili opere observari*. In fine vero Constitutionum insertum reperitur caput 75 libri primi Capitularium, sed mutato stylo, hoc modo : *Dies Dominicus ita observandum est ut ... nec et Missarum sollempnia et ea quæ ad......tur, videlicet ut nec opera servilia in eo ag....as colant, nec campos arent, nec messem..... num siccent, nec sepem faciant, nec silvam ..... pent, nec arbores cædant, nec ortos faciant, nisi cibi vel frigoris necessitate, set r..... molant ullo modo, nec panem quoquant, nec in petris laborent, nec domus construant, nec carra moveant, nec mercata conveniant, nec venationes exerceant. Item feminæ opera extrilia non faciant, vestimenta non capulent, nec consuant, nec lavent, nec liniant, linum non batant, nec lanam carpere præsumant, nec berbices tondant, ut omnibus modis bonorum requies die Dominico fiat.*

XXXVII. Ista quamvis certa sint, vera nihilominus est sententia illustrissimi viri Petri de Marca, archiepiscopi Parisiensis (*lib.* v *Hist. Bearn.*, c. 2, § 7); qui docet Capitularium usum interruptum fuisse sub initia tertiæ regum nostrorum familiæ; quoniam mutatio rerum publicarum et regiæ auctoritatis imminutio, quæ tunc evenere, necessario post se traxerunt legum receptarum abrogationem, quæ non aliis fundamentis niti possunt quam columnis quibus regia dignitas sustinetur. Bellorum enim Normannicorum et civilium occasione factum est ut ducum, comitum, et marchionum præfecturæ, quæ in arbitrio regis antea erant, propriæ cujusque fierent et hereditariæ. Hinc introducta varia jura municipalia, ne quid ex veteri superessset quod novis possessoribus officere posset. Ita paulatim recessum est a cognitione Capitularium, ad eamque eorum ignorantiam ventum quæ regnabat ante initium postremi sæculi. Sed tandem, cum clarissimum illud litterarum sidus affulsisset Franciscus primus, Francorum rex Christianissimus, cui litteræ istis novissimis temporibus non minus debent quam olim debuerunt Carolo Magno, excitata sunt hominum ingenia ad diversas artes diversaque studia, excussæ veteres bibliothecæ, revocataque a tenebris sunt veterum lucubrationes quæ antea latebant. Tum vero reductæ in lucem sunt leges Capitularium, a Germanis primum, deinde a nostris hominibus.

XXXVIII. Primus, ut arbitror, Capitularium sive Constitutionum Caroli Magni auctoritatem dias in luminis oras post longam oblivionem protulit beatus Rhenanus, anno 1531, qui plurima ex codice Legum Francicarum, cujus vetera exemplaria exstare ait in variis Germaniæ bibliothecis, descripsit in libro secundo rerum Germanicarum. Tum Joachimus Vadianus anno 1536 in libro sexto Aphorismorum de Eucharistia, pag. 215, Ansegisi, abbatis Lobiensis, collectionem expressis verbis commemorans: *Exstat*, inquit, *apud nos Sangalli antiquus Ansegisi abbatis Lobiensis codex, in bibliotheca Templi majoris, in quo hæc quæ modo citavimus ad verbum leguntur*; nimirum ut presbyter Eucharistiam semper habeat paratam propter infirmos. Anno dein 1545 Vitus Amerpachius librum Constitutionum Caroli Magni emisit in lucem Ingolstadii (a), ut dicemus infra suo loco. Triennio post Joannes Tilius, qui Briocensis dein et Meldensis episcopus fuit, aggressus est editionem Capitulorum Caroli Magni et Ludovici Pii, non tamen perfecit neque emisit. Tum vero primum audiri cœpit nomen Capitularium, cum antea dicerentur simpliciter Constitutiones Caroli Magni, sive leges Francicæ. Sequenti anno, qui fuit nonus et quadragesimus post millesimum a nativitate Christi, Carolus Molinæus emittere parans stylum parlamenti Parisiensis a se emendatum et locupletatum, ait in præfatione, se quædam insignia capita adjecisse ex constitutionibus Caroli Magni et Ludovici Pii, *quarum exemplar habeo*, inquit. Eadem repetit in notis marginalibus ad Stylum eumdem, parte III, tit. 50. Existimandum tamen non est, exemplar illud, quo Molinæus utebatur, esse unum ex illis quæ Tilius edi curavit; nam præterquam quod Molinæus, tum in additionibus ad Stylum Parlamenti, tum etiam in tractatu de Origine, progressu, et excellentia regni et monarchiæ Francorum, et in Commentario ad edictum Henrici II contra parvas datas, Capitularia sive constitutiones Caroli Magni et Ludovici Pii semper laudat secundum numeros in antiquis exemplaribus annotatos, quos Tilius in editione sua mutavit, docet præterea Molinæus in eodem tractatu

(a) *Vide* Supplementum istius novæ editionis.

de Excellentia regni Francorum, § 115, et in præfatione Commentarii ad edictum Henrici II contra parvas datas, § 7, se exemplar illud suum habuiss e ex registris regiis. Scio hanc Molinæi annotati nem sublatam esse a tractatu de Excellentia regni Francorum in postremis editionibus Operum Moli æi, initio facto ab ea, quæ Parisiis prodiit anno stius sæculi duodecimo. Qui enim tum curabant editi nem illam, hanc sibi licentiam permiserunt, ut, qua tum vellent, auferrent, mutarent, adderent. Nam, empli gratia, numeros Capitularium in vetustis Mo inæi editionibus notatos emendarunt ad Pithœanam pitularium editionem, quæ diu post exstinctum olinæum prodiit. Et cum ille in paragrapho 119 jusdem tractatus de Monarchia Francorum ita cripsisset: *Item, lib. IV Capitularium, sequentia Cap ula, quæ Ansegisus ponit in libello primo suæ com ilationis, videlicet cap. 95, modis omnibus et sub m ulcta in Capitulis contenta prohibuerunt, ne pueri sin voluntate parentum tonsurentur, vel puellæ velent r; et cap. 109, ne puellæ infantulæ ætatis velentur, ntequam eligere sciant quid velint.* Isti sic pro sua a dacia reposuerunt: *Præterea lib. IV Capitul. su rum sequentes articulos conscripserunt, quos Anseg sus, lib. I suæ compilationis, adjunxit his verbis cap 101 [postremæ editionis Parisiensis, quam sumus se uti]: Ne pueri vero sine voluntate parentum tonsure tur, vel puellæ velentur, modis omnibus inhibitum est et, qui hoc facere tentaverit, mulctam, quæ in Cap tulis legis mundanæ a nobis constitutis continetur, pe solvere cogatur. Et cap. 107 : Ne vero puellæ indis rete velentur, placuit nobis etiam de sacris canonibus ualiter observandum sit hic inserre. De tempore velа darum puellarum in Africano Concilio, cap. 16, con inetur ut non ante 25 annos consecrentur.* Debu ant isti, ut integram Molinæi scriptionem referrent addere caput 115 libri primi Capitularium ex edi one Pithœana, quod est 109 in nostra, in quo Ita leg tur: *Ut infantulæ ætatis puellæ non velentur, anteq tam illæ eligere sciant quid velint.* Multiplex itaque in hoc loco fuit temeritas eorum, qui istam Operum Mol næi editionem curarunt. Primum, quod verba Mol næi non retinuerunt, aliaque pro illis substituerunt, uæ Molinæi non sunt, ut patet etiam ex tractato eo em Gallice scripto, in quo idem omnino sensus et idem erborum ordo, etiam in ipsorum editione, reperitur, ualis legitur in loco illo Molinæi a nobis relato ex v teri editione. Deinde, quod cum Molinæus consulto bstinuerit a referendis integris Capitularium locis, uæ hic commemorat, isti illa contra mentem auc oris inseruerint. Tertio, quod postremæ Capitula um editionis Parisiensis mentionem fecerint in textu Molinæi; cujus certum est nullam debuisse fieri en tionem, quoniam illa, uti jam observavimus, diu post exstinctum Molinæum prodiit. Denique od illa, quam sibi sumpserant, emendandi supplend que Molinæi auctoritate abusi, postremam istius raphi partem omiserint. Atque hæc quidem omi sio fieri potuit per negligentiam; at mutatio quæ f cta est in paragrapho 115, in quo omiserunt verba Molinæi dicentis se libros Capitularium habuisse ex gistris regiis, ea vero facta consilio est ab iis qui putarent istam admonitionem non esse necessar am postquam libri Capitularium versabantur in omn um manibus; adeoque necesse deinceps non esse dicare loca ubi reperiri poterant. Nam Molinæus ita illic scripserat: *Et originaliter habetur in Capitu ri, cujus e registris regiis copiom habeo.* Hanc clausu am omnino deleverunt editores Parisienses, qui ta en eam retinuerunt in eodem tractatu Gallice scri to. Unde colligere licet quam bona fide versati illi int in editione Operum Molinæi.

XXXIX. Ante annum 827 Capitularia regum nos ro rum nondum relata fuerant in unum volumen, sed separatim præscripta habebantur in schedulis et membranulis. Tum vero Ansegisus abbas collegit aliquot Caroli Magni et Ludovici Pii Capitularia, ne oblivioni traderentur, ut ipse ait, eaque in quatuor libros digessit. Credunt plerique Ansegisum hunc abbatem fuisse Lobiensem, persuasi auctoritate Sigeberti, qui de eo ita scribit ad annum 827 : *Ansegisus abbas Lobiensis edicta imperatoris Caroli Magni et Ludovici filii ejus ad ecclesiasticam legem pertinentia in duobus libellis digessit. Idem edicta eorumdem ad mundanam legem pertinentia in duobus æque libellis digessit.* Hanc opinionem postea confirmavit et propagavit Joannes Trithemius. Sed ego neminem Sigeberto antiquiorem reperi qui ista tradat. Immo Fulcuinus, vetustus auctor, qui originem et historiam monasterii Lobiensis descripsit, veterumque abbatum Lobiensium seriem dedit, nullam Ansegisi mentionem facit, neque etiam Ægidius Waulde, qui anno sæculi istius vigesimo octavo Vitam sancti Ursmari et historiam ejusdem monasterii vulgavit collectam ex veteribus monumentis Lobiensibus vicinarumque ecclesiarum et monasteriorum. Vehementer autem falluntur qui putant illum fuisse primum abbatem Lobiensem, multoque magis ii qui eum postea Senonensem archiepiscopum fuisse contendunt extremis Caroli Calvi temporibus. Quamvis enim constet eum qui Senonensis archiepiscopus fuit, abbatem antea fuisse, confundi tamen non debet cum collectore Capitularium. Neque vero necesse est eorum qui ita sentiunt argumenta refellere, quos testimoniis gravissimis obruere facile esset. Sufficiet auctoritas viri celeberrimi istarumque rerum peritissimi Jacobi Sirmondi, qui de Ansegiso ita scribit in epistola ad domnum Constantinum Cajetanum abbatem sancti Baronti : *Par fuit in Ansegiso, qui Caroli et Ludovici regum Capitula collegit, quorumdam hallucinatio. Cum enim Ansegisum hunc Lobiensem in Cameracensium diœcesi abbatem fuisse ex Sigeberto constet, longeque diversum ab Ansegiso Senonum archiepiscopo, quanquam is etiam abbas ante episcopatum fuerat, sed alterius in Bellovacis monasterii cui a Sancto Michaele nomen, non defuerunt tamen qui utrumque Ansegisum confunderent, et digestorum in libros Capitulorum laudem archiepiscopo perperam tribuerent* (apud Labb., t. II de Script. eccl., p. 692).

XL. Ex his quæ dicta hactenus sunt colligitur ambigi merito posse an vera sit eorum sententia qui Ansegisum nostrum volunt fuisse abbatem Lobiensem. In chronico Fontanellensi, quod in tomo tertio Spicilegii Dacheriani editum est, reperio Ansegisum abbatem Fontanellensem constitutum a Ludovico Pio, virum fuisse doctum ac librorum amatorem, quorum magnam copiam reliquit in monasterio Fontanellensi et in Flaviacensi, cujus etiam abbatem fuisse docet auctor ejusdem Chronici (a). Existimare itaque fortassis liceret Ansegisum abbatem, qui Capitularia regum collegit, eum esse qui Fontanellensis abbas fuit, et obiit anno 834, XIII Kalend. Augusti, postquam eam abbatiam per annos decem et amplius rexisset.

XLI. Collectio illa Capitularium ab Ansegiso abbate confecta statim auctoritatem magnam obtinuit, quod eam Ludovicus Pius imperator suam fecerit. Etenim ille in constitutionibus editis post annum 827 referens verba vel sensum legum a patre suo Carolo aut a se antehac editarum, reperiri illa scribit in Capitulari. Quo nomine intelligit collectionem Ansegisi. Veluti in Capitulari Wormatiensi anni 829, tit. 1, cap. 5 : *Ita enim continetur in Capitulare bonæ memoriæ genitoris nostri in libro* I, *cap.* 157 : *Ut qui Ecclesiam beneficia,* etc. Et paulo post : *Item in Capitulare nostro in libro* II, *cap.* 21, *de eadem re.* Et infra in capite nono ejusdem tituli hujusce Capitularis Wormatiensis : *Quicunque de rebus Ecclesiarum, quas in beneficium habent, restaurationes earum facere neglexerint, juxta Capitularem anteriorem, in quo de operibus ac nonis et decimis constitutum est, sic de illis adimpleatur, id est, in libro* IV, *capitulo* (a) 38, *De opere et restauratione Ecclesiarum,* etc. Et in titulo secundo ejusdem Capitularis, cap. 1 : *De beneficiis destructis hoc observetur quod in Capitulare priori continetur, id est, in libro* IV, *capitulo* 36. *Quicunque beneficium,* etc. Ibidem, cap. 8 : *De bonis denariis quos populus recipere non vult, volumus ut hoc observetur et teneatur quod in priori Capitulari nostro constitutum est, id est, in libro* IV, *capitulo* 30 : *Quicunque liber homo,* etc. Et titulo 3, cap. 1 : *De nomicidiis in ecclesiis vel in atriis earum commissis hoc observetur et teneatur, quod in Capitulare priori constitutum est, id est, in libro* IV, *capitulo* 13 : *Si quis ex levi causa,* etc. Item, cap. 5 : *De vicariis et centenariis qui magis propter cupiditatem quam propter justitiam faciendam sæpissime placita tenent et exinde populum nimis affligunt, ita teneatur sicut in Capitulare domni Caroli imperatoris continetur, id est, in libro* III, *capitulo* 40 : *Ut nullus ad placitum,* etc. Et paulo post : *Item de eadem re in Capitulare nostro in libro* IV, *capitulo* 45 : *De placitis siquidem,* etc. Et in capite octavo ejusdem tituli : *De faidis coercendis hoc observetur et teneatur quod in Capitulare nostro in libro* IV, *capitulo* 25 *continetur ; Si quis aliqua necessitate cogente,* etc.

XLII. Carolus quoque Calvus eamdem collectionem sæpe laudavit tanquam publicum legum Francicarum codicem, regia auctoritate et usu publico receptum. Referenda sunt loca ex Capitulis ejus quæ id probant, quod nos diximus. Titulo 36, cap. 1 : *Comites episcopis et ministris Ecclesiæ in eorum ministeriis adjutores in omnibus fiant, sicut in Capitulari prædecessorum ac progenitorum nostrorum continetur, in secundo libro capitulo* 23, etc. Ibidem, cap. 4 : *Volumus et expresse mandamus comitibus nostris ut sicut in* 24 *capitulo secundi libri Capitulorum decessorum nostrorum continetur,* etc. Cap. 8 : *Ut denarii ex omnibus monetis meri ac bene pensantes, sicut in Capitulari prædecessorum ac progenitorum nostrorum Regum libro quarto* 32 *capitulo continetur.* Cap. 9 : *Secundum legem mundanam ut perjurus puniatur sicut in Capitulari decessorum ac progenitorum nostrorum continetur in fine capituli decimi ex tertio libro.* Cap. 18 : *Si autem in immunitatem vel potestatem aut proprietatem alicujus potentis confugerit, secundum quod in tertio libro Capitularis* 26 : *capitulo continetur,* etc. Cap. 19 : *Mercata die dominico in nullo loco habeantur, sicut in primo libro Capitulorum, capitulo* 136 *habetur.* Cap. 20 : *Homines etiam qui providentiam habere debebant ne mancæ mensuræ fiant, si de perjurio quod juraverunt quia hoc non consentire debuissent, revicti fuerint, secundum legem puniantur, sicut in fine capituli decimi ex libro tertio Capitulorum habetur.* Cap. 22 : *Considerare volumus discretionem quam decessores nostri reges in quarto libro Capitulorum posuerunt, capitulo* 57 *decernentes.* Cap. 25 : *Et quoniam in præfatis Capitulis continetur in tertio, capitulo* 75 *ut nullus sine permissu regio bruniam,* etc. Cap. 27 : *Et qui de talibus hostem dimiserint, heribannum juxta discretionem quæ in progenitorum nostrorum tertio libro Capitulorum, capitulo* 14 *continetur, persolvant.* Cap. 28 : *Ad nostram regiam partem componant sicut in præfatis Capitulorum libro tertio, capitulo* 15 *et* 86, *et in libro* IV, *capitulo* 36 *habetur.* Infra in eodem capite : *sicut in Capitulis libri primi, capitul.* 132 *et* 134 *et in libro* II, *capitulo* 31, *et in libro quarto, capitulo* 19 *continetur.* Cap. 34 : *Continetur tamen in tertio Capitulorum libro, capitulo* 29, *de homine libero,* etc. Titulo 40, cap. 9 : *Sicut in libro primo Capitulorum avi et patris nostri, et sicut in Capitulis patris nostri anno* 16 *imperii ejus factis, continetur.* Titulo 45, cap. 1 : *Qui talem*〈…〉*annitum*

(a) Vide Acta SS. Ordinis sancti Benedicti, tom. IV, p. 457, in principio.

(b) Vide Notas ad Capitularia.

receperit, secundum quod constitutum est in Capitularibus avi et patris nostri in libro tertio, si Francus est, etc. Ibidem, cap. 3; *Fiat de illis sicut in Capitulari avi et patris nostri continetur in libro* III, *capitulo* 47. *Et si jam de latrocinio revicti sunt, fiat de illis sicut de revictis. Si autem ille adhuc vita perdonata non fuit, et revicti non sunt, et res et mancipia vel mobile habent, fiat de illis sicut in quarto libro Capitulorum, capitulo* 29, *dicitur.* Citat praeterea frequenter idem Carolus Capitularia Caroli Magni et Ludovici Pii. Sed nos ea tantum loca selegimus in quibus illa laudat ex Collectione Ansegisi, ut ostenderemus illam fuisse authenticam et regia auctoritate firmatam.

XLIII. Collectionis autem istius hic ordo est ut in primo quidem libro, ut Ansegisus ipse admonet in praefatione sua, posita sint Capitula Caroli Magni ad ordinem pertinentia ecclesiasticum, in secundo Capitula ecclesiastica Ludovici Pii, in tertio Capitula Caroli ad mundanam pertinentia legem, in quarto denique ea quae Ludovicus Pius fecit ad augmentum mundanae pertinentia legis. Quae res non satis animadversa plures viros doctos in errorem impulit, qui secundum et quartum Capitularium libros putaverunt esse Caroli Magni. Sed et illud admonendum est, istos duos libros Ludovico et Lothario ipsius filio tribui in quibusdam vetustis Ansegisi exemplaribus; cum tamen certum sit, ut recte observavit Petrus Pithœus, nihil hic Lotharii proprium esse, et duos istos libros omnino compositos esse ex Capitulis solius Ludovici (*Vide not. ad Capit.*, p. 1121); si priores duas appendices libri quarti exceperis, quae sumptae sunt ex Capitulis Caroli Magni que omissa ab Ansegiso fuerant in prioribus libris. Caeterum, tametsi institutum Ansegisi fuerit ut in primo libro poneret tantum Capitula Caroli Magni, certum tamen est permixta per errorem ab illo fuisse quaedam Capitula Ludovici Pii, caput nimirum 79 et sequentia usque ad 104, quae sumpta sunt ex Capitulis quae anno 816 sancita a Ludovico Pio sunt. Causa autem istius erroris, ut alibi dicimus, alia esse non potest quam quod cum duo Caroli magni Capitula deprehendisset in fronte Capitularis quod anno 816 a Ludovico Pio conditum est, putavit caetera quoque ejusdem Edicti capita Caroli esse (*Ibid.*, p. 1059). Redit autem postea Ansegisus ad institutum suum; nam caput 105 cum sex sequentibus sumpta sunt ex primo Capitulari anni 805, sequentia quatuor ex secundo Capitulari ejusdem anni, caput 116 cum decem sequentibus, ex quinto Capitulari anni 806, sequentia septem ex sexto Capitulari ejusdem anni. Quinque capita quae postea leguntur, descripta sunt ex secundo et tertio Capitulari anni 803. Caput 139 sumptum est ex Capitulis quae anno 809 edita sunt. Originem et fontes eorum quae postea sequuntur usque ad caput 159 reperire non potui. At quatuor ultima capita ejusdem libri primi accepta sunt ex primo Capitulari anni 810.

XLIV. Quoniam vero Ansegisus plurima Caroli Magni ac Ludovici Pii Capitula praetermiserat, abstinueratque praeterea a referendis Pippini et Carlomanni constitutionibus, quarum tamen frequens usus erat, Benedictus Levita Moguntinensis hanc in se curam suscepit circa annum 845, ut Capitularia in unum colligeret et in tres libros distribueret. Existimavit Baronius (*Ad ann.* 845 *et* 847), ac post eum alii, Collectionem illam a Benedicto confectam fuisse ex praecepto concilii Meldensis, quoniam idem Concilium, ut supra vidimus, a Carolo Calvo postulaverat *ut Capitula ecclesiastica a domno Carolo Magno imperatore, necnon a domno Ludovico Pio Augusto promulgata, obnixe observari praecipiantur* (*Conc. Meld.*, c. 78). Verum recte admonuit Hermannus Conringius (*De orig. Juris German.*, c. 15-17) falsam esse eorum sententiam qui collectionem istam jussu concilii Meldensis factam putant. Recte inquam; etenim cum illa facta sit in regno Ludovici Germaniae regis, extra quod Meldensis civitas erat posita, existimari

A nullo modo potest Benedictum diaconum Moguntinum aggressum fuisse opus istud jussu episcoporum alterius regni. Praeterea idem Benedictus verbis inime ambiguis docet se collectionem illam adornass jussu Otgarii archiepiscopi Moguntini; nam postqua locutus est de quatuor libris ab Ansegiso collectis, postea addit:

Autcario demum, quem tunc Magontia summu
Pontificem tenuit, praecipiente pio,
Post Benedictus ego ternos Levita libellos
Adnexi, legis quis recitatur opus.

XLV. Neque vero recens neque ratione car es est querela doctorum virorum, qui aiunt hanc B edicti collectionem confusam esse et compositam e variis centonibus. Attamen veram non puto eorum sententiam qui scribunt illum dolo malo hic usum, Capitula a se collecta variis in locis adulterasse e interpolasse in gratiam Romanae sedis, ac propter usum scrinio Ecclesiae Moguntinae, ubi cusa sint Ca itularia et investigatae eorum fodinae. Ego facilius crediderim illum collegisse primum Capitula qu citra controversiam edita sunt a regibus, tum ea uae ab ipsis vel eorum jussu, ut supra monuimus, b episcopis aut viris doctis excerpta sunt ex libris ivinae Scripturae, sicut ea sparsim in eorum mixta apitulis reperit, ut ipsa Benedicti verba ponamus, t quae excerpta ab eisdem sunt ex Canonibus sa rorum, conciliorum, ex decretis Romanorum pontific m, ex dictis sanctorum Patrum, ex constitutionibu synodalibus Episcoporum Gallicanorum, ex codic Theodosiano sive Aniani interpretationibus, Paul Sententiis, Julani Antecessoris Novellis, codice legum Wisigothorum, ex lege Salica, ex lege Ripuar orum, et ex lege Bajuvariorum. Ex his enim omnibu locis consarcinata est illa Benedicti collectio, confu e sane facta, nullo servato temporum ordine, mutati etiam saepe verbis capitum quae illic referuntur. At non propterea censeo culpandum esse Benedictun cum ipse nos monuerit se Capitula illa sic confusa et indigesta sparsim invenisse, et eorum quidem nnulla habuisse paria initia et imparem finem, aedam vero pares fines, sed non paria initia, in qui usdam autem minus, et in quibusdam plus, et ideo e illa dimisisse sicut invenerat, id est, nihil mutass, nihil addidisse aut detraxisse. Tantum autem abest t ego Benedictum culpari debere censeam, ut etia multum ei nos debere putem, absque cujus diligen tia et labore careremus hodie plerisque sanctissi is et optimis principum nostrorum constitutionibu s quae alibi non reperiuntur.

XLVI. Prodiit illa et usu publico recepta e t, non solum in regno Germaniae, sed etiam in Fran a nostra, ante annum Christi octingentesimum quin uagesimum octavum. Nam cum eo anno Herardus archiepiscopus Turonensis Capitula sua ediderit, m gnam que eorum partem abbreviaverit ex illis que collectione Benedicti habentur, manifestum est e m illa usum fuisse. Postea Isaac episcopus Ling ensis Capitula quoque sua collegit ex iisdem tribus Benedicti Levitae libris. Laudantur denique frequen er Capitula ejusdem collectionis in concilio apud s nctam Macram, in Trosleiano, et ab Hincmaro, Re none, Fulberto et Ivone. Nam de Burchardo dicere e debere puto, quia tametsi multa acceperit ex i a Benedicti collectione, maluit esse mendax, ut sae monuimus, quam Capitularia regum nostrorum l dare. Quonam autem modo intelligenda illa sint e Benedictus Levita ait de Capitulis regalibus auct ritate apostolica roboratis, fuse dictum est superius, neque ea hic repeti opus est.

XLVII. Antequam vero a Benedicti collectio e recedamus, supervacaneum non erit admonere illam, cum facta esset diu post Ansegisum, non mper unum cum istius lucubratione corpus constitui se, et librum Capitularium qui nobis est quintus, p imum aliquando numeratum fuisse apud veteres. Tes is erit Hincmarus, archiepiscopus Rhemensis, in opus ulo 48 quod inscriptum est : *De presbyteris criminosis, de quibus approbatio non est.* Illic enim referens caput 35 libri quinti Capitularium, qui est primus Benedicti Levitæ, ita ait : *Quid de presbyteris criminosis, de quibus approbatio non est, agendum sit, in libro primo Capitulorum domini Caroli imperatoris Augusti, capite trigesimo quarto, scriptum est : Hoc nobis magno cum studio retractandum est,* etc. Et concilium Trosleianum habitum anno 909, referens caput 427 libri sexti Capitularium, qui est secundus Benedicti, ait : *Quapropter in libro Capitularium secundo, capitulo 427, ita sancitur : Omnibus, nos ipsos corrigentes, posterisque exemplum dantes,* etc. Præterea Isaac episcopus Lingonensis collectionem suam adornavit ex solis tribus libris Capitulariorum a Benedicto Levita editis. Habuimus autem vetustissimum Codicem sancti Arnulphi Metensis, in quo descripta sunt plurima Capitula excerpta ex illis tribus Benedicti libris, et in fronte eorum quæ ex libro sexto accepta sunt, ita scriptum est : *Ex Capitularibus gloriosissimorum imperatorum domini Caroli et domini Ludovici, libro secundo.* Et paulo post : *Item in eodem ex lege Veteris Testamenti.* Rursum infra, ubi caput 182 libri quinti describitur, positum est in titulo : *Item in eisdem* (id est in Capitularibus), *ex libro primo : Ut episcopi potestatem habeant,* etc. Denique in chartulario Ecclesiæ Barcinonensis reperimus, uti supra adnotatum est, Adeledim quamdam anno 25 regni regis Henrici dedisse eidem Ecclesiæ *librum Caroli sanctæ Ecclesiæ utillimum, in tribus corporibus divisum,* id est, collectionem Benedicti in tres libros divisam. Si ista observata fuissent a doctissimo viro Mariano Victorio, non tribuisset Ansegiso librum quintum Capitularium. *Exstat,* inquit, *apud Ansegisum abbatem synodus quædam sub Carolo Magno celebrata, in qua de hujusmodi precibus mentio his verbis habetur : Ut nemo sacerdotum populi sibi peccata confitentium sine auctoritate canonum judicare præsumat* (Mar. Victor. de Sacram. Conf., p. 139); quod est caput 116 libri quinti. Neque levius aberrant qui libros omnes Capitularium in quibus exstant constitutiones Carlomanni, Pippini, Caroli Magni, et Ludovici Pii, sic laudant tanquam solius Caroli Magni essent, passim ita scribentes : *Carolus Magnus libro quarto,* etc., *Capitularium.*

XLVIII. Post septem libros Capitularium sequuntur additiones quatuor, in quibus bene multa reperiuntur quæ neque apud Ansegisum exstant, neque apud Bene lictum. Putavit Sirmondus (*In Notis ad Capit.* p. 752 et 754) illas fuisse compositas a Benedicto Levita. Verum ille nullam illarum mentionem facit in præfatione sua; et quamvis in Codice Bellovacensi Ecclesiæ tres posteriores additiones legantur post libros Ansegisi et Benedicti, et in Tiliano reperiantur etiam post librum septimum pleraque Capitula trium ultimarum additionum, in vetustissimis tamen exemplaribus Petri Pithœi et Jacobi Sirmondi, in quibus nihil est Benedicti Levitæ, quatuor additiones adjunctæ reperiuntur post libros quatuor Ansegisi. Illud etiam notandum est in hoc loco, additionem primam non haberi in Codice Tiliano, neque in Bellovacensi, nec Palatino ; in istis tamen duobus ultimis descriptam fuisse antiquitus, tanquam partem faceret libri septimi. Hinc colligitur quod in titulis eidem libro septimo præfixis in eisdem duobus codicibus sequuntur consequentibus numeris lemmata capitum primæ additionis, ita ut additis ad 478 capita libri septimi capitibus octuaginta primæ additionis, consurgat numerus 558 Capitulorum. Et sane ita antiquitus obtinuisse in aliquot locis colligitur etiam ex eisdem exemplaribus Petri Pithœi et Sirmondi, in quibus tamenetsi nulli alii libri Capitularium descripti sint præter quatuor priores cum quatuor additionibus, in initio tamen primæ additionis ita scriptum est : *Cap.* 478. *Ut abbates,* etc. Istud ipsum colligi potest ex Ivone (*Par.* 1, *c.* 133), qui referens caput decimum sextum primæ additionis, accepisse se il-

lud ait *ex Capitularium libro* VII, *cap.* 493, ut legitur in vulgatis Ivonis editionibus et in vetustissimo Codice ms. sancti Victoris Parisiensis. Quo etiam fortassis respiciebant episcopi in concilio Trosleiano congregati (*Cap.* 3) anno 909, cum caput primum Capitularis anni 817 referentes, illud laudant ex Capitularibus. Attamen licet istud sit certissimum, æque verum est collectionem Benedicti Levitæ terminari in capite 478 in his verbis : *Maxime trium ultimorum Capitula istorum librorum,* etc. Itaque Capitula primæ additionis inserta sunt libro septimo post tempora Benedicti, quia is cuilibet studioso potestatem in præfatione sua fecerat inscrendi quæ vellet. Ob eam causam nos octuaginta illa Capitula concludere noluimus spatiis libri septimi, tum etiam ne turbaremus ordinem receptum inter viros doctos. Quæ enim additio secunda nunc est, prima esset, si veterum Pithœi ac Sirmondi librorum et Ivonis auctoritatem sequi voluissemus. Cæterum nos additionem primam retulimus ad annum 818 inter Capitula Ludovici Pii.

XLIX. Prima constitutionum Caroli Magni editio per typographos prodiit anno 1545, opera et studio viri rei antiquariæ bonarumque litterarum studiosissimi Viti Amerpachii, curante Alexandro Veissehorno ; typographo Ingolstadiensi, cum hoc titulo : *Præcipuæ Constitutiones Caroli Magni de rebus ecclesiasticis et civilibus, a Lothario nepote ex avi Constitutionum libris collectæ, et nuper e cœnobio Tegernseensi prolatæ, cum annotationibus et præfatione Viti Amerpachii.* Sequitur deinde Epistola dedicatoria ejusdem Amerpachii ad Carolum V imperatorem et Ferdinandum Cæsarem, quæ tota ferme est de eorum laudibus. In pagina tamen nona et sequentibus agit de opere a se suscepto, his verbis : « Ad hanc rem autem opportunissime se obtulit mihi canonum et legum harum compendium, quorum hæ ab ipso Carolo Magno latæ sunt, illi vero approbati aut una cum episcopis ab eo conditi. Sunt enim ex magna parte velut flores quidam e diversis legum hujus imperatoris voluminibus, et actis habitorum ab eo cum episcopis conciliorum, (salva tamen ubique auctoritate sedis apostolicæ, imo revertenter habita) collecti, ut clare sub finem operis indicatur. Delituit hactenus hæc vetustatis gemma in cœnobio Tegernseensi ; ac etsi membranis credita, in plerisque tamen locis non modo non parum detrita et corrosa erat a tineis et blattis, sed etiam fœdissime a librario deformata, ut passim annotavi ad ipsas leges et canones; tametsi non ubicunque a me aliquid est mutatum, ac facile apparet ex manu scriptum esse librum ab homine et indocto et negligente. Mihi profecto plurimum fecit negotii qualiscunque illa concinnatio. Primo enim legenda fuit totus liber; et præterquam quod in scripturæ insolentia tantum non oportuit me aliquando repuerascere, hoc est, litterarum et syllabarum formulas aut conferendo aut divinando discere, cogitandum fuit de sensu, et examinanda fuerunt multa vocabula non minore studio quam olim in oraculis examinabantur, aut examinari solent in ægipmatis. Quanquam autem in his rebus nec ingenium fortasse prorsus mihi deest, nec usus, non tamen sine magno sæpe labore saltem probabile aliquid invenire in tanta vetustate morum et sermonis Germanici potui : non quod putem a me nusquam aberratum, sed pro mea in inquirendo pertinacia non potui facere quin darem in omnibus locis operam, ac effecerem ut quomodocunque tandem alicubi acquiescerem. Auxit hanc difficultatem, quod nec legum nec sacrarum constitutionum habeo magnam peritiam. Feci tamen et hac in parte quantum vires ac alii labores permiserunt. Fateor quidem editionis felicis non paucos alios me potuisse conficere, præsertim quod ad hanc rem attinet; sed qui voluissent, etiam non tam facile habiti fuissent; et hic labor magis litterariam quamdam industriam et peritiam postulabat, quam exquisitam aliquam juris doctrinam.

Jam vero an jurisconsultus aliquis non singularis hic potuerit meliorem operam navare quam ego feci, œqui lectoris judicium esto. Quare non tantum veniam daturos mihi vel doctissimos puto, sed etiam laudaturos meam sedulitatem, quod in mediis occupationibus scholasticis hoc etiam onus in me susceperim; præsertim cum interim aliquod proprium opus lucubrare potuerim et multo longius, et fortasse mihi ac meis fructuosius, ut nunc sunt tempora; et hæc etiam ad quæstum aliquando, ut ingenue verum fatear, conferre cogimur. »

L. Collectio illa continet primo Capitulare anni 779 in 24 Capitula distinctum, tum Capitularia tria anni 789 integra; tertio loco Capitulare anni 793 de causis regni Italiæ; quarto Capitula data anno 806 ad Niumaga; quinto Capitula data Missis eodem anno sexto, excerpta de canone, quæ in editione nostra edita sunt post Capitula ad Niumaga; septimo caput 89 legis Ripuariorum, quod exstat etiam inter Caroli Magni Capitula excerpta ex lege Langobardorum; octavo Capitulare secundum, tertium et quartum anni 803, et priora tria Capitularia anni 805, et Capitulare quartum incerti anni, tum edictum Caroli imperatoris de honore et adjutorio episcopis præstando a comitibus et aliis judicibus, quod circa annum octingentesimum editum est. Sequuntur postea Caroli Magni Capitula octo addita ad legem Langobardorum, tum Epistola ejusdem ad Pippinum filium regem Italiæ, quam nos ad annum 807 retulimus; post quam sequuntur Capitula tria Caroli Magni addita ad legem Langobardorum, quorum duo habentur inter Capitula a nobis excerpta ex eadem lege; tertium, quia nobis excidit, addidimus in fine tomi primi, post finem indicis et notationem de erratis typographicis. Post Caroli Magni Capitula, descripta habentur Capitula quæ Ludovicus Pius edidit anno decimo sexto imperii sui. Postremo pauca quædam Capitula hinc inde collecta, et Lotharii Capitulum de confirmatione superiorum Constitutionum. Hunc codicem postea Joannes Busæus, presbyter e societate Jesu, recudit Moguntiæ anno 1602, ad calcem epistolarum Hincmari, tum etiam Goldastus in collectione Constitutionum imperialium.

LI. Eadem tempestate summi judicii vir ac litterarum virtutumque antistes Joannes Tilius, Briocensis dein ac Meldensis episcopus, cui editionem multorum bonorum librorum debemus omnem, cogitavit de edendis libris Capitularium ab Ansegiso abbate et Benedictio Levita collectis; ac demum eos prælo commisit anno Christi 1548 in hac civitate Parisiensi, Substitit tamen in capite 289 libri sexti; quo casu nescimus, quamvis Petrus Pithœus, qui propior ei fuit, divinare conatus sit. Attamen quamvis absoluta perfectaque editio non fuerit, quædam illius exemplaria in lucem emissa sunt, quibus hodie fruimur; ita ut qui Romæ per ea tempora Gratiani collectioni, ut idem Pithœus ait (In Præfat. ad Capitul.), recognoscendæ recensendæque præfuerunt, iis usi sint, simul et Bellovacensis exemplaris reliquiis, quæ tum illi quidem, addit idem Pithœus, doctissimi episcopi beneficio, indicio vero nostro nacti sunt, id est, beneficio Jacobi Amioti episcopi Autissiodorensis, ut ingenue agnoscunt correctores Romani in indice librorum qui variis ex locis sunt habiti; qui sequitur post præfationem : Capitularium liber septimus, inquiunt illi, et Capitularia adjecta, missa a Jacobo Amioto episcopo Autissiodorensi ex bibliotheca Ecclesiæ Bellovacensis. Habuerat etiam unum ejusdem editionis exemplar vir celeberrimus et doctissimus Antonius Augustinus (a) archiepiscopus Tarraconensis. Ad manus meas, inquit ille loquens de libris Capitularium, pervenit hæc collectio mutila; namque sex libri Parisiensis editionis anni 1548 erant imperfecti: sexti enim finis erat initium capitis 289, cum tituli essent capitum 350 sexti libri. Habuerat, inquam, beneficio doctissimorum virorum Petri Ciaconii et Latini Latinii. Docet nos istud idem Latinius in Epistola script anno 1576, ad Augustinum (Tom. II, p. 166). Hab is, inquit, partim mea, partim Chiaconii tui opera libellum Capitularium, mancum illum quidem et imperfectum; sed ejus tamen modi cujus quotquot utetia huc ad nos adhuc missi sunt, omnes plane ferunt. Septimi quoque libri et Capitularium adjectorum copiam se habuisse ab urbe Roma scribit Antonius Augustinus in loco supra laudato. Subjungit nim : Septimi vero libri exemplum, quod ab urbe Ro næ habui, multis capitibus erat deminutum. Ultimu i ejus libri caput supra scripsimus 478, cum tituli c pitum essent 558. Sequebatur duplex collectio adje torum Capitularium. Itaque præter folia Tilianæ Capitularium editionis, missum quoque ad Augustin fuit libri septimi et Capitularium adjectorum ex plar, ex eo descriptum quod ex bibliotheca Ecclesi Bellovacensis Romam pervenerat. Nam præt quam quod in codice Bellovacensi ista exstant prout b Augustino commemorantur, docent correctore Romani volumen Capitularium quod ex Gallia h bitum est, habuisse titulos 558 capitum libri septimi. In indice libri septimi Capitularium, numero 494 (n m capita ipsa a 478 usque ad 558 in volumine quod v Gallia habitum est, desiderantur) hæc leguntur : le sibi compatres et commatres Monachi faciant (b) Hanc Tilii editionem quadraginta post annis per fecit et emisit, magnum illud Franciæ nostræ ornan entum Petrus Pithœus. Quoniam vero Tilius et Pithœus plurima sustulerunt ex libris Capitularium qu ipsis superflua visa sunt, et ordinem Ansegisi et Be edicti sæpe turbarunt, operæ pretium est hic annota e quid ab illis præstitum sit in hac editione, quid ve culpandum esse videatur, Sed antequam ista exs quar, et consilium Operis et ordo temporum post lat ut nonnulla dicamus de Basileensi Capitulariu editione.

LII. Prodiit illa anno 1557, una cum aliis a tiquis legibus nationum quæ olim imperio parebant Francorum, quas Basilius Joannes Heroldus ex v ustissimis bibliothecæ Fuldensis exemplaribus des ripsit. Inter has igitur reperiuntur Capitularia Caroli Magni et Ludovici Pii ab Ansegiso abbate collecta, qualia nimirum reperiuntur in veteribus libris, nis quod quartus liber magna sui parte mutilus est et perfectus; desunt enim illic viginti tria capita, de imum tertium nimirum et sequentia usque ad trige imum sextum, deest etiam sexagesimum primum et eliqua libri quarti. Sequitur deinde in editione (T m. II Capitul., p. 339, c. 57) Basileensis lex Lotharii et decimis, quæ a nobis edita est inter Capitula L tharii excerpta ex lege Longobardorum, Postea capi a 196, 197, 199, 202, 204 libri quinti Capitularium Tum Capitulare secundum et tertium anni 789, et apitulare anni 793 de causis regni Italiæ, Capitul nonnulla anni 803 et anni 806. Deinde sequitur caput sexagesimum primum libri quarti Capitular m et cætera usque ad septuagesimum quartum, nis quod septuagesimum secundum deest. Postea repo untur capita 67 et alia nonnulla libri tertii et alior m librorum, absque ullo ordine. Post quæ sequitu præfatio, quæ poni solet ante Capitula octo Caroli Iagni addita ad legem Langobardorum, et priora o capita libri quarti, Capitulare primum anni 8 2, ac postea caput tertium libri quarti cum cæteris e sdem libri. His subnectitur edictum Caroli Magni e honore episcopis præstando, editum circa annum octingentesimum, et Capitula tria quæ supra, cum e editione Constitutionum Caroli Magni ab Amer achio facta egeremus, addita fuisse diximus ad legem Langobardorum. Post ista omnia, leguntur appe dices tres libri quarti, et Capitulare anni 16 imperii udo-

(a) In Judicio de quibusdam veteribus canonum collectoribus, et in lib. II de Emendat. Grat.

(b) Nota correctorum Romanorum in cap. Iona chi, dist. 4 de Consecr., cap. 104.

vici Pii. Postremo Capitularia et Constitutiones Pippini regis Italiae, Guidonis, Ottonis primi, Henrici secundi, Conradi primi et Caroli IV, imperatorum.

LIII. Triginta post annis Petrus Pithœus novam et ampliorem Capitularium editionem procuravit, Tilianam imitatus, quam auxit Capitulis quæ deerant in ista. Uterque vero interpolavit collectionem Ansegisi; ex collectione vero Benedicti Levitæ plurima Capitula omiserunt, quia videbant illa in aliis ejusdem operis locis reperiri. Prævidit Benedictus futuros qui non probarent; itaque hac sapienti excusatione apud eos usus est in præfatione sua : *Monemus ergo lectores, ut si eadem Capitula duplicata vel triplicata repererint, non hoc nostræ imperitiæ reputent, quia, ut diximus, diversis ea in schedulis invenimus.* Cum istiusmodi legum repetitiones Antonius Contius et alii quidam deprehendissent in nonnullis Justiniani Novellis ab Haloandro editis, putarunt verba in his locis repetita huc perperam fuisse relata, adeoque tolli debere. Quorum opinionem temeritatis arguit Joannes Leunclavius (*Lib.* II *Notator.*, c. 240 et 256), non absimile vero videri aiens res easdem nonnunquam duabus aut pluribus in Novellis repeti, et hæc ipsa quæ illic damnantur, reperiri etiam in libris Basilicorum: Idem profecto accidit in hac Benedicti collectione ; nam cum ille describeret Capitularia regia prout ea inveniebat in schedulis suis, efficere non potuit quin plurima etiam bis aut ter describeret, quia principes sæpe renovabant aut suas aut suorum prædecessorum leges, quemadmodum videmus in Capitularibus regum nostrorum. Nam Carolus Magnus, exempli gratia, plurimas leges sancivit descriptas ad verbum ex iis quas Pippinus pater tulerat, plures vero ex iis quas ipse promulgaverat, renovavit iisdem omnino verbis quibus usus antea fuerat. Itaque nihil detrahendum erat collectioni Benedicti, nihil mutandum. Etenim ut omittam quod in Capitulis detractis variæ lectiones sunt ab iis quæ leguntur in Capitulis a Tilio et Pithœo retentis, nonnulla interdum sunt in omissis quæ in aliis non exstant, adeoque his caremus contra mentem auctorum. Probanda autem res est exemplis. Tilius, et post eum Pithœus, caput 276 libri quinti Capitularium, quod est mutilum in antiquis Benedicti Levitæ exemplaribus, retulerunt ita mutilum ut invenerant ; nisi quod cum in antiquis illis exemplaribus caput *Quicunque decimam* referatur ex capite 57 libri primi Capitularium, ubi non exstat, hunc numerum mutaverunt, et pro 57 supposuerunt 163, putantes sensum istius capitis esse in capite libri primi ab eis laudato. Et tamen certum est caput istud libri primi, quod est 157 in editione nostra, diversum omnino sensum habere a sententia capitis *Quicunque decimam*. Itaque ad supplendum hiatum qui exstat in hoc capite, repetendum illud erat, uti nos fecimus, in additione quarta, ubi exstat integrum. Verum quoniam Pithœus primam illius partem videbat jam esse editam in libro quinto, putavit supervacaneum esse hoc caput repetere in additione, non animadvertens plurima isthic reperiri quæ in libro quinto desunt, et præterea discrimen etiam esse in prima parte capitis inter editiones quæ exstant in libro quinto et in additione quarta.

LIV. Similis error a Pithœo commissus est occasione capitis 198 libri quinti, in quo agitur de nonis et decimis, vel censu Ecclesiarum. Exstabat illud bis in collectione Capitularium, semel quidem in libro quinto, et deinde in additione quarta. Quoniam vero maxima illius pars reperiebatur in libro quinto, putavit Pithœus omnia illic esse quæ in additione quarta exstant : quod tamen verum non est ; nam in capite 132 illius additionis bene multa leguntur quæ neque superflua videri possunt, neque rejici debent a nobis. Sunt enim addita auctoritate publica, et vim legis habent.

LV. Rursum iidem Tilius et Pithœus caput 108 libri sexti omiserunt, quia jam descriptum habebatur in quinto. Attamen magnum inter utramque editionem discrimen est; nam præterquam quod in libro sexto legitur, *et ipse officio fisci servire cogatur*, cum in quinto scriptum sit, *et ipse officio præsidis servire cogatur*, in sexto additur clausula magni momenti, quam Tilius et Pithœus non habent, nimirum hæc : *Et in alio monasterio ipse non recipiatur sine abbatis sui et episcopi proprii licentia*. Clausula illa omitti non debuit ab editoribus Capitularium, cum in illis reperiatur. Conflata autem est ex usu monasteriorum : monachi enim antiquitus alio transferri non poterant sine abbatis sui et episcopi proprii licentia, uti jam observatum est a viris doctis. Et tamen aberratum est ab auctore clausulæ in vero sensu verborum ex quibus illam confecit: Quippe certum est caput, de quo nunc agimus, esse sumptum ex Novellis Juliani Antecessoris, quæ diversum omnino sensum habent, ut alibi monemus.

LVI. Diverso errore iidem nonnulla addiderunt in capite 106 libri sexti, quæ in antiquis exemplaribus non habentur. Etenim hæc est lectio veterum exemplarium: *Similiter de infirmis ac pœnitentibus, ut morientes sine reconciliatione et viatico non deficiant* (*Isaac*, tit. 4, c. 6). Quo etiam modo legitur in canonibus Isaaci episcopi Lingonensis. Attamen Tilius et Pithœus in hoc loco sic ediderunt : *Similiter de infirmis ac pœnitentibus, ut morientes sine sacrati olei unctione et viatico non deficiant*. Scio verba hic addita reperiri in Capitulari anni 769 et in capite 132 libri septimi Capitularium; adeoque Tilium et Pithœum extra culpam esse quoad sensum capitis. Illud tamen contendo, verba hæc in librum sextum transferri non debuisse ex septimo; cum fieri facile possit ut quo primum tempore lata est hæc lex, quod fortassis contigit ante Caroli Magni tempora, clausula de sacrati olei unctione non exstaret in capite illo, quæ postea addita fuerit anno 769 a Carolo Magno.

LVII. Eamdem culpam commiserunt iidem viri clarissimi in capite 159 ejusdem libri sexti : nam cum veteres libri hic habeant simpliciter : *Qui vero de cisdem fuerint progeniti, ad testimonium admittantur*, Tilius et Pithœus ediderunt, *ad testimonium a tertia generatione admittantur*. Scio hanc clausulam reperiri infra in capite 352 hujus libri, et hinc translatam huc esse a Tilio, qui secundum illam capitis istius editionem propterea omisit. Sed ego maluissem utramque dare, quam priorem interpolare contra mentem auctoris et collectoris. Nam in Codice legis Wisigothorum, ex quo caput istud sumptum est, hæc tantum leguntur : *Qui vero de iisdem fuerint procreati, omnimodis ad testimonium admittantur*. Sic enim illic omnino legitur, non solum in vulgatis editionibus, sed etiam in antiquis exemplaribus (*Lib.* III *Capitular.*, c. 12, *et lib.* V, c. 254).

LVIII. Caput 279 ejusdem libri sexti ab illis suppressum est, quia jam editum fuerat in libro tertio; et ob eamdem rationem omissum quoque ab illis est in editione libri quinti. Et tamen animadvertere debebant editionem libri tertii non habere clausulam quæ in quinto et sexto reperitur. Neque vero satisfactum puto istarum rerum curiosis, quod eam clausulam inter uncos reposuerunt post finem Capituli in libro tertio. Quippe veterum lucubrationes arbitrii nostri ita non sunt, ut supplere nobis liceat eorum lapsus aut hiatus, uti sæpe dictum a nobis est occasione emendationum quas viri cætera eruditissimi correctores Romani fecerunt in contextu locorum quos Gratianus in opere suo retulit.

LIX. In eodem libro sexto, capite 382, descriptum est caput quoddam ex lege Bajuvariorum, quod isti non ediderunt, quia jam constinebat caput 544 libri quinti. Quod si viri docti observassent editionem libri sexti nonnulla habere quæ in libro quinto non exstant, haud dubie aut illa transtulissent in librum quintum, aut caput illud rursum posuissent in sexto, cum enim Codex legis Bajuvariorum ex quo sumptum est hoc caput, clausulam illam non habeat quæ exstat in capite libri sexti quod mox laudavimus, probabile est principem qui excerpta Capitula e lege Bajuvariorum probavit, istam clausulam non inseruisse in suo edicto; quæ postea alio tempore addita est, quia necessaria videbatur.

LX. Audaciores iidem fuerunt in conjungendis capitibus 73 et 75 ejusdem libri sexti. Nam cum in antiquis Capitularium exemplaribus ita divisa sint sicuti nos edidimus, ac præterea Isaac Lingonensis (tit. I, cap. 23 et 24) partem illam capitis 75, quam Tilius et Pithœus addiderunt capiti 73, referat consequenter post primam partem ejusdem capitis 73, manifestum est distingui debere. Imo gravius hic quodam modo peccarunt viri clarissimi, quam in aliis locis ubi Capitularium textum interpolaverunt et mutaverunt : detraxerunt enim nonnulla ut consequentem orationem constituerent. Legantur tantum capita illa ex editione nostra, et conferantur cum Tiliana et Pithœana, quæ sic habet : *Placuit omni synodali conventui ut nullus presbyterorum amplius quam unam Ecclesiam sibi vindicare præsumat; quia sicut quisque sæcularis non amplius quam unam habere debet uxorem, ita et unusquisque presbyter non amplius quam unam habere debet Ecclesiam.* Itaque ut caput 75 colligare possent cum posteriori parte capitis 75, sustulerunt verba illa : *Quapropter omnibus placuit ut nullus presbyter amplius quam unam Ecclesiam sibi vindicet,* quia illorum sensus habebatur in capite superiori. Hoc vero non est edere capitularia, cum licentiam sibi quisque sumit mutandi ac detrahendi quod animo collubitum est suo.

LXI. Præter errata illa communia inter Tilium et Pithœum, nonnulla sunt quæ Pithœi tantum sunt; etenim cum Tilius non absolverit editionem Capitularium, neque additiones ediderit, si quid in illis peccatum est, solius Pithœi culpa fuit. Iste vero hic quoque lapsus est ; omisit enim capita 46 et 82 additionis quartæ, quæ alibi non exstant in universa Capitularium collectione. Sunt tamen illa magnæ auctoritatis, cum sumpta sint ex concilio Moguntino (Cap. 44) habito anno 813, et ex concilio Parisiensi sexto (Lib. III cap. 2) ex quo sumpta sunt pleraque Capitula eorum quæ Benedictus retulit in sua collectione, tum etiam magna pars eorum quæ leguntur in secunda additione.

LXII. Justissimam porro esse querelam a nobis institutam adversus Tilium et Pithœum confirmari potest istius auctoritate; nam cum is in libro sexto, cap. 145 (quod in editione nostra est 145 [Lib. VII, c. 254]) retulisset canonem Africanum de Clericis ad judices sæculares confugientibus (Addit. 4, c. 165), rursum illum edidit in septimo et in additione quarta, quia in his duobus postremis locis legitur paulo aliter quam in editione quæ exstat in libro sexto. Idem caput 115 libri sexti iterum descripsit in cap. 406 ejusdem libri, iisdem omnino verbis; nisi quod editio prioris capitis paulo emendatior est quam sequens. Itaque si methodus detrahendi capita similia fuit tenenda; haud dubie caput illud edendum non erat in duobus locis ejusdem libri. Idem caput 133 libri quinti rursum edidit in additione quarta (Cap. 77). Debuerat autem omitti secundum eamdem methodum.

LXIII. Post editionem Tilianam et primam Pithœanam, altera successit Francisci Pithœi anno 1603 descripta ex illis duabus, sed rursum interpolata et corrupta per speciem emendationis. Probandum autem illud est aliquot exemplis. In libro tertio, capite 23, legitur in antiquis exemplaribus et in editione Basileensi : *Quia latro est et infidelis noster et Francorum :* quam lectionem confirmant Capitula Caroli Calvi, ubi sic habetur : *quia latro est, et infidelis est noster et Francorum* (Tit. XIV, c. 6). Et Tilius quidem et Petrus Pithœus ita reposuerant : *quia latro et infidelis est noster et Francorum.* Quo etiam ferme modo legerat Ivo (Part. XVI, c. 225), nisi quod has duas voces *latro et* omisit. At Franciscus Pithœus hunc locum putavit esse corrigendum ex Codice legis Langobardorum, ubi ita habet : *Quia qu: latro c t, infidelis est in nostro regno Francorum* (Lib. I, tit. 25, c. 75). Itaque sic ipse reposuit apud Ansegisum *quia latro et infidelis est nostro regno Francorum.*

LXIV. Idem mutavit postrema verba capitis 68 libri quinti, quod descriptum est ex concilio Mog ntiaco (Cap. 56), jussu Caroli Magni celebrato. Vete es autem Capitulariam libri, tum etiam concilium M guntinum sub Rhabano celebratum, Regino, (lib. II, .197) Burchardus (Lib. XVII, c. 9) et Ivo (Par. IX, c. 1) retinuerunt verba Concilii, quæ sic habent : *hec u uam amplius conjugio copulari, sed sub magna disti ctione fieri :* quo modo ediderunt Tilius et Petrus Pi œus. Irrepserat tamen ætate Reginonis (Lib. II, c 225) alia lectio, quam Ivo (Par. IX, c. 77) quoque e Gratianus secuti sunt; ista nimirum : *Eos disju gi, et ulterius nunquam conjugio copulari præcipimus* Neutram vero istarum lectionum retinuit Fra iscus Pithœus ; sed aliam reposuit quam alibi reperi e non potui, ita scribens : *Nec unquam amplius co ijugio sub magna districtione copulari.*

LXV. Addamus adhuc unum exemplum m tationum in Capitularibus factarum a Francisco P thœn. Refert Benedictus Levita in libro quinto, ca . 578, constitutionem Novellam Justiniani, quæ 7 est apud Julianum Antecessorem in editione Anton i Augustini, 75 in editione Francisci Pithœi. Et B nedictus quidem non retulit verba ipsa Juliani, se sensum tantum. In fine vero, ubi pœna statuitur ad ersus eos qui legem non observaverint, scripsit : *i quis hanc Constitutionem violaverit in magistratu p situs, decem librarum auri pœna multabitur. Si ex cutor est, in catenis Ecclesiarum recludatur pœnas lui urus, et officium perdat.* Sic etiam legit Auctor ad tionis tertiæ (Cap. 59) : et sane ita legitur in omnib is antiquis Capitularium exemplaribus et in editi nibus Tilii et Petri Pithœi. At Franciscus, qui font n istius Constitutionis noverat, quia Julianum edi erat, vocem *catenis* hinc sustulit, et *decanicis* rep suit, quia Julianum Antecessorem voce illa usu esse constabat in epitome Novellarum Justiniani.

LXVI. Melius nos, ut arbitror, qui Collec iones Ansegisi et Benedicti Levitæ ac additiones q atuor tales repræsentavimus quales ab auctoribu earum compositæ fuerunt, et secundum num os a Ludovico Pio, Carolo Calvo, Hincmaro, Isaac , Reginone, concilio Trosleiano, Fulberto, et Ivon annotatos. Itaque deinceps difficile non erit re crire Capitula a vetustis illis auctoribus recitata ex libris Capitularium. Operæ autem pretium est an otare unde mihi consilium istius operis, qua occ sione captum, quibus auxiliis perfectum, quid d nique ego præstiterim pro virium mearum tenuitate.

LXVII. Illustrissimus vir Petrus de Marc , archiepiscopus Parisiensis, qui in commemor tione studiorum lucubrationumque mearum jure rito-que frequenter occurrere solet, ut erat summ Dei dono natus ad hæc studia, quæ mirifice pro ovit, exemplum mihi dedit ut ad ea me converteren, ac etiam velut supremæ voluntatis tabulis curam mihi imposuisse visus est emendandi novaque e tione donandi Capitularia regum nostrorum. Nam c m is olim summi magistratus locum pro Christiani simo rege nostro Ludovico teneret in Hispania Ta raco-nensi, invenissetque in bibliotheca monasterii ipullensis vetus exemplar Capitularium, mutu illud accepit, et nonnulla ex eo describi jussit no idum edita. Cum autem anno 1651 pestilentia Barci nem invasisset, isque post septennium administra vitis suæ deponere provinciam vellet, codicem illu Barcinone reliquit, et ad monasterium Rivipullen e reportari jussit : quod ita factum est ut ille im era-verat. Verum non memoria vetusti illius c dicis identidem animo ejus obversaretur, valdeque uperet hinc emendare libros Capitularium, usus e t vir litterarum amantissimus occasione delegationi regiæ ad investigandos Galliæ et Hispaniæ limit s in ea Pyrenæorum montium parte quæ Tarraconenses a Narbonensibus dividit. Tum vero ad marchionem Mortaram, qui tum Cataloniam vice regis Hispaniarum tenebat, litteras benevolentiæ et humanitatis plenas scribens anno 1660, die octava Martii, per clarissimum virum Petrum a Ponte, abbatem Arularum, isti in mandatis dedit ut suo nomine marchionem rogaret uti secum communicari procuraret Rivipullense Capitularium exemplar, quod conferre illud cuperet cum libris editis, uti facturus erat nisi pestis eum coegisset excedere Barcinone. Ad quæ Mortara perhumane respondit curaturum se ut liber ille quæratur in monasterio Rivipullensi, missurum porro se illum statim ac inventus foret. Attamen missus non est ante sequentem mensem Augustum; acceptusque a Marca est Tolosæ in nonas Septembris, pridie quam Garumnæ se committeret, Burdegalam primo, inde Lutetiam petiturus. Ergo cymbam ingressi pridie nonas, librum Capitularium contulimus cum editione Pithœana, Marca vetus exemplar legente, me vero Pithœanam illam editionem tenente et varias lectiones scribente. Quatriduum illum quo navigavimus absumptum est in hoc opere. Tum liber Rivipullensis missus Tolosam, et hinc delatus Barcinonem, possessoribus suis restitutus est. Continet autem hic liber priores quinque libros Capitularium, cum aliquot Capitula Ludovici Pii et Caroli Calvi, Capitula Walterii episcopi Aurelianensis, et aliquot Hincmari archiepiscopi Rhemensis epistolas, postremo historiam de translatione reliquiarum sancti Stephani. Titulus hic est Capitularium : *Incipit Præfatio libri domni Ansegisi Abbatis, quem composuit ad domnum Ludovicum et Lotharium ejus filium imperatores, de Ordine ecclesiastico libros duos, et de mundana Lege alios duos.*

LXVIII. Cum autem postea accessissem ad curandam bibliothecam Colbertinam, in eaque invenissem vetustissimum et optimum exemplar Capitularium, in quo priores quinque libri exstant et nonnulla Capitula libri sexti, itemque aliquot libri septimi, contuli hunc codicem cum editione Capitularium Pithœana, diligenter notatis variis lectionibus. Titulus porro Capitularium, qui in multis antiquis libris nullus est, ut etiam observavit Petrus Pithœus, ita habet in codice Colbertino : *In Christi nomine. Incipiunt Capitula regum et episcoporum, maximeque nobilium omnium Francorum.* Cætera vero quæ hic habentur in editione Tiliana, in isto veteri exemplari non exstant.

LXIX. Haud ita multo post in bibliothecam regiam delati sunt libri manuscripti qui fuerunt eminentissimi cardinalis Julii Mazarini; inter quos repertus est is ipse vetus codex quo Tilius usus est in editione sua Capitularium ejus manu emendatus et interpolatus, ut facile appareat unde fluxerint quæcunque inter uncos reperiuntur in editione ejus et in Pithœana. Continet autem iste codex libros septem Capitularium, sed valde imperfectos, ut admonuisse visus est Pithœus. Quod tamen intelligendum est de tribus posterioribus libris. Habet præterea tres ultimas additiones, et has etiam non integras.

LXX. Ex opera a me navata in libris Capitularium ad vetera illa exemplaria emendandis facile intellexi non uti nos hodie collectionibus Ansegisi et Benedicti Levitæ quales ab illis compositæ fuerunt, et multa a suis locis avulsa fuisse, ut alio transferrentur, multa etiam in ipsis Capitularibus addita, quæ plane describendis consulto abstinuerant iidem Ansegisus et Benedictus. Itaque decrevi omnino veterem editionem reducere in usum, restituere quæ a doctissimis viris detracta fuerant, detrahere quæ ab illis addita. Quod nolim ut ita quis interpretetur, ac si magnorum virorum et de re publica litteraria optime meritorum judicia damnarem, cum contra eorum virtutibus assurgam, eorum memoriam sanctissime venerer ac colam. Verum quoniam pluribus adhuc exemplaribus opus esse videbatur ad conficiendam optimam editionem, alia conquisivi, et duo vetustissima reperi in bibliotheca Thuana, quorum uno usum fuisse Petrum Pithœum constabat; quippe ex ejus bibliotheca in Thuanam delatum olim fuerat. In exemplari porro illo descripti habentur priores libri quatuor Capitularium, duæ priores appendices libri quarti, et quatuor additiones. In Thuano nihil aliud habetur præter quatuor Ansegisi libros, cum tribus appendicibus libri quarti.

LXXI. Antonius Sanderus, in libro cui titulum fecit *Bibliotheca Belgica manuscripta,* admonuit, pag. 552, exstare in bibliotheca monasterii Camcensis in Hannonia veterem librum sic inscriptum : *Caroli Magni imperatoris Christianorum, et Ludovici filii ipsius et Clotarii Cæsaris statuta.* Hunc quoque cod. cum hos habuimus beneficio RR. PP. Prædicatorum in vico sancti Honorati Parisiis commorantium, in quorum bibliotheca nunc servatur. Continet tantum priores quinque libros Capitularium, ut Rivipullensis.

LXXII. Jam antea adnotaveram Joachimum Vadianum et Jacobum Gretserum mentionem facere codicum bibliothecæ sancti Galli, in quibus capitularia continerentur. Nam Vadianus quidem eorum mentionem facit in libro sexto Aphorismorum de Eucharistia, pag. 215 : *Exstat,* inquit, *apud nos Sangalli antiquus Ansegisi Lobiensis codex.* Et in libro primo de collegiis monasteriisque Germaniæ veteribus, pag. 12 : *Exstat Sangalli vetustissimus codex stylo inculto et barbaro scriptus, qui et Salicam et Ripuariam et Alcmanicam continet. Exstant ibidem Ansegisi libri de legibus Caroli et Ludovici, ex quibus plurima descripsimus.* Gretserus vero in Apologia pro Cardinale Baronio, cap. 3, pag. 525, ait habere se Capitularium apographum ex bibliotheca sancti Galli. Itaque commodum accidit ut eodem ferme tempore quo Codex Camberonensis mecum communicatus est, incideret in manus meas catalogus librorum celeberrimi monasterii Sancti Galli in Helvetia, in quo adnotatos reperi quosdam codices in quibus Capitularia regum nostrorum continebantur. Equidem ut facile erat concipere desiderium videndi hos libros, ita difficile videbatur eos obtinere, a locis longo intervallo remotis. Effecit tamen auctoritas illustrissimi et excellentissimi viri Joannis Baptistæ Colberti, litterarum hodie litteratorumque parentis, ut codices ibi huc ad me perferrentur, operam præcipue in hoc suam conferrente viro illustrissimo Melchiore Arod a sancto Romano, qui tum Christianissimi regis nostri legatus erat apud Helvetios. Hinc itaque habui plurimos codices antiquissimos, duos autem in primis in quibus libri Capitularium descripti erant. Sed in unc eorum exstabant tantum liber tertius et quartus, et tres appendices libri quarti. In alio habentur libri quinque priores et centum priora capita libri sexti, tum etiam appendices tres libri quarti. Hinc præterea habui vetus exemplar Capitularis Aquisgranensis anni 789, et aliqua Ludovici Pii Capitula nondum edita, Eclogas Amalarii de officio Missæ, tum etiam nonnulla Capitula ad Monachos pertinentia, quæ in appendice tomi secundi edita sunt. Denique, præter cætera, hinc etiam habui vetustissimum codicem epistolarum Rurici episcopi Lemovicensis, et Desiderii episcopi Cadurcensis, ex quo eisdem epistolas edidit Henricus Canisius in tomo quinto antiquæ lectionis.

LXXIII. Post ista habui veterem et optimum librum Ecclesiæ Bellovacensis, omnium quos hactenus vidi optimum, quia plura eaque perfecta continet quam cæteri, huc ad me missum a doctissimo viro Godofredo Hermant, ejusdem ecclesiæ canonico et doctore Sorbonico. Nam præterquam quod ille elegantissime scriptus est, habet collectionem Ansegisi et Benedicti Levitæ integram, etiam librum septimum, quem nondum alibi vidi integrum : nisi quod in schedis ad me Roma missis legi eumdem librum, qualis in codice Bellovacensi visitur, exstare etiam in veteri codice bibliothecæ Vaticanæ, ut licam paulo post. Sequuntur postea in eodem codice Bellovacensi Capitula Caroli Calvi; non quidem omnia; sed multo plura quam habentur in reliquis exemplaribus. Tametsi autem liber ille sit omnium quos vidi integerrimus, additionem primam non habet, ut supra monui.

LXXIV. Habuimus deinde veterem Ansegisi codicem ex bibliotheca clarissimi viri Philiberti de la Mare, senatoris Divionensis, in quo præterea exstant aliquot Caroli Calvi Capitula. Usi etiam sumus veteri libro sancti Arnulphi Metensis, in quo descripta sunt plurima Capitula excerpta ex tribus postremis Capitularium libris, ab eo qui priores quatuor haud dubie non noverat. Istius modi excerpta frequenter reperiuntur in veteribus libris, ubi accepta dicuntur ex conciliis regum quibus legatus apostolicæ sedis interfuit Bonifacius, ut alibi monemus.

LXXV. Vetus exemplar quod fuit Francisci Pithœi, et nunc exstat in bibliotheca Oratorii Trecensis, mecum humanissime communicavit vir clarissimus Abel Sammarthanus, congregationis Oratorii in Gallia præpositus generalis. Liber autem ille ita constat, ut primo quidem reperiatur præfatio Ansegisi, tum præfatio Caroli Magni; dein præfationes secundi, tertii et quarti libri: Sequitur postea epistola Zachariæ Papæ, Francis et Gallis directa, et synodus habita sub Carlomanno principe. Describuntur deinde versus qui præponi solent tribus postremis libris Capitularium ; et post versus illos, acta synodi Liptinensis, et alia quædam Capitula ex libris Capitularium hinc inde collecta absque ordine. Tandem sequuntur libri Capitularium, sed non integri; ut pote in quibus maxima pars Capitulorum posita non est, sed illa tantum quæ scriptoris genio aut studiis conducebant. In hac præterea collectione servatus non est ordo vulgatus; nam cum reliquæ omnes Capitularium collectiones divisæ sint in libros septem, hæc sub una numerorum serie divisa est in libros novem; in quibus continentur etiam Capitula excerpta ex tribus postremis additionibus. Postremo post caput 447 istius collectionis adduntur adhuc 159 Capitula excerpta ex libris Capitularium. Unde fortassis colligi potest alias quoque additiones post quartam in usu fuisse eo tempore quo liber iste scriptus est. Continet autem in universum 587 Capitula.

LXXVI. Una collegii sive Parisiensis Claromontani societatis Jesu bibliotheca plures nobis codices antiquos subministravit; opera præsertim et studio viri clarissimi Renati Rapini, absque quo fortassis ista Capitularium collectio fuisset imperfecta; hic enim effecit ut bibliotheca collegii manuscripta tota integra mihi pateret; ita ut etiam a clarissimo viro Joanne Garnerio, cui bibliothecæ cura commissa est, facta mihi potestas sit excutiendi schedas Sirmondi, exscribendique quidquid vellem. Hinc ergo habui tres præsertim antiquissimos codices Capitularium. Primus, qui fuit Jacobi Sirmondi, continet priores quatuor libros et duas priores appendices libri quarti; tum etiam quatuor additiones. Secundus, qui fuit monasterii Sancti Remigii Rhemensis, et ex bibliotheca Tiliana translatus est in Claromontanam, continet tantum priores libros quatuor et duas priores appendices. Tertius, qui fuit sancti Vincentii Metensis, quo usus quoque Pithœus fratres et Bignonium habeo compertum, eosdem priores quatuor libros tantum habet cum eisdem duabus appendicibus. Sed tamen idem præterea habet, quæ ad septem libros Capitularium non pertinent, Capitula Pippini principis et regis, Capitula Caroli Magni, inter quæ bene multa sunt quæ nondum edita fuerant; Capitula aliquot Ludovici Pii et Caroli Calvi, leges Ripuariorum, Alamanorum, et Bajuvariorum, et Legem Salicam. Hic est celeberrimus Codex Capitularium Caroli Magni, qui unus omnium, ut Sirmondus ait (Tom. II Concil. Gall., p. 244), plura cæteris Caroli Augusti Capitularia continet, eademque per singulos imperii ejus annos digesta suis etiam locis assignat; nisi quod loci nomen in quibusdam non habet, primumque Capitulare, quod ad I aliam potius spectet, penitus omittit. Habebat tam ı bibliotheca Palatina similem codicem, qui nunc omnes exstat in Vaticana, ut dicemus infra. Sed præterea viderat Sirmondus alium quempiam veterem codicem, illum ipsum, ut auguror, quem Gandav nsem et Flandricum vocat, cujus usum habuerat ab Heriberto Rosweydo; nam in schedis ejus nonnull reperi addita Capitularibus Caroli Magni quæ no alibi leguntur. Certam tamen et indubitatam auctor tatem habent, quia reperta sunt inter schedas mag i viri, ejus manu descripta.

LXXVII. Significatum deinde mihi est exstare vetus exemplar Capitularium in bibliotheca monasterii Sancti Michaelis in Periculo maris. Copiam illius mihi lubenter fecit R. P. domnus Laurentius Junaltus, prior ejusdem monasterii, ad quem ea de re scripserant pro amicitia nostra et humanitate s viri clarissimi domni Lucas Dacherius et Joannes Jabillonius, monachi Benedictini, nomina satis no inter bonarum litterarum studiosos. Initio Codici ista scripta sunt antiquitus: In hoc volumine conti nentur quatuor libelli Capitulorum Caroli imperatoris t Ludovici filii ejus, collecti ab Ansegiso abbate, et t es alii collecti a Benedicto diacono, quorum ultimus deest. Recte; nam Codex iste desinit in capite 56 libri sexti. Postea sequitur : Iste liber est Sancti Michælis de Periculo Maris, quem domnus Robertus abbas fecit fieri. Quod ego interpretor de Roberto bate Montensi, cujus exstant accessiones et appen ix ad Sigebertum, quem vero Henricus archidiaconus Huntindoniensis, in epistola ad Varinum, docet fui e tam divinorum quam sæcularium librorum inquisit 'em et coacervatorem studiosissimum (Append. ad G ibert. de Novig., p. 736). Quod verum esse probar præterea videtur quod narrat supra laudatus Lucs Dacherius, vidisse se ingens Plinii historiarum volumen elegantissime scriptum, e cœnobio M tensi transmissum, ubi hæc inter alia leguntur : Pr logus Roberti Abbatis in Plinium ; qui et ipsum libr m in Normanniam advexit, et corruptum correxit Ibid., p. 716). Idem in Notis ad epistolas Lanfranci, rchiepiscopi Cantuariensis, cum texeret catalogum abbatum sancti Michaelis de Monte Tumba, hæc ait de Roberto : Centum quadraginta volumina ed disse, atque turris sub ruinis et impluvio complutruis e refert historia Sancti Michaelis calamo exaratą. Quem locum nemo non videt intelligendum esse d libris quos Robertus transcribi jussit, et in bibli theca monasterii sui reponi.

LXXVIII. Præter vetustos codices hactenu commemoratos, usi etiam sumus tribus codicibus Palatinis bibliothecæ Vaticanæ, quorum variantes ectiones ad nos missæ sunt ab urbe Roma. Sed ant quam narrationem eorum aggrediar quæ in libris il is inveniuntur, operæ pretium est hic adnotare q onam modo factum sit ut eorum copiam haberem. Cum ego animadvertissem virum clarissimum Phil ppum Labbeum, in tomo septimo postremæ concil orum editionis, pag. 1174 et 1180, refer re monitum se ab Holstenio fuisse exstare in veteri Codice P atino bibliothecæ Vaticanæ Capitula aliqua Caroli Magni, partim edita, partim nondum edita, scripsi xı alendas Octobris anni 1674 ad eminentissimum ca dinalem Joannem Bonam, rogans eum uti ex codi illo describi in mei gratiam faceret Capitula n dum edita, editorum vero varias lectiones annotari juberet, totumque illud ad me quamprimum mitti. litteræ meæ virum optimum invenerunt in lecto d cumbentem ex morbo qui nobis illum abstulit. Et t men, quanquam erat oppressus totius corporis dolo ibus, statim misit in bibliothecam Vaticanam ; et co perto illic exstare tria vetusta Capitularium exem laria, referri ad me jussit se, statim atque sanitatem. uam recuperasset, lubenter mihi esum in hoc oj eram commodaturum. Sed heu! vir optimus paulo post decessit, v Kalendas Novembris ejusdem anni. Cum autem hic Lutetiæ percrebuisset nuntius de mor ejus iantus fuit eorum qui litteras amant dolor, ut, tamenetsi illum vultu voceque palam testarentur, altius tamen animis mœrerent, tanquam si publicus parens universis ereptus esset. Quis enim non doleret exstinctum senem optimum et sanctissimum, in summo dignitatis gradu positum, plurima bonarum rerum cognitione instructum, quique rem litterariam ornare, juvare, promovere et posset et vellet? Itaque nemo fere in hac urbe fuit, eorum videlicet qui nostra studia et ecclesiasticæ antiquitatis notitiam amant, qui consilia sua litteraria morte ejus interceptа non quereretur; quia is cunctis suum favorem præstabat, singulis suam operam commodabat, omnes pulcherrimo et honestissimo commovebat et excitabat exemplo. Ego in primis maximam jacturam in morte tanti viri feci qui et, ut diligebat, et meos qualescumque labores humanissimo suo suffragio comprobavit. Hoc patrono amisso, quærendus fuit alius haud dissimilis, qui mea studia juvaret, et veterum codicum, de quibus supra dixi, variantes lectiones ad me mitti procuraret. Commodum autem Romæ tum erat eminentissimus Cardinalis Cæsar d'Estrées, episcopus et dux Laudunensis ac par Franciæ; ad quem, cum de Capitularium editione scripsissem, openique ejus postulassem, ille auctoritate sua effecit ut codices illi conferrentur cum libris editis, ac præterea ut describerentur Capitularia quæ nondum vulgata fuerant. Hinc ergo accepi aliquot Capitula Caroli Magni et Ludovici Pii quæ nondum prodierant in lucem, tum varias lectiones librorum Ansegisi et Benedicti Levitæ, et Capitulorum Caroli Calvi. Codex ille cujus variæ lectiones ad me primum pervenerunt, continet libros quatuor Ansegisi, cum duabus prioribus appendicibus libri quarti. Alter habet libros septem Capitularium et tres posteriores additiones, ut liber Ecclesiæ Bellovacensis. In tertio vero sunt Capitula Caroli Calvi. In utro autem horum trium exstant Capitula inedita, quorum mihi copia facta est, annotatum non est in schedis quæ ad me missæ sunt.

LXXIX. Usus denique sum duobus aliis antiquis codicibus, quorum unus meus est, alterum habui ex bibliotheca Regia. Eos autem huic conjungo, quia cum ejusdem ambo antiquitatis, et prorsus similes sint, unumque ex alio descriptum esse oporteat, inutile fuisset seorsim de utroque agere. In illis itaque ponuntur primo canones conciliorum, et decreta Romanorum pontificum ex editione Dionysii Exigui, tum libri septem Capitularium, excerpta quædam de matrimonii ratione et de legitimis conjugiis ex Hieronymo Augustino, et synodo Hibernensi. Postea sequitur tractatus de Utilitate pœnitentiæ, et de Remissione peccatorum per pœnitentiam, in tres libros divisus, quem vir clarissimus domnus Lucas Dacherius nuper edidit in tomo undecimo sui Spicilegii. Sed quemadmodum Dionysii collectio integra est in codice regio, mutila in meo, ita codex regius non habet tractatum illum de Pœnitentia, sed partem tantum aliquam præfationis, quia folia quæ dein sequebantur excisa sunt et sublata. Libri porro septem Capitularium integri non sunt in his duobus codicibus, sed excerpti tantum, ut dictum est, de codice Trecensi.

LXXX. Hactenus actum est de antiquis exemplaribus in quibus Ansegisi et Benedicti Levitæ collectiones continentur. Nunc vero dicenda sunt nonnulla de aliis vetustis codicibus quibus usi sumus in emendandis Capitularibus vulgatis, tum etiam de iis qui nobis suppeditarunt Capitularia quæ nondum edita fuerant. Ista sane annotata ubique suis locis sunt in notis nostris, aut in fronte Capitularium quæ nunc primum edita sunt: attamen hic quoque ineunda est brevis eorum enumeratio. Igitur in emendandis Capitularibus integris, quæ extra libros Capitularium et additiones vagantur, usi sumus vetustissimis codicibus bibliothecæ Regiæ, Vaticanæ, Colbertinæ, Thuanæ, Bigotianæ, Mazarinæ, Tilianæ, ecclesiæ Albiensis, ecclesiæ Pictaviensis, monasterii Corbeiensis, Moysiacensis, Corbionensis sive Sancti Launomari, Sancti Galli, Sancti Vincentii Metensis, Sancti Vincentii Laudunensis, Sancti Remigii Rhemensis, tum monasteriorum etiam Anianensis et Rivipullensis; Divionensi clarissimi viri Philiberti de la Mare, senatoris amplissimi et doctissimi; Navarrico, qui fuit collegii Navarrici Parisiensis; Helmæstadiensi academiæ Juliæ, ex quo variantes lectiones descripserunt viri clarissimi Hermannus Conringius et Joachimus Joannes Maderus, et ad me miserunt. Usi sumus præterea pluribus optimis codicibus collegii Parisiensis societatis Jesu. Multum etiam nobis profuerunt codices clarissimorum virorum Claudii Puteani et Petri Pithœi, et Codex amplissimi viri Hieronymi Bignonii, qui fuerat antea primum Joannis Antonii Lescurii, deinde ab illius hæredibus emptus a Claudio Expilio. Eo autem usum fuisse Joannem Tilium patet ex variis locis, ubi emendationes manu ejus scriptæ sunt supra lineas; ut ille solebat. Denique præcepta Caroli Magni et Ludovici Pii pro Hispanis edidi aut emendavi ope veteris Codicis qui exstat in archivo archiepiscopi Narbonensis.

LXXXI. Præterea in emendandis Capitulis Caroli Magni, Ludovici Pii et aliorum, quæ ad legem pertinent Longobardorum, vel ex illa excerpta sunt, usus sum duobus antiquis codicibus bibliothecæ Regiæ; quorum unus est veteris bibliothecæ Regiæ, alter in eam delatus est ex Mazarina, et fuit olim Pauli Ramusii jurisconsulti. Sic enim docet adnotatio manu ejus scripta in ipso Codice, hoc modo : *Clarissimi jurisconsulti domini Alexandri de Agagiis, nobilis Bergomensis, munere, qui mihi Paulo Ramusio, juris doctori, has leges Longobardorum dono dedit, dum Bergomi essem vicarius, magnifico ac præstantissimo doctore domino Marino Georgio, prætore meo observandissimo.* In his porro duobus codicibus habentur veteres glossæ, quarum plurima fragmenta edidi inter Notas meas.

LXXXII. Superest igitur ut explicemus quid a nobis præstitum sit in hac Capitularium collectione et editione. Primo itaque et Capitularia accurate et ea diligentia qua major adhiberi non potuit, contulimus cum vetustis codicibus quorum superius facta mentio est, eorumque ope veteres editiones emendavimus. Deinde conati sumus indicare in margine fontes Capitularium, veluti sunt concilia, decreta Patrum, leges populorum, ipsa Capitularia. Postea annotavi etiam loca quæ ex Capitularibus referuntur a vetustis scriptoribus Theodulfo, episcopo Aurelianensi, Hincmaro, archiepiscopo Rhemensi, Herardo, archiepiscopo Turonensi, Isaaco, episcopo Lingonensi, Reginone, abbate Prumiensi, Burchardo, episcopo Wormatiensi, Fulberto et Ivone, episcopis Carnotensibus, ac demum a Gratiano, canonum ac decretorum collectore. Quoniam vero in tanto Capitulorum numero difficile fuit omnia assequi, et plurima nobis exciderunt quorum originem non annotavimus, plerorumque tamen postea fontes invenimus, quos aut in notis aut in additionibus ad notas retulimus, aut certe de his admonuimus inter errata. Porro quanti nobis constiterit totum illud negotium, quam duri ac male grati laboris fuerit, tui judicii erit, lector erudite. Ego sane malo factum nunc esse, quam infectum.

LXXXIII. Totum hoc opus notis meis illustravi (a), ut par erat, in quibus refero varias lectiones ex antiquis codicibus manuscriptis et editionibus, non quidem omnes, sed eas tantum quæ visæ sunt esse alicujus momenti. Lectionum præterea in contextu receptarum rationem reddidi, easque confir

---

(a) Quanquam textum Capitularium a Baluzio editum non recenderimus, quia accuratiorem habemus in Monumentis Germaniæ historicis, notas tamen Baluzii sub textum adjiciemus. EDIT.

mare conatus sum auctoritate et exemplis. Postremo ea loca quæ aliquid habebant difficultatis, vel quibus detortæ aliorum interpretationes vim intulerant, explicavi ex mente, ut opinor, auctorum a quibus accepta sunt, indicato vero eorum sensu. Vocabula barbara et obscura aliquando interpretatus sum, sæpe neglexi, tum quia impeditus sum per alias occupationes meas, sed præcipue quia videbam clarissimum doctissimumque virum Carolum Dufresnium serio cogitare de edendo locupletissimo, et diu ab eruditis expetito, Glossario ad Scriptores mediæ et infimæ Latinitatis, quod nunc sub prælo est, et elegantissimis characteribus excuditur. In hoc opere lector facile reperiet explicationem vocabulorum difficiliorum quæ in nostra collectione occurrent.

LXXXIV. Postremo addidi pro more institutoque meo appendicem actorum veterum valde illustrem ac locupletem, opuscula nempe aliquot de rebus ad ecclesiasticas ceremonias pertinentibus, quædam Capitula de institutionibus monasticis, præcepta regum, episcoporum decreta et epistolas, placita comitum et scabinorum, missorum dominicorum, vassorum regalium, et alia multa istius generis. Illud tamen admonemus, eorum quæ ex chartulariis accepta sunt magnam partem nobis suppeditatam esse a clarissimo viro Antonio Vione Herovallio, cujus frequens occurrit mentio, cum in libris a nobis editis, tum in lucubrationibus eorum qui litteris nostris operam dant. Sunt autem nonnulla in hac appendice quæ antea quidem edita fuerant, sed valde depravata ac mutila, ideoque nos illa putavimus esse recudenda. Istiusmodi sunt Judicium pro Daniele, archiepiscopo Narbonensi, latum anno 783 advers s Milonem comitem; præceptum Ludovici Pii, qu confirmat auctoritatem archiepiscopi Senonensis monasteria diœceseos Senonensis; charta dotis quam Folradus constituit Helegrinæ sponsæ suæ; p æceptum Caroli Calvi pro quibusdam Hispanis; e istola Joannis VIII ad Adalgarium, episcopum Augu todunensem, et libellus dotis Miczæ filiæ Joannis; (*Appendix Actor. veter. tit.* 16, 38, 43, 59, 102 147.) Hæc, inquam, quæ multis antea mendis sca bant, emendata et suppleta a nobis sunt ope veter m librorum. Reliqua omnia nunc primum edita s nt.

LXXXV. Habes, erudite lector, rationem c nsilii institutique mei in edendis Capitularibus, et uibus auxiliis quibusve laboribus opus istud perducti m fuerit ad finem. Puta autem optima fide versatu esse me in recensendis, et ad vetera exemplaria castigandis iisdem Capitularibus nullumque vetere codicem nominasse me quem non contulerim cum diüs, verbum e verbo. Quæ vero nunc primum pro eunt, ego ipse illa descripsi mea manu; et quæ i pluribus antiquis libris reperta sunt, ea cum si gulis exemplaribus contuli. Ad notas meas quod ttinet et præfationem, ita velim existimes me nulliu odio aut gratia quidquam scripsisse. Veritatem s mper et ubique sequor, quantum mihi licet per tenu talem ingenii mei. Modestiam quoque servavi, si 1ando dissentire coactus sum a placitis doctorum vi rum; quorum sententias et opiniones cum refello, i sæpe facio cum aliqua præfatione honoris, semper bsque insectatione. Hæc te monere volui, lector. V e.

GEORGII HENRICI PERTZ
PRÆFATIO.
(Ex Monumentis Germaniæ historicis, tom. III.)

Liber quem tandem aliquando lectoribus tradere licet, regum Francorum atque imperatorum nostrorum capitularia inde a sexto usque ad sæculum decimum complectitur. Sunt ea non tantum leges ipsæ capitulis comprehensæ, ideoque capitularia vocatæ, sed reliqua quoque monumenta legalia, quæ tam ad conficiendas leges quam ad eas exsequendas pertinere videbantur, atque ad nostra usque tempora in libris manuscriptis vel typo expressis servata devenerunt. Habentur igitur, ut viam legum ferendarum emetiamur, constitutiones regiæ de placito habendo vel de hoste facienda, capitula a regibus imperatoribusque consilio suorum in conventibus publicis proposita, procerum ad examinanda ea selectorum judicia, tum conventus et curiarum singularum, episcoporum vel comitum, relationes ad principem, petitiones procerum regi porrectæ, regis responsa et orationes publicæ, leges, constitutiones, pacta et capitula generalia vel specialia publice promulgata, edicta regia de legibus observandis vel explicandis, litteræ encyclicæ, capitula missis regiis quæ exsequerentur contradita, missorum encyclicæ ad prælatos et comites sibi subjectos, formulæ promulgationis et acceptionis legum in mallis singulis una cum subscriptionibus liberorum, formulæ sacramentorum, commendationum, coronationum, et alia ejusmodi quæ ad perspiciendam legum ferendarum et rei publicæ administrandæ rationem facere possunt, tantumque conducunt, ut libertatis avitæ forma modusque et adminicula clarissime jam ante oculos nostros posita habeantur.

Acta ista majoris momenti in palatio regio schedis membranaceis inscripta, atque ad universorum notitiam aut in placito publico proposita, aut per singulos archiepiscopatus episcopis, abbatibus et comitibus quæ populo proponerent transmissa, tam in archivo palatii quam in ecclesiis cathedralib s, in monasteriis et mallis publicis servata, ne facile interirent libris legalibus vel codicibus juris eccles astici inseri solebant. Et authentica quidem, sive p tina sive in provincias transmissa, omnia fere erierunt, excepta scilicet scheda teneræ mem ranæ hodie in monasterio Sancti Pauli in Carinth superstite, qua Carolus Magnus Saxonum obsid s per Alamanniam distributos Moguntiacum venire ubet, et Riculfi archiepiscopi litteris encyclicis in mo asterio Sancti Galli asservatis. At libri juris eccles astici vel mundani quibus capitularia inscripta hab ntur, complures tam in Germania et Italia quam in allia et marca Hispanica exarati, ad nostra usque te pora devenerunt. Exploravimus libros ejusmodi in e lesia Sancti Martini Moguntiacensis, cathedrali Aug stana et Frisingensi, in monasteriis Sancti Emme mmi Ratisponensis, Tegernseen-i et Chiemensi, S ngallensi, Weissenaugiensi, Weissemburgensi et Corbeiensi, in monasteriis Italiæ Casinensi, Cave si et Susæ, et in ecclesia Sanctæ Eufemiæ Veronen i, in ecclesiis et monasteriis Galliæ Parisiensi, Ma isconensi, Laudunensi Sancti Vincentii, Bellov ensi Sancti Petri, Rhemensi Sancti Remigii, Anic' nsi, Mettensi Sancti Vincentii, Senonensi Sanctoru Mariæ et Stephani, Corbionensi, Luciomensi S nctæ Mariæ, Turonis et in regione Bituricensi exa tos, præter multos alios, quorum de origine haud satis constat. Quod si ætatem eorum quæras, aliquo sæculo octavo, plurimi nono decimove, nonnulli s culo undecimo et duodecimo, imo sæculo decimo into exarati sunt.

Transcribebantur igitur monumenta legalia, uan diu auctoritas eorum per universum imperium gna inde derivata vigens, antiquos libros renovari et multiplicari suadebat. Sæculo demum decimo tertio, cum statuta legalia lingua vernacula conscripta magnam sibi sensim sensimque in Germania Italiaque auctoritatem arrogarent, antiquiora negligi paulatim et mox oblivioni tradi cœperunt, cum tamen nec jura imperii, status publici fundamenta, quæ capitularibus exprimerentur, nec ipsa capitularia infringerentur, imo a Friderico I (a) et Ottone IV imperatoribus confirmata, ad ultima imperii tempora regis novi juramento iterum iterumque sancita vim legis obtinerent. Quod cum præcipue de collectione Ansegisi intelligendum esse videatur, tamen reliqua etiam monumenta quibus status rei publicæ antiquus explicatur, nec in elucidando jure publico medii ævi nec recentiori quidem negligenda esse patet. In Gallia capitularium auctoritas, Baluzio teste, usque ad tempora Philippi IV regis, id est ad sæculum usque XIV viguit, quamvis sæculis XI, XII et XIII rarius transcripta videantur; in Italia edicto regum Langobardorum adjecta et collectionibus legum inserta, vim suam an penitus unquam amiserint, ignoro; cum ipse Muratorius, ad editionem suam legis Langobardorum præfatus, in eam potius sententiam inclinet, ut leges eas, ideo et capitularia Langobardica, suo ævo vim aliquam retinere contendat. Certe lex Langobardorum capitularibus additis efformata, sæculo XIII in usu erat, et anni 1425 chartam de morgingaba in tabulario monasterii Cavensis me evolvisse recordor.

Sæculo decimo sexto, postquam capitularium nomen per beatum Rhenanum et Vadianum primum audiri cœpit, Vitus Amerpachius an. 1545 couice Tegernseensi typis tradito, paulo amplioris notitiæ materiam proposuit. Quem pede presso secutus Tilius, legum antiquarum collectionem in lucem emisit, sed anno 1548 Ansegisum et Benedictum aggressus haud perfecit, ita ut Heroldus in Ansegiso edendo palmam ei præripuerit. De quibus æque ac de Pithœis et Lindenbrogio, qui codice uno Guelferbytano usus est, infra locutus sum. Sæculo exeunte et ineunte decimo septimo Cæsar Baronius cardinalis Annalibus suis capitularia complura ex Antonii Augustini apographo codicis Mureti petita, ex Canisius Lectionibus antiquis conventus Ludovici II imp. et Ottonis I inseruerunt; Goldastus constitutionibus imperialibus quæcunque tum in libris eorum qui eum antecesserant, tum in historicis, tum in chartis imperatorum et regum antiquis, legis vel juris scripti speciem præferrent, ea vel ita ut invenerat servata vel formas novas inducere jussa, in unum corpus collegit, opera quidem satis ardua sed incomptæ veritatis cultori minus grata. Amplo jam satis monumen-

torum legalium numero, annis 1623 et 1629, Sirmondi studio, Caroli Calvi et successorum ejus aliquot capitularia et tomi tres Conciliorum Galliæ accesserunt, quibus novam historiæ Galliæ Germanicæque lucem infusam esse, vel hodie lætamur. Ex schedis etiam Sirmondi Labbæus, tomo VIII Conciliorum, et post Holstenium et Carolum Dati, paucorum capitularium editores, capitularium vere restaurator Stephanus Baluzius, opera sua adornaverunt. Principale Baluzii consilium fuerat, ut collectiones Ansegisi et Benedicti collatis codicibus emendaret, sed Goldasti et Sirmondi ad exemplum singula quoque capitularia, ordine ubique fere chronologico disposita, codicibus multis ex marca Hispanica, Helvetia, Belgio, Roma, Helmstadio, præcipue vero ex Gallia conquisitis, edere aggressus, leges eis Ribuariorum, Bajuvariorum, Alamannorum, Salicam, epistolas et diplomata haud pauca, et capitula Benedicti libris decerpta inseruit, collectiones formularum et documenta complura adjecit, notas veterum doctorum, Pithœi, Bignonii, Sirmondi, suasque adjecit, tantaque doctrinæ copia, studio tam indefesso, acumine ita felici, opus suum exegit, ut æternam ei apud posteros magni nominis memoriam sit vindicaturum. Decennio post Baluzium Mabillonius in Museo Italico pauca capitula codici Chisiano deprompta edidit. Sæculo decimo et octavo Italiæ suæ decus Muratorius capitula edictis Langobardorum addita vulgavit, Eccardus et Martenius, documenta nonnulla ex bibliothecis Helmstadiensi et Andaginensi propalaverunt, et Baluziana editio typis Venetis et studio Georgischii, de Chiniac, et Canciniani, repetita et aucta est. Sub finem sæculi, Brunsius capitulare de villis una cum formulis fiscorum describendorum iterum vulgavit, nono decimo cum jam editio nostra parari cœpisset. E. Spangenberg codicis sui lectiones quasdam publici juris fecit, quarum subsidio æque ac reliquis post Baluzium ab Heroldo, Eccardo, Mabillonio et Canciniano noviter inventis cl. Walter in Corpore juris Germanici Baluzii ad exemplum concinnando usus est.

Jam igitur res eo devenit, ut de subsidiis et consilio editionis novæ rationem redditurus sim.

Primum consilium novæ capitularium editionis instituendæ suggessit mihi codex monasterii Sancti Pauli in Carinthia, quo præter collectionem legum antiquarum capitularia complura Caroli et Ludovici I et nonnulla Lotharii edictis regum Langobardorum addita ordine et forma suis servata deprehendebam. Quod cum mense Septembris anni 1820 accidisset, nullo postea tempore prætermisi, quin in bibliothecis tabulariisque quæ lustrarem omnibus, nova operi supplementa exquirerem. Post bibliothecæ Cæsareæ Vindobonensis thesauros, annis 1821, 1822 et 1823 in Italia

---

(a) Otto I imperator constitutionem Francofurtanam an. 951 edidit, « canonum sanctorumque Patrum auctoritate, necnon capitularium præcedentium regum institutis, coram positis. »

Fridericus I imperator in sententia de bonis clericorum decedentium an. 1165 Sept. 26, Wormatiæ lata ita loquitur : « Nos igitur prædecessorum nostrorum divorum imperatorum, magni Constantini videlicet et Justiniani et Valentiniani, necnon Caroli et Ludovici vestigiis inhærentes et sacras leges eorum tanquam divina oracula venerantes.... His sacris legibus et Caroli et Ludovici, quibus par circa cultum divinæ religionis et catholicæ fidei studium fuit, institutionibus eruditi, sententiam venerabilis cleri Wormatiensis ecclesiæ... huic libertati perpetuam tribuimus firmitatem. » Idem principibus Germaniæ (apud Radevicum I, 16) hæc dixerat : « Duo sunt quibus nostrum regi oportet imperium, leges sanctæ imperatorum et usus bonus prædecessorum et patrum nostrorum. »

Otto IV imperator, historia landgraviorum Thuringiæ teste, Philippo adversario suo cæso universo imperio potitus, anno 1209, « curiam suam fecit in Fanckfordt, ibi confirmatus per principes Almaniæ, leges, pacem, edicta Caroli Magni, omnibus principibus sacramenti jurisjurandi præstandi in id ipsum, contradidit » (Eccard., pag. 404).

Ludovicus IV imperator, anno 1342, archicancellario imperii movente, edixit, ut curia imperialis secundum leges regum et imperatorum prædecessorum suorum in imperio Romano, eorumque jura scripta judicaret.

Franciscus II imperator, anno 1792, in capitulari electionis suæ, artic. 2, § 4, professus est se imperii leges et constitutiones renovaturum et consentientibus electoribus principibus et statibus imperii emendaturum, sed nullo modo absque consensu electorum principum et statuum in comitiis imperii expresso immutaturum, quæcunque in placitis anterioribus definita et conclusa nec subsequentibus imperii constitutionibus et legibus aut justa imperii consuetudine abolita essent, firmiter servaturum esse; quod quidem hoc loco præcipue ad statuta et leges sæculorum XVII et XVIII referri videtur, sed et anteriora eadem ratione servanda fuisse liquet.

codices magni pretii, Chisianum præcipue et Cavensem atque Vaticanos nactus, capitularia Caroli Ludovici et Lotharii I restituenda majori jam successu suscipere poteram. Nec auspicatus, fore ut Germania nostra ampliora etiam largitura esset, codices Sangallenses evolvi, autumno anni 1823 libris bibliothecæ ducalis Guelferbytanæ lustratis inter reliquos magni pretii codices in codicem olim Blankenburgensem incidi capitularibus Caroli, Ludovici, Lotharii I et Ludovici II imp. ineditis egregium, quibus præfectorum bibliothecæ, b. m. Eberti nostri, Eigneri et Schœnemanni virorum clar. liberalitas longum per otium uti concessit. Eodem favore vir cl. Frid. ricus Jacobs cœpta nostra prosecutus, codice eximio Gothano cui alia eorumdem imperatorum monumenta inedita debemus, quandiu mihi eo opus erat uti concessit. Annis 1826 et 1827 lustrandis bibliothecæ regiæ Parisiensis codicibus accessi, et faventibus viris clar. Abel Rémusat, Gail, Hase, Guérard, codices olim a Baluzio editioni suæ adhibitos et multos alios ei incognitos, quibus bibliotheca illa abundat, evolvi exscripsique. Nec Britannia anno 1827 visitanti, nec iterum reduci mihi Germania opes suas denegavit. Codicum Corbeiensium alter a cl. Wigando, alter jam Hamburgensis a Lappenbergio nostro, codex Scafhusanus a viro cl. Zellweger doctissimo Appenzellensi, transmissus, codicis Weissenaugiensis collatio a viro cl. Maier Eslingensi, paucos ante dies heu! vita functo, ultro oblata est. Quibus cum opus sensim sensimque accresceret, unum tamen deesse videbatur, quod bibliothecam regiam Monacensem operi adornando nondum adiissem. Accessi eam Bœhmero nostro comite anno 1833. In itinere Iaecckio viro cl. favente, codices bibliothecæ Babenbergensis in usus nostros convertimus, tum vero Monaci quoscunque libros viri clar. Liechtenthaleri et Schmelleri liberalitas flagitanti mihi proponeret, quos inter codicem olim Tegernseensem nominare juvat, eos vel ipse exscripsi, vel a juvene doctissimo operisque nostri studiosissimo cl. Foringer transcriptos postea accepi, eoque fieri potuit, ut opus subsidiis amplissimis ornatum, prælo tandem committeretur. Codices autem quibus usus sum, præter eos quos Anseaiso præfatus infra recensui, omissis quoque iis unde nullum operi fructum percepi, hi sunt:

C. Casinas n. 257, fol., s. XI, et *Vaticanus Christinæ* n. 556, s. XI, in Gregorii Turonensis Historia ecclesiastica pactum in indice nostro numero 4, signatum habent; de quibus cf. Annales nostros, t. V, p. 53-60.

C. ducalis Guelferbytanus inter Weissemburgenses n. 97, s. VIII, legi Salicæ capitularia in indice nostro numeris 5 et 7 insignita ut titulos 77-90 subjicit, et breviarii Alariciani summam continet.

C. reg. Monacensis Cimel. IV, 3, 9, 8° maj., s. VIII exeuntis vel IX, legem Salicam, capitularia 5, 7, legis Burgundionum titulos 78, 42, 73 exhibens, a viro cl. Ed. Aug. Feuerbach an. 1831 publici juris factus, præterea leges Ribuariorum et Alamannorum complectitur.

C. bibl. Sangallensis n. 731 anni 793, partem codicis Theodosiani, legem Salicam, capitulare n. 6 et legem Alamannorum habet; cf. Annalium nostrorum t. V, p. 213.

C. bibl. ejusdem n. 729, s. IX, codicem Theodosianum, legem Salicam, capitulare 6 et legem Alamannorum continet. Vide Annales nostros, t. V, p. 245.

C. reg. Paris. n. 4627, s. x, legem Salicam a Schiltero editam, capitulare 6 et formulas Marculfi continet,

C. reg. Paris. n. 4409, Turonis fortasse scriptus (Colb. 1197, Reg. 5184) s. IX, codicem Theodosianum, legem Salicam, additis catalogo regum Francorum, prologo legis Salicæ, et capitulari 6, formulas Sirmondicas et breviarium Alarici sistit.

C. Vatic. n. 3827, fol., s. XI, olim Sancti Petri

A Bellovacensis, conciliorum collectionem et c pitularia e. g. 3, 12, 14 exhibet.

C. Palatino-Vaticanus n. 577, anni c reiter 800, olim ecclesiæ Sancti Martini Moguntin, cujus ampliorem descriptionem habes in Ann libus nostris, t. V, p. 303, exhibet capitularia in ndice nostro numeris 9, 10, 16, 11, 14, indicata.

C. palat. Vindobon. Theologiæ n. 259, s. x, x, inter epistolas Bonifacianas capitularia 9, 10, 8 refert—*C. reg. Monacensis* olim *Moguntinus* . IX, necnon bibl. Carlsruhanæ s. x, et *D. Marci Venetiis* chart. s. xv capitularia 9, 10, regius *onacensis* olim *Frisingensis* C. F. 25. s. x, ca itulare 9 referunt.

C. bibl. Babenbergensis D. II, 2, s. IX, n 8° long., leges Salicam, Ribuariorum et Alam anorum, et folio ultimo capitulare nostrum 20 ræstitit.

C. bibl. ducalis Guelferbytanæ inter *Helm tad:*
B *enses* n. 496, a. formæ in 8° longiori, anni irciter 800, continet capitulare ecclesiasticum ann 789, atque explanationem symboli apostolici oratio isque Dominicæ, ejusque orationis paraphrasim.

C. reg. Monac. olim *Sancti Emmeramni atispon.* E. 91, 4°, anno 821 jussu Baturici ep scopi scriptus, post plurima ad ecclesiam facientia, driani I epistolam ad episcopos Hispaniæ et P ulini libellum contra Elipandum, synod.cam concilii rancofurdensis, Caroli Magni epistolam ad Elipa tum, quæstiunculas sancti Augustini, capitularia 5 , 31, 32, habet.

C. regius Parisiensis n. 5577 (Colbert. 167., Regius 4382, 3, 3), in 8° long., sec x, olim *cata Mariæ Lucionensis*, post passionem sancti Eus chii, et sanctæ Felicitatis, Alcuini epitaphium, epi tolas et tractatus varios, et *Capitula quæ tali conv nit in tempore memorari*, capitulare n. 39 exhibet: Ampliorem codicis descriptionem in catalogo ms. bibl.
C Regiæ, t. IV, 134, legimus.

C. reg. Monac. olim *Sancti Emmeramni atispon.* F. 11, in 4°, s. IX, fol. 118, 119, capitula e 41 habet.

C. Sancti Pauli in Carinthia canonum, pl gula inserta capitulare 42 autographum, s, IX, præ el.

C. reg. Monac. olim *Sancti Emmeramni Rat pon.* G. 111, in 4°, s. IX, in fol., 139, capitular 49, habet.

CC. regii Monac. olim *Frisingensis* C. K. 3, s.IX, ed C. 1, 26, s. x; post Isidorum capitulare 50 exh ent.

C. reg. Paris. n. 4758. (reg. 4490) 4° min., . IX, capitularia 53, 54, leges Salicam et Burgundi num habet.

C. Palatino Vaticanus n. 773, in 8°, s. x, post legem Ribuariorum, capitularia 53, 53, 54 istit.

C. palat. Vindobon. Juris civilis n. 64, s. XII, legi Bajoariorum capitulare 64 subjungit.

C. reg. Monacensis Cimel. IV. 3. d., 8°, s. x, x, olim Tegernseensis, legibus Bajoariorum et Ala annorum capitulare 64 adjicit.
D
C. reg. Monacensis olim *eccl. Augustanæ* n 153, in 4°, s. x, collectionem canonum pœniten ium, legem Alamannorum, capitulare 64, et Anse isum sistit.

C. reg. Monacensis Cimel. IV. 3, olim *Chie nensis*, in 8°, s. XII, legi Bajoariorum et decreto assilonis capitulare 64 addit; ex eo descriptus esse videtur *C. Monac.* olim *civitatis Augustanæ*, s XII, in 8°.

C. palat. Vindobonensis in catal. juris ca onici n. 128, s. IX, in 8° majori, capitularia nost a 30 et 65 exhibet.

C. reg. Paris., inter *supplementa latina* n. 303, olim *collegii Claromontani* n. 629, s. IX, x, l gem Salicam, adjecto pro titulo 71, capite 2, capit aris quod proxime sequitur 55, 71, a, b, exhibet.

C. reg. Paris. n. 4404, ex Gallia Narbo ensi (Colbert. 2436, Regius 4890, 22), s. IX, br via rium Alarici, legem Salicam, prologum legis Salicæ, leges Alamannorum, Ribuariorum, capitularia 5, 7, 6, 53, 54, 78, 68 complectitur.

C. reg. Paris. n. 4629, fol. long., s. IX (Colb. 4059, Reg. 5189, 3, 5), legem Salicam initio mancam, capitulare 6, quæstionem de Trinitate, capitularia 78, 53, 54, 55, 71, a. b. legem Ribuariorum, recapitulationem solidorum, orthographiam, epitaphia, alia nonnulla et chartam Bituricensem exhibet.

C. Sangallensis, autographam epistolam 94 b. exhibens valde laceram.

C. Sancti Pauli, 8° long., s. x, Isidori, cap. 98 exhibet.

C. ducalis Guelferbytanus inter Helmstadienses n. 254, s. IX ineuntis, formæ longioris, capitularia n. 101, 102, et epistolas Leonis III papæ ad Carolum Magnum servavit.

C. palatino-Vaticanus n. 289, s. IX, capitularia n. 61, 62, 105 b. 27, 55 habet; cf. Annales nostros, t. V, p. 505.

C. ducalis Guelferbytanus inter Gudianos n. 299, 4°, s. IX, legem Salicam, capitulare 55, excerpta capitularium 54, et 71 a. b., capitulare 106, donationem Lanberti, et legem Ribuariorum complectitur.

C. Sancti Pauli in Carinthia, s. IX ineuntis, scilicet intra annos 817 et 823 exaratus, Imagine regis legislatoris præfixa, capitulare nostrum 52, leges Ribuariorum Salica, Bajuvariorum, Alamannorum, breviarii Alariciani pars, lex Burgundionum, capitularia nostra 21, 53, 26, 80, 83 (capp. 6-9, 12, 13), 55 (cap. 3), 85, 88, 53 (capp. 1-5), numeris continuis capitulorum (1-92) signata; tum capitularia nostra 40, 23, 112, 115, 114, sequuntur, calamo diverso capitularia 124 et 135, annis, ut videri potest, 823 et 825 subjecta sunt; cf. Annales nostros, t. III, p. 78-sqq.

C. reg. Paris. n. 4995 (Colbert. 3287, Regius 5192, 2, 2), s. IX, post annales annorum 708-799 et *interpretationes de legibus divinis sive humanis* capitularia nostra 112, 113, 53, 54, recapitulationem legi Salicæ adjectam, et capitularia 78, 74, 44 a, 51, 76, 70, 99, 87 continet; scriptus in usum ecclesiæ alicujus Parisiensis, teste notitia de promulgatis capitulis (53) in mallo Parisiaco, et capitulari 44 a. Ipse est codex Tilianus, unde pauca manu Sirmondi decerpta Baluzio usui fuerunt; qui tamen codice ipso non est usus.

C. Ernesti Spangenbergii b. m., s. IX, fragmentum legis Ribuariorum, legem Saxonum, capitularis 55 initium, tum 112 (inde a cap. 6), 113, legis Alamannorum initium, finem legis Burgundionum et initium capitularis 75.

C. Corbeiensis in 4°, s. x, leges Saxonum et Thuringorum, capitularia 35, 112, 113, 114, Librum pœnitentialem et privilegia Corbeiensia sæc. IX, x, complectitur; vide Annales nostros, t. IV, p. 346.

C. reg. Paris. n. 4788, olim *sancti Vincentii Leudunensis*, in 8°, s. IX (Baluz. 864, Reg. 4653 a.), legem Salicam, capitularia 53, 54, 111, 112, inserto 114, 115, homiliam Augustini, et in paginis valde laceris capitularia 89, 90, exhibet.

C. reg. Paris. n. 4628 (Colb. 5453, Reg. 5289, 6), s. IX exeuntis, vel x, legem Salicam, capitularia 53, 54, 72 b, 112, 113, 114, legem Ribuariorum et Alamannorum.

C. reg. Paris. inter Supplementa latina n. 215, olim *Corbionensis*, 8° long., codicem Theodosianum, legem Burgundiorum, capitulare 2, capitularis 112 capp. 3, 4, 10, 12, 11, formulam de manu in æneum missa propter furtum, legem Salicam, capitularia 53, 54, 71 b. (capp. 3, 6, 8; 9, 11, 15, 22), legem Ribuariorum, Alamannorum sistit.

C. ducalis Guelferbytanus inter Augustæos 50, 2, in 8°, s. IX, legem Salicam, capitularia 53, 71, alioque atramento 112 (capp. 3, 4, 7, 9, 18), adjectis theologicis quibusdam, habet.

A *C. reg. Paris. inter Supplementa latina* n. 65, fol., sæc. IX, leges Burgundionum, Salicam, fragmentum capitularis 112, prologum *Moyses* et breviarium Alarici exhibet.

C. reg. Paris. n. 4280 A., olim *Sancti Remigii Rhemensis* (Colb. 3029, Reg. 4240 B.), s. x, post complura ad jus canonicum facientia, Nicolai I epistolam et alia capitularia 111, 112, 113, 114, Herivei Remensis epistolam ad Wittonem, et Joannis papæ ad Heriveum de pœnitentia gentilibus baptizatis injungenda sistit.

C. reg. Paris. 2826, s. IX, x, capitulare 109.

C. musæi Britannici Cotton. Tiber. A. III, s. IX, x, capitulare 109, habet.

C. duc. Guelferbyt. inter Helmstadienses n. 552, capitulare 109, habet.

C. reg. Paris. n. 1535, s. x, capitulare 109, habet.

C. duc. Guelferbytanus n. 552, in 8° maj., s. x, scriptis variis immiscet capitulare 115 a. et legem B Bajoariorum.

C. reg. Paris. n. 1537, s. x, capitulare 115 b. et libros de canonica Vita.

C. reg. Paris. n. 4652, fol., s. x, legem Ribuariorum, Salicam, capitularia 53, 54, 112, 117, et legem Alamannorum habet.

C. reg. Paris. n. 2718, s. IX, cujus scripturæ specimen Carpenterius in alphabeto Tironiano dedit, liber manualis, cui manu diversa post catalogum regum Francorum, Augustini expositionem in epistolam sancti Joannis et alia ejusmodi, inde a folio 72 chartæ notis Tironianis scriptæ, intermixtis capitularibus 120, 108, 110, 111, 112, 113, 114, 120, altera vice, 118, et epistola Caroli Magni ad Albinum et ad congregationem sancti Martini Turonensis, quam inter epistolas referemus, inscripta sunt.

C. Sangallensis n. 733, anni 824, aut 825, capitularia nostra 21, 126, 50, 31, 52, 58, 33, et collectionem *de Decimis dandum* exhibens, a viro cl. Wegelin cum editis collatus est; cf. Annales nostros, t. V, p. 306.

C *C. reg. Paris.* n. 4417, olim *canonicorum Aniciensium* (tum Colbert. 826, Reg. 5159, 5), fol., s. IX, breviarium Alarici, leges Ribuariorum, Salicam, Alamannorum, Bajoariorum, capitulare 64, legem Burgundionum, Ansegisum (p. 267), capitularia 140, 145 a. b. 146. 141 a. amplectitur.

C. reg. Paris., *fonds de Notre-Dame*, n. 247 (F. 4), 8°, s. IX, x, capitularia 111, 112, 113, 114, paginam unam theologici argumenti, Ansegisi fragmentum et legem Salicam exhibet.

C. reg. Paris., *fonds de Notre-Dame*, n. 232 (F. 9), olim *Antonii Loiselii*, 4°, s. IX, tribus codicibus constat, quorum prior Ansegisi fragmentum, alter legem Salicam, capitularia 5, 6, 7, Isidorum de auctoribus legum, tertius eadem manu quã prior exaratus legem Alamannorum exhibet.

C. olim Tegernseensis, jam *regius Monacensis* (m. D g. 45), s. IX, in 8° minori, capitularia nostra 21, 30, 31, 52, 26, 76, 78, 79, caput 53, 54, 55, 71, 83, 58, 40, 82, capp. 1-6, pag. 112, 145, 146, 147, initium, atque post quinque paginas erasas capitularis 150 capita 9-14. Codicem hunc Amerpachius anno 1545 typis dedit, sed nec accurate, nec recta inscriptione usus; quippe qui, nulla ratione rasuræ quinque paginarum habita, ultimis verbis capitularis 150 ductus, totum hunc codicem capitula Lotharii jussu ex constitutionibus Caroli et Ludovici decerpta exhibere ratus sit, error, quem editionis principis repetitor Goldastus in Consuetudinibus imperialibus, p. 102-125, et nostri etiam ævi scriptores secuti sunt.

C. reg. Paris. n. 2853, 4°, s. IX, inter Agobardi opera documentum 152 exhibet.

C. duc. Guelferbyt. inter Helmstadienses n. 32, olim *Rhemensis*, fol., s. x, inter alia plura Rhemensem ecclesiam concernentia, e. g. synodum, a. 991, documentum 155 habet.

C. Vatic. n. 5359, in 4°, s. IX exeuntis, x, de quo

videsis Annales nostros, t. V, p. 259 sqq., post edicta regum Langobardorum capitulare 150 a. et, paginis duabus exsectis, 155 cap. 10 et 11, 155 cap. 10, 155 cap. 2 et 3, præbuit.

C. bibl. Chisianæ, s. x, post Chronicon Benedicti monachi sancti Andreæ in Soracte, alteram partem codicis legalis sistit, reciso scilicet edicto regum Langobardorum, Madriti fortasse superstite, capitularia Langobardica Caroli 104, 21, 52, 55, 26, 53, (capp. 1, 2), 87, 47, 40 (excepta præf. et capp. 3 4), 83 (capp. 6, 13), 60, 40 (præf. et capp. 3, 4), 25 Ludovici I capita data inferius juncta capitulari nostro 106, 129, 107, 112, 113, 78, (1-3); Pippini 24, 33, 26; Lotharii 123, 130, 133, 134, 135, 128 (adjecto cap. 18), 150, 114, 124, Ludovici II capitulare 165.

C. Cavensis, s. xi ineuntis, edicta regum Langobardorum et capitularia eodem fere tenore et ordine ut Chisianus exhibet, præter quod inter Caroli Magni leges, pagina excisa, capita 1 et 2 capitularis 104 omittat, post præfationem capitularis 40, admonitionem n. 46 scribat, 26 post 23, inter Caroli leges ponat, et in 128 desinat, omissis reliquis quæ in Chisiano illud excipiunt. Quo de libro cf. Annales nostros, t. V, p. 247-262.

C. palatinus Vindobon. juris canonici n. 45, fol., s. xii, inter diplomata multa et epistolas capitularia 98 et 158 habet.

C. Babenbergensis, in 4°, olim Montis sancti Michaelis, s. x, capitulare 175 exhibet.

C. reg. Paris. 4613, s. x in fol. long. (Colbert. 1385, Regius 5192, 3), edicta regum Langobardorum atque capitularia exhibet; Caroli 21, 33, 26, 28, 40, 53, 54, 50, 31, 32, 43, 46 (init.), tum foliis compluribus excisis, caput 29 capitularis 114; Ludovici 145, 146, 155; Lotharii 150 a.; Ludovici II, 187, 189. Codice ante me usi sunt Sirmondus, cujus schedis usus Labbeus nonnulla inde evulgavit, et Baluzius qui eum Thuaneum et Colbertinum vocat.

C. olim ecclesiæ cathedralis Augustanæ, jam *ducalis Guelferbytanus* inter *Blankenburgenses*, s. x, fol., edicta regum Langobardorum, capitularia, leges Salicam, Burgundionum, Ribuariorum, Alamaunorum, Bajuariorum complectitur. Capitularia, indice generali capitulorum foll. 64-73 præfixo, titulis distinguuntur, et hæc sunt : Caroli sub nomine 30, 71 a. b., 82, 38, 26, 78, 54, capp. 22, 21, capp. 17-25, 36, 37, 48, 52, capp. 1-6, 33, capp. 12-14, 55, capp. 5 numeris continuis; 21, 40; Ludovici 145, 44, 112, 113, 159, 120, 131, 111, 127, 122; Lotharii 125, 155, 169, 134, 133; capitula Lotharii in ære (id est in indice) omissa cum, scilicet capp. 1-41, argumenta capitulorum concilii Romani an. 826; tum alio numerorum ordine inito 148, 123 (capp. 12-14), 47 (cap. 44), 150 (cap. 13), 124, demum 128, 145 a. b., 146, 150 (capp. 3, 11, 12, 14), subjecto 123, cap. 11 ; Eugenii concilium Romanum an. 826 ; Ludovici II imperatoris 185, 186, 188, 190 ; notitiæ complures et chartæ episcopatum Augustanum concernentes, et juramenti Judæorum formula manibus diversis sec. x-xii libro inscriptæ sunt.

C. Casinas n. 555, fol., s. x, de quo vide Annales nostros, t. V, inter complura alia capitularia 109 et 220 exhibet.

C. ducalis Gothanus, olim *sancti Martini Moguntinensis*, s. xi ineuntis, in folio maximo, duabus columnis per paginam exaratus, quatuor partibus constat, quorum prior, fol., 1-146, imagine legislatoris præfixa, Ansegisi et Benedicti collectiones capitularium, adjectis Ottonis M. Capitulari Francofordiensi et capitulari spurio anni 822, apud Theodonis villam, secunda, foll. 147-225, successiones imperatorum usque Ludovicum I, præfationes *Moyses gentis Judæorum* et *Gens Francorum inclita*, legislatorum imagines, leges Salicam, Ribuariorum, *Capitula legis Langobardorum*, seu *concordia de singulis causis quas Rothari, Grimuald, Liutprant, Ratgis, Aistulf consti-* *tuerunt omnes in simul adunatæ et concorda æ*, in sexaginta capitula distributa, tribus tamen foliis excisis ; leges Alamannorum et Bajoariorum, et cap tularia Caroli Magni, et Pippini 53, 54, 21, 50; 3, 52, 38, 26, 33, 40, 71, 53 cap. 2, iterum 21 La gob. (capp. 1-8, et 14), 53 cap. 2, iterum 40 cap. 5 xhibet. Tertiam partem, foll. 224-337, codex Th odosianus et brevis Langobardorum historia ex lent. Quarta parte foll. 338-413, edicta regum Lang bardorum, altera vice Ansegisi capitularia, ac pr terea ex Ludovici capitularibus 144, et Ansegisi capi a iv, 71, 72 ; Lotharii 125, 148, 133, 135, 145 a. b. 146, Ludovici II imp. 182, 183, 168, 171, 170, 184 185, habentur. Liber ab Eccardo quondam tactus sed nunc primum defloratus, quo uti summa qua e inet humanitate vir cl. Iacobs concessit.

C. Mutinensis ecclesiæ cathedralis, quo Mura rius in edendis capitularibus, t. I, p. ii, sanctorum Ital. usus est, s. xi, præmissis excerptis Isodori et nstitutionum juris Romani, et historia Francoru m et Langobardorum, prologum *Moysis*, leges *Sali am*, Rihuariorum, *Capitula legis Langobardorum sei concordia de singulis causis quam Rothari*, *Grim tald*, *Liutprand*, *Ratchis*, *Aistulf constituerunt*, omn s in simul adunatæ et concordatæ ut in codice Goth o in 60 titulos distributa, leges Alamannorum et ajoariorum, capitularia Caroli Magni Pippini, Ludo ici I, Lotharii I et Ludovici II, habet, quorum parten ineditam Muratorius pag. 113, 151-155 (capitulari 125, 133, 135, 145 a. b., 146), et 162 (capitulari 184, 185) exscripsit. De libro ipso cf. Murat. t. I, p rt. ii præf., p. 8-11, et Annales nostros, t. V, p. 262.

C. palat. Vindobon. n. 106, Juris canonici, s. x, præter alia, capitulare 234 exhibet.

C. reg. Paris. inter *Supplementa latina*, n. 16 bis, fol., s. ix, olim *sancti Remigii Rhemensis*, poste collegii Claromontani n. 620, post libellum episcop rum Italiæ contra Elipandum capitularia 54, 50 ; Pi pini interrogationes et responsiones Alcuini ; Index l gum et prologi 53, 54; lex Salica 6 ; catalogus r gum Francorum, Ansegisi collectio 103, 140, 145 . b., 146, 147, 141 a., 148 (cap. 5), 141 b. cap. 148, 17 ; Recapitulatio solidorum legis Salicæ ; Notitia de villa Nobiliaco, excerpta capitulorum Caroli et Lud vici, Einhardi Vita Caroli, Ludovici coronatio an. 79 ; De Pecunia a paupere non exigenda cum usura Ad hunc librum prope accedunt codd. Paris. 46⁹ et 4760.

C. reg. Paris. 4628 A., in 4°, s. x, catalogus r um et populorum, legem Salicam, capitularia 112, 113, 114, jus pagi Xantensis, 71, 87, 145, 146, Pa lini confutationem Elipandi et Felicis, 34, 50, exhi et ; tunc *Incipiunt libelli vel decreta Clodovei et Ch lde- berti sive Chlotharii et Caroli lucide emendatum* de Legibus divinis et humanis, 5, 7 (cap. 1-12, 16 18), lex Suavorum absque textu 6, 21 ; Memorati de octo bannis (de septem septenis); recapitulatio olidorum legis Salicæ, 7 (capp. 1-5, 9-11, 13-15 , 6, regum catalogus Ansegisi capitularia 103 , 40 , 145 a. b., 146, 147, 141 a., 148 (cap. 5) 14 b., cap., 148, 117; recapitulatio solidorum legis Sa c Notitia de villa Novilliaco, excerpta capitulorum roli, et Ludovici, Einhardi Vita Caroli et non ulla alia. Liber ex codice Supplement. 164 bis aut alio quodam ejusdem generis descriptus esse vid tur. Apographum ejus est codex reg. Paris. n. 4631, c art. et membr., sec. xv.

C. reg. Paris. n. 4760 (Baluz. 365, Reg. 4265 7), 8° maj., sæc. x, xi, post lectiones de Trinitate e indicem legum : *Incipiunt libelli vel decretio chlod veo et childeberio sive chlotario et karolo fuit lucide e en- datum*. De Legibus divinis et humanis, etc., fer ut in codicibus Suppl. 164 bis et 4628 A.; præterm ssa tamen mentione legis Suavorum, 53, 54 (capp. 11 13, 15, 16, 20); lex Salica ; interrogationes Pippini, c..

112, cap. 2; benedictio crucis; lectio Epistolæ Pauli ad Romanos.

C. reg. Paris. inter Supplementa latina n. 75, fol., s. x, olim *collegii Claromontani*, et fortasse *Sancti Vincentii Mettensis*, imagine legislatoris præfixa, capitularia 13, 15, 14 a. b., 12, 17, 30, 31, 32, 41, 44 b., 53, 54, 55, 57, inserta recapitulatione solidorum, 58, 59, 61, 63, 71, 76, 81, 84, 86, 87, 92, 93, 95, 96, 22, 21, 103. b., 99, 100; Ansegisi capitularia 140, 145 a. b., 146, 141 a., pag. 355, leg. 12 -55. 103 a., 175, 177, 193, 197, 199, 208, 207, 214 a. b.; synodus Meldensis anni 845, 160, 162, synodus Lauriacensis a. 844, 164; inserta synodi Meldensis continuatione; 174, 213, 215, 249; catalogus regum Francorum; lex Salica, insertis prologo verbis cap. 7 capitularis 53; jus pagi Xantensis; leges Ribuariorum, Alamannorum, Bajoariorum, Caroli Magni capitularia ordine fere chronologico disposita sunt; leges ex compluribus libris collectas esse, e. g. capitulare 178, ex libro missatici Senonensis, et 197, ex libro missatici Tervannensis petita persuadent. Cum hoc libro plurimum consentit, si omnino alius fuit quod vix credam, codex quem Sancti Vincentii Mettensem Baluzius vocat, et utrique in plurimis congruus Palatino Vaticanus Ansegisi, cujus lectiones in codice regio Parisiensi n. 4639 (Baluzii 271, Reg. 4243, 3), manu De Bru anno 1675, ad Baluzium transmissa sunt. Liber quoque collegii Navarrici quo Baluzius usus est, ad istos prope accessisse videtur.

C. reg. Paris. n. 4626, fol. , s. x, olim *bibl. Matisconensis* postea *Bigotianus*, legem Salicam, capitularia 53, 54, 72 a., 21, 111, 112, 113, 114, 197, 178, 218, 198, et post recapitulatione*m* solidorum aliaque legalia, breviarium Alarici et legem Burgundionum habet. Codicem in missatico Matisconensi et Divisionensi exaratum esse, lectio ejus in capitulari 197 arguit.

C. reg. Paris. n. 4658, fol., s. x, olim *Pithœi*, postea *Jac. Aug. Thuani* (Colb. 1597, Reg. 4243, 1), Ansegisi collectionem, capitularia 103, 140, 145 a. b., 146, 141 a. Benedicti additiones I-IV, capitularia 160, 162, 163, 164, 161, 166, 167, 172, 174, 175, 176, 177, 178, 180, 181, 179, 194, 193 continens, ex capitulari 181. Rhemis exaratus esse videtur. Ejusdem argumenti codicem Tilianum a Sirmondo in capitularibus Caroli Calvi adhibitum fuisse existimaverim.

C. reg. Paris. n. 4761, olim *Philiberti de la Marre*. Divionensis, s. x, post Ansegisum *Capitula a domno Carolo imp. et filio ejus Ludovico ac sapientissimis eorum episcopis excerpta*, scilicet excerpta librorum Benedicti I, II, III, a Baluzio p. 519 sqq., pro genuinis Caroli Magni capitulis perperam habita nec tamen anno alicui assignata; tum capitularia 175, 213, 218, 103, 140 a., 145 a. b. , 146, 141 a., capitula quædam Benedicti libris excerpta; 242, 244, 109.

C. reg. Paris. 5095, s. x, præter Hincmari Rhemensis et Laudunensis, atque Nicolai I epistolas, synodum Tusiacensem an. 860, capitulare 213, et litteras synodi Carisiacensis ad Ludovicum Germaniæ regem.

C. reg. Paris. 3878, s. x, pœnitentialem Librum et excerpta capitulorum, inde a pag. 158, etiam Caroli II, 174, 215, et Carlomanni a. 884. *C. reg. Paris.* n. 4376, in fine collectionis canonum Benedicti I I, cap. 279. *C. reg. Paris.* 1455, fol. , s. x, olim *Jacobi Tavelli Senonensis* (tum Colb. 3368, Reg. 3387, 1, 1, A). Benedicti I, 35, 36, in pagina codici præfixa exhibet.

C. reg. Paris. 2859, s. x, 1750, s. xi, et 2319, chart. cap. 177, habent. Accedunt codd. reg. *Monacensis* s. ix, *Vindobonensis* Juris canon. n. 99, fol., s. x, et *Guelferbytanus* August. 83, 21, fol., sæc. x, qui Caroli II, capitulare de Judæis scilicet fragmentum concilii Meldensis an. 845, servant.

C. reg. Paris. n. 4575, in 8°, s. xii, olim *Antonii Faure* (Regius 4654, 3) ad calcem collectionum Juris canonici quædam ex capitularibus regum et jure consuetudinario necnon sacramenti regii formulam habet.

C. Ambrosianus Mediol. O, 53, 55, olim *cœnobii Oscelæ* vel *Susa in Savoia*, in 8°, sæc. xi ineuntis, æque ac proxime sequentes edicta regum Langobardorum et capitula Caroli Magni, Pippini, Ludovici I, Lotharii I, Ludovici II detracta, necnon leges Widonis, Ottonum I et III, Henrici II exhibet. Capitularia ordine genuino dissoluto, et iis quæ potius ad tempus quam vi legis perpetuæ edita fuisse viderentur deletis, eo modo numeris capitulorum continuis scribuntur, quomodo in editione Muratorii conspicimus. Ictorum ea manu prodiisse eo patet, quod et in codicibus præcipue Vindobonensi, Veronensi et Estensi jura prout sæculorum posteriorum usu arctius definita vel explanata erant, et a genuino sæculi noni decimive textu aliquantum aberrantia, proposita sunt. In uno Ambrosiano capitulare nostrum 231 habetur; vide Annales nostros, t. V, p. 264-277. Ad codicem hunc proxime accedit :

C. Florentinus bibl. Laurentianæ pl. 89, sup. 86, in 8° max. , s. xi exeuntis, qui edicta regum Langobardorum et Capitularia continet, et in constitutione Conradi II deficit; vide Annales, t. V, p. 277-282. Cum eo proximum consentit.

C. Londiniensis in Musæo Britannico, n. 5411, fol. min. , s. xi exeuntis, olim *Venetus*, quem an. 1827 evolvi. Edicta regum Langobardorum et capitularia, antiquis nonnunquam inscriptionibus servatis, usque ad leges Henrici II imp., adjectis alia sæculi tamen xi vel xii manu constitutionibus Conradi II et Henrici III exhibet, aspersis hinc inde glossis tam marginalibus quam interlinearibus.

C. palatinus Vindobonensis in catalogo Juris civilis n. 210, fol., s. xi, edictum et capitularia amplexus, in constitutionibus Henrici III desinit. Glossas et formulas judiciales multas præbet. Simillimus ei est

C. Veronensis comitis Illustrissimi de Gianfilippi, olim ecclesiæ Sanctæ Eufemiæ Veronensis, in 8° max., sæc. xi exeuntis, et xii ineuntis, de quo cf. Annales nostros, t. V, p. 282 sqq.; desinit in Henrico III; adjectum est fragmentum legis Salicæ. Ultimus

C. Estensis, s. xv, a Muratorio in edendis edictis Langobardorum et capitularibus adhibitus, jam haud amplius in bibliotheca ducali Mutinensi exstare videtur.

Quibus accedunt codices legis Lombardæ, quorum textus Ictorum in usum valde immutatus, ab antiqua et genuina lectione sæpe recedit, ideoque in paucis tantum locis, præcipue in constitutionibus imperatorum sæculi xi cum eo conferendus erat; et inspeximus quidem.

C. Casinatem, n. 328, in-4°, sæc. xi exeuntis, vel xii ineuntis, de quo cf. Annales nostros t. V, p. 297.

C. palat. Vindobon., in catalogo juris civilis n. 59, s. xi exeuntis, littera Langobardica exaratum;

C. Vaticano Palatinum, n. 772, fol., s. xii, cu opere exacto, alia manu sæculi xii, constitutione Lotharii III, an. 1127, et Friderici I, Roncalensea anni 1158 subjectæ leguntur, tum eidem proximus.

C. reg. Paris., n. 4617, fol., s. xii, cui eædem Lotharii et Friderici constitutiones manu sæculi xii additæ sunt.

C. Vatic. n. 5833, s. xii, in collectione canonum cardinalis Deusdedit excerpta capitularis 128 habet.

C. Vaticanus, n. 3922, fol. chart., sæc. xvi, capitulare 75 exhibet.

Quibus libris in Germaniæ nostræ et Helvetiæ, Italiæ, Galliæ, Britanniæ bibliothecis repertis, evolutis, excussis, atque editionibus anteriorum adhibitis, primum id præstare conatus sum, ut textum qualem in codicibus antiquissimis et maxime fide dignis invenissem, talem proponerem, adjectis lectionibus codicum et editionum præcipuis. Tum distinctionem et nexum capitulorum genuinum in libris lctorum usu comparatis æque ac in editis haud raro deletum, ad fidem codicum optimorum, prout res postulare videbatur, restituendum censui. Deinde monumentum quodque tempori suo locove quo editum sit adsignare aggressus, Scriptorum nostrorum, epistolarum et chartarum a me collectarum, et diplomatum a Bœhmero nostro regestis suis illatorum subsidio plurimum profeci. Leges populorum, una cum jure pagi Xantensis a Baluzio pro capitulari tertio anni 815 habito, tomo alii sepositas, et chartas omnes sed et epistolas paucas a Goldasto præcipue et Baluzio collectionibus suis insertas, utpote in magna diplomatum imperialium et epistolarum collectione nostra referendas, loco movi; capitularia a Goldasto et Baluzio Benedicti ex libris decerpta, ut spuria nulliusque auctoritatis mihi probatæ, resecui; e contra capitularia quæ in Ansegisi collectione mihi deprehendisse

A visus cram, loco suo reposui; inedita plurim nunc primum reperta addidi. Benedicti libros tres c m additionibus suis, publica auctoritate in German a nostra nunquam receptos, quorumque nonnisi unus apud nos codex exstet, una cum constitutione æculo XII confecta Caroli Magni de expeditione Rom na, et capitulari spurio Tribūriensi, ad calcem const tutionum imperialium reliquarum tomo Legum s undo proponendarum rejeci. Quo consilio effectum st, ut ex monumentis legalibus genuinis ordine suo d' positis clara jam et sincera rei publicæ apud patr s nostros imago redeat; quam ut filii nepotesque oculo sagaci intuentes, inde ad patriam contra hoste fortiter defendendam, et rem publicam Germani juste sapienterque administrandam animos sibi ex mplaque sumant, voveo et exopto. Dabam Hanno eræ, a. d., 6 Idus Julias an. 1835.

IN PIPPINI ET CAROLI MAGNI DIPLOMATA
D. BOUQUET MONITUM.

Pippini et Caroli Magni Diplomata daturi, ad vera et genuina a falsis et interpolatis secernenda, quasdam regulas, quas a Mabillonio mutuamur, præmittere operæ pretium ducimus.

I. *Inscriptiones.*—Pippinus veterem præcedentium regum inscriptionem in suis diplomatibus ut plurimum retinuit, hoc modo: *Pippinus rex Francorum vir inluster:* quandoque addidit *gratia Dei*, propterea quod extraordinario modo pervenerat ad regnum. A prisco etiam ritu non recessit Carolus Magnus, qui patris exemplum imitatus, additamento *gratia Dei* fere perpetuo usus est. In ejus Diplomatibus tria consideranda sunt tempora. Primum ab inito regno Francorum ad regnum Langobardicum, ab anno 768 ad annum 774 excurrente: alterum ab eodem anno ad annum 800, quo coronatus est imperator: tertium inde ad finem vitæ. Primo illo tempore hanc formulam adhibuit: *Carolus gratia Dei rex Francorum vir inluster*; qualem etiam usurpavit Carolomannus ejus frater. Secundo intervallo hac formula usus est: *Carolus gratia Dei rex Francorum et Langobardorum ac patritius Romanorum*, addendo sæpissime, *vir inluster*. Tertio, *in nomine Patris et Filii et Spiritus Sancti, Carolus serenissimus Augustus, a Deo coronatus, magnus et pacificus imperator, Romanorum gubernans imperium, qui et per misericordiam Dei rex Francorum et Langobardorum*, in quibusdam tamen invocatione suppressa, forte scribarum oscitantia.

II. *Suscriptiones.* — Carolovingici reges in litteris suis suscriptionis et annuli mentionem exprimere solent, præterquam in placitis et minoris momenti diplomatibus, cum reges passim non suscriberent; sed solus cancellarius aut notarius, nullam regiæ suscriptionis, et plerumque regii annuli aut sigilli mentionem tunc faciebant. In aliis majoris momenti diplomatibus utrumque exprimere mos erat, in hunc fere modum: *Manu nostra seu propria subterfirmavimus, aut subter eam decrevimus adsignare* vel *adsignari iussimus*. Observat Mabillonius e multis pauca se invenisse regia diplomata, in quibus neque suscriptionis neque annuli apposita sit mentio, ubi tamen rex subscribit, nec sigillum ejus appositum est. In his omnibus rarissima est *sigilli* mentio in exprimenda clausula sigillationis, tametsi in contextu diplomatis aliquando occurrit.

III. *Suscribendi modus.*—Reges Carolovingici, ut in cæteris passim, sic et in modo suscribendi a Merovingicis descivere. Pippini hæc erat formula: *Signum* ✠ *Pippini gloriosissimi regis*, interposito signo crucis inter *Signum* et *Pippini* nomen. Solum crucis signum manu principis expressum erat, cætera cancellarius seu notarius adscribebat. Carolus Magnus

B patrium morem servavit: *Signum Caroli glorio issimi regis*. Idem præstitit Carolomannus ejus frat r. At post acceptum imperium Carolus adhibuit, S gnum *Caroli serenissimi imperatoris* seu *Augusti*, inter osito monogrammate inter voces *signum* et *Caroli*.

IV. *Monogramma.* — Pauci ex Merovingici monogrammate usi sunt in diplomatibus, nec alii uam qui præ imperitia nomen suum scribere non val bant. Primus perpetuum monogrammatis usum ac orem in regia diplomata induxit Carolus Magnus, uem morem cæteri ad Philippum tertium Francorum reges retinuere. Monogramma ita concinnari curavit C rolus ut signum crucis, quo superiores Francorum eges in litteris suis usi fuerant, repræsentaret.

V. *Cancellarii suscriptio.* — Post Francoru reges primus e regione referendarius seu cancell rius, archicapellanus aut notarius diplomatibus anti uitus suscribere solebat si membranæ capacitas pate etur; sin minus paulum infra regis suscriptionem. Hoc
C maxime servatum est sub secunda stirpe, cujus cancellarii fere semper paulo infra regem suscri unt. Sub Carolingis plures erant cancellarii seu n tarii, quibus unus præerat dictus notarius summus, rchinotarius, protonotarius, nonnunquam summu cancellaria, archicancellarius, aliquando absolut notarius et *cancellarius*, nonnunquam *archicapell nus*. Notarii si quando vice cancellariorum suscribe ant, hac formula utebantur: *Widolaicus ad vicem Radonis*.

VI. — *Cancellariorum et notariorum nomina.* Ejus quem alii Egium seu Eguim vocant, qui Pippin Regis Diplomata jussus recognoscere solet, non s mus cancellarius, sed notarius dicendus est, uti et hrodingus et Widmarus. Hitherius vero Pippini chi cancellarius fuit, ut qui auctoritate sua regias li eras recognoscit ac suscribit. Mabillonius mentione non facit Badilonis, qui tamen cancellarii munus ol iisse videtur ante Hiterium, qui ejus notarius erat. am in autographo Diplomate pro monasterio Ful ensi
D Hitherius subscripsisse dicitur ad vicem Badil is: in quibusdam aliis dicitur Hitherius scripsisse Badilo vero recognovisse ac suscripsisse.

Cancellarii officium exercuit Hitherius ab in unte Caroli Magni principatu. Notarii sub Hit erio fuere Rado, Wigbaldus, Gilbertus et Optatus. H therio successit Rado abbas Vedastinus, qui non rios habuit, Wigbaldum, Gilbertum, Optatum, Jaco um, Erkembaldum et Widolaicum. Tertius Caroli M gni cancellarius fuit Erkembaldus ab anno circit r 29 regni ejus; notarius Erkembaldi, Genesius, q anquam Rado adhuc cancellarius notatur in diplo ate Osnabrugensi, quod anno imperii Carolini t rtio concessum est, ad cujus vicem subscribit Jacob. Quartus Caroli magni cancellarius censendus est Hieremias, postea Senonensis archiepiscopus, cujus notarius fuit Witherus. His Bartholomæum accenset in Vita Caroli monachus Engolimensis ad annum 769. Sunt qui Autpertum abbatem etiam Carolinis cancellariis adjungant, sed non satis valido fundamento. Autpertus quippe ante monachus fuit apud Vulturnum in Italia quam Carolus rex Francorum dictus est; nec unquam inde in Franciam demigravit. Si fides est Auctori Chronici Laureshamensis, Eginhardus fuit notarius et archicapellanus Caroli. Ruotfridum abbatem Caroli notarium fuisse constat ex Annalibus Eginhardi ad annum 809. Amalbertum suggerit diploma secundum Osnabrugense, quod nonnulli suspectum habent, tametsi Erkembaldus, ad cujus vicem Amalbertus litteras recognovisse dicitur, Caroli Magni cancellarius fuit. Alios notarios habuit Erkembaldus, Allifredum scilicet, Ibbonem, Suavium et Guidhertum diaconum, Qui placita Caroli recognoscebant, cancellarii erant extraordinarii, quales fuere Theudegarius, Chrotardus et Eldebertus.

VII. *Procerum suscriptiones.* — Pippini regis privilegium pro Fuldensi monasterio a proceribus subsignatum est. Ejusdem Pippini præceptum pro constructione et dotatione monasterii Prumiensis, editum a Mabillonio tom. II Annal. Bened., pag. 705, episcoporum et comitum subscriptionibus munitur. Carolus Magnus testamentum suum *ab episcopis, abbatibus comitibusque, qui tum præsentes esse potuerunt*, subscribi curavit, prout legitur apud Eginhardum in ejus Vita. Istud præcessit donatio ab eo facta Ecclesiæ Romanæ, *quam propria manu ipse corroborans, universos episcopos, abbates, duces*

etiam et grafiones in ea adscribi fecit, teste Anastasio in Hadriano. In cæteris Caroli Magni diplomatibus nulla procerum, nisi cancellariorum et notariorum, subscriptio.

VIII. *Annus Incarnationis, Indictio.* — In secunda stirpe omnia fere diplomata quæ ad res ecclesiarum, monasteriorum, privatarumque personarum pertinent, carent annis Incarnationis : sed nonnulla, quæ rem publicam maxime spectant, cum annis regum adjunctos habent annos Incarnationis. Unicum reperit Mabillonius Caroli Magni diploma pro Mettensi sancti Arnulfi cœnobio, quod annis Incarnationis præditum est : illudque genuinum non censuisset, nisi inspexisset autographum optimæ notæ, cui tamen sigillum nullum appositum est. Indictionis communis usus in diplomatibus cœpit ab imperio Caroli Magni, id est ab ineunte anno 801, si tamen excipias præmissum pro Sancti Arnulfi cœnobio diploma.

Diplomata, quæ ab istis regulis aberant, prætermittimus, non quod ea omnia falsa existimemus, sed quod in animo habeamus illa tantum dare quæ ab omni suspicione sunt libera. Jam in superiori volumine monuimus, nec satis monere possumus, diplomata, quæ solemnes non præseferunt aliorum conditiones, non continuo habenda pro falsis, sed tantum pro interpolatis ac suspectis. Fieri enim omnino potest, quemadmodum observat Mabillonius, ut diplomata, inscriptiones et suscriptiones præferant falsas atque insinceras, quorum tamen contextus a veritate non abhorreat. Diplomata, quæ in Germania, Italia et aliis regionibus, quæ amplius non sunt Franciæ ditionis, emissa sunt, non repræsentabimus, eorum tamen inscriptiones et suscriptiones exhibebimus, modo ea indubitata arbitremur.

CAROLI MAGNI
CAPITULARIA.

CAPITULARE GENERALE (An. 769 - 771).

Editum a Baluzio ex Codice Sancti Vincentii Laudunensis publici juris factum, atque anno 769 ascriptum, prout ex capite 18 conjicere licet, certe primis Caroli annis et fratre superstite promulgatum est. Singula ejus præcepta ex Capitulari Carlomanni an. 742 aliisque constitutionibus ecclesiasticis fluxisse videntur (Cf. v. c. cp. 7 cum Bonifacii epistola 73, apud Würdtwein, p. 197). Benedicti libro tertio. capp. 123-140 tota constitutio, præter tamen caput 16, indoctis clericis periculosius, repetita est. Cujus quidem ope textum Baluzianum recensui, cum in codice olim Laudunensi Sancti Vincentii, jam inter regios Parisienses n. 4788 insignito, capitulare nostrum non reperissem.

Karolus, gratia Dei rex regnique Francorum rector, et devotus sanctæ Ecclesiæ defensor, atque adjutor **C** in omnibus apostolicæ sedis [a]. Hortatu omnium fidelium nostrorum, et maxime episcoporum ac reliquo-

NOTÆ.

[a] Hæc sic distincta sunt in Codice Laudunensi et apud Burchardum et Ivonem, cum in libro septimo Capitularium postrema ista verba conjungantur cum sequentibus. Magnum autem inter utramque lectionem discrimen est. Nam in libro septimo Capitularium Carolus ait se constituisse hæc Capitula hortatu apostolicæ sedis; hic vero se vocat adjutorem apostolicæ sedis; deinde constitutiones fert consultu consiliariorum suorum, absque ulla mentione interventionis apostolicæ sedis. Sic Capitulare anni 779 factum est absque hortatu apostolicæ sedis, item constitutio de emendatione librorum et officiorum ecclesiasticorum. Capitulare item anni 789 factum est cum consilio episcoporum et optimatum regni. Nulla sedis apostolicæ inter hæc mentio. Idem dicendum de Capitulari Saxonum anni 797. Fortius urgent Capitula addita ad legem Longobardorum anno 801, quæ cum lata fuerint in Italia, ac forte sub oculis Leonis III, Romani pontificis, nullam tamen apostolicæ sedis mentionem faciunt. Infinitum esset omnia persequi. Sufficiant de exemplis illa quæ diximus. Sincerior itaque videtur lectio quam nos hic retinuimus. Ad Carolum namque cum hæreditate paterna transierat defensio Romanæ Ecclesiæ, quam ille filiis ac posteris suis hæreditariam reliquit, ut pluribus ostendit Marca in libro primo de Concordia cap. 12. Itaque Ludovicus et Lotharius ad Eugenium II scribentes, aiunt se debitores existere ut huic sanctissimæ sedi in quibuscunque negotiis auxilium ferre debeant, respicientes, ut opinor, ad initium istius nostri Capitularis. Joannes VIII in epistola 47 ad imperatorem, ait eum a majestate superna concessum esse potentem et strenuum adjutorem sanctæ Ecclesiæ. Certum est adjutorium quod Carolus apostolicæ sedi et Romanis pontificibus tulit, immortalem illi gloriam peperisse. Agnoscunt istud lubenter etiam ipsi Romani pontifices; neque in animum cujusquam eorum intravit contumeliosa in maximum

rum sacerdotum consultu, servis Dei per omnia A rochiam ad populos confirmandos, presbyter se per
omnibus armaturam portare vel pugnare, aut in paratus sit ad suscipiendum episcopum, cum c lle-
exercitum et in hostem pergere, omnino prohibemus, ctione et adiutorio populi qui ibi confirmari de et..
nisi illi [Al., illis] tantummodo qui propter divinum Et in coena Domini semper novum chrisma ab pi-
ministerium, missarum scilicet solemnia adimplenda scopo suo quaerat. Et de vetere nullus bapti are
et sanctorum patrocinia portanda, ad hoc electi sunt; praesumat, sed ardere in luminaribus ecclesiae fa-
id est, unum vel duos episcopos cum capellanis ᵃpres- ciat.
byteris princeps secum habeat, et unusquisque 9. Ut nemo accipiat ecclesiam infra parroch am
praefectus unum presbyterum qui hominibus peccata sine consensu episcopi sui, nec de una ad al am
confitentibus judicare et indicare poenitentiam possit. transeat.

2. Ut sacerdotes neque Christianorum neque paga- 10. Ut de incestis et criminosis magnam cu am
norum sanguinem fundant. habeant sacerdotes, ᵃ ne in suis pereant sceleri us,

3. Omnibus servis Dei venationes et sylvaticas va- et animae eorum a districto iudice Christo eis re ui-
gationes cum canibus, et ut accipitres et falcones non rantur. Similiter de infirmis et poenitentibus, ut o-
habeant, interdicimus. rientes sine sacrati olei unctione et reconciliation et

4. Statuimus ut secundum canonicam cautelam B viatico non deficiant.
omnes undecunque supervenientes ignotos episcopos, 11. Ut ieiunium quatuor temporum et ipsi sa er-
vel presbyteros, ante probationem synodalem in ec- dotes observent ᵇ, et plebi denuntient observand m.
clesiasticum ministerium non admitteremus. 12. Ut ad mallum venire nemo tardet, 'pr' um

5. Si sacerdotes plures uxores habuerint, ve san- circa aestatem, secundo ⁵ circa autumnum. Ad lia
guinem Christianorum vel paganorum fuderint, aut vero placita, si necessitas fuerit, vel denunti tio
canonibus obviaverint, sacerdotio priventur, quia regis urgeat, vocatus venire nemo tardet.
deteriores sunt secularibus. 13. Ut quando denuntiatum fuerit pro rege vel ro

6. Decrevimus ut secundum canones unusquisque fidelibus suis qualibet causa orationes facere, n mo
episcopus in sua parrochia sollicitudinem adhibeat, ex hoc neglegens appareat.
adjuvante gratione qui defensor Ecclesiae est, ut po- 14. Nullus sacerdos nisi in locis Deo dicatis, v in
pulus Dei paganias non faciat; sed ut omnes spurci- itinere positus in tabernaculis et mensis lapidei ab
tias gentilitatis abiciat et respuat, sive profana sa- episcopo consecratis, missas celebrare praesu at.
crificia mortuorum, sive sortilegos vel divinos, sive Quod si ⁶ praesumpserit, gradus sui periculo su ia-
phylacteria et auguria, sive incantationes, sive ho- cebit.
stias immolatitias, quas stulti homines juxta eccle- C 15. Sacerdotes qui rite non sapiunt adimp ere
sias ritu pagano faciunt sub nomine sanctorum mar- ministerium suum, nec discere iuxta praeceptum pi-
tyrum vel confessorum Domini; qui potius quam scoporum suorum pro viribus satagunt, vel cont m-
ad misericordiam sanctos suos ad iracundiam pro- ptores canonum existunt, ab officio proprio sunt s b-
vocant. movendi quousque haec pleniter emendata habe nt.

7. Statuimus ut singulis annis unusquisque epi- 16. Quicunque autem a suo episcopo freque ter
scopus parrochiam suam sollicite circumeat, et po- admonitus de sua scientia, ut discere curet, fa ere
pulum confirmare et plebes docere et investigare, et neglexerit, procul dubio et ab officio removea ur,
prohibere paganas observationes, divinosque vel sor- et ecclesiam quam tenet, amittat; quia ignora tes
tilegos, aut auguria, phylacteria, incantationes, vel legem Dei eam aliis annuntiare et praedicare on
omnes spurcitias gentilium, studeat. possunt.

8. Decrevimus quoque juxta sanctorum canones, ut 17. Ut nullus iudex neque presbyterum neque ia-
unusquisque presbyter in parrochia habitans episcopo conum aut clericum, aut iuniorem ecclesiae, e tra
subjectus sit illi in cujus parrochia habitat, et semper conscientiam pontificis per se distringat aut n-
in quadragesima rationem et ordinem ministerii sui, demnare praesumat. Quod si quis hoc fecerit, ab
sive de baptismo, sive de fide catholica, sive de pre- ecclesia cui iniuriam inrogare dinoscitur, tamdi sit
cibus, et ordine missarum episcopo reddat ¹. Et D sequestratus, quamdiu reatum suum cognosca et
quandocunque iure canonico episcopus circumeat par- emendet.

VARIANTES LECTIONES.

¹ r. et ostendat. Bened. III, 130. ² e. vetus non tardet ibid. ³ ne *usque* requirantur deest III. 52.
⁴ ipse sacerdos observet et p. denuntiet o. III. 135. ⁵ et alterum III. 133. ⁶ qui III. 156.

NOTÆ.

principem Valdesii cogitatio, qui capite 20 operis de stianismus olim prorsus exstinctus in Hispania f is-
Dignitate regum regnorumque Hispaniæ § 15, ait set, uti jam observatum est a viro eruditissim .
illum, cum pro libertate sedis apostolicæ laboravit, BALUZ
« non tam pro aris et focis Ecclesiæ dimicasse quam ᵃ Ita correxi Carolomanni Capitulare et Benᵉdic m
quod sua interesset; » immemor videlicet, summorum secutus, ut sententia ipsa requirit; Codex Laudu n
ejus in Ecclesiam meritorum, ingratus etiam adver- sis legit : *presbyteris. Et unusquisque princeps u*
sus memoriam hominis absque quo fortassis Chri- *presbyterum secum habeat qui*, etc.

rium Alarici, legem Salicam, prologum legis Salicæ, leges Alamannorum, Ribuariorum, capitularia 5, 7, 6, 53, 54, 78, 68 complectitur.

C. reg. Paris. n. 4629, fol. long., s. IX (Colb. 4059, Reg. 5189, 3, 3), legem Salicam initio mancam, capitulare 6, quæstionem de Trinitate, capitularia 78, 53, 54, 55, 71, a. b. legem Ribuariorum, recapitulationem solidorum, orthographiam, epitaphia, alia nonnulla et chartam Bituricensem exhibet.

C. Sangallensis, autographam epistolam 94 b. exhibens valde laceram.

C. Sancti Pauli, 8° long., s. x, Isidori, cap. 98 exhibet.

C. ducalis Guelferbytanus inter Helmstadienses n. 254, s. IX ineuntis, formæ longioris, capitularia n. 101, 102, et epistolas Leonis III papæ ad Carolum Magnum servavit.

C. palatino-Vaticanus n. 289, s. IX, capitularia n. 61, 62, 105 b. 27, 35 habet; cf. Annales nostros, t. V, p. 505.

C. ducalis Guelferbytanus inter Gudianos n. 299, 4°, s. IX, legem Salicam, capitulare 53, excerpta capitularium 54, et 71 a. b., capitulare 106, donationem Lanberti, et legem Ribuariorum complectitur.

C. Sancti Pauli in Carinthia, s. IX ineuntis, scilicet intra annos 817 et 823 exaratus, Imagine regis legislatoris præfixa, capitulare nostrum 52, leges Ribuariorum Salica, Bajuvariorum, Alamannorum, breviarii Alariciani pars, lex Burgundionum, capitularia nostra 21, 53, 26, 80, 83 (capp. 6-9, 12, 13), 55 (cap. 3), 85, 88, 53 (capp. 1-5), numeris continuis capitulorum (1-92) signata; tum capitularia nostra 40, 25, 112, 113, 114, sequuntur, calamo diverso capitularia 124 et 135, annis, ut videri potest, 823 et 825 subjecta sunt; cf. Annales nostros, t. III, p. 78-sqq.

C. reg. Paris. n. 4995 (Colbert. 3287, Regius 5192, 2, 2), s. IX, post annales annorum 708-799 et *interpretationes de legibus divinis sive humanis* capitularia nostra 112, 113, 53, 54, recapitulationem legi Salicæ adjectam, et capitularia 78, 71, 44 a, 51, 76, 70, 99, 87 continet; scriptus in usum ecclesiæ alicujus Parisiensis, teste notitia de promulgatis capitulis (53) in mallo Parisiaco, et capitulari 44 a. Ipse est codex Tilianus, unde pauca manu Sirmondi decerpta Baluzio usui fuerunt; qui tamen codice ipso non est usus.

C. Ernesti Spangenbergii b. m., s. IX, fragmentum legis Ribuariorum, legem Saxonum, capitularis 55 initium, tum 112 (inde a cap. 6), 113, legis Alamannorum initium, finem legis Burgundionum et initium capitularis 75.

C. Corbeiensis in 4°, s. X, leges Saxonum et Thuringorum, capitularia 35, 112, 113, 114, Librum pœnitentialem et privilegia Corbeiensia sæc. IX, X, complectitur; vide Annales nostros, t. IV, p. 346.

C. reg. Paris. n. 4788, olim *sancti Vincentii Laudunensis*, in 8°, s. IX (Baluz. 864, Reg. 4655 a.), legem Salicam, capitularia 53, 54, 111, 112, inserto 114, 145, homiliam Augustini, et in paginis valde laceris capitularia 89, 90, exhibet.

C. reg. Paris. n. 4628 (Colb. 5455, Reg. 5289, 6), s. IX exeuntis, vel x, legem Salicam, capitularia 53, 54, 72 b, 112, 113, 114, legem Ribuariorum et Alamannorum.

C. reg. Paris. inter Supplementa latina n. 215, olim *Corbionensis*, 8° long., codicem Theodosianum, legem Burgundiorum, capitulare 2, capitularis 112, capp. 3, 4, 10, 12, 11, formulam de manu in æneum missa propter furtum, legem Salicam, capitularia 53, 54, 71 b. (capp. 3, 6, 8, 9, 11, 15, 22), legem Ribuariorum, Alamannorum sistit.

C. ducalis Guelferbytanus inter Augustæos 50, 2, in 8°, s. IX, legem Salicam, capitularia 53, 71, alioque atramento 112 (capp. 3, 4, 7, 9, 18), adjectis theologicis quibusdam, habet.

C. reg. Paris. inter Supplementa latina n. 65, fol., sæc. IX, leges Burgundionum, Salicam, fragmentum capitularis 112, prologum *Moyses* et breviarium Alarici exhibet.

C. reg. Paris. n. 4280 A., olim *Sancti Remigii Rhemensis* (Colb. 3029, Reg. 4240 B.), s. X, post complura ad jus canonicum facientia, Nicolai I epistolam et alia capitularia 111, 112, 113, 114, Herivei Remensis epistolam ad Wittonem, et Joannis papæ ad Heriveum de pœnitentia gentilibus baptizatis injungenda sistit.

C. reg. Paris. 2826, s. IX, x, capitulare 109.

C. musæi Britannici Cotton. Tiber. A. III, s. IX, x, capitulare 109, habet.

C. duc. Guelferbyt. inter Helmstadienses n. 552, capitulare 109, habet.

C. reg. Paris. n. 1535, s. x, capitulare 109, habet.

C. duc. Guelferbytanus n. 552, in 8° maj., s. x, scriptis variis immiscet capitulare 115 a. et legem Bajoariorum.

C. reg. Paris. n. 1537, s. x, capitulare 115 b. et libros de canonica Vita.

C. reg. Paris. n. 4632, fol., s. x, legem Ribuariorum, Salicam, capitularia 53, 54, 112, 117, et legem Alamannorum habet.

C. reg. Paris. n. 2718, s. IX, cujus scripturæ specimen Carpentérius in alphabeto Tironiano dedit, liber manualis, cui manu diversa post catalogum regum Francorum, Augustini expositionem in epistolam sancti Joannis et alia ejusmodi, inde a folio 72 chartæ notis Tironianis scriptæ, intermixtis capitularibus 120, 108, 110, 111, 112, 113, 114, 120, altera vice, 118, et epistola Caroli Magni ad Albinum et ad congregationem sancti Martini Turonensis, quam inter epistolas referemus, inscripta sunt.

C. Sangallensis n. 733, anni 824, aut 825, capitularia nostra 21, 126, 50, 31, 52, 58, 53, et collectionem *de Decimis dandum* exhibens, a viro cl. Wegelin cum editis collatus est; cf. Annales nostros, t. V, p. 306.

C. reg. Paris. n. 4417, olim *canonicorum Aniciensium* (tum Colbert. 826, Reg. 5159, 5), fol., s. IX, breviarium Alarici, leges Ribuariorum, Salicam, Alamannorum, Bajoariorum, capitulare 64, legem Burgundionum, Ansegisum (p. 267), capitularia 140, 145 a. b. 146. 141 a. amplectitur.

C. reg. Paris., fonds de Notre-Dame, n. 247 (F. 4), 8°, s. IX, x, capitularia 111, 112, 113, 114, paginam unam theologici argumenti, Ansegisi fragmentum et legem Salicam exhibet.

C. reg. Paris., fonds de Notre-Dame, n. 252 (F. 9), olim *Antonii Loiselii*, 4°, s. IX, tribus codicibus constat, quorum prior Ansegisi fragmentum, alter legem Salicam, capitularia 5, 6, 7, Isidorum de auctoribus legum, tertius eadem manu qua prior exaratus legem Alamannorum exhibet.

C. olim Tegernseensis, jam regius Monacensis (m. 45), s. IX, in 8° minori, capitularia nostra 21, 30, 31, 32, 26, 76, 78, 79, caput 55, 54, 55, 71, 83, 58, 40, 82, capp. 1-6, pag. 112, 145, 146, 147, initium, atque post quinque paginas erasas capitularis 150 capita 9-14. Codicem hunc Amerpachius anno 1545 typis dedit, sed nec accurate, nec recta inscriptione usus; quippe qui, nulla ratione rasuræ quinque paginarum habita, ultimis verbis capitularis 150 ductus, totum hunc codicem capitula Lotharii jussu ex constitutionibus Caroli et Ludovici decerpta exhibere ratus sit, error, quem editionis principis repetitor Goldastus in Consuetudinibus imperialibus, p. 102-125, et nostri etiam ævi scriptores secuti sunt.

C. reg. Paris. n. 2853, 4°, s. IX, inter Agobardi opera documentum 152 exhibet.

C. duc. Guelferbyt. inter Helmstadienses n. 32, olim *Rhemensis*, fol., s. x, inter alia plura Rhemensem ecclesiam concernentia, e. g. synodum, a. 994, documentum 153 habet.

C. Vatic. n. 5359, in 4°, s. IX exeuntis, x, de quo

videsis Annales nostros, t. V, p. 239 sqq., post edicta regum Langobardorum capitulare 150 a. et, paginis duabus exsectis, 155 cap. 10 et 11, 135 cap. 10, 135 cap. 2 et 3, præbuit.

C. bibl. Chisianæ, s. x, post Chronicon Benedicti monachi sancti Andreæ in Soracte, alteram partem codicis legalis sistit, reciso scilicet edicto regum Langobardorum, Madriti fortasse superstite, capitularia Langobardica Caroli 104, 21, 52, 33, 26, 53, (capp. 1, 2), 87, 47, 40 (excepta præf. et capp. 3 4), 83 (capp. 6, 13), 60, 40 (præf. et capp. 3, 4), 25 Ludovici I capita data inferius juncta capitulari nostro 106, 129, 107, 112, 113, 78, (1-3); Pippini 24, 33, 26; Lotharii 123, 150, 133, 134, 155, 128 (adjecto cap. 18), 150, 114, 124, Ludovici II capitulare 165.

C. Cavensis, s. xi ineuntis, edicta regum Langobardorum et capitularia eodem fere tenore et ordine ut Chisianus exhibet, præter quod inter Caroli Magni leges, pagina excisa, capita 1 et 2 capitularis 104 omittat, post præfationem capitularis 40, admonitionem n. 46 scribat, 26 post 23, inter Caroli leges ponat, et in 128 desinat, omissis reliquis quæ in Chisiano illud excipiunt. Quo de libro cf. Annales nostros, t. V, p. 247-262.

C. palatinus Vindobon. juris canonici n. 45, fol., s. xii, inter diplomata multa et epistolas capitularia 98 et 158 habet.

C. Babenbergensis, in 4°, olim Montis sancti Michaelis, s. x, capitulare 173 exhibet.

C. reg. Paris. 4615, s. x in fol. long. (Colbert. 1385, Regius 5192, 3), edicta regum Langobardorum atque capitularia exhibet: Caroli 21, 33, 26, 28, 40, 53, 54, 50, 51, 32, 43, 46 (init.), tum foliis compluribus excisis, caput 29 capitularis 114; Ludovici 145, 146, 155; Lotharii 150 a.; Ludovici II, 187, 189. Codice ante me usi sunt Sirmondus, cujus schedis usus Labbeus nonnulla inde evulgavit, et Baluzius qui eum Thuaneum et Colbertinum vocat.

C. olim ecclesiæ cathedralis Augustanæ, jam *ducalis Guelferbytanus inter Blankenburgenses*, s. x, fol., edicta regum Langobardorum, capitularia, leges Salicam, Burgundionum, Ribuariorum, Alamannorum, Bajuariorum complectitur. Capitularia, indice generali capitulorum foll. 64-73 præfixo, titulis distinguntur, et hæc sunt : Caroli sub nomine 30, 71 a. b., 82, 38, 26, 78, 54, capp. 22, 21, capp. 17-23, 36, 37, 48, 52, capp. 1-6, 33, capp. 12-14, 55, capp. 5 numeris continuis; 21, 40; Ludovici 53, 54, 112, 113, 139, 120, 131, 111, 127, 122; Lotharii 125, 135, 169, 134, 133; capitula Lotharii in ære (id est in indice) omissa cum, scilicet capp. 1-41, argumenta capitulorum concilii Romani an. 826; tum alio numerorum ordine inito 148, 123 (capp. 12-14), 47 (cap. 14), 150 (cap. 13), 124, demum 128, 145 a. b., 146, 150 (capp. 3, 11, 12, 14), subjecto 123, cap. 11 ; Eugenii concilium Romanum an. 826 ; Ludovici II imperatoris 185, 186, 188, 190 ; notitiæ complures et chartæ episcopatum Augustanum concernentes, et juramenti Judæorum formula, manibus diversis sec. x-xii libro inscriptæ sunt.

C. Casinas n. 353, fol., s. x, de quo vide Annales nostros, t. V, inter complura alia capitularia 109 et 220 exhibet.

C. ducalis Gothanus, olim *sancti Martini Moguntinensis*, s. xi ineuntis, in folio maximo, duabus columnis per paginam exaratus, quatuor partibus constat, quorum prior, fol., 1-146, imagine legislatoris præfixa, Ansegisi et Benedicti collectiones capitularium, adjectis Ottonis M. Capitulari Francofordiensi et capitulari spurio anni 822, apud Theodonis villam, secunda, foll. 147-223, successiones imperatorum usque Ludovicum I, præfationem *Moyses gentis Judæorum* et *Gens Francorum inclita*, legislatorum imagines, leges Salicam, Ribuariorum, *Capitula legis Langobardorum, seu concordia de singulis causis quas Rothari, Grimuald, Liutprant, Ratgis, Aistulf consti-*

A *tuerunt omnes in simul adunatæ et concorda æ*, in sexaginta capitula distributa, tribus tamen foliis excisis ; leges Alamannorum et Bajoariorum, et cap tularia Caroli Magni, et Pippini 53, 54 , 21, 50; 3 , 52, 38, 26, 33, 40, 71, 53 cap. 1, iterum 21 La gob. (capp. 1-8, et 14), 53 cap. 2, iterum 40 cap. 5 xhibet. Tertiam partem, foll. 224-337, codex Th odosianus et brevis Langobardorum historia ex lent. Quarta parte foll. 538-413, edicta regum Lang bardorum, altera vice Ansegisi capitularia, ac pr teres ex Ludovici capitularibus 144, et Ansegisi capi a iv, 71, 72 ; Lotharii 125, 148, 133, 155, 145 a. b. 146, Ludovici II imp. 182, 183, 168, 171, 170, 184 185, habentur. Liber ab Eccardo quondam tactus sed nunc primum defloratus, quo uti summa qua c inet humanitate vir cl. Iacobs concessit.

C. Mutinensis ecclesiæ cathedralis, quo Mura rius in edendis capitularibus, t. I, p. ii, sanctorum Ital. usus est, s. xi, præmissis excerptis Isodori et nsti-

B tutionum juris Romani, et historia Francor n et Langobardorum, prologum *Moysis*, leges Sali am., Ribuariorum, *Capitula legis Langobardorum sei concordia de singulis causis quam Rothari, Grim ald , Liutprand, Ratchis, Aistulf constituerunt, omn s in simul adunatæ et concordatæ* ut in codice Goth o in 60 titulos distributa, leges Alamannorum et ajoariorum, capitularia Caroli Magni Pippini, Ludo ici I, Lotharii I et Ludovici II, habet, quorum parten ineditam Muratorius pag. 113, 154-155 (capitulari 125, 133, 135, 145 a. b., 146), et 162 (capitulari 184, 185) exscripsit. De libro ipso cf. Murat. t. I, p rt. ii præf., p. 8-11, et Annales nostros, t. V, p. 262.

C. palat. Vindobon. n. 106, Juris canonici, s. x, præter alia, capitulare 254 exhibet.

C. reg. Paris. inter Supplementa latina, n. 16 bis, fol., s. ix, olim *sancti Remigii Rhemensis*, poste collegii Claromontani n. 620, post libellum episcop rum

C Italiæ contra Elipandum capitulare 54 , 50 ; Pi pini interrogationes et responsiones Alcuini ; Index l gum et prologi 53, 54; lex Salica 6; catalogus r gum Francorum, Ansegisi collectio 103, 140, 145 . b., 146, 147, 141 a., 148 (cap. 5), 141 b. cap. 148, 17 ; Recapitulatio solidorum legis Salicæ ; Notitia de villa Nobiliaco, excerpta capitulorum Caroli et Lud vici, Einhardi Vita Caroli, Ludovici coronatio an. 79 ; De Pecunia a paupere non exigenda cum usura Ad hunc librum prope accedunt codd. Paris. 46⁹ et 4760.

C. reg. Paris. 4628 A., in 4°, s. x, catalogos r um et populorum, legem Salicam, capitularia 112, 113, 114, jus pagi Xantensis, 71, 87, 145, 146, Pa lini confutationem Elipandi et Felicis, 34, 50, exhi et ; tunc *Incipiunt libelli vel decreto Clodovei et Ch ldeberti sive Chlotharii et Caroli lucide emendatum De Legibus divinis et humanis,* 5, 7 (cap. 1-12, 16 18), lex Suavorum absque textu 6, 21 ; Memorati e

D octo bannis (de septem septenis) ; recapitulatio oli dorum legis Salicæ, 7 (capp. 1-5, 9-11, 15-15 , 6, regum catalogus Ansegisi capitularia 103 , 40 ; 145 a. b., 146, 147, 144 a., 148 (cap. 5) 14 b., cap., 148, 117 ; recapitulatio solidorum legis Sa c Notitia de villa Novilliaco, excerpta capitulorum roli et Ludovici, Einhardi Vita Caroli non ulla alia. Liber ex codice Supplement. 164 bis aut alio quodam ejusdem generis descriptus esse vid tur. Apographum ejus est codex reg. Paris. n. 4631, c art. et membr., sec. xv.

C. reg. Paris. n. 4760 (Baluz. 365, Reg. 4263 7), 8° maj., sæc. x, xi, post lectiones de Trinitate e indicem legum : *Incipiunt libelli vel decretio chlod veo et childeberto sive chlotharii et karolo fuit lucide e endatum. De Legibus divinis et humanis,* etc., fer ut in codicibus Suppl. 164 bis et 4628 A.; præterm ssa tamen mentione legis Suavorum, 53, 54 (capp. 11 13, 15, 16, 20) ; lex Salica ; interrogationes Pippini, c..

112, cap. 2; benedictio crucis; lectio Epistolæ Pauli ad Romanos.

C. reg. Paris. inter Supplementa latina n. 75, fol., s. x, olim collegii Claromontani, et fortasse Sancti Vincentii Mettensis, imagine legislatoris præfixa, capitularia 13, 15, 14 a. b., 12, 17, 30, 31, 32, 41, 44 b., 53, 54, 55, 57, inserta recapitulatione solidorum, 58, 59, 61, 63, 71, 76, 81, 84, 86, 87, 92, 93, 95, 96, 22, 21, 103. b., 99, 100; Ansegisi capitularia 140, 145 a. b., 146, 141 a., pag. 355, leg. 12 -55. 103 a., 175, 177, 193, 197, 199, 208, 207, 214 a. b.; synodus Meldensis anni 845, 160, 162, synodus Lauriacensis a. 844, 164; inserta synodi Meldensis continuatione; 174, 213, 215, 249; catalogus regum Francorum; lex Salica, insertis prologo verbis cap. 7 capitularis 53; jus pagi Xantensis; leges Ribuariorum, Alamannorum, Bajoariorum, Caroli Magni capitularia ordine fere chronologico disposita sunt; leges ex compluribus libris collectas esse, e. g. capitulare 178, ex libro missatici Senonensis, et 197, ex libro missatici Tervannensis petita persuadent. Cum hoc libro plurimum consentit, si omnino alius fuit quod vix credam, codex quem Sancti Vincentii Mettensem Baluzius vocat, et utrique in plurimis congruus Palatino Vaticanus Ansegisi, cujus lectiones in codice regio Parisiensi n. 4639 (Baluzii 271, Reg. 4243, 3), manu De Bru anno 1675, ad Baluzium transmissa sunt. Liber quoque collegii Navarrici quo Baluzius usus est, ad istos prope accessisse videtur.

C., reg. Paris. n. 4626, fol., s. x, olim bibl. Matisconensis postea Bigotianus, legem Salicam, capitularia 53, 54, 72 a., 21, 111, 112, 113, 114, 197, 178, 218, 198, et post recapitulationem solidorum aliaque legalia, breviarium Alarici et legem Burgundionum habet. Codicem in missatico Matisconensi et Divisionensi exaratum esse, lectio ejus in capitulari 197 arguit.

C. reg. Paris. n. 4638, fol., s. x, olim Pithœi, postea Jac. Aug. Thuani (Colb. 1597, Reg. 4243, 1), Ansegisi collectionem, capitularia 103, 140, 145 a. b., 140, 141 a. Benedicti additiones i-iv, capitularia 160, 162, 163, 164, 161, 166, 167, 172, 174, 175, 176, 177, 178, 180, 181, 179, 194, 193 continens, ex capitulari 181. Rhemis exaratus esse videtur. Ejusdem argumenti codicem Tilianum a Sirmondo in capitularibus Caroli Calvi adhibitum fuisse existimaverim.

C. reg. Paris. n. 4761, olim Philiberti de la Marre. Divionensis, s. x, post Ansegisum Capitula a domno Carolo imp. et filio ejus Ludovico ac sapientissimis eorum episcopis excerpta, scilicet excerpta librorum Benedicti i, ii, iii, a Baluzio p. 519 sqq., pro genuinis Caroli Magni capitulis perperam habita nec tamen anno alicui assignata; tum capitularia 175, 213, 218, 103, 140 a. 145 a. b., 146, 141 a., capitula quædam Benedicti libris excerpta; 242, 244, 109.

C. reg. Paris. 5095, s. x, præter Hincmari Rhemensis et Laudunensis, atque Nicolai I epistolas, synodum Tusiacensem an. 860, capitulare 213, et litteras synodi Carisiacensis ad Ludovicum Germaniæ regem.

C. reg. Paris. 3878, s. x, pœnitentialem Librum et excerpta capitulorum, inde a pag. 158, etiam Caroli II, 174, 215, et Carlomanni a. 884. C. reg. Paris. n. 4376, in fine collectionis canonum Benedicti l i, cap. 279. C. reg. Paris. 1455, fol., s. x, olim Jacobi Tavelli Senonensis (tum Colb. 3368, Reg. 3887, 1, 1, A), Benedicti i, 35, 36, in pagina codici præfixa exhibet.

C. reg. Paris. 2869, s. x, 1750, s. xi, et 2319, chart. cap. 177, habent. Accedunt codd. reg. Monacensis s. ix, Vindobonensis Juris canon. n. 99, fol., s. x, et Guelferbytanus August. 83, 21, fol., sæc. x, qui Caroli II, capitulare de Judæis scilicet fragmentum concilii Meldensis an. 845, servant.

C. req. Paris. n. 4575, in 8°, s. xii, olim Antonii Faure (Regius 4654, 3) ad calcem collectionum Juris canonici quædam ex capitularibus regum et jure consuetudinario necnon sacramenti regii formulam habet.

C. Ambrosianus Mediol. O, 53, 55, olim cœnobii Oscelæ vel Susa in Savoia, in 8°, sæc. xi ineuntis, æque ac proxime sequentes edicta regum Langobardorum et capitula Caroli Magni, Pippini, Ludovici I, Lotharii I, Ludovici II detracta, necnon leges Widonis, Ottonum I et III, Henrici II exhibet. Capitularia ordine genuino dissoluto, et iis quæ potius ad tempus quam vi legis perpetuæ edita fuisse viderentur deletis, eo modo numeris capitulorum continuis scribuntur, quomodo in editione Muratorii conspicimus. Ictorum ea manu prodiisse eo patet, quod et in codicibus præcipue Vindobonensi, Veronensi et Estensi jura prout sæculorum posteriorum usu arctius definita vel explanata erant, et a genuino sæculi noni decimive textu aliquantum aberrantia, proposita sunt. In uno Ambrosiano capitulare nostrum 231 habetur; vide Annales nostros, t. V, p. 264-277. Ad codicem hunc proxime accedit:

C. Florentinus bibl. Laurentianæ pl. 89, sup. 86, in 8° max., s. xi exeuntis, qui edicta regum Langobardorum et Capitularia continet, et in constitutione Conradi II deficit; vide Annales, t. V, p. 277-282. Cum eo plurimum consentit.

C. Londinensis in Musæo Britannico, n. 5411, fol. min., s. xi exeuntis, olim Venetus, quem an. 1827 evolvi. Edicta regum Langobardorum et capitularia, antiquis nonnumquam inscriptionibus servatis, usque ad leges Henrici II imp., adjectis alia sæculi tamen xi vel xii manu constitutionibus Conradi II et Henrici III exhibet, aspersis hinc inde glossis tam marginalibus quam interlinearibus.

C. palatinus Vindobonensis in catalogo Juris civilis n. 210, fol., s. xi, edictum et capitularia amplexus, in constitutionibus Henrici III desinit. Glossas et formulas judiciales multas præbet. Simillimus ei est

C. Veronensis comitis illustrissimi de Gianfilippi, olim ecclesiæ Sanctæ Eufemiæ Veronensis, in 8° max., sæc. xi exeuntis, et xii ineuntis, de quo cf. Annales nostros, t. V, p. 282 sqq.; desinit in Henrico III; adjectum est fragmentum legis Salicæ. Ultimus

C. Estensis, s. xv, a Muratorio in edendis edictis Langobardorum et capitularibus adhibitus, jam haud amplius in bibliotheca ducali Mutinensi exstare videtur.

Quibus accedunt codices legis Lombardæ, quorum textus Ictorum in usum valde immutatus, ab antiqua et genuina lectione sæpe recedit, ideoque in paucis tantum locis, præcipue in constitutionibus imperatorum sæculi xi cum eo conferendus erat; et inspeximus quidem.

C. Casinatem, n. 328, in-4°, sæc. xi exeuntis, vel xii ineuntis, de quo cf. Annales nostros t. V, p. 297.

C. palat. Vindobon., in catalogo juris civilis n. 59, s. xi exeuntis, littera Langobardica exaratum;

C. Vaticano Palatinum, n. 772, fol., s. xii, cui opere exacto, alia manu sæculi xii, constitutiones Lotharii III, an. 1427, et Friderici I, Roncalienses anni 1158 subjectæ leguntur, tum eidem proximus.

C. reg. Paris., n. 4617, fol., s. xii, cui eædem Lotharii et Friderici constitutiones manu sæculi xii additæ sunt.

C. Vatic. n. 5833, s. xii, in collectione canonum cardinalis Deusdedit excerpta capitularis 128 habet.

C. Vaticanus, n. 5922, fol. chart., sæc. xvi, capitulare 75 exhibet.

Quibus libris in Germaniæ nostræ et Helvetiæ, Italiæ, Galliæ, Britanniæ bibliothecis repertis, evolutis, excussis, aliquæ editionibus anterioribus adhibitis, primum id præstare conatus sum, ut textum qualem in codicibus antiquissimis et maxime fide dignis invenissem, talem proponerem, adjectis lectionibus codicum et editionum præcipuis. Tum distinctionem et nexum capitulorum genuinum in libris lctorum usui comparatis æque ac in editis haud raro deletum, ad fidem codicum optimorum, prout res postulare videbatur, restituendum censui. Deinde monumentum quodque tempori suo locove quo editum sit adsignare aggressus, Scriptorum nostrorum, epistolarum et chartarum a me collectarum, et diplomatum a Bœhmero nostro regestis suis illatorum subsidio plurimum profeci. Leges populorum, una cum jure pagi Xantensis a Baluzio pro capitulari tertio anni 815 habito, tomo alii sepositas, et chartas omnes sed et epistolas paucas a Goldasto præcipue et Baluzio collectionibus suis insertas, utpote in magna diplomatum imperialium et epistolarum collectione nostra referendas, loco movi; capitularia a Goldasto et Baluzio Benedicti ex libris decerpta, ut spuria nulliusque auctoritatis mihi probatæ, resecui; e contra capitularia quæ in Ansegisi collectione mihi deprehendisse

visus eram, loco suo reposui; inedita plurim nunc primum reperta addidi. Benedicti libros tres c m additionibus suis, publica auctoritate in German a nostra nunquam receptos, quorumque nonnisi unus apud nos codex exstet, una cum constitutione æculo xii confecta Caroli Magni de expeditione Rom na, et capitulari spurio Triburiensi, ad calcem const tutionum imperialium reliquarum tomo Legum s uudo proponendarum rejeci. Quo consilio effectum st, ut ex monumentis legalibus genuinis ordine suo d' positis clara jam et sincera rei publicæ apud patr s nostros imago redeat; quam ut filii nepotesque oculo sagaci intuentes, inde ad patriam contra hoste fortiter defendendam, et rem publicam Germani juste sapienterque administrandam animos sibi ex mplaque sumant, voveo et exopto. Dabam Hanno eræ, a. d., 6 Idus Julias an. 1835.

IN PIPPINI ET CAROLI MAGNI DIPLOMATA
D. BOUQUET MONITUM.

Pippini et Caroli Magni Diplomata daturi, ad vera et genuina a falsis et interpolatis secernenda, quasdam regulas, quas a Mabillonio mutuamur, præmittere operæ pretium ducimus.

I. *Inscriptiones*. — Pippinus veterem præcedentium regum inscriptionem in suis diplomatibus ut plurimum retinuit, hoc modo: *Pippinus rex Francorum vir inluster*: quandoque addidit *gratia Dei*; propterea quod extraordinario modo pervenerat ad regnum. A prisco etiam ritu non recessit Carolus Magnus, qui patris exemplum imitatus, additamento *gratia Dei* fere perpetuo usus est. In ejus Diplomatibus tria consideranda sunt tempora. Primum ab inito regno Francorum ad regnum Langobardicum, ab anno 768 ad annum 774 excurrente; alterum ab eodem anno ad annum 800, quo coronatus est imperator: tertium inde ad finem vitæ. Primo illo tempore hanc formulam adhibuit: *Carolus gratia Dei rex Francorum vir inluster*; qualem etiam usurpavit Carolomannus ejus frater. Secundo intervallo hac formula usus est: *Carolus gratia Dei rex Francorum et Langobardorum ac patritius Romanorum*, addendo sæpissime, *vir inluster*. Tertio, *in nomine Patris et Filii et Spiritus Sancti, Carolus serenissimus Augustus, a Deo coronatus, magnus et pacificus imperator, Romanorum gubernans imperium, qui et per misericordiam Dei rex Francorum et Langobardorum*, in quibusdam tamen invocatione suppressa, forte scribarum oscitantia.

II. *Suscriptiones*. — Carolovingici reges in litteris suis suscriptionis et annuli mentionem exprimere solent, præterquam in placitis et minoris momenti diplomatibus, cum reges passim non suscriberent; sed solus cancellarius aut notarius, nullam regiæ suscriptionis, et plerumque regii annuli aut sigilli mentionem tunc faciebant. In aliis majoris momenti diplomatibus utrumque exprimere mos erat, in hunc fere modum: *Manu nostra seu propria subterfirmavimus, aut subter eam decrevimus adsignari vel adsignari iussimus*. Observat Mabillonius e multis pauca se invenisse regia diplomata, in quibus neque suscriptionis neque annuli apposita sit mentio, ubi tamen rex subscribit, nec sigillum ejus appositum est. In his omnibus rarissima est *sigilli* mentio in exprimenda clausula sigillationis, tametsi in contextu diplomatis aliquando occurrit.

III. *Suscribendi modus*. — Reges Carolovingici, ut in cæteris passim, sic et in modo suscribendi a Merovingicis descivere. Pippini hæc erat formula: *Signum ⳨ Pippini gloriosissimi regis*, interposito signo crucis inter *Signum* et *Pippini* nomen. Solum crucis signum manu principis expressum erat, cætera cancellarius seu notarius adscribebat. Carolus Magnus patrium morem servavit: *Signum Caroli glorio issimi regis*. Idem præstitit Carolomannus ejus frat r. At post acceptum imperium Carolus adhibuit, *S gnum Caroli serenissimi imperatoris seu Augusti*, inter osito monogrammate inter voces *signum* et *Caroli*.

IV. *Monogramma*. — Pauci ex Merovingici monogrammate usi sunt in diplomatibus, nec alii uam qui præ imperitia nomen suum scribere non val bant. Primus perpetuum monogrammatis usum ac orem in regia diplomata induxit Carolus Magnus, uem morem cæteri ad Philippum tertium Francorum reges retinuere. Monogramma ita concinnari curavit C rolus ut signum crucis, quo superiores Francorum eges in litteris suis usi fuerant, repræsentaret.

V. *Cancellarii suscriptio*. — Post Francoru reges primus e regione referendarius seu cancell rius, archicapellanus aut notarius diplomatibus anti uitus suscribere solebat si membranæ capacitas pate etur; sin minus paulum infra regis suscriptionem. Hoc maxime servatum est sub secunda stirpe, cujus cancellarii fere semper paulo infra regem suscri unt. Sub Carolingis plures erant cancellarii sen n tarii, quibus unus præerat dictus notarius summus, rchinotarius, protonotarius, nonnunquam summu cancellarius, archicancellarius, aliquando absolut notarius et *cancellarius*, nonnunquam *archicapell* nus. Notarii si quando vice cancellariorum suscribe ant, hac formula utebantur: *Widolaicus ad vice Radonis*.

VI. — *Cancellariorum et notariorum nomina*. Ejus quem alii Egium seu Eguim vocant, qui Pippin Regis Diplomata jussus recognoscere solet, non s mus cancellarius, sed notarius dicendus est, uti et hrodingus et Widmarus. Hitherius vero Pippini chicancellarius fuit, ut qui auctoritate sua regias li eras recognoscit ac suscribit. Mabillonius mentione non facit Badilonis, qui tamen cancellarii munus ol iisse videtur ante Hiterium, qui ejus notarius erat. 'am in autographo Diplomate pro monasterio Ful ensi Hitherius subscripsisse dicitur ad vicem Badil is: in quibusdam aliis dicitur Hitherius scripsisse Badilo vero recognovisse ac suscripsisse.

Cancellarii officium exercuit Hitherius ab in unte Caroli Magni principatu. Notarii sub Hit erio fuere Rado, Wigbaldus, Gilbertus et Optatus. H therio successit Rado abbas Vedastinus, qui non rios habuit, Wigbaldum, Gilbertum, Optatum, Jaco um, Erkembaldum et Widolaicum. Tertius Caroli M gni cancellarius fuit Erkembaldus ab anno circit r 29 regni ejus; notarius Erkembaldi, Genesius, q anquam Rado adhuc cancellarius notatur in diplo ate Osnabrugensi, quod anno imperii Carolini t rtio concessum est, ad cujus vicem subscribit Jacob. Quartus Caroli magni cancellarius censendus est Hieremias, postea Senonensis archiepiscopus, cujus notarius fuit Witherus. His Bartholomæum accenset in Vita Caroli monachus Engolimensis ad annum 769. Sunt qui Autpertum abbatem etiam Carolinis cancellariis adjungant, sed non satis valido fundamento. Autpertus quippe ante monachus fuit apud Vulturnum in Italia quam Carolus rex Francorum dictus est; nec unquam inde in Franciam demigravit. Si fides est Auctori Chronici Laureshamensis, Eginhardus fuit notarius et archicapellanus Caroli. Ruotfridum abbatem Caroli notarium fuisse constat ex Annalibus Eginhardi ad annum 809. Amalbertum suggerit diploma secundum Osnabrugense, quod nonnulli suspectum habent, tametsi Erkembaldus, ad cujus vicem Amalbertus litteras recognovisse dicitur, Caroli Magni cancellarius fuit. Alios notarios habuit Erkembaldus, Altifredum scilicet, Ibbonem, Suavium et Guidbertum diaconum, Qui placita Caroli recognoscebant, cancellarii erant extraordinarii, quales fuere Theudegarius, Chrotardus et Eldebertus.

VII. *Procerum suscriptiones.* — Pippini regis privilegium pro Fuldensi monasterio a proceribus subsignatum est. Ejusdem Pippini præceptum pro constructione et dotatione monasterii Prumiensis, editum a Mabillonio tom. II Annal. Bened., pag. 705, episcoporum et comitum subscriptionibus munitur. Carolus Magnus testamentum suum *ab episcopis, abbatibus comitibusque, qui tum præsentes esse potuerant, subscribi curavit,* prout legitur apud Eginhardum in ejus Vita. Istud præcessit donatio ab eo facta Ecclesiæ Romanæ, *quam propria manu ipse corroborans, universos episcopos, abbates, duces* etiam et *grafiones in ea adscribi fecit,* teste Anastasio in Hadriano. In cæteris Caroli Magni diplomatibus nulla procerum, nisi cancellariorum et notariorum, subscriptio.

VIII. *Annus Incarnationis, Indictio.* — In secunda stirpe omnia fere diplomata quæ ad res ecclesiarum, monasteriorum, privatarumque personarum pertinent, carent annis Incarnationis: sed nonnulla, quæ rem publicam maxime spectant, cum annis regum adjunctos habent annos Incarnationis. Unicum reperit Mabillonius Caroli Magni diploma pro Mettensi sancti Arnulfi cœnobio, quod annis Incarnationis præditum est: illudque genuinum non censuisset, nisi inspexisset autographum optimæ notæ, cui tamen sigillum nullum appositum est. Indictionis communis usus in diplomatibus cœpit ab imperio Caroli Magni, id est ab ineunte anno 801, si tamen excipias præmissum pro Sancti Arnulfi cœnobio diploma.

Diplomata, quæ ab istis regulis aberant, prætermittimus, non quod ea omnia falsa existimemus, sed quod in animo habeamus illa tantum dare quæ ab omni suspicione sunt libera. Jam in superiori volumine monuimus, nec satis monere possumus, diplomata, quæ solemnes non præseferunt aliorum conditiones, non continuo habenda pro falsis, sed tantum pro interpolatis ac suspectis. Fieri enim omnino potest, quemadmodum observat Mabillonius, ut diplomata, inscriptiones et suscriptiones præferant falsas atque insinceras, quorum tamen contextus a veritate non abhorreat. Diplomata, quæ in Germania, Italia et aliis regionibus, quæ amplius non sunt Franciæ ditionis, emissa sunt, non repræsentabimus, eorum tamen inscriptiones et suscriptiones exhibebimus, modo ea indubitata arbitremur.

CAROLI MAGNI
CAPITULARIA.

CAPITULARE GENERALE (An. 769 - 771).

Editum a Baluzio ex Codice Sancti Vincentii Laudunensis publici juris factum, atque anno 769 ascriptum, prout ex capite 18 conjicere licet, certe primis Caroli annis et fratre superstite promulgatum est. Singula ejus præcepta ex Capitulari Carlomanni an. 742 aliisque constitutionibus ecclesiasticis fluxisse videntur (Cf. v. c. cp. 7 cum Bonifacii epistola 73, apud Würdtwein, p. 197). Benedicti libro tertio capp. 123-140 tota constitutio, præter tamen caput 16, indoctis clericis periculosius, repetita est. Cujus quidem ope textum Baluzianum recensui, cum in codice olim Laudunensi Sancti Vincentii, jam inter regios Parisienses n. 4788 insignito, capitulare nostrum non reperissem.

Karolus, gratia Dei rex regnique Francorum rector, et devotus sanctæ Ecclesiæ defensor, atque adjutor C in omnibus apostolicæ sedis [a]. Hortatu omnium fidelium nostrorum, et maxime episcoporum ac reliquo-

NOTÆ.

[a] Hæc sic distincta sunt in Codice Laudunensi et apud Burchardum et Ivonem, cum in libro septimo Capitularium postrema ista verba conjungantur cum sequentibus. Magnum autem inter utramque lectionem discrimen est. Nam in libro septimo Capitularium Carolus ait se constituisse hæc Capitula hortatu apostolicæ sedis; hic vero se vocat adjutorem apostolicæ sedis; deinde constitutiones fert consultu consiliariorum suorum, absque ulla mentione interventionis apostolicæ sedis. Sic Capitulare anni 779 factum est absque hortatu apostolicæ sedis, item constitutio de emendatione librorum et officiorum ecclesiasticorum. Capitulare item anni 789 factum est cum consilio episcoporum et optimatum regni. Nulla sedis apostolicæ inter hæc mentio. Idem dicendum de Capitulari Saxonum anni 797. Fortius urgent Capitula addita ad legem Longobardorum anno 801, quæ cum lata fuerint in Italia, ac forte sub oculis Leonis III, Romani pontificis, nullam tamen apostolicæ sedis mentionem faciunt. Infinitum esset omnia persequi. Sufficiant de exemplis illa quæ diximus. Sincerior itaque videtur lectio quam nos hic retinuimus. Ad Carolum namque cum hæreditate paterna transierat defensio Romanæ Ecclesiæ, quam ille filiis ac posteris suis hæreditariam reliquit, ut pluribus ostendit Marca in libro primo de Concordia cap. 12. Itaque Ludovicus et Lotharius ad Eugenium II scribentes, aiunt se debitores existere ut huic sanctissimæ sedi in quibuscunque negotiis auxilium ferre debeant, respicientes, ut opinor, ad initium istius nostri Capitularis. Joannes VIII in epistola 47 ad imperatorem, ait cum a majestate superna concessum esse potentem et strenuum adjutorem sanctæ Ecclesiæ. Certum est adjutorium quod Carolus apostolicæ sedi et Romanis pontificibus tulit, immortalem illi gloriam peperisse. Agnoscunt istud lubenter etiam ipsi Romani pontifices; neque in animum cujusquam eorum intravit contumeliosa in maximum

rum sacerdotum consultu, servis Dei per omnia omnibus armaturam portare vel pugnare, aut in exercitum et in hostem pergere, omnino prohibemus, nisi illi [Al., illis] tantummodo qui propter divinum ministerium, missarum scilicet solemnia adimplenda et sanctorum patrocinia portanda, ad hoc electi sunt; id est, unum vel duos episcopos cum capellanis [a] presbyteris princeps secum habeat, et unusquisque praefectus unum presbyterum qui hominibus peccata confitentibus judicare et indicare poenitentiam possit.

2. Ut sacerdotes neque Christianorum neque paganorum sanguinem fundant.

3. Omnibus servis Dei venationes et sylvaticas vagationes cum canibus, et ut accipitres et falcones non habeant, interdicimus.

4. Statuimus ut secundum canonicam cautelam omnes undecumque supervenientes ignotos episcopos, vel presbyteros, ante probationem synodalem in ecclesiasticum ministerium non admitteremus.

5. Si sacerdotes plures uxores habuerint, vel sanguinem Christianorum vel paganorum fuderint, aut canonibus obviaverint, sacerdotio priventur, quia deteriores sunt secularibus.

6. Decrevimus ut secundum canones unusquisque episcopus in sua parrochia sollicitudinem adhibeat, adjuvante gratione qui defensor Ecclesiae est, ut populus Dei paganias non faciat; sed ut omnes spurcitias gentilitatis abiciat et respuat, sive profana sacrificia mortuorum, sive sortilegos vel divinos, sive phylacteria et auguria, sive incantationes, sive hostias immolatitias, quas stulti homines juxta ecclesias ritu pagano faciunt sub nomine sanctorum martyrum vel confessorum Domini; qui potius quam ad misericordiam sanctos suos ad iracundiam provocant.

7. Statuimus ut singulis annis unusquisque episcopus parrochiam suam sollicite circumeat, et populum confirmare et plebes docere et investigare, et prohibere paganas observationes, divinosque vel sortilegos, aut auguria, phylacteria, incantationes, vel omnes spurcitias gentilium, studeat.

8. Decrevimus quoque juxta sanctorum canones, ut unusquisque presbyter in parrochia habitans episcopo subjectus sit illi in cujus parrochia habitat, et semper in quadragesima rationem et ordinem ministerii sui, sive de baptismo, sive de fide catholica, sive de precibus, et ordine missarum episcopo reddat [1]. Et quandocunque iure canonico episcopus circumeat parrochiam ad populos confirmandos, presbyter se peparatus sit ad suscipiendum episcopum, cum electione et adiutorio populi qui ibi confirmari debet. Et in coena Domini semper novum chrisma ab episcopo suo quaerat. Et de vetere nullus baptizare praesumat, sed ardere in luminaribus ecclesiae faciat.

9. Ut nemo accipiat ecclesiam infra parrochiam sine consensu episcopi sui, nec de una ad aliam transeat.

10. Ut de incestis et criminosis magnam curam habeant sacerdotes, [a] ne in suis pereant sceleribus, et animae eorum a districto iudice Christo eis requirantur. Similiter de infirmis et poenitentibus, ut orientes sine sacrati olei unctione et reconciliatione et viatico non deficiant.

11. Ut ieiunium quatuor temporum et ipsi sacerdotes observent [b], et plebi denuntient observandum.

12. Ut ad mallum venire nemo tardet, primum circa aestatem, secundo circa autumnum. Ad alia vero placita, si necessitas fuerit, vel denuntiatio regis urgeat, vocatus venire nemo tardet.

13. Ut quando denuntiatum fuerit pro rege vel pro fidelibus suis qualibet causa orationes facere, nemo ex hoc neglegens appareat.

14. Nullus sacerdos nisi in locis Deo dicatis, vel in itinere positus in tabernaculis et mensis lapidei ab episcopo consecratis, missas celebrare praesumat. Quod si [c] praesumpserit, gradus sui periculo iacebit.

15. Sacerdotes qui rite non sapiunt adimplere ministerium suum, nec discere iuxta praeceptum episcoporum suorum pro viribus satagunt, vel contemptores canonum existunt, ab officio proprio sunt submovendi quousque haec pleniter emendata habeant.

16. Quicunque autem a suo episcopo frequenter admonitus de sua scientia, ut discere curet, fa ere neglexerit, procul dubio et ab officio removeatur, et ecclesiam quam tenet, amittat; quia ignorantes legem Dei eam aliis annuntiare et praedicare non possunt.

17. Ut nullus iudex neque presbyterum neque diaconum aut clericum, aut iuniorem ecclesiae, extra conscientiam pontificis per se distringat aut condemnare praesumat. Quod si quis hoc fecerit, ab ecclesia cui iniuriam inrogare dinoscitur, tamdiu sit sequestratus, quamdiu reatum suum cognosca et emendet.

VARIANTES LECTIONES.

[1] r. et ostendat. Bened. III, 130.   [2] e. vetus non tardet ibid.   [3] ne *usque* requirantur *deest* III. 52.
[4] ipse sacerdos observet et p. denuntiet o. III. 135.   [5] et alterum III. 133.   [6] qui III. 136.

NOTAE.

principem Valdesii cogitatio, qui capite 20 operis de Dignitate regum regnorumque Hispaniae § 15, ait illum, cum pro libertate sedis apostolicae laboravit, « non tam pro aris et focis Ecclesiae dimicasse quam quod sua interessef; » immemor videlicet summorum ejus in Ecclesiam meritorum, ingratus etiam adversus memoriam hominis absque quo fortassis Christianismus olim prorsus exstinctus in Hispania fuisset, uti jam observatum est a viro eruditissimo.
BALUZ.

[a] Ita correxi Carolomanni Capitulare et Benedictum secutus, ut sententia ipsa requirit; Codex Laudunensis legit: *presbyteris. Et unusquisque princeps unum presbyterum secum habeat qui*, etc.

concessum est, ad cujus vicem subscribit Jacob. Quartus Caroli magni cancellarius censendus est Hieremias, postea Senonensis archiepiscopus, cujus notarius fuit Witherus. His Bartholomæum accenset in Vita Caroli monachus Engolimensis ad annum 769. Sunt qui Autpertum abbatem etiam Carolinis cancellariis adjungant, sed non satis valido fundamento. Autpertus quippe ante monachus fuit apud Vulturnum in Italia quam Carolus rex Francorum dictus est; nec unquam inde in Franciam demigravit. Si fides est Auctori Chronici Laureshamensis, Eginhardus fuit notarius et archicapellanus Caroli. Ruotfridum abbatem Caroli notarium fuisse constat ex Annalibus Eginhardi ad annum 809. Amalbertum suggerit diploma secundum Osnabrugense, quod nonnulli suspectum habent, tametsi Erkembaldus, ad cujus vicem Amalbertus litteras recognovisse dicitur, Caroli Magni cancellarius fuit. Alios notarios habuit Erkembaldus, Allifredum scilicet, Ibbonem, Suavium et Guidbertum diaconum, Qui placita Caroli recognoscebant, cancellarii erant extraordinarii, quales fuere Theudegarius, Chrotardus et Eldebertus.

VII. *Procerum suscriptiones.* — Pippini regis privilegium pro Fuldensi monasterio a proceribus subsignatum est. Ejusdem Pippini præceptum pro constructione et dotatione monasterii Prumiensis, editum a Mabillonio tom. II Annal. Bened., pag. 705, episcoporum et comitum subscriptionibus munitur. Carolus Magnus testamentum suum *ab episcopis, abbatibus comitibusque, qui tum præsentes esse potuerunt*, subscribi curavit, prout legitur apud Eginhardum in ejus Vita: Istud præcessit donatio ab eo facta Ecclesiæ Romanæ, *quam propria manu ipse corroborans, universos episcopos, abbates, duces etiam et grafiones in ea adscribi fecit*, teste Anastasio in Hadriano. In cæteris Caroli Magni diplomatibus nulla procerum, nisi cancellariorum et notariorum, subscriptio.

VIII. *Annus Incarnationis, Indictio.* — In secunda stirpe omnia fere diplomata quæ ad res ecclesiarum, monasteriorum, privatarumque personarum pertinent, carent annis Incarnationis : sed nonnulla, quæ rem publicam maxime spectant, cum annis regum adjunctos habent annos Incarnationis. Unicum reperit Mabillonius Caroli Magni diploma pro Mettensi sancti Arnulfi cœnobio, quod annis Incarnationis præditum est : illudque genuinum non censuisset, nisi inspexisset autographum optimæ notæ, cui tamen sigillum nullum appositum est. Indictionis communis usus in diplomatibus cœpit ab imperio Caroli Magni, id est ab ineunte anno 801, si tamen excipias præmissum pro Sancti Arnulfi cœnobio diploma.

Diplomata, quæ ab istis regulis aberant, prætermittimus, non quod ea omnia falsa existimemus, sed quod in animo habeamus illa tantum dare quæ ab omni suspicione sunt libera. Jam in superiori volumine monuimus, nec satis monere possumus, diplomata, quæ solemnes non præseferunt aliorum conditiones, non continuo habenda pro falsis, sed tantum pro interpolatis ac suspectis. Fieri enim omnino potest, quemadmodum observat Mabillonius, ut diplomata, inscriptiones et suscriptiones præferant falsas atque insinceras, quorum tamen contextus a veritate non abhorreat. Diplomata, quæ in Germania, Italia et aliis regionibus, quæ amplius non sunt Franciæ ditionis, emissa sunt, non repræsentabimus, eorum tamen inscriptiones et suscriptiones exhibebimus, modo ea indubitata arbitremur.

CAROLI MAGNI
CAPITULARIA.

CAPITULARE GENERALE (An. 769 - 771).

Editum a Baluzio ex Codice Sancti Vincentii Laudunensis publici juris factum, atque anno 769 ascriptum, prout ex capite 18 conjicere licet, certe primis Caroli annis et fratre superstite promulgatum est. Singula ejus præcepta ex Capitulari Carlomanni an. 742 aliisque constitutionibus ecclesiasticis fluxisse videntur (Cf. v. c. cp. 7 cum Bonifacii epistola 73, apud Würdtwein, p. 197). Benedicti libro tertio capp. 125-140 tota constitutio, præter tamen caput 16, indoctis clericis periculosius, repetita est. Cujus quidem ope textum Baluzianum recensui, cum in codice olim Laudunensi Sancti Vincentii, jam inter regios Parisienses n. 4788 insignito, capitulare nostrum non reperissem.

Karolus, gratia Dei rex regnique Francorum rector, et devotus sanctæ Ecclesiæ defensor, atque adjutor C in omnibus apostolicæ sedis [a]. Hortatu omnium fidelium nostrorum, et maxime episcoporum ac reliquo-

NOTÆ.

[a] Hæc sic distincta sunt in Codice Laudunensi et apud Burchardum et Ivonem, cum in libro septimo Capitularium postrema ista verba conjungantur cum sequentibus. Magnum autem inter utramque lectionem discrimen est. Nam in libro septimo Capitularium Carolus ait se constituisse hæc Capitula hortatu apostolicæ sedis; hic vero se vocat adjutorem apostolicæ sedis; deinde constitutiones fert consultu consiliariorum suorum, absque ulla mentione interventionis apostolicæ sedis. Sic Capitulare anni 779 factum est absque hortatu apostolicæ sedis, item constitutio de emendatione librorum et officiorum ecclesiasticorum. Capitulare item anni 789 factum est cum consilio episcoporum et optimatum regni. Nulla sedis apostolicæ inter hæc mentio. Idem dicendum de Capitulari Saxonum anni 797. Fortius urgent Capitula addita ad legem Longobardorum anno 801, quæ cum lata fuerint in Italia, ac forte sub oculis Leonis III, Romani pontificis, nullam tamen apostolicæ sedis mentionem faciunt. Infinitum esset omnia persequi. Sufficiant de exemplis illa quæ diximus. Sincerior itaque videtur lectio quam nos hic retinuimus. Ad Carolum namque cum hæreditate paterna transierat defensio Romanæ Ecclesiæ, quam ille filiis ac posteris suis hæreditariam reliquit, ut pluribus ostendit Marca in libro primo de Concordia cap. 12. Itaque Ludovicus et Lotharius ad Eugenium II scribentes, aiunt se debitores existere ut huic sanctissimæ sedi in quibuscunque negotiis auxilium ferre debeant, respicientes, ut opinor, ad initium istius nostri Capitularis. Joannes VIII in epistola 47 ad imperatorem, ait cum a majestate superna concessum esse potentem et strenuum adjutorem sanctæ Ecclesiæ. Certum est adjutorium quod Carolus apostolicæ sedis et Romanis pontificibus tulit, immortalem illi gloriam peperisse. Agnoscunt istud lubenter etiam ipsi Romani pontifices; neque in animum cujusquam eorum intravit contumeliosa in maximum

rum sacerdotum consultu, servis Dei per omnibus armaturam portare vel pugnare, aut in exercitum et in hostem pergere, omnino prohibemus, nisi illi [Al., illis] tantummodo qui propter divinum ministerium, missarum scilicet solemnia adimplenda et sanctorum patrocinia portanda, ad hoc electi sunt; id est, unum vel duos episcopos cum capellanis [a] presbyteris princeps secum habeat, et unusquisque praefectus unum presbyterum qui hominibus peccata confitentibus judicare et indicare poenitentiam possit.

2. Ut sacerdotes neque Christianorum neque paganorum sanguinem fundant.

3. Omnibus servis Dei venationes et sylvaticas vagationes cum canibus, et ut accipitres et falcones non habeant, interdicimus.

4. Statuimus ut secundum canonicam cautelam omnes undecunque supervenientes ignotos episcopos, vel presbyteros, ante probationem synodalem in ecclesiasticum ministerium non admitteremus.

5. Si sacerdotes plures uxores habuerint, vel sanguinem Christianorum vel paganorum fuderint, aut canonibus obviaverint, sacerdotio priventur, quia deteriores sunt secularibus.

6. Decrevimus ut secundum canones unusquisque episcopus in sua parrochia sollicitudinem adhibeat, adjuvante gratione qui defensor Ecclesiæ est, ut populus Dei paganias non faciat; sed ut omnes spurcitias gentilitatis abiciat et respuat, sive profana sacrificia mortuorum, sive sortilegos vel divinos, sive phylacteria et auguria, sive incantationes, sive hostias immolatitias, quas stulti homines juxta ecclesias ritu pagano faciunt sub nomine sanctorum martyrum vel confessorum Domini; qui potius quam ad misericordiam sanctos suos ad iracundiam provocant.

7. Statuimus ut singulis annis unusquisque episcopus parrochiam suam sollicite circumeat, et populum confirmare et plebes docere et investigare, et prohibere paganas observationes, divinosque vel sortilegos, aut auguria, phylacteria, incantationes, vel omnes spurcitias gentilium, studeat.

8. Decrevimus quoque juxta sanctorum canones, ut unusquisque presbyter in parrochia habitans episcopo subjectus sit illi in cujus parrochia habitat, et semper in quadragesima rationem et ordinem ministerii sui, sive de baptismo, sive de fide catholica, sive de precibus, et ordine missarum episcopo reddat [1]. Et quandocunque iure canonico episcopus circumeat parrochiam ad populos confirmandos, presbyter se paratus sit ad suscipiendum episcopum, cum collectione et adiutorio populi qui ibi confirmari debet. Et in coena Domini semper novum chrisma ab episcopo suo quaerat. Et de vetere nullus baptizare praesumat, sed ardere in luminaribus ecclesiae faciat.

9. Ut nemo accipiat ecclesiam infra parrochiam sine consensu episcopi sui, nec de una ad aliam transeat.

10. Ut de incestis et criminosis magnam curam habeant sacerdotes, [2] ne in suis pereant sceleribus, et animae eorum a districto iudice Christo eis requirantur. Similiter de infirmis et poenitentibus, ut orientes sine sacrati olei unctione et reconciliatione et viatico non deficiant.

11. Ut ieiunium quatuor temporum et ipsi sacerdotes observent [4], et plebi denuntient observandum.

12. Ut ad mallum venire nemo tardet, primum circa aestatem, secundo [5] circa autumnum. Ad illa vero placita, si necessitas fuerit, vel denuntiatio regis urgeat, vocatus venire nemo tardet.

13. Ut quando denuntiatum fuerit pro rege vel pro fidelibus suis qualibet causa orationes facere, nemo ex hoc neglegens appareat.

14. Nullus sacerdos nisi in locis Deo dicatis, vel in itinere positus in tabernaculis et mensis lapidei ab episcopo consecratis, missas celebrare praesumat. Quod si [6] praesumpserit, gradus sui periculo subiacebit.

15. Sacerdotes qui rite non sapiunt adimplere ministerium suum, nec discere iuxta praeceptum piscoporum suorum pro viribus satagunt, vel contemptores canonum existunt, ab officio proprio sunt submovendi quousque haec pleniter emendata habeant.

16. Quicunque autem a suo episcopo frequenter admonitus de sua scientia, ut discere curet, facere neglexerit, procul dubio et ab officio removeatur, et ecclesiam quam tenet, amittat; quia ignorat legem Dei eam aliis annuntiare et praedicare non possunt.

17. Ut nullus iudex neque presbyterum neque iaconum aut clericum, aut iuniorem ecclesiae, extra conscientiam pontificis per se distringat aut condemnare praesumat. Quod si quis hoc fecerit, ab ecclesia cui iniuriam irrogare dinoscitur, tamdiu sit sequestratus, quamdiu reatum suum cognoscat et emendet.

VARIANTES LECTIONES.

[1] r. et ostendat. Bened. III, 130. [2] e. vetus non tardet ibid. [3] ne usque requirantur deest III. 52. [4] ipse sacerdos observet et p. denuntiet o. III. 135. [5] et alterum III. 133. [6] qui III. 136.

NOTÆ.

principem Valdesii cogitato, qui capite 20 operis de Dignitate regum regnorumque Hispaniæ § 15, ait illum, cum pro libertate sedis apostolicæ laboravit, « non tam pro aris et focis Ecclesiæ dimicasse quam quod sua interesset; » immemor videlicet summorum ejus in Ecclesiam meritorum, ingratus etiam adversus memoriam hominis absque quo fortassis Christianismus olim prorsus exstinctus in Hispania fuisset, uti iam observatum est a viro eruditissimo.
BALUZ.

[a] Ita correxi Carolomanni Capitulare et Benedictus secutus, ut sententia ipsa requirit; Codex Laudunensis legit : presbyteris. Et unusquisque princeps unum presbyterum secum habeat qui, etc.

18. [a] Ut nullus episcoporum vel secularium cuiuscunque alterius episcopi sive ecclesiæ sive privati res, aut regnorum divisione aut provinciarum sequestratione, competere [1] aut retinere praesumat. Quod si quis hoc facere tentaverit, tamdiu sit ab omnium caritate suspensus, et a communionis gratia sequestratus, quoadusque es ablatas cum fructuum satisfactione restituat.

VARIANTES LECTIONES.

[1] aut petere *concil. Aur*

NOTÆ.

[a] Cf. concilii Aurelian. v, anno 549, canonem 14, apud Sirmond. Concil. Galliæ 1, p. 281, unde hoc caput fluxisse videtur. PERTZ.

CAPITULARE DE BANNO DOMINICO (Circ. an. 772).

Constitutionem in Ortloffii viri cl. libello de Lege Salica, pag. 30, latentem, iterum publici juris fecimus ex codice bibliothecæ regiæ Babenbergensis, leges Salicam, Ribuariorum et Alamannorum continenti membranaceo sæculi IX, in-8° longiori, in cujus pagina 506 et 507 repertam anno superiori exscripsi. Data esse videtur primis Caroli annis, certe [a] ante ea capitularia quibus annis 797 et 803 easdem leges Baioariis atque Saxonibus superatis imposuit.

De illos [1] octo bannus unde domnus noster vult quod B nuam trahit contra voluntatem parentum suorum. exeant [2] sol. 60.
1. Cap. Dishonoratio sanctae ecclesiae.
2. Qui iniuste agit contra viduas.
3. De orfanis.
4. Contra pauperinus qui se ipsus defendere non possunt, qui dicuntur ur uer magon.
5. Qui raptum facit, hoc est qui feminam inge-

6. Qui incendium facit infra patriam, hoc est qui incendit alterius casam aut scuriam.
7. Qui harizhut facit, hoc est qui frangit alterius sepem aut portam aut casam cum virtute.
8. Qui in hoste non vadit.
Isti sunt octo banni domino regis unde exire debent de unoquisque solido 60.

VARIANTES LECTIONES

[1] VIII. octo. *c.* [2] exant *c.*

NOTÆ.

[a] Cf. Capitulare Saxonicum an. 797 c. 1, 2. — Conferre juvabit et Additionem Benedicti IV, c. 42-45.

CAPITULARE. An. 779 (Mart. Haristallio).

Editioni nostræ capitularis antea ab Amerpachio, Sirmondo et Baluzio vulgati, codices hi inservierunt:
1. C. monasterii Sangallensis n. 733, initio sæculi IX exaratus, quem plerumque sequitur editio nostra. Contulerunt eum Baluzius, et in nostræ editionis usum viri cl. Wechelinus.
2. C. monasterii Sancti Pauli in Carinthia, initio sæculi IX exaratus atque a me exscriptus, cui in pluribus congruit:
3. C. bibl. regiæ Parisiensis n. 4613 m., sæc. x, olim Thuaneus, primum a Baluzio, et iterum a me collatus.
4. C. bibl. Guelferbytanæ Blankenburgensis sæc. x.
5. C. bibl. ducalis Gothanæ sæc. xi, proxime sequitur codices 2, 3, 4.
6. C. bibl. regiæ Parisiensis n. 4628 A. sæc. x, ubi Capitulare inscribitur: Incipit decretum Karoli preciosi regis Francorum. Eadem fere inscriptio reperitur in
6*. C. bibl. ejusdem n. 4626 m., sæc. x.: Incipit decretum Karoli preciosissimo rege. Liber olim bibliothecæ Bigotianæ, primum a Baluzio, tum a me collatus est.
7. C. bibl. reg. Monacensis olim Tegernseensis, ab Amerpachio editus.
8. Editio Sirmondi in Conciliis Galliarum, vel potius Codex quem ipse vocat Aquitanicus
9. C. bibl. regiæ Parisiensis inter supplementa latina n. 75 signatus, atque a me collatus cum editis, sæc. x, idem esse videtur quem Baluzius Parisiensem et Claromontensem vocavit. Quam maxime cum eo congruunt.
10. C. S. Vincentii Mettensis et 11. C. Palatinus, a Baluzio adhibiti.
Ejusdem capitularis editionem pro regno Langobardorum recens conquisito comparatam, hic primum vulgamus auctoritate codicum:
1. Chisiani, sæc. x,
2. Cavensis, sæc. xi, quibus
3. Gothanus et 4 Mutinensis apud Muratorium plurimum congruunt; collatis quoque codicibus Ambrosiano, Londinensi, Florentino, Vindobonensi, Veronensi et Estensi apud Muratorium.

CAPITULARE FRANCICUM.

In Christi nomine [1]. Anno feliciter [2] undecimo regni domini nostri Karoli, regis gloriosissimi, in mense

VARIANTES LECTIONES.

[1] In Ch. n. *ex cod.* 1. [2] felicissimo 1.

CAPITULARE LANGOBARDICUM.

Anno [1] feliciter undecimo regni domini nostri Caroli gloriosissimi regis in mense Martio. Facto ca-

VARIANTES LECTIONES

[1] Carolus Magnus cum pontifice romano et synodali concilio *inscriptio codicis Estensis.*

| CAPITULARE FRANCICUM. | CAPITULARE LANGOBARDICUM. |

Martio, factum capitulare, qualiter congregatis in unum synodali [1] concilio episcopis, abbatibus, virisque inlustribus [a] comitibus, una cum piissimo domino nostro, secundum Dei voluntatem, pro causis oportunis consenserunt decretum.

1. [b] De metropolitanis episcopis, ut suffraganii episcopi eis secundum canones subiecti sint; et ea quae erga ministerium illorum emendanda cognoscunt, libenti animo emendent atque [2] corrigant.

2. De episcopis. Ubi praesens episcopi ordinati non sunt, ut sine tarditate ordinentur.

3. De monasteriis [c] qui regulares fuerunt, ut secundum regulam vivant; necnon et [3] monasteria puellarum ordinem sanctum custodiant, et unaquaeque abbatissa in suo monasterio sine intermissione resedeat.

4. Ut episcopi de presbiteris diaconibus [4] et clericis infra illorum parrochia potestatem habeant [d] secundum canones.

5. Ut episcopi de incestuosis hominibus emendandi licentiam habeant; seu et de viduis infra suam parrochiam potestatem habeant ad corrigendum [5].

6. Ut nulli [6] liceat alterius clericum recipere aut ordinare in aliquo gradu.

7 [7]. De decimis. Ut unusquisque suam decimam donet, adque per iussionem episcopi dispensentur [e].

8. [f] Ut homicidas aut caeteros reos qui legibus mori [8] debent, si ad ecclesiam confugerint, non excusentur [9], neque eis ibidem victus detur.

9. Ut latrones [g] de infra inmunitatem [h] illi iudicis ad comitum placita praesentetur; et qui hoc non fecerit, beneficium et honorem perdat. Similiter [10] et vassus noster, si hoc non adimpleverit, beneficium et honorem perdat. Et qui beneficium non habuerit, bannum [11] solvat.

10. De eo qui periurium fecerit, nullam redemptionem, nisi manum perdat. Quod si accusator contendere voluerit de ipso periurio, stent ad cru-

LECTIONES VARIANTES.

[1] sinodociali 2. sinodochialis 3. [2] eosque 5. [3] ut 2. [4] vox habetur in uno 1. [5] ad c. deest 1. [6] nemini 1.? 9. edd. [7] caput deest 1. [8] morire 2. [9] excutiantur nonnulli codd. Legum Longob. [10] Similiter—perdat desunt in 5. 9. 10. 11. Baluz. sequentibus postposuit. [11] Bandum 1.

pitulare, qualiter congregatis in unum sinodale oncilium episcopis, abbatibus virisque illustribus mitibus [1], una cum piissimo domino nostro secu um Dei voluntatem pro causis oportunis consens unt decretum [2].

Primo kapitulo. De metropolitanis episcopi, ut eorum suffragani episcopi eis secundum can nes subiecti sint, et ea quae erga ministerium ill rum emendanda cognoscunt, libenti animo emende t atque corrigant.

2. De episcopatis. Ubi praesens episcopi or nati non sunt, sine tarditate ordinentur.

3. De monasteriis qui regulares fuerunt, ut s cundum regulam vivant; necnon [3] et monasteria p ellarum ordinem sanctum custodiant, et unaquaeque bbatissa in suo monasterio sine intermissione rese leat.

4. Ut episcopi de presbiteris diaconibus, et lericis [4] infra illorum parrochia vel de suo mini terio potestatem habeant secundum canones facere

5. Ut episcopi de incestuosis hominibus e rendandi licentiam habeant [5], seu et de viduis fra suam parrochiam potestatem habeant ad corr gendum [6]. Et si de ipsis incestuosis aliquis post indicium episcopi in ipso incestu se iterum miser t, si alo tem habuerit, ipso fisco regis [7] recipiat.

6. Ut nulli liceat alterius clericum reciper nec ordinare in aliquo gradu [8], sine dimissoria su episcopi de cuius parrochia est.

7. De decimis, ut unusquisque homo sua d ima donet, et per iussionem et consilium [9] episco i in cuius parrochia fuerit [10] dispensentur.

8. De homicidis et ceteris malefactoribus, qui legibus aut pro pace facienda morire debent. emo eos ad excusationem in aecclesia sua introire per-

LECTIONES VARIANTES.

[1] v. nobilis inlustribus Amb. [2] Vindob. et ed i hic versus adiiciunt : Quae gens multa petit, Karolu sua jussa peregit, Rex bonus, orbis honor. [3] deest 1: 2. [4] p. et diaconibus legitur in codd, V. Vn. Est. vocclericis omissa; Chis., Cav., Ambros., Mut., dia onibus omittunt. [5] habeant—habeant desunt 1. 2. [6] regendum 1. 2. [7] nostro 2. [8] g. nisi de suis homi ibus clericum habuerit, nullatenus ad ordinandum d cere praesumat, nisi ad illum episcopum de cuius par chia est, in potestate habere debet 3. 4. (est, aut in uius parrochia, in p. h. d.) [9] et c. adest in 1. 2. 3: 4. [10] in c. p. f. recepi ex 1. 2. 3. 4.

NOTÆ.

[a] Hæc vox deest in Codice Palatino, in Albiensi et in lib. III legis Longobardorum. Cod. Paris.: *Virisque inlustribus, una cum comitibus.* BALUZ.

[b] Vide epist. Adriani I ad Bertherium episc. Viennensem, quam Petrus a Sancto Juliano edi it in lib. de Antiquit. urbis Matisconensis, pag. 272, exstatque etiam in Chron. Hugonis Flaviniacensis, pag. 109, ac demum in tom. VI Conc., pag. 1888. ID.

[c] Baluz., *quæ regularia.* Cod. Paris., *Ut monasteria quæ sub regula fuerunt.*

[d] Pro his vocibus Codex Thuanus habet *ad corrigendum.* Sic etiam in Palatino. BALUZ.

[e] In cod. Tegernseensi inse itur hic caput aliud de decimis, quod infra in Capitulari Caroli Langobardico, cap 8, allaturi sumus.

[f] Sequens giossa est addita in margine leg. Longob. in Codicibus regiis : « Scilicet vel ille q dominum suum occiderit, vel uxor quæ maritun, vel qui contra animam regis cogitaverit, vel qui foris provinciam fugere temptaverit, vel in consilio conventu regali scandalum fecerit, hi omnes per n anus honorum hominum trahi debent, ut praecipitu leg. *Si cuis ad ecclesiam Dei confugium fecerit.* » ID

[g] « Id est, qui faciunt furtum infra emunit tem, vel al. i. abstrahant de emunitate » ut habet lossa interlinearis in uno Cod. reg. ID.

[h] Id est, illius. « Scilicet sub cujus regimin ipsa est emunitas, » ut habet glossa interlin., in ltero Cod. reg. ID.

[i] Sequentia usque medium caput 14, desunt in Z

CAPITULARE FRANCICUM.

cem. Et si iurator vicerit, legem suam accusator emendet. Haec vero de minoribus causis observandum. De maioribus vero rebus, aut de statu ingenuitatis, secundum legem custodiant.

[10 bis. De [a] latronibus in custodiam missis. De latronibus qui in custodiam missi sunt, ut nullus index publicus pretium pendat. Et si hoc fecerit, honorem suum perdat. Et qui ecclesiam infregerit moriatur.]

11. De vindicta [b] et iudicio [c] in latrones. Factum testimonium episcoporum, absque peccato comitis esse dicunt [1], ita tamen ut absque invidia aut absque occasione mala, et nihil aliud ibi interponatur nisi vera iustitia ad perficiendum [2]. Et si per odium aut malo ingenio, nisi per iustitiam faciendam, hominem disfecerit, honorem suum perdat, et legibus contra quem iniuste fecit, secundum penam quam intulit, emendetur.

12 [3]. Capitula vero quae bonae memoriae genitor noster [4] in sua placita constituit et in synodis [5], conservare volumus.

13. De rebus vero ecclesiarum, unde nunc [6] census [7] exeunt, decima et nona cum ipso [8] censu sit soluta; et unde antea non exierunt, similiter nona et decima detur; atque de casatis quinquaginta, solidum unum; et de casatis triginta, dimidium solidum, et de viginti, trimisse uno. Et de precariis : ubi modo sunt, renoventur; et ubi non sunt, scribantur. Et sit discretio inter precarias de verbo nostro factas, et inter eas quae spontanea voluntate de ipsis rebus ecclesiarum faciunt.

14. De [d] truste faciendo nemo praesumat.

15. De cerariis et tabulariis atque cartulariis, sicut a longo tempore fuit, observetur.

16. De sacramentis per [e] gildonia invicem coniurantibus, ut nemo facere praesumat. Alio vero modo de illorum [f] elemosinis, aut de incendio, aut de naufragio, quamvis convenentias faciant, nemo in hoc iurare praesumat [9].

17. [10] De itinerantibus. Qui ad palatium aut aliubi

VARIANTES LECTIONES.

[1] d. licet absque 2. 5.   [2] et pacem confirmandam cod. Lond.   [3] cap. deest 3.   [4] N. domnus Pippinus rex 7.   [5] et in s. deest 4. 5.–6*. 7.   [6] modo censum 2. [7] pensiones 7.   [8] i. sit velut et 2. 5. c. desunt 5. c. i. c. desunt 7.   [9] quamvis — praesumat deest 9. [10] Deest 11.

CAPITULARE LANGOBARDICUM.

mittat; et si absque voluntate pastoris ibidem introierit, tunc ipse in cuius ecclesia est, nullum vi ctum ei donet nec alio dare permittat [1].

9. De latronibus. Ut latrones de infra emunitate illos iudices et advocati ad comitum placitum quando eis annuntiatum fuerit [2], praesententur [3-4]. Et si dixerit, quod illo latrone praesentare non potuisset [5], iurare debet, quod illos [6] praesentare non potuisset, postquam ei denuntiatum fuerit, nec pro nulla iustitia dilatando illi latroni [7] non consentisset, nec pro causa dilatationis de sua potestate, vel de suo ministerio ipsum latronem non iactasset. Et hoc iuret, ut per sua voluntate, si potest, ipsum latronem praesentare debeat ad iustitias faciendum. Et qui hoc non fecerit, beneficium et honorem perdat. Similiter et vassi [8] dominici ipsum exemplum exinde sustineant. Et qui suprascripto sacramento sine periurio iurare non potuerit, si beneficium habuerit aut actum per ipsum perdat, et si beneficium non habuerit, bannum dominicum solvat.

10.[9] De periurio. Si quis periurium fecerit, nullam redemptionem ei facere liceat, nisi manum perdat [6]. Et si ille qui prius illum sacramentum iurat, de illo periurio probatus fuerit, et aliquis de suos iuratores dixerit quod nesciens se periurasset, aut hoc apud iudicium Dei adprobet verum esse aut similiter manum perdat [10]. De cuius causa periurium fecerit, sicut lex loci illius, ubi periritrium factum est, a longo tempore fuit, de [11] eorum pretium emendare studeat.

11. De furto [12], vel de minoribus causis institui-

VARIANTES LECTIONES.

[1] Ita 1. 2. Reliqui legunt ut capitulare Francicum. [2] annuntiauerint 1 A.   [3] praesentent L. A. V. Est. praesententur Vn.   [4] si autem latrones foris furtum committentes, fugerint infra emunitatem, fufura iudicentur sententia. Et si etc. V. Vn. (vero) Est. [5] potuisset — potuisset excidit in 1. 2.   [6] i. latrones. p. V. Vn. Est.   [7] i. latrones fugire c. V. Vn. Est. [8] si vassi nostri hoc non adimpleverint, beneficium et honorem perdant, et qui beneficium non habuerit, bannum nostrum solvat. M. A. V. Vn. edd. [9] Cod. 4. ut in capitulari Francico.   [10] perdat sicut ille fecit de cuius causa periurium fecerit. Et si se purificatus fuerit quod nescienter se periurasset, sicut lex etc. V. Vn. Est.   [11] de suo precio emendare studeat id est widrigild componat. V. Vn. Est. [12] F. vel scaccho vel A.

NOTÆ.

[a] Hanc legem exhibet Editio Sirmundi, deest in Codicibus omnibus.

[b] Id est sematione membrorum. GLOSSA COD. LOND.

[c] Id est morte. GLOSSA COD. LOND.

[d] Opinor caput istud esse mutilum. Sic enim legitur in libro tertio legis Longobardorum tit. 4, cap. 2 : « De truste facienda, ut nemo praesumat ad nos venienti mansionem vetare, et quae necessaria sunt, sicut vicino suo ei vendat. » TRUSTE, id est, servitio regali, ut habet glossa interlinearis in codicibus regiis. Aliæ glossæ relatæ in Glossario Lindenbrogii : Truste facienda, id est caballicata. Et Nicolaus Boherius annotavit ad hunc locum : Expone de truste facienda, id est, de regali servitio faciendo. BALUZ.

[e] Ita Codex Albiensis et Sangallensis et editio Sirmondi. Bavarica et Basilcensis et codex Metensis geldonia, Bigotianus gildoniæ, Rhemensis ghilduniæ. In libro primo Legis Longobardorum, tit. 47, cap. 7, de Sacramentis per gildoniam. Ubi glossa interlin. add. id est illicita collectione. Thomas Reinesius in epist. 86 ad Daumium collectas hominum in legibus Caroli iunctis synodo Bavaricæ ait esse cœtus, fratrias, sodalitates seu gildas contra raptores. Iv.

[f] In lege Longobardorum legitur alimoniis. Quod idem est in hoc loco.

[g] Reliqua capitis desunt in A. V. Vn. Est. Codices V. et Vn. tamen addunt : et emendare studeat. Cum vero eadem lex in codd. eisdem inter Pippini regis leges occurrat, hic eius lectiones subiicere iuvabit.

CAPITULARE FRANCICUM.   CAPITULARE LANGOBARDICUM.

pergunt, ut eos cum collecta nemo sit ausus adsalire. Et [a] nemo alterius erbam defensionis tempore tollere praesumat; nisi in hoste pergendum, aut missus noster sit. Et qui aliter facere praesumit, emendet.

18. De teloneis[1] qui iam antea forbanniti[2] fuerunt, nemo tollat nisi ibi ubi antiquo tempore fuerunt.

[18 bis[3]. Item placuit de sanctimonialibus mulieribus qui se copulaverunt viris aut adulterio se polluerunt, ut disiungantur, et intrent in monasteria, tam viri quamque et feminae, cum rebus suis et cum illa compositione quam in publico dare debuerunt vel mundoaldo eius. De illis vero viris paupertinis qui nihil habent, ut supra et ipsi disiungantur, et si res non habent qualiter in monasterio vivant, parentes proximi eos nutriant, et caveant iterum non peccent. Quod si amplius in ipso mala accesserint, mundoaldo eius sit culpabilis solidos 50, et ipsa intret in monasterium cum poena quae mundoaldo eius obligaverat, et cum illa compositione adulterii sui. Ancilla vero quae cum voluntate domini sui vestem religiosam susceperit, et postmodum adulteraverit aut maritum duxerit, sit[4] dominus eius culpabilis sol. 1.]

19. De mancipia quae vendunt, ut in praesentia episcopi vel comitis sit, aut in praesentia archidiaconi, aut centenarii[5], aut in praesentia vicedomini, aut iudicis comitis[b], aut ante bene nota testimonia. Et foras marca nemo mancipium vendat. Et qui hoc fecerit, tantas vices bannos solvat[6] quanta mancipias vendidit. Et si non habet pretium, in wadio pro servo semetipsum[7] comiti donet, usque dum ipsum bannum solvat.

20. De[c] brunias: Ut nullus foras nostro regno vendere praesumat.

21. Si comis in suo ministerio iustitias non fecerit, [d] missos nostros de sua casa[8] soniare[e][9] faciat usque dum iustitiae ibidem factae fuerint. Et si vassus noster iustitiam non fecerit, tunc et comis et missus ad ipsius casa sedeant, et de suo vivant quousque iustitiam faciat.

mus: si ille homo cuius causa iurata fuerit, iscere voluerit, quod ille, qui iuravit, se sciens periu asset[1] stent ad crucem. Et si ille, qui iuravit[2], vici fuerit, quod se sciens[3] periurasset, suprascrip a sententia subiaceat. Et si ille, qui criminavit, ali m periurium non approbaverit, legem suam, qui periuratum esse dixerit, persolvat. De maiorib s vero causis legem, quam a longo tempore hab runt, observentur[4]. Mentio enim facta est a nonn llis in placito quod habuimus in anno praeterito, et licium est ibi, quia ubi palam apparet, quod aut il e, qui crimen iniecerit, aut ille qui se defendere vul, periurare se debeant, ut in campo cum fustibus ariter contendant quam periurium absconse perpetr nt.

12[5]. De vindicta[f] et iudicium[g] in latr onibus factum. Testimonium episcoporum absque pec to comites facere possint, si ibi nec invidia nec ali occasio mala nec iniusta non interposuerit nis vera iustitia ad perficiendum et pacem confirm ndum. Ut si quis latro de uno furto probatus fuerit unum oculum perdat, et si de duos furtos probatus fuerit oculum perdat et nasum ei cappiletur[6]; e si de tres furtos probatus fuerit, moriatur. Et e bis duabus furtis unde oculum unum et nasum erdere debet constituimus, ut dominus servi illius sec ndum legem cui furta facta fuerint solvere debe t. De tres vero furtis unde morire debetur, mor illius furtas illas excludatur. Et si comis sine cu pa per invidia aut iniusta occasione nisi per iustitia et acem faciendam hominem disfecerit, honorem suu perdat et legibus contra quem iniuste fecit sec ndum poenam quam intulit emendet.

13. De causa vero quas bonae memoriae genitor noster Pippinus[7] in sua placita et sinodos constituit, conservare[9] volumus.

14[10]. De rebus vero aecclesiarum que usqu nunc per verbo domni regis homines seculares in beneficium habuerunt, ut in antea sic habeant, n si per verbo domni regis ad ipsas ecclesias fuerint r vocatas. Et si inde usque nunc ad partem aecclesia decima et nona exivit, et nunc in antea faciat; et i super ad illas aecclesias de 50 casatos solido uno r ddat;

VARIANTES LECTIONES.

[1] toloneis 1. et Langob. [2] furmannuti 7. [3] ex codice Blankenb. fol. 85, quum in reliquis desit. [4] si cod. [5] deest in cod. Lond. [6] hic cod. 1, aliud caput orditur. [7] s. praesentem 6. s. praesente 6. s. pro praecio 9. [8] causa Amb. V. Vn. M. [9] sonare 1. somniare 5. Amb. somnare V. sompniare Vn.

VARIANTES LECTIONES.

[1] P. componat aut in cruce contendat A. mpo aut cruce contendat L. V. Vn. E. [2] periura it V. Vn. [3] deest 1. 2. [4] Reliqua huius capi is desunt in 1. 2. (3.) (4.). [5] Lond. infra quide n hoc caput exhibet, hoc vero loco cap. 11. Capi ularis Francici a. 779. quod et in Mut. legi x detur. [6] Curietur V. Vn. E. [7] deest 4. [8] et s. d est 4. [9] Et sic nos e. v. 4. [10] Mutin. loco huius capit di caput 13. Capitularis Francici exhibet.

NOTÆ.

[a] Hic aliud caput incipit in 1, 4, 7, et Gold.
[b] Id est sculdahis. GLOSSA LOND.
[c] Sic codex Albiensis legit. Amerbachius et Heroldus ediderunt prunias, quod idem est. In aliis vetustis exemplaribus scriptum vidi: De brunias ut nullus foras nostro regno vendere non praesumat. BALUZ.
[d] Haec est lectio libri Thuani. Amerbachius et Heroldus ediderunt Missum nostrum. Codices Palatinus et Metensis, misso nostro. Sic etiam in Albiens. Vox nostro deest in Remensi et in Bigotiano. ID.
[e] Vetus glossa in uno codice regio Legis ongobardorum, id est curare. In alio. scilicet inquir re vel investigare. Falsa, ut opinor, utraque interpr tatio. Nam vocem istam explicare videtur princ s in postrema parte istius capitis. ID.
[f] Id est sematione membrorum. L.
[g] Id est morte. L.

22. Si quis pro faida precium recipere non vult, tunc ad nos sit transmissus, et nos eum dirigamus ubi damnum minime facere possit. Simili¹ modo et qui pro faida pretium solvere noluerit, nec iustitiam exinde facere, in tali loco eum mittere volumus ut pro eodem ᵃ maius damnum non crescat.

23. De latronibus: Ita praecipimus observandum, ut pro prima culpa non moriatur, set oculum perdat; de secunda vero culpa nasus ipsius latronis abscidatur²; de tertia vero culpa, si non emendaverit, moriatur.

Explicit decretum Karoli regis.

A de triginta medio solido, de 20 tremisse uno¹; et qui usque nunc alium censum dedit, in antea sicut prius fecit ita faciat. Et unde usque nunc nullum censum exivit, et ipsa res² aecclesiae sunt, censeantur³, et⁴ ubi non sunt, scribantur. Et sit discretio⁵ inter precarias de verbo dominico factas, et inter eas quas episcopi et abbates et abbatisse eorum arbitrio vel dispositione faciunt, ut liceat eis quandoquidem eis placuerit, res quas beneficiaverint, ad partes ipsius aecclesiae recipere, facientes ut unusquisque homo ad casa⁶ Dei in honore Deo fideliter et firmiter deserviat.

VARIANTES LECTIONES.

¹ aliud caput incipit in 2. 5. 6. 6*. ² capuletur B. Capeletur V. Vn. Estb. nasum perdat 2. 3.

¹ deest 1, ² ipsis regis legibus e. 2. ³ censentur 1. 2. ⁴ Hic pergit 3. ⁵ sint descriptio 2. B ⁶ Causa 1. causam 2.

NOTÆ.

ᵃ Rhemensis, Metensis et Bigotianus, major damnus. Sangallensiæ, major damnum. BALUZ.

CAPITULARE EPISCOPORUM ᵃ (An. 779).

Anno 779 ut annales Alamannici referunt « fames magna et mortalitas in Francia evenit, et post cladem a Wasconibus anno superiori acceptam Francorum exercitui bellum Saxonicum imminebat. Quae cum ita essent, episcopi a rege convocati, preces pro eo Francisque et pro praesenti tribulatione suscipiendas edixerunt. Quorum quidem capitulare a Sirmondo, t. II Concil. Galliae, p. 159 editum, a Baluzio cum codd. 2 Palatino et 3 Mettensi collatum, auctoritate codicis 1 Parisiensis inter Suppl. lat. n. 75 emendatum hic iterum sistimus.

Qualiter pro rege et exercitu eius hac instanti tribulatione a fidelibus in orationibus et eleemosynis Deo supplicandum sit.

Capitulare qualiter institutum¹ est in² episcoporum conventu³; id est, ut unusquisque episcopus tres missas et psalteria tria cantet, unum pro domno rege, alterum pro exercitu Francorum, tertium pro praesenti tribulatione. Presbiteri vero unusquisque missas tres, monachi et monachae et canonici⁴ psalteria tria. Et biduanam omnes faciant⁵, atque eorum infra casati⁶ homines, vel qui potentes sunt. Et unusquisque episcopus, aut abbas, vel abbatissa, qui hoc facere possunt⁷, libram de argento in elemosinam donet; mediocres vero mediam libram, minores⁸ solidos quinque. Episcopi et abbates atque abbatissae pauperes famelicos quatuor pro ista⁹ stricitate¹⁰ nutrire debent usque tempore messium. Et qui tantum non possunt, iuxta quod possibilitas est¹¹, aut duos, aut unum. Comites vero fortiores libram unam de argento aut valentem¹², mediocres mediam libram. Vassus dominicus de casatis¹³ ducentis mediam libram, de casatis centum solidos quinque, de casatis quinquaginta aut triginta unciam unam: et faciant biduanas, atque eorum homines in eorum casatis; vel qui hoc facere possunt et qui redimere¹⁴ voluerit, fortiores comites uncias tres, mediocres unciam et dimidiam, minores solidum unum; et de pauperes famelicos, sicut supra scriptum est, et ipsi faciant.

Haec omnia, si Deo placuerit, pro domno rege et pro exercitu Francorum et praesente tribulatione missa sancti Iohannis sit completum.

VARIANTES LECTIONES.

¹ quod statutum 2. ² in hoc B. ³ consensu 1. 3. consu 2. ⁴ c. unusquisque p. B. ⁵ tam episcopi, monachi et monachae, atque canonici a. B. ⁶ cassatum 1. cassati 2. ⁷ a. aut valentem B. ⁸ in vero B. ⁹ isto 1. 2. ¹⁰ inter se instituto 1. inter se in. statuto 2. ¹¹ est aut tres a. B. ¹² v. donent in eleemosynam B. ¹³ cassatos 1. cassatis 2. ¹⁴ r. ipsas biduanas B.

NOTÆ.

ᵃ Recte monuit Sirmondus ista conjungi debere cum capitulari anni undecimi. Nam praeterquam quod in codice Palatino et in Metensi conjunguntur cum illo Capitulari, in libro quinto Capitularium et in additione quarta sequuntur statim post caput 25 ejusdem Capitularis. Itaque dubium non est quin referri debeat ad annum 779. Ad hanc porro constitutionem respicit haud dubie capitulum 25 Francofordiense

CAPITULARE MANTUANUM [1] (An. 781, Martio?).

Constitutionem hanc edimus ex codicibus 1 Sancti Pauli, sæc. ix ineuntis; 2 Chisiano, s. x; 3 Casensi, s. xi, cum anno 1687 Mabillonius Musei Italici t. I, p. 47, Chisiani Codicis lectionem typis vulgasse. Cum nec in prima regis expeditione ann. 773 et 774 datam fuisse facile quis putet, anno 781 potius qua 1 776 vel 786 assignavi, quod haud longe antea rex de venditione mancipiorum ad Sarracenos ab Italis facta Adriano papæ conquestus fuerat, ideoque lex in talium perpetratores necessaria esse videri poter.

De singulis capitulis, qualiter Mantua ad placitum generale [2] omnibus [3] notum fecimus.   **A**

1. De iustitiis ecclesiarum Dei, viduarum, orfanorum, maius minusve [4] potentes, volumus adque omnimodis precipimus [5] ut omnes episcopi abbates comites secundum lege pleniter iustitiam faciatis [6] et recipiant.

2. Hec statuimus, ut unusquisque clamator [7] tertiam vicem ad comites suus se proclamat, et inde idoneus homines habeat qui hoc veraciter faciant quod proclamasset et nulla exinde iustitia habere potuisset; et si qui aliter fecerit et antea ad palacium se proclamaverit, legem suam conponat.

3. Comites vero de illorum parte per [8] testes adfirmant quod eis iustitiam facere [9] voluisset, et omnia notarium suum et scribere faciat quanti ad se proclamassent vel quantas iustitia factas habent, ut cum proclamaverint [10] nulla excusationem habere possint, nisi veritas clara sit ut [11] iustitiam facere voluisset, et hoc ipse comis aut eius advocatus per sagramentum firmare possit, quod de illorum iustitias nulla neglegentia habeat, et per ipsa brebe cognoscere valeat [12] utrum [13] ad se proclamasset aut non.   **B**

4. Hoc omnibus notum sit, si quislibet [14] post causam legibus fenita se proclameverit [15], aut quin decim accipiat camactos [16] aut solidos 15 conponere cogatur.

5. Ut nullus alterius presbiterum recipiat antequam ab episcopo loci [17] illius examinatur vel inquisitum sit, neque liceat ei inivi missa celebrare.

6. Ut quando episcopus [18] per sua parrochia circata fecerit, comite vel sculdaz [19] adiutorium preveat, qualeter ministerium suum pleniter perficere valeat secundum canonicam institutionem.   **C**

7. Ut nullus mancipia christiana vel pagana nec qualibet arma vel amissario foras regno nostro vindat. Et qui hoc fecerit, bannum regis [20] componere cogatur; et si ea mancipia minime revocare potuerit, widrigild [21] suum componat.

8. De tolonariis [22]: ut nullus aliter tolloneum presumat tollere nisi [23] secundum antiqua consuetudinem, et alivi non tollatur nisi ad locis antiquis legitimis; et cui iniuste tollitur, secundum lege conponat, et insuper vannum nostrum ad missi nostri conponat.   **D**

9. De moneta; ut nullus post Kalendas Augustas [24] istos dinarios quos modo habere visi sumus da e audeat aut recipere; si quis hoc fecerit, vannum nostrum conponat.

10. De latronibus qui ante missi nostri m nime venerunt, ut comites eos perquirant, et ipsos t per fidiiussore aut sub custodia serventur, donec missi ividem reve tunt.

11. Ut nullus quilibet hominem Languvar scum in vassatico vel in casa sua recipiat, antequam sciat, unde sit vel comodo natus est; et qui aliter f cerit, vannum nostrum conponat.

12. De sinodochiis volumus adque precipim s, ut restaurata fiant.

13. De vassis regalis, de iustitiis illorum: t ante comitem suum recipiant et reddant.

IN CODICE SANCTI PAULI HÆC SUBJICIUNTUR.

ISTA LEX CANONICA. — Capitul. apostolorum episcoporum presbyterorum aut diaconus nequaqu m seculares curas adsumant; sin aliter fecerit, depo atur.

CAP. 35, aera [b] 15. — Ut episcopus rebus e clesie tanquam commendatis, non tanquam propriis, ut ntur.

CANON AFRICANA, aera 50. — Inrita erit epi copis donatio vel vinditio vel commutatio rei eccles astice absque convenentia vel scriptionem clericorum.

CAN. AURILIANENSIS, aera 14. — Episcopi pres iteris vel diaconis aut tutelam curam nequaquam inp icent.

CAN. 54, aera 3. — Ut episcopus nulla rei familiares curam ad se revocet; set ut lectiones e orationi verbo Dei ut predicationem tantummodo acci.

ITEM DE VENATIONIBUS CAP. 45. CAN. MATIC NSES, aera 20 [c]. — Volumus igitur [25] episcopales dom que ad hec instituta est, ut sine personarum actio em [26] in omni ospitaliter recipiantur, canes non haber nt, ne forte qui in ea miseriarum suarum levamen habe e confidunt, inferiorum canum morsibus lanientur. ustodienda igitur episcopalis habitatio ymnis, non l trantibus, operibus bonis, non morsibus venenosis Hubi igitur debet esse assiduitas cantalene, monstru est et decoris [27] nota canes sibi vel accipitres non habi ari [28].

CAN. [d] EPANENSES, aera 4. — Episcopis pres iteris.

VARIANTES LECTIONES.

[1] in Cod. Carolino ep. 65. Cennii 63.   [2] M. placitus de g. 1.   [3] hominibus 1.   [4] minus sue 1. o. min s potentium 2. 3.   [5] p. de omnis episcopi 1.   [6] faciant 2. faciat 3.   [7] clamatus 1.   [8] Deest 1.   [9] faceren v. 1.   [10] vocem inserui, deest in codd.   [11] c. sicut 1.   [12] valeamus 2. 3.   [13] ut suum 1.   [14] quidlibet 1.   [15] roclamauerit 1.   [16] gamatos 2. gamaitos 3.   [17] locis 1.   [18] deest 1.   [19] comis vel sculdais 2. comes vel sculdahis 3.   [20] b. dominicum 2. b. nostrum 3.   [21] guidrigild 3.   [22] deest 2. theloneis 3.   [23] si 1.   [24] aug sta 1. augusti 2. 3.   [25] ignit cod.   [26] acceptione.   [27] dedecoris?   [28] a. cohabitare?

NOTÆ.

[a] Canones apostolorum apud Harzheim Concil. Germ. t. I, p. 432, cap. 7.

[b] Id est, *distinctio*; scribitur in codice hR̄.

[c] Conc. Matisc. II, c. 13, ap. Sirm., pag. 587 quod conferas necesse est.

[d] Apud Sirmondum I, p. 195.

vel diaconibus canes ad venandum vel accipitres habere non liceat; si episcopus hec presumpserit, tribus mensibus a ¹ communione suspendat, duabus A presbiter se abstineat, unum diaconus, ac communionem et officio cesset.

VARIANTES LECTIONES.

¹ ac 1.

PIPPINI REGIS CAPITULARE LANGOBARDICUM (An. 782, ante Pascha).

Postquam Pippinus, secundus Caroli ex Hildegarde filius, an. 781 Langobardorum rex constitutus erat, leges vel a Carolo absente [a] ex placitis suis in Francia habitis filio transmissæ [b] vel filii iussu a proceribus Francis Langobardisque in Italia editæ, Pippini regis nomine et auctoritate promulgatæ sunt. Cujus rei exempla cum huc usque pauca tantum nota essent, plura ex Codicibus antiquissimis in sequentibus sunt proponenda, unde capitularia Caroli generalia et in Italia vim legis obtinuisse patebit.

Primum capitulare sub nomine Pippini editum anno 782 assignandum putavi, cum quæ illud excipiunt, haud ante annum 785 promulgata sint, nec anno 781 adscribi possit, cum paulo ante pascha editum, et Pippinus in festo paschali anni 781 Romæ in regem Langobardorum consecratus sit. Prodit hic auctoritate codicum 1 Chisiani, 2 Cavensis, et Codicum quibus leges Langobardorum exhibentur, [c] Ambrosiani, Florentini, Londinensis, Vindobonensis, Veronensis, Estensis apud Muratorium; quorum inter se collatione, solos Chisianum et Cavensem legis ipsius textum referre, reliquos vero Codices textum ævo posteriore in usum iurisconsultorum comparatum sistere evidentissime probabitur.

In nomine Domini nostri Iesu Christi. Qualiter [1] complacuit nobis [2] Pippino excellentissimo regi gentis Langobardorum, cum [3] adessent nobiscum singulis episcopis abbatibus et comitibus seu et reliqui fideles nostros Francos et Langobardos [4] qui nobiscum sunt, vel in Italia commorantibus [5].

Kap. 1. Ut aecclesias baptismales seu oraculas qui eas a longo tempore restauraverunt mox iterum restaurare debeant, et tam curtis regia quam et Langobardos talem inibi habeant dominatione, qualem illorum a longo tempore fuit consuetudo.

2. Ut pontifex unusquisque ordinet et disponat ecclesias suas canonico ordine, et sacerdotes suos vel clericos constringant canonico ordine vivere. Et si quis pontifex clericos suos canonice vivendo ordine distringere noluerit [6], et ad secularem pertraxerit [7] habitum, quod canones clericos facere prohibent, comis qui in loco fuerit ordinatus, distringat illos in omnibus ad suam partem sicut et alios exercitales.

3. Monasteria virorum et puellarum, tam quæ in mundio palatii esse noscuntur vel etiam in mundio episcopale seu et de reliquis hominibus esse inveniuntur, distringat [8] unusquisque in cuius mundio sunt, ut regulariter vivant [9]. Similiter [10] et sinodochia cuiuslibet sint. Fratres in omnibus pascantur iuxta illorum possibilitatem [11].

4. Ut de restauratione ecclesiarum vel pontes faciendum aut stratas restaurandum omnino generali-

B ter faciant, sicut antiqua fuit consuetudo, et non anteponatur emunitas, nec pro hac re ulla occasio proveniat.

5. Ut viduæ et orfani tutorem habeant iuxta illorum legem qui illos defensent et adiuvent, et per malorum hominum oppressiones suam iustitiam non perdant. Et si tutor [12] aliquis illorum esse noluerit, iudex praevideat Deum timentem hominem iuxta ut lex ipsorum est, qui per nostra praeceptione illorum peragere debeant causa [13].

6. Ut qui se reclamaverit super pontificem quod iustitiam habeat ad requirendum, dirigat [14] illum comis aut per missum suum aut per epistolam suam ad ipsum pontificem. Et si episcopus ipse [15], Francus aut Langobardus distulerit iustitiam faciendum,

C tunc iuxta ut ipsi episcopi eligerunt, ubi consuetudo fuerit pignerandi a longo tempore, ut et in antea in eo modo sit pro ipsas iustitias faciendas. Et hoc statuimus, ubicumque pontifex substantiam habuerit, advocatum habeat in ipso comitatu, qui absque tarditate iustitias faciat et suscipiat [16]. Et talis sit ipse advocatus, liber homo et bonae opinionis, laicus aut [17] clericus, qui sacramentum pro causa ecclesiae, quam peregerit, deducere possit [iuxta [18] qualitatem substantiae], sicut lex ipsorum est [19].

7. De universali quidem populo, quis ubique [20] iustitias quaesierit, suscipiat, tam a comitibus suis, quam etiam a castaldiis, seu ab sculdaissihis [21]; vel loci positis [22]

D iuxta ipsorum legem absque tarditate. Et si comis

VARIANTES LECTIONES.

[1] qualiter scilicet audite *Flor.* audite qualiter *edd.* [2] michi *Flor. Vind. Ver. Est.* [3] deest *Ch. C.* [4] I. addimus haec capitula *L.* [5] q. n. s. v. in l. c. desunt *A. L. Fl. V. Vn. E. Mur.* [6] N. anathema sit. et illi ad *M.* [7] pertransierint *V. M.* [8] stringantur 1. [9] vivant. Cap. IV. Simul et *Cavensis C. Vind. et edd.* [10] simul 1. 2. [11] p. i. locorum *V. M.* [12] actor *M.* [13] causa, ita tamen ut legitimus propinquus infantum qui iuste tutor et defensor eorum esse videtur pro ipsis rationem aliquando compellatur reddere *Vn.* [14] distringat 1, 2. [15] 1. pontifice 1. [16] s. duos aduocatos habeat. Et talis *V.* [17] aut non clericus *V.* non *Est.* [18] hæc desunt 1. [19] est, quoad ipse iustitiam faciat aut missus eius aliquando *Vn.* [20] ubicumque *V. M.* [21] sculdahis 2. sculdais *V.* sculdasiis *M.* [22] praepositis *M.*

NOTÆ.

[a] Eo tamen præsente, leges eius sub nomine promulgatas esse, probat capitulare Langobardicum anni 801.

[b] Secundum sceda domni Caroli genitoris nostri ipse Pippinus dicit; v. capitulare ejus secundum.

[c] Ambrosianum, Londinensem, Veronensem et Florentinum in universum tantum cum editis conferre licuit; lectiones Codicis Vindobonensis diligentissime collati eorum omnium ad instar haberi possunt.

Franciscus distulerit iustitias faciendum et probatum A fuerit, iuxta ut eorum fuit electio, ita poenae [1] subiaceat [2], et de illorum honore fiat.[3] sicut Francorum est consuetudo. Et de Langubardiscos comites qui ex ipsis neglectum posuerit iustitias faciendum [4], sicut ipsorum lex est ita componat. Et si forsitan attenderit ad gasindios vel parentes et amicos suos, seu premium et legem non iudicaverit, et probatum fuerit [5], componat et honorem suum amittat [6] sicut lex ipsorum est. Et si castaldius et scultais seu loci positus [7] de qualibet iudicaria [8] tam suos pagenses quamque alios qui iustitias quaesierint, non fecerint, componat sicut lex ipsorum est. Et si forsitan Francus aut Langobardus habens beneficium iustitias facere noluerit, iudex ille in cujus ministerio manserit, contradicat illi beneficium illum, interim quod B ipse aut missus eius iustitias faciant.

8. Iudex unusquisque per civitatem faciat iurare [a] ad Dei iudicia homines credentes iuxta quantos praeviderit, seu foris per curtes vel vicoras mansuros [9]; ut cui ex ipsis cognitum fuerit id est homicidia, furta adulteria et de inlicitas coniunctiones, ut nemo eas concelet. Et hoc damus in mandatis, ut si quis venerit iustitiam reclamare super quempiam hominem, dicendo de homicidia furta [10] aut de praeda, et ille super quem dixerit, denegare voluerit, tunc ille qui reclamat si potuerit approbet illud, et si forsitan ipse non potuerit approbare, et ipse super quem dicit negaverit quod malum ipsum nec ipse nec homines ipsius perpetrassent, et postuerit [11] excusationem et dixerit: *Nomina mihi homines meos qui tibi malum illum fecerunt. Ego tibi de illos iustitias facio.* Et ille incognitus [12] qui reclamat et nomina de illos homines non scit et nec approbare potest, et ipsi qui exinde sic veritatem sciunt denegare voluerint et ille qui reclamat, dixerit quia homo ille exinde veritatem sciverunt, tunc iudex ille qui in loco ipso est, faciat iurare homines illos, quilibet sint, Francos aut Langobardos quos [13] ipse nominative dixerit, ut dicant veritatem. Et si credentes homines fuerint, in manu [14] comitis [15] sui [16] dex- C

tras dent [17]. Et si latrocinia [18] vel furta aut p aeda ipsa inventa fuerit, emendetur iuxta ut eoru est lex [19] ut populus hic habitantibus aut adve ientibus [20] in pace vivere valeant.

9. De servis et ancillis fugitivis unusquisque udex studium ponat ad perquirendum iuxta ut e ictus continet. Et hoc damus in mandatis, ut iam A stria, Neustria, Emilia et Tuscia [21], seu littoraria [22] aris, ut super omnia loca perquirantur superscript s fugaces; et apud locum coniurent scultasios, de anos, saltarios vel loco positos, ut nullos concelent, ubicumque inventi fuerint, ipse apud quem fueri t una cum misso de comite vel de ipso loco nobis dducantur sic, ita ut iurare valeant, ut neminem oncelent. [23] Et positum a est constitutum die quinto cimo post sanctum pascha; et si qui servos aut cillas fugaces habuerit tam aecclesiastici seu curtis populo, in constituto ipsum qui suum cognoverit uscipiat.

10. De advenis et peregrinis qui in Dei s rvitio Roma vel per alia sanctorum festinant corp a, ut salvi vadant et revertantur sub nostra defensio e. Et qui [24] ex ipsis peregrinis ausus fuerit occidere, 60 solidos componat in palatio nostro. Insuper com ositio illa de ipso homicidio componatur, cui legibus leudo ipso pertinuerit.

Et hoc damus in mandatis cunctis episcopi, abbatibus, comitibus, seu actionariis nostris, u haec omnis suprascripta iustitia de praesenti [25] absq e ulla tarditate adimpleta fieri debeat, ut qui in tan s annos iustitiam habere non potuerit, vel modo p o Dei omnipotentis misericordia et per praeceptioni e domino et genitore meo [26] Caroli regis gentis F ancorum et Langobardorum ac patricius Romano [27], simul et per nostram praeceptionem, unus isque iustitia sua accipiat [28]. Ita tamen, ut quindeci dies post sanctum pascha omnia adimpleta esse d eant. Et tunc unusquisque iudex noster dirigat issum suum ad nos, ponendum nobis rationem, si n stram adimpleverint iussionem. Postea habemus dis onere cum Dei adiutorio, qualiter melius previderim s.

VARIANTES LECTIONES.

[1] *deest* 1. V. [2] *s. id est ut moriatur glossa* V. [3] *deest* 1. 2. [4] et probatum fuerit, iuxta ut orum fuit electio ita poenae subiaceant, et de illorum honore, sicut *Bal.* [5] f. guidrigild suum c. M. p erdat 1. [7] *praepositus* V. M. B. [8] *iudiciaria* V. M. B. [9] *vicos* V. M. B. [10] f. adulteria vel de p. 2. [11] posu int 1. [12] *incognitos* 1. [13] *quod* 1. [14] *manus* 1. [15] *comiti* 1. 2. [16] *suo* 1. [17] *dexrent* 1. *detestent* 2. [18] id est ho icidia *absconsa glossa* V. [19] lex cui malum ipsum perpetratum fuerit; tamen iudex de loco unde fuerit de latro e aut furone studium ponat *ita* V. M. B. *certe et alii nonnulli codd. sed desunt in* 1. 2. [20] uiuentibus 1. h itans a veniens M. B. [21] tustia 1. tussia 2. [22] litora 2. litore M. [23] *reliqua capitis desunt in editis, adsunt* onnisi *in codd.* 1. *et* 2. [24] quis aliquem praeter longobardum et romanum liberum ex ipsis peregrinis. V. *Est.* [25] de p deest 1. [26] genitoris nostri B. [27] ac. p. r. deest 2. [28] reliqua desunt in editis et codicibus praeter . 2.

NOTÆ.

[a] Id est terminus quo haec adimpleta esse debeant, est constitutus, etc.

CAPITULARE GENERALE (An. 783).

Hildegardis regina, Caroli uxor, II Kal. Maii anni 785 obiit. Cujus de rebus inbreviandis cum in edicto mentio fiat, legem aut mense Maio in Theodonis villa, aut autumno tandem post Caroli e Saxonia redi , in conventu Wormatiensi promulgatam esse oportet. Occurrit bis tantum inter leges Caroli, in Codice sc licet 1 olim Tegernseensi jam regio Monacensi, unde Amorpachius col. 41-44 primus publici juris fecit, atque 2 in ducali Gothano fol. 220. Utroque diligenter collato, editionem nostram ita instituimus, ut quam proxime fieri posset, utriusque libri, sed præcipue Tegernseensis, unde omnes editiones anteriores fluxerunt, vestigia premeremus : quo evenit, ut textum jam habeamus Capitulari secundo Pippini Italiæ regis simillimum, quemque exinde locis nonnullis emendare possis.

Editionem capitularis *Langobardicam* a Pippino rege promulgatam, sistimus ope Codicum 1 Sancti Pauli sæc. ix; 2 regii Parisiensis n. 4613; 3 bibl. ducalis Guelferbytanæ Blankenburgici; 4 Chisiani; 5 Cavensis, et Codicum qui capitularia legibus Langobardicis addita exhibent, Mutinensis apud Muratorium, Ambrosiani, Florentini, Londinensis, Vindobonensis, Veronensis, Estensis apud Muratorium.

CAPITULARE FRANCICUM

Incipit capitulare qualiter praecepit [1] *domnus rex de quibusdam causis* [2].

Primo capitulo de senedochia [3] iussit ut quicumque senedochia habent [4], si ita pauperes pascere voluerint et concilio facere quomodo ab antea fuit, habeant ipsa senedochia, et regant ordinabiliter. Et si hoc facere noluerint, ipsas dimittant; et per tales homines in antea sint gubernatæ [5], qualiter Deo et nobis exinde placeant.

2. De ecclesiis baptismalibus, ut nullatenus eas laici homines tenere debeant, sed per sacerdotes fiant, sicut ordo est, gubernatas. Et neque illi pagenses neglegentiam habeant de hoc quod ibidem facere debeant. Et illi sacerdotes eas sic regant quomodo ordo canonicus exposcit.

3. De advocatis sacerdotum, volumus pro ecclesiastico honore et pro illorum reverentia, advocatos habeant.

4. De diversis generationibus hominum qui in Italia commanent, volumus ut ubicumque culpa contigerit unde faida crescere potest, pro eas fatigationes [6] hominis illius contra quem culpavit, secundum ipsius legem cui neglegentiam commisit, emendet. De vero [7] statu ingenuitatis aut aliis quaerelis, unusquisque secundum suam legem se ipsum defendat.

5. De compositionibus quæ ad palatium pertinent. Si comites ipsas causas commoverint ad requirendum, illam tertiam partem ad eorum recipiant opus, duas vero ad palatium. Et si per suam negligentiam remanserint, et missus dominicus ipsas causas coeperit inquirere, tunc volumus ut ipse comes illam tertiam partem non habeat, sed cum integritate ad palatium veniat.

6. De monasteria et senedochia qui per diversos [8] comites esse videntur, ut regales sint; et quicumque eas habere voluerint, per beneficium dono regis habeant.

7. De rebus per diversos comites, volumus ut ad palatium [9] pertineant.

8. Si cui res in elymosina datae sunt, et ipse mortuus fuerit antequam eas dispenset, tunc missus dominicus una cum episcopo parrochiae ipsius consideret [10], qualiter in domini regis mercede ipsa aelymosina fiat facta, et infra triginta noctes impleta esse debeant.

VARIANTES LECTIONES

[1] *deest* 2. [2] constituit 2. [3] senedochiis 1. *deest* 2. [4] gubernante 1. gubernatae cum consilio episcopi qualiter *Bal.* [5] lege pro satisfactione. — fatigationis 2. [7] viri 2. [8] diuersis 2. [9] placitum 1. [10] conredit 1. illa corredet 2.

CAPITULARE LANGOBARDICUM

Capitulare quem domnus rex praecepit [1] *de quibusdam causis.*

De sinodochia. Iussit ut quicumque sinodochia habent, si ita pauperes pascere voluerint et consilio facerent quomodo ab antea fuit, habeant ipsa sinodochia, et regant ordinaliter. Si hoc facere noluerint, ipsas dimittant, et per tales homines in antea sint gubernatas, qualiter Deo et nobis exinde placeat.

2. *De ecclesia babtismalis.* Ut nullatenus eas laici homines tenere debeant, set per sacerdotes fiant, sicut ordo est [2], gubernatae. Et neque illi pagensis neglegentiam habeant de hoc quod ibidem facere debent; et illi sacerdotes eas sic regant quomodo ordo canonicus exposcit.

3. *De advocatis ecclesiarum.* Volumus ut pro ecclesiastico honore et pro sacerdotum reverentia advocatos habeant.

4. *De culpa unde faida crescent.* De diversarum generationum hominibus qui in Italia commanent, volumus ut ubicumque culpa contigerit unde faida crescere potest, per satisfactionem hominis illius contra quem culpavit, secundum ipsius legem cui negligentiam commisit, emendet. De vero statu ingenuitatis aut aliis querelis, uniusquisque secundum suam legem se ipsum defendat.

5. *De compositionibus qui ad palatium pertinet.* Si comites ipsas causas commoverint ad requirendum, illam tertiam partem ad eorum recipiant [3] opus, duas vero ad palatium. Et si per eius negligentiam remanserit, et missus dominicus ipsas causas ceperit at requirere, tunc volumus ut ipsi comites ut illam tertiam partem non habeant, sed cum integritatem in palatio veniant.

6. *De monasteriis et sinodochiis regalibus.* De monasteria et sinodochia qui per diversos comites esse videntur, ut regales sint; ut quicumque eas habere voluerint, per beneficio domni nostri regis habeant.

7. *De rebus forfactis.* De rebus forfactis per diversos comites, volumus ut at palatium pertineat [4].

8. *De eo cuius in eleemosyna datae sunt.* Si cui res in elemosina datae sunt, et ipse mortuus fuerit antequam eas dispenset, tunc missus dominicus [5] una cum episcopo parrochiae illius consideret, qualiter in domni regis mercede ipsa elemosina fiat facta et infra triginta noctes impleta esse debeant.

VARIANTES LECTIONES

[1] *ita correxi*, cepi *cold.* [2] fiant ordinate et g. 2 resspiciant 1. [4] p. transacto anno et die *Mur.* [5] reliqua huius capitis desunt 1. [6] consedet 2, concedet 3.

CAPITULARE FRANCICUM.

9. De filia cuius pater per manum arrogatoris omnes [1] servos suos iussit fieri liberos, et quia contra legem esse videntur, instituimus [2] quod ipsa filia [3] in tertia portione [4] de praefatis servis iterum introire possit [5]

10. Placuit inserere ubi lex erit, praecellere consuetudine [6], et nulla consuetudo superponatur legi.

11. Placuit etiam nobis, ut quaecumque femina potestatem habet per commeatum [7] viri sui vendere, habeat potestatem et donare.

12. De mancipiis palatii nostri et ecclesiarum nostrarum nolumus mundium [8] recipere, sed nostras ipsas mancipias habere.

13. Placuit nobis, ut illos liberos homines comites nostri ad eorum opus servile non opprimant; et quicumque hoc fecerit, sicut iudicatum [9] habemus emendet.

14. De rebus quae Hildegardae reginae traditae fuerunt, volumus ut fiant descriptae breves [10]. et ipsae breves ad nos fiant adductae.

15. Non est nostra voluntas ut homines [11] Placentini per eorum praeceptum [12] de curte palatii nostri illos [13] aldiones recipiant.

16. De fugitivis partibus Beneventi et Spoleti, [14] sive Romaniae vel Pentapoli, qui confugium faciunt, ut [15] reddantur, et sint reversi ad proprium locum.

17. Sicut consuetudo fuit sigillum [16] et epistula prendere, et vias vel portas custodire, ita nunc sit factum. [8]

VARIANTES LECTIONES.

[1] homines. 1. hominis 2. [2] instituemus 1. [3] deest 1. [4] sequentia desunt 1. [5] i. p. desunt et in 2. [6] consuedutinem 1. [7] comiato 2. [8] mundio 2. [9] iudicandum 1. [10] breue 1. [11] ut omnes h. 2. [12] praecepta 2. [13] ill. 1. illius 2. [14] spolitani 2. [15] et 1. [16] sigillo 1.

CAPITULARE LANGOBARDICUM.

9. De iure filiae in res servorum quos pater cit liberos. De filia cuius pater per manus eroatoris omnes servos suos iussit fieri liberos, et quia ontra legem esse videtur, instituimus ut ipsa fili in talem [1] portionem de praefactis servis iterum introire possit, quale [2] portionem de aliis rebus genito is sui.

10. De auctoritate legis et consuetudinis. Iacuit nobis inserere, ubi lex est, praecellat cons etudinem, ut nulla consuetudo nec superponatur le em.

11. De potestate vendendi et donandi in f mina. Placuit etiam nobis quaecumque femina [3] pote tatem habet per comiatum viri sui [4] vendere, habeat potestatem donare.

12. De mancipiis palatii et ecclesiarum. De mancipiis palatinis et ecclesiarum nostrarum n lumus mundio recipere, set nostras ipsa mancipias h ere. [5]

13. De liberis hominibus ad servilia opera on cogendis. Placuit nobis, ut illos liberos homin s comites nostri ad eorum opus servile non obpr ant; et quicumque hoc facere praesumpserit, sec dum iudicatum quod habemus emendet.

14. De rebus reginae [6]. De rebus qui Ildi ardae reginae traditae fuerunt, volumus ut fiant cripta per brebes, et ipsa brebes ad nos fiant adduc e.

15. De aldionibus palatii. Non est nostra vo ntas, ut homines Placentinos [7] per eorum praec to do curte palatii nostri illos aldiones recipiant.

16. De fugitivis. De fugitivis qui in partib s Benebenti aut Spoleti, sive Romaniae vel Pent poli [6], confugium faciunt, ut reddantur, et sint rev rsi ad propria loca.

17. De sigillis et epistolis, et de porturis custo iendis. Sicut consuetudo fuit sigillum et epistola pr dere, et vias vel portoras custodire, ita nunc sit fa tum.

VARIANTES LECTIONES.

[1] tertiam 2. [2] reliqua capitis desunt 2. 5 4. 5. [3] f. langobarda Mut. V. Vn. Est. [4] s. r suas v. 2. [5] reliqua desunt in 3. [6] hoc caput d st in 4. 5. [7] placentini 2. 4. 5. [8] pentauoli 1.

CAPITULARE PADERBRUNNENSE (An. 785).

Exstat unicus horum capitulorum codex in bibliotheca Vaticana inter codices Palatinos n. 289, mbr., saec. IX, quem post Holstenii, Furstenbergii, Conringii et Baluzii curas, Romae anno 1822 praesens terum exscripsi. Ejus itaque ad fidem editionem novam institui. De tempore et loco edicti hujus non cons at. At neminem fugiet, sanguineas leges hoc anno 777 quo primum totius Saxoniae senatus et populus Pade brunnae conveniens, « ingenuitatem et alodem manibus dulgtum fecerunt nisi conservarent christianitatem et fidelitatem domni Caroli regis et Francorum, » nec anno 780, quo in synodo ad Lippibrunnon e clesiae constructae et tota Saxonia inter episcopos presbyteros abbates et comites divisa est, nec demum an o 782 quo in conventu ad eumdem locum generali ex nobilissimo Saxonum genere comites constituti su t, sed tunc demum imponi et consentiri potuisse, cum, triennio post caedem Adalgisi et Geilonis exacto tota Saxonia suppucio Ferdensi, pugnis ad Theotmelli, ad Hasam et ad Lippiam, et continuis Francorum caedibus, rapinis et vastationibus et internecionem usque deleta esset. Tunc enim Carolus an. 785 public m populi sui conventum habuit ad Paderbrunnon « cum Francis et Saxonibus », ubi iis quae ad illius con entus rationem pertinebant peractis, ecclesiis per Saxoniam restauratis [a] et paulo post Widokindo et Abbi ne ad christianitatem conversis, tota Saxonia et in religione et in fidelitate regis per annos septem persti it. Ad illud igitur potissimum tempus et locum edictum hocce pertinere censeo.

NOTAE.

[a] Vide Vitam S. Willehadi.

Capitula quae de partibus Saxonie constituta sunt [a].

Primum de majoribus capitulis hoc placuit omnibus, ut ecclesiae Christi, quo modo construuntur in Saxonia, et Deo sacratae sunt, non minorem habeant honorem, sed maiorem et excellentiorem, quam [b] vana habuissent idolorum.

2. Si quis confugia fecerit in ecclesiam, nullus eum de ecclesia per violentiam expellere praesumat, sed pacem habeat usque dum ad placitum praesentetur; et propter honorem Dei sanctorumque ecclesiae ipsius reverentiam, concedatur ei vita et omnia membra. Emendat autem causam in quantum potuerit, et ei fuerit iudicatum; et sic ducatur ad praesentiam domni [1] regis; et ipse eum mittat ubi clementiae ipsius placuerit.

3. Si quis ecclesiam per violentiam intraverit, et in ea [2] per vim vel furtu aliquid abstulerit, vel ipsam ecclesiam igne cremaverit, morte moriatur.

4. Si quis sanctum quadragensimale ieiunium pro despectu [3] christianitatis contempserit, et carnem comederit, [c] morte moriatur. Sed tamen consideretur a sacerdote, ne forte causa necessitatis hoc cuilibet proveniat ut carnem commedat.

5. Si quis episcopum aut presbyterum sive diaconum interficerit, similiter capite punietur.

6. Si quis a diabulo deceptus crediderit, secundum morem paganorum, virum aliquem aut feminam strigam esse et homines [4] commedere, et propter hoc ipsam incenderit, vel carnem eius ad commedendum dederit, vel ipsam commederit, capitis [5] sententiae punietur.

7. Si quis corpus defuncti hominis secundum ritum paganorum flamma consumi fecerit, et ossa eius ad cinerem redierit, capitae punietur.

8. Si quis deinceps [d] in gente Saxonorum inter eos latens non baptizatus se abscondere voluerit, et ad baptismum venire contempserit, paganusque permanere voluerit, [e] morte moriatur.

9. Si quis hominem diabulo sacrificaverit, et in hostiam more paganorum daemonibus obtulerit, morte moriatur.

10. Si quis cum paganis consilium adversus christianos inierit, vel cum illis in adversitate christianorum perduráre voluerit, morte moriatur. Et quicumque hoc idem fraude contra regem vel gentem christianorum consenserit, morte moriatur.

11. Si quis domino regi [6] infidelis apparuerit, capitali sententia punietur.

12. Si quis filiam domini sui rapuerit, morte moriatur.

13. Si quis dominum suum vel dominam suam interficerit, simili modo punietur.

14. Si vero pro his mortalibus criminibus latenter commissis aliquis sponte ad sacerdotem confugerit, et confessione data ageri poenitentiam voluerit, testimonio sacerdotis [7] de morte excusetur.

15. *De minoribus capitulis* consenserunt omnes, ad unamquamque ecclesiam, curte et duos mansos terræ, pagenses ad [8] ecclesiam recurrentes condonant, et inter centum viginti homines, nobiles et ingenuis similiter [9] et litos, servum et ancillam eidem ecclesiae tribuant.

16. Et hoc Christo propitio placuit, ut undecumque census aliquid ad fiscum pervenerit, sive in frido, sive in qualecumque banno, et in omni redibutione ad regem pertinente, decima pars ecclesiis et sacerdotibus reddatur.

17. Similiter secundum Dei mandatum praecipimus ut omnes decimam partem substantiæ et laboris suis ecclesiis et sacerdotibus donent, tam nobiles quam ingenui similiter et liti, iuxta quod Deus unicuique dederit christiano, partem Deo reddant.

18. Ut in dominicis diebus conventus et placita publica non faciant, nisi forte pro magna necessitate aut hostilitate cogente; sed omnes ad ecclesiam recurrant ad audiendum verbum Dei, et orationibus vel iustis operibus vacent. Similiter et in festivitatibus praeclaris Deo et ecclesiae conventui deserviant, et secularia placita demittant.

VARIANTES LECTIONES.

[1] domini *corr.* domni *codex.* — [2] eam *corr.* ea. — [3] dispectu *corr.* despectu. — [4] omnes *corr.* homines. — [5] capitali *corr.* capitis *c.* — [6] rege *corr.* regi *c.* — [7] testimonia sacerdote *corr.* testimonio sacerdotis *c.* — [8] pagensis *corr.* pagenses ad *c.* — [9] similiter. et litos seruum *cod.* Contra Baluzius ita distinxit: similiter et litos, servum.

NOTÆ.

[a] *Capitulatio de partibus Saxonie constitute sunt* Codex; quæ correxi. Baluzius emendavit: *Capitulatio de partibus Saxoniæ. Hæc de partibus Saxoniæ constituta sunt.*

[b] Hæc est lectio Edit. Rom. Germ. habent *fana.* BALUZ.

[c] Durum sane istud, capitalem in eum sententiam dici qui in Quadragesima carnem comederit, si per contemptum fecerit Christianæ fidei. Sed ita in populo contumaci fieri necesse erat, ne semper in paganismum relaberetur: Ævo Ditmari, episcopi Metsepurgensis, hæc erat consuetudo inter Polonos ut qui carnem post Septuagesimam manducasset, dentium evulsione puniretur. Ita enim ipse scribit in initio libri VIII: « Quicunque post Septuagesimam carnem manducasse invenitur, abscissis dentibus graviter punitur. Lex namque divina, in his regionibus noviter exorta, potestate tali melius quam jejunio ab episcopis instituto corroboratur. IDEM.

[d] Alcuinus, epist. 104: « Idcirco misera gens Saxonum toties baptismi perdidit sacramentum quia nunquam habuit in corde fidei sacramentum. » Vide Chronicon Moyssiacense ad an. 792. IDEM.

[e] Quamvis religionis non sit cogere religionem, sed recurrit hic observatio sumpta ex Ditmaro. Itaque Andreas primus Hungariæ rex, a perturbationibus hostium securus effectus, tanquam Carolum Magnum imitari vellet, anno 1047 « præcepit universæ genti suæ, sub pœna capitalis sententiæ, ut deposito paganismo prius eis concesso, ad veram Christi fidem reverterentur, » ut ait Joannes de Thwrocz cap. 42 Ghron. Hungarorum. Quod etiam proditum est ad Antonio Bonfinio decade 2, lib. II, Rerum Hungaricarum. ID.

19. Similiter placuit his decretis inserere, quod omnes infantes infra annum baptizantur. Et hoc statuimus, ut si quis infantem intra circulum anni ad baptismum offerre contempserit, sine consilio vel licentia sacerdotis, si de nobile generi fuerit, centum viginti solidos fisco componant; si ingenuus [1], sexaginta; si litus, triginta.

20. Si quis prohibitum vel inlicitum coniugium sibi sortitus fuerit, si nobilis, solidos sexaginta; si ingenuus [2], triginta; si litus, quindecim.

21. Si quis ad fontes aut arbores vel lucos [3] votum fecerit, aut aliquit [4] more gentilium obtulerit, et ad honorem daemonum commederet; si nobilis [5] fuerit, solidos sexaginta; si ingenuus, triginta; si litus [6], quindecim. Si vero non habuerint unde praesentaliter persolvant, ad ecclesiae servitium donentur usque dum ipsi solidi solvantur.

22. Iubemus ut corpora christianorum Saxanorum ad cimiteria ecclesiae deferantur, et non ad tumulus paganorum.

23. Divinos et sortilegos ecclesiis et sacerdotibus dare constituimus.

24. De latronibus et malefactoribus, qui de una comitatu ad alium confugium fecerint, si quis eos receperit in suam potestate, et septem [7] noctibus secum detenuerit, nisi ad praesentandum [8], nostrum bannum solvat. Similiter si comis eum absconderit, et ad iustitiam faciendam praesentare noluerit, et ad hoc excusare non potest, honorem suum perdat.

25. De pignore, ut nullatenus alterum aliquis pignorare praesumat. Et qui hoc fecerit, bannum persolvat.

26. Ut nulli hominum contradicere viam ad nos veniendo pro iustitia reclamandi aliquis praesumat. Et si aliquis hoc facere conaverit, nostrum bannum persolvat.

27. Si quis homo fideiussorem invenire non potuerit, res illius in forbanno mittantur usque dum fideiussorem praesentet. Si vero super bannum in d mum suum intrare praesumpserit, aut solidos dece aut unum bovem pro emendatione ipsius banni comp nat; et insuper unde debitor exstitit, persolvat. Si vero fideiussor diem statutum non observaberit, tun ipse tantum damni incurrat, quantum manus sua fi eiussoris exstitit. Ille autem qui debitor fideiussori ex titit, duplum restituat pro eo quod fideiussorem in amhum cadere permisit.

28. De praemiis et muneribus, ut munera uper innocente nullus accipiat. Et si quis hoc facere raesumpserit, nostrum bannum solvat. Et si, quod sit, forte comis hoc fecerit, honorem suum perdat.

29. Ut universi comites pacem et concordi ad invicem habere studeant. Et si forte inter eos liqua discordia aut conturbium ortum fuerit, aut no trum solatium vel perfectum pro hoc non demittant.

50. Si quis comitem interfecerit, vel de eius orte consilium dederit, hereditas illius ad partem regis eveniat, et in ius eius redicatur

31. Dedimus potestatem comitibus bannum in ttere infra suo ministerio de faida vel maioribus cau is in solid. 60. De minoribus vero causis comitis ba num in solid. 15 constituimus.

32. Si cuilibet homini sacramentum debet al s, aframeat illum ad ecclesiam sacramenta ad iem statutum. Et si iurare contempserit, fidem faci t, et solidos quindecim componat qui inactivus app ruit, et deinceps causam pleniter emendare faciat.

33. De periuris, secundum legem Saxonoru sit.

34. Interdiximus ut omnes Saxones gener liter conventus [9] publicos nec faciant, nisi forte miss s [10] noster de verbo nostro eos congregare fecerit. Sed unusquisque [11] comes in suo ministerio placita e iustitias faciat. Et hoc a sacerdotibus consideretur ne aliter faciat.

VARIANTES LECTIONES.

[1] *initio legebaur* ingenuos... litos.   [2] ingenuis... litos *cod*.   [3] lucas *corr.* lucos *c*.   [4] aliquis *corr.* al uit *c*.   [5] nobiles *corr.* nobilis *c*.   [6] litos *corr.* litus *c*.   [7] VI [4cm] *cod*.   [8] praesentendum *c*.   [9] contos *corr.* onventus *c*.   [10] messus *corr.* missus *c*.   [11] unusque *corr.* unusquisque *c*.

CAPITULARE LANGOBARDICUM (An. 786).

Anno 786 post Hardradi comitis et Thuringorum rebellionem, quae magnum in Caroli regno conturbiu generaverat, compressam, cum rex populos sibi subiectos sacramenti vinculo astringendos iudicaret, a ue expeditionem Beneventanam meditaretur, edictum hocce a Pippino rege promulgatum esse ex capitibus jus 6, 7 et 9, conjicio. Textum ex unico codice bibl. Paris. n. 4613 restituere studui, atque ultimi capitis l cunas, quantum coniectura assequi mihi licuit, explere conatus sum.

1. De his feminis qui se Deo voverant, et se monachica veste induerant, et postea se maritis copulaverunt, ut inquiratur unusquisque in iudiciariam sibi commissas ubi eas invenerint, ut sine dilatatione eas ab ipsis illicitas coniunctionibus separare debeant, ut ipsas de supra memorata inlicita coniunctione ad poenitentiae recurrant medicamentum.

2. De illos homines qui aliquam incantationem vel divinationem agent, vel his similia quae in conspectu Dei abhominatione esse videntur, similiter inqui-

rat unusquisque, ubi eos invenerint, non di tat illos sine disciplina correptionis, et faciant eos p nitentiam agerent de has inlicitas presumtiones.

3. De pravos illos homines qui brunaticus col nt, et de hominibus suis subtus maida cerias incend nt, et votos vovent, ad (*id est*. a) tale vero iniquitas os faciant unusquisque; nisi voluerint ad aecclesia anem offerre, simpliciter offerant, non cum aliqu de ipsa iniqua commixtione.

4. Similiter inquirat unusquisque homines b

commissos, ubi forsitan invenitur, ubi factae sunt illicitas coniunctiones, ita ut qui uxorem consobrino aut insobrino suo uxorem duxisset, aut etiam qualibet parentem suam sibimetipsos uxorem copulasset, sine omnem moderatione eos ab invicem separentur, et eos ad penitentiae remedium faciant destinari.

5. Et hoc etiam scribimus, ut cuncti diligentes inquirat, ut si est homo uxorem habens, ut supra ipsa cum alia adulterans, et concubinam [1] habuerit; a tali igitur inlicita perpetratione faciat eos cum omni sollicitudine separari. Sic placuit domni regi, ut qui has nefandas criminas emendare de terminibus sibi commissis, ut diximus, emendare neglexerit, ut in sacro palatio widrigildum suum componat.

6. De singulis capitulis quibus domnus rex missis suis praecepit, qui nulla [2] sacramenta debeant audire et facere, quam ob rem istam sacramenta sunt necessaria, per ordine ex antiqua consuetudine explicare faciunt, et quia modo isti infideles homines magnum conturbium in regnum domni Karoli regi voluerint terminare, in eius vita consiliati sunt, et inquisiti dixerunt quod fidelitatem ei non iurasset.

7. Quomodo illum sacramentum iuratum esse debeat ab episcopis et abbatis, sive [4] comitibus vel bassis regalibus, necnon vicedominis, archidiaconibus, adque canonicis. Clerici qui monachorum nomine non pleniter conservare videntur, et ubi regula sancti Benedicti secundum ordinem tenent, ipsi in verbum tantum et in veritate promittant [5], de quibus specialiter abbas adducant domno nostro; deinde advocatis et vicariis, centenariis, sive fore censiti presbiteri; atque cunctas generalitas populi, tam puerilitate annorum 12 quanque de senili, qui ad placita venissent, et iussionem adimplere seniorum et conservare possunt, sive pagenses [6], sive episcoporum et abbatissuarum vel comitum hominum, et reliquorum hominum, fisciini quoque et coloni, et ecclesiasticis adque servi, qui honorati beneficia et ministeria tenent, vel in bassallatico honorati sunt A cum domini sui, et caballos, arma, et scuto, et lancea, spata et senespasio habere possunt, omnes iurent, et nomina vel numerum de ipsis qui iuraverunt ipsis missis in brehem secum adportent. Et comites similiter de singulis centini esse noti, tam de illos qui infra pago nati sunt, pagensales fuerint, quamque et de illis qui aliunde in bassallatico commendati sunt. Et si fuerint aliquis qui per ingenio fugitando de comitatu ad aliud comitatu ob ipsum sacramentum distulerit, aut per superbia iurare noluerint, semoti per brehem renuntiare sciant, et tales aut per fideiussores mittant; et ipsi fideiussores non habuerint qui in praesentia domni regis illos abducant, sub custodia servetur. Aut si in illo vicinio habitare voluerint, sicut caeteri iurent. Et si fugitivum quis B devenerint, domno regi nuntiatum fiant per ipsos missos.

8. Explicare debent ipsi missi, qualiter domni regi dictum est; quod multi se conplanguunt legem non habere conservatam, et quia omnino voluntas domni regis est, ut unusquisque homo suam legem pleniter habeat conservatam. Et si alicui contra legem factum est, non est voluntas nec sua iussio. Verumtamen si comis aut missus vel quilibet homo hoc fecit, fiat annuntiatum domni regi, quia ipse plenissime haec emendare vult. Et per singulos inquirant, quale habeant legem ex nomine; et nullatenus sine comite de ipso pago istam legationem perficiant. Excepto si ille comis in alia utilitate domni regis non C fuerit, aut aliqua infirmitas eum non detenuerit, quod ibi esset, non habeat.

9. [a] *Ut parata servitia habeant ipsi missi una cum comitibus qui in eorum ministeriis fuerint, ut omnes generaliter hoc anno veniant hostiliter in solatio domni regis sicut sua fuerit iussio, et pacem in transitu custodiant infra patria; qui per epistolas suas, de voluntate sua illis significare vult, quando vel ubi debeant inter se coniungi.*

Expliciunt capitula.

VARIANTES LECTIONES.

[1] concubam c. [2] aut 1. [3] illa? nova? [4] sine c. [5] permittant c. [6] palenses c. [7] si c.

NOTÆ.

[a] Quæ in hoc capite littera obliqua leguntur, ex conjectura supplevi.

ENCYCLICA DE LITTERIS COLENDIS.

(Hanc videsis inter epistolas Caroli Magni, *Patrologiæ* tomo XCVIII.)

CAPITULARE ECCLESIASTICUM. An. 789 (23 Mart. Aquis).

In edendo capitulari codices hi ad manus fuerunt : 1. Cod. bibl. Guelferbytanæ olim Helmstadiensis, Ms., in-8° majori, littera Anglosaxonica exaratus, sæculi VIII exeuntis vel IX. 2. C. bibl. Sangallensis n. 733 membr. sæc. IX ineuntis. 3. C. bibl. Palatinæ Vindobonensis in catalogo juris canonici n. 128 signatus, membr. sæc. IX, in 8° maj. 3 b. C. bibl. regiæ Monacensis inter libros sancti Emmerammi Ratisponensis E. 91 signatus, qui anno 821 exaratus, ac tamen cum editis non est collatus. 5 c. C. bibl. regiæ Monacensis inter libros Tegernseenses membr. sæc. IX, unde editio princeps Amerpachii fluxit. 4. C. bibl. Guelferbytanæ Blankenburgensis sæc. X. 5. C. bibliothecæ ducalis Gothanæ sæc. XI. Præcipuas Baluzii lectiones sigla B. notavi.

Regnante domino nostro Iesu Christo in perpetuum. Ego Carolus, gratia Dei eiusque misericordia donante, rex et rector regni Francorum, et devotus sanctae [1] aecclesiae defensor humilisque adiutor, omnibus ecclesiasticae pietatis ordinibus, seu saecularis potentiae dignitatibus, in Christo domino deo aeterno, perpetuae pacis et beatitudinis salutem. Considerans pacifico [2] piae mentis intuitu, una cum sacerdotibus et consiliariis nostris, abundantem in nos [3] nostrumque populum Christi regis clementiam, et quam necessarium est non solum toto corde et ore eius pietati [4] agere gratias incessanter, sed etiam continua bonorum operum exercitatione eius insistere laudibus, quatenus qui nostro regno tantos contulit honores, sua protectione nos nostrumque regnum in aeternum conservare dignetur. Quapropter placuit nobis vestram rogare solertiam, o pastores aecclesiarum Christi, et ductores [5] gregis eius, et clarissima mundi luminaria, ut vigili cura et sedula ammonitione populum Dei per pascua [6] vitae aeternae ducere [7] studeatis, et errantes oves, bonorum [8] exemplorum seu adhortationum humeris intra aecclesiasticae firmitatis muros reportare satagimini; ne lupus insidians aliquem canonicas sanctiones transgredientem, vel paternas traditiones universalium conciliorum excedentem, quod absit, inveniens devoret. Ideo magno [9] devotionis studio ammonendi et adhortandi sunt, immo conpellendi, ut firma fide et infatigabili perseverantia intra paternas sanctiones se conteneant: in quo opere et studio [10] sciat certissime sanctitas vestra nostram vobis cooperare [11] diligentiam. Quapropter et nostros ad vos direximus missos, qui

A ex nostri nominis auctoritate una vobiscum [12] corrigerent quae corrigenda essent. Sed et aliqua capitula ex canonicis institutionibus, quae magis nobis [3] necessaria videbantur, subiunximus. Ne aliquis, quaeso, huius pietatis ammonitionem esse praesumptiosam iudicet, qua nos errata corrigere, superflua abscidere, recta cohartare [14] studemus [15], sed magis benivolo caritatis animo suscipiat. Nam legimus in regnorum libris, quomodo sanctus Iosias regnum sibi a Deo datum circumeundo, corrigendo, ammonendo, ad cultum veri Dei studuit revocare. Non ut me eius sanctitate aequiperabilem faciam, sed quod nobis sunt ubique sanctorum semper exempla sequenda, et quoscumque poterimus, ad studium bonae vitae, in laudem et in gloriam domini nostri Iesu Chri-
B sti, congregare necesse est. Quapropter, ut praediximus, aliqua capitula notare iussimus, ut simul haec eadem vos ammonere studeatis, et quaecumque vobis alia necessaria esse sciatis [16], ut et ista et illa aequali intentione praedicetis. Nec aliquid quod vestrae sanctitati et [17] populo Dei utile videatur, a mitte [18] ut pio studio non ammoneatis; quatenus ut et vestra sollertia et subiectorum oboedientia a eterna felicitate ab omnipotente Deo remuneretur.

OMNIBUS [19]. — 1. a Sunt enim aliqui, qui culpis exigentibus ab episcopo proprio excommunicantur, et ab aliis ecclesiasticis vel laicis praesumptione in communionem accipiuntur: quod omnino sanctum
C Nicenum concilium, simul et Calcidonense, necnon et Antiochenum atque Sardicense, fieri prohibent [b].

EPISCOPIS [20]. — 2. Item enim habet [21] in eodem con-

RIANTES LECTIONES.

[1] s. Dei ecclesiae 2. [2] pacifici ac pie 2. [3] deest 2. 5. [4] et oreque pietate 2. [5] doctores 2. 4. [6] pa cuae 1. [7] docere 2. [8] b. exemplo operum seu adhortatione Bal. [9] magnae 5. B. [10] operis studio B. [11] cooperari B. [12] nobiscum 1. [13] vobis B. [14] cohortare 1. [15] studuimus B. [16] scitis 4. B. [17] deest 2. 3. 5 c. 5. B. [18] omittatis 3. 4. omittite 3 c. deest 2. [19] episcopis omnibus 2. rubricae omnes desunt 5. [20] a sacerdotes B. [21] habetur B.

NOTÆ.

a Burchardus refert ex concilio Rothomagensi, cap. 3. Sed hic observandum est, quod ad Reginonem et Gratianum persæpe monuimus, Burchardum diligentissima cura providisse ne capitula quæ ex capitularibus regum nostrorum describebat apparerent hinc sumpta, eamque ob causa nulla tribuisse vetustis synodis et pontificibus Romanis, huncque esse fontem tot Gratiani erratorum. Itaque licet Burchardus caput istud referat ex concilio Rothomagensi, nihilominus certum est sumptum ab illo esse ex libro primo Capitularium. BALUZ.

b (Conc. Nic. can. 5.) De his qui excommunicantur, sive clerici, sive laici, ab episcopis per suas quasque parochias, servetur ista sententia, ut ii qui ab aliis excommunicantur, ab aliis non recipiantur. Requiratur sane ne forte pro aliqua indignatione animi aut contentione, aut qualibet tali commotione stomachantis episcopi, abjecti sint. Ut ergo haec digna possint examinatione perquiri rectum esse visum est per singulos annos in singulis quibusque provinciis bis in anno episcoporum concilia fieri, ut simul omnes in unum convenientes ex universa provincia, ejusmodi examinent quæstiones; ut ita demum qui ob culpas suas episcoporum suorum offensam merito contraxerunt, digne etiam a cæteris excommunicati sint habeantur, usquequo vel in commune omnibus, vel episcopo suo fuerit visum humaniorem

circa eos tenere sententiam. Agantur autem concilia, semel quidem ante dies quadragesimæ; ut omnibus, si quæ sunt, simultatibus amputatis, mundum Deo solemne munus possit offerri. Secundo vero agantur circa autumni tempus. — (Conc. Antioch. can. 2.) Non autem liceat communicare excommunicatis, neque per domos ingredi, et cum eis orare qui ecclesiae
D non participant; neque in alteram ecclesiam recipi qui ab alia segregantur. Quod si visus fuerit nullibet episcoporum vel presbyterorum, aut diacono um, vel etiam quis in canone detentus, excommunicatis communicare, et hunc oportet communion pravari, tanquam ecclesiæ regulas confundentem. — (Ibid. can. 6.) Si quis a proprio episcopo excommunicatus est, non eum prius ab aliis debere suscipi, nisi suo fuerit receptus episcopo, aut concilio facto occurrat et respondeat. Et si synodo satisfecerit, et statuerit, sub alia sententia recipi oportere. Quod etiam circa laicos, et presbyteros et diaconos, et omnes in clero sunt, convenit observari. — (Conc. Sardic. can. 16.) Hosius episcopus dixit : Hoc quoque omnibus placeat, ut sive presbyter, sive diaconus, sive quis clericorum, ab episcopo suo communione fuerit privatus, et ad alterum episcopum perrexerit, et sciverit is, ad quem confugit, eum ab episcopo suo fuisse abjectum, non oportet ut ei communionem indulgeat. Quod si fecerit, sciat se convocatis episcopis causas

cilio, ut eorum qui ad ordinandum veniunt, ª fides et vita prius ab episcopo diligenter discutiatur, et sic ordinentur ᵇ.

OMNIBUS. — 3. Item in eodem concilio, necnon et in Antiocheno, simul et in Calcidonense, ut fugitivi clerici et peregrini a nullo recipiantur, nec ordinentur, sine commendaticiis litteris, et sui episcopi vel abbatis licentia ᶜ.

OMNIBUS ¹. — 4. Item in eodem sinodo, interdictum est praesbiteris et diaconibus, vel omnibus qui in clero sunt, mulierem ² habere in domo sua propter suspicionem, nisi matrem, aut sororem, vel

A eas tantum personas quae suspiciones effugiunt ᵈ.

OMNIBUS ³. — 5 Item in eodem concilio, seu in decretis papae Leonis, necnon et in canonibus quae dicuntur apostolorum, sicut et in lege ipse Dominus praecipit ⁴, omnino omnibus interdictum est ad usuram aliquid dare ᵉ.

EPISCOPIS ᶠ. — 6. ᶠ Auditum est aliquos presbiteros ᵍ missam celebrare, et ʰ non communicare: quod omnino in canonibus ⁶ apostolorum interdictum esse legitur. Vel quomodo dicere recte potest, si non communicaverit ⁷, sumpsimus, Domine, sacramenta? Haec vero per singula capitula in statutis

VARIANTES LECTIONES.

¹ deest 1. ad solos sacerdotes B.   ² m. non h. 2? 4. B.   ³ deest 1.   ⁴ praecepit 2—4. B.   ⁵ ad sacerdotes B.   ⁶ canibus 1.   ⁷ communica 1.

NOTÆ

esse dicturum. Universi dixerunt: Hoc statutum et pacem servabit, et concordiam custodiet.

ª Adrianus papa in epistola ad Tilpinum Ecclesiæ Rhemensis archiepiscopum apud Flodoardum, lib. II, cap. 17, Historiæ Rhemensis: « Injungimus etiam fraternitati tuæ ut quia de ordinatione episcopi nomine Lul sanctæ Moguntinæ Ecclesiæ ad nos quædam pervenerunt, assumptis tecum Viomago et Possessore episcopis et Missis gloriosi ac spiritualis filii nostri Caroli Francorum regis, diligenter inquiras omnia de illius Ordinatione, et fidem ac doctrinam illius atque conversationem et mores ac vitam investiges. » BALUZ.

ᵇ (Conc. Nic. can. 9.) Si qui sine examinatione provecti sunt presbyteri, et examinati confessi sunt peccata sua, et cum confessi sunt, contra regulam venientes homines manus eis temere imposuerunt, hos ecclesiasticus ordo non recipit. In omnibus enim quod irreprehensibile est catholica defendit Ecclesia.

ᶜ (Conc. Nic. can. 16.) Si qui sine respectu agentes, et timorem Dei ante oculos non habentes, neque ecclesiastica statuta custodientes, recesserint ab ecclesia sua, sive presbyteri, sive diaconi, sive in quocunque ordine ecclesiastico positi fuerint, hi nusquam suscipi debent in alia ecclesia : sed cum omni necessitate cogantur ut redeant ad Ecclesias suas. Aut si permanserint, excommunicatos eos esse oportet. —(Ibid. can. 17.) Si quis autem ausus fuerit aliquem qui ad alterum pertinet, ordinare in suam Ecclesiam, cum non habeat consensum episcopi illius a quo recessit clericus suus, irrita sit hujusmodi ordinatio.— (Conc. Antioch. can. 3.) Si quis presbyter, vel diaconus, vel quilibet clericus, deserta sua Ecclesia, ad aliam transeundum esse crediderit, et ibi paulatim tentat, quo migravit, perpetuo permanere, ulterius ministrare debet, præsertim si ab episcopo suo ad revertendum fuerit exhortatus, Quod si et post evocationem sui episcopi non obaudiat, sed perseveraverit, omnibus modis ab officio deponi debere, nec aliquando spem restitutionis habere. Si quem vero post hanc culpam depositum alius episcopus susceperit, et ipse a communi synodo pœnam merebitur increpationis, tanquam ecclesiastica jura dissolvens. —(Concil. Chalc. can. 13.) Peregrinos clericos et lectores in aliena civitate, sine synodicis litteris episcopi sui, penitus nusquam ministrare posse.

ᵈ (Con. Nic. can. 5.) De suspectis vero omnimodis interdicit sancta synodus, neque episcopo, neque presbytero, neque diacono, neque omnino ulli clericorum, habere secum mulierem extraneam : nisi forte mater sit, aut soror, aut avia; in his namque personis et harum similibus omnis suspicio declinatur. Qui autem præter hæc agit, periclitabitur de clero suo.

ᵉ (Con. Nic. can. 17.) Quoniam multi clerici avari-

B tiæ causa turpia lucra sectantes, oblitique divini præcepti quod dicit : Qui pecuniam suam non dedit ad usuram, fœnerantes centesimas exigunt, statuit hoc sanctum concilium, ut si quis inventus fuerit post hanc definitionem usuras accipere, vel ex quolibet tali negotio turpia lucra sectari, vel etiam species frugum ad sexcuplum dare, omnis qui tale aliquid commentus fuerit ad quæstum, abscindatur ex clero, et alienus ab ecclesiastico habeatur gradu. —(Can. apost. 44.) Episcopus, presbyter, aut diaconus usuras a debitoribus exigens, aut desinat, aut certe damnetur.

ᶠ Regino non annotavit in sua Collectione locum ex quo descripsit hoc caput. Burchardus refert ex concilio Aurelianensi, cap. 10. Recte Fulbertus ex libro primo Capitularium cap. 6. BALUZ.

ᵍ Hic per missæ celebrationem Joachimus Vadianus, lib. VI de Eucharistia, pag. 215, intelligit distributionem Eucharistiæ. Hæc sunt ejus verba: « Exstat apud eumdem (id est, apud Ansegisum) alia principis constitutio, qua cavebatur ne presbyteri missas celebrarent et communione abstinerent. Erant enim qui in missæ sacro Eucharistiam dabant plebi, ipsi interim nihil sumentes. Jubet igitur princeps ut in missis peragendis non solum aliis ex hibeant Eucharistiam, sed etiam ipsi sumant. Quod sane jubere non potuisset nisi prodito missæ ritum illum veterem plebis communicantis retinuissent. » Sed non cepit Vadianus, ut ego quidem arbitror, sensum verborum Caroli. Illud tantum vult princeps, ut quotiescunque presbyter corpus et sanguinem Christi in altario immolat, toties communicet, ut patet ex verbis Concilii Toletani duodecimi relatis infra lib. VI, cap. 120. ID.

ʰ Id est, non se præbere participes perceptionis corporis et sanguinis Christi, ut legitur infra lib. VI, cap. 120, sive communionis sanctæ gratiam non sumere, ut legitur in Canone quinto concilii Toletani duodecimi. Inde in admonitione synodali antiqua D præcipitur ut nullus missam cantet qui non communicet. Quod in nova admonitione synodali ita exprimitur : « Missam jejuni tantum celebrate, et in ea corpus et sanguinem Domini nostri Jesu Christi cum omni reverentia et tremore sumite. » Et in inquisitione quam episcopus in sua visitatione faciebat legitur, cap. 42, interrogare episcopum debuisse presbyterum, Si missam cantat et non communicat. Fallitur ergo vehementer Simon Goulartius, qui in additionibus ad Catalogum testium veritatis, pag. 1020, putat in hoc capite nostro agi de presbytero qui adstantes non admittit ad communionem. Cæterum Fulbertus aliquid legisse isthic videtur quod nos latet. Etenim scribens ad œconomum Aurelianensis Ecclesiæ, de presbytero quodam qui missas celebrasse et non communicasse compertus erat ait eum, si id fecit timor indiscretus, de levi culpa

Nic)eni concilii legere potestis, seu [1] in aliis sanctorum patrum sinodalibus edictis [a].

Omnibus. — 7. In Antiocheno concilio, quod his qui damnati sunt a sinodo vel a suo episcopo, et postea ministrare praesumunt, praecipitur ut nullus audeat ei [2] communicare. Si quis vero eo [3] communicat [4], simili sententia [5] subiaceat sicut et damnatus [b].

Episcopis, — 8. Item in eodem concilio, ut ad metropolitanum episcopum, suffragani episcopi [6] respiciant, et nil novae [7] audeant facere in suis parrochiis [c] sine conscientia et consilio sui metropolitani et metropolitanus sine eorum consilio [d].

Sacerdotibus. — 9. Item in eodem concilio, si- A mul et [8] Acyronense, ut corepiscopi cogno cant modum suum, et nihil faciant absquae licentia episcopi in cuius parrochia habitant [e].

Omni [9] clero [10]. 10. Item in eodem concilio, ut [f] episcopus vel quilibet ex clero sine consilio v l litteris episcoporum, vel metropolitani, non au eant regalem dignitatem pro suis causis clamare, s d in commune episcoporum concilio causa eius [1] examinetur [12] [g].

Episcopis. — 11. Item in eodem concilio, imul et in Sardicense, necnon et in decretis [13] Innoce ti [14] papae, ut nullus episcopus in alterius parrochia rdinationes aliquas audeat efficere [15] vel negotia eragere quae ad eum non pertinent [h].

VARIANTES LECTIONES.

[1] seu et in B. [2] eis 2. deest B. [3] ei 3. eis 2. [3] c. [4] B. [4] communicaverit B. [5] sententiae B. suffraganei r. B. [7] nihil novi 3c. et in ancyronensi B. [9] omnia 1. [10] omnibus 4. [11] deest B. urteili: in marg. 1. [13] decretalibus B. [14] innocentis 1. [15] facere B.

NOTÆ.

castigandum esse cum pietate, sicut legitur in Capitularium lib. I, capitulo vi. Baluz.

[a] (Can. apost. 9.) Si quis episcopus, aut presbyter aut diaconus, vel quilibet ex sacerdotali catalogo facta oblatione non communicaverit, aut causam dicat, ut si rationalis fuerit, veniam consequatur; aut si non dixerit, communione privetur, tanquam qui populo causa laesionis exstiterit, dans suspicionem de eo qui sacrificavit quod recte non obtulerit.

[b] (Conc. Antioch. can. 4.) Si quis episcopus a synodo, vel presbyter vel diaconus a proprio episcopo, fuerit exauctoratus, et praesumpserit sacri ministerii quippiam, non ei amplius liceat, neque in alia synodo spem restitutionis habere, neque assertionis alicujus locum; sed et communicantes ei, omnes abjiciantur ab ecclesia; et maxime si postquam cognoverunt sententiam adversus eum prolatam, ei contumaciter communicaverint.

[c] Id est, in aliarum synodorum canonibus, nimirum in canone octavo concilii secundi Carthaginensis, canone 57, Martini Bracharensis, cujus capitula in antiquis codicibus citantur sub nomine Martini papae vel concilii Bracharensis, et in decretis pontificum Romanorum quae referuntur a Gratiano 11. q. 3. In illis enim locis agitur de episcopis et presbyteris damnatis et tamen ministrantibus. Baluz.

[d] (Conc. Antioch. can. 9.) Per singulas provincias episcopos constitutos scire oportet episcopum metropolitanum, qui praeest, curam et sollicitudinem totius provinciae suscepisse. Propter quod ad metropolitanam civitatem ab his qui causas habent, sine dubio concurratur. Quapropter placuit eum et honore praeire, et nihil ultra sine ipso reliquos episcopos agere secundum antiquam patrum nostrorum, quae obtinuit, regulam, nisi haec tantum quae uniuscujusque Ecclesiae per suam dioecesin competunt. Unumquemque enim episcopum oportet potestatem habere suae dioecesis ad hanc gubernandam secundum competentem sibi reverentiam, ad providendum regioni quae subest ipsius civitati, ita ut etiam ordinare ei presbyteros et diaconos probabili judicio liceat, et de singulis moderatione et pondere disceptare. Ultra autem nihil agendum permittitur citra metropolitani episcopi conscientiam.

[e] (Conc. Antioch. can. 20.) Qui in fundis et villis constituti sunt chorepiscopi, tametsi manus impositiones ab episcopis susceperunt, et ut episcopi consecrati sunt, placuit sanctae synodo scire eos oportere modum proprium retinere, et gubernare adjacentes Ecclesias sibi commissas, et esse contentos B propria sollicitudine et gubernatione quam sus eperunt. Constituere autem his permittitur lecto es et subdiaconos et exorcistas, quibus sufficiat ist rum tantum gradum licentiam accepisse. Non tem presbyterum, non diaconum audeant ordinare praeter conscientiam episcopi civitatis, vel Ecclesi cui adjacens invenitur, seu ipse, seu regio in qua praeesse dignoscitur. Quod si praevaricari ausus uerit constituta, deponi eum et dignitate qua praedit s est debere privari. Chorepiscopum autem ab epi copo civitatis vel loci, cui adjacet, ordinandus e t. — (Conc. Ancyr. can. 13.) Vicariis episcopo um, quos Graeci chorepiscopos dicunt, non licere resbyteros vel diaconos ordinare; sed nec presb teris civitatis sine episcopi praecepto amplius aliqui l jubere, vel sine auctoritate litterarum ejus in un quaque parrochia aliquid agere.

[f] Inter K. M. Langobardicas leges in cod. V. Vn. E. et Mur. c. 146.

C [g] (Conc. Antioch. can. 11.) Si quis episc pus, vel presbyter, vel omnis omnino qui est sub ecclesiastica regula constitutus, praeter consilium et litteras eorum episcoporum qui sunt intra provin iam, et maxime metropolitani, ad imperatorem pe exeerit, hunc abdicari et ejici non solum commu ione debere, sed a propria dignitate privari; tan uam molestum et importunum imperialibus auribu ,contra ecclesiastica constituta. Si autem necessit s cogat ad imperatorem excurrere, cum deliberatione et consilio metropolitani ipsius provinciae, episcopi et caeterorum conscientia qui in eadem pro incia sunt, et litteris, ire debebit.

[h] (Conc. Antioch. can. 13.) Nullum episcop rum debere ex alia provincia ad alteram transitum f cere, et ordinare aliquos in ecclesiis, aut proveh e ad sacrum ministerium; nec alios illuc secum at ahat episcopos, nisi forte rogatus per litteras abieri , non solum a metropolitano, sed ab his qui cum e sunt D provinciae episcopis. Quod si nullo invitante i ordinate superveniat, et aliquos vel ordinare praesu pserit, vel quoslibet actus illi Ecclesiae competen es ad se minus pertinentes usurpare tentaverit, vac quidem et inania erunt omnia quae gesserit, ips vero hujus indisciplinati ausus et irrationabilis cœ ti dignas causas expendat, tanquam deputatus a synodo, et propter hujusmodi praesumptione jam praedamnatus. — (Conc. Sard. can. 18.) Jan arius episcopus dixit: Illud quoque statuat sanctitas v stra, ut nulli liceat episcopo alterius episcopi civita s ministrum ecclesiasticum sollicitare, et in suis arrochiis ordinare. Universi dixerunt: Placet; ia ex his intentionibus solet nasci discordia. Et id pro

EPISCOPIS [1]. — 12. Item in eodem concilio, ut episcopus ejus ecclesiae curam habeat ad quam ordinatus est [a].

EPISCOPIS [2]. — 13. Item in eodem concilio, necnon et in Calcidonense, ut provinciales episcopi cum suo metropolitano bis in anno propter causas ecclesiae concilia celebrent [b].

EPISCOPIS [3]. — 14. In concilio Laodicense [4], necnon et [5] in Africano, praecipitur, ut monachi et clerici [c] tabernas non ingrediantur edendi vel bibendi causa [d].

AD OMNES [6]. — 15. Item in eodem concilio, ut a vespera usque ad vesperam dies dominica servetur [e].

OMNIBUS. — 16. Item in eodem concilio, ut [f] ignota angelorum nomina nec fingantur, nec nominentur, nisi illos [7] quos habemus in auctoritate: id sunt Michahel, Gabrihel, Raphahel [g].

CLERICIS [8], ET NONNANIS [9]. — 17. Item in eodem concilio, quod non oporteat mulieres ad altare ingredi [h].

SACERDOTIBUS [10]. — 18. Item in eodem concilio,

VARIANTES LECTIONES.

[1] deest 1. [2] deest 1. [3] deest 1. [4] laodicensa 1. laudecense 2. [5] deest 1. 3. [6] ad o. deest 1. clericis 2. omnibus 4. [7] illorum B. [8] feminis 2. [9] nonnannis 1. monachis 4. [10] Omnibus 1. Ad Sacerdotes, B.

NOTAE.

libet omnium sententia ne quis hoc facere audeat. — (Innocent. epist. 7.) Innocentius Florentino episcopo Tiburtinensi. Non semel sed aliquotiens clamat Scriptura divina transferri non oportere terminos a patribus constitutos: quia nefas est, si quod alter semper possederit, alter invadat. Quod tuam bonitatem frater et coepiscopus noster Ursus adserit perpetrasse. Nam Nomentanam sive Filiciensem parrochiam ad suam diœcesim a majoribus pertinentem, invasisse te, atque illic divina celebrasse mysteria inconsulto eodem ac nesciente, non sine dolore conquestus est. Quod si verum est, non leviter te culpam incurrisse cognoscas. Unde si declinare cupis tantae usurpationis invidiam, nostris litteris admonitum te convenit abstinere. Certe si aliquid tibi credis, justitiae suffragari, integris omnibus et in pristino statu manentibus, post dies venerabiles paschae adesse debebis, ut memoratis possis intentionibus respondere, partibusque in medio collocatis, quid antiquitas aut veritas habeat inquiramus.

[a] (Conc. Antioch. can. 21.) Episcopum de diœcesi ad alteram diœcesim non debere transire, neque si seipsum ingesserit, neque si populis fuerit violenter attractus, neque si etiam hoc ei ab episcopis sua detur. Manere autem eum debere in Ecclesia Dei quam ab initio sortitus est, et non in aliam demigrare, secundum regulam super hoc olim a Patribus constitutam.

[b] (Conc. Antioch. can. 20.) Propter ecclesiasticas curas et quae existunt controversias dissolvendas, sufficere visum est bis in anno per provincias singulas episcoporum concilium fieri. Primo quidem post tertiam hebdomadam Paschalis festivitatis, ita ut in quarta hebdomada quae consequitur, id est, mediae pentecostes, concilium compleatur. Admoneant autem provinciales episcopos hi qui in amplioribus, id est, qui in metropolitanis civitatibus degunt. Secundum vero concilium Idibus octobribus habeatur, qui dies apud Graecos hyperberetæi mensis, decimus quintus invenitur. In ipsis autem conciliis et presbyteros et diaconos praesentes esse oportet, et omnes quotquot se laesos existimant, et synodicam exspectare sententiam. Nec liceat aliquibus apud semetipsos sine metropolitanorum episcoporum conscientia synodus facere, quibus de omnibus causis constat permissum esse judicium. — (Conc. Chalc., can. 19.) Ad aures nostras pervenit quoniam in provinciis non fiunt episcoporum synodi secundum canonum constituta, et hinc multa rerum ecclesiasticarum quae emendanda sunt, negligi. Sancta igitur synodus constituit, secundum canones Patrum, bis in anno episcopos in idipsum in unaquaque provincia convenire quo metropolitanus constituerit, et omnia quaecunque emerserint corrigere. Episcopi vero qui non convenerint, in propriis positi civitatibus, et non per profectionem absentes, maxime suppeditante salute, et a necessariis et excusabilibus occupationibus liberi, fraternitatis intuitu corripiantur.

[e] Vide epistolam Hincmari ad Hadrianum II, inter acta synodi Duziacensis pag. 510. in editione Cellotii.

[d] (Conc. Laodic. can. 24.) Quoniam non oportet altario servientes, a presbyteris usque ad diaconos, et deinceps ordinis ecclesiastici omnes usque ad ministros, aut lectores, aut psaltas, aut exorcistas, aut ostiarios, aut etiam eos qui in proposito sunt continentiae, tabernas introire. — (Conc. Afric., can. 7.) Ut clerici edendi vel bibendi causa tabernas non ingrediantur, nisi peregrinationis necessitate compulsi.

[e] (Conc. Laodic., can. 29.) Non oportet Christianos judaizare et in sabbato vacare, sed operari eos in eadem die. Dominica vero, praeponendo eamdem diem, si hoc eis placet, vacent, tanquam Christiani. Quod si inventi fuerint judaizare, anathema sint.

[f] Constitutum istud, ut opinor, ad reprimendam eorum insaniam superstitionem qui varia angelorum nomina fingebant; ut Aldebertus, qui in oratione sua nominabat, Urielem, Raguelem, Tubuelem, Michaelem, Adinum, Tubuam, Sabaoc, et Simuelem. De qua re cum agéretur in synodo congregata Romae in patriarchio Lateranensi, papaque Zacharias interrogasset episcopos, illi itaque responderunt : « Velo nomina angelorum, quae in sua oratione Aldebertus invocavit, non angelorum, praeterquam Michaelis, sed magis daemones in sua oratione sibi ad praestandum auxilium invocavit. Nos autem, ut a vestro sancto apostolatu edocemur, et divina tradit auctoritas, non plusquam trium angelorum nomina cognoscimus; id est, Michael, Gabriel, Raphael. » Mirum est autem Urielem, Raguelem, et Tobielem, nominari in litaniis quas nuper domnus Joannes Mabillonius vulgavit in tomo secundo Analectorum suorum p. 682, et Carolinas vocavit. Nam post synodum illam Romanam fas non erat nominare his angelos, quia non erant in auctoritate, ut dicitur in nostro capite. Urielis tamen angeli nomen diu inter ante tempora Adelberti et Caroli Magni cognitum fuisse probat inscriptio reperta Romae in Vaticano, anno 1544, in sepulcro Mariae conjugis Honorii imp. ; in quo, ut Surius tradit in Comm. rerum in orbe gestarum, inventa fuit lamina ex auro et in ea haec nomina, Michael, Gabriel, Raphael, Uriel, Graecis litteris. Scriptum S. Angilberti de aedificiis, reliquiis, vasis, etc., coenobii Centulensis apud Bolland. tom. III Febr. « In ecclesiis vero sanctorum angelorum Gabrielis, Michaelis et Raphaelis altaria tria. » Vide Burchardum lib. III, cap. 198 et Franc. Adesserram in notis ad breviationem Canonum Ferrandi, pag. 124. BALUZ.

[g] (Conc. Laodic. can. 35.) Quod non oportet Christianos, derelicta Ecclesia Dei, abire, et angelos nominare, et congregationes facere: quae omnia interdicta sunt. Quicunque autem inventus fuerit occulte huic idolatriae vacans, anathema sit; quoniam dereliquens Dominum nostrum Jesum Christum Filium Dei, accessit ad idola.

[h] (Conc. Laodic. can. 44.) Non oportet mulierem ingredi ad altare.

ut cauclearii [1], malefici, incantatores, vel incantatrices fieri non sinantur [a].

OMNIBUS [2]. — 19. Item in eodem concilio, necnon et in Sardicense, quod non oporteat in villolis [3] vel in agris episcopos constitui [b] [4].

SACERDOTIBUS [5]. — 20. Item in eodem concilio, ut canonici libri tantum legantur in aeclesia [c].

CLERICIS ET MONACHIS [6]. — 21. In concilio Calcidonense, ut non oporteat episcopos aut quemlibet ex clero per pecunias ordinari : quia utrique deponendi sunt, et qui ordinat, et qui ordinatur, necnon et qui mediator est inter eos.

OMNIBUS. — 22 [7]. Item de eadem re in canonibus apostolorum legitur; quam heresim iam ipse princeps apostolorum in Simone mago terribiliter damnavit [d].

OMNIBUS [8]. — 23. Item in eodem concilio infra duo capitula, necnon et in decretis Leonis papa , ut [9] nec monachus nec clericus [10] in secularia [e] negotia transeat. Et [f] ut servum alterius nullus sollicitet ad clericalem vel monachicum ordinem sine voluntate et licentia domini sui [g].

SACERDOTIBUS [11]. — 24. Item in eodem concilio infra duo capitula, necnon et in Sardicense, et nec.

VARIANTES LECTIONES.

[1] coclearii 2. *B*. coglearii. 2 [2] episcopis 1. [3] villulis 2. 4. *B*. [4] constituere *B*. [5] omni clero 1. episcopis et omni clero 1. [7] *ita* 1. 2. 3 *c*. 5.; *contra* 3. 4. *B. pergunt* [8] *deest* 1. [9] *inter K. M. Langob cap.* 136. *Mur*. [10] c. nec presbyteri *B*. [11] cum S. 1.

NOTÆ.

[a] (*Conc. Laodic. can*. 36.) Quoniam non oportet ministros altaris, vel clericos, magos aut incantatores esse, aut facere quæ dicuntur phylacteria, quæ sunt magna obligamenta animarum. Hos autem qui talibus rebus utuntur, projici ab Ecclesia jussimus.

[b] (*Conc. Sardic. can*. 6.) Non oportet in vicis et in villis episcopum ordinari, sed eos qui circumeant constitui. Hos autem qui hinc ordinati sunt, nihil agere sine conscientia episcopi civitatis. Similiter etiam presbyter nihil sine præcepto episcopi et consilio agat. Si enim subito aut vicus aliquis aut modica civitas, cui satis est unus presbyter, voluerit sibi episcopum ordinari, ut vilescat nomen episcopi et auctoritas, non debent illi ex alia provincia invitati facere episcopum, nisi aut in his civitatibus quæ episcopos habuerint, aut si qua talis aut tam populosa est quæ mereatur habere episcopum. Hoc omnibus placet? Synodus respondit : Placet.

[c] (*Conc. Laodic. can*, 59.) Non oportet ab idiotis psalmos compositos et vulgares dici in ecclesiis, neque libros qui sunt extra canonem legere, nisi solos canonicos Novi et Veteris Testamenti. Quæ autem oportet legi et in auctoritatem recipi, hæc sunt : Genesis mundi, Exodus Ægypti, Leviticum, Numeri, Deuteronomium, Jesu Nave, Judices, Ruth, Regnorum libri quatuor, Paralipomenon libri duo, Esdræ libri duo, liber psalmorum CL, Proverbia Salomonis, Cantica canticorum, Ecclesiastes, Job, Esther, duodecim prophetæ, id est, Osee, Amos, Joel, Abdias, Jonas, Micheas, Naum, Abacuc, Sophonias, Aggæus, Zacharias, Malachias; item Isaias, Jeremias, Ezechiel, Daniel. Novi Testamenti Evangelia quatuor, secundum Matthæum, secundum Marcum, secundum Lucam, secundum Joannem. Actus apostolorum. Catholicæ Epistolæ Petri II, Jacobi I, Joannis III, Judæ I, Epistolæ Pauli XIV, ad Romanos, ad Corinthios prima et secunda, ad Galatas, ad Ephesios, ad Philippenses, ad Colossenses, ad Thessalonicenses prima et secunda, ad Timotheum II, ad Titum, ad Philemonem, ad Hebræos.

[d] (*Conc. Chalc. can*. 2.) Si quis episcopus ordinationem pro pecunia fecerit, et vendiderit rem quæ nisi gratia non adquiritur, et sub pecunia ordinaverit episcopus provincialem episcopum, sive presbyterum vel diaconum, aut eorum quemquam qui in numero clericorum continentur, aut accepta pecunia fecerit œconomum vel defensorem, vel ostiarium, vel quemcunque hujuscemodi, pro turpitudine lucri qui hoc fecisse probatur, sui gradus periculum sustinebit. Sed et is qui ordinatur, nihil ex ordinatione quæ pro negotiatione processit, utilitatis acquirat; sed fiat dignitatis vel rei quæ ipsi pro pecunia commissa est, alienus. Si quis autem his tam turpibus et nefariis lucris medius interfuisse videtur, et is, si quidem clericus fuerit, degradetur; si vero aicus aut monachus, anathematizetur. — (*Can. apos*. 30.) Si quis episcopus aut presbyter, aut diacon , per pecunias hanc obtinuerit dignitatem, dejiciatur et ipse et ordinator ejus, et a communione modi omnibus abscidatur, sicut Simon magus a Petro.

[e] Id est commercia, ut apud Hieronymum in epist. ad Rusticum. Sic enim habet optimus Cod. Corb. pro eo quod in vulg. Edit. scriptum est, *comp ndia*. BALUZ.

[f] In libro tertio legis Longobardorum tit. 1, cap. 16, legitur : « Ut servum alterius nemo sollicet ad clericalem vel monachalem ascendere ordine sine licentia domini sui et voluntate. » Vox *asc ndere* hic superflua est, et non exstat in antiquis codicibus manuscriptis bibliothecæ regiæ. ID.

[g] (*Conc. Chalc. can*. 4.) Item qui revera et manifeste soliiariam vitam sectantur, honore competenti fungantur. Quoniam vero quidam sub prætex u habitus monachilis, ecclesias et conventus et res communes disturbant, civitates indiscrete circumeuntes, et monasteria sibi constituere studentes, placuit nusquam ullum ædificare debere neque monasterium constituere, neque oratorium, absque civitatis episcopi voluntate. Monachos vero qui sunt per singulas civitates et provincias, episcopis subditos esse, et quietem diligere, et jejuniis esse intentos et orationibus, et in illis locis observare in quibus sæco renuntiasse videntur. Nequaquam autem ecclesisticis vel sæcularibus rebus communicare, nec importunitatem inferre desertis propriis monasteriis, nisi forte quæsiti fuerint propter causam necessariam civitatis episcopo. Sane in monasteriis non esse suscipiendum servum ad monachum faciendum præter proprii domini voluntatem. Qui vero hoc constitutum nostrum excesserit, eum a communione suspendi decrevimus, ne nomen Dei blasphemetur. Civitatis autem episcopum oportet competentem providentiam monasteriis impendere. — (*Leo c*. 1.) Admittuntur passim ad ordinem sacrum quibus nulla natalium, nulla morum dignitas suffragatur. Et qui a dominis suis libertatem consequi minime potuerunt, a fastigium sacerdotii, tanquam servilis vilitas honorem capiat, provehuntur. Et probari Deo posse creditur, qui domino suo necdum probare se potuit. Duplex itaque in hac parte reatus est; quod et sacrum ministerium talis consortii vilitate polluitur, et dominorum, quantum ad illicitæ usurpationis temeritatem pertinet, jura solvunt. Ab his itaque , fratres charissimi, omnes vestræ provinciæ abstineant sacerdotes. Et non tantum ab his, sed ab aliis etiam qui originali aut alicui conditioni obligati sunt, vo-

episcopi nec clerici [1] transmigrentur de civitate in civitatem [a].

OMNIBUS. — 25. Item in eodem synodo, ut nullus absolute ordinetur, sine [2] pronuntiatione et stabilitate loci ad quem [3] ordinatur [4] [b].

MONACHIS ET OMNI CLERO [5]. — 26. Item in eodem concilio, ut clerici et monachi in suo proposito et voto quod Deo [6] promiserunt, permaneant [c].

SACERDOTIBUS [7]. — 27. Item in decretis Innocenti papae de eadem re, ut monachus, si ad clericatum proveatur [8], propositum monachicae professionis non ammittat [d].

OMNIBUS. — 28 [9]. Item in eodem concilio, [e] ut si clerici inter se negotium [10] aliquod habuerint, a suo episcopo diiudicentur [11], non a secularibus [f].

OMNIBUS.[12] — 29. Item in eodem concilio, ut nec clerici nec monachi conspirationes vel insidias contra pastorem suum faciant [g].

OMNIBUS [13]. —30. Item in eodem concilio, ut laici episcopos aut clericos non accusent, nisi prius eorum discutiatur existimationis opinio [h].

OMNIBUS [14]. —31. Item in eodem, [i] ut loca quae semel Deo dedicata [15] sunt ut monasteria sint, [j] maneant perpetuo monasteria, nec possunt [16] ultra fieri saecularia habitacula [k].

OMNIBUS [17].—32. In concilio Cartaginense. Primo omnium ut fides sanctae Trinitatis et incarnationis Christi, passionis, et resurrectionis, et [l] ascensionis in celos, diligenter omnibus predicetur [m].

OMNIBUS [18]. — 33. Item in eodem, de prohibenda

VARIANTES LECTIONES.

[1] c. non t. 2. 3. B.   [2] et sine 2. B.   [3] quam 1.   [4] ordinetur 2.   [5] et o. c. deest 2. sacerdotibus B. omnibus 3 c. 4.   [6] deest 2.   [7] omnibus B.   [8] probeatur 2. provehatur B.   [9] inter K. M. leges Langob. cap. 135. ap. Mur.   [10] negotiam 1.   [11] judicentur 2.   [12] deest 1.   [13] deest 1, ad omnes B.   [14] deest 1.
[15] dedicati 1.   [16] possint 4. B.   [17] deest 1.   [18] deest 1.

NOTÆ.

lumus temperari, nisi forte eorum petitio aut voluntas accesserit qui aliquid sibi in eos vindicant potestatis. Debet enim esse immunis ab aliis qui divinae militiæ fuerit aggregandus, ut a castris dominicis, quibus nomen ejus ascribitur, nullis necessitatis vinculis abstrahatur.

[a] (Conc. Chalc. can. 5.) De episcopis et clericis qui se de civitate in civitatem transferunt, placuit ut canones qui a sanctis Patribus de his ipsis constituti sunt, suam habeant firmitatem. — (Conc. Sardic. can. 1.) Hosius episcopus dixit : Ut de civitate in civitatem quisquam si migraverit, aut episcopus aut clericus, excommunicatus remaneat.

[b] (Conc. Chalc. can. 6.) Nullum absolute ordinari, neque presbyterum, neque diaconum, neque penitus quemquam eorum qui sunt in ecclesiastico ordine, nisi specialiter ecclesiæ civitatis, vel vici, vel martyrii, qui ordinandus est fuerit declaratus. Horum autem ordinationem hujusmodi, qui absolute ordinantur, constituit sancta synodus inefficacem esse, et nusquam posse ad ordinantis injuriam prævalere.

[c] (Conc. Chalc. can. 7.) Qui semel sunt ordinati, aut qui monachi facti sunt, constituimus neque ad militiam neque ad sæcularem dignitatem venire. Cum vero hoc arripuerint, nisi pœnitentes ad hoc revertantur quod propter Deum elegerant, anathematizentur.

[d] (Innoc. can. 17.) De monachis qui diu morantes in monasteriis, postea ad clericatus ordinem perveriunt, non debere eos a priori proposito deviare. Aut enim sicut in monasterio fuit, et quod diu servavit, in meliori gradu positus amittere non debet; aut si corruptus, postea baptizatus, in monasterio sedens ad clericatus ordinem accedere voluerit, uxorem omnino habere non poterit, quia nec benedici cum sponsa potest jam corruptus. Quæ forma servatur in clericis, maxime cum vetus regula hoc habeat ut quisque corruptus baptizatus clericus esse voluisset, sponderet se uxorem omnino non ducere.

[e] Caput istud sic legitur in capite tertio concilii Trosleiani : « Ut clerici et monachi, si inter se negotium aliquod habuerint, a suo episcopo judicentur, et non a sæcularibus. Fas enim non est ut divini muneris ministri temporalium potestatum subdantur arbitrio. » BALUZ.

[f] (Conc. Chalc. can. 9.) Si quis clericus cum clerico causam habeat, episcopum suum non deserat, et ad judicia sæcularia currat, sed prius apud episcopum suum examinet causam, aut certe cum voluntate ipsius episcopi causa dicatur apud quos partes utræque voluerint. Si quis autem contra hæc venire tentaverit, canonicis interdictis subjaceat. Si vero clericus habeat causam cum extraneo episcopo, vel cum suo, apud synodum provinciæ causam dicat. Si autem episcopus vel clericus disceptationem habeat cum metropolitano episcopo, aut ad diœceseos primam sedem recurrat, aut ad sedem Constantinopolitanam, apud quam causa dicatur.

[g] (Conc. Chalc. can. 18.) Conjurationis vel conspirationis crimen etiam apud extrinsecas leges penitus amputatur: multo magis in Ecclesia Dei hoc ne flat, oportet prohiberi. Igitur clerici aut monachi, si inventi fuerint conjurati, aut per conjurationem calumniam machinantes episcopis vel clericis, proprium amittant gradum.

[h] (Conc. Chalc. can. 21.) Clericos vel laicos, qui accusant episcopos vel clericos, quomodocunque et sine judicio non suscipi ad accusandum debere, nisi prius eorum existimatio fuerit discussa.

[i] Buchardus caput istud refert ex concilio apud Aquasgrani cap. 4. Sic etiam Ivo part. III, cap. 17, in veteri codice sancti Victoris Parisiensis. Nam in Ed. legitur, Ex conc. Chalced. cap. 23. In Pannormia edita lib. II, cap. 15, Ex conc. Chalced. cap. 24. Sed in Pannormia ms. in biblioth. Colb. scriptum est: Ex conc. apud Aquisgrani. BALUZ.

[j] Hanc Caroli constitutionem non fuisse observatam docet caput tertium concilii Trosleiani, ubi refertur. Tum vero episcopi addunt : Nunc autem in monasteriis Deo dicatis monachorum, canonicorum, et sanctimonialium, abbates laici cum suis uxoribus, filiis, filiabus, cum militibus morantur et canibus. Vide synodum Anglicanam apud Celichyth habitam anno 816, cap. 8, et concilium Meldense, cap. 75. ID.

[k] (Conc. Chalc. can. 24.) Quæ Deo semel sacrata sunt monasteria secundum episcoporum consensum, oportet in perpetuum monasteria nuncupari, et eorum res monasteriis reservari : et non posse ulterius cœnacula sæcularia fieri. Si qui vero hæc fieri permiserint, canonicis interdictis subjaceant.

[l] In Codice Rivipulensi legitur : Ascensionis in cœlos, et adventus Spiritus sancti super Apostolos, et fideli exspectatione futuri judicii, diligenter omnibus prædicetur. Sed hæc non exstant in capitulari Aquisgranensi, neque in concilio Carthaginensi ex quo caput istud sumptum est. BALUZ.

[m] (Conc. Chart., in professione fidei.) Anno ab Alexandro 1036, mense Junio, xiv Kalendas Julii, a magna synodo dictum est: Credimus in unum Deum, Patrem omnipotentem, omnium visibilium et invisi

avaritia, ut ¹ nullus alienos fines usurpet, vel terminos patrum transcendat ᵃ.

OMNIBUS ². — 34. Item in eodem, de his qui in periculo constituti sunt, et ᵇ convertunt ³ se ad Deum, ut canonice inquirant reconciliacionem, et canonice reconcilientur ᶜ.

OMNIBUS ⁴. — 35. Item in eodem, ut illi qui non sunt bonae conversationis, et eorum vita est accusabilis ⁵, ut ⁶ non audeant episcopos vel maiores natu accusare ᵈ.

OMNIBUS. — 36. Item in eodem, ut qui excommunicato praesumtiose communicaverit ⁷, excommunicetur et ipse ᵉ.

SACERDOTIBUS. — 37. Item in eodem concil' infra duo capitula, ut nullus ⁸ presbyter contra su m episcopum superbire audeat ᶠ

OMNIBUS. — 38. Item in eodem, ut clerici et ⁹ ecclesiastici ordines ¹⁰, si culpam incurrerint, ut ¹ apud ecclesiasticos iudicentur, non apud saeculares ᵍ.

OMNIBUS ¹². — 39. Item in eodem, ut qui commodaverit pecuniam, pecuniam accipiat. Si s eciem aliam, eandem speciem quantum ¹⁴ dederit accip et ¹⁵ ʰ.

VARIANTES LECTIONES.

¹ inter K. M. Langob. cap. 139. Mur. ² deest 1. ³ s. ut convertant ad 2. ⁴ deest 1. ⁵ ac sabilis 1. ⁶ et 2. deest B. ⁷ communicaverit 1. ⁸ nec ullus 2. ⁹ deest 4. B. ¹⁰ ordinis 2. 3. c. 4. B. ¹¹ deest 4. B. ¹² deest 1. ¹³ quid 1. ¹⁴ quam B. ¹⁵ accipiat 2. 3. 4. B, a. nisi aliud pro alio solvit, r con sentiente creditore vel commendatore. K. M. Langob. cap. 142.

NOTAE.

bilium factorem. Et in unum Dominum nostrum Jesum Christum Filium Dei, natum de Patre unigenitum, hoc est, de substantia Patris. Deum ex Deo, lumen ex lumine, Deum verum ex Deo vero. Natum, non creatum, homousion Patri, hoc est, ejusdem cum Patre substantiae. Per quem omnia facta sunt, quae in coelo et quae in terris. Qui propter nos, et propter nostram salutem descendit, et incarnatus est, homo factus, passus est, et resurrexit tertia die, et ascendit in coelos. Inde venturus est judicare vivos et mortuos. Et in Spiritum sanctum. Eos autem qui dicunt : Erat aliquando quando non erat, et antequam nasceretur non erat, et quia ex nullis extantibus factus est, aut ex alia subsistentia vel substantia dicunt esse, aut convertibilem Filium Dei, anathematizat catholica et apostolica Ecclesia.

ᵇ (Conc. Carth. can. 5.) Aurelius episcopus dixit : Avaritiae cupiditas, quam omnium malorum matrem esse nemo qui dubitet, proinde inhibenda est; ne quis alienos fines usurpet, aut per praemium terminos Patrum statutos transcendat; nec omnino cuiquam clericorum liceat de qualibet re foenus accipere. Quanquam novellae suggestiones, quae vel obscurae sunt, vel sub genere latent, inspectae a nobis formam accipient; caeterum, de quibus apertissime Scriptura divina sanxit, non ferenda sententia est, sed potius exsequenda. Proinde quod in laicis reprehenditur, in multo magis debet in clericis praedamnari.

ᵇ Id est, reconciliari se postulant divinis altaribus, a quibus submoti fuerant propter sua facinora et publicae poenitentiae addicti. Hic est verus sensus hujus loci, ut patet ex canone 32 concilii tertii Carthaginensis. Vide notas Balsamonis et Zonarae in Canonem septimum Concilii Carthaginensis. BALUZ.

ᶜ (Conc. Carth. can. 7.) Aurelius episcopus dixit : Si quisquam in periculo fuerit constitutus, et se reconciliari divinis altaribus petierit, etsi episcopus absens fuerit, debet utique presbyter consulere episcopum, et sic periclitantem ejus praecepto reconciliare. Quam rem debemus salubri consilio roborare. Ab universis episcopis dictum est : Placet quod sanctitas vestra necessario nos instruere dignata est.

ᵈ (Conc. Carth. can. 8.) Aurelius episcopus dixit : Placet igitur charitati vestrae ut is qui aliquibus sceleribus irretitus est, vocem adversus majorem natu non habeat accusandi? Ab universis episcopis dictum est : Si criminosus est, non admittatur. Placet.

ᵉ (Concil. Carth. can. 9.) Augustinus episcopus, legatus provinciae Numidiae, dixit : Hoc statuere dignamini ut si qui forte merito facinorum suorum ab ecclesia pulsi sunt, et sive ab aliquo episcopo vel presbytero fuerint in communionem suscepti, etiam ipsi pari cum eis crimine teneantur obnoxii, refugiens sui episcopi regulare iudicium. Ab universis episcopis dictum est : Omnibus placet.

ᶠ (Concil. Carth. can. 10, 11.) Alypius epis opus, legatus provinciae Numidiae dixit : Nec illud praetermittendum est, ut si quis forte presbyter ab e iscopo suo correptus, tumore vel superbia inflatus, p taverit separatim sacrificia Deo offerenda, vel ali erigendum altare contra ecclesiasticam fidem vel disciplinam crediderit, non exeat impunitus. Vale tinus primae sedis provinciae Numidiae, dixit : Nec ssario disciplinae ecclesiasticae et fidei congrua su t quae frater noster Alypius prosecutus est. Proind quid videatur vestrae dilectioni, edicite. Ab univer s episcopis dictum est : Si quis presbyter a pr osito suo correptus fuerit, debet utique apud icinos episcopos conqueri, ut ab ipsis ejus causa pos it audiri, ac per ipsos suo episcopo reconciliari. Qu d nisi fecerit, sed superbia, quod absit, inflatus, sec rnendum se ab episcopi sui communione duxerit, c separatim cum aliquibus schisma faciens, sacri icium Deo obtulerit, anathema habeatur, et locum a ittat; ac si querimoniam justam adversus episcopu n non habuerit, inquirendum erit. — (Can. apost. 3 .) Si quis presbyter, contemnens episcopum suum, seorsum collegerit, et altare aliud erexerit, nihil l abens quo reprehendat episcopum in causa pietatis e justitiae, deponatur, quasi principatus amator exi tens; est enim tyrannus. Et caeteri clerici; quicun e tali consentiunt, deponantur. Laici vero segreg ntur. Haec autem post unam et secundam et tertia episcopi obsecrationem, fieri conveniat.

ᵍ (Concil. Carthagin. can. 15.) Item placuit u quisquis episcoporum, presbyterorum, diaconoru , seu clericorum, cum in Ecclesia ei fuerit crimen i stitutum, vel civilis causa fuerit commota, si relicto ecclesiastico judicio publicis judiciis purgari vo uerit, etiamsi pro ipso fuerit prolata sententia, locum suum amittat. Et hoc in criminali actione. In civili vero perdat quod evicit, si locum suum obtinere ma erit. Hoc etiam placuit ut a quibuscunque judicih s ecclesiasticis, ad alios judices ecclesiasticos, u i est major auctoritas, fuerit provocatum, non eis obsit quorum fuerit soluta sententia, si convinci n n potuerint vel inimico animo judicasse, vel aliqua cupiditate aut gratia depravati. Sane si ex consens partium electi fuerint judices, etiam a pauciori n mero quam constitutum est, non liceat provocare. Et ut filii sacerdotum spectacula saecularia non exhil eant, sed nec exspectent; licet hoc semper Chris ianis omnibus interdictum sit, ut ubi blasphemiae sunt, non accedant.

ʰ (Concil. Carthagin. can. 16.) Item placuit t clericus, si commodaverit pecuniam, pecuniam cci piat; si speciem, eamdem speciem, quantam ede rit, accipiat. Et ut ante viginti quinque annos tatis, nec diaconi ordinentur, nec virgines consecre tur; et ut lectores populum non salutent.

OMNIBUS [1]. — 40. In concilio Africano, ut virgines Deo sacratae a gravioribus [2] personis diligenti custodia serventur [a].

EPISCOPIS [3]. — 41. Item in eodem, ut non liceat episcopo principalem [b] cathedram [4] suae parrochia neglegere, et ad [5] aliquam aecclesiam in suo diocese [6] magis frequentare [c].

EPISCOPIS [7]. — 42. Item in eodem, ut falsa nomina martyrum et incertae sanctorum [d] memoriae [8] non venerentur [e].

OMNIBUS. — 43. Item in eodem, ut nec uxor a viro [9] dimissa alium accipiat virum, vivente viro suo, nec vir aliam [10] accipiat vivente uxori priore [f].

EPISCOPIS. — 44. Item in eodem, ut probati a metropolitano iudices non spernantur [g].

OMNIBUS. — 45. Item in eodem infra duo capitula, [h] ut viles personae non habeant potestatem accusandi [11]. Et si in primo crimine victi sunt falsum dicere, in secundo non habeant potestatem dicendi [i].

VARIANTES LECTIONES.

deest 1.   [2] grouioribus 1.   [3] deest 1.   [4] catheram 1.   [5] deest B.   [6] sua diocesi 4. B.   [7] deest 1.   [8] memorae 1.   [9] auro 1.   [10] a. uxorem a. codd. Ambros. et alii Langobardici.   [11] accussandi 1.

NOTÆ.

[a] (Concil. Afric. can. 11.) Ut virgines sacrae, cum parentibus, a quibus custodiebantur, privatae fuerint, ab episcopo custodiantur. Ubi autem episcopus absens est, providentiae gravioribus feminis commendentur, ut simul habitantes invicem se custodiant; ne passim vagando, Ecclesiae laedant existimationem.

[b] Cathedra episcopalis apud auctores ecclesiasticos interdum accipitur de ipsa sede episcopi in ecclesia, aliquando de ecclesia quam vocamus cathedralem, ut hic. Primi generis cathedrae erant olim ligneae, etiam aevo Caroli Magni, ut ostendit hic locus ex veteri homiliario Ms. Ecclesiae Lugdunensis: *Super cathedram Moysi sederunt Scribae et Pharisaei. Haec verba Domini non debemus carnaliter intelligere; ut credamus Scribas et Pharisaeos sedisse super cathedras ligneas, sicut modo solent sedere episcopi et presbyteri in ecclesia. Alio vero sensu, ut diximus, est civitas in qua constituta est propria episcopi sedes ubi debet assidue morari, nisi propter opus necessarium oporteat eum abesse. Quoniam vero nonnulli, liberioris ac quietioris vitae cupidine ducti, civitates suas deserebant ut ad rusticanas paroecias se conferrent, Carolus, juxta constitutionem synodi Carthaginensis, hanc licentiam libertatemque vivendi repressit.* Vide notas ad Reginonem pag. 542, et Franciscum Florentem in titulum decretalium de translatione episcopi pag. 280. BALUZ.

[c] (Concil. Afric. can. 58.) Rursum placuit, ut nemini sit facultas, relicta principali cathedra, ad aliquam ecclesiam in dioecesi constitutam se conferre, vel in ea propria diutius quam oportet constitutum, curam vel frequentationem propriae cathedrae negligere.

[d] Id est, Reliquiae. Augustinus, lib. XXII de Civitate Dei, cap. 8: *Ad aquas Tibilitanas episcopo afferente Projecto martyris gloriosissimi Stephani memoriam. Sic enim legitur in antiquis libris, ut Ludovicus Vives hic monet, et in veterrimis membranis Bibliothecae Colbertinae, ubi tota ista narratio hunc titulum habet: Sermo sancti Augustini episcopi de sancto Stephano.* Ibidem paulo post legitur: *Memorati memoriam martyris, quae posita est in Castello Sinitensi, quod Hipponiensi coloniae vicinum est, ejusdem loci episcopus Lucianus populo praecedente atque sequente portabat.* Item paulo post: *Per memoriam supradicti martyris, quam Possidius illo advexit episcopus, salvus factus est.* In canone tamen quinquagesimo concilii Africani, ex quo sumptum est hoc caput, memoria accipitur pro altari in quo positae sunt reliquiae martyrum. Ideo autem istam Constitutionem edidit Carolus Magnus quia saeculo illo nonnulli monachi vinditabant falsas sanctorum Reliquias, ut pluribus ostendit Hugo Menardus in notis ad Concordiam regularum pag. 124. Qua de re videndus est, praeter ceteros, Amulo Lugdunensis archiepiscopus in epistola ad Theodboldum episcopum Lingonensem. Praeterea *ea tum aetas*, ut Browerus ait in libro octavo Annalium Treviriensium, pag. 399 postremae editionis, *Reliquiis undique conquirendis avida fas nefasque miscebat.* Hinc fabulae illae de corporibus sanctorum furto sublatis. Veluti cum Ratisbonenses putant Dionysii parisiensis episcopi corpus furto sublatum apud se esse, ut Aventinus scribit in libro quarto Annalium Boiorum. Corpus item sancti Martini Turonensis episcopi furto sublatum habere se jactitant Salisburgenses, ut patet ex narratione quae exstat apud Henricum Canisium in tomo sexto Lectionis antiquae, pag. 1221. Nostri quoque Galli corpus sancti Gregorii Magni furati sunt aevo Ludovici Pii et in monasterio Sancti Medardi Suessionensis reposuerunt, si vera est narratio quae exstat apud Bollandum in tomo secundo Januarii pag. 284. Apud Flodoardum lib. III, cap. 24, Hincmarus Rhemensis archiepiscopus scribit Ludovico abbati Sancti Dionysii *pro repetendo corpore sancti Deodati, quod quidam Giso, cupiditate rerum ipsius sancti ductus, ex Dioecesi Rhemensi furtim transferri fecerat in Parisiacensem parochiam, inconsulto episcopo in cujus jacebat episcopio.* In Historia 25 abbatum Sancti Albani, pag. 88, legimus corpus ejusdem sancti ab Eliensibus jocoso titulo ac sacrilego scelere retineri. Infinitum esset omnia persequi. Incertas porro sanctorum Reliquias populis honorandas exhiberi vetuit, ac sub majore ecclesiae suae altari collocari jussit Anastasius Germonius archiepiscopus Tarantasiensis, ut patet ex actis ejusdem Ecclesiae lib. II, tit. 45, cap. 1. BALUZ.

[e] (Concil. Afric. can. 50.) Item placuit ut altaria quae passim per agros et per vias tanquam memoriae martyrum constituuntur, in quibus nullum corpus aut reliquiae martyrum conditae probantur, ab episcopis qui locis eisdem praesunt, si fieri potest, evertantur. Si autem hoc per tumultus populares non sinitur, plebes tamen admoneantur ne illa loca frequentent; ut qui recte sapiunt, nulla ibi superstitione devincti teneantur. Et omnino nulla memoria martyrum probabiliter accipietur, nisi ubi corpus aut aliquae reliquiae sunt, aut origo alicujus habitationis, vel possessionis, vel passionis, fidelissima origine traditur. Nam quae per somnia et per inanes quasi revelationes quorumlibet hominum, ubicunque constituuntur altaria, omnimodo reprobentur.

[f] (Concil. Afric. can. 69.) Placuit ut secundum evangelicam et apostolicam disciplinam neque dimissus ab uxore, neque dimissa a marito, alteri conjungatur; sed ita maneant, aut sibimet reconcilientur. Quod si contempserint, ad poenitentiam redigantur. In qua causa legem imperialem petendam promulgari.

[g] (Concil. Afric. can. 89.) A judicibus autem quos communis consensus elegerit, non liceat provocare. Et quisquis probatus fuerit per contumaciam nolle obtemperare judicibus, cum hoc primae sedis episcopo fuerit probatum, det litteras ut nullus ei communicet episcoporum, donec obtemperet. In capitulis Caroli Magni excerptis ex lege Longobardorum cap. 24 legitur: *Falsa persona non habeat potestatem accusandi.* BALUZ.

[h] (Concil. Afric. can. 96.) Item placuit ut omnes

Omnibus [1]. — 46. Item in eodem, [a] ut virgines non velentur ante viginti quinque annos, nisi rationabili necessitate cogente [b].

Omnibus [2]. — 47. In concilio Gangarense, ut nulli liceat oblata, quae ad pauperes pertineant rapere vel fraudare [3] c.

Omnibus Sacerdotibus [4] — 48. Item in eodem, ut aeclesiastica ieiunia sine necessitate rationabili non solvantur [5] d.

Sacerdotibus. — 49. In concilio Acironense inventum [6] est in eos qui cum quadrupedibus vel masculis contra naturam peccant, dura et districta penitentia. Quapropter episcopi et presbiteri, quibus iudicium penitentiae iniunctum [7] est, conentur omnimodis hoc malum a consuetudine prohibere vel abscidere [e].

Episcopis [8]. — 50. In concilio Neocaesarie e, ut nullatenus presbiter ordinetur [9] ante [f] trige inum aetatis suae annum, quia dominus Iesus non raedicavit ante trigesimum annum [g].

Omnibus. — 51. In decretalibus Siricii papae ut alterius sponsam nemo accipiat [h].

Episcopis, monachis [10], virginibus. — 52 Item eiusdem, ut monachi et virgines suum prop situm omnimodis observent [i].

Omnibus [11]. — 53. In decretalibus Innocenti apae, ut pax detur ab omnibus, confectis Christi sacramentis [i].

Sacerdotibus. — 54. Item eiusdem, ut [k] no ina [12]

VARIANTES LECTIONES.

[1] *deest* 1. [2] *deest* 1. [3] recipere uel laudare 2. [4] *deest* 1. omnibus 4. *B.* [5] saluantur 1. [6] inuect m. *B.* [7] iniunctam 1. [8] *deest vox, et pergit* 3 c. [9] ordinet 1. [10] M. et V. *B.* [11] O. sacerdotibus 5. [12] no ne 1.

NOTÆ.

servi vel proprii liberti ad accusationem non admittantur, vel omnes quos ad accusanda publica crimina leges publicæ non admittunt; omnes etiam infamiæ maculis aspersi, id est, histriones, ac turpitudinibus subjectæ personæ, hæretici etiam, sive pagani, sive judæi. Sed tamen omnibus quibus accusatio denegatur, in causis propriis accusandi licentiam non denegandam. — (*Conc. Afric. can.* 97.) Item placuit, quotiescunque clericis ab accusatoribus multa crimina objiciuntur, et unum ex ipsis, de quo prius egerit, probare non valuerit, ad cætera jam non admittatur.

[a] Vide Hugonem Menardum in notis ad librum Sacramentorum, pag. 214, et Carolum Dufresnium in notis ad Annam Comnenam, pag. 419. Baluz.

[b] (*Conc. Afric. can.* 93.) Item placuit ut quicunque episcoporum necessitate periclitantis pudicitiæ virginalis, cum vel petitor potens vel raptor aliquis formidatur, vel si etiam aliquo mortis periculoso scrupulo compuncta fuerit, ne non velata moriatur, aut exigentibus parentibus, aut his ad quorum curam pertinet, velaverit virginem seu velavit intra viginti quinque annos ætatis, non ei obsit concilium quod de isto annorum numero constitutum est.

[c] (*Conc. Gang. can.* 7.) Si quis oblationes fructuum Ecclesiæ debitas voluerit extra ecclesiam accipere vel dare præter conscientiam episcopi, et non magis cum consilio ejus cui hæc credita sunt de his agendum putaverit, anathema sit.

[d] (*Conc. Gang. can.* 19.) Si quis eorum qui in proposito sunt continentiæ præter necessitatem corporalem superbiat, et jejunia communia, quæ totius Ecclesiae traditio celebrat, putaverit dissolvenda, perfectam scientiam esse apud se judicans, anathema sit.

[e] Flodoardus lib. III, cap. 21, de epistolis Hincmari: *Joannis Rothomagensi, respondens ad interrogationem ipsius de quodam clerico qui ad Ecclesiam quondam promotus regendam, ordinari per ætatem rite non poterat.* Baluz.

[f] (*Conc. Ancyr. can.* 15.) In titulo Græca verba hæc sunt: Περὶ τῶν ἀλογευσαμένων, ἠδὲ ἀλογευομένων, quæ nos latine possumus dicere: *De his qui irrationabiliter versati sunt, sive versantur.* Sensus autem in hac sententia triplex esse potest, qui ex subjectis conjicitur, aut de his qui cum pecoribus coitu mixti sunt, aut more pecudum incesta cum consanguineis commiserunt, aut cum masculis concubuerunt (*hucusque et Bened: lib.* III, *c.* 336, *quæ apud Isid. desiderantur*). Quotquot igitur ante vicesimum ætatis suæ annum tale crimen admiserunt, quindecim annis in pœnitentia exactis, orationi tantum incipiant participari; et quinquennio altero in communione simplici perdurantes, post vicesimum cum oblatione ad communionem suscipiantur. Discutiatur aut m et vita eorum quæ fuerit tempore pœnitentiæ, et ita hanc humanitatem consequantur. Quod si qui perseverantius abusi sunt hoc crimine, prolixius mpus habeant submissioni. Quotquot vero exacta iginti annorum ætate, et uxores habentes, in hoc rimen inciderunt, viginti quinque annis pœnitentia a ta, ad communionem orationum tantum admittantur: in qua communione orationis altero quinquennio per orantes, plenam communionem cum oblatione rec piant. Quod si aliqui et uxores habentes, et excedente quinquagesimum ætatis suæ annum, in hoc prolaps sunt, ad exitum vitæ tantum communionem merean r.

[g] (*Conc. Neoc. can.* 11.) Presbyter ante t iginta annorum ætatem, quamvis sit dignus, non ord netur, sed observet usque ad præfinitum tempus : D minus enim tricesimo anno baptizatus est, et tun prædicavit.

[h] (*Siric. c.* 4.) De conjugali violatione re isisti, si desponsatam alii puellam alter in matrimo opossit accipere. Hoc ne fiat modis omnibus inhi emus; quia illa benedictio, quam nuptæ sacerdos i ponit apud fideles, cujusdam sacrilegii instar est, i ulla transgressione violetur.

[i] (*Siric. c.* 6.) Præterea monachorum quosd m atque monachium, abjecto proposito sanctitatis, n tantam protestatis demersos esse lasciviam, ut pri clanculo, velut sub monasteriorum prætextu, illicita ac sacrilega se contagione miscuerint, postea vero i abruptum conscientiæ desperatione perducti, de licitis complexibus libere filios procrearint : quod et p blicae leges et ecclesiastica jura condemnant. Has igi ur impudicas detestabilesque personas a monaste iorum cœtu ecclesiarumque conventibus eliminand s esse mandamus: quatenus retrusæ in suis ergastulis, tum facinus continua lamentatione deflentes, purifi atorio possint pænitudinis igne decoquere, ut eis el ad mortem saltem, solius misericordiæ intuit, per communionis gratiam possit indulgentia sub enire.

[j] (*Innocent, cap.* 1.) Pacem igitur asseris an e confecta mysteria quosdam populis imperare, v l sibi inter sacerdotes tradere, cum post omnia, qu aperire non debeo, pax sit necessario indicend , per quam constet populum ad omnia quæ in m steriis aguntur atque in ecclesia celebrantur præbuis e consensum, ac finita esse pacis concludentis si iacula demoustraтur.

[k] Augustinus in collatione III Carthaginensi 230 : « In ecclesia sumus in qua Cæcilianus episc atum gessit et diem obiit. Ejus nomen ad altare ecitamus. » Vide S. Gregorium lib. III, indict. 12, epist. 57. Concilium Tuligiense habitum circa annu 1045 « nec inter fideles no tuos eorum nomina ad crum

puplice non recitentur ante precem sacerdotalem [a]. Episcopis [1], sacerdotibus. — 55. Item eiusdem [2] ut nulli sacerdotum liceat ignorare sanctorum canonum instituta [b].

Episcopis. — 56 [3]. In decretis Leonis papae, sicut et in Sardicense concilio, ut episcopi alterius clericum ad se non sollicitent, nec ordinent [c].

Episcopis [4]. — 57. Item eiusdem, ut nullus episcopus servum alterius ad clericatus officium sine domini sui voluntate promovere praesumat: Et hoc Gangarense concilium prohibet [d].

Episcopis [5]. — 58. Item eiusdem, ut si quis sacerdotum contra constituta decretalia praesumptiose agat, et corrigi nolens [6], ab officio suo submoveatur [e].

Episcopis [7]. — 59. In decretis Gelasii papae, ut nullus episcopus viduas velare praesumat [8] [f].

Episcopis [9]. — Haec enim, dilectissimi, pio studio et magna dilectionis intentione vestram unianimitatem ammonere studuimus, quae magis necessaria videbantur, ut sanctorum patrum canonicis institutis inhaerentes, praemia cum illis aeternae felici-

VARIANTES LECTIONES.

[1] E. et S. B.   [2] in decretis Celestini papae B.   [3] capp. 56.-60 desunt 3.   [4] deest 1.   [5] deest 1.   [6] noles 1.   [7] item 1.   [8] hic 25 absque distinctione pergunt codd. 1, 4.   [9] item alia capitula b.

NOTÆ.

altare recitentur. » Ponebant super altare nomina quae recitanda erant, ut patet ex veteri Codice Coloniensi quem Pamelius laudat in tomo secundo Liturgicon Ecclesiae Latinae, pag. 180, ubi ita legebatur : « Memento, Domine, famulorum famularumque tuarum et eorum quorum nomina ad memorandum conscripsimus, ac super sanctum altare tuum conscripta adesse videntur. » Quae verba legisse se in aliquot antiquis Codicibus refert eminentis doctrinae, pietatis, dignitatisque ac immortalis memoriae vir Joannes Bona, cardinalis, lib. II, Liturg., cap. 11. Probatur etiam istud ex vetustissimo libro sacramentorum monasterii Gellonensis in Septimania, ubi ita legitur, cap. 316 : « Praetende, Domine, misericordiam tuam famulis et famulabus tuis quorum commemorationem agimus, vel quorum nomina ante sancto altario tuo scripta adesse videntur, quorum numerum et nomina tu solus Dominus cognoscis, dexterae coelestis auxilii, ut te toto corde perquirant, et qui digne postulant assequantur, et animabus famulorum famularumque tuarum omnium fidelium catholicorum orthodoxorum qui tibi placuerunt quorum commemorationem agimus vel quorum nomina ante sancto altario scripta adesse videntur, remissionem cunctorum tribue peccatorum, indulgentiam quam semper optaverunt piae supplicationis consequantur. Per Dominum. » Ex quibus locis videtur colligi non consuevisse recitari nomina singulorum, sed omnium in aversione, eorum videlicet qui in altari conscripti erant ut presbyter celebrans de his praecipue cogitaret in oblatione sacrificii. In eclogis tamen Amalarii legimus aevo Caroli Magni suetum in ecclesiis nostris fuisse recitari nomina fidelium vivorum et defunctorum in ea missae parte quam nos canonem appellamus, non quidem in aversione, sed pronuntiatis singulorum nominibus. Aliquando nominum recitatio fiebat a subdiacono retro altare. Probatur istud ex libro Sacramentorum in editione Menardi, pag. 264. « Subdiaconi a retro altari, ubi memoriam vel nomina vivorum et mortuorum nominaverunt vel recitaverunt, procedunt post diaconum. » Auctor exegeseos in Canonem missae : « Cum primum dicitur, Memento, Domine, famulorum famularumque tuarum, et sic deinde subjungitur, et omnium circumadstantium, manifestum est quod quasi quidam locus sit ubi aliquibus specialiter nominatis, etiam caeterorum qui assistunt in ecclesia commemoratio adjungatur : in quo utique loco aut liberum est sacerdoti quos desideraverit peculiariter nominare et nominatim Deo commendare, aut certe illud ab antiquis observatum est ut ibi offerentium nomina recitarentur. » Exegeseos istius auctorem esse Florum reperi notatum manu clarissimi viri Pauli Petavii senatoris Parisiensis. Inter schedas autem Petri Francisci Chiffletii reperi initium istius libri descriptum ex quodam veteri Codice, in quo tribuitur huic Floro. Ex quo confirmatur id quod adnotatum fuit in Petavio, ut deinceps ambigi non possit quin sit Flori. Baluz.

[a] (Innocent. cap. 2.) De nominibus vero recitandis antequam precem sacerdos faciat, atque eorum oblationes, quorum nomina recitanda sunt, sua oratione commendet, quam superfluum sit, et ipse pro tua prudentia recognoscis ; ut cujus hostiam necdum Deo offeras, ejus nomen ante insinues, quamvis incognitum illi nihil sit. Prius ergo oblationes sunt commendandae, ac tunc eorum nomina quorum oblationes sunt edicenda ; ut inter sacra mysteria nominentur, non inter alia quae ante praemittimus, ut ipsis mysteris viam futuris precibus aperiamus.

[b] (Coelestinus, distinct. 38, can. 4.) Nulli sacerdotum suos liceat canones ignorare, nec quidquam facere quod Patrum possit regulis obviare. Quae enim a nobis res digna servabitur, si decretalium norma constitutorum pro aliquorum libitu, licentia populis permissa, frangatur ?

[c] (Leo, c. 39.) Alienum clericum, invito episcopo ipsius, nemo suscipiat, nisi forte ex placito charitatis id inter dantem accipientemque conveniat. Nam gravis injuriae reus est qui de fratris ecclesia id quod est utilius aut pretiosius, audet vel allicere vel tenere. Itaque si intra provinciam res agitur, transfugam clericum ad ecclesiam suam metropolitanus redire compellat. Si autem longius recessit, tui praecepti auctoritate revocabitur, ut nec cupiditati nec ambitioni occasio relinquatur.

[d] (Conc. Gang. can. 3.) Si quis servum occasione religionis doceat dominum suum contemnere et ejus ministerium deserere, ac non potius docuerit eum domino suo bona fide et cum omni honorificentia deservire, anathema sit.

[e] (Leo. c. 5.) Haec itaque admonitio nostra denuntiat, quod si quis fratrum contra haec constituta venire tentaverit, et prohibita fuerit ausus admittere, a suo se noverit officio submovendum, nec communionis nostrae futurum esse consortem qui socius esse non voluit disciplinae. Ne quid vero sit quod praetermissum a nobis forte credatur, omnia decretalia constituta, tam beatae recordationis Innocentii quam omnium decessorum nostrorum, quae de ecclesiasticis ordinibus et canonum promulgata sunt disciplinis, ita a vestra dilectione custodiri debere mandamus, ut si quis in illa commiserit, veniam sibi deinceps noverit denegari.

[f] (Gelasius, c. 13.) Viduas autem velare pontificum nullus attentet : quod nec auctoritas divina delegat, nec canonum forma praestituit. Non est ergo penitus usurpandum, eisque sic ecclesiastica sunt inferenda praesidia, ut nihil committatur illicitum.

tatis accipere mereamini. Scit namque prudentia vestra quam terribili anathematis censura feriuntur [1] qui praesumptiose contra statuta universalium conciliorum venire audeant [2]. Quapropter et vos diligentius ammonemus, ut omni intentione illud orribile execrationis iudicium vobis [3] cavere studeatis, sed [4] magis canonica statuta [5] sequentes, et pacifica unitate nitentes, ad aeterna pacis gaudia pervenire [6] digni efficiamini [7]. Sunt quoque aliqua [8] capitula quae nobis [9] utilia huic praecedenti ammonitione subiungere visa sunt.

OMNIBUS. — 60. Primo omnium [10], ut fides catholica ab episcopis [11], presbyteris, diligenter legatur, et omni populo praedicetur; quia hoc primum praeceptum est domini Dei omnipotentis in lege: *Audi, Israel, quia Dominus Deus tuus Deus unus est.* Et ut ille diligatur ex toto corde, et ex tota mente, et ex tota anima, et ex tota virtute nostra.

OMNIBUS. [12]. — 61. Ut pax sit et concordia et unianimitas cum omni populo christiano, inter episcopos, abbates, comites, iudices, et omnes ubique seu maiores, seu minores personas; quia nihil Deo sine pace placet, nec munus sanctae oblationis ad altare, sicut in euangelio ipso Domino praecipiente legimus; quia et illud secundum mandatum est in lege: *Diliges* [13] *proximum tuum sicut te ipsum.* Item in Euangelio: *Beati pacifici, quoniam filii Dei vocabuntur.* Et iterum: *In hoc cognoscent omnes quia mei discipuli estis, si dilectionem habueritis ad invicem.* In hoc enim [14] praecepto discernuntur filii Dei et filii diaboli; quia [a] filii diaboli semper dissensiones et discordias movere satagunt: filii autem Dei semper paci et dilectioni student.

OMNIBUS [15]. — 62. Ut quibus data est potestas iudicandi, iuste iudicent, sicut scriptum est: *Iuste iudicate, filii hominum.* Non in muneribus, quia munera excecant corda prudentium, et subvertunt verba iustorum. Non in adolatione, nec in consideratione personae, sicut in deuteronomio dictum est: *Quod iustum est iudicate. Sive cives sit* [16] *ille, sive peregrinus, nulla* [17] *sit distantia personarum, quia Dei iudicium est.* rimo namque iudici diligenter discenda est lex a sap entibus populo conposita, ne per ignorantiam a veritatis erret. Et dum ille rectum intellegat iudi ium, caveat ne declinet, aut per adolationem aliqu rum, aut per amorem cuiuslibet amici, aut per tin rem alicuius potentis, aut propter praemium a rec   iudicio declinet; et honestum nobis videtur, ut [18] iudices ieiuni causas audiant et discernant.

OMNIBUS. — 63. Item habemus in lege, D mino praecipiente: *Non periurabis in nomine meo, n pollues nomen domini Dei tui, et nec adsumes nom n Domini Dei tui in vanum* [18]. Ideo omnino ammonend sunt omnes diligenter, ut caveant periurium, non olum in sancto euangelio, vel in altare, seu in sanc orum reliquiis, sed et in communi loquella; quia su t aliqui qui per caritatem et veritatem iurant, t caveant se a iuramento [20] nominis Dei, et nesciun quia idem Deus quod est caritas et veritas, dice e Iohanne apostolo, quia *Deus caritas est.* Item ip Dominus in Evangelio: *Ego sum via et verita .* Ideo qui in veritate et caritate iurat, in Deo iurat Item cavendum est ne farisaica [21] superstitione liquis plus aurum honoret quam altare; ne dicat ei ominus: *Stulte et caece, quid est inaius, aurum vel altare quod sanctificat aurum?* Set et nobis bon stum videtur, ut qui in sanctis [b] habeat iurare, ho ieiunus faciat, cum omni honestate et timore i. Et sciat se rationem redditurum Deo uniuscuius ue iuramenti, ubicumque [22] sit, sive intra aeclesia , sive extra aeclesiam. Et [23] ut parvuli, qui sine rati nabili aetate sunt [c] non cogantur iurare, sicut Gunthb ngi [24] faciunt. Et qui semel periuratus fuerit, nec testis sit posthaec, nec ad sacramentum accedat, [d] ne in sua causa vel alterius iurator existat [25].

OMNIBUS [26]. — 64. Item habemus in lege omini mandatum: *Non auguriamini*; et in deuteron mio: *Nemo sit qui ariolos sciscitetur,* [27] *vel somnia o ervet, vel ad auguria intendat.* Item: *Ne* [28] *sit ma ficus, nec incantator, nec pithones* [29] [e] *consultor* [3] . Ideo

VARIANTES LECTIONES.

[1] ? ferientur 2, feriantur 4. [2] audent B. [3] deest 1. [4] Et B. [b] instituta 2. 4. B. [6] venire B. [7] dignemini 2. 4. [8] alia 4. B. [9] vobis B. [10] o. admonemus ut B. [11] e. et p. B. 4. 5 c. [12] deest 1. [13] diligis 1. [14] im 4. [15] deest 1. [16] sit civis sit 4. B. [17] nullus 1. [18] ultima capitis verba inter leges Lan. ob. K. M. cap. 42. Mur. habentur. [19] vacuum 1. [20] iuromento 1. [21] farisiaca 1. 2. [22] quicumque 2. [23] q ae sequuntur inter Langobardica edicta habentur cap. 59. Murat. [24] buntgodingi 2. gundbodingi 4. onebii digni 5. gunebodigni 3 c. B. gundebauda lege viuentes Amb. s. gundebada 1. v. V. Vn. E. [25] e. ni i accipiat poenitentiam V. Vn. E. [26] deest 1. [27] suscitetur 1, 2. [28] nemo 3, B. [29] phitones 1, pitto es 4 . pythonis B. [30] consolator 1, 3. consultur 2; consulatur 4.

NOTÆ.

[a] Eginhardus, epist. 62. « Dæmones quippe, ut manifestissime patet, dissensione et perturbatione bonorum hominum gaudent, et discordia delectantur. » Sergius II, in epistola de Vicariatu Drogonis: « At contra qui bella volunt, quia diaboli filii sint palam datur intellegi. »

[b] Hæc est vera lectio, quam exhibent omnia fere vetera exemplaria. In uno tamen Vaticano, in Metensi, et in Camberonensi legitur *audet jurare.* Quam lectionem habet etiam Regino, et post eum Burchardus, Ivo et Gratianus. Burchardus porro pro sua audacia constitutionem hanc tribuit papæ Cornelio, quia nolebat eam laudare ex libris Capitularium. Vide notas ad Gratianum, pag. 532, et ad Reginonem, pag. 590.

[c] Post hæc verba sequitur in vulgatis edit nibus Capitularium, *sicut Gunebodigni faciunt.* Cer m est autem eam clausulam additam fuisse a Jo ne Tilio. Non exstat enim in vetustis exemplaribu Ansegisi, neque in editione Basileensi. Pari centia eam correctores Romani addiderunt apud ratianum, ut illic monuimus. Vide etiam notas a Reginonem, pag. 590.

[d] Hæc et quæ sequuntur non exstant in Codice Colbertino, sed ista tantum: *contra Ecclesi m, vel clericorum accusator existat.* BALUZ.

[e] In Codicibus regio, Trecensi, Tiliano, uano, uno Sangallensi, et in meo legitur *consulato* item-

praecipimus, ut [1] [a] cauculatores nec incantatores [2], nec [b] tempestarii vel obligatores non fiant ; et ubicumque sunt emendentur, vel damnentur.

Item [c] de arboribus vel petris vel fontibus, ubi aliqui stulti luminaria vel alias observationes faciunt, omnino mandamus, ut iste' pessimus usus et Deo execrabilis, ubicumque inveniatur, tollatur et distruatur.

OMNIBUS [3]. — 65. Item praedicari necesse est; quantum malum sit odium vel invidia; quia in lege scriptum est : *Non oderis fratrem tuum in corde tuo, sed publice argues eum.* Item Johannes evangelista : *Qui odit fratrem suum, homicida est.* Item in Euangelio : *Si peccaverit in te frater tuus, vade et corripe eum inter te et ipsum solum :* et cetera quae ibi leguntur. De avaritia autem apostolum legimus dicentem : *Avaritia, quae est idolorum servitus, cavenda est.* Item de concupiscentia legitur, quod radix sit omnium malorum. Et in lege : *Non concupisces* [4] *rem proximi tui.*

EPISCOPIS [5], OMNIBUS [6]. — 66. Item ut homicidia infra patriam, sicut in [7] lege Domini interdictum est, nec causa ultionis nec avaritiae nec latrocinandi non fiant. Et ubicumque inventa fuerint, a [8] iudicibus nostris secundum legem ex nostro mandato vindicentur. Et non occidatur homo, nisi lege iubente.

OMNIBUS [9]. — 67. Item et furta et iniusta conubia, necnon et falsa testimonia, sicut saepe rogavimus, prohibete diligenter, sicut et lex Domini prohibet.

OMNIBUS. — 68. Et hoc cum magno studio ammonete. [10], ut filii honorent parentes suos; quia ipse Dominus dicit : *Honora patrem tuum et matrem tuam* [11], *ut sis longaevus super terram quam Dominus Deus tuus dabit tibi.*

SACERDOTIBUS [12]. — 69. [d] Ut episcopi diligenter [13] discutiant per suas parrochias praesbiteros, eorum fidem, baptisma, et missarum celebrationes, ut et fidem rectam teneant, et baptisma catholicum observent, et missarum praeces bene intellegant, et ut

VARIANTES LECTIONES.

[1] ut nec B.   [2] nec i. deest 1.   [3] deest 1.   [4] concupiscis 1.   [5] deest B.   [6] deest 1.   [7] deest 1, 3.   [8] ad 2.   [9] deest 1.   [10] admonendum est B.   [11] tuum 1.   [12] deest 1.   [13] diligentur 1.

NOTÆ.

[a] Ita plerique Codices. Alii, *calculatores*. Regius, Trecensis, et meus, *auguriatores*. Vaticanus unus, Colbertinus, et unus Sangallensis, *auguratores*. ID. que in editione Basileensi. In altero Sangallensi, *Phitones consulantur*. Veteres librarii saepe confundebant vocabula *consolatio*, *consultatio*, *conlatio*. Utendum est exemplis. Nam hinc eruditi possunt interdum emendare corruptos veterum Auctorum libros. Petrus Pithoeus in notis ad collationem legum Mosaicarum, pag. 131 : Consultationis vet. consolatioüis. *Quo modo et in optimo Servii exemplari scriptum est eo loco, lib.* III *Æneid. Augurium est exquisita deorum voluntas per consolationem avium aut signorum.* Faustus Reiensis epistola quinta : *Pro cujus timore et amore consolatio ipsa tractatur.* Ubi legendum est *consultatio.* Sic in epistola 21 Hormisdae consolatio dicitur quae consultatio dicta fuit in epistola 17: Cum autem librarii dubitabant utra lectio praeferenda esset, utramque ponebant ; ut in epistola 36 Hincmari; *pro diversorum Patrum consolatione vel consultatione.* Nam in opusculo 45 capitulorum, cap. 25 et 43, legitur simpliciter, pro *diversorum Patrum consolatione.* Sumptus est autem iste locus ex decreto Gelasii de libris canonicis et apocryphis, ubi pro' eo quod Hincmarus hic habet *consolatione*, Nicolaus primus *consultatione* posuit in epistola 42 ad archiepiscopos et episcopos apud Gallias constitutos, cujus partem refert Gratianus, dist. 19, cap. *Si Romanorum.* In lege Burgundionum, tit. 60, § 1, legitur : *nova lege futuris temporibus consulatur.* Pro quo Pithoeus Bigolianus habet *consolatur.* Apud sanctum Ambrosium sermone sexto legitur : *sine aliqua praedicationis consolatione dimiserunt.* Hic vero vetustissimus Codex ecclesiae Lugdunensis habet *consultatione.* Sic lib. V Capitularium, cap. 55, pro eo quod quidam Codices legunt *consultandum*, alii *consulendum*, Normannicus et unus Sangallensis habent *consulandum.* Plura exempla si quis requirit, consulat Salmasium in notis ad Julium Capitolinum, pag. 92. Illud tantum addam, dictum aliquando fuisse *consulare* pro *consolari.* Fortunatus, lib. IV, cap. 6, in Epitaphio Exotii episcopi civitatis Lemovicinae :

Sed quia non licuit, populum spes consulat illa
Hunc quod pro meritis vexit ad astra fides.

BALUZ.

[b] Qui fulgura et tonitrua aliasque aeris tempestates excitare se posse profitebantur. Vide notas ad librum Agobardi de Grandine et Tonitruis, pag. 68, et Reginonem, lib. II, cap. 353, 355. ID.

[c] Vide sanctum Gregorium lib. VII, Indict. 1, epist. 5 ; sanctum Eligium in homilia edita in tomo quinto Spicilegii Dacheriani pag. 215, 217 ; Reginonem lib. II, cap. 358, 359. Ubi vide notas. Vide etiam capitula data presbyteris, quae Sirmondus descripsit ex Vaticano et Casinensi Codicibus. ID.

[d] Sapienter sane et prudenter ista jubet Carolus. Nam qui ad presbyterii gradum aspirabant, litteris tandiu dabant operam donec ad ordinationem pervenissent, et titulum ab episcopo suscepissent. Postea plerique litterarum studia omittebant, ut patet ex Flodoardo lib. III, cap. 28, de Epistolis Hincmari : « Item pro quodam presbytero qui ea quae de suo ministerio quondam didicerat, post ordinationem suam per *incuriam fuerat oblitus.* Itaque episcopus, cum dioecesim suam circuibat, petere tenebatur a presbytero « *Si Epistolam et Evangelium bene legere possit atque saltem ad litteram ejus sensum manifestare*, ut legitur in inquisitione quae exstat in libro primo Reginonis de ecclesiasticis disciplinis. Rediit deinde haec temporum infelicitas, ut colligitur ex oratione 26 Isidori Clarii episcopi Fulginatis in sermone Domini in monte habitum, ubi optimus ille episcopus sic clerum suum alloquitur : « Date praeterea operam ut eos in litterarum studia progressus faciatis ut in divinis lectionibus versari quotidie et ea in ipsis conficere spatia possitis quae vestri ordinis hominibus sunt consentanea. Alioqui ne exspectet quisquam vestrum se ad sacros ordines esse a me promovendum qui ea quae legat, saltem in sanctorum Evangeliorum contextu, non sit idoneus intellegere. Nam hoc invisendarum Parochiarum tempore neminem fere sacerdotem reperi qui ea quae legeret, sciret interpretari. Ea de causa hanc saluberrimam Constitutionem in Synodo sua anno 1547. Edidit : « Illud in primis, quod multorum, ne dicam omnium, malorum in Ecclesia Christi causa est, caveatur, ne temere ac sine judicio sacerdotes recipiantur, praesertim ad curam animarum. Nam in hac visitatione deprehendimus maximam in eis ignorantiam, ut nonnulli non solum nihil eorum intelligant quae legunt, verum

a psalmi digne secundum divisiones versuum modulentur, et Dominicam orationem ipsi intellegant, et omnibus praedicent intellegendam, ut quisque sciat quid petat a Deo: *b* et ut *Gloria Patri* cum omni honore apud omnes cantetur; et ipse sacerdos cum sanctis angelis et populo Dei communi voce *Sanctus, Sanctus, Sanctus* decantet. Et omnimodis dicendum est presbiteris et diaconibus ut *c* arma non portent, sed magis se confidant [1] in defensione Dei quam in armis.

ALIQUID SACERDOS [2], ALIQUID POPULUS [3]. — 70. Item placuit nobis ammonere reverentiam vestram, ut unusquisque vestrum videat per suam parrochiam, ut aecclesia Dei suum habeat honorem, simul et altaria secundum suam dignitatem venerentur, et non sit domus Dei et altaria sacrata pervia canibus, et ut vasa sacrata Deo cum magna veneratione habeantur, et ut sacrificia sanctificata cum magna diligentia ab eis colligentur qui digni sunt, vel cum

A honore serventur; et ut secularia negotia v vani loquia in ecclesiis non agantur, quia domus si domus orationis debet esse, non spelunca latron m; et ut intentos habeant animos ad Deum quando eniunt ad missarum sollempnia, et ut non exeant an e conpletionem benedictionis sacerdotalis.

SACERDOTIBUS [4]. — 71. Sed et hoc flagita us vestram *d* almitatem, ut ministri altaris Dei su m ministerium bonis moribus ornent, seu [5] alii c nonici observantiae [6] ordines [7], vel monachici [8] pro ositi [9] congregationes [10] *e* obsecramus, ut bonam et probabilem [11] habeant conversationem, sicut ipse Dominus in Euangelio praecipit: *Sic luceat lux ve tra coram hominibus, ut videant opera vestra bona, t glorificent Patrem vestrum qui in celis est;* ut eorum bona conversatione multi protrahantur ad se vitium Dei. Et non solum servilis conditionis infante, *f* sed etiam ingenuorum filios adgregant sibique so iant [12].

VARIANTES LECTIONES.

[1] confident 1, 3; se *deest* B. [2] sacerdotibus 3, B. [3] omnibus 3, B. *tota rubrica deest* 1, 4. [4] cest 1. [5] seu et B. [6] observantia B. [7] ordinis 4. B. [8] monachi 2, 3, 3 c., 4. B. [9] proposito B. [10] co secrationis B. [11] p. vitam et c. h. B. [12] adgregent s. societ 4. B.

NOTAE.

ne recte quidem legere sciant. In nonnullis florentissimi istius regni provinciis, cum plures in una domo sunt filii, primus destinatur continuandae genealogiae, alter studiis litterarum traditur ut presbyter esse possit: *Il étudie pour être prêtre*; sic enim loquuntur parentes. Ubi vero ordinati sunt in gradu cujus causa accesserant ad studia litterarum, libros deinceps non tractant, sed vitam in otio et silentio per summam ignaviam et inertiam transeunt, partim tabernas ingredientes bibendi et edendi causa contra sanctorum canonum instituta et capitularia sanctionum, partim venationi et aucupio ludoque operam dantes contra veterem disciplinam. Vide concilium Cloveshoviae, cap. 10. BALUZ.

a Auctor Vitae Alcuini: « Juvenis psalmorum modulationem secretam non tantum quantum aliam lectionem amaverat. » ID.

b In codice Rivipullensi sic legitur hic locus: « Et ut Gloria Patri et Filio et Spiritui sancto cum omni honore apud omnes cantetur: et ipse sacerdos cum sanctis angelis et dominationibus et potestatibus, et coeli coelorum virtutibus, et cherubim, et seraphim et populo Dei, etc. » ID.

c Legibus enim cautum erat ne sacerdotes arma tractarent, neve agitatores sanguinis essent. Postea tamen censuerunt principes debere illos reipublicae auxilia ad arcendos hostium incursus. Illi vero preces suas offerebant. Hincmarus epist. 9 ad episcopos Remensis provinciae, cap. 4. « De re nobis episcopis satis agendum est ne in consilio quod a nobis Reipublicae ministri secundum Domini Regis mandatum petierint, a nostro ministerio excidamus, et ne de auxilio, quantum Deus unicuique nostrum posse dederit, abscedamus, sequentes sententiam Domini dicentis: Reddite quae sunt Caesaris Caesari, et quae sunt Dei Deo. In auxilio igitur praebeamus arma divina, jejunia, orationes, lacrymas, implorationes ad sanctorum suffragia; et auxilia divina per nos nostrasque parochias. Cum per haec episcopi se excusarent a praestandis subsidiis in magnis regni periculis, ministri regii reponebant rempublicam aliis auxiliis indigere, et Pippinum regem, cum in Italiam profectus est ad defensionem Sedis apostolicae, non ex communicatione apostolica, sed virtute hostili Haistulfum regem Longobardorum oppressisse, Italiam domuisse, justitias sancti Petri obtinuisse. Testis idem Hincmarus in epist. 41 ad Adrianum papam: « Pippinus non excommunicatione

B apostolica, sed virtute hostili Haistulfum qual mcunque regem Christianum oppressit et Italiam omuit, atque justitias sancti Petri obtinuit. » Et paul post: « Et vos ergo solis orationibus vestris regnum contra Normannos et alios impetentes defendite, et ostram defensionem nolite quaerere. « Contra sanctus ambrosius in serm. 86: « Ubi sunt qui dicunt plus qu m preces sanctorum hominum arma posse? Ecce v na oratio Elisaei totum exercitum vulneravit, et uni is prophetae meritis omnium est hostium numerus aptivatus. » In legibus Edouardi regis Angliae, quae in appendice Bedae editae sunt, legitur, cap. 11, Ec lesiam Anglicanam et etiam omnem terram quae in ominio Ecclesiae erat, ubicunque jacebat, liberam et immunem fuisse a tributo quod Danegeldum vocaban , « quia magis in Ecclesiae confidebant orationibus q am in armorum defensionibus. » Et Paulus papa, i epist. 20 Cod. carolini, quae data est ad Pippinum egem, ait regalis potentiae culmen plus fidei virtut quam bellatorum armis praesidio et fortitudine circ mtegi. Elegans porro et festiva est narratio de Philip o Augusto et clero Rhemensi apud Willelmum Br tonem in lib. 11 Philippidos. Narrat enim Willelmus .hilippum, gravi bello implicitum, subsidium pe iisse a personis ecclesiasticis provinciae Rhemensi istos vero respondisse in hunc modum:

Qui pro rege suo Regi suffragia summo
Fundere cum precibus aiunt se jure teneri,
Non solidos quod ad nec censum, ne postea forte
Ecclesiae pariant ex consuetudine damnum.

Memorabilem historiam diaconi arma portanti exhibet vetus charta Landaviensis, a clarissimo v ro Gulielmo Dugdalo edita in tom. III Monastici An licani, pag. 208. ID.

d Ed. Basil., *altitudinem*, sed Heroldus r posuit *almitatem* in margine. Sanctus Bonifacius, epi t. 92: « Propterea almitatis vestrae clementiam dilige ter in Dei nomine deprecor. » ID.

e Haec est lectio Edit. Basil. et omniu vet. exemplarium, uno excepto Tiliano, in quo sc iptum est: « Obsecramus ut bonam et probabilem v am et conversationem habeant. » Quae sane lectio e stat in capitulari Aquisgranensi. ID.

f Vita sancti Meinwerci, episcopi Paderbor ensis, cap. 2: « Pueros tam nobiles quam inferioris conditionis in scholam congregatos in divinae le tionis eruditione nutrire. » ID.

Et ut ª scolae ᵇ legentium puerorum fiant. Psalmos, ᵛ notas, cantus, ᵈ compotum, grammaticam per singula monasteria vel episcopia ¹, et libros catholicos bene emendatos ² ; quia saepe dum bene aliqui ³ Deum rogare cupiunt, sed per inemendatos libros ⁴ male rogant. Et ᵉ pueros vestros non sinite eos vel legendo vel scribendo corrumpere. Et si opus est euangelium psalterium et missale scribere, perfectae aetatis homines scribant cum omni diligentia ⁵.

SACERDOTIBUS ⁶. — 72. Simul, et hoc rogare curavimus, ut omnes ubicumque qui se voto ᶠ monachicae vitae constrinxerunt , ᵍ monachice et regulariter ⁷ omnimodis secundum votum suum vivant, secundum quod scriptum est : *Vota vestra reddite domino Deo vestro*. Et iterum : *Melius est non vovere, quam ⁸ non reddere*. Et ut ad monasteria venientes, secundum regularem ordinem primo in ʰ pulsatorio probentur, et sic accipiantur ⁹. Et qui ex seculari habitu in monasterio veniunt, non statim foras ad ministeria monasterii mittantur antequam intus bene ⁱ erudiantur. Et ut monachi ad saecularia placita non vadant. Similiter qui ad ¹⁰ clericatum accedunt ¹¹, quod nos nominamus canonicam vitam, volumus ut illi canonice secundum suam regulam omnimodis vivant, et episcopus eorum regat vitam, sicut abbas monachorum.

OMNIBUS. — 73. Ut aequales mensuras et rectas, et pondera iusta et aequalia omnes habeant, sive in civitatibus, sive in monasteriis, sive ad dandum in illis, sive ad accipiendum, sicut et in lege Domini praeceptum habemus. Item in Salamone, Domino dicente ¹²: *Pondus et pondus, mensuram et mensuram odit anima mea*.

OMNIBUS ¹².— 74. Et hoc nobis conpetens et venerabile videtur, ut i hospites, peregrini, et pauperes, susceptiones regulares et canonicas per loca diversa habeant : quia ipse Dominus dicturus erit in remu-

VARIANTES LECTIONES.

¹ e. discant. sed et *B*. ² e. habeant q. *B*. ³ aliquid 2. *B*. ⁴ libris 1. ⁵ *hic deficit codex* 3. ⁶ *deest* 1. ⁷ regulanter 1. ⁸ q. vota non r. 4. q. vovere et non r. *B*. ⁹ capiant 2, 4 ; recipiantur *B*. ¹⁰ s. quod 1. ¹¹ accedant 1. ¹² item..... habemus *desunt* 2. ¹³ *deest* 1.

NOTÆ.

ª Magna Carolo cura erat de studiis litterarum. Itaque Lupus Ferrariensis in epist. 1 hanc ei gloriam tribuit ut studia litterarum per eum coepta sint revocari : « Cui litteræ, inquit, eo usque deferre debent ut æternam ei parent memoriam. » De schola Paderbornensi ab ipso instituta sic scriptum est in Vita ejusdem sancti Meinwerci, cap. 52 : « Studiorum multiplicia vela co floruerunt exercitia, et bonæ indolis juvenes et pueri strenue instituebantur norma regulari, proficientes haud segniter in claustrali disciplina omniumque litterarum doctrina. » Vide concilium Valentinum III, cap. 18; Reginonem, lib. I, cap. 207, et Maderi præfat. ad Chronicon Montis-Sereni, sive Lauterbergense, pag. 9. BALUZ.

ᵇ S. Bonifacius epist. 92 : « Quidam sunt monachi per cellulas nostras et infantes ad legentes litteras ordinati sunt. » Leidradus archiep. Lugdun. in epist. ad Carolum M. : « Habeo scholas lectorum, non solum qui officiorum lectionibus exercentur, sed etiam in divinorum librorum meditatione spiritalis intelligentiæ fructus consequantur. » Vide Filesacum, lib. II selectorum, pag. 208. ID.

ᶜ Musicas videlicet. Ademarus in Vita Caroli, cap. 8, ait Adrianum papam ei dedisse, anno 787, « Antiphonarios sancti Gregorii, quos ipse notaverat nota Romana. » Et paulo post : « Omnes Franciæ cantores didicerunt notam Romanam, quam nunc vocant notam Franciscam. » In vetustissimo libro Sacramentorum, qui exstat in bibliotheca monasterii Compendiensis, hæc leguntur antiquis characteribus scripta : « Gregorius præsul meritis et nomine dignus, summum ascendens honorem, renovavit monimenta Patrum priorum , et composuit hunc libellum musicæ artis scholæ cantorum per anni circulum. » Scholæ cantorum mentio est in libro Sacramentorum, pag. 63 Edit. Menardi, et in epist. 1 Leidradi archiep. Lugdun. ad Carolum Magnum : « Habeo scholas cantorum, ex quibus plerique ita sunt eruditi, ut alios etiam erudire possint. » Jubet igitur princeps ut qui ministerio altarium destinantur artem psallendi et canendi discant. Ac sane magnam istarum rerum curam eum habuisse docet Eginhardus in Vita ejus : « Legendi atque psallendi disciplinam diligentissime emendavit. Erat enim utriusque admodum eruditus. » ID.

ᵈ Eginhardus in Vita Caroli Magni *Discebat et artem computandi*. Ademarus in loco paulo ante laudato refert eum Roma discedentem anno 787 secum duxisse *cantores Romanorum et grammaticos peritissimos et calculatores*. Capitula Walterii Aurelianensis cap. 22. *Ut omnes presbyteri calculandi peritiam habeant, et suos in idipsum studiose erudiant*. Vide Chronicon Fontanellense cap. 15, in tomo tertio Spicilegii Dacheriani, et notas ad Reginonem, p. 541. ID.

ᵉ Id est, clericos in ætate tenera constitutos, quos, cum presbyterorum sumptibus alerentur, nutritos presbyterorum vocabant , ut colligitur ex Capitulari quinto Caroli Magni incerti anni cap. 5, et ex Capitulis Hincmari tit. 4, cap. 5. Alibi puerorum vocabulo servi intelliguntur, ut apud sanctum Ambrosium lib. I de Abraham cap. 9 : *Unde et pueros dicimus quando servulos significamus, non ætatem exprimentes, sed conditionem*. Sic etiam plerique intelligunt locum illum ex Evangelio secundum Joannem : *Est puer unus hic habens quinque panes hordeaceos*. ID.

ᶠ Hæc est lectio editionis Basileensis et Codicum Remensis, Pithœani, Sangallensis, Parisiensis, et Metensis. Normannicus, Vaticanus, Camberonensis, Colbertinus, Trecensis, alter Sangallensis, et meus, habent *monasticæ*. Alii *monachiæ*. ID.

ᵍ Ita legendum esse monuit Heroldus in margine editionis Basileensis, tametnetsi in contextu posuerit simpliciter *monachi*. Sane fatendum est majorem veterum exemplarium partem habere lectionem quam Heroldus retinuit in contextu. Eam tamen quam nos reposuimus, quæ sincerior videtur, habent Parisiense, Pithœanum, Remense, et unum ex duobus Sangallensibus. ID.

ʰ Loco in quo noviter venientes ad conversionem suscipiuntur, sic dicto quia ibi non recipiebantur nisi postquam diu pulsaverant. Non est opus istud probare exemplis. Afferam tantum testimonium Gerardi abbatis Silvæ Majoris, ex capite primo de Vita sancti Adalardi Abbatis Corbeiensis : « In hoc itaque loco pulsans et pulsando admissus secundum regulam sancti Benedicti instituendus, etc. » ID.

ⁱ Unus codex Sangall., *enutriantur*. ID.

ʲ Hæc est lectio omnium ferme veterum exemplarium. In Remensi tamen, in Pithœano et in Parisiensi legitur, *ut hospitum peregrinorum, et pauperum susceptiones regulares et Canonici per diversa loca habeant*. Sane in omnibus Ansegisi vetustis Codicibus

neratione magni dici: *Hospis* [1] *eram, et suscepistisme*. Et apostolus [2] hospitalitatem laudans, dixit: *Per hanc quidam placuerunt Deo, angelis hospitio susceptis.*

EPISCOPIS, ABBATIBUS [3]. — 75. Auditum est aliquas a abbatissas, contra morem sanctae Dei aeclesiae, benedictiones [4] cum manus inpositione et signaculo sanctae crucis super capita virorum dare, necnon et velare virgines cum benedictione sacerdotali. Quod omnino vobis, sanctissimi patres, in vestris parrochiis interdicendum esse scitote.

CLERICIS [5]. — 76. b Ut illi clerici qui se fingunt habitu vel nomine monachos [6] esse, et non sunt, omnimodis videtur corrigendos atque emendandos esse, ut vel veri monachi sint, vel veri canonici sint [7].

OMNIBUS [8].—77. Item et pseudografia et dubiae narrationes, vel quae omnino contra fidem catholicam sunt, et [9] epistula pessima et c falsissima, quam d transacto anno dicebant aliqui errantes et in erro-

A rem alios mittentes quod e de celo cecidiss t, nec f credantur nec legantur, sed conburentur [10] ne in errorem per talia scripta populus mittatur. S d soli canonici libri et catholici tractatus et sanc orum auctorem dicta legantur et tradantur.

ALIQUID [11] SACERDOTIBUS, ALIQUID OMNIBUS. 78. Item ut isti mangones et [12] cotiones qui sine omni lege vagabundi vadunt per istam terram, non inantur vagare et deceptiones hominibus agere. N c isti nudi cum ferro, qui dicunt se data sibi poe tentia ire vagantes. Melius videtur, ut si aliquid in c nsuetum et capitale crimen conmiserint, ut in um loco permaneant laborantes et servientes et paenit ntiam agentes secundum quod sibi canonice inpositu sit.

OMNI CLERO [13].—79. Ut [14] cantum [15] Romanu ple-
B niter discant, et ordinabiliter per nocturnale v l gradale officium peragatur [16], secundum quod eaiae memoriae genitor noster Pippinus rex g decert vit ut

VARIANTES LECTIONES.

[1] hospes 2. 4. B.   [2] apostolos 1.   [3] e. et a. B.   [4] deest 1.   [5] deest 1.— [6] monachus 1.   [7] deest 2 3 c, 4. B.   [8] deest 1.   [9] ut 3 d., 4. B.   [10] comburatur 4. comburantur 3 c. B.   [11] deest 1.   [12] cottiones 2. B. scottones 4.   [13] *desunt* 1, omnibus clericis B.   [14] monachi ut *Ansegisus*.   [15] tantum 1.   [16] peragan 4.

NOTÆ.

legitur *Canonici*. Quo etiam modo scriptum est in editione Basileensi. BALUZ.

a Vir illustrissimus Franciscus Bosquetus episcopus Monspeliensis, in notis ad epistolas Innocentii III, pag. 97, egregie illustrat hoc caput, adductis etiam verbis concilii sexti Parisiensis lib. 1, cap. 43, ex quibus intelligitur hunc abusum etiam post istam C Caroli Constitutionem viguisse in regno Francorum. Observationes postea eruditissimi antistitis descripsit. Christianus Lupus in scholiis ad librum Tertulliani de præscriptionibus, pag. 57, et sequenti, ubi annotat hanc femineam audaciam occasionem et originem sumpsisse ex Caroli Martelli in ecclesiasticas facultates violenta rapina, quæ omnes Francici regni per Galliam ac Germaniam Ecclesias redegit ad extremam inopiam, atque ita plures tandem orbavit episcopis et clericis, hanc miseriam mansisse usque ad apostolatum sancti Bonifacii, et isto medio tempore quasdam abbatissas, quod episcopos non haberent, cœpisse sanas moniales velare et consecrare. Hæc sunt verba Lupi. Vellem autem ut vir doctus ista aliquo veteris cujuspiam Scriptoris testimonio confirmasset. Nam quod a recentiore auctore in rebus adeo antiquis sine alicujus vetustioris auctoritate profertur, contemnitur, ut recte monet illustrissimus Cardinalis Baronius. Nuspiam autem importunius quam in D hoc loco sugillata est memoria principis quem et ipsi Romani pontifices laudibus prosecuti sunt, et cui amplum restauratæ religionis et disciplinæ ecclesiasticæ testimonium apud eosdem pontifices præbuit sanctus Bonifacius. Sed hic, ut et sæpe alibi, inquietum erga Francos animum prodit Lupus, a nullo nostrum nondum, quod sciam, læsus, certe non lacessitus. Sed ut ad temeritatem abbatissarum redeamus quæ in hoc capite damnatur, ea quoque damnata est anno 829 in concilio Parisiensi, ut diximus, et postea a Ludovico Pio, cujus decretum exstat in additione secunda capitularium cap. 46 : *Simile decretum,* inquit, Christianus Lupus, *Isidori Mercatoris collectio ascribit sancto pontifici Eutychiano. At certum est quod sit alicujus Gallicanæ synodi. An sit sexta Parisiensi anterius vel posterius, ignoro.* Multifariam in hoc loco falsus est vir eruditus. Primo enim certum est caput de quo illic agitur non exstare in col lectione Isidori, sed tantum inter decreta Euty-

chiani collecta ex Ivone et Gratiano et post ej sdem Pontificis epistolas edita in vulgatis editionibu conciliorum. Deinde certum quoque est caput ill d uon esse alicujus Gallicanæ synodi, sed Ludovici P i, qui illud sancivit post admonitionem episcoporum oncilii Parisiensis. Error hinc ortus quod Burch rdus, qui Capitulariorum auctoritatem laudare nolebat cum hoc caput referre statuisset in sua Collectione titulum istius capitis, ut sæpe solet, mutavit, et Eutychiano papæ tribuit constitutionem quæ Ludov i Imperatoris erat. ID.

b Burchardus caput istud refert ex conc. olet., ut solet. ID.

c Edit. Bavarica et Basileensis, *fallacissin a*. ID.
d Id est an. 788. Nam Capitulare istud editu n fuit an. 789 apud Aquisgranum. Itaque hic locus intelligi non potest de epistola quam Adalbertus hæ ticus de cœlo cecidisse et ad se venisse dicebat, ut est in actis concilii Romani sub Zacharia, quæ exsta inter epistolas S. Bonifacii, p. 194. Fortassis est illa cujus fragmenta quædam reperi inter schedas illustr ssimi viri Petri de Marca, archiep. Paris., descri ta ex quodam vet. Cod. Hispaniæ Tarraconensis. liam ejusdem argumenti et ejusdem, ut reor, tempoi is, inveni in vetustissimo Codice ms. biblioth. Co berti-
D næ. ID.

e In Append. Reginonis legitur, *dicunt in* ierusalem de cœlo cecidisse. ID.

f Vide legum humanarum fortunam. Jusser t Carolus Magnus ne quis falsis illis epistolis fide adhiberet. Oblata deinde est Ludovico Pio ejus fil nomine Gabrielis archangeli scripta. Eam respuit Bene factum. Et tamen ejus memoriam propterea a cusat auctor Annalium Fuldensium ad an. 874. *Si enim,* inquit, ut cætera omittam, hæresi Nicolaïtar 1 ris miler et viriliter restitisset, et *monita G rielis archangeli,* quæ Einhardus abbas duodecim ca itulis comprehensa ei obtulit legenda et faciend , observare curasset, forsitan talia non pateretur. ID.

g In Codice Thuano legitur *decretavit*, in M ensi, *decrevit.* Amerbachius edidit *decertavit,* Busæ s. *decretavit.* Heroldus in textu retinuit vocem *dece tavit,* sed in margine admonuit legendum esse *dec tavit.*

fieret, quando Gallicanum tulit ob [a] unanimitatem apostolicae sedis, et sanctae Dei aeclesiae pacificam concordiam.

EPISCOPIS.[1] OMNIBUS. — 80.[b] Statuimus quoque, secundum quod et in lege Dominus praecipit, ut opera servilia diebus Dominicis non agantur, sicut [2] et bonae memoriae genitor meus in suis [3] synodalibus edictis mandavit, id est [c], quod nec viri ruralia [4] opera exerceant [5], nec in vinea colenda, nec [d] in campis arando [6], metendo [7], vel foenum secando, vel sepem ponendo, nec in silvis stirpare, vel arbores caedere, vel in petris laborare, nec domos construere; nec in orto laborent [8], nec ad placita conveniant, nec venationes exerceant. Et tria [e] carraria opera licet A fieri in die Dominico; id est, [f] ostilia carra, vel [g] victualia, vel si forte necesse erit corpus cuiuslibet ducere ad sepulchrum. Item feminae opera textrilia non faciant, nec capulent [9] vestitos, nec consuant, vel [h] acupictile.[10] [i] faciant; nec lanam carpere, nec linum battare.[11]; nec in publico vestimenta lavare, nec [j] berbices tundere habeant licitum; ut omnimodis [k] honor et requies diei Dominicae servetur. Sed [12] ad missarum sollempnia ad [13] aeclesiam [14] undique conveniant, et laudent Deum in omnibus bonis quae nobis in illa die fecit.

OMNIBUS.[15] — 81.[l] Sed et vestrum videndum est, dilectissimi et venerabiles pastores et rectores aeclesiarum Dei, ut presbiteros quos mittitis per parro-

VARIANTES LECTIONES.

[1] deest 1, 4. B. [2] sic 1. [3] m. quod 2. B. [4] roralia 1. [5] e. id est B. [6] a. nec in m. B. [7] deest 2. 4. [8] laborant 4. laborare 2, 4. [9] copulant 4. [10] aquapictile 1. [11] battere 2, 3 c. 4. B. [12] deest 2. Sed et B. [13] ab 1. [14] aeclesia adjecto s. 1. [15] deest 1.

NOTÆ.

[a] Vide quae Pithœus affert in Glossario ad Capitularia, pag. 744, ex lib. I Caroli Magni adversus synodum Nicaenam. II. BALUZ.

[b] Reginö caput istud retulit ex Capitulis Caroli, Burchardus et Ivo ex concilio apud sanctum Medardum praesente Carolo imperatore, cap. 5, et ex concilio apud Compendium, cap. 6. ID.

[c] In capitulari nimirum anni 755, quod constitutum est in synodo Vernensi. ID.

[d] Quidam boves junxit die Dominico et agrum sulcare cœpit. Graviter punitus est. Rem gestam narrat Gregorius Turonensis in lib. II de Glor. martyr. et conf. cap. 11. ID.

[e] Alibi carraria est feminini generis, ut in Vita B. Joannis abbatis Gorziensis, cap. 9 : « Pro carraria vini non sic attaminatum vellem. » ID.

[f] Id est carra ad hostem, ut in Codice censuali sive polyptico Irminonis abbatis S. Germani Paris., in tom. IV Act. ord. S. Bened., pag. 96. Apud Burchardum legitur hostilicia carra, apud Ivonem, hostilicidia. In polyptico monasterii Fossatensis lego unumquemque mansorum curtis Rokiniaci debere pro hostilicio denarios XIV. Et paulo ante : « Solvit unusquisque de hostileso, id est pro bove sol II. » Istud ipsum hostelitia dicitur in polyptico S. Remigii Rhemensis : « Mansum ingenuilem tenet Hilmegandus ingenuus. Solvit in hostelitia denarios XVI. » ID.

[g] In Edit. Capitularium quam F. Pithœus vulgavit an. 1603, additur hoc loco et angana, vitio typographi, cum legendum sit angaria, ut recte reposuit Lindenbrogius. Sic etiam auctoritate Petaviani Cod. emendandum apud Fulberium in epist. 14 et 110, ubi male editum est engaria. Nos istam additionem omisimus, quia non habetur in antiquis libris. Fatendum est tamen exstare apud Reginonem et Burchardum. Angaria, porro sunt vehiculi genus, ut observavit F. Pithœus in Glossario ad Julianum Antecessorem. Vide etiam Glossarium Antonii Augustini ad eumdem Julianum. ID.

[h] Ita vulg. Edit, vetus liber monasterii Tegernseensis, ex quo Bavarica Editio prodiit, habebat aquapictile, ut Amerbachius admonet in margine. Unus Codex Sangallensis habet aliquapictile. Ex quibus confirmatur lectio quam nos retinuimus: Regius, Vaticanus unus, Bellovacensis, Divionensis, Trecensis, acupiculæ. Colbertinus, Rivipullensis, Talianus et Thuanus, acupicule. Heroldus, acubiculæ. Liber sancti Michaelis in Periculo maris, acupicale. Parisiensis, Metensis et Rhemensis, acupicula. Meus, acupiculæ. Camberonensis, cupiculæ. Alter Sangallensis, apicule. Pithœanus, apicula. Vide Glossarium Spelmanni in verbo Acubicula, ubi reprehendit B Meursium, qui hanc vocem putavit mutandam in acubitulæ, id est, reclinatoria. ID.

[i] Edit. Basil., fiant. ID.

[j] Male in Tiliano, cervices. In Regio, Trecensi, Camberonensi, in uno Vaticano, in Metensi, Pithœano, meo, et in editione Bavarica scriptum est verveces. Sic etiam apud Reginonem et Buchardum. Ita etiam polyptico monasterii Fossatensis. In altero Sangallensi, in Rivipullensi, Thuano, et in editione Basileensi, berbices. Hic observandum est istam ultimam lectionem frequentissimam esse in veteribus libris, ut docet Petrus Pithœus in notis ad collationem legum Mosaicarum et Romanarum, tit. 11. Posteriores, inquit, fere berbicem et pronuntiarunt et scripserunt, ut apud Anianum et Paulum monachum et in Longobardicis Francicisque legibus. Unde nobis remansit vocabulum. Sane in antiquis exemplaribus Capitularis Aquisgranensis scriptum est in hoc loco berbices. Item in capite 98 legis Alamannorum. Moratorium Ansegisi abbatis Fontanellensis in tomo C tertio Spicilegii Dacheriani pag. 247, mutones, berbices, pullos. Hinc pelles berbicinæ ibidem pag. 246, ad pelles berbicinas, unde pellicea fiant. Hinc pellicium berbicinum apud monachum Sangallensem in libro secundo de rebus bellicis Caroli Magni, cap. 27. Hinc Muffulæ berbicinæ in Capitulari anni 847, cap. 79, in Codice Sangallensi. Hinc denique berbices et berbicarii in statutis antiquis monasterii Corbeiensis cap. 5. Vervices tamen, præter Codices supra commemoratos, habet Codex Bigotianus in titulo quarto legis Salicæ et in titulo 38, cap. 3, et tit. 70, cap. 3 legis Burgundionum. Item polypticus Irminonis abbatis sancti Germani Parisiensis, a Mabillonio laudatus, in notis ad Acta sanctorum ordinis sancti Benedicti tom. IV, pag. 96, vervices cum agnis. Apud Buzelinum lib. II Gallo Flandriæ, pag. 359, in actis donationis quam Walgarius sacerdos fecit monasterio Cisoniensi. : vervices centum et octoginta. ID.

[k] In antiquis exemplaribus Regio, Trecensi, uno D sancti Galli, Pithœano, Colbertino, Thuano, Tiliano, Parisiensi, Remensi, Divionensi, Bellovacensi, meo, et in editione Basileensi legitur bonorum requies. ID.

[l] Hæc est lectio quæ exstat in capitulari Aquisgranensi et in antiquis Ansegisi exemplaribus Tiliano, Divionensi, Pithœano, Thuano, Parisiensi, et in editionibus Amerbachii et Heroldi. In Codice Camberonensi, in Bellovacensi, Remensi, Metensi, apud Reginonem, Sed et unicuique vestrum videndum. In uno Sangallensi, Sed et vestrum est, dilectissimi; mendose, ut opinor. In alio Sangallensi, in Colbertino et Rivipullensi, tum etiam editionibus Tilii : Summopere vobis videndum est. Normannicus ; Summo opere vo-

chias vestras ad regendum, et ad praedicandum per acclesias populum Deo servientem, ut recte et honeste praedicent ; et non sinatis nova vel non canonica aliquos [a] ex suo sensu, et non secundum scripturas sacras, fingere et praedicare populo. Sed et vosmetipsi utilia honesta et recta, et quae ad vitam ducunt aeternam, praedicate, aliosque instruite ut haec eadem praedicent.

Primo omnium praedicandum est omnibus generaliter, ut credant Patrem et Filium et Spiritum sanctum unum esse Deum omnipotentem, aeternum, invisibilem, qui creavit caelum et terram, mare et omnia quae in eis sunt, et unam esse deitatem, substantiam, et maiestatem in tribus personis Patris et Filii et Spiritus sancti.

Item praedicandum est quomodo Dei filius incarnatus est de Spiritu sancto [b] et ex Maria semper virgine pro salute et reparatione humani generis, passus, sepultus, et tertia die resurrexit, et ascendit in celis ; et quomodo iterum venturus sit in maiestate divina iudicare omnes homines secundum merita propria ; et quomodo impii propter scelera sua cum diabolo in ignem aeternum [1] mittentur, et iusti cum Christo et sanctis angelis suis in vitam aeternam.

Item diligenter praedicandum est de [2] [c] resurrectione mortuorum, ut sciant et credant in isdem corporibus premia meritorum accepturos.

Item cum omni diligentia cunctis praedicandum est, pro quibus criminibus deputentur cum diabolo in aeternum supplicium. Legimus enim, apostolo dicente : *Manifesta autem sunt opera carnis, quae sunt fornicatio, inmunditia, luxoria, idolorum servitus,* veneficia [3], *inimicitiae, contentiones, aemulationes, animositates, irae, rixae, dissensiones, haereses,* ctae, *invidiae, homicidia, ebrietates, comessationes,* t his *similia : quae praedico vobis, sicut praedixi, qu niam qui talia agunt, regnum Dei non possidebunt* [4] Ideo haec eadem quae magnus praedicator aeclesi e Dei singillatim nominavit, cum omni studio proh bete, intellegentes quam sit terribile illud quod dixi : *Qui talia agunt, regnum Dei non consequentur.*

Sed omni [5] instantia ammonete eos de dile tione Dei et proximi, de [6] fide et spe in Deo, de hum litate et patientia, de castitate et continentia, de be ignitate et misericordia, de elimosinis et confe sione peccatorum suorum, et ut debitoribus suis, secu dum Dominicam orationem, sua debita dimittant : cientes certissime quod qui talia agunt, regn Dei possidebunt

Et hoc ideo diligentius iniungimus vestrae ca itati, quia scimus temporibus novissimis pseudodo tores esse venturos, sicut ipse Dominus in Euangelio praedixit, et apostolus [7] Paulus ad Timotheum tes atur. Ideo, dilectissimi, toto corde praeparemus n s in scientia veritatis, ut possimus contradicentibus veritati resistere, et divina donante gratia verbum De cres cat et currat et multiplicetur in profectum sanct e Dei aeclesiae, et salutem animarum nostrarum [8], et l dem et gloriam nominis Domini nostri Iesu Christ. Pax praedicantibus, gratia oboedientibus, gloria D mino nostro Iesu Christo. Amen [9].

Anno dominicae incarnationis 789°, indiction 12ª, anno 21 [10] regni nostri, actum est huius leg onis edictum in Aquis [11] palatio publico. Data [12] es haec carta die 10. [13] Kalendas Aprelis [d].

VARIANTES LECTIONES.

[1] aeternem 1.   [2] *deest* 1.   [3] beneficia 1.   [4] consequentur 4. B.   [5] omnia 1.   [6] *deest* 1.   [7] a ostolos 1.   [8] vestrarum 2, 3 c. B.   [9] *reliqua desunt* 4.   [10] anno xxi. *deest* 5 anno xx 3 c.   [11] aquisgr i B.   [12] datum est 2.   [13] decimas 1.

NOTÆ.

bis videndum. Regino caput istud retulit *ex Capit. lib., tit.* 66, recte. Burchardus *ex concilio Rothomagensi.* Quem secutus est Ivo. Burchardus itaque, quod saepe dictum saepeque dicendum, auctor est, plerarumque falsarum inscriptionum quæ in vetustis juris canonici collectoribus occurrunt. BALUZ.

[a] Id est, *ex corde suo,* ut legitur in inquisitione quæ exstat initio librorum Reginonis de ecclesiasticis disciplinis. Jubet ergo princeps ut homiliæ quæ a presbyteris habeantur ad plebem ecclesiasticam, fundatæ sint in sacrarum litterarum textu, et ne luxuriei cogitationum suarum indulgeant, tanquam famam captatur ex nova quapiam et insolenti ratione praedicandi, quod genus concionatorum merito olim damnavit sanctus Gregorius, ut annotatum est ad epistolam Agobardi de modo regiminis ecclesiastici cap. 11. ID.

[b] Reddidimus hic lectionem quæ exstat in editione Bavarica et in Basileensi. Quam confirmat unus Codex S. Galli. Nam plerique Godices habent tant m de *Spiritu sancto et Maria.* Sic etiam in libello acrosyllabo episcoporum Italiæ legitur in vetusti simo Codice sancti Remigii Remensis et in edition Sirmondi : *Natus est de Spiritu sancto et Maria vi gine.* Pro quo tamen Tilius edidit, *ex Maria.* ID.

[c] Hic locus mutilus erat in superioribus ed ionibus, si Bavaricam excipias et Basileensem. gino sensum, non verba, reddidit, hoc modo : Item rædicandum est quod omnes homines in propria car e resurgent. Reginonem descripsit Burchardus. ID.

[d] *In Cod.* 3, *hæc antiquissima precandi formul* subjicitur : Truhtin god thu mir hilp. indi forgi mir gauuitzi. indi godan galaupun. thina minna ind rehtan uuilieon heili indi gasunti. indi thina guodun uldi. id est : Domine Deus tu mihi adiuva. et perdon mihi sapientiam. et bonam credulitatem tuam. dilecti nem et bonam voluntatem. sanitatem et prosperitat .et bonam gratiam tuam

CAPITULARE MONASTICUM (An. 789).

Capitularia duo sequentia primum ab Amerpachio vulgata, jam ope Codicum sex denuo prodeunt, sci cet : —1. C. bibl. S. Galli n. 733 membr., sæc. IX.—2. C. bibl. reg. Monacensis inter libros S. Emmerammi atisponensis, E. 94-signati, qui anno 821 exaratus est.—3. C. bibl. reg. Monacensis inter libros Tegernse nses m., sæc. ix, unde Amerpachii editio manavit.—4. C. bibl. regiæ Paris. n. 4613 membr., sæc. x.—5. C. bibl. ducalis Gothanæ m., sæc. xi. 6.—C. bibl. reg. Paris. inter Suppl. lat., n. 75 m., s. x, quocum Mettensis Sancti Vincentii congruit. Codices 1 et 4 Baluzius quoque inspexerat.

1. De monachis [a] gyrovagis vel [b] sarabaitis.[1]

2. De anachoritis, melius est ut hortentur in congregatione permanere, quam animus eorum alibi ambulare temptet [2].

3. [c] Ut non parvipendentes sint pastores animarum sibi commissarum ; nec maiorem curam habeant de lucris terrenis, quam de animabus sibi commissis.

4. De abbatum [d] oboedientia quae exhibere debent, et ut absque murmuratione faciant.

5. [e] De decanis et praepositis, ut eorum mutatio secundum regulam fiat.

6. [f] De cellarariis monasterii, ut non avari mittantur, sed tales quales regula praecipit.

7. Ut ubi corpora sanctorum requiescunt, aliud oratorium habeatur ubi fratres secrete possint orare.

8. [g] De eulogiis.

A 9. [h] De susceptione hospitum, sicut regula continet.

10. [i] De vestimentis monachorum, ubi superfluum est, abscidatur ; et ubi minus, augeatur.

11. [j] De noviter venientibus ad conversationem [3], ut secundum regulam probentur, et non antea suscipiantur nisi sicut regula iubet. Et nullus cogatur invitus promittere. Et de oboedientia et de stabilitate permanendi, sicut regula habet.

12. [k] De filiis nobilium qui offeruntur.

13. [l] De ordinandis abbatibus [4].

14. [m] De fratribus in via directis.

15. [n] Ut nullus abbas pro susceptione monachi praemium non quaerat.

16. [o] Ut disciplina monachi [5] regularis imponatur, non secularis, id est, non orbentur, nec mancationes
B alias habeant, nisi ex auctoritate regulae.

VARIANTES LECTIONES.

[1] sarabatos 1. [2] temptat 1. [3] ita 1, 2, 5, conversionem 3. B. [4] ordinando abbate 2, 3. [5] monachis 2, 3, 5, 6. Bal.

NOTÆ.

[a] Qui tota vita sua, ut legitur in primo capite regulæ sancti Benedicti, « per diversas provincias ternis aut quaternis diebus per diversorum cellas hospitantur, semper vagi, et nunquam stabiles, et propriis voluptatibus et gulæ illecebris servientes. Vide etiam regulam Magistri cap. 1 et 7. Baluz.

[b] Capitulare primum anni 802, cap. 23 : « Sine magisterio vel disciplina, qui Sarabaiti dicuntur. » Regula sancti Benedicti, cap. 1. « Tertium vero Monachorum teterrimum genus est sarabaitarum, qui nulla regula approbati, vel experientia magistra, sicut aurum fornacis, sed in plumbi natura molliti, adhuc operibus servantes sæculo fidem, mentiri Deo per tonsuram noscuntur, qui bini aut terni aut certe singuli sine pastore non dominicis sed suis inclusi ovilibus, pro lege est eis desideriorum voluptas, cum quidquid putaverint vel elegerint, hoc dicunt sanctum, et quod noluerint, hoc putant non licere. Hunc locum integrum ex regula placuit describere, ut lucem afferremus huic capiti. Si quis plura scire desiderat, legat eruditas Hugonis Menardi notas ad Concordiam regularum pag. 104. Id.

[c] Hæc sumpta sunt ex capite secundo ejusdem regulæ. Id.

[d] Hæc breviata sunt ex capite quinto ejusdem regulæ. Id.

[e] Ex capite 21 regulæ. Id.

[f] Codex Thuanus et editiones Amerbachii et Heroldi : De Cellarii. Sic etiam legitur in capite duodecimo Francofordiensi, quo Lex descriptum esse apparet. Id.

[g] Id est, muneribus ex charitate datis, ut recte interpretatur idem Menardus ibidem pag. 875. Ex-

C plicandum porro est hoc caput ex capite 54 regulæ sancti Benedicti, unde sumptum est : « Nullatenus liceat monacho nec a parentibus suis, nec a quoquam hominum, nec sibi invicem litteras, eulogias, vel quælibet munuscula accipere aut dare sine præcepto abbatis. » Vide regulam Magistri, cap. 76. Id.

[h] Vide regulam sancti Benedicti, cap. 53. Id.

[i] Vide eamdem regulam, cap. 55. Id.

[j] Regula sancti Benedicti, cap. 58. Regula Magistri, cap. 88. Id.

[k] Regula sancti Benedicti, cap. 59. « Si quis forte de nobilibus offert filium suum Deo in monasterio, si ipse puer minori ætate est, parentes ejus faciant petitionem quam supra diximus, et cum oblatione ipsam petitionem, et manum pueri involvant in palla altaris, et sic eum offerant. » Vide regulam Magistri, cap. 91. Id.

[l] Codex Thuanus : De ordinatis abbatibus. Sed nos aliam lectionem prætulimus, quia majori veterum librorum copia juvatur, et quia verba ista descripta videntur ex titulo capitis 64 regulæ sancti Benedicti. Hæc sunt verba regulæ, ex quibus explicandus est hic locus : « In abbatis ordinatione illa semper consideretur ratio ut hic constituatur quem sibi omnis concors congregatio secundum timorem Dei, sive
D etiam pars, quamvis parva, congregationis sanior consilio elegerit. Vitæ autem merito et sapientia doctrinæ eligatur qui ordinandus est, etiamsi ultimus fuerit in ordine congregationis. » Id.

[m] Hoc est lemma capitis 59 regulæ sancti Benedicti. Id.

[n] Vide infra cap. 14. synodi Francofordiensis. Id.

[o] Vide caput 16 Francofordiense. Id.

CAPITULARE GENERALE (An. 789).

Codicibus usus sum iisdem ac in Capitulari anteriore.

1. Ut comites pupillorum et orfanorum causas primum [1] audiant. Et in venationem non vadant illo die quando placitum debent custodire, nec ad pastum.

2. De sacramentis fidelitatis causa, quod nobis et filiis nostris iurare debent, quod his verbis contestari

debet : Sic promitto ego ille partibus domini mei Caroli regis, et filiorum eius, quia fidelis sum et ero diebus vitae meae, sine fraude et malo ingenio.

3. De monasteriis minutis, ubi nonnanes sine regula sedent, volumus ut in unum locum congregatio

VARIANTES LECTIONES.

fiat regularis, et episcopus praevideat ubi fieri possint; et ut nulla abbatissa foras monasterio exire non praesumat sine nostra iussione, nec sibi subditas facere permittat; et earum claustra sit bene firmata, et nullatenus ibi winileudos [1] scribere vel mittere praesumat : et de pallore earum propter sanguinem novationem [2].

4. De tabulis vel codicibus requirendis. Et ut nullus in psalterio vel in euangelio, vel in aliis rebus, [a] sortire praesumat, nec divinationes aliquas [3] observare.

5. Ut nullus glorietur per iniustam rationem aut conquirere aliquid aut continere.

6. Ut illae disciplinae quae propter legem conservandam [4] sunt constitutae, propter praemium non dimittantur.

7. Ut audiant episcopi baptisterium presbyterorum, ut secundum morem [5] Romanum baptizent.

8. De calciamentis secundum Romanum usum.

9. Ut in diebus festis vel dominicis omnes ad ecclesiam veniant; et non invitent presbyteros ad domos suas ad missam faciendam.

10. Omnino prohibendum est omnibus ebrietatis malum. Et istas coniurationes quas faciunt per sanctum Stephanum, aut per nos, aut per filios nostros, prohibemus. Et praecipimus ut episcopi vel abbates non vadant per casas miscendo.

11. De eo quod missi nostri provideri [6] debent, ne forte aliquis clamor [7] super episcopum vel abbatem seu abbatissam, vel comitem, seu super qualemcumque gradum sit, et nobis renuntiare.

12. De iniustis teloneis [8].

13. De manu leprosi.

14. Ut monachi, et qui in sacerdotali gradu constituti sunt, ad secularia negotia non transeant. De A reliquis tonsoratis detur spatium usque i synodum nostrum.

15. Ut episcopi et abbates et abbatissae c ppla [9] canum non habeant, nec falcones, nec accipi res [10], nec ioculatores.

16. [11] De pauperibus in plateis vel in qua ruviis iacentibus, ut [12] ad ecclesiam veniant, et orum confessiones [13] donent.

17. Ut super altaria teguria fiant vel laque ria.

18. Ut [a] cloacas non baptizent, nec cart s per perticas appendant [14] propter grandinem.

19. Ut missi nostri provideant beneficia nostra quomodo sunt condirecta, et nobis renuntiare sciant.

20. De leprosis, ut se non intermiscea t alio populo.

B 21. Et omnino missis nostris praecipi us, ut bona quae aliis per verbum nostrum docent facere, factis in se ipsis ostendant.

Post superiora capitula sequuntur in Codic 4 duo sequentia Langobardis proposita.

1. Item de rebus ecclesiarum. Volumus ut i aliqui per testes exinde qualemcumque rem to ere voluerit, per quinque vel septem [15] testimonia dicant suum testimonium, et sic tollantur quale umque rem. Quia testamento quod Romani faciunt rmum non posset, nisi per quinque aut per septem confirmatur.

2. Item de thesauro quod subtus terra invenitur : inventus [16] fuerit in terra aecclesiarum tertia C ad parte episcopi revocetur. Et si aliquod [17] Langobardus aut qualibet homo propria expontane voluntate cavaverit, et aliquit ei dominus dederit in propria, sua quarta portione exinde tollantur; et ille vero tres portiones ad nos perveniat; et d verbo nostro ut nullus praesumat aliter facere.

VARIANTES LECTIONES.

[1] uninileodos 2. vuinileodus 3. uenileudus 5. uuinileodes 6. B. melius dis. 4. [2] Sanguinis minuationem 6. B. [3] deest 1. [4] conseruanda 1. conseruande 5. [5] nomen 4. [6] providere 6. B. [7] eest 4. [8] ccdoneis 4. [9] coppla 4. cuplas 5. cupplas 6. B. [10] acceptores 4. 5. [11] 16-18 desunt 4. [12] deest 1. [13] confessione 1. [14] pendant 2. pendat 3. [15] septe *codex*. [16] si inventus *emendavit Bal.* [17] *i. e.* aliquis L. a. quilibet.

NOTÆ.

[a] Olim quidam (ut ait glossa 26, q. 2, cap. 3, *Hi qui*. Quod sumptum est ex epistola 119 S. Augustini ad Januarium) per quosdam versiculos Psalterii vel Evangelii divinabant futura: Quare quaesivit Januarius ab Augustino utrum hoc sit faciendum, Cui sic respondit Augustinus : « Hi vero qui de paginis evangelicis sortes legunt, etsi optandum est ut hoc potius faciant quam ut ad daemonia consulenda concurrant, tamen etiam ista mihi displicet consuetudo, ad negotia secularia et ad vitae hujus vanitatem propter aliam vitam loquentia oracula divina velle convertere. » Praestat hic describere insignem locum ex Vita sancti Huberti episcopi Leodiensis scripta a Jona episcopo, ut reor, Aurelianensi, ex quo facile est intelligere quonam modo fieret illa exploratio per libros divinos. Haec sunt ejus verba in capite 15 : « Igitur ad amica sibi subsidia se vertentes, orationi atque jejunio sese triduano mancipavere; utque voluntatem super hoc negotio Domini nosse possent, ab eo totis nisibus poposcere. At tertio tandem jejunii die D instante duos libros super altare deposuere, orum unus sacratissimum Evangelii retinebat text), alter vero benedictiones atque consecrationes qui s missarum peragitur sacramentum; scilicet ut a divinis libris addiscerent quae sibi de his agenda for nt. Reseratum autem Evangelium hanc primum lege ti sententiam obtulit : Ne timeas, Maria : invenis enim gratiam apud Dominum. Liber etiam Sacrame torum in sui apertione hoc primum videnti objecit Dirige viam famuli tui. De sortibus sanctorum vide Concilium Veneticum, cap. 16 ; Agathense, cap. ; Aurelianense I, cap. 30; Autisiodorense, cap. 4; Reginonem, lib. II; cap. 358, et Ivonem, part. II, ap. 57.

[b] Alibi, *signa*, id est, tintinnabula, sive ca panae. Gesta Aldrici episc. Cenomanensis : *legalem vestituram per cloacas*. Polyptico sancti Remigii R emensis : *cloaccas tres de metallo, de ferro du a*. Vide Glossarium Lindenbrogii, et Vossium in ib. de Vitiis sermonis. BALUZ.

CAPITULARE QUEM PIPPINUS REX INSTITUIT CUM SUIS IUDICIBUS IN PAPIA [a].
(An. 789, vel 790.)

Singula edicti hujus capita jam antea inter leges Langobardorum erant edita. Recognovimus illud ope Codicum 1 Sangallensis sæc. IX, qui tamen nonnisi capp. 5-9, 12-14, habet. 2. Sancti Pauli sæc. IX. 3. Parisiensis, n. 4613, sæc. X, unde Baluzius ediderat. 4. Chisiani sæc. X. 5. Cavensis sæc. XI. 6. Gothani sæc. XI. b. Mutinensis apud Muratorium, et Codicum Ambrosiani, Florentini, Loudinensis, Vindobonensis, Veronensis, Estensis apud Muratorium [b].

Capitulare in Codicibus Langobardicis necnon sancti Pauli, Parisiensi et Chisiano constitutionem anni 785 præcedit; nihilominus tamen tempori subsequenti assignandum existimavi; tum quod caput 10, *De feminis quarum mariti in Francia esse videntur* nonnisi post annum 787, quo Carolus nobiles Langobardos in Franciam abduxit, datum esse appareret, tum quod capp. 1, 2, 7, ad capitularia annorum 785 et 789 referri viderentur.

In nomine Domini. Incipit capitula de diversas iustitias secundum sceda domni Caroli genitoris nostri [1].

1. Placuit nobis atque convenit, ut omnes iustitiae pleniter factae esse debeant infra regnum nostrum absque ulla [c] dilatione [2] [d] tam de ecclesiis, quam de sinodochiis, seu pauperibus et viduis, vel orfanis, atque de reliquis hominibus [3], secundum iussionem domini nostri Caroli regis [e].

2. Instituimus enim, ut sicut domnus rex Carolus [e] demandavit de illis monachis qui de Frantia vel aliunde venerunt, et eorum monasteria dimiserunt, ut praesentaliter illis partibus revertantur ad monasteria, et nemo ex vobis secum destineat ipsos.

3. De [f] presbiteris qui de alia parrochia [4] veniunt, ut nullus eos debeat recipere sine dimissoria episcopi sui.

4. De episcopis, presbiteris [5], abbatibus, comitibus [6], vel vassis dominicis, seu caeteris hominibus qui ad palatium veniunt aut inde vadunt, vel ubicumque per regnum nostrum pergunt, ut non praesumant ipsi nec homines eorum alicui homini suam causam tollere, nec suum laboratum, in tantum si non comparaverint, aut ipse homo eis per suam spontaneam voluntatem non dederit. Et quando hybernum [7] tempus fuerit, nullus debeat mansionem vetare ad ipsos iterantes; in tantum quod ipsi iniuste nullam causam tollant. Et si aliquis hoc facere praesumpserit, tam seniores quam et vassalli, et ipse homo ibidem ad eos proclamaverit, tunc volumus ut praesentaliter ille homo qui hoc malum fecit, hoc quod ad ipsum hominem tulit qui proclamat, secundum suam legem emendet, et ad palatium exinde bannum nostrum componat [8].

5. Stetit [g] nobis de illos homines qui hic intra

A Italia eorum seniores dimittunt, ut nullus eos debeat recipere in vassatico sine comiato senioris sui, antequam sciat veraciter pro qua causa aut culpa ipse suum seniorem dimisit. Et ille homo qui eum recipere voluerit, et ipsum secum habuerit, debeat eum in nostra praesentia praesentare, aut ipse aut missus suus intra quadraginta noctes postquam ipse homo ad eum venerit; si nos intra Italia sumus. Et si nos intra Italia non fuerimus, tunc postquam in Dei nomine fuerimus reversi, ipse intra quadraginta noctes eum in nostra praesentia debeat praesentare, sicut supra diximus. Et si quis super hoc facere praesumpserit, et sic non adimpleverit, exinde bannum nostrum ad partem nostram componat.

6. Stetit nobis de hominibus [h] libellariis, ut nullus B comis nec iuniores eorum eos amplius non distringant, nec inquietent, nisi sicut a [9] tempore Langobardorum eorum fuit consuetudo.

7. Placuit nobis de ecclesias [i] baptismalibus, ut in omnibus ita debeant esse ordinatae et conservatae, quomodo domnus rex Carolus demandavit [j] et in suo Capitulare continet.

8. Et hoc instituimus, ut emunitates a iamdicto domno nostro firmatas, in omnibus sic conservatas esse debeant, sicut est iussio ipsius domni nostri Caroli regis.

9. Consideravimus ut vias et portoras vel pontes infra regnum nostrum, in omnibus pleniter emendatae esse debeant per illa loca ubi antea semper fuerunt. Nam per alia loca super ipsa flumina nullatenus portoras esse debeant.

C 10. [k] Placuit nobis de illis feminis quarum mariti in Frantia esse videntur, ut missi nostri per regnum nostrum hoc debeant inquirere, si eorum iustitias sic pleniter habeant, sicut fuit iussio domni nostri,

VARIANTES LECTIONES.

[1] Ita 4. [2] dilatatione V. dilectionem 2. [3] hominibus ut domnus Karolus praecepit V. Est. [4] ita 2. 5. provincia 3. 6. 6 b. [5] deest 0. [6] deest 2, 3, 4. [7] iuernum 2. [8] ita 1. 3. Codd. 4. 5. 6. 6 b. et reliqui Langobardici, *septem vocibus ultimis omissis*, haec habent: Et si hoc evenit quod ipsa causa ibidem secundum legem praesentaliter emendata non fuerit, et ad palatium exinde proclamatio devenerit, tunc volumus ut ipse qui hoc malum fecerit, contra ipsum hominem qui proclamavit, suam legem emendet, et ad palatium nostrum bannum componat, pro quid super nostrum bannum hoc facere ausus fuit. [9] in 1. 6.

NOTÆ.

[a] Ita 6. 6 b.
[b] Capita 2, 4, 5, 12, 14, facta Papiæ mentione, et in Codice bibl. regiæ monacensis olim Augustano reperiuntur.
[c] Cf. capit. anni 781, c. 12, 783, c. 1.
[d] Cf. 781, c. 1.
[e] Cf. 789, II, 1.
[f] Cf. 781, c. 5.
[g] Cf. 781, c. 11; *deest in* A. Fl. L. V. Vn. Est.

D [h] Libellarii sunt qui per chartam facti sunt liberi. Baluz.
[i] Apud quas constitutae sunt baptisteria. Id.
[j] 782, c. 1, 783, c. 2.
[k] Caput istud Carolo Magno tribuitur in vulg. Ed. legis Longob. Sed vetera exemplaria Pippini imper. nomen hic ascriptum habent Baluz. Deest in A. Fl. L. V. Vn. E.

an non. Et qui sic habuerit, bene. Sin autem, tunc gare. Et si aliquis contra hoc facere praesum serit, volumus ut ipsi missi nostri[1] ita compleant, sicut nostra est voluntas ut ipse in nostra praesen ia veniat, et ibidem talem exinde accipiat sente itiam, quomodo nostra fuerit voluntas ad iudicandun.

11. Stetit nobis ut missos nostros, unum monacum et unum capellanum, direxissemus infra regnum nostrum praevidendum et inquirendum per monasteria virorum et puellarum quae sub sancta regula vivere debent, quomodo est eorum habitatio, vel qualis est vita aut conversatio eorum, et quomodo unumquodque monasterium de res habere videntur unde vivere possunt.

12. Placuit nobis ut nullus comis nec iuniores eorum nullatenus praesumant alicui homini sua testimonia tollere aut abstrahere[2], nisi permittantur ei ipsa testimonia habere qui eas potest conquirere atque ro-

13. Stetit nobis de illos liberos[3] Langobar os, ut licentiam habeant se commendandi ubi volue int[4], si seniorem non habuerit[5], sicut a tempore angobardorum fecerunt, in tantum quod ad parte.[6] comiti sui faciat rationabiliter quod debet.

14[7]. Ut nullus praesumat alteri res suas a it alia causa sine iudicium tollere aut invadere; et q i hoc facere praesumpserit, ad partem nostram b nnum nostrum componat.

(*Expliciunt Capitula.*)

VARIANTES LECTIONES.

[1] n. cum ipso comite in cuius est ministerio 6. n. cum ipso comes ut cuius ministerium est 5. [2] a. a *deest* 2, 3, 5. [3] homines 1. [4] *reliqua desunt.* 3. [5] si commendatus non est. 1. 6. [6] ut sui comiti 1. 30. [7] caput hoc adest in 1, 2, 4, 5, 6. in Legibus Langob. et in cod. Augustano Monacensi; deest apud Baluzi m.

CAPITULARE FRANCOFURTENSE [a] (An. 794).

Textum hujus constitutionis ope Codicum bibl. reg. Parisiensis :
1. n. 164 bis inter Supplementa latina, unde Sirmondus inter Concilia Galliæ t. II, p. 194 sqq., rimus evulgaverat; — 2. n. 4628 A., atque exscripti inde 3, n. 4631, emendatum sistere conatus sum. Mon ndum restat, Baluzium in editione sua capita 1 et 2 resecasse, sed contra auctoritatem Codicum.

1. Coniungentibus, Deo favente, apostolica auctoritate atque piissimi domni nostri Karoli regis iussionem[1] anno 26 principatus sui cunctis regni Francorum seu Italiae, Aquitaniae, Provintiae, episcopis ac sacerdotibus synodali concilio, inter quos ipse mitissimus sancto interfuit convento[2]. Ubi in primordia[3] capitulorum exortum[4] de impia ac nefanda erese Elipandi[5] Toletane sedis episcopi et Felicis Orgellitanae, corumque sequacibus qui male sentientes in Dei filio adserebant adoptionem, quam omnes qui supra[6] sanctissimi patres et respuentes una voce contradixerunt, atque hanc eresi[7] funditus a sancta ecclesia eradicandum statuerunt.

2. Adlata est in medio quaestio de novo[8] Gre orum synodo quam[9] adorandis imaginibus Constant nopolim fecerunt, in qua scriptum habebatur, ut qu imagines[10] sanctorum ita ut deificam Trinitatem s rvitio aut adorationem non impenderent, anathema i dicaverunt : qui[11] supra sanctissimi patres nostri mni modis[12] et orationem et servitutem rennuentes c tempserunt, atque consentientes condempnaveru . His peragratis[13].

3. De Tasiloni definitum est capitulum, qui udum Baioariae dux fuerat[b], sobrinus videlicet dom Karoli regis. In medio sanctissimi adstetit concil , veniam rogans pro commissis culpis, tam quam t mpo-

VARIANTES LECTIONES.

[1] iussione 2. [2] conventui 2. [3] primordio 2. [4] e. est 2. [5] eliphandi 2. [6] s. dicti sunt 2. [7] heresim... eradicandam 2. [8] nova 2. [9] a. de 2. [10] corr. imaginibus 2. [11] quam 2. [12] o. adoration m 2. [13] peractis 2.

NOTÆ.

[a] Capitula ista reposuimus inter Capitularia Caroli Magni quia constat edita ab illo fuisse in synodo Francofordiensi, quam ipse suum synodale concilium vocat in praecepto pro Aniano abbate monasterii Caunensis; magnam vero eorum partem repetitam fuisse ex Capitularibus quæ hunc annum antecedunt. Contulimus autem illa cum eodem Codice Rhemensi ex quo Sirmondus edidit, itemque cum alio recentiore cujus mentionem facit idem Sirmondus. Putavit Franciscus Pithœus in verbo *Gunebodigni* capitula ista sancita fuisse in synodo Aquisgranensi habita contra Felicem et Elipandum. Eadem fuit opinio Petri Bonifantii, uti notatum manu ejus reperi in collectione conciliorum edita a Joanne Sagittario anno 1553. « Habet amicus noster D. Puteanus penes se manuscriptos canones concilii Aquisg. sub Carolo Magno editi contra impiam hæresim Felicis et Elipandii. » Certe in Codice Rhemensi ex quo, uti diximus, capitula ista edita fuerunt, titulus nullus exstat, nulla loci in qu synodus habita est mentio. Colligitur tamen ex Ann libus Eginhardi illa pertinere ad synodum Francofo diensem quæ anno 714 congregata est per iussione Caroli Magni. Huic autem synodo interfuerunt c m legatis Adriani Romani pontificis Paulinus patr' rcha Aquileiensis et Petrus archiepiscopus Mediolan nsis, et alii multi episcopi, presbyteri, et diaconi. A dunt Annales Anianenses : « Inter quos etiam vene abilis ac sanctissimus abbas Benedictus, qui vocatur itiza, monasterii Anianensis a partibus Gociæ, ve ligiosos suos monachos, Bede, Ardo, qui et Smar dus, seu cunctis fratribus suis discipulis. Hi sunt Igila, Rabanus, Georgius. » Eidem synodo interfuit tiam Anianus abbas Caunensis cum monachis suis, pa tet ex præcepto Caroli Magni, paulo ante la dato. BALUZ.

[b] *Chronicon Moyssiacence* : « Et in eadem s nodo

re domni Pippini regis adversus eum et regni Francorum commiserat, quam et quas postea sub domni nostri piissimi Karoli regis, in quibus fraudator [1] fidei suae extiterat, indulgentiam ut ab eo mereretur accipere humili petitione visus est postulasse, demittens videlicet puro animo iram atque omnem scandalum de parte sua, quaeque in eo perpetrata fuisset, et sciebat, necnon omnem justitiam et res proprietatis, quantum illi aut filiis vel filiabus suis in ducato Baioariorum legitime pertinere debuerant, gurpivit atque proiecit, et in postmodum omni lite calcanda, sine ulla repetitione indulsit, et filiis ac filiabus suis in illius misericordia commendavit. Et idcirco domnus noster misericordia motus, praefato Tasiloni gratuito animo et culpas perpetratas indulsit, et gratia pleniter concessit, et in sua aelemosina eum in amore dilectionis visus est suscepisse, ut securus Dei misericordia existeret inantea. Unde tres breves ex hoc capitulo uno tenore conscriptos fieri praecepit, unum in palatio retinendum, alium praefato Tasiloni, ut secum haberet in monasterio, dandum; tertium vero in sacri palacii capella recondendum fieri iussit.

4. Statuit piissimus domnus noster rex, consentienti sancta synodo, ut nullus homo, sive ecclesiasticus, sive laicus sit, ut nunquam carius vendat [2] annonam, sive tempore abundantiae sive tempore caritatis, quam modium publicum et noviter statutum. De modio de avena denario uno, modio ordii denarius duo, modio siglo denarii tres, modio frumenti denarii quatuor. Si vero in pane vendere voluerit, duodecim panes de frumento, habentes singuli libras duas, pro denario dare debeat, sigalatius quindecim aequo pondere pro denario, ordeaceos viginti similiter pensantes, avenatios viginti quinque similiter pensantes. De vero anona publica domni regis, si venundata fuerit, de avena modius 2 pro denario, ordeo den. 1, sigalo den. 2, frumento mod. denar. 3. Et qui nostrum habet beneficium, diligentissime praevideat, quantum potest Deo donante, ut nullus ex mancipiis ad illum pertinentes beneficium famen moriatur, et quod superest illius familiae necessitatem, hoc libere vendat iure praescripto.

A 5. De denarius autem certissime sciatis nostrum edictum, quod in omni loco, in omni civitate, et in omni [a] empturio similiter vadant isti novi denarii, et accipiantur ab omnibus. Si autem nominis nostri nomisma habent, et mero sunt argento, pleniter pensantes, si quis contradicit eos in ullo loco, in aliquo negotio emptionis vel venditionis, si ingenuus est homo, quindecim solidos componat ad opus regis; si servilis conditionis, si suum est illud negotium proprium, perdat illud negotium, aut flagelletur nudus ad palam coram populo. Si autem ex iussione sui domini fecerit, tunc ille dominus solidos quindecim componat, si ei adprobatum fuerit.

6. Statutum est a domno rege et sancta synodo, ut episcopi iustitias faciant in suas parrochias. Si non B oboedierit aliqua persona episcopo suo de abbatibus, presbiteris, diaconibus, subdiaconibus, monachis, et caeteris clericis, vel etiam aliis in eius parrochia, venient ad metropolitanum suum, et ille diiudicet causam cum suffraganeis suis. Comites quoque nostri veniant ad iudicium episcoporum. Et si aliquid est quod episcopus metropolitanus non possit corrigere vel pacificare, tunc tandem veniant accusatores cum accusatu cum litteris metropolitano, ut sciamus veritatem rei [3].

7. Definitum est a domno rege et sancta synodo, ut episcopus non migret de civitate in civitate, sed curam habeat ecclesiae suae. Similiter presbyter et diaconus maneat in suas ecclesias canonicae

C 8. De altercatione Ursione Viennensis [4] episcopi et [b] advocato Elifanto Arlatensis episcopi lectae sunt epistolae beati Gregorii, Zozimi, Leonis et Simmachi, quae diffinierunt, eo quod Viennensis ecclesia quattuor suffraganeas habere sedes deberet, quibus illa quinta praemineret; ad Arlatensis ecclesia novem suffraganeas habere deberet, quibus ipsa praemineret. De Tarentasia vero et Eberduno sive Aquis, legatio facta est ad sedem apostolicam; et quicquid per pontificem Romanae ecclesiae definitum fuerit, hoc teneatur.

9. Definitum est etiam ab eodem domno rege, sive a sancta synodo, ut [c] Petrus [5] episcopus contestans

VARIANTES LECTIONES.

[1] fraudatur corr. fraudatus 2. [2] uindat corr. uendat 1. [3] ei 1. [4] usione uieniensis 1. [5] petus 1.

NOTÆ.

venit Tassilo, qui dudum Bajoariæ dux fuerat, sobrinus videlicet regis; et pacificatus est ibi cum rege Carolo, abrogans omnem potestatem quam in Bagoaria habuit, tradens eam regi. » Matrem enim habuit Thassillo Hiltrudem sororem Pippini regis, ut patet ex donationibus ecclesiæ Salisburgensis apud Canisium, tomo VI, pag. 1157.

[a] Ita omnino vetus codex, voce ab emendo deducta, eo modo quo lib. 1, Capitular. cap. 69, pulsaturio legitur in Codice Aurelianensi pro eo quod alii habent pulsatorio. Duchesnius et Sirmondus ediderunt emporio.

[b] Hæc vox restituta est ex veteri exemplari; exciderat enim in Editione Sirmondi. Hinc autem colligi potest Elefantum Arelatensem episcopum non inter-

D fuisse synodo Francofordiensi. BALUZ.

[c] Virdunensis in Belgica prima, ut recte notat vir clarissimus Carolus Le Cointe in Annalibus ecclesiasticis Francorum. Richardus enim Wasseburgius lib. III Antiquitatum Galliæ Belgicæ, fol. 140, 141, narrat eum suspectum habitum quod circa annum 784 particeps fuit coniurationis adversus Carolum Magnum factæ ab Ardico comite in Austrasia, cum convinci non potuisset, tamen a Caroli gratia excidisse, et per duodecim annos prohibitum ei fuisse ne in aula esset, tandemque se in synodo Francofordiensi purgasse, et postea potestatem illi factam ut ad palatium venire posset. Coniuratio autem illa Ardici sive Hardradi, hoc enim verum est nomen, contigit anno 785, ut ait Eginhardus in Annalibus:

coram Deo et angelis eius iuraret cum duobus aut tribus sicut sacrationem suscepit, aut certe cum suo archiepiscopo, quod ille [a] in mortem regis sive in regno eius non consiliasset, nec ei infidelis fuisset. Qui dum episcopus cum quibus iuraret non invenisset, elegit sibi ipse ut suus homo ad Dei iudicium iret, et ille testaretur absque reliquiis et absque sanctis euangeliis, solummodo coram Deo, quod ille innocens exinde esset, et secundum eius innocentiam Deus adiuvaret illum suum hominem, qui ad illum iudicium exiturus erat et exivit. Tamen eius homo ad iudicium Dei, neque per regis ordinationem, neque per sancta synodo censuram, sed spontanea voluntate, qui etiam a Domino liberatus, idoneus exivit. Clementia tamen regis [1] nostri praefato episcopo gratiam suam contulit, et pristinis honoribus eum ditavit, nec passus eum esse sine honore quem prospexit de composito crimine nihil male meruisse.

10. Definitum est quidem a domno rege, et sancta synodo esse dinoscitur, ut [b] Gaerbodus, qui se episcopum esse dicebat, et sui ordinationis testes non habuit, qui tamen episcopalia a [c] Magnardo metropolitano episcopo coniunctus [2] est, qui etiam professus est diaconus et presbiterum non secundum canonicam ordinationem ordinatum esse, ut ab eodem gradu episcopatus quod de se habere dicebat, deponeretur a praedicto metropolitano sive a conprovincialibus episcopis.

11. [789. Gen. 14.] Ut monachi ad saecularia negotia neque ad placita exercendi non exeant, nisi ita faciant sicut ipsa regula praecepit.

12. Ut reclusi non faciant nisi quos ante episcopus provintiae atque abbas comprobaverint, et secundum eorum dispositionem in reclusionis loco ingrediantur.

13. Ut abbas cum suis dormiat monachis secundum regulam sancti Benedicti.

14. [789. Mon. c. 6.] Ut cellarii in monasteriis avari non elegantur, sed tales electi sint quales regula sancti Benedicti docet.

15. [Cap. 7.] De monasteria ubi corpora sanctorum sunt, ut habeat oratorium intra claustra, ubi peculiare officium et diuturnum fiat.

16. [Cap. 15.] Audivimus enim ut quidam abbates cupiditate ducti praemia pro introeuntibus in monasterio requirunt. Ideo placuit nobis et sancta synodo, pro suscipiendis in sancto ordine fratribus nequaquam pecunia requirantur; sed secundum regulam sancti Benedicti suscipiantur.

17. [Cap. 13.] Ut abba in congregatione eligatur, ubi iussio regis fuerit, nisi [d] per consensu episcopi loci illius.

18. [Cap. 16.] Ut abbates, qualibet culpa a monachis commissa, nequaquam permittimus decari, aut menbrorum debilitate ingerere, nisi regularis disciplina subiaceat.

19. [789. Eccl. cap. 14.] Ut presbyteri, monachi, et clerici tabernis ad bibendum non ingrediantur.

20. [Cap. 55.] Ut episcopum canonum et regulam non liceat ignorare.

21. [Cap. 15.] Ut dies dominica a vespera usque ad vesperum servetur.

22. [Cap. 19.] Quod non oporteat in villolis nec in vicis episcopos ordinare.

23. [Cap. 23.] De servis alienis, ut a nemine recipiantur, neque ab episcopis sacrentur, sine licentia dominorum.

24. [Cap. 27.] De clericis et monachis, ut in suo proposito permaneant.

25. [779. Cap. 13.] Ut decimas et nonas sive census omnes generaliter donent qui debitores sunt ex beneficia et rebus ecclesiarum, secundum proprium capitularum domni regis. Et omnis homo ex sua proprietate legitimam decimam ad ecclesiam eo ferat. Experimento didicimus in anno [3] (An. 779) quo illa valida famis inrepsit, ebullire vacuas anonas daemonibus devoratas, et voces exprobrationis auditas.

26. Ut domus ecclesiarum et tegumenta ab eo fiant

VARIANTES LECTIONES.

[1] Clementiam t. regni 1.   [2] consecutus coniecit S.   [3] anno 1.

NOTÆ.

[c] Facta est eodem anno trans Rhenum apud orientales Francos adversus regem immodica conjuratio, cujus auctorem Hartradum comitem fuisse constabat. Sed hujus indicium cito ad regem delatum est : ejusque solertia tam valida conspiratio citra ullum grande periculum in brevi conquievit, auctoribus ejus partim privatione luminum, partim exsilii poena, condemnatis. Meminit ejusdem conjurationis idem Eginhardus ad annum 817. Item Theganus in libro de Gestis Ludovici Pii, cap. 22, ubi consilia Hardrati apertius explicat : « Erat (Reginharius) filius filiae Hardiati, qui erat dux Austriae infidelissimus, qui jamdudum insurgere in dominum Carolum voluit et ei regnum minuere. » Auctor tamen Annalium ecclesiasticorum supra laudatus existimat Petrum episcopum Virodunensem se in synodo Francofordiensi propterea purgasse quia conjurationis adversus Carolum regem ejusque regnum a Pippino filio nuper initae particeps dicebatur. Vide Chronicon Virdunense Hugonis abbatis Flavi- niacensis, pag. 117. BALUZ.

[a] Putavit Sirmondus hic agi de conspiratione quae anno 792 patefacta fuerat apud Ratisbonam, cujus auctor fuit Pippinus Italiae rex. Verum ex iis quae ex Vasseburgio relata sunt apparet in aliud tempus transferendam esse hanc historiam. In

[b] Sirmondus in notis ad hunc locum putat broicensem episcopum fuisse. At idem auctor An alium ecclesiasticorum ad annum 788, § 2, et 795, § 53, contendit opinionem Sirmondi non posse esse veram, et Girvoldum abbatem Fontanellensem et episcopum Ebroicensem diversum esse a Gerbodo.

[c] Archiepiscopo Rothomagensi.

[d] Haec clausula est magni momenti. Ostendi enim privilegia monasteriis olim concessa ita intellegenda esse ut interim jura episcoporum serventur : sat. Qua de re pluribus agetur in notis ad caput 8 libri primi Capitularium.

emendata vel restaurata qui beneficia exinde habent. Et ubi repertum fuerit per veraces homines quod lignamen et petras, sive tegulas, qui in domus ecclesiarum fuerint, et modo in domo sua habeat, omnia in ecclesia fiant restaurate unde abstracte fuerunt.

27. [789. Eccl. c. 24.] De clericis, nequaquam de ecclesia ad aliam ecclesiam transmigrentur, neque recipiantur sine conscientia episcopi et litteras commendatitias de cuius diocesia fuerunt; ne forte discordia exinde veniat in ecclesia. Et ubi modo tales reperti fuerint, omnes ad eorum ecclesiam redeant, et nullus eum post se retinere audeat, postquam episcopus aut abbas suus eum recipere voluerit. Et si forte senior ignorat ubi suum requirere debet clericum, cum quo fuerit, ipse eum sub custodia retineat, et non permittat eum vacare [1] aliubi, usque dum domino suo restituatur.

28. [Cap. 25.] Ut non absolute ordinentur.

29. Ut unusquisque [2] episcopus sibi subditos bene doceant et instruant; ita ut in domo Dei semper digni inveniantur qui canonice possint [3] fieri electi.

30. [Cap. 28.] De clericis ad invicem altercantibus, aut contra episcopum suum agentibus, sicut canones docent, ita omnimodis peragant. Et si forte inter clericum et laicum fuerit orta altercatio, episcopus et comes simul conveniant, et unanimiter inter eos causam diffiniant secundum rectitudinem.

31. [Cap. 29.] De coniurationibus et conspirationibus, ne fiant; et ubi sunt inventae, destruantur.

32. [Cap. 31.] Ut monasteria secundum canonicam institutionem fiant custodita.

33. [Cap. 32.] Ut fides catholica sanctae Trinitatis et oratio dominica atque symbolum fidei omnibus praedicetur et tradatur.

34. [Cap. 33.] De avaricia et cupiditate calcanda.

35. [Cap. 74.] De hospitalitate sectanda [4].

36. [Cap. 35.] De criminosis, ut non habeant vocem accusandi maiores natu aut episcopos suos.

37. [Cap. 54.] De reconciliatione tempore necessitatis.

38. De presbyteris qui contumaces fuerint contra episcopos suos, nequaquam communicentur cum clericis qui in [a] capella regis habitant, nisi reconciliati fuerint ab episcopo suo, ne forte canonica excommunicatio super eos exinde veniat.

39. Si presbyter in criminale opere fuerit deprehensus, ad episcopum suum ducatur, et secundum canonicam institutionem constringatur. Et si forte negare voluerit, et accusator comprobationem dare non potuerit, et coram episcopo definitum esse nequiverit, tunc ad universali concilio illorum ratio deferatur.

40. [Cap. 40.] De puellis quae a parentibus privatae fuerint, sub episcoporum et presbyterorum praevidentia gravioribus feminis commendentur, sicut canonica docet auctoritas.

41. [Cap. 41.] Ut nullus episcopus propriam sedem amittat aliubi frequentando, aut in propriis rebus suis manere audeat, amplius quam tres ebdomadas. Et propinqui vel heredes episcopi res quae ab episcopo sunt adquisitae, aut per comparationes, aut per traditiones, postquam episcopus fuerit ordinatus, nequaquam post eius obitum hereditare debeant, sed ad suam ecclesiam catholice. Illas autem res prius habuit, nisi traditionem ad ecclesiam ex eis fecerit, heredibus et propinquis succedant.

42. [Cap. 42.] Ut nulli novi [5] sancti conantur, aut invocentur, nec memoria eorum per vias erigantur; sed hii soli in ecclesia venerandi sint qui ex auctoritate passionum aut vitae merito electi sint.

43. [Cap. 64.] De arboribus et lucis destruendis canonica observetur auctoritas.

44. [Cap. 44.] Ut electi iudices de utriusque partibus non spernantur.

45. [Cap. 63.] De eorum testibus canonica sit observatio. Et parvuli non trahantur ad sacramentum, sicut Guntbadingi faciunt.

46. [Cap. 46.] De virginibus, quo tempore velandi sint, vel quibus occupationibus [6] ante annos viginti quinque; si necessitas compellit, ea quaerantur quae in canone scripta sunt.

47. De abbatissis quae canonice aut regulariter non vivunt, episcopi requirant, ut regi adnuntient, ut ab honore priventur.

48. [Cap. 47.] De oblationibus quae in ecclesia vel in usus pauperum conferuntur, canonica observetur norma; et non ab aliis dispensentur nisi cui episcopus ordinaverit.

49. De presbyteris ante tricesimo aetatis anno non ordinandis.

50. [Cap. 50.] Ut confecta sacra mysteria, in missarum solemniis omnes generaliter pacem ad invicem praebeant.

51. [Cap. 53.] De non recitandis nominibus antequam oblatio offeratur.

52. [Cap. 54.] Ut nullus credatur quod nonnisi in tribus linguis Deus orandus sit; quia in omni lingua Deus adoratur, et homo exauditur, si iusta petierit.

53. [Cap. 55.] Ut nulli episcoporum et sacerdotum liceat sacris canonis ignorare.

54. De ecclesiis quae ab ingenuis hominibus construuntur, licet eas tradere, vendere, tantum modo

VARIANTES LECTIONES.

[1] *i. e.* vagari. [2] unusquis 1. [3] possi 1. [4] sectanda 1. [5] nobis 1. [6] occasionibus *conjecit* S.

NOTAE.

[a] Flodoardus lib. III, cap. 23, de epistolis Hincmari : *Ab antiqua regia capella tulisse* Capitulare anni 756, cap. 6 : *in sacellum regis veniant.* Vide capitulare de villis Caroli Magni, cap. 6. BALUZ.

ut ecclesia non destruatur, sed serviuntur [a] cotidie honores.

55. Dixit etiam domnus rex in eadem sinodo, ut a sede apostolica [b], id est ab Adriano pontifici, licentiam habuisse, ut Angilramnum [1] archiepiscopum [c] in suo palatio assidue haberet propter utilitates ecclesiasticas. Deprecatus est eamdem synodum, ut eo modo sicut Angilramnum habuerat, ita etiam Hildeboldum episcopum [d] habere debuisset; quia et de eodem, sicut et de Angilramnum, apostolicam licentiam habebat. Omnis synodus consensit, et lacuit eis eum in palatium esse debere propter utilitates ecclesiasticas.

56. Commonuit etiam ut Alquinum [e] ipsa sancta synodus in suo consortio [2] sive in orationib recipere dignaretur, eo quod esset vir in ecclsiasticis doctrinis eruditus. Omnis namque syno us secundum ammonitionem domni regis conse sit, et eum in eorum consortio sive in orationibus eciperunt.

VARIANTES LECTIONES.

[1] angliramnum 1. [2] consortio coni. S. confortio 1.

NOTÆ.

[a] Sirmondus edidit *serventur*. Fortassis vera est emendatio Sirmondi. Nam voces *servire* et *servare* aliquando invicem permutari solitas colligitur ex capite 67 libri primi Capitularium, ubi pro eo quod meliora Exemplaria habent *honores serventur*, in Pithæano tamen Camberonensi, Aurelianensi, Thuano, Parisiensi, Divionensi, et Metensi scriptum est *serviant*, in Tiliano *servant*. Editio quoque Basileensis habet *serviant*. Sed Heroldus admonuit in margine legendum esse *serventur*. Antonius Augustinus in Glossario ad Julianum Antecessorem adnotat vocem *observent* in capite 29 novellæ 125 positam esse pro *observiant*. BALUZ.

[b] Consueverant ergo reges nostri per illa tempora petere a pontificibus Romanis episcopos et presbyteros qui assidue in palatio manerent. Originem istius moris reperio in epistola 26 Codicis Carolini, quæ est Pauli papæ ad Pippinum regem, in qua hæc leguntur : « Præcelsa christianitas vestra per easdem suas a nobis petiit syllabas Geogium episcopum et Petrum presbyterum in vestro permanere servitio nos debere concedere. Et quidem præcellentissima vestra benignitas agnoscat nos jamdudum de hoc vestræ obtemperasse voluntati. » At excellens est et sanctitate plena sequens Pauli pontificis admonitio. Subdit enim : « Pro quo dirigite nobis quid de episcopatu prædicti Georgii et de Ecclesia quæ prænominato Petro commissa est peragere debeamus, ne amplius illis admonitis in nimiam neglectus incuriam deveniant. » Existimabat itaque Paulus non posse Georgium et Petrum regere Ecclesias suas eodem tempore quo erant in palatio. Petit ergo a Pippino ut ad se rescribat quid statui velit de episcopatu ejusdem Georgii et de Ecclesia quæ Petro commissa erat, ne, illis amotis, damna et detrimenta patiantur per absentiam rectorum. Legi enim illic puto debere *amotis* pro eo quod vulgatæ Editiones habent *admonitis*. Porro, præter auctoritatem Romani pontificis, necessarius quoque erat episcoporum sive conciliorum Gallicanorum consensus ut episcopi et presbyteri facultatem haberent commorandi in palatio; quemadmodum in hoc capite Francofordiensi legimus actitatum esse a Carlo Magno cum Angilramnum primo, dein Hildebol um in palatio suo habere voluit propter utilitates ecclesiasticas. Testis est etiam hujus rei Hincm rus in epistola 14, cap. 14, loquens de ministerio et officio archicapellani : « A tempore vero Pippini et Caroli interdum per presbyteros, interdum per episc pos regia voluntate atque episcopali consensu, per d conos vel presbyteros magis quam per episcopos h c officium exsecutum exstitit : quia episcopi continuas vigilias supra gregem suum debent ssidue exemplo et verbo vigilare, et non diutius se ndum sacros canones a suis abesse parochiis. » um in capite sequenti enumerat presbyteros qui s [b] Pippino, Carolo, et Ludovico archicapellani fu re. ID.

[c] Metensem. Vocabatur autem archiepis opus, quamvis metropolitanus non esset, quia sum us sacri palatii capellanus erat; sicut Fulradu abbas sancti Dionysii, qui eadem dignitate ornatus rat in palatio Pippini et Caroli, quia presbyter erat Franciæ archipresbyter vocatur in epistola Adria papæ ad Tilpinum archiepiscopum Rhemensem quæ exstat apud Flodoardum. Porro Angilramnun fuisse etiam cancellarium Caroli Magni legitur in C ronico monasterii Senoniensis. Quod si verum est, hi c confirmari potest eorum opinio qui putant archic ellani et archicancellarii officia conjuncta fuisse se cunda regum nostrorum familia. ID.

[d] Coloniensi sedi præfuit.

[e] Sermo est de Alcuino. Vetus Codex, *Aliq tinum*, pro *Alquinum*. Testamentum Evrardi comitis, in Codice donationum piarum Auberti Miræi, p . 99 : *Librum Alquini ad Widonem comitem*. Ali uinum etiam vocat Thiofridus abbas Efternacensis, prologo ad Vitam sancti Willibrordi, ut testatur Joannes Roberti, in notis ad epitaphia ejusdem Th fridi, pag. 81. Annales Anianenses in veteri Codice nostro ms. : « Quem librum (id est, textum Ev geliorum) ejusdem regis magister et didascalus ropria manu descripsit Alcuinus, qui et Albinus. ID

CAPITULARE SAXONICUM (An. 797, Oct. 28, Aquis.).

Constitutionem ab Holstenio ex Codice Romano publici juris factam ope, 1. Codicis ejusdem, inte Palatinos bibl. Vaticanæ n. 289, in-fol. 62-64, sæc. IX et 2. Codicis Corbeiensis m. sæc. IX, vel X, pag. 28-33, integritati suæ restitui.

Anno ab incarnatione domini nostri Iesu Christi 797° [1], et 30° ac 22° [2], regnante domno Carolo praecellentissimo rege, convenientibus in unum Aquis palatio [3] in eius obsequio venerabilibus piscopis et abbatibus, seu industris viris comitibus 5. Kalendas Novembris, simulque congregatis S nibus

VARIANTES LECTIONES.

[1] MCCXCIV 2. [2] XXV. 2. [3] pilatio 1. palatii 2.

de diversis pagis, tam de Westfalahis et Angrariis, quam et de Oostfalahis [1] [a], omnes unanimiter consenserunt et aptificaverunt, ut de illis capitulis pro quibus Franci, si regis bannum transgressi sunt, solidus sexaginta conponunt, similiter Saxones solvent, si alicubi contra ipsos bannos fecerint.

HEC SUNT CAPITULA.

1. [b] Ut ecclesiae, viduae, orfani, et minus potentes [2] iustam et quietam pacem habeant. Et ut raptum et fortiam [3] nec incendium infra patriam quis facere audeat praesumptive. Et de exercitu nullus super bannum domini regis remanere praesumat.

2. Si quis supradicta octo [4] capitula transgressus fuerit, omnes statuerunt et aptificaverunt, ut Saxones similiter sicut et Franci sexaginta solidos conponant.

3. Item placuit omnibus Saxonibus, ut ubicumque Franci secundum legem solidos 15 solvere debent, ibi nobiliores Saxones solidos 12, ingenui 5, liti 4 conponant.

4. Hoc etiam statuerunt, ut qualiscumque causa infra patriam cum propriis vicinantibus pacificata fuerit, ibi solito more ipsi pagenses solidos duodecim pro districtione recipiant, et pro wargida, quae iuxta consuetudinem eorum solebant facere, hoc concessum habeant. Si autem in praesentia missorum regalium causae definitae fuerint, pro iamdicta wargida suprascriptos solidos duodecim ipsi pagenses habeant concessos. Et pro hoc quia missus regalis ex hac re fatigatus fuerit, alios duodecim solidos inde recipiat ad partem regis. Si autem ipsa causa ad palatium in praesentia regis ad definiendum fuerit producta, tunc utrique solidi duodecim, id est, pro wargida, et quod vicinis debuit conponere, eo quod infra patriam diffinita ratio non fuerit, ad partem regis [5] faciant conponere, quod sunt solidi viginti quatuor. Nam si fuerit aliquis qui in patria, iuxta quod sui convicini indicaverint, seque pacificare noluerit, et ad palatium pro huius rei causa venerit, et ibi ei fuerit iudicatum quod iustum iudicium iudicassent, in prima vice, ut supra dictum est, solidos viginti quatuor ad partem regis conponat. Et si tunc inde rediens se pacificare et iustitiam facere renuerit, et iterum pro ista causa ad palatium fuerit convocatus et deiudicatus, bis viginti quatuor solidos conponat. Si vero necdum correptus tertia vice pro eadem re ad palatium remeaverit, triplam conpositionem exinde faciat ad partem regis.

5. Si quis de nobilioribus ad placitum mannitus venire contempserit, solidos quatuor conponat, ingenui duos, liti unum.

6. De presbyteris statuerunt, quod si aliquid eis aut eorum hominibus quis contrarium facere aut tollere praesumpserit contra iustitiam, omnia in duplum restituat eis et conponat.

7. De missis regis statuerunt, ut si ab eis aliquis interfectus evenerit, in triplum eum conponere debeat qui hoc facere praesumpserit. Similiter quicquid aut eorum hominibus factum fuerit, omnia tripliciter faciant restaurare et secundum eorum ewa conponere.

8. De incendio convenit, quod nullus infra patriam praesumat facere propter iram, aut inimicitiam, aut qualibet malivola cupiditate; excepto si talis fuerit rebellis qui iustitiam facere noluerit, et aliter districtus esse non poterit, et ad nos, ut in praesentia nostra iustitiam reddat, venire dispexerit, condicto commune placito simul ipsi pagenses veniant; et si unianimiter [6] consenserint, pro districtione illius causa [7] incendiarii, tunc de ipso placito commune consilio facto secundum eorum ewa fiat peractum, et non pro qualibet iracundia aut malivola intentione, nisi pro districtione nostra. Si aliter facere ausus fuerit, sicut superius dictum est, solidos sexaginta conponat.

9. Item placuit ut quandoquidem voluit domnus rex propter pacem, et propter faidam et propter maiores causas, bannum fortiorem statuere, una cum consensu Francorum et fidelium Saxonum, secundum quod ei placuerit, iuxta quod causa exigit et oportunitas fuerit, solidos sexaginta multiplicare in duplum, et solidos centum sive usque ad mille conponere faciat qui eius mandatum transgressus fuerit.

10. De malefactoribus qui vitae periculum secundum ewa Saxonum incurrere debent, placuit omnibus ut qualiscumque ex ipsis ad regiam [8] potestatem confugium fecerit, aut in illius sit potestate utrum interficiendum illis reddatur, aut una cum consensu eorum habeat licentiam ipsum malefactorem cum uxore et familia, et omnia sua foris [9] patriam infra sua regna aut in marcu, ubi sua fuerit voluntas, collocare, et habeant ipsum quasi mortuum.

11. Illud notandum est quales debent solidi esse Saxonum; id est, bovem annoticum utriusque sexus autumnali tempore, sicut in stabulum mittitur, pro uno solido; similiter et vernum tempus, quando de stabulo exiit; et deinceps, quantum aetatem auxerit, tantum in pretio crescat. De annona vero hortrinis pro solido uno scapilos quadraginta donant, et de sigule viginti. Septemtrionales autem [10] pro solidum scapilos triginta de avena et sigule quindecim. Mel

VARIANTES LECTIONES.

[1] uuesterfalis et angariis... osterfalis 2. [2] potestes 1. [3] furtum 2. [4] iii. 2. [5] reges 1. [6] uniamiter 1. [7] ita 1. 2, i. e. casa. [8] regium 1, regium corr. regiam 2. [9] foras corr. foris 1. [10] aut 1. et 2.

NOTÆ.

[a] Ad tria ista Saxonum genera respexit Witichindus, lib. I, pag. 6, ubi ait Saxones divisos fuisse in Orientales, Angarios atque Vestualos. ID.

[b] Caput istud Compositum est ex capp. 2, 3, 4, Capitularis anni 788. Imo reliqua quoque ejusdem Capitularis capita hic deesse colligitur ex cap. seq. istius Capitularis; nam illic scriptum est Si quis supradicta octo capitula etc. ID.

vero pro solido hortrensi sigla una et medio donant; A pro uno solido donent. In argento ? duodecim enarios solidum faciant. Et in aliis speciebus ad stum pretium omnem aestimationem compositionis ut [3].
Septemtrionales autem [1] duos siclos de melle pro uno solido donent. Item ordeum mundum sicut et sigale

VARIANTES LECTIONES.

[1] aut 1.   [2] a. xv. et inde speciebus 2.   [3] c. s. *desunt* 2.

STATUTA RHISPACENSIA ET FRISINGENSIA (An. 799, Aug. 20).

Bernardus Pez in Codice diplomatico, p. 1, col. 74, encyclicam Arnonis Saliburgensis episcopi edi erat, qua episcopo Bajoariæ ad synodum a. d. xiii Kal. Sept. Rhispaci in diœcesi Ratisponensi celebran invitat. Nomina eorum qui adfuerunt exstant in Historia Frisingensi, apud Meichelbeck, t. I, p. 94, d creta vero nunc primum prodeunt ex Codice bibl. ducalis Guelferbytanæ Blankenburgico sæc. x, quo fol. 3-85 leguntur. Annus quo synodus habita est haud aperte constat, eam vero annum 801 præcedere, contra ansii argumenta ex capite 5, quo pro *regis* salute orandam sit, liquet. Subjicimus quæ in Codice proxime equitur, fol. 85, 86, synodum Salisburgensem, æque ineditam.

DECRETUM SINODALE EPISCOPORUM EX IUSSIONE DOMNI KAROLI.

1. Ideoque convenit supradictam congregationem sanctam domini Dei omnipotentis auxilio statuere in invicem indissolubili vinculo caritatis, ut unanimes uno ore honorificare Deum patrem in celis et concordiam pacis inter se perpetuo iure firmare quod universo populo christiano indesinenter conservare oportet, maxime tamen his qui eclesiastici ordinis officio mancipantur, qui pro se et pro totius christianitatis salute immaculatas hostias domino Christo debent offerere.

2. Admonebant enim in ipso concilio, ut nullus eorum sive episcopus, sive abbas, vel presbyter, aut monachus, vel etiam ceteri ministri sanctae Dei ecclesiae, seu sanctaemoniales, a recto tramite deviare praesumeret, et hic qui in canonica vita degere debuisset, recte et secundum ordinem absque ulla transgressione vitam conservasset canonicam, aut hi qui sub voto monachicam vitam observare vovissent.

3. Statuerunt ut nullus inter aeclesiasticos ordines pro qualibet causa absque iuditio episcopi sui vel etiam metropolitani consensu ad iuditia secularia minime audeat accedere. Sed si qualibet causa intra sanctas ecclesias contigisset adquirere, cum omni caritate et concordia in invicem conservata requiratur; si episcopus vel abbas vel etiam presbyter inter se aliquam habuissent secularis rei altercationem, cum moderamine caritatis et insolubili vinculo pacis cum consilio episcopi sui in invicem sibi ea quae in causa essent absque iniuria vel damnatis iuramentis fideliter et devote, iustitia inter eos peracta, cum timore Domini essent consentientes. Si vero cum consilio episcopi iustitia inter eos minime potuisset peragi, tunc ad metropolitanum episcopum causa deferatur, et cum ipsius consilio vel voluntate necnon et iussu omnia perficerentur.

4. Statuerunt etiam, ut cum consilio vel voluntate omnium pro remedio animarum elemosinas esse faciendas quater in anno, id est, sabbato ante palmas, et sabbato sancto pentecosten, et tertia sabbati septimi

B mensis, et in sabbato proximo nativitatis Domini et hoc publice non propter laudem humanam vel vane loriae mercedem, sed pro aeterna retributione et in exe plum populi christiani, unde ipse Dominus in euang io ait: Sic luceat lux vestra coram hominibus, ut videan vestra bona opera et glorificent patrem vestrum qui n coelis est. Et hoc invitus neque coactus nemo fac t, sed spontaneo iuditio unusquisque iuxta vires s as inpertire studeat, quia non requiret Deus qu ntum; sed quanta voluntate proferatur. Quia volunt s bona pro opere facti reputabitur.

5. Item placuit sancto concilio quarta et sexta feria a carne et vino cuncto clero abstinendum et ad nonam letaniam faciendam cum missarum sol emniis pro incolomitate et prosperitate vel firmitat totius C sanctae Dei eclesiae vel pro aeterna salute ch istiani populi et animarum suarum vita perpetua, el pro vita et salute et stabilitate imperii domni r gis vel filiorum eius, exceptis tamen diebus a nativi te Domini usque in octavas epyphaniae, et a pasch usque ad sanctam pentecosten, et praecipuis festivi atibus, id est sanctae Mariae, sancti Iohannis baptist e, duodecim apostolorum, sancti archangeli Michah lis, et sancti Martini, vel veneranda festivitate illi s parrochie; vel etiam caritatis officium inplendu in adventu fratrum supervenientium, et his qui hoste vel in itinere sunt constituti, vel ad palatium domni regis veniunt, vel infirmitate etiam detenti indulgentiam concedimus. Cibos vero quadrag simales vel potus in arbitrio uniuscuiusque esse uten os. Hoc D tamen maxime cavendum, ut non usque sa ietatem cibum et potum sumamus, sed partius [1]. ui vero plus abstinuerit, plus se mercedem habere s iat. Si quis vero in ecclesiastico ordine vel clerica us officium hoc sponte adimplere studuerit, ortatur ut semper in melius proficiat. Si quis ver ex his neglegens et desidiosus fuerit, corripiatur, e invitus per admonitionem nostram et correptione etiam coactus hoc faciat. Et hoc admonemus, ut praedicetur in populis, ut per exortationem el p rsuasionem vel per quamlibet occasionem hoc pop lis per

VARIANTES LECTIONES.

[1] i. e. parcius.

suadere possimus, cum omni studio fideliter et devote faciamus. Similiter decrevimus reliqua capitula conventionis nostrae per singula quaeque breviter praenotari.

6. Ut bis in anno concilia celebrentur, sicut in concilio Calcidonensi continetur kapit. 19.

7. De non ordinandis presbyteris et diaconibus, nisi in legitimis temporibus, sicut in decretis Zosimi papae continetur kapitulo 3 necnon et in decretis Gelasii papae capit. 11.

8. Ut pacem omnibus inperetur custodiri in eclesia, sicut in capitulo 1 continetur regulae Innocentii papae.

9. Ut nullus communibus vestimentis spretis, nova et insolita assumat, id est quod vulgo nominatur cotzos vel trembilos, sicut in praefatione Gangrensis ¹ sinodi prohibetur, et in decretis Gelasii habetur.

10. Ut nullus presbyter aut alius ex clero usuram exigat, sicut in decretis papae Leonis cap. 3, similiter et in decretis Gelasii papae cap. 15.

11. Ut nullus episcopus vel abbas attrahere ² audeat res nobilium ²ᵃ causa ambitionis sicut in canone Cartaginensi continetur cap. 5.

12. Ut si quis sacerdotum contra statuta decretalia praesumptiose agit, et converti nolens, ab officio suo moveatur, noteturque omnibus, ut nullus eum in consortio recipiat; et si quis hoc fecerit, simili sententiae subiacebit. Similiter et de laicis eandem constituimus regulam, sicut in decretis papae Leonis continetur kap. 5.

13. ³ Ut decimae populi dividantur in quattuor partes, id est una pars episcopo, alia clericis, tertia pauperibus, quarta in ecclesiae fabricis applicetur ⁴, sicut in decretis ⁵ pape Gelasii continetur cap. 27 ⁶.

14. Ut viduis et pupillis, orfanis, caecis et claudis tuitionem atque adminiculum inpertiamus iuxta possibilitatem nostram vel vires, sicut in praecepto domni regis continetur.

15. De incantationibus, auguriis vel divinationibus, et de his qui tempestates vel alia maleficia faciunt, placuit sancto concilio, ut ubicumque depraehensi ⁷ fuerint, videat archipresbyter diocesis illius, ut diligentissima examinatione constringantur, si forte confitentur malorum quae gesserunt; sed sub tali moderatione fiat eadem districtio, ne vitam perdant, sed ut salventur in carcere adflicti ⁸, usque dum Deo inspirante spondeant emendationem peccatorum. Et ut nullatenus per aliqua ⁹ praemia a comitibus vel centenariis absque districta examinatione remittantur; et hoc si fecerint, archipresbyteri cum hoc cognoverint, nequaquam episcopos celare audeant, et ab episcopis, ut dignum est, pro hoc corripiantur.

16. Ut omnes presbyteri doceant populum devitare nefarium iuramenti usum, sicut in Calcidonensi continetur concilio cap. 19.

17. Ut nullus ex clero feminam secum in domo habitare permittat propter suspitionis causam, nisi matrem et sororem aut amitam, sive eas quae suspiciones malas effugiunt, sicut in Niceno concilio continentur. Si quis post istam convenientiam mulieres in domo sua habuerit, deponatur. Si clericus hoc perpetratus fuerit, vapulet.

18. Ut claustra monachorum laici non intrent, nec inquietent fratres degentes sub silentio, nisi forte si maiores personae fuerint, quod omnino vitare non possumus.

19. Ut novatiani qui veniunt in monasterio, non recipiantur in ordine congregationis, antequam secundum regulam pleniter examinentur, et non preponantur ceteris in monasterio, antequam regularis vitae ordinem pleniter et doceantur, sicut in regula sancti Benedicti continetur.

20. Ut nemo utatur cuculla, nisi qui se monachi voto constrinxerit, aut si necessitas poposcerit propter frigorem, religiosus sacerdos utatur.

21. Et ut monasterium puellarum non intrent clerici neque laici, nisi tantum presbyter missam cantans vel visitationem infirmorum faciens horis competentibus statim exeat.

22. Ut liceat sanctimonialem signum eclesiae pulsare, et lumen accendere.

23. Admonemus omnino omnem populum christianum, ab inlicitis et sceleratis nuptiis abstinere.

24. Ut monachi ad convivia laicorum minime accedere praesumant. Ut qui monachico voto est constitutus, nullo modo parrochiam teneat, nec ad iuditia secularia accedere praesummat.

25. Ut nullus ex clero domnum regem inquietare audeat, antequam notetur causa episcopo suo. Et si ille minime potuerit definire, tunc dirigat eum ad metropolitanum episcopum: Et si ipse non potuerit causam ipsius deliberare cum consilio metropolitani, cum litteris commendatitiis dirigere eum studeat ad regem.

26. Ut abbatissae nullatenus exeant de monasteriis suis nisi per consensum atque licentiam episcoporum suorum, ipsique episcopi prevideantur eis non negentur quando egredi debent de monasteriis pro utilitate sua. Talesque ipse abbatissae secum assumant, de quibus nullatenus redeuntes recitare praesummant ceteris sanctimonialibus, quia plurima destructio est, sicut in sancta regula continetur.

27. Ut sanctaemoniales non induantur virilia in-

VARIANTES LECTIONES.

¹ gangensis c. ² atrahere c. ²ᵃ mobilium 1. ³ Cap. 13. 14. 15. leguntur et in Codice olim Tegernseensi iam regio Monacensi, atque pro continuatione capitularis perperam habita et numerata in Cod. Gothano, unde varias lectiones adieci. Cap. 13 habetur et inter Karoli leges Langobard. cap. 95 ap. Muratorium. ⁴ amplificetur c. amplicetur Codd. Tegernseensis et Gothanus. ⁵ decreta Teg. Goth. ⁶ cap. XXVII. deest in Goth. ⁷ reprehensi Teg. ⁸ vox deest in c. adest in T. et Goth. ⁹ aliquam c.

dumenta, id est rocho vel fanones, nisi tantum feminea vestimenta.

28. Ut abbates vel monachi vel monachae ipsorum abstineant se de quadrupedia carne, sicut in sancta regula continetur, nisi infirmi ad reparationem corporis restaurandam. Hoc vero non denegamus, si contigerit, ut caritatis officium persolvere debeant, aut si evenerit ex qualicumque necessitate aut famis inopia, et hoc cum magna consideratione atque consilio episcoporum fieri debeat. Nullusque sibi reputetur haec observare non posse propter varia itinera, quia Dominus missis in praedicationem discipulis, iussit non peram sumere neque calciamenta neque duas tunicas, quanto magis nos qui sumptus atque vestimenta sufficienter habemus.

29. Ut nullus episcopus neque abbas sibi atrahere A-udeat res tributalium domni regis, id est basil as eorum benedicere, vel quicquid a tali coudit ne pertinere videtur, antequam domnus rex hoc leniter definiatur.

50. Ut nemo praesummat servus alterius m nistrum eclesiae constituere vel benedicere, anteq am a domino suo tradatur in manus pontificis in liber ate integra persistendum omnibus diebus; et sciat d i- nus eius post. illum diem nullo dominationis iur in eum exercere; et tunc si dignum est ad sacrum o di- nem accedat. Haec vero quae superius compraeh sa sunt, observare statuimus primo in loco qui dic tur Rhispao, secundo ad Frigisingas, tertio quae n nc subsecuntur, in monasterio Saliburch adaugere curavimus.

STATUTA SALISBURGENSIA (a An. 799).

1. Ut per omnes dioceses legalia baptisteria constituantur, et sacra fons ibidem honorifice aedificetur.

2. Ut infra quadragesimam singulis ebdomadibus ternas faciant laetanias, id est 2. fer. 4. fer. 6. fer.

3. Ut omnis populus honorifice cum omnis supplicationibus devotione, humiliter et cum reverentia absque praetiosarum vestium ornatu vel etiam inlecebroso cantico et lusu saeculari cum laetaniis procedant, et discant Kyrieleyson clamare, ut non tam rustice ut nunc usque, sed melius discant.

4. Ut Deo opitulante ciusque consilio gubernante perpendamus, quid de his agendum sit quos ad sacrum ministerium ordinare cupimus, quod iudicio examinentur, si promoveri digni sint.

5. Ut hi qui ad sacrum ministerium ordinati sunt presbyteri, nullatenus praetermittere audeant indesinenter missarum sollemnia celebrare; nisi certis ex causis quae nostra sunt definire, pro quibus abstinere magis oportet usque ad tempus.

6. Ut episcopi abbates, presbyteri res sanctae ecclesiae sibi commissas inter parentes et proximos suos non amplius quam canonica sancit licentia dividant, ut ad cetera plebe vel his qui res suas ibidem offerunt, murmur vel detractio auferatur.

7. Ut admoneantur (C., admoneatur) archipresbyteri qui perquirere ac perscrutari ceteros presbyteros solent, diligenter considerare semetipsos, et ceteros quibus praesunt minime neglegant, sed solerter recogitent, se ad hoc constitutos, ut in ipsis episcopi sui partiantur onera sua.

8. Diaconi sobrie caste atque cum pudicitia vivant, ebrietatem nullatenus sequantur; sed quasi ministri Dei, humilitatis in se semper exempla demonstrent.

9. Ut monachi in monasterio qui vicibus ordinantur praepositi, decani, portarii, cellerarii, ceterique ministri, non audeant sibi aliqua peculiaria usu are nec collegere, quod anathema esse novimus.

10. Ut missa sanctae Dei genetricis Mariae qu ter in anno sollemniter celebretur, id est purificati 4. Non. Febr. et conceptio quod est 8. Kalenda m. Aprilium et assumptio quod est 19. Kal. Septem er, et nativitas quod est 6. Id. Septemb.

11. Ut feria 4. ante initium quadragesime, am Romani caput ieiunii nuncupant, sollemniter le- bretur cum laetania et missa post horam nonam.

12. Ut si vobis videtur usum Romanum ha ere velle, feria 4. ante cenam Domini orationes uae scripta sunt ad feriam 6. parasceue, ab episcopi vel presbyteris hora tertia dici supradictae feriae 4 di- cantur in eclesia cum genuflexione, nisi tantu pro Iudaeis, similiter et in parasceue hora nona, ut Romani faciunt; sicut in missale habet oratione ad collectam secundum Romanam consuetudine faciamus.

13. Ut nullus de nobilibus neque abbas n que presbyter tonderi audeat, antequam in praes ntia episcopi examinentur eius causa, ad cuius dioc sim pertinet. Et si aliquas res vel ad monasterio vel ad ecclesiam tradiderit ubi tonsuratus est, ibi sub canonica vel regulari maneat vita. Si autem p stea in propria sua residere vult, faciat hostem ut c teri laici.

14. Notetur abbatibus, ut nullus de fratrib s in monasterio plus ametur quam alius, nisi qui in onis actibus melior invenitur, ut murmur auferatur ce- teris. Et ut nullatenus alii cui consentiat aliqui pe- culiaris colligere vel habere; et ut omnino lit s et contentio diligentissime tollatur in monasteri ; et quisquis in eo litem commoverit, tali disciplina corripiatur, ut ceteri metum habeant talia perpetr di.

15. Si altercatio horta fuerit inter virum et mi- nam de coniugali copulatione, ut inter se nege t de

NOTÆ

a Codex habet: *Titulum VI*. De his que postmodum addita sunt. Sed haec rubrica erronee tandem post cap. primum inserta est.

arnali communatione, decrevit sancta synodus, ut si pus, sive abbas seu monachus, sive presbyter seu vir negaverit eam fecisse ad uxorem, ut stet cum illa sanctimonialis femina, de ipso loco vel monasterio ad iudicium crucis, aut si ipse noluerit, inquirat dirigantur litterae ad singulas domos episcopales, et aliam feminam quae cum illa stet, et si vir eamdem ipse episcopus in diocesi (C., diocesis) sua habeat copulationem dicit super eam, et illa negaverit, tunc commendatum; qui ipsas litteras suscipiat, et ceteris ipsa femina purget se secundum legem. abbatibus vel abbatissis; necnon et omnibus presby-
16. Convenit igitur sancta synodo, ut quando quis teris, pro ipsa anima orandum litteris suis notum Deo iubente de hoc saeculo migraverit, sive episco- faciant nomen et tempus.

EDICTUM PRO EPISCOPIS (An. 800).

Primum ab Amerpachio ex Codice Tegernseensi editum, ope Codicum 1 Sancti Galli n. 733 m., saec. IX ineuntis; 2 c. bibl. ducalis Guelferbytanae Blankenburgici m., saec. x; 3 bibl. ducalis Gothanae m., saec. xi; 4 c. olim Tegernseensis, jam vero bibl. regiae Monacensis, saec. x, recognovi. Ante annum 801 promulgatum fuisse patet.

Karolus, gratia Dei rex Francorum et Langobardorum, ac patricius Romanorum, dilectis [1] comitibus seu iudicibus et vassis nostris, vicariis, centenariis, vel omnibus missis nostris et agentibus. Cognoscat utilitas vestra quia resonavit [2] in auribus nostris [3] quorumdam praesumptio non modica, quod non ita obtemperetis pontificibus vestris seu sacerdotibus, quemadmodum canonum et legum continetur auctoritas, ita ut presbyteros nescio qua temeritate praesentari episcopis denegetis, insuper et aliorum clericos usurpare non pertimescatis, et absque consensu episcopi in vestras ecclesias mittere audeatis; necnon et in vestris ministeriis pontifices nostros talem potestatem habere non permittatis; qualem rectitudo ecclesiastica docet [5]. Insuper nonas et decimas, vel census, inproba cupiditate de ecclesiis unde ipsa beneficia sunt abstrahere nitimini, et precariis de ipsis rebus, sicut a nobis duorum in nostro capitulare [a] institutum est, accipere neglegitis, et ipsam sanctam Dei ecclesiam una cum ipsis episcopis vel abbatibus emendare iuxta vires vestras [6] denegatis.

Quapropter nos una cum consensu episcoporum nostrorum, abbatum, necnon et aliorum sacerdotum, haec instituta partibus vestris [7] direximus. Praecipientes enim iubemus, ut nullus quilibet ex [8] fidelibus nostris, a minimo usque ad maximum, in his quae ad Deum pertinent episcopo suo inoboedientia [9] parare [10] audeat de supradictis capitulis, seu aliis eruditionibus ad illorum ministerium pertinentibus [11]; sed cum bona voluntate et omni mansuetudine [12] subiectionum unusquisque sacerdoti suo propter Deum et pacis studio obtemperare studeat. Si quis autem, quod absit, unus [13] ex vobis de nonis et decimis censibusque reddendis [14], atque precariis renovandis, neglegens apparuerit, et importunus [15] episcopis nostris de his quae ad ministerium illorum pertinere noscuntur, vel sicut in capitulare dudum a nobis factum continetur, contradicere praesumpserit, sciat se procul dubio, nisi se [16] cito correxerit, in conspectu nostro exinde dicere [17] rationem. Et ut has litteras certius credatis, de anulo nostro subter eas decrevimus roborare.

VARIANTES LECTIONES.

[1] dilectissimis 1. [2] resonuit 2. 3. 4. [3] deest 1. [4] deest 1. [5] docet 4. [6] vestros 1. [7] nostris 1. [8] deest 1. [9] inoboediens 2. 3. [10] parere 2. [11] pertinentes 1. [12] mansuetudinis subiectione 2. 3. 4. [13] ullus 2. 3. [14] redditis 1. [15] inportune 1. [16] deest 1. [17] deducere 2. 3. ducere 4.

NOTAE.

[a] Capit. 779, 13; 794, 25.

CAPITULUM PRO PAGO CENOMANICO (An. 800).

Exscripsi illud ex Codice Parisiensi bibl. reg. n. 5577, olim Colbert. n. 4167, regio 4382. membranaceo in octavo longiori, saec. x., ubi post aliquot Alcuini epistolas et tractatus habetur. Legitur et apud Benedictum libro Capitularium 1, cap. 303; atque post Caroli reditum ex itinere Cenomanico et Turonensi promulgatum fuisse patet.

CAPITULUM DOMNI CAROLI.

Pro nimia reclamatione quae ad nos venit de hominibus ecclesiasticis seu fiscalinis qui non erant adiurnati quando in Caenomanico pago fuimus, visum est nobis una cum consultu fidelium nostrorum statuere, ut quicumque de praedictis hominibus quartam facti teneret, cum suis animalibus seniori suo pleniter unum diem cum suo aratro in campo dominico araret, et post ea nullum servicium ei annuale in ipsa ebdomada a seniore suo requireretur. Et qui tanta animalia non haberet ut in uno die hoc explere valeret, perficeret praedictum opus in duobus diebus. Et qui solummodo invalida ita ut per se non possent arare quattuor animalia haberet, cum eis sociatis aliis araret uno die in campo senioris, et unum diem postmodum in ipsa ebdomadae opera manuum [1] facere!. Et qui nihil ex his facere poterat neque animalia haberet, per tres dies seniori suo manibus a mane usque ad vesperum operaretur, et senior suus ei amplius non requireret. Diversis namque modis hec agebantur; a quibusdam tota ebdomada operabatur, a quibusdam dimidia, et a quibusdam duo dies. Idcirco haec statuimus, ut ne [2] familia se

A a praedictis operibus subtrahere posset, neque senioribus amplius eis exquireretur.[2]. Et qui nimus quartae obtime de terra haberet, secundum est mationem sui telluris opera faceret. Haec Adalrdo comiti palatio nostro ad eorum satisfactionem una cum aliis fidelibus nostris praecipere nostra vi et publice adnuntiare iussimus.

VARIANTES LECTIONES.

[1] opera manuum *alio atramento adscriptum.* [2] *i. e.* nec. [3] *i. e.* requireretur.

CAPITULARE TICINENSE (An. 801, Jun.).

Notæ historicæ in præfatione obviæ, additionem hanc ad leges Langobardorum mense Junio, quo imperator Roma rediens Papiæ commoratus est, promulgatam esse probant. Sistimus eam ope Codic m: 1. S. Pauli membr., sæc. ix ineuntis; 2. bibl. regiæ Paris. n. 4613; 3. Blankenburgensis; 4. Goth ni ; 4. b. Tegernseensis, unde prima capitularis editio, auctore Amerpachio fluxit; 5. Chisiani; 6. Cavensis, adjecta etiam lectione reliquorum Codicum qui capitularia Caroli Langobardica exhibent, scilicet (A.) A trosiani, (Fl.) Florentini, (L.) Londinensis, (V.) Vindobonensis, (Vn.) Veronensis, (E.) Estensis apud Muratorium laudati. Subjecimus additionem duplicem. Prior prodit ex Codice sancti Pauli, cujus codicis, u imo excepto, etiam Codices Chisianus et Cavensis inter Ludovici leges, et Ansegisus, capp. 74 et 75 libri I referunt; sed Codicis omnium antiquissimi auctoritas eo quoque adjuvatur, quod capita alia quæ leges e s in Chisiano et Cavensi excipiunt (infr. anno Ludovici tertio edenda) ejusdem fere argumenti sunt, ita ut e dem constitutione vix ac ne vix quidem ita efferri potuissent. Additionem alteram ex Codice Blankenbur ensi proferimus.

CAPITULA [a] QUÆ ADDITA SUNT AD LEGEM LANGOBARDORUM [1].

In nomine domini nostri Iesu Christi. Karolus, divino nutu [2] coronatus, Romanum regens imperium, serenissimus augustus, omnibus ducibus, comitibus, gastaldiis, seu cunctis rei publicae per provincias Italiae a nostra mansuetudine praepositis. Anno ab incarnatione domini nostri Iesu Christi 801, indictione nona [3]; anno vero regni nostri in Frantia 33, in Italia 28, consulatus autem nostri primo, cum Italiam propter utilitatem sanctae Dei ecclesiae ac provinciarum disponendarum venissemus, et multae adque diversae per urbes singulas ante conspectum nostrum quaestiones tam de ecclesiasticis quam publicis ac privatis rebus discuterentur, pleraque statim recitata ex Romana seu Langobardica lege competenti sententia terminata sunt, quaedam vero in nostri examinis arbitrium ad tempus dilata, quorum iudicialis sententia a legislatoribus [4] aut penitus omissa est, aut a posteris oblivioni tradita. Quodcirca

B nos considerantes utilitatem nostram et populi a Deo nobis concessi, ea quae ab antecessoribus nostri regibus Italiae in edictis legis Langobardicae ab psis editae praetermissa sunt, iuxta rerum et tem oris considerationem addere curavimus, silicet ut necessaria quae legi defuerant supplerentur, et i rebus dubiis non quorumlibet iudicium arbitrium set nostrae regiae auctoritatis sanctio praevaleret: Capitula autem quae nobis addere placuit, haec unt.

1. *De cartis donationum faciendum* [5]. Si quis [b] angobardus statum humanae fragilitatis praecogit ns, pro salutem animae suae de rebus suis [6] carta donationis cuilibet facere voluerit, non sicut a enus fieri solebat, ius sibi vendendi [7], commutandi, per aliam cartam easdem res alienandi reservet; se absolute faciat unusquisque de rebus suis quod ve lit [8], et noverit sibi a nostra autoritate penitus interdi tum duas de eadem rem facere donationis. Set post uam unam de rebus suis traditionem fecerit, aliam d ipsis faciendi nullam habeat potestatem [9]. Ita [10] ta en,

C

VARIANTES LECTIONES

[1] *haec inscriptio exstat nonnisi in Cod. Tegernseensi; in quo formula.* In n. d. n. I. Christi decst. [2] *c*est 4. 5. 6. [3] *ita superposito* VIII. 1. VIII. 2. [4] *legis latronibus* 4 b. [5] faciendum statuimus si 4 b. [6] s voluerit iudicare vel cartula d. c. f. 5. 6. V. *Vn. M.* [7] donandi. c. 5. 6. *Vn. M.* [8] velit, nisi serv erit ordinationem sibi et usumfructum de rebus suis datis loco Deo dicato si aliter sibi placuerit, et nosc t *V. Vn.* [9] p. exceptis rebus traditis euntis. In hostem sepe quidem. Ita etc. V. *Vn. E.* [10] Eidem-2. 4.

NOTÆ.

[a] Capitula ista primus vulgavit Vitus Amerbachius. Vetus illorum exemplar exstitisse Mutinæ ævo Sigonii ipse scribit in lib. iv de regno Italiæ. Vetustissimum nos nacti sumus in bibliotheca Thuana; ac praeterea octo ista capitula emendavimus ope duorum veterum Codicum mss. bibl. regiæ. De tempore non ambigitur quo illa constituta sunt, de loco non constat. Sirmondus existimavit ca Romæ fuisse promulgata. Attamen ex Chronico Moyssiacensi colligi posse videtur condita illa fuisse apud Ravennam, quo se mense Junio anni 801 contulisse Carolum imp. testatur Eginhardus. Certe ex praefatione istorum

D capitulorum constat non uno loco actum fuis e de legibus emendandis, sed *per urbes singulas* ante on- spectum principis varias quæstiones fuisse agit tas, ac varia capitula necessaria legibus addita: Bal z.

[b] Hæc lex specialiter incipit de Langobardo sed generaliter finitur cum dicit : Sed absolute ciat *unusquisque*, ut ait glossa vetus in Cod. reg. sus tamen hujus legis maxime viguit inter Langoba dos, qui eam frequenter asserunt in chartis dotali um quæ exstant in chartulario monasterii Casauri nsis et in chartis monasterii S. Bartholomei de Carpi cto, tom. VI Italiæ sacræ, pag. 1278 et 1282. In.

ut usumfructum si voluerit habere[1], per precariam res traditas usque in tempus diffinitum possidendi sit concessa facultas.

2. *De heribanno*[2]. Si quis liber, contemta iussione nostra, caeteris in exercitum pergentibus, domi residere praesumpserit, plenum aribannum secundum lege Francorum, id est solidos sexaginta, sciat se debere componere. Similiter et pro contemtu singulorum capitulorum quae per nostrae regiae auctoritatis bannum promulgavimus, id est qui pacem ecclesiarum Dei, viduarum, orfanorum, et pupillorum ac minus potentium inrumperit[3], sexaginta solidorum multam exsolvat.

3. *De desertoribus*. Si quis adeo contumax aut superbus extiterit, ut, dimisso exercitu, absque iussio vel licentiam regis domum revertatur, et quod nos Teudisca[4] lingua dicimus *herisliz*[5] fecerit, ipse ut reus maiestatis vitae periculum incurrat, et res eius in fisco nostro socientur.

4. *De latronibus*. Si quis latronem[a] morte dignum sibi ad occidendum traditum servaverit, et vitam indigno concesserit, medietatem damni propter quod traditus est[6], componat. Et idem latro, si rursum in latrocinio fuerit conprehensus, quod prius debuerat, capitalis sententiae debitum[7] exsolvat.

5. *De mancationem qualibet*. Si quis alterum praesumtive sua sponte castraverit, et ei ambos testiculos amputaverit, integrum widrigildum suum iuxta conditionem personae conponat. Si virgam abscideret, similiter. Si unum testiculum[b], medietatem solvat. Hoc de oculis, manibus, et pedibus[8], vel de lingua sancimus, ut si unum eorum abscisum fuerit, medietas[c] widrigildi; si ambo, integritas pro facti emendatione conponatur.

6. *De aldiones publicis ad ius publicum pertinentibus*. Aldiones vel aldianae ad ius publicum pertinentes ea lege vivant in Italia in servitutem dominorum suorum[9], qua fiscalini[d] vel lites[10] vivunt in Francia.

7. *De latronibus*. Si quis furem vel latronem comprehenderit, et cum indemnem dimiserit, neque illum ad praesentia[11] ducis aut comitis vel loci servatoris, qui missus comitis est, adduxerit, et de hoc facto vel nequitia posthac in praesentia iudicum convictus fuerit, ipse damni aestimationem pro quo fur vel latro comprehensus est, conponere[12] cogatur.

8. *De servis fugacibus*[13]. Ubicumque intra Italia sive regius, sive ecclesiasticus, vel cuiuslibet alterius hominis servus, fugitivus inventus fuerit, a domino suo sine ulla annorum praescriptione vindicetur; ea tamen ratione, si dominus Francus sive Alamannus aut alterius cuiuslibet nationis sit, Si vero Langovardus aut Romanus fuerit, ea lege servos suos vel adquirat vel amittat, sicut inter eos antiquitus est constituta.

CAPITULA ADDITA IN CODICE SANCTI PAULI.

9[14]. *De qualibet causa*. Si quis cum altero de qualibet causa contentionem habuerit, et testes contra cum per iudicium producti fuerint, si ille falsos eos esse suspicatur, liceat ei[15] alios testes, quos meliores potuerit, contra eos opponere, ut veracium testimonio[16] falsorum testium perversitas superetur. Quod si ambae partes testium ita inter se dissenserint[17], ut nullatenus una pars alteri cedere vellit, eligantur duos ex ipsis, id est ex[18] utraque parte unus, qui cum excutis[19] et fustibus in campo discernunt[20] utra pars falsitatem, utra veritatem suo testimonio sequatur. Et canphioni qui victus fuerit, propter periurium quod ante pugna commisit, dextera manu amputetur. Caeteri vero eiusdem partis testes, qui falsi apparuerint, manus suas redimant; cuius[21] compositionis duae[22] partis eis contra quem testati sunt, dentur, tertia pro fredo solvatur. Et in seculari quidem causa huiuscemodi testium diversitas campo comprovetur; in ecclesiasticis autem negotiis crucis iudicio rei veritas[23] inquiratur. Hoc et de timidis adque inbecillibus[24] seo infirmis qui pugnare non valent, nec[25] propter hoc iustitiam suam careant, censuimus faciendum. Testes vero de qualivet[26] causa non aliunde querantur, nisi de ipsum comitatum in quo eius causa agitur posite sunt, quia non est credevilem[27], ut vel de statum[28] hominis vel de possessionem cuiuslibet per alios melios rei veritas cognosci[29] valeat quam per illis qui viciniores sunt.

10. Si quis in aliena patria[30] hubi vel propter beneficium, vel propter aliam quamlibet occasionem[31] assidue conversari solet, de qualibet causa[31*] fuerit interpellatus, herbi[32] gratia de conquisito suo vel de mancipiis, hibi secundum suam legem iustitiam faciat, et cum

VARIANTES LECTIONES.

[1] si v. h. deest in 1. 3. [2] aribando 4 b. [3] inrumperit raptumve infra patria fecerit, aut alienas domo incenderit, vel cum collecta multitudine vim cuilibet intulerit, sexaginta 5. 6. et Lang. excepto Estensi. [4] theodisca 3. [5] ereslig 1. erilex 4. eris lex 4 b. eriliz V. eriz Vn. erislig 6. [6] est, pro latrone ad partem publicam comp. Mut. V. Vn. [7] sententiam 1 deest V. [8] et p. deest 1. [9] quaris hoc aritur vel I. v. in Italia 6. [10] lides 3. liddi 4 b. lidi V. Vn. M. [11] p. iudicis ducis aut comitis loci s. V. Vn. Est. (c. vel loci s.) [12] ad partem publicam c. V. Vn. [13] totum caput deest 1. 2. 3. 4. in cod. 1. alio loco legitur. [14] Eandem legem nonnullis mutatam repetiit Hludovicus I. anno 817. v. infra. [15] ei contra eos alios Ch. C. [16] testimonium 1. [17] assenserit 1. [18] deest 4. [19] discutis Ch. C. [20] decertent Ch. [21] cuius usque solvatur desunt Ch. C. [22] dee 1. [23] ueritatis 1. [24] inbellicibus 1. [25] i. e. ne. — Ch. C.: ut nullatenus. [26] qualiue 1. [27] decrevilem 1. credibile Ch. C. [28] testatum 1. [29] cognoscit 1. [30] patrias 1. [31] accassionem 1. [31*] causam Ch. re A. [32] b. g. de c. s. v. de m. desunt Ch. C. et Langobb.

NOTÆ.

[a] « Post tertium furtum, » ut ait glossa interlinearis in uno Cod. reg. BALUZ.

[b] « Habenti duos, » inquit eadem glossa. « Sed si unicum tantum habenti illum amputaverit, duas partes ipsius pretii componat, sicut de oculo. » ID.

[c] « Per hoc notatur quod hoc lex tantum ad Langobardos pertinet, ut habetur in eadem glossa. ID.

[d] In uno Cod. reg. legitur: *Qua fiscalini vivunt liberi vel ibi vel in Francia*. ID.

talibus[1] coniuratoribus[2] quales in eadem regionem vel provintia secum habere potuerit, legitimum sagramentum iuret; excepto si quis eum de stato suo[3], id est de livertate sua vel de hereditatem quam ei[4] pater suus moriens dereliquid[5], appellaverit[6] : de is duobus liceat illis sagramentum in patria, id est in legitimo sui sagramenti sui loco, iurandum offerre[7]; et is qui cum eo litigatur, si vellit, sequatur illum in patriam suam ad recipiendum illum sagramentum. Ipse tamen primo[8] in eodem loco idem hubi interpellatus est, satisfaciat tam comiti et iudicibus quam aversario suo testibus provando, quod rem queque hab eo requiritur patri suo[9] ei derelinquid.

41. Ut omnis solutio adque conpositio que in lege Saliga continetur, inter Francos[10] per duodecim dinariorum solidos conponatur, excepto hubi contentio contra Saxones et Frisones exorta fuit, ibi volumus ut 40[11] dinariorum quantitatem solidus habeat, quem vel Saxo vel Frisio et partem Salici Franci[12] cum eo litigantis[13] solvere debet.

12. Ut de stato suo, id est de livertatem, vel de hereditatem, conpellandus iuxta legis constitutionem manniatur. De ceteris[14] vero causis unde quis rationem est rediturus, si post secundam comitis admunitionem aliquis ad mallum venire noluerit[15], rebus eius in bannum missis venire et iustitiam facere conpellatur.

43. Cuiuscumque hominis proprietas ob crimen aliquid hab eo commissum in bannum fuerit commissa, et ille re cognita[16] ne iustitiam faciat venire distullerit, annumque hac diem in eo banno illum esse[17] permiserit, ulterius eam non adquirat, set ipso fisco regis societur. Debitum vero, quod his cuius ea fuit solvere debuit, per comitem ac ministros eius iuxta examinationem damni[18], de rebus movilibus qui in eadem proprietate[19] inventa fuerit, his quibus idem devitor fuit exolvatur. Quod si rerum movilium ibidem inventarum quantitas[20] ad compositionem non sufficerit; de inmovilibus suppleatur, et quod superfuerit, sicut dictum est, fiscos regis possedeat. Si nihil super compositionem remanere potuerit, totum in illam expendatur. Si autem homo ille nondum cum suis coeredibus proprium suum divisum habuit, convocet eos comes, et cum eis legitimam divisionem faciat; et tunc sicut iam dictum est partem eius fiscos regis addiciat : et compositionem de eam iuxta modum superius conprehensum hiis ad quos ille legibus pertinet hec solbat.[21]

CAPITULA ADDITA IN CODICE BLANKENBURGENSI, FOL. 89, 90.

14. Hoc nobis precipiendum est omnibus ognitum facere, ut infra regna Christo propitio ostra omnibus iter agentibus nullus hospitium d eget, mansionem et focum, similiter pastum nullu contendere faciat, excepto in prato vel messe.

15. Ut liberi homines nullum obsequium mitibus faciant nec vicariis, neque in prato ne ue in messe, neque in aratura aut in vinea, et con' ctum ullum vel residuum non solvant, excepto hariba atoribus vel his qui legationem ducunt.

16. Ut[a] publicum baptisterium in nulla p rroechia esse debeat nisi ubi episcopus constituer t cuius parroechia est, nisi tantum si necessitas venerit pro infirmitate aut pro aliqua necessitat . Illi presbiteri quos episcopus in sua parroechia nstituerit, in qualicumque loco evenerit licenti habeant, ut omnino sine baptismo non moriantu .

17. De[b] modis excommunicationum tam de clericis quam de laicis. Si quis presbiter ab episco o suo degradatus fuerit, et ipse per contemptum ostea aliquid de suo officio sine comeatu facere pr sumpserit, et postea ab episcopo suo correptus v l excommunicatus fuerit, qui cum ipso communic verit scienter, sciat se esse excommunicatum.

18. Similiter quicumque clericus aut laic s vel femina incestum commiserit, et ab episcopo su correptus se emendare noluerit, et ab ipso excom unicatus scienter, sciat se esse excommunicatum. Et ut sciatis qualis modus sit istius excommunicati nis : in eclesiam non debet intrare, nec cum ullo christiano cibum vel potum sumere, nec eius mune a accipere debet, vel osculum porrigere, nec in or tione se iungere, nec salutare antequam ab episcop suo fuerit reconciliatus. Quod si aliquis se clam verit quod iniuste sit excommunicatus, licentiam h beat ad metropolitanum episcopum venire, et ibide secundum canonicam institutionem diiudicetur ; t in terim suam excommunicationem custodiat; Q od si aliquis ista omnia contempserit, et episcopus inime emendare potuerit, regis iuditio damnetur.

19. Illud[c] preterea per omnia precaventes p ohibere decrevimus, ut nullus presumniat ante nnos pubertatis, id est infra aetatem, puerum vel pu llam in matrimonium sociare, nec in dissimili aetate sed coaetaneos sibique consencientes[22]. Multas sepi s ex huiuscemodi nuptiale contractu ruinas anim rum

VARIANTES LECTIONES.

[1] Talibus excepto in probanda veritate cartulae vocatae falsae quales V. Vn. E. [2] c. tamen libe is I. V. Vn. E. [3] suo ita ut actor aut holit aut nequeat probare vel V. Vn. E. [4] et patre suos 1. [5] derel quid e. dereliquit rel. [6] a. nisi actio fuerit de investitura de V. Vn. E. [7] offere 1. o. scilicet si appellator non potuerit probare eum suum servum esse in eadem patria ubi sit appellatio. Et is V. Vn. E. [8] p omo 1. prius rel. [9] pater suus Ch. C. A. V. Vn. et rel. [10] in francia Ch. in francia et ubicumque V. V i E [11] Mur. LX, codices omnes aut XL aut quadraginta. [12] francium 1. [13] litigantes 1. [14] cetero 1. [15] nol eris 1. [16] cognitam 1. [17] bannum i esset 1. [18] damnum 1. [19] proprietatem 1. [20] quantitatis. 1. [21] d est exsolvatur. [22] Consocientes cod.

NOTÆ.

[a] cf. 755. Vern. 7.
[b] cf. 755. Vern. 9.

[c] Apud Muratorium inter .eges Caroli Magni cap. 145

factas audivimus, et tales fornicationes perpetratos, A quales nec inter gentes : ita plane, ut cum contigerit puerum adultum esse et puellam parvulam, et e contrario si puella maturae aetatis et puer si tenere, et per virum cognata et socrus deprehendantur adultere, et propter puellam frater vel pater pueri tanti peccati flagitio pereant inretiti. Unde qui haec prohibita de cetero usurpare presumpserit, ab omni aecclesiastico consortio sit alienus, sed nec ad¹ publicis sit inmunis iudiciis.

20. De coniunctione parentelae, neque in quarto neque in quinto genuculo coniungere presummat aliquis; et si quis presumpserit, a sancta communione sit alienus.

21. Ecclesiae vero quae aedificantur per singula loca, nullus episcopus audeat sine dote ecclesiam sacrare, quaeque sacratae fuerint, sint in potestate episcopi. Quod si quiscumque laicus exinde portionem querere presumpserit, ipse ecclesiae claudantur, et populus ipse a communione privetur.

22. De servo vero et liberto, nisi tradatur a domino ipsius iu manu pontificis, nullus eum presummat ad sacerdotium promovere.

23. De ecclesia quae antea sacrata fuit, et pro qualibet occasione aut incendio altare eius fuit destructum, licentiam habeat pontifex in eadem iterum altare construere. Quod si pontifex aut pro senectute, aut pro egritudine ad ipsum sanctum locum ambulare minime potuerit, tunc ille presbiter aut qualiscumque custos per consilium plebis ad suum pontificem altare deferat ad sacrandum; et ipse presbiter per auctoritatem pontificis sui in loco constituto ordinare debeat. Et si ecclesia noviter aedificata fuerit, nullus episcopus habeat licentiam, sicut superius legitur, presbiterum transmittere, sed ipse pontifex pergat virtutes conlocare vel altaria sacrare.

24. ² ᵃ Ut ³ iudices sive missi fiscales freda non exigant prius quam facinus componatur ⁴. Hoc quoque iubemus, ut iudices supranominati sive fiscales de quacumquelibet causa freda non exigant prius quam facinus componatur. Si quis autem per cupiditatem ⁵ ista transgressus fuerit, legibus componat ⁶. Fredum autem non illi iudici tribuat ⁷ cui culpam commisit, sed illi qui solutionem recipit; tertiam partem coram testibus fisco tribuat, ut pax perpetua stabilis permaneat.

VARIANTES LECTIONES.

¹ i. e. h. ² numerus deest in codice. ³ haec ex cod. Tegernseensi et Blankenb. edimus. ⁴ componant Bl. ⁵ pro cupiditate Bl. ⁶ conponatur T. l. eum c. Bl. ⁷ i. scilicet reus V.

NOTÆ

ᵃ Ibid. cap. 90 et 127.

CAPITULARE AQUISGRANENSE (An. 801, Nov.).

Codicum, in quibus capitulare hoc legitur, antiquissimus est: 1. C. bibl. regiae Monacensis, inter libros S. Emmerammi Ratisbonensis F. 11 signatus, memb., saec. ix. Evolvi praeterea : 2. C. bibl. regiae Parisiensis inter Suppl. lat. n. 75 signatum m. saec. x, cum quo: 3. C. Vincentii Mettensis, quo Sirmondi et Baluzii editiones nituntur, ut supra monuimus convenit. 4. C. Andaginensis monasterii, saeculi x, apud Martene et Durand Vett. SS. et Monumentorum Coll. t. VII, pag. 26. capitula eadem qua nos inscriptione, sed ordine paululum diverso, scilicet capp. 3, 8, 4, 6, 7, 5, 1, 2, 9, 10-16, 17-21, sistit, subjectis capitulis sex, quae in reliquis Codicibus non exstant. Capitulare in utroque Codice Parisiensi refertur ad annum imperii primum, quo, secundum annales Juvavenses, Carolus mense Novembri *synodum examinationis episcoporum et clericorum fecit*.

ᵃ HÆC SUNT CAPITULA EX DIVINARUM SCRIPTURARUM SCRIPTIS ¹, QUÆ ELECTI SACERDOTES CUSTODIENDA ATQUE ADIMPLENDA CENSUERUNT ².

1. Ut cuncti sacerdotes precibus assiduis pro vita ut imperio domni imperatoris; et filiorum ac filiarum salute, orent.

2. Ut unusquisque sacerdos cotidianis adsistat orationibus pro pontifice cuius gubernatur regimine.

3. Ut unusquisque sacerdos ecclesiam suam cum omni diligentia aedificet ³; et reliquias sanctorum cum summo studio vigiliarum noctis et divinis ⁴ officiis conservet ⁵.

4. Ut omnibus festis et diebus dominicis unusquisque sacerdos euangelium Christi populo praedicet ⁶.

5. Ut unusquisque sacerdos orationem dominicam et symbolum populo sibi commisso curiose insinuet, ae totius religionis studium et christianitatis cultum eorum mentibus ostendat.

6. Ut unusquisque sacerdos cunctos sibi pertinentes erudiat, ut sciant qualiter decimas totius facultatis aecclesiis divinis debite ⁷ offerant.

7. Ut et ⁸ ipsi sacerdotes populi suscipiant decimas, et nomina eorum ⁹ et quicumque ¹⁰ dederint scripta habeant, et secundum auctoritatem canonicam coram testibus dividant. Et ad ornamentum

VARIANTES LECTIONES.

¹ scripta 1. ² deest 1. ³ aedificat 1. ⁴ sic. 1. 2. 3. 4. diurnis *corrigit* B. ⁵ conservat 1. ⁶ praedicat 1. ⁷ dibite 1. ⁸ deest 1. ⁹ eorum q. 2. 3. ¹⁰ quacumque recte 4.

NOTÆ

ᵃ In Codice Oxoniensi, ex quo Spelmannus haec capitula edidit in tomo I Conciliorum Angliæ, pag. 258, hic erat titulus: *Hæc sunt jura sacerdotum quæ tenere debent*. Non esse Egberti archiepiscopi Eboracensis, sub cujus nomine ea Spelmannus edidit certum est. Imo in Codice Oxoniensi, ut idem scribit, ante librum poenitentialem Egberti inscruntur. BALUZ.

ecclesiae primam eligant [1] partem, secundam autem ad usum pauperum vel [2] peregrinorum per eorum manus misericorditer cum omni humilitate dispensent; tertiam vero partem semetipsis solis [3] sacerdotes reservent [4].

8. Ut omnes sacerdotes horis competentibus diei et noctis suarum sonent [5] aecclesiarum signa, et sacra tunc [6] Deo celebrent [7] officia, et populos erudiant, quomodo aut quibus Deus adorandus est locis.

9. Ut nullus sacerdos in domibus vel in aliis locis, nisi in aecclesiis dedicatis, celebrare missas [8] audeat, nisi necessitas compellit [9].

10. Ut a [10] cunctis sacerdotibus ius et tempus baptismatis temporibus congruis, secundum canonicam institutionem, cautissime observetur.

11. Ut omnes sacerdotes quibuscumque horis omnibus indigentibus baptismum, infirmitatis causa, diligentissime tribuant.

12. Ut nullus presbyter sacrum officium sive [11] baptismatis [12] sacramentum, aut aliquid donorum spiritualium, pro aliquo [13] praetio vendere praesumat, ne vendentes et ementes in templo columbas imitentur; ut pro his quae adepti sunt, gratiam divinam non praecia [14] concupiscant terrena, sed solam regni coelestis gloriam promereantur accipere.

13. Ut nullus presbyter a sede propriae [15] sanctae aecclesiae sub cuius titulo ordinatus fuit, ambitionis [16] causa ad alienam pergat aecclesiam, sed in eadem devotus usque ad vitae permaneat exitum.

14. Ut nullus ex sacerdotum numero ebrietatis vicium nutriat [17], nec alios cogat per suam iussionem inebriari.

15. Ut nullus sacerdos extranearum mulierum habeat familiaritatem; nec in sua [18] domo, in qua ipse habitat, nullam [19] mulierem umquam permittat [20] habitare.

16. Nulli sacerdotum liceat fideiussorem [21] esse; neque, derelicta propria lege, ad [22] secularium [23] iudicia accedere praesumat.

16. b. [24] Ut qui possessionem aecclesiae vel parochiam [25] per triginta annos sine alicuius interpellatione tenuerit, iure perpetuo possideat. Si vero inde crebro repetitum fuerit, fiat diligens inquisitio. Et si cum qui repetit, iuste quaerere patuerit, adhibitis veracibus et nobilibus testibus quod repetit confirmando vindicet.

17. Nemo ex sacerdotum numero arma pugnantium umquam portet [26], nec litem contra proximum ullam excitet.

18. Ut nullus presbyterorum edendi aut bibendi causa ingrediatur in tabernis [27].

19. Ut nullus sacerdos quicquam [28] cum i ramento iuret, sed simpliciter cum puritate et veritate omnia dicat.

20. Ut cuncti sacerdotes [29] omnibus illis nsitentibus eorum crimina, dignam poenitentia cum summa vigilantia ipsis indicent [30]; et omnib is infirmis ante exitum vitae viaticum et comm nionem corporis Christi misericorditer tribuant.

21. Ut secundum definitionem sanctorum atrum, si quis infirmatur, a sacerdotibus oleo sai tificato cum orationibus diligenter unguatur.

IN CODICE IV HÆC SUBIICIUNTUR.

22. De nonis et decimis. Volumus atq e iubemus, ut de omni conlaboratu et de vino t foeno fideliter et pleniter ab omnibus nona et deci a persolvatur. De nutrimine vero pro decima sicu hactenus consuetudo fuit ab omnibus observetur. Si quis tamen episcoporum fuerit qui argentum pro hoc accipere velit, in sua maneat potestate.

23. De antiquis ecclesiis ut [31] rem suam abeant. Ut nec decimis nec aliis possessionibus prive tur, ita ut oratoriis tribuatur.

24. De spiritalibus filiolis. Deinde praecepi us, ut unusquisque compater vel proximi spirital s filios suos catholice instruant.

25. De sacerdotibus. Ut iuxta apostoli voc m irreprehensibiles sint et moribus ornati, et ne uaquam turpibus lucris desiviant; iuxta ill d quod ait scriptura: Nemo militans Deo implicat se negotiis saecularibus, ut ei placeat se cui se probavit. Et a turpibus lucris et usuris non solum ipsi abs ineant, verum etiam plebes sibi subditas abstinere in truant.

26. De incestuosis. Ut incestuosi iuxta ca onicam sententiam poenitentia multentur. Qui vero ecimas post crebras admonitiones et praedicationes acerdotum dare neglexerint, excommunicentur; iu amento vero eos constringi nolumus.

27. De discretione in corporis et sanguinis. Domini perceptione. Cavendum est enim, ne si ni ium in longum differatur, ad perniciem animae p tineat, dicente Domino: Nisi man ucaveritis carnem lii hominis et biberitis eius sanguinem, non habebit s vitam in vobis. — Si vero indiscrete accipiatur, ti endum et illud quod ait apostolus: Qui manducat t bibit indigne, iudicium sibi manducat et bibit. Iu a ergo apostolici documentum probare se debet hom et sic de pane illo manducare et de calice bibere, t videlicet abstinens se aliquot diebus ab operibu carnis et purificans corpus animamque suam praep ret se

VARIANTES LECTIONES.

[1] eligant 2. 3. [2] p. atque p. 1. [3] soli 2. [4] reservant 1. [5] sonant 1. [6] et sacrata 2. 3. [7] celebrant 1. [8] missis 1. [9] n. p. c. desunt 2. 3. [10] deest 1. 4. [11] sine 1. [12] baptismate s. 1. baptis ale 4. [13] alico 1. [14] non p. non c. 1. [15] propria 2. 3. [16] ammonitionis 1. 4. [17] nutriet 1. [18] suo 1. [19] ullam 2. 3. [20] permittit 1. [21] fideiussorum 1. [22] a 1 [23] secularia 2. 3. [24] hoc caput deest 1. 4. [25] par occhie corr. parroechiam 2. [26] portat. excitat 1. [27] tabernas 2. 3. [28] quiquam 1. [29] s. in o. 1. [30] indicant 1. [31] ut non r. M.

ad percipiendum tantum sacramentum exemplo David; qui nisi se confessus fuisset abstinuisse se ab opere coniugali ab heri et nudius tertius, nequaquam panes propositionis a sacerdote accepisset.

MANDATUM DE SAXONIBUS OBSIDIBUS IMPERATORI MOGUNTIAE PRAESENTANDIS.
(802, Jan. aut Febr. Aquisgrani.)

Membranam cujus ope b. m. Ussermannus tomo I Prodromi Germaniae sacrae, n. 5 mandatum hoc publici juris fecerat, anno 1820, in monasterio Sancti Pauli in Carinthia constitutus, integrum iterum exscripsi. Constat duobus foliis membranae tenerae, Codici membr. canones ecclesiasticos continenti et saeculo nono exarato, saeculo ut videre est xiv, assutis; scriptura est anni circiter post Christum natum octingentesimi. Edictum primis anni 802 mensibus, cum imperator Aquisgrani commoraretur ascribendum esse, eo patet, quod Carolus eo tantum anno et anno 794 paschali tempore Francofurti, in suburbanis Moguntiae, moratus sit. Anno vero 794 minus commode ascriberetur, cum annis posterioribus demum maximus Saxonum obsidum numerus in manus regis incidisset.

Ceterum nomina episcoporum et abbatis, scilicet Basileensis, Constantiensis, Augustini, et Augiensis, hic de iis tantum Saxonibus, qui in Alamannia tenebantur, jamque per episcopum Basileensem Hittonemque comitem imperatori adducendi erant, sermonem esse produnt. Comitum nomina nonnulla in chartis Alamannicis ejus aevi occurrere Ussermannus animadvertit, scilicet Hittonem an. 809 in Albwinipara circa Danubium, Richoinum an. 817, Wanningum in Nibelgovia an. 802, Unrocum, Ripoinum in Nibelgovia an. 802, Birtilonem in Bertoldesbara.

DE WESTFALAHIS ISTOS RECIPIET HAITO EPISCOPUS [a] ET HITTO COMIS.

Leodae filium Bodoloni
Adalradum filium Marcradi habuit [b] Aino [c] episcopus
Odonem filium Emmoni habuit Ansbertus comis
Eruin filium Rano habuit Richoinus
Crailinc filium Thetmaer habuit Richoinus
Gerimfrid filium Egloin habuit Egeno [d] episcopus
Aichardh filium Fredred habuit Ado de Alamania
Theodoar filium Audradi habuit Winangus comis
Baldricum filium Rotgeri habuit [e] Geremannus comis
Adalgaudum filium Suigaut habuit Unrocus comis

DE OSTFALAHIS:
Gerardum filium Macconis habuit Sinbertus [f] episcopus
Hisi filium Brunardi habuit Agino episcopus
Filium Maingis habuit Lantfredus
Tithaldum [1] filium Sigibaldi habuit Ripoinus comis
Vulferi filium Sieri habuit Audracus comis.
Hernaldum filium Suithardi habuit Waldo abbas. [g]
Eriwardum filium II rigildi habuit Erivaldus Alamannus

[B,C] Fredeger filium Ermamenarii habuit Birtilo
Filium Macconis habuit Vulfaldus comis
Wendulfum filium Bernulfi habuit Vulfaldus
Dodonem filium Attosti habuit Torro
Sidugath filium Benninc habuit Bertaldus comis
Ricohardum filium Urivani habuit [2] Bertaldus comis
Fredegarium filium Wicharii habuit Walah
Alabernum filium Tutonis habuit [*] Vulvaldus

DE ANGRARIIS:

Bunun filium Theotaker habuit Wichartus
Altbertum filium Wilberni habuit Sindbert episcopus
Hetti filium Megi habuit Sciltung
Hadamarum filium Sigimari et Hittun filium Frideilh et Brunherum filium Liutheri habuit Wolfoltus
Ditmannum filium Osmanni habuit Waldo
Fridamundum filium Warmunti habuit Einhartus et Macrinum filium Megitodi
Ruadhartum filium Danctagi habuit Ruadhari
Hadabernum filium Witradi habuit Recclio
Wolfurichum filium Eoriches habuit Egino episcopus

sunt in summa 57.

Isti veniant ad Mogontiam media quadragesima.

VARIANTES LECTIONES.

[1] Tithaldus corr. Tithaldum c. [2] Buit cod;

NOTAE.

[a] Vox ubique fere hab. scripta, exceptis locis quos asterisco signavi.
[b] Basileensis.
[c] Id est, Agino, Egino, Constantiensis.
[d] Constantiensis.
[e] Vox omissa erat, loco vacuo relicto.
[f] Augustanus.
[g] Augiensis.

CAPITULARE AQUISGRANENSE AN. 802 (Mart., Aquis).

Annales Laureshamenses, Sancti Amandi, Guelferbytani et Juvavenses, Carolum imperatoria dignitate accepta in Francia reducem, mense Martio anni 802 Aquisgrani placitum habuisse referunt, quo et nova sacramenta reciperet, et missos ad exigenda ea ab universo populo et ad justitias per omnia sua regia faciendas transmitteret. Capitula ea de re edita servavit Codex bibl. Paris. n. 4613, saec. x, unde Baluzius primus vulgavit, cuiusque ad fidem diligenter recognita hic iterum prodeunt.

1. *De legatione a domno imperatore directa.* Serenissimus igitur et christianissimus domnus imperator Karolus elegit ex optimatibus suis prudentissimis et sapientissimos viros, tam [a] archiepiscopis, quam et reliquis episcopis, simulque et abbates venerabiles laicosque religiosos, et direxit [1] in universum regnum suum, et per eos cunctis subsequentibus secundum rectam legem vivere concessit. Ubi autem aliter quam recte et iuste in lege aliquit esse constitutum, hoc diligentissimo animo exquirere iussit et sibi innotescere: quod ipse donante Deo meliorare cupit. Et nemo per ingenium suum vel astutiam perscriptam legem, ut multi solent, vel sibi suam iustitiam [b] marrire audeat vel prevaleat, neque aecclesiis Dei, neque pauperibus, nec viduis, nec pupillis, nullique homini christiano. Sed omnes omnino secundum Dei praeceptum iusta viverent rationem, iusto iudicio, et unusquisque in suo proposito vel professione unianimiter permanere; ammonere canonici vita canonica absque turpis lucri negotio pleniter observassent, sanctemoniales sub diligentia custodia vitam suam custodirent, laici et seculares recte legibus suis uterentur absque fraude maligno, omnem in invicem in caritate et pace perfecte viverent; et ut ipsi missi diligenter perquirere, ubicunque aliquis homo sibi iniustitiam factam ab aliquo reclamasset, sicut Dei omnipotentis gratiam sibi [2] cupiant custodire et fidelitate sibi promissa conservare; ita ut omnino in omnibus ubicunque, sive in sanctis ecclesiis Dei, vel etiam pauperibus, pupillis, et viduis, adque cuncto populo, legem pleniter adque iustitia exhiberent secundum voluntatem et timorem Dei. Et si tale aliquit esset quod ipsi per se cum comitibus provincialibus emendare et ad iustitiam reducere nequivissent, hoc absque ulla ambiguitate cum [c] brebitariis suis ad suum reserent iudicium; et per nullius hominis adulationem vel praemium, nullius quoque [3] consanguinitas, defensione, vel timore potentum rectam iustitia via inpediretur ab aliquo.

2. *De fidelitate promittenda domno imperatori* [4].

Præcepitque ut omni homo in toto regno uo, sive ecclesiasticus, sive laicus, unusquisque sec ndum votum et propositum suum, qui antea fidelita e sibi regis nomine promisissent, nunc ipsum prom ssum hominis caesaris faciat. Et hii qui adhuc ipsu promissum non perficerunt, omnes usque ad duod imo aetatis annum similiter facerent. Et ut omne traderetur publice, qualiter unusquisque intellege e posset, quam [5] magna in isto sacramento et qu m multa conprehensa sunt, non, ut multi usque nu extimaverunt, tantum fidelitate domno imperat ri usque in uita ipsius, et ne aliquem inimicum in suum regnum causa inimicitiae inducat, et ne alicui nfidelitate illius consentiant aut retaciat; sed ut sci t omnes istam in se rationem [6] hoc sacramentum h ere.

3. Primum ut unusquisque et persona opria se in sancto Dei servitio, secundum Dei prae eptum et secundum sponsionem suam, pleniter conse vare studeat secundum intellectum et vires suas; ia ipse domnus imperator non omnibus singularite necessariam potest exhibere curam et disciplinam.

4. Secundo, ut nullus homo neque cum p riuri neque alii ullo ingenio vel fraude, per nullius umquam adolationem vel praemium, neque servum d mni imperatoris, neque terminum, neque terram, nihilque quod iure potestativo permaneat, nullatenu contradicat; neque abstrahere audeat vel celare. Et t nemo [7] fugitivos fiscales suos, qui se iniuste et c m fraudes liberas dicunt, celare neque abstrahere. um periurio vel alio inienio praesumat.

5. Ut sanctis ecclesiis Dei, neque vidui , neque orphanis, neque peregrinis, fraude vel rapinam vel aliquit iniuriae quis facere praesum t; quia ipse domnus imperator, post Domini et san tis eius, eorum [8] et protector et defensor esse co stitutus est.

6. Ut beneficium domni imperatoris dese tare nemo audeat, propriam suam exinde construe e.

7. Ut ostile bannum domni imperatoris ne o praetermittere praesumat, nullusque comis [9] t m praeVARIANTES LECTIONES.

[1] dixit c. [2] ita correxi; ubi codex. [3] queque c. [4] reliquae rubricae desunt m c. [5] deest in c. [6] ita Baluzius emendavit lectionem codicis ista miserationem. [7] nemos c. [8] quorum c. [9] commix cod.

NOTÆ.

[a] Mentem Caroli in condendis istis capitulis explicant Annales Canigonenses et Ananienses his verbis: « Anno 802 recordatus piissimus Carolus imperator misericordiæ suæ de pauperibus qui in universo imperio ejus erant et justitias pleniter habere non poterant, noluit de infra palatio pauperibus vassos transmittere justitias faciendum propter munera: sed elegit in regno suo archiepiscopos et reliquos episcopos et abbates, quia ducibus et comitibus, quia opus non habebant super innocentes munera accipere, et ipsos misit per universum regnum, ut ecclesiis, viduis, orfanis et pauperibus, et cuncto populo justitiam facerent. » Eadem leguntur in Chronico Moyssiacensi et in vetustis annalibus a Lambecio editis in lib. II Comment. de biblioth. Cæsarea, pag. 382, nisi quod illic legitur, *pauperiores vassos* pro eo quod in superioribus annalibus legitur, *pauperibus vassos*. BALUZ.

[b] *Marrire*, irrumpere, ut supra in Capitulari Bajuvariorum an. 788, cap. 1. Marrire itaque hoc loco significat perfringere et perrumpere leg , metaphora sumpta a viatoribus qui, a recta via d viantes, marrire iter dicuntur etiamnum a Lemovicib s: Hinc in tit. 19 Capitulorum Caroli Calvi, cap. 13 marritio sumitur pro injuria, quia qui injuriam i fert divertit a jure. Iterum marritio in veterimi chartis S. Galli hic a Sirmondo relatis significat di inutionem; quia qui diminuit vel subtrahit partem aliquam rei quae debetur integra, deviat ab æquitat Exstat in chartulario eccles. Viennensis charta riulfi et conjugis ejus Adoare, in qua hæc leguntur: « Post denique amborum nostrum decessum, ad us m canonicorum beati Mauricii praedictae res absqu *marritione* revocentur. » Item alia Constantii choi piscopi et fratris ejus Adrulfi diaconi: « Post decess m nam que nostrum agricultores beati Mauricii abs ue *marritione* vel præjudicio in suorum ad matrem ccle iæ revocentur potestate et dominatione. » ID.

[c] *Brebitariis*, brevibus, inventariis. ID.

sumtiosum sit, ut illum de his qui hostem facere debiti sunt, exinde vel aliqua propinquitatis[1] defensionem, vel cuius muneris adolationem dimittere audeant.

8. Ut nullum bannum vel praeceptum domni imperatoris nullus omnino in nullo marrire praesumat, neque opus eius tricare[2] vel inpedire, vel minuere, vel in alia contrarius fierit voluntati vel praeceptis eius. Et ut nemo debitum suum vel censum marrire ausus sit.

9. Ut nemo in placito pro alio rationare usum habeat defensionem alterius iniuste, sive pro cupiditate[3] aliqua, minus rationare valente, vel pro ingenio rationis suae iustum iudicium marrire, vel rationem suam minus valente opprimendi studio. Sed unusquisque pro sua causa vel censum vel debito ratione reddat, nisi aliquis isti infirmus aut rationes nescius, pro quibus missi vel priores qui in ipso placito sunt, vel iudex qui causa huius rationis sciat, rationetur con placito; vel si necessitas sit, talis personae largitur ut[4] rationem, qui omnibus provabilis sit et qui in ipsa bene noverit causa : quod tamen omnino fiat secundum convenientiam priorum vel missum qui praesentem adsunt. Quod et omnimodis secundum iustitiam legem fiat; adque praemium, mercedem, vel aliquo malae adulationis ingenio, vel defensione propinquitatis, ut nullatenus iustitia quis marrire praevaleat. Et ut nemo aliquit alicui iniuste consentiat, sed omni studio et voluntate omnes ad iustitia perficiendam praeparati sunt.

Haec enim omnia supradicta imperiali sacramento observari debetur.

10. Ut episcopis et presbyteris secundum canones vibant, et itaque caeteros doceant.

11. Ut episcopi, abbates, adque abbatissae, que caeteris praelati sunt, cum summa veneratione hac diligentia subjectis sibi praeesse[5] studeat, non potentiva dominationem vel tyrannide sibi subiectos premant; sed simplici dilectionem cum mansuetudinem et caritatem, vel exemplis bonorum operum, commissa sibi grege sollicite custodiant.

12. Ut abbate ubi monaci sunt pleniter cum monachis secundum regula vibant, adque canonis[6] diligenter discant et observent. Similiter abbatissae faciant.

13. Ut episcopi, abbates, adque abbatissae advocatos adque vicedomini centenariosque legem scientes, et iustitiam diligentes, pacificosque et mansuetus habeant, qualiter per illosque sanctae Dei ecclesiae magis profectum[7] vel merces adcrescat; quia nullatenus neque praepositos neque advocatos damnosus et cupidus in monasteria habere volumus, a quibus magis nos blasphemia vel detrimenta oriantur. Sed tales sint, quale eos canonica vel regularis institutio[8] fieri iubet; voluntati Dei subditos[9], et ad omnes iustitia perficiendi semper paratos, legem pleniter observantes absque fraude maligno, iustum semper iudicium in omnibus exercentes, praepositos vestros tales, quales sancta regula fieri docet. Et hoc omnino observent, ut nullatenus a quibus magis nobis[10] a canonica vel regulari norma discendant, sed humilitatem in omnibus habeant. Si autem aliter praesumserint, regulare disciplina sentiant. Et si se emendare noluerit, a praeposito removeantur; et qui digni sunt, in loca eorum subrogentur.

14. Ut episcopi, abbates adque abbatissae comiteque unanimes[11] invicem sint, consentientes legem ad iudicium iustum terminandum cum omni caritate et concordia pacis, et ut fideliter vivant secundum voluntate Dei, ut semper ubique et propter illos et inter illos iustum iudicium ibique perficiantur; pauperes, viduae, orphani, et peregrini consolationem adque defensionem[12] hab eis habent; ut et nos per eorum bona voluntatem magis praemium vitae aeternae quam supplicium mereamur.

15.[13] Abbates autem et monachis omnis modis volumus et praecipimus, ut episcopis suis omni humilitate et hobhedientia sint subiecti, sicut canonica constitutione mandat. Et omnis eclesiae adque basilicae in eclesiastica defensione et potestatem per maneat. Et de rebus ipse basilicae nemo ausus sit in divisione aut in sorte mittere. Et quod semel offertur, non revolvatur; et sanctificat et vindicet. Et si autem aliter praesumpserit, presolvatur, et bannum nostrum conponat. Et monachi ab episcopo provinciae ipsius corripiantur. Quod si se non emendent, tunc archiepiscopus eos ad sinodum convocet. Et si neque sic se correxerint[14], tunc ad nostra praesentiam simul cum episcopo suo veniant.

16. De ordinatione elegenda, ut domnus imperator iam olim ad Francorum banno concessit ut episcopi abbatibus, ita etiam nunc et firmavit; eo tamen tinore, ut neque episcopus neque abbas in monasterio viliores meliori plus diligit, et cum sibi propter consanguinitatem suam vel aliqua adolationem melioribus suis praeferre studeat, et talem nobis duce ordinandum, cum meliorem eo habet occultato et oppressu : quod nequaquam fieri volumus, quia inrisio[15] et delusio nostra hoc fieri videtur. Sed talis in monasteriis nutriantur ad ordinandum[16], in quo et nobis et merces et profectus adcrescat commendatoribus suis.

17. Monachi autem ut firmiter ac fortiter secundum regula vivant, quia displicere Deo novimus quisquis in sua voluntate tepidus est, testante Iohanne in apocalypsin : *Utinam calidus esses aut frigidus : sed quia tepidus es, incipiam te evomere ex ore meo.* Seculare sibi neglegentiam nullatenus usurpent. Foris monasterio nequaquam progrediendi licentiam habeant, nisi maxima cogente necessitatem:

VARIANTES LECTIONES.

[1] propinquatis *c*. [2] stricare *c*. [3] cuditate *c*. [4] ad? [5] preeesse *c*. [6] canonicis *c*. [7] praeceptum *c*. [8] intuitu *c*. [9] dei . subditos *c*. [10] unanim *c*. [11] n. aliquibus malis novis ? [12]5 *locus corruptus*. [13] deconfessionem *c*. [13] *caput cum anteriori cohaeret in c*. [14] sic consurrexerint. *c*. [15] inrisior *c*. [16] ita *Bal.* orandum *c*.

quod tamen episcopus, in cuius diocese [1] erunt, omnino praecurret, ne foris monasterio vagandi usum habeant. Sed si necessitas sit ad aliquam obhedientiam aliquis foris pergere, et hoc cum consilio et consensum episcopi fiat, et tales personae cum testimonium foris mittantur, in quibus nulla sit suspitio mala, vel a quibus nulla oppinio mala oriatur. Foris vero peculium vel res monasterii abbas cum episcopi sui licentiam et consilium ordinet qui praevideat, non monachum, nisi alium [2] fidelem. Quaestum verum seculare vel concupiscentia mundanarum rerum omnimodis devident; quia avaritia vel concupiscentia huius mundi omnibus est devetanda christiani, maxime tamen in his qui mundo et concupiscentiis abrenuntiasse videtur. Lites et contentiones nequaquam neque infra neque foris monasterio movere praesumat. Qui autem praesumserit, gravissima disciplina regulari corripiantur, et taliter caeteri metum habeant talia perpetranda. Ebrietatem et commessationem omnino fugiant, quia inde libidine maxime polluari omnibus notum est. Nam pervenit ad aures nostras oppinio perniciosissima, fornicationes et in habhominatione et inmunditia multas iam in monasteriis esse deprehensos. Maxime contristat [3] et conturbat, quod sine errore magno dici potest, ut unde [4] maxima spe salutis omnibus christianis orriri crederent, id est, de vita et castitate monachorum, inde detrimentum [5], ut aliquis ex monachus sodomitas esse auditum. Unde etiam rogamus et contextamur, ut certissime amplius ex his diebus omnia custodia se et his malis conservare studeant, ut numquam amplius tale [6] quid aures nostras perveniat. Et hoc omnibus notum sit, quia nullatenus in ista mala in nullo loco amplius in toto regno nostro consentire audeamus, quanto minus qui inter eos qui castitatis et sanctimoniae emendatiores esse cupimus. Certe si [7] amplius quot tales ad aures nostras pervenerit, non solum in eos, sed etiam et in ceteris, quur talia consentiant, talem ultionem facimus, ut nullus christianus qui hoc audierit, nullatenus tale [8] quid perpetrare amplius praesumpserit. [9]

18. Monasteria puellarum firmiter observata sint, et nequaquam vagare sinantur, sed cum omni diligentia conserventur, neque litigationes vel contentione inter se movere praesumat, neque in nullo magistris et abbatissis inhobedientes vel contrariae fieri audeant. Ubi autem regulares sunt, omnino secundum regula observent, ne fornicatione deditae, non ebrietatis, non cupiditati servientes, sed omnimodis iuste et sobrie vivant. Et ut in claustra vel monasterium earum vir nullus intret, nisi presbiter propter visitationem infirmarum cum testimonio intret, vel ad missam tantum, et statim exeat. Et ut nemo alterius filiam suam in congregationem sanctemonialium recipiat absque notitia v l consideratione episcopi ad cuius diocense perti et locus ille; et ut ipse diligenter exquirat, qualiter sancto loco [10] ad Dei servitio permanere cupiat, et st ilitatem suam ibidem firmare vel professionem. Anc la autem aliorum hominum, vel tales feminas quae cundum more conversationis in sancta congregatio e vivere volunt, omnes pleniter de congregatione ei antur.

19. Ut episcopi, abbates, presbiteri, iaconus, nullusque ex omni clero, canes ad venan lum, aut acceptores, falcones, seu sparvarios haber praesumant; sed pleniter se unusquisque in o dine suo canonice vel regulariter custodiant. Qui au em praesumserit, sciat unusquisque honorem suum perdere. Caeteri vero tale exinde damnum patiatur, t reliqui metum [11] habeant talia sibi usurpare.

20. Ut abbatissae una cum sanctimonia ibus suis se unianimiter [12] aut diligenter infra claus a se custodiant, et nullatenus foris claustra ire pr sumant. Sed abbatissae cum pro posuerint [13] aliquas e sanctimonialibus dirigere, hoc nequaquam, abs ue licentiam et consilium episcopi sui faciant. Si niliter et cum ordinationem aliqua in monasteriis gere debeant, vel aliquas in monasteriis reception s facere, et hoc cum episcopis suis pleniter antea r tractent, et quod salubrius vel utilius fieri disponat episcopi archiepiscopo annuntient, et cum eius con ilio quae agenda sunt perficiantur.

21. Ut presbiteros ac caeteros canon cos quos comites suis [14] in ministeriis [15] habent, on nino eos episcopis suis subiectos exhibeant, ut can nica institutio iubet; de his episcopis suis plenite sub sancta disciplina eos erudire sunt consentien es, sicut nostra gratia vel suos honores habere desid rant.

22. Canonici autem pleniter vitam obs rbent canonicam, et domo episcopali vel etiam m nasteria, cum omni diligentiam, secundum canonica isciplina erudiantur. Nequaquam foris vagari sinan r [16], sed sub omni custodia vibant, non turpis lu i dediti, non fornicarii, non fures, non homicides non raptores, non litigiosi, non iracundi, non lati; non ebriosi, sed casti corde et corpore, humil s, modesti, sobrii, mansueti, pacifici, ut filii Dei igui sint ad sacro ordine promovere. Non per vicos eque per villas ad ecclesiam vicini [17] vel terminante sine magisterio vel disciplina, qui sarabaiti dicun ur, luxoriando vel fornicando, vel etiam caetera i iqua operando quae consentiri absordum est.

23. Presbiteri cleros quos secum haben sollicite praevideant, ut canocice vivant, non inani lusibus, vel conviviis secularibus, vel canticis vel uxoriosis usum habeant; sed caste et salubre vivant.

24. Si quis autem presbiter sive [18] dia onos qui post hoc in domo sua secum mulieres, e tra canonicam licentiam, habere praesumserit, ho orem si-

VARIANTES LECTIONES.

[1] doces. c. [2] olium c. [3] antrifat c. [4] inde c. [5] trimentum c. [6] tela c. [7] Certes c. [8] tele. [9] sumserit c. [10] deest in c. [11] metunt h. c. [12] uanianimiter c. [13] prour c. [14] seu c. [15] misteriis. [16] variismantur c. [17] vini c. [18] sine c.

mul et hereditatem privetur, usque [4] ad nostram praesentiam.

25. Ut comites et centenarii ad omnem iustitiam faciendum conpellent, et iuniores tales in ministeriis [2] suis habeant, in quibus securi confident qui legem adque iustitiam fideliter observent, pauperes nequaquam opprimant, fures, latronesque, et homicidas, adulteros, maliíicos, adque incantatores, vel auguriatrices, omnesque sacrilegos nulla adulatione vel praemium nulloque sub tegmine celare audeat, sed magis prodere, ut emendentur et castigentur secundum legem, ut Deo largiente omnia haec mala a christiano populo auferatur.

26. Ut iudices secundum scriptam legem iuste iudicent, non secundum arbitrium suum.

27. Praecipimusque ut in omni regno nostro, neque dives neque pauper, peregrino nemini hospitia [3] denegare audeant, id est, sive peregrinus propter Deum perambulantibus terram, sive cuilibet iteranti propter amorem Dei et propter salutem animae suae, tectum et focum aqua nemo illi deneget. Si autem amplius eis aliquis boni facere voluerit, a Deo sibi sciant retributionem optimam, ut ipse dixit : *Qui autem susceperit unum parvulum propter me, me suscepit.* Et alibi : *Hospes fui* [4], *et suscepistis me.*

28. De legationibus a domno imperatore venientibus missis directis, ut comites et centenarii praevideant omni sollicitudine, sicut gratia domni imperatori cupiunt, ut absque ulla mora [5] eant per ministeria [6] eorum, omnibusque omnino praecepit, quia hoc debiti sunt, praevidere ut nullam moram nusquam patiatur, sed cum omni festinatione eos faciant ire viam suam, et taliter providentiam suam habeant, ut missi nostri disponant.

29. De pauperinis vero qui in sua elymosyna domnus imperator concedit, qui pro banno suo solvere debent, ut eos iudices, comites, vel missi nostri pro concesso non habeant constringere pro arte [7] sua.

30. De his quos vult domnus imperator, Christo propitio, pacem defensionem habeant in regno suo, ut sunt, qui ad suam clementiam festinant aliquo nuntiare cupientes, sive ex [8] christianis, sive ex paganis, aut propter inopia vel propter famem suffragantia quaerunt, ut nullus eos sibi servitio constringere vel usurpare audeant, neque alienare, neque vindere; sed ubi sponte manere voluerint, sub defensione domni imperatoris ibi habeant suffragia in sua elymosina. Si quis hoc trangredere praesumpserit, sciant se exinde damnum pati, vitam praesumptiosus dispositum iussa domnum imperator [9].

31. Et his qui iustitiam domni imperatoris annuntiant, nihil laesiones vel iniuria quis [10] machinare praesumat, neque aliquid inimicitiae contra eos movere. Qui autem praesumpserit, bannum dominicum solvat. Vel si maioris debiti reus sit, ad sua praesentia perduci iussum est.

32. Homicidia, pro quibus multus Deo perit [11] populus christianus, omni contextatione descrere ac vetare mandamus ; qui ipse Dominus audivit, e [12] inimicitiae suae fidelibus contradixit, multommagis homicidia. Quomodo enim secundum Deum [13] placatum fore [14] confidit, qui filium suum proximum sibi occiderit? Qualiter vero Christum dominum sibi propitium esse arbitretur, qui fratrem suum interfecerit? Magnum quoque et inhabitaculum periculum est cum Deo patre, et Christo coeli terrae dominatore, inimicitias hominum moverctur, quos aliquit tempus latitando [15] effugere potest, sed tamen casu [16] aliquando in manus inimicorum suorum incidit ; Deum autem ubi effugere valet ? cui omnia secreta manifesta sunt, qua temeritate eius iram quis extimat evadere [17] ? Qua ne propter populus nobis ad regendum [18] commissos hoc male pereat, hoc omni disciplina devitare praevidimus ; quia nos nullo [19] modo placatum vel propitius habere, qui sibi Deum iratum non formidaverit : sed saevissima districtione [20] vindicare vellimus qui malum homicidii ausus fuerit perpetrare. Tamen [21] ne etiam peccatum adcrescat, ut inimicitia maxima inter christianos non fiat, ubi suadentes diabulo homicidia contingant; statim reus ad suam emendationem recurrat, totaque celeritate [22] perpetratum malum ad [23] propinquos extincti digna compositionem emendet. Et hoc firmiter banniamus, ut [24] parentes interfecti nequaquam inimicitia super commissum malum adaugere [25] audeant, neque pacem fieri petenti [26] denegare, sed datam fidem paratam compositionem recipere, et pacem perpetuam reddere, reum [27] autem nullam [28] moram compositionis facere. Ubi autem hoc peccatorum merito contingerit, ut [29] quis vel fratres vel propinquum suum occiderit, statim se ad poenitentia sibi compositam sumit, et ita ut episcopus eius sibi disponat absque [30] ulla ambiguitate, sed iuvante Domino perficere suum remedium studeat, et componat occisum secundum legem, et cum propinquis suis se omnino complaceat, et data fidem ullam inimicitiam exinde movere nemo audeat. Qui autem digna emendationem facere contemserit, hereditatem privet usque ad iudicium nostrum.

33. Incestuosum [31] scelus omnino prohibemus. Si quis autem nefanda [32] fornicatione contaminatus fuerit, nullatenus sine districtione gravi relaxetur ; sed taliter ex hoc corrigiantur, ut caeteri metum habeant talia perpetrandi, ut auferetur penitus et inmundita populo christiano, et ut reus ex hoc per poenitentia amittat pleniter sicut ei ab episcopo suo disponatur, et eadem femina in manus parentum sit

VARIANTES LECTIONES.

[1] privet. utrusque *c*. [2] seu *c*. [3] misteriis *c*. [4] pauper neque per nemini inspicia *c*. [5] fuit *c*. [6] ullum orteant *c*. [7] misteria *c*. [8] parte? [9] et *c*. [10] *Fortasse legendum* : damnum pati, quis tam praesumptiosus dispexit iussa domni imperatoris. [11] qui *c*. [12] multis de operi *cod*. [13] i. *c*. odivit, odit, [14] secundum *c*. [15] fovere *c*. [16] ita B. laudando et fugere *c*. [17] causa *c*. [18] ita correa : qui temeritatem eius ira quis exstimat de re *c*. [19] requirendum. [20] ullo *c*. [21] distraatione *c*. [22] ne dest *c*. [23] celaritate *c*. [24] et *c*. [25] a *c*. [26] adauge. fide petendi *c*. [27] rerum *c*. [28] nulla *c*. [29] a *c*. [30] adque *c*. [31] Incertuosum *c*. [32] n. a. f. *c*.

constituta usque ad iudicium nostrum. Si autem iudicium episcopi ad suam emendationem consentire noluerit, tunc ad nostra praesentia perducantur, memores exemplo quod de incestis factum est quod Fricco perpetravit.[1] in sanctimoniali Dei.

34. Ut omnes pleniter bene parati sint quandocunque iussio nostra vel annuntiatio advenerit. Si quis autem tunc se imparatum esse dixerit et praeterierit mandatum, ad palatium perducatur; et non solum ille, sed etiam omnes qui bannum vel praeceptum nostrum transgredere praesumunt.

35. Ut omnes omnino episcopus et presbyteros suos omni honore venerentur in servitio et voluntate Dei; ut incestis[2] nuptiis et se ipsos et caeteros maculare audeant, coiunctiones tacere non praesumat, antequam episcopi presbyteri cum senioribus populi consanguinitatem coniungentium diligenter exquirant; et tunc cum benedictionem iungantur. Ebrietatem devitant, rapacitatem fugiant, furtum non faciant; lites et contentiones adque blasphemia, sive in conviviis sive in complacito, omnino deviterentur[3], sed cum caritate et concordia vibant.

36. Et ut omnes omnino ad omnem iustitia exsequenda et missis nostris sint consentientes; et usum periurii omnino non[4] permittant, qui hoc pessimum scelus christiano populo auferre[5] necesse est. Si quis autem post hoc in periurio probatus fuerit, manum dextera se perdere[6] sciat; tamen ne[7] hereditatem propria priventur usque ad nostrum iudicium.

37. Ut hii qui parricidia vel fratricidia[8] fecerit, avunculum, patruum, vel aliquem ex propinquis occiderint, et iudicium episcoporum, presbiterorum, caeterorumque iudicium obhedire et consentire noluerint; quod ad salutem animae suae iustumque iudicium solvendum missi nostri et comitis in tali[9] custodia coartent ut salvi sint, nec caeterum populum quoinquinent usque dum in nostra praesentia perducatur, et de res propria sua interim nil habeant.

38. Similiter et his fiat qui inlicitis et incestis coniunctionibus reprehensi sunt correcti, et nec se emendare volunt, neque episcopis neque presbiteris

suis obtemperare, et bannum nostrum prae sumat contempnere.

39. Ut in forestes nostras feramina nostra eminefurare audeat, quod iam multis vicibus fieri ontradiximus; at[10] nunc iterum banniamus firm er, ut nemo amplius faciat, sicut fidelitatem nobis p omissa unusquisque conservare cupiat, ita sibi cav at. Si quis autem comis vel centenarius, aut bassus oster, aut aliquis de ministerialibus nostris feramin nostra furaverit, omnino ad nostra praesentia perd cantur ad rationem. Caeteris autem vulgis, qui ips m furtum de feraminibus fecerit, omnino quod ius um est componat, nullatenusque eis exinde aliquis rel xetur. Si quis autem hoc sciente alicui perpetratu , in ea fidelitate conservatam quam nobis promise unt et nunc promittere habent, nullus hoc celare au eat.

40. Novissime igitur ex omnibus decretis ostris nosse cupimus in universo regno nostro et mi sos nostros nunc directos, sive inter ecclesiastico viros, episcopos, abbates, presbiteros, diaconus, can nicos, omnes monachos, sive sanctimoniales, quali unusquisque in suum ministerium vel professione nostra bannum vel decretum habeat conservatum, el ubi civibus ex his dignum sit ex bona voluntate sua gratias agere, vel adiutoria impendere, vel ubi aliqui adhuc sit necessitatis emendare. Simili autem laico , et in omnibus ubicunque locis, si de mundeburde ancto rum ecclesiarum, vel etiam viduarum et orpha orum, seu minimum potentium adque rapina, nec on de exercitali placito instituto, et super ipsis caus s, qualiter praeceptum vel voluntate nostrae sint ob iedientes, vel etiam qualiter[11] bannum nostrum hab at conservatum, qualiterque super omnia unusquis e certamen habeat in sancto servitio Deo seipsum custodire, ut haec omnia bona et bene sunt ad De omnipotentis laudem, et gratias refera us, ut dign m est. Ubi autem aliud inultum[12] esse credimus, s [13] ad emendandum omne studio et voluntate certam n habeamus, ut cum Dei adiutorio hoc ad emend tionem perducamus, et ad nostra aeterna mercedem et omnium fidelium nostrum. Similiter et de comit us vel centenariis ministerialibus nostris inter no omnia supradicta nosse cupimus feliciter.

VARIANTES LECTIONES.

[1] perpetravi c.   incelestis c.   [3] dubitentur c.   [4] inseruit Bal.   [5] offerre c.   [6] semperdere c.   [7] v x deest in c.   [8] fracidia c.   [9] italia c.   [10] ut c.   [11] liter c.   [12] multum c.   [13] sit c.

CAPITULA MISSIS DOMINICIS DATA (An. 802. Mart., Aquis.).

Constat ex annalibus, Carolum ex conventu Aquensi missos suos per omnia regna sua ad iustitias aciendas et sacramenta fidelitatis ab omnibus exigenda transmisisse. Servavit nobis Codex 1 regius Paris ensis, n. 4995, capitula missis per missaticum Parisiense et Rodomense data, caque hic primum integra pu ici juris facimus, cum Baluzius quinque tantum ejus capitula, incertum unde recepta, capitulis missor m per missaticum Senonense immiscuerit. Et haec quidem ediderat ex Codd. 2 Palatino et 3 S. Vincenti ettensis; nos ea quoque ope Codicis 4 regii Parisiensis inter Supplementa latina n. 75 recognita iter m sistimus.

Capitula [a] *missorum per missaticum Parisiense et Ro-*
domense.

ITEM CAPITULA CAROLI IMPERATORIS MAGNI.

1. De fidelitatis iurandum [b] omnes repromittant.
2. De episcopis et reliquis sacerdotibus, si secundum canonicam institutionem vivant, et si canones bene intellegant et adimplent.

3. De monasteriis virorum ubi monachi sunt, si secundum regulam vivant an canonice, et si regulam et canones bene intellegant ubi promissa est.
4. De monasteria puellarum, utrum secundum regulam an canonice vivant, et de claustra earum.
5. De legibus mundanis.
6. De periuria.
7. De homicidia.
8. De adulteria et in icitis causis perpetratis, tam per episcopiis et monasteriis virorum et puellarum, quamque et inter seculares homines.
9. De illis hominibus qui nostra beneficia habent distructa et alodes eorum restauratas. Similiter et de rebus ecclesiarum.
10. De illis Saxonibus qui beneficia nostra in Francia habent, quomodo an qualiter habent condricta.
11. De obpressionibus liberorum hominum pauperum qui in exercitu ire debent, et a iudicibus sunt obpressi.
12. Ut omnes bene parati sint, quomodocumque nostra iussio venerit.

¹ parte *corr.* partis 4.

Capitula missorum per missaticum Senonense.

In primis de Aurelianense civitate ad Segonnam quomodo rectum est, deinde ad Trecas cum Tricassino toto, inde ad Lingones, de Lingonis ad Bissancion in villam parte.¹ Burgundiae, inde vero ad Augustidunum, postea ad Ligerem usque ad Aurelianis, sunt missi Magnus [c] archiepiscopus et Godefridus comes.
1. De fidelitate iusiurandum ut omnes repromittant.
2. De episcopis et reliquis sacerdotibus, si secundum canonicam institutionem vivant, et si canones bene intellegant et adimpleant.
3. De abbatibus, utrum secundum regulam an canonice vivant, et si regulam aut canones bene intellegant.
4. De monasteriis virorum ubi monachi sunt, si secundum regulam vivant, ubi promissa est.

5. De monasteriis puellarum, utrum secundum regulam an canonice vivant, et de claustris earum.
6. De legibus mundanis.
7. De periuriis.
8. De homicidiis.
9. De adulteriis et inlicitis causis perpetratis, tam per episcopia et monasteria virorum et puellarum, quamque inter seculares homines.
10. De illis hominibus qui beneficia nostra habent destructa et alodos eorum restauratos. Similiter et de rebus ecclesiarum.
11. De illis Saxonibus qui beneficia nostra in Francia habent, quomodo aut qualiter habeant condricta.
12. De obpressione liberorum hominum pauperum qui in exercitu ire debent, et a iudicibus sunt obpressi.
13. Ut omnes praeparati sint bene, quandocunque nostra iussio venerit.

VARIANTES LECTIONES.

NOTÆ.

[a] Flodoardus, lib. II. Historiæ Rhemensis, cap. 18, docet Wlfarium archiepiscopum Rhemensem constitutum fuisse missum super totam Campaniam et pagos aliquot ibi nominatos. Præstat integrum locum hic describere, qui magnam lucem afferet huic capitulari. « Tilpinum sequitur Wlfarius, qui ab imperatore præfato Magno Carolo missus dominicus ad recta judicia determinanda fuerat ante episcopatum constitutus super totam Campaniam, in his quoque pagis, Dolomense scilicet, Vogense, Castricense, Stradonense, Catalaunense, Otmense, Laudunense, Vadense, Portiano, Tardunense, Suessionense; sicut et alii quidam sapientes et Deum timentes habebantur abbates per omnem Galliam et Germaniam a præfato imperatore delegati, quo diligenter inquirerent qualiter episcopi, abbates, comites, et abbatissæ per singulos pagos agerent, qualem concordiam et amicitiam ad invicem tenerent, et ut bonos et idoneos vicedominos et advocatos haberent, et undecumque necesse fuisset, tam regias quam Ecclesiarum Dei justitias, viduarum quoque et orphanorum, sed et cæterorum hominum inquirerent et perficerent, et quodcumque emendandum esset emendare studerent in quantum melius potuissent, et quod emendare per se nequivissent, in præsentiam imperatoris adduci facerent, et de his omnibus eidem principi fideliter renuntiare studerent. Residens igitur præfatus vir illustris Wlfarius ad injuncta sibi definienda judicia cum quibusdam comitibus in mallis publicis, res quasdam Remensi ecclesiæ, sed et mancipia nonnulla vel colonos reimpetrasse, ac legibus per ecclesiæ advocatos evindicasse reperitur. » Idem missus dominicus eadem tempestate fuit in Rhætia, ut docet Rupertus monachus Sangallensis in loco paulo ante laudato. Fortassis cum Unfredo Retiarum comite, cujus mentio exstat in charta Sangallensi apud Goldastum in tomo secundo Rerum Alamanicarum, pag. 81. Arno, Juvavensis archiepiscopus, hoc missaticum implevit in Bajoaria una cum Adalwino coepiscopo ejus, episcopo nimirum Ratisbonensi, et Orendillo judice, ut docent veteres chartæ editæ in tomo tertio metropolis Salisburgensis, pag. 321 et 322. BALUZ.

[b] Rhætos repromisisse patet ex veteri charta Sangallensi quæ exstat apud Goldastum in tom. II Rerum Alamannicarum, pag. 81: « Per ipsum sacramentum quod domno nostro datum habemus. » Item Bajoarii, ut legitur in tomo III metropolis Salisburgiensis, pag. 522: « Per sacramentum fidelitatis quod domino Carolo imperatori ipso præsente Arno juraverunt. » Hinc ergo colligitur cæteros quoque Francici imperii populos idem sacramentum præstitisse. BALUZ.

[c] Senonensis. ID.

13. De navigia praeparandum circa litoralia maris.

14. De liberis hominibus qui circa maritima loca habitant, si nuntius venerit ut ad succurrendum debeant venire, et hoc neglexerit, unusquisque solidos viginti conponat, mediaetatem in dominico, medietatem ad populum. Si ictus [1] fuerit, solidos quindecim conponat ad populum, et fredo dominico.

15. De legationibus ad nos venientibus, et de missis a nobis directis.

16. De his quos volumus ut pacem habeant et defensionem per regna, Christo propitio, nostram.

17. De illis hominibus qui propter nostram iustitiam adnunciantes occisi sunt.

18. De decimis ed nonis atque iustitia [2] aecclesiarum Dei dare et omnes dare studeant.

19. De banno domno imperatoris et regis an per semetipsum consuetus est bannire, id est de mundeburde aecclesiarum, viduarum, orfanorum, et de minus potentium atque rapto, et de exercitali placito instituto. Ut hii qui ista inrumperint, bannum dominicum omnimodis conponant.

20. Ut diligenter inquirant inter episcopis, abbatis, sive comites, vel abbatissas, atque vassos nostros, qualem concordiam et amicitiam ad invicem habeant per singula ministeria, an si aliqua discordia inter ipsos esse videtur, et omnem veritatem in eorum sacramento nobis exinde renuntiare non neglegent. Ut omnes habeant bonos vicedominuos et advocatos.

21 [a] In Parisiaco, Melciano, Melidunense, Provinense, Stampinse, Carnotinse, Pinciacense,[b] Fardulfus et [c] Stephanus. Insuper totum undecumque necesse fuerit, tam de iustitiis nostris, quamque [3] et iustitias ecclesiarum, viduarum, orfanorum, pupillorum, et ceterorum hominum, inquirant et perficiant. Et quodcumque ad emendandum invenerint, emendare studeant in quantum melius potuerint. Et quod per se emendare nequiverint, in praesentia nostra [d] adduci faciant.

In Cenomanico, Hoxonense, Livino, Baiocasim, Constantino, Abrincadin, Ebrecino, et Madricinse, et de illa parte Sequanae Rodomense, [e] Magenardus episcopus et [f] Madelgaudus.

14. De legationibus ad nos venientibus, et e missis a nobis directis.

15. De his quos volumus ut pacem habean et defensionem per regna, Christo propitio, nostra

16. De illis hominibus qui iustitiam nostr m adnuntiantes occisi sunt.

17. De decimis et nonis atque iustitia e lesiarum Dei, ut [4] dare et emendare studeant.

18. De banno domni imperatoris Karoli, od per semetipsum consuetus est bannire, id est de undoburde [5] ecclesiarum, et viduarum, orfanor, et de minus potentium, atque rapto, et de exercita placito instituto, ut hi qui ista inrumperint, bann n dominicum omnimodis componant.

19. De omni re insuper totum undecunqu necesse fuerit, tam de iustitiis nostris, quamque ustitiis ecclesiarum Dei, viduarum, orphanorum, upillorum, et ceterorum hominum, inquirant et pe ciant. Et quodcunque ad emendandum invenerint, emendare studeant in quantum melius potuerint. t quod per se emendare non potuerint, in praesenti nostram adduci faciant.

[g] Sacramentale qualiter promitto ego, quo ab isto die inantea fidelis sum domno Karolo piissi o imperatori, filio Pippini regis et Berthanae reg ae, pura mente, absque fraude et malo ingenio e mea parte ad suam partem, et ad honorem regni ui, sicut per drictum debet esse homo domino s o. Si [6]

VARIANTES LECTIONES.

[1] litus? [2] castitia c. [3] proqua c. [4] ut omnes d. Bal. [5] ita sea corr. mundiburgio 4. 55. [6] i e. Sic.

NOTÆ.

[a] Hæc non exstant in codicibus Palatino et Metensi, et sumpta sunt ex eodem apographo Sirmondi. B LUZ.
[b] Assentior clarissimo scriptori Annalium ecclesiæ Francorum, qui locum hunc explicat de Far lfo abbate sancti Dionysii. ID.
[c] Comes Parisiensis. ID.
[d] Istud observatum reperio a Wlfario Rhemensi archiepiscopo, qui missus dominicus ea tempes ate fuit in Rhætia. Rupertus monachus in lib. de Origine et Casibus monasterii S. Galli, cap. 5: « Hor tus est eos ut per aliquem fidum hominem eamdem firmitatis chartam domno imperatori dirigerent. » BAL z.
[e] Rothomagensis, cujus mentio in capite octavo Francofordiensi. ID.
[f] Frater fortassis Angilberti abbatis Centulensis, cujus fratres fuisse Madhelgaudum et Richardu tradit Nithardus Angilberti filius in libro quarto de dissensionibus filiorum Ludovici Pii. Hi vero tres f tres ut idem ait, apud Carolum Magnum merito habebantur. ID.
[g] Exstat inter formulas Lindenbrogii, cap. 40. Putavit autem Andreas Duchesnius ista p rtinere ad annum 770, quia videbat ea acta fuisse anno secundo Caroli. Certum est tamen revocanda esse ad annum 802. ID.

me adiuvet Deus et ista sanctorum patrocinia quae in hoc loco sunt, quia diebus vitae meae per meam voluntatem, in quantum mihi Deus intellectum dederit, sic attendam et consentiam.

Item aliud. Sacramentale qualiter repromitto ego domno Karolo piissimo imperatori, filio Pippini regis et Berthane, fidelis sum sicut homo per drictum debet esse domino suo, ad suum regnum et ad suum rectum. Et illud sacramentum quod iuratum habeo, custodiam et custodire volo, in quantum ego scio et intellego, ab isto die inantea. Si me adiuvet Deus, qui coelum et terram creavit, et ista sanctorum patrocinia.

CAPITULA EXCERPTA (An. 802, Mart., Aquis).

Capitula haec a Baluzio ex schedis Jacobi Sirmondi primum edita, proxime ad capitulare superius referenda sunt. Pauca enim exhibent, quae in eo atque in capitulari an. 789 eccl. iisdem verbis non legantur.

1. [Cap. 2] Ut eorum qui ad ordinandum veniunt, fides et vita et scientia prius ab episcopo discutiantur.
2. [Cap. 3] Ut fugitivi clerici et peregrini a nullo recipiantur sine commendatitiis litteris.
3. [Cap. 4] Ut presbyteri, diaconi, vel caeteri clerici mulierem extraneam in domo sua non habeant.
4. [Cap. 14] Ut monachi et clerici tabernas non ingrediantur, edendi vel bibendi causa.
5. [Cap. 16] Ut ignota angelorum homina nec fingantur nec nominentur.
6. [Cap. 17] Ut mulieres ad altare non ingrediantur.
7. [Cap. 20] Ut canonici libri tantum legantur in ecclesia.
8. [Cap. 21] Ut nullus per pecuniam ordinetur.
9. [Cap. 22] Ut monachus vel clericus ad secularia negotia non transeat.
10. [Cap. 24] Ut clerici de civitate ad civitatem non transmigrentur.
11. [Cap. 25] Ut nullus absolute ordinetur.
12. [Cap. 26] Ut clerici et monachi in suo proposito permaneant.
13. [Cap. 28] Ut clerici inter se negotium habentes a suo episcopo diiudicentur, non a secularibus.
14. [Cap. 29] Ut clerici et monachi insidias contra pastorem suum non faciant.
15. [Cap. 31] Ut [2] loca quae semel Deo dedicata sunt ut monasteria sint, maneant perpetuo monasteria, nec possint ultra fieri secularia habitacula.
16. [Cap. 37] Ut nullus presbyter contra suum episcopum superbire audeat.
17. [Cap. 38] Ut clerici ecclesiastici ordinis, si culpam incurrerint, apud ecclesiasticos iudicentur, non apud seculares.
18. [Cap. 59] Ut qui commodaverit pecuniam, pecuniam accipiat. Si speciem aliam, eandem speciem, quantum dederit, accipiat.
19. Ut [2] ante viginti quinque annos aetatis nec diacones ordinentur, nec virgines consecrentur.
20. Ut [3] virgines Deo sacratae simul habitantes invicem se custodiant, nec passim vagando ecclesiae laedant existimationem.
21. [Cap. 42] Ut falsa nomina martyrum non venerentur.
22. [Cap. 43] Ut nec uxor a viro dimissa alium accipiat, vivente viro suo, nec vir aliam accipiat, vivente uxore priore.
23. [Cap. 48] Ut ecclesiastica ieiunia sine necessitate rationabili non solvantur.
24. [Cap. 50] Ut nullatenus presbyter ante trigesimum aetatis suae annum ordinetur.
25. [Cap. 55] Ut nulli sacerdotum liceat ignorare sanctorum canonum instituta.
26. [Cap. 57] Ut nullus episcopus ad clericatus officium servum alterius, sine domini sui voluntate, promovere praesumat.
27. [794, 51; 802, 1, 10] Ut episcopi et reliqui sacerdotes canones bene intelligant, et secundum canonicam institutionem vivant.
28. [789 ec., c. 69] Ut episcopi diligenter discutiant per suas parochias presbyteros, eorum fidem, baptisma, et missarum celebrationes, et ut fidem rectam teneant, et baptisma catholicum observent, et missarum preces bene intelligant, et ut psalmi digne secundum modulationes versuum modulentur.
29. [Cap. 60] Ut fides catholica ab episcopis et presbyteris diligenter legatur, et omni populo praedicetur. [Cap. 68] Et dominicam orationem ipsi intelligant et omnibus praedicent intelligendam, ut quisque sciat quid petat a Deo.
30. Ut omnis populus christianus fidem catholicam et dominicam orationem memoriter teneat.
31. [Cap. 61] Ut inter episcopos, abbates, comites, iudices, et omnes ubique seu maiores seu minores personas, pax sit et concordia et unanimitas; quia nihil Deo sine pace placet.
32. Ut abbates canonici canones intelligant et canones observent, et clerici canonici secundum canones vivant.
33. Ut abbates regulares et monachi regulam intelligant, et secundum regulam vivant.
34. Ut abbatissae canonicae et sanctimoniales canonice secundum canones vivant, et claustra earum ordinabiliter composita sint.
35. Ut abbatissae regulares et [4] sanctimoniales in monachieo proposito existentes regulam intelligant et regulariter vivant, et claustra earum rationabiliter disposita sint.
36. [Cap. 70] Ut ecclesia Dei suum habeat honorem; simul et altaria secundum suam dignitatem venerentur. Et non sit domus Dei et altaria sacra pervia canibus. Et ut secularia negotia vel vaniloquia in ecclesiis non agantur.

VARIANTES LECTIONES.

[1] inter K. M. leges Langob. Mur. c. 135. [2] ex Conc. Carth. c. 16. ad cap. 789. I. 58. laudato. [3] Conc. Afric. c. 11. unde cap. 39. capitularis an. 789. Eccl. [4] *deest apud Bal.*

37. [Cap. 69] Ut presbyteri et diacones vel reliqui clerici arma non portent, sed magis confidant in defensione Dei quam in armis.

38. [Cap. 62] Ut quibus data est potestas iudicandi, iuste vel iudicent, non muneribus, quia munera excaecant corda prudentium. Et ut iudices ieiuni causas iudicent [1] et discernant.

39. [Cap. 63] Ut omnes caveant periurium, non solum in sancto euangelio, vel in altare, seu in sanctorum reliquiis, sed et in communi loquela. Et ut qui in sanctis habet iurare, hoc ieiunus faciat cum omni honestate et timore Dei. Et qui semel periuratus fuerit, nec testis sit post haec, nec in sua causa nec in alterius iurator existat.

40. [Cap. 64] Ut nemo sit qui ariolos sciscitetur vel somnia observet, vel ad auguria intendat: nec sint malefici, nec incantatores, nec phitones, cauculatores, nec tempestarii, vel obligatores. Et ubicunque sunt, emendentur vel damnentur.

41. [Cap. 64] Ut observationes quas stulti faciunt ad arbores vel petras, vel fontes, ubicunque inveniuntur, tollantur et destruantur.

42. [Cap. 66] Ut homicidia infra patriam nec causa ultionis, nec avaritiae nec latrocinandi, non faciant. Et non occidatur homo, nisi lege iubente.

43. [Cap. 67] Ut furta et iniusta connubia et inlicitae causae prohibeantur.

44. [Cap. 73] Ut aequales mensuras et rectas et pondera iusta et aequalia omnes habeant. Et [2] qui antea dedit tres modios, modo det duos.

45. [Cap. 78] Ut mangones et cociones et nudi homines qui cum ferro vadunt, non sinantur vagari et deceptiones hominibus agere.

46. [Cap. 80] Ut opera servilia diebus dominicis non agantur. Et ut dies dominica a vespera ad vesperam celebretur.

47. Ut [a] omnes fidelitatem promittant domno imperatori.

48. [Ib. cap. 5?] Ut comites et iudices confi antur qua lege vivere debeant, et secundum ipsa iudicent.

49. [Cap. 9] Ut beneficia domni imperatori et ecclesiarum considerentur, ne forte aliquis odem suum restaurans beneficia destruat.

50. (Cap. 10] Ut beneficia Saxonum in rancia considerentur qualiter condirecta sint.

51. [Cap. 11] Ut liberi homines pauperes a nullo iniuste opprimantur.

52. [Cap. 12] Ut omnes parati sint quand cunque domni imperatoris iussio venerit.

53. [Cap. 15] Ut missi ad domnum impe atorem venientes, et ab eo directi, honorabiliter susci iantur.

54. [Cap. 16] Ut ii qui in mundeburde do ni imperatoris sunt, pacem et defensionem ab mnibus habeant.

55. [Cap. 17] Ut inquiratur si aliquis ho o propter iustitiam domni imperatoris annunti o occisus sit, vel aliquid mali passus sit.

56. [Cap. 18] Ut ii qui per beneficium do ni imperatoris ecclesiasticas res habent, decima et nonam dare et ecclesiarum restaurationem fa ere studeant.

57. [Cap. 19] Ut bannus quem per se etipsum domnus imperator bannivit, sexaginta solid s solvatur. Caeteri vero banni quos comites et i ices faciunt, secundum legem uniuscuiusque comp nantur.

58. [Cap. 20] Ut omnes bonos et idoneo vicedominos et advocatos habeant et iudices.

59. [Cap. 20] Ut missi nostri, undecunqu necesse fuerit, tam de iustitiis ecclesiarum Dei, uarum, orphanorum, pupillorum et caeterorum h minum, inquirant et perficiant, et quodcunque ad endandum invenerint, emendare studeant in qua tum melius potuerint. Et quod per se emendare ne verint, in praesentiam nostram adduci faciant.

VARIANTES LECTIONES.

[1] audiant 789. 1. 61.   [2] Quæ sequuntur, l. c. non habentur.

NOTÆ.

[a] Cf. Cap. per missat. Rotomag. (Supra col. 233), cap. 1.

ADMONITIO GENERALIS.

Capitulare superius (Col. 223-232) in Cod. Paris. 4613 excipiunt paucæ ilineæ, a Baluzio pro capite 1 habitæ sed amissa Codicis parte reliqua imperfectæ, et quæ ad capitulare ipsum non pertineant. Deperdi am vero partem exscripsi ex Codice Cavensi, et apparet esse orationem imperatoris, qua proceres conven u soluto domum redire jubet. Habitam esse in fine conventus superioris, tum ex loco quo in Codice Parisi nsi legitur, tum vero ex iis quæ sub finem ducimus, comitibus et judicibus de justitia facienda ingerun r, effici videtur. Innumera sermonis vitia, cuique harum rerum perito intellectu non difficilia, tollere nol i. Numerus 1 Codicem Cavensem, 2 Parisiensem indicat.

AMMONITIONEM DOMNI CAROLI IMPERATORI.

Audite [1], fratres dilectissimi, pro salute vestra [2] huc [3] missi sumus [4], ut admoneamus vos [5], quomodo secundum Deum iuste est bene vibatis, et secundum hoc seculum [6] cum iustitia, et cum misericordia conversemini [7]. Ammoneo vos in primis, ut c edatis in unum Deum omnipotentem Patrem et Fili et Spiritum sanctum. Hic est unus Deus [8] et ver s, perfecta trinitas et vera unitas [9], Deus creator [10] o um visibilium et invisibilium, in quo est salus ostra, et

VARIANTES LECTIONES.

[1] Audistis 1. [2] salutem nostram corr. salute nosira 1. [3] hunc 1. 2. [4] missum, ut 2. [5] nos 1. [6] deest 2.
[7] conuertimini 1. conversemur 2. [8] unum deum 1. [9] et v. u. deest 1. [10] Creator usque auc r deest 2.

auctor omnium bonorum nostrorum. Credite filium Dei pro salute mundi hominem factum, natum [1] de Spiritu sancto ex virgine Maria. Credite quod pro salute nostra mortem passus est, et tertia die resurrexit a mortuis, ascendit in celos, sedens ad dexteram Dei. Credite eum venturum [2] ad iudicandum vivos et mortuos, et tunc reddet unicuique secundum opera sua. Credite unam Ecclesiam, id est congregationem bonorum hominum, per totum orbem terre; et scitote quia illi soli salvi esse poterunt, et illi soli ad regnum Dei pertinent, qui in istius [3] aecclesiae fidem [4] et communionem et caritatem perseverent [5] usque in finem; qui vero pro peccatis [6] suis excommunicantur ab istam ecclesiam, et non convertantur ad ea per penitentiam, non possunt ob saeculo aliquid Deo acceptavilem facere. Confidite [7], quod in baptismum omnium peccatorum remissionem suscepisti. Sperate Dei misericordia quod cotidiana peccata nostra per confessionem et penitentiam redimantur. Credite resurrectionem omnium mortuorum, vitam eternam. Impiorum ad supplicium eternum. Hec est ergo fides nostras, per quam salvi eritis, si eam firmiter tenetis, et bonis operibus adimpletis, quia fides sine operibus mortua est, et opera sine fidem etiam si bona sunt Deo placere non possunt. Primum ergo diligite Deum omnipotentem, ex toto corde, et ex omnibus viribus vestris, et quicquid potestis scire quod Deo placet, illum semper agite quantum potestis per Dei adiutorium : qui vero Deo contrarii sunt, fugite; qui enim dicit Deum diligere, et mandata eius non servat, mendax est. Diligite proximos vestros sicut vos ipsos, et aelemosina facite pauperibus secundum vires vestras. Peregrinos suscipite in domos vestras, infirmos visitate, in is qui in carceribus sunt, misericordiam prevete; nulli malum quantum hac vere potestis faciatis; ne his qui faciunt ut consentiatis : non solum enim faciunt rei sunt, sed qui consentiunt faciendi. Dimittite vobis invicem debita vestra sicut vultis quod vobis Deus dimittat vestra peccata. Redimite captivos, adiuvate iniuste oppressis, defendite viduas et orphanos; iuste iudicate; iniqua non consentitis; ira longa non teneatis; ebrietates et commessationes superfluas fugite. Humiles et benignus estote inter vos; domini nostri fideliter serviatis; furta et periuria ne faciatis, nec consentiatis facientibus. Hodia et invidia violingue [8] separant a regno Dei. Reconciliate citius ad pacem inter vos; quia humanum est peccare, angelicum est emendare, diabolicum est perseverare in peccato. Ecclesiam Dei defendite, et causa eorum adiuvate, ut fieri possint pro vobis orare sacerdotes Dei. Quod Deo promisistis in baptismo, recordamini; abrenuntiastis diabolo per operibus eius;

nolite ad eam reverti quibus abrenuntiasti, sed permanete [9] in Dei voluntate sicut promisisti, et eum diligite qui vos creauit, et quo omnia bona habuistis. Unusquisque in eo ordine Deo serviat fideliter in quo ille est. Mulier sint subiecti viri sui, in omni bonitate et pudicitia, custodiant se a fornicatione, et beneficiis [a], et abaritiis, quoniam qui hec facit, Deo repugnant. Nutriant filios suos in Dei timore, et faciant aelemosinas ex tantum, quantum habet hilarem mentem, et bona voluntatem. Viri diligant uxorem suam, et inhonesta [10] verba non dicat ei; guberne domus suas; in bonitate conveniant ad aecclesia frequentius. Reddant hominibus que debent sine murmurationem, et Deo que Dei sunt cum bona voluntate. Filii diligant parentes suos, et honoret illos. Non sint illi inobedientes, caveant se a furtis et homicidiis et fornicationibus; quando ad legitima etate veniunt, legitimam ducat uxorem. Nisi forte illi plus placeant in Dei servitio intrare. Clerici, canonici, episcoporum suorum diligenter obediant mandata sua; gira non sint de loco ad locum. Negotiis secularibus se non inplicent. In castitate permaneant, lectio sanctorum scripturarum frequenter ammonet Dei intendant, aecclesiastica diligenter exerceant. Monachi qui Deo promiserunt custodiant, nichil extra abbati sui preceptum faciat; turpi lucrum non faciant. Regula memoritur teneat et firmiter custodiat, scientes preceptum quod multis melius est non votum vobere, quam post votum non reddere. Duces, comites, et iudices, iustitiam faciat populos, misericordiam in pauperes, pro pecunia non mutet aequitates, per odia non damnent innocentes. Illa apostolica semper in corde teneantur, qui ait : *Omnes nos stare oportet ante tribunal Christi, ut recipiant unusquisque prout gessit, siue bonum siue malum.* Quod Dominus ipse ait : *In quo iudicio iudicabitis, iudicabitur de uobis.* Id est : misericorditer agite, ut misericordiam recipiatis a Deo. *Nichil occultum quod non sciatur, neque opertum quod non reueletur. Et pro omni otioso uerbo reddimus rationem in die iudicii.* Quanto magis faciamus omnes cum adiutorio, ut cum Deo placere possit in omnibus operibus nostris, et post hac vita presentem gaudere mereamur cum sanctis Dei in eternum. Brebis est ista vita, et incertum est tempus mortis; quid aliut agendum est, nisi ut semper parati sumus. Cogitemus quam terribilis est incidere in manu Dei. Cum confessione et penitentia, et elemosinis, misericors est Dominus, et clemens; si viderit [11] nos ex toto corde ad se convertere, statim miserebitur nostris, ut possent nobis misericordiam suam; et concedo nobis ista vita prospera, et futura cum sanctis suis in eternum. Deus vos conservet [12], dilectissimi fratres.

VARIANTES LECTIONES.

[1] *deest* 1. [2] *e. v. deest* 1. [3] qui initium 1. [4] sedis 2. [5] *reliqua, quaterníone deficiente, desunt in* 2. [6] *vocem inserui, deest in* 1. [7] dite 1. [8] violenta? [9] permane 1. [10] honesta 1. [11] videris 1. [12] conserne 1.

NOTÆ.

[a] l. e., veneficiis.

CAPITULARE LANGOBARDICUM (An. 802, Mart., Aquis).

Edimus capitulare hoc ex Codicibus : 1. Chisiano et, 2. Cavensi, subjectis lectionibus Codic Ambrosiani, reliquorumque qui leges Langobardicas [a] exhibent. Legitur in Codicibus inter leges Caroli, ed capitibus 3 et 5 a Pippino rege promulgatum fuisse efficitur. Anno 802 ascripsi quod ejus capitula 2 e 3 et in capitulis Franciris ejusdem temporis occurrant, aliaoue, e. g., de decimis in capitularibus Pippini mox sequentibus innui videantur.

INCIPIT KAPITULA, QUALITER DOMNUS REX AD PLACITUM SUUM FIDELIBUS [1] SUIS AMMONUIT.

1. Volumus atque ammonemus [2], ut episcopi suum in omnibus iuxta vires peragere studeant ministerium in parrochiis eorum, et ut predicationem et confirmationem ibidem expleant. Et ut de monasteriis quae infra eorum parrochia sunt, vigilanter curent, ut canonici secundum canones, regulares secundum regulam vivant : et ubi aliter quam ordo poposcit invenerint, emendare studeant; et si emendare nequiverint, nobis renuntient.

2. Ut abbates qui monasteriis regularibus [3] presunt, volumus atque iubemus, ut secundum regulam vivant et doceant; et de subiectis de hoc quot [4] quot [5] illis et carnaliter et spiritualiter ministrare procurent [6] et vigilantiam habeant.

3. Ut abbates qui canonicam debent normam, illis [7] similiter suis prevideant clericis, sicut ordo canonicus docet, et iuxta vires certent, qualiter ipse ordo ibidem servetur, et officium debitum ipsi explere queant; et ubi opus est, sua monasteria emendare procurent. Et ut abbates monasteria sibi commissa magis frequentare delectent, et suos clericos instruant, ut Dei servitium expleant [8] et ordinem suum custodiant, quam per cetera delectamenta voluntatum [9] saecularium vacare non sinant [10], nisi forte contingat eos in servitio domni imperatoris nostrumque esse occupatos : et hoc ad tempus erit, non semper.

4. Ut comites pleniter iustitiam diligant, et iuxta vires expleant, et iustitiam sanctae Dei ecclesiae vigilanti cura instent [11], et orfanorum viduarum pauperum et omnium qui in eorum ministerio commanent et de quacumque causa ad eos venerit querella, plenissima et iustissima deliberatione diffinire decertent; et sicut rectius et iustius est, ita agant; et ut primitus ad placita eorum orfanorum et viduarum nec non et pauperum causas deliberent; nec propter aliqua dilatione eorum iustitia a iudicibus dilatetur.

5. Volumus ut episcopi et comites concordiam et dilectionem inter se habeant, ad Dei et sanctae aecclesiae protractatum [12] peragendum, ut episcopus suo comiti ubi ei necessitas poposcerit, a iutor et exortator existat, qualiter suum minister um explere possit. Similiter et comis faciat con ra suum episcopum, ut in omnibus illi adiutor sit, qualiter infra suam parrochiam canonicum possit a mplere ministerium.

6. Praecipimus etiam comitibus et omnib s fidelibus domni imperatoris nostrique [13], ut icumque de rebus aecclesiae beneficia habent, pleni er [14] nonas et decimas ad ipsas ecclesias donent a sque ulla deminoratione aut dilatione, in quan melius possunt; et iuxta possibilitatem [15] quando ecessitas exigit [16], de opera ad ipsas ecclesias res urandas adiutorium [17] faciant.

7. Et vos episcopi, qui omnium [18] vos onas et decimas accipitis, in vestra providentia it, qualiter ecclesiae et cappellae quae in vestra arrochia sunt emendentur, et luminaria eis prae eatis, et ut presbyteri in eis vivere possint.

8. Ut nemo alterius clericum sine co mendatticiis aut dimissoriis litteris recipere audeat.

9. Ut episcopi et abbates per sinodochia t monasteria eorum ospitalem [19] ubi antiquitus fui , faciant, et summopere curent ut nullatenus p aetermittantur.

10. Ut vassi et austaldi [20] nostri in vest is ministeriis, sicut decet, honorem et plenam iust tiam habeant; et si presentes [21] esse non possunt, suos advocatos habeant, qui eorum res ante co item defendere possint; et quicquid eis queritur, iustitiam faciant.

11. Volumus ut advocati in presentia c mitis eligantur, non habentes fama mala, sed tales eligantur quales lex iubet eligere

12. Volumus etiam atque iubemus, ut mites et eorum iudices non dimittant [22] testes habe tes mala fama testimonium perhibere, sed tales eli antur qui testimonium bonum habeant inter suos agenses. Et primum per ipsos iudices inquirantur, t sicut ab aliis [23] iudices [24] rectius inquirere potueri t, ita faciant, non voluntas malorum hominum ssensum praebentes; ut et ipsi comites vel eoru iudices, quos [25] noverunt causa de qua inter eos a tur com-

VARIANTES LECTIONES.

[1] fidibus *cod.* [2] *iubemus* A. V. Vn. *et rel.* [3] *deest* 2. [4] *deest* 2. [5] *quod* 2. [6] *curent* . decurent 1. [7] *illius* 2. [8] et... expleant *deest* 2. [9] *uoluntatem.* 1. [10] *sinat* 1. *desinant* 2. [11] in istant *ed.* [12] *protractum Est.* pertractatum *Mur.* [13] *fidelibus nostris Mur.* [14] p. secundum morem regi nis nonas et d. *Mur.* [15] possunt et i. p. suam *V. Vn.* [16] exigerit detur ò. ad *M.* [17] r. et à. *M.* [18] in o nibus *M.* [19] ospitales 2. [20] castaldi 2. [21] presens 2. [22] *lege* admittant. [23] yssos 2. illis *M. Est.* [24] dee t in *Est.* [25] quomodo *Est.* qui *M.*

NOTÆ.

[a] Capita 1, 4-9, 11-15. 17-21. leguntur apud Murat. inter leges Caroli capp. 57-64, 67-74, 3-75, 77,

perta [1] esse, sine blandimento ipsius qui causam habet faciant [2] ad eandem causam venire, et per eorum inquisitionem fiat definita. Et iubemus, ut testimonia ab invicem separentur, sicut lex iubet; quia si ita agant, multi falsi testes possunt convinci [3].

13. Sed et hoc volumus, ut comites plenam iustitiam de latronibus faciant per eorum ministeria, et ut malefactores et fures non patiantur quietos residere, sed semper eos, in quantum valent, infestent.

14. Ut ante vicarios nulla criminalis actio diffiniatur, nisi tantum leviores causas quae facile possunt diiudicari; et nullus in eorum iudicio aliquis in servitio hominem conquirat, sed per fideiussores [4] remittatur usque in praesentiam comitis. Et ingenuos homines nulla placita faciant custodire, postquam illa tria custodiant placita quae instituta [5] sunt, nisi forte contingat, ut aliquis aliquem accuset; excepto illos scabinos qui cum iudicibus residere debent.

15. Volumus, ut sicut nos omnibus legem observamus, ita et omnes [6] nobis legem conservare faciant, et plenam iustitiam in eorum ministeriis, quicquid ad nos pertinet, facere studeant.

16. Iubemus [7] enim, ut propter ullam districtionem quem nos facere iubemus aut quibuslibet cau-

A sis servi non mittantur in districtionem, sed per missos nostros vel domini [8] eorum aut illorum advocati [9] ipsos servos [10] distringant [11], et ipsi [12], sicut lex iubet, rationem pro servos reddant, utrum culpabiles sint, an non. Ipsi vero domini distringant et inquirant servos suos, sicut ipsi amant.

17. Ut nemo pedicas in foreste [13] dominica [14] nec in quolibet [15] loco tendere praesumat. Et hoc si ingenui perpetraverint, bannum dominicum solvant; si servi, domini illorum emendent sicut lex est [16].

18. Ut nemo praesumat quis hominem [17] vendere aut comparare nisi in [18] praesentia comitum aut missorum illorum, et [19] ut nemo audeat in furto mancipia emere et in aliam regionem occulte ducere; ubi vero repertum fuerit, legali sententiae subiaceat.

B 19. Ut nemo forcapium [20] de mancipiis aut de qualibet causa recipere praesumat, sicut saepius domnus imperator commendavit [21].

20. Ut mancipia adventitia et fugitiva nullus recipere praesumat.

21 [22]. De mannire vero nisi de ingenuitate aut de hereditate non sit opus observandum; de ceteris vero inquisitionibus [23] per districtionem comitis ad mallum veniant, et iuste examinentur ad iustitiam faciendam. Comites vero non semper pauperes per placita opprimant.

VARIANTES LECTIONES.

[1] aperta 2. coopertam *M. Est.* [2] f. testes *Est. M.* [3] c. si non interrogatis fuerint. et condixiuncti 2. si interrogati fuerint separatim A. *V. Vn. E.* [4] fides 1. fidem 2. fideiussores *M.* [5] instructa 1. [6] o. comites *V. Vn. E. M.* (c. nostri). [7] Iubemus—facere deest 2. [8] domine A. domino V. [9] advocatos *V.* [10] servos—pro *deest* 2. ipsi serui V. [11] distringantur A.V. [12] i, domini s.V. [13] foresta 2. foresto *M.* [14] dominice 1. dominico *M.* [15] q. regali 1. A? *V. Vn. E. M.* [16] est, id est ut CXX ictus accipiat servus V. *Vn. E.* [17] hominum 1. [18] deest 1. 2. [19] hucusque caput deest in *M.* [20] fur capiant 2. furem camphium *V. Vn. Est. M.* [21] c. in verbis, non lege. *V. Vn. E.* [22] item al. kap. de mannire uero 2. [23] rebus *V. Vn.* causis *Est. M.*

CAPITULARE GENERALE AQUENSE (An. 802, Oct., Aquis).

Mense Octobri magnum Carolus iterum congregavit conventum, quo et ecclesiastica et secularia imperii negotia tractaret. Amplissimum ea de re testimonium annales Laureshamenses et Moissiacenses praebent, referuntque (generalem imperatoris jussionem exiisse super omnes episcopos, abbates, presbyteros, diacones et universum clerum, ut clerici secundum canones, monachi secundum regulam sancti Benedicti viverent, ejusque ad normam vitiis prioribus emendatis, officium quoque secundum morem Romanae ecclesiae psallerent et scholas cantorum construerent. Quo tempore et ducibus comitibus et reliquo Christiano populo una cum legislatoribus congregatis, imperator omnes leges in regno suo legi, explicari et emendari fecit, edixitque ut judices per scriptum judicarent, et absque munerum acceptione, uniculque justitiam tribuerent. » Cujus conventus acta cum hucusque non prodiissent, jam 1 ex Codice bibliothecae ducalis Guelferbytanae Blankenburgensi *jussionem generalem*, quae hic referenda videtur, 2 tum ex codice bibliothecae regiae Monacensis inter S. Emmerammi Ratisbonenses G. 444 signato, primisque saeculi IX annis exarato *capitulare examinationis* presbyterorum, canonicorum, abbatum, laicorumque; 3 ex Codicibus duobus bibl. regiae Monacensis inter Codd. Frisingenses, saeculo IX et X exaratis *capitula de iis quae omnes ecclesiastici discere jussi sunt*; 4 ex Codice regio Parisiensi n. 4995 capitula *excerpta ex canonibus ab Adriano papa Carolo missis una cum capitulis examinationis abbatum et monachorum proferimus*. Leges eodem conventu litteris traditae, Saxonum, Thuringorum et Frisionum secundo collectionis nostrae tomo referentur.

CAPITULARE GENERALE.

ITEM [1] IUSSA KAROLI PER UNIVERSUM REGNUM; EPISCOPIS, ABBATIBUS, PRESBITERIS PERTINENTIA.

1. Omnes ecclesiasticos de eorum eruditione et doctrina diligenter examinare, et in eadem examinatione nos quamvis imperiti simus per provinciam

C istam, et non solum aecclesiasticorum dogma, sed etiam laicorum investigare iussa sunt nutrimenta vel benivolentia sanctae exercende iustitiae.

2. Primo qualiter unusquisque aecclesiasticus, sive episcopus seu abbas vel presbiter omnesque canonici vel monachi, suum habeant officium praepara-

VARIANTES LECTIONES.

[1] Titulum VII. cod.

tum, quidque [1] neglectum, quidve emendationi condignum, ut his qui bene noverit officium suum gratias exinde habeat et in melius semper proficere suadetur. Qui autem neglegens aut desidiosus inde fit, condigna satisfactione usque ad emendationem congruam constringatur.

3. Qualiterque presbiteri psalmos habeant, qualiterque cursum suum sive diurnum vel nocturnum adimplere secundum Romanum usum prevaleant.

4. Quomodo catecuminos de fide christiana instruere soleant, ac deinde quomodo missas speciales sive pro defunctis vel etiam pro vivis sciant commutare rationabiliter secundum utrumque sexum sive in singulari numero sive in plurali.

5. Similiter et in doctrina populorum et in officio praedicandi, nec non et confessione peccatorum, qualiter eos agere doceant, qualiter eis remedium peccatorum imponere sciant vel procurent [2].

6. Super omnia autem de eorum conversatione et castitate, quomodo formam et exemplum praebeat christianis.

7. Quomodo oboedientes sint episcopis suis, qua verecundia et pace vel caritate inter se invicem vivant.

RELIQUO POPULO.

8. Et ut sciant episcopos suos pia sollicitudine sibi humiliter praeesse debere, non tyrannicam in eis [3] se vindicare potentiam; sed ita subditis suis sibi oboedire cupiant, ita etiam et ipsi sollicite cavere procurent, ne iniuste aliquem vel iracundia commoti absque ratione affligere audeant, sed consortes eorum se esse considerent, et magis debent studere amare quam timere [4].

9. Deinde praeceptum est de fide sua pleniter unumquemque examinare, qualiter vel ipsi credant vel alios credere doceant.

10. Similiter et orationem dominicam quomodo intellegant, et ipsam orationem vel symboli sensum pleniter discant, et sibimet ipsis sciant, et aliis insinuare praevaleant.

11. Ut canones et librum pastoralem necnon et homelias ad eruditionem populi diebus singulis festivitatum congruentiam discant.

12. Ut nullus tonsus sine canonica sit vita vel regulari, nullusque absolutus sine magisterio episcopali vel presbiter aut diaconus vel abbas, quia displicere Deo novimus eos qui sine disciplina vel magisterio sunt.

13. Ut nullus ex laicis presbiterum vel diaconem seu clericum secum habere praesummat vel ad ecclesias suas ordinare absque licentiam seu examinatione episcopi sui; ut ipse sciat, si recte possit appellari clericus, aut presbiter. et sit absque repraehensione.

14. Omnibus omnino christianis iubetur simbolum et orationem dominicam discere.

15. Ut nullus infantem vel alium ex pag...is de fonte sacro suscipiat, antequam simbolum et rationem dominicam presbitero suo reddat.

16. Ut incestas nuptias omnino vitare do...antur, et abstinere a fornicatione, homicidio, furto, p...iurio, maleficio, ab auguriis et incantationibus, vel acrilegio, ebrietate et convitio, rapina, odio vel i...vidia, et sanctam communionem digne excipiant.

17. Ut nemo ex ecclesiasticis ulla umquam oc...asione extra canonicam vel regularem licentiam liquid agere praesummat.

18. Deinde omnino monachis Dei verbo prae...ptum est et domini nostri omniumque optimatum s...orum iussum atque decretum est, ut nullus monachu seculari bus negotiis amplius occupetur, quam in ynodo Calcidonensi decretum est.

19. Qui vere et sincere singularem sectantur ...itam, competenter honorentur. Quoniam [5] vero quida utentes habitum monachi aeclesiastica negotia ci...liaque conturbant, circumeuntes indifferenter urbes...e non et monasteria sibi instituere temptantes, plac...t nullum quidem usquam aedificare aut construe...e monasterium vel oratorii domum praeter conscient...am civitatis episcopi. Monachos vero per unamquam...e civitatem aut regionem subiectos esse episcopo, e...quietem diligere, et intentos esse tantummodo eiunio et orationi, in locis quibus renuntiaverunt ...eculo permanentes; nec ecclesiasticis vero nec sae...ularibus negotiis communicent, vel in aliquo sint n...olesti, propria monasteria deserentes.

CAPITULA EXAMINATIONIS GENERAL S.

In valatio regis inventum habent, ut presbyte...i non ordinentur prius quam examinentur.

1. Cap. Interrogo [6] vos presbyteri quomodo rede tis ut fidem catholicam teneatis, seu simbolum ...t orationem dominicam quomodo sciatis vel intellig tis.

2. Canones [7] vestras quomodo nostis vel intell gitis.

3. Benitentialem quomodo scitis vel intelleg tis.

4. Missam vestram secundum ordinem Ro anam quomodo nostis vel intellegitis.

5. Euangelium quomodo legere potestis vel alios inperitos erudire potestis.

6. Homelias orthodoxorum Patrum quomodo intel egitis, vel alios instruere sciatis.

7. Officium divinum secundum ritum Roma orum in statutis sollemnitatibus ad tecantandum [8] quomodo scitis.

8. Baptisterium quomodo nostis vel intellegi is.

9. Canonicos interrogo si secundum canon s vivant, an non.

10. Vos autem abbates interrogo, si regulan sci tis vel intellegitis, et qui sub regimine vestro sunt secundum regulam beatissimi Benedicti viva t an non, vel quanti illorum regulam sciant aut i tellegant.

11. Laicos etiam interrogo, quomodo legem 'psorum sciant vel intellegant.

VARIANTES LECTIONES.

[1] quisque cod. [2] procurrent c. [3] ei cod. [4] lege amari quam timeri. [5] Quam cod. [6] interro cod. Canonones cod. [8] i. e. decantandum.

12. Ut unusquisque filium suum litteras ad discendum mittat, et ibi cum omni sollicitudine permaneat, usque dum bene instructus perveniat.

CAPITULA DE DOCTRINA CLERICORUM.

Haec sunt quae iussa sunt discere omnes ecclesiasticos.
1. Fidem catholicam sancti Athenasii et cetera quaecumque de fide;
2. Symbolum etiam apostolicum;
3. Orationem dominicam ad intellegendum pleniter cum expositione sua;
4. Librum sacramentorum pleniter tam canonem missasque speciales ad commutandum pleniter;
5. Exorcismum super caticuminum sive super demoniacos;
6. Commendationem animae;
7. Paenitentialem;
8. Compotum;
9. Cantum Romanorum in nocte;
10. Et ad missa similiter;
11. Euangelium intellegere, seu lectiones libri comitis;
12. Omelias dominicis diebus et solemnitatibus dierum ad praedicandum canonem; monachi regulam similiter et canonem firmiter;
13. Librum pastoralem canonici atque librum officiorum;
14. Epistulam Gelasii pastoralem;
15. Scribere cartas et epistulas.

EXCERPTA CANONUM. CAPITULA VARIA.

De canonibus apostolorum. — 1. Ut [a] sacerdotes et ministri altaris de secularibus curis se abstineant.

Item in eodem cap. 13. — 2. Ut nullus fidelium absque litteras commendatitias alienum clericum suscipiatur [b] et qui suscepti sunt reddantur, et nulli presbiterum ab episcopo ad ecclesiam ordinatum sine consensu episcopi proiciat.

Item in eodem cap. 16 [c]. — 3. Si quis episcopus clericum alterius susceperit.

Item capitula 17 [d]. — 4. Quod clericus fideiussor esse debeat.

Item in eodem cap. 18 [e]. — 5. Quod episcopus presbiter et diaconus in fornicatione furtu periurium conprehensus deponatur.

Item in eodem cap. 19 [f]. — 6. Quod episcopus presbiterum et diaconem peccantes percuti non debeat.

Item cap. 20 [g]. — 7. Ut episcopis bis in anno concilio celebrentur.

Item cap. 21 [h]. — 8. Quod in nomine sanctae trinitatis debent baptizari.

De Niceno concilio [i]. — 9. De subintroductis mulieribus.

Item in eodem [j]. —10. De his qui ad onorem presbiterii [*Cod.*, preb. ij] sine examinacione provecti sunt.

Item cap. [k]. —11. De clericis usuras accipientibus.

De Anchirano concilio [1]. — 12. De corepiscopis.

De Neocesariense concilio [m]. — 13. De presbiteris qui uxores acceperunt et qui fornicati sunt amplius, pelli debeant.

Item cap. [n]. — 14. De tempore ordinationis presbiteris.

Item cap. [o]. — 15. De mulieribus que retundunt cristianis obtentu et [p] de hoc capitulo domno apostolico intimandum est.

Item in Nicena [q]. —16. De his qui dicuntur cataroe.

De Sardicense concilio [r]. — 17. De his qui in canalis sunt.

De Cartaginense 16 [s].

18. De ordinandis virginibus.
19. De aequa mensura et denariis.
20. De pauperibus hominibus considerandum est, sub quali mensura censa debeant solvere annua.
21. De sancta trinitate discat unusquisque, secundum quod sancti patres indictum et tractatum habent, et fideliter intellegat; et in tantum sufficiat, et amplius non requiratur.
22. De [t] fugitivis partibus Ravennon et Pentabolin, si placet domno meo, legatur capitula 7. 3. 6. 8. 59. 60. [c. 70] et 61.
23. Id est de generibus monachorum, qualis debeat esse abba, de obedientia discipulorum.
24. De disciplina suscipiendorum novitiorum, de filiis nobilium vel pauperum qui offeruntur.
25. De sacerdotibus qui voluerint in monasterio habitare, et de clericis seu et de monachis peregrinis; continentur in his definiciones quae sufficiunt ad numerum 20 abbatum.
26. Insuper etiam questiones quaedam eis familiarum obponi possunt, ut queratur ab eis in quo capitula scriptum vel quomodo intellegendum est: Nullus in monasterium proprii [c. propriis] sequatur cordis voluntatem. Similiter ubi vel quid sit sinaxis. Ubi quid sit senpectas. Ubi etiam vel qui sit non super sanus tyrannides, vel ubi legitur in scriptura voluntas habet poenam, et necessitas parit coronam. Vel si secundum regulam legitur euangelium dominicis

NOTÆ.

[a] Ex cap. 7 apud Harzheim Concil. Germaniæ, t. I, p. 132.
[b] Hucusque tantum ap. Harzheim cap. 13; l. c.
[c] Ibid., p. 132.
[d] Ibid. cap. 20.
[e] Ibid. cap. 25.
[f] Ibid. cap. 28.
[g] Cap. 58.
[h] Cap. 49.
[i] Cap. 3. p. 137.
[j] Ibid. c. 9. p. 138.
[k] Ibid. c. 17.

[l] C. 12. pag. 147.
[m] C. 1. p. 150.
[n] Ibid. c. 11.
[o] Concilii Gangrensis ap. Harzheim l. 1. pag. 154. cap. 15: De his qui christianitatis obtentu despiciunt filios.
[p] Sequentia desunt in canone.
[q] Cap. 8. pag. 158.
[r] Cap. 11. pag. 191.
[s] Pag. 201.
[t] Cf. 783, 16.

noctibus, vel ubi praeceptum sit tundere monachum, A tatis gradu, et in tertio capitulo, et in 11. et in 17. vel si dormiantur fratres post nocturnas, et ubi et in 28. continentur, et quid singulos bibe es vel hoc praeceptum sit; haec omnia in secundo humili- mixtum accipere.

CAPITULARE LANGOBARDICUM DUPLEX (803, vere).

Edictum hoc publici juris facimus ex 1. codice S. Pauli saec. ix, fol. 3-6, et codicibus 2. Chisian , et 3. Cavensi, ubi inter Caroli leges numeris 14-24 et 15-25 insignitur. A Pippino tamen promulgatu fuisse ex cap. 16, et formula finali prodit. Datum videtur tempore quo Carolus in Germania res ecclesiasticas ordinare aggressus erat, igitur autumno anni 802 vel potius, ut ex sententia finali patet, vere anni se uentis. Prior edicti pars solam ecclesiam, altera universum populum spectat, cujus distinctionis aliud ex mplum capitulare anni 805 praebet. Posterioris partis capitula duo, scilicet 12 et 16, in quinque capita dis ributa, leguntur etiam in cod. Tegernseensi proxime post Caroli epistolam ad Pippinum an. 807, subject capite de plateis curandis; quae quidem appendicis loco infra referemus. Codicum Ambrosiani reliquo umque qui leges Langobardorum continent, lectiones in ima pagina subjiciuntur.

Placuit primis omnium [1], ut vitia que nostris tem- B sunt, neque ulla [14] iocorum genera ante se ri-per- poribus in sancta Dei aecclesia emersa sunt, radici- mittant que contra canonum auctoritate ve it. tus [2] evellantur.

7. De stipendiis quoque clericorum volu us, ut tam de redditibus vel de oblatione fidelium plenius secundum canonem ipsi clerici habeant.

1. Cap. Volumus igitur, preordinante Domino, aecclesias nostras secundum autoritatem [3] canonum ordinare et ordinem clericorum disponere.

8. Ut prepositi [15] cardinalium aecclesiar m obe- dientes [16] sint episcopis suis, et neque epis pi eos ad [17] a suis aecclesiis expellere praesuman absque culpa et iusta rationem, et nulla eis per iolentia inponatur.

2. Monasteria que iam pridem regularia fuerunt, tam virorum quamque et puellarum, que [4] sub no- stro dominio [5] site sunt, volumus ut secundum re- gula disponantur et vibant; et si abbates vel abba- tisse sine regula vivere seu inordinate inventi vel invente fuerint, si correpti vel correpte emendare noluerint, abitiantur [6], et de ipsa congregatione, si digni inventi fuerint, abba vel abbatissae eligantur; sin autem, aliunde : et monasteriis regalibus [7] si ei placet [8] similiter.

9. Propter ordinationes vel consegrationes [1] presbi- terorum ceterorumque clericorum nulla no premia amodo abcepturos promittimus, neque ab sis ne- que ad parentibus vel amicis eorum, neque alam [19] neque occultum.

10. Exenia vero que aecclesiis nobis [20] obiter [b] inposita sunt, amputanda et non maiora m con- suetudo fuerat accipienda censemus.

3. De senodochiis vero nobis pertinentibus [9] que bene ordinata sunt, in ipso permaneant, que vero destructa, secundum qualitate temporum ad [10] priore cultum perducere cupimus, ut ubi pauperes Domini reficiantur, et per tales personas fiat ordinata, qui ea iuxta Deum regant et de alimoniis pauperum nihil subtraant.

11. De decimis vero que ad populo in plebibus vel baptismalibus aecclesiis offeruntur, nul a exinde pars maiori aecclesiae vel episcopo inferatu [21].

12 [22] c. Volumus primo ut neque abbat et pre- sbiteri neque diaconi et subdiaconi neque uislibet de cleros [23] de personis suis ad publica [24] v secula- ria iuditia traantur vel distringantur, set a suis epi- scopis adiudicati iustitia faciant. Si aute de pos- sessionibus suis, seu aecclesiasticis seu propriis, super eos clamor ad iudicem venerit, mit at iudex clamantem cum missos suos ad episcopum, ut faciat eum per advocatum iustitiam recipere. Si ero talis aliqua inter eos contentio orta fuerit que er se pa- cificare non velint aut non possint, tunc pe advoca- tum episcopi [25] qualem iusserit ipse [26], sa ipsa ante comitem vel iudicem veniat, et ivi ecundum legem finiatur, ante posito [27] ut dictum es persona clerici [28].

4. De aecclesiis baptismalibus [11] ita censemus, ut per presviteros ordinate sint, et nulla violentia et superposita ab episcopis suis vel diminutionem de titulis patiantur, set secundum canonicam institu- tionem et antiquam consuetudinem faciant.

5. Quando vero episcopus suam parrochiam cir- cat, non plus ab ea exigat vel accipiat nisi secun- dum canones vel antiqua consuetudinem, et obpres- D sionem ab hominibus [12] eiusdem episcopi ipsa plebs non patiatur.

6. Ut ita [13] episcopi quamque et presbiteri seu diaconi, vel abbates et monachi, nulla venationem per se facere praesumant, aut hubi ipsi presentes

VARIANTES LECTIONES.

[1] Placuit nobis Karolo gloriosissimi regis, ut 2. 3. [2] eradicentur et e. 2. 3. [3] autoritatum 1. [4] seuque 2. 3. [5] n. regimine dominio 2. 3. [6] auitiantur 1. [7] regularibus 2. 3. [8] si ei p. desunt 2. [9] r iqua ca- pitis desunt 3. [10] ac 1. [11] De a. b. desunt 3. [12] ominibus 1. [13] tam 2 3. [14] ullo 1. [15] pr ositis 3. [16] obediente 1. [17] ad suis vel ab aliis iustis utilitatibus expellere 2. 3. [18] consegationes 1. [19] pala 1. [20] deest 2. 3. [21] inponatur 2. 3. [22] XII. CAP. codex 1. ita et quae sequuntur XIII, XIIII etc. nu erantur. [23] clero praeter episcopos, abbates, abbatissas, de V. Vn. (E.) cap. 99. [24] publico 1. [25] episcopi s um cleri- corum V. Vn. [26] i. lex ipsa V. Vn. E. [27] ante ei posito 3. anteposita V. Vn. E. [28] clericorum . Vn. E.

NOTAE.

a i. e. a
b i. e. novis noviter.

c Capp. 12. 15-19. habentur ap. Mur. i ter leges Karoli c. 99. 120. 100. 121. Hloth. 41. H d. 54.

13. Ut clerici seu monachi vacantes [1], sive de ipsa parrochia seo aliunde supervenientes, sine consensu episcopi a nemine suscipiantur.

14. Ut aecclesie baptismales ab his qui debent restaurentur, et singulis prout eius possivilitas fuerit restaurandi mensura deputetur. Hec [2] ideo dicimus, quia in quibusdam locis quosdam per pecunias consentientibus magistris se [3] suptraentes audivimus; omnes autem aecclesiasticos per [4] ecclesie ministrum ordinari oportet.

15. Ut placita publica vel secularia nec ad comite nec ab ullo ministros suos vel iudice, nec in ecclesia nec in tectis aecclesie circumiacentibus vel coerentibus, ullatenus teneatur [5].

16. Ut serbi, aldiones, livellarii antiqui vel illi noviter facti qui non pro fraude nec pro malo ingenio de publico se subtraentes, sed per sola paupertate et necessitate terras aecclesie incolunt vel colenda suscipiunt, non a comite vel colivet [a] ministro illius ad ullam angaria seu servitium publicum vel privatum cogantur vel conpellantur; set quicquit av [b] eis iuste agendum est, a patrono vel domino suo ordinandum est. Si vero de crimine aliquo accusantur, episcopus primo conpelletur, et ipse per advocatum suum secundum quot lex est, iuxta conditionem singularum personarum iustitiam faciant; sin vero [6], sicut in capitulare domno imperatori [7] scriptum est, ita fiat. Ceteri vero liveri homines qui vel commendationem vel beneficium aecclesiasticum habent, sicut reliqui homines iustitias faciant.

17. Audivimus etiam quod iuniores comitum vel aliqui [8] ministri rei publice sive etiam [9] nonnulli fortiores vassi comitum aliquas redibutiones vel collectiones, quidam [10] per pastum, quidam etiam sine pasto, quasi deprecando [11] exigere soleant [12], similiter quoque operas, collectiones fruguum, arare, sementare, runcare, caricare, secare, vel cetera is similia, a populo per easdem vel alias machinationes exigere consueverunt, non tantum ab aecclesiasticis set etiam a reliquo populo: que omnia, si vobis placet, et a [13] nobis et hab omni populo iuste amovenda videntur, quia in quibusdam locis in tantum inde populus oppressus est, ut multi ferre non valentes [14] per fuga a dominis vel patronibus suis lapsi sunt, et terre ipse in solitudinem redacte sunt. A potentioribus autem vel ditioribus, spontanea tamen voluntatem vel mutua dilectionem, volentibus solatium prestare invicem minime proibemus.

18. De pontibus vero vel reliquis similibus operibus que ecclesiastici [15] per iustam et antiquam consuetudinem [16] cum reliquo populo facere debent, hoc praecipimus [17], ut rector aecclesie interpelletur [18], et ei secundum quod eius possivilitas fuerit, sua portio deputetur, et per alium exactorem ecclesiastici homines ad opera non [19] conpellantur. Si vero opus suum constituto die conpletum non abuerit, liceat comiti pro [20] pena prepositum [21] operis pignerare iuxta extimationem vel quantitatem inperfecti operis, quousque perficiatur: comis autem si neglexerit, a rege [22] vel misso regis iudicandus est.

19. De decimis: ut dentur, et dare nolentes secundum quod anno preterito denuntiatum est ad ministri reipublice exigantur. Id est, eligantur quattuor vel octo [23] homines [24], vel prout opus fuerit, de singulis plebibus iuxta qualitatem unusquisque [25], ut ipsi inter sacerdotes et plevem testis existant hubi date vel non date fuerint: hoc ideo, ne ibi iuramentum aliquod faciendi necessitas contingat. Non tamen ideo tantos testes mittendos dicimus, ut ipse semper omnes in dandis decimis presentes esse pariter necesse sit, set ut pluribus [26] comittitur minus graventur; in duobus autem, si adfuerint, sufficere credimus. Neglegentes autem ammoneatur a presbiteris aecclesiarum usque ad tertiam vicem ut ipsa decima dent; quod si contemserint, ab introitum aecclesie proibeantur; et si in hoc minime emendaverint, a ministris reipublice districti, singuli per caput sex solidos ecclesie conponat, et insuper decima dare cogantur. Nam si iterum contemtores extiterint, tunc per publicam auctoritatem domus vel case eorum wiffentur [27], quousque pro ipsa decima sicut supra dictum est satisfaciant. Quod si denuo revelles vel contradictores esse voluerint, ut super ipsam wiffam [28] suam auctoritatem intrare praesumpserint, tunc a [29] ministri reipublice in custodia mittantur, usque dum ad iudicium publicum perducantur [30], et ibi secundum legem contra comitem vel partem publica componat. Reliqua autem, ut supra dictum est, de decimis et sex solidis contra aecclesia satisfaciant [31].

Hec interim ut supradictum est, inter cetera pia cristianitatis opera servari convenit, quousque in sequendi conventu medio Octobrio qui in [32] civitate Papia condictus est, nisi forte a rege aliter precipiatur, aliquit melius addendum iungendumque matandumve [33] Deo duce inveniatur.

VARIANTES LECTIONES.

[1] i. e. vagantes *quod* 2. 3. *legunt*. [2] et 1. [3] seo 1. [4] q; 1. [5] teneatur. Nisi comes minora placita tenuerit. Eā enim habeat, ubi impetrare potuerit. *V. Vn. E.* [6] Si vero culpabiles fuerint *V. Vn. ed.* [7] capitulare nostro 2. 3. [8] aliquit 1. [9] etia 1. [10] quidam *ed.* [11] d. a, populo *ed.* [12] solea 1. [13] si v. p. e et docet 2. 5. *ed.* [14] volentes 1. [15] ecclesiasticis 1. ecclesiastici homines *V. Vn. Est.* [16] per a. c. et iustitiam *V. Vn. E.* [17] petimus 1. [18] interpellentur 1. interpellet 2. interpellent 3. ut rectores e. eos interpellentur *Vn.* [19] adoperant 1. [20] per 1. [21] propositi *V. Vn. E.* [22] regem 1. [23] octos 1. [24] h. optimi 3. *ed.* [25] uniuscuiusque plebis *Tegern. et ed.* (*deest* 2. 3.) [26] plurimus 1. dum pluribus *Teg.* [27] guiffentur 3. giffentur *ed.* [28] guiffa 3. guiffam *ed.* [29] *deest* 1. [30] producantur *Teg.* [31] *reliqua desunt in ed.* [32] in c. p. *deest* 2. 3. [33] mutandum vel 1. 3.

NOTÆ.

[a] i. e. quolibet. [b] i. e. ab.

Codex Tegernseensis haec tantummodo habet:

1. Volumus primo, ut neque abbates et presbyteri, neque diaconi et subdiaconi, neque quislibet de clero de personis suis ad publica vel secularia iudicia trahantur vel distringantur; sed a suis episcopis adiudicati iusticias faciant. Si autem de possessionibus suis, seu ecclesiasticis seu propriis, super eos clamor ad iudicem venerit, mittat iudex clamantem cum misso suo ad episcopum, ut faciat eum per advocatum iusticiam recipere.

2. Si vero talis aliqua inter eos contencio orta fuerit que per se pacificare non velint aut non possint, tunc per advocatum episcopi qualem iusserit ipse, causa ipsa ante comitem vel iudicem veniat, et ibi secundum legem finiatur ante posito, ut dictum est, persona clerici.

3. Ut servi, aldiones, libellarii antiqui vel illi noviter facti, qui non pro fraude nec pro malo ingenio [1] de publico se subtrahentes sed pro mala [2] paupertate et necessitate terras ecclesiae incolunt vel colenda suscipiunt, non a comite vel quolibet ministro illius A ad ullam angariam seu servicium publicum v l privatum cogantur vel conpellantur; sed quic d ab eis iuste agendum est, a patrono vel domino s o ordinandum est.

4. Si vero de crimine aliquo accusantur, epis opus primo conpellatur, et ipse per advocatum su secundum quod lex est iuxta condicionem sin rum personarum iusticiam faciant.

5. Sin vero, sicut in capitulare nostro scr tum est ita fiat; ceteri vero liberi homines qui vel conmendacionem vel beneficium ecclesiasticum h ent, sicut reliqui homines iusticias faciant.

6. Volumus etiam et statuimus de plateis vel cloacis [3] curandis uniuscuiusque civitatis de regno aliae pertinentibus, ut singulis annis curentur. men non volumus, quod exinde pandum aliquis ad p rtem palacii nostri persolvat. Sed praecipimus, qu enus exactores singularum civitatum studium hab ant, ne ante finiatur annus quam plateae et clo cae [4] B emundentur; et hoc unusquisque procurator vitatis publice ex nostra inperiali parte ammo endo precipiat ne pretermissum fiat.

VARIANTES LECTIONES.

[1] ingenuo *cod.* [2] *lege* sola, [3] clocleis *littera* I *superimposita codex; Amerpachius hic et infra* cloaci *correxit; de* cocleis *i. e. campanilibus emundandis, sermonem esse non posse patet.* [4] cocleae *codex.*

CAPITULA QUÆ IN LEGE SALICA MITTENDA SUNT [1].

Edimus ea ope codicum bibl. regiæ Parisiensis n. 4629, 4404, 4995, 4758, 4626, 4632 et inter Supp . latina n. 75, bibliothecæ ducalis Guelferbytanae Gudiani, Augustæi, et Blankenburgensis, tum Tegerns ensis, in bibl. regia Monacensi, bibl. ducalis Gothanæ, codicis Sangallensis n. 728, codicis Vaticani inter Pal tinos n. 773, et codicum eorum qui leges Caroli Langobardicis additas exhibent, scilicet codicis S. Pauli in arinthia, Paris. 4613, Chisiani, Cavensis, Ambrosiani, Florentini, Londinensis, Vindobonensis, Vero ensis atque Estensis apud Muratorium, ratione quoque habita editionis Baluzianæ, sed iis tantum lectionibus allatis, quæ alicujus momenti esse videri possent [a].

Inscribuntur in codice Paris. n. 4995 : « In Christi nomine incipiunt capitula legis imperatoris aroli nuper inventa. Anno tertio clementissimi domni nostri Karoli augusti sub ipso anno haec facta ca itula sunt et consignata Stephano [b] comiti, ut haec manifesta fecisset in ciuitate Parisius mallo pubplico, et ipsa legere fecisset coram illis scabineis; quod ita et fecit. Et omnes in uno consenserunt, quod ipsi uolu ssent omni tempore obseruare usque in posterum; etiam omnes scabinei, episcopi, abbatis, comitis, manu p opria subter firmauerunt [c]. CAPITULA QUE IN LEGE SALICA MITTENDA SUNT. » — In Codice Sangallensi vero : « Incipiunt capitula que in lege Salica domnus augustus Karolus, anno ab incarnatione Domini nostr Iesu Christi 803, imperii vero sui anno tertio, praeponendo addere iussit; » atque in codice Parisiensi n. 613 : « Haec sunt capitula quae domnus Karolus magnus imperator iussit scribere in consilio suo, et iussit e ponere inter alias leges. » Gothanus tandem : « Incipiunt capitula legi Salicae quos constituit Karolus erator. Habentur apud Muratorium inter Caroli leges capp. 101-108, 91, 92, 24.

1 [2]. *De homicidiis clericorum.* [d] Si quis subdiaco- C num occiderit, 300 solidos componat; [e] qui iaco-

VARIANTES LECTIONES.

[1] ita codd. 4629 (Capitulum q. i. l. saligam mitenda sunt), 4404, 4995, Vatic. 773, 4758 (Incipit c. q. a l. s. m. sunt), 4632 (in legem salicam). [2] Salicha *V. Vn.* Salicha K. subaudis nunc lex *Est.* In cod. Gothan mulctae initio ut in editis habebantur, sed manu coaeva ita correctae sunt, ut iam cccc, DC, DCCCC sol. (i presbytero et monacho) legantur, tum : Qui episcopum occiderit monachus fiat.

NOTÆ.

[a] Leguntur praeterea in codd. regg. Paris. 4628, 4628 A. 4788, Supplement. lat. 164 *bis,* et 4760.

[b] Parisiensi. De quo haec leguntur in parvo chartulario Ecclesiæ Parisiensis, fol. 71 : « Domino sancto et in Christo apostolico sacrosanctæ Mariæ ecclesiæ Deique genitricis et sancti Stephani protomartyris seu et domni Germani, ubi Incadus Parisiacæ urbis episcopus rector praeesse videtur, quæ est infra murum Parisii constructa. Ideoque in Dei nomine ego Stephanus Christi humilis gratia Dei comes, nec non et Amaltrudis, comitissa, pariter ob amorem invicem dilectionis donamus res nostras quæ sunt in pago Parisiaco, in loco qui vocatur Sulciacus, etc. Actum Bonoilo villa, ubi facta et firmata fuit in anno XI imperii domni nostri Caroli gloriosique Augusti, XIII regni ejus in Francia, et xxxvi in Italia, sub indict. 3. » Charta Inchadi episcopi Parisiensis data in concilio generali : « Sulciacum, quem Step anus illustris vir et piæ recordationis comes, nec on et uxor ejus Amantrudis, eorum usibus delegaver nt. » Idem fuit missus dominicus an. 802 in Parisiac , etc. Subscriptus praeterea reperitur in breviario d visionis thesaurorum Caroli Magni. BALUZ.

[c] Quod factum est ex praecepto Caroli; cf. infra capitula minora cap. 19.

[d] Post haec verba sequitur in editione Pithœ , *et ci adprobatum fuerit.* Quæ nos sustulimus, q ia in nullo veterum exemplarium exstant quæ nos vidimus, nec in editione Canisii, nec in libro tert o Capitularium. BALUZ.

[e] Codex regius hic et in aliis locis hujus apitis semper repetit vocem *occiderit* quam plurim Cod non repetunt. ID.

num[1] 400 solidos, qui presbiterum 600, qui episcoporum[a] 900 solidos componat[2]. Qui monachum[b], 400 solidis culpabilis iudicetur.

2. *De his, qui infra inmunitatem confugiunt, vel damnum aliquod ibi faciunt.* [c]Si quis in inmunitatem damnum aliquid fecerit, 600 solidos componat. Si autem homo furtum fecerit aut homicidium, vel quodlibet crimen foras committens infra inmunitate fugerit, mandet comes vel episcopo, vel abbate[4], vel[5] vicedomino, vel quicumque locum episcopi aut[6] abbatis tenuerit, ut reddat ei reum. Si ille contradixerit et eum reddere noluerit, in prima contradictione solidis 15 culpabilis iudicetur. Si ad secundam inquisitionem et eum reddere noluerit, 30 solidis culpabilis iudicetur. Si nec ad tertia consentire noluerit, quicquid reus damnum fecerat, totum ille qui eum infra inmunitatem retinet nec reddere vult, solvere cogatur, et ipse comes veniens licentiam habeat ipsum hominem infra inmunitatem quaerendi, ubicumque eum invenire potuerit. Si autem statim in prima inquisitione comiti responsum fuerit, quod reus infra inmunitatem[7] quidem fuisset, sed fuga lapsus sit, statim iuret[8] quod ipse eum ad iusticiam cuiuslibet disfaciendam fugire non fecisset, et sit ei in hoc satisfactum. Si autem intranti in ipsam inmunitatem comiti collecta manu quilibet resistere temptaverit, comes hoc ad regem vel ad principem deferat, ibique iudicetur; ut sicut ille qui in inmunitatem damnum fecit, 600[9] solidos componere debeat[10], itaque qui comiti collecta manu resistere praesumpserit, 600 solidis culpabilis iudicetur.

3. *De his qui ad aecclesiam confugium faciunt.* Si quis ad aecclesiam confugium fecerit, in atrio ipsius aecclesiae pacem habeat, nec sit ei necesse aecclesiam ingredere, et nullus eum inde per vim abstrahere praesumat; set liceat ei confiteri quod fecit, et inde per manus bonorum hominum ad discussionem in publico perducatur.

4. *De his qui per malum ingenium alium auxiliaverit.* Si quis hominem in iudicio contra alio altercantem iniuste adiuvare per malum ingenium praesumpserit, atque inde coram iudicibus vel comite increpatus fuerit, et negare non potuerit, solidis 15 culpabilis iudicetur.

5. *De his qui ingenuare volunt.* Si quis de libertate sua fuerit interpellatus, et timens ne in servitium cadat, aliquem de propinquis suis, per quem se in servitium casurum timens occiderit, id est patrem, matrem[11], patruelem, avunculum, vel quamlibet huiusmodi propinquitatis personam, ipse qui hoc perpetraverit moriatur, agnatio[12] vero et consanguinitas[13] eius in servitutem cadat. Et si negaverit se illum occidisse[d], ad novem vomeres ignitos, iudicium Dei examinandus, accedat.

6. *De his qui ad casam Dei res suas tradere voluerint.* Si quis res suas pro anima sua ad casam Dei tradere voluerit, domi[14] traditionem faciat coram testibus legitimis. Et quae actenus in hoste factae sunt traditiones, de quibus nulla est quaesitio, stabilis permaneant. Si vero aliquis alii res suas tradiderit, et in hoste profectus fuerit, et ille cui res traditae sunt interim mortuus fuerit, qui[15] res tradidit, cum reversus fuerit, adhibitis testibus coram quibus traditio facta est, res suas recipiat. Si autem et ipse mortuus fuerit, heredes eius legitimi res traditas recipiant.

7. *De homine qui per cartam libertatem consecutus est.* Si quis per cartam ingenuitatis a domino suo legitime libertatem est consecutus, liber permaneat. Si vero aliquis eum iniuste inservire temptaverit, et ille cartam ingenuitatis suae ostenderit, et adversarium [iniuste[16]] se inservire velle comprobaverit, ille qui hoc temptavit, multam quae in carta scripta[17] est, solvere cogatur. Si vero carta non paruerit, sed iam ab illo qui eum inservire voluerit disfacta est, widrigildum[18] eius componat, duas partes illi quem inservire voluerit, tertiam regi; et ille iterum per praeceptum regis[19] libertatem suam conquirat[20].

8. *De libero homine qui se loco wadii tradidit.* Liber qui se loco wadii in alterius potestate[21] commiserit, ibique constitutus damnum aliquod cuilibet fecerit, qui eum in loco wadii suscepit, aut damnum solvat, aut hominem in mallo productum demittat, perdens simul debitum propter quod eum in wadio suscepit. Et qui damnum fecit demissus iuxta qualitatem regi[22] cogatur emendare. Si vero liberam feminam habuerit, usque dum in pignus extiterit, et filios habuerint[23] liberi permaneant.

VARIANTES LECTIONES.

[1] d. vel monachum 400 sol. *S. P.* d. 400 qui monachum similiter. *Pal.* 773. [2] culp. iud. *reliqua desunt S. P. Pal.* 773. *Gud.* [3] CCCCXLV. *Cav.* [4] presbiterum *S. P.* [5] v. iudice uel uicedomno *Paris.* 4404. [6] e. vel abbatis vel abbatissa t. 4404. [7] inm. *usque* inmunitatem *deest S. P.* [8] iuret qui locum episcopi vel abbatis tenuerit *codd. tres, scil. Suppl.* 75. *S. Vinc. Mett. et Vatic.* [9] *manu secunda* DCCCC *c. Goth.* [10] *alii* debuit. [11] m. amitam matruelem *Bal.* (*contra codicum novem antiquissimorum fidem*). [12] c. id est filii *V. Vn.* [13] c. id est fratres *Vn.* [14] domni *Paris.* 4404, dni. (*i. e.* domni) *C.* domui id est maiori aecclesiae *V. Vn. E.* [15] q. ipsas res suas t. 4404. *August. Blank. et* 4758. [16] *deest in regio et Ling.* codd. 4629, 4995, 4758. *Aug. Palat. et apud Ansegisum.* [17] disscripta 4995. discripta vel descripta *S. Gall. et alii.* [18] wedregildum 4629. wadregillum 4404. widregildum 4758. widrigyldum *Aug.* uueregeldum 4995. *Pal.* uuildrilgeldum *S. G.* [19] *deest* 4995. [20] c. Similiter destructor alicuius cartulae res omnes quas cartula continebat emendet. *V. Vn. E. In margine Veronensis additur:* per intellectum *recentiorique manu:* per usum. [21] manus 4995. [22] i. e. rei *ita antiquissimi codd. legunt.* [23] et f. h. *desunt V. Vn.*

NOTÆ.

[a] Ita vetus codex regius : in aliis *sexcentos solidos componat.* ID.

[b] In Codice Pictaviensi et in Mazarino legitur: DC *solid. culpabilis judicetur.* ID.

[c] Id est in Ecclesiam, vel in res Ecclesiæ quæ immunitatis nomine censentur. ID.

[d] In Codicibus Vaticano et Metensi additur, *vel abscondisse.* ID.

9 [1]. *De debitis regalibus, qualiter solvi debeant.* Omnia debita quae ad partem regis solvere debent[1], solidis duodecim denariorum[2] solvant, excepta freda quae in lege Salica scripta sunt. Illa eodem solido quo caeterae compositiones solvi debent, componantur.

10. *De eo qui causam iudicatam repetere praesumit.* Si quis causam iudicatam repetere in mallo praesumpserit, ibique testibus convictus fuerit, aut quindecim solidos componat, aut quindecim ictus ab scabiniis [3] qui causam [4] prius iudicave unt, accipiat.

11. *De eo qui in testimonium assumitur, ualis esse debeat.* Optimi quique in pago [5] vel c̄itate in testimonium adsumantur, et cui is contra quem testimoniare debent nullum crimen possit indi ere [6].

VARIANTES LECTIONES.

· *cap. deest in Blank.* [2] 42 den. sol. *V. Vn*, [3] scabinis 4404. 4629. *Pal.* scabineis 4995. scavinis *lank.* [4] q. causam ipsam *C. Lybd.* [5] pauco 4758. [6] indicare *Goth.* inicere *V. Vn.* inducere *M.* dicere *aluz.* obicere *nullus codex legit. In codice Sangallensi haec adduntur post ultimum capitulum*: Ista 11 ca itula ad omnibus legibus mittenda sunt.

CAPITULA MINORA [a].

Capitulis legi Salicæ addendis in codicibus omnibus præter Sangallensem *capitula minora* subjici ntur, quæ jam illorum ope iterum evulgamus. Inscribuntur: *Incipit capitula minoris* in cod. 4995. *Item p imum capitulum* in c. 4629. *Item de capitulis* in Gothano, *Iussio imperatoris* in Vaticano. Inter leges Caroli angobardicas capp. 1. 4-6, 8, 10-13, 15, 17, 20, 22 ; apud Muratorium c. 154, 93, 98, 110-113, 126, 14-1 7. habentur.

1. De causis admonendis, de ecclesiis emendandis, et ubi in uno loco plures sunt quam necesse sit [1], ut destruantur quae necessaria non sunt, et alia construantur.

2. Ut presbyteri non ordinentur priusquam examinentur. Et ut excommunicatio passim et sine causa non fiat [2].

3. Ut missi nostri scabinios, advocatos, notarios [3] per singula loca elegant ; et eorum nomina, quando reversi fuerint, secum scripta deferant.

4. De his qui legem servare [b] contempserint, ut per fideiussores ad praesentia regis deducantur [4].

5. Ut illi qui haribannum solvere debent, coniectum [5] faciant ad haribannatorem [6].

6. De fugitivis [7] ac peregrinis, ut distringantur, ut scire possimus qui sint aut unde venerunt.

7. [8] Ut bauga [9] et brunias [10] non dentur negotiatoribus [11].

8. De mensuris, ut secundum iussionem [c] nostram aequales fiant.

9. Ut non mittantur testimonia super vestitura domni Pippini regis [sed talis nobis in hac causa

B honor servetur, qualis et antecessoribus nos ris et imperatoribus servatus esse [12] cognoscitur [13].]

10. [14 d] Ut nec colonus nec fiscalinus foras itio [15] possint alicubi [16] traditiones facere.

11. Ut nullus praesumat hominem in ludit̄io emittere sine causa [17], nisi iudicatum fiat.

12. Ut liber homo qui in monasterio regul ri comam deposuerit, et res suas ibidem deleg verit, promissionem factam secundum regulam fi miter teneat [18].

13. Ut omnia quae [19] wadiare debent, iuxt quod in lege continet, pleniter secundum ipsam leg m rewadiata [20] fiant ; et in postmodum vel domnu rex, vel ille cuius causa est, iuxta quod ei placuer t, misericordiam faciat.

14. De episcopis, abbatibus, comitibus ui ad placitum nostrum non venerunt.

15. Ut nullus ebrius suam causam in mallo possit conquirere, nec testimonium dicere. Nec pl citum comis habeat, nisi ieiunus.

16 [21] Ut nemini liceat alium cogere ad ibendum f [nisi quod ei necesse erit.]

VARIANTES LECTIONES:

sint 4629. [2] faciant 4629. [3] a. uigarios notarios *Vatic.* [4] adducantur 4629. [5] coniectum i. e. ga num *Vn. cap.* 98. [6] Benedict I. II, 221. *hic addit* : et nullum aliud obsequium comitibus vel vicariis faciant [7] f. et ancillis fugacibus advenis et p. *M.* [8] *caput deest in cod.* 4404. [9] baoca et bronias 4758. [10] b. ue spata *Vatic.* [11] n. foras marca *Vatic.* [12] esset cod. [13] *haec solus exhibet cod. Blank.* [14] *deest in cod. Vatic.* [15] f. m. *desunt in B. sed leguntur in antiquissimis codicibus* f. mistio i. e. nisi in mistione Amb. f. mistos n. f. mixtos *M.* [16] alicui 4629 [17] s. c. *desunt in ed.* [18] *in codice Blank. hic inseritur caput* 9. add. ad I. Sa icam. Ut omnia debita *usque* componantur. [19] omnes qui 4629. [20] inuuadiata ed. [21] *caput deest in* 4629.

NOTÆ.

[a] Collata sunt cum eisdem exemplaribus quorum ope emendavimus superiora undecim capitula. Meminit istorum Sigebertus in Chronico ad an. 803 : « Carolus per omne imperium justitias facit, et legis capitula XXIX instituit. » Eadem leguntur in veteri chronico ms., cujus hoc fragmentum reperi inter schedas Sirmondi. « Anno III Carolus imperator per totum imperium suum justitias facit et legis capitula XXIX instituit. » BALUZ.

[b] Codex Thuaneus, *consenserint.* In Mazarino scriptum est, *non consenserunt.* BALUZ.

[c] In cod. Vaticano et in Metensi, *imperatoris.* BALUZ.

[d] Codex Corbeiensis : « Ut nec colonus nec fisca-

D linus foras micio possint aliubi traditionis fa ere.» Bigotianus : « Ut nec colonus nec fiscalinus ossint aliubi foras mitti vel traditiones facere. » L ndenbrogius : « possit aliubi foras mistos traditio es facere. Quam lectionem accepit ex lib. II leg Longobardorum. » ID.

[e] Aliqui Codices addunt *sine causa.* Quo etiam modo habent editiones omnes, præter Linden rogicam. Istam nos secuti sumus, quia juvabatur ajori numero veterum exemplarium. ID.

[f] Cod. S. Remigii Rhemensis addit, *nisi qu ntum ei sufficit Regius, nisi quod ei necesse fuer*. Ita etiam editio Bavarica. ID.

17. De missis nostris discurrentibus, vel caeteris hominibus in utilitate nostra iter agentibus, ut nullus mansione contradicere praesumat ¹.

18. De canibus qui in dextro armo tunsi sunt, ut homo qui eum habuerit, cum ipso cane ² in praesentia domni regis veniat.

19. Ut populus interrogetur de capitulis quae in lege noviter addita sunt ᵃ. Et postquam omnes ᵇ consenserint, subcriptiones et manufirmationes suas in ipsis capitulis faciant ᵇ.

20. Ut nullus ad placitum ⁴ banniatur, nisi qui causam suam quaerere aut si alter ei quaerere debet; exceptis scabineis septem, qui ad omnia placita praeesse ⁵ debent ⁶.

21. De falsis testibus ut non recipiantur.

22. Ut nullus praesumat per vitam regis et filiorum eius iurare.

23. De illis Saxonibus qui uxores non habent.

24. De signatis ⁸ qui mentiendo vadunt.

25. Ut missi nostri qui iam brevis detullerunt de adnuntiatione, volumus ut adhuc ⁹ adducant de opere ¹⁰.

26. Quanta mora faciunt in unoquoque loco, et quot homines secum habeant.

27. De prudentia et constantia missorum nostrorum.

28. De falsis monetariis requirendum est.

29 ¹¹. Si aliae res fortuitu non praeoccupaverint ¹², 8. Kalendas Iulias, missa sancti Iohannis baptistae, ad Magontiam sive a Cavalonno ¹³ generale placitum habere volumus.

In cod. bibl. regiæ n. 4632, sequitur:

Cap. de inienuitate cartarum. Si quis per cartam inienuus dimissus, et quolibet homine ad servitium A interpellatus fuerit, primo legitimum auctorem suae libertatis proferat, et in sua libertate perseveret. Si vero auctor defuerit, testimonia bonorum hominum, qui tunc aderant quando liber dimissus fuit, se defendere permittatur. Si vero et testes defuerint, cum duabus cartis, qui eiusdem cancellarii manu firmate sint vel subscribte, cuiuscumque fuerint, suam cartam, quae tertia est, veracem et legitimam esse confirmet. Si autem interpellatus fuerit ad servitium, nec auctorem nec testimonia habuerit, neque alias duas cartas ad suam cartam ¹⁴ confirmandam invenire potuerit, tunc his qui eum interpellavit secundum legem ipsam cartam falsam efficiat, et servum suum conquirat. Si vero interpellatur ¹⁵ aut auctorem aut testimonia aut cartarum conlatione victus uerit, et hoc quod voluit efficere non potuerit, multa quae in ipsa inienuitatis cartam continet, cogatur exsolvere ¹⁶.

In codicibus 1 Gudiano et 2 Paris. 4626. hæc capitula adduntur:

1. Theloneus aut census non exigatur a quolibet, ubi nec aqua navigio aut pontem transeundum non est.

2. Et hoc nobis praecipiendum est, ut quicunque in dona regio caballus destulerit, in unumquemque suum nomen habeat scriptum. Similiter et in vestimenta abbatissarum.

3. Et hoc nobis praecipiendum ¹⁷ est, ut ubicunque inveniuntur vicarii aliquid ¹⁸ mali consentientes
C vel facientes, ipsos ¹⁹ eicere et meliores ponere.

4. Ut comites ²⁰ vel vicarii eorum legem sciant, ut ante eos iniuste ²¹ quis nemini iudicare possit, nec ipsam legem mutare.

VARIANTES LECTIONES.

¹ p. iberno tempore V. Vn. E. ² cano 4629, 4404, 4995, 4758. ³ hic desinit cod. Vatic. ⁴ p. cotidianum b. V. Vn. E. ⁵ esse 4995. V. Vn. E. Mur. ⁶ reliqua desunt 4404, Blank. ⁷ t. inquirendum est ut ed. ⁸ sinnadis 4995. ⁹ deest 4629. ¹⁰ de o. deest 4995. ¹¹ caput deest in 4995 et cod. Mazarin. Si deest 4629. ¹² praeoccupauerit 4929 p. Explicit capitula de legem Saligam. reliqua desunt 4758. ¹³ Cabillonem ed. ¹⁴ carcam c. ¹⁵ i. e. interpellator. ¹⁶ ita Baluzius ex Ansegiso cogitat absoluere c. ¹⁷ praeceptum 2. ¹⁸ aliqui 1. ¹⁹ ipsius 1. ²⁰ comis 1. ²¹ deest 1.

NOTÆ.

ᵃ Id est Capitulare proxime superius.
ᵇ Quod factum est in mallo Parisiaco. Vide supra (Col. 255, B-C, parag. Inscribuntur).

CAPITULARE LANGOBARDICUM.

Legitur in Codicibus Chisiano et Cavensi capp. 42-64 et 69-90, et inter leges Langobardorum apud Muratorium capp. 97, 91-93, 98, 102-108, 95, 110, 111 (cap. 15 deest), 112-119. Continet capp. 1-21; capp. legi Salicæ addita, c. 9, 10; capp. minora c. 4, 5; capp. leg. Sal. c. 2-8; capp. minora c. 4, 6, 8, 9, 11, 12, 15, 17, 20, 22.

22. De liberis hominibus qui uxores fiscalinas regias, et feminis liberis quae homines similiter fiscalinos regios accipiunt *etc. vide infra* 803 B. 22.

23. Ut ¹ causa quae adhuc coram comite non fuit, et his qui reclamat, propter suam violentia ² aut contumacia comiti inde appellare noluerint, iterum D comiti commendaretur.

24 ³. Quicumque beneficium occasione proprii desertum habuerit, intra annum postquam ei a comiti vel a misso nostro notum factum fuerit, et illum emendatum non habuerit, ipsum beneficium amittat.

VARIANTES LECTIONES:

¹ Ut *usque* fuit *deest Ch. C.* ² stulticiam *V. Vn. E. M.* cap. 118. ³ *Recentiori manu in Vn. adaitur:* De beneficiis et terris tributariis.

CAPITULA QUÆ IN LEGE RIBUARIA MITTENDA SUNT.

Edimus eā ope codicum 1. regii Parisiensis n. 4629; 2. Vaticani inter Palatinos, n. 773; 3. Tege nseensis jam Monacensis, unde ea Amerpachius primus publici juris fecerat; 4. Paris. inter Suppl. lat. n. 75, tum codicis Sancti Pauli in Carinthia qui caput tertium exhibet, atque reliquorum [1], quibus capitula ad leges Langobardorum adjecta exhibentur. Inscribitur vero in codice Vaticano ita « Incipit nova leg' constitutio Karoli imperatoris qua in lege Ribuaria mittenda est. » Codex 4629 hæc tantum habet : *Iter alios capitulos*.

In Cod. Suppl. lat. n. 75 legitur : « Hoc fuit datum ad Aquis in tercio anno imperii domni Karoli ugusti, quando synodus ibi magna fuit; » quæ quidem aut ad hæc capitula aut ad proxime anteriora (vel p us ad utraque) referenda, Baluzio teste in codd. quoque Mettensi et Vaticano habebantur.

Inter Caroli leges Langobardicas reperiuntur capp. 2-5, 7, 8-13, apud Muratorium c. 109, 119, 26, 27, 94, Pipp. 13, Caroli 38, 132.

Cap. 1. (*Ad legis Ribuar. tit. 1.*) Si quis ingenuus A decim, tertia super viginti et unam, quarta super ingenuum ictu percusserit, quindecim solidos conponat.

2. (10). Homo regis, id est fiscalinus, et aeclesiasticus vel litus interfectus, centum solidis conponatur.

3. (12[a]). Homo ingenuus qui multa qualibet solvere non potuerit, et fideiussores non [3] habuerit, liceat ei semetipsum in wadium [4] ei cui debitor est mittere, usque dum multa quam debuit persolvat [5].

4. (18). De sonesti [6] aut sexcentos solidos conponat, aut cum duodecim iuret. Aut si ille qui causam quaerit, duodecim hominum sacramentum recipere noluerit, aut cruce aut scuto et fuste contra eum decertet.

5. (20 [7]). Nemini liceat servum suum, propter damnum ab illo [8] cuilibet inlatum, dimittere ; sed B iuxta qualitatem damni dominus pro ipso respondeat, vel eum in compositione aut ad poenam petitoris offeret [9]. Si autem servus perpetrato scelere fugerit, ita ut a domino paenitus inveniri non possit, sacramento se dominus eius excusare studeat, quod nec suae voluntatis nec conscientia fuisset, quod servus eius tale facinus commisit [10].

6. (30). Sicut petierunt, ita domnus imperator consensit [11].

7. (34 [12]). Si quis [12] ad mallum legibus mannitus [14] fuerit [15] et non venerit, si eum sunnis non detenuerit, quindecim solidis culpabilis iudicetur. Sic [16] ad secundam et terciam. Si autem ad quartam venire contempserit, possessio eius in bannum mittatur, C donec veniat et de re qua interpellatus fuerit iustitiam faciat. Si infra annum non venerit, de rebus eius quae in bannum missae sunt [17] rex interrogetur, et quicquid inde iudicaverit fiat. Prima ammonitio [18] super noctes septem, secunda super noctes quatuor

decim, tertia super viginti et unam, quarta super quadraginta duas. Similiter et de beneficio hominis, si forte res propriae non habuerit, mittatur in bannum usque quo rex interrogetur [19].

8. (35). Si auctor venerit, et rem interciatam recipere renuerit, campo vel cruce contendatur.

9. (48). Qui filios non habuerit, et alium quemlibet haeredem sibi facere voluerit, coram rege vel coram comite et scabinos vel missus dominicus, qui tum [20] ad iustitias faciendas in provincia [21] fuerint ordinati, traditionem faciat [22].

10. (57 [23]). Homo denarialis non ante haereditare in suam agnitionem [24] poterit, quam usque ad terciam generationem perveniat.

11. (64). Homo cartellaris [25] similiter.

12. (67). Omne sacramentum in aecclesiae aut supra reliquias iuretur. Et quod in ecclesia iu andum est, vel cum sex [26] electis, vel si [27] duodecim sse debent, quales potuerit invenire [28], *sic illum De s adiuvet et sancti quorum istae reliquiae sunt, ut v ritatem dicat* [29].

13. (72). Si interciata res furtu ablata fu rit, liceat ei super quem res interciata fuerit, sa amentum se excusare de furtu, nec suae volunt tis aut conscientia fuisse quod ablatum est; et aliud antum sine damnum restituat [30].

Codex 1 addit:

Ut nullus praesumat telonéum per vias ec per villas, nec rotaticum nec cepstaticum [a] nec lveraticum recipere.

In cod. 3. adiiciuntur haec:

De homine qui conprehendidit servum, ius it eum occidere dominos suos [b] duos infantes, unum qui habuit novem annos, alium qui habuit undecim ad ex

VARIANTES LECTIONES.

[1] Cod. Londinensis caput 3 inter Pippini capitula refert. [2] hoc tantum caput adest in cod. S. Pauli t Chis. [3] deest 3. [4] iuditium 1. [5] p. in eodem capitulo 1. 3. 4. S. Pauli. [6] soniste 3. 4. S. P. (7 VIII 2. 3. [8] aliquo 1. [9] auferet 1. [10] et sit absolutus Vn.? M. [11] hæc unus Cod. 1. exhibet. Bened. 1, 310. [12] XXXIII. 2. 3. 4. [13] Si q. Salichus ad V. Vn. E. [14] bannitus 4. B. [15] m. de ingenuitate aut hereditate tantum f. V. Vn. E. [16] Si 1. [17] misserunt 1. [18] ita 1. 3. mannitio 2. bannitio 4. [19] j. eneficium quidem contradicatur ei donec ipse veniat et justiciam fecerit aut missus eius aliquando. V. Vn. E. [20] eum 1. [21] parochia 1. [22] fatiant 1. [23] LVIII. 2. XVII. 3. [24] ita 1 2. agnitionem corr. agn ionem 4. agnationem 3. [25] cartularis 2. cartularius 3. 4. [26] septem 4. B. [27] deest 1. [28] i. Et sic iur t. Sic Amb. et rel. codd. Langob. [29] dicat. Haec sacramenta sint de minoribus placitis. V. Vn. E. [30] reliqua desunt in 2. 3. 4. Si auctor venerit, et rem interciatam recipere noluerit, campo contendat vel cr ce. V. Vn. E. (v. supra cap. 8.) Notæ Tironianæ codicis 1. in tabula adiecta exprimuntur.

NOTÆ.

[a] *Id est,* cespitaticum.   [b] *Id est,* domino s

tremum illum servum, postquam dominos suos illos pueros occisit [1], in foveam quandam projecit. Et iudicatum est, ut illum qui novem annos habuit, tripliciter weregildo conponat; alium vero qui undecim annos habuit, dupliciter; servum, quem mordritum, tripliciter; et bannum nostrum ad omnia.

VARIANTES LECTIONES.

[1] occisit, manu posteriore d superposito.

CAPITULARE DE EXERCITU PROMOVENDO.

Constitutio haec, primo ab Heroldo in additione ad leges Langobardorum capite 5, pag. 520, publici juris facta, a Baluzio anno 811 adscripta est, quod in capitulari Bononiensi cujus notas chronologicas ad annum 812 referebat, ejus mentio fieri videretur. Sed cum jam in capitulari anni 805 cap. 6, edicti cujusdam de exercitu promovendo mentio fiat, in quo de bruniis nihil adhuc constitutum sit, quod in constitutionem nostram quadrat, anno 805 anteriorem esse constat. Ascripsi eam igitur anno 803, cum nec ipso nec proxime antecedenti Carolus expeditionem per se fecerit, sed domi remanens legatos suos in hostes miserit, quod cum capitulis capitularis hujus 8 et 9 optime congruit. Editio nostra nititur auctoritate Codicis, unde et Heroldus legem exscripsisse videtur, Weissenaugiensis saeculi x, a viro cl. et arduo studiorum nostrorum promotore D. Maier jurisconsulto Eslingensi in usus nostros cum editis, collato.

BREVIS CAPITULORUM QUAM MISSI DOMINICI HABERE DEBENT AD EXERCITUM PROMOVENDUM.

1. Ut [a] omnis liber homo qui quatuor mansos vestitos de proprio suo sive de alicuius beneficio habet, ipse se praeparet, et per se in hostem pergat, sive cum seniore suo si senior eius perrexerit, sive cum comite suo. Qui vero tres mansos de proprio habuerit, huic adiungatur qui [1] unum mansum habeat, et det illi adiutorium ut ille pro ambobus possit. Qui autem duos habet de proprio tantum, iungatur illi alter qui similiter duos mansos habeat, et unus ex eis, altero illum adiuvante, pergat in hostem. Qui etiam tantum unum mansum de proprio habet, adiungantur ei tres qui similiter habeant, et dent ei adiutorium, et ille pergat tantum; tres vero qui illi adiutorium dederunt, domi remaneant.

2. Volumus [b] atque iubemus, ut idem missi nostri diligenter inquirant, qui anno praeterito de hoste bannito remansissent, super illam ordinationem quam modo superius comprehenso de liberis et pauperioribus hominibus fieri iussimus; et quicumque fuerit inventus, qui nec parem suum ad hostem suum faciendum secundum nostram iussionem adiuvit neque perrexit, haribannum nostrum pleniter rewadiet, et de solvendo illo secundum legem fidem faciat.

3. Quod [c] si forte talis homo inventus fuerit qui dicat, quod iussione comitis vel vicarii aut centenarii sui, hoc de quo [2] ipse semetipsum praeparare debeat, eidem comiti vel vicario aut centenario vel quibuslibet hominibus eorum dedisset, et propter hoc illud demisisset iter, et missi nostri hoc ita verum esse investigare potuerint, is per cuius iussionem ille remansit, bannum nostrum rewadiet atque persolvat, sive sit comes, sive vicarius [3], sive advocatus episcopi atque abbatis.

4. De [d] hominibus comitum casatis. Isti sunt excipiendi, et bannum rewadiare [4] non iubeantur: duo qui dimissi fuerunt cum uxore illius, et alii duo qui propter ministerium eius custodiendum, et servitium nostrum faciendum remanere iussi sunt. In qua causa modo praecipimus, ut quanta ministeria unusquisque comes habuerit, totiens duos homines ad ea custodienda domi dimittat, praeter illos duos quos cum uxore sua. Ceteros vero omnes secum pleniter habeat, vel si ipse domi remanserit, cum illo qui pro eo in hostem proficiscitur, dirigantur [5]. Episcopus vero vel abbas duo tantum de casatis et laicis hominibus suis domi dimittant.

5. De [e] hominibus nostris et episcoporum et abbatum, qui vel beneficia, vel talia propria habent, ut ex eis secundum iussionem in hostem bene possunt pergere, exceptis his quos eis secum domi remanere permisimus. Si aliqui inventi fuerint, qui vel pretio se redemissent, vel dominis [6] suis permittentibus domi remansissent, bannum nostrum, sicut superius dictum est, rewadient [7], et fidem faciant ac persolvant. Domini vero eorum, qui eos domi remanere permiserint [8], vel ministeriales eorum, qui ab eis precium acceperunt, similiter bannum nostrum rewadient [9], et fidem faciant, usque dum nobis nuntiatum fuerit.

6. Volumus ut missi nostri diligenter inquirant in quibus locis hoc factum sit; quod ad nos pervenit [10], quod quidam homines postquam secundum nostram iussionem sociis suis qui in hostem perrexerunt, de stipendia sua adiutorium fecerunt, iubente comite vel ministerialibus eius propter se redimendum pretium dederunt, ut eis domi remanere licuisset, cum

VARIANTES LECTIONES.

[1] deest 1. [2] ita correxi; codex et Heroldus hoc quoque legunt. [3] siue uicarius bis scriptum in codice. [4] reuuardiare 1. [5] dirigatur 1. [6] domibus 1. [7] vox in codice et apud Heroldum desiderata, et a Baluzio restituta. [8] permiserit 1. [9] reuuadiant 1. [10] pertinet 1.

NOTÆ:

[a] Cf. 807, c. 1,2.
[b] Cf. 811, Octobr., cap. 1.
[c] Cf. 811, Oct., c. 9.
[d] Cf. 811, Oct., cap. 9.
[e] Cf. idem.

illi in hostem ire non deberent, quia iam sociis suis constitutum a nobis adiutorium dederunt: hoc fiat investigatum et nobis nuntiatum.

7. Volumus [a] ut isti missi nostri qui hac legatione fungi debent, ab his hominibus coniectum accipiant qui in hostem pergere debuerunt et non perrexerunt. Similiter et a comite vel vicario vel centenario, qui ad hoc consenserunt ut domi remansissent; necnon et ab omnibus praedictum coniectum accipiant, qui anno praeterito constitutam a nobis exercitalis itineris iussionem irritam fecerunt.

8. Istius capitularii exemplaria quatuor volumus A ut scribantur, et unum habeant missi nostri, Iterum comes in cuius ministeriis haec facienda sunt ut aliter non faciant neque missus noster neque comes, nisi sicut a nobis capitulis ordinatum est. ertium habeant missi nostri qui super exercitum nost m constituendi sunt. Quartum habeat cancellarius noster.

9. Volumus [b] ut homines fidelium nostroru , quos nobiscum ad servitium nostrum domi reserv re iussimus, in exercitum ire non compellantur; sed et ipsi [c] domi remaneant vel in servitio domino m suorum. Neque haribannum rewadiare iubeantu illi homines qui anno praeterito nobiscum fuerunt.

NOTÆ.

[a] Cf. 811, Oct., c. 9.
[b] Cf. 811, Oct., c. 7.

[c] Remansionem id vocat Eginhardus in pist. 17 ad Rhabanum abbatem Fuldensem scribens. BALUZ.

CAPITULA ALIA ADDENDA.

Capitula a Baluzio ex Codicibus Palatino bibliothecæ Vaticanæ et S. Vincentii Mettensis prim edita, ope 1 Codicis regii Parisiensis inter Supplementa latina n. 75 signati recognovi.

ALIA CAPITULA ADDENDA SUNT, EA QUAE NUPER AUDITA ET COMPERTA HABEMUS.

1. De clericis et laicis qui chrisma ad aliquam nimietatem dant et accipiunt. Si quis presbyter aut diaconus dare aut accipere praesumpserit, gradum amittat. Ceteri clerici et [a] nonnanes disciplinam corporalem et carceris custodiam sustineant. Laici qui acceperint, aut alicui dederint, manum perdant.

2. De negotio super omnia praecipiendum est, ut nullus audeat in nocte negotiare in vasa aurea et argentea, mancipia, gemmas, caballos, animalia, excepto vivanda et fodro, quod iter agentibus necessaria sunt, sed in die coram omnibus et coram testibus unusquisque suum negotium exerceat.

3. Reliqua capitula quae in anteriore [1] capitulari scripta sunt, tam de venundatione annonae, et de reliquis iustitiis, et de restauratione aecclesiarum, et de pace, et de fugitivis, et de singulis quibusque causis, omnia ita observentur [b].

12. [Supra, col. 263, c. 3.] Nemini liceat servum suum propter dampnum a se dimittere; sed iuxta qualitatem culpae dominus eius pro ipso servo respondeat, aut componat quicquid ille fecit usque ad super plenam leudem liberi hominis. Quicquid super hoc fuerit, in regis iuditio [2] esse videtur.

13. Si inventus fuerit quis cartam falsam fecisse aut falsum testimonium dixisse, manum perdat [3] aut redinat.

14. Ut homo liber peccato imminente, quod absit, B patrem aut matrem, avunculum vel nepotem interfecerit; hereditatem propriam amittat. Et si uis mechatus fuerit matrem, sororem, amitam, aut eptam, similiter hereditatem perdat.

15. Ut homines fiscalini sive coloni aut servi in alienum dominium commorantes, a priore do ino requisiti, non aliter eisdem concedantur, nisi d priorem locum ubi prius visus fuit mansisse, Nuc revertatur, et ibi diligenter inquiratur de sta u ipsius cum cognatione eius. Hoc a nobis praece tum est omnibus cognitum facere.

16. [801, 14.] Ut infra regna Christo pro itio nostra omnibus iterantibus nullus hospitium eneget, mansionem et focum tantum. Similiter past m nullus contendere faciat, excepto pratum et me em.

C 17. [801, 15.] Ut liberi homines nullum ob equiura comitibus faciant, nec vicariis; neque in prato, neque in messe, neque in aratura aut v nea, et coniectum nullum vel residuum eis r olvant; excepto servitio quod ad regem pertinet, et d heribannitores, vel his qui legationem ducunt.

18 [4]. [Supra, col. 262, c. 3.] Ut ubicum e inveniuntur vicarii aliquid mali consentientes v facientes, ipsos eicere et meliores ponere iubemus

19. [C. 4.] Ut comites et vicarii eoru legem sciant, ut ante eos iniuste neminem quis udicare possit, vel ipsam legem mutare.

20. [C. 2.] Ut quicumque in dona regia [c] caballos

VARIANTES LECTIONES.

[1] interiore 1. [2] ita correxi, inregauditio cod. et edd. [3] p. et a. 1. [4] cohaeret anteriori capiti 1.

NOTÆ.

[a] Hæc non habentur in Codice Palatino et videntur esse superflua. BALUZ.
[b] Hic in Codice 1 sequitur: Sciendum est quod in quibusdam libellis legis Salicæ, etc., tota recapitulatio solidorum in editis legi Salicæ subjecta: qua quidem resecta, Baluzius scripsit: Hic desunt capita octo.
[c] Qui ideo dona regia vocantur quia tum moris D erat equos offerre regibus, ut pluribus ost ndit Carolus Dufresnius in Observationibus ad Jo nvillam, pag. 155. Præceptum Ludovici Pii pro eccl sia Brivatensi: « Nemini cuilibet obsequium pro rædictis rebus fecissent, nisi tantum ad partem regi annuatim caballum unum cum scuto et lancea pr sentassent. » BALUZ.

praesentaverit; in unumquemque suum nomen scriptum habeat.

21. Ut qui oratorium consecratum habet, vel habere voluerit, per consilium episcopi de suis propriis rebus ibidem largiatur, ut propterea illi vici canonici non sint neglecti.

22[1]. [C. 1.] Ut nullus homo praesumat teloneum A in ullo loco accipere, nisi ubi antiquitus pontes constructi sunt, et ubi navigia praecurrunt [2], et antiqua videtur esse consuetudo. [*Col.* 264, *l.* 39.] Similiter nec rodaticum neque pulveraticum ullus accipere praesumat; quia qui hoc facere temptaverit, bannum dominicum omnimodis componere debet.

VARIANTES LECTIONES.

[1] *Cum praecedente capite cohaeret* 1. [2] praetereunt?

NOTÆ.

[a] Sic in cereis quos ad sepulcrum sanctæ Radegundis post mortem ejus obtulerunt sanctimoniales, — [c] Singulæ suis cereis nomina sua inscripserant, ut est in ejus Vita scripta a Bandomina. BALUZ.

CAPITULA MISSO CUIDAM DATA.

Capitula hæc ex capp. 5 et 6, ad interrogationem missi cujusdam dominici data, ope Codicis regii Parisiensis inter Suppl. latina n. 75 recognovi. Edita erant primum a Baluzio ex Codicibus Palatino bibliothecæ Vaticanæ et Sancti Vincentii Mettensis.

1. Continebatur namque in primo capitulo, utrum si colonam servus cujuslibet uxorem acceperit, infantes illorum pertinere deberent ad illam colonam, an ad illum. Considera enim; si proprius servus tuus alterius propriam ancillam sibi sociaverit, aut alterius servus proprius tuam propriam ancillam uxorem acceperit, ad quem ex vobis eorum procreatio pertinere debeat, et taliter de istis fac, quia non est amplius nisi liber et servus.

2. De secundo unde me interrogasti, si comes de notitia solidum unum accipere deberet, et scabinii sive cancellarius. Lege Romanam legem; et sicut ibi inveneris, exinde facias. Si autem ad Salicam pertinet legem, et ibi minime repereris quid exinde facere debeas; ad placitum nostrum generale exinde interrogare facias.

3. Continebatur quippe in tercio capitulo; de his qui per falsos testes libertatem consecuntur, quid ex his facere deberes interrogasti. Nos vero ubique vobis praecepimus ut nequaquam cum falso testimonio ullus se potuisset liberare de servitio. Et si secundum legis ordinem se liberare potuerit, liber permaneat. Si vero cum falsis testibus, nequaquam illi consentias.

4. In quarto namque capitulo declarabat de his qui prima, secunda, tertia vice [a] manniti, ad vestram praesentiam venire nolunt. Similiter de ipsis praecepimus, quid ex his facere deberet.

5. In quinto autem capitulo referebatur de episcopis, abbatibus, vel ceteris nostris hominibus qui ad placitum vestrum venire contempserint. Illos vero per bannum nostrum ad placitum vestrum bannire faciatis. Et qui tunc venire contempserint, eorum nomina annotata ad placitum nostrum generale nobis repraesentes.

6. In sexto autem capitulo scriptum erat de pontibus antiquis constitutis, vel de [b] inlicitis theloneis. Unde praecipimus, ut ubicumque antiqua consuetudo fuit theloneum accipiendi, theloneum legitimum accipiant. Nam et hoc antea vobis ore proprio injunximus, et nequaquam intellexistis.

7. In septimo autem capitulo, ubi referebatur qualiter post querelas dominorum servi eorum cartas ostendant, et ipsi servi, a scabineis sententia accepta, eas veras esse comprobare debeant; nequaquam hoc volumus quod servus suam cartam propriam probare debeat; sed dominus qui ipsum servum quaerit, ipse, si poterit, ipsam cartam falsam depraehendat.

8. In octavo capitulo referebatur de servis qui Francas feminas accipiunt, et postea illorum domini eis cartas faciunt eo tenore, ut si aliqua procreatio filiorum aut filiarum ex ipsis orta fuerit, liberi permaneant; et nesciunt, sicut scripsisti, utrum habere debeant, an non. Deinde volumus, ut si ille homo servo aut ancillae cartam in sua praesentia fecerit, et ille vel illa qui cartam libertatis habere debet praesentes fuerint, ipsa carta stabilis permaneat. Sed qui post discessum domini sui ortus fuerit, in servitio permaneat. Et illae cartae quae a quibusdam dominis his factae fuerint qui necdum nati esse noscuntur, sed post eorum discessum nati fuerint, nullum optineant effectum, nec per easdem cartas liberi esse valeant.

NOTÆ.

[a] Cod. Palat., *admoniti*. BALUZ. [b] Hæc vox non exstat in Codice Palatino. ID.

CAPITULA A MISSIS DOMINICIS EDITA.

Capitulare a Baluzio editum ex veteri Codice ms. Sancti Vincentii Mettensis, ope Codicis 1 bibl. regiæ Parisiensis inter Suppl. latina n. 75 recognovi.

1. In primis de banno domni imperatoris et regis, quem per semetipsum consuetus est bannire, id est, de a mundoburde aecclesiarum, viduarum, orfanorum, et de minus potentum personarum, atque b de raptu, et de exercitali placito instituto, ut hi qui ista irrumperint, bannum dominicum omnimodis componant.

2. De decimis et nonis, atque iustitia aecclesiarum Dei, ut studeatis dare et facere sicut lex est.

3. Qui beneficium domni imperatoris et aecclesiarum Dei habet, nihil exinde ducat in suam hereditatem, ut ipsum beneficium destruatur.

4. Nullus homo alterius clericum aut nominem recipiat in sua potestate.

5. Ut nullus latronem habeat in sua potestate, nec celet.

6. Ut nullus se praesumat periurare, aut falsum testimonium dicere.

7. Ut nullus contra rectum iudicium audeat dicare quicquam.

8. Ut nullus praesumat nocere eum qui rectum imperatoris [1] dixerit.

9. Ut nullus praesumat alium sine lege opprimere, vel aliquid mali agere.

10. Nullus homo praesumat aliter vendere, aut emere, vel mensurare, nisi sicut domnus imperator mandatum habet.

11. Ut diem dominicum cum omni diligentia custodiatis, sicut lex est, vel sicut domnus imperator mandatum habet.

12. Nullus fidelitatem quam promissam habet domno imperatori infrangat; aut qui infracta habet, non consentiat [2].

13. Nec non etiam de istis causis paganicis [3] quod aliqui observant, ut nullus faciat, nec consentia facienciem [4].

VARIANTES LECTIONES.

[1] impr. 1. — [2] ita 1. corr. consentiatur ei, ut ed. — [3] paganiis adiecto c. 1. — [4] ita 1. corr. facienti, ut e.

NOTÆ.

a *Mundoburde Cor.*; mundoburgio 1, mundoburgio B. — b *Voces de raptu* inserui, cum in Codicibus Parisiensi et in editione utraque Baluziana desid entur.

CAPITULARE AD a SALZ (An. 803, æstate).

Textum hujus capitularis ex 1 Codice bibl. Vaticanæ inter Palatinos n. 289 signato, sæc. IX, cuj s in fol. primo legitur, collato 2 Codice bibl. regiæ Paris. inter Suppl. latina n. 75, restitui. Et in Codice quidem Palatino nullam inscriptionem præfert, cum in Parisiensi *In quarto anno ad Salz* legatur. Eadem habebantur in Codice unde Sirmondus Tomo II Concil. Galliæ, p. 252, legem hanc primus publici juris cit, ideoque et ipse et Baluzius eam anno 804 assignandam duxerunt. Monendum tamen restat, Carolum non eo anno, sed præcedenti, 803, in palatio Salz in Franconia commoratum fuisse; eoque hoc capitulare tati anni 803 ascribendum, aut annum ejus plane in incerto relinquendum esse. Subjicimus, quæ in Codi ibus istis proxime sequuntur, ex codice Palatino *capitulare metropolitani* cujusdam fortasse in synodo q dam promulgatum, ad fidem vero Codicis Parisiensis *cavitula data presbyteris*, a Sirmondo et Baluzio ope odicum Remensis et Vaticani, quondam vulgata.

1. Ut ecclesias Dei bene constructae et restauratae fiant, et episcopi unusquisque infra suam parrochiam exinde bonam habeat providentiam, tam de officio et luminaria, quamque et de reliqua re tauratione.

2. De decimis ubi antiquitus uerunt b e clericorum

NOTÆ.

a Palatium regium in Germania ad Salam fluvium. Duos istius nominis fluvios habet Germania, unum qui in Albiam influit, alium qui in Mœnum. De posteriori sermo hic est. Constat enim ex Annalibus Eginhardi Carolum Magnum anno 790, relicta Wormatia, per Mœnum fluvium ad Salz palatium suum in Germania juxta Salam fluvium constructum, navigasse. Praeterea in Annalibus Metensibus et Fuldensibus scriptum est Ludovicum Pium, paulo ante quam moreretur, ad Salz villam regiam (quam iidem Annales Fuldenses ad annum 897 vocant *curtem quæ dicitur Salz*) reversum, cum illic ægrotare cœpisset, per Mœnum fluvium navigio ad Franconofurd, inde post paucos dies in insulam quamdam Rheni fluminis prope Ingilenheim delatum fuisse. Situm palatii istius indicat poeta Saxonicus, cujus ævo etiamnum exstabat, ad annum 790, ubi de Carolo Magno loquens, ait:

Est aggressus iter Mœnum navale per amnem,
Ascenditque per hunc, donec prope mœnia venit
Magna palatinæ sedis Salt nomine dicta.
Nascenti vicina Salæ: nam fluminis hujus
Rivus adhuc modicus hæc ipsa palatia cingit,
Vix raucum per saxa cieus resonantia murmur.

BALUZ.

b Ecclesiæ in quibus publicum baptisterium erat, ut legitur in capite septimo synodi quæ apud

Vernum nabita est sub rege Pipino. Lutprandus rex Longobardorum, in præcepto pro Lupertiano episcopo Aretino, quod a Jacobo Buralio editum e in historia episcoporum Aretinorum pag. 25: « C usa quæ vertebatur inter te et Donatum episcopum ivitatis Senensis de Ecclesiis sanctorum Dei in q ibus baptisma consuetudo est faciendi. » Quæ bapti eria vocantur in præcepto Caroli Magni et in litteris Ambrosii majoris domus sub Liutprando apud eu em Buralium. Eædem tituli baptismales dicuntur a Jodoardo lib. II, historiæ Remensis cap. 19, pag. 61, in editione Colvenerii. Ecclesiæ itaque illæ dice untur baptismales, ut ab aliis distinguerentur quæ b pteria non habebant. Verissimam enim puto Jo phi vicecomitis observationem, qui putat unicam ta tum ecclesiam baptismalem in unaquaque civitate f isse vetustis temporibus, ad quam omnes baptizandi onvenire tenebantur; ut patet etiam ex vetusta n rratione quæ exstat apud Chiffletium parte II Vesont nis cap. 26, pag. 163. Quod non solum in civitat us, sed etiam in vicis obtinuisse colligitur ex Ca one 48 synodi Meldensis, et ex veteri charta Patricia ensi edita a Perardo in Monumentis historiæ Burgun cæ, pag. 42. « Proclamantes quod non deberent epi copalem receptionem facere apud sanctum Marcelli m, quæ Capella est, non vicus publicus. » Burcha dus

siae [1] baptismales, et devotio facta fuit, iuxta quod episcopus ipsius parrochiae ordinaverit, omniamodis [2] fiant donatae. Et si per donationes regum, aut caeterorum Deum timentium bonorum hominum, ad episcopia seu monasteria aliquas res delegatus [3] sunt, et ex ipsis rebus antiquitus ad ipsas ecclesias prio- res decimas datas fuerunt, ipsa antiqua donatio vel devotio firma et stabilis omnino permaneat, et ipsas res ubi delegatas esse videntur permaneant. Tamen, ut supra diximus, decimas de ipsis rebus qui eas possidere videtur persolvat.

VARIANTES LECTIONES

[1] eclesiales 1. [2] ita 1. [3] ita 1.

NOTÆ.

confirmat lib. III, cap. 22, ex quodam Concilio Aquisgranensi, si vera fides : « Plures baptismales ecclesiæ in una terminatione esse non possunt, sed una tantummodo cum subditis capellis. » Gratianus 16, q. 1, cap. 53, citat ex concilio Toletano. Capellarum antiquitus subjectarum ecclesiis mentio est in capite secundo epistolæ Hincmari ad clerum et plebem Laudunensem, quæ exstat infra inter Formulas promotionum episcopalium, tit. 18. In capellis illis, quæ etiam oratoria dicuntur veteribus synodis et Patribus, baptisterium fieri non licebat. Testis erit Gregorius Magnus lib. II, indictione 10, epist. 9 ad episcopum Ariminensem, ubi loquens de oratorio quod Themothea construxerat intra civitatem Ariminensem, ait : « Prædictum oratorium absque missis publicis solemniter consecrabis, ita ut in eodem loco nec futuris temporibus baptisterium construatur, nec presbyterum constituas cardinalem. Eadem de alio quodam oratorio in civitate Neapolitana statuuntur, lib. VIII, indict. 5, epist. 3, sanctum Gregorium exscripsit postea Zacharias Papa in responso 15 ad Capitula Pippini per Ardobanium missa. Imo qui ad oratoria illa sive capellas per annum conveniebant, ter in anno ad matrem Ecclesiam venire tenebantur, ut pluribus conciliis sancitum est. Diu viguit hæc sancta institutio, nimirum usque ad sæculum Christi undecimum. Habemus nos litteras Pibonis, episcopi Tullensis, datas anno 1079, in quibus legitur « Ecclesiam de Munz antiquitus capellam de Blano exstitisse, hominesque apud eamdem villam de Munz commorantes ter in anno, videlicet in Pascha, Pentecosten, et Natale Domini ex consuetudine apud matrem suam Ecclesiam de Blano convenire et debitas oblationes presbytero de Blano ibidem persolvere. » Liberati tum ab hac lege sunt homines de Munz, quibus præterea Pibo baptisterium et liberam sepulturam concessit. Poterat sane Pibo istud facere, ut observatum est a Gratiano in loco paulo ante laudato. Sed necessarius erat cleri consensus. Hoc jus episcopale noverat Augustinus Valerius cardinalis Veronensis, qui in annotationibus ad Constitutiones synodales Matthæi Giberti, episcopi Veronensis, ita scribit pag. 296 : « Ex quibus verbis colligi potest non omnibus parochialibus ecclesiis datam esse facultatem fontis baptismalis. Quam rem confirmare videtur usus multarum parochialium, in quibus non sunt fontes baptismales. Et idcirco, ut omnem ambiguitatem tollamus, decernimus ut non liceat cuicuique curato ipsius constitutionis vigore pro libito suæ voluntatis fontem erigere baptismalem, nisi prius mandato et licentia speciali obtenta a nobis. Si secus factum fuerit, fons ipse funditus omnino destruatur, et parochus ille mulctetur arbitrio nostro. » Lege Caroli Magni (quæ exstat in capite sequenti istius Capitularis et in Capitulari primo anni 823, cap. 19), decimæ villarum in quibus novæ ecclesiæ constitutæ erant pertinebant ad antiquiores ecclesias intra quarum limites istæ continebantur. Sancitum id ipsum reperitur in libro secundo Capitularium cap. 36, 47, et lib. 5, cap. 97, itemque in decreto Leonis IV, quod a Gratiano refertur 16, q. 1, cap. 45, *De decimis*. Unde concludit Gratianus decimas tantummodo baptismalibus ecclesiis dandas esse. Ad quæ verba addit Glossa decimas semper baptismalibus ecclesiis solvendas esse, *et non capellis*. Apud Giraldum Cambrensem in Descriptione Cambriæ, cap. 18, legitur Britannos decimæ magnæ duas partes Ecclesiis baptismalibus, tertiam episcopis diœcesanis dare consuevisse. Afferam autem insignem locum Amulonis archiepiscopi Lugdunensis, in quo dignitatem et auctoritatem Ecclesiarum baptismalium verbis minime obscuris explicat. Hæc sunt ejus verba ex epistola ad Theodboldum episcopum Lingonensem ; « Unaquæque plebs in parœchiis et ecclesiis quibus attributa est quieta consistat, atque ad ea sanctuaria ubi sacrum baptisma accipit; ubi corpus et sanguinem Domini percipit, ubi missarum solemnia audire consuevit, ubi a sacerdote suo pœnitentiam de reatu, visitationem in infirmitate, sepulturam in morte consequitur, ubi etiam decimas et primitias suas offerre præcipitur, ubi filios suos baptismatis gratia initiari gratulatur, ubi verbum Dei assidue audit, et agenda ac non agenda cognoscit, illuc, inquam, vota et oblationes suas alacriter perferat. » In Chartulario Ecclesiæ Viennensis, reperi, in synodo habita ab Alexandro archiepiscopo anno 907, judicatum fuisse secundum Barnardum abbatem sancti Mauricii, qui contendebat decimas capellæ sancti Severi, quæ constructa erat intra limites ecclesiæ sancti Primi de Tausiaco, ad Ecclesiam Tausiacensem pertinere debere. Ludovicus tamen Pius constituit in Capitulari anni 816, cap. 12, ut decimæ de villis novis conferantur ad ecclesias in eis noviter constitutas. Sed præter decimas, dos etiam a fundatoribus requirebatur, uti dictum est in notis ad Reginonem pag. 543. Exstant in veteri Chartulario Ecclesiæ Brivatensis litteræ Adalardi episcopi Arvernensis datæ anno 906, in quibus post narratam dotem ecclesiæ noviter constructæ in villa Blaneda, addit ut illa *matri Ecclesiæ Arvernorum debitum obsequium, ut cæteræ capellæ similes ejus, persolvat*. Item litteræ Arnaldi episcopi Arvernensis datæ anno 923, de consecratione et dote ecclesiæ de Caneto, in quibus legitur illum dedicasse *eamdem capellam specie septima mensis novissimi*, et statuisse *ut quandiu Joannes fundator advixerit, eamdem capellam teneat*. Sed ut ad baptismales ecclesias revertamur, eædem vocabantur plebes, ut dicetur ad Capitula Caroli Calvi. Dicebantur etiam oracula, ut in capitulis Pippini Regis Italiæ excerptis e Codice legis Longobardorum cap. 16, et in præcepto Caroli III imp. pro ecclesia Pergamensi, quod a R. P. Celestino capucino editum est lib. XXII Historiæ Pergamensis, pag. 399. Cum itaque magna esset ecclesiarum istiusmodi dignitas ac reverentia, merito Carolus Magnus edixit in Capitulari anni 793, cap. 2, ne eas laici homines teneant, id est, ne in beneficium tribuantur laicis. Quod in capitulari ejusdem Pippini sancitum est cap. 15. Attamen in Chartulario prioratus de Paredo reperio ecclesiam sancti Benigni, quæ et cœmeterium, et sepulturam, et baptisterium habebat, diu possessam a laicis fuisse beneficiario jure, donec qui eam possidebant, monasterio de Paredo reddiderunt tempore Hugonis prioris. Hinc etiam ecclesiarum baptismalium dignitas colligitur quod cum in reliquis sufficeret unus presbyter, in istis necessarius erat unus diaconus cum presbytero. Istud reperi in vetustis capitulis ex Codicibus Vaticano et Casinensi descriptis a Sirmondo, quorum octavum sic habet : *Ut nulla ecclesia cujuslibet diœceseos ubi baptismum fit presbyter absque diacono esse reperiatur*. BALUZ.

3. [a] Quicumque voluerit in sua proprietate ecclesiam aedificare, una cum consensu et voluntate episcopi, in cuius parrochia fuerit, licentiam habeat. Verumtamen omnino praevidendum est, ut alias ecclesias antiquiores propter hanc occasionem nullatenus earum iustitiam aut decimam perdant, sed semper ad antiquiores ecclesias persolvantur.

4. Unusquisque episcopus in sua parrochia secundum canonicam institutionem presbyteros ordinare faciat.

5. Ut nullus in monasterio puellarum vel ancillarum Dei intrare praesumat; nec presbiter, nec diaconus, nec subdiaconus, vel clericus, aut laicus, nisi tantummodo presbyter missa celebrandum tempore oportuno ingradiatur, salva necessitate monasterii secundum canonicam institutionem, et iuxta quod episcopus ipsius parrochiae ibidem ordinaverit.

A Presbyter autem missa celebrata statim eat.

6. Quicumque filiam suam, aut neptam, vel p rentam Deo omnipotenti offerre voluerit, licentia habeat. Si non autem, domui infantes suos nutri t, et non aliam infra monasterio mittere nutriendi ratia presumat, nisi qui de firmiter in ipso loco in De servitio perseverare voluerit, vel secundum ins ituta sanctorum patrum seu canonicam auctoritate .

7. Omnino prohibemus, ut nullus masculum ium, aut nepotem, vel parentum [1] suum, in mona terio puellarum aut nutriendum commendare praes mat, nec quisquam illum suscipere audeat.

8. Ut nullus ex clericali ordine, sacerdotes ide licet, aut alii clerici, neque laicus, brunias a t alii arma infra monasterio puellarum commendare raesumat, ne quisquam recipere audeat, excepto i in aelimosyna datum fuerit.

VARIANTES LECTIONES.

[1] ita 1, cf. cap. 6.

NOTÆ.

[a] Regino caput istud retulit ex Capitularibus; Burchardus, pro more suo, ex Concilio Wormatiensi, verbis Capitularis in alia mutatis, ne fraus cui uam suboleret. Baluz.

CAPITULARE METROPOLITANI CUIUSDAM IN SYNODO PROPOSITUM.

ITEM ALIA.

Cap. 1. Deo gratias agere, quod Deus nos sanos congregavit in unum [1].

2. Ut fiat oratio pro domno imperatore et filiis eius et cuncto populo christiano.

3. Si aliquis ex vobis aliquam causam habet nobis dicendam, quam ipse per se non potuit emendare.

4. Ut unusquisque episcopus ammoneat presbiteros et clericos in sua parrochia, ut secundum anones agant et vivant.

5. Ut episcopi et abbates qui monachos h ent, illos regant et doceant secundum regulam sanc i Benedicti.

6. ' f l

Ut orent pro me peccatore, sicut eorum e voluntas.

VARIANTES LECTIONES.

[1] ununum coa.

[a] CAPITULA DATA PRESBYTERIS.

Ammonere vos cupio, fratres et filioli mei, ut ista pauca capitula, quae hinc scripta sunt, intentius audiatis.

1. Imprimis, ut sacerdos Dei de divina Scriptura doctus sit, et fidem Trinitatis recte credat, et alios doceat, et suum officium bene possit implere.

2. Ut totum psalterium memoriter teneat.

3. Ut signaculum et baptisterium memoriter teneat.

4. Ut de canonibus doctus sit, et suum penitentiale bene sciat.

5. Ut cantum et compotum sciat.

6. Ut nullus sacerdos feminas secum habitare permittat, excepto matrem, sororem, vel amitam.

7. Ut presbyteri in tabernis bibere non pr esumant.

8. Ut nullus avariciam sectetur; non sit supe bus, non ebriosus, non vinolentus, nec somnolentus.

9. Ut nullus praesumatur in cena Domini ieiu ium solvere.

10. Ut nullus baptizare praesumat, nisi in p cha et pentecosten, excepto infirmo.

11. Ut nullus presbyter, nec diaconus, nec leri-

NOTÆ.

[a] Haec capitula non sunt integra, sed breviaria duntaxat capitulorum. Non opus est ire per singula capita, quae variis in locis capitularium descripta sunt. Sufficiet hic annotare caput tertium, quod in libris Capitulorum non exstat, reperiri integrum in tomo nono Spicilegii Dacheriani pag. 64, inter Capitula quae Bonifacio archiepiscopo tribuuntur, quamvis illius non sint. Sic ergo ibi legitur : « Ut u usquisque episcopus in sua parochia diligenter d cutiat suos presbyteros, et faciat ut illorum sign ula et baptisteria bene faciant. [Leg. sciant] et cdo ant presbyteros quid in illo baptisterio unumquodque er lum vel sententia per se significet. » Baluz.

cus, chrisma alicui dare praesumat [a] pro aliqua ne- A venire. Quod si aliter facere praesumpserit, coactus cessitate. Qui si hoc fecerit, degradetur. veniat, et secundum canones iudicetur

12. Ut nullus presbyter ad synodum contemnat

NOTÆ.

[a] Id est, sub prætextu medicinæ vel cujuslibet rei, ut legitur in additione III, cap. 99, ex concilio Arelatensi IV, cap. 18, vel sub prætextu medicinæ vel maleficii, ut in libro quinto Capitularium, cap. 145, ex concilio Moguntiaco, cap. 27. Interdum etiam chrisma usurpabant ad tegenda flagitia, quod persuasum haberent criminosos chrismate unctos aut potatos nequaquam ullo examine deprehendi posse, ut docet canon vigesimus concilii Turonensis habiti anno 813. Vide Capitula Bonifacio archiepiscopo tributa, cap. 5. BALUZ.

CAPITULA LEGI BAIOARIORUM ADDITA (An. 803, Sept. vel Nov.).

In ordinanda Bajoaria anno 788 penitus subacta Carolus ter majus temporis spatium consumpsit, annis scilicet 788; 792 et 793, atque 803. Quorum cuinam capitula ad legem Bajoariorum addita assignanda sint, haud facile dixeris; et M. Welserus anno 788, Cointius an. 792, Baluzius vero annis 788 et 806 attribuit, ea post imperii divisionem anno 806 repetita ratus. Ambigentibus vero nobis, imperatoris vocabulum litem dirimere visum est, in Codicibus recentioribus quidem omissum, ut in antiquissimis omnibus, unde illi descripti sunt, propositum. Ad manus autem fuerunt : 1 C. bibl. regiæ Parisiensis n. 4417 in-fol. sæc. IX vel X, 2 C. bibl. palat. Vindobonensis in catalogo Juris civilis n. 64 signatus m. sæc. XII, in quo, ut in anteriori et subsequenti, post leges Bajoariorum habetur. Til. Editio Joannis Tilii absque loco et anno in 16°. Præterea vir cl. Foringer de Codicibus in bibliotheca regia Monacensi asservatis, ad nos retulit eorumque lectiones benignissime enotavit. Sunt autem hi quatuor : 3 C. olim Tegernseensis Cimel. IV. 3 d. sæculi IX, vel X, in-8° legum Bajoariorum et Alamannorum; 4 C. olim ecclesiæ cathedralis Augustanæ n. 153, sæc. X, in-4°, collectionem canonum pœnitentialium, leges Alamannorum et Ansegisum continens, in quo ut in Tegernseensi legi Alamannorum submittitur; 5 C. Olim Chiemensis, postea D. Lipperti, jam Cimel. IV. 3 c. sæc. XII, in-8° maj., ubi legem Bajoariorum et decretum Tassilonis excipit. Liber hic, ut cl. Foringer observat, ex Cod. Tegernseensi, adhibito fortasse alio quodam, profluus, fons est Codicis sexti; 6 olim civitatis Augustanæ m. sæc. XII, in-8°, leges Bajoariorum continentis. Ex quo H. Canisius, Welseri apographum nactus, post Chronicon Victoris Tununnensis, Ingolstadii, an. 1600, in-4°, et Welserus, in libro V Rerum Boicarum, Augustæ Vind., an. 1602, Editiones suas paraverunt.

Capitula [1] quae ad legem Baioariorum [2] domnus Carolus serenissimus [3] imperator, [4] addere iussit, ut [5] bannum [6] ipsius quislibet [7] inrumperit [8] componere debeat.

1. Ut aecclesia [9], viduae, orfani, vel minus potentes pacem rectam habeant. Et ubicunque fuerit infractum, sexaginta [10] solidis componatur.

2. Ut raptum [11] vel [12] vis per collecta hominum et incendia infra patria [13] nemo facere praesumat. Et qui hoc commiserit, sexaginta solidos in bannum nostrum componat [14].

3. Similiter et [15] qui iussionem regiam in hoste [16] bannitus inrumperit [17].

Haec [18] octo [19] capitula in assiduitate [a]; reliqua autem reservata sunt regibus, ut ipsi potestatem habeant nominativae demandare unde [20] exire debent. C

4. De denarialibus [21], ut si quis eos occiderit [22] regi componatur.

5. Similiter de his qui per cartam in ecclesia iuxta altare [23] dimissi sunt liberi, cum quadraginta solidis regi [24] conponantur.

6. Hii vero qui per [25] cartam ingenuitatis dimissi sunt liberi, ubi nullum patrocinium et defensionem non elegerint, similiter regi conponantur [26] quadraginta solidis.

7. Ut clericum nemo recipere audeat sine consensu episcopi sui. Et si eum aliquis acceptum [27] habet, quando licentia ipsius episcopi fuerit, aliter non faciat; nisi eum [28] eius praesentiae perscrutandum [29] si dignus fuerit, deducatur [30].

VARIANTES LECTIONES.

[1] cartula 1. [2] bauariorum 2. ad 1. b. desunt 3. 4. 5. 6. [3] deest 2. [4] deest 5. 6. [5] et 1. ut si 2. [6] pannum 3. 5. 6. pannum corr. bannum 4. ita et infra cap. 2. 5. [7] in hislibet 1. quilibet Til. [8] irrumperet 4. irrupere 3. inrumperet 5. 6. inruperit Til. [9] ecclesiae 4. [10] XLX 49. 2. XL 4. [11] raptam 1. [12] vim 2. 4. 5. 6. [13] patriam 2. 4. 5. 6. Til. [14] commiserint sexaginta solidos componant 2. [15] deest 2. [16] hostem 4. 5. 6. [17] inruperit 3. 4. Til. [18] Haec usque debent desunt apud Welserum et apud Til. et Baluzium hoc loco. Tilius tamen et Baluzius sententiam in fine totius capitularis scripserint, contra auctoritatem codicum omnium. [19] numerus iam deletus in codice 3. deest in 5. 6. [20] inde 3. 5. 6. [21] derinalibus 2. dinerialibus 3. 5. 6. ita, corr. deneralibus 4. [22] deest 3. 5. 6. [23] i. a. desunt 1. [24] deest 4. [25] Qui vero per Til. [26] c. cum XL 5. 6. [27] receptum 2. [28] cum 3. 4. 5. 6. [29] praescrutandum 4. [30] deducat Til.

NOTÆ.

[a] I. e., assidue, in quocunque casu, servanda sunt; de sequentibus vero regum (i. e., regis qui pro tempore fuerit) sententia in singulis casibus quærenda est. Baluzius voces regibus ut ipsi p. habeant ad filios D Caroli anno 806 regni hæredes institutos refert; sed cum Bajoaria uni tantum eorum, Pippino Italiæ regi obvenerit, ex Baluzii quoque sententia pluralem pro singulari positum esse patet.

CAPITULARE BAJOARICUM (An. 803, Sept. vel Nov.).

Carolus a palatio Saltz digressus mense Augusto in Bajoariam venit ibique exercitus e Pannonia reditum praestolaturus per tres menses resedit. Quo tempore in metropoli ejus provinciae Ratisbona praecipue commoratus esse videtur, quanquam et mense Octobri Saltzburgensis urbis situsque ejus miranda inspexerit. Tunc etiam capitula de partibus Bajoariae condita fuisse videri possunt. Baluzius, nescio qua ratione ductus, ea anno 806 ascripsit. Editio nostra Codici unico 1 quem in bibliotheca Cæsarea Vindobonensi in catalogo juris canonici, numero 128 signatum, evolvi, membr. in-8° majore sæculi IX innititur; paucis tamen vocibus ex Benedicto suppletis. Baluzii editio aut ex eodem fonte, aut ex Benedicti libro cundo fluxit [1].

A. Primus omnium iubendum est, [ut habeant [2]] aecclesiae earum iustitias, tam in vita illorum qui habitant in ipsis aecclesias, quamque in pecuniis et substantiis eorum.

2. Ut omnes episcopi potestative secundum regulam canonicam doceant, et regant eorum ministeria, tam in monasteriis virorum quamque et puellarum, vel in forensis presbiteris, seu reliquo populo Dei.

3. Ut viduae, orfani et minus potentes sub Dei defensione et nostro mundeburdo pacem habeant, et eorum iustitia [adquirant [3]].

4. Ut episcopi cum comitibus stent, et comites cum episcopis, ut uterque pleniter [4] suum ministerium peragere possint.

5. Ut latrones, vel homicidae, seu adulteri, vel ncestuosi, sub magna districtione [et correctione [5]] B. sint correpti secundum eoa [6] Baiuvariorum vel lege.

6. De rebus propresis, ut ante missos, comites seu iudices nostros veniant [7], et ibi accipiant itivam sententiam. Et ut in antea nullus praesumat bus alterius proprindere; nisi magis suam causam uaerat ante iudices nostros, ut diximus, et ibi recip t quod iustum est.

7. Ut si aliquis voluerit dicere quod iust ei non iudicetur, tunc in praesentia nostra venien. Aliter vero non se praesumat in praesentia nostr venire pro alterius iustitiam dilatandam.

8. Quod non amplius de illis iustitiis miss nostri ad praesens modo faciunt, nisi de temporibu Tassilonis seu Liutpergae, excepto illis [8] qui ad fi em avi et genitoris nostre vel ad nos venerunt.

9. Ut marca nostra, secundum quod ordina um vel scaritum [9] habemus, custodiant una cum mi sis nostris.

VARIANTES LECTIONES.

[1] Baluzius inscripsit : *Et haec missi nostri ante nativitatem Domini omnibus cognita faciant; quod eest in* 1. v. infra an. 806. Capitula missis data. [2] *deest* 1. [3] *deest* 1. [4] leniter 1. [5] et c. *deest* 1. [6] eu am ed. [7] v. ii qui hoc egerunt Bened. II, 251. [8] illes 1. [9] sancitum *ed.*

CAPITULARE DE LATRONIBUS (An. circ. 804).

Constitutionem hanc hucusque ineditam exscripsi ex Cod. regio Parisiensi 4404 membr., in folio, c. IX, cujus ultima in pagina legitur. Data est ante annum 805, teste cap. 24 capitularis ejus anni, ubi de a sermonem fieri patet.

Capitulare qualiter missi nostri de latronibus agere debent.

1. Ut ubicumque eos repererint [1] diligenter inquirant, et cum discreptione [2] examinant, ut nec hic superfluum faciant ubi ita non oportet, nec praetermittant quod facere debent.

2. Si latro de liberis personis fuerit hortus, postquam reprobatus fuerit inventus secundum antiquam consuetudinem iudicetur. Si vero dictus fuerit latro et non fuerit compraehensus, qui eum conprobare voluerit secundum legem adprobare faciat; et si quislibet per aliquam iram aliquem dixerit latronem, si hoc conprobare non potuerit, non credatur [3] eis; et si ipse qui famosus est hoc iurare potuerit aut ad iudicium exire, qualecumque melius videtur, et plena fuerit discussio de illo facta, sine disciplina nihil pa- D

C tiatur, inter dumtaxat si hoc facere voluer t quae diximus.

3. Si per sacramentum qui se exsedoniar [4] voluerit et fuerit aliquis qui contra eum con ndere vellit, retrahat alius manum de super altare an quam iuratores sui iurent, et exeant in campum c fustibus; et si latro victus fuerit, componat om a undecumque reprobatus factus fuerit, nisi forte veniat ut dignus sit morte. Si vero alius victus fuerit q i contra eum innocentem surrexerit, sciat se men atium dixisset, et quicquid iudicaverint hoc susten t.

4. De liberis hominibus et ecclesiasticis aut fiscaliniis ubicumque reprobi inventus fuerit, sec dum legem deiudicetur, et antequam [5] per bonorum hominum liberorum testimonium bonam famam aben– tium reprobentur.

VARIANTES LECTIONES.

[1] repererint *cod*. [2] i. e. *discretione*. [3] credat *c*. [4] i. e. *exidoneare*. [5] i. e. *antea*.

CAPITULA ECCLESIASTICA (An. circ. 804).

Duo haec capitula in Codice bibl. regiae Monacensis olim Augustano a viro cl. Foringer exscripta m cumque communicata, anno huic assignanda censui, quod anni superioris mandatum de oratione domi ica et symbolo fidei discendis in eis renovetur. In Codice Ansegisi, intra indicem et textum libri tertii, ma antiqua leguntur inserta.

1. Episcopus in cuius parochia aliquis consistens aliquid iniuste fecerit, semel et bis, et tercio si necesse, vocabit illum sua admonitione per suum nuntium canonice ad emendationem sive composit onem et ad penitentiam, ut Deo et ecclesiae quam le it satisfaciat. Si autem despexerit atque contempser t eius

admonitionem et saluberrimam invitacionem, feriat illum pastorali virga, hoc est sententia excommunicationis, et a communione sanctae ecclesiae omniumque christianorum sit separatus usque ad congruam satisfactionem et dignam emendationem. Quam excommunicationem [1] debet isdem episcopus seniori illius notam facere [2], et omnibus coepiscopis, ne eum recipiant usque ad dignam satisfactionem.

2. Symbolum et orationem dominicam vel signaculum omnes discere constringantur. Et si quis ea nunc non teneat, aut vapulet, aut ieiunet de omni potu excepto aqua, usque dum haec pleniter valeat. Et qui ista consentire noluerit, ad nostram praesentiam dirigatur. Feminae vero aut flagellis aut ieiuniis [3] constringantur. Quod missi [4] nostri cum episcopis praevideant ut ita perficiatur; et comites similiter adiuvant episcopis, si gratiam nostram velint habere, ad hoc constringere populum ut ista discant.

VARIANTES LECTIONES:

[1] excommutionem c. [2] fecere c. [3] iciunis c. [4] iussi. c.

CAPITULARE AQUISGRANENSE (An. 805, vere, Aquis.).

Ineditum hucusque ex Cod. bibl. reg. Paris. n. 4995, saec. ix, fol. 33 et 34 exscripsi, assignavique anno 805, quo et Carolus rex, imperatoris aequivocus, a patre cum exercitu in Bohemiam missus est, et ex capitulari proxime sequente fames valida exstitit [a]. Capitula igitur haec missis reliquisque qui Carolum regem sequi non jussi fuerant proceribus, quae generaliter nota facerent, commissa sunt.

Item alia capitula domni imperatoris.

Capitula quae volumus, ut episcopi abbates et comites qui modo ad casam redeunt, per singula loca eorum nota faciant et observare studeant, tam infra eorum parrochias et missaticos, seu ministeria [1] eorum convicinantium, qui in exercitu simul cum equivoco nostro perrexerunt.

1. Ut indigentibus adiuvare studeant de annona, ita ut famis periculum non pereant.

2. Ut medio mense Agusto cum excarritis hominibus ad nos esse debeant, si antea iussio nostra ad eos non pervenerit [2] pro aliqua necessitate.

3. Ut omnes praeparati sint ad Dei servitium, et ad nostram utilitatem, quando quidem missus aut epistola nostra venerit, ut statim nobiscum venire faciatis.

4. Si alicui de illis hominibus qui in exercitu exire valeant, una cum dilecto filio nostro Karolo esse videntur, aliquis ad casam male fecerit, aut in uxore aut in domo, aut in aliis quibuslibet causis, ut ipsi malefactores comprehensi, et in cippo et in carcere faciant missi, et sub custodia salvi usque dum ad casam remeaverint [3] contra quos [3] illa mala fuerit perpetrata.

5. De latronibus et malefactoribus habeant providentiam quantum melius possunt, una cum missis illorum qui in exercitu sunt.

6. Ut per civitates monasteria virorum et puellarum commonere faciant, ut omnes pie et caste Dei servitio certent vivere, et eorum pauperes et familias iuxta possibilitatem nutrire faciant.

VARIANTES LECTIONES.

misteria c. [2] peruenerint c. [3] remeaueauerint c. [4] deest in c.

NOTAE.

[a] Anno 808, quo tertiam Carolus rex expeditionem fecit, de fame non legitur; anno 806 idem rex non ex placito, sed postea tandem, cum exercitu missus est.

CAPITULARE DUPLEX IN THEODONIS VILLA PROMULGATUM (An. 805, Dec.).

Magni momenti edictum in conventu ad Theodonis villam, ubi imperator mensibus Novembri et Decembri anni 805 et Januario ac Februario sequentibus morabatur, promulgatum, primum ab Amerpachio ex Codice Tegernseensi, deinde a Sirmondo et Baluzio vulgatum est. Quorum quidem neutri tanta quanta nobis subsidia ad manus fuerunt; scilicet praeter Codices quibus capitularia Langobardica exhibentur, sancti Pauli, Chisianum, Cavensem, Ambrosianum, Florentinum, Londinensem, Vindobonensem, Veronensem, et editiones Muratorii et Balnzii : 1. C. bibl. regiae Paris., n. 4629, saec. ix. 1 b. C. bibl. ducalis Guelferbytanae Gudianus, saec. ix. 2. C. bibl. reg. Paris. inter Suppl. Lat., n. 303 signatus, saec. ix. 2 b. C. bibl. ejusdem n. 4628 A, qui ex superiore descriptus esse videtur, saec. x. 3. C. bibl. ducalis Guelferbytanae Augustaeus, saec. ix. 4. C. bibl. regiae Parisiensis, n. 4995, saec. ix. 4. b. C. bibl. reg. Monacensis, olim Tegernseensis, saec. x. 5. C. bibl. ducalis Guelferbytanae Blankenburgensis saec. x. 6. C. bibl. ducalis Gothanae, saec. xi. 7. C. bibl. regiae Parisiensis inter Supplementa Latina, n. 75, insignis, saec. x, quocum Codices sancti Vincentii Mettensis, Vaticanus et Navarricus a Sirmondo et Baluzio adhibiti consentiunt. Caeterani Baluzius et Codd. Corbionensis et Parisiensi (nostro 2) usus est. In fine excerptum hujus capitularis duplex, alterum Jesse episcopo Ambianensi, misso dominico, datum atque primum a Baluzio ex Codice Paris. 4626, saec. x vulgatum, nuncque denuo auctoritate ejusdem Codicis recognitum, alterum alii cuidam misso datum necdum vulgatum ex Codice bibl. reg. Paris. 4628, membr., saec. ix, vel x, subjicimus. Quae vero Baluzius pro altera secundae partis Editione sistit, non alia est quam lectio Codicis 7 et Mettensis.

AD TEOTONEM VILLAM FUIT DATUM IN ANNO 5 IMPERII ANTE NATALE DOMINI [1].

CAPITULA INFRA AECCLESIAM [2].

Baluzius ita habet.

1. De lectionibus.
2. De cantu [3].
3. De scribis [4].
4. De notariis.
5. De diversis disciplinis [5].
6. De compoto.
7. [a] De medicinali arte.
8. De aecclesiis sine honore manentibus, absque offitiis et luminariis; et de his qui decimas sumunt [6], et de aeclesiis non curant; et de altaribus, ut non superflua sint in aecclesiis.

1. Ut lectiones in ecclesia distincte legantur.
2. Ut cantus discatur, et secundum ordinem et morem Romanae ecclesiae fiat : et ut [b] cantores de Mettis revertantur.
3. De scribis ut vitiose non scribant. Ut unusquisque episcopus et abba et singuli comites suum notarium habeant.
4. De caeteris disciplinis ecclesiae, ut secundum canones vel regulam fiant.
5. De compoto, ut veraciter discant omnes. De medicinali arte ut infantes hanc discere mittantur.
6. De ecclesiis sine honore manentibus, absque officiis et luminariis, et de his qui decimas dem adsumunt et de ecclesiis non curant, ut omnimodis emendetur. Et de altaribus, ut non superflua sint in ecclesiis.
7. De nuper venientibus ad monasterium, ut primo discant regulam antequam foras mittantur ad ministeria, et quod non vadant ad iudicia secularia.
8. [7] De iis qui seculum relinquunt propter servitium dominicum impediendum, et tunc neutrum faciunt : ut unum e duobus eligant, aut pleniter secundum canonicam, aut secundum regularem constitutionem vivere debeant, aut servitium dominicum faciant.

A 9. De laicis noviter conversis, ne antequam suam legem pleniter vivendo discant, ad alia [8] egotia mittantur.
10. De derelinquentibus seculum ; unum e duobus elegant, ut pleniter secundum canonicam, aut secundum regularem institutionem vivere debeant.
11. De servis propriis vel ancillis, ut non plius tundantur vel velentur nisi secundum mensu am, et ubi [9] satis fiat, et villae non sint desolatae.
12. De congregationibus superfluis, ut nul atenus fiant, sed tantos congreget quantis consilium [10] dare potest.
13. [11] De his qui non fiunt secundum regula pulsati, ut [12] deinceps emendentur [13] et pulsent se undum regulam.

B 14. Ut infantulae aetatis puellae non v lentur, antequam illi elegere sciant quid velint [14], s va canonica auctoritate [15].
15. Ut laici [16] non sint praepositi monacho um infra monasteria, nec archidiaconi sint laici
16. De incestuosis, ut canonicae examine tur, et nec propter alicuius amicitiam quidam rel xentur, quidam vero constringantur.

COMMUNITER AECCLESIAE ET POPULI [17].

1. De pace. Ut omnes qui per aliqua s lera ei rebelles sunt, constringantur.
2. De iustitis aecclesiarum Dei, viduaru , orfanorum, et pupillorum [18], ut in publicis iudi iis non dispiciantur clamantes [19], sed diligenter aud ntur.
3. De iustitiis regalibus [20], ut pleniter fian inquisitae.
4. De hoc si evenerit fames, clades, pes ilentia, inaequalitas aeris, vel alia qualiscumque tr ulatio, ut non expectetur edictum nostrum, sed sta im depraecetur Dei misericordiam. Et [21] in praese ti anno de famis inopia, ut suos quisque adiuvet p out potest, et suam annonam non nimis care vend . Et ne foris imperium nostrum [22] vendatur aliquid alimoniae.
5. De armis infra patria non portandis, id est,

VARIANTES LECTIONES.

[1] haec inscriptio habetur in codd. 7. et S. Vincentii Mettensis; coa. 4 naoet : Incipit tertius cap tularis; codex 5 : Capitulare dominicum datum anno Domini 806 ad Theodonis villam anno imperii Karoli . Titulum II. Item Karoli de causis ecclesiasticis. [2] ita 1. 2. 2 b 3. 4. 4 b. 5. 6. 7. in nonnullis prima v x deest. [3] c. ut discatur, et ut cantores de Mettis reuertantur 7. [4] s. quod vitiose non scribant 2. 2 b. 3. 7. s. ut non uiciose scribant 4 b. [5] de d. d. discendis 7. de caeteris disciplinis 4 b. [6] ita 1. 4. absum nt 4 b. adsumunt 2. assumunt 2 b. [7] Caput hoc Baluzius ex cod. Corbionense et Benedicto II. 260 e scripsit. [8] alinea 1. [9] ut et ibi 4 b. [10] subsidium 5. [11] inter K. M. Langob. c. 141. Mur. [12] ut non d. 4 [13] reliqua capitis omittunt 2. 2 b. 3. 5. [14] velint, et ut pulsentur s. c. sententia et a. edd. [15] auctorita , id est ante xxv annos, excepto metu mortis aut raptus V. Vn. E. adiecto in V. posteriori manu, nisi cums nsu parentum; quod et E. habet. [16] superadscripto nec clerici 1. [17] ita 1. 4. ad omnes generaliter 2. 2 b. 5. 7. item Karoli generaliter ad omnes 5, item capitulare 6. [18] cod. 7. hic incisione facta duo capita umerat. [19] audientes 1. 1 b. 4. [20] ita 2. 3. 4 b. 5. 6. et Ansegisus i domni imperatoris 1. 4. cf. infra cap. et 15. [21] hic in cod. 7. caput aliud incipit. [22] deest 1. 4.

NOTAE.

[a] In Codice quo usus est Amerbachius legebatur simpliciter *de medicinalia*. Quo etiam modo legitur in veteri Exemplari Parisiensi. BALEZ.

[b] Vide Vitam Caroli Magni ab incerto auctore scriptam, cap. 8, et Monachum Sangallense , lib. 1, cap. 11. Vita Alcuini de Sigulfo presbytero agens, ait cum Metas civitatem causa cantus directu fuisse. BALUZ.

scutis et lanceis et loricis. Et si faidosus sit, discutiatur tunc quis e duobus contrarius sit ut pacati sint ; et distringantur ad pacem, etiamsi noluerint. Et si aliter pacificare nolunt, adducantur in nostram praesentiam. Et si aliquis post pacificationem alterum occiderit, conponat illum [1], et manum quam periuravit [2] perdat, et insuper bannum dominicum solvat. [Et ut servi lanceas non portent, et qui inventus fuerit post bannum, hasta frangatur in dorso eius [3].]

6. (*Supra, col.* 265.) De armatura in exercitu, sicut iam antea in alio capitulare commendavimus, ita servetur. Et insuper omnis homo de duodecim mansus bruneam habeat. Qui vero bruniam habens et eam secum non tullerit, omne benefitium cum brunia pariter perdat.

7. De negotiatoribus qui partibus Sclavorum et Avarorum pergunt, quousque procederae cum suis [4] negotiis debeant, id est partibus Saxoniae usque ad Bardaenowic [5] [a], ubi praevideat Hredi [6] ; et ad Schelza [7] [b], ubi Madalgaudus [8] praevideat; et ad Magadoburg praevideat Aito [9]. Et ad Espesfurt [10] [c] praevideat Madalgaudus et ad Halazstat [11], [d] praevideat item Madalgaudus [12]. Ad Foracheim [13] [e], et ad Breemberga [14], et ad Ragenisburg praevideat Audulfus [15], et ad Lauriacum [16] [f] Warnarius [17]. Et ut arma et brunias non ducant ad venundaudum. Quod si inventi fuerint portantes, ut omnis substantia eorum auferatur ab eis, dimidia quidem pars partibus palatii, alia vero medietas inter [18] missum et inventorem dividatur.

8. De clamatoribus vel causedicis qui nec iudicium scabinorum adquiescere nec blasfemare volunt, antiqua consuetudo servetur, id est ut in custodia recludantur donec unum e duobus fatiant. Et si ad palatium pro hac re postea reclamaverint, et litteras detullerint, non quidem eis credatur, nec tamen in carcere ponantur ; sed cum custodia et cum ipsis litteris pariter ad palatium nostrum remittantur, ut ibi discutiantur sicut dignum est [19].

De iuramento, ut nulli alteri per sacramentum fidelitas promittatur, nisi nobis et unicuique proprio seniore ad [20] nostram utilitatem et sui scnioris ; eccepto his sacramentis quae iuste secundum legem alteri ab altero debentur [21]. Et infantis qui antea non potuerunt propter iuvenalem aetatem iurare, modo fidelitatem nobis [22] repromittant

10. De conspirationibus vero quicumque facere praesumserit, et sacramento quamcumquae conspirationem firmaverint, ut triplici ratione iudicentur. Primo, ut ubicumque aliquid malum per hoc perpetratum fuit, auctores facti interfitientur ; adiutores vero eorum singuli alter ab altero flagellentur, et nares sibi invicem praecidant. Ubi vero nihil mali perpetratum est, similiter quidem inter se flagellentur, et capillos sibi vicissim detundant. Si vero per dextras aliqua conspiratio firmata fuerit, si liberi sunt, aut iurent cum idoneis iuratoribus hoc pro malum non fecisse, aut si facere non potuerint, suam legem componant ; si vero servi sunt, flagellentur. Et ut de caetero in regno [23] nostro nulla huiusmodi conspiratio fiat, nec per sacramentum nec sine sacramento.

11. De periuriis, ut caveantur, et non admittantur testes ad iuramentum antequam discutiantur. Et si aliter discuti non possint, separentur ab invicem, et singulariter inquirantur. Et non solum accusatorem liceat testes eligere, absente suo causatore [24]. Et omnino nullus, nisi ieiunus ; ad iuramentum vel ad testimonium admittatur. Et ille qui ad testimonium adducitur, si refutatur, dicat ille qui eum refutat et probet, quare illum recipere nolet. Et de ipso pago, non de altero, testes. elegantur, nisi forte longius extra comitatum causa sit inquirenda. Et si quis convinctus fuerit periurii, manum [25] perdat, aut redimat.

12. De advocatis, id est, ut pravi advocati, vicedomini, vicarii, et centenarii tollantur, et tales eligantur quales et sciant [26] et velint iuste causas discernere et terminare. Et si comes pravus inventus fuerit nobis nuntietur

VARIANTES LECTIONES

[1] i. si se defendendo fecerit, si vero aliter omnem substantiam suam amittat, et *Vn, Est.* [2] per quam iurauit absque ulla redemptione p. s. *et Bened.* 1, 247, II, 271. [3] *ita* 5 *et Bened. II, cc.* [4] *deest* 1. 1 b. [5] bardaenouuio 1. bardenuuih 2. bardanuuih 2 b, bardonuuich, 4. bardenuuich 5. partemnuuih 4 b 6. [6] redi 1. beredi 4. arethi 5. heretus 4 b. [7] sedzela 1. schzela 1 b. hereditaskaesla 2. hredi et ad sclesla 2 b. skaesla 3. (*deest* 4.) kesla 5. skerba 6. schesla *Bal.* skesba 4 b. [8] madalgus 2. madalgoz *Bal.* [9] haito 2. hatto 2 b. atto 4. 5. hato 3. 6. *Bal.* [10] herpesfur 4. erpisfurt 2. 5. herbisfurt 1 b. erpesford 2 b. alpesfrud 4. hernesfurt 5. ferpfesfur 6. [11] alarnestat 1. alctat 1 b. halazstat 2. 3. alazstad 2 b. halastat 4. chalazstat 5. alugestat 6. aluesstat 4 b. [12] et ad h. p. i. M. *desunt in editis.* [13] foraabeam 1. forachim 4. furcham 1 b. forachmirin 2 b. foramheim 4 b. [14] breberg 1. breembereg 1 b. berebemberg 2 b. [15] aotolfus 4. [16] lauriago 1 b. lauoriacum 5. [17] werinheri 4 b. [18] i. comitem et inventorem diuidatur et inter iamdictum missum. 7. [19] et si indiculum portat de curte, non mittatur in carcerem, sed sub custodia cum ipso indiculo mittatur ad curtem 7. [20] s. et 1. 4. [21] *raliqua capitis desunt* 1. 1 b. 4. 4 b. 6. *codex* 4. *tamen in fine capitularis haec addit :* De his qui tunc infantes fuerunt, ut alii qui non iuraverunt, fidelitatem domni imperatoris et suos infantes modo iurent. *Vide infra, col.* 290 *Excerptum codicis* 4628 *cap.* 6. [22] vocem recepi ex cod. *S. Pauli.* [23] imperio 1. rinno 2 3. regno 2 b. 4. 4 b. 5. 6. *et cod. S. Pauli et Bened.* 1, 251. II. 276. V. *supra cap.* 3, *et infra cap.* 15. [24] accusatore 1. 1 b. 2 b. *V. M.* [25] Perdat manum si se sciente fecerit aut redimat, id est widrigild tribuat si nesciens fecit. *V. V. Vn. E.* [26] e. qui bene sciant *C. S. Pauli.*

NOTÆ

[a] Bardowiek.
[b] Schesel in ducatu Luneburg.
[c] Erfurt.
[d] Prope Bambergam.
[e] Forchheim.
[f] Lorch prope Ens.

13. De teloneis placet nobis, ut antiqua et iusta telonea a negotiatoribus exigantur, tam de pontibus, quam et de navigiis seu mercatis. Nova vero seu iniusta, ubi vel funes tenduntur, vel cum navibus sub pontibus transitur, seu et his similia, in quibus nullum adiutorium iterantibus praestatur, ut non exigantur. Similiter etiam nec de his qui sine negotiandi causa substantiam suam de una domo sua ad aliam ducunt, aut ad palatium, aut in exercitum. Si [1] quid vero fuerit unde dubitetur, ad proximum placitum nostrum quod cum ipsis missis habituri sumus, interrogetur.

14. De fugitivis clericis sive laicis, vel etiam feminis, sicut iam in alio capitulare praecepimus (*Supra*, col. 257, c. 2), ita servetur.

15. De liberis [2] hominibus [3] qui ad servitium Dei se tradere volent, ut prius hoc non fatiant quam a nobis licentiam [4] postulent. Hoc ideo, quia audivimus aliquos ex illis non tam causa devotionis, quam exercitu seu alia funccione regali fugiendo, quosdam vero cupiditatis causa ab his qui res illorum concupescunt, circumventos audivimus, et hoc ideo fieri prohibemus

16. De oppressione pauperum liberorum hominum, ut non fiant a potentioribus per aliquod malum ingenium contra iustitiam oppressi, ita ut coacti res eorum vendant aut tradant. Ideo haec et supra et hic de liberis hominibus dixious, ne forte parentes contra iustitiam fiant exhereditati, et regale obsequium minuatur, et ipsi heredes propter indigentiam mendici vel latrones seu malefactores efficiantur. Et ut saepius non fiant manniti ad placita [5], nisi sicut in alio capitulare praecepimus (*Supra*, col. 245, c. 14, 246, c. 21, 261, c. 20), ita servetur.

17. De ecclesiis seu sanctis noviter sine auctoritate inventis, nisi episcopo probante [7] minime venerentur: salva etiam de hoc et de omnibus ecclesiis canonica auctoritate.

18 [8]. De falsis monetis, quia in multis locis contra iustitiam et contra edictum fiunt, volumus ut nullo alio loco moneta sit, nisi in palatio nostro, nisi forte iterum a nobis aliter fuerit ordinatum. Illi [9] tamen denarii qui modo monetati sunt, si pensantes et meri fuerint, habeantur.

19. De heribanno [10] volumus, ut missi nostri hoc anno [11] fideliter exactare debeant absque ullius personae gratia, blanditiae, seu terrore, secundum iussionem nostram; id est, ut de homine habente libras sex in auro, in argento, bruneis, aeramento, pannis A integris [12], caballis, boves, vaccis, vel ali peculio, et uxores vel infantes non fiant dispoliati ro hac re de eorum vestimentis, accipiant [13] legitti um heribannum, id est libras tres. Qui vero non habuerint amplius in suprascripto praecio valente isi libras tres, solidi triginta ab eo exigantur, id e , libra et dimidia [14]. Qui autem non habuerit am lius nisi duas libras, solidi decem. Si vero una ha uerit, solidi quinque, ita ut iterum se valeat pra arare ad Dei servitium et nostram utilitatem. Et n stri missi caveant et diligenter inquirant, ne per al quod malum ingenium subtrahant nostram iustiti m, alteri tradendo aut commendando.

20. Census regalis undecumque legittim exiebat, volumus ut inde solvatur, sive de propr a persona hominis, sive de rebus.

21. De latronibus, sicut iam antea in a io [a] capitulare commendavimus, ita maneat.

22. De liberis hominibus qui uxores fis alinas regias, et feminis liberis quae homines simi ter fiscalinos regios accipiunt, ut non de heredit te parentum vel de qua causa sua quaerenda, nec de testimonio pro hac re abiciantur; sed talis e am nobis in ac causa honor servetur, qualis et ante essoribus nostris regibus vel imperatoribus servatu esse cognoscitur [15].

Codex 5 ita pergit:

23. Volumus, et ita missis nostris ma dare precepimus, ut in aeclesiis libri canonici v races habeantur, sicut iam in alio capitulare (*Supr* col. 257, c. 7) sepius mandavimus.

24. Ut laici symbolum et orationem ominicam pleniter discant. Comites quoque et centena ii et ceteri nobiles viri legem suam pleniter discant, s ut in alio loco decretum est (*Supra*, col. 262, c. 4, 2 9, c. 11). Praecipimus autem missis nostris, ut ea qu e a multis iam annis per capitularios nostros in toto gno nostro mandavimus agere, discere, observa e, vel in consuetudine habere, ut haec omnia nunc diligenter inquirant, et omnino innovare ad serviti Dei et ad utilitatem nostram, vel ad omnium chr tianorum hominum profectum innovare studeant, e quantum Domino donante prevalent, ad perfectum sque perducant; et nobis omnino annuntient, qui inde certamen bonum hoc adimplere habuisset, u a Deo et a nobis gratum habeat. Qui autem negl gens inde fuerit, talem disciplinam percipiat, quale talis sit contemptor percipere dignus, ita ut cet ri metum habeant amplius.

VARIANTES LECTIONES.

[1] *Haec omissa in Ansegiso.* [2] *diuersis C. S. Pauli.* [3] h. non coniugatis *V. Vn. E.* [4] *deest* 1. 1 b. 4. [5] p. si vero coniugati sunt ut vir et uxor, non fiat hoc sine consensu episcopi, *V. Vn. E.* [6] d p. deest 1. 1 b. 4. [7] probati 1. [8] caput deest 1 b. [9] *Haec desunt in Ansegiso.* [10] agrebanno 4. b ibanno 3. aribanno 6. herebanno 1 b. ariuahnó *C. S. Pauli.* [11] deest *C. S. P. Ansegis III. 14 et Bened. 1, 2 8. II. 285.* [12] *deest in codd. A. V. Vn. E. Mur.* [13] accipiat 1 b. 4. 5. [14] id e. l. et d. adest in 1. 1 b. 4 b. et *C. S. P. deest in reliquis.* [15] cognoscitur. Deo gracias 4 b. *Sequuntur ibi capp.* 13. 14. *et* 15. *sy odi Rhispacensis; eadem in Gothano (fortasse et in Mutinensi ubi cap.* 25 *legitur. v. Murat. c.* 165) *pro co tinuatione Capitularis habita, numeris* XXIII. XXIIII. XXV. *praefixis subiiciuntur.*

NOTAE.

[a] Vide capitulare de latronibus, supra col. 279.

a *Excarpsu capituli domno imperatoris Karoli, quem* b *Iesse episcopus ex ordinatione ipsius augusti secum detulit ad omnibus hominibus notum faciendum.*

Cap. 1. De laicis noviter conversis, ne antequam suam legem pleniter vivendo discant. ad alia negotia mittantur.

2. Ut laici non sint praepositi monachorum in monasterio, ne archidiaconi sint laici.

3. De iustitiis aecclesiarum Dei, viduarum, orphanorum, pupillorum, ut in publicis iudiciis non dispiciantur audientes, sed diligenter audiantur.

4. De iustitiis domni imperatoris, ut pleniter fiant inquisitae.

5. De hoc si evenerit fames, clades, pestilentia, inaequalitas aeris, vel alia qualiscunque tribulatio, ut non expectetur aedictum nostrum, sed statim deprecetur Dei misericordia. Et in praesenti anno de famis inopia, ut suos adiuvet prout potest, et suam annonam non nimis care vendat. Et ne foras imperium vendatur aliquid alimonia.

6. De armis infra patria non portandis, id est, scutis, et lanceis, et loricis. Et si faidosus sit, discutiatur tunc quis e duobus contrarius sit ut pagati sint, et distringantur ad pacem, etiamsi noluerint. Et si aliter pacificare nolunt, adducantur in nostram praesentiam. Et si aliquis post pacificationem alterum occiderit, componat illum, et manum quam periuravit perdat, et insuper bannum dominicum.

7. De armatura in exercitu, sicut iam antea in alio capitulare commendavimus ita servetur. Et insuper omnis homo duodecim mansis bruniam habeat. Qui vero bruniam habens, et eam secum non tulerit, omnem beneficium cum brunia pariter perdat.

8. De clamatoribus vel causedicis qui iudicium scabiniorum adquiescere, blasphemare volunt, antiqua consuetudo servetur, id est, ut in custodia recludantur donec unum ae duobus faciant. Et si ad palatium pro hac re postea reclamaverint, et litteris detulerint, nunquam eis credatur, nec tamen in carcere ponatur, sed cum custodia et cum ipsis litteris ad palatium nostrum remittantur, ut ibi discutiantur sicut dignum est.

9. De iuramento, ut nulli alteri per sacramentum fidelitas permittatur, nisi nobis et unicuique proprio seniore ad nostram utilitatem et sui senioris. Excepto his sacramentis quae iuste secundum legem alteri ab altero debetur.

10. De conspirationibus vero, quicunque facere praesumpserint, et sacramento quacunque conspiratione firmaverint, ut triplici ratione iudicentur. Primo, ubicunque aliquod malum perpetratum fuit, auctores facti interficiantur. Auditores vero eorum singuli alteri ab altero flagellantur, et nares sibi in-

A *Excerptum capitularis misso cuidam dominico datum.*

Cap. 1. de iustitiis regalibus, ut pleniter fiant inquesitae.

2. De hoc si evenit fames, clades aut inaequalitas aeris, vel alia qualiscumque tribulatio, ut non expectetur edictum nostrum, sed statim deprecetur Dei misericordia. Et in praesente annum de famis inopia, ut unusquisque adiuvet prout potest, et suam B anoam non nimis caro vindat. Et ne foris imperium nostrum vendatur alimonia.

3. De armis infra patriam non portentur, id est scutis et lanceis et luricis. Si faidosus qui sis, discuciatur tunc quis e duobus quis contrarius sit ut pacati fiant, et distringatur ad pacem etiamsi noluerint. Et si aliter pacificare nolunt, adducantur in nostram praesenciam. Et si alicuius potest pacificationem alteram occidit conponat illum, et manum quam periuret perdat, et insuper bannum dominicum solvat.

4. De armatura in exercitu sicut antea in alico capitulare commendavimus ita servetur. Et insuper omnis homo de duodecim mansis brunicam habeat. Qui vero brunicam habens et secum non tulerit, omnis beneficium L. cum brunia perdet.

5. De clamatoribus vel causedicis qui iudicium scabiniorum adquiescere nec blasphemare volunt, antiqua consuetudo servetur, id est ut in custodia C recludatur nec unum e duobus fiant. Et si ad palatium pro hac re reclamaverit, et litteris detulerit, numquid est eis credatur, nec tamen eum in carcere ponatur, sed cum custodia et ipsis litteris pariter ad palatium nostrum remittantur, ut ibi discuciantur ut dignum est.

6. De iuramento, ut nulli alteri per sacramentum fidelitas promittatur, nisi nobis et unicuique proprio seniori ad nostram utilitatem et sui senioris, excepto his sacramentis quae iuste secundum legem alteri ab altero debet; et infantes qui antea non potuerunt propter iuvenilem aetatem iurare, modo fideliter repromittant.

NOTÆ.

a Sic tunc dicebant pro *excerptum*. Glossarium vetus in codice 1197 biblioth. regiæ, *excerpta, excarpsa*. Vet. Cod. Eccl. Lugd. litteris Saxonicis scriptus: « Excarpsum ex libro sancti Hieronymi presbyteri in explanatione Esaiæ prophetæ. » Item ibid. « Excarpsum ex libro B. Gregorii papæ in Hiezechiel propheta. » Vetus Martyrolog. ms: « Explicit Mar. excarpsum. » In fronte Cod. Theodos. haec leguntur in vet. Cod. ms. amplissimi viri Hieron. Bighonii: « Sub tempore Alarici regis Gothorum fuit data sententia v libros legum, qui in herario regis erant retrusi, excarsum de prooemiis libris fuit conscriptum in unum volumen. » Apud Lambecium, lib. II Comment. de bibliotheca Vindobonensi, pag. 854, mentio fit veteris chronici ms. bibliothecæ imperatoriæ qui hunc titulum habet: « Excarpsum de chronica Gregum episc. Thoronachi. » Idem erat titulus, sed emenda- D tior, in Codice Alexandri Petavii senatoris Parisiensis, ut fidem facit Andreas Duchesnius, tom. I, pag. 722: « Excarpsum de chronica Greg. episc. Thoronaci. » Vide tom. IV Analect. Mabill., pag. 569. BALUZ.

b Episcopus Ambianensis, cujus crebra passim est memoria per illas tempestates. Joannes Cordesius, canonicus Lemovicensis, edidit epistolam ejus ad presbyteros diœcesis Ambianensis, quam nonnulli volunt ab eo scriptam esse quo tempore legationem obibat apud Irenem imperatricem Constantinopolitanam, id est anno 802. Verum ego existimo datam illam esse anno 811, quod manifestum sit ea contineri responsionem ad quæstiones quas tum Carolus Magnus imperator proposuit universis episcopis regni sui. Depositus tandem est ab episcopatu anno 831. ID.

vicem praecidant. Ubi vero nichil malum perpetratum est, similiter inter se flagellantur, et pilos sibi vicissim detundant. Si vero per dextras aliqua conspiratio firmata fuerit, si liberi sunt, aut iurent cum idoneis iuratoribus hoc pro malo non fecisse; aut si facere non potuerint, suam legem componant. Si vero servi sunt, flagellantur. Et ut de caetero in imperio nostro nulla huiusmodi conspiratio fiat, nec per sacramentum, nec sine sacramento.

11. De periuriis, ut caveantur, et non ammittantur testes ad iuramentum antequam discutiant. Et si aliter discuti non possint, separentur ab invicem, et singulariter inquirantur. Et non solum accusatore licet testes eligere, absente suo accusatore. Et omnino nullus, nisi ieiunus, ad iuramentum vel ad testimonium admittatur. Et ille qui ad testimonium adducitur, si refutatur, dicat ille qui eum refutat et probat quare illum recipere nollet. Et de ipso pago, non de altero, testes eligantur, nisi forte longius extra comitatum causa sit inquirenda. Et si quis convictus fuerit periurii, manum perdat aut redimat.

12. De advocatis, id est; ut pravi advocati, vicedomini, vicarii, et centenarii tollantur, et tales eligantur quales sciant et vel iuste causas discernere et determinare. Et si comes pravus inventus fuerit, nobis nuntietur.

13. De oppressione pauperum liberorum omnium, ut non faciant a potentioribus per aliquod malum ingenium contra iustitiam oppressi, ita ut peracti res eorum vendant aut tradant. Ideo haec supra et hic de liberis hominibus diximus, ne forte parentes contra iustitiam faciant, et hereditati, et regale obsequium minuatur, et ipsi heredes propter indigentiam mendaces vel latrones seu malefactores efficiantur. Et ut saepius non fiant manniti; nisi sicut in alio capitulare praecipimus, ita servetur.

14. Census regalis undecunque legitime exiebant, volumus ut inde solvatur, sive de propria persona hominis, sive de rebus.

15. De latronibus, sicut iam antea in alio capitulare commendavimus, ita maneat.

16. De liberis hominibus qui uxores fiscalinas regias, et feminas liberas qui homines fiscalinos regios accipiunt, ut de hereditate, vel de causa sua quaerenda, nec de testimonio pro haec re abiciantur, sed talis etiam nobis in hac causa servetur, qualis et antecessoribus nostris regibus vel imperatoribus servatum esse cognovimus.

7.[a] De periuriis ut caveantur, et non admittantur testes ad juramentum antequam discutiant. Et si aliter discuti non possint, separentur ab invicem, et singulariter inquirantur. Et non solum accusatore licet testes eligere, absente suo accusato. Et omnino nullus, nisi ieiunus, ad iuramentum v ad testimonium admittatur. Et ille qui ad testimonium adducitur, si refutatur, dicat ille qui eum refutat et probat quare illum recipere nollet. Et de ipso pago, non de altero, testes eligantur, nisi for longius extra comitatum causa sit inquirenda. t si quis convictus fuerit perjurii, manum perdat ut redimat.

8. De liberis hominibus qui ad serviti Dei se tradere volent, ut prius hoc non fatian quam a nobis licentiam postulent. Hoc ideo, quia udivimus aliquos ex illis non tam causa devotionis, am exercitu seu alia funccione regali fugiendo, quo dam vero cupiditatis causa ab his qui res illorum con upescunt, circumventos audivimus; et hoc ideo fier prohibemus.

9. De liberis hominibus qui uxores fis alinas regias, et feminas liberas qui homines fiscal nos regios accipiunt, ut de hereditate, vel de causa sua quaerenda, nec de testimonio pro hac re a iciantur; sed talis etiam nobis honor in hac caus servetur qualis et antecessoribus nostris regibus v l imperatoribus servatum esse cognovimus.

NOTÆ.

[a] Capita 7, 8, 9 non observata Codicis scriptione edimus.

CAPITULA MISSORUM DOMINICORUM (An. 806).

Viri olim doctissimi Martene et Durand, tomo VII veterum Scriptorum et Monumentorum, p g. 12, ex Cod. ms. Andaginensis monasterii saec. x, capitulare hoc per missos Caroli Magni promulgatum rimi evulgaverunt. Ascribendum erat annis imperii; cumque in capitulari superiore Theodonis villa, dato capite hucusque inedito 24, missis praecipiatur, ut ea quae imperator a multis jam annis per capitularios os in toto regno mandaverit agere, discere, observare, vel in consuetudine habere, haec omnia nunc dilige ter inquirant et innovare studeant, legatio Adalhardi abbatis Corbeiensis, Fulradi abbatis sancti Quinti i, Unrochi et Hrocculfi, quorum uterque in breviario Caroli Magni occurrit, ad primos anni 806 menses refe enda esse videtur.

Diligendo nobis in Domino illo comiti Hadalhardus, Fulradus, Unrocus seu Hrocculfus [1], missi domni imperatoris, in Domino salutem.

Non incognitum bonitati vestrae, quali er domnus imperator in istis partibus iniunctam bis habuit legationem suam, Radoni scilicet Fulrado et Unroco,

VARIANTES LECTIONES.

[1] ita correxi; Martene edit: Senhrocculfus.

ut nos quantum valuissemus et Dei et suam voluntatem in ipsa legatione agere decertaremus. Sed quia modo Radò ex parte infirmatus est, et hac vice in ipsa legatione secundum quod necesse est ire non potest, placuit domni imperatori ut Adalhardum et Hroccülfum in supradicta legatione adiungeret, qualiter omnes pariter secundum quod tum ratio permittit vel necessitas docet, sicut praedictum est ad Dei et suam voluntatem peragendam decertando laboramus. Nos igitur in ipsa legatione [1] positi, idcirco ad vos hanc direximus epistolam, ut vobis et ex parte domni imperatoris iuberemus et ex nostra parte exhortando precaremur, ut de omni re quantum ad ministerium vestrum pertinet, tam ex his quae ad Dei cultum, quamque ex his quae ad domini [2] nostri servitium seu ad christiani populi salvationem vel custodiam pertinent, totis viribus agere studeatis. Praeceptum est enim nobis [3] omnino et omnibus reliquis missis a domino nostro, ut medio Apreli ei veraciter renunciemus, quid in regno suo ex his quae ipse in istis annis per missos suos fieri iussit factum sit, vel quid dimissum sit; ut facientibus gratias condignas reddat, et non facientibus secundum quod ei placet increpationes meritas rependat. Et quid plura vobis deinde dicere possumus? Non vult omnino, nisi ut sic adimpletum ei nunciemus sicut iussit, et quid exinde dimissum sit, et per cuius negligentiam dimissum sit. Nunc autem admonemus ut capitularia vestra relegatis, et quaeque vobis per verba commendata sunt recolatis, et tale exinde certamen habere studeatis, pro quo et apud Deum mercedem et apud ipsum magnum Dominum nostrum condignam retributionem suscipiatis.

1. Primo igitur inter cetera praecipimus et admonemus, ut tam vos ipsi quamque omnes iuniores seu pagenses vestri episcopo vestro hoc praesenti seu per missum suum mandanti per omnia, quantum ad suum ministerium pertinet, obedientes sitis, et nullam exinde negligentiam habeatis; deinde et de iustitiis domni imperatoris, secundum quod vobis vel scriptum vel verbis est dictum, tale certamen habeatis, sicut vos exinde debitores esse cognoscitis.

2. Deinde ut iustitias ecclesiarum, viduarum, orfanorum, et reliquorum omnium sine ullo malo ingenio et sine ullo iniusto pretio vel sine ulla dilatione aut non necessaria mora [4] pleniter et inreprehensibiliter et iuste ac recte per omnia faciatis, sive ad vos ipsos sive ad iuniores vestros seu ad quemcumque hominem pertinet; ut exinde et apud Deum mercedem et apud dominum nostrum bonam recipiatis retributionem.

3. Deinde ut quicumque vobis rebelles aut inobedientes fuerint et vobis nec secundum iustitiam auscultare voluerint, inbreviate illos quanticumque fuerint; et aut antea si necesse fuerit remandate, aut nobis ipsis cum insimul fuerimus dicite, ut exinde secundum quod dominus noster commendatum habet faciamus.

4. Deinde ut hoc certissime provideatis, si aliquid est de omni illo mandato sive secundum Deum, sive secundum saeculum, quod vobis domni nostri aut scribendo aut dicendo commendatum est [5] dubitetis, ut celeriter missum vestrum bene intelligentem ad nostras personas mittatis, qualiter omnia et bene intelligatis et adiuvante Domino bene perficiatis.

5. Deinde observate etiam valde, ne aut vos ipsi aut aliquis, quantum vos praevidere potestis, in vestro ministerio in hoc malo ingenio deprehensus fiat, ut dicatis: *Tacete, tacete donec illi missi transeant, et postea faciamus nobis invicem iustitias!* et per illam occasionem ipsae iustitiae aut remaneant, aut certe tarde fiant; sed magis certate, ut ante factae fiant quam nos veniamus ad vos.

6. Nam si tale aliquod malum ingenium inter vos factum fuerit, aut si ipsae iustitiae quas sine nobis facere potestis, aut per negligentiam aut per malitiam retractae fuerint donec nos veniamus, sciatis certissime quod grandem contra vos rationem habebimus.

7. Deinde ut istam epistolam et saepius legatis et bene salvam faciatis, ut ipsa inter nos et vos in testimonium sit, utrum sic factum habeatis sicut ibi scriptum est, aut non habeatis.

VARIANTES LECTIONES.

[1] *ita correxi*; lectione M. [2] domni... domno M. [3] vobis M. [4] ora M. [5] esse?

CAPITULA PRESBYTERORUM.

Prodierunt primo ex Codice Andaginensi saec. x, in Martene et Durand Ampliss. Coll., t. VII, post Adalhardi et reliquorum missorum capitula

CAPITULA.

1. Sicut sancta synodus Nicaena interdicit, nullus umquam presbyter in domo sua habitare secum permittat mulierem extraneam, preter matrem et sororem adque amitam vel materteram, vel etiam secretum cubiculi vel cellario nullus presbyter aliquam feminam adire permittat; quod si fecerit post haec, sciat se honore episcopatus [1] deponi; quia haec frequenter secundum canonice institutionem prohibuimus, et pleniter a presbyteris observatum non fuit. Ideoque praecipimus ut qui gradum honoris sui retinere vult, omnimodis a familiaritate extranearum

VARIANTES LECTIONES.

[1] presbyterii?

mulierum se abstinere faciat, ut nulla occasio inimico pateat suggerendi peccatum, et famam malam a populo nullus eorum incurrat.

2. Ut nullus presbyter, derelicta sua ecclesia, sanguinum seminare [1] praesumat ad domum quamlibet ullius feminae vel Deo dicatam vel laicam, sed domum ecclesiae suae unusquisque suam oportunitatem agat; ut ibidem ad ecclesiam suam semper inveniatur expetenti aliqua ministeria eius causa.

3. Sicut dudum interdiximus et santi canones prohibent, nullus presbyter arma portare audeat.

4. Ut nullus presbyter tabernas ingredi audeat ad bibendum, nec se misceat in tali conventu saecularibus hominibus, ubi turpia verba audiat aut loquatur, aut contentiones ibi aliquas audiat aut intersit, sicut saepe contingere solet.

5. Ut nullus presbyter pro baptizandi causa et communionem tribuendi aliquod precium exactare faciat nec in minimum nec in maximum, quia gratis accepimus, gratis dare debemus; quia nec vendere debent donum et gratiam Dei, quod gratis datur. Quod si fecerit et ad nostram notitiam pervenerit, sciat se post haec a gradu sui ordinis periclitari.

6. Ut presbyteri vocati ad convivium a quolibet de fidelibus, contentiones inter se non habeant de ulla re, nisi caritatis et sobrietatis verba et Deo placabilia et continentiam honestam, ut decet [3] sacerdotibus.

7. Ut nullus presbyter basilicam suam petat, et nullus presbyter aliam ecclesiam accipere audeat infra parochiam ad missam celebrandum, nisi illam ubi ordinatus est, absque licentiam et permissionem episcopi.

8. Ut unusquisque presbyter omni hora, sive die sive nocte, ad officium suum explendum paratus sit; ut [3] si fortuitu aliquis infirmus ad baptizandum venerit, pleniter possit implere officium suum; et ab ebrietate se caveat, ne propter ebrietatem non valeat adimplere officium suum, neque titubet in eo.

9. Ut unusquisque secundum possibilitatem suam certare faciat de ornatu ecclesiae suae, scilicet in patena et calice, planetam et albam, missale, lectionarium, martyrologium, poenitentiale, psalterium, vel alios libros quot potuerit, crucem, capsam, velut diximus iuxta possibilitatem suam.

10. Ut qui de homicidio confessi fuerint iubeat eos presbyter abstinere 40 dies ab ecclesia e communione, antequam ab episcopo reconcilien r, aut episcopus eos presbyteris reconciliare iusser t.

11. Ut omnis presbyter curam et sollicit dinem agat, ne aliquis in infirmitate positus ad ext emum veniens sine viaticum permittat de hoc saec lo exire eos ad quos accedere potuerit; quod si exinde negligens fuerit, periculum sui honoris sub acebit.

12. Ut unusquisque presbyter [a] ad sua ecclesiam admonitionem aliquam et exhortatio em ad populum faciat; ut unusquisque se corrigat ab iniquitate et transeat ad bonitatem; sicut scrip um eis destinaverit [4].

13. Ut in sacramento corporis et sangui is Domini semper aqua in calice misceatur.

14. Ut nullus presbyter suam pecuniam d usuram non donet, ne a quoquam plus recipi quam commodaverit.

15. Ut unusquisque presbyter si venerit d infirmum et ille iam privatus fuerit officium lo uendi, si testes adsunt qui eum audierunt dicere qu d confessionem suam donare voluisset, omnia ci a eum expleat secundum ministerium suum, sicut ci ca poenitentem adimplere debet.

16. Ut presbyter negotiator non sit, nec er ullum turpe lucrum [5] pecunias congreget.

17. Ut ullus presbyter alicubi fideiuss r non existat.

18. Ut nullus presbyter ullum clericum r cipere praesumat de aliena parochia.

19. Ut presbyteri quando ad infirmum ac edunt, cum oleo consecrato veniant, et oleo san to unguent eum in nomine Domini, et orent pro pso, et oratio fidei, sicut scriptum est, salvet infr um, et allevet eum Dominus, et si in peccatis fueri dimittantur ei.

20. Ut presbyter sine chrismate [6] et oleo acrato ad baptizandum alicubi proficiscatur neque ne sacrificio, ut ubicumque contigerit, suum mini terium circa infirmos impleri possit, et ipsum ole m cum chrismate adque sacrificium cum omni cus odia et reverentia atque religione custodiat, nec pe ebrietatem aut per aliquod neglectum suum inho ratum fiat sacrum illum suprascriptum

VARIANTES LECTIONES.

[1] *locus corruptus, fortasse*: ecclesia, quasi consanguineum se minare praesumat, etc.   [2] *ita c rrexi*; ut det et M.   [3] *deest* M.   [4] *haec corrupta esse videntur*, scriptum est declinauerit M.   [5] turpiloqu um M.   [6] chrimate M.

NOTÆ.

[a] Cf. Monach. Sangall., l. II, c. 18, Monum. SS. II, 758, quo episcopis tale quid injunctum esse citur.

[a] DIVISIO IMPERII (An. 806, Febr. 8).

Divisionem regni Theodonis villa anno 806 juramento firmatam et testamentum ea de re co fectum

NOTÆ.

[a] Hanc partitionem regnorum Caroli imp. dubiæ fidei esse ac merito numerari posse inter tot singularis otii commenta quæ sequiora nobis sæcula i geniaque pepererunt, scribit Petrus Pithæus in pr fatione

Romam Leoni papæ per seipsum allatum esse, Einhardus in Annalibus [a] memorat. Diem etiam auctori coævo debemus, qui in libro antiquissimo apud sanctum Gallum eum adnotavit [b]. Textum instrumenti in Codice chartaceo Thegani opus continenti recentiore manu subjunctum Petrus Pithœus [c] reperit, sed tam corruptum, formulis ab otioso quodam homine non correctis, sed vere depravatis, ut Pithœus crediderit [c] dubiæ esse fidei, ut merito numerari possit inter tot singularis otii commenta quæ sequiora nobis sæcula ingeniaque pepererunt. Sed omnem ea de re dubitationem abstulit 1. Codex a b. m. Ernesto Spangenberg Icto Cellensi meritissimo, ab interitu servatus, qui sæculo nono scriptus legem Saxonum et ultimo folio initium hujus testamenti exhibet. Qui cum a Spangenbergio evolvendus mihi præberetur, ad ejus fidem integram fere præfationem restitui. Baluzius quidem in bibliotheca Thuanea Codicem membranaceum se vidisse refert, sed eo minime usus textum Pithœanum repetere satis habuit. Nihil igitur mihi relictum erat quam ut 2. Codicis bibl. Vaticanæ n. 3922, chartacei, in-folio, sæc. XVI, aut XVII, qui in nonnullis veram antiquissimi fragmenti lectionem sequitur, lectionem aliquot locis in textu reciperem.

INCIPIT DE DIVISIONE [1] REGNORUM.

In nomine Patris et Filii et Spiritus sancti. Karolus [2] serenissimus augustus, a Deo coronatus, magnus pacificus imperator, Romanum gubernans imperium, qui et per misericordiam Dei rex Francorum atque Langobardorum [3], omnibus fidelibus sanctæ Dei aecclaesiae ac nostris, praesentibus scilicet et futuris. Sicut in omnibus [4] notum est et nemini vestrum lateri credimus, quoniam nos divina clementia, cuius nutu ad occasum tendentia secula per successiones generationum reparantur, tres nobis dando [5] filios, magno [6] miserationis suae atque benedictionis ditavit munere, quia per eos iuxta vota nostra et spem [7] regni confirmavit, et curam oblivionum [8] obnoxiae posteritatis relevavit [9]; ita et hoc vobis notum fieri volumus, quia eosdem per Dei gratiam [10] filios nostros regni a Deo nobis concessi, donec in corpore sumus consortes habere, et post nostrum ex hac mortalitate discessum, a Deo conservati et servandi imperii vel regni nostri heredes relinquere, si ita divina maiestas [11] adnuerit, optamus. Non ut confuse atque [12] inordinate, vel sub totius regni denominatione iurgii [13] vel litis controversiam eis relinquamus [14]; sed trina portione totum regni corpus dividentes, quam quisque illorum tueri vel regere debeat porcionem, discribere et designare fecimus. Eo videlicet modo, ut sua [15] quisque [16] portione contentus, iuxta ordinationem nostram, et fines regni sui qui ad alienigenas extenduntur, cum Dei adiutorio, nitatur defendere, et pacem atque caritatem cum fratre custodire.

1. Divisiones vero a Deo conservati atque conservandi imperii vel regni nostri tales facere placuit, ut Aquitaniam totam et Wasconiam, excepto pago Turonico, et quicquid inde ad occidentem atque Hispaniam respicit, et de civitate Nivernis, quae est sita super fluvium Ligerem, cum ipso pago Nivernense, pagum Avalensem atque Alsensem, Cabilionensem, Matisconensem, Lugdunensem, Saboiam, Moriennam, Tarentasiam, montem Cinisium, vallem Segusianam usque ad clusas, et inde per terminos Italicorum moutium usque ad mare, hos pagos cum suis civitatibus, et quicquid ab eis contra meridiem et occidentem usque ad mare vel usque ad Hispanias continetur, hoc est illam portionem Burgundiae, et Provinciam, ac Septimaniam vel Gothiam Ludovico dilecto filio nostro consignavimus.

2. Italiam vero, quae et Langobardia dicitur, et Baiovariam, sicut Tassilo tenuit, excepto duabus villis quarum nomina sunt Ingoldestat et Lutrahahof [17]; quas nos quondam Tassiloni beneficiavimus et pertinent ad pagum qui dicitur Northgowe [18]; et de Alamannia partem quae in australi ripa Danubii fluminis est, et de ipso fonte [19] Danubii currente limite usque ad Rhenum fluvium in confini pagorum Chletgowe [20] et Hegowe in locum qui dicitur Enge, et inde per Rhenum fluvium sursum versus usque ad Alpes, quicquid intra [21] hos terminos fuerit et ad meridiem vel orientem respicit, una cum ducatu Curiensi et pago Durgowe [22], Pippino dilecto filio nostro.

3. Quicquid autem de regno nostro extra hos terminos fuerit, id est Franciam et Burgundiam, excepto illa parte quam Ludovico dedimus, atque Alamanniam, excepto portione quam Pippino adscripsimus, Austriam, Niustriam, Turingiam, Saxoniam, Frisiam, et partem Baiovariae quae dicitur Northgow [23],

VARIANTES LECTIONES.

[1] diuisiones cod Sp.   [2] Carolus Sp.   [3] longobardorum Sp.   [4] ominbus Sp.   [5] dandos Sp.   [6] magna Sp.   [7] sep Sp.   [8] obliuianam Sp. quod emendare nisus sum; oblivioni Pith.   [9] ita correxi; reuelauit Sp.   [10] gratia Sp.   [11] maiestatis Sp.   [12] confus ::: que Sp.   [13] iurgiis Sp.   [14] relinquimus Sp.   [15] suo Sp.   [16] hic deficit cod. Sp.   [17] angolstat et intrahabaff 2.   [18] norigorre 2.   [19] ita 2. flumine Bal.   [20] Vergonree 2.   [21] inter B.   [22] turgonroe 2.   [23] noregomoe 2.

NOTÆ.

ad XII scriptores coætaneos Historiæ Francorum, hinc persuasus quod in chartaceo Exemplari Thegani operi recentiore manu subjuncta fuit. Sed ego vetustissimum illius Exemplar reperi in bibliotheca Thuana, licet non integrum, eademque a Joanne Nauclero edita pridem fuerat, et Aventinus eam memorat in Annalibus Boiorum. Imo Eginhardus disertam illius mentionem facit, seque eam jussu imperatoris ad Leonem papam detulisse, ut ejus subscriptione firmaretur. Illi praeterea fidem et auctoritatem conciliat charta divisionis imperii factæ a Ludovico Pio anno 837, cujus omnia ferme capita descripta sunt ad verbum ex illa Caroli; et tamen ista falsi accusata non fuit a Pithœo, qui primus eam vulgavit in eodem volumine Scriptorum coætaneorum. Denique hujus divisionis a Carolo factæ clara et manifesta mentio est in capite 3 Capitulorum apud Niumaga statim post imperii divisionem editorum. BALUZ.

[a] Monum. Germ. SS. t. I, p. 193.
[b] Ibid., p. 70.
[c] SS. coætanei XII in præf. et p. 283.

dilecto filio nostro Karolo concessimus; ita ut Karolus et Ludovicus viam possint habere in Italiam ad auxilium ferendum fratri suo, si ita necessitas extiterit, Karolus per vallem Augustanam, quae ad regnum eius pertinet, et Ludovicus per vallem Segusianam, Pippinus vero et exitum et ingressum per Alpes Noricas atque Curiam [1].

4. Haec autem tali ordine disponimus, ut si Karolus qui maior natu est, priusquam caeteri fratres sui obierit [2], pars regni quam habebit [3] dividatur inter Pippinum et Ludovicum, sicut quondam divisum est inter nos et fratrem nostrum Karolomannum, eo modo ut Pippinus illam portionem habeat quam frater noster Karolomannus habuit, Ludovicus vero illam partem accipiat quam nos in illa portione suscepimus.

Si vero, Karolo et Ludovico viventibus, Pippinus debitum sortis humanae compleverit, Karolus et Ludovicus dividant inter se regnum quod ille habuit, et haec divisio tali modo fiat, ut ab ingressu Italiae per Augustam civitatem accipiat Karolus Eboreiam, Vercellas, Papiam, et inde per Padum fluvium termino currente usque ad fines Regensium, et ipsam Regiam [4], et Civitatem Novam, atque Mutinam usque ad terminos sancti Petri. Has civitates cum suburbanis et territoriis suis, atque comitatibus quae ad ipsas pertinent, et quicquid inde Romam pergenti ad laevam respicit, de regno quod Pippinus habuit, una cum ducatu Spoletano, hanc portionem sicut praediximus, accipiat Karolus. Quicquid autem a praedictis civitatibus vel comitatibus Romam eunti ad dextram iacet de praedicto regno, id est portionem quae remansit de regione Transpadana, una cum ducatu Tuscano [5] usque ad mare australe et usque ad Provinciam, Ludovicus ad augmentum sui regni sortiatur.

Quod si caeteris superstitibus Ludovicus fuerit defunctus, eam partem Burgundiae quam regno eius adiunximus, cum Provincia et Septimania sive Gothia usque ad Hispaniam, Pippinus accipiat, Karolus vero Aquitaniam atque Wasconiam.

5. Quod si talis filius cuilibet istorum trium fratrum natus fuerit, quem populus eligere velit ut patri suo in regni hereditate succedat, volumus ut hoc [6] consentiant patrui ipsius pueri, et regnare permittant filium fratris sui in portione regni quam pater eius frater eorum habuit.

6. Post hanc nostrae auctoritatis dispositionem placuit inter praedictos filios nostros statuere atque praecipere, propter pacem quam inter eos perpetuo permanere desideramus, ut nullus eorum fratris sui terminos vel regni limites invadere praesumat, neque fraudulenter ingredi ad conturbandum regnum eius vel marcas minuendas; sed adiuvet unusquisque illorum fratrem suum, et auxilium illi ferat contra inimicos eius iuxta rationem et possibilitate, sive infra patriam, sive contra exteras nationes.

7. Neque aliquis illorum hominem fratris ui pro quibuslibet causis sive culpis ad se confug entem suscipiat [7], nec intercessionem quidem pro eo faciat; quia volumus ut quilibet homo peccans, et in cessione indigens, intra regnum domini sui, vel d loca sancta, vel ad honoratos homines confugiat, t inde iustam intercessionem mereatur.

8. Similiter praecipimus, ut quemlibet l berum hominem, qui dominum suum contra volu tatem eius dimiserit, et de uno regno in aliud pr fectus fuerit, neque ipse rex suscipiat, neque ho inibus suis consentiat ut talem hominem recipiant, el iniuste retinere praesumant. Hoc non solum e liberis, sed etiam de servis fugitivis statuimus observandum, ut nulla discordiis relinquatur occa io.

9. Quapropter praecipiendum nobis vide ur, ut post nostrum ex [8] hac mortalitate discess n, homines uniuscuiusque eorum accipiant benefici unusquisque in regno domini sui, et non in alter us, ne forte per hoc, si aliter fuerit, scandalum aliquid accidere [9] possit. Hereditatem autem suam habeat unusquisque illorum hominum absque contr dictione, in quocunque regno hoc eum legitime habere contigerit.

10. Et unusquisque liber homo post ortem domini sui licentiam habeat se commendan i inter haec tria regna ad quemcunque voluerit. S militer et ille qui nondum alicui commendatus est.

11. De traditionibus autem atque vendi ionibus quae inter partes fieri solent, praecipimus, u nullus ex his tribus fratribus suscipiat de regno al erius a quolibet homine traditionem seu venditione rerum immobilium, hoc est terrarum, vinearum atque sylvarum, servorumque qui iam casati su t, sive caeterarum rerum quae hereditatis nomine ensentur; excepto auro, argento, et gemmis, a mis ac vestibus, necnon et mancipiis non casatis, et his speciebus quae proprie ad negotiatores p rtinere noscuntur. Caeteris vero liberis hominibus oc minime interdicendum iudicavimus.

12. Si quae autem feminae, sicut fieri sol t, inter partes et regna fuerint ad coniugium postula ae, non denegentur iuste poscentibus, sed liceat eas icissim dare et accipere, et adfinitatibus populos nter se sociari. Ipsae vero feminae potestatem hab ant rerum suarum in regno, unde exierant [10], qu mquam in alio propter mariti societatem habitare ebeant.

13. De obsidibus autem qui propter cr dentias dati sunt, et a nobis per diversa loca ad c todiendum destinati sunt, volumus, ut ille rex n cuius regno sunt, absque voluntate fratris sui, e cuius regno sublati sunt, in patriam eos redire on permittat; sed potius in futurum in suscipien is obsi-

VARIANTES LECTIONES.

[1] cureas 2. [2] s. diem obierit *B*. [3] habeat *B*. [4] ipsum Regium 2. [5] tusculano 2. [6] ut huic . patrui sui, et 2. [7] sustineat ad intercessionem pro eo faciendam 2. [8] ab *B*. [9] accedere 2. [10] e. gaude e quam que in alio prope m. s. ubi h. d. 2.

dibus alter alteri mutuum ferat auxilium, si frater fratrem hoc facere rationabiliter postulaverit. Idem iubemus et de his qui pro suis facinoribus in exilium missi vel mittendi sunt.

14. Si causa vel intentio sive controversia talis inter partes propter terminos aut confinia regnorum orta fuerit, quae hominum testimonio declarari vel definiri non possit, tunc volumus ut ad declarationem rei dubiae iudicio crucis Dei voluntas et rerum veritas inquiratur, nec unquam pro tali causa cuiuslibet generis pugna vel campus ad examinationem iudicetur. Si vero quilibet homo de uno regno hominem de altero regno de infidelitate contra fratrem domini sui apud dominum suum accusaverit, mittat eum dominus suus ad fratrem suum, ut ibi comprobet quod de homine illius dixit.

15. Super omni autem iubemus atque praecipimus, ut ipsi tres fratres curam et defensionem ecclesiae sancti Petri simul suscipiant, sicut quondam ab avo nostro Karolo, et beatae memoriae genitore nostro Pippino rege, et a nobis postea suscepta est, ut eam cum Dei adiutorio ab hostibus defendere nitantur, et iustitiam suam, quantum ad ipsos pertinet et ratio postulaverit, habere faciant. Similiter et de caeteris ecclesiis quae sub illorum fuerint potestate praecipimus, ut iustitiam suam et honorem habeant, et pastores atque rectores venerabilium locorum habeant potestatem rerum quae ad ipsa loca pia [1] pertinent, in quocunque de his tribus regnis illarum ecclesiarum possessiones fuerint.

16. Quod si de his statutis atque convenientiis aliquid casu quolibet, vel ignorantia, quod non optamus, fuerit irruptum, praecipimus ut quam citissime secundum iustitiam emendare studeant, ne forte propter dilationem maius damnum possit adcrescere.

17. De filiabus autem nostris, sororibus scilicet praedictorum filiorum nostrorum, iubemus, ut post nostrum ab hoc corpore discessum licentiam habeat unaquaeque eligendi sub cuius fratris tutela et defensione se conferre velit. Et qualiscunque ex illis monasticam vitam elegerit, liceat ei honorifice vivere sub defensione fratris sui in cuius regno [2] degere voluerit. Quae autem iuste et rationabiliter a condigno viro ad coniugium quaesita fuerit, et ei ipsa [3] coniugalis vita placuerit, non ei denegetur a fratribus suis, si et viri postulantis et feminae consentientis honesta et rationabilis fuerit voluntas.

18. De nepotibus vero nostris, scilicet filiis praedictorum filiorum nostrorum, qui eis vel iam nati sunt vel adhuc nascituri sunt, placuit nobis praecipere, ut nullus eorum per quaslibet occasiones quemlibet ex illis apud se accusatum, sine iusta discussione atque examinatione, aut occidere, aut membris mancare, aut excaecare, aut invitum tondere faciat; sed volumus ut honorati sint apud patres et patruos suos, et obedientes illis [4] sint cum omni subiectione quam decet in tali consanguinitate esse.

19. Hoc postremo statuendum nobis videtur, ut quicquid adhuc de rebus et constitutionibus quae ad profectum et utilitatem eorum pertinent, his nostris decretis atque praeceptis addere voluerimus, sic a praedictis dilectis filiis nostris observetur atque custodiatur, sicut ea quae in his iam statuta et descripta sunt custodire et observare praecipimus.

20. Haec autem omnia ita disposuimus atque ex ordine firmare decrevimus, ut quandiu divinae maiestati placuerit nos hanc corporalem agere vitam, potestas nostra sit super a Deo conservatum regnum atque imperium istud, sicut hactenus fuit, in regimine atque ordinatione, et omni dominatu regali atque imperiali, et ut obedientes habeamus praedictos dilectos filios nostros atque Deo amabilem populum nostrum, cum omni subiectione quae patri filiis, et imperatori ac regi a suis populis exhibetur. Amen.

VARIANTES LECTIONES.

[1] pia uel propria 2. [2] domo 2. [3] deest. B. [4] deest. B.

CAPITULARE DUPLEX AD NIUMAGAM (An. 806 Mart.).

Capitula haec restitui ope Codicum: 1. bibl. reg. Paris. n. 4495, saec. IX; 2. bibl. reg. Monacensis olim Tegernseensis, saec. x, cuius ope prius Amerpachius ea publici iuris fecit; 3. bibl. reg. Paris. inter Suppl. lat. n. 75, saec. x. Nonnulla capitula et in Codice sancti Pauli leguntur. Edictum tempore Quadragesimae, igitur mense Martio, Noviomagi, ubi imperator et paschale festum eius anni celebravit, missis dominicis traditum est.

CAPITULA QUAE AD NIUMAGA SUNT ADDITA, IN [1] SEXTO ANNO IMPERII [a] INFRA QUADRAGESIMAM.

1. Unusquisque in suo missatico maximam habeat curam ad praevidendum, ad ordinandum, ac disponendum, secundum Dei voluntatem et secundum [2] iussionem nostram.

2. De sacramento. Ut hi qui antea fidelitatem partibus nostris non promiserunt, promittere fa

VARIANTES LECTIONES.

[1] in usque XLmam desunt 1. 2. Que ad numagau addita sunt C. S. Pauli qui capp. 4. 7. 9. exhibet.
[2] deest 1.

NOTAE.

[a] Docet Eginhardus Carolum hoc anno quadragesimale ieiunium et sacratissimam Paschae solemnitatem celebrasse apud Noviomagum. BALUZ.

ciant, et insuper omnis homo [1] denuo repromittant,[2] ut ea quae inter filios nostros propter pacis concordiam statuimus, pleniter omnes consentire debeant.

3. Ut praedicti missi per singulas civitates et monasterias virorum hac puellarum praevideant, quomodo aut qualiter in domibus aecclesiarum et ornamentis aecclesiae emendatae vel restauratae esse videntur, et diligenter inquirant de conversatione singulorum, vel quomodo emendatum habeant quod iussimus de eorum lectione et canto, caeterisque disciplinis [3] aecclesiasticae regulae pertinentibus [a].

4. Ut singuli episcopi, abbates, abbatissae, diligenter considerent thesauros ecclesiasticos, ne propter perfidiam [4] aut neglegentiam custodum aliquid de gemmis [5] aut de vasis, reliquo quoque thesauro perditum sit; quia dictum est nobis quod negotiatores Iudaei [6] necnon et alii gloriantur [7], quod quicquid eis placeat, possint ab eis emere.

5. Volumus ut equaliter missi nostri faciant de singulis causis, sive de baribanno,[8] sive de advenis, sive de ceteris quibuslibet causis. De advenis volumus, ut qui [9] iamdiu coniugati sunt per singula loca, ut ibi maneant, et sine causa et sine aliqua culpa non fiant eiecti. Fugitivi vero servi [10] et latrones redeant ad propria loca.

6. Auditum habemus, qualiter et comites [11] et alii homines qui nostra beneficia habere videntur, conparant sibi propriaetates de ipso nostro beneficio, et faciant servire ad ipsas propriaetates servientes nostros de eorum beneficia, et curtes nostras remanent desertas, et in aliquibus locis ipsi vicinantes multa mala paciuntur.

7. Audivimus quod aliqui reddunt beneficium nostrum ad [12] alios homines in proprietatem, et in ipso placito dato pretio conparant ipsas res iterum in alode sibi: quod omnino cavendum est; quia qui hoc faciunt, non bene custodiunt fidem quam nobis promissam habent. Et ne forte in aliqua infidelitate inveniantur; quia qui hoc faciunt, per eorum voluntatem ad aures nostras talia opera illorum non perveniunt.

8. Sunt et alii qui iustitiam legibus recipere debeant, et in tantum fiunt in quibusdam locis fatigati, usque dum illorum iustitiam per fideiussorum manus tradant, ita ut aliquid vel parvum possint habere, et forciores suscipiant maiorem porcionem.

9. De mendicis qui per patrias discurrunt volumus, ut unusquisque fidelium nostrorum suu[m] pauperem de beneficio [13] aut de propria familia n[u]triat, et non permittat aliubi ire mendicando. Et ub[i] tales inventi fuerint, nisi manibus laborent, nul[l]us eis quicquam retribuere praesumat.

10. De teloneis et cespitaticis, sicut in ali[is] capitula ordinavimus, teneant; id est, ubi antiqu[a] consuetudo fuit ita exigantur; ubi nova fuerint i[nv]enta, destruantur [14].

RURSUS CAPITULA IMPERATORIS KAROLI.

1. Usura est ubi amplius requiretur quam [d]etur; verbi gratia, si dederis solidos decem, et ampl[i]us requisieris: vel si dederis modium [15] vini [16], fr[um]enti, et iterum [17] super aliud exigeris.

2. Cupiditas in bonam partem potest acc[i]pi, et ad malam. In bonam iuxta apostolum [b]: Cu[p]io dissolvi [18] et esse cum Christo. Et in psalmo [c]: [Co]ncupivit anima mea in atria Domini.

3. Cupiditas vero in malam partem ac[c]ipitur, qui supra [19] modum res quaslibet iniuste a petere vult, iuxta Salomonem [d]: Post concupiscenti[a]s tuas non eas.

4. Avaricia est alienas res appetere, et d[e]pt[as] nulli largire. Et iusta apostolum [e] haec es[t] radix omnium malorum.

5. Turpe lucrum exercent, qui per var[i]as circumventiones, lucrandi causa, inhoneste [20] re quaslibet congregare decertant.

6. Foenus est qui aliquid prestat. Iustum foe[n]us est, qui amplius non requirit nisi quam prestat [21].

7. Quicumque [22] enim tempus [23] messis vel [t]empus vindemiae, non necessitate sed propter c[u]piditatem, comparat annonam au[t] vinum, verbi gratia duobus dinariis comparat modium unum, et ser[vat] at us[ui], que dum iterum venundare possit contra [d]inarios quatuor aut sex seu amplius, hoc turpe luc[ru]m dicimus. Si autem propter necessitatem compa[r]at, ut sibi abeat et aliis tribuat, negotium [24] dicimu[s].

8. Consideravimus itaque, ut praesente anno, quia per plurima loca famis valida esse vide[tu]r, ut omnes episcopi, abbates, abbatissae, obtimat[e]s, comites, seu domestici, et cuncti [25] fideles qui b[e]neficia regalia, tam de rebus ecclesiae [26] quamque e[t] de reliquis, habere videtur [27], unusquisque de suo [be]neficio sua familia nutricare faciat, et de sua prop[r]iaetate propria familia nutriat; et si Deo donante [i]s per se et super familiam suam [28], aut in beneficio aut in alode [29], annonam habuerit, et venundare v[o]luerit,

VARIANTES LECTIONES.

[1] omnes 2. 3. [2] r. III. Ut etc. 2. [3] d. et aec. 2. 3. [4] fiduciam 1. [5] d. g. deest 2. [6] deest 1. [7] tod... emere desunt 1. [8] agribanno 1. [9] deest 1. 3. [10] deest 2. [11] comes 1. [12] et 1. [13] de b. nostro n[u]triat et C. S. Pauli. [14] Quae sequuntur capitula cod: 1. anterioribus praemittit, codd. 2. 3. numeris continuis [pu]gnant. [15] modiam 1. [16] uni 1. 2. unum 3. correxi ex Ansegiso. [17] nerum 1. [18] desolui 1. [19] q. in s. m. 2. [20] honeste 1. [21] quantum praestitit 2. 3. [22] hoc caput anteriori coniungitur in 2. [23] tempore. tempore 2. 3. [24] t. hoc. n. d. 2. [25] cunctis 1. [26] ecclesiasticis 2. 3. [27] uidentur 2. 3. [28] deest 1. [29] ole 2.

NOTÆ

[a] In Capit. an. 803, p. 131.
[b] Philip. I.
[c] Psal. LXXXIII.
[d] Eccl. XVIII.
[e] I Tim. VI.

non carius vendat nisi modium de avena dinarios duos, modium de ordeo contra dinarios tres, modium [2] de spelta contra dinarios tres si desparata [3] fuerit, modium unum de sigale contra dinarios quatuor, modium de frumento parato [4] contra dinarios sex. Et ipsum modium sit quod omnibus habere constitutum est, ut unusquisque habeat aequa mensura et aequalia modia. [5]

VARIANTES LECTIONES

[1] non 2. [2] m. de s. c. d. t. s. d. f. desunt 2. [3] disparata 5. [4] deest 1. [5] modus 2.

ENCYCLICA DE PLACITO GENERALI HABENDO.

(Vide inter epistolas Caroli Magni, Patrologiæ tomo XCVIII.)

CAPITULARE AQUENSE (An. 806, Aquis).

Capitula in placito autumnali (ex cap. 6), igitur Aquis, ubi tum Carolus morabatur edita, et ab Amerpachio primum ex Codice Tegernseensi prolata, jam auxilio Codicis ejusdem septemque aliorum edimus. Sunt autem hi : 1. C. bibl. reg. Paris. n. 4629, saec. IX; 2. C. bibl. ejusdem n. 4404, saec. IX; 3. C. bibl. ejusdem n. 4995. saec. IX ; 4. C. monasterii S. Pauli in Carinthia, saec. IX; 4 a. C. bibl. Chisianae, saec. x ; 4 b. C. bibl. Cavensis, saec. XI; 5. C. bibl. regiae Monacensis olim Tegernseensis, saec. x ; 6. C. bibl. ducalis Guelferbytanae Blankenburgensis, saec. x. Data esse missis dominicis ut ubique cognita facerent, ex inscriptione sequenti patet.

Haec capitula missi nostri cognita faciant omnibus in omnibus [1] partibus [2].

Primo capitulo. Ut nullus ad mallum vel ad placitum infra patria arma, id est scutum et lantiam non [3] portet.

2. De latronibus. Quicumque post [4] missam sancti Iohannis baptista latrone mansionem dedit, si Francus est, cum duodicim similibus suis [5] iuret quod latronem eum fuisse non sciret, licet [6] pater eius sit aut frater aut propinquus. Si hoc iurare non potuerit, et ab alico convictus fuerit quod latronem in ospicio suscipisset, qualis [7] latro et infidelis iudicetur; quia qui latro est, et infidelis est noster et Francorum; et qui illum suscipit, similis est illi, Si autem [8] audivit quod latro fuisset, et tamen nescit pro firmiter, aut iuret solus quod nunquam eum audisset nec per veritatem nec per mendatium latronem; aut sit

B paratus, si ille de latrocinio postea convictus fuerit ut similis [9] damnetur [10].

3. Ut nullus conparet caballum, bovem, aut iumentum, vel alia, nisi illum hominem cognoscit qui ei vendidit, aut de quo pago est, vel ubi manet, aut quis est eius senior [11].

4. De adventiciis. Quicumque missi nostri ad placitum nostrum venerint, habeant descriptum quanti adventicii sunt in eorum missatico, et de quale [12] pago sunt, et nomina eorum, et qui sunt eorum seniores [13].

5. Similis [14] direximus missos in Aequitania et in Langobardia, ut omnes fugitivus et adventiciis ad nostrum placitum adducantur.

6. Quicumque ista capitula habet, ad alios missos ea transmittat qui non habent; ut nulla excusatio de ignorantia fiat. Et [15] haec capitula ante Nativitatem Domini nota faciant omnes partes.

VARIANTES LECTIONES.

[1] in o. deest 1. hominibus 4. [2] omnes hominibus partis 2. omnibus in omnes partes 5. Ad omnes 6. inscriptio deest 5. [3] deest 5. 4. 5. 6. [4] p. m. s. i. b. desunt 6. [5] deest 2. francis 5. [6] deest 1. [7] quasi 2. 5. [8] Si a. aut non sciret quod latro fuisset pro f. 4. [9] similiter 2. 5. 6. eodem sensu. [10] hic desinit 1. [11] hic desin't 4. una cum codd. Chis et Cav. [12] co (i. e. quo) 3. quo 5. [13] reliqua sine distinctione capitum cum antecedentibus cohaerent 2. 5. [14] Similes 5. [15] reliqua desunt 5. et hoc missi nostri omnimodo ante nativitatem Domini omnibus cognitum faciant 6. eadem, vocibus omnimodo et omnibus omissis 5.

CAPITULA EXCERPTA DE CANONE.

Capitula haec ex Codice unico unde Amerpachius quondam ediderat, Tegernseensi scilicet saec x, collata Ansegisi lectione in integrum restitui.

INCIPIUNT CAPITULA EXCARPSA [1] DE CANONE.

1. Ut per singulos annos synodus bis fiat.

2. Qualis ad sacerdotium vel sacros ordines, secundum quod in canone legimus, venire non potest.

3. Ut nequaquam inter duos metropolitanos provincia dividatur.

D 4. Ne in una civitate duo sint episcopi, et de vicariis episcoporum.

5. Quod non oportet ordinationes episcoporum diu differre.

6. De ordinatis episcopis, nec receptis.

7. Quod non oporteat, soute [2] quoslibet ordinare.

VARIANTES LECTIONES.

[1] excarps r. [2] absolute.

8. De servo, si nesciente domino suo fuerit ordinatus.
9. Quod non liceat clericum in duas civitates ministrare, nec abbates plurima monasteria aut cellas habere.
10. Ne de uno loco ad alium transeat episcopus sine decreto episcoporum, vel ut clericus sine iussione episcopi sui.
11. De peregrinis episcopis et clericis.
12. De litteris peregrinorum, et clericis sine litteris ambulantibus.
13. Quales vel pro qualibus culpis quis per secundum canonicam institutionem degradetur de officio sacerdotali.
14. De expulso ab ecclesia et excommunicatione [1], vel damnato ab officio.
15. De ordine ecclesiastico et officio missae. De reliquiis sanctorum et oratoriis villaribus.
16. De altaria non consecranda, nisi lapidea.
17. De confirmatione cum chrismate.
18. De baptismo.
19. De pasca et die dominico et reliquas festivitates.
20. De ieiunio et quadragesimo [2], vel letanias.
21. Ut festivitates praeclaras [3] non nisi in ivitates aut in vicos publicos teneantur.
22. De hoc officio.
23. Ut omnes fideles communicent, et ad issas perstent in sinodali [4] deprecatione.

Incipit canon sancti Siluestri et 284 episcopo um.

Fecit hos gradus [5] in gremio sinodi, ut no presbyter adversus episcopum, non diaconus a versus presbyterum, non subdiaconus adversus dia onum, non acolitus adversus subdiaconum, non ex rcista adversus acolitum, non lector adversus exor istam, non ostiarius adversus lectorem det accusa ionem aliquam. Et non damnabitur praesul sine 72 estes; neque praesul summus a quemquam iudic itur, quoniam scriptum est [a]. *Non est discipulu super magistrum.* Presbyter autem, nisi in 44 testi onia, non damnabitur. Diaconus autem cardine c stitutus [6] urbis Romae, nisi 37 non condempnal itur [7]. Subdiaconus [8], acolitus, exorcista, lector, nis , sicut scriptum est, in septem testimonia filios habe tes et uxorem, et omnino Christum praedicantes. S datur mistica veritas.

VARIANTES LECTIONES.

[1] excommunicato. [2] quagragesimo c. [3] praeplaras c. [4] finali. [5] grandus c. [6] constructus c. [7] dempnabitur c. [8] sed diaconus c.

NOTAE.

[a] Matth. x.

CAPITULARE LANGOBARDICUM (An. 806).

Exstat in Codice sancti Pauli inter Caroli Magni leges capp. 55- 66. Cum capitulare duplex anni 05 et capitularia anni 806 Pippino praesente in Francia edita sint, capitulare hoc nonnisi post ejus reditu , autumno anni 806, aut vere anni sequentis, in Italia promulgatum esse videri potest.

Cap. I. Placuit [1] nobis de cartulas illas qui facte sunt de singulis hominibus qui se et uxori sue et filiis vel filie sue in servitio tradiderunt, ut [2] hubi inventi fuerunt, reddantur, et sint liveris sicut primitus fuerunt.

Capp. 2-12. Vide supra, col. 285-288, an. 805, capp. 6, 8, 9- 13, 15, 16, 19, 20.

Capp. 13-15. Vide supra, col. 303, 304, p. ad Niumagam, c. 5, 8, 10.

Capp. 16-19. Vide supra, col. 305, 306, cap generalia, c. 1, 2, 3.

Cap. 19. Vide supra, col. 214, capitulare n. 801 cap. 8.

VARIANTES LECTIONES.

[1] repetitum a Hlothario post tempus famis a. 825 Febr. 20. [2] vel *cod.*

CAPITULARE AQUENSE (An. 807, Mart. circ.).

Editum a Baluzio ex Codice S. Vincentii Mettensis, ope Codicis bibl. regiae Paris. inter Suppl. atina, n. 75, recognovi.

ISTE CAPITULUS FUIT DATUS IN ANNO SEPTIMO AD AQUIS PALATIUM.

Memoratorium qualiter ordinavimus propter famis inopiam, ut de ultra Sequane omnes exercitare debeant.

1. In primis quicumque beneficia habere videntur, omnes in hostem veniant.
2. Quicumque liber mansos quinque de proprietate habere videtur, similiter in hostem veniat. Et qui quatuor mansos habet, similiter faciat. Qui tres habere videtur, similiter agat. Ubicumque autem inventi fuerint duo quorum unusquisque duo mansos habere videtur, unus alium praeparare aciat, et qui melius ex ipsis potuerit, in hostem eniat. Et ubi inventi fuerint duo quorum unus abeat duos mansos, et alter habeat unum mansum, imiliter se sociare faciant, et unus alterum pra aret ; et qui melius potuerit , in hostem venia. Ubicumque autem tres fuerint inventi quorum unusquisque mansum unum habeat, duo tercium , prae-

parare faciant; ex quibus qui melius potest, in hostem veniat. Illi vero qui dimidium mansum[1] habent, quinque sextum praeparare faciant. Et qui sic pauper inventus fuerit qui nec mancipia nec propriam possessionem terrarum habeat, tamen in praecio valente quinque solidos, quinque sextum praeparent; et ubi duo, tercium, de illis qui parvulas possessiones de terra habere videntur. Et unicuique ex ipsis qui in hoste pergunt, fiant coniectati solidi quinque a suprascriptis pauperioribus qui nullam possessionem habere videntur in terra. Et pro nac consideratione nullus suum seniorem dimittat.

3. Omnes itaque fideles nostri capitanei cum eorum hominibus et carra sive dona, quantum melius praeparare potuerint, ad condictum placitum veniant. Et unusquisque missorum nostrorum per singula ministeria considerare faciat unum de vassallis nostris, et praecipiat de verbo nostro ut cum illa minore manu et carra de singulis comitatibus veniant, et eos post nos pacifice adducat, ita ut nihil exinde remaneat, et mediante mense Augusto ad Renum sint. Haec autem constituta volumus ut observent omnes generaliter praesenti anno, qui ultra Sequanam commanere videntur.

4. Volumus atque iubemus, ut comites nostri propter venationem et alia ioca placita sua non dimittant, nec ea minuta faciant; sed ad exemplum quod nos cum illis placitare solemus, sic et illi cum suis subiectis placitent et iustitias faciant; et de singulis capitulis quae eis praecepimus, per semetipsos considerare studeant, ut nihil praetermittatur ab eis, quae vel infra patriam vel foras patriam in hoste faciendum iniungimus.

5. Si partibus Hispaniae sive [a] Avaritiae solatium ferre fuerit necesse praebendi, tunc de Saxonibus quinque sextum praeparare faciant. Et si partibus Beheim fuerit necesse solatium ferre, duo tercium praeparent. Si vero circa Surabis[2] patria defendenda[3] necessitas fuerit, tunc omnes generaliter veniant.

6. De Frisionibus[4] volumus, ut comites et vassalli nostri, qui beneficia habere videntur, et [b] caballarii, omnes generaliter ad placitum nostrum veniant bene praeparati. Reliqui vero pauperiores, sex septimum praeparare faciant, et sic ad condicium placitum bene praeparati hostiliter veniant.

7. Volumus itaque atque praecipimus, ut missi nostri per singulos pagos praevidere studeant omnia beneficia quae nostri et aliorum homines habere videntur, quomodo restaurata sint per annunciationem nostram, sive destructa. Primum de aecclesiis, quomodo structae aut destructae sint in tectis, in maceriis, sive parietibus, sive in pavimentis, necnon in pictura, etiam et in luminariis, sive officiis. Similiter et alia beneficia, casas cum omnibus appenditis earum et laboratu sive adquisitu; vel etiam quid unusquisque, postquam hoc facere prohibuimus, in suum alodem ex ipso beneficio duxit, vel quid ibidem exinde operatus est. Qualiter autem sit, hoc unusquisque vicarius singulis comitatibus in suo ministerio, simul cum nostris missis praevideat, et sic ut ipse hoc coniurare valeat, totum quod[5] invenerit in brevem mittat, et ipsos breves nobis deferant. Et omnes hii qui in ipsa beneficia habent, una cum nostris missis veniant, ut scire possimus qui sint, aut qui suum beneficium habeat condrictum aut distructum. Similiter et illorum alodes praevideant, utrum melius sint constructa[6] ipsi alodi aut illud beneficium; quia auditum habemus, quod aliqui homines illorum beneficia habent deserta et alodes eorum restauratos.

VARIANTES LECTIONES.

[1] Ita 1. corr. dimidios mansos; *eadem sententia*. [2] surabis corr. sorabis 1. [3] *ita correxi*; deferendis 1. et ed. [4] *ita* 1. corr. fresonibus. [5] deest in codd. [6] ita 1. corr. constructi.

NOTÆ.

[a] Ita habuit vetus Codex. Non dubito autem quin reponendum sit *Avariæ*. Atque ita legisse videtur beatus Rhenanus, lib. II Rerum Germanicarum, pag. 94, ubi agens de statu Galliarum et Germaniarum sub Francis regibus et imperatoribus, ita scribit: « Saxonum devictorum auxiliis multa gesta sunt. Si in remotas regiones proficiscendum erat, puta Hispaniam aut Avariam, quae Noricum ab Alpibus contingebat, quinque Saxones sextum instruebant. Si contra Sclavos Bohemos, duo tertium instructum mittebant. Si in Sorabos, omnes venire cogebantur. Sic sex Frisii tenuiores septimum armabant. » Hinc ergo auctoritas conciliatur huic Capitulari. BALUZ.

[b] Equites, sic dicti a caballis. Vetus charta Brivatensis : « Clericum vero aut caballarium nec ullum hominem nec ullam feminam infra has terminationes non occidam. » Alibi caballarii significant viros nobiles, equites, *chevaliers*, ut in veteri charta Ruthenensi. ID.

EPISTOLA AD PIPPINUM REGEM ITALIÆ.

(Vide inter epistolas Caroli Magni, Patrologiæ tomo XCVIII.)

CAPITULARE INGELHEIMENSE (An. 807, August.)

Edictum hoc ex capite 13, intra annos 806 et 810 promulgatum, auctoritate annalium Moissiacensium conventui, Augusto circiter mense, prope Ingelheim palatium habito, assignavimus. Edimusque iterum ex Codice unde primo ab Amerpachio luci datum fuit : 1. regio Monacensi olim Tegernseensis monasterii, sæc. x; et aliquot loca emendavimus ope, 2. Codicis monasterii S. Pauli in Carinthia sæc. IX ineuntis, in quo capita 6-9, 12, 13 exstant, uti et in Codd. Chisiano et Cavensi. Et hi quidem co præcipue a Tegernseensi differunt, quod capp. 9 et 13 de pluribus Caroli filiis mentionem faciant, Tegernseensis vero de uno tantum loquatur, unde Codicem S. Pauli, ut Tegernseensem ætate superat, ita eum et antiquitate lectionis vincere apparet.

ITEM CAPITULARE.

1. De ordinacione ecclesiastica [1] et restauracione ecclesiarum Dei, omnes generaliter bonam habeant providenciam.

2. Ut pacem et concordiam habeant ad invicem fideles nostri.

3. Quomodo marca nostra sit ordinata, et quid per [2] se fecerunt confiniales nostri specialiter istis preteritis annis.

4. De placito condicto ad marcam, necesse est, ut omnimodis ex omni parte, sicut ordinatum fuerit, unusquisque conveniat.

5. De illis hominibus non recipiendis a marchionibus nostris, qui seniores suos fugiunt pro damna quae eis facta habent.

6 [a]. De pravis iudicibus, advocatis [3] vicedominis, vicariis, centenariis, vel reliquis actoribus malivolis non habendis.

7 [b] De liberorum hominum possibilitate, ut iuxta qualitatem proprietatis exercitare debeant.

8. Ut nullus consenciat suis hominibus a male faciendum infra patriam; et [4] de eo quod dicunt se non posse habere homines ad marcam defendam, si eos bene distringant [5].

9. De vassis regalibus, ut honorem habeant, et per se aut [6] ad nos aut ad filios nostros [7] ea ut teneant.

10. De obsidibus, quod bene non custod nt, et ab eis fugiunt.

11. De illis qui necessitatem paciuntur, ut cliorem [8] habeant consolationem ad eorum iustic am.

12. Ut per placita non fiant banniti liberi [9] homines, excepto si aliqua proclamacio super a quem venerit, aut certe si scabinus aut iudex non erit; et pro hoc condemnati illi pauperiores non fi ni.

13. Ut haribannum aut aliquod coniectum pro [10] exercitali causa comites de liberis hominibu recipere aut requirere non praesumant; excepto [11] de palacio nostro aut a filiis nostris missus veni t, qui illum haribannum requirat.

VARIANTES LECTIONES

[1] ecclesiastico 1. — [2] qui per 1. — [3] i. et a. codd. S. P. — [4] vocem excepi ex cod. S. Pauli. — [5] distrin unt 1. — [6] deest S. P. — [7] filium nostrum 1. — [8] meliore 1. — [9] vocem ex c. S. P. excepi, deest in 1. — [10] deest 1. — [11] aut filii nostri 1. et codd. Langob. c. 97 Mur.

NOTÆ.

[a] Exstat in Codd. S. Pauli. Chis. Cav.
[b] Adest in Cod. S. P., ut et capita, 8, 9, 1, 13.

CAPITULARE NOVIOMAGENSE DUPLEX (An. 808, April.).

Editum a Baluzio ex Codice S. Vincentii Mettensis, ope Codicis regii Parisiensis inter Supplemena Latina n. 75 recognovi.

IN ANNO OCTAVO CAPITULA CUM PRIMIS CONFERENDIS [1].

1. De latronibus et furibus.
2. De falsis testibus.
3. De periuriis.
4. De fugitivis.
5. De hominibus appensis propter leves culpas.
6. De moneta.
7. De roccis et sagis.
8. De mercato palacii nostri.
9. De marcha nostra custodienda terra marique.
10. De navibus quas facere iussimus.
11. Ut ea quae constituta sunt, a fidelibus nostris observentur, et iussiones nostrae impleantur.
12. De tempore alterius placiti nostri, et qui iterum ad illum placitum venire debeant.
13. De hominibus filiorum ac filiarum nostrarum, quos missi et comites distringere non audent [2].

ITEM UBI SUPRA.

1. De [a] marcha ad praevidendum, unusquisque paratus sit illuc festinanter venire, quandocumque necessitas fuerit.

2. De [b] latronibus, ut melius distringantur. Et ut nullus hominem pendere praesumat, nisi pe iudicium. Si vero aliquis sine culpa penditus fuerit, et ibi moritur, tunc ab eo qui eum sine iudicio endidit, proximis parentibus sit compositus, Et si ibi mortuus non fuerit, sed vivens evaserit, tun sibimet sit compositus, et res et mancipia sua in fisco non cadant. De servis vero, si quis alterius s rvum absque iudicio et sine culpa pendiderit, et ib mortuus fuerit, weregildus eius domino solvatur. Et si de ipsa morte evaserit, ipse ipsam liudem re ipiat, et liber postea permaneat.

3. Ut [c] nullus testes mittere in iudicium praesumat; sed comes hoc per veraces homines circa manentes per sacramentum inquirat; ut sicut inde sapiunt, hoc modis omnibus dicant.

4. Ut [d] nullus se periurare praesumat. Et s' fecerit, sicut in anterioribus capitulis mandatum es ma-

VARIANTES LECTIONES.

[1] legendum videtur conferenda. Bal. — [2] audant corr. audent 1: audeant Bal.

NOTÆ.

[a] Vide, supra, cap. 9.
[b] Vide, supra, capp. 1, 5.
[c] Vide, supra, cap. 2.
[d] Vide, supra, cap. 3.

num perdat aut redimat. Et hoc omnibus annuntiatum fiat, quid periurium aut falsum testimonium noceat.

5. De [a] emptionibus et venditionibus, ut nullus praesumat aliter vendere et emere sagellum meliorem duplum viginti solidis, et simplum cum decem solidis. Reliquos vero minus. Roccum martrinum et lutrinum meliorem triginta solidis, sismusinum [b] meliorem decem solidis. Et si aliquis amplius vendiderit aut empserit, cogatur exsolvere in bannum solidos quadraginta, et ad illum qui hoc invenerit te eum exinde convicerit, solidos viginti.

6. De [c] fugitivis hominibus, ut ubicumque inventi fuerint, ille qui eum retinet, bannum dominicum solvere cogatur, et ille fugitivus absque dubio in patriam ad dominum suum revertatur.

7. De [d] monetis, ut in nullo loco moneta percutiatur nisi ad curtem; et [e] illi denarii palatini mercantur [1], et per omnia discurrant.

VARIANTES LECTIONES.

[1] mercantur corr. mercentur 1.

NOTÆ.

[a] Vide, supra, cap. 7. Hanc constitutionem intuit monachus Sangallensis de Vita Caroli lib. 1, cap. 34, in Monum. Germ. SS. II, 747.
[b] Id est, ex pellibus cisimorum, id est, zibelinarum.
[c] Vide, supra, cap. 4.
[d] Vide, supra, cap. 6.
[e] Vide, supra, cap. 8.

CAPITULARE LANGOBARDICUM (An. 808).

Exstat in Codice sancti Pauli capp. 81-85 post capitula Ingelheimensia anni 807, ideoque anno 808 assignandum duxi.

1. De relinquentibus seculum: ut unum ex duobus eligant, aut pleniter secundum canonicam, aut secundum regularem institutionem vivere debeant.

2. De iustitia ecclesiarum Dei, viduarum, orfanorum, pupillorum; ut in publicis iudicibus [a] non dispiciantur increpantes set diligenter audiuntur.

3. Si servus noster occisus fuerit, duas parte de ipsa conpositionem tollat curtis nostra, et tertiam pars parentes ipsius servi nostri defuncti, sicut superius diximus. Hoc autem in diebus nostris et in tempore regni nostri statuimus, quamvis [1] lex nostra non sit. Post autem nostrum decessum qui pro tempore princeps fuerit, faciat sicut ei Deus inspiraverit aut rectum sicut secundum animam suam providerit; quia non semel set multotiens cognovimus, hubi tale causas emerserit, quoniam nec in rebus publicis nec nulla rationem palatii prodfuit quod exinde actoris nostris tullerunt; et insuper invenimus et cognovimus multos actores nostros, qui tollebant de singulis unde 10 solidos, unde 6, unde amplius, et dabant talem spatium adque tranquilla, donec [2] ipse qui homicidium faciebat obsegrare potuerunt ut exinde nihil darent. Et hoc previdimus statuere: curtis nostre medietatem de aldiones et duas partes de servos sicut super diximus habeat [3], ut ipsi parentis propinqui unde habeant dolore, habeant in aliquo propter mercedem consolationem.

4. Propter Deum et eius misericordia precipimus adque statuimus, sola pietatis causa, ut si aldio noster occisus fuerit, medietatem de ipsa conpositionem tollat curte nostra, et medietatem parentes ipsius defuncti, si vivo patrem habuerit aldione nostro, sibe matrem, sibe fratres, sibe filii.

5. Oc precipimus, ut nullus [4] presumat nec servo nec aldione nostro aliquid emere, quia pro cautella et futuris temporis per omnes curtes nostras brebi facimus de omni territorio de [5] ipsas curtes pertinentes. Unde qui amodo inventus fuerit de servo aut de aldionem vel abthin [b] curte nostra aliquid emere, per ipsum perdere habet, sicut qui res alienas malo ordinem invadit; et si actor consenserit aut conscius fuerit, res eius tollere et inpublicare faciat. Quia debet omnis homo considerare propter Deum et animam suam, quoniam nos illum [6] relaxavimus a livero. cremannos quod nobis in curtis nostres set secundum antiquo edicto legibus pertinebat; quoniam qui unam filiam relinquebat, tantum in tertiam pars substantia patri suo succedebat et duas in publico revertebant, si propinquus parentes non habebat [7]; et si duas filias habebat aliquis aut amplius, in medietatem tanto succedebat patri suo, et publicus in medietatem. Et ecce nox [8] modo omnia de talibus causis propter Deum et mercedem anime mee relaxavimus. Proinde unicuique debet sufficere sua substantiam, et non debet cupiditatem habere contra rationem conparandum da servo aut de aldionem vel abthin nostro. Unde qui hoc facere presumpserit, conponere habet sicut scriptum est; insuper in periurii reatum nobis conparuit pertinere, eo quod nobis iuratum habet quod nobis fidelis sit. Et qualis fidelitas est, dum ille cum iudicis aut actorem aut aldionem vel servo conludium fecit, et res nostra contra voluntatem invadit? Quia hoc statutum est in edictum, ut qui de serbo aut aldionem conparaverit, perdat pretium; et quale legem unus

VARIANTES LECTIONES.

[1] Quam e. emenaavi ope capitularis Hlotharii a. 852. II. c. 55, quod ex hoc fluxit. [2] denec c. [3] habeat ipsi parentis, propinqui c. [4] nullut c. [5] i. e. ad. [6] i. e. illud. [7] Habebat. [8] i. e. nos.

NOTÆ.

[a] Id est, judiciis.
[b] Vox infra iterum occurrit; desideratur in Glossariis.

quisque [1] Languhardus sibi habere vult, talem debet curtem nostram conservare. Et quis modo conparavit aut infiduciabit [2], perdat pretium suum secundum edicti tinore. Qui vero hoc modo facere presumpserit, et pretium perdat, et, sicut qui res aliena A malo ordine invadit nessciente domino, e nponat; actor vero admittat [3] substantiam suam qui hoc consenserit, sicut superius legitur: nam si no relaxavimus, unusquisque habere debeat cui p eceptum fecimus aut fecerimus.

VARIANTES LECTIONES.

[1] unusquis c. [2] i. e. infiduciavit. [3] i. e. amittat.

CAPITULARE AQUISGRANENSE (An. 808).

A Baluzio ex Codice S. Vincentii Mettensis editum, ope Codicis regii Paris. inter ⌣uppl. Lati a n. 75, recognovi, et placito quod mense Augusto vel autumno haberi consueverat, quodque hoc anno Aq is habitum fuisse videri potest, assignavi. Nam ad placitum Noviomagense non referendum esse, utriusq e capita inter se collata una cum inscriptione horum capitulorum evincunt.

ITEM DE ANNO OCTAVO.
1. De pace infra patriam.
2. De canonicis et monachis.
3. De falso testimonio et periurio.
4. De his qui se fraudulenter ingenuare volunt, et aliqui optumescunt.
5. De falsis monetis.
6. De illorum hominum conquisitu qui modo foris

B ducti fuerunt, et postea adquisierunt postq am patres eorum et parentes ducti sunt [a].
7. De decimis et nonis.
8. De latronibus et disciplina eorum.
9. De operibus palatii ad Vermeriae [Ita 1; Corr. uermerium].
10. De illo [b] broilo ad Atiniacum palat um nostrum.

NOTÆ.

[a] Bona eorum qui foris patria ducebantur, in fiscum redacta fuisse, probat Caroli diploma, quo d. 17 Julii hujus anni Aquisgrani Manfredo Regiensi ejusmodi bona restituit. Murator. Antiqq III, 78 (VIII, 430).
[b] Lucus muro, vallo vel sepe inclusus, enationi inserviens.

CAPITULARE AQUISGRANENSE (An. 809).

Baluzius duo anni 809 capitularia ediderat, primum ex Codice S. Vincentii Mettensis, secund ex Codice Navarrico. Utrumque tamen idem esse, collatis singulis capitibus prodit; neque ob diversum rdinem, qui et in aliis capitularibus, e. g., in Codicibus duplicis Niumagensis a. 806 locum habet, duo c pitularia esse distinguenda existimaverim. Unum igitur, cui et Ansegisi lectiones congruunt, edidi auxilio Codicum trium quos in bibliotheca regia Parisiensi evolvi; scilicet, 1. n. 4995, signati, quem pro fundam nto Editionis posui; 2. n. 4628 A, quem pro Baluzii « Navarrico » habere licet; 3. inter Supplement Latina, n. 75, qui eumdem capitulorum ordinem ut Baluzii Mettensis [a] sequitur. Præterea capitibus 1-4 adhibui Codices Langobardicos, Chisianum, Cavensem, Ambrosianum, Florentinum, Londinensem, Vindob nensem, Veronensem et Estensem apud Muratorium. Lectiones Codicis 3 et S. Vincentii Mettensis apud aluzium singulares, e regione textus primarii collocari feci.

CAPITULA QUAE DOMNUS IMPERATOR AQUIS PALATIO CONSTITUIT.

Capitula quae propter iustitias intra patriam faciendas constituta sunt [2].

1. De [3] illis hominibus qui propter eorum culpas ad mortem diiudicati fuerint, et postea vita eis [4] fuerit concessa, si ipsi iustitiam ab aliis requisierint, aut ab eis iustitiam quaerere voluerit, qualiter inter eos iustium terminetur. Primum omnium de illis causis pro quibus iudicatus fuit ad mortem, nullam potest facere repetitionem; quia omnes res suas secundum

[1] C iuditium Francorum in publico fuerunt rev catas. Et si aliquid in [5] postmodum, postquam ei vita concessa est, cum iustitia adquirere potuerit, in su libertate teneat et defendat secundum legem. In t stimonio non suscipiatur, nec inter scabineis lege iudicandam locum non teneat [6]. Et si ad sacram ntum aliquid ei iudicatum fuerit quod iurare deb t, si aliquis ipsum ad sacramentum [7] aliquid a allaverit, ipse semper ad iudicium Dei examinandu accedat.
2. Si alicui post iudicium scabiniorum uerit vita concessa, et ipse inpostmodum aliqua m a perpe-

VARIANTES LECTIONES

[1] D. Karolus c. 2. [2] haec desunt 2. Ch. C. [3] cod. 3. cap. 28. haec habet: Ut postquam quis ad mortem fuerit iudicatus, neque iudex fiat, neque scabinius, neque testis, nec ad sacramentum recip atur; sed unde alii iurare debent, ipse semper ad iudicium Dei examinandus accedat. [4] eius 1. [5] deest [6] t. et defendat. Amb. Vind. Mur. [7] ipsum s. falsum dicere voluerit, armis contendat. 2. 3. ita et Chis. t Cav. A. V. Vn. Est. edd.

NOTÆ.

[a] Scil. capp. 16, 16 not., 17, 18, 20, 21, 21 not., 4, 3, 3 not., 5, 6, 9, 8, 25, 10, 11, 15, 12, 13, 19, inscriptio capitis 1, 14, 1, 2, 4, 7, 12, 2 , 23, 24

traverit, et iustitia reddere noluerit, dicendo quod mortuus sit, et ideo iustitiam reddere non debeat, statutum est ut superiorem iuditium sustineat quod antea sustinere debuit. Et si aliquis adversus eum aliquid male fecerit, secundum aequitatis ordinem licentiam abeat suam iustitiam requirendi de causis, perpetratis postquam ad mortem iudicatus est. De praeteritis maneat, sicut supra diiudicatum fuit.

3. De [1] latrone forbannito: ut liber homo qui eum susceperit, 15 solidos conponat, et servus 120 percussionibus vapuletur [2].

4. Ut comes qui latronem in forbanno miserit, vicinis suis [3] comitibus notum faciat, eundem latronem a se esse forbannitum, ut illi eum non recipiant.

5. Ut nullus alius de liberis hominibus ad placitum vel ad mallum venire cogatur, exceptis scabineis [et vassis comitum [4]] et qui illorum causas [5] quaerendi aut respondere debent [6].

6. Ut testes ad testimonium dicendum praemio [7] non conducantur; et nullus ut testimonium dicat, aut sacramentum iuret, nisi ieiunus. Et ut testes, priusquam iurent [8] separatim discuciantur quod de illam rem dicere velint unde testimonium reddere debent.

7. Ut nullus quislibet nostrorum [9], neque comes, neque iudex, neque scabineus [10], cuiuslibet iustitia dilatare praesumat, si statim [11] adimpleta poterit esse secundum rectitudinem; neque praemia pro hoc a quolibet homine per aliquod ingenium accipere [12] praesumant.

8 [13]. Ut nullus cogatur ad pontem [14] ire ad flumen transeundi propter teloneis causam, quando ille in alio loco conpendiosius illud flumen transire potest. Similiter et in plano campo, ubi pons nec treiectus est, omnimodis praecipimus ut non teloneus [15] exactetur.

9. Ut mercatus die dominico [16] in nullo loco habeatur, nisi ubi antiquitus fuit et legitime esse debet.

10. Ut presbiter qui sanctam crismam donaverit ad iudicium subvertendum, postquam de gradu suo expoliatus [17] fuerit, manum [18] amittat.

11. Ut iudices [19], advocati, praepositi, centenarii [20], scabinii, quales meliores inveniri possunt et Deum timentes, constituantur ad sua ministeria exercenda cum [21] comite et populo; elegantur mansueti et boni.

12. Ut nemo propter cupiditatem pecuniae et propter avaritiam suam prius detur pretio, et futura questione [22] sibi praeparet, ut dupium vel triplum tunc recipiat; sed tunc tantum quando fructum praesens est, illos conparet [23].

13. Ut in locis ubi mallos publicos habere solent, tectum tale constituantur, quod in hiberno et in aestate [24] ad placitos observandos usus esse possit.

14. Ut sacramenta quae ad palatium [25] fuerunt adharamita, in palatio [26] perficiantur. Et si cum sacramentales [27] homines cum ipso venire renuerint, iussione dominica cum [28] indiculo aut sigillo ad palatium [29] venire cogantur.

15. [30] Si vero advocatus sacramentum contra alium habuerit et iurare non potuerit, aut aliquid per iustitiam reddiderit, propter hoc beneficium non perdat.

16. De ecclesiis nondum bene restauratas; de causis quae cotidie non cessant [31].

VARIANTES LECTIONES

[1] De meziban id est de l. f. 3. — [2] Ut... vapuletur deest 2. v. Nisi ei hospicium dedit V. Vn. Huic capitulo in codice 3 haec subiiciuntur: Ut nullus absque iustitia pauperem et inopem expoliare praesumat. [3] m. aliis 2. Chis. Cav. v. s. et aliis V. Vn. M. [4] haec desunt in 1. adsunt in reliquis et Ansegiso. [5] casas 1. [6] nisi qui causam suam quaerere debet ac respondere 2. (aut r.) A. V. Vn. E. [7] praecio superimposito vel praemio 2. [8] iuret... iurant deest 1. [9] q. missus noster 2. Ch. et rel. Lang. et Anseg. [10] scabineis 1. [11] statum 1. i. malum p. 2. [12] codex 2. hoc caput sequenti praeponit. ita et Ch et rel. Lang. [13] pontum 1. [14] teloneis 1. [15] d. d. deest in Ch. et rel. Lang. [16] expolitus 1. expullus A. expulsus V. Vn [17] [18] manus Ch. [19] i. vicedomini 3. [20] c. p. vicarii 2. c. s. p. V. Vn. M. [21] cum... boni deest 2. Ch. et rel. Lang. [22] coemptionem 3. A. V. Vn. contentionem Ch. [23] reliqua desunt Ch. et rel. Lang. [24] in ibernio et ins stato 1. [25] placitum 1. et Weissenzug. [26] placito 1. et Weiss. [27] c. tales 1. [28] aut 2. [29] placitum 1. [30] reliqua omnia exceptis capp. 22. et 24. desunt in codice 2. [31] in cod. 3. hic inscritur: De pace latronum.

NOTÆ.

[a] Cf. 806, Niumg., c. 18.

17. De concordia fidelium nostrorum ; de fugiti- A
vis [1] qui non cessant recipere et abscondere.
18. De navigiis peregrinis [2]. De homicidiis.
19. De traditionibus seu comparationibus, ut nullus in absconso non faciat.
26. De traditionibus, ut in abscondito non fiant propter contentiones diversas.
27. Ut nullus comparationes faciat cum paupere dolose, nisi per iustitiam.
20. De monetis sive mensuris modiorum et sestariorum.

21. De beneficiis nostris non bene constru tis [3].
22. De hospitalitate et susceptione itc antium, tam missorum nostrorum quam reliquorum onorum hominum [4].
23. Quod missos nostros ad vicem ostram mittimus.
24. De illis qui vinum et annonam vendu it antequam colligant, et per hanc occasionem paup res efficiuntur [5].
25. Ut omnis homo iudicium Dei creda absque ulla dubitatione.

VARIANTES LECTIONES.

[1] fugivis 1. [2] de vagis peregrinis qui propter Deum non vadunt 3. [3] condrectis. Et ut n nae vel decimae per omnia donentur. 3. De clericis et vassallis ut nullus sine licentia domini sui recip atur. 3. [4] omnium 1. [5] efficiunt 1.

CAPITULARE LANGOBARDICUM (An. 809).

Capitula hæc in Codice sancti Pauli numeris 86 et 87 signata, capitulare anni 808. excipiunt, et ostea a Lothario imperatore repetita sunt. Patet promulgata esse a Pippino, qui anno sequenti obiit.

1. Qualiter iubet domnus rex ad omnes actores suos qui curtis eius commissas habent; id est inprimis de illo quod iam nostris temporibus inpublicatum est, ut iuret unusquisque actor et dicat per euangelias : *quia quodcumque cognovero quod contra rationem alicui tultum est, facio exinde notitia domno mei regi, ut relaxetur ;* sic tamen ut dicat in ipso sagramento , quod non consentiendo amico, non ad parentem, non ad premio corruptus nisi cot [1] certum sciat quod contra rationem tultum est ; et cum nobis fuerit recensitum , per nostra iussionem relaxetur.

2. Unde statuimus, ut per 40 annos inquiretur possessiones de pecunias publicas, pro eo quod peccatis eminentis de 40 annis aliquis non memorat, et pauci inveniuntur qui tantos annos habeat, statuemus, ut excepto qui iam per iustitiam inpublicatum

B est , quod intra 30 annos aliquio inv io aut fraus in pecunia publicas facta est, ips requirat et adducat ad nostra notitiam; sic ta nen, ut antea non presumat, wiffare [2] aut pignora e; quia nos volumus ista causa per nosmet ipsos udire et secundum Deum ordinare : quia apparu nobis, quod si nos ipsa causa audierimus, Deo f bentem, sine peccatum eam inquirere habemus, et sic ordinare ut mercedem habeamus, quia iudici nostris, neque arimannos, nec actoris nostri, pos unt sic disciplina distringere sicut nos. Quod aute provatum est qui per 30 annos aut [3] super cuiu cumque possessionem fuit, et amodo habeat, ut nul us actor eo presumat nec de servo nec wiffare nec m lestare;

C et qui presumpserit, conponat [4] ipse actor v idriguildum suum, excepto [5] unde preceptum fals m inveniatur, quod aperta [6] causa est ad requiren m.

VARIANTES LECTIONES.

[1] i. e. quod. [2] i. e. signum suum ibi ponere, possessionem arripere. [3] ut c. [4] compona [5] lex cepto c. [6] operta c.

CAPITULARE DE DISCIPLINA PALATII AQUISGRANENSIS (An. 809).

Baluzius sub titulo capitularis *de ministerialibus palatinis* ex Codice olim S. Vincentii Laudun nsis jam r gio Paris. n. 4788, sæc. IX, fragmenta edicti vulgaverat, quod jam, eodem Codice iterum a m evoluto, integrum prodit. Ascribendum videbatur posterioribus imperatoris annis, cum aula et palatium, test auctore anonymo Vitæ Ludovici Pii, nebulonibus redundaret.

1. Unusquisque ministerialis palatinus diligentissima inquisitione discutiat primo homines suos, et postea pares suos, si aliquem inter eos vel apud suos [1] igrotum [a] hominem vel meretricem latitantem invenire possit. Et si inventus homo aliquis vel aliqua femina huiusmodi fuerit, custodiatur, ne fugere possit, usque dum nobis adnuntietur. Et ille homo qui talem hominem vel talem femina secum habuit, si se emendare noluerit, in palat o nostro observetur. Similiter volumus ut faciant m nisteriales dilectae coniugis nostrae vel filiorum n strorum.

2. Ut Ratbertus auctor per suum minist rium, id est, per domos servorum nostrorum, tam n Aquis quam in proximis villulis nostris ad A uis per-

VARIANTES LECTIONES.

[1] uos *cod.*

NOTÆ.

[a] id est, ægrotum.

tinentibus, similem inquisitionem faciat. Petrus vero et Gunzo per scruas [a] et alias mansiones actorum nostrorum similiter faciant. Et Ernaldus per mansiones omnium negotiatorum, sive in mercato sive aliubi negotientur, tam Christianorum quam et Iudaeorum. Mansionarius autem faciat simili modo cum suis iunioribus per mansiones episcoporum et abbatum et comitum qui actores non sunt, et vassorum nostrorum eo tempore quando illis seniores in ipsis mansionibus non sunt.

3. Volumus atque iubemus, ut nullus de his qui nobis in nostro palatio deserviunt, aliquem hominem propter furtum, aut aliquem homicidium vel adulterium, vel aliud aliquod crimen ab ipso perpetratum, et propter hoc ad palatium nostrum venientem, atque ibi latitare volentem recipere praesumat. Ei si liber homo hanc constitutionem transgressus fuerit, et talem hominem receperit, sciat se eundem hominem qui apud eum inventus fuerit, in collo suo portare debere, primum circa palatium, deinde ad cippum in quem idem malefactor mittendus est. Si autem servus fuerit qui hanc nostram iussionem servare contempserit, similiter illum malum factorem in collo usque ad cippum deportet, et ipse postea in marcatum adducatur, et ibi secundum merita sua flagelletur. Similiter de gadalibus [b] et meretricibus volumus, ut apud quemcumque inventae fuerint, ab eis portentur usque ad mercatum, ubi ipsae flagellandae sunt. Vel si noluerit,

volumus ut simul cum illa in eodem loco vapuletur.

4. Quicumque homines rixantes in palatio invenerit, et eos pacificare potuerit et noluerit, sciat damnum quod inter eos factum fuerit, participem esse debere. Quod si rixantes viderit, et eos pacificare non potuerit, et qui sint illi qui inter se rixantur cognoscere noluerit ut hoc indicare possit, similiter volumus ut damnum quod inter eos commissum fuerit, in compositione communionem habeat.

5. Quicumque hominem undecumque ad palatium nostrum venientem receperit sive adduxerit, nec expellere curaverit, damnum quod hab eo fuerit in palatio nostro factum aut eum praesentet, aut si praesentare non potuerit, damnum quod ipse fecerat pro ipso conponat.

6. Ut comites palatini omnem diligentiam adhibeant, ut clamatores postquam indiculum ab eis acceperint, in palatio nostro non remaneant.

7. Ut super mendicos et pauperes magistri constituantur qui de eis magnam curam et providentiam habeant ut.... ores [a] et simulatores inter eos se celare non possint.

8. Ut omni hebdomada per diem sabbati agentes vel ministeriales nostri indicent quid de hac inquisitione factum habeant, et hoc quod nobis indicaverint, sic diligenter ac veraciter habeant inquisitum et investigatum, ut si nobis placuerit, in manu nostra valeant adfirmare, quod non aliud nobis nisi veritatem indicassent.

VARIANTES LECTIONES.

seuerare. [a] *tres vel quatuor litterae legi non potuerunt.*

NOTÆ.

[a] Diversae videntur esse a screonis. [b] Libidinosis.

CAPITULARE DE MONETA.

Reliquias tantum huius edicti ex laciniis Codicis olim S. Vincentii Laudunensis, jam regii Parisiensis n. 4788, saec. IX, vix aegre salvavi ; et quam maxime spero, fore ut integrum capitulare alius Codicis ope aliquando in lucem prodeat. Lacunas, quantum fieri poterat, indicavi. Littera obliqua expressa, aut ex conjectura supplevi, aut dubiae lectionis esse existimavi.

1. Haec capitula in singulis locis observari debent re   Ut civitatis illius moneta publice sub custodia comitis fiat.

2. Ut monetarii ipsi publice, nec loco alia nec infra nec extra illam civitatem nisi constituto eis loco, monetam facere non praesumant.

3. Si inventus quisquam fuerit aut ex ipsis aut alia quaelibet persona in ipso pago monetam faciens cum   omnem substantiam eius   et   totam   m
amplius
opus accipiat nihil

4. Ut monetarii monetae batere non possint ; ideo volumus ut comes h   is inquisitum
t per hoc est falsat

et proclam
5.   nihil et cum piscibus
riatur corium in dorso   et
capite et scribatur ei in facie: falsator monetae ; in ceteris vero civitatibus ubi concessum non est moneta   , simili ratione comes,   s monetariorum
ipse comes non solum
que facienti   ad solicitudinem
comes et me   optineat ut ipse per pares suos vel negotiatores huc illucque discurrentes inquirat ob
ferat
auct   substantiae subiacere
statutum in
praesum

ᵃ CAPITULARE ECCLESIASTICUM (An. 809, Nov., Aquis).

Anno 809, mense Novembri, concilium de processione Spiritus sancti Aquisgrani convocatum, i ique et de statu ecclesiarum et de conversatione eorum qui in eis Deo deserviunt agitatum, nec tamen ali uid definitum fuisse propter rerum magnitudinem Einhardus tradit. Quo pertinere videri possunt 1. capi ulorum fragmentum in Editione operum Hincmari Cordesiana, pag.683, vulgatum, iterumque ex schedis Sir ondi a Baluzio prolatum, et capitulare quintum incerti anni inscriptum; 2. *Capitulare de presbyteris*, ab An giso l. I, capp. 140-158 servatum, quod integrum referendum censuimus. Nam Einhardi verba non ad o absolute intelligenda esse ut nihil penitus definitum fuisse opinemur, collato alio ejus loco in Vita Caro i Magni cap. 29, in Monum. Germ. SS., t. II, pag. 458 patebit; tantum, quæ finita sint, minimam cœpti negotii partem effecisse, credendum est. Capitula hæc in conventu autumnali promulgata esse, ex ordin quo ab Ansegiso intra capitulare Aquisgranense anni 809 supra col. 515, 516 editum et capitulare Aquis ranense anni 810 referuntur, prodire videtur.

1. Primo, omnium admonendi sunt de rectitudine fidei suae, ut eam et ipsi teneant et intelligant et sibi subiectis populis vivo sermone annuntient. Et unusquisque eos quos habet in suo ministerio cognoscat, sive viros, sive feminas, ut noverit singulorum confessiones et conversationem, quia pro omnibus redditurus est rationem Deo

2. Secundo, ut ipsi sacerdotes talem ostendant suam conversationem subiectis sibi populis quae imitabilis sit, videlicet, sicut apostolus dixit, in castitate, in sobrietate, ut non deserviant gulae et cupiditatibus huius seculi, ut quod alios monent observare, in se ipsis ostendant, ut caveant se ab omni avaritia et cupiditate; quia multi die noctuque laborant ut adquirant temporalia, res videlicet, mancipia, vinum, et annonam, cum usura, a qua et Deus prohibet et omnis scriptura divina et sancti canones. Necnon mulierum declinent consortium, et secum habitare non permittant, ut auctoritas est canonica.

3. Tertio, ut orationem dominicam, id est *Pater noster*, et *Credo in Deum*, omnibus sibi subiectis insinuent, et sibi reddi faciant tam viros et feminas, quamque pueros.

4. Quarto. Ut ipsi presbyteri a comessationibus, potationibus, ut apostolus monet, se subtrahant; nam quidam illorum cum quibusdam vicinis suis utuntur usque ad mediam noctem et eo amplius cum ipsis bibendo morantur; et qui religiosi et sancti esse videntur, non quidem tunc ibi manent, sed tamen saturati vel ebrii revertuntur ad ecclesias suas, et neque in die neque in nocte officium Deo in ecclesia sibi credita persolvunt. Nonnulli vero in eodem loco, ubi ad convivium pergunt, dormiunt.

5. Quinto. Ut ipsi presbyteri tales scholarios habeant, id est ita nutritos et institutos [in inuatos, Bal.], ut si forte eis contingat non posse o currere tempore competenti ad ecclesiam suam offi i gratia persolvendi, id est tertiam, sextam, nona , et vesperas, ipsi scholarii et signum in tempore uo pulsent, et officium honeste Deo persolvant.

6. Sexto. Ut diligenter resciatis post ordi ationem uniuscuiusque presbyteri quantum quisque cerit in suo ministerio: quia qui ante ordinationem pauperes fuerunt, post ordinationem vero de re us cum quibus debuerant ecclesiis servire, em nt sibi alodium et mancipia, et caeteras facultate ; et neque in sua lectione aliquid profecerunt, eque libros congregaverunt, aut ea quae pertinent ad cultum religionis augmentaverunt, sed semper onvitiis et contritionibus et rapina vivunt.

7. Septimo. Ut domesticos suos, id es eos qui cum ipsis sunt in sua mansione, sive schola ios, sive alios servientes, diligentissime praevidere tudeant ab omnibus vitiis, et maxime de eb etatibus et luxuriis, et variis immunditiis. Nam, icut dicit apostolus, qui domesticorum suorum c ram negligit, aliorum non prodesse poterit nversationi.

8. Octavo. Ut hospitales sint; quia m lti, qui sciunt hospitem supervenire ad ecclesiam s am, fugiunt. Sed quod apostolus iubet et caetera criptura divina sectari, illi e contrario faciunt, et p peribus subvenire metuunt.

9. Nono. Iubet apostolus omnibus fidel bus, ut sermo eorum in gratia sit semper sale con tus, id est, ut ea loquatur christianus quae relig oni conveniunt ¹, unde aliquis mentem condire po sit, et a putredine peccatorum emundare. Si omnib s fidelibus..... *Reliqua desunt*.

VARIANTES LECTIONES.

al. ms. serviunt. BALUZE

NOTÆ

ᵃ Editum pridem fuit hoc capitulare a Joanne Cordesio tanquam esset Jesse episcopi Ambianensis. Non est autem Jesse sed Caroli Magni, datum, ut opinor, missis dominicis. Error ortus ex eo quod in Codice quo Cordesius usus est subjectum erat epistolæ Jesse Ambianensis, de qua dictum est supra. At in veteri Codice Sangallensis monasterii non apparet, et finis epistolæ Jesse est in capite quod habet hunc titulum in Edit. Cordesiana: *De confirmatione corporis et sanguinis Christi*. Recte sane. Hæc est enim ultima quæstionum de quibus Carolus M. interrogaverat episcopos, ut patet ex epis la ejus ad Odilpertum archiepiscopum Mediolan sent, et ex libro Theodulfi episcopi Aurelianensis d ordine baptismi. Itaque hic esse debuit finis episto æ Jesse. Postea addita est a quodam studioso alia l cubratio de traditione baptismi propter similitudin m argumenti, deinde illud Capitul., quod quonia conjunctum erat in veteri Codice cum epist. Jesse pronum erat, existimare ea omnia esse ejusdem uctoris. BALUZ.

CAPITULA DE PRESBYTERIS.

Excepta ea ex Ansegisi libro I, capp. 140-158, et ex appendice I, cap. 20; duo eorum et inter Caroli capitula legibus Langobardicis addita capp. 96 et 137 reperiuntur.

1. Ut nullus presbyter ad Introitum ecclesiae exenia donet.
2. Ut nullus laicus presbyterum in ecclesia mittere vel eicere praesumat, nisi per consensum episcopi.
3. Ut episcopi praevideant, quem honorem presbyteri pro ecclesiis senioribus tribuant.
4. Ut decimae in potestate episcopi sint, qualiter a presbyteris dispensentur.
5. Ut ecclesiae vel altaria melius construantur. Et nullus presbyter annonam vel foenum in ecclesia mittere praesumat.
6. Ut ecclesiae vel altaria, quae ambiguae sunt de consecratione, consecrentur.
7. Ut presbyteri per parrochias suas feminis praedicent, ut linteamina altaribus praeparent.
8. Ut nullus presbyter in alterius parrochianum, nisi in itinere fuerit, vel placitum ibi habuerit, ad missam recipiat.
9. Ut nullus presbyter in alterius parrochia missam cantare praesumat, nisi in itinere fuerit, nec decimam ad alterum pertinentem audeat recipere.
10. Ut terminum habeat unaquaeque aecclesia, de quibus villis decimas recipiat.
11. Ut unusquisque presbyter res quas post diem consecrationis adquisierit proprias, ecclesiae relinquat.
12. Ut nullus presbyter aut laicus poenitentem invitet vinum bibere aut carnem manducare, nisi ad praesens pro ipso unum vel duos denarios, iuxta qualitatem poenitentiae, dederit.
13. Ut nullus presbyter cartas scribat, nec conductor sui senioris existat.
14. Ut nullus deinceps in ecclesia mortuum sepeliat.
15. Ut unusquisque presbyter capitula habeat de maioribus vel de minoribus vitiis, per quae cognoscere valeat vel praedicare subditis suis, ut caveant ab insidiis diaboli.
16. Ut presbyter semper eucharistiam habeat paratam, ut quando quis infirmaverit, aut parvulus infirmus fuerit, statim eum communicet, ne sine communione moriatur.
17. Ut presbyter in coena Domini duas ampullas secum deferat, unam ad chrismam, alteram ad oleum ad cathecuminos inunguendum vel infirmos iuxta sententiam apostolicam; ut quando quis infirmatur, inducat presbyteros ecclesiae, et orent super eum; unguentes eum oleo in nomine Domini.
18. Ut qui ecclesiarum beneficia habent, nonam et decimam ex eis ecclesiae cuius res sunt donent. Et qui tale beneficium habent, ad medietatem laborent, et de eorum portione proprio presbytero decimas donent.
19. Hae sunt festivitates in anno, quae per omnia venerari debent: natalis Domini, sancti Stephani, sancti Iohannis euangelistae, innocentum, octabas Domini, epiphania, octabas epiphaniae, purificatio sanctae Mariae, pascha dies octo, letania maior, ascensa Domini, pentecosten, sancti Iohannis baptistae, sancti Petri et Pauli, sancti Martini, sancti Andreae, De adsumptione sanctae Mariae interrogandum reliquimus.
20. De iudicio poenitentiae ad interrogandum reliquimus, per quem poenitentialem vel qualiter iudicentur poenitentes; et de incestibus, quibus liceat iungere, quibus non.

CAPITULARE AQUISGRANENSE (An. 810).

Editum a Baluzio ex Codice S. Vincentii Mettensis, jam ope Codicis 1. Paris. inter Suppl. Latina n. 75, recognovimus; eo quidem a Baluzio recedendum rati, quod rubricas capitularis alio ordine collocatas et in Codicibus ei subjectas, non pro capitulari habendas, sed ad capitulare ipsum referendas existimavimus.

CAPITULA QUAE ANNO DECIMO IMPERII DOMNI KAROLI SERENISSIMI AUGUSTI AQUIS PALATIO COMMONITA SUNT.

1. De [a] clamatoribus qui magnum impedimentum faciunt in palatio ad aures domni imperatoris: ut missi sive comites illorum missos transmittant contra illos qui mentiendo vadunt, ut eos convincant.
2. Ut [b] ante vicarium et centenarium de proprietate aut libertate iudicium non terminetur aut adquiratur, nisi semper in praesentia missorum imperialium, aut in praesentia comitum.
3. De [c] homicidiis factis anno praesenti inter vulgares homines, quas propter pulverem mortalem [1] acta sunt.
4. Ut [d] sacerdotes admoneant populum ut aelemosinam dent, et orationes faciant, propter diversas plagas quas assidue pro peccatis patimur.
5. Ut [e] ipsi sacerdotes unusquisque secundum or-

VARIANTES LECTIONES.

[1] motalem 1

NOTÆ.

[a] Cf., infra, col. 328, capp. 8 et 10.
[b] Cf., infra, c. 15.
[c] Cf., infra, c. 7.
[d] Cf., infra, c. 1, 6.
[e] Cf., infra, c. 2.

dinem suum praedicare et docere studeat plebem sibi commissam.

6. De [a] ebrietate, ut primum omnium seniores semetipsos exinde vetent, et eorum iuniores exemplum bonae sobrietatis ostendant.

7. Admonendi [b] sunt omnes generaliter, secundum euangelicam auctoritatem, ut sic luceant opera vestra coram hominibus, ut glorificent patrem vestrum qui in coelis est.

8. De fugitivis qui per diversas provintias detenti et occultati contra praeceptum domni imperatoris sunt, ut qui eos post praeteritum tempus suscepit aut retinet, bannum dominicum componat

9. De pace et iustitia infra patriam, sicut saepe per alia capitula iussi, adimpletum fiat.

10. De [c] latronibus qui magnam habent blasphemiam, quicumque aliquem ex ipsis conpraehenderit, nullum dampnum exinde patiatur.

11. De [d] heribanno, ut diligenter inquirant missi, qui hostem facere potuit et non fecit, ipsum bannum componat, si habet unde componere possit. Et si non habuerit unde componere valeat, rewadiatum fiat et inbreviatum, et nihil pro hoc exhactatum fiat usque dum ad notitiam domni imperatoris veniat.

12. Herisliz [e] qui factum habent, per fideiussores ad regem mittantur.

13. De [f] beneficiis destructis et alodis restauratis.

14. De [g] freda exigenda.

15. De materiamine [1] ad naves faciendas.

16. De [h] vulgari populo, et unusquisque suos iu-niores distringat, ut melius ac melius oboe iant et consentiant mandatis et praeceptis imperial us.

17. De elemosina mittenda ad Hierusalem propter aecclesias Dei restaurandas.

18. Ut nullus homines malignos consenti t, sed magis, in quantum potest, resistat. Ut paup es, orfani, et viduae, et ecclesiae Dei pacem hab nt.

ITEM DE ANNO DECIMO.
(Capitula proposita.)

1. De tribulatione generali quam patimur omnes, id est de [i] mortalitate animalium et ceteris agis.
2. De praedicatione per singulas parroech as.
3. De euangelio, ut luceat lux vestra co am hominibus.
4. De omnibus vitiis et ebrietate fugiendu 1.
5. De semetipso et sua familia unusquis ue corrigendum
6. De orationibus in invicem facientibus.
7. De innocentibus occisis inquirendum.
8. De clamatoribus, quomodo castigentur.
9. De beneficia non bene condricta inqui endum.
10. De mendacia et periuria cavenda.
11. De heribanno exigendo.
12. De pauperibus qui minime solvere po sunt.
13. De freda exigenda.
14. De his qui herisliz [s] fecerunt, ut fid ussores donent.
15. De res et mancipia, ut ante vicariis t centenariis non conquirantur.
16. De latronibus, quomodo distringantu .

VARIANTES LECTIONES.

[1] materia *adiecto* mine 1. [2] brisliz 1.

NOTÆ.

[a] Cf., infra, c. 4.
[b] Cf., infra, c. 3.
[c] Cf., infra, c. 16.
[d] Cf., infra, c. 11, 12.
[e] Cf., infra, c. 5.
[f] Cf., infra, c. 9.
[g] Cf., infra, c. 15.
[h] Cf., infra, c. 6.
[i] Id est, boum. Eginhardus ad an. 810: « Tanta fuit in ea expeditione boum pestilentia, ut pene nul-lus tanto exercitui superesset, quin omnes sque ad unum interirent. Et non solum ibi, sed et am per omnes imperatori subjectas provincias, in i lius generis animalia mortalitas immanissime grass ta est. » Agobardus, in libro de grandine et tonitruis, cap. 16. « Ante hos paucos annos disseminata est aedam stultitia, cum esset mortalitas boum, ut icerent Grimaldum ducem Beneventorum transmis se homines cum pulveribus quos spargerent per campos et montes, prata et fontes. » BALUZ.

CAPITULARE DE INSTRUCTIONE MISSORUM (Aquis).

Editum a Baluzio ex Codice S. Vincentii Mettensis; jam ope Codicis Paris. inter Suppl. Latina n. 75, recognovimus.

1. Ut tales sint missi in legatione sua, sicut decet esse missos imperatoris strenuos, et perficiant quod eis iniunctum fuerit. Aut si non potuerint, domino imperatori notum faciant quae difficultas eis resistat ne illud perficere possint.

2. Ut quicquid de eius iussione cuilibet praecipere et commendare debent, potestative annuncient atque praecipiant. Et non sibi faciant socios inferioris ordinis homines, qui semper inde retro res qualescumque tractare volunt; sed illos sibi socient qui ad effectum unamquamque rem deduci cupiunt.

3. Quando iustitiam pauperibus facere iusserint, semel aut bis praecipiant ut iustitia facta fiat. Tertia vice, si nondum factum est, ipsi pergant ad locum et ad hominem qui iustitiam facere noluit, et cum virtute tollant ab eo quod iniuste alteri tulit et reddant illi cuius per iustitiam esse debuit.

4. Ut qui bannum domni imperatoris v l freda dare debet, accipiatur illa solutio, et ad eu inferatur, ut ipse tamen det cuicumque ei placuer t.

5. Quicumque illis iustitiam facere volent bus resistere conatus fuerit, domno imperatori ann ncient. Similiter quicumque contra iustitiam alteri i placito defendere voluerit, legitimam poenam incur at, cuiuslibet homo sit, sive domni imperatoris, ve cuilibet filiorum et filiarum, vel ceterorum p tentium hominum.

ENCYCLICA DE JEJUNIIS GENERALIBUS.

(Videsis inter epistolas Caroli Magni, Patrologiæ tomo XCVIII).

CAPITULARE DUPLEX AQUISGRANENSE (An. 811).

Capitulare duplex, primum sub titulo : « Capitulare interrogationis de iis quæ Carolus Magnus pro communi omnium utilitate interroganda constituit, » Sirmondus et Baluzius ex Codice. S. Vincentii Mettensis ediderunt; nos ope Codicis Paris. inter Suppl. Lat. n. 75 recognovimus.

DE INTERROGATIONE DOMNI IMPERATORIS DE ANNO UNDECIMO.

1. In primis separare volumus episcopos, abbates, et comites nostros, et singulariter illos alloqui. Quae causae efficiunt, ut unus alteri adiutorium praestare nolit, sive in marcha, sive in exercitu, ubi aliquid utilitatis defensione patriae facere debet.

2. Unde illae frequentissimae causationes, in quibus unus alteri quaerit quicquid parem suum viderit possidentem.

3. De eo quod quilibet alterius hominem ad se fugientem suscipit.

4. Interrogandi sunt, in quibus rebus vel locis ecclesiastici laicis, aut laici ecclesiasticis, ministerium suum impediunt. In hoc loco discutiendum est atque inveniendum [1] in quantum se episcopus aut abbas rebus secularibus debeat inserere, vel in quantum comes vel alter laicus in ecclesiastica negocia. Hic interrogandum est acutissime, quid sit quod apostolus ait [a] : *Nemo militans Deo implicet se negotiis secularibus*, vel ad quos sermo iste pertineat.

5. Quid sit, quod unusquisque christianus in baptismo promittat [2], vel quibus abrenunciet.

6. Quae sectando vel neglegendo ipsam suam renunciationem vel abrenunciationem irritam faciat.

7. Quod ille bene in Deum non credit qui praecepta eius impune se contempnere putat, vel quia ea quasi non ventura despicit quae ille comminatus est.

8. Quod in nobis despiciendum est, utrum vere christiani sumus. Quod in consideratione vitae vel morum nostrorum facillime cognosci potest, si diligenter conversationem coram discutere voluerimus.

9. De vita et moribus pastorum nostrorum, id est, episcoporum, qui populo Dei non solum docendo, sed etiam vivendo, exemplum bonum dare debent. Ipsis namque apostolum dixisse credimus, ubi dicit [b] : *Imitatores mei estote, et observate eos qui ita ambulant, sicut habetis formam nostram.*

10. De vita eorum qui dicuntur canonici, qualis esse debeat.

11. De conversatione monachorum, et utrum alii qui monachi esse possint praeter eos qui regulam sancti Benedicti observant. Inquirendum etiam, si in Gallia monachi fuissent priusquam traditio regulae sancti Benedicti in has parroechias pervenisset.

12. Ista conservetis sicut vobis decet ; et in vobis confido, piissimi pontifices, et in quantum investigare possum, vobis mittere seu scribere non dubito. Bene valete in Domino.

ITEM BREVIS CAPITULORUM QUIBUS FIDELES NOSTROS EPISCOPOS ET ABBATES ALLOQUI VOLUMUS ET COMMONERE DE COMMUNI OMNIUM NOSTRORUM UTILITATE

1. Primo commemorandum est, quod anno praeterito [c] tria triduana ieiunia fecimus, Deum orando ut ille nobis dignaretur ostendere, in quibus conversatio nostra coram illo emendare debuisset : quod nunc facere desideramus.

2. Quaerendum [d] est in primis ecclesiasticis, id est episcopis et abbatibus, ut illi nobis patefaciant de conversatione sua, qualiter vivere debeant, ut cognoscere valeamus cui de illis aut bonum aut aliud aliquid refrenati credere debeamus ; et ut scire possimus, in quantum cuilibet ecclesiastico, id est episcopo, vel abbate, seu monacho, secularibus negotiis se ingerere ; aut quod proprie pertineat ad illos qui dicuntur et esse debent pastores ecclesiae patresque monasteriorum, ut aliud ab eis nec non quaeramus, quam quod ipsis facere licet, et ut quislibet ex eis a nobis ea non quaerat, in quibus eis consentire non debemus.

3. Interrogare [e] volumus ipsos ecclesiasticos, et qui scripturas sanctas non solum ipsi discere, sed etiam alios docere debent, qui sint illi quibus apostolus loquitur : *Imitatores mei estote*; vel quis ille de quo idem dicit : *Nemo militans Deo implicat se negotiis secularibus*, aut qualiter apostolus sit imitandus, vel quomodo Deo militet.

4. Iterum [f] inquirendum ab eis, ut nobis veraciter patefaciant, quid sit quod apud eos dicitur seculum relinquere, vel in quibus internosci possint illi qui seculum relinquunt, ab his qui adhuc seculum sec-

VARIANTES LECTIONES

[1] interueniendum *edd. et* 1.   [2] *deest* 1.

NOTÆ.

[a] II Tim. II, 4.
[b] Philipp. III, 17.
[c] Cf. supra, cap. 4.
[d] Cf. supra, c. 4, 9.
[e] Cf. supra, c. 5, 6.

tantur; utrum in eo solo, quod arma non portant nec publice coniugati sunt.

5. Inquirendum etiam, si ille ᵃ seculum dimissum habeat, qui cotidie possessiones suas augere quolibet modo, qualibet arte, non cessat, suadendo de coelestis regni beatitudine, comminando de aeterno supplicio inferni, et sub nomine Dei aut cuiuslibet sancti tam divitem quam pauperem, qui simpliciores naturae sunt, et minus docti atque cauti inveniuntur ᵇ si rebus suis expolient, et legitimos heredes eorum exheredent, ac per hoc plerosque ¹ ad flagitia et scelera propter inopiam, ad quam per hoc fuerint devoluti, perpetranda compellunt, ut quasi necessario furta et latrocinia exerceant, cui paterna rerum ² hereditas, ne ad eum perveniret, ab alio praerepta est.

6. Iterum inquirendum, quomodo seculum reliquisset, qui cupiditate ductus propter adipiscendas res quas alium vidit possidentem, homines ad periuria et falsa testimonia praecio conducit, et advocatum sive praepositum non iustum ac Deum timentem, sed crudelem ac cupidum ac periuria parvipendentem, inquirit, et ad inquisitionem rerum non qualiter, sed quanta adquirat ³.

7. Quid de his dicendum, qui quasi ad amorem Dei et sanctorum, sive martyrum sive confessorum, ossa et reliquias sanctorum corporum de loco ad locum transferunt, ibique novas basilicas construunt, et quoscumque potuerint, ut res suas illuc tradant, instantissime adhortantur. Ille siquidem vult ut videatur quasi bene facere, seque propter hoc factum bene meritum apud Deum fieri, quibus potest persuadere episcopis. Palam fit ⁴ hoc ideo factum, ut ad a[li]am perveniat potestatem.

8. Miramur unde accidisset, ut is qui se confitetur seculum reliquisse, neque omnino vult consentire ut ipse a quolibet secularis vocetur, armatos ⁵ homines velit et propria retinere, cum ad eos qui nondum in totum seculum renunciaverunt hoc pertineat: ad ecclesiasticos vero quomodo iuste pertineat, penitus ignoramus, nisi illi nobis insinuaverint qui haec quasi licita usurpare non dubitant.

9. Quid ᶜ unusquisque Christo in baptismo promittat, vel quibus causis abrenunciat; ut quamvis unicuique christiano considerandum sit, specialiter tamen ab ecclesiasticis inquirendum, qui laicis ipsius promissionis et abrenunciationis in sua vita exemplum praebere debent. Hic diligentissime co siderandum est, et acutissime distinguendum, quae ectando vel neglegendo unusquisque nostrum ipsa suam promissionem et abrenuntiationem vel cons rvet vel irritam faciat; et quis sit ille satanas, siv adversarius, cuius ⁶ opera vel pompam in baptism renunciavimus. Hic autem conspitiendum est, ne erversa unusquisque faciendo, illum quislibet nos rum sequatur cui iamdudum in baptismo renuncia imus.

10. In quo canonum vel in cuius sancti atris regula constitutum sit, ut invitus quislibet au clericus aut monachus fiat, aut ubi Christus praece isset aut quis apostolus praedicasset, ut de nolentib is et invitis, et vilibus personis, congregatio fieret n ecclesia vel canonicorum vel monachorum.

11. Quam utilitatem ⁷ conferat ecclesia Christi, quod is qui pastor vel magister nec cuiu cumque venerabilis loci esse debet, magis studet in ua conversatione habere multos quam bonos, et ou tantum probet ⁸ ᵈ quam multitudine hominum d ectatur, plus studet ut suus clericus vel monachus ne cantet et legat, quam iuste et beate vivat. Q mquam non solum minime in ecclesia contempnend sit cantandi vel legendi disciplina, sed etiam o nimodis exercenda. Sed si utrumque cuilibet vener bili loco accedere potest, tolerabilius tamen ferend m nobis videtur imperfectione cantandi, quam viv ndi. Et quamvis bonum sit, ut ecclesiae pulchra si t aedificia, praeferendus ⁹ tamen est aedificiis onorum morum ornatus et culmen; quia, in quant m nobis videtur, structio basilicarum veteris legis andam trahit consuetudinem; morum autem e endatio proprie ad novum testamentum et christia am pertinet disciplinam. Quod si Christus et apost i, et qui apostolos recte secuti sunt, in ecclesiastica isciplina sunt sequendi, aliter nobis in multis reb faciendum est quam usque modo fecissemus, mul a de usu et consuetudine nostra auferenda, et no minus multa, quae actenus non fecimus, facienda.

12. Qua ᵉ regula monachi vixissent i Gallia, priusquam regula sancti Benedicti in ea tra ita fuisset, cum legamus sanctum Martinum et m nachum fuisse et sub se monachos habuisse, qui m lto ante sancto Benedicto fuit.

13. De sanctimonialium et ancillarum De conversatione.

VARIANTES LECTIONES.

¹ p. qui 1. ² paternarum 1. 2. ³ inquirit corr. adquirat 1. ⁴ episcopis palam sit 1. ⁵ ita tex um restituere mihi visus sum; armatos hom : : : : et p. retinere corr. armatus homo cum sit, et p. v llit retinere 1. ⁶ quae corr. cuius 1. ⁷ paucitatem corr. utilitatem 1. ⁸ probet corr. probis 1. ⁹ reuere ius corr. praeferendus 1.

NOTÆ.

ᵃ Libellus precum Marcellini et Faustini, pag. 83, « contemptu rerum saecularium et humanae gloriae, ad quam plerique affectant, etiam qui se saeculo et concupiscentiae carnis abrenuntiasse gloriantur. » Hieronymus in epistola ad Rusticum : « Vidi ego quosdam, postquam renuntiavere saeculo, vestimentis duntaxat et vocis professione, non rebus, nihil de pristina conversatione mutasse. » Baluz.

ᵇ Hieronymus in epitaphio Nepotiani : « lii nummum addant nummo, et marsupium suffoca tes, matronarum opes venentur obsequiis, sint di ores monachi quam fuerant saeculares. » Id.

ᶜ Cf. supra, c. 5, 6.

ᵈ Id est, exerceat, excolat, emendet, meliores reddat.

ᵉ Cf. supra, c. 11.

CAPITULARE DE EXPEDITIONE EXERCITALI (An. 811, Aquis).

Editum a Baluzio ex codicibus Palatino bibliothecæ Vaticanæ et Sancti Vincentii Mettensis, denuo ope codicis Parisiensis inter Supplementa latina n. 75 recognovimus

ITEM UNDE SUPRA DE ANNO UNDECIMO.

De causis propter quas homines exercitalem obeditionem [a] *dimittere solent.*

1. In primis discordantes sunt, et dicunt quod episcopi, abbates, et eorum advocati potestatem non habeant de eorum tonsis clericis et reliquis hominibus. Similiter et comites de eorum pagensis non habeant potestatem

2. Quod pauperes se reclamant expoliatos esse de eorum proprietate. Et hoc aequaliter clamant super episcopos et abbates et eorum advocatos, et super comites et eorum centenarios.

3. Dicunt etiam, quod quicumque proprium suum episcopo, abbati, vel comiti, aut iudici, vel centenario dare noluerit, occasiones quaerunt super illum pauperum, quomodo eum condempnare possint, et illum semper in hostem faciant ire, usque dum pauper factus, volens nolens suum proprium tradat aut vendat; alii vero qui traditum habent, absque ullius inquietudine domi resideant.

4. Quod episcopi et abbates, sive comites, dimittunt eorum liberos homines ad casam in nomine ministerialium. Similiter et abbatissae. Hi sunt falconarii, venatores, telonearii, praepositi, decani, et alii qui missos recipiunt et eorum sequentes.

5. Dicunt etiam alii, quod illos pauperiores constringant et in hostem ire faciant, et illos qui habent quod dare possint, ad propria dimittunt.

6. Dicunt ipsi comites, quod alii eorum pagenses non illis obediant, nec bannum domini imperatoris adimplere volunt, dicentes quod contra missos domini imperatoris pro heribanno debeant rationem reddere; nam non contra comitem; etiam et si comes suam domum illi in bannum miserit, nullam exinde habeat reverentiam, nisi intret in domum suam, et faciat quaecumque ei libitum fuerit.

7. Sunt etiam alii qui dicunt se esse homines Pippini [b] et Chluduici, et tunc profitentur se ire ad servitium dominorum suorum, quando alii pagenses in exercitum pergere debent.

8. Sunt iterum et alii qui ramanent, et dicunt quod seniores eorum domi resideant, et debeant cum eorum senioribus pergere ubicumque iussio domni imperatoris fuerit. Alii vero sunt qui ideo se commendant ad aliquos seniores, quos sciunt in hostem non profecturos. Quod super omnia maius fiunt inoboedientes ipsi pagenses comiti et missos decurrentes, quam antea fuissent.

9. De illis hominibus, qui parentes eorum, matrem, aut materteram, aut patruelem, aut quemlibet de sua genealogia occidunt, ut per illos non fiant conquisiti. Sunt et alii qui de ipsa genealogia non debent esse inclinati, attamen fiunt propter illam occasionem inclinati.

NOTÆ.

[a] Ita codices; *expeditionem* legendum esse videtur.   [b] Pippinus anno 810 obierat.

CAPITULARE DE EXERCITALIBUS (811).

Capitulare hoc exstat in Ansegisi libro III, capp. 64-66 et appendice II, capp. 54 et 55, post capitularia annorum 809 et 810 et ante capitularia annorum 811 et 812; editionem ejus Langobardicam ex capitularibus Caroli legibus Langobardicis additis excepi.

1. Si quis[1] super missum dominicum[2] cum collecta et armis venerit, et missaticum illi iniuncium contradixerit, aut contradicere voluerit, et hoc[3] ei adprobatum fuerit, quod se sciens contra missum dominicum ad resistendum venisset, de vita componat[4]: et si negaverit, cum 12 suis iuratoribus se idoneare studeat[5], et pro eo quod cum collecta contra missum dominicum armatus venerit ad resistendum[6], bannum dominicum componat. Simili modo domnus imperator de suis vassis iudicavit. Et si servus hoc fecerit, disciplinae corporali subiaceat.

2[7]. Si quis[8] domum alienam cuilibet[9] fregerit, quicquid exinde per virtutem[10] abstulerit, aut rapuerit, vel furaverit[11], totum secundum legem et ewam[12] illi cuius domus fuerit fracta et exspoliata, in triple componat, et insuper bannum nostrum[13] solvat. Si vero servus hoc fecerit, sententiam superiorem accipiat, et insuper secundum suam legem compositionem faciat.

3. SI quis[14] liber homo[15] aliquod tale damnum cuilibet fecerit, pro quo plenam compositionem facere non valeat, semetipsum in wadium pro servum dare

VARIANTES LECTIONES

[1] q. liber *M.*   [2] d. m. *V. Vn.*   [3] et si h. ei *V. Vn.*   [4] c. et res eius ad publicum deueniant *Vn. E.*   [5] faciat *V.* et *Ansegis.*   [6] ad r. uenit *V. Vn.*   [7] *Capitula 2-6, in editionibus legis Langob. 50-54 signatis, ibi et in codice Vn. titulus adjicitur:* Kapitula de exercitalibus.   [8] q. in expeditione d. *V. Vn. E.*   [9] cujuslibet *V. Vn. Est.*   [10] uim *A. V. Vn.*   [11] furatus fuerit *V. Vn. E.*   [12] et euuam *desunt in codd. Lang.*   [13] dominicum *ed.. deest V.*   [14] *deest A.*   [15] h. in eadem *V. Vn.* h. in eadem expeditione *Est.*

[1] studeat, usque dum plenam compositionem adimpleat [2].

4. Si [3] quis [4] messes [5] aut annonas in hoste super bannum dominicum rapuerit, aut furaverit vel paverit [6], aut cum caballis vastaverit, aestimato damno secundum legem in triplum componat. Et si

CAPITULA FRANCICA.

5. Si aliquis Saxo hominem conprehenderit absque furto aut absque sua propria aliqua re, dicens quod illi habeat [9] damnum factum, et hoc contendere voluerit, in iudicio aut in campo aut ad crucem licentiam habeat. Si vero hoc noluerit, cum suis iuratoribus ipse liber homo se idoniare faciat. Et si servum cuiuslibet absque aliqua conprobatione conprehenderit, ipse servus aut ad aquam ferventem aut ad aliud iudicium se idoniare faciat.

6. Si aliquis Saxo caballos in sua messe invenerit, et ipsos caballos inde ducere pro suo damno ad conprobandum voluerit, si quis liber homo hoc ei contradixerit aut aliquod malum pro [10] hoc ei [11] fecerit, tripla compositione secundum legem et secundum ewam [12] contra eum emendare studeat, et insuper bannum dominicum solvat, et manum perdat pro eo quod inoboediens fuit contra praeceptum domni imperatoris, quod ipse pro pace statuere iussit. Si servus hoc fecerit, secundum suam legem omnia in triplum restituat, et disciplinae corporali subiaceat.

A liber homo hoc fecerit, bannum dominicum ro hac re [7] componere cogatur; servus vero secundu 1 suam legem triplam composicionem damnum in 1 co restituat, et pro banno [8] disciplina corporal subiaceat.

CAPITULA LANGOBARDICA.

5. Sic [13] quoque qualibet persona [14] de hoc uod interpellatus [15] fuerit, praesentaliter aut emen et, aut sacramentum reddat solus, quod nec ipse fec rit, nec, qui fecisset, sciat. Accusator vero prius iur t, quod non eum se sciente iniuste interpellasset [16].

B

6 [17]. De his vero personis, quae longe palatio quasi in via remaneant expectantes seniore suum, et depraedationes fecerint, comes aut min ter eius quicquid contra legem fecerint, absque ul a excusatione emendare faciant. Si vero de iniust tia contendere voluerint, constringat, aut velint v l nolint, ut iustitiam faciant. Si vero quisquam [18] i sua superbia adeo contenderit, ut ibidem inter ciusit, incompositus iaceat; et neque senior nequ propinquus eius pro hoc nullam faidam portet, aut commotionem faciat; et si fecerit, nobis et popul nostro C inimicus annotetur.

VARIANTES LECTIONES.

[1] semetipsum inuadiare ei studeat V, Vn. Est.   [2] ita Ansegisus V. Vn. Est. M.; reliqui faciat.   [3] oc cap. anterius antecedit in Fl.   [4] q. in eadem (scilicet expeditione) V. Vn.   [5] messem aut annonam V. Vn. etc.   [6] usurpauerit ed.   [7] p. h. re desunt loco raso A.   [8] damno A. Ansegis. reliqui banno.   [9] lic at Corb.   [10] deest Corb.   [11] deest Corb.   [12] eouam corr. euuam, et supra id est legem Corb.   [13] ita correxi; c dd. Si q.   [14] p. in eadem V. Vn. p. in eadem expeditione Est.   [15] interpellata V. Vn. E. ed.   [16] i. et si iurare non praesumpserit ipsum sacramentum A. addit. et si iurare non praesumpserit, XV sol. comp nat Fl.   [17] hoc caput deest in A. Fl. et Lond. edidit ex Est M.   [18] quiquam V. quinq; Vn.

ENCYCLICA AD ARCHIEPISCOPOS DE DOCTRINA.

(Hanc encyclicam videsis inter epistolas Caroli Magni, Patrologiae tomo XCVIII; dilberti vero responsum in appendice ad easdem epistolas, tomo eodem.)

CAPITULARE BONONIENSE (Octobr.).

Editum est anno 814 post d. VII Idus Oct., quo Carolus annum regni 44 inierat, Bononiae ubi, inhardo in Annalibus teste, classem recens constructam inspiciebat. A Baluzio ex codicibus Palatino bibl. aticanae et S. Vincentii Mettensis vulgatum, jam auctoritate codicum Parisiensium 1. bibliothecae reg. n. 4 95, et 2. bibl. ejusdem inter Suppl. latina n. 75, emendatum suoque anno restitutum iterum edimus.

CAPITULA QUAE DOMNUS IMPERATOR CONSTITUIT BONONIAE, QUAE EST IN LITTORE MARIS, ANNO REGNI SUI 44, MENSE OCTOBRIO, INDICTIONE 5 [1].

1. Quicumque liber homo in hostem bannitus fuerit, et venire contempserit, plenum heribannum [2], id est solidos sexaginta, persolvat, aut si non habuerit unde illam summam persolvat, se etipsum pro wadio in servitium [3] principis tradat, onec per tempora ipse bannus ab eo fiat persolutus. Et tunc iterum ad statum libertatis suae revertatur. Et si ille homo qui se propter heribannum in serviti m [4] tradidit, in illo servitio defunctus fuerit. heredes

VARIANTES LECTIONES.

[1] VI. 2. et Baluze; falso.   [2] heirbannum 1. constanter. heribannum secundum legem Francorum conponat id est sol. 60 persolvat. V. Vn. E. M.   [3] servitium usque servitium deest. 1.   [4] servitium usque servitium deest 1.

eius hereditatem quae ad eius pertinent [a] non perdant, nec libertatem, nec de ipso heribanno obnoxii fiant.

2 [1]. Ut non per aliquam occasionem, nec de wacta, nec de scara, nec de warda [b], nec pro heribergare [2], neque pro alio banno, heribannum comis exactare praesumat, nisi missus noster prius heribannum ad partem nostram recipiat, et ei suam tertiam partem exinde per iussionem nostram donet [3]. Ipse vero heribannum non exactetur neque in terris neque in mancipiis, sed in auro et argento, palleis adque armis, et animalibus atque peccoribus, sive talibus speciebus [4] quae ad utilitatem pertinent.

3. Quicumque homo nostros honores habens in ostem bannitus fuerit, et ad condictum placitum non venerit, quod [c] diebus post placitum condictum venisse conprobatus fuerit [5], tot diebus abstineat a carne et vino.

4. Quicumque absque licentiam vel permissione principis de hoste reversus fuerit, quod factum Franci [6] herisliz dicunt, volumus ut antiqua constitutio, id est capitalis sententia, erga illum puniendum custodiatur.

5. Quicumque ex his qui beneficium principis habent, parem suum contra hostes communes in exercitu pergentem dimiserit, et cum eo ire vel stare noluerit, honorem suum et beneficium perdat.

6. Ut in hoste nemo parem suum vel quemlibet alterum hominem bibere roget. Et quicumque in exercitu hebrius [d] inventus fuerit, ita excommunicetur, ut in bibendo sola aqua utatur, quousque male fecisse cognoscat.

7. De vasallis dominicis qui adhuc intra casam serviunt, et tamen beneficia habere noscuntur [7], statutum est, ut quicumque ex eis cum domno imperatore domi remanserint, vasallos suos casatos secum non retineant, sed cum comitem cuius pagenses sunt ire permittat.

8. Constitutum est, ut secundum antiquam consuetudinem praeparatio ad [8] hostem faciendam indicaretur et servaretur, id est, victualia de marca ad tres menses et arma atque vestimenta ad dimidium annum; quod tamen ita observari placuit, ut his qui de Reno ad Ligerem pergunt, de Ligere initium viatus [9] sui conputetur. His vero qui de Ligere ad Renum iter faciunt, de Reno trium mensium victualia habenda esse dicatur [10]. Qui autem trans Renum sunt et per Saxoniam pergunt, ad Albiam [11] marcam esse sciant. Et qui trans Ligerem manent, atque in Spania proficisci debent, montes Pirinaeos marcam sibi esse cognoscant.

9. Quicumque liber homo inventus fuerit anno praesente cum seniore suo in hoste non fuisse, plenum heribannum persolvere cogatur. Et si senior vel comis illius eum domi dimiserit, ipse pro eo [12] eundem bannum persolvat; et tot heribanni hab eo exigantur, quod [e] homines domi dimisit. Et quia nos anno praesente unicuique seniorum duos homines quos domi dimitteret concessimus, illos volumus ut missis nostris ostendant, quia hisque tantummodo heribannum concedimus.

10. Constitutum est, ut nullus episcopus, aut abbas, aut abbatissa, vel quislibet rector aut custos aecclesiae, bruniam vel gladium sine nostro permisso cuilibet homini extraneo aut dare aut venundare praesumat, nisi tantum vasallis suis. Et, si evenerit, ut in qualibet ecclesia vel in sancto loco plures brunias habeat quam ad homines rectores eiusdem ecclesiae sufficiant, tunc principem idem [13] rector ecclesiae interroget, quid de his fieri debeat.

11. Ut quandocunque navigium mittere volumus, ipsi seniores in ipsis navigibus pergant, et [14] ad hoc sint praeparati.

VARIANTES LECTIONES.

[1] K. M. Langoo. c. 128. V. Vn. E. apud Mur. deest in reliquis. [2] heir bare 1. [3] donec 1. [4] utilis specialibus 1. [5] deest 1. [6] codex Weissenaugiensis in Alamannia monasterii legit: franci et alamanni heresliz. [7] beneficia non habent C. Weissenaugiensis Ansegisi. [8] ad in h. 1. [9] victus 2 [10] denoscatur 2. [11] libiam 2. falso, ut patet. [12] deest 1. [13] id est 1. 2. [14] ad ad 1.

NOTÆ.

[a] I. e., quae ad h. e. p.
[b] I. e., custodia.
[c] I. e., quot.
[d] I. e., ebrius.
[e] I. e., quot.

CAPITULARE AQUISGRANENSE (An. 812).

A Baluzio ex Codd. S. Vincentii Mettensis et Palatino bibl. Vatic. editum, a nobis denuo ope 1 Codicis bibl. regiae Parisiensis inter Suppl. Latina, n. 75, et Codicum capitularia Langobardica continentium, scilicet Ambrosiani et reliquorum, tum et Ansegisi, est recognitum.

ITEM CAPITULA QUAE PRO IUSTITIIS INFRA PATRIAM FACIENDIS CONSTITUTA SUNT.

1. De termino causarum et litium statuimus, ut ex quo bonae memoriae domnus Pippinus rex obiit, et nos regnare coepimus, causae vel lites inter partes [1] factae atque exortae discutiantur, et congruo sibi

VARIANTES LECTIONES.

[1] ita Ansegisus; codex 1. et Baluzius pares.

iudicio terminentur. Prius vero, id est ante obitum praedicti domni Pippini regis causae commissae, vel omnino non moveantur, vel salvae usque ad interrogationem nostram reserventur.

2. Ut episcopi, abbates, comites, et potentiores quique, si causam inter se habuerint, ac se pacificare noluerint, ad nostram iubeantur venire praesentiam, neque illorum contentio aliubi diiudicetur [1], neque propter hoc pauperum et minus potentium iustitiae remaneant. Neque [2] comes palatii nostri potentiores causas sine nostra iussione finire praesumat, sed tantum ad pauperum et minus potentium [3] iustitias faciendas sibi sciat esse vacandum.

3. Ut quandocumque testes ad rem quamlibet discutiendam quaerendi atque eligendi sunt, a misso nostro et comite in cuius ministerio de rebus qualibuscumque agendum est, tales eligantur, quales optimi in ipso pago inveniri possunt. Et non liceat litigatores per praemia [4] falsos testes adducere, sicut actenus fieri solebant.

4. Ut nullus homo in placito centenarii, neque ad mortem neque ad libertatem suam amittendam, aut ad res reddendas vel mancipia, iudicetur; sed ista aut in praesentia comitis vel missorum nostrorum iudicentur [5].

5. Ut missi nostri diligenter inquirant et describere faciant unusquisque in missatico, quid unusquisque de beneficio habeat, vel quot homines casatos in ipso beneficio.

6. Quomodo eadem beneficia condricta sunt, aut quis de beneficio suo alodem comparavit vel struxit.

7. Ut non solum beneficia episcoporum, abbatum, abbatissarum, atque comitum, sive vassallorum nostrorum [6], sed etiam nostri fisci describantur [7], ut

A scire possemus quantum etiam de nostra [8] i uniuscuiusque legatione habeamus.

8. Volumus propter iustitias quae usque odo de parte comitum remanserunt, quatuor tantu mensibus in anno missi nostri legationes nostras ex rceant, in hieme Ianuario, in verno, Aprili, in aesta e Iulio, in autumno Octobrio. Ceteris vero mensib s unusquisque comitum placito suo habeat et iustitia faciat. Missi autem nostri quater in anno mense uno [9] et in quatuor locis habeant placita sua cum illis co iitibus, quibus congruum fuerit ut ad eum locum possint convenire.

9. Ut quicquid ille missus in illo missati aliter factum invenerit quam nostra sit iussio, no solum illud emendare iubeat, sed etiam ad nos ipsa rem, qualiter ab eo inventa est, deferat.

10. Ut missi nostri censos nostros perquir nt diligenter, undecumque antiquitus venire ad parte regis solebant. Similiter et freda. Et nobis renunci nt, ut nos ordinemus, quid de his in futurum fieri ebeat.

11. Ut de rebus unde censum ad parte regis exire solebat, si ad aliquam ecclesiam tradit sunt, aut tradantur propriis heredibus, aut qui eas etinuerit, vel illum censum persolvat.

12. Ut unusquisque missorum nostrorum i placito suo notum faciat comitibus qui ad eius issaticum pertinent, ut in illis mensibus quibus ill legationem suam non exercet, conveniant inter se t communia placita faciant, tam ad latrones distrin endos, quam ad ceteras iustitias faciendas.

B

C

13. Ut missi nostri populum nostrum iter m nobis fidelitatem promittere faciant, secundum onsue-tudinem iamdudum ordinatam. Et ipsi ape ant et interpraetentur illis hominibus, qualiter ipsu sacramentum et fidelitatem erga nos servare debea t.

VARIANTES LECTIONES.

[1] *ita correxi, codex* diuideretur *corr.* finiatur. [2] N. ullus c. p. n. *Ansegis*. [3] p. ut in omnibus cau is pro. illis rationem reddere possint. *Mur. c. 43. K. M. absque codicum auctoritate*. [4] *ita codd. Langob. et* nsegisus; plurima 1 *et* B. [5] *codd. legum Langobard. alterum capitulum de centenariis exhibent, quod infr daturi sumus*. [6] uestrorum 1. [7] d. in breve, ut *Ansegis*. [8] substantia *scilicet*; nostro *Ansegis*. [9] vox supera ecta 1.

BENEFICIORUM FISCORUMQUE REGALIUM DESCRIBENDORUM FORMULÆ.

Cum imperator anno 807 capite septimo capitularis Aquensis præcepisset, ut missi dominici benefi ia tam ecclesiastica quam alia per totum imperium suum inbreviarent, anno 812 cap. 7, capitularis proxim superior is, ut « non solum beneficia episcoporum, abbatum, abbatissarum atque comitum sive vassalloru suorum, sed etiam fisci regales describerentur, » constituit [b]. Quod ut ex voto atque eodem per universu imperium modo fieret, formulis [b] opus erat, ad instructionem missorum comparatis. Partem earum serva it nobis codex bibl. ducalis Guelferbytanæ inter Helmstadienses n. 254 insignis, sæculo ix ineunte in me rana solito longiori exarata, unde primum ab Eckharto in Commentariis de Francia Orientali t. II, p. 9 2-910, deinde a Brunsio in libro *Beyträge zu den deutschen Rechten des Mittelalters*, p. 57-79, editæ, ja tertio.

NOTÆ.

[a] Bona monasteriorum vel ecclesiarum nonnullarum, necessitate aliqua exigente, jam antea descripta fuerunt, e. g. anno 787, per missos Caroli bona monasterii Fontanellensis (*Monum. Germ.* II, 290); Alcuino jubente bona monasterii S. Martini Turonensis.

[b] Formulas esse, præcipue ex sententiis « et sic cætera breviare debes, et sic cætera de talibus rebus breviare debes. Item abbreviandum de peculiis, et sic de cæteris omnibus præteritis et præsentibus vel reliquis numerabis, » tum ex vocibus *ille, illa, illud*

[D] *illius*, etc. nominis omissi loco nonnunquam a ibitis patet. Descriptionis ipsius, jam deperditæ, fr gmentum exstare videtur in polyptico monasterii ossätensis apud Baluzium t. II, col. 1387-91. Pol pticus abbatiæ Sancti Germani Parisiensis, Irminonis ui hoc an. 812 abbatiæ regimen suscepit nomine claru , documentum ævi Carolini pretiosissimum moxque v ri doctissimi Guérard opera lucem visurum, multo olixior est, quam qui formularum nostrarum præcep is congruerat diligentissime a nobis descriptæ prodeunt. Cæterum quanta formularii pars in fragmento nostro exstet, determinare non licet, cum quaterniones libri anteriores undecim perisse numerus 12 quaternioni superstiti inscriptus indicet. Relicta sunt exempla inbreviandorum episcopatuum, monasteriorum, fiscorumque regalium, scilicet pars descriptionis episcopatus Augustani, recensio hominum precatoriorum et beneficiariorum monasterii Weissenburgensis, atque descriptio Asnapii, Treolae aliorumque trium fiscorum regalium. De commentatoribus idem quod in capitulari subsequenti observandum venit

. . non pergit, duos annos multonem [vervicem] optimum 1, in tertio vero anno de annona modios 4.

Item de eodem.

Invenimus in insula quae Staphinseie [k] a nuncupatur, ecclesiam in honore sancti [a] Michaelis constructam, in qua repperimus altare auro argentoque paratum [b] 1. Capsas [a] reliquiarum deauratas et cum gemmis vitreis et cristallinis ornatas 5, cuprinam per loca deauratam 1. Crucem reliquiarum parvulam cum clave laminis argenteis deauratam 1; aliam vero crucem parvam reliquiarum auro vitroque fabricatam 1; aliam vero crucem maiorem auro argentoque paratam cum gemmis vitreis 1. Pendet super idem altare corona argentea per loca deaurata [4] 1, pensans libras 2, et in medio illius pendit crux parva cuprina deaurata 1 et pomum cristallinum 1; et in eadem corona per girum pendent ordines margaritarum diversis coloribus 35. Est ibi de argento munidato [c] solidi 3. Habentur ibi inaures aurei 4, pensantes denarios 17. Sunt ibi calices argentei 2, quorum unus de foris sculptus et deauratus penset pariter cum patena sua solidos 30, alter vero de foris sculptus et deauratus penset pariter cum patena sua solidos 15. Offertorium argenteum 1, pensantem solidos 6. Bustam [d] cum cuperculo argenteam ad timiama portandum 1, pensantem solidos 6. Aliam bustam argenteam pensantem solidos 5.

Invenimus ibi turabulum argenteum per loca deauratum 1, pensantem solidos 30. Alium etiam turabulum cyprinum antiquum 1. Ampullam cuprinam 1, aliam ampullam stagneam 1. Urceum cum aquamanile cuprinum 1. Ollam vitream magnam 1. Ampullas vitreas parvulas cum balsamo 2. Pendent super eandem ecclesiam signa bona 2, habentes in funibus circulos cuprinos deauratos 2. Invenimus ibi planetas castaneas 2, de lana factam et tinctam 1. Dalmaticam 1, siricam 1, albas 7. Amictus 4. Fanones lineos serico paratos ad offerendum ad altare 13. Pallia ad altaria induenda 8. Pallia de lana [a] facta et tincta ad altare induendum 2. Pallia linea tincta 2. Linteamina serico parata ad altaria vestienda 20. Mani-

A cas sericeas auro et margaritis paratas 4, et alias sericeas 4. Corporales 4. Orarii 2. Plumatium [e] serico indutum 1. De libris : liber eptaticum [f] Moysi, et liber Iosuae, et liber iudicum, et Ruth, et libri regum 4, et libri paralippomenōn 2 in uno volumine : liber psalmorum Davit, et liber parabule Salomonis, et liber ecclesiastaes, et liber canticum canticorum, et liber sapientiae, et liber Iesu filii Sirach, et liber Iob, et liber Tobi, et liber Iudith, et liber Hester, et libri duo Machabeorum in uno volumine : libri 12 prophetarum et libri Hesdrae duo in uno volumine : liber actuum apostolorum, et liber epistolarum Pauli, et libri 7 epistolarum canonicarum, et liber apocalipsin, in uno volumine ; liber lectionarius, tabulas lamminis cuprinis deauratis habens paratas 1, liber B omeliarum diversorum auctorum 1, liber beati Gregorii quadraginta omeliarum 1, libri sacramentorum 5, libri lectionarii 2, liber canonum excerptus 1, liber expositio psalmorum sine auctore 1, liber quattuor euangeliorum vetustus 1, libri antefonarii 2, libri commentarii Hieronimi in Matheum 1, liber regule sancti Benedicti 1. Est ibi de vitro duae tine [g] plene ; de plumbo tabule 3, et una massa, et calami 170 ; faldonem ad sedendum 1.

Item unde supra. Invenimus in eodem loco curtem et casam indominicatam [h], cum ceteris aedificiis ad praefatam ecclesiam respicientem. Pertinent ad eandem curtem de terra arabili iurnales 740 ; de pratis, unde colligi possunt de foeno carradas [6] 640. De annona nihil repperimus, excepto quod dedimus [7] C provendariis [i] carradas 30 ; qui sunt provendati usque ad missam sancti Iohannis, et sunt 72. De brace [j] modii 12. Caballum [8] domitum 1, boves 26, vaccas 20, taurum 1, animalia minora 64, vitulos 3, vervices 87, agnellos 14, hircos 17, capras 58, hediculos 12, porcos 40, porcellos 50, aucas 63, pullos 50, vasa apium 17. De lardo baccones [k] 20 pariter cum minutiis [l], unctos [m] 27, verrem occisum et suspensum 1, formaticos [n] 40. De melle sicclus dimidius ; de butiro sicli 2, de sale modii 5, de sapone sicli 3. Culcita cum plumatiis 5, caldaria aerea 3, ferrea

VARIANTES LECTIONES.

[l] lectio propter rasuram penultimae litterae haud satis distincta, staphinseie apparet ; staphinseo restituendum videtur ; Eccardus staphinsere ediderat, quod Brunsius servavit. [2] sca cod. [3] capsa c. [4] deaura c. [5] la cod. para c. [6] carrad. cod. [7] dedmus cod. [8] cababallum cod.

NOTÆ.

[a] Insula Staffelsee, in episcopatu Augustano, in qua Benedictoburani monasterii conditor Landfridus asceterium in honore S. Michaelis archangeli construxerat. *Monum. Boica* VII, 85.
[b] Id est ornatum.
[c] Id est monetato.
[d] Arcula, pyxis.
[e] Pulvinar.
[f] Heptateuchus sive libri quinque Moysis, liber Josuae et liber Ruth. Eccard.
[g] Vasa grandia.
[h] In usum domini (hic ecclesiae) redactam.
[i] Praebendariis.
[j] Germ. *malz*, unde cerevisia fit.
[k] Perna porcina, Anglice *bacon*.
[l] Intestina, *pflaumen* Kinderling apud Bruns.
[m] Adeps, *schmalz* ; an vasa modii uncti ?
[n] Casei.

vero 6, gramacula a 5, luminare ferreum 1, tinas ferro ligatas 17, falces 10, falciculas 17, dolaturas 7, secures 7, coria hircina 10, pelles vervicinas [1] 26, sagenam ad piscandum 1. Est ibi genitium b, in quo sunt feminae 24; in quo repperimus sarciles c 5, cum fasciolis 4, et camisiles 5. Est ibi molina 1; reddit annis singulis modios 12.

Respiciunt ad eandem curtem mansi ingenuiles, d vestiti 23 e. Ex his sunt 6, quorum reddit unusquisque annis singulis de annona modios 14, friskinguas 4, de lino ad pisam o seigam 1, pullos 2, ova 10, de semente lini sextarium 1, de lenticulis sextarium 1, operatur annis singulis ebdomades 5, arat iurnales 3, secat de foeno in prato dominico carradas 1, et introducit; scaram f facit. Ceterorum vero sunt 6, quorum unusquisque arat annis singulis iurnales 2, seminat et introducit: secat in prato dominico carradas 5, et illas introducit; operatur ebdomadas 2; dant inter duos in hoste bovem 1. Quando in hostem non pergunt, equitat, quocumque illi praecipitur. Et sunt mansi 5, qui dant annis singulis boves 2. Aequitat quocumque illi praecipitur. Et sunt mansi 4, quorum arat unusquisque annis singulis iurnales 9, seminat et introducit; secat in prato dominico carradas 3, et illud introducit. Operatur in anno ebdomadas 6, scaram facit ad vinum ducendum, fimat de terra dominica iurnalem 1, de ligno donat carradas 10. Et est unus mansus, qui arat annis singulis iurnales 9, seminat et introducit; secat de foeno in prato dominico carradas 3, et illas introducit, scaram facit, parafredum donat. Operatur in anno septimanas 5. Serviles vero mansi vestiti 19. Quorum reddit unusquisque annis singulis friskingam 1, pullos 5, ova 10, nutrit porcellos dominicos 4, arat dimidiam araturam; operatur in ebdomada 3 dies, scaram faciat, parafredum donat. Uxor vero illius facit camisilem 1 et sarcilem 1. Conficit bracem et coquit panem.

Restant enim de ipso episcopatu curtes 7 de quibus hic breviatum non est; sed in summa totum continetur. Habet quippe summa Augustensis episcopatus mansos ingenuiles vestitos 1006, absos g 35, serviles vero vestitos 421, absos 45. Inter ingenuiles autem et serviles vestitos 1427, absos 80. Explicit.

De illis clericis et laicis, qui illorum proprietates donaverunt ad monasterium, quod vocatur Wizunburch, et e contra receperunt ad usum fructuarium.

Hartwic presbiter tradidit ad ipsum monasterium supradictum in pago Wormacinse h medietatem A de illa ecclesia quae est constructa in villa Hessiheim [3], et cum casa dominicata mansos vestit s serviles 4, et de vineis picturas i 5: et e contr recepit illam ecclesiam in villa Unkenstein, et cu n casa dominicata mansos vestitos serviles 6, de vin is picturas 5, de prata ad carra 20; in ea vero 1 tione, ut id ipsum, quod tradidit, diebus vitae suae habeat in precariam.

Motwinus et uxor eius similiter tradider nt ad ipsum monasterium in villa Hessihaim [4] in ip pago cum casa dominicata mansos vestitos servile 6, de vineis picturas 5, de prata ad carradas 1 ; et e contra receperunt in ipsa villa cum casa dom nicata mansos vestitos serviles 6, de vineis pictura 7, de prata ad carradas 15.

Unroh habet in ipso pago similiter in prae ariam in villa illa mansum vestitum 1, serviles abs s 2, de vinea pictura 1, de prata ad carradas 20, dieb s vitae suae.

Birniho presbiter tradidit ad ipsum monas erium in ipso pago in villa Franconadal ecclesiam 1, t cum casa dominicata mansos vestitos serviles 7, d vineis picturas 3, de prata ad carradas 20; et e ontra recepit in ipso pago in villa Marisga mansos s rviles absos 3, de vineis pictura 1, de prata ad c radas 20.

Similiter tradidit Gomoldus ad ipsum monas erium in ipso pago in villa nuncupante Wisa, cun casa dominicata mansos serviles vestitos 5, de vineis picturas 3, de prata ad carradas 20; et e con ra recepit in ipsa villa cum casa dominicata man s vestitos serviles 4, de vineis picturas 2.

Graolfus clericus tradidit ad ipsum monas erium in ipso pago, in villa illa cum casa dominicat mansos vestitos serviles 3, de vineis picturas 4; et e contra recepit in ipso pago in villa illa cum casa dominicata mansos vestitos serviles 3, de vineis p turas quinque; et sic cetera breviare debes.

De beneficiariis, qui de eodem monasterio ber icium habere videntur.

Habet Hunbertus in beneficium in pago W rmacinse, in villa nuncupante Wanesheim cum casa dominicata mansos vestitos serviles 6, ingenuiles vestitos 2, absos 4, de prata ad carradas 20, de vineis picturas 6, et silvam communem; et in ipsa villa habet Friduricus beneficium.

Baldrih habet beneficium in ipso pago in villa nuncupante illa, cum casa dominicata mansos vestitos

VARIANTES LECTIONES.

[1] uernicinas *cod.*   [2] XXIIII 1.   [3] hessicheim 1.   [4] hessichaim 1.

NOTÆ.

a Gramaculum et cramaculus, Gallice *crémaillère*, est instrumentum ferreum supra focum suspensum, cui caldaria appenduntur.
b Gynæceum, feminarum cubiculum.
c Panni lanei levioris species, *serge* vulgo dicta. ECC.
d Ingenuis hominibus contrariti, cultoribus non vacui; *besetzte freihufen.*
e Gynæceum.
f Germ. *schaarwerk.*

g Cultoribus non contrariti.
h Ex locis hujus pagi infra memoratis apud Lameium in descriptione ejus (*Acta Palatina, t. I*) occurrunt, Unkenstein, p. 247, Hessihaim, p. 246, Franconadal et Marisga, p. 245, Wanesheim, hodie Wonsheim, p. 279, Alasenza, hodie Alsens, 280, Lorenzenvillare, hodie Lorzweiler, p. 267.
i Terræ modus.

serviles 5, absos 4, de prata ad carradas 30, de vineis picturas 5, molino 1, et silvam communem.

Habet Gerbertus in ipso pago in villa illa beneficium cum casa dominicata, mansos serviles absos 5, de vineis picturas 5.

Meginhartus habet in beneficium in ipso pago in villa Alasenza cum casa dominicata mansos vestitos serviles 2, absos 3, de prata ad carradas 15, de vineis picturam 1, molinum 1, et silvam communem.

Habet Herigis in ipso pago in beneficium in villa illa mansos vestitos serviles 4, absum 1, de vineis picturas 2.

Waltheri habet in beneficium in ipso pago in villa illa cum casa dominicata mansos vestitos serviles 6, de vineis picturas 6, de prata ad carradas 6; et inter Lorenzenvillare et Hepfanheim et Winolfesheim B mansos vestitos serviles 2, absos 2. Et habet ipse Waltheri in pago Spirinse in villa Tatastat [a] ecclesiam 1 cum casa dominicata, mansos vestitos ingenuiles 4, serviles vestitos 10, absum 1, de vineis picturas 5, de prata ad carradas 20. Et sic cetera de talibus rebus breviare debes.

Item adbreviandum de peculiis.

De ministerio illius maioris vel ceterorum.

Invenimus in Asnapio [b] fisco dominico salam regalem ex lapide factam optime, cameras 5; solariis totam casam circumdatam, cum pisilibus [c] 11; infra cellarium 1; porticus 2, alias casas infra curtem ex ligno factas 17 cum totidem cameris et ceteris appendiciis bene conpositis; stabolum 1, coquinam 1, pistrinum 1, spicaria 2, scuras 3. Curtem tunimo [d] strenue munitam, cum porta lapidea, et desuper solarium ad dispensandum. Curticulam similiter tunimo interclausam, ordinabiliter dispositam, diversique generis plantatam arborum. Vestimenta : lectum parandum 1, drappos ad discum [e] 1 parandum ; toaclam [f] 1. Utensilia : concas aereas 2, poculares 2, calderas aereas 2, ferrea 1, sartaginem 1, gramalium 1, andedam [g] 1, farum 1, secures 2, dolatoriam 1, terebros 2, asciam 1, scalprum 1, runcinam [h] 1, planam [i] 1, falces 2, falciculas 2, pallas ferro paratas 2. Utensilia lignea ad ministrandum sufficienter. De conlaboratu : spelta vetus de anno praeterito corbes 90, quae possunt fieri de farina pensas 450, ordeum modios 100. Presenti anno fuerunt speltae corbes 110; seminavit ex ipsis corbes 60, reliqua repperimus : frumenti modii 100; seminavit 60, reliqua repperimus : sigilis [1] modii 98, seminavit totidem; ordeo modii 1800 seminavit 1100 [2], reli-

A qua repperimus. Avena modios 450, faba modium 1, pisos modios 12. De molinis 5, modios 800 ad minorem mensuram; dedit [a] prebendariis modios 240, reliqua repperimus. De cambis [j] 4, modios 650 ad minorem mensuram. De pontibus 2, sale modios 60, et solidos 2. De ortis 4, solidos 11. Mel modios 3, de censu butyrum modium 1; lartum de praeterito anno baccones 10, novos baccones 200 cum minucia et unctis; formaticos de anno presenti pensas 43. De peculio iumenta maiora capita 51, de anno tertio 5, de preterito 7, de presenti 7, poledros bimes 10, annotinos 8; emissarios 3, boves 16, asinos 2, vaccas cum vitulis 50, iuvencos 20, vitulos annotinos 38, tauros 3, porcos maiores 260, porcellos 100, verres 5, vervices cum agnis 150, agnos annotinos 200, arietes 120, capras cum hedis 30, hedos annotinos 30, hircos 3, aucas 30, pullos 80, pavones 22.

De eo quo supra. Item de mansionilibus, quae ad supra scriptum mansum aspiciunt. In Grisione villa invenimus mansioniles dominicatas, ubi habet scuras 3, et curtem sepe circumdatam. Habet ibi ortum 1, cum arboribus; aucas 10, anantes 8, pullos 30.

In alia villa. Repperimus mansioniles dominicatas, et curtem sepe munitam, et infra scuras 3, vinea arripennem 1; ortum cum arboribus 1, aucas 15, pullos 20.

In villa illa mansioniles dominicatas [k]. Habet scuras 2, spicarium 1, ortum 1, curtem sepe bene munitam.

C *Item unde supra.* Mensuram modiorum et sestariorum ita invenimus; sicut et in palatio. Ministeriales non invenimus, aurifices, neque argentarios, ferrarios, neque ad venandum, neque in reliquis obsequiis. De herbis hortulanis quas repperimus, id est lilium, costum, mentam, petresilum, rutam, apium, libesticum, salviam, satureiam, savinam, porrum, alia, tanazitam, mentastram, coliandrum, scalonias, cepas, caules, ravacaules, vittonicam [k]. De arboribus : pirarios, pomarios, mispilarios, persicarios, avelanarios, nucarios, morarios, cotoniarios.

Repperimus in illo fisco dominico, domum regalem exterius ex lapide, et interius ex ligno bene constructam; cameras 2, solaria 2. Alias casas, infra D curtem ex ligno factas 8; pisile cum camera 1, ordinabiliter constructum; stabolum 1. Coquina et pistrinum in unum tenentur. Spicaria quinque, granecas 3. Curtem tunimo circumdatam, desuperque spinis munitam, cum porta lignea. Habet desuper

VARIANTES LECTIONES.

[1] sigil.   [2] Ū. c cod.   [3] Ded c-quod ita legendum esse patet; cf. Capit. de Villis c. 51.   [4] masionil dome c.

NOTÆ.

[a] Hodie Danstat v. Lameii descr. pagi Spirensis, in Actis Palat. hist., 1. III, p. 231.
[b] Situs ejus ignotus est; Eccardus pro Gennapio ad Mosam habet
[c] Gynæceis.
[d] Sepe.
[e] Mensa.
[f] Maüna ang. towel.

[g] Sustentaculum ferreum ligni comburentis.
[h] Plana major.
[i] Germ. hobel.
[j] Domus cerevisiæ conficiendæ vendendæque Cod. habet camb; quod si cambonibus cum Brunsio et Anton. legas, de campis explicandum erit.
[k] Vettonicam; vocum explicationem v. infra ad capitulare de villis cap. 70.

solarium. Curticulam similiter tunimo interclusam. Pomerium contiguum, diversi generis arborum nemorosum. Infra, vivarium cum piscibus 1; hortum bene compositum 1. Vestimenta : lectum parandum 1, drappos ad discum parandum 1, toaclam 1. Utensilia : concas aereas 2, pocularem 1, baccinum 1, caldaria aerea 2, ferreum 1, sartaginem 1, cramalium 1; andedam 1, farum [1] 1, securem 1, dolaturam 1, terebros 2, scalprum [2] 1, asciam 1, runcinam [3] 1, planam 1, falce 2, falcicolas 3, fussoria 2, palas ferro paratas 2; utensilia lignea sufficienter. Conlaboratu : spelta vetus de anno preterito corbes 80, quae possunt fieri de farina pensas 400; de anno praesenti spelta corbes 90, quae possunt fieri pensas 450. Ordeo novello ad servitium modios 700, ad sementem modios 600. Lardum vetus de anno preterito baccones 80, novo de nutrimine baccones 100, cum minutia et unctis, de censu baccones 150 cum minucia et unctis ; sunt simul baccones 330. Formaticos pensas 24.

De peculio: Iumenta maiora, capita 79, pultrellas trimas 24, bimas 12, annotinas 13, peledros bimos 6, annotinos 12, emissarios vel burdones 4, boves 20, asinos 2, vaccas cum vitulis 30, tauros 3, alia animalia 10, porcos maiores 150, minores 100, verbices cum agnis 80, agnos anniculos 58, multones 82, capras cum hedis 15, anniculos 6, hircos 6, vasa apium 50, aucas 40, anantes 6, pullos 100, pavones 8.

Invenimus in illo fisco dominico, casam regalem cum cameris 2 totidemque caminatis, cellarium 1, porticus 2, curticulam interclusam cum tunimo strenue munitam; infra cameras 2, cum totidem pisilibus, mansiones feminarum 3; capellam ex lapide bene constructam; alias intra curtem casas ligneas 2, spicaria 4; horrea 2, stabulum 1, coquinam 1, pistrinum 1; curtem sepe munitam cum portis ligneis 2, et desuper solaria. Lectum paratum 1, drappos ad discum parandum 1, toaclam 1. Utensilia : concas aereas 2, poculares 2, caldaria aerea 2, ferreum 1, patellam 1, securem 1, dolaturam 1, terebrum 1, scalprum 1, planam 1; utensilia lignea ad ministrandum sufficienter. Conlaboratu : spelta vetus de anno praeteriti corbes 20, quae possunt fieri farina pensas 100. Praesenti anno fuerunt de spelta corbes 20; seminavit ex ipsis corbes 10, reliqua repperimus. Sigilis modios 160; seminavit 100, reliqua repperimus. Ordeo modios 450; seminavit 300, reliqua repperimus. Avena modios 200, seminavit totidem. Lardum vetus de praeterito anno baccones 60; novello de nutrimine baccones 50, cum minucia et unctis; de censu baccones 13, cum minucia et unctis. Sunt simul baccones tantos.

De peculio: Iumenta maiora, capita 44; putrellas trimas 10, bimas 12, anniculos 15, poledros bimos

A 7, emissarios vel burdones 2, boves 24, vacc s cum vitulis 6, alia animalia 3, porcos maiores 90, minores 70, vervices cum agnis 150, anniculos 20 ; multones 8, capras cum hedis 20, anniculos 16, hircos 5, aucas 10.

Repperimus in illo fisco dominico domum galem ex ligno ordinabiliter constructam, cameram 1, cellarium 1, stabolum 1, mansiones 3, spicaria 2, coquinam 1, pistrinum 1, scuras 3. Curtem unimo circumdatam et desuper sepe munita. Ortum diversi generis insertum arboribus. Portas ligneas 2. Vivaria cum piscibus 3. Utensilia : concas a eas 2, poculares aereos 2, cramalium 1, andedum 1 patellam 1, securem 1, dolaturam 1, terebrum , scalprum 1, palam ferro paratam ; utensilia ligu a suffi-
B cienter. Vestimenta : lectum paratum 1, cu itam 1, plumacium 1, linteos 2, mantile 1, mappam 1, toaclam 1. De conlaboratu : spelta vetus de an o praeterito corbes 20, unde possunt fieri farina pensas 100; presenti anno fuerunt spelta corbes 30 seminavit corbem unum, reliqua repperimus. Ordeo modios 800, seminavit modios 400, reliqua epperimus. Lardum vetus de praeterito anno b ccones 200; novello de nutrimine baccones 50, cu minucia et unctis; de censu baccones 80, cum ninucia et unctis.

De peculio. Iumenta maiora capita tantu ; putrellas trimas tantas; bimas 10, anniculos 11, peledros de tertio anno tantos; bimos 10, anni ulos 5, emissarios 2, boves tantos, vaccas cum vitulis tantas;
C iuvencos 8, vitulos anniculos 3, taurum 1 porcos maiores 150, minores 100, verbices cum ag is 150, agnos anniculos 200, multones 100, capras um hedis 30, anniculos 90, hircos 10, aucas 20, an ntes 4.

Invenimus in Treola fisco dominico, casa dominicatam ex lapide optime factam, camaras 2; cum totidem caminatis, porticum 1, cellarium 1, orcolarium 1, mansiones virorum ex ligno factas , solarium cum pisile 1; alia tecta ex maceria , spicarium 1, scuras 2, curtem muro circumdat m cum porta ex lapide facta. Vestimenta : culcita 1, plumacium 1, lectarium 1, linteum 1, copert rium 1, bancalem [a] 1. Utensilia : ferreolum [b] 1, atellam blumbeam 1. De vineis dominicis, vino mod os 750;
D de censu modios 500. Canabis libras 2.

De herbis hortulanis. Id est costum, me tam, livesticum, apium, betas, lilium, abrotanum, tanezatum, salviam, satureiam, neptam, savina , sclareiam, solsequia, mentastram, vittonicam, acrimonia, malvas, mismalvas [4], caulas , cerfoli m, coriandrum, porrum, cepas, scalonias, brittolo , alia

De arboribus. Pirarios diversi generis, pom rios diversi generis, mispilarios, persicarios, nucar os, prunarios, avelanarios, morarios, cotoniarios, ce isarios.

VARIANTES LECTIONES.

[1] Tiuta glossa. [2] bursa glossa. [3] noil glossa. [4] glossa : id est altea quod dicitur ibischa.

NOTÆ

[a] Pannus scamno sternendo. [b] Vas vinarium ferro ligatum.

Haec est summa de supradictis villis.
Sunt in summa: spelta vetus de praeterito anno corbes tantos, unde possunt fieri de farina pensas A tantas; frumentum vetus, et sic de ceteris omnibus, praeteritis et praesentibus vel reliquis numerabis.

CAPITULARE DE VILLIS IMPERIALIBUS (An. 812).

Capitulare hoc, ut in codice Helmstadiensi, jam Guelferbytano, formulas descriptionis beneficiorum fiscorumque regalium excipit, ita hoc potissimum loco sistere visum est. Cui accedit, quod in capitulari anni sequentis capp. 10, 18 et 19 aliqua in capitulari nostro statuta generaliter promulgata legimus. Editionem nostram ad fidem codicis unici exegimus. Anteriores fuerunt Hermanni Conringii (An. 1647, post Leonis III epistolas, in 4°), et quae inde fluxerunt Baluziana utraque et Georgischii (In Corpore juris Germ.), Eckharti multo emendatior, et Brunsii, qui in libro supra memorato (*Beiträge*, etc.) amplum Kinderlingii commentarium adjecit. Inter commentatores Heumann, Tresenreuter (Diss. Altorfii 1758, 4°), Ress. et Anton. (In opere Germ. *Geschichte der deutschen Landwirthschaft*, pag. 177-243) excellunt. Textus scribentis manu, vel statim vel paulo post, aliquot in locis correctus est; priorem lectionem numerus 1 indicat.

INCIPIT CAPITULARE DE VILLIS VEL CURTIS IMPERIALIBUS.

1. Volumus ut villae nostrae, quas ad opus nostrum serviendi institutas habemus, sub integritate partibus nostris deserviant, et non aliis hominibus.

2. Ut familia nostra bene conservata sit, et a nemine in paupertate missa.

3. Ut non praesumant iudices nostram familiam in eorum servitium [1] ponere, non corvadas, non materia cedere, nec aliud opus sibi facere cogant; et neque ulla dona ab ipsis accipiant, non caballum, non bovem, non vaccam, non porcum, non berbicem, non porcellum, non agnellum, nec aliam causam, nisi buticulas et ortum, poma, pullos, et ova.

4. Si familia nostra partibus nostris aliquam fecerit fraudem de latrocinio aut alio neglecto, illud in caput conponat; de reliquo vero pro lege recipiat disciplinam vapulando; nisi tantum pro homicidio et incendio, unde frauda [a] exire potest. Ad reliquos autem homines iustitiam eorum, qualem habuerint, reddere studeant, sicut lex est. Pro frauda [2] vero nostra, ut diximus, familia vapuletur. Franci autem qui in fiscis aut villis nostris [3] commanent, quicquid commiserint, secundum legem eorum emendare studeant; et quod pro frauda dederint, ad opus nostrum veniat, id est in peculio aut in alio praetio.

5. Quando judices nostri labores nostros facere debent, seminare, aut arare, messes colligere, fenum secare, aut vindeamiare, unusquisque in tempore laboris ad unumquemque locum praevideat ac instituere faciat quomodo factum sit, ut bene salva [4] sint. Si intra patriam non fuerit, et in quale loco iudex venire non potuerit, missum bonum de familia nostra, aut alium hominem bene creditum, causas nostras providendi [5] dirigat, qualiter ad profectum veniant; et judex diligenter praevideat, ut B fidelem hominem transmittat ad hanc causam providendam

6. Volumus ut judices nostri decimam ex omni conlaboratu pleniter donent ad ecclesias quae sunt in nostris fiscis, et ad alterius ecclesiam nostra decima data non fiat, nisi ubi antiquitus institutum fuit. Et non alii clerici habeant ipsas [6] ecclesias, nisi nostri aut de familia aut de capella nostra.

7. Ut unusquisque iudex suum servitium pleniter perficiat, sicut ei fuerit denuntiatum. Et si necessitas evenerit quod plus servire debeat, tunc conputare faciat, si servitium debeat multiplicare vel noctes.

8. Ut judices nostri vineas recipiant nostras, quae de eorum sunt ministerio, et bene eas faciant, et ipsum vinum in bona mittant vascula, et diligenter praevidere faciant, quod nullo modo naufragatum sit. Aliud vero vinum [7] peculiare conparando emere faciant, unde villas dominicas condirigere possint. Et quandoquidem plus de ipso vino conparatum fuerit quod ad villas nostras condirigendum mittendi opus sit, nobis innotescat, ut nos commendemus qualiter nostra fuerit exinde voluntas. Cippaticos [b] enim de vineis nostris ad opus nostrum mittere faciant. Censa de villis nostris qui vinum debent, in cellaria nostra [8] mittat.

9. Volumus ut unusquisque iudex in suo ministerio mensuram modiorum, sextariorum, et situlas per sextaria octo, et corborum eo tenore habeant, sicut et in palatio habemus.

10. Ut maiores nostri et forestarii, poledrarii, cellerarii, decani, telonarii, vel ceteri ministeriales regat faciant, et sogales [d] donent de mansis eorum: pro manuopera vero eorum ministeria bene praevideant. Et qualiscumque maior habuerit beneficium, suum vicarium mittere faciat, qualiter et manuopera et ceterum servitium pro eo adimplere debeat.

VARIANTES LECTIONES.

[1] seruiuium 1. [2] fauda cod. [3] supra linea additum [4] salue 1. [5] prouidendo 1. [6] supra linea ad scriptum. [7] alio u. uino 1. [8] cellario nostro 1

NOTAE.

[a] Id est freda, fredum.
[b] Gall., *cep de vigne*. Germ., *weinfechser*.
Qui juribus communitatis gaudent, ejusque onera ner vices portant.
[d] Porcos.

11. Ut nullus iudex [a] mansionaticos [b] ad suum opus, nec ad suos canes, super homines nostros atque in forestes nullatenus prendant.

12. Ut nullus iudex obsidem nostrum in villa nostra commendare faciat.

13. Ut equos emissarios, id est waraniones, bene praevideant, et nullatenus eos in uno loco diu stare permittant, ne forte pro hoc pereat. Et si aliquis talis est, quod bonus non sit, aut veteranus sit, si vero mortuus fuerit, nobis nuntiare faciant tempore congruo, antequam tempus veniat, ut inter iumenta mitti debeant.

14. Ut iumenta nostra bene custodiant, et poledros ad tempus segregent. Et si pultrellae [1] multiplicatae fuerint, separatae fiant; et gregem per se exinde adunare faciant.

15. Ut poledros [2] nostros missa sancti Martini hiemale ad palatium omnimodis habeant.

16. Volumus, ut quicquid nos aut regina unicuique iudici ordinaverimus, aut ministeriales nostri, sinescalcus, et butticularius de verbo nostro aut reginae, ipsis iudicibus ordinaverit, ad eundem placitum, sicut eis institutum fuerit, impletum habeant. Et quicumque per neglegentiam dimiserit, a potu se abstineat postquam ei nuntiatum fuerit, usque dum in praesentia nostra aut reginae veniat, et a nobis licentiam quaerat absolvendi. Et si iudex in exercitu, aut in wacta, seu in ambasiato, vel aliubi fuerit, et iunioribus eius aliquid ordinatum fuerit, et non conpleverint [3], tunc ipsi pedestres ad palatium veniant, et a potu vel carne se abstineant, interim quod rationes deducant, propter quod hoc dimiserunt; et tunc recipiant sententiam, aut in dorso, aut quomodo [4] nobis vel reginae placuerit.

17. Quantascumque villas unusquisque in ministerio habuerit, tantos habeat deputatos homines, qui apes ad nostrum opus praevideant.

18. Ut ad farinarias nostras pullos et aucas habeant iuxta qualitatem farinarii, vel quantum melius potuerint.

19. Ad scuras nostras in villis capitaneis pullos habeant non minus 100, et aucas non minus 30. Ad mansioniles vero pullos habeant non minus 50, aucas non minus quam 12.

20. Unusquisque iudex fructa semper habundanter faciat omni anno ad curtem venire; excepto visitationes eorum per vices tres, aut quattuor seu amplius dirigant.

21. Vivarios in curtes nostras unusquisque [5] iudex ubi antea fuerunt habeat; et si augeri potest, augeat. Et ubi antea non fuerunt, et modo esse poss t, noviter fiant.

22. Coronas [c] de racemis, qui vineas ha uerint, non minus tres aut quattuor habeant.

23. In unaquaeque villa nostra habeant udices vaccaritias, porcaritias, berbicaritias, cap ritias, hircaritias, quantum plus potuerint, et nu atenus sine hoc esse debent. Et insuper habeant vac s illorum servitium perficiendum commendatas pe servos nostros; qualiter pro servitio ad dominicum o us vaccaritias vel carrucas nullo modo minoratae int. Et habeant quando servierint ad canes dandu , boves cloppos [d] non languidos, et vaccas sive c allos, non scabiosos, aut alia peccora non languida Et ut diximus, pro hoc vaccaritias vel carrucas [6] n minorent.

24. Quicquid ad discum nostrum dare debe , unusquisque iudex in sua habeat plebio [7], qualit r bona et optima atque bene studiose et nitide om ia sint conposita, quicquid dederint. Et unusquis 2 habeat de annona pastos [e] per singulos dies a suum servitium, ad mensam nostram quando serv rit; et reliqua dispensa similiter in omnibus bona t, tam farina, quam et peculium.

25. De pastione autem Kal. Septemb. ind are faciant, si fuerit an non.

26. Maiores vero amplius in ministerio on habeant, nisi quantum in una die circumire, a t previdere potuerint.

27. Casae nostrae indesinenter foca et wa tas habeant, ita ut salvae sint. Et quando missi vel legatio ad palatium veniunt vel redeunt, nullo modo i curtes dominicas mansionaticas prendant, nisi sp cialiter iussio nostra aut reginae fuerit. Et comes de uo ministerio, vel homines illi qui antiquitus cons eti fuerunt missos aut legationes soniare [f], ita modo inantea, et de parveritis, et omnia eis necessa ia, solito [8] more soniare faciant, qualiter bene honorifice ad palatium venire, vel redire possint.

28. Volumus ut per annos singulos intra uadragesima, dominica in palmis, quae Osanna dicitur, iuxta ordinationem nostram, argentum d nostro laboratu, postquam cognoverimus de p aesenti anno quantum sit nostra laboratio, deferr [9] studeant.

29. De clamatoribus ex hominibus nostri unusquisque iudex praevideat, ut non sit eis ne sse venire ad nos proclamare, et dies quos servir debet, per neglegentiam non dimittat perdere. Et s habuerit servus noster forinsecus iustitias ad querent-

VARIANTES LECTIONES.

[1] putrelle *cod.* [2] puledros 1. [3] conplacuerint *cod. quod correxi.* [4] quomo *c.* [5] usquisque *cod.* [6] carrugas 1. [7] habet *c.* habeat *cod.* [8] soloto 1. [9] deferendum 1.

NOTÆ.

[a] Nullus judex hominibus nostris onus sibi suisque vel animalibus suis mansionem praebendi imponat.
[b] Locus, ubi ministris reipublicae mansio prebetur.
[c] Id est cauponas, corona exposita conspicuae.
[d] Claudos, id est nec claudos nec languido .
[e] Vico. Vide et cap. 42, et Murat. SS. I, 327. Anton *potestate* interpretatur.
[f] Convivia duo.
[g] Curare, *gall. soigner.*

dum [1], magister eius cum omni intentione decertet pro eius iustitia. Et si aliquo loco minime eam accipere valuerit [2], tamen ipso servo nostro pro hoc fatigare non permittat, sed magister eius per semetipsum aut suum missum hoc nobis notum facere studeat.

50. Volumus unde servire debent ad opus nostrum, ex omni conlaboratu eorum servitium segregare faciant; et unde carra in hostem carigare [3] debent, similiter segregent, tam per domos quam et per pastores, et sciant quantum ad hoc mittunt.

51. Ut hoc quod ad provendarios vel genitias [a] dare debent, simili modo unoquoque anno separare faciant; et tempore oportuno pleniter donent, et nobis dicere sciant, qualiter inde faciunt, vel unde exit.

52. Ut unusquisque iudex praevideat, quomodo sementem bonum et optimum semper deconparatu [4] vel aliunde habeat.

53. Post ista omnia segregata et seminata atque peracta, quicquid reliquum fuerit exinde de [5] omni conlaboratu usque ad verbum nostrum salvetur, quatenus secundum iussionem nostram, aut venundetur aut reservetur [6].

54. Omnino praevidendum est cum omni diligentia, ut quicquid manibus laboraverint, aut fecerint, id est lardum, siccamen [b] sulcia [c], niusaltus [d], vinum, acetum, moratum [e], vinum coctum, garum, [f] sinape, formaticum, butirum, bracios, cervisas, medum, mel, ceram, farinam, omnia cum summo nitore sint facta vel parata.

55. Volumus ut de berbicibus crassis soccia [g] [7] fiat, sicut et de porcis; et insuper habeant boves siginatos in unaquaeque villa non minus quam duos, aut ibidem ad socciandum [8] aut ad nos deducendum.

56. Ut silvae vel forestes nostrae bene sint custoditae; et ubi locus fuerit ad stirpandum, stirpare faciant, et campos de silva increscere non permittant; et ubi silvae debent esse, non eas permittant nimis capulare atque damnare; et feramina nostra intra forestes bene custodiant; similiter acceptores et spervarios ad nostrum profectum praevideant; et censa nostra exinde diligenter exactent. Et indi-

ces, si eorum porcos ad saginandum in silvam nostram miserint, vel maiores nostri, aut homines eorum, ipsi primi illam decimam donent ad exemplum bonum proferendum, qualiter in postmodum ceteri homines illorum decimam pleniter persolvent. [9]

57. Ut campos et culturas nostras bene conponant, et prata nostra ad tempus custodiant.

58. Ut aucas pastas, et pullos p stos ad opus nostrum semper quando servire debent, aut ad nos transmittere sufficienter habeant.

59. Volumus, ut pullos et ova quos servientes vel mansuarii reddunt per singulos annos, recipere debeant; et quando non servierint, ipsos ven ndare faciant.

40. Ut unusquisque iudex per villas nostras singulares etlehas [h], pavones, fasianos, enecas [i], columbas, perdices, turtures, pro dignitatis causa omnimodis semper habeant.

41. Ut aedificia intra curtes nostras, vel sepes in circuitu bene sint custoditae, et stabula vel coquinae, atque pistrina [10] seu torcularia, studiose praeparatae fiant; quatenus ibidem condigne ministeriales nostri officia eorum bene nitide peragere possint.

42. Ut unaquaeque villa intra cameram, lectaria, culcitas, plumatios [11], batlinias, drappos, ad discum, bancales, vasa aerea, plumbea, ferrea, lignea, andedos, catenas, cramaculos, dolaturas [12], secures, id est cuniadas [j], terebros, id est taradros, scalpros, vel omnia utensilia ibidem habeant, ita ut non sit necesse, aliubi hoc quaerere [13], aut commodare. Et ferramenta quod in hostem ducunt, in eorum habeant plebio qualiter bona sint; et iterum quando revertuntur in camera mittantur [14].

43. Ad genitia nostra, sicut institutum est, opera ad tempus dare faciant, id est linum, lanam, waisdo [k], vermiculo [l], warentia, pectinos laminas [15], cardones, saponem, unctum, vascula, vel reliqua minutia quae ibidem necessaria sunt.

44. De quadragesimale, duae partes ad servitium nostrum veniant per singulos annos, tam de leguminibus quamque et de piscato, seu formatico, butirum, mel, sinape, aceto, milio panicio [16] herbulas siccas vel virides, radices, napos insuper, et ceram [17], vel sa-

VARIANTES LECTIONES.

[1] corr. adquirendum cod.   [2] ualuerint 1.   [3] caregare 1.   [4] conparata 1.   [5] additum.   [6] re additum.   [7] socia 1.   [8] sociandum. 1.   [9] persoluant 1.   [10] pistrinia 1.   [11] plumatias 1.   [12] dolaturias 1.   [13] quaerere adjecto re cod.   [14] mittuntur 1.   [15] laminas 1.   [16] panitio 1.   [17] cetera 1.

NOTÆ.

[a] Id est gynæcea.
[b] Carnes fumo siccatæ.
[c] Aut salcitia.
[d] Caro recens sale condita.
[e] Vinum moris confectum.
[f] Potionis genus fermentatum.
[g] Adeps saginando parata.
[h] Conringius, Eccardus et eorum vestigia secuti interpretes etlehas legerunt; Brunsius et lehas separavit, eo quod et sensum meliorem efficere sibi videretur, et quia punctum ante etlehas non habeatur,

quod nonnullis aliis vicibus in simili casu poni dicit. Sed hæc ratio non sufficit, cum et in aliis casibus interpunctio necessaria desit. Quod vero sententiam attinet, etlehas ab interpretibus pro cygnis habitum, nec tamen magis probatum est, quam Brunsii sententia lehas hic dici pro beneficiis, cujus rei exemplum Caroli tempore frustra quæras.
[i] Anates.
[j] Gall. coignée, Germ. spitzhauen.
[k] Glastum.
[l] Anton., lana rubra.

ponem atque cetera minutia; et quod reliquum fuerit, nobis per brevem, sicut supra diximus, innotescant, et nullatenus hoc permittant [1], sicut usque nunc fecerunt; quia per illas duas partes volumus cognoscere de illa tertia quae remansit.

45. Ut unusquisque iudex in suo ministerio bonos habeat artifices, id est fabros ferrarios, et aurifices, vel argentarios, sutores, tornatores, carpentarios, scutarios, piscatores, aucipites, id est aucellatores, saponarios, siceratores, id est qui cervisam vel pomatium, sive piratium, vel aliud quodcumque liquamen ad bibendum aptum fuerit, facere sciant; pistores, qui similam ad opus nostrum faciant, retiatores, qui retia facere bene sciant, tam ad venandum quam ad piscandum, sive ad aves capiendum, necnon et reliquos ministeriales quos ad numerandum longum est.

46. Ut lucos nostros, quos vulgus brogilos vocat, bene custodire faciant, et ad tempus semper emendent, et nullatenus exspectent, ut necesse sit a novo reaedificare. Similiter faciant et de omni aedificio.

47. Ut venatores nostri, et falconarii, vel reliqui ministeriales, qui nobis in palatio adsidue deserviunt, consilium in villis nostris [2] habeant, secundum quod nos aut regina per litteras nostras iusserimus, quando ad aliquam utilitatem nostram eos miserimus, aut siniscalus, et buticularius de nostro verbo eis aliquid facere praeceperint.

48. Ut torcularia in villis nostris bene sint praeparata. Et hoc praevideant iudices, ut vindemia nostra nullus pedibus praemere praesumat; sed omnia nitida et honesta sint.

49. Ut genitia nostra bene sint ordinata, id est, de casis, pislis, teguriis, id est screonis [a], et sepes bonas in circuitu habeant, et portas firmas, qualiter opera nostra bene peragere valeant.

50. Ut unusquisque iudex praevideat, quanti poledri in uno stabulo stare debeant, et quanti poledrarii cum ipsis esse possint. Et ipsi poledrarii qui liberi sunt, et in ipso ministerio beneficia habuerint, de illorum vivant beneficiis. Similiter et fiscalini qui mansas habuerint, inde vivant. Et qui hoc non habuerit, de dominica accipiat provendam.

51. Praevideat unusquisque iudex, ut sementia nostra nullatenus pravi homines subtus terram vel aliubi abscondere possint, et propter hoc messis rarior fiat. Similiter et de aliis maleficiis illos praevideant, ne aliquando facere possint.

52. Volumus ut de fiscalis, vel servis nostris, sive de ingenuis qui per fiscos aut villas nostras commanent, diversis hominibus plenam et integram, qualem habuerint, reddere faciant iustitiam.

53. Ut unusquisque iudex praevideat, qualiter homines nostri de eorum ministerio latrones vel malefici nullo modo esse possint.

54. Ut unusquisque iudex praevideat, quatenus familia nostra ad eorum opus bene laboret, et per mercata vacando non eat.

55. Volumus ut quicquid ad nostrum opus iudices dederint, vel servierint, aut sequestraverint, in uno breve conscribi faciant, et quicquid dispens verint, in alio; et quod reliquum fuerit, nobis per brevem innotescant.

56. Ut unusquisque iudex in eorum ministerio frequentius audientias teneat, et iustitiam faciat, et praevideat qualiter recte familiae nostrae vivant.

57. Si aliquis ex servis nostris super ministrum suum nobis de causa nostra aliquid vellet dicere, vias ei ad nos veniendi non contradicat. Et iudex cognoverit quod iuniores illius adversus eum ad palatium proclamando venire velint, tunc ipse iudex contra eos rationes deducendi ad palatium ve ire faciat, qualiter eorum proclamatio in auribus nostris fastidium non generet. Et sic volumus cognoscere, utrum ex necessitate an ex occansione veniant.

58. Quando catelli nostri iudicibus commendati fuerint, de suo eos nutriat, aut iunioribus suis id est maioribus et decanis, vel cellerariis ipsos commendare faciat, quatenus de illorum causa eos bene nutrire faciant; nisi forte iussio nostra, aut regia fuerit, ut in villa nostra ex nostro eos nutriant. Et tunc ipse iudex hominem ad hoc opus mittat, qui ipsos bene nutriat, et segreget unde nutriantur, et non sit illi homini cotidie necessitas ad scuras recurrere.

59. Unusquisque iudex quando servierit, per singulos dies dare faciat de cera libras 3, de sapone sextaria 8; et super hoc ad festivitatem sancti Andreae, ubicumque cum familia nostra fuerimus, dare studeat de cera libras 6; similiter mediante quadragesima.

60. Nequaquam de potentioribus hominibus maiores fiant, sed de mediocribus qui fideles sint.

61. Ut unusquisque iudex quando servierit suos bracios ad palatium ducere faciat; et simul veniant magistri, qui cervisam bonam ibidem facere debeant.

62. Ut unusquisque iudex per singulos annos ex omni conlaboratione nostra, quam [3] cum bubus quos bubulci nostri servant, quid de mansis qui arare debent, quid de sogalibus, quid de censis, quid de fida facta, vel freda, quid de feraminibus in fores is nostris sine nostro permisso captis, quid de diversis conpositionibus; quid de molinis, quid de forestibus, quid de campis [4], quid de pontibus vel navibus; quid de liberis hominibus et centenis qui partibus fi i nostri deserviunt; quid de mercatis; quid de vineis; quid de illis qui vinum solvunt; quid de feno quid

VARIANTES LECTIONES.

[1] *i. e.* praetermittant. [2] uillas nostras 1. [3] quantum? [4] *legendum esse videtur* cambis. V. supra (*Col.* 546, *lin.* 4).

NOTÆ.

(a Cameræ subterraneæ, Gall. *escrenes* et *ecraignes* in Campania et Burgundia.

de lignariis, et faculis; quid de axilis, vel aliud materiamen; quid de proterariis¹; quid de leguminibus; quid de milio, et panigo; quid de lana, lino, vel canava; quid de frugibus arborum; quid de nucibus, maioribus vel minoribus; quid de insitis ex diversis arboribus; quid de hortis; quid de napibus; quid de wiwariis¹; quid de coriis; quid de pellibus; quid de cornibus; quid de melle et cera; quid de uncto, et siu; vel sapone; quid de morato, vino cocto, medo, et aceto; quid de cervisa; de vino novo et vetere; de annona nova et vetere; quid de pullis et ovis, vel anseribus, id est aucas; quid de piscatoribus; de fabris; de scutariis, vel sutoribus; quid de huticis b, et coninnis, id est scriniis; quid de tornatoribus, vel sellariis; de ferrariis c et scrobis, id est fossis ferrariciis, vel aliis fossis ², plumbariciis; quid de tributariis; quid de poledris, et pultrellis, habuerint, omnia seposita distincta et ordinata, ad nativitatem Domini nobis notum faciant, ut scire valeamus, quid vel quantum de singulis rebus habeamus.

63. De his omnibus supradictis, nequaquam iudicibus nostris asperum videatur si hoc requirimus; quia volumus ut et ipsi simili modo iunioribus eorum omnia absque ulla indignatione requirere studeant; et omnia quicquid homo in domo sua, vel in villis suis habere debet, iudices nostri in villis nostris habere debeant.

64. Ut carra nostra quae in hostem pergunt basternae bene factae sint, et operculi bene sint, cum coriis cooperti, et ita sint consuti, ut si necessitas evenerit, aquas ad natandum, cum ipsa expensa quae intus fuerit, transire flumina possint, ut nequaquam aqua intus intrare valeat, et bene salva causa nostra, sicut diximus, transire possit. Et hoc volumus, ut farina in unoquoque carro ad spensam nostram missa fiat, hoc est duodecim modia de farina; et in quibus vinum ducunt, modia 12 ad nostrum modium mittant; et ad unumquodque carrum scutum et lanceam, cucurum, et arcum habeant.

65. Ut pisces de wiwariis nostris venundentur, et alii mittantur in locum, ita ut pisces semper habeant; tamen quando nos in villas non venimus, tunc fiant venundati, et ipsos ad nostrum profectum iudices nostri conlucrare faciant.

66. De capris, et hircis, et eorum cornua et pelli bus, nobis rationes deducant, et per singulos annos niusaltos crassos nobis inde adducant.

67. De mansis absis et mancipiis adquisitis, si aliquid super se habuerint quod non habeant ubi eos collocare possint, nobis nuntiare faciant.

68. Volumus ut bonos barriclos d ferro ligatos, quos in hostem et ad palatium mittere possint, iudices singuli praeparatos semper habeant, et buttes e ex coriis non faciant.

69. De lupis omni tempore nobis adnuntient, quantos unusquisque conpraehenderit, et ipsas pelles nobis praesentare faciant. Et in mense Maio illos lupellos perquirant et conpraehendant, tam cum pulvere f et hamis, quamque cum fossis et canibus.

70. Volumus quod in horto omnes herbas habeant, id est lilium, rosas, fenigrecum, costum, salviam, rutam, abrotanum, cucumeres, pepones, cucurbitas, fasiolum, ciminum, ros marinum, careium, cicerum italicum, squillam, gladiolum, dragantea, ancsum, coloquentidas, solsequiam, ameum, silum, lactucas, git, eruca alba, nasturtium, parduna, puledium, olisatum, petresilinum, apium, leiusticum, savinam, anetum, fenicolum, intubas, diptamnum, sinape, satureiam, sisimbrium, mentam, mentastrum, tanazetam, neptam, febrefugiam, papaver, betas, vulgigina, mismalvas, [ibischa, id est alteas ³], malvas, carvitas, pastenacas, adripias, blidas, ravacaulos, caulos, uniones, britlas, porros, radices, ascalonicas, cepas, alinas, warentiam, cardones, fabas maiores, pisos mauriscos, coriandrum, cerfolium, lacteridas sclareiam. Et ille hortulanus habeat super domum suam Iovis barbam. De arboribus volumus quod habeant pomarios diversi generis; pirarios diversi generis; prunarios diversi generis; sorbarios, mespilarios, castanearios, persicarios, diversi generis; cotoniarios, avellanarios, amandalarios, morarios, lauros, pinos, ficus, nucarios, ceresarios, diversi generis. Malorum nomina: gozmaringa, geroldinga, crevedella, spirauca, dulcia, acriores, omnia servatoria g ; et subito comessura; primitiva h. Perariciis servatoria trium et quartum genus, dulciores, et cocciores, et serotina.

Explicit capitulare dominicum i.

VARIANTES LECTIONES.

¹ uuiuuariis *cod.* cf. cap. 65. ² *distinctio hic jam deleta est.* ³ *secunda manu adjecta.*

NOTÆ.

a Vox obscura; Cangii conjectura *petrariis* ob sententiarum nexum admitti posse non videtur. Tresenreuter *petariis* a voce *peta* legit; haud male.
b Cista major.
c Officina ferraria.
d Dolia.
e Gall. *tonneau*, dolium.
f Veneno.
g Quae per hiemem durant.
h Sequentia interpretum aciem exercuerunt

D certe corrupta sunt; mihi ita intelligenda videntur, ut pirariorum qui pira servatoria ferant tria vel quatuor genera; tum dulciores et cocciores et serotina, habenda esse exprimatur.
i Sequuntur glossae : Hamedii, id sunt conjuratores, quos nos *geidon* dicimus. Metani, id sunt propinqui. Solsaticum, id est abjecticium ; solsativit, id est abjectivit. Leudus ejus jacet finitus; id est weregildus. Concapulavit, id est concidit, forheo. Livorasset, id est vulnerasset.

CAPITULARE AQUISGRANENSE (An. 813, Aug., Sept.).

Capitularis hujus duplicis, sive capitulorum 46 de causis quæ necessariæ erant Ecclesiæ Dei et populo Christiano, mentionem facit annalista Moissiacensis (Monum. Germ., II), quo auctore mense Septembri anni 813 in maximo procerum conventu promulgata sunt, cum tamen annalista Laurissensis (Mon. G., I, 121) mensem Augustum indicet. Prioris partis editio nostra nititur: I. Cod. regio Parisiensi inter Supp. latina, n. 164 bis, sæc. ix; 2. C. Paris. inter Suppl. lat. n. 75, sæc. x; 3. editione Baluzii, qui primus ex sep tem antiquis Codicibus mss., uno Palatino bibliothecæ Vaticanæ, altero S. Remigii Rhemensis, tertio S. incentii Mettensis, quarto Petri Pithœi, quinto Jacobi Sirmondi, sexto Philiberti de la Mare, senatoris D vionensis, septimo Navarrico, se edidisse fatetur. Quos inter S. Remigii est noster 1; Vaticanus et S. incentii Mettensis cum nostro 2 congruunt; Codicem Sirmondi non alium a nostro 1 existimaverim. Alteram partem primus Sirmondus, t. II Conciliorum Galliæ p. 323, ex Codd. S. Vincentii Mettensis et Codice uodam Gandavensi ediderat; quæ Baluzius sub titulo *Capitula de confirmatione constitutionum quas episcopi n synodis auctoritate regia nuper habitis constituerant* repetiit. Nos ope codicum : 1. Bibl. Palatinæ in aticano n. 289, sæc. ix, et 2. regii Parisiensis inter Suppl. lat. n. 75 denuo recognovimus. Continet canones onciliorum hoc anno Mogontiaci, Rhemis, Turonis, Cabillione, Arelati celebratorum, quorum constitutiones, Einhardo teste, in illo conventu coram imperatore collatæ sunt.

DE ANNO DECIMO TERTIO [1].

Karolus serenissimus imperator Augustus, a Deo coronatus, magnus et pacificus, cum episcopis, abbatibus, comitibus, ducibus, omnibusque fidelibus christianae ecclesiae, cum consensu consilioque constituit ex [a] lege Salica, Romana atque [b] Gundobada capitula ista in palatio [c] Aquis, ut unusquisque fidelis iustitias [2] ita faceret, quae [3] et ipse manu propria firmavit capitula ista, ut omnes fideles manu roborare studuissent.

1. Ut episcopi circumeant parrochias sibi commissas, et ibi inquirendi studium habeant de incestu, de patricidiis, fratricidiis, adulteriis, cenodoxiis, et [d] alia mala quae contraria sunt Deo, quae in sacris scripturis leguntur, [e] quae christiani devitare debent. Et infra illorum parrochias ecclesiae, cui necesse est, emendandi curam habeant. Similiter [4] nostras a nobis in beneficio datas, quam et aliorum ubi reliquiae, praeesse videntur. Et ut monachi per verbum episcopi et per regimen abbatis, et per bona illorum exempla, regulariter vivant, prout loca locata sunt. Et ut praepositus et hi qui foras monasteria sunt, ne venatores [5] habeant; quia iam frequenter iussimus, ne monachi foras monasteria habitassent.

2. Ut ecclesiae, viduae, pupilli per bannum regis pacem habeant. Sin aliter, in praesentia nostra hoc veniat, si fieri potest. Sin autem, missi nostri investigent illud quomodo gestum sit.

3. Ut iumenta pacem habeant similiter per annum regis.

4. Ut hi qui beneficium nostrum habent, bene illud inmeliorare in omni re studeant. Et i missi nostri hoc sciant.

5. Ut vicarii nostri vel centenarii a ser o regis mancipia ne emant. Et ut ipsi vicarii de he editate, foris heredibus si extiterit, ad opus nostrum recipiatur, ne illud fraudetur.

6. De his qui a litterarum conscriptione ing nui fuerint, si sine traditione mortui fuerint, heredit s eorum ad opus nostrum recipiatur. Nec comis nec vica ius illud sibi societ, sed ad opus nostrum revocetur. Sim liter volumus ut banni nostri de illis unde censa exigun, ut ipsa censa ad nostrum opus vel ubi nos iubemus eniant.

7. De hereditate inter [7] heredes, si co tentiose egerint, et rex missum suum ad illam divisionem transmiserit, decimum mancipium et decim m virgam hereditatis fisco regis detur.

8. Ut vicarii [f] luparios habeant, unusqui que in suo ministerio duos. Et ipsi de hoste pergen et de placito comitis vel vicarii ne custodiant, nisi clamor super eum veniat. Et ipsi certare studeant d hoc ut profectum exinde habeant, et ipsae pelles lup run ad nostrum opus dentur. Et unusquisque de his qui in illo ministerio placitum custodiunt, detur is modium unum de annona.

9. De hoste pergendi, ut comiti in suo mitatu

VARIANTES LECTIONES.

[1] *ita* 2. *nulla inscriptio in* 1. [2] *istas* 2. [3] *lege qui*. [4] *S. iam n. B.* [5] *u. r. deest* 2. [6] *vendi ores* 2. i. se h. si *B*

NOTÆ.

[a] Janus a Costa in titulum 2 lib. ii Decretalium, pag. 358, loquens de lege Salica, Gundobada, et Romana : « Has enim tres leges diu intactas et illibatas in hoc regno remansisse constat vel ex excerptis capitulis a Carolo Magno ex triplici lege, id est Salica, Gundobalda, et Romana, quæ mss. habet doctissimus soc. Jesu presb. Jacobus Sirmondus. BALUZ.

[b] Vetus exemplar Sirmondi, itemque Rhemense S. Remigii et Divionense habent *Gombata*. Quod idem est. Adversus hanc legem, nimirum adversus illam partem in qua monomachia præcipitur ad discernendas res dubias et obscuras, librum scripsit Agobardus archiepiscopus Lugdunensis. ID.

[c] Ubi habitum a Carolo generalem fuisse conventum anno 813 docet Eginhardus, et in eo Ludovicum

[C] a Carolo consortem imperii factum esse, Be ardum vero regem Italiæ. ID.

[d] Codex Divionensis, cui consentiunt emen ationes manu Joannis Tilii, appositæ in libro Rhemens . Codex Palatinus habet *alia mala*. Quæ lectio exstat iam in antiquis exemplaribus Pithæi et Sirmondi. B ıLuz.

[e] In codice Rhemensi emendatum est manu oannis Tilii, « quod a christianis devitari debentur. » Quod indicat emendationes illas a Tilio descriptas esse ex vetusto quodam libro nobis ignoto. ID.

[f] Ad capiendos lupos, qui tum regnum Fr corum valde infestabant. Frotharius episcopus llensis epist. 26 : « Luporum rabida infestatione ani ıas hominum Christianas subito necari videmus. »

per bannum unumquemque hominem per sexaginta solidos in hostem pergere bannire studeat, ut ad placitum denuntiatum ad illum locum ubi iubetur veniant. Et ipse comis praevideat quomodo sint parati, id est lanceam, scutum, aut [1] arcum cum duas cordas, sagittas duodecim. De his uterque habeant. Et episcopi, comites, abbates, hos homines habeant qui hoc bene provideant, et ad diem denuntiati placiti veniant, et ibi ostendant quomodo sint parati. Habeant loricas vel galeas, et temporalem hostem, id est aestivo tempore.

10. Ut regis spensa in carra ducatur, simul episcoporum, comitum, abbatum, et optimatum regis, farinam, vinum, baccones, et victum abundanter, molas, dolatorias, secures, taretros, fundibulas, et illos homines qui exinde bene sciant iactare. Et marscalci regis adducant eis petras in saumas viginti, si opus est. Et unusquisque hostiliter sit paratus, et omnia utensilia sufficienter habeant. Et unusquisque comis duas partes de herba in suo comitatu defendat ad opus illius hostis [2]; et habeat pontes bonos, naves bonas.

11. Ut comites, unusquisque in suo comitatu, carcerem habeant. Et iudices atque vicarii patibulos habeant.

12. Ut homines boni generis qui infra comitatu inique vel iniuste agunt, in praesentia regis ducantur; et rex super eos districtionem faciat carcerandi, exsiliandi, usque ad emendationem illorum.

13. Ut vicarii munera ne accipiant pro illos latrones, qui ante comite iudicati fuerint ad mortem. Quod si hoc perpetraverint, tale iudicium sustineant, sicut et latro iudicatus fuit; quia postquam scabini eum diiudicaverint, non est licentia comitis vel vicarii ei vitam concedere. Sed si bannus ei iudicatus fuerit, et banno peracto, stet in eo interim, usquedum comiti et eo qui clamorem vel causam ad eum habuit [3], et tunc sit foris banno.

14. Ut episcopi et abbates advocatos habeant. Et ipsi habeant in illo comitatu propriam hereditatem. Et ut ipsi recti et boni sint, et habeant voluntatem recte et iuste causas perficere.

15. Ut vicarii eos qui pro furto se in servitio tradere cupiunt, non consentiant, sed secundum iustum iudicium terminetur.

16. Quod nullus seniorem suum dimittat postquam ab eo acciperit valente solido uno; excepto si eum vult occidere, aut cum baculo caedere, vel uxorem aut filiam maculare [4], seu hereditatem ei tollere.

17. Quod nullus in hoste baculum habeat, sed arcum.

18. De forestis, ut forestarii bene illas defendant, simul et custodiant bestias et pisces. Et si rex alicui [5] intus foreste feramen unum aut magis dederit, amplius ne prendat quam illi datum sit.

19. Ut vilicus bonus, sapiens, et prudens in opus nostrum eligatur, qui sciat rationem misso nostro reddere et servitium perficere prout loca locata sunt, aedificia emendant, nutriant porcos, iumenta, animalia, ortos, apes, aucas, pullos, vivaria cum pisces, [a] vennas, molina, stirpes, terram aratoriam studeant femare. In forestis mansum regale, et ibi vivaria cum pisces, et homines ibi maneant. Et plantent vineas, faciant pomaria, et ubicumque inveniunt utiles homines, detur illis silva ad stirpandum, ut nostrum servitium inmelioretur. Et ut feminae nostrae, quae ad opus nostrum sunt servientes, habeant ex partibus nostris lanam et linum, et faciant sarciles [6] et camisiles, et perveniant ad cameram nostram per rationem per vilicis nostris aut a missis eius a se transmissis.

20. [b] Et si quis fidelibus suis [7] contra adversarium suum pugnam aut aliquod certamen agere voluit, et convocavit ad se aliquem de [c] conparis suis ut ei adiutorium praebuisset, et ille [8] noluit, et exinde neglegens permansit, ipsum beneficium quod habuit, auferatur ab eo, et detur ei qui in stabilitate et fidelitate sua permansit.

EXCERPTA CANONUM [d].

1. Cap. De baptismo. Ut unusquisque archiepiscopus suos [9] suffraganeos diligenter ac studiosae admonere studeat, ut unusquisque suos presbiteros puriter investigare non [10] neglegat; baptismatis sacramentum qualiter agatur; et hoc studiosae cuncti episcopi presbiteros doceant [11].

2. Ut laici presbiteros non eiciant de ecclesiis, nec mittere praesumant, sine consensu episcoporum [12].

3. Ut laici omnino non audeant munera exigere a presbiteris propter commendationem ecclesiae cuique presbitero.

4. Providendum necesse est, qualiter canonici vivere debeant necnon et monachi, ut secundum ordinem canonicum vel regularem vivere studeant.

VARIANTES LECTIONES.

[1] et 2. [2] hosti 1. [3] deest satisfecerit. [4] maculari 1. [5] deest 1. [6] sarcil et camisil 1. sarcillos et camisilos 2. B. [7] q. de f. nostris 2 B. [8] deest 1. [9] deest 1. [10] deest 1. [11] hoc eos st. doceant ut ordinabiliter fiat 2. [12] s. c. e. deest 2.

NOTÆ.

[a] Id est piscaturas, ut interpretatur vir cl. Joannes Mabillon. in notis ad lib. I Mirac. S. Germ. episc. Paris., pag. 106 et 118, uti refert praeceptum Ludovici Pii de Caroli venna. BALUZ.
[b] Baluz., Ut si quis de fidelibus. Ib.
[c] Ita omnes Codices, praeter Palatinum, qu compa- ribus habet. Ita etiam manu Tilii emendatum legi in Codice Rhemensi. BALUZ.
[d] Ex conc. Arelat. c. 3, 4, 5, 6; Mogunt. 26, 49; Arel. 9; Mog. 53; Ar. 42, 43, 44; Turon. 44; Ar. 45; Mog. 25, 17; Ar. 17, 18; Mog. 47; Ar. 20 et Mo". 41. Mog. 52, 40. Ar. 23, 24, 25, 26. Ib.

5. a De monasteriis puellarum, ut presbitero oportuno tempore ad missarum solemnia liceat illic advenire, et iterum ad proprias ecclesias redire.

6. b Ut plus non mittatur in monasterio canonicorum atque monachorum seu puellarum, quam sufferre possint.

7. De decimis admonendis.

8. De incestuosis omnino investigandum, ut ab ecclesia expellentur, nisi penitentiam egerint.

9. Ut pax sit et concordia inter episcopos et comites, et reliquos clericos [1] et laicos.

10. Ut comites et iudices, seu reliquos populos, obœdientes sint episcopo, et invicem consentient ad ustitias faciendas, et munera pro iudicia non accipiant, nec falsos testes.

11. Ut unusquisque propter inopiam famis suos familiares et ad se pertinentes gubernare studeant.

12. Ut unicuique episcoporum liceat de thesauro ecclesiae pauperibus erogare nutrimentum secundum canones, cum testibus.

13. Ut mensurae et pondera ubique aequalia sint et iusta.

14. De officio praedicationis, ut iuxta quod intellegere vulgus possit [2], assiduae fiat.

15. Non in Dominicis diebus mercatum fiat aut placitum, ubi quis [3] ad mortem iudicetur aut ad poenam; et de opere cavendo [4].

16. Ut unusquisque episcopus interim circumeat suam parrochiam, et res necessarias emendat. Et si quid non quiverit [5], ad praedictum placitum preferat.

17. Ut presbiteri sub sigilla custodiant crisma, et nulli sub praetextu medicinae vel maleficii donare praesumat: si fecerint, honore priventur.

18. Ut unusquisque [6] compater vel proximus, filiolus spiritales catholicae instruant, qualiter coram Deo rationem reddet [7].

19. Ut ecclesiae antiquitus constitutae nec decima nec alia ulla possessione priventur, ita ut novis [8] tribuatur.

20. Ut mortui in ecclesia non sepeliant r, nisi episcopi aut abbates vel fideles presbiteri [9].

21. Ut placita in domibus vel atriis eccl siarum minime fiant.

22. Ut comites, vel vicarii [10] aut centenar i, sub malo occansione vel ingenio res pauperum non emant, nec vi tollant; sed quisque hoc comparare v luerit, in publico placito coram episcopo fiat.

23. Ut unusquisque episcopus in sua p rrochia presbiteros diligenter [11] inquirant unde sint, et si quem fugitivum invenerit, ad suum episcop m i dire faciat.

24. Quicumque beneficium ecclesiaticum h bet, ad tecta ecclesiae restaurandam, vel ipsas e clesias, omnino adiuvet.

25. Ut qui publico criminae convincti nt rei, publice iudicentur, et publicam poenitentia agant secundum canones.

26. Ut presbiteri bene et iuste vivere stud ant, et ita populum doceant c.

Codex Gandavensis hæc addit:

26 b. Ut hoc inquiratur: si de partibus ustriae verum est quod dicunt, an non, quod pres iteri de confessionibus accepto pretio manifestent l trones.

26 c. Ut inquiratur diligenter de faidosis ominibus, qui solent incongruas commotiones facere, tam in Dominicis diebus quamque et aliis so emnitatibus, sicuti et in feriaticis diebus. Hoc om no prohibendum est, ne facere praesumant.

26 f. Providendum omnimodis ac diligent r exquirendum, qualiter canonici vivant, necnon e monachi, ut unusquisque eorum secundum ord' em canonice ac regulariter vivant, et non similite ; id est, ut refectoria et dormitoria una simul obs ventur,

VARIANTES LECTIONES.

[1] c. et monachos et l. 2.   [2] q. bene vulgaris populus intelligere p. 2.   [3] ubique 1.   [4] placitum, t ut his diebus nemo ad poenam vel ad mortem iudicetur; et de operibus cavendis ammoneatur 2.   [5] p. s. docendo et ammonendo, et quaeque sunt necessaria emendare studeat. Et si quid emendare nequiuerit 2.   De fide u. c. vel parentes v. proximi filios suos 2.   [7] i. ita ut c. Deo ratiocinare debeat 2.   [8] nobis 1.   [9] f. et boni p. 2.   [10] v. seu iudices aut c. 2.   [11] p. vel alios clericos d. i. et fugitivos ad loca sua redire fac t et ad proprium episcopum suum 2.

NOTÆ.

a Domnus Lucas Dacherius, cum in veteri Codice Corbeiensi reperisset quædam capitula quibus præfixum erat nomen sancti Bonifacii archiepiscopi, putavit ea non indigna luce, atque propter hanc causam illa vulgavit in tomo IX sui Spicilegii. Vir clarissimus Carolus Le Cointe in Annalibus Francorum ecclesiasticis, tom. VI, pag. 660 et seq., pronuntiat capitula illa posteriora esse ævo Bonifacii. Recte sane. Nam nos jam diu deprehenderamus non posse esse Bonifacii, cum plerœque constitutiones illic descriptæ sint posteriorum temporum, et sumptæ omnes ferme sint ex libris Capitularium. Reperiuntur in antiquis Codicibus excerpta studiosorum ex Capitularibus regum nostrorum, cum hoc titulo aut simili: *Ex concilio regum, cui interfuit Bonefacius Romanæ sedis legatus.* Proclive esset existimare ea esse acta in synodo quadam celeberrima, nisi sciremus posteriores tres libros Capitularium, ex quibus ut plurimum hæc excerpta sumpta se animadversum, incipere a duobus conciliis ibus interfuit sanctus Bonifacius. Sed ut ad coll ctionem a Dacherio editam redeamus, incipit illa a c pite 200 lib. vi Capitularium, ex quo sumpta sunt leraque ejusdem collectionis capitula. BALUZ.

b Et hoc quoque caput necnon 17, 23 et 2 , exstat inter. capitula quæ edita sunt in tomo IX picilegii Dacheriani. Vide concilium.Cloveshoviæ, ca . 29. Ib.

c *Hic desinunt* 1, 2. Hactenus edicti huj s capitula, vel summæ potius ac breviaria Capitul rum. In altero autem Codice Gandavensi, ex quo et ostrema duo capita (26 b. 26 c.) descripsimus, qu in Mettensi non sunt; sequebantur præterea hœc oco, repetebanturque ex superioribus capitula, du , quartum nimirum et quintum, sed plena atque i egra, in hunc modum. SIRMONDUS

quemadmodum iamdudum in capitulis nostris iniunctum habemus.

26 g. De monasteriis puellarum, ut presbyteris certo tempore ad missarum solemnia celebranda liceat ad eas in ecclesia convenire, et mox ad proprias redire ecclesias. Caeteri vero clerici vel laici similiter observentur, ut nequaquam in eadem monasteria ingredi audeant, nisi necessitatis causa ipsius monasterii compulerit. Hoc tamen cum summa providentia episcopi vel abbatissae fiat. Similiter et hoc pleniter observandum sit, ut feminae per domos clericorum minime discurrant.

CAPITULA LANGOBARDICA (An. 813).

Reperiuntur inter Caroli et Pippini Capitularia legibus Langobardorum addita, nonnulla capitula, quae certo alicui tempori locove assignari nequeant. Ea hic, in fine capitularium Caroli referenda duximus. Et primo quidem capitula sistimus in Codice Chisiano, fol. 59 et 60, initio Capitularium servata, dum in Codice Cavensi, folio quod proxime antecedebat exciso, ultimae tantum sententiae in primis folii 210 lineis servantur. Lectionem aliquot locis valde corruptam esse nemo non videt. Caput primum de Alode, legis Salicae tituli 62 c. 1, refert. Caput secundum fidei valde dubiae est; quia de re judicium Blumii nostri hic affero: « Illo nomine, nempe *Novella Justiniani*, nihil aliud designari potest praeter collectionem Latinam Novellarum Juliani, in Occidente tunc temporis obtinentium. Quas inter lex quidem habetur, coram judice civili personas ecclesiasticas agere prohibens (*Novel.* 123, *cap.* 16), quin tamen innuatur tanta prohibitionis generalitas ut ne criminaliter quidem ea agere licuerit. Quaedam autem constitutio Theodosii et Valentiniani *ad Albinum* nec inter octo Justiniani Novellas, nec in additamentis Juliani comparet : de omnibus Theodosii et Valentiniani ad Albinum constitutionibus, quae ab anno 443 ad 448 edictae sunt, idem altumque in praefata collectione silentium. Multo magis duae illorum constitutiones, quarum una ad Firminum data est anno 452 (*Novell. Valent. lib.* III, *tit.* 55, *Cod. Theod. tom. VII, pars* II, *p.* 127), altera ad Amatium Galliarum praefectum (*Gothofred. cap.* 1, *pars* III, *pag.* 7), ibidem desiderantur: quamvis in neutralibet vel minimum quid deprehendatur ex quo conjici possit prohibitio absoluta viros ecclesiasticos criminaliter agendi. Praeterea vero illarum constitutionum posterior maxima falsitatis suspicione laborat, quod me propemodum impellit ut totum hoc Capitularium apocryphis accenseam. » Sequuntur capitula in reliquis Codicibus servata.

1. *De Alode.* Si quis homo mortuus fuerit et filius non dimiserit, si pater aut mater superfuerit, ipsi in hereditate succedant; si pater aut mater non superfuerint, et fratres vel sorores reliquerint, ipsi hereditatem optineant. Quod si nec isti fuerint, sorores patris in hereditatem eius succedant. Si vero sorores patris non extiterint, sorores matris eius hereditatem sibi vindicent. Si autem nulli eorum fuerint, quicumque proximiores fuerint de paterna generationem, ipse in hereditate succedant. De terra vero Saliga nulla portione hereditatis mulieris veniat, sed ad virilem sexu tota terra hereditatis perveniat.

2. Dum relegissemus aliquibus capitulis ex Romanis legibus, in novella Iustiniani invenimus scriptum inter cetera de constitutione Theodosii imperatoris, et Valentiniani augusti ab Albinum praefectum, ut nullus audeat episcopos, presbyteros, diaconos accusare. Audemus quidem sermonem facere sollerter plus sermone de sanctis ac venerabilibus sacerdotibus vel levitis omni timore, quibus omnis terra inclinat caput; tamen adhuc audivimus perfidia in Urbem ad Deum vivum, aut impium nomen fieri. Sed si quis ausu aut temerarius legi ecclesiae vel clerus, per quem omne pollet imperium, iniuria audere voluerit, et si accusationem seditior persona fuerit, reposita poena fisco nostro id est centum pondi aurei, et centum pondi argenti inferre cogatur; et sic cum auctoribus Ecclesiae causam dicat. Si vero infirmior fuerit persona, prius cogitet animo suo perfido; et sic aut accuset, aut iniuriam faciat, aut criminis causam dicat. Numquam ob recto patrimonio nostro nescio qua perfidia attemptare adsuevit, militantes in palatio Christi terrae curiae obducit, iussimus manus eius implum dari. Si autem voluerit superscripta degere vita, nihil sit cura Ecclesiae catholicae.

3. *Ex Codice monachorum sententia.* Si quis percusserit sacerdotem, id est presbyterum, sive diaconum, decretum est, ut det poenam auri libras 10, id est solidos septingenti viginti. Si [1] quis percusserit subdiaconus [2] et defensorem Ecclesiae, det poenam [3] auri libras quinque, hoc est solidos 360 [4]. Si quis lectorem [5] percusserit, [6] det poenam [7] auri libras 3, hoc est solidos ducenti sedecim [8].

Capitula in Codd. Ambrosiano, Florentino, Londinensi, Vindobonensi, Veronensi et Estensi servata.

1 [9]. Si quis praepositus aut ministerialis aliquis aliquas res ecclesiae quas praevidere debet, per aliquem scriptionis titulum cuiquam concesserit, quod ad damnum ipsius ecclesiae pertineat, pro sacrilegio computetur. Similiter et de rebus quae ad rem publicam pertinent, si comes aut ministerialis rei publicae cuiquam similiter concesserit, pro infidelitate computetur.

2 [10]. De feminis, quas defunctis viris lex Langobardorum prohibet ante anni spatium vestem religionis mutare velumque suscipere, petierunt nostra licentia, ut mox dum divina pietas inspiraverit eas, indemnes liceret suscipere. Nos autem considerantes, quia pro ipsam dilationem multae etiam raptae intra idem spatium ad aliam partem distractae fue-

VARIANTES LECTIONES.

[1] *Quae sequuntur, habentur et in codice Cavensi fol.* 210. [2] subdiacono et defensor *Cav.* [3] penas. *Cav.* [4] XL. *Cav.* [5] lectores *Cav.* [6] pena *Cav.* [7] libre *Cav.* [8] sol. cc. *Cav.* [9] *Mur. cap.* 123. [10] *Mur. c.* 125; *et codd.* A. Fl. (initio et Lond. v. infra cap. Hludowici I. 817 capp. generale c. 21.) inter leges Hlotarii cap. 68 repetunt.

rant, ideo earum petitionem, quam iustam censuimus, suscepimus, et eis ita fieri concedimus [1].

3 [2]. Placuit nobis secundum sanctorum patrum auctoritatem, si quis ab episcopo sui iuste excommunicatus fuerit, a nullo penitus [3] recipiatur, antequam in praesentia sui episcopi veniat pro culpa satisfactionem redditurus.

4 [4]. Et quia sunt nonnulli, qui sine proprietatibus in regno nostro degentes, iudicia comitum effugiunt, atque non habentes res aut substantiam quibus constringi possint, ideo circumquaque [5] malitias exercere non cessant, de illis nobis placuit, ut ipsi cum quibus videntur manere, aut eos praesentent, aut pro eorum malefactis rationem reddant [6].

5 [7]. Ut coniugia servorum non dirimantur, si diversos dominos habuerint; sed in uno coniugio servi permanentes, dominis suis serviant; sic tamen, ut ipsum coniugium legale sit, et per voluntatem dominorum suorum iuxta illud euangelium: *Quod Deus coniunxit, homo non separet* [a].

6. Sicut consuetudo nostrorum [8] est, ut Langobardus vel Romanus si evenerit [9] quod causam inter se habeant [10], observamus ut Romanus populus successionem eorum iuxta suam legem habeant [11]. Similiter et omnes conscriptiones iuxta suam legem faciant. Et quando iurant, iuxta suam legem iurent [12]. Et quando componunt, iuxta legem [13] cui malum fecerint componant [14]. Et de Langobardis [15] similiter convenit componere [16]. De caeteris vero causis communi lege vivamus [17], quod [18] domnus [excellentissimus [19]] Karolus rex Francorum atque Langobardorum in aedicto [20] adiunxit.

7 [21]. Neque decennii neque vicennii aut 50 annorum praescriptio religiosis domibus opponatur, sed sola 40 annorum curricula terminentur, non solum in ceteris rebus, set eciam in legatis [22]. In creditatibus inter [23] duos fratres annorum curricula non computetur, set semper equaliter dividant, quia de uno pater et de una mater nati sunt; et ec curricula usque ad tercio sequatur [24] gradum.

A *Capitula ex Codd. Ambr., Lond., Vindob., eron. Estensi.*

8 [25]. Si qua mulier filium vel filiam suam pe fraudem aliquam coram episcopo ad confirmand m tenuerit, propter fallaciam suam poenitentiam agat, a viro tamen suo non separetur.

9 [26]. Falsa persona non habet potestatem accusandi [27]. Et si in primo crimine visa est fals m dixisse testimonium, in secundo non habeat p testatem dicendi [28].

Ex Codd. Florentino et Londinensi.

10 [29]. Praecipimus ut nemo usuram [30] de aliqua causa exigere audeat. Quicumque hoc fecerit **B** bannum persolva

Ex Codice Florentino.

11 [31]. De sacris vasis ecclesiae quae in p nus a nonnullis in quibusdam locis dari comperimu , prohibitum est, ne deinceps a quoquam fieri pra sumatur, nisi solummodo necessitate redimendor m captivorum compellente.

12 [32]. Si quis pro alterius debito se pecunia suam promiserit redditurum, in ipsa promissione t retinendus. De illis hominibus vel sacerdotibus t quibuslibet per regnum nostrum, qui [33] propter remia aut parentelam, de nostra iustitia inquirenti us aut emendantibus iustitiam, veritatem obfuscar volunt missis vel fidelibus nostris, et se in periuria ittunt, **C** iubemus atque praecipimus, ut si suspecti fuerit quod homo periurasset, ut postea sive can po vel cruce iudicetur, ut ipsa veritas vel periuri m fiat declaratum; et si Dei fuerit voluntas, quod in ipso iuditio veritas aut periurium declaretur, tum volumus atque iubemus, ut si sacerdos vel cleri s fuerit, dupliciter bannum nostrum persolvat, sic t supra decrevimus, et postea secundum canones iu icetur; si autem laicus fuerit, widrigild suum ad partem nostram persolvat [34]

VARIANTES LECTIONES.

[1] c. cum consilio episcopi vel sacerdotum aliorum, et ut expectet 30 dies post decessum viri sui *V. Vn. E.* (cf. 817. c. 21.) [2] *Mur. c.* 130. [3] *deest V.* [4] *Mur. c.* 131. [5] *deest V.* [6] r. ita ut non sin eorum aduocati. *V. Vn. E.* [7] *Mur. c.* 129. [8] nostre *A. Fl. V.* [9] convenit *A.* [10] habuerint *L.* [1] legem usque legem desunt in *Fl.* [12] i. Et alii homines ad alios similiter *Est.* Et alii similiter *M.* . [3] iuxta suam ipsius legem c. *cor. manu sec. XII ineuntis*: iuxta ipsius legem cui malum irrogatur copo ant *Fl.* [15] c. et alii illorum similiter. De ceteras etc. *A.* [15] et langobardo *Fl.* et longobardus *V.* et lo gobardos *M.* [16] observare *Fl.* [17] vivamus scilicet nos Franci, Langobardi *glossa V. Vn.* [18] quam *Fl.* [19] excellentissimus L. *deest A.* [20] *glossa scilicet retro posito Fl.* [21] *Mur. c.* 134. [22] *Mur. c.* 144. [23] . donec poenitentiam acceperit. Et *V. Vn. E.* [24] d. quae superius legitur *Vn.* [25] *Amb. inter leges Pippin , Florentinus inter capitula Karoli, codices reliqui inter leges Hludovici I. referunt. cf. Murat. leges Pippini c.* 49, *Hludovici I. c.* 60. [26] et hoc loso erasum *A.* [27] hinc inde extat et in codicibus *Fl. L. V. Vn et Est.* [28] sequa reliqua desunt in *Fl.* [29] *ex cod. Fl. fol.* 104[1] *et Lond. fol.* 136. [30] usuras *L.* [31] *l.* 104. [32] *fol.* 104[1]. [33] *deest in codd.* [34] caput aliud hic in *Fl.* obvium vide infra in *capp. Hludovici I. imp.* (Murat. Addit. II. c. 20) c. 22.

NOTÆ.

[a] Ubi vero mancipia non unius domini sed diversæ potestatis juncta fuerint, nisi conveniontibus utrisque dominis hujusmodi copulatio rata non erit, vel si negligendo sentitur, et virtute qua potuerint non emendetur. Nam hujus copulæ auctor erit qui hoc negligendo consentit. Plura sunt quæ ad incesti crimen scribi poterant, sicut in matre e filia et noverca et pene innumerata quæ menti ad scribendum non occurrunt. Hujusmodi tamen et hi similibus personis copula maritalis in sempitern m subtrahitur. *V. Vn. E.*

Ex Codd. Florentino, Vindobonensi, Veronensi, Estensi.

13 [1]. Ut de eo qui se periuravit [2], postquam poenitentiam egerit, inculpabilis esse videatur.

14 [3]. Quicumque res suas pro anima sua ad casam Dei, aut ad parentes suos, sive ad alios homines tradiderit, et in hostem aut in servitium Dei iturus fuerit, aut ad mortem traditus, si in ipso itinere aut de ipsa infirmitate mortuus fuerit, habeat ipsas res, cui traditae sunt. Et si mortuus non fuerit in ipso itinere aut de ipsa infirmitate, recipiat res suas quas tradiderit, si voluerit, et habeat in suo iure, sicut antea habuit.

Ex Codd. Londinensi, Vindobonensi, Veronensi, Estensi.

15 [4]. De coniunctione quae secundum canones aut aedictum esse non potest, placuit nobis ut copulati separentur ab invicem.

Ex Codd. Vindobonensi, Veronensi, Estensi.

16 [5]. Ut nec episcopi, nec abbates, nec comites, nec vicarii, nec iudices, nullusque omnino sub mali occasione vel malo ingenio res pauperum vel minus potentum nec emere, nec vi tollere audeat; sed quisquis ex eis aliquid comparare voluerit, in publico coram idoneis testibus et cum rationibus hoc faciat. Ubicumque autem aliquid inventum fuerit factum, hoc omnino emendetur per iussionem nostram.

17 [6]. Ut longa consuetudo, quae ad utilitatem publicam non impendit [7], pro lege servetur, et quae diu servatae sunt, permaneant.

Ex Lombarda II. 50. 4.

18 [8]. Ut qui semel periuratus sit, nec testis sit post hoc, nec ad sacramentum accedat, nec in sua causa vel alterius iurator existat.

VARIANTES LECTIONES.

[1] *Flor. fol.* 129ᵗ. (*Murat. c.* 151.) [2] p. aut infamis erit p. *Georgisch.* [3] *Mur. c.* 79. In Florentino recentiori manu fol. 129 additur. cf. cap. 803. Salic. c. 6. [4] *Mur. c.* 150. [5] *Mur. c.* 147. [6] *Mur. c.* 148. [7] impedit *E*. [8] cap. *Mur.* 152 ex Goldasti editione.

CAPITULA DE IUDAEIS (An. 814).

Post capitulum de Iudaeis in placito Noviomagensi (supra, col. 304) promulgatum alia quaedam Carolus et filius eius Ludovicus sanxerunt, in Codice bibl. regiae Monacensis olim Augustanae fol. 261 servata. Quae a viro cl. Foringer exscripta atque ad me missa, hoc potissimum loco referre iuvat, quod quaenam eorum Carolo, quaenam eius filio debeantur, definiri nequeat. Addimus alteram formulam iuramenti Iudaeorum in Codice bibl. Guelferbytanae Blankenburgensi repertam, manuque saeculi decimi exaratam. Alia vero capitula, quae in Codicibus Frisingensi, Vindobonensi et Guelferbytano sub nomine Caroli magni feruntur, Carolo Calvo deberi, ex concilio Meldensi anni 845 constat.

DE CAPITULIS DOMNI KAROLI IMPERATORIS ET HLUDOWICI.

1. Nemo Iudeus [1] praesumat de ecclesia Dei aliquid recipere neque in wadio nec pro ullo debito, ab ullo Christiano, in auro sive in argento, neque in ceteris rebus. Quod si facere praesumpserit, quod absit, omnis substantia sua auferatur ab eo et dextera manus illi amputetur.

2. Ut nullus Iudeus neminem Christianum in wadium ab ullo Iudeo aut ab alio Christiano mittere praesumat, ne deterior fiat; quod si facere praesumat, secundum suam legem restituat, et debitum et wadium simul perdat.

3. Ut nemo Iudeus monetam in domo sua habeat, et neque vinum nec annonam vel aliam rem vendere praesumat. Quod si inventum fuerit, omnis substantia sua ab illo auferatur, et in carcerem recludatur, usque ad praesentiam nostram veniat.

4. De sacramento Iudeorum contra Christianos. Mitte rumice bis a capite in circuitu pedum eius; ibi debet stare quando iurat sacramentum, et habere debet in dextro brachio quinque libros Moysi secundum suam legem, et si habere non potest secundum hebreum, tamen habeat latinitatem. Si [2] me Deus adiuvet, ille Deus qui dedit legem Moysi in monte Synai, et si lepra Naaman Siri super me non veniat sicut super illum venit, et sic terra me non deglutiat sicut deglutivit Dathan [3] et Abiron, de ista causa contra te malum non merui.

Ex cod. Blankenburgensi fol. 206.

IURAMENTUM IUDEORUM.

Adiuro te per Deum vivum et verum, et in illam legem sanctam quam Dominus dedit ad beatum Moisen in monte Sinai, et per Adonai sanctum; et per pactum Abrae quod Deus dedit filii Israel, et si non lepra Naaman Siro [4] circumdet corpus meus, et si non me vivo degluciat terra sicut fecit Dathan et Abilon, et per arcum fidelis qui de celis aparuit ad filios hominis, et ipsum locum sanctum ubi sanctus Moisen stetit et illam sanctum quam beatus Moisen ibi haccepit, de hac causa culpabilis non sum.

VARIANTES LECTIONES.

[1] iudeis *cod*. [2] i. e. sic. [3] dathan *cod*. [4] librana amansiro *cod*.

LUDOVICI I ET LOTHARII
CAPITULARIA.

CAPITULARE (An. 816).

Olim ab Eckharto ex Codice bibl. ducalis Guelferbytanæ Gudiano vulgatum, jam ope ejusdem Codi is sæculi ix, nec non 1. Chisiani sæc. x, et 2. Cavensis sæc. xi, in quibus tamen, præeuntibus capit lis 9, 10, 11, supra ad an. 801, pag. 84. et 85 editis, sequentia numeris iv, v et vi signantur, atque reli orum Codicum capitularia legibus Langobardicis addita exhibentium ope, iterum proponimus. Assignavim s conventui ab imperatore post Stephani papæ reditum Compendii habito, quod de altero Aquisgranensi mense Augusto celebrato dubietas aliqua intercedat; qua de re in sequentibus visuri sumus

INCIPIUNT [1] CAPITULA QUAE [2] DOMNUS HLUDOWICUS A
IMPERATOR ANNO TERTIO ADDERE IUSSIT.

In [3] nomine domini nostri Iesu Christi. Hludowicus [4] a Deo coronatus serenissimus augustus, omnibus episcopis, abbatibus, ducibus, comitibus, seu cunctis fidelibus nostris [5]. Kapitula quae nobis addere placuit, haec sunt.

1 [5]. Si duo testimonia de qualibet re testimoniaverint et [7] inter se discordant, *tunc* comis eligat unum ex una parte, et alium ex alia parte, ut illi duo *testes* decertent cum *scutis et* fustibus [a]. Nam si flebiliores [8] ipsi testes fuerint, tunc ad crucem examinentur. Quod [9] si maioris etatis *sunt* et non possunt [10] ad crucem stare, tunc mittant aut filios suos aut parentes aut qualemcumque hominem [11] possunt, qui pro eis hoc contendunt [12]. Et ille qui B

de ipsa [13] falsitate convictus fuerit, dextram [14] manum perdat [b].

2 [15]. De omnibus debitis solvendis sicut tiquitus fuit constitutum, per duodecim denarios olidus solvatur per totam Salicam legem, excepto le dis [16], si Saxo aut Friso Salicum [17] occiderit, per [18] dinarios solvant solidum [19]. Infra Salicos v ro ex utraque parte de omnibus debitis sicut dixi us 12 dinarii per solidum solvantur, sive de ho icidiis, sive de omnibus [20] rebus.

3 [21]. De mannire [22] vero nisi de ingenuit te aut de hereditatem non sit opus observandu . De ceteris vero inquisitionibus [23] per distriction m comitis ad mallum veniant [24], et iuste examine tur ad iustitias faciendum. Comites vero non semp r pauperes per placita premere [25] debeant.

VARIANTES LECTIONES.

[1] *ita cod. Gudianus*. [2] que G. [3] *ita Ch. C. A.; desunt in* G. Attulit ista pius divus nobis doicus *versus in* Fl. L. V. Vn. Est. *initio capitularium Hludowici*. [4] h: diuino a dco 1. loduicus imperat r a deo 2. [5] *nostris capitula composuit de causis oportunis. Haec sunt* A. [6] *hic incipit codex Gudianus*. [7] *littera obliqua expressa desunt in Gudiano*. [8] flibilioribus G. [9] Nam si G. [10] possent G. [11] quales umque homines G. [12] tendunt G. [13] illa 1. [14] dextera G. dextra 1. [15] *habetur inter leges Karoli ap.* Murat. Nro. 76 *et in* A. Fl. L. V. Vn. E. [16] leudes 1. 2. leudo i. e. composicio Amb. [17] aliquem 1. 2. [18] LX. Mur. [19] *reliqua desunt in* 2. sol. solvant. Similiter de omnibus controversiis quas hii contra Salic um habuerint, unde et composicionem facere debuerint. Infra Vn. E. [20] deest 1. [21] *habetur inter leges* K roli ap. Mur. c. 67. *et in codd*. A. Fl. L. V. Vn. E. [22] manitionibus G. [23] v. atque p. G. [24] comis ad m. v niat G. [25] opprimere 1.

NOTÆ.

[a] F. *si flebiliores non fuerint ipsi testes*. Nam V. Vn. E. Cod. Londinensis hæc et sequentia, ultima tantum sententia excepta, in glossam hanc rejicit. *Si flebiliores non fuerint ipsi testes*. Nam si flebiliores sunt ipsi testes, ad crucem examinentur. Quod si majoris sunt ætatis, quod non possunt ad crucem [obiit per K. Lot. sancitum est. *Gloss. cod. Lond.*] contendere, tunc mittant aut filios aut parentes aut qualescunque homines qui possint pro eis contendere.

[b] *Hinc in Codd.* Vindobonensi, Veronensi *et* Estensi *sequitur lex conficta, ex decretalibus Pseudoisidori*

Conc. Rom. sub Sylvestro papa cap. 16. *sumpta quam Muratorius n.* 4 *refert:* « Constitutu est ut nullus laicus crimen clericis audeat inferre Testimonium clerici adversus laicum nemo recip at. Nemo enim clericus vel diaconus aut presbyter propter quamlibet causam intret in curiam, nec a te iudicem causam dicere præsumat, quoniam om is curia a cruore dicitur et immolatione simulacroru . Et si quis clericus accusans clericum in curiam i roierit, anathema suscipiat. » *Eadem in Cod.* Am rosiano *post cap.* Mur. 56, *et in Cod.* Londinensi *an* e *legem cap.* Murat. 59 *habentur*.

CONSTITUTIO DE LIBERIS ET VASSALLIS.

Capitula hæc ex Codicibus 1. Chisiano et 2. Cavensi prima vice prodeunt, cum antea nonnisi c put primum inter Ludovici Capitula legibus Langobardorum addita vulgatum esset. Annus certus quidem non patet; cum tamen in Codice utroque una serie cum capitulis anno 816 promulgatis, quibus errore qu dam capitulare Marincense inseritur, et ante capitularia anni 817 legantur, ea anno 816 assignare visum es .

1. Si [1] quis per cartulam ingenuus [2] dimissus fuerit, et a quolibet homine ad servitium interpellatus fuerit, primo legitimum [3] auctorem suae libertatis proferat, et in sua libertate perseveret. Si vero legitimum auctorem defuerit, testimonium bonorum hominum, qui tunc aderant quando liber dimissus fuit [4], se defendere permittatur. Si vero testes defuerint, cum duabus aliis [5] cartis, quae eiusdem cancellarii manu firmatae sunt vel subscriptae, sua carta, quae tertia est, veram [6] et legitimam esse confirmet. Cancellarius tamen talis esse debet, qui pagensibus loci illius notus sit [7] et acceptus. Si vero qui interpellatus fuerit, nec auctorem, nec testimonia, nec cartae collatione ostendere potuerit, ipse qui eum inscripsit [8] secundum legem cartam ipsam falsam esse faciat, et servum suum conquirat. Si B vero interpellator aut actorem aut testimonia, aut cartarum collatione victus fuerit, et hoc quod voluerit [9] efficere non potuerit, multa quae in ipsa ingenuitate carta continetur, cogatur exolvere.

2. Si quis seniorem suum dimittere voluerit, et ei approbare potuerit unum de his criminibus: id est primo capitulo, si senior eum iniuste in servitio redigere voluerit; secundo [10] capitulo, si in vita eius consiliaverit [11]; tertio capitulo, si senior vassalli sui uxorem adulteraverit; quarto capitulo, si evaginato gladio super eum voluntarie occurrerit [12]; quinto capitulo, si senior vassalli sui defensionem facere potest [13] postquam ei ipse manus suas [14] commendaverit, et non fecerit, liceat vassallum eum dimittere. Qualecumque de istis quinque capitulis senior contra vassallum suum perpetraverit, liceat vassallum eum dimittere a.

VARIANTES LECTIONES.

[1] inter Hludowici leges apud Muratorium cap. 6, et in codd. A. Fl. L. V. Vn. E. vide supra inter Karoli leges anno 803. pag. 114. c. 7. [2] ingenuitatis A. [3] legitimum usque proferat deest 1. [4] est A [5] deest 1. [6] veracem 1. [7] fuisset 1. [8] interpellauit V. [9] uoluit 1. [10] secundum 1. [11] c. et homo hoc sentiens liceat eum dimittere 2. [12] o. hoccidere uouleril 2. [13] defendere poterit 2. [14] p. ipse manibus suis 2.

NOTÆ.

a Cf. Caroli Magni Capitulare Aquisgranense a. 813, cap. 16, supra, col. 362.

CONSTITUTIONES AQUISGRANENSES (An. 817, Jul.).

Anno 817 cum, Sorabis Vasconibusque rebellibus devictis, Saracenorum in Hispania, et filiorum Godofridi ex Dania legati pacis petendæ causa ad Ludovicum venissent, tempore igitur pacis, imperator ad communem Ecclesiæ et omnium suorum utilitatem rebus imperii manum admovendam censuit. Conventu igitur Aquisgrani adunato, tum suorum consilio regnum inter filios partitus. Lotharium imperii socium sibi assumpsit, tum leges nonnullas promulgandas curavit. Eæ fuerunt forma institutionis canonicorum et sanctimonialium, capitula a regularibus observanda, capitula ad episcopos ordinesque ecclesiasticos generaliter pertinentia, leges mundanæ et capitula. Quarum prima ex inscriptionibus in Codicibus repertis anno 816, capitula monastica anno 817, imperii quarto, vi. Id. Jul. et in uno tantum Guelferbytano an. 816, imperii anno tertio, x Kal. Sept., capitula generalia anno 817 ascribuntur. Cum vero omnia inter se cohærere ex præfatione capitularis generalis ejusque capitulis 3, 5, 14, 15, 19, intelligatur, et constitutio de præstationibus monasteriorum in eodem conventu promulgata annum 817 præferat, totum harum legum complexum ei anno assignandum esse duxi. Sane historicorum ea de re testimonia valde inter sese discrepant. Nam cujus auctoritatem reliquis omnibus ante habemus, Einhardus in Annalibus tacet, Annales Laurissenses anno 816 mense Augusto præceptum de cursu S. Benedicti a monachis cantando et Codicem de Vita clericorum et nonnarum, Annales Moissiacenses anno 815, leges pro monachis et canonicis et de justitiis faciendis atque hæreditate vel libertate injuste ablatis restituendis, anonymus Vitæ Ludovici auctor librum canonicæ Vitæ, regulas monachis et sanctimonialibus traditas et leges de servis non clericandis atque de manso ecclesiarum dotalitio anno 817 assignant; ex Ermoldo legatio missorum qui in vitam clericorum regulariumque inquirant, anno 817 evenisse censenda est.

Prodeunt igitur infra: 1° Divisio imperii. 2° Regula monachorum. 3° Capitulare generale; scilicet ejus præfatio, capitulare ad clerum spectans, capitula legibus addenda, capitula per se scribenda, et capitula missis per totum imperium ablegatis contradita. 4° Encyclica ad archiepiscopos, a missis perferenda. 5° Constitutio de servitio monasteriorum.

I.

a DIVISIO IMPERII (An. 817, Jul.).

Divisionis hujus formulam a Baluzio ex Codice olim Colbertino jam bibl. reg. Paris. n. 2718, sæc. IX, fol. 76, 77 editam, ad fidem ejusdem Codicis recognitam denuo sistimus.

DIVISIO IMPERII DOMNI HLUDOVICI INTER DILECTOS FILIOS SUOS, INTER HLOTHARIUM VIDELICET [1] ET PIPPINUM ET HLUDOWICUM, ANNO QUARTO IMPERII SUI.

In nomine domini Dei et salvatoris [2] nostri Iesu Christi. Hludowicus, divina ordinante providentia, C imperator augustus. Cum nos in Dei nomine anno incarnationis Domini octingentesimo septimo decimo, indictione decima, annoque imperii nostri quarto, mense Iulio, Aquisgrani palatio nostro, more solito, sacrum conventum et generalitatem populi nostri propter ecclesiasticas, vel totius imperii nostri utili-

VARIANTES LECTIONES.

[1] et uidelicet et 1. [2] saluatoris etc. Cum nos 1. sed Baluzii restitutionem recepi, quod Codex formulam consuetam non integram refert.

NOTÆ.

a Eginhardus de hac Imperii divisione agens in Annalibus ait eam a Ludovico peractam in generali populi conventu apud Aquisgranum habito, ibique Lotharium coronatum ac nominis atque imperii so-

tales pertractandas, congregassemus et in his studeremus, subito divina inspiratione actum est, ut nos fideles nostri ammonerent, quatenus, manente nostra incolomitate, et pace undique a Deo concessa, de statu totius regni et de filiorum nostrorum causa, more parentum nostrorum tractaremus. Sed quamvis haec admonitio devote ac fideliter fieret, nequaquam nobis nec his qui sanum sapiunt, visum fuit, ut amore filiorum aut gratia, unitas imperii a Deo nobis con-

A servati divisione humana scinderetur, ne f rte hac occasione scandalum in sancta Ecclesia orir tur, et offensam illius in cujus potestate omnium iura regnorum consistunt, incurreremus. Idcirco ecessarium duximus, ut ieiuniis et orationibus et lemosiparum largitionibus, apud illum obtinerem , quod nostra infirmitas non praesumebat. Quibus rite per triduum celebratis, nutu omnipotentis Dei t credimus, actum est, ut et [a] nostra et [b] totius p uli no-

NOTÆ.

cjum fuisse constitutum, cæteros imperatoris filios reges appellatos, unum Aquitaniæ, alterum Bajoariæ præfectum. Idem in epistola 34 scribit Ludovicum, cum Lotharium in societatem nominis et regni consensu totius populi sui assumpsit, sibi præcepisse ut Lotharii curam gereret, ac illum de moribus corrigendis et honestis atque utilibus sectandis sedulo commoneret. In Annalibus Anianensibus et in Chronico Moyssiacensi ista de regni divisione leguntur, quæ ad institutum nostrum omnino pertinent. « Anno 817, Ludovicus imp. apud Aquis palatium celebravit Pascha. Et in ipsa æstate jussit esse ibi conventum magnum populi de omni regno vel imperio suo apud Aquis sedem regiam, id est episcopos, abbates, comites, et majores natu Francorum. Et manifestavit eis mysterium consilii sui, quod cogitaverat, ut constitueret unum de filiis suis imperatorem. Habebat enim tres filios ex uxore Ermengarda regina. Nomen uni Clotarius, nomen secundi Pipinus, et nomen tertii Ludovicus. Tunc omni populo placuit ut ipse, se vivente, constitueret unum ex filiis suis imperatorem, sicut Carolus pater eius fecerat ipsum. Tunc tribus diebus jejunatum est ab omni populo, ac letania facta. Post hæc jam dictus imperator Clotarium, qui erat major natu, imperatorem elegit, ac per coronam auream tradidit ei imperium, populis acclamantibus et dicentibus : Vivat imperator Clotarius. Facta est autem lætitia magna in populo die illo. Et ipse imperator benedixit Dominum, dicens : Benedictus es, Domine Deus noster, qui dedisti hodie ex semine meo consedentem in solio meo, videntibus oculis meis. » Hanc regni divisionem postea Ludovicus anno 821 in conventu apud Noviomagum habito Kalendis Maii recitari fecit, et a cunctis proceribus qui tunc affuere confirmari, ut legitur in Annalibus Eginhardi et in Vita Ludovici Pii. Et hæc quidem diu mansere, donec abalienatis a patre filiorum animis propter Juditham et filium ejus Carolum, cui postea Calvo cognomen hæsit, Ludovicus nomen Lotharii omisit in diplomatibus et edictis. Hinc mota Lotharii ira, ut patet ex epistola flebili Agobardi archiepiscopi Lugdunensis ad Ludovicum eumdem. Hinc illæ tragediæ in Pium excitatæ, quæ in veteri Chronico S. Galli *dedecus Francorum* merito dicuntur. BALUZ.

[a] In Annalibus Anianensibus, quos supra descripsimus, legitur Clotarium a Ludovico patre imperatorem fuisse electum, populis acclamantibus. Vide omnino Agobardi epistolam flebilem, cap. 4. ID.

[b] Hic locus postulare videretur ut hic quorumdam annalium et veterum librorum verba excutiamus, ex quibus colligi posse prima fronte videtur regum nostrorum successionem in regno paterno ad populi suffragia pertinuisse antiquitus. Nam in Chronico brevi auctoris incerti quod Andreas Duchesnius edidit ex bibliotheca Alexandri Petavii ita diserte scriptum est in tomo tertio Scriptorum historiæ Francorum, pag. 550 : « Pippinus rex moritur, et filius [*Leg.* filii ejus] Carolus et Carolomannus eliguntur in regno. » Quod Eginhardus aliis verbis expressit, eos scribens « consensu omnium Francorum » reges creatos esse. Ac sane Flodoardus, lib. IV Historiæ Rhemensis, cap. 5, refert Fulconum archiepi-

B scopum Rhemensem, cum ad Arnulfum rege Transrhenensem scriberet de electione et coronati ne Caroli III, quem vulgo Simplicem vocamus, ca samque redderet cur eum Franci regem non fecisset t statim post mortem Caroli Crassi imperatoris, dixi se eum tunc admodum corpore simul et scientia p rvulum exstitisse, nec regni gubernaculis idoneu fuisse, « et instante immanissima Normannorum ersecutione, periculosum erat, tunc eum eligere » Idem paulo post respondens eidem Arnulfo, qui qu rebatur quod Franci sine ipsius consilio Carolum el gissent, « morem Francorum asserit secutos se fuis e, quorum mos semper fuerit ut, rege decedente, lium de regia stirpe vel successione sine respectu v l interrogatione cujusquam majoris aut potentio is regis eligerent. » Præterea in ordine ad ordinan um regem Francorum, qui ab Hugone Menardo e itus est in calce libri sacramentorum, « duo episc pi alloquuntur populum in ecclesia, inquirentes eo um voluntatem. » Et in oratione de consecratione egis ita habetur : « Super hunc famulum tuum, qu m suppliciter devotione in regnum Francorum parit « eligimus, benedictionum tuarum dona multiplic . » Denique in narratione de coronatione Philippi i tius nominis primi legitur regis Francorum electio em ad

C archiepiscopum Rhemensem maxime perti ere, et Philippum a Gervasio Rhemensi archiepisc po electum esse annuente patre ejus Henrico. Quan formulam usque ad hæc ultima tempora conserva m esse fidem faciunt acta coronationis Henrici IV t Ludovici XIII. Hæc sunt, opinor, quæ ad stabilien um populi jus in electione regum Francorum dici possunt. Sed contra hæc magna validaque argumenta eguntur in vetustis auctoribus et monumentis, quæ regnum filiis regum jure successionis deberi osten unt ita manifeste, ut necesse omnino sit electionem llam interpretari simpliciter de consecratione, cu is qui rex antea erat, in solemni ac publico episco orum et procerum conventu declaratur paterni aut a iti regni hæres atque successor. Hanc interpretation m esse legitimam probatur ex ordine ad ordinandun regem, in quo hæc regi dicuntur emendata ex vete i Codice ms. Ecclesiæ Rhemensis : « Sta et retine an do statum quem huc usque paterna successione tenuisti hæreditario jure tibi delegatum. » Reges eni i Francorum ex genere prodire docent omnes veteres. Agmen ducet Agathias, qui de Francis age s lib. I hæc scribit : « Filii patribus in regnum succ dunt. » Idem infra loquens de Theodebaldo Theodeb ti filio : « Theodibaldus itaque ejus filius in regno s ccedit : qui quidem tametsi juvenis admodum atqu e adhuc sub magistri cura institutioneque esset, patr a tamen lex eum ad regnum vocabat. » Idem scribit sanctus Gregorius papa Romanus, cujus hæc sunt verba ex homilia decima in Evangelia : « In Persarun quoque Francorumque terra reges ex genere prudent » Quem locum laudat Carolus Calvus in proclamati ne adversus Wenilonem et Fulco Rhemensis arch iepisco-

D pus apud Flodoardum. Noverat ista Carolus f. cum divisionem regni instituret inter filios su s. Nam licet Eginhardus scribat actam illam fuisse in conventu quem imperator habuit anno 806, cum primoribus et optimatibus Francorum, chartamq e divi-

stri in dilecti primogeniti nostri Hlutharii electione A teneatur, et in ceteris honoribus dandis honestas et utilitas servetur.
vota concurrerent. Itaque taliter divina dispensatione manifestatum, placuit et nobis et omni populo nostro, more solemni imperiali diademate coronatum, nobis et consortem et successorem imperii, si Dominus ita voluerit, communi voto constitui. Ceteros vero fratres eius, Pippinum videlicet et Hludowicum aequivocum nostrum, communi consilio placuit regiis insigniri nominibus, et loca inferius denominata constituere; in quibus post decessum nostrum; sub ª seniore fratre, regali potestate potiantur iuxta inferius adnotata capitula, quibus, quam inter eos constituimus, conditio contineatur. Quae capitula propter utilitatem imperii, et perpetuam inter eos pacem conservandam, et totius Ecclesiae tutamen cum omnibus fidelibus nostris considerare placuit, et considerata conscribere, et conscripta propriis manibus firmare, ut Deo opem ferente, sicut ab omnibus communi voto actum est, ita communi devotione a cunctis inviolabiliter conserventur, ad illorum et totius populi christiani perpetuam pacem; salva in omnibus nostra imperiali potestate super filios et populum nostrum, cum omni subiectione quae patri a filiis, et imperatori ac regi a suis populis exhibetur.

Cap. 1. Volumus ut Pippinus habeat Aequitaniam et Wasconiam, et ᵇ markam Tolosanam totam, et insuper comitatus quatuor, id est in Septimania Carcassensem, et in Burgundia Augustudunensem et ¹ Avalensem et Nivernensem.

2. Item Hludowicus volumus ut habeat Baioariam et Carentanos, et Beheimos et Avaros, atque Sclavos qui ab orientali parte Baioariae sunt, et insuper duas villas dominicales ad suum servitium in pago Nortgaoe ᶜ Luttraof et Ingoldesstat.

3. Volumus ut hi duo fratres, qui regis nomine censentur, in cunctis honoribus intra suam potestatem distribuendis propria potestate potiantur; tantum ut in episcopatibus et abbatiis ecclesiasticus ordo

4. Item volumus, ut semel in anno, tempore oportuno, vel simul vel singillatim, iuxta quod rerum conditio permiserit, visitandi et videndi, et de his quae necessaria sunt et quae ad communem utilitatem vel ad perpetuam pacem pertinent, mutuo fraterno amore tractandi gratia, ad seniorem fratrem cum donis suis veniant. Et si forte aliquis illorum qualibet inevitabili necessitate impeditus, venire tempore solito et oportuno nequiverit, hoc seniori fratri legatos et dona mittendo significet; ita dumtaxat, ut cum primum possibilitas congruo tempore adfuerit, venire qualibet cabillatione non dissimulet.

5. Volumus atque monemus, ut senior frater, quando ad eum aut unus aut ambo fratres sui cum donis, sicut praedictum est, venerint, sicut ei maior potestas Deo annuente fuerit adtributa, ita et ipse illos pio fraternoque amore largiori dono remuneret.

6. Volumus atque iubemus, ut senior frater iunioribus fratribus suis, quando contra exteras nationes auxilium sibi ferre rationabiliter expetiverint, iuxta quod ratio dictaverit et temporis oportunitas permiserit, vel per se ipsum vel per fideles missos et exercitus suos oportunum eis auxilium ferat.

7. Item volumus, ut nec pacem nec bellum contra exteras et huic a Deo conservato imperio inimicas nationes, absque consilio et consensu senioris fratris ullatenus suscipere praesumant. Impetum vero ostium subito insurgentium, vel repentinas incursiones, iuxta vires per se repellere studeant.

8. De legatis vero, si ab exteris nationibus vel propter pacem faciendam, vel bellum suscipiendum, vel civitates aut castella tradenda, vel propter alias quaslibet maiores causas directi fuerint, nullatenus sine senioris fratris conscientia ei respondeant, vel eos remittant. Si autem ad illum de quacumque parte missi directi fuerint, ad quemlibet illorum primo per-

VARIANTES LECTIONES.

¹ vox iam deleta.

NOTÆ.

sionis imperii a Carolo editam jurejurando ab optimatibus Francorum confirmatam fuisse, ipse tamen eam peregit absque populi suffragiis, nulla consensus procerum mentione facta, eodem jure quo pater bona sua liberis suis tanquam naturalibus hæredibus relinquit. Quod confirmatur ex his quæ Theganus scribit in capite sexto de Gestis Ludovici Pii. Itaque Carolus Calvus regni partem accepit paterna donatione, ut ad Ludovicum Germaniæ regem scribunt episcopi provinciarum Rhemensis et Rothomagensis in titulo xxvii Capitulorum Caroli Calvi, cap. 7. Et titulo iii, cap. 4, episcopi apud Theodonis villam congregati, alloquentes eundem Carolum, aiunt regnum illi hæreditate relictum fuisse. Verissima igitur est adnotatio quæ exstat hoc loco in actis coronationis Henrici IV et Ludovici XIII, nimirum istum populi consensum accipiendum non esse de electione, sed de subjectione, obedientia et fide quam populus regi pollicetur secundum legem Dei. Baluz.

ª Nimirum ut unum regnum esset, non tria, ut explicat Agobardus in Epistola flebili : « Cæteris filiis vestris designastis partes regni vestri; sed ut unum regnum esset; non tria, prætulistis cum illis quem participem nominis vestri fecistis. » Sed ista Pippi-

num et Ludovicum graviter tulisse narrat Theganus cap. 21, de Gestis Ludovici Pii : « Imperator denominavit filium suum Lotharium ut post obitum suum omnia regna quæ ei tradidit Deus per manus patris D sui susciperet, atque haberet nomen et imperium patris. Et ob hoc cæteri filii indignati sunt. » Id.

ᵇ Id est, pagum Tolosanum, qui complectebatur quidquid inter Garumnam et Atacem interjectum est usque ad Carcassonem, quam in finibus Aquitanorum collocat vetus opusculum de Aquitania editum a clarissimo viro Philippo Labbeo in tomo secundo novæ Bibliothecæ manuscriptorum librorum, pag. 731. Exin Septimania vel Gothia dicebatur usque ad Pyrenæos montes. Itaque non solum pagus Ruscinonensis erat in Septimania, ut patet ex notitia de Monasteriis regni Francorum et ex aliquot ejusdem ævi monumentis, sed etiam Ceritania et civitas Urgellensis, uti dictum est in notis ad Concilia Galliæ Narbonensis pag. 7, et ad Agobardum pag. 92. Quidquid vero ad regnum Francorum pertinebat ultra Pyrenæos, Marca Hispanica dicebatur, cujus limes extremus constitutus erat ad Rubricatum fluvium. Id.

ᶜ Hodie Lauterhofen. et Ingolstadt. ad Danubium.

venerint, honorifice eos cum fidelibus missis usque ad eius praesentiam faciat pervenire. De levioribus sane causis iuxta qualitatem legationis per se respondeant. Illud tamen monemus, ut quomodocumque se res in confinibus eorum habuerint, semper ad senioris fratris notitiam perferre non neglegant, ut ille semper sollicitus et paratus inveniatur, ad quaecumque necessitas et utilitas regni postulaverit.

9. Praecipiendum etiam nobis videtur, ut post decessum nostrum uniuscuiusque vasallus tantum in potestate domini sui beneficium, propter discordias evitandas, habeat, et non in alterius. Proprium autem suum et hereditatem, ubicumque fuerit, salva iustitia cum honore et securitate secundum suam legem unusquisque absque iniusta inquietudine possideat; et licentiam habeat unusquisque liber homo qui seniorem non habuerit, cuicumque ex his tribus fratribus voluerit, se commendandi.

10. Si autem, et quod Deus avertat, et quod nos minime obtamus, evenerit, ut aliquis illorum propter cupiditatem rerum terrenarum, quae est radix omnium malorum, aut divisor aut obpressor ecclesiarum vel pauperum extiterit, aut tyrannidem, in qua omnis crudelitas consistit, exercuerit, primo secreto secundum Domini praeceptum per fideles legatos semel, bis, et ter de sua emendatione commoneatur; ut si his renisus fuerit, accersitus a fratre, coram altero fratre paterno et fraterno amore moneatur et castigetur. Et si hanc salubrem admonitionem penitus spreverit, communi omnium sententia quid de illo agendum sit decernatur; ut quem salubris ammonitio a nefandis actibus revocare non potuit, imperialis potentia communisque omnium sententia coherceat.

11. Rectores vero ecclesiarum de Francia talem potestatem habeant rerum ad illas pertinentium, sive in Aquitania, sive in Italia, sive in aliis regionibus ac provinciis huic imperio subiectis, qualem tempore genitoris nostri habuerunt vel nostro habere noscuntur.

12. De tributis vero et censibus vel metallis, quicquid in eorum potestate exigi vel haberi potuerit, ipsi habeant, ut ex his in suis necessitatibus consulant, et dona seniori fratri deferenda melius praeparare valeant.

13. Volumus etiam, ut si alicui illorum ost decessum nostrum tempus nubendi venerit, t cum consilio et consensu senioris fratris uxorem ducat. Illud tamen propter discordias evitandas et ccasiones noxias auferendas cavendum decernimus ut de exteris gentibus nullus illorum uxorem ccipere praesumat. Omnium vero homines propter pacem artius conligandam, ubicumque inter parte elegerint, uxores ducant.

14. Si vero aliquis illorum decedens l gitimos filios reliquerit, non inter eos potestas ipsa dividatur; sed potius populus pariter conveniens, num ex eis, quem Dominus voluerit, eligat; et hun senior frater in loco fratris et filii suscipiat, et hon re paterno sublimato, hanc constitutionem erga il m modis omnibus conservet. De ceteris vero lib ris pio amore pertractent, qualiter eos more paren um nostrorum salvent et cum consilio habeant.

15. Si vero absque legitimis liberis aliqui eorum decesserit, potestas illius ad seniorem frat m revertatur. Et si contigerit illum habere liberos ex concubinis, monemus ut erga illos misericordite agat.

16. Si vero alicui illorum contigerit, nobi decedentibus, ad annos legitimos iuxta [a] Ribuaria legem nondum pervenisse, volumus ut donec ad pra finitum annorum terminum veniat, quemadmodum 10do a. nobis, sic a seniore fratre et ipse et regn m eius. procuretur atque gubernetur. Et cum ad l itimos. annos pervenerit, iuxta taxatum modum su potestate in omnibus potiatur.

17. Regnum vero Italiae co. modo praedi to filio nostro, si Deus voluerit ut successor noster e sistat, per omnia subiectum sit, sicut et patri nostro uit, et nobis, Deo volente, praesenti tempore su iectum manet.

18. Monemus etiam totius populi nostri dev tionem et sincerissimae fidei pene apud omnes gente famosissimam firmitatem, ut si is filius noster q i nobis divino nutu successerit, absque legitimis lib is rebus humanis excesserit, propter omnium sal tem et Ecclesiae tranquillitatem et imperii unitatem, in elegendo uno ex liberis nostris, si superstites fra ri suo fuerint, eam quam in illius electione fecimus conditionem imitentur; quatenus in eo constituen o non humana, sed Dei quaeratur voluntas adimplen a.

NOTÆ.

[a] Hinc Caroli Magni proavos F buarios fuisse constat; Merovingi Salici fuerant.

II.

CAPITULA MONACHORUM [a] (An. 817).

Editionem Baluzianam recognovimus, inspectis Codicibus, quorum primus est : 1. bibl. reg. Pa1 s. B. 2826 ms. saec. IX vel X, qui capita hoc ordine refert : 1-5, 8, 7, 6, 10-13, 15, 16, 14, 17-20, 25-32. 9, 53

NOTÆ.

[a] Istius Capitularis diserta mentio exstat in Vita sancti Benedicti abbatis Anianensis, in qua haec leguntur : « Multa denique monasteria erant quae quondam regulariter fuerant instituta, sed paulatim tepescente rigore, regularis pene deperierat ordo. Ut autem sicut una omnium erat professio fieret quoque omnium monasteriorum salubris una consuetu o, jubente imperatore, aggregatis Coenobiorum P tribus una quampluribus monachis per plures resed t dies. Omnibus ergo simul positis regulam ab integro iscutiens, cunctis obscura dilucidans, dubia patefe t, priscos errores abstulit, utiles consuetudines affec usque

34, 38-52, 35, 53, 36, 54-56, 37, 57, 21, 58, 59, 60-69, 71, 70, 72, 73, 75-77, et alia duo capitula. 2. bibl. Musæi Britannici inter Codd. Cottonianos Tiber. A. III, m. sæc ix vel x, cujus capitum hic est ordo 1-6, 11-13, 15, 16, 14, 17-20, 23-34, 38-53, 35, 36, 54, 55, 37, 57, 21, 58, 59-68, 72, 73, 70, 74, 75, 76. 3. Codex bibl. ducalis Guelferbytanæ Helmstadiensis inter n. 532 membr., sæc. ix vel x, qui capita hoc ordine sistit 1-3, 8, 7, 6, 10-13, 15, 16, 14, 17-20, 22-32, 9, 33, 34, 38-40, reliqua omnia desunt. 4. Cod. bibl. Casinatis n. 553 membr. sæc. x, ab Angelo de Noce in appendice Leonis Marsicani editus (Cf. Murator. SS. IV, p. 607-609). Exhibet capitula 1-6, 11-13, 15, 16, 14, 17-20, 23-34, 39 40, 7, 60-63, 35, 36, 54, 55, 56, 57, 41, 58-69, 72, 73, 70, 74-76, 71, 79, 78. 5. Cod. bibl. Paris. n. 1535 m., sæc. x, capitula hoc ordine sistit, ad Casinatem proxime accedenti : cap. 1-6, 11-13, 15, 16, 14, 17-20, 23-34, 38-53, 35, 36, 54, 56, 55, 57, 57-69, 72, 73, 70, 74-77, 79, 78. *Explicit*.

Anno incarnationis Domini nostri Iesu Christi 817[1], A imperii vero gloriosissimi principis Hludowici quarto[2], 6 Idus Iulias, cum in domo Aquisgrani[3] palatii[4], quae ad Lateranis dicitur, [a] abbates complures[5] una cum suis resedissent monachis, haec quae subsequuntur[6] capitula communi consilio ac pari voluntate inviolabiliter a regularibus conservari decreverunt.

1. Ut abbates, mox ut ad monasteria sua remeaverint, regulam per[b] singula verba discutientes pleniter legant, et intelligentes, Domino opitulante, efficaciter cum monachis suis implere studeant.

2. Ut monachi omnes qui possunt, memoriter regulam discant.

3. Ut officium iuxta quod in regula sancti Benedicti continetur, celebrent.

4. Ut in coquina, in pistrino, et in [c] caeteris artium officinis, propriis operentur manibus, [d] et vestimenta sua oportuno tempore lavent.

5. Ut nullo umquam tempore post vigilias, causa dormiendi, nisi contigerit eos ante horam constitutam surgere, ad lectos redeant suos.

6. Ut in quadragesima, nisi in sabbato sancto, [e] non radantur. Alio autem tempore, semel per quindecim dies radantur[7], [f et in octavis paschae].

7[8]. Ut [g] balnearum usus in arbitrio prioris consistat.

8[9]. Ut volatilia intus forisve, nisi pro infirmitate, nullo tempore comedant.

9[10]. [h] Ut nullus episcoporum monachis volatilia comedere praecipiat.

10[11]. Ut poma et lactucae, nisi quando alius sumitur cibus, non comedantur.

11. Ut certum phlebotomiae[12] tempus non observent; sed unicuique, secundum quod necessitas expostulat, concedatur, et specialis in cibo et in potu tunc consolatio praebeatur.

B 12. Ut si necessitas poposcerit ob operis laborem, post refectionem vespertinam, etiam et in quadragesima pari modo, et quando officium mortuorum celebratur, priusquam lectio completorii legatur, bibant.

13. [i] Ut cum a[13] quocumque priore suo increpatus quis eorum fuerit, *mea culpa* primo dicat; dehinc

VARIANTES LECTIONES.

[1] DCCCXVI. 3. [2] tertio anno X. Kal. Sept. cum 3. [3] aquis p. 1. 3. [4] *deest in edd*. [5] a. cum quam pluribus una suis resideret monachis 1. [6] secuntur 1. [7] *reliqua desunt* 3. [8] *deest* 2. Ut balneis generaliter tantum in nativitate et in pascha Domini verumtamen separatim utantur 3. [9] *deest* 2. [10] *deest* 2. [11] *deest* 2. 3. [12] *In ms. S. Galli* fleotomie. fleutomie 3. [13] abbate vel a 4.

NOTÆ.

confirmavit. Judicia igitur regulæ cunctaque dubia ad proficuum deducta effectum, quas minus regula pandit consuetudines assentientibus cunctis protulit, de quibus etiam Capitulare institutum imperatori confirmandum præbuit, ut omnibus in regno suo positis monasteriis observare præciperet. Cui protinus imperator assensum præbuit. » Hæc vero octuaginta capitula numerari consuevisse inter Capitula Ludovici Pii probat vetus catalogus bibliothecæ Sangallensis, scriptus sub imperio Ludovici Pii. In eo enim ista leguntur : « Capitula Hludouvici imperatoris de regula sancti Benedicti. » Baluz.

[a] Hæc est vera lectio. Fatendum tamen est in antiquis Exemplaribus Divionensi, Pithœano, Parisiensi, Sangallensi, et Casinensi legi « cum quampluribus una suis resedissent, » in Helmæstadiensi vero « cum quampluribus una cum suis resedissent, » etc. Horum abbatum unus et præcipuus fuit Benedictus Anianensis, ut paulo ante vidimus. Cum eo vero huic conventui interfuit etiam Josue abbas monasterii sancti Vincentii prope Vulturnum in provincia Capuana, ut legitur in Chronico ejusdem monasterii apud Andream Duchesnium. Item Apollinarius abbas Flaviniacensis, ut scribit ejus successor Hugo in Chronico Virdunensi ; et Agilulfus abbas Solemniacensis, ut patet ex præcepto Ludovici Pii pro monasterio Solemniacensi. Ei interfuisse etiam Andonem abbatem Stabulensem tradit Gabriel Bucelinus in Germania sacra. Id.

[b] Codex Casin., *singulas sententias*. Id.

[c] Sic in antiquis exemplaribus Sangallensi, Divionensi, Helmæstadiensi, Casinensi legitur. Quo etiam modo ediderunt centuriatores Magdeburgenses. Vide libellum supplicem Monachorum Fuldensium oblatum Carolo Magno, cap. 16. In aliis Cod. mss. simpliciter legitur *cæteris officinis*. Id.

[d] Hæc et quæ sequuntur desunt in editione Centuriatorum. Id.

[e] Nimirum in signum luctus et pœnitentiæ. Sequentibus sæculis barba distinxit monachos litteratos ab illitteratis, quos nos hodie fratres conversos vocamus ; ut patet ex querimonia monachorum Laurishamensium adversus Hirsaugienses et ex capite decimo Vitæ beati Bertholdi abbatis Garstensis. Apud Franciscanos adeo raræ olim erant barbæ, ut qui ex eis barbatus esset, hinc distingueretur a cæteris. Testis Marinus Sanutus Torsellus in præfatione ad secreta fidelium crucis : *Jacobus de Cammerino Ordinis Minorum, qui portat barbam*. Id.

[f] Hæc non habentur in Codice Helmæstadiensi. Id.

[g] De balneis monachorum ista paulo post leguntur in eodem Codice Helmæstadiensi, quæ in aliis non exstant. « Ut balneis generaliter tantum in Nativitate D et in Pascha Domini, verumtamen separatim, utantur. « Vide Hugonis Menardi notas ad Concordiam Regularum, pag. 657, 831. Id.

[h] Vide Notas ejusdem Menardi, pag. 720. Id.

[i] Caput istud sic legitur in Codice Casinensi. « Ut cum abbate vel a quocumque priore suo increpatus

prosternens se illius pedibus cum cappa, si habuerit, veniam petat. Et tunc iubente priore surgat, et unde interrogatus fuerit, rationem humiliter reddat.

14. Ut nudi pro qualibet culpa coram fratrum obtutibus [a] non flagellentur.

15. [b] Ut soli, videlicet sine [alio fratre, in viam non dirigantur.

16. Ut sibi [c] compatres commatresve non faciant [1], neque [d] osculentur feminas.

17. Ut si necessitas fuerit eos occupari in [e] fruges colligendo, aut [2] in alia opera, [constitutum legendi et meridie pausandi tempus praetermittatur, et operantes [3]] non murmurent.

18. Ut quarta et sexta feria ieiunantes, ante nonam, aut post nonam, si necessitas fuerit, iuxta prioris arbitrium levia opera exerceant.

19. Ut in quadragesima [f] libris de bibliotheca secundum prioris dispositionem acceptis, alios [4], nisi prior decreverit expedire, non accipiant.

20. Ut eis vestimenta nec multum vilia, ec multum pretiosa, sed mediocria dentur.

21 [5]. Ut mensura [g] cucullae [6] duobus cubitis. onsistat

22 [7]. Ut si infra positae mensurae quantitatem decreverit abbas causa necessitatis quippiam augeri, in illius maneat potestate. Alioquin hoc omnino provideat, ut camisias duas, et tunicas duas, et cucullas duas, et cappas duas unusquisque monachorum habeat; quibus vero necesse est, addatur et tertia; et [h] pedules quatuor paria, et [i] femoralia duo paria, roccum unum, pellicias [g] usque ad talos duas, fasciolas duas; quibus autem necesse est itineris causa, alias duas; [j] manicas quas vulgo wantos appellamus, in aestate, et in hieme vero mufflos vervicinas; calciamenta diurna paria duo, subtalares per noctem in aestate duas, in hieme vero soccos; [k] saponem sufficienter et uncturam; [l] pingue inem ad esum excepto sexta feria et viginti dies ante

VARIANTES LECTIONES.

[1] f. et nullam quamlibet feminam osculentur 3. [2] aut in a. o. desunt 4. [3] Hæc desunt in Cod. ith. et 3. [4] aliis 3. [5] deest 3. [6] scapularis 4. [7] deest 1. 2. 4. [8] pelliciam u. ad t. unam 3.

NOTÆ.

quis eorum fuerit, mox sine mora prosternens illius pedibus: Mea culpa primum dicat, ita ut indutus est. Et tunc jubente priore surgat, et unde interrogatus fuerit rationem humiliter reddat. » Vide Capitula monachorum Sangallensium cap. 13, et Notas ejusdem Menardi pag. 1089. BALUZ.

[a] Codex Pithœanus, aliis non vapulent monachi. Reliqui et editio Centuriatorum habent uti nos edidimus, nisi quod in editione illa additur : sed verecundia sit semper cooperta. ID.

[b] Centuriatores : Ut soli videlicet et sine, etc. Codex Helmæstad : Ut soli videlicet sine. Casinensis : Ut solus sine altero monacho in via non dirigatur. Vide Notas ejusdem Menardi, pag. 667. ID.

[c] Præter ea quæ de hoc argumento observata sunt a Filesaco libro I. Selectorum cap. 3, reperio istud interdictum fuisse in capite quinto canonum sancti Leogarii episcopi Augustodunensis, in concilio Londinensi anni 1102, cap. 19, sub Anselmo archiepiscopo, in concilio quod apud Albiam celebratum dicitur anno 1254, præside Zœno sedis apostolicæ legato, et in synodo quam Joannettinus Doria cardinalis et archiepiscopus Panormitanus habuit anno 1615 in ecclesia Panormitana. ID.

[d] Centuriatores : et nullam unquam quamlibet mulierem osculentur. Codex Helmæstad : Et nullam quamlibet mulierem osculentur. Casinensis : neque feminas osculent. ID.

[e] Regula sancti Benedicti cap. 48 : « Si autem necessitas loci aut paupertas exegerit ut ad fruges colligendas per se occupentur, non contristentur. » ID.

[f] Regula S. Benedicti ibidem : « In diebus Quadragesimæ accipiant omnes singulos codices de bibliotheca. » In epistola Theodomari abbatis Casinensis ad Carolum Magnum permittitur monachis habere manutergia ut involvendos codices quos ad legendum suscipiunt. ID.

[g] Ita omnia vetera exemplaria, si Casinense excipias, in quo legitur scapularis pro cucullæ. In Regula sancti Benedicti cap. 55, scapulare distingui videtur a cuculla. Et in epistola Theodomari, in qua explicatur quid tum per cucullam intelligerent Itali, quid Galli, primum cucullæ descriptio instituitur, dein scapularis. Scapulare tamen sub generali cucullæ vocabulo comprehendi consuevisse auctor est Sigebertus abbas Gemblacensis in libro de Unitate Ecclesiæ pag. 120, editionis B sileensis, anni 1566 : « Propter opera tantum constitui sanctus Benedictus alteram cucullam, quæ dicitur scapulare, eo quod hujusmodi vestis apta sit caput tantum et scapulas tegere. » ID.

[h] Id est, pedum operimenta, ut pluribus eruditè ostendit idem Menardus pag. 889; quem consule. In capitulis Theodori archiepiscopi Cantuariensis, quæ edita sunt in tomo nono Spicilegii Dacheriani, legitur cap. 3, episcopum abbati quemor nat debere dare baculum et pedules. Vide Cujaciu n lib. v Observat., cap. 11. Statuta antiqua monast rii Corbeiensis cap. 3 : « Calcearios quatuor cum olis novis. » Ubi clarissimus editor conjicit legendu fortean esse soleis, ut illud pedum tegumentum in elligatur quod Galli vocant pantoufle. Præceptum Lud vici Pii de stipendiis quæ annuatim in cibo et potu dari debent monachis Sancti Dionysii : « ad cordov sos et in solas eorum componendas. » In Memoratorio segisi abbatis Fontanellensis scriptum est in to o tertio Spicilegii Dacheriani pag. 245 : « Coria bou 1 ad solæas v. composita. » Pro quod haud dubie I gendum est solas. Solas etiamnum wascones et Occitani vocant eam calcei partem quæ sub pedibus est. ID.

[i] Epistola Theodomari ad Carolum : « Habent autem fratres nostri et duplicia femoralia. Mu itamen ex eis Deo juvante in tantum se continent t neque femoralia habeant neque plus quam duplicia indumenta. » ID.

[j] Sic Codex Helmæstad. Recte. Nam manicæ sunt chirothecæ, ut observat Hugo Menardu in Notis ad librum Sacramentorum pag. 361, xtrema. Vita S. Basasti, episcopi Carnotensis : Manicas, quod vulgo wantos vocant. Memoratorium Ansegis abbatis Fontanellensis in tomo tertio Spicilegii Dacheriani pag. 246, ad ubantos lib. I, ubi legendum est wantos. In plurimis Cod. desunt verba Manicas quas vulgo... appellamus. ID.

[k] In editione Centuriatorum ista disjuncta sunt, hoc modo : « Ut data a priore saponis et ncturæ mensura, et reliqua quæ ibi sunt necessaria ad suos (forte usos, id est, usus) habeant lectum propter causam infirmitatis. ID.

[l] Vide Menardi Notas ad Concordiam regularum, pag. 709. ID.

nativitatem Domini, et septimana [illa¹ quae ante quadragesimam vocatur] quinquagesima. Ubi autem vinum non est, unde emina detur, duplicem eminae mensuram de cervisa bona. Et quaecumque praeter haec ª regula iubet, singuli eorum, cum necessitas postulaverit, absque dilatione accipiant.

25. Ut in quadragesima, sicut et in alio tempore, vicissim sibi pedes lavent, et antiphonas huic officio congruentes decantent. In coena vero Domini pedes fratrum, si valet, abbas lavet et osculetur, ᵇ et demum propria manu poculum eis porrigat.

24. ᶜ Ut mandatum, si ² tempus est coenae, tam fratrum quam etiam peregrinorum, post coenam fiat.

25. Ut ea quam monachi sui habent mensura sint abbates contenti, in manducando, in bibendo, in dormiendo, in vestiendo, in operando, quando in aliis utilitatibus non fuerint occupati.

26. Ut villas frequenter, et nisi necessitas coegerit, non circumeant, neque suis illas monachis custodiendas committant. Et si eos ire ad eas necessitas fuerit, expleto necessitatis negotio, ad sua mox monasteria redeant.

27. Ut abbas vel quispiam fratrum ad portam monasterii cum hospitibus ᵈ non reficiat. In refectorio autem omnem eis humanitatem manducandi ac bibendi exhibeat. ᵉ ipse tamen ea cibi potusque mensura contentus sit, quam reliqui fratres accipiunt. Si vero propter hospitem voluerit ad solitam mensuram fratribus sibique aliquid augere, in sua maneat potestate.

28. Ut servitores non ad unam mensam, sed in propriis locis, post refectionem fratrum reficiant; quibus eadem lectio quae fratribus recitata est, legatur.

29. Ut lectori nihil, nisi ᶠ quod regula iubet, detur.

30. Ut Alleluya in septuagesima dimittatur.

31. ᵍ Ut praepositus intra et extra monasterium post abbatem maiorem reliquis abbati ³ subditis habeat potestatem.

32. Ut monachis non nisi monachus constituatur praepositus.

33. ʰ Ut de senioribus monasterium circumeuntibus quidam ⁴ cum fratribus in obedientiam exeant, quidam in monasterio propter custodiam remaneant.

34. ⁱ Ut novitio non facilis monasterii tribuatur ingressus, et ut in cella hospitum ʲ probationis causa

VARIANTES LECTIONES.

¹ *haec desunt* 3.   ² *si usque peregrinorum deest* 4.   ³ *abbatibus* 4.   ⁴ quidam *usque* quidam *desunt* 4

NOTÆ.

ª Id est, Regula S. Benedicti cap. 55, ubi praeterea prohibetur ne monachus aliquid peculiare sive proprium habeat : « Et si cui inventum fuerit quod ab abbate non accepit, gravissimae disciplinae subjaceat. » Visio Wettini monachi Augiensis tempore Ludovici Pii : « Ibi se etiam quoddam opus in modum castelli ligno et lapide valde inordinate conjectum et fuligine deforme vidisse fatebatur, fumo ex eo in altum vaporante. Cui interroganti quid esset, responsum est ab angelo habitationem fuisse quorumdam monachorum de diversis locis et regionibus congregatorum ad purgationem suam. Qui de eodem numero unum specialiter nominavit, quem dixit ibidem in arca plumbea inclusum praestolare debere diem magni judicii propter opus peculiare. » Hinc lepra proprietatis in Chronico Augustano Sigismundi monachi lib. II, cap. 4, apud Pistorium. De monachis proprietariis abunde dictum est in notis ad Concilia Galliae Narbonensis, pag. 28. BALUZ.

ᵇ Centuriatores : *in refectorio manu propria poculum eis porrigat.* Codices Sangallensis, Pithœanus, Parisiensis, Casinensis habent simpliciter, *et poculum porrigat*. ID.

ᶜ Retinuimus lectionem Sirmondi et Centuriatorum, quam confirmat caput tertium fratrum ad Auvam directorum, quae infra suo loco dabuntur, ubi sic legitur : *Qui etiam pedes peregrinorum in unaquaque feria lavant*. Libellus supplex monachorum Fuldensium oblatus Carolo Magno cap. 15 : « Quod peregrinorum susceptio et lavatio in eis pedum non negligatur, sed secundum regulam et secundum priorum nostrorum consuetudinem, quandocunque venerint, misericorditer suscipiantur, et ab omnibus fratribus lavatio pedum eis exhibeatur. Praeceptum Caroli Calvi quo confirmat fundationem hospitalis factam ad Hildrado, editum ab Hemeraeo in Augusta Viromanduorum : « Usque ad duodecim pauperes suscipiantur : ad quos, quia infra claustra erit, et locus congruus habebitur, fratres ad officium lavandorum pedum religiose per singulos dies succedant. » Vetera porro istius Capitularis exemplaria habent tantum : *Ut mandatum post coenam fiat*. Auctor Vitae Alcuini : « Quando mecum quoque ad mandatum pergebas, et te vinum bibere jubebam, arte callidissima dicebas : Bibi, domine Pater, meo cum avunculo sufficienter. » ID.

ᵈ Codex Casin., *non reficiat, neque bibat*. ID.

ᵉ Haec et quae sequuntur usque ad *Si vero* desunt in Codice Parisiensi. Desunt etiam in Sangallensi, qui pro his quae isthic leguntur in aliis exemplaribus, ita habet : *Et ipse cum Episcopis, Abbatibus, Canonicis, Nobilibus, unde ipsi reficiuntur sumat*. ID.

ᶠ Regula S. Benedicti cap. 38 : « Frater autem hebdomadarius accipiat mixtum priusquam incipiat legere, propter communionem sanctam, et ne forte grave sit ei jejunium sustinere. Pascha autem cum coquinae hebdomadariis et servitoribus reficiat. » Vide caput quintum fratrum ad Auvam directorum. ID.

ᵍ Praepositi monasteriorum, secundi post abbates, ut pluribus probat saepe laudatus Hugo Menardus in notis ad Concordiam Regularum pag. 169, 197, 414. Eam ob causam epistola Hincmari Rhemensis archiepiscopi ad monachos Corbeienses inscripta est : *Fulcranno praeposito et fratribus monasterii Corbeiensis*, et alia ad monachos Centuleuses *Magenardo Praeposito et fratribus in monasterio sancti Richarii degentibus*, apud Flodoardum lib. III, cap. 25 Historiae Rhemensis. In concilio Moguntiaco cap. 11 praecipitur « ut monasterium, ubi fieri possit, per decanos ordinetur; quia illi praepositi saepe in elationem incidunt et in laqueum diaboli. » Respexerunt autem conditores istius Canonis ad caput 21 et 65 regulae S. Benedicti. Vide Capitula monachorum Sangallensium, cap. 30. ID.

ʰ Vide eadem Capitula, cap. 14. ID.

ⁱ Vide notas ejusdem Menardi pag. 936, 944, 977. Vide etiam concilium Clovesboviae, cap. 24. ID.

ʲ Haec non habentur in Codice Parisiensi. Retinenda tamen esse patet ex capite 58 Regulae S. Benedicti. ID.

hospitibus serviat paucis diebus [1]. Res vero, si quas habet, [a] parentibus suis [2] commendet. Expleto autem probationis suae anno, secundum quod regula praecipit inde faciat. Ipse vero nec tundatur nec vestimenta sua pristina inmutet, priusquam oboedientiam [b] promittat.

35. Ut monachus, professione facta, tribus diebus cuculla [c] coopertum habeat caput.

36. [d] Ut puerum pater aut mater [e] tempore oblationis offerant [f] ad altare [3], et petitionem pro eo coram laicis testibus faciant, quam tempore intelligibili regulam observare promiserit, ipse puer confirmet.

37. Ut infantes oblati carnem, non nisi causa infirmitatis, manducent.

38. Ut quando fratres post sextam dormiunt, si quis eorum voluerit legere, in ecclesia aut in lecto suo [4] legat.

39. Ut in quadragesima usque ad nona operentur fratres, quatenus missa celebrata temp re congruo reficiant.

40. [g] Ut domus semota [5] his qui fug re, aut pugnis baculisve inter se voluerint conflig re, aut quibus ex integro factae sunt regulares di iplinae, habeatur huiusmodi, quod [6] in hieme ign s possit accendi, et atrium iuxta sit, quo possint uod eis iniungitur operari [7].

41. Ut si quis negligenter sonitum [8] fec rit, aut aliud quid excesserit in refectorio, mox priore [h] veniam petat [9].

42. Ut nullus plebeius seu clericus se laris in monasterio ad habitandum recipiatur, nisi voluerit fieri monachus.

43. Ut nemini liceat sermonem iuramen i aut affirmationis proferre, nisi sicut sancti pat es soliti fuerint [i] loqui.

VARIANTES LECTIONES.

[1] p. d. *desunt* 3.   [2] s. aut amicis c. 4.   [3] oblationis secundum regulam offerant 4.   [4] lectis suis 3.   [5] Ut carcer 3.   [6] qua*Bal.* ut 4.   [7] *reliqua desunt* 3.   [8] sonum 4.   [9] petat et annuente priore surga servetur tamen silentio, et cum egressi fuerint, expleta oratione veniam petat, et secundum modum culp e iudicio subiaceat 4.

NOTÆ.

[a] Codex Casinensis : *parentibus suis aut amicis commendet.* Centuriatores : *parentibus suis aut monasterio committat.* In Regula S. Benedicti cap. 58 legitur : « Res si quas habet, aut eroget prius pauperibus, aut facta solemniter donatione conferat monasterio. » BALUZ.

[b] Post ista sequitur in editione Centuriatorum, « id est, secundum regulam sancti Benedicti professionem in ecclesia faciat. » ID.

[c] Centuriatores : *cuculla veletur capite.* Vide notas ejusdem Menardi, pag. 943. ID.

[d] Olim, uti diximus ad Salvianum, ea erat parentum auctoritas ut liceret illis liberos suos etiam in pueritia vovere Deo, sic ut istis fas non esset abjicere institutum quod patrum imperio susceperant. Imo non solum natos vovebant, sed etiam eos qui nondum nati, in matris utero positi erant. Quod duobus illustribus exemplis ostendimus. Non solum autem eos qui jam concepti erant, sed etiam nascituros in universum ; ut patet ex testamento Ludovici VIII, Francorum regis, apud Andream Duchesnium, tom. V, pag. 325 : «Item volumus et praecipimus quod quintus filius noster sit clericus et omnes alii qui post eum nascentur.» Porro Menardius in notis ad Concordiam Regularum pag. 985 et seqq., et Carolus Le Cointe in Annalibus ecclesiasticis Francorum ad annum 544, § 74, multis testimoniis confirmant pueris quos parentes Deo obtulerant in monasteriis non licuisse discedere quacunque de causa, si res legitimo ordine et secundum regulam peracta fuisset. Formulam qualiter parentes filios suos offerant in monasteriis vide in nova collectione formularum cap. 31, et quae illic a nobis annotantur. ID.

[e] Codex Casin., *oblationis secundum regulam offerant.* ID.

[f] Haec desunt in aliquot exemplaribus. ID.

[g] Codex Helmaestad., *Ut carcer his qui fugere,* etc. Habuerunt semper monasteria carceres in quibus monachi facinorosi includerentur ad agendam severiorem poenitentiam: Exstant plurima hujusce rei testimonia, in primis vero in statutis quae Conradus archiepiscopus Coloniensis edidit anno 1260, de vita et conversatione monachorum. « Statuimus etiam, *inquit*, quod quodlibet monasterium suum carcerem habeat, in quo delinquentes regulariter pu iantur.» Verum hic carcer adeo durus postea evasit ut miserationem permoverit Stephani archiepisc pi Tolosani, de quo haec leguntur in Historia ch nologica Ms. parlamentorum patriae Occitanae, sc ipta ante ducentos annos a Guillelmo Bartlino consi iario clerico in parlamento Tolosano. « Anno Do ini 1350, et die 27 Januarii, cum rex Joannes com ioraretur apud Villamnovam juxta Avenionem, fluvi Rhodano intermedio, et ibi certamen lancearum s ve hastarum, quod nos torneamentum vocamus, lebrasset tota curia papali adstante, totum se con misit negotiis patriae Occitanae, et nulli audient am denegavit. Inter hos vicarius generalis Steph ni archiepiscopi Tolosani ex mandato dicti ar niepiscopi conquestus est de horribili rigore quem monachi exercebant adversus monachos graviter eccantes, eos conjiciendo in carcerem perpetuum, t ebrosum, et obscurum, quem *Vade in pace* vocitant qui nihil aliud habebant pro victu quam panem t aquam, omni consortio sodalium illis adempto, ta ut qui huic poenae addicti sunt, semper pereant esperati. Super hujusmodi querimonia rex per sua ordinationem statuit quod deinceps abbates, p iores, superiores, et omnes gubernatores monast riorum et conventuum bis in mense visitarent et con olarentur fratres qui in tali pressura detinerentur, e quod illis liceret petere consortium unius monachi c sodalitibus in mense habendum. Qua de re littera patentes expedire fecit, quarum exsecutionem den andavit et commisit Olivario de Saia senescallo To osano, et aliis futuris senescallis patriae Occitanae. ro revocatione hujusmodi ordinationis fratres inores et fratres praedicatores mira fecerunt, a toritatem papae reclamaverunt; sed rex in sua vol ntate perseveravit, et voluit quod obedirent, aut regno suo abirent. Qua de causa, etiamsi inviti et re ugnantes, voluntatem regis exsecuti sunt. Barbaru enim est incarcerari et sic afflictos omni solatio e consortio amicorum privare. » ID.

[h] Codex Casinensis addit : « et annu te priore surgat. Servetur tamen silentio. Et cum gressi fuerint, expleta oratione, veniam petat, et secundum modum culpae judicio subjaceat. » Vide gulam S. Benedicti, cap. 71. ID.

[i] In editione Centuriatorum postea seq itur : « id

44. Ut abbatibus liceat habere cellas, in quibus aut monachi sint aut canonici. Et abbas praevideat, ne minus de monachis ibi habitare permittat quam sex.

45. [a] Ut scola in monasterio non habeatur, nisi eorum qui oblati sunt.

46. Ut in praecipuis solemnitatibus, id est in natale et in octavis Domini, in epiphania, in pascha quoque, et ascensione Domini, et in pentecosten, et in sanctorum festivitatibus, id est sancti Stephani, et in beati Ioannis euangelistae et in natale infantium, in purificatione et assumptione sanctae Mariae, similiter et in beatorum apostolorum festis, et in sancti Iohannis baptistae nativitate, in sancti quoque Laurentii atque Martini, et in sancti Benedicti, seu in natalitiis cuiuslibet sancti cuius honor in qualicumque parrochia specialiter celebratur, [b] plenarium officium agatur [c] et [c] bis reficiatur.

47. Ut in parasceue non aliud nisi panis et aqua sumatur.

48. Ut benedictio post completorium a sacerdote dicatur [d].

49. Ut de omnibus in eleemosynam datis, tam ecclesiae quam fratribus, decimae pauperibus dentur.

50. Ut praetermissis partitionibus psalterii, psalmi speciales pro [e] eleemosynariis et defunctis cantentur.

51. Ut in hebdomada pentecosten non flectantur genua et non ieiunetur, nisi statuti fuerint [f] dies ieiunii.

52. Ut laici causa manducandi ac bibendi [g] in refectorium non ducantur.

53. Ut quoties exposcit necessitas, vestimenta et calciamenta et omnia necessaria fratribus dentur.

54. Ut qui praeponuntur nonni vocentur [2]: hoc ex paterna reverentia.

55. Ut [h] senior decanus [3] reliquis decanis praeponatur, et abbate vel praeposito [4] praesente locum proprium teneat.

56 [5]. [i] Ut praepositus, decanus, [j] cellararius de eorum ministerio, nisi causa utilitatis aut necessitatis, non removeantur.

57. Ut libra panis triginta solidis per duodecim denarios metiatur [6].

58. Ut dormitorium iuxta oratorium constituatur, ubi supervenientes monachi dormiant.

59. [k] Ut [7] abbates monachos secum in itinere, nisi ad [l] generalem synodum, non ducant.

60. Ut duo tantum signa ad tertiam, sextam, nonamque pulsentur.

61. Ut monachi cappas dissutas [8] praeter villosas non habeant.

VARIANTES LECTIONES.

[1] p. o. a. desunt 4.   [2] reliqua desunt 4.   [3] d. cellararius portararius de eorum ministerio non nisi causa infirmitatis manducat 4.   [4] v. p. desunt 2.   [5] deest 2. 4.   [6] m. XLVIII. Ut mensura scapularis duobus consistat cubitis 4.   [7] Ut canonici a. m. 1. 4. 5.   [8] tissutas 4

NOTÆ.

est, crede mihi, frater, aut vivit Dominus, seu novit Dominus. » BALUZ.

[a] Vide Notas ejusdem Menardi ad Concordiam regularum, pag. 682. ID.

[b] Hæc non habentur in Codice Casinensi, neque eorum mentionem hoc loco facit epistola Theodomari. BALUZ.

[c] Epistola Theodomari: *etiam bis ad prandium miscere facimus.* ID.

[d] In editione Centuriatorum postea sequitur: « et deinde aqua benedicta, antequam intrent in dormitorium, super capita illorum a priore inspergatur. » ID.

[e] Id est, *pro omnibus eleemosynas nobis tribuentibus*, ut legitur in libello supplici quem monachi Fuldenses obtulerunt Carolo Magno. Præstat autem integrum locum referre, quod is valde illustret hoc caput Aquisgranense. Sic ergo scribunt monachi Fuldenses: « In secunda quoque feria uniuscujusque septimanæ orationem pro omnibus eleemosynas nobis tribuentibus, id est, eumdem psalmum L quem tota congregatio juxta corpus B. martyris simul prostrata cantavit, cum oratione Dominica et versibus. Pro defunctis ergo fratribus nostris commemorationem illam quam quotidie bis habuimus, id est, post matutinam celebrationem et vespertinam, quæ est antiphona videlicet Requiem æternam, et prima pars psalmi *Te decet hymnus, Deus,* versus et collecta. » ID.

[f] In editione Centuriatorum hæc adduntur: « Quatuor Temporum, jejunetur, ut in vigilia sanctæ Mariæ, Annuntiatione, Assumptione, Nativitate. Jejunatur similiter in Natali omnium apostolorum, seu sancti Joannis Baptistæ de martyrio, seu in natali cujuslibet sancti in cujus honorem dedicatus est locus ubi militant monachi. » ID.

[g] Vide notas ad Concordiam regularum, pag. 307. ID.

[h] Vide capitula monachorum Sangallensium, cap. 50. ID.

[i] Centuriatorum Editio hæc est: « Ut præpositus, decani, cellarius, portarius, de eorum ministerio nisi causa utilitatis, » etc. Codex Sangallensis: « Ut præpositus, decani, cellararius, portarius, si utiles in ministeriis illorum fuerint, quantum abbati et congregationi placuerit, ibi stent. » Casinensi: « Ut senior, decanus, cellararius, portarius de eorum ministerio nonnisi causa infirmitatis manducet. » Sed hæc duo postrema vocabula non sunt hujus loci. In chartulario Tutelensi fol. 57, 219, inter præcipuos monachos illius monasterii numeratur Otgerius portarius anno duodecimo regni Ludovici Transmarini. » ID.

[j] Aliqui Codices habent *Cellarius,* Parisiensis *Cellararius.* ID.

[k] In exemplaribus antiquis Casinensi et Sangallensi et in editione Centuriatorum legitur: *Ut canonici abbates.* De abbatibus canonicis vide concilium Parisiense VI lib. III, cap. 18, et concilium Aquisgranense II, capitulo 2, § 2, num. 1. ID.

[l] Centuriatores, *generale placitum.* Vetus regula, ut apparet ex iis quæ supra dicta sunt, ad capitula synodi Francofordiensis, ad quam Benedictus, abbas Anianensis, et Anianus, abbas Caunensis, suos monachos duxerunt. ID.

62. Ut abbas, praepositus, vel decanus, quamvis presbyteri non sint, lectoribus benedictionem tribuant.

63. Ut docti fratres eligantur, qui cum supervenientibus monachis [a] loquantur.

64. [b] Ut de furto incerto oratio primum, et postea excommunicatio a corpore et sanguine Christi fiat, quousque culpabilis confiteatur.

65. Ut si frater adversus fratrem pro qualibet culpa testimonium protulerit, fratri perfectiori credatur.

66. Ut psalmus invitatorius et *Gloria* pro defunctis non cantetur.

67. Ut lector [c] stando [1] benedictionem postulet.

68. Ut [d] eulogiae fratribus a presbyteris in refectorio dentur.

69 [2]. Ut ad capitulum primitus martyrologium legatur, et dicatur versus quo silentium solvatur; deinde regula, aut homelia quaelibet legatur. Novissime *tu autem Domine*, dicatur.

70. Ut ad capitulum lectio [e] tradatur, similiter ad conlationem si tempus fuerit oportunum.

71 [3]. [f] Ut quando fratres aestivo tempore e ieiunant, post sextam dormiant.

72. Ut is qui noxae culpa tenetur, die dominico remissius habeat, et veniam non petat.

73. Ut pro abbate defuncto anniversariu fiat officium.

74 [4]. Ut ad missam *Sanctus* stantes [5] et [6] *Pater noster* genua flectentes dicant.

75. Ut nullus pro munere recipiatur in monasterio, nisi quem bona voluntas et morum [c] commendat probitas.

76. Ut unicuique fratri in cibo et in potu sua mensura separatim detur, et de ipsa mensura ibi data alicui [h] nihil tribuat.

77 [7]. Ut fratres aliquid pinguedinis in vic u quotidiano habeant; excepta sexta feria, et die us octo ante natale Domini, et a quinquagesima usque ad pascha [8].

78 [9]. Ut volatilia in natale Domini et in pascha tantum [i] quatuor [10] diebus, si est unde, comedant. Si vero non fuerit unde, non requiratur per debitum.

VARIANTES LECTIONES.

[1] stans humiliatus b. p. 4. [2] deest 2. [3] deest 2. 4. [4] deest 1. [5] st. inclinati, et 4. [6] merita ommendent 4. [7] deest 2. Eius loco 4 ita habet : Ut adipes mittantur in pulmento octo dies ante natale D mini et octo ante quadragesimae et omni tempore sexta feria. [8] quae iam sequuntur capita desunt in cod 1. quorum loco haec habet : LXXVI. Ut psalmi quinque aestate ante horam primam ; tempore vero hiem li [*Cod. himali*] post intervallum pro rege et omnibus catholicis et familiaribus et elemosinariis omni die. nantur. id est miserere me Deus secundum. Deus in nomine tuo. Miserere me Deus miserere. Deus misereatu noster. Deus in adiutorium meum. et pro rege specialiter. exaudiat te Dominus. LXXVII. Ut pro omnibus efunctis catholicis psalmi quinque canantur id est Verba mea Domine ne in furore tuo. Dilexi quoniam cr didi. De profundis. et pro omnibus defunctis seu monachis seu omnibus catholicis fidelibus christianis psalmi quinque canantur id est Dominus regit me. Ad te Domine levavi. Dominus illuminatio mea. Domine exaudi. I. Lauda anima mea Dominum. [9] deest 1. 2. [10] In cod. ms. S. Galli, legitur sex tantum, etc. pascha tribus diebus 4.

NOTÆ.

[a] Centuriatores simpliciter, *hospitibus*. BALUZ.

[b] Hic furti incerti a monachis patrati probatio fieri jubetur per excommunicationem a corpore et sanguine Domini, contra morem illius sæculi. Testis est canon 15 concilii Wormatiensis, in quo sic legitur : « Sæpe contingit ut in monasteriis furta perpetrentur, et qui hæc committant ignorentur. Idcirco statuimus ut quando ipsi fratres de talibus se expurgare debeant, Missa ab abbate celebretur, vel ab aliquo cui ipse abbas præceperit, præsentibus fratribus, et sic in ultima Missæ celebratione pro expurgatione sua corpus et sanguinem Domini nostri Jesu Christi percipiant, quatenus ita inde innocentes se esse ostendant. » Hunc locum, alioqui non admodum difficilem aut obscurum, sic interpretatus est Joachimus Vadianus in libro sexto de Eucharistia; pag. 218 : « Porro in Carolino illo sæculo palam est in parvulis communicandis erratum, ita ne id quidem admodum probi aut pii moris fuit quod eodem tempore episcopi et monachi Eucharistiam ad innocentiæ contestationem et purgationem objecti criminis sumere essent soliti, ut cum furtum in monasterio esset commissum, monachi omnes in missæ celebratione corpore et sanguine Domini participabant, quo se criminis suspicione liberarent. Id persuasio fiebat religionis, quæ sceleris conscium pœnæ metu longe ab esu illo sacrosancto arcere credebatur » Vide Reginonem, lib. II, cap. 276, et quæ illic a nobis annotata sunt. ID.

[c] Codex Casinensis, *stans humiliatus*. ID.

[d] Varie accipitur hoc vocabulum, ut pluribus explicat Gretserus in libro secundo de Benedictionibus, cap. 24, et sequentibus. Vide etiam notas ad Concordiam regularum, pag. 875. Istud *communicatio fracti panis* dicitur in libello supplici monachorum Fuldensium at Carolum Magnum, cap. 4. ID.

[e] Codex Pithœi, *quæ lecta fuerit exponatur*. ID.

[f] Caput istud sic habet in editione Centuriatorum : « Ut quando fratres jejunant, post sextam dormiant, hoc est, æstivo tempore. Post hæc celebrent Missam. » ID.

[g] In editione Centuriatorum additur, « et alias orationes genua flectentes, quando tempus opportunius est, dicant. » ID.

[h] Codex Casin., *minime sit licentia dandi*. Regula cujusdam in Concordia regularum pag. 718 : « Illud præcipue decernimus, ut nullus alteri dari ex mensura sua vel accipere ab altero præsumat præter abbatem vel præpositum, cui ab abbate commissum est. » ID.

[i] Hæc est lectio Codicum Pithœani et Parisiensis. Casinensis habet *tribus diebus*, Sangallensis *sex tantum*, Centuriatores et editio Capitularium anni 1605, *octo diebus*. Juvat hanc lectionem epistol Theodomari, in qua sic legitur : « Volatilia nun uam nisi in die Natalis Domini, si est unde, usque a dies octo comedimus. Similiter etiam paschalibus diebus. » Vide Menardi notas ad Concordiam regula um, pag. 709. ID.

[j] Idem Theodomarus : « Sed de esu vola ilium tam caute prudentissimus pater noster in sua egula posuit ut si velint comedere monachi, cum o ortunum est, non subjaceant culpæ. Sin autem eis suo tale edulium non præbetur abbate, ut quasi ex debito hoc non possint requirere. Multi tamen fratru n nostrorum neque volatilia comedunt, » etc. ID.

Si autem abbas aut monachi abstinere se voluerint, in eorum sit arbitrio [1].

79 [2]. Ut muffulae [3] vervecinae fratribus dentur.

80 [4]. [a] In doctrina sua abbas apostolicam debet illam semper formulam servare, in qua dicit: *argue, obsecra, increpa*. Id est, indisciplinatos et inquietos debet durius arguere, obedientes autem et mites et patientes, ut in melius proficiant, obsecrare. Negligentes vero et contemnentes ut increpet et corripiat, admonemus, neque dissimulet peccata delinquentium; sed mox ut coeperint oriri, radicitus ea ut praevalet amputet, memor periculi Heli sacerdotis de Silo. Improbos autem et duros ac superbos vel inobedientes, verberum vel corporis castigatione in ipso initio peccati coerceat, sciens scriptum: *Stultus verbis non corrigitur*; et iterum: *Percute filium tuum virga, et liberabis animam eius a morte*. [b] In omnibus igitur omnes magistram sequantur regulam, neque ab ea temere declinetur a quoquam. Nullus in monasterio proprii cordis sequatur voluntatem, neque praesumat quisquam cum abbate suo proterve infra monasterium aut foris contendere. Quod si praesumpserit, regulari disciplinae subiaceat. Si quis frequenter correptus pro qualibet culpa, si etiam excommunicatus non emendaverit, acrior ei accedat correctio, id est, verberum vindictae in eum procedant. Similiter et qui praesumpserit claustra monasterii egredi, vel quocumque ire, vel quippiam, quamvis parum, sine iussione abbatis facere, vindictae regulari subiaceat. Peccantes autem coram omnibus arguantur, ut caeteri metum habeant [c].

VARIANTES LECTIONES.

[1] potestate, 4. [2] deest 1. 2. [3] m. si facultas fuerit v. d. 4. [4] deest 1. 2. 3. 4. et cod. S. Galli.

NOTÆ.

[a] Caput istud deest in aliquot Codicibus, et sumptum est ad verbum ex regula S. Benedicti; nisi quod quaedam clausulae isthic omittuntur quae habentur in regula. BALUZ.

[b] Vide Menardi notas ad Concordiam regularum pag. 191. ID.

[c] Praeter superiora octuaginta Capitula, alia quinque aliis permixta existant in editione Centuriatorum, quae nos hic addenda esse censuimus.

« 1. Ut baculi a monachis pro necessitate aut infirmitate ferantur.

« 2. Ut in jejunio Quatuor Temporum nullus cibus sumatur alius nisi ille sicut in Quadragesima constitutum est a sanctis Patribus. Similiter in capite jejunii.

« 3. Ut quando jejunant monachi, officium mortuorum celebretur priusquam lectio ante Completorium legatur. Deinde eant in refectorium, bibant, et post haec legant collectionem.

« 4. Ut in hebdomada Paschae in claustro non loquantur, sed lectio divina ab omnibus teneatur. Similiter in hebdomada Pentecostes, et in omnibus diebus dominicis, seu in Natali Domini, et in omnibus sanctorum festis praecipuis.

« 5. Ut in domo infirmorum non manducent sine licentia prioris, neque bibant. »

Primum caput istorum quinque valde illustratur ex capite quinto libelli supplicis quem monachi Fuldenses obtulerunt Carolo Magno in quo petunt ut senibus et infirmis baculum pro sustentatione ferre liceat. ID.

III.

CAPITULARE AQUISGRANENSE GENERALE (An. 817).

Praefationem Capitularis generalis notis tironianis in Codice 1. bibl. regiae Paris. n. 2718 conscriptam et a Baluzio et Carpenterio pridem vulgatam, ope tabularum aeri incisarum, duce viro sagacissimo Ulrico Fr. Kopp explicatam iterum sistimus.

In [a] nomine Domini Dei et salvatoris nostri Iesu Christi. Hludowicus divina ordinante providentia imperator augustus. Quia iuxta apostolum, quamdiu in hoc seculo sumus, peregrinamur a Domino, et nihil in praesenti fixum, nihil immobile, sed cuncta veloci pervolarint cursu, et scriptura testante quodcumque possumus, instanter operare debemus, quia nulli ad bene operandum crastinus dies promittitur, omnesque secundum apostolum ante tribunal Christi stabimus, ut unusquisque rationem pro his quae gessit reddat, nobis praecipue qui caeteris mortalibus conditione aequales existimus, et dignitate tantum regiminis supereminemus, qui non solum pro commisso graviore, verum etiam pro reatuum nostrorum factis et dictis insuper etiam cogitatis, in districti examinis die iuxta scripturam sacram, quae dicit, *quoniam interrogabit opera nostra, et cogitationes scrutabitur*, rationes reddituri sumus, sollicita circumspectione totaque mentis intentione satagenda est, ut bonis operibus iugiter insistendo, his quibus praeesse videmur, modis omnibus, quantum nobis divina suffragante gratia facultas adtributa fuerit, prodesse curemus. Sed quia omne datum optimum et omne donum perfectum de sursum est, debemus continuis precibus Dominum humiliter exorare, faciemque illius humili confessione et congrua, prout ipse posse dederit, emendatione praevenire, ut sicut eius est muneris quod regnamus, eius sit pietatis quo id feliciter gerimus: quatenus, eo miserante, et regni gubernaculis aequissimo libramine tenere, et ad eum qui rex regum est et dominus dominantium, cum multiplici fructu administrationis

NOTÆ.

[a] Ita 1. Baluzius his omissis pro titulo habet: « Anno 816 Incarnationis Domini nostri Iesu Christi, Hluduvicus imperator christianissimus ac piissimus ex omni imperio suo fecit conventum episcoporum, abbatum, comitum, vel majorum natu Francorum, ut sancirent capitula pro utilitate totius Ecclesiae. Quod ita factum est. »

nostrae, iustitiae scilicet, et pietatis atque humilitatis, sine fine cum eo regnaturi mereamur pervenire. Et quoniam per apostolum suum nos adiutores suos appellare dignatus est, et sancta ecclesia, eius videlicet sponsa, in scripturis sanctis ortus est appellata, cotidianis exercitiis adhibitis sarculo bonae operationis est excolenda; ut sicut semper nociva in ea velut in bono agro emergunt, ita semper laboris bonique studii eradicentur noxia, plantentur utilia. Oportet nos cunctis eius necessitatibus, nisibus quibus possumus, devote consulere; quatenus in eius emendatione, quantum Dominus posse dederit, tota cum mentis devotione elaborantes, in aliqua parte aedificiorum illius, a fabricatore eius, Domino scilicet Iesu Christo, aptari mereamur. Proinde notum sit omnibus fidelibus nostris sanctae Dei ecclesiae, nostrisque Deo dispensante successoribus, quia cum nos nullis existentibus meritis divina pietas, genitore nostro rebus humanis exempto, ad huius imperii culmen provexisset, et quomodo aut qualiter desiderium divini cultus, quod ab ineunte aetate, Christo inspirantem, ente conceperamus, ad effectum Domino suffragante perduceremus, et quid studii quidve laboris progenitores nostri, praecipue tamen piae recordationis genitor noster, in utilitatibus sanctae Dei ecclesiae exhibuerint, adverteremus, et pia illorum facta non solum inviolata conservare, sed etiam imitare pro viribus nobis Deo concessis optaremus, scilicet ut si quid in ecclesiasticis negotiis, sive in statu rei-publicae, emendatione dignum perspexissemus, quantum Dominus posse dabat, nostro studio emendare. Et actenus hinc inde mundanorum turbinum procellis emergentibus, diversissimisque occupationibus ingruentibus praepediti, ut optaveramus, efficere nequivissemus, huius rei gratia quarto anno imperii nostri, arcersitis nonnullis episcopis, abbatibus, canonicis, et monachis, et fidelibus, optimatibus nostris, studuimus eorum consultu sagacissima investigare inquisitione, qualiter unicuique ordini, canonicorum videlicet, monachorum et laicorum, iuxta quod ratio

A dictabat et facultas suppetebat, Deo opem erente consuleremus. Et quoniam, licet saepe de st tu ecclesiarum et de iustitiis praeterito tempore o dinassemus, et missos per singula loca destinasse tis, et invidente diabolo per tirannicam pravitatem] racpeditum fuisset, quia Dominus de his opport issime triumphare concessit et pacem undique donavi, oportebat ut hoc tempus pacis indulte in commun m sanctae Dei ecclesiae et omnium nostrorum ut itatem inpenderemus, tribus videlicet modis; ut qu e bene inchoata erant, Deo auxiliante effectum obti ereint; et si qua bona voluntate, sed incauta disc tione, variis praepedientibus causis inchoata fuiss nt, ut diligenter inspicerentur discreteque, prout acultas suppetebat, corrigerentur; si qua etiam de s quae

B necessaria erant deesse videremus, ut quaererentur, et Deo auxiliante ad effectum perducerentur : quatenus deinceps opus nostrum a nemine iuste posset reprehendi, et tam nostris quam futuris temporibus multorum saluti proficeret, et Deo opitulante stabile permaneret. Sed qualiter de his divina cooperante gratia, consultu fidelium, pro viribus et temporis brevitate, licet non quantum debuimus et voluimus, sed quantum a Deo posse accepimus, egeri us, et quid unicuique ordini, communi voto com unique consensu, consulere studuerimus, ita ut qu canonicis proprie de his, quidve monachis observandum, quid etiam in legibus mundanis inducendu , quid quoque in capitulis inserendum foret, adnota rimus, et singulis singula observanda contraderemu tamen

C ui sive nostris sive successorum nostrorum mporibus rata forent, et inviolabiliter Deo annuc te conservarentur, placuit nobis ea quae congesta unt, ob memoriae firmitatisque gratiam, in unum trictim congerere, et subiectis capitulis adnotare, t in publico archivo recondere; ut successores Deo dispensante nostri, nostra pia facta conservantes, i si nihilominus bona facta sua successoribus suis ervanda perdoceant.

Finis.

Capitulare ad ecclesiasticos ordines pertinens prodit ope Codicum 1. ejusdem bibl. regiae Paris., . 2718 saec. IX, 2. bibl. ducalis Guelferbytanae Blankenburgici, saec. x. 3. bibl. ducalis Gothanae, saec. xi. aluzius vero adhibuerat: 4, 5, 6. Codd. bibl. Paris., n. 4626 Bigotianum, 4280 A. S. Remigii Rhemense , 4788 S. Vincentii Laudunensem, aliumque Thuaneum; et exstat praeterea in Cod. bibl. reg. Paris. *Fonds d Notre-Dame* F. 4; saec. x, atque capitula 1-4, 15, 16, 29, 5, in Cod. n. 4628 A.

a *Haec capitula proprie ad episcopos vel ad ordines quosque ecclesiasticos pertinentia, quae non solum hi observare, sed etiam sibi subiectis vel commissis facienda perdocere debent.*

1. Quia iuxta sanctorum patrum traditionem novimus res ecclesiae vota esse fidelium, pretia peccatorum, et patrimonia pauperum, cuique non solum habita conservare, verum etiam multa Deo opitu-

D lante conferre optamus. Tamen ut ab eccl siasticis de non dividendis rebus illius suspicionem dudum conceptam penitus amoveremus, statuimus. t neque nostris neque filiorum, et Deo disp nsante s ccessorum nostrorum temporibus, qui nostram el progenitorum nostrorum voluntatem vel exempl m imitari voluerint, ullam [1] penitus divisionem a t iacturam patiatur.

VARIANTES LECTIONES.

[1] nullam 2. 3.

NOTAE.

a Quatuor horum capitulorum Exempl ria habuimus, unum e bibliotheca Thuana, alterum ex Bigotiana, tertium quod fuit sancti Remigii Rhemensis, quartum sancti Vincentii Laudunensis. Meminit autem eorum capitulorum auctor Vitae Lud vici Pii apud Duchesnium, tom. II, pag. 298. Ad e dem respicit formula octava appendicis Marculfi. uz.

2. Sacrorum canonum non ignari,[1] ut in Dei nomine sancta ecclesia suo liberius potiretur [2] honore, adsensum ordini ecclesiastico praebuimus, ut scilicet episcopi per electionem cleri et populi secundum statuta canonum de propria dioecesi, remota personarum et munerum acceptione, ob vitae meritum et sapientiae donum eligantur, ut exemplo et verbo sibi subiectis usquequaque prodesse valeant a.

3. Quia vero canonica professio a multis, partim ignorantia, partim desidia, dehonestabatur, operae pretium duximus, Deo annuente, apud sacrum conventum ut ex dictis sanctorum patrum, velut ex diversis pratis quasdam vernantes flosculos carpendo, in unam regulam canonicorum et canonicarum congerere, et canonicis vel sanctimonialibus servandam contradere, ut per eam canonicus ordo absque ambiguitate possit [3] servari. Et quoniam illam sacer conventus ita etiam laudibus extulit, ut usque ad unum iota observandam percenseret, statuimus ut ab omnibus in eadem professione degentibus indubitanter teneatur, et modis omnibus sive a canonicis sive a sanctimonialibus canonice degentibus deinceps observetur [4].

4. Statutum est, ut quicquid tempore imperii nostri a fidelibus ecclesiae sponte conlatum fuerit, in dicioribus locis duas partes in usus pauperum, tertiam in stipendia cedere clericorum aut monachorum; in minoribus vero locis aeque inter clerum et pauperes fore dividendum; nisi forte a datoribus, ubi specialiter dandae sint, constitutum fuerit.

5. Monachorum siquidem causam qualiter Deo opitulante ex parte disposuerimus, et quomodo ex se ipsis sibi eligendi abbates licentiam dederimus, et qualiter Deo opitulante quiete vivere propositumque suum indefesse custodire valerent ordinaverimus, in alia scedula diligenter adnotari fecimus; et ut apud successores nostros ratum foret et inviolabiliter conservaretur [5], confirmavimus.

6. De servorum vero ordinatione, qui passim ad gradus ecclesiasticos indiscrete promovebantur, placuit omnibus cum sacris canonibus concordari debere. Et statutum est, ut nullus episcoporum deinceps eos ad sacros ordines promovere praesumat, nisi prius a Dominis propriis libertatem consecuti fuerint. Et si quilibet servus dominum suum fugiens, aut latitans, aut adhibitis testibus munere conductis vel corruptis, aut qualibet calliditate vel fraude, ad gradus ecclesiasticos pervenerit, decretum est ut deponatur, et dominus eius eum recipiat. Si vero avus vel pater ab alia patria in aliam migrans, in eadem provincia filium genuerit, et ipse filius ibidem educatus et ad gradus ecclesiasticos promotus fuerit, et utrum servus sit ignoraverit, et postea veniens dominus illius legibus eum adquisiverit, sancitum est, ut si dominus eius illi libertatem dare voluerit, in gradu suo permaneat. Si vero eum catena servitutis, a castris dominicis extrahere [6] voluerit, ut gradum amittat; quia iuxta sacros canones [7] vilis persona manens sacerdotii dignitate fungi non potest. De rebus vero illorum vel peculiare qui a propriis dominis libertate donantur ut ad gradus ecclesiasticos iure promoveantur, statutum est; ut in potestate dominorum consistat, utrum illis concedere, an sibi vindicare velint. Ceterum, si post ordinationem aliquid adquisiverint [8]; illud observetur quod in canonibus de consecratis [9] nihil habentibus constitutum est. De ecclesiarum vero servis communi sententia decretum est, ut archiepiscopi per singulas provincias constituti nostram auctoritatem, suffraganei vero illorum exemplar illius penes se habeant. Et quandocumque de familia ecclesiae utilis inventus aliquis ordinandus est, in ambone ipsa auctoritas coram populo legatur, et coram sacerdotibus vel coram fidelibus laicis ante cornu altaris, sicut in nostra auctoritate continetur, remota qualibet calliditate, libertatem consequatur; et tunc demum ad gradus ecclesiasticos promoveatur [10]. Similiter quoque de his agendum est, quos laici de familia ecclesiarum ad sacros ordines promovere voluerint. Sed et de his quos praepositi canonicorum aut [11] monachorum ordinandos expetiverint, eadem forma servanda est.

7 [12]. Statutum est, ut nullus quilibet ecclesiasticus ab his personis res deinceps accipere praesumat, quarum liberi aut propinqui hac inconsulta [13] oblatione possent rerum propriarum exheredari. Quod si aliquis deinceps hoc facere temptaverit [14], ut et acceptor, sinodali vel imperiali [15] sententia districte ferialur, et res ad exheredatos redeant [16].

8. Statutum est [17] etiam, ut nullus in canonica aut regulari professione constitutus aliquem tonsorare propter res adipiscendas deinceps persuadeat: et qui hoc facere temptaverit, sinodali vel imperiali sententia modis omnibus feriatur.

9. Statutum est, ut sine auctoritate vel consensu episcoporum, presbyteri in quibuslibet ecclesiis nec constituantur nec expellantur. Et [18] si laici clericos probabilis vitae et doctrinae episcopis consecrandos suisque in ecclesiis constituendos, obtulerint [19], nulla qualibet occasione eos reiciant.

10. Sanccitum [20] est, ut unicuique ecclesiae unus

VARIANTES LECTIONES.

[1] ignorari 2. [2] n. s. e. s. l. p. desunt 2. [3] posset 2. [4] servetur 1. [5] conservetur 2. [6] abstrahere 2. [7] ita 1. ordines 2. 3. et reliqui. [8] adquisierit 2. 3. [9] consecratis 1. 2. 3. [10] promoveantur 2. 3. [11] et 2. [12] Caput in codd. V. Vn. Est: apud Murat. cap. 5. inter Hludovici II. leges perperam refertur. [13] inutili 1. [14] ut et a. desunt 3. [15] v. i. desunt 2. [16] et res ad e. r. desunt 3. Secundum quosdam Vn. in margine. [17] deest 2. [18] etiam si 2. [19] n. q. o. e. r. desunt 2. [20] statutum 2.

NOTÆ.

a Exemplum talis electionis praebet Allocutio missorum Ludovici imp. ad clerum et plebem electionis causa congregatam, ex Codice S. Michaëlis ad Masam, a Sirmondo et Baluzio t. II, col. 601-605 vulgata.

mansus integer absque alio [1] servitio adtribuatur, et presbyteri in eis constituti non de decimis, neque de oblationibus fidelium, non de domibus, neque de atriis [2] vel hortis iuxta ecclesiam positis, neque de praescripto manso aliquod servitium faciant praeter ecclesiasticum. Et si aliquid amplius habuerint, inde senioribus suis debitum servitium impendant.

11. Statutum est, postquam hoc impletum fuerit, ut unaquaeque ecclesia suum presbyterum habeat, ubi id fieri facultas providente episcopo permiserit.

12. Sancitum est de villis novis et ecclesiis in eisdem noviter constructis, ut decimae de ipsis villis ad easdem ecclesias conferantur.

13. De sacris vasis ecclesiae, quae in pignus a nonnullis in quibusdam locis dari comperimus, inhibitum est ne deinceps a quoquam fieri praesumatur, nisi solummodo necessitate redimendorum captivorum compellente [3].

14. De ecclesiis sane destructis, vel de nonis et decimis, sive de claustris canonicorum, qualiter constitui et ordinari nobis placuerit, aliis capitulis subter adnotavimus.

15. Sed et de ecclesiarum honore, quomodo Deo adiuvante, quantum in nos est, vigeat, similiter in [4] subter adnotatis capitulis insertum esse dinoscitur.

16. De episcopis vero in Langobardia constitutis, qui ab his quos ordinabant sacramenta et munera, contra divinam et canonicam auctoritatem, accipere vel exigere soliti erant, modis omnibus inhibitum est ne ulterius fiat; quia iuxta sacros canones uterque a gradu proprio, talia facientes, decidi debent.

17. Statutum est ab episcopis de presbyteris qui feminas secum indiscrete habitare permittunt, et propter hoc malae opinionis suspicione denotantur, ut si deinceps admoniti non se correxerint, velut contemptores sacrorum canonum canonica invectione feriantur.

18. De presbyteris qui accipiendi chrismatis gratia ad civitates in coena Domini venire soliti erant, sancitum est, ut de his qui longe positi sunt, de octo vel decem unus ab episcopo eligatur, qui acceptum chrisma sibi et sociis diligenter perferat. Hi vero qui non longius a civitate quam quatuor aut quinque milibus habitant, more solito ad accipiendum chrisma per se veniant. Discendi vero gratia alio, non quadragesimae, tempore ad civitates convocentur.

19. Ne vero episcopi occasione praedicandi aut confirmandi oneri essent populis, a nobis admoniti [6] polliciti sunt, se deinceps hoc cavere velle, et e tempore suum ministerium, in quantum facultas da itur, exequi, quo eorum profectio, quantum in illis erat, his quibus prodesse possunt et debent, non s t importuna vel [7] onerosa.

20. Ne pueri vero sine voluntate parentum onsorentur, vel [8] puellae velentur, modis omnibus inhibitum est; et qui hoc facere temptaverit, ltam quae in capitulis legis mundanae a nobis cons itutis continetur, persolvere cogatur.

21 [a]. De feminis quae viros amittunt, plac t, ne se sicut hactenus indiscrete velent, sed ut t iginta dies post decessum viri sui expectent, et post t icesimum diem per consilium episcopi sui, vel si epi copus absens fuerit consilio aliorum religiosorum sa erdotum, suorumque parentum atque amicorum, i quod eligere debent eligant. Et quia a sacro conven rogati sumus [9], ut hi qui publicam gerebant poe itentiam, et feminae quae viros amittebant, nost a auctoritate, donec deliberent quid agant, tuer ntur, specialiter pro his capitula fieri et legis mui danae capitulis inserenda decrevimus.

22. De raptis vero et de raptoribus, qua quam specialiter decrevissemus quid pati debeant q i hoc nefas deinceps facere temptaverint, quid tame super his sacri canones praecipiant, hic inserendum ecessarium duximus; quatenus omnibus pateat q ntum malum sit, et non solum humana, sed etiam divina auctoritate constricti, ut abhinc hoc malum ca eatur.

23. De puellis raptis necdum desponsatis ita in concilio Calcidonensi, ubi 630 [10] Patres adfu runt, capitulo 38 [11] habetur: *Eos qui rapiunt puel as sub nomine simul habitandi cooperantes et conhibei tes raptoribus, decrevit sancta synodus, si quidem cleric sunt, decidant gradu proprio; si vero laici, ana hematizentur.* Quibus verbis aperte datur intellegi, aliter huius mali auctores damnandi sunt, quando artici pes et conhibentes tanto anathemate feriun r, et quod iuxta canonicam auctoritatem ad coniug a legitima raptas sibi iure vindicare nullatenus pos unt.

24 [11]. De desponsatis [13] puellis et ab aliis raptis ita in concilio Anchyritano [14], capitulo deci o, legitur: *Desponsatas [15] puellas, et postea [16] ab a iis raptas, placuit erui et [17] eis reddi quibus ante uerant desponsatae [18], etiamsi eis a raptoribus vis inla'a constiterit.* Proinde statutum est a sacro conve tu, ut raptor publica poenitentia multetur, raptae [1] vero, si sponsus recipere noluerit, et ipsa eidem cr ini [20]

VARIANTES LECTIONES.

[1] ullo *Baluz.* [2] areis 2. [3] *cf. supra pag.* 368. *c.* 11. *quod ibi delendum est.* [4] deest 5. [5] n alio quam Q. t. 2. [6] admoti et 2. [7] et 2. [8] et 2. [9] supplevi ex 3, *deest in rel.* [10] CC. XX. 2. [11] X VII. 2. [12] inter K. M. leges Lang. c. 124 Mur. [13] disponsatis 1. [14] ancyrano 2. [15] disponsatas 1. [16] post 4 [17] et in eis 2. 3. [18] disponsatae 1. [19] raptam 2. [20] eiusdem criminis 2.

NOTÆ.

a Capitis hujus pars prior usque *eligant*: in Codd. legum Langobard. Vindobonensi, Veronensi et Estensi apud Muratorium cap. 68, inter leges Lotharii refertur, quo loco Codd. Ambros. et Florentinus caput supra pag. 366, numero 2, relatum scribunt. Londinensis, Florentino proximus, caput nostrum usque *eliaant* in loco raso habet.

consentiens non fuit, licentia nubendi alii non negetur. Quod si et ipsa consensit, simili sententiae [1] subiaceat. Quod si post haec se iungere praesumpserint, uterque anathematizetur.

25. De his vero qui sacris virginibus se sociant, ita in decretis papae Gelasii capitulo vigesimo continetur: *Virginibus sacris temere se quosdam sociare cognovimus, et post dicatum Deo propositum incesta foedera sacrilegaque miscere; quos protinus aequum est a sacra communione detrudi, et nisi publicam probatamque egerint poenitentiam, omnino non [2] recipi; aut his certe viaticum de sedulo transeuntibus, si tamen poenituerint, non negetur.* Si vero de copulatione sacrarum virginum tam severe feriuntur, quanto severius feriendi sunt qui eas rapiunt? Ideo sicut praemissum est, necesse est ut ab omnibus in christiana religione consistentibus, rigore auctoritatis divinae vel humanae, hoc malum radicitus amputetur.

26. Ne vero puellae indiscrete velentur, placuit nobis etiam de sacris canonibus, qualiter observandum sit, hic inserere. De tempore velandarum puellarum in Cartaginensi concilio capitulo decimo sexto continetur [3], ut non ante viginti quinque annos consecrentur. Item in eodem concilio capitulo 93 de virginibus velandis ita continetur: *Item placuit, ut quicumque episcoporum, necessitate periclitantis pudicitiae virginalis, cum vel petitor potens vel raptor aliquis formidatur, vel si etiam aliquo mortis periculoso scrupulo compuncta fuerit ne non velata moriatur, aut exigentibus parentibus, aut his ad quorum curam pertinet, velaverit virginem, seu velavit ante viginti quinque annos aetatis, non ei obsit concilium quod de isto annorum numero constitutum est.* Unde colligitur, quia iuxta priorem sanctionem, virgines vigesimo quinto aetatis suae anno rite consecrandae sint. Quod si praemissae necessitates ante id fieri conpulerint, nullum possit episcopo adferre praeiudicium consecranti.

27. Sancitum est, ut nullus deinceps quamlibet examinationem crucis facere praesumat; ne quae [4] A Christi passione glorificata est, cuiuslibet temeritate contemptui habeatur.

28. Episcopos [5] vero ut sive per se sive per vicarios, pabulum verbi divini sedulo populis annuntient; quia, ut ait beatus Gregorius, iram contra se occulti iudicis excitat sacerdos, si sine praedicationis sonitu incedit; et ut clerum sibi commissum in sobrietate et castitate nutrirent, divinisque officiis imbuerent, qui rite ad sacrosanctos ecclesiasticos ordines promoveri possint; et ut operam dent, quatenus presbyteri missalem et lectionarium sive ceteros libellos sibi necessarios bene correctos habeant; et qualiter ecclesias destructas sibi pertinentes iuxta vires emendent. Qualiter etiam viduas diligenter instruant; quomodo etiam secundum apostolicam auctoritatem conversari debeant, edoceant; et ut superstitiones quas quibusdam locis in exequiis mortuorum nonnulli faciunt, eradicent; et ut exemplo suae innocentiae alios ad bene vivendum provocent, et cunctis ecclesiasticis negotiis, quantum Dominus iuvaverit, totis viribus consulere satagant, diligenter admonuimus; et ut id liberius exsequi valeant, nos, in quantum Dominus posse dederit, opem ferre modis omnibus optamus.

29. Nonnulla vero capitula, sicut de incestis nuptiis, necnon et de ecclesiis quae inter coheredes [6] dividuntur, et tali occasione proprio honore carent [a], sive de his ecclesiis quae nimium rebus propriis sunt adtenuatae, vel certe de his rebus quae nuper, necessitate compellente, a nonnullis ecclesiis sunt ablatae, et si qua sunt alia sive in ecclesiasticis sive in publicis rebus emendatione digna, quae pro temporis brevitate efficere nequivimus, in tantum differendum illud dignum [7] iudicavimus, donec, Domino favente, consultu fidelium facultas nobis id efficiendi ab eo tribuatur. Inventa [8] vero ut Deo opitulante effectum obtineant per tempora [9], hic inserenda censuimus [10].

VARIANTES LECTIONES.

[1] sententia 2. 3. [2] deest 2. [3] c. ut n. a. v. q. desunt 5. [4] quod 2. [5] episcopi 2. [6] quoheredes 2. [7] i. d. desunt 1. [8] invente veritatis Deo opitulante effectum 4. sequitur Capit. col. 403. [9] tempora iam emendata atque correcta ac restituta scriptis confirmare optamus. BAL. (*ex Ansegisi textu*). [10] FINIUNT CAPITULA CANONICA. Cod. reg. Paris. *Fonds Notre-Dame F. 4.*

NOTÆ.

[a] Cf. Capitulare Wormatiense anni 829. I, cap. 2.

Capitula legibus addita recognovimus ope Codicum A 1. bibl. reg. Paris., n. 2718, saec. IX. A 2. bibl. ejusdem *Fonds Notre-Dame* F. 4, saec. x. A 3. bibl. ejusdem n. 4280 A, saec. x. A 4. bibl. ducalis Guelferbytanæ inter Codices Augustæos saec. x, sed qui nonnisi capp. 3, 4, 7, 9, 18 exhibeat. B 1. Sancti Pauli, saec. IX ineuntis. B 2. Corbeiensis, saec. x. B 3. bibl. regiae Paris. n. 4632, saec. x. C 1. bibl. ejusdem n. 4995, saec. x. C 2. bibl. ejusdem n. 4628, saec. x. C 3. bibl. ducalis Guelferbytani Blankenburgici, saec. x. C 4. b. m. Ernesti Spangenberg Icti Cellensis; et Codicum praeterea omnium qui Capitularia legibus Langobardicis addita exhibent, Chisiani scilicet et Cavensis, proxime ad Codices generis B accedentium, tum Gothani, Ambrosiani, Florentini, Londinensis, Vindobonensis, Veronensis, Estensis apud Muratorium, inspectis quoque Codd. regiis Parisiensibus n. 4626, 4628 A, 4631, 4788, et 4760.

ᵃ *Incipiunt capitula* ¹ *quae* ² *legibus addenda sunt, quae et missi et comites habere et ceteris nota facere debent* ᵇ.

1. *De honore ecclesiarum.* Si quis aut ex levi causa aut sine causa hominem in ecclesia interfecerit, de vita conponat. Si vero foris rixati fuerint, et unus alterum in ecclesiam fugerit, et ibi se defendendo eum interfecerit, si huius facti testes non habuerit, cum duodecim coniuratoribus legitimis per sacramentum adfirmet se defendendo eum interfecisse, et post haec sexcentos solidos ad partem ecclesiae quam illo homicidio polluerat, et insuper bannum nostrum solvere cogatur; is vero qui interfectus est, absque conpositione iaceat : ac deinde interfector secundum iudicium canonicum congruam facinori quod admisit paenitentiam accipiat. Si proprius servus hoc commiserit, iudicio aquae ferventis examinetur, utrum hoc sponte, an se defendendo fecisset. Et si ³ manus eius exusta fuerit, interficiatur. Si autem non fuerit, dominus eius iuxta quod wirgildus illius est, ad ecclesiam persolvat; aut eum, si voluerit ⁴, eidem ecclesiae tradat. De ecclesiastico et fiscalino et beneficiario servo volumus, ut pro una vice wirgildus ⁵ eius pro eo conponatur, altera vice ipse servus ad supplicium tradatur. Hereditas tamen liberi hominis qui propter tale facinus ad mortem fuerit iudicatus, ad legitimos heredes illius perveniat. ᶜ Si in atrio ecclesiae, cuius porta reliquiis sanctorum consecrata est, huiuscemodi homicidium perpetratum fuerit, simili modo emendetur vel conponatur. Si vero porta ecclesiae non est consecrata, eo modo conponatur quod in atrio committitur, sicut conponi debet quod in inmunitate violata conmittitur.

2. *De iniuriis sacerdotum in ecclesiis factis.* Sanguinis effusio in ecclesiis facta cum fuste ⁶, si presbiter fuerit, triplo conponatur, duas parte eidem presbitero, tertia pro fredo ad ecclesiam, insuper bannus noster. Similiter de diacono iuxta ⁷ npositionem eius in triplo cum banno nostro conp natur. De subdiacono similiter triplo secundum su conpositionem. Et ⁸ de uniuscuiusque ordinis clerico secundum suam conpositionem triplum pers lvatur, et insuper bannus noster. Similiter et de i tu sine sanguinis effusione de uniuscuiusque ordinis clerico secundum suam conpositionem ⁹ triplo, et bannus noster. Et qui non habet unde ad ecclesiam persolvat, tradat se in servitium eidem ecclesiae, usque dum totum debitum persolvat.

3. *De viduis, et pupillis, et pauperibus.* Ut ¹⁰ uandocumque in mallum ante comitem ¹¹ venerint, p mo eorum causa audiatur et definiatur. Et si testes r se ad causas suas quaerendas habere non potuerint; l legem nescierint, comes illos vel illas adiuvet, d do eis talem hominem qui rationem eorum teneat, vel pro eis loquatur.

4. *De raptu viduarum.* Qui viduam intra pri os triginta dies viduitatis suae, vel invitam vel volen em sibi copulaverit, bannum nostrum, id est sexaginta olidos, in triplo conponat ¹². Et si invitam eam duxi , legem suam ei conponat, illam vero ulterius non a tingat.

5. *De homine publicam paenitentiam agent interfecto.* Qui hominem publicam paenitentia agentem interfecerit, bannum nostrum in triplo conponat, et wirgildum eius proximis eius persolv t ¹³.

6. *Ut omnis homo liber potestatem habeat bicumque voluerit res suas dare pro salute animae uae.* Si quis res suas pro salute animae suae, vel ad liquem venerabilem locum, vel propinquo suo, vel cuilibet alteri tradere voluerit, et eo tempore intra i um comitatum fuerit in quo res illae positae sunt legiti-

VARIANTES LECTIONES.

¹ *reliqua desunt* 7, 8. Inc. c. domno ludoico augs. ymperatore que etc. B 1. ² hoc est lex Salica qu legibus addenda sunt quae etc. B 3. ³ et si se coxerit interficiatur. Si autem non coxerit, dominus C 1, 2, 3. ⁴ noluerit B 1. ⁵ in cod. C 3. widrigildus in Ch. C. guidrigild *scribitur*. ⁶ furore Cav. 4. V. Vn. E. ⁷ i. estimationem compositionem V. Vn. (E). ⁸ *haec usque* noster *desunt in* V. Vn. E. ⁹ vel ac imationem V. Vn. ¹⁰ praecipimus ut q. B 1. ¹¹ c. viduae pupilli et pauperes v. B 1. ¹² componat. Ill tamen qui eam rapuit habere non permittitur. C 1. 2. 3. ¹³ p. si se defendendo fecit V. Vn. E.

NOTÆ.

ᵃ Emendata sunt ope septem veterum Exemplarium, quorum duo exstant in bibliotheca regia, tertium in Colbertina, quartum in Thesana, quintum in Bigotiana. Sextum fuit sancti Vincentii Laudunensis. Septimum nobis subministravit vir amplissimus Hieronymus Bignonius, advocatus regius in parlamento Parisiensi. In illis autem Exemplaribus præfixus est sequens titulus : « Incipiunt capitula quæ legibus addenda sunt, quæ et missi et comites habere et cæteris nota facere debent. » Sed in uno regio, qui fuit bibliothecæ Mazarinæ legitur : « Hæc est lex Salica quæ legibus addenda, » etc. Hæc porro sunt capitula quæ Eginhardus Ludovicum anno 819 legibus addidisse scribit : « Conventus Aquisgrani post Natalem Domini habitus, in quo multa de statu ecclesiarum et monasteriorum tractata atque ordinata sunt. Legibus etiam capitula quædam necessaria, quia deerant, conscripta atque addita sunt. » De eisdem intelligenda sunt hæc verba ex auctore Vitæ udovici Pii : « Interea capitula quædam legibus supe addidit, in quibus causæ forenses claudicare vid antur, quæ hactenus veluti pernecessaria serv ntur. » BALUZ.

ᵇ Tota inscriptio deest in C 1. *Item Hludovici imperatoris*: C 3 Baluzius hanc inscriptionem dedit : « Hæc capitula dominus Ludovicus imperato , anno imperii sui quinto, cum universo cœtu p puli in Aquisgrani palatio promulgavit, atque leg Salicæ addere præcepit. Ipseque postea, cum in T eodonis villa generalem conventum habuisset, ult ius capitula appellenda esse prohibuit, sed ut le tantum dicerentur voluit. »

ᶜ Citat hunc locum Baronius ad diem 18 Novembris, ut ostendat consuevisse majores nostr s sacris reliquiis aliquando consecrare ecclesiæ vel rii portas. BALUZ.

mam traditionem facere studeat. Quod si eodem tempore quo illas tradere vult extra eundem comitatum fuerit, id est sive in exercitu, sive in palatio, sive in alio quolibet loco, adhibeat sibi vel de suis pagensibus, vel de aliis qui eadem lege vivant qua ipse vivit [1], testes idoneos; vel si illos habere non potuerit, tunc de aliis quales ibi meliores inveniri possint; et coram eis rerum suarum traditionem faciat, et fideiussores vestiturae donet, qui ei qui illam traditionem accipit vestituram faciat. Et postquam haec traditio ita facta fuerit, heres illius nullam de praedictis rebus valeat facere repetitionem. Insuper et ipse per se fideiussionem faciat eiusdem vestiturae, ne heredi ulla occasio remaneat hanc traditionem inmutandi, sed potius necessitas incumbat illam perficiendi. Et si nondum res suas cum coheredibus suis divisas habuit, non ei hoc sit inpedimento; sed coheres eius, si sponte noluerit, aut per comitem aut per missum eius distringatur, ut divisionem cum illo faciat, ad quem defunctus hereditatem suam voluit pervenire. Et si cuilibet ecclesiae eam tradere rogavit, coheres eius eam legem cum illa ecclesia de praedicta hereditate habeat, quam cum alio coherede suo habere debebat. Et hoc observetur erga patrem et filium et nepotem [2] usque ad annos legitimos. Postea ipsae res ad inmunitatem ipsius ecclesiae redeant.

7. *De homicidiis prohibendis.* Quicumque hominem aut ex levi causa aut sine causa interfecerit, wirgildum eius his ad quos ille pertinet conponat. Ipse vero propter talem praesumptionem in exilium mittatur, ad quantum tempus nobis placuerit: res tamen suas non amittat.

8. *Quid in conpositione wirgildi dari non debeat.* In conpositione wirgildi volumus ut ea dentur quae in lege [3] continentur, excepto accipitre et spata, quia propter illa duo aliquoties periurium conmittitur, quando maioris pretii quam illa sint esse iurantur.

9. *De raptu aliarum sponsarum.* Si quis sponsam alienam rapuerit, aut [4] patri eius [5], aut ei [6] qui legibus eius defensor esse debet, cum sua lege eam [7] reddat [8]; et quicquid cum ea tulerit, semotim unamquamque rem secundum legem reddat. Et si hoc defensor eius perpetrari consenserit, et ideo [9] raptori nihil quaerere voluerit, comes singulariter de unaquaque re freda nostra ab eo exactare faciat. Sponso vero legem suam conponat, et insuper bannum nostrum, id est sexaginta solidos, solvat, vel in praesentiam nostram comes eum advenire faciat, et quanto tempore nobis placuerit in exilio maneat, et illam feminam ei habere non liceat.

10. *De falsis testibus convincendis.* Si quis cum altero de qualibet causa contentionem habuerit, et testes contra eum per iudicium producti fuerint, si ille falsos eos esse suspicatur, liceat ei alios testes, quos meliores potuerit, contra eos opponere, ut veracium testimonio falsorum testium perversitas superetur. Quod si ambae partes testium ita inter se dissenserint, ut nullatenus una pars alteri [a] cedere velit, eligantur duo ex ipsis, id est ex utraque parte unus, qui cum scutis et fustibus in campo decertent, utra pars falsitatem, utra veritatem suo testimonio sequatur. Et campioni qui victus fuerit, propter periurium quod ante pugnam commisit, dextra manus amputetur. Ceteri vero eiusdem partis testes, quia falsi apparuerunt, manus suas redimant: cuius conpositionis duae partes ei contra quem testati sunt, dentur, tertia [10] pro fredo solvatur. Et in saeculari quidem causa huiuscemodi testium diversitas campo conprobetur. In ecclesiasticis autem causis, ubi de una parte saeculare, de altera vero ecclesiasticum negotium est, idem modus observetur. Ubi vero ex utraque parte ecclesiasticum fuerit, rectores earundem ecclesiarum, si se familiariter pacificare velint, licentiam habeant. Si autem de huiuscemodi pacificatione inter eos convenire non possit, advocati eorum in mallo publico ad praesentiam comitis veniant, et ibi legitimus terminus eorum contentionibus inponatur. Testes vero de qualibet causa non aliunde quaerantur, nisi de ipso comitatu in quo res, unde causa agitur, positae sunt; quia non est credibile, ut vel de statu hominis vel de possessione cuiuslibet per alios melius [b] rei veritas cognosci valeat, quam per illos qui viciniores sunt. Si tamen contentio quae inter eos exhorta est, in confinio duorum comitatuum fuerit, liceat eis de vicina centena adiacentis comitatus ad causam suam testes habere.

11. *De proprio in bannum misso.* Cuiuscumque hominis proprietas ob crimen aliquod ab eo conmissum, in bannum fuerit missa, et ille re cognita, ne iustitiam faciat, venire distulerit, annumque ac diem in eo banno illam esse permiserit, ulterius eam non adquirat, sed ipsa fisco nostro societur [11]. Debitum vero quod is, cuius ea fuit, solvere debuit, per comitem ac ministros eius iuxta aestimationem damni, de rebus mobilibus quae in eadem proprietate, inventae fuerint, his quibus idem debitor fuit, exsolvatur. Quod si rerum mobilium ibidem inventarum quantitas ad compositionem non sufficerit, de inmobilibus suppleatur; et quod superfuerit, sicut dictum est, fiscus noster possideat. Si nihil super

---

VARIANTES LECTIONES.

[1] *hic incipit C 4.* [2] *nepotes B 1.* [3] scil. robuaria (sic) *glossa cod. Vn.* [4] *deest C 1. 2. 3. 4.* [5] *deest C 1. 2. 3. 4.* [6] *deest C 1. 2. 3. 4.* [7] *deest C 1. 2. 3. 4.* [8] sponso eam reddat et defensori suam legem solvat *V. Vn. E.* [9] *deest C 1. 2. 3. 4.* [10] tertia comitis est. *C 1. 2. 4.* [11] Si vero intra id tempus reversus, post intimationem suam fuerit defunctus, etsi necdum se purgaverit, tamen ad haeredes proprios res transmittat. Si vero intra annum noluerit adesse iudicio, res perdat, innocentiam suam purget. Si vero non potuerit, legalem poenam substineat et tamen res perdat. Debitum etc. *V Vn. E.* (res perdat, *nisi* l. s.)

NOTÆ.

[a] Codex Thuaneus, *credere.* BALUZ.
[b] Male in Codice Thuaneo legitur *regi veritas;* sed hic error proclivis erat. ID.

compositionem remanere potuerit, totum in illam expendatur. Si autem homo ille nondum cum suis coheredibus proprium suum divisum habuit, convocet eos comes, et cum eis legitimam divisionem faciat; et tunc, sicut iam dictum est, partem eius fisco nostro addicat, et conpositionem de ea, iuxta modum superius conpraehensum, his ad quos illa legibus pertinet, exsolvat. Quod si non de alia re, sed de ipsa proprietate quae in bannum missa fuit, ac per hoc in nostram potestatem redacta est, fuerat interpellatus, comes in cuius ministerio eam esse constiterit, hoc ad notitiam nostram perferre curet, ut nos eandem proprietatem, quae secundum supradictum modum in nostrum dominium redacta est, per praecepti nostri auctoritatem in ius et potestatem hominis qui eam quaerebat, si sua esse debet [1], faciamus pervenire [2].

12. *De mannire.* Si quis de statu suo, id est de libertate, vel de hereditate conpellendus est, iuxta legis constitutionem manniatur. De ceteris vero causis, unde quis rationem est redditurus, non manniatur, sed per comitem banniatur. Et [3] si post unam et alteram [4] comitis admonitionem aliquis ad mallum venire noluerit, rebus eius in bannum missis, venire et iustitiam facere conpellatur.

13. *De faidis cohercendis.* Si quis aliqua necessitate cogente homicidium commisit, comes in cuius ministerio res perpetrata est, et conpositionem solvere, et faidam per sacramentum pacificari faciat. Quod si una pars ei ad hoc consentire noluerit, id est aut ille qui homicidium commisit, aut is qui conpositionem suscipere debet, faciat illum [5] qui ei contumax fuerit ad praesentiam nostram venire, ut eum ad tempus quod nobis placuerit in exilium mittamus, donec ibi castigetur, ut comiti suo inoboediens esse ulterius non audeat, et maius damnum inde non adcrescat.

14. *Ubi sacramenta iuranda sint.* Ubi [6] antiquitus consuetudo fuit de libertate sacramenta adhramire vel iurare, ibi mallum habeatur [7], et ibi sacramenta iurentur: mallus tamen neque in ecclesia neque in atrio eius [8] habeatur. Minora vero placita comes sive intra suam potestatem, vel ubi impetrare potuerit, habeat. Volumus utique, ut [9] domus a comite in loco ubi mallum tenere debet, construatur [10], ut propter calorem solis et pluviam publica utilitas non remaneat.

15. *De his qui de furto accusati fuerint.* Si liber homo de furto accusatus fuerit, et res proprias habuerit, in mallo ad praesentiam comitis se adhramiat. Et si res non habet, fideiussores do et qui eum adhramire et in placitum adduci faciant Et liceat ei prima vice per sacramentum se se undum legem idoneare, si potuerit. At [11] si alia vice uo vel tres eum de furto accusaverint, liceat ei contra unum ex his cum scuto et fuste in campo ontendere. Quod si servus de furto accusatus fu it, dominus eius pro eo emendet, aut eum [12] sacr mento excuset, nisi tale furtum perpetratum habe t, propter quod ad subplicium tradi debeat.

16. *De dispectu litterarum dominicarum.* i quis litteras nostras dispexerit, id est tractoria quae propter missos recipiendos dirigitur, aud onores quos habet amittat, aud in eo loco ubi pr edictos missos suscipere debuit, tamdiu resideat et e suis rebus legationes illuc venientes suscipiat, q ousque animo nostro satisfactum habeat. Qui vero e stolam nostram [13] quocumque modo dispexerit, iuss nostr ad palatium veniat, et iuxta voluntatem ostram congruam stulticiae suae castigationem a cipiat. Et si homo liber vel ministerialis comitis oc fecerit, honorem, qualemcunque habuerit, siv beneficium amittat. Et si servus fuerit, nudus a palum vapulet, et caput eius tondeatur.

17. *De iniustis teloneis et consuetudinibus.* Ut ubi tempore avi nostri domni Pippini consuet do fuit teloneum dare, ibi et in futurum [14] detur; i am ubi noviter inceptum est, ulterius non agatur. Et ubi necesse non est fluvium aliquem ponte [15] transmeare, vel ubi navis per mediam aquam ut sub pontem ierit, et ad ripam non adpropinq averit, neque ibidem aliquid emptum vel venundati fuerit, ulterius teloneum non detur. Et nemo cog alium ad pontem ire, ubi iuxta pontem aquam tra smeare potest. Et qui ulterius in talibus locis, ve de his qui ad palatium seu in hostem pergunt, t loneum exactaverit, cum sua lege ipsum teloneum reddat, et bannum nostrum, id est sexaginta solid s, conponat.

18. [16] *De his qui denarios bonos accipe nolunt.* Quicumque liber homo denarium merum et bene pensantem recipere noluerit, bannum nost um, id est sexaginta solidos, conponat. Si vero ser i ecclesiastici aut comitum aut vassallorum no trorum hoc facere praesumpserint, sexaginta ictib s [17] vapulent. Aut si magister eorum vel [18] advoca us, qui liber est, eos vel comiti vel misso nostr iussus praesentare noluerit, praedictum bannum strum, sexaginta solidos conponat.

VARIANTES LECTIONES.

[1] si s. e. d. *desunt* C 1. 2. 3. 4. [2] pervenire, et si eam quicumque ad suum proprium pertraxer t, liceat ei per suum sacramentum habere, et si exinde postea convictus fuerit, dextra manus ei amputetur. C. A. et reliqui Langob. [3] per c. b. Et *desunt* C 1. 2. 3. 4. [4] post secundam comitis C 1. 2. 3. 4. [5] i. co es qui Bal. [6] ibi sacramenta iuranda sunt, ubi C 3. Ch. C. [7] excepto ecclesia et atrio ipsius, quia secundu i legem aliubi aberi non potest. Minora C 1. 4 (extra ecclesia... habere). [8] e. u. rebus habeatur, excepta ecclesia et atrio ipsius, quia secundum legem aliter haberi non potest. Minora C 3. [9] habeat. et domus C 1. 2. 3. 4. [10] constituatur B 1. C 1. Lgb. [11] Nam C 1. 2. 3. 4. [12] emendare faciat aut cum C 1. 2. 4. [13] v. i diculum nostrum C 1. 2. 3. 4. [14] antea C 1. 2. 3. 4. [15] non est ad pontem C 1. 2. 3. 4. [16] *totum ca ut deest in* Ch. C. [17] percussionibus C 1. 2. 3. 4. [18] e. id est a. C 1. 2. 3. (4).

19 [1]. *De adulteratoribus monetae.* De falsa moneta iubemus [2], qui eam percussisse conprobatus fuerit, manus ei amputetur. Et qui hoc consensit, si liber est, sexaginta solidos conponat. Si servus est, sexaginta ictus [3] accipiat.

20. *De proprio dominico sine iussione illius reddito.* Si quis proprium nostrum, quod in vestitura genitoris nostri fuit, alicui quaerenti reddiderit sine nostra iussione [4], aliud tantum nobis [5] de suo proprio cum sua lege conponat. Et quicumque illud scienter per malum ingenium adquirere temptaverit, pro infidele teneatur, quia sacramentum fidelitatis, quod nobis promisit, irritum fecit; et ideo secundum nostram voluntatem et potestatem diiudicandus est.

21. *De pueris, invitis parentibus, detonsis, aut puellis velatis.* Si quis puerum, invitis parentibus [6], totonderit, aut puellam velaverit [7], legem suam in triplo conponat, aut ipsi puero vel puellae [8], si iam suae potestatis sunt, aut illi in cuius potestate fuerint [9]. Illi vero potestatem habeant capitis sui, ut in tali habitu permaneant qualis eis conplacuerit [10] a.

VARIANTES LECTIONES.

[1] *totum caput deest in* Ch. C.   [2] i. ut B 1. 2.   [3] percussionibus C 3.   [4] s. n. i. desunt C 4.   [5] deest C 1. 2. 3. (4).   [6] *glossa salicis Vn.*   [7] v. praeter conscientiam episcopi sui legem *quibus glossa manu saeculi XIV. adiecta est :* secus cum conscientia simile est de solo consecrato in ecclesiam B. 2.   [8] v p. *desunt et sequentia omnia in numero singulari expressa sunt in* C 3.   [9] fuerit. Ista suprascripta capitula in legem suam addenda C 1. fuerit. Ista suprascripta capitula in lege sunt addenda C 4.   [10] *in codice* B 3. *subiicitur hic caput 2. capitularis infra referendi :* Si quis in aliena patria ubi vel propter beneficium, etc.

NOTÆ.

a Lindenbrogius sequens caput addit superioribus : « De mannitionibus vero, nisi de ingenuitate aut de haereditate, non sit opus observandum. De caeteris vero per districtionem comitis ad mallum veniant et juste examinentur, ad justitias faciendas. Comites vero non semper pauperes per placita premere debent. » BALUZ.

Capitula per se scribenda, a Baluzio ope quinque Codicum edita, jam auxilio Codicum istorum recognovimus : A 1. Cod. bibl. reg. Paris., n. 2718. A 2. bibl. ejusdem *Fonds de Notre-Dame* F. 4. A 3. bibl. ejusdem n. 4280 A. B 1. C. Sancti Pauli. B 2. C. bibl. Corbeiensis. B 3. bibl. reg. Paris. n. 4628 A. B 4. bibl. ejusdem n. 4632, quibus Codices Chisianus et Cavensis proxime accedunt. B 5. bibl. ejusdem n. 4626. C 1. bibl. Paris., n. 4995. C 2. bibl. ejusdem n. 4628. C 3. bibl. ducalis Guelferbytanae Blankenburgici. C 4. Cod. b. m. Ernesti Spangenberg ; ac praeterea Codicum Ambrosiani, Florentini, Londinensis, Vindobonensis, Veronensis et Estensis apud Muratorium, inspecto etiam Codice bibl. reg. Parisiensis n. 4788 signato.

Item incipiunt alia capitula [1] *quae per se scribenda et ab omnibus observanda sunt* [2].

Codices C hoc caput praemittunt :

1*. *De* [3] *servis ad sacros ordines non mittendis* [4]. Ut nullus episcoporum servos ad sacros ordines [5] promovere [6] praesumat, nisi prius a [7] dominis [8] propriis libertatem consecuti fuerint. Si vero deinceps quilibet [9] servus dominum suum fugiens aut latitans, aut [10] adibitis [11] testibus munere [12] conductis vel corruptis, aut qualibet calliditate vel fraude ad gradus [13] ecclesiasticos pervenerit, deponatur, et dominus eius eum recipiat.

1. *De forcapiis* [14]. Si mancipia dominos suos fugerint in alienam potestatem, ut propter hoc nullum praemium accipiat [15] ille in cuius potestate fuerint inventa, pro eo quod ea vel reddiderit vel foras eiecerit. Et non solum hoc, sed etiam si ea nec reddere nec foras eicere voluerit, et legitimo domino ea contradixerit, et illa inde postea effugerint, secundum legem ea solvere cogatur.

2. *De terra tributaria.* Quicumque terram tributariam, unde tributum ad partem nostram exire solebat, vel ad ecclesiam vel cuilibet alteri tradiderit; is qui eam susciperit, tributum quod inde solvebatur, omnimodo ad partem nostram persolvat; nisi forte talem firmitatem de parte dominica [16] habeat, per quam ipsum tributum sibi perdonatum possit ostendere.

3 [17]. *De beneficiis destructis.* Quicumque suum beneficium occasione proprii desertum habuerit, et intra annum, postquam ei a comite vel misso nostro notum factum fuerit, illud emendatum non habuerit, ipsum beneficium amittat [18].

4. *De terra censuali.* Si quis terram censualem habuerit, quam antecessores sui vel ad aliquam ecclesiam vel ad villam nostram dederunt, nullatenus eam a secundum legem tenere potest, nisi ille voluerit ad cuius potestatem vel illa ecclesia vel illa villa pertinet ; nisi forte filius aut nepos eius sit qui eam tradidit, et ei eadem terra ad tenendum placita [19] sit. Sed in hac re considerandum est, utrum

VARIANTES LECTIONES.

[1] c. domni imperatoris hludowici C 3.   [2] quae *usque sunt desunt* C 3.   [3] *hoc caput edidi ex codicibus* C 1. 2. 3. 4. *deest in reliquis, et in editis; et fluxit ex capite Ecclesiastico* 6. *supra, col.* 397.   [4] mittendis 1.   [5] sacrum ordinem non 2.   [6] premouere 4. permouere 4.   [7] ad 1.   [8] hominis 2.   [9] quiliber 1. quislibet 3. qualibet 4.   [10] deest 2. 4. latans adibitis 2.   [11] adhibitis 3.   [12] mannire 4.   [13] ad g. deest 2 gradus 3.   [14] furcapiis B 1. forcaphiis C 2.   [15] quaerat C 1. 2. 3. 4.   [16] p. nostra B 1. Ch. C. *et Lang. rel.*   [17] *hoc caput ex capitulari Lang. an.* 803. *c.* 24 *supra, col.* 262. *desumtum deest in* B 1. Ch. C. *et rel. Lang.*   [18] perdat C 1. 2. 3. 4.   [19] placita *corr.* placitata A 1.

NOTÆ.

a Haec non exstant in Codice Laudunensi. BALUZ.

illc qui hanc tenet, dives an pauper sit, et utrum aliud beneficium habeat, vel etiam proprium. Et qui horum neutrum habet, erga hunc misericorditer agendum est, ne ex toto dispoliatus in aegestatem incidat; ut aut talem censum inde persolvat qualis ei fuerit constitutus, vel portionem aliquam inde in beneficium accipiat unde se sustentare valeat.

5. De [1] nonis et decimis. Consideratum est, ut de frugibus terrae et animalium nutrimine [2] persolvantur [3]. De opere vero vel restauratione ecclesiarum comes et episcopus sive abbas, una cum misso nostro, quem ipsi sibi ad hoc elegerint, considerationem faciant, ut unusquisque eorum tantum inde accipiat ad operandum et restaurandum, quantum ipse de rebus ecclesiarum habere cognoscitur. Similiter et vassi nostri aut in commune tantum operis accipiant quantum rerum ecclesiasticarum habent, vel unusquisque per se iuxta quantitatem quam ipse tenet. Aut si inter eos convenerit, ut pro opere faciendo argentum donent, iuxta aestimationem operis in argento persolvant: cum quo pretio rector ecclesiae ad praedictam restaurationem operarios conducere et materiam emere possit. Et qui nonas et decimas dare neglexerit, primum quidem illas cum lege sua restituat, et insuper bannum nostrum solvat; ut [4] ita castigatus caveat, ne saepius iterando beneficium amittat.

6. De mancipiis in villas dominicas confugientibus. Si cuiuslibet mancipia in villam nostram confugerint, actor [5] eiusdem villae quaerenti domino ea non contradicat, sed statim ea foras de eadem villa eiciat. Et si se putat ad ea repetenda iustitiam habere, repetat et secundum legem adquirat. Si vero tempore domni Karoli genitoris nostri in villam illam confugerunt, et dominus ea quaerit, actor eiusdem villae aut ea legitime contineat, aut quaerenti domino reddat. Et actor propter vestituram domni Karoli genitoris nostri eadem mancipia contradicere non audeat, si illius propria esse noscuntur.

7. De forestibus noviter institutis. Ut quicumque illas habet, dimittat, nisi forte indicio veraci ostendere possit, quod per iussionem sive permissionem domni Karoli genitoris nostri eas instituisset; praeter illas quae ad nostrum opus pertinent, unde nos decernere volumus quicquid nobis placuerit.

8 [6]. Volumus ut missi nostri per singulas civitates, una cum episcopo et comite, missos [7] vel nostros homines ibidem commanentes eligant, quorum curae sit pontes per diversa loca emend e, et eos qui illos emendare [8] debent ex nostra iu sione admonere, ut unusquisque iuxta suam possib litatem et quantitatem eos emendare studeat.

Codices C. haec addunt:

9 [8]. De [10] sponsis alienis. Qui [11] sponsa alienam ipsa [12] non consentiente rapuerit, licet cum a [13] concubuerit [14] reddat [15] eam ei cuius sponsa es , et is ducat eam si velit, quia vim passa pocius qu m violata videtur [16]. Quod si eam [17] ducere noluerit, accipiat alteram feminam; tamen si et ipsa nuber voluerit, excepto raptore [18], cui voluerit alteri legiti e copuletur. Raptor [19] vero adulterii crimine reus teneatur. Quod si et [20] ipsa consensit, similiter t raptor a [21] nuptiis [22] in [23] ulterius proibeatur. Et qui eam accepturus erat, aliam quam voluerit acci iat.

10. De omine exdocendo [24]. Homo de statu suo pulsatus, si is qui eum pulsat ad convincen m illum procinctum [25] habuerit, adhibeat sibi octo cumiuratores [26] legitimos ex ea parte unde pulsatu , sive paterna sive materna sit, et quatuor ali unde non minus [27] legitimos; et iurando vindicet ibertatem suam. Quodsi procinctus [28] defuerit, adsu at undecumque [29] 12 liberos homines [30], et iura do ingenuitatem suam defendat.

11. Omnis [31] controversia [32] coram entenario definiri potest, excepto redemptione [33] terrae et mancipiorum, quae nonnisi coram comit fieri potest.

Codex C 1. addit:

12. De ancilla per cartam facta libera. Si ancilla libera dimissa [34] fuerit per cartam, et post hec servo vel colono nupserit, ipse dominus qui priu possederat, taliter deturpatam recipiat.

13. De colonis. De colonis vel servis ecclesiae qualiter serviant vel qualia tributa reddan : hoc est agrarium secundum estimationem iudicis; prevideat hoc iudex, secundum quod habet donet, e modiis 50 modios 5 donet; et pascuarium solvat ecundum usum provintiae, ancingas legitimas [35] h est perticam 10 pedes habentem quatuor in trai sverso et 40 in longum, arare, seminare, claudere, colligere, et trahere, et recondere. Prato arpenne 1, claudere, secare, colligere, et trahere. Ad emissum unusquisque accola ad duos modios sationi , ex colligere et recondere debent. Et vineas plan are, cludere, fodere, propaginare, precidere, vi demiare. Reddant siquidem 10 fasciculum de lino Pullos 4

VARIANTES LECTIONES.

[1] *initium capitis usque* persolvantur *deest* C 4.   [2] *et a. n. desunt* C 1. 3.   [3] *reliqua huius capi is desunt in* A. V. Vn. E. *et editis* Langob.   [4] ut usque amittat *desunt* C 1. 3. 4.   [5] *haec vox in plurimis co d. auctor scribitur.*   [6] *hoc caput deest in* C 1. 3. 4.   [7] misso C 2. c. vel misso nostro B 2. 3.   [8] remanda C 2. recordare B 5.   [9] *capita* 9. 10. 11. 12. 13. *ex codicibus* C. *hic publici iuris fiunt* : *caput* 10 *et in c dd.* Amb. Fl. L. V. Vn. E. *et apud* Murat. (Hloth. leg. Langob. 81). habetur.   [10] De eo qui sponsam aliena rapuerit 4. rubrica deest 1. 3.   [11] Quis 1. Si quis 4.   [12] ipsam 1.   [13] eam 1.   [14] conc. 2. 4. coliibuerit 3.   [15] reddet 1.   [16] est 2.   [17] etiam 1.   [18] e. r. deest 2.   [19] raptori 1.   [20] si et deest 2.   [21] et 1. 2. 4.   [22] nuptu 3.   [23] eest 5. 4.   [24] de stultis hominis pulsans 2. De eo qui hominem de statu suo interpellat 4.   [25] vincendum i. pr inctos 3.   [26] convictatores 2. coniuratores 4.   [27] a. nominatos l. 2.   [28] Q. de propinqui de fuerit 4.   [29] un e reliqua desunt 1.   [30] 1. h. idoneos.   [31] hoc caput deest in 1.   [32] controversio 2.   [33] redditione 3. 4. V.   [34] dimisa c.   [35] letimas c.

vestudos. Parvaredos donent, aut ipsi vadant ubi eis iniunctum fuerit. Angarias cum carro faciant usque 50 leugas, amplius non minetur. Ad casas dominicas stabilire, fenile, granicam, vel tonilum recuperando, pedituras rationabiles accipiant, et quando necesse¹ fuerit omnino componant.

Inter capita 5 et 6, Codex B 3, haec habet :

14 ª. *De locis ad claustra canonicorum facienda dandis*. Volumus ut loca² ad claustra canonicorum facienda, aut qui non habent, nostra auctoritate tradantur³. Id est si de eiusdem aecclesiae rebus congruerit, reddatur ibi per missos nostros iuxta oportunitatem loci, et quantitatem rerum. Si vero de alterius aecclesiae vel liberorum hominum fuerit, commutetur. Si autem de fisco nostro fuerit, nostra liberalitate concedatur; ut nulli occasionem habeant, nec praepositi nec subiecti, quin iuxta suam professionem communiter degere atque conversare⁴ possint.

15 ᵇ. *De placitis, qualiter liberi homines observari debent*. De placitis siquidem quos liberi homines observare debent, constitutio genitoris nostri penitus observanda et tenenda est : videlicet ut non in anno nisi ad tria placita comitum veniant, et nisi aut accusatus fuerit aut aliquem accusaverit, vel ad testimonium perhibendum vocatus fuerit. Ad caetera vero placita quae centenarium tenent, non alius venire compellatur, nisi aut qui litigat aut iudicat aut testificatur.

VARIANTES LECTIONES.

¹ necessesse *c.* ² loci *corr.* loca. ³ triantur *in marg.* tradantur. ⁴ conservare *cod.*

NOTÆ.

ª Cf. cap. 7. capitularis sequentis.   ᵇ Cf. cap 14. capitularis sequentis.

Capitula missorum, a Baluzio ex Codd. bibl. regiae Paris. 4626 et 4280 A, et tertio quodam edita ope Codicum istorum iterum prodeunt ; A 1. bibl. reg. Paris. n. 2718. A 2. bibl. ejusdem *Fonds de Notre-Dame* F. 4. A 3. bibl. ejusdem n. 4280 A, B 1. Codicis S. Pauli, cui Chisianus et Cavensis concordant. Chisianus totum capitulare repetit inter Hlotharii leges fol. 106 sqq., ejusque lectiones sigla Ch. expressimus. B 2. bibl. Corbeiensis. C 1. bibl. reg. Paris. n. 4628 ; necnon Codicum qui capitularia legibus Langobardicis adjecta exhibent, Ambrosiani, Florentini, Londinensis, Vindobonensis, Veronensis et Estensis apud Muratorium ; inspectis etiam Codd. bibl. regiae Paris. n. 4626, 4628 A, 4613, 4631, 4788.

Haec¹ sunt² ª capitula praecipue ad legationem missorum nostrorum ob memoriae causam pertinentia, de quibus³ videlicet causis agere debeant.

1. Legatio omnium missorum nostrorum hanc est. Primo, ut sicut iam aliis missis iniunctum fuit, iustitiam faciant de rebus et libertatibus iniuste ablatis ; et si episcopus, aut abbas, aut vicarius, aut advocatus, aut quislibet de plebe hoc fecisse inventus fuerit, statim restituatur. Si vero vel comes vel actor dominicus, vel alter missus palatinus, hoc perpetravit, et in nostram potestatem redegit, res diligenter investigata et descripta ad nostrum iudicium reservetur.

2⁴. Volumus autem ut de his libertatibus et rebus reddendis quae in nostra vestitura sunt, primo per optimos quosque inquiratur⁵. Et si per illos inveniri non possit, tunc per eos qui post illos in vicinia meliores sunt⁶. Et si nec per illos rei veritas inveniri po-

test, tunc liceat litigantibus ex utraque parte testes adhibere. Et si discordaverint, secundum constitutionem a nobis promulgatam ᵇ examinentur.

3. De pauperibus, et viduis, et pupillis iniuste oppressis, ut adiuventur et releventur.

4. De iniustis occasionibus et consuetudinibus noviter institutis, sicut sunt tributa et telonei in media via, ubi nec aqua, nec palus, nec pons, nec aliquid tale fuerit unde iuste census exigi possit, vel ubi naves subtus pontes transire solent, sive in medio flumine ubi nullum est obstaculum, ut auferantur. Antiquae⁷ autem ad nostram notitiam deferantur.

5. De honore ecclesiarum, ut per omnia eis exhibeatur, sicut nuper ᶜ a nobis cum consensu omnium fidelium nostrorum constitutum est. Et⁸ ut hoc missi nostri omnibus in sua legatione constitutis notum efficiant⁹.

VARIANTES LECTIONES.

¹ *inscriptio extat in codd.* A 3, B 2. C 1. ² *deest in* A 3. C 1. ³ q. agere debent Albwin et Wichald. B 2. ⁴ caput hoc ab anteriori non separatur in B 1. 2. C 1. *Ch. V.* ⁵ nisi actio per investituram fuerit, et si *V.* (*Vn.*) *E.* ⁶ s. veritas inveniatur *V. Vn. E.* ⁷ ut a. antequam ad nostram *V. Vn. E. et edd. Lang.* ⁸ reliqua capitis desunt in *V. Vn. E. et edd. Lang.* ⁹ faciant de nonis, etc. B 1.

NOTÆ.

ª De istis intelligendum est caput 13 Thegani, quod sic habet : « Eodem tempore supradictus princeps misit legatos suos supra omnia regna sua inquirere et investigare si alicui aliqua injustitia perpetrata esset; et si aliquem invenissent qui hoc dicere vellet et cum verissimis testibus hoc probare potuisset, statim cum eis in praesentiam ejus venire praecepit. Qui egressi invenerunt innumeram multitudinem oppressorum aut ablatione patrimonii aut exspoliatione libertatis. Quod iniqui ministri, comites et loco positi per malum ingenium exercebant: Omnia supradictus princeps destruere jussit acta quae impie in diebus patris sui per iniquorum ministrorum ingenia facta fuerant. » In hoc loco reposui *praesentiam*, pro eo quod in Editionibus male scriptum est *provinciam*. BALUZ.

ᵇ Supra, col. 405, c. 10.

ᶜ Supra col. 403, c. 1.

6. De nonis et decimis, ut secundum iussionem nostram [a] dentur.

7[b]. De locis dandis ad claustra canonicorum facienda, si de eiusdem ecclesiae rebus [1] fuerit, reddatur ibi. Si de alterius ecclesiae vel liberorum hominum, commutetur. Si autem de fisco nostro fuerit, nostra liberalitate [2] concedatur.

8. De observatione praeceptorum nostrorum et inmunitatum, ut ita observentur, sicut a nobis et ab antecessoribus nostris constitutum est[3].

9. De his qui per occasionem inmunitatis iustitiam facere rennuunt, ut hoc observetur quod a nobis constitutum est.

10. De locis iamdudum sacris et nunc spurcitia foedatis, ut iuxta possibilitatem in antiquum statum reformentur.

11. De beneficiis nostris, quae destructa inveniuntur, hoc impleatur quod nuper a nobis constitutum est [c].

12. De nova moneta, et de falsa moneta, et de dispectu litterarum nostrarum, et de latronibus coercendis vel puniendis, et de faidis pacandis [4], de homicidiis prohibendis, de periuriis et falsis testibus conpescendis, de his omnibus vel caeteris his similibus hoc quod modo constituimus [d], omnibus adnuntietur et in futurum observetur.

13 [5]. Hoc volumus ut missi nostri observent, ut quicquid de his causis vel simul vel singillatim emendare potuerint, emendent, et ea quae emendaverint, diligenter scriptis notent. Et hoc sic peragere curent, quatenus iuste reprehendi a quoquam nullatenus possint. Et quae facere debent aut possunt, nullatenus praetermittant; immo caveant, ne, quod absit, aut gratia alicuius, aut honoris aut timoris sive odii causa, illud quod agere debent omittant. Et summopere studeant, ut hoc quod per se efficere non possunt, nobis notum faciant. Et omnimodis praevideant, ut per singula capitula, tam verbis quam scriptis, de omnibus quae illic peregerint, nobis rationem reddere valeant.

14 [e]. De placitis siquidem quos liberi homines observare debent, constitutio genitoris nostri [f] penitus observanda atque tenenda est, ut videlicet in anno tria solummodo generalia placita observent, et nullus eos amplius placita observare compellat; nisi forte quilibet aut accusatus fuerit, aut alium accusaverit, aut ad testimonium perhibendum vocatus fuerit. Ad caetera vero, quae vicarii vel [6] centenarii te ent, non alius venire iubeatur, nisi qui aut litigat, a tiudicat, aut testificatur [7].

15. Ut de debito quod ad opus nostrum fu rit rewadiatum [8] talis consideratio fiat, ut is qui i noranter peccavit, non totum secundum legem com nere cogatur, sed iuxta quod possibile visum fuer t. Is vero qui tantum mala voluntate peccavit, totam gis compositionem cogatur exsolvere.

16. Ut nullus ad palatium vel in hostem pergens, vel de palatio vel de hoste rediens, tributum quod trasturas [9] vocant, solvere cogatur.

17. Ut pontes publici, qui per bannum eri solebant, anno praesente in omni loco restaure tur.

18. Ut clerici [10] et monachi et servi fugiti i ad loca sua redire iubeantur.

19. Ut nullus episcopus, nec abbas, nec c mis, nec abbatissa centenarium comitis advocatum abeat.

20. Ut vicarii et centenarii qui fures e latrones vel celaverint vel defenderint, secundum s bi datam sententiam diiudicentur.

21. Ut comites et vicarii et centenarii [11] e constitutione legis ammoneantur, qua iubetur, t propter iustitiam pervertendam munera non accipi t.

22. De forestibus nostris, ut ubicumque fu rint, diligentissime inquirant, quomodo salvae [12] sint et defensae [13], et ut comitibus denuntient, ne ullai forestem noviter instituant; et ubi noviter institutas sine nostra iussione invenerint, dimittere praecipi nt.

23. Ut ubicumque ipsi missi [14] aut episc um, aut abbatem, aut alium quemlibet quocumqu honore praeditum invenerint, qui iustitiam facere el noluit, vel prohibuit, de ipsius rebus vivant, qua diu in eo loco iustitias facere debent.

24. Ut in illius comitis ministerio qui b ne iustitias factas habet, idem missi diutius non iorentur, neque illuc multitudinem convenire facian ; sed ibi moras faciant, ubi iustitia vel minus, vel n legenter facta est.

25. Ut in illius comitis ministerio idem [15] issi nostri placitum non teneant qui in aliquod m ssaticum directus est, donec ipse fuerit [16] reversus; ut causa quae adhuc coram comite non fuit, et is qui se reclamat, propter suam stultitiam aut contum ciam comitem inde appellare noluit [17] iterum comiti ommendetur.

26. Ut missi nostri, qui vel episcopi, ve abbates

VARIANTES LECTIONES.

[1] deest A 1. 2. 3. C 1. [2] libertate B 1. 2. C 1 Ch. [3] conserventur sicut a nostris antecessor us ante concessum est. C 1. [4] his locis novum caput inchoat. A 2. [5] anteriori capiti cohaeret in A 2. B 2. C. V. Vn. E. et edd. Lang. [6] v. v. deest A 1. 2. 3. C 1. [7] testificatur. Et quicumque huius constitution s transgressor de missis nostris inventus fuerit, bannum nostrum componat. editi Langobb. quod tan en in codicibus omnibus deest. [8] uudiatum Ch. [9] transituras B 1. Ch. tracturias C 1. transitura V. [10] et monachi adiicitur in codice Al., Ch., V. et edd. Lang. et Ansegiso. [11] et c. deest B 1. 2. Ch. [12] salvi B 1. C 1. Ch. [13] defensi B 1 Ch. [14] u. m. nostri B 1 C 1. [15] ibidem A. 1. 2. [16] hic aliud caput inchoant. A B 1. 2. Ch. [17] noluerit A. 1. 2.

NOTÆ.

[a] Supra, col. 411, c. 5.
[b] Supra, col. 413, c. 14.
[c] Supra, col. 410, c. 3.
[d] Supra, col. 405, seqq
[e] Supra, col. 414, c. 15.
[f] Cf. Cap. Minora an. 803, c. 20; Capit. Aquisgr. an. 809, c. 5.

vel comites sunt, quamdiu prope suum beneficium fuerint, nihil de aliorum coniecto [1] accipiant. Postquam vero inde longe recesserint, tunc accipiant secundum quod in sua tractoria continetur. Vassi [2] vero nostri et ministeriales, qui missi sunt, ubicumque venerint coniectum accipiant.

27. Ut vassi nostri et vassi episcoporum, abbatum, abbatissarum et comitum, qui anno praesente in hoste non fuerunt, heribannum [3] rewadient; exceptis his qui propter necessarias causas et a domno ac genitore nostro Karolo [4] constitutas domi dimissi fuerunt.

29 [7]. *De dispensa missorum dominicorum.* De dispensa missorum nostrorum, qualiter unicuique iuxta suam [8] qualitatem dandum vel accipiendum sit; videlicet episcopo panes quadraginta, friskingas tres, de potu modii tres, porcellus unus, pulli tres, ova quindecim, annona ad caballos modii quatuor. Abbati, comiti, atque ministeriali nostro [9] unicuique dentur cottidie panes triginta, friskingas duas, de potu modii duo [10], porcellum unum, pulli tres, ova quindecim, annona ad caballos modii tres. Vassallo nostro panes decem et septem, friskinga una, porcellus unus, de potu modius unus, pulli duo, ova decem, annona ad caballos modii duo [11].

A runt, id est, qui a comite propter pacem conservandam [5], et propter coniugem ac domum eius custodiendam, et ab episcopo vel abbate, vel abbatissa similiter propter pacem conservandam, et propter fruges colligendas et familiam constringendam, et missos recipiendos, dimissi fuerunt.

28. Ut omnis episcopus, abbas, et comes, excepta infirmitate vel nostra iussione, nullam excusationem habeat, quin ad placitum missorum nostrorum veniat, aut talem vicarium suum mittat, qui in omni causa pro illo rationem reddere possit [6].

Codex Sancti Pauli

29 b [12]. *De beneficiis distructis.* Quicumque beneficium occasione proprii desertum habuerit, ipsum beneficium amittet.

B 50 b. Quicumque homo liber dinarium merum et bene pensantem recipere noluerit, bannum nostrum id est 60 solidos conponat; si vero servi ecclesiastici aut comitum aut vassalorum nostrorum hoc facere praesumpserint, 60 ictus vapulent; aut si magister eorum vel advocatus qui liber est, eos vel comiti vel misso nostro iussus presentare noluerit, predictum bannum 60 solidos conponat.

VARIANTES LECTIONES.

[1] coniectu B 1. collectu C 1. [2] *hic aliud caput inchoat* A 2. [3] eribannum A 2. aurebannum C 1. aribannum Ch. [4] nostro luedouico C 1. [5] conseruandam *usque* conseruandam *desunt in* B 1. Ch. [6] *hoc loco* Goldastus *caput addit ex* Ansegisi *editione posteriori libri* IV. cap. 72. [7] *hoc caput deest in* B 1. Ch. [8] *in syllaba proxima qua* plagula exsecta *desinit codex* C 1. [9] m. dominico A 3. B 2. [10] III. A 1. 3. [11] duo. Expliciunt capitula domni clodouuici magni imperatoris quae sunt custodiendi et obseruandi firmiter A 2. [12] *hoc caput hoc loco exhibet etiam* Ghisianus *inter leges* Lotharii.

IV.

ENCYCLICA AD ARCHIEPISCOPOS (An. 817).

Litterarum encyclicarum, quibus imperator regulam canonicorum omnibus imperii sui archiepiscopis transmisit, exempla tria in Codicibus antiquis servata sunt : 1. in Cod. bibl. ducalis Guelferbytanae membr. saec. x. litterae ad Arnonem archiepiscopum Salisburgensem, qui concilio non interfuerat ; 2. in Cod. bibl. Paris. n. 1537 mbr. saec. x. litterae ad Sicharium archiepiscopum Burdegalensem, aeque absentem ; 3. in ms. Aquitanico litterae a Sirmondo editae ad Magnum archiepiscopum Senonensem, qui concilio interfuerat. Utramque formam, Codicibus 1 et 2 a me iterum collatis recognitam, hic sistimus.

LITTERAE AD METROPOLITANUM QUI CONVENTUI NON INTERFUERAT.

In nomine domini Dei et salvatoris nostri Iesu Christi. Hludowicus, divina ordinante providentia imperator augustus, venerabili Arnoni Salzpurcgensis ecclesiae [1] archiepiscopo [2], in Domino salutem. Sacrum et venerabile [3] concilium divino nutu nostroque studio in Aquisgrani palatio nuper adgregatum, in quo multa ob propagandam ecclesiasticam dignitatem, praecedente et subsequente gratia Christi, diligenter tractata atque instituta sunt, tuam nullatenus credimus latere sanctitatem. Sed quia contigit eidem sancto et venerabili concilio tuam non interfuisse paternitatem, ad tuam destinave decrevimus beatitudinem, per praesentem missum nostrum nomine Nothonem formulas [4] canonicae institutionis ab eodem sacro conventu ex sanctorum pa-

C LITTERAE AD METROPOLITANUM QUI CONVENTUI INTERFUERAT.

Gloriosissimus Hludowicus, superno munere victor semper augustus, venerabili in Christo Magno Senonicae urbis archiepiscopo, in Domino salutem. Sicut vobis nuperrime in sacro conventu, quem Deo annuente Aquisgrani palatio aggregavimus, ubi multa favente Christo ecclesiastice, immo catholice, acta sunt, meminimus promisisse, misimus tuae venerandae paternitati per praesentes missos nostros, Ermenfredum videlicet et Haymonem, formulam canonicae institutionis, quam idem sacer conventus ex sanctorum patrum sparsim digestis sententiis colligere atque in unum congerere studuit : quam quia vobis transcribendi angustia temporis facultatem de-

D negavit, studii nostri fuit eam diligenter transcribi

VARIANTES LECTIONES.

[1] excidit in codice 1. [2] venerabili in Christo Sichario archiepiscopo 2. [3] memorabile 1. [4] Adalhelmum formulam 2.

trum sparsim digestis sententiis collectas [1], atque in iubere, ut absque ulla depravatione aut detruncatione textus eius ad vos usque incolumis perferretur. Proinde has litteras ad tuam direximus sanctitatem, per quas iubemus, ut memor admonitionis nostrae, suffraganeos tuae dioeceseos loco et tempore competenti ad te convocare studeas, et eandem institutionem per singula capitula coram ecclesiasticis ordinibus praelegi facias, et qualiter eam sacer conventus ob emolumentum animarum instruere salubriter curaverit, patenter edoceas, et his qui canonicae professionis censentur nomine, secundum ministerium tibi divinitus collatum, et nostrae auctoritatis praeceptum, coram memoratis missis nostris observandam percenseas. Eorum autem qui tardi oris sunt ingenii, et eam forte plebe intelligere nequeunt, tuo sive comprovincialium tuorum episcopo in dono scientiae pollentium studio eius notitia sensibus perfundatur. Nam et tuam nihilominus providam volumus esse beatitudinem, ut eam soller cura praedicti missi nostri omnes, prout insinuaveris, transcribere absque ulla depravatione et detruncatione praemoneant; quoniam qualiter diligenter studioseque, distincte et aperte transcribatur, illos satis instituimus. Cuius nempe exemplar idcirco in armario palatii nostri recondi fecimus, ut per hoc nosse et inquirere possemus, utrumne ab aliquo negligenter transcripta fuerit; quia, ut comperimus, dum in eodem sacro concilio perlegeretur, nequaquam coram nobis ab eodem concilio prolata e necdum mensura cibi et potus plane statuta fuisset, invidi magna ex parte illam detruncantes, quae sunt capitula inconsulte ex ea transcripserunt. Unde necesse est, ut si aliquem in tua dioecesi tale fecisse repereris, huiuscemodi factum coram provincialium tuorum episcoporum conventu et coram praescriptis missis nostris frustreris, et hanc authenticam, ut praemisimus, diligenter, sicut missi nostri eis insinuaverint, transcribi percenseas. Volumus ergo, ut omnes praelati canonicorum diligenter illam transcribant, studiose intelligant, efficaciter, quantum Dominus eis posse dederit, ob suam subditorumque utilitatem opere adimplere procurent; et quando nos, sicut in eorum sacro et venerabili concilio generaliter omnibus diximus, missos nostros huius negotii inquirendi gratia per universum imperium nostrum Kalendis Septembris venturis direxerimus, omnes, praelati videlicet et subditi, iuxta capacitatem et possibilitatem suam, eadem instructione informati atque instructi, eiusdem operatores inveniantur strenui. Quoniam diligenti indagine, vita comite, inquirere iubebimus, qualiter unusquisque praelatorum ministerium suum expleat, qualiter iussioni nostrae in claustris et caeteris canonicorum necessariis habitationibus, et in eorum stipendiis dandis, et receptaculis superum praeparandis obtemperaverint, vel quis clericum suum

Quam etiam idcirco penes palatium nostrum diligenter scribi fecimus, ut nihil in se scriptorum vitio depravationis aut detruncationis habens, ad te usque incolumis perferretur. Quapropter volumus atque decernimus, ut iuxta metropolitanae sedis tibi canonicae conlatam dignitatem, nostraeque auctoritatis sanctionem, dioeceseos tuae episcopos et caeteros ecclesiae praelatos tempore et loco congruenti ad te arcessire facias, et his coram capitulatim memoratas [3] institutionis formulas [4] praelegi iubeas, et quod ob exaltandum ecclesiastici culminis fastigium et animarum salutem idem sacer conventus eas [5], ediderit, liquido demonstres; sed et his qui in uno collegio canonice degunt, tenendam observandamque coram memorato misso nostro percenseas [6]. At si alicuius cordis obtunsio eam intelligere nequiverit, huic sive abs te, sive ab aliis episcopis, comprovincialibus scilicet tuis, doctrinae fulgore nitentibus sobrie tradatur. Sed et in hoc nihilominus circumspectam monemus esse tuam prudentiam, ut ab his qui eas [7] transscripturi sunt, ita transscribantur [8], ut nec depravata vitio scriptoris, nec detruncata ab aliquo [9] fiat; sed sicut a [10] praedicto misso nostro eis demonstratum fuerit, absque aliqua depravatione vel detruncatione transcribantur. Noveris etiam, quia ideo illius exemplum apud armarium palatii nostri detentum est, ut eo probari patenter possit, quis eas [11] incuriose transscripserit, vel quis aliquam eius partem detruncaverit. [Ut [12] enim comperimus, dum in eodem sacro concilio perlegeretur, antequam coram nobis ab eodem concilio prolata, et necdum mensura cibi et potus statuta fuisset, quidam magna ex parte illam detruncantes, quaedam capitula inconsulte ex ea transscripserunt. Unde necesse est, ut si aliquem in tua dioecesi tale fecisse repereris, huiuscemodi factum coram provincialium tuorum episcoporum conventu et coram praescripto misso nostro frustreris, et hanc authenticam, ut praemisimus, diligenter, sicut missus noster eis insinuaverit, transscribi percenseas.] Omnes ergo tuae dioeceseos episcopi et ceteri praelati [13] eas [14] vigilanti cura transscribere, sollerti studio intelligere, instantissimae assiduitatis exercitio divinitus adiuti operibus complere decertent; ut cum nos huius rei gratia inquirendae venturis Kalendis Septembribus, sicut eidem sacro et memorabili concilio meminimus nos dixisse facturos, missos nostros per imperium a Deo nobis conlatum destinaverimus, remota cuiuslibet difficultatis obpositione, eiusdem salutiferae institutionis et praelati et subditi [15], prout Dominus eis posse dederit, strenui inveniantur operatores. Quoniam diligenti indagine, vita comite, perquirere iubebimus, quis praelatorum [16] iniunctum sibi officium strenue peregerit [17], vel quis in claustris canonicorum et ceteris habitationibus con-

VARIANTES LECTIONES.

[1] collectam 2. [2] congestam 2. [3] memoratam 2. [4] formam 2. [5] eam 2. [6] confereas. 2. [7] eam 2. [8] transcribatur 2. [9] alio 2. [10] deest 1. [11] eam 2. [12] *Ut usque percenseas desunt* 1. [13] *deest* 1. [14] eam 2. [15] et p. et s. desunt 1. [16] deest 1. [17] peragat 2.

struendis, et in necessariis stipendiis eis tribuendis [1]; et in domibus ad receptacula pauperum reparandis; sanctioni nostrae paruerit; quisve clerum suum eadem institutione et caeteris spiritualibus documentis instruere curaverit; vel quis causa avaritiae eos, quos in Christi militia rationabiliter alere poterat, propulerit. Quia, unius anni spatium dedimus, ut ea quae premissa [2] sunt; absque ullius difficultatis excusatione perfici; ubi necdum facta erant, facillime possent. [Proinde [3] qui hoc anni [4] tempore in hoc negotio nostrae admodum [5] iussione pro viribus obedire neglexerit; caeteris sine dubio terrori erit, ne tale admittere praesumant. Direximus sane tibi institutionis formulam quam eiusdem sacri concilii [6] par consensu [7] parque studium ex sanctorum patrum dictis enucleatim excerpsit, et castimoniae dicatis in una societate canonicae degentibus observandam statuit. Quam volumus a te sive a tuis conprovincialibus episcopis studiose iubere transcribi, et monasteriis puellaribus in tuo diocesi consistentibus [8]; in quibus, scilicet canonice vivitur, tenendam conferri, qualiterque abbatissis et caeteris monialibus religiosissime ac devotissime observari debeat, apertissime perdoceri. Quoniam, nisi quando nos aliquam abbatissarum nostram adire iusserimus praesentiam, alio tempore volumus in monasteriis resideant, et secundum eiusdem institutionis formam vitam ducant, sibique subditas in sancta religionis proposito constringant. Et nulla illarum foras evagandi, aut occasione qualibet accepta per villas residendi, suisque voluptatibus deserviendi, licentiam sibi adtribuat. Quamquam enim nonnulli clerici monasteria puellarum, et nonnulli laici monasteria virorum etiam et puellarum habeant, tua tamen debet praevidere solertissima industria, ut omnibus locis sub tua diocesi constitutis, ubicumque congregationes clericorum et sanctimonialium sunt, iuxta possibilitatem et facultatem rerum secundum huius institutionis formam vivant; quia nulla est omnino ecclesia quae facultates habeat, ubi non possint tot talesque gubernari qui divinam expleant officium, et ubi hospitalitas iuxta vires non possit diligi.] Nos quoque praefatum missum nostrum ad tuam sanctitatem ideo direximus, ut tuum ceterorumque ecclesiasticorum in tua diocesi consistentium [8] diligenter atque subtiliter in hoc negotio intueretur studium, et tibi [9] opem in caeteris commonendis [10] ferret: qui etiam nobis referret, qualiter praelati et praelatae eam libenter [11] susceperint, diligenterque transcribere studuerint, et devote adimplere iuxta vires curaverint. Quoniam tamdiu illum in tua vel conprovincialium tuorum diocesim morari [12] et discurrere una cum misso tuo iussimus, donec ab omnibus memoratae formulae transscriberentur; ut videlicet cuncta procurans diligenterque perficiens, cum ad nos illum redire opere expleto tempus permiserit, cuncta quae secundum huius institutionis normam et caetera spiritalia exercitia, informare studuerit, aut si quis quem eorum, quos in Dei servitio rationabiliter gubernare potuit, causa avaritiae abiecerit : quia, ut haec quae praemisimus, absque ullius difficultatis oppositione, in locis in quibus facta needum erant, fieri opportunissime possent, unius anni spatium, sicut nosti, ad haec peragenda tribuimus. Qui vero hoc annuo tempore nostrae, immoque Dei iussioni, iuxta vires obtemperare neglexerit, caeteris, ne talia facere audeant, terrorem procul dubio incutiet. Misimus itaque tibi institutionis formam, quam idem sacrum et venerabile concilium ex sanctorum patrum sententiis diligenter excerpsit, et sanctimonialibus in uno collegio canonice degentibus observandam percensuit : quam sive per te, sive per comprovinciales tuos episcopos, in omnibus tuae dioceseos puellaribus monasteriis, in quibus canonice vivitur, studiose praescriptam haberi volumus. Sed et hoc decernimus ut a vobis tam abbatissis quam caeteris sanctimonialibus tradatur, et qualiter eam tenere debeant, vestro studio informentur. Caeterum nisi aliquam abbatissarum quando nos ad praesentiam nostram venire iusserimus, alio tempore volumus, ut abbatissae propriis in monasteriis resideant et secundum hanc institutionis formam vivere sibique subiectas gubernare decernent ; et nullis illarum per villas residendi, aut foras qualibet occasione accepta evagandi, suisque voluptatibus deserviendi licentiam attribuant. Quamquam enim nonnulli clerici monasteria puellarum, et nonnulli laici monasteria virorum etiam ac puellarum habeant, tua tamen debet providere solertissima industria, ut in omnibus locis sub tua dioecesi constitutis, ubicunque congregationes clericorum et sanctimonialium sunt, iuxta possibilitatem et facultatem rerum secundum huius institutionis formam vivant; quia nulla est omnino ecclesia, quae facultates habeat, ubi non possint tot talesque gubernari qui divinum expleant officium, et ubi hospitalitas iuxta vires non possit diligi. Nos quoque praefatos missos nostros ad tuam sanctitatem ideo direximus, ut tuum caeterorumque ecclesiasticorum in tua dioecesi consistentium diligenter atque subtiliter in hoc negotio intueretur studium, et tibi opem in caeteris commonendis ferrent ; qui et nobis referrent, qualiter praelati et praelatae eam libenter susceperint, diligenterque transcribere studuerint, et devote adimplere iuxta vires curaverint ; quoniam tamdiu illos in tua vel comprovincialium tuorum dioecesi morari et discurrere una cum misso tuo iussimus, donec ab omnibus memoratae formulae transcriberentur ; ut videlicet cuncta procurantes, diligenterque taxantes, cum ad nos illos redire opere expleto tempus permiserit, cuncta quae acta sunt, vestro utrorumque scripto notentur, atque per ipsos tuumque missum nostrae dinoscentiae intimentur ;

VARIANTES LECTIONES.

[1] desunt 2. [2] promissa 1. [3] Proinde usque possit diligi desunt 1. [4] anno 2. [5] inmodum 2. [6] concilio 2. [7] consensu 2. [8] diocesi existentium 2. [9] ut 1. [10] ammonendis 2. [11] diligenter 1. [12] diocesi immorari 2.

acta sunt vestro utrorumque scripto notentur, atque per ipsum tuumque missum nostrae dinoscentiae intimentur; ut sciamus, quibus gratiarum actiones referre, quosque etiam dignis correptionibus corrigere debeamus [1]. Si vero aliquis tuae dioceseos eidem institutioni vestraeque admonitioni procaciter reniti voluerit, et ea [2] quae ab eodem sacro [3] et venerabili concilio constituta atque decreta sunt, quantum Dominus ei posse dederit observare contempserit, praecipimus, ut si antea huiuscemodi non se correxerit, quicumque ille est, ante praesentiam nostram tua vel missi nostri ammonitione, venire festinet, quatenus a nobis iuxta quantitatem culpae digne corrigatur. Direximus praeterea tibi [4] pondus et mensuram, secundum quae clericis et sanctimonialibus panis et potus aequaliter tribuenda sunt: quae ut ab omnibus firmissime atque inviolabiliter teneantur, decernimus et ne quid incrementi aut detrimenti a quoquam patiantur, modis omnibus inhibemus. Tuam igitur in calce huius epistolae admonemus sanctitatem, ut secundum ministerium tibi divino munere conlatum, nostrae in hoc negotio saluberrimae admonitioni oboedienter atque inexcusabiliter [5] pareas, et ceteris in parendo exemplum bonum tribuas. Dignum quippe iustumque est, ut quanto sublimius sacerdotii dignitate aliis supereminens, et a nobis venerabiliter diligeris, tanto magis ad Dei nostramque voluntatem exsequendam devotiorem te atque promptiorem exhibeas. Vale in Domino, et ora pro nobis.

ut sciamus, quibus gratiarum actiones referre, quosque etiam dignis correptionibus corrigere debeamus. Si vero aliquis tuae dioecesis eide institutioni nostraeque admonitioni procaciter r niti voluerit, et ea quae ab eodem sacro et vener ili concilio constituta atque decreta sunt, quantu 1 Dominus eis posse dederit, observare contempse it, praecipimus, ut si antea huiusmodi non se c rexerit, quicunque ille est, ante praesentiam nos am tua vel missorum nostrorum admonitione venire estinet; quatenus a nobis iuxta quantitatem culp e digne corrigatur. Direximus praeterea tibi pondu et mensuram, secundum quam clericis et sanctim nialibus panis et potus aequaliter tribuenda sunt, ae ut ab omnibus firmissime atque inviolabiliter ten tur, decernimus, et ne quid incrementi aut det menti a quoquam patiantur, modis omnibus inhibem s. Tuam igitur in calce huius epistolae admonemus sanctitatem, ut secundum ministerium tibi divin munere collatum, nostrae in hoc negotio saluberrim e admonitioni obedienter atque inexcusabiliter pare s, et caeteris in parendo exemplum bonum tribuas. Dignum quippe est, ut quanto sublimius sacerdotii dig itate aliis superemines, et a nobis venerabiliter dilige is, tanto magis ad Dei nostramque voluntatem facien am devotiorem te atque promptiorem exhibeas. V e in Domino, et ora pro nobis.

VARIANTES LECTIONES.

[1] d. Quod si a. 2. [2] eam 1. [3] conventu salubriter constituta sunt pro viribus observare neglexerit, subinde ammonitus non se correxerit., quicunque 2. [4] deest 2. [5] inexecrabiliter 2.

V

CONSTITUTIO DE SERVITIO MONASTERIORUM (An. 817)

Cum constitutio ipsa perierit, notitiam recipere visum est primum a Sirmondo, t. II Concil. Galli, p. 685 et a Delalande, in Supplementis Conciliorum Galliae, ex Codice monasterii sancti Aegidii in Septin ania vulgatam, atque a Baluzio, Mabillonio et Bouqueto SS., t. VI, p. 407, annotationibus illustratam quarum nonnullas ad Galliae monasteria spectantes excepimus.

NOTAE.

Anno incarnationis Domini nostri Jesu Christi 817, Hludowicus serenissimus augustus divina ordinante providentia, conventum fecit apud Aquis sedem regiam, episcoporum, abbatum, seu totius senatus Francorum; ubi inter ceteras dispositiones imperii statuit atque constitutum scribere fecit, qu e monasteria in regno vel imperio suo [a] dona et militiam facere possunt, quae sola dona sine militia, ae vero nec dona nec militiam, sed [b] solas oration s pro salute imperatoris vel filiorum eius et stabilita imperii.

[a] Auctor Annalium Anianensium: « Erant etiam quaedam monasteria ex eis munera militiamque exercentes. Quapropter ad tantum devenerunt paupertatem ut alimenta vestimentaque deessent monachis. Quae considerans, suggerente praefato viro Benedicto abbate Anianensi, piissimus rex posse servire praecepit, ita ut nil Deo famulantibus deesset, ac per hoc alacres pro eo ejusque prole totiusque regni statu piissimum precarentur Deum. » Hinc ergo emendanda est Vita ejusdem Benedicti, quae edita est in fronte Concordiae regularum. Vide Acta sanctorum ordinis S. Benedicti, saeculo. IV, part. I, pag. 214. BALUZ.

[b] Praeter monasteria hic enumerata, quae regi solas orationes debebant, alia quaedam istius generis fuere in Aquitania, Tutelense nimirum et Sarlatense. Regulae monasterium ad Garumnam nihil regi debebat, ut patet ex charta Bernardi comitis, cujus partem Marca edidit in libro III Hist. Benearn., cap. 6, quam vero nos integram reperimus inte schedas Arnoldi Ohienarti, ex chartulario Regula ensi descriptam. Hanc Ludovici constitutionem cuta vel imitata esse videtur posterorum pietas in Italia et in Anglia; in chartulario quippe Casauriei i reperio fundatores monasterii sancti Mauri de materno nullum alium censum sibi retinuisse in po sessionibus eidem monasterio datis « nisi tantum rationem pro nobis et parentibus nostris. » Monas con Anglicanum a Guilielmo Dugdalo viro dili ntissimo editum exhibet in pagina 208 narrationem de quodam diacono occiso intra ecclesiam a dom sticis cujusdam principis nomine Nogui; qui poenit ne postea ductus, ecclesiaeque satisfaciens, quos am agros ecclesiae Lindaviensi dedit, edixitque ut terra sic data esset *libera ab omni laicali servitio, n si tantum oratione quotidiana in perpetuo.* ID.

HAEC SUNT QUAE DONA ET MILITIAM FACERE DEBENT, NUMERO XIV.

Monasterium [a] sancti Benedicti.
Monasterium [b] Ferrarias.
Monasterium [c] Nigelli.
Monasterium [d] sanctae Crucis.
Monasterium [e] Corbeia.
Monasterium [f] sanctae Mariae Suessionis.
Monasterium [g] Stabulaus.
Monasterium [h] Flaviniacum.
Monasterium [i] sancti Eugendi.
Monasterium [j] Novalicium.

[k] *Ultra Rhenum.*

Monasterium [l] sancti Nazarii
Monasterium [m] Offunwilarii.

IN BAVARIA.

Monasterium [n] Mananseo.
Monasterium Togerinseo.

HAEC SUNT, QUAE TANTUM DONA DARE DEBENT SINE MILITIA, NUMERO XVI.

Monasterium [o] sancti Michaelis Maresci primi.
Monasterium [p] Balma.
Monasterium [q] sancti Sequani.
Monasterium [r] Natradis.

---

[a] Floriacensis, ut opinor, ad Ligerim, in dioecesi Aurelianensi. BALUZ.

[b] *Quod antiquitus Bethleem vocabatnr*, ut ait auctor Vitae Ludovici Pii. Situm est in dioecesi Senonensi. Vide notas ad Lupum Ferrariensem, pag. 541. ID. — *Ferrières.*

[c] Puto hic agi de monasterio Nealphae veteris, in dioecesi Carnotensi. ID. — In pago Trecensi. BOUQ.

[d] Vulgo sancti Leufredi, in dioecesi Ebroicensi. *La Croix-saint-Leufroy.* BALUZ. — Alias S. Faronis prope Meldos. BOUQ.

[e] In dioecesi Ambianensi. Celeberrimum monasterium, in quo olim valde floruerunt studia litterarum. Hinc tot boni et antiqui Codices manuscripti, quorum ope multa correcta et emendata sunt in antiquis auctoribus, multa in publicum emissa quae hactenus latuerant. BALUZ.

[f] Cujus historiam cum appendice actorum veterum nobis nuper dedit vir clarissimus Michael Germanus monachus Benedictinus. In veteri membrana monasterii Canigonensis reperio nomina quarumdam abbatissarum et celebriorum ac nobiliorum, ut puto, sanctimonialium illius monasterii. Frénburgis abbatissa, Ermentrudis abbatissa, Adelaidis abbatissa, Adelaidis thesauraria, Ermena, Elisabeth, Hildeburgis, Fagela, Beringildis, Leuda, Eva, Mathildis, Lanscindis, Itisburgis, Richildis, Hildeburgis, Rosmodis. ID.

[g] Vulgo *Stavelo*, in saltu Arduennensi, cujus abbas ea tempestate fuit Ando, ut Gabriel Bucelinus tradit. In pactis initis anno 870 inter Carolum Calvum Francorum et Ludovicum Germaniae reges pro dividendo regno Lotharii, portioni Ludovici placuit addere « abbatias Prumiam et Stabolau cum omnibus villis dominicatis et vassallorum, » ut legitur in Capitulis Caroli Calvi tit. 43, p. 223. In Annalibus Fuldensibus legitur hoc monasterium a Normannis vastatum fuisse anno 881. At Regino tradit combustum fuisse : « Post haec Aquis Palatium, Indam, Malmundarias et Stabulaus monasteria in favillam redigunt. » Sic enim legitur in duobus vetustissimis Codicibus manuscriptis, uno bibliothecae Colbertinae, altero sancti Arnulphi Metensis. Vide Notitiam ecclesiarum Belgii, pag. 289 et et seqq. ID.

[h] In dioecesi Augustodunensi. ID. — Nunc *Flavigny*, Bouquetus tamen *Fariniacum* legit, et *Favernay* in pago Vesontiensi interpretatur.

[i] *Sancti Augontii* in Capitulis Caroli Calvi tit. 43, pag. 224. Situm est in monte Jura in dioecesi, Lugdunensi. Hodie vulgo *Saint-Claude.* Vide S. Bernardum, epist. 291.

[j] Ad radices montis Cinisii, non longe a flumine Cinisio, ut docet Franciscus Augustinus ab Ecclesia. Hic Hugonem, Caroli Magni filium, monachum et abbatem fuisse tradunt. Fragmenta Chronici Novaliciensis edidit Andreas Duchesnius in tomo tertio Scriptorum Historiae Francorum, pag. 635.

[k] Id est Francia ad dextram Rheni ripam.

[l] Laurishamensis, in Dioecesi Moguntina. BALUZ. — Nunc *Lorsch.*

[m] Offonis villae mentio est in Capitulis Caroli Calvi tit. 43, pag. 223. Offonis cella in dioecesi Argentoratensi, nunc Schutera dicitur, ut Guillimannus docet in Episcopis Argentinensibus, pag. 67-73. Offonis villae monasterii dicati in honore sancti Leodegarii martyris, mentio exstat in praecepto Ludovici Transmarini quod a Perardo editum est in Monumentis historiae Burgundicae, pag. 1465. BALUZ. — Nunc *Schuttern.*

[n] Ita correxi lectiones corruptas *Manauser* [Delalande, *Mavauster*], et *Tognauser*; sunt *Monsee* et *Tegernsee.*

[o] Hadrianus Valesius censet hic agi de monasterio sancti Michaelis in periculo maris, et in hac mentio scriptum esse *maresci primi*, quod situm esset in marisco vel maresco, id est, in solo palustri. Mihi ista sententia non probatur. Monasterium quippe sancti Michaelis maresci primi hic collocatur inter monasteria tractus Lugdunensis. Et in Capitulis Caroli Calvi tit. 43, p. 224, monasterium, ut opinor, sancti Michaelis memoratur una cum monasterio sanctae Mariae in Bisinciono. Chiffletius in Vesontione, part. II, c. 66, p. 279, adnotat esse in Vesontionensi civitate ecclesiam sancti Michaelis in monte sancti Stephani, sane perantiquam, sed cujus fundatorem nullibi legerit, etsi plurima invenerit et vetustissima illius monumenta, ejusque dedicationem sic in veteri rituum Codice notatam : *III Kal. Octobr. dedicatio basilicae S. Michaelis.* BALUZ. — Mabillonio *Marsupium* in pago Verdunensi ; legendum igitur foret, *monasterium S. Michaelis Marsupii.* Delalande habet *S. Michaelis maris periculi.*

[p] Duo antiquitus istius nominis monasteria fuerunt in dioecesi Vesontionensi, unum vetus puellarum, aliud virorum longe recentius, ut pluribus ostendit vir clarissimus Carolus Le Cointe in Annalibus Ecclesiae Francorum ad ann. 804. Monasterium virorum vulgo statuunt fundatum esse non ita multo ante Cluniacense, ut scribit Andreas Duchesnius in notis ad Bibliothecam Cluniacensem, p. 22. Vide Capitula Caroli Calvi tit. 43, p. 225 ; sanctum Bernardum, epist. 251 ; et Innocentium III, l. I, epist. 113 et seqq. BALUZ.

[q] In dioecesi Lingonensi. ID.

[r] Dubium mihi non est quin legitima sit lectio quam exhibet Notitia Galliarum clarissimi viri Hadriani Valesii, qui *Monasterium Nantuadis* hic legit. Attamen nihil mutare ausus sum, destitutus ope veterum exemplarium. Vetus monasterium est in dioecesi Lugdunensi, cujus ultimus abbas fuit Hugo abbas Cluniacensis, ut observat Claudius Robertus. Nam deinceps abbatia non fuit, sed prioratus. Hodie vulgo, *Nantua*, media fere via inter Lugdunum et

Ultra Rhenum.

Monasterium ª Suarizaha.
Monasterium ᵇ sancti Bonifacii.
Monasterium ᶜ sancti Wigberti.

In Alamannia.

Monasterium ᵈ Elehenwanc.
Monasterium ᵉ Fiuhctinwanc.
Monasterium ᶠ Nazaruda.
Monasterium ᵍ Campita.

In Bavaria.

Monasterium ʰ Altemburc.
Monasterium ⁱ Altahe.
Monasterium Cremisa.

ᴬ Monasterium Mathaseo.
Monasterium ʲ Buria.

HAEC SUNT QUAE NEC DONA NEC MILITIAM DA DE-
BENT, SED SOLAS ORATIONES PRO SALUTE I. PERA-
TORIS VEL FILIORUM EIUS ET STABILITATE I. PERII,
NUMERO ᵏ 18.

Monasterium ˡ Melaredum.
Monasterium ᵐ Fossatus
Monasterium ⁿ Luda.
Monasterium ᵒ sancti Gregorii.
Monasterium ᵖ sancti Mauri.
Monasterium ᑫ Eborreheim.
Monasterium ʳ Clinga.
Monasterium ˢ Sayiniciaco.
Monasterium ᵗ Crudatis.

Genevam, in comitatu Beugii. Vide notas ad Agobardum, p. 18. BALUZ.—Delalande, *Natuadis*; legendum
Nantuadis.

ᵃ Id est, *Schuvarzach*, ut opinor, sive *Schuartzach*
in diœcesi Argentinensi, quod antea Arnolfesau vocabatur. Vide Guillimannum in Episcopis Argentinensibus, pag. 96, 120. BALUZ. — *Schwarzach ad Mœnum*, haud procul a Bamberga, anno 816 fundatum;
nam aliud ejus nominis ad Rhenum in Alamannia situm erat, eoque ab Arnolfesaugia nonnisi anno 826.
translatum.

ᵇ Id est, Fuldense. BALUZ.

ᶜ *Hersfeld.*

ᵈ Ita correxi lectionem *Clehenwanc*; est *Ell-
wangen*.

ᵉ Ita correxi lectionem *Fruhelinwanc*; hodie
Feuchtwangen.

ᶠ Fortasse *Hazarieda, Hasenried, Herrieden*, ad
Alemonam, haud procul a Feuchtwangen; nam vel
post Langii nostri librum de pagis Bajoariæ incertum
videri potest an ad Franconiam vel potius ad Alamanniam pertinuerit. Del., *Nazarecda*.

ᵍ *Kempten.*

ʰ *Altenmunster.*

ⁱ Ita hoc et sequentia correxi; legebatur *Alcave,
Creausa, Mathasco*, sunt vero *Altaich, Cremsmun-
ster et Mattsee*. Del., *Alcane, Crenuza*.

ʲ *Benedictbeuern.*

ᵏ Lege 54. Est igitur numerus totus 84.

ˡ In tomo tertio Spicilegii Dacheriani, pag. 244,
scriptum est Ansegisum abbatem Fontanellensem dedisse « ad S. Gregorium libram unam, ad monasterium Mauri libram unam, ad Melundas libram unam. »
Fortean ergo pro *Melaredum* hoc loco legendum est
Melundam, BALUZ. — *Saint-Germain d'Auxerre.*
Bouq.

ᵐ Id est, monasterium sancti Petri Fossatensis in
diœcesi Parisiensi, quod nunc sancti Mauri Fossatensis dicitur. Hujus monasterii abbas, regnantibus
Ludovico Pio et Carolo Calvo, fuit Engelbertus, cujus mentio est in præceptis eorumdem principum de
privilegiis ejusdem monasterii et in capite tertio libri
de Miraculis sancti Mauri. Istius Engelberti tempore
monasterium Glannafoliense, sive sancti Mauri ad
Ligerim, cœnobio Fossatensi subjectum est auctoritate Ludovici Pii, et per præpositos deinceps guber-
natum fuit qui ab abbate Fossatensi mittebantur, nt
colligitur ex eodem libro Miraculorum sancti Mauri.
Itaque Gausbertus, qui Carolo Calvo regnante Glannafoliense monasterium rexit, non erat abbas, sed
præpositus. Docet nos istud charta Anouvarechi Bri-
tonis, cujus mentio est in capite octavo eorumdem

miraculorum, quam vero nos reperimus in ᶜ lœ sacrorum Bibliorum quæ idem Anouvarechus obtulit
monasterio sancti Mauri ad Ligerim. Eamden cœnobii sancti Mauri subjectionem sua auctoritate confirmavit Carlomannus Ludovici Balbi filius, u docet
Carolus Simplex apud Labbeum, tom. II Misc Ilaneo-
rum historicorum, pag. 516 : « Præterea i pago
Andegavensi super Ligerim monasterium sancti
Mauri situm Fossatensi cœnobio a fratre nostr quondam Carlomanno subjectum ut unum essent et sub
uno gubernarentur abbate, in eadem ratioi e com-
mendamus persistere. » Tandem Urbanus s undus
in concilio Turonensi : « Monasterium sancti Mauri
in Glannafolio, a Fossatensium monachorum stra-
ctum tyrannide, pristinæ dignitati libertatiq restituit, sub magisterio tantum Casinensis cœno ii perpetuo mansurum, » ut legitur in lib. ɪᴠ cap. 1 Chronici Casinensis. Quod factum esse ad sugge tionem
comitis Andegavensis, reclamantibus monacl is Fos-
satensibus, et multis qui in concilio aderan aliter
sentientibus, docet Ivo Carnotensis, epist. 1 9. BA-
LUZ. — *Fosses* prope Parisios.

ⁿ Delal., *Lutra*. Lutra in diœc. Vesontien i.

ᵒ In Capitulis Karoli Calvi tit. 43, pag. 223, in portione regni Lotharii quam Ludovicus Germa iæ rex
accepit, eodem ordine quo hic numerantu - sancti
Gregorii, Mauri monasterium, et Eboreshei . Quo
fit ut existimem monasterium istud sancti regorii
in hac notitia commemoratum illud esse od in
diœcesi Argentoratensi fundatum scribunt a Childe-
rico secundo Francorum rege, et hodie *Iunster
in S. Gregorienthal* vocatur in diœcesi Ba ileensi.
BALUZ.

ᵖ Vulgo *Maurmünster*, in diœcesi Argento atensi,
fundatum primo a sancto Leobardo D. Bened cti discipulo, vel potius a Mauro discipulo sancti irminii
episcopi Meldensis, ut aliis placet, in honore sanctorum apostolorum Petri et Pauli et sancti Martini
episcopi, deinde a Childeberto Francorum re e locupletatum et privilegiis ornatum circa annu 553.
Hujus monasterii abbas erat Joannes, anno 846, et
Oswaldus, anno 879. ID.

ᑫ *Ebersheim.*

ʳ In diœcesi Spirensi. Vide Trithemium Chronico Sponseimensi ad ann. 991, et Broweri n tas ad
poemata Rhabani, cap. 109. BALUZ.

ˢ In Diœcesi Lugdunensi; de quo vide pr cepium
Lotharii a Marca editum in dissertatione de Prima-
tibus, cap. 114, et appendicem nostram tit 4. ID.
— Nunc *Savigny*.

ᵗ In diœcesi Vivariensi, cujus mentione facit
Boso ɪᴇx in præcepto quod editum est a cl rissimo
viro Joanne Columbi in libro secundo d Rebus
gestis episcoporum Vivariensium, pag. 69, t apud
Catellum in Memoriis historiæ Occitaniæ ; p g. 545.
BALUZ.

Monasterium a Dusera.
Monasterium b Lorwim.

Ultra Rhenum:

Monasterium c Scewane.
Monasterium d Sculturbura.

In Bavaria.

Monasterium e Berch.
Monasterium f Methema.
Monasterium g Sconenauva.

A Monasterium h Moseburch.
Monasterium i Weizzenbrunno.

In Aquitania.

Monasterium j sancti Philiberti.
Monasterium k sancti Maxentii.
Monasterium l Carroffinii.
Monasterium m Brantosmurii.
Monasterium n sancti Savini.
Monasterium o sanctae Crucis puellarum.
Monasterium p sanctae Mariae in Lemovicas.

---

a In Vita Ludovici Pii scriptum est *monasterium Dosóra.* Monasterium illud, quod erat in territorio Arausico, habuit ea tempestate abbates suos, Dextrum et Hildigysum, ut patet ex praeceptis Ludovici Pii et Lotharii editis a R. P. Chifletio in Probationibus historiae Trenorchianae, pag. 260 et seq. Postea Vivariensibus episcopis datum est ab eodem Lothario, cujus ea de re praeceptum edidit Joannes Columbi, pag. 66, in quo haec leguntur : « Concedimus et confirmamus eidem sanctae sedi beati Vincentii, gloriosissimi martyris abbatiam quae vocatur Dozera cum cellulis suis, consistentem in comitatu Aurasico super fluvium Rhodani sitam. » Quod totidem verbis confirmatum est a Carolo Calvo anno secundo imperii. Destructo dein monasterio, hinc episcopi amant vocari principes Donzerae. BALUZ.

b c Ignota.

d Fort. *Maulbronn.* Del.; *Scultzurburna.*

e *Haindlingberg* in praefectura Mallersdorf. Vide Langii nostri Regesta ad an. 875.

f *Mechema* Edd. quod correxi. *Methen? Metten.*

g *Scovenauva* Edd. quod correxi. *Schonau.*

h Ita correxi. *Aloseburch* Edd. Est Mosburg ad Isaram, B. Castulo dedicatum.

i *Weizzenbrunico* Edd. *Wessobrunn.*

j In Herio insula [*Ile de Rhé*] maris Pictonici fundatum a sancto Philiberto, ex cujus nomine dein dictum est monasterium sancti Philiberti, ut hic et in Vita Ludovici Pii. Videtur autem restauratum fuisse a Carolo Magno. Nam Ademarus Cabanensis, cum dixisset hanc insulam a Normannis incensam esse anno 850, et destitutam esse a generali monachorum habitatione, addit: « Ibi fecerat dominus imperator Carolus monasterium sancti Philiberti. » Hodie monasterium illud abbatia non est, sed prioratus tantum, ut notat Hadrianus Valesius. BALUZ.

k Vulgo *Saint Maixent,* in diœcesi Pictaviensi. Restauratum fuit a Ludovico Pio, ut testatur auctor Vitae ejus. ID.

l *Monasterium Carroffi,* in eadem Vita Ludovici Pii. Vulgo *Charroux,* in diœcesi Pictaviensi. Vetus monasterium, a Rogerio comite Lemovicensi ejusque uxore Eufrasia fundatum. ID.

m Vulgo *Brantôme,* in diœcesi Petrocoricensi. Vulgo tradunt monasterium istud a Carolo Magno fundatum esse anno 769, hujusque narrationis auctorem nonnulli faciunt Reginonem. Frustra. Nihil enim istiusmodi prodidit Regino. At in Annalibus Francicis e bibliotheca Thuana editis, quos quidam eos esse putant quos Regino secutum se esse profitetur, legitur Carolum anno supra notato basilicam in Petrogorico constituisse in honore beati Petri in loco qui Brantosmis dicitur. Sed Duchesnius illic admonet hanc narrationem in margine vetusti Codicis scriptam fuisse manu paulo recentiore. Apud Ademarum Cabanensem reperio Pippinum Aquitaniae regem monasterium Brantosmense fecisse jussu patris. ID.

n Vulgo *Saint-Savin,* in diœcesi Pictaviensi. BALUZ.

o *Situm intra Pictavensem urbem,* ut legitur apud Gregorium Turonensem lib. III, cap. 7, et in titulo Capitularis anni 822 de causis ejusdem monasterii, sive *infra muros urbis Pictavensis,* ut in praecepto Ludovici Balbi edito in tomo quarto Galliae Christianae. Conditum fuit a sancta Radegunde Regina, eamque ob causam aliquando vocatur monasterium sanctae Radegundis ; ut in Vita Ludovici Pii, *Monasterium puellare sanctae Radegundis.* Imo Hincmarus Rhemensis archiepiscopus apud Flodoardum lib. III, cap. 27, dicitur scripsisse, « Rotrudi Deo sacratae et caeteris sororibus monasterii sanctae Crucis et sanctae Radegundis pro electione abbatissae ipsius monasterii. » At Ludovicus Balbus, in praecepto supra laudato, monasterium sanctae Crucis distinguit a monasterio sanctae Radegundis, primum ponens « infra muros urbis Pictavensis, » aliud « in suburbio » praedictae urbis. » Haec sunt ejus verba emendata et suppleta ex fide veteris Codicis : « Ava abbatissa ex monasterio sanctae Crucis, quod est situm infra muros urbis Pictavensis, nostram adiens clementiam, obtulit obtutibus nostris praecepta domni avi nostri Ludovici et piae memoriae genitoris nostri Caroli gloriosorum imperatorum, in quibus erat insertum quod non solum ipsi, verum etiam et praedecessores eorum, reges videlicet Francorum, sub suo munimine et immunitatis tuitione cum monasterio sanctae Radegundis, quod est situm in suburbio praedictae urbis, » etc. Et infra : « Sed pro rei firmitate postulavit nobis ut paternum seu praedecessorum nostrorum, regum videlicet et imperatorum, morem sequentes, hujusmodi nostrae immunitatis praeceptum erga praedicta monasteria, sanctae Crucis videlicet et sanctae Radegundis, ubi ipsa corpore requiescit, fieri censeremus. Cujus petitioni libenter assensum praebuimus, et hoc nostrae auctoritatis praeceptum circa ipsa monasteria pro divini cultus amore fieri decrevimus, » etc. Ista sic intelligenda sunt. Monasterium sanctae Crucis est monasterium puellare in quo sancta illa regina vixit et mortua est. Monasterium sanctae Radegundis est monasterium monachorum ab eadem sancta muliere fundatum sub titulo sanctae Mariae, in quo illam sepultam esse constat ex Gregorii Turonensis libro de Gloria confessorum. Istud postea datum est canonicis, et inde est ecclesia collegiata intra muros urbis Pictaviensis. Verum quoniam haec duo monasteria vicina erant, et originem suam utrumque referebat ad sanctam Radegundem, variis temporibus eodem nomine vocata sunt, et sub unius monasterii appellatione aliquando censebantur, ut apud Flodoardum et in Capitulari anni 822. De monasterio puellarum intelligendus est locus ex Vita Ludovici Pii, ubi scriptum est Juditham ejus uxorem *in monasterio sanctae Radegundis retrudi* jussam anno 829 factione Pippini regis Aquitaniae. Contra de monasterio virorum accipiendus est Ademarus Cabanensis, dum ait eundem Pippinum, quem anno 858 constat obiisse, sepultum fuisse *Pictavis apud sanctam Radegundem.* Exstant apud me versus Oliverii Canonici sanctae Radegundis Pictaviensis in funere Ebali Abbatis Tutelensis.

p Vita Ludovici Pii : Monasterium puellare sanctae Mariae. Vetus ac nobile Monasterium in civitate Lemovicensi, vulgo *Regula* vocatum. Hujus monasterii abbatissa regnante Ludovico Transmarino fuit Deda soror Ademari vicecomitis Scalarum et abbatis laici monasterii Tutelensis, ut legitur in chartulario ejus

Monasterium a Mastracurii.
Monasterium b Menadini.
Monasterium c Magnilocum.
Monasterium d Conquas.
Monasterium e sancti Antonii.
Monasterium f Musciacum.

In g Septimania.
Monasterium h sancti Aegidii in valle laviana.
Monasterium i Psalmodium.
Monasterium j Anianum.
Monasterium k sancti Tiberii.
Monasterium l Villamagna.
Monasterium m sancti Petri in Lunate.

dem monasterii Tutelensis, fol. 130 : « Deda abbatissa sanctæ Mariæ de Regula fuit soror domni Ademari vicecomitis. » Item fol. 192 : « Igitur in Dei nomine ego Deda abbatissa et Faucisburgis monacha et omnes monachas ejusdem loci, scilicet sanctæ Mariæ Lemovicensi, vendimus alicui homini nomine Bernardi abbatis et cunctæ congregationi sancti Martini Tutelensis cœnobii mansos nostros qui sunt in pago Lemovicino, » etc. Chronica Gaufredi prioris Vosiensis, cap. 27, loquens de Urbano II papa : « Decimo Kalendas Januarii Lemovicas devenit, missam de galli cantu dominicæ nativitatis in ecclesia puellarum sanctæ Mariæ quæ dicitur ad Regulam decantavit. » Idem c. 41 commemorat Mariam abbatissam S. Mariæ de Regula, filiam Archambaldi Barbati et Brunicendis vicecomitissæ Lemovicensis, cujus nomen omissum est a scriptoribus Galliæ Christianæ. BALUZ.

a Leg. *Masciacum*, ut in Vita Ludovici Pii. Quod est monasterium in Arvernis, hodie *Mauzac* vocatum. Charta Brivatensis data anno 854 : « Lanfredo abbate ex cœnobio Mauciaco, qui est in patria Arvernica, in aice Riovenese. » ID. — Mauzacum apud Arvernos. BOUQ.

b Id est, *monasterium Menatæ* in Vita Ludovici Pii. Monasterium est in Arvernis, vulgo *Menat* dictum, a sancto Meneleo fundatum. Unde in veteri membrana monasterii Canigonensis scriptum est : Titulus sancti Menelei Minatensis cœnobii. BALUZ. — An Menatense apud Arvernos? BOUQ.

c *Monasterium Magniloci* in Vita Ludovici Pii. « Heirradus venerabilis abba ex cœnobio cui vocabulum est Magnus locus, sito in pago Arvernico, » in præcepto Caroli Calvi edito inter Probationes libertatum Ecclesiæ Gallicanæ, cap. 58, § 7. BALUZ.

d In diœcesi Ruthenensi, vulgo *Conques*. Hujus monasterii abbas erat anno 819 Medraldus, cujus mentio exstat in præcepto Ludovici Pii, in quo monasterium Concas dicitur esse sub defensione atque tuitione regia. Eodem Ludovico regnante, commutatio mansorum inter idem monasterium et Ecclesiam Laudunensem facta est cum auctoritate ejusdem Ludovici, ut sancitum est in Capitularibus Caroli Calvi, tit. XI, cap. 12. ID.

e Legendum *Antonini*. In membrana Canigonensi supra laudata mentio est monasterii « ubi caput Antonini martyris cum parte corporis requiescit in valle quæ vocitatur Nobilense, ubi congregatio clericorum præesse videtur. » Agitur illic de monasterio sancti Antonini in diœcesi Ruthenensi, in quo ejusdem martyris venerabile caput summo honore repositum signis et miraculis longe lateque celebrari reperi in veterrimis memoriis illius monasterii. Fuit autem illo tempore monasterium clericorum sive canonicorum, exstatque bulla Urbani II pro canonica sancti Antonini. ID.

f Ita etiam scriptum est in Vita Ludovici Pii. Vulgo *Moyssac* apud Cadurcos. ID.

g Septimania per eas tempestates, uti supra dicebamus, complectebatur pagos qui ab Atace fluvio et Carcassonensi civitate usque ad Rhodanum et montes Pyrenæos pertinent, ultra quos erat Marca Hispanica. ID.

h Vetus ac nobile monasterium in diœcesi Nemausensi, vulgo *Saint-Gilles*. ID.

i Vetus item monasterium in diœcesi Nemausensi, cujus abbates fuisse reperio in veteribus monumentis Regembaldum anno 905 et Bernardum anno 1203. Vide Innocentium III, lib. v, epist. 111, et Mabillonium, lib. VI de Re diplomatica, cap. 205. ID.

j In diœcesi Magalonensi, cujus abbas tempestate erat Benedictus. ID.

k Hodie vulgo *Saint-Ubery*, in diœcesi Agathensi. Situm est ad Araurem fluvium in vico Csserone. Illic habita fuit synodus episcoporum proviciæ Narbonensis anno 907, in qua decretum est ecclesiam Ausonensem liberam in posterum fore a tributo quod pendebat Ecclesiæ Narbonensi. Aliud quoque concilium illic habitum est anno 1050 Idibus Julii, cui præfuit Wifredus archiepiscopus Narbonensis, in quo excommunicati sunt invasores prædiorum monasterii Arulensis. ID.

l In diœcesi Biterrensi. Epistola monachorum Villemagnensium ad monachos Canigonensis consolatoria de morte Wifredi comitis Ceritani et monachi Canigonensis scripta anno 1025. « Vhit gerulus vestri diplomatis ad limina beati Marini præsulis villæ Magnensis et beati Maiani confessoris, nobis obitum patris vestri et reliquorum fratrum denuntians, » etc. Paulo post petunt orationes pro abbatibus Villemagnensibus Guigrado abbate, Richerio abbate, Poncione abbate, Gairaldo abbate. Monasterii S. Martini Villemagnensis jura privilegiaque confirmavit Ludovicus VII rex Francorum, rogante Berengario abbate, ut patet ex litteris ejus quas in diplomate suo dato Parisiis anno 1210 descripsit Philippus Augustus. Erat per ea tempora int Berengarium abbatem Villemagnensem et Stephanum de Cerviano lis et controversia propter forcian, id est castellum sive arcem Caissani. Ea vero imposita est ab arbitris communi consensu electis anno 1205, IV Kalendas Maii in capitulo Villæmagnæ Arbitri fuere Ermengaudus episcopus Biterrensis, Salomon de Falgariis, Bernardus abbas sancti Afrodii Biterrensis, et Geraldus Jordanus cantor Biterrensis. Abbas Villemagnensis interfuit concilio Biterrensi anno 1255. ID.

m Guillelmus Catellus, in libro primo Memoriarum historiæ Occitanicæ, p. 35, suspicatur hæc intelligi posse de ecclesia sancti Petri in civitate Luteyensi; Hadrianus vero Valesius in Notitia Galliarum, pag. 351, de Lunello ob similitudinem nominis. Neuter tamen, quantum ego conjicio, rem assecutus est. Monasterium S. Petri in Lunate est monasterium in diœcesi Biterrensi quod hodie Juncellense vocatur in archidiaconatu Lunatensi; media ferme via inter Lutevam et oppidum S. Pontii. Probatur istud ex veteri charta quam viri clarissimi Sammarthani commemorant in catalogo episcoporum Biterrensium, ubi docent Pippinum regem, ad requisitionem Benedicti abbatis Juncellensis cœnobii sub invocatione S. Petri fundati in valle Lunatensi, dedisse i totum territorium Juncellis, « sicut ex instrumento donationis asservato in scriniis monasterii, colligitur. » In præcepto quin etiam Caroli Simplicis pro monasterio Psalmodiensi lego monasterium Juncellense situm esse « in pago Juncensi in suburbiis castri Lunensis. » Abbatem hujus monasterii concilio apud Biterras habito anno 1255 interfuisse repero. Item concilio Biterrensi anni 1299 adfuit G. abba Juncellensis. Petrus abbas Juncellensis Narbonensi concilio suam præsentiam exhibuit anno 1374 sub Petro de Judicia archiepiscopo Narbonensi. ID.

Monasterium [a] Caunias.
Monasterium [b] Castrelli malasci.
Monasterium [c] sanctae Mariae Capariensis.

Monasterium [d] sanctae Mariae ad Orubionem.
Monasterium [e] sancti Laurentii.

[a] In diœcesi Narbonensi fundatum a Milone comite Narbonensi sub imperio Caroli Magni, uti scriptum est in epistola Gelasii II de privilegiis illius monasterii. Quod confirmari potest ex his quæ leguntur in præcepto quod idem Carolus monasterio Caunensi concessit tempore synodi Francofordiensis. Monasterii porro Caunensis hos abbates fuisse reperio in veteribus membranis. Anianus an. 794 interfuit synodo Francofordiensi. Joannes anno 826.
Hildericus, tempore Caroli Calvi.
Gondesalvius, anno 855.
Egilkanes vel Egiga, anno 870.
Daniel, anno, 873.
Baldemarus erat abbas anno 29, regnante Carolo rege post obitum Odonis.
Robertus, filius Trudgardis, erat abbas anno secundo post obitum Caroli Simplicis et anno primo quo obiit Radulfus rex.
Aimericus, anno 29 regnante Lothario rege.
Radulfus, anno 1 et 2 regnante Hugone rege.
Udalgarius, an. septimo regnante Hugone rege.
Isarnus, anno 1095, 1098.
Geraldus, anno 1101.
Isarnus, anno 1103.
Petrus, anno 1156.
Casto, anno 1165.
Berengarius, anno 1166, 1171.
Petrus, anno 1177, 1183, 1185.
Geraldus, anno 1228.
Petrus cognomento Raymundi, anno 1234, 1236, 1240.
Petrus an. 1262, 1268, 1269, 1270, 1275, 1280.
Guillelmus, anno 1358, 16 Januarii. Ex registro archivi regii Carcassor., fol. 84.
Embrinus. Interfuit concilio Narbonensi anno 1374.
Salomon, anno 1413.
Bertrandus, anno 1416.
Petrus, de Godiaco, decretorum doctor, vicarius et officialis Narbonensis, anno 1432.
Guarinus de Tornello, anno 1457.
Rigaldus de Albinhaco anno 1450. Baluz.

[b] Leg. *castelli Malasci* sive *Mallasti*. Sic enim vocatur in præceptis Ludovici Pii, Pippini regis Aquitaniæ, Caroli Calvi, Odonis, et Radulfi, et in aliis veteribus monumentis. Monasterium itaque castri Malasci est monasterium quod hodie vocatur Montisolivi in diœcesi Carcassonensi, cujus hos abbates fuisse reperio.
Olomundus, anno 815.
Vilafredus, anno 827.
Richimirus, anno 854.
Ugobertus, anno 883.
Ramulfus, anno primo et anno quarto regnante Carolo rege, id est, Carolo Simplice, ut opinor. Vide Mabillonii Annales, tom. III, pag. 696.
Arifonsus vel Erifonsus, anno 23, 27 et 28, regnante Carolo rege filio Ludovici. Eadem tempestate vivebat Erifons episcopus habitans Narbonam, ut patet ex præcepto ejusdem Caroli quod exstat in archivo archiepiscopi Narbonensis et apud Catellum, et Vendiscensis episcopus dicitur in chartulario Ecclesiæ Helenensis.
Donadeus, anno quarto regnante Rodulfo rege post obitum Caroli regis.
Tresmirus, anno 13 regnante Ludovico rege, et anno 4, 5, 21, 23, 25, regnante Lothario rege. Ad eum exstat epistola Agapiti junioris de confirmatione privilegiorum ejusdem monasterii.
Stephanus, anno 30, 32, 33, regnante Roberto rege.
Guillelmus, anno 1054.
Petrus, regnante Philippo rege.

Berengarius, anno 1106.
Bernardus, filius Ermengardis, anno 1146, 1147.
Sicardus, filius Guillermæ, anno 1174.
Isarnus anno 1184-1188.
Bernardus de Magaladz, anno 1194.
Isarnus, de Aragone, anno 1205. Abbatem tamen fuisse non asseveraverim, quia ipse se vocat tantummodo procuratorem monasterii Montisolivi, ab abbatis nomine abstinet.
Ermengaudus, anno 1229, 1230, 1231, 1232, 1234, 1236, 1242, 1243, 1245.
Geraldus, anno 1249, 1259, 1270, 1278. Invitatus ad concilium Lugdunense a Gregorio X, litteris datis Lugduni, Idibus Martii anno secundo.
Petrus Bernardi, anno 1297-1298.
Bartholomæus, anno 1319. Processus Bernardi delitiosi, fol. 183, verso. Vitæ paparum Avenion. t. II, p. 385.
Ozilius, anno 1327.
Guillelmus, anno 1334 factus presbyter cardinalis sanctorum quatuor Coronatorum a Benedicto XII anno 1337.
Raymundus, anno 1345.
G. anno 1351, 1358.
Bertrandus de Pelaiano, antea abbas S. Severi, anno 1365. Codex, 2835, fol. 95, verso.
Hilias Jacobi, antea prior de Lingavilla in diœcesi Rothomagensi, nepos Petri de Chalesio, episcopi Montisalbani, mortuus anno 1393.
Arnaldus.
Saxius, anno 1429, factus abbas a Martino V post mortem Arnaldi. Erat autem eleemosynarius ejusdem monasterii.
Joannes, anno 1445-1461.
Guillelmus de Rupe, anno 1465.
Simon de Bellosole, præpositus Vaurensis et abbas commendatarius monasterii Montisolivi anno 1505. Idem fortassis qui episcopus Vaurensis fuit.
Joannes de Bellosole, succentor Ecclesiæ Narbonensis, abbas commendatarius anno 1515.
Sebastianus de Bonne, prior major Ecclesiæ Castrensis, factus abbas 1518, juxta concordata.
Antonius de Bonne, superioris ex fratre germano nepos, camerarius monasterii Montisolivi, per patrui resignationem factus abbas anno 1540. Sedebat adhuc anno 1544.
Franciscus de Crequy, episcopus Morinensis, nominatus abbas post mortem Antonii de Bonne, nominationi suæ renuntiavit in gratiam sequentis abbatis.
Jacobus de Crequy, superioris frater, monachus sancti Dionysii, fit abbas Montisolivi anno 1550. — Id.

[c] In comitatu Redensi et diœcesi Narbonensi. Præceptum Caroli Simplicis editum in Appendice Conciliorum Galliæ Narbonensis tit. 4 : « Addimus quoque præfatæ ecclesiæ sanctorum Justi et Pastoris ex nostra regali liberalitate in comitatu Redensi abbatiam Cubarias. » Monasterii *sanctæ Mariæ de Cubaria* a Cluniacensi pendentis mentio exstat in epistola Urbani II ad Hugonem abbatem Cluniacensem. Id.

[d] In confinio Narbonensi et Carcassonensi, ut legitur in præcepto Caroli Magni edito in eadem Appendice Conciliorum Galliæ Narbonensis. Vulgo *la Grasse*. Id.

[e] Vetus abbatia, Narbonensi Ecclesiæ unita auctoritate Ludovici Balbi Francorum regis, tandem redacta in prioratum ac monasterio Crassensi subjecta undecimo Christi sæculo. Vide notas ad Concilia Galliæ Narbonensis, pag. 3, 20, 21. De hac enim abbatia hic agi puto. Scio tamen aliud olim in Ceritania, quæ tum Septimaniæ pars erat, monaste-

Monasterium ^a sanctae Eugeniae.
Monasterium ^b sancti Hilarii.
Monasterium ^c Valle Asperii.

^d *In Tolosano.*
Monasterium ^e sancti Papuli.
Monasterium ^f Suricinium.
Monasterium ^g Asilo.

rium istius nominis fuisse, cujus mentio exstat in citata membrana Canigonensi : « Dominis Patribus simulque fratribus pusillis cum majoribus consistentibus in cœnobio almi Martini præsulis confessoris Christi Kanigonensis : Joannes licet indignus monachus et abba atque grex pusillus sancti Laurentii Cerritaniensis monasterii. » Ante hunc Joannem abbas ejusdem monasterii fuerat Pontius, qui mortuus est vi Kal. Junii. BALUZ. — Nunc *Saint-Chignan.*

^a In suburbio Narbonensi.

^b In diœcesi Carcassonensi. Olim monasterium illud dicatum erat sancto Saturnino. Postea sanctus Hilarius Carcassonensis episcopus, illic sepultus, occasionem dedit mutandi nominis. Sed tamen per aliquot sæcula vocatum est monasterium sancti Hilarii et sancti Saturnini. Abbates habuit quorum nomina sequuntur :

Nampius, tempore Caroli Magni.
Monnellus, Egidonius, Leoninus, regnante Ludovico Pio.
Ana, regnante Carolo Calvo.
Castellanus, cui successit Becamundus, lib. vi de Re diplomatica, pag. 506.
Benedictus, anno 970 et anno 27 regnante Lothario.
Item anno secundo regnante Hugone rege.
Gaufredus, anno sexto regnante Roberto.
Benedictus, anno 15 regnante Roberto.
Oliba, ann 1020, 1034. Vide tom. IV Annal. Bened., pag. 711, c. 38.
Cono, anno 1110.
Udalgerius, anno 1117-1120.
Pontius de Bravo, anno 1194-1202.
Alboynus, anno 1217, 1224, 1251, 1255.
Guillelmus Petri, successor Alboyni, anno 1253.
Arnaldus, electus et confirmatus anno 1268. Sedebat adhuc anno 1285.
Pontius, anno 1286.
Jordanus, anno 1344-1350.
Jacobus, anno 1385-1386.
Bertrandus, anno 1411.
Guillelmus Babonis, anno 1444.
Gaubertus Augerii, electus et confirmatus anno 1451. Antea abbas sancti Polycarpi in diœcesi Narbonensi. Sedebat anno 1453.
Arnaldus Raymundus Roquete factus abbas anno 1481. — ID.

^c Id est, monasterium sanctæ Mariæ Arularum in comitatu Vallis Asperii. Chartularium ecclesiæ Helenensis lib. v, cap. 97 : « Ego Vusandus abba et cuncta congregatio cœnobium sanctæ Mariæ Arlas, qui est fundata in comitatu Rusulionense, in valle Asperi, super alveo Teccho, id est, Endalecus, etc., III Non. Aug. anno v, regnante Radulfo rege. » Præceptum Caroli Calvi datum in monasterio S. Dionysii vii Kal. Martii anno 869 : « Monasterium in honorem sanctæ Mariæ in pago Rusilionensi in valle Asperia fundatum. » Eadem leguntur in præcepto Ludovici Balbi dato apud Trecas anno 878. Sed monasterium sanctæ Mariæ Arularum in valle Asperia diserte vocat idem Carolus in altero præcepto dato in monasterio sancti Saturnini, dum obsideretur Tolosa, anno 844 : « Recesindus abba monasterii sanctæ Mariæ in Arulas veniens ad nos obtulit, obtutibus nostris auctoritatem domini et genitoris nostri Ludovici imperatoris, qua continebatur qualiter prædictum monasterium ædificatum a Castellano condam valle quæ dicitur Asperia sub sua immunitate atque defensione suscepisset. » Non inde tamen colligi potest monasterium istud a Castellano conditum fuisse, sed tantum reparatum. Docet istud Ludovicus Pius in præcepto dato anno vii imperii xv

Kal. Octobris : « Castelanus abba monasterii sanctæ Mariæ veniens ad nos innotuit eo quod e cum fratribus suis in valle quæ dicitur Asperia monasterium in ædificia antiqua construxerit. » Tan m hoc monasterium Cluniacensi subjectum fuit, ut atet ex bullis Urbani II et sequentium pontificum Romanorum. — Omnis Pagus Ruscinonensis divisu est in partes tres ; quarum unam incolunt Ruscinor es proprie dicti, aliam Confluentini, tertiam Valla pirienses. Vetus autem est hæc divisio. Verum, cæ eris in præsentiarum omissis, de pago Vallaspirie isi hic nobis sermo est, quem in Septimania fuiss docet hæc notitia. Confirmatur autem istud multi testimoniis. Præceptum Ludovici Pii pro Wima o vassallo dominico : Tale concedimus beneficium quatinus res quas genitor eorum per concessionen patris nostri Caroli præstantissimi imperatoris, ab ei mo in Septimania trahens ad villam construxit qu vocatur vicus Sirisidum, consistentem videlicet i valle Asperi. » In chartulario Ecclesiæ Helenensis, ib. III, cap. 62, reperitur vetus charta data anno se to regni Ludovici Transmarini, in qua hæc leg ntur : « Dono tibi alodem meum quem ego habeo in comitatu Russilionense, in valle Asperi. » Alia an o xiv ejusdem regis lib. vi, cap. 82, « in comitatu silionense, in valle Asperi, in villa Corbaria. » It m alia lib. iv, cap. 88, anno quinto regni Hugonis C peti : « in comitatu Russilionense vel in valle As eri. » Item adhuc alia lib. 1, cap. 99, data anno 10 5, iv idus Februarii : « Sunt autem ista alodia in comitatu Rossilionensi, sive in valle Asperi. » Ru cinonensem porro pagum, in quo situm fuisse Va laspiriensem hæc acta probant, in Septimania suis e docet præceptum Lotharii imperatoris pro W maro vassallo, cujus paulo ante facta mentio est, latum anno xxi imperii Ludovici Pii in eodem chart lario, lib. i, cap. 10 : « Wimar vassallus noster sua exequendo fidelitatem ad nos veniens petiit pieta i nostræ ut ei et fratri suo Radoni nomine tale co cederemus beneficium quatinus res quas genitor orum per concessionem avi nostri Caroli præstant ssimi imperatoris, ab eremo in Septimania trahe s ad villam construxit quæ vocatur Villanova, cons stehtem videlicet in Rossilione. » Præceptum aroli Calvi pro Dodone vassallo Orgerii, quod exs t in monasterio sancti Petri Rodensis, datum ann xxix regni ejusdem Caroli : « quasdam res juris ostri sitas infra Septimaniæ regnum in pago Russili nense. » Vide notas ad Concilia Galliæ Narbon sis, pag. 6. ID.

^d Id est, in marcha Tolosana, uti dictum t supra.

^e Quod postea Joannes XXII episcopali dig itate ornavit.

^f Vulgo *Sorèze* in diœcesi olim Tolosana, unc vero in Vauresi. Soricinii monasterii in pago olosano fundationem referri ad Pippinum regem o tendit præceptum ejus datum Aquisgrani, in quo ommemorat id sibi a beata Dei genitrice præce tum esse. Philippus abbas Soricinii concilio Vau ensi trium Provinciarum præfuit anno 868, nomine Arnaldi Ausciorum archiepiscopi, uti diximus in iotis ad Concilia Galliæ Narbonensis, pag. 56.

^g Vulgo *Mas d'Asil*, olim in pago Tolosano, unc in diœcesi Appamiarum, sancto Stephano dica um, quod Isarnus episcopus Tolosanus in sua defen ione suscepit anno 1075, rogante Dalmatio archiepis opo Narbonensi, ut videre est in litteris ejusdem Is ni. Hinc vero patet Dalmatium fuisse antiqui juri ob. servantissimum, quo cavetur ut unusquisque ep co. pus habeat suæ parochiæ potestatem, et ut m tro.

Monasterium [a] Venercha,
　　　In Wasconia.
Monasterium [b] Cella fraxilii.
Monasterium [c] Cimorra.
Monasterium [d] Piciano.
Monasterium [e] Altum fragitum.

politanus nihil in comprovincialium suorum parochiis agere præsumat sine eorum auctoritate. Ib.
　[a] Inter monasteria quæ a Ludovico Pio reparata fuisse scribit auctor Vitæ ejus, recensetur *monasterium de Utera in pago Tolosano.* Quod fortassis idem est cum monasterio Venercha. Ib. — *Venerquè* prope Tolosam.
　[b] Certum est monasterium illud fuisse situm in Vasconia. Fortassis in diœcesi Ausciensi, cum Cimorræ præponatur. In chartulario monasterii Cimorrensis legitur Sansastrum de Cella Fraxili fecisse conventionem ut Sansfurt de Argun acciperet filiam suam nomine Sancia uxorem. Qui cum vellet facere nuptias, Guillelmus de Beccava contradixit ei, quia erat senior ejus. Hoc audiens Sansfurt dedit ei quinque solidos ut eam e toto relinqueret et firmaret sibi Sansaster generum suum et omnem progeniem ab ea descendentem. In eodem chartulario reperitur mentio cujusdam militis cui nomen erat Fortoni de Cella Fraxilii, qui vivebat anno 1134. Fortean Cella Fraxilii monasterium est quod hodie dicitur Cella-Medulphi, vulgo *Saramon,* in diœcesi Ausciensi. Baluz.
　[c] Sic scribunt omnes veteres : at in tomo quarto Galliæ Christianæ scriptum est *Simorra.* Vetus monasterium beatæ Mariæ virgini dicatum, in quo ser-

A　Monasterium [f] sancti Savini.

Hic praedictis monasteriis praefatus imperator, sicut supradictum est, statutum scribi fecit, atque manu sua firmavit, et anulo suo imperiali sigillare fecit.

vantur reliquiæ sancti Ceratii et sancti Saturnini. Istius monasterii hos abbates fuisse reperio in vetustis tabulis.
Forto, sive Fortunus, circa annum 1020.
Otto, archiepiscopus Ausciensis, circa ann. 1030.
Pontius, anno 1055 et 1068.
Gastonus.
Astarus.
Lærus, Astari successor, circa ann. 1070.
Bernardus, Læri successor.
Pontius, episcopus Bigorritanus, circa ann. 1076.
B Petrus de Petiano, ann. 1080 et 1090.
Willelmus, ann. 1118 et 1122.
Petrus, 1143-1146.
　[d] Vulgo *Pessan* in diœcesi Ausciensi. Vetus charta Cimorrensis monasterii. « Et mihi remansit hæreditas monasterium quod vulgo dicitur *Pestiano,* in honore constructum sancti archangeli Michaelis, situmque in monasterio Astariensi. » *Pezanensis* sive *Pessanensis* abbatis in diœcesi Auscitana mentio est apud Gregorium VII, lib. vii, epist. 18. Ip.
　[e] S. Sixti de Fagilo, diœc. Ausciensis.
　[f] In valle Levitanensi et diœcesi Tarbiensi. Vide Historiam Benearnensem illustrissimi viri Petri de Marca, archiepiscopi Parisiensis, lib. ix, cap. 2. Baluz. — In agro Tarbellensi ad Pyrenæos. Bouq.

CAPITULA LEGI SALICÆ ADDITA (An. 819),

Anno 819 post natale Domini, Einhardo teste, conventus Aquisgrani habitus est, in quo multa de statu ecclesiarum et monasteriorum tractata atque ordinata sunt, legibus etiam capitula quædam pernecessaria quia deerant, conscripta atque addita sunt. Quæ a Baluzio ex duobus Codicibus manuscriptis, uno bibliothecæ regiæ, altero sancti Remigii Rhemensis edita, jam ope eorumdem Codicum, scilicet 1. bibl. regiæ Paris. inter Supplementa Latina n. 164 *bis,* olim Sancti Remigii ; et 2. C. bibl. ejusdem n. 4632 recognita prodeunt.

IN NOMINE DOMINI: INCIPIUNT CAPITULA LEGIS SALICÆ [1].

1. *De capitulo primo* [2], *id est, de mannire.* De hoc capitulo iudicatum est, ut ille qui mannitur, spatium mannitionis suæ per quadraginta noctes habeat. Et si comes infra supradictarum noctium numerum mallum suum non habuerit, ipsum spatium usque ad mallum comitis extendatur, et deinde detur ei spatium ad respectum ad septem noctes. Inde non noctium spatia, sed proximus mallus comitis ei concedatur.

2. *De 11°* [3] *capitulo legis Salicae.* Si quis servum alienum occiderit, vel vendiderit, vel ingenuum dimiserit, mille quadringentis denariis; qui faciunt solidos triginta quinque, culpabilis iudicetur, excepto capitale et delatura [4].

De hoc capite iudicatum est ab omnibus, ut si ille D servus qui iniuste venditus vel ingenuus dimissus apparet, non alter pro eo in loco illius restituatur ; quia dixerunt aliqui quod idem servus, qui ingenuus dimissus fuerat, denuo ad servitium redire [5] non de-

C beat, sed pristino domino, et servitio restitutus fiat, iudicaverunt.

3. *De 14°* [6] *capitulo legis Salicæ.* Si quis ingenuus ancillam alienam in coniugium acceperit, ipse [7] cum ea in servitio inplicetur.

De hoc capite iudicatum est ab omnibus, ut si ingenua femina quemlibet servum in coniugium sumpserit, non solum cum ipso servo in servitio permaneat, sed etiam omnes res quas habet, si eas cum parentibus suis divisas tenet, ad dominum cuius servum in coniugium accepit, perveniant. Et si cum parentibus suis res paternas vel maternas non divisit, nec alicui quaerenti respondere, nec cum suis heredibus in rerum paternarum hereditate ultra divisor [8] accedere possit. Similiter et si Francus D homo alterius ancillam in coniugium sumpserit, sic faciendum esse iudicaverunt.

4. *Item de eodem capitulo.* Si quis uxorem alienam vivo marito tulerit, octo millia denarios, qui faciunt solidos ducentos, culpabilis iudicetur.

VARIANTES LECTIONES.

[1] *inscriptio deest* 2. [2] p. legis Salicæ id est 2. [3] XII. 1. XI. 2. — [4] e. c. et d. *desunt* 2. [5] *reddere* 1. [6] XIIII 2. [7] ipsi 1. [8] diuisa 1.

De hoc capitulo iudicatum est, ut vivo marito cui eadem uxor contra legem subtracta fuerat, ab illo qui eam ei iniuste tulerat, cum lege suprascripta, id est, ducentis [1] solidis, reddita fiat.

5. *De* 26° [2] *capitulo.* Si quis puer infra duodecim annos aliquam culpam commiserit, fredus ei non requiratur.

De hoc capitulo iudicatum est, ut si infans infra duodecim annos res alterius iniuste sibi usurpaverit, eas, excepto fredo, cum lege sua conponat, et ita [3] manniatur, sicut ille [4] manniri potest [5] cui contra legem fecit, et ita a comite ad mallum suum adducatur, sicut ille adduci potest, cui contra legem fecit. De hereditate vero paterna vel materna si aliquis eum [6] interpellare voluerit, usque ad spatium duodecim annorum expectare iudicatus est.

6. Iudicatum est ab omnibus, ut si Francus homo vel ingenua femina [7] in servitio sponte sua inplicaverit se, ut si res suas, dum in libertate sua permanebat, ad ecclesiam Dei aut cuilibet legibus tradidit, ipse cui traditae fuerint [8], eas habere et tenere possit. Et si filios vel filias, dum in sua fuit libertate, generavit, ipsi liberi permaneant.

7. *De* 37° [9] *capitulo.* Si quis servus hominem ingenuum occiserit, ipse homicida pro medietate conpositionis parentibus hominis occisi tradatur [10], et aliam medietatem dominus servi se noverit soluiturum. Aut si legem intellexerit, poterit se obmalare ut leodem [11] non solvat.

Quia nullum de ecclesiastico aut beneficiario vel alterius persona servo discretionem lex facit, si ita ecclesiastici aut beneficiarii servi sicut liberorum tradi aut dimitti possunt [12], ad interrogationem domni imperatoris reservare voluerunt.

8. *De* 46° *capitulo,* id est, qui viduam i coniugium accipere vult, iudicaverunt omnes [13], ut non ita sicut in lege Salica scriptum est eam ccipiat, sed cum parentorum consensu et voluntat, velut [14] usque nunc antecessores eorum fecerunt, in coniugium sibi eam sumat.

9. *De* 47° *capitulo. De eo qui villam alteri* s *occupaverit.* De hoc capitulo iudicaverunt, ut nu lus villam aut res alterius migrandi gratia per a nos tenere vel possidere possit; sed in quacumque die invasor illarum rerum interpellatus fuerit, aut easdem res quaerenti [15] reddat, aut eas, si potest, iux a legem se defendendo sibi vindicet.

10. *De affatomie* [a] *dixerunt quod traditio* [1] *fuisset.* De hoc capitulo iudicatum est, ut sicut per longam consuetudinem antecessores eorum faciente habuerunt, ita et omnes qui lege Salica vivunt, inantea habeant et faciant.

11. Et hoc iudicaverunt, ut si servus car 1 ingenuitatis adtulerit, si servus eiusdem cartae auctorem legitimum habere non potuerit, domi o servi ipsam cartam falsare liceat.

12. Et hoc iudicaverunt, ut omnis qui al eri aliquid quaerit, licentiam habeat prius sua tes imonia producere contra eum. Et si ille cui quaerit r dixerit, quod legibus teneat ea quae tenet, et ta ia sunt testimonia qui hoc veraciter adfirmare pos int [17], iudicaverunt, ut huius rei veritas secundum apitula [18] domni imperatoris, quae prius pro lege enenda constituit, rei veritas conprobetur.

VARIANTES LECTIONES.

[1] CCC. 2. [2] XXXVI. 1. [3] item 1. [4] ille *usque* ille *deest* 1. [5] *vocem supplevi; deest in* 1. 2. [6] *eest* 2. [7] v. i. f. *desunt* 2. [8] fuerint, ipsi *media desunt* 2. [9] XXXVI. 1. 2. [10] traditur 1. [11] leadem 2. [12] *reliqua capitis desunt* 1. [13] homines 1. [14] viro 1. [15] quaerendi 1. [16] radictio 1. [17] possit 1. [8] capitulo 1.

NOTAE.

[a] Titulo 48 legis Salicae.

RESPONSA MISSO CUIDAM DATA (An. 819).

A Baluzio primum edita, hic ope Codicis unici, scilicet regii Parisiensis n. 2718 saec. IX iterum re ognita et emendata sunt. Patet misso cuidam ex legatione redeunti in responsis esse data, cumque capp. 1, 2 et 6 ad constitutiones Aquisgranenses anni 817 referri videantur, locum eis a Baluzio assignatum, id est annum 819, servandum duxi.

CAPITULA LEGI [1] SALICAE ADDENDA.

Cap. 1. Ut pagenses per sacramenta aliorum hominum causas non inquirantur, nisi tantum dominicas. Adtamen comes ille, si alicuius pauperis aut inponentis personae causa fuerit, tunc comes ille diligenter, et tamen sine sacramento, per veriores et meliores pagenses inquirat.

2 [2]. Vult domnus imperator, ut in tale placitum quale ille nunc iusserit, veniat unusquisque comes, et adducat secum duodecim scabinos, si tanti fuerint. Sin autem, de melioribus hominibus il us comitatus suppleat numerum duodenarium. E advocati tam episcoporum, abbatum, et abbatis arum, ut cum [3] eis veniant.

3. Statuendum est, ut unusquisque qui ensum regium solvere debet, in eodem loco illum p solvat ubi pater et avus eius solvere consueverunt.

4. Si homini cuilibet causam suam in plac to aut coram comite palatio [4] alius fuerit inpedime to, et causam eius iniuste disputando inpedierit, 1 nc vo-

VARIANTES LECTIONES.

[1] legis *codex.* [2] *codex, numeris omissis tantum* cap. *repetit.* [3] *vocem supplevi.* [4] *supplendum* quaerenti *aut iale auid.*

iumus, ut sive comes palatii, seu comes ipse in comitatu suo, iubeat eum exire foras. Et si noluerit oboedire, tunc solvat bannum dominicum, id est 60 solidos; et illi cui adversatus est, donet wadium suum pro lege sua.

5. Volumus ut comes potestatem habeat in placito suo facere quae debet, nemine contradicente. Et si aliter fecerit quam iuste, ad quem factum illud pertinet, veniat in praesentiam nostram, et nos illi de eodem comite faciamus iustitiam.

6. Vestitura domni et genitoris nostri eo modo volumus ut teneatur, ubicumque esse dicitur, ut prius diligentissima investigatione perquiratur. Et si invenitur esse iusta atque legitima, tunc vestitura dicatur; nam aliter ne vestitura nominari debet, sive sit in ecclesiasticis, sive in palatinis rebus.

7. De proprio quod in castellis ab avo nostro conquisitis, eo modo videtur nobis esse faciendum atque discernendum, ut illi tantum propriarum rerum sui potestatem non habeant, qui quamdiu potuerunt restiterunt, et contra illorum voluntatem in potestatem avi nostri venerunt. Nam quicumque sociis suis pertinaciter resistentibus se dididerunt [1], quamvis castellum per vim fuisset captum, proprie suum tamen in eo habere debent.

8. De rebus unde domnus Carolus imperator legitimam vestituram habuit, et hoc ita potest investigari ut secundum iustitiam ad nos debeant pertinere, nequaquam volumus, si nostri testes boni et idonei sunt, ut alii adversus eos in nostram contrarietatem consurgant. Adtamen in tua sit providentia hac fidelium nostrorum qui tecum sunt, qui nostri testes esse debent, boni et veraces sint. Porro adversus ecclesiasticas res eadem sententia maneat, quae tempore domni [2] et genitoris nostri fuerant prolata, ut ecclesiarum defensores res [3] suas contra suos adpetitores eadem lege defendant, qua ipsi vixerunt qui easdem res ecclesiis condonaverunt. Similiter et ecclesia eandem legem habeat adversum petitores suos, tantum salva nostra iustitia.

9. De quarto capitulo exspectandum censuimus, donec cum plurioribus fidelibus nostris inde consideremus.

VARIANTES LECTIONES.

[1] *i. e.* dediderunt; *cod.* didicerunt. [2] *vox deest, quam æque ac* res *supplevit Bal.* [3] *vox deest.*

CAPITULA LANGOBARDICA (An. 819).

Inter capitula edictis regum Langobardorum addita, quorum Ludovicum auctorem libri manuscripti produnt, hæc certo alicui anno locove ascribi nequeunt. Cum vero Ludovicus post conventum Attiniacensem mense Augusto anni 822 habitum Italiæ curam fere totam Lothario reliquisse videatur, annis 818-822 assignanda sunt, si omnino Ludovicum auctorem agnoscunt. Nam in Codicibus Chisiano, Cavensi, Blankenburgensi, Gothano, non habentur.

Ex Codd. Ambrosiano, Florentino, Londinensi, Vindobonensi, Veronensi, Estensi.

Ut [1] omnis ordo ecclesiarum secundum Romanam legem vivant, et sic inquirantur et defendantur res ecclesiasticae, ut emphyteusis [2] unde damnum aecclesiae patiuntur, non observetur [3], sed secundum legem Romanam destruatur, et poena non solvatur.

Ex Codd. Florent. Lond. Vindob. Veron. Estensi.

2 [4]. Placuit nobis de illis hominibus [5] qui se liberos per 30 annos esse dicunt, ut per hanc possessionem liberi non sint, nisi de ingenuo patre et [6] matre nati sunt, aut cartam libertatis ostendunt.

3 [7]. Omnibus igitur episcopis, abbatibus, cunctoque clero omnino praecipimus, vicedominos, praepositos, advocatos sive defensores habere bonos, non crudeles, non cupidos, non periuros, non falsitatem amantes, sed Deum timentes et in omnibus iustitiam [8] diligentes. De iudicibus autem vel centenariis atque tribunis seu vicariis, dignum esse censuimus, ut si mali reperti fuerint, de minus eruo suo abiciantur [9].

VARIANTES LECTIONES.

[1] *apud Murat.* c. 55. [2] emphyteuseos contractus unde ecclesia d. patitur *edd.* [3] observentur... destruantur *edd.* [4] *apud Murat.* c. 58. cf. Hlotharii Cap. a. 832. cap. 12. [5] scil. liberis *glossa Vn.* [6] aut *edd.* [7] *apud Murat.* c. 56. [8] i. facientes vel dil. *edd.* [9] *Codex Ambros. in fine capitularium Hludowici hæc exhibet:* Volumus etiam atque iubemus, sicut apostolus filiis non autem ideo in capitulo liber apellantur ad servis, quia sicut servus in potestatem domini suo, filius in putestatem esse patris, ideo etiam filios si mancipato vel si libero patro, sicut servo manumissio, vel in alio modo secundum lex, ut sit liber a domino suo. *Quæ e lege Romana manasse jam Blumius noster monuit.*

CAPITULARE AQUISGRANENSE (An. 820, Jan., Aquis).

Constitutionem hanc ex duplici copia in Cod. bibl. reg. Paris. n. 2718 s. ix editam, Baluzius conventui apud Theodonis villam anno 820 habito adsignavit; sed cum eo anno, ad quem ex cap. 5 sine dubio referenda est, conventus generalis non in loco a Baluzio indicato, sed Aquisgrani, alter vero autumnalis Carisiaci celebratus sit, priori adsignandam duximus; edimusque ope Codicum 1 bibl. regiæ Paris. n. 2718. fol. 75. 2, Cod. ejusdem fol. 110 et 3 bibl. ducalis Guelferbytanæ Blankenburgici recognitam.

Cap. 1 [a]. *Ubi telonea exigi et ubi non exigi debeant.* Volumus firmiter omnibus in imperio nostro nobis a Deo conmisso notum fieri, ut nullus teloneum exigat, nisi in mercatibus ubi communia commertia emuntur et venundantur; neque in pontibus, nisi ubi antiquitus tolenea exigebantur; neque in ripis aquarum, ubi tantum naves solent aliquibus noctibus manere; neque in silvis, neque in stratis, neque in campis, neque subter pontem transeuntibus, nec alicubi, nisi tantum ubi aliquid emitur aut venditur qualibet causa [1] ad communem usum pertinens. Et ubi emptor [2] cuiuslibet utitur [3] herba aut lignis aut aliis villaticis commodis, cum eo cuius sunt quibus utitur, agat iuxta aestimationem usus, et quod iustum est de tali re, illi persolvat. Quod si aliquis constituta mercata fugiens, ne teloneum solvere cogatur, et extra praedicta loca aliquid emere voluerit, et huiusmodi inventus fuerit, constringatur, et debitum telonei persolvere cogatur. Et quisquis huiusmodi iusta telonea solvere declinantem susciperit sive celaverit, id secundum suam legem emendare conpellatur : is tamen quem celavit, debitum teloneum persolvat. Ceterum, sicut superius dictum est, nisi in memoratis locis nemo a quolibet exigat telonea. Et si quis [4] fecerit contra haec praecepta nostra, sciat se esse damnandum 60 summa solidorum.

2. *De dispensa fidelium nostrorum.* Sive carris, sive sagmariis [5], sive [b] friskingis, sive aliis quibuslibet vehiculis, tam eorum qui nobis assid   in palatio deserviunt, quamque et eorum qui ad alatium eorum dispensam ducunt, nemo in pontibu , neque in navibus, neque in quibuslibet aliis loci , ab eis teloneum exigere praesumat. Quod si fecerit, noverit se similiter 60 [6] solidorum poena plectend   . Quod si aliquis repertus fuerit, qui ea quae praem sa sunt, non ad suam dispensam, nec ad proprios us , sed potius venundandi causa ea duxerit, noverit e, sicut superius compraehensum est, esse damna dum.

3. Nemo ex his qui pontes faciunt, aut e inmunitatibus, aut de fiscis, aut de liberis homi ibus, cogantur pontaticum de eodem quem fecer nt ponte persolvere. Et si forte quilibet voluerit ex propriis facultatibus eundem pontem emendare vel reficere, quamvis de suis propriis rebus eundem pont m emendet vel reficiat, non tamen de eodem ponte aiorem censum exigere praesumat, nisi sicut consu tudo fuit et iustum esse dinoscitur.

4. Omnibus notum sit, quia nolumus ut iber homo ad nostros brolios [7] operari cogatur. Attamen de aliis publicis functionibus, quas soleb nt iuxta antiquam consuetudinem facere, nemo s pro hac causa excuset.

5. Generaliter omnes admonemus, ut ca itula que praeterito anno legi [8] Salicae per omniu   consensum addenda esse censuimus, iam non ulte ius capitula, sed tantum lex dicantur, immo pro le e teneantur [9].

VARIANTES LECTIONES.

[1] c. res ad 2. — [2] emitur 2. — [3] ut iter agens 2. — [4] deest 1. 2. — [5] saugumariis 3. — [6] LX sum a s. p. 1. — [7] broilos 3. — [8] legis 1. 2. 3. — [9] i. id est qui subdiaconum occidit, qui diaconum, qui presbyt rum, qui episcopum, qui monachum occidit A. L.

NOTÆ.

[a] Hoc caput exstat et in Cod. Florentino inter Ludovici I leges.

[b] Certum est hic friscingas inter vehicula numerari. Oportet autem fuisse aliquid quod ori inem haberet Francicam. BALUZ.

CAPITULARE AD THEODONIS VILLAM (An. 821, Oct.).

Debemus illud Ansegisi libro iv, capp. 1-12, capite primo et inter capitula legibus Langobardor m addita servato. In conventu autumnali Theodonis villa habito promulgatum esse, capite sexto redit; cum udovicus imperator placitum Compendii, post primum mense Novembri anni 816 celebratum, annis demu 823 et 824 habuerit, de quibus sermonem hic esse non posse eo intelligitur, quod tempore quo Ansegisus us suum absolvit, scilicet mense Januario anni 827, nonnisi triennium inde elapsum erat.

1. Si servi per contumaciam collecta multitudine alicui vim intulerint, id est aut homicidium aut incendium, aut qualiumcumque rerum direptiones fecerint, domini quorum negligentia hoc evenit, pro eo quod eos constringere noluerunt, ut talia facere non auderent, bannum nostrum, id est sexaginta solidos, solvere cogantur.

2. De rebus sive mancipiis, quae dicuntur a fisco nostro esse occupata, volumus ut missi nostri inquisitionem faciant sine sacramento per veratiores homines pagi illius circummanentes, et quicquid de hac causa verius ac certius investigare potuerint, ad nostram faciant pervenire notitiam, ut nos tunc definiamus quicquid nobis iustum esse videatur.

3. Si servi vel ecclesiastici vel quorumlibet berorum hominum in fiscum nostrum confugerint, et dominis vel advocatis eorum repetiti fuerint, si ctor fisci nostri intellexerit, quod eos iuste non po it tenere ad nostrum dominium, eiciat illos de eode fisco, et recipiant eos domini eorum. Et si eidem ac ri visum fuerit, quod ad nostrum debeant pertinere d minium, expellat eos de eodem fisco; et postquam   eisdem repetitoribus fuerint recepti, habeat cum   is legitimam actionem; et sic eos, si poterit, a nostram evindicet possessionem.

4. [a] De vassis nostris, qui ad marcam nostr   constituti sunt custodiendam, aut in longinquis   ionibus sua habent beneficia vel res proprias, vel et am nobis

NOTÆ.

[a] Nimirum vassi dominici. Et sane in chartis judiciorum per illa tempora actitatorum vid us no-

assidue in palatio nostro serviunt, et ideo non possunt assidua custodire placita; quam rem volumus ut missi nostri vel comes nobis notam faciant, et nos faciemus ut ad eorum placita veniant.

5. Volumus ut comites qui [a] ad custodiam maritimam deputati sunt, quicumque ex eis in suo ministerio residet, de iustitia facienda se non excuset propter illam custodiam; sed si ibi secum suos scabineos habuerit, ibi placitum teneat et iustitiam faciat.

6. De his qui se dicunt propter [b] incestum res proprias amisisse, constitutum est, ut si ante proximum quinquennium, quando placitum nostrum habuimus in Compendio [c], easdem res amiserunt, non eis restituantur.

7. [d] De coniurationibus servorum quae fiunt in Flandris et [e] Menpisco et in caeteris maritimis locis, volumus ut per missos nostros indicetur dominis servorum illorum, ut constringant eos, ne ultra tales coniurationes facere praesumant. Et ut sciant ipsi eorundem servorum domini, quod cuiuscumque servi huiuscemodi coniurationem facere praesumpserint postquam eis haec nostra iussio fuerit indicata, bannum nostrum, id est sexaginta solidos, ipse dominus persolvere debeat.

8. De terra in litore maris [f], ubi salem faciunt,

A volumus ut aliqui ex eis veniant ad placitum nostrum, et ratio eorum audiatur, ut tunc secundum aequitatem inter eos definire valeamus.

9. Volumus ut uxores defunctorum post obitum maritorum tertiam partem conlaborationis, quam simul in beneficio conlaboraverunt, accipiant [g]. Et de his rebus quas is qui illud beneficium habuit, aliunde adduxit vel conparavit, vel ei ab amicis suis conlatum est, has volumus tam ad orphanos defunctorum quam ad uxores eorum pervenire.

10. De aggeribus iuxta Ligerim faciendis, ut bonus missus eidem operi praeponatur, et hoc [b] Pippino per nostrum missum mandetur, ut et ille ad hoc missum ordinet, quatenus praedictum opus perficiatur.

B 11. De duodecim pontibus super Sequanam, volumus ut hi pagenses qui eos facere debent, a missis nostris admoneantur, ut eos celeriter restaurent, et ut eorum vanae contentioni non consentiant, quando dicunt se non alibi eosdem pontes facere debere nisi ubi antiquitus fuerant; sed ibi ubi nunc necesse est, eosdem pontes facere iubeantur.

12. De omnibus pontibus per regnum nostrum faciendis, in commune missi nostri admoneant, ut ab ipsis restaurentur qui eos facere solebant.

NOTAE.

mina vassorum posita post nomina missorum et comitum, ut in charta de controversia quae erat inter Audmarum archiepiscopum Viennensem et Wigericum comitem. Acta sancti Aldrici episcopi Cenomanensis: «Praecepit hanc iustitiam inquirere ab Ebroino Pictaviensis urbis episcopo et Morigoni comiti et Altmaro seneschalco domnae Judith imperatricis et misso palatino, una cum aliis vassis dominicis.» Baluz.

[a] Beatus Rhenanus, lib. II Rerum Germanicarum, pag. 94 ; « Erant praeterea comites ad custodiam maritimam, item ad marcham tuendam deputati, quos hodie marchiones vocamus.» Eginhardus, epist. 22, « ad custodiam maritimam fuerunt.» Id.

[b] Haec lectio constans est in omnibus antiquis exemplaribus, nisi quod in Rivipulensi legitur incertum. Veteres librarii interdum permutabant haec vocabula, ut in tit. 21 Capitul. Caroli Calvi, cap. 5, interdum etiam incestam propinquam suam; pro qui in Cod. sancti Vincentii Metensis scriptum est incertum. Et in decretione Childeberti regis, cap. 2, pro eo quod illic recte legitur, incestum usum sibi societ coniugio, veteres libri Rhemensis et Bellovacensis habent incertum. Sed ut ad rem nostram redeamus, certum est hic legendum esse uti nos edidimus. Vide

C Glossarium F. Pithaei ad libros Capitularium in verbo reclamare. Id.

[c] Mense Novembri anni 816.

[d] Beatus Rhenanus, lib. II, Rerum Germanicarum, pag. 94 : « De coniuratione servorum in Flandris, Mempisco et caeteris ad mare locis facta meminerunt leges Francorum. » Baluz.

[e] Charta Caroli Calvi pro monasterio sancti Bavonis apud Miraeum in Codice donationum piarum, pag. 73 : «In pago Mempisco, in villa Helsca; » ubi Miraeus conjicit Helscam forlasse intelligi debere de vico agri Alostani, cui Esche nomen est. Andreas Catullius in Ternaco Nerviorum, pag. 18, contendit Menapios sive Menpiscos partim in dioecesi Tornacensi fuisse, partim in Morinensi. Id.

[f] Hieremias in epist. ad Frotarium episcopum Tullensem, quae est vigesima septima inter epistolas ejusdem Frotharii : « Contigit in nostra provincia praesenti anno sal fore carissimum, eo quod propter D pluvias in areis maritimis, ubi fieri solebat, non potuisset perfici. » Id.

[g] Hac lege abusus Gallorum rex Ludovicus XIV post Philippi IV Hispaniarum regis obitum Belgicam quasi jure devolutionis occupavit.

[h] Regi Aquitaniae, Pii filio. Baluz.

CAPITULARE ATTINIACENSE (An. 822, Aug.)

Mense Augusto anni 822 Ludovicus imperator Attiniaci in publico conventu de iis quae in fratres suos, Bernhardum nepotem, et Adalhardum atque Walachum peccaverat, in praesentia totius populi publicam confessionem fecit et poenitentiam egit, et quidquid similium rerum vel a se vel a patre suo factum invenire potuit, summa devotione emendare curavit [a]. Quibus de rebus edita capitula, hucusque inedita, jam ex Codice bibl. ducalis Guelferbytanae Blankenburgico fol. 105-106 luci restituimus.

ITEM ALIA CAPITULA DOMNI LUDOVICI IMPERATORIS.

1. Dei igitur omnipotentis inspiratione vestroque

piissimo studio admoniti, vestroque etiam saluberrimo exemplo provocati, confitemur, nos in pluribus

NOTAE.

[a] Einhardi Annales, p. 209.

locis quam modo aut ratio aut possibilitas enumerare permittat, tam in vita quamque doctrina et ministeria, neglegentes extitisse. Quam ob rem, sicut hactenus in his nos neglegentes fuisse non denegamus, ita ab hinc, Deo opitulante, data nobis a vestra benignitate congruenti facultate vel libertate, diligentiorem curam in his omnibus pro captu intellegentiae nostrae nos velle adhibere profitemur.

2. Quia vero liquido constat, quod salus populi maxime in doctrina et praedicatione consistat, et praedicatio eadem impleri ita ut oportet non potest, nisi a doctis, necesse est ut ordo talis in singulis sedibus inveniatur, per quam et praesens emendatio et futura utilitas sanctae eclesiae preparetur; qualiter autem hoc fieri debeat et possit, in sequenti capitulo demonstrabitur.

3. Scolas autem, de quibus hactenus [1] minus studiosi fuimus quam debueramus, omnino studiosissime emendare cupimus, qualiter omnis homo, sive maioris sive minoris aetatis, qui ad hoc nutritur ut in aliquo gradu in ecclesia promoveatur, locum denominatum et magistrum congruum habeat. Parentes tamen vel domini singulorum de victu vel substantia corporali unde subsistant providere studeant, qualiter solacium habeant, ut propter rerum inopiam

A doctrinae studio non recedant. Si vero n cessitas fuerit propter amplitudinem parroechiae, o quod in uno loco colligi non possunt propter a inistrationem quam eis procuratores eorum prov dere debent, fiat locis duobus aut tribus, vel etia ı ut necessitas et ratio dictaverit.

4. Sed quia omnimodis doctrina minu utiliter agitur, si qualiter his qui docere debeant discendi oportunitas non ordinatur, necesse est ut is praesulibus quibus omnimodis agendi facultas aut funditus aut certe magna ex parte per dioc ses suas deest, a dominis [2] rerum, qualiter id fieri congrue possit, provideatur. Hi autem qui res eccl siasticas aut baptismales eclesias iure suo in promt habent, officium praedicationis implere valent.

B 5. De potentibus qui ad praedicatione venire nolunt, et idcirco multi eos imitantes vel s quentes, qui [3] ad audiendum verbum divinum veni e debuerant, servitiis propriis detinentur. Nonn lli etiam ex ipsis presbyteros absque consensu ep scopi in ecclesiis constituunt vel expellunt.

6. Ut heresis simoniaca ita caveatur, non solum propter munerum [4] acceptionem, s d neque consanguinitate familiaritatis aut cuiusl et amicitiae aut obsequii causa, deinceps ullus pr beat.

VARIANTES LECTIONES.

[1] hocha hactenus *cod.* [2] ad hominis *cod.* [3] *deest in codice.* [4] numerum *cod.*

LOTHARII I IMPERATORIS CONSTITUTIONES OLONNENSES (An. 823).

Conventu Attiniacensi peracto, cum Lotharius cum Wala et Gerungo consiliariis in Italiam ssus, per aliquot menses justitiis faciendis insisteret, conventu in curte Olonna vel autumno anni 822, vel quod potius crediderim, vere anni 823 habito, leges proposuit, quae prima jam vice integrae prodeunt. xcepimus eas ex compluribus Codicibus, praecipue tamen ex Chisiano et Cavensi, Sancti Pauli in Carint ia, Blankenburgensi, Gothano, Parisiensi atque editione fragmenti Florentini a Carolo dato an. 1675 in /° parata. Et in edendis *Capitulis generalibus* usi sumus Codicibus Chisiano et Cavensi, qui omnium s li textum integrum nec jam in jurisconsultorum usus detruncatum servaverunt, adhibitis inde a capite u decimo 2. fragmento Florentino et 3. Codice Blankenburgensi, Codicibusque Ambrosiano, Florentino, L ndinensi, Vindobonensi, Veronensi, Estensi apud Muratorium capp. 71-74.

Capitula comitibus data auctoritate Codd. 1. Sancti Pauli et qui proxime ad eum accedit Chi iani, tum 2. fragmenti Florentini, 3. Codicis Blankenburgensis, 4. Codicis Parisiensis n. 4613, capp. 12 t 17. necnon Codicibus Ambrosiano, Florentino, Londinensi, Vindobonensi, Veronensi, Estensi apud M ratorium capp. 1-14, fulti edidimus.

Capitulare tertium fortasse missis datum, auctoritate Codicum 1. Blankenburgensis, 2. Gotha i, 3. Mutinensis apud Muratorium p. 151, tum Ambrosiani, Florentini, Londonensis, Vindobonensis, ronensis, Estensis apud Muratorium capp. 84-88 proponimus.

Lotharium, justitiis peractis acceptaque die paschali apud Sanctum Petrum corona imperiali e manibus Paschalis papae, mense Junio an. 823 ad patrem rediisse, ex Einhardi Annalibus constat.

INCIPIT CAPITULA, QUOD DOMNUS LOTHARIUS IMPERATOR PRIMO ANNO IMPERII SUI QUOD ITALIAM ACCESSIT, STATUIT IN CURTE HOLONNA [*Chis.* THOLONNA].

Kapitulo primo. Ut cancellarii electi boni et veraces chartas publicas conscribant ante comitem et scabinos et vicarios eius; et nullimodis hoc facere praesumant de pecunia antequam legitimum pretium detur.

2. Si quis homo alienam uxorem adulteraverit, et secundem legem ei in manus tradita fuerit, et postea convicti fuerint, partibus publicis recipian-

C tur; et qui ipsos comparatos habuerit, pre ium suum perdat.

3. Volumus ut comites nostri licenti habeant inquisitionem facere.

4. Volumus de obligationibus, ut nu lus homo per sacramentum nec per aliam obligat onem adunationem faciat. Et si hoc facere prae umpserit, tunc ille qui prius ipsum consilium incho vit et hoc factum habet, in exilio ab ipso comite i Corsicam mittatur, et illi alii bannum componan [1]. Et si

VARIANTES LECTIONES.

[1] componant *usque* componat *deest in Chav:*

talis fuerit qui non habet unde ipsum bannum componat, 60 ictus accipiat.

5. Volumus ut cum collectā vel scutis in placito comitis nullus praesumat venire; et si praesumpserit, bannum componat.

6[1]. De sanctimoniale femina statuimus, ut si adulterium fecerit et inventum fuerit, res quas habet fisco socientur; persona vero eius sit in potestate episcopi in cuius parochia est, ut in monasterio mittatur.

7. Volumus ut episcopi, abbates et abbatissae eorum advocatos habeant, et plenam iustitiam faciant ante comitem suum.

8. De illis hominibus qui res suas alienaverint ubicumque, et super resedent, distringat eos comes per scubia publica, sicut lex habet.

9[2]. Ut cancellarii veniant ad omnibus infirmis.

10. Statuimus, si liber homo se ipsum ad servitium implicaverit pro aliquibus causis, et liberam feminam habuerit aut infantes, ipsi in eorum libertate permaneant. Et si ipsa mulier defuncta fuerit, et aliam liberam feminam sibi copulaverit servienti, ipsa in servitio permaneat.

11. Quicumque enim [3] liber homo [4] a comite suo fuerit ammonitus aut ministris eius ad patriam defendendam, et [5] ire neglexerit, et exercitus supervenerit ad istius regni vastationem vel ad [6] contrarietatem fidelium nostrorum, capitali [7] subiaceat sententiae. Similiter observandum est, si vocati fuerint auditum [8] inimicorum nostrorum adventum, et ita contigerit quod [9] hostes non supervenerint [10], hi qui vocati [11] fuerint et venire noluerint, unusquisque secundum legem suam hoc emendet [12].

12. Cum enim in tam parvo spatio temporis iuxta quod potuimus hoc tota intentione laborare studuimus, qualiter salvatio vestra [13] et istius regni maneat in futurum, etiam et hoc nobis desiderium fuit inquirere, qualiter erga vos benivolos [14] nos [15] ostendamus generaliter cum cunctis aecclesiasticis ac liberis personis, ad consolationem eorum, et ad illorum bona voluntate corroborandum, et ut [16] fidelitatem illorum, sicuti [17] semper erga nos servaverunt, conservent. Tamen volumus [18] hoc beneficium prestare, ut [19] si cuiuscumque [20] servus liberam feminam sibi ea [21] consentiente in coniugio sociaverit [22], et [23] infra [24] anni spatium ad vindictam traditi non fuerint, sicut lex tales personas nostro fisco sociat [25] ita [26] nostra liberalitate [27] concedimus, ut in potestate et servitio domini illius, cuius servus fuerit, ambo revertantur [28].

13. Similiter concedere volumus [29] cunctis liberis personis, ut nullus iudex publicus seu ministri publici eos contra legem audeant pignerare in bovibus [30], quia audivimus multa damna atque afflictiones propter hoc populo nostro [31] sustinere. Neque cogantur [32] ad placita venire praeter ter [33] in anno, sicut in capitulare continetur, excepto [34] scabinis, et causatoribus, et testibus necessariis; quia omnibus [35] passionem [36] volumus auferre [37], ut populus noster pacifice sub nostro regimine vivere possit [38]. His vero [39] qui se nobis commendaverunt, aut [40] in futurum [41] commendaverint, volumus specialiter hoc [42] honoris [43] privilegium [44] concedere prae ceteris liberis, ut in quocumque loco [45] venerint, sive ad placitum, vel ubicumque [46], omni honore digni habeantur, et caeteris anteponantur. Et quidquid ad querendum habuerint, absque ulla dilatione iustitiam suam [47] accipere mereantur. Et [48] de illorum liberis hominibus qui eis commendati sunt aut fuerint [49] si ipse senior [50] eos secum in servitio [51] habuerit, propter iustitiam faciendam nec distringantur nec pignerentur, quousque de nostro servitio reversi fuerint. Et tunc si quid ab [52] eis quaeritur, primum senioribus eorum [53] admoneantur [54], ut [55] iustitiam quaerentibus faciant; et si ipsi facere noluerint, tunc legaliter distringatur [56].

14. Concedimus etiam castaldiis [57] nostris curtes nostras praevidentibus [58], si proprio eorum [59] pretio [60] res emerint, aut quolibet [61] iusto adtractu [62], acquisierint, sicut lex illas [63] ad nostram partem concedit, ita nos eas illis concedimus, dum in [64] servitium nostrum fideles inventi fuerint.

VARIANTES LECTIONES.

[1] *hoc caput deest in Chisiano.* [2] *hoc caput deest in Chav.* [3] *deest* 2. [4] *ammonitus a comite suo vel m.* 2. *homo cum comite s. aut ministris eius ad* 3. [5] *d. ire n.* 2. 3. [6] *deest* 2. 5. [7] *capitalem subeat sententiam* 3. [8] *audito i. n. aduentu* 2. 3. [9] *ut* 2. [10] *hostis non superuenerit* V. [11] *hii qui vocati audire noluerint* 2. *hi q. v. venire noluerint* 5. [12] *suam legem emendet* 2. l. s. e. 3. [13] *nostra Chav.* [14] *uenibolos Chis et Chal.* [15] *vocem inserui.* [16] *vocem inserui.* [17] *secuti Chis.* [18] *hic incipit codex* 3. [19] *hic tandem incipiunt cod.* 2. A. Fl. L. V. Vn. E. [20] *cuiusque Chis. c. langobardi* V. Vn. E. [21] *eam Chis.* [22] *copulauerit* 2. 5. [23] *et. i. a. s. ad v. t. n. f. desunt in Chav.* [24] *deest Chis.* [25] *societur Chis. sociant Chav.* [26] *ita nos nostra* 3. [27] *libertate* V. Vn. [28] *hic codex Chisianus praefationem et caput secundum (de heribanno) capitularis Langobardici anni* 801. *inserit, quae omittenda esse duxi.* [29] *v. de c. Chh. Ch.* [30] *bubus* 2. 3. [31] *populos nostros* 2. *populum nostrum* 3. [32] *cogatur* 1. [33] *praeteriter Chis. praeter Chav. praeter triduum* 3. [34] *exceptis* 2. 3. [35] *omnem* 3. [36] *vocem accepi ex* 3. [37] *offerre Chis. Chav. afferre* 2. [38] *reliqua capitis desunt in* 2. A. Fl. L. V. Vn. E. [39] *v. personis quae* 3. [40] *a. in f. c. desunt in* 3. [41] *futuro Chav.* [42] *deest Chis.* [43] *onori Chav.* [44] *priuilegio Chis.* [45] *ut ubicumque Chav.* 3. [46] *in placito. sibe in quolibet loco Chav. in placito siue in quocumque loco, honoris digni* 3. [47] *iustitias suas* 3. [48] *et i. homines liberi* 3. [49] *a. f. desunt in* 3. [50] *ipsi seniores — habuerint* 3. [51] *s. non h. Chis. Chav.* [52] *quis hab Chis.* [53] *deest Chis. Cav.* [54] *moueatur* 5. [55] *et i. suam q.* 3. [56] *distringantur* 3. [57] *gastaldiis* 2. 3. [58] *prouidentibus* 2. 3. [59] *ut si p. suo p.* 3. [60] *proprio Chis.* [61] *quodlibet* 3. [62] *iustum ac tractatum Chav.* [63] *illas res* 2. *easdem res* 3. [64] *si in seruitio nostro* 2. 3.

Memoria quod domnus imperator suis comites praecepit [1].

1. In primis instituit, si [2] liber homo se ipsum ad servitium inplicat pro aliquibus causis, si liberam feminam habuit [3] aut [4] infantes, ipsi in eorum libertatem permaneant. Et si ipsa femina [5] defuncta fuerit, et aliam [6] liberam feminam sibi [7] copulaverit serviente [8], ipsa in servitio permanead.

2 [9]. Si quis homo alienam [10] uxorem adulteraverit, et secundum legem ei [11] in manus traditi a fuerint, et postea coniuncti [12] fuerint, partibus publicis recipiantur; et qui ipsos conparatos habuerit [13], precium suum perdat.

3. Volumus ut comites nostri [14] licentiam habeant inquisicionem facere [15].

4. Volumus de obligationibus [16], ut nullus homo per sacramentum [17] nec per aliam [18] obligationem adunationem faciat, et si hoc facere praesumpserit, tunc de illis qui prius ipsum consilium incoaverit aut [19] qui hoc factum habet [20], in exilio ab ipso comite in Corsica [21] mittatur [22], et illi alii bannum [23] conponant [24]; et si talis fuerit [25] qui non habeat unde ipsum bannum conponat, 60 [26] ictus accipiat.

5. Volumus ut cum collecta vel scutis in placito [27] comitis nullus presumat venire; et si praesumpserit, bannum [28] conponat.

6. De sanctemoniales feminas statuimus si

A adulterium fecerint, si [29] inventum fuerit, res vero [30] quas habet fisco [31] socientur [32], persona ver eius [33] sit in potestate episcopi in cuius parrochia est, in monasterio intromittat [34].

7. Volumus ut episcopi, abbates et abba ssae [35] eorum adyocatos habeant, et [36] pleniter [37] sticias faciant ante comitem [39] suum.

8. De homines qui res suas alienant bicumque, et [39] super [40] resedent, distringant eu comis pro scubia publica [41], sicut [42] lex contenet [4].

9. Volumus ut episcopus una cum comite suo [44] adbocatum elegat.

10. Placuit nobis, ut hominibus liveris [45] hil superponant, nisi sicut lex et rectitudo contine [46].

11. Volumus ut scubia [47] publica, quod ad utilitatem regni nostri pertinet, praecepta immunit tum [48] inpedimentum non praestent sel adiutorium.

12 [49]. Ut cancellarii [50] electi boni et veiac s cartas publice [51] conscribant ante comitem et cabinis et vicarii [52] eius, et nullo modis [53] de [54] hoc facere praesumant de pecunia, ante quam legitime reciadi sint [55].

13 [56] Liceat comiti scusatos [57] haoere, s ut lex Langubardorum [58] continet.

14. Volumus ut homines [59] talem con etudinem habeant, sicut antiquitus [60] Languba dorum fuit [61].

Codex Sancti Pauli.

15. [62] De nonis et decimis. Considerandum est, ut de frugibus terre et animalium nutrimine persol-

Codex Chisianus.

16. Ut nullus negotium [63] suum infra mare exercere presumat nisi ad portura legitima, secundum mo-

Codd. 2. 3. 4. A. Fl. V. E.

17. De cancellariis qui ve aces [64] electi sunt, ad homines f firmos veniant et secundum legem nstru-

VARIANTES LECTIONES.

[1] *ita cod.* 1. Incipit capitula. Qualiter domnus imperator suis comitibus precepit. *Chis. Codex hanc inscriptionem sistit*: Incipiunt capitula quae domnus Hlotarius imperator primo anno imperii sui qu ndo in Italia accessit, in suum generale placitum curte Olonna instituit. *Ambrosianus*: Capitula quae nnus Iotarius imperator anno imperii sui coaces (*i. e. quo accessit*) in italia generale placitum curte olonna *Vind. et Veron.*: Lotharii regis lector nunc scripta videbis. *Vind. glossam habet*: Kapitula in olonna comp sita et ideo udentur l. tantum. [2] Cap. 1. Si. 2. 3. [3] habuerit 2. A. Vn. [4] ut l 3. [5] mulier 2. 3. A. Vn. [6] alia libera femina 1. [7] si 1. [8] seruiendi 2. seruienti V. Vn. servientem 3. [9] capp. 2-8 desunt in Chis. [10] aliena 1. [11] traditis 1. tradita fuerit 2. [12] conuinti V. conuincti Vn. [13] quis ipsis conparatis a uit 1. [14] comitibus nostris 1. abeant 1. faceret 1. [15] facere de vicariis et centeuariis qui magis propter upiditatem quam propter iustitiam faciendam saepissime placita tenent et exinde populum nimis afflig nt, et ita teneatur sicut in capitulare domni Karoli continetur, id est ut nullus ad placitum banniatur nisi q i causam suam quaerit aut si alter ei quaerere debet, exceptis scabinis, septem qui ad omnia placita es e debent *Bal.* facere de ipsa coniunctione adulterii *edd* [16] obligationibus 1. [17] samentum 1. [18] aliq am 5. alia oblicationem 1. [19] et 2. [20] abet 1. saepius. [21] ab i. c. in c. desunt 3. [22] mittat 1. [23] bannu n nostrum id est sexaginta solidos *BAL.* [24] componat. Nisi obligatio sit facta uel iieiuendata per comit s neglegentiam, et auctor facti sit praeditus aliqua dignitate. Et si talis etc. *V. Vn. Est.* [25] fuerint 1. fuer nt qui bannum nostrum persolvere non possint per unumquemque LX. i. a. 3. [26] xl. 1. [27] placido 1. [28] b.n strum c. 3. BAL. [29] et 2. 3. *V. Vn. E.* inventu fuerint 1. [30] deest 2. 3. [31] f. nostro 3. [32] societ 1. [33] ei 1. [34] monasterium eam mittendum . ut in m. intromittatur 2. *V. Est.* ut monasterio i. *Vn.* [35] abbati sis 1. [36] deest 1. [37] pleñam 2. *V. Est.* [38] comitum 1. [39] et 1. [40] s. eas r. *V. Vn. E.* [41] scubiis publ cis 2. per scubias publicas 2. per escubias publicas *V. Vn. Est.* (excubias). [42] sit Sicut 1. [43] c. et tria generaliq placita custodiant. *V. Vn. E.* [44] comitum suum *Ch.* [45] homines liueros 1. ad h. l. *Ch.* lacuit n. de omnibus liberis hominibus ut nihil eis superponatur nisi etc. 2. *V. Vn. E.* [46] continet id est i faciant vias et pontes *V. Vn. E.* [47] de scubiis publiciis 2. 3. ut escubiis publiciis quae *V. Vn.* ut de e p. *Est.* [48] precepti inmunitarum 1. *Ch.* [49] cap. 12 deest in *Ch.* [50] cancellarii 1. *Ambr.* [51] publicas 2 3. 4. [52] uicarius 4. [53] nullis modis 2. 4. nullo modo 3. *V. Vn. E.* [54] legitimi 1. legitimum 1. pre ium detur 2. 3. *V. Vn. E.* l. p: addetur 4. [55] capp. 13. 14. desunt 2 A. Fl. L. V. Vn. E. [56] exc isatos *Ch. G. rel.* [57] langubardo 1. [58] homines 1. [60] antiquus langubardo 1. [61] fuit de ecclesiis bapti mali bus, de monasteriis regularibus tam virorum quam puellarum, de senodochiis vero et freda. 3. *cap t hoc deest in* 2. 3. *rel*: cujus loco alia ibi habentur quae e latere posuimus. [63] gegotium *Ch.* [64] v. v ele ei 3.

NOTÆ.

a Scil. marito adulterae.

vantur. De opere vero vel restauratione ecclesiarum comes et episcopus sive abbas una cum misso nostro quem ipsi sibi ad hoc elegerint, considerationem faciant, ut unusquisque eorum tantum inde accipiant ad operandum et restaurandum, quantum ipse de rebus ecclesiarum havere cognoscitur. Similiter et vassi nostri aut in commune tantum operis accipiant quantum rerum ecclesiasticarum habent, vel unusquisque per se iuxta quantitatem quam ipse tenet [1]. Aut si inter eos convenerit, ut pro opera facienda argentum donent, iuxta extimatione operis in argento persolvant. Cum quo praecio rector ecclesie ad praedicta restauratione operarios conducere et materiam emere possit. Et qui nonas et decimas dare neclexerit, primum quidem illas cum lege sua restituat, insuper et bannum nostrum solvat, ut ita castigatus caveat, ne sepius iterando beneficia amitat.

CAPITULARE TERTIUM [12].

Caput 1. Si quis episcopus, aut propinquitatis affectu, aut muneris ambitione, aut causa amicitiae [13], senedochia aut monasteria vel baptismales ecclesias, seu ecclesias [14] pertinentes cuilibet per enfitheuseos [15] contractus [16] dederit, se suosque successores poena multandos conscripserit, potestatem talia mutandi [17] rectoribus ecclesiarum absque poenae [18] conscriptae solutione [19] concedimus.

2 [20]. Statutum est, ut si quis liber homo per consensum episcopi [21] sui ecclesiam in sua construxerit proprietate, fontesque in eadem ab episcopo fuerint consecrati [22], ideo non suam perdat hereditatem; sed si episcopus voluerit, officium sacri baptismatis in sua transferatur ecclesia [23]; ipsa vero aqua quae transfertur [24]. in constructoris maneat iure.

3 [25]. Si quis adulter cum adultera comprehensus fuerit [26], secundum edicta [27] legis Langobardorum marito adulterae ambo ad vindictam traditi fuerint, si eos quispiam emerit, eosque coniunctos [28], in eodem scelere habere repertum fuerit, ipsos fiscus adquirat.

4 [29]. Si quis liber homo uxorem habens liberam, propter aliquod [30] crimen aut debitum [31] in [32] servitio alterius se subdit eademque coniunx manere cum ipso voluerit, ipsorum procreatio quae tali [32] coniugio fit, libertatis statum non amittat. Si vero ea defuncta, secunda uxor et tamen libera, tali se sciens iunxerit coniugio, liberi illorum servituti subdantur.

5 [34]. Statuimus ut si femina habens vestem mutatam moecha deprehensa fuerit non tradatur genitio re [2] antiquo, propter iustitiam domni imperatoris et nostram; et si quis aliter fecerit, omnem negotium suum perdat.

menta cartarum [3] conscribant, et a testibus roborentur; et statim cum scripta cartula fuerit [4] ostendatur [5] ante episcopum et comitem et [6] iudices uel vicarios, aut in plebe [7], ut vera [8] agnoscatur esse.

18. [9] Ut mulier Romana [10] quae virum habuerit Langobardum, defuncto eo, a lege viri sit soluta et ad suam legem revertatur. Hoc vero [11] statuentes, ut similis modus servetur in ceterarum nationum mulieribus.

A sicut usque modo, ne forte quae prius cum uno, postmodum cum pluribus locum habeat moechandi; sed eius possessio fisco redigatur, et ipsa episcopali subiaceat iudicio.

6 [35]. Decernimus [36] ut quisquis aliter testes habere non potuerit, volumus, ut per comitis iussionem, quos iu suo testimonio necessarios quisque habuerit, veritatem prolaturi publico conventu adducantur, ut per ipsos rei veritas cum iuramento valeat inquiri.

Codex Blankenburgensis ita pergit:

7. Abbates qui ab episcopis electi sunt ad conspiciendum regulae observationem in monasteriis, istum debent tenere modum in his quae eis iniuncta sunt.

8. Primo quia subito [37] et in brevi spatio pleniter cognoscere non valent conversationem fratrum in illo monasterio ad quod tunc veniunt, nisi aliquibus diebus ac noctibus cum eis conversentur, cum tali ad eos veniant paucitate, ut monasterium non gravent. Deinde, si intellexerint abbatem neglegentem suum ministerium agere, aut de semetipso aut de fratribus suis secundum regulae auctoritatem commoneant illum. Similiter etiam faciant, si ex fratribus fuerint neglegentes inventi, cum abbate suo secundum regulae auctoritatem eos commoneant. Si ignorantia est, per eandem regulam docendo corrigant eos. Si autem voluntate delinquunt, et emendaverint per eorum admonitionem, bene. Quod si noluerint, nuntient primum episcopo loci, et si ultra necessitas fuerit, nuntient synodali conventui. Si vero questio aliqua fuerit de regulae capitulo, et non

---

VARIANTES LECTIONES.

[1] tenent 1. [2] ore *Ch.* [3] *deest* 3. 4. [4] fuerit cartula 3. cartula f. 4. [5] ostendant 5. ostenda eam episcopo comiti iudices uel uicariis 4. [6] sive iudicem 2. [7] aut plebeios 5. [8] verax *V. Vn. E.* veraces agnoscantur 2. veraces agnoscant esse. [9] *non legitur in codice* 4. [10] mulieres romanae et sic in plurali numero 2. *V. Vn. E.* [11] *deest V. Vn.* (*E.*) hoc 2. Et hoc bal. [12] *Codicum inscriptio haec est:* Incipit kapitula quae domnus Hlotharius imperator suo tempore Olonna constituit 1. Capitula quae anno primo imperii domni Hlotharii gloriosissimi imperatoris Olonna sunt constituta 2. 3. [13] amatiçe xenodochia 2. [14] eclesie 1. [15] erenfitheos 1. [16] contractus *corr.* contracta 2. [17] multandi 1. [18] ponae 2. poena 2. [19] solutionis 2. [20] De ecclesia in proprio constructa *inscriptio* in 2. 3. [21] Xpi 2. [22] consecrate 1. [23] suam transferat ecclesiam 2. [24] *q. l. deest* 2. [25] De adulteris 2. 3. [26] *deest* 2. [27] edictum 2. [28] convictos... haberi 1. [29] De libello homine qui in servitutem cadit 2. 3. [30] aliquid 1. [31] d. vel aliquibus causis *V. Vn. E.* [32] *deest* 1. [33] de tali c. *V. Vn. E.* [34] De veste mutata 2. 3. [35] De testibus 2. 5. [36] Decrevimus 2. [37] subdito *cod.*

potuerint inter se definire, nuntient synodo, et ibi auctoritate episcoporum sacrior decernatur sensus; et per vim nihil agere qui missus est presummat.

A Consuetudines autem ubi [1] invente fuerint oxia, et hoc, ut supra dictum est, nuntient.

VARIANTES LECTIONES.

[1] nisi *c.*

CAPITULARE EPISCOPIS DATUM.

Capitula hæc a Baluzio ex Codice ms. monasterii Sancti Galli n. 733 sæc. IX edita, ope ejusdem Codicis recognovimus. Sunt, ut ex capitibus 6 et 8 patet, capitula episcopis in diœceses suas redeuntibus d ta; nec, ut Baluzius voluit, anno 819, sed post conventum Attiniacensem unde Lotharius regni sui initium computat, igitur anno 823 aut aliquo ex sequentibus promulgata esse videntur.

Cap. 1. De statu eclesiae et honore pontificum, ut canonice secundum iussionem [a] dominorum nostrorum vivere et [b] conversare [1] debeant.

2. Ut sacerdotes et clericos secundum normam priorum patrum vivant.

3. Ut tam monachi quam monachas, ubicumque fuerint, regulariter vitam degant.

4. De restauratione eclesiarum vel luminaria, seu officia etiam et missas, necnon et sarta tecta [2], ut in quantum possibilitas fuerit, per iussionem dominorum nostrorum, ubi necessitas, restaurate et emendate fiant.

5. De eclesiis et monasteria et senodochia quae ad mundio palatii pertinet, aut pertinere debent, ut unusquisque iustitiam dominorum nostrorum regum et eorum rectum consentiat.

6. De causis inlicitis, coniunctionibus omnibus, vel etiam ceteris nefandas res, ut unusquisque [3] in sua parrochia una cum consensu et adiutorio comitis sui hoc pleniter sub celeritate amputare et emendare studeat. Et qui hoc facere non potuerit, ad aures piissimi domini nostri vel eius proceribus [4] hoc innotescat absque tarditate, ut malum quod perpetratum est, canonice emendatum fiat.

7. De viduis et orphanis et pauperibus, el omn bus inpotentibus, ut in elemosyna domin rum nostrorum regum eorum iustitiam plenius acc piant.

8. De homicidiis et periuriis, sacrilegis, t falsis testimoniis, et hoc quod nefandum aut co trarium B sacris canones esse videtur; et hoc pleniter per vestram monitionem et per iudicium comitis e ndatum fiat. Et qui hoc facere noluerit, absque arditate auribus precellentissimi domini nostri vel ius proceribus [4] hoc patefaciat.

9. De decimis, ut unusquisque suam dec mam ad eclesiam offerat, sicut mos vel sacra consue udo esse dinoscitur.

10. Ut illi electi qui illos episcopatos te nt, qui canonice esse potest, sub celeritate sacratos fiant.

Volumus quidem, ut ea quae superiu retulimus, ut unusquisque bonum certamen e inde habeant, seu et de aliis causis quas minime i hoc capitulare inseruimus, et necessarii sunt com endandi per vestram sanctissimam monitionem en enda. Et C qui hoc facere neglexerit, si sacerdos aut clericus fuerit, sciat se canonicum subiacere iuditi [5]; et si laicus [6], dominorum nostrorum iudici et eius proceribus sustinere.

Explicit.

VARIANTES LECTIONES.

[1] conservare *c.* [2] *ita correxi; codex* sacritecta. [3] unusque *c.* [4] *ita jam Baluzius legendum censuit;* codex posteribus. [5] seruitium *c.* [6] ladicus *c.*

NOTÆ.

[a] Ludovici et Lotharii.
[b] In ms. Cod. legitur *conservare,* ut apud sanctum Gregorium, lib. VII, indict. 2, epist. 110, *conservatione pro conversatione* in vet. Cod. Aurelianensi. Pari errore apud Salvianum, lib. VI, pag. 146 legitur in Ed. Brassicani et Pithœi, *pro gaudiis novæ conservationis,* cum legendum sit *novæ conversationis,* D

ut habent Edit. Romana et Noribergensis, ut *conversionis,* ut in Cod. Corbeiensi. In conc. I Tolet., cap. 75, *vel conservatione regiæ salutis,* pro uo vetus liber Ecclesiæ Lugdunensis habet *conversa ione.* Sic in lib. I Capitularium, cap. 35, in plerisqu vetustis exemplaribus legitur *conservationis,* cum gendum sit *conversationis.* BALUZ.

EPISCOPORUM AD LUDOVICUM IMPERATOREM RELATIO (An. 824).

Vulgamus eam ex Codice bibl. ducalis Guelferbytanæ Blankenburgico fol. 104, 105; editamque rte post Benedicti abbatis Anianensis obitum die 11 Februarii anni 821, anno potissimum 824 ascripsimus, quo imperator, fame aliisque cladibus quæ regnum Francorum affligebant sollicitus, in statum imperii nquirere constituit.

ITEM ALIA CAPITULA DOMNI LUDOVICI IMPERATORIS.

Incomparabilis [1] augustae gloriae sapientia, coelesti [2] fulta sophismate, velut debitam subiectis disciplinam regiminis praerogativa ministrans, saluberrima potius simplicitate quam syllogism rum difficultate conpraehensa capitula que secuntur insinuat.

VARIANTES LECTIONES.

[1] In parabolis 1. [2] coelestis 1.

Quo ordine episcopus debeat inveniri. 1 [1]. Sanctae trinitatis fides a tribus prorsus venerator ordinibus. De quibus cum canonicum eclesiae fidei iam fundamentum probatum, et a fidelibus loci viris electum ratio provehendum denuntiat; tamen necessitudine incumbente et monachum admittit, et laicum auctoritas non excludit; sed cum subiungitur qualis esse debeat, tot huic dicto canonica atque apostolica mandata conveniunt, ut nequaquam breviter intimata sufficere videantur. De monogamia vel virginibus, sacerdotem eclesia requirit, si quis sine crimine est. Ultimus tamen si concessa loquitur, ita se imitabilem in omnibus quae agit praebeat, quatenus proximorum corda rore doctrinae rigare non cesset, et bonis quae docuerit operibus non repugnet.

2. Officium episcopi curam esse et fervorem eclesiasticarum rerum et fidei firmamentum, tam virtute verbi quam iusto rerum moderamine sacrae lectionis serie comprobamus. Sed tunc conversatio illius congruit officio, cum pro vitae innocentia actione praecipuus et prae cunctis fit contemplacione suspensus.

3. De conversatione clericorum in episcopatu disposita, quid aliud quam ut canonice degant, dicendum est. Qui si [2] iuxta vocem apostoli filii bene subditi vocari concupiscunt, cum in cultu vario discreti esse debeant, usuras cum feminarum accessu vitare contendant.

4. De dispositione et officio presbyterorum, qualis esse exterius debeat vita, praesulis preeundo demonstrant; hi nimirum in eclesiae providentiam ordinati, tunc in proposito permanere videantur, cum prona devotione strenui pastoris pro captu imitare vestigia consuescunt.

5. De ordinatione rerum episcopii, priorum nobis patrum et Romane legis statuta rite conservata sufficiant. Quadripertita denique ex reditibus patrimonia partim pauperibus eroganda, partim praelatorum templorumque usibus implicanda sanxerunt. Aeclesiis igitur baptismalibus custodes eligantur presbyteri, in quibus non solum nomen officii, verum etiam sanctitatis decenter cultus effulgeat. Titula quoque earundem eclesiarum una cum rectoribus aeque sibi praepositis tamquam subiectionis ordine contenti, sublimioris humiliter culmina venerentur.

6. Qualiter senedochiorum ordo servetur, promulgata ab auctoribus eorum testamenta fatentur. Nam si levitatis aut fortasse simplicitatis erroribus obvoluta, rationabili statu caruerint, catholici provisoris arbitrium prestolentur.

7. De ordine canonicorum in locis suis, excepte ab auctoribus vel ab antiquis eclesiae legibus defloraciunculae ex decretis gloriosissimi Caesaris in unum Codicem redactae, ac a nobis susceptae, horum vita predulci suavitate componendo perornant.

8. De monasteriis regularibus, quae beatae recordationis Benedicti abbatis regula praeclaris obsequiis dedita conglobavit monasticae meditationis, tamquam a sancto Spiritu prolate sufficiant.

9. Quoniam liquido constat monachorum congregationem absque abbate eiusdem ordinis esse non posse, eligendus est inter eos vir modestus et prudens una cum consensu episcopi civitatis, cuius se suffraganeos fore cognoscant, quia iam regulariter vivere didicit, et sancto studio prout ordo regularis poscit insistere, ac subditorum, si qua sunt, valeat errata corrigere.

10. Qualiter cum monachis suis abbas conversari debeat, eiusdem regulae affluentibus informatus testimoniis, directo calle qua trahitur, virtutum exercitia prosequatur.

11. A quo et quomodo corrigi abbas neglegenter agens debeat, canon Calcidonensis titul. 8. evidenter exponit, cum ab episcopo loci dissilienter communione privare non ambigat.

12. De monasteriis feminarum in canonico vel regulari ordine constitutis, quo ordine censeri conveniant, ipsorum nempe nominum aethimologiam demonstrat; canonica scilicet canonice, regularia regularibus mancipando modulis edocentur.

13. De hac profecto institutione canonica quae sanctimonialibus congruit, auguste pridem celsitudinis instrumento cognovimus; sed quomodo disciplinae officii eclesiastici nimium neglecta per studium reformetur, nonnulli iam experimento probarunt, qui scolam doctoribus deputarunt; in huius modi certamine tardiores, tamquam delicto dispensationis postposite, nisi se correxerint, obnoxii teneantur.

14. Pro statu regni et reipublice, ne forte humilietur, aut infirmetur, divina primum exoretur clementia. Tunc demum totis viribus incumbentes, oportuna vobiscum iuxta vires libenter iuvamina decernamus.

15. De regulari ordine qualiter observetur, partim nos superius significasse meminimus; cetera cum vestra simul celsitudine conferentes, largius statuere decertemus.

VARIANTES LECTIONES.

[1] *codex numero I. anterioribus praeposito, hic II et rel. habet, et capite demum octavo numerum servat.*
[2] *est qui 1.*

LOTHARII I CONSTITUTIO ROMANA (An. 824, Nov.).

Secundum Lotharii iter Italicum exeunte Augusto anni 824 eo præcipue consilio susceptum est, ut vice patris functus, res Romanas cum pontifice novo Eugenio populoque Romano statueret firmaretque. Quod ex voto cessit. Lotharius enim, Einhardo teste, statum populi Romani jamdudum quorumdam præsulum perversitate depravatum, benivola Eugenii assensione ita correxit, ut omnes qui rerum suarum direptio e graviter fuerant desolati, de receptione bonorum suorum quae per illius adventum Deo donante provener t, magnifice sint consolati. Constitutionem ea de re editam hic ad fidem Codicum praecipue Chisiani, Ca ensis, Blankenburgensis, tum Ambrosiani, Florentini, Londinensis, Vindobonensis, Veronensis, Estensi apud Muratorium capp. 34-44 recognitam proponimus. Codice etiam Vaticano n. 5833 evoluto, editionem inde profluam apud Chesnium, Baluzium et Bouquetum, nullius auctoritatis esse facile intellexi, quod card nalem Deusdedit, cujus in collectione canonum ibi versus finem libri primi fol. 49 legitur, nonnisi excerp a dare voluisse, jam ipsa inscriptione *Ex constitutionibus hlotharii imperatoris sub secundo eugenio papa g stis in atrio beati petri apostoli* pateat. Subjicimus *formulam sacramenti* ea occasione a populo Romano pr titi, a Chesnio T. II, 207, vulgatam.

CAPITULA QUAE DOMNUS HLOTHARIUS IMPERATOR [1] AD LIMINA BEATI PETRI APOSTOLI [2] TEMPORE EUGENII SUMMI PONTIFICIS INSTITUIT [3].

1. Constitutum habemus, ut omnes qui sub speciali defensione domni apostolici seu nostra fuerint suscepti, impetrata inviolabiliter iusta utantur defensione. Quod si quis in quocumque [4] hoc contemptum [5] violare praesumpserit, sciat se periculum vitae suae [6] esse incursurum. Nam et hoc [7] decernimus, ut domno apostolico in omnibus ipsi [8] iustam observent oboedientiam seu ducibus ac iudicibus suis, ad iustitiam faciendam [9]. In hoc capitulo fiat commemoratum de viduis et orfanis Theodori [10] Floronis [11] et Sergii.

2. Ut depraedationes quae hactenus fieri solebant, prohibemus ne fiant, neque vivente pontifice neque defuncto. Si quis vero ulterius [12] hoc fecerit, sciat se legali sententia esse condemnandum. Quae autem retro actae sunt, placet nobis, ut per dispositionem nostram fiant legaliter [13] emendatae.

3. Volumus ut in electione pontificis nullus praesumat [14] venire, neque liber neque servus, qui aliquod impedimentum faci..t, illis [15] solummodo Romanis [16], quibus antiquitus fuit consuetudo [17] concessa [18] per constitutionem sanctorum patrum [19] eligendi pontificem. Quod si quis contra hanc iussionem nostram facere praesumpserit, exilio tradatur.

4. Volumus [20] ut missi constituantur de parte domni apostolici et nostra, qui annuatim nobis renuntiare valeant, qualiter singuli duces et iudices iustitiam populo [21] faciant, et quomodo nostram constitutionem observent. Qui missi [22], decernimus ut primum cunctos clamores qui per neglegentiam ducum aut iudicum fuerint inventi [23], ad notitiam domni apostolici deferant, et ipse unum e duobus eligat, ut [24] aut statim per eosdem missos fiant ipsae necessitates emendatae, aut si non, per nostrum missum fiat nobis notum, ut per nostros missos a nobis directos iterum emendentur [25].

5. Volumus ut cunctus [26] populus Romanus inter-

A rogetur, qua [27] lege vult vivere [28], ut tali a se [29] professi fuerint vivere velle, vivant. Illisque enuntietur, quod hoc unusquisque sciat, tam duce quam et [30] iudices vel reliquus [31] populus, quod si i offensione sua contra eandem legem fecerint [32], eid m legi quam profitentur per dispositionem pontifici ac nostram subiacebunt [33].

6. De rebus ecclesiarum iniuste invasis su) occasione quasi licentia accepta a pontifice, et de his quae necdum redditae sunt et tamen fuerun iniuste a potestate pontificum invasae, volumus ut er missos nostros fiant emendatae [34].

7. Prohibemus ut depraedationes inter [35] nsinia nostra ultra [36] non fiant, et quae factae sunt, se undum legem de utrisque partibus ordinemus ut eiae dentur. Similiter volumus, ut ceterae iniustitiae [37] de trisque partibus fiant emendatae.

8. Placuit nobis, ut cuncti iudices sive hi ui cunctis praeesse debent, per quos iudiciaria [38] po estas [39] in hac urbe Romana agi debent [40], in praese itia nostra veniant; volentes numerum et nomin eorum et scire, [41] et singulis [42] de ministerio sibi cr ito admonitionem [43] facere.

B 9. Novissime admoneatur, ut omnis hom , sicut Dei gratiam et nostram habere desiderat, i a praestet in omnibus oboedientiam atque reverent am huic pontifici.

SACRAMENTUM ROMANORUM.

Promitto ego ille per Deum omnipotentem et per ista sacra quatuor euangelia, et per hanc crucem Domini nostri Jesu Christi, et per corpus b atissimi Petri principis apostolorum, quod ab hac di in futurum fidelis ero dominis nostris imperatoribus Hludowico et Hlothario diebus vitae meae, iuxta vires et intellectum meum, sine fraude atque malo ingenio, salva fide quam repromisi domno [44] apost ico; et quod non consentiam ut aliter in hac sede Romana C fiat electio pontificis nisi canonice et iuste, s cundum

VARIANTES LECTIONES.

[1] i. tempore eugenii pape instituit ad limina beati petri secus urbe roma. *Ch.* j. t. e. p. i. ad limin iria b. p. apostoli *Cav.* [2] a. secus urbem romam t. domni e. s. p. i. *Flor. Lond.* [3] *inscriptio tota deest* n *A. V. Vn. In V. et Vn. glossa adest:* Kapitula quae domnus Lot. instruit secus urbem roman V. De po tifie.n.s. haec capitula lotar. III. (*scil.* anno) *Vn.* Capitula facta a Lothario secus urbem Romam *Est.* [4] q. iodo *Bl.* [5] contemptive *Ch. C.* contemptor *A. V. Vn. E.* tempore ed. [6] sciat p. n. s. se esse *Bl.* [7] hic *Bl. V. Vn.* [8] ipsius observeunt 1. [9] *sequentia desunt in Bl. et edd.* [10] theodoris *C. A. V. Vn. E.* [11] florinis *C. Vn.* [12] altri *Bl.* [13] *deest. Ch.* [14] praesummant *Bl.* [15] faciat. Illi s. romani *Bl.* [16] f. Et illis s romans *Est.* [17] c. non cessent per *Bl.* [18] cum concessa *C.* [19] p. sit facultas eligendi p. *V. Vn. E.* [20] hoc ca ut erat nonnisi in *Bl. Ch. C.* et *Vatic.* 5833. [21] in populo *Cav.* [22] Quibus missis *Bl.* [23] deest *Ch.* [24] deest *Ch. C.* [25] emendetur *Ch.* [26] cunctos *Bl.* [27] *deest Bl.* quale *C.* quale corr. qua Ambr. quali *V. Vn. E.* [28] vivere usque vivere deest in *Ch. C.* [29] qual *A.* quali *V. Vn. E.* [30] *deest. A.* [31] reliquus *Bl.* [32] fecerit h. *A. V. Vn.* [33] subiacebit *V. Vn. E.* [34] n. emendetur *Bl.* [35] *Bl. C.* (i. e. in finibus) in confi io nostro *Vatic.* totum caput deest in reliquis. [36] deest *Bl. C.* [37] iustitiae *Ch.* [38] iudicaria *Ch. C.* [39] potentes l. [40] ita *Ch. C. Bl.* debet V. debeat *Vn.* [41] deest in *Ch. C. V. Vn. E.* [42] singulos *Ch. C.* [43] a. sibi f. *Ch.* [44] domino... domini... dominus *Ch.*

vires et intellectum meum; et ille qui electus fuerit, me conscentiente consecratus pontifex non fiat, priusquam tale sacramentum faciat in praesentia missi A domni imperatoris et populi, cum iuramento, quale domnus Eugenius papa sponte pro conservatione omnium factum habet per scriptum.

LOTHARII CONSTITUTIONES IN MARINGO (An. 825, Febr. 20).

Ad secundum Lotharii iter pertinent constitutiones in curtibus Maringo et Olonna mensibus Februario et maio anni 825 promulgatae. Capitularia in curte Maringo edita, publici iuris facimus ex Codicibus Chisiano et Cavensi, ubi nonnisi inscriptione *Item alia capitula* insignes, inter Ludowici I leges post Capitulare anni 816 occurrunt. Æstate anni praecedentis 824 famem adhuc praevalidam fuisse, ex Einhardi Annalibus discimus. Codex Ambrosianus inter Ludowici leges caput 1, inter Lotharii cap. 4, Florentinus, Londinensis, Vindobonensis, Veronensis, atque, ut coniicere est, et Estensis, nonnisi caput 1 inter leges Ludowici (*Murat. cap.* 5) exhibent.

Capitula *de expeditione Corsicana* nonnisi in Codicibus Chisiano et Cavensi inter Lotharii leges servata sunt.

1[-1]. Primis omnium placuit nobis, ut cartulas obligationis quae factae sunt de singulis hominibus qui se, uxores [2], filios, vel filias in servitio tradiderunt, ubi inventae fuerunt frangantur, et ipsi sint liberi sicut primitus fuerunt.

2. Qui pulsat quod res venundasset et non iusto pretio, accedant ambas partes super res quas venundavit, et existimatores cum ipsis, et rememorent et appretient res ipsa, sicut tunc valebat quando res ipsae bene restauratae fuerunt, antequam nos hic cum exercitu introissemus; et si res ipsa sic adpretiata fuerit iusto pretio, sicut in ipsa cartula legitur quod res ipsas legitimo pretio venundasset, sicut tunc valuerunt, ut dictum est, venditio ipsa firma permaneat. Nam si res ipsius amplius estimaverint quod tunc valuissent quam pretio ipso quod accepit, et ipse qui venundaverit ostendere potuerit, ut ei necessitate famis venditio ipsa [3] fecisset, aut in cartula ipsa manifestaverit tempore necessitatis famis, cartula ipsa frangatur, et pretio iuxta ut ipsa cartula legitur reddat, et recipiat res suas sicut modo invenerit eas. Anteposito, aedificia aut labores qui posteā ibi facti sunt, ipse qui fecit tollat, aut sicut inter eos convenerit faciant [4]. Et de ista venditio ipsa persona agat qui venundavit, aut filius eius; nam [5] non alter propinquus.

3. Cartula illa qui [6] legitur de donatione, similiter B volumus ut appretientur, si amplius valuerint res ipse quando restaurate fuerant, quam ipso launegild [7] fuisset quando accepit, et ipsa donatio similiter stricto et necessitate famis fecisset; et si approbare potuerit, reddat launegild [8], et recipiat res suas; et cartula ipsa frangatur.

4. De donatione vel venditione [9] quae in loca venerabilia facta sunt, suspendi iussimus, dum enim compensaverimus in sinodo [10] cum episcopis et comitibus, quomodo fieri debeant. Et hoc iubemus, ut illis partibus iustum procedat [11] iudicium, ubi nos aut nostra ostis [12] fuerimus, pro illud quod supra scriptum est; et hoc statuimus, ut cartulas illas quae tempore Desiderio [13] factae [14] fuerunt [15] per districtionem famis, aut per qualecumque ingenio, ut ista C causa non computetur; sed iuxta legem ipsorum exinde procedat iudicium. Et [16] hoc damus in mandatis, ut quicumque homo ab hac presenti die vicesimo mensis Febrarii res [17] suas vendere [18] aut alienare [19] voluerint, in omnibus eorum pertineat potestatem: tantum sic faciant, sicut eorum fuerit lex [20]. Unde qualiter nobis complacuit [21], presentem [22] deliberationis notitiam pro amputandas intentiones fieri iussimus, et nobis relegi [23] fecimus; et volumus ut sic [24] procedat iudicium. Facta notitia anno dominorum nostrorum tercio [25].

—VARIANTES LECTIONES.—

[1] cf. Capitulare Langobardicum anni 806, post tempus famis promulgatum. [2] se et uxores et f. A. [3] ipsam C. [4] deest. Ch. [5] deest. Ch. [6] que Ch. [7] launigild C. [8] naulegild Ch. [9] uindiccione A. [10] sinodum A. [11] procedant A. [12] nostris austes ut f. A. [13] in t. d. A. t. necessitate C. [14] factas Ch. C. [15] fuerint A. [16] Et—lex in cod. Amb. pro capitulo singulari habita, huic capiti praeponuntur, et hic desunt. [17] deest Ch. [18] uchundare A. [19] a. a. desunt. Ch. [20] si iudex eorum fuerit A. [21] placuit Ch. [22] presenti deliberacione noticia pro amputandam si intenciones A. [23] legi Ch. relegere A. [24] sicut p. i. si facta A. [25] vocem recepi ex codice Ambrosiano, deest in Ch. C.

EDICTUM DE EXPEDITIONE CORSICANA (An. 825, Febr. 20).

IN NOMINE DOMINI.

Incipit capitula quod damnus Lotharius [1] imperator octavo anno imperii sui, indictione tertia, instituit in curte Maringo [2].

1. Volumus ut singulis comitibus hac [3] districtionem teneantur inter eos qui cum eis introeant [4] in Corsica, vel remanere debeant [5].

2. Ut dominici vassalli [6] qui austaldi [7] sunt et in nostro placito frequenter serviant, volumus ut remaneant eorum homines quos antea [8] habuerunt, qui [9]

—VARIANTES LECTIONES.—

[1] deest in Chs. [2] Codex Cavensis hic errore quodam ductus, inscriptionem capitularis ad limina sancti Petri prima vice, altera suo loco exhibet. [3] ac Ch. [4] introierunt C [5] debent C. [6] bassalli C. [7] castaldi C. [8] ante C. [9] deest. C.

propter hanc [1] occasionem eis se commendaverunt [2] A cultatem habent qui per se ire possit, et ad ho sanitas et viris utiles adprobaverit, vadant; illi ve o qui substantiam habent, et tamen ipsi ire non valent, adiuvet valentem et minus habentem. Secundum vero ordinis liberis, quis pro paupertate sua per se ire non possunt, et tamen ex parte possunt, coniungantur duo vel tres, aut quattuor. Alii vero si necesse[10] fuerit, quid [11] iusta.[12] consideratione [13] committit[14], eunti adiutorium faciant quomodo ire possit; et in hunc modum ordo iste servetur, usque ad alios qui pro nimia paupertate neque ipsi ire valent neque adiutorium eunti prestare, a comitibus eorum habeatur [15] excusatus post antiqua consuetudo eis [16] fidelium comitibus [17] observanda. cum eo [3]. Qui autem in eorum proprietate manent, volumus scire qui sint, et adhuc considerare volumus quis eant aut quis remaneant. Illi vero qui beneficia nostra habent et foris manent, volumus ut eant.

3. Homines vero episcoporum seu abbatum, et qui foris manent, volumus ut cum comitibus eorum vadant, exceptis duobus [4] quos ipse elegerit; et eorum austaldi liberos [5] exceptis quattuor volumus ut pleniter dirigantur [6].

4. Ceteris [7] vero liberis hominibus quos vocant bharigildi [8], volumus ut singuli comites [9] hunc modum teneant: videlicet ut qui tantum substantiae fa-

VARIANTES LECTIONES.

[1] hac C. [2] commendauerit Ch. [3] eorum senioribus remaneant. Uolumus scire C. [4] ducibus quod C. [5] aut castaldi liberi C. [6] distringantur Ch. [7] Ceteri v. liberi homines Ch. [8] uadrildi C. [9] comitibus hoc m. teneat C [10] necessitas C. [11] qui Ch. [12] iusta C. iuxta Ch. [13] i. e. quod iusta consideratio permittit.— considerationem Ch. C. [14] comiti eunti. adiutorium Ch. [15] abeatur Ch. [16] ei Ch. [17] i. e. ex antiqua consuetudine a fidelibus comitibus observanda.

[a] CAPITULARIA AQUISGRANENSIA (An. 825).

Capitula haec vere fundamenta juris publici quod in Imperio ad nostra usque tempora viguit, ope Codicis 1. bibl. ducalis Guelferbytanae Blankenburgici recognovi. Ascripsi ea anno 825 et conventui Aquisgranensi mense Maio habito, quod certe annis compluribus post capitulare Attiniacense anni 822 ea promulgata fuisse ex cap. 6 intelligatur, et caput 15 ad Æbli et Asinarii cladem (an. 824) qua non aliud magis ad inhonorationem regni pertinebat, referri videatur: nec post annum 825 constituta fuisse, eo liquet, quod eo ipso anno Heistolfus archiepiscopus, qui inter missos recensetur, obiisse ex annalibus Xantensibus et Hildesheimensibus existimandus est.

PRELOCUTIO

DOMNI LUDOWICI IMPERATORIS

ad episcopos et omnem populum [1].

1. Omnibus vobis aut visu aut auditu notum esse non dubitamus, quia genitor noster et progenitores, postquam a Deo ad hoc electi sunt, in hoc praecipue studuerunt, ut honor sanctae Dei ecclesiae et status regni decens maneret. Nos etiam iuxta modum nostrum eorum [2] sequentes exemplum, saepe vestram devotionem de his admonere curavimus; et Deo miserante multa iam emendata [3] et correcta videmus: unde et Deo iustas laudes persolvere, et vestrae bonae intentioni multimodas debemus gratias referre [4].

2. Sed quoniam complacuit divinae providentiae nostram mediocritatem ad hoc constituere, ut sanctae suae [b] ecclesiae et regni huius curam gereremus, ad hoc certare et nos et filios [5] ac socios [6] nostros diebus vitae nostrae optamus, ut [7] tria specialiter capitula et a [8] nobis et a vobis, Deo opem ferente,

B in huius regni administratione specialiter conserventur [9]; id est, ut defensio et exaltatio vel honor sanctae Dei ecclesiae et servorum illius congruus maneat, et pax et iustitia in omni generalitate populi nostri conservetur. In his quippe maxime studere, et de his in omnibus placitis quae vobiscum, Deo auxiliante, habituri sumus, vos admonere optamus, sicut debitores sumus [10].

3. Sed quamquam summa huius ministerii in nostra persona consistere videatur, tamen et divina auctoritate et humana ordinatione ita per partes divisum esse cognoscitur, ut unusquisque vestrum in suo loco et ordine partem nostri ministerii habere cognoscatur. Unde apparet, quod ego omnium vestrum admonitor esse debeo, et omnes vos nostri adiutores esse debetis. Nec enim ignoramus quid unicuique vestrum in sibi commissa portione conveniat; et ideo praetermittere non possumus, quin unumquemque iuxta suum ordinem admoneamus.

4.[11] Sed quoniam scimus, quod [12] specialiter per-

VARIANTES LECTIONES.

[1] ita 1. [2] deest 1. [3] emendatam 1. [4] hic pergit 1. [5] filius 1. [6] socius 1. [7] et 1. [8] ad... ad 1. [9] hic incipit caput secundum in 2. [10] hic pergit 1. [11] III. 2. [12] quid 1.

NOTÆ.

[a] Fallitur Browerus, lib. VIII Annalium Trevirensium, dum existimat haec capitula sancita a Ludovico fuisse anno 835. Cum enim illa existent in Collectione Ansegisi, quam ipse testatur an. 827 confectam fuisse, manifestum est ea capitula antecedere hunc annum. BALUZ.

[b] Capitula Caroli Calvi, tit. 2, cap. 1, *Ecclesia vobis ad gubernandum commissa*. Praeceptum Ludovici Pii pro monasterio Landeveneci apud Henschenium et Papebrochium, tom. I Martii, pag. 260, *cum universali Ecclesia Deo dispensante nobis commissa*. Vide notas ad Agobardum, pag. 21. ID.

tineat ad episcopos, ut primum ad sacrum ministerium suscipiendum iuste accedant, et in eodem ministerio religiose vivant, et tam bene vivendo quam recte praedicando populis sibi commissis iter vitae praebeant, et ut in monasteriis in suis parroechiis constitutis sancta religio observata fiat, et ut unusquisque iuxta suam professionem veraciter vivat, curam impendant[1], omnes vos in hoc sacro ordine constitutos et officio pastorali functos monemus atque rogamus, ut in hoc maxime elaborare studeatis, et[2] per vosmetipsos et per vobis subiectos, quantum ad vestrum ministerium pertinet, nobis veri adiutores in administratione ministerii nobis commissi existatis; ut in iuditio non condemnari pro nostra et vestra neglegentia, sed potius pro utrorumque bono studio bono remunerari mereamur: et ubicumque per neglegentiam abbatis aut abbatissae, vel comitis sive vassi nostri, aut alicuius cuiuslibet personae, aliquod vobis difficultatis in hoc apparuerit obstaculum, nostrae dinoscentiae id ad tempus insinuare non differatis; ut nostro auxilio suffulti, quod vestra auctoritas exposcit, famulante, ut decet, potestate nostra facilius perficere valeatis.

5. De sacerdotibus vero ad vestram curam pertinentibus magnum adhibete studium, ut qualiter vivere debeant, et quomodo populis ad suae portionis curam pertinentibus exemplo et verbo prosint, a vobis cum magna cura edoceantur[3] et admoneantur; et ut id facere studeant, vestra pontificali auctoritate constringantur. Quicquid autem in illis [a] a populis iuste reprehenditur, in exemplo propriae conversationis vestra providentia corrigere non neglegat. Ne vero ecclesiae illis commissae in restauratione aut in luminariis iuxta possibilitatem rerum ab illis neglegantur, vestra nihilominus invigilare debet sollertia. Et sicut alios prohibetis, ne de mansis ad ecclesiae luminaria datis aliquid accipiant, sic et vos et vestri archidiaconi de eisdem mansis nihil accipiendo aliis exemplum praebeatis; sed potius ad id ad[4] quod dati sunt servire concedantur, ut totum, sicut dictum est, in restauratione ecclesiarum et luminaribus vestra auctoritate et studio cedere possit.

6. Scolae sane ad filios et ministros ecclesiae instruendos vel edocendos, sicut nobis praeterito tempore ad Attiniacum promisistis et vobis iniunximus, in congruis locis, ubi necdum perfectum est, ad multorum utilitatem et profectum a vobis ordinari non neglegantur.

7. Vobis vero comitibus dicimus, vosque commonemus, quia ad vestrum ministerium maxime pertinet, ut reverentiam et honorem sanctae Dei ecclesiae exhibeatis, et cum episcopis vestris concorditer vivatis, et eis adiutorium ad suum ministerium peragendum praebeatis, et ut vos ipsi in ministeriis vestris pacem et iustitiam faciatis, et quae nostra auctoritas publice fieri decernit, ut in vestris ministeriis studiose perficiantur[5] attendite.

8. Proinde monemus vestram fidelitatem, ut memores sitis fidei promissae, et in parte ministerii nostri vobis commissi, in pace scilicet et iustitia facienda, vosmetipsos coram Deo et coram hominibus tales exhibeatis, ut et nostri veri adiutores et populi conservatores iuste dici et vocari possitis; et nulla quaelibet causa, aut munerum acceptio, aut amicitia cuiuslibet, vel odium aut timor vel gratia, ab statu rectitudinis vos deviare compellat, quin inter proximum et proximum semper iuste iudicetis. Pupillorum et viduarum vero et ceterorum pauperum adiutores ac defensores, et sanctae ecclesiae vel servorum illius honoratores iuxta vestram possibilitatem sitis. Illos quoque qui temeritate et violentia in furtis et latrociniis[6] sive rapinis communem pacem populi perturbare molliuntur, vestro studio et correctione, sicut decet, compescite. Et si aliqua persona in aliquo vobis impedimentum fuerit quin[7] ea quae dicimus facere non valeatis, nobis ad tempus illud notum fiat, ut nostra auctoritate adiuti, ministerium vestrum digne adimplere possitis.

9[8]. Omnes vero laicos monemus, ut honorem ecclesiasticum conservent, et dignam venerationem episcopis et Dei sacerdotibus exhibeant, et ad eorum praedicationem cum suis devote occurrant; et ieiunia ab illis communiter indicta reverenter observent, et suos observare doceant et compellant. Et[9] ut etiam dies dominicus, sicut decet et honoretur et colatur, omnes studeant. Et[b] ut liberius fieri possit, mercata et placita a comitibus, sicut saepe admonitum fuit, illo die prohibeantur.

10. Abbatibus quoque et laicis specialiter iubemus, ut in monasteriis quae ex nostra largitate habent, episcoporum consilio et documento ea quae ad religionem canonicorum, monachorum, sanctimonialium pertinent, peragant, et eorum salubrem admonitionem in hoc libenter audiant et oboediant.

11. Episcopis iterum, abbatibus, et vassis nostris

VARIANTES LECTIONES.

[1] impendat. IIII. Omnes 1. — [2] ut 1. — [3] et doceantur et 1. — [4] deest 1. — [5] perficiatur 1. — [6] furta et latrocinia 1. — [7] qui 1. — [8] cavitis incisio in cod. 1. nonnisi post compellant habetur. — [9] inter K. M. leges Langob cap. 140 Mur.

NOTÆ.

[a] In Codice Parisiensi legitur *apostolis*, certo mendo. Similes errores nos olim emendavimus in lib. III Salviani de Gubernatione Dei, pag. 48, et apud Agobardum in cap. 7 Apologetici. BALUZ.

[b] Id est, ut integra libertas sit orandi Deum, ne Christiani ab oratione avocentur, mercata et placita die Dominico prohibeantur. Glossa vetus in uno Codice regio legis Longobardorum : « Ut dies Dominicos liberius possint homines colere, et mercata et placita prohibeantur illis diebus. » Vel aliter : « Et ut liberius et mercata et placita fieri possint, in die Dominico prohibeantur. » Itaque in altero Codice regio ad verba *ut liberius fieri possit*, adnotatum est supra lineam, *scilicet in aliis diebus*. ID.

et omnibus fidelibus laicis dicimus, ut comitibus ad iustitias faciendas adiutores sitis.

12. ª Episcopi vero vel comites ad invicem et cum ceteris fidelibus concorditer vivant, et ad sua ministeria peragenda vicissim sibi adiutorium ferant.

13. Omnibus etiam generaliter dicimus, ut caritatem et pacem ad invicem habeatis, et generalem iussionem nostram generaliter observare decertetis, et missis nostris, pro qualicumque scilicet aut ecclesiastica aut publica utilitate vel oportunitate a nobis directis, nostri [1] honoris causa honorem exhibeatis, et propter nostrae auctoritatis venerationem ea quae per illos iniungimus, agere non neglegatis [2].

14. Et quoniam, sicut diximus, unusquisque vestrum partem ministerii nostri per partes habere dinoscitur, volumus studere et [3] aut per clamatores aut per alia quaelibet certa inditia, aut per missos nostros quos ad hoc ordinaverimus, qualiter unusquisque in hoc certare studuerit, et per commune testimonium, id est, episcoporum de comitibus, comitum de episcopis, comperire, qualiter scilicet comites iustitiam diligant et faciant, et quam religiose episcopi conversentur et praedicent, et amborum relatu de aliorum fidelium in suis ministeriis consistentium aequitate et pace [4] atque concordia, [5] cognoscere. Similiter etiam volumus, ut omnes illis et illi omnibus de communi societate et statu a nobis interrogati, verum testimonium sibi mutuo perhibere possint [6].

15. Et si talis causa in qualibet provincia aut in aliquo comitatu horta fuerit, quae aut ad inhonorationem regni aut ad commune damnum pertineat, quae etiam sine nostra potestate corrigi non possit, nos diu latere non permittatis, qui omnia Deo auxiliante corrigere debemus: quia quicquid hactenus in his quae ad pacem et iustitiam totius populi pertinent [7], et ad honorem regni et communem utilitatem, aut a nobis aut a vobis neglectum est, debemus Deo auxiliante certare qualiter abhinc nostro et vestro studio emendatum fiat.

16. De pace vero in exercitali itinere servanda usque ad marcham, hoc omnibus notum fieri volumus, quod quicumque auctorem damni sibi praeterito anno inlati nominatim cognoscit [8], ut iustitiam de illo quaerat et accipiat [9].

17. Deinceps tamen omnibus notum fore volumus, ut cognoscat unusquisque, quia omnes qui in suo obsequio in tali itinere pergunt, sive sui sint, sive alieni, ut ille de eorum factis rationem se sciat redditurum; et quicquid ipsi in pace violanda delin-

querint, ad ipsius debet plivium pervenire [10]. ea scilicet conditione, ut pacis violator [11] primu i iuxta facinoris qualitatem, sive coram nobis, ve coram misso nostro, d gnas poenas persol at; et senior qui talem secum duxerit, quem a t constringere noluit aut non potuit, ut nostr m iussionem servaret et iusuper in nostro regno praedas facere non timeret, pro illius neglegentia [12] si ante eum de his non admonuerit, et postquam ne egentia contemptoris ad eius notitiam pervenerit, eu i corrigere sicut decet neglexerit, honore suo priv tur; ut scilicet neuter [13] illorum sine iusta vindicta ren aneat [14].

18. De inhonoratione quoque regis et r gui, et mala fama in exteras nationes dispersa, pro ter neglegentiam eorum qui legationes ad nos dir ctas in suis mansionibus aut male recipiunt, aut con titutam a nobis expensam non tribuunt, aut parvar a dare nolunt, aut furto [15] aliquid eis subripiunt, a t, quod perpessimum est, apertas violentias, eos cae ndo, et res eorum diripiendo, in ipsis exercere no pertimescunt, hoc omnibus notum esse volumu , quod quicumque ex his qui honores nostros naben , abhinc hanc neglegentiam emendare non certaverit et suos homines, qui eius vice hoc agere debent, u id bene perficiant non instruxerit, aut constrinxerit ut ulterius illud negl gere non praesumant, et onorem nostrum et regni nobis commissi custodire contempserit, nec nostrum nec regni nostri honor m ulterius volumus ut habeat. Sed volumus ut [16] unusquisque fidelium nostrorum procuratores re um suarum de his specialiter instruat, ut quandoc mque undecumque legatio advenerit, et aut lit ras aut missum nostrum viderint, honorifice illum in omni loco imperii nostri, propter nostrum et toti s regni honorem, omnes suscipere valeant [17].

19. In illis vero locis ubi modo via et ma sionatici a genitore nostro et a nobis per capitulare ordinati sunt, missos ad hoc specialiter constitutos qui hoc iugiter providere debeant, habeant [18], ut om ia quae ad easdem legationes suscipiendas pertinen , fideles nostri ad hoc constituti ad tempus praepa are studeant, ut non tunc sit necesse de longe qua rere aut adducere, quando tempus est illud dare vel ersolvere. In ceteris vero locis per totum imperium ostrum unusquisque fidelium nostrorum, et per se e per ministros suos, sicut diximus, sedulam vi ilantiam adhibeat.

20. De moneta vero, unde iam per tres nnos et ammonitionem fecimus, et tempus quando na tene-

VARIANTES LECTIONES.

[1] nostris 1. [2] pergit 1. [3] et ut aut 1. [4] aequitatem et pacem 1. [5] concordiam 1. [6] pergit 1 [7] pertinet et h. 1. [8] cognoscat 1. [9] pergit 1. [10] ita 1. [11] vialator 1. [12] neglegentia *usque* ad ionuerit desunt 1. [13] neutrum 1. [14] remaneant 1. [15] forte 1. [16] deest 1. [17] pergit 1. [18] deest 1. pi videant habeant *ed.*

NOTÆ.

ª Flodoardus, lib. III, cap. 25, de epistolis Hincmari : « Villeberto Catalaunensi rescribit, ad ipsius consulta pro Gangulfo comite, ut de his quae contra eum se fecisse vel negabat quaedam vel confitebatur aliqua, iuxta praeceptum apostolicum leniter ageret, quatenus in hoc legem Christi, charitatem scilicet, adimpleret, et ad satisfactionem dilectioni que sui utcunque posset et industria eumdem comi em provocans, illi suam clarescere benignitatem ermitteret. » BALUZ.

retur et aliae omnes cessarent constituimus, hoc et omnibus notum esse volumus, quoniam ut absque ulla excusatione cito possit emendari, spatium usque id [a] missam sancti Martini dare decrevimus, ut unusquisque comitum in suis ministeriis de hoc ussionem nostram tunc possit habere adimpletam; quatenus ab illa die non alia, sed illa sola per totum regnum nostrum ab omnibus habeatur, iuxta illam constitutionem, sicut in capitulis, quae de hac re illis comitibus dedimus in quorum ministeriis moneta percutitur, constitutum est. Quia tunc volumus missos nostros huius rei gratia dirigere per singulos comitatus, qui diligenter inquirant, qualiter comites in hoc nostram iussionem adimplere certaverint. Et quicumque neglegens inde inventus fuerit, volumus ut ante nostram praesentiam quantotius venire iubeatur, et rationem reddat, utrum hoc quod iussimus facere noluerit aut non potuerit; aut si aliqua re praepediente id facere non potuit, cur nobis ipsam impossibilitatem ad [1] tempus non adnuntiavit. Quia si ipse aut non voluit, aut suae neglegentiae causa non potuit, nos talem invenire volumus, qui hoc quod iubemus, servare velit et possit. Ut autem iussio nostra in hac re citius impleatur, volumus ut quicumque ab illa die alium denarium negotiandi causa protulerit, a comite et ministris eius auferatur ab eo.

21. Similiter quoque de iniustis teloneis, de quibus qualiter ab omnibus observandum esset, et capitulis constituimus, et creberrimas admonitiones fecimus, praedicti missi nostri volumus ut inquisitionem faciant, a quibus nostra iussio in hoc adimpleta, a quibus quoque sit neglecta; et eum qui aut implere neglexit aut distulit, ad nostram volumus ut veniat iussus praesentiam, ut cito rationem de his, sicut superius diximus, reddat. Et si culpabilis inventus fuerit, dignam correctionem accipiat, ut ceteris neglegentibus exemplum terroris praebeat.

22. Ut ubi pontes antiquitus fuerunt, et in his locis ubi tempore genitoris nostri ipso iubente diversorum necessitatum causa facti sunt [2], omnino absque ulla dilatione ab his qui eos tunc fecerunt, restituantur et renoventur, ita ut ad missam sancti Andreae restaurati fiant, nisi forte aut ipsa operis magnitudo aut [3] aquarum in quolibet [4] inundatio hoc prohibeat. Aliter vero nullus qualibet occasione hoc neglegere aut differre praesumat, quin ad praedictum tempus adimpletum fiat. Et missi nostri, quorum superius mentionem fecimus, volumus ut renuntient, in quibus locis nostra iussio impleta, in quibus sit neglecta, aut aliqua impossibilitate vel certa ratione dilata.

23. De nonis quidem [5] et decimis, unde et genitor noster et nos frequenter et in diversis placitis admonitionem fecimus, et per capitularia nostra qualiter haec observarentur ordinavimus, volumus atque iubemus, ut de omni conlaboratu et de vino et foeno fideliter et pleniter ab omnibus nona et decima persolvatur. De nutrimine vero pro decima, sicut hactenus consuetudo fuit, ab omnibus observetur. Si quis tamen episcoporum fuerit qui argentum pro hoc accipere velit, in sua maneat potestate, iuxta quod ei et illi qui hoc persolvere debet convenerit [6].

24. Similiter quidem de operibus in restauratione [7] ecclesiarum, sive in faciendo, sive in redimendo, episcopalis potius sequatur voluntas. Nullatenus tamen remaneat, quin, sicut a nobis saepe iussum est, hoc aut illud partibus ecclesiarum persolvatur. Et hoc omnibus notum sit, quia quicumque neglegenter exinde egerit, et coram nobis exinde neglegens repertus fuerit, illud volumus omnino ut subeat, quod in nostro capitulari de hac re communi consultu fidelium nostrorum ordinavimus [8].

25. Comites vero ministris [9] ecclesiae in eorum ministeriis, ut hoc plenius et de nostris et de se et de suis hominibus obtinere possint, adiutores in omnibus fiant. Et quicumque prima et secunda vice de his a comite admonitus non se correxerit, volumus ut per eundem comitem eius neglegentia ad nostram notitiam perferatur, ut nostra auctoritate quod in nostro capitulari continet, subire cogatur.

26. Volumus etiam, ut capitula quae nunc et alio tempore consultu fidelium nostrorum a nobis constituta sunt, a cancellario nostro archiepiscopi et comites [10] eorum de propriis civitatibus modo, aut per se aut per suos missos, accipiant, et [b] unusquisque per suam dioecesin ceteris episcopis, abbatibus, comitibus et aliis fidelibus nostris ea transcribi faciant, et in suis comitatibus coram omnibus relegant, ut cunctis nostra ordinatio et voluntas nota

VARIANTES LECTIONES.

[1] aut. 1. [2] deest 1. [3] deest 1. [4] quolibet usque nullus deest 1. [5] deest 1. [6] pergit 1. [7] o. instauratione 1. [8] pergit 1. [9] ministri 1. [10] eorundem 1.

NOTAE.

[a] Id est diem sancto Martino festum. Haec interpretatio non indiget probatione. Frequenter in veteribus libris et scriptoribus legimus missam sancti Martini, sancti Joannis, apostolorum Petri et Pauli, sancti Andreae, sancti Michaelis, sancti Bonifacii, sancti Remigii, sancti Albini, sancti Felicis, sancti Marcellini, sanctae Balthidae, sancti Nazarii, sancti Philiberti, sancti Galli, sancti Clementis, sancti Aniani, sancti Lamberti, sancti Juliani, sancti Mauricii, sancti Bavonis, et omnium sanctorum. Wormius, lib. III Fastorum Danicorum, exhibet vetus Kalendarium Runicum, ante trecentos annos scriptum cum interpretatione Latina. In eo Kalendario vocabulum missae accipitur pro festo, ut Pauls missa mense Januario, pro quo Wormius recte vertit Pauli festum; incise Februario, Matthias missæ; Maio, crucis missa; Junio, Joans missa et Peters missa; Julio, Jacaubs missa et Olafs missa. Et sic in ceteris mensibus ne singulos commemorem. BALUZ.

[b] Id est, unusquisque archiepiscopus per suam provinciam suscipiat curam proponendi capitula a principe constituta. Quod ita fiebat ut in proximo placito rationem reddere tenerentur archiepiscopi an paritum in hoc fuisset jussioni imperatoris, ut patet ex epistola 28 Frotharii Tullensis. Ip.

retur et aliae omnes cessarent constituimus, hoc et omnibus notum esse volumus; quoniam ut absque ulla excusatione cito possit emendari, spatium usque id [a] missam sancti Martini dare decrevimus, ut unusquisque comitum in suis ministeriis de hoc ussionem nostram tunc possit habere adimpletam; quatenus ab illa die non alia, sed illa sola per totum regnum nostrum ab omnibus habeatur, juxta illam constitutionem, sicut in capitulis, quae de hac re illis comitibus dedimus in quorum ministeriis moneta percutitur, constitutum est. Quia tunc volumus missos nostros huius rei gratia dirigere per singulos comitatus, qui diligenter inquirant, qualiter comites in hoc nostram iussionem adimplere certaverint. Et quicumque neglegens inde inventus fuerit, volumus ut ante nostram praesentiam quantotius venire iubeatur, et rationem reddat, utrum hoc quod iussimus facere noluerit aut non potuerit; aut si aliqua re praepediente id facere non potuit, cur nobis ipsam impossibilitatem ad [1] tempus non admonuit. Quia si ipse aut non voluit, aut suae neglegentiae causa non potuit, nos talem invenire volumus, qui hoc quod iubemus, servare velit et possit. Ut autem iussio nostra in hac re citius impleatur, volumus ut quicumque ab illa die alium denarium negotiandi causa protulerit, a comite et ministris eius auferatur ab eo.

21. Similiter quoque de iniustis teloneis, de quibus qualiter ob omnibus observandum esset, et capitulis constituimus, et creberrimas admonitiones fecimus, praedicti missi nostri volumus ut inquisitionem faciant, a quibus nostra iussio in hoc adimpleta, a quibus quoque sit neglecta; et eum qui aut implere neglexit aut distulit, ad nostram volumus ut veniat iussus praesentiam, ut cito rationem de his, sicut superius diximus, reddat. Et si culpabilis inventus fuerit, dignam correctionem accipiat, ut ceteris neglegentibus exemplum terroris praebeat.

22. Ut ubi pontes antiquitus fuerunt, et in his locis ubi tempore genitoris nostri ipso iubente diversarum necessitatum causa facti sunt [2], omnino absque ulla dilatione ab his qui eos tunc fecerunt, restituantur et renoventur, ita ut ad missam sancti Andreae restaurati fiant, nisi forte aut ipsa operis magnitudo aut [3] aquarum in quolibet [4] inundatio hoc prohibeat. Aliter vero nullus qualibet occasione hoc neglegere aut differre praesumat, quin ad praedictum tempus adimpletum fiat. Et missi nostri, quorum superius mentionem fecimus, volumus ut renuntient, in quibus locis nostra iussio impleta, in quibus sit neglecta, aut aliqua impossibilitate vel certa ratione dilata.

23. De nonis quidem [5] et decimis, unde et genitor noster et nos frequenter et in diversis placitis admonitionem fecimus, et per capitularia nostra qualiter haec observarentur ordinavimus, volumus atque iubemus, ut de omni conlaboratu et de vino et foeno fideliter et pleniter ab omnibus nona et decima persolvatur. De nutrimine vero pro decima, sicut hactenus consuetudo fuit, ab omnibus observetur. Si quis tamen episcoporum fuerit qui argentum pro hoc accipere velit, in sua maneat potestate, iuxta quod ei et illi qui hoc persolvere debet convenerit [6].

24. Similiter quidem de operibus in restauratione [7] ecclesiarum, sive in faciendo, sive in redimendo, episcopalis potius sequatur voluntas. Nullatenus tamen remaneat, quin, sicut a nobis saepe iussum est, hoc aut illud partibus ecclesiarum persolvatur. Et hoc omnibus notum sit, quia quicumque neglegenter exinde egerit, et coram nobis exinde neglegens repertus fuerit, illud volumus omnino ut subeat, quod in nostro capitulari de hac re communi consultu fidelium nostrorum ordinavimus [8].

25. Comites vero ministris [9] ecclesiae in eorum ministeriis, ut hoc plenius et de nostris et de se et de suis hominibus obtinere possint, adiutores in omnibus fiant. Et quicumque prima et secunda vice de his a comite admonitus non se correxerit, volumus ut per eundem comitem eius neglegentia ad nostram notitiam perferatur, ut nostra auctoritate quod in nostro capitulari continet, subire cogatur.

26. Volumus etiam, ut capitula quae nunc et alio tempore consultu fidelium nostrorum a nobis constituta sunt, a cancellario nostro archiepiscopi et comites [10] eorum de propriis civitatibus modo, aut per se aut per suos missos, accipiant, et [b] unusquisque per suam dioecesim ceteris episcopis, abbatibus, comitibus et aliis fidelibus nostris ea transcribi faciant, et in suis comitatibus coram omnibus relegant, ut cunctis nostra ordinatio et voluntas nota

VARIANTES LECTIONES.

[1] aut. 1. [2] deest 1. [3] deest 1. [4] quolibet usque nullus deest 1. [5] deest 1. [6] pergit 1. [7] o. instauratione 1. [8] pergit 1. [9] ministri 1. [10] eorundem 1.

NOTAE.

[a] Id est diem sancto Martino festum. Haec interpretatio non indiget probatione. Frequenter in veteribus libris et scriptoribus legimus missam sancti Martini, sancti Joannis, apostolorum Petri et Pauli, sancti Andreae, sancti Michaelis, sancti Bonifacii, sancti Remigii, sancti Albini, sancti Felicis, sancti Marcellini, sanctae Balthidae, sancti Nazarii, sancti Philiberti, sancti Galli, sancti Clementis, sancti Aniani, sancti Lamberti, sancti Juliani, sancti Mauricii, sancti Bavonis, et omnium sanctorum. Wormius, lib. III Fastorum Danicorum, exhibet vetus Kalendarium Runicum, ante trecentos annos scriptum cum interpretatione Latina. In eo Kalendario vocabulum missae accipitur pro festo, ut Paulus missa mense Januario, pro quo Wormius recte vertit Pauli festum; Matthias missa mense Februario, Matthias missa; Maio, cricis missa; Junio, Joans missa et Petars missa; Julio, Jataubs missa et Olafs missa. Et sic in caeteris mensibus ne singulos commemorem. BALUZ.

[b] Id est, unusquisque archiepiscopus per suam provinciam suscipiat curam proponendi capitula a principe constituta. Quod ita fiebat ut in proximo placito rationem reddere tenerentur archiepiscopi an paritum in hoc fuisset iussioni imperatoris, ut patet ex epistola 28 Frotharii Tullensis. ID.

fieri possit. Cancellarius tamen noster nomina epi- scoporum et comitum qui ea accipere curaverint, notet, et ea ad nostram notitiam perferat, ut nullus hoc praetermittere praesumat. Vassi [1] quoque nostri nobis famulantes volumus ut condignum apud omnes habeant honorem, sicut a genitore nostro et a nobis saepe admonitum est.

CAPITULARE MISSORUM [a].

1. In Vesontio, quae est dioecesis Bernoini archiepiscopi, Heiminus [b] episcopus et Monogoldus comes. In Mogontia, quae est diocesis Heistulfi archiepiscopi, idem Heistulfus episcopus et Ruodbertus comes. In Treveris [c] Hetti archiepiscopus et Adalbertus comes. In Colonia Hadaboldus archiepiscopus et Eemundus comes. In Remis Ebo archiepiscopus, [d] quando potuerit, et quando ei non licuerit, Ruothadus [e] episcopus eius vice et Hruotfridus comes sint, super sex videlicet comitatus, id est Remis, Catolonis, Suessionis, Silvanectis, Belvacus, et Laudunum. Super quatuor vero episcopatus qui ad eandem diocesim pertinent, id est Noviomacensem, Ambianensem, Tarvanensem, et Camaracensem, [f] Ragnarius episcopus et Berengarius comes. Senones Hieremias archiepiscopus et [g] Donatus comes. Rothomagum [h] Willibertus archiepiscopus, et Ingobertus comes. Turones Landramnus archiepiscopus, et Hruodbertus comes. Lugdunum, Tarantasia, et Vienna [i] Albericus episcopus, et Rihhardus comes.

2. Commemoratio, quid ad praedictorum missorum legationem pertineat. Primo, ut conventum in duobus aut tribus locis congregent, ubi omnes ad eorum legationem pertinentes convenire possint; et omnibus generaliter notum faciant, qualis sit eorum legatio,

[1] et vassalli *Anseg*.

scilicet ad hoc esse se a nobis missos constit tos, ut si quilibet episcopus, aut comes ministeri suum per quodlibet impedimentum implere non p sit, ad eos recurrat, et cum eorum adiutorio min sterium suum adimpleat; et si talis causa fuerit q ae per eorum admonitionem emendari non possit, er eos ad nostram notitiam deferatur. Et si forte e iscopus aut comes aliquid negligentius in suo minist rio egerit, per istorum admonitionem corrigatur. t omnis populus sciat, ad hoc eos esse constitutos, ut uicumque per neglegentiam aut incuriam vel impo sibilitatem comitis, iustitiam suam adquirere non otuerit, ad eos primum querelam suam possit deferr, et per eorum auxilium iustitiam adquirere; et qu ndo aliquis ad nos necessitatis causa reclamaverit ad eos possimus relatorum querelas ad definiendu remittere. Ipsi vero missi non sine certissima usa vel necessitate huc illucque discurrant; nisi for quando tale aliquid in cuiuslibet ministerio ad le ationem suam pertinente ortum esse cognoverint, qu d eorum praesentia indigeat, et sine eorum consilio el adiutorio emendari non possit. Inde tamen deb nt esse solliciti, ut propter illorum neglegentiam nil il in sua legatione incorrectum remaneat; sed ubi c rtam et veram necessitatem cognoverint, nostram i ssionem adimplere non neglegant.

3. Volumus etiam, ut omnibus notum sit, quia ad hoc constituti sunt, ut ea quae per capitul nostra generaliter de quibuscumque causis statui us, per illos nota fiant omnibus, et in eorum pro ratione consistant, ut ab omnibus adimpleantur. Et bi forte aliquo tali impedimento, quod per eos emen ari non possit, aliquid de his quae constituimus ac ussimus

VARIANTES LECTIONES.

NOTÆ.

[a] Hæc ex Ansegisi lib. II, c. 25-28, desumpta, desunt in Cod. Blankenburgico, et missis data esse apparet.

[b] Lausannensis.

[c] De hac Hetti Treverensis archiepiscopi legatione agit, ut puto, Frotharius episcopus Tullensis, epist. 18. Baluz.

[d] Jubet Ludovicus ut Ebbo Rhemensis archiepiscopus legationem istam exerceat in Rhemensi provincia, *quando potuerit*. Istam clausulam Henschenius in notis ad Vitam sancti Anscharii, tom. I Februarii, pag. 404, interpretatur de legatione Ebbonis ad septentrionales regiones, pro qua illum abesse interdum oportebat a sua provincia, tumque curam missatici implendi in ejus absentia commissam esse Rothado episcopo. Ego vero arbitror clausulam illam simpliciter additam quia Ebbo frequenter erat in palatio, adeoque substituendi erant qui locum absentis implerent. Flodoardus, lib. II, cap. 19: Dum frequenter igitur Ebbo præsul in palatio tunc moraretur. Ip.

[e] Suessionensis. Ip.

[f] Noviomensis, qui concilio Parisiensi interfuit anno 829. Ad eum exstat epistola Amalarii in tomo VII Spicilegii Dacheriani, pag. 165. Hinc ergo illustrari poterit catalogus episcoporum Noviomensium. Ip.

[g] Melodunensis. Adrevaldus Floriacensis, lib. I de Miraculis sancti Benedicti, cap. 25: « Aderant in eodem placito missi a latere regis Jonas episcopus Aurelianensis et Donatus comes Mildunensium. » Hincmarus, in narratione de villa Noviliaco, cap. 4: « Domnus Ludovicus imperator donavit ipsam vill Noviliacum Donato in beneficio. » Et infra: « onatus de infidelitate ejus comprobatus, ipsi imperat vi quæsitum sacramentum juravit, et comitatum Mi idunensem et villam Noviliacum cum suis append ciis imperator ab eo abstulit. » Idem anno 827 mi sus est in Hispaniam Tarraconensem, quæ tunc ma cha Hispanica dicebatur, ad componendos provinc æ illius motus. Eginhardus: « Imperator Helisachar presbyterum et abbatem, et cum eo Hildetrandu i atque Donatum comites ad motus Hispanicæ Mar componendos misit. » Anno dein 837, in eamd m provinciam iterum missus est cum Bonifacio c mite et Adrebaldo monasterii Flaviniacensis abbate, ut querelas adversus Bernardum ducem illarum artium propositas audirent, quemadmodum testata auctor Vitæ Ludovici Pii. Ejusdem Donati, ut opin r, mentio exstat in Capitulis Caroli Calvi tit. XIV, pa . 70. Ip.

[h] Rothomagensis. In veteri Codice ms. bib iothecæ imperatoriæ, ex quo prodiit Codex Carolinus a Grætsero editus, scriptum est in principio majus ulis litteris: LIBER WILLIBERTI ARCHIEPISC I. Docet nos ita Petrus Lambecius in libro secun o commentariorum de Bibliotheca Cæsarea, pag. 21, et mox addit sibi dubium non esse quin per rchiepiscopum Willibertum, ad quem Codex iste oli perti-nuit, intelligi debeat Willibertus archiepisco us Rothomagensis, qui illum sibi comparaverit p st mortem Caroli Magni ex bibliotheca ipsius. Ip.

[i] Lingonensis. Ejus esse videtur epistola t igesima earum quæ sub Frotharii Tullensis episcopi nomine editæ sunt. Ip.

remanserit imperfectum, eorum relatu nobis ad tempus indicetur, ut per nos corrigatur; quod per eos corrigi non potuit.

4. Nosse vos credimus, quanti sit ponderis legatio quam vobis commisimus, et quam sit periculosum tantae rei curam neglegere, quantam vos pro nostra omnium communi salute ex nostra obligatione suscepisse non ignoratis. De qua cum vos interrogassemus, non sic nobis responsum est, ut in eo responso sufficere potuisset ad eandem dispositionem, quam rerum necessitas ad communem utilitatem pertinentium poscere videbatur, vel quae nobis aliquod securitatis solatium afferre potuisset. Et hoc ideo evenisse perspeximus, quia anno praeterito, quando capitula legationis vestrae vobis dedimus, caute vos observare iussimus, ne sine causa his quos honoratos esse volumus, aliqua fieret iniuria. Quapropter volumus vobis notum facere, qualiter nunc, Deo adiuvante, eandem iussionem nostram debeatis adimplere. Volumus ut missi nostri, quos ad hoc constitutos habemus, ut curam et sollicitudinem habeant quatinus unusquisque qui rector a nobis populi nostri constitutus est, in suo ordine officium sibi commissum iuste ac Deo placite ad honorem nostrum ac populi nostri utilitatem administret, in hunc modum cognoscendi diligentiam adhibeant, si ea quae in capitulari nostro, quod eis anno praeterito dedimus, continentur, secundum voluntatem Dei ac iussionem nostram fiant A adimpleta. Itaque volumus, ut medio mense Maio conveniant idem missi unusquisque in sua legatione, [a] cum omnibus episcopis, abbatibus, comitibus, ac vassis nostris, advocatis nostris, ac vicedominis abbatissarum, necnon et eorum qui propter aliquam inevitabilem necessitatem ipsi venire non possunt, ad locum unum. Et si necesse fuerit, propter oportunitatem conveniendi, in duobus vel tribus locis, vel maxime propter pauperes populi, idem conventus habeatur; qui omnibus congruat. Et habeat unusquisque comes vicarios et centenarios suos secum, necnon et de primis scabinis suis tres aut quattuor. Et in eo conventu primum christianae religionis et ecclesiastici ordinis conlatio fiat. Deinde inquirant missi nostri ab universis, qualiter unusquisque illorum qui ad hoc a nobis constituti sunt, officium sibi commissum secundum Dei voluntatem ac iussionem nostram administret in populo, aut quam concordes atque unanimes ad hoc sint, vel qualiter vicissim sibi auxilium ferant ad ministeria sua peragenda. Et tam diligenter ac studiose hanc investigationem faciant, ut omnem rei veritatem per eos cognoscere valeamus. Et si aliqua talis causa ad eorum notitiam perlata fuerit quae illorum auxilio indigeat, secundum qualitates causarum quae in nostro capitulari continentur, tunc volumus ut illuc pergant, et ex nostra auctoritate illud corrigere studeant.

NOTÆ.

[a] Reperi in Chartulario ecclesiæ Viennensis veterem querelam ab Agilmaro archiepiscopo adversus Wigericum comitem, propositam in solemni missorum dominicorum conventu, cui Remigius Lugdunensis archiepiscopus et alii quatuor episcopi intererant cum comitibus undecim et viginti vassis dominicis. Hinc ergo valde illustrari potest hic locus et agnosci quonam modo fierent istiusmodi conventus. Baluz.

LOTHARII CONSTITUTIONES OLONNENSES (An. 825).

Mense Maio anni 825 conventus alter in curte Olonna a Lothario habitus constitutionibus originem dedit, quas hic suo ordine integrasque auxilio Codicum praestantissimorum sistere licuit.

Capitula ecclesiastica a Muratorio p. 151-153 ex Codice Mutinensi primo edita, ope Codicum 1. bibl. ducalis Guelferbytani Blankenburgici, 2. bibl. ducalis Gothanæ, tum Chisiani, Cavensis, Ambrosiani, Florentini, Londinensis, Vindobonensis, Veronensis, Estensis apud Muratorium capp. 15-21, et fragmenti Florentini anno 1675 a Carolo Dati editi, recognovimus auximusque. Temporis notitiam unus Chisianus servavit. Caput 10 et in Codice Vaticano n. 5359 exstat, capitibus 10 et 11 capitulorum generalium subjectum, et excipitur capitibus eorum 2 et 3.

Capitula ecclesiastica minora Codicibus Chisiano, Cavensi et Blankenburgensi debuimus.

Capitula generalia, inter Lotharii leges Langobardicas capp. 22-24, 26-33, et a Baluzio, ex Cod. Paris., a Muratorio, pag. 153, ex Cod. Mutinensi, evulgata, ope Codicum 1. sancti Pauli fol. 182-184, atque Chisiani, et Cavensis, 2. regii Paris. n. 4613, 3. Blankenburgensis, 4. Gothani, 5. Mutinensis apud Muratorium loco citato, tum Ambrosiani, Florentini, Londinensis, Vindobonensis, Veronensis et Estensis apud Muratorium emendavimus. Caput secundum et in Fragmento Florentino a Carolo Dati evulgato, capp. 10 et 11, 2 et 3 in Codice Vaticano, n. 5359 (Archiv. t. V, pag. 245), exstant.

INCIPIT [1] CAPITULA

QUOD DOMNUS IMPERATOR SEXTO ANNO IMPERII SUI AD GENERALE PLACITUM INSTITUIT CURTE HOLONNA [2].

CAPITULA ECCLESIASTICA.

1. Placuit [3] nobis, ut si pro quibuslibet culpis atque [4] criminibus quaecumque persona totiens fuerit correpta, ut etiam [5] excommunicatione episcopali pro contemptu [6] dignus habeatur, comitem [7] suum D episcopus sibi consociet [8], et per amborum consensum huiuscemodi distringatur contemptor, ut iussionibus [9] episcopi sui oboediens existat. Si vero assensum non dederit, bannum nostrum nobis persolvat [10]. Quod si adhuc contumax perstiterit, tunc ab epi-

VARIANTES LECTIONES.

[1] Ita Chisianus. Inscriptio deest in reliquis codicibus. Blankenb. haec habet: Item alia capitula domni Lotharii. Mutinensis: Item capitula de episcoporum causis. [2] Holonna Ch. [3] Caput primum de episcopis. Placuit n. de episcopis 2. [4] aut Frg. [5] iam 1. 2. [6] per contemptum 1. 2. [7] comis s. episcopum Ch. C. [8] consotiet 2. [9] iussioni 1. V. Vn. E. Frg. ad iussionem 2. [10] soluat. Frg.

scopo excommunicetur. Si vero excommunicatus corrigi nequiverit, a comite vinculis constringatur [1], quousque nostrum is [2] contemptor suscipiat iudicium. Si vero in talibus comes repertus fuerit noxius, per episcopum eius nobis nuntietur. Si autem vassallus noster in hac culpa lapsus fuerit, sicut supra per comitem distringatur [3]. Quod si non audierit, nobis innotescatur antequam in vinculis mittatur.

2. Volumus [4] ut omnimodis emunitates progenitorum nostrorum [5], seu nostrae, pleniter ac iuste conserventur.

3. Volumus [6] ut res quae a [7] liberis personis, locis Deo dicatis conferuntur, licet sibi usus fructus et ordinationem earundem rerum [8], si aliter sibi placuerit, reservent; si aliter eas non ordinaverint, ita maneant sicut prius datae fuerunt.

4. Singulis [9] episcopis, abbatibus, abbatissis, duos concedimus advocatos [10], eosque quam diu advocationem tenuerint, ab hoste relaxamus.

5. Prohibemus [11] ut nemo usuram facere praesumat post episcopi sui contestationem. Quod si quis post eius interdictum facere praesumpserit, a comitibus, sicut supra [12] de contemptoribus praecepimus, distringatur [13].

6 [14]. De [15] doctrina vero, quae ob nimiam incuriam atque ignaviam quorundam [16] praepositorum, cunctis in locis est funditus extincta, placuit ut sicut a nobis constitutum est, ita ab omnibus observetur; videlicet ut ab his qui nostra dispositione ad [17] docendos [18] alios per loca denominata sunt constituti, maximum detur [19] studium, qualiter sibi commissi scolastici [20] proficiant, atque doctrinae insistant, sicut praesens exposcit necessitas. Propter oportunitatem tamen omnium apta loca distincte ad hoc exercitium [21] providimus, ut difficultas locorum longe positorum, ac paupertas, nulli foret [22] excusatio. Id sunt: Pri-

Codex Blankenburg. pergit.

11. De [a] decimis, ut dentur, et dare nolentes, secundum quod anno praeterito denuntiatum est, a ministris rei puplice exigantur. Id est eligantur quattuor sive octo optimi homines vel prout opus fuerit de singulis plebibus iuxta qualitatem unius-

A num in [23] Papia conveniant ad Dungalum [2], de Mediolano [25], de Brixia, de Laude, de Bergam, de Novaria, de Vercellis [26], de Tertona [27], de quis, de Ianua [28], de Aste [29] de Cuma. In [30] Epore, a [31] ipse episcopus hoc per se faciat [32]. In Taurinis conveniant de Vintimilio [33], de Albingano [34], de Vadis de Alba. In Cremona discant, de Regia, de Placentia de Parma [35], de Mutina. In Florentia, [36] de Tuscia respiciant. In Firmo et [37] de Spoletinis [38] civitatibus conveniant. In Verona, de Mantua, de Triento [39]. In Vincentia de Patavis [40], de Tarvisio, de Feltris [41], de Ceneda [42], de Asylo [43]. Reliquae civitates Forum Iulii a l scolam conveniant [44].

7 [45]. Volumus ut singuli episcopi conversationem B canonicorum, eorumque habitationes, Kal. [46] Octobris futuri anni absque ulla neglegentia, sicut disposuimus, habeant praeparatas.

8. Praecepimus [47] ut singulae plebes secundum antiquam consuetudinem fiant restauratae. Quod si filii eiusdem ecclesiae eas [48] restaurare nolerint, a ministris rei puplicae distringantur, ut volentes nolentesque nostram observent praeceptionem.

9 [49]. De [50] decimis vero dandis statuimus, ut sicut in capitulari continetur quod in Mantua factum est [51], ita qui eam dare nolunt, distringantur atque persolvant [52].

10 De [53] praecariis quoque quae a rectoribus ecclesiarum irrationabiliter fiebant, suosque [54] successores poena gravi obligabant, ut facta ipsius nequiret [55] dissolvere, praecipimus [56] ut nemo successor in antecessoris sui [57] poena statuta sit obligatus sed suae C providentiae sit [58] concessum, ut si antecessor eius res aecclesiae irrationabiliter [59] distribuit, ab eo ad ius aecclesiae tenendae [60] revocentur [61].

Codex Gothanus.

11. Videtur nobis, si domino nostro placet, ut providentia missorum nostrorum committetur, ut ubicumque monachi aut monachae modo sunt, et oportunitas loci seu quantitas permittat, maneant in ipso proposito.

VARIANTES LECTIONES.

[1] destringatur 2. in v. distringatur *Frg*. [2] idem 1. [3] constringatur 1. 2. [4] Cap. 2. de emunit te. Volumus 2. [5] progenitoris nostri mercede seu nostra *Frg*. [6] De rebus quae in ecclesia conferuntur. V. [7] iam erasum. [8] si aliter usque placuerit deest 1. [9] de advocatis. S. 2. [10] a. unum qui causam procuret alterum vero qui sacramentum deducat, eosque V. Vn. E. [11] De usuris. P. 2. [12] s. dictum est de c. principimus ut d. Frgm. [13] distringantur 2. Ch. [14] Caput 6 adest in 1. 2. et Mutinensi; deest in Ch. C. A. Fl. V. Vn. E. Frg. [15] De doctrina. De doctrina vero 2. [16] quorumlibet 2. [17] artem 2. Mut. [18] doce tes Mut. [19] dent Mut. [20] s. ita p. 2. Mut. [21] exercituum 2. [22] fieret 2. Mut. [23] deest 1. [24] dungali m Mut. [25] mediolanio 1. [26] vercelle 1. [27] tartona 2. artona Mut. [28] genua 2. Mut. [29] haste Mut. [30] de 1. [31] eboreia 2. Mut. [32] faciant 1. [33] XX milio 2. Vighinti milio Mut. [34] albengano 2. alheganoMut. [35] de parma deest 1. [36] in florentia deest 1. [37] deest 2. Mut. [38] spoleti 1. spolentinis 2. [39] tridum 2. tridento Mut. [40] pactavi 2. patavi Mut. [41] filtris 1. [42] cenata 2. ceneta Mut. [43] asilio 1. asilo Mut. [44] concurrant 2. Mut. [45] caput 7. deest in eisdem ut c. 6. [46] ad Kalendas octubris Mut. [47] De plebibus restaurandis. 2. P. uobis 1. [48] deest 1. [49] caput hoc deest in A. Fl. L. V. Vn. E. Frg. [50] De decimis ut dentur De 2. [51] e. obseruetur ita quod qui is fuit Mut. [52] exsoluant 1. exsoluantur corr. persolvantur 2. per eos exsolvantur Mut. [53] De rectoribus ecclesiarum. De 2. [54] su suosque 1. se suosque V. et se s. Vn. E. Frg. [55] neque rex dissolueret Mut. [56] statuimus Ch. [57] antecessori suo 2. Verc. [58] hucusque Cod. Ve cellensis *caput hoc sistit, inscriptione usus*: Ex capitulare domni Lotharii quod constitutum est holonna cap. X. [59] fraudulenter Ch. [60] tenenda 2. Ch. C. tenendum Frg. [61] reuocetur Ch. reuocet C.

NOTAE.

[a] Cf. Caroli Magni capitulare Langob. an. 803, c. 19, supra.

cuiusque plebis, ut ipsi inter sacerdotem et plebem testes existant, ubi date vel non date fuerint. Hoc ideo, ne ibi iuramentum aliquod faciendi necessitas contingat. Non tamen ideo tantos testes mittendos dicimus, ut ipsos semper omnes in dandis decimis presentes esse pariter necesse sit; sed dum pluribus committitur, minus graventur. In duobus autem si adfuerint sufficere credimus. Neglegentes autem admoneantur a presbyteris eclesiarum usque ad tertiam; ut ipsam decimam dent. Quod si contempserint, ab introitu eclesiae prohibeantur; et si hoc minime emendaverint a ministris

12. Ubi vero fuerunt, et non sunt, vivant excepto si 12 vel amplius fuerint. Si 12 inventi fuerint, et locus ac res permittunt, sint monachi. Ubi autem dubietas est, utrum canonice an monachice sint, et oportunitas loci aut quantitas substantiae hoc fier, permittit, detur eis optio, utrum monastice an canonice vivere velint.

13. Ubi autem modo canonice sunt, canonice permaneant. Quae autem funditus destructae sunt, secundum quantitatem rerum sit ibi numerus canonicorum.

rei publicae districti, singuli per caput 6 solidos eclesiae componant, et insuper decimam dare cogantur. Nam si iterum contemptores extiterint [1], tunc per publicam auctoritatem domi vel casae eorum wifentur, quousque pro ipsa decima sicut supra dictum est satisfaciant. Quod si denuo rebelles vel contradictores fuerint, et super ipsam wifam sua [2] auctoritate intrare praesumpserint, tunc a ministris rei publice in custodiam mittantur, usque dum ad iudicium publicum perducantur, et ibi secundum legem contra comitem vel partem publicam componant. Reliqua autem, ut [3] supra dictum est, et decimas solvant et 6 solid. contra eclesiam satisfaciant.

ITEM ALIA CAPITULA [4].

1. Iubemus [5] ut baptismalium aecclesiarum rectores sint presbyteri singularum singuli [6]; nam [7] non diaconi [8] vel cuiuslibet inferioris ordinis clerici.

2. Placuit etiam nobis [9], ut presbyteri baptismalium aecclesiarum secundum suam possibilitatem debitam obedientiam rei publice [10], et honorem exhibeant episcopi sui [11] absque gravidine [12], quomodo [13] necessitas et ordo poposcerit.

3. Statuimus etiam, ei obedientia rei publicae episcopis [14] talis iniungitur [15] quam per se facile adimplere nequiverint [16], ut prebeant [17] solacium subiecti secundum qualitatem iniuncti servitii.

7. De senodochiis precipimus, ut quicumque illas habet, omnia secundum Deum et secundum canones inde faciat; et quicquid inde non fuit datum pauperibus [21] post obitum [22] domni Pippini, in omnibus fiat restauratum. Quod si aliquis hoc facere noluerit, de ipsos senodochios non habeat potestatem; usque dum veniat cum ipsis missis in nostra presentia; et [33] missi cum ipse episcopo illa imbrevient in nostra presentia [34].

4. De senodochiis precipimus [18], ut secundum possibilitatem vel temporis fertilitatem, testamentorum scripta sequantur.

5. De feminis cum presbyteris cohabitantibus placuit [19], ut penitus eiciantur, ne ulterius cum his de quibus suspicantur quoquo [20] modo conversentur [21]. Et si prima [22] contestatione episcopi sui a septem [23] usque ad tres [24] idoneis testibus convincitur praevaricasse, proprii gradus periculo subiaceat [25].

6. Si episcopus contestationem [26] vel correctionem huiuscemodi neglexerit, aut post hoc sinodale concilium [27] infra dies 40 [28] emendatione digna non emendaverit, iudicio [29] metropolitani sui sententiam subiaceat [30].

Codex Blankenburgensis.

7. De monasteriis et senedochiis inordinatis et destructis, ad palatium vel ad quorumcumque iura pertinentibus, qui admonitionem episcoporum contemnunt, placuit nostrae imperialis providentiae iudicio reservari.

Datum Holonna, anno imperii domno Ludowici et Lottario imperatoribus 12° et 6°·mense Madio, indictione 3.

CAPITULA GENERALIA. [35]

1 [36]. Statuimus ut liberi homines qui tantum proprietatis [37] habent unde hostem [38] bene facere possint, et iussi facere nolunt, ut prima vice secundum legem illorum statuto damno subiaceant. Si vero secunda [39] inventus fuerit neglegens, bannum nostrum id est 60 solidos, persolvat [40]. Si vero tertio quis [41] in eadem culpa fuerit inplicatus, sciat se omnem substantiam suam amissurum, aut in exilio esse mittendum. De mediobribus [42] quippe liberis [43] homines [44] qui non possunt per se hostem [45] facere, comitum fidelitati committimus [46], ut inter duos aut

VARIANTES LECTIONES.

[1] extiterit 1. [2] suam 1. [3] et c. [4] l. a. c. domni Hlotharii inperatoris *Bl.* [5] Invenimus *Bl.* [6] singularium *Bl.* singulorum singulis *C.* deest in *Ch.* [7] et *Bl.* [8] diacones *Bl.* [9] deest *Bl.* [10] deest *Bl.* [11] episcopis suis *Bl.* [12] grauimine *Ch.* grauamine *C.* grauedine 3. [13] cuni *Bl.* [14] episcopi talem *Ch. C.* (tale). [15] iugiter *Bl.* [16] qua .. nequiuerit *Ch: C.* [17] preueniat *Ch.* prebeat *C.* [18] placuit nobis *C.* uisum est nobis *Bl.* [19] p. eas penitus eici nec *Bl.* [20] quo *Ch. C.* [21] conuersari *Bl.* [22] post primam contestationem *Bl.* [23] sui absentem *Ch.* a septimo *C.* [24] tertium *C.* [25] subiaceat *Ch.* [26] contestatione Y correptione huiuscemodi *Ch.* [27] concilio *Ch.* sinodalem consilium *C.* [28] LX. *Bl.* [29] iudicium *C.* subiaceat ad sententiam *C.* subeat sententiam *Bl.* [31] d. per pauperibus *C.* [32] hobitum *Ch.* [33] et usque presentia desunt in *Ch.* [34] quae iam sequuntur desunt in *C.* [35] Item alia capitula domni Hlotharii 3. [36] Caput I. De comitibus 4. [37] proprietatis 1. *Chis.* [38] hoste 1. [39] secundo 2. 3. 4. 5. *Ch. C.* [40] persolluat 1. [41] vero quisnam 4. [42] mediteriobus 1. [43] liueris homines 1. [44] deest 2. 3. rel. [45] hoste 1. [46] committimus *A.*

tres seu ¹ quatuor, vel si necesse fuerit amplius, uni ² qui melior esse videtur adiutorium praebeant ³ ad nostrum servicium faciendum. De his quoque qui propter nimiam paupertatem neque per se hostem ⁴ facere neque adiutorium prestare possunt, conserventur ⁵ quousque valeant recuperare ⁶.

2 ⁷. Placet nobis, ut liberi ⁸ homines, qui non propter paupertatem, sed ob vitandam rei publicae utilitatem, fraudolenter ac ⁹ ingeniose res suas ecclesiis donant ¹⁰, easque denuo sub censu ¹¹ utendas recipiunt, ut quousque ipsas ¹² res possident, hostem ¹³ et reliquas publicas functiones faciant ¹⁴. Quod si iussa facere neglexerint, licentiam eos distringendi ¹⁵ comitibus permittimus per ipsas res ¹⁶, nostra non resistente ¹⁷ emunitate ¹⁸, ut status ¹⁹ et utilitas regni huiusmodi adinventionibus non infirmetur.

3 ²⁰. Volumus ut similis mensura in laicali ²¹ ordine de hac re servetur; videlicet si quis alterius proprietatem ²² qui hostem ²³ facere potest emerit ²⁴, aut quovis modo ad eum pervenerit, eique ad utendum eas dimiserit, si neglegens de hoste fuerit, per ipsas res a comite distringatur ²⁵, ut in quocumque publica ²⁶ non minoretur ²⁷ utilitas.

4 ²⁸. Precipimus de his fratribus qui in nostris et Romaniae ²⁹ finibus paternae seo maternae succedunt hereditati, si contigerit quod unus eorum ecclesiasticae miliciae sit mancipatus, et iccirco ³⁰ is ³¹ qui seculariter militare debuerat, ut se ad defensionem regni nostri subtrahad, in nostris finibus partem ³² substantiae in portionem ³³ suscipere dissimulaverit, idcircum ut nequeat constringi; ubicumque ³⁴ comes suus eum invenerit, licentiam distringendi ei concedimus. Ita ut primum ³⁵ fideiussores donet ³⁶ usque ad placitum suum, ut ³⁷ bannum nostrum conponat ³⁸. Si vero fideiussorem ³⁹ non invenerit, tam diu ⁴⁰ sub custodia per comitem teneatur, quousque aut fideiussores inveniat, aut bannum nostrum solutum ⁴¹ habeat ⁴².

5. De liberis vero hominibus qui in aliena potestate ⁴³ mobilem ⁴⁴ suum transferunt, ut causator eorum eos pignerare non possit, placet nobis ut res eorum infiscentur, quousque venientes ⁴⁵ a audientiam iusticiam faciant. Si vero venire conte pserint, secundum capitulare ⁴⁶ domni ac ⁴⁷ genito s nostri de eorum rebus agatur; nam et de ipsis re us ⁴⁸ habita existimatione ⁴⁹ damnum quaesitori ⁵⁰ rciatur. Qui vero illut mobilem ⁵¹ recepit, si vero ⁵ hoc sacramento ⁵³ probare non potuerit, quod pr pter iusticiam alterius differendam illut non r cipisset, bannum nostrum persolvat ⁵⁴.

6 ⁵⁵. De fratribus namque qui simul i paterna seo ⁵⁶ materna hereditate communiter vivu t ⁵⁷, nolentes substantiam illorum dividere, hac ⁵⁸ occasione ⁵⁹, ut unus tantum eorum ⁶⁰ in hostem ⁶¹ vadat, volumus ut si solus est vadat; si ⁶² autem uo sunt, similiter; si tres fuerint, unus remaneat : e si ultra tres numerus fratrum creverit, unus sem er propter ⁶³ domesticam ⁶⁴ curam adque rerum communium excolentiam ⁶⁵ remaneat. Si vero inte eos aliqua orta fuerit contentio, quis ⁶⁶ eorum e peditionem ⁶⁷ facere debeat, prohibemus ut nem illorum remaneat. In aetate quoque illorum lex pro ria servetur. Similiter et in ⁶⁸ nepotibus eorum l ec conditio teneatur.

7 ⁶⁹. Ut in testimonium ⁷⁰ non recipiantur ⁷¹ de his capitulis, id est de libertate ⁷², vel de here itate vel de proprietate ⁷³ in mancipiis et terris, sive e homicidio ⁷⁴ et incendio ⁷⁵, illi qui non habent, s convicti fuerint falsum dixisse testimonium, unde s cundum legem conpositionem ⁷⁶ plenam ⁷⁷ reddere p ssint ⁷⁸.

8 ⁷⁹. Statuimus ut iuratores omnes sing llatim ⁸⁰ iurent.

9 ⁸¹. Ut quicumque sacramentum vel d bitum ⁸² ante solis occasum persolverit, securus ind sit.

10 ⁸³. Videtur nobis, ut quicumque liber geniose se in servicio tradiderit, is ⁸⁴ qui eum re pit, hoc quod ille qui in servicio se tradidit, in pu lico per antiquam ⁸⁵ consuetudinem facere debuit, i pleat.

11 ⁸⁶. De his qui proprietates ⁸⁷ suas h bent ⁸⁸, spontanea ⁸⁹ alicui donant ⁹⁰, et postea fra dolenter ab alio aliquo ⁹¹ ignoranti precium easdem res venundantes accipiunt, et is ⁹³ cui easdem res p ius traditae fuerant, cognito negotio ⁹⁴ annum tegrum

VARIANTES LECTIONES.

¹ si 1. aut 3. ² unus 1. u 4. unique m. 2. unicuique m. 5. ³ preueant 1. ⁴ hoste 1. ⁵ conser ntur 1. ⁶ recuperari 3. 4. 5. Ch. ⁷ De liberis hominibus 4. ⁸ liueri 1. ⁹ hac 1. ¹⁰ deleant 2. delegant 4. rel. Frgm. Flor. ¹¹ successo 1. ¹² ipsa 1. ¹³ hostes 4. V. Vn. E. Frgm. Fl. ¹⁴ reliqua exciderunt i Frgm. Flor. ¹⁵ distringendi 1. ¹⁶ nostras 1. nostram Ch. res suas nostra 5. ¹⁷ sistente 2. ¹⁸ emmuni atem 1. emunitatem Ch. ¹⁹ statutus et hutilitas 1. ²⁰ De laici ordine 4. ²¹ laici 1. ²² propietatem 1. potestatem 5. ²³ hoste f. potes 1. ²⁴ emere 4. ²⁵ distrigatur 1. ²⁶ deest 1. ²⁷ minuetur hutilitas 1. ² De fratrem hereditate 4. ²⁹ romania 1. ³⁰ hiccirco 1. ³¹ his 1. 5. ³² parte 1. ³³ in p. deest 2. ³⁴ ubi 4. ³⁵ primu 1. ³⁶ fideiussorem inuenient 2. ³⁷ et 1. ³⁸ deest 4. persoluat 3. Ch. ³⁹ fideiussores 2. . 4. Ch. ⁴⁰ dium 1. ⁴¹ persolutum 2. ⁴² aueat 1. ⁴³ potestatem 1. ⁴⁴ mouilem 1. mobile 2. 4. ⁴⁵ ueni ntem 1. ⁴⁶ capitularem 2. ⁴⁷ hac 1. ⁴⁸ deest 1. ⁴⁹ existimationem 1. ⁵⁰ quaesitoris 3. ⁵¹ mouilem 1. recipi 2. 3. 4. ⁵² deest 2. 3. 4. rel. ⁵³ sacramentum prouare 1. ⁵⁴ persolbat 1. ⁵⁵ De fratribus commune vive tibus 4. ⁵⁶ seo 1. seu rel. ⁵⁷ uibunt 1. ⁵⁸ ac 3. ⁵⁹ hocansionem 1. ⁶⁰ deest 3. ⁶¹ oste uadant 1. vadat usq e vadat deest 2. ⁶² sin 3. ⁶³ s. qui p. 3. ⁶⁴ domestica 1. ⁶⁵ extollentiam 1. ⁶⁶ quisnam 4. ⁶⁷ expedic onem f. deueat proibemus 1. ⁶⁸ et in epotibus e. h. condictio 1. ⁶⁹ De testibus 4. ⁷⁰ testimonio 5. ⁷¹ recip untur 1. ⁷² liuertatem 1. ⁷³ proprietatem 1. ⁷⁴ omicidio 1. ⁷⁵ i. excepto siluali V Vn. E. ⁷⁶ abent..co uincti. falsum dixisset.. conpossitionem.. possit 1. ⁷⁷ deest 1. ⁷⁸ p. id est widrigild V. Vn. E. ⁷⁹ De uratoribus 4. ⁸⁰ simul 4. C. ⁸¹ De sacramento 4. ⁸² deuitum.. hoccasum 1. ⁸³ De liberis qui se in s rvitium tradunt 4. ⁸⁴ his 1. 5. ⁸⁵ antiqua 1. antiquitatem 5. ⁸⁶ De his qui res suas vendunt 4. ⁸⁷ prop ietas 1. ⁸⁸ habentes 4. deest 5. ⁸⁹ spontanee 2. 3. 4. voluntate sp. V. Vn. E. ⁹⁰ delegant 2. 3. 4. rel. ⁹¹ ali alico 1. ⁹² eadem 1. ⁹³ his 1. 5. ⁹⁴ cognitum negotium 1.

silens non contradixerit, sed propter inlusionem tacens sinit emptorem inludere, si intra [1] patriam anni spatium ut dictum est fuerit, prior traditio [2] nihil ei valeat. Ille vero [3] qui post primam traditionem res vendiderit, si vivens conprobatus fuerit hanc illusionem fecisse [4], bannum dominicum [5] persolvat, id est 60 solidos. Si vero bannum unde conponat non habuerit [6], verberetur [7].

12 [8]. Quibuscumque per legem propter aliquam A contentionem [9] pugna fuerit iudicata [10], praeter de infidelitate [11], cum fustibus [12] pugnent [13], sicut in capitulare dominico [14] prius constitutum fuit.

13 [15]. De fugitivis [16] praecipimus, ut ministri [17] rei publicae a domino fugitivi nihil accipiat [18], cum reddiderit eum [19].

14. Videtur nobis de aldionibus, ut sicut lex habet ita sit [20].

In Codice sancti Pauli subsequuntur nomina Langobardorum in mallo comitis cujusdam congregatorum, qui leges promulgatas se observaturos esse juraverunt subscripseruntque.

Origrimo gastaldo. iuravit.	Froimundo	Rago	Adalo
Petrus scavinus similiter.	Gausprando	Pilicho	Walpulo
Andreas. scavinus.	Roipert.	item Ladini	Adelperto
Bruno.	Ervigo	Gisulfo	Sindefredo
Urso. infante.	Donesdei	Urso	Peredeo.
Raginardo.	Allolidd	Wippilo	Araualdus
Urso gastaldo.	Heldeprando	B Zaraldo	Lanfredo
Grimoaldus	Alluido	item Britcio	Petro.
Audefredus	Teudelasio	Hilpert	Iohanne
Urso Ambrosio	Apolenare	Honorifico	Leoprando
Gauso	item Andrea	Alprand.	Petro.
item Aufredo	Ladini	Anto.	Ansegiso
Leo filius Walprandi	Mauro	Cristiano	Tachiperte
Arderigo	Petro	Andrea	Lagiperto
Boso.	Anso filius Andrei	Leo	Grafilado
Nordemanne.	Gaido	Alfard.	Petro
Aldo.	Landari	Petrus	Almeprando
Ardemanne	Guntulo	Roselmi	Lampulo
Leo filio Andrei	Farago	Postfredo	Urso
Ardemanno	Catervio	Berterigo	Scelestino
item alio Andrea	Ausari	Heldeberto	Austrefuso
Landeperto notario	Tragulfi	Rotchildo	Hildulo
Urso notario	Roprande	Urso	Anseperto
Pertefuso	Ladini	Gumprando	Petro
Ladini	item Catervi	Urso	Raginaldo
Sasprando	Heldeberto	C et alio Urso	Gauseprando
Leo Bunia	Petrus	Stefanus	Heldeprando
Adalprand	Andrea	Urso	Adrolo
Ando	Sax	Urso de Cornitulo.	Leoperto
item Pertefuso	Tarro	Anso	Arduiso
Giso	Leomallo	Adelmo	Urso
Gaurentius	Petro	Teudo	Iohanne
Arnigauso	Deusdedi	Tasprand	Ficausto
Riperto	Liupalde	Luciano	Ansolo
Landefredo	Adalbaldo	Walprando	Allo
...to [21]	Landeperto	Ragimbodo	Ardeperto
Gunfredo	Mamfredo	Dono	Ardeperto
Ahistulfo	Giselprando	Verbodo	Tagulo
Maringo	Rachiperto	Tachiprando	Landfred
Petro	Gunteramno	Aderaldo	Gumprand
Adalluiso	Liuprande	et Waningo	Cano
		Petrus	Hermulo
		Aripaldo	Adini
		Garimaro. notario	Liudefredo
		D Appo.	Heriando
		Gudiperto	Iohanne.

VARIANTES LECTIONES.

[1] infra 2. 3. [2] tradictio 1. *saepius*. [3] *deest* 4. [4] fecisset 1. [5] domnicum 1. [6] vero non habet bannum 4. [7] abuerit berberetur 1. [8] de pugnatoribus 4. [9] contemptionem 1. [10] iudicatam 1. [11] i. regis *Est. regis glossa Vn.* - [12] fustibus et scutis *V: E*. [13] pagnant 1. [14] capitularem domnicum 1. [15] de fugitivis 4. [16] fugiuis 1. [17] ministris 1. [18] accipiant c. reddiderint eos 3. *rel*. [19] *deest* 4. [20] sint 3. fiat 2. *V. Vn. E. faciat C*. [21] .. so?.. co?.. io? *fortasse* Britcio *v. infra*.

CAPITULA EXCERPTA (An. 826, Jun., Ingelheim)

Capitulis ab Ansegiso, libro II, inde a capite 29 relatis ibique capitulare Aquense a. 825 excipientibus, vix alius locus relinquitur quam annus 826 et conventus Ingelheimensis duplex, alter Kal. Junii, alter medio Octobrio celebratus. Capitula decerpta sunt ex actis conciliorum, jussu Caroli Magni anno 813 celebratorum, scilicet Moguntini, can. 6, 7, 36, 41, 47, Cabilonensis, c. 5, 18, 46, 51, 52, Turonensis, c. 41, 49, 50, Arelatensis, c. 19, 20, 21; praemissis tamen capitibus 1 et 2 constitutionis Juliani imperatoris septimae. Quae ut legis vim adipiscerentur, clades et prodigia, quibus per aliquot jam annos et regnum Francorum afflictum et animus imperatoris conterritus erat. effecisse videri possunt.

1. ª Nulla sub Romana ditione constituta ecclesia (*Julian., Nov.* 7, c. 1), vel exenodochium, vel ptochotrophium, vel nosochomium, vel orphanotrophium, vel gerontochomium, vel brephotrophium, vel monasterium tam monachorum quam sanctimonialium, archimandritam habens vel archimandritissam; ergo his omnibus non liceat alienare rem immobilem, sive domum, sive agrum, sive hortum, sive rusticum mancipium, vel ᵇ panes civiles, neque creditoribus specialis hypothecae titulo obligare. ᶜ Alienationis autem verbum contineat venditionem, donationem, permutationem, et emphitheuseos perpetuum contractum. Sed omnes omnino sacerdotes huiusmodi alienatione abstineant, poenas timentes, quas Leoniana constitutio minatur, id est, ut is quidem qui comparaverit, rem loco venerabili reddat cuius et antea fuerat, scilicet cum fructibus aliisque emolumentis, quae in medio tempore facta sunt; hyconomum autem ecclesiae, praestare omne lucrum, quod ex se huiusmodi prohibita alienatione senserit, vel ecclesiam damno effecerit, ita ut in posterum hyconomus non sit. Non solum autem ipse, sed etiam successores eius teneantur, sive ipse archyconomus alienaverit, sive respiciens alienantem episcopum non prohibuerit; multo magis si consenserit. Tabellionem autem, qui talia interdicta strumenta conscripsit, perpetuo exilio tradi oportet. Magistratus autem, qui eadem strumenta admiserunt, et officiales, qui operam dederunt ut et monumentis intimentur donationes, vel ceterae alienationes actis intervenientibus confirmentur, non solum magistratu, sed etiam dignitate et facultatibus suis cedant. Remittit autem constitutio ea, quae in praeterito tempore acta sunt; excepit autem quosdam contractus, quos in sequentibus exponit capitulis, per quos et ecclesiarum immobiles res alienari possunt. Exenodochium, id est locus venerabilis in quo peregrini suscipiuntur. Ptochotrophium, id est locus venerabilis in quo pauperes et infirmi homines pascuntur. Nosochomium, id est locus venerabilis in quo aegroti homines curantur. Orphanotrophium, id est locus venerabilis in quo parentibus orbati pueri pascuntur. Gerontochomium, id est locus venerabilis in quo pauperes et propter senectutem solam infirmi homines curantur. Brephotrophium, id est locus venerabilis in quo infantes aluntur.

2. ᵈ Si princeps voluerit rem immobile a sancto loco praestare (*ibid.*, c. 2), et accipere ab eo aliam immobilem rem, et eo modo permutationem contrahere, liceat hoc facere ei divina ᵉ pragmatica sanctione ab eo promulgata.

3. Propter istius itaque pacis concordiam conservandam (*Conc. Mog.*, c. 6) placuit nobis, de orfanis et pauperibus, qui debite vel indebite dicuntur amisisse hereditatem paterni vel materni iuris ad se legibus pertinentem, si alicubi inventi fuerint quos patres vel matres propter traditiones illorum exheredes fecerunt, aliorum scilicet suasionibus aut petitionibus vel aliquo ingenio, omnino volumus atque decrevimus emendari, quantum ad nos vel ad nostram pertinet potestatem, iuxta voluntatem Dei et vestram sanctam ammonitionem et considerationem; ut si forte extra officium nostrum alicubi inventum fuerit, ammonere vestram clementiam audeamus, ut emendetur.

4. ᶠ Propter provisiones pauperum (c. 7), pro quibus curam habere debemus, placuit nobis, ut nec episcopi, nec abbates, nec comites, nec vicarii, nec iudices, nullusque omnino sub mala occasione vel malo ingenio res pauperum vel minus potentum nec emere nec vi tollere audeat; sed quisquis ex eis aliquid comparare voluerit, in publico placito coram idoneis testibus et cum ratione hoc faciat. Ubicumque autem aliter inventum fuerit, factum hoc omnino emendetur per iussionem nostram.

5. Festos dies in anno celebrare sanximus (C. 36), hoc est diem dominicum paschae ᵍ cum omni honore et sobrietate venerari, simili modo totam ebdomadam illam observare decrevimus; die ascensionis Domini pleniter celebrare; in pentecosten similiter ut in paschate; in natale apostolorum Petri et Pauli diem unum; nativitatem sancti Iohannis baptistae, adsumptionem sanctae Mariae, dedicationem sancti Michaelis, natalem sancti Remigii, sancti

NOTAE.

ª Burchardus, qui partem aliquam istius capitis descripsit, accepisse se ait « ex concilio apud Silvanectim, praesente Ludovico rege, cap. 5. » BALUZ.

ᵇ Qui alibi gradiles vocantur, quia de gradibus palatii palam accipiebantur. Vide Cujacium, lib. xxvi Observat., cap. 17, et Jacobum Gotofredum, in Notis ad l. 2, 4, 6, Codicis Theodos. de annonis civicis et pane gradili. ID.

ᶜ Janus a Costa in librum primum Decretalium, pag. 261 : « Alienationis nomine intelligitur quaecunque traditio perpetua, omnisque conditio imposita rei ecclesiasticae. Sic enim interpretandum esse censeo quod viris eruditis negotium facessit in d. cap Nulli: Alienationis verbum continere venditionem, etc. » ID.

ᵈ Burchardus caput istud tribuit eidem concilio Silvanectensi cui ascripserat caput quod antecedit. Imposuit autem haec Burchardi fraus auctori glossae capitis istius in libro tertio Decretalium, titulo *De rerum permutatione*, ubi ita scriptum est : « Quaesitum fuit in concilio isto utrum Ecclesia posset rem immobilem permutare cum principe. Statuit concilium quod si princeps voluerit permutare rem immobilem cum sanctis locis et ab eis rem aliam accipere et de communi voluntate permutationem facere, hoc licitum sit, dummodo causa rationabilis hoc exposcat, et res quam princeps praestiterit major fuerit vel saltem aequalis, et super hac permutatione principis sanctio promulgetur. » Vide Notas Antonii Augustini ad hunc locum in prima Collectione Decretalium. ID.

ᵉ Praecepto, ut loquebantur aevo Capitularium. Huiusmodi praeceptum Arnulphi imperatoris pro Ecclesia Pataviensi exstat in tomo primo Metropolis Salisburgensis, pag 550. ID.

ᶠ Haec constitutio repetita est in concilio Moguntino anni 847, cap. 18. ID.

ᵍ Haec non habentur apud Reginonem. Puto autem hic insinuari fidelibus festos Paschae dies transigendos esse absque luxu et temulentia, ut Christianos docet. At hodie omnia in diversum mutata sunt. Vide notas ad Agobardum, pag. 21. ID.

Martini, sancti Andreae; in natale Domini dies quatuor; octabas Domini; epiphaniam Domini; [a] purificationem sanctae Mariae. Et illas festivitates martyrum vel confessorum observare decrevimus, quorum in unaquaque parrochia sancta corpora requiescunt.

6. Ecclesiae antiquitus constitutae nec decimis nec aliis possessionibus priventur, ita ut novis oratoriis tribuatur (C. 41).

7. Deinde praecepimus ut unusquisque compater vel proximi spiritales filios suos catholice instruant (C. 47).

8. Ut iuxta Apostoli vocem (Conc. Cabil. v) sacerdotes inreprehensibiles sint et moribus ornati et nequaquam turpibus lucris deserviant, iuxta illud quod ait Scriptura : Nemo militans Deo implicat se negotiis secularibus, ut ei placeat, cui se probavit. Et a turpibus lucris et usuris non solum ipsi abstineant, verum etiam plebes sibi subditas abstinere instruant.

9. Dictum est nobis (C. 48), quod in quibusdam locis, episcopi et comites ab incestuosis et ab his qui decimas non dant, wadios accipiant et a presbyteris pro quibusdam neglegentiis, et inter se pecuniam dividant. Quod penitus abolendum decrevimus, ne forte avaritiae locus detur; et constituimus, ut incestuosi iuxta canonicam sententiam poenitentia multentur; qui vero decimas post crebras ammonitiones et praedicationes sacerdotum dare neglexerint, excommunicentur. Iuramento vero eos constringi nolumus propter periculum periurii.

10. In perceptione corporis et sanguinis dominici magna discretio adhibenda est (C. 46). Cavendum est enim, ne si nimium in longum differatur, ad pernitiem animae pertineat, dicente Domino : Nisi manducaveritis carnem filii hominis et sanguinem eius biberitis, non habebitis vitam in vobis. Si vero indiscrete accipiatur, timendum est illud, quod ait Apostolus : Qui manducat et bibit indigne, iudicium sibi manducat et bibit. Iuxta eiusdem ergo Apostoli documentum probare se debet homo, et sic de pane illo manducare, et de calice bibere ; ut videlicet abstinens aliquot diebus ab operibus carnis, et purificans corpus animamque suam, praeparet se ad percipiendum tantum sacramentum, exemplo David, qui nisi se confessus fuisset abstinuisse ab opere coniugali ab heri et nudius tertius, nequaquam panes propositionis a sacerdote accepisset.

11. Quia ergo constat in aecclesia diversarum conditionum homines esse (C. 51), ut sint nobiles et ignobiles, servi, coloni, inquilini, et cetera huiuscemodi nomina, oportet ut quicumque eis praelati sunt clerici, sive laici, clementer erga eos agant et misericorditer eos tractent, sive in exigendis ab eis operibus, sive in accipiendis tributis et quibusdam debitis; sciantque eos fratres suos esse, et unum patrem secum habere Deum, cui clamant : Pater noster, qui es in coelis ; unam matrem, sanctam ecclesiam, quae eos intemerato sacri fontis utero gignit. Disciplina igitur eis misericordissima et gubernatio oportuna adhibenda est : disciplina, ne indisciplinate vivendo auctorem suum offendant ; gubernatio, ne in cotidianis vitae commeatibus praelatorum adminiculo destituti fatescant.

12. Monasteriis sane puellaribus tales praeferri debent feminae et abbatissae credi (C. 52), quae et se et subditum gregem cum magna religione et sanctitate custodire noverint, et his quibus praesunt, prodesse non desinant, sed et se et illas ita observent, utpote vasa sancta in ministerio Domini praeparata. Talem enim se debet exhibere subditis in habitu, in veste, in omni convictu, ut eis ad coelestia regna pergentibus ducatum praebeat. Sciat etiam, se pro his quas in regimine accepit, in conspectu Domini rationem redditurum.

13. Incestuosi, parricidae, homicidae multi apud nos, heu pro dolor! repperiuntur (Conc. Turon. c. 41), sed aliqui ex illis sacerdotum nolunt admonitionibus aurem accommodare, volentes in pristinis perdurare criminibus : quos oportet per secularis potentiae disciplinam a tam prava consuetudine cohercere, qui per salutifera sacerdotum monita noluerunt revocari : quorum aliquos iam excommunicavimus, sed illi hoc parvipendentes in hisdem perdurarunt criminibus. Quamobrem vestra decernat mansuetudo, quid de talibus deinceps agendum sit.

14. Admonendi sunt domini subditorum (C. 49), ut circa suos pie et misericorditer agant, nec eos qualibet iniusta occasione condempnent, nec vi opprimant, nec illorum substantiolas iniuste tollant, nec ipsa debita, quae subditis reddenda sunt, impie ac crudeliter exigantur.

15. Ut si non frequentius, [b] vel ter laici homines

NOTAE.

[a] Haec sola sanctae Mariae festivitas olim celebrabatur in Ecclesia. Addita deinde est Assumptio, Nativitas, tum Conceptio, Praesentatio, Annuntiatio ac Visitatio. Ingeniosa posteriorum diligentia ultra progressa festum Desponsationis sanctae Mariae reperit, auctore Petro Aurato, ex sodalitio Dominicanorum, qui anno 1546 novae istius festivitatis officium composuit et Paulo III obtulit approbandum, ut Ferreolus Locrius testatur in libro vi M riae Augustae cap. 4. BALUZ.

[b] Hinc collegit Vadianus libro sexto de Eucharistia, pag. 216, laicos, imperante Ludovico Pio, coepisse abstinere a frequenti communione corporis et sanguinis Domini, cum paulo antea, id est, sub Carolo Magno, frequentius fuisset per Ecclesias comunicatum : huncque abusum descendere facit ex studio missae privatae et ex cupiditate monachorum. Referenda autem sunt ipsa Vadiani verba. « Imperante Ludovico Caroli filio circiter annum a nato Christo 815, adeo increbuit privatae missae studium ut, cum paulo antea frequentius fuisset, (ceu diximus) per Ecclesias communicatum, legem ferre princeps compulsus fuerit ut laici saltem ter in anno communicarent. Adeo quisque suam vicem sumendae Eucharistiae in alium reiiciebat qui et sumere se pro aliis posse profitebatur, quodque omnium irrles et pietas exposcebat, paucorum curae ceu pro aliis merentium commissum est, nec sine quaestus accessione, qui monasteria multa, praesertim Benedictina, ad illas opes quibus hodie tam splendide et tanta cum securitate perfruuntur evexit. » Dolendum est

in anno communicent (*C.* 50), nisi forte quis maioribus quibuslibet criminibus [a] impediatur.

16. Ut parentes filios suos, et [b] patrini eos quos de fonte lavacri suscipiunt, erudire summopere studeant (*Conc. Arelat. c.* 19); illi, quia eos genuerunt et eis a Domino dati sunt; isti, quia pro eis [c] fidejussores existunt.

17. Ut ecclesiae antiquitus constitutae n c decimis nec alia ulla possessione priventur (*C.* 2).

18. Ut de sepeliendis in basilicis mortuis a constitutio servetur, quae [d] ab antiquis patribus constituta est (*C.* 21).

NOTÆ.

hanc observationem, quæ falsa est, excidisse viro docto : qui si consuluisset antiquos canones Gallicanos, invenisset illam laicorum abstinentiam a communione multo antiquiorem esse quam ut ad tempora Ludovici Pii referri possit. Nam in canone 18 concilii Agathensis ita diserte scriptum est; ‹ Sæculares qui Natale Domini, Pascha et Pentecosten non communicaverint, Catholici non credantur, nec inter Catholicos habeantur. › Præterea constitutio Ludovici relata a Vadiano sumpta est ad verbum ex concilio Turonensi III, habito sub imperio Caroli Magni. Neque hic mos censendus est descendisse ex persuasione quæ in animos hominum illius ævi penetrarit, posse fideles Eucharistiam sumere per vicarium, id est, per eum qui pro se ac populo sacrificat et oblationes Deo offert in altari, sed ex tepiditate Christianorum, *remordente conscientia mala,* ut in epistola 83 ait Fulbertus episcopus Carnotensis de presbyteris agens qui toties non communicant quoties missam celebrant. Joannes Aventinus Annalium Boiorum lib. IV, p. 367, alia via aberrans, hac lege, quam Carolo Magno tribuit, putat interdictum esse laicis, quos ipse Latina lingua profanos vocat, ne plusquam ter in anno communionem acciperent Eucharistiæ. ‹ Edixit quoque, inquit, profanum plusquam ter in anno de sacrosancto convivio, quod Eucharistiam nuncupamus, vesci non placere. › BALUZ.

[a] Regino addit, *id est, in Pascha, Natali Domini et Pentecosten.* Ita etiam Burchardus, Ivo et Gratianus. Sed hæc non intelliguntur in concilio Turonensi, ex quo caput istud sumptum est. Interpretatio est Reginonis, sumpta ex admonitione synodali antiqua, in qua hæc leguntur : Tribus temporibus in anno, id est, in Natale Domini, Pascha et Pentecosten, omnes fideles ad communionem corporis et sanguinis Domini accedere ammonete. › Vide etiam inquisitionem de vita et conversatione laicorum, cap. 56, apud Reginonem, in initio libri secundi. Cæterum Burchardus Fabiano papæ tribuit hanc constitutionem. ID.

[b] Patrini sunt qui offerunt baptizandos, eosque baptizatos de sacro fonte suscipiunt, ut ait Hugo Menardus in Notis ad librum Sacramentorum; pag. 107. Jesse Ambianensis in libello de Ordine baptismi,

cap. 1 : ‹ Signent ipsos infantes in fontibu eorum susceptores viri vel feminæ, id est, patrini vel matrinæ. › Homilia incerti auctoris in Ascensa Domini in vetustissimo Codice Ecclesiæ Lugdunensis ‹ Quid dicendum est de parvulis, qui quando bapt zantur, non habent intellectum credendi neque pr se respondendi : De majoribus nulla quæstio e , quia ipsi pro se respondere sciunt. Facilis sol io est. Parvuli, qui necdum sciunt loqui, fide illo um qui eos suscipiunt de sacro fonte merentur remi sionem peccatorum accipere. Et certe dignum est ut qui peccato carnalium parentum polluuntur, fi e spiritalium parentum salventur. › Amalarius Tr rensis archiepiscopus, in epistola ad Carolum M agnum, cap. 2 : ‹ Docemus orationem Dominicam atrinos et matrinas, ut et ipsi similiter faciant quo suscepturi sunt ad sacrum baptisma. › Cap. 4 : ‹ llud signum faciant in frontibus eorum presbyte i, acolythi, patrini vel matrinæ. › Item cap. 15 : ‹ Deinde perscrutamur patrinos et matrinas si possint cantare Dominicam orationem et symbolum. › C ncilium Rhemense, apud Reginonem, lib. I, cap. 272 ‹ Presbyter omnibus patrinis annuntiet quod d bitores sint suis filiolis, etc. › Apud Ivonem, parte I, cap. 158, legitur *patrimis*. Sed emendandus est x Reginone et ex veteri Exemplari ms. sancti Vict ris Parisiensis. Eodem modo emendandum est ca ut primum secundæ Additionis, ubi legitur *patroni* pro *patrini*. ID.

[c] Homilia sancti Eligii episcopi Noviom sis, in tomo quinto Spicilegii Dacheriani, pag. 212 : ‹ Mementote quia tunc pactum cum Deo fecistis, atque abrenuntiare vos diabolo et omnibus operibu ejus in ipso baptismi sacramento promisistis. Qui potuit, tunc ipse per se et pro se hæc respondit. ui vero non potuit, fidejussor pro eo ad ejus vicem sta Deo promisit, ille scilicet qui eum de sacro fo te suscepit. › ID.

[d] Id est, ut opinor, in canone sexto conc ii Nannetensis. Nam Regino, postquam retulit i tud nostrum caput, statim describit canonem illum Nannetensem, tanquam si ostendere vellet, quid p r antiquorum Patrum constitutionem hic intelliga ur. ID.

CAPITULARE LUDOVICI ET LOTHARII (An. 826, Oct.)

Capitula hæc ultimo loco, scilicet in appendice tertia ab Ansegiso relata, anno 826 et proinde c nventui Ingelheimensi, cui Lotharium adfuisse Ermoldus testatur, assignanda esse existimavi; quod non lon e a veritate cadere, nomina Heimini et Manegoldi missorum dominicorum in missatico Vesontiensi, a o 825, memorata, indicare videntur.

1. Benedictus de sua reclamatione in perpetuum sileat.

2. De manso quem Gehirfredus [a] episcopus a Liutrigo comite requirit, ut si missi nostri invenerint eum iustitiam habere, non permittant Liutrigum per vestituram domni Karoli iustitiam eius impedire.

3. De foreste quam Autharius comes habere vult, ubi ea prius non fuisse dicitur, volumus ut missi nostri rei veritatem inquirant, et iuxta quod iustum invenerint, ex nostra auctoritate definiant.

4. De causa Rothmundi comitis, ut ei lice t hic in palatio sacramentum suum iurare, quia pro ter nostrum servitium sibi constitutum placitum i tra patriam observare non licuit.

5. De duabus feminis quae indiculos att lerunt, interrogandi sunt Heiminus et Monoaldus, utrum ecclesiasticae an fiscales fuissent.

6. Odo buticularius de foreste sua interr gandus est.

NOTÆ.

[a] Monasteriensis ?

7. De rebus quas marchio tradidit filio Bosonis vel aliis hominibus, volumus ut hi quibus traditae fuerint, vestituram suam accipiant, et insuper confirmationem.

8. De rebus quas quaedam femina Hildegardae reginae tradidit, et portionem quam sibi reservavit iniuste amisisse dicitur, volumus ut carta traditionis quaeratur et inspiciatur, et tunc, quid illa habere debeat, definiatur.

9. Querelam quam Helisachar et Heiminus contra Maginarium habent, volumus ut missi nostri secundum iustitiam et aequitatem definiant.

10. De querela Hildebrandi comitis, quod pagenses eius paravereda dare recusant, volumus ut hoc missi nostri ab his hominibus qui in eodem comitatu manent et ea dare non debent, necnon et a vicinis comitibus inquirant; et si invenerint, quod ipsi ea dandi debitores sint, ex nostra iussione dare praecipiant.

CAROLI MAGNI
LUDOVICI ET LOTHARII
IMPERATORUM
CAPITULARIA
AB ANSEGISO ABBATE FONTANELLENSI
COLLECTA.

Pertz Monitum.

Capitularia Caroli, Ludovici atque Lotharii imperatorum « per diversorum spatia temporum in diversis sparsim membranulis scripta, quotquot invenire poterat, » Ansegisus abbas Fontanellensis, vir egregius summaeque inter suos auctoritatis (a), ut ipse fatur « pro dilectione nimia praedictorum gloriosissimorum principum et pro amore sanctissimae prolis eorum, sed et pro sanctae Ecclesiae statu in uno libello adunare proposuit. » Opus mense Januario anni 827 emissum, quatuor libris constat. In conscribendis iis Ansegisus usus est capitularibus quorum majorem partem ad nostra usque saecula in libris Caroli et Ludovici aevo scriptis servatam invenimus; plurima tamen eorum quae supra retulimus omisit, ac nonnulla recepit, quae absque ejus opere oblivioni tradita forent. Supellex ejus haec fuit :

Capitulare a. 789 ecclesiasticum, omisso capite 40.
Capitularis Ticinensis a. 801, capp. 11, 12.
Capitula a. 803 legi Salicae addenda.
Capitula minora a. 803, omissis capitibus 14, 18, 19.
Capitula 5, 7, 8, legi Ribuariorum addenda, 803.
Capitulare duplex ad Theodonis villam a. 805, omissis capitibus ecclesiasticis 7, 8, sed mundano capite 11 bis exscripto.
Capitulare ad Niumagam a. 806, omissis capp. 2, 11.
Capitulare Aquense a. 806, omissis capp. 5, 6.
Capitula excerpta de canone a. 806, omisso cap. 2, et capp. 6-9 bis positis.
Capitulare Aquense a. 809.
Capitulare presbyterorum a. 809.
Capitulare Aquense a. 810.

Capitulare de exercitalibus a. 811.
Capitulare Bononiense a. 811.
Capitulare Aquense a. 812.
Capitulare Aquense generale a. 817, scilicet capitula ecclesiastica, legibus addenda, per se scribenda, et missis data.
Capitulare ad Theodonis villam a. 821.
Constitutio Aquensis a. 825, una cum capitulis missorum.
Capitula excerpta a. 826.
Capitula Ludovici et Lotharii a. 826 edita.

Haec subsidia in quatuor libros atque appendices ita distribuit Ansegisus, ut capitula quae alicujus momenti viderentur, ordine temporis servato, in suos libros, minora vero aut parvi momenti capitula in appendicem duplicem, ecclesiasticarum et mundanarum legum, referret, cui, opere absoluto, recens vulgatum Ludovici et Lotharii edictum appendicis tertiae titulo adjectum est. Eo tamen erravit, quod capitularia anni 803 et in libro primo et tertio et in utraque appendice capitulis annorum 805 et 806 postponeret, atque capitulare Ludovici ecclesiasticum anni 817 in libro primo inter. Caroli leges referret, capitulare ad Theodonis villam a. 821 in principio libri quarti constitueret. Capita quoque libri tertii 89, 90, libri quarti 71 et 72, appendicis primae 53-55, secundae c. 38, operi jam ad finem perducto addita fuisse videntur, cum quoad ordinem temporis loco anteriori statuenda fuissent. Sed haec generalem operis ordinem non turbant, quem hic ante oculos ponere juvabit.

NOTÆ.

(a) Vitae et actorum ejus historia exstat in Gestis abbatum Fontanellensium; cf. Monumenta Germ. SS., t. II, p. 295-300.

PATROL. XCVII. 16

LIBER PRIMUS.
Caroli Magni capitula ecclesiastica.
Præfatio et
capitula.
1-76. Sunt 789. Eccl., exceptis capp. 39, 52, 66, 67, 73, 78.
77-104. — 817. Aquis, eccl., excepto cap. 7 exeunte et 8 ineunte.
105-115. — 803. A., 3, 11-16; B., 4, 14-16.
116-126. — 806. Niumag., capp. 4, 5, 10, 12, et reliqua
127-133. — 806. Excerpta can., c. 1, 3-5, 10, 23, 25.
134-135. — 803. Salica, c. 5, 6.
136-138. — 803. Minora, c. 2, 12, 16.
139. — 809. Aquis, c. 9.
140-158. — 809. Ingelheim., presb., c. 1-19.
159-162. — 810. Aquense, c. 4-7.

LIBER II.
Ludovici et Lotharii capitula ecclesiastica.
1-24. — 825. Aquis, constit. generalis.
25-28. — 825. Aquis, capp. missorum.
29-46. — 826. Ingelheim., excerpta can.

LIBER III.
Caroli Magni capitula mundana.
1-16. — 803. B., exceptis capp. 4, 14-17, 21.
17-21. — 806. Niumag., c. 1, 9.
22-24. — 806. Aquense, c. 1-3.
25-32. — 803. Salica, exceptis c. 3, 5, 6.
33-43. — 803. Minora, c. 3-5, 10, 11, 13, 17, 20-22, et caput Cod. 4652, p. 116, l. 1-12.
44-46. — 803. Ribuar., c. 5, 7, 8.
47-58. — 809. Aquense, præter capp. 9, 12, 13, 16.
59-63. — 810. Aquense, c. 1, 8, 10, 9, 16.
64-66. — 811. De Exercitalibus.
67-75. — 811. Bononiense, præter capp. 9, 11.
76-89. — 812. Aquense.
89-90. — 789. Ecclesiasticum, c. 66, 75.

LIBER IV.
Ludovici et Lotharii capitula mundana.
1-12. Sunt 821. Theodonis villa
13-33. — 817. Aquis capitula legibus addenda
34-41. — 817. Aquis capp. per se scribenda.
42-70. — 817. Aquis capp. missorum.
71-72. — 801. Ticin., c. 11, 12. Cf. 816, p. 19.
73-74. — Libri IV capita 24 et 25 repetita.

APPENDIX PRIMA.
Capitula ecclesiastica omissa.
1-10. — 803. A., c. 1-6, 10, 9; B., 17.
11-27. — 806. Excerpta canon., c. 6-9, 11-22.
28. — 803. Minora, c. 1.
29. — 809. Aquense, c. 16.
30. — 809. Ingelheim., presbyt., c. 20.
31-32. — 810. Aquense, c. 17, 18.
33-34. — 789. Ecclesiasticum, c. 52, 78.
35. — 809. Aquense, c. 17.

APPENDIX II.
Capitula mundana omissa.
1. — 803. B., c. 21.
2. — 806. Aquense, c. 4.
3. — 803. Salica, c. 5.
4-15. — 803. Minora, c. 6-9, 13, 25-28, 25, 4, 29.
16. — 803. B., c. 11 (altera vice).
17-26. — 809. Aquense, c. 12, 16 ex., 17 ex., 18, 20-24.
27-33. — 810. Aquense, c. 2, 3, 11-15.
34-35. — 811. De Exercitalibus, c. 3, 5, 6.
36-37. — 811. Bononiense, c. 9, 11.
58. — 789. Ecclesiastica, c. 97.

APPENDIX III.
Capitulare a. 826, Oct.

Cum igitur capitula antea conjuncta hac operis dispositione separarentur, fieri non potuit, quin singulorum verba anteriorum capitulorum nexu soluta, correctionem aliquam requirerent. Cui rei suffecit Ansegisus, vocabulis præcipue initialibus, ubi necesse videri poterat, immutatis, e. g., libro I, cap. 64, 67, 70, 73, 116, 126, IV, 15. Sed et longius progressus, grammaticæ ratione habita, voces nonnullas correxit vel mutavit (e. g. *satagimini* in præfatione, *eodem synodo* l. I, c. 3, *quæ* c. 5, *vetent* c. 161, *in utilitate nostra* III, 3, cf. IV, 23), majoris claritatis causa voces supplevit aut nexum sententiarum emendavit (e. g., 1, 25, 71, 73, 113, 114, 162, III, 1, 2, 23), tandem legislatoris vices aggressus, ea quoque haud raro legibus ademit, quæ ad tempus tantum proposita, vi legis perpetuæ carebant, aut jam plane incongrua aut alia ratione quodammodo superflua videri poterant. Eo pertinent lib. I, c. 64, ubi voces *sicut Guntbodingi faciunt* omisit, l. I, c. 126 et 135, vocibus *præsenti anno* et *actenus* resectis, III, c. 6, ubi vectigalium exactores a Carolo constituti, utpote anno 827 haud amplius iidem ac anno 803, una cum loco *Schesla*, cui fortasse jus mercatus jam ademptum erat, omittuntur. Præterea l. III, c. 12, sententias *Si quid vero fuerit unde dubitetur, ad proximum placitum nostrum quod cum ipsis missis habituri sumus, interrogetur*, cap. 13 vero *Illi tamen denarii qui modo monetati sunt si pensantes et meri fuerint habeantur*, c. 36, voces *foras mitio*, c. 56, voces *elegantur mansueti et boni*, non recepit Ansegisus, et cap. 83, voces *quater in anno mense* in *quater in uno mense* commutavit.

Opus ita institutum cum rei publicæ administrandæ utilissimum videretur, mox ut prodiit publico favore exceptum est. Nam biennio vix elapso, anno 829 in conventu Wormatiensi a Ludovico et Lothario primum laudari cœpit, atque exinde legis per totum imperium vim adeptum, sensim semisque veterum capitularium auctoritatem fere totam in se contraxit, ita ut posteriorum sæculorum imperatores, Ottonem Magnum, Fridericum I, Ottonem IV, de capitularibus præcedentium regum, de legibus Caroli et Ludovici imperatorum et de edictis Caroli Magni locutos, Ansegisi præcipue libros ante oculos et in manibus habuisse, vix dubitemus.

Talibus suffragiis suffultum librum per s . sequentia sæcula sæpius descriptum fuisse, haud est quod miremur; et supersunt hodie Codices sæc lis nono, decimo, undecimo, duodecimo, immo e decimo quinto descripti triginta octo, scilicet in ermania nostra una cum Alsatia atque Helvetia XII, in Italia IV, quos inter duo e Germania direpti, in ritannia recens ex Batavis coempti II, in Gallia x . Quibus si Treviriensem deperditum, Chiniaci Wer atensem, et libros a Baluzio laudatos, quorum de fa o recentiori nobis non constat, scilicet unum Marca Hispanica, I in Belgica, IV in Gallia, add re velis, numerus totus ad XLVI ascendit. Qui omn s cum in universum inter se atque cum capitularibus imperatorum genuinis congruant, nonnulli ta en, uno alterove capitulo vel addito vel omisso, reliquis Codicibus aliquantulum recedunt. Ita Co ex olim Corbeiensis libro I, pro capite singulari ca onem Siricii papæ subjicit, unde caput 51 capitul ris ecclesiastici anni 789 desumptum est, habetq e ejus rei sequaces Codices Argentoratensem et H roldinum alterum. Codex olim Frisingensis jam reg us Monacensis, complura Lotharii præcipue capit la textui inseruit, scilicet post lib. I, cap. 78, capita Olonnensia a. 823, III, 1, 2; post lib. I, 99, capu 50 capitularis ecclesiastici a. 789; post I, 101, apitularis Olonnensis a. 825; III, capita 3, 4 et 5; ost II, 15, cap. Olonnensis a. 825, generalis, c. 1, 2, 5, ; post III, 41, caput de falsis testibus et cap. Papien is a. 832, c. 2; post IV. 71, cap. Olonnensis a. 825, gen ral., c. 4; post IV, 74, cap. Olonnensis a. 825, general. c. 5. Eadem fere habet Codex olim Augustanus jam egius Monacensis, quippe qui capita ista, exceptis Ol n. 825, c. 4, in rubricis librorum indicata ad finem tex us referat, adjecto post lib. IV, 26, capite 5 capitula is a. 803 Salici, et additis quam plurimis e canoni us ecclesiasticis atque Pippini, Caroli, Ludovici, Lotharii, Caroli Calvi capitularibus petita. Appendi bus omissis, Codices Scafhusanus post lib. I, 77, t Bonnensis post I, 72, caput ex Gelasii papæ can nibus petitum inserunt. Codices Vaticanus, Mettensis, Bellovacensis et Camberonensis in fine libri II caput addunt, quod in Divionensi, Normannico, Rhemensi, Babenbergensi, Pithœano, Parisiensi, post lib. IV, 14, legitur. Babenbergensis et Parisiensis, n. 4628 A, initio libri primi caput sistunt *si servus clericus fiat.* Iidem, una cum Normannico, Pithœano et Parisiensi, capitulis I, 99, unum, II, 32, duo, IV, 24, et IV, 69, singula capitula quæ in aliis Codicibus desiderantur subjiciunt; eademque capitula in Codice Rhemensi recentiori atramento addita Baluzius adnotavit. Quorum quidem I, 99 b, supra, ad a 817, protulimus; II, 32 b, inter Ludovici II Leges a. 850, intra capita 9 et 10, excidisse videri potest; IV, 24 b, ad a. 817, supra, vulgavimus; IV, 14 b, a Benedicto in libro I, cap. 186, refertur; II, 32 c, et IV, 69 b, alibi exstare non comperimus. Codices ejusmodi annis 864 et 875 a Carolo, Ludovici I filio, a. 868 ab Hincmaro archiepiscopo Rhemensi, et a. 909 a Patribus concilii Trosleiani, laudari, adeoque publica tunc in Gallia auctoritate gavisos esse, Baluzius in præfatione sua admonuit, sed eos a genuino Ansegisi opere discedere, ex numeris capitulorum in conventu Wormatiensi laudatis constat.

Majus tamen inter Codices Ansegisi discrimen eo intercedit, quod cum plurimi eorum in præfationibus singulorum librorum Carolum, Ludovicum et Lotha-

rium legum latores agnoscant, alii, Lotharii nomine deleto, textum, quantum eo facto necesse videbatur, immutaverunt. Patet ejusmodi libros haud ante exitum anni 830, quo Lotharii nomen in scriptis publicis iterum emitti placuit, potuisse confici; primum tamen secundæ hujus Editionis exemplum annis proxime sequentibus et ante obitum Ludovici confectum esse oportet. Cujus auctor an cum Baluzio Ansegisus statuendus sit nec ne, minime nobis liquet; novimus tantum, virum de rebus Germanorum bene meritum tertio ejus decennii anno, scilicet die 20 Julii anni 833 e vita excessisse.

Editionis primæ librum medio ævo in linguam Germanicam versum fuisse, fama inter viros doctos per sæculum et dimidium obtinuit. Cujus tamen fundamentum si spectes, Browerum, qui unus ejusmodi Codicem evolvisse dicitur, nonnisi de versione unius capitis IV, 18, scripsisse intelligas. Codex in bibliotheca ecclesiæ cathedralis Trevirensis olim servatus, jam Baluzii ævo haud amplius supererat; quare Editionis Browerianæ fidem explorare negatur. Qua de re cum ad Jacobum Grimm nostrum retulissem, vir summus lectionem Browerianam in usus nostros emendavit, atque, ut cum viris doctis communicaretur, libentissime concessit. Versionis igitur illius, sæculo nono exeunte vel decimo ineunte, dialecto Treverica confectæ editionem utramque proponimus.

BROWERI EDITIO.	JACOBI GRIMM RECENSIO.
That ein iouuelihc man frier geuualt haue. De homine libero, ut potestatem habeat, *so vuar sose er vuilit sachun sinu cegeuene.* ubicumque voluerit, res suas dare.	De homine libero ut potestatem habeat *That ein iouuelich man frier geuualt haue so* ubicumque voluerit res suas dare. *vuar sose er vuilit sachun sinu ce geuene.*
Souerse sachun sinu thuruhe salichedi selu si- Siquis res suas pro salute animae *neru athe ce anderrn craftlicheru stat athe ge-* suae, vel aliquem venerabilem locum, *legenemo sinemo athe se vuemo andremo ver-* vel propinquo suo, vel cuilibet alteri *sellan vuilit inde cethemo cide inneneuuendun* tradere voluerit; et eo tempore intra *theru selueru grasceffi vuisit in theru sachun* ipsum comitatum fuerit, in quo res illae *thie gesat sint; vuizzeta thia sala cegedune* positae sint: legitimam traditionem facere *geulize That auo themo selueemo cide that er* studeat. Quod si eodem tempore, quo *thui Sellan vuilit vzzeneuuendium theru* illas tradere vult, extra eundem comi-*grasceffi vuissit that ist athe in here athe* tatum fuerit, id sive in exercitu, sive *in palice athe in andern sumeeuueliche-* palatio, sive in alio quolibet loco; ad-*ru stedi samantneme himo athe vane sinen-* hibeat sibi vel de suis pagensibus, vel *gelandum athe vane andern thie theru sel-* de aliis, qui eadem lege vivant, qua ipse *uern vuizzidi leuen theru er seluo leuitt ur-* vivit, testes idoneos, vel si illos habere *cundum retliche, Auur auor thie hauan nin* non potuerit, tunc de aliis, quales ibi *mach thane vane andern so vuelicche thar bez-* meliores inveniri possunt; et coram eis *zera vindan mugen vuerthan. Inde vora hin* rerum suarum traditionem faciat: et fi-*sachunu sineru salunga. gedue inde burigun* deiussores vesturae salunga. *theru geuueri geue himo ther thia sala infahit* illam traditionem accipit, vestituram *geuueri gedue. Inde ather thiu sala so ge-* faciat. Et postquam haec traditio ita	Si quis res suas pro salute animae *Souuerse sachun sinu thuruch salichedi selu* suae vel (ad) aliquem venerabilem locum vel *sineru athe ce anderru eraftlicheru stat athe* propinquo suo vel cuilibet alteri *gelegenemo sinemo athe seuuemo andremo* tradere voluerit et eo tempore in-*versellan vuilit inde ce themo cide inneneuuen-* tra ipsum comitatum fuerit in quo *diun theru selueru grasceffi vuisit in theru* res illae positae sunt. legitimam traditionem *sachun thie gesat sint. vuizzetahtia sala ce-* facere studeat. Quod si eodem tempore *gedune geulize. That auo themo seluemo cide* quo illas tradere vult extra eundem *that er thiu sellan vuilit vzzeneuuendiun theru* comitatum fuerit id est sive in exercitu sive in *grasceffi vuisit that ist athe in here athe in* palatio sive in alio quolibet loco *palice athe in anderu sumeeuuelicheru stedi* adhibeat sibi vel de suis pagensibus *samantneme himo athe vane sinen gelandun* vel se aliis qui eadem lege *athe vane andern thie theru selueru vuizzidi* vivant qua ipse vivit testes idoneos *leuen theru er selvo leuet vrcundun rehtliche.* vel si illos habere non potuerit tunc de *Auur auor thie hauan ni mach thanne vane* aliis quales ibi meliores inveniri possunt *andern so vuelicha thar bezzera vundan mugen* et coram eis rerum suarum traditionem *vuerthan inde vora hin sachunu sineru salun-* faciat et fideiussores vestiturae donet ei qui *ga gedue inde burigun theru geuueri geue hi-* illam traditionem accipit vestituram faciat et *mo ther thia sala infahit geuueri gedue. Inde* postquam haec traditio ita facta fuerit. heres *ahter thiu sala so getan vuirthit geanueruo sin*

tan vuirthit geaneruun in Selues¹ neieina facta fuerit, heres illius nullam de praevonathen vora gequetanen sachun mugi gedictis rebus valeat facere repetitionem. duan iruangida Thara vviri [inde seluo thu-Insuper et ipse per se fideiussionem faruch sich burigun gedue, theruselueru geuueri ciat eiusdem vestiturae, ne heredi ulla nio themo geaneruen thegein vrsach beline occasio remaneat hanc traditionem. thia sala cebekerine² sunder mera nat analiimmutandi; sed potius necessitas inge³ thia thuruch cegefremine Inde auo noch cumbat illam perficiendi. Et, si nonthanne sachun sinu bit geaneruun sinen gesundum res suas cum coheredibus suis dividuruth nehauoda⁴ nesi himo that ceungeu vor sas habeat, non ei hoc sit impedimento, Samithu⁵ sunder geaneruo siner auo er gerno sed coheres eius si sponte noluerit, aut neuuilit athe turuchthen grauun, athe thuper comitem, aut per missum eius diruch bodun sinin Bethungen vuerthe that thia stringatur, ut divisionem faciat cum illsundrunga bit themo⁶ due ce themo ther geendilo, ad quem defunctus hereditatem do eruetha⁷ sina vuolda vollacaman.⁸ inde auo suam voluit pervenire; et si cuilibet sumeuuelicheru samonungun thia sellan bat gaecclesiae eam tradere rogavit, coheneruo siner then vuizzut⁹ bit theru kirrichun res eius eam legen, cum illa ecclesia, vona¹⁰ themo voragesprochenemo erue hauc de praedicta hereditate habeat, quam that bit andremo geaneruen sinemo hauan solda cum alio coherede suo habere debebat. Inde thaz behaldan vuerthe umbe then vader inde bat. Et hoc observetur erga patrem, et then sun inde then neuun unce ceniarum vuizzetfilium, et nepotem, usque ad annos hallikhen ather¹¹ thiu selue sachun ce theru muzlegitimos: postea ipsae res ad immuzungu theru selueru samunungun ergeuen¹². nitatem ipsius ecclesiae redeant.

illius nullam de praedictis reselues negeina vona then vora gequeta en sabus valeat facere repetitionem. usuper chun mugi geduan iruangida. Thara vviri et ipse per se fideiussionem faciat inde seluo thuruch sich burigun gedu theru eiusdem vestiturae ne heredi ulla occasio selueru geuueri nio themu geaneruen thegein remaneat hanc traditionem immutan i sed vrsach beline thia sala cebekerine siund r mera potius necessitas incumbat illam per ciendi. not ana lige thia thuruch cegefremine Inde Et si nondum res suas ê cum coh redibus auo nochthanne sachun sinu bit geaner un siuis divisas habeat non sit e hoc nen gesunduruth ne hauoda ne si hin o that impedimento sed coheres eius ce ungeuorsamithu sunder geanerro siner si sponte noluerit aut per mitem auo er gerno neuuilit athe thuruch then grauun aut per missum eius dist ingatur athe thuruch boduh sinen bethungen vuerthe ut divisionem cum illo faciat ad quem that thia sundrunga bit themo due ce themo defunctus hereditatem suam voluit p rvenire ther geendido eruetha sina vuolda vol cuman et si cuilibet ecclesiae eam inde auo sumeuuelicheru samonungun thia tradere rogavit coheres eius eam lege i cum sellan bat ganeruo siner then vuizzut b theru illa ecclesia de praedicta he editate kirichun vona themo voragesprochanem crue habeat quam cum alio coherede suo habere haue that bit andremo geaneruen, sinem hauan debebat. Et hoc observetur erga solda. Inde thaz behaldan vuerthe vm e then patrem et filium et nepotem us ue ad vader inde then sun inde then neuun nce cen annos legitimos, postea ipsae res iarum vuizzetahitkhen ahter thiu selue sachun ad immunitatem ipsius ecclesiae ce theru muzzungu theru selueru sam nungun redeant. ergeuen.

Post inventam typographiæ artem Ansegisum primus edidit Basilius Joannes Herold, p. 261-347 inter libros Originum ac Germanicarum antiquitatum, Basileæ, mense Sept., a. 1557, in-fol., sub titulo Legis Francicæ, et in quinque libros, quos ex Ansegisi Codicibus, Amerpachii libro, a. 1545 edito, et Lombarda, consarcinaverat, distributum. Libro I caput supra memoratum addidit; libro III desunt capita 64-68, 70, 72-75, 78, 79, 85, 89, 90, exceptis 67, 68 et parte capitis 65, in libro IV collocata. Liber quartus omnia quidem ejus apud Ansegisum capitula exhibet, sed disposita ad normam tituli secundi et primi in Codice Weissenaugiensi, pagg. 483-200 et 175-183, exstantium, et aucta non solum eorum capitulis, sed intermistis atque adjectis aliis multis ex Amerpachii Editione Capitularium et Lombarda desumptis, necnon et appendicibus tribus Ansegisi. Appendicis secundæ caput 16, ut jam semel prolatum, omisit. Libro quinto *Pippini regis Leges* inscripto, capitula Pippini aliorumque regum Lombarda congesta proponuntur. In textu exp imendo usus est præcipue Codice Weissenaugiensi, lem infra, numero 4, referimus, libro tamen I, 1-7 Amerpachium secutus, lectiones ejus raro tantum pe Codicis Weissenaugiensis correxit. Altero cum præterea Ansegisi Codice usum fuisse, ex appe dicibus quæ in Weissenaugiensi desunt et lectioni us aliquot nec in Weissenaugiensi nec apud Amer achium obviis patet. Cujus rei testes sunt lib. I, 82, ub integram lineam a Weissenaugiensi omissam xhibet, caput in fine libri primi adjectum, quod ibi que desideratur, et lectio capitis III, 20, in fine, u i lectio Codicis Weissenaugiensis loco raso a man recentiori inscripta, ad Codices Gothanum, Caml eronensem, Vaticanum, Colbertinum, Sangallense n 4, accedit. Quinam alter iste Codex fuerit, h ud constat; in nonnullis locis ad Argentoratensen, a quo tamen alius fuit, proxime accedit.

VARIANTES LECTIONES.

¹ Thesselues. ² Cebeuuandelene. ³ anaualle. ⁴ nebaboda. neo. ⁵ samidu. ⁶ himo. ⁷ eruid ⁸ vooquoman. ⁹ vuizcut. ¹⁰ vane. ¹¹ ahter. ¹² vuitirigeuen.

Aliquot ante Heroldum annis, sed eo ignaro (a), Joannes Tilius, Amerpachii fortasse exemplo incitatus, Capitularium Editionem molitus est. Totum opus Ansegisi una cum Benedicti diaconi libris primo et secundo usque ad verba capitis 289 : *Qui manifestam detegitur commisisse violentiam, non jam relegatio,* typis expressit, sed nec reliquam Benedicti partem addidit, nec imperfectum librum vulgavit. Perpauca tamen ejus Exemplaria post Tilii obitum prodierunt, quorum unum quod ex musæo Francisci Orontii Finci ad Stephanum Baluzium, exinde ad M. Krusium, devenit, jam vero in bibliotheca universitatis Gottingensis habetur, manibus evolvendum præbuit V. S. Jacobus Grimm (b). Liber rarissimus eadem forma iisdemque typis expressus est ac Tiliana legum antiquarum Editio in-16 quæ sine anno et loco prodiit, cujusque Exemplar dono Tilii ad Antonium Schonchovium, annoque 1557, dono Petri Adurni, ad Laurinum profectum, in bibliotheca regia Hannoverana asservamus. Tilius Codice qui jam in bibl. regia Parisiensi numero 4635 insignis habetur, non ita usus est, ut ejus ubique vestigia premenda existimaret; sed Amerpachii libro ductus, ordinem capitulorum quæ ad a. 789 pertinere dīdicerat, ab Ansegiso consilio mutatum, restituere conatus est, capitula quæ non semel posita et in Ansegiso et in Benedicto animadvertit, sustulit, similibus tantum quibusdam relictis, numerosque capitulorum consequenter mutavit, atque, Codicibus, ut videtur, bibl. regiæ Paris. n. 4995 et sancti Vincentii Mettensis fultus, sententias nonnullas ab Ansegiso omissas et inscriptiones capitularibus præfixas vel subjectas, uncinis inclusas in textu recepit. In Ansegisi libro primo post capita nostra 38, 50, 64, 69, 73, alia capita sex inseruit, ex capitulari ecclesiastico anni 789, quod apud Amerpachium legerat, desumpta, videlicet capp. Editionis nostræ 39, 52, 66 et 67, 75, 78 ; ita ut numerus capitum libri ejus 168 attingat. Capiti præterea 57 allocutionem supra relatam, capiti 76 indicationem temporis, quo capitulare promulgatum est ex Amerpachii pag. 35, notam *Tempore Adriani* (c) et inscriptionem capitularis sequentis a nobis supra editam adjecit. Libro secundo XLVII capita exhibet, insertis duobus post 52, omisso vero 45, ut quod eadem fere ac 54 exhibeat. Liber tertius capitibus LXXXIX constat, capitibus 89 et 90 (789, Eccl., c. 66 et 73) jam libro primo receptis, et addito capite in fine de pace in hoste vel infra patriam : *Constituimus ut si in hoste,* quod Baluzius nonnisi in Codice Bellovacensi recentiori atramento additum reperit, adjectis quoque capp. 12, 13, 56, sententiis, et capiti 76 inscriptione, quas nos supra retulimus. Libro quarto post capita 14, 24, 39, singula capita, et ante capp. 13 et 43, rubricas (d) inserit, capitibus 73 et 74, quæ eodem libro capp. 24 et 23 jam haberentur, omissis. Appendice prima capita 53, 54, et appendice secunda caput 58 (789, Eccl., c. 52, 78, 67,) ut libro primo jam recepta, appendicis secundæ caput 16, quod libro tertio jam occurrisset, omisit.

Editionis Tilianæ exemplum nactus Petrus Pithœus, Parisiis, 1588, in-8°, textu nusquam mutato et libro-

A rum tantum inscriptionibus adjectis, iterum excudi fecit ; in eo tamen proprio Marte egit, quod ope Codicis sui et Bellovacensis capitula Benedicti integra una cum additionibus, et p. 416-424 Caroli Calvi capitula ad Sparnacum edita, in præfatione quoque sua capitula Pippini regis supra repetita vulgavit, et glossarium sive interpretationem obscuriorum aliquot vocabulorum adjecit. Codex quo præcipue usus est, jam inter regios Parisienses n. 4638 signatus, in præfationibus Lotharii imperatoris nomen haud agnoscit ; quare Pithœus id a scribis Lothario imperante perperam adjectum, Lotharii vero inter Ansegisi libros nihil proprium esse censuit, ignarus scilicet rei hodie notissimæ, utriusque imperatoris Ludovici et Lotharii nomen in publicis annorum (e) 825-850 chartis et monumentis, ideoque et Ansegisi libro anno 827 evulgato, conjunctim præponi. Error Editioni haud noxius, quam eamdem ac Tilianam esse supra monui.

B Eadem Editio haud felici calamo correcta, curante Francisco Pithœo Petri filio, iterum prodiit Parisiis a. 1603, in-8°, et repetita est a Lindenbrogio in Codice legum antiquarum a. 1613. Goldastus in operibus suis adornandis et Heroldina et Pithœana editionibus usus est.

Sæculo fere post Pithœum elapso, Stephanus Baluzius Editionem suam publici juris fecit a. 1677 infolio. Codicibus ex Gallia præcipue, sed et a sancto Gallo, Roma et ex Hispania, conquisitis, eorum ad fidem Editionem Pithœanam correxit et emendavit, suamque factam amplo commentario illustravit. Eo tamen, pace tanti viri dictum sit, scopum suum non attigit, quod, Tilii exemplo, Ansegisum Benedicto conjunctim, quasi unum opus, capitularium libros septem exhiberet, atque firmissimam Ansegisi auctoritatem propter Benedicti contubernium suspicione quadam attingi concederet, tum quod Pithœi sententia seductus, non solum Lotharii Cæsaris nomen in

C præfationibus librorum singulorum deleret, sed et ejus exemplo capitula quinque libris II et IV a Tilio inserta admitteret, cum tamen ipse ea in genuino Ansegisi libro non haberi ex capitulari Wormatiensi a. 829 intellexisset, et a Codicibus plurimis abesse cognovisset. Texit ea magnum Baluzii nomen, in tantum validum, ut per sæcula unum et dimidium proxima doctorum virorum nullus operis institutionem impugnare infringereve ausus sit ; nam et Georgisch in corpore juris Germanici anno 1738, et de Chiniac a. 1780 in altera Capitularium Baluzii Editione, et Canciani t. III Legum barbarorum antiquarum, a. 1785, et cl. Walter, sagacissimus juris patrii et Romani indagator, in corpore juris Germanici a. 1824 edito, Baluzii Editionem denuo exprimere satis habuerunt. Qua in re quid nobis præstare concessum fuerit, monendum restat.

Igitur quantum ad Codices manuscriptos, quibus nova libri Editio inniti debebat, eorum quos Baluzius inspexerat denuo evolvendorum nec voluntas

D nobis aderat nec facultas. Nam Ansegisi opus cum cellectio sit capitulorum quorum multo maximam partem inter capitularia supra edita invenire liceat, talia nec desiderare, nec Baluzii in Codicibus ex-

NOTÆ.

(a) quod, e. g., appendicibus in utraque Editione collatis, constat.

(b) Titulus libri est : « In Christi nomine incipiunt Capitula regum et episcoporum maximeque omnium nobilium Francorum, ad reprimendas neophytorum quasi fidelium diversas adinventiones. Cum privilegio. Parisiis, apud Jacobum Bogardum, sub insigni divi Christophori, e regione gymnasii Cameracensium, 1548. »

(c) « Tempore Adriani papæ et Caroli Magni imperatoris quando Paulinus episcopus tenuit vices apostolicæ sedis in Aquis fuit factum istud capitulum propter hoc, quia laici homines solebant dividere epi-

scopia et monasteria ad illorum opus, et non remansisset ulli episcopo nec abbati, nec abbatissæ, nisi tantum ut velut canonici et monachi viverent. ».

(d) Paulo diversas ab iis quas supra retulimus. « Capitula quæ constituit domnus Ludovicus imperator Salicis legibus addenda, quæ et missi et comites habere et cæteris nota facere debent. — Hæc sunt capitula præcipue ad legationem missorum nostrorum ob memoriæ causam pertinentia. »

(e) Inde a mense Decembri v. Boehmeri nostri, opus egregium, Regesta Carolorum, Francofurti ad Mœnum, a. 1833, in-4°.

scribendis solertia ea imperare videbatur. Satis igitur habuimus ab eo comparatis uti, et ex iis una cum noviter a nobis conquisitis solidum operi fundamentum stabilire. Quod in quantum ex voto cesserit, eo conjicere liceat, quod Codices Baluzio incognitos undecim sæculorum ix, x, xi, xii, aliis etiam nonnullis saltem inspectis, Editioni nostræ adhibuimus. Optimus eorum est :

1. C. olim Corbeiensis, tum Friderici Lindenbrogii (qui tamen eo in edendo Ansegiso non usus est), jam vero bibl. publicæ Hamburgensis, n. 83, in-4° sæc. ix. qui præter Ansegisum capitulare Wormatiense anni 829, et leges Salicam, Ribuariorum et Alamannorum exhibet, tanta diligentia exaratus, ut pro operis fundamento ponendum integrum exscriberem. Proxime ad eum accedit :

1*. C. bibl. ducalis Gothanæ, sæc. xi, in-fol., ubi inde a fol. 375-393 hoc ordine, exceptis appendicibus et capp. iv, 71-74, totum opus scribitur : iv, 24-41, 42-70; i, 77-104; iv, 13-33; i, 1-76; i, 105-162; ii, iii, iv, 1-12. Magna diligentia exaratus, Hamburgensis auctoritatem semper fere confirmat ; quominus autem vel ex illo, vel ex eodem, quo ille, Codice descriptum putemus, hoc præter ordinem capitum jam indicatum eo prohibetur, quod nonnunquam habet quæ illi desunt, quodque ubi ab illo recedit, plerumque et alios Codices sibi consentientes habet. Lectiones ejus indicatæ sunt omnes, opera juvenis doctissimi L. C. Bethmann Helmstadiensis.

2. Cod. eccl. cathedr. Frisingensis, nunc bibliothecæ regiæ Monacensis, H. N. 4. (234), membr., in-4° fol. lxxxix, sæc. xi, a scribis duobus exaratus, ita ut Ansegiso una manu scripto, altera tres adjecerit appendices, tum l. ii priora xiii capp. (superscriptum : *Incipiunt cap. quæ supra desunt*, sed ibi non fuerant omissa), deinque quinque capita addiderit petita e Bened. i, 156, conc. Arelat. vi, can. 22, conc. Turon., addit. iii, 91, capit. 809, ii, 13, Bened. i, 279. Ansegiso plura capita intrudit, post i, 78, duo, post 99 unum, post 101 tres, ii, 15, quatuor, iii, 41, duo, iv, 71 unum, 74 unum. Scribit *ostis, ortus, sollers, compendium*, etc. Præter ordinem capitum, indices et præfationes omnes, collati sunt, me a viro cl. Foringer efflagitante atque facillime obtinente, hi loci : i, 140-158 ; ii, 29-46 ; iii, 64-66 ; iv, 1-12, 71-74.

2 b. Codex eccl. cathedr. Augustæ Vindelicorum, nunc bibl. regiæ Monacensis n. 153, membr., in-4° fol. cccxviii, sæc. xi, continet collectionem canonum pœnitentialium et synodalium, legem Alamannorum ; Ansegisum ; Capitularia ; epistolam Paulini Aquileiensis ; epist. synodal. conc. Mediolanensis. Excidit fol. 213, quo Ansegisi ii, 28, 29, continebantur. Appendices desunt ; sed earum loco statim post l. iv finem manus altera ea capita quæ in Cod. Fris. hic illic inserta diximus addidit, conjuncta eodem quo ibi ordine, ita tamen, ut quod Fris. post i, 99, exhibet, Aug. in fine libri i collocet, omittat autem quod ille post ii, 15, posuit quartum. Post iv, 71, 74, eadem altera manus ascripsit rubra capitum a Fris. ibi illatorum ; capita ipsa in additamento illo collocata sunt. Unum tantum caput noster addit post iv, 26, quod Fris. non habet, petitum e capitulari a. 803, Salic. 5. In lectionibus prope ad Frisingensem accedere solet ; eademque loca ultro contulit cl. Foringer.

3. Cod. bibl. ecclesiasticæ Scafhusanæ membr., in-4° fol. xcvii, a compluribus sæc. xi, vel xii ineunte, confectus, post tractatum theologicum et librum Baruch, exhibet legem Salicam, i. e., Ansegisum, adjuncto capitulari a. 829, tum Thegani Vitam Ludovici, in fine mutilam. Quod ad Ansegisum, quem D. Bethmannus contulit, Hamburgensi et Gothano, quorum auctoritatem in plurimis confirmat, longe est deterior, cum ea quæ ab illis exhibet diversa fere semper aut minus bonâ sint aut aperte falsa, atque sæpius ad secundam recensionem in singulis videantur inclinare. Capitum ordinem inver-

tit i, 28, 87 ; novum inserit post i, 77. Sæpissime singulas, imo plures voces omittit, plerumque tales, quæ omissæ sententiam non turbant ; maxime initio capitum addit, omittit, mutat proprio Marte, ita ut consulto hæc omnia egisse videatur ; quam obrem neque hoc semper erat indicandum, neque lectiones aperte falsas ubivis exhibuimus, longe pluri a tamen earum parte annotata.

3 b. Cod. bibl. Bonnensis membr., in-8, sæc. xii, quem a. 1826 evolvi, descriptus in Rhein. Mus. i, 1, 1827, p. 158-164, unde apparet in segisi opere eum arctissime ad 3 accedere, adeo t ejus apographum videatur. Quæ ibi notantur ejus lectiones non cum 3 communes, ita comparatæ s nt, ut Codicem cum Editis non conferendum judic verim. Ejusdem classis videri potest :

3 c. C. bibl. regiæ Parisiensis n. 4447, s c. ix, olim Aniciensis ; cui ut Scafhusano et Bonn nsi appendices i, iii, et pars capitum appendicis se undæ, B desunt.

4. Cod. Weissenaugiensis olim monasterii nunc in castro Lindenau ad lacum Brigantinum s rvatus, membr., in-4°, sæc. noni exeuntis, vel x, p st Ansegisi libros i-iv, continet Codicis Theodosi ni interpretationem Wisigothicam, aliquot Justini no vellas (Savigny Zeitschrift ii, p. 160), Erch nberti Breviarium (Monumenta Germ., ii, 327-33), et pp. 173-200 duplicem capitulorum titulum, cilicet primo pagg. 173-183, capitibus signatis 1-33 Ansegisi iv, 13, 14, capitulare de exercitu prom vendo, Ansegisi iv, 15-53, tum p. 183-200, capp. si atis 1, 2, 36-57, 59-65, 65-70, 77, 78, 70, 72-75, 8, 79, 83-88, 90-107, Ansegisi iv, 54-57, 59-70 ; ii, 67, 68, 70, 72-75, 78, 79, 83, 86, 89, 90, 38, 39, 43-45, 47-49, 52, 53, 55, 61, 64-66 ; iv, 9 ; iii, 11, 4, 16, 26, 27. Quod ad Ansegisum attinet, appendic s ejus tres desunt. Quæ hic illic correcta sunt, ab eadem manu profecta videntur. Scribit *intellegere*, *negare* C pro *necare*, *rettulit*; *h* sæpe omittitur. Collation m ejus cum Editis vir cl. Maier J. U. D. Eslingensis benignissime nobis obtulit. Codex ipse est, cui eroldi Editio capitularium præcipue innititur.

5. Cod. bibl. Vatic. n. 4159, membr. in-° fol. cxii, sæc. ix exeuntis, aut x, eleganter script s, sed mutilatus, cum et tota prima quaternio desit, et Codex in l. iv, c. 31, desinat. Præter omnes pr fationes Bluhmius noster contulit i, c. 1-5, 14 -159 ; ii ; 29, 50 ; iii, 45, 64 ; iv, 1-11.

6. Cod. olim Schlettstadiensis, jam bibl. blicæ Argentoratensis, membr., in-fol. min. fol. cx , sæc. ix, collatus a viro doctissimo Engelhardt, pos legem Alamannorum primo Ansegisi librum iv, tu manu paulo diversa supplementa libri quarti, tres Ansegisi appendices, I. i, ii, iii, et quædam the logica exhibet. Maxime a reliquis recedit in libro 1 ; ibi enim non solum singulæ voces innumeræ su pletæ, mutatæ, omissæ sunt, sed integræ sententi , imo D capita, vel admodum contrahuntur vel pror us desunt, ita ut, maxime versus finem libri, An egisus se ipsum vix valeat agnoscere ; quæ omnia al otare non necessarium visum est. Capita vero a sc iptore aut prorsus omissa aut nimium mutilata, alt r, qui reliquam Codicis partem confecit, in fine l. supplevit ; quo factum est ut nonnulla capita in , imo ter legantur, septem hujus libri capitibus in fi e quoque libri tertii iteratis. In eodem libro quarto ccurrunt etiam glossæ germanicæ (c. 5, 17, 25, 26 29) ; omittitur præterea l. i, c. 19, additur aliud post , 162.

Quos præter ad primam recensionem pe tinent Codices (Vat.) Baluzii Vaticanus 1, in biblioth a Palatina, s. ncti Vincentii Mettensis, et maxima 's affinitate conjunctus regius Parisiensis inter pplementa Latina 1. 75 signatus, sæc. x, qui libros quatuor et appendices i et ii exhibent, atque :

Div. C. regius Parisiensis n. 4761, Baluzii Divionensis, in quo appendici iii capita a. 803 min a 16, 18, 19, quorum nonnisi prius lib. i, c. 158, h betur adjiciuntur. Et ni quidem sæculo decimo exarati, veris capitularibus et Ansegiso nonnulla capitula ex Benedicto decerpta submittunt. At qui proxime nominandi veniunt, Codex Gothanus alter, Bellovacensis, Camberonensis et Rivipullensis, Ansegisum Editionis quidem prioris, cum Benedicti tamen libris conjunctum, sistunt.

G. Gothanus manu sæculi xi ineuntis exaratus est initio voluminis magni, cujus plagulæ 575-595 Ansegisum supra numero 1* laudatum exhibent. Singulorum librorum initia littera picta ornantur; inter libri primi indicem Carolique præfationem imago imperatoris in solio residentis librumque atque sceptrum tenentis conspicitur. Textus Ansegisi, eadem ratione qua Benedictus capitula a se recepta haud raro correxit, paululum immutatus est, maxime in principio capitum vocibus *quoque*, *vero*, *autem*, *quidem*, *etiam*, *itaque*, *ergo*, *deinde*, omissis. Majora etiam mutat, e. g., l. II, 6, 31; III, 20; capita I, 24, 86; III, 66, omittit. Pro *nonas* sæpius *annonas* scribit, animadvertente D. Bethmann, qui lectiones ejus variantes enotavit.

Bell. Bellovacensis æque ac Gothanus Ansegisum cum appendicibus suis, tum Benedicti libros tres et additiones II, III, IV, necnon, ut Baluzius refert, nonnulla Caroli Calvi capitularia continebat.

Camb. Camberonensis in Hannonia monasterii Codex æque ac

Riv. Rivipullensis in Hispania Tarraconensi, Ansegisum et librum Benedicti primum, Rivipullensis etiam aliquot Ludovici I et Caroli Calvi capitula, capitula Walterii episcopi Aurelianensis, aliquot Hincmari epistolas, postremo historiam translationis sancti Stephani continebat. Utriusque lectiones æque ac Bellovacensis Baluzius notavit.

N. Normannicus, montis sancti Michaelis in periculo maris, Lotharium quidem inter legislatores agnoscit, cæterum Babenbergensi, Pithœano et Parisiensi alterius recensionis Codicibus in omnibus fere consentit. Exhibet Ansegisum et Benedicti librum I, atque libri II capita CCCLXIII priora. — Quibus accedunt:

Aurelianensis jam in bibl. publica ejus civitatis asservatus, sæc xi, membr., in-fol., olim sancti Benedicti Floriacensis (cl. Hanel p. 274, n. 195) qui libros quatuor et appendices I et II exhibet, Wergatensis antiquissimus a Chiniaco in altera Baluzii Editione t. I, p. 698, laudatus, tum ex Baluzii præfatione, t. I, p. 52, 53, Codex Molinæi; Codex olim cathedralis Trevirensis, necnon a Blumio nostro (Archiv. v, pag. 582) laudatus Ottobonianus; necnon C. bibl. regiæ Parisiensis n. 4628 A, m., sæc. x, in quo post multa capitularia supra memorata, capitula II, 32 b, et 52 c, numeris xxxIII et xxxIII signata, tum decretum Childeberti cum catalogo regum Francorum, Ansegisi libri IV et appendices III, præmisso capite de servo clerico facto, capitularia annorum 828, 829 et alia, in fine vero Einhardi Vita Caroli, habentur. Libro IV etiam capp. 14 b 24 b et 69 b leguntur. Exscriptus inde est:

C. bibl. regiæ Parisiensis n. 4631, m., sæc. xv.

P. bibl. regiæ Parisiensis n. 5878, m., sæc. x. Post Pœnitentialem, capitula ex Ansegisi libris et ex Caroli Calvi capitularibus decerpta, fragmentum synodi Triburiensis a. 895 et alia quædam continet. Evolvi eum Parisiis. Similis ei esse videtur

Trec. Trecensis, olim Francisci Pithœi. Ut Baluzius, pag. 55, monet, nonnisi excerpta librorum Ansegisi et Benedicti exhibet; hodieque in bibliotheca Montepessulana asservatur; mbr., sæc. xi (Hænel, p. 235, h. 157).

Secundæ classis, ejus scilicet quibus Lotharii Cæsaris nomen expunctum est, Codices tres in Germania, unus Romæ, reliqui in Gallia, exstant. Sunt autem isti:

a. Sang. 2. C. bibl. Sangallensis n. 728, mbr., sæc. x, de quo videas annalium nostrorum t. V, p.

210; libros III, IV, et tres appendices complectitur; lectiones ejus paucas Baluzius affert

b. Thu. C. Thuaneus a Baluzio vocatus, libros quatuor et tres appendices amplexus. Quocum in omnibus fere consentiunt:

*. Sang. 1. C. bibl. Sangallensis n. 727, mbr., sæc. x, vel xi, qui libros Ansegisi cum appendicibus, tum Benedicti librum I et centum priora libri II capita habet; atque

Colb. C. Colbertinus Baluzii, jam in bibl. regia Parisiensi n. 4637. (Colb. 467, regius 4243 A) signatus, mbr., in-fol., sæc. x. Libros et appendices Ansegisi, tum Benedicti librum I; nonnulla capitula libri II et aliquot libri III, sistens.

c. Vat. 2. C. alter Vaticanus bibliothecæ Palatinæ, Ansegisum cum tribus appendicibus, necnon Benedicti libros I, II, III, additiones II, III, IV, exhibet, atque cum

Til. Tiliano Baluzii, eadem præter additionem III continente, plurimum convenit. Signabatur inter Codd. Mazarineos n. 4245; jam vero in bibl. regia Parisiensi n. 4635 asservatur, mbr., in-fol. vel in-4° majori, sæc. x exaratus.

d. Rem. C. sancti Remigii Rhemensis jam in bibl. regia Parisiensi inter Supplementa Latina n. 164 *bis*, insignis, sæc. ix. Libros Ansegisi quatuor et appendices I, II, c. 1-37, habet; loco vero capitis 38 aliud quoddam sistit, alio tamen atra nento conscriptum, quo et Lotharii nomen in præfatione, capita duo ante initium libri primi, et capita Codicibus proxime enumerandis propria Codici huic inscripta sunt. Eorum præstantissimus est

B. C. bibl. publicæ Babenbergensis n. 60, mbr., in-fol., sæc. ix, cujus potestas mihi facta est a constantissimo rei nostræ fautore viro cl. Jaeck bibliothecario Bambergensi. Lectiones ejus enotavit D. Bethmann. Exhibet post decretum Childeberti epilogum legis Salicæ, notitiam de regibus Francorum, Ansegisi libros cum appendice I et II, tum capitulare Aquisgranense a. 813, capp. 1-20, capitulare a. 828 et Wormatiense a. 829, alia demum manu Hincmari capitula pro presbyteris. In Ansegiso post lib. I, c. 99, II, 32, IV, 14, IV, 24, et IV, 69, capitula singula addit. Eadem capitula et in universum eumdem Ansegisi textum habent.

Pith. C. bibl. regiæ Paris., n. 4638, mbr., sæc. x, Pithœanus Baluzii (emptus a P. Pithœo d. 18 Junii 1568, postea Jac. Aug. Thuani, Colbertinus n. 1597, regius 4243, 1) Ansegisi libros quatuor, appendices I, II, usque ad cap. 51, pagina sequente excisa, et a pagina ulteriore ultima verba capitis 9, tum cap. 11 capitularis Bononiensis a. 811, supra, et cap. 67 capitularis eccl. a. 789, capitularia Caroli a. 813, capitularia annorum 828 et 829; Benedicti additiones I, II, III, c. 7-124, IV, c. 1-94, 120-123, 125, 138, canones quinque, tum capitularia Caroli Calvi complexus; tum proximus ei

Par. C. Parisiensis Baluzii, olim Sirmondi, Ansegisi libros et appendices I, II, et Benedicti additiones quatuor exhibens; et Normannicus supra memoratus.

e. C. bibl. reg. Parisiensis *Fonds de Notre-Dame* n. 252 (F. 9), m., sæc. ix, olim Antonii Loiselii, paginis nonnullis excisis, jam oritur in vocibus libri I, cap. 59: *Abbates comites judices et omnes ubique*, et in capite libri III, 78, desinit. Alter Codex eodem involucro tectus leges Salicam et Alamannorum sistit.

C. bibl. regiæ Parisiensis *Fonds de Notre-Dame* n. 247 (F. 4), m., sæc. ix, vel x; post capitularia Ludovici Aquensia anni 817, folio 21 Ansegisi librum tertium et præfationem libri quarti usque ad voces *In quarto illa*, atque legem Salicam, exhibet.

C. bibl. regiæ Parisiensis n. 4636, olim Cangii n. 144 (Regius 4243), m., sæc. ix exeuntis, vel x, initio valde læsus, in capite 99 libri I Ansegisi verbis *Quod si post hæc orsus*, quatuor libros (excepta tamen præratione libri secundi), tres appendices, Benedicti libros tres et additiones II, III, IV, habet.

C. bibl. regiæ Parisiensis n. 4634 (Baluzii n. 202; Regius 4245 ², olim sanctæ Mariæ sanctique Stephani Senonum, m., sæc. IX, vel x; Ansegisi libros et appendices atque Benedicti libros tres et additiones II, III, IV, exhibet.

Reg. Regius bibl. Paris. n. 3839, et Bal. Baluzianus bibl. reg. Paris. n. 3859 A, sæculi noni vel decimi Codices, æque ac Trecensis Ansegisi et Benedicti excerpta continent.

Jam memorandi veniunt Codices quos cuinam classi ascribam ignoro. Ad Babenbergensem nostrum proxime accedere videri potest:

C. olim SS. Gervasii et Protasii, postea ex libris Gohier, et aliquot ante annos Parisiis sub hasta venditus, sæc. x. Libros Ansegisi quatuor et appendices tres et hæc Caroli Calvi capitularia præbuisse dicitur: « Capitula Caroli Junioris facta in monasterio sancti Medardi. Capitula Lotharii imperatoris et Caroli regis facta in palatio Valentinianas. Caroli regis epistolæ Unfrido episcopo et comitibus . . . Capitula Caroli regis Junioris in Pistis facta anno 863. Capitula ejusdem regis in Pistis facta anno 864. Sententiæ Gregorii papæ. Capitula Junioris Caroli regis facta ad Carisiacum palatium publicum anno 872. »

Codices a cl. Hænel recensiti, scilicet in Anglia apud cl. sir Thomas Philipps, in Middlehill, p. 854, n. 1737, 567, fragmenta capitularium ab Ansegiso abbate collectorum, sæc. x exeuntis, mbr., in-fol.;

A tum p. 856, n. 762, 605, libri IV capitularium a Ansegiso collectorum, cum aliis capitularibus Carol Magni et Ludovici Pii, sæc. x, mbr., in-4°, olim san ti Remigii Rhemensis; in Gallia, p. 63, n. 56 bibl Augustodunensis, fragmentum capitularium Caroli Magni, mbr., in-4°, sæc. x.

Talibus igitur subsidiis instructus, collatis cilicet in integrum Codicibus septem 1, 1*, 3, 4, 6, G, B, locis quæ non inter capitularia supra edita xstant collatis in tribus 2, 2 b, 5, evolutis Codicibus octodecim 3 b, 3 c, Paris. Suppl. Lat. 75¹; 4761 5878, Sangallensi utroque, regiis Paris. 4637, 4635, Suppl. Lat. 164¹, 4638, 5859, 4628 A, 4631, 4634 4636, *Fonds de Notre-Dame* n. 247 et 252, adhibiti etiam lectionibus a Baluzio in Editione sua enotat s, Editionem novam institui; ea ratione usus, ut Co icibus prioris præcipue classis, ante omnes Hambur ensi et Gothano, confisus, eorum tamen lectiones reli uorum ope ad normam libri anno 827 editi redigere studerem, lectiones quæ aut propter Codicum au toritatem aut per se alicujus momenti esse videre tur apponcrem, numeros capitum genuinos resti erem. Qua in re me haud totum votis excidisse, l tiones Ansegisi cum textu singulorum capitularium s pra ex ipsis Codicibus antiquissimis Editorum coll tæ arguere videntur.

De libro Benedicti diaconi Moguntiensis, ut decennio post Ansegisi obitum elapso ejus op i supplementa spuria adsarcire conatus est, poste monebitur.

LEGILOQUUM ¹ QUISQUIS LIBRUM RECITAVERIS ISTUM :
PRINCIPIBUS NOSTRIS, DIC, MISERERE DEUS,
LEGEM NAMQUE BONAM DICTARUNT ² MENTE BENIGNA ;
QUAPROPTER PRO IPSIS, QUAESO, PRECARE DEUM.

INCIPIT PRÆFATIO ³.

Dominante per saecula infinita omnium dominatore Christo salvatore ⁴ nostro, creatore universae creaturae, anno incarnationis ipsius 827 ⁵, indictione ⁶ 5 ⁷, anno vero 13 imperii gloriosissimorum principum domni Hludowici ⁸ augusti, christianae religionis magni propagatoris ⁹, et Chlotharii ¹⁰ caesaris filii eius ¹¹, Ansegisus, nullis praecedentibus meritis, sed gratia omnipotentis Dei abba ¹², pro ¹³ amore bonae memoriae domni Karoli magni imperatoris christianorum ¹⁴, atque praecellentissimi ac piissimi domni Hludowici augusti filii ipsius sincera dilectione ¹⁵, necnon et praeclari Hlutharii caesaris, filii piissimi Hludowici imperatoris ¹⁶, haec subter descripta adunavi capitula: quae proculdubio quia ¹⁷ ad sanctae aecclesiae profectum ¹⁸ facta sunt ¹⁷*, pro utili ¹⁹ firmiter tenenda sunt lege. Fuerant ²⁰ namque quondam tempore praedicti magni domni Karoli imperatoris necnon et nunc praefatorum principum hoc in tempore domni piis-

simi Hludowici augusti et praeclari Hlotharii caesaris ²¹ iussu per ²² intervalla temporum ad chris ianam religionem conservandam, atque concordiam p cis et dilectionis in aecclesia catholica ²³ tenendam ita ²⁴. Sed quia in diversis sparsim scripta membran lis per diversorum spatia temporum fuerant, ne ol livioni traderentur, pro dilectione nimia, ut praefatu sum, praedictorum gloriosissimorum ²⁵ principum t pro amore ²⁶ sanctissimae prolis eorum, sed et pro unctae aecclesiae statu, placuit mihi praedicta in ho libello ²⁷ adunare quae invenire potui capitula pra dictorum principum iussu descripta, ut ad sanctae ecclesiae statum longaevis conservandum tempori s atque ad meritum praefatorum principum glorio ius in vita perpetua augmentandum proficiant ²⁸. A en.

Sed hoc notum sit lectori, quia praedicta ca itula, quae per intervalla temporum a praefatis sun principibus edita, in quattuor distinxi ²⁹ libellis. Illa ³⁰

VARIANTES LECTIONES.

¹ Legiseloquium 6. *huic voci G. praemittit :* In Christi nomine incipiunt capitula episcoporum regum maximeque omnium nobilium Francorum. *Titulum a Tilio editioni suae Ansegisi et Benedicti praefixum (sup a col. 497, not. b) Baluzius versibus postposuit, sed in omnibus Ansegisi codicibus quotquot inspexi desideratur.* ² dictabunt 2. *quae post mente sequuntur, omittit* 6. *Quatuor versus desunt* 1* 2 b. 3. 4. B. ³ i. praefatio prima salicae legis 3. inc. prologus salicae legis. libri primi 3 b. *Tota haec praefatio deest 4.* ⁴ et salva ore 3. ⁵ DCCC.XX.VI *suprascripto* I *manu eiusd. temporis* 2 b. ⁶ in ind. 2. ⁷ VI. G. B. 4628 A. ⁸ hlodowic B. G. hluduwici *nonnunquam* 2. hluduici *fere semper* 1*. ⁹ deest 2 b. ¹⁰ hlotarii *constanter* b. 3. 6. ¹¹ ip ius 1* 2. 2 b. 3. 6. p. ac filiorum eius Ansegisus codd. *secundae classis et Bal.* ¹² d. Luxoviensis, Fontinelle sis ac Flaviacensis cenobiorum humilis abba 1*. ¹³ deest B. ¹⁴ domni imp. christ. Kar. atque 3. ¹⁵ dilectati ne B. ¹⁶ necnon.... imperatoris *desunt* B. G. B. ¹⁷* deest 3. ¹⁸ effectum G. ¹⁹ utilitate 6. ²⁰ fuerunt 2 b. 3. 6. B. G. ²¹ et praeclarissimorum filiorum eius B. G. BAL. ²² cius super int. B. ²³ catholicam B. ²⁴ edicta B. tenendi ineditata sed et in d. G. ²⁵ deest 3. ²⁶ timore 6. ²⁷ deest. 3. ²⁸ perpetua proficiendun . Sed B. G. ²⁹ distrincsi 6. ³⁰ ira B.

scilicet, quae domnus Karolus imperator fecit ad ordinem pertinentia ecclesiasticum, in primo adunavi libello. Ea vero ecclesiastica, quae domnus ac piissimus Hludowicus imperator et Hlutharius caesar filius ipsius ediderunt [1], in secundo descripsi. Illa autem, quae domnus Karolus in diversis fecit temporibus ad mundanam pertinentia legem, in tertio adunavi. Ipsa vero, quae domnus Hludowicus praeclarus imperator et Hlutharius caesar filius illius fecerunt [2] ad augmentum mundanae pertinentia legis, in quarto congessi.

Explicit praefatio.

VARIANTES LECTIONES.

[1] imp. ediidit, in (rel. desunt) B. G. Bal.   [2] imp. fecit. ad B. G. Bal.

INCIPIUNT CAPITULA.

1. De his qui ab episcopo proprio excommunicantur.
2. De his qui ad ordinandum veniunt.
3. De clericis fugitivis et peregrinis.
4. De presbyteris, diaconibus, vel his qui in clero sunt.
5. De usuris.
6. De presbyteris quando missam caelebrant.
7. De his qui a sinodo vel a suo episcopo dampnati sunt.
8. De suffraganeis episcopis.
9. De chorepiscopis.
10. De episcopis vel quibuslibet ex clero.
11. [a] De ordinationibus vel quibuslibet negotiis.
12. De cura episcoporum.
13. De provincialibus episcopis.
14. De monachis et clericis.
15. De die dominica, qualiter servanda est.
16. De ignotis angelorum nominibus.
17. De mulieribus, si ad altare accedant.
18. De episcopis, ubi non oporteat eos ordinare.
19. De libris canonicis.
20. De episcopis ordinandis vel quibuslibet ex clero.
21. De maleficis vel incantatoribus.
22. De monachis, clericis et presbyteris.
23. De servis alterius.
24. De stabilitate episcoporum vel clericorum.
25. De presbyteris non absolute ordinandis.
26. De proposito monachorum et clericorum.
27. De monachis qui ad clericatum provehuntur.
28. De negotio clericorum inter se.
29. De conspiratione clericorum vel monachorum.
30. De accusatione laicorum contra episcopos.
31. De monasteriis Deo dicatis.
32. De fide sanctae Trinitatis praedicanda.
33. De avaritia.
34. De his qui se convertunt ad Dominum.
35. De his qui non sunt bonae conversationis.
36. De his qui excommunicato communicaverint.
37. De subiectione presbyterorum.
38. De clericis ecclesiastici ordinis.
39. De virginibus Deo dicatis.
40. De principali cathedra episcoporum.
41. De falsis nominibus sanctorum.
42. De uxore a viro dimissa.
43. De iudicibus metropolitano probatis.
44. De accusatione vilium personarum.
45. De virginibus velandis.
46. De oblatis pauperum.
47. De ieiuniis a sacerdotibus constitutis.
48. De his qui contra naturam peccant.
49. De presbyteris, quo tempore ordinentur.
50. De pace danda.
51. De sponsa alterius.
52. De nominibus recitandis.
53. De canonum institutis a presbyteris non ignorandis.
54. De clericis alterius episcopi.
55. De servis alterius.
56. De sacerdotibus contra decretalia agentibus.
57. De viduis, a quibus non velentur.
58. De fide catholica et primo praecepto legis.
59. De pace et concordia servanda.
60. De iudicibus.
61. De periuriis.
62. De auguriis vel aliis maleficiis.
63. De odio vel invidia.
64. Item de avaritia vel concupiscentia.
65. De honore parentum.
66. De fide presbyterorum ab episcopis discutienda.
67. De honore ecclesiae Dei.
68. De ministris altaris Dei, et de scola.
69. De voto monachorum et de clericatu.
70. De susceptione hospitum.
71. De abbatissis contra morem ecclesiae Dei facientibus.
72. De clericis qui se fingunt esse monachos.
73. De pseudographiis et dubiis narrationibus.
74. De cantu Romano monachis peragendo.
75. De operibus servilibus, quae diebus dominicis non sunt agenda.
76. De praedicatione episcoporum et presbyterorum.
77. De rebus ecclesiae.
78. De episcopis eligendis.
79. De dictis patrum congestis pro canonica professione, quae dehonestabatur.
80. De coniatis ecclesiae dividendis.
81. De abbatibus eligendis.
82. De ordinatione servorum.
83. De personis, a quibus non sunt res accipiendae.
84. De presbyteris constituendis.
85. De mansis uniuscuiusque aecclesiae.
86. De presbyteris uniuscuiusque aecclesiae.
87. De villis novis et ecclesiis in eis noviter constitutis.
88. De sacris vasis aecclesiae in pignus datis.
89. De ecclesiis destructis, vel de nonis et decimis.
90. De ecclesiarum honore.
91. De episcopis Italiae.
92. De presbyteris qui feminas in domibus habent.
93. De presbyteris qui pro chrismate in coena Domini veniebant.
94. De praedicatione et confirmatione episcoporum.
95. De pueris tondendis et puellis velandis.
96. De feminis viros omittentibus.
97. De raptis et de earum raptoribus.
98. De puellis raptis, necdum desponsatis.
99. De desponsatis, et ab aliis raptis.
100. De his qui virginibus Deo dicatis se sociant.
101. De puellis, quo tempore velentur.
102. De examinatione sanctae crucis non facienda.
103. De pabulo verbi divini nuntiando.
104. De incestis nuptiis, et ecclesiis dividendis.
105. De scriptoribus.
106. De servis propriis vel ancillis.
107. [b] De congregationibus.
108. De pulsantibus.
109. De infantulis puellis, quando velentur.
110. De praepositis monachorum.
111. De incestuosis.
112. De fame, clade et pestilentia, si venerit.
113. De fugitivis clericis sive laicis.
114. De liberis hominibus ad servitium Dei se tradentibus.
115. De oppressione pauperum.
116. De missis, qui per civitates et monasteria mittuntur.
117. De thesauris ecclesiasticis.
118. De mendicis discurrentibus.
119. De usura.
120. De cupiditate in bonam partem.
121. Item de cupiditate in malam partem.

NOTAE.

[a] Deest B., sed non in textu.   [b] Deest 4, sed non in textu.

122. Item de avaritia.
123. De turpibus lucris.
124. De foenore.
125. De emptione tempore messis, causa cupiditatis et turpis lucri.
126. De hoc, si per plurima loca fames fuerit.
127. De sinodis, qualiter fiant.
128. De metropolitanis episcopis.
129. De episcopis, quot sint in una civitate.
130. De ordinatione episcoporum.
131. De stabilitate episcoporum vel clericorum.
132. De communicatione fidelium.
133. De presbyteris, diaconibus et reliquis ex clero.
134. De confugio ad ecclesiam.
135. De his qui ad cas'u Dei res tradere voluerint.
136. De ordinatione presbyterorum
137. De conversione liberi hominis.
138. De non cogendo bibere.
139. De mercato.
140. De presbyteris, [a] qualiter introitum ecclesiae consequantur.
141. De presbyteris, [b] a quibus per ecclesias constituantur.

142. De honore pro ecclesiis dando.
143. De decimis dispensandis.
144. De ecclesiis vel altaribus.
145 [c]. De aecclesiis vel altaribus ambiguis.
146. De linteis altaribus praeparandis.
147. De parrochianis alterius presbyteri.
148. De parrochia alterius presbyteri.
149. De termino ecclesiarum.
150. De rebus presbyterorum.
151. De poenitentibus non cogendis.
152 [d]. De presbyteris, a quibus se caveant.
153 [d]. De sepultura, ubi non fiat.
154. De praedicatione vel capitulis presbyterorum.
155. De eucharistia.
156. De ampullis [e] duabus in coena Domini habendis.
157. De decimis et nonis.
158. De festivitatibus in anno.
159. De ammonitione sacerdotum
160. De praedicatione ad plebem
161. De ebrietate.
162. De admonitione ad omnes.

NOTÆ.

[a] Cod. 1, a quibus per ecclesias constituantur.
[b] Ibid., qualiter per.
[c] Deest G hic et in textu.
[d] Cod. 3 omittit hæc duo capp., sed non i\ textu.
[e] G., tribus, ut in textu.

INCIPIT [1] PRAEFATIO DOMNI KAROLI IMPERATORIS [2].

Regnante domino nostro Iesu Christo in perpetuum [3]. Ego Karolus, gratia Dei eiusque misericordia donante rex et rector regni Francorum et devotus sanctae aecclesiae defensor humilisque adiutor, omnibus ecclesiasticae pietatis [4] ordinibus seu secularis [5] potentiae dignitatibus in Christo domino [6] Deo aeterno perpetuae pacis et beatitudinis salutem. Considerans pacifico piae [7] mentis intuitu una cum sacerdotibus et consiliariis nostris abundantem in nos nostrumque populum Christi regis clementiam, et quam necessarium est, non solum toto corde et ore eius pietati agere gratias incessanter, sed etiam continua bonorum operum exercitatione [8] eius insistere laudibus; quatenus qui nostro regno tantos contulit honores, sua protectione nos nostrumque regnum [9] in aeternum conservare dignetur [10]. Quapropter placuit nobis vestram rogare solertiam, o pastores aecclesiarum Christi et ductores [11] gregis [12] eius, et clarissima mundi luminaria [13], ut vigili cura et sedula ammonitione populum Dei per pascua vitae aeternae ducere [14] studeatis; et errantes oves bonorum [15] exemplo operum seu adhortationis [16] humeris intra [17] aecclesiasticae firmitatis muros reportare satagite [18], ne lupus insidians aliquem canonicas sanctiones transgredientem vel paternas traditiones universalium conciliorum excedentem, quod absit, inveniens devoret. Ideo magnae devotionis studio ammonendi et adhortandi sunt, immo compellendi, ut firma fi e et infatigabili perseverantia intra paternas sanc iones se contineant. In quo operis studio sciat certi sime [19] sanctitas vestra nostram vobis [20] cooperar [21] diligentiam. Quapropter et nostros ad vos dire imus [22] missos, qui ex nostri nominis auctoritate u a vobiscum corrigerent, quae corrigenda essent. Se et aliqua [23] capitula ex canonicis institutionibus, uae magis vobis necessaria videbantur, subiunxim s. Ne [24] aliquis, quaeso, huius pietatis ammonitio em esse praesumptiosam iudicet [25], qua [26] nos erra a corrigere, superflua abscidere, recta coarctare stu emus [27], sed magis benivolo caritatis animo suscipi t. Nam legimus in regnorum libris, quomodo sanctu [28] Iosias regnum sibi a Deo datum circumeundo [29]; rrigendo [30], ammonendo, ad cultum veri Dei stud it revocare. Non ut me eius sanctitati aequipera lem faciam, sed quod nobis sint ubique sanctorum mper [31] exempla exsequenda [32], et quoscumque po erimus, ad studium bonae vitae in laudem et in glo iam domini nostri Iesu Christi congregare necesse st. Quapropter, ut praediximus, aliqua capitula n arc iussimus, ut simul haec eadem vos ammonere udeatis, et quaecumque vobis [33] alia necessaria esse [34] scitis, ut et ista et illa aequali intentione praedic tis; nec aliquid, quod vestrae sanctitati populoque D i utile [35] videtur, amittite [36], ut [37] pio studio non ammo-

VARIANTES LECTIONES.

[1] deest 1. 2. explicit pr. 1*. [2] deest 1. regis 6. totum hoc deest B. [3] haec omnia desunt 3. [4] aeta is 6. pietatibus 1*. [5] secularibus 3. [6] d. nostro 1* 2. [7] deest 3. [8] Hic incipit 5. [9] deest B. [10] dignatur [11] doctores 2 b. 3. 4. B. G. [12] legis 3. [13] lunaria B. [14] pascere 2. b. [15] per bonorum exempla G. [16] adhortationem. 3. G. [17] inter 4. [18] sic 1. 1*. 2 b. 5. 3. B. satagatis 2. 4. 6. G. Bal. [19] certissima 3. [20] nobis B. G. [21] operari 3. [22] dixerimus 5. [23] alia 1. [24] Nae 3. nec B. [25] videlicet G. [26] que B. [27] s dcamus (deleto a) 1* Bal. [28] deest. 3. [29] circueundo 2. 3. 4. 5. B. [30] corrigere 6. [31] deest 4. [32] seque da 2. [33] deest 4. [34] sint 6. [35] deest 3. [36] amittere B. amittatis 1*. 2. 6. G. Bal. [37] quin 2 b. et ut 1*. [38] dees 1. 6. abrasum est 5 deletum 1*.

neatis; quatenus ut [1] et vestra solertia et subiecto- A *Explicit* [3] *praefatio domni* [4] *Karoli praeclarissimi* rum [2] obedientia aeterna felicitate ab omnipotente *imperatoris.*
Deo remuneretur.

VARIANTES LECTIONES.

[1] *deest*1*. 3. 4. G. ut—vestra *deest* B. [2] subditorum 3. [3] incipit *corr.* explicit G. [4] d. k. p. . desunt 1. 1*. Totum deest 5. B. praecl. deest 5.

INCIPIUNT CAPITULA SUPRASCRIPTA ET EORUM TEXTUS.

1. [a] *De his qui ab episcopo proprio excommunicantur.* Sunt enim aliqui [1], qui culpis exigentibus ab episcopo proprio excommunicantur, et ab aliis ecclesiasticis vel laicis praesumptiose [2] in communionem accipiuntur. Quod omnino [3] sanctum Nicaenum [4] concilium, simul et Chalcedonense [5], necnon et [5*] Antiochenum atque Sardicense, fieri prohibent [6].

2. *De his qui ad ordinandum veniunt.* Ita enim [7] habetur in eodem concilio, ut eorum, qui ad ordinandum veniunt, fides et vita prius ab episcopo diligenter discutiatur [8] et postea ordinentur.

3. *De clericis fugitivis et peregrinis.* Item in eodem concilio, necnon et in [9] Antiocheno [10], simul [11] et in Chalcedonensi, ut fugitivi clerici et peregrini a B nullo recipiantur nec ordinentur [12] sine commendatitiis litteris et [13] sui episcopi vel abbatis licentia.

4. *De presbyteris, diaconibus, vel his qui in clero sunt.* Item in eadem [14] sinodo interdictum est presbyteris et diaconibus vel omnibus qui in clero sunt, mulierem non [15] habere in domo sua, propter suspicionem, nisi matrem aut sororem, vel eas tantum personas quae suspiciones effugiunt.

5. *De usuris* [16]. Item in eodem concilio seu in decretis papae Leonis, necnon et in canonibus qui dicuntur apostolorum, sicut et in lege Dominus ipse praecepit, omnino omnibus [17] interdictum est ad usuram [18] aliquid dare.

6. *De presbyteris quando missam celebrant.* Auditum est, aliquos [19] presbyteros missam celebrare et C non communicare. Quod omnino in canonibus apostolorum interdictum esse legitur. Vel quomodo discere recte [20] potest, si non communicaverit [21] : *Sumpsimus, Domine, sacramenta?*

7. *De his qui a sinodo vel a suo episcopo damnentur.* Haec vero per singula capitula in statutis Nicaeni concilii legere potestis, seu in aliis sanctorum patrum sinodalibus edictis, et [22] in Antiocheno concilio, quod his [23] qui damnati sunt a. synodo vel a suo episcopo et postea ministrare praesumunt, praecipitur, ut nullus audeat eis [24] communicare. Si quis vero communicat, simili sententia [25] subiaceat, sicut et dampnatus [26].

8. *De suffraganeis episcopis.* Item in eodem concilio, ut ad metropolitanum episcopum suffraganei respiciant, et nihil novi audeant facere in suis parrochiis [27] sine conscientia et consilio [28] sui [29] metropolitani, nec metropolitanus sine eorum consilio.

9. *De corepiscopis* [30]. Item in eodem concilio, simul et in Ancyronensi, ut corepiscopi cognoscant modum suum, et nihil faciant absque [31] licentia episcopi in cuius parrochia habitant.

10. *De episcopis vel quibuslibet ex clero* [32]. Item in eodem concilio, ut episcopus vel quilibet ex clero sine consilio vel litteris episcoporum vel metropolitani non audeant [33] regalem dignitatem [34] pro suis causis clamare, sed in communi episcoporum concilio causa [35] examinetur.

11. *De ordinationibus vel quibuslibet negotiis* [36]. Item in eodem concilio, simul et in Sardicensi [37], necnon et in decretis Innocentii papae, ut nullus episcopus in alterius parrochia ordinationes aliquas audeat facere, vel negotia peragere quae ad eum non pertinent.

12. *De cura episcoporum* [38]. Item in eodem con-

VARIANTES LECTIONES.

[1] *haec tria desunt* 3. [2] presumtione 3. [3] *deest* 3. [4] nichenum 5. 6. [5] calcedonense 3. chalched. const. 1*. [5*] *deest* 3. [6] prohibuit 4. [7] Item *Rem. Sangall. Par.* [8] discutiantur *B. Bal.* [9] *deest* 1* B. [10] anticeno B. [11] *deest*. 1. [12] n. o. *deest*. 3. [13] *deest* 3. [14] eodem 3. 5. [15] *deest Sangall.* HLD. [16] furtis 5. [17] *deest* 3. [18] a. u. *desunt* 1*. [19] aliquando G. [20] *deest* 3. 6. [21] communicaverint. 3. B. [22] *deest* 1* B. [23] hi B. [24] *deest* 6. *Bal.* [25] sententiae 3. 6. *Bal.* [26] sicut et d. *desunt* 6. [27] paroechiis *B. saepius.* [28] et cons. *deest* G. *Colb. Thu. Sang. Reg.* [29] *deest* 3. [30] hoc c. post sequens *exhibet* G. [31] sine 4. 6. [32] negotiis B. [33] audeat 1* [34] regali dignitati 3. [35] com. consilio ep. causa 3. communioni B. c. eius ex. 4. [36] B. habet de cura episcoporum. [37] sardinensi 4. [38] de provincialis epis. *B.*

NOTÆ.

[a] Ante hoc caput Codices Rhem. B. 4628 A exhibent (*Novell.* 125, 17) : « [*] Si servus clericus fiat. Si servus sciente et non contradicente domino in clero sortitus sit, ex hoc ipso [**] liber et ingenuus fiat. Si enim ignorante domino consecratio facta [***] fuerit, liceat domino intra annum tantum conditionem probare, et proprium servum recipere. Si autem [****] sciente vel ignorante domino secundum ea quae diximus, ex ipso honore clericatus libertatem meritus, postea ecclesiasticum ministerium reliquerit et ad laicorum vitam transierit, domino suo in servitio tradatur. »

Cui Rhem. praemittit : « Si quis de conventione ulla aliquem interpellaverit, non per postremas aut adjacentes, sed per primarias rationes, juxta quod in primis res facta se habuit tractetur. Quod si testes legitimi adfuerunt conventioni, juxta testimonium eorum maxime, non aliis posterioribus occasionibus quae per primam stipulationem quod factum est, oportet definiri.

---

[*] Haec verba, *Si servus clericus fiat,* desunt 4628 A.
[**] Haec ver a, *Liber et,* desunt 4628 A.
[***] B., *fuerat.*
[****] 4628 A addit *servus.*

cilio, ut episcopus eius ecclesiae curam habeat, ad quam ordinatus est.

13. *De provincialibus episcopis* [1]. Item in codem concilio, necnon et in Chalcedonensi, ut provinciales episcopi cum suo metropolitano bis in anno propter causas ecclesiae concilia celebrent [2].

14. *De monachis et clericis.* In concilio Laodicensi [3], necnon et in Affricano, praecipitur, ut monachi et [4] clerici tabernas non ingrediantur edendi vel bibendi causa.

15. *De die dominica, qualiter observanda est.* Item in eodem concilio praecipitur, ut a vespera usque ad vesperam dies dominica servetur [5].

16. *De ignotis angelorum nominibus.* Item in eodem concilio praecipitur, ut ignota angelorum [6] nomina nec fingantur nec nominentur, nisi illorum quos habemus in auctoritate. Hi sunt Michael, Gabriel, Raphael [7].

17. *De mulieribus, si* [8] *ad altare accedant.* Item in concilio eodem, quod [9] non oporteat [10] mulieres ad altare ingredi.

18. *De episcopis, ubi non oporteat eos constitui* [11]. Item in eodem concilio, necnon et in Sardicensi [12], quod non oporteat in villulis vel [13] in agris episcopos constituere [14].

19. *De libris canonicis* [15]. Item in eodem concilio, ut canonici libri tantum legantur in ecclesia.

20. *De episcopis ordinandis vel quibuslibet ex clero.* Item in concilio Chalcedonensi, quod [16] non oporteat episcoporum aut quemlibet ex clero per pecunias ordinari. Quia [17] utrique deponendi sunt, et qui ordinat [18] et qui ordinatur, necnon et qui mediator est inter eos. Item de eadem re in canonibus apostolorum : *Si* [a] *quis episcopus aut presbyter aut diaconus per pecunias hanc obtinuerit dignitatem, deiciatur et ipse et ordinator eius, et* [19] *a communione abscidantur* [20].

21. *De maleficis vel incantatoribus.* Item in eodem concilio, ut coclearii [21], malefici, incantatores et incantatrices fieri non sinantur : quos [22] in Simone mago terribiliter Dominus [23] dampnavit [24].

22. *De monachis, clericis et presbyteris.* Item in eodem concilio infra duo capitula, necnon et in decretis Leonis papae, ut nec monachi nec clerici nec presbyteri in secularia negotia transeant.

23. *De servis alterius.* Item [25] in eodem concilio praecipitur [26], ut servum alterius nullus solicitet ad clericalem vel monachicum [27] ordinem sin voluntate et licentia domini [28] sui.

24. *De stabilitate episcoporum vel clericorum* [29]. Item in eodem concilio [30], necnon et in Sardicen i, ut nec episcopi nec clerici transmigrent de ci itate in civitatem.

25. *De presbyteris non absolute ordinandis* Item in eodem [31] sinodo, ut nullus absolute ordine ur et [32] sine pronuntiatione [33] stabilitatis loci ad qu m ordinatur [34].

26. *De proposito monachorum vel clericor m.* Item in eodem concilio, ut clerici et monachi [35] in suo proposito et [36] voto, quod Deo promiserunt, permaneant.

27. *De monachis, qui ad clericatum pro huntur.* Item in decretis Innocentii papae de eadem e [37], ut monachus, si ad clericatum provehatur, pr positum monachicae professionis non amittat [38].

28. *De negotio clericorum inter se* [39]. Item i i eodem concilio, ut si clerici [40] inter se negotium aliquod habuerint, a suo episcopo diiudicentur, non a secularibus.

29. *De conspiratione clericorum vel mon horum.* Item in eodem concilio, ut nec clerici nec ionachi conspirationem vel insidias contra pastore n suum faciant.

30. *De accusatione laicorum contra episcop s.* Item in eodem concilio, ut laici episcopos aut cler cos non accusent, nisi prius eorum discutiatur exi timationis opinio.

31. *De monasteriis Deo dicatis.* Item in e dem, ut loca, quae semel Deo dedicata sunt ut [41] monasteria sint, maneant perpetuo monasteria [42], ec possint ultra fieri secularia habitacula.

32. *De fide sanctae Trinitatis praedicand .* In [43] concilio Carthaginensi. Primo omnium nec sse est, ut fides sanctae Trinitatis, et incarnationis Christi, passionis, resurrectionis et ascensionis in c elos diligenter omnibus praedicetur.

33. *De avaritia.* Item in eodem de prohibe da avaritia, ut nullus alienos fines usurpet vel teri nos patrum transcendat.

34. *De his qui se convertunt ad Deum.* tem in

VARIANTES LECTIONES.

[1] *post sequens caput hoc ponit sed non in indice* 3. B. *qui id cum XV coniungit.* [2] *celebrant* B. laudicensi 1. 1*. B. [4] *vel* 4. [5] *celebretur* 3. [6] anglorum *const.* 3. B. [7] *michahel, gabrihel, raphah* 1*. 4. 6. B. G. [8] *ne* Bal. [9] *precipitur quod* 3. [10] *oportet* 3. [11] *ordinare* B. Bal. [12] s. *dicitur q.* 3. [13] *et* 4. [14] constitui B. (corr. *ex* cstituere) Bal. [15] hoc c. *deest* 6. *in indice capp. eius rubrum sequenti postpo unt.* 1. 2. 2 b. 3. B. G. *post* 20 *ponit* Bal. [16] *ut* 1. [17] *qui praeter* 1. 3. *omnes et* Bal. [18] ordinant B. [19] leest 4. [20] abscidatur 1*. 4. 6. G. [21] cuclearii 1. cocclearii 4. *et (pro ut)* clerici 1*. [22] q. Petrus (*in n rg.*) 1. [23] *deest* 1*. 4. B. t. aecclesia d. 3. [24] dampnatum est. B. quia (*corr. ex* quo) simonem magum (rr. ex mago) ultio divina terribiliter dampnavit 1*. [25] *deest* 3. 4. [26] *deest* 3. [27] monasticum 1*. [28] se ioris 3. [29] G. *hoc caput non habet, sed eius titulum sequenti praefixit.* [30] c. *infra duo capitula* Bal. [31] eade B. G. [32] nec G. [33] praenuntiatione G. [34] ordinetur 3. [35] mon. et cl. 5. [36] *deest* 3. [37] de c. re d sunt 3. [38] admittat B. [39] *hoc caput ante antecedens ponit* 3. *sed non in indice*. [40] c. et monachi G. [41] ut orr. de 1*. si 4. aut m. sunt G. [42] man. p. mon. desunt 1*. [43] item in 1*.

NOTÆ.

[a] Haec desumpta sunt ex canone ipso, non ex cap. anni 789.

eodem [1] de his, qui in periculo constituti sunt et convertunt se ad Deum, ut canonice inquirantur de reconciliatione, et canonice reconcilientur.

35. *De his qui non sunt bonae conversationis.* Item in eodem [2], ut illi qui non sunt bonae conversationis et eorum vita est accusabilis, non audeant episcopos vel maiores natu accusare.

36. *De his qui excommunicato communicaverint.* Item in eodem, ut qui excommunicato praesumptiose [3] communicaverit [4], excommunicetur et ipse.

37. *De subiectione presbyterorum.* Item in eodem concilio infra duo capitula, ut nullus presbyter contra suum episcopum superbire audeat.

38. *De clericis ecclesiastici ordinis.* Item in eodem, ut clerici ecclesiastici ordinis [5], si culpam incurrerint, apud ecclesiasticos iudicentur, non apud seculares.

39. *De virginibus Deo dicatis.* n.[6] concilio Affricano praecipitur, ut virgines Deo consecratae a gravioribus personis diligenti custodia serventur.

40. *De principali cathedra episcoporum.* Item in eodem, ut non liceat episcopo principalem cathedram suae parrochiae neglegere [7], et aliquam ecclesiam in sua diocesi magis frequentare.

41. *De falsis nominibus sanctorum.* Item in eodem, ut falsa nomina martyrum [8] et incertae sanctorum memoriae non venerentur.

42. *De uxore a viro dimissa.* Item in eodem [9], ut nec uxor a viro dimissa alium accipiat virum vivente viro suo, nec vir aliam accipiat vivente uxore priore.

43. *De iudicibus a metropolitano probatis.* Item in eodem, ut probati a metropolitano iudices non spernantur.

44. *De accusatione vilium personarum.* Item in eodem infra duo capitula, ut viles personae non habeant potestatem accusandi. Et [10] si in primo crimine victi sunt falsum dicere, in secundo non habeant potestatem dicendi.

45. *De virginibus velandis.* Item in eodem, ut [11] virgines non velentur ante annos, nisi rationabili necessitate cogente.

46 [12]. *De oblatis pauperum.* In concilio Gangrensi [13], ut nulli liceat oblata quae ad pauperes pertinent rapere vel fraudare.

47. *De ieiuniis a sacerdotibus constitutis.* Item in eodem, ut ecclesiastica a sacerdotibus ieiunia constituta sine [14] necessitate rationabili non solvantur.

48. *De his qui contra naturam peccant.* In concilio Ancyronensi [15]: Inventi sunt inter vos qui cum [16] quadrupedibus vel masculis contra naturam peccant.

49. Qui [17] dura et districta poenitentia coercendi sunt. Quapropter episcopi et presbyteri, a quibus iudicium poenitentiae iniungitur, conentur omnimodis hoc malum a consuetudine prohibere vel abscidere.

49. *De presbyteris, quo tempore ordinentur.* In concilio Neocaesariensi [18], ut nullatenus [19] presbyter ordinetur ante trigesimum aetatis suae annum; quia dominus Iesus Christus non praedicavit ante trigesimum annum.

50. *De pace danda.* In decretalibus Innocentii papae, ut pax detur ab omnibus, confectis [20] Christi sacramentis.

51. *De sponsa alterius.* In decretalibus Syrici [21] papae, ut alterius sponsam nemo accipiat.

52. *De nominibus recitandis.* Item eiusdem [22], ut nomina publice non recitentur ante preces sacerdotales.

53. *De canonum institutis a presbyteris non ignorandis.* Item eiusdem, ut nulli sacerdoti [23] liceat ignorare [24] sanctorum canonum instituta.

54. *De clericis alterius episcopi.* In decretis Leonis papae sancitum est, et in Sardicensi concilio, ut episcopus alterius clericum ad [25] se [25*] non [26] sollicitet nec ordinet.

55. *De servis alterius.* Item eiusdem, ut nullus episcopus servum alterius ad clericatus officium sine domini sui voluntate promovere praesumat. Et [27] hoc Gangrense [28] concilium prohibet.

56. *De sacerdotibus contra decretalia agentibus.* Item eiusdem, ut si quis sacerdotum contra constituta decretalia praesumptiose agat, et corrigi nolens [29], ab officio suo submoveatur.

57. *De viduis, a quibus non velentur.* In decretis Gelasii papae, ut nullus episcopus viduas velare praesumat.

58. *De fide catholica et primo praecepto legis.* Primo omnium admonemus, ut fides catholica ab episcopis et presbyteris diligenter legatur omni populo praediceturque [30] hoc [31] primum praeceptum domini Dei omnipotentis in [32] lege : Audi, Israel, quia dominus, Deus tuus, deus unus est : et ut ille diligatur ex toto corde, et ex tota mente, et ex tota anima, et ex tota virtute.

59. *De pace et concordia servanda.* Ut [33] pax sit et concordia et unanimitas cum omni populo christiano inter episcopos, abbates, comites, iudices et omnes ubique seu maiores seu minores personas [34] : quia nihil Deo sine pace placet, nec munus sanctae oblationis ad altare, sicut in euangelio ipso Domino praecipiente legimus. Et ut est illud secundum man-

---

VARIANTES LECTIONES.

[1] e. concilio 3.'. [2] e. concilio 3. 6. [3] deest 3. [4] communicaverint B. [5] u clericorum ordines 5. [6] item in 3. [7] relinquere 5. [8] m. sanctorum 5. [9] G. incipit: Decretum est, ut. [10] aut 1. 1'. 4. ut B. et ut si G. 6. (?) Bal. [11] deest. 1'. [12] Item in 3. [13] gangarensi 4. constanter. [14] nisi G. [15] a quicumque (suprascriptum) i 1'. [16] c. consanguineis aut q. G. [17] deest 1. 1'. B. hi sunt 3. [18] necaeriensi 1'. [19] nullus 3. [20] consecutis G. [21] syricii 1'. 4. B. ciricii 3. [22] in eodem 3. est Innocentii c. 2. v. supra 789. Eccl. c. 54. [23] sacerdotum 3. 4. sacerdotae B. [24] ignorari 1. [25] deest 3. [25*] deest B. [26] c. p. desunt 3. [28] grangense G. [29] agens corrigi noluerit. G. Bal. [30] correctum praedicetur quod h. p. p. d. d. o. i. l. est 1. [31] l., et o. p. predicetur, quia hoc 5. 6. G. (omnique) Bal. l: o. p. non iudicetur, quia hoc B. [32] lest in 3. 6. B. G. Bal. [33] et ut 1'. Praecipimus, ut G. [34] s. m. p. desunt 3.

datum in lege: *Diliges proximum tuum sicut te ipsum* [1]. Item in euangelio: *Beati pacifici, quoniam filii Dei vocabuntur*. Et iterum: *In hoc cognoscent omnes, quia mei* [2] *discipuli estis, si dilectionem habueritis ad* [3] *invicem*. In hoc enim [4] praecepto discernuntur filii Dei et filii diaboli, quia filii diaboli semper dissensiones et discordias movere satagunt, filii autem Dei semper paci et dilectioni student.

60. *De iudicibus*. Ut [5] quibus data est potestas iudicandi, iuste [6] iudicent, sicut [7] scriptum est: *Iuste iudicate, filii hominum*. Non in muneribus, quia munera excoecant corda prudentium et subvertunt verba [8] iustorum. Non in adolatione [9], nec in consideratione personae, sicut in deuteronomio dictum est: *Quod iustum est iudicate; sive civis sit ille, sive peregrinus, nulla sit distantia personarum; quia Dei iudicium est*. Primo [a] namque in iudicio diligenter discernatur lex a sapientibus populi composita, ne per ignorantiam a via veritatis erret. Et dum ille rectum intelligit iudicium, caveat, ne [10] declinet aut per adulationem aliquorum, aut per amorem cuiuslibet amici, aut per timorem alicuius potentis [11], aut propter praemium, a recto iudicio. Rectum [b] autem et honestum videtur, ut iudices ieiuni causas audiant et discernant.

61. *De periuriis*. Habemus in lege, Domino praecipiente: *Non periurabis in nomine meo, nec pollues nomen Dei tui, et ne* [12] *assumes nomen domini Dei tui in vanum* [13]. Ideo omnino ammonendi sunt omnes diligenter, ut caveant periurium, non solum in sancto euangelio vel in altari, seu [14] in sanctorum reliquiis, sed et [15] in communi loquela. Quia sunt aliqui qui per caritatem et veritatem iurant, et cavent [16] se [17] a iuramento nominis [18] Dei, et nesciunt [19], quod idem est Deus quod est caritas et veritas, dicente [20] Iohanne apostolo, quia *Deus caritas est*. Item ipse Dominus in euangelio: *Ego sum via et veritas*. Ideo qui in veritate et caritate iurat, in Deo iurat. Item cavendum est, ne pharisaica superstitione aliquis plus aurum honoret, quam altare, ne dicat ei Dominus: *Stulte et coece, quid est* [21] *maius, aurum an altare, quod sanctificat aurum?* Sed et nobis honestum videtur, ut qui in sanctis habet [22] iurare, hoc ieiunus faciat cum omni honestate et timore Dei. Et [23] sciat se rationem redditurum Deo unusquisque vestrum, ubicumque sit, sive intra ecclesiam, sive extra ecclesiam. Et ut parvuli, qui sine

A rationabili aetate sunt, non cogantur iura. Et qui semel periuratus fuerit, nec testis sit post haec, nec ad sacramentum accedat, nec in sua causa [4] vel alterius iurator existat.

62. *De auguriis vel aliis maleficiis*. Habemus in lege Domini mandatum: *Non auguriamini* [25]; e in deuteronomio: *Nemo sit* [26], *qui ariolos sciscit* ur [27], *vel somnia observet, vel auguria* [28] *intendat*. Ite: *Nemo sit maleficus, nec incantator, nec phitonis* [29] *consultor* [30]. Ideo praecipimus, ut nec cauculatores [1] et [32] incantatores, nec tempestarii [33] vel obligat es fiant; et ubicumque sunt [34], emendentur vel d mnentur. Item de arboribus vel petris vel [35] fontibu, ubi aliqui stulti luminaria vel alias observatione faciunt, omnino mandamus, ut iste pessimus us s et Deo execrabilis ubicumque invenitur, tollatur [36] et destruatur.

63. *De odio vel invidia*. Praedicari [37] ne esse est, quantum malum sit odium vel invidia. In ge enim scriptum est: *Non* [38] *oderis fratrem tuum in orde tuo, sed publice argue eum*. Item Iohannes euang lista: *Qui odit fratrem suum, homicida est*. Item in e angelio: *Si peccaverit in te frater tuus, vade et corrip eum inter te et ipsum solum*; et reliqua [39].

64. *Item de avaritia et concupiscentia*. e [40] avaritia autem apostolum legimus dicentem: *Avaritia, quae est idolorum servitus* [41], *cavenda*. e concupiscentia vero legitur, quod radix sit om ium malorum; et in lege: *Non concupisces rem pr ximi tui*.

65. *De honore parentum*. Hoc [42] cum ma o studio ammonendum est, ut filii honorent paren s suos; quia ipse Dominus dicit: *Honora patrem tuum et matrem tuam, ut sis longaevus super terram, quam dominus Deus tuus dabit tibi*.

66. *De fide presbyterorum ab episcopis iscutienda*. Ut episcopi diligenter discutiant per su s parrechias presbyterorum fidem, baptisma cath licum, et missarum celebrationes [43], ut fidem recta teneant, et baptisma catholicum observent, et miss rum preces bene intellegant, et [44] ut psalmi digne ecundum divisiones versuum modulentur, et [45] d minicam orationem ipsi intellegant et omnibus prae icent intellegendam, ut quisque sciat quid petat Deo. Et ut *Gloria Patri* cum omni [46] honore ap d omnes cantetur; et ipse sacerdos cum sanctis an lis et populo Dei communi [47] voce *Sanctus, Sanctu , Sanctus* decantet. Et omnimodis dicendum est pres yteris et

VARIANTES LECTIONES.

[1] temetipsum *(adiecto* met) 1*. [2] meis estis d. 3. [3] in 3. [4] deest 4. [5] Iubemus ut G. [6] deest 4. [7] deest. 1. [8] corda G. v. vel corda i. 3. [9] ita 1. in marg.; adulationem B.; oblatione 1. 3. 4. 6 G. [10] i. nec d. 3. [11] potestatis 3. [12] nec 3. 4. abrasum est c. in 1. [13] vacuum G. [14] vel 3. [15] deest 1. 4 G. [16] i. ut caveant a 1*. non caveant G. [17] deest 3. [18] deest B. [19] dei nescientes 3. [20] dicente.... verita desunt 3. [21] deest 1*. enim 4. st. ecce quidem m. G. [22] audet Vat. 1. Met. Camb. [23] ut 3. [24] lege 3. [25] augurietis 3. [26] s. homo q. 3. [27] sisitetur B. suscitet G. sciscitet 1*. [28] ad a. 1. B. [29] inphitonis 1*. fitonis 3. B. G. phitonum 4. [30] consulator 4. Reg. Trec. Til. Thu. Sang. [31] auguriatores G. Reg. Trec. Ba [32] nec. 6. B. G. Bal. [33] intempestarii G. [34] sint. 1. [35] p. v. desunt Bal. [36] extollatur B. [37] predicare 3. 4. G. [38] ne 1*. 3. [39] e. r. desunt 3. Met. [40] Item de 4. [41] s. est valde c. G. [42] haec B. [43] sollemnia si f. 3. [44] i. si psalmos d. et s. 3. et ut... intellegant desunt G. [45] si 3. [46] deest 1. G. [47] cum una 1. 1*. 4. una 3. B.

NOTÆ.

[a] H.rc differunt a cap. 789, eccl., c. 62.

[b] Diversa a cap. 789, 62.

diaconibus, ut arma non portent, sed magis condant in defensione [1] Dei quam in armis [2].

67. De honore ecclesiae. Placuit nobis ammonere, ut unusquisque episcopus videat [3] per suam parrochiam, ut ecclesia Dei suum habeat honorem, simul et altaria [4] secundum suam dignitatem venerentur, et non [5] sit domus Dei et altaria sacrata pervia canibus. Et ut vasa sacrata Deo magna veneratione habeantur. Et ut sacrificia sanctificata [6] cum magna diligentia ab eis colligantur qui digni sunt, et cum [7] honore serviant [8]. Et ut secularia negotia vel vaniloquia in ecclesiis non agantur: quia domus Dei domus orationis debet esse, non spelunca latronum. Et intentos habeant animos [9] ad Deum, quando veniunt ad missarum sollemnia, et ut non exeant ante completionem benedictionis [10] sacerdotalis.

68. De ministris altaris, et de scola. Sed et hoc [11] flagitamus vestram almitatem [12], ut ministri altaris Dei suum ministerium bonis moribus ornent, seu [13] alii canonici observent eorum ordines, vel [14] monachi propositum consecrationis. Obsecramus, ut bonam et probabilem habeant conversationem, sicut ipse Dominus in euangelio praecepit: *Sic luceat lux vestra coram hominibus, ut* [15] *videant opera vestra bona* [16], *et glorificent patrem vestrum, qui in coelis est:* ut eorum bona conversatione multi protrahantur [17] ad servitium Dei. Et non solum servilis conditionis infantes, sed etiam ingenuorum filios aggreget sibique societ. Et ut scolae legentium puerorum fiant; psalmos, notas, cantus, compotum, grammaticam per singula monasteria [18] vel episcopias [19], et libros catholicos bene emendate [20]; quia saepe dum [21] bene aliquid Deum rogare cupiunt, sed [22] per inemendatos libros male rogant. Et pueros vestros non sinite eos [23] vel legendo vel scribendo corrumpere. Et si opus est euangelium et psalterium et [24] missale scribere, perfectae aetatis homines scribant cum omni diligentia.

69. De voto monachorum et de clericatu. Simul et hoc rogare curavimus, ut omnes ubicumque qui se voto monachicae vitae constrinxerunt [25], monachice [26] et [27] regulariter omnimodis secundum votum suum vivant, secundum quod scriptum est: *Vota vestra reddite domino Deo vestro.* Et iterum: *Melius est non vovere, quam vovere et* [28] *non reddere.* Et

A ut ad monasteria venientes, secundum regularem ordinem primo in pulsatorio probentur, et sic accipiantur. Et qui ex seculari habitu in monasteria veniunt, non statim foras ad ministeria monasterii mittantur, antequam intus bene erudiantur [29]. Et ut monachi ad secularia placita non vadant [30]. Similiter qui ad clericatum accedunt, quod nos nominamus canonicam vitam, volumus [31] ut illi [32] canonice [33] secundum suam regulam omnimodis vivant. Et [34] episcopus eorum regat vitam, sicut abba monachorum.

70. De susceptione hospitum. Venerabile enim [35] videtur, ut hospites, et peregrini, et pauperes [36] susceptiones regulares et canonici [37] per loca diversa habeant; quia ipse Dominus dicturus [38] erit in remuneratione [39] magni diei: *Hospes eram, et suscepistis* B *me.* Et apostolus [40] hospitalitatem laudans dixit: *Per hanc quidam placuerunt Deo* [41], *angelis hospitio susceptis*

71. De abbatissis contra morem ecclesiae Dei facientibus. Auditum est, aliquas abbatissas contra morem [42] sanctae Dei [43] ecclesiae benedictiones et manus impositiones et signacula sanctae crucis super capita virorum dare, necnon et velare virgines cum benedictione sacerdotali. Quod omnino a vobis, sanctissimi patres, in vestris parrochiis illis interdicendum esse scitote.

72. De clericis qui se fingunt esse monachos. Ut illi clerici qui se fingunt habitu vel nomine monachos esse, et non sunt, omnimodis videtur [44] corrigendos atque emendandos esse, ut vel [45] veri monachi sint C vel veri canonici.

73. De pseudographiis et dubiis narrationibus. Pseudographiae [46] et dubiae narrationes, vel quae omnino contra fidem catholicam sunt, ut epistola pessima et falsissima, quam transacto anno dicebant aliqui errantes et in errorem alios mittentes quod de coelo cecidisset, nec [47] credantur nec legantur, sed comburantur [48], ne in errorem pro tali scripto populus mittatur. Sed [49] soli canonici libri, et catholici tractatus, et sanctorum auctoritas [50] et dicta legantur et tradantur.

74. De cantu Romano a monachis peragendo. Monachi ut cantum Romanum pleniter et ordinabiliter per nocturnale vel gradale officium peragant, secun- D dum quod beatae memoriae [51] genitor noster Pippinus rex decertavit [52] ut fieret, quando Gallicanum

---

VARIANTES LECTIONES.

oratione 6. *Bal.* [2] armorum *B.* [3] praevideat *G.* [4] altaria ... Dei et *desunt* 1*. *et post* sacrata *suprascriptum est* non sint. [5] non sit ... sacrata *desunt* 6. [6] sacrata. *G.* [7] cum omni 3. [8] serventur 3. 6. *G. Bal.* [9] homines *Pith. Rem. Paris.* [10] benedictionum (sac. *deest.*) 3. [11] s. e. h. *desunt G.* [12] altitudinem 4. 6. [13] et *G.* [14] atque *G.* [15] ut ... est *deest* 3. [16] *deest* 1. *B.* [17] adtrahantur *G.* [18] monstrant ut episcopias et l. *B.* [19] discant, sed et *G. Bal.* [20] emendatos 3. 6. emendent *B.* emendatos habeant *Bal.* [21] quidam 3. [22] *deest* 1*. 4. *B. Bal.* [23] *deest* 3. [24] vel 3. *deest B.* [25] constrinxerint 3. *B. Bal.* [26] monastice 3. monachi 1*, 4. *G.* [27] ut 3. [28] *deest* 3. [29] enutriantur *Sang.* 1. [30] veniant 4. [31] *deest.* 4. [32] *deest* 3. [33] canonici *B.* [34] ut 3. [35] *deest* 3. [36] hospitum, peregrinorum et pauperum 1*. *Rem. Pith. Paris.* [37] canonicas 3. *Capit.* 789. [38] dicit: hospes (rel. *desunt*) 3. [39] rememoratione 1*. [40] ap. per hanc, inquit, plac. quid. 3. [41] d. et angelis eius 6. [42] amorem *B.* [43] *deest.* 3. [44] o. corrigantur atque emendentur 4. *G. Reg. Bell. Colb. Trec. Sang. Camb.* [45] utilitatem 4. 1*. *B.* aut v. m. aut v. c. s. 3. [46] pseudografe 4. *Reg. Trec. Bal.* [47] et nec 1. [48] comburentur 4. [49] sed ... sanctorum *G. hic omissa interposuit c.* 75. *post* persolvatur. [50] auctoritates *B.* a. edicta 1*. [51] b. m. *desunt Bal.* [52] decrevit 3. *Met.*

cantum [1] tulit ob unanimitatem apostolicae sedis et sanctae Dei aecclesiae pacificam concordiam.

75. *De operibus servilibus, quae diebus dominicis non sunt agenda.* Statuimus quoque secundum quod in lege Dominus praecepit, ut opera servilia diebus dominicis non agantur, sicut et bonae memoriae genitor meus in suis sinodalibus edictis mandavit, quod [2] nec viri ruralia exerceant [3], nec in vinea colenda [4], nec in campis arando, nec in metendo [5], vel foenum secando, vel sepem ponendo [6], nec in silvis stirpando, vel arbores caedere [7], vel in petris laborare, nec domos struere; nec [8] in horto laborent [9], nec ad placita conveniant, nec venationes exerceant. Sed [10] tria carraria [11] opera licet fieri in die dominico, id est hostilia [12] carra vel victualia, et si forte necesse erit corpus cuiuslibet duci ad sepulchrum. Item feminae opera textrilia non faciant, nec capulent vestitos, nec consuant [13] vel acupictile [14] faciant [15], nec lanam capere, nec linum battere, nec in publico vestimenta lavare, nec berbices tondere habeant licitum; ut omnimodis bonorum [16] requies die dominico persolvatur [17]. Sed ad missarum sollemnia ad ecclesiam undique conveniant, et laudent Deum pro omnibus bonis, quae nobis in illa die fecit.

76. *De praedicatione episcopi vel presbiterorum.* Sed et vestrum [18] videndum est, dilectissimi et venerabiles pastores et rectores ecclesiarum Dei, ut presbiteri, quos mittitis per parrochias vestras ad regendum et praedicandum per ecclesias populum Deo servientem, ut [19] recte et honeste praedicent; et non sinatis nova vel non [20] canonica aliquos ex suo sensu, et non secundum scripturas sacras fingere et praedicare populo. Sed et vosmetipsi utilia honeste [21] et recte, et quae ad vitam ducunt [22] aeternam praedicate, aliosque instruite, ut haec eadem [23] praedicent. Primo omnium praedicandum est omnibus generaliter, ut credant Patrem et Filium et Spiritum sanctum unum esse Deum omnipotentem, aeternum, invisibilem, qui creavit coelum et terram, mare et omnia quae in eis sunt; et unam esse deitatem et substantiam et maiestatem [24] in tribus personis Patris et Filii et Spiritus sancti. Item praedicandum est, quomodo filius Dei incarnatus est de Spiritu sancto et Maria semper virgine pro salute et reparatione [25] humani generis, passus, sepultus, et

A tertia die resurrexit et [26] ascendit in coelos, et quomodo iterum venturus sit in [27] maiesta e divina iudicare omnes homines secundum merita p opria, et quomodo impii propter [28] scelera sua cum diabolo in ignem aeternum mittentur, et iusti cum hristo et cum sanctis angelis suis in vitam aeternam: I em [29] diligenter praedicandum est, se [30] resurrectio em mortuorum [31] accepturos. Item cum omni iligentia cunctis praedicandum est, pro quibus crimi ibus deponuntur [32] cum diabolo in aeternum su plicium. Legimus enim apostolo dicente: *Manifesta s nt opera carnis quae sunt fornicatio, immunditia, lux ria, idolorum servitus, veneficia, inimicitiae, con entiones, aemulationes, animositates, irae, rixae, dis ensiones, haereses, sectae, invidiae, homicidia, ebrieta es, com-*

B *messationes et his similia, quae praedico v bis sicut praedixi, quoniam* [33] *qui talia agunt, regnu i Dei non consequuntur.* Ideo haec eadem, quae magi us praedicator ecclesiae Dei singillatim nomina it, cum omni studio prohibeantur; intellegentes, uam sit terribile illud quod dixit, *quoniam qui tal agunt, regnum Dei non possidebunt* [34]. Sed et om i instantia [35] ammonete eos de dilectione Dei et pr ximi, de fide et spe in Deo, de humilitate et pati ntia, de castitate et continentia, de benignitate et isericordia, de eleemosinis et confessione peccato um suorum, et ut debitoribus suis secundum d minicam orationem sua debita dimittant, scientes c rtissime, quod [36] qui talia agunt, regnum Dei possid bunt. Et hoc ideo diligentius iniungimus vestrae cari ati, quia

C scimus temporibus novissimis pseudodoc res esse venturos; sicut ipse Dominus in euangelio. raedixit, et apostolus Paulus ad Timotheum testatu Ideo dilectissimi, toto corde praeparemus nos i scientia veritatis, ut possimus contradicentibus ve itati resistere, et divina donante gratia verbum D i crescat et currat et multiplicetur in profectum san ae [37] Dei ecclesiae et salutem animarum nostrarum t [38] laudem et gloriam nominis [39] domini nostri Ies Christi. Pax praedicantibus, gratia [40] obedient us, gloria [41] domino nostro Iesu Christo. Amen.

77. *De rebus ecclesiae.* Qui iuxta sancto um patrum traditionem novimus res ecclesiae vot [42] esse fidelium, pretia peccatorum et patrimonia p uperum,

D cuique [43] non solum habita conservare, ver etiam

VARIANTES LECTIONES.

[1] *acest.* 1*. [2] *ut* 4. G. [3] *ex. opera* 6. G. Bal. [4] *colendo* 4. G. *nec vineam colendam* G. n. v. col ndo *Bal.* [5] *metente* 1. [6] *sepe componendo* B. [7] *cedendo* B. [8] n. d. st. nec in h. l. *desunt* 5. [9] *laborant* B *laborare* 6. G. Bal. [10] *et* 5. 6. B. [11] *deest* G. [12] h. corr. hostialia 1. ostilia *corr.* ostilicia 5. hostialia 6 [13] *consuent* 1*. [14] *hanc lectionem ex Cap.* 789. *Eccl. iam restituit Baluzius* acupulae *corr.* acupicilae 1. acup culae 1*. 3. 6. G. *ita vel* acupicule *novem codd. Bal.* acupicula B. Par. Met. Rem. acubiculae 4. aucupicula *Bal.* acupiculae *Camb.* apicule *Sang.* 1. apicula *Pith.* acupicale *Norm.* aliquapictile *Sang.* 2 [15] *stc.* 1*. *. Bal. et Cap.* 789. *fiant rell. et fere omnes Bal.* [16] *ita nostri et* 12 *codd. Baluzii*; honor et r. *Bal.* * [17] *perso antur* 4. *persolvat* 5. [18] *hoc vobis vid.* 1. 3. summopere vobis G. [19] s. recte praed. 5. [20] *deest* 5. [21] ut, et onesta et quae recte ad 5. [22] *ducant* B. [23] e. et ipsi p. 3. G. Bal. [24] *deest* 5. [25] *redemptione* 6. [26] *deest* 1*. [27] *et* G. [28] *secundum* 1*. [29] *idem* 4. [30] *de Bal.* se usque est *desunt* 3. [31] m. ut sciant et edant in iisdem corporibus praemia meritorum acc. *Bal. ex Cap.* 789. [32] *deponentur* 1. [33] *quoniam ... con* equuntur *deest* B. [34] *consequentur* 5. *Bal.* [35] *studio* 6. i. et a. 1*. [36] *quoniam* q. t. non a. r. d. non p. 5. [37] *deest* 5. [38] *ad* 3. [39] *deest* 4. [40] *gloria* 3. B. [41] *laus* 3. [42] *uota corr.* vitam 1. uitam 4. G. vita 6. [43] un uiuse 5

multa Deo opitulante conferre,[1] optamus[2]. Tamen ut ab ecclesiasticis de non dividendis rebus illius[3] suspicionem dudum conceptam penitus amoveremus, statuimus, ut neque nostris neque filiorum et Deo dispensante successorum nostrorum temporibus, qui nostram vel progenitorum nostrorum voluntatem vel exemplum imitari voluerint[4], nullam penitus divisionem aut iacturam patiatur [a] [5].

78. *De episcopis eligendis.* Sacrorum canonum non ignari, ut in Dei nomine sancta ecclesia suo liberius potiretur[6] honore[7], adsensum ordini ecclesiastico praebuimus, ut scilicet episcopi per electionem cleri et populi secundum statuta canonum de propria dioecesi, remota personarum et munerum acceptione, ob[8] vitae meritum et sapientiae donum eligantur, ut exemplo[9] et verbo sibi subiectis usquequaque prodesse valeant[10].

79. *De dictis patrum congestis pro canonica professione, quia deshonestabatur.* Quia vero[11] canonica professio a multis partim ignorantia[12], partim desidia deshonestabatur, operae pretium duximus, Deo annuente,[13] apud sacrum conventum ex dictis sanctorum patrum velut ex diversis pratis[14] quosdam vernantes flosculos carpendo in unam regulam canonicorum et canonicarum congerere[15] et canonicis vel sanctimonialibus servandam contradere, ut per eam[16] canonicus ordo absque ambiguitate possit servari. Et quoniam illam sacer conventus ita etiam laudibus extulit, ut usque ad unum iota[17] observandam percenseret[18], statuimus ut ab omnibus in eadem professione degentibus indubitanter teneatur; et modis omnibus sive a canonicis sive a sanctimonialibus canonice degentibus deinceps observetur.

80. *De conlatis ecclesiae dividendis.* Statutum est, ut quicquid tempore imperii nostri a fidelibus ecclesiae sponte conlatum fuerit, in ditioribus locis duas partes in usus pauperum, tertiam[19] in stipendia cedere clericorum aut monachorum[20], in minoribus vero locis aeque[21] inter clerum et pauperes fore[22] dividendum; nisi forte a datoribus, ubi specialiter dandae sint[23], constitutum fuerit.

81. *De abbatibus eligendis.* Monachorum[24] siquidem causam qualiter, Deo opitulante, ex parte disposuerimus, et quomodo[25] ex se ipsis sibi eligendi abbates licentiam dederimus, et[26] qualiter, Deo opitulante, quieti[27] vivere propositumque indefessi custodire valerent[28], ordinaverimus, in alia scedula diligenter adnotari fecimus, et ut apud successores nostros ratum foret et inviolabiliter conservaretur, confirmavimus.

82. *De ordinatione servorum.* De servorum vero ordinatione, qui passim ad gradus ecclesiasticos indiscrete promovebantur[29], placuit omnibus cum sacris canonibus concordare[30] debere. Et[31] statutum est, ut nullus episcoporum deinceps eos ad sacros ordines[32] promovere praesumat, nisi prius a dominis propriis libertatem consecuti fuerint. Et si quilibet servus dominum suum fugiens, aut latitans, aut adhibitis testibus munere conductis vel corruptis, aut qualibet[33] calliditate vel fraude ad gradus ecclesiasticos pervenerit, decretum est ut deponatur, et dominus eius eum recipiat. Si vero avus vel pater ab alia[34] patria in aliam transmigrans[35], in eadem provincia filium genuerit, et ipse filius ibidem educatus et[36] ad gradus ecclesiasticos promotus fuerit, et utrum servus sit ignoraverit[37], et postea dominus[38] eius veniens legibus eum adquisierit[39], sancitum est, ut si dominus eius illi libertatem dare voluerit, in gradu suo permaneat; si vero eum catena servitutis a castris dominicis extrahere voluerit, gradum amittat: quia iuxta sacros ordines vilis persona manens sacerdotii dignitate fungi non potest. De rebus vero illorum vel peculiare[40] qui a[41] propriis dominis libertate donantur, ut ad gradus ecclesiasticos iure promoveantur, statutum est, ut in potestate dominorum consistat, utrum illis concedere an sibi vindicare voluerint[42]. Ceterum, si post ordinationem aliquid adquisierit[43], illud observetur, quod in canonibus de consecratis nihil habentibus constitutum est[44]. De ecclesiarum vero servis communi sententia decretum est, ut archiepiscopi per singulas provincias constituti nostram auctoritatem, suffraganei vero illorum exemplar illius[45] penes se habeant. Et quandocum-

VARIANTES LECTIONES.

[1] conservare 4. [2] debemus 1. [3] illius ecclesiae Add. III. 1. rebus ecclesiarum Colb. Vat. 1. Norm. Sangall. [4] voluerunt 4. [5] patiantur 3. 4. 6. G. Bal. [6] potiatur 3. B. et octo codd. Bal. [7] deest G. iure Vat. 1. Colb. Sang. Norm. [8] a. et ob 4. [9] exemplum verbo B. [10] Hic 2 duo addit capp. v. supra. [11] vera G. [12] ignoratur, operae (rel. desunt) 3. [13] diximus D. annuntiente 1*. [14] vel ut (del.) ex diversis vel (del.) partibus (del.) pratiscq. 1*. ex patris 3. G. partibus 4. 6. Tit. Thu. Div. [15] contingere B.c. studuimus et 3. [16] ea. 3. [17] ita 1. 4. 6. et 8 codd. Bal. [18] persenserit 5. [19] tertia 1. 4. B. [20] a. m. desunt. Sang. [21] aequo 3. 5 b. [22] federe 3. 5 b. [23] ubi dandum sit, 3. [24] m. eligendum 3. [25] d. aut quociens ex 3. d. ut quomodo Vat. 1. 2. Met. Camb. [26] et q. usque ordinaverimus desunt. Paris. Pith. [27] quiete 3. [28] valeant 3. [29] provehuntur 4. 6. [30] concordari 4. [31] unde G. Reg. Sang. Norm. Trec. Vat. 1. Bal. [32] gradus 3. [33] quilibet 1*. [34] aliqua Reg. Trec. Bal. [35] migrans 3. B. [36] deest 4. [37] ignoratum fuerit, B. Rem. Pith. Par. [38] postea ven. d. illius ei lib. donare voluerit (rel. des.) 4. sed non HLD. [39] quisierit 1. [40] peculiari 4 G. peculio HLD. [41] deest 1. G. a propria lib. 3. [42] vellint 1*. [43] adquisierint 6. B. [44] Hic 1*. novum c. incipit inscriptum : Ex concilio cartaginensi. [45] deest 3.

NOTÆ.

[a] Codex 3 post hoc caput, et 3 b post cap. 72, addunt: « Illud etiam quod in decretis papæ Gelasii est adnecti placuit, ut facultates ecclesiae necnon et dioeceseos ab illis a quibus possidentur episcopis jure sibi vendicent, quas tricennalis lex conclusit, quia et filiorum nostrorum et principum ita emanavit auctoritas, ut ultra triginta annos nulli liceat pro hoc interpellare, quod legum tempus exclusit. »

que de familia ecclesiae utilis inventus aliquis ordinandus [1] est, in ambone ipsa auctoritas coram populo legatur, et [2] coram sacerdotibus vel coram fidelibus laicis ante cornu altaris; sicut in nostra auctoritate continetur, remota qualibet calliditate libertatem consequatur [3], et tunc demum ad gradus ecclesiasticos promoveatur [4]. Similiter quoque de his agendum est, quos laici [5] de familia ecclesiarum ad sacros ordines promovere voluerint. Sed et de his, quos praepositi canonicorum aut [6] monachorum [6] ordinandos expetiverint, eadem forma servanda est.

83. *De personis a quibus non sunt res accipiendae.* Statutum est, ut nullus quilibet ecclesiasticus ab his personis res deinceps accipere praesumat, quarum liberi aut propinqui hac inconsulta oblatione possint rerum propriarum [7] exheredari [8]. Quod si aliquis deinceps hoc facere tentaverit, a sinodali [9] vel imperiali sententia modis omnibus feriatur a.

84. *De presbyteris constituendis.* Statutum est, ut sine auctoritate vel consensu episcoporum presbyteri in quibuslibet ecclesiis nec constituantur nec expellantur. Et si laici clericos probabilis vitae et doctrinae episcopis [10] consecrandos suisque in ecclesiis constituendos obtulerint, nulla qualibet occasione eos reiciant.

85. *De mansis uniuscuiusque ecclesiae.* Sancitum est, ut [11] unicuique ecclesiae unus mansus integer absque servitio alio [12] adtribuatur. Et presbyteri in eis constituti non de decimis, neque de oblationibus fidelium, non de domibus, neque de atriis vel ortis iuxta ecclesiam positis, neque de praescripto manso, aliquod servitium faciant praeter ecclesiasticum. Et si aliquid amplius habuerint, inde senioribus suis debitum servitium impendant.

86. *De presbyteris uniuscuiusque ecclesiae* [13]. Statutum est, postquam hoc impletum fuerit, ut unaquaeque ecclesia suum presbyterum habeat, ubi id fieri facultas providente episcopo permiserit.

87. *De villis novis et ecclesiis in eis noviter constitutis* [14]. Sancitum [15] est de villis novis et ecclesiis in eis noviter constitutis, ut [16] decimae de ipsis villis ad easdem aecclesias conferantur.

88. *De sacris vasis ecclesiae in pignus datis.* De sacris vasis [17] ecclesiae quae in pignus a nonnullis in quibusdam locis dari comperimus, inhibitum est, ne

deinceps a quoquam fieri praesumatur, nisi olummodo necessitate redimendorum captivoru compellente.

89. *De ecclesiis destructis, vel de nonis* [18] *et d cimis.* De ecclesiis sane destructis [19], vel de nonis t decimis, sive de claustris canonicorum, qualiter c nstitui et ordinari a [20] nobis placuerit, aliis capitulis subter adnotavimus.

90. *De ecclesiarum honore.* Sed et de [21] eccl siarum honore [22], quomodo Deo adiuvante, quantum nobis est, vigeat [23], similiter in subter adnotatis c pitulis insertum esse dinoscitur.

91. *De episcopis Italiae.* De episcopis ver in [24] Langobardia constitutis, qui [25] ab his quos ordinabant sacramenta et munera contra divinam canonicam auctoritatem accipere vel exigere oliti [26] erant, modis omnibus inhibitum est ne ulteri is fiat: quia iuxta sacros canones uterque gradu [27] roprio talia facientes decidi [28] debent.

92. *De presbyteris qui feminas in domibus habent.* Statutum est ab episcopis de presbyteris qui eminas secum indiscrete habitare permittunt, et pro ter hoc malae opinionis suspicione denotantur, ut i deinceps admoniti non se correxerint, velut conte ptores sacrorum canonum canonica invectione feria tur.

93. *De presbyteris qui pro chrismate in co na Domini veniebant.* De presbiteris qui accipiendi hrismatis gratia ad [29] civitates [29]* in coena Domini v nire soliti erant, sancitum est, ut de his qui lon e positi sunt, de octo vel decem [30] unus ab episcopo ligatur, qui acceptum chrisma sibi et sociis diligent r perferat. Hi [31] vero qui non longius a civitate q m quatuor aut quinque milibus habitant, more lito ad accipiendum chrisma per se veniant. Discen i [32] vero [33] gratia alio, non quadragesimae tempo e, ad civitates convocentur.

94. *De praedicatione et confirmatione epis oporum.* Ne vero episcopi occasione praedicandi au confirmandi oneri essent populis, a nobis admo ti polliciti sunt, se deinceps hoc cavere velle [34], et eo tempore suum ministerium, in quantum facult s dabitur [35], exequi [36], quo eorum profectio, qu ntum in illis erat [37], his quibus prodesse possunt [38] e debent, non sit [39] importuna vel honerosa [40].

VARIANTES LECTIONES.

[1] ordinatus 3. [2] et... sac. desunt 3. 4. [3] consequantur 4. [4] promoveantur 1*. 4. [5] laicos 1*.   deest 4.
[7] rebus propriis 3. rem propriam 4. 6. [8] exheredare 4. exhereditari B. Camb. Rem. Norm. P r. Pith.
[9] sinodo 3. [10] epos. 1. epi. B. [11] deest 1. [12] ullo 3. aliquo B. [13] deest hoc caput G. Sang. 1. T u. Colb.
[14] hoc post sequens c. ponit 5. [15] statutum est (B.) ut de 5. [16] deest 3. [17] vasibus 4. [18] annoni G. constanter per totum Ansegisum atque Benedictum. [19] constructis 3. [20] deest G. [21] deest 3 B. [22] honor G.
[23] viget G. [24] v. italiae, qui 3. [25] quia 4. [26] solliciti 4. [27] a gradu 1*. [28] deici 4. decidere [29] G. deest 5.
[30] d. milibus 5 b. de decem 1*. [31] hii 1*. [32] dicendi 4. 6. [33] verbi G. [34] deest 1. 6. G. [35] dabatur corr. dabitur 1. 1*. 5. dabatur reliqui. [36] exequantur, ut his 5. (rel. des. 5. B.) [37] erat corr. erit 1. [38] poss ut corr. possint 1. possit et debet ut n. G. [39] sint importuni vel onerosi 3. [40] on. eorum visitatio B. Nor n. Pith. Rem. Par.

NOTÆ.

a Ultima sententia hujus capitis desumpta est ex cap. Aquisgranensis supra col. 398, c. 8, cum anteriora omnia ex capite 7 descripta fuissent; igitur Ansegisus verborum similitudine deceptus ultima capitis 7 sententia et majori parte capitis 8 omissa, duo capita in unum contraxisse constat. Soli Co ices Divionensis, Rivipull. et Normannicus utrum ue caput exhibent. Ansegisi, non exscriptorum, viti m esse, ex capitulari Wormatiensi an. 829, c. 5, p tet, quo caput libri 1, 157, una cum hoc numero ex cribitur.

95. *De pueris tondendis et puellis velandis.* Ne pueri vero sine voluntate parentum tonsorentur, vel puellae velentur, modis omnibus inhibitum est. Et qui hoc facere temptaverit [1], multam quae in capitulis legis mundanae a nobis constitutis continetur, persolvere cogatur.

96. *De feminis viros amittentibus.* De feminis quae viros amittunt, placet, ne se sicut actenus indiscrete velent [2], sed ut triginta dies post decessum [3] viri sui expectent, et post tricesimum diem per consilium episcopi sui, vel si episcopus absens fuerit, consilio aliorum religiosorum sacerdotum suorumque parentum atque amicorum, id quod eligere debent eligant. Et quia [4] a sacro conventu rogati [5], ut hi qui publicam gerebant [6] poenitentiam, et feminae quae viros amittebant, nostra [7] auctoritate, donec deliberent quid agant, tuerentur [8], specialiter pro his capitula [9] fieri et legis mundanae capitulis inserenda decrevimus.

97. *De raptis et de earum raptoribus.* De raptis vero et de raptoribus quamquam specialiter decrevissemus, quid pati debeant qui hoc nefas deinceps facere temptaverint, quid tamen super his sacri canones praecipiunt [10] hic inserendum necessarium duximus; quatenus omnibus pateat quantum malum sit, et non solum humana, sed etiam divina auctoritate constricti, ab hinc hoc malum caveatur [11].

98. *De puellis raptis necdum desponsatis.* De puellis raptis necdum desponsatis, in concilio Chalcedonensi, ubi 630 [12] patres fuerunt, capitulo 38 [13] ita habetur: *Eos qui rapiunt puellas sub nomine simul habitandi, cooperantes et conibentes raptoribus, decrevit sancta sinodus, si quidem clerici sunt, decidant gradu proprio; si vero laici, anathematizentur.* Quibus verbis aperte datur intellegi qualiter huius mali auctores dampnandi sunt, quando participes et [14] conibentes tanto anathemate feriuntur, et [15] iuxta canonicam auctoritatem ad coniugia legitima raptas sibi iure vindicare nullatenus possunt [16].

99. *De desponsatis et ab aliis raptis.* De desponsatis puellis et ab aliis raptis ita in concilio Ancyritano [17], capitulo decimo, legitur: *Desponsatas puellas et post ab aliis raptas placuit erui et eis reddi, quibus ante fuerant* [18] *desponsatae, etiamsi eis a raptoribus vis inlata constiterit.* Proinde statutum est a sacro conventu, ut raptor publica poenitentia multetur. Raptam [19] vero si sponsus [20] recipere noluerit et ipsa eidem [21] crimini [22] consentiens non fuit, licentia nubendi alii non negetur. Quod [23] si et ipsa consensit, simili sententia subiaceat. Quod si [24] post haec se coniungere praesumpserint, uterque anathematizentur.

100. *De his qui virginibus Deo dicatis se sociant* [25]. De his vero qui sacris virginibus se sociant, ita in [26] decretis papae Gelasii capitulo 20 [27] continetur: *Virginibus sacris temere se quosdam sociare cognovimus, et post dicatum Deo propositum incesta foedera sacrilegaque miscere; quos protinus aequum est a sacra communione detrudi, et nisi publicam probatamque egerint poenitentiam, omnino non recipi* [28]; *aut* [29] *his certe viaticum de seculo transeuntibus, si tamen poenituerint, non negetur.* Si vero de copulatione sacrarum virginum tam severe feriuntur, quanto severius feriendi sunt qui eas rapiunt [30]? Ideo, sicut praemissum est, necesse est, ut ab omnibus in Christiana religione consistentibus rigore auctoritatis divinae vel humanae hoc malum radicitus amputetur.

101. *De puellis, quo tempore velentur.* Ne vero puellae indiscrete velentur, placuit nobis etiam de sacris canonibus, qualiter observandum sit, hic inferre de tempore velandarum puellarum. In Africano [31] concilio, capitulo 16 continetur, ut non ante 25 annos consecrentur. Item in eodem concilio, capitulo 93 [32], de virginibus velandis ita continetur: *Item placuit, ut quicumque episcoporum necessitate periclitantis pudicitiae virginalis, cum* [33] *vel petitor potens vel raptor aliquis formidatur, vel si etiam aliquo mortis periculoso* [34] *scrupulo compuncta fuerit, ne non velata moriatur, aut exigentibus parentibus aut his ad quorum curam pertinet, velaverit virginem seu velavit ante 25* [35] *annos aetatis, non ei obsit concilium, quod de isto annorum numero constitutum est.* Unde colligitur, quia iuxta priorem sanctionem virgines 25 aetatis suae anno rite [36] consecrandae sint; quod si praemissae necessitates ante id fieri compellant, nullum possit episcopo adferre praeiudicium consecrationis [37].

102. *De examinatione sanctae crucis non facienda.* Sancitum est, ut nullus deinceps quamlibet [38] examinationem crucis [39] facere praesumat; ne Christi passio [40], quae est [41] glorificatio, cuiuslibet temeritate contemptui habeatur.

103. *De pabulo verbi divini nuntiando.* Episcopi [42] vero, sive per se, sive per vicarios, pabulum verbi di-

VARIANTES LECTIONES.

[1] temptaverint .... cogantur 4. [2] velentur G. [3] discessum 3. [4] qui corr. quia 1. quia sacer conventus. [5] rogat et al 3. r. sumus et 1*. *Bell. B. Pith. Norm. Rem. Par.* [6] gerunt .... amittunt G. [7] nostram auctoritatem B. [8] uerentur 1. tueantur G. et corr. ex tuerentur 4. [9] c. f. et. l. m. desunt 4. [10] praecipiant 1*. 3. B. [11] caveant 1. m. ab omnibus c. *B. G. Norm. Rem. Par. Bal.* [12] CCCXXX 3. 3 b. ducenti XXX 4. [13] XXVII 4. XXVIII *Rivip.* [14] deest 1. 1*. *Hld.* [15] et quod 1*. [16] possit 1. [17] ancyrano G. [18] fuerint 1. 1*. B. fuerunt G. *Hld.* [19] raptae 1*. *B. Bal.* [20] s. eam *Bal.* [21] eiusdem 1. B. eodem G. *Hld.* [22] criminis B. [23] quod .... subiaceat desunt 3. [24] si et ipsi p. h. iungi praesumpserit. 3. si ipsi p. B. [25] Hic B. sed non (in indice) *Pith. Par. Norm. Rem.* caput inserunt. [26] ita de incestis p. 3. [27] XXX 4. 6. *Reg. Bal.* [28] recipere 3. recipiantur 4. recipit B. [29] at 3. deest 4. [30] q. e. r. ante quanto collocat 3. [31] cartaginensi 1*. [32] nonagesimo G. [33] c. et v. 3. 4. 6. B. et cum G. [34] periculo 3. [35] XV 3. [36] ritae G. [37] consecratio 4. G. *Bal.* hic 2 tria addit capitula, desumpta ex capitularibus Hlotharii supra. [38] qualibet examinatione cruces 1*. [39] sanctae c. B. et reliqui eius generis codd. [40] passionem 4. 6. [41] p. neque g. corr. passio quae glorificatio est 1. p. neque g. *Vat. Met. Div. Bellov. Camb. Pal. Til. Rem. B. Pith. Par. Norm.* neque G. p. et g. c. te meritatis 1*. [42] eps 1*. B. *epos monemus ut Bal.*

vini sedulo [1] populis adnuntient [2] : quia, ut ait beatus Gregorius, iram contra se occulti iudicis excitat sacerdos, si sine praedicationis sonitu incedit. Et ut clerum [3] sibi commissum in sobrietate et castitate nutrirent [4], divinisque officiis imbuerent, qui rite ad sacrosanctos ecclesiasticos ordines promoveri possent. Et ut operam dent quatenus presbyteri missalem [5] et lectionarium sive caeteros libellos sibi necessarios bene correctos habeant, et qualiter ecclesias destructas ad se [6] pertinentes iuxta vires emendent, qualiter etiam viduas diligenter instruant, quomodo etiam secundum apostolicam auctoritatem conversari debeant, edoceant [7]. Et ut superstitiones quas quibusdam in locis in exequiis mortuorum nonnulli faciunt, eradicent, et ut exemplo suae innocentiae alios [8] ad bene vivendum provocent, et cunctis ecclesiasticis negotiis, quantum Dominus iuverit [9], totis viribus consulere satagant, diligenter admonuimus. Et ut id liberius exequi valeant, nos, in quantum Dominus [10] posse dederit, opem ferre modis omnibus optamus.

104. *De incestis nuptiis, et ecclesiis dividendis*. Nonnulla vero capitula, sicut [11] de incestis nuptiis, necnon et de ecclesiis quae inter coheredes dividuntur et tali occasione proprio honore carent, sive de his ecclesiis quae nimium rebus propriis sunt adtenuatae [12], vel certe [13] de his rebus quae nuper, necessitate compellente, a nonnullis ecclesiis sunt ablatae, et si qua sunt alia sive in ecclesiasticis sive in publicis rebus emendatione digna, quae pro temporis brevitate efficere nequivimus, in tantum differendum illud dignum iudicavimus, donec, Domino favente, consulta [14] fidelium facultas nobis id definiendi ab eo tribuatur. Inventa vero [15] ut, Deo opitulante, effectum obtineant per tempora [16], hic inserenda censuimus.

105 [17]. *De scriptoribus*. De scribis, ut non vitiose scribant.

106. *De servis propriis vel ancillis*. De servis propriis vel ancillis, ut non amplius tondeantur vel velentur, nisi secundum mensuram, et ut ibi [18] satis fiat [19] et villae non sint desolatae [20].

107. *De congregationibus*. De congregationibus superfluis, ut nullatenus fiant; sed tantos congreget [21], quantis [22] consilium dare [23] potest.

108. *De pulsantibus*. De his, qui non flunt [24] secundum regulam pulsati, ut deinceps emendentur et pulsent [25] secundum regulam.

109. *De infantulis puellis, quando velentur*. Ut infantulae aetatis puellae [26] non velentur, aut illae eligere sciant, quid velint [27], salva ea onica auctoritate.

110. *De praepositis monachorum*. Ut laici nō sint praepositi monachorum infra monasteria; ne [28] archidiaconi sint laici.

111. *De incestuosis*. De incestuosis, ut ea onice examinentur, et nec [29] propter alicuius ami itiam quidam relaxentur [30], quidam vero constringa tur.

112. *De fame, clade et pestilentia, si venerit*. De hoc si venerit fames, clades, pestilentia [31] e inaequalitas aeris, vel alia qualiscumque tribula io, ut non expectetur edictum nostrum, sed statim eprecetur Dei misericordia. Et in praesenti anno d famis inopia, ut suos quisque adiuvet prout potes, et [32] suam annonam non nimis care vendat. Et foris imperium nostrum vendatur aliquid [33] alimon e [34].

113. *De fugitivis clericis sive laicis*. De f gitivis clericis vel laicis sive etiam feminis, sicut n alio capitulari praecepimus [35], ita servetur.

114. *De liberis hominibus ad servitium Dei e tradentibus*. De liberis hominibus, qui ad serviti m Dei se tradere volunt [36], ut prius hoc non faciant quam a nobis licentiam postulent. Hoc ideo, quia udivimus aliquos ex illis nō tam [37] causa devotio is hoc fecisse, quam pro exercitu seu alia function [38] regali fugienda, quosdam vero cupiditatis causa ab his qui res illorum concupiscunt circumventos udivimus. Et hoc ideo fieri prohibemus.

115. *De oppressione pauperum*. De oppressio e pauperum [39] liberorum hominum, ut non fiant a potentioribus per aliquod malum ingenium contra i stitiam oppressi, ita ut coacti res eorum vendant aut adant. Ideo haec et supra et hic de liberis hominib s diximus, ne forte parentes eorum contra iustitia fiant exheredati [40] et regale obsequium minuatur, et ipsi heredes propter indigentiam mendici vel [41] l trones seu malefactores efficiantur. Et ut saepius n n fiant manniti ad placita, nisi sicut in alio capitula i praecepimus [42], ita servetur [43].

116. *De missis qui per civitates et monaste ia mittuntur*. Ut missi per singulas civitates et m nasteria virorum et puellarum praevideant, quom do aut qualiter in domibus ecclesiarum et orname tis ecclesiae emendatae vel restauratae esse viden ur; et diligenter inquirant de conversatione [44] sing lorum,

VARIANTES LECTIONES.

[1] sedule 3. 4. secdule B. [2] adnuntiet 1*. [3] clericum B. ipsi c. Bal. [4] nutriant.... imbuant .... po sint 1*. 3. B. [5] missarium 1. 6. missarum. Hld. [6] d. sibi p. 1*. 4. 6. B. [7] edoceantur G. [8] deest 4. [9] iut verit 6. iuverit 1*. ex corr. B. Bal. [10] deest 1. 3. omps dns 1* [11] deest G. [12] adnuntiate 1. Thu. adunat e 4. 6. annullatae G. Colb. Sang. [13] certae B. [14] consulta 1. 3. et 1*. sed hic corr. in consultu. [15] v. in rim 1. (in marg.) [16] t. iam emendata atque correcta ac restituta scriptis confirmare obtamus G. et editio ithoei. [17] Iubemus ut scriptores quique n. G. Vat. 1. Sang. Golb. [18] ubi 5. 4. [19] flant G. [20] dissolutae 5. [21] c. quis, q. Bal. congregate B. Norm. Par. Rem. Pith. [22] quantos 3. B. N. Par. [23] dari B. N. Rem. Pith. [24] deest 3. sunt 4. [25] pulsentur 3. B. Bal. [26] puellaris G. Vat. 1. Sang. Colb. [27] v. et pulsentur Bal. ex Sang. Thun. Palat. Colb. Rem. [28] neo 3. B. Bal. [29] ne 3. [30] q. r. desunt B. [31] pestilentiae 6. [32] ut 1*. [33] aliquod 1*. [34] alimonii G. [35] praecipimus 1. Illd. [36] v. praecipimus G. [37] tantum 5 B. [38] onsumctione 6. [39] deest in Vat. Thu. Sang. [40] exheredati 3. B. et 1*. sed hic correctum. [41] mendicii s. 1. 3. [42] praecipimus 1. B. [43] sed omnimodo ita servetur Riv. Sang. Colb. [44] conversione G.

vel quomodo emendatum habeant quod iussimus de eorum lectione et cantu ceterisque disciplinis ad ordinem aecclesiasticae regulae pertinentibus.

117. *De thesauris ecclesiasticis.* Ut singuli episcopi, abbates, abbatissae [1] diligenter considerent thesauros ecclesiasticos, ne propter perfidiam aut negligentiam custodum aliquid de gemmis aut de vasis, vel de reliquo quoque thesauro [2], perditum sit; quia dictum est nobis, quod negotiatores ludaei necnon et alii gloriantur, quia quicquid eis placeat [3], possint ab eis emere.

118. *De mendicis discurrentibus.* De mendicis, qui per patrias discurrunt, volumus ut unusquisque fidelium nostrorum suum [4] pauperem de beneficio aut de propria [5] familia nutriat et non permittat alicubi ire mendicando [6]. Et ubi tales inventi fuerint, sibi [7] manibus laborent, nullus [8] quicquam eis tribuere praesumat.

119. *De usura.* Usura est, ubi amplius requiritur quam datur: verbi gratia si dederis solidos decem et amplius requisieris; vel si dederis modium vini, frumenti, et iterum super aliud exigeris [9].

120. *De cupiditate in bonam partem.* Cupiditas in bonam partem accipi potest et in malam. In bonam, iuxta Apostolum: *Cupio dissolvi et esse cum Christo*. Et in psalmo: *Concupivit anima mea in atria Domini.*

121. *Item de cupiditate in malam partem.* Cupiditas vero in malam partem accipitur, si quis supra modum res quaslibet iniuste appetere vult, iuxta Salomonem: *Post concupiscentias tuas non eas.*

122. *Item de avaritia.* Avaritia est alienas res appetere et adeptas nulli largiri. Et iuxta Apostolum haec est radix omnium malorum.

123. *De turpibus lucris.* Turpe lucrum exercent, qui per varias circumventiones [10] lucrandi causa inhoneste [11] res quaslibet congregare decertant.

124. *De foenore.* Foenus est, qui aliquid praestat [12]. Iustum foenus est, qui [13] amplius non requirit, nisi quantum praestitit [14].

125. *De emptione tempore messis causa cupiditatis et turpis lucri.* Quicumque enim tempore messis vel tempore vindemiae, non necessitate sed propter cupiditatem, comparat annonam aut vinum, verbi gratia, de duobus denariis comparat modium unum, et servat usque dum venundari possit contra denarios quatuor aut sex [15] seu amplius, hoc turpe lucrum dicimus. Si hoc propter necessitatem comparat, ut [16] sibi habeat et aliis tribuat, negotium dicimus.

126. *De hoc, si per plurima loca fames fuerit.* Consideravimus itaque, quia per plurima loca fames valida esse videtur, ut omnes episcopi, abbates, abbatissae, optimates et comites seu domestici et [17] cuncti [17] fideles, qui beneficia regalia tam de rebus [18] ecclesiasticis, quamque et de reliquis habere videntur, ut unusquisque de suo beneficio suam familiam nutricare faciat et de sua proprietate propriam familiam nutriat. Et si Deo donante super se et super familiam suam aut in beneficio aut in alode [19] annonam habuerit et venundare voluerit, non carius vendat nisi modium [20] de avena denarios duos [21], modium de ordeo [22] contra denarios tres [23], modium unum de sigile [24] contra [25] denarios quatuor, modium unum de frumento parato [26] contra denarios sex. Et ipse modius sit, quem omnibus habere constitutum est. Et [27] unusquisque habeat aequam mensuram et aequales modios.

127. *De synodis, qualiter fiant.* Ut per singulos annos synodus bis fiat.

128. *De metropolitanis episcopis.* Ut nequaquam inter duos metropolitanos [28] provincia dividatur.

129. *De episcopis, quot sint in una civitate.* Ne in una civitate duo sint episcopi.

130. *De ordinatione episcoporum.* Quod non oportet ordinationes episcoporum diu differre.

131. *De stabilitate episcoporum vel clericorum.* Ne de uno loco ad alia transeat episcopus sine decreto episcoporum, vel clericus sine iussione episcopi sui.

132. *De communicatione fidelium.* Ut omnes fideles communicent et ad missas perexpectent sine alia deprecatione [29].

133. *Canones sancti Silvestri et 280* [30] *episcoporum* [31] *de presbyteris, diaconibus et reliquis ex clero.* Fecit hos gradus in gremio synodi [32] ut non presbyteri adversus episcopum, non diacones [33] adversus presbiterum, non subdiaconus adversus diaconum [34], non acolitus adversus subdiaconem [35], non exorcista adversus acolitum, non lector adversus exorcistam, non ostiarius adversus lectorem det accusationem aliquam. Et non dampnabitur praesul sine [36] 72 testibus. Neque praesul summus a quoquam iudicabitur, quoniam scriptum est: *Non* [37] *est discipulus super magistrum.* Presbyter autem nisi in quadraginta quatuor testimoniis [38], non damnabitur. Diaconus autem cardine constitutus in urbe Roma, nisi 37 [39] non condemnabitur. Subdiaconus, acolitus, exorcista, lector nisi, sicut scriptum est in septem [40]

VARIANTES LECTIONES.

[1] vel abb. 1*. [2] deest 4. [3] placent 3. [4] deest 3. [5] proprio 1. [6] mendicandi (4.) causa 4. mendicare 6. G. mendicatum Hld. al. mendicando discurrere 1*. [7] qui sibi 4. B ut sibi 1*. [8] nullusque 3. [9] exieris 1. 6. [10] avaras circumvectiones 4. 6. [11] ininstae G [12] f. e. quod praestatur 3 b. [13] quando a. n. requiritur, n. quam datur 3 b. [14] prestat 3 G. [15] VII 3. [16] quod 4. [17] deest G. [18] bonis Bal. [19] alio de annona 1*. [20] modio G. [21] contra d. G. Bal. denariis duobus 3. [22] ordeatio B. hordea Bal. [23] tribus 3. [24] sigilo 1*. 3. B. Bal. sigilla 4. sigula G. siligine Hld. [25] deest 1. [26] comparat 1. [27] ut G. [28] m. epos 3. [29] de praedicatione 4. 6. [30] 284. 1*. G. [31] haec omnia desunt 3. 4. 6. B. Bal. post clero ponit 1*. G. [32] sinodali 6. sinodali sanctus sylvester 4. 3 b. [33] diaconus 3. B. diaconi 6. [34] diaconem 3. [35] n. a. a. s. desunt 3. [36] nisi in Bal. [37] nonne d. B. [38] testimoniis Bal. [39] sine XXXIIII testimoniis non 3. 3 b. [40] XVII. 1*.

testimoniis [1] filios habentes et uxores et omnino Christum praedicantes. Sic datur [2] mystica veritas.

154. *De confugio ad ecclesiam.* Si quis ad aeclesiam confugium fecerit, in atrio ipsius ecclesiae pacem habeat, nec sit ei necesse ecclesiam ingredi. Et nullus eum inde per vim abstrahere praesumat, sed liceat ei confiteri quod fecit, et inde per manus bonorum hominum ad discussionem in publico producatur.

155. *De his qui ad casam Dei res tradere voluerint.* Qui res suas pro anima sua ad casam Dei tradere voluerit [3], domi traditionem faciat coram testibus legitimis. Et quae in hoste factae sunt traditiones, de quibus nulla est quaestio, stabiles permaneant. Si vero aliquis alii [4] res suas tradiderit et in hostem profectus fuerit, et ille cui res traditae sunt interim mortuus fuerit, qui res tradidit [5], cum reversus fuerit, adhibitis testibus coram quibus traditio facta est, res suas recipiat [6]. Si autem et ipse mortuus fuerit, heredes eius legitimi res [7] traditas recipiant.

156. *De ordinatione presbyterorum.* Ut presbyteri non ordinentur, priusquam examinentur. Et ut excommunicationes passim et sine causa non fiant.

157. *De conversione liberi hominis.* Ut liber homo, qui in monasterio regulari comam deposuerit et res suas ibidem delegaverit, promissionem factam secundum regulam firmiter teneat [8].

158. *De non cogendo bibere.* Ut nemini [9] liceat alium cogere ad bibendum [10].

159. *De mercato* [11]. Ut mercatus [12] die Dominico in nullo loco habeatur [13].

140. *De presbyteris, qualiter introitum ecclesiae consequantur.* Ut nullus presbyter ad introitum ecclesiae exenia [14] donet.

141. *De presbyteris, a quibus per ecclesias constituantur.* Ut nullus laicus presbyterum in ecclesia [15] mittere vel eicere [16] praesumat, nisi per consensum episcopi.

142. *De honore pro ecclesiis dando.* Ut episcopi praevideant, quem honorem presbyteri pro ecclesiis senioribus [17] tribuant.

143. *De decimis dispensandis.* Ut decimae in potestate episcopi sint [18], qualiter a presbyteris dispensentur.

144. *De ecclesiis vel altaribus.* Ut ecclesiae vel altaria melius construantur [19]. Et nullus presbyter an nonam vel foenum in ecclesia [20] mittere praesumat.

145. *De ecclesiis vel altaribus ambiguis* [21]. Ut ecclesiae vel altaria, quae ambiguae [22] sunt de [3] consecratione, consecrentur.

146. *De linteis altaribus praeparandis.* Ut presbyter per parrochias [24] suas feminis praedicent [25], ut linteamina altaribus [26] praeparent.

147. *De parrochianis alterius presbyteri* [27]. Ut nullus presbyter alterius parrochianum [28], nisi in finere fuerit vel [29] placitum ibi habuerit, ad missa recipiat.

148. *De parrochia alterius presbyteri.* Ut nullus presbyter in alterius parrochia missam cantare praesumat, nisi in itinere fuerit, nec decimam d alterum [30] pertinentem audeat recipere.

149. *De termino ecclesiarum.* Ut terminum abeat unaquaeque aecclesia, de quibus villis decima [31] recipiat.

150 [32]. *De rebus presbyterorum.* Ut unusquisque presbyter res, quas post diem consecrationis adquisierit proprias [33], ecclesiae relinquat [34].

151. *De poenitentibus non cogendis.* Ut null s presbyter aut laicus poenitentem invitet vinum [35] bibere aut carnem manducare, nisi ad praesens p o ipso unum [36] vel duos [37] denarios, iuxta qualitatem poenitentiae, dederit.

152. *De presbyteris, a quibus se caveant.* U nullus presbyter cartas [38] scribat, nec conductor [39] sui senioris existat [40].

153. *De sepultura, ubi non fiat.* Ut nullu deinceps in ecclesia mortuum sepeliat.

154. *De praedicatione vel capitulis presbyterorum.* Ut unusquisque presbyter capitula habeat d maioribus vel de minoribus vitiis [41], per quae cogn oscere valeat vel praedicare [42] subditis suis, ut cav ant ab insidiis [43] diaboli.

155. *De eucharistia.* Ut presbyter semper [44] eucharistiam habeat paratam, ut quando quis infi maverit [45], aut parvulus infirmus fuerit, statim e 1 communicet, ne sine communione moriatur.

156. *De ampullis duabus* [46] *in coena Domini habendis.* Ut presbyter in coena Domini duas [47] mpullas secum deferat, unam ad chrismam, alte am ad

---

VARIANTES LECTIONES.

[1] testibus 4. [2] dicatur 4. 6. sicut dicit m. 3. 3 b. [3] voluerint 1. [4] alicui G. [5] tradiderint 3. suas dedit 1*. [6] accipiat 4. [7] tres 4. [8] promissione facta s. r. f. teneatur Bal. [9] neminem 1*. [10] b. nisi quantum sufficit edd. Til. et Pith. [11] hoc cap. cum antecedenti in unum contraxit 1*. et 6. pro ut le ens et. [12] mercatum 3. [13] fiat 3. [14] exenia abraso e 1*. 2. 2 b. 3. excenia 6. [15] ecclesiam 3. 4. G. admit ere G [16] v. e. desunt B. [17] e. suis s. 1*. 5. [18] deest 5. [19] constituantur 1*. melius a presbyteris conse ventur Vat. 1. [20] eclesiam 4. G. [21] deest h. c. G. [22] ambigua 5. [23] deest 3. [24] barrochiis, (constanter) uis 5. [25] predicent 5. [26] in altaria Met. [27] deest 5. [28] parrochiae 3, parrochiam 4. [29] vel et sequenti usque ad nec decimam in fine sequent. cap. omittit 1*. e duobus ita unum faciens caput. [30] alteram 5. [31] cest 5. [32] inter K. M. Langob. c. 157. Mur. [33] proprias superscr. vn. 4*. propriae ecclesiae 2. 3. B. Bal. [34] r. quae canones prohibent Vn. [35] deest Bal. [36] uno 2. [37] d. aut tres C. Camb. Sang. Pal. Reg. Pith. Trec. Bal. [38] cartam V. Vn. M. (cap. 96. K. M.) 3. [39] conductor id est masnerius Vn. conditor 3. [40] exist t suis senioribus Langob. G. Pal. Colb. Sangall. suis senioris Norm. [41] viciis 1. 2. viciis 2 b. 5. praedic.... caveant desunt 4. [43] servitio 2 b. 4. 6. [44] deest 5. [45] infirmatus fuerit G. infirmatur a. p. aut inf. 2 b. [46] tribus G. [47] tres Vat. 1. Reg. Trec. Colb. Sang. et tres corr. ex duos 4. Rem. Bell. d. el tres 2 b. *manu secunda.*

oleum ad cathecuminos inunguendum vel infirmos [1] iuxta sententiam apostolicam; ut quando quis infirmatur, inducat presbyteros [2] ecclesiae, et orent super eum, unguentes eum oleo in nomine Domini.

157. De nonis [3] et decimis. Ut qui ecclesiarum beneficia habent, nonam et decimam [4] ex eis ecclesiae cuius res sunt donent. Et qui tale beneficium habent, ad [5] medietatem laborent, et [6] de eorum portione proprio presbytero decimas donent [7].

158. De festivitatibus in anno. Hae [8] sunt festivitates in anno, quae per omnia venerari debent: Natalis Domini, sancti Stephani, sancti Iohannis euangelistae, innocentum, octabas [9] Domini, epiphania [10], octabas epiphaniae, purificatio sanctae Mariae, pascha dies octo, letania maior [11], ascensa [12] Domini, pentecosten, sancti Iohannis baptistae, sancti Petri et Pauli, sancti Martini, sancti Andreae. De adsumptione sanctae Mariae interrogandum reliquimus [13].

159. De admonitione sacerdotum. Ut sacerdotes admoneant populum, ut elimosinam dent et orationes faciant pro diversis plagis quas assidue [14] pro peccatis nostris patimur.

160. De praedicatione ad plebem. Ut ipsi sacerdotes unusquisque secundum ordinem suum praedicare et docere studeat plebem sibi commissam.

161. De ebrietate. De ebrietate, ut primo omnium seniores semetipsos exinde caveant et eorum iunioribus exemplum bonum sobrietatis ostendant.

162. De admonitione ad omnes. Admonendi sunt omnes generaliter secundum euangelicam auctoritatem, ut sic luceant opera eorum bona [15] coram hominibus, ut glorificent Deum, qui in coelis est [16].

VARIANTES LECTIONES.

[1] sic 1. 1*. 2. 3. 5. 6. Bal. inter vel.et inf. in 2b. manus sec. tertiam ad addidit. inung. tertiam ad inf. B. aliam ad oleum caticuminorum, tertiam ad oleum infirmos inunguendos iuxta 4. G. [2] presbyter 5. [3] annonis G. [4] d. totam ex 5. [5] ut ad 3. 4. B. Rem. N. et ad Bal. unde ad Par. quo ad Val. quounde ad G. quod ad Colb. [6] deest 3. G. ut 5. 6. (?) laborant, ut Bal. et ad e. portionem 1*. [7] deest 1*. [8] haec 1*. 2. 3. 4. B. [9] octabes 5. octave B. [10] deest 3. 6. oct. ep. desunt 1. 2. [11] maiore 5, maiora B. [12] assensio 3. [13] relinquimus Bal. cf. lib. II. c. 33; ubi auctoritate concilii Moguntini a. 813. hoc festum receptum reperitur. [14] assiduae 5. [15] deest 3. [16] q. i. c. e. desunt 4. Post hoc 1 addit canonem Siricii, e quio capit. 789, I. 51. sumptum est, sed sine inscriptione, neque in indice memoratum, et spatio maiore ab antec. divisum. Idem exhibet 2b. 6. Hld. cum titulo: de coniugali velatione.

INCIPIT PRAEFATIUNCULA LIBELLI SECUNDI [1].

Supra in primo [2] capitula ecclesiastica quae domnus imperator Karolus fecit adunavi [3]. In hoc vero ea [4] ecclesiastica quae domnus Hludowicus [5] caesar B piissimus et Lutharius imperator [6] filius ipsius ediderunt [7] descripsi libello.

VARIANTES LECTIONES.

[1] i. prefatio l. s. salice legis 3. [2] p. libro B. libello Bal. [3] adunata sunt B. [4] deest 1*. 2b. 3. B. G. [5] hluduuicus 1*. chludovicus 5. [6] deest 5. [7] piissimus edidit (rel. desunt) B. 6. Bal. ed. aduotata sunt B.

INCIPIUNT CAPITULA.

1. Praelocutio.
2. De divina providentia in constitutione domni imperatoris, et de conservatione trium capitulorum.
3. De hoc quod admonitor fidelium domnus imperator sit, et omnes fideles a tiutores ipsius.
4. De sacro ministerio episcoporum, et de ammonitione domni imperatoris ad episcopos.
5. De admonitione domini imperatoris ad episcopos de sacerdotibus ad eorum curam pertinentibus, et de scolis.
6. De admonitione ad comites pro utilitate sanctae Dei ecclesiae.
7. De admonitione ad laicos pro honore ecclesiastico conservando.
8. De admonitione ad abbates et laicos pro monasteriis ex regali largitate sibi commissis.
9. De admonitione ad episcopos, abbates et ad omnes fideles pro comitum adiutoriis.
10. De admonitione ad episcopos vel comites pro concordia ad invicem et cum caeteris fidelibus.
11. De admonitione ad omnes generaliter pro caritate et pace ad invicem.
12 [a]. De hoc quod unusquisque episcoporum vel comitum partem ministerii regalis habeat, et de testimonio ipsorum ad invicem.
13 [b]. De causa orta ad inhonorationem regni pertinente.
14. De pace in itinere exercitali custodienda.
15. De denuntiatione, ut qui in hostem pergunt, suos qui in suo obsequio sunt, unusquisque cognoscat.
16. De inhonoratione regis propter neglegentiam eorum qui legationes male recipiunt.
17. De locis in quibus legationes recipiendae sunt.

C
18. De admonitione unius monetae.
19. De iniustis theloneis.
20. De pontibus ubi antiquitus fuerunt renovandis.
21. De nonis et decimis.
22. De operibus in restaurationem ecclesiarum adimplendis.
23. De comitibus, ut ministris ecclesiae in suis ministeriis adiutores sint.
24. De capitulis a cancellario palatii ab archiepiscopis et comitibus accipiendis [Cod. 1, accipiendum].
25. De nominibus locorum, in quibus missi dominici legatione funguntur.
26. De commemoratione ad legationem praedictorum missorum pertinente.
27. De hoc, quod per missos dominicos ea quae per capitula statuta sunt, omnibus nota fieri debeant.
28. De admonitorio ad eos qui legatione funguntur.
29. De rebus ad venerabilem locum pertinentibus non alienandis.
30. De hoc, quomodo liceat ad imperatorem res sancti loci transferri.
D 31. De orphanis et exhereditatis subveniendum.
32. De rebus pauperum vel minus potentium mala occasione non emendis [c].
33. De festivitatibus anni.
34. De antiquis ecclesiis, ut honorem suum habeant.
35. De spiritalibus filiolis.
36. De hoc, ut sacerdotes inreprehensibiles sint.
37. De hoc, ut ab incestuosis et ab his qui decimas non dant, et a presbyteris neglegenter viventibus, wadii non accipiantur [d].

NOTAE.

[a] Deest hoc caput B, sed non in textu.
[b] G. hoc caput hic et in textu post sequens exhibet.
[c] Hic B. Bal. inserunt: «33. Qualiter iustitiae fiant pauperibus. 34. De illis hominibus qui iniustas querelas habent. 35. De festivitatibus, etc.»
[d] Accipientur 1.

38. De discretione, corporis et sanguinis Dominici perceptione.
39. De hominibus diversarum conditionum, et de his qui eis praelati sunt.
40. De feminis et abbatissis, quales sint quae monasteriis puellaribus praeferri debent.
41. De incestuosis et homicidis, sacerdotum admonitionibus aurem notentibus accommodare.
42. De dominis subditorum admonendis.
43. De corporis Domini et sanguinis communicatione laicorum.
44. De eruditione filiorum a parentibus et patriis.
45. De ecclesiis antiquitus constitutis.
46. De sepultura.

INCIPIUNT PRAEDICTA CAPITULA ET EORUM TEXTUS.

1. *Praelocutio*. Omnibus vobis aut visu aut auditu notum esse non dubitamus, quia genitor [1] noster et progenitores, postquam a Deo ad hoc electi sunt, in [2] hoc praecipue studuerunt, ut honor sanctae Dei ecclesiae et status regni decens maneret. Nos etiam juxta modum nostrum eorum sequentes exemplum, saepe vestram devotionem de his ammonere curavimus, et Deo miserante multa iam emendata et correcta [3] videmus. Unde et Deo iustas laudes persolvere, et vestrae bonae intentioni multimodas debemus [4] gratias referre.

2. *De divina providentia in constitutione domni imperatoris, et de conservatione trium capitulorum*. Sed quoniam complacuit divinae providentiae nostram mediocritatem ad hoc constituere, ut sanctae suae ecclesiae et regni huius curam gereremus [5], ad hoc certare et nos ac [6] filios ac socios nostros diebus vitae nostrae optamus, ut tria specialiter capitula et a nobis et a vobis [7], Deo opem ferente, in [8] huius regni administratione specialiter conserventur; id est, ut defensio et exaltatio vel honor sanctae Dei ecclesiae et servorum illius congruus maneat, et pax et iustitia in omni generalitate populi nostri conservetur. In his quippe maxime studere et de his in omnibus placitis quae vobiscum, Deo auxiliante, habituri sumus, vos admonere optamus, sicut debitores sumus.

3. *De hoc, quod admonitor fidelium domnus imperator sit, et omnes fideles adiutores [9] ipsius*. Sed quamquam summa huius ministerii in nostra persona consistere videatur, tamen et divina auctoritate et humana ordinatione ita per partes divisum esse cognoscitur, ut unusquisque vestrum in suo loco et ordine partem nostri ministerii habere cognoscatur. Unde apparet [10], quod ego omnium [11] vestrum admonitor esse debeo, et omnes vos nostri adiutores esse debetis. Nec enim ignoramus, quid unicuique [12] vestrum in [13] sibi commissa portione conveniat. Et ideo praetermittere non possumus, quin unumquemque [14] iuxta suum ordinem admoneamus.

4. *De sacro ministerio episcoporum, et de admonitione domni imperatoris ad episcopos*. Sed quoniam scimus, quod specialiter pertineat ad episcopos, ut primum ad sacrum ministerium suscipiendum iuste accedant, et in eodem ministerio religiose vivant, et tam bene vivendo quam recte praedicando populis sibi commissis iter vitae praebeant, et ut in [15] monasteriis in suis parrochiis constitutis sancta religio [16] observata [17] fiat, et ut unusquisque iuxta suam [18] professionem veraciter vivat, curam impendant [19]; omnes vos in hoc sacro ordine constitutos et officio pastorali functos monemus atque rogamus, ut in hoc maxime elaborare studeatis [20], et per vosmetipsos et per vobis subiectos, quantum ad vestrum ministerium pertinet, nobis [21] veri adiutores in administratione [22] ministerii nobis commissi estis, ut in iudicio non condempnari pro nostra et vestra neglegentia, sed potius pro [23] utrorumque b o studio remunerari mereamur. Et ubicumque p neglegentiam abbatis aut abbatissae vel comitis sive vassi [24] nostri, aut alicuiuslibet [25] personae aliquod v is difficultatis in hoc apparuerit obstaculum, nos rae dinoscentiae id ad tempus insinuare non differa is; ut nostro auxilio suffulti, quod vestra auctorita exposcit, famulante, ut decet, potestate nostra facil us perficere valeatis [26]

5. *De admonitione domni imperatoris ad e iscopos de sacerdotibus ad eorum curam pertinentibus, et de scolis*. De sacerdotibus vero ad vestram cur pertinentibus magnum adhibete [27] studium, ut ualiter vivere debeant et quomodo populis ad suam ortionis curam pertinentibus exemplo et verbo pr sint, a vobis cum magna cura edoceantur, et admonea tur [28], et id ut facere studeant vestra pontificali auc oritate constringantur. Quicquid autem in illis a popu is iuste reprehenditur, in exemplo propriae conver ationis vestra providentia corrigere [29] non neglegat. e vero ecclesiae [30] illis commissae in restauratione aut in luminaribus iuxta possibilitatem rerum ab illi neglegantur, vestra nihilominus [31] invigilare debe solertia. Et sicut alios prohibetis [32], ne de mansi ad ecclesiae luminaria datis [33] aliquid accipiant, si et vos et vestri archidiaconi de eisdem mansis nihil accipiendo aliis exemplum praebeatis; sed potiu ad id quod data sunt, servire concedantur, ut totu sicut dictum est, in restauratione ecclesiarum et l minaribus vestra auctoritate et studio cedere possi. Scolae sane ad filios et ministros ecclesiae instr endos

VARIANTES LECTIONES.

[1] genitores nri 3. G. [2] si B. [3] correpta *corr.* correcta 1*. [4] debeamus 4. *a abrasum est* B. [5] egeremus B. [6] et 1*. 3. 4. 6. G. [7] et a, v. *desunt* 3. [8] in *superscripto* t ab 1*. [9] deest 3. B. [10] p et 1*. [11] quod nimium v. 4. 6. nimirum *Hld.* [12] unusquisque 4. B. [13] pro G. [14] unicuique 1*. [15] eest 6. [16] regula 4. [17] conservanda 3. [18] deest 1*. [19] impendat 1. 3. G. [20] studeamus 3. [21] vobis 3. [22] adi. administrationem 1. 4. [23] pro nostrorum ut 1*. [24] vasis B. [25] alicuius cuiuslibet 1*. [26] *Inter ho et sequens caput.* B. *plus quam unius paginae spatium reliquit vacuum.* [27] adhibit 1*. [28] d. ac mon. 3. t adm. 6. G. Bal. [29] deest 4. [30] ecclesiis 1. [31] nichilhominibus 1*. [32] prohibetis *corr.* prohibitis 1*. [33] dantibus 1*. m. eccl. luminaribus datis 3: m. e. ad l. G.

vel edocendos, sicut nobis praeterito tempore ad Attiniacum [1] promisistis et vobis iniunximus, in congruis locis, ubi necdum perfectum est, ad multorum utilitatem et profectum a vobis ordinari non neglegatur [2].

6. *De admonitione ad comites pro utilitate sanctae Dei ecclesiae.* Vobis vero comitibus dicimus vosque commonemus, quia ad vestrum ministerium maxime pertinet, ut reverentiam [3] et honorem sanctae Dei ecclesiae exhibeatis, et cum episcopis vestris concorditer vivatis, et eis adiutorium ad suum ministerium peragendum praebeatis, et ut vos ipsi in ministeriis vestris pacem et iustitiam faciatis, et quae [4] nostra auctoritas publice fieri decernit, ut in vestris ministeriis studiose perficere [5] studeatis. Proinde monemus vestram fidelitatem [6], ut memores sitis fidei nobis promissae, et [7] in parte ministerii nostri [8] vobis commissi [9], in pace scilicet et iustitia facienda, vosmetipsos coram Deo et coram hominibus tales exhibeatis, ut et nostri veri adiutores et populi conservatores iuste dici et vocari possitis. Et nulla quaelibet causa aut munerum acceptio aut amicitia cuiuslibet vel odium, aut timor vel gratia ab statu rectitudinis vos deviare compellat, quin inter proximum et proximum semper iuste iudicetis. Pupillorum vero et viduarum et caeterorum pauperum adiutores ac defensores et sanctae ecclesiae [10] vel servorum illius honoratores iuxta vestram possibilitatem sitis. Illos quoque, qui temeritate et violentia in furto [11] et latrocinio [12] sive rapinis communem pacem populi perturbare moliuntur, vestro studio et correctione, sicut decet, compescite [13]. Et si aliqua persona in aliquo vobis impedimento fuerit, quin ea quae dicimus facere non valeatis, nobis ad tempus illud notum fiat, ut nostra auctoritate adiuti ministerium vestrum [14] digne adimplere possitis.

7. *De admonitione ad laicos pro honore ecclesiastico conservando.* Omnes vero laicos monemus, ut honorem ecclesiasticum conservent, et dignam venerationem episcopis et Dei sacerdotibus exhibeant, et ad eorum praedicationem cum suis devote occurrant, et ieiunia ab illis communiter indicta reverenter conservent et suos observare doceant et compellant. Ut etiam dies Dominicus sicut decet honoretur et colatur, omnes studeant. Et [15] ut liberius fieri possit [16], mercata et placita a comitibus, sicut saepe admonitum fuit, illo die prohibeantur.

8. *De admonitione ad abbates et laicos pro monasteriis ex regali largitate sibi commissis.* Abbatibus quoque, et laicis specialiter iubemus, ut in monasteriis quae ex [17] nostra largitate habent [18], episcoporum consilio et documento ea quae ad religionem canonicorum, monachorum, sanctimonialium pertinent,

peragant et eorum salubrem admonitionem in hoc libenter audiant et oboediant.

9. *De admonitione ad episcopos [19], abbates, et ad omnes fideles pro comitum adiutoriis.* Episcopis iterum, abbatibus et vassis nostris et omnibus fidelibus laicis dicimus, ut comitibus [20] ad iustitias faciendas adiutores sitis.

10. *De admonitione ad episcopos vel comites pro concordia ad invicem et cum ceteris fidelibus.* Episcopi vero vel comites et invicem et cum ceteris fidelibus concorditer vivant, et ad sua ministeria peragenda vicissim sibi adiutorium ferant.

11. *De admonitione ad omnes generaliter, et [21] pro caritate et pace ad invicem.* Omnibus etiam generaliter dicimus, ut caritatem et pacem ad invicem habeatis [22], et generalem iussionem nostram generaliter observare decertetis, et missis nostris pro qualicumque scilicet aut ecclesiastica aut publica utilitate vel oportunitate a nobis directis nostri honoris causa honorem exhibeatis, et propter nostrae auctoritatis venerationem ea quae per illos iniungimus, agere non [23] neglegatis.

12. *De hoc, quod unusquisque episcoporum vel comitum partem ministerii regalis habeat, et de testimonio ipsorum ad invicem.* Et quoniam, sicut diximus, unusquisque vestrum partem ministerii nostri per partes [24] habere dinoscitur, volumus studere et per clamatores et per alia quaelibet certa indicia, et per missos nostros quos ad hoc ordinaverimus, qualiter unusquisque ad hoc certare studuerit, et per commune testimonium, id est, episcoporum de comitibus, comitum de episcopis, comperire, qualiter scilicet comites iustitiam diligant et faciant, et quam religiose episcopi [25] conversentur et praedicent, et amborum relatu de aliorum fidelium in suis ministeriis consistentium aequitate et pace atque concordia cognoscere [26]. Similiter etiam volumus, ut omnes illis et illi omnibus de communi societate et statu a nobis interrogati verum testimonium sibi mutuo perhibere possint.

13. *De causa orta ad inhonorationem regni pertinente.* Et si talis causa in qualibet [27] provincia aut in aliquo comitatu orta fuerit, quae aut ad inhonorationem regni aut ad [28] commune dampnum pertineat, quae etiam sine nostra potestate corrigi non possit, nos diu latere non permittatis, qui omnia, Deo auxiliante, corrigere debemus; quia quicquid actenus [29] in his, quae ad pacem et iustitiam totius populi pertinent et [30] honorem regni et communem utilitatem, aut a nobis aut a vobis neglectum est, debemus, Deo auxiliante, certare, abhinc qualiter [31] nostro et vestro studio emendatum fiat.

14. *De pace in itinere exercitali custodienda.* De

VARIANTES LECTIONES.

[1] Adtiniacum 1*. 3. in Adtiniaco G. [2] neglegantur 1*. 3. [3] rem 6. [4] quia n. auctoritate p. f decernuntur G. [5] perficiatur 1*. 3. 4. B. [6] felicitatem 3. [7] deest 1*. [8] vestri 4. [9] commissis 1*. [10] s. dei e. 1*. G. [11] furtu 8. furtis B. [12] latronia 1*. latrociniis B. [13] comprescite 5. [14] nostrum G. [15] deest 3. [16] possint 3. [17] deest 1. [18] habent post ea *collocat* 3. [19] monachos G, *hic et in indice.* [20] omnibus, (a. i. *desunt*) f. B. [21] deest 1*. 3. 4. 6. B. [22] habeamus 3. [23] deest 3. [24] per p. *desunt* 1. [25] deest 3. [26] c. valeamus 4. [27] aliqua 4. [28] deest 1*. 4. [29] deest G. [30] et ad G. Bal. [31] c. q. a. n. 1*. 4. 6. B. G. Bal.

pace vero in exercitali itinere servanda usque ad marcham[1], hoc omnibus notum fieri volumus, quod quicumque auctorem damni sibi praeterito anno inlati nominatim cognoscit[2], ut iustitiam de illo quaerat et accipiat.

15. *De denuntiatione, ut*[3] *qui in hostem pergunt, suos, qui in suo obsequio sunt, unusquisque cognoscat.* Deinceps tamen omnibus denuntiare volumus, ut cognoscat unusquisque, omnes qui in suo obsequio in tali itinere pergunt, sive sui sint, sive alieni, ut ille de eorum factis rationem se sciat redditurum; et[4] quicquid ipsi in pace violanda deliquerint, ad ipsius debet plevium[5] pertinere; ea scilicet conditione, ut pacis violator primum[6] iuxta facinoris qualitatem, sive coram nobis, sive[7] coram misso nostro, dignas poenas persolvat; et senior qui secum[8] talem duxerit, quem aut constringere noluit aut non potuit, ut nostram[9] iussionem servaret et insuper in regno nostro praedas facere non timeret, pro illius neglegentia, si ante[10] eum de his non admonuerit, et postquam neglegentia contemptoris ad eius notitiam pervenerit, eum corrigere sicut decet neglexerit, honore suo privetur; ut scilicet neuter illorum sine iusta vindicta remaneat.[11]

16. *De inhonoratione regis propter neglegentiam eorum qui legationes male recipiunt.* De inhonoratione quoque regis et regni, et[12] mala fama in exteras nationes dispersa, propter neglegentiam eorum qui legationes ad nos directas in suis mansionibus aut male recipiunt, aut constitutam a nobis expensam non tribuunt, aut paravereda[13] dare nolunt, aut furto[14] aliquid eis subripiunt, aut quod perpessimum est, apertas violentias eos caedendo et res eorum diripiendo in ipsis exercere non pertimescunt, hoc omnibus notum esse volumus, quod quicumque ex his qui honores nostros habent[15], abhinc neglegentiam hanc[16] emendare non certaverit[17], et suos homines, qui eius vice hoc agere debent, ut id bene perficiant non instruxerit, aut non[18] constrinxerit ut ulterius illud neglegere non praesumant[19], et honorem nostrum et regnum nobis[20] commissum custodire contempserit, nec nostrum nec regni nostri honorem ulterius nolumus[21] ut habeat; sed volumus, ut unusquisque fidelium nostrorum procuratores rerum suarum de his specialiter instruat[22], ut quandocumque et undecumque legatio advenerit, et aut litteras aut missum viderint, honorifice illam[23] in omni loco imperii nostri, propter nostrum et totius regni honorem, omnes suscipere valeant.[24]

17. *De locis in quibus legationes recipiendae sunt.* In illis vero locis, ubi modo via et mansio atici[25] a genitore nostro et a nobis per capitular ordinati sunt, missos ad hoc specialiter constituto, qui hoc[26] iugiter praevideant, habeant, ut omni quae ad easdem legationes suscipiendas pertine, fideles nostri ad hoc constituti ad tempus praep are studeant, ut non tunc sit necesse de longe qu erere vel adducere, quando tempus est illa dare vel p rsolvere. In ceteris vero locis per totum imperiu nostrum unusquisque fidelium nostrorum, et per e et per ministros suos, sicut diximus, sedulam v gilantiam adhibeat.[27]

18. *De admonitione unius monetae*[28]. e moneta vero, unde iam per tres annos et admonit onem fecimus, et tempus quando una teneretur et aliae omnes cessarent constituimus, hoc omnibus n tum esse volumus, quoniam ut absque ulla excusa ione cito possit emendari, spatium usque ad miss m sancti Martini dare decrevimus, ut unusquisque comitum in suis ministeriis de hoc iussionem nostr 1[29] tunc possit habere adimpletam; quatinus ab ill die non alia[30], sed illa sola per totum regnum nostr ab omnibus habeatur, iuxta illam constitutionem, s cut in capitulis, quae de hac re illis comitibus dedim s in quorum ministeriis moneta percutitur, constit tum est: quia tunc volumus missos nostros huius ei gratia dirigere per singulos comitatus, qui diligen er inquirant, qualiter comites in hoc iussionem ostram[31] adimplere certaverint. Et quicumque negl ens inde inventus fuerit, volumus ut ante nostran praesentiam quantocius venire iubeatur, et[32] rati nem reddat, utrum hoc quod iussimus facere no erit aut non potuerit; aut si[33] aliqua re praepedi nte id facere non potuit[34], cur nobis ipsam[35] i possibilitatem ad tempus non adnuntiavit; quia si se[36] aut non voluit, aut suae neglegentiae causa n n potuit; nos talem invenire volumus, qui hoc quo iubemus servare velit et possit. Ut autem iussio.[37] nostra in hac re citius impleatur, volumus ut quic mque ab illa die alium denarium negotiandi causa rotulerit, a comite et ministris eius auferatur ab eo.

19. *De iniustis theloneis.* Similiter quo ue de iniustis theloneis, de quibus qualiter ab om ibus observandum esset, et capitulis constituimu, et creberrimas admonitiones fecimus, praedicti missi nostri volumus ut inquisitionem faciant, a qui us nostra iussio in hoc adimpleta, a quibus quoque sit neglecta; et eum qui implere neglexit aut distulit, a nostram volumus ut veniat iussus praesentiam, u cito rationem de his, sicut superius diximus, re at; et si

---

VARIANTES LECTIONES.

[1] marcam 1*. [2] cognoscat 4. [3] De d. q. in h. p. (*reliqua desunt*) B. [4] ut 1. 4. [5] pleuium 1. pliuium 3. *Bell. Til.* pluuium *B. Pith. Par. Div.* pluvium *corr.* plivium *Rem.* peculium *N.* periculum *reliqu.* [6] primus 3. [7] c. n. s. desunt G. [8] eum B. [9] vestram G. [10] antea 1*. [11] remaneant 5. — Hic 2 q atuor capitula addit. [12] deest 3. G. [13] parva reddare n. 1*. parva redos 3. parvareda G. [14] furtim 1. [15] habet 3. [16] deest 1*. 4. [17] certaverint ... instruxerint, ... constrinxerint etc. 4. 6. B. G. [18] d est 1*. 3. [19] praesumat 1. [20] vobis 3. [21] volumus 3. 6. G. [22] instruant 4. [23] illum 4. [24] non neglegant G [25] mansionatica G. [26] in hoc B. [27] adhibeant 3. [28] admonete 1*. [29] hac iussione nostra 1. [30] aliqua B. [31] nostram iuss. 1*. B. [32] ut 6. B. G. Bal. [33] deest 1. 4. G. [34] potuerit. aut c. G. [35] deest *. 5. [36] q. sub se a. 5. [37] et i. 1. 4.

culpabilis inventus fuerit, dignam correctionem accipiat, ut ceteris neglegentibus exemplum terroris praebeat.

20. *De pontibus ubi antiquitus fuerunt renovandis.* Ut ubi pontes antiquitus fuerunt, et in his locis, ubi tempore genitoris nostri ipso iubente diversarum necessitatum causa facti [1], omnino absque ulla dilatione ab his qui eos tunc [2] fecerunt, restituantur et renoventur, ita ut ad missam sancti Andreae restaurati fiant; nisi forte aut ipsa operis magnitudo aut aquarum in quolibet [3] inundatio hoc prohibeat. Aliter vero nullus qualibet occasione hoc neglegere aut differre praesumat, quin ad praedictum tempus completum fiat. Et missi nostri, quorum superius mentionem fecimus, volumus ut renuntient, in quibus locis nostra iussio impleta, in quibus neglecta est, aut aliqua impossibilitate vel certa ratione dilata.

21. *De nonis [4] et decimis.* De nonis [5] quidem et decimis, unde et genitor noster et nos frequenter et in diversis placitis admonitionem fecimus, et per capitularia nostra qualiter haec observentur ordinavimus, volumus atque iubemus, ut de omni conlaboratu [6] et de vino et foeno [7] fideliter et pleniter ab omnibus nona [8] et decima persolvatur. De nutrimine [9] vero pro decima, sicut actenus consuetudo fuit, ab omnibus observetur. Si quis tamen episcoporum fuerit qui argentum pro hoc accipere velit, in sua maneat potestate, iuxta quod ei et illi qui hoc persolvere debet convenerit.

22. *De operibus in restaurationem ecclesiarum adimplendis.* Similiter quidem de operibus in restaurationem [10] ecclesiarum sive in faciendo, sive in redimendo, episcopalis potius sequatur voluntas. Nullatenus tamen remaneat, quin, sicut a nobis saepe iussum est, hoc aut illud partibus ecclesiarum persolvatur. Et hoc omnibus notum sit, quia quicumque neglegenter exinde egerit, et coram nobis exinde neglegens repertus fuerit, illud volumus omnino, ut subeat quod in nostro capitulari de hac re communi consultu fidelium nostrorum ordinavimus.

23. *De comitibus, ut [11] ministris ecclesiae in suis ministeriis adiutores sint.* Comites vero ministris ecclesiae in [12] eorum [13] ministeriis, ut hoc plenius et de nostris et de se et de suis hominibus optinere possint, adiutores in omnibus fiant. Et quicumque prima et secunda vice de his a comite ammonitus non A se correxit, volumus per eundem comitem eius neglegentia ad nostram notitiam perferatur, ut nostra auctoritate, quod in [14] nostro capitulari continetur [15], subire cogatur.

24. *De capitulis a cancellario palatii ab [16] archiepiscopis et comitibus accipiendis.* Volumus etiam, ut capitula quae nunc et alio tempore consultu fidelium nostrorum a nobis constituta sunt, a cancellario nostro archiepiscopi et comites eorum de propriis civitatibus modo aut per se aut per suos missos accipiant, et [17] unusquisque per suam diocesim ceteris episcopis, abbatibus, comitibus, et [18] aliis fidelibus nostris ea transcribi faciant et in suis comitatibus coram omnibus [19] relegant, ut cunctis nostra ordinatio et voluntas nota fieri possit. Cancellarius tamen noster B nomina episcoporum et comitum qui ea accipere curaverint, notet [20], et ea ad nostram notitiam perferat, ut nullus hoc praetermittere praesumat. Vassi quoque et vassalli [21] nostri nobis famulantes volumus ut condignum apud omnes habeant honorem, sicut a genitore nostro et a nobis saepe admonitum est [22].

25. *De nominibus locorum, in quibus missi dominici legatione funguntur.* In Vesuntio [23], quae est diocesis Bernoini [24] archiepiscopi, Heiminus episcopus et Monogoldus [25] comes. In Mogontia [26], quae est diocesis Heistulfi archiepiscopi, idem Heistulfus episcopus et Ruodbertus [27] comes. In Treveris Hetti [28] archiepiscopus et Adalbertus comes. In [29] C Colonia Hadaboldus [30] archiepiscopus et Eemundus [31] comes. In Remis Ebo [32] archiepiscopus, quando potuerit; et quando ei non licuerit, Ruothadus [33] episcopus eius vice et Hruotfridus [34] comes sint, super sex videlicet comitatus; id est Remis, Catolonis [35], Suessionis [36], Silvanectis, Belvacus, et Laudunum. Super quatuor vero episcopatus, qui [37] ad eandem diocesim pertinent, id est Noviomacensem, Ambianensem, Tarvanensem [38], et [39]. Camaracensem, Ragnarius [40] episcopus et Berengarius comes. Senones Hieremias archiepiscopus et Donatus [41] comes [42]. Rothomagum [43] Willibertus [44] archiepiscopus et Ingobertus [45] comes. Turones Landramnus archiepiscopus et Hruodbertus [46] comes. Lugdunum [47], Tarentasia, et Vienna Albericus episcopus [48] D et Rihhardus [49] comes.

26. *De commemoratione ad legationem praedicta*

VARIANTES LECTIONES.

[1] f. sunt B. Bal. fuerunt G. [2] tunc eos 1*. [3] q. loco 1. Bal. [4] annonis G. [5] annonis G. [6] conlaborato 1*. 3. 6. B. collaborationae G. [7] fenum 1*. [8] annona G. [9] nutrimento G. et suprascript. 4. [10] restauratione 4. B. [11] et 1*. B. [12] deest 1. 1*. G. [13] corumque 1*. G. [14] deest 1. [15] continet 1*. B. [16] ab eis ab episc. 4. [17] ut 1*. [18] et... comitatibus desunt 1*. [19] o. ea r. 1. relegantur 3. G. [20] notent 1*. [21] vasalli 3. [22] est usque huc 6. [23] Vesonico G. [24] Bernoni 1*. ex rasura G. Berneini 6. [25] Manogoldus B. Monegoldus G. [26] Magontia B. G. Magonito 4. [27] Rotbertus 1*. 3. G. Ruadpertus G. Ruatpertus 4. Hruotbertus B. [28] Hettus 1*. Hetdi 1. Hecti 3. Haecti 5. [29] In Colonia... E. comes desunt 3. 5. [30] Hadabaldus 1*. Hadalpoldus 4. 6. [31] Heemunt G. [32] Ebbo G. Bal. Eddo 3. [33] Hruotadus 1*. B. Hruatehadus 4. 6. Hrothardus 3. Hruotchardus G. [34] Hruotfridus 6. [35] Catolon 1. Catholon 1*. Catalon 3. B. G. [36] Suasion 1*. 3. G. Suasonis 1. Suason 4. Suasonon 6. Suasionor B. [37] quae 1. 4. [38] Taryianensem 5. Tarvanensem B. [39] et Cam. desunt G. [40] Rangarius 1*. G. Ragengarius 3. G. Pal. Sang. Colb. Riv. Thu. Regenarius B. [41] Natus B. Donatus et Ingobertus comites 4. Herold. Rivipull. Thuan. Palat. Sang. Colb. [42] c. R. W. a. desunt 1. 4. [43] Rotumagum 1*. B. Ruothomacum G. [44] Willebertus 3. Wilgebertus B. [45] Sigobertus 1*. [46] Rhuobertus 1*. Rotbertus 3. G. [47] Lucdunum 3. 4. Ludunum G. [48] comes 1. [49] Richardus 1*. 3. B. Rihchardus 4.

rum missorum pertinente. Commemoratio, quid ad praedictorum missorum legationem pertineat. Primio, ut conventum [1] in duobus aut tribus locis congregent, ubi omnes ad eorum [2] legationem pertinentes convenire possint; et omnibus generaliter notum faciant, qualis sit eorum legatio, scilicet ad hoc esse se a nobis [3] missos constitutos, ut si quilibet [4] episcopus aut comes ministerium suum per quodlibet impedimentum implere non possit, ad [5] eos recurrat, et cum eorum adiutorio [6] ministerium suum [7] adimpleat; et si talis causa fuerit quae per eorum admonitionem emendari [8] non possit, per eos ad nostram notitiam deferatur. Et si forte episcopus aut comes aliquid neglegentius in suo ministerio egerit [9], per istorum admonitionem corrigatur. Et omnis populus sciat, ad hoc eos [10] esse constitutos, ut quicumque per neglegentiam [11] aut iniuriam vel impossibilitatem comitis [12], iustitiam suam adquirere non potuerit, ad eos primum querelam suam possit deferre, et per eorum auxilium iustitiam adquirere; et quando aliquis ad nos necessitatis causa reclamaverit [13], ad eos possimus relatorum querelas ad definiendum remittere. Ipsi vero missi non sine certissima causa vel necessitate huc illucque discurrant; nisi forte quando tale aliquid in cuiuslibet ministerio ad legationem suam pertinente [14] ortum esse cognoverint, quod eorum praesentia indigeat, et sine eorum [15] consilio vel adiutorio emendari non possit. Inde tamen debent esse solliciti, ut [16] propter illorum neglegentiam nihil in sua legatione incorrectum remaneat; sed ubi certam et veram necessitatem cognoverint, nostram iussionem adimplere non neglegant.

27. *De hoc, quod per missos dominicos ea quae per capitula statuta sunt, omnibus nota fieri debeant.* Volumus etiam, ut omnibus notum sit, quia [17] ad hoc constituti sunt, ut ea quae per capitula nostra generaliter de quibuscumque causis statuimus, per illos [18] nota fiant omnibus, et in eorum procuratione consistant [19], ut ab omnibus adimpleantur. Et ubi forte aliquo tali impedimento, quod per [20] eos [20] emendari non possit, aliquid de his quae [21] constituimus ac iussimus remanserit imperfectum, eorum relatu nobis ad tempus indicetur, ut per nos corrigatur, quod per eos corrigi non potuit [22].

28. *De admonitorio ad eos qui legatione funguntur.* Nosse vos credimus, quanti sit ponderis legatio quam vobis commisimus, et quam sit periculosum [23] tantae rei curam neglegere, quantam vos [24] pro nostra omnium communi salute ex [25] nostra obligatione suscepisse non ignoratis. De qua [26] cum vos interrogasemus, non sic nobis responsum est, ut in eo responso sufficere potuisset ad eandem [27] dispositionem, quam rerum necessitas ad communem utilitatem pertinentium poscere [28] videbatur, vel quae nobis aliquod securitatis solatium afferre potuis et. Et hoc ideo [29] evenisse perspeximus, quia anno praeterito, quando capitulare legationis vestrae vobis dedimus, caute vos observare iussimus, ne sine causa bis quos honoratos esse volumus, aliqua fieret iniuria. Quapropter volumus vobis notum facere, qualiter nunc Deo [30] adiuvante eandem iussionem nostram debeatis adimplere. Volumus, ut missi nostri, quos ad hoc constitutos habemus, ut curam et sollicitudinem habeant quatinus [31] unusquisque qui [32] rector a nobis populi nostri constitutus est [32], in suo ordine officium sibi commissum iuste ac Deo placite ad honorem nostrum ac populi nostri utilitatem administret, in hunc modum cognoscendi diligentiam adhibeant, si ea quae in capitulari nostro, quod eis anno praeterito dedimus, continentur [33], secundum [33] voluntatem Dei ac iussionem nostram fiant adimpleta. Itaque volumus, ut medio mense Maio conveniant idem missi, unusquisque in sua legatione, cum omnibus episcopis, abbatibus, comitibus, ac vassis [34] nostris, advocatis nostris [35], ac vicedominis abbatissarum, necnon et eorum qui propter aliquam inevitabilem necessitatem ipsi venire non possunt, ad locum unum. Et si necesse fuerit, propter opportunitatem conveniendi, in duobus vel tribus locis, el maxime propter pauperes [36] populi, idem conventus habeatur, qui omnibus [37] congruat. Et habeat unusquisque comes vicarios et centenarios suos secum, necnon et de primis scabinis [38] suis tres aut quatuor. Et in eo conventu primum [39] christianae religionis et ecclesiastici ordinis conlatio fiat; deinde inquirant missi nostri ab universis, qualiter unusquisque illorum qui ad hoc a nobis constituti sunt, officium sibi commissum secundum Dei voluntatem ac iussionem nostram administret in populo, aut [40] quam concordes atque unanimes [41] ad hoc sint, vel qualiter vicissim sibi auxilium ferant ad ministeria sua peragenda. Et tam diligenter ac studiose hanc investigationem faciant, ut omnem rei veritatem per eos cognoscere valeamus. Et si aliqua talis causa ad eorum notitiam perlata fuerit quae illorum auxilio indigeat, secundum qualitates causarum quae in nostro capitulari continentur, tunc volumus ut illuc pergant, et ex nostra auctoritate illud corrigere studeant.

29. *De rebus ad venerabilem locum pertinentibus non alienandis.* Nulla sub Romana ditione [55] constituta ecclesia, vel exenodochium [42], vel tochotro-

---

VARIANTES LECTIONES.

[1] in conventu 6. [2] eorum ad 4. [3] Deo G. [4] quislibet 1*. [5] ad non possit *desunt* G. [6] a monitione 1*. [7] s. per quolibet a 1*. [8] emendare 1*. [9] egerint 4. [10] *deest* 1. [11] p. admonitionem au iniuriam 4. [12] comitum 1*. [13] reclinaverit 6. [14] pertinentem 3. B. G. [15] illorum 1*. B. [16] *deest* 1*. [17] qui 1. 1*. 3. 4. B. [18] missos Bal. [19] consistat 4. G. [20] *deest* 4. 6. [21] quod 1*. [22] possit 1. 4. poterit G. [23] p. ante deum in marg. addit 1. [24] nos corr. vos 1*. [25] *deest* G. [26] re inserunt 6. B. [27] eam 1*. 3. 4. B. ad... potuisset *desunt* G. [28] suppetere 4. parcere 6. parere B. [29] item 1*. [30] domino 3. B. [31] q. ut u. [32] *deest* 1*. [33] *deest* 4. [34] vasis 3. B. [35] *deest* 3. [36] *deest* 4. [37] in omn. 3. [38] scabiniis 1*. G. scabineis 3. B. Bal. [39] proximum 3. [40] ut et B. et G. Bal. [41] unanes 1*. [42] diccione 5. [43] xenodochium *cons*. 3.

phium, vel [1] nosochomium, vel orphanotrophium, vel gerontochomium, vel brephotrophium, vel monasterium tam monachorum quam sanctimonialium [2], archimandritam habens [3] vel archimandritissam [4]; ergo his omnibus non liceat alienare rem immobilem, sive domum, sive agrum, sive hortum, sive rusticum mancipium, vel panes civiles [a], neque creditoribus [5] specialis hypotecae [6] titulo obligare. Alienationis autem verbum contineat venditionem, donationem, permutationem, et emphitheuseos [7] perpetuum contractum. Sed omnes omnino sacerdotes huiusmodi [8] alienatione abstineant, poenas [9] timentes, quas Leoniana constitutio minatur, id est, ut is quidem qui comparaverit, rem loco venerabili reddat cuius et antea fuerat, scilicet cum fructibus aliisque [10] emolumentis, quae in medio tempore facta sunt; hyconomum [11] autem ecclesiae, praestare omne lucrum, quod ex se [12] huiusmodi prohibita alienatione senserit [13]; vel ecclesiam [14] damno effecerit, ita ut in posterum hyconomus non sit. Non solum autem ipse, sed etiam successores eius teneantur [15], sive ipse archyconomus alienaverit, sive respiciens [16] alienantem episcopum non [17] prohibuerit; multo magis si consenserit. Tabellionem autem, qui talia interdicta strumenta [18] conscripsit, perpetuo exilio tradi oportet. Magistratus autem, qui [19] eadem strumenta admiserunt, et [20] officiales qui operam dederunt ut [21] et [22] monumentis intimentur donationes [23], vel ceterae [24] alienationes actis intervenientibus confirmentur [25], non solum magistratu [26], sed etiam dignitate [27] et facultatibus suis cedant. Remittit autem constitutio ea quae in praeterito tempore acta sunt; excepit [28] autem quosdam contractus [29], quos in sequentibus exponit capitulis [30], per quos et [31] ecclesiarum immobiles res alienari possunt. Exenodochium, id est locus venerabilis in quo peregrini suscipiuntur. Ptochotrophium, id est locus venerabilis in quo pauperes et infirmi homines pascuntur [32]. Nosochomium, id est locus venerabilis in

A quo aegroti homines curantur [33]. Orphanotrophium [34], id est locus venerabilis in quo parentibus orbati pueri pascuntur. Gerontochomium [35], id est locus venerabilis in quo pauperes et propter senectutem solam infirmi homines curantur. Brephotrophium, id est locus venerabilis in quo infantes aluntur.

50. *De hoc, quomodo liceat ad imperatorem res sancti loci transferre.* Si princeps voluerit rem immobilem sancto loco praestare et accipere ab eo aliam immobilem rem, et eo modo permutationem contrahere, liceat hoc facere ei divina pragmatica [36] sanctione ab eo promulgata.

51. *De orphanis et exhereditatis subveniendum.* Propter istius [37] itaque pacis concordiam conservandam [38] placuit nobis de orfanis [39] et pauperibus, qui debite B vel indebite dicuntur amisisse hereditatem paterni vel materni iuris ad se legibus [40] pertinentem, si alicubi inventi fuerint quos patres vel [41] matres [41] propter traditiones [42] illorum exheredes fecerunt, aliorum scilicet suasionibus aut petitionibus vel aliquo ingenio, omnino volumus atque decrevimus [43] emendari, quantum ad nos vel ad nostram pertinet potestatem, iuxta voluntatem Dei et vestram [44] sanctam ammonitionem et considerationem; ut si forte extra officium nostrum alicubi inventum fuerit, ammonere vestram clementiam audeamus, ut emendetur.

52. *De rebus pauperum vel minus potentum mala occasione non emendis* [45]. Propter provisiones pauperum, pro quibus curam habere debemus, placuit nobis, ut nec episcopi nec abbates, nec comites, nec C vicarii, nec iudices, nullusque omnino sub mala occasione vel malo ingenio res pauperum vel minus potentum nec emere nec vi tollere audeat; sed quisquis ex eis aliquid comparare voluerit, in publico placito coram idoneis testibus et cum ratione hoc faciat. Ubicumque autem aliter inventum fuerit, factum hoc omnino emendetur per iussionem nostram [46] [b].

VARIANTES LECTIONES.

[1] vel n. v. o. *hic omissa infra post* loco venerabili *inserit.* 1*. vel nos. *desunt* B.   [2] que scae monialium 2.   [3] habent 1. alia manus corr. quae a. habeant.   [4] archimanditrismam 1*: archimandritissimam 5. *Post hoc contra haec agere praesumat inserit Bal.*   [5] n. a. cred. species 4. creditores G.   [6] apothecae G.   [7] amphiteoseos s *prascripto* id est 2 b. e. et p. G.   [8] ab h. 1*. 4. G. Bal.   [9] panes 5.   [10] aliisquae 2.   [11] ecconomium 2 b. 3. echonomum G.   [12] deest 1*. 3. B. G. Bal. q. si se h. 2 b. a manu sec. q. si ex se 4.   [13] sumpserit 6.   [14] ecclesiae damnum 6. Bal. vel qui e. d. c. a. ministerio submoveat Bal.   [15] hac lege 1. Bal.   [16] respias 1*. respicies 3.   [17] si phibuerit m. m. sicul sens. 3.   [18] instrumenta soli Met. Riv.   [19] q. in eadem 3.   [20] et ad 1. 4*. B.   [21] deest 1. 1*. 2. 2 b. 4. 6. B. G.   [22] deest 5. G.   [23] int. et don. G.   [24] certe G.   [25] infirmentur Gr.   [26] magistratus 1. 1*. 2. 2 b. 3. 4. B. G.   [27] dignitates aliae facult. G.   [28] excipit 3. 6. G.   [29] contractos 2. 2 b. 5. B. contra hoc 3.   [30] deest 4. 6.   [31] deest 1*. 3.   [32] pascantur 2.   [33] pascuntur B.   [34] gerontomium 4.   [35] geronthomium 2. 2 b. 5.   [36] pragmaticam G.   [37] iustius corr. iustam 1*.   [38] hic incipit lex inter K. M. Langobardicas in codd. V. Vn. E. et Murat. c. 149.   [39] o. et pupillis et V. Vn. E.   [40] deest 1.   [41] deest 2.   [42] traditionem 2 b.   [43] discernimus 3.   [44] nostram 3. Totum locum G. ita habet: nostrum volumus ad quem pertinet potestatem iuxta vol. domini et vestram decrevimus emendari, quandum ad nos vel ad nostram sanctam admon.   [45] emendandis 2. 2 b.   [46] vestram 2. 2 b. 3. 6. G. Illd.

NOTÆ.

[a] Panes ab imperatore Byzantino distribui soliti.

[b] Post haec duo capp. addunt B. Pith., Par., Norm., atque a manu sec. in scedula annexa Rhemensis. Textui ea inseruit Baluzius: « 33. *Qualiter iustitiae fiant pauperibus.* De causis viduarum, pupillorum, orfanorum vel reliquorum pauperum, ut in primo conventu ante mediam diem illorum ratio vel querela audiatur et diffiniatur, et post medium diem causa regia et ecclesiarum vel potentum hominum; quia ipsi pauperes non habent facultatem unde sus-

D tentare [suscitare, Pith., Paris., Norm.] se possint, donec ad eorum perveniantur iustitiam, et ideo tantos clamores faciunt ad aures nostras.

« 34. *De illis hominibus, qui iniustas querelas habent.* De illis hominibus, qui iniuste super alios homines querelas faciunt, de quibus volumus, si inventus fuerit aliquis qui non habeat iustitiam causandi vel reclamandi, et re victus fuerit, propter illam calumniam quam fecit, secundum legem et aequitatem iustitiam reddat. »

33. *De festivitatibus anni.* Festos dies in anno celebrare sanximus, hoc est diem dominicum paschae cum omni honore et sobrietate venerari, simili modo totam ebdomadam illam observare decrevimus; diem ascensionis Domini [1] pleniter celebrare; in pentecosten similiter ut in pascha; in natale [2] apostolorum Petri et Pauli diem unum; nativitatem sancti Iohannis baptistae, adsumptionem sanctae Mariae [3], dedicationem sancti Michaelis, natalem [4] sancti Remigii [5], sancti Martini, sancti Andreae; in natale [6] Domini dies quatuor; octabas Domini; epiphaniam [7] Domini; purificationem sanctae Mariae. Et illas festivitates martyrum vel confessorum observare decrevimus, quorum in unaquaque parrochia sancta corpore requiescunt.

34. *De antiquis ecclesiis, ut* [8] *honorem suum habeant.* Ecclesiae antiquitus constitutae nec decimis nec aliis possessionibus priventur, ita ut novis oratoriis tribuatur [9].

35. *De spiritalibus filiolis.* Deinde praecepimus, ut unusquisque compater vel proximi spiritales [10] filios suos catholice instruant.

36. *De hoc, ut sacerdotes inreprehensibiles sint* [11]. Ut iuxta Apostoli vocem sacerdotes inreprehensibiles sint et moribus ornati et nequaquam turpibus lucris deserviant, iuxta illud quod ait Scriptura : *Nemo militans Deo implicat se negotiis secularibus, ut ei placeat, cui se probavit.* Et a turpibus lucris et usuris non solum ipsi abstineant, verum etiam plebes sibi subditas abstinere [12] instruant.

37. *De hoc, ut ab incestuosis et ab his qui decimas non dant, et a presbyteris neglegenter viventibus wadii non accipiantur.* Dictum est nobis, quod in quibusdam locis episcopi et comites ab incestuosis et ab his qui decimas non dant, wadios accipiant et a [13] presbyteris pro quibusdam neglegentiis, et inter se pecuniam [14] dividant. Quod penitus abolendum decrevimus, ne forte avaritiae locus detur; et constituimus, ut incestuosi iuxta canonicam sententiam poenitentia multentur; qui vero decimas post crebras [15] ammonitiones et praedicationes sacerdotum dare neglexerint, excommunicentur. Iuramento vero eos constringi nolumus [16] propter periculum periurii.

38. *De discretione corporis et sanguinis Dominici perceptione.* In perceptione corporis et sanguinis Dominici magna discretio adhibenda est. Cavendum est enim, ne si nimium in longum differatur, ad pernitiem animae pertineat, dicente Domino : *Nisi manducaveritis carnem filii hominis et sanguinem eius biberitis, non habebitis vitam in vobis.* Si vero indiscrete accipiatur [17], timendum est illud, quod ait Apostolus : *Qui manducat et bibit indigne, iudicium sibi manducat et bibit.* Iuxta eiusdem ergo Apostoli documentum probare [18] se debet homo, et sic de pane illo manducare, et de calice bibere; ut videlicet abstinens aliquot diebus [19] ab operibus carnis, et purificans corpus animamque suam, praeparet se ad percipiendum tantum sacramentum, exemplo David, qui nisi se confessus fuisset abstinuisse ab opere coniugali ab heri et nudius tertius, nequaquam panes propositionis a sacerdote accepisset.

39. *De hominibus diversarum conditionum, et de his qui eis praelati sunt.* Quia ergo constat aecclesia diversarum conditionum homines esse, ut sint nobiles et ignobiles, servi, coloni, inquilini, et cetera [20] huiuscemodi nomina [21], oportet ut quicumque eis praelati sunt clerici, sive laici, clementer erga eos agant et misericorditer eos tractent, sive in exigendis ab eis operibus, sive in accipiendis tributis et quibusdam debitis ; sciantque eos fratres suos esse, et unum patrem secum [22] habere Deum, cui [23] clamant : *Pater noster, qui es in coelis;* unam matrem, sanctam ecclesiam, quae eos intemerato sacri fontis utero gignit. Disciplina igitur eis misericordissima et gubernatio oportuna adhibenda est : disciplina, ne indisciplinate vivendo auctorem suum offendant; gubernatio, ne in cotidianis vitae commeatibus [24] praelatorum adminiculo destituti fatescant [25].

40. *De feminis et abbatissis, quales sint quae monasteriis puellaribus praeferri debent.* Monasteriis sane puellaribus tales praeferri debent feminae et abbatissae credi, quae et se et subditum gregem cum magna religione et sanctitate custodire noverint [26], et his quibus praesunt, prodesse non desinant, sed et se et illas ita observent, utpote vasa sancta in ministerio Domini praeparata. Talem enim se debet exhibere subditis in habitu, in veste, in omni [27] convictu, ut eis ad coelestia regna pergentibus ducatum praebeat. Sciat [28] etiam, se pro his quas in regimine accepit, in conspectu Domini rationem redditurama.

41. *De incestuosis et homicidis, sacerdotum ammonitionibus aurem nolentibus accommodare.* Incestuosi, parricidae [29], homicidae [30] multi apud nos heu pro dolor! repperiuntur, sed aliqui ex illis sacerdotum nolunt admonitionibus aurem accommodare, volentes in pristinis perdurare criminibus : quos oportet per secularis potentiae disciplinam a tam prava consuetudine cohercere, qui per salutifera sacerdotum monita noluerunt revocari; quorum aliquos iam excommunicavimus, sed illi hoc [31] parvipendentes in hisdem perdurarunt criminibus. Quamobrem vestra de-

---

VARIANTES LECTIONES.

[1] *deest* 2. [2] *deest* 2. B. [3] M. et nativitatem ipsius d. 3. [4] natalis 1. natale 3. B. [5] Remei 1. 2. Remedii 4. [6] natalem 1*. [7] epiphania 2. [8] ut... habeant *hic omissa post* antiquitus *ponit* 3. [9] oratoribus 1. [10] spirituales B. [11] *deest hoc c.* 3. 3 b. sed non in indice. [12] *deest* 4. [13] *deest* 2. [14] *deest* 6. [15] creberrimas B. Bal. [16] volumus B. [17] accipitur 2 b. [18] probet se b. 6. [19] *deest* 6. [20] ceteri 1. 2. 3. G. [21] *deest* G. omnia 4. Bal. [22] se G. [23] qui 2. 3. G. [24] necessitatibus 4. [25] fatescant *corr.* fatiscant 1*. [26] voluerint G. [27] communi 1. [28] prebeant... sciant... acceperunt... redditura B. Bal. [29] patricidae 4. [30] *deest* 3. [31] *deest* 1*.

cernat mansuetudo, quid de talibus deinceps agendum sit [1].

42. *De dominis subditorum admonendis.* Admonendi sunt domini subditorum, ut circa suos pie et misericorditer agant, nec eos qualibet iniusta occasione condempnent, nec vi opprimant, nec illorum substantiolas iniuste tollant, nec ipsa debita, quae subditis [2] reddenda sunt, impie ac crudeliter exigantur [3].

43. *De corporis Domini et sanguinis communicatione* [4] *laicorum.* Ut si non frequentius, vel ter laici homines in anno communicent, nisi forte

A quis maioribus quibuslibet criminibus impediatur.

44. *De eruditione filiorum a parentibus et patrinis* [5]. Ut parentes filios suos, et patrini eos quos de [6] fonte lavacri suscipiunt, erudire summopere studeant [7]; illi, quia eos genuerunt et eis a Domino dati sunt; isti, quia pro eis fideiussores existunt.

45. *De ecclesiis antiquitus constitutis.* Ut ecclesiae antiquitus constitutae nec decimis nec alia [8] ulla possessione priventur.

46. *De sepultura.* Ut de sepeliendis in basilicis mortuis illa constitutio servetur, quae ab antiquis patribus a constituta est.

VARIANTES LECTIONES.

[1] est 1° 2. 3. *B.* [2] a. subd. 3. 4. *B. Bal.* [3] exigant 3. [4] communione 4. — [5] patribus *G.* [6] deest 3. [7] persuadeant 2. 2 b. 6. [8] ab 4.

NOTÆ.

a In concilio Nannetensi, canone 6. *Bal.*

INCIPIT TERTII PRAELOCUTIUNCULA LIBELLI.

Superius in duobus [1] capitula [2] ecclesiastica praefatorum principum, domni Karoli imperatoris et domni ac gloriosissimi Hludowici augusti et [3] Chlotharii caesaris, descripsi libellis. Nunc autem illa

B ad mundanae augmentum legis pertinentia, quae domnus Karolus imperator edidit, in hoc tertio adunavi libello [4].

VARIANTES LECTIONES.

[1] d. libellis *B. G.* [2] capitularibus 1°. [3] nec non et 1°. 5. nec non 3. et *C.* c. desunt *B. G. Bal.* [4] edidit, adnotata sunt in h. t. libro *B.*

INCIPIUNT CAPITULA a.

1. De pace servanda.
2. De iustitiis generalibus.
3. [b] De iustitiis regalibus.
4. De armis non portandis.
5. De armatura in hostem habenda.
6. De negotiatoribus quousque procedant.
7. De clamatoribus vel causidicis.
8. De iuramento.
9. De conspirationibus.
10. De periuriis.
11. De advocatis, vicedominis, vicariis et centenariis.
12. De teloneis.
13. De falsis monetis.
14. De haribanno.
15. De censu regali.
16. De liberis hominibus uxores fiscalinas habentibus.
17. De cura missorum dominicorum.
18. De aequalitate a missis dominicis facienda.
19. De his qui beneficia habent regalia.
20. De his qui fraudem faciunt in regalibus beneficiis.
21. De his qui propter propriam iustitiam dilatandam fugantur.
22. De armis ad placitum non portandis.
23. De latronibus.
24. De animalibus vel aliis rebus, a quibus emantur.
25. De homicidiis clericorum.
26. De immunitate, si aliquod damnum ibi factum fuerit.
27. De eo qui in iudicio iniuste contra alium altercantem adiuvare praesumpserit.
28. De homine qui per cartam libertatem consecutus est.
29. De homine libero, qui se loco wadii tradit.
30. De debitis regalibus, qual ter solvi debeant.
31. De eo qui causam iudicatam repetere praesumit.
32. De eo qui in testimonium assumitur, qualis esse debeat.
33. De scabineis, advocatis notariis, a missis dominicis eligendis.
34. De illis qui legem servare contemnunt.
35. De Laribannatoris coniecto.
36. De colonis et fiscalinis.
37. De homine in iudicium non mittendo sine causa.
38. De causis ebrii hominis, et de eius testimonio, et de placito comitis.
39. De missis dominicis vel ceteris hominibus discurrentibus.
40. De illis qui ad placitum banniri debeant.
41. De falsis testibus.
42. De non iurando per vitam regis.
43. De eo qui per cartam ingenuus est, si ad servitium interpellatus fuerit.
44. De servo qui damnum quodlibet perpetrat.
45. De manumitione secundum legem ad mallum.
46. De auctore rei.
47. De hominibus ad mortem diiudicatis et postea eis vita concessa, si iustitiam quaesierint.
48. De homine, cui post iudicium vita concessa est, si iustitiam reddere noluerit.
49. De latrone forbannito a libero homine suscepto.
50. De comite latronem in forbanno mittente.
51. De liberis hominibus, qui ad mallum venire cogendi sunt.
52. De testibus ad testimonium dicendum, qualiter adhibeantur.
53. De iustitia cuiuslibet a nullo quolibet dilatanda.
54. De non cogendo ad pontem ire causa thelonei.
55. De hoc, si presbyter sanctum chrisma deferit ad iudicium subvertendum.
56. De iudicibus, advocatis, praepositis et reliquis ministris, quales sint.
57. De mallo publico.
58. De sacramentis ad palatium adramitis.
59. De impedimento clamatorum.
D 60. De fugitivis contra praeceptum dominicum occultatis.
61. De nimium blasphemis latronibus.
62. De pace infra patriam.
63. De iunioribus in populo vulgari distringendis.
64. De hoc, si super missum dominicum cum [c] collecta et armis quis venerit.
65. De eo qui domum alienam cuiuslibet infrangit.

NOTÆ.

a I. C. SALICE LEGIS L. III. 3.
b Deest B, sed non in textu.
c Deest 4.

66. De messibus vel annonis in hoste raptis vel furatis.
67. De libero nomine in hostem bannito.
68. De hairibanno exactando.
69. De his qui regales habent honores et in hostem banniti ad condictum placitum non venerint.
70. De his qui sine licentia de hoste revertuntur.
71. De his qui beneficia principum habent.
72. De non cogendo bibere in hoste.
73. De vassis adhuc in palatio servientibus et tamen beneficia habentibus.
74. De praeparatione ad hostem secundum antiquam consuetudinem.
75. De hoc, ut non nisi permissione regali brunia vel gladius homini extraneo a quolibet detur aut vendatur.
76. De causarum et litium terminis.
77. De episcopis, comitibus et potentioribus, si causam inter se habuerint.
78. De testibus ad rem quamlibet discutiendam eligendis.
79. De placito centenarii.
80. De inquisitione et descriptione uniuscuius ae missi in suo missatico.
81. De beneficiis, qualiter condricta sint.
82. De beneficiis episcoporum, abbatum et re i uorum, et de fiscis regalibus describendis.
83. De legationibus propter iustitias, quo tem re exerceantur.
84. De iussione dominica in quolibet missatic 1.on adimpleta.
85. De censu regali inquirendo.
86. De rebus, de quibus census ad partem r gis exire solebat.
87. De placitis a missis dominicis comitibus totum faciendis.
88. De fidelitate regis promittenda.
89. De homicidiis infra patriam factis.
90. De mensuris et ponderibus.

INCIPIUNT PRAEDICTA CAPITULA ET EORUM TEXTUS [1]

1. *De pace servanda.* De pace admonemus, ut omnes, qui per [2] aliqua scelera ei [3] rebelles sunt, constringantur.

2. *De iustitiis generalibus.* De iustitiis ecclesiarum Dei, viduarum, orfanorum et pupillorum praecipimus, ut in publicis iudiciis non dispiciantur clamantes, sed diligenter audiantur.

3. *De iustitiis regalibus.* De iustitiis regalibus [4], ut pleniter fiant inquisitae.

4. *De armis non [5] portandis.* De armis infra patriam non [6] portandis, id est scutis et lanceis et loricis. Si faidosus [7] quis sit, discutiatur [8] tunc, quis e duobus contrarius sit ut pacati fiant, et distringantur ad pacem, etiam si noluerint. Et si aliter se pacificare [9] nolunt, adducantur in nostram praesentiam. Et si aliquis post pacificationem alterum occiderit, conponat [10] illum, et manum quam [11] periuravit perdat, et insuper bannum [12] dominicum solvat.

5. *De armatura in hostem habenda.* De armatura in exercitu, sicut antea [13] in alio capitulari commendavimus, ita servetur; et insuper [14] omnis homo de duodecim mansis bruniam habeat. Qui vero bruniam habens eam secum non tulerit, omne beneficium cum brunia pariter perdat.

6. *De negotiatoribus, quousque procedant.* De negotiatoribus, qui partibus Sclavorum [15] et Avarorum [16] pergunt, quousque procedere cum suis negotiis debeant, id est, partibus Saxoniae usque ad Bardenwih [17], et ad Magadoburg [18], et ad Erphesfurt [19], et ad Halaxstat [20], et ad Forahheim [21], et ad Breemberg [22], et ad Reganesburg [23], et ad Lauri cum; et ut arma et brunias non ducant ad venu dandum. Quod si inventi fuerint portantes, omnis s bstantia eorum auferatur ab eis; dimidia quidem p rs partibus palatii, alia vero medietas inter iam dict s missos et inventorem dividatur.

7. *De clamatoribus vel causidicis.* De cla atoribus vel causidicis, qui nec iudicium scabinior m [24] adquiescere nec blasphemare [25] volunt, anti ua consuetudo servetur, id est ut in custodia rec udantur, donec unum e duobus faciant [26]. Et si ad p latium [27] pro hac re clamaverint et litteras detuleri t [28], non quidem eis credatur, nec tamen in carcere [29] ponantur; sed cum custodia et cum ipsis litteris ariter ad palatium nostrum remittantur, ut ibi dis utiantur sicut dignum est.

8. *De iuramento.* De iuramento, ut nulli lteri per sacramentum fidelitas promittatur, nisi nob s et unicuique proprio seniori ad nostram utilitat m et sui senioris; excepto his sacramentis, quae ius e secundum legem alteri ab altero debentur. Et infantes, qui antea non potuerunt [30] propter iuveni m aetatem iurare, modo fidelitatem repromittant.

9. *De conspirationibus.* De conspirationi us vero, quicumque facere [31] praesumpserint et sa ramento quamcumque [32] conspirationem firmaveri t, ut triplici ratione iudicentur. Primo ut ubicumqu aliquod malum per [33] hoc perpetratum fuit, auct res facti interficiantur, adiutores vero eorum singul alter ab altero flagellentur, et nares sibi invicem pr ecidant.

VARIANTES LECTIONES.

[1] *horum loco* 3 *habet*: expliciunt capitula que sunt salice legis addenda atque ab universis s ncte det ecclesiae fidelibus observanda. [2] pro aliquo scelere 3. [3] *deest* 1. *Hld.* eis 3. 4. [4] *regularibus* 6. *deest* 3. [6] *deest* 3. [7] studiosus 1*. faidiosus *B*. [8] d. si vero duo intra se contrarii fuerint, ut ad pace redeani praecipimus: Quod si noluerint distringantur. Et si aliter 3. [9] pacificari 4. [10] conponant 1*. [11] ia 6. *G*. [12] bannium 3. [13] ante 3. *B*. [14] *deest* 3. [15] clavorum *B*. [16] sic 3. *Met.* havarorum *Bell. Til. R. B. Pith. Parm. Norm.* haurorum 1*. arorum *Div.* bauuariorum 1. 6. *G. Riv. Thu. Sang.* 1. *Colb.* bauua orum 4. baiuvatorum *Camb.* baugariorum *Sang.* 2. [17] Bardenuuic 1*. 4. Bardenuhuih 3. Bardeuuuich *G*. [18] Magodoburg 1. amodobruc 1*. Magedoburg 6. [19] Erpesfurd 1*. 3. 4. 6. *B. G*. Herpffurth 3 b. [20] Al xstat 3. Alaxastat 3 b. Laxta 1*. Adalagastat *G*. [21] Forateim 3. Foracheim *B.* Forachen *G*. [22] Breemb g 1*. 3. Breemburg *B*. Breenpereg 4. Breempereg 6. Breemberht *G*. [23] Reginisburg 1*. Reginesburg 3. Raginisburg *B*. Rageinispurg 4. Ragesnisburg 6. [24] scabinorum 1*. 4. (*const.*) *G*. scabinearum *B*. [25] plasfemare 1*. [26] fiat 1*. [27] placitum 3. [28] e. l. d. desunt 3. [29] carcer. m 4. *G*. [30] potuerint 1. [31] q. conspirationem f. *G. Bal.* [32] quicumque 1*. [33] propter *Trec.* pro *Sang.*

Ubi vero nihil mali perpetratum est, similiter quidem inter se flagellentur, et capillos sibi vicissim detondant [1]. Si vero per dextras aliqua conspiratio firmata fuerit, si liberi sunt, aut iurent cum idoneis iuratoribus hoc pro malo non [2] fecisse; aut si facere non potuerint, suam legem componant. Si vero servi sunt, flagellentur. Et ut [3] de caetero in regno nostro nulla huiusmodi conspiratio, nec per sacramentum, nec sine sacramento fiat.

10. *De periuriis* [4]. De [5] periuriis, ut caveantur, et non admittantur testes ad iuramentum, antequam discutiantur. Et si aliter discuti non possint [6], separentur ab invicem et singulariter inquirantur. Et non soli accusatori liceat testes eligere absente suo causatore [7]. Et omnino nullus nisi ieiunus ad iuramentum vel ad testimonium admittatur. Si refutatur [8], dicat ille, qui eum refutat, et probet, quare illum recipere nolit. Et de ipso pago aut de vicinis centenis eligantur, nisi forte longius extra comitatum causa sit inquirenda. Et si quis convictus fuerit periurii, perdat manum aut redimat.

11. *De advocatis, vicedominis, vicariis et centenariis.* De advocatis, vicedominis, vicariis et centenariis [9] pravis [10], ut tollantur, et tales eligantur quales et sciant et velint iuste causas discernere et terminare. Et si comes [11] pravus inventus [12] fuerit, nobis nuntietur.

12. *De teloneis.* De teloneis placet nobis, ut antiqua et iusta telonea a negotiatoribus exigantur, tam de pontibus quamque de [13] navigiis seu mercatis. Nova vero seu iniusta, ubi vel funes tenduntur, vel cum navibus sub pontibus transitur, seu his similia, in quibus nullum adiutorium itinerantibus praestatur [14], similiter etiam nec de his, qui sine negotiandi causa substantiam suam de una domo [15] sua ad aliam aut ad palatium aut in exercitum ducunt teloneum nullatenus ab [16] eis exigatur.

13. *De falsis monetis.* De falsis monetis, quia in multis locis contra iustitiam et contra edictum fiunt, volumus ut nullo alio loco moneta sit, nisi in palatio nostro; nisi forte iterum a nobis aliter fuerit ordinatum.

14. *De hairibanno* [17]. De hairibanno volumus, ut missi nostri fideliter exactare debeant absque ullius personae gratia, blanditie [18] seu terrore, secundum iussionem nostram; id est, ut de homine habente libras sex in auro, argento, bruncis [19] acramento, pan-

nis integris, caballis, bubus [20], vaccis vel alio peculio, et uxores vel infantes non [21] fiant dispoliati pro hac re, de eorum vestimentis, accipiat legitimum haribannum, id est libras tres. Qui vero non habuerit amplius [22] in suprascripto pretio valente nisi libras tres, solidi triginta ab eo exigantur, id est libra et dimidia [22]. Qui autem non habuerit amplius nisi duas libras, solidi decem. Si vero unam habuerit, solidi quinque, ita ut iterum se valeat praeparare ad Dei servitium et ad nostram utilitatem. Et nostri missi caveant et diligenter inquirant, ne per aliquod malum ingenium subtrahant nostram iustitiam, alteri tradendo aut commendando.

15. *De censu regali.* Census regalis undecumque legitime exiebat [23], volumus ut inde solvatur, sive de propria persona hominis, sive de rebus.

16. *De liberis hominibus uxores fiscalinas habentibus.* De liberis hominibus qui uxores fiscalinas regias, et de feminis liberis quae [25] homines similiter fiscalinos regios accipiunt, ut non de hereditate parentum, vel de causa sua quaerenda, nec de testimonio pro hac re abiciantur; sed talis etiam nobis in hac causa honor servetur, qualis et antecessoribus nostris regibus vel imperatoribus servatus esse cognoscitur [26]

17. *De cura missorum dominicorum.* Unusquisque in suo missatico maximam habeat curam ad praevidendum et ordinandum, ac disponendum, secundum voluntatem Dei [27], et secundum iussionem nostram.

18. *De aequalitate a* [28] *missis* [29] *dominicis facienda.* Volumus, ut aequaliter missi nostri faciant de singulis causis, sive de heribanno, sive de advenis, sive de caeteris quibuslibet causis. De advenis volumus, iam diu coniugatis per singula loca, ut ibi [30] maneant et sine causa et sine aliqua culpa non fiant eiecti. Fugitivi vero, servi et latrones redeant ad propria loca.

19. *De his qui beneficia habent regalia.* Auditum habemus, qualiter et comites et alii homines, qui nostra beneficia habere videntur, comparant sibi proprietates de ipso nostro beneficio, et faciunt servire ad ipsas proprietates servientes nostros de eorum beneficio, et curtes nostrae remanent desertae, et in aliquibus locis ipsi vicinantes multa mala patiuntur.

20. *De his qui fraudem faciunt in regalibus beneficiis.* [31] Audivimus quod aliqui reddant [32] beneficium nostrum ad alios homines in proprietatem, et in ipso placito dato pretio comparant ipsas res iterum sibi in alodem. Quod omnino cavendum est, quia qui hoc

---

VARIANTES LECTIONES

[1] detondeant 1. *B.* [2] se non *G.* [3] deest 5. *G.* Praecipimus ut periuria summopere caveantur *Vat. Sang. 1. Colb. Trec.* [5] periuriis *G. const.* [6] acusatore 5. [7] Si vero aliquis refutatur *Camb. Riv. Vat. Pal. Sangall. Til. Colb.* Et ille qui ad testimonium adducitur, si refutatur *Camb.* (ducitur), *Pith. Paris. Norm.* Lectionem supra servatam genuinam esse patet, omissis scilicet aliquot vocibus, quarum loco vero aliquis a nonnullis inserta, et a codicibus *Camb. Pith. Par.* et *Norm.* denuum genuina Capitularis verba restituta sunt. [9] centenis *B.* [10] deest 4. [11] aliquis p. *G.* [12] iniectus *G.* [13] et de 4. [14] ut non exigantur. Sim. *Met. Riv. Bal.* [15] domu 1. [16] ex 5. [17] airibanno 1. *const. in hoc c.* heribanno *const.* 3. B. *G.* et plerique cod. *Bal.* haribanno *B. const.* 6. *Vat. Riv.* [18] blanditia 1. *B. Hld. Bal.* [19] bruniis 4. [20] bovibus vaccis *Ed. Til.* [21] pro non... tres *G.* habet praescripto pretio valente. [22] deest 1. amplius... valente desunt *G.* [23] id... dimidia desunt *G.* [24] exigebat 3. 4. 6. exibit *B.* exigebatur *G. Camb. Colb. Vat. Sang.* 1. exhibebatur 1. [25] qui 1. 3. *B.* [26] *Post caput istud sequitur in codice Normannico:* De infantibus qui non iuraverunt fidelitatem. De his qui tunc infantes fuerunt et aliis atque aliis qui non iuraverunt fidelitatem donum imperatori aut suos infantes, modo iurent. *V. supra cap.* 8. *huius libri Bal.* [27] deest 1. [28] deest 1. [29] deest 1. [30] ubi 1. [31] deest 1. [32] vendant 3.

faciunt¹, non bene custodiunt fidem, quam nobis promissam habent. Et ne forte in aliqua infidelitate inveniantur², quia qui hoc faciunt, per eorum voluntatem ad aures nostras talia opera illorum non perveniunt.

21. *De his qui propter propriam iustitiam dilatandam³ fugantur⁴.* Sunt et alii, qui iustitiam legibus recipere debent, et in tantum fiunt in quibusdam locis fatigati⁵, usque dum illorum iustitiam per fideiussorum manus tradant, ita ut aliquid vel parvum possint habere, et fortiores suscipiant maiorem portionem.

22. *De armis ad placitum non portandis.* Ut nullus ad mallum vel ad placitum infra patriam arma, id⁶ est scutum et lanceam, portet.

23. *De latronibus.* De latronibus praecipimus, quicumque post missam sancti Iohannis latroni mansionem dederit, si Francus est, cum duodecim similibus Francis iuret, quod ipse latronem eum fuisse non scisset⁷, licet pater eius sit aut frater vel propinquus. Si hoc iurare non potuerit, et ab alio convictus fuerit, quod latronem in hospitio suscepisset, quasi latro et infidelis iudicetur: quia latro est et infidelis est⁸ noster et Francorum, et qui illum suscepit, similis est illi.⁹ Si autem audivit, quod latro¹⁰ fuisset, et tamen non scit¹¹ profirmiter, aut iuret solus, quod numquam eum audisset nec per veritatem nec per mendacium latronem; aut sit¹² paratus, si ille de latrocinio postea victus¹³ fuerit, ut similiter damnetur.

24. *De animalibus vel aliis rebus, a quibus emantur.* Ut nullus comparet caballum, bovem et¹⁴ iumentum vel alia¹⁵, nisi illum hominem cognoscat qui eum vendit, aut de quo pago est, vel ubi manet, aut quis¹⁶ est eius senior.

25. *De homicidiis clericorum.* Qui subdiaconum occiderit, trecentos¹⁷ solidos componat¹⁸; qui diaconum, quadringentos¹⁹ componat; qui presbyterum, sexcentos²⁰ componat; qui episcopum, nongentos²¹; qui monachum, quadringentos solidos componat.

26. *De immunitate, si aliquod damnum ibi factum fuerit.* Si quis in²² immunitate damnum aliquod fecerit, sexcentos²³ solidos componat²⁴. Si autem homo furtum aut homicidium vel quodlibet crimen foris committens infra immunitatem fugerit, mandet comes²⁵ vel episcopo, vel abbati, vel vicedomino²⁶, vel illi, quicumque locum episcopi aut²⁷ abbatis tenuerit, ut reddat ei reum. Si ille²⁸ contradixerit et um reddere noluerit, in prima contradictione solidis quindecim culpabilis iudicetur. Si ad secundam²⁹ inquisitionem eum³⁰ reddere noluerit, triginta sol dis culpabilis iudicetur. Si nec ad tertiam inqu itionem consentire voluerit, quicquid reus damni f rat³¹, totum ille³² qui eum infra immunitatem reti et³³ nec reddere vult, solvere cogatur. Et ipse come veniens licentiam habeat ipsum hominem infra imn itatem quaerendi, ubicumque eum³⁴ invenire pot erit. Si autem statim³⁵ in prima inquisitione comit responsum fuerit quod reus infra immunitatem quidem fuisset, sed fuga lapsus sit, iuret quod ips eum ad iustitiam cuiuslibet disfaciendam fugere no fecisset, et sit ei in hoc satisfactum. Si autem intra ti in ipsam immunitatem comiti collecta manu qui ibet resistere temptaverit, comes hoc ad regem el³⁶ ad principem deferat, ibique iudicetur, ut sic t ille qui in immunitate damnum fecit, sexcentos⁷ solidos componere debeat, ita ut³⁸ qui comiti collect ³⁹manu resistere praesumpserit, sexcentis⁴⁰ solidi culpabilis iudicetur.

27. *De eo, qui in iudicio iniuste contra ali m altercantem adiuvare praesumpserit.* Si quis ho inem in iudicio iniuste contra alium altercantem adiuvare per malum ingenium⁴¹ praesumpserit, atqu inde coram iudicibus vel comite⁴² increpatus fuer t, et negare non potuerit, solidis quindecim culp. ilis iudicetur.

28. *De homine, qui per cartam libertate consecutus est.* Si quis per cartam ingenuitatis domino suo legitime libertatem est consecutus, lib r permaneat. Si vero aliquis eum iniuste inservi temptaverit⁴³, et⁴⁴ ille cartam ingenuitatis suae stenderit et adversarium se inservire velle comprob erit, ille qui hoc temptavit, multam quae in carta descripta est, solvere cogatur. Si vero carta non pa erit, sed iam ab illo qui eum inservire voluerit disfa ta⁴⁵ est, widrigildum⁴⁶ eius componat; duas partes illi quem inservire voluerat, tertiam regi; et ille i rum per praeceptum regis libertatem suam conquir t.

29. *De homine libero, qui se loco wadi trudit⁴⁷.* Liber qui se loco wadii in alterius potestat ⁴⁸ commiserit, ibique constitutus damnum aliquo cuilibet fecerit, qui eum in loco wadii suscepit au damnum solvat, aut hominem in mallo productum dimittat, perdens simul debitum propter quod eum⁴⁹ pro wa-

VARIANTES LECTIONES.

¹ hec qui f. 3.   ² sequentia 4. (in loco corraso, a manu recent). G. Camb. Vat. Sang. 1. Colb. ita exhibent: inv. qui hoc faciunt, deinceps caveant se omnino a talibus, ne a propriis honoribus et a p rio solo, a Dei gratia, et nostra extorres fiant.   ³ dilatam 3.   ⁴ fatigantur 3. B.   ⁵ fugati G. Thu. Vat. Sang. 1. Colb.   ⁶ id. e. s. et l. desunt 4.   ⁷ f. nesciret 1*.   ⁸ deest 3. Hld Bal.   ⁹ illis 1*.   ¹⁰ deest 1*.   ¹¹ tit B. sic G. s. firmiter nescit a. 3b.   ¹² a. si p. ille B.   ¹³ convictus 4. 6. G. Bal.   ¹⁴ aut 3.   ¹⁵ a. q acumque. re Rivip.   ¹⁶ qui 1*. 4. G.   ¹⁷ cccc 1*.   ¹⁸ componatur 1. et abraso ur 1*. per totum caput.   ¹⁹ DC 1*, G. ex corr.   ²⁰ DCCCC ex corr. 1*. G.   ²¹ e. de vita comp. qui G. ex corr. nocc Hld.   ²² non 3.   ²³ DCC ex corr. 1*. G.   ²⁴ componatur 1.   ²⁵ comiti 3.   ²⁶ vicedominico 3.   ²⁷ vel 1*. B.   ²⁸ illi 1*. 4.   ²⁹ aliam B.   ³⁰ eum inquisitionem desunt G.   ³¹ fecerit 1*. 6.   ³² illum 1*.   ³³ retinet immunitatem exci erunt.1*.   ³⁴ deest 1. 4.   ³⁵ deest 1. 4. G.   ³⁶ vel ad 6. G. Bal.   ³⁷ DCCCC e correct. 1. G.   ³⁸ deest 3.   ³⁹ c collecta r. 3.   ⁴⁰ DCCCC e corr. 1*. G.   ⁴¹ p. m. i. desunt G. Thu. Vat. Sang. 1. Colb.   ⁴² v. c. desunt 1*.   ⁴³ velle t. 4. 6.   ⁴⁴ et ille.... comprobaverit desunt 6.   ⁴⁵ disfracta 1*. G.   ⁴⁶ uuirdgildum 1*. B. uurdgildum. uuidre gildum 3. uuirgildum G. uueregeldum 4. uuerigeldi 6.   ⁴⁷ tradiderit 3. deest 1*.   ⁴⁸ potestat m 3. B   ⁴⁹ deest 3.

dio suscepit. Et qui dampnum fecit, dimissus iuxta qualitatem rei [1] cogatur emendare. Si vero liberam feminam habuerit, usque dum in pignere extiterit, et filios habuerint [2], liberi permaneant.

30. *De debitis regalibus, qualiter solvi* [3] *debeant.* Omnia debita quae ad partem regis solvi debent, solidis [4] duodecim denariorum solvantur [5], excepta [6] freda, quae in lege Salica conscripta est. Illa eodem solido quo ceterae compositiones solvi debent [7], componatur.

31. [8] *De eo qui causam iudicatam repetere praesumat.* Si quis causam iudicatam repetere praesumpserit in mallo [9], ibique testibus convictus fuerit, aut quindecim solidos componat, aut quindecim ictus ab scabinis [10], qui causam prius iudicaverunt, accipiat.

32. *De eo qui in testimonium assumitur, qualis esse debeat.* Optimus quisque in pago vel civitate in [11] testimonium adsumatur, et cui [12] is contra quem testimoniare [13] debet, nullum crimen possit indicere.

33. *De scabineis* [14], *advocatis, notariis a missis dominicis eligendis.* Ut missi nostri scabinios [15], advocatos, notarios per singula loca eligant, et eorum nomina, quando reversi fuerint, secum scripta deferant.

34. *De illis qui legem servare contempnunt.* De his, qui legem servare contempserint [16], ut per fideiussores ad praesentiam regis deducantur.

35. *De har.bannatoris* [17] *coniecto.* Ut illi qui hairibannum [18] solvere debent, coniectum faciant ad hairibannatorem [19].

36. *De colonis et fiscalinis.* Ut nec colonus nec fiscalinus possint alicubi [20] traditiones facere.

37. *De homine in iudicium non mittendo sine causa.* Ut nullus praesumat hominem in iudicium [21] mittere sine causa, nisi iudicatum fiat.

38. *De causa ebrii hominis, et de eius testimonio, et de placito comitis.* Ut nullus ebrius suam causam in mallo [22] possit conquirere, nec testimonium dicere; nec placitum comes habeat, nisi ieiunus.

39. *De missis dominicis vel ceteris hominibus discurrentibus.* De missis nostris discurrentibus, vel ceteris hominibus propter utilitatem nostram iter agentibus, ut nullus mansionem contradicere praesumat.

40. *De illis, qui ad placitum banniri debeant.* Ut nullus ad placitum banniatur, nisi qui causam suam quaerit, aut si alter [23] ei quaerere debet; exceptis

A scabinis septem, qui ad omnia placita praeesse [24] debent.

41. *De falsis testibus.* De falsis testibus praecipimus, ut non recipiantur [25].

42. *De non iurando per vitam regis.* Ut nullus praesumat per vitam regis et filiorum eius iurare.

43. *De eo qui per cartam ingenuus est, si ad servitium interpellatus fuerit.* Si quis per cartam ingenuus dimissus fuerit, et a quolibet homine ad servitium interpellatus fuerit, primum legitimum auctorem [26] suae libertatis proferat et in sua libertate perseveret. Si vero legitimus auctor defuerit, testimonio bonorum hominum, qui tunc aderant quando liber dimissus fuerat, se defendere permittatur. Si vero testes defuerint, cum duabus aliis cartis, quae eiusdem

B cancellarii manu firmatae sint vel scriptae, cuiuscumque [27] fuerint, suam cartam, quae tertia est, veram et legitimam esse confirmet. Cancellarius tamen talis esse debet, qui pagensibus [28] loci illius notus fuisset et acceptus. Si autem qui [29] interpellatus fuerit ad servitium, nec auctorem, nec testimonia habuerit, neque alias duas cartas ad suam cartam confirmandam invenire potuerit, tunc is qui eum interpellavit, secundum legem ipsam cartam falsam [30] efficiat et servum conquirat. Si vero interpellator auctore, aut testimoniis, aut cartarum conlatione victus fuerit, ex hoc quod voluit [31] efficere et non potuerit, multam quae in ipsa ingenuitatis carta continetur, cogatur exsolvere.

44. *De servo qui damnum quodlibet perpetrat.* Ne-
C mini liceat servum suum propter damnum ab illo [32] cuilibet inlatum dimittere, sed iuxta qualitatem damni dominus pro illo respondeat, vel eum in compositionem aut ad poenam petitori [33] offerat. Si autem servus perpetrato scelere fugerit, ita ut a domino penitus inveniri non possit [34], sacramento se [35] dominus [36] eius excusare studeat, quod hoc suae voluntatis nec conscientiae fuisset, quod servus eius tale facinus commisit.

45. *De mannitione secundum legem ad* [36] *mallum* [36]. Si quis ad mallum legibus mannitus fuerit et non venerit, si eum sunnis [37] non detenuerit, quindecim solidis culpabilis iudicetur. Sic ad secundum et tertium. Si autem ad quartum venire contempserit, possessio eius in bannum mittatur, donec veniat, et

D de re, qua [38] interpellatus fuerit, iustitiam faciat. Si infra annum non venerit, de rebus eius quae in banno [39] missae sunt rex interrogetur, et quicquid

---

VARIANTES LECTIONES.

[1] *deest* 1*. [2] *habuerit* 4. [3] *solvere d. unumquemque solidum* 5. [4] *solid. per denr* XII *B. d. per* XII *denarios* 5. [5] *solvant* 1*. 5. 4. *B.* [6] *excepto* 1*. 5. *B. G.* [7] *debeant* 1*. [8] *30 per errorem et, sic deinceps falso* 5. [9] *malleo* 1*. *ex corr.* [10] *scabiniis* 1*. 5. [11] *deest* 1. [12] *et aut is quem* 1*. [13] *testimonia reddere* 1. 6. [14] *scabinis* 1*. 4. [15] *scabinos* 1*. 4. 6. *scabineos* 3. [16] *etempnunt* 1*. [17] *airibannatoris* 1*. *heribannatorii B. hairb.* 5. [18] *hairbannum* 5. *compos. herib.* 1*. *B. G. const.* [19] *harib.* 1*. 6. [20] *alicubus* 6. [21] *iuditio G.* [22] *malleo* 1*. *ex corr.* [23] *alteri* (1*. 4. *G.*) *q. debeat* 3. 5 *b.* [24] *adesse G.* [25] *hic* 2 *duo cap. addit :* 42 (Item ut nullus testis supra vestituram avi et patris nostri suscipiatur) 43 (*e Cap. Hlotharii Papiensi c.* 11.) [26] *actorem per totum c. pro auctore ponit* 6. [27] *cumque expunctum* 1*. [28] *qui omnibus* p. 5. [29] *quia* 1. [30] *deest* 5. [31] *vult* 1. 4. *G. voluerit* 5. [32] *ullo* 1*. *B.* [33] *petitoris* 1*. 4. *B. repetitoris* 5. [34] *potuerit* 1. [35] *deest* 4. [36] *deest.* 5. [37] *summis* 1* *somnus* 5. [38] *et de reliqua superscripto o* 1*. *et sic de re, de qua Bal.* [39] *bannum* 6. *G. Bal.*

inde iudicaverit, fiat. Prima mannitio super noctes septem, secunda super noctes quatuordecim, tertia super noctes viginti et unam [1], quarta super [2] quadraginta et duas. Similiter et de beneficio homi nis, si forte res proprias non habuerit, mittatur in bannum, usque [3] rex interrogetur.

46. *De* [4] *auctore* [5] *rei*. Si auctor [6] venerit, et rem intertiatam [7] recipere rennuerit [8], campo vel cruce [9] contendant.

47. *De hominibus ad mortem diiudicatis* [10], *et postea eis vita concessa, si iustitiam quaesierint* [11]. De illis hominibus, qui propter eorum culpas ad mortem diiudicati fuerint et postea eis vita fuerit concessa, si ipsi iustitiam [12] ab aliis requisierint aut ab eis iustitiam quaerere voluerint, qualiter inter illos iudicium terminetur. Primo omnium de illis causis, pro quibus iudicatus fuerit [13] ad mortem, nullam potest facere repetitionem [14], quia omnes res suae secundum iudicium Francorum in publico fuerunt [15] revocatae. Et si aliquid in postmodum, postquam ei vita concessa est, cum iustitia adquirere potuerit, in sua libertate teneat et defendat secundum legem. In testimonium non suscipiatur, nec inter scabinios [16] ad legem iudicandam teneatur. Et si ad sacramentum aliquid [17] iudicatum fuerit, quod [18] iurare debeat, si aliquis ipsum sacramentum falsum dicere voluerit, contendat [19].

48. *De homine cui post iudicium vita concessa est, si iustitiam reddere noluerit*. Si alicui post iudicium scabiniorum fuerit vita concessa, et ipse in postmodum aliqua mala perpetraverit et iustitiam reddere noluerit, dicendo quod mortuus sit et ideo iustitiam reddere non debeat, statutum est, ut superius iudicium sustineat, quod antea sustinere debuit. Et si aliquis adversus eum aliqua mala fecerit, secundum aequitatis ordinem licentiam habeat suam iustitiam requirendi de causis perpetratis postquam ad mortem diiudicatus est [20]; de praeteritis maneat, sicut supra diiudicatum fuit.

49. *De latrone forbannito a* [20*] *libero homine suscepto*. De latrone forbannito, liber homo qui eum suscepit, quindecim solidos componat, et servus centum [21] viginti percussionibus vapulet [22].

50. *De comite latronem in forbannum* [23] *mittente*. Ut comes, qui latronem in forbannum [24] miserit, vicinis suis et aliis comitibus notum faciat, eundem latronem a se esse forbannitum, ut illi cum non recipiant.

51. *De liberis hominibus, qui ad mallum venire cogendi sint*. Ut nullus alius de liberis hominibus ad placitum vel ad mallum venire cogatur, exceptis scabineis vel vassis comitum [25]; nisi qui causas suam adquirere [26] debent aut respondere.

52. *De testibus, ad testimonium dicendum qualiter adhibeantur*. Ut testes ad testimonium dicendum praemio non conducantur; et ut nullus tes imonium dicat aut sacramentum iuret, nisi ieiun . Et ut testes priusquam iurent, separatim dis utiantur, quid dicere velint de illa re, unde testimo ium reddere debent.

53. *De iustitia cuiuslibet a nullo quolib* [27] *dilatanda*. Ut nullus quilibet missus noster neq e comes, neque iudex aut scabineus, cuiuslibet iusti iam dilatare praesumat, si statim adimpleta pot erit esse secundum rectitudinem, neque praemia ro hoc a quolibet homine per aliquod ingenium um praesumat accipere.

54. *De non cogendo ad pontem ire cau a telonei*. Ut nullus cogatur ad pontem ire [28] ad fluvi m transeundum propter telonei causas, quando le in alio loco compendiosius illud flumen transi e potest. Similiter in plano campo, ubi pons [29] nec eiectus [30] est, ibi omnimodis praecipimus ut non teloneum exigatur.

55. *De hoc, si presbyter sanctum chrisma dederit ad iudicium subvertendum*. Ut presbyte qui sanctum chrisma donaverit ad iudicium subvertendum, postquam de gradu suo depositus fuerit, manum [31] amittat.

56. *De iudicibus, advocatis, praepositis et reliquis ministris, quales sint*. Ut iudices, advoca i, praepositi, centenarii, vicarii, scabinei, qual s meliores inveniri [32] possunt [33], constituantur ad s a ministeria [34] exercenda.

57. *De mallo publico*. Ut in locis, ubi mallos publicos habere solent, tectum tale co istituatur, quod in hyberno [35] et [36] in aestate obser atum esse possit.

58. *De sacramentis ad palatium adh amitis*. Ut sacramenta quae ad palatium fuerunt a ramita [37], in palatio perficiantur. Et si [38] consa ramentales homines cum ipso venire rennuerint, ius ione dominica aut indiculo [39] aut sigillo ad palatiu venire cogantur.

59. *De impedimento ciamatorum*. De cl matoribus, qui magnum impedimentum faciunt in palatio ad aures domni imperatoris, ut missi seu omites illorum missos transmittant contra [41] illos qu mentiendo vadunt, ut eos convincant [42].

60. *De fugitivis contra praeceptum do ninicum oc-*

VARIANTES LECTIONES.

[1] n. xi 3. xxii 6. [2] s. noctes 3. q. s. q. et d. *desunt* 6. [3] usquequo 6. B. G. Bal. usquedum 3. [4] *hoc cum anteced. in unum c. coniungit* 3. *nec tamen in indice.* [5] actore 6. [6] actor 6. [7] intertiam 6. B. Id. [8] retinuerit 6. [9] v. c. *desunt* Met. [10] deiudicatis 1. const. deducti 1*. const. in hoc c. [11] fecerint [12] iustitiam... eis *desunt* 5. [13] fuerat 3. [14] peticionem B. [15] fuerint 1. [16] scabinos 1*. 4. const. [17] al. ei i. Bal. [18] deest 1*. [19] contendant G. cum armis c. Bal. [20] deest 4*. [20*] et a 5. [21] est 5. [22] vapuletur 6. vig. ictus accipiat G. [23] forbanno tenente 3. [24] forbanno 5. [25] dominicis vassis 3. 5 b. [26] aut quirere [27] quodlibet 1*. [28] vel 3. [29] u. nec fons 3. [30] traiectus 1*. G. Hld triectus 4. [31] deest 1*. [32] in enire 1. [33] possint 3. [34] misteria 3. [35] in h. *desunt* 4. [36] deest 1*. B. [37] adramita 3. 4. B. G. [38] et cum . G. [39] in diluculo 3. [40] deest 4. 6. [41] in. eruso contra, 4. 4*. [42] communicent G.

cultatis [1]. De fugitivis, qui per diversas provenlias ducti et occultati sunt contra praeceptum domni imperatoris, ut [2] qui eos post praeteritum [3] tempus suscepit, aut retinuit, bannum dominicum componat [4].

61. *De nimium blasphemis latronibus.* De latronibus, qui magnam habent blasphemiam [5]; quicumque aliquem ex his comprehenderit, nullum damnum exinde patiatur.

62. *De pace infra patriam.* De pace et justitia infra patriam, sicut saepe per alia capitula iussi [6], adimpletum fiat.

63. *De iunioribus in populo vulgari distringendis.* De vulgari populo, ut unusquisque suos iuniores distringat, ut melius ac [7] melius oboediant et consentiant mandatis et [7] praeceptis imperialibus.

64. *De hoc, si super missum dominicum cum collecta et armis quis venerit.* Si quis super missum dominicum cum collecta et armis venerit, et missaticum illi iniunctum contradixerit aut contradicere voluerit, et hoc ei adprobatum fuerit quod sciens contra missum dominicum ad resistendum venisset, de vita componat. Et [8] si negaverit, cum duodecim suis iuratoribus se idoniare faciat, et pro eo, quod cum collecta contra missum dominicum armatus venit ad resistendum, bannum dominicum componat [9]. Simili modo domnus imperator de suis vassis iudicavit. Et si servus hoc fecerit, disciplina [10] corporali subiaceat.

65. *De eo qui domum alienam cuiuslibet infringit.* Si quis domum alienam cuiuslibet infregerit, quicquid exinde per virtutem [11] abstulerit aut rapuerit vel furaverit, secundum legem et ewam [12] illi cuius domus fuerit infracta et spoliata, in triplum componat; et insuper bannum dominicum solvat. Si servus hoc fecerit, sententiam superiorem accipiat; et insuper secundum suam legem compositionem faciat. Si quis liber homo aliquod tale damnum cuilibet [13] fecerit, pro quo plenam compositionem facere non valeat, semetipsum in wadio pro servo dare studeat; usque dum plenam compositionem adimpleat.

66. *De messibus vel annonis in hoste raptis vel furatis* [14]. Si quis messes aut annonas in hoste super bannum [15] dominicum rapuerit vel paverit [16] aut furaverit aut cum caballis vastaverit, aestimato damno secundum legem in triplum componat [17]. Et si liber homo hoc fecerit, bannum dominicum pro hac re componere cogatur [18]. Servus [19] vero secundum legem tripla compositione damnum in loco restituat, et pro damno [20] disciplinae corporali subiaceat [21].

67. *De libero homine in hostem* [22] *bannito.* Quicumque liber homo in hostem [23] bannitus [24] fuerit, et venire contempserit, plenum heribannum, id est solidos sexaginta persolvat. Aut si non habuerit, unde illam summam persolvat, semetipsum pro wadio in servitium principis [25] tradat, donec per tempora ipse bannus ad eo fiat persolutus; et tunc iterum ad statum libertatis suae revertatur [26]. Et si ille homo, qui propter heribannum se in servitium tradidit, in illo servitio defunctus fuerit, heredes eius hereditatem, quae ad eo [27] pertinet, non perdant, nec libertatem [28] nec de [29] ipso banno obnoxii fiant.

68. *De hairibanno exactando.* Ut non per aliquam occasionem, nec [30] pro wacta [31], nec de scara, nec de warda, nec pro heribergare [32], nec pro alio banno heribannum comes exactare praesumat; nisi missus noster prius heribannum ad partem nostram recipiat, et ei suam tertiam partem exinde per iussionem nostram donet. Ipse vero heribannus non exactetur neque in terris neque in mancipiis, sed [33] in auro et argento, palliis atque armis et animalibus atque pecudibus, sive talibus speciebus quae ad utilitatem pertinent.

69. *De his qui regales habent honores, et in hostem* [34] *banniti, ad condictum placitum non venerint.* Quicumque homo nostros habens honores in hostem bannitus fuerit et ad condictum placitum non venerit, quot diebus post placitum condictum venisse comprobatus fuerit, tot diebus abstineat a carne et vino.

70. *De his qui sine licentia de hoste revertuntur.* Quicumque absque licentia vel permissione principis de hoste reversus fuerit, quod factum [35] Franci [36] herisliz [37] dicunt, volumus ut antiqua constitutio, id est capitalis sententia, erga illum puniendum custodiatur.

71. *De his qui beneficia principum habent.* Quicumque ex eis [38] qui beneficium principis habent, parem [39] suum contra hostes communes in exercitu pergentem [40] dimiserit, et cum eo ire vel stare noluerit, honorem suum et [41] beneficium [42] perdat.

72. *De non cogendo bibere in hoste.* Ut in hoste nemo parem suum vel quemlibet alterum hominem bibere roget [43]. Et quicumque in exercitu ebrius inventus fuerit, ita excommunicetur, ut in bibendo sola aqua utatur, quousque se male fecisse cognoscat.

73. *De vassis adhuc in palatio servientibus, et*

VARIANTES LECTIONES.

[1] o. latronibus 4. [2] ut eos *omissis*, qui post tempus *collocat* 1. [3] *praeceptum* G. [4] solvat 3. [5] blasthemiam 3. [6] iussimus 6. B. [7] *deest* 3. [8] et... idoniare *in margine additum* 5. [9] solvat 5. [10] discipline 5. 6. B. [11] vim G. Camb. Thu. Vat. Sang. 1. Colb. [12] *ita* Vat. Sang. 1. ewa G. euuna Colb. cain 1. 2. 4. 6. Sang. 2. Thu. eo iam 2 b. ea Riv. Div. *coram* Pal. Bell. Til. Camb. Met. l. suam 1. 3. 5. 3. 1. totum l. 1. sec. l. et e. *desunt* B. Par. Pith. N. Rem. [13] alicui G. [14] furatis sententia deest de libero hom. G. (*totum igitur caput deest*). [15] pannum 2 b. [16] culpaverit 4. v. p. *desunt* 6 *post* aut 1. *posita* B. G. Bal. [17] reddat 4. [18] b. d. componat (*rel. desunt*) 5. [19] si 1. [20] banno 1. [21] subdatur 3. [22] hoste G. [23] hoste 3. G. [24] hannatus 4. [25] *deest* 6. [26] revertetur 3. [27] eos 1. 4. B. ipsos 3. [28] de libertate 3. [29] *deest* 1. 1. [30] *deest* 4. [31] wahcta 3. vacia G. [32] herigare 3. hergare G. [33] sed et in 1. [34] hoste G. [35] fractum G. [36] *deest* 4. [37] herisdiz 3. herisliz 4. [38] his 6. B. Bal. [39] patrem 6. [40] pergentem... in exercitu *in seq. cap. exciderunt* 1. *lacuna nulla indicata*. [41] *deest* 4. [42] cogat Riv.

tamen beneficia habentibus [1]. De vassis dominicis, qui adhuc intra casam serviunt et tamen beneficia habere noscuntur [2], statutum est, ut quicumque ex eis cum domno imperatore domi remanserit, vassallos [3] suos casatos secum non retineat, sed cum comite, cuius pagenses sunt, ire permittat.

74. *De praeparatione ad hostem secundum antiquam consuetudinem.* Constitutum est, ut secundum antiquam consuetudinem praeparatio ad hostem faciendam [4] indicetur et observetur ; id est, victualia de marca [5] ad [6] tres menses, et arma atque vestimenta ad dimidium annum. Quod tamen ita observari placuit, ut [7] his qui de Rheno [8] ad Ligerem [9] pergunt, de Ligere [10] in antea ad tres menses computetur ; et qui de Ligere ad Rhenum pergunt, de Rheno in antea ad tres menses victualia habere debeant. Qui autem trans Rhenum sunt, et ad Saxoniam pergunt, ad Albiam marcam esse [11] sciant. Et qui trans Ligerem manent atque in Hispaniam [12] proficisci debent, montes Pirinaeos marcam sibi esse cognoscant.

75. *De hoc, ut non nisi permissione regali brunia vel gladius homini extraneo a quolibet detur aut venundetur* [13]. Constitutum est, ut neque episcopus, neque abba aut abbatissa, vel quislibet rector ecclesiae, bruniam [14] vel gladium sine nostro permissu cuilibet homini extraneo aut dare aut vendere praesumat, nisi tantum vassallis [15] suis. Et si evenerit, ut in qualibet ecclesia vel sancto loco plures brunias habeant [16], quam [17] ad homines rectoris [18] eiusdem ecclesiae sufficiant, tunc principem [19] idem rector ecclesiae interroget [20], quid de his facere praecipiat.

76. *De causarum et litium terminis.* De termino causarum et litium statuimus, ut [21] ex quo bonae memoriae domnus Pippinus rex obiit et nos regnare coepimus, causae vel lites inter partes [22] factae atque exortae discutiantur et congruo sibi iudicio terminentur. Prius vero, id est ante obitum praedicti domni Pippini regis causae [23] commissae, vel omnino non moveantur, vel salvae usque ad nostram interrogationem serventur [24].

77. *De episcopis, comitibus et potentioribus, si causam inter se habuerint.* Ut episcopi, abbates, comites [25] et potentiores quique, si causam inter se habuerint ac se pacificare noluerint, ad nostram iubeantur venire praesentiam, neque illorum contentio aliubi diudicetur, ne propter hoc pauperum et minus potentium iustitiae remaneant. Neque ullus comes palatii nostri potentiores causas sine nostra iussio finire praesumat, sed tantum ad pauperum et minus potentium iustitias faciendas sibi sciat esse [26] vacandum.

78. *De testibus ad rem quamlibet discutien am eligendis.* Ut quandocumque testes ad rem amlibet discutiendam quaerendi atque elegendi sunt, a misso nostro et comite, in cuius ministerio de re alicumque agendum est, tales eligantur, quales o timi in ipso pago inveniri [27] possint. Et non liceat li igatoribus per praemia falsos testes adducere, sicut actenus fieri solebat.

79. *De placito centenarii.* Ut nullus homo i placito centenarii neque ad mortem, neque ad l' ertatem suam amittendam, aut ad res reddendas vel ancipia iudicetur ; sed ista aut in praesentia comiti [28] vel missorum nostrorum iudicentur.

80. *De inquisitione et descriptione unius iusque missi in suo missatico* [29]. Ut missi nostri dilig ter inquirant et describere faciant [30] unusquisqu in suo missatico, quid [31] unusquisque de beneficio habeat, vel quot homines casatos [32] in ipso beneficii

81. *De beneficiis, qualiter condricta* [33] *sint.* uomodo eadem beneficia condricta sint, aut quis de eneficio aloedem [34] comparavit vel [35] struxit.

82. *De beneficiis episcoporum, abbatum, e reliquorum, et de fiscis regalibus describendis* [36]. Ut non solum beneficia episcoporum vel abbatum, a batissarum atque comitum, sive vassorum nostro m, sed etiam nostri fisci describantur ; ut scire ossimus quantum etiam de nostro in uniuscuiusque egatione habeamus.

83. *De legationibus propter iustitias, quo tempore exerceantur* [37]. Volumus, ut propter iustitias [38] quaeusque modo de parte [39] comitum remanseru t, quatuor tantum mensibus in anno missi nostri l gationes suas exerceant, id est [40] in hyeme Ianuario, i verno [41] Aprili, in aestate Iulio, in autumno Octobri . Caeteris vero mensibus unusquisque comitum lacitum suum habeat et iustitias faciat. Missi aute 1 nostri quater in uno mense [42] et in quattuor locis habeant placita sua cum illis comitibus, quibus congr um fuerit, ut ad eum locum possint convenire.

84. *De iussione dominica in quolibet miss tico non adimpleta.* Ut quicquid ille missus in illo issatico aliter factum invenerit quam nostra sit ius io, non solum emendare [43] iubeat, sed etiam ad n s ipsam rem, qualiter ab eo inventa est, deferat.

VARIANTES LECTIONES.

[1] habent 1. 1. *B. b. non habent 4.* [2] cognoscunt *B.* [3] vasallos 5. *const.* [4] facienda 1*. *ex corr.* [5] merca *B.* [6] ad t. m. de m. 5. [7] deest 1*. [8] rebno 4. *const.* hreno. *const. B.* reno *G. const.* [9] ligeram 5. *const. B.* [10] p. diligenter in a. *B.* ad L. p. d. L. *desunt G.* [12] esse ituros s. 5. [12] in spaniam suprascripto i. 5. II. pergunt m. 4. [13] rendatur 1*. 4. *G.* [14] brunia aut *B.* [15] vasallis 5. *B.* [16] b unic habeantur 5. [17] quae 1*. 4. *B. et plerique Bal.* [18] rectores 1*. [19] princeps id est r. 1*. 5. *Thu. San.* [20] interrogetur 1*. [21] deest 1. [22] pares 5. [23] vel lites 5. [24] reserventur 1*. 5. 6. Bal. [25] deest. *G.* [26] deest 5. [27] invenire *G.* [28] comitum 1*. [29] m. describendo 5. [30] faciat 1*. [31] quod 5. *G.* quot mansos 4. [32] causatos 6. [33] condistricta *et hic et in indice et in textu.* 5. constricte 4. constructi *G.* constructa *nonnulli codd. Bal.* [34] alio destruxit v. comp. 5. [35] id est *B.* [36] deest hoc c. *Hld.* [37] deest 4. [38] ad partem 1. 4. a parte *G.* [39] est hieme in marcio (*corr. ex.* imaur) verno in aprili estate in iulio, aut in o. 5. [40] hiverno *B.* [42] aliter in 812. c. 8. uno anno 4. [43] illud em. 1*. 5. *B. Bal.*

85. *De censu regali inquirendo.* Ut missi nostri censos¹ nostros perquirant diligenter, undecumque antiquitus ad partem regis exire solebant²; similiter et freda; et nobis renuntient, ut³ nos ordinemus, quid de his in futurum fieri debeat.

86. *De rebus, quibus census ad partem regis exire⁴ solebat.* Ut de rebus, unde census ad partem regis exire solebat, si ad aliquam ecclesiam⁵ traditae sunt, aut reddantur propriis heredibus, aut qui eas retinuerit vel⁶ illum censum persolvat.

87. *De placitis a⁷ missis⁷ dominicis comitibus notum⁸ faciendis.* Ut unusquisque missorum nostrorum in placito suo notum faciat comitibus, qui⁹ ad eius missaticum pertinent, ut in illis mensibus, quibus ille legationem suam non¹⁰ facit¹¹, conveniant inter se et communia¹² placita faciant, tam ad latrones distringendos, quam ad ceteras iustitias faciendas.

88. *De fidelitate regis promittenda.* Ut missi nostri populum nostrum iterum nobis fidelitatem promittere faciant secundum consuetudinem iamdudum ordinatam, et ipsi aperiant et interpretentur illis hominibus, qualiter ipsum sacramentum et fidelitatem erga nos servare debeant.

89¹³. *De homicidiis¹⁴ infra patriam factis¹⁵.* Ut homicidia¹⁶ infra patriam, sicut lege Domini interdictum est, nec causa ultionis nec avaritiae nec latrocinando¹⁷ fiant. Et ubicumque inventa fuerint, a iudicibus nostris secundum legem ex¹⁸ nostro mandato vindicentur. Et non occidatur homo, nisi lege iubente.

90. *De mensuris et ponderibus.* Ut aequales mensuras et rectas et pondera iusta et aequalia omnes habeant, sive in civitatibus, sive in monasteriis¹⁹, sive²⁰ ad dandum invicem, sive²¹ accipiendum, sicut in lege Domini praeceptum²² habemus ᵃ.

VARIANTES LECTIONES.

¹ census 1*. 3. B. ² solebat 1*. B. ³ et nos ordinamus 3. ⁴ exigere 1*. ⁵ aliquid ecclesiae 3. ⁶ deest 1*. 3. B. ⁷ deest 3. ⁸ notam 1. ⁹ quae G. ¹⁰ notam B. ¹¹ faciat 1*. ¹² communiter ad pl. 1*. communita B. ¹³ capp. 89. 90. desunt in edit. Til. ¹⁴ hominibus corr. homicidiis 3. ¹⁵ c. hoc post 1. 64. sequens post. 1. 69, ponunt Bell. Sang. 1. Camb. Met. ¹⁶ hominibus 3. ¹⁷ latrocinandi 1*. 3. B. ¹⁸ ex quo n. 1. ¹⁹ monasterio 1. 4. ²⁰ sunt 1. 1* deest B. ²¹ s. ad a. 3. 6. G. Bal. ²² praecepta 1. 1*. 4. B.

NOTÆ.

ᵃ Post haec 6. hic adjungit c. 22-24, 71-74, ex libro quarto petita ibique iterum posita. Til. et Bal. unum caput addunt sumptum ex Cod. Bellov., ubi illud diverso atramento, sed eadem manu, additum legitur. Quod cum reliqui omnes omittant, hic posuimus : « 90 b. *De pace in hoste vel infra patriam.* Constituimus, ut si in hoste aut infra regnum nostrum litigatio aut scandalum inter quascumque personas, videlicet maiores et minores, ortum fuerit, quod frequenter, insidiante diabolo, contingere solet, ut ibi fideles sanctae Dei ecclesiae et nostri ob resistendam impietatis malitiam armati veniant, id est qui potest habere, cum lorica et scuto, ancipite atque fuste. Et si aliquis quaelibet persona adversus eum quamlibet querelam habere voluerit, liceat ei secundum legis ordinem cum sacramento quod posuimus, manu propria singula se idoneum facere, ut propter quodlibet negotium aut odium ibi non advenisset, nisi ob concordiam et pacem ferendam et ipsam litigationem mitigandam. Et si quislibet renuerit venire et semetipsum idoneum facere nequiverit, cum supradicto iam sacramento bannum nostrum componat et ad partem nostram persolvat. »

INCIPIT QUARTI¹ PRAEFATIUNCULA LIBELLULI.

Quia supra in duobus ecclesiastica quae praefati principes domnus imperator Karolus et piissimus Hludowicus augustus necnon et Hlotharius² caesar filius ipsius³ ediderunt capitula descripsi libellis, in tertio vero ad mundanam pertinentia legem, quae domnus⁴ Karolus⁵ imperator fecit, congessi, nunc iam in quarto illa ad mundanae⁶ augmentum legis pertinentia quae praeclarissimus domnus Hludovicus augustus et Hlotharius caesar fecerunt⁷ capitula adunavi libellulo.

VARIANTES LECTIONES

¹ QUARTA 1*. ² glotharius *postea* chloth. 1*. ³ necnon... ipsius. *desunt* B. G. Bal. ⁴ domnus... praeclarissimus *desunt* 3. ⁵ Karulus 2. ⁶ mundanum B. ⁷ a. fecit (*reliqua desunt*) B. G. Bal.

INCIPIUNT CAPITULA.

1. De servis per contumaciam alicui vim inferentibus.
2. De rebus vel mancipiis a fisco regali occupatis.
3. De servis vel ecclesiasticis in fiscum regalem confugientibus.
4. De vassis dominicis ad marcam custodiendam constitutis.
5. De comitibus ad custodiam maritimam deputatis.
6. De his, qui propter incestum res proprias amiserunt.
7. De coniurationibus servorum in Flandris et in Mempisco et in caeteris maritimis locis.
8. De his qui in litore maris salem faciunt.
9. De uxoribus defunctorum, quam partem conlaborationis post obitum maritorum accipere debent.
10. De aggeribus iuxta Ligerim faciendis.
11. De duodecim pontibus super Sequanam restaurandis.
12. De omnibus pontibus faciendis.
13. De honore ecclesiarum.
14. De iniuriis sacerdotum vel quorumlibet ex clero in ecclesia factis ᵃ.
15. De viduis, pupillis et pauperibus.
16. De raptu viduarum.

NOTÆ.

ᵃ Hic in Codicibus Bamb., Pith., Paris., Norm., inseritur: *De solutione occisi presbyteri.*

17. De homine publicam poenitentiam agente interfecto.
18. De homine libero, ut potestatem habeat ubicumque voluerit res suas dare, et qualiter hoc facere debeat.
19. De homicidiis prohibendis.
20. De hoc, quod in compositionem wirgildi dari debeat.
21. De raptu alienarum sponsarum.
22. De falsis testibus convincendis.
23. De proprio in bannum misso.
24. De mannire [a].
25. De faidis coercendis.
26. De sacramentis, ubi iuranda sint.
27. De his, qui de furto accusati fuerint.
28. De dispectu litterarum dominicarum.
29. De iniustis teloneis et consuetudinibus.
30. De his, qui bonos denarios accipere nolunt.
31. De adulteratoribus monetae.
32. De proprio dominico sine iussione illius reddito.
33. De pueris invitis parentibus detonsis aut puellis velatis.
34. De forcapiis.
35. De terra tributaria.
36. De beneficiis destructis.
37. De terra censali.
38. De nonis et decimis.
39. De mancipiis in villas dominicas confugientibus.
40. De forestibus noviter institutis.
41. De pontibus per diversa loca emendandis.
42. De legatione omnium missorum dominicorum, de [b] quibus videlicet causis agere debeant.
43. De illis libertatibus et rebus reddendis quae in dominica vestitura sunt, qualiter inquiratur.
44. De oppressione pauperum, viduarum et pupillorum.
45. De iniustis consuetudinibus noviter institutis.
46. De honore ecclesiarum.
47. De nonis et decimis.
48. De locis ad claustra canonicorum facienda.

49. De observatione praeceptorum dominicorum.
50. De his qui occasione immunitatis iustitia facere renunnt.
51. De locis iamdudum sacris et nunc spurcitia foedatis.
52. De beneficiis dominicis destructis.
53. De falsa moneta et de aliis diversis causis prolibendis.
54. De missorum dominicorum observatione.
55. De placitis a liberis hominibus observandis.
56. De debito ad opus dominicum rewadiato.
57. De his, qui ad palatium [c] vel in hostem pergunt vel inde redeunt.
58. De pontibus publicis.
59. De clericis, monachis et servis fugitivis.
60. De advocatis episcoporum, abbatum, comitum et abbatissarum.
61. De vicariis vel centenariis, si latrones celaverint.
62 [d]. De comitibus et vicariis admonendis de constitutione legis.
63 [e]. De forestibus dominicis.
64. De missis dominicis, et de his qui iustitiam facere renunnt.
65. De missis dominicis, ubi diutius non debeant immorari.
66. De missis dominicis et de comite in aliquo missatico directo.
67. De missis, qualiter coniectum accipere debeant.
68. De vassis dominicis et episcoporum, vel rel quorum, qui in hoste non fuerunt.
69 [f]. De episcopis, abbatibus et comitibus, et de placito missorum dominicorum.
70. De dispensa missorum dominicorum.
71 [f]. De eo qui in aliena patria de qualibet causa fuerit interpellatus.
72. De solutione atque compositione.
73. De statu hominis.
74. De proprietate hominis, quae ob aliquod bannum fuerit missa.

NOTAE.

[a] Iidem Codd. hic inserunt: *Qualiter de statu suo pulsatus evindicet libertatem suam*.
[b] Cod. 1 hic novum caput incipit, sed non in textu.
[c] Cod. 1, *placitum*, sed non in textu.
[d] Deest Cod. 5.
[e] Deest Cod. 6.
[f] Hoc et sequentia Cod. 5 prorsus non habet, 3 hic omittit, sed non in textu.

INCIPIUNT SUPRASCRIPTA CAPITULA ET TEXTUS EORUM [a].

1. *De servis per contumaciam [1] alicui vim inferentibus.* Si servi [2] per contumaciam collecta multitudine alicui vim intulerint, [3] id est aut homicidium, aut incendium, aut qualiumcumque rerum direptiones fecerint, domini quorum [4] negligentia hoc evenit, pro eo, quod eos [5] constringere noluerunt, ut talia facere non auderent, bannum nostrum, id est sexaginta solidos, solvere cogantur.

2. *De rebus vel mancipiis a fisco regali occupatis.* De rebus sive mancipiis quae dicuntur a fisco nostro esse occupata [6], volumus ut missi nostri inquisitionem faciant sine sacramento per veratiore [7] homines pagi illius circamanentes, et quicqui de hac causa [8] verius ac certius investigare potuerint, ad nostram faciant pervenire notitiam, ut [9] nos tunc definiamus quicquid nobis iustum esse videatur.

3. *De servis vel [10] ecclesiasticis [11] in fiscu regalem confugientibus.* Si [12] servi vel ecclesiastici vel quorumlibet liberorum hominum in fiscum nostrum confu-

VARIANTES LECTIONES.

[1] pro contumacia. [2] servus 5. [3] intulerit 5. [4] dominorum negl. 2. G. dominio quor. 2 b. s dominicorum negl. 5. B. Si dominorum p. 4. dominicorum n. B. [5] deest 4. [6] occupatae 2. [7] serato s. corr. veratores. 5. [8] re 4. [9] et G. [10] deest 3. 5. [11] e. vel quorumlibet hominum in *Bal*. [12] deest 5.

NOTAE.

[a] In hoc libro Cod. 6. admodum a reliquis recedit, et singulis locis capitibusque prorsus immutatis decurtatisque, et toto capitum ordine turbato, cum quae scriptor omisit mutilavitque capita, satis multa

[D] in fine ab alia manu addita legantur atque uppleta, imo nonnulla bis posita; quare eorum serie hic exhibuimus, et ordine et numeris, quibus capita in Codice signantur, servatis:

Cod. 6. 1-22, 23, 24, 25, 26-28, 29-32, 33, 34-37, 58-44, 45, 46-49.
Editio. 1-22, 24, 25, 26, 29-31, 35-38, 41, 44-47, 49-55, 57, 59-62.
Cod. 6. 50-52, 53, 54, 27, 28 (*nova manus inc.*), 32-34, 39, 40, 42, 43, 48, 56, 58, 63-69, 1-74.
Editio. 65-67, 70, 23, 74, 27, 28. 32-34, 39, 40, 42, 43, 48, 56, 58, 63-69, 1-74.

gerint; et a dominis [1] vel advocatis eorum repetiti fuerint, si actor [2] fisci nostri intellexerit, quod eos iuste non possit tenere ad nostrum dominium, eiciat [3] illos de eodem fisco, et recipiant eos domini eorum. Et si eidem actori [4] visum [5] fuerit, quod ad nostrum debeant pertinere [6] dominium, expellat eos de eodem fisco, et postquam ab eisdem repetitoribus fuerint recepti, habeat cum eis legitimam actionem; et sic eos, si poterit [7], ad nostram evindicet possessionem.

4. *De vassis dominicis ad marcam custodiendam constitutis.* De vassis nostris, qui ad marcam nostram constituti sunt custodiendam, aut in longinquis regionibus sua habent [8] beneficia vel [9] res proprias, vel etiam nobis assidue in [10] palatio nostro serviunt, et ideo non possunt assidua custodire placita: quam rem volumus ut missi nostri vel comes [11] nobis notam [12] faciant, et nos faciemus, ut ad eorum placita veniant.

5. *De comitibus ad custodiam maritimam deputatis.* Volumus [13], ut comites qui ad custodiam maritimam deputati sunt, quicumque ex eis in suo ministerio resideat, de iustitia facienda se non excuset propter illam custodiam; sed si ibi [14] secum suos scabineos [15] habuerit [16], ibi placitum teneat et iustitiam faciat.

6. *De his qui propter incestum res proprias amiserunt.* De his qui se dicunt propter incestum [17] res proprias amisisse, constitutum est, ut si ante proximum quinquennium, quando placitum nostrum habuimus in Compendio [18], easdem res amiserunt, non eis restituantur.

7. *De coniurationibus servorum in Flandris et in Mempisco [19] et in ceteris maritimis locis [20].* De coniurationibus servorum, quae fiunt in Flandris et in Menpisco [21] et in caeteris maritimis locis, volumus ut per missos nostros indicetur dominis servorum illorum, ut constringant eos, ne ultra tales coniurationes facere praesumant. Et ut sciant ipsi eorundem servorum domini, quod cuiuscumque servi huiuscemodi coniurationem facere praesumpserint postquam eis haec nostra iussio fuerit indicata, bannum nostrum, id est sexaginta solidos, ipse dominus persolvere debeat.

8. *De his qui in litore maris salem faciunt.* De terra in litore maris, ubi salem [22] faciunt, volumus ut aliqui ex eis veniant ad placitum [23] nostrum, et ratio eorum audiatur, ut tunc secundum aequitatem inter eos definire [24] valeamus.

9. *De uxoribus defunctorum, quam partem [25] conlaborationis post obitum maritorum accipere debeant.* Volumus, ut uxores defunctorum post obitum maritorum tertiam partem conlaborationis, quam simul in beneficio conlaboraverunt, accipiant. Et de his rebus, quas is qui illud beneficium habuit, aliunde adduxit vel conparavit, vel ei ab amicis suis conlatum est, has volumus tam ad orphanos defunctorum, quam ad uxores eorum pervenire.

10. *De aggeribus iuxta Ligerim faciendis.* De aggeribus iuxta Ligerim faciendis, ut bonus missus eidem operi praeponatur, et [26] hoc Pippino per nostrum missum mandetur, ut et ille ad hoc missum ordinet, quatenus praedictum opus perficiatur.

11. *De duodecim pontibus super Sequanam restaurandis.* De duodecim pontibus super Sequanam [27], volumus ut hi pagenses qui eos facere debent, a missis nostris admoneantur, ut eos celeriter restaurent, et ut eorum vanae contentioni non consentiant, quando dicunt se non aliubi [28] eosdem pontes facere debere, nisi ubi [29] antiquitus fuerant; sed ibi ubi nunc necesse est, eosdem pontes facere iubeantur [30].

12. *De omnibus pontibus faciendis.* De omnibus pontibus per regnum nostrum faciendis, in commune, missi nostri admoneant, ut ab ipsis restaurentur [31] qui eos facere solebant.

13. *De honore ecclesiarum.* Si quis aut ex levi causa aut sine causa hominem in ecclesia interfecerit, de vita [32] conponat. Si vero foris rixati fuerint [33], et unus alterum in ecclesiam [34] fugerit et ibi [35] se defendendo eum interfecerit, et [36] si huius facti testes non habuerit, cum duodecim coniuratoribus [37] legitimis per sacramentum adfirmet se defendendo eum interfecisse; et post haec sexcentos solidos ad partem ecclesiae, quam illo homicidio polluerat, et insuper bannum nostrum solvere cogatur; is vero, qui interfectus est, absque conpositione iaceat; ac [38] deinde interfector secundum iudicium canonicum congruam facinori quod admisit poenitentiam accipiat [39]. Si proprius [40] servus hoc commiserit, iudicio aquae ferventis examinetur, utrum hoc sponte an se defendendo fecisset. Et si manus eius exusta fuerit, interficiatur [41]; si autem non fuerit, dominus eius

VARIANTES LECTIONES.

[1] et ad homines vel 5. et ab hominibus G. [2] auctor 1*. G. [3] eiciet 1*. 2. 2 b. 5. [4] auctori 1*. 3. 5. G. [5] iussum 4. [6] pertinere non debeant G. [7] potuerit 2 b. 3. 4. B. G. [8] habeant 5. [9] vel si 3. [10] in. assidua *manu recent.* addita sunt: 2. [11] comites 2. 2 b. 4. [12] notum 4*. 6. nota. B. [13] nolumus 6. [14] deest 4. sed sibi 1. G. sed ubi 1*. [15] scabinios 1*. 2. 2 b. 6. (superposito scephenen) B. scabinos 4. [16] habeat et ibi 3. G. [17] incertum 1. Riv. [18] habuimus incipiendo 5. [19] menpisco 2. *const.* mempisco 4. [20] *Hoc rubrum per errorem* 3. *sequenti capiti proposuit, et sic deinceps usque ad* c. 11. de coniuratoribus in mar. locis 6. [21] Mempisco 1*. 3. Bal. [22] sal. 4. [23] palatium 5. B. [24] definiri 1*. [25] postea debeant habere 6. [26] ut 3. [27] S. restaurandis vol. B. Bal. c. plur. codd. [28] alicubi 2. 4. G. [29] ut 5. deest G. [30] deest 6. [31] restaurarentur 2. eos fecerunt et solebant facere 2. [32] de v. deest 6. [33] rixerunt 6. [34] eccla 3. B. Bal. [35] haec usque ad et insuper bannum G ita legit: quod ibi se defendat et tunc alter eum occiderit, ne sol. tradat ecclesiae quam polluerat, insuper. [36] deest 1*. [37] iuratoribus 2. [38] sequentia 6 ita exhibet; ac interfector quod tale facinus commisit, secundum canonibus poenitentiam agat. [39] hic Riv. addit: id est 21 annis, 7 ex his in pane et aqua ad ostium ecclesiae satisfaciat, remotus ab oratione et communione fidelium; ceteros 7 societate orationi fidelium; transactos qui supersunt 7 communionem plenam perfecte subsequatur. Abstinentia eius sacerdotali providentia temperetur. [40] deest 6. [41] sequentia usque ad tradatur 6 ita exhibet: int. et dominus eius si velit, aut werdum aut ipsum ecclesiae tradat. Pro uno ecclesiastico vel fiscalino et beneficiario servo volumus unum werdum tradere, aut ipsum supplicio tradere.

iuxta quod wirgildus [1] illius est, ad ecclesiam persolvat, aut eum, si voluerit, eidem ecclesiae tradat. De [2] ecclesiastico et fiscalino et beneficiario servo volumus, ut pro una vice wirgildus eius pro eo conponatur, altera vice ipse servus ad supplicium tradatur. Hereditas tamen liberi hominis, qui propter tale facinus ad mortem [3] fuerit iudicatus, ad legitimos heredes illius [4] perveniat. Si in atrio ecclesiae, cuius porta reliquiis sanctorum consecrata est, huiuscemodi homicidium perpetratum fuerit, simili modo emendetur vel conponatur. Si vero porta ecclesiae [5] non est consecrata, eo modo conponatur quod [6] in atrio committitur, sicut conponi debet quod in [7] immunitate violata committitur.

14. *De iniuriis sacerdotum vel [8] quorumlibet ex clero in ecclesia factis.* Sanguinis effusio in ecclesia facta cum fuste, si presbiter [9] fuerit, triplo conponatur, duas partes eidem presbitero, tertia pro fredo ad ecclesiam, et [10] insuper bannus noster. Similiter [11] de diacono [12] iuxta conpositionem eius in triplo cum banno nostro conponatur. De subdiacono similiter in triplo secundum suam conpositionem. Et [13] de uniuscuiusque ordinis clerico [14] secundum suam conpositionem in [15] triplo persolvatur, et insuper bannus noster. Similiter et de ictu sine sanguinis effusione de uniuscuiusque ordinis clerico [16] secundum suam conpositionem triplo [17], et bannus noster. Et qui non habet unde ad ecclesiam persolvat, tradat se [18] in servitium eidem ecclesiae, usque dum totum debitum persolvat. a

15. *De viduis, pupillis et pauperibus.* Praecipimus, ut quandocumque in mallum ante comitem viduae, pupilli et pauperes venerint, primo eorum causa audiatur et definiatur. Et si testes per se ad causas suas quaerendas habere non potuerint vel legem nescierint [19], comes illos vel illas adiuvet, dando eis talem hominem, qui rationem eorum teneat vel pro eis loquatur.

16. *De raptu viduarum.* Qui viduam intr primos triginta dies viduitatis [20] suae [20], vel invitam, vel volentem, sibi copulaverit, bannum nostrum, id est, sexaginta solidos, in triplo conponat. Et si nvitam eam duxit, legem suam ei [21] conponat; ill m vero ulterius non adtingat.

17. *De homine publicam [22] poenitentiam ag nte interfecto.* Qui hominem [23] publicam poenitenti agentem interfecerit, bannum nostrum in triplo co ponat, et wirgildum [24] eius proximis eius persolvat.

18. *De homine libero, ut potestatem habeat bicumque voluerit res suas dare, et [26] qualiter hoc f ere debeat.* Si [27] quis res suas pro salute animae uae vel ad aliquem venerabilem locum, vel propin uo suo, vel [28] cuilibet alteri tradere voluerit, et eo te pore [29] [30] intra ipsum comitatum fuerit, in quo re illae [31] positae sunt, legitimam traditionem facere stu deat [32]. Quod si eodem tempore, quo illas tradere , extra eundem [33] comitatum fuerit, id est sive in e ercitu, sive in palatio, [34] sive in alio quolibet loco, dhibeat sibi vel de suis pagensibus, vel de aliis eadem lege vivant quia ipse vivit, testes [35] idoneos vel si illos habere non potuerit [36], tunc de aliis q ales ibi meliores invenire possit [37], et coram eis rer m suarum traditionem faciat, et [38] fideiussores v tiiturae donet ei, qui illam traditionem accipiet, ut estituram faciat. Et postquam [39] haec traditio ita fa ta fuerit, heres illius nullam de praedictis rebu valeat facere repetitionem. Insuper et ipse per se deiussionem faciat eiusdem vestiturae, ne heredi lla occasio remaneat hanc traditionem [40] inmuta di, sed potius necessitas incumbat illam perficiend [41]. Et si nondum res suas cum coheredibus sui divisas habuit, non ei hoc sit inpedimento; sed co eres [42]

VARIANTES LECTIONES.

[1] uuird-1. uirgyld *suprascripto* uuirgyld 1*. *qui postea const. legit* wirgyld... uuirgild 3. *const.* uue geldum 4. *const.* widirgildus *B. const.* wirgel *G.* — [2] *De usque tradatur desunt in Camb. Sang.* 1. 2. *G. Th* t. *Colb.* [3] f. morti 6. — [4] cuius... est *desunt G. Colb. Camb.* — [5] e. ubi committitur n. 1*. — [6] q. in a. *a. desunt* quasi in a. committeretur 6. — [7] *deest* 1*. — [8] vel q. ex c. *desunt* 1*. 6. — [9] p. is f. 1*. — [10] *deest* 1. et i. — [11] n. *desunt* 6. bannum nostrum 1*. — [11] *sequentia usque ad* clerico 6. *ita habet:* s. diacono et subdiacono se undum compositionem eorum in triplum componatur, insuper bannus noster. Clerico uniuscuiusque ord nis secundum. — [12] diaconibus 1*. diaconis *G.* — [13] Et.... noster. Sim. *desunt Camb. Sang.* 1. 2. *Thu.* olb. *E. usque ad secundum* triplo *desunt* 3. *G.* — [14] clero 4. — [15] *deest* 1*. 4. triplum 4. 6. — [16] clero 4. — [17] in t. 3. 6. *B. G.* — [18] se ipsum ecclesiae ad serviendum usque 6. — [19] n. adiuvet illis comes et praestet illis tam l uacem hominem, qui tantummodo r. 6. — [20] *deest B. G.* — [21] *deest* 3. — [22] *deest* 6. — [23] h. qui p. p. facit sup rscripta glossa chara 6. — [24] uuirgyld 1*. wirdrigildum 3. *const.* wergeldum 4. werigeldum 6. — [25] p. persol atur 3. [26] qualiter res suas dare debeat 6. — [27] et... debeat *desunt* 3. *eorum loco* 1* *habet pro* salutae ani e suae. [28] initium usque ad tradere 6. *ita habet:* Si q. liber r. s. pro sa. salute vel ad ecclesiam vel tr. suo tr. dere v. [29] *deest* 1. 4. — [30] et t. quando intra *G.* — [31] r. suae illae 1*. — [32] t. faciat 6. — [33] eiusdem *G.* p acito 4. [34] tres t. 3. — [35] p. alios autem quos sibi *G.* m. 6. — [36] inveniri possunt 1*. *B.* — [37] et... faciat *desunt* . 4. 6. *G. Sang.* 1. 2. *Colb. Thu. Camb.* — [38] p. hoc fecerit, h. i. n. peticionem v. f. de p. r. 6. *sequentibus* sque ad *finem capi.is omisit.* — [40] h. t. i. ante n. her. collocat 4. — [41] perficiendam 5. proficiendi *B.* — [42] coheredes 4.

NOTÆ.

a Div. B. Pith., Paris., Norm., Rhem. Bal., hic inserunt caput quod Regino refert *ex l.* II Capitul.; *et* Vat. 1, Bell., Met., Camb., in fine l. II collocant: «14.b *De solutione occisi presbyteri.* Presbyteri interfecti episcopo ad cuius parrochiam pertinent, solvantur secundum capitulare gloriosi Karoli genitoris nostri, ita videlicet ut mediatetem wirgildi e us episcopus utilitatibus ecclesiae cui praefuit tri uat, alteram medietatem in eleemosyna illius i le dispertiat; quia nullus nobis eius heres pioximior videtur, quam ille qui ipsum Domino sociavi [*Pith. Paris., om.* quam... sociavit].»

eius si sponte noluerit, aut per comitem aut per missum eius distringatur, ut divisionem cum illo faciat, ad quem defunctus hereditatem suam voluit [1] pervenire. Et si cuilibet ecclesiae eam tradere rogavit, coheres eius eam legem cum illa ecclesia de praedicta hereditate habeat, quam cum alio coherede suo habere debebat [2]. Et hoc observetur erga patrem et filium et nepotem usque ad annos legitimos; postea ipsae res ad inmunitatem ipsius ecclesiae redeant.

19. *De homicidiis prohibendis.* Quicumque hominem aut ex levi causa aut sine causa interfecerit [3], wirgildum eius [4] his, ad quos ille pertinet, conponat. Ipse vero propter talem praesumptionem in exsilium mittatur, ad quantum tempus nobis placuerit; res tamen suas non amittat.

20. *De hoc, quod in conpositionem wirgildi [5] dari debeat.* In conpositionem [6] wirgildi volumus, ut ea dentur quae in lege continentur, excepto accipitre et spatha [7]; quia propter illa duo aliquoties [8] periurium committitur, quando maioris pretii quam illa sint esse iurantur.

21. *De raptu alienarum sponsarum.* Si quis sponsam alienam rapuerit, aut patri eius aut ei, qui legibus eius [9] defensor esse debet, cum sua lege eam reddat; et quicquid cum [10] ea tulerit, semotim unamquamque rem secundum legem reddat. Et [11] si hoc defensor eius perpetrari consenserit, et ideo raptori nihil quaerere voluerit, comes [12] singulariter de unaquaque re [13] freda nostra [14] ab eo exactare [15] faciat. Sponso [16] vero legem suam conponat, et insuper bannum nostrum, id est sexaginta solidos, solvat; vel in praesentiam nostram comes eum advenire faciat, et quanto tempore nobis placuerit, in exilio maneat, et illam feminam ei habere non liceat.

22. *De falsis testibus convincendis.* [17] Si quis cum altero de qualibet causa [18] contentionem habuerit, et testes contra eum per iudicium producti fuerint, si ille falsos eos esse suspicatur, liceat ei alios testes, quos meliores potuerit, contra eos opponere, ut veratium testimonio falsorum testium perversitas superetur. Quod si ambae partes testium ita [19] inter se dissenserint, ut nullatenus una pars alteri cedere velit, eligantur duo ex ipsis, id est ex utraque parte unus, qui cum scutis et fustibus in campo decertent, utra pars falsitatem, utra [20] veritatem [20] suo testimonio sequatur. Et campioni qui victus fuerit, propter periurium quod [21] ante pugnam commisit, dextera manus amputetur; ceteri vero eiusdem partis testes, qui falsi apparuerunt [22], manus suas redimant; cuius conpositionis duae partes ei contra quem testati sunt dentur, tertia pro fredo solvatur. Et in seculari quidem causa huiuscemodi testium diversitas campo conprobetur. In ecclesiasticis autem causis, ubi de una parte seculare, de altera vero ecclesiasticum negotium est [23], idem modus observetur [24]. Ubi vero ex utraque parte ecclesiasticum fuerit, rectores earundem ecclesiarum, si se familiariter pacificare velint, licentiam habeant. Si autem de huiuscemodi pacificatione inter eos convenire non possint [25], advocati eorum in mallo publico ad praesentiam comitis veniant, et ibi legitimus terminus eorum contentionibus inponatur. Testes [26] vero de qualibet causa non aliunde quaerantur, nisi de ipso comitatu in quo res unde causa agitur, positae sunt; quia non est credibile, ut vel de statu hominis vel de possessione cuiuslibet per alios melius rei veritas cognosci valeat, quam per illos qui viciniores sunt. Si tamen contentio quae inter eos exorta est, in confinio duorum comitatuum fuerit, liceat eis de vicina centena adiacentis comitatus ad causam suam testes habere.

23. *De proprio in bannum [27] misso.* Cuiuscumque [28] hominis proprietas ob crimen aliquod, quod idem habet commissum, in bannum fuerit missa, et ille, recognita, ne iustitiam faciat, venire distulerit, annumque ac diem in eo banno illam esse permiserit, ulterius eam non adquirat, sed ipsa fisco nostro [29] societur. Debitum vero, quod is cuius ea [30] fuit solvere debuit, per comitem ac ministros [31] eius iuxta aestimationem damni; de rebus mobilibus [32] quae in eadem proprietate inventae fuerint, his quibus idem debitor fuit, exsolvatur. Quod si rerum mobilium [33] ibidem inventarum tantitas [34] ad conpositionem non sufficerit, de [35] immobilibus suppleatur; et quod superfuerit, sicut dictum est, fiscus noster [36] possideat. Si nihil super conpositionem remanere [37] potuerit, totum in illam [38] expendatur. Si autem homo ille nondum cum suis coheredibus [39] proprium suum divisum habuit, convocet eos comes, et cum eis legitimam divisionem faciat; et tunc, sicut iam dictum est, partem eius fisco nostro [40] addicat, et conpositionem de ea [41], iuxta modum superius conprehensum, his ad quos illa legibus pertinet exsolvat. Quod [42] si non de alia re, sed de ipsa proprietate quae in bannum missa fuit ac per hoc in nostram potestatem redacta est, fuerat interpellatus, comes in cuius ministerio eam [43] esse constiterit, hoc ad notitiam nostram perferre curet, ut nos eandem proprietatem,

VARIANTES LECTIONES.

[1] noluit G. [2] debet 1*. debeat 3. G. quam... debebat desunt B. [3] interficit, bis conponat werigeldum ad quos pertinet ipse 6. [4] deest 3. 4. G. [5] widrigild 3. uirgyld d. non d. 1*. uueregeldi 4. *postea const.* wergeldi. [6] compositione 3 B. [7] spata 1*. [8] multoties 6. [9] ci 1*. [10] supra eum 6. [11] quod si hoc d. e. perconsenserit, [12] comiti G. [13] rem componat G. (*reliqua omnia desunt*). [14] fredam nostram 4. [15] n. exactare 3. exactet, sp. 6. [16] sponsus 3. [17] c. hoc admodum contraxit 6. [18] re 1. 4. G. [19] deest 1*. [20] deest G. [21] q. a. p. c. desunt 3. [22] apparuerint 3. Bal. apparuit 4. [23] eo i. modo c. neg. eodem modo 4. [24] hic 1*. inserit seu etiam crucis iuditio rei veritas inquiratur. Hoc et de timidis atque imbecillibus vel infirmis, qui pugnare non valent, ne propter hoc iustitia sua careant, censuimus faciendum. [25] possit 1*. [26] testes.. quaerantur ni desunt G. [27] banno 3. B. [28] si c. G. [29] regis 5. B. [30] causa G. [31] ministro corr. ministrum 1*. [32] nobilibus 6. [33] nobilium 6. [34] quantitas 1*. 4. 6. [35] de... superfuerit desunt 4. [36] regis 6. [37] repperiri G. [38] illum 1. 1*. 4. illud G. [39] heredibus 3. [40] regis 6. [41] eo 1*. [42] haec usque ad finem omittit 6. [43] ea e. constituerit 4.

quae secundum supradictum modum in nostrum dominium redacta est, per praecepti nostri auctoritatem in ius et potestatem hominis qui eam quaerebat, si sua debet esse, faciamus pervenire.

24. *De mannire.* Si quis de statu suo, id est de libertate, vel de hereditate conpellandus est, iuxta legis constitutionem manniatur. De ceteris vero causis, unde quis rationem est redditurus, non manniatur, sed per comitem banniatur. Et si post unam et alteram [4] comitis admonitionem aliquis [2] ad mallum venire noluerit, rebus eius in bannum missis venire et iustitiam facere conpellatur [a].

25. *De faidis cohercendis.* Si quis, aliqua necessitate cogente, homicidium commisit, comes in cuius ministerio [3] res perpetrata est, et compositionem solvere, et faidam [4] per sacramentum pacificare faciat. Quod si una pars ei ad hoc consentire noluerit [5], id est aut ille qui homicidium commisit, aut is [6] qui compositionem suscipere debet, faciat illum [7] qui ei contumax fuerit, ad praesentiam nostram venire, ut eum ad tempus quod nobis placuerit, in exilio [8] mittamus, donec ibi castigetur, ut comiti suo inobedientem esse ulterius non audeat, et maius damnum inde non adcrescat.

26. *De sacramentis, ubi iuranda sint.* Ubi antiquitus [9] consuetudo fuit de libertate sacramenta adhramire [10] vel iurare, ibi [11] mallum [12] habeatur, et [13] ibi sacramenta iurentur. Mallus tamen neque [14] in ecclesia, neque in atrio eius habeatur. [15] Minora vero placita comes sive intra suam potestatem vel ubi inpetrare potuerit, habeat. Volumus utique, ut domus [16] a comite [17] in loco ubi mallum tenere debet, constituatur, ut propter calorem solis et pluviam publica utilitas non remaneat.

27. *De his qui de furto accusati fuerint.* Si liber homo de furto accusatus fuerit, et res proprias habuerit, in mallo ad praesentiam comitis se adhramiat. Et si res non habet, fideiussores donet, qui eum adhramire [18] et in placitum adduci faciant. Et liceat ei prima vice per sacramentum se secundum legem idoniare [19], si potuerit. At si alia vice duo vel tres eum de furto accusaverint [20], liceat ei contra unum ex his cum scuto et fuste in campo contendere.

Quod si servus de furto accusatus fuerit, ominus eius pro eo emendet [21] aut eum sacramento xcuset, nisi tale furtum perpetratum habeat, propt r quod ad supplicium tradi debeat.

28. *De despectu litterarum dominicarum.* Si quis litteras nostras dispexerit [22], id est tractori m quae propter missos recipiendos dirigitur, aut honores quos habet amittat [23], aut in eo loco ubi p aedictos missos suscipere debuit, tamdiu resideat de suis rebus legationes illuc venientes suscipiat, uousque animo nostro satisfactum habeat. Qui vero e istolam nostram quocumque modo dispexerit, iuss nostro ad palatium veniat, et iuxta voluntatem nost am congruam stultitiae suae castigationem accipi t. Et si homo liber vel [24] ministerialis comitis ho fecerit, honorem qualemcunque habuerit sive [25] b eficium amittat. Et si servus fuerit, nudus ad palu [26] vapulet et caput eius tondeatur.

29. *De iniustis teloneis et consuetudinib . Ut [27] ubi tempore avi nostri domni Pippini eo suetudo fuit teloneum [28] dare, ibi et [29] in futurum o detur, nam ubi [31] noviter incoeptum est, ulterius on agatur. Et ubi necesse non est fluvium aliquem er pontem transmeare, vel ubi navis per mediam a am aut subtus pontem ierit et ad ripam non adpr pinquaverit, neque ibidem aliquid emptum vel ven datum fuerit, ulterius teloneum non [32] detur. Et ne o cogat alium ad pontem ire, ubi iuxta pontem aqu transmeare potest. Et qui ulterius in talibus loc s, vel de eis [33] qui ad palatium seu in hostem [34] per unt, teloneum [35] exactaverit, cum sua lege ipsum eloneum reddat, et bannum nostrum, id est sexagint solidos, conponat.

30. *De his qui bonos denarios accipere ɩ olunt [36]. Quicumque liber homo denarium merum et bene pensantem [37] recipere noluerit, bannum ostrum, id est sexaginta solidos, conponat. Si vero servi ecclesiastici [38] aut comitum aut vassallorum ń strotum hoc facere praesumpserint, sexaginta ictib s vapulent; aut si magister eorum vel advocatus, ui liber est, eos vel comiti vel misso nostro iussus p asent re noluerit, praedictum bannum sexaginta sol dos conponat.

VARIANTES LECTIONES.

[1] si aliquis 1*. [2] alteri *B*. [3] potestate 6. [4] *superscriptum* frido 6. *eadem manu*. [5] voluerit *G*. [6] hi q. c. s. debent *G*. [7] i; comes q. *Bal*. [8] exilium 1*. *ex corr.* 3. *Bal*. [9] antiqua 6. [10] adramire 1*. *const. G*. 4. 6. (*superscripta Glossa germ.* stabon) adhramire y. 2. intrare 3. a. vel iurare, ibi scalini et legi doctores cum reliquis conveniant et ibi mallos habeant. *Rivip*. [11] ubi 1. 4. [12] mallus *G*. [13] expunctum 1. *sit erscripte* ut. [14] *aut bis superscriptum vocibus* neque 6. [15] teneatur 3. [16] domum 1*. [17] a. c. deest 6. [18] adhramire 3. *const.* [19] sacr. sec. 1. id emere 3. idonare 4. [20] tres (e. d. f. *desunt*) accusaverit 3. [21] r undet *B*. [22] despexerit 1. [23] dimittat 3. [24] deest 3. [25] deest *B*. [26] vel palatium *G. in marg.* [27] deest 3. 6. *B*. [28] zol *huic voci eadem superscriptum manu* 6. [29] et nunc et 6. [30] futuro 4. [31] ubi vel desunt 6. [32] deest 4. [33] his 1*. [34] exercitum 6. s. in h. *desunt G*. [35] *superscriptum* ferit 6. [36] contradicunt 6. [37] pensatum 4. [38] s. et e. *Bal*. eccles.. praesumps. desunt 6.

NOTAE.

[a] Post hoc *G. Bal.* et *B.* (hic et in indice) inserunt caput petitum ex Ludov. Cap. 817. Iul. Aquis. Capit. per se scribenda, supra; c 26. *Qualiter de statu suo pulsatus evindicet libertatem suam*. Homo de statu suo pulsatus, si is qui eum pulsat, ad convincendum illum procinctum habuerit, adhibeat sibi octo coniuratores legitimos ex ea parte, unde pulsatur, sive illa paterna sive materna sit, et quatuor aliunde non minus legitimos, et iurando vindicet libertatem su . Quod si procinctum [procinctus, *B.*] defuerit, ad umat un decumque duodecim liberos homines et i rando ingenuitatem suam defendat. Omnis controver ia coram centenario definiri potest, excepta redditi ne terrae et mancipiorum, quae non nisi coram co ite fieri potest.

31. *De adulteratoribus monetae.* De[1] falsa moneta tradidit, et ei eadem terra ad tenendum placita sit. iubemus, ut qui eam percussisse comprobatus fuerit, manus ei amputetur. Et qui hoc consensit, si liber est, sexaginta solidos conponat; si servus est, sexaginta ictus accipiat[2].

32. *De proprio dominico sine iussione illius reddito.* Si quis proprium nostrum, quod in vestitura genitoris nostri fuit, alicui quaerenti[3], sine nostra iussione reddiderit, aliud tantum nobis de suo proprio cum sua lege conponat. Et quicumque illud scienter per malum ingenium adquirere temptaverit, pro infideli teneatur, quia sacramentum fidelitatis, quod nobis promisit, irritum fecit; et ideo secundum nostram voluntatem et potestatem diiudicandus est.

33. *De pueris invitis parentibus detonsis aut puellis velatis.* Si quis puerum invitis parentibus totonderit, aut puellam velaverit, legem suam in triplo conponat, aut ipsi[4] puero vel puellae, si iam[5] suae potestatis sunt, aut illi in cuiuslibet potestate fuerint. Illi vero potestatem habeant capitis sui, ut in tali habitu permaneant, qualis eis conplacuerit.

34. *De forcapiis*[6]. Si mancipia dominos suos fugerint in alienam potestatem, ut propter hoc nullum praemium accipiat ille, in cuius potestate[7] fuerint inventa, pro eo quod ea vel reddiderit vel foras eiecerit. Et non solum hoc, sed etiam si ea nec reddere[8] nec foras eicere voluerit et legitimo domino ea contradixerit, et illa inde postea[9] effugerint, secundum legem ea[10] solvere cogatur.

35. *De terra tributaria.* Quicumque terram tributariam, unde tributum ad partem nostram exire[11] solebat, vel ad ecclesiam, vel cuilibet alteri tradiderit, is qui eam susceperit, tributum quod inde solvebatur[12], omni modo ad partem nostram persolvat; nisi forte talem firmitatem de parte dominica habeat, per quam ipsum tributum sibi perdonatum possit ostendere.

36. *De beneficiis destructis.* Quicumque suum beneficium occasione proprii[13] desertum habuerit, et intra annum postquam ei a comite vel misso nostro notum factum fuerit, illud emendatum non habuerit, ipsum beneficium amittat.

37. *De terra censali.* Si quis terram censalem habuerit, quam[14] antecessores sui vel ad aliquam ecclesiam vel ad[15] villam nostram dederunt, nullatenus eam secundum legem tenere potest, nisi ille voluerit, ad cuius potestatem vel[16] illa ecclesia vel illa villa pertinet; nisi forte filius aut nepos eius sit qui eam Sed in hac re considerandum est, utrum ille qui hanc tenet, dives an[17] pauper sit, et[18] utrum aliud beneficium habeat, vel etiam proprium. Et qui horum neutrum habet, erga[19] hunc misericorditer agendum est, ne ex toto dispoliatus in egestatem incidat; ut aut talem censum inde persolvat qualis ei fuerit constitutus, vel portionem aliquam inde in beneficium accipiat, unde se sustentare[20] valeat.

38. *De nonis*[21] *et decimis.* Consideratum est, ut[22] de frugibus terrae et animalium nutrimine[23] persolvantur. De opere vero vel restauratione ecclesiarum comes et episcopus sive abbas una cum misso nostro, quem[24] ipsi sibi ad hoc elegerint, considerationem faciant, ut unusquisque[25] eorum tantum inde accipiat ad operandum et restaurandum, quantum ipse de rebus ecclesiarum habere cognoscatur[26]. Similiter et vassi nostri aut in commune tantum operis accipiant, quantum rerum ecclesiasticarum habent[27], vel unusquisque per se iuxta quantitatem quam ipse tenet. Aut si inter eos convenerit, ut pro opere faciendo argentum donent, iuxta aestimationem operis in argento persolvant; cum quo pretio rector ecclesiae ad praedictam restaurationem operarios[28] conducere vel materiam emere possit. Et qui nonas et decimas dare neglexerit, primum quidem illas cum lege sua restituat, et insuper bannum nostrum solvat, ut ita castigatus caveat, ne saepius[29] iterando beneficium amittat.

39. *De mancipiis in villas dominicas*[30] *confugientibus.* Si cuiuslibet mancipia in villam nostram confugerint, actor eiusdem villae quaerenti domino ea non contradicat[31], sed statim ea[32] foras de eadem villa eiciat. Et si se[33] putat ad ea repetenda iustitiam habere, repetat, et secundum legem adquirat. Si vero tempore domni Karoli genitoris nostri in villam illam[34] confugerunt, et dominus ea quaerit[35], actor eiusdem villae aut ea legitime contineat[36], aut ea quaerenti domino reddat. Et actor propter vestituram domni Karoli genitoris nostri eadem mancipia contradicere non audeat, si illius propria[37] esse noscuntur.

40. *De forestibus noviter institutis.* Ut[38] quicumque illas habet, dimittat, nisi forte indicio[39] veraci[40] ostendere possit, quod per iussionem sive promissionem[41] domni Karoli genitoris nostri eas instituisset; praeter[42] illas quae ad nostrum opus pertinent, unde nos decernere volumus quicquid nobis placuerit.

41. *De pontibus per diversa loca emendandis.* Volu-

VARIANTES LECTIONES.

[1] Quicumque falsam monetam percussisse probatus fuerit Camb. Riv. Vat. 1. Sang. 1. Colb. [2] hic desinit cod. 5. [3] deest G. [4] suam superscr. que 5. [5] forcapitis 1. [6] potestatem 1. [7] credere 1. Hld. [8] potestate 1. [9] deest 4. Hld. [10] exigere G. [11] ii exire solebat vel solvebatur 1. [12] propria 4. 6. [13] destructum 3. [14] antequam censores 6. [15] ad aliquam v. 4. vel aliquo ded. 6. [16] vel... villa desunt 6. [17] et 1. aut 1. Hld. [18] et utrum... habet desunt 6. [19] circa G. [20] u. sustentari 4. Hld. [21] annonis G. et in textu. [22] ut nonae et decimae de 3. [23] n. nonae et decimae p. B. n. super cetera nonae et decimae p. 4. G. Bal. [24] quem i. s. a. h. e. desunt 6. [25] quae sequuntur, multis omissis valde contraxit 6. [26] cognoscitur 1. Bal. [27] habeant 1. [28] operationem 4. Hld. se prius 4. [30] villa dominica 1. B. [31] tradat G. [32] deest 5. [33] deest 3. [34] deest 1. 5. 4. [35] quaesiverit 1. ex corr. [36] contendat 1. Bal. [37] deest 3. [38] Volumus ut Pith. V. atque praecipimus ut Camb. Riv. Sang. 1. Colb. [39] indicione 1. [40] vel ratione 3. 3b. veritatis G. [41] s. p. desunt 3. [42] propter 1. 3.

mus, ut missi nostri per singulas civitates una cum episcopo et comite missos [1] vel nostros homines ibidem commanentes eligant, quorum cura [2] sit,[3] pontes per diversa loca emendare, et [4] eos qui illos emendare debent, ex nostra iussione admonere, ut unusquisque iuxta suam possibilitatem et quantitatem eos emendare studeat.

42. *De legatione omnium missorum dominicorum, de quibus videlicet causis agere debeant.* [5] Legatio omnium missorum nostrorum haec est. Primo, ut sicut iam aliis missis iniunctum fuit, iustitiam faciant de rebus et libertatibus iniuste ablatis; et si episcopus, aut abbas, aut vicarius, aut advocatus, aut quislibet de plebe hoc fecisse inventus fuerit, statim restituantur [6]; si vero vel comes vel actor dominicus, vel alter missus palatinus hoc perpetraverit et in nostram potestatem redigerit,[7] res diligenter investigata et descripta ad nostrum iudicium reservetur.

43. *De illis libertatibus et rebus reddendis quae in nostra* [8] *vestitura sunt, qualiter inquirantur* [9]. Volumus autem, ut de his libertatibus et rebus reddendis quae in nostra vestitura sunt, primo per optimos quosque inquiratur. Et si per illos inveniri non possit, tunc per eos qui post illos in illa vicinia meliores sunt. Et si nec per illos rei veritas inveniri potest, tunc liceat litigantibus ex utraque parte testes adhibere. Et si discordaverint, secundum constitutionem a nobis promulgatam examinentur.

44. *De oppressione pauperum, viduarum et* [10] *pupillorum.* De pauperibus, viduis et pupillis iniuste oppressis, ut adiuventur et releventur.

45. *De iniustis consuetudinibus noviter institutis.* De iniustis occasionibus et consuetudinibus noviter institutis, sicut sunt tributa et telonea [11] in media via, ubi nec aqua, nec palus [12], nec pons, nec aliquid tale fuerit, unde iuste census exigi possit, vel ubi naves subtus pontes transire sinunt, sive in medio flumine ubi nullum obstaculum est, ut [13] auferantur. Antiquae [14] autem [15] ad nostram notitiam deferantur.

46. *De honore ecclesiarum.* De [16] honore ecclesiarum, ut per omnia eis exhibeatur, sicut nuper a nobis cum consensu omnium fidelium nostrorum constitutum est. Et ut hoc missi nostri omnibus in sua legatione constitutis notum efficiant.

47. *De nonis* [17] *et decimis.* De [18] nonis et decimis, ut secundum iussionem nostram dentur.

48. *De locis ad claustra canonicorum facienda.* De [19] locis dandis ad claustra canonicorum facienda, si [20] de eiusdem ecclesiae rebus fuerit [21], nostra libertate [22] concedatur ibi. Si de alterius ecclesi e vel liberorum hominum [23] commutetur. Si autem de fisco nostro fuerit, nostra liberalitate [24] concedatur.

49. *De observatione praeceptorum dominicorum.* De observatione praeceptorum nostrorum et inmunitatum, ut ita observentur sicut a nobis et ab antecessoribus nostris constitutum est.

50. *De his qui per occasionem inmunitatis iustitiam facere rennuunt.* De his qui per [25] occasionem inmunitatis iustitiam facere rennuunt, ut hoc observetur quod a nobis constitutum est.

51. *De locis iamdudum sacris et nunc spurcitia* [25] *foedatis.* De locis iamdudum sacris et nunc spurcitia foedatis, ut iuxta possibilitatem in antiquum statum reformentur.

52. *De beneficiis dominicis destructis.* De beneficiis [27] nostris quae destructa inveniuntur, hoc impleatur quod nuper a nobis constitutum est.

53. *De falsa moneta et de aliis diversis causis prohibendis.* De nova moneta, et de falsa moneta, et de dispectu litterarum nostrarum, et de [28] latronibus cohercendis vel puniendis, et de faidis [29] pacandis, de homicidiis prohibendis, de periuriis et falsis testibus conpescendis, de [30] his omnibus vel ceteris his similibus hoc quod modo [31] constituimus, omnibus adnuntietur et in futurum observetur.

54. *De missorum dominicorum observatione* [32]. Hoc volumus, ut missi nostri observent, ut quicquid de his causis vel simul vel singillatim emendare potuerint, emendent, et ea quae [33] emendaverint, diligenter scriptis notent. Et hoc sic peragere curent, quatenus iuste reprehendi a quoquam nullatenus possint. Et quae [34] facere debent aut possunt, nullatenus praetermittant; immo caveant, ne, quod absit, aut gratia alicuius, aut honoris aut timoris sive odii causa, illud quod agere debent omittant. Et summopere studeant, ut hoc quod per se efficere non possunt, nobis notum faciant. Et omnimodis praevideant, ut per singula capitula, tam verbis quamque [35] scriptis, de omnibus quae illic peregerint, nobis rationem reddere valeant.

55. *De placitis a liberis hominibus observandis.* De placitis siquidem quos [36] liberi homines observare debent, constitutio genitoris nostri poenitus observanda atque tenenda est, ut videlicet in anno tria

VARIANTES LECTIONES.

[1] *deest* 3. [2] *cure corr.* cura 1*. [3] *est* 5. B. [4] *et.... emendare desunt* G. [5] *horum loco* 1*. *habet*: Hec capitula praecipue ad legationem missorum nostrorum ob memoriae causam pertinentia de quibus videlicet causis ipsi agere debeant. *Sequentium capp. rubra omittit idem omnia.* [6] restituatur 1*. [7] *deest* . [8] dominica 3. B. Hld.Bal. [9] inquiratur 1. [10] *deest* 1. [11] telonei 1*. 3. B. Bal. [12] pali 3. [13] ne . ante, quam ad n. n. deferatur 4. Hld. [14] *pro his* 3. *habet*: qui autem hoc exactaverint, ad nostram pr entiam deducantur. [15] aut G. [16] Praecipimus ut honor ecclesiarum debitus per omnia *Camb. Riv. Sang. . Colb.* [17] annonis G. *et in textu ut iam saepius supra.* [18] Praecipimus ut nonae et d. s. *Camb. Riv. Sang. . Colb.* [19] *Ita incipit* 5: Ad cl. fac. can. volumus ut si eiusdem rebus eccl. f. n. l. concedantur. [20] si te ra *Bal.* [21] fuerit 1*. non f. 4. [22] liberalitate B. *ex corr. Div. Met. Bell. Rem. Pith. Par. Bal.* [23] libe homi- nis 1*. [24] libertate G. Hld. *et aliquot codd. Bal.* [25] ut hi q. propter 3. [26] iamdudum.. spurcitia *d sunt* 3. [27] de aedificiis 3. 3 h. [28] de... compescendis *desunt* 6. [29] *in marg.* id est geuchida 1. [30] *hic novu* 1 *caput inc.* 1*. Hld. [31] quomodo G. [32] c. hoc 6. valde contraxit. [32] q. non e. 1. 6. G. [34] qui G. [35] q am.1*. [36] que 4.

solummodo generalia placita observent [1], et nullus eos amplius placita observare conpellat, nisi forte quilibet aut accusatus fuerit, aut alium accusaverit, aut ad testimonium perhibendum vocatus fuerit. Ad caetera vero, quae [2] centenarii tenent, non alius [3] venire iubeatur, nisi qui aut litigat, aut iudicat, aut testificatur.

56. *De debito ad opus dominicum rewadiato.* Ut de debito quod ad opus nostrum fuerit rewadiatum, talis consideratio fiat, ut is qui ignoranter peccavit, non totum secundum legem conponere cogatur, sed iuxta quod possibile visum fuerit. Is vero qui tantum mala [4] voluntate peccavit, totam [5] legis conpositionem cogatur exsolvere [6].

57. *De his qui ad palatium vel in hostem pergunt vel inde redeunt* [7]. Ut nullus ad palatium vel in hostem pergens, vel de palatio vel de host, rediens, tributum quod transituras [8] vocant, solvere cogatur.

58. *De pontibus publicis.* Ut pontes publici [9], qui per bannum fieri solebant, anno praesente in omni loco restaurentur.

59. *De clericis, monachis et servis fugitivis.* Ut clerici et monachi et servi fugitivi ad loca sua redire iubeantur.

60. *De advocatis episcoporum, abbatum, comitum* [10] *et abbatissarum.* Ut nullus episcopus, nec abbas, nec comes, nec abbatissa, centenarium comitis advocatum habeat.

61. *De vicariis vel centenariis, si latrones celaverint.* Ut vicarii vel centenarii, qui fures et latrones vel celaverint vel defenderint, secundum sibi datam sententiam diiudicentur.

62. *De comitibus et vicariis admonendis* [11] *de constitutione legis.* Ut comites et vicarii [12] de constitutione legis ammoneantur, qua [13] iubetur, ut propter iustitiam pervertendam munera non accipiant.

63. *De forestibus dominicis.* De forestibus [14] nostris, ut ubicumque fuerint, diligentissime inquirant, quomodo salvae sint et defensae, et ut comitibus denuntient, ne ullam forestem [15] noviter instituant; et ubi noviter institutas sine nostra iussione invenerint, dimittere praecipiant.

64. *De missis dominicis, et de his qui iustitiam facere rennuunt.* Ut ubicumque ipsi missi aut episcopum aut abbatem aut alium quemlibet quocumque A honore praeditum invenerint, qui iustitiam facere vel noluit vel prohibuit, de ipsius rebus vivant, quandiu in eo loco iustitias facere debent.

65. *De missis dominicis, ubi diutius non debeant inmorari.* Ut in illius comitis ministerio qui bene iustitias factas habet, idem missi diutius non morentur, neque illic [16] multitudinem convenire faciant; sed ibi moras faciant, ubi iustitia [17] vel minus vel neglegenter facta est.

66. *De missis dominicis et comite in aliquod missaticum directo.* Ut in illius comitis ministerio idem missi nostri placitum non teneant qui in aliquod missaticum directus est, donec ipse fuerit reversus; ut causa quae adhuc coram comite non fuit, et is qui se reclamat, propter suam stultitiam aut contumaciam comitem inde appellare [18] noluit, iterum conniti commendetur.

67. *De missis dominicis, qualiter coniectum accipere debeant.* Ut missi nostri, qui vel episcopi vel abbates vel comites sunt, quamdiu prope suum [19] beneficium fuerint, nihil de aliorum coniecto accipiant. Postquam vero inde longe recesserint, tunc accipiant secundum quod in sua tractoria continetur. Vassi vero nostri et ministeriales, qui missi sunt, ubicumque venerint, coniectum accipiant.

68. *De vassis dominicis et* [20] *episcoporum vel reliquorum, qui in hoste non fuerunt.* Ut vassi nostri, et vassi episcoporum, abbatum [21], abbatissarum, et comitum, qui anno praesente in hoste non fuerunt, heribannum rewadient [22]; exceptis his qui propter necessarias causas et a domno ac genitore nostro Karolo constitutas [23] domi dimissi [24] fuerunt, id est, qui a comite [25] propter pacem conservandam, et [26] propter coniugem ac domum eius custodiendam, et ab episcopo vel abbate vel abbatissa similiter propter pacem conservandam; et propter fruges colligendas et familiam constringendam, et missos recipiendos, dimissi fuerunt.

69. *De episcopis, abbatibus et comitibus, et de placito missorum dominicorum.* Ut omnis [27] episcopus, abbas, et comes, excepta infirmitate vel nostra iussione, nullam excusationem habeat, quin [28] ad placitum missorum nostrorum veniat, aut talem [29] vicarium suum mittat, qui in omni causa pro illo [30] reddere rationem possit [a].

VARIANTES LECTIONES.

[1] observent.... placita desunt 4. *Hld.* [2] qui 4. [3] aliis 4. [4] malum 1. 4. *B.* [5] totum l. compositione 1. legem compositione *B.* [6] totam legem et compositionem solvere cog. 5. [7] pro hoc rubro antecedens habet 4. [8] tarensituras in *marg.* heristiura 4. transituras *G. Colb. Gamb. Riv. Sang.* 2. tristuras *B. Rem. N. Pith. Par.* tracturas 4. 4. *Met.* trasturas *Vat. Pal. Bell.* straturas *Til,* trexturas 5. 3 h. [9] supplici 6. [10] deest *G.* [11] a. d. c. l. desunt 3. de c. l. ante de comit. collocat 4. Totum caput deest 3. in ind. [12] v. et centenarii *Bal.* [13] quin 1. [14] *B.* vorst in marg. 4. [15] illuc 1. [16] foreste 5. [17] iustitiae... factae sunt 3. [18] supplicare 5. [19] illorum beneficio 3. [20] deest 4. [21] deest 3. *G.* [22] reuuadiant 4. 5. *G.* [23] constituti 4. [24] deest 4. [25] a nobis *Camb. Sang. Colb.* [26] et ... custod. hic omissa post iuxta c. 75. collocat *G.* prorsus desunt *Sang.* 1. 2. *Vat. Thu. Camb. Colb.* [27] nullus 5. [28] qui non 1, ut 5. [29] talem (*corr.* tales) vicarios 1. [30] illis r. p. possint 1.

NOTÆ.

[a] Hic sequitur in *B. Pith., Paris., Norm.* (in *Rhem.* a manu 2 in margine additum): « 69 b. *De non exigendo heribannio antequam iussio dominica nota fiat.* Ut missi et unusquisque in suo ministerio haec capitula relegi faciant coram populo; et nota sint omnibus, ne aliquis excusationem habere possit. Et non prius bannum exigant a quoquam homine, donec omnibus haec nota fiant. »

70. De dispensa missorum dominicorum. De dispensa missorum nostrorum, qualiter unicuique[1] iuxta suam qualitatem[2] dandum vel accipiendum sit, videlicet episcopo[2] panes quadraginta, Friskingae[4] tres[5], de[6] potu modii tres, porcellus unus[7], pulli[8] tres, ova quindecim, annona[9] ad caballos modii[10] quatuor. Abbati, comiti, atque ministeriali nostro unicuique dentur[11] cotidie panes triginta, friskingae duae, de potu modii[12] duo, porcellus unus, pulli[13] tres, ova quindecim, annona[14] ad caballos modii[15] tres. Vassallo[16] nostro panes decem et septem[17], friskinga[18] una, porcellus unus, de potu modius unus, pulli duo, ova decem, annona[19] ad caballos modii duo.

71. De eo qui in aliena patria de qualibet causa fuerit interpellatus[20]. Si quis in aliena patria, ubi vel propter beneficium vel propter aliam quamlibet occasionem adsidue conversari solet, de qualibet causa fuerit interpellatus, verbi gratia de conquesitu[21] suo vel de mancipiis suis, ibi secundum suam legem iustitiam faciat, et cum talibus coniuratoribus, quales in eadem regione[22] vel provincia secum habere potuerit, legitimum sacramentum iuret; excepto si quis eum de statu suo, id est de libertate sua, vel de hereditate quam ei pater suus moriens dereliquid, appellaverit. De his duobus liceat illi sacramentum in patria sua, id est in legitimo sui sacramenti loco iurandum[23] offerre; et is qui cum eo litigatur, si velit, sequatur illum in patriam suam[24] ad recipiendum illud sacramentum. Ipse tamen primo in eodem loco, id est[25], ubi interpellatus est, satisfaciat tam comiti et iudicibus quam adversario suo, testibus probando, quod rem[26], quae ab eo quaeritur, pater suus ei dereliquit[27].

72. De solutione atque conpositione[28]. Ut omnis solutio atque[29] conpositio quae in lege Salica continetur, inter Francos per duodecim denarioru solidos conponatur; excepto ubi contentio contra[2] Saxones et Frisiones[31] exorta fuerit. Ibi volumus, quadraginta denariorum quantitatem solidus hab t, quem vel Saxo vel[32] Frisio a parte[33] Salici Fra ci[34] cum eo litigantis solvere debet[35].

73. De statu hominis[36]. Ut de statu suo id est[37] de libertate, vel hereditate compellandus iuxta legis constitutionem manniatur.[38] De ca ris vero causis unde quis rationem est rediturus, i post secundam comitis admonitionem aliquis a mallum venire noluerit, rebus eius in bannum mis is venire et iustitiam facere conpellatur.

74. De proprietate hominis quae ob aliqu , crimen in bannum fuerit missa[39]. Cuiuscumque ho inis proprietas ob crimen aliquod ab eo commiss in bannum fuerit missa, et ille re cognita ne iustitiam faciat venire distulerit, annumque ac di m in eo banno illam esse permiserit, eam ulterius n adquirat, sed ipsa fisco regis societur; debitum ero, quod is cuius ea fuit solvere debuit, per comit ac ministros eius iuxta estimationem damni de ebus mobilibus, quae in eadem proprietate invent e fuerint, his quibus idem debitor fuit exsolvatur. uodsi rerum mobilium ibidem inventarum quantit ad compositionem non suffieerit, de immobilibus s ppleatur; et quod superfuerit, sicut dictum est fiscus regis possideat. Si nihil super compositionem re nere potuerit, totum in illam expendatur. Si a em homo ille nondum cum suis coheredibus propri m suum divisum habuit, convocet eos comes, et c m eis legitimam divisionem faciat, et tunc, sicut i m dictum est, partem eius fisco regis addat, et com ositionem de ea iuxta modum superius conprehensu his, ad quos illa legibus pertinet, exsolvat.

APPENDIX PRIMA.

Capitula[40] domni Karoli imperatoris ecclesiastica, quae ideo suprascriptis non c iunxi[41] capitulis, quia alia ex istis quasi causa memoriae scripta fuerint[42] et non videntu plenum explere sensum, alia sunt geminata, cum aliis videlicet mixta capitulis, alia penit s finita atque ad perfectionem perducta.

1. De lectionibus.   2. De cantu.

VARIANTES LECTIONES.

[1] unusquisque 1'. [2] quantitatem 3. [3] *sequentia* 6 *ita exhibet*: 40 panes et 3 urnae de potu et frisginge et 15 ova et 4 modii annonae equis. Abbati, comiti et aliis 30 panes, 2 victimae, duo urni, 1 porcell s, 3 pulli, 15 ova, 3 modii caballis. Vasalo nostro 16 panes, 1 frisginge, 1 porcellus, 1 urna potus, 40 o , 2 modii caballis. [4] frisgingae 4. 6. friskige (*infra* friskingae) 1'. Irissingae *infra* frixingae 5. frischinge B [5] un B. frisgingae 1. 6. [6] *de*. pulli tres *desunt* 4. [7] porcellum unum 3. *const*. G. [8] pullos 1 G. [9] ranum 1. [10] modios 3. 4. G. [11] detur 1. [12] modia 1'. [13] pullos 1'. [14] annonam 1'. [15] modia 1'. m dios n. 5. [16] sequentia desunt 3. [17] octo 4. sex 6. G. [18] friskingam unam purcellum unum d. p modio uno pullos 1'. [19] annonam ad c. modia 1'. [20] inde ab .h. c. inscript. omisit omnes 3; hoc et sequens caput non habent 1'. 5'. Til. Div. In 2 6 alio loco legitur. [21] conquestu 2b. [22] eodem regno 2.b. [23] iusiurandum 4. [24] patria sua G. [25] deest 2 b. [26] res 3. B. [27] hic 2. inserit c. 4 generale Capitul. Olonnensis Maio 82 editi ; et post c. 74 eiusdem Cap. c. 5. [28] totum caput deest 1'. 5. Til. Div. [29] vel 2 b. a. c. desunt G [30] inter 5. Bal. [31] Fresiones 3. const. [32] deest B. [33] ad partem 5. Bal. [34] deest 5. [35] d. et compo tionem de ea iuxta modum superius comprehensum his ad quos illa legibus pertinet exsolvat Met. (*sunt u tima capitis 74 verba*). [36] caput hoc nil nisi c. 24 repetitio, ab ipso procul dubio Ansegiso profecta, deest 1'. [37] desunt 3. vel 4. [38] moneatur 3. [39] et hoc c. 23 repetitio deest 1'. 5. [40] omnes tres appen ces habent 1'. 2. 6. G. (*qui primam et secundam in unam contrahit*) Bal. primam et secundam B. omnibus car n 1'. 2 b. 4. 5. Codex 3 nil habet nisi *app. secundae capita* 1-3, 7, 8, 16, 17, 27, 34-38, *adiuncta illa* li ro IV, ita ut c. 1 illi sit c. 75 et sic porro. [41] sunt coniuncta B. iunxi G. [42] fuerant B.

3. De notariis.
4. De ceteris disciplinis [1].
5. De compoto.
6. De medicinali arte.
7. De ecclesiis sine honore manentibus absque officiis et luminariis [2]; et de his, qui decimas sumunt et de ecclesiis non curant; et de altaribus, ut non superflua sint in ecclesiis.
8. De laicis noviter conversis, ne antequam suam legem pleniter [3] vivendo, discant, ad alia negotia mittantur.
9. De relinquentibus seculum, ut unum e duobus eligant, aut pleniter secundum canonicam aut secundum regularem [4] institutionem vivere debeant.
10. De ecclesiis seu sanctis noviter inventis sine auctoritate, nisi episcopo probante minime venerentur, salva etiam de hoc et de omnibus ecclesiis canonica auctoritate [5].
11. De ordinatis episcopis nec receptis.
12. Quod non oporteat solvere [6] quoslibet vel ordinare.
13. De servo, si nesciente domino suo fuerit ordinatus [7].
14. Quod non liceat clericum in duabus civitatibus ministrare, nec abbatibus plurima monasteria aut cellas habere.
15. De peregrinis episcopis et clericis.
16. De litteris peregrinorum, et clericis sine litteris ambulantibus.
17. Qualis vel pro qualibus culpis quisque secundum canonicam institutionem degradetur de officio sacerdotali.
18. De expulso ab ecclesia et excommunicato [8] vel damnato ab officio suo.
19. De ordine ecclesiastico et officio missae.

20. De reliquiis sanctorum et oratoriis villaribus.
21. De altario non consecrando nisi lapideo.
22. De confirmatione cum chrismate.
23. De baptismo.
24. De pascha et de die dominico et de reliquis festivitatibus.
25. De ieiunio et quadragesima vel letaniis.
26. Ut festivitates praeclarae non nisi in civitatibus aut in vicis publicis teneantur.
27. De hoc [9] officio.
28. De ecclesiis emendandis, ut ubi in uno loco plures sunt quam necesse est, destruantur quae necessariae non sunt, et aliae construantur.
29. De ecclesiis non bene constructis.
30. De indicio poenitentiae ad interrogandum reliquimus, per quem poenitentialem [10] vel qualiter iudicent [11] poenitentes; et de incestibus, quibus liceat iungere [12], quibus non.
31. De elimosina mittenda in Hierusalem propter ecclesias Dei restaurandas proximo [13] natali Domini.
32. Ut nullus homo malignis consentiat, sed magis in quantum potest resistat. Ut pauperes, orfani et viduae et ecclesiae Dei pacem habeant.
33. Ut qui monachi et virgines sunt, propositum suum omnimodis observent.
34. Ut isti mangones et cotiones [14], qui sine omni lege vagabundi vadunt, per istam terram non sinantur vagari ac deceptiones hominum agere; nec isti nudi cum ferro, qui dicunt se data sibi poenitentia ire vagantes; melius videtur, ut si aliqui [15] inconsuetum et capitale crimen commiserunt, in uno loco permaneant laborantes et servientes, et poeniteniam agentes, secundum quod sibi canonice inpositum sit.
35. De concordia fidelium nostrorum.

VARIANTES LECTIONES.

[1] discipulis 1. (sed eadem manu superscr. disciplinis) 6. [2] luminaribus B. [3] p. secundum canonicam v. G. [4] secularem 1. [5] salva.... auctor. desunt Sang. 1. Colb. Thu. Riv. [6] o. absolute q. ordinare G. Camb. Riv. Vat. Colb. Rem. B. Pith. Par. Norm. [7] s. sine scientia domini sui ordinato 6. [8] ex communione 6. Hld. excommunicatione 1. [9] deest G. [10] poenam sententialem G. [11] iudicentur B. G. Bal. [12] iniungere Bal. [13] in p. 6. Bal. [14] cociiones Hld. [15] aliquod Bal.

APPENDIX II.

Item capitula domni Karoli imperatoris mundana [1], quae suprascriptam videntur habere causam [2].

1. De latronibus, sicut iam antea [3] in alio capitulari commendavimus, ita [4] maneat.
2. [5] De adventitiis, ut cum missi nostri ad placitum venerint, habeant scriptum, quanti adventitii sunt in illorum missatico, aut de quo pago sunt, et nomina eorum, et qui sunt eorum seniores.
3. Si quis de libertate sua fuerit interpellatus, et timens ne in servitium cadat, aliquem de propinquis suis, per quem se in servitium casurum timens [6] occiderit, id est patrem, matrem, patruelem, avunculum vel quemlibet [7] huiusmodi propinquitatis personam: ipse qui hoc perpetraverit, moriatur; cognatio [8] eius et consanguinitas [9] in servitutem cadat. Et si negaverit se illum occidisse, ad novem vomeres ignitos iuditio Dei examinandus accedat.
4. De fugitivis ac peregrinis, ut distringantur, ut scire possimus, qui sint aut unde venerunt.

5. [10] Ut bauga [11] et bruniae non dentur negotiatoribus.
6. De mensuris, ut secundum iussionem nostram aequales fiant.
7. Ut non mittantur testimonia super vestituram domni Pippini regis.
8. [12] Ut omnia quae wadiari [13] debent, iuxta quod in lege continetur pleniter secundum ipsam legem rewadiata fiant, et in postmodum vel domnus rex vel ille, cuius causa est, iuxta quod ei placuerit perdonet [14].
9. Ut missi nostri, qui iam breves detulerunt de adnuntiatione, volumus ut adhuc adducant de opere.
10. Quantam [15] moram faciant [16] in unoquoque loco, et quot homines secum habeant.
11. De prudentia et constantia missorum nostrorum.

VARIANTES LECTIONES.

[1] mundanam q. suprascripta sunt, v. G. [2] Incipiunt capitula domni Karoli imperatoris B. Tota inscriptio apud G. efficit caput 36; nostrum cap. 1 ibi est 37 et sic porro. [3] deest 3. [4] multa ita B. [5] hoc cum anteced. in unum coniunxit 3. [6] cognoscit G. [7] quamlibet B. G. [8] agnatio B. Bal. [9] propinquitas suprascr. vel consanguinitas 3. [10] cum antecedenti coniungit B. [11] pauca 6. bauca G. [12] cum antec. coniungit 3. [13] uuadia reddi 1. 6. Hld. uuadiare 3. rewadiari B. inguadiare G. reuuadiata 3. 6. B. [14] deest 1. 6. Hld. faciat 3. accipiat B. Rem. Div. Pith. Par. [15] Quantum 1. G. [16] facient 1. Hld.

12. De falsis monetariis requirendum est.

13. De illis Saxonibus, qui uxores non habent.

14. De signatis [1], qui mentiendo [2] vadunt

15. Si aliae res fortuitu non praeoccupaverint, 8. Kalend. Iulias [3], id est missa sancti Iohannis baptistae, ad Magontiam sive Cabillionem [4] generaliter placitum habere volumus.

16 [5]. De periuriis, ut caveantur. Et [6] ut non admittantur testes ad iuramentum, antequam discutiantur. Et si aliter non possint discuti, separentur ab invicem et singulariter inquirantur. Et non soli accusatori liceat testes eligere absente suo causatore. Et omnino nullus nisi ieiunus ad iuramentum vel ad testimonia admittatur [7]. Et ille qui ad testimonium ducitur, si refutetur, dicat ille, qui eum refutat, et probet, quare illum recipere nolit [8]. Et de ipso pago, non de altero testes eligantur, nisi forte longius [9] extra comitatum causa sit inquirenda. Et si quis convictus fuerit periurii, perdat manum aut redimat.

17. Ut nemo propter cupiditatem pecuniae aut propter avaritiam suam prius det [10] pretium aut [11] futuram conventionem sibi praeparet, ut [12] duplum vel triplum [13] recipiat; sed tunc tantum, quando fructus praesens est, illos [14] conparet.

18. De causis, quae cotidie non cessant.

19. De fugitivis, qui non cessant recipere et abscondere.

20. De vagis peregrinis.

21. De homicidiis.

22. De commendatis mensuris modiorum et sextariorum.

23. De beneficiis nostris non bene constructis.

24. De hospitalitate et susceptione iterantium, tam missorum nostrorum quam reliquorum bonorum hominum.

25. Quod missos ad vicem nostram [15] mittimus.

26. De his qui vinum et annonam vendunt antequam colligantur, et per hanc [16] occasionem pauperes efficiuntur [17].

27. Ut ante vicarium et centenarium de proprietate aut libertate iudicium non terminetur aut adquiratur, nisi semper in praesentia missorum imperialium aut in praesentia comitum.

28. De homicidiis factis anno praesenti inter vulgares homines quasi propter pulverem mortalem.

29. De heribanno, ut diligenter inquira missi, qui hostem facere potuit et non fecit, ban um nostrum conponat, si habet unde componere p ssit. Et si non habuerit unde conponere valeat, re diatum fiat et inbreviatum; et nihil ex hoc exac m fiat, usque dum ad notitiam domni imperatoris v niat.

30. Herisliz [18] qui factum habent, per fid iussores mittantur.

31. De beneficiis destructis et alode restaurata [19].

32. De freda [20] exigenda

33. De materiamine ad naves faciendum

34. Si aliquis [21] Saxo hominem conpr enderit absque furto aut absque sua propria aliqua e [22], dicens quod illi habeat [23] damnum factum, et oc contendere voluerit [24] in iudicio aut in camp aut ad crucem [25], licentiam habeat [26]. Si vero hoc n uerit [27], cum suis iuratoribus ipse liber homo se ido iare faciat. Et [28] si servum cuiuslibet [29] absque ali ua conprobatione conprehenderit, ipse servus aut aquam ferventem aut ad aliud iudicium se ido iare faciat.

35. Si aliquis Saxo caballos [30] in sua m se invenerit, et ipsos [31] caballos inde ducere pro su damno ad conprobandum voluerit, si quis liber ho o hoc ei contradixerit aut aliquod malum pro [32] hoc [3] fecerit, tripla [34] conpositione secundum legem et s cundum ewam [35] contra eum emendare studeat, et insuper bannum dominicum solvat, et manum perda, pro eo quod inoboediens fuit contra praeceptum d mni imperatoris, quod ipse pro pace statuere [36] i ssit. Si servus hoc fecerit, secundum suam legem [37] omnia in triplum restituat, et disciplinae corpor subiaceat.

36. Quicumque liber homo inventus fu it anno praesente cum seniore suo in hoste non fui se, plenum heiribannum persolvere cogatur. Et i senior vel comes eum domi dimisit, ipse pro eo eu dem heiribannum persolvat; et tot heribanni [38] a eo exigantur, quot homines domi dimisit. Et uia nos anno praesente unicuique seniori duos homi es, quos domi dimitteret, concessimus [39], illos vol us ut missis nostris [40] ostendant, quia [41] his tan ummodo heiribannum concessimus.

37. Ut quandocumque navigium mittere olumus, ipsi seniores in ipsis navibus pergant, et a hoc sint praeparati.

38. Furta et iniusta connubia necnon et alsa testimonia, sicut saepe rogavimus, prohibet diligenter, sicut et Domini lex prohibet [a].

VARIANTES LECTIONES.

[1] signandis his q. G. [2] mentio 6. [3] VIII K. 1. desunt B. G. [4] capillionem 1. cabillonem Bal capillionem B. [5] totum deest Hld. [6] caveant. Ut 1. 6. de.... et desunt 3. [7] addatur 1. 6. adducatur 3. [8] oluit B. [9] deest 3. [10] de pr. fut. G. [11] ut 3. B. [12] vel 1. [13] t. tunc r. B. Bal. [14] illud G. [15] iuditium vestrum G. Riv. Thu. Sang. 2. Colb. N. iudicium nostrum Camb. Vat. 1. Sang. 1. [16] deest 1. B. G. Hld. [17] e. ut fortiter constringantur, ne deinceps fiat. G. Bal. Omittunt tamen illa Met. Rem. Bell. Div. Thu. ar. Til. Pal. [18] heresliz 6. heriscliz a quibus f. est B. hierisdat G. [19] restaurato B. G. Hld. [20] frede B. [1]. quis 3. [22] p., aliquam rem d. 6. Hld. [23] liceat 1. 6. Hld. [24] deest B. [25] aut ad c. desunt in codicibus tribu, scilicet Suppl. lat. 75. Paris. Met. Pal. [26] hic novum c. incipit B. [27] voluerit Hld. [28] et... faciat desunt. [29] quilibet 6. Hld. et servitium cuilibet B. [30] caballum 3. [31] ipsum inde 3. [32] deest 1. 6. G. Hld. [33] uic Hld ei G. hoc ei 6. Bal. [24] triplam c.... em 3. [35] ecuam corr. euuam et supra id est legem 1. ea B aequam G. sec. eum damnum emend. 3. et sec. ewam desunt 6. Hld. [36] statuit. Si 3. [37] s. legitimam vitam in tr. 3. [38] heribannum ab eis 6. [39] h. d. dimittere conc. 3. [40] missi nostri G. [41] qui 1.

NOTÆ.

[a] Loco huius capitis Rhem. hoc habet: « hoc sancimus, ut in palatiis nostris ad accusandum et iudicandum et testimonium faciendum non se xhibean viles personae et infames, histriones scilic t nuga

APPENDIX III.

Item capitula principum praeclarissimorum ecclesiastica simul et mundana domni Hludovici augusti et Hlotharii caesaris [1], quae suprascriptam videntur habere rationem.

1. Benedictus de sua reclamatione in perpetuum A sileat.
2. De manso quem Gebirfredus [2] episcopus a Liutrigo [3] comite requirit, ut si [4] missi nostri invenerint eum iustitiam habere, non permittant Liutrigum per vestituram domni Karoli iustitiam eius impedire [5].
3. De foreste quam Autharius [6] comes habere vult [7], ubi ea prius non fuisse dicitur, volumus ut missi nostri rei veritatem inquirant, et iuxta quod iustum invenerint, ex nostra auctoritate definiant [8].
4. De causa Rothmundi [9] comitis, ut ei liceat hic in palatio sacramentum suum iurare, quia propter nostrum servitium sibi constitutum placitum intra patriam observare non licuit.
5. De duabus feminis quae indiculos attulerunt, interrogandi sunt Heiminus et Monoaldus [10], utrum ecclesiasticae an fiscales [11] fuissent [12].
6. Odo buticularius de foreste sua interrogandus est.

7. De rebus quas marchio tradidit filio Besonis vel aliis hominibus, volumus ut hi quibus traditae fuerint, vestituram suam accipiant, et insuper confirmationem.
8. De rebus quas quaedam femina Hildegardae [13] reginae tradidit, et portionem quam sibi reservavit iniuste amisisse dicitur, volumus ut carta traditionis quaeratur et inspiciatur, et tunc, quid illa habere debeat, definiatur.
9. Querelam quam Helisachar et Heiminus [14] contra Maginarium [15] habent, volumus ut missi nostri secundum iustitiam et aequitatem definiant.
10. De querela Hildebrandi comitis, quod pagenses eius paravereda [16] dare recusant, volumus ut hoc missi nostri ab his hominibus qui in eodem comitatu manent et ea dare non debent, necnon et a vicinis comitibus inquirant; et si invenerint, quod ipsi ea dandi debitores sint, ex nostra iussione dare praecipiant [17].

VARIANTES LECTIONES.

[1] et H. c. desunt G. [2] geirfredus G. [3] liutfrido Thu. Sang. 1. [4] deest 1. [5] habere G. [6] hautharius G. [7] voluit 6. [8] perficiant G. [9] sic 1. Hld. ruohtmundi 6. hruotmundi G. Bal. [10] Manoaldus G. [11] fiscalinae Bell. [12] non f. 1. [13] Hildigardi G. Bal. [14] Haiminus G. [15] Mainarium G. [16] paravreda 6. [17] p. explicit Deo gratias legis eloquium 6.

NOTÆ.

tores, manzeres [*], scurrae, concubinarii, neque ex turpium feminarum commixtione progeniti, aut servi, aut criminosi. Frequenter enim homines huiusmodi ex suspicione conversationis pravae et naturae, ut inferiores non videantur, quod placet, asserere nituntur contra digniores. »

Ex eodem Codice Baluzius hæc profert : « Si ecclesiae aliquid sui iuris defraudatum fuerit a pravis procuratoribus aut prece aut pretio aut privata gratia prae- C cessorum, successoribus omni tempore liceat inferre calumniam : quia nullo tempore ecclesia debet suum ius amittere, praeter mobilem possessionem, ut est aurum, argentum, vestes, aut pecora, aut domus. Praedia vero, terras, villas, ecclesias, census, quia inde magni redditus possunt exire in commune bonum, nulla commutatione, nullo pacto liceat ad proprietatem alicuius transferre. Quod postquam compertum fuerit, rescindatur. »

[*] Scorti filii.

CAPITULARIA AQUISGRANENSIA (An. 828, Dec.).

Capitularia annorum 828 et 829 post Amerpachii curas a Sirmondo et Baluzio edita ope Codicum duodecim recognovimus auximusque : 1. C. bibl. olim Corbeiensis jam Hamburgensis, sæc. IX, in quo post Ansegisi Editionem primam leguntur, quocum consentiunt 1 b. C. bibl. regiæ Monacensis olim Augustanus et 1 c. C. bibl. ejusdem olim Tegernseensis, unde princeps Amerpachii Editio fluxit; 2. C. bibl. reg. Paris., n. 4417, et 3. bibl. ecclesiasticæ Scafhusanæ in Helvetia, sæc. XII; 4. bibl. universitatis Bonnensis, sæc. XII; 5. C. bibl. reg. Paris. inter Supplementa Latina, n. 164 bis, olim sancti Remigii Rhemensis; 6. C. bibl. reg. Babenbergensis; 7. C. bibl. reg. Paris., n. 4628 A, qui proxime ad Cod. 5 accedit; 8. C. bibl. reg. Paris., n. 4761 ; 9. C. bibl. ejusdem inter Supplementa Latina, n. 75 ; 10. bibl. ejusdem, n. 4638, olim Petri Pithœi. Quorum tamen 1 b, 4 et 7, non diligenter conferre, sed evolvere obiterque inspicere satis visum est.

Sirmondus qui schedis Petri Pithœi usus capitularia hæc primus fere integra edidit, et post eum Baluzius, ordinem instituerunt, quem nec in Codicibus ita servatum esse invenias, nec rei ipsi plane convenire tibi persuadeas. Quare Codices nostros, præcipue Corbeiensem, secutus, antiquum ordinem restituere conatus sum. Primo igitur loco acta placiti a Ludovico cum optimatibus nonnullis (quos inter Walam abbatem Corbeiensem fuisse, ex Vita ejus Monument. SS., t. II, p. 547, novimus) mense Decembri [a] anni 828 habiti, præmissa quæ hic prima vice ex Codice Blankenburgensi, sæc. x, fol. 96, 97, prodit, *oratorum relatione ad imperatorem* [b], tum vero acta conventus generalis Wormatiensis mense Augusto anni sequentis habiti, præmissa ex Codice Gothano, sæc. XI, in-fol., *episcoporum relatione*, proponimus.

NOTÆ.

[a] Medio vel exeunte mense, post obitum Jeremiæ Senonensis archiepiscopi.
[b] Legitur ibi ante capitulare anni 820, cujus capita alius plane argumenti numeris continuis ei subjecta sunt.

ORATORUM RELATIO AD IMPERATOREM.
ITEM DOMNI HLUDOWICI IMPERATORIS.

1. De necessitate episcoporum conveniendi cum suo metropolitano oportune annis singulis secundum canonicam auctoritatem; cui conventui [1] interesse oportet abbates tam canonicos quam monasticos absque ulla subtractione. Et si possibile est aut imperiali servitio non detineantur [2], adsint etiam comites; quod si illi defuerint, adsint eorum vice tales missi, qui adimplere valeant quaecumque utilia corrigendi studio secundum regulam christianitatis ibidem inventa fuerint. Sunt autem plurimae necessitates quae aliter emendari non possunt nisi in huiusmodi conventu; qui tamen conventus quo tempore fieri debeat, consideratione metropolitani vestrae pietati innotescendum est, quod plenius vestra auctoritate [3] ad eum conveniatur.

2. Ut ministerium sacrosancti baptismatis non ubicumque nec quandocumque, excepta infirmorum causa, sed praefixis a sanctis patribus temporibus penitus celebretur. Aliter enim si actitatum fuerit, honor tanti sacramenti et debita reverentia et cura et diligentia et eruditio pariter vilescere certum est.

3. Est quidem valde necessarium et summa emendatione dignum, et illud nequaquam neglegatur, sicut hactenus pene ab omnibus neglectum est, quasi non minus necessarium sit in quo nostrae redemptionis salus et salutis summa consistit, id est communio sacri corporis et sanguinis domini nostri Iesu Christi, qui ait: *Nisi manducaveritis carnem filii hominis et biberitis eius sanguinem, non habebitis vitam in vobis.* Unde monendi sunt atque instruendi omnes fideles, ut mundati et purificati, et sepius communicent, et reverenter ad ipsam communionem accedant, ne secundum apostolum iuditium sibi manducent et bibant.

4. Ut sacerdotes Domini, qui sunt mediatores inter Deum et homines, per quos homines Deo reconciliantur, tanto despectui non habeantur; sed pro amore et reverentia Dei ministerium sacrum quod per eos Deo exibet eclesia, in eis honoretur, et ut a [4] suis eclesiis tam inlicito ausu ad exteriora peragenda non mittantur; quia proinde et opus divinum neglegitur, et infantes sine baptismi gratia, et homines sine confessione mori solent. Cuius causae periculum et in eos qui a suis eclesiis eos advocant, et in episcopos, quorum vicem agere debent, miserabiliter retorquetur.

5. Ut erga eclesias piissima misericordia vestra id quod iam dudum Deo inspirante statuit, observari ab omnibus iubeat; quoniam plerique post sacram ius-

sionem vestram [5] non solum census quos exigere de eclesia solebant acceperunt, insuper etia et graviora addiderunt. Cum sint enim plerique ec siae aut nihil aut parum quid exterius habentes, de s lis decimis et oblationibus fidelium census et divers s pastus presbyteri earum, qui vix ibidem vivere poss t, reddere compelluntur. Haec vero omnia quae nde exigere solent, non de suo aliquo beneficio, s solummodo de altari et parietibus ecclesiae ab episcopo Deo dicatis dari sibi agunt.

6. Quia sunt in plerisque locis parricida [7] et ceteri homicidae vel reliquis capitalibus crimi ibus implicati, qui penitentiam publicam agere con emrunt, qui utique rei publicae utilitatibus inutiles unt; super quibus necesse est, ut vestra celsitudo omitibus praecipiat, quatenus episcopis adiutorium erant, ut eos canonicae penitentiae subdere valeant.

7. Ut aequales mensurae et iustae [8] in omnibus provinciis imperii vestri sint secundum le em Domini iubentis: *Sit tibi aequus modius iustu que sextarius.* Quapropter diversitatem mensurar in multis pauperes valde gravantur. Census tame singularum provinciarum antiquitus constitutus uius rei occasione pauperibus non augeatur.

8. Postulant et monent oratores vestri, ut inter cetera quae digne Deo agitis, ad causas n cessarias eclesiarum et pauperum aliquotiens audi das aut examinandas propter amorem Dei assum tis laborem, quia perfectio ministerii vestri m e in huiuscemodi consistit officio. Erit enim opere precium ad omnes iudices huic officio puriores atque meliores.

9. De institutione vitae canonicorum, quam Deo inspirante et administrante pia misericordia vestra ordinavit, ut omnes idem sentiant, et huius proprio metropolitano cura delegetur, quatenus in singulis locis ubicumque secundum iussionem vestram completa est, perfecte custodiatur; et ubi necdum consummata est, providentia et studiis perficiatur. Hic enim et congruentius ceteris missis suos suffraganeos canonica auctoritate sedulo admonere potest, et tam per se quam per missos a se frequenter destinatos, ubicumque emendatione egeat, perquirendo, sollicita investigatione, qualiter in locis omnibus servetur, invenire.

CONSTITUTIO DE CONVENTIBUS ARCHIEPISCOPORUM HABENDIS [a].
CAPITULA A PIISSIMO HLUDOWICO EDIT. [9].

Anno [10] sexto decimo regnante domno no tro Hludowico, conventus episcoporum debet fieri in quattuor locis, id est Magontiaco, in quo isti rchiepiscopi cum eorum suffraganeis convenire ebent [11], [b] Autcarius [12], [c] Hadebaldus, [d] Hetti, [e] B rnoinus.

VARIANTES LECTIONES.

[1] conventus 1. [2] detineatur 1. [3] auctoritas 1. [4] ad 1. [5] nostram 1. [6] quod 1. [7] par icida 1. iuste 1. [9] ita 2. 3. (hlothouuico). [10] *extat in codd.* 2-10. [11] d. aut uicariis 6. [12] audgarius 3.

NOTÆ.

[a] Ex Cod. 2, 3, 5-10.
[b] Archiepiscopus Moguntinus. Baluz.
[c] Archiepiscopus Coloniensis. Id.
[d] Archiepiscopus Trevirensis. Id.
[e] Archiepiscopus Vesontionensis. Id.

In [a] Parisio [b] Ebo, [c] Ragnowardus [1], [d] Lantramnus, archiepiscopus Senonis qui fuerit [e], cum eorum suffraganeis. In Lugduno [f] Agobardus, [g] Bernardus, [h] Andreas, [i] Benedictus, [j] Agaricus [2], cum eorum suffraganeis. In [3] Tolosa [j] Noto, [k] Bartholomaeus, [l] Adalelmus, [m] Aiulfus [4], cum eorum suffraganeis. In quibus conventibus tractare quaerere [5], et cum Dei adiutorio invenire debent de causis ad religionem christianam et [6] eorum curam pertinentibus, et quid a principibus et reliquo populo, vel ita ut divina auctoritas docet, aut aliter teneatur, vel quid inde [7] ex parte vel ex toto dimissum sit ut non teneatur. Deinde quid in ipsorum qui pastores populi constituti sunt moribus, conversatione, et actibus inveniri possit quod divinae regulae atque auctoritati non concordet; simulque invenire, quae occasiones in utroque ordine id effecerint, ut a recto tramite deviassent. Et [8] quicquid ab eis de his causis inventum fuerit, tam sollerti cura custodiatur, ut nullatenus ad aliorum notitiam pervenire permittant ante tempus constitutum. Et ideo unus notarius inter omnes eligatur, et quicquid ipsi invenerint subtiliter describat [9], et sub iuramento constrictus fideliter conservet. Volumus [10] etiam ipsorum conventum fieri octa-vas pentecosten; missi vero nostri suam incipiant legationem peragere octavas paschae [11].

Haec capitula ab episcopis tractanda [12] sunt.

1. De decimis quae ad capellas dominicas [13] dantur, et hominibus qui eas habent [14] in suos usus conversas.
2. De feminis quae in quibusdam locis irrationabiliter sanctum velamen sibi imponunt.
3. Similiter de monasteriolis puellarum in legatione Autgarii, in quibus nullus ordo bonae conversationis tenetur.
4. De monasteriolis etiam diversis in missatico Albrici [*Edit. Sirm.*, Alberici].
5. De iudicio aquae frigidae.
6. De his qui usuris inserviunt.
7. Volumus atque iubemus, ut missi nostri diligenter inquirant, quanti homines liberi in singulis comitatibus maneant qui per se possint expeditionem facere, vel quanti de his quibus unus alium adiuvet [15], quanti etiam de his qui a duobus tertius adiuvetur [16] et praeparetur, necnon [17] de his qui a tribus quartus adiuvatur et praeparatur, sive de his quia a quattuor quintus adiuvatur et praeparatur ut eandem expeditionem et exercitale opus [18]

VARIANTES LECTIONES.

[1] rainoardus 5. [2] deest 5. [3] In Tolosa N. B. A. A. c. e. s. desunt in 9. 10.; ante voces In lugduno leguntur in 5, 6, 7, 8. [4] aiulfus 5, 6, 7, 8. [5] q. et inuestigare et 3. [6] ct. ad e. 3. [7] exinde ex 3. [8] Ut 3. [9] describant 5. [10] Volumus.... paschae desunt in regio Bal. [11] hic finit 8. [12] tractata 3. [13] capellam dominicam 5. [14] h. et in suos usus conuertunt 5. rel. conuersos 5. [15] sequentia usque ultimum praeparatur desunt 2. [16] additur 5, 6, 7, 9. [17] n. de h. q. a. t. q. a. et p. desunt 5. [18] expeditionem exercitalem f. 5. rel.

NOTÆ.

[a] Erunt, opinor, quibus volupe erit scire in qua Parisiorum ecclesia habitum sit illud concilium, et nomina episcoporum nosse qui ad celeberrimum istum conventum accesserunt. Illud ergo constat habitum fuisse concilium in ecclesia sancti Stephani de Grossibus, *Saint-Etienne-des-Grès*, eique interfuisse episcopos quorum nomina sequuntur : Ebbo, archiepiscopus Rhemensis, Aldricus Senonensis, Raginoardus Rothomagensis, Landramnus Turonensis, Jonas episcopus Aurelianensis, Jesse Ambianensis, Rantgarius Noviomensis, Rothadus Suessionensis, Adalelmus Catalaunensis, Hildemannus Bellovacensis, Godofredus Silvanectensis, Frecularius Lexoviensis, Halitgarius Cameracensis, Franco Cenomanensis, Haribaldus Autissiodorensis, Helias Carnotensis aut Tricassinus, Jonas Nivernensis, Hubertus Meldensis, Inchadus Parisiensis. Praeterea vero Guiladus, Theodiselus, Amatheus, Bernoinus, Fulcharius et Herbertus, ignotarum sedium episcopi. Sed Guiladus fortean is est qui Wilardus nominatur in vulgatis episcoporum Constantiensium tabulis. Fulcharius vero is forsitan est qui Flodegarius vocatur in catalogo episcoporum Andegavensium, et eam cathedram tenebat an. Christi 828, ut patet ex praecepto quo Ludovicus Pius confirmat commutationem inter ipsum et Winneradum factam. Hinc etiam fortassis supplendi sunt hiatus qui reperiuntur in catalogis episcoporum Laudunensium, Bajocensium, Abrincatensium et Ebroicensium. ID.

[b] Rhemensis.
[c] Rothomagensis.
[d] Turonensis.
[e] Jeremias obierat VII ID. Dec. an. 828. Successit ei Aldricus.
[f] Archiepiscopus Lugdunensis. BALUZ.
[g] Archiepiscopus Viennensis. ID.

[h] Archiepiscopus Tarantasiensis. ID.
[i] Horum alter fuit archiepiscopus Aquensis, alter Ebredunensis. ID.
[j] Archiepiscopus Arelatensis, idem, ut arbitror, qui Formulam institutionis canonicae jussu Ludovici Pii detulit ad Arnonem archiepiscopum Juvavensem. ID.
[k] Archiepiscopus Narbonensis. Vide Notas ad Agobardum, pag. 75. ID.
[l] Archiepiscopus Burdegalensis, ille ipse, ut opinor, qui jussu Ludovici Pii detulerat Formulam Canonicae institutionis ad Sicharium archiepiscopum Burdegalensem. ID.
[m] Archiepiscopus Bituricensis. Probat hic locus nondum ea tempestate Biturigenses archiepiscopos cogitasse de primatu super archiepiscopos Narbonensem et Burdegalensem. Utrique enim hic postponitur Agiulfus, tametsi patriarcha vocetur a Theodulfo. Quod indicat hunc titulum nullam praerogativam super caeteros metropolitanos tribuisse tum archiepiscopo Biturigensi. Certe Arno archiepiscopus Juvavensis, qui nullam extraordinariam auctoritatem aut jurisdictionem habebat, patriarcha tamen vocatur ab Alcuino in tomo nono Spicilegii Dacheriani, pag. 116. Deest inter metropolitanos hic nominatos Elusanus, ut recte notat Sirmondus. Nimirum quia provincia Novempopulana proprium ea tempestate metropolitanum non habebat, sed Burdegalensi subjecta erat, uti supra dictum est. Attamen ea non ita multo post proprium habuit metropolitanum, Auscionsem nimirum. Exstat enim epistola Joannis VIII papae ad Airardum archiepiscopum Auscionsem ejusque suffraganeos de conservanda disciplina ecclesiastica corrigendisque depravatis populi moribus. ID.

facere possint; et eorum summam ad nostram notitiam deferant.

CONSTITUTIO DE MISSIS ABLEGANDIS [1].

1. Volumus ut tale coniectum missi nostri accipiant, quando per missaticum suum perrexerint; hoc est, ut unusquisque accipiat panes quadraginta, friskingas duas, porcellum aut agnum unum, pullos quatuor, ova viginti, vino sextarios octo [2], cervisa [3] modios duos [4], annona modios duos. Et quando prope sunt de illorum domibus, nullum accipiant coniectum [5]. Volumus etiam, ut octabas paschae incipiant suam agere legationem. Episcopi vero suum habere debent conventum octabas pentecosten.

HAEC [6] SUNT CAPITULA DE INSTRUCTIONE MISSORUM.

Dicendum est illis, quia necesse est ut intellegamus omnes communiter, quale periculum nobis inmineat in eo maxime, quod in nostra neglegentia tanta et talia, per quae Deus offendi potuit et honor et honestas regni descrescere [7], adhuc autem etiam aliam intellectum habemus neglegentiam ex priori occasione natam, id est, quod ipsa legatio non ita peracta fuit sicut ipsa necessitas deposcat [8]; quamquam ex parte vos dicatis nos materiam in eo dedisse, quod non per omnia ad hanc necessitatem inquirendam plenam vobis dedissemus iussionem. Ideo summopere tractandum est, quomodo Domino adiuvante et in praesenti de his quae per neglegentiam et incuriam depravata sunt, corrigantur, et ne ultra talia fiant sollicite caveatur. Post haec socii denominandi sunt, et tunc qualis debeat esse legatio iniungenda est.

1. Primo iniungendum est missis, ut hoc omnimodis caveant, ne populo in eorum profectione oneri sint, ne forte quibus subvenire debuerint, adflictionem inferant.

2. Ut primo nostram populo voluntatem et studium, et qua intentione a nobis sint directi, per nostrum scriptum nuntient. Instruendi etiam sunt, quid inquirant.

3. In primis hoc maxime inquirant, quomodo hi qui populum regere debent, unusquisque in suo ministerio se custoditum habeat, ut qui [9] bene faciendo gratiarum actione digni sunt cognoscamus, qui vero correctionem et increpationem pro eorum neglegentiis merentur, omnimodis nobis manifesti fiant. Inquisitio autem hoc modo fiat. Eligantur per singulos comitatus qui meliores et veratiores sunt. Et si aliquis inventus fuerit de ipsis qui fidelitatem promissam adhuc nobis non habeat, promittat. Et tunc instruendi sunt, qualiter ipsam fidem erga nos salvare debeant; id est, ut quicumque ex is talem causam scit in illis rectoribus et diversis ministris qui populum regere et servare [10] debent, e quibus interrogati fuerint, quae ad populi damnum et detrimentum pertinet, et propter hoc nobis periculum animae evenire possit et inhonoratio [11], o nino, si salvam voluerit suam fidem et promissione habere, manifestum faciat. Et si post talem ammonitionem et contestationem [12] aliter quam se verit s habeat dixisse aliquis deprehensus fuerit, sciat se inter infideles esse reputandum.

Haec [13] sunt capitula quae volumus ut diligenter inquirant.

Primo de episcopis, quomodo suum ministerium expleant, et qualis sit illorum conversatio, vel quomodo ecclesias et clerum sibi commissum ordinatum habeant atque dispositum, vel in quibus rebus maxime studeant, in spiritalibus videlicet an t in saecularibus negotiis. Deinde quales sint adiutores ministerii eorum, id est, corepiscopi [14], ar hidiaconi, et vicedomini, et presbyteri per parrochi s eorum, quale scilicet studium habeant in doctrin , vel qualem famam habeant secundum veritatem n populo. Similiter de omnibus monasteriis inqui nt iuxta uniuscuiusque qualitatem et professionem. Similiter et de ceteris ecclesiis nostra auctoritate beneficio datis. Utrum episcopi in circumeundo arrochias suas, ceteras minores ecclesias gravent, t populo oneri sint, et si ab ipsis aut a ministris orum indebita exsenia a presbyteris exigantur. Si ili modo de comitibus inquirant, quale studium suo habeant ministerio, ut qui bene exinde facit cognoscemus. Si aliter facit, et hoc nosse omnino volumus; id est, si populus per suam neglegentia et desidiam iustitia et pace careat, aut si ipse sciens [15] aliquid iniuste factum habeat. Deinde ergo uales ministros habeat ad populum regendum v l missos, utrum iuste [16] in ipsis ministeriis agant, a t consentiente vel neglegente comite a veritate et iustitia decliment. Quae personae, vel quibus ca sis culpabili ad praesentiam nostram venire debent [17], discernendum est. Exceptis episcopis, abbatib s; comitibus, qui ad placita nostra semper ven e debent, isti veniant, si talibus culpis et crimini us deprehensi fuerint, quales inferius adnotatae [18] sunt.

HAEC [19] SUNT CAPITULA

QUAE AD PLURIMORUM NOTITIAM AD GENERAL PLACITUM SUNT RESERVATA.

1. De sacerdotibus a laicis vinctis et fl gellatis.
2. De homine qui ad servitium quaesitus et cre-

VARIANTES LECTIONES.

[1] *Huius constitutionis nonnisi ultimae sententiae adsunt, in codicibus 2, 5. et rel. servatae, ubi p st conventus Wormatiensis capitula legibus addenda leguntur. Sirmondus ea inter capitula in eo conventu fissis data primo loco constituit.* [2] *novem ed.* [3] *sicera 5.* [4] *pullos usque duos desunt in 10.* [5] *hic desini 10.* [6] *ex uno codice 5. et Sirmondi editione.* [7] *deesse videtur aut fieri permisimus aut commisimus.* [8] *de oscebat S.* [9] *quae 5.* [10] *salvare ed.* [11] *inoratio 5.* [12] *constitutionem 5.* [13] *habentur nonnisi in cod. 5. et e itis.* [14] *c. archipresbyteri archidiaconi Sirm.* [15] *s. aut nesciens Sirm.* [16] *i. an iniuste Sirm.* [17] *debent u ue debent, desunt in codice, edidit ea Sirm.* [18] *adnocte 5.* [19] *Haec capitula desunt in omnibus codicibus, ccepi ea a Sirmondo.*

ptus est ab uno herede, iterum caeteri heredes eum interpellare et adquirere conantur.

5. De comitibus et vicariis eorum, qui in aliqui- bus locis tantum accipiunt de coniectu populi ad minorem legationem, quantum ad maiorem.

EPISTOLA QUAE GENERALITER POPULO DEI EST LEGENDA.

In [1] nomine Domini Dei et salvatoris nostri Iesu Christi. Hludowicus et Hlotharius divina ordinante providentia imperatores augusti, omnibus fidelibus sanctae Dei ecclesiae et nostris. Recordari vos credimus, qualiter hoc anno, consilio sacerdotum et aliorum fidelium nostrorum, generale ieiunium per totum regnum nostrum celebrare iussimus, Deumque tota devotione deposcere, ut nobis propitiari, et in quibus illum maxime offenderimus nobis manifestare, et ut [2] ad correctionem nostram necessariam tranquillum tempus nobis tribuere dignaretur. Volueramus siquidem tempore congruo placitum nostrum generale habere, et in eo de communi correctione agere; et ita Deo miserante fieret, nisi commotio inimicorum, sicut nostis, praepedisset. Sed quia tunc fieri non potuit iuxta voluntatem nostram, visum nobis fuit praesens placitum cum aliquibus ex fidelibus nostris habere, et in eo de his quae propter praedictum impedimentum remanserunt, qualiter ad affectum pervenirent, Domino adiuvante considerare. Quapropter nosse volumus solertiam vestram, quod in isto praesenti placito cum fidelibus nostris consideravimus, ut primo omnium archiepiscopi cum suis suffraganeis in locis congruis tempore opportuno convenirent, et ibi tam de sua quam de omnium nostrum correctione et emendatione secundum divinam auctoritatem quaerendo invenirent, et nobis atque fidelibus nostris secundum ministerium sibi commissum adnuntiarent. Quis enim non sentiat Deum nostris pravissimis actibus esse offensum et ad iracundiam provocatum, cum videat tot annis multifariis flagellis iram illius in regno nobis ab eo commisso desaevire, videlicet in fame continua, in mortalitate animalium, in pestilentia hominum, in sterilitate pene omnium frugum, et, ut ita dixerim, diversissimis morborum cladibus atque ingentibus penuriis populum istius regni miserabiliter vexatum et afflictum, atque omni abundantia rerum quodam modo exinanitum. Nec illud etiam dubitamus ex iusta vindicta illius evenire, quod saepe scandala per tyrannos in hoc regno

In [1] nomine domini Dei et salvatoris nostri Iesu Christi Hludowicus et Hlotharius divina ordinante providentia imperatores augusti, omnibus fidelibus sanctae Dei ecclesiae et nostris. Recordari vos credimus, qualiter hoc anno, consilio sacerdotum et aliorum fidelium nostrorum, generale ieiunium per totum regnum nostrum celebrare iussimus, Deumque tota devotione deposcere, ut nobis propitiari et [3] in quibus illum maxime offensum haberemus nobis manifestare, et ut ad correctionem nostram necessariam tranquillum tempus nobis tribuere dignaretur. Volueramus siquidem tempore congruo placitum nostrum generale habere, et in eodem de communi correctione agere; et ita Deo miserante fieret, nisi commotio inimicorum, sicut nostis, praepedisset. Sed quia tunc fieri non potuit iuxta voluntatem nostram, visum nobis fuit praesens placitum cum aliquibus ex fidelibus nostris habere, et in eo de his quae propter praedictum impedimentum remanserunt, qualiter ad effectum pervenirent, Domino adiuvante considerare. Quapropter nosse volumus solertiam vestram, quod in isto praesenti placito cum fidelibus nostris consideravimus, ut primo omnium archiepiscopi cum suis suffraganeis in locis congruis tempore opportuno convenirent, et ibi tam de sua quam de omnium nostrum correctione et emendatione secundum divinam auctoritatem quaerendo invenirent, et nobis atque fidelibus nostris secundum ministerium sibi commissum adnuntiarent. Item consideravimus, ut missos nostros per universum regnum nostrum mitteremus, qui de omnibus causis quae ad correctionem pertinere viderentur, quanto potuissent studio decertarent, et quicquid possibile invenirent, praesentaliter [a] nostra auctoritate corrigerent; et si aliqua difficultas in qualibet re eis obsisteret, ad nostram notitiam deferre curarent. Quapropter volumus, ut vos omnes, propter communem salutem et regni honorem ac populi utilitatem, obedientes et adiutores missis nostris in omnibus pro viribus esse non neglegatis; simulque sciatis ob hanc causam nos velle

VARIANTES LECTIONES.

[1] ex Sirmondo; desunt in codd. omnibus. [2] deest apud Sirm. [3] propitiaret Sirm.

NOTAE.

[a] Ita Baluzius; per semetipsos Sirm.

exsurgunt, qui pacem populi christiani et unitatem imperii sua pravitate nituntur scindere. Nam et illud nihilominus peccatis nostris deputandum est, quod [a] inimici Christi nominis praeterito anno in hoc regnum ingressi, depraedationes, incendia ecclesiarum, et captivationes christianorum, et interfectiones servorum Dei audenter et impune, immo crudeliter, fecerunt. Agitur siquidem iusto iudicio Dei, ut quia in cunctis delinquimus, interius simul et exterius flagellemur. Beneficiis quippe Dei evidenter existimus ingrati, quoniam his non ad voluntatem Dei, sed ad libitum nostrum carnalem uti invenimur. Et idcirco merito creaturae Dei nobis divinitus concessae, pro Deo contra nos ingratos pugnant, iuxta illud: *Pugnabit pro eo orbis terrarum contra insensatos*. Verum quia tot modis vexamur atque percutimur, ad eum a quo percutimur toto corde dignum necessariumque est ut revertamur, quatenus illud propheticum in nobis impleatur quo dicitur: *Sola vexatio intellectum dabit auditui*. Sed quia pius et clemens Dominus sic ipsum flagellum moderatur, ut non ad interitum, sed potius ad correctionem nostram inferre videatur, debemus in conspectu eius veraciter humiliari, et faciem illius in confessione praevenire, eiusque pietate pronis mentibus exorare; ut qui fecit nos iustissima dispensatione flagella sentire, faciat nobis peccata nostra, pro quibus iuste ab eo flagellamur, cognoscere, et in quibus maxime illum offendimus, et ira illius provocavimus, manifestius intelligere, ut post, eo miserante, prava deserendo et corrigendo bona etiam sectando et tota cum devotione exsequendo, valeamus per spiritum humilitatis et nimiam contritam sacrificium Deo debitum offerre, iramque illius indignationis evadere, et per dignam congruamque correctionem, et bonorum operum exhibitionem, gratiam eius propitiationis, licet indigni, promereri. At quia nos magis in hoc peccasse cognoscimus, qui forma salutis omnibus esse debemus, et omnium curam gerere, et per auctoritatem imperialem pravorum acta, ne tantum adcrecerent, corrigere, cupimus, Domino nobis propitio, in conspectu pietatis illius per dignam satisfactionem veniam adipisci, et per saluberrimam correctionem, vel per bonum studium, quod nostra desidia et ignorantia hactenus neglectum est, consultu fidelium tempore opportuno, quantum in nobis est, studiosissime emendare, et nostram in hoc voluntatem omnibus manifestam facere. Quapropter statuimus atque decrevimus cum consultu sacerdotum caeterorumque fidelium nostrorum, huius rei gratia, ob placandum scilicet contra nos nobisque subiectos Domini furorem, conventus eorundem episcoporum in quatuor imperii nostri locis congruentissime fieri. Primo scilicet in Moguntiacensi urbe, ubi conveniant archiepiscopi Autgarius, Hadabaldus, Hethi, Bernuinus, cum suffraganeis suis. Secundo quoque in Parisiorum urbe, ubi futurus antistes Senonicus, et Ebbo, Ragnoardus, et Landramnus cum suffraganeis suis conveniant. Tertio vero apud Lugdunum, ubi Agobardus, Bernardus, Andraeas, Benedictus, gericus cum suffraganeis suis similiter conveniant. Quarto etiam apud Tolosam urbem, quo simul conveniant Notho, Bartholomaeus, Adalelmus, Agiulfus cum suffraganeis suis. In quibus conventibus tractare, quaerere, et cum Dei adiutorio invenire debent de causis ad religionem christianam et eorum curam pertinentibus, quid a principibus et reliquo populo, vel ita ut divina auctoritas docet au aliter teneatur, vel quid inde ex parte vel ex toto dimissum sit, ut non teneatur. Deinde quid in iis orum qui pastores populi constituti sunt moribus, conversatione, et actibus inveniri possit quod divinae regulae atque auctoritati non concordet, simulque inveniant, quae occasiones in utroque ordine id effecerint, ut a recto tramite deviatum sit. Et quicquid de his causis inventum fuerit, tam sole ti cura custodiatur, ut nullatenus ad aliorum notitiam pervenire permittant ante tempus constitutum. Et ideo unus notarius inter omnes eligatur, qui quod ipsi invenerint describat, et ipse sub iuramento constrictus ea quae inventa et digesta fuerint diligenter fideliterque conservet.

[A] per singulas hebdomadas uno die in palatio nostro ad causas audiendas sedere, et per hunc aut illum comitem et providenti missorum et obedientia populi nobis manifestius appareat. Et ut haec omnia su cessum habeant, volumus ut generale triduanum ieiunium secunda feria post octabas antecosten celebrandum indicetur, et generaliter ab omnibus cum summa devotione observetur. Et quia undique inimicos sanctae Dei ecclesiae commoveri, et regnum a Deo nobis commissum infestare velle cognoscimus, praecipimus atque iubemus, ut omnes homines per totum regnum nostrum, qui exercitalis itineris debitores sunt, bene sint [B] praeparati cum equis, armis, vestientis, carris, et victualibus; ut quocumque tempore eis a nobis denuntiatum fuerit, sine ulla mora exire, et in quamcumque partem necessitas postulaverit, pergere possint, et tamdiu ibi esse quamdiu necessitas postulaverit.

NOTAE.

[a] « Aizonem, inquit Goldastus, innuit, qui Saracenorum copiis regnum Francorum populatus erat. » Aizonis defectio et irruptio in regnum cum auxiliis Saracenorum contigit anno 826 et sequenti, ut Eginhardus tradit in Annalibus. Itaque Goldasti opinio [C] non potest esse vera. Satius est ista interpretari de Bulgaris et Danis, quos in regnum Ludovici ingressos esse hostiliter anno 828 et aliquas villas incendio concremasse tradit auctor Vitae Ludovici Pii. BALUZ.

CONSTITUTIONES WORMATIENSES (An. 829, Aug.).

EPISCOPORUM RELATIO AD IMPERATOREM.

Conventibus quatuor episcoporum mense Junio habitis, et actis eorum ex decreto imperatoris conscriptis, mense Augusto generalis Wormatiæ conventus habitus est. Ibi primum acta quatuor conventuum in unum redacta atque imperatori ab episcopis porrecta sunt. Liber satis prolixus et maximam partem ex actis conventus Parisiensis hodieque exstantibus, ordine tamen penitus mutato compositus, hic beneficio Codicis Gothani sæc. xi prima vice integer prodit, cum antea nonnisi posterior ejus pars sub titulo Additionis secundæ ad Benedicti libros capitularium vulgata fuisset. Cæterum cum plurima essent quæ episcopi flagitarent, parvam tantum eorum partem ut capitula infra edenda demonstrant impetraverunt; ita ut vel anno 835 in conventu Aquisgranensi multa hujus petitionis capita eisdem verbis iterum proponenda judicarent; sed ea quoque quæ non obtinuerunt, Ebonis tum Parisiensis synodi præsidis moxque rebellis factionis signiferi, Agobardi, cæterorumque episcoporum animum et consilia patefaciunt [a].

RESCRIPTUM [1] CONSULTATIONIS SIVE EXORTATIONIS EPISCOPORUM AD DOMNUM HLUDOWICUM IMPERATOREM.

Domino [b] præstantissimo et pietatis gratia prædito Hludowico ortodoxo atque invictissimo augusto. Nos famuli vestri quamvis indigni, tamen episcopi, Deo humiliter grates persolvimus, eiusque immensam pietatem et benignitatem conlaudamus et prædicamus, qui vos adeo in sui amorem devotissimum famulum suum flagrare facit, ut de profectu et exaltatione sanctae suae ecclesiae indesinenter cogitetis, eamque utpote matrem spiritalem, sicut fidelis et dilectus filius spiritalis, ad meliora et potiora semper provehere studeatis. Nam cum mucro divinus imperium vobis divinitus commissum interius exteriusque merito nostrae iniquitatis multifariis attereret cladibus [2], prudenter animadvertentes quod haec nonnisi iusto iudicio Dei evenirent, ilico scriptis serenitatis vestrae anno praeterito cunctos [3] o ecclesiarum pastores admonuistis, ut quia constabat eos speculatores Domini existere et gladium divinum super terram, id est super peccatores Deum, crassari, meminerint speculationis suae, et ieiunio triduano ab omnibus generaliter peracto, unusquisque in quolibet ordine positus diligenter conscientiam suam conveniret, et ubi se Deum offendisse cognoscebat, maturato per poenitentiae satisfactionem corrigere non differret. In quibus etiam apicibus [4] inserere vobis placuit, ut si Deus pacem undique et otium vobis tribueret, in hoc placitum vestrum generale consumare voluissetis, ut primum quicquid in vobis, id est in persona et ministerio vestro, corrigendum inveniretur, Domino auxiliante corrigeretis, deinde quicumque in omnibus ordinibus imperii vestri Deo displiceret inquireretis, et secundum eius voluntatem cum consensu fidelium vestrorum ad tramitem rectitudinis revocaretis. Sed quia tempus optatum, exterioribus incursionibus præcpedientibus, secundum desiderium vestrum nacti non estis, libuit serenitati vestrae cum quibusdam fidelibus vestris praeterita hieme placitum habere, et de his quae prae-

A missa sunt diligenter tractare, Deique voluntatem quaerere, et ecclesiae vobis commissae utilitatem providere. Quapropter quae ad tempus emendatione digna visa sunt congrua capitula serenitas vestra digessit, legatosque strenuos delegavit, ut per eadem capitula et flagitia malorum hominum punirent, et honorum laudem vestrae celsitudini innotescerent. Inter quae etiam statuistis, in quattuor partibus imperii vestri conventus episcoporum uno eodemque tempore fieri, in quibus tractarent, quaererent, atque cum Dei adiutorio invenirent de causis ad religionem christianam eorumque curam pertinentibus, quid a principibus et reliquo populo, vel ita ut divina auctoritas docet, aut aliter teneretur, vel quid inde ex parte aut ex toto dimissum esset ut non teneretur; deinde quid in ipsorum qui pastores populi constituti sunt moribus conversatione et actibus inquiri possit quod divinae regulae atque auctoritati non concordaret; simulque inveniretur, quae occasiones in utroque ordine id effecerunt, ut a recto tramite deviassent; et quicquid de his inventum fuisset, vestrae celsitudini notum facerent. Quod, ut Deus posse dedit, facere curavimus, et in subiectis capitulis adnotavimus.

Cap. 1. *Quid proprie ad religionem christianam pertinet* [c]. Primum fundamentum christianae religionis est fides catholica; hoc est credere in Patrem et Filium et Spiritum sanctum, unum et verum Deum, trinum in personis, et unum in substantia; credere etiam quod sola persona Filii pro salute nostra carnem assumpserit, in qua et passus est, et resurrexit, et ascendit in celos; cum qua etiam ad iuditium venturus; et credere quod per Spiritum sanctum remissio peccatorum in baptismate conferatur, et quod fidelibus in ecclesia Christi eiusdem sancti Spiritus dono per ministerium sacerdotale et per poenitentiam remissio peccatorum indubitanter attribuatur, et quod generalis omnium in vera carne in adventum Christi resurrectio futura sit, et quod nosse unumquemque fidelem oporteat, quia haec fides vera et fructuosa esse non potest, nisi bonis operibus exor-

VARIANTES LECTIONES.

[1] resciptum *cod.* [2] attereret claudibus *v.* [3] cunnctos *c.* [4] apitibus *c.*

NOTÆ.

[a] Quibuscum conferendus est Vitæ Walæ liber II, Monum. Germ. SS., t. II.
[b] Cf. concil. Parisiense VI, apud Labbeum, lib. III,
p. 1635, ubi tamen Lotharii nomen additur.
[c] Cf. Labbeum, l. c., lib. I, c. 1, p. 1599.

netur, id est spe, caritate, humilitate, castitate, continentia, sobrietate, unanimitate, concordia, iustitia, pietate, misericordia, innocentia, et simplicitate, et ceteris his similibus; quae omnia in dilectione Dei et proximi consistunt. Sine his enim nemo potest placere Deo nec salvus esse, quia teste apostolo fides sine operibus mortua est in semetipsa. Proinde necesse est, ut unusquisque christianus diligenter perpendat, utrum in eo fides viva sit, bona opera agendo, an mortua bona opera neglegendo; et si iuxta documentum apostoli ipsa fides sine operibus bonis mortua est, quanam [1] dampnatione plectendi sunt illi, qui non solum eandem fidem bonis operibus non exornant, sed etiam diversis [2] flagitiis eam commaculant. Inter cetera [3] quippe mala quae eandem fidem commaculant, quattuor nobis vitia spiritalia merito exaggeranda videntur, quae quanto occultiora sunt tanto pernitiosiora; id est superbia, per quam angelus diabolus effectus est et de celo eiectus; invidia, per quam idem diabolus hominem de paradyso eiecit; odium et discordia, quae caritatem inter proximos extingunt, et dilectionem evacuant, et omnia bona pervertunt, et non sinunt proximos in mutua dilectione consistere, neque etiam tranquillam ut decuerat christianos vitam delegere. Quae ideo periculosiora immo mortifera diximus, quoniam sectatores illorum ea aut non intellegunt, aut certe intellegere dedignantur, et quia ea parvipendentes, pro his ad confessionem non veniunt, idcirco nec correctionem merentur.

2. *Quod [a] universalis sancta Dei ecclesia unum corpus, ciusque caput Christus sit.* Primum igitur quod universalis sancta ecclesia Dei unum corpus manifeste esse credatur eiusque caput Christus, apostolicis oraculis approbamus; unde Paulus: *Vos autem estis* inquit *corpus Christi et membra de membro.* Itemque: *Sicut enim in uno corpore multa membra habemus, omnia autem membra non eundem actum [4] habent, ita multi unum corpus sumus in Christo.* Item: *Cuius caput Christus est, ex quo totum corpus per nexum et coniunctionem administratum crescit in templum sanctum in Domino.* Sunt et alia innumera huiuscemodi exempla, quae hic ob prolixitatem vitandam praetermittuntur. Quisquis ergo per aliqua inlicita ex membro Christi se fecit membrum diaboli, a quo astu diabolico superatus [5] est, se incunctanter dum tempus penitentiae in promtu habetur, restituere non neglegat.

3. *Quod [b] eiusdem aecclesiae corpus in duabus principaliter dividatur eximiis personis.* Principaliter itaque totius sanctae Dei ecclesiae corpus in duas eximias personas, in sacerdotalem videlicet et regalem, sicut a sanctis patribus traditum accepimus, divisum esse novimus; de qua re Gelasius Romanae sedis venerabilis episcopus ad Anastasium imperatorem ita scribit: « Duae sunt quippe inquid imperator augustae [6] quibus principaliter mundus hic regitur, auctoritas sacrata pontificum, et regalis potestas. In quibus tanto gravius pondus est sacerdotum, quanto etiam pro ipsis regibus hominum in divino reddituri sunt examine rationem. » Fulgentius quoque in libro de veritate predestinationis [7] et gratiae ita scribit: « Quantum pertinet inquit ad huius temporis vitam, in aecclesia nemo pontifice potior et in saeclo christiano nemo imperatore celsior invenitur. » Cum haec quippe ita se habeant, primum de sacerdotali, post de regali persona dicendum statuimus.

DE PERSONA SACERDOTALI.

Cap. 1. *De [c] electione et promotione sacerdotum.* De electione et promotione eorum qui ad formam et exemplum aliis praeficiendi [8] sunt, providendum ac sumopere cavendum est, ut hi per quos et religio christiana constare et caeteri ab offensione debent salvari, tales remota poenitus simoniaca peste eligantur, quales et apostolicus sermo et canonicus ordo et beati Gregorii pastoralis regula docet. Scilicet quoniam si pro aliquo munere praesentis futuraeque retributionis vel pro alia qualibet re quae contraria esse possit veritati divinaeque auctoritati agitur, liquet profecto, quod ex toto aliter agitur quam divina auctoritas testetur, et quod in huiusce modi facto Deus offendatur, et taliter electo et his qui eius praeficitur quin scandalum generetur dubium non est. Proinde oportet, ut in electione et ordinatione sacerdotis valde sit execranda simoniaca heresis, quae propter quorundam avaritiam et ambitionem modernis temporibus dignitatem sacerdotalem fuisse comprobatur. Non nichil detestandi iuris tanta cupiditas habet, quae in primordio sanctae Dei ecclesiae a beato Petro principe apostolorum cum auctore suo damnata est. Nam [d] et in concilio Calcidonensi capitulo secundo scribitur: « Si quis episcopus per pecuniam fecerit ordinationem, sub precio redegerit gratiam quae non potest vendi, ordinaverit que per pecuniam episcopum aut presbiterum aut iaconum vel quemlibet ex his qui connumerantur in clero, aut promoverit per pecuniam dispensatorem aut defensorem vel quemquam qui subiectus est regulae pro suo turpissimi lucri commodo, is cui hoc attemptandi [9] approbatum fuerit, proprii gradus periculo subiacebit; et qui ordinatus est, nichil ex hac ordinatione aut promotione per negotiacionem acta proficiat; sed sit alienus ea dignitate vel sollicitudine quam pecuniis adquisivit. Si quis vero mediator tam turpibus et nefandis datis vel acceptis exstiterit, si quidem clericus fuerit, proprio gradu decidat; si vero laicus aut monachus, anathematizetur. »

VARIANTES LECTIONES.

[1] quadam *c.* [2] duersis *c.* [3] tertia *c.* [4] actu *c.* [5] separatus *corr.* superatus *c.* [6] imperatrices. [7] pretestinationis *c.* [8] pficiendi *c.* [9] atemptandi *c.*

NOTAE.

[a] L. c., p. 1599, lib. I, c. 2.
[b] L. I, 3, p. 1599.
[c] L. I, c. 11, p. 1605.
[d] P. 1606, l. 11.

2. Quod sumopere studendum est, ut tam docti et tales ad sacerdotium provehantur, quales beatus Gregorius in libro pastoralis describit, ubi inter caetera sic ait: Nulla ars doceri praesumitur nisi intenta prius meditatione discatur; ab imperitis ergo qua temeritate pastorale magisterium suscipitur, quando ars est artium, regimen animarum. Nam [a] et Dominus per Aggevum prophetam de pastoribus ait: *Interroga sacerdotes legem;* quod beatus Hieronymus ita exponit: « Considera sacerdotum esse inquit officii de lege interrogatos respondere. Si sacerdos est; sciat legem Domini, si ignorat legem, ipse se arguit non esse Domini sacerdotem. Sacerdotis enim est scire legem et ad interrogationem respondere de lege. » Omnibus [b] etiam sacerdotibus illa specialiter sententia beati Gregorii ante oculos constituenda est in qua inter caetera: « Cum rerum inquit necessitas exposcit, pensandum valde est ad culmen quisque regiminis qualiter veniat, ad hoc rite perveniens qualiter vivat, et bene vivens qualiter doceat et recte docens [1]. »

3. Quia [c] vero nonnullos ordinis nostri sotios avaritiam turpiter sectari et merito a multis reprehendi, et ob id innoxios cum noxiis ex hac occasione infamari conperimus, ab hinc in commune nos et sotios nostros mutua exhortatione corrigendos esse iudicavimus, ita videlicet ut nec nos in huiuscemodi peste avaritiae coram Deo peccaremus, nec aliis per nostrum malum exemplum detrahendi et in nobis peccandi locum daremus. Verum cum nullus christianus thesauros in terra, sed potius secundum Domini sententiam in caelo recondere debeat, cavendum sumopere sacerdotibus est, ut ab avaritiae peste quae radix omnium malorum est suosque sectatores a regno Christi excludit, se cohibeant; quoniam digne non possunt subditis praedicare, ut ab his se abstineant, cum ipsi his quod valde dedecus immo periculosum est se mancipaverint. Gravius quippe atrotiusque hae pestiferae lues in illis dampnantur, quam in his qui eorum dictis et exemplis ab his coherceri debuerint [2]. Solent namque a nonnullis multifariae occasiones obtendi quae necessitatis nomine blandiantur [3], et revera dum exterius necessitas pretenditur, interius ab avaritia tegitur, unde et beatus Prosper ait: « Non [d] potest dicere sacerdos contemptoribus [4] admonitionis suae futurum cogitare iuditium, quod ipse forte non cogitat; amatoribus mundi *Nolite diligere mundum*, si eum amor mundi oblectat; ambitiosis « Ambitioni iam finem imponite »; si eum ambitio ruinosa precipitat. » In [e] vita quoque beati Ambrosii legitur: « Ingemiscebat enim vehementer, cum videret radicem omnium avaritiam, quae neque copia neque inopia minui potest,

magis magisque increscere in hominibus, et maxime in his qui in potestatibus erant constituti, ita ut interveniendi illi apud illos gravissimus labor esset, qui omnia precio distrahebant. Quae res omne malum proximo invexit Italiae, et exinde omnia verguntur in peius. Et quid dicam si in huiusmodi personis ita rabiem suam exercent, qui solent aut filiorum aut propinquorum causas protendere ad excusandas excusationes in peccatis, quandoquidem plerosque coeperit etiam caeca labes sacerdotes vel levitas, quibus portio Deus est, ut illam etiam ipsi appetant. Et ve mihi misero, quia nec fine mundi provocamur, ut tam gravi iugo servitutis liberari velimus, quod demergit usque ad profundum inferni, ut faciamus nobis amicos de mammona iniquitatis, qui nos recipiant in aeterna tabernacula. »

4. Quia [f] ergo propter communem ac necessariam correctionem pariter diligenterque inquisivimus, et ex oraculis divinis et sanctorum patrum dictis manifestum fecimus, qualiter ad pastorale magisterium veniendum, qualiter in eo vivendum, qualiter docendum sit, et qualiter sacerdotes Domini avaritiam qui aliis forma et exemplum esse debent cavere debeant, opere precium duximus, nos exortando admonere et admonendo exhortari, ut hospitalitatem praecipue sacerdotes Domini sectari meminerint, quoniam hactenus a quibusdam ordinis nostri sotiis minus iusto in eo actum est, et ideo a multis non solum ipsi neglegentes, verum etiam hospitalitate studentes tali reprehensione sunt denotati. Porro si hospitalitas in tremendi examinis die ab aeterno iudice est remuneranda, qui dicturus est: *Hospes fui, et collegistis me,* et ob id ab omnibus christianis sumopere est sectanda, multo magis tamen vigilantiusque ab his qui dictis et exemplis ad vitam aeternam aliis ducatum praebent, postposita avaritiae peste et alia qualibet occasione, prorsus est exequenda. Ab apostolo quippe [g] inter cetera virtutum praeconia, quae episcopo inesse debent, hospitalitas etiam habenda praedicatur. Episcopi namque domus, ut beatus Hieronimus scribit, omnium commune debet esse hospitium; et laicus si unum aut duos aut paucos recipiat, implet hospitalitatis officium; et episcopus nisi omnes recipiat, inhumanus ab eo scribitur.

5. Ut quando episcopi parrochias suas circumeunt, hoc sumopere studeant, ne his quibus prodesse debuerant oneri sint. Didicimus sane quorundam relatu, nonnullos episcoporum nostrorum in peragrandis parrochiis suis non solum consacerdotibus, verum etiam quibusdam aliis fidelibus quibus consultum ferre debuerant, onere existere, et ob hanc causam multos in sui detractionem detestationemque pertrahere. Idcirco in commune statuimus, ne ulterius a

VARIANTES LECTIONES.

[1] *hic primo aliquae voces subiectae, ab ipso scriptore deletae sunt.* [2] debuerit *c.* [3] balliantur *corr.* blandiantur *c.* [4] contemporalibus *c.* [5] qui per *c.*

NOTÆ.

[a] P. 1607.
[b] L. 1, 12, p. 1608, l. 13.
[c] L. 1, 13, p. 1608.
[d] Ibid., infra, l. 3, a fine paginæ.
[e] P. 1609, l. 18.
[f] L. 1, 14, p. 1609.

quoquam episcopo tale quid fiat; statuimus etiam, ut congruo tempore unusquisque parrochiam suam circumeat; et quamquam auctoritas canonica doceat, ut quarta pars decimarum et redituum ex oblationibus fidelium in usus episcoporum cedat, ubicumque tamen episcopus sua habet, suis contentus sit; ubi autem nihil rerum aecclesiae suae habet, accipiat de memorata parte sibi suisque, non quod avaritia quod absit suaserit sed potius quod necessitas compulerit. Ceterum si accipiendi nulla necessitas urguerit, nihil de memorata quarta parte accipiat, sed usibus ecclesiarum et pauperibus Christi impertiendum secundum suam dispositionem relinquat.

6. *Ut* [a] *chorepiscopi modum mensurae suae, qui in sacris canonicis prefixus est, non excedant.* Emersisse reprehensibilem et valde inolitum usum comperimus, eo quod quidam chorepiscopi ultra modum suum progredientes, et donum sancti Spiritus per inpositionem manuum tradant, et alia quaeque quae solis pontificibus debentur, contra fas peragant, praesertim cum nullum ex septuaginta discipulis, quorum speciem in aecclesia gerunt [1], legatur sancti Spiritus donum per manuum inpositionem tradidisse; quod autem solis apostolis eorumque successoribus proprii sit officii tradere Spiritum sanctum, liber Actuum apostolorum docet. In concilio vero Cesariensi ita de chorepiscopis habetur scriptum : « Chorepiscopi quoque ad exemplum quidem et formam septuaginta videntur esse, ut comministri autem propter studium quod erga pauperes exhibent honorantur. » Item in concilio Antiocheno cap. 10 : « Qui in vicis et possessionibus chorepiscopi nominantur, quamvis manus impositionem episcoporum perceperint, et ut episcopi consecrati sint, tamen sanctae synodo placuit, ut modum proprium recognoscant, et gubernent subiectas sibi ecclesias, eorumque moderamine curaque contenti sint ut episcopi. »

7. *Ut* [b] *episcopi ministros odientes avaritiam per parrochias suas constituant* [2]. Comperimus quorundam episcoporum ministros, id est chorepiscopos archipresbiteros et archidiaconos, non solum in presbiteris sed etiam in plebibus parrochiae suae avaritiam potius exercere quam utilitati ecclesiasticae dignitatis inservire populique saluti consulere; quam neglegentiam immo execrabile ac dampnabile cupiditatis vitium, omnes in commune deinceps vitandum statuimus. Pertimescenda porro et vigilanter cavenda est sacerdotibus Domini, Heli sacerdotis ruina, qui filios suos indigne agentes Dominumque in suis pravis actibus ad iracundiam provocantes, sacrificioque Domini iniuriam inrogantes, quia verbis tantum et non verberibus corripuit, cum eis divina iustaque ultione ruentibus ruit. At si forte quod absit ullus episcoporum deinceps sectatores avaritiae ministros in parrochia sua constituerit, et eorum cognitam pravitatem auctoritate pastorali acriter ferire detrectaverit, exemplum neglegentis [3] Heli sacerdotis imitari se cognoscat, et sine alia correctione modis omnibus subiacendum. Nos et in communi consensu statuimus, ut unusquisque episcoporum super archidiaconum suum deinceps vigilantiorem curam adhibeat; quia propter eorum avaritiam et morum inprobitatem multi scandalizantur [4], et ministerium sacerdotale vituperatur, et in ecclesiis a sacerdotibus multa propter eo negleguntur.

8. *De presbiteris et eorum ecclesiis,* un multa negleguntur et scandala generantur, in no tra discussione quattuor nobis pericula apparuerun . Primo quia nonnulli ex ipsis sacerdotibus quadam accuritate accepta, nec ea quae ad cultum pertinent faciunt, neque in restauratione et luminaribus ecclesiae studium habent, nec etiam senioribus s is debitam reverentiam exhibent, et insuper eccles as suas expoliant, et in prediola sua propria tran ferunt; quae omnia ad neglegentiam episcoporum p rtinere deprehendimus. Ob id vero quadam occasi ne accepta, seniores eorum audaciter prorumpunt, ut eos etiam inlicite et inhoneste atque inreverent r tractare presumunt. Unde sumopere omnibus no is abhinc providendum iudicavimus, ut ea quae a domno imperatore cum consensu episcoporum ob honorem et amorem Dei ecclesiis concessum est [5], non in avaritiam presbiterorum, aut in rapacitatem episcopalium ministrorum cedant, sed in utilitatem ecclesiae et in usus clericorum et pauperum deveniant.

9. Illud quoque non minus periculosum esse dicimus, quod in quorundam episcoporum parroechiis quosdam presbiteros contra interdicta sanctorum canonum feminas in domibus suis non solum habitare, sed etiam sibi ministrare faciunt; quae et laqueum sacerdotibus persepe extitisse, et multos hac occasione in scandalum et in detractionem corruisse cognovimus. Que transgressio et tempore genitoris vestri et vestro in conventibus [6] episcoporum secundum auctoritatem canonicam prohibita, sed necdum ad perfectionem plene est perducta. Unde in commune censuimus, ut hi qui tantae transgressionis incorrectores hactenus extiterunt, si abhinc huius rei correctores esse neglexerint, iuxta apostoli sententiam quasi consentientes malorum coherceantur.

10. Similiter [c] de illis presbiteris qui contra statuta canonum vilici fiunt, tabernas ingrediuntur, turpia lucra sectantur, et diversissimis modis usuris inserviunt, et aliorum domos inhoneste ac inpudice frequentant, et comessationibus et ebrietatibus deser-

VARIANTES LECTIONES.

[1] gerit *corr.* gerunt *codex*.   [2] c. deest in c.   [3] neglegentibus c.   [4] scandalizentur c.   [5] sic c.   [6] conuentus c.

NOTÆ.

[a] L. 1, 27, p. 1617.
[b] L. 1, 25, p. 1616.
[c] Cf. 1, 28, p. 1618.

vire non erubescunt, et per diversos mercatos indiscrete discurrunt, observandum iudicavimus, ut ab hinc districte severiterque [1] coherceantur, ne per eorum inlicitam et indecentem actionem, et ministerium sacerdotale vituperetur, et quibus debuerant esse in exemplum, fiant in scandalum.

11. *Quod [a] conversatio sacerdotalis testes vitae probabiles habeat.* Pari ergo consensu nobis visum est, ut pontifices sanctorum decedentium patrum exempla sequentes, religiosos conversationis suae testes habeant, quatinus detrahere volentibus locum minime prebeant. Ut ergo sacerdos discipulis suis de se ipso exemplum bonum debeat praebere, Apostolus ad Titum docet dicens : *In omnibus te ipsum praebe exemplum [2] bonorum operum, in doctrina in integritate in castitate* et reliqua. Beatus quoque Gregorius in decretis suis ita ait : « Verecundus mos inolevit, ut huius sedis pontificibus ad secreta cubiculi sui servitia laici pueri eis seculares obsequantur, et cum pastoris vita esse discipulis semper debeat in exemplum, plerumque clerici qualis in secreto sit vita pontificis sui nesciunt, et ut dictum sit seculares pueri sciunt. De qua re presenti decreto constituo, ut quidam ex clericis vel etiam ex monachis electi ministerio cubiculi pontificalis obsequantur, ut is qui in loco est regiminis, habeat testes tales qui eius in secreto conversionem videant, et ex visione sedula exemplum provectus subeant [3]. » Haec igitur beatus Gregorius scripserit; caeterum si qui de hac re copiosiora exempla querere voluerint, vitas beati Augustini et Ambrosii et ceterorum sanctorum aliorumque virorum legant, et perspicue invenient, quod vita et conversatio pontificis semper testes vite probabilis habere debeat.

12. *Ut episcopi in rebus ecclesiae circa propinquos suos expendendis reprehensionem caveant et discrecionis modum teneant.* Quoniam multi episcoporum amore propinquorum suorum de rebus sibi commendatis suo aut quolibet amicorum nomine praedia et mancipia emunt, et ut in suorum propinquorum ius cedat statuunt, et ob hoc et iura ecclesiastica convelluntur, et ministerium sacerdotale fuscatur, immo a subditis detrahitur et contemnitur, placuit omnibus ut deinceps hoc avaritiae genus caveatur, fixumque ab hinc et perpetuo mansurum esse decrevimus, ut episcopus res sui iuris quas aut ante episcopatum aut certe in episcopatu hereditaria successione adquisivit, secundum auctoritatem canonicam quicquid vult faciat, et cui vult conferat; postquam autem episcopus factus est, quascumque res de facultatibus aecclesiae aut suo aut alterius nomine qualibet conditione comparaverit, decrevimus ut non in propinquorum suorum, sed in ecclesiae cui praeest iura deveniant. Similiter presbiteris vel diaconibus qui de aeclesiarum rebus quibus praesunt praedia eo modo emunt; faciendum statuimus; quoniam multos presbiterorum occasione taliter emptarum rerum ecclesias quibus praesunt exspoliasse, et a suo ministerio multis modis exorbitasse, et se diabolo mancipasse, et hac occasione multos laicorum in scandalum damnationis et perditionis proruisse comperimus.

13. Didicimus sane nonnullos episcopos in gubernandis congregationibus sibi subiectis, canonicis videlicet monachis et sanctimonialibus, hactenus valde neglegentes exstitisse, et ob id multos in sui detractionem et contemptum provocasse, ita ut nonnulli alii praelati in eorum parrochiis constituti, eorum prava exempla secuti suas similiter congregationes neglexerint; quos et fraterno et sinodali conventu admonendos esse necessario duximus, ut hac neglegentia deinceps se cohibeant, et caeteris se imitabiles prebeant; ne forte propter illorum incuriam et divinae servitutis contemptus et pericula proveniant animarum, et auribus excellentiae vestrae molestia ingeratur, et nostrae mediocritatis in sacris conventibus taedium et obprobrium inferatur.

14. Comperimus [b] etiam; quosdam sotios ordinis nostri, non causa necessitatis aut utilitatis sed potius avaritiae, delectationis, sepissime propria civitatis suae sede relicta cleroque neglecto remotiora loca frequentare. De qua re et destitutio divini cultus et predicatio in plebibus et cura subiectorum postponitur, et hospitalitas neglegitur, quod ne ulterius a quoquam sine inevitabili necessitate et certa utilitate fiat, pari consensu inhibuimus.

15. *De [c] clericis vero laicorum,* unde nonnulli eorum conqueri videntur, eo quod quidam episcopi ad eorum preces nolint in ecclesiis suis eos cum utiles sint ordinare, visum nobis fuit, ut in utrisque partibus pax et concordia servetur, et cum caritate et ratione utiles et idonei eligantur, et si laicus idoneum utilemque clericum obtulerit, nulla qualibet occasione ab episcopo sine ratione certa repellatur, et si reiciendus est, propter scandalum vitandum evidenti ratione manifestetur.

16. Igitur quia constat religionem christianam per successores apostolorum salubriter administrari populisque ad vitam aeternam ducatum exhiberi debere, primo necessarium iudicavimus, ut quicquid in nobis reprehendi, sibi sacrisque ministeriis quibus indigni mancipamur inconveniens et indecens contrariumque videbatur, toto adnisu Domino opem ferente corrigeremus, id est in vita nostra et doctrina et conversatione et morum probitate et studio predicationis, et in consacerdotum et ministrorum subiectorumque nostrorum correctione diligentiorem deinceps cum omni studio et sollicitudine curam et

VARIANTES LECTIONES.

[1] Cod. serveriterque.   [2] p. e. *desunt* c.   [3] *i. e.* profectus sumant.

NOTÆ.

[a] L. 1, 20, p. 1614.
[b] L. 1, 21, p. 1615.
[c] L. 1, 22, p. 1615.

providentiam adhiberemus, et ut nos non tantum in mundanis cupiditatibus et curis et sollicitudinibus, sed potius in divinis officiis inplicaremus, et in scolis habendis et in educandis militibus sanctae aecclesie operam daremus; quae nos Deo miserante in omnibus pro viribus imitari, exercere ad nostram universorum salutem cupimus, in quantum nobis divina favente gratia sacerdotalis libertas et optatum otium adtributum fuerit.

17. Nam et in statutis conventibus primo omnium pari voto parique consensu decrevimus, ut unusquisque nostrum in parrochia sua dictis et exemplis plebes sibi subiectas ad meliora incitare studeret, easque ut se a malis cohiberent et ad Deum ex toto corde converterent, sollicite admoneret, Deum quem peccando sibi iratum fecerant, digna penitentiae satisfactione et elemosinarum largitione sibi placabilem facere satagerent, nec non et pro vita piissimorum Deoque amabilium imperatorum, coniugum proliumque eorum incolomitate, imperiique sibi commissi stabilitate, Dei inmensam misericordiam cernuis precibus implorarent. Post haec visum nobis fuit ea capitula hic inserere quae [1] domno imperatori petitionis gratia pernecessarium offerenda iudicavimus.

PETITIO.

Petimus [a] humiliter vestram excellentiam, ut per vos filii et proceres vestri nomen, potestatem, vigorem et dignitatem sacerdotalem cognoscant, quod ex verbis Domini facile intellegere possitis, quibus beato Petro cuius vicem indigni gerimus ait : *Quodcumque ligaveris super terram, erunt ligata et in caelo, et quodcumque solveris super terram, erunt soluta et in caelo.* Et alibi discipulis generaliter dicit : *Accipite Spiritum sanctum; quorum remiseritis peccata remittentur* [2] *eis, et quorum retinueritis retenta sunt.*

2. Illud [b] etiam ad exemplum reducendum est, quod in ecclesiastica historia Constantinus imperator episcopis ait : « Deus inquit constituit vos sacerdotes, et potestatem vobis dedit de nobis quoque iudicandi, et ideo nos a vobis recte iudicamur; vos autem non potestis ab hominibus iudicari, propter quod Dei solius inter vos expectate iuditium, ut vestra iurgia quaecumque sunt, ad illud divinum reserventur examen. Vos etenim, nobis a Deo dati, estis Dei, et conveniens non est ut homo iudicet deos, sed ille solus de quo scriptum est [3] : *Deus stetit in synagoga deorum, in medio autem Deus diiudicat.* » Sed [c] et illud ad memoriam reducendum est, qualiter beatus Prosper in libro quem de contemplativa et actuali vita scribit, laudem sacerdotum conprehenderit : « Ipsis enim inquit id est sacerdotibus proprie anīmarum curandarum sollicitudo commissa est, qui pondus populi sibi commissi viriliter sustinentes, p. peccatis omnium velut pro suis infatigabiliter s pplicant Deo. Ac velut quidam Aaron incensum con riti cordis et humiliati spiritus offerentes, quo [4] placatur Deus, avertunt iram futurae animadversion a populo; qui per Dei gratiam fiunt divinae v luntatis indices, ecclesiarum Christi post apostolos fu datores, fideles populi duces, veritatis adsertores, p vae doctrine hostes, omnibus bonis amabiles, et ale sibi consciis etiam ipso visu terribiles, vindices ppressorum, patres in fide catholica regeneratoru , predicatores caelestium praemiorum, exempla onorum, documenta virtutum, et forma fidelium ; i si decus ecclesiae in quibus amplius fulget eclesia ; ip i columnae firmissimae, quibus in Christo fundatis innititur omnis multitudo credentium; ipsi ianuae civitatis aeternae, per quos omnes qui credunt ing ediuntur ad Christum ; ipsi ianitores quibus claves d tae sunt regni celorum ; ipsi etiam dispensatores regi e domus, quorum arbitrio in aula regis aeterni dividu tur gradus et officia singulorum. » Licet enim ctorum predecedentium sacerdotum vita et meritis onge inferiores simus, id tamen sacrum ministeri ra quod indigni suscepimus, non minoris auctoritati et dignitatis existit [5], et quamquam tanto minister o indigni simus, propter illum tamen cuius minister' m gerimus, in nobis non contempnendum est.

3. Illud [d] etiam specialiter necessarium v stre succerere pietati duximus, ut fideles vestri pe vos admoneantur et instruantur, quatinus quan aliquid nobis vestra celsitudo de nostra correction , vel vestra nec non et illorum salute, tractandu committit, ut non per inanem et falsam suspition conīra nos scandalum sumant, et sine causa in n s detrahendo Deum offendant, et unde sibi salute sperare et adquirere debuerant, culpam incurrant. Quia nos nichil aliud quaerere aut tractare desider mus, nec nostri officii est ut faciamus, nisi quod ad nostrum debitum ministerium et ad illorum salute pertinet. Et ideo non debemus ante tempus per su pitionem iudicari, sed pacienter expectari, donec ip a veritas manifestum faciat, utrum magis audiendi n inprobandi simus. Nos enim, si forte evenerit, t aliquid sinistrae opinionis de nobis fama sparserit, eo nobis opem ferente equanimiter tolerare et po umus et debemus. Ipsi vero culpa inmunes esse no possunt, dum patrum et fratrum intentionem sine causa reprehendere non metuunt; quoniam hoc sumopere laborandum est nobis et vobis, ut semper nter pastores eclesiarum et gregem Christi pax et concordia unanimitasque servetur. Nisi enim caritat n et concordiam in invicem habuerint, Deum sic t oportet

VARIANTES LECTIONES.

[1] quem *c.* [2] remitentur *c.* [3] est... est *desunt in codice.* [4] quod placatus *cod.* [5] existimus *c.*

NOTÆ.

[a] L. III, 8, p. 1661.
[b] Ibid.
[c] III, 9, p. 1661.
[d] III, 10, p. 1662.

propitium habere non merentur. Quapropter, sicut premissum est, cum Deo inspirante vestra pietas de aecclesiastica et communi utilitate aliquid nobis tractare praecipit, non est nobis fas mentiri, quia aliquando veritatem sine gravi periculo ad tempus reticere, numquam tamen interrogati de ipsa veritate, sine gravi discrimine possumus mentiri. Sed quia veritas sepe odium generat, et sermo Dei adversarius a Domino nostris carnalibus voluptatibus describitur; tamen et in via id est in presenti vita consentiendum est, ut [1] quotiescumque interrogati veritatem proferimus, quamquam nonnulli infirmi sine causa scandalizentur, nobis tamen consentiendum est propter ipsam veritatem. Nam sepe quando vobis suggerimus, ut fideles quique res aecclesiarum pie et cum reverentia et timore Dei tractent, et cognoscant illas Deo esse dicatas, quatinus sic habeant de illis temporalem profectum, ut non per ignorantiam et neglegentiam aeternum paciantur detrimentum, suspicantur nonnulli, quod nos causa cupiditatis potius hoc admonemus quam causa salutis, cum nos veraciter nullis rebus sibi conlatis optemus eos exspoliari, sed magis eorum communi saluti consultum praebere, quia non rerum, ut multi arbitrantur, ambitione sed animarum potius delectamur salvatione, adtendentes illud apostoli: *Non enim vestra quaero, sed vos.*

4. Cum [a] sacri canones bis in anno concilia celebrari iubeant, illud obnixe vestram pietatem deposcimus, ut saltim vel semel in anno libertas oportuni temporis concedatur, quo haec ad honorem Dei sanctae Dei ecclesie multorumque correctionem congruenter decenterque fieri possint [2]. Quoniam si haec semel ut dictum est in anno per unamquamque provinciam celebrata fuerint, et honor ecclesiasticus ius ordinis sui obtinebit, et inpudentia quorundam superborum clericorum, qui passim quique [3] auctoritate canonica calcata, auribus imperialibus molestiam [4] ingerere non cessabunt, et inpunitas diversorum flagitiorum, locum delitiscendi quem nunc habet non habebit, et alia multa, quae hactenus secus quam ecclesiastica docet doctrina incesserunt, ordinem suum Domino auxiliante tenebunt. Similiter [b] etiam obnixe et suppliciter vestrae celsitudini suggerimus, ut morem paternum sequentes, saltim in tribus congruentissimis [5] imperii vestri locis scolae publicae ex vestra auctoritate fiant, ut labor patris vestri et vester per incuriam quod absit labefactando non depereat, quoniam ex hoc facto et magna utilitas, et honor sanctae Dei ecclesiae, et vobis magnum mercedis emolumentum et memoria sempiterna adcrescet.

5. Similiter [c] et hoc ad vestram pietatem necessario duximus expectendum [6], ut sacerdotes et levitae et sequentis ordinis clerici, qui in diversis imperii vestri partibus meximeque in Italiae regionibus fuga lapsi sunt, vestra auctoritate per missos vestros diligenter perquirantur, et in praesentiam vestram venire conpellantur, et per vestram clementiam unicuique ecclesiae a qua per contumaciam defecerunt, restituantur.

6. Illud [d] quoque nichilominus a vestra pietate suppliciter flagitamus, ut monachi et presbiteri nec non et clerici qui postposita canonica auctoritate passim palatium adeunt, et vestris sacris auribus inportunissimam molestiam inferunt, vestra auctoritate et potestate deterreantur, nec hoc facere presumant; quoniam in huiuscemodi facto et vigor ecclesiasticus contempnitur, et religio sacerdotalis et professio monasticha [7] vilis efficitur.

7. Illud [e] etiam [8] obnixe vestram sanctam piissimamque devotionem suppliciter monendo deposcimus, ut ob amorem et honorem Dei et animae vestrae salutem morem paternum sequentes, quasdam sedes episcopales quae rebus propriis viduatae immo annullatae esse videntur, dum tempus habetis et oportunitas se prebuerit, de earum sublevatione et consolatione cogitetis, memores semper quomodo progenitores vestri huiuscemodi piissimis studiis intenti fuerint.

8. Sed [f] et illud a vestra misericordia fieri deposcimus, ut in quadam [9] parte parrochiae Alitgari [10] et Rantgarii, ubi turpissimam et nefandissimam et ipso dictu foetidissimam rem perpetrari [11] audivimus, missi vestri fideles existant, qui per potestatem imperialem vestram simul cum eorum auctoritate quorum parroechiae sunt, idem malum ab illo loco quantocius radicitus evellant.

9. Iterum [g] suppliciter admonendo vestrae suggerimus serenitati, ut vestro sollertissimo studio vestraque imperiali auctoritate tam temeraria christianorum sanguinis [12] effusio in regno vestro fieri non sinatur, semper illud adtendentes quod Dominus post [13] diluvium dixit famulo suo Noe: *De manu hominis et de manu viri et fratris eius requiram animam hominis: quicumque effuderit humanum sanguinem, fundetur sanguis illius; ad imaginem quippe Dei factus est homo.* Et in lege: *Qui occiderit hominem morte moriatur.* Et apostolus: *Nam principes non sunt timori boni operis sed mali; vis autem non timere potestatem; bonum fac, et habebis laudem ex illo, Dei enim minister est tibi in bono; si autem malum feceris, time; non enim sine causa gladium portat; Dei enim minister est vindex in ira ei qui malum agit.* De illo enim specialiter divina auctoritas dicit:

VARIANTES LECTIONES.

[1] ut *usque* est *bis scripta, sed altera vice deleta.* — [2] possit *c.* — [3] qui adiecto q. *vox delenda videtur.* — [4] molestia *cod.* — [5] congruentissimi *c.* — [6] *i. e.* a vestra pietate..... expetendum. — [7] sic. — [8] am *c.* — [9] quada *c.* — [10] atligari *c.* — [11] perpetrati *c.* — [12] sanguis *c.* — [13] deest *c.*

NOTÆ.

[a] III, 11, p. 1662.
[b] L. III, 12.
[c] L. III, 13.
[d] L. III, 14.
[e] L. III, 15.
[f] L. III, 16.
[g] L. III, 17.

Gladium Dei portat ad vindictam malorum, non de quolibet alio. E contra vero nescimus, quia pernoxia inventione a nonnullis usurpatum est, ut hi qui nullo ministerio publico fulciuntur, propter sua odia et diversissimas voluntates pessimas, indebitum sibi usurpant in vindicandis proximis et in interficiendis [1] hominibus vindictae ministerium, et quod rex saltim in uno exercere [2] debuerat propter terrorem multorum, ipsi inpudenter in multis perpetrare non metuunt propter odium, et putant sibi licere ob inimititiarum vindictas, quod nolunt ut rex faciat propter Dei vindictam.

10. De [a] abbatibus vero canonicis et regularibus, et de abbatissis quae sanctimonialibus preesse videntur, sive de laicis qui monasteria habent, illud vestrae pietati deposcimus, ut nunc in presenti placito a vestra serenitate expresse admoneantur, ut de se ipsis caeteris bonum exemplum praebeant, et religiose sicut decet conversentur, et quod uniuscuiusque professioni inconveniens est et in sacris canonibus prohibetur, omnino caveant, et loca sibi a vobis [3] concessa diripere et destrui per neglegentiam non demittant, et congregationes sibi commissas sive spiritaliter sive temporaliter paterno affectu gubernare, eisque necessaria stipendia administrare non neglegant; ne forte propter aliquam inopiam divina officia neglegantur, et ipsae congregationes inreligiosius vivere conpellantur, et ut nostram admonitionem libenter audiant, benigne suscipiant, et oboedienter adimpleant. Quoniam si illi nostris admonitionibus paruerint, nos Deo auxiliante [4] id per nostrum studium pro viribus efficere cupimus, ut ipsa religio semper in melius proficiat, et merces vobis exinde crescat, necnon et periculum quantum fieri potest caveatur [5] animarum, et ab auribus vestris amoveatur pro hac causa tedium querellarum.

11. Postulamus [b] etiam, ut celsitudo vestra missis vestris specialiter iniungat, ut ad haec peragenda studiosi et veri adiutores, ubicumque necessitas poposcerit, nobis existant.

12. De [c] presbiteris et capellanis [6] palatinis contra canonicam auctoritatem et aecclesiasticam honestatem inconsulte habitis, vestram monemus sollertiam, ut a vestra potestate inhibeantur: quoniam propter hoc et honor ecclesiasticus vilior efficitur, et vestri proceres et palatini ministri in diebus sollemnibus, sicut decet, vobiscum ad missarum celebrationes non procedunt. Nam et obnixe deprecamur, ut in observatione diei dominici, sicuti iam dudum deprecati sumus, debitam adhibeatis curam, quatinus nisi magna conpellente necessitate, in ipsa die a curis et sollicitudinibus mundanis quantum potestis os exuatis, et quod tantae diei venerationi competit, et vos faciatis, et vestros sacro vestro exemplo doceatis et agere conpellatis.

13. De [d] perceptione vero sacri corporis et sanguinis Domini nichilominus monemus, ut quo christianae religioni expedit, sicut vobis a patribus nostris admonitum est in aliis conventibus, quando possibile fuerit faciatis, et vestro exemplo vobis famulantibus ut hoc faciant instruatis.

14. De [e] capitulo siquidem quod propter honorem ecclesiasticum in generali conventu vestra [7] celsitudo se constitui velle decrevit, tantummodo vestram pietatem deposcimus, ut secundum Dei voluntatem quod melius exinde vobis visum fuerit, ad effectum perducatis.

DE HIS QUAE POPULO ADNUNTIANDA SUNT.

Item capitulo 1. Hoc [f] admonendum vel denuntiandum fidelibus necessario providimus, ut [g] hi qui fidem Christi expetunt et provectae aetatis sunt, priusquam ad baptismum accedant, instruantur et fidei et baptismatis sacramento. Similiter et illi instruendi sunt, qui parvulos de sacro fonte suspicere voluerint, ut intellegant et vim eiusdem sacramenti, et quod pro aliis spoponderint vel per quos [8] fideiussores extiterint. Illos tamen specialiter ab his officiis removendos indicamus, ne alios de sacrosancto fontis baptismate [9] suscipiant, nec etiam ad percipiendum sancti Spiritus donum aliorum patroni existant, qui et communione canonica privati, et penitentiae publicae sunt subacti, donec per penitentiae satisfactionem reconciliationem mereantur. Quos enim lex divina et auctoritas canonica ab ecclesiar liminibus et a castris [10] militaribus, ne ruina nt populi sequestrat, multo magis ab his sacris [11] o ciis usque ad tempus poenitentiae ut iam dictum est eractum, sunt sequestrandi.

2. Ut [h] extra statuta tempora canonum l aptismata non celebrentur, quia sacri canones hoc odis omnibus, nisi aliquid periculum institerit, fi ri prohibent, in tantum ut etiam eos qui alio te pore baptizantur, a gradibus ecclesiasticis arceant.

3. De [i] eo etiam instruendo fideles n cessarium praevidimus, ut intellegant pactum quod m Deo in baptismate fecerunt. Pactum quod cum eo in baptismate [12] fit, a multis ex toto, a mult ex parte transgreditur. Ex toto quippe transgredit r, quando quis [13] post acceptam baptismatis gratiam aut ad infidelitatem aut ad heresim aut certe ad sc isma prolabitur; ex parte vero, quando quis aut ad uperbiam

VARIANTES LECTIONES.

[1] interfaciendis *c*. [2] exercuere *c*. [3] nobis *c*. [4] auxiante *c*. [5] cauatur *c*. [6] capellis *c*. [7] uestrae *c*. [8] *i. e.* et quid p. a. s. v. pro quibus. [9] *i. e.* fonte baptismatis. [10] et a castris *corr.* et a canonic s. [11] militaribus..... sacris *desunt c*. [12] fecerunt..... baptismate *desunt p*. [13] qui *c*.

NOTAE.

[a] L. III, 18.
[b] L. III, 19.
[c] Ibid.
[d] L. III, 20.
[e] L. III, 21.

[f] *Hinc inde Additio Benedicti II.*
[g] L. I, 54, p. 1655.
[h] L. I, 8.
[i] L. I 9.

aut ad invidiam aut ad caetera vitia spiritualia, quae ex radice [1] superbiae prodeunt, labitur.

4. Quid [a] sit abrenuntiare diabolo, operibus et ponpis eius, valde omnes fideles intellegere oportet. Quapropter necesse est, ut praedicatores in admonendo et auditores in discendo et opere conplendo abhinc, ut suum cavere possint periculum, magis adhibeant studium. Abrenuntiare igitur diabolo est, penitus eum respuere, spernere, reicere, eique contradicere, seque unumquemque ab eo alienare, sive aliud quid quod hoc verbo in hoc sensu exprimi potest. Opera eius sunt, quae utique operibus Salvatoris contraria existunt. Primum superbia, cuius ille auctor est, et quae eum ex angelo demonem fecit; quae est etiam initium omnis peccati. Et cetera vitia quae ex radice prodeunt superbiae. Pompa diaboli haec est quae et ponpa mundi, id est ambitio, arrogantia, vana gloria, omnisque cuiuslibet rei superfluitas in humanis usibus, unde crescit elatio, que multotiens honestati solet ascribi, et cetera huiusmodi quae de fonte superbiae procedere noscuntur. Haec et his similia sunt quae unusquisque fidelis tempore baptismatis a se reiecit, Christoque se mancipavit, pactumque cum Deo fecit, ne penitus ad ea quibus abrenuntiavit rediret [2]; verum si iura humanae pactionis firmiter conservantur, fixius tamen atque ferventius iura tanti pacti quae cum Deo facta sunt, inviolabiliter sunt observanda.

5. Inter [b] hos pari consensu decrevimus, ut unusquisque episcoporum in scolis habendis [3] et ad utilitatem aecclesiae militibus Christi praeparandis et educandis, abhinc maius studium adhiberet; et in hoc uniuscuiusque studium volumus probare, ut quando ad provinciale episcoporum concilium ventum fuerit, unusquisque rectorum scolasticos suos eidem concilio adesse faciat, quatinus et ceteris ecclesiis noti sint; et [4] sollers studium circa divinum cultum omnibus manifestum fiat.

6. Ut [c] episcopi nonnisi ieiuni per inpositionem manuum Spiritum sanctum tradant, exceptis infirmis et morte periclitatibus. Sicut autem duobus temporibus, pascha videlicet et pentecosten, baptismum, ita etiam traditionem sancti Spiritus a ieiunis pontificibus convenit celebrare.

7. Ut [d] presbiteri, sicut hactenus factum est, indiscrete per diversa non mittantur, nec ab episcopis nec ab aliis prelatis nec etiam a laicis, ne propter eorum abstinentiam et animarum pericula et ecclesiarum, in quibus constituti sunt, neglegantur officia.

8. Visum [e] est nobis, ut unusquisque episcoporum vitam et conversationem morumque emendationem eorum qui gradum amittunt tam per se quam ministros noverit, eosque canonice penitentiae subdere non neglegat, iuxta quod in concilio Cesariensi titulo primo scribitur: « Presbiter si uxorem acciperit, ab ordine deponatur; si vero fornicatus fuerit aut adulterium perpetraverit, amplius pelli debet et sub penitentia redigi. » Nonnulli enim amisso gradu adeo filii Belial efficiuntur, ut nec publicis, quia fas non est, nec canonicis, propter quorundam episcoporum incuriam, legibus constringantur.

9 [5]. Visum etiam nobis fuit illud inhibendum, ut nullus presbiterorum solus missam celebrare praesumat, quia ita nec verba domini Salvatoris, quibus mysteria corporis et sanguinis sui discipulis suis celebranda contradidit, nec apostoli Pauli documenta declarant, nec etiam in ipsis actibus apostolorum, si enucleatim [6] legantur, ita fieri debere ullo modo invenitur. Unde conveniendus immo interrogandus nobis videtur huiusmodi corporis et sanguinis Domini solitarius consecrator, quibus dicit: *Dominus vobiscum?* Etiam quo illi respondetur: *et cum Spiritu tuo?* Vel pro quibus supplicando Domino inter cetera: *Memento Domine, et omnium circumadstantium,* cum nullus circumstet, dicit; Quae consuetudo quia apostolicae et ecclesiasticae auctoritati refragatur, et tanto misterio quandam dehonorationem irrogare videtur, omnibus in commune visum est, ut deinceps huiuscemodi usus inhibeatur.

10. Sepe namque in aliis conciliis et nunc in nostris conventibus constitutum est, ut unaquaeque eclesia, si facultas suppetit, proprium presbiterum habeat [7], et unusquisque presbiter una tantum sit contentus eclesia.

11. Inter [f] caetera vero admonitionis nostrae officia satis illud nobis necessarium visum est, ut populis fidelibus terribiliter denuntietur, ut diem dominicum, in quo auctor vitae resurrexit a mortuis, honorabiliter colant. Nam si pagani ob memoriam et reverentiam deorum suorum dies colere et Iudei more carnali sabbatum carnaliter observare satagunt, quanto magis christianae religionis devotio ob memoriam dominice resurrectionis eundem diem venerabiliter atque honorabiliter colere debet. Multi namque nostrorum visu, multi etiam quorundam relatu didicimus, quosdam in hac die opera ruralia exercentes, fulmine interemptos, quosdam artuum contractione [8] multatos, quosdam etiam visibili igne absumptos, subitos in cinerem resolutos penaliter

VARIANTES LECTIONES:

[1] cod. extradice. [2] rediret c. [3] s. h. in loco raso. [4] deest in c. [5] numerus hic excidit in codice. [6] eucleatim c. [7] deest c. [8] contratcitione c.

NOTÆ.

[a] L. I, 10.
[b] L. I, 50.
[c] L. I 53.
[d] L. III, 4.
[e] L. I, 55.
[f] Cf. III, 5.

occubuisse. Proinde necesse est, ut primum sacerdotes reges et principes cunctique fideles huic diei observationem atque reverentiam devotissime exibeant.

12. Illud a etiam quamquam sepe admonitum sit, nobis iterum inculcandum populisque denuntiandum summopere visum fuit, ut missarum celebrationes in locis incongruentibus fieri omnino non debeant; et necesse est, ut unusquisque episcoporum huiuscemodi temerariam consuetudinem a parroechia sua poenitus amoveat. Et si quis presbiterorum abhinc, excepto quando itinere pergit et locus basilicae procul est et id in altaribus ab episcopo consecratis fieri necessitas conpellit, ne populus Dei sine missarum celebratione et corporis et sanguinis dominici perceptione remaneat, missarum celebrationes in huiuscemodi inlicitis locis post tot tantasque prohibitiones facere adtemptaverit, dignum est, ut gradus sui periculum incurrat. Satius igitur est missam non audiri, quam eam ubi non licet nec oportet, celebrari aut audiri.

13. Quia b ergo quod sepe in vestris conciliis prohibitum 1 est, viduas inconsultis episcopis velari non debere, et eandem constitutionem a quibusdam praevaricari nunc cognovimus, prorsus ne deinceps 2 fieret interdiximus; et si quispiam presbiterorum deinceps huius constitutionis 3 contumaciter transgressor extiterit, scilicet ut aliquam viduam inconsulto episcopo velare praesumat, gradus sui periculum incurrat.

14. Similiter c et de puellis virginibus a presbiteris non velandis inhibuimus; in qua re hactenus multos presbiterorum partim ignorantia 4, partim temeritate deliquisse deprehendimus.

15. Deprehendimus d etiam et aliam neglegentiam, quod quaedam feminae sine consensu sacerdotum velum sibi incaute inponant; quod similiter ne ulterius fieret inhibuimus.

16. Nihilominus e etiam in quibusdam locis inolitum invenimus usum stultitiae plenum et ecclesiasticae auctoritati contrarium, eo quod videlicet nonnullae abbatissae et aliquae ex sanctimonialibus viduis et puellis virginibus contra fas velum inponere 5 presumant; et ideo nonnullae taliter 6 velatae, putant se liberius suis carnalibus desideriis posse vacare, et suas voluntates explere. Quapropter statuimus, ut si abbatissa aut quaelibet sanctimonialis post hanc definitionem in tantam audatiam proruperit, ut aut viduam aut puellam virginem velare praesumpserit, iudicio canonico usque ad satisfactionem subdatur.

17. De f nobilibus feminis quae amissis viris repente velantur, et in propriis domibus diversas necessitates obponentes residere delectantur, equibus in aliis conventibus coram serenitate vestr iam dudum ventilatum et definitum est, maiori s lertique studio admonendas et instruendas ab episc pis statuimus; quatinus suae saluti consulant, nec sic indiscrete vivendo et propria noxiaque libertat utendo et per diversa vagando periculum animaru suarum incurrant; semper illud apostolicum ante o ulos habentes quod dicitur: *Vidua quae in delic is* 7 *est, vivens mortua est.*

18. Ut g inlicitus accessus feminarum d altare non fiat, modis omnibus inhibuimus, quia quorundam relatu didicimus, in quibusdam provin iis contra legem divinam canonicamque institution m feminas sanctis altaribus se ultro ingerere, s crataque vasa inpudenter contingere, et indumenta sacerdotalia presbiteris administrare, et quod his agis indecentius ineptiusque est et corpus et s nguinem Domini 8 populis porrigere, et alia quae i so dicto turpia sunt exercere; inhibuimus ne ulte ius fieri presumatur. Quod autem mulieres ingredi d altare non debeant, in concilio Calcidonensi et i decretis Gelasii papae invenitur.

19. Quia h etiam comperimus, quosdam anonicos et monachos postposito religionis suae pu ore monasteria 9 sanctimonialium tam monachar m quam canonicarum 10 inconsulto episcopo suo in pudenter atque inreverenter adire, qui obtendere s lent, se non ob aliud illuc accedere, nisi aut prop nquitatis aut familiaritatis aut certe nescio cuius con ocutionis gratia; quod factum quia nec canonico nec 11 monastico congruit proposito, prorsus interdici us, nisi forte causa predicationis aut certe inevitabi is necessitas id facere coegit; et hoc nullatenus ne licentia episcopi, aut illius qui vice illius fung tur, fieri praesumatur. Quod si sermo predicationis fa iendus 12 est, et hoc congruo in loco coram omn us fiat. Si vero conloquendum cum aliqua sancti onialium ratio expostulat, id non aliubi nisi constitu o 13 loco, id est in auditorio, sub testimonio viroru religiosorum et feminarum fiat. Quando vero a acerdotibus in monasteriis puellaribus missarum c lebrationes faciendae sunt, cum ministris sibi dep tatis illuc ingrediantur; quibus rite peractis, non á secretas conlocutiones sanctimonialium se ullo m do divertant, sed cum ministris suis illico egredian r. Porro si sacerdotibus sanctimoniales peccata su confiteri voluerint, id non nisi in aecclesia coram ancto altari, adstantibus haud procul testibus, faci nt. Si autem infirmitas prepedierit, ut in aeccle a eadem

VARIANTES LECTIONES.

1 probitum c. 2 deiceps c. 3 constitutiones c. 4 ignoratia c. 5 inponerere c. 6 aliter. 7 diliciis c. 8 deest c. 9 monesteria c. 10 cod. monachorum q. canicarum *corr.* canonicorum. 11 c. n. desunt c. 12 predicationis..... predicationis desunt c. faciendum c. 13 constuto c.

NOTÆ.

a I, 47; cf. III, 6.
b I, 40; cf. III, 7.
c I, 41.
d I, 41.

e I, 43.
f I, 44.
g I, 45.
h I, 46.

confessio fieri nequeat, et quacumque libet domo facienda est, non nisi testibus similiter haud procul adstantibus fiat. Nullomodo quippe videtur nobis convenire, ut monachus relicto monasterio suo, idcirco sanctimonialium monasteria adeat, ut confitentibus peccata sua modum poenitentiae imponat.

20. [1] Quia [a] ergo in multimodis usurarum adinventionibus quosdam clericos et laicos oblitos praeceptionis dominicae qua dicitur: *pecuniam tuam non dabis ad usuram et frugum superhabundantiam non exiges* [2]; *ego dominus Deus vester*, in tantum turpissimi lucri labem exarsisse cognovimus, ut multiplicibus atque innumeris usurarum generibus sua adinventione et cupiditate repertis, pauperes adfligant obpriment et exhauriant; adeo ut multi fame confecti pereant, multi etiam propriis derelictis alienas terras [3] expetant; in quibuscumque locis haec fieri didicimus, ne ulterius fieret cum ingenti [4] protestatione modis omnibus inhibuimus, attendentes illud quod in libro Exodi Dominus per legislatores dicit: *Si pecuniam tuam dederis populo meo pauperi qui habitat tecum, non urges eum quasi exactor, nec usuris obprimes*. In libro quoque Levitici : *Si attenuatus* [5] *fuerit frater tuus et infirmis manu, et susceperis eum quasi advenam et peregrinum et vixerit tecum, non accipias ab eo usuram, nec amplius quam dedisti. Time Deum tuum, ut vivere possit frater tuus apud te.* Et in libro Deuteronomii : *Si unus* inquit *de fratribus tuis qui morantur intra portas civitatis tuae in terra quam dominus Deus tuus daturus est tibi, ad paupertatem venerit, non obdurabis cor tuum nec contrahes manum, sed aperies eam pauperi, et dabis mutuo quo cum indigere perspexeris.* Item in eodem : *Cave ne forte surripiat* [6] *tibi impia cogitatio, et dicas in corde tuo : «adpropinquat septimus annus remissionis», et avertas occulos tuos a paupere fratre tuo, nolens ei quod postulat mutuo commodare, ne* [7] *c'amet contra te ad Dominum et fiet tibi in peccatum. Sed dabis, nec ages quippiam callide in eius necessitatibus sublevandis, ut benedicat tibi dominus Deus tuus in omni tempore et in cunctis ad quae manum miseris.* Amos propheta : *Audite hoc, qui conteritis pauperem et deficere facitis.* Ergo nostra est terra dicentes, *quando transibit messis, et venundabimus merces et sabbatum; et aperiemus frumentum, ut inminuamus mensuram, et augeamus siclum et subponamus stateras dolosas, ut possideamus in argento egenos et pauperes pro calciamentis, et quisquilias* [8] *frumenti venundemus*: Hieronimus in expositione Ezechielis prophetae : «Putant quidam usuram tantum esse in pecunia, quod praevidens scriptura omnis rei aufert superhabundantiam, ut plus non recipias quam dedisti. Solent in agris frumenti et milii et vini et olei ceterarumque specierum usurae exigi, sive ut appellat sermo divinus superhabundantiae; verbi gratia ut hiemis tempore demus decem modios et in messe recipiamus quindecim, hoc est amplius partem mediam ; qui iustissimum se putaverit, quartam plus accipiet portionem. Et solent argumentari et dicere: Dedi unum modium qui satus fecit decem modios, nonne iustum est ut medium modium de meo plus accipiam, cum ille mea libertate novem et semis de meo habeat? *Nolite errare* inquid apostolus *Deus non inridetur.* Respondeat nobis breviter fenerator misericors, utrum habenti dederit, an non habenti ? Habenti utique dare non debuerat; sed dedit quasi non habenti ; ergo quare plus exigit? quasi ab habente? Alii pro pecunia fenerata solent munuscula accipere diversi generis, et non intellegunt usuram appellari et superhabundantiam quicquid illud est, si ab eo quod dederint [9] plus acceperint. » De mensurarum namque inaequalitate et modiis iniustis et sestariis quae Domini lege habere prohibentur, qualiter res ad certam correctionem perduci possit, non satis perspicue nobis patet; eo quod in diversis provinciis diverse ab omnibus poene [10] habeantur; hoc tamen modis omnibus optamus et admonemus, ut saltim nullus duplices mensuras in sua dominatione aut habeat aut haberi permittat; quoniam hac occasione multos pauperes adfligi in plerisque locis cognovimus [b]. Sunt sane diversorum malorum patratores quos et lex divina improbat et condemnat; pro quorum etiam diversis sceleribus et flagitiis populus fame et pestilentia flagellatur, et ecclesiae status infirmatur, et regnum periclitatur. Contra quos nos eorum malitiam exagerantes, quamquam in sacris eloquiis satis sint execrata, nos necessarium praevidimus, iterum nostra admonitione et exhortatione praecaveri omnino oportere. Sicut sunt diversarum pollutionum patratores, quos cum masculis et pecoribus nonnulli diversissimis modis admittunt; quae inconparabilem dulcedinem pijssimi Creatoris ad amaritudinem provocantes, tanto gravius delinquunt, quanto contra naturam peccant. Pro quo etiam scelere igne caelesti conflagratae infernique hiatu quinque absorptae sunt civitates, nec non et 40 et eo amplius milia stirpis Beniamin a mucrone fraterno confossa sunt: Haec porro iuditia et evidentes vindictae declarant, quam detestabile et execrabile apud divinam maiestatem hoc vitium extet. Extant et alia perniciosissima mala quae ex ritu gentilium remansisse non dubium est; ut sunt magi, arioli, sortilegi, venefici, divini, incantatores, somniatorum coniectores, quos divina lex inretractabiliter puniri iubet. De quibus in lege dicitur : *anima quae declinaverit ad magos et ariolos; et fornicata fuerit cum eis,* po-

---

VARIANTES LECTIONES:

[1] X c. [2] c: exigies. [3] ternas c. [4] genti c. [5] atenuatur c. [6] subripiat *corr.* surripiat. [7] nec c. [8] quis qualias *corr.* quis siliquas. [9] derint c. [10] poena c.

NOTÆ.

a I, 53.
b III, 2, p. 1658. Hic Additionis ii caput 21 incipit.

nam faciem meam contra eam, et interficiam illam de medio populi sui. Sanctificamini et dstote (sic) sancti, quia ego sanctus sum dominus Deus vester. Custodite precepta mea et facite ea, quia ego Dominus qui sanctifico vos. Et alibi : Magos et ariolos et maleficos terrae vivere non paciamini. Dubium etenim non est, sicut multis est notum, quod a quibusdam prestigiis atque diabolicis inlusionibus ita mentes quorundam inficiant poculis amatoriis, cibis vel fylacteriis, ut in [1] insaniam versi a plerisque iudicentur, dum proprias non sentiunt contumelias. Ferunt enim suis maleficiis aera posse conturbare, et grandines inmittere, futura predicere, fructus et lac auferre aliisque dare, et innumera a talibus fieri dicuntur; qui ut fuerint huiusmodi reperti viri, sive feminae, in tantum disciplina et vigore principis acrius corrigendi [2] sunt, in quantum manifestius ausu nefando et temerario servire diabolo non metuunt. De his quoque in concilio Anciritano titulo 23 ita scriptum est : « Qui divinationes expetunt et more gentilium subsequuntur [3], aut in domos suas huiuscemodi homines introducunt exquirendi aliquid arte malefica aut expiandi causa, sub regula quinquennii iaceant secundum gradus poenitentiae definitos. » Oportet enim haec in omnibus, et maxime in his locis, ubi licite et inpune multi se posse hoc perpetrare confidunt, ut studiosius et diligentius admoneantur et severius corrigantur. Sunt [a] et alia detestanda vitia, quae ita habentur quasi naturaliter in usu [4]; ut ea perpetrantes, quanti sint criminis, non advertant. Sicut sunt ea quae apostolus aperte enumerat, id est ebrietates, commessationes, contentiones, irae, rixae, dissensiones, detractiones, invidiae, inimicitiae, quae homines iuxta eundem apostolum a regno Dei excludunt, ita inquiens : Qui enim talia agunt regnum Dei non consecuntur. In tantum enim ea inpudenter et fidenter quidam committunt, ut merito de illis dici possit : Letantur cum malefecerint, et exultant in rebus pessimis. Unde oportet, ut omnes christiani haec et subtiliter intellegant et studiosissime caveant, ne ea perpetrantes, et alia bona quae agunt perdant, et propter haec a regno Dei se alienos faciant. Similiter etiam de otioso sermone, pro quo iuxta Domini vocem omnes reddituri sumus in die iudicii rationem, de scurilitate et stultiloquio et maledictionibus; quoniam iuxta apostolum maledicentes regnum Dei non possidebunt; de mendatio, de periculoso, noxio, assiduoque iuramento, et obscenis turpibusque canticis, omnibus christianis intellegendum et observandum est, ut summopere ab his se caveant, ne his studentes per neglegentiam detrimentum suarum paciantur animarum. Haec igitur quae breviter praemissa sunt, primum adiuvante divina gratia a nobismetipsis abdicando, formam et

A exemplum aliis praebere volumus, et fidelibu vestris humiliter innotescere, et fideliter denuntiare ecessario iudicamus. Sed et parroechias vestras omnes admonendo instruere cupimus, ne quod ab 't, per suam ignorantiam et nostram neglegentiam huiuscemodi mortiferis subiaceant periculis. Conge simus [b] etiam in opere conventus nostri nonnulla lia capitula ad laicorum fidelium observatione et salutem pertinentia, quorum hic ob nimiam rolixitatem mentionem tantum facimus, scilic t quod nosse eos oporteat coniugium a Deo esse nstitutum, et quod non sit causa luxuriae sed c usa potius filiorum appetendum. Et ut virginita , sicut doctores nostri tradunt, usque ad nuptias it custodienda, et uxores habentes neque pelice neque B concubinam habere debeant. Quomodo in astitate uxores suas diligere, eisque utpote quasi in rmioribus honorem debitum debeant inpendere. 't quod commixtio carnalis [5] cum uxoribus gratia 'eri debeat prolis, non voluptatis, et qualiter a c itu pregnantium uxorum viris abstinendum sit, et quod nisi causa fornicationis, ut Dominus ait, non sit uxor dimittenda, sed potius sustinenda, et quo hi qu causa fornicationis dimissis uxoribus alia ducunt, Domini sententia adulteri esse notentur. Si e etiam qualiter incesta a christianis cavenda sint, et quod loca Deo dicata frequentius devotiusque a fidelibus ad Deum exorandum sibique propitius f ciendum sint adeunda. Et quod in basilicis Deo di tis non sit fabulis otiosis turpibusque et obscenis s motinaC tionibusque vacandum, et negotia secularia [7] publicaque placita habenda, et quod qui haec in ecclesiis Dei faciunt maiora sibi peccata accumu ent. De iusto iudicio iudicando, et munerum accep ione cavenda. De falso testimonio vitando et d ractione vitanda, nec non et de caeteris quae enum are longum est. Sunt etiam alia plura flagitia pe necessarium corrigenda, quae nos ideo hic ins ere non necessarium duximus, quoniam satis evi enter in vestris capitulis ea comprehensa esse scim , quae vos vestra auctoritate et fidelium consultu er strenuos missos vestros corrigenda esse consu vistis.

DE PERSONA REGALI.

Item alia. Haec nos fideles et devotissi i famuli et oratores vestri iuxta parvitatem sens s nostri D prout brevitas temporis permisit, secundum sanctam ordinationem vestram, de his quae ad n stram et sacerdotum subiectorumque nostrorum cor ectionem et emendationem pertinere perspeximus, non et de his quae populis necessario adnuntian a et admonenda praevidimus, illud etiam quod v strae pietati deposcendum tantummodo iudicavim s, pauca de multis quae in nostris conventibus gest sunt excerpentes, in unum redigendo succincte t ordina

VARIANTES LECTIONES.

[1] deest. [2] corruendi c. [3] subsecuntur c. [4] usum c. [5] sic. [6] carnalibus c. [7] seculara c.

NOTÆ.

[a] Hic in Additione II, cap. 22, incipit.
[b] Ilic incipit Additionis II cap. 23.
[c] Lib. III, ex epistola, p. 1656, med.

tim adnotavimus. Sed quamquam ordine preposterо de his quae premissa [1] sunt vestro ardentissimo desiderio prius satisfacere elegerimus, illud tamen quod in capite prius ponendum fuerat et ad vestram specialiter personam ministeriumque pertinere [a] cognovimus, nullatenus oblivioni tradidimus, sed potius vestrae saluti prospicientes, nonnulla capitula necessaria fideliter collegimus et vobis familiariter admonitionis gratia porrigenda devovimus, ut aperte atque distincte inspiciendo legendo et audiendo, vestra cognoscere possit sollertia, de quibus et pro quibus in memoratis conventibus nostris secundum virium possibilitatem nostrarum fideliter egerimus.

1. Ut [a] quid rex dictus sit, Ysidorus in libro sententiarum scribit: « Rex enim inquit a recte agendo vocatur, si enim pie et iuste et misericorditer regit, merito rex appellatur. Si his caruerit, non rex sed tyrannus est. » Antiqui autem, ut idem Isidorus in libro ethimologiarum scribit, omnes reges tyrannos vocabant. Sed postea pie et misericorditer regentibus regis nomen adeptis, impie vero, iniuste, crudeliterque principantibus, non regis ad [b] tyrannicum aptatum est nomen. Unde et beatus Gregorius ait in moralibus : « Viros namque sanctos proinde reges vocari in sacris suis eloquiis didicimus, eo quod recte agunt sensusque proprios bene regant, et motus resistentes sibi rationabili discretione componant. » Recte igitur illi reges vocantur, qui tam semetipsos quam subiectos bene gerendo pacificare noverunt. At [c] quid etiam constitutus [3] sit imperator, Fulgentius in libro de veritate predestinationis et gratiae scribit : « Clementissimus quoque imperator non ideo est vas misericordiae preparatum in gloria, quia apicem terreni principatus accepit, sed si imperiali culmine recta fide vivat, et vera cordis humilitate preditus, culmen regiae dignitatis sanctae religioni subiciat; si magis in timore servire Deo, quam in timore dominari populo delectetur, si in eo lenitas iracundiam mitiget, ornet benignitas potestatem, si se magis diligendum quam metuendum cunctis exibeat, si subiectis salubriter consulat, si iustitiam sic teneat ut misericordiam non relinquat, si pre omnibus ita se sancte matris ecclesiae catholicae meminerit filium, ut eius paci atque tranquillitati per universum mundum prodesse suum faciat principatum. Magis enim christianum regitur imperium, dum ecclesiastico statui per omnem terram consulitur, quam cum in parte quacumque terrarum pro temporali securitate pugnatur [4]. » Unde et Ysidorus scribit : « Principes namque seculi nonnumquam intra ecclesiam potestatis adeptae culmina tenent, ut per eandem potestatem disciplinam ecclesiasticam muniant. Ceterum intra ecclesiam. [5]

potestates necessariae non essent, nisi ut quod non praevalet sacerdos efficere per doctrinae sermonem, potestas hoc imperet per disciplinae terrorem. » Salomon in proverbiis : *Misericordia et veritas custodiunt regem, et roboratur clementia thronus eius.* Regale [6][d] namque ministerium specialiter est populum Dei gubernare et regere cum equitate et iustitia, et ut pacem et concordiam habeant studere. Ipse enim debet primo defensor esse ecclesiarum, et servorum Dei, viduarum, orfanorum, caeterorumque pauperum, nec non et omnium indigentium. Ipsius enim terror et studium huiuscemodi in quantum possibile est esse debet, primo ut nulla iniustitia fiat, deinde si evenerit ut nullo modo eam subsistere permittat, nec spem delitescendi sive audatiam male agendi cuiquam relinquat. Sed sciant omnes, quoniam si ad ipsius notitiam pervenerit quippiam mali quod admiserint, nequaquam incorrectum aut inultum remanebit, sed iuxta facti qualitatem erit modus iustae correctionis. Unde oportet, ut ipse qui iudex est iudicum, causam pauperum ad se ingredi [7] faciat, et diligenter inquirat, ne forte aliqui qui ab eo constituti sunt et vicem eius agere debent in populo, iniuste aut neglegenter pauperes oppressiones pati permittant. Scire autem unumquemque cuiuslibet sit ordinis oportet, quia si de otioso sermone Deo rationem redditurus est, multo magis de ministerio sibi divinitus commisso. Unde beatus Iob : *Cumque sederem quasi rex circumstante exercitu, eram tamen merentium consolator; auris audiens beatificabat me, et occulus videns testimonium reddebat michi quod liberassem pauperem vociferantem et pupillum cui non esset adiutor. Benedictio pauperis super me veniebat; et cor viduae consolatus sum ; iustitia indutus sum, et vestivi me sicut vestimento et diademate iuditio meo. Oculus fui ceco et pes claudo; pater eram pauperum et causam quam nesciebam diligentissime investigabam. Conterebam moles iniquas et dentibus illius auferebam praedam. Rex qui sedet in solio iuditii dissipat omne malum nutu suo.* Item idem in libro sapientiae : *Diligite iustitiam qui iudicatis terram, sentite de Domino in bonitate, et in simplicitate cordis quaerite illum.* Item ibi : *Audite ergo reges et intelligite, discite iudices finium terrae; praebete aures vestras qui continetis multitudines, et placetis vobis in turbis nationum, quoniam data est a Domino potestas vobis et virtus ab altissimo. Qui non custodistis legem iustitiae neque secundum voluntatem Dei ambulastis, horrende et cito apparebit vobis Dominus, quoniam iuditium durissimum in his qui praesunt fiat. Exiguo enim conceditur misericordia, potentes enim potenter tormenta paciuntur. Non enim subtrahet personam cuiusquam Dominus, nec reverebitur cuiusquam ma-*

VARIANTES LECTIONES.

[1] promissa *c*. [2] deest *c*. [3] constitus *c*. [4] purgatur *cod*. [5] potestatis.... ecclesiam desunt *c*. [6] regalem *c*. incredi *c*.

NOTAE.

[a] Cf. II, 1, p. 1636.
[b] I. e., at.
[c] I. e., ad.
[d] II, 2, p. 1639.

gnitudinem. Quoniam pusillum et magnum ipse fecit, et equaliter pro omnibus cura est illi. Extant et alia innumera sanctarum scripturarum [1] testimonia regio nomini et officio convenientia, super quibus colligendis vestra sancta devotio idcirco magnum nobis ademit laborem, eo quod divina gratia adeo tot virtutum prerogativis vestrum repleverit animum et ornaverit dignitatem, ut non sit necesse sacerdotibus Domini copiosioribus exemplis ac qualibet exageratione vestrum animum onerare. Quare quia Deo omnipotenti gratias uberimas ac multiplices referimus, qui ita vos pia religione, sancta devotione, benigna humilitate, amore iustitiae, operibus misericordiae, ceterarumque sanctarum virtutum perfectione sua gratuita pietate ditavit, ut merito ab omnibus amandi et imitandi sitis. Verum quod nos si haec vobis caelitus attributa non fuissent, cum temporali periculo propter auctoritatem ministerii nostri vos ad ea peragenda admonere, immo admonendo exigere a vobis, quolibet modo debueramus; vos e contra propter divinum amorem et honorem pium oportunumque adiutorium nobis ferre devotissime curatis. Proinde humillimis precibus specialiter pietati vestre suggerimus, ut bonum quod cepistis, Deo opitulante indesinenter perficere non gravemini, et in adimplendis operibus iustitiae et pietatis ac misericordiae nullatenus deficiatis; quoniam non inchoantibus sed perseverantibus praemium aeternae vitae datur, et iuxta veritatis vocem *qui perseveraverit usque in finem, hic salvus erit*.

2. Iterum [a] monendo magnitudini vestrae suppliciter suggerimus, ut deinceps in bonis pastoribus rectoribusque in ecclesiis Dei constituendis, magnum studium atque sollertissimam adhibeatis curam. Quia si aliter factum fuerit, et ordo ecclesiasticus suam non habebit dignitatem, et religio christiana in multis labefactando dampna detrimenti sui pacietur, et animae vestrae, quod non optamus, periculum generabitur.

3. Similiter [b] deposcimus, ut in abbatissis constituendis vestrum caveatis periculum; sicut vobis sepe est admonitum, et per divinam auctoritatem crebrius manifestatum.

4. Sed [c] et hoc obsecramus [2], ut in eligendis adiutoribus vestris et reipublicae ministris qui vice vestra populum Dei regere et gubernare atque iudicare debent, sollertissimam providentiam habeatis, semper illud adtendentes quod in libro Exodi ad Moysen dicitur: *Provide* inquid *de omni populo, elige viros potentes et timentes Deum, in quibus sit veritas, et qui oderint avaritiam, et constitue ex eis tribunos et centuriones et quinquagenarios, qui iudicent popu-*

A *lum omni tempore, quicquid autem maius fue it referant ad te, et ipsi minora tantummodo iudic nt; leviusque tibi sit, partito in alios onere.* Si hoc feceris, implebis imperium Domini, et praecepta eius poteris sustentare. Unde et in libro Deuteronomii: *Iudices* inquid *et magistros constitues in omnibus po tis tuis quas dominus Deus tuus dederit tibi per sing las tribus* [3] *tuas, ut iudicent populum iusto iuditio, n c in aliquam partem declinent.* Item ibi: *Dixique vob s in illo tempore, non possum solus sustinere vos, quo iam dominus Deus vester multiplicavit vos, et estis ho ie sicut stellae celi plurimae; dominus Deus patrum n strorum addat ad hunc numerum multa milia, et faci t vobis sicut locutus est. Non valeo solus vestra nego a sustinere et pondus et iurgia. Date e vobis viros pientes et gnaros, et quorum conversatio sit probata i tribubus vestris.* Sed in libro Paralipomenon ita egitur: *Constituitque rex Iosaphat iudices terrae i cunctis civitatibus Iuda munitis per singula loca, et praecipiens iuditibus: Videte* ait *quid facitis, non e im hominis exercetis iuditium, sed Domini, et quo cumque iudicaveritis, in vos redundabit. Sit timor Domini vobiscum, et cum diligentia cuncta facite. Non im est apud dominum Deum vestrum iniquitas, nec ersonarum acceptio, nec cupido munerum.* Rogamu [d] etiam vestram pietatem propter divinam misericor diam [4] vestramque salutem ac totius populi utilitat nec non et regni honorem atque stabilitatem, u vestra pietas sollertissimam vigilantiam adhibeat, uatinus consiliarii et dignitatis vestrae ministri cust desque animae vestrae et corporis, qui debent es e intra regnum aliis decus et bonitatis exemplum et n exteris nationibus bonae opinionis condimentum caritatem pacem atque concordiam omni simulatio e et calliditate postposita ad invicem habeant, ut se undum Dei voluntatem et vestram honestatem at e totius regni profectum communiter decertent, et y ri vobis adiutores in omnibus concorditer existan . Tunc etenim veri consiliarii verique adiutores vest i et totius regni salubriter esse poterint, si unanin es extiterint et invicem dilectionem [5] habuerint Decet quippe, ut sacra domus vestra cunctis sp ctabilis appareat et imitabilis existat, et fama suae o inionis sive alios imperii vestri subiectos sive exter nationes abundantissime [6] perfundat. Ubi igitu omnes dissensiones et discordiae dirimende, et om s malitia imperiali auctoritate est comprimenda, necesse est, ut quod in aliis corrigere decernit, in eo minime reperiatur.

5. Nam [e] et hoc humiliter obsecrando dmonemus, ut liberos vestros quos vobis divina pi tas largire voluerit, in timore Dei iugiter dilig terque

VARIANTES LECTIONES.

[1] s. in t. c. — [2] obseruamus c. — [3] tribuas c. tribuus cod. — [4] nostram c. — [5] diletionem c. — [6] abundati sime c.

NOTÆ.

a III, 22, p. 1665.
b III, 23.
c Ibid.
d III, 24.
e III, 25.

erudiatis, sicuti et facitis, et in mutua dilectionis caritate et fraternitatis amore atque unanimitatis concordia vicissim consistant, sedula paternaque admonitione insinuetis, et ne inlicitis actibus creatoris sui offensam incurrant, provida sollertique circumspectione nihilominus invigiletis, adtendentes beatum Iob, cuius studium vir beatus Gregorius in moralibus libris scribit: Circa filios erudiendos talis extitit, ut non solum eos exterius perfecto opere et sermone efficeret, verum etiam corda sacrificii oblatione mundaret. Adtendite etiam et David instruentem Salomonem filium suum, de quo in primo libro Malachim legitur: Ego inquit ingredior viam universae terrae; confortare et esto vir fortis, et observa ut custodias precepta domini Dei tui, ut ambules in viis eius, et custodias ceremonias eius et iuditia eius, et praecepta et testimonia, sicut scriptum est in lege Moysi, et in libro Paralipomenon. Tu autem Salomon, fili mi, scito Deum patris tui, et servi ei corde perfecto et animo voluntario. Adtendite etiam Tobiam de quo legitur, quod cum factus esset vir, accepit uxorem Annam ex tribu sua, et genuit ex ea filium nomen suum inponens ei; quem ab infantia timere Deum docuit et abstinere ab omni peccato. Item idem adloquens eundem filium suum: Omnibus inquit diebus vitae tuae habe Deum in mente, et cave ne aliquando peccato consentias, et pretermittas.[1] precepta Dei nostri. Ex substantia tua fac elimosynam, et noli avertere faciem tuam ab ullo paupere. Ita enim fiet, ut nec a te avertatur facies Domini. Quomodo potueris, ita esto misericors, et cetera. Item paulo post: Adtende tibi fili ab omni fornicatione et preter uxorem tuam nequaquam paciaris crimen scire. Superbiam numquam in tuo sensu aut in tuo corde dominari permittas. In ipsa enim initium sumpsit omnis perditio. Et idem non post multum: Consilium semper a sapiente perquire, omni tempore benedic Deo, et pete ab eo ut vias tuas dirigat, et omnia consilia tua in ipso permaneant. Item idem. Audite ergo filii mei[2] patrem vestrum, servite Domino in bonitate, et inquirite ut faciatis quae sunt placita illi, et filiis vestris mandate ut faciant iustitias et elemosynas, et ut sint memores Dei et benedicant eum in omni tempore, in veritate et in tota virtute sua.

6. His[a] omnibus praelibatis notescimus vobis, quod ea quae in capitulis vestris nobis tractanda commisistis, scilicet quid[3] a principibus et reliquo populo vel ita ut divina auctoritas doceat, aut aliter teneatur vel quid[4] inde ex parte aut ex toto dimissum sit ut non teneatur, fatemur quia in his capitulis que superius continentur, necnon in his quae praesenti anno conscribi et per missos vestros ob vitia comprimenda per imperium vestrum direxistis[5], multa demonstrata sunt quae a pastoribus ecclesiarum et a principibus et a reliquo populo hactenus neglecta extiterint, et aliter quam divina auctoritas se habeat in his eos egisse et agere novimus. Sed si haec nostra sacerdotalis admonitio effectum Deo operante per vestrum bonum studium abhinc obtinuerit, credimus quod multa quae a multis, aliter quam divina auctoritas se habeat, dimissa sunt, quae non tenebantur, corrigentur. Nam et illud quod in eisdem capitulis continetur, ut manifestum fieret, quae causa id effecerit ut sacerdotes et principes a recto tramite deviassent, exceptis praemissis capitulis in quibus sicut diximus multa neglegebantur, specialiter unum obstaculum ex multo tempore iam inolevisse cognovimus; id est quia et principalis potestas, diversis occasionibus intervenientibus, secus quam auctoritas divina se habeat, in causas ecclesiasticas prosiluerit, et sacerdotes, partim neglegentia partim ignorantia partim cupiditate, in secularibus negotiis et sollicitudinibus ultra quam debuerant se occupaverint, et hac occasione aliter quam divina auctoritas doceat, in utraque parte actum extitisse dubium non est. Sed quia, Deo miserante, a progenitoribus et genitore vestro et a vobis multa correcta gratulabamur, si ea quae admonemus prosperum successum habuerint, credimus quod ad perfectionis statum vestra intentio,[6] nostraque devotio Deo cooperante pervenire[7] possit. Verum tamen quia novimus statum huius regni sub tali conditione et teneri et crevisse atque dilatatum esse, et a prudentissimis sanctisque predecessoribus nostris, sive scilicet ab episcopis sive a principibus, hanc causam ex toto correctam non fuisse propter haec quae suo tempore dici possunt, et pondus tantae considerationis parvitatis nostre vires excessit, quoniam nec otium nec spatium temporis nec plenitudinem consacerdotum nostrorum, sicut ipsa necessitas exposcebat, habuimus, ideo haec congruentiori et aptiori tempore vita comite, si Deus ita annuerit, tractanda ac consideranda distulimus. Quoniam tantae considerationis perfectio indiget assensu et adiutorio principum, et multitudine atque devotione nec non et studio sacerdotum, et oboedientia vel concordia populi, et congruentia loci, temporisque spatio.

7. Porro[b] de episcopali libertate, quam Deo annuente vestroque adminiculo suffragante adipisci ad Dei servitium peragendum cupimus, suo in tempore vobis dicenda atque vobiscum conferenda reservavimus, quatinus ita sit, ut et nosmetipsos salvare, et populo nobis subiecto utiliter prodesse, atque pro vobis et stabilitate imperii vestri liberius valeamus exorare, et ut vestris obsequiis et regni adiutorio solatium debitum minime subtrahatur, sed si possibile fuerit, potius augeatur.

VARIANTES LECTIONES.

[1] pretermitas c. [2] mi c. [3] quia c. [4] deest c. [5] necnon.... direxistis desunt c. [6] st. uestraque d. c. [7] peruincere c.

NOTÆ.

CAPITULARIA WORMATIENSIA.

Capitulare Wormatiense triplex Lothario imperatore praesente promulgatum, et inter Italicas leg s locum tenuit ; quare in eo edendo non solum Codicum duodecim supra enumeratorum sed etiam Blanke burgici, Gothani, Mutinensis, Parisiensis, n. 4613, Ambrosiani, Florentini, Londinensis, Vindobonensis, V ronensis et Estensis apud Muratorium rationem habuimus. In nullo eorum capitulare missis datum invenit

HAEC [1] SUNT CAPITULA

QUAE ALIQUI EX MISSIS [2] AD NOSTRAM NOTITIAM DETULERUNT ANNO 13° IMPERII NOST I [3].

CAPITULA GENERALIA

1. De his qui sine consensu episcopi presbyteros in ecclesiis suis constituunt, vel de ecclesiis eiciunt, et ab episcopo vel a quolibet misso dominico admoniti oboedire noluerint, ut bannum nostrum rewadiare cogantur, et per fideiussores ad palatium nostrum venire iubeantur [4]. Et tunc nos decernamus, utrum nobis placeat, ut aut illum bannum persolvat [5], aut aliam harmiscaram [6] sustineat.

2. De ecclesiis quae inter coheredes divisae sunt, consideratum [7] est, quatenus si secundum providentiam et admonitionem episcopi, ipsi coheredes eas voluerint [8] tenere, et honorare faciant. Sin autem hoc contradixerint, ut in episcopi potestate maneat, utrum eas ita consistere permittat, aut reliquias exinde auferat. Et ubi ad nostrum beneficium ecclesiae pertinentes ita divisae inventae fuerint, ut describatur [9], et nobis renuntietur.

3. De ecclesiis destructis, ut episcopi et missi inquisitionem faciant, utrum per neglegentiam aut inpossibilitatem destructae sint. Et ubi neglegentia inventa fuerit, episcopali auctoritate emendare cogantur [10], qui eam restaurare debuerant. Si vero per inpossibilitatem contigit, ut aut plures sint quam necesse sit, aut maioris magnitudinis quam ut ex rebus ad eas pertinentibus restaurari possint, episcopus modum inveniat, qualiter congrue emendari et consistere possint.

4 [11]. De uno manso ad ecclesiam dato, de quo aliqui homines contra statuta [12] a sibi [13] servitium exigunt, quicumque pro hac causa accusatus fuerit, comes vel missi hoc quod inde subtractum est, presbyteris [14] cum sua lege restituere faciant.

5 [15]. De his qui nonas et decimas iam per multos annos, aut ex parte aut ex toto, dare neglexerunt,

A volumus ut per missos nostros constring tur, ut secundum capitularem priorem solvant ui ius anni nonam et decimam cum sua lege, et insupe bannum nostrum. Et hoc eis denuntietur, quod q icumque hanc neglegentiam iteraverit, beneficium de haec nona et decima persolvi debuit [16], amiss rum se sciat. Ita enim continetur in capitulare b nae memoriae genitoris nostri in libro primo, cap. 57. « Ut qui ecclesiarum beneficia habent, ionam et decimam ex eis ecclesiae cuius res sunt, donen . Et qui tale beneficium habent et [17] ad mediatetem l orant [18], et [19] de eorum portione proprio [20] presb tero decimas donent. » Item in capitulare nostr in libro secundo, cap. 21 de eadem re : « De noni quidem et decimis, unde et genitor noster et nos f equenter B et in diversis placitis admonitionem fecim s, et per capitularia nostra qualiter haec observen ur ordinavimus, volumus atque iubemus ut de o i conlaboratu; et [21] de vino et [22] feno, fideliter e pleniter ab omnibus nona et decima persolvatur. e nutrimine vero pro decima, sicut actenus consue udo fu t, ab omnibus observetur. Si quis tamen epi coporum fuerit, qui argentum pro hoc accipere veli , in sua maneat potestate, iuxta quod ei et illi qui hoc persolvere debet, cum venerit. »

6 [23]. Quicumque decimam abstrahit de e clesia ad quam per iustitiam dari debet, et eam p aesumptiose vel [24] propter munera aut amicitiam, el aljam quamlibet occasionem, ad alteram ecclesiam ederit [25], C a comite vel a misso nostro distringatur ut eius dem decimae quantitatem cum sua lege re tituat [26].

7. De decimis, quae [27] populus dare non vult, nisi quolibet modo ab eo redimantur, ab episc pis prohibendum est ne fiat. Et si quis contempto inventus fuerit, et nec episcopum nec comitem au ire velit, si noster homo fuerit, ad praesentiam no tram ve-

VARIANTES LECTIONES.

[1] ex codd. 1. 1 b. 1 c. 2. 5. 6. 7. 8. 9. 10. Goth. Mut. [2] m. nostris Mut. [3] ita codd. omnes Sirmondus hanc inscriptionem exhibet : Haec sunt capitula quae propter interrogationem aliquorum miss rum considerata et scripta vel ordinata sunt, sive de ecclesiasticis causis, sive de caeteris quae ad cor ectionem maiorum hominum, et quae ad publicum honorem pertinent ; quae sub tribus distinctionibus ordi ata sunt. [4] iubeant 1. [5] persoluant... sustineant Bl. Goth. [6] armiscaram Bl. ariscadam V. Vn E. [7] considerandum 3. 5. 7-10. [8] uoluerunt 1. [9] describantur 3. 5. rel. Bl. ut ubi scribetur Goth. [10] c, i qui eas 2. 3. 5-10. [11] hoc caput deest in Goth. Mut. - Codex Paris. 4615 et hoc et reliqua huius capitularis . omittit. [12] contra canonum statuta 10. [13] siue 1. [14] presbytero Bl. [15] hoc caput deest 2. Goth. Mut. [16] unde hanc nonam et decimam persolvere debuit, etc. 10. [17] ut 3. 5-10. [18] laborent 3. 5-10. [19] ut 9. 10. deest 3. Bl. [20] deest 1. [21] c. de annona et 1. [22] uel Bl. [23] hoc caput deest. Goth. Mut. [24] et 2. 3. 5-0. [25] d. post tres sacerdotum castigationes excommunicetur et per comitem aut per missum etc. V. Vn. E. [26] r. id est vi solidis Vn. E. [27] quas Bl.

NOTÆ.

a V. , supra, cap. a. 817, cap. 10.

nire conpellatur; ceteri vero distringantur, [1] ut inviti ecclesiae restituant, qui [2] voluntariae dare neglexerunt.

8. [3]. Quicumque de rebus ecclesiarum quas in beneficium [4] habent, restaurationes earum facere neglexerunt, iuxta capitularem anteriorem in quo de operibus ac nonis et decimis constitutum est, sic de illis adimpleatur, id est in libro quarto capitulo 38. « De opere et restauratione ecclesiarum: Consideratum [5] est, ut de frugibus terrae et animalium nutrimine persolvantur, De opere vero vel restauratione ecclesiarum comes et episcopus sive abbas, una cum misso nostro, quem ipsi sibi ad hoc elegerint, considerationem faciant, ut unusquisque eorum tantum inde accipiat [6] ad operandum et restaurandum, quantum ipse de rebus ecclesiarum habere cognoscitur. Similiter et vassi nostri aut in commune tantum operis accipiant quantum rerum ecclesiasticarum habent, vel unusquisque per se iuxta quantitatem quam ipse tenet. Aut si inter eos convenerit ut pro opere faciendo argentum donent, iuxta aestimationem operis in argento persolvant; cum quo pretio rector ecclesiae ad praedictam restaurationem operarios [7] conducere et materiamen. [8] emere possit. Et qui nonas et decimas dare neglexerit, primum quidem illas cum sua lege restituat, insuper et bannum nostrum solvat; ut ita castigatus caveat, ne saepius iterando [9] beneficium amittat. »

9 [10]. De illis [11] qui agros dominicatos [12] propterea neglexerit excolere, vel nonas [13] et decimas exinde non [14] persolvat, et alienas terras ad excolendum propter hoc accipit, volumus ut de tribus annis ipsam nonam et decimam [15] cum sua lege persolvat [16]; Et si quis contemptor aut comitis aut missorum nostrorum propter hoc exstiterit, per fideiussores ad palatium venire compellatur.

10 [17]. Ut de rebus ecclesiarum quae ab eis per triginta annorum spatium sine ulla interpellatione possessa [18] sunt, testimonia non recipiantur, sed eo modo contineantur, sicut res ad fiscum dominicum pertinentes contineri solent.

ITEM ALIA CAPITULA.

1 [19]. De beneficiis destructis hoc observetur quod in capitulare priori continetur, id est in libro quarto capitulo 36. « Quicumque suum [20] beneficium occasione proprii desertum habuerit, et intra annum postquam ei a comite vel misso nostro notum factum fuerit, illud emendatum non habuerit, ipsum beneficium amittat. »

2. Ut missi nostri ubicumque malos scabinos [21] inveniant [22], eiciant, et totius populi consensu in locum eorum bonos eligant. Et cum electi fuerint, iurare faciant ut scienter [23] iniuste iudicare non debeant.

3 [24]. Ut in omni comitatu hi qui meliores et veratiores inveniri possunt, eligantur a missis nostris ad inquisitiones faciendas et rei veritatem dicendam; et ut [25] adiutores comitum sint ad [26] iustitias faciendas.

4. Volumus ut quicumque de scabinis deprehensus fuerit propter munera aut propter amicitiam vel inimicitiam [27] iniuste iudicasse, ut [28] per fideiussores missus ad praesentiam nostram [29] illum venire faciat. De cetero omnibus scabinis denuntietur, ne quis deinceps etiam iustum iudicium vendere praesumat.

5 [30]. Ubicumque commutationes tam tempore nostro quamque genitoris [31] nostri legitimae [32] et rationabiles atque utiles ecclesiis Dei factae sunt, permaneant. Ubicumque vero inutiles et incommodae atque inrationabiles factae sunt, dissolvantur, et recipiat unusquisque quod dedit. Ubi vero mortua manus interiacet, aut alia quaelibet causa quae rationabilis [33] esse videtur, inventa fuerit, diligenter describatur, et ad nostram notitiam perferatur.

6 [34]. Quicumque comprobatus fuerit de eo, quod scienter testes in periurium induxisset, sub fideiussione ad placitum [35] nostrum venire compellatur, ut ibi cum fidelibus nostris consideremus, quid de tali homine faciendum sit.

7. De his qui discordiis et contentionibus studere solent et in pace vivere [36] nolunt, et inde convicti fuerint, similiter volumus, ut sub fideiussoribus ad nostrum placitum veniant, ut ibi cum fidelibus nostris consideremus quid de talibus faciendum sit.

8 [37]. De bonis denariis quos populus non vult recipere [38], volumus ut hoc observetur et teneatur quod in priore capitulare nostro constitutum est, id

---

VARIANTES LECTIONES.

[1] ut uel iniuti 10. [2] quae 3. 5-10. quod *Goth*. [3] *hoc caput deest. Goth. Mut. A. Fl. L. V. Vn. E.* [4] beneficio *Bl.* [5] considerandum 1. 1 c. [6] accipiant 1. [7] operis 1. 1 c. *Bl.* [8] materias *Bl.* [9] itarando 1. [10] *hoc caput deest in Goth. Mut. A. Fl. L. V. Vn. E. et Rivipull.* [11] ita 1. 5. 6. 9. (corr. illo) 10. *Bl.* [12] dominicos 6. [13] et d. *desunt* 1. nonam cum decima 2. 4. 8. 10. [14] *deest* 1. [15] et d. *desunt* 1. [16] neglexerint.. persoluant.. accipiunt.. persoluant *Bl*. [17] *hoc caput deest in* 1. 16. 7. *Bl. Goth. Mut. A. Fl. L. V. Vn. E. pro capite octavo computatur in* 2. 3. 5. 6. 8. 9. 10; loco vero hoc in 1 c. [18] ita 3. 6. [19] *hoc caput deest in Bl. Goth. Mut. A. Fl. L. V. Vn. E. et Paris.* [20] s. b. 1. 1 c. b. s. rel. [21] scabinios 2. 3. 8. 9. [22] inuenerint *Bl.* inueniunt *B.* loco *Bl.* [23] scientes 1. 1 c. V. [24] *caput deest in Paris.* 4613. [25] *deest* 1. [26] *deest* 1. [27] v. i. *desunt* 1 c. 10. *Goth. Paris.* 4613. [28] *deest* 3. [29] n. veniat 3. 5. 7. *Bl. Paris.* 4613. [30] *hoc caput deest in Goth. Mut.* [31] ienitore nostro legitime et rationabiliter adque utiliter clesiis Dei facte sunt perueneat. Ubicumque vero inutiliter et incommodes adque rationabiles facte sunt *Paris.* 4613. nostram iustitia. inlegitimae et inrationabiles atque inutiles ecclesiis Dei factae sunt dissoluantur (media. desunt) *Bl. A. Fl. L. V. Vn. E.* [32] codices *Reg. Met. et Paris.* rebellis *Bal*; ita et 5. et 9. [33] *caput deest in Paris.* 4613. [34] ita 1. 1 c. *Goth. reliqui* palatium, ita et *Bl. M. A. V. Vn. E.* [35] in pacem venire 10. et pacem nolunt *Bl*. [36] *hoc caput anterior praemittit codex* 1. *deest in Gotk. Mut. Paris.* 4613. *A. Fl. L. V. Vn. E.* [37] r. non vult *Bl.*

est [1] in libro quarto, capitulo 30 : « Quicumque liber homo vel in emptione vel in debiti solutione denariummerum et benepensantem recipere noluerit, bannum nostrum, id est sexaginta solidos, conponat. Si vero servi ecclesiastici aut fiscalini nostri, aut comitum aut vassallorum nostrorum, hoc facere praesumpserint, sexaginta ictibus vapulent. Et si actores nostri aut aliorum vel advocati eos missis nostris vel comitibus iussi praesentare noluerint, praedictum bannum, id est sexaginta solidos conponant. » Et ad hanc constitutionem nostram ad implendam episcopi et abbates sive reliqui qui beneficia nostra habent, adiuvent comitibus [2] in suis hominibus distringendis. Et si comites hanc [3] nostram constitutionem neglexerint, hoc per missos nostros ad nostram notitiam perferatur.

9 [4]. De homicidiis vel aliis iniustitiis [5] quae a fiscalinis nostris [6] fiunt, quia inpune se ea committere posse existimant, nos actoribus nostris praecipiendum esse decernimus, ne ultra inpune fiant, ita ut ubicumque facta fuerint, solvere cum disciplina praecipiemus [7].

10. Collectae ad maleficiendum [8] fieri omnimodis prohibeantur. Et ubicumque huiusmodi praesumptiones factae fuerint, digna emendatione corrigantur. Et si per neglegentiam comitis vel factae sunt, vel inemendatae remanserunt, hoc ad nostram notitiam perferatur. Auctor vero facti, si fuerit praepositus, vel advocatus, sive centenarius, vel qualibet alia dignitate praedita libera persona, post legalem emendationem in loco factam, sub fideiussoribus ad nostram praesentiam veniat. Multitudo vero, sive [9] de servis sive de liberis sit, legitima emendatione multetur.

11 [10]. De pontibus publicis destructis, placuit nobis, ut hi qui iussionem nostram in reparandis pontibus contempserunt, volumus ac iubemus, ut omnes homines nostri in nostram praesentiam veniant, rationes reddere, cur nostram iussionem ausi sunt contempnere. Comites autem reddant rationem de eorum pagensibus, cur eos aut non constrinxerint ut hoc facerent, aut nobis nuntiare neglexerunt. Similiter et de iniustis theloneis, ubicumque accipiuntur; sciant se exinde [11] nobis rationem reddituros.

12. Ut examen aquae frigidae quod actenus faciebant, a missis nostris omnibus [12] interdicatur, ne ulterius fiat.

13 [13]. Quicumque vicarii vel alii ministri comitum tributum quod inferenda [14] vocatur, maior s pretii a populo exigere praesumpsit quam a mis is bonae memoriae genitoris nostri constitutum fui, hoc est duos solidos pro una vacca, hoc [15] quod i iuste superposuit atque abstulit sibique retinuit, h s quibus hoc tulit cum sua lege restituat, et insupe fredum nostrum persolvat [16] et ministerium amit at [17].

14 [18]. Postquam comes et pagenses d qualibet expeditione hostili reversi fuerint, ex eo ie super quadraginta noctes sit bannus rescisus [19], quod in lingua Thiudisca [20] scaftlegi [21], id est arm rum depositio, vocatur.

15 [22]. Hoc [23] missi nostri notum facia comitibus et populo, quod nos in omni ebdom a unum diem ad causas audiendas et iudicandas s ere volumus. Comites autem et missi nostri mag um studium habeant, ne forte propter eorum [24] eglegentiam pauperes crucientur, et nos taedi propter eorum clamores patiamur, si nostram gr tiam habere velint. Populo autem dicatur, ut cave t de aliis causis se ad nos reclamare, nisi de quibus ut missi nostri aut comites eis iustitias facere nolue unt.

CAPITULA PRO LEGE HABEND .

HAEC SUNT CAPITULA QUAE PRO LEGE HABEND SUNT [25].

1 [26]. De [27] homicidiis in ecclesiis vel in tri s earum commissis hoc observetur et teneatur, sicut in capitulare priore constitutum [28] est, id es in libro quarto capitulo 13. « Si quis aut ex levi ausa aut sine causa hominem in ecclesia interfeceri , de vita conponat [29]. Si vero foris rixati fuerint, et nus alterum in ecclesiam fugerit, et ibi se defend ndo eum interfecerit, et si huius facti testes non hab rit, cum duodecim coniuratoribus legitimis per s cramentum adfirmet, se defendendo eum interfecis e. Et si ipse auctor commotae inter eos rixae exsti rit, leudem [30] interfecti et insuper bannum nostr cogatur solvere, et publicam agat [31] poenitentiam. n autem non ille qui alterum interfecit, sed is qui interfectus est, eandem rixam commovit, absque ompositione iaceat; et is qui eum interfecit secun um iudicium canonicum publicam agat poenite tiam. Si cuiuslibet proprius servus hoc commiseri , iudicio aquae ferventis examinetur, utrum hoc sp te an se defendendo fecisset. Et si manus eius exu ta fuerit, interficiatur. Si autem non fuerit, publica oeniten-

VARIANTES LECTIONES.

[1] id est desunt 1. [2] comites Bl. [3] h. ad n. 1. [4] hoc una cum reliquis capitibus Capitularis II. et I I. omittit Paris. 4613. quorum loco capita 12. et 17. Capitularis Olonnensis supra editi profert. [5] iniustis 1. [6] deest 5. 9. 10. [7] praecipimus Bl. Goth. [8] ad malum faciendum 3. 5. 6. 7. 9. 10. ad maleficium emendandum 1 c. 2, 8. Bl. Goth. [9] deest 1. [10] deest in A. Fl. L. V. Vn. E. [11] e. a nobis interdici ne ulterius fiat Bl. [12] deest . [13] hoc caput deest in Goth. Mut. A. Fl. L. V. Vn. E. [14] inferendum Bl. [15] p. unaquaque vacca, et qui uper hoc iniuste Bl. [16] conponat 2. 3. 5. 6. rel. [17] et m. a. desunt 6. [18] hoc caput deest Bl. [19] resisus 1 . 2. 5. 5. 6-10. Goth. recissus ed. Amerpachii. [20] theodisca 2. 3. 5. 6. theothisca 9. teudisca Goth. [21] sca ft legi 9. scaftleg Goth. scast legi 4. 8. scat legi 3. scat legi 1 c. 2. 6. casolegi 10. erisclid V. Vn. E. [22] oc caput deest Bl. A. Fl. L. V. Vn. E. [23] hoc usque volumus deest Goth. Mut. [24] eorum usque eorum d t Goth. [25] ita 1. 2. Goth. CAP. 5. ITEM CAP. 9. tota rubrica deest 3. 6. 7. 8. 10. [26] Caput hoc deest in l. [27] de h. usque capitulo XIII. deest in Fl. (L.) V. Vn. E. [28] hic in codice 1 c. quinque paginae crasae sun , ita ut sequentia iam non legantur. [29] conponet 1. [30] laudem 1. [31] habet 1.

tia multetur. Nisi forte et ipse auctor commotae inter eos rixae inventus fuerit : tunc dominus eius, iuxta quod wirgildus [1] est illius, ad ecclesiam persolvat, aut eum, si voluerit, eidem ecclesiae tradat. De ecclesiastico et fiscalino et beneficiario servo volumus, ut pro una vice wirgildus eius pro eo componatur, altera vice ipse servus ad supplicium tradatur. Hereditas tamen liberi hominis, qui propter tale facinus ad mortem fuerit iudicatus, ad legitimos eius heredes perveniat. Si in atrio ecclesiae, cuius porta reliquiis sanctorum consecrata est, huiuscemodi homicidium perpetratum fuerit, simili modo emendetur vel conponatur. Si vero porta ecclesiae non est consecrata, eo modo conponatur quod in atrio committitur, sicut componi debet [3] quod in immunitate violata committitur [4]. »

2. Quicumque propter cupiditatem rerum patrem aut matrem, aut fratrem, aut sororem [5], nepotem, vel alium propinquum suum interfecerit, hereditas interfecti ad alios suos legitimos heredes perveniat; interfectoris vero hereditas in fiscum redigatur. Ipse vero ordinante episcopo publicae poenitentiae subdatur.

3 [6,a]. Quicumque propria uxore derelicta aut sine causa [7] interfecta, aliam [8] duxerit [9], armis depositis publicam agat poenitentiam. Et si contumax fuerit, comprehendatur a comite et ferro vinciatur, et in custodia mittatur, donec res ad nostram notitiam deducatur.

4. Quicumque res alienas cuilibet homini vendiderit, et ipse homo easdem res alicui alteri dederit, sive vendiderit [10], et ipse qui tunc easdem res comparatas habet, per malum ingenium proprio filio aut alteri cuilibet necdum legitimos annos habenti, iustitiae tollendae causa tradiderit, volumus atque firmiter praecipimus ut si pater eiusdem parvuli vixerit [11], ipse intret in causam rationem reddendi pro filio suo. Si autem ipse pater mortuus est, tunc legitimus eius propinquus, qui iuste ei tutor ac defensor esse videtur, pro ipso rationem reddere compellatur. Similiter et de aliis omnibus iustitiis ad eum pertinentibus, excepta sua legitima hereditate quae ei per successionem parentum suorum legitimae evenire debuit. Quod si quis hanc nostram iussionem contempserit vel neglexerit, sicut de ceteris contemptoribus, ita de [12] eo agatur. Is vero qui easdem res primus invasit et iniuste vendidit, nec non et emptores, excepta sola persona parvuli [13], quod fraudulenter admiserunt intra patriam emendare cogantur, et postea, sicut contemptores iussionis nostrae, sub fideiussoribus ad nostram praesentiam venire conpellantur [14].

5 [15]. De vicariis et centenariis, qui magis propter cupiditatem quam propter iustitiam faciendam saepissime placita tenent, et exinde populum nimis adfligunt, ita teneatur sicut in capitulare domni Karoli imperatoris continetur in libro 3 [16] capitulo 40. « Ut nullus ad placitum manniatur [17], nisi qui causam suam quaerit, aut si alter ei quaerere debet, exceptis scabinis septem, qui ad omnia placita adesse debent. » Item de eadem re in capitulari nostro [18] libro 4, capitulo 55. « De placitis siquidem quos liberi homines observare debent, constitutio genitoris nostri penitus observanda atque tenenda est; ut videlicet in anno tria solummodo generalia placita observent, et nullus eos amplius placita observare conpellat; nisi forte quilibet aut accusatus fuerit aut alium accusaverit, aut ad testimonium perhibendum vocatus fuerit. Ad cetera vero quae centenarii tenent, non alius venire iubeatur, nisi qui aut litigat, aut iudicat [19], aut testificatur. » Et quicumque huius constitutionis transgressor a missis nostris inventus fuerit, bannum nostrum persolvat,

6 [20]. De liberis hominibus qui proprium non habent, sed in terra dominica resident, ut propter res alterius ad testimonium non recipiantur. Cum iuratores tamen aliorum liberorum hominum ideo esse possunt, quia liberi sunt. Illi vero qui et proprium habent, et tamen in terra dominica resident, propter hoc [21] non abiciantur quia in terra dominica resident; sed propter hoc ad testimonium recipiantur quia proprium habent [22].

7 [23]. De faidis cohercendis [24] observetur et teneatur quod in capitulari nostro libro 4, capitulo 25 [25]

VARIANTES LECTIONES.

[1] uuergeltus 1. uuidregildus 6. uuirgildus *Goth.* [2] illins *Goth.* [3] deest 1. [4] sicut continetur in libro superiori 8. 10. [5] vel nepotem *Bl. Goth. Fl*, aut nepotem *V. Vn.* [6] hoc caput deest in *Bl.* Extat in codd. *Mut. A. Fl. L. V. Vn. E.* inter leges Karoli *M.* (*Mur. cap.* 133). [7] vel sine culpa 2. 3. 5. rel. [8] alium 1. [9] uxorem 2. 3. 5-10. [10] s. u. desunt *Goth.* [11] vixerat 1. [12] decogatur. Si uero 1. [13] p. hoc q. *Bl. Goth.* [14] deest 1. [15] in edit. legg. *Lgb.* perperam scriptum est : Volumus ut comites nostri licentiam habeant inquisitionem facere de vicariis, etc. *Quod in nullo codice habetur. cf. supra Capit. Hlotharii a.* 823. c. 3. [16] IIII. 1. *Bl. G.* [17] banniatur 1. *Bl. G. A. V. Vn. E.* [18] in *Bl. G.* [19] iudicat, in hac voce desinit codex 6. [20] caput hoc deest in *Goth. Mut.* [21] hoc usque hoc deest *Bl.* [22] hic codd 2. 3. 5. 7. 8. 9. 10. caput inserunt quod certe minime hic pertinet, scilicet inter capitula quae pro lege habenda sunt, sed inter capitula missis data referendum est. q. v. infra. [23] caput hoc deest in *Bl. A. Fl. L. V. Vn. E.* [24] c. hoc obs. *Goth. Mut.* [25] XX. 2. 3. 5. 10.

NOTÆ.

[a] Capitis istius historiam nobis conservavit Hincmarus in libro de Divortio Lotharii et Thetbergæ in responsione ad interrogationem quintam, pag. 509, in Editione Sirmondi : « Nostri etiam ævi Augustus piæ memoriæ Ludovicus in synodo ac placito generali apud Wormatiam, apostolicæ sedis et papæ Gregorii commeante legato, cum aliis plurimis, de his quæ episcopi in synodis per quatuor loca sui imperii habitis necessario et utiliter nuper invenerant, de hac unde agitur causa omnium tam episcoporum quam et fidelium laicorum votis convenientibus, ita decernens: « Quicumque, inquit, propria uxore derelicta, vel sine « culpa interfecta, aliam duxerit uxorem, armis de- « positis publicam agat pœnitentiam. Et si contumax « fuerit, comprehendatur a comite, et ferro vincia- « tur, et in custodia mittatur donec res ad nostram « notitiam deducatur. » BALUZ.

continetur. « Si quis aliqua necessitate cogente homicidium commisit, comes in cuius ministerio res perpetrata est, et compositionem solvere et faidam per sacramentum pacificare faciat. Quod si una pars ei ad hoc consentire noluerit, id est aut ille qui homicidium commisit, aut is qui conpositionem recipere debet, faciat illum qui ei contumax fuerit ad praesentiam nostram venire, ut ad tempus eum quod nobis placuerit in exilio mittamus, donec ibi castigetur, ut comiti suo inoboediens esse ulterius non audeat, et maius dampnum inde non adcrescat. »

CAPITULA MISSIS DATA.

ITEM ALIA CAPITULA [1].

1. Volumus ut omnes [2] res ecclesiasticae eo modo contineantur, sicut res ad fiscum nostrum continere solent, usque dum nos ad generale placitum nostrum cum fidelibus nostris invenerimus, et constituerimus qualiter in futurum de his fieri debeat.

2. Item volumus, ut omnis inquisitio quae de rebus ad ius fisci nostri pertinentibus faciend est, non per testes qui producti fuerint, sed per i los qui in eo comitatu meliores et veraciores esse c gnoscuntur, per illorum testimonium inquisitio fia, et uxta quod illi inde [3] testificati fuerint, vel co tineantur vel reddantur.

3. Item volumus, ut de rebus quas [a] Iahtfridus per diversa loca et per diversos homines dquisivit ipsi qui easdem res ei dederunt interrogen ur, si aliquis eorum eas repetere velit. Et quicum ue hoc se velle pronuntiaverit, ad generale placitu nostrum venire iubeatur, ut inde cum eodem Maht ido rationem habere possit.

4. Volumus, ut missi nostri per totam gationem suam primo omnium inquirant, qui sint de liberis hominibus qui fidelitatem nobis nondum pro issum habeant, et faciant illos eam promittere si t consuetudo semper fuit; et postea incipiant legati nem suam per cetera capitula peragere.

3. Volumus atque iubemus, ut missi nostri diligenter inquirant, quanti homines liberi in singulis comitatibus maneant qui possint expeditionem exercitalem per se facere, vel quanti de his qui a duobus tertius adiutus et praeparatus, et de his qui a tribus quartus adiutus et praeparatus, et de his qui a quattuor quintus vel sextus adiutus et praeparatus ad expeditionem exercitalem facere; nobisque per brevem eorum summam deferant [5].

5 [6]. Volumus atque iubemus, ut missi ostri diligenter inquirant, quanti liberi homines in singulis comitatibus maneant. Hinc vero ea dilige tia et haec ratio examinetur per singulas centenas, t veraciter sciant illos atque describant qui in exe italem ire possunt expeditionem; ac deinde videlicet secundum ordinem de his qui per se ire non poss it, ut duo tertium adiutorium parent. Et qui necdu nobis fidelitatem promiserunt, cum sacramento obis fidelitatem promittere faciant [7] [b].

VARIANTES LECTIONES.

[1] missis data *ex codd.* 1. *et* 5. *in* 1 *c. nonnisi capp.* 1. *et* 2. *habentur. Desunt et in codd.* Bl. oth. Mut. [2] *deest* 5. [3] *de* 1. [4] *ex cod.* 1. [5] *cod.* 5. *haec addit:* Et qui nondum fidelitatem promiserunt, um sacramento nobis fidelitatem promittere faciant. [6] *ex cod.* 5. *et editione Sirmondi, ubi post caput* 6 *leg bus addendum inseritur.* [7] *faciatis ed.*

NOTÆ.

[a] Comes Aurelianensis. Vide notas ad Agobardum, pag. 78. De eodem puto agi in præcepto Lotharii imper. edito inter probationes historiæ Trenorchianæ, pag. 267, ubi vocatur « Matfredus vir inluster comes. » BALUZ.

[b] Sequentia tria capitula, quæ sumpta sunt ex libro legum Burgundicarum et ex Codice Theodosiano, descripta reperiuntur in Codicibus Palatino et sancti Vincentii Mettensis statim post superiora Ludovici Pii capitula. Regino vero abbas Prumiensis ea refert ex capitularibus ejusdem Ludovici. Ob eam causam nos illa hic omissa noluimus, tum etiam quia multa illic diversa sunt a vulgatis Editionibus illarum legum. BALUZ. — Contulimus ea cum Cod. 9, ubi capp. 1 et 2 pro uno numerantur. 1. *De inscriptione temporum.* Licet iampridem a nobis fuerat ordinatum ut si quis in populo nostro barbaræ nationis persona aut in re sua consisteret aut alium invitasset, aut si terram ad habitandum voluntarius deputasset, eaque [eamque *Bal.*] per annos quindecim sine tertiis habuisset, in voluntate ipsius permaneret, neque exinde quicquam sibi ille qui dederat sciret esse reddendum, tamen absque ulla permutatione omni tempore generaliter memorata conditio debeat custodire, praesenti placuit lege constitui.

2. *Item de inscriptione temporum.* Si quis vero terram ab altero sibi traditam violenter dixerit et convicerit fuisse sublatam prius quam triginta annorum terminus compleatur, et rem constiterit occupatam, et requirere poterit, et repetentis partibus reformare.

Ceterum, si impletis triginta annis terra, a quocumque etiam pervasa fuisse dicatur, non fuei t restituta, nihil sibi reddendum esse cognoscat. Qua ropter omnes comites, quoties de privatis causis co tentio fuerit generata, secundum ordinem legis [tius *Bal.*] iudicare curabunt. Et quia omnia ad q ietem omnium pertinentia ex lege convenit prov deri, quas omnino causas de quibuscunque rebus quae intra triginta annos non fuerint diffinitae, null eas postmodum licebit ordine commoveri: quia s tis unicuique ad requirendum et recipiendum quod ei debitum fuerit, suprascriptus annorum numerus c nstat posse sufficere.

3. *De inquilinis et colonis.* Si quis co onum alienum in re sua triginta annos habuerit, c si suum vendicet. Qui si infra triginta annos inv tus fuerit, a domino cum filiis sibi debitis, et mni peculio revocetur. Si vero mortuus fuerit, pe ulium eius dominus revocet. Colona vero si viginti a os in alieno dominio permanserit, a priore domino non requiratur. Coloni duae partes agnationis sequ ntur, colonae vero tercia pars sequatur. Nam si a natio infra triginta [viginti *Bal.*] annos edita fue it, quando adhuc colona domino competebat, repet ntibus non negetur; quia in novellis legibus est cons tutum. Sane ne separatio coniugii fiat, praecipim s. ut dominus coloni vicaria muliere cum agnation partis terciae non negetur [c].

[c] Ita; secunda manu correctum uti *Bal.* le it *ut u de mino coloni vicariae mulieri* 9.

LOTHARII I CONSTITUTIO ECCLESIASTICA (Circa an. 830).

Capitula haec in Codicibus 1. Blankenburgico et 2. Gothano obvia, cum certo tempori non assignentur, itineri Lotharii tertio ideoque ultimis anni 829 aut primis anni 830 mensibus ascribi posse putavi. Respiciunt autem ad constitutiones Olonnenses anni 825, nonnullaque ibi in capitulis minoribus praescripta arctius definiunt.

1. Placuit nobis, ut nullus episcoporum de consecratione aut de [1] dedicatione baptismalium ecclesiarum aut exenodochiorum [2] seu oraculorum pretium quodlibet contra auctoritatem canonicorum patrum vel iuxta antiquam consuetudinem penitus accipere praesumat.

2.[3 a]. De feminis cum presbiteris cohabitantibus placuit eas poenitus eici, nec ulterius cum his quoquomodo conversari, et si post primam contestationem episcopi sui [4], a tribus usque ad septem idoneis testibus convincitur praevaricasse, proprii gradus periculo subiaceat. Quod si episcopus conventionem aliqua ratione huiusmodi neglexerit, aut post hoc synodale concilium, infra dies quinquaginta emendatione digna non emendaverit, iudicio metropolitani sui subiaceat; presbiteri vero clericos boni testimonii secum conversatione habeant, qui ob vitae propriae munditiam, testes fideles possint fieri vitae alienae.

3 [b]. Ut in exenodochiis [c] rationabiliter dispositis [6], et [7] adhuc in pristino statu manentibus [8], in primo testamento testatoris omnino conscripta [9] ser- A vetur voluntas. In his vero quae ab initio iustae [10] rationis dispositione caruerunt, volumus ut quinta pars fructuum pauperibus detur. Similiter in illis quae rationabilem [11] dispositionem habuerunt, et tamen qualibet neglegentia pristini status ordinatione carent, volumus ut conditio suprascripta [12] servetur, quousque per bonorum ordinatorum providentiam et temporum habundantiam ad priorem valeant ascendere dispositionem.

4 [c]. Visum est nobis, ut presbiteri baptismalium ecclesiarum, secundum suam possibilitatem debitam obedientiam et honorem suis exhibeant episcopis absque gravedine [13], ut [14] necessitas et ordo poposcerit. Nam si obedientia rei [15] publicae talis iniungitur episcopis, quam per se facere nequiverint, volumus B ut praebeant solatium subiecti [16] secundum qualitatem iniuncti servitii. Si quis extra [17] hanc necessitatem ecclesias gravatas habent atque destructas, et in antea gravare praesumperint, per relationem missorum cogniti huiuscemodi rectores, canonica invectione a nobis promulgata [18] feriantur.

VARIANTES LECTIONES.

[1] c. neque 2. [2] senodochiorum 2. [3] hoc caput deest in cod. 1. habetur et in codd. Florentino et Londinensi. [4] aut secundam vel tertiam Fl. [5] senodochiis 1. [6] d. et adhuc in pristino statu manentibus; testatoris omnino conscripta serventur. In 2. [7] deest in 1. [8] in pr. st. m. desunt 1. [9] conscripta 1. [10] iuxta rationem dispositionem 1. [11] rationabiliter 2. [12] superscripta 2. [13] grauitudine 2. [14] cum 2. [15] obedientia. 1. [16] deest 2. [17] Si q. ex necessitate ecclesias. 1. [18] promulgata 2.

NOTÆ.

[a] Cf. constitutionem Olonnensem a. 825, cap. 5, C. 6, supra. [b] Cf. eamdem, c. 7. [c] Cf. eamdem, cap. 2, 3.

DIVISIO IMPERII (An. 830, Nov.).

Chartam huius divisionis a Pithœo in SS. Francorum XII, pag. 350-356 ex « vetustissima membrana » vulgatam, Cointius et Pagius anno 835, Goldastus et Baluzius annis 837 et 838 ascripserunt. Sed Goldasti Baluziique sententia præter alias rationes eo minime stare potest, quod divisiones annorum 837 et 838 ab hac valde diversæ in annalibus Prudentii et apud Nithardum leguntur; et anno 835 in conventu Stremiacensi imperii divisionem factam fuisse nemo novit. Certe ascribenda est tempori, quo Ludovicus Lothario infestus, ejus ne nomen quidem et spem futuræ in fratres auctoritatis membrandam putaret, et grato in Pippinum Ludovicumque animo regna eis pridem attributa, Aquitaniam Bajoariamque, extendenda statueret. Cum igitur Nithardus libro Historiarum primo hanc auxilii ab utroque fratre contra Lotharium anno 830 præstiti conditionem ab imperatore impletam fuisse referat, divisio in conventu Noviomagensi mense Octobri et Novembri habito, cujus die undecima Lotharii nomen ultima vice patris nomini solito adjunctum legimus, perfecta fuisse videtur.

In nomine domini Dei et salvatoris nostri Iesu D perio ac regimine nostro constitutae sunt. Notum Christi. Hludowicus, divina ordinante providentia imperator augustus, omnibus fidelibus sanctae Dei ecclesiae, et cuncto catholico populo, praesenti scilicet et futuro, gentium ac nationum [1] quae sub imperio ac regimine nostro constitutae sunt. Notum fieri volumus omnium vestrum solertiae, quod inter dilectos filios nostros Pippinum, Hludowicum, Karolum, regni nobis a Deo commissi talem divisionem facere decrevimus, ut post nostrum ab hac mortali-

VARIANTES LECTIONES.

[1] nationi Pith.

tate decessum unusquisque illorum scire valeat, si eos divina pietas nobis superstites esse voluerit, quae portio sibi ad tenendum atque gubernandum a nobis adsignata sit. Quam divisionem eo modo describere ac designare volumus, ut singuli iuxta ordinationem nostram et fines regni sui qui in alienigenas extenduntur; cum Dei adiutorio defendere statuant ac [1] studeant, et pacem ac fraternam caritatem inter se custodire valeant. Cuius divisionis modum atque ordinationem talem nobis [a] facere placuit.

1. Haec autem tali ordinatione disposuimus, ut si post nostrum ab hac luce discessum aliquis eorum, priusquam fratres sui, diem obierit, et talem filium reliquerit quem populus ipsius eligere voluerit ut patri suo succedat in regni haereditate; volumus ut hoc consentiant patrui ipsius pueri; et regnare permittant filium fratris sui in eo regno quod pater eius, frater eorum, habuit. Quod si talem filium non habuerit, tunc volumus, ut illa pars regni quam idem habebat, dividatur aequaliter inter illos, fratres qui superstites remanserunt [2].

2. Placuit etiam inter praedictos filios, statuere atque praecipere, propter pacem et concordiam quam inter eos perpetuo permanere desideramus, ut nullus eorum fratris sui terminos vel regni limites invadere praesumat, neque fraudulenter ingredi ad conturbandum regnum eius vel marcas minuendas; sed potius adiuvet unusquisque illorum fratrem suum, prout temporis oportunitas [3] permiserit, et auxilium ei ferat contra inimicos eius iuxta rationem et possibilitatem.

3. Nec aliquis ullum hominem fratris sui pro quibuslibet causis vel culpis ad se confugientem suscipiat ad intercessionem pro eo faciendam; quia volumus ut quilibet homo peccans et intercessione indigens, intra regnum domini sui vel ad loca sancta vel ad honoratos homines confugiat, et inde iustam intercessionem mereatur.

4. Similiter praecipimus, ut [b] quemlibet illum, qui dominum suum contra voluntatem eius dimiserit et de uno regno in aliud profectus fuerit, neque ipse rex suscipiat, neque hominibus suis consentiat, ut talem hominem recipiant vel iniuste retinere praesumant. Nec solum de illis, sed etiam de servis fugitivis statuimus observandum, ut nulla discordiae re-

A linquatur occasio. Sed et hoc praecipimus, ut nullus ex his tribus fratribus, nobis in corpore consistentibus, vel nostrum vel cuiuslibet alterius hominem sacramentum fidelitatis sibi promittere faciat, et per hoc eum vel a nobis vel ab altero domino suo per huiusmodi sacramentum avertat et ad se adtrahat.

5. Quin etiam praecipiendum nobis videtur, ut post nostrum ex hac mortalitate discessum homines uniuscuiusque eorum accipiant beneficia, nusquisque in regno domini sui et non alterius, ne quando per hoc, si aliter fuerit, scandalum aliquod possit accidere. Hereditatem autem suam habeat unusquisque hominum illorum absque contradictione, in quocumque regno hoc eum legitime habere contigerit [4].

6. Et unusquisque liber homo post mortem domini sui licentiam habeat se commendandi inter haec tria regna ad quemcumque voluerit. Similiter et ille qui nondum alicui commendatus est.

7. De traditionibus autem atque venditionibus quae inter partes fieri solent, praecipimus, ut nullus ex his tribus fratribus suscipiat de regno alterius a quolibet homine traditionem vel venditione rei immobilis, hoc est, terrarum, vinearum, atque sylvarum, servorumque qui iam casati sunt; sive caeterarum rerum quae haereditatis nomine censentur; excepto auro, argento, et gemmis, armis ac vestibus, necnon et mancipiis non casatis, et iis peciebus quae proprie ad negotiatores pertinere noscuntur. Caeteris vero illis hominibus hoc minime interdicendum iudicamus.

8. Si autem feminae, sicut fieri solet, in ter partes et regna legitime fuerint ad coniugium postulatae, non denegentur iuste poscentibus; sed liceat eas vicissim dare et accipere, et adfinitatibus populos inter se sociare. Ipsae vero feminae potestatem habeant rerum suarum in regno unde exierint, quamquam in alio propter mariti societatem habitare debeant.

9. De obsidibus autem qui propter credentias dati sunt, et a nobis per diversa loca ad custodiendum destinati sunt, nolumus [5], ut ille rex in cuius regno sunt, absque voluntate fratris sui, de cuius regno sublati sunt, ad patriam eos redire permittat, sed po-

VARIANTES LECTIONES.

[1] st. ac desunt P. [2] remanserint B. [3] opportunitas P. [4] tia correxi; cognoverit edd. [5] volumus P.

NOTAE.

[a] Hic Goldastus haec adnotat : « Deest divisio atque ordinatio regnorum. » Supplet autem utcunque hunc hiatum Nithardus, lib. 1, describens partem regni quae Carolo Calvo data est; « id est, a mari per fines Saxoniae usque ad fines Ribuariorum, totam Frisiam, et per fines Ribuariorum comitatus Moilla, Halt, Trahammolant, Masagobbi, deinde vero quidquid inter Mosam et Sequanam usque Burgundiam una cum Viridunensi consistit, et de Burgundia Tullensem, Odornensem, Bedensem, Blescensem, Parthensem, utrosque Barrenses, Brionensem, Tricasinum, Antissioderensem, Senonicum, Wastinensem, Milidunensem, Stampensem, Castrensem, Parisiacum, et deinde per Sequanam usque in mare Occeanum, et per ipsum mare usque in Frisia, omnes videlicet episcopatus, abbatias, comitatus, fiscos, et omnia infra praedictos fines consistentia, cum omnibus ad se pertinentibus; in quacunque re one consistebant, et sui iuris esse videbantur, una cum auctoritate divina atque paterna praefato fil' suo Carolo dedit. » Vide etiam Annales Bertinianos, ad annum 857. BALUZ.

[b] Ita habuit vetus schedia quam nos vidimus. Sic etiam edidit Pithoeus Duchesnius habet qualibet liberum hominem. Puto autem illum ista mutuatum esse ex capite octavo divisionis Caroli Magni.

tius in futuro in suscipiendis obsidibus alter alteri mutuum ferat auxilium, si frater fratrem hoc facere rationabiliter postulaverit. Idem iubemus et de iis qui ob sua facinora in exilium missi vel mittendi sunt.

10. Si causa vel intentio et controversia talis inter partes propter terminos aut confinia regnorum orta fuerit, quae hominum testimonio declarari vel definiri non possit, tunc volumus, ut ad declarationem rei dubiae vexillo crucis Dei voluntas et rerum veritas inquiratur, ne umquam pro tali causa cuiuslibet generis pugna vel campus ad exterminationem iudicetur. Si vero quislibet homo de uno regno hominem de altero regno de infidelitate contra fratrem domini sui apud dominum suum accusaverit, mittat eum dominus eius ad fratrem suum, ut ibi comprobet quod de homine illius dixit.

11. Super omnia autem iubemus, atque praecipimus, ut ipsi tres fratres curam et defensionem ecclesiae sancti Petri simul suscipiant, sicut quondam a proavo nostro Karolo, et avo nostro Pippino, et beatae memoriae genitore nostro Karolo imperatore, et a nobis postea suscepta est, ut eam [1] cum Dei adiutorio ab hostibus defendere nitantur, et iustitiam suam, quantum ad ipsos pertinet et ratio postulaverit, habere faciant. Similiter de caeteris ecclesiis quae sub illorum fuerint potestate, praecipimus, ut iustitiam suam et honorem habeant, et pastores atque rectores venerabilium locorum habeant potestatem rerum quae ad ipsa pia loca pertinent, in quocumque de his tribus fratribus illarum ecclesiarum possessiones fuerint.

12. Quod si de his statutis atque [b] convenientiis [2] aliquid casu quolibet vel ignorantia, quod non optamus, inruptum [3] fuerit, praecipimus, ut quam citissime secundum iustitiam emendare studeant, ne quando propter dilationem maius damnum possit adcrescere.

13. Haec autem omnia ita disposuimus atque eo ordine adfirmare decrevimus, ut quamdiu divinae maiestati placuerit hanc corporalem nos agere vitam, potestas nostra sit super a Deo conservatum regnum atque imperium istud sicut hactenus fuit, in regimine atque ordinatione et omni dominatione regali et imperiali; et ut obedientes habeamus praedictos filios nostros atque Deo amabilem populum nostrum cum omni subiectione quae patria filiis, et imperatori ac regi a suis populis exhibetur. Et si aliquis ex his tribus filiis nostris per maiorem obedientiam ac bonam voluntatem inprimis Deo omnipotenti ac postea nobis placere cupiens, morum probitate promeruerit, ut ei maiorem honorem ac potestatem conferre delectet [4], et hoc volumus ut in nostra maneat potestate, ut illi de portione fratris sui qui non placere curaverit, et regnum et honorem ac potestatem augeamus, et illum talem efficiamus, qualiter ille propriis meritis dignus ostenderit.

14. Hoc postremo statuendum nobis videtur, ut quicquid adhuc de rebus et conventionibus quae ad profectum et utilitatem eorum pertineant, his nostris decretis atque praeceptis addiderimus, voluntas sic a praedictis dilectis filiis nostris observetur atque custodiatur, sicut ea quae in his iam statuta atque descripta sunt, custodire et conservare praecipimus.

[c] Ad Aquitaniam totam inter Ligerim et Sequanam et ultra Sequanam pagis 28, id est, [d] Catalonis, Meltianum, Ambiensis, et Pontium [5] usque ad [6] mare.

Ad Baiuvariam, Toringiam totam [7], [e] Ribuarios [8] [f] Atoarios [9], Saxoniae, Frisiae, [g] Ardenna, Asbania [10], [h] Bragmento, Franderes, [i] Menpiscon [11], [j] Medenenti [12], [k] Ainau [13].

[l] Austerban, [m] Adertensis, Tervanensis [14], Bolesis, [n] Quentovico, [o] Camalecensis, Virdomandensis [15].

Ad Alamanniam [p] totam Burgundiam, excepto quod

VARIANTES LECTIONES.

[1] etiam P. [2] consentiis P. [3] inrutum P. [4] scilicet nos. [5] pontivus P. [6] in P. [7] t. T. P. [8] ribuarias P. ripuarios B. [9] atoarias P. atrarios B. [10] hasbania B. [11] mempiscon B. [12] metunenti B. [13] amati P. B. [14] terunnensis P. [15] virdomadensis P. B.

NOTÆ.

[a] Goldastus haec adnotat in hoc loco: « Baronius, Annal. tom. IX, an. 858, §. 2, integrum praeter morem laudat hunc locum, quem solito falsi crimine corruperat in Caroli Magni constit., §. 16, pro his verbis *Ecclesiæ sancti Petri* subiiciens ista, *defensionem sancti papæ simul*, etc., contra Codicum mss. et Pithoei, unde excripsit, Mutlique Editiones. Vide Marcam in libro primo de Concordia sacerdotii et imperii, cap. 42, §. 2 et seq.
[b] Ita omnino scheda vetus. Quo etiam modo habet caput 16 chartae Caroli, ex quo istud descriptum esse apparet. Pithoeus tamen, Duchesnius, et Goldastus ediderunt *consentiis*.
[c] Haec et quae sequuntur omisit Goldastus in sua Editione. Certe multa haud dubie illic menda sunt, multa mutila. Quia tamen Pithoeus ea invenit in vetustissima membrana, et reperta quoque sunt in veteri scheda qua nos usi sumus, putavimus praetermittenda non esse.
[d] *Châlons, Meaux, Amiens, le Ponthieu.*

[e] Ducatus ejus caput Colonia Agrippina.
[f] In Geldria. Mon: Germ. SS., 1, 6.
[g] In quo Stablo et Malmedy.
[h] Hennegau, Brabant, Flandern.
[i] Menapii, Flandriæ pars.
[j] Le Melantois.
[k] *Ainau, Hennegau.*
[l] *Osterbant.*
[m] Pagi circa *Arras, Tervanne, Boulogne.*
[n] *Saint Josse-sur-mer.*
[o] Pagi circa *Cambrai* et *Saint-Quentin.*
[p] Carolus Magnus anno 806 Burgundiam in duas partes divisit, quarum unam Ludovico Aquitaniæ regi dedit, aliam Carolo. Hic Ludovicus totam Burgundiam pertinere vult ad Alamanniam, ea Burgundiæ parte excepta quae Pippino data fuerat. Difficile est ista discernere. Si quis tamen plura de variis Burgundiæ divisionibus scire volet, is consulere potest notitiam Galliarum doctissimi viri Adriani Valesii.

Pippi o datum est; ª totam Provinciam, et ᵇ totam A ᵈ Vngensis, ᵉ Castrensis, ᶠ Portiano, ᵍ Re egensis, Gotiam, et de ista media Francia ᶜ Warensis, Laudunensis. Mosellis, ʰ Treveris.

NOTÆ.

ª Id est, ut ego quidem arbitror, Provinciam proprie dictam et Dalfinatum, in quo est Vienna, quam Provinciæ urbem esse ait auctor Annalium Bertinianorum ad annum 834.

ᵇ id est, Septimaniam et Marcam Hispanicam: Nam tum provinciæ illæ comprehendebantur sub appellatione Gothiæ, eamque ob causam sæpe conjunguntur in veteribus Monumentis. Præceptum Caroli Simplicis in Chartulario Helenensi, lib. 1, cap. 1 : « Præcipimus etiam in omni regno nostro Goticæ sive Hispaniæ. » Aliud ejusdem præceptum in Chartulario Ecclesiæ Gerundensis : « Præcipimus etiam atque jubemus ut quicquid adquisitum habet vel de reliquo adquirere poterit infra fines Gothiæ vel Hispaniæ. » Item aliud ejusdem præceptum in Chartulario sancti Petri Rodensis : « Concedimus etiam tibi in toto regno Gothiæ vel Septimaniæ. » Capitulare primum anni 806, cap. 1 : « Septimaniam vel Gothiam Ludovico dilecto filio nostro consignavimus. » et cap. 4 : « Septimania sive Gothia usque ad Hispaniam. » Hinc Carolus Simplex in Chartulario Ecclesiæ Helenensis, lib. 1, cap. 74, vocatur rex Francorum atque Gothorum. Nunc ostendendum est eam quoque Narbonensis provinciæ partem quæ a Carcassone incipit fuisse in regno Gothico. Istud vero probari primo potest auctoritate vitæ sancti Benedicti abbatis Anianensis ; quem cum scriptor ejusdem Vitæ doceat filium fuisse hominis qui « Comitatum Magdalonensem quoadusque vixit tenuit, » ac Benedictum ex partibus Gothiæ oriundum fuisse, manifestum est illum sensisse eam Galliæ Narbonensis partem Gothiæ nomine comprehensam fuisse. Confirmat hanc sententiam auctor Vitæ Alcuini, qui ait eumdem Benedictum abbatem sæpius ad Alcuinum venisse e Gothia: « Vir quoque Domini Benedictus, ei præ omnibus monachis familiaritate junctus, ad eum gratia consilii salutis suæ et suorum accipiendi sæpius Gothiæ de partibus properabat. » Veniebat enim ex monasterio Aniano, quod in diœcesi Magalonensi constitutum erat, quæ pars est Septimaniæ. In archivo monasterii Cuxanensis reperitur charta Bernardi comitis Bisuldunensis, ut opinor, data anno Christi millesimo, in qua legitur ipsum eidem monasterio Cuxanensi dedisse monasterium vocabulo Monisatem, quod est « In honore sancti Pauli apostoli in provincia Gociæ in comitatu Faunolitense, in diocesi Narbonatis Ecclesiæ. » Quod monasterium in comitatu Fenoliotensi situm fuisse reperio etia in Chartulario monasterii Campirotundi. Hinc re um Gothicum in præcepto quod Lotharius rex concessit Suniario abbati in diœcesi Gerundensi, q od exstat in Chartulario monasterii sancti Felicis J salensis. In libro Evangeliorum monasterii sancti Dionysii, quem Joannes Aventinus libro quarto nalium Boiorum, pag. 462, narrat sua tempestate servatum fuisse Reginoburgii in templo divi Haimer i, hi versus legebantur inscripti Carolo Calvo re i Francorum :

Francia grata tibi, rex inclyte; munera d ert,
Gothia te pariter cum regnis inchoat altis.

Attamen quamvis Gothiæ nomine tum ut aquæ provincia intelligeretur, licet, regnante Lud vico Pio, Bernardus comes Barcinonensis Gothiam Septimaniamque regeret, existimandum non est orrellum, quem Gothicæ ducem fuisse anno Lothari regis reperio in Chartulario monasterii Rivipullesis et in Actis fundationis monasterii sancti Bened cti de Bogiis in diœcesi Ausonensi, existimandu , inquam, non est Borrellum tenuisse provinciam T rraconensem et Septimaniam, cum sciamus illun Barcinonensem tantum Urgellensemque comitatu habuisse. Nisi si se Gothicæ ducem ideo dici voluit q ia partem novæ Septimaniæ, id est, Urgellensem tr ctum, in sua potestate habebat. BALUZ.

ᶜ Wavrensis ad ripas Alisontiæ. Monu . SS., 1, 489.

ᵈ Vongensis circa *Vousi* ad Axonam.

ᵉ Ad Mosam et Barum in quo *Donchery*.

ᶠ Caput ejus *Château-Porcien* ad Axona .

ᵍ Circa *Reims, Laon, Metz*.

ʰ Pithœus notat : « Hic vetustissima embrana deficit. » Et excidisse crederes nonnulla, ut in portione Caroli, cui Alamannia cum ducatu uriensi et Alisatia an. 829 obvenerant, aut in portion Ludovici regis Bajoariæ, scilicet pagos Wormatiens m et Spirensem atque ducatum Austrasiorum cum agis Swalafelda Nortgowi et Hessi. Sed ea anno 8 quo imperator constitutam anno 817 divisionem censuisse apud Einhardum legitur, Ludovico regi ad ecta fuisse videri possunt. Ego in hanc partem incli o, ita ut Caroli portionem ducatu Trevericorum absolutam fuisse credam.

LOTHARII I CONSTITUTIONES PAPIENSES (An. 832, Febr., Papia).

Capitula hæc in quarto Lotharii itinere, quo ab æstate anni 831 usque ad æstatem anni subse entis Italiam visitavit, promulgata sunt.

Constitutionem priorem ex Caroli ac Ludovici capitulis excerptam, post Amerpachium Codi e Tegernseensi usum, Labbeum qui eam inter schedas Sirmondi ex Codice Parisiensi n. 4613 descriptam tomo Concil. VII, p. 1551, ediderat, et Baluzium, denuo edituri, Codicibus 1. Chisiano, 2. Parisiensi n. 4 13, Vaticano n. 5359 a Blumio inspecto (Archiv. t. V, p. 245) Tegernseensi jam regio Monacensi, Frag ento Florentino a Dati edito, Blankenburgico in bibl. ducali Guelferbytana, et Ambrosiano, Florentino, ndinensi, Vindobonensi, Veronensi et Estensi apud Muratorium, capp. 63-67, 95, 69, 70, usi sumus. Quo um ope et textum recognoscere atque augere, et Chisiani præcipue, quem ducem secutus sum, auxilio l cum tempusque quo promulgata sunt eruere licuit.

Constitutio altera jam prima vice ex Codice Chisiano prodit. Decerpta est ex collectione c itularium Caroli Magni, qualem in Codice sancti Pauli superstitem, ipso capitulorum ordine hic refe i conspicimus.

HAEC SUNT [1] CAPITULA [2]

QUAE [3] DOMNUS HLOTHARIUS [4] REX [5]

Una cum consensu fidelium suorum excerpsit [6] *de Capitulis domni Karoli avi* [7] *sui, ac serenissimi imperatoris Hludowici* [8] *genitoris sui, Papia in palatio regio, sub indictione* 10ma, *et cuncto* [9] *populo in regno Italiae consistenti conservare praecepit.* [10]

1. De ecclesiis emendandis volumus, ut ita conservetur [11] sicut in capitulare nostro continetur quod ad Olonnam [12] fecimus. Et ubi in uno loco [13] plures sunt quam necesse sit, destruantur. Quod si forte in aliquo [14] loco aecclesia sit constructa [15], quae tamen necessaria sit et nihil dotis habuerit, volumus ut secundum iussionem domni et genitoris nostri [16] unus mansus cum [17] duodecim bunuariis [18] de terra arabili [19] ibi detur et mancipia [20] duo a liberis hominibus qui ad eandem ecclesiam officium Dei debeant [21] audire, ut sacerdotes [22] ibi possint esse et divinus cultus fieri. Quod si hoc populus facere noluerit, destruatur.

2. Sanguinis effusio in ecclesia facta cum fuste, si presbyter fuerit, triplo conponatur duas partes eidem presbytero, tertiam pro fredo ad ecclesiam, et insuper bannum nostrum. Similiter de diacono iuxta compositionem eius in triplo cum banno nostro conponatur. De subdiacono similiter triplo secundum suam conpositionem [23]. De uniuscuiusque ordinis clerico, secundum suam conpositionem triplo persolvatur, insuper bannus noster. Similiter et de ictu sine sanguinis effusione de uniuscuiusque ordinis clerico secundum suam conpositionem triplo conponatur, insuper bannus noster. Et qui non habet unde ad ecclesiam persolvat, tradat se in servitium eidem ecclesiae usque dum totum debitum persolvat.

3 [24]. Statuimus de presbiteris et diaconibus ecclesiastico honore privatis, ut redigantur poenitentia [25], sicut canones praecipiunt. Et si habet episcopus in sua parrochia suum [26] monasterium, ibi mittantur. Quod si monasterium non habuerit, tunc praecipiat episcopus, ut illi tales habitent in illa plebe unde sunt; et si res proprias habuerint, eligant sibi talem patronum qui de ipsis rebus victum et vestimen-A tum [27] eis ministret. Ipsi tamen nullam habeant licentiam vagandi aut discurrendi, sive ad placita sive ad palatium, sive ad ipsas res quas proprias ante habuerunt [28] sine licentia sui episcopi: sed in eodem loco ubi sibi constitutum est, suam poenitentiam iugiter agant. Quod si hoc non observaverint [29], primum verberibus coherceantur; quod si nec sic castigaverit [30], in tali loco recludantur, ubi, velint nolint [31], in [32] poenitentia vivant.

4. Ut nullus ebrius suam causam in mallum possit conquirere nec testimonium dicere; nec comis placitum habeat nisi ieiunus.

5. De [a] reclamatoribus vel causedicis, qui nec iudicium scabinorum adquiescere nec blasfemare volunt, antiqua consuetudo servetur; id est in custodia B recludantur, donec unum e duobus faciant. Et si ad palatium pro hac re clamaverint et litteras detulerint, non quidem eis credatur; nec tamen in carcere ponantur; sed cum custodia et [b] cum ipsis litteris pariter ad palatium nostrum remittantur, ut ibi discutiantur sicut dignum est.

6. De conspirationibus quicumque facere praesumpserit, et sacramento quamcumque conspirationem firmaverint, triplici ratione iudicentur. Primo ut ubicumque aliquod malum per hoc perpetratum fuerit, auctores facti interficiantur, adiutores vero eorum alter ab altero flagellentur, et nares sibi invicem praecidant. [c] Ubi vero nihil mali perpetratum est, similiter quidem inter se flagellentur, et capillos [33] sibi vicissim detundant. Si vero per dextras aliqua con-C spiratio firmata fuerit, si liberi sunt, aut iurent cum idoneis iuratoribus hoc pro malo non fecisse, aut si facere non potuerint, suam legem conponant; si vero [34] servi fuerint, flagellentur. Et ut de cetero in regno nostro nulla huiusmodi conspiratio fiat, nec per sacramentum nec sine sacramentum.

7 [35]. De oppressione pauperum liberorum hominum, ut non fiant a potentioribus per aliquod malum ingenium contra iustitiam oppressi, ita ut coacti res eorum vendant aut tradant. Ideo haec de liberis hominibus diximus, ne forte parentes contra iustitiam fiant exeredati, et regale obsequium minuatur, et

VARIANTES LECTIONES.

[1] Incipit c. *Vatic.* [2] c. exepta *usque* placuit. *Vn. (reliqua desunt).* c. excerpta u. p. a Lothario imperatore. *Est.* [3] quem 1. 2. [4] lottarius 1. [5] rex instituere iussit. 2. *(reliqua desunt).* [6] excersit 1. excepit *Vatic.* [7] auii 1. [8] ludouuici 1. [9] cum *Vatic.* [10] conceipit 1. praecipit *Vatic.* [11] obseruetis *P.* obseruetur *V.* [12] ad dolonam *P.* olonna *Ch.* [13] unum locum *Ch.* [14] alico *Ch.* alio *rel.* [15] aecclesiam sit constructam qui *Ch.* [16] nostris *Ch: P.* [17] deest *P.* [18] bicharriis *Ch. V. Vn. E.* [19] arabile *Ch.* [20] mancipias duas ad *Ch.* [21] deest *P.* [22] sacerdos i. possit *P.* [23] compositionem *usque* compositionem *excidit in utroque codice; quod supplevi ex Hludowici capitulari.* [24] caput adest et in *Blank.* [25] sub. p. *Bl.* [26] deest *Blk.* [27] uootitum *Blk.* [28] habuerint *P.* [29] conscruauerint *Bl.* [30] castigati fuerint. *Bl.* [31] deest *P.* [32] sup *P.* [33] nares [34] *Ch.* s. f. f. Et ut de cetero *desunt in P.* [35] ex 805 B. 16. cuius ultima sententia excidit.

NOTAE.

[a] Id est, qui litigant. BALUZ.
[b] Carolum Magnum non esse repertorem istius iuris colligi potest ex epistola 104 sancti Bonifacii, in qua sic scribit ad Pippinum regem: « Quidam servus Ecclesiae nostrae, et ipse mendacissimus, qui nos arte fugiebat, Anfrid nomine, veniens ad nos cum indiculo vestro, rogans ut ei iustitiam faceremus, misimus illum ad vos cum ipsis litteris cum misso nostro, ut D cognoscatis quia mentitus vobis est, petentes ut nos pro mercede vestra defendatis contra tales falsarios, et eorum mendaciis non credatis. » ID.
[c] Glossa marginalis in Codice Regio: « Si nihil mali perpetratum est, actor, secundum quosdam, in Corsicam est mittendus; secundum alios, tam actor quam sequaces est flagellandus; secundum alios, actor mori debet. » ID.

ipsi heredes propter indigentiam mendici vel latrones seu malefactores efficiantur [1].

8. Si quis litteras nostras dispexerit, id est tractoriam, quae propter missos recipiendos dirigitur, aut honores quos habet amittat, aut in eo loco ubi praedictos missos suscipere debuit, tamdiu resideat et de suis rebus legationes illuc venientes suscipiat, quousque animo nostro satisfactum habeat. Qui vero epistolam nostram quocumque modo dispexerit, iusso nostro ad palatium veniat et iuxta voluntatem nostram congruam stultitiae suae castigationem accipiat. Et si homo liber vel ministerialis comitis hoc fecerit, honorem, qualemcumque habuerit, sive beneficium amittat. Et si servus fuerit, nudus ad palum vapulet, et caput eius tundatur.

9 [2]. Quicumque liber homo denarium merum et bene pensantem recipere noluerit [3], bannum nostrum, id est 60 solidos, componat [4]. Si vero servi ecclesiastici aut comitum aut vasallorum nostrorum hoc facere praesumpserint, sexaginta ictus [5] vapulent. Aut si magister eorum vel advocatus [6], qui liber est, eos vel comiti vel misso nostro iussus praesentare noluerit, praedictum bannum, id est sexaginta solidos, componat.

10 [7]. De falsa moneta iubemus, ut qui eam [8] percussisse comprobatus fuerit, manus ei [9] amputetur. Et qui hoc consenserit, si liber [10] est, 60 solidos componat.

11 [11]. Decernimus ut quisquis aliter testes habere non potuerit, volumus ut per comitis iussionem quos in suo testimonio necessarios quisque [12] habuerit, veritatem probaturi [13] publico conventu adducantur, ut per ipsos rei veritas cum iuramento valeat inquiri. Quod si de duabus partibus fuerit inquisitio facta, idcirco quod nullus eorum possit habere testes, antequam iurent fiat inquisitio facta. Quod si omnes ad unam partem dixerint testimonium, iurent verum dixisse testimonium. Quod si dissenserint, et quae A dam [14] pars [15] testium uni [16] praebuerit testimonium et alia alteri, tunc interrogentur si audent pe pugnam illorum testimonium approbare. Quod si n lla pars alteri concesserit [17], iurent, et per pugnam probetur illorum testimonium [18]. Quod si una [19] pars se [20] subtraxerit, tunc illa quae ausa fuerit contend re, recipiatur ad testimonium.

12 [21]. Ut per triginta annos servus libe fieri non possit, si pater illius servus aut [22] mate illius ancilla fuerit. Similiter [23] de aldionibus [24].

13 [25]. Ut nullus cancellarius pro ullo i dicato aut scripto aliquid amplius accipere audeat isi dimidiam libram argenti de maioribus scriptis de minoribus autem infra [26] dimidiam libram q tum res assimilari possit [27] et iudicibus rectum vi etur accipiat. De orfanis autem vel ceteris pauperi us qui exsolvere hoc non possunt, in providentia mitis sit, ut nequaquam inde aliquid accipiat. [D indiculis vero nihil accipiat, nisi tantum perg nam, ubi ipsum indiculum scribere possit. C. Blan;.] Notarii autem hoc iurare debent, quod nullum sc iptum falsum faciant, nec in occulto [28] scriptum a iquis [29] faciat [30]; nec [31] de uno comitatu in alio, isi per licentiam illius comitis in cuius comitatum [32] stare debet [33]. Si vero necessitas itineris alique [34] compulerit [35], aut infirmitas gravis, secundu capitulare domni et [36] genitoris nostri faciant [37]. Q od si [38] aliter fecerit [39], inanis [40] et vacuus [41] appa eat [42].

14. Placuit nobis, ut haec capitula, uae excerpsimus [43] de capitulis [44] bonae [45] memo iae avi nostri Karoli ac domni et genitoris nostri Hludowici imperatoris, ab [46] omnibus sanctae Dei ecclesiae et nostris fidelibus in regno Italiae consis entibus pro lege teneantur et conserventur. Et quicu que horum capitulorum contemptor extiterit, 60 olidorum [47] multam componat [48], sicut in capitu is praedicti domni [49] avi [50] nostri Karoli continetur .

VARIANTES LECTIONES.

[1] *haec ex Karoli M. capitulari adduntur in Mut. A. Fl. L. V. Vn. Est.*: Et ut saepius non t manniti ad placita, nisi sicut in alio capitulo praecipimus, ita observetur. [2] *deest in Paris.* [3] *in hac o ce cod. Tegernseensis incipit fol. 87.* [4] *reliqua hujus capitis desunt in Teg.* [5] hictos *Ch.* [6] aduocatos h. [7] *deest in Paris. Numero* IX *signat Tegernseensis, et ita porro.* [8] quicumque percusserit aut probatus T g. [9] ei *Ch.* [10] hoc consibilis est *Ch.* [11] adest in Blank. [12] quosque *Bl.* [13] praelaturi *Ch. Blk*; perlaturi T g. prolaturi *Vn. Est.* [14] quadam *Ch. Bl.* [15] parte *Bl.* [16] omnium *Bl.* unum... alterum *Ch. A. V. Vn. E.* [17] concesserit *Ch.* [18] t; et tunc (media desunt) *Bl.* [19] nulla *Ch.* [20] se s. deest *Ch.* [21] *hoc caput de st in codice Vaticano.* [22] et *Mur.* [23] s. d. a. desunt in *Teg.* s. est de a. *Bl.* [24] a. praecipimus P. [25] *c vut extat in fragmento Florentino; in Blank. vero alio loco.* [26] i. ipsam d. l. *Bl. Par. Teg.* [27] res expo cit *Teg. Bl. Par.* (rex). [28] f. nec inocculfum. Nec scriptum *Teg.* [29] aliquod faciant *Frg. Fl. Teg.* [30] f. falsum, nec *V. Vn.* [31] deest *Teg.* [32] comitatum *Ch. P. c.* cartula ipsa st. *B.* [33] debent *Ch. Frg.* [34] al quid *Ch. V. Vn.* aliqua *Frg. Fl.* aliquem *P. Teg.* [35] contulerit *Ch.* copulaucrit *P.* [36] d. et desunt in *Ch. P. Teg. Frg. Fl. Bl.* [37] *reliqua capitis desunt in Teg.* [38] s. quis a. *Bl.* [39] Si notarius a. f. *Fl. Frg.* [40] inan et uacuum *V. Vn.* [41] vacua *Bl.* [42] *Hic explicit in codice Vaticano. In Fragmento Florentino huic ca ti praemittitur caput Hludowici II :* De feminis quibus defunctis viris et subsequitur caput eiusdem : De c artis quae a quibusdam personis falsae, etc. [43] excersimus *Ch. P.* [44] capitulare *Frg. Fl. V. Vn.* [45] sancte P. [46] ii *Ch.* [47] sol. denariorum multa *Blk.* [48] solid. componat (*reliqua desunt*) *Fra. Fl. V. Vn. E.* [49] eest *Ch. Bl.* [50] *anii hac voce desinit Teg.*

NOTÆ.

a Loco sequentium Codex Paris. 4613, fol. 96[t] 97, haec addit, cum constitutionibus Olonnensibus. a. 825, supra, conferenda indeque emendanda: « 13. Placuit nobis de liberis feminis que sibi servi copulant, sicut ad nostram regiam potestatem perteneunt, ita volumus ut deinceps [inceps. *Cod.*] ad psos Langobardos perteneant; ipse et filiis suis t filiabus eorum.

« 14. Statutum est, ut si qua femina li era cum servum alterius se copulaverit, et paren es eius eam

15. Ut omnes qui per aliqua scelera rebelles sunt, constringantur ab omni generaliter.

16. De his qui legem servare contempserint, ut [1] per [2] fideiussores in praesentiam nostram deducantur.

17. De mensuris, ut secundum iussionem nostram aequales fiant.

Facto capitulare anno imperii [a] dominorum nostrorum Ludowici et Lottario nonodecimo et tertiodecimo, mense Februario, indicione decima.

ITEM ALIA CAPITULA.

1. De cerariis [4] et tabulariis atque cartulariis, sicut a longo tempore fuit, servetur.

2. De sacramentis per ildonea invicem cum iuratoribus nemo facere praesumat. Alio vero modo de illorum elimosinis aut de incendiis aut de naufragio quamvis convenientias faciant, nemo in hoc iurare praesumat.

3. De truste faciendo nemo praesumat.

4. Qui ad palatium aut aliubi pergunt, ut eos cum collecta nemo sit ausus adsalire. Et nemo erbam alterius tempore defensionis tollere praesumat, nisi in hoste pergendum, aut missus noster sit. Et qui aliter praesumet facere, emendet.

5. De teloneis quae iam antea forbannita [5] fuerunt; nemo tollat, nisi ubi antiquitus fuerunt.

6. De mancipiis quae venduntur, ut in praesentia episcopi vel comitis sint vendita [6], aut in praesentia vicedomini vel iudicis [7] comitis, aut ante bene nota testimonia. Et foris marca nemo mancipia vendat; et qui hoc fecerit, tantas vices bannum solvat, quantas mancipias vendidit. Et si non habet pretium, in wadia semetipsum comiti donet, usque dum ipsos bannos solvat.

7. Ut nullus brunias foras nostro regno vendere praesumat.

8. Si comis in suo ministerio iustitiam non fecerit, misso nostro de suam causam [a] soniare faciat, usque dum iustitiam ibidem factam fuerint. Et si vassus noster iustitiam non fecerit, tunc ei comis et missus ad ipsius causa sedeant, et de suo vivant, quousque iustitiam faciant.

9. Si quis per faida pretium recipere non vult, tunc ad nos sit transmissus, et nos eum dirigamus ubi damnum minime facere possit.

10. Simili modo et qui [8] pro faida pretium solvere noluerunt nec iustitiam exinde facere, in tali loco eum mittere volumus, ut pro eodem maior damnum non crescat.

11. De latronibus ita praecipimus observandum, ut prima culpa non moriatur. De secunda vero culpa nasum perdat. De tertia, si non emendaverit, moriatur.

12. De monasteria et sinodochia qui per diversos comitatos esse videntur et regia sunt, ut quicumque eas habere voluerint, per beneficium domino nostro regis habeant.

13. De rebus qui Hildecarde regine tradite fuerunt, volumus ut fiant descripte per breves; et ipsi breves ad nos faciant adduci.

14. Placuit nobis de cartulas illas, que facta sunt de singulis hominibus, qui se et uxores filios vel filias in servitio tradiderunt, ut ubicumque inventi fuerint, reddantur, et sint liberi sicut primitus fuerunt.

15. De arma in exercitum, sicut antea in alio capitulare commendavimus, ita servetur. Insuper omnis homo de duodecim mansis [9] bruniam habeat; qui vero bruniam habens et eam secum non tulerit, omne [10] beneficium cum bruniam perdat.

16. Ut nullus alteri per sacramentum fidelitatem [11] promittat, nisi nobis et unicuique proprio seniori, ad nostram utilitatem et sui [12] senioris, excepto his sacramentis quibus iuste secundum legem alter ad altero debent; et infantes qui ante non potuerunt propter iuvenilem etatem iurare, modo fidelitatem nobis repromittant.

17. De periuriis ut caveantur, ut non admittantur testes ad iuramentum antequam discutiantur. Et si aliter discuti non possunt, [b] separentur ab invicem et singulariter inquirantur, ut non solum [c] accusatori liceat [d] [13] testes eligere absentes suos causatores. Et omnino nullus nisi ielunus ad iuramentum [14] vel ad [15] testimonium admittantur. Et [16] ille qui ad testimonium adducitur [e] si refutatur, dicat ille qui

VARIANTES LECTIONES.

[1] et Ch. [2] deest Ch. [3] impii. [4] cod. cerario c. [5] forbanniti c. [6] s. v. desunt c. [7] iudici c. [8] deest c. [9] menses c. [10] omne c. [11] fidelitas c. [12] suis c. [13] licet ut c. [14] iumentum c. [15] at c. [16] ut c.

NOTÆ.

anni spatium ad vindictam non dederit, volumus ut [D] curtis regia adquirat, se ipsa femina cum ipso servum annu et diem steterit, habeat eam cuius servo est, et filii qui ex ea nati fuerint, sic servi sicut pater eorum.

«15. Statutum est, ut si quis liber homo uxore habens liberam propter aliquod crimen aut debitum servitium alteri se subdidit, eademque coniux cum ipso manere noluerit, ipsorum procreatio que tali coniugio sit, libertatis statutum non amittat. Si vero ea defuncta secunda uxor et tamen libera tali se sciens tulerit iunxerit coniugio, liberi eorum subdantur.

« 16. Si quis percusserit presbiter id est sacerdos [*Leg.* presbiterum.... sacerdotem], conponat aurum optimum libre decem. »

[a] i. e., casa.
[b] In quibusdam Codicibus legitur: *Separentur ad invicem*. Alcuinus in libro de Virtutibus et Vitiis ad Witonem comitem, cap. 20 : « Si falsi testes separantur, mox mendaces inveniuntur. » BALUZ.
[c] *Id est actori*, ut ait vetus glossa interlinearis in uno Codice Regio legis Longobardorum. Quod ideo recte observatum est, ne quis putare posset hic agi de causis tantum criminalibus. ID.
[d] *Id est adducere testes ut jurent,* inquit eadem glossa. Unde ait alia glossa in altero Codice Regio: « Etiam reo licet testes eligere et contradicere per capitulum Lotharii : *Si quis cum altero.* » ID.
[e] Charta Ludovici VI regis pro monasterio Fossatensi : « Quod si aliquis temeraria praesumptione

eum [1] refutat et probet, quare illum recipere nolit. Et de ipso pago testes eligantur, nisi longius extra comitatum causa sit inquirenda. Et si quis convictus fuerit, perdat manum aut redimat.

18. De advocatis, id est ut pravi advocati vicedomini vicarii aut centenarii tollantur, et tales eligantur [2], qui sciant et velint iusteque causas discernere et determinare. Et si comis pravus inventus fuerit, nobis renuntietur.

19. Placet nobis, ut iusta et antiqua telonea a negotiatoribus exigantur, tam de pontibus quamque de navigiis et mercatis. Nova vero seu iniusta, ubi funes tenduntur vel cum navibus sub pontibus transitur, seu his similia in quibus nullum adiutorium iterantibus prestatur, nos non exigantur. Similiter et Iudeis, qui [a] si negotiandi causa substantiam suam de una domo sua ad aliam, aut ad placitum, aut in exercitum ducunt [3]. Si vero fuerit unde dubitetur, ad proximum placitum nostrum quod cum ipsis missis abituri sumus, interrogeantur [4].

20. De diversis hominibus qui ad servitium Dei se tradere volunt, ut prius noc non faciant, quam a nobis licentiam postulentur. Hoc ideo, quia audivimus aliquos ex illis non tam de causa devotionis, quam exercitia seu aliam funtionem regali fugie do. Quosdam vero cupiditatis causa ab his qui r s illorum concupiscunt circumventos audivimus; ho ideo fieri prohibemus.

21. Volumus ut missi nostri hoc fidelite exactare debeant absque persone gratia vel blandi e seu terrore secundum iussionem nostram; id es ut hominem abentem libras sex in auro et argent , bruniis, eramento, pannis integris, camellis, bovib s, vaccas, vel alio [b] peculio; et uxores vel infantes non fiant dispoliati pro hanc rem, quorum vest entis hac mancipia legitimum aribannum, vel l as 5. Qui vero non habet amplius nisi libras tres in suprascripto pretio valentem, solidos 30 ab eo e gant. Qui autem non habuerit amplius nisi libras d as, solidos 10. Si vero unam habuerit, solidos quin , ita ut iterum [5] se valeat preparare ad Dei servi ium et ad nostram utilitatem. Et missi nostri cave t, et diligenter inquirant, ne per aliquod malo i genio subtraant nostram iustitiam alteri tradend aut commendando.

VARIANTES LECTIONES:

[1] q. uero refutatur p. *c.* [2] e. q. *deest c.* [3] ducant *corr.* ducunt *c.* [4] intergentur *c.* [5] terum ,

NOTÆ.

illorum testimonium in aliquo refutaverit. » Vetus historia Trevirensis in tomo XII Spicilegii Dacheriani, pag. 219 : « Cœpit a fratribus omnino charitatem refutare, » id est *recusare*, ut in margine adnotat clarissimus Editor. Regula cujusdam in Concordia regularum, pag. 728. « Caro et vinum, sive potus in quo sit ebrietas, refutanda sunt monachis, nec suscipienda. » Ubi vide notas Hugonis Menardi. BALUZ.

[a] Sive « ad eorum supplendas necessitates, » ut legitur in præcepto Ludovici Pii de immunitate monasterii Miciacensis a præstatione tributorum pro navibus per flumina regni Francorum discurrentibus pro quibuslibet præfati monasterii necessitatibus. Quod privilegium postea confirmatum est a Carolo Calvo. Simile privilegium monasterio sancti Philiberti concessit Pippinus rex Aquitanorum, ut patet ex ejus præcepto, quod a R. P. Chiffletio editum est in Historia monasterii Trenorchiani, pag. 192. Item Lotharius imperator simile monasterio Duserensi apud eumdem Chiffletium, pag. 264. Simile quoque privilegium Andegavensi Ecclesiæ concessum a Ludovico Pio ediderunt Sammarthani in tomo secundo Galliæ Christianæ, et aliud Caroli Magni pro monasterio Organensi juxta Veronam Ferdinandus Ughellus in tomo quinto Italiæ sacræ, pag. 600. Habemus præterea præcepta Caroli Magni et Pippini regis Aquitaniæ quibus immunitatem telonei et aliorum tributorum concedunt monasterio Cormaricensi pro duabus navibus per diversa flumina discurrentibus. Item præceptum Ludovici Pii de quinque navibus Ecclesiæ Viennensi concessis *ad sua negotia deferenda*. Itemque aliud de quatuor navibus monasterii sancti Germani Antissiodorensis. Item Ludovicus monasterio sancti Aniani Aurelianensis concessit privilegium habendi sex naves « quæ sive per Ligerim flumen, sive per cætera flumina infra ditionem imperii nostri ob utilitatem et necessitatem monasterii » discurrere possint ubicunque velint, ut legitur in litteris ejusdem Ludovici a clarissimo Huberto editis , pag. 75 Probationum Historiæ ejusdem monasterii sancti Aniani. Quæ ideo adnotavimus ut agnoscerent lectores eam generalem legem de qua nunc agimus indiguisse auctoritate principis speciali ut exsecutioni mandaretur per sing la loca. ID.

[b] Id est, pecudibus, animalibus. Hin peculium utriusque sexus in veteri charta monast rii Schlechdorfensis in tomo tertio metropolis S lisburgensis, pag. 321. Statuta antiqua sancti Petr Corbeiensis in tomo quarto Spicilegii Dacheriani pag. 20 : « Similiter quicquid in diversis laboration bus quolibet modo acquiritur, vel in variis peculi m generibus enutritur. » Testamentum Evrardi co itis apud Aubertum Miræum in Codice donationu piarum, pag. 99, et in tomo duodecimo ejusdem Spicilegii, pag. 495 : « Sive in laboratione sive in peculio. » Porro in hoc istius capitis loco, pro eo q od hic legitur *peculio*, Codex Palatinus et Bellov censis habent *pecunio*. Quod idem est. In testam nto sancti Aldrici episcopi Cenomanensis legitur sum statuisse ut quidquid de pecuniis diver i generis » et vestimentis in suo ergastulo inventum uerit post mortem suam, tribuatur monasterio a se ondito super fluvium Sarthæ. Præceptum Caroli lagni pro monasterio Anianensi editum a Mabilloni , tom. V, pag. 222 : « Ad pascua armentorum et emenda pecora ; » pro quo Ludovicus Pius in ali præcepto quod ibidem est, pag. 223, scripsit : « Ad pascua armentorum et alenda pecora. » Homilia in erti auctoris in vetustissimo Codice sancti Galli : « Q ndo Abraham decimas de præda donavit ; quanto agis omnis homo de suo labore, de omni pecuni et de omnibus animalibus. » Concilium Duziacens , pag. 293, in Editione Cellotii, et pag. 1655, in to o octavo Conciliorum ultimæ Editionis : « generi diversi ac sexus pecuniam. » Cellotius in notis ad nc locum, cum ista non intelligeret, pecuniam hic explicavit de argento signato *; hæc sunt ejus ve ba : « Vox insolens, inquit, et nusquam alibi mihi le ta. Neque ego sexum alium in pecunia conjicere po sum quam si aurum pro mare, argentum signatum ro femina accipias. » Porro pecunia alibi significa quamlibet rem quam quis de pecunia sua comparav t, ut libro quinto Capitularium, cap. 347, et lib. VI, .11, et in Capitularibus Lotharii, tit. 3, cap. 12. I .

* Vide Servium, ad Eclogam primam Virgil i.

22. Census regalis undecumque legitime exiebat, volumus ut inde solvatur, sive de propria persona hominis sive de rebus.

23. Ut singulis episcopis abbatibus diligenter considerent thesauro ecclesiastico propter perfidiam [1] aut neglegentiam custodi, ne aliquid de gemmis aut de vasis reliquo thesauro perditum sit; quia dictum est nobis, quod negotiatores Iudaei necnon et alii gloriantur, quod quicquid eis placent, possint hab eis emere.

24. Audivimus quod alibi reddant beneficium nostrum ad alios homines in proprietatem, et in ipso placito dat pretium et conparat ipsas res iterum sibi in [a] alodum; quod omnino cavendum est, quia qui hoc faciunt non bene custodiunt fidem quam nobis promissam habent. Et ne forte aliqua infidelitatem inveniamus; quia qui hoc faciunt, pro eorum voluntatem ad aures nostras talia opera illorum non perveniant.

25. De mendicis qui per patria discurrunt, volumus ut unusquisque fidelium nostrorum suum pauperem de beneficio aut de propria familia nutriant, et non permittat aliubi abire mendicando, ut ubi tales inventi fuerint, nisi manibus laborent, nullus [2] ei quicquam tribuere praesumat.

26. De liberorum hominum possibilitatem, ut iuxta qualitatem proprietatis exercere debeant.

27. Ut nullus consentiat suis hominibus malefaciendum in patriam; et de eo [3] quod dicunt, quod non possint habere homines ad marcam defensandam, si eos bene distringant.

28. De vassis regalibus, ut honorem habeant, et per se ad nos aut ad filios nostros caput teneant.

29. Et pro placita non fiant banniti liberi homines, excepto si aliqua proclamatio super aliquem venerit, aut certe si scabinis, aut iudex non fuerit, ut pro hoc condempnati illi pauperes non fiant.

30. Homo ingenuus qui multam [4] quamlibet solvere non potuerit, et si fideiussorem non habuerit, liceat ei semetipsum in wadium ei cui [5] debitor est mittere, usque dum multam quam [6] debuit persolvat. In eodem capitulo de soniste [7] aut 60 solidos componat, aut cum 12 iuret, aut si ille qui causam querit 12 hominum sacramentum recipere noluerit, aut ad crucem aut ad scutum et fuste contra eum discertent.

31. De relinquentibus seculum; unum ex duobus eligant, ut pleniter secundum canonicam [8] aut secundum regularem institutionem vivere debeant.

32. De iustitia ecclesiarum Dei, viduarum, orfanorum, pupillorum, ut in publicis iudicibus non despiciantur increpantes, sed diligenter audiantur.

33. Si servus noster occisus fuerit, duas partes de ipsa [9] conpositione tollat curtis nostra, et tertia pars [10] parentis servi ipsius nostri defuncti, sicut superius diximus. Hoc autem in diebus nostris et in tempore regni nostri statuimus, quamvis lex nostra non possit [11]. Post autem nostrum decessum qui pro tempore princeps fuerit, faciat sicut ei Deus inspiraverit, aut rectum sicut secundum animam suam providerit. Quia non solum semel sed multotiens cognovimus, ubi tales causas emerserint, quoniam nec in rebus publicis nec nulla rationem palatii profuit, quod exinde actores nostri tulerunt; et insuper invenimus et cognovimus multos actores nostros, qui tollebant singulis unde decem solidos, unde sex, unde amplius, et dabant talem spatium atque tranquilla, donec ipse qui homicidium faciebant obsecrare potuisset ut exinde nihil daret. Et [12] hoc providimus statuere, curtis nostrae mediatatem de aldiones, et duas partes de servos [13] sicut supra diximus, habeant; ipsi parentes propinqui ut, unde habent dolorem, habeant in aliquo propter mercedem consolationem.

34. Propter Deum et misericordia eius precipimus atque constatuimus sola pietatis causa, ut si aldius noster occisus fuerit, mediatatem de ipsam conpositionem tollat curte nostra, et mediatatem parentes ipsius defuncti, si vivo patre habuerit aldione nostro, sive matrem, sive fratres, sive filii.

35. Hoc precipimus, ut nullus presumat nec da servo nec da aldione nostro aliquid emere; quia pro cautela et pro futuris temporibus per omnes curtes nostras breves facimus de omnes territorias de ipsas curtes pertinentes. Unde precipimus, ut qui amodo inventus fuerit de servo aut de aldione [14] vel abtim de curte nostra aliquid emere, ipsum perdere habet, sicut qui res alienas malo ordine invadit. Et si actor consenserit aut conscius fuerit, res eius tollere et in publicare faciat. Quia debet [15] omnis homo considerare [16] propter Deum et animam suam, quoniam nos illum relaxavimus, a livero [17] eremmanos quod nobis in curtes nostras secundum antiquo edicto legibus pertinebant; *quoniam qui unam filiam relinquebat* [18] *tantum in tertia pars* [19] *substantiae patris sui succedebat, et duas in publico revertebant* [20], si propinquos parentes non habet; et si duas filias habebat aliquis aut amplius, in medietate tantum succedebant patri suo et publicus in media. Et ecce nos modo omnia de talibus causis propter Deum et [21] eius misericordia relaxavimus [22]: proinde unicuique de-

VARIANTES LECTIONES.

[1] fidiam *c*. [2] nullum *c*. [3] et deo *c*. [4] multas qualibet *c*. [5] cui *c*. [6] multa quem *c*. [7] cles oniste *c*. [8] ut p. s. c. *deest c*. [9] ipsas *c*. [10] pras *c*. [11] sit. [12] hac *c*. [13] servos. Sicut s. d. h. i. *cod*. [14] aldine *c*. [15] *deest c*. [16] *deest c*. [17] alii vero *c*. [18] q. q. u. f. v. *desunt in c*. [19] pras *c*. [20] r. Tantum in tercia pars substantiae patris sui succedebat, et duas in publico revertebant si *c*. [21] et mercedem animae meae, *supra*. [22] relavimus *c*.

NOTÆ.

[a] Alodium olim dicebant fundum liberum nullius juri obnoxium, ut ait Sirmondus in notis ad Goffridum Vindocinensem, pag. 5. BALUZ.

bet sufficere sua substantia, et non debet cupiditatem habere contra rationem conparandum da servo, aut de aldione vel abtin nostro. Unde qui hoc facere praesumpserit, conponere habet sicut scriptum est; insuper in periurii reatum nobis conparuit pertinere, eo quod nobis iuratum habet quod nobis fidelis sit. Et qualis fidelitas est, dum ille cum iudices auctorem aut aldionem vel servo conludium facit, et res nostra contra nostram voluntatem invadat? Quia hoc statutum est in edictum, ut qui de servo aut aldionem conparaverit, perdat pretium; et qualem legem unusquisque Langobardus habere vult, talem debet ad curtem nostram conservare. Et quis amodo conparaverit, aut infiduciaverit, perdat pretium suum secundum edicti tenore. Qui vero hoc modo facere presumpserit, et pretium perdat, et sicut qui res alienas malo ordine invadit nesciente domino, conponat. Actor vero amittat substantiam suam qui hoc consenserit, sicut supra legitur. Nam si nos relaxavimus, unusquisque habere debeat cui preceptum fecimus aut fecerimus.

36. Qualiter iubet domnus rex ad omnes actores qui curtes eius commissas habent. Id est in primis de illo quod nostris temporibus inpublicatum est, ut iuret unusquisque actor, et dicat per euuangelias: *Quia quodcumque cognovero, quod contra rationem alicui toltum est, facio exinde notitiam domno mei regi*

ut relaxetur. Sic tamen, ut dicat in ipso sacr ento, quod non consentiendo amico, non ad parent m, non premio corruptus, nisi quod certum sciat quo contra rationem toltum est; et cum nobis fuerit ecensitum, per nostram iussionem relaxentur.

37. Unde statuimus, ut per 60 annos in uiratur possessio de pecunias publicas, pro eo quod eccatis imminentibus de 40 annis aliquis non me rat, et pauci inveniuntur qui tantos annos abeant statuimus, ut excepto qui iam per iustitiam inp licatus est, quod intra 30 annos aliqua invasio aut fraus in pecunias publicas facta est, ipsa requirat, e adducat ad nostram notitiam. Sic tamen, ut antea on presumat wiffare aut pignorare. Quia nos volu us ista causa per nosmetipsos audire et secundum eum ordinare. Quia apparuit nobis, quod si nos ipsa causa audierimus, Deo favente sine peccato eam nquirere habemus, et sic ordinare ut mercedem h eamus, quia iudices nostri, neque arimannos, ne actores nostri, possunt sic disciplina distringere s cut nos. Quod autem probatum est per triginta anno aut super cuiuscumque possessionem fuit, et a odo habeat; ut nullus actor eo presumat nec wi are nec molestare; et qui presumpserit, conponat se actor widrigild suum, excepto unde preceptum f lsum invenitur [1] quod aperta [2] causa est ad quire um.

VARIANTES LECTIONES.

[1] inuentúr *c*.   [2] opeta *c*.

HLOTHARII IMPERATORIS CONVENTUS COMPENDIENSIS (An. 833, Oct.)

Ex actis conventus in quo Ludovicus imperator depositus est; relatio episcoporum et charta ab Agobardo archiepiscopo Lugdunensi ad exemplum reliquorum episcoporum Lothario oblata exstant. Et 1anc quidem inter Agobardi Opera vulgatam, ad instar Codicis unici in bibliotheca Regia Parisiensi n. 855, m., saec. IX, recognitam iterum edimus, relatione episcoporum ex Sirmondi Conciliis Galliae, t. II, p. 60, proposita.

EPISCOPORUM DE EXAUCTORATIONE HLUDOWICI IMPERATORIS RELATIO.

Omnibus in christiana religione constitutis scire convenit, quale sit ministerium episcoporum, qualisque vigilantia atque sollicitudo eis circa salutem cunctorum adhibenda sit, quos constat esse vicarios Christi et clavigeros regni caelorum: quibus a Christo tanta collata est potestas, ut quodcumque ligaverint super terram, sit ligatum et in caelo, et quodcumque solverint super terram, sit solutum et in caelo. Et in quanto sint ipsi periculo constituti, si ovibus Christi pabulum vitae ministrare neglexerint, et errantes ad viam veritatis arguendo obsecrando reducere pro viribus non studuerint, iuxta illud propheticum: *Si non annuntiaveris*, inquit, *iniquo iniquitatem suam, et ipse in impietate sua mortuus fuerit, sanguinem eius de manu tua requiram*, et multa his similia ad magisterium pastorale pertinentia, quae in divinis sparsim continentur. Quapropter eisdem pastoribus Christi summopere studendum est, ut erga errata delinquentium moderationem discretissimam teneant, ut sint iuxta beati Gregorii doctrinae documentum

bene agentibus per humilitatem socii, con ra delinquentium vero vitia per zelum iustitiae er cti: quatinus posthabito torpore, atque segnitie, v humano favore, aut mundiali timore, sic exerceant ministerium suum, ut et praesentibus salubriter onsulant, et futuris sint exemplum salutis. Verum q a in agro Dei, qui est Ecclesia Christi, noxia quaequ instinctu hostis antiqui pullulare non cessant, qu e necesse est ut adhibito sarculo pastorali radicitus extirpentur, et propter malevolos quosque, qui be acta aut intelligere nolunt, aut malevola intentione otius intelligere, quam ipsam veritatem delectantur amplecti, oportet eosdem pastores, ut quandocumqu de generali utilitate, vel publica coercitione qu piam in conventibus suis decreverint, id iuxta mor m ecclesiasticum scriptis committant: videlicet u posteris omnem ambiguitatem et occasionem iuste strahendi vel reprehendendi penitus amputent. Proi de notum esse necessarium duximus omnibus filiis s nctae Dei ecclesiae, praesentibus scilicet et futuris, qualiter nos episcopi sub [super *S*.] imperio domini t gloriosissimi Lotharii imperatoris constituti, an o incarnationis Domini Iesu Christi 833 indictione 12, anno siquidem eiusdem principis primo, in mense videlicet Octobri, apud Compendium palatium generaliter convenimus, et memoratum principem humiliter audivimus. Et hoc quidem illi, sive optimatibus illius, seu omni generalitati populi quae undique illuc confluxerat, manifestare iuxta iniunctum nobis ministerium curavimus, qualis sit vigor et potestas sive ministerium sacerdotale, et quali mereatur damnari sententia, qui monitis sacerdotalibus obedire noluerit. Deinde tam memorato principi quam cuncto eius populo denuntiare studuimus, ut Domino devotissime placere studerent, et in quibus eum offenderant placare non differrent. Examinata quippe sunt multa, quae per negligentiam in hoc imperio contigerunt, quae ad scandalum ecclesiae, et ruinam populi, vel regni interitum manifestis indiciis pertinebant: quae necesse erat ut cito corrigerentur, et in futuro omnibus modis vitarentur. Inter cetera etiam commemoratum est a nobis, et omnibus ad memoriam reductum, qualiter Deus regnum istud per administrationem bonae memoriae Karoli praestantissimi imperatoris, et per praedecessorum suorum laborem, pacificum et unitum atque nobiliter dilatatum fuerit, et Domino Ludewico imperatori a Deo ad regendum sub magna pace commissum, Dominoque protegente sub eadem pace, quamdiu idem princeps Deo studuit et paternis exemplis uti, ac bonorum hominum consiliis acquiescere curavit, conservatum manserit: et quomodo in processu temporis, sicut omnibus manifestum erat, per eius improvidentiam vel negligentiam, in tantam venerit ignominiam et vilitatem, ut non solum amicis in moestitiam, sed etiam inimicis venerit in derisionem. Sed quia idem princeps ministerium sibi commissum negligenter tractaverit, et multa, quae Deo et hominibus displicebant, et fecerit et facere compulerit, vel fieri permiserit, et in multis nefandis consiliis Deum irritaverit et sanctam ecclesiam scandalizaverit : et ut cetera quae innumera sunt omittamus, novissime omnem populum sibi subiectum ad generalem interitum contraxerit, et ab eo divino iustoque iudicio subito imperialis sit subtracta potestas. Nos tamen memores praeceptorum Dei, ministeriique nostri, atque beneficiorum eius, dignum duximus, ut per licentiam memorati principis Lotharii legationem ad illum ex auctoritate sacri conventus mitteremus, quae eum de suis reatibus admoneat, quatenus certum consilium suae salutis caperet, ut quia potestate privatus erat terrena, iuxta divinum consilium et ecclesiasticam auctoritatem, ne suam [secundam S.] animam perderet, elaborare in extremis positus totis viribus studeret. Quorum legatorum consiliis et saluberrimis admonitionibus libenter assensum praebuit, spatium poposcit, diemque constituit, qua de salubribus eorum monitis certum eis responsum redderet. Cum autem suprascriptus instaret dies, sacer idem conventus unanimiter ad eundem venerabilem virum perrexit, eumque diligenter de quibus Deum offenderat et sanctam ecclesiam scandalizaverat, ac populum sibi commissum perturbaverat, admonere, et cuncta illi ad memoriam reducere curavit. Ille vero eorum salutiferam admonitionem, et dignam congruamque exaggerationem libenter amplectens, promisit se in omnibus illis acquieturum salutari consilio, et subituro rum remedia iudicium. Porro de tanta salubri admonitione hilaris, illico dilectum filium suum Lotharium augustum sibi festinato affuturum supplicavit, ut ille, ruptis quibuslibet moruliis, cum suis primatibus veniret, quatinus primum inter eos mutua reconciliatio secundum christianam doctrinam fieret, ut si quid in cordibus eorum naevi aut discordiae inerat; pura humilisque postulatio veniae expiaret, ac deinde coram omni multitudine iudicium sacerdotale more paenitentis susciperet, quod et non multo post factum est. Veniens igitur idem dominus Lodewicus in basilicam sanctae Dei genetricis Mariae, ubi sanctorum corpora requiescunt Medardi videlicet confessoris Christi atque pontificis, necnon Sebastiani praestantissimi martyris , adstantibus presbyteris, diaconibus, et non parva multitudine clericorum, praesente etiam praefato domino Lothario filio eius, eiusque proceribus, atque totius populi generalitate, quotquot videlicet intra sui septum eadem continere potuit ecclesia, et prostratus in terram super cilicium ante sacrosanctum altare, confessus est coram omnibus ministerium sibi commissum satis indigne tractasse, et in eo multis modis Deum offendisse, et ecclesiam Christi scandalizasse, populumque per suam negligentiam multifarie in perturbationem induxisse. Et ideo ob tantorum reatuum expiationem publicam et ecclesiasticam se expetere velle dixit poenitentiam, quo miserante Domino per eorum ministerium et adiutorium perciperet mereretur absolutionem tantorum criminum, quibus Deus ligandi ac solvendi intulerat potestatem. Quem etiam iidem pontifices, utpote medici spirituales, salubriter admonuerunt, asserentes ei quod puram et simplicem confessionem sequeretur vera remissio peccatorum, ut aperte confiteretur errata sua in quibus maxime se Deum offendisse profitebatur, ne forte interius aliquid tegeret, aut in conspectu Dei quippiam dolose ageret, sicut iam pridem in Compendio palatio ab alio sacro conventu correptus coram omni ecclesia eum fecisse omnibus notum erat; ne sicut tunc, ita et nunc per simulationem et calliditatem duplici ad Deum corde accedendo, ad iram potius quam ad veniam suorum peccatorum provocaret: quoniam scriptura testante, *simulatores et callidi provocant iram Dei*. Verum post huiusmodi admonitionem professus est, se in omnibus iis praecipue deliquisse, unde a memoratis sacerdotibus fuerat familiariter, sive verbis sive scriptis, admonitus, et digna increpatione correptus; super quibus chartulam summam reatuum suorum, unde illum specialiter redarguerent, continentem ei dederunt, quam ille in manibus gestabat.

1. Videlicet sicut in eadem chartula plenius continetur, reatum sacrilegii incurrendo et homicidii, eo quod paternam admonitionem et terribilem contestationem sub divina invocatione ante sanctum altare in

praesentia sacerdotum et maxima populi multitudine sibi factam secundum suam promissionem non conservaverit; eo quod fratribus et propinquis violentiam intulerit, et nepotem suum, quem ipse liberare potuerat, interficere permiserit; et quod immemor voti sui, signum sanctae religionis propter vindictam suae indignationis fieri postea iusserit.

2. Quod auctor scandali et perturbator pacis ac violator sacramentorum existendo, pactum, quod propter pacem et unanimitatem imperii ecclesiaeque tranquilitatem communi consilio et consensu cunctorum fidelium suorum fuerat inter filios suos factum, et per sacramentum confirmatum, super illicita potestate corruperit; et in eo quod fideles suos in contrarietatem eiusdem primi pacti et iuramenti aliud sacramentum iurare compulerit, in periurii reatum praestatorum violatione sacramentorum inciderit : et quantum hoc Deo displicuerit, liquido claret, quia postea nec ipse nec populus sibi subiectus pacem habere meruit, sed omnes in perturbationem, poenam peccati sustinendo, iusto Dei iudicio postea inducti sunt.

3. Quia contra christianam religionem et contra votum suum sine ulla utilitate publica aut certa necessitate, pravorum consilio delusus, in diebus quadragesimae expeditionem generalem fieri iussit, et in extremis imperii sui finibus in coena Domini, quando paschalia sacramenta ab omnibus christianis rite sunt celebranda, placitum generale se habiturum constituit; in qua expeditione, quantum in ipso fuit, et populum in magnam murmurationem protraxit, et sacerdotes Domini a suis officiis contra fas amovit, et pauperibus gravissimam oppressionem irrogavit.

4. Quod nonnullis ex suis fidelibus, qui pro eius suorumque filiorum fidelitate et salvatione, regnique nutantis recuperatione, humiliter eum adierant, et de insidiis inimicorum sibi praeparatis certum reddiderant, violentiam intulerit; et quod contra omnem legem, divinam videlicet et humanam, eos et rebus propriis privaverit, et in exilio trudi [tradi *S.*] iusserit, atque absentes morti adiudicari fecerit, et iudicantes proculdubio ad falsum iudicium induxerit : et sacerdotibus Domini ac monachis contra divinam et canonicam auctoritatem praeiudicium irrogavit et absentes damnavit, et in hoc reatum homicidii incurrendo, divinarum seu humanarum legum violator extitisset.

5. De diversis sacramentis sibique contrariis atque perniciosis a filiis sive a populo, eo praecipiente et compellente, irrationabiliter saepe factis, pro quibus non modicam in populo sibi commisso peccati maculam induxit, reatum periurii nihilominus incurrisse; quoniam haec procul dubio in auctorem, per quem fieri compulsa sunt, iure retorquentur. Sed in mulierum purgatione, in iniustis iudiciis, in falsis testimoniis atque periuriis, quae, eo permittente, coram se perpetrata sunt, quantum Deum offenderit ipse novit.

6. De diversis expeditionibus, quas in r no sibi commisso non solum inutiliter, sed etiam n xie sine consilio et utilitate fecit, in quibus nimirum ulta et innumerabilia sunt in populo christiano flagi ia perpetrata, in homicidiis et periuriis, in sacril giis, in adulteriis, in rapinis, in incendiis, sive in cclesiis Dei sive in aliis diversis locis factis, in direp ionibus et oppressionibus pauperum miserabili et pe e apud christianos inaudito patratu: quae omnia a auctorem, sicut praemissum est, reflectuntur.

7. In divisionibus imperii ab eo contra co munem pacem et totius imperii salutem ad libitum um temere factis, et in sacramento etiam quod iur re compulit omnem populum, ut contra filios su s sicut contra inimicos suos agerent, cum ipse eos paterna auctoritate consultuque fidelium suorum p cificare potuisset.

8. Quod non suffecerint ei tot mala et fla itia per suam negligentiam et improvidentiam in r no sibi commisso perpetrata, quae enumerari non ossent, pro quibus et regni periclitatio et regis deho estatio evidenter provenerat: sed insuper ad cumul m miseriarum novissime omnem populum suae p testatis ad communem interitum traxerit, cum debui et esse eidem populo dux salutis et pacis, cum divi pietas inaudito et invisibili modo, ac nostris saecul s praedicando, populo suo misereri decrevisset.

Igitur pro his vel in his omnibus quae su ra memorata sunt, reum se coram Deo et coram s cerdotibus vel omni populo cum lacrymis confess , et in cunctis so deliquisse protestatus est [esset .], et poenitentiam publicam expetiit, quatinus ec lesiae, quam peccando scandalizaverat, poenitendo satisfaceret : et sicut fuerat scandalum multa neg gendo, ita nimirum se velle professus est esse exem um dignam poenitentiam subeundo. Post hanc v o confessionem, chartulam suorum reatuum et confessionis ob futuram memoriam sacerdotibus t addit, quam ipsi super altare posuerunt; ac deind cingulum militiae deposuit, et super altare colloc vit, et habitu saeculi se exuens, habitum poenite tis per impositionem manuum episcoporum susce it : ut post tantam talemque poenitentiam nemo ltra ad militiam saecularem redeat. His itaque gestis, placuit ut unusquisque episcoporum, qualiter haec es acta fuerit, in propriis chartulis insereret, eam ue sua scriptione roboraret, et roboratam memorat principi Lothario ob memoriam huius facti offer et. Ad extremum omnibus nobis, qui interfuimus, visum est, omnium chartularum, immo tanti negot summam in unum breviter strictimque congerere, et congesta propriis manuum nostrarum subscrip onibus roborare, sicut sequentia factum esse demons rant.

AGOBARDI CARTULA.

In nomine Dei ac Domini nostri Iesu Christ . Anno incarnationis eius octingentesimo tricesimo tertio, ego Agobardus Lugdunensis ecclesiae indign s episcopus, interfui venerabili conventui apud p latium quod nuncupatur Compendium. Qui utique co ventus extitit ex reverentissimis episcopis et magnificentissimis viris illustribus, collegio quoque abbatum et comitum, promiscuaeque aetatis et dignitatis populo, praesidente serenissimo et gloriosissimo Hlothario, imperatore et Christi domini amatore; quo protegente et adiuvante, subter adnexa disposita sunt anno imperii primo, mense quarto. Quibus omnibus vehementer incumbebat vera necessitas, ut sollicite tractarent de periculo regni in praesenti, et statu in futuro, quod regnum, quia iamdiu nutabat, et impellebatur ad ruinam per neglegentiam, et ut verius dicam, per ignaviam domni Hluduvici [1] venerandi quondam imperatoris, in quibus ille inretitus est per corruptas mentes et corrumpentes, et secundum apostolicum dictum, quia erant ipsi *errantes*, et *alios in errorem mittentes*. A quo conventu quicquid utiliter et laudabiliter tractando et conferendo inventum est et necessario statuendum, et iudicantibus consensi, et consenciens ipse iudicavi. In primis videlicet quae ad commoditatem et soliditatem regni et regis pertinere videbantur; deinde quae ad ereptionem et purgationem animae domni Hluduvici manifestissime noscebantur. Quae in praedicto conventu fideliter quaesita, et veraciter inventa, et ordinabiliter exsecuta sunt; in eo scilicet, quod praedictus conventus deliberavit, ut per legatos et missos ammoneretur domnus Hluduvicus de suis erratibus, et exhortaretur, ut secundum propheticum dictum rediret ad cor, et recognosceret acta sua, quae adversus Deum currens per vias pravitatis et iniusticiae exaegerat; ac deinceps susciperet consilium vitae et salutis suae; quatenus apud omnipotentem iudicem et Dominum, qui clementissimus indultor est criminum, indulgentiam et remissionem iniquitatum impetrare posset; ut qui per multiplicatas neglegentias regnum terrenum ammiserat, per impensas supplices confessiones regnum caeleste adipisceretur per eum, apud quem

A est *misericordia et copiosa redemptio*. Propter quod et libellus editus est a viris diligentioribus et ei oblatus de manifestatione criminum suorum, in quo, velut in speculo, perspicue conspiceret feditatem actuum suorum, et fieret in illo quod per penitentem perfectum dictum est: *Iniquitatem meam ego agnosco; peccatum meum coram me est semper*. Pro qua re accesserunt ad eum denuo omnes qui in praedicto conventu aderant episcopi, condolentes et conpatientes infirmitatibus et miseriis eius, exhortantes atque exoptantes et postulantes, ut omnipotens Deus manu pietatis suae educeret eum *de lacu miseriae et de luto ceni*. Quod clementissimus dominus non solum non abstulit, sed nec distulit. Sed mox resuscitata in mente eius contritione humiliati cordis, prostratus

B coram eis, non semel vel iterum, sed tertio aut amplius, crimina cognoscit, veniam poscit. auxilium orationum praecatur, consilium recipit, penitentiam postulat, iniunctam sibi humilitatem libentissime impleturum promittit. Innotescitur [2] ei lex et ordo publicae penitenciae; quam non rennuit, sed ad omnia annuit; ac demum pervenit in ecclesiam coram cetu fidelium ante altare et sepulcra sanctorum, et prostratus super cilicium, bis terque quaterque confessus in omnibus clara voce cum [3] habundanti effusione lacrimarum deposita arma [4] manu propria et ad crepidinem altaris proiecta [5], suscepit mente compuncta penitentiam publicam per manuum episcopalium impositionem, cum psalmis et orationibus. Sicque deposito habitu pristino et assumpto habitu

C penitentis, congratulans et confidens, postulat piissimi pastoris humeris reduci se ad inventae et redemptae ovis unitatem. His gestis ego Agobardus indignus episcopus interfui, et melioribus consonans et consentiens iudicavi, et manu propria signans subscripsi.

VARIANTES LECTIONES.

[1] luduuici *c. sed in sequentibus* h *extat*. [2] innostescitur *c*. [3] com *corr.* cum *c*. [4] ita, *corr.* depositis armis *c*. sunt accusativi absoluti, more ejus aevi. [5] ita, *corr.* proiectis *c*.

LUDOVICI I IMPERATORIS CONVENTUS COMPENDIENSIS (An. 835).

Ex actis ejus in Annalibus Bertinianis fusius descriptis superest Ebonis archiepiscopi Rhemensis charta, qua sedi suae resignavit, quam hic ex libello ejus apologetico [a] in bibliothecae ducalis Guelferbytanae Codice, saec. x, inter Helmst., n. 52, iterum proponimus.

Ego Ebo, indignus episcopus, recognoscens fragilitatem meam et pondera peccatorum meorum, testes confessores meos, Aiulfum videlicet archiepiscopum [b], Badaradum [c] quoque necnon et Modoinum [d] episcopos, constitui mihi iudices delictorum meorum, puramque ipsis dedi confessionem, quaerens remedium penitendi et salutem animae meae, ut recederem ab officio et ministerio pontificali, quo me reco-

D gnosco esse indignum, alienumque me reddens proreatibus meis, in quibus me peccasse secrete ipsis confessus sum. Eo scilicet modo, ut ipsi sint testes alio succedendi et consecrandi subrogandique in loco meo, qui digne praeesse et prodesse possit aecclesiae, cui actenus indignus prefui, et ut inde nullam repetitionem aut interpellationem auctoritate canonica facere valeam, manu propria subscribens firmavi.

NOTAE.

[a] Editus ex Codice bibl. Palatinae n. 576, in Dacherii Spicilegio, t. VII, 175.
[b] Bituricensem.
[c] Paderbornensem.
[d] Augustodunensem.

CAPITULORUM FRAGMENTA.

Codex Gothanus, fol. 405, post rescriptum consultationis episcoporum, a. 829 et antequam ad otharii imperatoris capitularia procedat, capitula aliquot profert suo quodque numero insignitum, scilicet ap. xxv caput supra editum, quodque Gothanus jam in fine, capitularis anni 805 B. numero xxv insignitum xhibuerat; tum canonem *Si quis frater* [a]; postea cap. ix, quod supra edidimus, *cap.* iv, *de xxx annorum possessione*; absque numero *Octo genera*; cap. ii et iii capita supra ex Codice sancti Pauli edita. Quorum ea quae non supra exstant hic proferenda censuimus.

1. *De 30 annorum possessione.* Si quis per 30 annos possederit casas, familias, vel terras, et cognitum fuerit quia eius possessio fuit, post 50 annorum curricula pugna non proveniat; nisi ipse qui possedit, secundum qualitatem pecuniae cum sacramentalibus suis defendat. Nam pro pugna, ut dictum est, non est.

2. Octo genera penarum in legibus esse describit Tullius: bannum, vincula, verbera, talionem, igno- A miniam exilium, mortem, servitutem. Quod horum est, quod in breve tempus pro cuiusque peccati quanta [1] deprehenditur perpetratum, nisi forte talio; id enim agit, ut hoc paciatur quisque quod fecit. Unde illud est legis: *Oculum pro oculo; dentem pro dente.* Fieri enim potest, ut tam brevi tempore quisque amittat oculum severitate vindictae, quem [2] tulit ipse alteri inprobitate peccati.

VARIANTES LECTIONES.

[1] qualitate? [2] quae *corr.* quem *cod.*

NOTÆ.

« Si quis frater nominatur, id est, Christianus, et est fornicator aut avarus, aut idolis serviens, aut maledicus, aut ebriosus, aut rapax, cum hujusmodi nec cibum sumere, auferte malum ex vobis ipsis. »

LOTHARII I IMPERATORIS CAPITULA LANGOBARDICA.

Capitula hæc ex Codicibus legum Langobardorum decerpta, cum in Chisiano, Cavensi, Parisiensi, lankenburgico, Gothano non haberentur, ævo alicui certo ascribi nequiverunt; tamen inter annos 852-40 edita fuisse patet, cum post id tempus Lotharius, in Gallia et Germania bellis per triennium involutus, e an. 844 filio Ludovico in regem Langobardorum ascito, Italiam non reviserit.

Ex Codd. Ambrosiano, Florentino, Londinensi, Vindobonensi, Veronensi, Estensi.

1 [1]. Volumus ut si quaelibet persona in finibus regni nostri ignem in silva convivare [2] 'ausa fuerit, diligenter inquiratur [3]; et si comprobatus fuerit servus hoc fecisse, aut dominus eius eum ad flagellandum et capite tundendum tradat, aut pro eo quicquid dampnietatis [4] fecerit emendare cogatur. Si vero [5] libera quaelibet persona hoc fecisse probata fuerit, penitus emendare cogatur, et insuper bannum nostrum componat; et si non habuerit unde componat, flagelletur. Quod si factum fuerit, per meliores loci illius inquiratur. Si in qualibet persona suspectio fuerit, si servus est, ad iuditium dominus eius eum mittat, aut ipse pro eo sacramentum faciat; quod si libera persona fuerit, proprio sacramento se idoneum reddat.

2 [6]. Auditu comperimus in finibus Tusciae talia scri- B pta esse prolata, quae sunt absque mense et die mensis; de quibus volumus, ut si deinceps pr ata fuerint, nullum habeant vigorem.

3 [7]. Ut terminum habeat unaquaeque ecclesia, de quibus villis decimam accipiat [8].

4 [9]. De notariis qui cartas accipiant [10] a scribendum, si eas non scripserint aut si eas per iderint, restaurent ipsas res ei cuius cartae eis tra tas fuissent. Si vero negaverint fuisse traditum, iure t [11] cum suis sacramentalibus.

Ex Codice Londinensi.

5. Qui [a] possessor ad iudicium venit, no est cogendus dicere unde tenet, nec probationis ecessitas ei debet imponi, sed hoc officium magis est etitoris ut rem quam repetit ad se doceat pertiner.

Ex Lombarda, lib. 1, *tit.* 25, *c.* 83.

6 [12]. Praecipimus ut nova conditio aldioni domino non imponatur.

VARIANTES LECTIONES.

[1] apud Muratorium c. 78. [2] *ita codices. i. e.* excitare; *italice* avvivare il fuoco *Mur.* comminare [.] [3] Inquirantur V. [4] dannitas V. [5] quoque A. [6] Mur. c. 79. [7] Mur. c. 91. [8] recipiat. V. [9] M r. c. 97. [10] recipiunt V. *Vn.* E. [11] iuret *Vn.* [12] Mur. c. 100.

NOTÆ.

[a] Ex Cod. Lond., fol. 171.

LOTHARII I EXCERPTA CANONUM (An. 835).

Consilii mense Novembri anni 826 ab Eugenio papa Romæ celebrati canones 36, 37, 19, 58, et 55 in Codicibus legum Langobardorum scilicet Ambrosiano, Florentino, Londinensi, Vindobonensi, Verone si et Estensi inter Lotharii leges referuntur; eos igitur, licet dubiæ auctoritatis videri possint, utpote Chis ano, Cavensi et Gothano omissos, tamen cum in Blankenburgensi totum concilium illud Lotharii legibus a cribatur, hoc potissimum loco referendos sensuimus.

1. Nulli a liceat excepta causa fornicationis adhibitam uxorem relinquere et deinde aliam copulare, alioquin transgressorem priori convenit sociari coniugio. Si autem vir et uxor dimittere pro sola vitae religione inter se consenserint, nullatenus sine conscientia episcopi fiat, ut ab eo singulariter proviso constituantur loco. Nam uxore nolente, aut altero eorum, etiam pro tali re matrimonium non solvatur.

2. Nulli b liceat uno tempore duas habere uxores, uxoremve et concubinam, quia cum domui non fit lucrum, animae fit detrimentum. Nam sicut Christus castam observat ecclesiam, ita vir castum debet custodire coniugium.

3. Ut c episcopi diversique 1 sacerdotes habeant advocatos, quia episcopi universique sacerdotes ad solam laudem Dei bonorumque operum actionem constituuntur. Debet ergo unusquisque eorum tam pro ecclesiasticis causis quam etiam pro propriis actionibus suis, excepto publico videlicet crimine 2, habere advocatum non malae famae suspicatum, sed bonae opinionis et laudabilis artis inventum, ne dum humana lucra attendunt, aeterna praemia perdant.

4. De 3 d incestis coniunctionibus hoc praecipitur, ut nullus deinceps propinquam, nec quam propinquus habuit, uxorem accipiat in coniugio, et uxoris parentela ita sit viro sicut et propria parentela.

5. Consobrinam 4 5, neptem, novercam, fratris uxorem 5, vel etiam de propria coniunctione, aut quam cognatus habuit, nullus audeat in coniugio copulare. Si quis huic tali nefario coniugio se copulaverit, et in eo permanserit, sciat se episcopali auctoritate anathematis vinculo esse innodatum, ut nullus sacerdos illi tribuat communionem. Si vero conversus fuerit et divisus ab illicita copulatione, dignae poenitentiae submittatur, ut sacerdotes loci consideraverint.

6 e. Quamquam f sacerdotis testimonium credibile habeatur, tamen ipsi in secularibus negotiis pro testimonio aut conficiendis instrumentis non rogentur, quia eos in talibus rebus esse non convenit. Si autem causa eventus aliquid audierint aut viderint, ubi nullae idoneae seculares personae inveniantur, ne veritas occultetur et malum in bonum aestimetur, in providentia episcopi proprii sit, ita ut coram se aut competentibus iudicibus aut aliter veritatem honorifice tollant.

VARIANTES LECTIONES.

1 universique *M*; 2 c. et pro omnibus placitis in sacramento h. *V. Vn. E.* 3 deest in *Amb.* 4 deest in *A.* 5 u. et sponsam *V. Vn.* 6 deest in codicibus.

NOTÆ.

a Mur., cap. 92.
b Mur., c. 93.
c Mur., c. 96.
d Mur., c. 98. Est fere excerptum canonis 58, in Codice Blankenburgensi.
e Mur., c. 99.
f Mur., c. 101.

DIVISIO IMPERII (An. 839, Jun.).

Formulam divisionis imperii a Ludovico I, Wormatiæ, mense Junio anni 839 inter Lotharium et Carolum filios suos institutae servavit nobis Prudentius in Annalibus mon. Germ. SS. t. I, p. 434, 435, unde decerptam iterum hic sistimus a.

PARS ALTERA HABUIT:

Regnum Italiae partemque Burgundiae, id est vallem Augustanam, comitatum Vallissorum, comitatum Waldensem usque ad mare Rhodani, ac deinde orientalem atque aquilonalem Rhodani partem usque ad comitatum Lugdunensem, comitatum Scudingium, comitatum Wirascorum, comitatum Portisiorum, comitatum Suentisiorum, comitatum Calmontensium, ducatum Mosellicorum, comitatum Arduennensium, comitatum Condorusto, inde per cursum Mosae usque in mare, ducatum Ribuariorum, Wormazfelda, Sperohgouwi, ducatum Helisatiae, ducatum Alamanniae, Curiam, ducatum Austrasiorum cum Swalafelda et Nortgowi et Hessi; ducatum Toringubae cum marchis suis, regnum Saxoniae cum marchis suis, ducatum Fresiae usque Mosam comitatum Hamarlant, comitatum Batavorum, comitatum Testrabenticum, Dorestado.

PARS ALTERA HABUIT:

Alteram partem Burgundiae, id est comitatum Genavensem, comitatum Lugdunensem, comitatum Cavallonensem, comitatum Amaus, comitatum Hatoariorum, comitatum Lingonicum, comitatum Tullensium, et sic per decursum Mosae usque in mare, et inter Mosam et Sequanam, et inter Sequanam et Ligerim cum marcha Britannica, Aquitaniam et Wasconiam cum marchis ad se pertinentibus, Septimaniam cum marchis suis, et Provinciam.

NOTÆ.

a Portionem Carolo anno 837 Aquis assignatam recensent Prudentius, p. 431, et Nithardus, lib. 1, cap. 6, Mon. Germ. SS., t. II, p. 653.

[a] CAROLI MAGNI CAPITULARE MISSORUM AQUITANORUM (An. 789, Mart. A uis).

Ex eodem Codice Vossiano, fol. 131, exscriptum, anno 789 assignavi, ob sacramentum fidelitati in Capitulari generali ejus anni præscriptum: Cui quidem tempori et viginti anni inde ab initio regn Caroli præterlapsi (capp. 2, 3) optime congruunt. Missorum nomina, Mancio et Eucherius, Aquitano genere arguunt. Capitula ad constitutionem Pippini supra editam et alteram a Carolo anno 779 promulgat m referuntur.

INCIPIT BREVIARIUM

De illa capitula quae domnus rex in Equitania [1] Mancione et [b] Eugerio missis suis explere sacramentum fidelitati einráe [2].

1. De illo edicto quod domnus et genitor noster Pipinus instituit, et nos in postmodum pro nostros [3] missos conservare et implere iussimus, vel de nostros edictos quomodo fuerunt custoditi.

2. De illa restauratione ecclesiarum illi qui res eorum habent per istos 20 annos, quid egere inde, aut quare non sunt.

3. Ut si aliquis de illas res ecclesiae, quas eo tempore possidebant quando illa patria Deus sub nostris manibus posuit, postea minimatum vel abstractum fuit exinde.

4. Ut episcopi, abbatis vel coenobie sanctorum sub ordine sancto esse redebuissent, propter quid non sunt.

5. Ut ad illos pauperes nova aliqua consuetudo inposita fuit postea.

6. Quomodo illis beneficiis habent condrictos provideant, vel suos proprios.

7. Ut quod [4] ostiliter ad nós perget, omodo debeat agere.

8. Ut dum in hoste aut in aliqua utilitat nostra aliquis [5] fuerit, et de suis res aliquit exfo ciaverit vel disvestiverit.

9. De illis beneficiis intentiosis.

10. De missis nostris, quicquid apud illis eniores consensaverit [6].

11. Ut decima de omnia secundum iusslor em episcopi dispensentur, et omnes dent.

12. De illis latronibus homicidiis [7] de inf inmonitate.

13. De vindicta latronibus aliquae vel o asione.

14. De rebus ecclesiae, nono et decimo vel de quantis casatis [8] precarias renovare debet.

15. De truste [9] non faciendo.

16. De gellonia [10].

17. De collectas super itinerantibus [11] vel de pontibus aut navigiis, qui orationis causa [12], vadunt.

18. De herba defensionis tempore [13].

Reliqua exciderunt.

VARIANTES LECTIONES.

[1] Mancione Teugerio cod. [2] lege fidelitatis iniunxit. [3] nos cod. [4] lege quicumque. [5] aliquit c [6] i. e. consenserint. [7] i. e. homicidis. [8] ita correxi; cansis censatis cod. [9] triste cod. [10] i. e. geldonia [11] ita correxi; intrantibus c. [12] clausa c. [13] finis paginae; proxime sequens, quae iam excisa est, excer ta capitum 18-23 Capitularis anni 779 praebuisse videri potest.

NOTÆ.

[a] Capitulare hoc, in prima Caroli Magni Capitularium recensione omissum, hic sistimus. EDIT.

APPENDIX AD CAPITULARIA.
CAPITULARIA SPURIA

CAROLI MAGNI CONSTITUTIO SCAHININGENSIS (An. 784).

Memorant annales Laurissenses, Carolum an. 784 per Thuringiam Scahiningum usque progress m, cum Saxonibus fecisse conventionem; quam ipsam in chronico quodam Gandersheimensi repertam, Joa . Christophorus Harenberg an. 1758 in primo fasciculo Monumentorum historicorum adhuc ineditorum ag. 90, evulgasse professus est. Sed cum de fide editoris haud ita constet, ut ab eo prolata indubiam sibi a ctoritatem vindicare possint, et saltem de vocabulorum vel etiam sententiarum aut per chronistam aut p r editorem immutationibus suspicio, in locis, ex. gr., « et de punctibus multifariis conventum » « in lo o Seligenstal, vulgo Sliestat » « decimas et nonas ex omni proventu » « dona componunt, » haud omni o vana esse videatur, dubiæ fidei documentum inter genuina Caroli capitularia non recipiendum censui.

Cum in Saxonia orientali una cum primoribus Francorum et Ostsaxonum placitum infra villam Scanigge in Nortthuringia, adstantibus episcopis et abbatibus non paucis, habitum sit et de punctibus multifariis conventum, constituimus, ut in loco Seligenstat, vulgo Sliestat, inter Oreheim et Scanigge fiat opidum ex villa, et ibi episcopus axonie orientalis sedere possit. Id vero si effici no possit, locus maior et munitus in sedem episcopi er missos et comites nostros deligendus est, ubi [b] invasionibus orientalium inimicorum episcopus nil habeat timendum. Episcopo et presbiteris, qui illi debent esse obedientes, Saxones pro sacramentis, pro sepultura, pro officio vario, dabunt nihil. Dabunt vero ecclesiis singulis singulos mansos, episcopo et presbiteris decimas et nonas ex omni proventu, ut antistites ecclesiarum inde vivere, pauperes sublevari, et utensilia ecclesiae cuiusque comparari possint.

Promiserunt Saxones sacramento, quod intra annum cum suis, quotquot nondum sunt baptizati, baptismum suscipient, quod cum comitibus nostris A secundum leges ipsorum iudicium facturis volunt scabinos suos adiungere, quod paganias suas volunt dimittere, quod sacrificia hominum et bestiarum, cremationes hominum mortuorum, incerta auguria et divinationes infidas derelinquent, et regibus Francorum per omnia manebunt fideles, et ante Kalendas Maii dona component et postea nobis ad curtem nostram Eresburg mittent, quod cum iurarunt digitis in coelum sublatis, nos misericorditer et propitiata mente ipsos in mundiburdium ac in tuitionem nostram nostrorumque successorum recepimus. Id. Augusti.

CAROLI MAGNI DECRETUM DE EXPEDITIONE ROMANA (An. 790).

Fictitia haec charta, ultimis duodecimi sæculi annis confecta, eo celebritatem quamdam nacta est, quod viri docti complures maximam rerum in Germania nostra, quam sæculis x vel xi contigisse sibi persuaserant, commutationem inde explicari posse opinati sunt. Sed nec commutatio illa, qua liberorum hominum ordinem in servos redactum fuisse apud se constituerant, medio ævo accidit, nec constitutione nostra in rem vocata explicari posset, cum in ea de bellis tantum transalpinis, non vero de totius rei bellicæ commutatione sermo sit. Chartæ mendacium et forma ejus et materia arguunt. Confictam esse patet, ut pro constitutione Caroli Magni veniret; Caroli nomen, annus 790, regni numerus 22, Wormatia locus, et mora ibi tracta, scriptorem arguunt historiæ et annalium (Ex. gr. Mettensium ad an. 790) haud ignarum, cuique animus esset chartam ad annum istum referendam conscribere: Quare et eorum opinio, qui Carolo Magno Crassum aut Chuonradum II substituere conati sunt, nulla ratione fulta facillime concidit. Jam vero chartam a Carolo Magno minime profectam, cum formulæ invocationis, dignitatis, cancellarii, annus « ab incarnatione Domini, » tum oratio chartas sæculi xii redolens, et narratio « qualiter dum pro nostra consecratione coronæque perceptione proficiscendi tempus ad apostolicam sedem instaret... contigit princi pes cum militibus de Romana expeditione quæ tunc instabat acerbe contendere » veritati aperte repugnans, evidentissime demonstrant. Unde chartæ, non casu aliquo depravatæ immutatævæ, sed ab auctore fallere volente effictæ, nullam plane fidem tribuendam esse efficitur. Confecta autem esse videtur, cum frequentes Friderici I expeditiones Italicæ (« pro corona nostra vel aliqua regni utilitate, aut honore Romana expeditio ») magnam jam Germanis molestiam ingererent, et fortasse litis cujusdam in favorem abbatis Chiemensis in Bavaria dirimendæ causa. Nam in bibliotheca monasterii Chiemensis antiquissimum ejus exemplar « circa annum 1190 exaratum, unde reliqua omnia derivata sunt, reperitur. 1. Asservatur illud in bibliotheca regia Monacensi inter cimelia IV, 3, signatum, atque Codici sæculi xii a nobis jam laudato, eadem manu chartarum ductus imitante adjectum est, cui Codicem traditionum Chiemensium in annum 1190 excurrentem deberi Monumenta Boica, t. II, p. 375, testantur. Codicis ejus duo apographa exstiterunt. 2. Cod. bibliothecæ regiæ Monacensis cimel. IV, 5-6, olim civitatis Augustanæ mbr. sæc. XII, in-8°, Marco Welsero primum notus, unde editiones A) Rittershusiana an. 1598, in-4°; Freheriana an. 1599, Joan. Wilh. Hoffmanni delineatio haud satis fida, tum Gebaueri editio desumptæ sunt. 3. Codex alter e Chiemensi anno 1476 a Petro Sayn de Frisinga transcriptus, chartaceus, a Senkenbergio in editionibus suis SI.) in Corpore juris feudalis Germanici an. 1740 et 1772, atque SII.) in Neuer Sammlung der Reichsabschiede an. 1747 adhibitus est, cum Chiemensis ipse nonnisi in Monumentis Boicis, t. II, p. 372, indeque in Fischers Litteratur des Germanischen Rechts, satis negligenter expressus sit. Hanc textus historiam operis nostri ferventissimus adjutor vir cl. Fœringer Codicibus librisque typis expressis inter se collatis enucleavit, nobisque flagitantibus non solum Codicem utrumque Monacensem manibus terendum commisit, sed et lectiones eorum diligentissime enotatas transmisit, quarum beneficio editionem ad fidem Codicis Chiemensis institutam jam proponimus.

In [1] nomine sanctae et individuae Trinitatis Karolus divina favente gratia rex Francorum et Romanorum. Si praedecessorum nostrorum morem sequimur, non solum praesentibus sed et succedentibus subvenire nitimur. Hac de causa universorum cognoscat experientia, qualiter dum pro nostra consecratione coronaeque perceptione proficiscendi tempus ad apostolicam sedem instaret, cum quam multis principibus annum Wormatiae [2] transegimus, ibique omnem reipublicae statum utilem et honestum confirmare, nocivum atque contrarium radicitus exstirpare decrevimus. Interim dum haec agerentur, casu contigit principes cum militibus de B Romana expeditione quae tunc instabat acerbe contendere, constringentes eos multo plures halspergas de beneficiis suis sibi ducere, quam illi faterentur se posse vel iure debere. Sed quoniam [3] hoc non ab aliquo antecessorum nostrorum terminatum fuerit [4], dignum duximus [5], ut eorum altercationi finem et modum [6] inponeremus, atque decretum et certam aliquam legem super omni Romana expeditione concederemus. Statuimus ergo et decrevimus cum consensu tam spiritualium quam secularium principum ibidem nobiscum assidentium, quando pro corona nostra vel aliqua regni utilitate, aut honore Romana expeditio a nobis vel a successoribus nostris

VARIANTES LECTIONES.

[1] Codici 2. manu sec. XVI, nec tamen Welseri, titulus inscriptus est: De expeditione Romana. Fœringer. [2] wormaciae 2. [3] quo 2. quando editi inde profui. [4] ita 1. 2. fuerat A. [5] duximus dignum 2. A. S. I. II. [6] finem commodum A.

praeparetur, ad omnium nobiscum euntium praeparationem annus cum sex ebdomadibus pro induciis detur, et taliter per totum [1] regnum fidelibus nostris indicetur. Cuicumque autem secundum hanc legem eadem expeditio imperetur, si ad curiam Gallorum, hoc est in campum qui vulgo Rungalle dicitur, dominum suum non comitetur, et ibi cum militari apparatu non repraesentetur, feodo preter hos qui cum gratia dominorum suorum remanserint, in conspectu nostro absque spe recuperationis privetur. Qui autem per hominium [2], sive liberi sive famuli, dominis suis adhaeserint, quot decem mansos in beneficio possideant, tot brunias cum duobus scutariis [3] ducant; ita tamen ut pro halsperga tres marcas et pro singulis scutariis singulas marcas accipiant; et sic eundo ac redeundo cum hoc stipendio [4] sine omni dominorum dampno vel expensa nisi [5] quantum ipsis [6] dominis placuerit fideliter serviant. Si autem forte, quod absit, accidat, ut idem milites diversos dominos propter diversa beneficia acquirant, ne aliquod beneficium indebitum vel sine servitio remaneat, singuli singula debita singulis dominis persolvant, videlicet quantum ab ipsis si irent accepturi erant, tantum se daturos cognoscant, vel in praefato loco, ut dictum est, feodum amittant [7]; nisi aliqui a nobis [8] vel a regno sint inbeneficiati, hi si nobiscum vadant, nolumus ut feodum amittant, set stipendia nisi voluntate dominorum non praetermittant. Similiter de ecclesiarum filiis vel domesticis, id est ministerialibus, vel quorumcunque principum clientela qui cottidie ad serviendum parati esse debent, statuimus, ut quicunque 5 mansos in beneficio possideant, domino suo ad quem pertinent bruniam cum uno scutario ducant. Et hoc in arbitrio dominorum pendeat; quos ducant, a quibus stipendia accipiant, quibus etiam halspergas concedant. Ipsis etiam ad itineris praeparationem 5, [9] librae suae monetae in stipendium tribuantur, et duo equi, unus currens alter ambulans, addantur, ac duobus sociis soumarius victilibus bene oneratus committatur, qui ad ipsis ad opus dominorum diligenter custodiatur. Ipsi quoque

A in dominorum tamdiu vivant procuratione, amdiu in incepta [10] vadant expeditione; et quicqui a rebellibus regnis [11] pugnando acquisierint, partes duas ad dominos deferant, tertiam sibi pro consola one retineant. Quos autem non pascunt domini, d ipsos reportent tertiam partem sui acquisiti. Sin, uli vero principes suos habeant officinarios special , marscalcum, dapiferum, pincernam et kame arium; qui 4 quanto plus sunt laboraturi, tanto plu in stipendio, in vestitu, in equitura prae ceteris nt honorandi; scilicet unicuique [12] istorum 10 lib ae cum tribus equis tribuantur; quartus marscalco ddatur, quorum unum ad praecurrendum, alterum ad pugnandum, tertium ad spatiandum, quartum ad loricam portandum. Isti vero tales remanere c ientes,

B si apud [13] dominos impetrare [14] valeant, quo mansos possideant tot [15] libras suae monetae vel tot m fructum feodi in illo anno pro stipendio persol ant. Ut autem nostrum imperium ab omnibus hab at supplementum, hoc constituimus et firmiter aecipimus, ut singuli buringi decem cum 12 ibus de canapo solidos dominis suis impendant, et insuper soumarium cum capistro concedant; que , si domini voluerint, ipsi ad primam navalem aquam usque [16] perducant. Mansionarius 5 solidos, absarius 30 denarii, bunuarius [17] 15, ouorum il et larum [18] possessores 6 suppleant. Et ut hae nostri decreti auctoritas inviolabilem et incorru tam in Dei nomine apud omnes successores nostros btineat emunitatem [19], cunctis principibus [20] qui aderant

C astipulantibus, manu propria subter eam rob are decrevimus et annuli nostri signo [21] assignari f ssimus.

Signum Karoli S gloriosi simi [22] regis. Hernustus notarius ad vicem Lutward cancellarii recognovi. Data 8 Idus Iunii anno ab ncarnatione Domini nostri Iesu Christi 790, regn autem eius [23] 22, ante consecrationem [24]. Actum Vormatiae feliciter. Amen.

VARIANTES LECTIONES.

[1] per totum taliter 2. *A.* [2] hominum 2. *A.* [3] scutariis *usque* scutariis *desunt* 2. *A.* [4] stupendi 1. stupendio *corr.* stipendio 2. [5] in *Mon. B.* [6] ipsius 2. [7] amittant *usque* amittant *desunt A.* [8] a nobis iqui 2. V. 4. *S. I. II.* [10] incepta *M. B.* [11] regni *A. S. I. II.* [12] s. et u. 2. *A. S. II.* [13] aput 2. [14] inpetrare 2. [15] voces tot libras *usque* in cod: 2. *abscissae, in editionibus inde derivatis desunt.* [16] dees *M. B.* [17] bunaiarius 2. [18] larium *A. S. I. II.* [19] firmitatem *scribendum fuerat!* [20] presentibus *M. B.* [21] sigillo *M. B.* [22] *monogramma hoc a genuino Karoli satis distans*, codex 2. *post* notarius, *et editiones A. p st* gloriosissimi, *S. I. post* nota *scribunt*, Cluten. et *S. II. omittunt.* [23] nostri *S. I. II.* [24] anno consec ationis XXII. *S. I.* anno consecrationis XXI. *lectio codicis Senkenbergiani.*

CAROLI MAGNI ET LUDOVICI I CAPITULARE APUD THEODONIS VILLAM

Capitula haec spuria primum sub nomine Caroli Magni in Collectionibus conciliorum Crabbii, Col niensi an. 1567, T: III, p. 269, et aliis edita, deinde a Goldasto in Constitutionibus, et a Sirmondo inter oncilia Galliae, t. II, ex Burchardo et Ivone assumpta annisque 820 et 821 assignata, tum a Baluzio cum Codice Vaticano collata annoque 822 ascripta, hic ex Codice Gothano saeculi xi iterum prodeunt. Cum igitur Caroli nomen in Codicibus praeferant, ad ejus tamen regnum nullo modo referri possunt, quod Haistulfus t Hetti anno 813; Hadabaldus et Ebo nonnisi annis 819 et 822 archiepiscopatum adepti sunt. Nec meliori s cessu Ludovico imperatori assignata sunt, cum Ebone post diem 5 Junii an. 822 in archiepiscopum ele to, et Haistulfo secundum annales Xantenses anno 825 vel secundum alios anno 826 defuncto, conventum in ra hos terminos habitum fuisse oporteat, eo tamen spatio temporis re vera nec Triburiæ nec apud Theodonis villam conventus celebratus sit. Textum collata B. Baluzii editione, ex Codicibus 1 Gothano sæc. XI, et 2. Vaticano, cujus lectiones Baluzius affert, eumdem fere qualem Conciliorum editores primo proposuerant, iterum evulgamus.

EX CONCILIO APUD THEODONIS VILLAM HABITO TEMPORE KAROLI MAGNI.

In concilio apud Theodonis villam, ubi interfuerunt 32. episcopi, Aistulfus Mogontiensis archiepiscopus cum suis suffraganeis; Hadabaldus, Coloniensis archiepiscopus cum suis suffraganeis; Hetti, Treverensis archiepiscopus, cum suis suffraganeis; Ebbo, Remensis archiepiscopus cum suis suffraganeis, cum nuntiis reliquorum episcoporum Galliae et Germaniae, ob nimiam praesumptionem quorumdam tyrannorum in sacerdotes Domini bachantium [1], et propter factum quod in Wasconia noviter accidit de episcopo Iohanne inhoneste et inaudite mordridato, decretum est ut communi consensu et humili devotione supplicarent [2] auribus principis, si suae pietati complaceret, ut calumnia in Christi sacerdotes peracta iuxta synodalia [3] determinaretur pleniter statuta, hoc idem episcoporum iudicio placeret, si ex toto secundum potestatem ipsorum posset definiri, id est, ut canonica feriantur sententia, hi videlicet qui timorem Domini postponentes, in ministros suos crassare praesumunt. Quod si vero pietati illius complaceret [4], iuxta capitula regum praecedentium, ubi eorum provisio misericorditer in offensis pecuniae quantitatem interposuit, pro levigatione scilicet paenitentiae placuit, ut [5] praefatae res per pecuniam ab imperatoribus et a sibi [6] sacerdotibus ad defensionem concessam, et per poenitentiam determinentur [7] episcoporum iudicio, si pietas illius conlaudare voluerit, sic definiri eis complacuit.

1. Si quis subdiaconum calumniatus fuerit, vulneraverit, vel debilitaverit, et convaluerit, quinque quadragesimas sine subditis annis poeniteat, et trecentos solidos cum sua compositione et episcopalibus bannis episcopo [8] componat. Si autem mortuus fuerit, singulas supradictas quadragesimas cum sequentibus annis poeniteat, et quadringentos solidos cum tripla sua compositione et episcopalibus bannis triplicibus [9] episcopo componat.

2. Si quis diaconum calumniatus fuerit, et convaluerit, sex quadragesimas sine subditis annis poeniteat, et quadringentos solidos cum compositione sua et episcopalibus bannis episcopo [10] componat. Si autem mortuus fuerit, singulas supradictas sex quadragesimas cum sequentibus annis poeniteat, et sexcentos solidos cum tripla sua compositione et episcopalibus bannis triplicibus [11] episcopo componat.

3. Si quis presbiterum calumniatus fuerit et spas-

saverit, septem [12] quadragesimas sine subditis annis poeniteat, et sexcentos solidos cum triplici sua compositione et episcopalibus bannis triplicibus episcopo componat. Si autem mortuus fuerit, duodecim annorum poenitentia secundum canones ei imponatur, et nongentos solidos cum triplici compositione sua et episcopalibus bannis triplicibus episcopo componat.

4. Si quis episcopo insidias posuerit, comprehenderit, vel in aliquo deshonestaverit, decem quadragesimas sine [13] subditis annis poeniteat, et presbyteri non [14] occisi triplicem compositionem componat. Si autem casu et non sponte occiditur, cum comprovincialium episcoporum consilio homicida poeniteat. Si quis autem sponte eum occiderit, carnem non comedat, vinum non bibat cunctis [15] diebus vitae suae, cingulum militare deponat, absque spe coniugii in perpetuo maneat.

Aistulfus Mogontiensis archiepiscopus dixit : « Si principibus placuerit aliisque fidelibus suis, rogemus ut conlaudetur et subscribatur. » Et conlaudatum est et subscriptum est tam a principe quam a caeteris omnibus.

CAPITULUM AECCLESIASTICUM

Apud Theodonis villam [16] a Karolo [17] magno et Luthowico et primis Galliae conlaudatum et subscriptum.

Placuit nobis et fidelibus nostris, ut sicut ab episcopis et reliquis sacerdotibus, ac Dei servis, alio anno Triburiae [18] ammoniti fuimus et rogati, ut episcopi et eorum ministri, quos Deus suo, non humano, iudicio reservavit, iuxta sanctorum canonum sanctorumque patrum ac capitularium praecedentium regum coram positorum statuta, ut Dei sacerdotes eorumque cooperatores, quorum intercessionibus, supplicationibus sancta Dei aecclesia constare videtur, intacti permaneant, constituimus :

1. Ut si quis subdiaconum calumniatus fuerit, et convaluerit, poenitentia canonica poeniteat, et trecentos solidos episcopo componat. Et si mortuus fuerit, iuxta id quod canones praecipiunt poeniteat, et quadringentos solidos episcopo componat.

2. Si diaconum [19] calumniatus fuerit, et convaluerit, poeniteat secundum canones, et quadringentos solidos episcopo [20] componat. Si non convaluerit, iuxta praecepta synodalica poeniteat, et sexcentos solidos episcopo componat.

3. Si presbyter male tractatus fuerit [21] et spassaverit, secundum eius episcopi sententiam poeniteat in cuius territorii potestate esse dinoscitur [22]. Si au-

VARIANTES LECTIONES.

[1] baccantium *B*. — [2] supplicarentur *corr.* supplicarent 1. supplicaretur *B*. — [3] synodalica 2. — [4] deest 1. — [5] pro consolatione sanctae ecclesiae, ut *B*. — [6] et a sibi *desunt B*. — [7] determinari *B*. — [8] deest 1. — [9] deest 1. — [10] deest 1. — [11] deest 1. — [12] sex *B*. — [13] cum *B*. — [14] deest *B*. — [15] omnibus *B*. — [16] triburiam a Karolo et primis Galliae et Germaniae conlaudatum et subscriptum *Burchardus et Ivo*. — [17] hludowico pio et hlothario imperatoribus constituta et a primis Galliae Germaniae *G*. — [18] anno apud Theodonis villam *B*. — [19] d. quis c. *B*. — [20] deest 1. — [21] presbyterum quis male tractaverit *B*. — [22] poeniteat nongentos solidos episcopo componat. Si *B*.

tem mortuus fuerit, ut synodus diiudicaverit, poeniteat, et 900 [1] episcopo componat.

4. Et si quis episcopo insidias posuerit, comprehenderit, vel in aliquo dehonestaverit, poeniteat secundum canonum statuta, et presbyteri non [2] occisi triplicem compositionem cum iustitiis quae in superiori capitulo scripta et confirmata esse videntur, componat.

5. Si quis per industriam episcopum occiderit, iuxta id quod apud Triburiam [3] a 20 episcopis decretum est, et quod ibi a nobis et a primatibus tocius [Galliae [4] et] Germaniae benigna conlaudatione conlaudatum et subscriptum est, poeniteat, [et pecuniam a nobis concessam ecclesiae viduatae persolvat [5]].

6. Et hoc de nostro adiecimus, ut si quis in his supradictis sanctorum canonum nostrique decreti san-B ctionibus episcopis inoboediens et contuma extiterit, primum canonica sententia feriatur, d inde in nostro regno beneficium non habeat, et alodi eius in bannum mittatur; et si annum et diem in nostro banno permanserit, ad fiscum nostrum re igatur, et captus in exilium religetur, et ibi tamdi custodiatur et constringatur, donec coactus Deo et sanctae aecclesiae satisfaciat, quod prius grati facere noluerat.

Et si omnibus vobis ista complacuerint, di ite. Et tercio ab omnibus conclamatum est: Placet. t imperatores et pene omnes Galliae [et [6] Germaniae] principes subscripserunt, singuli singulas fa ientes cruces. Et aecclesiasticus ordo Deo et prin ipibus laudes referentes ymnum Te Deum laudamus ecantaverunt. Et sic soluta est synodus.

VARIANTES LECTIONES.

[1] et 1200 solidos episcopo B.   [2] deest B.   [3] Theodonis villam a XXXIII B.   [4] Galliae et desunt 1.   haec desunt 1. 2.   [6] et Germaniae desunt. 1.

LUDOVICI I IMPERATORIS PACTUM CUM PASCHALI PAPA (An. 817).

Charta inde a saeculo duodecimo celeberrima atque saeculis subsequentibus pro sincera habita, in aut ientico exemplari aut quod pro authentico habeatur haud amplius exstat. Siquidem qui nostro aevo aucto itatem ejus iterum vindicare conatus est, ill. Marinus Marinius Tabularii Vaticani praefectus, in libro *N ovo Esame dell' autenticità de' diplomi di Ludovico Pio, Ottone I, e Arrigo II, sul dominio temporale dei Ron ani pontefici. Roma* 1822, in 8°, pagina 103 textum qualem in Codice Cencii Camerarii Colonnensi saec. xiii invenerat excudit. Cum igitur quaestio de fide diplomati habenda, ex conditione territorii pontificii tem ore Ludovici imperatoris lucem certissimam accipiat, paucis de historia ejus monendum est.

Anno 753, mense Octobri, Stephanus II papa, imperatore Constantinopolitano jubente, ad Aistulph m Langobardorum regem profectus est, exarchatum Ravennatem et reliqua loca ab eo invasa repetitur s. Quod cum frustra attentasset, Pippinum regem adiit, atque primum die 6 Januarii an. 754 Pontigone p omissione de auxilio ferendo accepta, in conventu publico Carisiacensi pactum de defensione Eccle iae Romanae atque de coronatione Pippini filiorumque ejus iniit, quo Pippinus ea quae Aistulphus Graecis abs ulerat se Romanae Ecclesiae collaturum promisit. Conditio ista his verbis expressa erat [a]: *A Lainis c m insula Corsica, deinde in Suriano, deinde in monte Burdone, inde in Berceto, deinde in Parma, deinde in Regio, et exinde in Mantua atque in Montesilicis, simulque universum exarchatum Ravennantium sicut antiq itus erat, atque provincias Venetiarum et Istriam, necnon cunctum ducatum Spoletinum sive Beneventanum*. Bellum tamen magna cum difficultate susceptum [b], eam tantum ad finem gestum et anno 755 finitum e t, ut Langobardi Pentapolim, [d] Narnias et [e] Cecanum, Tusciae atque Campaniae Romanae urbes ab ipsis i vasas, et reliqua unde populus Romanus conquereretur redderent; quibus, bello reparato, anno 756 C miaclum accessit. Unde confecta Pippini donatio, has civitates complectebatur [f]: Ravennam, Ariminum, Pensaurum, Concam, Fanum, Cesinas, Sinogallias, Aesim, Forum populi, [g] Forum Livii cum Sassubi, Montem Feltri, Acerrem, Agiomontem, Montem Lucati, Serram, castellum sancti Marini, Bobium, Urbnum, Calles, Luciolis, Eugubium et Comiaclum; sed et Faventiam, ducatum Ferrariae [h], necnon, Imola 1 Bononiam et Gabellum [i] simul traditas fuisse, ex subsequentibus patet; nec unquam pontificem inferius quid apud Pippinum impetrasse reperimus. Annis duodeviginti post, Desiderio primum fuso, Spoletini Reatini, incolae ducatus Firmani, Auximani, Anconitani et habitatores castelli Felicitatis ad Hadrianu papam se contulerunt [j], et Carolus rex, Romae Hadriano restitutionem exarchatus a Desiderio invasi polli citus, praeterea donationem Pippini Carisiacensem confirmavit [k]. Quibus promissis, Hadrianus anno 77 vel 775 partem exarchatus recepit [l], reliquam vero, scilicet Imolam, Bononiam, Gabellis, Faventiam, du catum Ferrariae, Comiaclum, Forum Livii, Forum populi, Cesenam, Bobium, Tribunatum decimum, ar chiepiscopo Ravennate renitente, et castellum Felicitatis a duce Clusino invasum [m], nonnisi anno 775 vel 776 recuperare potuit [n]. At vero Hadrianus ad ulteriora progressus, inde ab anno 777 terras flagitare coepit, nec ab ipso nec a Stephano Paulove unquam possessas, sed quas pontificibus a regibus Langobardorum aliisve olim ereptas atque ex donatione Carisiacensi sibi restituendas contendebat. Primo [o] inde ab anno 777 civitates aliquot in Tuscia Langobardorum sitas, ducatus Spoletinum et Beneventanum, Corsicam

NOTAE.

[a] Vita Hadriani I, cap. 52.
[b] Einhardi Vita Caroli, c. 6.
[c] Fredegarii Contin.
[d] Narni.
[e] Cecano, ad meridiem Frosinonae.
[f] Vita Stephani II, c. 46, 47.
[g] Ita Codex Vindob., Hist. eccl. n. 90.
[h] Vita Hadriani I, c. 6.
[i] Codex Carolinus, epist. 54.
[j] Vita Hadriani I, c. 32, 33.
[k] Ibid., c. 42.
[l] Cod. Carolinus, ep. 54.
[m] Ep. 55.
[n] Anno 785 totum exarchatum tenebat. Ep. 83.
[o] Ep. 59.

et patrimonium Sabinense, tum,[a] Terracinam occupatam rursusque amissam, Cajetam, Neapolim et patrimonia partium earum affectabat, obtinuitque a Carolo anno 784 Romæ præsente filiis ejus Pippino et Ludovico in reges Langobardorum et Aquitaniæ consecratis., concessionem patrimonii Savinensis pro luminariorum concinnationibus atque alimoniis pauperum, quod tamen nonnisi an. 783 a missis Caroli B. Petro traditum est. Eodem tempore vel certe anno 787 civitates in Tuscia Langobardorum, Suana, Tuscana, Bitervum, Balneum Regis et ceteræ, scilicet Castellum Felicitatis, Urbs vetus, Ferentum, Orta, Marca, restitutæ sunt [b]. Quibus Populonium et Rosellas necnon civitates in partibus Beneventi [c] tum Capuam [d] addi, annis 787 et 787 (sic) flagitabat; obtinuitque in tertio Caroli itinere Romano promissionem de tradendo Benevento, irritam tamen, quod rex, Grimoaldi ducis favore ductus, episcopia quidem monasteria curtes publicas et civitates absque incolis papæ contradi, earum habitatores tamen in Grimoaldi fide persistere concessit. Is Hadriani expostulationibus Carolique favoribus finis exstitit, nam nec ultra Hadrianum aliquid obtinuisse, nec successorem ejus Leonem III anno 808 ex pacto Carisiacensi Corsicam [e] insulam efflagitantem meliori fortuna usum fuisse, reperimus. Constat igitur, Carolum ea quæ, Desiderio Ticinum adhuc tenente et eventu belli ambiguo, in pacto Carisiacensi renovato pontifici promiserat, integra servare nec voluisse nec potuisse, ea fortasse ratione ductum, quod pontifices jura sua in territoria singula ad meridiem lineæ descriptæ posita, prout tenebantur et polliciti esse videntur, probare nequivissent [f].

Carolo igitur obeunte res ita comparata erat; ut pontifices sub imperio Francorum, 1° *ex antiquo jure* urbem *Romam* cum *ducatu suo*, id est Campaniam cum Maritima usque ad [g] Ceperanum et Terracinam, *et Tusciam Romanorum*, scilicet civitates Portum, Centumcellas, Cerem, Bledam, Marturianum, Sutriam, Nepem, Castellum, Gallisum, Ortum, Polimartium, Ameriam, Tudam, Perusiam cum insulis tribus, Narniam et Utriculum; 2° *ex donatione Pippini et Caroli* exarchatum Ravennantum, Pentapolim et Æmiliam, cum civitatibus supra memoratis; tum 3° *ex pacto Carisiacensi et jure Carolo regi probato* territorium Savinense, civitates in Tuscia Langobardorum supra memoratas (fortasse additis Populonio atque Rosellis), et jura in ducatu Beneventano sibi tradita possiderent; *affectarent vero, nec tamen evincere potuissent*: 4° plurima a meridie lineæ a Lunis cum insula Corsica per Surianum, montem Bardonis, Bercetum, Parmam, Regiam, Mantuam, Montem Silicis porrectæ, præcipue Corsicam, Populonium et Rosellas, ducatos Spoletinum et Beneventanum, Capuam, Cajetam, Neapolim cum patrimoniis ibidem sitis, partim a Francis, partim a ducibus Beneventanis, partim a Græcis possessa. Quibus a Ludovico imperatore nihil præter curtem regalem in Germania additum [h] est. Unde confirmationem quæ sub nomine ejus circumfertur commentitiam esse, haud dubie apparet, non solum propter vitia formæ, sed qua insulæ Sardinia et Sicilia atque Campaniæ Beneventanæ pars cum civitatibus Sora, Arce, Aquino, Arpino, Teano, Capua, et patrimonia Beneventanum, Salernitanum, Neapolitanum, et Calabriæ superioris et inferioris, quæ nec in potestate Francorum essent, papæ concedi dicantur. Chartæ exemplar omnium quæ exstant vetustissimum, scilicet in Codice Vaticano n. 1984, sæc. XII ineunte exaratum, nacti, textum inde desumptum jam proponimus.

In nomine domini Dei omnipotentis Patris, et Filii, et Spiritus sancti. Ego Ludovicus imperator Augustus, statuo et condo per hoc pactum confirmationis nostræ, tibi beato Petro principi apostolorum, et per te vicario tuo dompno Paschali [1] summo pontifici et universali pape et successoribus eius in perpetuum, sicut a predecessoribus vestris usque nunc in vestra potestate et ditione tenuistis et disposuistis, civitatem Romanam cum ducatu suo, et suburbanis, atque viculis omnibus, et territoriis eius, montanis ac maritimis, litoribus, ac portubus seu cunctis civitatibus, castellis, opidis, ac viculis in Tuscie partibus, id est [2] Portum, Centumcellas, Chere, Bledam, Manturanum, Sutrium, Nepe, Castellum, Gallisem, Hortem, Polimartium, Ameriam, Todem, Perusiam [3] cum tribus insulis suis [4], id est maiorem et minorem, Pulvensim [5], Narniam, Utriculum, cum omnibus finibus ac territoriis ad suprascriptas civitates pertinentibus. Simili modo in partibus Campanie Segniam, Anagniam, Ferentinum, Alatrum, Patricum, Frisilunam, cum finibus Campanie necnon et [6] Tiburim, cum omnibus finibus ac territoriis ad easdem civitates pertinentibus, nec non et [7] exarchatum Ravennatem cum integritate, cum urbibus, civitatibus, opidis, et castellis, que pie recordationis domnus Pipinus rex ac bone memorie genitor noster Karolus imperator beato Petro apostolo et predecessoribus vestris iamdudum per donationis paginam restituerunt, hoc est civitatem Ravennam, et Emiliam [8], Bobium, Cesenam, Forumpopuli, Forumlivii, Faventiam, Imolam, Bononiam, Ferrariam, Comiaclum, Adrianisque [9] et Gabelum cum omnibus finibus, territoriis, atque insulis terra [10] marique ad supradictas civitates pertinentibus. Simulque [11] et Pentapolim, videlicet Ariminum, Pensaurum [12], Fanum, Senegalliam [13], Anconam, Ausimum, Humanam, Hesim, Forumsimpronii, Montemferetri, Urbinum [14], et territorium Valvense [15], Callem, Luciolis, Eugubium [16] cum om-

VARIANTES LECTIONES.

[1] donno Pascali *Marinius*   [2] item *M.*   [3] perusium *M.*   [4] deest *M.*   [5] et jacu, Narn,am *M.*   [6] deest *M.*   [7] deest *M.*   [8] Entiliam 1.   [9] et Adrianis quod et Gabellum *M.*   [10] in terra *M.*   [11] similiter *M.*   [12] Pisaurum *M.*   [13] Sonogalliam *M.*   [14] Ulbinum 1.   [15] Balnense *M.*   [16] L. et Eugubium *M.*

NOTÆ.

[a] Ep. 65.
[b] Ep. 89.
[c] Ep. 88, 89.
[d] Ep. 90.
[e] Leonis III epistola 4.
[f] Cod. Carol., ep. 59, qua Hadrianus civitates in partibus Tusciæ, Spoleto, Benevento et Corsica, simul et Savinense territorium appetens, chartas jura

[g] B. Petri probaturas ex archivo Lateranensi regi proponit. Ep. 73 Maginarium Caroli missum jura Ecclesiæ in patrimonium Savinense ex documentis agnovisse, atque patrimonium tradidisse, refert.
[g] Cecanum, haud longe a Ceperano, Aistulfus an. 755 restituit.
[h] Vita Stephani IV, c. 2.

nibus finibus ac terris ad easdem civitates pertinentibus. Eodem modo territorium Sabinensem [1] sicut a genitore nostro Karolo imperatore beato Petro apostolo per donacionis scriptum concessum est sub integritate, quemadmodum ab Itherio et Magenario abbatibus, missis illius, inter idem territorium Sabinense atque Reatinum diffinitum est. Item in partibus Tuscie Longobardorum Castellum Felicitatis, Urbivetum, Balneum regis, Ferenti, Castrum Bitervium [2], Orthas, Marcam [3], Tuscanam, Suanam, Populonium, Rosellas, et insulas, Corsicam, Sardiniam, et Siciliam sub integritate cum omnibus adiacentibus, ac territoriis, maritimis, litoribus, portubus ad suprascriptas civitates et insulas pertinentibus. Item in partibus Campanie Soram, Arces, Aquinum, Arpinum, Theanum, et Capuam, et patrimonia ad potestatem vestram et dicionem pertinentibus [4], sicut est patrimonium Beneventanum, et Salernitanum, et patrimonium Calabrie inferioris, et superioris, et patrimonium Neapolitanum, et ubicumque in partibus regni atque imperii a Deo nobis commissi patrimonia vestra esse noscuntur: Has omnes suprascriptas provincias, urbes, et civitates, opida, atque castella [5], viculos, ac territoria, simulque [6] patrimonia iam dicte ecclesie tue, beate Petre apostole, et per te vicario tuo spirituali patri nostro donno Pascali, summo pontifici et universali pape, eiusque successoribus usque in finem seculi eodem [7] modo confirmamus, ut in suo detineant iure, principatu, atque dicione.

Simili modo per hoc nostre confirmacionis decretum firmamus donaciones, quas pie recordationis donnus Pipinus rex avus noster, et postea donnus et genitor noster Karolus imperator beato apostolo Petro spontanea voluntate contulerunt. Nec non et censum, et pensionem, seu ceteras daciones [8], que annuatim in palacium regis Longobardorum inferri solebant, sive de Tuscia Longobardorum, sive de ducatu Spoletino [9], sicut in suprascriptis donacionibus continentur [10], et inter sancte memorie Adrianum papam, et dompnum ac genitorem nostrum Karolum imperatorem convenit, quoniam [11] idem pontifex eidem de suprascriptis ducatibus, id est [12] Tuscano et Spoletino [13], sue [14] auctoritatis preceptum confirmavit, eo scilicet [15] modo, ut annis singulis predictus census ecclesie beati Petri apostoli persolvatur salva super eosdem ducatus nostra in omnibus dicione, et illorum ad nostram partem subieccione. Ceterum sicut diximus omnia superius nominata ita ad vestram [16] partem per hoc nostre confirmacionis decretum roboramus, ut in vestro vestrorumque successorum permaneat iure, principatu, atque dicione, ut nec a nobis, nec a filiis vel successoribus nostris,

per quodlibet argumentum sive machinacionem quacumque parte minuatur vestra potestas, a t vobis de suprascriptis omnibus, vel successoribus v stris inde aliquid subtrahatur, de suprascriptis vid icet provinciis, urbibus, civitatibus, oppidis, cas ris, viculis [17], territoriis, atque patrimoniis, necno 1 et pensionibus, atque censibus; ita ut neque nos a subtrahamus, neque quibuslibet subtrahere vole ibus consenciamus, sed pocius omnia que superius leguntur, id est provincias, civitates, urbes, oppid , castella, territoria, patrimonia, atque insulas, cens s, et pensiones ecclesie beati Petri apostoli, et pon ificibus in sacratissima illius sede in perpetuum resi ntibus in quantum possumus nos deffendere promic imus. Ad hoc, ut omnia ea in illius ditione ad ut ndum, et fruendum, atque disponendum firmiter v eat obtineri. Nullamque in eis nobis partem, aut otestatem disponendi, vel iudicandi, subtrahendive, ut minorandi vendicamus, nisi quatenus ab illo, i eo tempore huius sancte ecclesie regimen tenue t, rogati fuerimus. Et si quilibet homo de supradi tis civitatibus ad vestram ecclesiam pertinentibus d nos venerit, subtrahere se volens de vestra dici ne et potestate, vel aliquam quamlibet iniquam achinacionem metuens aut culpam commissam fug ns, nullo modo eum [18] recipiemus, nisi ad iustam o eo faciendam intercessionem, ita dumtaxat si c lpa, quam commisit, venialis fuerit inventa, sin alit r conprehensum vestre potestati eum remictamus Exceptis his, qui violenciam, vel oppressionem p tenciorum passi ideo ad nos venerint, ut per nostra intercessionem iusticiam accipere mereantur, qu um altera condicio est, et a superioribus est valde disiuncta. Et quando divina vocacione huius sacrati sime sedis pontifex de hoc mundo migraverit, nullu ex regno nostro aut Francus, aut Langobardus, a t de qualibet gente homo sub nostra potestate onstitutus, licentiam habeat contra Romanos [19] a t publice, aut private veniendi vel [20] electionem fac endi, nullusque in civitatibus, vel territoriis [21] ec esie beati Petri apostoli potestatem pertinentibus a quod malum propter hominem [22] facere presum t. Sed liceat Romanis cum omni veneracione, et sine qualibet [23] perturbacione honorificam suo po tifici exhibere sepulturam. Et eum quem divina ins iracione [24] et beati Petri intercessione omnes Roma uno consilio atque concordia sine aliqua pro ssione ad pontificatus ordinem elegerint [25] sine qu libet ambiguitate vel contradictione more cano ico consecrary [26], et dum consecratus fuerit, legat ad nos vel ad successores nostros reges Francorum dirigantur, qui inter nos et illum amicitiam, et. ca itatem, et pacem socient, sicut temporibus pie re ordacionis

VARIANTES LECTIONES.

[1] Sabinense *M*. [2] Viterbii *M*. [3] Martám *1*. [4] pertinencia *M*. [5] castra *M*. [6] s. et p. *J*. [7] eo *M*. [8] donaciones *M*. [9] spoletano *M*. [10] continetur *M*. [11] cum *M*. [12] d. in *M*. [13] Spoletano *M*. [14] siue *i*. [15] eodem simili *M*. [16] nostram *M*. [17] villis *M*. [18] e. aliter r. *M*. [19] c. R. *desunt M*. [20] aut *I*. [21] t. ad e. *M*. [22] hoc *M*. [23] aliqua *M*. [24] spiracione *M*. [25] eligerint s. aliqua *M*. [26] consecrare *M*.

donni Karoli attavi nostri, seu donni Pipini avi nostri, vel eciam Karoli imperatoris genitoris nostri consuetudo erat faciendi.

Hoc autem ut ab omnibus fidelibus sanctae Dei ecclesie et nostri firmum esse credatur, firmiusque per futuras generaciones et secula ventura custodiatur, proprie manus signaculo, et venerabilium episcoporum, atque abbatum, vel eciam optimatum nostrorum sub iureiurando, promissionibus, et subscripcionibus pactum istud nostre confirmacionis roboravimus et per legatum sancte Romane ecclesie Theodorum nomenculatorem domino Paschali [1] papae direximus.

Ego Ludovicus misericordia Dei imperator subscripsi. Et subscripserunt tres filii eius, et episcopi 10, et abbates 8, et comites 15, et bibliothecarius unus, et mansionarius unus [2].

VARIANTES LECTIONES.

[1] pascali *M*.   [2] unus et hostiarius unus *M*.

EUGENII II CONCILIUM ROMANUM (An. 826, Nov.).

Canones ejus 36, 37, 19, 58 et 33, inter Lotharii imperatoris leges receptos esse jam adnotavimus ; cum igitur textus concilii, cujus nonnuli pars hucusque in collectionibus exstabat, integer in Codice bibl. ducalis Guelferbytanae Blankenburgico sese obtulisset, eum exscribendum et hoc potissimum loco sistendum duximus. Capitula ita inscripta : *Haec kapitula domni Hlotharii imperatoris sunt* cum. *quae non legitur in aere*, fol. Codicis 113-115, textus fol. 120-12. legitur.

1. Ut episcopus bono approbatus opere ordinetur. In hoc capitulo monet ut apostolica in ordinandis servetur auctoritas, deinde subiungit verba pastoralis libri.

2. Ut nullus episcopus aliusque sacerdos muneribus ordinetur. In hoc capitulo monet, ut simoniaca heresis caveatur, quia tam dans quam accipiens proprio privari debet officio.

3. Qualiter episcopum docere et consistere oportet. In hoc capitulo hortatur, ut verbis et factis praelati iter bene vivendi subditis demonstrent.

4. De indoctis sacerdotibus. Hic fit admonitio, ut indocti ministri ab officio suspendantur, quo usque ipsis edoctis licentia ministrandi detur. Sin autem doceri non potuerint, in episcopi arbitrio erit qualiter tractandi sint.

5. Ut in eligendis episcopis canonum regula servetur. Canonum vero regula est, ut episcopus non habeatur, qui a clero et plebe non eligitur.

6. Ut episcopi extra propriam parroechiam non morentur. Hic facit mentionem Sardicensis concilii, in quo praecipitur, ut ultra trium ebdomadarum spatium episcopi extra suum episcopatum non maneant, nisi forte licentia metropolitani.

7. Ubi clerici consistere debeant. In hoc capitulo precipitur, ut iuxta ecclesiam claustra constituatur; ubi sit refectorium et dormitorium et reliquae officinae clericorum usibus aptae.

8. De sacerdotibus in subiectis plebibus constituendis. In hoc capitulo optatur, ut presbyteri plebium cum consensu fidelium reverentius ordinetur.

9. Ut clerici non plusquam sufficiat ordinentur. Monet enim, ut in congregandis clericis modus teneatur, videlicet ne plus admittantur quam facultas rerum eis canonice adtributa sufficere possit.

10. De sacerdotibus qui in ecclesiis vel in monasteriis non habitant. Hic praecipit, ut presbyteri in secularibus domibus non habitent, sed in ecclesia aut in monasteriis ubi feminarum non est habitatio.

11. Ut sacerdos non aliquo ludo delectetur, quatinus beatus existere possit die ac nocte in lege Domini meditando.

12. Ut sacerdotes foenoris aliquid aut rustica ministeria non exerceant. Hic monet a venatione et rusticis operibus sacerdotes abstinere, monetque ut absque ornatu sacerdotali de domibus suis non exeant.

13. Si sacerdotes testimonium dicant. Hic praecipitur, ut sacerdotes non cogantur fieri testes, sed si oportunitas exigerit, a proprio episcopo interrogentur, ne veritas occultetur.

14. Ubi sacerdotem post condemnationem esse oportet. Hic praecipitur ut sacerdos depositus in tali loco ab episcopo collocetur, in quo peccata sua deflendo iterum non peccet.

15. De suspectis sacerdotibus. Hic itaque monet, ut sacerdos bis sive tertio de qualibet femina famam habens ab episcopo correctus, si loqui cum ea comprobatus fuerit, canonice iudicetur.

16. Ut episcopis de subiectis plebibus aliisque piis locis non liceat res auferre. In hoc capitulo precipitur, ut nec de plebibus nec de aliis piis locis aliquo modo res proprie auferantur.

17. De presbyteris qui pro unius oblatione alterius nolunt suscipere. Hic praecipitur ut presbyter pro alicuius gratia alterius oblationem non spernat.

18. Qua auctoritate dimissoriae fiant aut credantur. Hic praecipitur, ut nonnisi postulatus episcopus clerico licentiam ad alteram ecclesiam transeundi concedat.

19. Ut episcopi universique sacerdotes habeant advocatos, pro reverentia videlicet sacerdotali, excepto publico reatu.

20. De his qui advocatum invenire nequeunt. De his precipit, ut coram plebe ab episcopo discutiantur, et si male fame fuerint, canonice iudicentur.

21. De monasterio vel oratorio quod a proprio domino soli aedificatum est. In hoc capitulo precipitur, ut nec oratorium vel monasterium a proprio domino aedificatum violenter auferatur, sed liceat ei per consensum episcopi bonae famae habere presbyterum.

22. De invasione quasi pro parte ecclesie facta. Si quispiam invasor comprobatus dicat pro parte ecclesiae se egisse, de privata sibi re pertinente, ab ipso suoque herede soluatur invasio ; sacerdos denique in tali culpa pauper inventus, a proprio canonice iudicetur episcopo, ut non ecclesia sibi commissa damnum sustineat.

23. De senedochiis et [1] ptochiotrofiis nosocomiis [2] et orfanotrofiis et gerontocomiis brefotrofiis [3] et monasteriis tam monachorum quam sanctimonialium definitum est, ut haec omnia pia loca per sollicitudinem episcopi intentio construentium conservetur.

24. De piis locis qui sine presbyteris existunt.

VARIANTES LECTIONES.

[1] e 1.   [2] onoscomiis 1.   [3] brefotoflis 1

Definitum est [1] ut si ad ius ecclesiae pertinent, ab episcopo ordinentur ; si vero ad seculares homines respiciunt, ab episcopo ipsi admoneantur, ut infra trium ebdomadarum spatium ordinentur.

25. De destructis ecclesiis. Hic constitutum est, ut ecclesia destructa de propria facultate restauretur, aut si minor est facultas, populi auxilio reparetur.

26. Si episcopus a subiectis sacerdotibus et clericis dationes exigat. De hoc capitulo definitum est, ut nullus episcoporum a presbyteris vel clericis amplius exigat quam statutum est.

27. Quales abbates sint constituendum. In hoc capitulo precipitur, ut edocti sint et presbiterii [2] honore fulti.

28. Docet qualiter monachi vel abbates conversari debeant. Quamquam plura genero monachorum observanda, et alia omnimodo sint refutanda, tamen de his qui in solo habitu existunt, diligenti cura debet unusquisque episcoporum in sua diocesi decertare, ut qui religiositate conantur illudere, boni pastoris studio quoartentur, ut aut proprium quod fuerit revertantur monasterium, aut perspectum congruum in alium mittantur. Ut qui semel se Deo voverunt et habitum monachorum ostenderunt, vel comas totonderunt, regularem [3] teneant vitam, ut in uno scilicet ut convenit dormitorio vel refectorio dormientes atque existentes, et ad similitudinem apostolorum omnia peragentes, quia nequisquam quod habebat aliquid suum esse dicebat, sed erant illis omnia communia.

29. De feminis quae habitum religionis susceperunt. Definitum est, ut femine quae habitum religionis sub obtentu religiositatis susceperunt, in ipso permanere [4] cogantur, et in monasteriis ad exemplum virorum vivere compellantur.

30. De negotiis et laborationibus die dominica non faciendis. Definitum est, ut qui contra hanc sanctionem fecerit, per poenitentiam purgari debeat.

31. De criminalibus causis et furtis ceterisque similibus die dominico inventis. In hoc capitulo definitur, ut qui in aliis diebus haec scelera patrasse invenitur, licentia sit eos capiendi ac iudicandi. Deindeque praecipitur, ut die dominica nemo puniatur.

32. De his qui sine ostenso crimine inviti in monasteriis detinentur. Definitum est, ut sicut ille qui sponte monasterium ingreditur, non habeat licentiam exeundi, ita ille qui invitus intro mittitur, nisi voluerit non detineatur.

33. Ut laici ad missas in presbiterio non consistant. Hic hortatur, ut sicut loca clericorum et laicorum, ita virorum ac feminarum sint discreta.

34. De scolis reparandis pro studio litterarum. Hic fit admonitio, ut in episcopiis atque plebibus magistri liberalium artium super scolas constituantur. Quod si magistri liberalium artium defuerint, tamen divinarum scripturarum omnimodo perquirantur.

35. De conviviis festis diebus non faciendis. In hoc capitulo saltationes et turpia verba et ritus gentilium interdicuntur. De his vero admoniti qui emendare noluerint, communione privandos decernit.

36. De his qui adhibitam sibi uxorem reliquerunt, et aliam sociarunt. Hic ad memoriam revocantur dominica sententia, ut nulli liceat uxorem suam dimittere, excepta causa fornicationis. Quod si reliquerit et aliam duxerit, ad priorem redire postea monetur. Quod si utrisque pro religione separatio placuerit, monet ut sine episcopi consilio non fiat.

37. Ut non liceat uno tempore duas habere uxores, uxoremve et concubinam. De illo vero qui cum uxore concubinam habet, praecipit, ut si admonitus eam a se abicere noluerit, communione privetur.

38. De incestis coniunctionibus. Hic precipitur, ut nullus propinquam nec quam propinquu habuit uxorem ducat.

39. De forensibus presbyteris qui pe vitiosos episcopos ordinantur. Hic praecipit, ut al sque ullius licentia nullus deinceps presbyter ordi etur.

40. Ut presbyteri qui in diversis baptis eriis vel quibuscumque sacris oratoriis inexcusa iliter ad concilium diocesis episcopi occurrant.

41. Ut laicus qui alterius presbyterum cclesiae cuiuscumque sua potestate instituerit non raebente consensu episcopo cuius parroechia videtur existere, ad fidelium communione separetur ; presby ter vero, si ab episcopo suo vocatus redire noluerit, roprium gradum amittat.

INCIPIT CAPITULA ADMONITIONIS EUGENII P AE CONSILIO ET SUBSCRIPTIONE EPISCOPORUM FA TA.

Fratres et coepiscopi sacerdotes et cu cti cleri. Quoniam religiosus sancto Spiritu congreg nte conventus hortatur, ut quaecumque pro disci lina ecclesiastica sunt, cura diligentiore tractemu , si placet fratres ea quae ad hortationum tenorem pertinent iuxta divine legis praecepta et Nicenorum canonum constituta ita iuvante Domino in omne aevum mansura solidemus, ut nulli fas sit sine status sui periculo vel divinas constitutiones vel apostol ae sedis decreta temerare, quia nos qui potissimi acerdotes administramus officia talium transgressio um culpa respicit, si in causis Dei desides fuerimu inventi. Quia meminimus qualiter comminetur Do inus negligentiae sacerdotum. Siquidem reatum maiorem delinquit, qui potiore honore perfruitur, e graviora facit vitia peccatorum sublimitas dignit tum. Cavendum ergo inprimis est, ne a sacros gr dus quod gestis prioribus ante perscriptum est, u quicquid contra legem aut sanctorum canonum in tituta aut decreta patrum inventum fuerit, de sin lis capitulis; seu de his qui inscii sunt litterarum t doctrinarum, in honorem inventi nec non qui ontra statuta inventi fuerint, quae vestrae existunt sanctitati dicenda, vel aliqua parte membrorum p rpessi, et qui ex poenitentibus ad sacros ordines ad pti. Quisquis talium consecrator extiterit provideat. Nos enim in nullo volumus severitatem exercere, s qui in causis Dei contumacia vel delicto deliq erit, aut ipse quod perperam fecit abolere noluerit, n se quicquid in alio non resecari inveniet. Quod u deinceps possit tenacius custodire, si placet omnes causas et subscriptiones proprias commodate ut s odali iudicio auditus claudatur inlicitis.

Responsio episcoporum. 1. Vere cognos imus gratia sancti Spiritus cor apostolatus vestri s iccensum, ut tantae miseriae squalores fidelium ment bus detergantur; et quasi vulnus corpori infixum addito talium miseriae obserato salutari antidoto c retur, sicut bene provisum est interdictione quae contraria sunt, ne duo quispiam cuiuscumque rege tes sacrique baptismatis unda lotus attemptet, n on tanti piaculi sicut audita sunt mole oppressi pr cipitii incidant ut ne voragine mereantur iniquitati vitari debeant, atque radicitus evellantur.

Secunda admonitio pontificis. 2. Necess ria rerum dispositione constringimur, in apostolicae sedis moderamine convenimus, si canonum pater orum decreta librare, et retro presulum decessor mque nostrorum precepta metiri, ut quae prese tium necessitas temporum restaurandis ecclesiis relaxanda deposcit, et adhibita consideratione dilig nti, quantum possumus fieri temperemus, quod ne in totum formam veterum videamur excedere reg ularum, et reparandis militiae clericalis officiis, qu e per diversas provincias neglectas videantur recu erentur in melius, ut quae per loca destitutae eclesi e competentis ex auxilii salutare subsidium restau andae non

VARIANTES LECTIONES.

[1] *deest* 1. [2] phesbiterii 1. [3] regularum 1. [4] permaneant 1.

neglegamus, animarum nostrarum salutem, ne nobis ad magnum eveniat reatum, si tanto coortante periculo in quantum valuerimus si neglegimus subveniri.

Secunda responsio episcoporum. 3. Etiam si nulla staret necessitas ecclesiasticae disciplinae expetenda, revera nobis fuerat illud privilegium sedis vestrae, quod suscepis regni clavibus post resurrectionem salvatoris per totum orbem beatissimi Petri singularis praedicatio universorum in luminationem prospexit; cuius vicarii principatus sicut eminet, ita metuendus est ab omnibus et amandus. Proinde nos Deum in vobis primitus adorantes, cui sine querela servitus ad fidem recurrisemus apostolico ore laudatam, id est responsa querentes, unde nihil errore nihil praesumptione sed pontificali totum deliberatione praecipitur, ut quod observare velitis, apostolicis affatibus instruamur. Quatenus et fraternitate collecta prolatis in medium venerandi synodi constitutis, adversus ea quae contraria sunt legi vestra auctoritate subnixi quid oporteat in hominibus ordinationem fieri intellegere Deo iuvante possimus. Erit profecto vester triumphus, si apostolatus vestri temporibus quod sancti Petri cathedra obtinere catholica audeat ecclesia, si novella zizaniorum semina fuerint omnino stirpata, orante pro nobis sancto apostolatu vestro, iugi aevo divina conservet aeternitas.

Exaudi Christe Eugenio papae vita.

4. Oramus sanctitatem vestram, ut aures vestras intima cordis affectione per singula attentius accommodare procuretis, ut noster labor in omnibus nostrarum animarum proficiat ad salutem; et si vobis placet ut audiatis, legantur coram omnibus. Universi respondentes dixerunt : legantur.

Theodorus diaconus legit.

In nomine Patris et Filii et Spiritus sancti quod est trinitas individua, primis omnium de ecclesiis Dei quae per singula loca in parroechiis vicos vel civitates in ruinis neglecto reiacent, in quibus nec officia aut luminaria fiunt, nec etiam ibidem pro aliquo servitio inveniuntur, et dotes quae ex tempore consecrationis ibidem datae fuerunt, ablatae sunt, nec recordantur quas prius possidebant; praevidete itaque fratres; qualiter domus Dei, ut honorem habeant a fidelibus christianis, restauratae existant, et primitiae et redditus quos Deus fidelibus iussit ibidem offerre, non minuantur. Ut sacerdotes ministrique Dei secundum Deum ibidem servientes et conversantes suum possint observare propositum. Quia scriptum est, sacerdotes non aliis vacent nisi sola oratione lectione et praedicatione. Nam quis securus iudicem nuntiet si praeco tacet? et ut per prophetam Dominus comminans ait : Si non annuntiaveris iniquo iniquitatem suam, sanguinem eius de manu tua requiram. Quia si sacerdotes inopes aut inprudentes existunt, qualiter possunt aliis subvenire? Quia qui sibi nequam est, cui alii bonus erit? Quam ob rem si Dei domus in paupertate aut destructione inveniantur, quomodo populus Dei docere possit? Pensate fratres qualem rationem ante tribunal Christi reddituri erimus, videat plebs christiana si domus Dei haec patiuntur, quid de se [1] suaque domo suisque posteris aestimetur? Quoniam de omnibus actionibus et neglegentiis sumus in tremendo examine rationem Deo reddituri.

5. Itaque sacerdotes et ministri Christi qui inter gradus clericorum ordinati existunt, debito officio secundum Deum et doctrinam patrum in omnibus conserventur, eruditi existentes in divinis libris, valeantque se conspicere et alios emendando docere. Ut quibus commissa sunt divina tractare misteria, prudenter atque decenter [2] cum Dei timore sua valeant ministeria adimplere, ut Deo cui assistunt profecto placere possint.

6. Cavendum quippe est, ut non inerudit ad ministerium Christi vel inlitterati ut decet accedant, ne, quod absit, eveniat sicut Dominus ait : Si caecus caeco ducatum prestitit, ambo in foveam cadunt. Quia non eos convenit secularia cura peragere, vel etiam per domos alienas inconvenienter conversare, sed potius in aecclesiis habitantes, debita studeant officia exercere.

7. Igitur monachi et sanctimoniales feminae quaeque se sponte Deo voventes tradiderunt, et ante humanos oculos in habitu religiositatis ostendere decreverunt, in ea vita ac religione et opere studeant permanere, quia cum se in oculis hominum ostendunt, maxime in conspectu Dei profiteri considerantur aeterni. Idcirco pensare studeant, ne falso nomine et habitu existentes, hypocrite [3] inveniantur. Impium enim est homini Deo mentiri. Itaque unusquisque observare studeat, et verba sapientissimi optimique praedicatoris attendat, cum ait : Unusquisque in qua vocatione vocatus est, in ea permaneat. Nam qui votum mutaverit, de reatu suae conscientiae promissionisque constringitur, et reus in Dei apparebit iudicio, si se emendare omnino noluerit. Providendum denique est et omnimodis curandum atque studiosius vigilandum, cui cura regiminis commissa est, ut haec omnia oportuna cum Dei timore ordinentur, ne per neglectum pretermissa sint, et periculum adcrescat, quam per neglegentiam et peccata adstant et pericula adcrescunt. Si vero sanctitati vestrae placet, abbates vel abbatissae per monasteria quae ordinanda sunt non per munera ordinentur, sed studiosius inquirantur, qui sciant Dei habere timorem et hominis reverentiam, bonisque operibus perfulgentes, ut optime eruditi in his que sibi pertinent maneant; et subiectos sibi recto moderamine secundum Deum et sanctam regulam pleniter et purae queant cunctos edocere, ut de susceptis animabus in Dei iudicio [4] non reprobi sed potius immaculati appareant, quatenus illam desiderabilem vocem possint audire : Euge serve bone et fidelis, quia in pauca fuisti fidelis, supra multa te constituam, intra in gaudium domini tui.

8. Considerandum vero nobis est et a populo nimis cavendum, ut nullus ex [5] propria cognatione aut velatam diaconam vel raptam uxorem accipiat, ne talibus rebus animam perdat, et principum institutis damnatus fiat. Haec autem fratres ammonenda sunt, ne forte populus christianus tali praesumptione temerator existat, et tam nos quam ipse peccatum incurrat.

9. De quibusdam regionibus ad nos refertur, quod die sancto dominico sicut in aliis diversa opera exerceantur, quae in illo fieri non conveniunt. Quapropter admonenda nobis necessaria res existit, et grandi comminatione populum cohercere, ne hoc die divinam vocem obaudiens servile opus audeat exercere; quia sex diebus fecit Deus coelum et terram et omnia quae sunt in eis; dieque septimo requievit, quem benedixit et sanctificavit et Moysi verba legis praecipiens ait : Mementote diei sabbati, ut sanctificees ; requiescas tu et quae tua sunt; et ut psalmista admonet dicens : Vacate et videte quoniam ego sum dominus. Et si populus Hebreorum cum tanta devotione hodie celebrat quod in figura novi testamenti commissum est, quanto magis populus christianus diem sanctam resurrectionis domini nostri Iesu Christi et nostrae redemptionis cum magno honore atque timore debet observare, et non in aliis vacare nisi oratione, et ad ecclesiam Dei concurrens praeceptaque divina cum reverentia audire, totoque corde percipere, credere et operari, et corpus Christi quod consecratur digne studeant assumere.

VARIANTES LECTIONES

[1] re c. [2] docenter c. [3] hyporite c. [4] iudicio c. [5] et c.

10. Itaque fratres mei omnes admonendi et docendi a vestra sanctitate sunt, ut fidem quam in baptismate promiserunt tenentes, timorem Dei tam viri quam femine prae oculis habeant, et orationem dominicam ac symbolum parare et memoriter retinere non neglegant, ut quod corde credit, ore proferat, ut cognoscat se qua conditione seu religione adepti sanctum baptisma sunt professi ut Christi mandata in omnibus conservare studeant, et divino mandato Deum et proximum diligant, ut scriptum est: *Diliges Dominum Deum tuum ex toto corde tuo, et ex tota virtute tua, et proximum tuum sicut te ipsum, quoniam dilectio proximi malum non operatur.* Unde et Dominus: *Qui diligit me sermonem meum servabit, et ego diligam eum et ostendam ei me ipsum.* Et iterum: *Qui non diligit me, sermones meos non servat, habet qui iudicet eum.* Hinc Iacobus ait: *Si quis totam legem observaverit, offendat autem in uno, factus est omnium reus.* Quid enim est hoc unum nisi vera et perfecta caritas, quam unicuique non subdole convenit observare.

11. Et hoc fratres admonere oportet, ut condecet, ita castum possit observare coniugium, quia scriptum est: *A Deo preparabitur mulier viro, et quam Deo coniunxit homo non separet.* Videat quicumque est ille et intellegat qui Dei precepta contemnit, qualiter erit iudicandus nisi emendare studuerit, qui contra divina praecepta propriam dissociaverit carnem merito fit condemnandus. Itaque et qui se iunxerit meretrici, corpus Christi et templum Dei maculare attendit. Videte fratres, videte, et diligenti cura attendite, ne quis faciat membra meretricis, sicut scriptum est: *Qui adheret meretrici, unum corpus efficitur.* Melius namque est ut si qui sine uxore est, si potest sic maneat, si autem non se continet, nubat. Ne quod absit, diabolica instigatione a Deo separatus videatur; et pereat ut scriptum est: *Qui elongat se a Deo peribit.* Cavendum est ne pro tali culpa parvaque et caduca istam vitam perdat; quispiam carnis subsequens voluntatem aeternam et angelorum societatem. Haec fratres dilectissimi diligentius pro Dei amore nostraque apostolica interveniente admonitione, quae hodie vobis relecta sunt attendentes observare atque admonere procurate, ut sermo Dei a vobis in omnibus indifferenter percurrat, ne inimicus, qui ut leo rugiens quaerit quem devoret, locum vastationis inveniat, ut tam relecta quam etiam (quae) adhuc pio moderamine et vestro synodali concilio confirmanda existunt, omnibus proficiant ad salutem. Quia qui aures clausas admoniti habere noscuntur, sine dubio desperati existunt. Itaque omnibus praedicando curiosius subvenite, ne aliqua desperatione, quod Deus non permittit, promissis premiis alieni existant. Sed omnia observantes, aeterni regni participes divinis dapibus mereantur inveniri. Haec enim quamvis pauca dictis sufficiat, crastino vero Deo largiente pro affectu universae plebis Christi et alia sunt dicenda.

In nomine Domini et salvatoris nostri Iesu Christi imperantibus dominis nostris piissimis augustis Hludowico a Deo coronato magno imperatore anno XIII; sed et Lothario novo imperatore eius filio anno X, indic. IIII mense Novembrio die XII. Eugenius sanctissimus atque beatissimus et universalis papa cum universis coepiscopis, videlicet Petronaci archiepiscopo civitatis Ravennatae [1], Leopardo episcopo Forosinfronate, Passivo episcopo Herane, Rumualdo episcopo Agnaniae, Lamperto episcopo Aretinae, Iohanne episcopo Silvae candidae, Stephano episcopo Portuense, Benedicto episcopo Aloanense, Cesario episcopo Hostiense, Georgio episcopo Vellatriense, Constantino episcopo Petreniense, Romano episcopo Cerense, Grasulfo episcopo Fesulense Paulino episcopo Sunogauliense, Peredeo episcopo Renense, Ausperto episcopo Popolien e, Valerino episcopo Sutriense, Stefano episcopo Ariminense, Germano episcopo Ausimano, Pasivo episcopo Galiense, Stefano episcopo Ortenense, Andrea episcopo Clusense, Stabili episcopo Castello felicitatis, Waliperto episcopo Urbivetense, Vestiano episcopo Suanense, Alifredo episcopo Balneo regense, Paulino episcopo Triviense, Petro episcopo Centumcelense, Agatho episcopo Montefeletrano, Item Agatho episcopo Polimartiense, Magno episcopo Asiense, Liutardo episcopo Nucesense, Petro episcopo Lucano [2], Bertoaldo episcopo Lunense, giprando episcopo Florentino, Lomprando episcopo isturiae, Theoderico episcopo Perusinae, Donato episcopo Galense, Codemundo episcopo Tuscanense, agiperto episcopo Suelense, Tigrino episcopo An onitano, Agiperto episcopo Fanestre, Iohanne epis opo Pissane, Benenato episcopo Eugubiense, Lupo episcopo Furcunense, Petro episcopo Voluterrense, S bastiano episcopo Ticinense, Dominico episcopo Pen aurense, Iohanne episcopo Hesinate, Leonino episcop Tribustabernae, Gratioso episcopo Nepessine, Io nne episcopo Tuterninae, Eleutherio episcopo P vinatae, Benedicto episcopo Amerinae, Theodosio episcopo Mantutriense, Adriano episcopo Salatritan , Samuhele episcopo Savinense, Adriano episco o Signinae, Cosma episcopo Humanatae, Maurino episcopo Urbinatae, Walano episcopo Teatinae, at e cunctis venerandis presbyteris, scilicet Iohanne rchipresbytero, Dominico presbytero, Georgio p sbytero, Iohanne presbytero, Simeon presbytero, Sergio presbytero, Gregorio presbytero, Benedict presbytero, Urso presbytero, Crisentio presbyter , Simeon presbytero, Lubiano presbytero, Anastasi presbytero, Benedicto presbytero, Maurino pr sbytero, Urso presbytero, coram sacratissimo cor ore beatissimi Petri principis apostolorum resi entibus; astantibus quoque diaconibus quorum sunt nomina: Valentinus archidiaconus, Theodorus diac nus, Leo diaconus, Faustinus diaconus, Item Leo iaconus, Leontius diaconus, diversoque clero, lege te Theodoro diacono, pontifex dixit: *Cum simus ominicae plebis superna miseratione rectores, studi siüs nos convenit Dei praesidio pro eorum spere cogi are salutem, ne de creditis frustrati, quod absit, nimabus, insidiis antiqui hostis ante omnium past rem nisi succedat praeveniendo de offensis correc o districtam cogamur solvere rationem. Dumque perpendo vel animo reduco, quanta circumspectione os oportet invigilando contra sui cuiusque sceleris equitiam obviare, et si quando insilierit ad perturba das fidelium mentes, adiutorio superne ictu peiu resistere ei* [3], *valde concutior, atque nimis tabesco ne serpentina calliditate, quod absit, levioris quosque decipiat. Deo vero favente sollicitudinem animae, pio ore, mente, divino iuvamine freti pro sa te hominum omnium ostendere debemus, ut in onfusum vultum non fraudet, de cuiusquam percul asistere aeterni iudicis mereamur, sed potius, voc audire inquientem: Euge serve bone et fidelis quia in pauca fuisti fidelis, super multa te constit am, intra in gaudium Domini tui. Hinc namque est uod ingemescens dico, quia populi christiani per rovincias et loca commorantes audio temere contra atholicae fidei documenta et patrum statuta agere, od oportunum est spiritali amputari mucrone, ne seges boni agricolae zizaniorum mixta horrent us fructibus sordescat.*

ITEM CAPITULA PREDICTI PONTIFICIS DE MI ISTRIS ET ORDINIBUS ECCLESIASTICIS.

1. *Ut episcopus approbatus opere ordin tur.* Beatissimi Pauli discretionem atque admoniti nem epi-

---

VARIANTES LECTIONES

[1] rarauennate *c.* [2] lucana *c.* [3] resisterei *c.*

scopum consecrari omnino oportet, desiderabilem boni operis, inreprehensibilem, et reliquis omnibus apparitionibus quae secuntur, ut doctrinam Dei nostri ornet in omnibus, ne ut in pastorali libro continetur, contradicendus inveniatur. Ab imperitis enim, inquit pastorale, magisterium qua temeritate suscipitur, quando ars est artium regimen animarum? et iterum : Ille igitur, ille modis omnibus ad exemplum vendidi pertrahi, qui cunctis carnis passionibus moriensiam spiritaliter vivit, qui prospera mundi postposuit, qui nulla adversa pertimescit, qui sola interna desiderat, cuius intentioni bene congruens nec omnino per inbecillitatem corpus, nec valde per contumeliam repugnet. Qui ad aliena cupiendo non ducitur, sed propria largitur, qui per pietatis viscera citius ad ignoscendum flectitur, sed numquam plus quam deceat [1] ignoscens ab arce rectitudinis inclinatur. Qui nulla inlicita perpetrat, sed perpetrata ab aliis ut propria deplorat. Qui ex affectu cordis alienae infirmitati compatitur, sicque in bonis proximi sicut in suis provectibus laetatur; qui ita se imitabilem ceteris in cunctis quae agit insinuat, ne inter eos habeat quod saltim de transactis erubescat. Qui sic studet vivere, et proximorum quoque arentia doctrinae fluentis valeat inrigare; qui orationis usu experimento iam didicit, quod obtinere a domino quae poposcerit possit, cui effectus vocem iam quasi specialiter dicitur. Adhuc loquente te dicam : ecce adsum. Ideoque talium rerum tales esse oportet, non indocti ne aliqua oportunitate turpes inveniantur, sicut in eodem libro habetur. Quia cum spiritale aliquid a subditis pastor inquiritur, ignominiosum valde est, si tunc incipiat quaerere vel discere, cum questionem debet enodare.

2. *Ut nullus episcopus aliusque sacerdos muneribus ordinetur.* Cavere itaque oportet unumquemque sacerdotem, ne premiis videatur consecrari, ut non exemplo Simonis magi in condemnationem et laqueum incidat diaboli; quia tam factus quam etiam faciens honore adepti debent esse condemnandi, sicut in Calcidonense aliorumque patrum habetur concilio, quia qui muneribus ordinatur, non animae decertare cupit remedium, sed vanae gloriae venerare lucrum.

3. *Qualiter episcopum docere et consistere oportet.* Episcopum vero bono opere consistere oportet, ut non solum factis congruentibus luceat, sed optimus speculator existat, qualiter populus verbum predicationis ostenso opere sine dubio observando attendat, beatissimo Gregorio papa docente. Pro qualitate igitur audientium formari debet sermo doctorum, ut et sua singulis congruat, et tamen a communis aedificationis arte numquam recedat.

4. *De indoctis sacerdotibus.* Quamquam ad monita doctorum et statuta patrum sacerdotes indoctos prohibet consecrari, oportuni temporis moderatione, si episcopus inveniatur indoctus, a metropolitano proprio, et deinceps sacerdotes, id est presbyteri, diaconi, vel etiam subdiaconi, a suo proprio episcopo ut doceri possint admoneantur, et interim subiecti sacerdotes et tales clerici ad tempus celebrationem divinis misteriis et officiis suspendantur, ut docti valeant ad debitum ministerium advenire. Si autem potuerint edoceri, in potestate episcopi sit.

5. *Ut neglegendi episcopi canonicam regulam observentur.* Episcopum enim consecrari non convenit, nisi a clericis et populo fuerit postulatus. Unde Celestinus [2] papa dicit : Nullus invictus ordinetur episcopus. Plebis enim, clericorum et ordinis, consensus et desiderium con tat esse requirendum. Et Leo sanctissimus papa ait : Nulla enim ratio sinit ut inter episcopos habeantur, qui nec a clericis sunt electi, nec a plebibus expetiti. Quod si in eadem ec clesia dignus non inveniatur, tunc alter de altera eligatur ecclesia. Tamquam vis necessitas eveniat invidiose nullo modo consecretur invitus.

6. *Ut episcopi extra propriam parroechiam non morentur.* Episcopi enim ad culturam propriis ecclesiis sepius debent adesse, quia absentia episcopi plerumque fit calamitas plebis. Ideoque Sardicense admonente concilio, ultra trium ebdomatarum spatium propriis ecclesiis non morentur, nisi forte per iussionem metropolitani vel principis, si ex necessitate contingat; quoniam longius nisi per auctoritatem canonicam proficisci neque subiecti sacerdotes debent.

7. *Ut clerici consistere debeant.* Necessaria etenim res existit, ut iuxta ecclesiam claustra constituantur, in quibus clerici disciplinis eclesiasticis vacent. Itaque omnibus unum sit refectorium ac dormitorium, seu ceterae officinae ad usus clericorum necessariae. Ministri vero post episcopum super ea tales eligantur, quorum vita atque doctrina illos potius exhornent quam dehonestent.

8. *De sacerdotibus in subiectis baptismalibus plebibus constituendis.* Episcopi in baptismalibus plebibus ut testes propriis diligentem curam habere debent, et cum eis presbyteros necessitas occurrerit ordinandi, ut reverentius observentur, convenit enim in eis ibidem habitantium sibi adhibere consensum.

9. *Ut clerici non plusquam sufficere ordinentur.* Itaque congregandis clericis modus discretionis teneatur. Videlicet ne plus admittantur quam facultas rerum eis canonice attributa sufficere possit.

10. *De sacerdotibus qui in ecclesiis vel monasteriis non habitant.* Sacerdotes namque constitui non oportet nisi in ecclesia aut speciali monasterio deputentur, ne necessitas in saecularibus domibus illis habitando occurrat; alioquin a propriis episcopis aut in episcopia aut in monasteria habitandi et conversandi pro exercendo officio constituantur. In quibus enim mulieres nulla conversari ratione permittit.

11. *Ut sacerdos non aliquo ludo delectetur.* Sacerdos enim sedule divina debet perscrutari et admonere eloquia, ut inveniatur beatus de quo psalmista ait : et in lege eius meditabitur die ac nocte. Quamobrem ludo aliquo coram se fieri non delectetur. Transgressor quippe inventus, ad admonitionem episcopi ulterius agere desinat aut [3] canonice iudicetur.

12. *Ut sacerdotes feneralia aut rustica ministeria non exerceant.* Sacerdotes itaque qui ad debita et oportuna officia ecclesiis indifferenter adesse debent, fenore aliquo aut venatione vel aliqua occupatione rusticoque ministerio omnino non occupentur, quia sine ornatu sacerdotali extra domos cos apparere non convenit. Ne ut aliqui saecularium iniuriis paciantur, sed ea solummodo quae per patrum instituta videntur observent. Contrarius denique inventus aut deinceps desinat, aut canonice subiaceat disciplinae.

13. *Si sacerdos testimonium dicat.* Quamquam sacerdotum testimonium credibilius habeatur, tamen ipsi in secularibus negotiis pro testimonio aut confugiendis instrumentis non rogentur; quia eos in talibus rebus esse non convenit; si enim cunte causae aliquid viderint aut audierint, ubi nullae idoneae seculariae inveniantur personae, ne veritas occultetur et malus et bonus estimetur, in providentia propria sit episcopi, ut aut coram se et competentibus ludicibus aut aliter veritatem honorifice attollat.

14. *Ubi sacerdotes post condempnem esse oportet.* Sacerdotes etenim aut quamvis alius in ordine eclesiastico provectus si in eo [4] scelere inveniatur, quo abiciendus existat, depositus providentia episcopi bene proviso loco constituantur, ubi peccata lugeant, et ulterius non committant.

VARIANTES LECTIONES.

[1] doceat *c.*   [2] et lestinus *c.*   [3] desint $\overline{au}$.   [4] eos *c.*

15. *De suspectis sacerdotibus.* Si quispiam sacerdotum, id est presbyter, diaconus etiam subdiaconus, de quacumque femina crimine fornicationis suspicatus, post primam secundamque etiam admonitionem metropolitani vel alterius episcopi aut eius cui subiacere videtur, inveniuntur fabulari cum ea, vel aliquo modo cum ea conversari, canonice iudicentur. Quapropter unusquisque episcoporum in tali se studium ac diligentem curam habere debet, ne eclesia Christi a propriis possit sordidare ministris. Quia cum propriam uxorem habere non permittitur, maxime ab omni femina sit abstinendus.

16. *Ut episcopo de subiectis plebibus aliisque piis locis non liceat res auferre.* Nulli episcoporum liceat res immobiles de subiectis plebibus aliisque piis locis in proprio usu habere, ne maiores enormiter [1] locupletentur et minores tali facto pauperes inveniantur. Contra agens canonicam auctoritatem coartandus existat.

17. *De presbyteris qui pro unius oblatione alterius recipere nolunt.* Presbiteris nullis blandiantur aut suadeantur sermonibus, ut non omnium ad se concurrentium in quibuslibet sacris locis oblationibus ad missarum sollemnitatem recipiant. Quia cum mediatores Dei hominumque existunt, in exercendis votis relaxandisque peccatis largissimam debent orationem peragere. Si quis autem contra hunc temerator extiterit, aut desinat aut doctoris proprii constringatur sententia. Redemptor etenim noster cum sit omnipotens inmenseque misericordiae plenus, quantorum populorum vota non recipit et vincula peccatorum unatenus non resolvit !

18. *Quare aut auctoritatis dimissoriae fiant aut credantur.* Episcopus subiecto sibi sacerdoti vel alio clerico nisi ab alio postulatus dimissoriam non faciat, ne ovis quasi perdita aut errans inveniatur; sed consensum unius in alterius inveniatur ovili. Et ne vere ut falsae credantur, et falsae ut verae suspicentur, universalis pontificis aut imperialis vel metropolitani bulla roborari.

19 [2]. *Ut episcopi universique sacerdotes advocatos habeant.* Quia episcopi universique sacerdotes ad solam laudem Dei bonorumque operum actionem constituantur, debet ergo unusquisque eorum tam pro eclesiasticis quam propriis suis actionibus excepto publico videlicet crimine advocatum habere, non malae famae suspectos, sed bone opinionis et laudabilis artis inventus. Ne, dum humana lucra attendunt, aeterna praemia perdant.

20. *De his qui advocatos invenire nequeunt.* Si enim fuerit quispiam sacerdotum inventus qui advocatum in iudicium proferre non valeat, coram plebe propria suum episcopum tandem oportet discutere sacerdotem, si bonae an malae conversationis existat, aut cuius rei a cura [3] debitae advocatum habere non possit; malus vero inventus, pro qualitate culpae secundum canonicum norma emendari curetur.

21. *De monasterio vel oratorio quod a proprio dominio soli aedificatum est.* Monasterium vel oratorium canonice constructum, a domino constructoris invito non auferatur, liceatque illi id presbitero cui voluerit pro sacro officio illius dioceseos et bonae auctoritatis dimissoriae cum consensu episcopi ne malus existat commendare, ita ut ad placita et iuxta reverentiam ipsius episcopi oboedienter sacerdos recurrat.

22. *De invasione quasi pro parte ecclesiae facta.* Si quispiam invasor comprobatus dicat pro parte ecclesiae se egisse de privata sibi re pertinente, ab ipso suoque herede solvatur invasio. Sacerdos denique in tali culpa pauper inventus, a proprio canonice iudicetur episcopo, ut non aeclesia sibi commissa damnum sustineat.

23. *De scnodochiis et aliis similibus locis* Per sollicitudinem episcoporum quorum dioceseos xistunt, ad easdem utilitates quibus constituta sunt ordinentur, ut debiti panes atque cure pertinent' us vertant.

24. *De piis locis quae sine presbyteris existunt.* Sunt quaedam pia loca ut fertur in diver is regionibus inventa, quae ita impia sollicitudine t sacerdotibus destituta, nulloque debito ibidem esonant nec existunt officia, ut cum sint pro sola ei laude constituta, divino attestante oraculo: *domus n ea domus orationis est*, nunc autem ut aliae domus u litate secularium hominum, sordidae inveniuntur. taque si proprio iure ecclesiae subiecta episcopus ib' em sine intermissione presbiterum cum sufficien iae suae utilitatis opes constituat, et si secularium iominum sunt iure constituta, ab episcopo illius dio seos admoneantur, et si admoniti presbiterum in ra trium mensium spatium ibidem neglexerit consti ere, curam exinde habens episcopus absque negle ta principi suggerat, quatenus eius emendetur sen entia.

25. *De ecclesiis destructis.* Eclesiae et uaelibet pia loca destructa reiacentia promissae atq .e susceptae formatae constitutionem proprio disp ndio restaurentur, non sufficiente vero necessario a popule plebis auxilientur, qualiter Dei domus hon rifice videantur existere.

26. *Si episcopus a subiectis sacerdotibus e lesiarum donationes exigat.* Nulli liceat episcoporum subiecto sacerdote vel aliquolibet alio clerico et pii locis dationes ultra statuta patrum exigere, aut exposita in angariis inferre, Sed cum sit optimus p rspector, ita perspiciat, et universe sibi oves comm sse a se maxime alantur, atque in necessitatibus a uventur, quam inlicitis exactis dationibus oppriman ur.

27. *Quales abbates sunt constituendi.* Abbates etenim per coenobia, velut instanti tempo e nuncupantur monasterium, tales constituantur qui cui vocabuli ministerium digne possint indubit ter supplere. Ita docti, ut quandoque fratrum n glegentia acciderit, omnino cognoscere possint et e nendare, sacerdotali quoque sint honore adempti, u peccantium sibi subiectorum fratrum valeant o nimodis neglecta refrenare et amputare commissa. t ita observent, ut statuta regularum per omnia on inveniantur delinqui.

28. *De monachis qui in solo habitu existu t, et non in ea vita vivunt.* Quamquam plura sint g nera monacherum observanda, et alia omnimodis esutanda, tamen de his qui in solo habitu existunt diligenti cura debet unusquisque episcoporum in s a diocese decertare, ut qui religiositate conantur illudere, boni pastoris studio coartentur, ut aut ad proprium quo defuerunt revertantur monasterium, aut perspectum congruum in aliud mittantur. Ut ui semel se Deo voverunt et habitum monachorum ostenderunt, regularem teneant vitam, ut in uno cilicet ut convenit dormitorio ac refectorio dormie tes atque existentes, et ad similitudinem apostolor m omnia peragentes, quia nequisquam quod habe at aliquid suum esse dicebat, sed erant illis omnia c mmunia.

29. *De feminis sub religioso habitu existen tibus.* Feminae vero quae habitum religiosum au velamen sub obtemptum religiositatis suscipiunt, c m essent vero potentes, deinceps viros sociari non ermittantur, sed eligentes monasterium regularit r vivant, aut in domibus susceptum habitum caste hservent. Contra autem turpes inventae, providenti episcopi emendentur.

30. *De negotiis et laborationibus die do inico non faciendis.* Constat enim omnes omnino ob rvare, ut die dominico nullus audeat operationes mercationesque peragere, preter in cibariis rebus ro iteran-

VARIANTES LECTIONES.

[1] enormititur *c.* [2] XX. *c.* [3] causa?

tibus, ita ut libere possint ac debitae in eo die secundum possibilitatem omnes ad aecclesiam currere, et in sola omnipotentis Dei oratione vacare. Ut qui christiano vocabulo nuncupantur, convenienter opera peragere videantur.

51. *De criminalibus causis et furtis ceterisque similibus die dominico inventis.* Sunt quippe qui dominico die in quo commissa facinora debent oratione abstergere, alia delectantur committere. Itaque quae aliis diebus committuntur iudicis auctoritate terminentur. Eo die persona suspecta et reatu infamata aut optimae satisfactione aut custodiis constituere ut licitis diebus iudicetur.

52. *De his qui sine ostenso crimine inviti monasterium sunt introducti.* Sicut enim qui monasterium elegerunt, a monasteriis egredi non permittuntur, ita hi qui inviti sine iuste ostensionis crimine monasterio sunt intromissi, nisi volentes non teneantur ; quia quod non petunt non observant. Ideoque tales considerandi sunt maxime peccata committere quam plangere, sicut decreto sanctissimi Leonis papae manifestissime continetur.

53. *Ut laici ad missas in presbiterio non consistant.* Sacerdotum aliorumque clericorum ecclesiis servientium honore a laicorum discrete apparere conveniunt. Quam ob rem nulli laicorum liceat in eo loco ubi sacerdotes vel reliqui clerici consistunt, quod presbiterium nuncupatur, quando missa celebratur consistere, ut libere ac honorifice possint sacra officia exercere.

54. *De scolis reparandis pro studio litterarum.* De quibusdam locis ad nos refertur non magistros neque curam inveniri pro studio litterarum. Idcirco in universis episcopiis subiectisque plebibus et aliis locis in quibus necessitas occurrerit, omnino cura et diligentia adhibeatur, ut magistri et doctores constituantur, qui studia litterarum liberaliumque artium habentes, dogmata assidue doceantur, quia in his maxime divina manifestantur atque declarantur mandata.

55. *De conviviis festis diebus non faciendis.* Sunt A quidam et maxime mulieres, qui festis ac sacris diebus atque sanctorum nataliciis non pro eorum quibus debent delectantur desideriis advenire, sed blando et verba turpia decantando choros tenendo ac docendo, similitudinem paganorum peragendo advenire [1] procurant. Tales enim sicut minoribus veniunt ad eclesiam, cum peccatis maioribus revertuntur. In tali enim facta debet unusquisque sacerdos diligentissime populum admonere, ut pro sola oratione his diebus ad eclesiam recurrant, quia ipsi qui talia agunt, non solum se perdunt, sed etiam alios deperire attendunt.

56. [a] *De his qui adhibitam sibi uxorem relinquunt et aliam sortiunt.* Nulli liceat excepta causa fornicationis adhibitam uxorem relinquere et deinde aliam copulare; alioquin transgressorem priori convenit sociari coniugio. Sin [2] autem vir et uxor divertere [3] pro sola [4] religione inter se consenserit [5] vita [6], nullatenus sine conscientia episcopi fiat, ut ab eo B singulariter proviso constituatur [7] loco. Nam uxore nolente, aut altero eorum, etiam pro tali re matrimonio [8] non solvantur.

57. [b] *Ut non liceat uno tempore duas habere uxores, uxoremve et concubinam.* Nulli liceat uno tempore duas habere uxores, uxoremve et concubinam, quia cum domui non fit lucrum, animae fit detrimentum. Nam sicut Christus castam observat eclesiam, ita vir castum debet custodire coniugium.

58. *De incestis et inutilitatibus coniunctionibus.* Consobrinam, nepotem, novercam, fratris uxorem, vel etiam de propria cognatione aut quam cognatus habuit, nullus audeat in coniugio copulari. Si quis vero huic nefario coniugio convenerit, et in eo permanserit, sciat se apostolicae auctoritatis anathematicis vinculo esse innodatus ; et nullus sacerdos illi tribuat communionem. Si vero conversus diversusque ab inlicita fuerit copulatione, dignae penitentiae C submittantur, ut sacerdos loci consideraverit.

Eugenius gratia Dei episcopus sanctae catholicae atque apostolicae Romanae ecclesiae huic decreto a nobis promulgato subscripsi.

VARIANTES LECTIONES.

[1] ac venire c. [2] si *V. Vn.* [3] dimittere *V. Vn.* [4] s. vitae r. *V. Vn. L.* consenserint *V. Vn. E.* [6] deest *V. Vn. E.* [7] constituantur *V. Vn. E.* [8] matrimonium non soluatur *V. Vn. E.*

NOTAE.

[a] Inter Lotharii Capitularia, supra. [b] Inter Lotharii Capitularia, supra.

BENEDICTI DIACONI
CAPITULARIUM COLLECTIO.

Pertz monitum.

(Ex Monum. Germ. Hist. tom. IV.)

Opus hoc editionibus Ansegisi, de quibus in praefatione Collectioni ejus praeposita monuimus, praeter tamen Heroldinam, adjunctum, in Codicibus ibidem recensitis, Gothano, Bellovacensi, Camberonensi, Rivipulensi, Normannico, Trecensi, Sangallensi n. 727, Colbertino, altero Vaticano, Tiliano, Pithoeano, Parisiensi, et regiis Parisiensibus 4636, 4634, 5839 et 5839 A, reperitur. Quorum plurimos, exceptis scilicet Gothano et Parisiensibus 4636 et 4654, cum Stephanus Baluzius editioni suae adhibuisset, nos ope codicis Gothani, qui hucusque nunquam in rem vocatus fuerat, textum Baluzianum leviter tantum recognoscendum statuimus, eaque in re juvenis doctissimi D. Bethmanni praecipue opera usi sumus. Codex Gothanus Ansegiso Benedictum pro libris v, vi, vii, habitum statim subjungit, ita ut post Ansegisum legantur verba *De Conglutinatione istorum,* etc., minio scripta. Hic illic manus secunda correxit, notas margini ascripsit, litteris *i i* conjunctis duas lineas transversas imposuit, sed raro, duobus tribusve in locis voces perperam collocatas, litteris *a* et *b* impositis in justum ordinem redegit ; saepissime, ubi leguntur quae clero utilia sunt, margini signum vocis *Nori* apposuit, addens nonnunquam : *Nota diligenter ; Nota caput pro episcopis utillimum ; nota perutilis de immunitate ;* similia. Ubi quod transcripsit exemplar non potuit legere, in margine hoc indicavit scriptor Codicis littera *r* adjecta.

E reliquis Codicibus integros tres libros cum additione II, III, IV exhibent tantum Bellovacensis a que Vaticanus alter, Gothani eo quoque similes, quod prinæ additionis loco rubra tantum capitum exhibe t in fine libri tertii, tum omissis tantum hisce rubris regii Parisienses 4634, 4636 et 4635, sed hic valde im erfectus atque mancus. Libros tres cum additione prima, secunda, tertia habet regius Paris. 4637; cum sec nda tantum et quarta Parisiens. 4635. — Rivipullensis atque Camberonensis exhibent tantum librum prim m Benedicti; Sangallensis n. 727; librum I et II, c. 1-100; Normannicus I, II 1-365; Colbertinus l. I et e cerpta e II et III; S. Arnulfi Mettensis excerpta tantum librorum I-III. Thuaneus (olim Pithœi) et Claromonta us libris tribus carentes, quatuor tantum additiones exhibent.

Qui quidem Codices, quantum Baluzii ex annotationibus conjici potest, non admodum inter se di crepant. Nostra igitur editio maxime Codicem Gothanum sequitur, lectionum præstantia Baluzianæ editio i in universum præferendum; cujus quæ non erant recipiendæ lectiones diligenter annotavimus in margine, apposita etiam potiore Baluziani textus varietate, et si quas addiderat Baluzius aliorum Codicum lectiones scit dignas.

Codicem regium Parisiensem n. 4761, olim Divionensem, capitula Benedicto decerpta et a Ba uzio pro Capitularibus Caroli Magni incerti anni secundo et tertio habita, præbere, jam monuimus; eade fere ratione Cod. regius Parisiensis n. 1455, membr., in fol., sæc IX, ex bibliotheca Jacobi Tavelli Se onensis, postea Colbertinus 5368, regius 3887, 1, 1, A., in pagina Codici præposita caput libri I, 55, 36, ita si natum : *De presbiteris criminatis quomodo purgentur*. *Cap. XLV* habet, a Baluzio itidem pro singulari Capit lari perperam habitum; et in Codice regio Parisiensi n. 4576 in fine collectionis canonum sub titulo : *E concilio regum Karoli-Ludovici Lotharii cui interfuit Bonefacius romane sedis legatus*, Benedicti l. II, caput 291, invenire licet.

INCIPIT SEQUENTIUM CAPITULORUM PRÆFATIO.

De conglutinatione istorum et communicatione [1] septem librorum, capitulorum videlicet dominicorum, qualiterque, quibus, et a quibus collecti, ordinati atque conscripti esse monstrantur, sequens indicat lectio et qui etiam istis panduntur versiculis.

Quattuor [a] explicitis, lector venerande, libellis,
Qui canonum recitant iura tenenda satis,
Quosque pater quondam collegit nobilis apte
Ansegisus [2] ovans, ductus amore Dei,
Autcario demum, quem tunc Mogontia summum
Pontificem tenuit, praecipiente pio,
Post Benedictus ego ternos levita libellos
Adnexi, legis quis recitatur opus;
Quos patet inventos, praefatio pandit ut ipsa,
Distinctim titulis subpositisque suis.
Hos igitur relegens devoto pectore biblos,
Gratanter studeas fundere, posco, preces,
Quatinus aeterno donentur munere caelo,
Haec pia sanxerunt qui quoque iura pie.

Praecedentes quatuor libelli nonnulla gloriosissimorum Karoli atque Hludowici imperatorum continent capitula, quae eorum tempore ab Ansegiso abbate sunt collecta atque in praedictis coacta libellis, sicut in eorundem proœmio continetur. Sed quia ab eo nec media, ut rati sumus [3], sunt forsitan inventa vel collecta, necesse erat, ut a fidelibus ubicunque inveniri potuissent, quaererentur et ob recordationem tantorum principum vel eorumdem capitulorum utilitatem coadunarentur et membranis insererentur atque a fidelibus memoriae commendarentur. Quapropter ea, quae ille aut invenire nequivit, aut inserere fortasse noluit, et illa quae postmodum a fidelibus sanctae Dei ecclesiae et Pippini ac Karoli atque Hludowici didicimus in iamdictis libellis minime esse inserta, pro Dei omnipotentis amore et sanctae Dei ecclesiae ac servorum eius atque totius populi utilitate fideliter investigare curavimus, et in tribus subsequentibus libellis distincte cum titulis suis coadunare, ac Hludowico Hlothario que atque Karolo nobilissimis regibus, filiis scilicet Hludowici piissimi imperatoris, habenda et omnium christianorum fidelibus tradenda scribere non distulimus; ut scirent, qualiter iuxta normam avi proavi ac genitoris

A secundum Domini scilicet voluntatem, sicut illi fecerunt, clerum et populum sibi commissum Do ino opem ferente regere mererentur. Haec vero capit la, quae in subsequentibus tribus libellis coadunar studuimus, in diversis locis et in diversis scedulis sicut in diversis synodis ac placitis generalibus ed ta erant, sparsim invenimus, et maxime in sanctae ogontiacensis metropolis ecclesiae scrinio a Riculf eiusdem sanctae sedis metropolitano recondita, et d mum ab Autgario secundo eius successore atque con nguineo inventa repperimus, quae in hoc opuscu o tenore suprascripto inserere maluimus. Monemus ergo lectores, ut si eadem capitula duplicata vel triplicata reppererint, non hoc nostrae imperitiae eputent, quia, ut diximus, diversis ea in scedulis i venimus, et ob id tam cito haec emendare nequivimus, sed cunctis scientiae repletis lectoribus haec c rrigenda dimisimus. Invenimus insuper quaedam ex his paria initia habentia et inparem finem; quaedai vero pa-
B res fines, sed non paria initia; in quibusd m autem minus et in quibusdam plus : et propterea illa sic dimisimus, sicut invenimus. Precamur etia omnes, ut si deinceps plura ex his invenerint, qu e memoratus Ansegisus non inseruit, nec nos potu mus hactenus invenire, ut ea illis in quarto aut uinto libello distincta inserere non pigeat; quatin s ipsi ex hoc gratiam Dei habeant, et clerus ac popu s eorum utilitatibus non careat, quoniam valde nt utilia haec capitula, et scire volentibus oppido rofutura, quae pro lege tam ecclesiastica quam et se ulari iure firmissime sunt tenenda. Primo igitur in l co posuimus nonnullos versiculos in laudem pra dictorum principum metrice compositos. Deinde seq uitur capitula [b] primi libelli, subiectis numeris suis, ut facilius inveniri possit sententia quae quaeritur. H s ita peractis est in fronte primi libelli posita Zacha iae papae epistola omnibus episcopis ac reliquis e clesiastici ordinis gradibus et cunctis ducibus atque comitibus omnibusque Deum timentibus per Gallia et Fran-
C corum provincias constitutis directa, sicut n ea continetur. Quam secuntur duo synodales onventus, quos sanctae Romanae et apostolicae eccles ae legatus Bonifacius, memoratae Magontiacensis ec lesiae archiepiscopus, vice supradicti Zachariae apae una

VARIANTES LECTIONES.

[1] communione *G.*   [2] Ansehisus *infra* Ansegisus, *et* Ansighisus *G.*   [3] m. veracius *G.*

NOTÆ.

[a] Loquitur hic auctor de quatuor libris Capitularium ab Ansegiso collectis, a nobis supra inter Capitularia authentica recusis, et quibus sequentes libri tres in editionibus praecedentibus adjungebantur. EDIT.

[b] Hæc et sequentium libellorum capitula t prorsus superflua in nostra editione seorsim non e ibemus; ipsa vero in capite uniuscujusque numeri i alico charactere recusa lectores infra reperient. ED T.

cum Karlomanno Francorum principe canonice tenuit; ut agnoscant omnes haec praedictorum principum capitula maxime apostolica auctoritate fore firmata. Post ista quoque quae secuntur, eadem auctoritate maxima ut diximus ex parte et omnium Francorum utriusque ordinis virorum assensu sunt roborata. Secundo vero in libello post capitulorum numerum prima fronte posita sunt quaedam ex lege divina excerpta capitula, sicut ea sparsim in eorum mixta capitulis repperimus, ut omnes haec capitula legibus divinis regulisque canonicis concordare non ignorent. Tertio siquidem in libello post eiusdem libelli capitulorum numerum quaedam ex canonibus a Paulino episcopo et Albino magistro reliquisque iussione Karoli invictissimi principis magistris sparsim collecta sunt inserta capitula; et quibusdam interpositis, sequuntur alia regulae monasticae congruentia; et demum ea quae secuntur, ad sanctae Dei ecclesiae servorumque eius atque totius christiani populi utilitatem sunt conscripta capitula, sicut in eodem continentur libello. Precamur quoque lectores omnes cunctosque iudices et sapientes, ut non ea sinistra interpretatione ullo unquam tempore dignentur exponere, aut quemquam iniuste iudicare, vel eo quod non sint quaedam ex his iuxta regulam grammaticae artis composita, reprehendere; sed pro ipsis principibus eorumque et sanctae Dei ecclesiae fidelibus, qui haec eadem simul cum eis tractaverunt, atque pro nobis, qui ea colligere ac describere certavimus, orare studeant, et iamdicta capitula pariter nobiscum et cum illis amplecti, venerari, amare legibusque tenere decertent annuente Domino, ut parem omnes ex hoc mercedem habere mereamur. Amen.

INCIPIUNT VERSUS DE PRAEDICTIS PRINCIPIB.

Aurea progenies, felici stemmate pollens,
   Francorum virtus, perpetuumque decus,
Pippinus quondam micuit sublimiter atque
   Karlomannus agens, quae placuere Deo.
Censores etenim veri pietatis amore
   Ecclesiae leges instituere sacras.
Quas dum lector ovans descriptas legerit istic,
   Nec minus et iura posteriora legat.
Hinc cesar Karolus divino munere fretus
   Nobiliter proceres rexit in orbe suos :
Quorum sceptra piis una moderatus habenis
   Cunctorum vicit inclyta gesta patrum;
Virtutum gemmis David reliquosque secutus,
   Insigni fama fulsit ubique sui:
Quid memorem multas domuit quas denique gentes,
   E quis et remeans clara trophea tulit?
Nec mirum, coluit dum regis iussa superni,
   Decernens sanctis iura tenenda viris;
Ob quae promeruit celestia scandere regna,
   Qua quoque percepit praemia larga satis.

Inde Hludowicus regno successit avito,
   Eximius princeps, divus et orbis apex :
Augusto nituit sub quo Germania cultu,
   Cultori tribuens commoda multa suo.
Pacis amator enim caesar pietatis et almae
   Consuluit populis plebibus atque suis.
Scilicet ut regum renovans sancita priorum,
   Prudenter titulos adderet ipse pios.
Quapropter moriens penetravit sidera coeli,
   Solvens praecelso cantica digna Deo.
Hinc etiam sequitur soboles veneranda per orbem
   Ipsius insigni nomine digna patris.
a Hludowicus enim fluvii cis littora Reni
   Imperat et comprimit ecce feras.
Necnon Hlotharius parili ditione potitus
   Francorum cesar sceptra tremenda vehit,
Tum Karolus regnum Francorum sorte retentat,
   Nomen avi referens auxiliante Deo.
Nos quibus illa, tenent terni quae iura libelli,
   Obtulimus scripta, semper habenda sibi.
Quorum norma docet iugiter nos vivere recte
   Et studiis Domino rite placere piis.
Haec re-ecant pravos aequo moderamine mores,
   Vivendi normam contribuendo piis.
Namque patrant multi funestas sepe rapinas,
   Nonnulli violant templa dicata Deo;
Sunt alii scelerum fedati labe suorum,
   Fistula quos omnes commemorare nequit.
Sed cohibet tales legum censura sacrarum,
   Decretisque vetat ista patrare piis.
Ergo duces laudare decet per carmina fortes,
   Munere virtutum qui micuere sacro;
Francia sub quorum sceptris tutissima mansit,
   Libertate vigens, colla superba terens,
Quam variae gentes dominam timuere severam,
   Utpote quas armis caepit ovando suis.
Unde sibi nomen meruit decus atque perenne,
   De victis populis celsa trophea ferens.
Coelestis patriae donati munere reges
   Exultant iugiter et sine fine canunt;
Alta poli cuius subierunt culmina laeti,
   Quos devota chelys iam resonavit ovans.
Felices nimium, quos aula beata receptans
   Coelicolis iunxit civibus ipsa libens.
Non ibi iam metuunt furvas nocuasque tenebras :
   Quin potius verae lucis amoena vident.
Sic euangelici 1 testatur pagina bibli,
   Quod mundi lumen sit Deus altitonans,
Hoc iubar exilarat superorum corda virorum,
   Irradiansque procul nubila tetra fugat.
Hoc etiam vatum cecinit pulcherrime quidam,
   Olim quod dominus lux 2 amanda 3 Deus.
Cui decus et virtus, laus et veneratio semper,
   Imperiumque manet cuncta per aeva sacrum.
Ipse tibi tribuat prolixae tempora pacis,
   Credita qui plebi fersque talenta tibi.

VARIANTES LECTIONES.

1 et angelici G. 2 luxit G. lusit Bal. 3 amando G. Bal.

NOTÆ.

a Pro quatuor sequentibus distichis Bellov. habet :

Lotharius primum regnum sortitus avitum,
   Arduennae nemoris incola factus ovat.
Hinc Hludowicus heros Rheni cis littora genti

   Imperat et populi effera colla terit.
Tunc Karolus, cari species genitoris amata,
   Gallorum coetus ordinat atque domat.
Illis nos, qui fata tenent, loca partibus aequis
   Haec ferimus scripta semper habenda sibi.

LIBER PRIMUS.

1. *Epistola Zachariae papae Francis et Gallis directa.* Zacharias papa universis episcopis, presbiteris, diaconibus, abbatibus, cunctis etiam ducibus, comitibus omnibusque Deum timentibus per Gallias et Francorum provincias constitutis. Referente nobis reverentissimo atque sanctissimo fratre nostro Bonifacio episcopo, quod dum sinodus adgregata esset in provincia vestra iuxta nostram commonitionem, mediantibus filiis nostris Pippino et Karlomanno principibus vestris, peragente etiam vice nostra metropolitano Bonifacio, Dominus inluminasset corda vestra cum principibus vestris in praedicationem eius, ut omnibus commonitionibus eius obediretis et falsos et scismaticos et homicidas et fornicarios a

vobis expelleretis sacerdotes, omnipotenti Deo nostro gratias egimus, et pro vobis incessanter sumus orantes, ut qui coepit in vobis opus bonum, perficiat usque in finem. Obsecramus enim omnes vos coram Deo, ut eius commonitionibus firmiter obediatis ; ipsum enim vice nostra in partibus illis ad praedicandum constitutum habemus, ut vos Deo propitio ad viam perducat rectitudinis, et a cunctis facinoribus salvi esse possitis. Habuistis enim peccatis facientibus nunc usque falsos et erroneos sacerdotes. Unde et cunctae paganae gentes vobis pugnantibus praevalebant, quia non erat differentia inter laicos et sacerdotes, quibus pugnare licitum non est. Qualis enim victoria datur, ubi sacerdotes una hora dominica pertractant mysteria et christianis dominicum porrigunt corpus pro suarum animarum redemptione, et post christianos, quibus hoc ministrare debuerant, aut paganos, quibus Christum praedicare, propriis sacrilegisque manibus necant; praecipue dicente eis Domino : *Vos estis sal terrae. Quod si sal evanuerit, in quo condietur? Ad nihilum valet ultra, nisi ut mittatur foras, et conculcetur ab hominibus.* Et dum haec ita sint, et tales in vobis fuerint sacerdotes, quomodo victores contra vestros inimicos esse poteritis? Nam si mundos et castos ab omni fornicatione et homicidio liberos habueritis sacerdotes, ut sacri praecipiunt canones et nostra vice praedicat praefatus Bonifacius frater noster, et ei in omnibus obedientes extiteritis, nulla gens vestrum ante conspectum stabit; sed corruent ante faciem vestram omnes paganae gentes, et eritis victores; insuper et bene agentes, vitam possidebitis aeternam. Vos autem, carissimi fratres, qui estis veri sacerdotes vel sub regali disciplina constituti, sic vosmetipsos exhibete, ut certos ministros Dei et dispensatores mysteriorum Dei, ut non vituperetur ministerium vestrum [1], ne fiat in vobis sicut scriptum est : *Erit, sicut populus, sic et sacerdos*. Et si hoc fuerit, qualis vobis erit ab hominibus laus, aut qualis a Deo expectatur retributio ? Sed sic vos corrigite ut veri sacerdotes. Et tales ad sacerdotium perducite, ut et vobis et illis testimonium maneat bonum ab his, qui foris sunt; quatinus ab hominibus vobis adquiratis laudem et a Deo mercedis praemium in aeterna beatitudine percipere mereamini, eo quod per vos ad Christi perducti sunt rectam fidem, innoxios habentes sacerdotes. Ad synodum namque omni anno convenite ad pertractandum de unitate ecclesiae, ut si quid adversi acciderit, radicitus amputetur, et Dei ecclesia maneat inconcussa. Bene valete.

2. *Incipit synodus cum actibus suis, iussione apostolica a sancto Bonifatio et Francorum episcopis sub Karlomanno duce habita anno incarnationis dominicae 742* [2]. In nomine Domini nostri Iesu Christi. Ego Karlomannus dux et princeps Francorum, anno ab incarnatione Christi 742, 11 videlicet Kalendas Maias [3], cum consilio servorum Dei et optimatum meorum episcopos qui in regno meo sunt, cum presbiteris, ad concilium et synodum pro timore Christi congregavi, id est Bonifacium archiepiscopum, et Burchardum et Regenfridum et Wiztanum [4] et Witbaldum et Dadanum et Eddanum ac reliquos episcopos cum presbiteris eorum, ut mihi consilium dedissent, quomodo lex Dei et ecclesiastica religio recuperetur, quae in diebus praeteritorum principum dissipata corruit, et qualiter populus christianus ad salutem animae pervenire possit et per falsos sacerdotes deceptus non pereat. Et per consilium sacerdotum et optimatum meorum ordinavimus per civitates episcopos, et constituimus super eos archiepiscopum Bonifacium, qui est missus sancti Petri. Statuimusque per annos singulos synodum congregare,

ut nobis praesentibus canonum decreta et ecclesiae iura restaurentur, et religio christiana emendetur. Et fraudatas pecunias ecclesiarum ecclesiis restituimus et reddidimus ; falsos vero presbiteros et adulteros, vel fornicatores, diaconos et clericos e pecuniis ecclesiarum abstulimus et degradavimus, et ad poenitentiam coegimus. Servis Dei per omnia omnibus armaturam portare vel pugnare aut in exercitum et in hostem pergere omnino prohibemus, nisi illis tantummodo, qui propter divinum ministerium, missarum scilicet solemnia adimplenda et sanctorum patrocinia portanda ad hoc electi sunt; id est unum vel duos episcopos [5] cum capellanis presbiteris principes secum habeat, et unusquisque praefectus unum presbiterum, qui hominibus peccata confitentibus iudicare et indicare poenitentiam possit. Necnon et illas venationes et silvaticas vagationes in canibus omnibus servis Dei interdiximus : sintliter ut acceptores [6] et falcones non habeant. Decrevimus quoque iuxta sanctorum canones, ut unusquisque presbiter in parrochia habitans [7] episcopo ubiectus sit illi, in cuius parrochia habitat, et semper in quadragesima rationem et ordinem ministerii sui, sive de baptismo, seu de fide catholica, sive de precibus et ordine missarum episcopo reddat et ostendat. Et quandocunque iure canonico episcopus circumeat parrochiam populos ad confirmandos, presbiter semper paratus sit ad suscipiendum episcopum cum collectione et adiutorio populi, qui ibi confirmari debet. Et in coena Domini semper novum chrisma ab episcopo quaerat. Ut episcopo testis adsistat castitatis et vitae et fidei et doctrinae illius. Statuimus etiam, ut secundum cautelam omnes undecunque supervenientes ignotos episcopos vel presbiteros ante probationem synodalem in ecclesiastico ministerium non admitteremus. Decrevimus quoque, ut secundum canones unusquisque episcopus in sua parrochia sollicitudinem habeat, adiuvante graphione, qui defensor ecclesiae est, ut populus Dei paganias non faciat; sed ut omnes spurcitias gentilitatis abiciat et respuat, sive profana sacrificia mortuorum, sive sortilegos vel divinos, sive fylacteria et auguria, sive incantationes, sive hostias immolatitias, quas stulti homines iuxta ecclesias ritu pagano faciunt sub nomine sanctorum martyrum vel confessorum Domini [8] et suos sanctos ad iracundiam provocantes, sive illos sacrilegos ignes, quos Nedfratre vocant, sive omnes, quaecunque sunt, paganorum observationes [9] diligenter prohibeant. Statuimus similiter ut si post hanc synodum, quae fuit 11. Kalendas Maias, unusquisquis [10] servorum Dei vel ancillarum Christi in crimen fornicationis lapsus fuerit, ut in carcere poenitentiam faciat in pane et aqua. Et si ordinatus presbiter sit, duos annos in carcere permaneat, et antea flagellatus et scorticatus videatur; et post episcopus adaugeat. Si autem clericus vel monachus in hoc peccatum ceciderit, post tertiam verberationem in carcerem missus vertentem annum ibi poenitentiam agat. Similiter et nonnane [11] velatae eadem poenitentia contineantur et radantur omnes capilli capitis eius. Decrevimus quoque ut presbiteri vel diaconi non sagis laicorum more, se casulis utantur ritu servorum Dei. Et nullus in sua domo mulierem habitare permittat. Et ut monachi et ancillae Dei monasteriales iuxta regulam sancti Benedicti coenobia vel xenodochia sua ordinare e gubernare et vivere studeant, et vitam propria degere secundum praedicti patris ordinationem non negligant.

3. *Item altera synodus a supradictis episcopis ac principe apostolica auctoritate Kalendas* [1] *Martias Lyptinas habita.* Modo in hoc synodali conventu qui

VARIANTES LECTIONES.

[1] nostrum *G*. [2] DCCLXII *G*. [3] mar *G*. [4] Güntharium *G*. [5] presbiteros *Tilian. Trec.* [6] vel accipitres *G. in margine*. [7] habitat *G*. [8] c. Deum et *Colb. Rivip. Bal.* [9] observationibus *G*. [10] ut quisquis *G*. [11] nonanes *G*. [12] caroli *G*.

congregatus est Kalendas Martias in loco qui dicitur Lvptinas, omnes venerabiles sacerdotes Dei et comites et praefecti prioris synodi decreta consentientes firmaverunt, seque ea implere velle et observare promiserunt. Et omnis ecclesiastici ordinis clerus, episcopi et presbiteri et diaconi cum reliquis clericis, suscipientes antiquorum patrum canones promiserunt, se velle ecclesiastica iura moribus et doctrinis et ministerio recuperare. Abbates vero et monachi receperunt regulam sancti patris Benedicti ad restaurandam normam regularis vitae. Fornicatores namque et adulteros clericos [1], qui sancta loca vel monasteria ante tenentes coinquinaverunt, praecipimus inde tollere et ad poenitentiam redigere [2]. Et si post hanc definitionem in crimen fornicationis vel adulterii ceciderint, prioris synodi iudicium sustineant. Similiter et monachi et nonnae [3]. Statuimus quoque cum consilio servorum Dei et populi christiani, propter imminentia bella et persecutiones caeterarum gentium quae in circuitu nostro sunt, ut sub precario ei censu aliquam partem ecclesialis pecuniae in adiutorium exercitus nostri cum indulgentia Dei aliquanto tempore retineamus, ea conditione, ut annis singulis de unaquaque casa solidus, id est duodecim denarii, ad ecclesiam vel monasterium reddantur; eo modo, ut si moriatur ille, cui pecunia commodata [4] fuit, ecclesia cum propria pecunia revestita sit; et iterum, si necessitas cogat aut princeps iubeat, precarium renovetur et rescribatur novum. Et omnino observetur, ut ecclesiae vel monasteria penuriam et paupertatem non patiantur, quorum pecunia in precario praestita sit. Sed si paupertas cogat, ecclesiae et domui Dei reddatur integra possessio. Similiter praecipimus, ut iuxta decreta canonum adulteria et incesta matrimonia, quae non sunt legitima, prohibeantur et emendentur episcoporum iudicio; et ut mancipia christiana paganis non tradantur. Decrevimus quoque, quod et pater meus ante praecipiebat, ut qui paganas observationes in aliqua re fecerit, multetur et damnetur quindecim solidis.

4. *De fide catholica et primo praecepto legis.* Primo omnium admonemus, ut fides catholica ab episcopis et presbiteris diligenter legatur, omnique populo praedicetur. Hoc enim primum praeceptum domini Dei omnipotentis est in lege: *Audi, Israhel, quia dominus Deus tuus Deus unus est.* Et ut ille diligatur ex toto corde, et ex tota mente, et ex tota anima, et ex tota virtute.

5. *De pace et concordia servanda.* Ut pax sit et concordia et unanimitas cum omni populo christiano inter episcopos, abbates, comites, iudices et omnes ubique seu maiores seu minores personas; quia nihil Deo sine pace placet, nec munus sanctae oblationis ad altare, sicut in euangelio ipso Domino praecipiente legimus. Et ut est illud secundum mandatum in lege: *Diliges proximum tuum sicut te ipsum.* Item in euangelio: *Beati pacifici, quoniam filii Dei vocabuntur.* Et iterum: *In hoc cognoscent omnes quia discipuli mei estis, si dilectionem habueritis ad invicem.* In hoc enim praecepto discernuntur filii Dei et filii diaboli, quia filii diaboli semper dissentiones et discordias movere satagunt, filii autem Dei semper paci et dilectioni student.

6. *De eo qui a presbitero non baptizato baptizatus est.* Si quis baptizatus est a presbitero non baptizato, et sancta Trinitas in ipso baptismo invocata fuit, baptizatus est sicut Sergius [5] papa dixit; impositione vero manus indiget. Georgius episcopus Romanus et Iohannes sacellarius sic senserunt.

7. *De eo, qui filiastrum aut filiastram ante episcopum tenuerit.* Si quis filiastrum aut filiastram suam ante episcopum ad confirmationem tenuerit, separetur ab uxore sua, et alteram non accipiat. Similiter et mulier alterum non accipiat. Georgius sensit.

8. *De his, qui propter faidam in alias patrias fugiunt.* Qui propter faidam fugiunt in alias patrias et dimittunt uxores suas, nec ille vir nec illa femina accipiant alterum coniugium. Georgius sensit.

9. *De incestis.* Si homo incestum commiserit cum Deo sacrata aut cum matre sua aut cum matrina sua de fonte aut [6] confirmatione, aut cum matre et filia, cum duabus sororibus, aut cum matris filia, aut cum sororis filia, aut cum nepta, aut cum consobrina, aut subrina, aut cum amita vel materlera, aut [7] cum his quibus canones prohibent copulari [8], de istis criminibus pecuniam suam perdat, si habuerit. Et si haec emendare noluerit, nullus eum recipiat nec cibum donet. Et si fecerit, sexaginta solidos domno regi componat, usque dum ipse homo se correxerit. Et si pecuniam non habuerit, si liber est, mittatur in carcerem usque satisfactionem; si autem servus aut libertus est, vapuletur plagis multis. Et si dominus suus eum permiserit amplius in talem lapsum cadere, ipse sexaginta solidos domno regi componat [9]. De reliquis vero propinquis iuxta consti tuta sanctorum patrum et iuxta decreta canonum iudicetur.

10. *De ecclesiasticis viris.* Si ecclesiastici viri supradicta facinora commiserint, si honorabilis persona fuerit, perdat honorem suum; minores vero vapulentur aut in carcerem mittantur.

11. *De presbiteris et clericis, ut archidiaconus eos convocet ad synodum.* De presbiteris et clericis sic ordinavimus, ut archidiaconus episcopi eos ad synodum convocet [10]. Et si quis ire contempserit, tunc comes iussione [11] episcopi monitus eum distringere faciat, ita ut ipse presbiter aut defensor suus sexaginta solidos componat et ad synodum postea velit nolit veniat, et episcopus ipsum presbiterum vel clericum iuxta canonicam auctoritatem diiudicari faciat. Solidi vero sexaginta de ipsa causa in sacellum domni regis veniant.

12. *De eo qui misso episcopi contradixerit vel presbitero aut clerico incestuosum.* Si aliqua persona per violentiam presbitero aut clerico vel [12] misso episcopi incestuosum contradixerit, tunc comes ipsam personam per fideiussores positam ante regem faciat venire una cum missis episcopi. Et [13] domnus rex ita eos distringat, ut caeteri emendentur.

13. *De his, qui res ecclesiasticas verbo domni regis tenent.* Ut illi homines, qui res ecclesiasticas per verbum domni regis tenent, sic ordinatum est, ut illas ecclesias unde sunt, vel illas domus episcopii vel monasterii, cuius esse noscuntur, iuxta quod de ipsis rebus tenent, emendare debeant, et illos census vel illas decimas ac nonas [14] ibidem dare pariter debeant sicut eis ad Vernum ordinavimus. Et qui hoc non fecerit, ipsas res perdat.

14. *Ut presbiteri, qui vicos vel ecclesias tenent, ceram vel alios census ad matrem civitatis ecclesiam persolvant, sicut consuetudo fuit.* Ut hi, qui illos vicos vel illas ecclesias tenent, illos census vel illam ceram, quae longo tempore ad illud episcopium reddiderunt, modo sic ordinavimus ut sic faciant. Et qui hoc non fecerit, sexaginta solidos componat.

VARIANTES LECTIONES.

[1] *deest. Bal.* [2] redire *G.* [3] nona *superscr. nc? G.* [4] commendata *Trec. Tilian.* [5] Stephanus *coniecit Bal.* [6] et *G.* [7] aut *usque* copulari *desunt in Capp.* 757, 19. [8] copulare *G.* [9] reliqua *desunt in* 757, 19. [10] c. una cum comite *Cap. inc. a.* 3. [11] i. e. m. *deest ib.* 3. [12] v. m. c. *deest ib.* 3. [13] ut *G.* [14] annonas *G.*

15. *De emunitatibus servandis.* Ut emunitates pleniter conservatae sint.

16. *De iustitiis faciendis.* Ut omnes iustitias faciant, tam publici, quam ecclesiastici. Et si aliquis homo ad palatium venerit pro causa sua, et ante suo [1] episcopo suisque ministris quae ecclesiastica sunt, et quae secularia suo comiti non innotuerit in mallo ante rachinburgios, aut si causa sua ante comitem in mallo fuit et ante rachinburgios, et hoc sustinere noluerit quod ipsi legitime iudicaverint, si pro istis causis ad palatium venerit, vapuletur. Et si maior persona est, legem [2] exinde faciat.

17. *De ecclesiasticis viris qui se reclamantes ad palatium veniunt.* Si ecclesiastici viri ad palatium venerint de eorum causis se reclamare, nisi [3] super eorum seniore, vapulent [4], nisi senior suus eos pro causa sua transmiserit.

18. *De muliere, quae sine licentia viri sui velum in caput miserit.* Mulier si sine comiato [5] viri sui velum in caput miserit, si viro suo placet, recipiat eam iterum ad coniugium.

19. *De eo, qui filiastram suam contra voluntatem ipsius dederit viro ingenuo vel servo.* Si quis homo filiastram suam contra voluntatem ipsius et matris et parentum dederit viro ingenuo aut ecclesiastico vel servo [6], et illa noluerit habere ipsum et reliquerit eum, potestatem habeant parentes illius dare illi alium maritum. Et si iam maritum habet, non separetur.

20. *De femina ingenua quae servum acceperit.* Si femina ingenua acceperit servum, sciens [7] quod servus esset, habeat eum. Una enim lex erit et viro et feminae.

21. *De eo, qui habet mulierem legitimam, si frater eius adulteraverit cum ea.* Si quis homo habens mulierem legitimam, si frater eius adulteraverit cum ea, ille frater vel illa femina, qui adulterium perpetraverunt, interim quod vivunt nunquam habeant amplius coniugium. Ille vero cuius uxor fuit, si vult, potestatem habet uxorem accipere aliam.

22. *Ut sacerdotes vel clerici ad secularia negotia, relicto episcopo suo, non convolent.* Quod non oportet sacerdotes vel clericos habentes adversus invicem negotia proprium episcopum relinquere et ad secularia iudicia [8] convolare.

23. *Ut presbiteri et diaconi praeter episcopum nihil agant.* Presbiteri et diaconi praeter episcopum nihil agere pertentent.

24. *De eo qui oblata dederit vel acciperit praeter episcopi iussionem.* Si quis oblata dederit vel acceperit praeter episcopum vel eum, qui constitutus est ab eo ad dispensandam misericordiam pauperibus, et qui dat et qui accipit, anathema sit.

25. *Cum excommunicatis non licere communicare.* Cum excommunicatis non licere communicare. Nec cum his qui per domos conveniunt, devitantes orationes ecclesiae, simul orandum esse. Ab alia ecclesia non suscipiendum, qui in alia minime congregatur.

26. *De eo qui ecclesiam Dei conturbat.* Si quis ecclesiam Dei conturbare et sollicitare persistit, tanquam seditiosus per potestates exteras opprimatur.

27. *De monachis, ut in civitate vel regione qualibet episcopo suo subiecti sint.* Monachos per unamquamque civitatem aut regionem subiectos esse episcopo suo, et quietem diligere, et intentos esse tantummodo ieiunio et orationi in locis ouibus renuntiaverunt seculo permanentes. Nec ecclesiasticis vero ec secularibus negotiis communicent, vel in al quo sint molesti, propria monasteria deserentes; n si forte eis praecipiatur propter opus necessarium ab piscopo civitatis.

28. *Ut clericus in ecclesia in qua praetitu atus est, permaneat.* Clericum permanere oportet in clesia, cui in initio ab episcopo praetitulatus ac sor itus est, et ad quam confugit quasi ad potiorem. H c autem refutantes, statuimus [9] revocari debere ad uam ecclesiam, in qua primitus ordinatus est, et ib tantummodo ministrare. Si quis hanc diffinitione transgressus fuerit, decrevit sancta synodus proprio gradu recedere.

29. *Ut episcopus curam monasteriorum g rat.* Episcopum convenit civitatis competentem m asteriorum providentiam gerere.

30. *De eo, qui excommunicatus pro suo neglecto fuerit.* Si quis excommunicatus fuerit pr suo neglecto, et tempore excommunicationis s ae ante audientiam communicare praesumpserit, i se in se damnationis iudicetur protulisse sententia .

31. *Ut presbiteri rem ecclesiae non vendan .* Placuit ut presbiteri non vendant rem ecclesiae ubi unt constituti, nescientibus episcopis suis.

32. *Ut manumissiones in ecclesia celebrent ir.* Manumissiones in ecclesia sunt celebrandae.

33. *De defensoribus ecclesiarum ab i iperatore poscendis.* Defensores ecclesiarum advers s potentias secularium vel divitum ab imperator sunt poscendi.

34. *Ut nullus sacerdos canones ignoret.* N lli sacerdoti liceat canones ignorare.

35. *Quid de presbiteris criminosis, de qui us adprobatio non est, agendum sit.* Et hoc nobiscun [10] magno studio pertractandum est, quid de illis p esbiteris criminosis, unde adprobatio non est, et s mper negant, faciendum sit. Nam hoc sepissime a nobis et progenitoribus atque antecessoribus nostri ventilatum est, sed non ad liquidum actenus efinitum. Unde ad consulendum [11] patrem nostrum Leonem papam sacerdotes nostros mittimus; et q icquid ab eo vel a suis perceperimus, vobis una cum llis, quos mittimus, renuntiare non tardabimus. Vos interdum vicissim tractate adtentius, quid ex his vobiscum constituamus una cum praedicti sancti pati s institutionibus; ut murmur cesset populi, et nos is satisfacientes inlesi Domino auxiliante ab utrisq e maneamus. Sequitur constitutio memorata.

36. *De sacerdotum purgatione* [12]. *Ex capit ilis domni Karoli.* Omnibus vobis visu aut auditu n tum esse non dubitamus, quod saepissime suadent antiquo hoste sacerdotibus crimina diversa obicia tur. Sed quoniam qualiter ex eis ab his rationabilis examinatio et satisfactio fiat, licet tempore bonae iemoriae domni genitoris nostri Pippini, sive prisci temporibus a sanctis patribus et a reliquis bonae evotionis hominibus saepissime ventilatum fuerit, os tamen pleniter et ad liquidum definitum reperir minime quivimus. Nostris quippe temporibus idips m a sanctis episcopis et reliquis sacerdotibus et ce ris ecclesiasticae dignitatis ministris, nostris [13] in egnis seu in aliis Deo degentibus, nobisque una cu eis agentibus, saepissime propter multas et nimia reclamationes, quae ex hoc ad nos ex diversis part bus venerunt, ventilatum est. Sed qualiter consult domni et patris nostri Leonis apostolici ceterorum ue Romanae ecclesiae episcoporum et reliquorum s cerdotum, sive orientalium et Graecorum patriarc arum, et multorum sanctorum episcoporum et s cerdotum,

---

VARIANTES LECTIONES.

suo ... secularia *desunt C. inc. a.* 9. [2] *haec diversa in C. i. a.* 9. [3] *haec diversa ib. c.* 10. [4] vapulentor *G.* [5] commeatu *Normann. et Cap.* 757 licentia *Trec. Camb. Pal. Colb. Reg. et Regino, Burch Ivo, Gratian.* [6] servo vel ecclesiastico 757, 4. [7] et sciens *G.* [8] negotia *G.* [9] deest. *G.* [10] vobiscum *Bal iz, p.* 327. [11] consulandum *G.* [12] furcatione *G.* [13] deest *G.*

necnon et nostrorum episcoporum omnium ceterorumque sacerdotum ac levitarum auctoritate et consensu atque reliquorum fidelium et cunctorum consiliariorum, nostrorum consultu definitum est, vobis omnibus utriusque ordinis ministris scire volumus. Statutum est namque ratione et necessitate ac auctoritate praedicta, consultu omnium, ut quotienscunque cuiquam sacerdoti crimen imponitur, si ipse accusator talis fuerit, ut recipi debeat; quia quales ad accusationem sacerdotum admitti debeant, in canonibus pleniter expressum est : si autem, ut dictum est ille, accusator, qui canonice est recipiendus, eum cum legitimo numero verorum et bonorum testium adprobare in conspectu episcoporum poterit, tunc canonice diiudicetur; et si culpabilis inventus fuerit, canonice damnetur. Si vero eum suprascripto praetextu adprobare ipse accusator minime poterit, et hoc canonice definiatur. Ipse ergo sacerdos, si suspiciosus aut incredibilis suo episcopo aut reliquis suis consacerdotibus sive bonis et iustis de suo populo vel de sua plebe hominibus fuerit, ne in crimine aut in praedicta suspicione remaneat, cum tribus aut quinque vel septem bonis ac vicinis sacerdotibus exemplo Leonis papae [1], vel eo amplius, si suo episcopo visum fuerit, aut necesse propter tumultum populi inesse perspexerit [2], et cum aliis bonis et iustis hominibus se sacramento coram populo super quatuor evangelia dato [3] purgatum ecclesiae reddat. Si quis autem scire desiderat, quales testes ad accusationem sacerdotum recipi debeant, et quid de accusatore faciendum sit, pleniter in canonibus reperire poterit.

57. *De eo, qui confitetur de crimine.* Manifestum est confiteri eum de crimine, qui indulto et delegato iudicio purgandi se occasione non utitur : nihil enim interest, utrum in praesenti examine omnia quae dicta sunt de eo comprobentur, cum ipsa absentia pro confessione constat.

58. *De usuris.* Usuram non solum clerici, sed nec laici christiani exigere debent.

59. *De comitibus, ut ministris ecclesiae in suis ministeriis adiutores sint.* Comites ministris ecclesiae [4] eorumque ministeriis, ut hoc plenius et de nostris et de se et de suis hominibus obtinere possint, adiutores in omnibus fiant. Et quicunque prima et secunda vice de his a comite ammonitus non se correxerit, volumus ut per eundem comitem eius neglegentia ad nostram notitiam perferatur, ut nostra auctoritate quod in nostro capitulari continetur [5], subire cogatur.

40. *De ordinatione presbiterorum.* Ut presbiteri non ordinentur priusquam examinentur. Et ut ante ordinationem pleniter et studiosissime instruantur, qualiter se a vitiis cavere debeant et qualiter subditos doceant; ne torpentes vel hebetes in doctrina sancta vel vitio malae famae eorum neglectu vel aliqua mala similitudine, quod absit, aspergantur : quoniam detractio sacerdotum ad Christum pertinet, cuius et ministri vel nuntii esse noscuntur [6], quia nimis graviter peccant, qui sacerdotes et ministros Christi detrahunt : quoniam testante euangelica tuba melius est unicuique, ut suspendatur mola asinaria collo eius et demergatur in profundum maris, quam scandalizet unum de pusillis, Christi videlicet ministris. Et alibi : *Qui vos recipit, me recipit; et qui vos spernit, me spernit.* Et ut hoc detractionis et scandali peccatum omnes summopere caveant, obnixe monemus et coram Deo testamur et sicut Dei fideles rogamus, ne Christi detrahant ministros. Similiter et Christi domini nostri ministros et sacerdotes nostrosque magistros monemus, ne locum subditis tribuant detrahendi; quia qui detrahit fratrem suum,

A homicida est; et peior legitur esse detractio quam fornicatio. Ideo monemus et praecipue rogamus ne fiat, ne absque gladio aut vulnere corporis aliquo quisquam homicida inveniatur. Et sicut de hominibus corporaliter occisis iudicare decrevimus, sic et de illis, qui ex hoc detractionis scelere detecti coram nobis fuerint, peragi Domino annuente decernimus; ut pax ecclesiarum, in quantum Dominus auxilium dederit, in finibus et regionibus nobis a Deo commissis nulla turbetur tempestate detractionum atque bellorum.

41. *De presbiteris, qualiter ecclesiae introitum consequantur.* Ut nullus presbiter ad introitum ecclesiae exenia donet.

42. *De non cogendo bibere.* Ut nemini liceat alium cogere ad bibendum.

43. *De presbiteris, a quibus per ecclesias constituantur.* Ut nullus laicus presbiterum in ecclesia mittere vel de ecclesia [7] eicere praesumat, nisi per consensum episcopi.

44. *De honore pro ecclesiis dando.* Ut episcopi praevideant, quem honorem presbiteri pro ecclesiis suis senioribus tribuant.

45. *De decimis dispensandis.* Ut decimae in potestate episcopi sint, qualiter a presbiteris dispensentur.

46. *De ecclesiis vel altaribus immeliorandis.* Ut ecclesia vel altaria melius constituantur. Et ut nullus presbiter annonam vel foenum in ecclesia mittere praesumat.

47. *De ecclesiis vel altaribus ambiguis.* Ut ecclesiae vel altaria, quae ambigua sunt de consecratione, consecrentur.

48. *De linteis altaribus praeparandis.* Ut presbiteri per parrochias suas feminis praedicent, ut linteamina altaribus praeparent.

49. *De parrochianis alterius presbiteri.* Ut nullus presbiter alterius parroechianum, nisi in itinere fuerit vel placitum ibi habuerit, ad missam recipiat.

50. *De parochia alterius presbiteri.* Ut nullus presbiter in alterius presbiteri parochia eo [8] inconsulto missam cantare praesumat, nisi in itinere fuerit; nec decimam ad alterum pertinentem audeat recipere.

51. *De termino ecclesiarum.* Ut terminum habeat unaquaeque ecclesia, de quibus villis decimas recipiat.

52. *De rebus presbiterorum.* Ut unusquisque presbiter res, quas post diem consecrationis adquisierit, propriae ecclesiae relinquat.

53. *De poenitentibus non cogendis vinum bibere.* Ut nullus presbiter aut laicus poenitentem cogat [9] vinum bibere aut carnem manducare, nisi ad praesens pro ipso unum vel duos denarios iuxta qualitatem poenitentiae dederit.

54. *De presbteris, a quibus se caveant.* Ut nullus presbiter cartas scribat, nec conductor sui senioris existat.

55. *De presbiteris, qui agenda in domiciliis celebraverint.* Statutum est, ut si quis presbiter in domiciliis agenda celebraverit sine licentia et consilio sui episcopi, honore sacerdotali privetur.

56. *De praedicatione vel capitulis presbiterorum.* Ut unusquisque presbiter capitula habeat de maioribus vel de minoribus vitiis, per quae cognoscere valeat vel praedicare subditis suis, ut se caveant ab insidiis diaboli.

57. *De eucharistia.* Ut presbiter eucharistiam habeat paratam, ut quando quis infirmaverit, aut parvulus infirmus fuerit, statim eum communicet, ne sine communione moriatur.

58. *De ampullis tribus in coena Domini habendis,*

VARIANTES LECTIONES.

[1] Bal. hic e paucis aliquot codicibus inseruit : qui duodecim presbiteros in sua purgatione habuit. [2] prospexerit G. [3] datum G. [4] e. in eorum ministeriis 825, 25. et 11. 23. [5] continet G. [6] dicuntur Bal. [7] de e. deest I. 141. [8] eo i. deest I. 148. [9] invitet I. 151.

Ut presbiter in cena Domini tres ampullas secum deferat, unam ad chrisma, aliam ad oleum ad catecuminos inunguendos, tertiam ad [1] infirmos unguendos iuxta sententiam apostolicam; ut quando quis infirmatur, inducat presbiteros ecclesiae, ut orent super eum, unguentes eum oleo in nomine Domini.

59. *Ut omnes clerici episcopis suis subiecti sint.* Ut omnes presbiteri, diaconi [2] et subdiaconi sub potestate episcopi maneant.

60. *De ordine sacerdotum.* Ut nullus presbiter praesumat in alia parrochia baptizare nec missas celebrare sine iussione episcopi, in cuius parrochia est. Et omnes presbite.i ad concilium episcopi conveniant. Et si hoc, quod superius compraehensum est, facere contempserint, secundum canonicam institutionem iudicentur tam ipsi quam et defensores eorum.

61. *De eo, qui non confitetur Dei verbum passum carne.* Si quis non confitetur Dei verbum passum carne et crucifixum carne et mortem carne gustasse factumque primogenitum ex mortuis, secundum quod vita est et vivificator [3] ut Deus, anathema sit.

62. *De modis excommunicationis tam de clericis, quam de laicis.* Si quis presbiter ab episcopo suo degradatus vel excommunicatus [4] fuerit, et ipse per contemptum postea aliquid de suo officio sine comiato facere praesumpserit, et postea ab episcopo correptus et excommunicatus fuerit, qui cum ipso communicaverit scienter, sciat se esse excommunicatum similiter. Quicunque clericus vel laicus aut femina incestum commiserit et ab episcopo suo correptus se emendare noluerit, et ab ipso excommunicatus fuerit, qui postea cum ipso communicaverit, similiter excommunicetur. Et ut sciatis, qualis sit modus istius excommunicationis, in ecclesiam non debet intrare, nec cum ullo christiano cibum nec potum sumere; nec eius munera quisquam accipere debet, vel osculum porrigere, nec in oratione se iungere, nec salutare, antequam ab episcopo suo sit reconciliatus. Quod si aliquis se reclamaverit, quod iniuste sit excommunicatus, licentiam habeat ad metropolitanum episcopum venire, ut ibidem secundum canonicam institutionem diiudicetur; et interim suam excommunicationem custodiat. Quod si aliquis ista omnia contempserit et episcopus hoc minime emendare potuerit, regis iudicio exilio condemnetur.

63. *De his qui a synodo vel a suo episcopo damnati sunt.* Haec vero per singula capitula in statutis Niceni concilii legere potestis, seu in aliis sanctorum patrum synodalibus edictis et in Antioceno concilio, quod hi, qui damnati sunt a synodo vel a suo episcopo, et postea ministrare praesumunt, praecipitur ut nullus audeat eis communicare. Si quis vero eis communicat, simili sententiae subiaceat, sicut et damnatus.

64. *De episcopis vel quibuslibet ex clero.* Item in eodem concilio, ut episcopus vel quilibet ex clero sine consilio vel litteris episcoporum vel metropolitani non audeant regalem dignitatem pro suis causis clamare, sed in communi episcoporum concilio causa eorum examinetur.

65. *De die dominica, qualiter observanda est.* Item in eodem concilio praecipitur, ut a vespera usque ad vesperam dies dominica servetur.

66. *De ignotis angelorum nominibus.* Item in eodem concilio praecipitur, ut ignota angelorum nomina nec fingantur nec nominentur, nisi illorum, quos habemus in auctoritate. Hi sunt, Michahel, Gabriel, Raphael.

67. *De mulieribus, ne ad altare accedant.* Item in eodem concilio, quod non oportet mulieres ad altare ingredi.

68. *De episcopis ordinandis vel quibuslibet ex clero.* Item in concilio Calcedonensi, quod non porteat episcopum aut quemlibet ex clero per pecu ias ordinare: quia utrique deponendi sunt, et qui rdinat, et qui ordinatur, necnon et qui mediator t inter eos. Item de eadem re in canonibus apost lorum. Si quis episcopus aut presbiter aut diaconus er pecunias hanc obtinuerit dignitatem, deiciatur ip e et ordinator eius et a communione abscidantur.

69. *De maleficis vel incantatoribus.* Item i eodem concilio, ut cocleaiii, malefici, incantatore , et incantatrices fieri non sinantur, quos in Sym e mago Dominus terribiliter damnavit.

70. *De negotiis clericorum inter se.* Item n eodem concilio, ut si clerici inter se negotium ali od habuerint, a suo episcopo diiudicentur, non secularibus.

71. *De conspiratione clericorum vel mo achorum seu laicorum.* Item in eodem concilio, ut ne clerici, nec monachi, nec laici conspirationem vel insidias contra pastorem suum faciant.

72. *De fide sanctae Trinitatis praedicanda.* In concilio Cartaginensi. Primo omnium necess est, ut fides sanctae Trinitatis et incarnationis Chr sti, passionis, resurrectionis et ascensionis in c los diligenter omnibus praedicetur.

73. *De his, qui se convertunt ad Deum.* Item in eodem de his, qui in periculo constituti su t et convertunt se ad Deum, ut canonice inquirant r de reconciliatione, et canonice reconcilientur.

74. *De his, qui non sunt bonae conversati nis.* Item in eodem, ut illi, qui non sunt bonae conv rsationis et eorum vita est accusabilis, non audea episcopos vel maiores natu accusare.

75. *De his, qui cum excommunicato comu unicaverint.* Item in eodem, ut qui excommunic o praesumptiose communicaverit, excommunicet r et ipse.

76. *De subiectione presbiterorum.* Item n eodem concilio infra dua capitula, ut nullus presl ter contra episcopum suum superbire audeat.

77. *De clericis ecclesiastici ordinis.* Item i eodem [5] ut clerici ecclesiastici ordinis, si culpan incurrerint, apud ecclesiasticos iudicentur, et on apud seculares.

78. *De falsis nominibus sanctorum.* Item n eodem, ut falsa nomina martyrum et incertae nctorum memoriae non venerentur.

79. *De uxore a viro dimissa.* Item in odem, ut nec uxor a viro dimissa alium accipiat vir 1 vivente viro suo; nec vir aliam accipiat vive te uxore priore.

80. *De oblatis pauperum.* In concilio angrensi, ut nulli liceat oblationes quae ad pauperes ertinent, rapere vel fraudare.

81. *De ieiuniis a sacerdotibus constituti .* Item in eodem, ut ecclesiastica a sacerdotibus ie unia constituta sine necessitate rationabili non sol antur.

82. *De his, qui contra naturam peccant.* In concilio Ancyrano. Si inventi sunt inter vos ui cum [6] quadrupedibus aut cum consanguineis us e ad septimum genuculum vel masculis contra nat ram peccant, dura et districta poenitentia sunt oercendi. Quapropter episcopi et presbiteri, a quibu iudicium poenitentiae iniungitur, conentur omnin odis hoc malum a consuetudine prohibere vel absc dere.

83. *De nominibus recitandis.* Item e sdem, ut nomina publice non recitentur ante prece sacerdotales.

84. *De canonum institutis a presbiteris ion ignorandis.* Item eiusdem, ut nulli sacerdoti l ceat ignorare sanctorum canonum instituta.

85. *De sacerdotibus contra decretalia agentibus.*

VARIANTES LECTIONES.

[1] inunguendos inf. *G. cf. Anseg.* [2] d. et. *deest* 755, 8. [3] vivificatur *G.* [4] vel e. *deest* 755, 9. [5] e. concilio *G.* [6] quicumque *G.*

Item eiusdem, ut si quis sacerdotum contra constituta decretalium praesumptiose egerit et corrigi noluerit, ab officio suo submoveatur.

86. *De fide presbiterorum ab episcopis discucienda.* Ut episcopi diligenter discutiant per suas parrochias presbiterorum fidem et baptisma catholicum et missarum celebrationes, ut fidem rectam teneant et baptisma catholicum observent et missarum praeces bene intellegant, et ut psalmi digne secundum divisiones versuum modulentur, et dominicam orationem ipsi intellegant et omnibus praedicent intellegendam, ut quisque sciat quid petat a Deo. Et ut *Gloria Patri* cum omni honore apud omnes [1] cantetur, et ipse sacerdos cum sanctis angelis et populo Dei communi voce *Sanctus, Sanctus, Sanctus* decantet. Et omnimodis dicendum est prebiteris et diaconibus, ut arma non portent, sed magis confidant in defensione Dei, quam in armis.

87. *De presbiteris in ecclesiis constituendis ab episcopis et non ab aliis.* Statutum est, ut sine auctoritate vel consensu episcoporum presbiteri in quibuslibet ecclesiis nec constituantur nec expellantur. Et si laici clericos probabilis vitae et doctrinae episcopis conserandos suisque in ecclesiis constituendos obtulerint, nulla qualibet occasione eos reiciant.

88. *De villis novis et ecclesiis in eis noviter constitutis.* Sancitum est de villis novis et ecclesiis in eis noviter constitutis, ut decimae de ipsis villis ad easdem ecclesias conferantur.

89. *De presbiteris, qui feminas in domibus habent.* Sancitum est ab episcopis de presbiteris, qui feminas secum indiscrete habitare permittunt et propter hoc malae opinionis suspicione denotantur, ut si deinceps admoniti non se correxerint, velut contemptores sacrorum canonum canonica invectione feriantur.

90. *De scriptoribus.* Ut scribae vitiose non scribant.

91. *De incestuosis.* De incestuosis, ut canonice examinentur et nec propter alicuius amicitiam quidam relaxentur, quidam vero constringantur.

92. *De communicatione fidelium.* Ut omnes fideles communicent et ad missas perspectent [2] sine aliqua occasione [3].

93. *De confugio ad ecclesiam.* Si quis ad ecclesiam confugium fecerit, in atrio ipsius ecclesiae pacem habeat, nec sit ei necesse ecclesiam ingredi; et nullus eum inde per vim abstrahere praesumat, sed liceat confiteri quod fecit, et inde per manus bonorum hominum ad discussionem in publico perducatur.

94. *De admonitione sacerdotum.* Ut sacerdotes admoneant populum, ut elimosinam dent et orationes faciant pro diversis plagis, quas assidue pro peccatis nostris patimur.

95. *De praedicatione ad plebem.* Ut ipsi sacerdotes unusquisque secundum ordinem suum praedicare et docere studeat plebem sibi commissam.

96. *De eruditione filiorum a parentibus et patrinis.* Ut parentes filios suos, et patrini eos quos de fonte lavacri suscipiunt, erudire summopere studeant; illos, quia eos genuerunt et eis a Domino dati sunt; et istos, quia pro eis fideiussores existunt.

97. *De ecclesiis antiquitus constitutis.* Ut ecclesiae antiquitus constitutae nec decimis nec ulla possessione priventur.

98. *De his, qui sine consensu episcopi presbiteros in ecclesiis constituunt vel de ecclesiis eiciunt.* De his, qui sine consensu episcopi presbiteros in ecclesiis suis constituunt vel de ecclesiis eiciunt, et ab episcopo vel a quolibet misso dominico admoniti obedire noluerint, ut bannum nostrum rewadiare cogantur et per fideiussores ad palatium nostrum venire iubeantur; et tunc nos decernamus, utrum nobis placeat ut aut illum bannum persolvant [4], aut aliam harmiscaram sustineant [5].

99. *De ecclesiis inter coheredes divisis.* De ecclesiis, quae inter coheredes divisae sunt, consideratum est, quatinus si [6] secundum providentiam et admonitionem episcopi ipsi coheredes eas voluerint tenere et honorare, faciant. Si autem hoc contradixerint, ut in episcopi potestate maneat, utrum eas ita consistere permittat aut reliquias exinde auferat. Et ubi ad nostrum beneficium ecclesiae pertinentes ita divisae inventae fuerint, ut describantur et nobis renuntietur.

100. *De manso ad ecclesiam dato.* De uno manso ad ecclesiam dato, de quo aliqui homines contra statuta sibi servitium exigunt, quicunque pro hac causa accusatus fuerit, comes vel missi hoc, quod inde subtractum est, presbiteris cum sua lege restituere faciant.

101. *De his, qui decimas dare nolunt, nisi a se redimantur.* De decimis, quas populus dare non vult, nisi quolibet modo ab eo redimantur, ab episcopis prohibendum est ne fiat. Et si quis contemptor inventus fuerit et nec episcopum nec comitem audire voluerit, si noster homo fuerit, ad praesentiam nostram venire compellatur. Caeteri vero distringantur, ut inviti ecclesiae restituant, quod [7] voluntarie dare neglexerunt.

102. *De testibus ad rem quamlibet discuciendam.* Ut quandocunque testes ad rem quamlibet discutiendam quaerendi atque elegendi sunt, a misso nostro et comite, in cuius ministerio de re qualicunque agendum est, tales eligantur, quales optimi in ipso pago inveniri possint. Et non liceat litigatoribus per praemia falsos testes adducere, sicut actenus fieri solebat.

103. *De causa ebrii hominis [8], et de eius testimonio, et de placito comitis.* Ut nullus ebrius suam causam in mallo possit conquirere nec testimonium dicere. Nec placitum comes habeat, nisi ieiunus.

104. *De hoc si presbiteri sanctum crisma dederint ad iudicium subvertendum.* Ut presbiter, qui sanctum chrisma donaverit ad iudicium subvertendum, postquam de gradu suo depositus fuerit, manum amittat.

105. *De placito centenarii.* Ut nullus homo in placito centenarii neque ad mortem, nec ad libertatem suam amittendam aut ad res reddendas vel mancipia iudicetur; sed ista [9] aut in praesentia comitis vel missorum nostrorum iudicentur.

106. *De raptu viduarum.* Qui viduam intra primos triginta dies viduitatis vel invitam vel volentem sibi copulaverit, bannum nostrum, id est sexaginta solidos, in triplo componat. Et [10] si invitam eam duxit, legem suam ei componat, illam vero ulterius non attingat.

107. *De homine publicam poenitentiam agente interfecto.* Qui hominem publicam poenitentiam agentem interfecerit, bannum nostrum in triplo componat et wirgildum proximis suis [11] persolvat.

108. *De observatione praeceptorum dominicorum.* De observatione praeceptorum nostrorum et immunitatum [12] praecipimus, ut ita observentur, sicut a nobis et ab antecessoribus nostris constitutum est.

109. *De locis iamdudum sacris et nunc spurcitia foedatis.* De locis iamdudum sacris et nunc spurcitia foedatis, ut iuxta possibilitatem in antiquum statum reformentur.

110. *De commutationibus utilibus permanendis inutilibusque delendis.* Ubicunque commutationes tam tempore nostro quamque genitoris nostri legi-

---

VARIANTES LECTIONES.

[1] homines *G.* — [2] perexpectent I, 132. — [3] deprecatione I. 132. — [4] persolvat *G.* — [5] sustineat *G.* — [6] deest *G.* qui *superscripto* vel quod *G.* — [8] nominis *G.* — [9] isti *Bal.* — [10] vel *Bal.* — [11] eius *Bal.* — [12] immunitate *Bal.*

timae et rationabiles atque utiles ad [1] ecclesias Dei factae sunt, permaneant. Ubicunque vero inutiles et incommodae atque inrationabiles factae sunt, dissolvantur, et recipiat unusquisque quod dedit. Ubi vero mortua manus interiacet aut alia quaelibet causa, quae rationabilis non esse videatur, inventa fuerit, diligenter describatur et ad nostram notitiam perferatur.

111. *De ecclesiae consecratione in qua mortuorum cadavera infidelium sunt sepulta.* Ecclesiam in qua mortuorum cadavera infidelium sepeliuntur, sanctificare non licet. Sed si apta videtur ad consecrandum, inde evulsa corpora et rasis vel lotis lignis eius, reaedificetur. Si haec consecrata prius fuit, missas in ea celebrare licet, si tamen fideles fuerint, qui in ea sepulti sunt.

112. *De officio laicorum.* Laicus non debet in ecclesia lectionem recitare nec alleluia dicere, sed psalmum tantum aut responsoria sine alleluia.

113. *De stultorum voto solvendo.* Episcopo licet votum solvere, si vult.

114. *De non prodendo a presbiteris crimen episcopi.* Presbitero non licet peccatum episcopi prodere, quia super eum est.

115. *De parrochianis alterius presbiteri.* Ut nullus presbiter alterius parrochianum, nisi in itinere fuerit, nec decimam ad alterum pertinentem audeat recipere.

116. *De manus impositione et resolutione canonica.* Ut nemo sacerdotum populi sibi peccata confitentium sine auctoritate canonum iudicare praesumat. Et ut quando unicuique quisquam sacerdos sibi scelera sua confitenti iuxta praedictum canonicum modum poenitentiam tribuit, si [2] comam dimiserit aut habitum mutaverit, manus ei secundum canonicam auctoritatem imponat cum orationibus, quae in sacramentario [3] ad dandam poenitentiam continentur. Si vero occulte et sponte confessus fuerit, occulte fiat. Et si publice ac manifeste convictus aut confessus fuerit, publice ac manifeste fiat, et publice coram ecclesia iuxta canonicos poenitentiae gradus. Post peractam vero secundum canonicam institutionem poenitentiam occulto vel manifeste, canonice reconcilietur et manus ei cum oratioribus, quae in sacramentario ad reconciliandum poenitentem continentur, imponatur, ut divinis precibus et miserationibus absolutus a suis facinoribus esse mereatur: quoniam sine manus impositione ne no absolvitur ligatus. Et ideo dominus et magister noster discipulis suis ac successoribus eorum ligandi ac solvendi dedit potestatem, ut peccatores ligandi habeant potestatem, et poenitentiam condigne agentes absolvi atque peccata cum divina invocatione dimitti queant. Nec mirum hoc. Quia si homines suis servis dant potestatem de subditis ligandi et solvendi vel nocendi et adiuvandi apud se, quanto magis dominus omnium hominum hanc potestative potestatem praepositis sanctae ecclesiae dedit dicens: *Accipite Spiritum sanctum. Quorum remiseritis peccata, remittuntur eis; et quorum retinueritis, retenta erunt.* Et reliqua.

117. *De poenitente, cuius crimen pervulgatum est.* In concilio Cartaginensi de eadem re praecipitur, ut si cuiusquam poenitentis publicum et vulgatissimum crimen est, quod universam commoverit ecclesiam [4] ante absidam manus ei imponatur. Et alibi in canonibus vel in decretalibus Leonis papae praecipitur de eadem re, ut absolutio poenitentum per manus impositionem episcoporum supplicationibus fiat; et reliqua multa talia et horum similia.

118. *De poenitentibus, qui eucharistiam acceperint in infirmitate positi.* Poenitentes, qui in infirmitate viaticum eucharistiae acceperint, non se cedant absolutos sine manus impositione, si supervi. erint.

119. *De remedio poenitentiae, et quod ab olutio poenitentum per manus impositionem episcoporum supplicationibus fiat.* Propter quod necesse st, ut reatus peccatorum ante ultimum diem sace dotali supplicatione solvatur, etiamsi periculo mortis irgente statim post acceptionem poenitentiae et reconiliatio subsequatur. Ex [5] epistola papae Leonis ad Theodorum, Forioliensem episcopum. Multiplex miseri cordia Dei ita lapsis humanis subvenit, ut non solum per baptismi gratiam, sed etiam per poenitentiae medicinam spes vitae reparetur aeternae, ut qui regenerationis dona violarunt, proprio se iudic o condemnantes ad remissionem criminum perveni nt sic divinae voluntatis praesidiis ordinatis, ut in ulgentiam Dei nisi supplicationibus sacerdotum ne queant obtinere [6]. Mediator enim Dei et hominum d minus Jesus Christus hanc praepositis ecclesiae t adidit potestatem, ut et confitentibus poenitentiae s nctionem darent et ab eadem salubri satisfactione purgatos ad communionem sacramentorum per i muam reconciliationis admitterent. Cui utique [7] o eri incessabiliter ipse Salvator inter enit, qui nu iquam his abest, sicut ipse ait: *Ecce ego vobiscu sum omnibus diebus usque ad consummationem seculi.* Qua de re innuitur, ut si quid per servitut m nostram bono ordine et grato impletur effectu, non ambigamus per Spiritum sanctum nobis fuisse donatum. Si autem aliquis eorum, pro quibus omnino supplicamus, quocumque intercepius obstacu o munere indulgentiae praesentis exciderit, et pri squam ad constituta remedia pervenjat temporale vitam humana conditione finierit, quod manibus in orpore non recipit [8], consequi exutus carne non o erit. Idcirco necesse est nos eorum, qui obierint, merita actusque discutere, cum dominus noster, cui i judicia nequeunt comprachendi, quod sacerdotum impleri ministerio non sivit, suae iustitiae reser avit [9]; ita potestatem suam timeri volens, ut hic t rror [10] omnibus prosit, et quod quibusdam tepi is aut neglegentibus acci it, nemo non metuat. Multum e im utile ac necessarium est, ut peccatoru n reatus ante ultimum diem sacerdotali suppl catione solvatur. His autem, qui tempore necessitat s periculis urgentibus praesidium poenitentiae et dox reconciliationis implorant, nec satisfactio inter icenda est, nec reconciliatio deneganda: quia miseri ordiae Dei nec mensuras possumus ponere, nec t mpora definire, apud quem nullas patitur veriae moras, conversio, dicente Dei spiritu per prophetam: *Cum conversus ingemueris, salvus eris.* Et alibi: ic iniquitates tuas prior, ut iustificeris. Item: Qua apud Dominum misericordia est, et copiosa apud um redemptio. In dispensandis itaque D i donis no debemus esse difficiles nec se accusan ium gen ius lacrymasque neglegere, cum poenitendi afie tionem ex Dei credamus inspiratione conceptam, dicente apostolo: *Ne forte det illis Deus poenitentiam, ut resipi scant a diaboli laqueis, a quo capti ten ntur ad ipsius voluntatem.*

120. *Item de poenitentum absolutione, ut per manus impositionem episcoporum vel sacerdotum precibus fiat.* Si quis in periculo vel pace aut infirmitate poenitentiam acceperit, si continuo credi r moriturus, reconciliabitur per manus imp sitione et infundatur ori eius eucharistia.

121. *Ut poenitens ostensis poenitentiae fructibus ad communionem recipiatur.* Ut poenitens ostensis necessariis poenitentiae fructibus legitimam communionem cum reconciliatoria manus impositio ne percipiat.

VARIANTES LECTIONES.

[1] inter *Bal.* [2] nisi *G.* [3] sacramentorio *G. const.* [4] *in concilio:* universa ecclesia noverit. [5] emplar p. *G. et codd. Bal.* [6] obtineri *G.* [7] itaque *G.* [8] recipit *G.* [9] reseruabit *G.* [10] error *G.*

122. *Ut poenitentes tempore, quo poenitentiam petunt, super caput cilicium a sacerdote consequantur.* Poenitentes tempore, quo poenitentiam petunt, impositionem manus super caput et cilicium a sacerdote, sicut ubique constitutum est, consequantur.

123. *Ut omni tempore ieiunii manus poenitentibus a sacerdote imponatur.* Omni tempore ieiunii manus poenitentibus a sacerdotibus imponatur.

124. *Ut lapsi per manus impositionem episcopi absolvantur.* Nec absolvendos lapsos in fide credamus, nisi per impositionem manus episcopi.

125. *Ut poenitentes communicent qui ante reconciliationem moriuntur.* Placuit his, qui accepta poenitentia ante reconciliationem migrant ad Dominum, communicari pro eo quod honoraverunt poenitentiam. Qui si supervixerint, stent in ordine poenitentum, ut legitimam. communionem statuto tempore reconciliatione et manus impositione episcopi [1] vel eius iussu presbiteri recipiant.

126. *De his, qui convivio gentilium usi sunt.* Qui convivio solo gentilum et escis immolatitiis usi sunt, possunt ieiuniis et manus impositione purgari.

127. *Ut criminalia peccata multis ieiuniis, et crebris manus impositionibus, a sacerdotibus purgentur.* Criminalia peccata multis ieiuniis et crebris manus sacerdotum impositionibus eorumque supplicationibus iuxta canonum statuta placuit purgari, ita ut nemo sine manus impositione episcopi aut eius iussu alicuius presbiteri se credat esse a suis facinoribus absolutum. Non est mirandum, si absoluto peccatorum per manus impositionem precibus sit sacerdotum, cum Dominus in veteri lege super caput hostiae manum sacerdotis praeceperit imponi. Etenim sicut tunc per illam hostiam, ita nunc per invocatione Spiritus sancti, per quem fit [2] remissio peccatorum, per manus episcoporum vel eorum auctoritate reliquorum sacerdotum impositione, supplicationibus eorum remittuntur peccata. Nam quando Dominus Lazarum suscitavit, ait discipulis suis: *Tollite lapidem:* subauditur, ut mortuus surgat dans exemplum, ut sicut ipsi manibus tollunt lapidem ut mortuus surgat, ita ipsi et successores eorum manus poenitentibus imponant, ut per impositionem manuum suis precibus mortuum de sepulchro, id est peccatorem de vitiis surgere et relevare faciant; et sicut illi praedictum Lazarum instituis, id est funibus conligatum iubente. Domino solvunt [3] qui ait, *Solvite illum, et sinite abire,* ita isti [4] eorum supplicationibus auxiliante Domino et comitante Spiritu sancto, qui in his semper operatur, per manus impositionem peccatorum solvant vincula eosque tempore a sanctis patribus constituto sacra eucharistia communicent et absolutos ire permittant.

123. *Ut poenitentibus iuxta canonicam auctoritatem poenitentia detur, et ante suspensos a communione excubare faciant ad ecclesiae officium.* Ut secundum formam canonum poenitentibus detur poenitentia, et prius eos a communione suspensos ad officium ecclesiae excubare faciant et inter reliquos poenitentes ad manus impositionem crebro recurrere. Expleto autem satisfactionis tempore et sacerdotali prece [5] per manus impositionem, iuxta ordinem sacramentorum et canonum reconcilient poenitentes et sacra communione confirment.

129. *De his qui separati a communione fuerint poenitentibus.* Qui a communione separantur in locis quibus seclusi fuerint, per manus impositionem recipiantur in communionem. Nec se quisquam a peccatis absolutum sine reconciliatoria manus impositione credat; sed per manus impositionem precibus sacerdotum reconcilietur, sicut auctoritas habet ecclesiastica.

130. *Ne in confinio mortis poenitens a reconciliatione diutius suspendatur. Et ut oblatio eius, qui poenitens necdum reconciliatus de hac vita exierit, ab ecclesia recipiatur* [6]. Qui poenitentium in mortis agit periculo, non diutine a reconciliationis gratia differendus est. Sed si profecto mortis urget periculum, poenitentia [7] per manus impositionem accepta statim et reconciliatio adhibenda est; ne prius ab humanis rebus aeger abscedat, quam donum reconciliationis accipiat, sitque superstitibus [8] quodam modo doloris videtur esse perpetuum, si praecisum ab ecclesiae membris eum, qui utique reconciliationis non meruit gratiam, raptim a praesenti vita mortis natura subduxerit. Unde iuxta papae Leonis edictum his, qui in tempore necessitatis et in periculi urgentis instantia praesidium poenitentiae [9] et mox reconciliationis remedium implorant, nec satisfactio interdicenda est, nec reconciliatio deneganda; quia misericordiae Dei mensuras possumus ponere, nec tempora definire. De his autem, qui accepta poenitentia, antequam reconcilientur, ab hac vita recesserint; quamquam diversitas praeceptorum de hoc capitulo habeatur, illorum tamen nobis sententia placuit, qui multiplices numero de huiusmodi humanius decreverunt; ut et memoria talium in ecclesiis commendetur et oblatio pro eorum dedicata spiritibus accipiatur.

131. *De presbiteris vel diaconibus graviori noxa convictis.* Item confirmatum est, ut si quando presbiteri vel diaconi in aliqua graviore culpa convicti fuerint, qua eos a ministerio necesse sit removeri, non eis manus tanquam poenitentibus vel laiquam fidelibus laicis imponatur. Neque permittendum, ut rebaptizati ad clericatus gradum promoveantur.

132. *De poenitentibus qui ex gravioribus levioribusve commissis poenitentiam gerunt.* De poenitentibus, qui sive ex gravioribus commissis sive ex levioribus poenitentiam gerunt, si nulla interveniat aegritudo, quinta feria ante pascha eis remittendum Romanae ecclesiae consuetudo demonstrat. Caeterum de pondere aestimando delictorum sacerdotis est indicare, ut atiendat ad confessionem poenitentis et ad fletus atque lacrymas corrigentis, ac [10] tum iubere dimitti, cum viderit congruam satisfactionem. Sane si quis aegritudinem inciderit atque usque desperationem devenerit, ei est ante tempus paschae relaxandum, ne de seculo absque communione discedat.

133. *De his, qui convivio solo gentilium et escis immolatitiis usi sunt.* Qui convivio solo gentilium et escis immolatitiis usi sunt, possunt ieiuniis et crebris manus impositionibus purgari, ut deinceps ab idolothitis abstinentes sacramentorum Christi possint esse participes. Si autem aut idola adoraverunt aut homicidiis vel fornicationibus contaminati sunt, ad communionem eos, nisi per poenitentiam publicam et per manus impositionem sacerdotali prece, sini reconciliati, non oportet admitti. Tempora poenitudinis habita moderatione sunt constituenda, prout conversorum animos sacerdotes inspexerint esse devotos, pariter etiam habentes aetatis senilis intuitum, et periculorum quorumque aut aegritudinum respicientes necessitates; in quibus si quis ita graviter urgeatur, ut dum adhuc poenitet, de salute ipsius desperetur, oportet ei per sacerdotalem sollicitudinem, id est per manus impositionem absolutione precum sacerdotalium communionis gratia subveniri.

134. *Ut poenitentes, qui ex gravioribus peccatis poenitentiam gerunt, tribus annis sint inter audientes, si*

VARIANTES LECTIONES.

[1] e. v. e. i. p. *a Benedicto addita.* [2] s. qui est r. *G.* [3] *deest G.* [4] *istis B.* [5] s. percepta m. impositione *G.* [6] receptetur *G.* [7] poenitentiam p. m. i. acceptam *G.* [8] supprestibus *Sang. Camb.* [9] p. remedium et m. ex more r. *G.* [10] quantum i. *G.*

veram poenitentiam gesserint. Poenitentes, qui ex gravioribus peccatis poenitentiam geruut, si ex corde poeniteant, sicut Nicena synodus de lapsis constituit, tribus annis sint inter audientes, quinque vero vel septem annis subiaceant inter poenitentes manibus sacerdotum. Duobus etiam annis oblationes modis omnibus non sinantur offerre, sed tantummodo populis in oratione socientur. Nec confundantur Deo colla submittere, qui eum non timuerunt abnegare. Quod si utpote mortales intra metas praescripti temporis coeperit vitae finis urguere, subveniendum est implorantibus seu ab episcopo, qui poenitentiam dedit, seu ab alio, qui tamen esse probaverit, aut similiter a praesbitero, iussu aut permissu tamen proprii episcopi, per manus impositionem absolutione precum sacerdotalium iaticum abeuntibus de seculo non negetur. Pueris autem, quibus a puritate vocabulum est, seu clericis, seu laicis, aut etiam similibus puellis, quibus ignorantia suffragatur aetatis, aliquandiu sub manus impositione detentis reddenda communio est. Quod si ante praefinitum poenitentiae tempus despecti a medicis aut evidentibus mortis pressi indiciis recepta [1] communionis gratia convaluerint, servemus in eis, quod Niceni canones ordinarunt, ut habeantur inter illos, qui in oratione sola communicant, donec impleatur spatium temporis eisdem praestitum.

135. *De catecuminis non praetereundis.* Nec catecumini praetereundi sunt, quia non est causa dissimilis, sicut iidem sancti canones ordinaverunt. His qui quolibet modo Christum, quem semel confessi sunt, abiurarint, tribus annis inter audientes sint, et postea cum catecuminis permittantur orare, per manus impositionem communionis catholicae gratiam recepturi.

136. *Ut qui poenitentiam publicae gerunt, uno anno cum cilicio sint inter audientes.* Qui poenitentiam publice gerunt, debent unum annum esse cum cilicio inter audientes, vel usque ad magnum diem, et populo, quando intrat in ecclesiam, perfusi lacrymis veniam postulare precarique eum humiliter, ut pro eis dignetur orare. Tribus vero annis subiaceant inter poenitentes manibus sacerdotum in loco retro ostio ecclesiae poenitentibus constituto, et seorsum, infra ipsam tamen ecclesiam, secluso populo tamen, iam non in terram prostrati, sed vultu et capite humiliato, humiliter et ex corde, ut supra dictum est, veniam postulent et pro se orare exposcant. Duobus etiam annis oblationes modis omnibus non sinantur offerre, sed populis tantummodo in oratione socientur, ut perfectionem septimo in coena Domini consequantur anno, id est per episcopi vel eius iussu, si ipse abest, aliorum sacerdotum manus impositionem, absolutione sacerdotalium praecum, communionis catholicae gratiam recepturi. *Qualiter septem annorum poenitentia agatur.* In his vero septem annis multipliciter ieiuniis, orationibus, fletibus et elymosinarum, pro ut melius potuerint, exhibitionibus et lacrymis persistant. Et ne ulterius eis talia contingant admodum caveant, dicente Domino: *Vade et amplius noli peccare.*

137. *De poenitentibus transgressoribus.* Ut hi, qui frequenti praevaricatione peccata vel poenitentiam iterant, frequenti sententia, nisi per satisfactionem quae praevaricati sunt emendare nitantur, coerceantur vel condemnentur, ut haec, quae voluntarie non diluerunt, inviti emendent. Quod si his aliquis renuerit et praeceptis sui sacerdotis inobediens apparuerit, secundum modum culpae excommunicetur. Si quis autem his ante reconciliationem et eorum satisfactionem absque proprii episcopi licentia mmunicare praesumpserit, simili excommunicati ni subiaceat. Sacerdotes autem, ad quos pertinere n scuntur, si eos quolibet munere vel favore aut negle entia admonere noluerint aut per satisfactionem r ertentes non susceperint, aut contemnentes de ec lesia non eiecerint, simili sententia plectantur, quo sque vel emendationis vel eorum damnationis sente tia promulgetur.

138. *Ut poenitentibus absque personarum cceptione poenitentia detur.* Ut sacerdos poenitentia n implorauti absque personae acceptione poenite tiae leges iniungat.

139. *De neglegentioribus poenitentibus.* t neglegentiores poenitentes tardius recipiantur.

140. *De eo, qui poenitentiam in infirmita e petit.* Is qui poenitentiam in infirmitate petit, si cas, dum ad eum sacerdos invitatus venit, oppressus firmitate obmutuit vel in frencsim versus fuerit, ent testimonium qui eum audierunt, et accipiat poe itentiam. Et si continuo creditur moriturus, reconc ietur per manus impositionem et infundatur ori eiu eucharistia. Si supervixerit, commoneatur a sup dictis testibus petitionis suae satisfactio, et subd tur statutum poenitentiae tempus, quamdiu sacerdo, qui poenitentiam dedit, probaverit.

141. *Ut poenitentes non se credant abso utos, nisi per manus impositionem.* Poenitentes qui n infirmitate viaticum eucharistiae acceperint [2], n n se credant absolutos sine manus impositione, si supervixerint.

142. *De poenitentibus qui antequam lege poenitentiae exsequantur, si casu in itinere vel in n ri mortui fuerint.* Poenitentes, qui antequam leges p enitentiae exsequantur, si casu in itinere vel in m ri mortui fuerint, ubi eis sacerdos subvenire no potuerit, memoria eorum et orationibus et oblatio ibus commendetur.

143. *De loco monasteriorum vel aedi ciis providendis.* Dignum ac necessarium est, ut issi nostri per quaeque loca directi simul cum episc pis uniuscuiusque diocesis perspiciant loca monast iorum canonicorum pariter et monachorum similit rque puellarum, si in apto et in congruo loco sint osita, ubi commodum necessarium possit [3] adquir, quod ad utilitatem pertinet monasteriorum, sicu in sancta regula dicitur: *Monasterium autem ita deb t constitui, ut omnia necessaria infra monasterium e contineantur, ut non sit necessitas monachis* [a] *vel cleri is. vagandi foras, quia omnino non expedit animabus orum.* Similiter quoque aedificationes monasterio um praedicti missi et cum eis episcopi per divers loca praevideant, si aptae sint et congruenter san tae professioni compositae, vel si claustrum firmu habeant, in quo salvari possint animae in eis con orantium sub disciplina canonica vel regulari. Ub autem aliter inventa fuerint, hoc omnimodis epi copus loci ipsius faciat emendari, ita ut condignam professioni eorum custodiam habeant canonici vel n onachi atque nonnanes, ne detur eis occasio malefi endi, quod absit.

144. *Ut episcopi sciant, qualiter canoni i, qui sunt cum abbatibus, vivant.* Praecipimus, ut nusquisque episcopus sciat per singula monasteria, q antos quisque abba canonicos in monasterio suo ha eat. Et hoc omnino ambo pariter provideant, ut [4] si onachi fieri voluerint, regulariter vivant; sin autem, anonice vivant omnino.

145. *Ut presbiteri chrisma diligenter custodiant.* Presbiteri sub sigillo custodiant chrisma t nulli sub

---

VARIANTES LECTIONES.

[1] quidem *G.* [2] acceperunt *B.* [3] c. ac n. posset *G.* [4] deest *G.*

NOTAE.

[a] *Vel clericis* Benedictus de suo addidit.

praetextu medicinae vel maleficii donare inde praesumant. Quod si fecerint, honore priventur.

146. *Ut presbiteri utantur assidue orariis.* Presbiteri sine intermissione utantur orariis propter differentiam sacerdotii dignitatis.

147. *Ne laici presbiteros eiciant de ecclesiis eosve in eis constituant absque propriorum episcoporum consensu.* Ut laici presbiteros non eiciant de ecclesiis neque constituant sine consensu episcoporum suorum.

148. *Ne laici a presbiteris munera exigant.* Ut laici omnino munera iniusta non exigant a presbiteris propter commendationem ecclesiae cuiquam [1] presbitero.

149. *De fugitivis clericis.* Ut unusquisque episcopus in sua parrochia diligenter presbiteros vel clericos inquirat, unde sint. Et si aliquem fugitivum invenerit, ad suum episcopum redire faciat.

150. *De letania maiore.* Placuit nobis, ut letania maior observanda sit a cunctis christianis diebus tribus.

151. *De quatuor temporibus observandis.* Constituimus, ut quatuor tempora anni ab omnibus cum ieiunio observentur; id est in Martio mense ebdomada prima, feria quarta et sexta et sabbato veniant omnes ad ecclesiam hora nona cum letaniis ad missarum solemnia. Similiter in mense Iunio ebdomada secunda feria quarta et sexta sabbato ieiunetur usque horam nonam, et a carne ab omnibus abstineatur. Similiter in mense Septembrio ebdomada tertia. Et in mense Decembrio ebdomada, quae fuerit plena ante vigiliam natalis Domini, sicut est in Romana ecclesia traditum.

152. *De indicto ieiunio.* Quod si quis indictum ieiunium superbiendo contempserit et observare cum caeteris christianis noluerit, in Gangrensi concilio praecipitur, ut anathematizetur, nisi emendare se studeat.

153. *De dominicis diebus.* Omnes dies dominicos cum omni veneratione observare decrevimus et servili opere abstinere. Et mercatus in eis minime sit, nec placitum, ubi aliquis ad mortem vel ad poenam iudicetur [2].

154. *De decimis.* Ammonemus atque praecipimus, ut decima Deo omnino dari [3] non neglegatur, quam Deus ipse sibi dari constituit: quia timendum est, ut quisquis Deo suum debitum abstrahit, ne forte Deus per peccatum suum auferat ei necessaria sua, et [4] qui decimam Deo dare neglexerit, novem partes auferantur ab eo.

155. *Ut ecclesiae pacem habeant.* Reum confugientem ad ecclesiam nemo abstrahere audeat neque inde donare ad poenam vel ad mortem, ut honor Dei et sanctorum eius conservetur; sed rectores ecclesiarum pacem et vitam ac membra eis obtinere studeant. Tamen legitime compantant, quod inique fecerunt.

156. *Iterum de pace ecclesiarum.* Praecipimus, ut in ecclesiis aut in domibus ecclesiarum vel in atriis placita secularia minime fiant.

157. *Ut antiquae ecclesiae honorem suum habeant.* Ecclesiae antiquitus constitutae nec decimis nec aliis possessionibus priventur, ita ut novis oratoriis tribuantur.

158. *De beneficiis ecclesiasticis.* Quicunque beneficium ecclesiasticum habent, ad tecta ecclesiae restauranda vel ipsas ecclesias emendandas omnino adiuvent, et [5] nonam et decimam reddant.

159. *Ne presbiter missam solus cantet.* Nullus presbiter, ut nobis videtur, solus missam cantare recte valet. Quomodo enim dicet: Dominus vobiscum, vel sursum corda ammonebit habere, et alia multa his similia, cum alius nemo cum eo sit?

160. *De oblatione et pace in aecclesia facienda.* Oblationem quoque et pacem in ecclesia facere iugiter ammoneatur populus christianorum; quia ipsa oblatio sibi et suis magnum est remedium animarum, et in ipsa pace vera unanimitas et concordia demonstratur [6].

161. *De symbolo et oratione dominica.* Symbolum, quod est signaculum fidei, et orationem dominicam discere semper ammoneant sacerdotes populum christianum. Volumusque ut disciplinam condignam habeant qui haec discere neglegunt, sive in ieiunio, sive in alia castigatione. Propterea dignum est, ut filios suos donent ad scolam, sive ad monasteria, sive foras presbiteris, ut fidem catholicam recte ediscant et orationem dominicam, ut domi alios docere valeant. Qui vero aliter non potuerit, vel in sua lingua hoc discat.

162. *Ut malum ebrietatis omnino vitetur.* Magnum malum ebrietatis, unde omnia vitia pullulant, modis omnibus cavere praecipimus. Qui autem hoc vitare noluerit, excommunicandum eum esse decrevimus usque ad emendationem congruam.

163. *De spiritalibus filiolis.* Praecipimus, ut unusquisque compater vel proximi spiritales filios suos catholice instruant.

164. *Ut canticum luxuriosum circa ecclesias deseratur.* Canticum turpe atque luxuriosum circa ecclesias agere omnino contradicimus, quod et ubique vitandum est.

165. *De incestuosis.* Ut episcopi incestuosos puriter [7] investigare studeant, omnino praecipimus. Et si penitere noluerint, de ecclesia expellantur donec ad poenitentiam revertantur.

166. *Ne in quarta vel quinta aut sexta generatione coniugium copuletur.* Contradicimus quoque, ut in quarta vel quinta sextaque [8] generatione nullus amplius coniugio copuletur. Ubi autem post interdictum factum inventum fuerit, separetur.

167. *Ne proprius filius de baptismo suscipiatur vel ad confirmationem teneatur.* Nullus igitur proprium filium vel filiam de fonte baptismatis suscipiat, nec filiolam nec commatrem ducat uxorem, nec illam cuius filium vel filiam ad confirmationem tenuerit. Ubi autem factum fuerit, separentur.

168. *De damnatis nuptiis.* Si quis viduam uxorem duxerit, et postea cum filiastra sua fornicatus fuerit, seu duabus sororibus nupserit, aut si qua duobus fratribus nupserit, seu cum patre et filio, tales copulationes anathematizari, nec umquam amplius coniugio copulari, sed sub magna districtione fieri [9].

169. *De cura et praedicatione sacerdotum* [10] *erga populum sibi commissum, et ut facinorosos extra ecclesiam eiciant.* Ut sacerdotes populi sibi commissi curam habeant et instanter de eorum animarum salute praedicent, et ut facinorosos secundum euangelicam institutionem arguant.

170. *Ut presbiteri omnes suos subiectos orationem dominicam et symbolum doceant.* Quod presbitero praevidendum sit, ut omnes qui christiano nomine censentur, orationem dominicam et symbolum memoriter teneant et intellegant.

171. *Quibus temporibus baptizandum sit.* Ut baptismum non fiat nisi statutis temporibus, id est, pascha et pentecosten, nisi infirmitas intercesserit. Et ut aliubi non baptizetur, nisi in vicis publicis, nisi, sicut iam dictum est, ob infirmitatis causam.

172. *Quod nullum pretium pro baptismo accipi debeat.* Ut nemo presbiterorum pro baptismo pretium accipere praesumat. Quod si fecerit, sciat se canonica regula esse damnandum.

173. *De decimis, ut fideliter a fidelibus dentur et canonice a presbiteris dividantur.* Ut decimae fideliter sanctae ecclesiae reddantur et presbiteri secundum canonicam regulam fideliter eas dividant.

174. *De presbiteris, ut seculares non exerceant curas*

VARIANTES LECTIONES.

[1] cuiquam a p. *Bal.* [2] tradatur *Bal.* [3] dare *G. et infra.* [4] sequentia a Benedicto cf. epla. synodica Turon. II. a. 567. [5] et n. et d. r. desunt 813, 24. vel annonam *G.* [6] demonstretur *G.* [7] puniter *Camb.* [8] v. q. s. desunt in conc. *Mog.* [9] feriri *Trec. Camb.* [10] sacerdotis *G.*

neque iudices villarum fiant. Ut presbiteri curas seculares nullatenus exerceant, id est ut neque iudices neque maiores villarum ,¹ fiant.

175. Ut in titulis quibus presbiteri consecrantur, ante suam promotionem, stabilitatem promittant. Ut presbiteri, qui in titulis consecrantur, secundum canones, antequam ordinentur, promissionem stabilitatis loci illius faciant.

176. Ne feminae cum presbiteris habitent. Ut presbiteri, secum feminas licentiam non habeant habitandi, et ut suspiciones effugiant.

177. De presbiteris vel clericis fugitivis. De fugitivis presbiteris vel clericis canonica auctoritas observetur; id est ut nemo nostrum clericum alterius parrochiae ordinet, neque or[di]natum suscipiat sine permissione sui episcopi². Et hoc considerandum est, quid de talibus faciendum sit.

178. Ut in domibus non consecratis nequaquam missa celebretur. Sancitum est, ut nullus presbiterorum in domibus ab episcopis non cons[e]cratis oblationem offerre quoquo modo praesumat.

179. Ut presbiteri, diaconi vel subdiaconi nec arma portent, nec venationem exerceant. Et hoc cavendum est, ut presbiteri vel diaconi sive subdiaconi arma portare non praesumant, neque venationes aliquas exercere.

180. Quod non liceat mulieri sanctum velum acceptum dimittere. Qualicunque modo mulier permittente canonice viro suo aut eo defuncto velum sanctum in caput acceperit, aut sponte aut invita, in eo permaneat omnino nec dimittat.

181. Ut res pauperum vel minus potentum mala occasione non emantur. Propter provisiones pauperum, pro quibus curam habere debemus, placuit nobis, ut nec episcopi nec abbates nec comites nec vicarii nec iudices nullusque omnino sub mala occasione vel malo ingenio res pauperum vel minus potentum nec emere nec vi tollere audeat. Sed quisquis³ ex eis aliquid comparare voluerit, in publico placito coram idoneis testibus et cum ratione hoc faciat. Ubicunque autem aliter inventum fuerit factum, hoc omnino emendetur per iussionem nostram.

182. De potestate episcoporum pro rebus ecclesiasticis, ac de convenientia episcoporum cum laicis. Ut episcopi potestatem habeant res ecclesiasticas praevidere, regere et gubernare atque dispensare secundum canonicam auctoritatem. Volumus, ut laici in eorum ministerio obediant episcopis ad regendas ecclesias Dei,⁴ viduas et orphanos defensandos, et ut obedientes sint eis ad eorum christianitatem servandam. Et episcopi consentientes sint comitibus et iudicibus ad iustitias faciendas. Et nullatenus per aliquorum mendacium vel falsum testimonium neque periurium aut per praemium lex iusta in aliquo depravetur.

183. De eo, qui causam indicatam repetere praesumit. Si quis causam iudicatam repetere praesumpserit in mallo, ibique testibus convictus fuerit, aut quindecim solidos conponat, aut quindecim ictus ab scabinis, qui causam prius iudicaverunt, accipiat.

184. De colonis et fiscalinis. Ut nec colonus nec fiscalinus possint alicuius traditiones facere.

185. De vita canonicorum. In omnibus igitur, quantum humana permittit fragilitas decrevimus, ut canonici clerici canonice vivant, observantes divinae scripturae doctrinam et documenta sanctorum patrum, et nihil sine licentia episcopi sui vel magistri eorum inconposite agere praesumant. In unoquoque episcopatu ut simul manducent et dormiant, ubi his facultas id faciendi suppetit. Vel qui de rebus ecclesiasticis

stipendia accipiunt, in suo claustro man[e]ant et singulis diebus mane prima ad lectionem vel iant et audiant, quid eis imperetur. Ad mensam ve[r]o similiter lectionem audiant, et obedientiam secund[u]m canones magistris suis exhibeant.

186. De presbiteris occisis. Presbiteri in erfecti episcopo, ad cuius parrochiam pertinent, so[l]vantur secundum capitulare gloriosi Karoli genitori nostri, videlicet, ut medietatem wirgildi eius ep[is]copus utilitatibus ecclesiae, cui is praefuit, tribuat, et alteram medietatem in elymosina illius iuste disp[e]rtiat: quia nullus nobis eius heres proximior videtu[r], quam ille qui ipsum Domino sociavit.

187. De accusatione episcopi. Ut episc[o]pum nulli criminoso liceat accusare.

188. Quod non liceat monasteria Deo sacrata diversoria fieri secularia. Ut deinceps mona[s]teria, quae Deo sacrata esse noscuntur, diversoria s[e]cularia secundum canonicam institutionem, in qua [il]lum cavere hoc possumus, non fiant, sed religiosis [a]d Deum mentibus hominibusque sacratis tribuant[u]r.

189. De coniurationes vel conspirationes non fiant. Ut coniurationes vel conspirationes non [f]iant; quia haec facientes sacri canones graviter dam[n]ant.

190. De illis qui res ecclesiae tenent. Si quis ecclesiasticam rem tenet et admonitus iudici[s] m declinaverit, quoadusque ad discussionem venia[t], aut rem restituat ecclesiasticam, aut communione [p]rivetur.

191. De servo ecclesiae in furto compr[e]henso. Si servus ecclesiae in furto compraehensus [fu]erit, a iudice publico sicut et reliqui distringatur. Et si index publicus servum ecclesiae sine⁵ furto [n]on praesumentem sine audientia vicedomini aut [ar]chidiaconi aut detinere aut iniuriare praesumpserit, a[b e]o integre ab ecclesiae liminibus arceatur⁶.

192. De his, qui clericum iniuriaverint. Ex concilio Antissiodorensi. Quicunque iudex aut sec[u]laris presbitero aut diacono, aut cuilibet de clero aut de iunioribus, absque audientia episcopi vel a[r]chidiaconi vel archipresbiteri iniuriam inferre pra[e]sumpserit, anathema ab omnium christianorum co[n]sortio habeatur.

193. Ut homicidis vel caeteris reis, qui egibus mori debent, si ad ecclesiam confugerint, nulls eis victus detur⁷. Ut homicidis vel caeteris reis, [q]ui legibus mori debent, si ad ecclesiam confugerin[t]⁸, nullus eis victus detur.

194. De decimis per iussionem episcopi d[i]spensandis. Ut unusquisque suam decimam donet a[u]t ne per iussionem episcopi dispenset.

195. Qualiter de latronibus faciendum s[i]t. Ut latrones de infra⁹ emunitatem a iudice ipsi[us] emunitatis in comitis placito praesententur. Et qui [h]oc non fecerit, beneficium et honorem perdat. Si[mi]liter vassi nostri, si hoc non adimpleverint, benef[ic]ium et honorem perdant. Et qui beneficium non h[abe]nt, bannum solvant.

196. De periuriis. De eo, qui periuriu[m] fecerit, ut nullam redemptionem solvat, sed man[u]m perdat. Quod si accusator contendere voluerit eo periurio, stent ad crucem. Et si iurator vic[e]rit, legem suam accusator emendet. Hoc vero de mi[n]oribus causis observandum. De maioribus vero re[b]us aut de statu ingenuitatis secundum legem custo[di]ant.

197. De latronibus iuste peremptis, et d[e] hominibus iniuste punitis. De vindicta et iudicio iusto in latrones facto testimonia episcoporum absque pec[c]ato comitis esse dicuntur, ita tamen ut absque invidi[a] aut occasione mala hoc fiat, nihilque aliud ibi i[n]terponatur

VARIANTES LECTIONES.

¹ deest G. ² pontificis Bal. ³ si quis G. ⁴ sequentia omittit Metensis, haec pro iis exhibens: t Nicolaus papa ad locum ita ut secundum sacrorum canonum sanctionem in potestate episcopi res omn[e]s ecclesiae consistant, et ille secundum timorem Dei quibus voluerit, et quomodo voluerit illas dispenset. (t. in suprascripto libro ex canonica auctoritate assumptum istud ita invenitur capitulum: Si quis, (cf. cap. ... ⁵ publico servo e. super f. n. praesumente G. ⁶ arceantur G. ⁷ G. pro his habet: Ex capitulis d[o]mini Karoli regis anno regni eius XI actis. ⁸ non excusentur omisit. ⁹ emunitate G.

nisi verâ iustitia ad perficiendum. Ille vero, qui per odium vel malum ingenium et nisi propter iustitiam faciendam hominem punierit, honorem suum perdat et legibus contra quem iniuste fecit, secundum poenam quam intulerit, emendet.

198. *De nonis* [1] *et decimis vel censu ecclesiarum.* De rebus vero ecclesiarum, unde nunc census exeunt, decima et nona cum ipso censu solvantur. Et unde antea non exierunt [2], similiter nonae et decimae dentur. De casatis vero quinquaginta [3] solidus unus, de triginta dimidius solidus, de viginti transmissus unus. Et ut precariae modo renoventur [4]. Et ubi non sunt scriptae, fiat descriptio inter conventores de verbo nostro.

199. *De tributariis aecclesiarum.* De cerariis et tabulariis ac cartellariis ita fiat, sicut a longo tempore decretum est.

200. *Ut sacramentum pro ghildonia non fiat.* De sacramentis pro gildonia invicem coniurantibus, ut nemo praesumat facere. Alio vero modo de clymosinis illorum aut de incendiis aut de naufragiis, quamvis conlibentiam faciant, nemo in hoc iurare praesumat.

201. *Ut iterantibus nullus impedimentum faciat.* De iterantibus qui ad palatium aut aliubi pergunt, ut eos per collectam [5] nemo sit ausus adsallire. Et nemo herbam defensionis tempore [6] praesumat tollere, nisi in hostem pergat aut missus noster sit.

202. *De teloneis forbannitis.* De teloneis, qualiter antea forbanniti fuerint, observetur, ut nullus tollat, nisi quod ab antiquo statutum fuerat [7].

203. *Ut mancipia non sine testibus vendantur.* De mancipiis, ut non vendantur nisi aut in praesentia episcopi vel comitis, aut praesentia archidiaconi aut centenarii aut vicedomini aut iudicis comitis, aut ante bene nota testimonia. Et ut foras marcam nemo mancipia vendat; et qui fecerit, tantas vices bannum solvat, quanta mancipia vendidit. Et si non habet pretium, in wadium se ipsum tradat, comiti pro pretio, usque dum ipsum bannum solvat.

204. *Qualiter de comitibus vel de vassis dominicis iustitias non facientibus agendum sit.* Si comes in suo ministerio iustitias non fecerit, missis nostris de sua causa vel de suis exeniis [6] serviat, usque dum iustitiae ibi factae fuerint. Et si vassus noster iustitias non fecerit, tunc et comes et missus noster ad ipsius casam sedeant et de suo vivant, quousque iustitias faciant.

205. *De his, qui pretium pro faida recipere et iustitiam facere nolunt.* Si quis pro faida praecium recipere non vult et iustitiam exinde facere, in talem locum cum mittere volumus, ut maius damnum non crescat.

206. *De latronibus bis per membra et tertio per vitam puniendis.* De latronibus ita praecipimus observandum, ut pro prima culpa non moriatur, sed unum oculum perdat; de alia vero culpa nasus ipsius latronis truncetur; de tertia culpa, si se non emendaverit, morietur.

207. *Decretale precum quorundam episcoporum.* Capitulare qualiter institutum est in hoc episcoporum conventu; id est ut unusquisque episcopus tres missas et tria psalteria, unum pro domno rege et aliud pro exercitu Francorum, tertium pro praesenti tribulatione faciat. Presbiteri missas tres. Monachi et monachae [9] et canonici unusquisque psalteria tria. Et biduanas omnes faciant tam episcopi, quam monachi et monachae atque canonici atque corum infra casati [10] homines, vel qui potentes sunt. Et unusquisque episcopus, abbas et abbatissa, qui facere potest, libram donet de argento aut eam valente in elymosinam, mediocres vero dimidiam libram; minores

vero solidos quinque. Et episcopi, abbates et abbatissae pauperes famelicos quatuor pro ista strictitate nutrire debeant usque tempore messium. Et qui tantum non possunt, iuxta quod possibilitas est; aut tres vel duos aut unum. Comites fortiores libram de argento aut valente donent in elymosinam, mediocres vero mediam [11] libram; vassus dominicus de casatis ducentis [12] mediam libram, de casatis centum solidos quinque; de quadraginta unciam unam. Et faciant biduanas, et [13] eorum homines, atque eorum casati, vel qui hoc facere possunt. Et qui redimere ipsam triduanam voluerit, fortiores comites uncias tres, mediocres denarios triginta, minores solidum unum. Et de pauperibus famelicis sicut suprascriptum est ipsi faciant. Haec omnia, si Domino placuerit, pro domno rege et exercitu Francorum et praesenti tribulatione missa sancti Iohannis sint completa.

208. *Quod res aecclesiarum vota sint fidelium, pretia peccatorum et patrimonia pauperum; quibus non solum conlata conservanda, sed etiam alia augenda sunt.* Quia iuxta sanctorum patrum traditionem novimus res ecclesiae vota esse fidelium, pretia peccatorum et patrimonia pauperum, cui non solum habita conservare, verum etiam multa Deo opitulante conferre optamus; tamen ut ab ecclesiasticis de non dividendis rebus illius ecclesiae suspicionem dudum conceptam penitus amoveremus, statuimus, ut neque nostris, neque filiorum et Deo dispensante successorum nostrorum temporibus qui nostram vel progenitorum nostrorum voluntatem vel exemplum imitari voluerint, nullam penitus divisionem [14] aut iacturam patiantur.

209. *De collatis aecclesiae dividendis.* Statutum est, ut quicquid tempore imperii nostri a fidelibus ecclesiae sponte collatum fuerit, in ditioribus locis duas partes in usus pauperum, tertiam in stipendia cedere clericorum aut monachorum; in minoribus vero locis aeque inter clerum et pauperes fore dividendum, nisi forte a datoribus alicubi specialiter datae fuerint.

210. *De ordinatione servorum.* De servorum ordinatione, qui passim ad gradus ecclesiasticos indiscrete promovebantur, placuit omnibus cum sacris canonibus concordare debere. Id enim statutum est, ut nullus episcoporum deinceps eos ad sacros ordines promovere praesumat, nisi prius a dominis propriis libertatem consecuti fuerint. Et si quilibet servus dominum suum fugiens aut latitans aut adhibitis testibus munere conductis vel corruptis aut qualibet calliditate vel fraude ad gradus ecclesiasticos pervenerit, decretum est, ut deponatur et dominus eius eum recipiat. Si vero pater eius vel mater ab alia patria in aliam migrans in eadem provincia filium genuerit, et ipse filius ibidem educatus et ad gradus ecclesiasticos promotus fuerit, et, utrum servus sit ignoraverit, et postea veniens dominus illius legibus cum adquisierit, sancitum est ut si dominus eius illi [15] libertatem dare voluerit, in gradu suo permaneat. Si vero eum catena servitutis a castris dominicis extrahere voluerit, gradum amittat, quia iuxta sacros ordines vilis persona manens sacerdotii dignitate fungi non potest. De rebus vero illorum vel peculiare, qui a propriis dominis libertate donantur, ut ad gradus ecclesiasticos iure promoveantur, statutum est, ut in potestate dominorum consistat, utrum illis concedere an sibi vendicare velint. Caeterum si post ordinationem aliquid adquisierint, illud observetur, quod in canonibus de consecratis nihil habentibus constitutum est. De ecclesiarum vero servis communi sententia decretum est, ut archiepiscopi per singulas provincias constituti nostram auctoritatem habeant, suffraganei vero exemplar illius secum habeant. Et quandocunque de familia ecclesiae utilis [16] inventus

VARIANTES LECTIONES.

[1] annonis *G. const.* [2] exigerunt *G.* [3] deest *G.* [4] reliqua diversa a. 779, 13. [5] collectum *G.* [6] in t. *G.* [7] fuerit *Bal.* [8] deest in 779. [9] nonnachae *G.* [10] casti *G.* [11] dimidiam *Bal.* [12] deest *Bal.* [13] aliter in decretali. [14] faciant divisionem ut i. patiatur *G.* [15] d. illius l. *G.* [16] utilae *G.*

aliquis ordinandus est, in ambone ipsa auctoritas coram populo legatur, et coram sacerdotibus vel coram fidelibus laicis et ante cornu altaris, sicut in nostra auctoritate continetur, remota qualibet calliditate libertatem consequatur, et tunc demum ad gradus ecclesiasticos promoveatur. Similiter quoque de his agendum est, quos laici de familia ecclesiarum ad sacros ordines promovere voluerint. Sed et de his, quos praepositi canonicorum aut monachorum ordinandos expetiverint, eadem forma servanda est.

211. *De personis, a quibus non sunt res accipiendae.* Statutum est, ut nullus quilibet ecclesiasticus ab his personis res deinceps accipere praesumat, quorum liberi aut propinqui hac inconsulta oblatione possint rerum propriarum exheredari. Quod si aliquis deinceps hoc facere tentaverit, synodali sententia districte feriatur et res ad exheredatos redeant.

212. *Ut nullus presbiter aliqua cupiditate quemquam tonsurare suadeat* [1]. Statutum est, ut nullus in canonica aut regulari professione constitutus aliquem tonsurare, propter res adipiscendas deinceps persuadeat. Et qui hoc facere temptaverit, synodali vel imperiali sententia modis omnibus feriatur.

213. *De presbiteris constituendis.* Statutum est, ut sine auctoritate vel consensu episcoporum presbiteri in quibuslibet ecclesiis nec constituantur nec expellantur. Et si laici clericos probabilis vitae, et doctrinae episcopis consecrandos, suisque in ecclesiis constituendos, obtulerint, nulla qualibet occasione eos reiciant.

214. *De mansis uniuscuiusque aecclesiae.* Sancitum est, ut unicuique ecclesiae unus mansus integer absque aliquo servitio attribuatur. Et ut presbiteri in eis constituti non de decimis neque de oblationibus fidelium, non de domibus neque de atriis vel ortis iuxta ecclesiam positis neque de praescripto manso aliquod servitium praeter ecclesiasticum faciant. Et si aliquid amplius habuerint, inde senioribus suis debitum servitium impendant.

215. *De presbiteris uniuscuiusque ecclesiae.* Statutum est, postquam hoc impletum fuerit, ut unaquaeque ecclesia suum presbiterum habeat, ubi id fieri facultas providente episcopo permiserit.

216. *De sacris vasis ecclesiae ad pignus datis.* De sacris vasis ecclesiae, quae in pignus a nonnullis in quibusdam locis dari comperimus, inhibitum est, ne deinceps a quoquam fieri praesumatur, nisi solummodo necessitate redimendorum captivorum compellantur.

217. *De ecclesiis destructis, vel de nonis* [2] *et decimis.* De ecclesiis sane destructis, vel de nonis et decimis, sive de claustris canonicorum, qualiter constitui et ordinari nobis placuerit, aliis capitulis adnotavimus.

218. *De presbiteris, qui feminas in domibus habent.* Statutum est ab episcopis de presbiteris, qui feminas secum indiscrete habitare permittunt et propter hoc malae opinionis suspicione denotantur, ut si deinceps admoniti non se correxerint, velut contemptores sacrorum canonum canonica invectione feriantur.

219. *De presbiteris, qui pro chrismate in coena Domini veniebant.* De presbiteris, qui accipiendi chrismatis gratia ad civitates in coena Domini venire soliti erant sancitum est, ut de his, qui longe positi sunt, de octo vel decem unus ab episcopo eligatur, qui acceptum crisma sibi et sociis diligenter perferat. Hi vero, qui non longius a civitate, quam quatuor aut quinque millibus habitant, more solito ad accipiendum crisma perveniant. Discendi vero [3] gratia alio, non quadragesimali tempore, ad civitates vocentur.

220. *De praedicatione et confirmatione piscoporum.* Ne vero episcopi occasione praedicandi aut confirmandi oneri essent populis, a nobis dmoniti polliciti sunt, se deinceps hoc cavere velle e eo tempore suum ministerium, in quantum facult s datur, exequi, quo eorum profectio, quantum in llis est, his, quibus prodesse possunt et debent, no sit im portuna vel onerosa.

221. *De pueris tondendis et puellis vela dis.* Ne pueri sine voluntate parentum tonsure tur vel [4] puellae velentur, modis omnibus inhibitu est. Et qui hoc facere tentaverit, multam, quae in apitulis legis mundanae a nobis constituta contine r, persolvere cogatur.

222. *De feminis viros amittentibus.* De feminis, quae viros amittunt, placet, ne se sicut ac nus indiscrete velent, sed ut triginta dies post d scessum viri sui expectent et post tricesimum di [5] per consilium episcopi sui, vel si episcopus ab ens fuerit, consilio aliorum religiosorum sacerdot m suorumque parentum atque amicorum id quo eligere debent eligant. Et quia a sacro conventu r gati, ut hi, qui publicam gerunt poenitentiam, et feminae, quae viros amittunt, nostra auctoritate do ec deliberent quid agant tueantur : specialiter pr his capitula fieri et legis mundanae capitulis i serenda decrevimus.

223. *De raptis et de earum raptoribus.* De raptis et de raptoribus quamquam specialiter decrevissemus, quid pati debeant, qui hoc nefas deince s facere temptaverint, quid tamen de his sacri cano es praecipiant, hic inserendum necessarium duxin us; quatinus omnibus pateat, quantum malum si , et non solum humana, sed et divina auctoritate onstricti abhinc hoc malum caveatur.

224. *De puellis raptis necdum desponsatis.* De puellis raptis necdum desponsatis in concilio Calcedonensi, ubi 630 patres affuerunt, capitulo 3 , ita habetur : *Eos qui rapiunt puellas sub nomine imul habitandi, cooperantes et conhibentes raptorib decrevit sancta synodus, siquidem clerici sunt, decid nt gradu proprio ; si vero laici, anathematizentur.* Q ibus verbis aperte datur intellegi, qualiter huius m li auctores damnandi sunt, quando participes et co hibentes tanto anathemate feriuntur, et quia iuxta c nonicam auctoritatem ad coniugia legitima raptas sibi iure vindicare nullatenus possint.

225. *De desponsatis puellis et ab aliis r ptis.* De desponsatis puellis et ab aliis raptis ita i concilio Ancyrano capitulo decimo legitur : *Despons tas puellas et postea ab aliis raptas placuit erui et is reddi, quibus ante fuerant desponsatae, etiamsi is a raptoribus vis* [6] *illata constiterit.* Proinde sta utum est a sacro conventu, ut raptor publica poenit tia multetur ; raptae vero, si sponsus eam recip e noluerit et ipsa eiusdem criminis consentiens no fuit, licentia nubendi alii non negetur. Quod i et illa consensit, simili sententiae subiaceat. Quo si post haec iungere praesumpserint, utrique an thematizentur.

226. *De his, qui virginibus Deo dicatis s sociant.* De his, qui sacris virginibus se sociant, ita in decretis papae Gelasii capitulo vigesimo contine ur : *Virginibus sacris temere se quosdam sociare c gnovimus et post dicatum Deo propositum incesta fed ra sacrilegaque miscere ; quos protinus aequum es a sacra communione detrudi, et nisi publicam pro atamque egerint poenitentiam, omnino non recipi. Au his certe viaticum de seculo transeuntibus, si tamen poenituerint, non negetur. Si vero de copulatione acrarum virginum tam severe feriuntur, quanto se erius feriendi sunt qui eas rapiunt ?* Ideo, sicut pr emissum

VARIANTES LECTIONES.

[1] studeat *G.*   [2] annonis *G. constanter.*   [3] ergo *Bal.*   [4] idem ne *G.*   [5] XXX dies *G.*   [6] r. suis i. iniuria c.

est, necesse est, ut ab omnibus in christiana religione consistentibus rigore auctoritatis divinae vel humanae hoc malum radicitus amputetur.

227. *De puellis, quo tempore velentur.* Ne vero puellae indiscrete velentur, placuit nobis etiam de sacris canonibus qualiter observandum sit hic inserere. De tempore velandarum puellarum in Africano concilio capitulo 16 continetur, ut non ante viginti quinque annos consecrentur. Item in eodem concilio capitulo 93 de virginibus velandis ita continetur: *Item placuit, ut quicunque episcoporum necessitate virginali cum et vel petitor potens vel raptor aliquis formidatur, vel si etiam aliquo mortis periculoso scrupulo conpuncta* [1] *fuerit, ne non velata moriatur, aut exigentibus parentibus aut his, ad quorum curam pertinet, velaverit virginem seu velavit ante viginti quinque annos aetatis, non ei obsit concilium, quod de isto annorum numero constitutum est.* Unde colligitur, quia iuxta priorem sanctionem virgines vicesimo quinto aetatis suae anno rite consecrandae sunt. Quod si praemissae necessitates ante id fieri compulerint, non ullum [2] possint episcopo afferre praeiudicium consecranti.

228. *De examinatione sanctae crucis non facienda.* Sancitum est, ut nullus deinceps quamlibet examinationem sanctae crucis facere praesumat, ne Christi passio neque glorificatio cuiuslibet temeritate contemptui habeatur.

229. *De pabulo verbi divini nuntiando.* Episcopus sive per se, sive per vicarios pabulum verbi divini sedule populis adnuntiet; quia, ut ait beatus Gregorius, iram contra se occulta iudicis excitat sacerdos, si sine praedicationis sonitu incedit. Et ut clerum sibi commissum in sobrietate et castitate nutriat divinisque officiis imbuat, qui rite ad sacrosancta ecclesiasticos ordines promoveri possint. Et ut operam dent, quatinus presbiteri missalem et lectionarium sive caeteros libellos sibi necessarios bene correctos habeant; et qualiter ecclesias destructas sibi pertinentes iuxta vires emendent, qualiter etiam viduas diligenter instruant, quomodo etiam secundum apostolicam auctoritatem conversari debeant, edoceant. Et ut superstitiones, quas quibusdam in locis in exsequiis mortuorum nonnulli faciunt, eradicent. Et ut exemplo suae innocentiae alios ad bene vivendum provocent; et cunctis ecclesiasticis negotiis, quantum Dominus iuverit, totis viribus consulere satagant, diligenter admonuimus. Et ut liberius exsequi valeant, nos in quantum Dominus posse dederit opem ferre modis omnibus optamus.

230. *De homicidiis in ecclesiis vel in atriis earum perpetratis.* Si quis aut ex levi causa aut sine causa hominem interfecerit in ecclesia, de vita conponat. Si vero foris rixati fuerint et unus alterum in ecclesiam fuget et ibi se defendendo eum interfecerit, si huius facti testes non habuerit, cum duodecim coniuratoribus legitimis iurare cogatur [3]; is vero qui interfectus est, absque conpositione iaceat; ac deinde interfector secundum iudicium canonicum congruam facinori quod admisit poenitentiam accipiat. Si proprius servus hoc admiserit, iudicio aquae ferventis examinetur, utrum hoc sponte an se defendendo fecisset. Et si manus eius exusta fuerit, interficiatur; si autem non fuerit, dominus eius iuxta quod wirgildus illius est, ad ecclesiam persolvat, aut eum, si voluerit, eidem ecclesiae tradat. De ecclesiastico et fiscalino et beneficiario servo volumus, ut pro una vice wirgildus eius pro eo conponatur; altera vice ipse servus ad supplicium tradatur. Hereditas tamen liberi hominis, qui propter tale facinus ad mortem fuerit iudicatus, ad legitimos heredes illius perveniat. Si in atrio ecclesiae, cuius est, necesse est, ut ab omnibus in christiana religione consistentibus rigore auctoritatis divinae vel humanae hoc malum radicitus amputetur. porta reliquiis sanctorum consecrata est, huiusmodi homicidium perpetratum fuerit, simili modo emendetur vel conponatur. Si vero porta ecclesiae non est consecrata, eo modo conponatur quod in atrio committitur, sicut conponi debet quod in emunitate violata committitur.

231. *De iniuriis sacerdotum in ecclesiis factis.* Sanguinis effusio in ecclesia facta cum fuste, si presbiter fuerit, triplo conponatur, duae partes eidem presbitero, tertia pro fredo ad ecclesiam, insuper et bannus noster. Similiter de diacono iuxta suam compositionem triplo persolvatur et insuper bannus noster. Similiter [4] et de ictu sine [5] sanguinis effusione, de unoquoque ordine clericorum secundum suam conpositionem triplo, et bannus noster. Et qui non habet, unde ad ecclesiam persolvat, tradat se in servitium eidem ecclesiae, usque dum totum debitum persolvat.

232. *De viduis et pupillis et pauperibus.* Viduae et pupilli ac pauperes quandocunque in mallum ante comitem venerint, primo eorum causa audiatur et definiatur. Et si testes per se ad causas suas quaerendas habere non potuerint vel legem nescierint, comes illos vel illas adiuvet dando eis talem hominem, qui rationem eorum teneat vel pro eis loquatur.

233. *De raptu viduarum.* Qui viduam intra primos triginta dies viduitatis suae vel invitam vel volentem sibi copulaverit, bannum nostrum, id est solidos sexaginta, in triplo conponat. Et si invitam eam duxit, legem suam ei conponat, illam vero ulterius non adtingat.

234. *De homine publicam poenitentiam agente interfecto.* Qui hominem publicam poenitentiam agentem interfecerit, bannum nostrum in triplo conponat, et wirgildum proximis suis persolvat.

235. *Ut omnis homo liber potestatem habeat, ubicunque voluerit res suas dare pro salute animae suae.* Si quis res suas pro salute animae suae vel ad aliquem venerabilem locum vel propinquo suo vel cuilibet alteri tradere voluerit, et eo tempore intra ipsum comitatum fuerit, in quo res illae positae sunt, legitimam traditionem facere studeat. Quod si eodem tempore, quo illas tradere vult, extra eundem comitatum fuerit, id est sive in exercitu, sive in palatio, sive in alio quolibet loco; adhibeat sibi vel de suis pagensibus vel de aliis, qui eadem lege vivunt qua ipse vivit, testes idoneos; vel si illos habere non potuerit, tunc de aliis quales ibi [6] meliores inveniri possunt; et coram ipsis rerum suarum traditionem faciat et fideiussores vestiturae donet ei, qui illam traditionem accipit, qui vestituram faciant. Et postquam haec traditio ita facta fuerit, heres illius numquam de praedictis rebus valeat facere repetitionem. Insuper et ipse per se fideiussorem faciat eiusdem vestiturae, ne heredi ulla occasio remaneat hanc traditionem immutandi, sed potius necessitas incumbat illam perficiendi. Et si nondum res suas cum coheredibus suis divisas habuit, non ei hoc sit impedimento; sed coheres eius si sponte noluerit, aut per comitem aut per missum eius distringatur, ut divisionem cum illo faciat, ad [7] quam defunctus hereditatem suam voluit pervenire. Et si cuilibet ecclesiae eam tradere rogavit, coheres eius eam legem cum illa ecclesia de praedicta hereditate habeat, quam cum alio [8] coherede suo habere debet. Et hoc observetur erga patrem et filium et nepotem usque ad annos legitimos. Postea ipsae res ad emunitatem ipsius ecclesiae redeant.

236. *De homicidiis prohibendis.* Quicunque hominem aut ex levi causa aut sine causa interfecerit, wirgildum eius his, ad quos ille pertinet, conponat.

VARIANTES LECTIONES.

[1] *conpunctus, duabus ultimis litteris per transversam lineam deletis et a superscripto; sed haec omnia statim cum conscripta essent, digito abstersa.* [2] *nullum* G. [3] *haec diversa in IV, 13.* [4] *aliter ac in IV, 14 legitur.* [5] *in* G. [6] *sibi m. invenire possit (corr. ex possunt)* G. [7] *aut q. d. ad h.* G. [8] *illo Bal.*

Ipse vero propter talem praesumptionem in exilium mittatur ad quantum tempus nobis placuerit. Res tamen suas non amittat.

237. *Quid in conpositionem wirgildi duri non debeat.* In conpositionem wirgildi volumus ut ea dentur, quae in lege continentur, excepto accipitre et spata; quia propter illa duo aliquoties periurium committitur, quando maioris pretii, quam illa sint, esse iurantur.

238. *De raptu alienarum sponsarum.* Si quis sponsam alienam rapuerit, aut patri eius aut ei qui legibus eius defensor esse debet, cum sua lege eam reddat. Et quicquid cum ea tulerit, scmotim unamquamque rem secundum legem reddat. Et si hoc defensor eius perpetrari consensit, et ideo raptori[1] nihil quaerere voluerit, comes singula de unaquaque re fre'a nostra ab eo exactare faciat; sponso vero legem suam conponat et insuper bannum nostrum, id est sexaginta solides, solvat; vel in praesentiam nostram comes cum advenire faciat; et quanto tempore nobis placuerit in exilio maneat, et illam feminam ei habere non liceat.

239. *De falsis testibus convincendis.* Si quis cum altero de qualibet causa contentionem habuerit, et testes contra eum per iudicium producti fuerint, si falsos eos esse suspicatur, liceat ei alios testes, quos meliores potuerit, contra eos opponere, ut veracium testimonio falsorum testium perversitas superetur. Quod si ambae partes testium ita inter se dissenserint, ut nullatenus una pars alteri cedere[2] velit, eligantur duo ex ipsis, id est ex utraque parte unus, qui cum scutis et fustibus in campo decernent.[3]

240. *De concordia episcoporum et comitum.* Ut episcopi cum comitibus stent, et comites cum episcopis, ut[4] uterque pleniter suum ministerium peragere possit.

241. *De latronibus, homicidis, adulteris, incestuosis sub magna districtione coercendis.* Ut latrones seu homicidae vel adulteri sive incestuosi sub magna districtione et correctione sint correpti.[5]

242. *De invasione aliorum rerum.* De rebus propriis,[6] ut ante missos et comites et iudices nostros veniant, et ibi accipiant finitivam sententiam; et antea nullus praesumat alterius res proprindere,[7] sed magis suam causam quaerat ante iudices nostros, ut diximus, et ibi recipiant quod iustum est.

243. *Pro qua re in presentiam regis venire quis debeat.* Ut si aliquis voluerit dicere, quod iuste ei non iudicetur, tunc in presentiam nostram veniat. Aliter vero non praesumat in praesentiam nostram venire pro alterius iustitia dilatanda.

244. *Ne noviter conversi cito ad aliqua mittantur exercenda negotia.* De laicis noviter conversis, ne antequam suam legem pleniter vivendo discant, ad alia negotia mittantur.

245. *Quid de his agendum sit, qui gratia fugiendi debitum servitium seculum relinqvunt.* De his qui seculum relinquunt propter servitium impediendum, et tunc neutrum faciunt, ut unum e duobus eligant, aut pleniter secundum canonicam aut secundum regulae institutionem vivant, aut servitium dominicum faciant.

246. *Quid tempore[8] famis ac cuiuslibet tribulationis agendum sit.* De hoc si evenerit fames, clades aut inaequalitas aeris vel alia qualiscunque tribulatio, ut non expectetur edictum dominicum, sed statim deprecetur Dei misericordia; ut[9] in praesenti anno de famis inopia, ut suos quisque adiuvet prout potest, et nemo suam annonam nimis care vendat,

et ne foras imperium nostrum vendat r aliquod alimonium.

247. *Ut infra patriam arma non portentur.* Et qualiter discordantes ad pacem coganiur redire De armis infra patriam non portandis, id est, scutis et lanceis vel loricis.[10] Et si faciiosus quis sit, iscutiatur tunc quis e duobus contrarius sit, u p cati sint; constringantur ad pacem, etiamsi nolue int. Et si aliter pacificare nolunt, adducantur i nostram praesentiam. Et si quis post pacificatione alterum occiderit, componat illum et manum qua periuravit absque ulla redemptione[11] perdat, t insuper bannum dominicum solvat. Et[12] ut servi lnceas non portent. Qui inventus fuerit post bannum, asta frangatur in dorso eius.

248. *De armaturis et bruniis habendis.* De armatura in exercitu, sicut antea in alio capit lare mandavimus, ita servetur. Et insuper omni homo de duodecim mansis bruniam habeat. Qui ve bruniam habet, et eam secum non duxerit, omne eneficium cum brunia perdat.

249. *De his, qui iudicia[13] scabiniorum dquiescere nolunt.* De clamatoribus vel cansidicis, ul nec iudicium scabiniorum adquiescere nec b sp emare volunt, antiqua consuetudo serve ur, id st ut[14] in custodia recludantur, donec unum e duob s faciant. Et si ad palatium pro hac re proclamave nt et litteras detulerint, non quidem eis creedatur nec tunc tamen in carcerem mittantur, sed cum ustodia et cum ipsis litteris ad palatium nostrum r mittantur et ibi discutiantur sicut dignum est.

250. *Quod regi et senioribus tantum elitas per sacramentum promitti debeat. Et ut caetera sacramenta legaliter fiant.* De iuramento, ut nulli alteri per sacramentum fidelias promittatur ni i nobis et unicuique proprio seniori ad utilitatem no tram et sui senioris; excepto his sacramentis, quae i ste secundum legem alteri ab altero debentur. t infantes, qui aetatem non potuerunt propter juvenile n aetatem iurare, modo fidelitatem promittant.

251. *Ut si conspirationes factae fuer it, triplici rat one iudicentur.* Quicunque conspirati nes facere praecumpserint et sacramento quamcunq le conspirationem firmaverint, triplici ratione udicentur. Primo, ut ubicunque aliquod malum p opter hoc perpetratum fuerit, auctores facti int rficiantur; adiutores vero eorum singuli alter ab al ero flagellentur et nares sibi invicem praecidant : ubi vero nihil mali perpetratum est, similiter qu dem inter se flagellentur et capillos sibi invicem detundant. Si vero per dexteras aliqua conspiratio fi mata fuerit, si liberi sunt, aut iurent cum idones iuratoribus, quod hoc pro malo non fecissent; au si hoc facere non potuerint, secundum legem su m componant. Si vero servi sunt, flagellentur; ut de caetero in regno nostro nulla huiusmodi conspi atio neque per sacramentum neque sine sacramento fiat.

252. *Qualiter de testibus agendum sit qualesque ad testimonium adducantur.* De periuriis, ut caveantur; et non admittantur testes ad iuramen tum antequam discutiantur. Et si aliter discuti n n possunt, separentur ab invicem et singulariter i quirantur. Et non soli accusatori liceat testes elig re absente suo causatore. Et nemino nullus nisi ieiu us ad iuramentum vel ad testimonium admittatur. t ille, qui ad testimonium adducitur, si refutatur, e cat ille qui eum refutat et probet, quare illum reciper nolit. Et de ipso pago, non de altero, testes eligantur, n i forte longius extra comitatum causa sit inquirend. Et si quis convictus fuerit periurii, perdat manum à t redimat.

VARIANTES LECTIONES.

[1] raptor *G.* [2] credere *Bal.* [3] plurima hic omissa sunt a *Bened.* [4] et ut *G.* [5] hic ali ua desunt. [6] propresis 805, *Bai.* 6. [7] proprindere corr. propria inuadere *G.* [8] De t. f. aut *G.* [9] deest [10] v. l. desunt *Bal.* [11] a. u. r. deest in Cap. a. 805. et in 4. [12] cf. Cap. 805. [13] iudicis *Bal.* [14] aut. [15] praecidantur *G.*

253. *Quales personae ad causas discernendas* [1] *et terminandas eligi debeant.* De advocatis, vicedominis, vicariis, centenariis pravis, ut tollantur et tales eligantur, qui et sciant et velint iuste causam discernere et terminare. Et quisquis [2] pravus inventus fuerit, nobis pro certo puntietur.

254. *De teloneis, quae* [3] *de mercatis et navigiis vel aliis, aut quaecunque iniuste exiguntur, quid fieri debeat.* De teloneis placet nobis ita, ut antiqua et iusta telonea a negotiatoribus exigantur tam de pontibus, quam de navigiis seu mercatis. Nova vero sive iniusta, ubi vel funes tenduntur, vel cum navibus sub pontibus transitur, seu his similia, in quibus nullum adiutorium iterantibus praestatur, non exigantur. Similiter etiam nec de his, qui sine negotiandi causa substantiam suam de una domo sua ad aliam aut ad palatium aut in exercitum ducunt: Si quid vero fuerit, unde dubitetur, ad placitum [4] nostrum, quod cum missis nostris habituri sumus, interrogetur.

255. *De liis qui ex seculo ad monasteria converti volunt.* Liberi homines, qui ad servitium Dei se tradere volunt, prius hoc non faciant, quam a nobis licentiam postulent. Hoc ideo praecipimus, quia audivimus aliquos ex illis non tam causa devotionis quam exercitum sive aliam functionem regalem fugiendo; quosdam vero cupiditatis causa ab his, qui res illorum concupiscunt, circumventos audivimus; et hoc ideo fieri prohibemus.

256. *De hominibus pauperibus liberis, ut a potentioribus non opprimantur iniuste.* De oppressione pauperum hominum liberorum, ut non fiant a potentioribus per aliquod malum ingenium contra iustitiam oppressi, ita ut coacti res eorum vendant aut tradant. Ideo haec ut supra et hic de liberis hominibus diximus, ne forte parentes contra iustitiam fiant exheredati et regale obsequium minuatur [5] et ipsi heredes propter indigentiam mendici vel latrones seu malefactores efficiantur. Et ut saepius non fiant manniti ad placitum, nisi sicut in alio capitulari praecipimus.

257. *De ecclesiis sive sanctis noviter inventis.* De ecclesiis seu sanctis noviter sine auctoritate inventis nisi episcopo probante minime venerentur : salva etiam de hoc et de omnibus ecclesiis canonica auctoritate.

258. *Ut heribannus absque personarum acceptione fideliter ab omnibus exigatur.* De heribanno volumus, ut missi nostri hoc fideliter exigant absque ullius personae gratia, blanditia, seu terrore secundum iussionem nostram. Id est ut de homine habente libras sex in auro, in argento, bruniis, deramento, pannis integris, caballis, bubus, ovibus, vaccis vel alio peculio, ita ut uxores eorum vel infantes non fiant spoliati pro hac re de vestimentis eorum; accipiant legitimum haeribannum, id est libras tres. Qui vero non habuerit amplius in suprascripto pretio valente nisi libras tres, solidi triginta ab eo exigantur. Qui autem non habuerit amplius nisi duas libras, decem solidos solvat, Si vero nisi unam libram habuerit, solidos quinque, ita ut iterum se valeat praeparare ad Dei servitium et ad nostram utilitatem. Et missi nostri caveant et diligenter inquirant, ne par aliquod malum ingenium nostram subtrahant iustitiam alteri tradendo aut commendando.

259. *De hominibus vel feminis liberis, qui cum fiscalinis se iungunt.* Liberi homines, qui uxores de fiscis regalibus habent, et feminae, quae liberae sunt et homines fiscalinos regios aut habent aut accipiunt, vel de hereditate parentum vel de causa sua quaerenda nec de testimonio pro hac re abiciantur; sed talis etiam nobis in hac causa honor servetur,

A qualis et antecessoribus nostris regibus vel imperatoribus servatus esse cognoscitur.

260. *Ut oratio dominica et symbolum et lex seu capitula regum diligenter intellegantur.* Ubi laici symbolum et orationem dominicam pleniter ediscant. Comites quoque et centenarii et ceteri nobiles viri legem suam pleniter [6] discant, sicut in alio loco decretum est. Praecipimus autem missis nostris, ut ea quae a multis iam annis per capitularia nostra in toto regno nostro mandavimus, agere, discere, observare, vel in consuetudinem habere debeant, ut haec omnia nunc diligenter inquirant, et omnino ad servitium Dei et ad utilitatem nostram vel ad omnium christianorum hominum perfectum innovare studeant, et quantum Domino donante praevalent, ad perfectum usque perducant. Et nobis omnino annuntient, quis inde bonum certamen hoc adimplere habuisset, ut a Deo et a nobis gratiam habeat. Qui autem neglegens in de fuerit, ut talem disciplinam percipiat, qualem talis sit contemptor recipere

B dignus, ut caeteri metum habeant amplius.

261. *De occisione clericorum et sacerdotum atque monachorum.* Qui subdiaconum occiderit, trecentos solidos componat. Qui diaconum, quadringentos [7] solidos. Qui presbiterum, sexcentos [8]. Qui episcopum, nongentos [9]. Qui monachum, quadringentis culpabilis iudicetur.

262. *De damnis in immunitatibus factis.* Si quis in immunitate damnum aliquod fecerit, sexcentos [10] solidos componat.

263. *De furibus infra emunitatem retentis, quid agendum sit.* Si autem homo furtum aut homicidium fecerit, vel quolibet crimen foris committens infra immunitatem fugerit, mandet, comes vel episcopo vel abbati vel vicedomno, vel illi qui locum episcopi vel abbatis tenuerit, ut reddat ei reum. Si ille contradixerit et reddere noluerit, pro prima contradictione quindecim solidos componat: Si nec ad tertiam

C consentire voluerit, quicquid reus dampni fecerit, totum ille; qui eum infra emunitatem retinet nec reddere vult, solvere cogatur. Et ipse comes veniens [11] licentiam habeat ipsum hominem infra immunitatem quaerendi, ubicunque eum invenire potuerit. Si autem in prima inquisitione comiti responsum fuerit, quod reus infra immunitatem quidem fuisset, sed fuga lapsus fuerit, statim iuret quod ipse cum ad iustitiam cuiuslibet disfaciendam fugere non fecisset; et sit ei in hoc satisfactum. Si autem infranti ili ipsam immunitatem comiti collecta manu quislibet resistere tentaverit, comes hoc ad regem vel ad principem deferat; ut ibidem iudicetur. Et sicut ille, qui in immunitate damnum fecit, sexcentos solidos componere debet, ita qui comiti collecta manu resistere praesumit, sexcentis solidis culpabilis iudicetur.

254. *De locis ad claustra canonicorum facienda.* De locis dandis ad claustra canonicorum facienda, si de eiusdem ecclesiae rebus fuerit, nostra liberalitate

D concedatur ibi. Si de alterius vel ecclesiae, vel liberorum hominum, commutetur. Si autem de fisco nostro fuerit, nostra liberalitate concedatur.

265. *De emptione tempore messis causa cupiditatis et turpis lucri.* Quicumque tempore messis vel tempore vindemiae non necessitate, sed propter cupiditatem comparat [12] aliionam aut vinum, vel verbi gratia de duobus denariis comparat hodium unum, et reservat usque dum venundare possit contra denarios quatuor aut sex seu amplius, hoc turpe lucrum dicimus. Si vero hoc propter necessitatem comparat, ut sibi habeat et aliis tribuat, negotium dicimus.

266. *De stabilitate episcoporum vel clericorum.* Ne

VARIANTES LECTIONES.

[1] discutiendas *Bal.* [2] si comes ill. 11. [3] qui G. [4] palatium G. [5] minuetur G. [6] deest G. [7] DC *in loco corraso* G. [8] DCCCC *in loco raso* G. [9] c. de ulla componat *in loco raso* G. [10] DCCCC *in loco corraso* G. [11] veniat G. *ex correct.* [12] conparet G.

de uno loco ad alterum transeat episcopus sine decreto episcoporum, vel clericus sine iussione episcopi sui.

267. *De ecclesiis vel altaribus ambiguis.* Ut ecclesiae vel altaria, quae ambigua sunt de consecratione, consecrentur.

268. *De ebrietate.* Ut ab ebrietate primo omnium seniores semetipsos caveant, et eorum iunioribus exemplum bonum sobrietatis ostendant.

269. *De admonitione ad comites pro utilitate sanctae Dei ecclesiae.* Vobis comitibus dicimus vosque commonemus, quia ad vestrum ministerium maxime pertinet, ut reverentiam et honorem sanctae Dei ecclesiae exhibeatis, et cum episcopis vestris concorditer vivatis et eis adiutorium ad suum ministerium peragendum prebeatis, et ut vos ipsi in ministeriis vestris pacem et iustitiam faciatis, et quae nostra auctoritas publice fieri decernit, ut in vestris ministeriis studiose perficiatur.

270. *De admonitione ad laicos pro honore ecclesiastico conservando.* Omnes laicos monemus, ut honorem ecclesiasticum conservent et dignam venerationem episcopis et Dei sacerdotibus exhibeant et ad eorum praedicationem cum suis devote occurrant et ieiunia ab illis communiter indicta conservent et suos observare doceant et conpellant. Omnes summopere studeant, ut dies dominicus sicut decet honoretur et colatur. Et ut liberius fieri possit, mercata et placita a comitibus illo die prohibeantur, sicut saepe admonitum fuit.

271. *De admonitione ad episcopos vel comites pro concordia ad invicem et cum caeteris fidelibus.* Episcopi vel comites ad invicem et cum caeteris fidelibus concorditer vivant et ad sua ministeria peragenda vicissim sibi adiutorium ferant.

272. *De operibus in restaurationem ecclesiarum adimplendis.* De operibus in restaurationem ecclesiarum, sive in faciendo sive in redimendo, episcopalis potius sequatur voluntas. Nullatenus tamen remaneat, quin sicut a nobis saepe iussum est hoc [1] aut illud partibus ecclesiarum persolvatur. Et hoc omnibus notum sit, quia quicunque neglegenter exinde egerit et coram nobis exinde neglegens repertus fuerit, illud volumus omnino ut subeat, quod in nostro capitulari de hac re communi consultu fidelium nostrorum ordinavimus.

273. *De comitibus, ut ministris ecclesiae in suis ministeriis adiutores sint.* Comites ministris ecclesiae eorumque ministeriis, ut [2] hoc plenius et de nostris et de se et de suis hominibus obtinere possint, adiutores in omnibus fiant. Et quicunque prima et secunda vice de his a comite admonitus non se correxerit, volumus ut per eundem comitem eius neglegentia ad nostram notitiam perferatur, ut nostra auctoritate quod in nostro capitulari continetur subire cogatur.

274. *Ut de incestuosis et his, qui decimas non dant, ab episcopis et presbiteris, et de neglegenter viventibus, wadii non accipiantur.* Dictum est nobis, quod in quibusdam locis episcopi et comites ab incestuosis et ab his, qui decimas non dant, wadios accipiant, et a presbiteris quibusdam pro neglegentiis inter se pecuniam dividant : quod penitus abolendum decrevimus, ne forte avaritiae locus detur. Et constituimus, ut incestuosi iuxta canonicam sententiam poenitentia multentur. Qui vero decimas post crebras admonitiones et praedicationes sacerdotum dare neglexerint, excommunicentur. Iuramento vero eos constringi nolumus propter periculum periurii.

275. *De ecclesiis destructis.* De ecclesiis destructis, ut episcopi et missi inquisitionem faciant, utrum per neglegentiam aut inpossibilitatem destructae sint. Et ubi neglegentia inventa fuerit, episcopali auctoritate emendari [3] cogantur ab his, qui eas restaurar debuerunt. Si vero per inpossibilitatem contigit, ut ut pluriores sint quam necesse sit, aut maioris ma nitudinis quam ut ex rebus ad eas pertinentibus re taurari possint, episcopus modum inveniat, qualiter ongrue emendari et consistere possint.

276. *De his, qui nonas* [4] *et decimas dare eglexerunt.* De his, qui nonas et decimas iam per multos annos aut ex parte aut ex toto dare negl erunt, volumus ut per missos nostros constringa tur, ut secundum capitularem priorem solvant n nas et decimas cum sua lege et insuper bannum n strum. Et hoc eis denuntietur, quod quicumque h nc neglegentiam iteraverit, beneficium unde haec nona et decima persolvi debuit, amissurum se sciat. ta enim continetur in capitulari bonae memoriae enitoris nostri in libro primo, capitulo 57 : *Quicu que decimam abstrahit de ecclesia, ad quam per i stitiam dari debet, et eam praesumptiose vel propter munera aut amicitiam aut aliam quamlibet occasio* 1em *ad alteram ecclesiam dederit, a comite vel a miss nostro distringatur, ut eiusdem decimae quantitat m cum sua lege restituat.*

277. *De his, qui restaurationes ecclesiaru facere neglegunt.* Quicumque de rebus ecclesiaru , quas in beneficium habent, restaurationes earu facere neglexerint, iuxta auctoritatis nostrae capi ularem, in quo de operibus ac nonis et decimis con titutum est, sic de his adimpleatur, sicut in libro q arto capitulo 38 [5] continetur : *De opere et restaura ione ecclesiarum constitutum est, ut de frugibus* rrae *et animalium nutrimine et* [6] *cunctis censibus exce* tis *hostiliensibus persolvantur. De opere vel rest* uratione *ecclesiarum comes vel episcopus sive abba* na cum *misso nostro, quem ipsi sibi ad hoc elegerint,* onsideratiomem faciant, ut unusquisque eorum tan um inde *accipiat ad operandum et restaurandum,* uantum *ipse de rebus ecclesiarum habere cognoscitur Similiter et vassi nostri aut in commune tantum* o eris accipiant quantum rerum ecclesiasticarum ha ent, vel *unusquisque per se iuxta quantitatem, quam ip e tenet. Aut si inter eos convenerit, ut pro opere* aciendo *argentum donent, iuxta aestimationem operi in argento persolvant ; cum quo precio rector aecc esiae ad praedictam restaurationem operarios conduce e et materiam emere possit. Et qui nonas et deci as dare neglexerit, primum quidem illas cum sua e restitual, et insuper bannum nostrum persolva , ut ita castigatus caveat, ne sepius iterando benefici* i *amittat.*

278. *De his, qui agros dominicatos ideo n glegunt, ut nonas exinde non persolvant.* De his, i agros dominicatos propterea neglexerunt excolere ut nonas exinde non persolvant, et alienas terras d excolendum propter hoc accipiunt, volumus ut e tribus annis ipsam nonam cum sua lege persolva t. Et si quis contemptor aut comitum aut vassallo um nostrorum propter hoc extiterit, per fideius ores ad palatium venire conpellatur.

279. *Ut intellegatur, in quo facto inmuni as frangatur* [7]. Pervenit ad nos, quod quaedam cclesiae aut monasteria nostras [8] et praedecessoru nostrorum inmunitates habentia multa praeiudicia et infestationes a quibusdam patiantur, et nec per easdem inmunitates ullam defensionis tuitionem h ere valeant, propter hoc quod ab eisdem inm nitatum temeratoribus dicatur non plus inmunitatis nomine complecti, quam claustra monasterii ; caet ra quoque, quamvis ad easdem ecclesias vel m nasteria pertineant, extra inmunitatem esse. Propte hoc volumus atque decernimus, ut omnes intelleg nt, non solum claustra monasterii vel ecclesiae a ue ca-

VARIANTES LECTIONES.

[1] haec *G.* [2] et *G.* [3] emendare *Bal.* [4] annonas *G. ut semper cf. praefat.* [5] XXXVIII *G.* [6] et... ostilienibus *interpolavit Benedictus.* [7] *in margine huic cap. G. adscriptum :* Vtilis de immunitate. [8] nostr m *G.*

stitia ecclesiarum sub inmunitatis defensione consistere, verum etiam domus et villas et septa villarum et piscatoria manu facta et quicquid fossis aut sepibus vel etiam alio clausarum genere praecingitur, eodem inmunitatis nomine contineri. Et quicquid intra huiusmodi munimenta ad ius earundem ecclesiarum vel monasteriorum pertinentia a quolibet homine nocendi vel damnum inferendi causa spontanea voluntate committitur, in hoc facto inmunitas fracta iudicatur. Quod vero in agros et campos ac silvas, quae sine laborationibus [1] sunt et nullo modo munitione cinguntur, casu, sicut fieri solet, a quibuslibet hominibus aliquod damnum factum fuerit, quamvis idem ager aut campus vel silva aut ad ecclesiam vel monasterium praeceptum inmunitatis habentem pertineat, non tamen in hoc inmunitas fracta iudicanda est; et ideo non sexcentorum solidorum conpositione, sed secundum legem, quae in eodem loco tenetur, is multandus est qui scandalum vel damnum in tali loco fecisse convictus [2] fuerit.

280. *De iustitiis generalibus.* De iustitiis ecclesiarum Dei, viduarum, orphanorum et pupillorum praecipimus, ut in publicis iudiciis non despiciantur clamantes, sed primo diligenter audiantur.

281. *De animalibus vel aliis rebus, a quibus emantur.* Ut nullus conparet caballum, bovem et iumentum vel alia, nisi illum hominem cognoscat, qui eum vendit, aut de quo pago est, vel ubi manet, aut quis est eius senior.

282. *De eo, qui in testimonium assumitur, qualis esse debeat.* Optimus quisque in pago vel civitate in testimonium assumatur et cui is, contra quem testimoniare [3] debet, nullum crimen possit indicere.

283. *De heribannatoris coniecto.* Ut illi qui heribannum solvere debent, coniectum faciant ad heribannatorem.

284. *De colonis et fiscalinis.* Ut nec colonus nec fiscalinus aliquid traditiones facere audeat.

285. *De falsis testibus.* Falsi testes praecipimus ut non recipiantur.

286. *De hominibus ad mortem diiudicatis et postea eis vita concessa, si iustitias quaesierint.* Illi homines, qui propter eorum culpas ad mortem diiudicati fuerint et postea eis vita fuerit concessa, si ipsi iustitiam ab aliis requisierint, aut ab eis alii iustitiam quaerere voluerint, ita inter illos iudicium terminetur. Primo omnium de illis causis, pro quibus iudicatus fuerit ad mortem, nullam potest facere repetitionem, quia omnes res suae secundum iudicium Francorum in publico fuerunt revocatae. Et si aliquid inpostmodum, postquam ei vita concessa est, cum iustitia adquirere potuerit, in sua libertate teneat et defendat secundum legem. In testimonium non suscipiatur, nec inter scabinos ad legem iudicandam teneatur. Et si ad sacramentum aliquid iudicatum fuerit quod iurare debeat, si aliquis ipsum sacramentum falsum dicere voluerit, contendat.

287. *De homine, cui post iudicium vita concessa est, si iustitiam reddere noluerit.* Si alicui post iudicium scabinorum fuerit vita concessa, et inpostmodum aliqua mala perpetraverit et iustitiam reddere noluerit, dicendo quod mortuus sit et ideo iustitiam reddere non debeat, statutum est, ut superius iudicium sustineat, quod antea sustinere debuit. Et si aliquis adversus eum aliqua mala fecerit, secundum aequitatis ordinem licentiam habeat suam iustitiam requirendi de causis perpetratis, postquam ad mortem iudicatus est. De praeteritis maneat, sicut supra iudicatum fuit.

288. *De liberis hominibus, qui ad mallum venire cogendi sunt.* Ut nullus alius de liberis hominibus ad placitum vel ad mallum venire cogatur, exceptis scabinis vel vassis comitum, nisi qui causam suam adquirere debent aut respondere.

289. *De testibus ad testimonium dicendum qualiter adhibeantur.* Ut testes ad testimonium dicendum praemio non conducantur. Et ut nullus testimonium dicat aut sacramentum iuret, nisi ieiunus. Et ut testes, priusquam iurent, separatim discutiantur, quid dicere velint de illa re, unde testimonium reddere debent.

290. *De iustitia cuiuslibet a nullo quolibet dilatanda.* Ut nullus quilibet missus noster neque comes neque iudex aut scabinus cuinslibet iustitiam dilatare praesumat, si statim adimpleta potuerit esse secundum rectitudinem, neque praemia pro hoc a quolibet homine per aliquod ingenium malum praesumat accipere.

291. *De nimium blasphemis [4] latronibus.* De latronibus, qui magnam habent blasphemiam, quicumque aliquem ex his compraehenderit, nullum dampnum exinde patiatur.

292. *De testibus ad rem quamlibet discutiendam eligendis.* Ut quandocumque testes ad rem quamlibet discutiendam quaerendi atque elegendi sunt, a misso nostro et comite, in cuius ministerio de re qualicumque agendum est, tales eligantur, quales optimi in ipso pago inveniri possunt. Et non liceat litigatoribus per praemia falsos testes adducere, sicut actenus fieri solebat.

293. *De placito centenarii.* Ut nullus homo in placito centenarii neque ad mortem, neque ad libertatem suam amittendam, aut ad res reddendas vel mancipia iudicetur; sed ista aut in praesentia comitis vel missorum nostrorum iudicentur.

294. *De placitis a missis dominicis comitibus notum faciendis.* Ut unusquisque missorum nostrorum in placito suo notum faciat comitibus qui ad eius missaticum pertinent, ut in illis mensibus quibus ille legationem suam non facit, conveniant inter se, et communia placita faciant, tam ad latrones distringendos, quam ad caeteras iustitias faciendas.

295. *De uxoribus defunctorum, quam partem conlaborationis post obitum maritorum accipere debeant.* Volumus ut uxores defunctorum tertiam partem conlaborationis quam simul in beneficio conlaboraverunt, accipiant. Et de his rebus, quas is, qui illud beneficium habuit, aliunde adduxit vel comparavit vel ei ab amicis suis conlatae sunt, has volumus tam ad orphanos defunctorum, quam ad uxores eorum pervenire.

296. *De falsis testibus convincendis.* Si quis cum altero de qualibet causa contentionem habuerit et testes contra eum per iudicium producti fuerint, si ille falsos eos esse suspicatur, liceat ei alios testes, quos meliores potuerit, contra eos opponere, ut veracium testimonio falsorum testium perversitas superetur. Quod si ambae testium partes ita inter se dissenserint, ut nullatenus una pars alteri cedere velit, eligantur duo ex ipsis, id est ex utraque parte unus, qui cum scutis et fustibus in campo decertent, utra pars falsitatem aut veritatem suo testimonio sequatur. Et campioni qui victus fuerit, propter periurium, quod ante pugnam commisit, dextra manus amputetur; caeteri vero eiusdem partis testes, qui falsi apparuerint, manus suas redimant; cuius compositionis duae partes ei, contra quem testati sunt, dentur, tertia pro fredo solvatur. Et in seculari quidem causa huiuscemodi testium diversitas in campo conprobetur. In ecclesiasticis autem causis, ubi de una parte seculare, de altera vero ecclesiasticum negotium est, idem modus observetur. Ubi vero ex utraque parte ecclesiasticum fuerit, rectores earundem ecclesiarum si se familiariter pacificare velint, licentiam habeant. Si autem de huiuscemodi

VARIANTES LECTIONES.

[1] aborantibus *Bal.* [2] conuinctus *G.* [3] testimoniare *corr.* testimoniari *G.* [4] plasphemis *G const.*

pacificatione inter eos convenire non possit[1], advocati eorum in mallo publico ad praesentiam comitis veniant, et ibi legitimus terminus eorum contentionibus inponatur. Testes vero de qualibet causa non aliunde quaerantur, nisi de ipso comitatu, in quo res, unde causa agitur, positae sunt; quia non est credibile, ut vel de statu hominis vel de possessione cuiuslibet per alios melius rei veritas cognosci valeat, quam per illos, qui viciniores sunt. Si tamen contentio, quae inter eos exorta est, in confinio duorum comitatuum fuerit, liceat eis de vicina centena adiacentis comitatus ad causam suam testes habere.

297. *De terra tributaria.* Quicumque terram tributariam, unde tributum ad partem nostram exire solebat, vel ad ecclesiam vel cuilibet alteri tradiderit, is qui eam susceperit, tributum quod inde solvebatur omni modo ad partem nostram persolvat; nisi forte talem firmitatem de parte dominica habeat, per quam ipsum tributum sibi perdonatum possit ostendere.

298. *De terra censali.* Si quis terram censilem habuerit, quam antecessores sui vel ad aliquam ecclesiam vel ad villam nostram dederunt, nullatenus eam secundum legem tenere potest, nisi ille voluerit, ad cuius potestatem vel illa ecclesia vel illa villa pertinet; nisi forte filius aut nepos eius sit, qui eam tradiderit, aut ei eadem terra ad tenendum placita[2] sit. Sed in hac re considerandum est, utrum ille, qui hanc tenet, dives an pauper sit, et utrum aliud beneficium habeat vel etiam proprium. Et qui horum neutrum habet, erga hunc misericorditer agendum est, ne ex toto expoliatus in egestatem incidat; ut aut talem censum inde solvat, qualis ei fuerit constitutus, vel portionem aliquam inde in beneficium accipiat, unde se sustentare valeat.

299. *De observatione praeceptorum dominicorum.* De observatione praeceptorum nostrorum et inmunitatum, ut ita observentur praecipimus, sicut a nobis et ab antecessoribus nostris constitutum est.

300. *De eo, qui propriam dereliquit uxorem vel sine culpa interficit, et aliam ducit.* Quicunque propria uxore derelicta vel sine culpa interfecta aliam duxerit, armis depositis publicam agat poenitentiam. Et si contumax fuerit, comprehendatur a comite, et ferro vinculatur et in custodiam mittatur, donec res ad nostram notitiam deducatur.

301. *De liberis hominibus, qui proprium non habent, sed in terra dominica resident, ad testimonium non recipiendis.* De liberis hominibus, qui proprium non habent, sed in terra dominica resident, ut propter res alterius ad testimonium non recipiantur. Coniuratores tamen aliorum hominum ideo esse possunt, quia liberi sunt. Illi vero, qui et proprium habent et tamen in terra dominica resident, propterea non abiciantur, quia in terra dominica resident; sed propter hoc ad testimonium recipiantur, quia proprium habent.

302. *De presbiteris, diaconibus et reliquis ex clero.* Canones sancti Sylvestri et aliorum 284 episcoporum. Fecit hos gradus in gremio synodi, ut non presbiter adversus episcopum, non diaconus adversus presbiterum, non subdiaconus adversus diaconum; non acolitus adversus subdiaconum, non exorcista adversus acolitum, nec lector adversus exorcistam, non ostiarius adversus lectorem det accusationem aliquam. Et non dampnabitur praesul sine septuaginta duobus testibus, neque praesul summus a quoquam iudicabitur, quoniam scriptum est: *Non est discipulus super magistrum.* Presbiter autem nisi in quadraginta quatuor testibus non damnabitur. Diaconus autem cardine constitutus in urbe Roma nisi in triginta sex non condemnabitur. Subdiaconus, acolitus, exorcista, lector, nisi, sicut scriptum est, in septem testimoniis filios habentes et uxores et omnino Christum praedicantes. Sic datur mystica veritas.

303. *Ex capitulis domni Karoli, qualiter ex fartis aut mansis vel quartis[3] manopera et censu ac tributa atque reliqua servitia exigantur.* Pro nimia clamatione, quae ad nos venit de hominibus ecclesiasticis seu fiscalinis, qui non erant adiurnati, quando in Cenomannico pago fuimus, visum est nobis una cum consultu fidelium nostrorum statuere, ut quicunque de praedictis hominibus quartam facti tenet, cum suis animalibus seniori suo pleniter unum diem cum suo aratro in campo dominico aret et postea ullum servitium ei annuale in ipsa hebdomada a seniore suo requiratur. Et qui tanta animalia non habet, ut in uno die hoc explere valeat, perficiat praedictum opus in duobus diebus. Et qui solummodo illa in valida, ut per se non possit[4] arare, quatuor animali habet, cum eis, sociatis sibi aliis, aret uno die in campo senioris, et unum diem postmodum in ipsa hebdomada opera manuum faciat. Et qui nihil ex illis facere potest neque animalia habet, per tres ies seniori suo manibus[5] a mane usque ad vesperam operetur, et senior suus ab eo[6] amplius non requirat: diversis namque modis haec agebantur. A quibusdam tota hebdomada operabatur, a quibusdam dimidia, et a quibusdam duo dies. Idcirco haec statuimus, ut se familia se a praedictis operibus subtrahere possit, neque a senioribus amplius ab eis requiratur. Et qui minus quartae optimae e terra habet, secundum aestimationem suae telluri opera faciat. Haec ab Adalardo comite palatii nostri ad eorum satisfactionem una cum aliis fideli ns nostris praecipi vice nostra et publice an untiari iussimus.

304. *Ut episcopi incestos emendent et corrigant.* Ut episcopi incestuosos homines emendent et magnam diligentiam habeant ex his. Seu et de viduis infra suam parrochiam potestatem habeant a corrigendum.

305. *Ut ea conserventur, quae in placitis et synodis Pippinus rex constituit.* Ea vero, quae bonae memoriae genitor noster in suis placitis et synodi constituit, conservare[7] praecipimus.

306. *De eo, qui a servo alieno aliquid comparaverit.* Si quis a servo alieno aliquid conparaverit nesciente domino suo, si dominus firmam voluerit esse emptionem, reddat pretium emptori, et emptio nihil habeat firmitatis. Si ipsum non habet simile reddat.

307. *Ut ecclesiarum negotia a iudice continuo audiantur.* Placuit, ut ecclesiarum negotia absque ulla dilatione continuo a iudice audiantur et pro cue incrementur.

308. *Ut iudex criminosum discuciens non ante sententiam proferat capitalem, quam aut reus ipse confiteatur, aut per innocentes testes convincatur.* Placuit, ut iudex criminosum discuciens non ante sententiam proferat capitalem, quam aut reus ipse confiteatur aut per innocentes et veraces testes manifestius convincatur. Et de maioribus nostra aut successorum nostrorum expectetur sententia.

309. *Ut qui socii criminis sunt, non admittantur testes.* Placuit ut testes non admittantur, ui sunt socii criminis, seu infames nec calumniatores vel caeteri, quos canon et lex prohibet.

310. *De nuptiis incestis prohibendis.* Nuptias prohibemus incestas, id est usque ad affinitatis lineam

---

VARIANTES LECTIONES.

[1] *possit Bal.* [2] *placitata Bal.* [3] *servitium agatur (rel. desunt) Bal.* [4] *teneret et sic per totu... caput coni. impf. Bal.* [5] *possent Bal.* [6] *deest: G.* ...*ei Bal* [7] *conservari Bal.*

vel quandiu inter se hereditare potuerint, non coniungantur, quia haec potius incestiva quam coniugia sunt iudicanda.

511. *Ut de absentibus non iudicetur.* Placuit, ut adversus absentes non iudicetur. Quod si factum fuerit, prolata sententia non valebit.

512. *Ut clementior severiori praeferatur sententia.* Placuit, ut inter pares sententias clementior semper severiori praeferatur.

513. *Ut qui de se confessus est, super alium non credatur.* Placuit, ut qui de se confessus est crimen, super alium non credatur.

514. *De testimonio unius hominis non accipiendo.* Ut testimonium unius hominis non accipiatur. Nam si ex utraque parte plures sint, veraciores atque religiosiores et honestiores elegantur, qui sacramento suo confirment testimonium nihilque se [1] falsi esse dicturos.

515. *Ut contra episcopos nullus graviter aut leviter agat* [2]. Praecipimus atque iubemus, ne forte, quod absit, aliquis circa episcopos leviter aut graviter agat: quod ad periculum totius imperii nostri pertinet. Et ut omnes cognoscant nomen, potestatem, vigorem et dignitatem sacerdotalem : quod ex verbis Domini facile intellegi potest, quibus beato Petro, cuius vicem episcopi gerunt, ait : *Quodcumque ligaveris super terram, erit ligatum et in celo ; et quodcumque solveris super terram, erit solutum et in celo.* Et alibi discipulis generaliter dicit : *Accipite Spiritum sanctum : Quorum remiseritis peccata, remittuntur eis, et quorum retinueritis, retenta sunt.* Illud etiam ad exemplum reducendum est quod in ecclesiastica historia Constantinus imperator episcopis ait : « Deus, inquit, constituit vos sacerdotes, et potestatem vobis dedit de nobis quoque iudicandi. Et ideo nos a vobis recte iudicamur, vos autem non potestis ab hominibus iudicari. Propter quod Dei solius inter vos expectate iudicium, ut vestra iurgia, quaecumque sint, ad illud divinum reserventur examen. Vos etenim nobis a Deo dati estis dii. Et conveniens non est, ut homo iudicet deos, sed ille solus de quo scriptum est : « Deus stetit in synagoga deorum, in medio Deus autem deos [3] discernit. » Sed et hoc illis ad memoriam reducendum est, qualiter beatus Prosper in libro, quem de contemplativa et actuali vita scripsit, laudem sacerdotum comprehenderit. « Ipsis enim, » inquit, id est sacerdotibus, «propria animarum curandarum sollicitudo commissa est ; qui pondus populi sibi commissi viriliter sustinentes pro peccatis hominum velut pro suis infatigabiliter » supplicant Deo ; ac velut quidam Aaron incensum contriti cordis et humiliati spiritus offerentes; quo placatur Deus, avertunt iram futurae animadversionis a populo; qui per Dei gratiam fiunt divinae voluntatis iudices, ecclesiarum Christi post apostolos fundatores, fidelis populi duces, veritatis assertores, pravae doctrinae hostes, omnibus bonis amabiles et mali sibi conscii etiam ipso visu terribiles, vindices oppressorum, patres in fide catholica regeneratorum, praedicatores, caelestium praemiorum, exempla bonorum, documenta virtutum et forma fidelium. Ipsi sunt decus ecclesiae, in quibus fulget ecclesia ; ipsi columnae firmissimae, quibus in Christo fundatis innititur omnis multitudo credentium; ipsi ianuae civitatis aeternae, per quos omnes qui credunt ingrediuntur ad Christum; ipsi ianitores, quibus claves datae sunt regni coelorum. Ipsi sicut dispensatores regiae domus, quorum arbitrio in aula regis aeterni, dividuntur gradus et officia singulorum. »

516. *Quod per Spiritum sanctum remissio fit peccatorum.* Sciendum est omnibus atque credendum,

A quod per Spiritum sanctum remissio peccatorum in haptismate conferatur, et quod fidelibus in ecclesia Christi eiusdem sancti Spiritus dono per ministerium sacerdotale et per poenitentiam et absolutionem manusque inpositionem remissio peccatorum indubitanter adtribuatur.

517. *De quatuor vitiis, quae fidem catholicam commaculant.* Placuit sciri omnibus, quatuor sunt vitia, quae nostram fidem inter caetera mala commaculant; quae quanto sunt occultiora, tanto perniciosiora; id est superbia, per quam angelus diabolus effectus de caelo est eiectus ; invidia, per quam idem diabolus hominem de paradiso eiecit; odium et discordia, quae caritatem inter proximos exstinguunt, et dilectionem evacuant, et omnia bona pervertunt et non sinunt proximos in mutua dilectione consistere, nec quietam tranquillamque ut decuerat christianos vitam ducere. Et reliqua.

B 518. *Quod universalis sancta Dei ecclesia unum corpus eiusque caput Christus sit.* Primum igitur, quod universalis sancta Dei ecclesia unum corpus manifeste esse credatur, eiusque caput Christus, apostolicis oraculis approbatur. Unde Paulus : *Vos autem estis*, inquit, *corpus Christi*; *et membra de membro.* Itemque : *Sicut enim in uno corpore multa membra habemus, omnia autem membra non eundem actum habet : ita multi unum corpus sumus in Christo.* Item : *Cuius caput est Christus, ex quo totum corpus per nexum et coniunctiones administratum [5] crescit in templum sanctum in Domino.* Sunt et alia huiusce rei innumera exempla, quae hic ob prolixitatem vitandam praetermittuntur. Quisquis ergo per aliqua illicita ex membro Christi se fecit membrum diaboli, poverit se in corpore Christi non esse, sed in corpore diaboli. Proinde necesse est, ut corpori Christi, a quo astutia diabolica separatus est, se incunctanter, dum tempus poenitentiae in promptu habetur, restituere non neglegat.

C 519. *Quod eiusdem ecclesiae corpus in duabus principaliter dividatur eximiis personis.* Principaliter itaque totius sanctae Dei ecclesiae corpus in duas eximias personas, in sacerdotalem videlicet et regalem, sicut a sanctis patribus traditum accepimus, divisum esse novimus. De qua re Gelasius, Romanae sedis venerabilis episcopus, ad Anastasium imperatorem ita scribit : « Duae sunt quippe, inquit, imperatrices augustae, quibus principaliter mundus hic regitur, auctoritas sacrata pontificum et regalis potestas; in quibus tanto gravius pondus est sacerdotum, quanto etiam pro ipsis regibus hominum in divino reddituri sunt examine rationem. » Fulgentius quoque, in libro de veritate praedestinationis et gratiae ita scribit : « Quantum pertinet, inquit, ad huius temporis vitam, in ecclesia nemo pontifice potior, et in seculo christiano imperatore nemo celsior invenitur. »

520. *Ut corepiscopi modum mensurae, qui in sacris canonibus praefixus est, non excedant.* Emersisse D reprehensibilem et valde inolitam usum comperimus, eo quod quidam corepiscopi ultra modum suum progredientes et donum sancti Spiritus per inpositionem manuum tradant, et alia quaeque, quae solis pontificibus debentur, contra fas peragant; praesertim cum nullum [6] ex septuaginta discipulis, quorum speciem in ecclesia gerunt, legatur donum sancti Spiritus per manus inpositionem tradidisse. Quod aute solis apostolis eorumque successoribus proprii sit officii tradere Spiritum sanctum, liber actuum apostolorum docet. In concilio vero Caesariensi ita de corepiscopis habetur scriptum : « Corepiscopi quoque ad exemplum quidem et formam septuaginta

---

VARIANTES LECTIONES.

[1] inter se G.   [2] *in margine G. adscriptum :* caput episcopis utilimum.   [3] d. diiudicat d. G.   [4] instigabiliter G.   [5] administratuum G. ex corr.   [6] nullus *Bal.*

videntur esse; ut [1] conministri autem propter studium, quod erga pauperes exhibent, honorentur. »

321. *De corepiscopis qui in vicis commorantur, in concilio Antioceno habetur ita.* Qui in vicis vel in possessionibus corepiscopi nominantur, quamvis manus inpositionem episcoporum perceperint et ut episcopi consecrati sint, tamen sanctae synodo placuit, ut modum proprium recognoscant et gubernent subiectas sibi ecclesias earumque moderamine curaque contenti sint.

322. *De honore et oboedientia episcoporum et reliquorum sacerdotum* [2]. Igitur quia constat religionem christianam per successores apostolorum salubriter administrari, populusque ad vitam aeternam ducatum exhiberi debere, primo necessarium iudicavimus omnibus praecipere, ut honorem debitum venerabiliter episcopis absque ulla simulatione aut detractione impendant, eisque in omnibus ut patribus oboediant, et quicquid pro salute animarum monuerint, prout melius potuerint adimplere satagant, sicut Dei et nostram gratiam habere voluerint. Nam Dominus ait : *Qui vos audit, me audit*; *et qui vos spernit, me spernit.* Et iterum : *Si te non audierit, dic ecclesiae. Et si ecclesiam non audierit, sit tibi sicut ethnicus et publicanus.* Et alibi : *Si quis scandalizaverit unum de pusillis istis,* id est, meis discipulis vel apostolis, quorum locum episcopi nunc in ecclesia tenent, *melius est illi, ut suspendatur mola asinaria in collo eius, et demergatur in profundum maris, quam scandalizet unum de istis minimis.* Haec omnia fidelibus admonenda et perpendenda sunt, ne in hoc, quod absit, incidant in [3] scandalum; sed magis eis oboediendo non filii perditionis, sed filii Dei efficiantur ; et non cum stultis poenam, sed cum iustis praemia percipiant sempiterna. Nam episcopos et sacerdotes quibus omnis terra caput inclinat, per quos et nostrum pollet imperium, admodum honorari et venerari omnes monemus, nec eos lacerari aut blasphemari vel detrahi a quoquam volumus; quia detractio sacerdotum ad Christum pertinet, cuius vice legatione funguntur in ecclesia. Nam si quis detrahit alium hominem, sicut homicida reputabitur : quid erit de illis, qui sacerdotes detrahunt, quoniam et ipsi semetipsos occidunt, et audientes interimunt? Dupla enim poena digni sunt, qui duplant scelera sua. Qui his sanctis monitis rebelles vel inoboedientes exstiterint, sciant se a liminibus sanctae ecclesiae fore alienos.

323. *De quatuor neglegentiis sacerdotum.* De presbiteris et eorum ecclesiis, unde multa negleguntur et scandala generantur, in nostra discussione quatuor pericula apparuerunt. Primo quia nonnulli ex nostris sacerdotibus quadam securitate accepta, nec ea quae ad cultum divinum pertinent faciunt, neque in restauratione et luminaribus ecclesiae studium habent, nec etiam senioribus suis debitam reverentiam exhibent, et insuper ecclesias suas expoliant et in praediola sua propria transferunt. Quae omnia ad neglegentiam episcoporum pertinere deprehendimus. Ob id vero quadam occasione accepta seniores eorum [4] in tantam audaciam prorumpunt, ut eos etiam illicite et inhoneste atque irreverenter tractare praesumant. Unde summopere omnibus nobis abhinc providendum iudicavimus, ut ea, quae a domno imperatore consensu episcoporum ob honorem et amorem Dei ecclesiis concessa sunt, non in avaritiam presbiterorum aut in rapacitatem episcopalium ministrorum cedant, sed in utilitatem ecclesiae et in usus clericorum et pauperum deveniant.

324. *De presbiteris, qui in domibus feminas habent.* Illud non minus periculosum esse didicimus, quod in quorundam episcoporum parrochiis quosdam presbiteros contra interdicta sanctorum canonum feminas in domibus suis non solum habitare, sed tiam ministrare faciunt; quas et laqueum sacerdo ibus persepe extitisse et multos occasione in scand lum et in detractionem corruisse cognovimus. Quae ransgressio et tempore genitoris nostri et nostro in onventibus episcoporum secundum auctoritatem nonicam prohibita, sed necdum ad correctionem [5] plene est perducta. Unde in commune censuimus, ut hi, qui tantae transgressionis incorrectores acten s extiterint, si abhinc huius rei correptores esse n glexerint, iuxta apostoli sententiam quasi consentie tes malorum coherceantur.

325. *De presbiteris, qui contra statut canonum villici fiunt.* Similiter de illis presbiteris, qui contra statuta canonum villici fiunt, tabern s ing ediuntur, turpia lucra sectantur, et diversis modis us iris inserviunt, et aliorum domos inhoneste et in udice frequentant, et comessationibus et ebrietat bus deservire non erubescunt, et per diversos mer tos indiscrete discurrunt, observandum iudicavimu , ut abhinc districte severiterque coherceantur; ne er eorum inlicitam et indecentem actionem et n inisterium sacerdotale vituperetur, et quibus debuer nt esse in exemplum, deveniant in scandalum.

326. *Quod sacerdotalis conversatio teste vitae probabiles habeat.* Pari ergo consensu nobis isum est, ut pontifices sanctorum praecedentium pat um exempla sequentes religiosos conversationis uae testes habeant, quatenus detrahere volentibus loc m minime praebeant. Ut ergo sacerdos discipulis sui de semetipso exemplum bonum debeat praebere apostolus scribens ad Titum docet dicens : *In om ibus te ipsum praebe exemplum bonorum operum, i i doctrina, in caritate, in castitate :* et reliqua. Beat is quoque Gregorius in decretis suis ita ait : « Vere undus mos inolevit, ut huius sedis pontificibus ad sec eta cubilis sui servitia laici pueri eis seculares obse antur; et cum pastoris vita esse discipulis semper debeat in exemplum, plerumque clerici qualis in ecreto sit vita sui pontificis nesciunt et, ut dictum est, seculares pueri sciunt. De qua re presenti dec eto constituo, ut quidam ex clericis vel etiam ex monachis electi ministerio cubilis pontificalis obse uantur; ut is, qui in loco est regiminis, habeat teste tales, qui eius in secreto conversationem videant e ex visione sedula exemplum profectus sumant. » aec igitur beatus Gregorius scripsit. Caeterum si [6] qui de hac re copiosiora exempla quaerere voluerint vitas beati Augustini et Ambrosii et caeterorum sanc orum virorum legant; et perspicue invenient, quod vita et conversatio pontificis semper testes vita probabiles habere debeat.

327. *Ut episcopi in rebus ecclesiae circ propinquos suos exponendis reprehensionem caveant t ut discretionis modum teneant.* Quoniam multi iscoporum amore propinquorum suorum de rebus si i commendatis suo aut quolibet amicorum nomin praedia et mancipia emunt, et ut in propinquorum suorum ius cedant statuunt, et ob hoc et iura eccle astica convelluntur et ministerium sacerdotale fus atur, immo a subditis detrahitur et contempnitur, p acuit omnibus, ut deinceps hoc avaritiae genus cave tur ; fixumque abhinc et perpetuo mansurum esse decrevimus, ut episcopus res sui iuris, quas aut ante piscopatum aut certe in episcopatu hereditaria succes ione adquisivit, secundum auctoritatem canonic quicquid vult inde [7] faciat, et cui vult conferat. P stquam autem episcopus factus est, quascumque s de facultatibus ecclesiae aut suo aut alterius non ine qualibet conditione conparaverit; decrevimus, ut non in propinquorum suorum, sed in ecclesiae cui raeest iura

VARIANTES LECTIONES.

[1] deest G.   [2] G in margine : Nota de honore sacerdotum.   [3] deest Bal.   [4] e. permoti Bal.   [5] correptionem G.   [6] deest Bal.   [7] deest Bal.

deveniant. Similiter et de presbiteris, qui de ecclesiarum rebus, quibus praesunt, praedia eo modo emunt, faciendum statuimus, quoniam multos presbiterorum occasione taliter emptarum rerum ecclesias, quibus praesunt, expoliasse et a suo ministerio multis modis exorbitasse et se diabolo mancipasse et hac occasione multos laicorum in scandalum dampnationis et perditionis proruisse conperimus.

528. *Quod nonnulli episcopi sibi subiectos canonicos monachos et sanctimoniales neglegant.* Didicimus sane, nonnullos episcopos in gubernandis congregationibus sibi subiectis, canonicis videlicet monachis et sanctimonialibus, hactenus valde neglegentes extitisse et ob id multos in sui detractionem et contemptum provocasse, ita ut nonnulli alii praelati in eorum parrochiis constituti, eorum prava exempla secuti suas similiter congregationes neglexerint: quos et fraterno et synodali conventu admonendos esse decrevimus necessario [1], ut ab hac neglegentia deinceps se cohibeant et caeteris se imitabiles praebeant; ne forte propter illorum incuriam et divinae servitutis contemptus et pericula proveniant animarum et auribus excellentiae nostrae molestia ingeratur et sacerdotali mediocritati in sacris conventibus tedium et opprobrium inferatur.

529. *De episcopis, abbatibus et sacerdotibus, qui propria loca relinquunt.* Conperimus, quosdam episcopos et abbates atque sacerdotes non causa necessitatis aut utilitatis, sed potius ayaritiae et propriae delectationis, saepissime propria civitatis suae sede vel monasterii, septa aut ecclesiae propriae derelicta cleroque neglecto remotiora loca frequentare. Pro qua re et destituto divini cultus et praedicatio in plebibus et cura subiectorum postponitur et hospitalitas neglegitur. Quod ne ulterius a quoquam sine inevitabili necessitate aut aliqua utilitate fiat, pari consensu inhibemus.

530. *De laicorum clericis.* De clericis laicorum, unde nonnulli eorum quaeri videntur, eo quod quidam episcopi ad eorum preces nolint in ecclesiis suis eos, cum utiles sint, ordinare, visum nobis fuit, ut in utrisque partibus pax et concordia servetur et cum caritate et ratione utiles et idonei eligantur. Et si laicus idoneum utilemque clericum opulerit, nulla qualibet occasione ab episcopo sine certa ratione repellatur. Et si reiciendus est, propter scandalum vitandum evidenti ratione manifestetur.

531. *De monachis et presbiteris sive clericis, qui passim palatium adeunt.* Placuit, ut monachi et presbiteri, necnon clerici, qui postposita canonica auctoritate passim palatium adeunt et nostris sacris auribus inportunissimam molestiam inferunt, ut non hoc facere praesumant; quoniam in huiuscemodi facto et vigor ecclesiasticus contemnitur et religio sacerdotalis et professio monastica vilior efficitur.

532. *Ut non sit sanguinis christianorum temeraria effusio.* Volumus atque praecipimus nostra auctoritate adnuntiari omnibus, immo et a sacerdotibus praedicari, ne tam temeraria christianorum sanguinis effusio in regno nostro [2] fieri sinatur, semper illud adtendentes, quod Dominus post diluvium dixit famulo suo Noë: *De manu hominis et de manu viri et fratris eius requiram animam eius. Quicumque effuderit humanum sanguinem, fundetur sanguis illius. Ad imaginem quippe Dei factus est homo.* Et in lege: *Qui occiderit hominem, morte moriatur.* Et apostolus: *Nam principes non sunt timori boni operis, sed mali. Vis autem non timere potestatem? Bonum fac, et habebis laudem ex illa; Dei enim minister est tibi in bono.*

A *Si autem malefeceris, time; non enim sine causa gladium portat. Dei enim minister est* [3], *vindex in iram ei qui malum agit.* De illo enim specialiter divina auctoritas dicit: *Gladium Dei portat ad vindictam malorum,* non de quolibet alio. E contrario vero nescimus, qua pernoxia inventione a nonnullis usurpatum est, ut hi, qui nullo ministerio publico fulciuntur, propter sua odia et diversissimas voluntates pessimas indebitum sibi usurpent in vindicandis proximis et in interficiendis hominibus vindictae ministerium; et quod rex saltem in uno exercere debuerat propter terrorem multorum, ipsi impudenter in multis perpetrare non metuunt propter odium, et putant sibi licere ob inimicitiarum vindictas, quod nolunt ut rex faciat propter Dei vindictam.

533. *De abbatibus canonicis et regularibus, vel abbatissis.* Abbatibus canonicis et regularibus et abbatissis, quae sanctimonialibus praeesse videntur, sive laicis, qui monasteria habent, omnino praecipi-
B mus, ut de ipsis magnam curam habeant, et caeteris bonum exemplum praebeant, et religiose, sicut decet, conversentur, et quod uniuscuiusque professioni inconveniens est et in sacris canonibus prohibetur, omnino caveant, et loca sibi a nobis propter aliquam necessitatem concessa deperire et destrui propter neglegentiam non dimittant; et congregationes sibi commissas sive spiritaliter sive temporaliter paterno affectu gubernare eisque necessaria stipendia administrare non neglegant, ne forte propter aliquam inopiam et divina officia neglegantur et ipsae congregationes inreligiosius vivere conpellantur. Et qui haec agere neglexerint, sciant se ea illis auferre et religiosioribus dare.

534. *Ut capellae absque iussu sive permissu proprii episcopi non fiant.* Placuit nobis, ut, sicut ab episcopis et reliquis sacerdotibus ac Dei servis admoniti fuimus, nec capellae in palatio nostro vel aliubi [4], sine permissu vel iussu episcopi, in cuius est parrochia fiant. Et ut omnes per dies dominicos vel festi-
C vitates praeclaras sacra eucharistia communicent, nisi quibus abstinere praeceptum est. Et ut observatio omnium dierum dominicorum a mane usque ad vesperam secundum canonicam auctoritatem ab omnibus fiat.

535. *Ut omnes, qui in fide catholica suspecti sunt, in testimonio humano dubii habeantur.* Omnes qui in fide Christi vel catholica suspecti sunt, in testimonio humano dubii habeantur. Infirmari ergo oportet eorum testimonium, qui in fide falsi docentur; nec eis esse credendum, qui veritatis fidem ignorant.

536. *Ut si quis ministros ecclesiae iniuriaverit, hoc tripliciter conponat.* Si quis ministros ecclesiae, id est subdiaconum, lectorem, exorcistam, acolithum, ostiarium iniuriaverit aut percusserit vel plagaverit, conponat hoc tripliciter, sicut solent conponere parentes eius. Diaconi vero, presbiteri atque episcopi iniuria in quadruplum conponatur. Reliquorum au-
D tem clericorum iniuria conponatur sicut parentum eorum. Monachorum quoque, qui secundum regulam in [5] monasterio vivunt, iniuria conponatur secundum genealogiam suam, ut reverentia sit Deo et ecclesiae et pax eis, qui illi deserviunt.

537. *Ut si quis contumax reverentiam ecclesiarum non habet, solidos 500 conponat.* Si quis homo contumax vel superbus timorem Dei vel reverentiam ecclesiarum non habuerit, et fugientem servum suum vel quem [6] persecutus fuerit de ecclesia vel de porticu eius per vim abstraxerit, et Deo honorem non dederit, conponat ad ipsam ecclesiam pro neglecto suo solidos quingentos, et pro fredo ad fiscum solidos ducentos. Ipse vero publica poenitentia iuxta iudicium episcopi multetur, ut sit honor Dei et reverentia

VARIANTES LECTIONES.

[1] necessarium duximus *Bal.* [2] caelorum *G.* [3] deest *G.* [4] a. absque illa nostra *Bal.* in *G.* haec verba expuncta sunt. [5] deest *G.* [6] quemlibet p. f. vel de *Bal.*

sanctorum, et ut ecclesia Dei semper invicta permaneat [1].

338. *Ut cuncta, quae circa ecclesias earumque ministros antiquitas sancta statuit, inviolata persistant.* Cuncta quae circa sanctarum loca ecclesiarum eiusque ministros vel olim ordinavit antiquitas, vel antecessorum nostrorum auctoritas religiosa constituit, vel nostra roboravit serenitas, illibata custodiri nunc et in futuro praecipimus.

339. *De praediis Deo dicatis.* Placuit, ne praedia caelestium secretorum dicata, Deo quae tradita sunt [2], a quibusdam aliqua occasione vexentur aut invadantur, sed sub immunitatis tuitione perpetua firmitate perdurent; similiter et homines earum et omnia, quae eis subiecta esse noscuntur. Si quis contra haec venerit, conponat sicut de emunitate constituimus, et poenitentia publica a sacerdotibus usque ad satisfactionem mulctetur.

340. *De eo, qui die dominico opera servilia fecerit.* Si quis die dominico opera servilia fecerit liber homo, si bovem iunxerit et cum carro ambulaverit, dextrum bovem perdat. Et si alia, quae canonica auctoritate prohibita sunt, servilia opera fecerit, sacerdotibus illa emendet, sicut de reliquis neglegentiis iudiciis emendari solet, et ab ipsis sacerdotibus poenitentiam iuxta modum culpae accipiat. Similiter et de praecipuis festivitatibus observari placuit. Quod si sacerdotes eos nequiverint corripere, tunc a iudicibus ad sacerdotes adducantur eisque oboedire in omnibus faciant.

341. *De his, qui infra regnum per vim aliquid rapuerint.* Si quis in exercitu infra regnum sine iussione dominica per vim hostilem aliquid praedari voluerit, aut foenum tollere aut granum sive pecora maiora vel minora, domosque infringere vel incendere, haec ne fiant omnino prohibemus. Quod si ab aliquo praesumptioso [3] factum fuerit, sexaginta solidis, si liber est, sit culpabilis et omnia similia restituat aut cum duodecim testibus se purget. Si vero servus hoc fecerit, capitali crimini subiaceat et dominus omnia similia restituat, quia servum suum non correxit nec custodivit, ut talia non perpetraret; quoniam si nos ipsos comedimus, cito deficiemus. Unusquisque tamen custodiat exercitum suum, ne aliqua depraedatio infra regnum fiat.

342. *De eo qui alienum servum ad furtum suaserit.* Si quis alienum servum ad furtum suaserit aut ad aliquid dampnosum in fraudem domini sui, ut posset accusare eum, et fraus ipsa fuerit detecta per investigationem iudicis, dominus nec servum perdat nec pro hoc aliquam faciat conpositionem; sed ille, cuius conclusione vel exortatione admissum est, tanquam fur dampnetur; et servus quod tulit reddat, et insuper centum viginti ictus accipiat.

343. *De fure nocturno tempore capto.* Fur nocturno tempore captus in furto, dum res furtivas secum portat, si fuerit occisus, nulla ex hoc homicidio querela nascatur.

344. *De eo, qui de fure nesciens aliquid conparaverit.* Si quis de fure nesciens aliquid conparaverit, quaerat accepto spatio venditorem. Quem si non potuerit invenire, probet se cum sacramento et testibus innocentem, et quod apud eum cognoscitur restituat, et furem quaerere non desistat. Quod si furem celare voluerit et periurans postea detectus fuerit, tanquam ille fur, ita iste in crimine dampnetur.

345. *De eo, qui occulte in nocte vel in die alterius animal occiderit.* Si quis occulte in nocte vel in die alterius caballum aut bovem aut aliquod animal occiderit et negaverit et postea exinde probatus fuerit, tanquam furtivum conponat.

346. *De eo, qui occiderit alienum animal, et non negaverit.* Si quis causa faciente occiderit alienum animal et non negaverit, simile dare non tardet et cadaver mortui accipiat.

347. *De eo, qui furtivam rem scienter emerit.* Si quis furtivam rem scienter emere praesumpserit et exinde probatus fuerit, similem rem reddat illi, cuius pecuniam [4] conparavit: salva videlicet eius iustitia in altero.

348. *De eo, qui de latrone furtivam rem scienter ad custodiendum acceperit.* Si quis de latrone furtivam rem scienter ad custodiendum acceperit quasi fur conponat.

349. *De sacramentis leviter non iurandis.* [5] Volumus ut sacramenta cito non fiant. Sed unusquisque iudex prius causam veraciter cognoscat, ut et in veritas latere non possit, nec facile ad sacramenta veniant.

350. *De eo, qui contra caput alterius falsa suggesserit.* Si quis contra caput alterius falsa suggesserit vel pro quacumque invidia aut iniusta accusatione aliquem commoverit, ipse poenam vel damnum, quod alteri intulerit, excipiat. Neminem damnes antequam inquiras veritatem; quia veritas est: *Omnia autem probate; quod bonum est tenete.*

351. *De eo, qui per invidiam vel dolum liberi vel servi domum incenderit.* Si quis per aliquam invidiam vel dolum in nocte vel in die ignem imposuerit et incenderit liberi vel servi domum, omnia dispendia restituat et quicquid ibi arserit conponat, et insuper sexaginta solidis sit culpabilis, et publica poenitentia secundum iudicium sacerdotum mulctetur; et quanti homines de ipso incendio evaserint, unicuique secundum legem conponat, et omnia quae ibi perdiderint restituat.

352. *Ut si quis servum iniuste accusaverit a tenum, domino simile mancipium pro hoc facto reddat.* Si quis servum iniuste accusaverit alienum, et in nocenter tormenta pertulerit, domino simile mancipium pro hoc facto reddat. Si vero innocens in tormento mortuus fuerit, duos servos eiusdem meriti in delatione domino restituat.

353. *De via publica.* Si quis viam publicam aut litostratum vel viam communem alicui clauserit contra legem, cum sua lege conponat, et clausuram quam ibi fecit tollat. Quod si negare voluerit, cum duodecim sacramentalibus iuret.

354. *De via convicinali.* Si quis viam convicinalem vel pastoralem clauserit, cum sua lege conponat et ipsam viam aperiat. Similiter et de semita faciendum est.

355. *De eo, qui fontem coinquinaverit.* Si quis fontem quacumque invidia coinquinaverit vel maculaverit, emendet eum primo, ut nulla sit coinquinationis in eo suspicio, et cum lege sua vicinis hoc emendet. Si autem plurimorum in vicinio puteus fuerat, conpositione inter se mulentur.

356. *De eo, cui aurum vel argentum aut ornamenta commendata fuerint.* Si cui aurum vel argentum aut ornamenta vel quaecumque species fuerint commendatae sive ad [6] custodiendum traditae sint si evendendae; et in domo ipsius cum rebus huius orsitan fuerint incendio crematae, una cum testibus qui commendata susceperat praebeat sacramentum, nihil exinde suis profuisse conpendiis, et nihil ogatur exsolvere; excepto aurum et argentum, quod ardere

VARIANTES LECTIONES.

[1] *hic addit Colb.* Homicidium laici si in ecclesia perpetratum fuerit, altare destruatur, donec proprii episcopi arbitrio restituatur. Sin autem presbiter illic aut ante altare peremptus fuerit, altare simul cum ecclesia destruatur, donec consensu apostolici reconcilietur. — [2] Deoque t. a. n. *Bal.* — [3] praesumptiosum *corr.* praesumptuosum *G.* — [4] cuius pecuniam *corr.* quam pecuniam *G.* — [5] iudicandis *superscr.* vel iurandis *G. deest G.*

non poterat. Si vero quae commendata fuerant furto A et in suam elymosinam illa tribuant; et insuper probantur ablata, ei, qui commendata perdiderat, sexaginta solidos fisco cogatur persolvere. Et si peregrinum viventem reliquerit, omnem iniuriam ei perquirat. Et si eum invenerit, commendatori res factam et quicquid illi tulit, dupliciter, ut praedictum proprias tantummodo reformare procuret; compositio vero furti ad eum, qui habuit commendata, pertineat. Quod si fur non fuerit intra statutum tempus derit, ut liberum hominem de ipsa provincia in inventus, medietas rerum commendatarum domino duplo conponat; et ipsa pecunia a memoratis sacerdotibus in sua detur elymosina, quoniam Dominus ait: *Peregrinum et advenam non contristabis.*
sustineant. Et si postmodum dominus apud eum, cui commendaverit, quaecumque fuerint suppressa repererit, sicut furtiva ab eo exigantur.

357. *Ut rem in contentione positam non liceat vendere.* Rem in contentione positam non liceat donare nec vendere.

358. *De eo, qui servum suum vendiderit.* Si quis servum suum vendiderit, forsitan eius nesciens facultates, habeat dominus eius potestatem, qui eum vendidit, requirendi res eius, ubicumque invenire potuerit.

359. *De eo, qui peculio suo fuerit redemptus.* Si quis servus de peculio suo fuerit redemptus et hoc dominus eius forte nescierit, de domini potestate non exeat, quia ³ non pretium, sed res servi sui, dum ignorat, accepit.

360. *De eo, qui causam alterius tulerit de loco suo.* Si quis causam ⁴ alterius tulerit de loco suo, ipsam illesam reddat aut similem. Si vero foras aliqua traxerit et absconderit atque negaverit interrogatus, quasi ⁵ furtivam conponat.

361. *De eo, qui alicuius mortuum repererit.* Si quis alicuius mortuum repererit, et eum humanitatis causa humaverit, ut neque a porcis inquinetur nec a bestiis seu canibus laceretur, seu liber sit seu servus, nullam ex hoc calumniam sustineat, sed magis a parentibus eius remunerationem condignam accipiat. Et si a parentibus mercedem noluerit recipere, recipiet ⁶ a Domino, qui praecepit mortuos sepelire.

362. *De venditionibus vili pretio detractis vel vitiosis.* Placuit in venditione hanc formam servari, ut seu res seu mancipia vel quodlibet genus animalium venundetur, nemo propter hoc venditionis firmitatem inrumpat, quod dicit se vili praetio vendidisse; sed postquam factum est negotium, non sit mutatum, nisi forte vitium sibi a venditore celatum invenerit. Si autem venditor dixerit vitium, stet emptio et non sit immutata. Si autem non dixerit, mutari potest in illa die et in alia sive in tertia die. Et si amplius de tribus noctibus illud habuerit, postea non potest mutare, nisi forte eum invenire infra tres dies non potuerit. Tunc quando invenerit, recipiat qui ⁷ vitium vendidit. Et si noluerit recipere, iuret cum suis sacramentalibus, quod vitium ibi nullum sciebat in illa die, quando negotium fecit; et stet factum.

363. *Ut qui arras dederit pro quacumque re, pretium reddere conpellatur.* Qui arras dederit pro quacumque re, pretium cogatur implere, quod placuit D emptori.

364. *Ut peregrinos transeuntes nemo inquietet.* Placuit, ne peregrinos transeuntes quisquam inquietare praesumat eisque nocere audeat, quia alii propter Deum, alii propter suas discurrunt necessitates. Quod si aliquis praesumptuosus fuerit, qui peregrino nocuerit vel eum assallierit aut despoliaverit, laeserit, plagaverit, ligaverit, vendiderit vel occiderit, ipsi peregrino singillatim dupliciter sicut de alio homine solet conponi, aut suo seniori vel socio cum sua lege conponat. Quod si mortuus fuerit et seniorem ibi vel socium non habuerit, tunc episcopus aut sacerdotes eiusdem pagi ipsam conpositionem in duplo, sicut de indigena, distringente iudice accipiant

365. *De eo, qui res alienas vendiderit.* Si quis vendiderit res alienas sine voluntate domini sui, aut servum, aut ancillam, aut quamcumque rem, ipsam legibus reddat, et similem aliam addat. Et si ipsum non potest invenire, duos consimiles et aequalis meriti reddat.

366. *De eo, qui alicuius quadrupedi unum oculum excusserit.* Si quis alicuius caballi vel bovis vel cuiuslibet de quadrupedibus ⁸ unum oculum excusserit, adpretietur illud pecus quod valet, et partem B tertiam conponat.

367. *De eo, qui iussu regis vel ducis aliquem occiderit.* Si quis iussione regis vel ducis illius, qui ipsam provinciam regit, hominem occiderit, non requiratur ei nec propterea faidosus sit; quia lex et iussio dominica occidit eum et ipse non potuit contradicere. Princeps vero et successores eius defendant eum et totam progeniem eius, ne ob hoc pereat aut malum patiatur. Quod si propterea ipse aut eius progenies aliquid mali passi fuerint aut occisi, dupliciter conponatur ⁹.

368. *De eo, qui scripturam protulerit, ut veritatem eius testibus probet.* Si quis scripturam profert, veritatem eius testibus probare debet, quia in omnibus causis constitutum est, ut scripturam prolator affirmet.

369. *Ut quicquid provincialibus fuerit relaxatum per beneficium principis, ab exactore non requiratur.* Quicquid provincialibus per beneficium principis tri- C butorum fuerit relaxatum, ab exactore non requiratur.

570. *Ut praesbiteri criminosi ad synodum venientes in medio collocentur.* Presbiteros criminosos canonice ad synodum venientes iubemus, iuxta decreta papae Innocentii capitulo 55, in medio collocari; discussisque obiectionibus, quae ipsis presbiteris inpinguntur, si convinci potuerint, a sacerdotali removeantur officio, quia qui sancti non sunt, sancta tractare non possunt, atque alieni efficiantur a ministerio, quod vivendo illicite polluerunt. Et si convinci non potuerint, secundum anterius capitulum consultu Leonis papae et multorum episcoporum statuimus cum aliis presbiteris et fidelibus iustisque hominibus satisfaciant episcopo suo et populo.

371. *Ut unusquisque presbiter missam cum sandaliis ¹⁰ celebret.* Unusquisque presbiter missam ordine Romano cum sandaliis celebret. Et hoc populo nuntietur, quod per omnes dies dominicos oblationes D Deo offerant et ut ipsa oblatio foris septa altaris recipiatur.

372. *Ut presbiter die dominico cum benedicta aqua procedat.* Ut omnis presbiter die dominico cum psallentio circumeat ecclesiam suam una cum populo et aquam benedictam secum ferat, et ut scrutinium more Romano tempore suo ordinate agatur.

575. *De locis monasteriorum vel aedificiis providendis.* Dignum ac necessarium est, ut missi per quaeque loca directi simul cum episcopis uniuscuiusque diocesis perspiciant loca monasteriorum, canonicorum, pariter et monachorum, similiter puellarum, si in apto, et congruo loco sint posita, ubi commodum necessarium possit adquiri, quod ad utilitatem pertinet monasterii, sicut in sancta regula

---

VARIANTES LECTIONES.

¹ qui *Bal.* ² inveniri *G.* ³ qui *B.* ⁴ navem *L. Baiuv.* causam expuncto u. *G.* ⁵ deest *G.* ⁶ recipiat *G.* ⁷ quia *Bal.* ⁸ caballi v. bovis v. c. quadrupedis *Bal.* ⁹ componantur *Bal.* ¹⁰ scandaliis *G.*

dicit : « Monasterium autem ita debet constitui, ut omnia necessaria infra monasterium exerceantur, ut non sit necessitas monachis vel clericis vagandi foras, quia omnino non expedit animabus eorum. »

574. *De hospitalitate et cura pauperum.* Ut de hospitalitate et cura pauperum memores sitis, et propter quod res ecclesiasticae a fidelibus oblatae et ab ecclesia receptae sint: Et eo modo illas distribuatis, ut ab illo, cui de his rationem reddituri estis, non damnationem, sed aeterni gaudii mercedem accipere mereamini.

575. *Ut adiutorium a rege inpendatur his, qui ministerium ecclesiasticum adimplent.* Volumus vos scire voluntatem nostram, quod nos parati sumus vos adiuvare, ubicumque necesse est, ut ministerium vestrum adimplere valeatis. Simulque vos admonemus, ut propter humilitatem nostram et oboedientiam, quam monitis vestris propter Dei timorem exhibemus, honorem nobis a Deo concessum conservetis, sicut antecessores vestri nostris antecessoribus fecerunt.

576. *Ut nullus episcopus vel abbas per praemia suis hominibus beneficia det vel auferat.* Admonemus etiam episcopos et abbates, ut per praemia beneficia hominibus suis nec auferant nec donent, quia multae reclamationes et quaerelae de hac causa ad nostras aures solent pervenire.

577. *Ut consiliarii regis munus non accipiant ob beneficium aliis impetrandum.* Ut nullus de consiliariis nostris propter beneficium cuilibet a nobis impetrandum munera accipiat, quia nos volumus illi beneficium dare, qui nobis bene servierit.

578. *Ut clericus, vel monachus, vel sanctimonialis, non accusetur ad iudicium civile.* Nemo audeat clericum aut monachum vel sanctimonialem feminam ad civile iudicium accusare, sed ad episcopum. Et ipse ex lege vel canonibus consentaneam et iustam sententiam proferat. Haec omnes episcopi custodiant, et omnes fideles sanctae Dei ecclesiae. Et nostri provinciarum praesides procurent quorumcunque clericorum vel monachorum et sanctimonialium lites dirimere. Si quis hanc constitutionem violaverit in magistratu positus, decem librarum auri poena multabitur; si exsecutor est, in catenis ecclesiarum recludatur poenas luiturus, et officium perdat.

579. *De monacho qui monasterium suum dimiserit.* Si monachus monasterium suum dimiserit, omnia bona ipsius, et quae in monasterium introduxit et quae non introduxit, dominio monasterii sint et ipse officio praesidis servire cogatur. Si vero monachus ad aliud monasterium migraverit, substantiam eius prius monasterium possideat, et in alio monasterio ipse non recipiatur.

580. *De servo in monasterio recepto.* Si aliquis incognitus in monasterium ingredi voluerit, ante triennium monachi habitus ei non prestetur. Et si intra tres annos aut servus vel libertus vel colonus quaeratur, domino suo reddatur cum omnibus quae attulit, fide tamen accepta de inpunitate. Si autem intra triennium requisitus non fuerit, postea quaeri non potest, sed tantum ea, quae in monasterium adduxit, dominus servi recipiat.

581. *De monachis laicis factis.* Si autem monachus laicus factus fuerit, honore et cingulo spolietur et res eius monasterio adiciantur. Quod si monasticam vitam reliquerit, praeses provinciae eum teneat et curiae suae connumeret.

582. *De ecclesia aedificanda.* Nemo aecclesiam aedificet, antequam civitatis episcopus veniat et ibidem crucem figat publice. Et ante praefiniat qui aedificare vult, quid ad luminaria et ad custodiam et stipendia custodum sufficiat; et facta donatione sic domum aedificet.

583. *De eo, qui in domo sua oratorium fecerit.* Qui in domo sua oratorium habuerit, orare ibi p test. Tamen non audeat in eo sacras facere missa sine permissu episcopi loci illius. Quod si fecerit, omus illius fisci iuribus [1] addicatur. Comes et miss eius qui hoc cognovit et non prohibuit, libra auri i ultabitur et ab episcopo loci illius canonicam su ipiat excommunicationem vel exclusionem.

584. *De electione abbatissae.* Abbatissa elig tur a cuncta congregatione non secundum ordine , sed quam melioris, opinionis esse constiterit et quam meliores elegerint. Et qui eam eligunt, roponant sanctis euangelis, dicentes quod non p opter amicitias vel gratiam humanam, sed scient eam fide rectam et vita castam et administratio e dignam ad omnemque statum monasterii util m. Et tunc confirmetur ab episcopo, cui monas erium subiectum est.

585. *De diaconissa vel Deo devota.* Si quis apuerit vel sollicitaverit vel corruperit religiosa feminam, bona amborum ecclesia vindicet; in q talis mulier habitavit; ipsi tamen capitali pericul subiciantur. Quod si haec mulier non consensi cum suis rebus monasterii cautioni [2] tradatur. vero liberos habet, pars legitima eis reservetur Quod si intra annum post [3] cognitum tale scelu a religiosis locis non vindicetur, comes loci illiu haec nostro fisco addicat. Si vero comes pro inciae vindictam tali crimini imponere neglexerit, onore careat, et duas libras auri fisci viribus da e conpellatur.

586. *De restituendo monasterio.* Nemini. regum aut cuiquam hominum in proprium liceat m nasterium tradere vel commutare vel quocumq commento vendere. Hoc etiam divina et apostolic atque canonica sub anathematis poena sanxit auc oritas. Quod si factum fuerit, non valebit, sed is, qui ccepit, pretium amittat; et qui distraxit, pretium q od accepit in ipso monasterio amittat et una cui pretio monasterium perdat, et ipsum monasterium pristinum reformetur statum.

587. *De litigatoribus.* In civitatibus, in quib s praesides praesunt, ipsi audiant causas seu et def isores. Qui autem episcopum vel sacerdotes aut lericos iudicare sibi maluerint, hoc quoque fieri no [4] permittimus.

588. *De scenicis.* Si quis ex scenicis ves m sacerdotalem aut monasticam vel mulieris eligiosae vel qualicunque ecclesiastico statu imilem indutus fuerit, corporali poenae subsistat t exilio tradatur.

589. *De praescriptione quadraginta annor m.* Ne decem [5] anni neque viceni vel triginta a orum praescriptio religiosis domibus opponatur, ed sola quadraginta annorum curricula ; et non s lum in ceteris rebus, sed etiam in legatis et h reditatibus.

590. *Ut nemo audeat episcopum aut sa rdotem vel clericum apud publicos iudices accusare.* S ncitum est, ut nullus episcopum aut sacerdotem vel lericum apud iudices publicos accusare praesumat, d apud episcopos.

591. *De absentibus non iudicandis.* Decret m est, ut adversus absentes non iudicetur. Quod s factum fuerit, prolata sententia non valebit.

592. *Ne ullus sacerdos iudicetur, nisi pr esentes sint ipsius accusatores, idemque legitimi.* sancta Romana et apostolica ecclesia olim statu m est

---

VARIANTES LECTIONES.

[1] uiribus G. [2] monasterii cautioni *a prima manu G.*; sed scriptor ipse monasterio cautiori *correxit*. [3] praeter corr. pproter G. [4] deest in Iuliano. [5] Nex corr. Ne sex G.

et a nobis synodali sententia confirmatum, ut nullus ex sacerdotali catalogo iudicetur aut dampnetur, nisi accusatus accusatores legitimos praesentes habeat locumque defendendi ad abluenda crimina accipiat.

393. *Ut vita accusantium primo discutiatur.* Item a praedicta sancta Romana et apostolica ecclesia sancitum est et ab omnibus synodali auctoritate decretum, ut semper primum persona, fides, vita, conversatio accusantium enucleatim perscrutetur, et postea quae obiciuntur; fideliter pertractentur; quia non aliter fieri quicquam debet, nisi prius inpetitorum vita discutiatur.

394. *De testibus requirendis in accusatione clericorum.* Placuit, ut si quis aliquem clericorum in accusatione fornicationis impetierit, secundum praeceptum Pauli apostoli legitima testimonia requirantur ab illo. Quod si non potuerit datis testimoniis adprobare quod dixit, excommunicationem accusati accusator accipiat.

395. *De culpabili persona non recipienda.* Si accusatoris persona in iudicio episcoporum culpabilis apparuerit, ad arguendum non admittatur nisi de propriis causis.

396. *De non iudicando quemquam ante examinatam causam.* Non est iustum iudicare aut condemnare virum, cuius causa ad liquidum non est examinata.

397. *De non iudicando maiore a minore.* Maior a minore non potest iudicari.

398. *De non iudicando quemquam absque legitimo accusatore.* Iudicis non est quemlibet iudicare vel condempnare absque legitimo accusatore : quoniam et Dominus Iudam furem esse sciebat; sed quia non est accusatus, ideo non est eiectus.

399. *De eo qui frequenter litigat, ut non suscipiatur absque examine.* Eius, qui frequenter litigat et ad accusandum est facilis, accusationem absque grandi examine nemo recipiat.

400. *De rimanda enucleatim causa in iudicio et saepe ventilanda.* Iudicantem oportet cuncta rimari et ordinem rerum plena inquisitione discutere, interrogandi ac proponendi adiciendique pacientia praebita ab eo, ut ibi actio partium limitata sit pleniter. Nec prius litigantibus sua velit sententia obviare, nisi quando ipsi peractis omnibus iam nihil amplius habuerint in quaestione, quod proponant. Et tamdiu actio ventiletur, quousque rei veritas perveniatur. Frequenter interrogari oportet, ne aliquid praetermissum forte remaneat, quod adnecti conveniat.

401. *De his, qui se putant per testes redemptos ad sacerdotum accusationem admitti, ut non admittantur, nisi omni suspicione caruerint.* Sunt quidam, qui contra ecclesiasticam regulam pugnare videntur et per testes redemptos putant se ad accusationem admitti debere. Hi omnino non admittantur, nisi actis publicis docuerint, omni se suspicione carere.

402. *Ut nullus contra religionem faciat.* Non liceat imperatori, vel cuiquam pietatem custodienti aliquid contra mandata divina praesumere.

403. *Quod laicis non sit de religione praesumendum.* Laicis quamvis religiosis nulli tamen de ecclesiasticis facultatibus vel de Deo dicatis hominibus aliquid disponendum attribuatur facultas.

404. *Ut liceat maiores iudices appellare, quotiens necessitas ingruerit.* Quandocumque a quibuslibet iudicibus ecclesiasticis ad alios iudices ecclesiasticos, ubi est maior auctoritas, fuerit provocatum, non eis denegetur, qui provocaverint.

405. *De iniusto iudicio, principis metu vel iussu terminato, cassando.* Iniustum iudicium et definitio iniusta, regio metu vel iussu a iudicibus ordinata, non valeat.

LIBER SECUNDUS.

INCIPIUNT NONNULLA CAPITULA LEGIS DIVINAE.

1. *De effusione sanguinis.* Quicumque effuderit humanum sanguinem, fundetur sanguis illius.

2. *Quod hi qui nomen Domini in vanum adsumpserint, graviter feriantur.* Non adsumes nomen domini Dei tui in vanum ; nec habebit insontem Dominus eum, qui adsumpserit nomen domini Dei sui frustra.

3. *De honorando patre vel matre.* Honora patrem tuum et matrem tuam, ut sis longevus super terram.

4. *Ut qui vendiderit filiam suam in famulam, non egrediatur sicut ancilla.* Si quis vendiderit filiam suam in famulam, non egredietur sicut ancillae exire consueverunt. Si placuerit domino suo, cui vendita est, admittat eam liberam ; et ad alium populum non licet ipsam vendere.

5. *Ut qui hominem percusserit morte moriatur.* Qui percusserit hominem volens occidere, morte moriatur.

6. *De eo, qui per industriam proximum voluerit occidere.* Si quis de industria occiderit proximum suum et per insidias, ab altari meo evelles eum, ut moriatur.

7. *De eo qui percusserit patrem aut matrem.* Qui percusserit patrem suum aut matrem, morte moriatur.

8. *Non maledicendum patri et matri.* Qui maledixerit patri suo et matri, morte moriatur.

9. *De eo, qui hominem furatus fuerit et vendiderit.* Qui furatus fuerit hominem et vendiderit eum, convictus noxae [2] morte moriatur.

10. *De his, qui rixati inter se fuerint et percusserit alter alterum.* Si rixati fuerint viri et percusserit alter proximum suum lapide vel pugno et ille mortuus non fuerit et iacuerit in lectulo ; si surrexerit et ambulaverit foris super baculum suum, innocens erit qui percusserit ; ita tamen, ut operas inpensas eius medicis [3] restituat.

11. *De eo, qui percusserit servum suum vel ancillam lapide vel virga et mortui fuerint.* Qui percusserit servum suum vel ancillam lapide vel virga et mortuus fuerit in manibus eius, reus erit. Si autem uno die supervixerit vel duobus, non subiacebit poenae, quia pecunia eius est.

12. *Ut si aliqui inter se fuerint rixati, et percusserit ex eis aliquis mulierem praegnantem.* Si rixati fuerint homines et percusserit quis mulierem praegnantem, et abortivum fecerit, si ipsa vixerit, subiacebit damno, quantum expetierit maritus mulieris et arbitres iudicarint.

13. *Quod si mulier mortua fuerit, reddet percussor animam pro anima.* Si autem mors eius fuerit subsecuta, reddet animam pro anima, oculum pro oculo, dentem pro dente, manum pro manu, pedem pro pede, adustionem pro adustione, vulnus pro vulnere, livorem pro livore.

VARIANTES LECTIONES.

[1] *deest G.* — [2] e. et commonitus fuerit, m. *G.* — [3] o. et i. e. in medicos *Bal.*

14. *Ut quicumque servo vel ancillae oculum eruerit,* liberos eos dimittat. Si percusserit quispiam oculum servi sui aut ancillae et luscos eos fecerit, dimittat eos liberos pro oculo, quem eruit. Dentem vero si excusserit servo vel ancillae suae, simili sententiae subiacebit.

15. *De bove cornipeta quae virum vulneraverit vel mulierem, et domino illius.* Si bos cornipeta virum aut mulierem occiderit, lapidibus obruatur et non comedetur. Dominus, cuius bos est, innocens erit. Quod si bos cornipeta fuerit ab heri et nudius tertius et contestati sunt domino [1] illius, nec recluserit eum occideritque virum aut mulierem, et bos lapidibus bruatur et dominus illius occidant. Quod si pretium ei fuerit impositum, dabit pro anima sua, quicquid fuerit postulatus.

16. *De eo, qui cisternam aperuerit et foderit.* Si quis aperuerit cisternam et foderit et non operuerit eam, cecideritque bos vel asinus in eam, dominus cisternae reddet pretium iumentorum. Quod autem mortuum est, ipsius erit.

17. *De bove alieno, si alterius bovem vulneraverit.* Si bos alienus bovem alterius vulneraverit et ille mortuus fuerit, vendent bovem vivum et dividen praecium et cadaver. Si autem sciebat dominus eius quod bos vitiosus erat, et noluit eum custodire, reddat bovem pro bove et cadaver integrum accipiat.

18. *De eo, qui bovem aut ovem furatus fuerit.* Qui furatus fuerit bovem aut ovem, quinque boves pro uno bove restituat et quatuor oves pro una ove.

19. *De fure, qui domum suffodiens repertus fuerit.* Si effregerit fur domum sive suffodiens fuerit inventus et accepto vulnere mortuus fuerit, percussor non erit reus sanguinis. Quod si orto solo, hoc fecerit, homicidium perpetravit et ipse morietur. Si inventum fuerit apud eum quod furatus est vivens, sive bos sive asinus, restituatur.

20. *De eo, qui leserit agrum vel vineam.* Si leserit quispiam agrum vel vineam et dimiserit iumentum suum, ut depascatur aliena, quidquid optimum [2] habuerit in agro vel in vinea pro dampni estimatione restituat.

21. *De eo, qui ignem succenderit in agris, ut damnum restituat.* Si egressus ignis invenerit spicas et comprehenderit acervos frugum sive stantes segetes in agris, reddet dampnum, qui ignem succenderit.

22. *De eo, qui commendaverit amico pecuniam.* Si quis commendaverit amico pecuniam aut vas in custodiam, et ab eo, qui susceperit, furto ablatum fuerit, si invenitur fur, duplum reddat. Si latet, dominus domus applicabitur ad deos [3], et iurabit, quod non extenderit manum in rem proximi sui ad perpetrandam fraudem in bove vel asino et ove ac vestimento. Et quicquid dampnum inferre potest, ab eo utriusque causa perveniat. Et si illi arbitres iudicaverint, duplum restituat proximo suo.

23. *De asino, bove, omnique iumento ad custodiendum tradito.* Si quis commendaverit amico asinum, bovem, ovem et omne iumentum ad custodiam, et mortuum fuerit aut debilitatum vel captum ab hostibus, nullusque hoc viderit, iusiurandum erit in medio [4], quod non extenderit manum in rem proximi sui; suscipiatque dominus iuramentum et ille reddere non cogetur. Si furto sublatum fuerit, restituat dampnum domino suo. Si comestum a bestia, deferat ad eum, quod occisum est, et non restauretur. Qui a proximo suo quicquam horum mutuo postulaverit et debilitatum aut mortuum fuerit domino non praesente, reddere compellatur. Quod si in praesentiarum dominus fuerit, non restituatur, maxime si conductus venerit pro mercede operis sui.

24. *De eo, qui seduxerit virginem desponsatam vel dormierit cum ea.* Si seduxerit quis virginem d sponsatam et dormierit cum ea, dotabit eam et h bebit uxorem.

25. *De patre puellae, s. eam dare noluerit,* t reddat pecuniam iuxta morem dotis. Si pater n luerit virginem dare, reddat pecuniam iuxta morem dotis, quam virgines accipere consueverunt.

26. *De maleficis.* Maleficos non patiaris vivre.

27. *De his, qui cum iumento coierint.* Qui oierit cum iumento, morte moriatur.

28. *De his, qui diis immolant vel adveaas affigunt.* Qui immolat diis, occidatur. Advenam non ontristabis nec ne affliges eum.

29. *De decimis et primitiis Domino offerendis.* Decimas tuas et primitias non tardabis offerre. D mino de filiis tuis primogenitis. De bobus quoque t ovibus similiter facias. Septem diebus sit cum matre sua: die octavo redde filium Domino.

30. *De deposito vel pignore dato.* Depositum iuum aut [6] pignoris datum, aut si aliquis sibi coim idata celaverit, aut si rem perditam inveherit et lu averit non invenisse, convictus delicti reddet omnia quae per fraudem voluit obtinere, tertiam et quint ni insuper partem domino, cui fraudem intulerat.

31. *De turpitudine proximi non revelanda.* mhis homo ad sanguinem proximi sui non accedat, ut revelet turpitudinem eius. Nec ullam disco peries turpitudinem mulieris, quia vestra turpitudo es.

32. *De homine, qui dormiert cum muliere ncilla.* Homo si dormierit cum muliere coitu semini, quae fuerit ancilla, etiam nubilis et tamen pretio n n redempta nec libertate donata, vapulabunt an bo et non moriantur.

33. *Non debere auguriari [7] nec observare m gos et ariolos.* Non auguriemini nec observabitis ad magos nec ariolos, nec aliquid sciscitetis [8], per eo. Ego Deus vester.

34. *De honorando sene.* Coram cano capite onsurgite et honorate personam senis, et timete D um.

35. *Nihil agendum contra aequitatem.* Noli e iniquum aliquid facere in iudicio, in regula, in p ndere, in mensura. Statera iusta et aequa sint p ndera, iustus modius aequusque sextarius.

36. *De eo, qui moechatur cum uxore proxi ni sui.* Qui moechatus fuerit cum uxore alterius et dulterium fecerit cum coniuge proximi sui, morte moriatur et moechus et adultera.

37. *De eo, qui dormierit cum noverca sua.* Q i dormierit cum noverca sua et revelaverit igno iiniam patris sui, moriantur ambo. Sanguis eorum it super eos.

38. *De eo, qui propter Deum furtum confess s fuerit.* Si propter Deum confessus fuerit homo urtum quod fecit, reddat capitalem et quintam part m desuper ei, in quem peccavit.

39. *De eo, qui ferro percusserit hominem.* i quis ferro percusserit hominem et mortuus fuerit, i percusserit reus erit homicidii [9] et ipse morietur.

40. *Ut propter unius testimonium nullus con lemnetur.* Ad unius testimonium nullus condemnet r.

41. *De decimis separandis.* Separabis deci as ex omnibus, quae nascuntur tibi eo tempore, e repones inter ianuas tuas. Foenerabis ea sacerdo ibus et levitis, advenis et peregrinis, pupillis et vid is; et benedicet te dominus Deus tuus cunctis dieb s vitae tuae.

42. *De eo, qui ambulans per viam nidum avi invenerit.* Si ambulas per viam et nidum avis in eneris in arbore vel in terra, et matrem pullis desu er incubantem, non tenebis eam cum filiis; sed ab re pa-

---

VARIANTES LECTIONES.

[1] domino *Bal.* [2] obtime *G.* [3] adeos *G.* [4] medium *Bal.* [5] deest *G.* [6] d. est p. *B.* [7] augurari *G.* [8] sciatis *B.* [9] iudicii *B.*

tieris, captos tenens pullos suos, ut benedicat te Dominus.

43. *Ut cum aedificatur domus nova, fiat murus per circuitum domus.* Cum aedificaveris domum novam, facies murum tecti per circuitum, ne effundatur sanguis in domum tuam et sis reus labente alio et in praeceps ruente.

44. *De vinea altero semine non serenda.* Non seres vineam tuam altero semine, ne ea, quae sevisti et quae nascuntur ex vinea, pariter sanctificentur.

45. *Ut non aretur in bove simul et asina.* Non arabis in bove simul et asina.

46. *Non induendum vestimentum quod ex lana et lino contexitur.* Non indues vestimentum, quod ex lana et lino contextum est.

47. *De puella virgine desponsata.* Si quis puellam virginem desponsaverit, et illi venerit eam aliquis in civitate et concubuerit cum ea, adducas utrosque ad portam civitatis illius, et lapidibus obruentur; puella, quia non clamavit, cum esset in civitate; et vir, quia humiliavit eam.

48. *De desponsata virgine in agro reperta.* Si autem in agro repererit vir puellam quae desponsata est, et dormierit cum illa, ipse morietur solus. Puella nihil patiatur.

49. *Ut eunuchus attritis testiculis ecclesiam Dei non intret.* Non intrabit eunuchus attritis vel amputatis testiculis et absciso veretro ecclesiam Domini; nec ingrediatur eam manzer, hoc est de scorta natus.

50. *De pecunia ad usuram non foeneranda.* Non foenerabis fratri tuo ad usuram pecuniam nec fruges nec quamlibet aliam rem.

51. *De voto non differendo.* Cum voveris votum domino Deo tuo, non tardabis reddere, quia requiret illud dominus Deus tuus. Et si moratus fueris, reputabitur tibi in peccatum, donec facias, quod ore proprio Domino promisisti.

52. *Ut homo, qui uxorem acceperit, non accedat ad bellum.* Cum acceperit homo uxorem, non accedat ad bellum; nec ei ullae iniungatur necessitates publicae; sed vacabit absque culpa domui suae; et ut uno anno laetetur cum uxore sua.

53. *Ut non occidantur patres pro filiis, nec filii pro patribus.* Quod non occidantur patres pro filiis nec filii pro patribus; sed unusquisque pro peccato suo morietur.

54. *De eo, qui vim a persecutoribus patitur, ut suscipiatur.* Si quis vim a persecutoribus passus fuerit, suscipiatur et requiem inveniat, ad quamcumque ecclesiam venerit.

55. *De muliere, quae cum viro suo non potest nubere.* Si vir et mulier coniunxerint se in matrimonium et postea dixerit mulier de viro, non posse illum [1] nubere cum ea; si ea poterit probare, quod verum sit, accipiat alium.

56. *Ut absque consensu episcopi oblationes non accipiantur.* Ut praeter conscientiam episcopi oblationes fructuum ecclesiae debitas nullus vel dare vel accipere audeat.

57. *Ut presbiteri civitatis sine iussu sui episcopi nihil iubeant.* Ut presbiteri civitatis sine iussu sui episcopi nihil iubeant nec in unaquaque parrochia aliquid agant.

58. *Ne presbiteri rem ecclesiae absque licentia sui episcopi vendant.* Ut presbiteri rem ecclesiae sine licentia vel scientia sui episcopi non vendant nec cuiquam tribuant.

59. *Si presbiter vel diaconus deseruerit ecclesiam suam, deponatur.* Ut presbiter vel diaconus, qui deserit ecclesiam suam et ad aliam transierit, deponatur.

60. *De presbiteris vel diaconibus aut subdiaconibus a propriis episcopis exauctoratis.* Ut presbiter vel diaconus aut subdiaconus, si a proprio episcopo exauctoratus suum ministerium incipiat praesumere [2], spem restitutionis non habeat.

61. *Si quis episcopus, presbiter, diaconus vel subdiaconus ad bellum processerit, deponatur.* Si quis episcopus, presbiter aut diaconus vel subdiaconus ad bellum processerit et arma bellica indutus fuerit ad belligerandum, ab omni officio deponatur, ita tantum ut nec laicam communionem habeat.

62. *Ut presbiteri alterius regionis non sacrificent praesentibus presbiteris ipsius regionis.* Ut presbiteri alterius regionis praesentibus ipsius regionis presbiteris non sacrificent.

63. *De uxoribus et viris se dimittentibus.* Ut hi vel hae, qui uxores aut viros dimittunt, non nubant; sed aut continentes maneant, aut sibimet reconcilientur.

64. *De episcopis litigantibus vel iudicatis.* Si litem habuerit episcopus cum alio episcopo, non alterius, sed suae provinciae iudices quaerat. Et ut indicato in aliqua causa episcopo liceat iterare iudicium, et si necesse fuerit, libere episcopum adire Romanum.

65. *Ab heretico nullus benedictionem accipiat.* Ut ab heretico benedictionem nullus accipiat.

66. *De orationibus ad Patrem dirigendis.* Ut nullus in precibus nisi ad Patrem dirigat orationem; ut prius eas cum instructioribus vel eruditioribus tractet.

67. *De presbitero ab alio episcopo ordinato.* Ordinatus clericus ab alio episcopo, non deprecante vel consentiente suo, in clero non maneat.

68. *De illis presbiteris, qui nesciunt iuxta praeceptum Salvatoris baptizare.* Illos omnes [3], quos illi praesbiteri baptizaverunt, qui nescierunt iuxta praeceptum domini salvatoris nostri Iesu Christi baptizare neque sanctae Trinitatis mistica verba invocare, propterea iubemus eos baptizari, quia sine fide sanctae Trinitatis sunt baptizati.

69. *De missis nostris, qualiter cum episcopis singularum regionum circa ecclesias Dei eiusque sacerdotes agere debeant.* Ut missi nostri una cum episcopis propriis magnam curam habeant, quatinus dirutae ecclesiae pleniter restaurentur atque ornentur, et quae dotatae non sunt, vel quae dotem suam perditam vel subtractam habent, pleniter et canonice dotentur; ut quod iniuste perdiderunt, iuste recipiant.

De his, qui ecclesias suas nec dotare nec dotem restitui volunt. Et si eas dotare noluerint, quorum sunt, aut subtracta reddere noluerint, episcopus propriis ad dominium suae sedis ecclesias revocet, futuris temporibus possidendas. Quod si aliquis liberorum his resultaverit, ab episcopo eiusdem loci reliquiae ex his auferantur et in meliori loco ponantur, et ipsae destruantur vel crementur.

70. *De eo, qui semetipsum occidit aut laqueo se suspendit.* De eo, qui semetipsum occidit aut laqueo se suspendit, consideratum est, ut si quis compatiens velit elimosinam dare, tribuat et orationem in psalmodiis faciat. Oblationibus tamen et missis ipsi careant; quia incomprehensibilia sunt iudicia Dei et profunditatem consilii eius nemo potest investigare.

71. *Ut incesti et parricidae canonice coerceantur.* De incestuosis et parricidis, ut canonice coerceantur; sicut de illo iudicatum est, qui materterae suae filiam stupravit, ut [4] ne cl. G. ultra non repetat, et militiae cingulum derelinquat, et aut monasterium petat, aut si foris remanere noluerit, tempora poenitentiae secundum canones pleniter exsolvat.

72. *Ut nec a [4] clerico filacteria nec ab ullo fiant christiano.* Ut clerici vel laici, filacteria vel falsas inscriptiones [5] aut ligaturas, quae imprudentes pro re-

VARIANTES LECTIONES.

[1] *deest* G. [2] e. sancti ministerii officium i. praeripere G. [3] homines Colb. Til. [4] ut ne cl. G. [5] scriptiones G.

bribus aut aliis pestibus adiuvare putant, nullo modo ab illis vel a quoquam christiano fiant, quia magicae artis insignia sunt : sed pro infirmate illud, quod apostoli et canones sanxerunt, id est orationes et sacri olei unctio fiat.

73. *Ut nullus presbiter amplius quam unam ecclesiam sibi vindicet.* Placuit omni synodali conventui, ut nullus presbiterorum amplius quam unam ecclesiam sibi vindicare presumat.

74. *De letania maiore, ut more Romano celebretur.* Ut letania maior more Romano ab omnibus in septimo Kal. Maii celebretur.

75. *Ut nullus vitam sine communione finiat nec unctione benedicti olei careat.* Si infirmitate depressus quis fuerit, vitam sine communione non finiat, nec unctione sacrati olei careat. Et si finem perspiciat, sacrosancto corpore. Deo anima eius a sacerdote praecibus commendetur.

Quapropter omnibus placuit, ut nullus presbiter amplius quam unam ecclesiam sibi vindicet; quia sicut quisque secularis non amplius quam unam habere debet uxorem, ita et unusquisque presbiter non amplius quam unam habere debet ecclesiam.

76. *De presbiteris degradatis et post degradationem multis sceleribus implicatis.* Presbiteri degradati, et post degradationem multis sceleribus implicati, ad poenitentiam publicam secundum canones redigantur.

77. *Si qui velint aquam consecratam accipere.* Quod in sabbato sancto paschae vel in sabbato pentecostes, si qui velint aquam consecratam ad adpersionem in domos suas recipere, ante chrismatis infusionem accipiant.

78. *De clericis et presbiteris, si episcopis suis obedire nolint, ut excommunicentur.* Clerici et populi si episcopis suis canonice obedire noluerint, excommunicentur.

79. *De episcopo metropolitano.* Dignum est, ut metropolitanus, qui est pallio sublimatus, honoretur et caeteros admoneat.

80. *Ut unusquisque progeniem suam usque ad septimam generationem observet.* Progeniem suam unumquemque usque ad septimam observare decernimus generationem, et quandiu se agnoscunt affinitate propinquos, ad huius copulae non accedant societatem.

81. *De presbiteris ab ignotis episcopis ordinatis.* Presbiteros, quos unusquisque episcopus in sua parrochia repperit, si incogniti [1] fuerint viri illi, a quibus sunt ordinati, et dubium est eos episcopos fuisse an non, qui eos ordinaverunt, si bonae actionis et catholici viri sunt ipsi presbiteri et in ministerio Christi omnique lege sancta educati et apti, ab episcopo suo benedictionem presbiteratus suscipiant et consecrentur et sic ministerio sacro fungantur.

82. *Ut si quis homini aliquo iteranti mansionem vetaverit, sexaginta solidos conponat.* Si quis homini aliquo pergenti in itinere mansionem vetaverit, sexaginta solidos conponat in publico.

83. *Ut omnibus maxima cura sit, ne sine confirmatione episcopi vitam finiat aliquis.* Ut omnes maximam curam habeant, ne sine confirmatione episcopi quis vitam finiat animaque periclitetur.

84. *De his qui fidelium oblationes auferunt vel vastant, aut sine proprii episcopi iussione dant vel accipiunt.* Qui fidelium oblationes ab ecclesiis vel a iure sacerdotum auferunt vel ablatas accipiunt, non solum aliena vota disrumpunt, sed et sacrilegium operantur; necnon et ecclesiae Dei fraudatores existunt: quia ecclesiae aliquid fraudari vel auferre sacrilegium esse a maioribus adprobatur.

85. *Ut presbiteri vel diaconi non migrent de loco ad locum sine episcopi proprii iussione.* Presbiteri, qui sine iussione proprii episcopi de ecclesiis ad alias ecclesias migraverint, tamdiu a communion habeantur alieni, quamdiu ad easdem redierint ecclesias, in quibus primitus sunt instituti.

86. *De episcopis et clericis peregrinis, ut contenti sint hospitalitatis munere.* Ut episcopi atque clerici peregrini contenti sint hospitalitatis munere oblato, nullique eorum liceat ullum officium sacerdotale absque permissu episcopi, in cuius parro hia esse cognoscitur, agere.

87. *Ut nullus habeat nisi legitimum connubium.* Ut nulli liceat nisi legitimum habere connubium. Nullus incestum faciat. Nullus coniugem propriam nisi, ut sanctum euangelium docet, fornicationis causa, relinquat. Quod si quisque propriam expulerit niugem legitimo sibi matrimonio coniunctam, si christianus esse recte voluerit, nulli alteri copuletur; se aut ita permaneat, aut propriae reconcilietur coniugi.

88. *De his, qui episcoporum vocationem l correctionem contempserint.* Si quis secularium tam maioris ordinis quam et inferioris, peccatum egerit, et vocatus sui episcopi auctoritate ad emendationem ac poenitentiam venire distulerit, tamdiu sit a ecclesia extorris et catholicorum consortio sequestratus, quousque quod commisit emendet ac reatum suum usque ad satisfactionem canonice diluat atque reconciliatione proprii episcopi divinis praecibus indulgentiam consequatur et veniam, ecclesiaequ gremio, a cuius utero deviaverat, peracta satisfac ione ab eodem melioratus episcopo canonice reddatur.

89. *Ut nullus laicorum ex praediis epi coporum quicquam accipiat.* Praecipimus, ut nullus aicorum vel clericorum ex prediis vel rebus, quae ad sedes pertinent episcoporum, sive de illis ec esiarum rebus, quae in eorum parrochiis sitae esse noscuntur, sine illorum iussione aut consensu epis porum, ad quorum pertinent curam, quicquam ambiat, concupiscat atque accipiat; ne cupidos s nctarum rerum ignis qui in eis est, illos favillosius exurat. Similiter omnes monemus, ut a cuncta ec esiarum omnium vastatione coercere se suosque a compescere totis viribus studeant. Nam devastan s ecclesias quid aliud intellegimus quam contra illu aeterni imperii Deum et maiestatis homines move e certamen, cum illae ae es illi die noctuque fam lentur et illi sint consecratae? Videant vastantes, p onuntiamus, ne ab illo, si se commoveat, vastent r, cuius percussionem montium dorsa ferre non pos unt.

90. *De eo, qui occiderit monachum aut cle icum, ut arma relinquat.* Qui occiderit monachum aut lericum, arma relinquat et Deo in monasterio servi t cunctis diebus vitae suae, nunquam ad seculum re ersurus, et septem annos publicam poenitentiam ger t.

91. *De viro et muliere matrimonio copulat et postea dicente ea, non posse eum nubere sibi.* Si vir et mulier coniunxerint se in matrimonio et po tea dixerit iulier de viro, non posse nubere cum a, si poterit probare, quod verum sit, accipiat a ium, eo quod iuxta apostolum non potuit illi redder vir suus debitum.

92. *Ut puella desponsata non detur al eri viro.* Puellam desponsatam non licet parentibus dare alteri viro. Tamen ad monasterium licet ir , si voluerit.

93. *Ut baptizati cum catecuminis non m nducent.* Non licet baptizatis cum catecuminis mand care nec osculum eis dare vel Ave eis dicere. Quan o magis cum excommunicatis ab episcopo aut cu n gentilibus?

94. *De presbitero ordinato, qui se depr henderit non esse baptizatum.* Si quis presbiter ordin atus deprehenderit se non esse baptizatum, bapti etur [2] et ordinetur iterum et omnes, quos prius baptizaverit.

95. *Si liber ancillam in matrimonio ac epit.* Si

VARIANTES LECTIONES.

[1] incogniti corr. cogniti G.   [2] deest in aliquot codd. Bal.

quis liber ancillam in matrimonium acceperit, non habet licentiam dimittere eam, si prius consensu amborum conjuncti sunt.

96. *De raptoribus et raptis virginibus vel viduis.* Si quis alterius sponsam virginem aut viduam necdum desponsatam rapuerit vel furatus fuerit, placuit, ut sive eam postea sponsaverit sive dotaverit seu non, sive cum parentum eius voluntate quocunque commento ipsam accipere vel tenere potuerit, numquam illam uxorem habeat; sed raptori aut furi auferatur et proximis suis alio viro tempore congruo, si ipsa in hoc malum non consenserit, nuptura legibusque acceptura reddatur. Raptor vero sive fur omnesque eis consentientes publica poenitentia iuxta canonicam auctoritatem multentur et proximis illius, quicquid iniuste in tam nefando scelere egerunt, in triplo componant et unamquamque rem semotim legibus in triplo restituant. Ipsa namque quae rapitur, si aut primo aut postmodum tam nefario sceleri libens consenserit, numquam postea nubat, sed publica poenitentia multetur et sub tali custodia ponatur, ut ei nullatenus luxuriari cum quoquam liceat. Taliter enim memorata flagitia puniantur, ut omnes cognoscant, [quoniam, quae seculi leges tam nefandis coniunctionibus consentiunt nec sacri canones consilium ullum praebeant; sed tales seculi leges cooperatoresque eorum caedi feriri praecipiunt. Et sacri canones spiritu Dei conditi non solum raptores, sed etiam omnes eorum cooperatores eisque consentientes, anathemate feriunt; sicut in Calcidonense concilio, in quo 630 patres adfuerunt, capitulo 28, cunctis legentibus patet.

97. *De his, qui rapinas infra regnum faciunt.* Si quis infra regnum rapinam fecerit aut cuiquam nostro fideli eiusque homini aliquid vi abstulerit, in triplo cui aliquid abstulerit, legibus componat; et insuper bannum nostrum, id est sexaginta solidos, nobis persolvat. Postmodum vero ante nos a comite adducatur, ut in bastonico retrusus, usque dum nobis placuerit, poenas luat. Nam si publice actum fuerit, publicam inde agat poenitentiam iuxta sanctorum canonum sanctionem; si vero occulte, sacerdotum consilio ex hoc agat poenitentiam: quoniam raptores, ut ait apostolus, nisi veram egerint poenitentiam, regnum Dei non possidebunt. Qui vero de rebus ecclesiarum aliquid abstulerit, gravius inde iudicetur, quia sacrarum rerum ablatio sacrilegium est, et sacrilegus vocatur, qui ex eis aliquid aut abstulerit aut rapuerit. Infames quoque tales personae usque ad satisfactionem ecclesiae; quam laeserunt, sunt habendae.

98. *De sacerdotibus et levitis atque monachis interfectis vel debilitatis.* Si quis sacerdotem vel levitam aut monachum interfecerit vel debilitaverit, iuxta statuta priorum capitulorum quae legi Salicae sunt addita, componat; et insuper bannum nostrum, id est, sexaginta solidos, nobis persolvat et arma relinquat atque in monasterio diebus vitae suae sub ardua poenitentia Deo serviat, nusquam postmodum seculo vel secularibus militaturus, neque uxori copulaturus.

99. *De his, qui episcopo aliquam iniuriam vel dehonorationem fecerint.* Si quis episcopo aliquam iniuriam aut iniustam dehonorationem fecerit, de vita componat, et omnia quae habere visus fuerit, ecclesiae cui praeesse dinoscitur integerrima societur, et nobis in triplo bannus noster, id est sexaginta solidi, persolvantur; aut ipse in servitio fisco nostro serviturus semper societur, usquedum se redimere in triplo iuxta wirgildum suum potuerit. Sancta vero ecclesia in sacerdotibus constat [1]. Idcirco magna poena plectendi sunt, qui episcopis vel reliquis sacerdotibus iniuriam vel contumeliam fecerint; nam detractio sacerdotum ad Christum pertinet, cuius vice legatione in ecclesia funguntur.

100. *De religiosa muliere decepta, id est, veste mutata, vel religionem professa.* Si quis rapuerit aut sollicitaverit vel corruperit religiosam feminam, bona amborum ecclesia vendicet, In qua talis mulier habitavit, ipsi tamen capitali periculo subicianur. Quod si hoc mulier non consentit, cum suis rebus monasterii ditionibus tradatur. Si vero comes ipsius pagi, una cum consilio sui episcopi, in cuius parrochia tale scelus commissum est, hoc vindicare neglexerit, honore careat et cingulum amittat atque publica poenitentia multetur, et insuper wirgildum suum fisci iuribus dare compellatur.

101. *De blasphemia in Deum.* Si quis quolibet modo blasphemiam in Deum iactaverit, ab episcopo vel comite pagi ipsius carceri usque ad satisfactionem tradatur et publica poenitentia multetur, donec precibus proprii episcopi publice reconcilietur ecclesiaeque gremio canonice reddatur.

102. *De his, qui in domo sua oratorium fecerint.* Qui in domo sua oratorium habuerit, orare ibidem potest. Missas tamen in eo celebrare non audeat nec agere. cuiquam permittat sine permissu vel dedicatione episcopi loci illius. Quod qui [2] fecerit, domus illius fisci iuribus addicatur. Comes vero, qui hoc cognovit et non prohibuit, publica poenitentia multetur vel honore privetur.

103. *De privilegiis ecclesiarum et clericorum non corrumpendis.* Ut privilegia quae ecclesiis et clericis ab antecessoribus nostris vel nobis concessa sunt, semper maneant incorrupta.

104. *Ne episcoporum vel reliquorum clericorum vita turbetur.* Nullis vita praesulum turbetur excessibus, quia valde indignum est, ut qui throni Dei vocantur, aliqua motione turbentur aut inique tractentur. Unde est illud : *Qui vos tangit, tangit* [3] *pupillam oculi mei.* Et illud : *Qui vos audit, me audit; et qui vos spernit, me spernit.* Et rursus : *Qui scandalizaverit unum de pusillis istis, melius est illi ut suspendatur mola asinaria in collo eius, et demergatur in profundum maris;* reliqua.

105. *De clericis vel sacerdotibus, qui accipiunt ecclesias sine licentia episcopi sui, vel de una ad aliam transeunt.* Ut nemo accipiat ecclesiam infra parrochiam sine consensu episcopi sui, nec de una ad aliam transeat.

106. *De incestis et criminosis, ac de infirmis et poenitentibus atque de ieiunio quatuor temporum.* Ut de incestis et criminosis magnam curam habeant sacerdotes, ne in suis pereant sceleribus et animae eorum a districto iudice Christo eis requirantur. Similiter de infirmis ac poenitentibus, ut morientes sine reconciliatione et viatico non deficiant. Et ut quatuor temporum ieiunia a fidelibus diligenter custodiantur.

107. *Ut episcopi iudices publicos moneant, ut rei carceribus reclusi nativitate Domini, pascha et pentecoste absolvantur, et missas illis audiant diebus ac refecti fiant.* Ut episcopi iudices publicos commoneant, ut in dies celeberrimos, hoc est nativitatem domini nostri Iesu Christi et sanctam resurrectionem ac pentecosten, quicunque miserrimi vinculis detinentur, relaxari debeant et propter ipsam reverentiam domini nostri Iesu Christi ipsi debeant absolutionem promereri. Et iudex si pastorem commonentem despexerit, quamdiu loci illius episcopo visum fuerit, ab ecclesiae liminibus arceatur.

108. *De monacho, qui monasterium suum dimiserit.* Si monachus monasterium suum dimiserit, omnia bona ipsius, et quae in monasterio introduxit et quae non introduxit, dominii monasterii sint, et ipse officio fisci servire cogatur. Si vero monachus ad

VARIANTES LECTIONES.

[1] Cod. Theodos. Constit. Theodosii et Valentiniani c. 20. Pseudo-Pius ep. 2.   [2] si *Bal.*   [3] quasi *G.*

aliud monasterium migraverit, substantiam ejus prius monasterium possideat, et in alio monasterio ipse non recipiatur sine abbatis sui et episcopi proprii licentia.

109. *De possessionibus ad religiosa loca pertinentibus.* Possessiones ad religiosa loca pertinentes nullam descriptionem agnoscant, nisi ad constitutionem viarum vel pontium, si tamen intra eadem loca habuerint possessiones. In aliis vero omnibus habeant integram emunitatem.

110. *De monacho vel monacha.* Quicunque monachus vel monacha in monasterium sunt ingressi, nihil de rebus suis habeant potestatem faciendi quamvis liberos habeant; sed omnia eorum sint monasterii, quae eadem die iuste possidebant, quando ingressi sunt monasterium.

111. *De his quae a singulis principibus ecclesiis sunt concessa et quae singuli antistites impetraverunt, quod sacrilegium sit haec auferentibus. Et de clericis, ut non accusentur ad iudices seculares, sed ad episcopos proprios.* Quaecumque a singulis regibus circa sacrosanctas ecclesias sunt constituta vel singuli quique antistites pro causis ecclesiasticis impetraverunt, sub poena sacrilegii iugi,[1] solida aeternitate serventur. Clerici etiam non secularibus iudicibus, sed episcopali audientiae reserventur. Fas enim non est, ut divini muneris ministri temporalium potestatum subdantur arbitrio.

112. *De privilegiis ecclesiarum.* Ut privilegia, quae ecclesiis et clericis a singulis regibus vel episcopis ceterisque rectoribus sunt concessa, semper maneant incorrupta.

113. *Ut ea quae ad religionem pertinent, locis suis et a suae dioeceseos synodis audiantur.* Quaecumque sunt ad religionis observantiam pertinentia, locis suis et a suae dioeceseos synodis audiantur.

114. *Ut privilegia ecclesiarum semper maneant incorrupta.* Quaecumque circa sacrosanctas ecclesias a principibus diversis sunt statuta, manere inviolata praecipimus.

115. *Quod sacrilegium sit ecclesiae aliquid auferre, aut sacerdotibus vel ministris aut ipsi sancto cultui locoque iniuriam inferre.* Si quis in hoc genus sacrilegii proruperit, ut in ecclesias earumque res irruens sacerdotibus et ministris vel ipso cultui locoque aliquid quod non oportet iniuriae inferat; divini cultus iniuriam in convictos sive confessos reos capitali sententia noverit vindicandum. Nec exspectetur, ut episcopus iniuriae propriae ultionem deposcat, cui sanctitas ignoscendi soli gloriam derelinquit. Sitque cunctis non solum liberum, sed etiam laudabile, factas atroces sacerdotibus aut ministris iniurias veluti publicum crimen persequi ac de talibus reis ultionem mereri.

116. *De his, qui ecclesiastica privilegia violant vel dissimulant.* Si ecclesiae venerabilis privilegia cuiusquam fuerint temeritate violata vel dissimulatione neglecta, commissum hoc in triplo iuxta sanctionem ecclesiae, cui factum est, componatur; nobisque bannus noster in triplo, hoc est ter sexaginta solidi, persolvatur.

117. *Quod hi, qui praedia ecclesiastica diripiunt vel vastant, sacrilegi sint exilioque damnandi.* Ab omnibus illius usurpationis contumelia depellenda est, ne praedia sibi coelestium secretorum dicata quibusdam irruentibus vexentur. Quod si quis praesumpserit, post debitae ultionis acrimoniam, quae erga sacrilegos iure promenda est, exilio perpetuae deportationis damnetur.

118. *Ut episcopi et reliqui sacerdotes ab omnibus nexibus sint liberi.* Consecratio episcopos et reliquos Domini sacerdotes tam a servilibus, quam et a caeteris adscriptis conditionibus semper liberos facit.

A Idcirco praecipimus, ut nullus ab eis alia nisi divina requirat servitia.

119. *Ne Iudaeis adhereant vel deserviant christiani.* Placuit, ne Iudaeis mancipia deserviant vel adhereant christiana.

120. *De sacrificiis per singulas missas a sacrificantibus sumendis.* Placuit, ut quotiescumque acrificans corpus et sanguinem Christi Iesu domini nostri in altario immolat, totiens perceptionis corporis et sanguinis Christi se participem praebeat.

121. *De chorepiscopis, ne deinceps fiant.* Placuit, ne chorepiscopi a quibusquam deinceps ant; quoniam hactenus a nescientibus sanctorum patrum et maxime apostolicorum decreta suisque quietibus ac delectationibus inherentibus facti sunt. Idcirco et olim persepe et nostro a sancta apostolica sede tempore sunt prohibiti; et ne deinceps a quoquam tam ordinante quam ordinari cupiente talis pi esumptio assumatur, a cunctis nostri regni episco is est in

B synodo canonice prohibitum.

122. *Ne Iudaei super christianos magis ri vel ministri ponantur.* Ne Iudaei administratori i usu sub ordine vilicorum atque actorum christia am familiam regere audeant; nec eis hoc a quo uam fieri praecipiatur. Si[2] quis vero contra haec a ere praesumpserit, si episcopus, presbiter aut dia onus fuerit, proprio submoveatur gradu; si vero uonachus aut laicus fuerit, communione privetur. E si perseveraverint inoboedientes, anathematizentu .

123. *De clericis falsariis.* Si presbiter vo diaconus in causa pecuniaria falsum testimonium di erint, per tres annos separentur a sacro ministerio. S In criminali causa falsum dixerint, deponantur et legitimis poenis subiciantur. Caeteri vero clerici in quacumque falsitate convicti fuerint, degradentur e legitimis subiciantur disciplinis.

124. *Ut clerici non habeant actiónes secul res.* Clericus vel monachus neque exactor publicar m neque conductor aut vectigalium magister ve curator

C [3] domus vel procurator litis vel fideiussor n talibus causis fiat. Si quis contra haec statuta fece it, si episcopus est, omnes istorum res ex quacum ue causa vel persona, sive ante episcopatum sive ostea ad eum pervenerint, ecclesiae suae eas vendic iri sanctimus; si vero alii clerici hoc fecerint, po nam pecuniarum, quam episcopus existimaverit exigere, ecclesiae vendicandam. Hii vero, qui acti nes suas eis commiserunt vel fideiussores eos pro s praedictis causis acceperunt, nullam contra ecclesiar vel administratores eius vel adversus ipsas perso ias, quos crediderunt, habeant actionem. Si vero qui eos pro publico debito vel actione crediderit vel illi iussores receperit, de sua substantia fisci debitum o npellatur exsolvere.

125. *De clericis qui de ecclesia desistunt* Clericis de ecclesia desistentibus et aliis in loco r vocatis, si redierint discessi, nihil eis praestetur. H oc vero, quod discedentes reliquerunt; non in usu r ctorum,

D sed succedentibus cedat.

126. *Quales sint clerici.* Nemo fiat clericus nisi qui bonum testimonium habet et litteratus est.

127. *De multitudine clericorum.* Ne passi episcopus multitudinem clericorum faciat, sed secun um meritum vel redditum ecclesiarum numerus m deretur.

128. *De ordinationibus sacris.* Lector, subi iaconus, diaconus, presbiter, si clericatus honorem contempserint, curiali conditioni cum suis facultati ius subiciantur.

129. *De iniuria episcopi et letania subv rsa.* Si quis episcopo vel aliis ministris intra ecclesi m iniuriam fecerit, iubemus eum tormentis subi tum in exilio mori. Sed et si ipsa sancta oratoria v l divina ministeria conturbaverit vel letaniam everte it, capi-

VARIANTES LECTIONES.

[1] iungi *G.*   [2] ex *Trec. Chalced.* 27.   [3] curam *G.*

tali periculo subiaceat. Sin autem contumeliam tantum fecerit, tormentis et exilio tradatur.

130. *Ne fideles ex propria consanguinitate uxores ducant*; nec illi, qui dudum minime nupserunt, sine benedictione sacerdotis nubere praesumant. Christiani[1] ex propinquitate sui sanguinis usque ad septimum[2] gradum connubia non ducant; neque sine benedictione sacerdotis, qui aliis innupti erant, nubere audeant.

131. *De non recipiendis alienis poenitentibus*. Qui pro delicto suo a communione separantur, placuit ut in quibuscumque locis fuerant exclusi, in eisdem locis communionem consequantur.

132. *Ut non liceat clericum vel monachum sine epistola episcopi sui proficisci*. Clericis vel monachis sine commendatitiis epistolis episcopi sui licentia non pateat evagandi.

133. *De dotibus et publicis nuptiis*. Nullum sine dote fiat coniugium; nec sine publicis nuptiis quisquam nubere praesumat.

134. *De rebus ecclesiae ablatis aut fraudatis vel retentis*. Si quis cuiuscumque munuscula ecclesiae sanctis scripturarum titulis collata nefaria calliditate abstulerit, fraudaverit, invaserit, retentaverit atque suppresserit[3] et non statim a sacerdote commonitus Deo collata reddiderit, ab ecclesiae catholicae communione pellatur.

135. *Ut nemo res ecclesiae, nisi cui iure debentur, in quibuslibet regionibus i.centes competere audeat vel tenere*. Ut nullus episcoporum aut cuiuslibet ordinis clericus vel alia quaecumque persona quibuslibet conditionibus seu in uno regno seu in alio positis alterius cuiuscumque ecclesiae res aut petat aut praesumat accipere. Quod si fecerit, tamdiu habeatur a communione ecclesiae vel ab omnium fratrum ac illorum caritate suspensus, donec ipse ecclesiae, cuius directo ordine iuris est ablata legibus, restituat.

136. *De his qui facultates ecclesiae delegatas unserint vel retentant*. Ne cui liceat res vel facultates ecclesiis aut monasteriis vel xenodochiis pro quacumque elimosina cum iustitia delegatas retemptare, alienare, atque subtrahere. Quod si quis fecerit, tanquam necator pauperum antiquorum canonum sententiis constrictus ab ecclesiae liminibus excludatur, quamdiu ab ipso ea, quae sunt ablata aut retenta, reddantur.

137. *Ut socios suos nominet, apud quem pars rapinae fuerit inventa*. Apud quem scelus agnoscitur et pars rapinae fuerit inventa, statim socios suos nominare cogatur. Quod si nominare noluerit, teneatur ad vindictam.

138. *De his qui diripienda indicare repperiuntur*. Quicumque ingenuus vel servus aliquid diripiendum indicaverit, ut cuiuscumque res evertatur, aut pecora vel iumenta diripiantur, et ex hoc certis probationibus publice convictus inveniatur, pro eo quod indicaverit, centum viginti flagella publice extensus accipiat.

139. *Ut abbates in eius episcopi, in cuius parrochia sunt, potestate persistant*. Abbates pro humilitate religionis in episcoporum potestate consistant. Et si quid extra regulam fecerint, ab episcopis corrigantur. Qui semel in anno in loco, ubi episcopus elegerit, accepta vocatione conveniant.

140. *Ut nullus monachus relinquat suum monasterium et cellas construat sine episcopi vel abbatis sui licentia*. Ut nullus monachus congregatione, monasterii derelicta ambitionis aut vanitatis impulsu cellam construere sine episcopi permissione vel abbatis sui voluntate praesumat.

141. *De apostatis*. Quicumque post sanctae religionis professionem apostant et ad seculum redeunt

tali periculo subiaceat. Sin autem contumeliam tantum A et postmodum poenitentiae remedia non requirunt, communionem penitus non accipiant; quos etiam iubemus ad clericatus officium non admitti.

142. *De excommunicatis*. Si quis a communione sacerdotali fuerit auctoritate suspensus, hunc non solum a clericorum, sed etiam a totius populi colloquio atque convivio placuit excludi; donec resipiscens ad sanitatem redire festinet.

143. *Ne iudices perfidorum excessus absque propriorum sacerdotum consilio iudicent*. Ne iudices quicquam de perfidorum excessibus extra sacerdotum cohibentiam iudicare praesumant.

144. *De expositis infantibus ac collectione eorum*. Si expositus ante ecclesiam cuiuscunque fuerit miserationem collectus, contestationis ponat epistolam. Et si is, qui collectus est, intra decem dies quaesitus agnitusque non fuerit, securus habeat qui collegit. Sane qui post praedictum tempus eius calumniator exstiterit, ut homicida ecclesiastica districtione damnabitur, sicut patrum sanxit auctoritas.

145. *De clericis relinquentibus officium suum, et ad seculares confugientibus*. Placuit, ut clericus, si relicto officio suo propter districtionem ad secularem fortasse confugerit et solatium et defensionis iste impenderit, cum eodem ab ecclesiae communione pellatur.

146. *Ut servo non credatur, si super dominum suum vel super alium liberum crimen iniecerit*. Servo poenitus non credatur si super aliquem crimen iniecerit, aut si etiam dominum suum in crimine impetierit; nam etiamsi in tormentis positus exponat quod obicit; credi tamen illi nullo modo oportebit.

B 147. *Ut testes ea tantum testificentur, quae in conspectu eorum acta esse noscuntur*. Testes non absentes neque per epistolam testimonium dicant; sed praesentes quam noverunt et viderunt non taceant veritatem. Nec de aliis[4] testimonium dicant, nisi de his tantummodo, quae sub praesentia eorum acta esse noscuntur.

C 148. *Quales debeant scripturae valere*. Scripturae quae diem et annum habuerint evidenter expressum, atque secundum legis ordinem conscriptae esse noscuntur; seu conditoris vel testium fuerint signis aut subscriptionibus roboratae, omni habeantur stabiles firmitate.

149. *De pactis et placitis conservandis*. Pacta vel placita, quae per scripturas legitime ac iustissime facta sunt, dummodo in his dies vel annus sit evidenter expressus, nullatenus immutari permittimus.

150. *Contra priorum definitionem filio vel heredi non licere venire*. Filio vel heredi contra priorum iustam aut legitimam definitionem venire non liceat, quia iuste repellitur praesumptio illius, qui facta seniorum iniuste conatur inrumpere.

151. *Ne quisquam accusetur vel puniatur, nisi manifestatis indiciis scelus patuerit*. Non passim damus accusandi vel puniendi licentiam, nisi aut manifestis indiciis patuerit scelus aut legitime fuerit idipsum D malum accusatum atque convictum; quatinus nulla videantur intentione vel ordine patrum tra sgredi praec pta sanctorum aut obviare sacris regulis antiquorum.

152. *Ut valeat commutatio sicut et emptio*. Commutatio si non fuerit per vim et metum extorta, talem qualem et emptio[5] habeat firmitatem.

153. *Si timore conpulsus quisquam se servum esse dicat*. Qui timore conpulsus servum se esse extra iudicium dixerit, nullum praeiudicium libertatis incurrat, donec iudicio praesentetur, vel[6] libertatem suam, si eam probavit praesente iudice, obtineat. Aut si servus convincitur, statim domino reformetur.

154. *De presbiteris vel diaconibus sine episcopi sui*

VARIANTES LECTIONES.

[1] Iudaei in tit. *L. Wisig.* [2] sextum *L. Wisig.* [3] abrepserit *Bal.* [4] a. causis t. *Bal.* [5] q. exemptio *G.* [6] ut *G.*

epistolis ambulantibus. Presbitero vel diacono sine antistitis sui epistolis ambulanti, communionem nullus impendat.

155. *Ut unus abba duobus monasteriis minime praesideat.* Unum abbatem duobus monasteriis interdicimus praesidere.

156. *De presbiteris vel reliquis clericis non distringendis a secularibus iudicibus, sed a suis episcopis.* Ut nullus iudicum neque presbiteros neque diaconos neque reliquos clericos vel iuniores ecclesiae sine licentia proprii episcopi distringat aut condempnare[1] praesumat. Quod si fecerit, tamdiu communione privetur, quamdiu reatum suum agnoscat, et per satisfactionem emendet ecclesiae, quod commisit.

157. *Ut clerici iudices seculares non adeant.* Nullus ex ordine clericorum inconsulto proprio episcopo ad iudicem secularem pergat, neque apud eum suo episcopo non permittente quenquam pulsare aut cuiquam ante eum respondere aut quicquam proponere praesumat, neque criminale negotium in iudicio seculari proponere audeat.

158. *De secularibus, qui per calumniam ecclesiam vel clericos fatigare praesumunt.* Si quis secularium per calumniam ecclesiam vel res eius aut clericos cuiuslibet ordinis fatigare temptaverit et ex hoc convictus fuerit, ab ecclesiae liminibus et catholica communione, nisi digne poenituerit et per satisfactionem ecclesiae emendaverit, pellatur.

159. *Ne testificentur manumissi.* Libertus vel liberta in nullis negotiis contra quenquam testimonium dicere admittantur ; excepto in aliquibus causis, ubi ingenuitas deesse dinoscitur ; sicut permissum est et de servis ; quia indignum nostra pensat clementia, ut libertorum testimonio[2] ingenuis damna concitentur. Qui vero de eisdem fuerint progeniti, ad testimonium admittantur.

160. *De his, qui cum furibus conscii fuerint.* Non solum ille, qui furtum fecerit, sed etiam et quicumque conscius fuerit vel furto ablata sciens susceperit, in numero furantium habeatur et simili vindictae subiaceat.

161. *Si possessor per violentiam expellatur.* Quicumque violenter expulerit possidentem, priusquam pro ipso iudicis sententia procedat, si causam meliorem habuerit, ipsam causam, de qua agitur, perdat; ille vero, qui violentiam pertulit, universa in statu quo fuerant recipiat et quae possedit securus teneat. Si vero illud invadit, quod per iudicium obtinere potuit, et causam amittat et aliud tantum quantum invasit reddat expulso.

162. *Ut fideles fidem sanctae Trinitatis discant.* Ut fideles fidem sanctae Trinitatis discant; in qua inter caetera credere oportet, quod per Spiritum sanctum remissio peccatorum in baptismate, confirmatione, poenitentia et in ceteris canonicis decretis, sicut scriptum est, conferatur, et quod fidelibus in ecclesia per Christum eiusdem sancti Spiritus dono per ministerium sacerdotale et per penitentiam remissio peccatorum indubitanter adtribuatur ; et quod gentium omnium in vera carne in adventu Christi resurrectio futura sit; et cetera. Qam fidem memoriter teneant et suis sacerdotibus eam reddant et exponant per singula verba. Et ipsi sacerdotes eam fideliter et pleniter atque veraciter populum doceant, quoniam primum[3] fundamentum christianae religionis fides catholica est. Et haec fides tunc est vera et fructuosa, si bonis operibus exornetur, id est spe, caritate, humilitate, castitate, continentia, sobrietate, unanimitate, concordia, iustitia, pietate, misericordia, innocentia, simplicitate et ceteris his similibus. Quae omnia in dilectione Dei et proximi consistunt. Sine his enim nemo potest Deo placere nec salvus esse.

163. *De contumacibus presbiteris vel clericis. Si quis* presbiterorum, diaconorum vel reliquo um clericorum contumax aut superbus vel inoboedie s aut rebellis episcopo suo extiterit, gradum habe tes, proprio gradu careant ; reliqui vero clerici vel onachi aut laici usque ad satisfactionem communio priventur.

164. *De iudicibus clericis calumniam vel iniuriam inferentibus.* Si iudex cuiuslibet ordin s clericum publicis actionibus inclinare aut distrin ere aut calumniare vel iniuriare absque episcopi s i permissu praesumpserit, usque ad ecclesiae sa isfactionem cum omnibus tantis sceleribus auxilianti us aut facientibus communione privetur. Episc opus tamen non dimittat, ut iniuriam patientibus plen m de praefatis clericis iustitiam canonice non faciat

165. *Ut orationem dominicam omnes iscant fideles.* Ut fideles orationem dominicam di cant et intelligant et suis sacerdotibus eam verbo e verbo reddant et alios fideles, qui eam nesciunt, d ceant.

166. *Ut nullus episcopus alterius episc pi vel presbiter alterius presbiteri parrochiam invada .* Ut nullus episcoporum vel presbiterorum parroch m alterius invadat, sed contentus sit gubernatione editae sibi plebis.

167. *Ut monasteriis vel reliquis eccles s res non auferantur vel ipsa a quoquam inquietentu .* Ut monasteria, quae Deo consecrata sunt, nulli l ceat in aliquo inquietare nec quicquam[4] de eoru rebus violenter abstrahere.

168. *Ut clerici peregrini contenti sint h spitalitatis munere, et nulli eorum liceat officium sa erdotale in alterius parrochia agere absque licentia e iscopi, in cuius parrochia esse noscuntur.* Ut epis opi atque clerici peregrini contenti sint hospitalit tis munere oblato; nullique eorum liceat ullum cium sacerdotale absque permissu episcopi in c ius parrochia esse cognoscitur, agere.

169. *Ut nullus episcopus sine consensu aliorum se praeferat anteriori.* Ut nullus episcoporu se praeferat alteri per ambitionem, sed omnes agnoscant tempus et ordinem suae ordinationis.

170. *Ut populi oblationes sacerdotibus n ecclesia offerant. Et ut omni die dominica commu icent.* Placuit, ut fideles oblationes sacerdotibus otidie, si fieri potest, in ecclesia offerant. Et si otidie non potest, saltem dominica die absque ulla xcusatione fiat. Et ut praedicationem audiant, et si fieri potest, omni dominica die communicent, ni i criminali peccato et manifesto impediantur; quia liter salvi esse non possunt, quoniam Domi us dixit : *Qui manducat carnem meam et bibit sanguinem meum, in me manet et ego in eo. Et qui manducat me vivet*[5] *propter me.* Et caetera[6] exe pla, quae prolixa sunt hic scribere.

171. *Ut sacerdotes signa tangant horis canonicis.* Ut sacerdotes signa tangant horis canonic s, et illorum officium agant sive diurnale sive n cturnale ; quia scriptum est: *Sine intermissione or te.* Et idcirco non dimittant horas canonicas.

172. *De stolis gestandis.* Ut sacerdotes tolas portent propter signum castitatis, sicut decre m est.

173. *Ut secreta non incipiatur nisi pos hymnum finitum. Te igitur* non inchoent sacerdote n si post angelicum hymnum finitum.

174. *Ut annuntietur symbolum fidelibus sacerdotibus.* Ut annuntient presbiteri omnibus fid libus sibi subiectis symbolum et orationem dominica n, ut sancto Spiritu illustrante solventur.

175. *Ut presbiteri annuntient viris et fe inis, nisi memoriter symbolum et orationem dominicam tenuerint, de sacro fonte filiolos vel filiolas non suscip ant*[7]*.* Annuntient presbiteri, ut neque viri neque minae de

---

VARIANTES LECTIONES.

[1] contempnere *G. ex corr.* [2] *G. hic correxit*: testimonia i. d. concutiant. [3] proximum *G.* [4] quemquam *Bal.* [5] vivit *G.* [6] essent *G.* [7] suscipiantur *G.*

sacro fonte filiolos vel filiolas suscipiant, nisi memoriter symbolum et orationem dominicam tenuerint.

176. *Ut silentium in ecclesia teneatur et devote verbum Dei audiatur.* Placuit, ut fideles silentium in ecclesia teneant et devote verbum Dei audiant et confessi veraciter de omnibus sceleribus suis sacerdotibus fiant, et mundent corpora et corda eorum, in quibus Deus condigne habitare dignetur; quomodo illis dictum est : *Templum Dei estis, in quibus habitare desidero.* Et ut eorum sacerdoti in omnibus oboediant et instruantur, pro quid missa vel sacerdotes constituti sint; et intellegant vim et mysterium [1] dominici corporis et sanguinis et missae sive precum, quae in ea a sacerdote fiunt. Dicitur enim in ipsa oratione: « Memento, Domine, famulorum famularumque tuarum et omnium circumstantium, quorum tibi fides cognita est et nota devotio, qui tibi offerunt hoc sacrificium laudis pro se suisque omnibus, pro redemptione animarum suarum, pro spe salutis et incolumitatis suae; tibi [2] reddunt vota sua aeterno Deo vivo et vero. » Et reliqua. Instruantur etiam, ut cognoscant potestatem pontificum in ligando et solvendo et cetera, quae ad illos pertinent, atque reliquorum sacerdotum. Et ut timeant et venerentur secundum Domini praeceptum eorum sacerdotes; et qualiter in his offendere solent, eis annuntietur.

177. *Ut episcopo infantuli ad confirmandum praesententur.* Annuntient presbiteri populis, ut quam citius potuerint, suos infantulos ad confirmandum episcopo presentari faciant.

178. *Ut presbiteri sine sacro chrismate oleoque benedicto non proficiscantur.* Ut presbiteri sine sacro chrismate oleoque benedicto et salubri Christi eucharistia alicubi non proficiscantur ; sed ubicumque vel fortuitu requisiti fuerint ad officium suum, inveniantur parati in reddendo debito.

179. *Ut presbiteri oleum infirmorum ab episcopa expetant.* Ut omnes presbiteri oleum infirmorum ab episcopo expetant secumque habeant et moneant fideles infirmos illud exquirere, ut eodem oleo peruncti gratia Dei sanentur, quia a presbiteris fusa oratio fidei salvabit infirmos.

180. *Ut nullus presbiter parrochianus aliubi praesumat chrisma accipere, nisi ab episcopo suo.* Ut nullus presbiter parrochianus aliubi praesumat chrisma accipere, nisi a suo episcopo in coena Domini.

181. *Ut baptizari non praesumatur nisi in vigilia paschae et pentecostes.* Ut baptizare nullus praesumat nisi per duo tempora; id est vigilia paschae et vigilia pentecostes, praeter mortis periculum.

182. *Ut instruantur fideles, qui parvulos de sacro fonte suscipere cupiunt.* Placuit, ut instruantur fideles, qui parvulos de sacro fonte suscipere cupiunt, ut intellegant et vim eiusdem sacramenti et quid pro aliis spoponderunt vel pro quo fideiussores exiterunt; et sciant, se nullo modo ante aliorum patres efficere, quam supradicta discant et intellegant seu reddant. Et si fideiussores pro terreno lucro damnari solent, quanto magis pro divino iure ne damnentur cavere oportet. Illi tamen ab his officiis removendi sunt, ne alios de sacro fonte in baptismate suscipiant nec etiam ad percipiendum Spiritus sancti donum aliorum patrini existant, qui et communione canonica privati et publicae poenitentiae sunt subacti, donec per poenitentiam satisfactionis reconciliationem mereantur, vel etiam illi, qui tale peccatum commissum habent, pro quo publicae poenitentiae plectendi et ligandi sunt.

183. *Ut nulla pretia de baptizandis consignandisque fidelibus exigantur.* Ut nulla praetia de baptizandis consignandisque fidelibus exigantur. Quod si qui perpetraverint, honoris sui sint periculum subituri.

184. *De quorum baptismate absque dissimulatione dubitatur, ut baptizentur praeceptum est.* De quibus dubium est, utrum sint baptizati an non, omnimodis absque ullo scrupulo baptizentur, his tamen verbis praemissis : « Non te rebaptizo ; sed si nondum baptizatus es, baptizo te in nomine Patris et Filii et Spiritus sancti. »

185. *Ut presbiteri in ecclesia fidem sanctae Trinitatis doceant.* Notum est omnibus, impossibile esse sine fide placere Deo. Et ideo nullus sit presbiter, qui in ecclesia publice non doceat lingua quam auditores intellegant, fidem omnipotentis Dei in unitate et trinitate simpliciter credere, et ea, quae omnibus generaliter dicenda sunt, de malis evitandis sive bonis faciendis et iudicio in resurrectione futuro. Si vero ipse verbis manifeste explicare non potuerit, petat sibi ea a doctiore transcribi, qualiter aperte legat, quod qui audiunt, et intellegant. Et qui amplius non potuerit, vel his verbis admoneat : *Penitentiam agite: adpropinquabit* [3] *enim regnum coelorum.*

186. *Ut presbiteri annuntient populo quatuor legitima temporum ieiunia.* Doceant presbiteri populum quatuor legitima temporum ieiunia observare, hoc est mense Martio, Iulio, Septembrio et Decembrio quando sacri ordines iuxta statuta canonum distribuuntur.

187. *Ut ieiunia tria legitima in anno agantur.* Iterum admoneant sacerdotes, ut ieiunia tria legitima in anno agantur, id est quadraginta dies ante nativitatem Domini, et quadraginta dies ante pascha, ubi decimas anni solvimus, et post pentecosten quadraginta dies. Quamquam enim nonnulla ex his canonica priventur auctoritate, nobis tamen omnibus simul propter consuetudinem plebis et parentum nostrorum morem haec observare, ut superius compraehensum est, convenit. Et licet omnibus diebus orare et abstinere conveniat, his tamen temporibus amplius ieiuniis et poenitentiae servire oportet. Praeter haec autem legitima tempora ieiuniorum omnis sexta feria propter passionem Domini ieiunetur. Sed et sabbati dies a plerisque propter quod in eo Christus iacuit in sepulchro ieiunio consecratus habetur.

188. *Ut populus, nisi duobus temporibus, infantes suos ad baptismum non offerat.* Placuit , ut populus ad baptismum eorum infantes non offerat nisi duobus temporibus; si infirmitas non occupaverit; et quomodo in hoc offendunt, instruantur.

189. *Ut dies dominicus reverenter colatur.* Diem dominicum secundum reverentiam colite. Opus servile, id est agrum, pratum, vineam vel si qua graviora sunt, in eo non faciatis, nec causas nec calumnias inter vos dicatis ; sed tantum divinis cultibus serviatis et a vespera usque ad vesperam dies dominicus servetur. Has quidem praecipuas festivitates annuntient presbiteri ut [4] diebus dominicis sabbatizare ; id est natale Domini dies quatuor 8. Kalendarum Ianuariarum ; in circumcisione Domini Kalendas Ianuarias diem unum ; in epiphania 8. Idus Ianuarii diem unum ; in purificatione sanctae Mariae 4. Nonas Februarii diem unum ; in pascha Domini usque in octavas paschae post dominicam dies tres ; in ascensione Domini diem unum ; in natali sancti Iohannis baptistae 8. Kal. Iulii diem unum ; in passione sanctorum apostolorum Petri et Pauli 3. Kal. Iulii diem unum; in assumptione sanctae Mariae 18. Kal. Septembris diem unum ; in transitu sancti Martini 3. Idus Novembr. diem unum ; in passione sancti Andreae apostoli 2. Kal. Decembris diem unum.

190. *Ut annuntient presbiteri eodem modo, sicut sabbatum paschae cum suo pascha, sabbatum pentecoste cum suo die dominico observare.* Annuntient

---

VARIANTES LECTIONES.

[1] ministerium G.   [2] tibique *Bat.*   [3] adpropinquavit *Bat.*   [4] aut G.

presbiteri eodem modo sicut vesperascente sabbato sanctum pascha celebratur, et ipsum diem pentecostes similiter celeberrimum habeant, ut sanctum pascha et ieiunium et missam et baptismum.

191. *Ut annuntient presbiteri populo, se ab inlicitis abstinere connubiis.* Annuntiet unusquisque presbyter publice plebi ab inlicitis connubiis abstinere et secundum Domini mandatum legitimum coniugium nequaquam posse ulla occasione separari, excepta causa fornicationis, nisi consensu amborum, et hoc propter servitium Dei.

192. *Ut publice presbiteri annuntient plebi decimas et [2] primitias omnium frugum ad benedicendum offerre.* Annuntient presbiteri plebi publice, ut primitias omnium frugum terrae ad benedicendum afferant ad domos illorum et sic postea inde manducent, et decimas ex omnibus fructibus et pecoribus terrae annis singulis ad ecclesias reddant et de novem partibus, quae remanserint, elimosinas faciant, et ex ipsis peccata illorum redimant, sicut scriptum est: *Elimosina a morte liberat.* Et ipsa purgat peccata, sicut iu sapientia legitur: *Sicut aqua extinguit ignem, ita elimosina extinguit peccatum.*

193. *Ut fideles intellegant pactum quod cum Deo in baptismate fece.uni.* Placuit, ut fideles intellegant pactum, quod cum Deo in baptismate fecerunt. A multis ergo ex toto et a multis ex parte transgreditur. Quid sit abrenuntiare diaboli operibus et pompis eius et omnibus operibus eius, instruantur fideles. Si vero iura humanae pactionis firma conservantur; quanto magis ferventius iura tanti pacti, quae cum Deo facta sunt, irrevocabiliter sunt observanda!

194. *Ut sacerdotes admoneant viros et mulieres, ut luminaria ad basilicas deportent.* Ut sacerdotes ammoneant viros et mulieres, ut ad basilicas luminaria et incensum et bucellas et primitias afferant, sicut scriptum est: *Honora Dominum de tua substantia, et de primitiis frugum tuarum da pauperibus.*

195. *Ut ammoneant presbiteri plebem, ne in ecclesia contentionibus et verbositatibus deserviant.* Ammoneant presbiteri plebem, ut in ecclesiis verbosare non praesumant, sed cum fletu et compunctione cordis Dei implorent auxilium tam pro se, quam et proximis suis. Et quando presbiter caelebrat missam, corda illorum semper ad coelestia adtendant. Et quando lectiones sanctae vel euangelia recitata fuerint, cum silentio et devota mente pariter audiant, sicut Deus dixit per Moysen: *Audi Israel et tace.* Et oblationes offerant et communicare faciant.

196. *Ut presbiteri sollicite curent, ne inhonesta et turpia quaelibet fiant in ecclesiis.* Quando populus ad ecclesias venerit tam per dies dominicos quam et per solemnitates sanctorum, aliud non ibi agat nisi quod ad Dei pertinet servitium. Illas vero balationes et saltationes canticaque turpia ac luxuriosa et illa lusa [2] diabolica non faciat nec in plateis nec in domibus neque in ullo loco: quia haec de paganorum consuetudine remanserunt. Et qui [3] ipsa fecerit, canonicam sententiam accipiat.

197. *Ne in mortuorum funeribus iuxta paganorum ritum agatur.* Admoneantur fideles, ut ad suos mortuos non agant ea, quae de paganorum ritu remanserunt. Sed unusquisque devota mente et cum conpunctione cordis pro eius anima Dei misericordiam imploret. Et quando eos ad sepulturam portaverint, illum ululatum excelsum non faciant; sed sicut superius diximus, devota mente et cum conpunctione cordis, in quantum sensum habuerint, pro eius anima implorare Dei misericordiam faciant; et illi, qui psalmos non tenent, excelsa voce, *kirie eleison, Christe eleison*, viris incantibus mulieribusque respondentibus alta voce canere studeant pro eius anima. Et super eorum tumulos nec manducare nec bibere praesumant. Quod si fecerint, canonicam sententiam accipiant.

198. *Ut pro defunctis amicorum par tes eorum triginta dies adimplere faciant.* Fideles p[ro] defunctis amicorum et parentibus eorum ieiunia e oblationes triginta dies adimplere faciant, et mort[u]um super mortuum non ponant, nec ossa defunct[or]um super terram dimittant. Quod si fecerint, can nicae sententiae sublaceant.

199. *De liis, quos episcopus aut sacer os excommunicaverit, ne eos fideles recipiant.* Plac it, ut fideles eos, quos episcopus aut sacerdos pro ter eorum peccata excommunicaverit, non recipi nt, antequam poenitentiam accipiant et ad c fessionem veniant.

200. *Ut nullus presbiter suam ecclesiai sine consensu episcopi sui derelinquat.* Compellimus statuta canonum et in hoc servare, ut nullus presbiter creditam sibi ecclesiam sine consensu sui epi copi derelinquat, et laicorum suasione ad aliam tra seat.

201. *Ut sacra misteria nullus presbiter nisi in loco consecrato agat.* Ut nullus presbiter sa a missa ria, nisi in locis ab episcopo consecratis, ag re praesumat.

202. *Ne aliud altare in ecclesia conse rata, nisi quod ab episcopo consecratum est, aliqu s presbiter erigat.* Ut nullus presbiter in ecclesia consecrata aliud altare erigat, nisi quod ab episcopo sanctificatum est, ut sit discretio inter sacratum et non sacratum.

203. *Ut episcopus, presbiter et diacon s non sint aleatores et ebriosi.* Quod episcopus, pres iter et diaconus aleator et ebrius esse non debea. Similiter clerici et laici, si permanserint in alea, c mmunione priventur.

204. *Ut nemo clericorum usuras accipia .* Quoniam venerandi canones et divina prohibet au oritas usuras accipere, ideo nullus hoc clericorum cere praesumat, et in quantum potuerint, laicis etare studeant.

205. *Ut diem dominicum, in quo Dom nus resurrexit, cuncti venerabiliter colant.* Placuit, ut fideles diem dominicum, in quo Dominus resurr xit, venerabiliter [4] colant. Nam si pagani ob m moriam et reverentiam deorum suorum quosdam d es colunt, et ludaei more carnali sabbatum carnal ter observant, quanto magis christiani iste dies honorifice colendus est, ne in illo sancto die vanis abulis aut locutionibus sive cantationibus vel sal ationibus, stando in biviis et plateis, ut solet, inse viant. Sed ad sacerdotem aut ad aliquem sapienten e bonum veniant et eorum praedicationibus et bo i locutionibus, quae ad animam pertinent, ntan ur. Et illi die sen sabbato ad vesperas et ad matuti as sive ad missam cum eorum oblationibus, si f ri potest, omnes canendo *kirie eleison*, veniant, et e indo et redeundo *kirie eleison* decantent. Similiter pastores pecorum eundo et redeundo in campum et ad domum faciant, ut omnes eos veraciter ch istianos et devotos esse cognoscant.

206. *De reconciliandis poenitentibus.* Qu a vera necessitate praepedimur canonum statuta e reconciliandis poenitentibus pleniter observare, propter a omnino non dimittatur, ut unusquisque presbiter iussione episcopi de occultis tantum, qu de manifestis episcopos semper conveniat iudi a c, statim post acceptam confessionis penite.tiam si gulos data oratione reconcilihari. Morie tibus vero si e cunctamine communio et reconciliatio praebeat r.

207. *Quot sint dies pur ationis mul eris.* Cum enixa fuerit mulier, post quot dies deb a ecclesiam intrare, testamenti veteris praeceptione dicimus, ut pro masculo diebus 33, pro femina ait em 66 debeat abstinere. Quod tamen, ut ait san tus Grego-

VARIANTES LECTIONES.

[1] deest G. [2] et illusa G. [3] cum Bgl. [4] omnes v. Bal.

rius, sciendum est quia in mysterio accipitur; nam si hora eadem, qua genuerit, actura gratias intret ecclesiam, nullo peccati pondere gravatur. Voluptas enim carnis, non dolor in culpa est. In carnis commixtione voluptas est, in prolis vero prolatione gemitus. Unde et ipsi primo matrimonio dicitur: *In doloribus paries*. Si itaque enixam mulierem prohibemus ecclesiam intrare, ipsam ei poenam suam culpam deputamus.

208. *Ut missarum celebrationes in locis incongruentibus non fiant*. Placuit, ut fideles missarum celebrationes in locis non consecratis et incongruentibus facere [1] omnino non debeant nisi causa hostilitatis vel longinqui itineris: et id in altaribus ab episcopo consecratis fieri, si [2] necessitas compellat. Sacerdotes tamen, qui in locis illicitis et non consecratis missas cantare praesumunt, gradum se sciant amissuros [3]. Melius est enim missam non audiri, quam eam ubi non licet nec oportet celebrare aut audire. Et de usura ut non fiat omnes admoneantur.

209. *De propinquitate*. In quarta propinquitate carnis, quinta sextaque non licet nubere, sicut in lege scriptum est: *Omnis homo ad propinquam sanguinis sui non accedat, ut revelet turpitudinem eius*, id est, usque ad septimum gradum. Legitimum conjugium non licet separari sine consensu amborum, ita tamen ut ambo Deo serviant innupti. Potest autem [4] alter alteri licentiam dare accedere ad servitium Dei, si ipse [5] tamen innuptus vel innupta permanserit. In veteri testamento taliter legitur de coitu cum pecoribus: *Mulier, quae subcubuerit cuilibet iumento, simul interficiatur cum eo*. In novo illa, sicut ille, qui cum pecoribus coierit, quindecim annis, alli undecim [6] poeniteat. Animalia coitu hominum polluta occidantur carnesque canibus proiciantur; sed coria eorum assumantur. Ubi autem dubium est, non occidantur.

210. *De servo, qui damnum cuilibet intulerit, quid agendum sit*. Nemini liceat servum suum propter damnum ab illo cuilibet inlatum dimittere, sed iuxta qualitatem damni dominus pro ipso respondeat vel eum in compositionem aut ad poenam petitori offerat. Si autem servus perpetrato scelere fugerit, ita ut a domino penitus inveniri non possit, sacramento se dominus excusare studeat, quod nec suae voluntatis nec conscientiae fuisset, quod servus eius tale facinus commisit. Sicut petierunt, ita dominus imperator consensit.

211. *De eo, qui ad mallum legibus mannitus fuerit et non venerit*. Si quis ad mallum legibus mannitus fuerit et non venerit, si eum sunnis [6] non detinuerit, quindecim solidis culpabilis iudicetur. Similiter ad secundum et tertiam. Si autem ad quartam venire contempserit, possessio eius in bannum mittatur, donec veniat et de re, pro [7] qua interpellatus fuerit, iustitiam faciat. Si infra annum non venerit, de rebus eius, quae in banno [8] missae sunt, rex interrogetur, et quidquid inde iudicaverit, fiat. Prima mannitio super noctes 7, secunda super 14, tertia super 21, quarta super 42. Similiter et de beneficio hominis, si forte res proprias non habuerit, mittatur in bannum, usque dum rex interrogetur.

212. *De eo, qui filios non habuerit et in eorum loco alium sibi heredem facere voluerit*. Qui filios non habuerit et alium quemlibet heredem sibi facere voluerit, coram rege vel coram comite et scabinis vel missis dominicis, qui ab eo ad iustitias faciendas in provincia fuerint ordinati, traditionem faciat.

213. *De denarialibus, qualiter possint hereditare*. Homo denarialis non alvea hereditare in suam agnationem poterit, quam usque ad tertiam generationem perveniat. Homo cartolarius [9] similiter faciat.

214. *Ut omne sacramentum in ecclesia iuretur*. Omne sacramentum in ecclesia et super reliquias iuretur; et quod in ecclesia iurandum est, vel cum sex electis, vel si duodecim esse debent, qualis potuerit invenire. Sic [10] *illum Deus adiuvet et illi sancti, quorum istae reliquiae sunt, ut veritatem dicat*. Si res interiaia furto ablata fuerit, liceat ei, super quem res intertiata fuerit, sacramento se excusare de furto, quod nec suae voluntatis aut conscientiae fuisset, quod ablatum est, et aliud tantum sine dampno restituatur.

215. *Ut vitia, quae remanserunt ex ritu gentilium fideles caveant*. Placuit, ut fideles caveant vitia, quae ex ritu gentilium remanserunt; id est, magi, arioli, sortilegi, venefici, divini, incantatores, somniatorum coniectores, quos divina lex intractabiliter puniri iubet. Et ne eos inter se sinant esse, providendum illis est.

216. *De ecclesiis restaurandis*. De ecclesiis emendandis, et ubi in uno loco plures sunt quam opus sit, ut destruantur, quae necessariae non sunt, et aliae construantur.

217. *Ne presbiteri, priusquam examinentur, ordinentur*. Ut presbiteri non ordinentur, priusquam examinentur. Et ut excommunicatio subito et sine causa non fiat.

218. *Ut dominici missi scabinos, advocatos et notarios eligant*. Ut missi nostri scabinos, advocatos et notarios per singula loca eligant et eorum nomina, quando reversi fuerint, secum scripta deferant.

219. *De his qui legem contemnunt servare*. De his, qui legem servare contempserint, ut per fideiussores in praesentiam regis deducantur.

220. *Ut fideles se a vitiis abstineant, quae quasi naturaliter in usu habentur*. Placuit, ut fideles a vitiis detestandis, quae habentur quasi naturaliter in usu, se abstineant, quae apostolus aperte enumerat; id est, ebrietates, comessationes, contentiones, irae, rixae, dissensiones, detractiones, invidiae, inimicitiae; de quibus apostolus ait: *Qui talia agunt, regnum Dei non consequentur*. Et [11] alibi: *Non solum qui faciunt, sed qui consentiunt facientibus*. Et de illis dici potest: *Letantur, cum male fecerint, et exultant in rebus pessimis*.

221. *De his qui heribannum solvere debent*. Ut illi, qui heribannum solvere debent, coniectum faciant heribannatoribus, et nullum aliud obsequium comitibus vel vicariis faciant.

222. *De fugitivis et peregrinis, ut distringantur*. De fugitivis ac peregrinis, ut distringantur, ut scire possimus, qui sint aut unde venerint.

223. *De armillis et bruniis negotiatoribus non dandis*. Ut armillae et bruniae non dentur negotiatoribus.

224. *Ut mensurae aequales fiant*. De mensuris, ut secundum iussionem nostram aequales fiant.

225. *Ut christiani ab otioso sermone se caveant vel a ceteris vitiis*. Placuit, ut fideles de otioso sermone, pro quo in die iudicii secundum Domini sententiam rationes omnes reddituri sumus, et de scurrilitate, et stultiloquio et maledictionibus, quoniam iuxta apostolum maledicentes regnum Dei non possidebunt, et de mendacio noxio sive de periculoso assiduoque iuramento et obscoenis turpibusque canticis: ab his omnibus cuncti christiani se fortiter cavere debent [12]; ne his studentes per neglegentiam detrimentum suarum patiantur animarum.

226. *Ut super vestituram Pippini regis testimonia, non mittantur*. Ut non mittantur testimonia super vestituram domni Pippini regis.

227. *Ut nec colonus nec fiscalinus traditiones faciat*. Ut nec colonus nec fiscalinus possit alicubi traditiones facere.

228. Ne praesumat hominem aliquis sine causa ad

VARIANTES LECTIONES.

[1] fieri G. [2] deest G. [3] amissurum G. [4] per se G. [5] XII G. [6] sonnis Bal. [7] deest Bal. [8] bannum Bal. [9] chartularius Bal. [10] si Bal. [11] Et... facientibus *inserta a* Bened. [12] debeant Bal.

iudicium mittere. Ut nullus praesumat hominem ad iudicium mittere sine causa, nisi iudicatum fiat.

229. *Si liber homo in monasterio regulari comam deposuerit.* Si liber homo in monasterio regulari comam deposuerit, et res suas ibidem delegaverit, promissionem factam secundum regulam firmiter teneat.

230. *De coniugio, quod a Deo sit constitutum et quod non causa luxuriae, sed causa potius filiorum appetendum sit.* Placuit, ut fideles sciant, coniugium a Deo esse constitutum, et quod non sit causa luxuriae, sed causa potius filiorum appetendum. Et ut virginitas usque a nuptias fideliter servetur. Et uxores habentes neque pellicem neque concubinam habere debeant: quomodo etiam in castitate, uxores suas diligere eisque utpote vasi infirmiori honorem debitum impendere. Et quod commixtio carnalis cum uxoribus gratia fieri debeat prolis, non voluptatis.

231. *Ut omnia, quae wadiare* [1] *debent, secundum legem rewadientur.* Ut omnia, quae wadiare debent, iuxta quod lege continetur, pleniter secundum ipsam legem rewadiata fiant. Et inpostmodum vel domnus rex vel ille, cuius causa est, iuxta quod ei placet, misericordiam faciat.

232. *Ut nullus ebrius causam suam possit in mallo conquirere.* Ut nullus ebrius suam causam in mallo possit conquirere, nec testimonium dicere. Nec placitum comes habeat, nisi ieiunus.

233. *De nullo ad bibendum cogendo.* Ut neminem liceat alium cogere ad bibendum.

234. *De missis dominicis discurrentibus.* De missis nostris discurrentibus vel ceteris hominibus in utilitate nostra iter agentibus praecipimus, ut nullus mansionem contradicere praesumat nec herbam, excepto suo prato.

235. *Ut a coitu praegnantium fideles se abstineant.* Placuit, ut fideles se abstineant a coitu praegnantium uxorum, necnon menstruo tempore. Et ut causa fornicationis non sit uxor, secundum Domini sententiam, dimittenda, sed potius sustinenda. Et quod hi, qui causa fornicationis dimissis uxoribus suis alias ducunt, Domini sententia adulteri esse notantur.

236. *De canibus, qui in dextro armo tonsi sunt.* De canibus, qui in dextro armo tonsi sunt, ut homo qui eum habuerit, cum ipso cane in praesentiam regis veniat.

237. *De capitulis, quae in lege noviter addita sunt.* Ut populus interrogetur de capitulis, quae in legem noviter addita sunt. Et postquam omnes consenserint, et manufirmationes suas in ipsis capitulis faciant.

238. *Ut nullus ad placitum banniatur praeter scabinos septem et qui causam quaerere debent.* Ut nullus ad placitum banniatur, nisi qui causam quaerere vult aut se ab alio quaeri licit; excepto scabinis septem, qui ad omnia placita esse debent.

239. *De falsis testibus non recipiendis.* Ut falsi testes minime recipiantur.

240. *Qualiter fidelibus christianis incesta cavenda sint.* Placuit, ut fideles agnoscant, qualiter incesta christianis cavenda sint, et quod loca Deo dicata frequentius devotiusque ad Deum exorandum sibique [2] propitium faciendum saepius; quam actenus fecissent, frequentent; et quod in basilicis Deo dicatis non sit fabulis otiosis turpibusque et obscoenis sermocinationibus vacandum, et negotia secularia publicaque placita habenda; et quod hi qui haec in ecclesiis faciunt, maiora sibi peccata accumulent.

241. *De non iurando per vitam regis.* Ut nullus praesumat per vitam regis et filiorum eius iurare.

242. *Ut missi non solum de annuntiatione, sed etiam de opere breves afferant.* Ut missi nostri, qui iam breves detulerunt de annuntiatione, adhuc adducant et de opere.

243. *Ut nullus praesumat teloneum, ro ticum vel pulveraticum recipere.* Ut nullus homo pra sumat teloneum per vias, nec per villas rodaticum nec pulveraticum recipere.

244. *Ut fideles iuxta iudicia iudicent.* Placuit, ut fideles iusta iudicia iudicent et munera pr hoc non accipiant, et ut falsum testimonium vitent et a detractione se abstineant necnon a caeteris lis, quae longum est dinumerare.

245. *Ut ecclesiae earum iustitiam obt nea it.* In primis, omnium iubendum est, ut habeant ec lesiae earum iustitias, et in vita illorum, qui habita it in ipsis ecclesiis, et post vitam [3] in pecuniis et i substantiis earum.

246. *Ut potestatem episcopi om ies intelli ant, et instruantur, qualiter sive secundum canonica i sive secundum monasticam regulam eis vivendum s t.* Ut omnes episcopi potestatem intellegant, et in truantur, ut vel secundum canonicam vel secundum monasticam regulam regant [4] ministeria co um t m in monasteriis virorum, quam et in puellarum e in foreusibus presbiteris seu reliquo populo Dei.

247. *De viduis et orphanis et minus pot ntibus.* Ut viduae, orphani et minus potentes sub Dei elensune et nostra mundeburdae [5] pacem habeant et eorum iustitias adquirant.

248. *De non parvipendenda excommuni atione sacerdotum.* Placuit, ut fideles non parvipendant excommunicationem sacerdotum illorum; uoniam si hoc fecerint, iuste [6] segregabuntur a c etu christianorum.

249. *De episcopis et comitibus, ut sibi onsensum invicem praebant.* Ut episcopi cum comi bus stent et comites cum episcopis, ut utrique ple iter suum ministerium peragere possint.

250. *Ut latr nes vel homicidae sive adult ri sub magna correctione distringantur.* Ut latrones vel homicidae seu adulteri, vel incestuosi sub ma na districtione et correctione sint correpti secun um euuam Baiuvariorum [7] vel legem.

251. *De rebus invasis.* De rebus propris s, ut ante missos et comites et iudices nostros veni ii, qui hoc egerunt, et ibi accipiant finitivam s ntentiam, ita ut inantea nullus praesumat alterius re n proprendere [8]; sed magis suam causam quaerant ante iudices nostros, ut diximus, et ibi recipiant q od iustum est.

252. *De superbia, propter quam diabo is corruit.* Placuit, ut fideles de superbia instruantur per quam angelus factus diabolus de celo eiectus est.

253. *De eo, qui non recte iudicatur.* U si aliquis voluerit dicere, quod iuste ei non iudicet r, tunc in praesentiam nostram veniat. Aliter vero n n praesumat in praesentiam nostram venire pro alte ius iustitia dilatanda.

254. *De invidia, per quam diabolus hom nem eiecit de paradyso.* Placuit, ut fideles admonea tur de invidia, per quam diabolus hominem de pa adyso eiecit.

255. *De odio et discordia.* Placuit, ut ideles ammoneantur de odio et discordia, quae cari atem inter proximos extinguunt et dilectionem evac ant et omnia bona pervertunt et non sinunt proxim s in mutua dilectione consistere.

256. *Kapitulum hoc, datum anno domin icae incarnationis 806. ad Teod nis villam anno im erii domni Karoli 6.* Cap. 1. Ut lectiones in e cle a distincte legantur. 2. De cantu, ut secundum ordi em et morem Romanae ecclesiae fiat cantatus. 3. e notariis, ut unusquisque episcopus et abba et sing li comites

VARIANTES LECTIONES.

[1] wadiari *Bal.* [2] ibique *G.* [3] tam in p. quam et *Bal.* [4] regantur eorum ministerio *Bal.* [5] nostro mundeburdo *Bal. hic et infra.* nostrae *G.* [6] iustae *G.* [7] beuuariorum *G.* [8] proprindere *Ba*

suum notarium habeant. 4. De caeteris disciplinis ecclesiae, ut secundum canones vel regulam fiant. 5. De medicinali arte, ut infantes hanc discere mittantur. 6. De ecclesiis sine honore manentibus absque officiis et luminaribus; et de his qui decimas assumunt et de ecclesiis non curant, ut hoc omnimodis emendetur; et de altaribus, ut non superflua sint in ecclesiis.

257. *De laicis qui noviter sunt conversi.* De laicis noviter conversis, ne, antequam suam legem pleniter vivendo discant, ad alia negotia mittantur.

258. *Ut scribae falso non scribant.* De scribis, ut non vitiose scribant.

259. *Ut compotus discatur.* De compoto, ut veraciter [1] discant omnes.

260. *De derelinquentibus seculum propter servitium Dei.* De his qui seculum relinquunt propter servitium inpediendum et tunc neutrum faciunt, ut unum e duobus eligant, aut pleniter secundum canonicam aut secundum regulae institutionem vivant, aut servitium dominicum faciant.

261. *Ut servi proprii non tondantur vel ancillae non velentur nisi ad mensuram.* De servis propriis vel ancillis, u' non amplius tondantur vel velentur nisi secundum mensuram. Et ut ibi satisfiat, et villae non sint desolatae.

262. *Ut superfluae congregationes nullatenus fiant.* De congregationibus superfluis, ut nullatenus fiant; sed tantos congreget unusquisque, quantis consilium dare potest.

263. *De his qui secundum regulam non pulsantur.* De his qui non fiunt secundum regulam pulsati, ut deinceps emendetur.

264. *Ut infantulae non velentur.* Ut infantulae parvae aetatis puellae non velentur, antequam illae eligere sciant quid velint, salva canonica auctoritate.

265. *De laicis, ut non sint praepositi monachorum.* Ut laici non sint praepositi monachorum infra monasterium, nec archidiaconi sint laici.

266. *Ut incestuosi canonice examinentur.* De incestuosis, ut canonice examinentur, nec propter alicuius amicitiam quidam relaxentur, quidam constringantur.

267. *De his qui per aliquod s elus rebelles fiunt.* Ut paci omnes studeant; et qui pro aliquo scelere sibi rebelles sunt, constringantur.

268. *De iustitiis ecclesiarum Dei, orphanorum, pupillorum ac viduarum.* Iustitiae ecclesiarum Dei, viduarum, orphanorum et pupillorum et in publicis iudiciis non despiciantur clamantes, sed diligenter audiantur.

269. *De iustitiis regalibus.* Ut iustitiae regales pleniter inquisitae fiant.

270. *De fame vel ceteris tribulationibus.* Si venerit fames, clades, aut inaequalitas aeris vel qualiscumque tribulatio, non expectetur edictum dominicum, sed statim depraecetur Dei misericordia. Et in praesenti anno de famis inopia, ut unusquisque adiuvet prout potest, et nemo suam annonam nimis care vendat. Et ne foris imperium nostrum vendatur a liquid alimoniae.

271. *Ut arma infra patriam non portentur.* De armis infra patriam non portandis, id est scutis, et lanceis vel loricis. Si faitiosus quis sit, discutiatur tunc, quis e duobus contrarius sit; et ut pacati sint, constringantur ad pacem, etiamsi noluerint. Et si aliter pacificare nolunt, adducantur in nostram praesentiam. Et si aliquis post pacificationem alterum occiderit, componat illum et manum, quam peieravit, absque ulla redemptione perdat et insuper bannum dominicum solvat. Et ut servi lanceas non portent. Qui inventus fuerit post bannum, asta frangatur in dorso eius.

272. *Ut omnis homo de duodecim mansis bruniam habeat.* De armatura in exercitu, sicut antea in alio capitulari mandavimus, ita servetur. Et insuper omnis homo de duodecim mansis bruniam habeat. Qui vero bruniam habens eam secum non duxerit, omne beneficium cum brunia perdat.

273. *De negotiatoribus qui partes Sclavorum vel aliarum gentium pitierint.* De negotiatoribus qui ad partes Sclavorum et Avarorum pergunt, quousque procedere debeant, id est, partibus Saxoniae usque ad Bardenwic, ubi praevideat Herti, et ad Cesla [3], ubi Madalgaudus [4] praevideat; ad Magadeburc, praevideat Atto [5]; ad Herphesfurt, praevideat Madalgaudus; et ad Alagastat, similiter ad Forachem [6] et ad Brehembret [7] et ad Ragenesburc [8] praevideat Ottulfus, ad Lavariocam Warnarius, ut arma et brunias non ducant ad vendendum. Quod si invenii fuerint portantes, omnem substantiam eorum auferant ab eis; dimidia quidem pars partibus palatii, alia vero medietas inter iamdictos missos et inventores dividatur.

274. *Ut causedici qui adquiescere noluerint, recludantur.* De clamatoribus vel causedicis, qui nec iudicium scabinorum adquiescere nec blasphemare volunt, antiqua consuetudo servetur, id est ut in custodiam recludantur donec unum e duobus faciant. Et si ad palatium pro hac re reclamaverint et litteras detulerint, non quidem eis credatur, nec tunc tamen in carcerem mittantur, sed cum custodia et cum ipsis litteris eos ad palatium nostrum remittant et ibi discutiantur, sicut dignum est.

275. *De iuramento, ut nulli alteri nisi proprio seniori iuramenti fidelitas promittatur.* De iuramento, ut nulli alteri per sacramentum fidelitas promittatur nisi nobis et unicuique proprio seniori ad utilitatem nostram et sui senioris; excepto his sacramentis quae iuste secundum legem alteri ab altero debentur. Et infantes, qui antea non potuerunt propter iuvenilem aetatem iurare, modo fidelitatem promittant.

276. *De his, qui conspirationem fecerint, ut tripliciter iudicentur.* Conspirationes quicumque facere praesumpserint et sacramento quocumque conspirationem firmaverint, triplici ratione iudicentur. Primo, ut ubicumque aliquod malum propter hoc perpetratum fuerit, auctores facti interficiantur; adiutores vero eorum singuli alter ab altero flagellentur et nares sibi invicem praecidant. Ubi vero nihil mali perpetratum est, similiter quidem inter se flagellentur et capillos sibi invicem detundant. Si vero per dexteras aliqua conspiratio firmata fuerit, si liberi sunt, aut iurent cum idoneis iuratoribus, quod hoc pro malo non fecissent; aut si hoc facere non potuerint, secundum legem suam componant. Si vero servi sunt, flagellentur; ut de caetero in regno nostro nulla huiuscemodi conspiratio per sacramentum neque sine sacramento fiat.

277. *De periuriis, ut caveantur.* Praecipimus, ut periuria caveantur, nec admittantur testes ad iuramentum antequam discutiantur. Et si aliter discuti non possunt, separentur ab invicem et singulariter inquirantur. Et non liceat accusatores testes eligere absente suo causatore. Et omnino nullus nisi ieiunus ad iuramentum vel ad testimonium admittatur. Et ille, qui ad testimonium adducitur, si refutatur, dicat ille qui eum refutat, et probet quare illum recipere nolit. Et de ipso pago, non de altero, testes eligantur, nisi forte longius extra comitatum causa sit inquirenda. Et si quis convictus fuerit periurii, perdat manum aut redimat.

278. *Ut vicedomini, advocati et centenarii pravi auferantur.* De advocatis, vicedominis, vicariis, centenariis pravis, ut tollantur, et tales eligantur qui et sciant et velint iuste causam discernere et terminare. Et quisquis pravus inventus fuerit, nobis pro certo nuntietur.

VARIANTES LECTIONES.

[1] de c. v. illum d. *Bal.* [2] vel *G.* [3] Ceslic *Bal.* [4] Madegaudus *Ba.* [5] Otto *G.* [6] Forhcem *G.* [7] et in ad herehembret *G.* [8] Gragenesburc *G.*

279. *Ut antiqua telonea et iusta exigantur a negotiatoribus, nova vero et iniusta repellantur.* Placet nobis ita, ut antiqua et iusta telonea a negotiatoribus exigantur tam de pontibus, quam et de navigiis seu mercatis. Nova vero sive iniusta, ubi vel funes tenduntur vel cum navibus sub pontibus transitur seu his similia, in quibus nullum adiutorium iterantibus praestatur, ut non exigantur. Similiter etiam nec de his qui sine negotiandi causa substantiam suam de una domo sua ad aliam aut ad palatium aut in exercitum ducunt. Si quid vero fuerit unde dubitetur, ad placitum nostrum, quod cum missis nostris habituri sumus, interrogetur.

280. *De fugitivis clericis et laicis illud servandum est, quod in capitulari dominico continetur.* De fugitivis clericis sive laicis, vel etiam feminis , sicut iam in alio capitulari nostro praecepimus, ita servetur.

281. *De his qui ad Dei servitium volunt accedere, ut absque licentia regali non id agant, qui liberi existunt.* Liberi homines, qui ad servitium Dei se tradere volunt, praecipimus ut prius hoc non faciant, quam a nobis licentiam postulent; nam quia audivimus aliquos ex illis non tam causa devotionis, quam exercitum sive aliam functionem regalem fugiendo, quosdam vero cupiditatis causa ab his qui res illorum concupiscunt, circumventos audivimus, et hoc ideo fieri prohibemus.

282. *Ut potentiores pauperes non obpriment.* De oppressione pauperum liberorum hominum, ut non fiant a potentioribus per aliquod malum ingenium contra iustitiam obpressi, ita ut coacti res eorum vendant aut tradant. Ideo haec de liberis hominibus dicimus, ne forte parentes contra iustitiam fiant exheredati et regale obsequium minuatur et ipsi heredes propter indigentiam mendici vel latrones seu malefactores efficiantur. Et ut saepius non fiant manniti ad placitum [1], nisi sicut in alio capitulari praecepimus.

283. *Ut ecclesiae noviter inventae sine episcopi probatione non venerentur.* De ecclesiis seu sanctis noviter sine auctoritate inventis, nisi episcopo probante minime venerentur: salva etiam de hoc et de omnibus ecclesiis canonica auctoritate.

284. *De falsis monetis, quae contra iustitiam fiunt.* De falsis monetis, quia in multis locis contra iustitiam et contra edictum fiunt, volumus ut in nullo alio loco moneta sit nisi in palatio nostro, nisi forte iterum aliter a nobis fuerit ordinatum. Illi tamen denarii, qui modo monedati sunt, si pensantes et meri fuerint, habeantur.

285. *Ut heribannus dominicus fideliter exigatur.* De heribanno volumus, ut missi nostri hoc fideliter exigant absque ullius personae gratia, blanditiae [blanditie] seu terrore secundum iussionem nostram; id est de homine habente libras sex in auro, in argento, bruniis, aeramento, pannis integris, caballis, ovibus, vaccis vel alio peculio, ita ut uxores eorum vel infantes non fiant dispoliati pro hac re, de vestimentis eorum accipiant legitimum heribannum, id est libras tres. Qui vero non habuerit amplius in suprascripto pretio valente nisi libras tres, solidi triginta ab eo exigantur. Qui autem non habuerit amplius nisi duas libras, decem solidos exsolvat. Si vero nisi [2] unam libram habuerit, solidos quinque, ita ut iterum se valeat reparare ad Dei servitium et nostram utilitatem. Et missi nostri caveant ut diligenter inquirant, ne per aliquod malum ingenium nostram subtrahant iustitiam alteri tradendo aut commendando.

286. *Ut census regalis inde solvatur, unde olim exigebatur legitime.* Census regalis undecumque olim A legitime exigebatur, volumus ut inde solvatur sive de propria persona hominis sive de rebus.

287. *Quid de latronibus agendum sit.* De latronibus sicut iam ante in alio capitulari commonuimus, ita maneat.

288. *Quid de illis qui uxores habent fiscalinas, sit agendum.* De liberis hominibus qui uxores de fiscis regalibus habent, et de feminis quae libera sunt et homines similiter fiscalinos regios habent ut accipiunt: ut nec de hereditate parentum vel de causa sua quaerenda nec de testimonio pro hac re abiciantur; sed talis nobis in hac causa honor servetur, qualis ab antecessoribus nostris regibus ve imperatoribus servatus esse cognoscitur.

289. *De libris canonicis, ut veraciter habeantur.* Volumus et ita missis nostris mandare praecipimus, ut in ecclesiis libri canonici veraces habeantur, sicut iam in alio capitulari senius mandavimus.

290. *De laicis, ut orationem dominicam memoriter discant.* Ut laici simbolum et orationem dominicam B pleniter discant. Comites quoque et centenarii, nobiles viri, legem suam pleniter discant, sicut in alio loco decretum est. Praecipimus autem mis s nostris ut ea, quae multis iam annis per capitula nostra in toto regno nostro mandavimus agere, di ere, observare vel in consuetudinem habere, ut h c omnia nunc diligenter inquirant et omnino ad servitium Dei et ad utilitatem nostram vel ad omnium christianorum hominum profectum innovare studeant, et quantum Domino donante praevalent, ad perfectum usque perducant et nobis omnino renuntient, quis inde certamen bonum hoc adimplere habuisset, ut a Deo et a nobis gratiam habeat. Qui autem negligens inde fuerit [3], ut talem disciplinam ercipiat, qualem talis sit contemptor recipere dig us, ita ut et caeteri metum habeant amplius.

291. *Capitula quae ad legem Salicam mittenda sunt de occisione clericorum* [4] *vel aliis causis.* Qui subdiaconum occiderit, trecentos [5] solidos componat; qui C diaconum, quadringentos [6] solidos componat; qui presbiterum, sexcentos [7]; qui episcopum nongentos [8]; qui monachum, quadringentis [9] solidis culpabilis iudicetur. Si qu is in inmunitate damnum aliquod fecerit, sexcentos [10] solidos componat. i autem homo furtum aut homicidum fecerit aut quodlibet crimen foris committens infra inmunitate fugerit, mandet comes vel episcopo vel abbati v l vicedomino vel illi, qui locum episcopi vel abb tis tenuerit, ut reddat ei reum. Si ille contradixerit eum reddere noluerit, in prima contradictione uindecim solidos componat. Si ad secundam inquisiti nem eum reddere noluerit, triginta solidos componat. Si nec ad tertiam consentire voluerit quicquid r us damni fecerit, totum ille, qui eum infra inmunit tem retinet nec reddere vult, solvere cogatur. E ipse comes veniens licentiam habeat ipsum homi em infra inmunitatem quaerendi, ubicumque eum invenire potuerit. Si autem in prima inquisitione omiti re- D sponsum fuerit, quod reus infra inmunitatem quidem fuisset, sed fuga lapsus fuerit; statim iuret, quod ipse ad iustitiam cuiuslibet disfaciendam fugere eum non fecisset, et sit ei in hoc satisfactum. Si autem intranti in ipsam inmunitatem comiti collecta manu quislibet resistere tentaverit, comes hoc ad regem vel ad principem deferat, ut ibidem iudicetur. Et sicut ille, qui in inmunitate damnum fecit, sexentos [11] solidos componere debet, ita qui comiti collecta manu resistere praesumit, sexcentos solidos componat.

292. *Capitula quae domnus Karolus imperator constituit.* Ut nullus ad placitum arma infra patriam portet.

VARIANTES LECTIONES.

[1] palatium *G.* [2] v. minus n. *G.* [3] fuerat *G.* [4] diaconorum *Bal* [5] cccc *ex corr. G.* [6] dc e corr. *G.* [7] nccc ex corr. *G.* [8] de vita componat *ex corr. G.* [9] cccc et insuper bannum id est LX so . et arma relinquat atque in monasterio diebus vitae suae sub ardua penitentia Deo servit. Si quis in i munitate etc. Codex regius Paris. N. 4576. [10] dcccc *ex corr. G.* [11] dcccc *ex corr. G.*

293. *De latronibus.* Quicumque post illam missam sancti Iohannis praeteriti anni cuidam latroni mansionem dederit, si Francus est, cum duodecim similibus Francis iuret, quod latronem eum fuisse non scisset, licet pater eius sit aut frater vel aliquis propinquus. Si hoc iurare non potuerit et ab alio convictus fuerit, quod latronem in hospitio suscepisset, quasi latro sit, quia infidelis est noster [1] et Francorum; et qui illum suscepit, similis est illi. Si autem audivit, quod latro fuisset, et tamen non scit firmiter, iuret solus, quod nunquam eum audisset nec per veritatem, nec per mendacium latronem; aut sit paratus, si ille postea de latrocinio convincitur, ut similiter dampnetur.

294. *Ne aliquis de ignoto homine equum, bovem vel aliud animal emat.* Ut nullus comparet caballum, bovem aut iumentum vel aliud animal, nisi illum hominem cognoscat, qui eum vendidit et de quo pago est et ubi manet [2] et quis est eius senior.

295. *De illis hominibus qui propter eorum culpas ad mortem diiudicati fuerint et postea eis fuerit vita concessa, quod si iustitiam ab aliis requisierint aut ab eis iustitiam quis quaerere voluerit, qualiter inter illos iudicium terminetur.* Primo omnium de illis causis pro quibus iudicatus quis [3] fuerit ad mortem, nullam potest facere repetitionem, quia omnes res suae secundum iudicium Francorum in publico fuerunt revocatae. Et si aliquid inpostmodum, postquam ei vita concessa est, cum iustitia adquirere potuerit, in sua libertate teneat et defendat secundum legem. In testimonium vero non suscipiatur nec inter scabinos legem iudicando locum teneat. Et si ad sacramentum aliquid ei iudicatum fuerit, quod iurare debeat, si aliquis ipsum sacramentum falsum dicere voluerit, cum armis contendat.

296. *De homine iudicio scabineorum iudicato.* Si alicui post iudicium scabinorum fuerit vita concessa et ipse postmodum aliqua mala perpetraverit et iustitiam reddere noluerit, dicendo quod mortuus sit et ideo iustitiam reddere non debeat, istatutum sit, ut superius iudicium sustineat, quod antea sustinere debuit. Et si aliquis adversus eum aliquid mali fecerit, secundum aequitatis ordinem licentiam liabeat suam iustitiam requirendi de causa perpetrata, postquam ad mortem iudicatus est. De praeteritis vero maneat, sicut supra iudicatum fuit.

297. *De eo, qui latronem forbannitum recipit, sive servus, sive liber sit.* De latrone forbannito, liber homo, qui eum susceperit, ut [4] quindecim solidos persolvat, servus centum viginti ictus accipiat.

298. *De comite qui latronem in forbannum miserit, ut aliis vicinis comitibus notum faciat.* Ut comes, qui latronem in forbannum miserit, vicinis suis comitibus notum faciat, eundem latronem a se esse forbannitum, ut illi eum non recipiant.

299. *De his qui terrenis mercimoniis insistunt, ut magis ob supernae vitae desiderium, quam pro humana ambitione faciant.* Placuit, ut admoneantur omnes fideles qui negotiis ac mercationibus rerum invigilant, ut non plus terrena lucra, quam vitam cupiant sempiternam; nam qui plus de rebus terrenis quam de animae suae salute cogitat, valde a via veritatis aberrat, et iuxta quendam sapien.em in vita sua perdit intima sua. Sequendus est enim in hac parte, sicut et in caeteris apostolicus sermo, qui ait: *Et ne quis supergrediatur n.que circumveniat in negotio fratrem suum; vindex est enim Deus de his omnibus.* Sicut ab his, qui labori agrorum et caeteris laboribus victum atque vestitum et necessaria usibus humanis adquirere inhiantes [5] instant, decimae et elimosinae dandae sunt: ita his quoque qui pro necessitatibus negotiis insistunt, faciendum est. Unicuique homini Deus dedit artem, qua pascitur; et unusquisque de arte sua, de qua corporis necessaria vel subsidia habet, animae quoque, quod magis necessarium est, subsidium administrare debet.

300. *Ut ecclesiasticis audientia minime denegetur provocantibus.* Placuit, ut a quibuscunque iudicibus ecclesiasticis ad alios iudices ecclesiasticos, ubi est maior auctoritas, fuerit provocatum, non eis denegetur, qui provocaverint.

301. *Ne episcopus quilibet alterius plebem episcopi vel fines usurpet.* Ut episcopus alterius episcopi plebes vel fines non usurpet.

302. *De clericis superbis, ut coerceantur.* Ut clerici, qui superbi vel contumaces sunt, coerceantur; ut minores, qui maioribus inrogaverunt iniuriam, metum habeant; quia manifestum est illos non esse Dei, qui humilitatem contemnunt, sed diaboli, qui superbiae inventor et princeps est. Unde si quis tumidus vel contumeliosus exstiterit in maiorem natu, contemptus debet contumaciae et superbiae in omnibus frangi.

303. *De his qui statuta patrum violant; si laicus fuerit, communione privetur; si clericus, honore.* Si quis statuta supergressus corruperit vel pro nihilo habenda putaverit, si laicus est, communione, si clericus, honore privetur.

304. *De his qui contra suam professionem vel subscriptionem venerint.* Qui contra professionem vel subscriptionem suam venerit, in concilio deponatur.

305. *De presbitero qui se ab episcopo suo diviserit.* Si quis presbiter contra episcopum suum inflatus scisma [6] fecerit, anathema sit. Quod si superbia, quod absit, inflatus secernendum se ab episcopi sui communione duxerit ac separatim cum aliquibus scisma faciens sacrificium Deo obtulerit, loco amisso anathema habeatur. Nihilominus et de civitate et congregatione, in qua fuerit, longius repellatur, ne vel ignorantes vel simpliciter viventes serpentina fraude decipiat.

306. *De presbiteris qui absque episcopi sui conscientia agendam celebraverint.* Si quis presbiter inconsulto episcopo agendam in quolibet loco voluerit celebrare, ipse honori suo contrarius extitit.

307. *Ut episcopus lapsum incurrens, si plures congregare nequiverit, a duodecim audiatur.* Si quis episcopus quod non optamus, in reatum aliquem incurrerit [7], et fuerit ei [8] nimia necessitas non posse plurimos congregare, ne in crimine maneat, a duodecim episcopis audiatur.

308. *Ut episcopi plebes alienas non usurpent et ut nemo ex eis collegam suam in diocesi vel alibi supergrediatur* [9]. Placuit ut a nullo episcopo usurpentur plebes alienae, nec aliquis episcoporum supergrediatur in diocesi [10] collegam suum.

309. *De episcopo qui ab aliquo inpetitur, vel si ipse quaetionem aliquam retulerit, ut per episcopos iudices causa terminetur.* Si quis episcopus a quoquam inpetitur, vel ille aliquam questionem retulerit, per episcopos iudices causa finiatur, sive quos eis primates dederint, sive quos ipsi vicinos ex consensu delegerint.

310. *Ut nullus episcopus alium episcopum conculcet aut inpediat.* Ut nullus episcopus alium episcopum conculcet vel supergrediatur aut aliquod ei incommodum faciat.

311. *Ne presbiteri vel diaconi sine conscientia episcoporum suorum aliquid agant.* Ut presbiteri vel diaconi sine conscientia episcoporum suorum nihil agant.

312. *De loco dando peregrino episcopo, in quo sacrificet.* Ut peregrino episcopo locus sacrificandi detur atque benigne suscipiatur.

VARIANTES LECTIONES.

[1] nostri *Bal.* [2] maneat *G.* [3] deest *Bal.* [4] deest *Bal.* [5] anhiantes *Bal.* [6] scisma... inflatus in fine posito, adscripto a manu eadem in margine: quod in ista linea vicio scriptoris abest, habes scriptum in octava, [7] incurrit *G.* [8] deest *Bal.* [9] collegam sue dioceseos sup. *G.* [10] diocesim *G.*

313. *De non condemnando* [1] *illo, cuius causa diligenter non est examinata.* Non est iustum condempnare virum [2] cuius causa ad liquidum non est examinata.

314. *De his qui fi lsa fratribus capita'ia obiciunt.* Eos, qui falsa fratribus capitalia obiecisse convicti fuerint, placuit eos usque ad exitum non communicare.

315. *De deponendo sacerdote vel le ita, si crimen aliquod de'se confessus fuerit.* Ut sacerdos vel levita, si de se crimen aliquod confitetur, deponatur.

316. *De his qui libellos famosos inventi fuerint in ecclesia posuisse* [3]*, ut anathematizentur.* Si qui inventi fuerint libellos famosos in ecclesia ponere, anathematizentur.

317. *Ut delator communionem nec in fine accipiat, si inventus fuerit quilibet per d lationem eius praescriptus vel interfectus.* Delator si quis, extiterit fidelis, et per delationem eius aliquis fuerit praescriptus vel interfectus, placuit eum nec in fine accipere communionem.

318. *Ne aliquis episcopus vel inferior gradus dominico die quemquam iudicare praesumat.* Ut nullus episcopus vel quis infra positus die dominico causas iudicare praesumat. Ceteris vero diebus conhibentibus personis illa quae iusta sunt habeant licentiam iudicandi, excepto criminal a negotia [4].

319. *De poten e, si pauperem expoliaverit et non reddiderit a monente episcopo, ut excommunicetur.* Si quis potentum quemlibet expoliaverit et admonente episcopo non reddiderit, excommunicetur.

320. *Ut nullus clericus ab episcopo suo recedere praesumat et ad alium transire.* Ut nullus clericus ab episcopo suo recedat et ad alium se transferat.

321. *Ut clerici, qui arma praesumpserint, in monasterium ad agendam poenitentiam tradantur.* Ut clerici, qui in quacumque seditione arma volentes praeumpserint, reperti amisso ordinis sui gradu in monasterio poenitentiae contradantur.

322. *Ut nullus* [5] *regum huius canonis*[6] *censuram in aliq o violare permittat.* Huius constitutionis forma servetur, ut execrandum [7] anathema fiat et velut praevaricator catholicae fidei semper a Domino reus exsistat, quicumque regum deinceps canonis huius censuram in quocumque crediderit aut permiserit violandam.

323. *Ut unusquisque alterius ruinis succurrat et iram Dei per uam compas ionem a se removeat.* Occurrere certe miserorum ruinis debet subsid o unusquisque, quo valet, et [8] relevatione alienae vindictae a se Dei removere vindictam. Libat enim Domino prospera, qui ab afflictis pellit adversa.

324. *Quod lex, quam rex, qui prior fuit, instituit, ab illo, qui ei successerit, pari sententia roborata sit.* Legem, quam noster edidit princeps, stabili robore firmamus atque ut futuris temporibus observetur pari sententia definimus.

325. *Ut in metropolitana se le ad syno um agendam omnes pontifices conferantur.* Placuit definire, ut paternis institutionibus ob equentes in metropolitana sede tempore, quo omnes provinciales elegerint pontifices, ad synodum faciendam devotis studiis conferamus.

326. *Ut dignitatem amittant omnes, qui ad expeditionem exercitus non pergunt aut de exercitu fugiunt.* Placuit, ut omnis, qui aut in expeditionem exercitus absque gravi necessitate non progreditur, aut de exercitu fugit, testimonio dignitatis suae sit irrevocabiliter carens; ita ut in quibusdam villulis vel territoriis sive vicis pestis [9] huius infamationis habitatores ipsorum locorum sint degeneres, et testificandi vel accusandi nullam habeant licentiam.

327. *Ut christiani ex propinquitate sui sanguinis A connubia non ducant.* Ut christiani ex propi quitate sui sanguinis connubia non ducant, nec sin benedictione sacerdotis nubere audeant.

328. *Ut non varientur, quae propter utilitat m sunt instituta.* Quae ad perpetuam utilitatem sunt i stituta, nulla commutatione varientur; nec ad privat m trabantur commodum, quae ad bonum sunt c mune praefixa. Et manentibus terminis, quos st uerunt patres, nemo dampnet alienum; sed int a fines proprios atque legitimos, prout quis volueri , in latitudine se caritatis exerceat.

329. *De fide Nicena servanda. Et ut privi gia ecclesiarum integra maneant.* Ut fides Nicena s rvetur, et privilegia ecclesiarum inlibata permanean .

330. *Quod contra caput non sit agendum* Contra caput etiamsi faciendum est, non libenter ad ttimus.

331. *De presbiteris qui contra canones ad comitatum ire voluerint susceptis, qui dominico d creto* [10] *communione alieni decernuntur.* Ex relatione uorundam didicimus, qualiter presbiteri, qui contra canones adversum nos ad comitatum nescio qua audaci temeritate ire voluerunt, suscepti sunt. Unde has ad vos litteras destinamus, in quibus decreto nostro sancimus memoratos perturbatores a communione esse alienos debere. Et illos, qui effrenato huic facto consilio assensum commodare voluerunt, vestrae caritatis est estimare, qualiter habeantur. Quibus obicere debetis, quod iuxta canones fortit i incurrere et qualiter presbiteros non decebat rebelles existere tentaverunt. Vos autem monemus i speculis esse debere, neque in eorum prorupta audaciam [11] devenire, quos anathematizatos scit ncta et apostolica ecclesia.

332. *De sacerdotum Domini causis non t rn.inandis priusquam ex utraque parte fideliter audi ntur, et pariter ac diligenter perscrutentur.* Nos, qui acerdotum Domini natura volumus esse iura, nih l possumus in incognitis rebus in cuiusquam parti iudicio delin re, priusquam universa quae gesta sui t veraciter audiamus.

333. *Quod Dominus, qui animas hominun salvat, imitatores nos velit suae esse pietatis.* Domi us, qui venit animas hominum salvare, non perder , imitatores nos vult esse suae pietatis, ut peccat es quidem iustitia coherceat, conversos autem misericordia non repellat.

334. *De religionis periculo ab uniuscuiusqu pietatis conscientia removendo.* Removete, quaesum s, a vestrae pietatis conscientia periculum religioni et fidei. Et quod in secularibus negotiis vestrae aequ tati conceditur, in rerum divinarum pertractatione p aestate, ut Christi euangelio vim non inferat praesum ptio.

335. *Ut suarum rerum et omnium eccle i rum sint communione contenti, quorum causa adhuc ter tinanda est.* Illud quod ab antecessoribus nostris co titutum est, et nos approbamus, ut suarum rerum maiumque ecclesiarum communione sint interim ontenti, quousque a nobis causa terminetur.

336. *Ut non sinantur incurri, quorum cau a incerta est.* Ne cuiusquam procaci inpudentique ersutia, quasi incertum quid sequendum sit, sinati incurri, cum ab euangelica apostolicaeque doctrina n c in uno quidem verbo liceat discedere, aut aliter d scripturis divinis habere, quam beati apostoli t patres nostri didicerunt atque docuerunt.

337. *De his qui a sedibus suis fuerunt pul i, et alii in illorum locum substituti sunt.* Plurimos fr tres sedibus suis pulsos et in exilia audivimus de ortatos, atque in loco superstitum* [12] *alios substit tos. His primitus vulneribus adhibeatur medicina ustitiae, ne quisquam ita careat propriis, ut alter ut tur alienis. Quem errorem omnes relinquant. Net nini qui-

VARIANTES LECTIONES.

[1] contempnendo G.   [2] eum Bal.   [3] fuisse G.   [4] criminali negotio Bal.   [5] nulle G.   [6] deest G.   [7] e ecrando corr. G.   [8] ex corr. et G. Bal. habet et ex.   [9] pestus Be lov. Bal.   [10] de st Bal.   [11] prorupta datia G.   [12] superstitum corr. destitutorum G.

dem perire honor debeat. Sed illis, qui pro fide laboraverunt, prius cum omni privilegio suo oportet ius proprium reformari.

358. *De his qui non debent redire ad militiam secularem.* Quod ad militiam secularem post poenitentiam redire nemo debeat; nec eis iustam superesse querimoniam, qui se ab incoatis disceptationibus sponte subtraxerint.

359. *De his quos oportet maiori auctoritate curari.* Si exstiterint aliqui fratres desides vel neglegentes, quos oporteat maiori auctoritate curari; sic tamen est adhibenda correctio, ut semper sit salva dilectio. Unde apostolus Timotheum imbuens dicit: *Seniorem ne increpaveris, sed obsecra ut patrem.* Quae moderatio si quibuscumque inferioribus membris ex apostolica institutione debetur, quanto magis fratribus et coepiscopis nostris reddenda est?

340. *Ut non imponat aliquis alicui pondus, quod ipse ferre non valeat.* Sicut non vult aliquis gravis oneris sarcinam ferre, ita non audeat alii grave pondus imponere.

341. *Ut nullus apostolicas sanctiones temerare praesumat.* Ita unanimes divinis apostolicis constitutionibus serviatis, ut in nullo patiamini pia canonum decreta violari. Ut nulli fas sit sine status sui periculo vel divinas constitutiones vel apostolicae sedis decreta temerare.

342. *De amicitia et familiaritate servanda; quam qui non contendunt, facile servant.* Omnes, ut non contendant, protegat amicitia. Nam et apostolus ad Corinthios scribit: *Cum sint inter vos aemulationes et contentiones, nonne carnales estis et secundum hominem ambulatis? Nihil per contentionem neque per inanem gloriam; sed in humilitate mentis invicem aestimantes semetipsos non sua singuli respicient, sed aliorum.*

343. *Ut alienae gentis homines ad exercitium imbuantur legibus.* Alienae gentis homines legibus ad exercitium imbui et permittimus et optamus. Ad negotiorum vero discussionem resultamus et prohibemus; quamvis enim eloquiis polleant, tamen difficultatibus haerent.

344. *De servo non credendo, si super aliquem crimen obiecerit.* Servo penitus non credatur, si super aliquem crimen obiecerit, aut si etiam dominum suum in crimine impetierit. Nam si in tormentis posilus exponat quod obicit, credi tamen illi nullo modo oportebit [1].

345. *Ut testes testimonium nisi praesentes non dicant.* Testes non absentes neque per epistolam testimonium dicant, sed praesentes quam noverunt et viderunt non taceant veritatem. Nec de aliis negotiis testimonium dicant, nisi de his tantummodo, quae sub praesentia eorum acta esse noscuntur. Super qua re sacra scriptura testatur dicens: *Damus,* inquiunt pharisaei ad milites, *vobis pecuniam, et dicite quia vobis dormientibus venerunt discipuli Iesu et abstulerunt eum.* Unde ait Augustinus: « Dormientes testes adhibes! Vere tu ipse obdormisti, qui scrutando talia defecisti. Si dormiebant, quid videre potuerunt? Si nihil viderunt, quomodo testes sunt? Sed defecerunt scrutantes scrutationes. »

346. *De pactis et placitis conservandis.* Pacta vel placita, quae per scripturam legitime ac iustissime facta sunt, dummodo in his dies vel annus sit evidenter expressus, nullatenus inmutari permittimus.

347. *Quod haec sit vera caritas, qua Deus proximusque diligitur. Et idcirco ammonendi sunt omnes fideles, ut hanc observare curent.* Placuit, ut admoneantur omnes fideles, quod haec sit vera caritas, quia Deum diligit homo plusquam se, et proximum tanquam se; et quia nihil vult alii facere nisi quod sibi vult fieri, et plura, quae recenseri longum est.

Nam quicumque in potu et cibo et dandis atque accipiendis rebus caritatem putant, non mediocriter errant, dicente apostolo: *Regnum Dei cibus et potus non est.* Nam et ipsa, quando cum caritate fiunt [2], bona sunt et inter virtutes computanda.

348. *Ut contra extraneos parentela aut propinquitas testimonium minime dicat.* Fratres, sorores, uterini, patrui, avunculi, materterae, seu eorum filii, item nepos, neptis, consobrini, vel amitini, seu etiam quidam ex propria consanguinitate in iudicio adversus extraneos testimonium dicere non permittimus; nisi forsitan parentes eiusdem cognationis inter se litem habuerint, aut in causa de qua agitur aliam omnino ingenuitatem deesse constiterit.

349. *Contra priorum definitionem filio vel heredi non licere venire.* Filio vel heredi contra priorum iustam aut legitimam definitionem venire non liceat, quia iuste repellitur praesumptio illius, qui facta seniorum iniuste conatur inrumpere.

350. *Non est danda passim accusandi vel puniendi licentia.* Non passim damus accusandi vel puniendi licentiam, nisi aut manifestis indiciis patuerit scelus, aut legitime fuerit idipsum malum accusatum atque convictum; quatinus nulla videantur intentione vel ordine patrum transgredi praecepta sanctorum, aut obviare [3] sacris regulis antiquorum.

351. *Si de fure quis nesciens aliquid comparaverit.* Universam rem nulli ingenuo liceat de incognito homine comparare, nisi certe fideiussorem adhibeat, cui credi possit, ut excusatio ignorantiae auferatur. Quod si aliter fecerit qui comparaverit, a iudice districtus auctorem [4] praesentet infra tempus sufficienter a iudice constitutum. Quem [5] si non potuerit invenire, adprobet se aut sacramento aut testibus innocentem; quod eum furem nescierit; et quoad apud eum agnoscitur, accepta pretii medietate [6] restituat; atque ambo datis invicem sacramentis promittant, quod furem fideliter quaerant. Quod si omnino furem invenire nequiverint, rem tantum quae empta [7] est, domino rei emptor ex integritate reformet. Si vero dominus rei furem noverit et eum publicare noluerit, rem ex toto amittat, quam emptor quiete possideat. Haec et de servis forma servabitur.

352. *Ne testificent r manumissi.* Libertus vel liberta in nullis negotiis contra quemquam testimonium dicere admittantur, excepto in aliquibus causis, ubi ingenuitas deesse dinoscitur, sicut praemissum [8] est et de servis: quia indignum nostra pensat clementia, ut libertorum testimonia ingenuis damna concutiant. Qui vero de eisdem fuerint progeniti, ad testimonium in tertia generatione admittantur.

353. *Si possessor per violentiam expellatur.* Quicumque violenter expulerit possidentem, priusquam pro ipso iudicis sententia procedat, si causam meliorem habuerit, ipsam causam, de qua agitur, perdat: ille vero, qui violentiam pertulit, universa in statu quo fuerant recipiat, et quae possedit securus teneat. Si vero illud invadit, quod per iudicium obtinere potuerit, et causam amittat, et aliud tantum, quantum invasit, reddat expulso.

354. *Si ad diripiendum quisque alios invitasse reperiatur.* Si quis ad diripiendum alios invitaverit, ut cuiuscumque rem evertat [9], aut pecora vel animalia quaecumque diripiat [10], illi, cuius res direpta est, in septuplum quae sublata sunt restituat. Hi vero, qui cum ipso fuerint, si ingenui sint, quinos solidos conponere conpellantur; aut si non habuerint, undeconponant, centum [11] quinquaginta flagella suscipiant. Si vero servi hoc sine domini voluntate commiserint, centenis quinquagenis flagellis verberentur, et ab eis res omnes integro in statu reddantur.

355. *Ut socios suos nominet, apud quem pars rapi-*

VARIANTES LECTIONES.

[1] oportebat G. [2] fiant G. [3] obviari G. [4] sic G. et Lex Wisig. aut repraesentet *Bal.* [5] quam *Bal.* [6] acceptam p. medietatem G. [7] rem quantum empta est *Bal.* [8] permissum G. [9] evertant *Bal.* [10] diripiant *Bal.* [11] deest in fonte huius cap., lege *Wisig.*

nae fuerit inventa. Apud quem scelus agnoscitur et pars rapinae fuerit inventa, statim socios suos nominare cogatur. Quod si nominare noluerit, teneatur ad vindictam. Quod si honestior persona est, et pro scelere rationem reddat et quae ablata vel eversa fuerant, quadrupli conpositione [1] restituat. Quod si certe apud servum rapinae pars reperiatur, centum quinquaginta [2] flagella publice extensus accipiat, et socios suos nominare non differat.

356. *De his qui diripienda indicare repperiuntur.* Quicumque ingenuus vel servus aliquid diripiendum indicaverit, ut cuiuscumque res evertatur aut pecora vel iumenta diripiantur, et ex hoc certis probationibus publice convictus inveniatur, pro eo quod indicavit, si [3] ingenuus est, quae eversa vel ablata sunt legibus in duplo restituat et nobis bannum nostrum, id est sexaginta solidos, conponat. Si vero servus vel colonus fuerit, centum quinquaginta [4] flagella publice extensus bene impressa [5] accipiat, et insuper ea, quae ablata sunt, secundum suam legem restituat.

357. *De non suscipienda criminatione adversus doctorem, neque accusatorem adversus eum audiendum.* Criminationes adversus doctorem nemo suscipiat, nemo audiat; quia indignum est ut hi, qui throni Dei vocantur, aliqua motione turbentur.

358. *Ne unus episcopus cognitionem sibi vindicet.* Placuit, ut unus episcopus non vindicet sibi cognitionem.

359. *Ut hi, quorum libertas nescitur, nequaquam accusent sacerdotes.* Quorum fides, vita et libertas nescitur, non possint accusare sacerdotes.

360. *Ut absentes non iudicentur.* Adversus absentes non iudicetur. Quod si factum fuerit, prolata sententia non valebit.

361. *De his qui falsa aliis inrogant.* Omnis qui falsa aliis intulerit, puniatur et [6] pro falsitate ferat infamiam.

362. *Ne viles personae ad accusandum sacerdotes admittantur.* Viles personae nullatenus admittantur ad accusationem sacerdotum.

363. *Ne iudices causam personae absentis sua sententia praesumant.* Caveant iudices ecclesiae, ne absente eo, cuius causa ventilatur, sententiam ferant; quia irrita erit, immo et causam in synodo pro facto [7] dabunt.

364. *Ne aliquis criminosus episcopum accuset.* Nulli criminoso liceat episcopum accusare.

365. *Quod qui episcopum accusat, Dei ordinationem accusat.* Dei ordinationem accusat, in qua constituuntur, si quis episcopos [8] accusat vel condemnat [9], dum minus spiritalia quam terrena sectatur.

366. *Ut litem habentes, sive petitor, seu possessor, si antistitum iudicium elegerint, ad eos dirigantur.* Volumus atque praecipimus, ut omnes ditioni nostrae Deo auxiliante subiecti, tam Romani, quam Franci, Alamani, Baioarii, Saxones, Thuringii, Fresones, Galli, Burgundiones, Britones, Longobardi, Wascones, Beneventani, Gothi, Hispani ceterique nobis subiecti omnes, licet quocumque videantur legis vinculo constricti vel consuetudinario more connexi, hanc sententiam, quam ex sextodecimo Theodosii imperatoris libro, capitulo videlicet 41, ad interrogata Ablavii ducis illi et omnibus rescriptam sumpsimus, et inter nostra capitula pro lege tenenda consultu omnium fidelium nostrorum tam clericorum quam et laicorum posuimus legem cunctis perpetuo tenendam [10], id est: « Quicunque litem habens, sive

possessor sive petitor fuerit, vel in initio litis, decursis temporum curriculis, sive cum negotium peroratur, sive cum iam coeperit promi sententia si udicium elegerit sacrosanctae legis antistitis, illico sine aliqua dubitatione, etiamsi alia pars refragatu , ad episcoporum iudicium cum sermone litigantiu dirigatur. Multa enim quae in iudicio captiosae)raescriptionis vincula promi non patiuntur, inv tigat et promit sacrosanctae religionis auctoritas. O nes itaque causae, quae vel praetorio iure [11] vel vili tractantur, episcoporum ser tentiis terminatae erpetuo stabilitatis iure firmentur; nec liceat ulteri s retractari iudicium, quod episcoporum sententii decide-rit. Testimonium etiam ab uno licet episco o perhibitum omnes iudices indubitanter accipiant, ec alius audiatur, cum testimonium episcopi a quali et parte fuerit repromissum. Illud est enim veritatis auctoritate firmatum, illud incorruptum, quod a sa rosancto homine conscientia mentis illibatae protul rit. Hoc nos edicto salubri aliquando censuimus, hoc erpetua lege firmamus malitiosa litium semina co primentes; ut miseri homines longis ac pene erpetuis actionum laqueis implicati ab inprobis pe itionibus vel a cupiditate praepropera [12] maturo fine d scedant. Quicquid itaque de sententiis episcoporum lementia nostra censuerit, etiam hac sumus lege mplexi, gravitatem tuam et caeteros pro utilitate omnium imperpetuum observare conveniat. »

367. *Ut ea illibata serventur, quae patru auctoritas catholicorum lege instituit.* Ea, quae circ catholicam legem vel olim ordinavit antiquitas, v parentum nostrorum auctoritas religiosa conce tuit, vel nostra serenitas roboravit, novella sup rstitione submota integra et inviolata conservari [1] praecipimus.

368. *Ut privilegia, quae propter religionen instituta sunt nulla interminatione nova mutilentur* [14]. Non novum aliquid praesenti sanctione praecipi us, sed illa, quae olim videntur indulta, firmamus. rivilegia igitur, quae olim reverentia religionis obtin it, mutilari [15] sub poenae etiam interminatione pro ibemus; ita quoque ut qui ecclesiae optemperant, is quibus ecclesia [16] beneficiis perfruantur.

369. *Ut si chorepiscopi aliquam consecrat nem aut confirmationem fecerint, ab episcopis canon e reformentur.* Hominum confirmatio, ecclesiarum, ltarium, virginum, krismatum, presbiterorum, diaco orum et subdiaconorum consecrationes a chorepi co is actae ab episcopis canonice ordinatis sunt ref rmandae canoniceque peragendae [17], quia chorepisc pi haec contingere non debuerunt nec agere potue nt. Non enim ea tribuere valuerunt, quae non habe t [18]. Nequaquam enim talis ordinatio vel consecr tio reiteratio esse a prudentibus et recte sapienti us videtur, sed irrita talis ordinatio et confirmati ac consecratio indubitanter fore arguetur. Si q s autem chorepiscoporum aliquid ex praedictis ager temptaverit, non acta, sed imperfecta atque irri a erunt, et ipse omni ecclesiastico inrevocabilit careat gradu.

370. *De generali totius populi supplicati ne apud principem pro sacerdotum causa, ne in hoste aut pugnam pergerent, et quale eis omnibus ex hoc inmineat periculum. Ex capitulis domni Karoli in peratoris Wormatia generaliter decretis atque ab omni us* [19] *firmatis et cunctis pro lege tenendis contradit s.* Flexis omnes praecamur poplitibus maiestatem ve tram, ut episcopi deinceps sicut hactenus non vexen ur hosti-

---

VARIANTES LECTIONES.

[1] quadrupliciter. *Bal.* undecupli *lex Wisig.* [2] CC *lex Wisig.* [3] *sequentia non habet. lex Wisig.* [4] icta *G.* [5] pressa *G.* [6] deest *G.* [7] facito *G.* [8] episcopum *Bal.* [9] contempnat *corr.* contempnit *G.* [10] le e c. perpetua (sic etiam *G.* primo scripserat, sed correxit postea) tenenda *Bal.* [11] iurae *G. saepius.* [12] perp tua *Bal.* [13] custodiri *Bal.* [14] n. d. desunt *G.* [15] mutuari *G.* [16] o. Ecclesiae b. *Bal.* [17] factae ab e., qui c ordinati sunt, r. c. sunt p. *Bal.* [18] nec agere habent..... *Bal. uncis inclusa post irrita collocavit, omis;is i i vocibus* talis o. et c. ac. c. [19] hominibus *G.*

bus; sed quando vos nosque in hostem pergimus, ipsi propriis resideant in parochiis Deoque fideliter famulari studeant et eorum sacrosancta misteria [1] canonice et Deo placide peragere satagant, atque pro vobis et cuncto exercitu vestro una cum omnibus sibi commissis orare viriliter missasque decantare et letanias atque elimosinas agere decertent. Quosdam enim ex eis in hostibus et praeliis vulneratos vidimus, et quosdam perisse cognovimus. Haec vero valde periculosa et oppido sunt cavenda. Quae idcirco suggerimus, ne pro talibus vos et nos simul pereamus. Novit Dominus, quando eos in talibus videmus, terror adprehendit nos, et quidam ex nostris timore perterriti propter hoc fugere et inimicis terga vertere solent. Plures enim potestis habere praeliatores, si illi propriis resident in parrochiis, quam si vobiscum pergunt; quoniam illi, qui eos praevident, omnes tunc pugnabunt; quod modo nequaquam faciunt, sed eos tantummodo custodiunt. Nam sine dubio potius vobis nobisque proficere possunt, si remanserint, quam si in hostem vel ad pugnam perrexerint : quia tunc eorum precibus adiuvamur, et modo eorum pressuris gravamur. Quando vero Moyses expansis ad coelum manibus orabat, vincebat Israhel; et quando a praecibus cessabat et manus eius gravabantur, priusquam sustentatae fierent et ipse praecibus insisteret, vincebatur et terga vertebat. Talibus ergo et multis aliis exemplis fulti, quorum prolixitatem vitantes [2] modo non dicimus, quia sapienti semel dicta sufficiunt [3] praedicta, obnixe omnes praecamur et ut concedantur rogamus, quia nullatenus volumus adsentire [4] ut nobiscum ad talia pergant nisi duo aut tres bene docti, electione videlicet caeterorum, ad benedictionem dandam et ad periclitantium reconciliationem faciendam, ne vos et nos simul cum pluribus pereamus, sed eorum praecibus, ut iam memoratum est, fulciamur. Quam formam et de sacerdotibus tenere optamus, id est ut nec illi in hostem nisi bene docti et ipsi electione atque permissione propriorum episcoporum; qui tamen tales sint, de quorum scientia et vita ac conversatione omnes securi esse possimus. Illud tamen vel vos vel omnes [5] scire cupimus, quod non propterea haec petimus, ut eorum res aut aliquid ex eorum pecuniis, nisi ipsis aliquid sponte nobis dare placuerit, aut eorum ecclesias viduare cupiamus, sed magis eis, si Dominus posse dederit, augere desideramus; ut et ipsi et vos et nos salviores simus et Deo pot'us ipso adminiculante placere mereamur. Scimus enim res ecclesiae Deo esse sacratas; scimus eas esse oblationes fidelium et precia peccatorum [6]. Quapropter si quis eas ab ecclesiis, quibus a fidelibus collatae Deoque sacratae sunt, aufert, procul dubio sacrilegium committit. Coecus enim est, qui ista non videt. Quisquis ergo nostrum suas res ecclesiae tradit, Domino Deo illas offert atque dedicat suisque sanctis, et non alteri, dicendo talia et agendo ita. Facit enim scripturam de ipsis rebus, quas Deo dare desiderat, et ipsam scripturam coram altari aut supra tenet in manu, dicens eiusdem loci sacerdotibus atque custodibus : « Offero Deo atque dedico omnes res, quae hac in cartula tenentur insertae, pro remissione peccatorum meorum ac parentum et filiorum (aut pro quocunque [7] illas Deo libare voluerit) ad serviendum ex his Deo in sacrificiis missarumque solemniis, orationibus, luminariis, pauperum ac clericorum elimosinis et caeteris divinis cultibus atque illius ecclesiae utilitatibus. Si quis autem eas inde, quod fieri nullatenus credo, abstulerit, sub poena sacrilegii ex hoc Domino Deo, cui eas offero atque dedico, districtissimas reddat rationes. » Ponit etiam [8] in ea alias coniurationes, quas enumerare longum est. Nam qui eas inde postea aufert, quid agit nisi sacrilegium? Si ergo amico quippiam rapere furtum est, ecclesiae vero fraudare vel auferre indubitanter sacrilegium est. Unde et in sacris canonibus spiritu Dei conditis habetur ita : ι. Si quis oblationes ecclesiae extra ecclesiam accipere vel dare voluerit praeter episcopi conscientiam vel eius, cui huiuscemodi sunt officia commissa, nec cum eius voluerit agere consilio, anathema sit. » Absit enim, ut rerum ecclesiasticarum cupiditate vel ablatione sacrilegi aut anathema efficiamur aut talibus laqueis umquam devinciamur; quoniam scimus anathematos homines vel sacrilegos non solum infames et a consortio fidelium, priusquam haec per publicam satisfactionem ecclesiae et episcoporum reconciliationem manusque impositionem emendent, alienos esse, sed etiam a regno Dei extorres fieri, si in talibus defecerint, non dubitamus. Ut ergo omnis suspicio a nobis cunctis sacerdotibus et omnibus Christi et sanctae Dei ecclesiae fidelibus funditus auferatur, profitemur omnes, stipulas dextris in manibus tenentes easque propriis e manibus eicientes, coram Deo et angelis eius ac vobis. cunctisque sacerdotibus et populis [9] circumstantibus, nec talia facere nec facere volentibus consentire, sed magis Deo auxiliante resistere. Et hoc vobis omnibusque fidelibus sanctae ecclesiae et nostris notum esse cupimus, quod cum his qui absque voluntate aut consensu vel datione rectoris illius ecclesiae, cuius res iuste esse debentur, et maxime proprii episcopi res ecclesiae a regibus petere aut retentare vel auferre aut invadere vel vastare praesumpserint, nec in hostem nec ad pugnam ire, nec cibum sumere, nec ad ecclesiam vel ad palatium aut in itinere pergere, nec etiam nostros homines cum eorum hominibus, aut caballos vel reliqua pecora cum eorum pec ribus aut ad pastum ire aut [10] simul habitare vel manere, nec ullam participationem cum eis nisi pro emendatione, ante publicam emendationem et ecclesiae satisfactionem umquam scienter aut libenter habere debeamus, ne pro eorum iniquitatibus atque flagitiis una cum eis et nos et nostri, quod absit, pereamus. Scimus enim, quod perit iustus pro impio. Tales vero a nobis, si nos fideles habere [11] vultis, segregate et in ergastulum sub publica poenitentia redigite, et postulata concedite. Ut ergo haec omnia a vobis et a nobis, sive a successoribus vestris et nostris, futuris temporibus absque ulla dissimulatione conserventur, scriptis ecclesiasticis inserere iubete et inter vestra capitula interpolare praecipite. Quod ita factum esse omnibus liquet.

371. *Ne episcopi ad bella pergant. Concessio domni Karoli imperatoris.* Omnibus notum esse volumus, quia non solum ea, quae super episcoporum et presbiterorum hostium vexationi us et precibus pro nobis et vobis fieri rogitastis, concedere optamus, sed quicquid pro sanctae Dei ecclesiae et sacerdotum sive totius populi vestra utilitate inveneritis, concedere paratissimi sumus. Et modo ista, sicut petistis, concedimus; et quando vita comite Deo auxiliante ad generale placitum veneritus, consultu. omnium fidelium nostrorum scriptis firmare, nostris nostrorumque atque futuris temporibus inrefragabiliter manenda firmissime Domino amminiculante cupimus. Modo ea, quae generalia sunt et omnibus conveniunt ordinibus, statuere ac cunctis sanctae Dei ecclesiae nostrisque fidelibus ob Dei omnipoten-

---

VARIANTES LECTIONES.

[1] ministeria *Bal.* [2] prolixitate victi *Bal.* [3] comma post praedicta posuit *Bal.* [4] deest *Bal.* [5] Sic G. in loco raso; tamen nobis et omnibus *Bal.* [6] scimus enim... peccatorum d. sunt *Bal.* [7] procumque G. [8] r. penitentiam in ea aliasqº G. [9] p. eius c. G. [10] deest *Bal.* [11] habere corr. ab alia manu haberi G.

tis amorem et recordationem tradere parati sumus, et ad proximum synodalem [1] nostrum conventum ac generale placitum, ubi plures episcopi et comites convenerint, ista sicut postulastis firmabimus.

372. *Ex quibus supra. Sacerdotibus omnibus* [2]. Primo omnium monemus, ut fides catholica a presbiteris et episcopis diligenter legatur et omni populo praedicetur; quia hoc primum praeceptum Domini omnipotentis in lege est dicentis : *Audi, Israel, dominus Deus tuus Deus unus est.* Et ut diligatur ex toto corde et ex tota mente et ex tota virtute.

373. *Ex quibus supra. Generaliter omnibus* [3]. Ut pax sit et concordia et unanimitas cum omni populo christiano inter episcopos, abbates, comites, iudices, et omnes ubique maiores seu minores personae [4] pacem habeant; quia nihil Deo sine pace placet, nec munus sanctae oblationis ad altare, sicut in euangelio ipso Domino praecipiente legitur; quia et illud secundum mandatum est : *Diliges proximum tuum sicut temetipsum.* Item in euangelio : *Beati pacifici, quoniam filii Dei vocabuntur.* Et iterum : *In hoc cognoscent omnes, quia mei discipuli estis, si dilectionem habueritis ad invicem.* In hoc enim praecepto discernuntur filii Dei et filii diaboli; quia filii diaboli semper dissensiones et discordias movere satagunt.; filii autem Dei semper paci et dilectioni student.

374. *Ex quibus supra. Generaliter omnibus.* Item habemus in lege Domini mandatum : *Non auguriamini.* [5]. Et in deuteronomio : *N. mo sit, qui ariolos sciscitetur* [6] *vel somnia observet vel auguria intendat.* Item : *Nemo sit maleficus nec incantator nec fitonis consultor* [7]. Ideo praecipimus, ut cauculatores [8] et incantatores vel tempestarii [9] vel obligatores non fiant, et ubicumque sunt emendentur vel damnentur.[10]. Item de arboribus vel petris vel fontibus, ubi aliqui stulti luminaria vel alias observationes faciunt omnino mandamus, ut iste pessimus usus et Deo exsecrabilis, ubicumque inveniatur, tollatur et destruatur.

375. *Ex quibus supra. Generaliter omnibus.* Item ut homicidia infra patriam, sicut lege Domini interdictum est, nec causa ultionis nec avaritiae nec latrocinando fiant. Et ubicumque inventa [11] fuerint, a iudicibus nostris secundum legem ex nostro mandato vindicentur. Et non occidatur homo nisi lege iubente.

376. *Ex quibus supra. Sacerdotibus omnibus.* Ut episcopi diligenter discutiant per suas parrochias presbiteros, ut eorum fidem, baptisma et missarum celebrationes bene sciant, et ut fidem rectam teneant et baptisma catholicum observent, et missarum praeces bene intellegant, et ut psalmi digne secundum divisiones versuum modulentur, et dominicam orationem ipsi intellegant et omnibus praedicent intellegendam, ut quisque sciat, quid petit a Deo. Et ut *gloria Patri eiusque Filio et Spiritui sancto* cum omni honore apud omnes canatur, et ipse sacerdos cum cunctis angelis et populis Dei communi [12] voce, *Sanctus, Sanctus, Sanctus,* cantet. Et omnimodis dicendum est presbyteris et diaconibus, ut arma non portent, sed magis confidant in defensione [13] Dei, quam in armis.

377. *Ex quibus supra. Aliquid sacerdotibus, aliquid populo.* Item placuit nobis admonere reverentiam vestram, ut unusquisque vestrum praevideat per suam parrochiam, ut ecclesia Dei suum habeat honorem, simul et altaria secundum suam magnitudinem venerentur, et non sit domus Dei et altaria sacrata pervia canibus, et ut vasa sacrata Deo cum magna veneratione habeantur, et ut sacrificia sanctificata cum magna diligentia ab eis colligantur, qui digni sunt, vel cum honore serventur, et ut ecularia negotia vel vana gloria in ecclesiis non gantur; quia domus Dei domus orationis debet esse, non spelunca latronum. Et ut intentos habeant animos ad Deum, quando veniunt ad missarum sollemnia; et non exeant ante completionem benedictionis sacerdotalis.

Sex sunt, quae odit Dominus, et septimum detestatur anima eius, oculos sublimes, linguam mendacem, manus effundentes sanguinem innoxium, cor machinans cogitationes pessimas, pedes veloces ad currendum in malum, testem fallacem, et eum qui seminat inter fratres discordias.

Qui secundum Deum sapiens est, secundum Deum beatus est. Melius est videre quod cupias, quam desiderare quod [14] nescias. Ubi fuerit superbia, ibi et contumelia erit : ubi autem humilitas, ibi sapientia : ubi non est gubernator, populus corruit in malum. Melius autem est, ubi multa consilia : Deus enim in caelo, et tu super terram. Idcirco sint tibi pauci sermones. Multas curas secuntur somnia, et in multis sermonibus invenitur stulticia.

Obsecramus omnes, ut bonam et proba item habeant conversationem, sicut ipse Dominus in euangelio praecepit : *Sic luceat lux vestra coram hominibus, ut videant opera vestra bona et glorificent patrem vestrum, qui in caelis est;* ut eorum bona conversatione multi pertrahantur ad servitium Dei. Et non solum servilis conditionis infantes, sed etiam ingenuorum filios congregent [15] sibique socient. Ut scolae gentilium puerorum fiant. Psalmos, notas, cantum, compotum, grammaticam per singula monasteria vel episcopia, et libros catholicos bene habeant emendatos, : quia saepe dum bene aliquid Deum rogare cupiunt per mendosos libros male rogant. Et pueros vestros non sinite eos [16] vel legendo vel scribendo corrumpere. Et si opus est euangelium, psalterium, missale [17] scribere, perfectae aetatis homines scribant cum omni diligentia.

378. *Ex quibus supra. Generaliter omnibus.* Ut aequales mensuras et rectas et pondera iusta et aequalia omnes habeant, sive in civitatibus, sive in monasteriis, sive ad dandum, sive ad accipiendum, sicut in lege Domini praeceptum habemus. Item in Salomone, Domino dicente: *Pondus et pondus, mensuram et mensuram odit anima mea.*

Et hoc nobis competens et venerabile videtur, ut hospites peregrinique et pauperes susceptiones regulares et canonicas per loca diversa habeant; quia ipse Dominus dicturus erit in remuneratione magni diei : *Hospes eram, et suscepistis me.* Et postolus hopitalitatem laudans dixit : *Per hanc qui tam placuerunt Deo, angelis hospitio suscepti.*

579. *Ex quibus supra. Aliquid sacerdotibus, aliquid populo.* Item ut isti mangones et isti cocione s, qui sine omni lege vagabundi vadunt per istam terram, non sinantur vagare et deceptiones in hominibus agere; qui [18] nudi cum ferro dicunt alicubi datam sibi penitentiam vagantes discurrunt. Melius enim videtur, ut si aliquid inconsuetum et tale crimen commiserint, in uno loco permaneant laborantes et servientes et penitentiam agente, secundum quod sibi canonice inpositum sit.

580. *Ex quibus supra. Generaliter omnibus.* Statuimus secundum quod in lege Dominus raecepit, ut opera servilia diebus dominicis non agantur, sicut et bonae memoriae genitor noster in suis synodalibus edictis mandavit, ut viri talia opera non exerceant, hoc est nec in vinea colligendo, nec in

VARIANTES LECTIONES.

[1] synodale *G.* [2] ex q. sacerdot. supra o. *G.* [3] deest *G.* [4] personas *G.* [5] auguriemini *Bal.* [6] scitetur *G.* [7] consulator *G.* [8] p. aut iaculatores aut inc. *G.* [9] vel temptarii *superscriptum* [10] v. d. desunt *G.* [11] inventi *G.* [12] communa *corr. ab eadem manu* communi *G.* cum una. *Bal.* [13] otione *B.* [14] quas *B.* [15] congregentur *G.* [16] sinatis (eos *deest*) *Bal.* [17] missalem *Bal.* [18] qui dimidicum rro d. se alicubi data sibi penitentia *G.*

campis arando, metendo vel foenum secando, vel sepem ponendo ; nec concides stirpare, vel arbores caedere, vel in petris laborare, nec domus construere; nec in horto laborent, nec ad placitum conveniant, nec venationes exerceant. Sed tria tantummodo opera, si necessitas ingruerit summa, agant, et non alia, id est carra hostilia vel victualia vel si forte necesse fuerit corpus cuiuslibet ducere ad sepulchrum. Item similiter mulieres [1] opera textrilia non faciant, nec capulent, nec consuant, nec opera pectilia faciant, nec lanam carpere, nec linum battere, nec in publico vestimenta lavare, nec vervices tondere habeant licitum, ut omnimodis honoretur dies dominicus, requiesque servetur; quatinus ad missarum solemnia et ad ecclesiam undique libere conveniant, et laudent Deum pro omnibus bonis, quae nobis in illa die fecit. Legimus enim, apostolo dicente: *Manifesta autem sunt opera carnis; quae sunt, fornicationes, immundiciae, luxuriae, idolorum servitus, veneficia, inimicitiae, contentiones, aemulationes, animositates, irae, rixae, dissensiones, haereses, sectae, invidiae, homicidia, ebrietates, come sationes et his similia; quae praedico vobis, sicut praedixi, quoniam qui talia agunt, regnum Dei non possidebunt*. Ideo haec eadem, quae magnus praedicator in ecclesia Dei singillatim nominavit, cum studio prohibete, intellegentes, quam sit terribile illud quod dixit: *Qui talia agunt, regnum Dei non consequentur*. Et omni instantia praedicate fidem tenendam Domino. De humilitate vero et paciencia, de castitate et continentia, de benignitate et misericordia, de elemosinis et confessione peccatorum suorum, et debitoribus suis ut secundum dominicam orationem omnibus sua debita dimittant, cunctos monete.

381. *Ex quibus supra*. Sacerdotibus omnibus. Studendum est episcopis, ut dissidentes fratres magis ad pacem, quam ad iudicium cohortentur.

Auctoritas ecclesiastica aut canonica docet, non debere absque sententia Romani pontificis concilia caelebrare.

Episcopi intercessionem praestent his, qui iniqua vi opprimuntur.

Nullus episcopus nisi in legitima synodo et suo tempore apostolica atque canonica vocatione congregata super quibusdam criminibus pulsatus audiatur.

Nemo episcopum apud iudices seculares accusare praesumat, sed apud primates suos.

Accusatores et accusationes, quas leges seculi [2] non adsciscunt, canonica funditus repellit auctoritas.

Variis detractionibus et accusationibus non decet labefactari primatem, sed magis patrum regulis roborari. Nam et Liberius papa pro Athanasio duobus annis in exilio trusus est, et multi alii episcopi, qui eum damnare noluerunt, exilio sunt damnati : quorum exemplum omnes convenit sequi sacerdotes.

Multum derogato praevalet, quando derogator creditur fide dignus. Ideo non omnes admittendi sunt, sed viri probatissimi. Primo semper persona, fides, vita et conversatio accusantium inquiratur. Et postea, quae obiciuntur, fideliter pertractentur; quia nihil aliter fieri debet, nisi impetitorum prius vita discutiatur.

Non est auctoritas, quemquam clericorum iudicare vel dampnare, antequam accusatores praesentes habeat, locumque defendendi [3] accipiat ad abluenda crimina.

Omnis accusatio intra provinciam audiatur, et a comprovincialibus terminetur. Ultra provinciae terminos accusandi licentia non progrediatur.

Episcopus nec provocatus pro rebus transitoriis litiget.

Non est iustum iudicare aut condemnare virum, cuius causa ad liquidum non est examinata.

Maior a minore non potest iudicari.

Iudicis non est quemlibet iudicare vel condempnare absque legitimo accusatore ; quia et Dominus Iudam furem esse sciebat, sed quia non est accusatus, ideo non est eiectus.

Episcopos eiectos atque suis rebus expoliatos in se les proprias recipi, et sua omnia legaliter primo eis reddi sancti canones decreverunt; et postea si quis eos accusare vellet, aequo periculo facere sanciverunt, iudices esse decernentes episcopos recte sapientes in ecclesia convenientes, ubi testes essent singulorum, qui oppressi videbantur.

Placuit, ut si quaecumque persona contra episcopum vel actores ecclesiae se proprium crediderit habere negotium, prius ad eum recurrat caritatis studio; ut familiari colloquio commonitus ea sanare debeat, quae in querimoniam deducuntur. Quam rem si differre [4] voluerit, sententiam suscipiat excommunicationis.

Si quae causae vel contentiones inter clericos et laicos tam maioris ordinis, quam etiam inferioris fuerint exortae, placuit, ut secundum synodum Nicenam congregatis omnibus eiusdem provinciae episcopis iurgium terminetur; nec cui liceat, sine praeiudicio tamen ecclesiae romanae, cui [5] in omnibus causis debetur reverentia custodiri relictis his sacerdotibus qui in eadem provincia Dei ecclesias motu divino gubernant, ad alias convolare provincias vel aliarum provinciarum episcoporum iudicium expeti vel pati, nisi fuerit provocatum. Quod si quis praesumpserit, et ab officio cleri depositus et iniuriarum reus ab omnibus iudicetur.

Si autem maiores causae in medio fuerint devolutae, ad sedem apostolicam, ut sancta synodus statuit et beata consuetudo exigit, per iudicium episcopale referatur.

Prudentissime iustissimeque decreta Niceni concilii sive Africani decreverunt; quaecumque negotia in suis locis; ubi orta sunt, finienda; maxime quia unicuique concessum est, si iudicio offensus fuerit cognitorum, ad concilia suae provinciae vel etiam universale provocare.

Servata quae scripta est de gubernationibus regula, manifestum est quod illa, quae sunt per unamquamque provinciam, ipsius provinciae synodus dispensat, sicut Niceno constat decretum esse concilio.

Si quis episcopus super certis accusatur criminibus, ab omnibus audiatur vel iudicetur qui sunt in provincia episcopis.

Quaecumque sunt ad religionis observantiam pertinentia, locis suis et a suae dioceseos synodis audiantur.

Unaquaeque provincia suo metropolitano et suis comprovincialibus episcopis sit contenta.

Maledictus omnis qui transfert terminos proximi sui. Et dicet omnis populus : Amen. Et reliqua.

Qui [6] sunt supra diocesim episcopi, nequaquam ad ecclesias, quae sunt extra praefixos sibi terminos, accedant, nec eas aliqua praesumptione confundant.

Non oportet transferri terminos a patribus constitutos, ut alter alterius parrochiam invadat atque illic celebrare divina mysteria inconsulto episcopo [7] cui commissa est, praesumat.

382. *Ex capitulis domni Karoli regis anno regni eius undecimo ac is. De his, qui infra regnum sine iussione dominica per vim aliquid rapturint*. Si quis in exercitu infra regnum sine iussione dominica per vim hostilem aliquid praedari voluerit, aut foenum tollere, aut granum, sive pecora maiora vel minora, domusque infrangere vel incendere : Haec ne fiant omnino prohibemus. Quod si ab aliquo praesumptioso factum fuerit, sexaginta solidis, si liber est,

VARIANTES LECTIONES

[1] *deest Bal*. [2] *superscriptum* vel dei G. [3] l. sc d. *Bal*. [4] deferre G. [5] quae G. [6] quae G. [7] eo G.

sit culpabilis et omnia similia restituat, aut cum duodecim testibus se purget [1]. Si vero servus hoc fecerit, capitali sententiae subiaceat, et dominus omnia similia restituat, quia servum suum non correxit nec custodivit, ut talia non perpetraret : quoniam si nos ipsos comedimus, cito deficiemus. Unusquisque tamen custodiat exercitum suum, ne aliqua depraedatio infra regnum fiat, qui non vult legibus emendare, quae sibi commissi iniuste fecerunt [2]. Dignum est enim, ut magistri vel seniores pro sibi commissis reddant rationes, si aliquid praedae egerint aut iniuste fecerint, eo quod eos ita correctos non habent, ut talia non audeant perpetrare.

383. *Ex capitulis domni Ludowici Inghilenaim [3] apostolica auctoritate et synodali sanctione omnium videlicet clericorum ac laicorum generaliter consensu atque hortatu, decretis.* Si quis infra regnum rapinam fecerit aut cuiquam nostro fideli eiusque homini aliquid vi abstulerit, in triplo cui aliquid abstulit legibus conponat, et insuper bannum nostrum, id est sexaginta solidos, nobis persolvat. Postmodum vero ante nos a comite adducatur, ut in bastonico retrusus, usque dum nobis placuerit, poenas luat. Nam si publice actum fuerit, publicam inde agat poenitentiam iuxta sanctorum canonum sanctionem; si vero occulte, sacerdotum consilio ex hoc agat poenitentiam : quoniam raptores, ut ait apostolus, nisi veram egerint poenitentiam, regnum Dei non possidebunt. Qui vero de rebus ecclesiarum aliquid abstulerit, gravius inde iudicetur; quia sacrarum rerum ablatio sacrilegium est et sacrilegus vocatur, qui ex eis aliquid abstulerit aut rapuerit. Extorres namque a liminibus sanctae matris ecclesiae tales personae usque ad satisfactionem ecclesiae, quam laeserunt, sunt habendae atque infamia notandae.

384. *De eo qui facultatem depraedationis dederit malitiosa factione, ut vivus conburatur.* Si quis scelerata factione facultatem depraedationis dederit, vel si quis factam diviserit, vivus conburatur.

385. *Ut vexatio in praediis ecclesiarum praesumpta ab universis depellatur.* Ab omnibus illius usurpationis contumelia depellenda est, ne praedia sibi coelestium sacrorum dicata a quibusdam irruentibus vexentur. Quod si quis praesumpserit, post debitae ultionis acrimoniam quae erga sacrilegos iure promenda est, exilio publicae deportationis uretur.

386. *Ut capitale supplicium excipiat, qui violentiam commisisse dinoscitur.* Qui manifestam detegitur commisisse violentiam, non iam relegatione aut deportatione insulae plectatur, sed supplicium capitale excipiat, nec interposita provocationis sententia, quae in eum fuerit [4] dicta, suspendatur : quoniam multa facinora sub uno violentiae nomine continentur, cum aliis vim inferre tentantibus, aliis cum indignatione resistentibus verbera caedesque crebro deteguntur admissae. Unde placuit, ut si forte quis vel ex possidentis parte, vel ex eius qui possessionem temerare temptaverit, interemptus sit, in eum supplicium exeri, [5] qui vim facere tentaverit, et alterutri patri causam malorum praebuit.

387. *De eo qui sibi indebitum locum usurpaverit.* Si quis indebitum sibi locum usurpaverit, nulla se ignoratione defendat, sique plene sacrilegii reus, qui hoc agere temptaverit.

388. *Ut inviolata permaneant, quae diversi principes circa sanctas ecclesias statuerunt.* Quaecumque circa sacrosanctas ecclesias a principibus diversis sunt statuta, manere inviolata praecipimus.

389. *Ut si ecclesiae privilegia alicuius temeritate fuerint corrupta piaculum quinque [6] librarum auri poena multetur.* Si ecclesiae venerabilis privilegia cuiusquam fuerint temeritate violata vel dissimulatione neglecta, commissum quinque librarum auri condempnatione plectatur.

390. *Ut quae diversi principes statuerunt, vel antistites singuli pro causis ecclesiasticis obtinuerunt, inconvulsa perpetuo serventur.* Quaecumque a divis principibus constituta sunt, vel singuli quique antistites pro causis ecclesiasticis impetraverunt, sub poena sacrilegii iugi et solida aeternitate serventur. Clerici non secularibus iudicibus, sed piscopali audientiae reserventur : fas enim non est ut divini muneris ministri temporalium potestatum subdantur arbitrio.

391. *De privilegiis ecclesiarum, quatinus incorrupta persistant.* Praecipimus, ut privilegia, quae ecclesiis et clericis lege concessa sunt, maneant incorrupta.

392. *Quod servari debeat potius quan auferri, quod sanctae Dei ecclesiae fuerit collatum.* Iniquum est et sacrilegii instar, ut quae pro salute vel requie animarum suarum unusquisque venerabili ecclesiae contulerit aut certe reliquerit, ab his, quibus maxime servari convenerat, auferri et in aliud transferri.

393. *Ut laicis quamvis religiosis, nulla sit disponendi de rebus ecclesiae data facultas.* Laici quamvis religiosis, nulla de ecclesiasticis facultatibus aliquid disponendi legitur umquam adtributa facultas.

394. *Quod praedones ecclesiae sacrilegi int, sicut scripturae testimonio conprobatur.* Sacrile i sunt ecclesiae praedones. Unde et in concilio Aga ensi sub quarto capitulo decretum habetur ita : A ico quippiam rapere furtum est : ecclesiae vero fr udari vel abstrahi subripique sacrilegium. Omnes eu m contra leges facientes resque ecclesiae diripientes vel ecclesias sacerdotesque contra divinas sanctione vexantes sacrilegi vocantur, atque indubitanter in ames sacrilegique habendi sunt.

395. *Quod ea, quae Domino consecrantur, ad ius ecclesiasticum pertineant.* Ea, quae Domi o offeruntur vel consecrantur, ad ius pertinent sa erdotum. Et sacrilegi sunt omnes, qui ea auferunt vel in aliud transferunt.

396. *Ut si quis dignitatem praesumpserit quam non meruit a principe vel iusto seniore, sacrilegu habeatur.* Si quis praesumpserit quam non meruit principe vel seniore dignitatem, sacrilegus habeatur.

397. *Ut illi, qui diversis sceleribus imp cati sunt, ad testimonium non admittantur.* Homicida, malefici, fures, sacrilegi, raptores, venefici, adulteri et qui raptum fecerint vel falsum testimonium dixerint, seu qui ad sortilegos magosque decucurrerint, nullatenus erunt ad accusationem vel ad testim nium admittendi.

398. *Ne ante iudex iaculetur in reum ententiam, quam ipse confiteatur aut socii sui eum onvincant.* Judex criminosum discutiens non meruit proferat capitalem, quam aut reus ipse nfiteatur, aut convictus per innocentes testes vel ociosi criminis sui manifestus convincatur.

399. *Non esse iudicandum adversus absentes.* Adversus absentes non iudicetur. Quod si factum fuerit, prolata sententia non valebit.

400. *Ne episcopus quilibet alium conculcet episcopum.* Ut nullus episcopus alium conculcet episcopum, nec eum supergrediatur, aut aliquod incommodum ei in sua faciat parrochia.

401. *De episcopo deposito, qui se ad Romanum pontificem reclamaverit.* Si quis episcopus depositus agendum sibi negotium in urbe Roma pro lamaverit, alter episcopus in eius cathedra post e ellationem eius, qui videtur esse depositus, omnino non ordinetur, nisi causa fuerit iudicio Romani e scopi determinata.

402. *Ne in praedicatores ecclesiae detractiones seu vituperationes fiant; quod canonica scriptura damnat.* Quod omnibus fidelibus omnibusque ordinibus summopere cavendum sit, ne clanculo aut publice unctum

VARIANTES LECTIONES.

[1] depurget G. [2] fecerint Bal. [3] Ingilinum G. [4] fuerint Bal. [5] exequi superscr. ab a dew manu exeri G. [6] deest. G.

Do ini detractionibus et vituperationibus dilaniunt, perpendentes illud exemplum Mariae, quae eo, quod Moysi famulo Domini propter Aethiopissam detraxit, inmunditia leprae multata sit. Et illud psalmistae: *Nolite tangere christos meos, et in prophetis meis nolite malignari;* Et Dominus per Moysen ait: *Diis non detrahes, et principi populi tui non maledices.* Et si David, regum iustissimus, in Saul, quem constabat iam a Domino reprobatum et abiectum esse, manum mittere non praesumpsit, multo magis cavendum est, ne manum detractionis aut vituperationis sive indiscretionis aut dehonorationis quidam mittant in unctum Domini et in praedicatores sanctae Dei ecclesiae.

403. *Quod episcopi inter se corrigere, si quid ortum fuerit, debent.* Constantinus imperator de accusationibus episcoporum ait: « Hae quidem accusationes tempus habent proprium, id est diem magni iudicii, iudicem vero illum, qui tunc futurus est omnes iudicare. Mihi ergo homini constituto de huiusmodi rebus non licet habere auditorium, sacerdotum scilicet accusantium et simul accusatorum, quos minime convenit tales debere monstrari qui iudicentur ab aliis. » Imperator quoque Valentinianus de episcoporum causis sic ait: « Supra nos, inquit, est vestrum negotium. Et ideo vos de vestris inter vos agite causis; quia supra nos estis. » Et reliqua.

404. *De sacrilegis, quod fures sint teste scriptura.* Omnibus sciendum est, quod sacrilegi fures sint cuncti, qui res ecclesiae diripiunt, vastant, invadunt vexantque, aut a iure ecclesiarum quibus traditae fuerant, iniuste alienant. Unde et beatissimus Augustinus in omelia quadragesima octava euangelii Iohannis ita dicit: « Ecce inter sanctos est ludas: ecce fur est Iudas; et ne contempnas, fur sacrilegus, non qualiscumque fur, fur loculorum, sed dominicorum loculorum, sed sacrorum. Si crimina discernuntur in foro qualiscumque furti et peculatus (peculatus[1] enim dicitur furtum de re publica, et non sic iudicatur furtum rei privatae quomodo publicae) quanto vehementius iudicandus est sacrilegus fur, qui ausus fuerit non undecumque tollere, sed de ecclesia tollere? Qui aliquid de ecclesia aufert vel furatur, Iudae perdito comparatur. » Nota, quod aliquid[2] de ecclesia tollere furtum esse beatus Augustinus asseveret, et patratorem tanti furti furem sacrilegum appellet, necnon et Iudae perdito aequiparet. Et post pauca: « Quare, inquit, loculos habuit, cui angeli ministraverunt, nisi quia ecclesia ipsius loculos suos habitura erat? » Ecce quibus tanti doctoris documentis instruimur, quia quod in capite praecessit, in corpore eius, quod est ecclesia, videtur impletum. Porro Christum et ecclesiam unam personam esse non nescimus. Et ideo quae ecclesiae sunt, Christi sunt; et quae ecclesiae offeruntur, Christo offeruntur; et quae ab ecclesia eius tolluntur, procul dubio Christo tolluntur. Esto, futurum erat, ut ecclesia Christi nummos haberet. Ut nummos, utique et praedia et mancipia et diversarum specierum innumera ornamenta. Et quia inlicitum sit, ea quae conferuntur ecclesiae auferri, beati Hieronymi scribentis in expositione Mathei euangelistae verba ita testantur: « Omnes, inquit, qui stipe templi et his, quae conferuntur in usus ecclesiae, abutuntur in aliis rebus, quibus suam expleant voluntatem, similes sunt scribarum et sacerdotum redimentium mendatium et sanguinem Salvatoris. »

405. *Quod quicquid offertur Domino, sanctum sanctorum sit et[3] ad ius pertineat sacerdotum.* Nulli liceat ignorare quod omne, quod Domino consecratur, sive homo fuerit sive animal sive ager vel quicquid semel fuerit consecratum, sanctum sanctorum erit Domino ad ius pertinet sacerdotum; propter quod inexcusa-

bilis erit omnis, qui ea Domino et ecclesiae, cui conpetunt, aufert, vastat, invadit vel diripit, usque ad emendationem ecclesiaeque[4] satisfactionem: quod[5] sit sacrilegus et non tantum sacrilegus, sed etiam fur sacrilegus.

406. *De his sacrilegis qui ecclesiae eiusque sacerdotibus iniurias inferunt.* Si quis in hoc genus sacrilegii proruperit, ut in ecclesias earumque res inruens sacerdotibus et ministris vel ipso cultui loc[que]que aliquid importet iniuriae vel inferat ad divini cultus iniuriam, in convictos sive confessos reos capitali sententia noverit vindicandum. Nec expectetur, ut episcopus iniuriae propriae ultionem deposcat, cui sanctitas ignoscendi soli gloriam derelinquit[6]. Sitque cunctis non solum liberum, sed etiam laudabile, factas atroces sacerdotibus aut ministris iniurias veluti publicum crimen persequi ac de talibus reis ultionem mereri.

407. *Quod omnia, quae Deo offeruntur, procul dubio et consecrantur.* Omnia quae Domino offeruntur, procul dubio Domino consecrantur. Et non solum sacrificia, quae a sacerdotibus super altare Domino consecrantur, oblationes fidelium dicuntur: sed quicquid ei a fidelibus offertur[7], sive in mancipiis, sive in agris, vineis, silvis, pratis, aquis aquarumve decursibus, artificiis, libris, utensilibus, petris, aedificiis, vestimentis, pellibus, lanificiis, pecoribus, pascuis, membranis, mobilibus et immobilibus, vel quaecumque de his rebus, quae ad laudem Dei fiunt vel supplementum sanctae Dei ecclesiae eiusque sacerdotibus atque ornatum prestare possunt, Domino ecclesiaeque suae[8] a quibuscumque ultro offeruntur, Domino indubitanter consecrantur et ad ius pertinent sacerdotum. Et quia Christum et ecclesiam unam personam esse veraciter agnoscimus, quaecumque ecclesiae sunt, Christi sunt; et quae ecclesiae vel in supradictis vel in quibuscumque speciebus, sive oblationibus sive pignoribus, sive scriptis sive corporalibus rebus offeruntur, Christo offeruntur; et quae ab ecclesia eius quocumque commento alienantur vel tolluntur, sive alienando, sive vastando, sive invadendo, sive minorando, sive diripiendo, Christo tolluntur. Et si ab amico quippiam rapere furtum est, precipue Christo Domino nostro, qui est rex regum et Dominus dominantium, aliquid auferre vel alienare, subripere vel vastare sacrilegium est. Omnes namque ecclesiae praedones manifestissime sunt sacrilegi; et nullus a sacrilegiis nisi per puram probatamque atque publicam poenitentiam et per ecclesiae satisfactionem episcoporumque per manus impositionem iuxta canonicas sanctiones reconciliationem regnum Dei possidebit; et non solum a regno Dei fit alienus, sed etiam a liminibus sanctae ecclesiae et praecipue ab illius, quam laesit, usque ad praedictam satisfactionem extorris efficitur. Talium vero scelerum patratoribus nisi post praedictam satisfactionem nec vivis nec mortuis communicare minime debemus; quia qui rapit pecuniam proximi sui, iniquitatem facit; qui autem pecuniam ecclesiae abstulerit, sacrilegium facit. Qui non solum sacrilegi, sed etiam fures sacrilegi et lupi atque homicidae pauperumque necatores sunt[9], et insuper anathematis vinculo dampnati coram Deo et sanctis eius efficiuntur.

408. *Ut christiani ex propinquitate sui sanguinis connubia non ducant.*[10] Ne christiani ex propinquitate sui sanguinis connubia ducant, nec sine benedictione sacerdotis cum virginibus nubere audeant, neque viduas absque suorum sacerdotum consensu et conhiventia plebis ducere praesumant.

409. *De eo qui se incestuoso ordine his personis, quibus a divinis regulis prohibitum est, coniunxerit.* Si quis sine gradu se[11] incestuoso ordine cum his

---

VARIANTES LECTIONES.

[1] peculator *G.*   [2] n. aliquid quod *G.*   [3] deest *G.*   [4] ecclesiae. que corr. et *G.*   [5] et quod *Bal.*   [6] dereliquit *Bal.*   [7] quaecunque ei a f. offeruntur *Bal.*   [8] siue *Bal.* siue corr. suae *G.*   [9] deest *Bal.*   [10] c. con ducant *G.*   [11] q. non eo gradu sed i. *G.*

personis, quibus a divinis regulis prohibitum est, coniunxerit, usquequo penitentiam sequestratione testentur, utrique communione priventur, et neque in palatio habere militiam, neque in foro agendarum causarum licentiam habebunt. Nam eorum qui modo praedicto [1] se incesto coniunxerint, episcopi seu presbiteri in quorum diocesi, vel pago actum fuerit, regi vel iudicibus scelus perpetratum annuntient, ut cum ipsis [2] denuntiatum fuerit, se ab eorum communione aut cohabitatione sequestrent. Res autem eorum ad primos parentes usque ad sequestrationem perveniant ea sub conditione, ut antequam segregentur, per nullum ingenium neque per parentes, neque per emptionem neque per auctoritatem regiam ad proprias perveniant facultates, nisi prefatum scelus sequestrationis separatione et poenitentia [3] fateantur.

410. *Ex libro legum Theodosii 3. capitulo 11. de incestis.* Quod incesti non sint legitimi heredes, sed infamia sint notatae utraeque personae.

411. *Ut nullus devotam Deo virginem vel viduam coniugem accipiat.* Ut deinceps, sicut canones ecclesiastici prohibent, nullus Deo devotam virginem, nullus sub religionis habitu consistentem, sive viduitatis continentiam professam, vel sui proximam generis, aut etiam de cuius admixtione incestivae notam possit subire infamiae, inlicito connubio aut vi aut consensu accipiat coniugem; quia nec verum poterit esse coniugium, quod a meliori proposito deducitur ad deterius et sub falsi nominis copula, incesta [4] pollutione et fornicationis immunditia perpetratur. Hoc vero nefas, si agere amodo cuiuslibet gentis homines sexus utriusque temptaverint, insistente sacerdote vel iudice, etiamsi nullus accuset [5], omnimodis separati exilio perpetuo relegentur [6]; nec aliqua definitione [7] sui, quousque vixerint, longitudine temporis excusentur.

412. *Quod blasphemiam Deo inferat, qui se cum Deo sacrata miscuerit.* Scire vos convenit, quia blasphemiam Deo irrogat qui cum Deo sacrata vel cum velata femina se commaculat.

413. *Ut clericus proprio honore privetur, si cum femina Deo [8] sacrata vel velata se commiscuerit.* Si clericus cum velata femina vel cum Deo sacrata se macularit, proprio honore privetur.

414. *Quod sacrilegi et violatores iuxta apostolum sint, qui violant sacratarum feminarum corpora.* Sciendum est omnibus, quod Deo sacratarum feminarum corpora per votum propriae sponsionis et verba sacerdotis Deo consecrata templa esse scripturarum testimoniis conprobantur. Et ideo violatores earum sacrilegi ac iuxta apostolum filii perditionis esse noscuntur.

415. *Quod fornicatio omnibus peccatis periculosior esse perhibetur.* Quod poene omnibus peccatis gravior et deterior sit fornicatio, et veraciter dici potest laqueus mortis et puteus inferni ac vorago perditionis, eo quod adulteri vel luxoriosi propter cordis inopiam perdunt animas suas. Nam ut ait scriptura, pretium scorti vix unius est panis; et qui se iungit meretrici, unum corpus efficitur; et qui luxuriatur, mortuus est in corpore vivente.

416. *Quales debeant scripturae valere.* Scripturae, quae diem et annum habuerint evidenter expressum atque secundum legis ordinem conscriptae esse noscuntur, seu conditoris vel testium fuerint signis aut subscriptionibus roboratae, omni habeantur stabiles firmitate.

417. *Ut ita valeat commutatio, sicut et emptio.* Commutatio si non fuerit per vim et metum extorta, talem qualem et emptio habeat firmitatem.

418. *De excommunicandis iudicibus et potentibus, qui non se emendaverint.* Ut iudices aut potentes, qui pauperes obprimunt, si commoniti a pontifice suo se non emendaverint, excommunicentur.

419. *Ut episcoporum iudicio incesta matrimonia emendentur.* Praecipimus, ut iuxta decret canonum adulteria et incesta matrimonia, quae non sunt legitima, prohibeantur et episcoporum iudicio emendentur.

420. *Quod in eo loco manendum unicuique, ubicunque votum voverit* [9]. Ut unusquisque in loco, ubi constitutus fuit et ubi votum vovit, ibi maneat et ibi reddat vota sua.

421. *Quod maximum peccatum sit spiritalis commatris coniunctio.* Sciendum est omnibus, quod coniunctio spiritalis commatris maximum peccatum sit et divortio separandum atque capitali sententia multandum, vel peregrinatione perpetua delendum.

422. *De eo qui paganas observationes fecerit.* Decrevimus, sicut et antecessores vel parentes nostri olim decreverunt, ut qui paganas observationes in aliqua re fecerit, multetur et dampnetur undecim solidis.

423. *Praeceptio* [10], *ut mancipia christiana paganis vel Iudaeis non tradantur.* Praecipimus generaliter omnibus, ut mancipia christiana paganis vel Iudaeis non tradantur.

424. *Ut omnes noverint* [11], *quantum malum sit Deo sacratas incestare.* Iubemus omnes scire omnibusque sacerdotibus praedicare atque sub poena sacrilegii denuntiare quantum malum et quam magnum flagitium sit cum Deo devotis feminis viduis vel virginibus, sive cum velatis, sive cum Deo devotis, maximeque cum sanctimonialibus et sacratis Deo virginibus vel viduis tam in monasteriis quam et extra commisceri. Nam hoc peccatum duplex esse non dubium est. Ut verbi gratia dicamus, cuius vindictae reus sit puer ante dominum suum, qui uxorem domini sui adulterio violaverit; quanto magis ille, qui sponsam Christi creatoris coeli ac terrae putrefiet suae libidinis commaculaverit, dicente beato Paulo apostolo: An nescitis, quia corpora vestra templa sint. Spiritus sancti? Et alibi: Nescitis, quia templum Dei estis et spiritus Dei habitat in vobis? Si quis autem templum Dei violaverit, disperdet illum Deus: templum enim Dei sanctum est, quod estis vos. Et iterum idolatriae [12] servituti adulteros et fornicatores in sermone et numero peccatorum iungit dicens: An nescitis, quia iniqui regnum Dei non possidebunt? Nolite errare; quia neque fornicarii, neque idolis servientes, neque adulteri, neque molles, neque masculorum concubitores, neque fures, neque avari, neque ebriosi, neque maledici, neque rapaces regnum Dei possidebunt.

425. *Ut quia necessitas bellorum cogit, pars pecuniae, quae ecclesiae debetur, aliquanto tempore sub precario retineatur.* Assentimus cum consilio servorum Dei et populi christiani propter inimicitias bella et persecutiones caeterarum gentium, quae [13] in circuitu nostro sunt, ut sub precario et censu aliquam partem ecclesialis pecuniae in adiutorium exercitus nostri cum indulgentia Dei aliquanto tempore retineamus ea conditione, ut annis singulis de unaquaque casata solidus, id est duodecim denarii, ad ecclesiam vel monasterium reddatur [14]; eo modo ut si moriatur ille, cui pecunia commodata fuit, ecclesia cum propria pecunia revestita sit; et iterum si necessitas cogat ut [15] princeps iubeat, pre arium renovetur et rescribatur novum. Hoc omni observetur, ut ecclesiae vel monasteria penuriam et paupertatem non patiantur, quorum pecunia in precario

VARIANTES LECTIONES.

[1] nam quomodo predicti *G*. [2] epis *G*. [3] separationem et poenitentiam *G*. [4] c. incestiva, p. *al*. [5] accusator sit *Bal*. [6] redigentur *G*. [7] indefinitione *Bal*. [8] D. s. v. v. s. c. *desunt G*. [9] voverunt. [10] precipio *G*. [11] ut o. n. *ad antecedentis cap. verba traxit G*. [12] idolatriae *G*. [13] qui *G*. [14] redantur *Bal*. [15] et *Bal*.

praestata sit; sed si paupertas cogat, ecclesiae et domui Dei reddatur integra possessio.

426. Ut[1] ecclesiarum privilegia vel facultates sive quicquid ad easdem pertinet, nullus invadere praesumat. Praecipimus omnibus ditioni nostrae subiectis, ut nullus privilegia ecclesiarum vel monasteriorum infrangere, resque ecclesiarum invadere vel vastare aut alienare vel facultates earum diripere praesumat, nec sine precaria[2] possidere pertentet; quia, sicut a sanctis patribus instructi sumus, gravissimum peccatum hoc esse dinoscitur, testante sacra scriptura, quae ait: Qui abstulerit aliquid patri vel matri, et dicit hoc non esse peccatum, homicidii particeps est. Pater noster sine dubio Deus est, qui nos creavit : mater nostra ecclesia, quae nos in baptismo spiritaliter[3] regeneravit. Ergo qui Christi pecunias ecclesiae fraudat vel rapit sive vastat vel alienat, homicida ante conspectum iusti iudicis esse deputabitur. De quo quidam sapientum dicit : Qui rapit pecuniam proximi sui, iniquitatem facit; qui autem pecuniam ecclesiae abstulerit, sacrilegium facit.

427. Ut neque rex neque secularium quisquam per vim praedia ecclesiarum rapiat, quas[4] episcopi, abbates vel abba issae regere videntur. Omnibus nos ipsos corrigentes posterisque nostris exemplum dantes generaliter interdicimus, ut nullus laicus homo, vel imperator, vel rex, aut aliquis praefectorum vel comitum, seculari potestate fultus, sibi per violentiam rapiat aut a nobis competere vel quocumque modo invadere praesumat monasterium aut praedia vel quascumque res de potestate episcopi vel abbatis aut abbatissae, et incipiat ipse vice abbatis regere et habere sub se monachos et pecuniam possidere, quae fuit Christi sanguine comparata. Talem hominem antiqui patres nominabant raptorem et sacrilegum et homicidam pauperum et lupum diaboli, intrantem in ovile Christi, et maxime anathematis vinculo dampnandum ante tribunal Christi. De talibus memo: es estote scripturae sancti Pauli apostoli ad Timotheum dicentis : D vitibus huius seculi praecipe non sublime sapere, neque sperare in incerto divitiarum, sed in Deo, qui praestat omnia. Tales si ecclesiae correctionem non recipiunt, ethnicis et publicanis sunt similes, quibus nec vivis nec mortuis communicat ecclesia Dei. Talibus, qui et hic et ibi[5] reperiuntur, cum tuba[6] Dei clangamus, ne tacentes dampnemur et simul cum eis pereamus. Si autem impietate.[7] horribilis est Deo ille, qui imple agit; certe separatus est talis a Deo, et anathemati iuste subicitur. Anathema enim nihil aliud significat, ni-i a Deo separationem sicut in veteri et novo testamento iudicium de anathemate significat.

428 De his qui non solum de rebus suis aliquid ecclesiae conferunt, sed etiam ab aliis conlatas iniuste possident. Placuit nobis et ab omnibus observari convenit, ut quia nonnulli memores sui perquaslibet scripturas pro remedio animae suae de facultatibus suis ecclesiis aliquid contulisse probantur, quod a diversis Deum minus timentibus actenus mortifera calliditate tenetur, ita ut aliorum oblatio illis pertineat ad ruinam nec intueri corde promto istud iudicii Domini, qui hoc cupiditatis delectantur ardore, quicumque inmemor interitus sui res ecclesiis, ut supra diximus, delegatas iniuste possidebit[8] praesumpseritque retinere, et veritate comperta res Dei servis dissimulaverit reformare, ab omnibus ecclesiis segregatus a sancta communione habeatur extraneus, nec aliud mereatur habere remedium, nisi culpam cum propria[9] rerum emendatione purgaverit : indigne enim ad altare Domini properare permittitur, qui res ecclesiasticas aut audet rapere aut iniuste A possidere. Qui vero in hac iniqua defensione perdurant, ut necatores pauperum omnes iudicandi sunt, quod eorum taliter alimenta subtraxerint. Sacerdotalis tamen debet esse provisio, ut vindictam ammonitio manifesta precedat, ut[10] res usurpatas iniuste qui abstulit, adhibita aequitate restituat. Quod si neglexerit et necessitas conpulerit postea praedonem sacerdotalis districtio maturata percellat. Neque quisquam per regna[11] absque proprii episcopi auctoritate res dispensare nitatur; quia Dei potentia cunctorum regnorum terminos singulari dominatione concludit. Qui vero his nostris sanctionibus contraierit, et quae neglexit, legibus emendare tardaverit, vel deinceps in praedicta nequitia perdurare voluerit, omnes honores quos habere videbatur, perdat et a nobis seculariter et legaliter strictim fortiterque puniatur, et a sacerdotibus coelesti gladio feriatur. Et si se non correxerit, non solum excommunicatus, sed etiam anathematizatus moriatur.

429. De rebus ecclesiae; quae sibi iure debentur, ne in
B aliud transferantur. Sciendum est omnibus, quod sacrilegium sit res ecclesiae quocumque modo iniuste ab ecclesiis, quibus iure debentur, auferri et in aliud transferri.

430. Quod homicid e ante Deum deputentur, qui res ecclesiae vastant. Volumus omnes scire, quod qui Christi et ecclesiae pecunias auferunt resque eius fraudant, rapiunt, vastant vel diripiunt, homicidae ante Deum esse deputantur; quia res pauperum, quos ecclesia pascere debet, diripiunt.

431. Ut capitali poena multentur qui sacrilegia, adulteria, praedationes aut devastationes exercuerint. Sub poena capitali sacrilegia, adulteria, praedationes vastationesque in regno nostro a quibuscumque fieri prohibemus, ita ut si voluntarie quis ex his unum vel aliquid fecerit, de vita conponat, et omnes res eius, tam mobiles quam et immobiles, fisco nostro socientur vel ecclesiae, cuius res vastaverit vel alienaverit aut abstulerit, tradantur. Maximum enim sacrilegium
C est, oblationes fidelium, quae sunt res ecclesiarum, auferre, vastare, alienare, invadere, vel subripi[12]. Nam, ut ait sacra scriptura, neque sacrilegi, neque adulteri, neque praedones, vel vastatores, qui sunt raptores, regnum Dei possidebunt. Et si hi, qui res fratrum diripiunt, a regno Dei alieni fiunt, quid super his fieri putatis, qui res Deo dicatas diripiunt vel auferunt? Nam quanto gravius quis in praesenti seculo peccat, tanto gravius in inferno torquebitur.

432. De viris, quod in castitate uxores suas diligere eisque ut vasi infirmiori custod am et reliquam necessitatem debeant impendere. Omnes[13] scire volumus, quod iubente Domino, viri uxores suas in castitate debeant diligere; et eis utpote vasi infirmiori honorem, et custodiam atque cuncta, quae necessaria sunt, prout quisque potuerit, ministrare fideliter debebit. Quod et nos, qui ministri Domini sumus nec sine causa Dei gladium portamus, episcopali in vice omnium episcoporum atque regali auctoritate
D pro viribus cunctos agere iubemus.

433. De conservanda fide inter virum et uxorem. Scire omnes volumus, sicut et saepius a Domini episcopis et reliquis Dei servis admoniti sumus, quod viri uxoribus suis et uxores similiter viris suis veraciter fidem et dilectionem servare debent, et non in aliquo ab his declinare, et quod non liceat coniugatis neque pellicem neque concubinam habere.

434. Ne clerici cuiuslibet ord nis a quibuslibet[14] laici. im. rientur, vel apud alios quam apud episcopos accusentur. Ut neque presbiter neque diaconus neque subdiaconus de ecclesiis trahantur aut iniuriam aliquam eorum inscio episcopo patiantur. Sed quidquid

---

VARIANTES LECTIONES.

[1] In G. [2] precario G. [3] sic etiam G. superscripto tamen u. [4] quae Bal. [5] t. et hic quidibi r. G. [6] deest G. [7] impiens Bal. [8] pos ederit Bal. [9] n. cum culpam propriam r. Bal. [10] et Bal. [11] interregna G. [12] s. vel subripere G. [13] omnibus Bal. [14] q. ordinibus a quibuslibet l. G.

quis adversus eos habuerit, in notitiam episcopi proprii perducat; et ipse causam iustitia praeeunte discutiens, animo clericos accusanti satisfaciat.

435. *Ut hi* [1], *qui innocentes apud principem vel apud alios accusaverint damnentur* [2]. De his, qui innocentes ad principes aut iudices accusare convicti fuerint, si clericus honoratior fuerit, ab officii sui ordine degradetur; si vero secularis, poenam, quam ipsi, si convicti essent, passuri erant, patiatur. Et insuper si talis causa fuerit, unde vivere debeant, a sacerdotibus publica poenitentia multentur, ut spiritus salvus sit in die Domini.

436. *Ut clerici de his causis quas seculi l ges non admittunt* [3] *minime impetantur*. Nulle cau a iudicibus ecclesiasticis audiantur, quae legibus non continentur vel quae prohibitae esse noscuntu .

VARIANTES LECTIONES.

[1] De his *Bal.*   [2] deest *Bal.*   [3] causis quae s. l. nam dimittunt *G.*

LIBER TERTIUS.

Nonnulla haec capitula pro brevitate libri canonum atque levitate a domno Karolo e a suis [1], sapientissimis episcopis excerpta sunt, quaedam de capite sententiae, quaedam vero de medio, quaedam autem de fine. Quae valde necessaria habenda sunt, atque m moriter retinenda. Reliqua vero tam ab eisdem, quam et postea a domno Hluduwico lio eius suisque proceribus aucta sunt.

1. *De primatu ecclesiarum et sacerdotum.* Ut unaquaeque ecclesia sive unusquisque sacerdos suum primatum teneat, sicut in antiquis canonibus constitutum est.

2. *Ut omnis ordo clericorum episcopo suo subiectus maneat.* Clerici, qui praeficiuntur in ptochiis [2] vel qui ordinantur in monasteriis vel basilic s martyrum, sub episcoporum, qui in unaquaque civitate sunt, secundum sanctorum patrum traditiones potestate permaneant nec per contumaciam ab episcopo suo dissiliant. Quicumque vero audent evertere huiuscemodi formam quocumque modo, nec proprio subiciuntur episcopo, siquidem clerici sunt, canonum correptionibus subiciant; si vero laici vel monachi fuerint, communione priventur.

3. *Ut nemo clericorum relicto episcopo proprio ad negotia secularia m gret.* Quod non oporteat sacerdotem vel clericum, habentes adversus invicem negotia, proprium episcopum relinquere et ad secularia negotia convolare.

4. *Ut presbiteri vel diaconi absque episcopi proprii consensu nihil praesumant.* Presbiteri [3] et diaconi praeter episcopum nihil agere pertentent.

5. *Ut tempus poenitentum in consideratione episcopi consistat.* Penes episcopos erit potestas, modum conversationis penitentum probantes, vel humanius erga eos agere vel amplius tempus adicere. Ante omnia vero praecedens eorum vita et posterior inquiratur, et ita eis inperciatur humanitas.

6. *De poenitentum conversa ione et fide.* Conversatio poenitentum et fides tempus abreviat.

7. *De fructuum oblationibus, quae ministris ecclesiae conferuntur.* Si quis oblationes ecclesiae extra ecclesiam accipere vel dare voluerit praeter episcopi conscientiam vel eius, cui huiuscemodi sunt officia commissa, nec cum eius voluerit agere consilio, anathema sit.

8. *De* [4] *his quae in usus pauperum conferuntur.* Si quis obiata dederit vel acceperit praeter episcopum, vel eum qui constitutus est ab eo ad dispensandam misericordiam pauperibus, et qui dat et qui accipit, anathema sit.

9. *Ut quicumque synodalem excommunicationem transgressus fuerit, in alia synodo spem recuperationis non habeat.* Si quis episcopus damnatus a synodo, vel presbiter aut diaconus a suo episcopo, alius fuerint de sacro ministerio aliquid contingere, sive episcopus iuxta praecedentem consuetudinem, sive presbiter aut diaconus: nullo modo liceat ei nec in alia [5] synodo restitutionis spem aut locum habere satisfactionis. Sed et communicantes ei omnes abiciantur [6]

de ecclesia; et maxime, si, postquam didicerint hoc factum esse, communicare temptaveri t.

10. *Ut excommunicatis si e his, qui eccl sias deserunt, nemo communicet.* Cum excommun atis non licere communicare ; nec cum his qui er domos conveniunt devitantes orationes ecclesi e, simul orandum est. Ab alia ecclesia non sus piendum, qui in alia minime congregatur.

11. *De conturbatoribus ecclesiae opprim endis.* Si quis ecclesiam Dei conturbare et sollicitar persistit, tamquam seditiosus per potestates extera opprimatur.

12. *Ut monachi episcopis suis ubique su iecti maneant.* Monachos per unamquamque civitat m aut regionem subiectos esse episcopo et quieter diligere ab intentos esse tantummodo ieiunio et o tioni in locis, in quibus renuntiaverunt seculo, pe manentes. Nec ecclesiasticis vero nec secularibus ne otiis communicent, vel in aliqua sint molestia pro ria monasteria deserentes; nsi forte praecipiat r propter opus necessarium ab episcopo civitatis.

13. *Ut unusquisque ecclesiae, cui or natus est, ministret.* Clericum permanere oportet in ecclesia, cui in initio ab episcopo praetitulatus st, et ad quam confugit quasi ad potiorem; hoc a tem refutantes revocari debere ad suam ecclesia , in qua primitus ordinatus est, et ibi tantum odo ministrare. Si quis hanc definitionem transgre sus fuerit, decrevit sancta synodus a proprio gradu ecedere.

14. *De suscipiendis his qui persecutionem patiuntur.* Statuimus per omnia, ut hi, qui per ecutionem patiuntur a pravis quibusque vel infidelibus, suscipiantur a iustis et fidelibus.

15. *De lege et consuetudine.* Aliqua can ne et ordine tenentur, aliqua consuetudine firm ta sunt.

16. *De alienis finibus non usurpandis.* Inhibitum est, ne quis alienos fines usurpet aut pe praemium vel favorem alicuius terminos patrum sta utos transcendat. Quamquam novellae suggestione , quae vel obscurae sunt vel sub genere latent, ins ectae a nobis formam accipiant, et quod in laicis reprehenditur, id multo magis debet in clericis p aedamnari. Universum concilium dixit: « Nemo con ra prophetas, nemo contra euangelium vel contra apostolum facit aliquid absque periculo. »

17. *Ut transgress res canonum excon municentur.* Transgredientem canonum definitionem xcommunicatum esse praecipimus.

18. *Ut episcopus c ram monasteriorum gera .* Episcopum convenit civitatis competentem ionasteriorum providentiam gerere.

VARIANTES LECTIONES.

[1] deest *Bal.*   [2] perficiuntur in thoicis *G.*   [3] *ipsa capitis verba desunt G.*   [4] *totum hoc cap;t dee t G.*   [5] alio *Bal.*   [6] abici *Bal. et G., sed hic correxit statim.*

9. *De monendis his qui ordinantur.* Si quis clericus ordinatur, moneri debet constituta servare.

20. *De satisfactione poenitentiae.* Satisfactio poenitentiae non est tam temporis longitudine, quam cordis conpunctione pensanda;

21. *De mensura poenitentiae.* Tempora poenitudinis habita moderatione episcopali [1] arbitrio sunt constituenda, prout inspectorum animos viderit esse devotos : pariter [2] etiam habentes aetatis senilis intuitum, et periculorum quorumque aut aegritudinum respicientes necessitates.

22. *De malorum ordinatione vitanda.* Qui tales ordinat sacerdotes, quales esse non debent, non est hoc consulere populis, sed nocere; nec praestare regimen, sed augere discrimen.

23. *De episcopis qui inutiles ordinaverint.* Qui in ordinandis sacerdotibus sanctorum patrum statuta neglexerunt, et quos refutare debuerunt, consecrarunt; unde si qui episcopi talem ordinaverint sacerdotem, qualem esse non liceat, etiamsi aliquo modo dampnum proprii honores evaserint, ordinationis tamen vim ulterius non habebunt, nec ei sacramento umquam intererunt, quod neglecto iudicio [3] praestiterunt.

24. *De cavendis illicitis ordinationibus.* Ab illicitis ordinationibus est abstinendum. Et si quae factae sunt ordinationes illicitae, removeantur. Nec tantum putemus petitiones valere populorum, ut cum his parere cupimus, contra voluntatem domini Dei nostri, quae nos peccare prohibet, aliquid agamus.

25. *De rebaptizatis non ordinandis.* Non est permittendum, ut rebaptizati ad clericatus gradum promoveantur.

26. *Ut qui excommunicatus sine licentia communicaverit, dampnetur.* Si quis excommunicatus fuerit pro suo neglectu, et tempore excommunicationis ante audientiam communicare presumpserit, ipse in se damnationis iudicetur protulisse sententiam.

27. *De non vendendis rebus ecclesiae.* Placuit, ut presbiteri non vendant rem ecclesiae, ubi sunt constituti, nescientibus episcopis suis.

28. *Ut absque licentia episcopi ad virgines vel viduas clerici non accedant.* Clerici vel continentes ad viduas vel virgines nisi ex iussu episcoporum vel presbiterorum non accedant. Et hoc non soli faciant, sed cum conclericis [4] vel cum his quibus episcopus aut presbiter iusserit. Nec ipsi episcopi vel presbiteri soli habeant accessum ad huiuscemodi feminas, sed ubi clerici presentes sunt aut graves aliqui christiani.

29. *De appellatione primae sedis.* Ut primae sedis episcopus non appelletur princeps sacerdotum aut summus sacerdos aut aliquid huiuscemodi, sed tantum primae sedis episcopus.

30. *De arbitrio episcopi erga poenitentes.* Poenitentibus secundum differentiam peccatorum episcopi arbitrio poenitentiae tempora decernantur.

51. *De manumissionibus.* Manumissiones in ecclesia sunt [5] celebrandae.

52. *Ut nemini sit facultas, relicta principali cathedra in ecclesia in sua diocesi vel in re propria diutius residere.* Placuit, ut nemini sit facultas, relicta principali cathedra ad aliam ecclesiam in diocesi constitutam se conferre, vel in re propria diutius quam oportet constitutum curam vel frequentationem agere et propriam plebem neglegere.

53. *De defensoribus ecclesiae a rege poscendis.* Defensores ecclesiarum adversus potentias secularium vel divitum ab imperatore sunt poscendi.

54. *De occursu clericorum ad concilium.* Placuit, ut quotiescumque concilium congregandum est, episcopi et presbiteri, qui neque aetate neque aegritudine aut alia graviori necessitate impediuntur, com-

A petenter occurrant. Quod si occurrere non potuerint, excusationes suas in tractatoria [6] subscribant.

55. *De lectore unius ecclesiae in alia ecclesia non promovendo.* Placuit, ut qui semel in ecclesia legerit, ab alia ecclesia ad clerum non teneatur aut promoveatur. Et ut ab electis iudicibus non sit provocandum.

56. *De remissione penitentum.* Penitentes quicumque ex gravioribus sive ex levioribus culpis poenitentiam gerunt, si nulla interveniat egritudo, quinta feria ante pascha eis est remittendum. Ceterum de pondere estimando delicto um sacerdotis est iudicare.

57. *De non invadenda alterius parrochia.* Non oportet transferri terminos a patribus constitutos, ut alterius parrochiam alter invadat atque illic celebrare divina mysteria inconsulto eo, cui commissa est, praesumat.

58. *De iusto baptismate non iterando.* Rite bapti-

B zatos illo dono iterari non posse. Et aliter sola aqua lotos baptizare in nomine Patris et Filii et Spiritus sancti necesse est provideri.

59. *De ultione peccatorum.* In ecclesia peccata populi inulta remanere non debere.

40. *De prohibitis non despiciendis.* Si quis interdicta despexerit, gradus sui periculo subiacebit.

41. *De praevaricatoribus canonum summovendis.* Quisquis sacerdotum contra interdicta canonum fecerit, a suo est officio submovendus, et veniam sibi deinceps noverit denegari.

42. *De dilationes temporum erga eos, qui ad sacros ordines promoventur.* Qui se divinae miliciae desiderat mancipari, sive inter lectores, sive inter exorcistis, quinquennio teneatur. Exinde acolitus vel subdiaconus quatuor annis. Et sic ad benedictionem diaconatus, si meretur, accedat : in quo ordine quinque annis, si inculpate gesserit, adhaerere debebit. Et postea, si probus fuerit, sacerdos efficiatur.

45. *De confessione scelerum.* Manifestum est con-

C fiteri eum de crimine, qui indulto et delegato iudicio purgandi se occasione non utitur. Nihil enim interest utrum in praesenti examine omnia, quae dicta sunt de eo, comprobentur, cum ipsa absentia pro confessione constat.

44. *Ut doctoribus contraria non doceantur.* Non debere quemquam ad iniuriam doctorum vindicare doctrinam; quia timeo ne conhibere sit hoc tacere. Et alibi : Merito causa nos respicit, si silentio faveamus errori.

45. *De profundioribus quaestionibus.* Profundiores quaestiones nec contempnendae sunt, nec penitus asserendae.

46. *De non negligendis praeceptis canonum, sed viriliter exercendis.* Non ociosa nobis esse patitur, qui exercenda, non neglegenda, donavit.

47. *De non studendo novitati.* Si studere incipiamus novitati, traditum nobis a patribus ordinem calcabimus [8].

48. *Ut nullus sacerdos in alterius parrochia aliquid

D praesumat.* Sit unusquisque sacerdos concessis sibi contentus limitibus, nec in alterius parrochia quicquam praesumat; ne usurpatione locus alicui sacerdoti [9] in alterius concedatur iniuriam.

49. *De non ignorandis canonibus.* Nulli sacerdoti liceat canones ignorare.

50. *De populo docendo.* Docendus est populus, non sequendus.

51. *Ut aliqua conditione obligatus absque petitione domini sui non ordinetur.* Qui originali aut alicuius conditione obligati sunt, non debent ab episcopis ordinari, nisi forte eorum petitio aut voluntas accesserit, qui aliquid sibi in eos vindicant potestatis:

VARIANTES LECTIONES.

[1] episcopi *Bal.* [2] pater *G.* [3] iniudicio *G.* [4] clericis *G.* [5] deest *Bal.* [6] tractoria *Bal.* [7] deest *G.* [8] calcauimus *G.* [9] l. alicuius in *Bal.*

debet enim esse immunis ab aliis, qui divinae militiae fuerit aggregandus.

52. *De malis funditus abscidendis.* Ea quae male pullulant radicitus evellantur, et messem dominicam zizania nulla corrumpaut.

53. *De non exigendis usuris.* Usuram non solum clerici, sed nec,[1] laici christiani exigere debent[2].

54. *De pravis persequendis.* Aliter nobis commissos regere non possumus, nisi eos, qui sunt perditores aut perditi, zelo fidei dominicae persequamur, et sanis mentibus, ne pestis haec latius devulgetur, severitate qua possumus abscidamus.

55. *De plebe adversus sacrilegos custodienda.* Ante tribunal Domini de reatu neglegentiae se non poterit excusare, qui plebem suam contra sacrilegae persuasionis auctores noluerit custodire.

56. *De utilitate gregis et pastoris.* Alter unus grex et unus pastor non sumus, nisi quemadmodum apostolus docet dicens: *Simus autem perfecti in eodem sensu et in eadem sapientia.*

57. *De tepidis doctoribus*[3]. Inferiorum[4] ordinum culpae ad nullos magis referendae sunt, quam ad desides neglegentesque doctores, qui multam saepe nutriunt pestilentiam, dum necessariam dissimulant adhibere medicinam.

58. *Quomodo dubia vel obscura teneantur.* In his, quae vel dubia vel obscura fuerint, id noverimus sequendum, quod nec praeceptis euangelicis contrarium, nec decretis sanctorum[5] invenitur adversum.

59. *De uxoribus et concubinis.* Non omnis mulier viro iuncta uxor est viri, neque omnis filius heres est patris. Itaque aliud est uxor, aliud concubina. Sic et aliud ancilla, aliud libera. Et alibi: Non est dubium eam mulierem non pertinere ad matrimonium, in qua docetur nuptiale non fuisse mysterium.

60. *De concubinis relinquendis.* Non est coniugii duplicatio, quando, ancilla relicta, uxor assumitur, sei profectus est honestatis.

61. *De abstinendo a licitis.* Oportet, qui pro inlicitis veniam poscit, etiam a multis licitis[6] abstinere.

62. *Quod poenitentibus nulla lucra negotia ionis exercere conveniat.* Nulla lucra negotiationis poenitentibus exercere convenit q ia difficile est inter vendentis ementisque commercium non intervenire peccatum.

63. *De reatu potentum.* Reatu maiore delinquit, qui potiore honore[7] perfruitur; et maiora facit vitia delictorum sublimitas dignitatum.

64. *Ut pravi non consecrentur.* Quisquis pravorum consecrator extiterit sacerdotum, factum suum ipse dissolvat; et quod commisit illicite aut a decessoribus suis invenit admissum, si proprium periculum vult vitare, damnabit.

65. *Ut iniusta populi petitio effectu careat.* Nec tantum putemus petitiones valere populorum, ut, cum his parere cupimus, contra voluntatem domini Dei nostri, qui peccare prohibet, aliquid agamus.

66. *De potestate data non abutenda.* Privilegium meretur amittere, qui permissa sibi abutitur potestate.

67. *Ut nemo poenitentem alterius parrochiae absolvat.* Nullus sacerdos in alterius civitate vel diocesi poenitentem, vel sub manu positum sacerdotis, vel qui reconciliatum se esse dixerit, sine consensu et litteris episcopi vel presbiteri, in parrochia presbiter, aut episcopus in civitate suscipiat.

68. *De criminosis non promovendis.* Ad clerum criminosi nequeant promoveri; et in clero positi si in aliquibus criminibus inventi fuerint, a suis officiis arceantur.

69. *De iis qui variis passionibus irretiti sunt.* Demoniis aliisque passionibus inretitis ministeria sacra tractare non licet.

70. *De mortuis temere non iudicandis.* Non est temere iudicandum de his, qui ad Deum migraverunt.

71. *De contentione vitanda.* Summopere ontentio est vitanda.

72. *Quod mali bona ministrando sibi noce nt.* Mali bona ministrando sibi tantummodo nocent, nec ecclesiae sacramenta commaculant.

73. *Ut vivente viro vel uxore nemo eorum iteri coniugio copuletur.* Qui interveniente repudi alio se matrimonio copularunt, hos in utraque pa te adulteros esse manifestum est. Qui vero vel xore vivente, quamvis dissociatum videatur esse co iugium, ad aliam copulam festinarunt, nec possunt adulteri non videri, in tantum ut etiam hae perso ae, quibus coniuncti sunt, adulteri esse monstren ur.

74. *De potestate episcopi in parrochia sua.* Ut unusquisque episcopus habeat suae parrochiae potestatem, et regat iuxta reverentiam singuli competentem, et providentiam gerat omnis po sessionis quae sub eius est potestate.

75. *Ut nemo clericorum absque consens t episcopi sui principem adeat.* Si quis adire princip n y necessaria causa deposcit, hoc agatur cum consi io et tractatu metropolitani et ceterorum episcop m ipsius provinciae.

76. *De potestate episcopi in rebus ecc s asticis.* Episcopus ecclesiasticarum rerum habeat p testatem, ad dispensandum erga omnes, qui indige t, cum summa reverentia et timore Dei. Particip t autem et ipse quibus indiget, si tamen indiget.

77. *Ut clericus extra suam parrochiam bsque sui pontificis permissu non proficiscatur.* Non o oriet sacerdotem vel clericum sine iussione sui proficisci pontificis.

78. *Qualiter episcopi provehantur.* Episc pi iudicio metropolitanorum et eorum episcoporu qui circumcirca sunt, provehantur ad ecclesias icam po testatem.

79. *Quod turbis electiones episcoporum i on concedantur.* Non est permittendum turbis, ele tiones eorum facere, qui sunt ad sacerdotium prov hendi.

80. *Ut episcopi terminos parrochiae sua non transeant.* Qui sunt supra diocesim episcopi, n quaquam ad ecclesias, quae sunt extra praefixos s.bi terminos, accedant, nec eos aliqua praesumptione transcen dant[8].

81. *Ut episcopi nisi vocati extra suam di cesim nullas ordinationes faciant.* Non vocati epis pi extra suam diocesim accedant propter ordinatio es faciendas vel propter alias dispensationes ecclesi sticas.

82. *Quod ea, quae in provincia agend nt, ipsius provinciae synodus dispenset.* Servata ero quae scripta est de gubernationibus regula, n anifestum est quod illa, quae sunt per unamquamq e provintiam, ipsius provinciae synodus dispense sicut Niceno constat decretum esse concilio.

83. *De protestate primatis dioeceses.* Si uis a metropolitano laeditur, apud primatem dioc seos iudicetur.

84. *Ut accusatores clericorum sine pro atione non recipiantur.* Clericos vel laicos accusante episcopos aut clericos, passim et sine probatione ad accusationem recipi non debere, nisi prius eorum discutiatur existimationis opinio vel suspitio.

85. *Ut criminosus vocem accusandi non habeat.* I qui in aliquibus criminibus irretitus est, vocem adversus maiorem natu non habeat accusan i. Ab universis episcopis dictum est: si criminos s est, non admittatur. Placet.

86. *Ut accusato locus, unde ipse est, con eatur, ubi testes habere queat.* Placuit, ut accusatus vel accusator in eo loco, unde est ille qui accusa , si metuit aliquam vim temerariae multitudinis, iocum sibi

VARIANTES LECTIONES.

[1] etiam G. [2] non d. G. [3] doct ris G. [4] inferiorum *coniicit Bat.* [5] deest G. [6] deest G. [7] deest. G [8] deest G.

eligat proximum, quo non sit difficile testes eius perducere, ubi causa finiatur.

87. *Ut episcopus ante iustam definitionem nullatenus propria potestate privetur.* Adimi episcopo episcopatum, antequam cause eius exitus appareat, nulli christiano videri iure potest.

88. *Ut nulli criminoso liceat accusare episcopum.* Episcopum nulli criminoso liceat accusare.

89. *De primate in accusatione episcopi expetendo.* Si quis episcopus accusatur, ad primates ipsius provinciae causam eius deferat accusator.

90. *Ut accusator culpabilis non recipiatur.* Si accusatoris persona in iudicio episcoporum culpabilis apparuerit, ad arguendum non admittatur nisi de propriis causis.

91. *Ut nemo ecclesiasticus testificari compellatur.* Ut nulla ad testimonia dicendum ecclesiastici cuiuslibet persona pulsetur.

92. *De concilio universali.* Concilium universale non nisi necessitate faciendum.

93. *De causis specialibus.* Causae quae communes non sunt, in suis provinciis iudicentur.

94. *Ut metropolitanus in alterius provintia nihil praesumat.* Unaquaeque provincia suo metropolitano et suis conprovincialibus episcopis sit contenta, nec aliquis in limitibus alterius provintiae quicquam presumat.

95. *Ut contradicentibus non ordinetur episcopus.* Nolentibus clericis vel populis nemo debet episcopus ordinari. Sit facultas clericis renitendi, si se viderint praegravari. Et quos ex transverso cognoverint, non timeant refutare.

96. *Quod tres epis opi praecepto archiepiscopi ordinare possunt [1] episcopum.* Si necessitas fuerit, tres episcopi, in quocunque loco sint, archiepiscopi praecepto ordinare possunt episcopum.

97. *De contradictione ordinationis episcopi.* Si de ordinatione episcopi fuerit contradictio oborta, non praesumant ad purgandum eum, qui ordinandus est, tres iam, sed postuletur ad numerum unus vel duo in eadem plebe, cui ordinandus est. Discutiantur ergo primo personae contradicentium : postremo vero illa, quae obiciunt, pertractentur. Et cum purgatus fuerit sub conspectu publico, ita demum ordinetur episcopus.

98. *Ut chorepiscopi modum mensurae, qui in sacris canonibus praefixus est, non excedant.* Emersisse reprehensibilem et valde inolitum usum comperimus, eo quod quidam chorepiscopi ultra modum suum progredientes et donum sancti Spiritus per impositionem manuum tradant, et alia, quae solis pontificibus debentur, contra fas peragant, praesertim cum nullum ex septuaginta discipulis, quorum speciem in ecclesia gerunt, legatur donum sancti Spiritus per manus impositionem tradidisse. Quod autem solis apostolis eorumque successoribus proprii sit offici tradere Spiritum sanctum, liber actuum apostolorum docet. In concilio vero Caesariensi ita de chorepiscopis habetur scriptum : « Chorepiscopi quoque ad exemplum septem et formam septuaginta videntur esse. Ut comministri autem propter studium, quod erga pauperes exhibent, honorentur. » Item in concilio Antioceno, capitulo decimo : « Qui in vicis vel possessionibus chorepiscopi nominantur, quamvis manus impositionem episcoporum perceperint et ut episcopi consecrati sint, tamen sanctae synodo placuit, ut modum proprium recognoscant et gubernent subiectas sibi ecclesias earumque moderamine curaque contenti sint. »

99. *Quales personae ad accusationem non admittantur.* Placuit, ut omnes servi vel liberti [3] omnesque infames personae ad accusationem non admittantur,

vel omnes quos ad accusanda publica crimina leges publicae non admittunt.

100. *Ut si unum crimen accusatores approbare nequiverint, de ceteris non admittantur.* Placuit, ut quociescumque clericis ab accusatoribus multa crimina obiciuntur, et unum ex ipsis, de quo prius egerint, approbare non valuerint, ad cetera non admittantur.

101. *Ut testes infra quattuordecim annos aetatis non recipiantur.* Testes ad testimonium non admittendos, qui nec ad accusationem admitti precepti sunt, vel quos ipse accusator de sua domo produxerit. At testimonium autem infra quattuordecim etatis suae annos nullus admittatur.

102. *Ut clerici sive episcopi a suis metropolitanis vel a conprovincialibus audiantur.* Canones Africanae provinciae vel etiam decreta Nicena inferioris gradus clericos sive ipsos episcopos suis [4] metropolitanis apertissime commiseru t. Prudentissime enim iustissimeque definierunt quaecumque negotia in suis locis, ubi orta sunt, finienda ; maxime quia unicuique concessum est, si iudicio offensus fuerit cognitorum, ad concilia suae provintiae vel etiam universale provocare.

103. *Si quis episcopus depositus Romanum pontificem appellaverit, causa eius iudicio episcopi Romani determinetur.* Si quis episcopus depositus fuerit eorum episcoporum iudicio, qui in vicinis locis commorantur, et proclamaverit agendum sibi negotium in urbe Roma, alter episcopus in eius cathedra post appellationem eius, qui videtur esse depositus, omnino non ordinetur, nisi causa fuerit iuditio episcopi Romani determinata.

104. *Ut episcopus accusatus ab omnibus conprovincialibus, coepiscopis [5] videlicet suis, audiatur vel iudicetur.* Si quis episcopus super certis criminibus accusatus fuerit, ab omnibus audiatur qui sunt in provincia episcopis.

105. *Quod legitima uxor sit nuptialiter ducenda [6].* Dubium non est, eam mulierem non pertinere ad matrimonium, in qua docetur nuptiale non fuisse mysterium. Igitur qu cumque filiam suam viro habenti concubinam in matrimonium dederit, non ita accipiendum est, quasi eam coniugato dederit, nisi forte illa mulier et ingenua facta et dotata legitime et publicis nuptiis honestata videatur. Paterno arbitrio viris iunctae carent culpa, si mulieres, quae a viris habebantur, in matrimonio non fuerant, quia aliud est nupta, aliud concubina.

106. *De metropolitanis, ne conprovincialium causas absque proprio episopo audiant, neque alicuius coepis opi querelam vel crimen praeter ceterorum omnium conprovincialium coepiscoporum praesentiam discutere praesumant.* Ut nullus metropolitanus absque ceterorum omnium conprovintialium coepiscoporum instantia aliquorum audiat causas eorum clamante canonum tuba : « Metropolitanus praeter omnium conscientiam non faciat aliquid (subauditur, conprovintialium coepiscoporum), nisi quantum ad propriam pertinet [7] parrochiam. »

107. *De accusatoribus sacerdotum calumniosis vel suspectis.* Accusatores calumniosos vel suspectos nemo suscipiat, nemo audiat.

108. *De accusatoribus et accusationibus submovendis quas leges non admittunt.* Accusatores et accusationes quas seculi leges non admittunt, et nos summovemus.

109. *De causis episcoporum vel reliquorum sacerdotum a conprovincialibus infra propriam provinciam terminandis, et non ab aliis, nisi ad primates vel ad sedem apostolicam [8] fuerit provocatum.* Si quae causae vel contentiones inter clericos et laicos inter clericos tam maioris ordinis quam etiam inferioris fuerint exortae, placuit, ut secundum synodum Nice-

VARIANTES LECTIONES.

[1] possint *Bal.* [2] ordinatus *Bal.* [3] liberi *G.* [4] suos *G.* [5] provincialibus episcopis *G.* [6] dicenda *G.* [7] deest *G.* [8] ad pr. ... apost. desunt *Bal.*

nam congregatis omnibus eiusdem provinciae episcopis iurgium terminetur. Nec [1] cui liceat (sine praeiudicio tamen Romanae ecclesiae, quae [2] in omnibus causis debet [3] reverentia custodiri [4]), relictis his sacerdotibus, qui in eadem provintia Dei ecclesias nutu divino gubernant, ad alias convolare provincias, vel aliorum conprovincialium episcoporum iudicium expeti vel pati, nisi hi [5] suspecti fuerint. Quod si quis praesumpserit, et ab officio cleri depositus et iniuriarum reus ab omnibus indicetur.

110. *De accusatoribus in maiorum natu iudicio requirendis.* Quaerendum est [6] in iudicio, cuius sit conversationis et fidei is qui accusat et is qui [7] accusatur.

111. *De accusatoribus pravae conversationis, vel quorum vita est accusabilis, non recipiendis in causa sacerdotum.* Ut hi, qui non sunt bonae conversationis vel quorum vita est accusabilis, non permittantur majores natu accusare.

112. *De accusatoribus, quorum fides, vita et libertas nescitur, non admittendis in sacerdotum pulsatione.* Quorum fides, vita et libertas nescitur, non possunt sacerdotes accusare.

113. *De canonibus a sacerdotibus non ignorandis.* Placuit, ut nulli sacerdoti liceat canones ignorare.

114. *De episcopo sibi soli praesumente cognitionem.* Placuit, ut unus episcopus non vendicet sibi cognitionem.

115. *De episcopis damnare volentibus eos a quibus sunt consecrati.* Episcopi pontifici a quo consecrati probantur, praeiudicium inferre nullum possunt. Quod si presumptum fuisse cognoscitur, viribus carere non dubium est, nec posse inter ecclesiastica ullo modo statuta censeri.

116. *De episcopis eiectis vel suis rebus expoliatis, ut ante non accusentur, quam legibus pleniter restituantur.* Si quis episcopus suis fuerit rebus expoliatus et accusatione pulsatus, odinatione pontificum oportet prima fronte cedere, ut omnia, quae per [8] suggestiones inimicorum amiserat, legaliter potestati eius ab honorabili concilio redintegrentur, et praesul prius statui pristino reddatur: ipseque [9] demum potestative, non subito, sed diu dispositis ordinatisque suis, tunc ad tempus veniat ad causam; et si iuste videtur, accusantium propositionibus respondeat.

117. *De his, quos leges seculi non admittunt, in clericorum causis non admittendis.* Quos leges seculi non admittunt, his dicendi in cogni.ionem vel adsequendi aliquid deneganda est licentia.

118. *De non cogendo clericos in publicum dicere testimonium.* Clerici de iudicii sui cognitione non cogantur in publicum dicere tesimonium.

119. *De accusato.is persona scelerum maculis aspersa ad sacerdotum accusationem non admittenda.* Si accusatoris persona in iu .icio episcoporum culpabilis, id est sceleribus irretita apparuerit, ad arguendum non admittatur nisi de propriis causis.

120. *Ne interventor episcopus cathedram [10], ubi intercessor est, sedeat.* Item constitutum est, ut nulli interventori [11] licitum sit cathedram, cui intercessor datus est, quibuslibet populorum studiis vel seditionibus retinere.

121. *Quotiens de minoribus iudicibus ecclesiasticis ad maiores ecclesiasticos iudices fuerit provocatum, non eis denegetur q i provocaverint.* Placuit, ut a quibuscumque iudicibus ecclesiasticis ad alios iudices ecclesiasticos, ubi est maior auctoritas, fuerit provocatum, non eis degenetur, qui provocaverint.

122. *De apostolicis et canonicis decretis minime violandis.* Providendum est in omnibus, ne in aliquo apostolica vel canonica decreta violentur.

123. *Decretum domni Karoli regis Francorum, ut servi Dei neque in hostem pergant, neque rmaturam baiulent.* Karolus, gratia Dei rex regniqu Francorum rector et devotus sanctae ecclesiae d ensor atque adiutor in omnibus. Apostolicae sed s hortatu omniumque fidelium nostrorum et maxi e episcoporum ac reliquorum sacerdotum consu tu, servis Dei per omnia omnibus armaturam p rtare vel pugnare aut in exercitum et in hostem p gere omnino prohibemus, nisi illi tantummodo q i propter divinum ministerium [12] missarum scilicet sollemnia adimplenda et sanctorum patrocinia po tanda ad hoc electi sunt; id est unum vel duos epis opos cum cappellanis presbiteris princeps secum abeat, et unusquisque praefectus unum presbiteru, qui hominibus peccata confitentibus iudicare e indicare poenitentiam possit.

124. *Non esse fundendum sanguinem hristianorum vel paganorum a sacerdotibus.* Ut acerdotes neque christianorum neque paganorum anguinem fundant.

125. *Ut servi Dei venationes non exerce nt.* Omnibus servis Dei venationes et silvaticas agationes cum canibus et ut accipitres et falcones n habeant, interdicimus.

126. *Ut ignoti episcopi vel presbiteri a te synodalem probationem non admittantur ad mini terium ecclesiasticum.* Statuimus, ut secundum anonicam cautelam omnes undecumque supervenie tes ignotos episcopos vel presbiteros ante probatione n synodalem in ecclesiasticum ministerium non ad itteremus.

127. *De sacerdotibus, qui plures uxores habuerint.* Si sacerdotes plures uxores habuerint, el sanguinem christianorum vel paganorum fu erint, aut canonibus obviaverint, sacerdotio prive tur, quia deteriores sunt secularibus.

128. *Ut unusquisque sollicitus sit adiuv nte defensore ecclesiae, ne in sua parrochia populus opera diabolica agat.* Decrevimus, ut secundum ca ones unusquisque episcopus in sua parrochia sol icitudinem adhibeat, adiuvante grafione qui defenso ecclesiae est, ut populus Dei paganias [13] non fa iat, sed ut omnes spurcitias gentilitatis abiciat et r spuat, sive profana sacrificia mortuorum, sive sortil gos vel divino, sive filacteria et auguria, sive in antationes, sive hostias immolaticias, quas stulti ho ines iuxta ecclesias ritu pagano faciunt sub nomine sanctorum martyrum vel confessorum Domini; qu [14] potius quam ad misericordiam sanctos suos ad racundiam provocant.

129. *Ut parrochiam suam unusquisqu episcopus singulis circum at annis.* Statuimus, ut ingulis annis unusquisque episcopus parrochiam uam sollicite circumeat, et populum confirmare et lebes docere et investigare et prohibere paganas ob ervationes divinosque vel sortilegos, aut auguria, in cantationes vel omnes spurcitias gentili m studeat.

130. *Ut presbiteri episcopis suis subiect sint, et ut quadragesim e tempore ministe.ii sui or inem reddant.* Decrevimus iuxta sanctorum canon s, ut unusquisque presbiter in parrochia habitan episcopo subiectus sit illi, in cuius parrochia habi at, et simper in quadragesima rationem et ordinem ministerii sui sive de baptismo, sive de fide catholi a, sive de precibus et ordine missarum episcopo r dat et ostendat. Et quandocumque iure canonic episcopus circumeat parrochiam populos ad confirm ndos, presbiter semper paratus sit ad suscipiendu episcopum cum collectione et adiutorio populi, qu ibi confirmari debet. Et in cœna Domini sem er novum chrisma ab episcopo suo quaerat. Et de vetere nullus baptizare praesumat, sed ardere in [15] luminaribus ecclesiae vetus non tardet.

VARIANTES LECTIONES.

[1] ne *Bal.* [2] cui *Bal.* [3] debetur *G.* [4] custodire *G.* [5] deest *Bal.* [6] deest *G.* [7] a. et is q i desunt *G.* super *Bal.* [9] ipsequem *G.* [10] in cathedram *Bal.* [11] interventorum *Bal.* [12] mysterium *G.* [13] paganicas *G.* [14] qui *Bal.* [15] deest *G.*

151. *Ne aliquis accipiat ecclesiam infra parrochiam sine consensu episcopi sui.* Ut nemo accipiat ecclesiam infra parrochiam sine consensu episcopi sui, nec de una ad aliam transeat.

152. *Ut de incestis et infirmis et poenitentibus curam gerant sacerdotes.* Ut de incestis et criminosis curam gerant sacerdotes magnam. Similiter de infirmis et poenitentibus, ut morientes sine sacrati olei unctione et reconciliatione atque viatico non transeant. Et [1] de ieiunio quatuor temporum.

153. *Ut duabus vicibus in anno ad mallum omnes liberi veniant.* Ut ad mallum venire nemo tardet, unum circa aestatem, et alterum circa autumnum. Ad alia vero si necessitas fuerit vel denuntiatio regis urgeat, vocatus venire nemo tardet.

154. *Ut nullus neglegens sit, quando pro rege vel fidelibus suis orandum fuerit.* Ut quando denuntiatum fuerit pro rege vel pro fidelibus suis qualibet causa orationes facere, nemo ex hoc neglegens appareat.

155. *De ieiunio quatuor temporum et [2] a sacerdote plebi denuntiando, et ab omnibus observando.* Ut ieiunium quatuor ten porum et ipse sacerdos observet, et plebi denuntiet observandum.

156. *Ut sacerdos nisi in locis consecratis missam non celebret.* Nullus sacerdos nisi in locis Deo dicatis vel in itinere in tabernaculis et mensis lapideis ab episcopis consecratis missas celebrare praesumat. Quod qui praesumpserit, gradus sui periculo subiacebit.

157. *De sacerdotibus qui ministerium suum adimplere non valent.* Sacerdotes, qui rite non sapiunt adimplere ministerium suum, nec discere iuxta praeceptum [3] suorum episcoporum pro viribus satagunt, vel contemptores canonum existunt, ab officio proprio sunt submovendi, quousque haec pleniter emendata [4] habeant.

158. [a]: *De his, qui poenitentia accepta moriuntur.* De his, qui recedunt de corpore poenitentia accepta, placuit sine reconciliatoria manus inpositione eis communicare: quod morientis [5] sufficit consolationi secundum definitiones patrum, qui huiusmodi communionem congruenter viaticum nominarunt. Quod si supervixerint, stent in ordine poenitentum; ut ostensis necessariis poenitentiae fructibus legitimam communionem cum reconciliatoria manus inpositione recipiant.

159. *Ut nullus iudex neque presbiterum neque diaconum aut clericum sine consensu episcopi sui distringat.* Ut nullus iudex neque presbiterum neque diaconum aut clericum aut iuniorem ecclesiae sine scientia pontificis per se distringat aut [6] condempnare praesumat. Quod si fecerit, ab ecclesia, cui iniuriam irrogare dinoscitur, tamdiu sit sequestratus, quandiu reatum suum cognoscat et emendet.

140. *Ut nullus episcoporum vel secularium alterius episcopi res tenere praesumat.* Ut nullus episcoporum vel secularium cuiuscumque alterius episcopi sive ecclesiae seu privati [7] res, aut regnorum divisione aut provinciarum sequestratione, competere aut retinere praesumat. Quod si quis hoc facere temptaverit, tamdiu sit ab omnium caritate suspensus, et a communionis gratia sequestratus, quoadusque res ablatas cum fructuum satisfactione restituat.

141. *De hoste et pugna atque armis sacerdotibus prohibitis.* Secunda vice propter ampliorem observantiam apostolica auctoritate et multa sanctorum episcoporum ammonitione instructi sanctorumque canonum regulis edocti, consultu videlicet omnium nobilium nostrorum, nosmetipsos corrigentes posterisque nostris exemplum dantes volumus, ut nullus sacerdos in hostem pergat; nisi duo vel tres tantum episcopi electione ceterorum propter benedictionem et praedicationem populique reconciliationem, et cum illis electi sacerdotes, qui bene sciant populis poenitentias dare, missas celebrare, de infirmis curam habere, sacratique olei cum sacris precibus unctionem impendere, et hoc maxime praevidere, ne sine viatico quis de seculo recedat. Hi vero nec arma ferant, nec ad pugnam pergant, nec effusores sanguinum vel agitatores fiant; sed tantum sanctorum pignora et sacra ministeria ferant, et orationibus pro viribus insistant; ut populus, qui pugnare debet, auxiliante Domino victor existat, et non sit sacerdos sicut populus. Reliqui vero, qui ad ecclesias suas remanent, suos homines bene armatos nobiscum aut cum quibus iusserimus, dirigant; et ipsi pro nobis et cuncto exercitu nostro missas, letanias, oblationes, elymosinas faciant, orantes Deum coeli, ut proficiamus in itinere quo pergimus, victoresque Deo amminiculante existamus. Gentes enim et reges earum qui [8] sacerdotes secum pugnare permiserunt, nec praevalebant in bello, nec victores exstiterunt; quia non erat differentia inter laicos et sacerdotes, quibus pugnare non est licitum. Haec vero Galliarum, Hispaniarum, Langobardorum nonnullasque alias gentes et reges earum fecisse cognovimus; quae propter dictum [9] nefandissimum scelus nec victores fuerunt, nec patrias retinuerunt: Quam foveam caventes, malumus cum paucis et licitis Domino opem ferente victores existere, quam cum multis et illicitis tergum [10], quod absit, vertere et cum praedictis gentibus perire. Qualis enim victoria datur, ubi sacerdotes una hora dominica pertractant mysteria, et christianis dominicum porrigunt corpus pro suarum animarum redemptione, et post christianos, quibus hoc ministrare, aut paganos, quibus Christum praedicare debuerant [11], propriis sacrilegisque manibus necant; praecipue dicente eis Domino: *Vos estis sal terrae. Quod si sal evanuerit, in quo condietur? Ad nihilum valet ultra, nisi ut mittatur foras et conculcetur ab hominibus?* Et dum haec ita se habeant, elegimus potius Domino adminiculante, nobisque illis et [12] cunctis eorum ecclesiis opem ferente, nec quicquam eis pro hoc de honoribus vel ecclesiarum rebus minuente, ut gradus eorum et sanctorum canonum decreta custodiant, quam illi aut nobis imperantibus aut consentientibus [13] contra haec faciant, aut gradibus careant, aut pereant; et nos simul, quod absit, cum eis et victoria careamus vel pereamus. Quoniam peccatis exigentibus timemus, si talia et tam inlicita eis aut imperemus aut agere consentiamus, ut una cum eis pereamus; quia non solum qui faciunt, sed et qui consentiunt facientibus, aequo piaculo re sunt in conspectu Dei et sanctorum eius. Si vero ista veraciter ex utraque parte fuerint custodita, credimus, quia corruent ante nos omnes [14] paganae gentes, et victores erimus; insuper et bene agentes Domino auxiliante vitam possidebimus sempiternam.

142. *De his, qui putaverunt idcirco praeceptum fuisse non ire ad pugnam sacerdotes, ut honor eis minueretur.* Quia instigante antiquo hoste audivimus quosdam nos suspectos habere, propterea quod con-

VARIANTES LECTIONES.

[1] haec perperam posita. [2] ut G. [3] praecepta Bal. [4] hoc p. emendatum Bal. [5] morienti G. [6] deest G. [7] priuatas G. [8] quae Bal. [9] praedictum Bal. [10] terga Bal. [11] Bal. post ministrare collocat; G. ibi abrasum hic inserit. [12] deest G. [13] consequentibus G. [14] deest G.

NOTAE.

[a] Hic caput 16 Capitularis anni 769 sequi poterat, cujus tamen, ut rudibus clericis valde periculosi loco aliud hoc Benedictus scribendum censuit.

cessimus episcopis et sacerdotibus ac reliquis Dei servis, ut in hostes nisi duo aut tres a ceteris electi et sacerdotes similiter perpauci ab eis electi non irent, sicut in prioribus nostris continetur capitularibus, nec ad pugnam properarent, nec arma ferrent, nec homines tam christianos quam paganos necarent, nec agitaciones sanguinum [1] fierent, vel quicquam contra canones facerent, quod honores sacerdotum et res ecclesiarum auferre vel minorare [2] eis voluissemus : quod nullatenus facere vel facere volentibus consentire omnes scire cupimus; sed quanto quis eorum amplius suam normam servaverit et Deo servierit, tanto eum plus honorare et cariorem habere volumus. Et ut haec certius credantur et per futura tempora conserventur, praecipimus, ut nullus res ecclesiae nisi praecario possideat. Et postquam ipsae precariae finitae fuerint, faciant potestative speculatores ecclesiae, utrum elegerint, aut ut [3] ipsas res recipiant, aut posteris eorum sub precario et censu habere permittant : ita tamen, ut ipsi proprias et utiles res eisdem ecclesiis, de quarum iure esse videntur, legaliter tradant, et si [4] a rectoribus earundem ecclesiarum precariae renovandae sunt, canonice renoventur. Novimus ergo multa regna et reges eorum propterea cecidisse, quia ecclesias exspoliaverunt resque earum vastaverunt, ab tulerunt, alienaverunt vel diripuerunt, episcopisque et sacerdotibus atque, quod maius est, ecclesiis eorum abstulerunt et pugnantibus dederunt. Quapropter nec fortes in bello nec in fide stabiles fuerunt, nec victores extiterunt; sed terga multi vulnerati et plures interfecti verterunt, regnaque et regiones et, quod peius est, regna coelestia perdiderunt atque propriis hereditatibus caruerunt et aeternus carent. Quae omnia vitantes, nec talia facere nec consentire nec infantibus [5] aut successoribus nostris exemplum dare volumus; sed quantum valemus et possumus, adiuncto Leonis papae et omnium episcoporum, quorum consilio usi hoc egimus, spiritu nostro spiritui eorum, per Deum et omnium sanctorum merita prohibemus contestamurque, ne talia faciant vel facere volentibus consentiant; sed adiutores et defensores atque sublimatores ecclesiarum et cunctorum servorum Dei pro viribus existant; ne in foveam, in quam praedicti reges et regna ceciderunt, cadant, aut in profundum, quod absit, inferni demergantur. Et ut haec devotius per futura tempora conserventur, praecipientes iubemus, ut nullus tam nostris quam futuris temporibus a nobis vel successoribus nostris ullo unquam tempore absque consensu et voluntate episcoporum, in quorum parrochiis esse noscuntur, res ecclesiarum potere, aut invadere, vel vastare aut quocumque ingenio alienare praesumat. Quod si quis fecerit, tam nostris quam et successorum nostrorum temporibus, poenis sacrilegii subiaceat, et a nobis atque successoribus nostris nostrisque iudicibus vel comitibus sicut sacrilegus et homicida, vel fur sacrilegus legaliter puniatur, et ab episcopis nostris anathematizetur, ita ut mortuus etiam sepultura et cunctis Dei ecclesiae precibus et oblationibus careat, nec elymosinam suam quisquam recipiat. Quod autem maximum sacrilegium sit res ecclesiae auferre, invadere, alienare, vastare vel subripi, maxime omnes scripturae divinae testantur. Et beatus Symmachus papa synodali sententia cunctos feriendo, dicit : « Iniquum est, inquit, et sacrilegii instar, ut quae vel pro salute vel pro requie animarum suarum unusquisque venerabili ecclesiae pauperum causa contulerit aut certe reliquerit, ab his, quibus maxime servari convenerat, auferri aut in alios transferri. » Et multa sanctorum canonum decreta et sanctorum patrum edicta haec eadem testantur : quae scrutari et scire cupientibus perfacile patent.

143. *De sceleribus nefandis, ob quae regna percussa sunt, ut penitus caveantur.* Prohibemus omnino sub poena sacrilegii generaliter omnibus cunctarum ecclesiarum rerum invasiones, vastationes, lienationes, sacerdotumque et reliquorum servorum Dei oppressiones, vexationes atque cunctorum generum iniurias, necnon et cunctis utriusque sexu hominibus adulteria, fornicationes sodomiticasque luxurias atque incesta vel cuncta illicita coniugia, omicidia iniusta, periuria, falsa testimonia, et omni illicita, pro quibus non solum regna et reges, sed tiam homines in eis conmanentes perire cognovimus. Sed quia Deo auxiliante per merita et inter essionem sanctorum servorumque Dei, quos sublimare et honorare curavimus atque curamus, actenus nos et successores nostri regna et regiones adquisivimus, et victorias multas habuimus, deinceps summopere omnibus nobis providendum est, ne pr praedictis [6] inlicitis et spurcissimis luxuriis s, quod absit, careamus. Nam multae regiones, quae rerum ecclesiarum invasiones, vastationes, aliae nationes vexationesque et sacerdotum reliquorumque servorum Dei oppressiones vel quascumque iniurias, vel [7] iam dicta illicita et adulteria, vel so omittiam luxuriam vel commixtionem meretricum se tatae fuerunt, nec in bello seculari fortes, nec in fide stabiles perstiterunt. Et qualiter Dominus talium minimum patratoribus ultrices penas per Sarracenos et alios populos venire et servire permisit [8], cunc is earum gesta legentibus liquet. Et nisi nos ab his aveamus, similia nobis supervenire non dubitamus, q ia vindex est Deus de his omnibus. Quapropter sciat nusquisque nobis subiectus, quia qui in uno ex his repertus atque convictus fuerit, et honores, si habet, omnes perdere, et in carcerem se usque ad iust m emendationem atque per publicae poenitentiae s tisfactionem retrudi et ab omni fidelium consortio fieri alienum. Valde etiam cavenda est illa fovea in quam alios cecidisse cognovimus.

144. *De his presbyteris, qui contra epis opos suos seculares defensores habere noscuntur.* Quo illi presbyteri, qui sine episcope proprio arbitri viventes seculares defensores habent contra epi opos, et seorsum populos congregant, eorumque erroneum ministerium non in ecclesia, sed per agros ia loca et mansiunculas agunt et ecclesias contur ut, tales sacerdotes vitandi et honore proprio sun privandi, carceribusque vel monasticae vitae sub oenitentia diebus vitae suae tradendi, mala quae e erunt luituri.

145. *Ut cuiuspiam gradus clericus sin pontificis sui concessa nullum ad iudicium secular attrahere praesumat.* Clericus cuiuslibet gradus sin pontificis sui permissu nullum ad seculare iudicium attrahere praesumat, nec laico quemlibet clericum in seculari iudicio liceat accusare, cum privatorum christianorum causas magis apostolus ad ecclesias eferri atque ibidem terminari praecipiat.

146. *Ut clerici venationes non faciant um avibus vel canibus.* Ut clerici venationes non agant, nec acceptores [9] vel falcones habeant.

147. *Ut omni anno ministerii sui ratio em presbyteri episcopo suo reddant.* Ut unusquisque presbyter per singulos annos episcopo suo rationem ministerii sui reddat tam de fide catholica, quam de baptismo atque de omni ordine ministerii.

148. *Ut omn s episcopi parrochias suas annis singulis circumeant.* Ut singulis annis unusquisque episcopus parrochiam suam circumeat populumque confirmet ac doceat, et ea quae vitanda sunt prohibeat, et quae agenda sunt utiliter agere suadeat.

149. *De eo, qui non coacte statuta trans ressus fuerit.* Si quis statuta supergressus corrupe it vel pro

VARIANTES LECTIONES.

[1] sanguinem *Bal.* [2] minuere *Bal.* [3] deest G. [4] sic a. r. e. e. p. si r. *Bal.* [5] inuatibus *corr.* inventibus G. [6] dictis *Bal.* [7] sic G. corr. ex quae, *quod habet Bal.* [8] promisit G. [9] accipitres G.

nihilo habenda putaverit, si laicus est, communione, si c'er cus, honore privetur.

150. *Ut ecclesiarum negotia semper primo audiantur in causis.* De ecclesiarum negotiis, ut absque dilatione ulla continuo audiantur a iudice.

151. *De episcopo non usurpando alterius fines episcopi.* Ne episcopus alterius episcopi plebes vel fines usurpet.

152. *De non iudicando vel testificando quemquam in sua causa.* Ut nullus in sua causa iudicet aut testimonium dicat.

153. *Ut episcopus eiectus vel suis carens rebus ante plenam restitutionem non accusetur; nec ille, qui suis libere et integerrime fruens est bonis, antequam familiariter conveniatur; neque respondere conpellatur, nisi canonice venerit evocatus.* Canonica testante tuba didicimus, quod episcopus eiectus vel suis rebus expoliatus nequaquem debet accusari vel iudicari, antequam legaliter et pleniter restituatur. Si quis vero libere suis ecclesiaeque sibi commissae et integerrime fruens rebus ac honoribus super certis accusatus fuerit criminibus, prosequi ante non licet, quam ab accusatoribus familiariter ut ea emendare debeat, super quibus res agitur, ammonitus fuerit. Si inter se se minime ante pacaverint [1], canonice ad synodum convocentur [2], ut ab omnibus, qui haec praetermiserint, ex utraque parte publice arguantur [3] et corrigantur, qui familiariter se et secrete corrigi noluerunt. Quod si sponte aut aliqua necessitate compulsus aut in fratrum conventu aut in quolibet loco canonice vocatus nec olim familiariter commonitus venerit, a nullo conpellatur, antequam haec fiant, ut respondeat; sed prius, ut praelibatum est, familiariter conveniatur [4], ut de se et de suis ea sanet, unde querimonia agitur. Deinde tempore in Nicenis canonibus praefixo, ut canonice respondeat, ad synodalem convocetur conventum. Et ut episcopum apud iudices publicos nemo audeat accusare, sed aut apud primates diocesearum, aut apud sedem apostolicam; nec aliorum nisi suorum aut certe electorum iudicum [5] sententia inpetatur vel teneatur. Sane si circa haec secus actum fuerit, viribus carere in omnibus haut dubium est.

154. *De superbis vel contumacibus clericis vel laicis cohercendis.* Ut clerici, qui superbi vel contumaces sunt, coerceantur, ut minores, qui maioribus infrogaverunt iniurias, minime habeant; quia manifestum est illum non esse Dei, qui humilitatem contempnit, sed diaboli, qui superbiae inventor et princeps est. Unde si quis tumidus vel contumeliosus extiterit in maiorem natu, contemptus debet contumacia et superbia in omnibus frangi.

155. *Ut nullus clericus vel abbas ad iudicia secularia sine iussione proprii episcopi ire praesumat. Et ut nullus suo episcopo contumax aut inoboediens existat.* Statutum est in synodis a sanctis patribus, ut nullus clericus ad iudicia laicorum publica conveniat nisi per iussionem episcopi sui vel abbatis, iuxta canonum Carthaginensium capitulum nonum, ubi scriptum est : « Qui relicto ecclesiastico iudicio publicis iudiciis purgari voluerit, etiamsi pro illo fuerit prolata sententia, locum suum amittat. Hoc in criminali iudicio. In civili vero perdat, quod evincit, si locum suum obtinere voluerit. Cum enim ad eligendos iudices undique ecclesiae patet auctoritas, quia se indignum fraterno consortio iudicat qui de universa ecclesia male sentiendo quidem de seculari iudicio poscit auxilium, cum privatorum christianorum causas apostolus magis ad ecclesiam deferri atque ibidem terminari praecipiat. » Simul et hoc statutum est, ut nullus presbiter aut diaconus vel subdiaconus aut fidelis laicus vel quicumque regulae mancipatur, suo episcopo inflatus aut scisma faciens aut contumax vel inobediens appareat, quoniam in canonibus scriptum est : *Presbiteri et diaconi praeter episcopum nil agere pertemptent.* Et per inoboedientiam primus homo cecidit. Quicumque vero audent avertere huiusmodi formam quocumque modo, nec proprio subiciuntur episcopo, si quidem clerici sunt, canonum correptionibus subiacebunt; si vero laici vel monachi fuerint, communione priventur.

156. *De episcopis non accusandis nisi ad summos primates, quia non omnes metropolitani summi sunt primates. Et hoc summopere ab eis praevideatur, ne aliqua cupiditate vel invidia fiat* [6]. Si quis episcoporum accusatur, ad summos primates causa deferat accusator; qui attentius discutiant, si causa pietatis hoc fiat necne. Quod si alicuius invidia aut inimicitia vel prava cupiditate aut mala voluntate actum fuerit, nullo modo tale recipiatur negotium; quoniam inconveniens est, ut hi, qui throni Dei vocantur et immobiles esse debent, pravorum accusationibus moveantur vel perturbentur. Nam si causa pietatis agi inventum fuerit, patienter audiantur [7]; minus ne, reiciantur et canonice corrigantur.

157. *Quid de advocato agendum sit, qui in dolo vel fraude repertus fuerit.* Si advocatus in causa suscepta iniqua cupiditate fuerit repertus, a conventu honestorum et a iudiciorum communione separetur, et videat ne iudicis vel assertoris personam accipiat.

158. *De his, qui contra suam professionem vel subscriptionem venerint* [8]. Qui contra professionem vel subscriptionem suam venerit, in concilio deponatur.

159. *De clericis monachis aut laicis conspirantibus.* Ut nec clerici nec monachi nec laici [9] conspirationem vel insidias contra pastorem suum faciant. Quod si fecerint, canonicis subiaceant increpationibus.

160. *De pervasoribus finium aliorum.* Si quis pervasor approbatus fuerit, tantum spatii restituat quantum praesumpsit invadere, cum [10] fructibus duplis.

161. *De presbiteris inflatis vel scisma facientibus.* Si quis presbiter contra episcopum suum inflatus scisma fecerit, anathema sit. Quod si superbia, quod absit, inflatus secernendum se ab episcopi sui communione duxerit, ac separatum cum aliquibus scisma faciens sacrificium Deo obtulerit, loco amisso anathema habeatur; nihilominus et de civitate et congregatione in qua fuerit, longius repellatur, ne vel ignorantes vel simpliciter viventes sempiterna fraude decipiat.

162. *Ut presbiteri indiscrete ab episcopis vel ab aliis aut laicis non mittantur.* Statutum est, ut presbiteri, sicut hactenus factum est, indiscrete per diversa non mittantur loca, nec ab episcopis, nec ab aliis praelatis, nec etiam a laicis; ne forte propter eorum absentiam et animarum pericula et ecclesiarum, in quibus constituti sunt, neglegantur officia.

163. *De criminibus definitis minime reficiandis.* De his criminibus, de quibus absolutus est accusatus, refricari accu atio non potest.

164. *De approbanda accusatione.* Si quis adversarium suum ita apud iudicem crediderit accusandum, ut se asserat violentiam pertulisse, ad probationem rei eum convenit attineri.

165. *De presbiteris, qui inconsultis propriis episcopis in locis non consecratis missas agunt.* Si quis presbiter inconsulto episcopo agendum in quolibet loco [11] valuerit celebrare, ipse honori suo contrarius extitit.

166. *Ut presbiteri in ecclesiis inconsulto episcopo non constituantur vel de ecclesiis expellantur ab aliquo.* Sancitum est, ut sine auctoritate vel consensu episcoporum presbiteri in quibuslibet ecclesiis nec constituantur nec expellantur. Et [12] si quis deinc ps hoc facere temptaverit synodali sententia districte feriatur.

VARIANTES LECTIONES.

[1] minare. a. peccaverint G.   [2] convocetur G.   [3] arguatur G. ex corr.   [4] conventus Bal.   [5] iudicium G.   [6] G. huius rubri loco antecedens repetit.   [7] audiatur Bal.   [8] venerunt Bal.   [9] nec laici deest apud Anseg. l. 29   [10] horum Bal.   [11] hic G. supra lineam missam inserit.   [12] Sequentia desunt in Anseg l. 84.

167. *Quod Dei ordinationem accuset, qui episcopos* [1] *A detrahit vel accusat.* Dei ordinationem accusat, in qua constituuntur, qui episcopos accusat aut condemnat. Non est itaque arguendus a plebe, vel a malae conversationis aut pravae vitae accusandus hominibus episcopus, sed rectores ecclesiae a Deo sunt iudicandi.

168. *De homicidiis* [2] *infantum.* Si quis infantem necaverit, ut homicida teneatur.

169. *De his, qui rapinam fecerint, aut iter agentes assallierint* [3], *aut domorum nocturni spoliatores fuerint, quid sit agendum.* Si quis ad faciendam rapinam aggreditur, aut iter agentem in praediis adsallierit [4], aut domum alterius nocturnus spoliator intraverit, et occisus fuerit, mors latronis ipsius a nemine [5] requiratur.

170. *Ut iudices prius capitalem non proferant sententiam, quam aut reus ipse confiteatur, aut per testes innocentes convincatur.* Iudex criminosum discutiens non ante sententiam proferat capitalem, quam aut reus ipse confiteatur, aut per innocentes testes convincatur. Si in maioribus personis crimen obiectum fuerit, principis est expectanda sententia.

171. *De episcopis, si in reatum incurrerint, quid agendum sit.* Si quis episcopus a quoquam impetitur, vel ille aliquam quaestionem retulerit, per episcopos iudices causa finiatur, sive quos eis primates dederint, sive quos ipsi vicinos ex consensu delegerint.

172. *De his, qui viduas vel virgines inconsulto episcopo velare praesumunt.* Statutum est, viduas inconsultis episcopis velari non debere. Simul et hoc constitutum est, ut si quispiam presbiterorum deinceps huius constitutionis normam contumaciter transgressor extiterit, scilicet ut aliquas viduas inconsulto episcopo velare praesumpserit, gradus sui periculum incurrat. Similiter et de puellis virginibus a presbiteris non velandis statutum est, ut si quis hoc facere temptaverit, tanquam transgressor canonum damnetur.

173. *De accusato episcopo, si comprovinciales suspectos habuerit, ut Romanum appellet pontificem.* Placuit, ut quandocumque episcopus accusatur, si conprovinciales aut vicinos suspectos habuerit, sanctae et universalis Romanae ecclesiae appellet pontificem, ut ab eo quicquid iustum et Deo placitum fuerit terminetur.

174. *De reis ad ecclesias vel altaria earum confugientibus, ut non abstrahantur.* Ut eos timoris necessitas non constringat circa altare manere, et loca veneratione digna polluere, depositis armis qui fugerint. Quod si non deposuerint, sciant se armatorum viribus extrahendos. Et quicumque eos de porticibus et de atriis et de hortulis, de balneis vel adiacenciis ecclesiarum abstrahere praesumpserit, capite puniatur.

175. *De non usurpandis plebibus alienis, et de non gravando episcopo.* Ut nullus episcopus alterius episcopi plebes usurpet, aut alium conculcet episcopum vel supergrediatur, aut aliquod ei incommodum in sua parrochia vel alicubi faciat.

176. *De his, qui in recta fide suspecti sunt, in accusatione sacerdotum vel testimonium non suscipendis.* Ut omnes, qui in fide Christi catholica suspecti sunt, in accusatione sacerdotum vel testimonio humano dubii habeantur nec recipiantur.

177. *Quid sint delatores, vel quid de eis faciendum sit.* Delatores dicuntur, qui aut facultates prodiderint alienas aut caput inpetunt alienum. Qui si convicti fuerint, continuo stranguletur. Servus si super dominum fuerit delator, etiamsi obiecta probaverit, puniatur.

178. *De episcoporum causa per episcopos iudices terminanda.* Si quis episcopus a quoquam in etatur [6], vel ille aliquam quaestionem retulerit, per piscopos iudices causa finiatur, sive quos eis prima es dederint, sive quos ipsi vicinos ex consensu d legerint.

179. *Ut nullus occultas nuptias aut rapt m faciat, vel quam propinquus suus habuit ducat uxo em; sed dotatam et a parentibus traditam per bened ctionem* [7] *sacerdotum accipiat, qui vult nubere, uxo em.* Sancitum est, ut publicae nuptiae ab his, qui nubere cupiunt, fiant : quia saepe in [8] nuptiis clam factis gravia peccata tam in sponsis aliorum, quam et in propinquis sive adulterinis coniugiis, et quod peius est dicere consanguineis, accrescunt, vel accumulantur. Ex his autem procreari solent coeci, claudi, gibbi et ligni [9] sive alii turpibus maculis aspersi. Et hoc ne deinceps fiat, omnibus cavendum est. Sed prius conveniendus est sacerdos, in cuius parrochia nuptiae fieri debent, in ecclesia coram populo. Et ibi inquirere una cum populo ipse sacerdos debet, si eius propinqua sit an non, aut alterius uxor vel sponsa vel adultera. Et si licita et honesta omnia pariter invenerit, tunc per consilium et benedictionem sacerdotis et consultu aliorum bonorum hominum eam sponsare et legitime dotare debet. Scribit namque de legitimo matrimonio beatus Augustinus ita : « Talis esse debet quae uxor habenda est, ut secundum legem sit casta in virginitate, et dotata legitime, et a parentibus tradita sponso, et a paranimphis accipienda. Et ita secundum legem et euangelium publicis nuptiis honestata in coniugio licite sumenda; et omnibus diebus vitae suae nisi ex consensu et causa vacandi Deum [10] numquam propter nomen separanda. Et si fornicata fuerit et vir eius vo uerit, dimittenda; sed illa vivente, altera non duc da, quia adulteri regnum Dei non possidebunt; et p enitentia illi accipienda. Nolite vos, viri, habere uxor s quarum priores mariti vivant : adulterina enim unt ista coniugia. » Et hoc, ut diximus, omnino rovidendum est, ne eius sit propinqua; quia scri tum est : *Omnis homo ad proximam sanguinis sui non accedat, ut revelet turpi udinem eius.* Similiter scri tum est : *Cum uxore proximi tui non coibis, nec semini eius commixtione maculaberis.* Et in decretalibus papa Gregorii legitur : « Si quis diaconam aut monacham aut commatrem spiritalem aut fratris uxorem a t neptam aut novercam aut nurum suam aut consob inam aut de propria cognatione vel quam cognatus h buit, duxerit uxorem, anathema sit. Et responder nt omnes tertio : anathema sit. Item. Si quis viduan rapuerit vel furatus fuerit in uxorem ; vel consent entes ei, anathema sit. Et responderunt omnes tertio : nathema sit. Si quis virginem, nisi desponsaverit ea n, rapuerit vel furatus fuerit in uxorem, vel consen ientes ei, anathema sit. Et responderunt omnes ter tio : anathema sit. » Et alibi in canonibus scriptum [11] est, ut nemo usque ad affinitatis lineam ex pro inquitate sui sanguinis connubia ducat, neque virgin ibus sine benedictione sacerdotis quis nubere pr esumat : oppido enim ista omnia cavenda sunt ne iant. Sed postquam ista omnia probata fuerint, et nih l inpedierit, tunc si virgo fuerit, cum benedictione s cerdotis, sicut in sacramentario continetur, et cu consilio multorum bonorum hominum publice et n n occulte ducenda est uxor; ut boni ex eis filii Dom ino iserante procreentur, et non tales, sicut superius d tum est.

180. *Quod excommunicati a sacerdote ant quam canonice reconcilientur, non possint maiores atu accusare.* Ut excommunicatus a sacerdote, mai res natu vel episcopos accusare non praesumat, qu mdiu in ipsa est excommunicatione* [12]. *Quod si pr esumpserit, non recipiatur, sed aut maiori excomm nicationi subiaceat, aut ab ecclesia pellatur.

VARIANTES LECTIONES.

[1] episcopo *Bal.* [2] homicidis *Bal.* [3] invaserint *G.* [4] asséderit *G., et in margine :* aliter : insidis s oppresserit. [5] i. animae *G.* [6] inpetitur *G.* [7] pro benedictione *G.* [8] deest *G.* [9] lippidi *G.* [10] in m rgine *G. :* vel deo. [11] praeceptum *Bal.* [12] q. in i. e. exc. *post* sacerdote *collocat Bal.*

181. *De homicidis, maleficis, veneficis convictis appellare volentibus non audiendis.* In civilibus causis vel levioribus criminibus legibus dilatio praestanda est. Homicidae, adulteri, malefici, venefici convicti si appellare voluerint, non audiantur.

182. *Quod presbiteri, diaconi et reliqui clerici sine iussione sui pontificis nihil agere debeant.* Ut presbiteri vel diaconi sine conscientia episcoporum suorum nihil agant.

183. *De his, qui virgines opprimunt aut rapiunt. Et de aliorum sponsis raptis.* Statutum est, ne oppressio virginum aut viduarum vel raptus ab ullis hominibus de puellis aut viduis fiat. Scriptum est namque in canonibus, in concilio Calcidonensi : « Eos, qui rapiunt puellas sub nomine simul habitandi, cooperantes et conhibentes raptoribus decrevit sancta synodus, si quidem clerici sunt, decidant a gradu proprio, si vero laici, anathematizentur. » Quibus verbis aperte datur intellegi, qualiter huius mali auctores dampnandi sint, quando participes et conhibentes tanto anathemate feriuntur, et quod iuxta canonicam auctoritatem ad coniugia legitima raptas sibi iure vendicare nullatenus possunt. De desponsatis quoque puellis et postea ab aliis raptis in canonibus Ancyrani concilii legitur ita : « Desponsatas puellas et postea ab aliis raptas placuit crui et eis reddi, quibus antea fuerant desponsatae, etiamsi eis a raptoribus vis illata constiterit. » Proinde statutum est a sacro conventu, ut raptor publica poenitentia multetur; rapta vero, si eam sponsus recipere noluerit, et ipsa eidem crimini consentiens minime fuit, licentia nubendi alii non negetur. Quod si illa consensit, simili sententiae subiaceat. Quod si post haec se iungere praesumpserint, utrique anathematizentur.

184. *De accusatoribus in iudicium praesentandis, et accusatis non modicum spatium accipiendis ad abluenda crimina.* Nemo debet iudicari aut dampnari, priusquam accusator praesens habeatur; et spatium non modicum defendendi accipiat accusatus ad abluenda crimina.

185. *De clericis nullo fiscali aut publico subdendis officio.* Ut clerici nullo fiscali aut publico subdantur officio, sed liberi ab omni humano servitio ecclesiae deserviant.

186. *Ut nullus sacerdos feminas secum habitare permittat aut cum eis frequentare praesumat.* Sancitum est de presbiteris, qui feminas secum indiscrete habitare permittunt et propter hoc malae opinionis suspicione denotantur, ut si deinceps ammoniti non se correxerint, velut contemptores sacrorum canonum canonica invectione feriantur.

187. *De testibus vel accusatoribus, qui cum inimicis morantur, in sacerdotum accusatione non recipiendis.* Non sunt illi testes suscipiendi neque accusatores, qui cum inimicis morantur, vel quos ipsi de domo produxerint, quia corrumpunt mores bonos colloquia mala.

188. *De testibus non recipiendis, qui christianae religionis infesti extiterint.* Ut testandi licentia denegetur eis, qui christianae religionis et nominis dignitatem neglexerint.

189. *De peregrinis episcopis pie recipiendis.* Ut peregrino episcopo locus sacrificandi detur.

190. *Ut illicitus accessus feminarum ad altare non fiat, aut ullae feminae vasa sacra aut corpus et sanguinem Domini contrectare praesumant.* Statutum est, ut illicitus feminarum accessus ad altare non fiat; quia contra omnem auctoritatem divinam et canonicam institutionem est, feminas sanctis altaribus se ultro ingerere, aut sacrata vasa indumenter contingere, sive indumenta sacerdotalia presbiteris ministrare, aut corpus et sanguinem Domini contingere populis que porrigere : quod omni ratione et auctoritate caret, et ne ulterius fiat omnimodis prohibitum est. Et quaecumque feminae deinceps hoc facere praesumpserint, iudicio canonico usque ad satisfactionem subdantur. Quod autem mulieres ingredi ad altare non debeant, in concilio Calcidonensi et in decretis Gelasii papae copiosissime invenitur.

191. *De accusatis sacerdotibus, ut non prius in iudicium decidant* [1], *quam accusatores secundum canonicas et regulares sanctiones pleniter inquirantur.* Si quis criminatur, non ante in iudicium detrudatur [2] quam accusator pertentetur [3], atque secundum legem et canonicam sententiam exquiratur. Quod si indigna ad accusandum persona inveniatur, ad accusationem non admittatur, quia indignum est, ut vita innocentis ulla maculetur pernicie.

192. *De violatoribus sepulchrorum.* Qui sepulchra violaverint, puniantur tam ingenui quam servi. Si maior persona in hoc scelere fuerit depraehensa, amissa medietate honorum suorum perpetua notetur infamia. Si clericus, depositus omni honore clericali perenni exilio deputetur. Si iudex hoc persequi aut implere distulerit, facultatibus et honore privetur. Et quicumque hoc scelus accusare voluerit [4], licentia tribuatur.

193. *Ut sacerdotes suam non relinquant ecclesiam.* Ut ne quis qualibet necessitate suam relinquat ecclesiam.

194. *De presbiteris gradum amittentibus, qui adeo* [5] *deteriorari solent, ut filii Belial efficiantur, quid agendum sit.* Sancitum est de presbiteris gradum amittentibus, ut unusquisque episcoporum tam per se, quam et per ministros suos vitam et conversationem morumque emendationem eorum cognoscat, eosque canonicae poenitentiae subdere non neglegat, iuxta quod in concilio Caesariensi titulo primo scribitur : « Presbiter si uxorem acceperit, ab ordine deponatur. Si vero fornicatus fuerit aut adulterium perpetraverit, amplius pelli debet et ad poenitentiam redigi. » Nonnulli enim, amisso gradu, adeo filii Belial efficiuntur, ut nec publicis, quia fas non est, nec canonicis propter incuriam et neglegentiam rectorum legibus constringantur.

195. *De laicis de religione disputandi praesumentibus.* Nulli egresso ad publicum disceptandi de religione vel tractandi, vel consilii aliquid deferendi vel maiores natu accusandi, patescat occasionis aditus. Si quis posthac contra haec veniendum crediderit, vel insistere motu [6] pestiferae persuasionis [7] temptaverit, competenti poena et digno [8] supplicio coerceatur.

196. *De his qui falsa principum rescripta detulerint. Et de nonnullis aliis causis.* Qui falsa [9] principum rescripta detulerint, ut falsarii puniantur. Qui falsum nesciens allegavit, falsi poena non teneatur. In caput domini patronive nec servus nec libertus interrogari potest. Ut praegnantem nemo torqueat. Qui de se confessus est, super alium credi non potest.

197. *De his qui falsa fratribus intulerint quid agendum sit.* Eos, qui falsa fratribus capitalia obiecisse convicti fuerint, placuit usque ad exitum non communicare, et infames semper existere.

198. *Ut nullus de alterius presbiteri parrochia* [10] *populo persuadere audeat, ut relicta propria parrochia ad suam ecclesiam conveniant aut sibi eorum decimas dent.* Statutum est, ut nullus presbiter fidelibus sanctae Dei ecclesiae de alterius presbiteri parrochia persuadeat, ut ad suam ecclesiam relicta propria ecclesia conveniant et suas decimas sibi dent. Sed unusquisque sua ecclesia et populo sit contentus, et quod sibi non vult fieri, alteri nequaquam faciat, iuxta illud euangelii : *Quaecumque vultis ut faciant;*

VARIANTES LECTIONES.

[1] decidantur G. [2] iudicio decidat. Bal. [3] praesentetur G. [4] voluerint Bal. [5] quia de eo Bal. [6] terrae motu G. [7] suasioni G. [8] p. indigno G. [9] falsi G. [10] ad a. p. parrochiam G.

obis homines, haec eadem facite illis. Quisquis autem contra ha c constituta venerit, aut haec infringere temptaverit, tanquam contemptor gradus sui periculo subiacebit.

199. *Quod laicis de viris Deo dicatis vel ecclesiasticis facultatibus aliquid disponendi nulla sit adtributa facultas.* De viris Deo dicatis vel ecclesiasticis facultatibus aliquid disponendi nulla legitur laicis quamvis religiosis unquam adtributa facultas.

200. *De his qui in blasphemiam alterius aliquam scripturam vel cantica composuerint vel cantaverint* [1]. Is [2] qui in b!asphemiam alterius cantica composuerit, vel qui cantaverit ea, extra ordinem vindicetur, nam lex exiliari iubet eos, qui libellos famosos excogitant aut proponunt. Notatur infamia, quicunque, dum appellat iudicem, convicium dixerit. Non tantum is, qui maledictum aut convicium dixerit, famosus efficitur, sed et is, cuius consilio factum esse patuerit.

201. *Quid de sacerdotibus vel levitis de se crimen confitentibus agendum sit.* Ut sacerdos vel levita, qui de se crimen aliquod confitetur, deponatur.

202. *Ut nullus presbiter publice poenitentes inconsulto episcopo reconciliare audeat. Et ut omnes publice poenitentes in coena Domini ad episcopum proprium conveniant, ut ab eo canonice absolvantur, vel diiudicentur.* Statutum est et in sanctis canonibus prohibitum, ut nullus presbiter poenitentem publice inconsulto episcopo reconciliare praesumat, nisi morte forte periclitantem, sed omnes publice poenitentes quinta feria ante pascha, quae est coena Domini, ad civitatem in cinere et cilicio in praesentiam episcopi prostrato vultu conveniant, et ibi ab episcopo canonice et ordinabiliter, sicut in sacramentario [3] et in Romano ordine continetur, reconcilientur atque diiudicentur consolenturque et praedicentur, quid deinceps agere quidve vitare debeant instruantur, atque insuper divinis precibus per manus inpositionem [4] episcopi sanentur. Nullo namque tempore presbitero in publica missa poenitentem reconciliare sine licentia episcopi concessum est. Si quis hoc facere praesumpserit, canonica correctione multetur.

203. *De clericis vel laicis, qui suo episcopo calumniatores extiterint.* Si quis clericus vel laicus exprobrator vel calumniator suo episcopo extiterit, ut homicida habeatur.

204. *De causis in iudicio convincendis, et de sententia adversus absentes infirmanda. Et de causis in iudicio non revolvendis. Et ut absentes non damnentur. Et quod absens per alium nec accusare nec accusari possint.* Convinci nemo potest iudicio sine testibus aut scriptura. Sententia absente parte alia a iudice data nullam obtinet firmitatem. Causa inter praesentes iudicata post decennnium revolvi non potest, nec inter absentes post vicennium. In causa capitali absens nemo damnetur. Neque absens per alium accusatorem accusari potest.

205. *Quid de delatoribus fidelibus agendum sit.* Delator si quis extiterit fidelis, et per delationem eius aliquis fuerit praescriptus vel interfectus, placuit eum nec in five [5] accipere communionem.

206. *De sacerdotibus vel clericis, qui per pecunias aliorum sacerdotum ecclesias aut beneficia subripiunt vel subvertunt.* Sancitum est atque omnibus prohibitum, ut si quis presbiter praeventus fuerit alicui clerico aut laico munera dare aut aliquam pecuniam tribuere, ut alterius presbiteri ecclesiam subripiat, pro hac cupiditate seu rapina turpis lucri gratia deiciatur a clero et alienus existat a regula. Nam si pro misericordia episcopo [6] placuerit longo tempore eum poenitendo quae gessit in carceris aerumna recludere et usque ad satisfactionem ibi retinere, liceat. Et postea si se correxit et ali deinceps minime se facere promiserit; humanius rga eum agere poterit, si voluerit et ipse dignus inventus fuerit.

207. *Ut seculares de viris Deo dicatis ec lesiaeque facultatibus ad se nihil putent pertinere praete reverentiam tantum.* Synodali decreto sancitum est ne laici vel seculares de viris Deo dicatis ecclesia que facultatibus aliquid ad se putent vel praesum nt praeter reverentiam pertinere, quorum quarum nque sacerdotibus disponendi indiscusse a Deo c ra commissa docetur. Si quis contra haec venire praesumpserit, anathemate feriatur.

208. *De servis dominorum facinora con essis non audiendis.* Si servi facinora dominorum confessi sunt, nullo modo audiantur, nisi forte eos reos deferant maiestatis.

209. *Quid de hominibus, qui pauperes ex poliant et admonente episcopo non reddiderint agend m sit.* Si quis potentum quemlibet expoliaverit et a monente episcopo non reddiderit, excommunicetur.

210. *De his, qui sine iussione episcopi i dices seculares adeunt, aut sine licentia et litteris ej isco i sic proficiscuntur. Et de laicis ecclesis vel cl ricis calumniam facientibus.* Sancitum est, ut pre. biter vel diaconus sive quilibet clericus regulae sub ctus inconsulto episcopo ad iudicem secularem no pergat. Necnon et hoc sancitum est, ut sine epi tola episcopi sui non liceat clericum vel monach m proficisci. Et alibi in canonibus legitur ita : « Presbiter aut diaconus vel clericus sine antistitis su epistolis ambulans, communionem ei nullus im endat. » Simulque statutum est, ut si quis secul rium per calumniam ecclesiam aut clericum fatigar temptaverit et convictus fuerit, ab ecclesiae lin inibus et catholica communione, nisi digne po nituerit, coherceatur.

211. *De laicis vitiosis a clericis, nisi spor te voluerint, non recipiendis.* Omnes episcopi in tert a sessione acclamaverunt : « Sane dignum est, u sicut sacerdotes vel clericos suos in accusatione v l secularibus iudiciis laici non recipiunt, ita ipsi sacerdotum vel clericorum accusationibus seu ecc esiasticis negotiis nisi sponte non recipiantur; qu niam inconveniens e t, ut hi, qui hos respuunt, a his recipiantur. »

212. *Ut hi, qui sponte hominem o cidere v luerint et non potuerint perpetra e, ut homicidae h beantur.* Qui hominem voluntarie occidere voluerit t perpetrare non potuerit, ut homicida punietur.

213. *De clericis, qui a suis recedunt ep copis.* Ut nullus clericus ab episcopo suo recedat ct ad alium se transferat.

214. *Ut nulli sacerdotes eorum decimas a t aliquid de rebus vel facultatibus ecclesiae sine l cent a proprii episcopi vendere praesumant.* Statutum est, ut nullus presbiter vel diaconus eorum decimas v l aliquid de rebus ecclesiae sine consilio proprii ep scopi inreverenter [7] vendere praesumat; quia in anonibus decretum est ita : « Placuit ut presbiteri vel diaconi non vendant rem ecclesiae, ubi sunt c nstituti, nescientibus episcopis suis. » Et ne deincep s fiat cavendum est, sicut a quibusdam in aliqui us locis impudenter factum audivimus, eo quod qu dam sacerdotes, antequam messes maturae vel col ectae essent, eorum decimas vendere causa ebrieta is temptaverunt : quod ne deinceps fiat pariter on nes inhibemus, sed ut prius cum gratiarum actio e a sacerdotibus recipiantur. Et si necessitas fi erit pro restauratione ecclesiarum vel pro redempt ne captivorum eas vendere, cum consilio proprii episcopi et aliorum bonorum sacerdotum hoc fac ant; ne qualibet occasione occulte et sine testimo io fraud

VARIANTES LECTIONES.

[1] cantaverit G.   [2] hi Bal.   [3] sacramentorio G.   [4] inpositiones G.   [5] finem Bal.   [6] ab ep copo G.   [7] inre G.

dentur oblationes fidelium; et unde pauperes recreari debent vel ecclesiae [1] restaurari seu clerici vivere, sive episcopi recipi, hospites et peregrini pasci ac venerari, presbiteri vel diaconi aut quilibet fidelium in suis nimiis potationibus vel comessationibus seu carnalibus desideriis, quae multis modis aguntur, inflectere non praesumant, sed in praedictis rebus eas fideliter subministrent; et sciant se non suarum, sed dominicarum rerum esse dispensatores. Propterea quasi dominicas res fideliter eas conservare et utiliter dispensare Domini sacerdotes oportet. Et si, quod absit, aliter fecerint, canonica invectione districte feriantur.

215. *De anathematis hominibus repellendis.* Omnium anathematum vox in accusatione vel testimonio aut humano iudicio penitus non audiatur, nec hi accusare quemquam permittantur. Sed si quis anathematis poenam parvi duxerit, aut in insulam religetur, aut exilio deputetur, ne possit ecclesiam Dei eiusque famulos perturb re.

216. *De sententia adversus aosentes vel minores iudicata non valenda.* Adversus absentes vel minores sententia iudicata non valebit.

217. *Quid de clericis, qui in seditione arma portare int, faciendum sit.* Clerici, qui in quacumque seditione arma volentes praesumpserint, [2] reperti, amisso o dinis sui gradu in monasterio poenitentiae contradantur.

218. *De his qui inebriantur, ut a communione, nisi se correxerint, suspendantur, aut corporali supplicio subdantur.* Sancitum est, ut a presbiteris vel diaconibus seu a reliquis clericis omni modo vitetur ebrietas, quae omnium vitiorum fomes ac nutrix est. Itaque eum, quem ebrium fuisse constiterit, ut ordo patitur, aut quadraginta dierum spatio a communione statuimus submoven lum, aut corporali subdendum supplicio.

219. *Quid de his ecclesiae iudicibus faciendum sit, qui absentes iudicare praesumunt.* Caveant iudices ecclesiae, ne absente eo, cuius causa ventilatur, sententiam proferant; quia irrita erit: immo et causam in synodo pro facto dabunt. [3]

220. *De his, qui apud extraneos iudices causam suam proponunt. Et de his, qui prius in proprio foro non iurgaverint. Et de iudi ibus, qui sua neglegentia causas differunt.* Si quis alium crediderit accusandum, apud provinciae illius iudicem negotium suum proponat; et omnem iacturam litis incurrat, qui non ante in proprio foro iurgaverit. Quod si per neglegentiam iudicis causa definita non fuerit, tantum cum fisco nostro iubemus exsolvere, quantum res ipsa, de qua agitur, valuisse cognoscitur. Et qui consiliis suis adhaerent, exilio deputentur.

221. *Quod r inis miserorum oppido succurrendum sit.* Occurrere certe miserorum ruinis debet subsidio unusquisque, quo valeat ex relevatione [4] alienae vindictae a se Dei removere vindictam. Libat enim Domino prospera, qui ab afflictis pellit adversa.

222. *Quid de vaticinatoribus falsis agendum sit.* Vaticinatores, qui se futura scire dicunt, caesi de civitate iactentur.

223. *Quod in metropolitana sede, tempore quo omnes elegerint conprovinciales episcopi, ad synodum faciendam sit conveniendum.* Placuit definiri, ut paternis institutionibus obsequentes, in metropolitana sede [5] tempore quo omnes conprovinciales [6] elegerint pontifices, ad synodum faciendam devotis studiis conferantur.

224. *Quid de episcopo, qui alium conculcare vel calumniare aut iniuriare praesumpserit episcopum faciendum sit.* Ut nullus episcopus alium episcopum conculcet eumque calumniare vel iniuriare praesumat: Quod si fecerit, gradus sui periculo subiacebit.

225. *Ut nullus presbiter in ecclesia benedictiones publicas super populum fundere aut altare consecrare vel reconciliare p aesumat.* Statutum est, ut presbiteri benedictionem in ecclesia super plebem fundere aut altare consecrare aut reconciliare aut summovere vel collocare ullo modo non praesumant. Simul et hoc statutum est, ut altare erigere vel de loco in locum transmutare, ut a quibusdam factum audivimus, sine episcopi sui licentia vel consilio, cuius est et ipsum altare consecrare et post motionem vel violationem reconciliare, presbiteri non pertemptent. Quod si aliter fecerint, gradus sui periculo subiacebunt.

226. *Ut absentibus quod ablatum est, pleniter restituatur.* Propter absentes legem volumus iterare, ut quicquid fuerit eis a qualibet persona ablatum, totum amicis eorumque proximis vel servis, cum iudicem interpellaverint, sine dilatione reddatur; ut res, quas discedens dominus in sua proprietate dimisit, integre [7] ab actoribus domini, quocumque sedeat, vindicentur [8]. Quaecumque autem in militia constitutis vel absentibus pervasa fuerint, sine aliqua iubemus dilatione restitui.

227. *Ut ea quae ad perpetuam utilitatem sunt instituta, inconvulsa permaneant.* Quae ad perpetuam utilitatem sunt instituta, nulla commutatione varientur; nec ad privatum trahantur commodum, quae ad bonum sunt commune praefixa. Et manentibus terminis, quos statuerunt patres, nemo damnet alienum; sed intra fines proprios atque legitimos, prout quis voluerit, in latitudine se caritatis exerceat.

228. *De neglegentibus officia divina et non venientibus ad matutinalia vel vespertinalia sive reliqua divina officia.* Sancitum est, ut si quis presbiter vel diaconus aut quilibet clericus ecclesiae deputatus si intra civitatem fuerit, aut in quolibet loco, in quo ecclesia est, et ad quotidianum psallendi sacrificium matutinis vel vespertinis horis, ad ecclesiam non convenerit, deponatur a clero; si tamen castigatus veniam ab episcopo per satisfactionem noluerit promereri.

229. *De his, qui in captivitatem ducti sunt, quid agendum sit.* Quicumque necessitate captivitatis ducti sunt, et non sua voluntate, sed hostili depraedatione ad adversarios transierunt, quaecumque in agris vel in mancipiis ante tenuerunt, sive a fisco possideantur, sive aliquid ex his per principem cuicumque datum est, sine ullius contradictione personae, tempore quo redierint, vindicent ac praesumant; si tamen cum adversariis non sua voluntate fuerint, sed captivitate se detentos esse probaverint.

230. *Quod contra caput non sit surgendum.* Contra caput, etiamsi faciendum sit, non libenter admittimus.

231. *Ut presbiteri per singulas ebdomadas, sicut ab episcopo vel ab illo, qui constitutus est ab eo, vocantur, ad civitatem conveniant absque ulla dilatione discendi gratia.* Statutum est, ut omnes presbiteri parrochiae ad civitatem per turmas, et per ebdomadas ab episcopo sibi constitutas conveniant discendi gratia, ut aliqua pars in parrochiis presbiterorum remaneat, ne populi et ecclesiae Dei absque officio sint; et aliqua utilia in civitate discant, ut meliores ad parrochias demum et sapientiores atque populis [9] utiliores absoluti revertantur. Et ibi ab episcopo, id est, in civitate sive a suis bene doctis [10] ministris, bono animo instruantur de sacris lectionibus et divinis cultibus et sanctis canonibus, sive de baptismatis sacramento [11] atque missarum solem-

VARIANTES LECTIONES.

[1] ecclesia *G.* [2] v. sumpsisse reperti fuerint *Bal.* [3] causa in s. profecto dabitur *Bal.* [4] ex revelatione *corr.* et relevatione *G.* [5] metropolitanam sedem *Bal.* [6] comprovincialiter *Bal.* [7] integra *G* [8] vendicetur *G.* [9] populi *Bal.* [10] benedictis *G.* [11] sacramentis *Bal. ex cod. Bellov.*

niis et precibus, et de reliquis officiis omnibus sibi necessariis pleniter et distincte ac singillatim imbuantur. Et omnia, quae illi per parrochias docere, praedicare ac facere debent, eos episcopus et sui bene docti ministri veraciter et discrete doceant, ut quid facere vel quid vitare debent, sciant; quatenus eorum vitam bene et condigne atque inreprachensibiliter ducant, et aliis bene vivendo bonum exemplum alisque ulla offensione praebeant, et eorum ministeria sapienter et rationabiliter adimpleant, ut in nullam, quod absit, offensionem incidant, sed Dei gratiam promereri valeant.

232. *Quid de convictis in iudicio de evidenti violentia faciendum sit.* Convictus, in iudicio de evidenti violentiae crimine reus capite puniatur.

233. *Ut sacerdotes de incognitis rebus nihil iudicare praesumant.* Nos qui sacerdotum Domini matura volumus esse iudicia, nihil possumus de incognitis rebus in cuiusquam partis praeiudicium definire, priusquam universa, quae gesta sunt, veraciter audiamus.

234. *De his, qui relinquunt ecclesiastica officia et ad seculares confugiunt. Et de clericis furtum ecclesiae facientibus. Sive de clericis comam nutrientibus, vel habitum aut vestimenta clericalia mutantibus.* Sancitum est, ut quisquis clericus relicto officio suo propter districtionem ad secularem quemlibet confugerit, et is, ad quem recurrit, solatium ei defensionis inpenderit, cum eodem ab ecclesiae [1] communione pellatur.

Simulque sancitum est, ut si quis clericus furtum ecclesiae fecerit, peregrina ei communio tribuatur. Simili modo decretum est, ut clerici, qui comam nutriunt, ab archidiacono, etiamsi noluerint, inviti detondantur. Vestimenta vero vel calciamenta eis nisi quae religionem deceant uti aut habere non liceat.

235. *De servis insciis vel consciis dominis violentiam facientibus, et qualiter haec corrigantur.* Servi si inscio domino confessi vel convicti fuerint violentiam commisisse, addicti tormentis gravibus puniantur. Si vero iubentibus dominis violentiae crimen admiserint, domini qui inlicita praeceperunt, notantur infamia et nobilitatis vel honoris sui dignitatem tenere non possunt. Servi autem, qui talibus dominorum iussionibus paruerunt, in metallo detrudantur. Ceterum non liceat iudicibus discussionem violentiae differre vel dimittere vel donare. Si autem probaverint violentiam et non statim vindicaverint, noverint se periculum subituros. Viles autem personae quae frequenter admisisse violentiam conprobantur, constituta legibus poena suprascripta omnimodis feriantur.

236. *Qualiter desides vel neglegentes curandi sint.* Si exitierint aliqui fratres desides vel neglegentes, quos oporteat maiori auctoritate curari, sic tamen est adhibenda correctio, ut semper sit salva dilectio.

237. *Ut clerici contumaces vel inflati contra episcopum suum non sint, nec parvipendant eius excommunicationem. Et qualiter haec facientes suam recipere debeant dignitatem.* Statutum est, ut contumaces clerici, prout dignitatis ordo permiserit, ab episcopis corrigantur. Et si qui prioris gradus elati superbia communionem fortasse contempserint, aut ecclesiam frequentare vel officium suum implere neglexerint, peregrina eis communio tribuatur; ita ut, cum eos poenitentia correxerit, rescripti in matricula gradum suum dignitatemque recipiant.

238. *Quod accusatoribus ante discussionem utriusque partis non sit credendum.* Quociens quilibet accusator aliquid de adversario suo eo absente suggesserit, ante [2] discussionem utriusque partis penitus non credatur.

239. *De sacerdotibus non extrahendis* [3] *Praecipimus,* ut nullo vel falso insimulatus crimine xtrahatur [4] sacerdos.

240. *Ut qui iudices suspectos habuerint, vo em appellationis exhibeant.* Si quis iudicem pro quilibuscumque causis adversum sibi senserit aut habue t forte suspectum, vocem appellationis exhibeat; ut, cum ei concessum fuerit, integro negotio apud ali m iudicem amotis dilationibus possit audiri.

241. *Ut caveat unusquisque, quantum fieri potest, ut alteri non fariat, quod pati non vult.* Sicut non vult aliquis gravis oneris sarcinam ferre, ita non audeat alii grave pondus inponere.

242. *Ut discordantes ad altare sive ad gratiam sanctae communionis non accedant. Et si unus e rum se correxerit et alter discordans inventus fuerit, quid de his agendum sit.* Sancitum est, ut personarum discordantium nemo, antequam reconcilientur [5] a altare Domini accedere aufeat vel gratiam communionis sanctae percipere; sed geminato tempore pe poenitentiam conpensabunt, quod [6] discordiae ser ierunt. Sed si unus eorum alio contemnente ad satisfactionem caritatis occurrerit, ex eo tempore ut pacificus in ecclesiam recipiatur, ex quo ad concordiam festinasse convincitur.

243. *Quod poenitentes a conviviis et ornamentis atque alba veste abstinere debeant.* Qui luget, abstinere debet a conviviis ac ornamentis et alba veste.

244. *De divinis et apostolicis atque canonum decretis minime violandis.* Iubemus, ut ita omne divinis et apostolicis constitutionibus serviatis, ut in nullo patiamini pia canonum decreta violari. Pra cipimus etiam, ut nulli fas sit sine status sui periculo vel divinas constitutiones vel apostolicae sedis decreta temerare.

245. *De his sacerdotibus, qui de ecclesiis d ecclesias inrationabiliter transeunt, et de illis, qui in loco eorum sunt ordinati.* Sancitum est, ut illi sacerdotes, qui de ecclesiis ad ecclesias migrant vel migraverunt et suos titulos absque licentia et consensu episcopi dimittunt vel dimiserunt, tandiu a communione habeantur alieni, quamdiu ad eas redierint ecclesias, in quibus primo sunt constituti. Quod si a ius alio transmigrante in locum viventis ordinatus est, tamdiu vacet sacerdotii dignitate, qui suam des ruit ecclesiam, quamdiu successor eius quiesca in Domino.

246. *Quod iniuriarum actiones nonnisi praesentes accusare possint.* Iniuriarum actiones nonn si praesentes accusare possunt. Crimen enim, qu d vindictae aut calumniae iuditium expectat, per lios intendi non potest.

247. *Quod amicitiam protegat omnis, qui non contendit.* Omnis, qui non contendit, protegit amicitiam. Nam et apostolus ad Corinthios scribit: 'um sint inter vos aemulationes et contentiones, nonn carnales estis et secundum hominem ambulatis? Nihil per contentionem neque per inanem gloriam, sed in umilitate mentis invicem aestimantes semetipsos, non sua singuli respicientes, sed aliorum.

248. *Ut quod ecclesia tricennali iure possederit, nulli liceat pro hoc deinceps appellare. Et d raptoribus viduarum vel virginum. Et ut feminae s cris altaribus non ministrent.* Statutum est, ut acultates ecclesiae, necnon et dioceses, quae ab liquibus possidentur sacerdotibus, iure sibi vindi nt quod tricennalis lex conclusit, et ultra triginta ar nos nulli liceat pro id appellare, quod legum tempus exclusit. Simulque sancitum est, ut raptores vidu rum vel virginum ab ecclesiae communione pellant r. Et ut feminae sacris altaribus non ministrent vel liquid ex his, quae virorum sunt officiis deputata pr esumant.

VARIANTES LECTIONES.

[1] e eccl. de c. p. *Bal.* [2] ci ante *Bal.* ei *abrasum G.* [3] *Huic capiti sequentis, sequenti huius rubrum praeposuit G.* [4] detrahatur *Bal.* hic et in rubro. [5] reconcilietur *Bal.* [6] compensabitur, quo *Bal.*

249. *De iudicibus contra legem iudicantibus et legem audire nolentibus.* Quicunque iu lex oblatas sibi in iudicio leges vel iuris species audire noluerit et contra eas iudicaverit, ex hac re convictus in carcerem deportetur [1].

250. *De imperitis, ut peritis non praeferantur.* Valde iniquum est, ut inperiti magistris, novi antiquis, vel rudes praeferantur emeritis.

251. *Ut liceat litigatoribus vitiatam causam appellationis remedio sublevare, et ut [2] appellatores in nullam custodiam redigantur.* Iudices observare debent, ut liceat litigatori vitiatam causam appellationis remedio sublevare, et appellatores nec in carcerem redigantur, nec a militibus faciant custodiri [3], sed agendum negotium suum liberi observent. Nec etiam in supplicium destinatis appellandi vox denegetur.

252. *Ut nullus falsum testimonium dicat. Et de periculo falsorum testium seu poenitentia vel abiectione eorum.* Volumus atque praecipimus, ut omnes a falso testimonio se abstineant, scientes et hoc gravissimum scelus esse et ab ipso Domino in monte Synai prohibitum, dicente eo : *Non falsum testimonium dixeris.* Sive : *Falsus testis non erit inpunitus.* Sciat etiam se, quisquis hoc perpetraverit, tali poenitentia purgandum, sicut de periurio, aut tali damnatione et excommunicatione feriendum, sicut de homicidio vel periurio. Summa enim stultitia et nequitia est, ut aliquis homo, qui christiano nomine censetur, pro cupiditate argenti et auri aut vestimentorum sive agrorum vel cuiuslibet rei sicut saepe contingere solet, propter ebrietatem aut ventris ingluviem in tam grande scelus corruat, ut aut septem annis in arcta erumna sit, aut ab ecclesia sit repulsus, dicente Domino : *Quid prodest homini, si lucretur universum mundum, animae vero suae detrimentum faciat?*

253. *Quod eandem poenam passurus sit accusator, si convincere accusatum non potuerit, quam reus passurus erat.* Poenam, quam reus passurus erat, accusator excipiat, si convincere cum non potuerit. Nemo potest debitorem plus agnoscere, quam ille, qui iniuriae sustinuit nequitiam.

254. *Quod prolator scripturam adfirmare debeat.* Statutum est, ut scripturam prolator adfirmet. Nam si is, qui scripturam protulit, eius non adstruxerit veritatem, ut falsitatis reum esse detinendum.

255. *Ut omnes fideles suis episcopis fideliter oboediant.* Qui episcopum suum noluerit audire, et excommunicatus fuerit et rennuerit, perennem condemnationem episcoporum apud Deum sustineat, et insuper a palatio nostro sit omnino extraneus, et omnes facultates eius ad legitimos parentes perveniant.

256. *De homicidis quid agendum sit.* De homicidis ita iussimus observare, ut quicumque ausu temerario alium sine causa occiderit, vitae periculo feriatur et pretio nullo se redimere umquam valeat. Et si convenerit, ut ad conpositionem quisque descendat, nullus de parentibus aut amicis eum quicquam adiuvet. Quod si fecerit, suum wirgildum omnino conponat.

257. *Quid de furibus et malefactoribus sit agendum.* De furibus et malefactoribus decrevimus observari, ut si quinque aut septem bonae fidei homines absque inimicitia proposita criminosum aliquem [4] cum sacramenti interpositione esse dixerint, quomodo contra legem furtum perpetravit, sic secundum legem moriatur. Et si iudex conpraehensum latronem laxaverit, vitam suam amittat, ut [5] ceteri disciplinam in [6] omnibus observent.

258. *De incestis quid agendum sit.* Ut incestum nullus sibi umquam societ coniugium. Quod si contigerit, ab episcopo loci illius separentur et publicam septem annorum iuxta canonicos gradus ambo agant poenitentiam. Qui autem hoc agere noluerint [7], ab omnibus ut anathema habeantur.

259. *De accusatoribus non facile recipiendis, nec absque certa probatione quibusquam iudicandis vel damnandis.* Omnia primo diligenter cunctos oportet inquirere, ut cum iustitia definiantur. Nullus quemquam ante iustum iudicium damnet, nullum suspicionis arbitrio iudicet. Primus quidem probet, et sic iudicet; non enim qui accusatur, sed qui convincitur, reus est : pessimum namque et periculosum est quemquam de suspicione iudicare. In ambiguis Dei iudicio reservetur sententia; quod certe agnoscunt, suo, quod nesciunt, divino reservent iudicio. Quoniam non potest humano condemnari examine, quem Deus suo iudicio reservavit. Incerta namque non debemus iudicare, quoadusque veniat Dominus, qui latentia producet [8] in lucem et inluminabit abscondita tenebrarum et manifestabit consilia cordium. Quamvis enim vera sint, non tamen credenda sunt nisi quae certis indiciis conprobantur, nisi quae manifesto iudicio convincuntur, nisi quae iuditiario ordine publicantur.

260. *De chorepiscoporum superstitione atque damnatione.* Omnibus sanctae Dei ecclesiae fidelibus et nostris notum esse volumus, quia non parva quaestio de chorepiscoporum superstitione ad nos non semel aut bis aut ter venerat, sed saepissime nostris auribus molestiam intulerat. Ipsa enim quaestio non solum inter clericos, sed etiam inter laicos crebrius ventilabatur. Dicebant ergo presbiteri, diaconi et subdiaconi a regularibus episcopis ordinati, non esse eos presbiteros vel diaconos aut subdiaconos, qui a chorepiscopis videbantur quasi sacrati, nec sacerdotale eos debere peragere officium, nisi forent a canonice ordinatis episcopis consummati. Sumentes quoque de canonica auctoritate sanctionem affirmabant, a chorepiscopis ordinatos vulneratum potius quam episcopaliter sanctificatum per illam manus inpositionem habere caput. Ubi autem vulnus infixum est, medicina est adhibenda, qua possit recipere sanitatem. Similiter et laici dicebant, quod talium ministrorum vel sacerdotum, id est qui a chorepiscopis erant quasi ordinati, officia audire nollent, nec eorum infantes maiores vel minores aut familiam corum per manus inpositionem consignari vel confirmari usquam vellent, ne magis vulnus quam benedictionem acciperent. Quod iurgium cum enucleatius discutere voluissemus, placuit nobis ex hoc apostolicam sedem consulere, iubente canonica auctoritate atque dicente : *Si maiores causae in medio fuerint devolutae, ad sedem apostolicam, ut sancta synodus statuit et beata consuetudo exigit* [a], *incunctanter referantur.* Quapropter Arnonem archiepiscopum ad Leonem apostolicum misimus, ut inter cetera, quae ferebat, etiam eum ex hoc interrogaret; ut quicquid super his definiendum esset, apostolica auctoritate a nostris episcopis regulariter sopiretur. Qui nobis verbis et scriptis ab eo renuntians haec non esse necesse iterare vel definire, quia saepissime a suis praedecessoribus et a multis sanctis episcopis atque synodalibus sanctionibus eos esse prohibitos atque damnatos; et ideo non esse necesse ventilare sed definita tenere. Dixit enim nullum fore presbiterum vel diaconum aut subdiaconum ab eis ordinatum, nec ecclesiam ab eis dedicatam, nec virginem cou-

---

VARIANTES LECTIONES.

[1] deputetur *Bal.* [2] deest *Bal.* [3] custodire *Bal. et G. sed hic correxit.* [4] marqini inseruit G. deest *Bal.* [5] et ut *Bal.* [6] deest *Bal.* [7] noluerit... habeatur *Bal.* [8] producit G.

NOTÆ.

[a] Post judicium episcopale *omissa* ut ap. Ps. Pelagii ep. 2, c. 8.

secratam, nec quemquam confirmatum, neque quicquam quod de episcopali ministerio praesumpsere esse peractum; sed quicquid ex his ab eis inlicite erat praesumptum, omnia a canonice ordinatis episcopis debere rite peragi et in meliorem statum reformari [1], quia quod non ostenditur gestum, ratio non sinit ut videatur iteratum. Praedictos autem chorepiscopos omnes praecepit damnare et in exilio detrudi. Ista vero omnes, maxime regni nobis a Deo commissi episcopi cum eodem Arnone, permittente praefato apostolico mitius tractantes, iamdictos villanos episcopos inter presbiteros statuerunt, ita ut amplius nihil de episcopali ministerio praesumerent, nec ipsi deinceps a quoquam fierent, qui gradus sui periculum vitare vellet. Decretum namque est in illa synodo, quam Reginisburc pro eadem vel pro aliis causis apostolica auctoritate praefato praetexto habuimus; nihil ex praedictis a quoquam eorum, agere nec facere volentibus consentire; sed quicquid ab his episcopaliter praesumptum est, a canonice ordinatis episcopis peragi debere, nec ullum usquam de episcopali ministerio a chorepiscopis aliquid accepisse, quia nihil in dante [2] erat, quod aliquis horum accipere potuisset; quoniam quod non habuit quis eorum, dare non potuit. Nam episcopi non erant, quia nec ad quandam civitatis episcopalem sedem titulati erant, nec canonice a tribus episcopis ordinati. Ideo de episcopali ministerio nihil agere potuerunt. Et idcirco non ostenditur gestum, quod praefixi agere putaverunt; quia quod non habuerunt, nullatenus dare potuerunt. Ideo namque nulla causa permittit, ut videatur iteratum, quod de causis memoratis a canonice ordinatis episcopis cognoscitur regulariter peractum. Unde et cum saepe quaestio de male accepto honore nascatur, quis ambigat nequaquam esse tribuendum, quod non decet fuisse collatum. Scimus enim, sicut et in antiquis patrum legimus decretis, posse veram ac iustam legitimi episcopi benedictionem [3] auferre omne vitium, quod a vitioso fuerat iniectum.

261. *De rebus ecclesiasticis absque iussu one proprii episcopi non dispensandis.* Placuit, ut episcopi rerum ecclesiasticarum in omnibus iuxta sanctorum canonum sanctiones plenam semper habeant potestatem. Nullus eas dare vel accipere absque proprii episcopi audeat iussione; nullus eas invadere vel vastare aut quoquo modo deteriorare praesumat. Nam devastantibus ecclesias earumque res nihil aliud intellegimus, quam contra illum aeterni imperii Deum eiusque maiestatis homines movere certamen, cum illae aedes illi die noctuque famulentur et illi sint consecratae. Videant ergo vastantes easque invadentes, praenuntiamus [4], ne ab illo, si se commoveat, vastentur et disperdantur, cuius percussionem montium dorsa ferre non possunt. Nos vero ista nec agere volumus nec facere volentibus consentire; ne nos ipsos quod absit, perdamus aut se perdere volentibus consentiamus. Quapropter praecipimus, ut si quis ex iure ecclesiastico hactenus nostra largitate aliquid possedit, si illa deinceps habere voluerit, ut ad proprios episcopos veniat et ab eis et a praepositis ecclesiarum, unde esse videntur, quocumque modo iuste potuerit, ea inpetrare satagat, et nihil ex eis aliter ambiat aut concupiscat vel accipiat, ne cupidus [5] sanctarum rerum ignis, qui in eis est, eos [6] favillosius exurat. Unde et in sacris canonibus spiritu Dei conditis decretum habetur ita : « Si quis oblata dederit vel acceperit praeter episcopum vel eum, qui constitutus est ab eo ad dispensandum misericordiam pauperibus, et qui dat et qui accipit, anathema sit. » Scimus enim, anathematos homines et in

A praesenti seculo infames esse ac perditos, t a consortio fidelium in omnibus absque pane et aqua fieri alienos, atque si absque ecclesiae satisfactione de hac vita recesserint, a regno Dei fore xtorres. Quam foveam cavere dissimulans vel recusa s nostra se sciat per omnia carere societate; quia n n solum qui faciunt, sed qui facientibus prava consentiunt, rei sunt. Satius enim nobis est regnum non ha ere terrenum quam aeternum perdere : plus vero e credo posse Deum per suorum sanctorum merita diuvare, quam omnem militiam secularem. Quapro er omnes scire cupimus, si super his quibus frui ur bonis universum mundum lucrari potuissemus, nostran vestrasque animas perdere noluissemus ; ne se pro praedictis cupiditatibus perdere volentibus ssentire. Testante namque euangelica tuba didicimus, nihil prodesse homini universum mundum lucrari, si animae suae detrimentum patiatur. Et iterum : *Quam dabit homo commutationem pro anima sua* Et iterum : *Ibunt hi in supplicium sempiternum, iusti autem in vitam aeternam.*

262. *Ut mulieres non ingrediantur ad alt re. Et ut baptizandi* [7] *fidei sacramento instruantur, et p ost baptismum chrisma coeleste per episcoporum ma us inpositionem percipiant.* Non oportet mulieres i gredi a l altare. Baptizandos vero oportet fidei simb lum discere et quinta feria septimanae maioris epi copo vel presbiteris reddere. Et qui in aegritudine onstituti baptismum perceperint, sanati fidei symbol doceantur, ut noverint, quanta natione digni su t habiti. Oportet etiam baptizatos post baptismum chrisma coeleste percipere, et regni Christi particip s fieri.

263. *Quod non conveniat caticumenis vel p enitentibus in pascha vel pentecosten aut nativitat Domini baptismum vel ante canonicam reconciliation m sacramentum dominici corporis dare, sed tantum sal benedictum.* Ut per sollemnissimos paschales die s sacramentum caticuminis non detur, nec eis q i a liminibus ecclesiae sunt exclusi, neque eis ante c nonicam reconciliationem, qui publicam gerunt poenitentiam ; sed tantum benedictum sal a sacerdotibus ro co munione tribuatur. Et quia fideles [8] per llos dies sacramenta non mutant [9], nec caticumin s [10] vel publice poenitentes oportet mutare.

264. *Ut in synodo prius generales causae, quae ad normam ecclesiae pertinent, finiantur, et p tea speciales ventilentur.* Placuit, ut quotiens secu dum statuta patrum synodus congregata fuerit, n llus episcoporum vel presbiterorum aliquam pri causam suggerere audeat, quam ea, quae ad emen ationem vitae et ad severitatem regulae animaeque remedia pertinent, finiantur.

265. *De his, qui res ecclesiae a principib s petiunt, ut irrita habeantur quae obtinent, et ipsi co munione priventur.* Qui res [11] ecclesiae petunt a re ibus, et horrendae cupiditatis impulsu egentium su stantiam rapiunt, irrita habeantur quae obtinent, t a communione ecclesiae, cuius facultatem auferr cupiunt, excludantur.

266. *Ut nullus episcopus de alterius epis pi diocesi quicquam praesumat.* Ne parrochias cuius bet episcopi alterius civitatis episcopus canonum emerator invadat, et vesanae cupiditatis facibus in a mmatus suis quemadmodum [12] non contentus rapiat aliena.

267. *Ut hi, qui res ecclesiae invadunt, v stant vel diripiunt, si monente episcopo non se co rexerint, communione priventur.* Si quis cuiuscumque munuscula ecclesiae sanctis scripturarum titulis con ata nefaria calliditate abstulerit, fraudaverit, invase it, retentaverit atque suppresserit, et non statim a acerdote

VARIANTES LECTIONES.

[1] sic *G. ex correctura.* peragere et in m. s. reformare *Bal.* [2] tante *G.* [3] vera et iusta i. e. be edictione *Bal.* [4] *G. hanc vocem expunxit;* Bal. exhibet. [5] cupidos *Bal.* [6] deest *Bal.* [7] baptizati *G.* [8] apud f *Bal.* [9] mutantur *Bal.* [10] apud c. *Bal.* [11] reculam *Gal.* [12] suisque admodum *Bal. et Conc.* Are n. I, 10. *ubi tamen cod. Lugdun. et Paris.* : suis quodammodo.

commonitus Deo auxiliante reddiderit, ab ecclesiae catholicae communione pellatur.

268. *Ut posteriores episcopi non se praeponant prioribus.* Ut nullus episcopus prioribus suis se audeat anteponere.

269. *Ut clerici, qui sine epistolis episcopi sui extra propriam parrochiam profecti fuerint, communione privenlur; et si incorrigibiles apparuerint, verberibus coerceantur* [1]. Clericis [2] sine commendatitiis epistolis episcopi sui. licentia non pateat evagandi; et in omni loco, ad quem sine epistolis episcopi sui, ut dictum est, venerint, a communione habeantur alieni. In monachis quoque par forma servetur; quos si verborum increpatione non emendaverint, etiam [3] verberibus statuimus cohérceri.

270. *De clericis, si ebrietatem non vitaverint, ut excommunicentur aut verberentur.* Ante omnia a [4] clericis vitetur ebrietas, quae omnium vitiorum f.mes ac nutrix est. Nec quis [5] potest liberum corporis sui ac mentis habere iudicium, qui captus vino a sensu probatur alienus; et proclivius ad iudicium mens labefactata ducitur, ut [6] plerumque possit peccatum aut crimen, dum nescit, incurrere. Ignorantia vero talis non potest effugere poenam, quam ex voluntaria amentia manasse constiterit. Itaque quemcunque ebrium fuisse constiterit, ut ordo patitur, aut quadraginta dierum spatio a communione statuimus submovendum, aut corporali subdendum esse supplicio.

271. *De his, qui per calumniam ecclesiam aut clericum fatigare temptaverint.* Si quis per calumniam ecclesiam aut clericum fatigare temptaverit, convictus fuerit, ecclesiae liminibus et catholicorum communione, nisi digne poenituerit, arceatur.

272. *Ut laici non ordinentur nisi religione praemissa. Et ut monasteriis puellarum probatae vitae homines praefigantur* [7]. Praecipimus, ne laicus nisi religione praemissa clericus fiat. In monasterium vero puellarum homines [8] nonnisi probatae vitae et aetatis provectae ad quascumque earum necessitates vel ministrationes permittantur intrare. Ad faciendas vero missas clerici, qui ingressi fuerint, statim peracto ministerio regredi festinent. Aliter autem nec clericus nec monachus iuvenis ullum ad puellarum congregationem habeat accessum, nisi hoc aut [9] paterna aut germana necessitudo probetur admittere.

273. *De his, qui districtionem episcoporum circa se austeriorem putaverint, quid agendum sit.* Si quis clericorum circa se aut districtionem aut retractationem* [10] episcopi sui putat iniustam, iuxta antiquas constitutiones recurrat ad synodum.

274. *De conspiratione clericorum vel monachorum aut laicorum.* Si quis clericorum, ut in multis locis diabolo instigante acium fuis-e perpatuit, rebellis auctoritati [11] se in unum coniuratione intercedente collegerit [12], et aut sacramenta inter se data aut cartulam conscripsisse fuisse patuerit, nullis excusationibus haec praesumptio praevellatur; sed res detecta, cum in synodum ventum fuerit, in praesumptoribus iuxta personarum et ordinum qualitatem a pontificibus, qui tunc in unum collecti fuerint, vindicetur; quia sicut caritas ex praeceptis dominicis corde, non cartulae conscriptione vel coniuratione est exhibenda, ita quod supra sacras admittitur scripturas, auctoritate et districtione pontificali est reprimendum.

275. *De his, qui res ecclesiae traditas invadunt vel vastant aut absque proprii episcopi consensu accipiunt, quid agendum sit.* Si quis res ecclesiae debitas vel proprias sacerdotis horrendae cupiditatis instinctu occupaverit, retinuerit aut a potestate ex competitione perceperit, si eas non restituat, nullis se rebus excuset. Quod si agnito [13] iure ecclesiastico non statim ecclesiae vel sacerdoti reformaverit, aut ut ipsum ius agnoscere possit in iudicium electorum venire distulerit; tamdiu a communione ecclesiastica suspendatur, quamdiu restitutis rebus tam ecclesiam quam sacerdotem reddat indemnem. Similis etiam his, qui oblationes defunctorum ecclesiis vel sacerdotibus legaliter dimissas quolibet ordine adsignare tardaverint vel retinere praesumpserint, districtionis ecclesiasticae iuxta priores canones forma servetur. Cui etiam sententiae subiacebit, quisquis sibi quolibet ordine, quod pro devotione sua ecclesiis dedit, revocare praesumpserit. Abbatibus, presbyteris ceterisque ministris de rebus ecclesiasticis vel sacro ministerio traditis nil alienare vel obligare absque permissione et subscriptione episcopi sui liceat. Quod si praesumpserint, degradentur, communione concessa; et quod temere praesumptum aut alienatum est, ordinatione episcopi revocetur.

276. *De his quae die dominico agi* [14] *prohibentur vel permittuntur.* Audivimus, persuasum esse populis die dominico agi cum caballis aut bubus vel vehiculis itinera non debere, neque ullam rem ad victum reparare, vel ea, quae ad nitorem domus vel hominis pertinent, nullatenus exercere; quae res ad indaicam superstitionem magis quam ad christianam observantiam pertinere probatur. Quapropter id [15] statuimus, ut die dominico quod ante fieri licuit, liceat. A rurali tamen opere, id est opere aratri, vel vineae, vel sectione messis excussione exarto [16] vel sepe [17] censuimus abstinendum, quo facilius ad ecclesiam venientes orationis gratia vacent. Quod si inventus fuerit aliquis in operibus suprascriptis, aut quae interdicta sunt exercere praesumpserit, qualiter haec emendare debeat, non in laicorum districtione, sed in sacerdotis castigatione consistat.

277. *De his, qui ante finitam missam de ecclesia egredi praesumunt.* De missis nullus laicorum ante discedat, quam dominica dicatur oratio. Et si episcopus praesens fuerit, eius benedictio expectetur. Neque ante missam exp'etam quis egredi praesumat.

278. *De his, qui in ecclesia cum armis intrare praesumant.* Sacrificia matutina missarum sive vespertina ne quis cum armis pertinentibus ad bellorum usum expectet. Quod qui fecerit, in sacerdotis potestate consistat, quali eum districtione debeat castigare.

279. *Ut laici in ecclesia infra cancellos stare non praesumant.* Ut laici secus altare, quo sancta mysteria celebrantur, inter clericos tam ad vigilias quam ad missas stare penitus non praesumant. Sed pars illa quae a [18] cancellis versus [19] altare dividitur, cleris tantum psallentium pateat clericorum. Ad orandum vero et communicandum laicis et feminis, sicut mos est, pateant sancta sanctorum.

280. *De his, qui sabbato sancto paschae hora nona ieiunium solvunt.* Quidam sabbato sancto ab hora nona ieiunium solvunt, conviviis utuntur; et dum sol ipse eadem die tenebris palliatus lumina subduxerit ipsaque elementa turbata moestitiam totius mundi ostenderint, illi ieiunium tamen diei polluunt, epulisque inserviunt. Et quia totum eundem diem universalis ecclesia propter passionem Domini in moerore et abstinentia peragit, quicumque in eo ieiunium

---

VARIANTES LECTIONES.

[1] arceantur *Bal.* [2] Clericis *corr.* Clerici quibus atramento minus nigro *G.* [3] increpatio non emendaverunt, etiam a v. *Bal.* [4] deest *Bal.* [5] nequis *G.* ubi iterum in margine additur: possit aliter nec aliquis. [6] ducatur ac p. *G.* [7] perfiguruntur *G.* [8] deest *Bal.* [9] deest *Gal.* [10] retractionem *G.* [11] sic *G.*: corr. ex auctoritate, quod *Bal.* retinuit. [12] collegerint *Gal.*; collegerint *corr.* collegerit *G.* [13] agit (littera post t abrasa) expunctum et margini adscriptum aut. *G,* [14] qui d. d. agere *G.* [15] deest *Bal.* [16] e, exorto *G.* [17] quae *G.* [18] ea *G.* [19] versa *G.*

praeter parvu.os, senes et languidos ante peractas indulgentiae preces persolverit, a paschali gaudio depellatur; nec in eo sacramentum corporis et sanguinis Domini percipiat qui diem passionis eius per abstinentiam non honorat.

281. *De purgatione sacerdotum, qua iter Wormatia secunda vice a domno Karolo atque a suis tractata atque sopita est.* Omnibus vobis, tam praesentibus quam et futuris, scire cupimus, quia ideo consultu sedis apostolicae et omnium nostrorum episcoporum ac reliquorum sacerdotum atque maxime cunctorum fidelium nostrorum de purgatione criminatorum sacerdotum tanta tractavimus eamque cum testibus, sicut in anteriori capitulari nostro continetur, fieri decrevimus, {quoniam nesciebamus eandem causam a beato Gregorio papa esse definitam. Nam cum Wormatiae [1] generalem conventum habuissemus, allata est nobis a Rihulfo [2] Mogontiacensi metropolitano epistola beati Gregorii papae, in qua inter cetera continebantur haec: « De presbitero vero vel quolibet sacerdote a populo accusato, si certi non fuerint testes qui crimini illato non veritatem dicant [3], ius iurandum erit in medio, et illum testem proferat de innocentiae suae puritate, cui nuda et aperta sunt omnia; sicque maneat in proprio gradu. » Ista vero omnia, quia vires nostras excedunt, in iuditio episcoporum iuxta canonicam sanctionem definienda relinquimus; ut haec quando orta fuerint, ita definire satagant, ut nec secundum seculum iustam reprehensionem, nec penes Deum, quod absit, damnationem, sed aeternae beatitudinis ipso auxiliante, qui omnia infucata praestat, praemia consequantur.

282. *De recto iudicio ab omnibus iudicando. Et de litibus [4] et contentionibus cavendis.* Omnes monemus, ut lites vel contentiones non recte iudicatas ad patientiae culmen perducere studeant, sicut dominus noster Iesus Christus in mandatis suis nos admonet dicens: *Iuste iudicate, filii hominum.* Et: *In quocumque iudicio iudicaveritis, iud cabitur de vobis.* Et iterum: *Munera excecant ocu'os sapientium et tollunt verba iustorum.* Qui consentit, non recte iudicat. Sic docet praeceptum Domini: *Quod tibi non vis fieri, ne facias.* Vae vobis, iudices et principes, qui ab impio accipitis munera, et iustitiam iusti aufertis ab eo. Et rememoramini quod dicitur: *Reddet Deus unicuique secundum opera sua vel secundum iustitiam suam.*

283. *Ut testes, priusquam de causa interrogentur, sacramento constringantur.* Testes, priusquam de causa interrogentur, sacramento debero [5] constringi, ut iurent se nihil falsi [6] dicturos. Haec etiam iubemus, ut honestioribus magis quam vilioribus testibus fides potius admittatur. Unius autem testimonium, quamlibet splendida et idonea videatur esse persona, nullatenus audiendum.

284. *Ut episcopos vel sacerdotes aut clericos in iudiciis secularibus nullus accuset.* Mansuetudinis nostrae lege prohibemus in iudiciis episcopos accusari, ne dum adfutura ipsorum beneficio [7] impunitas estimatur, libera sit ad arguendos eos animis furialibus copia. Si, quid est igitur querelarum, quod quispiam defert, apud alios potissimum episcopos conveniat explanari, ut oportuna atque commoda cunctorum quaestionibus audientia commodetur.

285. *De privilegiis ecclesiarum et clericorum non violandis.* Privilegia, quae olim reverentia religionis obtinuit, mutilari sub poenae etiam interminatione prohibemus; ita ut hi quoque, qui ecclesiae optemperant, his [8], quibus ecclesia, beneficii perfruantur.

286. *Ut mancipia, quae Iudaei emerint aut circum-* ciderint, ab eorum po'estate auferantur. Si quis udaeorum christianum servum vel cuiuslibet alteriu sectae emerit et circumciderit, a Iudaei ipsius pote tate sublatus in libertate permaneat.

287. *De his, quae a prioribus principibus irca ecclesiarum utilitates sunt ordinata, ut [9] inm ta permaneant semper.* Ea, quae circa catholicam l gem [10] vel olim ordinavit antiquitas, vel paren um nostrorum auctoritas religiosa constituit, vel nostra serenitas roboravit, novella superstitione ubmota integra et inviolata custodiri praecipimus.

288. *De integra restitutione.* Integra r stitutio dicitur, si quando res quaelibet aut causa, ae perierat, in priorem statum reparatur, vel d quod alicui sublatum est, reformatur; ita ut eorun causae vel res in integrum revocentur, qui aut per imorem potestatis alicuius conpulsi sunt, aut fraud vel errore decepti sunt, aut per captivitatem vel q amcunque iniustam necessitatem substantiam suan aut statum ingenuitatis perdidisse noscuntur; au si qui pro necessitate longae peregrinationis absen ant, vel restauranda ea, quae in dampnis minorum g sta esse probantur.

289. *De his, quae iniuste ablata sunt, ut i s'e legibus in integrum restituantur.* Quociens de r vocanda re vel causa integrae restitutionis beneficiun petitur, aut in rem aut in personam agendum est, ut es ipsa, quae sublata est, recipiatur. Et cum in pers na actio coeperit intendi, is qui rem indebite abstuli se convincitur, id, quod sublatum est, intra annum in quadruplum reformet [11]; post annum vero in plum [12] reddendum est.

290. *Ut ecclesiarum vel clericorum servos iudicibus non liceat vexari.* Ecclesiarum servos e episcoporum vel omnium clericorum a iudicibus el actoribus publicis in diversis angariis non fatiga i divina praecipimus auctoritate. Unde omne co cilium a pietate gloriosissimi domini nostri poposc t [13], ut tales deinceps ausus inhibeat [14], sed servi s prascriptorum officiorum in eorum usibus vel eccl siae laborent. Si quis vero iudicum aut actorum lericum aut servum clerici vel ecclesiae in publici ac privatis negotiis occupare voluerit, a communi one ecclesiastica, cui inpedimentum facit, efficiat r extraneus.

291. *Ut de criminibus definitis non liceat p stmodum movere certamen.* De his criminibus, de qu bus quis absolutus est, ab eo, qui accusavit, refricar accusatio non potest.

292. *Ut dotes ecclesiarum simul cum ipsi ecclesiis semper ad proprii episcopi pertineant disp itionem.* Multi contra canonum constituta ecclesias, quas aedificaverint, postulant consecrari, ita ut dot m, quam eidem ecclesiae contulerint, non censeant a episcopi ordinationem pertinere. Quod factum et in raeterito displicet, et in futuro prohibetur. Sed omn secundum constitutionem antiquam ad episcopi rdinationem et potestatem pertineant.

293. *Ut episcopi semper praevideant, qua ter iudices cum omnibus sibi commissis agant.* Sin semper perspectores episcopi [15] secundum regis an munitionem, qualiter iudices cum populis agant, et aut ipsos praemonitos corrigant, aut insolentias eor n auditibus [16] principum innotescant. Quod si orreptos emendare nequiverint, et ab ecclesia et commu nione eos suspendant.

294. *De devotis peccantibus non recipien dis, nisi peccare desierint.* Devotam peccantem non recipiendam in ecclesia, nisi peccare desierit. Et s desinens egerit aptam poenitentiam decem annis, recipiat communionem. Prius autem quam in eccle ia admit-

VARIANTES LECTIONES.

[1] Warmatia *hic et in rubro Bal.* [2] Riculfo *Bal.* [3] adprobent *Bal.* [4] litis *G.* [5] debent suprasc iptum *G.* [6] contra veritatem *Bal.* [7] beneficia *G.* [8] hi *G.* [9] aut *G.* [10] quae certa catholica lex *G.* [11] refu metur *G.* [12] quadruplum *G.* [13] poposceitur (*duabus primis litteris abrasis*) *G.* [14] non habeant *G.* [15] opor et ut sint episcopi s. p. secundum *B.l.* [16] auribus *Bal. ex cod. Be Iov. et Ivone.* iudicibus *Trecensis.*

tatur ad orationem, ad nullius convivium christianae mulieris accedat. Quod si admissa fuerit, etiam haec, quae eam receperit, habeatur absens. Corruptorem etiam par poena constringat. Quae autem maritum acceperit, non admittatur ad poenitentiam, nisi adhuc vivente ipso marito caste vivere coeperit, aut postquam ipse decesserit.

295. *De his, qui excommunicantur a sacerdotibus, ut nul us ad eos accedat.* Si quis laicus per [1] excommunicationem abstinet, ad domum eius clericorum vel religiosorum nullus accedat. Similiter et clericus si abstinet, a clericis devitetur. Si quis cum illo conloqui aut convivare [2] fuerit deprehensus, etiam ipse abstineatur. Sed hoc pertineat ad eos clericos, qui eius sunt episcopi, et ad omnes, qui commoniti fuerint de eo, qui abstinet, sive laico quolibet sive clerico.

296. *De vagis et levibus sacerdotibus ac clericis quid agendum sit.* Hoc etiam placuit, ut vagus atque instabilis clericus sive etiam in diaconali ministerio vel presbiterali officio constitutus, si episcopi, a quo ordinatus est, praeceptis non obedierit, ut in delegata sibi ecclesia officium dependat assiduum, quousque in vitio permanserit et communione et honore privetur.

297. *De tenendis ad solutionem* [3], *qui debitum promittunt.* Si quis pro alterius debito se pecuniam promiserit rediturum, ad solutionem statutae promissionis est retinendus.

298. *De his, qui ad vendendum alterius rem acceperint, quid agendum sit.* Si facto pretio [4] rem vendendam aliquis cuicumque tradiderit, et dum ab eo vendenda proferatur, quacumque occasione perierit, ei perit, qui eam dederat distrahendam. Ceterum si rem acceptam non rogante domino, sed promittente eo, qui accepit, dum vellet venundare perdiderit, sibi rei perditae ingerit detrimentum.

299. *Ut creditor rem debitoris non vendat, priusquam eum de solutione ter conveniat.* Creditor si sine conditione pignus sibi depositum tenens ter debitorem convenerit, et soluto debito pignora sua recipiat, et debitor noluerit post tres admonitiones soluto debito pignora sua recipere, creditor distrahendi pignoris habebit liberam potestatem.

300. *Ut cum rebaptizatis fideles non communicent.* Cum rebaptizatis fideles religiosi nec in cibo participent.

301. *De his, qui iubente sacerdote de ecclesia exire contempserint, quid agendum sit.* Qui iubente sacerdote pro quacumque culpa ab ecclesia exire contempserint, pro noxa contumaciae tardius recipiantur ad veniam.

302. *De clericis increpationi* [5] *inoboedientibus verberandis.* Clerici, quos increpatio non emendaverit, verberibus coherceantur.

303. *De his, qui aliis aliquid debent, et ipsis ab eis aliquid debetur, ut in solutionem computentur.* Si quis debeat alicui solidos decem, et ille [6] qui debet de quacunque ratione debeantur illi [7] a creditore suo solidi quinque, et veniens creditor totos decem solidos a debitore petat, si probaverit ille debitor sibi ab eo quinque solidos deberi, quare illum in solidum pro totis decem solidis convenit, causam perdat [8], qui noluit debitum compensare. Similis ratio est de frumento vel de aliis speciebus.

304. *De his, qui filiisfamilias* [9] *aliquid commodaverint, quid agendum sit.* Qui filiofamilias contra interdicta legum inscio parte pecuniam commodaverit, eam nec vivente nec mortuo patre ab eodem poterit postulare.

305. *De secularibus, qui suas uxores derelinquunt.* Hi vero seculares, qui coniugale consortium absque culpa graviore dimittunt vel etiam dimiserunt, et nullas [10] causas dissidii probabiliter proponentes propterea sua matrimonia dimittunt, ut aut inlicita aut aliena praesumant, si antequam apud episcopos [11] conprovinciales dissidii causas dixerint, et priusquam uxores iudicio dampnentur, abiecerint, a communione ecclesiae et sancti populi coetu, pro eo quod fidem et coniugium maculant, excludantur.

306. *Ut stipendia clericis iuxta meritum distribuantur.* Clerici etiam omnes, qui ecclesiae fideliter vigilanterque serviunt, stipendia sanctis laboribus debita secundum servitii sui meritum vel ordinationem canonum a sacerdotibus consequantur [12].

307. *De accusatoribus et accusationibus, quas seculi leges non admittunt, a clericorum causis repellendis.* Accusationes et accusatores atque earum negotia, quae seculares non adsciscunt leges [13], divina ac synodica funditus a clericis repellere auctoritate censemus; quia indignum est superioribus, pati ab inferioribus, quae inferiores ab eis uti despiciunt.

308. *De episcopo, qui alterius parrochianum praesumit retinere vel ordinare seu iudicare.* Nullus episcopus alienum parrochianum praesumat retinere aut ordinare vel iudicare absque proprii episcopi voluntate; quia sicut irrita erit eius ordinatio, ita et diiudicatio [14]; quoniam censemus, nullum alterius iudicis nisi sui sententia teneri. Nam qui eum ordinare non potuit, nec iudicare ullatenus poterit.

309. *De peregrinis iudiciis non recipiendis.* Peregrina iudicia generali sanctione prohibemus; quia indignum est, ut ab externis iudicetur, qui provinciales et a se electos debet habere iudices.

310. *De poenitentibus, qualiter poenitentiam debeant accipere.* Poenitentes tempore quo poenitentiam petunt, inpositionem manus et cilicium a sacerdote consequantur. Et si aut comas non deposuerint, aut vestimenta non mutaverint, abiciantur. Et nisi digne poenituerint, non recipiantur. Iuvenibus etiam non facile committenda est propter aetatis fragilitatem. Viaticum tamen omnibus in morte positis non negandum.

311. *De contumacibus clericis et ad officium tardis.* Contumaces vero clerici prout dignitatis ordo permiserit ab episcopis corrigantur. Et si qui prioris gradus elati superbia communionem fortasse contempserint, aut ecclesiam frequentare vel officium suum implere neglexerint, peregrina eis communio tribuatur; ita ut cum eos poenitentia correxerit, rescripti in matricula gradum suum dignitatemque recipiant.

312. *De his, qui alicuam pecuniam sibi commodatam attractare praesumunt.* Si quis sacculum vel argentum signatum deposuerit, et is, penes quem depositum fuit, illud invito eo contrectaverit, et depositi et furti actio ei [15] in eum competit.

313. *De creditore, qui debitore tardante ad solutionem, pignus, quod penes se retinet, vendiderit, quod amplius acceptum est debitori reddendum.* Si quis creditor debitore in solutionem tardante rem sibi pro debito positam distraxerit, si quid amplius acceptum fuerit quam quod [16] debebatur [17], quod amplius [18] acceptum est restitutum [19] debitori.

314. *Ut episcopus ultra suam provinciam ad iudicium minime devocetur, nisi fuerit provocatum; sed ab omnibus suis provintialibus episcopis infra suam provintiam audiatur.* Nullus episcopus extra suam provintiam ad iudicium devocetur. Sed vocato eo canonice in loco omnibus congruo, tempore synodali, ab omnibus provincialibus [20] episcopis audiatur, qui concordem super eum canonicamque proferre

---

VARIANTES LECTIONES.

[1] abrasum *G.* [2] convivari *Bal.* [3] t. absolutionem *G.* [4] facto pterio *G. sed linea tranversa deletae sunt hae voces.* [5] increpationibus *G.* [6] corr. illi *G.* [7] expunctum *G.* [8] perdit *G.* [9] filiofamilias *Bal.* [10] ut nullus *G.* [11] episcopum *G.* [12] vel ordinem teneantur (reliqua desunt) *Bal.* [13] lege *G.* [14] iudicatio *Bal.* [15] deest *Bal.* [16] deest *Bal.* [17] debeatur *G.* [18] plus *G.* [19] restituatur *Bal.* [20] comprovincialibus *Bal.*

debent sententiam. Quia si hoc minoribus tam clericis quam laicis concessum est, quanto magis de episcopis servari convenit? Nam si ipse metropolitanum aut iudices suspectos habuerit aut infestos senserit, apud primatem dioceseos aut apud Romanae sedis pontificem iudicetur.

515. *De episcopis, qui Romanum appellant pontificem.* Placuit, ut si episcopus accusatus [1] appellaverit Romanum pontificem, id statuendum, quod ipse censuerit.

516. *De pre biteris, qui in suis parrochiis aliquid paganis [2] agere permittunt, et de agris, in quibus haec acta esse noscuntur, quid agendum sit.* Si in alicuius presbiteri parrochia infideles aut faculas incenderint [3], aut arbores aut fontes aut saxa venerentur, si [4] hoc eruere neglexerit, sacrilegum [5] se esse cognoscat. Dominus aut ordinator [6] rei ipsius si ammonitus hoc emendare noluerit, communione privetur.

517. *De poenitentibus, quae defunctis viris aliis nubere praesumunt.* Poenitens, quae defuncto viro alio nubere praesumpserit, et quae vel suspecta vel interdicta familiaritate cum extraneo convixerit, cum eodem ab ecclesiae liminibus arceatur. Haec etiam et de viro in poenitentia posito placuit observare [7].

518. *De his, qui rem alterius vendendam acceperint, si eam minus vendiderint, pretium, quod eis mandatum fuerat, solvere cogantur.* Si quis cuilibet mandet, ut rem suam decem solidos vendat, et ille eam octo vendiderit, praecium, quod ei mandatum est, quicquid minus ab emptore percepit, mandatori complere conpellatur. Venditio tamen rescindi non potest.

519. *De eo, qui servum bona fide conparaverit, si servus ex priori vitio fugerit, quid agendum sit.* Servus bona fide conparatus si ex veteri vitio fugerit, non tantum praecium dominus, sed et ea, quae per fugam abstulit, reddere cogetur.

520. *De his, qui indiscussos potestate tyrannica dampnare praesumunt. Et de episcopis vel sacerdotibus, quod non debeant ab aliis iudicari, nisi a quibus et ordinari.* Sunt nonnulli qui indiscussos potestate tyrannica, non canonica auctoritate dampnant; et sicut nonnullos gratia favoris subliminant, ita quosdam odio invidiaque permoti humiliant, et levi opinionis aura condemnant, quorum crimina non adprobant. Ideoque communi decreto censemus, ut quandocumque aliquis episcoporum criminatur, congregatis omnibus eiusdem provinciae episcopis causa eius audiatur, ut non occulte indicetur vel dampnetur; quia ab aliis iudicari prius non potest, nisi ab his, a quibus ordinari potuit. Quod si aliter factum fuerit, nullas vires habebit.

521. *De his, qui [8] habent causas adversus episcopos proprios, vel adversus alios, apud synodum provintiae audiendis; exceptis his, qui adversus suum metropolitanum querelam habuerint.* Si clericus vel laicus habuerit causam adversus episcopum proprium vel adversus alterum, aut episcopus adversus quemquam, apud synodum provinciae iudicetur. Quod si adversus eiusdem provinciae metropolitanum episcopus vel clericus habuerit querelam, petat primatem dioceseos; et apud ipsum iudicetur aut apud sedem apostolicam.

522. *De ore eorum in accusatione vel testimonio obstruendo, qui divinis vocibus mortui esse noscuntur.* Placuit, eorum accusandi sacerdotes et testificandi in eos vocem obstruere, quos non humanis, sed divinis vocibus mortuos esse scimus; quia vocem funestam potius intercidi quam audiri oportet.

523. *De non neganda appellatione accusati.* Placuit ut accusato, si iudices suspectos habuerit, liceat appellare; quia non oportet negare [9] au ientiam roganti.

524. *Quod reis [10], qui de se [11] confessi sunt, super alios non sit credendum.* Non est credendum contra alios eorum confessioni, qui criminibus inplicantur, nisi se prius probaverint innocentes; quia periculosa est et admitti non debet rei adversus quemcumque professio.

525. *De pervasoribus finium, priusquan causae auditio [12] terminetur.* Si quis pervasor linium fuerit adprobatus, eo quod priusquam aliquid iu cio terminetur, quod alter tenuerat invasisset: non solum illud, quod male praesumpserat, amitta , sed ut non unusquisque [13] rem alienam occupet, um fuerit in causa devictus pervasor iuris alieni, tantum spatii restituat, quantum praesumpserit inv dere.

526. *De his qui contra voluntatem defunctorum faciunt, ut perdant hereditatem.* Omnibus, qui contra voluntatem defuncti faciunt, ut indignis, auferat r hereditas.

527. *De his, quibus per testamentum aliquid delegatum est, quod nihil contra voluntatem defuncti liceat agere.* Qui per testamentum sibi aliquid delictum acceperit et vindicaverit, et voluerit contra voluntatem defuncti agere, licentiam penitus non habebit.

528. *Quod voluntas defuncti ab heredibus in omnibus sit peragenda.* Nulli quidem de bonis usurpandis virorum nec dividendi contra bonos mores concessa licentia est; sed praecipiente patre divisionem ab eo factam durare, si modo [14] usque ad extremum eius vivendi spatium voluntas eadem perseverasse doceatur.

529. *De filiis, qui patrem laeserint, donationibus carendis.* Si quis filius donatione patris aliquid fuerit consecutus et eum postmodum laeserit, potest probatas in iudicio laesionis causas, ad donationem pater, si voluerit, in integrum revocetur.

530. *De donatione in filio a patre facta, si ab eo laesus fuerit, revocanda.* Donatio in filio a patre facta, si laesum se pater esse probaverit, revocetur.

531. *De detractione principum ac maiorum natu ab omnibus [15] cavenda.* Quod omnibus fidelibus omnibusque ordinibus summopere cavendum sit, ne clanculo aut publice unctum Domini detractionibus et vituperationibus dilanient, perpendentes illud exemplum Mariae, quae pro eo, quod Moysi sororem Domini propter Aethiopissam detraxit, immunditia leprae multata sit. Et illud psalmistae: *Noli tangere christos meos, et in prophetis meis noli malignari.*

532. *Quod omnibus, qui lite pulsati fuerint, non aliubi quam in proprio foro iurgandum sit.* Clericus vel laicus si crimine aut lite pulsatus fuerit, non aliubi, quam in foro suo vocatus audiatur.

533. *Ut appellantes nulla arceantur detentione.* Appellantem non debet a fictio ulla aut carceris aut detentionis iniuriare custodia. Et liceat a pellatori vitiatam causam appellationis remedio sublevare.

534. *De his, qui contempto fideiussore a solutionem potius debitorem delegerint.* Si quis contempto fideiussore debitorem suum tenere maluerit, fideiussor vel heres eius a fideiussionis vinculo liberatur. Si vero procurator ipsius victus fuerit, mandat rei eius ad solutionem tenetur.

535. *Quod liberi homines statum suum e deteriorare et inmeliorare possunt.* Homo liber, i statum suum in potestate habet, et peiorare eum et meliorem facere potest; atque ideo operas su diurnas nocturnasque locat.

VARIANTES LECTIONES.

[1] damnatus ap. Hadrian. unde hoc sumptum est caput. [2] paganismi *Bal.* [3] accenderint *Bal.* [4] uis *supra lineam addit secunda manus in* G. [5] sacrilegium corr. sacrilegum G. sacrilegii reum *Bal.* [6] or tor corr. hortator G. [7] observari *Bal.* [8] quibus b. [9] negari G. [10] sic corr. G. ex eis, quod *Bal.* quo ue habet [11] quid esse c. G. [12] causam (sine dubio ortum ex causa in) inditio G. [13] unusquis G. [14] d ynod G. [15] hominibus G.

336. *De concubinis non habendis.* Qui uxorem habet, eo tempore concubinam habere non potest; ne [1] ab uxore eum dilectio separet concubinae.

337. *De monachis, qui monasteria sua* [2] *contempnunt, ab episcopo revocandis.* Illud etiam unanimi consensu convenit observari, ut si qui [3] monachorum aut monacharum in congregatione positi religiosam conversationem elegerint, et postea aut ad parentes aut quamcumque proprietatem se a [a][4] congregatione ipsa subtraxerint, et ab episcopo suo per epistolam admoniti ad septa monasterii sui redire distulerint, sint usque ad exitum vitae a communione suspensi, nec prius ad eucaristiae gratiam admittantur, quam ad ovile suum, de quo se vagationis insolentia visi sunt subtraxisse, cum humillima subplicatione debeant satisfactione reverti.

338. *De feminis, quae religionis vestem in domibus* [5] *propriis mutaverint, si postea concubitum elegerint, quid agendum sit.* De viduis et puellis quae sibi in habitum* [6] religionis in domibus propriis, tam a parentibus quam per se, vestem mutaverint, et se postea contra instituta patrum vel praecepta canonum coniugia crediderint copulanda, tamdiu utrique habeantur a communione suspensi, quousque quod inlicite perpetraverunt, emendent. Quod si emendare neglexerint, a communione vel omnium christianorum convivio in perpetuo sint sequestrati [7].

339. *Quod quatuor personae in iudiciis semper adesse debeant.* Quot personae solent in iudiciis esse? Quattuor: accusator causae, defensor causae, testes, iudex. Quo quisque utitur officio? Iudex aequitate, testes veritate, accusator intentione ad amplificandam causam, defensor extenuatione ad minuendam causam. Saepe enim fit causa ratiocinationis aut metu aut gloria aut pecunia, id est, aut commodi aliquid appetendi, vel incommodi aliquid vitandi.

340. *Quod non solum, qui furtum fecerint; sed et qui ad hoc perficiendum adiutorium aut consilium dederint, furti actione sunt tenendi.* Non tantum qui furtum fecerit, sed etiam is cuius opere aut consilio furtum factum fuerit, furti actione tenebitur.

341. *Qui sint* [8] *agnati, et qui sint* [8*] *cognati.* Agnati sunt, qui per virilem sexum descendunt; cognati autem, qui per femineum. Et ideo patrui vel patruorum filii et agnati sunt et cognati; avunculi vero et avunculorum filii cognati sunt, non agnati.

342. *De his qui se metu aut terrore servos esse mentiti sunt.* Qui metu et inpressione alicuius terroris apud acta praesidis servum se [9] esse mentitus est, postea statum suum defendendi non praeiudicat.

343. *De his qui domos effregerint vel villas expoliaverint aut expugnaverint, vel rapinas fecerint, quid agendum sit.* Hi qui aedes aliquas villasve expoliaverint, effregerint [10], expugnaverint, siquidem id turba cum telis coacta fecerint, capite puniantur. Telorum autem appellatione omnia, ex quibus saluti hominis noceri possit, accipiuntur.

344. *De his qui latrones vel reliquos malefactores susceperint.* Receptores adgressorum itemque latronum eadem poena afficiuntur, qua ipsi latrones: sublatis enim susceptoribus crassantium cupido conquiescit.

345. *De his qui incendium fecerint.* Si aliquis malitiae studio incendium miserit, de hoc crimine convictus poenis gravissimis iubetur interfici. Quod si per neglegentiam factum incendium conprobatur, damnum quod cuicumque inlatum fuerit, res quae incendio perierit, dupli satisfactione sarciatur.

346. *De non valendis constitutionibus contra canones vel decreta praesulum aut bonos mores conditis.* Constitutiones contra canones et decreta praesulum Romanorum seu reliquorum pontificum vel bonos mores nullius sunt momenti.

347. *Ut non constringat clericum sententia non a suo iudice dicta.* In clericorum causa huiusmodi forma servetur, ut ne [11] quemquam eorum sententia non a suo iudice dicta constringat.

348. *Ut hi, qui falsa aliis inrogaverint, puniantur et falsitate infames efficiantur.* Omnis, qui falsa aliis intulerit, puniatur et pro falsitate ferat [12] infamiam.

349. *De conprovintiali* [13] *synodo retractanda per vicarios urbis Romae episcopi.* Ut provincialis synodus retractetur per vicarios urbis Romae episcopi, si ipse decreverit [14].

350. *Ut nullus episcopum aut actores ecclesiae apud alios prius accuset, quam eum familiariter conveniat atque ab eo familiarem iustitiam petat.* Si quis adversus episcopum causam habuerit, non prius alios episcopos vel alios iudices adeat, ut eum accuset, quam familiariter ei suam indicet querelam, et ab eo aut iustam emendationem aut rationabilem percipiat excusationem, ipsa nos instruente veritate: *Si peccaverit in te frater tuus, vade et corripe eum inter te et ipsum solum. Si te non audierit, adhibe duos vel tres tecum. Et si vos non audierit, dic Ecclesiae;* id est, accusa eum publice tunc, et non prius. Et reliqua.

351. *De infamibus* [15] *vel sacrilegis, quod religiosos accusare non possint* [16]. Nulli infami atque sacrilego de quocumque negotio liceat quandoque adversus religiosum christianum, quamvis [17] humilis servilisque persona sit, testimonium dicere, nec de quacumque re actione vel inscriptione christianum [17] inpetere.

352. *Ut causae, quas leges seculi non admittunt, a iudicibus ecclesiasticis non audiantur* [18]. Nullae causae a iudicibus ecclesiasticis audiantur, quae legibus non continentur vel quae prohibitae esse noscuntur.

353. *Quod hi, qui pro iniuria mediocri damna subire conpelluntur, infames efficiantur.* Qui pro iniuria mediocri estimatae iniuriae damna subire conpellitur, quamvis civiliter videatur addictus, tamen infamis efficitur.

354. *De absentibus non damnandis.* In causa capitali absens nemo damnetur. Neque absens per alium accusare aut accusari potest.

355. *Ut hi, qui res alienas violenter occupant, quicquid ibi perditum vel alienatum fuerit, eis, quibus conpetebant, pleniter restaurent.* Si ex rebus, quas violenter aliquis occupat, quaelibet sub quacumque occasione perierint aut arserint, vel servi violenter occupati mortui fuerint, quamlibet [19] fraude illius, qui occupavit id quod perit, factum non videatur, tamen ab ipso quaecumque perierint reddenda sunt, qui rem iuris alieni violenter visus est occupasse.

356. *De his qui cum pecoribus coitu mixti sunt, aut more pecorum usque affinitatis lineam cum consanguineis incestum commiserunt, sive cum masculis concubuerunt.* In hoc titulo Graeca verba posita sunt, id est, περὶ τῶν ἀλογευσαμένων, ἥ καὶ ἀλογενομένων [20]. Quod nos Latine possumus dicere: *De his, qui irrationabiliter versati sunt sive versantur.* In qua sententia sensus triplex est; id est de his, qui cum pecoribus coitu mixti sunt, aut more pecorum cum consanguineis usque affinitatis lineam incestum commiserunt, aut cum masculis concubuerunt. Quisquis autem ex his unum egerit, aut capite puniatur, aut si

VARIANTES LECTIONES.

[1] nec G. [2] deest Bal. [3] quis G. [4] de Bal. [5] v. domis G. [6] habitu Bal. [7] sequestratae Bal. (qui paulo ante utrique non mutavit.) [8] sunt Bal. [9] supra lineam additum G. [10] deest G. [11] nec Bal. [12] proferat G. [13] conprovintialis G. [14] decreverit G. [15] sic emendandum infamis, quod habet G.; infantibus Bal. [16] possunt Bal. [17] quamvis... christianum desunt Bal. [18] admittantur G. [19] qualibet G. [20] periton. ale-geus. alle. non. ecce alogio. me. con. G.

NOTÆ.

[a] Sequentia non in concilio Chalcedonensi, capitis hujus fonte, reperiuntur

ei vita concessa fuerit, iuxta Ancyrani concilii sen- A tentiam, quae in capitulo decimo quinto et [1] sexto continetur, poenitentiam veraciter agat.

357. *Quod in causa capitali vel in causa status non per advocatos, sed per ipsos sit agendum.* Si quando in causa capituli vel in causa status interpellatum fuerit, non per procuratores, sed per ipsos [2] est agendum.

358. *Ut metropolitani episcoporum conprovincialium causas non praesumant audire, nisi praesentes omnes fuerint episcopi conprovinciales.* Si quis metropolitanus episcopus, nisi quod ad suam solummodo propriam pertinet parrochiam, sine consilio et voluntate omnium provincialium [3] episcoporum extra aliquid agere tentaverit, gradus sui periculo subiacebit; et quod egerit, irritum habeatur et vacuum. Sed quicquid de provincialium coepiscoporum causis suarumque ecclesiarum et clericorum atque secularium necessitatibus agere aut disponere necesse fuerit, hoc cum omnium consensu conprovincialium agatur B pontificum, non aliquo dominationis fastu, sed humillima et concordi administratione, sicut Dominus ait: *Non teni ministrari, sed ministrare.* Et alibi: *Qui maior est vestrum, erit minister vester*; et reliqua. Similiter et ipsi conprovinciales episcopi [4] cum ejus consilio, nisi quantum ad proprias pertinet parrochias, agant iuxta sanctorum constituta patrum; ut uno animo, uno ore, concorditer sancta glorificetur Trinitas in saecula.

359. *Ut reprehensio, qua laici arguuntur, a clericis respuatur.* Notum sit omnibus, quia quod in laicis reprehenditur, id multo magis debet in clericis praedamnari.

360. *De delatoribus quid agendum sit, vel qui sint delatores.* Delatori aut lingua capuletur, aut convicto caput amputetur. Delatores autem sunt, qui invidia produnt alios.

361. *De his qui in alterius famam [5] aut scripturam aut verba contumeliosa confixerint.*[6] Qui in alte- C rius famam in publico scripturam aut verba contumeliosa confixerit, et repertus scripta non probaverit, flagelletur. Et qui ea prius invenerit, rumpat, si non vult auctoris facti causam incurrere.

362. *De his qui unam rem duobus dominis donaverint.* Si aliquis unam rem duobus per legitimas scripturas donaverit, uni prius et alteri postea, non quaerendus est in his donationibus qui primus, qui posterior sit; sed qui rem tradente donatore possederit, is eam, cui est tradita possidebit. Nec interest, utrum in parentes, an in extraneos talis sit facta donatio.

363. *De servis in caput domini a quoquam non interrogandis.* Servi in caput domini neque a praeside, neque a procuratore, neque tam in parvis quam in capitalibus causis interrogari possunt.

364. *De his, qui irati crimen aliquod cuilibet dixerint, si postea resipiscentes hoc perficere noluerint, quid agendum sit:* Si quis iratus crimen aliquod cuilibet temere obiecerit, convitium non est pro accu- D satione habendum. Sed permisso tractandi spatio, id quod iratus dixit, per scripturam se probaturum fateatur; ut si fortasse resipiscens post iracundiam iterare ac scribere noluerit, non ut reus criminis teneatur.

365. *Ut qui crimen obiecerint, scribant se probaturos. Et ut ibi causa agatur, ubi crimen admissum esse dinoscitur.* Qui crimen obicit, scribat se probaturum. Revera ut ibi causa agatur, ubi crimen admittitur; et [7] qui non probaverit quod obiecit, poenam quam intulerit ipse patiatur.

366. *Ut nullus absque inevitabili necessitate suam*

A *relinquat ecclesiam.* Ut ne quis, dum in ea durare potuerit, qualibet necessitate suam relinqu ecclesiam.

367. *De his, qui ante alterius iudicem fuerint pulsati, quid agendum sit.* Pulsatus ante suum udicem causam dicat; et si non ante suum iudicem p lsatus, si noluerit, taceat. Et ut pulsato, quotiens ppellaverit, induciae dentur.

368. *De his qui famosos libellos legere au cantica famosa cantare praesumunt.* Hi, qui inventi fue int libros famosos legere vel cantare, excommu icentur.

369. *De his qui a clericorum accusatione sunt repellendi.* Homicidae, malefici, fures, sacrileg , raptores, venefici, adulteri, et qui raptum fec rint vel falsum testimonium dixerint, seu qui ad s rtilegos magosque cucurrerint, nullatenus ad accu ationem vel ad testimonium erunt admittendi.

370. *De his qui divinos vel matematicos onsulere praesumunt:* Qui de salute principis vel s mma rei B publicae mathematicos, ariolos, aruspices, aticinatores consulit, cum eo qui responderit capi e puniatur.

371. *De auctoribus vel concitatoribus s itionum vel tumultuum.* Auctores seditionis et tum ltus vel concitatores populi pro qualitate dignitati aut in crucem tollantur, aut bestiis obiciantur, au in insulam deportentur.

372. *De periculo iudicantium et provident eorum.* Maius periculum est iudicantis, quam eius ui iudicatur: Unde unicuique providendum est n aliquem iniuste iudicet aut puniat.

373. *De accusatione adversus doctorem sub novenda.* Accusationes adversus doctorem nemo usci iat, quia non potest humano condemnari exam ne, quem Deus suo reservavit iudicio.

374. *Quod hi qui adversus patres arma tur, Deo existunt odiosi.* Sic odit Deus eos qui adv rsus patres armantur, ut patrum invasores, qui in omni mundo infamia notantur.

C 375. *Qualiter decimae et oblationes fidel um a sacerdotibus sint dispensandae.* Instruendi su [presbiteri pariterque admonendi, quatenus nove int decimas et oblationes, quas a fidelibus accipiu t, pauperum et hospitum et peregrinorum esse. tipendia, et [8] non quasi suis, sed quasi commendata s uti debere; de quibus omnibus sciant se ration m reddituros in conspectu divinae maiestatis, et n si eas fideliter pauperibus et his, quibus praemis um est, administraverint, condemnationem patiend s. Qualiter vero dispensari debeant, canones sacri stituunt; scilicet ut quatuor partes ex omnibus fiant una ad fabricam ecclesiae relevandam, altera pauperibus distribuenda, tertia presbitero cum suis c ericis habenda, quarta episcopo reservanda. Et quicquid exinde pontifex iusserit, prudenti consilio st faciendum.

376. *Quod feminae cum presbiteris vel r liquis clericis non debeant habitare, nec eis ministrare nec intra cancellos stare, neque a l altare accedere.* Ii hibendum D et modis omnibus tenendum est, ut nullu sacerdos eas personas feminarum, sicut in canonibu insertum continetur, de quibus suspicio potest ess in domo sua habeat, et non solum illas, sed neque llas, quas antiqui canones concedunt; quia instiga te diabolo etiam in illis scelus frequenter perpetratu n reperitur, aut etiam in pedissequis earum. Nan si qua de his habuerit talem necessitatem, cui sit ecessaria sustentatio presbiteri, habeat in villa aut i r vico domum longe a presbiteri conversatione, et bi ei subministret i quae necessaria sunt. Sed et oc secundum auctoritatem canonum modis omni us. prohi-

VARIANTES LECTIONES.

[1] q. et desunt Bal. [2] hic alia manus margini inscripsit advocatos B. [3] comprovincialium Bal. [4] omnia in margine addit. G. [5] fama G. [6] confinxerint Bal. hic et in textu. [7] sic G. corr. ex ut, quod vel quoque Bal. In margine adscripsit manus altera coaeva: aliter. ut si is crimen non probaverit, cui d obiecit. poenam quam ipse intulerit patiatur. [8] his Bal.

bendum, ut nulla femina ad altare praesumat accedere, aut presbitero ministrare, vel infra cancellum stare aut sedere.

577. *Ut incesti a sacerdotibus per veraces et Deum timentes homines fideliter perquirantur et canonice puniantur.* De incestis omni studio perquirendum est sacerdotibus per homines veraces et timorem Dei ante oculos habentes. Et si reperti fuerint, statim aut per se emendare studeant, aut cum adiutorio archidiaconi sui vel episcopi hoc ipsum extirpare satagant; ne tanto flagitio et scelere et illi polluantur et pereant, et alii in eorum vicinitate omnipotentis Dei iram incurrant.

578. *Ut presbiteri et reliqui clerici ab omnibus vitiis se caveant, et subiectos sibi fideliter instruant, atque bonis operibus omnibus ducatum praebeant.*[1] Ammonendi sunt clerici et instruendi, ut primum ipsi ab omni fornicatione et immunditia et luxuria et ab omni pollutione carnis sint alieni, et tunc plebi sibi subiectae[2] et verbis praedicent et exempla ostendant, ubi ab omni fornicatione et ab omni irrationabili vel inutili pecudum luxuria et pollutione abstineant, et mundos e corpore et mente Deo praepareant.

579. *De confessionibus fidelium accipiendis et diiudicandis, et consilium dandis, qualiter pro modulo, et quantitate peccati sit poenitentia.* Quaerendum namque est sacerdoti, cum accipit cuiuslibet fidelis confessionem peccatorum, qualiter primo peccatum perpetratum, aut si postea iteratum aut frequenter actum sit; si sponte, si coacte, si per ebrietatem aut per quodlibet ingenium factum sit. Et cum invenerit[3], unde radix illius peccati processit, tunc congruam adhibeat medicinam. Qualis vero peccati adhibenda sit medicina, secundum canonum autenticorum et sanctorum patrum instituta intelligi[4] debet, et non secundum placitum hominis, sed secundum Dei voluntatem. Nec in hac parte voluntas aut gratia hominis sectanda est, sed voluntas Dei in omnibus exquirenda; quatinus dignis praecibus et poenitudine digna placari possit omnipotentis Dei vindicta, quam cum[5] vicio provocavit.

580. *De his qui prius non habentes odium, sed se defendentes aliquem occiderint, qualiter corrigenda sit temporis institutio.* Si quis quiete gradiens per viam, aut si etiam in domo sua fuerit aut in platea civitatis aut in villa, subito aut ab alio superventus aut litis commotione volens se defendere, non habens contra illum antea odium, interfecerit hominem; septem annis secundum canonicam institutionem poeniteat, tres vero communione priveatur, quattuor autem in communione et[6] orationum et oblationum susceptus, in sacerdotis pendeat arbitrio, utrum dignus sit corpus Christi accipere, aut usque ad plenitudinem poenitentiae ab eo separari. Abstinentia ciborum in providentia sacerdotis erit secundum possibilitatem poenitentis et devotionem, et affectionem lacrimarum.

581. *De muliere quae duobus fratribus nupserit, et de viro eius, quid agendum sit.* Mulier, quae duobus fratribus nupserit, abici debet usque ad diem mortis. Sed propter humanitatem in extremis suis sacramentis reconciliari oportet; ita tamen, ut prius solvatur coniugium et maneat innupta; et vir eius absque uxore simili poenitentiae sit subditus. Quod si duo fratres cum una femina fornicati fuerint, nescientes alter alterius fornicationem, statim ut cognoverint adulterium, qui eam habet uxorem, dimittat. Et ille quidem post actam poenitentiam, si uxor defuncta fuerit, potest alteri sociari; illa vi-

vente nequaquam. Illa[9] vero nunquam ulterius poterit in coniugium assumi, et iugi poenitentiae[10] submissa ad exitum vitae communionis gratiam percipiat.[11]

Mulier quae dormiens filium suum oppresserit, et mortuus fuerit, sex annis poeniteat. Vir eius si in domo illius fuit, quatuor; si vero in uno lecto, simili modo poeniteat, duos in pane et aqua, reliquos quatuor secundum quod sacerdos illos viderit posse, abstinentiam inponat ciborum.

582. *De muliere, quae adulteraverit virum suum, similiter et de viro qui uxorem suam adulteravit, qualiter de ambobus agendum sit.* Mulier habens virum, si adulterium perpetraverit et occulte ad confessionem venerit, septem annis poeniteat, tres in pane et aqua, caeteros quatuor in providentia erit sacerdotis qualiter eam viderit posse; et ita ei ciborum abstinentia inponatur. Similiter et vir habens uxorem, si adulterium perpetraverit, faciat; id est per triennium non communicet. Si eius uxor adulterium perpetraverit et hoc a viro deprehensum fuerit et publicatum, dimittat uxorem, si voluerit, propter fornicationem. Illa vero secundum quod superius insertum est, publice agat poenitentiam. Vir vero eius illa vivente nullatenus habebit licentiam aliam ducere uxorem. Quod si voluerit adulteram sibi reconciliari, licentiam habeat, ita tamen ut pariter cum illa poenitentiam agat, et exacta poenitentia ad communionis gratiam, sicut superius continetur insertum, utrique accedant. Similis forma et in muliere servabitur. Si eam vir eius adulteraverit, habet potestatem dimittendi virum propter fornicationem. Maneat tamen innupta, quamdiu vir eius vixerit; quia nec ille habet potestatem aliam accipere prima vivente,[12] nec illa primo. Habent tamen potestatem semetipsos reconciliari.

583. *Ut ad confirmationem episcopi omnes devote conveniant, eique quae necessaria sunt ministrare non neglegant.* Praecipimus ut ad accipiendum per manus pontificis inpositionem Spiritus sancti donum[13] sollicite et devote omnes concurrant, et episcopo suo[14] ea quae necessaria sunt fideliter ministrent, eique ab omnibus et per omnia oboediatur.

584. *De parvulorum instructione, tam fidei et baptismatis mysterio, quam sancti Spiritus dono.* Sciendum est omnibus, quod parvuli instruendi sunt, cum ad intelligibilem aetatem venerint, et de fidei sacramento et baptismatis mysterio et septiformis gratiae sancti Spiritus dono.

585. *De frequenti peccatorum confessione.* Notum esse omnibus volumus, quod confessio peccatorum excepta ea, quae sacerdotibus ad consilium accipiendum Deumque placandum sit, Deo frequenter in oratione sit facienda.

586. *De manifestatione aliorum peccatorum, et quod ea celare peccatum sit.* Omnibus fidelibus notum fore desideramus, quod quorundam peccatorum alienorum conscii, nisi ea emendationis et salutis causa prodiderint, delinquant. Unde scriptum est *Nihil prodest illi suo errore non pollui, qui consensum praestat erranti.* Et alibi: *Non solum qui faciunt, sed consentiunt facientibus, rei sunt.*

587. *Quod magis delinquunt, qui fidem perceperint, quam alii, si tamen in bono opere persistant.* Sciendum est omnibus, et sine oblivione retinendum, quod gravius puniantur, qui fidem Christi perceperunt et in malis vitam finierunt, quam illi, qui sine fide mortui sunt et tamen bona egerunt opera; quoniam

---

VARIANTES LECTIONES.

[1] deest G. [2] plebem s. subiectam Bal. [3] viderit Bal. [4] sic G. lineae superscriptum; Bal. a. s. p. esse d. [5] suo Bal. [6] deest Bal. [7] devotionis et affectum Bal. [8] glossa superscripta in G.; scilicet posterior. si sciens. [9] illam G. [10] poenitentia G. [11] Bal. hic novum caput incipit: De mulieribus et viris infantes opprimentibus. [12] deest G. ubi margini adscriptum: aliter. nisi primam. nec illa alium nisi primum. [13] domum Bal. [14] sua Bal.

melius est fidem non percipere, quam post eius perceptionem retrorsum abire.

388. *De coniugio, quod a Deo sit institutum.* Notum sit omnibus, quod coniugium a Deo sit constitutum, et non sit appetendum causa luxuriae, sed procreatione filiorum, et quod bonorum coniugatorum vita per lob sit designata.

389. *De castitate eorum qui conjugio sunt copulandi.* Sciendum est omnibus et firmiter retinendum, quod hi qui uxores ducere voluerint, sicut eas castas et incorruptas cupiunt invenire, sic ad eas casti et incorrupti debent accedere easque cum benedictione sacerdotis, sicut in sacramentario continetur, accipere. Sed prius eas dotali titulo debent conligare.

390. *Ut omnes a minore usque ad maiorem suis sacerdotibus sicut ipsi* [1] *Domino obedientes existant, cuius vice legatione in ecclesia funguntur. Ex capitulis domni Karoli Theodonis villa firmatis.* Volumus atque praecipimus, ut omnes suis sacerdotibus tam maioris ordinis quam et inferioris a minimo usque ad maximum, ut summo Deo, cuius vice in ecclesia legatione funguntur, oboedientes existant. Nam nullo pacto agnoscere possumus, qualiter nobis fideles existere possunt, qui Deo infidi [2] et suis sacerdotibus inoboedientes apparuerint; aut qualiter nobis obedientes nostrisque ministris ac legatis obtemperantes erunt, qui illis in Dei causis et ecclesiarum utilitatibus non obtemperant. Potius namque iuxta veritatis vocem ille metuendus est, qui potest animam et corpus perdere in gehennam, quam ille qui corpus torquere et honores temporales potest auferre. De illis dictum est: *Qui vos audit, me audit; et qui vos spernit, me spernit.* Et alibi: *Qui vos tangit, tangit pupillam oculi mei.* Et rursus: *Qui scandalizaverit unum de pusillis istis, melius est illi, ut suspendatur mola asinaria in collo eius, et demergatur in profundum* [3] *maris.* Et iterum: *Qui vos recipit, me recipit; et qui me recipit, recipit eum, qui me misit.* Et multa alia horum [4] similia. His ergo fulti oraculis iubemus, ut omnes eis pro viribus ad eorum peragenda ministeria et ad malos et peccatores atque neglegentes homines distringendos summopere oboedientes existant. Qui autem in his, quod absit, aut neglegentes eisque inoboedientes fuerint inventi, sciant se nec in nostro imperio honores retinere, licet etiam filii nostri fuerint, nec in palatio locum, neque nobiscum aut cum nostris societatem aut communionem ullam habere, sed magis sub magna districtione et ariditate poenas luere [5]. In his namque omnium nostrorum fidelium volumus agnoscere fidem ac benivolentiam; quoniam si haec fideliter et utiliter impleverint, tunc Deo et nobis fideles erunt; si autem, quod absit, secus egerint, tunc non solum infideles, sed infames atque reprobi manifeste apparentes notabuntur, eorumque domus publicabuntur et ipsi exiliabuntur.

391. *De infantum baptismo et ecclesiarum vel altarium seu fidelium consignandorum dubitatione, quid agendum sit.* Placuit, ut infantes, quando non inveniuntur certissimi testes, qui eos sine dubitatione baptizatos esse testentur, neque ipsi sunt per aetatem idonei de traditis sibi sacramentis respondere, absque ullo scrupulo tempore legitimo baptizari. Similiter et de ecclesiis vel altaribus atque consignandis fidelibus, quotiens super his dubitatur, agendum est; id est, ut sine ulla trepidatione consecrentur ac fideles confirmentur; quoniam quod non ostenditur gestum, ratio non sinit ut videatur iteratum.

392. *De advocatis vel defensoribus ecclesiarum a principe postulandis.* Pro ecclesiarum causis ac necessitatibus earum atque servorum Dei advocati seu defensores, quotiens necessitas ingruerit, a principe postulentur, et ab eo fideliter atque libente iuxta canonicas sanctiones fidelissimi dentur.

393. *Ut ubi quisque ordinatur, ibi pertineat* [6]. Clerici cuiuslibet gradus in quibuscumque locis ordinati fuerint ministri, ad eadem loca pertineant atque in ipsis locis perseverent.

394. *De presbiteris et ministris ecclesiae, ut a suis et non ab aliis episcopis crisma petant vel accipiant. Et de chorepiscoporum cassanda superstitione.* In singulis episcoporum parrochiis presbiteri eorumque ministri non a quibuslibet episcopis, sed a suis propriis, crisma petant vel accipiant. Nec alio unquam tempore iuxta sanctos canones vel secundum morem Romanum, nisi in coena Domini, sanctum crisma conficiatur. Quibus etiam diebus presbiteris vel eorum ministris canonice dispensandum est, ed non aliis tradendum, nisi solummodo presbiteris et diaconibus aut subdiaconibus bene fidelibus. Indignum enim est, ut alii illud suscipiant, nisi illi qui hoc in tradendo usuri sunt. Similiter et hoc statutum est, ut a corepiscopis, qui iuxta sanctorum decreta locum septuaginta discipulorum, id est presbiterorum, tenent, vel ab ipsis presbiteris nec virginum consecratio nec sancti Spiritus traditio nec ecclesiarum vel altarium consecratio vel illa, quae solis episcopis debentur, fiat. Nam si a duobus episcopis episcopus non potest consecrari, quomodo ille episcopus erit, aut aliquid de episcopali ministerio, nisi quantum presbiter, cuius locum in ecclesia tenet, agere poterit? Omnia ergo, quae isti praesumptiose [7] de episcopali ministerio egerunt, irrita esse comprobantur et effectu carere, atque per omnia tam ab apostolica sede, quam et omnium episcoporum decreto irrita esse [8] et potius nocumenta, quam aliqua adiumenta sunt iudicata ac saepius interdicta. Ideoque ne fiant omnino [9] sub anathematis vinculo interdicimus, atque qui ab eis sunt polluti potius quam sanctificati, in meliorem statum canonice, id est a tribus ordinatis episcopis, ut reformentur iubemus; quia reformatio non est iteratio, sed ecclesiastica et canonica perfectio.

395. *De his qui rapiunt feminas, ut eas non habeant uxores.* Placuit, ut hi, qui rapiunt feminas vel furantur aut seducunt, ut eas nullatenus habeant uxores, quamvis eis postmodum conveniat, aut eas dotaverint vel nuptialiter cum consensu parentum suorum acceperint. Si quis autem uxorem habere voluerit, canonice et legaliter eam accipiat et non rapiat. Qui vero eam rapuerit vel furatus fuerit aut seduxerit, numquam eam uxorem habeat; ad propinquis suis eam legalibus reddat, et in tri lo plenum bannum dominicum conponat, et insuper canonice publicam poenitentiam gerat. Ad quod omnes una voce clamaverunt dicentes: « Ista omne firmiter tenere volumus et in perpetum ab omnibus conservari optamus.

396. *Quod in omnibus locis Deus orandus sit, et non in aliis, quam in Deo dicatis ab episcopi*, *locis missa sit celebranda.* Sciendum est omnibus, quod et in aliis conpetentibus locis, si locus basilica procul fuerit, oratio ad Deum et confessio peccator m fieri debeat et possit, missarum vero celebratio onnisi in locis ab episcopis Deo dicatis, excepto tempore hostilitatis, et in hoc nonnisi in altaribus e tabernaculis ab episcopis Deo dicatis nullatenus [10] rite fieri possit aut debeat.

397. *De secularibus qui episcopis suis inobedientes existunt et ad emendationem sui tardant venire, quid agendum sit.* Si quis secularium tam maioris ordinis

---

VARIANTES LECTIONES.

[1] ipso *G.* [2] infideles *Bal.* [3] profundo *Bal.* [4] horumque *Bal.* [5] lui *G.* [6] permaneat *Bal.* [7] praesumptiosi *Bal.* [8] comprobantur ... esse *omittit G. a priore* irrita *statim aberrans ad alterum.* [9] d est *Bal.* [10] ullatenus *Bal.*

quam et inferioris, peccatum egerit et vocatus sui episcopi auctoritate ad emendationem ac poenitentiam venire distulerit, tamdiu sit ab ecclesia extorris et a catholicorum consortio sequestratus, quousque quod inlicite commisit, emendet ac reatum suum usque ad satisfactionem canonice diluat, atque reconciliatione proprii episcopi divinis precibus indulgentiam consequatur et veniam, ecclesiaeque gremio, a cuius utero deviaverat, peracta satisfactione ab eodem emendatus episcopo canonice reddatur.

398. *De clericis, ut non utantur armis vel sagis.* Ut clerici pompis aut sagis vel armis non utantur.

399. *Ut ea quae episcopus in sua diocesi corrigere non valet, ad alios referat praesules, vel si necesse fuerit regi intimet.* Ut ea, quae in sua diocesi episcopus per se suosque corrigere vel emendare nequiverit, coram reliquis episcopis ad corrigendum insinuet vel regi indicare non tardet; ut qui ecclesiasticis regulis inoboedientes apparuerit, per potestates exteras corrigatur.

400. *De his qui Deo famulantur, si in baratrum fornicationis ceciderint, qualiter corrigendi sint* [1]. Statuimus, ut quisquis [2] servorum Dei vel ancillarum Christi in crimen fornicationis lapsus fuerit, quod in carcere poenitentiam faciat in pane et aqua. Et si ordinatus presbiter sit, duos annos in carcere permaneat, et [3] ante flagellatus [4] et scorticatus [5] videatur; et post episcopus augeat. Si autem clericus vel monachus in hoc peccatum inciderit, post tertiam verberationem in [6] carcerem missus, vertentem annum [7] ibi poenitentiam agat. Similiter et nonanes velatae eadem poenitentia teneantur; et radantur omnes capilli capitis eius.

401. *De his qui a paganis baptizati fuerint.* Praecipimus, ut qui a paganis baptizati sunt, denuo a Christi sacerdotibus in nomine sanctae Trinitatis baptizentur, et postea ab episcopis crismentur, quia [8] aliter christiani nec dici nec esse possunt.

402. *De his qui a* [9] *corepiscopis confirmati fuerint.* Si quis ab episcopo [10] et non a corepiscopo [11], qui [12] non episcopus, sed vicarius episcopi, priusquam prohibiti essent, et erant et dicebantur, fuerit confirmatus, reiterari talis confirmatio non debet. Nam corepiscopi ante apostolicam atque synodalem prohibitionem non ex numero apostolorum, sed ex septuaginta discipulorum, ut sacri canones testantur, ordine erant, quos numquam spiritum paraclitum tradidisse novimus. Sed quia olim, ut dictum est, iam dicti corepiscopi prohibiti sunt, ideo modo nihil sunt, nec spiritum [13] paraclitum ullo umquam tempore tradere potuerunt nec modo possunt. Quapropter non apparet iteratum quod olim canonice non agnoscitur patratum.

403. *Ut qui ab hereticis baptizatus fuerit in nomine sanctae Trinitatis, non rebaptizetur, sed sola manus impositione perficiatur.* Quicumque baptizatus fuerit ab hereticis in nomine Patris et Filii et Spiritus sancti, nullo modo rebaptizari debet, sed per solam manus inpositionem purgandus est.

404. *Ut baptizandi symbolum discant fidei.* Baptizandos oportet fidei symbolum discere et quinta feria ultimae septimanae episcopo vel presbiteris reddere. Et qui in aegritudine constituti baptismum perceperint, sani facti fidei symbolo doceantur, ut noverint, quanta natione digni sunt habiti. Oportet etiam baptizatos post baptismum crisma caeleste percipere et regni Christi participes fieri.

405. *Ut hi de quibus dubitatur utrum baptizati sint an* [14] *non, vel a presbitero diis immolanti vel im-* molatitiis *carnibus vescenti sunt baptizati, ut rebaptizentur.* Quod hi qui dubitant utrum sint baptizati an non, vel a presbitero diis mactanti vel immolatitiis carnibus vescenti, fuerint baptizati, ut baptizentur praeceptum est.

406. *Ne ullus* [15] *plusquam duas uxores accipiat.* Ne quisquam amplius quam duas accipiat uxores, quia iam tertia superflua est.

407. *De orationibus et elemosinis ac missarum celebrationibus pro fidelibus defunctis fideliter agendis; quibus impii carere debent; quoniam nec eorum elemosina a sacerdotibus vel reliquis fidelibus accipienda est.* Quod pro catholicis defunctis sint memoriae faciendae et oblationes et orationes Deo offerendae. Non tamen pro impiis, quamvis sint christiani, ex his aliquid agere licebit.

408. *Ut nullus episcopus sive presbiter aliam causam in synodo prius suggerat, quam ea quae ad emendationem vitae pertinent, finiantur* [16]. Nullus episcoporum vel presbiterorum aliquam prius causam suggerere audeat, quam ea, quae ad emendationem vitae et ad severitatem regulae atque ad animae remedia et vitae [17] pertinent, finiantur.

409. *De his qui facultatem ecclesiae petunt a regibus prava cupiditate illecti; quid agendum sit.* Qui reculam [18] ecclesiae petunt a regibus, et horrendae cupiditatis impulsu egentium substantiam rapiunt, irrita habeantur quae optinent, et a communione ecclesiae, cuius facultatem auferre cupiunt, excludantur.

410. *Ut nullus episcopus alterius episcopi res devastet aut plebes invadat.* Ne parrochias cuiuslibet episcopi alterius episcopus canonum temerator invadat, et vesanae cupiditatis facibus inflammatus suisque admodum non contentus rapiat aliena.

411. *De eo qui munuscula ecclesiae fraudaverit vel quolibet modo invaserit, ut ab ecclesiae communione arceatur.* Si quis cuiusque munuscula ecclesiae sanctis scripturarum titulis collata nefaria callidate abstulerit, fraudaverit, invaserit, retentaverit atque suppresserit, et non statim a sacerdote commonitus Deo collata reddiderit, ab Ecclesiae catholicae communione pellatur.

412. *De episcopo iudicato, si apostolicam appellare sedem voluerit.* Ut iudicatus episcopus ad apostolicam sedem, si voluerit, appellet. *Concilio Sardicense titulo* [19] *quinto.* Quod si appellaverit, in cathedram [20] ipsius alter non ordinetur.

413. *De his qui a iudicibus, quos primates dederunt, appellaverint, quid agendum sit.* Ut si a iudicibus, quos primas dederit, quis appellaverit, alii iudices amplioris numeri decernantur. Quod si et ab ipsis appellaverit, ad sententiam concilii causa deferatur.

414. *De presbiteris, ut inconsulto episcopo non praesumant celebrare agendam* [21]. Ut presbiteri inconsulto episcopo in quolibet loco agendam non audeant celebrare.

415. *Ne aliquis presbiter civitatis sine episcopi praecepto aliquid agat.* Ut presbiteri civitatis sine iussione sui episcopi nihil iubeat nec in unaquaque parrochia aliquid agat.

416. *Ne presbiteri rem ecclesiae sine sui consensu episcopi vendant.* Ut presbiteri rem ecclesiae sine consensu episcopi sui non vendant.

417. *De abiecto clerico ab aliena ecclesia non recipiendo.* Ut abiectum clericum aliena [22] ecclesia non admittat.

418. *Ut ad Patrem oratio semper dirigatur.* Ut

VARIANTES LECTIONES.

[1] sunt *Bal.* [2] si quis *Bal.* [3] ut *Bal.* [4] flagellatur *corr.* flagelletur *G.* [5] corticatus *G.* [6] et in *G.* [7] vertente anno *Bal.* [8] qui *G.* [9] in *G.* [10] corepiscopo *G.* [11] archiepiscopo *G.* [12] quia *G.* [13] sanctum *Bal.* [14] ante *G.* [15] nullus *Bal.* [16] hoc rubrum cum sequenti *G.* errore mutavit. [17] et v. desunt *Bal.* [18] reicolam *G.* [19] capite *Bal.* [20] cathedra *Bal.* [21] agenda *Bal. bis.* [22] deest *G.*

nullus in praecibus nisi ad Patrem dirigat orationem. Et ut prius eas cum instructioribus tractet.

419. *De rebus ecclesiae a nullo iniuste retentandis vel diripiendis.* Ne cui liceat res vel facultates ecclesiis aut monasteriis vel xenodochiis [1] pro quacumque eleemosina cum iustitia delegatas retentare, alienare atque subtrahere. Quod si quis fecerit, tamquam necator pauperum antiquorum canonum sententiis constrictus ab ecclesiae liminibus excludatur, donec ea, quae subiata sunt aut retenta, reddantur.

420. *Ut ab ecclesiae societate extorris habeatur, quicumque eius res dampnum intulerit.* Ut nullus episcoporum aut cuiuslibet ordinis clericus vel alia quaecunque persona quibuslibet conditionibus seu in uno regno seu in alio positas alterius cuiuscumque ecclesiae res aut petat aut praesumat accipere. Quod si fecerit, tamdiu habeatur a communione altaris vel ab omnium fratrum ac filiorum caritate suspensus, donec ipse [2] ecclesiae, cuius directo ordine iuris est, ablata restituat.

421. *De privilegiis ecclesiarum inlibate servandis* [3]. Privilegia atque praecepta ecclesiarum manere semper incorrupta praecipimus. Et quicquid ab antecessoribus vel parentibus nostris circa sacrosanctarum ecclesiarum utilitates constitutum est, vel quae singuli quique antistites pro causis ecclesiasticis impetrarunt, sub poena sacrilegii iugi solidata aeternitate serventur.

422. *De clericis a propriis episcopis corrigendis.* Placuit, ut clerici non distringantur vel diiudicentur nisi a propriis episcopis. Fas enim non est, ut divini muneris ministri temporalium potestatum subdantur arbitrio. Nam si propriorum episcoporum iussionibus inoboedientes exstiterint, tunc iuxta canonicas sanctiones per potestates exteras adducantur, id est per iudices saeculares.

423. *Ut nullus chorepiscopus per inpositionem manus Spiritum sanctum tradat aut consecrationem faciat* [4]. Placuit, ut sicut Leonis papae et omnium episcoporum nostrorum atque reliquorum fidelium generali et synodali consultu decrevimus, ut nullus corepiscopus per manus inpositionem Spiritum sanctum tradere, aut sacerdotes vel levitas aut subdiaconos sacrare, vel virgines velare, aut sanctum crisma conficere, vel ecclesias aut altaria sacrare, aut benedictionem in publica missa populis tribuere praesumat: quae omnia summis pontificibus, id est cathedralibus episcopis debentur, et non chorepiscopis vel presbiteris, quorum formam iuxta sanctorum canonum decreta chorepiscopi gerunt. Si autem hi aliquid ex his agere templaverint, irrita erunt, quae ab eis geruntur [5], et ipsi omni ecclesiastico honore funditus priventur.

424. *De his qui a chorepiscopis sunt ordinati presbiteri, diaconi vel subdiaconi.* Ut hi, qui a chorepiscopis presbiteri vel diaconi aut subdiaconi sunt ordinati, nullatenus in presbiteratus vel diaconatus aut subdiaconatus officio ministrare praesumant. Similiter homines, qui ab imperitis [6] ab eis videntur esse confirmati, vel virgines seu ecclesiae sacratae aut crisma confectum sive altaria dedicata pro confirmatis vel sacratis aut dedicatis minime habeantur; quia quae illi non habuerunt, dare non potuerunt, quoniam ex his eis quicquam agere non licet: quae omnia summis pontificibus debentur et non chorepiscopis, qui nec summi pontifices vel episcopi fuerunt, nec deinceps unquam fieri possunt. Nullum enim ex septuaginta ex his aliquid unquam fecisse legimus vel scimus; ad quorum exemplum et formam presbiteros vel chorepiscopos, antequam ipsi chorepiscopi prohibiti essent, fuisse agnovimus. Haec vero omnia a cathedralibus episcopis, qui a provinc alibus episcopis aut praesentia aut iudicio metrop litani consecrati esse noscuntur, agenda sunt, et non a presbiteris vel chorepiscopis, qui ambo unius ormae esse videntur. Quae si ab eis aut propter imp itiam aut propter praesumptionem acta, ut prae ictum est, ab imperitis esse putantur; a cathedralibus tamen episcopis reformanda vel peragenda sunt; qui quae illi in his agere cogitarunt, imperfecta remans runt, et ut iam praelibatum est, quod illi non habu runt, dare non potuerunt. Episcopi namque non f erunt; quianec a tribus episcopis, nec ad aliquam epi copalem cathedram ordinati fuerunt, et ideo ex h s nihil agere potuerunt. Et ne alicui talis ordinatio vel onfirmatio aut consecratio reiteratio esse videatur, adtendat illud, quod scriptum est: *Quod non ost nditur gestum, ratio non sinit ut videatur iteratum.* Et eliqua talia eorumque similia.

425. *Ne iudices de excessibus malorum i dicent aliquid extra conibentiam sacerdotum.* Ne udices quicquam de perfidorum excessibus, extra sa erdotum conibentiam, iudicare praesumant.

426. *De presbiteris episcoporum, quo* [8] *ipsi re non potuerint, ad corrigendum mittendis.* Ut episco i tunc inmunes habeantur a damnis, cum eorum pr sbiteros ad ea quae ipsi non correxerint, miseri t corrigenda.

427. *De eo qui fallax in fide repertus fu rit.* Si coram hominibus repertum mendacium et in amem facit et dampnis affligit [9], quanto magis in divina fallax fide praeventus, non erit penitus ad ccusationem vel ad testimonium admittendus. Mer to ergo accusare et testificare prohibentur, qui i recta fide suspecti sunt.

428. *Quod non solum flagitia deflenda, se etiam amaris poenitentiae fletibus* [10] *sint eradicanda.* Sicut defflendum christianis est eorum scelus, qui i Christo praevaricatores existunt; ita modis o nibus decernendum, ut absque satisfactione ecclesi e nullus omnino veniam mereatur, qui a meliore roposito ad deterius declinasse convincitur, quia crudelis et stupenda praesumptio crudeliori debet e tirpari supplicio.

429. *De illo qui non solum furtum fecerit, v rum et qui furi consenserit.* Non solum ille, qui fur m fecerit, sed etiam ei quicumque conscius fuerit v l furto ablata sciens susceperit, in numero furanti m babeatur et simili vindictae subiceat.

430. *Ut in sancto paschae sabbato, die et pa asceue missae non agantur.* Ut sabbato sancto, ho est in vigilia paschae, ieiunium ante noctis initi nisi a parvulis aut infirmis non solvatur; nec missa in parascene aut in eodem sabbato sancto vel divina mysteria his duobus diebus celebrentur. Cat onibus quippe iubentibus biduo ista sacramenta emitus non debent celebrari.

431. *De his qui in locis illicitis et minime consecratis contra canonicam auctoritatem missas c ebrare vel audire praesumunt.* Statutum saepissime inhibitum est, ut missarum celebrationes in locis incongruentibus fieri omnino non debeant. Simul et hoc decretum est, ut si quis presbiterorum ccepto quando in itinere pergitur et locus basilicae procul est et id in altaribus ab episcopo consecrat s fieri necessitas conpellit, ne populus Dei sine mi sarum celebratione et corporis et sanguinis domin ci perceptione maneat, missarum celebrationes in huiuscemodi illicitis locis post tot tantasque prohi itiones facere tentaverit, gradus sui periculum incu at. Et hoc populis denuntiandum est, ne missas [1] praedictis illicitis locis sacerdotibus cantare suad ant vel

---

VARIANTES LECTIONES.

[1] sinodochiis *G.* [2] ipse *corr.* ipsi *G.* [3] servantur *G.* [4] c. pontificalem f. *Bal.* [5] gerentur *Bal.* [6] abrasum *G. sed cf. statim sequentia.* [7] a. p. i. exciderunt *G.* [8] quod *G.* [9] affixit *G.* [10] fletibus *G.*

haec illicita facere presbiteros deprecentur; quoniam scriptum est: *Vide ne offeras holocausta tua in omni loco, quem videris; sed in loco, quem elegerit Dominus, ut ponat nomen suum ibi.* Satius igitur est missam non audire, quam eam ibi non dicet nec oportet caelebrare nec audire. Et in canonibus legitur, ut nullus sacerdotum in domibus vel in aliis locis nisi in ecclesiis dedicatis celebrare missas audeat. Si quis contra haec decreta egerit, canonica correctione feriatur. Simul et hoc statutum est, ut nullus sacerdos in aliis quam in Deo dicatis vasis et ab episcopis consecratis ministrare seu missas celebrare praesumat: quia sicut non est concessum, ut alii missas cantent et sacrificia consecrent, quam illi, qui ab episcopis sunt consecrati, ita non est licitum, ut in aliis domibus vel altaribus aut vasis missas sacerdotes caelebrare praesumant, quam ab episcopis consecratis. Sunt etiam [1] ab episcopis consecranda et benedicenda corporales pallae ac alia vestimenta sacerdotalia, necnon et omnia, quae in usus basilicae vel altaris sive in ministerio sacerdotum ad divina mysteria explenda conplectuntur, quatenus cum his sacris Deo sacratius sive placabilius ministrare valeant. Unde et in aliis sanctorum patrum decretis legitur: « Quamquam Deum vera fide ubique orare liceat; sacrificia vero offerre aut corpus Domini confici nullo modo legimus aut veraciter scimus in aliis locis iuste fieri, nisi in locis Deo ab episcopo dicatis, nisi causa hostilitatis aut summae necessitatis: et hoc non in mansionibus aut in domibus non sacratis, sed in tabernaculis dedicatis ab episcopis, et altaribus a pontificibus sacra unctione unctis et divinis precibus consecratis, et hoc summa ex necessitate et in itinere procul ab ecclesia positis, ne populus sine missarum sole mpniis [2] et sacramenti corporis et sanguinis Domini nostri Jesu Christi perceptione remaneat. » Ab antiquis autem patribus et praedecessoribus nostris nulla alia ex occasione aut pigritia seu praesumptione, sed pro praedicta necessitate [3] hoc concessu m esse legimus. Aliter quoque nisi ut praefixum est, in locis non consecratis missarum solempnia agere non licet. Et hoc nonnisi ex summis et pro praedictis necessitatibus fieri ullo modo licet; quoniam lex divina admodum praecipiens ait: *Caveat quisque, ne offerat holocausta sua in omni loco, quem Dominus elegit.* Et alibi: *Recte offert; qui ad ecclesiam necessitate praeoccupante aut infirmitate venire non potest et alibi Deum orat.* Sed non recte dividit, qui in locis illicitis et altaribus minime consecratis missarum celebrationes peragit. Multo enim melius est missas non cantare aut audire, quam in locis illicitis missas cantare aut audire: quoniam qui illicita agit et prohibita facit, non modicum errat et nimis peccat; et nisi poenitentiam canonice et iuste in hoc se ulo ex hoc egerit, maximam condempnationem in futuro iudicio propter hoc indubitanter percipiet. Multa vero et innumerabilia exempla ex his in supradictis legalibus et in aliis canonicis et divinis libris inveniuntur, quae hic pro prolixitate inserere distulimus et pro fastidio ac labore scriptoris vel lectoris [4] hic non inseruimus. Nam si [5] quis ex his potiora et plura exempla invenire desiderat, in praefixis libris sufficienter legendo et diligenter quaerendo invenire poterit. Si quis ergo post tot prohibitiones haec decreta apostolica et synodali atque imperiali auctoritate renovata et maxime omnium imperii nostri, populorum ac procerum nostrorum consensu et hortatu conscripta atque firmata temerare praesumpserit, si clericus fuerit, gradus sui periculo subiacebit; si vero monachus aut laicus fuerit, a liminibus ecclesiae usque ad ecclesiae satisfactionem extorris fiat. Si autem, quod absit, suo episcopo vel reliquis sa-

A cerdotibus inobediens vel contumax extiterit, a comitibus vel missis nostris comprehensus in carcerem usque ad nostram et proprii episcopi atque ecclesiae satisfactionem sub magna aerumna retrusus maneat.

432. *Quod incestum committat, qui se consanguineae suae usque ad affinitatis lineam coniungit.* Nullus fidelium usque ad finitatis lineam, id est usque in septimam progeniem consanguineam suam ducat uxorem vel eam quoquo modo incesti macula polluat. Si quis vero hoc scienter temerare praesumpserit, si liber est, bannum nostrum, id est sexaginta solidos, fisco nostro persolvat; et insuper canonice ut incestus luat, ac publice iuxta canonicos gradus peniteat. Si autem servus vel ecclesiasticus fuerit, publice flagelletur ac decalvetur, et iuxta proprii episcopi iussionem poenitentiam publice et canonice gerat. Quod si aliquis tam liber quam servus aut ecclesiasticus vel fiscalinus episcopo proprio vel suo
B sacerdoti aut archidiacono inobediens vel contumax sive de hoc sive de alio quolibet scelere extiterit, omnes res eius a comite et a missio episcopi et contendantur, usque dum episcopo suo obediat, ut canonice poeniteat. Quod si nec se ita correxerit et ad episcopum et canonicam poenitentiam venire distulerit, a comitis comprehendatur et in carcerem sub magna aerumna retrursus teneatur, nec rerum suarum potestatem habeat, quousque episcopus iusserit. Quod si comes vel eius ministri haec adimplere distulerint, canonice ab episcopo vel a suo ministro excommunicetur, et usque dum haec pleniter adimpleat, semper communione catholicorum careat, usque dum ipsi episcopo humanius erga eum aliquid agere placuerit. Si vero, quod non optamus, ipse comes aut de praedictis causis aut de ipsa excommunicatione inobediens aut neglegens apparuerit, honore comitatus pariter et communione careat, usque dum ambo in nostram praesentiam veniant,
C ut nos illum episcopali auctoritate atque imperiali metu in corrigamus, ut [6] ceteri timorem habeant nec deinceps talia committere illatenus audeant.

433. *Ut incesti; quamdiu in scelere manent, non fidelium christianorum, sed tantum aut gentilium catecuminorum vel energuminorum loco teneant.* Incesti dum in ipso detestando atque infandi scelere maneant, non inter fideles christianos, sed inter gentiles aut catecuminos vel energuminos habeantur; id est cum christianis non cibum sumant, non potum, non in eodem vasculo edant aut bibant; sed soli hoc faciant. Non osculentur aut salutentur ab eis. Sed si suis sacerdotibus inobedientes extiterint et a tam nefandissimo se scelere segregare atque ad publicam poenitentiam redire noluerint, inter eos habeantur, qui spiritu periclitantur immundo, vel etiam inter eos, de quibus ipsa [7] Veritas ait: *Si te non audierit; sit tibi sicut ethnicus et publicanus.* Nam cum fidelibus non debent orare hec in ecclesiam in-
D trare, sed ad ianuam ecclesiae excubare, et intrantibus in eam atque exeuntibus ex ea vultu in terra prostrato veniam postulare; et ut pro se orare non dedignentur flagitare, et lacrymis perfusi vultu contrito atque humiliato spiritu semper omnibus apparere, usque ad satisfactionem ecclesiae et proprii episcopi canonicam reconciliationem manere; et ad pristinum incestum numquam redire; nec secularia negotia exercere, nec placitis aut accusationibus vel testimoniis interesse, sed crebris sacerdotum precibus manusque pontificis proprii inpositionibus et elemosinarum largitionibus atque ceterorum hominum [8] exhibitionibus eos purgari sanarique oportet.

434. *De incestis nullo coniugii nomine praevalendis*

VARIANTES LECTIONES.

[1] deest G. [2] solempnia. Bal. [3] propter dictam necessitatem Bal. [4] scriptorum s. lectorum, Bal.
[5] deest G. [6] ut et Bal. [7] per se G. [8] bonorum h. Bal., qui legendum putat bonorum operum.

Incestos nullo coniugii nomine praevalendos esse censemus.

455. *De incestis coniunctionibus.* Si quis eo gradu se incestuoso ordine cum his personis, quibus a divinis regulis prohibitum est, coniunxerit, usquequo poenitentiam sequestratione tenentur, utrique communione priventur, et neque in palatio habere militiam, neque in foro agendarum causarum licentiam habebunt. Nam quoquo modo praedicto se incesto coniunxerint, episcopi seu presbiteri, in quorum dioecesi vel pago actum fuerit, regi vel iudicibus scelus perpetratum adnuntient; ut cum ipsis denuntiatum fuerit, se ab eorum communione aut cohabitatione [1] sequestrent. Res autem eorum ad primos parentes usque ad sequestrationem pervenient sub ea conditione, ut antequam segregentur, per nullum ingenium, neque per parentes, neque per emptionem, neque per auctoritatem regiam ad proprias perveniant facultates, nisi praefatum scelus sequestrationis separatione et poenitentia fateantur.

456. *De canonicae accusationis ordine.* Accusationis ordinem canonicis dudum regulis institutum servare iubemus, ut si quis clericus in criminali vel in leviori causa pulsatur vel in discrimine capitis arcessitur, non statim reus aestimetur, quia accusari potuit, ne subiectam innocentiam faciamus ; sed quisquis ille est, qui crimen intendit, in iudicium episcopale veniat, nomen rei indicet, vinculum inscriptionis arripiat, custodiat similitudinem, habita tamen dignitatis aestimatione patiatur. Nec sibi fore noverit licentiam mentiendi, cum calumniantes ad vindictam poscat similitudo supplicii.

457. *De servis et libertis vel infamibus personis non recipiendis.* Omnes servi vel liberti omnesque infames personae non permittantur maiores natu accusare, vel omnes, quos ad accusanda publica crimina leges publicae non admittunt. Infames sunt cuncti, quos decreta canonica et ecclesiastica atque leges seculares ascribunt infames esse.

458. *De episcopis et reliquis sacerdotibus vel clericis ad seculares iudices minime accusandis.* Si quis episcopus, presbiter aut diaconus vel quilibet clerici apud episcopos, quia alibi non oportet, a qualibet persona fuerint accusati, quicumque fuerit sive ille sublimis vir honoris, sive ullius [2] alterius dignitatis, qui hoc genus inlaudabilis intentionis arripuit, noverit docenda probationibus, monstranda documentis se debere inferre. Si quis ergo circa huiusmodi personas non probanda detulerit, auctoritate huius sanctionis intelligat se iacturam famae propriae sustinere ; ut damno pudoris, existimationis dispendio. discat sibi alienae verecundiae impune insidiari saltem de cetero non licere. Nam sicut episcopos, presbiteros, diaconos caeterosque, si his obiecta potuerint comprobare, ab ecclesiasticis gradibus aequum est removeri : ita similis videri debet iustitiae modus, quod appetitae innocentiae moderatam deferri iussimus ultionem. Ideo huiuscemodi duntaxat causas episcopi sub testificatione multorum actis audire debebunt.

459. *De primatum et metropolitanorum differentia.* Nulli alii metropolitani appellentur primates, nisi illi qui primas sedes tenent, et quos sancti patres synodali et apostolica auctoritate primates esse decreverunt. Reliqui vero, qui alias metropolitanas sedes sunt adepti, non primates, sed metropolitani vocentur.

440. *De familiaribus vel hominibus tam liberis quam servis dominum accusantibus vel secreta eius prodentibus quid agendum sit.* Si quis ex familiaribus vel ex servis cuiuslibet domus, cuiuscumque criminis delator atque accusator emerserit, eius existimatione caput atque fortunas petiturus, cuius fa iliaritati vel dominio inhaeserit [?]: ante exhibitionem testium, ante examinatum iudicium in ipsa exposit one criminum atque accusationis exordio ultore adio feriatur. Vocem enim funestam potius interc di quam audiri oportet. Eorum vero accusandi sa erdotes vel testificandi in eos os obstruimus, quos on humanis, sed divinis vocibus mortuos esse sci us.

441. *Quod episcopi a Deo, cuius servi exis nt, sint iudicandi, accusandi vel dampnandi; quia i ta Apostolum nemo alienum servum debet iudicare. Et quod non ab humanis aut pravae vitae hominibus nt lacerandi, ipso Domino regulam tribuente.* Episc pi a Deo iudicandi sunt, non ab humanis aut pravae tae hominibus sunt lacerandi, ipso Domino exemplu n dante, quando per ipsum et non per alios ven entes et ementes eiecit de templo et mensas num nularionum proprio evertit flagello et eiecit de te plo. Et sicut alibi ait : *Deus stetit in synagoga deorum, in medio autem deos discernit.*

442. *De his qui se ipsos quocumque mod necant.* Quicumque se propria voluntate aut in aqua iactaverit, aut collum ligaverit, aut de arbore praecipitaverit, aut ferro percusserit, aut cuilibet voluntariae se morti tradiderit, istorum oblatio on recipiatur [3].

443. *De his qui clericum iniuriaverint.* Q cumque iudex aut secularis presbitero aut diacono ut cuilibet de clero aut de iunioribus matris ec lesiae [4] absque audientia episcopi vel archidiaconi v l archipresbiteri iniuriam inferre praesumpserit, iathema ab omnium christianorum consortio habeat r.

444. *Ne laici intersint, quando canonica ura ventilantur vel regularia examinantur, nisi in pr pria accusentur persona.* Quando ea, quae canoni a sunt, ventilantur vel quaedam regularia examina tur, nec iudices seculares neque aliquos laicos nteresse oportet, nisi eos tantummodo qui in prop ia accusantur persona.

445. *Ut ecclesiastica iura semper inviol ta [5] permaneant.* Monemus, ut iura ecclesiarum, si ut a patribus divinitus inspiratis sunt ordinata, nviolata permaneant. Nihil alienum inprobus ambi us concupiscat, nec per alterius imitationem suu aliquis quaerat augmentum.

446. *Suggestio populi ad imperatorem K rolum et episcopos.* Deus ad hoc vestram religiositat m ordinavit, ut et iniustitias removeatis, et prae umptiones abscidatis, et sacerdotibus laborantibus s ccurratis, et multis opprobriis locum non praebe tis, sed post agnitionem ei, qui calumniam patitur, adiutorium feratis ; illum vero, qui calumniam faci , si vere est calumniator, abscidatis.

447. *De alienis iudicibus non recipiendis, et peregrina iudicia vel examina respuenda.* Episc pis singulorum locorum omnium, qui sub eoru degunt moderamine, curae sit causas utilitatesq e disponere. Valde enim est incongruum, ut om ssis suis alii quilibet illorum se causis admisceant, sed illi eorum vitam conpetenti regularique debean moderatione disponere, qui eos ordinare cano ice possunt, vel a quibus ordinati sunt, et qui p o commissis eorumque animabus conpelluntur reddere rationem.

448. *De episcopo qui adversus proprium ietropolitanum vel contra alios quosque habuerit ausqm, quid agendum sit.* Si forte, quod non opta us, aliquem episcopum contra proprium metrop litanum vel contra alios quosque contingat aliqui habere causae, decrevimus, ut ob sedis apost icae iudicium hi, qui petere festinant, licentiam abeant :

VARIANTES LECTIONES.

[1] a. c. *desunt.* G. [2] ulterius G. [3] recipietur Bal. [4] m. e. *desunt* G. [5] inlibata Bal.

quod scitis canonum etiam antiquorum patrum institutione permissum.

449. *Quod fundamentum totius bonitatis sit Christus Iesus, et qualiter in ovile ovium per ostium sit intrandum.* Fundamentum aliud nemo potest ponere praeter id, quod positum est, qui est Christus. Quisquis ergo cum dilectione Dei et proximi fidel, quae in Christo est, firmitatem tenet, eundem Iesum Christum Dei et hominis filium apud se posuit fundamentum. Sperandum ergo est, quia ubi Christus fundamentum est, bonorum quoque operum sequatur officium. Ipsa quoque per se Veritas dicit: *Qui non intrat per ostium in ovile ovium, sed ascendit aliunde, ille fur est et latro; qui autem intrat per ostium, pastor est ovium.* Et paulo post subiecit dicens: *Ego sum ostium.* Ille ergo in ovile ovium intrat per ostium, qui intrat per Christum. Ipse autem per Christum ingreditur, qui de eodem creatore ac redemptore humani generis vera sentit et praedicat et praedicata custodit; culmen regiminis ad officium portandi oneris suscepit, non ad appetitum gloriae transitorii honoris; curae quoque suscepti ovilis solerter invigilat, ne oves Dei aut perversi homines prava loquentes dilanient, aut maligni spiritus delectamenta [1] vitiorum suadentes devastent.

450. *De causis definitis minime recommovendis.* Flagitari iudicium non debet de causa quae deffinita vel iudicata est.

451. *De his qui contra praepositos suos se erigunt, et de accusatoribus vel testibus inimicis, quid agendum sit.* Qui se contra praepositos suos erigunt, profecto ostendunt quia esse servi Dei contemnunt. Filius Dei in sancto ait Euangelio: *Ego non accuso nec iudico quemquam*. Nihil enim sine Patre facit Filius, quia communis eorum operatio est et unita voluntas. Hoc vero in loco quasi iudex loquitur, dicens qualis iudex, quales testes Deo esse debeant, ut cognoscant homines in iudicando, quod non ex voluntate et potestate sua, sed ex aequitate debeant formare sententiam. Iustitia in iudicando est manifestanda, non potentia.

452. *De regulis clericorum.* Clerici lege patrum monentur, ut a vulgari vita seclusi, a mundi voluptatibus sese abstineant; non spectaculis, non pompis intersint; convivia publica fugiant; privata non tantum pudica, sed sobria colant; usuris nequaquam incumbant, qui [2] nec turpium occupationes lucrorum fraudesque cuiusquam studiose appetant; amorem pecuniae quasi materiam cunctorum criminum fugiant; secularia officia negotiaque abiciant; honorum gradus per ambitiones non appetant; pro beneficiis medicinae Dei munera non accipiant; dolos et coniurationes caveant; odium, aemulationem, detractionem et invidiam fugiant; non vanis oculis, non infreni [3] lingua aut petulanti tumidoque gestu incedant; sed pudorem ac verecundiam mentis simplici habitu et incessu ostendant; obscoenitatem etiam verborum sicut et operum penitus exsecrentur; viduarum ac virginum visitationes frequentationesque fugiant; contubernia extranearum feminarum nullatenus appetant. Castimoniam quoque inviolati corporis perpetuo conservare studeant, aut certe unius matrimonii vinculo foederentur. Senioribus quoque debitam praebeant oboedientiam, neque ullo iactantiae studio semetipsos attollant. Postremo in doctrina, in lectionibus, psalmis, hymnis, canticis spiritalibus, exercitio iugi incumbant. Tales enim esse debent, qui [4] divinis cultibus sese mancipandos studeant [5]; scilicet ut dum [6] scientiae operam dant, doctrinae gratiam populis administrent.

453. *De neganda accusatorum licentia criminandi,*

A *priusquam se ipsos purgaverint de his quae eis obiciuntur.* Neganda est accusatis licentia criminandi, priusquam se crimine quo praemuntur exuerint.

454. *De falsis testibus et periuriis quid agendum sit.* Si quis convictus fuerit aliquos ad falsum testimonium vel periurium adtraxisse aut per quamcumque corruptionem sollicitasse, ipse quidem usque ad exitum non communicet.

455. *De qualitate virginis in coniugio.* Sciscitandum est si vult pater virginis, quia caput mulieris vir. Requirenda est a patre voluntas virginum, dum Deus relinquat hominem in manibus consilii sui.

456. *Ut clerici vel laici in aliena ecclesia non communicent sine litteris episcopi sui.* Statutum est, ut unusquisque clericus vel laicus non communicet in aliena plebe sine litteris episcopi sui.

457. *Ut laici contemptores canonum excommunicentur, clerici vero honore priventur.* Si quis statuta supergressus corruperit vel pro nihilo habenda pu-

B taverit, si laicus est, communione; si clericus, honore privetur.

458. *Ut qui clericum alienum defendere nititur, communione privetur.* Si forte aliquis clericorum regulam disciplinae ecclesiasticae subterfugiens fuerit evagatus, quicumque eum susceperit et illum pontifici suo non reconciliaverit, sed magis defensare praesumpserit, Ecclesiae communione privetur.

459. *De accusationibus in clericorum causis non suscipiendis, quae saeculi legibus prohibentur. Et de clericis dampnatis a nemine defendendis.* Statutum est ut nullae accusationes a iudicibus audiantur ecclesiasticis, quae legibus saeculi prohibentur. Et ut, si quis cuiuslibet honoris clericus [7] iudicio episcoporum quocumque crimine fuerit damnatus, non liceat eum, sive ab ecclesiis quibus praefuit, sive a quolibet homine defensari; interposita poena damni pecuniae atque honoris, quo nec aetatem nec sexum excusandum esse praecipimus.

460. *Ut non alii metropolitani primates appellentur*

C *nisi illi, qui primas sedes tenent; quia alii non possunt tres turmas facere de episcopis, quam illi qui primas sedes tenent; qui tres turmas facere debent, sicut in hac sententia iubetur.* Placuit, ut quotiescumque concilium congregandum est, episcopi qui neque aetate neque aegritudine neque alia graviore necessitate inpediuntur, conpetenter occurrant. Primatibusque suarum provinciarum intimetur, ut de universis episcopis vel duae vel tres turmae fiant; ac de singulis turmis vicissim quoiquot electi fuerint, ad diem concilii instantissime occurrant.

461. *Quod cum illis quibus episcopus non loquitur, non sit loquendum, nec excommunicatis communicandum; ut ipsi humilient semetipsos, ut festinius reconcilientur.* Ex epistol. sancti Clementis utilia, quae praesenti tempore ecclesiis necessaria sunt, honorifice proferenda et cum reverentia ab omnibus fidelibus ac praecipue clericis recipienda; ex quibus quod specialiter placuit propter venerandam anti-

D quitatem, statutis praesentibus roboremus, quod suprascriptus beatus martyr de beatissimi Petri apostoli constitutione commemorat dicens: « Quae [8] autem etiam ex vobis ipsis intellegere debetis, si qua sunt, quae ipse propter insidias hominum malorum non potest evidentius et manifestius proloqui. Verbi gratia, inimicus est alicui pro actibus suis. Vos nolite expectare ut ipse vobis dicat: cum illo nollte amici esse. Sed prudenter observare debetis et voluntati eius, videlicet qui ecclesiae curam gerit, absque commotione obsecundare et averti ab eo, cui ipsum sentitis adversum, sed nec loqui his quibus ipse non loquitur: ut unusquisque qui in culpa est dum cupit omnium vestrorum [9] sibi gratiam re-

VARIANTES LECTIONES.

[1] oblectamenta *Bal.* [2] *deest in* Conc. Mogunt. 813. [3] infrenata *Bal.* [4] i. T. e. e. d. q. desunt *Bal.* [5] student *G.* [6] do *G.* [7] clericum si i. *G.* [8] quidam *Bal.* [9] vel vestrarum *corr.* uestrorum *G.* vel vestram *Bal.*

parare, festinet citius reconciliari ei qui omnibus praeest; ut per hoc redeat ad salutem, cum oboedire coeperit monitis praesidentis. Et caetera, quae in consequentibus denotantur amicis eorum, qui veritati inimici sunt. Sciat itaque deinceps clerus ad reatum, sed et fidelium populus ad culpam sibi adscribendum, si quis in hoc vitium malorum computatur et disciplinae subversor fore agnoscitur.

462. *De non iniuriandis episcopis aut lacerandis, sed potius tolerandis.* Episcopum vero oportet oportune et inoportune atque sine intermissione ecclesiam suam docere eamque prudenter regere et admonere, ut a vitiis se abstineat et salutem consequi possit aeternam. Et illa cum tanta reverentia eius doctrinam debet suscipere eumque amare et diligere ut legatum Dei et praeconem veritatis ; quia [1], testante Veritate, quaecumque ligaverit super terram, erunt ligata et in coelo, et quaecumque solverit super terram, erunt soluta et in coelo. Nimis timenda est haec sentencia et providenduum vobis, ne offendatis eos qui tantam a Domino habent potestatem. Et ideo potius oboediendi, diligendi [2] et summopere sunt venerandi ; non detrahendi vel lacerandi aut eiciendi, sed portandi et amandi, ipso dicente Domino : *Qui vos audit, me audit; et qui vos spernit, me spernit.* Ideo haec vobis et omnibus fidelibus praecipimus, ut ab his vos caveatis, et posteris vestris non malum, sed bonum exemplum relinquatis, quoniam iniuria episcoporum ad Christum pertinet, cuius vice funguntur. Unde et vos, qui veri Dei estis discipuli, abicite a cordibus ante omnia discordias et animorum dissensiones; ex quibus omne opus malum procedit, et benignitatem ac simplicitatem tota mente servate. Veruntamen scitote cuncti, quod supra omnes vos laboret episcopus, quia unusquisque vestrum suum proprium fert laborem, ille vero et suum et singulorum. Et ideo sicut ille pro vobis omnibus, ita et vos omnes pro eo summopere laborare debetis, in tantum, ut si etiam necesse fuerit, animas vestras pro eo ponatis; sicut et ipse animam suam pro vobis, si necesse fuerit, ponere debet, ipso dicente Salvatore : *Bonus pastor animam suam dat pro ovibus suis.* Vos vero oboedite eis et vigilate pro eis; quia ipsi vigilant quasi rationem pro animabus vestris reddituri, ut [3] cum gaudio hoc faciant [4] et non gementes.

463. *De legitimo coniugio.* Decretum est, ut uxor legitime viro coniungatur. Aliter enim legitimum, ut a patribus accepimus et a sanctis apostolis eorumque successoribus traditum invenimus, non fit coniugium, nisi ab his qui super ipsam feminam dominationem habere videntur; et a quibus custoditur, uxor petatur, et a parentibus propinquioribus sponsetur et legibus dotetur, et suo tempore sacerdotaliter, ut mos est, cum praecibus et oblationibus a sacerdote benedicatur, et a paranimphis, ut consuetudo docet, custodita et sociata a proximis, et [5] tempore congruo petita legibus detur et solemniter accipiatur. Et biduo vel triduo orationibus vacent et castitatem custodiant, ut bonae [6] soboles generentur et Domino suis in actibus placeant. Taliter enim et Domino placebunt et filios non spurios, sed legitimos atque hereditabiles generabunt.

464. *De his qui de suspicione vel absque legitimo accusatore aliquos iudicare praesumunt.* Placuit, ut nullus quemquam clericorum vel laicorum de suspicione aliqua iudicare praesumat; similiter ne sine accusatore legitimo quispiam condemnetur, quia pessimum et periculosum est quempiam de suspicione indicare, aut sine legitimo accusatore quemquam damnare.

465. *Ut episcopi per singulos annos circumeant parrochias suas.* Placuit, ut unusquisque episcopus per singulos annos cunctas dioeceses parrochias ue suas circuire non neglegat; sed docendo, confimando, singula quaeque quae necessaria sunt restaurando et corrigendo, prout melius valuerit, r ormare satagat.

466. *Ut presbyteri et diaconi, quando per parrochias constituuntur, stabilitatis et oboedientiae su e atque statuta servare promissionem suo faciant piscopo.* Quando presbyteri aut diaconi per parrochia constituuntur, oportet eos professionem episc po suo facere.

467. *Ne iudices quoslibet clericos vel serv s ecclesiae in suis angariis aut [7] quibus libet rebus ccupare praesumant.* Ut non liceat iudicibus clericos vel servos ecclesiae in suis angariis occupare.

468. *De ecclesiis et dotibus eorum, ut ad episcopi semper dispositionem pertineant.* Placuit, ut o nes ecclesiae cum dotibus et omnibus rebus su in episcopi proprii potestate consistant, atque a ordinationem vel dispositionem suam semper perti eant.

469. *Quod clerici iudices seculares adire non debeant.* Ut clerici, qui seculares iudices appetunt, e communicentur.

470. *De his qui viduis vim inferunt aut fe inas invitas ducunt.* Placuit, ut viduis pro castitat violentiam nullus inferat, et mulier iuvita virum n ducat. Quod si quis fecerit, in triplo nobis bannum nostrum persolvat, et ab episcopo, atque si neces e fuerit distringente comite, publicam per gradus c nonicos poenitentiam agere cogatur. Et si inoboedi ns extiterit, nobis per firmissimos fideiussores prae entetur, ut aut in carcerem retrudatur aut in exsiliu deportetur; ut et ceteri timorem habeant, ne um uam talia agere praesumant.

471. *De potentibus, qui quoslibet expoliant* Placuit, ut si quis potentum quemlibet expoliaverit t admonente episcopo non reddiderit, excommuni etur.

472. *De his qui ecclesiam intrant et non comn unicant.* Placuit, ut omnes, qui in ecclesiam intrant nisi [5] a suo fuerint excommunicati sacerdote, com unicent. Si qui autem hoc facere noluerint, tamdiu a communione et a christianorum consortio habeant r alieni, quamdiu per satisfactionem ecclesiae a pro ro mereantur per manus inpositionem reconcil ri episcopo et sanctae restitui communioni.

473. *De his qui acceperint eucharistian et non sumpserint.* Placuit, ut [8] omnes, qui sacr m acceperint eucharistiam et non sumpserint, ut sacrilegi repellantur.

474. *Ut hi qui a sacerdotibus excommun antur, a fidelibus usque ad reconciliationem, nisi qu bus permissum fuerit, semper vitentur.* Placuit ut is qui a suis excommunicantur sacerdotibus, nullus fidelium communicet, nisi quibus permissum ab ei fuerit, nec priusquam canonice reconcilientur, ad os accedat. Quod si quis facere temptaverit, simil s ntentiae subiaceat.

475. *De his qui pro munere aut favore al cuius iustitiam opprimunt.* Quam si extraneus a c ristianae fidei regula qui se defensorem veritatis ins mulat et veritatem ipsam munerum acceptione non maculat, audiat contra se prophetam dicentem : *Pro eo, quod vendidistis argento iustum et pauperem pro c lciamentis, ecce stridebo ego super vos sicut stridet l austrum onustum foeno, et peribit fuga a vetore, et j rtis non otinebit virtutem suam, et robustus corde in ter fortes nudus effugiet.*

476. *Qualiter haec statuta observanda si t. Et de his qui haec contempnunt, sive clericis, si e laicis, quid agendum sit.* Has omnes constitution s ecclesiasticas, quas summatim breviterque perst inximus, sicut plenius in canone continentur, manie perenni

---

VARIANTES LECTIONES.

[1] qui t. v. quodcunque l. s. t. erit ligatum e i. c e. quodcunque s. s. t. erit solutum *Bal.* [2] dees *Bal.* [3] et corr. ut *G.* [4] faciunt *G.* [5] qui corr. et *G.* quae *Bal.* [6] boni *Bal.* [7] deest *G.* [8] *G.* in m rgine additum habet; Aliter, si a suo fuerint excommunicati sacerdote, non communicent. [9] deest *Bal.*

stabilitate sancimus. Si quis ergo clericus aut laicus harum sanctionum oboediens esse noluerit, si clericus fuerit, excommunicationi subiaceat; si vero laicus fuerit et honestioris loci persona, medietatem facultatum suarum amittat fisci viribus profuturam. Si vero minoris loci persona est, amissione rerum suarum multatus in exilio deputetur.

477. *De his quae ab antecessoribus nostris circa cultum divinum statuta fuerunt, ut semper illibata permaneant.* Quaecumque a parentibus nostris diversis sunt statuta temporibus, manere inviolata atque incorrupta circa sacrosanctas ecclesias praecipimus. Nihil igitur a privilegiis inmutetur; omnibus, qui ecclesiis serviunt, tuitio [1] deferatur, quia temporibus nostris addi potius reverentiae cupimus, quam ex [2] his, quae olim praestita sunt, mutari.

478. *De capitulis apostolica auctoritate roboratis.* Maxime trium ultimorum capitula istorum librorum apostolica sunt cuncta auctoritate roborata, quia his condendis [3] maxime apostolica interfuit legatio. Nam eorum nomina praeter trium, id est Leonis, Sergii et Georgii, hic non inseruimus, dicet ea per singulos conventus inserta invenissemus, vitantes legentium atque scribentium fastidia. Si quis autem plenius ea nosse voluerit, istorum legat autenticas, quibus illa inserta reperiet. Interdum haec discendo [4] et amando atque operibus conplendo non neglegat; quia, ut Dominus novit, pro amore et utilitate sanctae Dei ecclesiae, ut horum in prooemio praeliabatum est, sunt collecta istique inserta. Legentibus pax, custodientibus gloria, operibusque haec complentibus vita ut tribuatur [5] aeterna oramus.

VARIANTES LECTIONES.

[1] tui id G. [2] deest Bal. [3] cudendis Bal. [4] dictando Bal. [5] v. atribuatur. Bal.

ADDITIO PRIMA.

Hujus additionis primae capitula videsis supra inter constitutiones Aquisgranenses anni 817, col. 893.

ADDITIO SECUNDA.

Capitula quae deinceps sequuntur [*Baluz.*, sequuntur], non tunc, quando praescripta velud in subsequentibus habentur inventa, collecta, ordinata hucque inserta esse noscuntur; sed postmodum a fidelibus reperta hac in scedula sicut acta erant sunt inserta, ut facilius a fidelibus, quotiens necesse fuerit, repperiantur.

INCIPIUNT CAPITULA QUAE SUNT GENERALITER PER PARROCHIAS POPULIS DENUNTIANDA.

1. *Ut fidei sacramento baptizandi imbuantur.* Et ut parvuli de sacris fontibus ab his non suscipiantur vel homines ad confirmationem teneantur, qui in publica poenitentia adhuc canonice inreconciliati manserunt. Hoc admonendum vel denuntiandum fidelibus necessario praevidimus, ut hi qui fidem Christi expetunt et provectae aetatis sunt, priusquam ad baptismum accedant, instruantur et fidei et baptismalis sacramento. Similiter et illi instruendi sunt, qui parvulos de sacro fonte suscipere voluerint, ut intellegant et vim eiusdem sacramenti et quid pro aliis spoponderint vel pro quo fideiussores extiterint. Hos tamen specialiter ab his officiis removendos iudicamus, ne alios de sacrosancto fonte baptismatis suscipiant nec etiam ad percipiendum sancti Spiritus donum aliorum patroni existant, qui et communione canonica privati et poenitentiae publicae sunt subacti, donec per poenitentiae satisfactionem reconciliationem mereantur. Quos nimirum lex divina et canonica auctoritas ab ecclesiarum liminibus et a castris militaribus, ne ruina sint populi, sequestrat, multo magis ab his sacris officiis usque ad tempus poenitentiae, ut iam dictum est, peractum, sunt sequestrandi.

2. *Quo tempore baptisma celebrari oporteat.* Ut extra statuta tempora canonum baptismata non celebrentur; quia sacri canones hoc modis omnibus, nisi aliquod periculum institerit, fieri prohibent; in tantum, ut etiam eos, qui alio tempore baptizantur, a gradibus ecclesiasticis arceant.

3. *Ut pactum in baptismate factum cum Deo a baptizatis observetur:* De eo etiam instruendos fideles necessario providimus, ut intellegant pactum quod cum Deo in baptismate fecerunt. Pactum, quod cum Deo in baptismate fit, a multis ex toto, a multis ex parte transgreditur. Ex toto quippe transgreditur, quando quis post acceptam baptismatis gratiam aut ad infidelitatem aut haeresim aut certe ad scisma prolabitur; ex parte vero, quando quis aut ad superbiam aut ad invidiam aut ad caetera vitia spiritalia, quae ex radice superbiae prodeunt, labitur.

4. *Quid sit abrenuntiatio in baptismo, et quomodo observanda sit.* Quid sit abrenuntiare diabolo, operibus et pompis eius, valde omnes fideles intellegere oportet. Quapropter necesse est, ut praedicatores in admonendo et auditores in discendo et opere complendo abhinc, ut suum cavere possint periculum, magnum adhibeant studium. Abrenuntiare igitur diabolo est penitus eum respuere, spernere, reicere eique contradicere seque unumquemque ab eo alienare, sive aliud quid quod hoc verbo in hoc sensu exprimi potest. Opera eius sunt, quae utique operibus Salvatoris contraria existunt, primum superbia, cuius ille auctor est et quae cum ex angelo daemonem fecit, quae est etiam initium omnis peccati, et cetera vitia, quae ex radice procedunt superbiae. Pompa diaboli haec est, quae et pompa mundi, id est ambitio, arrogantia, vana gloria omnisque cuiuslibet rei superfluitas in humanis usibus: unde crescit elatio, quae multoties honestati solet adscribi, et cetera huiusmodi, quae de fonte superbiae procedere noscuntur. Haec et his similia sunt, quae unusquisque fidelis tempore baptismatis a se reiecit Christoque se mancipavit pactumque cum Deo fecit, ne penitus ad ea, quibus abrenuntiavit, rediret. Verum si iura humanae pactionis firmiter conservantur; fixius tamen atque ferventius iura tanti pacti, quae cum Deo facta sunt, inviolabiliter sunt observanda.

5. *De scolis per singulas urbes habendis* [1]. Inter nos pari consensu decrevimus, ut unusquisque episcoporum in scolis habendis et ad utilitatem ecclesiae militibus Christi praeparandis et educandis abhinc maius studium adhiberet. Et in hoc uniuscuiusque studium volumus probare, ut quando ad provinciale episcoporum concilium ventum fuerit, unusquisque rectorum scolasticos suos eidem concilio adesse faciat, quatenus et ceteris ecclesiis noti sint et eius sollers studium circa divinum cultum omnibus manifestum fiat.

6. *Quod ab episcopis ieiunis inpositionem manuum fieri oporteat.* Ut episcopi nonnisi ieiuni per inposi-

VARIANTES LECTIONES.

[1] agendis G.

.ionem manuum Spiritum sanctum tradant, exceptis infirmis et morte periclitantibus. Sicut autem duobus temporibus, pascha videlicet et pentecosten, baptismum, ita etiam traditionem sancti Spiritus a ieiunis pontificibus convenit caelebrare.[1]

7. *De presbiteris indiscrete per diversa non mittendis.* Ut presbiteri, sicut hactenus factum est, indiscrete per diversa non mittantur nec ab episcopis nec ab aliis praelatis nec etiam a laicis; ne forte propter eorum absentiam, et animarum pericula et [2] ecclesiarum, in quibus constituti sunt, neglegantur officia.

8. *Ut presbiteri, qui gradum amiserint, canonicae poenitentiae subdantur.* De presbiteris gradum amittentibus visum est nobis, ut unusquisque episcoporum vitam et conversationem morumque emendationem eorum, qui gradum amittunt, tam ipse quam per ministros suos noverit, eosque poenitentiae canonicae subdere non neglegat, iuxta quod in concilio Caesariensi titulo primo scribitur : « Presbiter, si uxorem acceperit, ab ordine deponatur; si vero fornicatus fuerit aut adulterium perpetraverit, amplius pelli debet et sub poenitentia redigi. » Nonnulli enim amisso gradu adeo filii Belial efficiuntur, ut nec publicis, quia fas non est, nec canonicis propter quorundam episcoporum incuriam, legibus constringantur.

9. *Ut nullus presbiterorum missam solus celebrare praesumat.* Visum etiam nobis fuit illud [3] inhibendum, ut nullus presbiterorum solus missam celebrare praesumat; quia ita nec verba Domini salvatoris, quibus mysteria corporis et sanguinis sui discipulis suis celebranda contradidit, nec etiam in ipsis actis apostolorum, si enucleatim legantur, ita fieri debere ullo modo invenitur. Unde conveniendus, immo interrogandus nobis videtur huiusmodi corporis et sanguinis Domini solitarius consecrator, quibus dicit : *Dominus vobiscum*, et a quo illi respondetur : *et cum s iritu tuo*, vel pro quibus supplicando Domino inter cetera; *Memento, Domine*, [4] *et omnium circumstantium*, cum nullus circumstet, dicit? Quae consuetudo quia apostolicae et ecclesiasticae auctoritati refragatur et tanto mysterio quandam dehonorationem irrogare videtur, omnibus nobis in commune visum est, ut deinceps huiuscemodi usus inhibeatur.

10. *Ut in unaquaque ecclesia proprius presbiter habeatur.* Saepe namque in aliis conciliis et nunc in nostris conventibus constitutum est, ut unaquaeque ecclesia, si facultas suppetit, proprium habeat presbiterum, et unusquisque presbiter una tantum sit contentus ecclesia.

11. *Ut in die dominica rurale opus non fiat.* Inter cetera vero admonitionis nostrae officia satis illud necessarium visum est, ut populis fidelibus terribiliter denuntietur, ut diem dominicum, in quo auctor vitae [5] resurrexit a mortuis, honorabiliter et venerabiliter colant. Nam si pagani ob memoriam et reverentiam deorum suorum dies colere, et Iudaei more carnali sabbatum carnaliter observare satagunt : quanto magis christianae religionis devotio ob memoriam dominicae resurrectionis eundem diem venerabiliter atque honorabiliter colere debet ! Multi namque nostrorum visu, multi etiam quorundam relatu didicimus, quosdam in hoc die opera ruralia exercentes fulmine interemptos, quosdam artuum contractione multatos, quosdam etiam visibili igne absumptos subito in cinerem resolutos poenaliter occubuisse. Proinde necesse est, ut primum sacerdotes, reges et principes cunctique fideles, huic diei debitam observationem atque reverentiam devotissime exhibeant.

12. *De missarum celebrationibus in locis incon-*gruentibus minime agendis. Illud etiam, amquam saepe admonitum sit, nobis [6] iterum in lcandum populisque denuntiandum summopere visu fuit, ut missarum celebrationes in locis incongrue tibus fieri omnino non debeant; et necesse est, ut un squisque episcoporum huiuscemodi temerariam c nsuetudinem a parrochia sua penitus amoveat. t si quis presbiterorum abhinc (excepto quando n itinere pergitur et locus basilicae procul est et id in altaribus ab episcopo consecratis fieri necessit s compellit, ne populus Dei sine missarum cele ratione et corporis et sanguinis dominici perception maneat) missarum celebrationes in huiusmodi inli itis locis post tot tantasque prohibitiones facere adte ptaverit, dignum est ut gradus sui periculum incur at. Satius igitur est missam non audire, quam ea ubi non licet nec oportet celebrare aut audire.

13. *Quod presbiteri inconsultis episcopis viduas velare non debeant.* Quia ergo, quod saepe in nostris conciliis prohibitum est, viduas inconsulti episcopis velari non debere, et eandem constitution m a quibusdam praevaricari nunc cognovimus, rorsus ne deinceps fieret interdiximus; ut si quispi presbiterorum deinceps huius constitutionis co tumaciter t:ansgressor extiterit, scilicet ut aliquam iduam inconsulto episcopo velare praesumat, gradu sui periculum incurrat.

14. *De puellis virginibus a presbiteris no velandis.* Similiter et de puellis virginibus a presb teris non velandis inhibuimus, in qua re hacten s multos presbiterorum partim ignorantia, partim meritate, deliquisse depraehendimus.

15. *Quod quaedam feminae sibi velum bsque assensu sacerdotum imponunt.* Deprehendim s et aliam neglegentiam, eo quod quaedam feminae sine consensu sacerdotum velum sibi incaute i ponant : quod similiter ne ulterius fieret inhibuimus.

16. *De abbatissis et sanctimonialibus, q ae contra canones viduis et puellis velum inponunt.* N hilominus etiam in quibusdam locis inolitum inven nus usum stultitiae plenum et ecclesiasticae auctorit ti contrarium, eo quod videlicet nonnullae abbatis ae et aliquae ex sanctimonialibus viduis et puellis virginibus contra fas velum inponere praesumant, et [7] ideo nonnullae taliter velatae putant se liberiu suis carnalibus desideriis posse vacare et suas oluntates explere. Quapropter statuimus, ut si aut abbatissa aut quaelibet sanctimonialis post hanc di nitionem in tantam audatiam proruperit, ut aut viduam aut puellam virginem velare praesumat, iudici canonico usque ad satisfactionem subdatur.

17. *De feminis nobilibus, quae post mo tem virorum suorum capita velant statim.* De nobil us feminis, quae amissis viris repente velantur et n propriis domibus diversas necessitates opponente residere delectantur; de quibus in aliis conventi us coram serenitate vestra iamdudum ventilatum et definitum est, maiori solertique studio admonend s esse et instruendas ab episcopis statuimus, qua inus suae saluti consulant, ne [8] sic indiscrete viven o et propria noxiaque libertate utendo et per dive sa vagando periculum animarum suarum incurran , semper illud apostolicum ante oculos habentes, uod dicitur : *Vidua quae in deliciis est, vivens mo tua est.*

18. *De inlicito accessu feminarum ad altare.* Ut inlicitus accessus feminarum ad altare no fiat, modis omnibus inhibuimus. Quia quorundam relatu didicimus in quibusdam provinciis contra l em divinam canonicamque institutionem femin s sanctis altaribus se ultro ingerere sacrataque vasa impudenter contingere et indumenta sacerdotalia resbiteris administrare, et, quod his magis indece tius ineptiusque est, corpus et sanguinem Domi i populis

---

VARIANTES LECTIONES.

[1] celebrari *Bal.* [2] aut *G.* [3] illum *Bal.* [4] d. famulorum famularumque tuarum et *Bal.* [5] victor *G* [6] deest *Bal.* [7] deest *G.* [8] nec *Bal.*

porrigere, et alia quaeque, quae ipso dictu turpia sunt, exercere inhibuimus [1], ne ulterius fieri praesumatur [2]. Quod autem mulieres ingredi ad altare non debeant, in concilio Chalcedonensi et in decretis Gelasii papae copiose invenitur.

19. *Ut nullus canonicorum vel monachorum, nisi praedicationis aut [3] alicuius certae necessitatis causa, et hoc cum licentia episcopi vel cius qui ab eo sua vice fungitur, monasterium monacharum aut canonicarum adire praesumat.* Quia etiam comperimus quosdam canonicos et monachos postposito religionis suae pudore monasteria sanctimonialium tam monacharum quam canonicarum inconsulto episcopo suo impudenter atque irreverenter adire, qui obtendere solent se non ob aliud illuc accedere nisi aut propinquitatis aut familiaritatis aut certe nescio cuius conlocutionis gratia; quod factum quia nec canonico nec monastico congruit proposito, prorsus interdicimus, nisi forte causa praedicationis aut certe inevitabilis necessitas id facere coegit [4] : et hoc nullatenus sine licentia episcopi, aut illius qui vice illius fungitur, fieri praesumatur. Quod si sermo praedicationis faciendus est, congruo in loco coram omnibus fiat. Si vero colloquendum cum aliqua sanctimonialium ratio expostulat, id non alibi [5] nisi in constituto loco, id est in auditorio sub testimonio virorum religiosorum et religiosarum feminarum fiat. Quando vero sacerdotibus in monasteriis puellaribus missarum celebrationes faciendae sunt, cum ministris sibi deputatis illuc ingrediantur. Quibus rite peractis, non ad secretas conlocutiones sanctimonialium se ullo modo divertant, sed cum ministris suis illico egrediantur. Porro si sacerdotibus sanctimoniales peccata sua confiteri voluerint, id non nisi in ecclesia coram sancto altari adstantibus haud [6] procul testibus faciant. Si autem infirmitas praepedierit, ut in ecclesia eadem confessio fieri nequeat, in quacumquelibet domo facienda est, non [7] nisi testibus similiter haud [8] procul adstantibus fiat. Nullo modo quippe videtur nobis convenire, ut monachus relicto monasterio suo idcirco sanctimonialium monasteria adeat, ut confitentibus peccata sua modum poenitentiae inponat.

20. *Quod pecunia a paupere non sit exigenda cum usura.* Quia ergo in multimodis usurarum adinventionibus quosdam clericos et laicos oblitos praeceptionis dominicae, qua dicitur : *Pecuniam tuam non dabis ad usuram, et frugum superabundantiam non exiges; ego dominus Deus vester*, in tantam turpissimi lucri rabiem exarsisse cognovimus, ut [9] multiplicibus atque innumeris usurarum generibus sua adinventione et cupiditate repertis pauperes affligant, opprimant et exhauriant, adeo ut multi fame confecti pereant, multi etiam propriis derelictis alienas terras expetant : in quibuscumque locis hoc fieri didicimus, ne ulterius fieret cum ingenti protestatione modis omnibus inhibuimus, attendentes illud, quod in libro exodi Dominus per legislatorem dicit : *Si pecuniam tuam dederis populo meo pauperi, qui habitat tecum, non urgeas eum quasi exactor nec usuris opprimas*. In libro quoque levitici [10] : *Si attenuatus fuerit frater tuus et infirmus manu, et susceperis eum quasi advenam et peregrinum et vixerit tecum, non accipias ab eo usuram, nec amplius quam dedisti. Time Dominum Deum tuum, ut vivere possit frater tuus apud te*. Et in libro deuteronomii : *Si unus*, inquit, *de fratribus tuis, qui morantur intra portas civitatis tuae, in terra, quam dominus Deus daturus est tibi, ad paupertatem venerit, non obdurabis cor tuum nec contrahes manum, sed aperies eam pauperi et dabis mutuum quo eum indigere perspexeris*. Item in eodem : *Cave ne forte subrepat tibi impia cogitatio, et dicas in corde tuo, adpropinquat septimus annus remissionis, et avertas oculos tuos a paupere fratre tuo, nolens ei mutuum quod postulat commodare, ne clamet contra te ad Dominum et fiat tibi in peccatum; sed dabis ei nec ages quippiam callide in eius necessitatibus sublevandis, ut benedicat tibi dominus Deus tuus in omni tempore in cunctis, ad quae manum miseris*. Amos propheta ait : *Audite hoc, qui conteritis pauperem, et deficere facitis egenos terrae, dicentes : Quando transibit messis, et venundabimus merces et sabbatum, et aperiemus frumentum, ut imminuamus mensuram et augeamus siclum et supponamus stateras dolosas, ut possideamus in argento egenos et pauperes pro calciamentis, et quisquilias frumenti vendamus?* Hieronymus in expositione Ezechielis prophetae : « Putant quidam usuram tantum esse in pecunia. Quod praevidens scriptura omnis rei aufert superabundantiam, ut plus non recipias, quam dedisti. Solent in agris frumenti et milii, vini et olei caeterarumque specierum usurae exigi, sive ut appellat sermo divinus, superhabundantiae : verbi gratia ut hyemis tempore demus decem modios et in messe recipiamus quindecim : hoc est amplius parte media : qui iustissimum se putaverit, quartam plus accipiet portionem. Et solent augumentari ac dicere : Dedi unum modium qui satus [11] fecit decem modios. Nonne iustum est, ut medium modium de meo plus accipiam, cum ille mea liberalitate novem et semis de meo habeat? Nolite errare, inquit Apostolus, Deus non irridetur. Respondeat enim nobis breviter feneraror misericors, utrum habenti dederit an non habenti. Habenti utique dare non debuerat; sed dedit quasi non habenti. Ergo quare plus exigit quasi ab [12] habente? Alii pecunia foenerata solent munuscula accipere diversi generis, et non intellegunt usuram appellari et superhabundantiam quicquid illud est, si ab eo, quod dederint, plus acceperint. » De mensurarum namque inaequalitate et modiis iniustis et sextariis, quae Domini lege habere [13] prohibentur, qualiter res ad certam correctionem perduci possit, non satis perspicue nobis patet, eo quod in diversis provinciis diversae ab omnibus pene habeantur. Hoc tamen modis omnibus [14] optamus et admonemus, ut saltim nullus duplices mensuras in sua dominatione aut habeat aut haberi permittat, quoniam hac occasione multos pauperes affligi in plerisque locis cognovimus.

21. *De diversis flagitiis malorum.* Sunt sane diversorum malorum patratores, quos et lex divina improbat et condemnat, pro quorum etiam diversis sceleribus et flagitiis populus fame et pestilentia flagellatur et ecclesiae status infirmatur et regnum periclitatur. Contra quos nos eorum malitiam exagerantes, quamquam in sacris eloquiis satis sint exsecrata, necessarium praevidimus iterum nostra admonitione et exhortatione praecaveri omnino oportere; sicut sunt diversarum pollutionum patratores, quas cum masculis et pecoribus nonnulli diversissimis modis admittunt, quae incomparabilem dulcedinem plissimi creatoris ad amaritudinem provocantes, tanto gravius delinquunt, quanto contra naturam peccant : pro quo etiam scelere igne coelesti conflagratae infernique hiatu quinque [15] absorptae sunt civitates, necnon et quadraginta et eo amplius millia stirpis Beniaminae mucrono fraterno contossa sunt. Haec porro indicia et evidentes vindictae declarant, quam detestabile et execrabile apud divinam maiestatem hoc vitium exstet. Extant et alia perniciosissima mala, quae ex ritu gentilium remansisse non dubium est; ut sunt magi, arioli, sortilegi, venefici, divini, incantatores, somniatorum coniectores, quos divina lex inretractabiliter puniri iubet. De quibus in lege dicitur : *Anima quae declinaverit ad magos et ariolos*

VARIANTES LECTIONES.

[1] inhibemus *Bal.* [2] praesumat *G.* [3] quae sequuntur, desunt *G.* [4] coegerit *Bal.* [5] aliubi *G.* [6] aut *G.* [7] sed non *Bal.* [8] quid *G.* [9] ut in *Bal.* [10] levitico *G.* [11] rasos *G.* [12] deest *G.* [13] haberi *Bal.* [14] h. t. m. o. desunt *G.* [15] deest *Bal.*

et fornicata fuerit cum eis, ponam faciem meam contra eam, et interficiam illam de medio populi sui. Sanctificamini et estote sancti, quia ego sanctus sum Dominus Deus vester. Custodite praecepta mea et facite ea, quia ego sum Dominus, qui sanctifico vos. Et alibi : *Magos et ariolos et maleficos terrae vivere ne patiamini.* Dubium etenim non est, sicut multis est notum, quod quibusdam praestigiis atque diabolicis illusionibus ita mentes quorumdam inficiunt poculis [1] amatoriis, cibis vel filacteriis, ut in insaniam versi a plerisque iudicentur, dum proprias non sentiunt contumelias. Ferunt enim suis maleficiis aera posse conturbare et grandines immittere, futura praedicere, fructus et lac auferre aliisque dare, et innumera a talibus fieri dicuntur. Qui [2] ut fuerint, huiusmodi reperti viri seu feminae in tantum disciplina et vigore principis acrius corrigendi sunt; in quantum manifestius ausu nefando ac temerario servire diabolo non metuunt. De his quoque in concilio Ancirano titulo 23 ita scriptum est : « Qui divinationes expetunt et morem gentilium subsequuntur aut in domos suas huiuscemodi homines introducunt inquirendi aliquid arte malefica aut expiandi causa, sub regula [4] quinquennii iaceant secundum gradus poenitentiae definitos. » Oportet enim haec in omnibus, et maxime in his locis, ubi licite et impune multi se posse aut perpetrare hoc confidunt, ut studiosius et diligentius admoneantur et severius corrigantur.

22. *De aliis vitiis, quae in usu quasi per naturam habentur.* Sunt et alia detestanda vitia, quae ita habentur quasi naturaliter in usu, ut ea perpetrantes quanti sint discriminis non advertant; sicut sunt ea, quae Apostolus aperte enumerat, id [2] est ebrietates, comessationes, contentiones, irae, rixae, dissensiones, detractiones, invidiae, inimicitiae : quae homines iuxta eundem apostolum a regno Dei excludunt; ita inquiens : [3] *Qui enim talia agunt, regnum Dei non consequentur.* In tantum enim ea impudenter et fidenter quidam committunt, ut merito de illis dici possit : *Laetantur cum male fecerint, et exultant in rebus pessimis.* Unde oportet ut omnes christiani haec et subtiliter intellegant et studiosissime caveant ne forte ea perpetrantes, et alia bona quae agunt perdant, et propter haec a regno Dei se alienos faciant. Similiter etiam de otioso sermone iuxta Domini vocem omnes redditurii sumus in die iudicii rationem; de scurrilitate et stultiloquio et maledictionibus, quoniam iuxta Apostolum *maledictores regnum Dei non possidebunt*; de mendacio, de periculoso, noxio assiduoque iuramento, et obscoenis turpibusque canticis omnibus christianis intellegendum est [4] observandum est, ut summopere ab his caveant, ne his studentes per neglegentiam detrimentum suarum patiantur animarum. Haec igitur, quae breviter praemissa sunt, primum adiuvante divina gratia, a nobismetipsis abdicando formam et exemplum aliis praebere volumus, et fidelibus vestris [5] humiliter innotescere et fideliter denuntiare necessario iudicavimus. Sed et per parrochias nostras omnes admonendo instruere cupimus; ne, quod absit, per suam ignorantiam et nostram neglegentiam huiuscemodi mortiferis subiaceant vitiis.

23. *Quod laici uxores sola causa filiorum habere debeant, et quod coniugium a Deo est institutum.* Congessimus etiam in opere conventus nostri nonnulla alia capitula ad laicorum fidelium observationem et salutem pertinentia, quorum hic omissa prolixitate mentionem tantum facimus; scilicet quod nosse eos oporteat coniugium a Deo esse constitutum, et quod non sit causa luxuriae, sed causa potius filiorum appetendum; et ut virginitas, sicut doctores nostri tradunt, usque ad nuptias sit custodienda, et ut uxores

A habentes neque pellicem neque concubina habere debeant; quomodo etiam in castitate uxore suas diligere eisque utpote vasi infirmiori honore debitum debeant impendere; et quod commixtio car alis cum uxoribus gratia fieri debeat prolis, non v luptatis; et qualiter a coitu praegnantium uxorum vi is abstinendum sit; necnon [6] et qualiter menstru tempore viris ab uxoribus suis abstinendum sit [6], et uod nisi causa fornicationis, ut Dominus ait, non sit uxor dimittenda, sed potius sustinenda; et quo hi, qui causa fornicationis dimissis uxoribus suis lias ducunt, Domini sententia adulteri esse note tur; sive etiam qualiter incesta christianis cavend sint; et quod loca Deo dicata frequentius devotius ue a fidelibus ad Deum exorandum sibique prop ium facienduim sint adeunda; et quod in basilicis Deo dicatis non sit fabulis otiosis turpibusque et obscenis sermocinationibus vacandum, et negotia secularia publicaque placita habenda; et quod qui ha c in ecclesiis Dei faciunt, maiora sibi peccata ad umulent. De iusto iudicio iudicando, et munerum a ceptione cavenda. De falso [5] testimonio vitando et ¢ e detractione vitanda, necnon et de ceteris quae l figum est dinumerare. Sunt etiam alia plura flagitia ernecessario corrigenda, quae nos ideo hic ins rere non necessarium duximus, quoniam satis evi enter in vestris capitulis ea comprehensa esse scim s, quae vos vestra auctoritate et fidelium consultu er strenuos missos vestros corrigenda esse censui tis. Haec fideles nos et devotissimi famuli et oratores vestri iuxta parvitatem sensus nostri, prout bre itas temporis permisit, secundum sanctam ordinati nem vestram de his, quae ad nostram et consacer tum subiectorumque nostrorum correctionem et e iendationem pertinere perspeximus, necnon et de is, quae populis necessario annuntianda et admone ida praevidimus, illud etiam quod vestrae pietati eposcendum modo iudicavimus, pauca de multis quae in nostris conventibus gesta sunt, excerpentes in unum redigendo succincte et ordinatim adnotavi nus. Sed quamquam ordine praepostero de his, q ae praemissa sunt, vestro ardentissimo desiderio prius satisfacere elegerimus, illud tamen, quod in capite prius ponendum fuerat et ad vestram speci liter personam ministeriumque pertinere cognovin us, nulla tenus oblivioni tradidimus; sed potius ves rae saluti prospicientes, nonnulla capitula necessari fideliter collegimus et vobis familiariter admonitio iis gratia porrigenda devovimus; ut aperte atque distincte inspiciendo, legendo et audiendo vestra c gnoscere possit solertia, et de quibus et pro quibus memoratis conventibus nostris secundum viri possibilitatem nostrarum fideliter egerimus.

24. *De regis vocabulo, et qualis esse debe t ipse. Ut quid rex dictus sit;* Isidorus in libro Sen entiarum scribit : « Rex enim, inquit, a recte agend vocatur. Si enim pie et iuste et misericorditer ag t, merito rex appellatur. Si his caruerit, non rex, ed tyrannus est. » Antiqui autem, ut idem Isidor in libro Etymologiarum scribit, omnes reges tyran os vocabant. Sed postea pie et iuste et miseric diter regentes reges sunt nomen adepti, impie ver iniuste crudeliterque principantibus non regis se tyrannicum aptatum est nomen. Unde et beatus regorius ait in Moralibus : « Viros namque sanct s proinde reges vocari in sacris eloquiis didicimus eo quod recte agant sensusque proprios bene regan et motus resistentes sibi rationabili discretione c hponant. Recte igitur illi reges vocantur, qui tam s metipsos quam subiectos bene regendo pacificare n verunt. » Ad quid etiam constitutus sit imperator, ulgentius in libro de veritate praedestinationis et gr tiae scri-

---

VARIANTES LECTIONES.

[1] populis G. — [2] quam G. — [3] inquietem Bal. typographi, ut videtur, errore. — [4] deest G. — [5] corr. nostris G. — [6] Haec non exstant in relatione episcoporum.

bit : « Clementissimus quoque imperator non ideo est vas misericordiae praeparatum in gloria, quia apicem terreni principatus accepit, sed si [1] imperiali culmine recta fide vivat, et vera cordis humilitate praeditus culmen regiae dignitatis sanctae religioni subiciat; si magis in timore servire Deo, quam in tumore [2] dominari populo delectetur; si in co lenitas iracundiam mitiget [3], ornet [4] benignitas potestatem; si se magis diligendum, quam metuendum, cunctis exhibeat; si subiectis salubriter consulat; si iustitiam sic teneat, ut misericordiam non relinquat; si prae omnibus ita se sanctae matris Ecclesiae catholicae meminerit filium, ut eius paci atque tranquillitati per universum mundum prodesse suum faciat principatum. Magis enim christianum regitur ac propagatur imperium, dum Ecclesiastico statui per omnem terram consulitur, quam cum in parte quacumque terrarum pro temporali securitate pugnatur. » Unde et Isidorus scribit : « Principes namque seculi nonnunquam intra ecclesiam potestatis adeptae culmina tenent, ut [5] per eandem potestatem disciplinam ecclesiasticam muniant. Ceterum intra ecclesiam potestates necessariae non essent, nisi ut quod non praevalet sacerdos efficere per doctrinae sermonem, potestas hoc imperet per disciplinae terrorem. Saepe per regnum terrenum coeleste regnum proficit; ut qui intra ecclesiam positi contra fidem et disciplinam ecclesiae agunt, rigore principum conterantur; ipsamque disciplinam, quam ecclesiae utilitas exercere non praevalet, cervicibus superborum potestas principalis imponat. » Salomon in Proverbiis : *Misericordia et veritas custodiunt regem et roboratur clementia thronus eius*.

25. *De ministerio regali, quale sit.* Regale namque ministerium specialiter est populum Dei gubernare et regere cum aequitate et iustitia et ut pacem et concordiam habeant studere. Ipse enim debet primo defensor esse ecclesiarum et servorum Dei, viduarum, orphanorum caeterorumque pauperum necnon et omnium indigentium. Ipsius enim terror et studium huiusmodi, in quantum possibile est, esse debet; primo ut nulla iniustitia fiat; deinde, si evenerit, ut nullo modo eam subsistere permittat; nec spem delitescendi [6] sive audaciam male agendi cuiquam relinquat; sed sciant omnes, quoniam si ad ipsius notitiam pervenerit quippiam mali quod admiserint, nequaquam incorrectum aut inultum remanebit; sed iuxta facti qualitatem erit et modus iustae [7] correctionis: Unde oportet, ut ipse qui iudex est iudicum, causam pauperum ab se ingredi faciat et diligenter inquirat, ne forte illi, qui ab eo constituti sunt et vicem eius agere debent in populo, iniuste aut neglegenter pauperum oppressiones [8] pati permittant. Scire autem et unumquemque, cuiuslibet sit ordinis, oportet, quia si de otioso sermone Deo rationem redditurus est, multo magis de ministerio sibi divinitus commisso. De ministerio autem regis ita Iob loquitur : *Cuinque sederem quasi rex circumstante exercitu, eram tamen moerentium consolator; auris audiens beatificabat me et oculis videns testimonium reddebat mihi, quod liberassem pauperem vociferantem et pupillum, cui non esset adiutor. Benedictio perituri super me veniebat, et cor viduae consolatus sum. Iustitia indutus sum, et vestivi me sicut vestimento et diademate iudicio meo. Oculus fui caeco et pes claudo. Pater eram pauperum, et causam, quam nesciebam, diligentissime investigabam. Conterebam molas iniqui, et de dentibus illius auferebam praedam*. Salomon [9] : *Rex qui sedet in solio iudicii, dissipat omne malum intuitu suo.* Item idem in libro Sapientiae : *Diligite iustitiam, qui iudicatis terram*: *sentite de Domino in bonitate, et in simplicitate cordis quaerite illum*. Item ibi : *Audite ergo reges, et intelligite; discite iudices finium terrae, prae-*

bete aures vos qui continetis multitudines et placetis vobis in turbis nationum, quoniam data est a Domino potestas vobis et virtus ab altissimo, qui interrogabit opera vestra et cogitationes scrutabitur; quoniam cum essetis ministri eius, non recte iudicastis neque custodistis legem iustitiae neque secundum voluntatem Dei ambulastis. Horrende et cito apparebit vobis Dominus, quoniam iudicium durissimum in his qui praesunt, fiet. Exiguo enim conceditur misericordia; potentes autem potenter tormenta patientur. Non enim subtrahet personam cuiusquam Dominus, nec reverebitur cuiusquam magnitudinem, quoniam pusillum et magnum, ipse fecit, et aequaliter pro omnibus cura est illi. Extant et alia innumera sanctarum scripturarum testimonia regio nomini et officio convenientia, super quibus colligendis vestra sancta devotio idcirco magnum nobis ademit laborem, eo quod divina gratia adeo tot virtutum praerogativis vestrum repleverit animum et exornaverit dignitatem, ut non sit necesse sacerdotibus Domini copiosioribus exemplis qualibet exageratione vestrum animum onerare. Quare Deo omnipotenti gratias uberrimas ac multiplices referimus, qui ita vos pia religione, sancta devotione, benigna humilitate, amore iustitiae, operibus misericordiae caeterarumque sanctarum virtutum perfectione sua gratuita pietate ditavit, ut merito ab omnibus amandi et imitandi sitis. Verum quod nos [10], si haec vobis coelitus attributa non fuisse[n]t, cum temporali periculo propter auctoritatem ministerii nostri vos ad ea peragenda admonere, immo admonendo exigere a vobis, quoquo modo, [11] debueramus: vos e contra, propter divinum amorem, et honorem et admonendo nos ad potiora provocatis, et pium opportunumque adiutorium nobis ferre devotissime curatis. Proinde humillimis precibus specialiter pietati vestrae suggerimus, ut bonum, quod coepistis, Deo opitulante indesinenter perficere non gravemini, et in adinplendis operibus iustitiae et pietatis ac misericordiae nullatenus deficiatis; quoniam non inchoantibus, sed perficientibus praemium aeternae vitae datur. Et iuxta Veritatis vocem : *Qui perseveraverit usque in finem, hic salvus erit*.

26. *Quod in eligendis et constituendis ecclesiae rectoribus regem magnam vigilantiam adhibere oporteat.* Iterum monendo magnitudini vestrae suppliciter suggerimus, ut deinceps in bonis pastoribus rectoribusque in ecclesiis Dei constituendis magnam studium atque solertissimam adhibeatis curam: quia si aliter factum fuerit, et ordo ecclesiasticus suam non habebit dignitatem, et religio christiana in multis labefactando damna detrimenti sui patietur, et animae vestrae, quod non optamus, periculum generabitur.

27. *De abbatissis constituendis.* Similiter deposcimus, ut in abbatissis constituendis vestrum specialiter caveatis periculum, sicut vobis saepe est ad monitum et per divinam auctoritatem crebrius manifestatum.

28. *De adiutoribus rei publicae et ministris eligendis.* Sed et hoc obsecramus, ut in eligendis adiutoribus vestris et rei publicae ministris, qui vice vestra populum Dei regere et gubernare atque iudicare debent, solertissimam providentiam habeatis, semper illud attendentes, quod in libro exodi ad Moysen dicitur : *Provide*, inquit, *de omni populo viros ridentes et timentes Deum, in quibus sit veritas et qui oderint avaritiam, et constitue ex eis tribunos et centuriones et quinquagenarios, qui iudicent populum omni tempore. Quidquid autem maius fuerit, referant ad te, et ipsi minora tantummodo iudicent, leviusque tibi sit partito in alios onere. Si hoc feceris, implebis imperium Domini et praecepta eius poteris sustentare.* Unde et in libro Deuteronomii : *Iudices*, inquit, *et magi-*

VARIANTES LECTIONES.

[1] S. in i. *Bal.* [2] timore *G.* [3] mitigat *G. Bal.* [4] ornat *Bal.* [5] ut secunda manu nisi ut *G.* [6] *G. in margine vel latendi.* [7] deest *G.* [8] oppressionem *G.* [9] S. ait *Bal.* [10] deest *Bal.* [11] quomodo *G.*

stros constitues in omnibus portis tuis, quas Dominus Deus tuus dederit tibi per singulas tribus tuas, ut iudicent populum iusto iudicio nec in aliquam partem declinent. Item ibi : Dixique vobis in illo tempore : Non possum solus sustinere vos, quoniam Dominus Deus vester multiplicavit vos et estis [1] hodie sicut stellae coeli plurimae. Dominus Deus patrum vestrorum addat ad hunc numerum multa millia et faciat vobis sicut locutus est. Non valeo solus vestra negotia sustinere et pondus et iurgia. Date e vobis viros sapientes et gnaros et quorum conversatio sit probata in tribus vestris. Sed et in libro paralipomenon ita legitur : Constituique rex Iosaphat iudices terrae in cunctis civitatibus Iuda munitis per singula loca. Et praecipiens iudicibus, videte, ait, quid facitis; non enim hominis exercetis iudicium, sed Domini, et quodcumque iudicaveritis, in vos redundabit. Sit timor Domini vobiscum, et cum diligentia cuncta facite; non enim est apud dominum Deum vestrum iniquitas nec personarum acceptio nec cupido munerum. Rogamus etiam vestram pietatem propter divinam misericordiam vestramque salutem ac totius populi utilitatem necnon et regni honorem atque stabilitatem, ut vestra pietas solertissimam vigilantiam adhibeat; quatinus consiliarii et dignitatis vestrae ministri custodesque animae vestrae et corporis, qui debent esse intra regnum aliis decus et bonitatis exemplum et in exteris nationibus bonae opinionis condimentum, caritatem, pacem, atque concordiam omni simulatione et calliditate postposita ad invicem habeant, ut secundum Dei voluntatem et vestram honestatem atque totius regni profectum communiter decernent, et veri vobis adiutores in omnibus concorditer existant. Tunc etenim veri consiliarii verique adiutores vestri et totius regni salubriter esse poterunt, si unanimes extiterint et in invicem dilectionem habuerint. Decet quippe ut sacra domus vestra cunctis spectabilis appareat et imitabilis existat, et fama suae bonae opinionis sive alios [2] imperii vestri subiectos [3] sive exteras nationes habundantissime perfundat. Ubi igitur omnes dissensiones et discordiae dirimendae et omnis malitia imperiali auctoritate est comprimenda, necesse est, ut quod in aliis corrigere decernit, in ea minime repperiatur. Nam et hoc humiliter obsecrando admonemus, ut liberos vestros, quos vobis divina pietas largiri voluit, in timore Dei iugiter diligenterque erudiatis, sicut et facitis, et ut in mutuae dilectionis caritate et fraternitatis amore atque unanimitatis concordia vicissim consistant, sedula paternaque admonitione insistatis ; et ne illicitis actibus creatoris sui offensam incurrant, provida solertique circumspectione nihilominus invigiletis, attendentes batum Iob, cuius studium, ut beatus Gregorius in moralibus libris scripsit, circa filios erudiendos tale extitit, ut non solum eos exterius perfectos opere et sermone efficeret, verum etiam eorum corda sacrificii oblatione mundaret. Adtendite etiam et [4] David instruentem Salomonem filium suum, de quo in primo libro Malachim legitur : Ego, inquit, ingredior viam universae terrae. Confortare et esto vir fortis et observa custodias domini Dei tui, ut ambules in viis eius et custodias ceremonias eius et iudicia eius et praecepta et testimonia, sicut scriptum est in lege Moysi. Et in libro paralipomenon : Tu autem, Salomon fili mi, scito Deum patris tui, et servi ei corde perfecto et animo voluntario. Adtendite etiam Tobi, de quo legitur quod cum factus esset vir, accepit uxorem Annam ex tribu sua, et genuit ex ea filium, nomen suum imponens ei, quem ab infantia timere Deum docuit et abstinere ab omni peccato. Item idem alloquens eundem filium suum : Omnibus, inquit, diebus vitae tuae habeto Deum in mente, et cave, ne aliquando peccato consentias et praetermittas praecepta Dei nostri. Et substantia tua fac elemosinam, et noli avertere faciem tuam ab ullo paupere : ita enim fiet, ut nec a te avertat se facies Domini. Quomodo potueris, ita esto misericors Et cætera. Item paulo post : Adtende tibi, fili, ab omni fornicatione, et praeter uxorem tuam nequaquam patiaris crimen scire. Superbiam nunquam in tuo sensu aut in corde dominari permittas : in [5] ipsa enim initium sumpsit omnis perditio. Et idem non post multa : Consilium semper a sapiente perquire, omni tempore benedic Deo et pete ab eo, ut vias tuas dirigat et omnia consilia tua in ipso permaneant. Item idem : Audite ergo, filii mei, patrem vestrum; servite Domino in timore [6], et inquirite, ut faciatis quae sunt placita illi ; et filiis vestris mandate, ut faciant iustitias et elemosinas et ut sint memores Dei et benedicent eum in omni tempore in veritate et in tota virtute sua. His omnibus praelibatis, notescimus vobis, quod ea, quae in capitulis vestris nobis tractanda commisistis, scilicet quid a principibus et reliquo populo vel ita ut divina auctoritas doceat, aut aliter teneatur, vel quid inde ex parte aut ex toto dimissum sit ut non teneatur, fatemur quia in his capitulis, quae superius continentur, necnon et in his, quae praesenti anno conscribi et per missos vestros ob vitia comprimenda per imperium vestrum direxistis, multa demonstrata sunt, quae a pastoribus ecclesiarum et a principibus et a reliquo populo hactenus neglecta extiterunt, et aliter, quam divina auctoritas se habeat, in his eos egisse et agere novimus. Sed si haec nostra sacerdotalis admonitio effectum Deo operante per vestrum bonum studium abhinc optinuerit, credimus quod multa, quae a multis aliter, quam divina auctoritas se habeat, dimissa sunt, quae non tenebant, corrigentur. Nam et illud quod in eisdem capitulis continetur, ut manifestum fieret, quae causae id effecerint, ut sacerdotes et principes a recto tramite deviassent, exceptis praemissis capitulis, in quibus, sicut diximus, multa negligebantur, specialiter tamen unum obstaculum ex multo tempore iam ibi levissime cognovimus, id est [7] quia et principalis potestas diversis occasionibus intervenientibus, secus quam auctoritas divina se habeat, in causas ecclesiasticas prosilierit, et sacerdotes partim negligentia partim ignorantia, in cupiditate, in secularibus ne otiis et sollicitudinibus ultra quam debuerant se o cupaverint, et hac occasione aliter quam divina auctoritas doceat, in utraque parte actum extitisse dubium non est. Sed quia Deo miserante a progenitoribus et genitore vestro et a vobis multa correcta gratulamur, si ea, quae admonemus, prosperum successu habuerint, credimus quod ad perfectionis statum vestra intentio nostraque devotio Deo cooperante pervenire possit. Verumtamen quia novimus statum huius regni sub tali conditione et tenore crevisse atque dilatatum esse, et a prudentissimis sanctisque praedecessoribus nostris [8], sive scilicet ab episcopis sive a principibus, hanc causam ex toto correctam non fuisse propter haec quae suo tempore dici ossunt, et pondus tantae considerationis parvitatis nostrae vires excessit, quoniam nec otium nec spatium temporis nec plenitudinem consacerdotum nostrorum, sicut ipsa necessitas exposcebat, habuimus : ideo haec congruentiori et aptiori tempori vita comite, si Deus ita annuerit, tractanda ac consideranda distulimus, quoniam tantae considerationis perfectio indiget adsensu et adiutorio principum, et multitudine atque devotione necnon et studio sacerdotum et oboedientia, vel concordia populi et congruentia loci temporisque spatio. Porro de episcopali libertate, quam Deo annuente vestroque adminiculo suffragante adipisci ad Dei servitium peragendum cupimus, suo in tempore vobis dicenda atque vobiscum conferenda reservavimus, quatenus ita sit, ut et no-

---

VARIANTES LECTIONES.

[1] et (superscripto) ut sitis G. [2] aliis G. [3] subiectas G. ex corr. [4] ad G. [5] ex Bal. [6] verit te Bal [7] deest G. [8] vestris Bal.

metipsos salvare populoque nobis subiecto utiliter prodesse atque pro vobis et stabilitate imperii vestri liberius valeamus exorare, et de vestris obsequiis et A regni adiutorio solatium debitum minime subtrahatur, sed, si possibile fuerit, potius augeatur.

ADDITIO TERTIA.

Haec capitula proprie sunt [1] ad episcopos vel ad ordines quosque ecclesiasticos pertinentia, quae non solum observare, sed etiam sibi subiectis vel commissis facienda perdocere debent.

1 [2]. *De rebus ecclesiae* [3]. Quia iuxta sanctorum patrum tradicionem novimus res ecclesiae vota esse fidelium, pretia peccatorum et patrimonia pauperum, cui non solum habita conservare, verum etiam multa Deo opitulante conferre optamus : tamen ut ab ecclesiasticis de non dividendis rebus ullius ecclesiae suspicionem dudum conceptam penitus amoveremus, statuimus, ut neque nostris, neque filiorum et Deo dispensante successorum nostrorum temporibus, qui nostram vel progenitorum nostrorum voluntatem vel exemplum imitari voluerint , nullam penitus divisionem aut iacturam patiantur [4].

2. *Ut episcopi per electionem cleri et populi vitae merito et sapientiae eligantur*. Sacrorum canonum non ignari, ut in Dei nomine sancta ecclesia suo liberius potiretur honore, adsensum ordini ecclesiastico praebuimus, ut scilicet episcopi per electionem cleri et populi secundum statuta canonum de propria diocesi remota personarum et munerum acceptione ob vitae meritum et sapientiae donum eligantur, ut exemplo et verbo sibi subiectis usquequaque prodesse valeant.

3. *De canonica professione a multis deturpata*. Quia vero canonica professio a multis partim ignorantia, partim desidia dehonestabatur, operae pretium duximus, Deo annuente , apud sacrum conventum, ut ex dictis sanctorum patrum velut ex diversis pratis quosdam vernantes flosculos carpendo, tractando in unam regulam canonicorum et canonicarum congerere et canonicis vel sanctimonialibus servandam contradere, ut per eam canonicus ordo absque ambiguitate possit servari. Et quoniam illum sacer conventus ita etiam laudibus extulit, ut usque ad unum iota observandam percenseret : statuimus, ut ab omnibus in eadem professione degentibus indubitanter teneatur, et modis omnibus sive a canonicis sive a sanctimonialibus canonice degentibus deinceps observetur. Sed [5] et de ecclesiarum honore, quomodo Deo adiuvante quantum in nobis est vigeat, similiter in subter adnotatis capitulis insertum esse dinoscitur.

4. *Quod episcopi in Longobardia positi ab eis, quos ordinabant, sacramenta et munera exigere solent* [6]. De episcopis vero in Longobardia constitutis, qui ab his, quos ordinabant , sacramenta et munera contra divinam et canonicam auctoritatem accipere vel exigere soliti erant, modis omnibus inhibitum est ne ulterius fiat; quia iuxta sacros canones uterque a gradu proprio talia facientes abici [7] debent.

5. *De capitulis, quae de incestis nuptiis et aliis causis agenda essent*. Nonnulla vero capitula, sicut de incestis nuptiis, necnon et de ecclesiis , quae inter coheredes dividuntur et tali occasione proprio honore carent, sive de his ecclesiis, quae nimium rebus propriis sunt attenuatae, vel certe de his rebus, quae nuper necessitate compellente a nonnullis ecclesiis sunt ablatae, et si qua sunt alia sive in ecclesiasticis sive in publicis rebus emendatione digna , quae temporis brevitate efficere nequimus ; in tantum differendum illud dignum iudicavimus , donec Domino favente consultu [8] fidelium facultas nobis id efficiendi ab eo tribuatur. Inventa vero ut Deo opitulante effectum optineant per tempora, hic inserenda censuimus.

6. *De causa monachorum, quibus eligendi sibi abbates licentia data sit ex se ipsis*. Monachorum siquidem causam qualiterDeo opitulante ex parte disposuerimus, et quomodo constitutum fuerit , ex se ipsis sibi eligendi abbatis licentiam dederimus, et qualiter Deo opitulante quieti vivere propositumque suum indefesse custodire valeant, ordinaverimus, in alia scedula diligenter adnotari fecimus, et ut apud successores nostros ratum foret et inviolabiliter conservaretur, confirmavimus.

7. *De his, qui a proprio episcopo non accipiant* [9] *chrisma*. Si quis de alio chrismate , quam de illo novo, quod proprii episcopi largitione vel concessione accipit, baptizare nisi praeoccupante morte, temptaverit, pro temeritatis ausu ipse in se suae damnationis protulisse sententiam manifestatur.

8. *Ut nullus nisi iusto iudicio expolietur*. Non est privilegium, quo spoliari possit iam nudatus. Ideo , nisi iusto iudicio decernente, nullus expolietur.

9. *De eo, qui post veritatem repertam aliquid deinceps discutit*. Quisquis enim post veritatem repertam aliquid ulterius discutit, mendacium quaerit. Idcirco ab omnibus caute agendum est.

10. *De causis, quae lege non continentur, a iudicibus ecclesiasticis minime iudicandis*. Ut nullae causae a iudicibus ecclesiasticis audiantur, quae legibus non continentur vel quae prohibitae esse noscuntur.

11. *De conversatione accusati vel accusatoris*. Quaerendum est in iudicio, cuius sit conversationis et fidei is qui accusat et is qui accusatur.

12. *De his, qui christiani nominis honorem neglexerunt*. Ut accusandi vel testificandi licentia denegetur iis, qui christianae religionis et nominis dignitatem neglexerint.

13. *Ut oblationes in domibus ab episcopis vel presbiteris non fiant*. Quod non oporteat in domibus oblationes celebrari ab episcopis vel a presbiteris.

14. *Quod posteriore pacto omne pactum dissolvatur*. Omne pactum posteriori dissolvitur pacto. Homo vero liber statum suum et peiorare et inmeliorare potest.

15. *De accusatoribus de inimici domo prodeuntibus*. Accusatoribus de inimici domo prodeuntibus non est credendum.

16. *De fratrum provisione, ne inrationabiliter fiat*. Ita consulendum est fratribus, ut non videamur destruere, quod aedificatum est : si enim quod aedificavi destruo, praevaricatorem me ipse constituo.

17. *De clericis, qui in seditione arma volentes sumpserunt*. Clerici, qui in quacumque seditione arma volentes sumpserint , reperti , amisso ordinis sui gradu in monasterium poenitentiae contradantur.

18. *Quod lex imperatorum non sit supra legem Dei*. Lex imperatorum non est supra legem Dei, sed subtus.

19 *De confessione peccatorum in oratione Deo cotidie agenda*. Quod confessio peccatorum, excepta

VARIANTES LECTIONES.

[1] deest G. [2] capitum numeri abhinc desunt omnes G. [3] rubrum deest G. [4] patiatur G. [5] Sequentia desunt in fonte capitis Ansegiso I, 79. [6] solent Bal. [7] deici Bal. decidi Ans.gisi I. 91. [8] consulto Bal. [9] accipiunt Bal.

ea quae sacerdotibus ad consilium accipiendum Deumque placandum fit, Deo frequenter in oratione sit facienda.

20. *Quod spiritalis examinet omnia et ipse a nullo examinetur.* Spiritalis iudicat omnia; ipse autem a nemine iudicatur.

21. *Ut tempore menstruo ab uxoribus abstineatur.* Quod tempore menstruo omnino ab uxoribus sit abstinendum.

22. *De his, qui erga episcopos vel erga actores ecclesiae aliquam querelam iustam habuerint.* Si qui erga episcopum vel actores ecclesiae quamlibet querelam habere iustam [1] crediderint, non primates aut alios adeant iudices, priusquam ipsos conveniant familiariter, non semel, sed saepissime, ut ab eis aut suam iustitiam aut iustam recipiant excusacionem. Si autem secus egerint, ab ipsis et ab aliis communione priventur tanquam apostolorum patrumque aliorum contemptores, de quibus ait propheta: *Erunt quasi non sint, et peribunt viri, qui contradicunt vobis.*

23. *De potestate ligandi atque solvendi concessa sacerdotibus a Christo.* Quod nosse oporteat laicos, sacerdotibus ligandi atque solvendi potestatem a Domino esse collatam, et quod eorum monitis parere atque excommunicationi humiliter succumbere debeant.

24. *Ut presbiteri, qui sine praecepto episcoporum ad externas ecclesias transierint, a communione suspendantur.* Presbiteri, qui sine iussione proprii episcopi de ecclesiis ad alias ecclesias migraverint, tamdiu a communione habentur alieni, quamdiu ad easdem redierint ecclesias, in quibus primitus sunt instituti.

25. *De eo, qui sibi iudicem contrarium senserit.* Si quis iudicem pro quibuscumque causis adversum sibi senserit aut habuerit forte suspectum, vocem appellationis exhibeat.

26. *De pace et concordia et unanimitate.* Ut pax et concordia sit atque unanimitas in populo christiano. Quia unum Deum patrem habemus in coelis et unam matrem ecclesiam, unam fidem, unum baptismum; ideo in una pace et in unanimitate concorditer vivere debemus, si ad unam veram hereditatem regni coelestis cupimus pervenire; quia non est dissensionis Deus, sed pacis, ut ipse ait: *Beati pacifici, quoniam filii Dei vocabuntur.*

27. *De potestate episcoporum pro rebus ecclesiasticis, ac de convenientia episcoporum cum laicis.* Ut episcopi potestatem habeant res ecclesiasticas praevidere, regere et gubernare atque dispensare secundum canonum auctoritatem. Volumus, ut et laici in eorum ministerio oboediant episcopis ad regendas ecclesias Dei, viduas et orphanos defensandos, et ut oboedientes sint eis ad eorum christianitatem servandam. Et episcopi consentientes sint comitibus et iudicibus ad iustitias faciendas. Et ut nullatenus per aliquorum mendacium vel falsum testimonium neque per periurium aut per praemium lex iusta in aliquo depravetur.

28. *De iniuria episcopi et laetania subversa.* Si quis episcopo vel aliis ministris intra ecclesiam iniuriam fecerit, iubemus eum tormentis subiectum in exilio mori. Sed et si ipsa sancta oratoria vel divina ministeria conturbaverit vel laetaniam everterit, capitali periculo subiaceat. Sin autem contumeliam tantum fecerit, tormentis et exilio tradatur.

29. *De decimis.* Admonemus atque praecipimus, ut decimas [2] Deo omnino dare [3] non neglegatur, quas Deus ipse sibi dari constituit, quia timendum est, ut quisquis Deo suum debitum abstrahit, ne forte Deus per peccatum suum auferat ei necessaria sua.

30. *Ut ecclesiae pacem habeant.* Reum confugientem ad ecclesiam nemo extrahere audeat, neque inde donare ad poenam vel ad mortem, ut honor Dei et sanctorum eius conservetur; sed rectores ecclesiarum pacem et vitam ac membra eis [4] obtinere studeant. Tamen legitime conponant quod ini ue fecerunt [5].

31. *De intestato episcopo.* Si quiscumque ex gradu ecclesiastico sine testamento et sine cognitione discesserit, hereditas eius ad ecclesiam ubi servivit, devolvatur. Similiter de sanctimonialibus.

32. *Iterum de pace ecclesiarum.* Praecipi , ut in ecclesiis aut in domibus ecclesiarum vel atris placita secularia minime fiant.

33. *De beneficiis ecclesiasticis.* Quicumque beneficium ecclesiasticum habent, ad tecta ecclesiae res auranda vel ipsas ecclesias emendandas omnino adveniant et nonam et decimam reddant.

34. *De ordinibus sacris.* Lector, subdiaconus, diaconus, presbiter si clericatus honorem contempserint, curiali conditioni cum suis facultatibus subiciantur.

35. *De oblatione et pace in ecclesia facienda.* Oblationem quoque et pacem in ecclesia face e iugiter admoneatur populus christianus; quia ipsa oblatio sibi et suis magnum est remedium animarum, et in ipsa pace vera unanimitas et concordia demonstratur.

36. *Ut malum ebrietatis omnino vitetur.* Magnum malum ebrietatis, unde omnia vitia pullulant, modis omnibus cavere praecipimus. Qui autem hoc vitare noluerit, excommunicatum esse decrevimus usque ad emendationem congruam.

37. *De multitudine clericorum.* Ne passim episcopus multitudinem clericorum faciat, sed secundum meritum vel reditum ecclesiarum numerum moderetur [6].

38. *De spiritalibus filiolis.* Praecipimus ut unusquisque conpater vel proximi spirituales filiolos suos cathedice instruant.

39. *Ut canticum luxuriosum circa ecclesias eseratur.* Canticum turpe atque luxuriosum, circa ecclesias agere omnino contradicimus: quod ubi ue vitandum est.

40. *Quales sint clerici.* Nemo fiat clericus, nisi qui bonum testimonium habet et litteratus sit.

41. *De episcopis et abbatibus, ut ante se ioca turpia fieri non permittant.* Ut episcopi et [7] abbates ante se ioca turpia facere non permittant, sed pauperes et indigentes secum ad mensam habeant, et e tio divina ibi personet, et sumant cibum cum benedictione et laude Dei secundum apostolum: *Sive manducatis sive bibitis, omnia in laudem Dei facite.*

42. *De iustis iudiciis ab episcopis agendis.* Ut episcopi [8] iudices iudicia iusta discernant; quia sunt quaedam modo iudicanda, quaedam Dei iudicio reservanda. Scriptum est enim: *Nolite iudicare ante tempus, quoadusque veniat Dominus, qui et inluminabit abscondita tenebrarum, et manifestabit consilia cordium;* et tunc laus erit unicuique a Deo. Et illud memores sint: *In quo enim iudicio iudicaveritis, iudicabitur de vobis.*

43. *De clericis qui de ecclesia desistunt.* Clericis de ecclesia desistentibus et aliis in loco recocatis, si redierint discessi, nil eis praestetur. Hoc vero, quod discedentes reliquerunt, non in usu rectorum, sed succedentibus cedat.

44. *De monachorum et canonicorum militia cum consilio utiliter implenda.* Ut monachi et canonici pleniter consilium habeant, qualiter De militare animasque eorum melius valeant custodire; ne [9] propter aliquam necessitatem occasionem quaerant vagandi, et inter ipsos propter hoc locum tentandi detur diabolo.

45. *Viduas in deliciis non oportere vivere.* Ut viduae non sint in deliciis, sed secundum apostolum sub potestate episcopi vivant, sicuti decet

VARIANTES LECTIONES.

[1] i. se cr. *Bal.*   [2] decima *Bal.*   [3] dari *Bal.*   [4] ei *Bal.*   [5] fecerit *Bal.*   [6] demoretur *G.*   [7] de *G.*   [8] e et i. *Tilian.*, Concil. Rem., *Burchardus.*   [9] nec *Bal.*

46. *Ut clerici non habeant actiones seculares.* Clericus vel monachus, neque exactor publicarum rerum neque conductor aut [1] vectigalium vel curationis domus vel procurator litis vel fideiussor in talibus causis fiat.

47. *De eo qui contra canonica statuta egerit.* Si quis contra haec statuta fecerit, si episcopus est, omnes res eius ex quacumque causa vel persona, sive ante episcopatum sive postea ad eum pervenerint, ecclesiae suae eas vindicare sancimus. Si vero clerici ibi hoc fecerint, poenam pecuniarum, quam episcopus existimaverit exigere, ecclesiae vindicandam. Hi vero, qui actiones suas eis commiserunt vel fideiussores eos pro supradictis causis acceperunt, nullam contra ecclesiam vel administratores eius vel adversus ipsas personas, quos crediderunt [2], habeant actionem. Si vero quis eos pro publico debito vel exactione crediderit vel fideiussores receperit, de substantia fisci debitum compellatur exsolvere.

48. *De eo qui res ecclesiae per falsam precariam vel fraude adipiscitur.* Ut si quislibet hominum res ecclesiae per mendacia vel mala ingenia in precariam sibi adquirere et habere voluerit, et post factas precarias eadem mendacia ad aures eiusdem rectoris ecclesiae delata fuerint, ipsa ecclesia res suas, quae ei mendaciter abstractae fuerunt, pleniter absque ullius contradictione omnimodis recipiat. Ille vero, qui res suas per cadem mendacia propter cupiditatem ipsius precariae eidem ecclesiae tradidit, simili modo in suam recipiat dominationem.

49. *Quod antiquus mos poenitendi, qui iuxta canonicam auctoritatem agendus est, iam ab usu recesserit.* Modus poenitentiam agere iuxta antiquam canonum institutionem in plerisque locis ab usu recessit, et neque excommunicandi neque reconciliandi antiqui moris ordo servatur; ut a domno imperatore impetretur adiutorium, qualiter, si quis publice peccat, publica multetur poenitentia, ut secundum ordinem canonum pro merito suo quis excommunicetur et reconcilietur.

50. *De clerico ad tutelam vocato.* Si episcopus, presbiter, diaconus, subdiaconus ad tutelam vel curationem vocentur, tantum munus administrationis in hoc concedetur [3] suscipere; si tamen intra quatuor menses per competentem iudicem in scriptis manifestaverit, quod huiusmodi munus sua sponte receperit. Et tunc circa aliam tutelam praeiudicium non patiatur.

51. *De ecclesiis in rebus propriis constitutis et inter heredes divisis.* Perlatum ad nos est, quod inter heredes ecclesiae in rebus propriis constitutae dividantur, et tanta per eandem divisionem simultas oriatur, ut unius altaris quattuor partes fiant, et singulae partes singulos habeant presbiteros; quod sine discordia et simultate nullo modo geri potest. Unde nobis visum est, quod huiuscemodi ecclesiae inter heredes dividi non debeant. Et si in contentionem venerint, et simultates inter eos surrexerint, per quas sacerdos suo ibi officio fungi non possit, praecipiatur ab episcopo civitatis, ut nullo modo ibi missarum solempnia celebrentur, donec illi ad concordiam redeant, et pari voto atque consilio ecclesia illa sacerdotem canonice habeat, qui libere suum ministerium ibi peragere possit.

52. *De his, qui bis aut ter ab episcopis, ignorantibus tamen eisdem episcopis, confirmentur.* Dictum nobis est, quod quidam de plebe bis aut ter ab episcopis, ignorantibus tamen eisdem episcopis, confirmentur. Unde nobis visum est, eandem confirmationem sicut nec baptismum iterari minime debere; quia hos, qui bis vel amplius baptizantur aut confirmantur a

seculo, sed soli Domino sub habitu regulari vel clericali religio-is-ime famulari decretum est.

53. *De clericis ad tabulas ludentibus.* Si quis clericus ad tabulas ludat vel spectaculis attendat, per tres annos a sacro ministerio prohibeatur. Et si dignam poenitentiam fecerit, reconcilietur.

54. *De his, qui servorum matrimonia dirimunt.* Dictum est nobis, quod quidam legitima servorum matrimonia potestativa quadam praesumptione dirimant, non adtendentes illud euangelicum: *Quod Deus coniunxit, homo non separet*. Unde nobis visum est, ut coniugia servorum non dirimantur, etiamsi diversos dominos habeant; sed in uno coniugio permanentes dominis suis serviant. Et hoc in illis observandum est, ubi legalis coniunctio fuit et per voluntatem dominorum.

55. *De his qui pleniter peccata non confitentur.* Sed et hoc emendatione indigere perspeximus, quod quidam, dum confitentur peccata sua sacerdotibus, non plene id faciunt. Quia ergo constat hominem ex duabus esse substantiis, anima videlicet et corpore, et interdum animi motu, interdum carnis fragilitate peccatur: sollerti indagatione debent inquiri ipsa peccata, ut ex utrisque plena fiat confessio: scilicet ut ea confiteantur, quae per corpus gesta sunt, et ea, quibus in sola cogitatione delinquitur. Instruendus est itaque peccatorum suorum confessor, ut de octo principalibus vitiis, sine quibus in hac vita difficile vivitur, confessionem faciat; quia aut cogitatione, aut, quod est gravius, opere eorum instinctu peccavit. Odium etenim, invid a, superbia vel certe huiuscemodi animae pestes tanto periculosius laedunt, quanto subtilius serpunt.

56. *De sanctis ecclesiis.* Nullus sub Romana ditione constitutae ecclesiae vel synodochiae vel monasteriorum rectores, earum rem immobilem nequaquam liceat alienare, id est agrum, domum, mancipium, panes civiles, neque creditori obligare: (alienatio est venditio, donatio, permutatio, emphiteoseos perpetuus contractus) omnes omnino convenit ut se ab huiuscemodi alienatione abstineant. Tabellio vero, qui talia instrumenta conscripserit, perpetuo exilio tradatur. Magistratus [4] vero iudices, qui talia strumenta consenserint [5], et dignitatem et facultates amittant.

57. *De his qui solummodo confiteri Deo [6] peccata debere dicunt.* Quidam Deo solummodo confiteri debere dicunt peccata, quidam vero sacerdotibus confitenda esse percensent. Quod utrumque non sine magno fructu intra sanctam fit ecclesiam, ita duntaxat ut Deo, a quo remissio est peccatorum, confiteamur peccata nostra, et cum David dicamus: *Delictum meum cognitum tibi feci et iniustitiam meam non abscondi. Dixi: confitebor adversus me iniustitias meas Domino; et tu remisisti impietatem peccati mei*. Et secundum apostoli institutionem confiteamur alterutrum peccata nostra, et oremus pro invicem, ut salvemur. Confessio itaque, quae Deo fit, purgat peccata; ea vero, quae sacerdoti fit, docet qualiter ipsa purgantur peccata: Deus namque salutis et sanitatis auctor et largitor plerumque hanc praebet suae potentiae invisibili administratione, plerumque medicorum operatione.

58. *Quod personarum acceptio in omnibus cavenda sit iudiciis.* Quia igitur apostolo testante non est personarum acceptio apud Deum, et in omnibus iudiciis cavenda est, multo magis in hoc poenitentiae iudicio praecaveri debet, ut nullus sacerdotum uniquam aut gratia aut odio alicuius personae secus iudicet, quam quod in canonicis sacris invenerit aut quod illi [7] secundum sanctarum scripturarum auctoritatem et ecclesiasticam consuetudinem rectius visum fuerit. Si ergo medici, qui corporibus medi-

VARIANTES LECTIONES.

[1] *expunctum* G. [2] *super criptum creaverunt* G. [3] *conceditur* Bal. [4] *deest* G. [5] *censerint carr.* censuerint G. [6] *deest* G. [7] *illis* G.

cinam inferre conantur, nequaquam propter personae cuiuslibet acceptionem his, quos sanare cupiunt, cauterio aut ferro aut duris aliis quibuslibet rebus parcunt; multo magis his observandum est, qui non corporum, sed animarum medici existunt. Neque pensanda est poenitentia quantitate temporis, sed ardore mentis et mortificatione corporis. Cor autem contritum et humiliatum Deus non spernit.

59. *De monachis et sanctimonialibus.* Nemo audeat monachum vel sanctimoniales feminas ad civile iudicium accusare, sed ad episcopum; et ipse ex lege vel canonibus consentaneam sententiam proferat. Haec omnes episcopi custodiant et omnes praefecti Romani et praetores populi et provinciarum praesides, ut curent citius monachorum et sanctimonialium lites dirimere. Si quis hanc constitutionem violaverit, in magistratu positus decem [1] librarum auri poena multabitur. Si exsecutor est, in catenis ecclesiarum recludatur poenas luiturus, et officium perdat.

60. *Quod multi in poenitentia deliciis indulgeant.* Multi, quod non sine dolore dicendum est, in poenitentia non tam peccati remissionem, quam temporis constituti expectant expletionem; et si carnium et vini usus eis interdictus est, mutata non voluntate, sed eiusdem cibi aut potus perceptione in tantum deliciis suis indulgent, ut delitiosius his interdictis aliorum ciborum vel potionum appetitu vivere cognoscantur. Spiritalis autem abstinentia, quae in poenitentibus potissimum vigere debet, et quorundam ciborum ac potionum perceptiones et desideria fugere debet. Ille, inquam, ille magis parsimoniae servire censendus est, qui sibi non solum quarundam rerum perceptiones, sed delectationes corporis penitus interdicit.

61. *De his, qui ex industria peccant.* Sed nec hoc praetereundum putamus, quod quidam industria peccantes propter elimosinarum largitionem quandam sibi promittunt inpunitatem. Elimosina enim extinguit peccata, iuxta illud : *Ig em ardentem extinguit aqua, et elimosina extinguit peccata*, sed ea, quae aut necessitate aut quae casu aut qualibet fiunt fragilitate. Ea vero, quae ex industria ad cuiuslibet libidinem explendam idcirco fiunt, ut elimosinis redimantur, nequaquam eis redimi possunt ; quia qui hoc perpetrant, videntur Deum mercede conducere, ut eis impune peccare liceat. Non ergo idcirco quis peccare debet, ut elimosinam faciat, sed ideo elimosinam facere debet, quia peccavit : mentem enim et corpus, quae libido traxit ad culpam, afflictio et contritio debet reducere ad veniam.

62. *De monacho qui monasterium suum dimiserit.* Si monachus monasterium suum dimiserit, omnia bona ipsius et quae in monasterio introduxit et quae non introduxit, dominio monasterii sint, et ipse officio praesidis servire cogatur. Si vero monachus ad alium monasterium migraverit, substantiam eius prius monasterium possideat, et in alio monasterio ipse non recipiatur.

63. *Quod poenitentia secundum canonum statuta agi debeat.* Modus autem poenitentiae peccata sua confitentibus aut per antiquorum canonum institutionem, aut per sanctarum scripturarum auctoritatem, aut per ecclesiasticam consuetudinem, sicut superius dictum est, imponi debet, repudiatis ac penitus eliminatis libellis, quos poenitentia es vocant, quorum sunt certi errores, incerti auctores; de quibus rite dici potest : *Mortificabant animas, quae non moriebantur, et vivificabant animas quae non vivebant.* Qui dum peccatis gravibus leves quosdam et inusitatos inponunt poenitentiae modos, consuunt pulvillos secundum propheticum sermonem sub omni cubito manus, et faciunt cervicalia sub capite universae aetatis ad capiendas animas.

64. *Quod quidam presbiteris absque consensu episcoporum ecclesias dent vel auferant.* Invenimus est, quod multi arbitrii sui temeritate et, quod est gravius, ducti cupiditate presbiteris quibuslib ab que consensu episcoporum ecclesias dant vel uferunt. Unde oportet, ut canonica regula servatu, nullus absque consensu episcopi cuilibet presbitero ecclesiam det. Quam si iniuste adeptus fuerit, nec non sine culpa sua coram episcopo canonica s v ritate amittat.

65. *De Scottis, qui se episcopos esse dicun et quosdam absque licentia dominorum suorum rdinant.* Sunt in quibusdam locis Scotti, qui se di unt episcopos esse, et multos neglegentes absqu licentia dominorum suorum sive magistrorum pres iteros et diaconos ordinant. Quorum ordinationem, uia plerumque in simoniacam incidit heresem t multis erroribus subiacet, modis omnibus irritan fieri debere, omnes uno consensu decrevimus.

66. *De monachis laicis.* Si monachus lai us factus fuerit, honore et cingulo expolietur, et res eius monasterio adiciantur. Quod si monasticam itam reliquerit, praeses provinciae eum teneat, et taxeotas vel curiae suae connumeret.

67. *De his, qui in coena Domini eucharistiam neglegunt.* In coena Domini a quibusdam erceptio eucharistiae neglegitur. Quae quoniam in idem die ab omnibus fidelibus, exceptis his, quibus pro gravibus criminibus inhibitum est, percipienda sit, ecclesiasticus usus demonstrat; cum etiam poenitentes eadem die ad percipienda corporis et sanguinis dominici sacramenta reconcilientur [2].

68. *Quod infirmi et aegroti oleo benedicto perunguendi sint.* Secundum beati Iacobi apostoli documentum, cui etiam decreta patrum consonant, infirmi oleo, quod ab episcopis benedicitur, a presbiteris ungi debent. Sic enim ait : *Infirmatur aliquis in vobis? inducat presbiteros ecclesiae, et orent super eum unguentes eum oleo in nomine Domini; et oratio fidei salvabit infirmum, et allevabit eum Dominus; et si in peccatis sit, dimittentur ei.* Non est it que parvipendenda huiusmo i medicina, quae anim e corporisque medetur languoribus.

69. *De sponso vel sponsa in monasterio ingressa.* Si sponsus vel sponsa intraverit in monast rium, id quod arrarum nomine datum est, in simplu n tantum reddatur.

70. *De locis in quibus missae celebrand sunt.* In quibus locis et quo apparatu missarum sol mnitates exceptis basilicis celebrari debeant et utru i celebrari deb ant [3], in concilio Laodicensi ita cribitur : *Quod non oporteat in domibus oblationes c lebrari ab episcopis vel presbiteris.*

71. *De his, quae ad aurium et oculorum pertinent oblectamentum, quaeque sacerdotes vitare deb nt.* Quaecumque ad aurium et oculorum pertinent i lecebras, unde vigor animi emolliri posse credatur, ut de aliquibus generibus musicorum aliisque nonn llis rebus sentiri potest, ab omni us Dei sacerdotes se abstinere debent; quia per aurium oculorumq e inlecebras vitiorum turba ad animum ingredi olet. Histrionum quoque turpium, et obscenorum i soleniuis iocorum et ipsi animo effugere ceterisqu sacerdotibus effugienda praedicare debent.

72. *De ecclesia aedificanda.* Nemo eccles am aedificet, antequam civitatis episcopus veniat et ibidem crucem figat publice. Et nte praefiniat, ui aedificare vult, quid ad luminaria et ad cus odiam et stipendia custodum sufficiat. Et facta don tione sic domum aedificet.

73. *Ut sacerdotes a ludis secularibus caveant.* Sacerdotibus non expedit secularibus e turpibus quibuslibet interesse iocis. Venationes qu que ferarum vel avium minime sectentur.

VARIANTES LECTIONES.

[1] XII G.   [2] reconciliat *Bal.*   [3] et ... debeant *delevit G.*   [4] quantum G.

74. *De presbiteris et diaconibus, ut episcoporum suorum in bonis operibus vestigia sectentur.* Presbiteri quoque et diaconi in omnibus bonorum operum exhibitionibus sui episcopi vestigia sectentur, et in bonorum morum probitate quae episcopo observanda sunt, eadem et sibi observanda esse cognoscant.

75. *De eo, qui in domo sua oratorium fecerit.* Qui in domo sua oratorium habuerit, orare ibi potest; tamen non audeat in eo sacras facere missas sine permissu episcopi loci illius. Quod si fecerit, domus illius fisci iuribus addicatur. Praefectus praetorii qui hoc cognovit et non prohibuit, libra [1] auri multabitur.

76. *Quantam curam episcopi circa indigas habeant.* Episcopi quidem maximam curam et sollicitudinem circa pauperes habeant, et res ecclesiasticas ecclesiis collatas cauta circumspectione dispensent quasi Dei ministri, non quasi turpis lucri gratia sectatores. Illis itaque utantur non ut propriis, sed ut sibi ad dispensandum commissis.

77. *De erogatione episcopi in pauperibus et familia ecclesiae.* Quod liceat episcopis, praesentibus presbiteris et diaconibus, de thesauro ecclesiae familiae et pauperibus eiusdem ecclesiae secundum canonicam institutionem iuxta quod indiguerint erogare.

78. *De diaconissa.* Si diaconissa [2] nupserit, gladio ultoris sternatur, et facultas eius ecclesiae, ubi servivit, addicatur. Corruptores earum similiter puniantur: bona vero eorum fisci iuribus vindicentur.

79. *De presbitero non ordinando ante legitimum tempus.* Presbiterum ordinari non debere ante legitimum tempus, hoc est trigesimum aetatis annum. Sed priusquam ad consecrationem presbiteratus accedat, maneat in episcopio discendi gratia officium suum tamdiu, donec possint et mores et actus eius animadverti. Et tunc si dignus fuerit, ad sacerdotium promoveatur.

80. *De episcopis. qualiter parrochias suas diligenter perscrutentur.* Ut unusquisque episcoporum parrochiam suam diligenter perscrutari nitatur; nec aliquis presbiter ab alterius parrochia in suam commigrans officium celebrare praesumat sine litteris commendatitiis, sicut olim multis in locis actum esse repertum est.

81. *De religiosa. muliere decepta.* Si quis rapuerit vel sollicitaverit vel corruperit religiosam feminam, bona amborum ecclesia vindicet, in qua talis mulier habitavit; ipsi tamen periculo capitali subiciantur. Quod si haec mulier non consensit, cum suis rebus monasterii cautioni tradatur. Si vero liberos habet, pars legitima eis reservetur. Quod si intra annum post cognitum tale scelus a religiosis laicis non vindicetur, comes privatarum [3] hoc nostro fisco addicat. Si vero praeses provinciae vindictam tali crimini inponere neglexerit, cingulo careat et quinque libras auri fisci viribus dare conpellatur.

82 [4]. *Ne quilibet presbiter de titulo minore ad maiorem transeat.* De titulo minori ad maiorem migrare nulli presbitero licitum sit, sed in eo permaneat, ad quem ordinatus est. Quod si inventus fuerit contra statuta id facere, eadem feriatur sententia, qua et episcopus, qui de minori ad maiorem transmigraverit sedem.

83. *Ut decimae semper consulto episcoporum dispensentur.* Ut decimae, quae singulis dabuntur ecclesiis, per consulta episcoporum a presbiteris ad usum ecclesiae et pauperum summa diligentia dispensentur.

84. *De blasphemia in Deum.* Si quis quolibet modo, blasphemiam in Deum [5] iactaverit, a praefecto urbis ultimo supplicio subiciatur. Qui vero talem cognoscens non manifestaverit, similiter coerceatur. Si praefectus urbis haec punire neglexerit, post Dei iudicium nostram indignationem incurrat.

85. *De viduis iuvenibus, ne cito vel ntar.* Ut iuvenes viduae cito nequaquam velentur, usque dum probetur illarum religio et bona ab eis nota sit conversatio; ne forte de eisdem dici possit ab apostolo : *Quae autem in deliciis sunt viventes mortuae sunt.*

86. *Ut comites et iudices episcopis suis consentiant ipsique eos honorifice recipiant.* Comitibus, iudicibus reliquoque populo expedit, ut suis sint episcopis consentientes et oboedientes propter Dei amorem suique gradus honorem, et semper ab eis utile quaerant consiliu n illorumque salubria non spernant monita, sed intenta cordis aure audiant. Similiter vero et episcopi praedictas personas humiliter suscipiant honorificeque erga eas in omnibus agant, et sic semutuis studeant sublevare consolationibus.

87. *De herede, si quippiam dispositione non implet.* Si heredes iussa testatoris non impleverint, ab episcopo loci illius omnis res, quae his relicta est, auferatur cum fructibus et caeteris emolumentis, ut vota defuncti impleantur.

88. *Ut comites et iudices viles personas non admittant ad testimonium.* Summopere admonendi sunt comites et iudices, ne viles et indignas personas coram se permittant ad testimonium accedere, quoniam multi sunt, qui periurare pro nihilo ducunt; in tantum, ut pro unius diei societate aut pro quolibet parvo pretio ad iuramentum conduci possint, animasque suas periurio perdere minime formident.[6] Quam ob rem tales nequaquam ad quodlibet testimonium admittendi sunt. Et hoc notandum, quod non solum illi, qui periurant, sed etiam qui periuriis [7] consentiunt, simili plectendi sunt dampnatione.

89. *Ut nullus christianus munera exigat pro quolibet placito.* Nullus christianus pro quolibet placito vel iuditio a qualibet persona munera exigere aut accipere debet, quoniam id divina scriptura multis in locis magna interdicit auctoritate testante scriptura quae ait : *Munera excoecant oculos sapientium et subvertunt verba iustorum.*

90. *De rebus, quae paganis non conceduntur.* Non liceat christianis Iudaeorum neque paganorum vel hereticorum res emphitheoseos vel conductionis titulo habere neque suorum similiter eis accommodare.

91. *De placitis secularibus, ne in ecclesia fiant.* Placita quidem secularia in ecclesiis vel in atriis ecclesiarum a comitibus vicariisque usque modo multis in locis habita ne ultra fiant interdicen sum est cum auctoritate dominica, qui expulsis de templo negotiatoribus, asseruit [8], debere domum Dei domum esse orationis.

92. *De incestuosis, parricidis a que homicidis.* Incestuosi, parricidae, homicidae, multi apud nos, heu proh dolor! repperiuntur. Sed aliqui ex illis sacerdotum nolunt admonicionibus aurem accommodare, volentes in pristinis durare criminibus ; quos oportet per secularis potentiae disciplinam, a tam prava consuetudine coerceri, qui per salutifera sacerdotum monita noluerint revocari ; quorum aliquos iam excommunicavimus; sed illi hoc parvipendentes, in eisdem perdurarunt criminibus. Quam ob rem vestra decernat mansuetudo, quid de talibus deinceps agendum sit.

93. *De magicis artibus et incantationibus.* Ammoneant sacerdotes fideles popu os, ut n iverint magicas artes incantationesque quibuslibet infirmitatibus ho-

---

VARIANTES LECTIONES

[1] librarū *corr.* libra G. librarum a. solutione *Bal.* [2] diaconissae nupserint... sternantur... earum G. *corr. man. sec.* [3] primitarum G. [4] *hoc caput in Baluzio sequenti postponitur. Legendum est* Turon. 14, 16. [5] Deo G. [6] formidant G. [7] periuriis G. [8] adserit *Bal.*

minum nihil posse remedii conferre, non animalibus languentibus, claudicantibusve [1] vel etiam moribundis quicquam mederi [2]: non ligaturas ossuum vel herbarum cuiquam adhibitas prodesse; sed haec esse laqueos et insidias antiqui hostis, quibus ille perfidus genus humanum decipere nititur.

94. *Ne nomen Dei in vanum iurando assumatur.* Omnes homines admonemus, ne per singula verba quasi ad confirmationem suae assertionis nomen Domini in vanum adsumant; quod ipse Dominus interdicit faciendum, ubi ait: *Ne adsumas nomen Dei tui in vanum.* In vanum etenim nomen Dei assumitur, quando aliquis ad singula verba, quibus vult ut sibi ab alio credatur, Deum omnipotentem testem rei, de qua ait, invocat, eumque sibi ita esse adiutorem, sicut ea vera sunt, quae loquitur, postulat [3]. Nam et ipse Dominus in euangelio hoc modo prohibens omne genus iuramenti, *Nolite*, inquit, *omnino iurare, neque per coelum, neque per terram, neque per caput tuum;* et caetera.

95. *De laicis, ne munera a presbiteris exigant.* Ut laici omnino a presbiteris non audeant munera exigere propter commendationem ecclesiae; quia propter cupiditatem plerumque a laicis talibus presbiteris ecclesiae dantur, qui ad peragendum sacerdotale officium indigni sunt.

96. *De pace et concordia.* De pacis bono atque concordia, ut ab omnibus omnino indisrupta teneatur inter episcopos et comites, inter clericos et monachos et omnem populum christianum, ut beatus apostolus Paulus docuit dicens: *Sectamini caritatem et sanctimoniam, sine qua nemo videbit Deum.* Et idcirco quidquid illud est, quod nos ad verae pacis studium et caritatis perfectionem provocat, totis viribus nostris sectandum est; quicquid nos vero ab illa disiungit, ut venenum mortiferum a nobis cavendum est.

97. *De comitibus et iudicibus, ut oboedientes sint suo episcopo.* Ut comites et iudices reliquusque populus oboedientes sint episcopo, et invicem consentiant ad faciendas iustitias, et munera pro iudicio non accipiant nec falsos testes adhibeant [4], ne per hoc pervertant iudicia iustorum, quia scriptum est: *Iustitia elevat gentem, iniustitia vero miseros facit populos.* Et psalmista: *Beati, qui custodiunt iudicium et faciunt iustitias in omni tempore.*

98. *Ut episcopi semel in anno parrochias suas circueant.* Unusquisque episcopus semel in anno circueat parrochiam suam. Noverint sibi curam populorum [5] et pauperum in protegendis ac defendendis impositam; ideoque dum conspiciunt iudices ac potentes pauperum oppressores existere, prius eos sacerdotali admonitione redarguant. Et si contempserint emendari, eorum insolentia regis auribus intimetur; ut quos sacerdotalis admonitio non flectit ad iustitiam, regalis potestas ab improbitate coerceat.

99. *De crismate a presbiteris custodiendo sub sigillo.* Ut presbiteri sub sigillo custodiant crisma, et nulli sub praetextu medicinae vel sub cuiuslibet rei donare praesumant: genus enim sacramenti est, et non ab aliis nisi a sacerdotibus contingi debet. Quod si fecerint, honore priventur.

100. *De his, qui beneficium habent de rebus ecclesiae.* Ut quisquis beneficium de rebus ecclesiae habet, ad tecta eiusdem ecclesiae restauranda vel ad ipsas ecclesias aedificandas omnino adiuvet.

101. *De eo, qui infamis furto efficitur.* Furti quocumque genere condempnatus infamis efficitur.

102. *De eo, qui absens fuerit, minime dampnando.* Iubemus in causa capitali, ut absens nemo damnetur, quia neque absens per alium accusare aut accusari potest.

103. *De omnibus possessionibus a praeceptore possessori reddendis.* Omnes possessiones et omnia sibi sublata atque fructus cunctos ante litem contestatam praeceptor [6] possessori restituat.

104. *De incestis, quod non sint legitimi heredes.* Omnes nosse volumus, quod incesti non sint legitimi heredes, sed infamia sint notatae utraeque personae. Ideoque proximorum copula vel stupra qu si quaedam turpissima pestis cavenda est; quoniam incesti usque ad canonicam separationem ecclesi que per publicam poenitentiae satisfactionem non is inter energuminos vel audientes, quam inter christianos catholicos utrique cum omnibus suis sunt abendi.

105. *Ut liceat litigatori vitiatam causam appellatio nis remedio sublevare.* Iudices observare debent, ut liceat litigatori vitiatam causam appellationi remedio sublevare, et appellatores nec in carcerem redigant nec a militibus faciant custodiri; sed agendi negotium suum liberi observent. Nec etiam in supplicium destinatis appellandi vox denegetur.

106. *De oratione obcedientis.* Sciendum sane est omnibus, quia citius exauditur una oboedientis oratio, quam decem milia contemptoris.

107. *Ut unaquaeque provincia a iudicibus propriis iudicetur.* Praecipimus, ut non degradetur un quaeque provincia, sed apud semetipsam habeat ju ices episcopos. Et quicumque causam habuerit, a uis iudicibus iudicetur et non ab alienis, id est a s ae iustis iudicibus provinciae et non ab externis, isi fuerit appellatum.

108. *Quod unumquemque iuste et pie vivere oporteat.* Notum esse omnibus volumus, quam iuste, sobrie, quam etiam pie vivere debeant. Iuste eni vivere oportet secundum sermonem dominicum p aecipientem: *Luceat*, inquit, *lux vestra coram hominibus, ut videant opera vestra bona et glorificent patre vestrum, qui in coelis est.* Hoc est: Sic iuste vivite, ut filii lucis nominari valeatis. Quod [7] vero sobrie vivere debeat quisque, monet euangelium dicens: *Videte ne graventur corda vestra in crapula et ebriet e et curis huius vitae.* Pie etiam vivere vel patient r monet Paulus exhortando dicens: *In omni patien a et doctrina.* Et cum pietate regere domum mor et, et ne ipsa pietas indiscreta videatur, praemitt t sententiam dicens: *Argue cum omni imperio.*

109. *De graphiae prolatore, ut eam adfirmet.* Statutum est, ut scripturam prolator adfirmet. Nam si is, qui scripturam protulit, eius non adstruerit veritatem, ut falsitatis reum esse retinendum

110. *Quod sacerdos in habitu religionis persistere debeat.* Studendum sane omnibus est, ut in habitu religionis quisque sacerdos permaneat et ore prophetico sibimet praecipi censeat [8] dicente: *Clama, ne cesses; quasi tuba exalta vocem tuam* Quando dixit *Clama ne cesses*, omne tempus exclu it; quod nemo potest excusare. Etenim de libris officialibus, ut novimus, patet ratio; quia nequaquam corporeo usu hac requirenda ab illis erant, qui iritaliter vivebant, dicente psalmigrapho [10]: *In me unt Deus vota tua, quae reddam laudationes tibi.* Nos t men, qui in medio positi sumus scilicet inter spiritalem et corporalem intellectum, in omnibus e hibeamus nosmetipsos sicut Dei ministros, ut non v tuperetur ministerium nostrum et propheticum serm nem impleamus dicentem: *Iustitiam discite, qu habitatis terram.* Et, quod avertat Deus a nobis, iden propheta dicit: *Zelus adprehendit populum inerudit 1.* Et iterum alius propheta: *Sacerdotes ignor veru t intelligentiam.* Et idem propheta: *Sacerdotes no dixerunt, ubi est Dominus? et tenentes leges meas nos erunt me.* Qua ergo fronte, qua conscientia sacerdo m nomi-

---

VARIANTES LECTIONES.

[1] iudicandas G. [2] meredii corr. remedii G. ubi in margine legitur: Aliter. a. s. f. p. ut n. m. a. i. q. i. h. non animalibus languentibus vel etiam moribundis nihil posse remedii conferre. [3] deest Bal. i margine addidit. G. [4] in margine habet G., omittit Bal. [5] pupillorum recte coniecit Bal. [6] sic Bal. G., ic scri; to r super e. [7] quid, in margine vel in quo G. [8] constat Bal. [9] dicendi G. [10] graphopsalmo Bal.

nari se fatetur, quem Dominus per prophetam nescire se dicit?

111. *De eo, qui causam habuerit, ut a propriis iudicibus iudicetur.* Quicumque causam habuerit, a propriis iudicibus iudicetur, et non ad alienos causa vagandi et protserviae dimittens suam patriam transeat; sed apud metropolitanum et reliquos episcopos suae provinciae iudicetur.

112. *De canonicis clericis, qui in civitatibus vel in monasteriis degunt.* Volumus atque praecipimus, sicut sinodali atque canonica auctoritate a pastoribus sanctae ecclesiae saepissime admoniti sumus, ut canonici clerici, qui in civitatibus vel in monasteriis degunt, qui beneficia habent, unde victum et vestitum habere possunt, ut his,[1] iuxta apostolum contenti sint, et stipendia fratrum, unde pauperiores et hi, qui assidue in praedictis locis Domino famulantes excubant atque ibi assiduum divinum explent officium, nequaquam assumant aut in suis usibus convertant: scimus enim, quia absque periculo atque dispendio animarum suarum hoc nullatenus facere possunt. Si quis haec statuta contempserit, utriusque careat, id est et beneficio et praebenda; atque si gradibus fruitur ecclesiasticis, ipsis privetur.

113. *De communicatione ecclesiae cum nihil habentibus.* Quod habet ecclesia, cum omnibus nihil habentibus habet commune; nec aliquid inde eis, quod sibi de suo sufficiunt, convenit erogare, quando nihil aliud sit habentibus dare, quam perdere.

114. *De his, qui sua possident et sibi aliquid dari volunt.* Nec illi, qui sua possidentes dari sibi aliquid volunt, sine grandi peccato suo unde pauper victurus erat accipiunt.

115. *De damnatis nuptiis.* Si quis viduam uxorem duxerit et postea cum filiastra sua,[2] fornicatus fuerit, seu duabus sororibus nupserit, aut si qua duobus fratribus nupserit, seu cum patre et filio: tales copulationes anathematizari nec unquam amplius coniugio copulari, sed sub magna districtione fieri praecipimus.[3]

116. *Ne proprius filius de baptismo suscipiatur.* Nullus igitur proprium filium vel filiam de fonte baptismatis suscipiat, nec filiolam nec commatrem ducat uxorem, nec illam, cuius filium aut filiam ad confirmationem tenuerit. Ubi autem factum fuerit, separentur.

117. *De subintroductis mulieribus.* Omnibus igitur clericis feminam secum in domibus suis habere ultra licentiam canonum firmiter sit contradictum.

118. *Iterum de pace ecclesiarum.* Praecipimus, ut in ecclesiis aut in domibus ecclesiarum vel atriis placita secularia minime fiant.

119. *De fugitivis clericis.* Ut[4] unusquisque episcopus in sua parrochia diligenter presbiteros vel clericos inquirat unde sint. Et si aliquem fugitivum invenerit, ad suum episcopum redire faciat.

120. *Quid sint laetaniae.* Laetaniae autem graeco nomine appellantur, quae latine dicuntur rogationes. Inter laetanias autem et exhomologesin[5] hoc differt, quod exhomologesis pro sola peccatorum confessione aguntur, laetaniae vero, quae indicantur propter rogandum Deum et impetrandam in aliquo misericordiam eius. Sed nunc iam utrumque vocabulum sub una designatione habetur.

121. *De clericis iniuste tonsoratis.* De clericis vero hoc statuimus, ut hi, qui hactenus inventi sunt sive in canonico sive in monachico ordine tonsorati sine eorum voluntate, si liberi sunt, ut ita permaneant. Et deinceps cavendum est, ut nullus tondatur nisi legitima aetate spontaneaque voluntate vel cum licentia domini sui.

122. *De eo, quid sit relinquere mundum.* Seculum autem relinquere est, sicut Gregorius dixit, seculi voluptatibus contraire. Hinc Paulus ammonet dicens: Qui emunt, tanquam non possidentes; et qui utuntur hoc mundo, tanquam non utantur: et Gregorius in libro pastorum: « Sic vobis ea, quae suppetunt exterius, serviant, quatenus a supernae dilectionis studio animum non flectant. »

123. *Quod incestum committit, qui se consanguineae suae usque affinitatis lineam coniungit.* Nullus fidelium usque affinitatis lineam, id est usque in septimam progeniem, consanguineam suam ducat uxorem vel eam quoquo modo incesti macula polluat. Si quis vero hoc scienter temerare praesumpserit, si liber fuerit, bannum nostrum, id est sexaginta solidos, fisco nostro persolvat, et insuper canonice ut incestus luat, ac publice iuxta canonicos gradus poeniteat. Si autem servus vel ecclesiasticus fuerit, publice flagelletur ac decalvetur, et iuxta episcopi proprii iussionem poenitentiam publice et canonice gerat. Quod si aliquis tam liber quam servus aut ecclesiasticus vel fiscalinus episcopo proprio vel suo sacerdoti aut archidiacono inoboediens vel contumax sive de hoc sive de alio quolibet scelere extiterit, omnes res eius a comite et a misso episcopi[6] ei contendantur, usque dum episcopo suo oboediat, ut canonice poeniteat. Quod si nec se ita correxerit et ad episcopum et canonicam poenitentiam venire distulerit, a comite comprehendatur et in carcerem sub magna aerumna retrusus teneatur, nec rerum suarum potestatem habeat, quousque episcopus iusserit. Quod si comes vel eius minister hoc adimplere distulerit, canonice ab episcopo suo vel a suo ministro excommunicetur; et usque dum haec pleniter adimpleat, semper communione catholicorum careat, usque dum ipsi episcopo humanius erga eum aliquid agere placuerit. Si vero, quod non optamus, ipse comes aut de praedictis causis, aut de ipsa excommunicatione inoboediens aut neglegens apparuerit, honore comitatus pariter et communione careat, usque dum ambo in nostram praesentiam veniant, ut nos illum episcopali auctoritate atque imperiali metu ita corrigamus, ut ceteri timorem habeant, ne deinceps talia committere ullatenus audeant.

124. *Ut incesti, quamdiu in scelere manent, non fidelium christianorum, sed tantum aut gentilium aut caticuminorum vel energuminorum locum teneant.* Incesti dum in ipso detestando atque nefando scelere manent, non inter fideles christianos, sed inter gentiles aut caticuminos vel energuminos habeantur, id est cum christianis non cibum sumant, non potum, non in eodem vasculo edant aut bibant, sed soli haec faciant; non osculentur aut salutentur ab eis. Sed si suis sacerdotibus inoboedientes exstiterint et a tam nefandissimo scelere se segregare atque ad publicam poenitentiam redire noluerint, inter eos habeantur, qui spiritu periclitantur immundo, vel etiam inter eos, de quibus ipsa per se veritas ait: Si te non audierit, sit tibi sicut ethnicus et publicanus. Nam cum fidelibus non debent orare nec in ecclesiam intrare, sed ante januam ecclesiae excubare et intrantibus in eam atque exeuntibus in ea vultu in terra prostrato veniam postulare et ut pro se orare non dedignentur flagitare, et lacrymis perfusi vultu contrito atque humiliato spiritu semper omnibus apparere usque ad satisfactionem ecclesiae et proprii episcopi canonicam reconciliationem, et ad pristinum incestum nunquam redire, nec secularia negotia exercere, nec placitis aut accusationibus vel testimoniis interesse, sed crebris sacerdotum precibus manusque pontificis proprii inpositionibus et elemosinarum largitionibus, atque caeterorum bonorum operum exhibitionibus, eos purgari sanarique oportet.

VARIANTES LECTIONES.

[1] hoc *Bal.* [2] c. filia matris G. [3] deest *Bal.* [4] deest *Bal.* [5] exhomologisin G. [6] dominico *Bal.*

ADDITIO QUARTA.

Sequentia quaedam capitula ex sanctorum patrum decretis et imperatorum edicti colligere curavimus atque inter nostra capitula lege firmissima tenenda generali cons tu Erchembaldo cancellario nostro inserere iussimus.

Hic desunt quaedam capitula quae in aliis libris inveniuntur : quae ideo praetermi imus, quia in fine tertii libri superius habentur inserta

1. *Ex sacrarum institutione legum, libro 12, capitulo* 10. Quam sit extraneus a christianae fidei regula, qui se defensorem veritatis insimulat et veritatem ipsam munerum acceptione commaculat, audiat contra se prophetam dicentem : *Pro eo, quod vendidistis argento iustum et pauperem pro calciamentis, ecce ego stridebo super vos, sicut stridet plaustrum onustum foeno; et peribit fuga a veloce, et fortis non obtinebit virtutem suam, et robustus non salvabit animam suam, et robustus corde inter fortes nudus effugiet*.

2. *Ex eodem libro, titulationis* [1] *tertiae capitulo* 15. Nulli christianorum vel [2] Iudeorum in utroque sexu permittimus ex propinquitate sanguinis sui vel uxoris suae atque etiam virorum iuxta legem, quae in christianis est lata, usque in septimi [3] generis gradum connubia ducere, vel incesti maculam operari. Huius igitur permixtionis inlecebra tali multabitur poena, ut separati ab invicem et centena publice decalvati flagella suscipiant et exilio religati sub publica poenitentia maneant, eorumque bona ad filios, quos de praecedenti coniugio habuerint, redeant; si tamen et ipsos aut in nullo Iudaicae praevaricationis maculaverit noxa, aut nulla incestivae nationis sordidaverit macula. Quod si aut nullos habuerint filios, aut habitos, ut dictum est, vel Iudaicus involverit error vel incesti foedaverit natio, tunc facultas praedictorum omnimoda in principis potestate consistat, qualiter principali discretione res ipsa aut in christianis eorumque heredibus concessa permaneat. Quod si heredes huiusmodi dignitatis defuerint, fisco nostro sociata deserviat. Illud tamen modis omnibus observandum fore praecipimus, ut si quis christianus vel christiana aut [4] Iudaeus vel Iudaea noviter nuptiale festum celebrare voluerint, non aliter quam eum praemissos dotis titulo quo in christianis salubri institutione praeceptum est, vel sacerdoti benedictione intra sinum sanctae Dei ecclesiae percepta coniugium cuiquam ex his adire permittimus. Quod si absque benedictione sacerdotis quisquam christianorum vel [5] Hebreorum noviter coniugium duxerit vel sollempnitatem legis pro dotali titulo in quocumque transcenderit : aut centum [6] principi solidos coactus exsolvat, aut centum [7] publice verberatus flagella suscipiat. Haec scilicet damnpna vel verbera singillatim unusquisque percipiat, videlicet tam ille, qui nupsit, quam ea, quae nupta est, vel etiam consentanei parentes eorum, unusquisque pro se ia tariam legis [8] suscipiat.

3. *In libro 7-tripertitae historiae capitulo* 12. Igitur Valentinianus cum ita saperet, sicut Nicaeni [9] patres, similia profitentibus proderat, aliter vero sapientibus non erat inportunus. Qui dum initio regni de urbe Constantinopolitana per Thracias [10] properaret ad Romam, tunc episcopi recte sapientes legatum miserunt Hicpauclanum episcopum, quatinus dignaretur ad emendationem dogmatis interesse. Is cum adisset imperatorem et episcoporum legationem intimasset, respondens imperator ait : Mihi quidem, cum unus [11] de populo sim, fas non est talia perscrutari; verum sacerdotes, quibus haec c ra est, apud semetipsos congregentur, ubi voluerit. Cum haec itaque respondisset princeps, in Lan psacum convenerunt episcopi. Cumque duos menses ractassent, inter caetera iuxta priores canones e iscopos eiectos atque suis rebus expoliatos ad [12] sec es proprias recipi [13] et primo sua omnia eis reddi ecreverunt. Et si quis post haec eos accusare vel et, eos periculo facere sanciverunt, iudices esse d ernentes episcopos recte sapientes in ecclesiam convenientes, ubi testes essent singulorum qui dic bantur oppressi. Et reliqua.

4. *Ex epistola* [14] *Leonis papae Calcidonen i con: i-l'o directa*. Plurimos fratres sedibus suis pul s et in exilia audivimus deportatos atque in locum s perstitum alios subtitutos. His primitus vulnerib s adhibeatur medicina iustitiae, ne quisquam it careat propriis, ut alter utatur alienis. Quem err em ita omnes relinquant sacerdotes, ut nemini quid m perire honor debeat; sed illis, qui pro fide la iprave-runt, prius cum omni privilegio suo oportet us proprium reformari. Et reliqua.

5. *Ex epistola Stephani papae scripta ge eraliter omnibus episcopis*. Quicquid in sacratis Deo ebus et episcopis iniuste agitur, pro sacrilegio deput bitur ; quia sacra sunt, et violari a quo uam non ebent. Nullus enim episcoporum, dum suis fuerit r us expoliatus aut a sede propria qualibet occasione pulsus, debet accusari aut a quoquam ei potest crim obici, priusquam integerrime restauretur et omni , quae ei ablata quocumque sunt ingenio, legibus edintegrentur et ipse propriae sedi et pristino st tui regulariter reddatur, ita ut omnes possessi nes et cuncta sibi iniuste sublata atque fructus omnes ante coeptam accusationem primates et syno us episcopo, de quo agitur [15], funditus restituan ; quia hoc non solum ecclesiasticae, sed etiam sa culi leges fieri docent.

6. *Augustinus ad Bonifacium de lapsoru restitutione*. Ut enim constitueretur in ecclesia, 1 e quisquam post aliquius criminis poenitentiam cle icatum accipiat vel ad clericatum redeat vel in c ericatu maneat, non desperatione indulgentiae, se rigore factum est disciplinae : alioquin contra clav s datas ecclesiae disputabitur, de quibus dictum est : *Quae solveritis in terra, soluta erunt et in coelo*. Sed ne forsitan etiam de cacteris criminibus spe onoris ecclesiastici animus intumescens superbe ageret poenitentiam, severissime placuit; ut post a tam de crimine damnabili poenitentiam nemo sit c ericus ; ut desperatione temporalis altitudinis medicin maior et verior esse humilitas. Nam et sanctus D vid de criminibus mortiferis egit poenitentiam, et t men in honore superstitit; et beatum Petrum, quan o amarissimas lacr mas fudit, utique Deum negas e poenituit, et tamen apostolus mansit. Sed non deo supervacua putanda est posterorum diligenti ; quia ubi saluti nihil detrahebatur, humilitati ali uid addiderunt, quo salus tutius muniretur, exper i credo

VARIANTES LECTIONES.

[1] titulo lationis *G*. [2] c. v. desunt *in lege Wisig*., *fonte huius cap*. [3] sextum *L. Wisig*. [4] c. . c. a. *non habet lex Wisig*. [5] c. v. desunt *in l. Wisig*. [6] sic *Bal. et Lex Wisig*.; LX *G*. [7] sic *Bal. et Lex Wisig. deest G*. [8]]. huius *Bal et L. Wisig*. [9] nicheni *G*. [10] tragias *G*. [11] minimus *Col rtimus*. [12] *in margine addidit G*., omisit *Bal*. [13] accipere *Bal*. [14] exempla *G*. [15] a. per p. et synodi e iscopos funditus (de q. a. desunt) *Bal*.

aliquorum fictas poenitentias per affectatas honorum potentias. Cogunt enim multas invenire medicinas multorum experimenta morborum.

7. *Ex epistola Leonis papae Aquileiensi episcopo directa.* Illam partem aecclesiasticae disciplinae, qua [1] olim a sanctis patribus et a nobis saepo decretum [2] est, ut nec in presbiteratus gradu nec in diaconatus nec in subsequenti ordine clericorum ad aliam ecclesiam transire ceiquam sit liberum, ut in integrum revoces ammonemus; ut unusquisque non ambicione illectus, non cupiditate seductus, non persuasione hominum depravatus, ubi ordinatus est - perseveret; ita ut si quis sua quaerens, non quae Iesu Christi, ad plebem et ad ecclesiam suam redire neglexerit, et ab honoris privilegio et a communionis vinculo habeatur extraneus.

8. *Ut nullus derogetur aut temere accusetur episcopus, nec a primatibus facile eorum suscipiatur accusatio; quia iniuria episcoporum ad Christum pertinet, cuius vice legatione junguntur. Ex decretis Anastasii papae.* Placuit, ut nullus temere accuset episcopum, neque a primatibus passim aut indifferenter super quibuslibet inpeticionibus audiatur, dicente Domino : *Non suscipias vocem mendacii*. Et ipsa veritas ait : *Quod tibi non vis fieri, alteri ne facias*; et reliqua. Et alibi scriptum est : *Quid prodest illi suo errore non pollui, qui consensum praestat erranti?* Procul dubio contra mandata dimittit [3], qui habet peccatum proprium et qui sequitur [4] alienum; et reliqua. Sed si quis in episcopum causam habuerit, primitus eum caritative conveniat et ei aut suam inculcet iniuriam aut eius correptionem, dicente Domino : *Si peccaverit in te frater tuus, vade et corripe eum inter te et ipsum solum. Si autem te non audierit, adhibe denuo duos aut tres tecum*; et reliqua. Prius ergo quam haec fiant, nemo praesumat episcopum manifeste accusare, quia nemo contra euangelium vel contra apostolum aut decreta patrum facit absque periculo. Paulus quoque apostolus praecipit dicens : *Seniorem ne increpaveris, sed obsecra ut patrem*; et alibi scriptum est : *Si quis fidelis est, videat ne falsa aut nociva loquatur aut cuiquam insidias ponat*; et alibi : *Sapiens non est qui nocet*; et Dominus in lege : *Non facias calumniam proximo tuo*; et idem : *Non eris criminator aut susurro in populis; non stabis contra sanguinem proximi tui. Leges meas custodite; ego Dominus*. Si haec de omnibus hominibus dicta sunt, quanto magis super episcopos sunt custodienda, de quibus Salvator ait : *Qui vos contristavit, me contristavit* [5]; *qui vos tangit, tangit pupillam oculi mei*, et cetera; item. *Qui facit iniuriam eis, recipiet id quod inique gessit*. Et in Daniele legitur : *Convertantur omnes, qui ostendunt servis his mala; confundantur in omnipotentia, et robur eorum conteratur, ut sciant, quia tu es dominus Deus solus et gloriosus super omnem terram* [6]. Et iuxta antiquae instituti ius edictum plus erga corrigendos agere debet benivolentia quam severitas; plus cohortatio quam commotio; plus caritas quam potestas. Et Dominus per prophetam monet dicens : *Cohibe linguam tuam a malo, et labia tua ne loquantur dolum. Diverte quoque a malo et fac bonum*. Nemo enim bonum faciens alteri verbo aut facto nocere vult. Si quis haec non observaverit, hostis est animae suae. Siquidem clerici fuerint, gradu proprio decidant; si vero laici vel monachi fuerint, amplius pelli debent vel extorres fiant.

9. *Ut quicumque habens querelam in episcopum vel in actores ecclesiae non prius adeat iudices eorum, quam ipsos quibus aliquid opponit, familiariter conveniat, ut ab eis caritative aut emendationem aut rationabilem recipiat excusationem.* Placuit, ut si quaecumque persona contra episcopum vel actores ecclesiae se proprium crediderit habere negotium, prius ad eum recurrat caritatis studio, ut familiari colloquio commonitus ea sanare debeat, quae in querimoniam deducuntur. Quam rem si differre voluerit, sententiam suscipiat excommunicationis, et reliqua [7].

10. *Ut non accusetur episcopus apud iudicem secularem.* Ut nullus episcopum apud iudices seculares accusare praesumat, sed apud summos primates.

11. *Ut si quis se gravari* [8] *putaverit, vocem appellationis exhibeat.* Placuit, ut accusato, si iudicem suspectum habuerit, liceat appellare, quia non oportet negari audientiam roganti.

12. *De retractanda conprovinciali sinodo per apostolicos* [9] *legatos.* Ut provincialis sinodus retractetur per vicarios urbis Romae episcopi, si ipse decreverit.

13. *Ut nullus criminosus accuset episcopum.* De his, qui in accusationem maioris natu veniunt, placuit, ut episcopum nulli criminoso liceat accusare.

14. *Ut criminalia negotia non per procuratores, sed per ipsos agantur.* Si quando in causa capitali vel in causa status interpellatum fuerit, non per procuratores, sed per ipsos est agendum [10].

15. *De maiore iudicum appellatione.* Placuit, ut a quibuscumque iudicibus aecclesiasticis ad alios iudices aecclesiasticos, ubi est maior auctoritas, fuerit provocatum, audientia non negetur.

16. *Ut nullus metropolitanus sine ceterorum omnium conprovincialium episcoporum praesentia aut consilio, nisi quantum ad suam propriam pertinet parrochiam, quicquam agere praesumat. Simili er et reliqui episcopi agant circa eum. Ex sinodo Romana quinta.* Si quis metropolitanus episcopus, ni quod ad suam solummodo propriam pertinet parrochiam, sine consilio et voluntate omnium conprovincialium episcoporum extra aliquid agere temptaverit, gradus sui periculo subiacebit, et quod egerit, irritum habeatur et vacuum. Sed quicquid de conprovintialium coepiscoporum causis suarumque ecclesiarum et clericorum atque secularium necessitatibus agere aut disponere necesse fuerit, hoc cum omnium consensu conprovintialium agatur pontificum, non aliquo dominationis fastu, sed humillima et concordi administratione, sicut Dominus ait : *Non veni ministrari, sed ministrare*. Et alibi : *Qui maior est vestrum, erit minister vester* [11]; et reliqua. Similiter et ipsi conprovinciales episcopi cum eius consilio nisi quantum ad proprias pertinet parrochias agant iuxta sanctorum constituta patrum, ut uno animo, uno ore concorditer sancta glorificetur Trinitas in saecula.

17. *Qualiter episcopus ad synodum convocetur et qualiter in ea de illo agatur.* Sancta sinodus Romana dixit : Haec sunt quae deinceps propter malorum hominum insidias, qui in ecclesiam et in ecclesiasticos indifferenter saeviunt viros, conservari firmissime volumus in saecula. Si quis episcopus ab illis accusatoribus, qui recipiendi sunt, fuerit accusatus, postquam ipse ab eis caritative conventus fuerit, ut ipsam causam emendare debeat, et eam corrigere noluerit: non olim, sed tunc ad summos primates causa eius canonice deferatur, qui [12] in congruo loco infra ipsam provinciam tempore in canonibus praefixo Nicaenis concilii canonice convocare debebunt, ita ut ab omnibus eiusdem provinciae epi copis in ea audiatur; in quam et ipse canonice convocatus, si eum aut infirmitas aut alia gravis necessitas non detenuerit, adesse debebit; quia ultra provinciae terminos accusandi ante licentia non est, quam audientia ro-

VARIANTES LECTIONES

[1] que G. [2] in G. secunda manus corréxit decreta quitur G. [3] G. corr. manu sec. admittit. [4] secuntur corr. sequitur G. [5] contractavit G. [6] orbem terrarum Bal. [7] e. r. omittit Bal. [8] gravare G. [9] apostolici Bal. [10] agenda Bal. [11] deest Bal. [12] quia Bal.

getur. Nam si suis fuerit rebus expoliatus, quod absit, aut quod alienum ab omnibus esse debet fidelibus, a sede propria eiectus, aut in detentione aliqua a suis ovibus fuerit sequestratus : tunc canonice antequam in pristinum restituatur honorem et sua omnia, quae ab insidiis inimicorum suorum ei ablata fuerint, redintegrentur, nec convocari nec iudicari poterit, nisi ipse pro sua necessitate, minime tamen iudicandi, advenire sponte elegerit. Nec omnino a quoquam respondere rogetur, antequam integerrime omnia, quae per suggestiones inimicorum suorum amiserat, potestati eius ab honorabili concilio redintegrentur, et praesul ut / prius statui pristino reddatur. Et ipse dispositis ordinatusque libere ac secure suis, tunc canonice convocatus ad tempus sinodo in legitima et canonica veniat ad causam. Et si ita iuste videtur, accusantium propositionibus respondeat; nam hoc summopere providendum est, ne antequam omnia haec fiant coactus respondeat, quia contentio semper vitanda est. Adimi namque episcopo episcopatum, antequam causae eius exitus appareat, nulli christiano videri iure potest. Quod si aegrotans fuerit episcopus aut aliqua e.m gravis necessitas detinuerit, pro se legatum ad synodum mittat. Nec a communione suspendatur cui crimen intenditur [2], nisi ad causam sua n dicendam electorum iudicum die statuta literis evocatus minime occurrerit; hoc est nisi alia praeoccupaverit necessitas infra spatium duorum vel trium mensium et eo amplius, prout causa dictaverit. Quod si ex utraque parte ad causam dicendam venerint, quia unus absque altero audiri non debet, quaerendum est in iudicio, cuius sint conversationis et fidei atque suspicionis accusatores, aut qua intentione hoc faciant; quia ad hoc admitti non debent nisi bonae conversationis et rectae fidei viri, et qui omni suspicione careant et bona vita clareant neque infames existant. Quod si accusatorum personae in iudicio episcoporum culpabiles [3] apparuerint, ad arguendum non admittantur, nisi proprias causas, non tamen criminales vel ecclesiasticas, obiecerint. Infamis enim persona nec procurator potest esse nec cognitor. Absente vero adversario non audiatur accusator; nec sententia absente parte alia a iudice dicta ullam obtinebit firmitatem; neque absens per alium accusare aut accusari potest, nec affinis testis admitti. Neminem ergo exhiberi de provincia ad provinciam vel ad comitatum oportet, nisi ad relationem iudicis ad quem fuerit appellatum, id est, ut actor semper rei forum sequatur. Si quis autem iudicem adversum sibi senserit, vocem appellationis exhibeat, quam nulli oportet negari. Et reliqua.

18. *Ut accusatio cle icorum intra provinciam fiat, nisi forte accusatus maiorem appellaverit auctoritatem.* Si quis clericus super quibuslibet criminibus pulsatus fuerit, in provincia qua consistit ille qui pulsatur, suas exerat actiones, nec aestimet eum accusator suus alibi aut longius pertrahendum ad iudicium. Ille [4] vero, qui pulsatus fuerit, si iudicem suspectum habuerit, liceat appellare.

19. *Ut peregrina iudicia non fiant.* Peregrina iudicia generali sanctione prohibemus [5]; quia indignum est, ut ab externis iudicetur, qui provinciales a se electos debet habere iudices.

20. *Ut nullus metropolitanus [6] aliquorum pontificum suorumque clericorum aut ecclesiarum causas audiat absque omnium conprovincialium episcoporum praesentia. Ex sinodo Romana tertia.* Nullus metropolitanus episcopus absque ceterorum omnium conprovincialium episcoporum instantia aliquorum audiat causas episcoporum [7], quia irritae erunt. Immo nec [8] suorum sacerdotum causas audiat absque

praesentia clericorum suorum, quia irrita rit sententia episcopi, nisi praesentia clericorun confirmetur.

21. *De rimanda accusatoris persona. Ex de eto Sixti papae, capitulo 8.* Placuit, ut semper prim in accusatione clericorum persona [9], fides, conv rsatio et vita blasphemantium perscrutetur; nam fid s omnes actus hominis debet praecedere, quia dubiu in fide infidelis est: Nec eis omnino esse [10] credendum, qui veritatis fidem ignorant nec rectae conv rsationis vitam ducunt; quia tales facile et indiffere ter lacerant [11] et criminantur recte et pie viv tes. Ideo suspicio [12] eorum discutienda est primo t corrigenda.

22. *De personis et accusationum querelis non recipiendis. Ex sexta sinodo Romana capitulo 11; cum qua et Nicena sinodus [13] et decreta Iulii et immachi papae et alia sinodica concordant.* Accusato es et accusationes quas seculi leges non adsciscun , et nos submovemus.

23. *Ut nullus episcopus alterius parrochia um retinere, ordinare aut iudicare praesumat. Ex d cima sinodo Romana capitulo 7; cum qua et [14] oncordat Antiocenum concilium in [14] capitulo 22.* N llus episcopus alterius parrochianum praesumat retinere, aut ordinare absque eius voluntate vel udicare; quia sicut irrita erit eius ordinatio, ita et di udicatio; quoniam censemus nullum alterius iudicis nisi sui sententia teneri. Nam qui eum ordinare n n potuit, nec iudicare ullatenus poterit.

24. *De primatu [15] sedis apostolicae, cui ep scoporum finitiva iudicia et congregandarum sinodoru n privilegia sunt reservata. Et de canonica episcopi ocatione. Ex sinodis Romanis capitulo 49, et ex de retis Iulii papae.* Nullus episcopus, nisi canonice v catus et in legitima sinodo suo tempore apostolica a ctoritate convocata, cui iussione Domini et meritis b ati Petri apostoli singularis congregandorum concili rum auctoritas et sanctorum ac canonum veneran orum patrum decretis multipliciter privata tradita est potestas, super quibuslibet criminibus pulset r, d est iudicetur, audiatur vel impetatur. Sin aliter praesumptum a quibuslibet fuerit, in vanum deduc tur quod egerunt; nec inter ecclesiastica ullo mod reputabitur, nec ullas habebit vires quicquid ei o viaverit: quoniam eadem sedes testante veritatis vo e primum primatum obtinuit. Nec prima diceretur si aliam super se haberet: quae etiam caput es omnium ecclesiarum, a qua omnes sumpsere origi em: primatum enim non sinodalibus aut aliquibus commentis meruit institutis, sed Domino largient qui ait: *Tu es Petrus, et super hanc petram aedific bo ecclesiam meam*; et reiqua talia et his similia Quibus si aliquis superbo spiritu obviaverit praece tionibus, non exeat inpunitus, sed gradus su periculo subiacebit.

25. *Ut si quis metropolitanum suspectum habuerit, apud primatem audiatur. Ex concili Calc do ense capitulo 17.* Si quis putaverit se a proprio me opolitano gravari, apud primatem dioceseos aut apu Constantinopolitanae civitatis sedem agat iudici m. Et reliqua.

26. *De accusationis ordine, et ut non f cile quisq. am ac useatur. Ex sexta sinodo Romana apitulo 9; cum qua et aliae sanctiones imperatorum et inodatium episcoporum concordant.* Accusationis ordi em dudum canonicis inst.tutum decretis servare iube mus; ut si forte aliquis clericorum in civili aut crim nali causa pulsatur vel in crimine capitis accersitur, non statim reus aestimetur, qui accusari potuit, no subiectam innocentiam faciamus. Sed qu squis ille e t, qui crimen intendit, in iudicium veniat, nomen ei indicet,

VARIANTES LECTIONES.

[1] deest *Bal.* [2] detinuerit *G.* [3] culpabilis *Bal.* [4] illi *Bal.* [5] inhibemus *Bal.* [6] metropolit norum *G.* [7] eorum *G.* [8] et corr. nec *G.* [9] sic *G.* corr. personae. [10] ee *G.* primo scripserat, sed alterum e abrasum est. [11] l. quousque et *Bal.* [12] s. prius e. *G.* [13] sinodo *G.* [14] deest *Bal.* [15] prima *G.*

vinculum inscriptionis arripiat, custodiat similitudinem, habita tamen dignitatis aestimatione patiatur. Nec sibi fore noverit licentiam mentiendi, cum [t] calumniantes ad vindictam poscat similitudo supplicii.

27. *Ut accusato episcopo* [1] *liceat appellare apostolicam sedem, si voluerit. Ex edictis synodalibus sub Theodosio imperatore decretis eiusque auctoritate roboratis : quae si quis quaesierit, in suis inveniet episto!arum libris.* Placuit, ut si episcopus accusatus appellaverit Romanum pontificem, id statuendum quod ipse censuerit.

28. *De accusato vel iudicato episcopo, si bonam putaverit* [2] *habere causam et voluerit a Romano audiri pontifice, a nullo prohibeatur, sed libere hoc ei et absque ullo impedimento concedatur. Ex quibus supra* [3], *cum quibus et Sardicense concilium, et alia decreta canonum et sanctorum patrum concordant.* Ut accusato vel iudicato in aliqua causa episcopo liceat iterare iudicium, et si necesse fuerit aut ipse voluerit, absque ulla detentione aut inpeditione Romanum adire pontificem. Et dum iterato iudicio pontifex causam suam agit, sua non privetur sede aut dignitate; quoniam dudum a sanctis patribus statutum est, ut accusati nullus usurpet sedem episcopi. *Et alibi :* Adimi episcopo episcopatum, antequam causae eius exitus appareat, nulli christiano videri iure potest. Et reliqua.

29. *Ut dum accusatus vel iudicatus episcopus Romanum appellaverit pontificem, nulla ei lesio fiat, neque aliquis eius arripiat sedem aut in eius loco ordinetur episcopus, antequam eius causa romani papae sit terminata iudicio. Ex quibus supra cum quibus et multa sanctorum patrum et canonum* [b] *decreta consentiunt.* Placuit, ut accusatus vel iudicatus a comprovincialibus in aliqua causa episcopus licenter appellet et adeat apostolicae sedis pontificem, qui aut per se aut per vicarios suos eius retractari negotium procuret. Et dum iterato iudicio pontifex causam suam agit, nullus alius in eius loco ponatur aut ordinetur episcopus; quoniam quamquam comprovincialibus episcopis accusati causam pontificis serutari liceat, non tamen definire inconsulto Romano pontifice permissum est, cum beato Petro apostolo non ab alio, quam ipso Domino dictum est : *Quaecumque ligaveris super terram, erunt ligata et in coelis ; et quaecumque solveris super terram, erunt soluta et in coelis.*

30. *De episcoporum appellatione ad* [5] *Romanam ecclesiam, quociens necessitas exposcerit, cui episcoporum et summarum causarum* [6] *negotia singulari privilegio a patribus reservata sunt. Ex quibus supra, cum quibus maxime cuncta canonum et sanctorum patrum decreta concinunt.* Ut omnes episcopi, qui in quibusdam gravioribus pulsantur vel criminantur causis, quociens necesse fuerit, libere apostolicam appellent sedem atque ad eam quasi ad matrem confugiant, ut ab ea, sicut semper fuit, pie fulciantur, defendantur et liberentur, cuius dispositioni omnes maiores [7] ecclesiasticas causas et episcoporum iudicia antiqua apostolorum eorumque successorum atque canonum auctoritas reservavit. Quoniam culpantur episcopi, qui aliter erga fratres egerint, quam eiusdem sedis papae fieri placuerit : canonibus quippe iubentibus in talibus absque Romano nil decerni pontifice nec ad synodum episcoporum convocari debere, et quicquid ex his eo inconsulto praesumptum fuerit, viribus carere.

31. *De causa Lupicini episcopi. Ex epistola Leonis papae Africanis episcopis directa.* Causam Lupicini episcopi, quia sic nobis placuit, illic [8] iubemus audiri; cui multum et saepius postulanti communionem hac ratione reddidimus, quoniam cum ad nostrum iudicium provocasset [9], immerito cum pendente negotio a communione videbamus [10] fuisse suspensum. Adiectum etiam illud est, quod huic temere superordinatus esse cognoscitur; qui non debuit ordinari, antequam Lupicinus in praesenti positus aut confutatus aut certe confessus iustae possit subiacere sententiae ; ut vacantem locum, quemadmodum disciplina aecclesiarum exigit, is qui consecrabatur acciperet. Si qua [11] vero alia emerserit causa, quae a statum aecclesiarum et ad concordiam pertineat [12] sacerdotum, illic ob timorem Domini volumus, ut modo ventilentur et de conponendis atque conpositis omnibus ad nos relatio plena mittatur ; ut ea, quae iuxta ecclesiasticum morem iuste et rationabiliter fuerint definita, nostra quoque sententia roborentur. Ex his enim possumus cognoscere, qualiter de ceteris agatur, qualiter nos nil contra statuta maiorum egisse peniteat [13].

32. *De laicis praesumentibus disputare de religione* [14]. *Ex sinodalibus statutis et imperatorum edictis ex libro 16. Theodosii imperatoris de his, qui super religione contendunt.* Imperator [15] Valentinianus, Theodosius et Arcadius AAA. una cum decreto episcoporum Tatiano [16] praefecto praetori. Nulli egresso ad publicum disceptandi de religione vel tractandi vel consilii aliquid deferendi [17] patescat occasio. Et si quis posthaec ausu [18] gravi atque dampnabili contra huiusmodi legem veniendum esse crediderit vel insistere motu pestiferae perseverationis audebit, conpetenti poena et digno supplicio coerceatur. Data 16. Kal. Iul. Theodosio augusto bis et Quinegio [19] conss.

33. *De* [20] *epistola Leonis papae ad Theodericum* [21] *Ciri episcopum directa* [22]. Illud, quod nobis propter improbitatem quorundam monachorum verbo mandasti, specialiter praedictorum patrum statuta firmantes statuimus, ut praeter Domini sacerdotes ab episcopo eiusdem videlicet loci electos nullus audeat praedicare, sive sit monachus sive laicus, qui cuiuslibet scientiae [23] nomine glorietur.

34. *De delatoribus. Ex concilio Helibertano.* Delator si quis extiterit fidelis, et per delationem eius aliquis fuerit praescriptus vel interfectus, placuit eum nec in fine [24] accipere communionem. Si levior quoque causa fuerit, intra quinquennium accipere poterit communionem. Si catecuminus fuerit, per quinquennii tempora admittatur ad baptismum.

35. *Clerici accusatores fratrum ad communionem recipiantur, non ad clerum. Ex concilio Cartaginis.* Ut episcopi accusatores fratrum excommunicent ; et si emendaverint vitium, recipiant eos ad communionem, non ad clerum.

36. *De praesidibus vel ceteris rem publicam agere volentibus, ne sine litteris episcopi sui communicent. Et cum contra disciplinam egerint* [25], *excommunicentur. Ex concilio Arelatense.* De praesidibus, qui fideles ad praesidatum prosiliunt, ita placuit, ut cum promoti fuerint, litteras accipiant ecclesiasticas, id est communicatorias; ita tamen, ut in quibuscumque locis gesserint, ab episcopo eiusdem loci cura illis agatur, ut cum ceperint contra disciplinam agere [26], tum demum a communione excludantur. Similiter et de his, qui rem publicam agere volunt.

37. *Ut clerici vel laici in aliena aecclesia non co..*

VARIANTES LECTIONES.

[1] *deest* G. [2] patuerit *corr.* potuerit G. [3] super G. [4] canonicum G. [5] deest G. [6] summa negotia *Bat.* [7] deest G. [8] *sic Bat. et Leonis ep.* 87. illi G. [9] provocatus G. [10] videamus G. [11] quae v. aliae emerserint causae *Bat.* [12] pertineant *Bat.* [13] p. Data IV Idus Augusti *Bat.* de l ... [14] religione *desunt* G. [15] imperatores *Bat.* [16] Tratiano G. [17] differendi G. [18] usu G. [19] qui negotio G. [0] *Bat. praemittit :* Nullus monachus praeter Domini sacerdotes audeat praedicare. De [21] *sic* G *et Leonis epist:* 63 Theodoritum *Bat.* [22] decreta *corr.* directa G. [23] sententia G. [24] finem *Bat.* [25] erint G. [26] d. publicam a. *Bat.*

municent sine litteris episcopi sui. *Ex concilio Cartaginis.* Cassius [1] Velenensis episcopus dixit : Statuat gravitas vestra, ut unusquisque clericus vel laicus non communicet in alia plebe sine litteris episcopi sui.

38. *Item in capitulo* [2] *domni Karoli imperatoris.* Si quis saecularium tam maioris ordinis quam et inferioris peccatum egerit, et vocatus sui episcopi auctoritate ad emendationem ac penitentiam venire distulerit, tamdiu sit ab ecclesia extorris et a catholicorum consortio sequestratus, quousque quod illicite commisit emendet, ac reatum suum usque ad satisfactionem canonice diluat, atque reconciliatione proprii episcopi divinis precibus indulgentiam consequatur et veniam, ecclesiaeque gremio, a cuius utero deviaverat, peracta satisfactione ab eodem per satisfactionem [3] emendatus episcopo canonice reddatur.

39. *De honore et pace sanctae ecclesiae.* Ut honor et pax aeque iustitia sanctae Dei ecclesiae et servorum eius inlaesus ab omnibus conservetur.

40. *De Dei sacerdotibus et ministris altaris.* Ut Dei sacerdotibus et ministris altaris contra canonicam auctoritatem nulla laesio a quoquam fiat.

41. *De concordia episcoporum et comitum.* Ut episcopi et comites concordes sint ; et comites eorumque ministri episcopis atque eorum ministris in omnibus adiutores existant.

42. [4] *De incendio et rapina.* Ut incendium vel rapinam in nostro regno nullus faciat. Et fures vel raptores fortiter constringantur , ut nullis [5] sua auferre audeant, nisi gratis tribuantur aut iusto censu exigantur.

43. *De pace custodienda.* Ut pax in nostro regno secundum morem parentum nostrorum omnibus conservetur.

44. *De puella virgine vel vidua.* Ut puellam virginem vel viduam nullus rapiat, nec facere volentibus consentiat.

45. *De banno persolvendo.* Ut ex his singulis bannus noster persolvatur, si a quoquam frustrata haec fuerint [6]; et fideiussores usque ad nostram praesentiam fidissimos comitibus vel missis nostris horum corruptores singuli tribuant, ut [7] iuxta Romanam legem haec corrigantur [8].

46. *De negotio saeculari.* Ministri autem altaris Domini vel monachi nobis placuit ut a negotiis saecularibus omnino abstineant. Multa sunt ergo negotia saecularia [9]; de his tamen pauca perstrinximus. Ad [10] quae pertinet [11] omnis libido, non solum in inmunditia carnis, sed etiam in omni carnali concupiscentia. Quicquid plus iusto [12] appetit homo, turpe lucrum dicitur. Munera iniusta accipere vel etiam dare, pro aliquo saeculari conquestu pretio aliquem conducere, contentiones et lites vel rixas amare, in placitis saecularibus disputare , excepta defensione orfanorum aut viduarum, conductores aut procuratores esse saecularium rerum , turpis verbi vel facti ioculatorem esse, vel iocum saecularem diligere, aleas amare, ornamentum inconveniens proposito suo quaerere, in deliciis vivere vel [13] gulam et ebrietatem sequi, pondera iniusta vel mensuras habere, negotium iniustum exercere, non tamen iustum negotium est contradicendum propter necessitates diversas; quia legimus sanctos apostolos negotiasse, et in regula sancti Benedicti praecipitur praevidere, per quorum manus negotium monasterii transeat : canes et aves sequi ad venandum, in omnibus, quibuslibet sit causis , superfluum esse. Ecce talia et his similia ministris altaris Domini necnon et monachis omnino contradicimus ; de quibus dicit apostolus : *Nemo militans Deo implicat se negotiis saecularibus.*

47. *De imitatione apostolica.* Apostolus ait : *Imitatores mei estote et observate eos, qui ita ambulant, sicut habetis formam nostram ; non observant s* [14] *eos, qui sunt inimici crucis Christi, quorum finis interitus, quorum deus venter est, et gloria in confusione ipsorum, qui terrena sapiunt.* Nostra autem conversatio in coelis est. Sicut Hieronymus in epistola ad Galatas ait : « Aemulantur autem [15] bene, qui, cum [16] vi eant vel audiant esse in aliquibus gratias, dona virtutum ue, ipsi tales esse desiderant, et fidem, vitam atque in ustriam eorum, per quae illa meruerunt , nituntur imitari, ut possint ea quoque bona aemulatione dign consequi, » magis quaerentes spiritalia quam car alia , ut perseveranti gradu ad finem boni operis pervenire possint. Augustinus in libro [17] de agone christianorum, hanc sententiam interpretans ait : *Imitator s mei estote, sicut et ego Christi.* Quare intelle endum, etiam ipsum apostolum in semetipso triumphasse de potestatibus huius mundi , sicut de Deo non dixerat, cuius se imitatorem esse profitetur. Iteimur ergo et nos illum , sicut hortatur , et ca tigemus corpus nostrum et in servitutem redigamus si mundum volumus vincere. Aliquando quidem si aexemplo Christi nos [18] fieri imitatores iubet icendo : *Imitatores mei estote, sicut et ego Christi.* Aiquando quidem de se resipiscens ad Deum, ad ip ius nos imitationem hortatur dicens : *Estote imitat res Dei, sicut filii carissimi.* Iam vero demonstrans, uia nihil hanc imitationem ita pariat, quam si ita v vat aliquis, ut bonum eius in commune proficiat a ue universis utiliora praevideat , adiunxit : *Am ulate in caritate.* Ideo cum dixisset, *Imitatores m. estote* , continuo de caritate disseruit, quia haec p aecipue virtus homines Deo proximos facit.

48. *De canonicis clericis, ut canonice vi ant.* In omnibus igitur quantum humana permitti fragilitas decrevimus ut canonici clerici canonice vivant, observantes divinae scripturae doctrinam t documenta sanctorum patrum, ut [19] nil sine licentia episcopi sui vel magistri eorum composi e agere praesumant.

49. *De his, qui servos suos extra iudicem necant.* Si quis servum proprium sine conscienti iudicis occiderit, excommunicatione vel penitenti biennii reatum sanguinis emundabit.

50. *De his, qui ad pacem non revertuntur.* Placuit, ut, sicut plerumque fit, quicumque odio au longinqua inter se lite discesserint et ad pacem evocari diuturna intentione nequiverint, a civitat s primitus sacerdotibus arguantur. Qui si inimiciti s deponere perniciosa intentione noluerint, de cclesiae coetu iustissima excommunicatione pellant r.

51. *De his, qui intrant in ecclesiam et pr pter nimiam luxuriam suam a sacramento se absti ient.* Si quis intrat in ecclesiam Dei et sacras s ripturas non audit et pro luxuria sua avertit se a ommunione sacramenti et in observandis mysteri s declinat constitutam regulam disciplinae, istu talem proicienduum de ecclesia catholica esse dec rnimus, donec poenitentiam agat et ostendat fructum enitentiae suae, ut possit communione percept indulgentiam promereri.

52. *De clericis vel laicis.* De clericis vel laicis a communione submotis ab aliis non recipie dis episcopis.

53. *De clericis adversus invicem negotia propria habentibus.* Non oportet clericos habentes dversus invicem negotia proprium episcopum relin ucre et ad saecularia iudicia convolare.

VARIANTES LECTIONES.

[1] Cassianus *G.* [2] *ex capitulis Bal.* [3] *ab eadem satisfactione G.* [4] *cum capp.* 42 45 *cf. Capi ulare de banno dominico, supra.* [5] *nullus corr. nullis G.* non ulli *Bal.* [6] fecerint *G.* [7] et *G.* [8] corrigant . [9] singularia *G.* [10] deest *G.* [11] pertinent *G.* [12] iniusto *G.* [13] vivere velle g. *Bal.* [14] observetis *Bal.* [15] ait *Bal.* [16] quicunque v. *Bal.* [17] *primo Bal. addit, quum unum tantum scripserit Aug.* [18] christianos *G.* [19] et *Bal.*

54. *De eo, qui ex ommunica'us ante audientiam communicare praesumpserit* Si quis excommunicatus ante audientiam communicare praesumpserit, ipse damnationem in se protulit.

55. *De potente, qui aliquem ex oliaverit*. Si quis potentium queml·bet expoliaverit et admonente episcopo non reddiderit, excommunicetur.

56. *Quod e clesiarum omnium dotes ad episcopi ordinationem deb·ant pertinere*. Multi contra canonum constituta sic ecclesias, quas aedificaverint, postulant consecrari, ut dotem, quam eius ecclesiae contulerint, censeant ad episcopi ordinationem non pertinere. Qu d factum et in praeterito displicet et in futuro prohibetur; sed omnia secundum constitutionem antiquam ad episcopi ordinationem et potestatem pertineant.

57. *De his, quae a fidelibus in parrochitanis basilicis offeruntur*. De his, quae parrochiis in terris, vineis, mancipiis atque peculiis quicumque [1] fideles obtulerint, antiquorum canonum instituta serventur, et omnia in episcopi potestate consistant. De his tamen, quae in altario accesserint, tertia pars [2] fideliter episcopis deferatur.

58. *De quatuor portionibus aecclesiasticis*. Quod in unaquaque ecclesia, cui episcopus praeest, quatuor tam de reditibus, quam de oblatione [3] fidelium fieri debeant portiones: ut una sit episcopi, alia clericorum, tertia pauperum, et quarta fabricis aecclesiasticis ad licetur.

59. *De eo, qui anathematis poenam parvi duxerit*. Ex epistola papae Gelasii. Ut si quis anathematis poenam parvi duxerit, etiam documento, quo se putat praedium possidere, frustretur, liceatque cu libet ecclesiasticae personae vocem contradicendis adferre et cum fructibus praeteriti temporis eadem praedia alienata reposcere.

60. *De his qui contemptores canonum extiterint laicis*. Ut laici contemptores canonum excommunicentur, clerici honore priventur.

61. *Ut populus ante completam missam et benedictionem acce tam egredi non praesumat*. Cum ad celebrandas missas in Dei nomine convenitur, populus non ante discedat, quam missae sollempnitas conpleatur. Et ubi episcopus fuerit, benedictionem accipiant sacerdotis. Sacerdote autem verbum in ecclesia faciente qui egressus de auditorio fuerit, excommunicetur.

62. *De his, qui ecclesiastica ieiunia absque necessitate dissolvunt*. Si quis eorum, qui continent ac student, absque necessitate corporea tradita in communi ieiunia et ab ecclesia custodita superbiendo dissolvit stimulo suae cogitationis impulsus, anathema sit.

63. *Ut sacramentum caticuminis non praebeatur*. Item placuit, ut etiam per sollempnissimos paschales dies sacra entum corporis et sa guinis Domini caticuminis non detur, nisi solitum salis; quia si fideles per illos dies sacramenta non mutant, nec caticuminos oportet mutare. Quae forma etiam a publice penitentibus omnino sequenda est.

64. *De his, qui rebaptizati vel reconfirmati sunt, quid sit agendum*. De his, qui rebaptizati sine a'iqua necessitate vel tormento lapsi sunt, placuit, ut circa eos illa Nicenae sinodi statuta serventur, quae de praevaricatoribus constituta esse noscuntur; id est ut annis septem inter caticuminos orent; et duobus inter catholicos; et postea moderationi et clementia episcopi fidelibus in oblatione et eucharistia communicent. Quam formam sequantur et reconfirmati.

65. *De clericis, qui ad saecularium defensionem confugiunt propter districtionem episcopi*. Placuit, ut clericus, si relicto officio suo propter districtionem

episcopi ad saecularem [4] fortasse confugerit et is ad quem recurrit, solatium defensionis [5] incenderit, cum eodem de ecclesiae communione pellatur.

66. *De turpiloquiis*. Clericos scurriles et verbis turpibus ioculares ab officio detrahendos.

67. *De clericis, qui in convivio cantare praesumpserint*. Clerici inter epulas cantantes supradictae sententiae severitate coerceantur.

68. *Ne clericus per creaturas iuret*. Clericum per creaturas iurantem acerrime obiurgandum; si perstiterit in vitio, excommunicandum.

69. *Ne ante horam diei tertiam quis ad convivium pergat nec ante benedictionem manducet*. Non oportere [6] clericos vel laicos religiosos ante sacram horam diei tertiam inire convivia, neque aliquando clericos nisi hymno dicto edere panem, et post cibos gratias auctori Deo referre.

70. *Ut presbiter, si inconsulto episcopo agendam celebraverit, honore privetur*. Ex concilio Cartaginis. Numidius episcopus Massilitanus [7] dixit : In quibusdam locis sunt presbiteri, qui aut ignorantes simpliciter aut dissimulantes audacter praesente et inconsulto episcopo cum pluribus [8] in domiciliis agunt agendam. Quod disciplinae incongruum esse cognoscit sanctitas vestra. Genilius episcopus dixit : Fratres et coepiscopi nostri dignae suggestioni tuae respondere propter ignorantiam non morantur. Ab universis episcopis dictum est : Quisquis presbiter inconsulto episcopo agendam in quolibet loco voluerit celebrare, ipse honori suo contrarius exisit.

71. *Ne presbiter benedictionem vel poenitentiam in ecclesia dare piaesumat*. Benedictionem super plebem in ecclesia fundere aut poenitentem in ecclesia benedicere presbitero penitus non licebit.

72. *Iudicio multitudinis ordinationes fieri non debere*. Quod non sit permittendum turbis electiones eorum facere, qui sunt ad sacerdotium provehendi.

73. *Si qui clerici ab episcopis suis promoti contenderint [9], nec illic maneant, unde recedere noluerunt*. Ex concilio Cartaginis. Placuit, ut quicumque clerici vel diaconi pro necessitatibus ecclesiarum non optemperaverint episcopis suis volentibus eos ad honorem ampliorem in sua ecclesia promovere, nec illic ministrent in gradu suo, unde recedere noluerunt.

74. *Ex decretis papae Gregorii iunioris, de incestis*. Si quis consobrinam duxerit in coniugium, anathema sit. Et [10] paulo post infert et dicit : « Si quis de propria cognatione vel quam cognatus habuit duxerit uxorem, anathema sit. » Et Dominus in lege divina ait : Omnis homo ad proximam sanguinis sui non accedat, ut revelet turp tudinem eius. Et paulo post : Nec acced t ad uxorem eius, qui sibi affinitate coniungitur. Item unde supra : « Nullus certi gradus consanguineam in coniugium accipiat aut sibi sceleratis nuptiis desideret copulari. » Item ex dictis episcoporum et imperatorum Theodosii et aliorum : « In septem gradibus omnia propinquitatum nomina continentur, ultra quos nec affinitas invenitur nec successio potest amplius prorogari. »

75. *Item de incestis. Ex epistolis Gregorii papae sancto [11] Bonifacio Mogontiae archiepiscopo missis*. Progeniem suam unumquemque usque ad septimam observare decernimus generationem, et quamdiu se agnoscunt affinitate propinquos [12], ad huius copulae non accedere societatem. Et [13] in sanctis canonibus spiritu Dei conditis de incestis habetur insertum : Incestis coniunctionibus nihil prorsus veniae reservamus, nisi cum adulterium separatione sanaverint. » Incestos vero nullo coniugii nomine appellandos sancimus; sed quibus iulicita coniunctio interdicitur, nisi hi sunt, quos sanctorum patrum decreta

VARIANTES LECTIONES.

[1] quaecumque *Bal.*   [2] Deest *G.*   [3] oblationibus *Ba'.*   [4] saeculare *G.*   [5] s. ei d. *Bal.*   [6] oportet *Bal.*   [7] Maxilitanus *G.*   [8] cum plura *G.*   [9] contem,serint *Ba'.*   [10] *Verba*: et p. p. i. ei d.; *tum* et D. in l. divina; *tum* et paulo post; *tum item unde supra*; *denique* item ex d. ..., *aliorum G. minio scripsit, sex ita capita ex uno faciens*.   [11] deest *Bal.*   [12] propinquitate quos (*superscr,* vel cos) ad *G.*   [13] minio scripsit *G.*

coniugio copulari prohibent, habebunt ineundi melioris coniugii libertatem.

76. De sacramento catecuminis non dando in diebus sollempnibus paschae. Ut per sollempnissimos paschales dies sacramentum caticuminis non detur, nec eis, qui a liminibus ecclesiae sunt exclusi, neque eis ante canonicam reconciliationem, qui publicam gerunt poenitentiam, nisi benedicciōne salis

77. De his, qui solo convivio gentilium vel escis [1] immolatitiis usi sunt [2]. Qui convivio solo gentilium et escis immolatitiis usi sunt, possunt ieiuniis et manus inpositione purgari, ita ut deinceps ab idolothitis abstinentes sacramentorum Christi possint esse participes. Si autem aut idola adoraverunt aut homicidiis vel fornicationibus contaminati sunt, ad communionem eos nisi per poenitentiam publicam non oportet admitti.

78. De familiaritate extranearum. Ut nullus familiaritatem extranearum mulierum praesumat habere. Et qui inventus fuerit, acrius [3] corrigatur.

79. Ne mulieres monasterium monachorum ingrediantur. Ut mulieres monasterium monachorum nullatenus ingrediantur.

80. Ut omnibus vespertinis et matutinis horis oratio dominica dicatur. Placuit, ut omnibus diebus post matutinas et vesperas oratio [4] dominica a sacerdote proferatur.

81. De his qui sibimetipsis quoquo modo mortem inferunt; et de his qui pro suis sceleribus puniuntur [5]. Placuit, ut hii, qui sibi ipsis aut ferro aut veneno aut praecipitio aut suspendio vel quolibet modo violenter inferunt mortem, nulla de [6] illis in oblatione commemoratio fiat, neque cum psalmis ad sepulturam eorum cadavera deducantur; multi enim sibi cum ignorantia [7] usurparunt. Similiter et de his placuit, qui pro su's sceleribus puniuntur.

82. De verbo otioso. Omne verbum otiosum, quod locuti fuerint homines, reddent rationem de eo in [8] die iuditii; multo magis damnantur noxia verba loquentes. Otiosum quippe verbum est, quod aut utilitate rectitudinis, aut ratione iustae necessitatis caret; attamen [9] in die iudicii de eo rationem reddant [10].

83. De eo, qui hominem peremerit. Qui occiderit hominem, iuxta canonicam poeniteat sanctionem, et ab ecclesia prius proiciatur; ubi prostratus in terram in cinere et cilicio in [11] introitum et exitum populi semper iaceat humiliter postulans, ut pro se orare non dedignentur. Et hoc usque ad satisfactionem ecclesiae et sacerdotum agat pane, tantum et aqua fructus, nisi humanius erga eum episcopo agere placuerit, cuius ditioni subsistit.

84. De sartatectis ecclesiarum, quae ex donis fiunt eisdem conlatis, ut in pote tate episcopi revocent [12], quaecumque colligata fuerint. Quaecumque pro sartatectis [13] ecclesiis fuerint colligata, in potestate pontificis aut presbiteri vel servientium sanctorum locorum secundum voluntatem conferentis ad se debeant revocare. Quod si aliquis haec inde abstraxerit, rapuerit furatusve fuerit, vel ea fraudaverit aut vastaverit seu quocumque commento [14] alienaverit, sciat se esse canonice excommunicatum, quoadusque [15] ea, quae abstulit, studeat reformare.

85. Ne presbiterum, diaconum, aut clericum aliquem ullus iudex secularis absque consensu episcopi sui distringat. Ut nullus iudex neque presbiterum neque diaconum aut clericum aut iuniorem ecclesiae sine scientia pontificis per se distringat aut con pnare praesumat.

86. De libertis, ut a sacerdotibus de ensentu. Liberti quorumcumque [16] ingenuorum a sacerdotib s defensentur nec ad publicum [17] ullatenus revoc ntur.

87. Ne aliquis clericus pro quacumque occ sione ex hoc [18] extraneam mulierem in domo sua habe t. Nullus ergo deinceps clericorum pro occasione ecessitatis vestes faciendi [19] aut causa ordinan domus extraneam mulierem in domo sua habe e praesumat.

88. Ex epistola [20] beati Gregorii papae onifacio archiepiscopo missa, in [21] qua inter cetera a legitur decretum de viduis [21]. Viduas a proposito ce dentes viduitatis, super quibus nos consulere volui dilectio tua, frater carissime, credo te nosse a sanct apostolo Paulo et a multis sanctis patribus, nisi conv rtantur, olim esse dampnatas; quas et nos apostoli auctoritate dampnandas et a communione fideli m atque a liminibus ecclesiae arcendas fore censemu , usqu dum oboediant episcopis suis et ad bon m, quod cooperunt, invitae aut voluntariae reverta tur. De virginibus autem non velatis, si deviaverin , a sanctae memoriae [22] praedecessore nostro pa a Innocentio taliter decretum habemus : « Hae v ro, quae necdum sacro velamine tectae tamen in roposito virginali semper se simulaverint permai ere, licet velatae non fuerint, si nupserint, h's agenda liquanto tempore poenitentia est; quia sponsio earu n a Domino tenebatur. Si enim inter homines sol t bonae fidei contractus nulla ratione dissolvi, qua to magis ista pollicitatio, quam cum Deo pepigit, s lvi sine vindicta non poterit? » et cetera. Nam si virgines nondum velatae taliter poenitentia publica uniuntur et a coetu fidelium usque ad satisfactione i excluduntur, quanto potius viduae, quae p fectioris aetatis et maturioris sapientiae atque cōusili existunt virorumque consortio multotiens usae sunt et velari se permiserunt habitumque religionis assum pserunt, et demum apostataverunt atque ad priorem v mitum [23] sunt reversae, a nobis et ab omnibus fide ibus a liminibus ecclesiae et coetu fidelium usque ad satisfactionem sunt eliminandae et carceribus t dendae; qualiter iuxta beatum apostolum Paulum radentes huiusmodi hominem Satanae in interitum arnis [24], ut spiritus salvus sit in die Domini. De tali us enim et Dominus per Moysen loquitur dicens *Auferte malum de medio vestri.* De quibus et per p ophetam ait : *Laetabitur iustus, cum viderit vind ctai ; manus suas lavabit in sanguine peccatoris.* De talibus namque eorumque similibus atque eisdem consen ientibus, quia non solum qui faciunt, sed etiam qui f cientibus consentiunt, rei sunt, Dominus per eundem prophetam David loquitur dicens : *Videbas furem et [25] currebas cum eo, et cum adulteris portionem tu m ponebas; et multa talia,* eorumque similia. T les vero personae indubitanter adulterae esse manif stantur, quoniam relicto immortali sponso ad ante iorem ut canes ad proprium reversae sunt vomitum, et apostatae factae inlicita ac sacrilega se conta ione pol luentes viris mortalibus se conglutinaverin t : quae etiam iuxta eundem Paulum apostolum eo uod viduitatis propositum dimiserunt, et fidem qu am cum Deo pepigerunt frangere praesumpserunt, tque primam fidem praevaricaverunt, sunt damp andae, nobisque et vobis atque a reliquis nostri o dinis v ris, a singulis videlicet sua in diocesi, a iminibus

VARIANTES LECTIONES.

[1] suis *G.* [2] *Bal.* rubro addit. Aut quod hi qui homicidia vel alia capitalia perpetrant flagitia, non nisi per publicam poenitentiam sanari possunt. [3] severius *Bal.* [4] et o. *G.* [5] D h. q. sibi quaci nque negligentia m. i. ut eorum commemoratio in oblatione non fiat. Similiter et de *Bal.* violente *G.* deest *G.* [7] per ignorantiam *Bal.* [8] h. reddent Deo r. in *Bal.* [9] aut tamen *G.* [10] ratio reddetur *Bal.* [1] deest *G.* [12] revocentur *Bal.* [13] sarta tecti *G.* [14] momento *G.* [15] quousque *Bal.* [16] quocumque *G.* [17] ublicam penitentiam *G.* [18] e. h. desunt *Bal.* [19] vestis faciendi corr. faciendo *G.* [20] exempla *G.* [21] i ... v. dnis. desunt *Bal.* qui verba de viduis initio rubri ponit. [22] sancti memoria *G.* [23] votum *G.* [24] ii c. desunt *G.* [25] deest *B .l.*

ecclesiae et a coetu fidelium usque ad satisfactionem, ut praedictum est, sunt eliminandae. A talium autem consortio et societate omnes fideles in omnibus abstinere mandamus. Super quibus etiam placuit, quousque in ipso detestando et inlicito atque sacrilego carnis contubernio perseverant, ut nullus christianorum, nisi quibus proprius studio corrigendi iusserit episcopus, cum eis in quoquam communicet aut ad domum, in qua sunt, accedat; cum quibus etiam, ut iamdictus sanctus praecipit apostolus, nulli fidelium cibum sumere licet. Quod si quis ex his quicquam temptare aut temerare praesumpserit, pari cum eis excommunicationis sententia feriatur.

89. *De decimis, quae ecclesiis dantur, ne eas presbiteri vendere praesumant.* Ut non praesumant presbiteri decimas [1] vendere, quae in pauperum et [2] ecclesiarum usibus dantur, sicut hactenus mirabile dictu in horreis veteratae sunt [3] ad thesaurorum cumulum. In cuius [4] testimonio multi pauperum de manibus sacerdotum requirendi moriuntur. Sed ubi Deo largiente abundaverint, ad sustentationem pauperum parentur tali in tempore.

90. *De pauperibus a presbiteris colligendis.* Ut presbiteri cotidie duos vel tres pauperes colligant ad lavandos pedes.

91. *De praediis [5] quae presbiteri post ordinationem suam emerint.* Ut presbiteri post o dinationem suae paupertatis prae lia comparantes testamenta aecclesiis confirment. Sin aliter, ut fraudatores removeantur [6].

92. *Ut presbiteri ad tractanda eorum ministeria ad civitates veniant.* Ut presbiteri singillatim sub dispositione episcopi in civitatibus veniant ad tractanda ministeria [7].

93. *De h s, qui communicaverint, ut tribus horis suspendantur propter cibi commixtion m.* Ut doceantur communicantes duabus vel tribus suspendere horis propter admixtionem cibi.

94. *De satisfacione cotidiana sacerdotum.* Ut sicut sine culpa nemo cotidie existit [8], it i sine cotidiana satisfaccione nullus esse debet, etiam sacerdotum vel christianorum.

95. *De eo, qui sine consensu episcopi presbiterum de ecclesia eiecerit vel constituerit.* De his, qui sine consensu episcopi presbiteros in ecclesiis suis constituunt vel de ecclesiis eiciunt, et ab episcopo vel a quolibet misso dominico admoniti oboedire noluerint; ut bannum nostrum rewadiare cogantur et per fideiussores ad placitum nostrum venire iubeantur. Et tunc nos decernamus, utrum nobis placeat, ut aut illum bannum persolvat [9] aut aliam harmiscaram sustineat [10].

96. *De ecclesiis inter heredes divisis.* De ecclesiis, quae [11] inter coheredes divisae sunt, consideratum est, quatinus si secundum providentiam [12] et [13] admonitionem episcopi ipsi coheredes eas [14] volurint tenere, et honorare faciant : s n autem hoc contradixerint, ut in episcopi potestate maneat, utrum eas ita consistere permittat, aut reliquias exinde auferat. Et ubi ad nostrum beneficium ecclesiae pertinentes ita divisae inventae fuerint, ut describatur et nobis renuntietur.

97. *De destructione aecclesiarum.* De aecclesiis destructis, ut episcopi et missi inquisitionem faciant, utrum per neglegentiam aut impossibilitatem destructae sint. Et ubi neglegentia inventa fuerit, episcopali auctoritate emendare cogantur, qui eas [15] restaurare debuerant. Si vero per [16] impossibilitatem con igit, ut aut pluriores sint quam necesse sit, aut mioris magnitudinis quam ut ex rebus ad eas pertinentibus restaurari possint, episcopus modum inveniat, qualiter congrue emendari et con sistere possint.

98. *Ne de manso ecclesiae dato contra sanccita,[17] servitium exigatur.* De uno manso ad ecclesiam dato, de quo aliqui homines contra statuta sibi servitium exigunt, quicumque pro hac causa accusatus fuerit, comes vel missi hoc, quod inde subtractum est presbiteris, cum sua lege restitui faciant.

99. *De nonis et decimis, quas quidam dare neglegunt.* De illis, qui nonas [18] et decimas iam per multos annos aut ex parte aut ex toto dare neglexerunt, volumus, ut per missos nostros constringantur, ut secundum capitularem priorem solvant unius anni nonam et decimam cum sua lege et insuper bannum nostrum. Et hoc eis denuntietur, quod quicumque hanc negligentiam iteraverit, beneficium, unde haec nona et decima persolvi debuit, amissurum se sciat. Ita enim continetur in capitulare bonae memoriae genitoris nostri in libro primo [19] : « Ut qui ecclesiarum beneficia habent, nonam et decimam ex eis ecclesiae, cuius res sunt, donent. Et qui tale beneficium habent et ad medietatem laborant, ut de eorum portione proprio presbitero decimas donent. » Item in capitulari nostro, in libro ii, cap. 21 de eadem re : « De nonis quidem et decimis, unde et genitor noster et nos frequenter et in diversis placitis admonitionem fecimus et per capitularia nostra qualiter haec observentur ordinavimus, volumus atque iubemus, ut de omni conlaborato et de vino et foeno fideliter [20] et pleniter ab omnibus nona et decima persolvatur. De nutrimine vero pro decima, sicut actenus consuetudo fuit, ab omnibus observetur. Si quis tamen episcoporum fuerit, qui argentum pro hoc accipere velit, in sua maneat potestate, iuxta quod ei et illi, qui hoc persolvere debet, convenerit. »

100. *De eo, qui decimam dare neglexerit ecclesiae, cuius esse debet, alterique ecclesiae eam dederit.* Quicumque decimam abstrahit de ecclesia ad quam per iustitiam dari debet, et eam praesumptiose vel propter munera aut amicitiam vel aliam quamlibet occasionem ad alteram ecclesiam dederit, a comite vel a misso nostro distringatur, ut eiusdem decimae quantitatem cum sua lege restituat.

101. *De decimis a populo dandis.* De decimis, quae populus dare non vult, nisi quolibet modo ab eo redimantur, ab episcopis prohibendum est ne fiat. Et si quis contemptor inventus fuerit, ut nec episcopum nec comitem audire velit, si noster homo fuerit, ad praesentiam nostram venire compellatur ; ceteri vero distringantur, ut inviti aecclesiae restituant, qui voluntarie dare neglexerunt.

102. *De his, qui ecclesias restaurare neglegant de rebus earum, quas in beneficium habent.* Quicumque de rebus aecclesiarum, quas in beneficium habent, restaurationes earum facere neglexerint, iuxta capitularem anteriorem, in quo de operibus ac nonis et decimis constitutum est, sic de illis impleatur, id est in libro iv, capitulo 58 : « De opere namque et restauratione ecclesiarum consideratum est, ut de frugibus terrae et animalium nutrimine una cum aliis rebus omnibus pleniter persolvantur, ut fiat secundum praeceptum euangelicum, ubi ait : *Decimas omnium do quae possideo*; et reliqua. De opere vero vel restauratione aecclesiarum comes et episcopus sive abbas una cum misso nostro, quem ipsi sibi ad hoc elegerint, considerationem faciant, ut unusquisque eorum tantum inde accipiat ad operandum et restaurandum, quantum ipse de rebus aecclesiarum habere cognoscitur. Similiter et vassi nostri aut in commune tantum [21] operis accipiant, quantum rerum ecclesiarum habent, vel unusquisque per se iuxta

---

VARIANTES LECTIONES.

[1] de decimis G. [2] deest G. [3] deest Bal. [4] c. rei. t. Bal. [5] praesidiis G. [6] promoveant G. [7] mysteria G. [8] deest G. [9] persolvant Bal. [10] sustineant Bal. [11] qui G. [12] provinciam G. [13] deest G. [14] eos G. [15] eis G. [16] deest G. [17] sanccitate G. [18] annonas G. [19] p. capitulo 157 Bal. [20] feliciter G. [21] tanti G.

quantitatem, quam ipse tenet. Aut si inter eos convenerit, ut pro opere faciendo argentum donent, iuxta aestimationem operis in argento persolvant; cum quo pretio recto ecclesiae ad praedictam restaurationem opearios conducere et materiam emere possit. Et qui nonas et decimas dare neglexerit, primum quidem illas cum lege sua restituat, insuper et bannum nostrum solvat: ut ita castigatus caveat, ne saepius iterando beneficium amittat. »

103. *De his, qui agros dominicatos excolere neglexerint* [1], *nec* [2] *nonas ex eis persolvant.* De illo [3], qui agros dominicatos propterea neglexit excolere, ut nonas et decimas exinde non persolvat, et alienas terras ad excolendum propter hoc accipit, volumus, ut de tribus annis ipsam nonam cum sua lege persolvat. Et si quis contemptor aut comitum aut missorum nostrorum propter hoc extiterit, per fideiussores ad palatium venire conpellatur.

104. *Item alia capitula* [4]. De beneficiis destructis hoc observetur, quod in capitulare priori continetur, id est in libro 4 capitulo 56, de eo qui beneficium desertum fecerit [5]. « Quicumque beneficium suum occasione proprii desertum habuerit, et int a annum, postquam ei a comite vel misso nostro notum factum fuerit, illud emendatum non habuerit, ipsum beneficium amittat. »

105. *De malis scabinis eiiendis.* Ut missi nostri ubicumque malos scabinos invenient, eiciant et totius populi consensu in locum eorum bonos eligant. Et cum electi fuerint, iurare faciant, ut scienter iniuste iudicare non debeant.

106. *De melioribus et veracibus eligendis.* Ut in omni comitatu hi, qui meliores et veraciores inveniri possunt, eligantur a missis nostris ad inquisitiones faciendas et rei veritatem dicendam; et adiutores comitum sint ad iustitias faciendas.

107. *De scabinis, qui propter munera aut amicitiam iniuste iudicaverint.* Volumus, ut quicumque de scabinis deprehensus fuerit propter munera aut propter amicitiam vel inimicitiam iniuste iudicasse, ut per fideiussores missus ad praesentiam nostram veniat. De cetero omnibus scabinis denuntietur, ne quis deinceps etiam iustum iudicium vendere praesumat.

108. *De legitimis et rationabilibus commutationibus aecclesiarum Dei.* Ubi commutationes tam tempore nostro quamque genitoris nostri legitimae et rationabiles atque utiles ecclesiis factae sunt, permaneant. Ubicumque vero inutiles et incommodae atque irrationabiles factae sunt, dissolvantur; et recipiat unusquisque, quod dedit. Ubi vero mortua anima interiacet, aut alia quaelibet causa, quae rationabilis esse videatur, inventa fuerit, diligenter describatur et ad nostram notitiam perferatur.

109. *De eo, qui comprobatus fuerit testes in periurium scienter induxisse.* Quicumque comprobatus fuerit de eo, quod scienter testes in periurium induxisset, sub fideiussione ad palatium nostrum venire conpellatur, ut ibi [6] cum fidelibus nostris consideremus, quid de tali homine [7] facie dum sit.

110. *Ut nummos bonos nullus respuat.* De bonis denariis, quos populus recipere non vult, volumus, ut hoc observetur et teneatur, quod in priori capitulare nostro conscriptum est, id est in libro quarto [8]: « Quicumque liber homo vel in emptione vel in debiti solutione denarium merum et bene pensantem recipere noluerit, bannum nostrum, id est sexaginta solidos, conponat. Si vero servi ecclesiastici aut fiscalini nostri aut comitum aut vasallorum nostrorum hoc facere praesumpserint, sexaginta ictibus vapulent. Et si actores nostri aut aliorum vel advocati

eos missis nostris vel comitibus iussi praesentare noluerint, praedictum bannum, id est sexaginta solidos, conponant. » Et ad hanc constitutionem nostram adimplendam episcopi et abbates, sive reliqui qui beneficia nostra habent, adiuvent comites in suis hominibus distringendis. Et si comites hanc nostram constitutionem neglexerint, hoc per missos nostros ad nostram noticiam perferatur.

111. *De collectis malis omnimodis inhibendis.* Collectae ad male faciendum fieri omnimodis prohibeantur; et ubicumque huiusmodi praesumptiones factae fuerint, digna emendatione corrigantur. Et si per neglegentiam comitis vel factae sunt vel inemendatae remanserunt, hoc ad nostram notitiam prferatur. Auctor vero facti si fuerit praepositus vel advocatus sive centenarius vel qualibet alia dignitate praedita [9] libera persona, post legalem emendationem in loco factam sub fideiussoribus ad nostram praesentiam veniat. Multitudo vero, sive de servis sive de liberis sit, legitima emendatione multetur.

112. *Ut pontes publici, qui destructi fuerint, iterum extruantur* [10]. De pontibus publicis destructis placuit nobis, ut hii, qui iussionem nostram in reparandis pontibus contempserunt, volumus ac iubemus ut omnes homines nostri in nostram veniant praesentiam rationes reddere, cur nostram iussionem ausi sunt contempnere. Comites autem reddent [11] rationem de eorum pagensibus, cur eos aut non constrinxerunt, ut hoc facerent, aut nobis nuntiare ne lexerunt. Similiter et de iniustis teloneis, ubicumque accipiuntur, sciant se exinde nobis rationem reddituros.

113. *De examine aquae frigidae.* Ut examen aquae frigidae, quod hactenus faciebant, a missis nostris omnibus interdicatur, ne ulterius fiat [12].

114. *De reversione comitis et pagensium hostili* [13] *expeditione, ut ex eo die super quadraginta dies sit bannus reisus.* Postquam comes et pagenses de qualibet [14] expeditione hostili reversi fuerint, ex eo die super quadraginta noctes sit bannus eiusus [15], quod lingua Theodisca scatslegi [16], id est armorum depositio, vocatur.

115. *De audientia regis.* Et [17] ut comites et missi dominici maximam curam habeant pauperum. Hoc missi nostri notum faciant comitibus et populo, quod nos in omni ebdomada unum diem ad causas audiendas et iudicandas sedere volumus. Comites autem et missi nostri magnum studium habeant, ne forte propter eorum neglegentiam pauperes cruientur et nos taedium propter eorum clamores pa iamur, si nostram gratiam habere velint. Populo autem dicatur, ut caveat de aliis causis se ad nos clamare, nisi de quibus aut missi nostri aut comite eis iustitias facere noluerint.

116. *De inferenda a vicariis vel aliis missis comitum exigenda.* Quicumque vicarii vel alii mini tri comitum tributum quod inferenda vocatur, maioris pretii a populo exigere praesumpserit [18], quam a missis bonae memoriae genitoris nostri constitutum fuit, hoc est duos solidos pro una vacca ÷ hoc quod iniuste superposuit atque absolute sibique ne inuit, his quibus hoc tulit, cum sua lege restituat, insuper fredum nostrum conponat et ministerium mittat.

117. *De eo, qui propter cupiditatem rerum quemcunque propinquorum* [19] *interfecerit.* Quicumque propter cupiditatem rerum patrem aut matrem aut fratrem aut sororem vel nepotem aut alium propinquum suum interfecerit, hereditas interfecti ad alios suos legitimos heredes perveniat; interfectoris vero hereditas in fiscum redigatur. Ipse vero ordinante episcopo publicae poenitentiae subdatur.

VARIANTES LECTIONES.

[1] neglegunt Bal. [2] deest G. [3] illis G. [4] Bal. De beneficiis destructis. [5] de ... fecerit *novi capitis rubrum est.* G. [6] sic G. corr. ex ubi, quod habet et Bal. [7] n. usque h. desunt G. [8] cap. 50 addit Bal. [9] pr edicta G. [10] hoc in codice G. non rubrum est, s d uno cum reliquis t nor scriptum, duobus capitibus ita coniunctis [11] reddant Bal. [12] faciat G. [13] consili G. [14] qualicunque Bal. — [15] G. in margine: vel recisus. [16] scatflegi G. [17] d. a: r. et desunt G., ubi priora capitis verba usque ad volumus in fine praecedentis p sita sunt. [18] praesumpsit G. [19] p. suorum Bal.

118. *De cuiuslibet propria uxore dimissa vel sine culpa interfecta.* Quicumque propria uxore derelicta vel sine culpa interfecta, aliam duxerit, armis depositis, publicam agat poenitentiam. Et si contumax fuerit, comprehendatur a comite et ferro vinciatur, et in custodiam mittatur donec res [1] ad nostram notitiam deducatur.

119. *De eo, qui res alienas cuilibet homini vendiderit.* Quicumque res alienas cuilibet homini vendiderit, et ipse homo easdem res alicui alteri dederit sive vendiderit, et ipse qui tunc easdem res comparatas habet, per malum ingenium proprio filio aut alteri cuilibet necdum legitimos annos habenti iustitiae tollendae causa tradiderit; volumus atque firmiter praecipimus, ut si pater eiusdem parvuli vixerit, ipse intret in causam rationem reddendi pro filio suo. Si autem pater mortuus est, tunc legitimus eius propinquus, qui iuste ei tutor aut defensor esse videtur, pro ipso rationem reddere conpellatur. Similiter de aliis omnibus iustitiis ad eum pertinentibus; excepta sua legitima hereditate, quae ei per successionem parentum suorum legitime evenire debuit. Quod si quis hanc nostram iussionem contempserit vel neglexerit, sicut de ceteris contemptoribus, ita de eo agatur. Is vero, qui easdem res primus invaserit et iniuste vendidit, necnon et emptores, excepta sola persona parvuli, hoc, quod fraudulenter admiserunt, intra patriam emendare cogantur. Et postea sicut contemptores iussionis nostrae sub fideiussoribus ad nostram praesentiam venire compellantur.

Anno feliciter 11 regni domni nostri Karoli gloriosissimi regis in mense Martio, qualiter congregatis in unum sinodali concilio episcopis, abbatibus, virisque inlustribus, una cum comitibus, secundum Dei voluntatem pro causis opportunis censentur [2] decreta.

120. *De metropolitanis.* De [3] metropolitanis, ut episcopi suffraganei eis adiutores [4] sint, et ea, quae erga ministerium illorum emendanda cognoscunt, libenti animo emendent atque corrigant.

121. *De episcopis ordinandis.* De episcopis. Ubi in praesens episcopi ordinati non sunt, sine tarditate ordinentur.

122. *De monasteriis sub regula constitutis.* Ut monasteria, quae sub regula fuerint, sub regula vivant. Similiter et monasteria puellarum ordinem sanctum custodiant. Et unaquaeque abbatissa in suo monasterio sine intermissione resideat.

123. *De potestate episcoporum super presbiteros et clericos.* Ut episcopi de presbiteris et clericis infra suorum parrochiam potestatem habeant secundum canones.

124. *De incestuosis hominibus.* Ut episcopi incestuosos homines emendent et magnam diligentiam habeant ex istis. Sed et de viduis infra suam parrochiam potestatem habeant ad corrigendum.

125. *De alterius clerico episcopi non recipiendo nec ordinando.* Ut non liceat alterius clericum recipere nec ordinare ad aliquem gradum.

126. *De homicidis, qui secundum legem mori debent.* Ut homicidae vel ceteri rei, qui legibus mori debent, si ad aecclesiam confugerint, non excusentur; et si se emendare [5] noluerint, nullus eis victus detur.

127. *De decimis dandis.* De decimis. Ut unusquisque suam decimam donet atque per iussionem episcopi dispensetur.

128. *De latronibus ad placitum comitis exhibendis.* Ut latrones de infra emunitatem [6] illi iudices in comitis placitum praesentent. Et qui hoc non fecerit, beneficium et honorem perdat. Similiter vassi nostri si haec non adimpleverint, beneficium et honorem perdant; et qui beneficium non habet, bannum solvat [7].

129. *Ut periurium quis faciens manum perdat.* De eo, qui periurium fecerit, ut nullam redemptionem solvat, sed manum perdat. Quod si accusator contendere voluerit de ipso periurio, stent ad crucem; et si iurator vicerit, lege sua accusator emendet. Hoc vero de minoribus causis observandum. De maioribus vero rebus aut de statu ingenuitatis secundum legem custodiant.

130. *De vindicta et iudicio latronum.* De vindicta et iudicio in latrones facto testimonio episcoporum absque peccato comitis esse dicunt, ita tamen, ut absque invidia aut occasione mala nihil aliud ibi interponatur nisi vera iustitia ad perficiendum. Quod ipse qui per odium vel malum ingenium nisi pro iustitia facienda hominem punierit, honorem suum perdat, et legibus, contra quem iniuste fecit, secundum poenam quam intulit emendet.

131. *Ut regia sanccita inviolate custodiantur.* Ea vero, quae bonae memoriae genitor noster in suis placitis et synodis constituit conservare volumus.

132. *De rebus ecclesiarum, de quibus census exeunt, decimae et nonae solvantur.* De rebus vero ecclesiarum; unde nunc censa exeunt, decimae et nonae cum ipso censo solvantur; et unde antea non exierunt, similiter nonae et decimae dentur. De casatis [8] vero sexaginta solidi quinque, de triginta solidi duo et dimidius, de quindecim transmissi [9] quatuor. Et precariae modo renoventur. Et ubi non sunt scriptae, fiat descriptio inter conventores de verbo nostro. Et qui praedicta facere noluerint et spontanea voluntate haec tria persolvere et precarias accipere citissime distulerint, perdant beneficia, quae habebant; quae tamen ecclesia, unde erant, absque ullius contradictione vel impedimento in perpetuum sibi vindicet.

133. *Ut de cerariis ita fiat, sicut constitutum est.* De cerariis et tabulariis ac cartelariis [10] ita fiat, sicut tempore longo decretum est.

134. *Ne aliquis pro gildonia sacramentum facere audeat.* De sacramentis pro gildonia invicem coniurantibus, ut nemo facere praesumat. Alio vero modo de illorum elemosinis aut de incendiis aut de naufragiis, quamvis conibentiam faciant, nemo in hoc iurare praesumat.

135. *Ut palatium pergentes nemo adsalire audeat.* De iterantibus, qui ad palatium aut aliubi pergunt, ut eos per collectam nemo sit ausus adsalire. Et nemo herbam alterius defensionis tempore praesumat tollere, nisi in hostem pergat aut missus noster sit.

136. *De teloneis, sicut a longo decretum est, servetur.* De teloneis, qualiter antea forbanniti fuerunt, observetur, ut nemo tollat nisi quod ab antiquo tempore statutum erat.

137. *De mancipiis non vendendis nisi in praesentia rectorum.* De mancipiis, ut non vendantur nisi aut in praesentia episcopi vel comitis aut in praesentia archidiaconi aut centenarii aut vicedomini aut iudicis comitis aut ante bene nota testimonia. Et ut foris marcam nemo mancipia vendat. Et qui hoc fecerit, tantas vices bannum solvat, quanta mancipia vendidit. Et si non habet pretium, in wadium pro servo semetipsum comiti donet, usque dum ipse bannum solvat.

138. *De loricis extra regnum non vendendis.* De bruniis, ut nullus foras nostro regno vendere praesumat.

139. *De comite iustitias non faciente.* Si comes in suo ministerio iustitias non fecerit, missis nostris de suis exeniis serviat, usque dum iustitiae ibi factae fuerint. Et si vassus noster iustitias non fecerit, tunc

---

VARIANTES LECTIONES.

[1] *deest Bal.* [2] *c. utiliter esse d. Bal.* [3] *De metropolitanis desunt G.* [4] *subiecti Capitulare anni 779.* [5] *si oms dare G* [6] *communitate G.* [7] *habent, b. solvant Bal.* [8] *ea satis G.* [9] *trans*missus *G.* [10] *cartallariis G.*

et comes et missus noster ad ipsius casam sedeant quia periuri regnum Dei non possidebunt, sicut nec et de suo vivant, usque iustitias faciat. adulteri.

140. *De eo, qui propter faidam* [1] *pretium recipere noluerit.* Si quis [2] pro faida pretium recipere non vult [3], tunc ad nos transmittatur [4], ut nos ipsum [5] dirigamus ubi damnum nemini facere possit [6].

141. *De eo, qui pro faida pretium solvere noluerit.* Simili modo qui pro faida pretium solvere non vult et iustitiam exinde facere, in talem locum illum mittere volumus, ut pro eodem maius damnum non crescat.

142. *Quid agendum sit de latronibus.* De latronibus ita praecipimus observandum, ut pro prima culpa non moriatur, sed unum oculum perdat; de alia vero culpa nasus ipsius latronis truncetur; de tertia culpa, si se non emendaverit, moriatur.

143. *Qualiter* [7] *pro rege et exercitu eius hac instanti* [8] *tribulatione a fidelibus in orationibus et eleemosinis Deo supplicandum sit.* Capitulare qualiter institutum est in hoc episcoporum consensu; id est ut unusquisque episcopus tres missas et tria psalteria, unum pro domno rege, et aliud pro exercitu Francorum, tertium pro praesenti tribulatione; presbiter unusquisque missas tres; monachi et monachae et canonici unusquisque psalteria tria; et biduanas omnes faciant tam episcopi quamque monachi et monachae et canonici; sed et eorum infra casatum homines, vel qui potentes sunt. Et unusquisque episcopus, abbas et abbatissa, qui hoc facere potest, libram donet de argento aut valente in elemosina; mediocres vero mediam libram; minores vero solidos quinque. Episcopi, abbates et abbatissae pauperes famelicos [9] quatuor pro ista strictitate nutrire debeant usque ad tempora messium. Et qui tantum non possunt, iuxta quod possibilitas est, aut [10] tres vel duos aut unum. Comes fortior [11] libram de argento aut valente donet in elemosina, mediocres vero dimidiam libram, de casatis centum solidos quinque, de quinquaginta unciam unam [12]; et faciant biduanas et eorum homines atque eorum casatus vel qui hoc facere possunt. Et qui redimere ipsam biduanam voluerit, fortiores comites uncias tres, mediocres [13] denarios triginta, minores solidum unum. Et de pauperibus famelicis, sicut scriptum est, ipsi faciant. Haec omnia, si Domino placuerit, pro domino rege et exercitu Francorum et pro praesente tribulatione missa sancti Iohannis siut completa.

144. *Ne presbiter vel reliqui clerici aut ullus fidelium praesumat decimas vendere vel donare aut pignorare ecclesiaeque quoquo modo alienare.* Nullus presbiter aut diaconus vel quilibet clericus aut laicus decimas vendere aut dare vel pignorare aut indebitare praesumat; antequam eas cum omni integritate fideliter collectas habeat et infra septa aecclesiae, cui iure debentur [14], in suis utiliter graneis collectas habeat; et postea iuxta praeceptum proprii episcopi secundum canonicas sanctiones atque decreta beati Gelasii papae eas dispenset. Si quis autem haec parvipenderit vel infringere temptaverit, si quidem clericus fuerit, gradus sui periculo subiacebit; si vero monachus vel laicus fuerit, communione privetur.

145. *De providentia episcopi circa archidiaconos.* Ut praevideant episcopi, ne cupiditas archidiaconorum culpas nutriat sacerdotum, quia multis modis mentitur iniquitas sibi.

146. *De non eiciendis de sepulchris ossibus* [15] *mortuorum.* Ut nullus ossa mortuorum de sepulchris audacter eiciat.

147. *De non iurando.* Ut unusquisque caveat iurare,

148. *De praediis a presbiteris empt's, ecc siis propriis confirmandis.* Ut presbiteri pauperes ordinati praedia conparantes ecclesiis confirment.

149. *De satisfactione cotidianorum delictorum.* Ut sicut sine culpa nemo cotidie, ita sine cotidiana satisfactione nullus esse debet, etiam sacerdotum.

150. *De communicantium suspensione.* Ut doceantur communicantes duabus vel tribus se suspendere horis propter admixtionem cibi.

151. *De conventu presbiterorum ad civitatem causa discendi.* Ut presbiteri singillatim sub dispositione episcopi in civitates veniant ad sua tractanda ministeria [16].

152. *De pauperum collectione a presbiteris.* Ut presbiteri cotidie duos vel tres pauperes colligant ad lavandos pedes.

153. *De non vendendis ecclesiarum decimis.* Ut ulterius non praesumant presbiteri decimas vendere, quae in pauperum et ecclesiarum usibus dari tur, sicut hactenus mirabile dictu horreis veteratae sunt ad thesaurorum cumulum: in cuius rei testimonio multi pauperum de manibus sacerdotum requirendi moriuntur. Sed ubi Deo largiente abundaverint, ad sustentationem pauperum parentur famis tempore.

154. *De formatis facientis.* Et ut sine formata nullus proficiscatur clericus. Ex concilio Africano vel Mileviano, capitulo 50. Ut sine formatis nemo ad comitatum proficiscatur, vel qualiter fiant formae. Placuit, ut quicunque clericus propter necessitatem suam alicubi ad comitatum ire voluerit, formatam ab episcopo suo accipiat. Quod si sine formata voluerit pergere, a communione removeatur. Quod si alicubi ei repentina necessitas orta fuerit a comitatum pergendi, alleget [17] apud episcopum ci eius ipsam necessitatem, et de hoc scripta eius em episcopi deferat. Formatae autem, quae a primatibus vel a quibuscumque episcopis clericis propriis dantur, habeant diem paschae. Quod si adhuc eiusdem anni paschae dies incertus est, ille praecedens eas adiungatur, quomodo solet *Post consulatum* i publicis gestis adscribi.

155. *De clericis neglegentibus. Ex concilio Agatensi, capitulo* 2. *De contumacibus clericis et ad o cium tardis.* Contumaces vero clerici prout dignitatis ordo permiserit ab episcopis corrigantur. Et si ui prioris gradus elati superbia communionem fort sse contempserint aut ecclesiam frequentare vel officium suum implere neglexerint, peregrina eis communio tribuatur; ita ut cum eos poenitentia correxerit, rescripti in matricula gradum suum dignitatemque recipiant.

156. *De non pergendum clericis sine peri issu episcopi ad iudices seculares. Ex concilio Agat nsi, capitulo* 52. *Ut clericus inconsulto episcopo a iudicem secularem non pergat.* Clericus nequaquam praesumat apud secularem iudicem episcopo no permittente pulsare [18]; sed si [19] pulsatus fuerit non respondeat; nec audeat criminale negotium in iudicio saeculari proponere. Si quis vero saecularium per calumniam ecclesiam aut clericum fatigare temptaverit et victus fuerit, ab ecclesiae liminibus et a catholica communione, nisi digne poenituerit, coerceatur.

157. *Ne clericus vel monachus sine licentia episcopi sui proficiscatur. Ex concilio Agatensi capitulo* 58. *Ut sine epistola episcopi sui non liceat clerico et monacho proficisci.* Clericis sine commendatitiis epistolis episcopi sui licentia non pateat evagandi. In mo-

---

VARIANTES LECTIONES.

[1] pro faida *Bal.* [2] *s.* abrasum est *G.* [3] nolunt *G.* [4] transmittantur *G.* [5] ipsum *corr.* ipsos *G.* [6] possit *corr.* possint *G.* [7] vel q. *G.* [8] ac infanti *G.* [9] p. vero f. *G.* [10] ut *Bal.* [11] comites fort res *Bal.* [12] untia una *G.* [13] *sic scribendum iam Bal. monuit* (cf. Bened. I 207); minores *G. Bal.* [14] debea *Bal.*, qui sequentia in usque habeat omittit. [15] ossa *G.* [16] mysteria *G.* [17] alliget *G.* [18] pulsari *G.* [19] ii *G.*

nachis quoque praesentis sententiae forma servetur. Quod si verborum increpatione non emendaverit, etiam verberibus statuimus eum coherceri.

158. *Ne clericus sine permissu episcopi sui proficiscatur. Ex concilio Agatensi, capitulo* 52. *De clericis, qui sine epistola pontificis sui proficiscuntur.* Presbiter aut diaconus vel clericus sine antistitis sui epistolis ambulans, communionem ei nullus impendat.

159. *De his, qui in propriis provinciis non communicant. Ex concilio Africano capitulo* 18. Placuit, ut quicumque non communicaeus in propria provincia, in aliis provinciis vel transmarinis partibus ad communicandum obrepserit, iacturam communionis vel clericatus excipiat.

160. *De patratoribus diversorum malorum.* Sunt sane diversorum malorum patratores, quos et lex divina improbat et condemnat; pro quorum etiam diversis sceleribus et flagitiis populus fame et pestilentia flagellatur et ecclesiae status infirmatur et regnum periclitatur. Et quamquam haec in sacris eloquiis satis sint exsecrata, nos necessarium praevidimus, iterum nostra ammonitione, exhortatione atque prohibitione praecaveri omnino oportere; sicut sunt diversarum pollutionum patratores, quas cum masculis et pecoribus nonnulli diversissimis modis admittunt; quae incomparabilem dulcedinem piissimi Creatoris ad amaritudinem provocantes tanto gravius delinquunt, quanto contra naturam peccant. Pro quo etiam scelere igne coelesti conflagratae infernique hiatu quinque absorptae sunt civitates; necnon quadraginta et eo amplius millia stirpis Beniamineae mucrone fraterno confossa sunt. Haec porro indicia et evidentes vindictae declarant, quam detestabile et exsecrabile apud divinam maiestatem hoc vitium extet. Scimus enim, quoniam talium criminum patratores lex Romana, quae est omnium humanarum mater legum, igne cremari iubet. Vobis ergo omnibus terribiliter denuntiamus vestrisque cunctis ac vobis famulantibus atque subditis una vobiscum sub Dei districto iudicio atque fidelitate nostra praecipimus, ab his caveri, et haec facientibus nec verbis nec factis ullo modo consentire; quoniam qui talia agunt, apostolo pollicente regnum Dei non consequentur. Tempus namque est, ut multitudini pereuntis populi parcatis, qui [1] sequendo exempla peccantis principis cadebat in puteum mortis : quia quantoscumque vel per bona exempla ad vitam coelestis patriae contrahimus vel per mala exempla ad perditionem sequentes praeibimus [2], de tantis procul dubio ab aeterno iudice vel poenas vel praemia accepturi sumus. Si enim gens nostra, sicut per istas provincias divulgatum est et nobis in Francia et in Italia inproperatur et ab ipsis paganis inproperium est, spretis legalibus connubiis adulterando et luxuriando ad instar Sodomitanae gentis foedam vitam duxerit : de tali commixtione meretricum aestimandum est degeneres populos et ignobiles et furentes libidine fore procreandos, et ad extremum universam plebem ad deteriora et ignobiliora vergentem, et novissime nec in bello seculari fortem nec in fide stabilem et nec honorabilem hominibus nec Deo amabilem esse venturam : sicut aliis gentibus Hispaniae, Provinciae et Burgundionum populis contigit, quae sic a Deo recedentes fornicatae sunt, donec iudex omnipotens talium criminum ultrices poenas per ignorantiam legis Dei et per Sarracenos venire et servire permisit. Et notandum, quod in illo scelere aliud inmane flagitium subter-

latet, id est homicidium. Quia dum illae meretrices sive monasteriales sive seculares male conceptas soboles in peccatis genuerunt, saepe maxima ex parte occidunt, non implentes Christi ecclesias filiis adoptivis, sed tumulos corporibus et inferos miseris animabus [3] satiant. Absit enim, ut pro talibus pereatis [4], et nos simul cum regno cadamus gloriaque totius regni pereat; quoniam ex praecedentibus agnovimus, quae secuturis, nisi praevisa fuerint, possunt evenire. Satius est quoque nobis talibus carere, quam cum his ruere, regnumque ab ethnicis atque eius populariribus futuro tempore adnullari vel possideri. Scire enim vos cupimus, quicunque [5] super his aut faciens aut libenter consentiens inventus fuerit, nos eum iuxta praedictam Romanam legem punire [6].

161. *De eo, qui propria uxore derelicta vel sine culpa interfecta aliam duxit.* Quicumque propria uxore derelicta vel sine culpa interfecta aliam duxerit, armis depositis publicam agat poenitentiam. Et si contumax fuerit, comprehendatur a comite et ferro vinciatur et in custodia mittatur, donec res ad nostram notitiam deducatur.

162. *De eo, qui res alienas malo ingenio emptas filio suo aut cuilibet personae legitimos annos non habenti tradiderit.* Quicumque res alienas cuilibet homini vindiderit, et ipse homo, qui easdem res comparatas habet, per malum ingenium proprio filio aut alteri cuilibet necdum legitimos annos habenti iustitiae tollendae causa tradiderit, volumus atque firmiter praecipimus, ut si pater eiusdem parvuli vixerit, ipse intret in causam rationem reddendi pro filio suo. Si autem ipse pater mortuus est, tunc legitimus eius propinquus, qui iuste ei tutor aut defensor esse videtur, pro ipso rationem reddere compellatur : similiter de aliis omnibus iustitiis ad eum pertinentibus; excepta sua legitima hereditate, quae ei per successionem parentum suorum legitime evenire debuit. Quod si quis hanc nostram iussionem contempserit vel neglexerit, sicut de ceteris contemptoribus, ita de eo agatur. Is vero qui easdem res primus invasit et iniuste vendidit, necnon et emptores, excepta sola persona parvuli, hoc quod fraudulenter admiserunt, intra patriam emendare cogantur, et postea sicut contemptores iussionis nostrae sub fideiussoribus ad nostram praesentiam venire conpellantur.

163. *Ut de uno manso ad ecclesiam dato nullum humanum exigatur servitium. Quod qui fecerit, cum sua lege emendet.* [3] De uno manso ad ecclesiam dato, de quo aliqui homines contra statuta sibi servitium exigunt, quicumque pro hac causa accusatus fuerit, comes vel missi hoc, quod inde subtractum est, presbiteris cum sua lege restitui faciant. Et quicumque de uno manso ad ecclesiam dato praeter ecclesiasticum exegerit servitium, episcopo vel comite distringente hoc legibus emendet.

164. *De his, qui nonas et decimas vel restaurationes aut census dare neglegunt, ut hoc legibus emendent et insuper bannum nostrum persolvant.* De his, qui nonas et decimas iam per multos annos aut ex parte aut ex toto dare neglexerunt, volumus, ut per missos nostros constringantur, ut secundum capitularem priorem solvant unius anni nonam et decimam cum sua lege et insuper bannum nostrum. Et hoc eis denuntietur, quod quicumque hanc neglegentiam iteraverit, beneficium, unde haec nona et decima persolvi debuit, amissurum se sciat. Ita enim continetur in capitulare bonae memoriae genitoris nostri in libro I, capitulo 157, « ut [7] nonae et decimae legibus rewadientur et insuper bannus dominicus a neglegente

VARIANTES LECTIONES

[1] quae Bal. [2] praeimus Bal. praeveimus G. vel pervehimus *margini adscriptum*. [3] *sic* G. *ex corr., primo* animalibus *habuerat ut et* Bal. [4] peccatis *coni.* Bal. [5] c. quia q. Bal. [6] *in margine* G. *addidit* : volumus. [7] haec in textu exhibet Bal., missio scripsit G. qui in loco hoc distinguendo confusus esse videtur. In capitulari ipso non leguntur haec verba.

persolvatur. Ut qui [1] ecclesiarum beneficia habent, nonam et decimam ex eis ecclesiae, cuius res sunt, donent [1]. Et qui tale beneficium habent, et ad-medietatem laborant, ut de eorum portione proprio presbitero decimas donent. » Item [2] in capitulari nostro in libro II, capitulo 21 de eadem re [2]: « De nonis quidem et decimis, unde et genitor noster et nos frequenter et in diversis placitis admonitionem fecimus et per capitularia nostra qualiter haec observentur, ordinavimus, volumus atque iubemus, ut de omni conlaborato et de vino et foeno pleniter et fideliter ab omnibus nona et decima persolvatur. De nutrimine vero, quod in decima dandum est, sicut hactenus consuetudo fuit, ab omnibus observetur. Si quis tamen episcoporum fuerit, qui argentum pro hoc accipere velit, in sua maneat potestate et iuxta quod ei et illi, qui hoc persolvere debet, convenerit. »

165. (166 BAL.) *De his, qui decimam* [3] *ecclesiae iniuste, non secundum dispositionem episcopi cui debetur, auferunt, et alibi aut propter amicitiam aut propter munera dare praesumunt.* Quicumque decimam abstrahit de ecclesia, ad quam per iustitiam dari debet, et eam praesumptiose vel propter munera aut amicitiam aut aliam quamlibet occasionem ad alteram ecclesiam dederit, a comite vel a misso nostro distringatur, ut eiusdem decimae quantitatem cum sua lege restituat.

166. (167 BAL.) *De his, qui decimas nisi a se quoquo modo redimantur, dare neglegunt, ut firmiter distringantur, qualiter vel inviti hoc emendent.* Decimas quae populus dare non vult, nisi quolibet [4] modo ab eo redimantur, ab episcopis prohibendum est ne fiat. Et si quis contemptor inventus fuerit, ut nec episcopum nec comitem audire velit, si noster homo fuerit, ad nostram praesentiam venire compellatur; ceteri vero distringantur, ut inviti ecclesiae restituant, qui [5] voluntarie dare neglexerunt.

167. (168 BAL.) *De his, qui restaurationes ecclesiarum earumque domorum facere vel decimas et nonas dare neglegunt, si se non correxerint, ut beneficia perdant.* Quicumque de rebus ecclesiarum, quas in beneficium habent, restaurationes earum facere neglexerint, iuxta capitularem anteriorem, in quo de operibus ac nonis et decimis constitutum est, sic de illis adimpleatur, id est, in libro IV, capitulo 58. « De opere vero vel restauratione ecclesiarum comes et episcopus sive abba una cum misso nostro, quem ipsi sibi ad hoc elegerint, considerationem faciant, ut unusquisque eorum tantum inde accipiat ad operandum et restaurandum, quantum ipse de eorum ecclesiarum habere cognoscitur. Similiter et assi nostri aut in commune tantum operis accipiant, quantum rerum ecclesiasticarum habent aut uniquisque per se iuxta quantitatem quam ipse tenet. ut si inter eos convenerit, ut pro opere faciendo argentum donent, iuxta aestimationem operis in argento persolvant : cum quo pretio rector ecclesiae d praediclam restaurationem operarios conducere et materiam emere possit. Et qui nonas et decimas dare neglexerit, primum quidem illas cum lege sua restituat, insuper et bannum nostrum solvat; ut ta castigatus caveat ; ne saepius iterando beneficii in amittat. »

168. (169 BAL.) *Ut hi, qui terras domini las propterea excolere nolunt, ut nonas et decimas inde non solvant, pleniter constringantur, ut haec de tribus annis legibus persolvant.* De illis, qui agros dominicatos propterea neglegunt excolere, ut nonas et decimas exinde non persolvant, et alienas terras ad excolendum propter hoc accipiunt, volumus, ut e tribus annis ipsam nonam et decimam cum sua lege persolvant. Et si quis contemptor aut comitis aut missorum nostrorum propter hoc extiterit, pe fideiussores [Cod. G, sub fideiussoribus] ad palati m venire compellatur.

169. (170 BAL.) *De teloneis, ubi non igantur.* Statutum est, ut ubi tempore avi nostri do ini. Pippini consuetudo fuit teloneum dare, ibi e in futurum detur ; nam ubi noviter incoeptum est ulterius non agatur. Et ubi necesse non est fluvium aliquem ponte transmeare, vel ubi navis per media aquam. et sub ponte ierit et ad ripam non appro inquaverit, nec ibi aliquid emptum vel venundatu n fuerit, ulterius teloneum non detur. Et nemo co at alium ad pontem ire, ubi iuxta pontem aquam transmeare potest. Et qui ulterius in talibus locis, v l de his, qui ad palatium seu in hostem pergunt, telonem exactaverit, cum sua lege ipsum teloneu reddat, et bannum nostrum, id est sexaginta solidos, componat.

170. (171 BAL.) *De rebus ecclesiae, q ae absque ulla repetitione ab eadem ecclesia per trigi ita annis possessae sunt, ut nulla testimonia super han deinceps possessionem recipiantur.* Ut de rebus ec lesiarum, quae ab eis per triginta annorum spatia sin ulla interpellatione possessae sunt; testimonia ion recipiantur, sed eo modo contineantur, sicut r s ad fiscum nostrum pertinentes contineri solent.

VARIANTES LECTIONES.

[1] *ex his verbis Bal. rubrum fecit novi capitis* 165, *addens illi* : Et de nonis et decimis non redim ndis, nisi episcopo placuerit ; *quae verba G. minio scrip a statim infra intrudit in medio capite ante verb* volumus atque iubemus. [2] *haec minio s ripsit G.* [3] d, cuius ecclesiae secundum dispositionem episcopi betur G. [4] *quo vult Bal.* [5] *corr.* quod G.

B. CAROLI MAGNI
DIPLOMATICI CODICIS
SECTIO SECUNDA. — PRIVILEGIA.
DE REBUS ECCLESIASTICIS
DIPLOMATA, FUNDATIONES, PRIVILEGIA ET PIÆ DONATIONES.

I. PRIVILEGIA QUÆ AD PARTES GALLIÆ SPECTANT.

I.

Diploma Caroli Magni pro Gorziensi monasterio (anno 768).

(Ex Calmeto, Hist. de Lorraine.)

Carolus gratia Dei rex Francorum, vir illustris, omnibus episcopis, abbatibus, comitibus, etiam missis, atque universis fidelibus nostris, tam præsentibus quam futuris. Si petitiones sacerdotum atque servorum Dei, in quo nostris auribus suggesserunt, ad effectum perducimus, regiam mansuetudinem exercemus, atque pro salute animæ, et stabilitate regni nostri, Domini misericordiam exorent, eorum animos exhortamur. Igitur solertia vestra noverit, venerabilem virum Theomarum abbatem, ad nostram advenisse præsentiam, qui detulit nobis privilegium sanctæ recordationis Chrodegangi archiepiscopi Metensis urbis, quod circa monasterium Gorziæ, ubi usque ad finem sæculi habitantibus conscripserat, ubi legebatur insertum, qualiter per consensum et voluntatem domini et genitoris nostri Pipini quondam regis, etiam et consensu suorum sacerdotum et clericorum, supradictum monasterium in nominibus apostolorum Petri et Pauli constat ædificatum, ubi et postea sanctissimi corpus Gorgonii Roma delatum condidit; ea scilicet conditione, ut in ipso monasterio monachi secundum ordinem et regulam sancti Benedicti perpetuis temporibus viverent, atque pro se et pro aliis Domini misericordiam indesinenter exorarent. Tamen ad confirmandum hujus boni operis certamen, cognovimus diversas res ad eundem sanctum locum, præfatum episcopum delegasse, atque ita confirmasse, ut deinceps nec ab ipso episcopo suo, sive successoribus et archidiaconis, seu cæteris ecclesiæ coadjutoribus aliquo tempore fuisse irruptum. Unde asserit præfatus Thomarus abbas, suique monachi, hoc privilegium confirmatum, et hæc omnia quieto ordine se possidere; sed pro pietatis studiis petiit celsitudinem nostram, ut circa præfatum monasterium, ejusque rectores, nostram denique confirmationem pro mercedis augmento conscribere atque confirmare vellemus, cujus petitionem denegare nequivimus, sed libenti animo hanc præstitisse et confirmasse cognoscite. Præcipientes enim jubemus, ut inspectum jam dictum privilegium, sicut per eundem declaratur, sicut ab ipso episcopo per consensum et voluntatem domini genitoris nostri, seu sacerdotum ac clericorum factum est, quod sanctissimi episcopi in publica confirmarunt synodo, ita cum Dei et nostra gratia sit in omnibus confirmatum, et neque a pontificibus Metensium, aut reliquis ejusdem ecclesiæ rectoribus, ea quæ in hoc privilegio continentur, confracta, nec quomodo aliquando perruptum sit, sed sicut præfatus pontifex pro laude et servitio Cunctipotentis, ad præfatum sanctum locum adordinavit, pro communi scilicet sua, regnique atque Francorum mercede, nostris et futuris temporibus perduret, quatenus melius delectet ejusdem ecclesiæ rectores, cum ipsa sancta turba monachorum, pro salute patriæ, vel stabilitate regni nostri Domini misericordiam deprecari.

Signum Caroli gloriosissimi regis.

II.

Diploma Caroli Magni quo prioratum sancti Deodati donat monasterio sancti Dionysii (anno 769).

(Ex D. Bouquet, Recueil des Historiens.)

Carolus gratia Dei rex Francorum vir inluster. Quicquid enim ad loca ecclesiarum Dei benevola devotione concedimus, hoc nobis ad salutem animæ nostræ proficere credimus, maxime ad illa loca, ubi parentes nostri requiescere videntur, hoc adimplere studemus. Quapropter notum sit omnibus fidelibus nostris præsentibus et futuris, eo quod nos, ob amorem Dei et mercedis nostræ augmentum, donamus ad casa sancti domni Dionysii martyris, ubi ipse domnus preciosus cum sanctis sociis in corpore requiescit, et domnus genitor noster Pippinus rex requiescere videtur, et nos, si Deo placuerit, sepelire cupimus, donatumque ibidem ad ipso sancto loco esse volumus, et ubi Folleradus abbas et custos præesse dignoscitur, hoc est monasterio aliquo qui nuncupatur a sancto Deodato, infra Vosago sylva, sicut eum domnus et genitor noster Pippinus in sua investitura tenuisse comprobatum est, ea videlicet ratione, ut semper ipsi fratres decem ac quindecim per vices ibidem ipsum locum custodire debeant, et ibi assidue in psalmis et missas, et cæteris obsecrationum orationibus, vel peculiares orationes pro nobis et pro domno atque glorioso genitore nostro Dominum preces exorare die et nocte non desistant. Propterea hanc præceptionem nostram ad ipsa casa sancti et domni Dionysii conscribere jussimus, ut ab hac die rectores ipsius monasterii prædicto monasterio cum omnibus ad se pertinentibus ex nostra indulgentia præsentaliter recipiant ad possidendum, ita ut deinceps ipsum locum habeant vel teneant absque ullius contrarietate vel calumnia. Et ut hæc nostra præceptio vel confirmatio nostris et futuris temporibus firma et stabilis perdurare debeat, manu propria subter decrevimus roborare, et de annulo nostro sigillare jussimus.

Signum Caroli gloriosissimi regis.

Ilitherius recognovit.

Data Idus Januarii anno primo regni nostri. Actum Aquisgrani palatio publico in Dei nomine feliciter. Amen.

III.
Diploma Caroli magni pro monasterio Corbeiensi
(anno 769).

(Ex D. Bouquet, ibid.)

Carolus rex Francorum vir inluster. Si ea quæ ab anteriorum regum quondam nostrorum ad loca sanctorum vel pro opportunitate servorum Dei fuit concessum atque indultum, nostris oraculis affirmavimus, regum consuetudinem exercemus, et nobis ad mercedem vel stabilitatem regni nostri pertinere confidimus. Igitur venerabilis Hado de monasterio Corbeia, quod ponitur in pago Ambianensi, quod antecessores nostri Clotharius quondam rex, vel Baltheohildis regina eorum opere a fundamento construere præceperunt, clementiæ regni nostri suggessit eo quod præfatus princeps talem ad ipsum monasterium per eorum præceptiones concessisset licentiam, ut omnes res tam quod ipsi ibidem pro eorum mercede visi firmasse fuerunt, quam etiam a succedentibus regibus, vel a quibuslibet Deum timentibus hominibus fuerit additum vel collatum, aut ab ipsis custodibus præfati monasterii per quodlibet ingenium fuerit attractum in quibuslibet pagis vel territoriis, hoc pars ipsius monasterii sub integra emunitate, absque introitu judicum vel fisci publici repetitionibus, possidere omni tempore quieto ordine deberet. Unde et ipsas præceptiones antecessorum nostrorum, seu et confirmationes Childerici, Theoderici, Chlodovei, Childeberti, Dagoberti, Pippini, quondam regum, necnon et genitoris nostri, ipse abba ex hoc in præsenti nobis protulit legendas; et ipsum beneficium ab eo tempore usque nunc asserit esse conservatum: sed pro firmitatis studio petiit celsitudinem nostram ut hoc ipsum ad suprascriptum monasterium nostra plenius auctoritas deberet confirmare. Cujus petitionem gratanti animo præstitisse et confirmasse, et in omnibus concessisse cognoscite. Quapropter per præsentem jubemus ac decernimus jussionem, ut quicquid ab anterioribus nostris ad memoratum monasterium in quibuslibet locis vel territoriis fuerit concessum atque indultum,

seu a Domini timentibus noscitur fuisse ad itum vel collatum aut per quodlibet ingenium ab ipsis abbatibus inibidem Deo servientibus fuit a tractum, aut inantea ibidem, Deo auxiliante, a quibuslibet hominibus fuerit melioratum vel augmentatum, tam quod præsenti tempore pars ipsius monasterii possidere vel dominare videtur, quam et inantea, Domino adjuvante, ibidem fuerit per quælibet strumenta cartarum collatum aut attractum, inspectis ipsis præceptionibus memoratorum principum, sub integra emunitate absque introitu judicum valeant quieto ordine tenere vel possidere: ita ut nullus judex publicus in curtes ipsius monasterii, vel homines qui supra terras commanere videntur, nec ad causas audiendas, nec ad freda exigenda, nec paratas aut mansiones faciendas, nec ullas redhibitiones de parte fisci nostri requirendas aut accipiendas, ingredi omnino præsumat: sed sub integra emunitate, ut diximus, cum omnibus fredis concessis, nostris et futuris temporibus quieto ordine valeant possidere vel dominare, ut melius delectet servos ipsos Dei pro stabilitate regni nostri Dei misericordiam deprecari. Et ut hæc præceptio firmior habeatur, vel per tempora in omnibus conservetur, manus nostræ subscriptionibus subter eam decrevimus roborare.

Itherius recognovit et subscripsit.

Data sub die XVII Calendas Aprilis, anno I cum regnare cœpi. Actum Andriaca villa in nomine Domini.

IV.
[a] *Diploma Caroli Magni pro Andegavensi S. Albini monasterio (anno 769)*

(Ex D. Bouquet, ibid.)

Carolus rex Francorum vir illuster, omnibus nostris, etc. Igitur magnificus vir Guntharus rector de monasterio S. Albini, qui est constructus prope muros Andecavis, vel clerici de ipsa ecclesia peculiaris patroni nostri ad nostram accedentes præsentiam, clementiæ regni nostri suggesserunt eo quod antecessores nostri, seu etiam domnus ac genitor noster beatæ memoriæ Pipinus quondam rex per illorum auctoritates eorumque manibus suscriptas... ut quasdam villas ejusdem abbatiæ canonicis ipsius loci deputatas denuo per celsitudinis nostr auctoritatis suscriptum nos etiam eisdem usibus perpetua lege habendas easdem confirmare dig aremur: quarum scilicet villarum ista sunt nomina Maironnus, Clementiniacus, Papirius, Prunarius, abiacus, Multonacus, Monasteriolum, et vinea quæ i fra consistit Monasterium: piscationem a porta Canciacense usque ad insulam quæ nuncupatur Irelista. Et hoc per annos singulos constituit, t dentur prætaxatis fratribus ex villa [c] Vistiniac de sale modios centum. Unde etiam, veluti pr signatum est, altitudinis nostræ præceptum hoc fieri ussimus.

---

[a] Apud Sammarthanos, qui idem præceptum ediderunt tom. IV Galliæ Christ.; pag. 24; *Mauronius, Clementiniacus, Papionis, Pinnarius, Sabracus.*

[b] Apud eosdem, *Crotiense.*
[c] Apud eosdem, *Justiniaco.*

per quod præcipimus ut prænominatæ res cum omni integritate, et sine cujuspiam rectorum præfati loci minoratione, usibus et stipendiis Dei servorum in eodem loco Christo famulantium deputatæ habeantur. Interea etiam constituimus ut numerus fratrum ultra quinquagenarium numerum ab aliquo eorum abbate ullo unquam tempore non augeatur. Et huc hoc nostræ auctoritatis præceptum firmius habeatur, et per futura tempora a successoribus illius et fidelibus sanctæ Dei Ecclesiæ melius credatur, et diligentius conservetur, de annulo nostro subter jussimus sigillari.

Signum Karoli gloriosissimi regis.

Hiterius recognovit.

Data in mense Madio, anno primo regnante Karolo gloriosissimo rege Francorum. Actum [a] Murnaco.

V.

Diploma Caroli Magni pro immunitate cœnobii Sithiensis (anno 769).

(Apud Mabill., de Re diplom.)

Karolus gratia Dei rex Francorum, vir illuster. Si facta antecessorum nostrorum regum quod loca sanctorum præstiterunt vel concesserunt, per nostris oraculis confirmamus, regia consuetudine exercemus, et nobis ad laudem vel stabilitatem regni nostri in Dei nomine pertinere confidimus. Igitur venerabilis vir Hardradus abba de monasterio Sithiu, qui est in pago Tervaninse in honore sanctæ Mariæ genitricis Domini nostri Jesu Christi, necnon et sancti Petri et Pauli apostolorum vel cæterorum domnorum sanctorum constructus, ad nostram accedens præsentiam, clementiæ regni nostri suggessit eo quod antecessores regni nostri reges de omnes curtes vel villas ipsius monasterii, quicquid eodem tempore possidebant, aut adhuc inantea ex munere regum, vel collata populi, seu de comparato, aut de quolibet attracto in quibuslibet pagis atque territoriis inibi erat additum vel collatum, integra emunitate antecessoribus suis vel ad monasterium Sithiu concessisset, ut nullus judex publicus ibidem ad causas audiendas, aut freta exactanda, vel fidejussores tollendos, vel mansiones aut paratas faciendas, nec homines ipsius monasterii tam ingenuos quam et servientes, qui super terras suas commanent, distringendos, nec ullas redhibitiones requirendas, nec exactandas, judiciaria potestas ibidem ingredere non præsumat quoquam tempore; nisi quod sub emunitatis munere omni tempore cum omnes freto vel bannos concessos pars ipsius monasterii perenniter debeat possidere. Unde præceptionem antecessorum nostrorum se ex hoc præ manibus habere affirmat, et quod ipsa beneficia concessa ab eo tempore usque nunc videantur esse conservata. Sed pro integra firmitate petiit celsitudini nostræ supra memoratus abba, ut hoc circa ipsum locum pro nostra auctoritate plenius confirmare deberemus : cujus petitioni pro mercedis nostræ auctmentum, vel reverentia ipsius sancti loci ita præstitisse et in omnibus confirmasse cognoscite. Præcipientes enim ut quicquid constat de ipsa emunitate, sicut superius est comprehensum, antecessores nostri juste et rationabiliter concesserunt vel confirmaverunt, et de eo tempore usque nunc recto tramite fuit conservatum : ita et inantea per nostrum præceptum plenius in Dei nomine sit conservatum, inspectas istas præceptiones suprascriptorum principum, sicut per easdem declaratur, circa ipsum abbatem Hardradum, vel successores ad ipsum monasterium Sithiu omni tempore ipsa beneficia concessa in omnibus valeant esse conservata; et nullam refragationem, nec ullum impedimentum a judicibus publicis exinde quoquam tempore habere non pertimescant : unde ipsa congregatio pro stabilitate regni nostri, vel salute patriæ Domini misericordiam jugiter debeant exorare. Et ut hæc auctoritas firmior habeatur, et in omnibus conservetur, manus nostræ suscribtionibus eam decrevimus roborare.

Signum Karoli gloriosissimi regis.

Data mense Julio, anno primo regni nostri. Actum [b] Andiaco.

VI.

Diploma Caroli Magni pro Andegavensi [c] S. Stephani ecclesia (anno 770).

(Ex D. Bouquet, ibid.)

Karolus gratia Dei rex Francorum, vir illuster, omnibus agentibus, tam præsentibus quam futuris. Tunc nostra celsitudo fundamenta sui culminis corroborat, quando ad petitiones sacerdotum et servorum Dei, quod pro illorum quiete vel juvamine pertinet, obaudimus, et hoc nobis ad mercedem vel stabilitatem regni nostri in Dei nomine pertinere confidimus. Ideoque cognoscat magnitudo seu utilitas vestra, quod apostolicus vir Mauriolus episcopus Andecavensis civitatis de monasterio S. Stephani, quod sub urbe ipsius civitatis prope murum constructum est, nobis suggessit qualiter antecessores nostri reges ipsum monasteriolum ad lumen ecclesiæ S. Mauritii concesserunt, et ut nos modo per mercedis nostræ augmentum tale beneficium ei concedere deberemus, ut in locella ipsius monasterii, in quibuscumque pagis vel territoriis ea videtur habere, nullus judex publicus, nec ad causas audiendas, nec ad infrendas vel freda exigenda, nec hostilitates vel mansiones aut paratas faciendas, nec ad ullas redhibitiones requirendas ingredi audeat : sed quod fisco a longo tempore fuit consuetudo ad exactandum, villam, ubi privilegium Corbeiensi abbati Hadoni seu Chadoni concessit.

---

[a] Locus vulgo dictus *Mornai* apud Santones.
[b] Andiacum pagi Encolismensis palatium erat : at veretur Mabillonius ut anno ipso primo Carolus M. hoc in loco constiterit. In Andriaco palatio ad Alteiam non longe a Sithiensi monasterio resedisse credit. Nam hoc ipso anno degebat apud Andiacum
[c] Quodnam sit illud S. Stephani monasterium seu monasteriolum, non liquet. Neque id intelligendum videtur de monasterio S. Albini, olim suburbano, quod principio S. Mariæ seu S. Germano Antissiodor. episcopo, non S. Stephano, sacratum fuisse legitur.

pro nostro augmento sub emunitatis nomine in luminaribus S. Mauritii gloriosi martyris concedere deberemus : quod ita et fecimus. Quapropter per præsentem præceptionem decernimus et omnino jubemus, ut nec vos, nec juniores vestri, nec successores eorum, nec quilibet de partibus judicum fisci nostri, in quibuslibet pagis ac territoriis ipsa cella S. Stephani locella tenere videtur, sicut superius diximus, nec infrendas vel freda exigenda, nec ad hospitalitates aut mansiones vel paratas faciendas, nec ad ullas redibitiones requirendas, et nec ad juniores suos exactare nec offerre penitus non requirant, nisi ut diximus, pro mercedis nostræ augmento in luminaribus S. Mauritii sub emunitatis nomine, ubi ipse Mauriolus episcopus custos esse videtur, ei proficiat in augmentum. Et ut hæc præceptio firmior habeatur, et melius per tempora conservetur, manus propriæ subscriptionibus subter eam decrevimus roborare.

Signum Karoli gloriosissimi regis.

Hitherius recognovit.

Data mense Martio, anno 11 regni nostri. Actum Haristalio palatio publico, feliciter. Amen.

VII.

Diploma Carolomanni pro monasterio Honaugiensi (anno 770).

(Ex Mabillonium, tom. II Annal. Bened.)

Carolomannus gratia Dei rex Francorum, vir illuster, omnibus episcopis, abbatibus, ducibus, comitibus, domesticis, vicariis, centenariis vel omnibus missis nostris discurrentibus, tam præsentibus quam et futuris. Cognoscatis quod maximum regni nostri augere credimus munimentum, si beneficia opportuna per loca ecclesiarum benevola deliberatione concedimus, ac Domino protegente stabiliter perdurate confidimus. Igitur noverit solertia vestra quod nos ad petitionem venerabilis viri Stephani abbatis tale pro æterna retributione beneficium visi sumus indulsisse, ut in villas vel res Ecclesiæ S. Michaelis archangeli de monasterio, quod est constructum in insula Rheni quæ vocatur Honaugia, quas præsenti tempore aut nostro aut cujuslibet munere habere videtur, vel quas deinceps in jure ipsius sancti loci voluerit divina pietas ampliare, nullus judex publicus ad causas audiendum, vel freda undique exigendum; quocunque tempore non præsumat ingredi : sed prædictus Stephanus vel successores sui nec ulla publica judiciaria potestas propter nomen Domini vel S. Michaelis sub integra emunitatis nomine ipsas res valeat dominare. Præcipientes ergo jubemus ut neque vos, neque juniores, aut successores vestri, nec ulla publica judiciaria potestas quocunque tempore in villas, ubicumque in regno nostro, ipsi Ecclesiæ aut regia aut privatorum vel bonorum hominum largitate collatas, vel quæ inantea per Deum timentes fuerint collatæ, ad audiendas altercationes ingredi, aut freda de qualibet causa exigere, nec mansiones aut paratas vel fidejussores tollere præsumatis ; sed quicquid exinde deservientibus, qui sunt infra agros vel vineas, seu super terras prædictæ Ecclesiæ per man m agentium eorum ad ipsam ecclesiam proficiat in perpetuum : et quod nos propter nomen D ini, et animæ nostræ remedium, seu nostram subs quentem progeniem plena devotione indulsimus, n c regalis sublimitas, nec quorumlibet judicum seria cupiditas refragare tentet. Et ut præsens auctoritas am præsentibus quam futuris temporibus inviolat Deo adjutore permaneat, manu nostra subter ea decrevimus affirmare.

Signum Karolomanni gloriosissimi regis.

Maginarius recognovit et subscripsit.

Data in mense Martio, anno 11 regni nosti i. Actum Theudone-villa palatio, in Dei nomine felic ter.

VIII.

Charta Carolomanni regis, qua villas Faberoas et Norontem cænobio Dionysiano confert (ann 771).

(Ex append. nova ad secundam edit. lib. de R diplom., pag. 645.)

Carolomannus gratia Dei rex Francoru , vir illuster. Et quia monente Scriptura ita oporteat unumquemque constanter præparari, qua enus veniente in conspectu superni Judicis illam nereatur Domini piam vocem audire, unde omnes justi ex bonis actibus erunt gavisi ; quapropter os salubriter, ut credimus, considerantes qualit r ex terrenis rebus, quibus superna gratia nobis ffluenter in hoc sæculo largire dignata est, salti vel in pauperibus ex hoc tribuere deberemus, u de misericordiam Altissimi adipisci valeamus. Id irco cedimus atque donamus pro animæ nostræ r medium, vel pro genitore nostro quondam Pippin , ad monasterium Sancti Dionysii martyris, ubi pretiosus domnus cum sociis suis corpore requiescit, onatumque ad præfato sancto loco esse volu s, hoc est villas quod ipse genitor noster per anus nostras ad ipsa casa Dei dudum delegaver t, nuncupantes Faberolas, qui ponitur in pag Madriacense, et Noronte in pago Carnotino, m omni integritate, vel appendiciis earum, ad ipso monasterio, vel monachis ibidem degentibus, seu ad luminaria ipsius ecclesiæ procurandum vel stipend a pauperum, ut prædictas villas proficere d beant in augmentum, sicut a vasso nostro Audeg rio possessas fuerunt, et ut melius delectet ips s monachos pro nobis et genitore nostro die noctuque Domini misericordiam adtentius depreca e. Igitur prædictas villas Faberolas et Noronte cedi us atque donamus ad ipso sancto loco, una cu n terris, domibus, ædificiis, accolabus, mancipii , vineis, silvis, campis, pratis, pascuis, aquis a uarumve decursibus, mobilibus et immobilibus, arinariis, gregis cum pastoribus, omnia et ex omn bus, sicut diximus, cum omni integritate, quidqui præsenti tempore nostra videtur ibidem esse poss ssio, pars prædicti monasterii ejusque rectores per niter nostris et futuris temporibus habeant, ten ant atque possideant, et ad ipsa casa Dei in nostra e eemosyna usque in perpetuum absque illius repetitione debeat esse jure integro confirmato. Et ut hæc auctoritas firma et inconvulsa permaneat, nos eam manu propria subter firmavimus, et de annulo nostro sigillare jussimus.

Sign. Carolomanno gloriosissimo rege.

Maginarius recognovi et subscripsi.

Data in mense Decembri, anno quarto regni nostri. Actum [a] Salmunciago palatio publico, in Dei nomine feliciter.

IX.

Præceptum Caroli Magni de libertate [b] *Monasterii S. Michaelis (anno 772).*

(Ex Mabill., tom. II veterum Analect., p. 401.)

Carolus Dei gratia vir illustris, Francorum rex. Tunc regalis celsitudo fundamenta sui culminis corroborat, quando petitionibus sacerdotum studet pro eorum quiete vel juvamine obaudire, et ad effectum in Dei nomine mancipare. Cum itaque venerabilis vir Hermengaudus abbas sive episcopus de monasterio Castellionis in pago Virdunensi, in fine Vindemiaca, ubi consurgit fluvius Marsupia, quod illuster Volfaudus et conjux sua Adalsina in eorum proprietate, in honore sancti Michaelis archangeli, vel cæterorum dominorum sanctorum, ubi ipse cum norma plurima conversari videtur, noscitur construxisse, integra immunitate omnes res, villas, vel facultates, et quidquid præsenti tempore in quibuscunque pagis et terraturiis in regno Deo propitio nostro, tam ex allode, quam de comparato, vel de quolibet attracto, seu ex munere regum præsenti tempore videtur habere, aut quidquid inantea attrahere vel meliorare potuerit, et quidquid a Deum timentibus bonis hominibus ibidem additum vel collatum fuerit, pro mercede nostra visi fuimus concessisse, sicut bonæ memoriæ dominus et genitor noster Pipinus quondam rex fecit, ut nullus judex publicus nec ad causas audiendas, nec freda exigenda, nec mansiones aut paratas faciendas, nec ullas requisitiones inquirendas nec exactandas, nec ad homines suos, tam ad ingenuos quam ad servientes, qui super terram ipsius Monasterii commanere videntur, nec fidejussores tollendos, initi judiciaria potestas penitus ingredi non præsumat: sed jam dictus Hermangaudus episcopus, aut pars ipsius Monasterii, omnes res vel facultates suas sub immunitatis nomine et omnia freda concessa debeat possidere et dominare. Ideo per præsentem præceptionem decernimus ordinandum, quod in perpetuum volumus esse mansurum, ut neque nos, neque juniores successores nostri, nec quilibet ex judiciaria potestate, nec de parte Pontificum, nec ad quemlibet hominum, in res vel facultates ipsius abbatis sive episcopi, vel monasterii sui, quidquid præsenti tempore, tam ex allode quam de comparato, vel de quolibet attracto, seu ex munere regum habere videtur, aut quidquid adhuc inantea attrahere, vel emeliorare potuerit; et quod a timentibus Deum bonis hominibus additum vel collatum fuerit, ibi judiciaria potestas ingredi penitus non præsumat: sed, ut diximus, ex nostra indulgentia jam dictus abbas sive episcopus Hermangaudus, aut pars monasterii sui, vel omnis congregatio ibidem existentium, aut successores sui, sub integra immunitate omnia freda concessa debeant possidere et dominare, ut ibidem in ipso sancto loco nostris et futuris temporibus Deo adjuvante in luminaribus proficiat in augmentum, unde et ipsa congregatio pro stabilitate regni nostri, vel pro salutis patriæ prosperitate Domini misericordiam jugiter debeant exorare; et nullas requisitiones et impedimentum a judicibus publicis aliquo tempore, nec a nobis, nec a succedentibus Regibus, nec de parte fisci nostri, nec de qualibet exinde habere non pertimescat. Et ut hæc præceptio nostra firmior habeatur, vel per tempora melius conservetur, manu nostra propria subscripsimus, et annulo nostro sigillari decrevimus.

Signum Caroli gloriosissimi regis.

Datum in mense Maio, anno quarto regni nostri. Actum Drippione in palatio regio publico.

X.

Præceptum Caroli Magni pro monasterio S. Germani a Pratis (anno 772).

Karolus gratia Dei rex Francorum, vir illuster. Regalis serenitas semper ea instituere debet quæ ad æterna multimodo conferant lucra, ut de præsenti regimine ad cœlestem vitam conscendere valeat. Quare nobis oportet et condecet cuncta salubri consilio peragere, præcipue petitiones sacerdotum, in quo nostris auribus fuerint perlatæ, ad effectum in Dei nomine mancipare. Ideoque nobis et pluribus habeatur præcognitum, qualiter basilica S. Vincentii et sancti Germani sub oppidum Parisius constructa, ubi ipse pretiosus domnus in corpore requiescit, a parentibus nostris anterioribus regibus, vel a nobis integra emunitate omnes villas, agros, vel terras videtur quas possidet habere concessas. Sed nos pro mercedis nostræ compendio, ad petitionem venerabilis viri Lantfredi abbatis, qui ibidem custos præesse videtur, pro reverentia ipsius sancti Soci, villas cum agris, terris tam ultra Ligerim quam circa habere, vel ubi in regno, Deo propitio, nostro eorum possessiones esse noscuntur, tam emunitates, quam reliqua omnia instrumenta ipsius basilicæ sancti Vincentii vel sancti Germani, vel quicquid undique ibidem delegatum habent, aut adhuc a Deum timentibus hominibus additum vel collatum fuerit, per nostram præceptionem confirmamus; et integra emunitate a novo concedimus, ut quicquid fiscus noster

---

[a] Salmonciacum, vulgo *Samoncy*, subtus Laudunum versus orientem, qua tenditur ad Deiparam Lætitiensem.

[b] Monasterium S. Michaelis, seu Vetus-Monasterium, *Vieux-Montier*, in pago Virdunensi ad Marsu-piam, *Massoupe*. Anno 819 hoc monasterium Smaragdus abbas transtulit ad ripam Mosæ: circa quod accrevit oppidum S. Michaelis dictum a monasterio, S. Mihel.

quolibet modo ab omnibus, qui super terras ipsius sancti Vincentii vel sancti Germani commanere noscuntur, habere poterat, et omnes redhibitiones absque ullius judicis introitu aut repetitione habeant concessa. Præcipientes enim jubemus ut neque nos, neque juniores seu successores nostri, vel quilibet ex judiciaria potestate accinctus pro quocumque modo ullis ingenuis in cunctis terris præfatæ basilicæ, vel in eo quod præsenti tempore possidere videtur, aut quod inantea ibidem additum a Deum timentibus fuerit vel collatum, nec ad causas audiendum, nec ad recta (sic) exigendum, nec districtiones aut mansiones faciendum, nec ullas parvas res requirendum, aut homines de capite in judicio reprobare ullatenus præsumant, et prætermissis repetitionibus quas aut nostris aut antecessorum nostrorum repetere consueverant, omnia superius scripta perpetuis, Deo auxiliante, temporibus maneant inconvulsa. Ita igitur, ut dictum est, de omnibus hominibus qui super terras præscriptæ basilicæ sancti Vincentii et domni Germani commanere noscuntur, et de capite eorum quos contra homines liberos in omni placito testimonium ferre concedimus, et quod vel exinde exigere aut sperare poteratis, nos omnimodis præsentialiter removere et sequestrare studemus. Et fortasse quod calliditate judicum faciente ipse emunitates ubi fuerant interruptæ, a novo decernimus, ut nullus hoc facere præsumat, qui non vult rerum amissionem sustinere multarum; sed quod a priscis parentibus nostris anterioribus regibus ipsi sanctæ basilicæ domni Vincentii vel sancti Germani noscitur fuisse concessum, inspectis eorum præceptionibus, nos a novo nostra indulgentia roboramus, atque plenissima et promptissima voluntate pro respectu fidei jam dicto Lantfredo abbati suisque successoribus concedimus, quod nullus pro qualibet occasione refragare aut minuere aut convellere præsumat. Sed et si quid fiscus noster de antedictis villis supradicti sancti Vincentii vel domni Germani utcunque in regno, Deo propitio, nostra habere videtur, vel de rebus ad easdem pertinentibus potuerit augmentari, ipsi basilicæ temporibus perennibus proficiat in augmentis. Hanc quoque auctoritatem ut perhenniter nostris et futuris temporibus; Deo auxiliante, a nobis nostrisque successoribus inviolabiliter æternam perduret in firmitatem, manu nostræ suscriptionis subter decrevimus roborare, et de annulo nostro subter sigillare.

Signum Caroli gloriosissimi regis.

Rado ad vicem hiterii.

Data XIII Kal. Novembris, anno V regni nostri. Actum Aristallio palatio publico in Dei nomine feliciter.

XI.

Præceptum Caroli Magni pro monasterio Morbacensi
(anno 772).

(Ex Martène, Anecd., tom. Ier.)

Carolus gratia Dei rex Francorum, vir inluster. Principale quidem clementiæ cunctorumque decet accommodare aurem benignam, præcipueque p o compendio animarum, etc. Igitur venerabilis vir aribertus dono Dei abbas de monasterio Vivario peregrinorum, qui ponitur in pago Alsacensi supe rivum *Morbach*, quod est constructum in honore S. Leodegarii et S. Petri apostoli et S. Mariæ seu æterorumque, ubi ipse cum turma plurima monachorum deservire dignoscitur, clementiæ regni nostri suggessit, quatenus antecessores nostri quondam pe eorum auctoritates, illorum manibus subscriptas e villa ipsius monasterii, seu quod ad præsens pos idebat, tam ex emunitatibus principum, seu Eberha di, qui ipsum monasterium in sua eleemosyna fu davit, quam ex largitate pagensium, vel quid in ntea a Deo timentibus hominibus ibidem delegatu fuerit, integra emunitate concessissent: ut nullu judex publicus in villas vel res ipsius monasterii eu nec ad causas audiendas, nec freda exigenda, n c mansiones, aut paratas faciendas, nec fidejussore tollendos, nec homines ipsius monasterii de qui uslibet causis distringendis, nec ulli redibitione req irendo ibidem ingredi non debeant. Verum et ipsa præceptionem jam dictis antecessoribus nostri seu et confirmationem antedictus abbas Faribertus rector de ipso monasterio nobis ostendit ad relegen um, et ipsum beneficium circa eundem et memorata ecclesiam ipsius usque nunc adserit esse asservat . Sed pro firmitatis studio petit celsitudinem nostr m, ut hoc denuo circa monasterium ipsum et ipso monachos nostra deberet auctoritas generaliter con rmare. Cujus petitionem pro reverentia ipsius loci, ut mereamur ad mercedem sociari plenissima v luntate visi fuimus præstitisse, et in omnibus confi masse. Præcipientes ergo jubemus, ut nullus judex ublicus in res vel facultates ipsius ecclesiæ, nec ad causas audiendas, nec freda exigenda, nec mansio es aut paratas faciendas, nec fidejussores tollend s, nec homines ipsius ecclesiæ et monasterii ipsius am ingenuos quam et servos, qui super eorum t rras et mitio manere videntur, qui ibidem aspiciun e quibuslibet causis distringendis, nec ullam red ibitionem requirendo ibidem ingredi non debeant, sed ex beneficiis a jam dictis antecessoribus nost s, inspectis pridem auctoritatibus, ad jam dictu monasterium usque nunc fiat conservatum: ita et d inceps per nostram auctoritatem generaliter manea inconvulsum, et quidquid exinde fiscus noster potera exactare in luminaribus ipsius domni Leod garii et S. Mariæ, pro stabilitate regni nostri prof ciat in perpetuum. Et ut hæ auctoritates tam præ ntibus quam et futuris temporibus possint constare manu nostra subterroborare et annulo nostro sigill re jussimus.

Signum Caroli gloriosissimi regis.

Data Idus Januarii anno quarto regni nostri palatio nostro publico in Dei nomine feliciter.

XII.

[a] *Caroli Magni charta immunitatis Murbacensi abbatiæ data sub Hariberto abbate (anno 772).*

(Ex Schœpfl., Alsat. diplom.).

Carolus gratia Dei rex Francorum, vir inluster. Principale quidem clementiæ cunctorum decet accommodare aurem benignam præcipueque pro compendio animarum a præcedentibus regibus antecessoribus nostris ad loca ecclesiarum probamus esse indultum devota mente debemus perpendere, et congrua beneficia, ut mereamur ad mercedem esse participes, non negare, sed robustissimo jure pro nostris oraculis confirmare. Igitur venerabilis vir Haribertus donum Dei abba de monasterio Vivario peregrinorum, qui ponitur in pago Alsacense super fluvium Morbach qui est constructus in honore sancti Leodegarii et sancti Petri apostoli vel sanctæ Mariæ, seu ceterorumque, ubi ipse cum turma plurima monachorum deservire noscitur, clementiæ regni nostri suggessit, eo quod antecessores nostri quondam per eorum auctoritates illorum manibus subscriptis de villas ipsius monasterii sui quod ad præsens possidebat, tam ex muneribus principum seu Ebroardi, qui ipsum monasterium in sua ælimosina fundavit, quam ex largitate pagensium, vel quid in antea a Deo timentibus hominibus ibidem delegatum fuerit integra æmunitate concessissent, ut nullus judex publicus in villis vel res ipsius monasterii sui nec ad causas audiendas, nec freda exigenda, nec mansiones aut paratas faciendas, nec fidejussores tollendum nec homines ipsius monasterii de quibuslibet causis distringendum, nec nulla redibutione requirendum, ibidem ingredere non debeat, unde et ipsam præceptionem jam dictis antecessoribus nostris seu et confirmationem ante dictus abba Haribertus rector de ipso monasterio nobis ostendit ad relegendas et ipsud beneficium circa eundem vel memoratam ecclesiam ipsius usque nunc adserit esse conservatum sed pro adfirmantis studium petiit celsitudinem nostram, ut hoc denuo circa ipso monasterio vel ipsos monachos nostra deberet auctoritas generaliter confirmare, cujus petitionem pro reverentia ipsius loci ut mereamur ad mercedem sociare plenissima volontate visi fuimus prestitisse, vel in omnibus confirmasse cognoscite. Præcipientes ergo jubemus, ut nullus judex publicus in res vel facultates ipsius Ecclesiæ nec ad causas audiendas nec freda exigenda, nec mansiones aut paratas faciendas nec fidejussores tollendum nec homines ipsius ecclesiæ vel monasterii ipsius tam ingenuos quam et servos qui super eorum terras vel [b] mitio commanere videntur qui ibidem aspiciunt de quibuslibet causis distringendum, nec ulla redibutione requirendum, ibidem ingredere non debeant sed sicut ipse beneficius a jam dictis antecessoribus nostris inspectas priorum principum auctoritates, ad jam dicto monasterio usque nunc fiat conservatum, ita et deinceps per nostram auctori generaliter maneat inconvulsum et quicquid exinde fiscus noster poterat exactare in luminaribus ipsius domni Leodegarii vel sanctæ Mariæ, pro stabilitate regni nostri proficiat in perpetuum, et ut hæc auctoritas tam præsentibus quam et futuris temporibus possit constare manu nostra subter roboravimus et anulo nostro sigillare jussimus.

Signum Caroli gloriosissimi regis.
Lutherius recognovi et subscripsi.
Data Idus Januarii anno quarto regni nostri. Blanciaco palacio publico in Dei nomine feliciter.

XIII.

Diploma Caroli magni concessum Heddoni episcopo Argentinensi, quo Ecclesiæ Argentinensi totum in valle Bruschiana districtum terræ confirmat (anno 773).

(Ex Grandidier, Histoire de Strasbourg.)

[c] Carolus gratia Dei rex Francorum, vir inluster. Illud nobis ad stabilitatem regni notri, procul dubium in Dei nomine credimus pertinere, si petitiones sacerdotum aut ecclesiarum, que nostris fuerint auribus prolate, perducimus ad effectum. Quapropter notum sit omnibus fidelibus nostris presentibus et futuris, quia vir venerabilis Eddo Strazburgensis ecclesie episcopus, que est constructa in honore sancte Dei genitricis semperque virginis Marie, clemenciam regni nostri supplicavit, qualiter quondam locellum nuncupantem [d] Stilla quem a longo tempore per confirmationes regum predicta possidet ecclesia; et rectores ipsius ecclesie predictum locum per loca denominata, id est, per regia [e] straia, que pergit super rivolum, qui dicitur [f] Stilla, super casa [g] Rumaldi, deinde ubi dicitur [h] Paphinisnaida, inde to-

---

[a] Diploma hoc Carolinum impressum est in Martene Thesauro anecdot., tom. I, pag. 40; Eccard., Orig. Habsb. Austr., pag. 119, et in Lunig. Spicil. eccles. contin. I, pag. 955; sed ex exemplis corruptis.

[b] *Mitio*. Videtur hæc vox posita in ablativo casu et significare idem quod *dominium, legitima possessio*. Raro hæc vox occurrit, et quidem in chartis Pipini et Caroli Magni tantum. Vide Cangii Glossar. noviss. edit., voce Mitium.

[c] Testantur plerique auctores, viam monstrante Mabillone, de Re diplomat., pag. 75, Carolum Magnum nomen suum constanter signasse littera C, antequam imperator fuisset coronatus; addunt vero illum ad imperium evectum semper se nominasse Karolum, mutando C in K. Plurimis hæc discutiunt auctores Gallici novæ Diplomaticæ, tom. II, pag. 218-222, qui hanc sententiam non satis veritati esse consonam judicant.

[d] Hodie vicus *Still*, in valle Bruscana et Ballivatu Schirmeckiano situs, adhuc pertinens ad episcopum Argentinensem.

[e] Hæc strata regia illa est, quæ per vallem Bruscanam ducit ex Alsatia in Galliam, hodie adhuc existens, et quibusdam ab hinc annis renovata.

[f] Hodie rivulus *Still*, cujus fontes sunt in illa Vosagi parte quæ Welferstliał vocatur, duabus leucis ab arce Ochsensteinensi; unde descendit ad convallem Schirmeckianam, et paulo post se Bruschæ conjungit.

[g] Hodie vicus *Urmat*, semileuca Haslaco distans, ad Stratam regiam et ad episcopum Argentinensem pertinens.

[h] Locus vallis Bruscanæ ignotus.

tum montem qui vocatur [a] Arlegisbergo, usque ubi rivolus surgit, qui dicitur [b] Hasla, deinde ubi [c] Wichia surgit, usque quo in [d] Brusca ingreditur, inde iterum per longa Brusca usque dum Stilla intus ingreditur ad partem predicte ecclesie adquesierunt. Idcirco petiit, ut hoc per nostram auctoritatem denuo pro rei firmitate circa ipsam ecclesiam iterato hoc concedere et confirmare deberemus : cujus petitioni gratanti animo prestitisse et confirmasse, et in omnibus concessisse cognoscite. Quapropter hanc preceptionem nostram conscribere jussimus, ut ea omnia superius nominata cum terminis et finibus, vel appendiciis suis memorata ecclesia ejusque rectores ab hac die in perpetuum habeant, teneant, atque possideant; ut nullus ex judiciaria potestate, aut qualibet persona, prefatum Eddonem episcopum, suosque successores, aut agentes de se predictis rebus inquietare, aut contra rationis ordinem vel calumniam generare quoque tempore presumat, sed hoc nostre auctoritatis donum jure ibi permaneat firmissimo. Et ut hec nostra auctoritas inviolata permaneat, vel nostris et futuris temporibus melius conservetur, manus nostre subscriptionibus subter decrevimus roborare et de anulo nostro subter sigillare.

Signum Caroli gloriosissimi regis. Ilitherius recognovi.

Data Nonis Marcii [e] anno quinto regni nostri.

[f] Actum Theodone villa, palatio publico, in Dei nomine feliciter.

XIV.

Præceptum Caroli Magni regis Francorum de facienda restitutione ablatorum ecclesiæ Honaugiensi (circa an. 775) [g].

(Ex Grandidier, ibid.)

Carolus gratia Dei rex Francorum, vir inluster. Commendat omnibus qui acceperunt aliquid de ecclesia Scotorum, que est in insula Honaugia, ut iterum reddat omne quod accepit, vel quod rapuit sine licentia abbatis Beati ; et si quis retineat parum, com-

[a] Hodie vicus *Heiligenberg*, horæ quadrante a Stilla distans, ad episcopum Argentinensem pertinens.

[b] Hodie rivus *Hasel*, cujus fontes non procul a fontibus Stillæ conspiciuntur, inter rivulos *Still* et *Wich* medius, qui prope Collegiatam Haselacensem in Bruscam se præcipitat.

[c] Hodie rivulus *Wich* prope vicum cognominem, iisdem in partibus ac Hasela ortus, in Bruscam quoque illabens.

[d] Fluvius Brusche in altissimis et confragosis Vogesi verticibus, juxta vicum *Sell* erumpens, perluit totam vallem Schirmeckianam, quæ a se cognominatur *Breuschthal*. Hæc vallis sex leucis longa tota pertinet ad episcopum Argentinensem, et Alsatiam jungit cum principatu Salmensi et Lotharingia.

[e] Carolus Magnus successit in regnum Galliæ patri Pipino defuncto 24 Septembris 768, in urbe Noriomensi 9 Octobris sequenti rex renuntiatus.

[f] Regem Karolum hiemasse in villa quæ dicitur Theodonis, ad an. 773 testantur Annales Metenses, apud Bouquetum, tom. V, pag. 541.

[g] Hoc præceptum est sine die et anno : ponendum vero est inter annum 772, quo, mortuo Carolomanno, Carolus Magnus Neustriæ et Burgundiæ regnis Austrasiam conjunxit, et inter annum 774, qu , expugnata Papia, captoque Desiderio rege, titulu n regis Longobardorum chartis suis inseruit. Hoc j m ediderunt Mabillon., Annal. Benedictin. tom. I, pag. 699, et post eum Eccardus, Origin. Ha sburgo-Austriac., pag. 105.

mendat omnibus judicibus terre illius, ut illi uerant omnes res ecclesie cum ratione secuudum legem Francorum, quia [h] res peregrinorum propr e sunt regis. Ideo restaurentur omnia illa predicta a ecclesiam Scotorum sine ullo impedimento, siv terra, sive vinea, sive pecunia, sive homines, siv argentum, sive aurum. Si quis eorum hoc non fe rit, recognoscat se regis preceptum non obaudi ; quia reges Francorum libertatem dederunt omnib s peregrinis Scotorum, ut nullus rapiat aliquid e rebus eorum, nec ulla generatio preter eorum ge erationem possideat ecclesias eorum. Taliter exind agite, quo gratiam nostram vultis habere.

XV.

[i] *Diploma Caroli Magni quo statuit, præter alia ut nullus simoniace Ecclesiam Argentinensem ingr diatur, et præcepta tradit de electione episcopi, et e divisione redituum* (an. 774, die tertia Aprilis).

(Ex Grandidier, ibid.)

Carolus gratia Dei rex Francorum, vir i luster. Cum principem ac defensorem Ecclesiarum n s fecit Dominus, ne gracie ejus videamur esse ingr ti, servicium ejus augmentare, bene et opportune i stituta confirmare, emendanda reformare, et sedata ubique discordia, pacem, concordiam et tranquillita m nos oportet restaurare. Idcirco notum sit omnib s fidelibus nostris presentibus scilicet et futuris, ualiter Etto venerabilis sancte Argentinensis Eccle ie episcopus, secum adducens apostolicos viros i ullum Moguntinum metropolitanum et Joannem C nstantiensem episcopum, coram multis celsitudin m nostram adiit, flebiliter conquerens suorum q osdam antecessorum episcoporum scilicet cum suis uibusdam canonicis, prepositis videlicet, decanis, dituis, camerariis, cantoribus et scholasticis eccl siastica potestate tantum abuti, ut cum deberent si oniace heresis veri exstirpatores esse, imprudente effecti sint injuriosi defensores. Nam in dacione rebendarum sub oblacionis nomine quasi pro c mmuni utilitate infinitam pecuniam exigebant, qu m non

[h] Inter antiquissima regum Franciæ ju a apud Alsatas exercita, jus quoque albinagii (*auba ne*) hic innotescit. Nomen quidem chartæ ignorant, em autem ipsam jam octavo sæculo fuisse nostris in oris cognitam probat hoc Caroli præceptum.

[i] Hanc chartam, sed corrupte, ediderunt chilter, in notis ad Chronicon Kœnigshovii, pag. 495 Lunig, Reichs.Archiv. contin. 1, fortf. 3, pag. 275 et La Guille, *Histoire d'Alsace, Preuves*, pag. 18 Illam descripserat Kœnigshovius ex authentico, q i tunc, et adhuc tempore Wimphelingii, in tabulario summi capituli Argentinensis exstabat, hodie non mplius superstes.

[j] De Lullo Moguntino archiepiscopo lege Se rarium, Rer. Mogunt., lib. IV, pag. 604, edit. I, et p g. 571, edit. II, et de Joanne episc. Constantieusi Gail christ. tom. V, pag. 895.

prout opus erat fratribus, sed secundum paucorum predictorum voluntatem, sibi tantum providentes inter se latenter dividebant. [a] Sed cum omne genus simonie ab Adriano papa suisque predecessoribus dampnatum, ac omnimodis amputatum cognovimus, placuit nostre et astancium providentie, prefati Ettonis episcopi querelam sic modeste et utiliter temperare, ne utilitates Ecclesie prorsus videamur destruere, vel decretis Patrum temere contraire. Rogatu igitur fratrum ejusdem episcopii et consilio multorum pacem et concordiam diligentium, ac provido consensu episcoporum, Lulli videlicet Moguntini, Ettonis et Joannis, statuimus et regali nostra auctoritate confirmavimus, quatenus ingredientes, si digni judicentur scientia, moribus et genere, ne appareant vacui in conspectu Domini, de allode, quantum Deo inspirante voluerint, matri Ecclesie devote tribuant, vel si hoc defuerit, septem libras illius monete in caritatem et commune fratrum commodum voluntarie offerant, ut inde nostri memoriam agentes, alacrius consolentur. Episcopus vero et prepositus, ne hujus caritatis immunes habeantur, cum sint domini et magistri, tribus unceis auri donentur. Precipimus quoque, ne defuncto priore aliunde veniens, sed de ipsius Ecclesie gremio, si reperitur idoneus episcopus, eligatur; sed si nullus ibi dignus, quod minime credimus, inveniatur, tunc primum alter aliunde assumatur, ita tamen ne Romana majestas, vel regalis honor offendatur. Quem talem esse censemus, qui habeat vite meritum, sapientie doctrinam, castitatem, sobrietatem, non sit turbulentus, non iracundus, et quanto magis extraneus, tanto melius moratus, providus et consideratus, nec Patrum traditiones destruendo, alicui fiat offensus vel molestus. Volumus preterea res presentis episcopi suorumque successorum a cunctis possessionibus fratrum sequestrari, et non in mansionibus vel pernoctationibus uspiam ab eis inquietari, sed sine omni futura contradictione in prepositi et fratrum dispositione res claustrales inconvulsas manere. Si quis autem episcopus, dux, judex, potens, vel impotens, spiritalis vel secularis, hoc nostre dispositionis et confirmationis decretum mutare et violare presumpserit et memorati episcopi possessiones minuere, aut ullas violentias, vel perturbationes pro his statutis nostris inchoare tentaverit, centum libras auri optimi persolvat, medietatem fisco nostro triginta [b] archimandrite Moguntino, viginti Argentinensi Ecclesie. Et ut hec nostre firmitatis auctoritas melius observetur, manu propria subter firmavimus, et de annulo nostro signari jussimus. Signum Caroli gloriosissimi regis. Gilbertus cancellarius ad vicem Ilitherii recognovit et subscripsit.

[e] Datum in sancto die Pasche, tercio nonas Aprilis, [d] anno Dominice Incarnationis 774, indictione duodecima, anno sexto regnante domno nostro Carolo gloriosissimo rege, ipso papa Adriano sedente in sede sua. Actum Rome, in Dei nomine feliciter. Amen.

XVI.

Præceptum Caroli Magni pro monasterio Anisolensi (anno 774).

(Ex D. Bouquet, Recueil des Hist.)

Karolus gratia Dei rex Francorum, vir inluster, omnibus fidelibus nostris tam præsentibus quam et futuris. Si hoc quod rectores Ecclesiæ pro opportunitate venerabilium locorum inter se commutantur, nostris oraculis confirmamus, regiam consuetudinem exercemus, et id in postmodum jure firmissimo mansurum esse credimus. Igitur notum sit omnium vestrorum magnitudini, qualiter viri venerabiles Meroldus Cenomannis urbis episcopus, atque Rabigaudus ex-

---

[a] In epistola 34 Adriani papæ ad domnum Carolum regem directa, apud Bouquetum, tom V, pag. 579, quæ est 85 in Carolino Codice, hæc leguntur: « Nos omnium ecclesiarum pastoralem curam habentes divina prædicare præcepta non sinimus de consecrationis vitio, quod in partibus Italiæ et Tusciæ per hæresin simoniacam fit, etc. »

[b] Archimandritæ olim apud Græcos appellabantur abbates generales, seu principes monachorum, quod nomen dein archiepiscopis fuit communicatum. Dagobertus episcopus Bituricensis, in charta anni 930 se Bituricensis ecclesiæ archimandritam inscribit. In tabulario ecclesiæ Grationopolitanæ Amblardus Lugdunensis archimandrita dicitur. Alia vide exempla quæ citat Cangius in Glossario, tom I, pag. 657.

[c] Carolus tunc Romæ Pascha cum Adriano papa celebravit, ut testantur Annales Francorum Fuldenses, apud Bouquetum, tom. V, pag. 528. Annales Metenses, apud Duchesne, tom. II, et alii. Ibidem quoque solemnis peracta est donatio, quam fecit Carolus Ecclesiæ Romanæ, ut narrat Anastasius in Vita Adriani papæ, apud Bouquetum, tom. V, pag. 461.

[d] Hæc inter chartas Alsaticas prima est quæ habet indictionem et annum Incarnationis. Papebrochius et alii vel falsa, vel interpolata arbitrantur omnia diplomata quæ ante annum 800 æram Christianam et indictionem præseferunt. « Hac ætate, inquit Eckhart, Commentar. de rebus Franciæ orientalis, tom. II, pag. 28, certa sedet sententia, annum Incarnationis in probis Caroli chartis non inveniri. » Quos omnes jam refutavit Schatenus. Æram Dionysianam anno 533 compositam non statim in chartis admissam fuisse, sed longo post tempore introductam verum est: sed cum præfigatur conciliis Germanico, Leptinensi et Suessionensi annorum 743 et 744, cur non potuit Carolus eam in diplomate anno 774 adhibere. Illam anno 783 adhibuit in authentico diplomate pro Metensi S. Arnulphi cœnobio, apud Meuriss., *Histoire des évêques de Metz*, pag. 179, et Bouquetum, tom. V, pag. 748. Quod etiam de indictione dicendum. Non igitur falsa dici potest charta quæ novem ante annos iisdem formulis sit usa. Revera omnia fere diplomata quæ ad res monasteriorum privatarumque personarum pertinent, in secunda regum stirpe carent annis Incarnationis et indictionis. Sed adnotat Mabillon., de Re diplomatica, pag. 189, nonnulla quæ solemnia inere et Ecclesiam vel regnum spectabant, cum annis regum adjunctis habere Incarnationis annos. Idem adnotat Besselius, Chronici Gotwicens., tom. I, lib. II, pag. 133, idque clare enuntiant auctores Gallici novæ Diplomaticæ, tom. VI, pag. 442. « Les diplômes de Charlemagne datés de l'indiction et des années de l'Incarnation, avant et depuis qu'il fut empereur, ne doivent point être rejetés, si d'ailleurs ils ne sont pas répréhensibles. » Quidquid sit de hac controversia, quæ stat pro anno Incarnationis, nulla remanebit difficultas, si dicatur æram Christianam et indictionem manu posteriore in apographo fuisse insertam, cum reliquæ aliæ formulæ diploma Carlovingicum denotent.

Anisola monasterio abbas ad nostram accesserunt præsentiam, asserentes se pro opportunitate, ambarum partium res Ecclesiæ inter se concamiare; unde et ipsas commutationes bonorum hominum manibus roboratas in præsenti ostenderunt legendas: ubi et cognovimus qualiter dedit et memoratus episcopus de ratione S. Gervasii Rabigaudo abbati ad opus S. Carilefi, villa illa quæ vocatur Sabonarias in pago Cenomannico, in condita Labrocinse, quem domnus Senardus suo opere a novo construxit, et ibidem requiescit, cum omnibus rebus ad se pertinentibus vel aspicientibus: id est, omnibus terris, domibus, ædificiis, accolabus, mancipiis, litis, libertis, et beneficia ingenuorum, vineis et silvis, campis, pratis, pascuis, aquis aquarumve decursibus, mobilibus et immobilibus, farinariis, gregis cum pastoribus, omnia et ex omnibus, cum omni supellectile quicquid dici aut nominari potest. Similiter hæc contra in compenso dedit jam fatus Rabigandus de ratione sancti Carilefi Meroldo episcopo ad opus S. Gervasii, villa quæ vocatur Curte-Bosane et Monte-Ebretramno in pago Cenomannico, in condita Siliacense, cum omnibus appenditiis suis, cum terris, domibus, ædificiis, mancipiis, litis, libertis, et beneficia ingenuorum, vineis, silvis, campis, pratis, pascuis, aquis aquarumque decursibus, mobilibus et immobilibus, peculium utriusque sexus tam majora quam minora, omnia et ex omnibus quicquid dici et nominari potest ad integrum. Sed pro integra firmitate petierunt jam dicti viri celsitudini nostræ, ut hoc per nostram auctoritatem confirmare deberemus. Quorum petitioni gratanti animo ita præstitisse vel confirmasse cognoscite. Præcipientes ergo jubemus ut quicquid pars altera contulit parti, aut contra in recompensatione recepit, ab hoc die per hanc auctoritatem inspectas ipsas commutationes, sicut per eas declaratur, habendi, tenendi, commutandi, vel quicquid exinde unusquisque quod a pare suo accepit, ad perfectum ejusdem Ecclesiæ exercere voluerit, liberam et firmissimam in omnibus habeant potestatem, et neque ab ipsis prædictis viris, neque a successoribus illorum ullo umquam tempore ipsæ commutationes violentur. Unde duas commutationes uno tenore conscriptas fieri jussimus, quas manu propria firmavimus, et de anulo nostro sigillare jussimus.

Signum Karoli gloriosissimi regis.

Idherius recognovi.

Datum xi Cal. Martii, anno vi regni nostri, Papia civitate publice.

XVII.

Præceptum Caroli Magni regis Francorum pro sancti Martini monasterio Turonensi (anno 774).

(Ex D. Bouquet, ibid.)

Carolus gratia Dei rex Francorum et a Langobardorum, ac patricius Romanorum. Si enim ex his quæ divina pietas nobis affluenter tribuit, pro opportunitate servorum Dei locis venerabilibus concedimus, hoc nobis ad mercedis augmentum vel stabilitatem regni nostri pertinere confidimus; Quapropter notum sit omnium fidelium nostrorum magnitudini qualiter nos et conjunx nostra Hildegard regina ob amorem Dei, et nostræ commune mercedis augmentum, donamus ad sacrosanctam ecclesiam beatissimi confessoris S. Martini et patroni nostri Turonicæ civitatis constructam, ubi ipse pretiosus domnus corpore requiescit, et vir venerabilis Gulfardus abba præesse videtur, donatumque in perpetuum ad eum em sanctum locum, vel ejusdem congregationi cau a vestimentorum esse volumus : hoc est, insula um castello Sermionense, quæ est sita in lacu Min iadæ, et curtem piscariam, ac Lionam cum omnibu finibus et ejus terminis, sicut in publico et ad pal tium visum est pertinuisse, et inantea intra fisc nostro exciderit, tam infra ipso termino, quam t aforis ibidem in integrum pertinentia, id est curt s, ecclesiis, villis, mansis, mancipiis, massariis, dificiis, vineis, olivetis, campis, silvis, pratis, pasc is, aquis aquarumve decursibus, mobilibus et imm bilibus, omnia et ex omnibus, etiam et monasteriolo illo infra ipso castro, quem Ansa novo opere co struxit, quod est in honore sancti Salvatoris, cum o nni ejus soliditate. Donamus etiam ad præfatum lo um vallem illam quæ vocatur Camonia, cum salto et caudino, vel usque Judalanias, cum montibus et lpibus a fine Treantina, qui vocatur Thonale, usque in finem Brixiacinse, seu in giro Bergamasei, quicq id infra ipsos fines, vel ab ipsa valle et longo tempor et modo aspicere vel pertinere videtur, sicut in publ co et ad palatium visa est reddidisse, aut inantea i fra fisco nostro ceciderit. Simili modo cum integrita e, sicut de termino Sermionensi conscripsimus, it et ista omnia tradidimus. Insuper adjungimus ad ræfatum sanctum locum sinodochium illum inter dum et Ticinum quod in honore S. Mariæ construct m prope Papiam civitatem in locum Wahan, cum vil a Solario, vel omnibus appendiciis eorum, et ea ella una infra Papiam, id est una cum terris, domib s, ecclesiis, ædificiis, accolabus, mancipiis, mass riis, vineis, silvis, campis, pratis, pascuis, aquis a uarumve decursibus, mobilibus, et immobilibus, omi ia et ex omnibus. Hæc vero omnia superius nomi ata cum terminis et finibus vel appendiciis suis a die præsenti in perpetuum ad præfatam basilicam S. M rtini, vel ejus rectores concessimus, ac plenissima oluntate indulsimus. Propterea hanc præceptionem auctoritatis nostræ conscribere jussimus, ut ea q æ supra dicta sunt pars memoratæ basilicæ S. Ma tini ejusque rectores ab hac die habeant, teneant at ue possideant, et ad ipsam casam Dei pro merce s nostræ eleemosyna in augmentis proficiat, ut null s ex judiciaria potestate aut qualibet persona iemorato Gulfardo abbati suisque successoribus, au agentes de se prædictis rebus inquietare, aut contr rationis ordinem vel calumniam generare quoquo tempore

---

a Observat Mabillonius secundam litteram nominis *Langobardorum* per a constanter efferri in autographis, non per o, ut passim in editis.

præsumat : sed hoc nostræ auctoritatis donum jure ibi permaneat firmissimo. Et ut hæc nostra auctoritas firmior habeatur, vel nostris et futuris temporibus melius conservetur, manu propria subter eam decrevimus roborare.

Signum Caroli gloriosissimi regis.

Hiterius recognovi.

Data xvii Calendas Augusti, anno vi et primo regni nostri. Actum Papia civitate in Dei nomine feliciter. Amen.

XVIII.

Caroli Magni charta pro monasterio Dionysiano
(anno 774).

(Ex D. Bouquet, ibid.).

Karolus gratia Dei rex Francorum et Langobardorum ac patricius Romanorum, vir inluster. Et quia monente Scriptura, ita oportet unumquemque constanter præparari, quatenus veniens in conspectu superni Judicis, illam mereatur Domini piam vocem audire : *Venite, benedicti Patris mei, percipite regnum quod vobis paratum est ab origine mundi* (Matth. xxv, 34); unde omnes justi erunt gavisi. Quapropter nos, ut credimus, salubriter considerantes qualiter ex terrenis rebus quibus superna gratia nobis affluenter in hoc sæculo largire dignata est, saltim in sanctos Dei vel in pauperibus Christi ex hoc tribuere debeamus, ut misericordiam Altissimi adipisci valeamus; idcirco cedimus pro animæ nostræ remedium, vel pro genitore nostro quondam bonæ memoriæ Pippino, ad monasterium domni Dionysii martyris, ubi ipse preciosus cum sociis suis corpore requiescit, et ubi supradictus domnus et genitor noster humatus esse videtur, et Folleradus abba esse dinoscitur; cessumque ad præfatum sanctum locum esse volumus, hoc est, villas quas ipse domnus genitor noster per manus nostras ad ipsam casam Dei dudum delegaverat, nuncupantes Faverolas, quæ ponitur in pago Madriacinse, et Noronte in ipso Carnotino cum omni integritate, vel appendiciis earum ad ipso monasterio, vel monachis ibidem degentibus, seu ad luminaria vel stipendia pauperum procuranda, statuimus, sicut a vasso nostro Audegario possessæ fuerunt; insuper et eum foreste ad eas pertinente quæ vocatur Equalina, cum forestariis et certis finibus in eam designatis, videlicet contra pagum Madriacensem pervenit [a] lemma usque ad Petram-fictam, deinde ad Molarias super Victriacum, deinde ad Montem-Presbyterii, deinde ad Condatum usque ad Cuculosa. Secunda lemma contra pagum Pinciacensem pervenit ad Condonarias, ad Vennas usque Aureo-Vallo, deinde Levicias. Tertia lemma contra pagum Parisiacum de Ulfarciacas pervenit ad campum Dominicum, deinde ad campum Wilgeverti, deinde ad Sarnetum usque ad cellam sancti Germani, et deinde per illam stratam quæ pergit ad vetus monasterium contra pagum Stampinsem pervenit lemma ad Rosbacium, deinde ad Frumenterilis, inde ad Waranceras contra pagum Carnotensem pervenit lemma ad Putiolos, inde ad Pucilittos, deinde ad Hitlini-villare, inde ad Wadistivillam ad illo Pirario, deinde ad illa Frona quæ fuit Stephanone, inde ad Calmontem, deinde per Illam stratam quæ pergit ad Helmoretum, inde ad Longum-lucum et Senone-valle super Nivigellam. Hæc omnia superius dicta cum omni integritate et soliditate sua, sicut usque nunc a fisco nostro cognoscuntur esse possessa, cum utriusque sexus feraminum, cervorum, Capreolorum, ex quorum coriis libros ipsius sacri loci cooperiendos ordinamus. Nec non etiam ex supradicta venatione infirmorum fratrum corpora ad tempus reparanda et roboranda constituimus. Igitur prædictas villas Faberolas et Norontem et cum foreste Equalina, vel ea quæ supra diximus, ad ipsum sanctum locum cedimus atque donamus, cum terris, domibus, ædificiis, accolabus, mancipiis, vineis, silvis, campis, pratis, pascuis, aquis aquarumve decursibus, mobilibus et immobilibus, farinariis super ipsam dominationem consistentibus sive facere volentibus; similiter et mercatis in eisdem villis confluentibus, sive mercandi gratia convenientibus : ita ut nullus comes, nec vicecomis, nec vicarius, nec centenarius, nec ullus exactor judiciariæ potestatis, aut teloneum, aut freda exigenda aut feramina sine licentia abbatis capienda, aut laqueos tendere vel pedicas, aut ullam consuetudinem imponere aut superaddere audeat; sed remoto totius inquietudinis impedimento, et contrariorum hominum ausu sive ex ipsis villis mercatis, omnia ex omnibus, sicut dictum est, supradicto sancto loco sub omni integritate et emunitate, quicquid præsenti tempore nostra ibidem videtur esse possessio vel dominatio, pars prædicti monasterii ejusque rectores nostris et futuris temporibus habeant, teneant atque possideant. Et ut eis melius delectet pro nobis et domno genitore nostro Domini misericordiam attentius implorare, hanc autoritatem manu nostra subter firmavimus, et de anulo nostro subter sigillari jussimus.

Signum Caroli gloriosissimi regis.

Wigbaldus ad vicem Hitherii recognovi et subscripsi.

Data in mense Decembri, [b] anno primo regni nostri. Actum Salmimciaco palatio publico, in Dei nomine feliciter. Amen.

---

[a] *Lemma* legit Dubletus, quam vocem *terminum* interpretatur Mabillonius. Legendum, *Lemnia*, id est silva. Vide Cangium ad hanc vocem.

[b] Jam rex Langobardorum erat Carolus Magnus, ut fert hujus chartæ titulus; hinc annus primus regni de Italiæ regno accipiendus est. Ruinartius, qui secundam librorum de Re diplomatica editionem curavit, hoc diploma descriptum dicit ex autographo, ipse tamen Mabillonius, lib. xxiv. Annal. Bened., num. 52, in ejus diplomatis sinceris exemplis legi testatur, *anno septimo et primo*.

XIX.

[a] *Diploma Caroli Magni pro Leorahensi monasterio in diœcesi Argentinensi, fundato a Fulrado abbate S. Dionysii (ann. 774, 14 Septembris).*

(Ex Grandidier, Histoire de Strasbourg.)

Carolus gratia Dei rex Francorum et Langobardorum, vir inluster. Quidquid [b] enim ad loca sanctorum venerabilium congruenter ob amorem Dei concedimus vel confirmamus, hoc nobis procul dubio ad æternam beatitudinem, Domino protegente, pertinere confidimus. Ideoque cognoscat magnitudo, seu utilitas vestra, qualiter venerabilis vir Folradus abba clementiæ regni nostri suggessit, eo quod in amore vel reverentia beatissimi [c] sancti Dionysii, Rustici et Eleutherii, in sua proprietate, in pago Alsacense, in loco qui dicitur [d] Fulradovilare, infra fines [e] Audoldovilare, [f] cellam ædificasset, vel a novo suo opere construxisset, et inantea auxiliante Domino et bonorum hominum ædificare velle, ut ubi beatissimus et martyr [g] Ippolitus corpore requiescit humatus [h]. Propterea nos propter nomen Domini et animæ salutem, eo quod mercis nostra in æternum permaneat, vel etiam ad petitionem fideli nostro Fulrado ad ipso loco superius conscripto aliqua loca silvestria pro oportunitate et [i] stipendia servorum Dei ibidem degentium, in pago Alsacense ex marca fisco nostro [j] Qwningirhaim, in amore beatorum sanctorum Dionisii et Privati, nec non et sancti Yppoliti, donamus, donatumque in perpetuum esse volumus, hoc est, silva et foreste nostra su-

A perius nominata [k], de una parte Laimaha ubi dicitur Bobolino cella, et inde premitur ub Ætsinisbach venit in Laima, inde vero per Æts nisbach ubi ipse surgit, inde etiam Nannents; dein autem monte usque ad [m] Rumbach, deinde Tludim sberch, deinde in alia [n] Rumbach, deinde in Bureber h, exinde in tertia [o] Rumbach; deinde autem pe git, in [p] Achinis regni, inde in foresta per Ducias et confinia, inde per Laimaha fluvio in valle de Amba Ripas per marca Gasmaringa et Odeldinga u ue de Ophanpol, et inde per Laimaha fluvio alia ri a usque ubi Audenbach in Laimaha confluit, et pergit per ipso fluviolo usque radices [q] Stophanberch per v lle, sub integritate ipsius monte usque in Stagubah, nde per Rivadmarca, Odeldinga et Gasmaringa, et i de per confinia usque inde Ophampol. Ista omnia er loca denominata, marcas et confinia, totum et ad i tegrum infra ipsos fines, cum piscatione quacum ue avis capiendo; ad ipso sancto loco concedimu, atque pro oportunitate ecclesie indultum esse olumus, et jubemus ut per tota illa foreste nostra fo as ipsos fines denominatas pastura ad eorum pe nia ex nostra indulgentia concessum habeant. Pre ipientes enim jubemus, ut nullus quislibet de fidel bus nostris, neque de judiciaria potestate, qui ipsa casa Dei vel rectores ejus de ipsa loca denominata in uietare, nec condemnare, nec contra rationis ordi e facere non presumatis, nec vos, neque juniores, eu successores vestri, sed pro mercedis nostre aug entum, vel stabilitatem regni nostri in luminaribus i sius ec-

---

[a] Hoc diploma jam ediderunt Doubletus, *Antiquités de Saint-Denis*, liv. III, pag. 707; Cointius, *Annalium ecclesiastic. Francor.* tom. VI, pag. 84; Felibien, *Histoire de S. Denis, Preuves*, núm. 50, p. xxxiv; Bouquetus, in *Scriptoribus rer. Francic.*, tom. V, pag. 725, et Hartzheim, *Conciliorum Germaniæ* tom. I, pag. 235, sed ubique exstat incorrectum. Chartam hic damus qualem ex autographo descriptam communicavit D. La Forcade. Præter nostrum, alterum in tabulario San-Dionysiano ejusdem diplomatis exemplar exstat, in quibusdam autographo dissimile. Præcipuas illius lectiones variantes in notis hic assignamus.

[b] Communem usum inchoandi diplomata per similes locutiones *enim*, *itaque*, *igitur*, etc., probant auctores novæ Diplomaticæ, tom. IV, pag. 627 et seq.

[c] Alterum hujus diplomatis exemplar loco *Dionysii, Rustici et Eleutherii* habet : *Dionysii, vel Privati*.

[d] Fulradovilare est antiquum nomen vici qui nunc *Leberau*, sive *Lièvre*, nuncupatur, in Lotharingia, in ditione San-Deodatensi tribus circiter leucis Selestadio distans. Nomen Fulradovilare ipsi inditum fuit ab ipso Fulrado, qui amplissimas in Alsatia possessiones, ut ex testamento suo patet, habebat.

[e] Audoldovilare est priscum nomen hodierni in Lotharingia oppiduli, quod a sancti Hippolyti ibi a Fulrado Roma allatis reliquiis vocatur *Saint-Hippolyte*, contracte *Sant-Bilt*. Fulradovilare ibi dicitur infra fines Audoldovilare : Lebraha enim a sancto Hippolyto milliari tantum distat.

[f] Hæc cella Fulradi est prioratus sancti Alexandri, quem Alexander VI collegiatæ Nanceianæ S. Georgii anni 1502 conjunxit, cujus reditus hodie pertinent ad primatialem ecclesiam.

[g] Corpus sancti Hippolyti Audoldovilare a sancto Fulrado prius reconditum, jam a multis annis in abbatiam San-Dyoni ianam translatum fuit.

[h] Aliter habet secundum hujus diplomati exemplar sic : *Martyr Ippolitus corpore requiesc t, et ut monachi ibidem vivere, et ut secundum recti udinem, vel ordinem suum convenienter debeant. ropterea nos*, etc.

[i] Prædictum exemplar loco : *stipendia ervorum Dei ibidem deg ntium*, habet : *stipendia mo chorum pago Alsacese ibidem degentium*. Inde prob bile est monachos Alsatas, ne abbatia San-Dionysia mensæ suæ bona monasterii Leboracensis uniret, s cundam obtinuisse chartam, in qua Car lus Magnu denotavit expressius bona inferi is denominata possit ter pertinere ad monacl os in Alsatia degentes, et non ad alios.

[j] Hodie *Kinsheim*, vicus Alsatiæ non pro ul a Selestadio et sancti Hippolyti oppido situs, in dominio civitatis Selestadiensis.

[k] Locorum nomina in hoc diplomate sati leguntur corrupta. Distinctius exprimuntur in ch rta autographa Lotharii imperatoris anni 854.

[l] Sive Lebraha, Gallice *Lièvre*, Germani e *Leber*, rivulus, cujus aquæ Scaræ (*Scher*) miscent r.

[m] Hodie Lotharingiæ vicus, dictus l'*Allema d Rombach*, in Ballivatu regio San-Deodatensi et arochia Leboracensi si us. Tertia decimarum part ibidem gaudet ecclesia primatialis Nanceiana; rel qua pars concessa fuit parochio Leboracensi.

[n] Hodie vicus Lotharingiæ, *Petit-Rombac* dictus, in parochia S. Crucis, ad cujus parochium pertinet dimidia pars decimarum. Altera fruitur rædicta ecclesia primatialis.

[o] Hodie *Grand-Rombach*, villula in Balli tu San-Deodatensi et parochia S. Crucis, de quo ut supra de *Petit-Rombach*.

[p] Vicus *la Hingrie*, in parochia Leborace si situs, leuca distans a l'*Allemand Rombach*.

[q] Forsitan *Stemberg* sive *Stampemont*, vi us Alsatiæ in parochia de Colroy.

clesie, vel ad stipendia servorum Dei ibidem consistentium, futuris temporibus proficiat in augmentis, qualiter delectet ipsa congregatione pro nos et [a] uxore nostra, etiam [b] et prolis, Domini misericordiam attentius exorare. Et ut hec auctoritas firmior habeatur, vel per tempora melius conservetur, manu propria subter firmavimus, et de anulo nostro sigillare jussimus.

Signum Caroli gloriosissimi regis.

Wigbaldus ad vicem Hitherii recognovit.

Datum XVIII kalend. octob. anno VI, regnante domino nostro Carolo gloriosissimo rege. [c] Actum Dura, palatio publico.

XX.

[d] *Diploma Caroli Magni concessum Heddoni episcopo Argentinensi, quo homines Ecclesiæ Argentinensis ab omnibus vectigalibus immunes declarat. (anno 775, mense Decembri).*

(Ex Grandidier, Histoire de Strasbourg.)

Carolus gratia Dei rex Francorum ac Langobardorum, ac [e] patricius Romanorum, omnibus episcopis, abbatibus, ducibus, comitibus, domesticis, vicariis, centenariis, vel omnibus missis nostris, discurrentibus, vel quibuslibet judiciaria potestate præditis. Summa cura et sollicitudo debet esse regum ad ea que pro oportunitate Ecclesiarum Dei fuerint postulata, solerter perspicere et congrua vel oportuna eis beneficia non denegare, sed ea que pro Dei sunt intuitu ad effectum in Dei nomine mancipare. Igitur cognoscat magnitudo, seu utilitas vestra qualiter veniens vir venerabilis Etto Strazburgensis episcopus clementiam regni nostri supplicavit, ut ubicumque per civitates, vel vicos, castella, aut trajectus, vel portus homines memorate ecclesie, que est constructa in honore sancte Dei genitricis semperque virginis Marie, navigio, aut terreno, id est, cum [f] carris et saumariis, negotiandi gratia irent vel redirent, nullum teloneum quisquam reipublice administrator ab eis exigat. Propterea per hoc nostre auctoritatis preceptum decrevimus, quod perpetualiter mansurum esse jubemus, ut nullus vestrum de rebus, quas navigio aut terreno, id est, cum carris et saumariis per regna Deo propitio nostra homines ejusdem Strazburgensis Ecclesie negotiandi gratia duxerint, ubicumque accessum habuerint per civitates, vel vicos, castella, aut trajectus, vel portus, excepto [g] Quentowico, [h] Dorestato, atque [i] Sclusas, nullum teloneum, aut [j] ripaticum, aut [k] portaticum, aut [l] pontaticum, aut [m] salutaticum, aut [n] cespitaticum, aut [o] rotaticum, aut [p] cenaticum, aut [q] pastionem, aut [r] laudaticum, aut [s] trabaticum, aut [t] pulveraticum, aut

---

[a] Hildegardis, quam Carolus anno 771, repudiata Harmengarde, uxorem duxerat. Eginhardus, apud Bouquetum, tom. V, pag. 96.

[b] Carolus filius natus est anno 772, Rotrudis filia anno 775, Adhelais filia anno 774.

[c] Eodem anno et mense Carolus Magnus pro Fuldensi monasterio dedit diploma [c] datum VIII Kal. octobris anni regni sui VI. Actum Dura palatio publico [?] quod refert Schanhat, in probationibus diœcesis Fuldensis, num 4.

[d] Charta hæc insignis nullibi adhuc exstat edita.

[e] Carolus Magnus ab anno 774, quo iniit regnum Longobardicum, ad 800, quo coronatus est imperator, hac formula plerumque usus est. Primus et ultimus regum Franciæ Carolus titulo patricii Romanorum insignitus est.

[f] Carra sive plaustrum, Gallice *chariot* ou *charrette*. Saumaria, id est equi saumarii, Gallice *chevaux de somme*. Vide Ducange, in Glossario, tom. II, pag. 346, et tom. VI, pag. 55.

[g] Quentowicus, id est vicus ad Quentum, quem idem esse ac monasterium S. Jodoci, vulgo *Saint-Josse-sur-mer* in Picardia, colligit Baluzius, in notis ad epistolam Lupi abbatis Ferrariensis. De Quentowico sic habet Chronicon Fontanellense, cap. 15, ad an. 788, apud Acherium, tom. III Spicilegii. [Geroldus super regia negotia, [a Carolo Magno] procurator constituitur per multos annos, per diversos portus ac civitates exigens tributa atque vectigalia maxime in Quentawich. Quentowicus non amplius exstat, nec supersunt ejus rudera quibus vera et certa ejus sedes indicari possit. Dicunt hi esse *Quent-le-Vieil*, illi *Saint-Josse-sur-mer*, alii *Berck*. Probabile est ex dissertatione diario Virodunensi mensis Januarii 1758 inserta, pag. 55-59, Quentowicum esse antiquam Britanniam, quam Nicolaus Sanson suspicatur esse hodiernum Abbeville.

[h] Dorestatum, hodie Batavodurum, Hollandiæ oppidum in ducatu Gueldriæ, apud Batavos dictum *Batenburg* vel *Wyck te-Duerstede*. Vide Ortelium, in Thesauro geographico, et Vosgien, *Dictionnaire géographique portatif*.

[i] Flandriæ portus, dictus *l'Ecluse* sive *Sluis*.

[j] Ripaticum, *droit de rivage*, erat tributum quod solvebatur in ripis, vel pro aggeribus riparum tuendis, vel pro mercibus quæ in ripis exponebantur, vel etiam pro facultate terendi ripas ad subvehendas naviculas. Ducange, in Glossario, tom. V, pag. 1455.

[k] Portaticum, *portage*, erat teloneum quod exigebatur in portarum transitu. Ducange, tom. V, pag. 674.

[l] Pontaticum, *pontage*, erat vectigal pontium, apud Ducange, tom. V, pag. 664, quod Bouquetus, in Scriptor. rer. Franc. tom. VI, pag. 755, quoque explicat de telonio navium, quæ sub pontibus transibant.

[m] Salutaticum. Gallice *droit d'heureux abord*, erat jus exigendi salutes, sive xenia, vel præstationes, quæ fiebant ultra debitum censum aut debitam præstationem. Ducange, tom. VI, pag. 107. Salutaticum dicerem, si ita loqui fas est, *sol par tivre*.

[n] Cespitaticum erat tributum pro via cespitibus munienda. Idem, tom. II, pag. 525. Eo nomine etiam vocabatur vectigal quod ex cespitibus seu prædiis locatis censitabatur. Bouquetus, tom. IV, p. 765.

[o] Rotaticum, *droit de charroi* ou *de rouage*, erat vectigal quod exsolvebatur pro damno quod currus facere solebant in viis publicis. Vide Ducange, tom. V, pag. 1511, et Eckart, in commentariis de rebus Franciæ orientalis, tom. I, pag. 569.

[p] Cenaticum, cui forsitan convenit Gallica vox *étapes*, erat pastus vel refectio quam milites exigebant ab hospitibus suis, dum in stationes suas sese conferebant. Ducange, tom. II, pag. 724.

[q] Pastio erat census pro glaudatione et jure pascendi. Idem, tom. V, pag. 241.

[r] Laudaticum forte a *Lode* erat quoddam vectigal, quo naves eximebantur, illius speciem non declarat Ducange, tom. IV, pag. 77.

[s] Trabaticum tributi species, forte pro trabibus ad publica opera devehendis, vel præstandis. Ducange, tom. VI, pag. 1207.

[t] Vectigalis genus ignotum apud Ducange, tom. V, pag. 979. Goldastus opinatur esse tributum, quod pensitabatur pro labore viarum et pulvere in viam regiam comportato.

ullum,ᵃ occursum, vel ullum censum aut ullam ᵇ reddibitionem accipere vel exactare audeat, aut hominibus qui eadem mercimonia prevident, ullam inquietudinem aut impedimentum facere presumat. Sed liceat eis per hanc nostram auctoritatem cum navibus et ceteris vehiculis absque ullius contrarietate vel impedimento per universum, Deo propicio, regnum nostrum, ubicumque eis necesse fuerit, libere et secure ire et redire. Et si aliquas moras in quolibet loco fecerint, aut mercati fuerint, vel vendiderint, nihil ab eis prorsus, ut dictum est, telonei exigatur.

Et ut hec auctoritas firmior habeatur, vel per tempora melius conservetur, manu propria subter eam decrevimus roborare, vel de annulo nostro jussimus sigillare.

Signum Caroli gloriosissimi regis.

ᶜ Rado ad vicem Ilitherii recognovit.

Data in mense decembri, anno octavo et secundo regni nostri. Actum ᵈ Scalistati villa, palatio publico, in Dei nomine feliciter. Amen.

XXI.

Præceptum Caroli Magni quo monachis Dionysianis donat villam Lusarcham (anno 775).

(Ex D. Bouquet, ibid.)

Carolus gratia Dei rex Francorum et Longobardorum, omnibus fidelibus nostris tam præsentibus quam futuris. Et quia monente Scriptura ita oportet unumquemque constanter præparari, quatenus veniente in conspectu superni Judicis illam mereatur Domini piam vocem audire, unde omnes justi ex bonis actibus erunt gavisi. Quapropter nos salubriter, ut credimus, considerantes qualiter ex terrenis rebus, quibus superna gratia nobis affluenter in hoc sæculo largire dignata est, saltim nobis in pauperibus ex hoc tribuere deberemus, unde misericordiam Altissimi adipisci valeamus. Idcirco donamus pro animæ nostræ remedio ad ecclesiam sancti Dionysii, ubi ipse preciosus domnus cum sociis suis corpore quiescunt, et venerabilis vir Fulradus abba præesse videtur, et nos Christo propitio a novo ædificavimus opere, et modo cum magno decore, jussimus dedicare, donatumque in perpetuo ad ipsum sanctum locum esse volumus, hoc est villas nostras in loca nuncupantes Luzarcha, quæ ponitur in pago Parisiaco, super fluvio qui vocatur ..... una cum illa ecclesia in honore sancti Cosmæ et Damiani, necnon et alia villa nostra in loco nuncupante Masciaco, quæ ponitur in pago Meldico, cum omnibus terminis vel appendiciis earum, ut cum omni integritate ad ipso monasterio vel monachis ibidem deservientibus, seu in luminaribus ipsius Ecclesiæ procuran-

dum, vel stipendia pauperum, tam prædict s villas proficere debeant in augmentis, id est, na cum terris, domibus, ædificiis, accolabus, manci iis, vineis, sylvis, pratis, pascuis, aquis aquarum ve decursibus, farinariis, mobilibus et immobilib s, sicut supra diximus, cum omni integritate pars prædicti monasterii, ejusque rectores habeant, t neant et possideant, vel quicquid exinde facere voluerint, nostris et futuris temporibus licentiam habeant, quatenus melius delectet ipsos servos Dei p o nobis, prosequente progenie nostra, die noctuque Domini misericordiam attentius deprecare. Et ut h c auctoritas firmior habeatur, vel per tempora me ius conservetur, manu propria subter eam decrev mus roborare, vel de annulo nostro jussimus sigill re.

Signum Caroli gloriosissimi regis.

Wighaldus ad vicem Ilitherii recognovit.

Data quinto Kal. Martias anno septimo t primo regni nostri. Actum in monasterio San ti D. nysii.

XXII.

Diploma Caroli Magni de immunitate cœn b i Dionysiani (anno 775).

(Ex D. Bouquet, Recueil des Hist.)

Carolus gratia Dei rex Francorum et L ngobardorum, omnibus fidelibus nostris tam pr sentibus quam futuris. Cognoscat magnitudo seu industria estra eo quod vir Fulradus abba de mon sterio S. Dionysii martyris, ubi ipse preciosus cor ore requiescit, detulit nobis concessiones vel confi mat onis an.teriorum regum, seu domno et genito i nostro Pippino condam regis, qualiter a longo tempore omnis tolloneos de vilabus memoratæ Eccl siæ, seu de homines qui super terras eorum commi nere videntur, de negotiantes eorum qui per ipsa casa Dei sperare noscuntur, ad ipsa casa Dei conc sissent : sed nos dum ita in eorum confirmationis el præceptionis anteriorum regum invenimus qaod a longo tempore fuit concessum. Propterea per præsentem auctoritatem nostram denuo con irmamus ut per regna Deo propicio nostra, Francia et Italia, tam de navibus qui per universa flumina d surrecctum seu ad discen um, vel carra, adq e eorum saumas, necnon de homines eorum, seu egotiantes qui per ipsa casa sperare videntur, u icumque quascumque, pagos tam in civitates, castel is, vicis, portis, pontis publicis, vel reliquas mere dus, advenerint, nec de hominis eorum qui sup r eorum terris cummanere videntur, nec in eorum illas vel agros, nec de hominis qui ad foras in eor um villas ad negociandum, vel y na comparandum ad enerint, nullum telloneum, neque exclusaticum, ne ue decimum, nec barganaticum, nec rodaticom, n é ponda-

ᵃ Sive exactio, Ducange, tom. IV, pag. 1515.
ᵇ Hoc nomine census vel reddibitionis designatur quodcumque tributum vel vectigal in genere. Idem tom. II, pag. 485, et tom. V, pag. 1207 et 1215.
ᶜ Hunc Radonem cancellarium, eumdem esse ac Rachionem, qui postea episcopus Argentinensis fuit, opinatur Wencker, in collectis Archivi, pag. 228. Opinionem vero ejus non probatam jam diximus.

ᵈ Hodie oppidum Selestadt in Alsatia ; t ne temporis Selestadii versabatur Carolus Magnu . Reg no ad annum 775 ait : « Carolus celebravit natalem Domini in villa quæ dicitur Sclestatt in Isatio. » Quod quoque asserunt annales, qui dicuntur Loiseliani, apud Bouquetum, tom. V, pag. 39, e annales Francorum, qui dicuntur Tiliani, apud D chesne, tom. II, pag. 14.

ticom, nec cespitaticom, nec pulveraticom, nec salutaticom, nec mutaticom, nec de navis vel karra eorum, nec de saumas, neque de hoc quod homines eorum ad eorum dorsum portant, nec ad eorum negociantes qui per ipsa casa Dei sperare noscuntur, nec in eorum villas, nec agros, nec de hominis qui ad foras in eorum villas ad negociandum, vel vina comparandum advenerint, nec ad nostrum opus, nec ad vestrum, nec ad juniores, seu successorisque vestros, in nullo modo, nullo telloneo, nullo exclusatico, infra regna Francia et Italia, seo ubicumque, neque decimum exigere nec exactare non debeatis, nisi, ut diximus, sicut in eorum strumenta tenere videntur, infra regna Deo propitio nostra sicut habeant concessum adque indultum. Et ut hæc præceptio firmior habeatur, subter eam decrevimus roborare, et de anolo nostro sigillare.

Signum Caroli gloriosissimi regis.

Wigbaldus ad vicem Hitherii recognovit.

Data pridie Idus Martias, anno septimo et primo regni nostri. Actum Carisiaco palatio publico, in Dei nomine feliciter. Amen.

XXIII.

Præceptum Caroli Magni de immunitate monasterii San-Dionysiani (anno 775).

(Ex D. Bouquet, ibid.)

Carolus gratia Dei rex Francorum et Longobardorum, ac patricius Romanorum. Incipientia regni nostri affectu de nostra erectione integre auxiliante Domino vigilavi, et pro ipso bono opere auctum, cum consilio pontificum, vel seniorum, optimatum nostrorum, emunitatem pro nostro confirmando regno et mercede, vel adipiscenda vita æterna renovare deberemus, quo et ita fecimus. Oportet ergo clementiam principalem inter cæteras petitiones illud quod pro salute ascribitur, et pro divino nomine postulatur, placabili auditu suscipere, et procul dubio ad effectum perducere, quatinus de caducis rebus præsentis sæculi æterna conquirantur, juxta præceptum Domini dicentis: *Facite vobis amicos de mammona iniquitatis* (Luc. xvi, 9). Ergo de mammona iniquitatis juxta ipsum dictum nos oportet mercari de terrenis cœlestia, et dum sacris locis impertimur congrua beneficia, retributorem Dominum ex hoc habere confidimus. Igitur venerabilis vir Fulradus abba de basilica peculiaris patroni nostri domni Dionysii martyris, ubi ipse pretiosus dominus in corpore requiescit, clementiam regni nostri supplicavit eo quod ab antecessoribus regibus a longo tempore omnis emunitas de villis præfatæ sanctæ basilicæ fuerit concessa, unde ipsas et præceptiones præ manibus se habere affirmat, et hoc usque nunc inviolabiliter asserit esse conservatum. Idcirco petiit ut hoc per nostram auctoritatem denuo, pro rei firmitate, circa ipsum sanctum locum vel homines qui secum substantia sua ad ipsam basilicam tradunt vel condonant, juxta quod antecessores reges per suas auctoritates ad ipsam basilicam hoc præstiterunt vel confirmarunt, iterato hoc circa abbatem concedere et confirmare deberemus. Ideoque cognoscat magnitudo seu utilitas vestra quod nos pro reverentia ipsius sancti loci, vel pro quiete ibidem Deo famulantium, promptissima voluntate denuo concessimus, et in omnibus confirmavimus. Quapropter per hoc præceptum, quod specialiter decernimus, et perpetuum volumus esse mansurum, jubemus ut neque nos, neque juniores, seu successores nostri, nec quislibet de judiciaria potestate accinctus, in curtes præfatæ basilicæ domini Dionysii, ubi et ubi in quibuscumque pagis infra regna quæ adquisivimus Deo propitio Italiæ, quæ dicitur Longobardia, vel Vallis-Telina, quam moderno tempore ad ipsam casam Dei delegavimus, quod pars ipsius Monasterii possedisse vel dominari videtur, vel quod a Deum timentibus hominibus per legitima instrumenta ibidem fuerit concessum, aut inantea ibidem fuerit additum atque delegatum, nec ad causas audiendum, nec ad fidejussores tollendum, nec ad freda exigendum, nec ad mansiones aut paratas faciendum, nec ullas redibitiones requirendum, ingredi vel exigere quoquam tempore penitus præsumatur: sed quicquid fiscus noster exinde potuerit sperare, omnia et ex omnibus pro mercedis nostræ compendio, cum omnibus fredis ad integrum sibimet concessimus [concessis]. Itaque, ut dictum est, in pectis ipsis præceptionibus anteriorum regum, vel juxta quod præsens nostra videtur continere auctoritas, quicquid ipse sanctus locus a die præsenti, ut diximus, habere probatur, quam quod in postmodum a Deum timentibus hominibus, vel a nobis ibidem fuerit additum vel condonatum, seu quicumque juste et rationabiliter cum sua omni substantia se tradiderit, et res suas per legitima instrumenta delegaverit vel firmaverit, sub integra emunitate a die præsenti valeat residere quietus atque securus, et, ut dictum est, quicquid exinde forsitan fiscus noster sperare potuerat, in luminaribus, vel stipendiis, seu in alimonia pauperum ipsius monasterii, perenniter per nostrum oraculum ad integrum in omnibus et ex omnibus sit concessum atque indultum, ut eos melius delectet pro stabilitate regni nostri et quiete, vel pro cunctis leudis nostris Domini misericordiam attentius deprecari. Et ut hæc auctoritas nostris et futuris temporibus circa ipsum sanctum locum perhenniter firma et inviolata permaneat, vel per tempora illæsa custodiatur atque conservetur, et ab omnibus judicibus melius creditur, propriæ manus adnotatione studuimus adumbrare.

Signum Karoli gloriosissimi regis.

Wigbaldus ad vicem Hiterii recognovit.

[a] Data pridie Idus Martias, anno septimo et primo regni nostri. Actum Carisiaco palatio in Dei nomine feliciter. Amen.

[a] *Simile præceptum datum est in mense Octob. anno undecimo et quinto regni, id est anno 778.*

XXIV.

Caroli Magni præceptum, quo varia monasterii Dionysiani bona sub Pippino rege recuperata, eidem monasterio confirmat (anno 775).

(Ex Mabill., de Re diplomatica.)

Carolus gratia Dei rex Francorum et Langobardorum, omnibus episcopis, abbatibus, ducibus, comitibus, domesticis, graffionibus, vicariis, centenariis, vel omnes missos nostros discurrentes, vel quibuslibet judicaria potestate præditis : Summa cura et sollicitudo debet esse regum, ut ea quæ a sacerdotibus pro oportunitate ecclesiarum Dei fuerint postulata, solerter perspicere et congrua vel oportuna eis beneficia non denegare, sed ea quæ pro Dei sunt intuitu ad effectum in Dei nomine mancipare. Igitur cognoscat magnitudo seu utilitas vestra, quia venerabilis vir Fulradus abba ex monasterio peculiaris patronis nostri sancti Diunisii martyris, ubi ipse preciosus domnus corpore requiescit, clementiæ regni nostri suggessit, et præceptionem domni et genitoris nostri Pippini quondam regis nobis ostendedit relegendam, ubi contenebatur insertum de rebus sancti Diunisii, quæ a longo tempore tam ex munificentia regum quam et a Christianis vel Deo mentibus et bonis hominibus conlatas vel donatas fuerunt, a pravis seu malis hominibus per iniqua cupiditate seu malo ingenio vel tepiditate, abbatorum seu neglecto judicium de ipsa casa abstractas vel dismanatas fuerant. Unde et ipsi monachi vel ipsi agentes una cum præceptiones regum vel reliqua strumenta cartarum de ipsas res in palatio ante genitore nostro seu ejus ducibus per plures vicibus advenerunt in rationes una cum plures hominibus, qui ipsas res malo ordine tenebant; et genitor noster pro reverentia ipsius sancti Diunisii martyris, vel pro ipso amore Dei, eorum cartas diligenter relegere rogarit, et missos suos Wichingo et Ludione ad eorum petitione per diversos pagos una cum ipsa strumenta ad hoc inquirendum vel investigandum direxit, ut ubicumque eorum justitia invenirent, vel ipsi monachi et ipsi agentes legitima strumenta præsentabant, vel casa sancti Diunisii exinde vestita fuerat, seu a bonis Deo timentibus hominibus ibidem datas vel conlatas fuerunt, et ipsa casa legitime et rationabiliter per lege exinde vestita fuerat, et postea per iniquo ingenio de ipsa casa abstractas fuerant, eis reddere deberent : quod ita . . . . et fecerunt. Id sunt per diversis pagis loca denominata, in pago Fanmartense cella qui dicitur Cruce, qui aspicit ad fisco Solemnio, quem domnus Hildbertus quondam rex ad casa sancti Diunisii per sua præceptione concessit : et Avisinas quem Vasus genitoris nostri tenuit : similiter in pago Bragbanto in loca nuncupantes Scancia et Cambrione : similiter in pago Briegio loca nuncupante Linariolas; et in Melciano loca cognominantes Nartiliago et Cocóniago ; vel in Belvacinse loca nominata Pitito-villare, Masciago, Saciago, Ansino-villare, Thedegario-villare, Ambrico-curte, Ebroaldo curte, Gellis similiter in pago Camliacinse, loco qui dicitur Bóderovillo, et Niallà : similiter in pago Vilcasin Bacivo superiore et subteriore et Madriu, quem Ga bifrisio per beneficium habuit : similiter in pago Macriacinse Vinias, Camapio et Niventis, Villa-nova, R sbacio, Sigrancio, Berane-curte : similiter in pag Tellad loca cognominantes Pictus, Macérias, Verno, Fircera, Polio, Bodalca, Brittene-valle, Artiliaco, Agusta, Rausero, Crisonarias, Uvariaco. Similiter in pago Vimnau loca cognominantes Marca, Malcha, Malchis, et Avisinas, Rodeno, Rodalca, Sodicola, idriaco, Horona, Arcas. Simili er in pago Farisiago T bernas. Similiter in pago Ambianinse loca qui icuntur Pisciago, et Adsalto; seu diversa loca per iversos B pagos, tam majora, quam et minora, quod per singula nominare non fuit necessarium, unde i sa casa, ad præsens vestita esse videtur ita ut sicut ab ipsis inventumque vel investigatum fuit, et ipsa res ipsi monachi vel ipsi agentes partibus sancti Diunisii receperunt, deinceps in post modum ad h diernum die ipsa casa Dei vel ipsi monachi, seu agentes eorum evis et futuris temporibus habiant e indecatas atque elidicatas. Unde et ipse jam dictus ulradus abba seu et ipsi monachi de ipso sancto œnubio, qui in ipsa casa Dei conversare vel vitan degere videntur, nobis petierunt, ut denuo circa psis pro futuris temporibus præceptione nostra mar u nostra firmata exinde eis adfirmare deberemus : quod ita et fecimus, ut sicut constat quod ipsas res p r legem et justitiam in Palatio ante genitore nostr evindicaverunt vel receperunt, ut tam ipse abba, quam ei sui successores omni tempore pro conpen io (sicut superius insertum est) ad ipsa sancta casa d luminaria procuranda, seu vestimenta monach rum vel reliqua conpendia seu susceptionem pau erum et peregrinorum habiant evindicatas atque e idicatas, ut eis semper melius delectet pro nobis el filios nostros seu pro stabilitate regni Franco um die noctuque incessabiliter orare, vel Domin misericordia deprecare ; et (sicut nobis promise unt) per singulos dies nomen nostrum tam in miss s, quam et in peculiares eorum orationibus ad s pulcrum ipsius sancti Dionisii debeant recitare; t adhuc juantea eorum justitia invenire potuerim s eis libenti animo reddere volemus. Et ut hæc uctoritas vel præceptio nostra quod nobis postulaver nt circa ipsa casa Dei proficiat, et evis et futuris tempori inconvulsa et firma debeat permanere, man propria subter firmavimus et anuli nostri im ressione signavimus.

Signum Caroli gloriosissimi regis.

Wigbaldus ad vicem Hiterii recognov et subscripsi.

Data sexto Kal. Julias anno septimo et secundo reg. i nostri. Actum Carisiago palatio publico Dei nomine feliciter.

XXV.

Caroli Magni placitum, quo adversus Herchenradum seniorem episcopum Parisiensem Placicium monasterium in pago Pinciacense monasterio S. Dionysii ascribitur (anno 775).

Carolus gratia Dei rex Francorum et Langobardorum, vir inluster. Tunc regalis celsitudo suis culminis sublimatur, quando cunctorum jurgia juxta præpositionis vel responsionis eloquia inter alterutrum salubre deliberat sentencia : quatenus sub Deo in rege manet potestas quomodo cuncta terribilia debeant ordenare. [Igitur] cum nos in Dei nomine Duria villa in Palacio nostro ad universorum causas audiendum, vel recta judicia termenandum resederimus, ibique veniens apostolicus in Christo Pater Herchenradus episcopus urbis Parisius civitate pontifex Folrado abbate interpellabat ; repetibat ei eo quod ipsi Placicio monasthirio, qui est constructus in honore sanctæ Mariæ, et sancti Petri, in pago Pinciacense, quem Francus homo nomine Aderaldus ad casa sancti Mariæ, et sancti Stephani et sancti Germani per suum strumentum condonavit, ipse Folradus abba ad parte sancti Dionysii post se teniat malo ordine injuste : sed ipse Folradus abba de præsente adstabat, et taliter dedit in responsis, quod ipso Placicio monasthirio post se ad parte sancti Dionisii numquam reteniat malo ordine injuste pro eo quod dixit Francus homo, nomine Hagadeus, ipso monasthirio Placicio ad monasthirio sancti Dionisii manus potestativas per suum strumentum condonasset ; et per ipsa traditione plus obtingit ipsæ monasthirius Placicius ad casa sancti Dionisii adhærere, quam ipsius Herchenrado episcopo ad parte sanctæ Mariæ et sancti Stephani et sancti Germani adredere. Unde et ipsa estrumenta præ manibus se habire adfirmant, et ipsas in præsencia nostra protulerunt recensendas etiam et de hac causa ab utrasque partes ibi certa cognovimus, et ad divina mysteria Christi misericordia conspirante (sicut longa consuetudo expoëcit et ipse voluntarie consenserunt) jobemus emanare judicium, ut dum per ipsis strumentis de utrasque partis certamen non declaratur, ut recto thramite ad Dei judicium ad crucem eorum homenes, his nominibus Aderamno de parte sancti Dionisii vel Folrado abbate, et Corello de parte sanctæ Mariæ vel sancti Stephani et sancti Germani vel Herchenrado episcopo, exire adque stare deberint. Quod ita et in capella nostra, recensenda missa

A Harnaldo presbytero, visi fuerunt stetisse : et ea hora, protegente divina dextera Dei , Deus omnipotens suum justum judicium declaravit, ut homo memorato Herchenrado episcopo, nomine Corellus, ad ipso Dei judicium ad ipsa crucem trephidus et convictus aparuit : et tunc ipse Herchenradus episcopus in præsentia nostra vel procerum nostrorum sibi recognovit vel resedidit, quod nec ipse, nec pars ecclesiæ suæ sanctæ Mariæ, vel sancti Stephani seu sancti Germani nullum drictum habebant, per quod ipso Placicio monasthyrio habere potuissent. Proinde nos taliter una cum fidelibus nostris, id sunt Ghærardo, Bernardo, Radulfo, Hilderado, Ermenaldo, Hebroino, Theudoaldo, Agmone, comitibus ; Haltberto, Launiberto, Hærterico, et Anselmo comite palacio nostro, vel reliquis quampluris visi fuimus judicasse, ut dum ipse memoratus homo sancti Dionisii vel Folrado abbate, nomine Adelramnus, jam dicto homine sancti Mariæ, vel sancti Stephani seo sancti Germani, necnon et Herchenrado episcopo, nomine Corello, ad ipso Dei judicio ad crucem ibidem convicuit ; et ipse Corellus ibidem ad ipso Dei judicio trepidus et convictus aparuit : propterea jobemus, ut dum hac causa sic acta vel perpetrata esse cognovimus, ut memoratus Fulradus abba memorato Placicio monasthyrio una cum suis apendiciis , vel quicquid ibidem pertenere videtur ; in contra sæpe dicto Herchenrado episcopo, vel ecclesiæ suæ sancti Mariæ, vel sancti Stephani et sancti Germani suisque successoribus ad parte sancti Dionisii monasthyriæ suæ jure firmissemum habiat evindicatum adque elidiatum, et sit inter ipsis in postmodum absque ulla repeticione Herchenrado episcopo vel successoribus suis omneque tempore subita adque definita, seu et indulta causatio [a].

Theudegarius recognovit et subscripsit

Datum quinto Kalendas Augustas in anno septimo regni nostri Duria villa in Palacio publico in Dei nomine feliciter. Amen.

XXVI.

Præceptum Caroli Magni quædam prædia donantis monasterio S. Dionysii (anno 775).

(Ex D. Bouquet, *Recueil des Hist.*)

Carolus gratia Dei rex Francorum et Longobardorum, nec non patricius Romanorum. Quicquid enim ad loca sanctorum venerabilium ob amorem Dei concedimus vel confirmamus, hoc nobis ad mercedem vel stabilitatem regni nostri pertinere confidimus.

Eximium est hoc placitum, præsertim ob mentionem de probatione crucis. Res sic agebatur. Missæ tempore, sive dum Psalmi oratioque Dominica recitarentur, homines duo conducti ad crucem stabant brachiis expansis. Qui prior lassus brachia deposuisset, aut titubantia habuisset, ejus pars victa censebatur. Egregium ejusce ritus exemplum exstat in Italiæ sacræ tomo V, col. 611. Alia item consule in Glossario Cangiano ad vocem *Crucis*. Observa insuper ex hoc loco, tempore Caroli Magni Ecclesiam Parisiacam præter S. Stephanum patronos habuisse S. Mariam et S. Germanum, haud dubie Parisiorum antistitem, qui post solemnem ipsius corporis e tumulo translationem inter ejus Ecclesiæ patronos adlectus est. Idem legitur in charta Stephani comitis pro Inchado episcopo, sub Carolo Magno apud virum cl. Stephanum Baluzium in notis ad Capitularia col. 1001. Placicium, *Plaisir*, vicus est haud procul a sancti Germani oppido in silva Ledia. Vide Dubletum pag. 713. Omissa est hic a notario nota regni Langobardici, qui defectus aliquando, tametsi rarius, occurrit. Neque illud omittendum, duos admitti oportere Ercanrados episcopos Parisienses, non unicum, ut in fusiori Gallia Christiana : nempe unum seniorem, regnante Carolo Magno, hoc in diplomate memoratum ; alterum juniorem sub Carolo Calvo ante Æneam.

Ideoque no:um sit omnium fidelium nostrorum magnitudini, qualiter propter nomen Domini, et animæ nostræ salutem, eo quod mercis nostra in æternum permaneat, donamus ad casa S. Dionysii et sancti Privati, ubi ipsi pretiosi corpore requiescunt, Eadallago et Salona in pago Salminse, res proprietatis meæ in Wastingas quas Adalbaldus genitore meo tradidit, quantumque ad ipso loco aspicere videtur; similiter illus mansus quos genitor noster Fulrado beneficiavit; Inflicionis curiæ, et illa terra et sylva de uno manso Abduxito; similiter alio manso in Ermerago villa, et illo manso ad Almingas, et illos mansos ad Carisiaco, quantumcumque ad ipsus mansos aspicere videtur, donatumque in perpetuum esse volo, id est cum terris, acolabus, domibus, ædificiis, mansis, mancipiis, campis, sylvis, pratis, pascuis, vineis, aquis aquarumve decursibus, mobilibus et immobilibus, totum et ad integrum, quicquid ad ipsa loca superius intimata aspicere videtur, partibus sancti Dionysii et sancti Privati donamus, tradimus, atque in omnibus indultum esse volumus. Præcipientes ergo jubemus ut nullus quislibet de fidelibus nostris, neque de judiciaria potestate, prædictas casas Dei, vel rectores ejus de ipsas res superius insertas inquietare, nec calumniam generare nullatenus præsumatur, sed, ut diximus, nostris et futuris temporibus ad ipsis locis sanctis proficiat in augmentis. Et huc hæc auctoritas firmior habeatur, vel per tempora melius conservetur, manu propria subter eam decrevimus roborare, et de anulo nostro jussimus sigillare.

Signum Karoli gloriosissimi regis.

Rado ad vicem Hitherii recognovit.

Data in mense Novembro, anno octavo et secundo regni nostri. Actum Theodone-villa in Dei nomine feliciter. Amen.

XXVII.

Præceptum Caroli Magni pro Morbacensi monasterio.

(Ex D. Bouquet, ibid.)

Carolus gratia Dei rex Francorum et Longobardorum. Principali quidem clementiæ cunctorum decet accommodare aurem benignam, præcipueque pro compendio animarum a præcedentibus regibus antecessoribus nostris ad loca Ecclesiarum probamus esse indultum, devota debemus mente perpendere, et cuncta beneficia, ut mereamur ad mercedem esse participes, non negare, sed robustissimo jure pro nostris oraculis confirmare. Igitur venerabilis Amico dono Dei abbas de monasterio Vivario-peregrinorum, qui ponitur in pago Alsasense super fluvium Morbae, qui est constructus in honore S. Leodegarii et S. Petri apostoli et S. Mariæ cæterorumque sanctorum, ubi ipse cum turba plurima monachorum deservire noscitur, clementiæ regni nostri suggessit eo quod nostri antecessores quondam per eorum authoritates illorum manibus subscriptas de villis ipsius S. Ecclesiæ, quod [quas] ad præsens possidebat; tam ex muneribus principum, seu Eberhardi qui ipsum monasterium in sua elemosina fundavit, quam ex pagensium largitate, vel quod inantea a Deum timentibus hominibus ibidem delegatum fuit, integra emunitate concessissent, ut nullo judex publicus in villis vel rebus ipsius Ecclesiæ, nec ad causas audiendas, nec freda exigenda, nec mansiones aut paratas faciendas, nec fidejussore tollendum, nec homines ipsius Ecclesiæ de quuslibet causis distringendum, nec ullam retributione requirendum, ibidem ingredere non audeat. Un ipsam præceptionem antecessoribus [antecessoru, etc.] nostris jam dictis, seu et eorum confirmtionem ante dictus abba Baldebertus rector de ips monasterio nobis ostendit ad relegendum, et ipsu beneficium circa eandem memoratam Ecclesia ipsius usque nunc asserit esse conservatum. Sed ro firmitatis studio petiit celsitudinem nostram ut hoc denuo circa ipsum monasterium vel ipsos m nachos nostra deberet authoritas generaliter confirmare. Cujus petitionem pro reverentia ipsius loci ut mereamur ad mercedem sociari, plenissima voluntate visi fuimus præstitisse, vel in omnibus con rmasse cognoscite. Præcipientes ergo jubemus u nullus, judex publicus in res vel facultates ipsius e clesiæ, nec ad causas audiendas, et freda exigen a, nec mansiones aut paratas faciendis, nec fide ussores tollendum, nec homines ipsius ecclesiæ a ingenuos quam servos, qui super eorum [ejus] t ras vel initio commanere viden ur, qui ibidem aspi iunt, de quibuslibet causis distringendum, nec ullas retributiones requirendum, ibidem ingredere non debeat. Sed sicut ipsius beneficium a jam dictis ant essoribus nostris indultum, priorum principum au toritate ad jam dictam ecclesiam usque nunc fuit, c nservatum, ita et deinceps per nostram au toritate ngeneraliter maneat inconvulsum. Et quidquid exin e fiscus noster poterat sperare, in ipsius domini Le degarii et S. Petri luminaribus vel S. Mariæ, pro st bilitate regni nostri proficiat in augmentum. Et ut hæc authoritas tam præsentibus quam et futuris te poribus possit constare, manu nostra subter roboravi us, et annulo nostro sigillare jussimus.

Signum Caroli gloriosissimi regis.

Wigbaldus ad vicem Hitherii recognovit.

Data pridie Nonas Aprilis, anno septimo t primo regni nostri. Actum Carisiaco palatio pub ice, in Dei nomine feliciter. Amen.

XXVIII.

Præceptum Caroli Magni pro monasterio lavinia- censi (anno 775).

(Ex D. Bouquet, ibid.)

Carolus gratia Dei rex Francorum et L gobardorum, ac patricius Romanorum, vir inlu tris. Si petitionibus sacerdotum quod ad profectum Ecclesiarum pertinet, devota mente præstamus, retributorem omnium bonorum Jesum Christum ex hoc nos habere confidimus. Petiit celsitudinem ostram venerabilis vir Manasses abba de monaste io quod vocatur Flaviniacus, in pago Alsinse, quod st constructum in honore Domini nostri Jesu Ch isti, vel sancti Petri, vel sancti Projecti, ut omne t loneum intra regnum nostrum de negotiantibus eorum, vel de omnibus hominibus eorum, qui per ipsam casam sperare videntur, ut nullum teloneum dare non debeant in civitatibus, mercatis, villis, vicis, pontis, portubus, nec ipsi monachi, seu negotiantes eorum, et homines eorum, qui per ipsam casam sperare videntur; nec teloneum, nec pontaticum, nec rodaticum, nec barganaticum, nec pulveraticum, nec mutaticum, nec rivaticum, nec salutaticum, nec laudaticum, nec tranaticum, nec de hoc quod homines eorum ad dorsum portare videntur, et quidquid exinde ad partem fisci nostri reddere debent, totum in luminaribus, vel in stipendia monachorum, et susceptionem pauperum, in nostra eleemosyna ad ipsam casam Dei concessimus, quas nunc a moderno tempore concessum atque indultum esse volumus, ut, sicut diximus, de omnibus teloneis in civitatibus, vicis, villabus, pontis, portubus, pontatico, rodatico, barganatico, pulveratico, mutatico, rivatico, salutatico, laudatico, tranatico, et de hoc quod homines eorum ad dorsum portant, et de negotiantibus eorum, vel de omnibus hominibus eorum devote pro ipsa casa Dei, Sancti Petri et Sancti Prœjecti, omni tempore perpetualiter concessimus atque indulsimus. Similiter concedimus ad ipsam casam Dei in villabus eorum, seu super terraturiis eorum, vel cinctus eorum infra aut adforis ibidem advenerint, et quidquid ibidem negotiatum fuerit, omne teloneum, sicut superius diximus, ad ipsam casam per nostram præceptionem concessimus. Et ut hæc præceptio firmior habeatur, et per tempora melius conservetur, manu nostra subter decrevimus adfirmare. Carolus.

Data die v Non. Maii, et scripta per Radonem, apud Theodonem villam palatio publico, anno vii prædicti domini nostri Caroli.

XXIX.

Præceptum Caroli Magni pro Turonensi S. Martini monasterio. (anno 775).

(Ex D. Bouquet, ibid.)

Carolus gratia Dei rex Francorum et Longobardorum, atque patricius Romanorum. Decet enim regalis clementiæ dignitatem cuncta quæ à sacerdotibus rationabilia postulata fuerint, sollerti cura prospicere; et opportuna vel congrua eis beneficia non denegare, maxime si anteriorum regum plenius pro Dei intuitu sunt confirmata projectionis auctoritate. Quapropter notum sit omnium fidelium nostrorum magnitudini, quia venerabilis Hiterius abba ex monasterio S. Martini exhuit confessoris Christi, peculiaris patroni nostri Turonicæ civitatis, ubi ipse pretiosus in corpore requiescit, innotuit serenitati regni nostri qualiter antecessor suus Auttandus abba quasdam villas instituerit, quæ fratribus mensuatim per totum annum servire debent; petens dignitatem excellentiæ nostræ, ut pro Deo et reverentia ejusdem sancti, per præceptum nostræ auctoritatis id ipsum confirmare dignaremur, sequendo morem antecessorum. Cujus nos petitioni consentientes, et patrocinia sancti Martini venerantes, sicut præcessores reges singulariter expleverunt, et nos hoc donum indulgentiæ gratanter præstitisse cognoscite. Idcirco per hanc præsentem præceptionem jubemus, atque perpetuo firmum fore decernimus, ut Luggogalus, Curciacus, Lupiacus, Magittus, Catuntius, Tauciacus, Loona, Nobridius, Albiniacus, Mazoyalus, Podentiniacus, Castanelus, Camiliacus, Brionnus, Novientus, Genestolalus, Caniacus, Alnetus, Cadriacus, Merila, Delfiacus, Parriciacus, Prisciniacus, Cassiacus, Sadobria, Membriolas, Spicarias, Ortlucas, Sereonas, Salustriacus, Lausiacus, Axedus, Belcontus, Trinicrobrus, Baionvilare, Nova-Villa, Noëntus, Blasina, Buciacus, Talsiniacus, Brigogalus, Crucilia, Bladalaicus, Dociacus, Melciacus, Angularis portus, Restis, Autoniacus, cum appendentiis earum, sicut admensuratæ sunt, fratribus de erviant. Similiter statuimus per hoc præceptum nostræ mansuetudinis, ut ejusdem monasterii cellelario fratrum ministrétur, sicut ordinatum est, unde tempore sibi instituto fratribus pleniter servire possit. Portarius autem mense Decembri de suo ministerio serviat. De aliis vero villis solito modo ligna et annonæ sive volatilia ministrentur, quatenus hoc nobis ad salutem animæ nostræ et augmentum regni proficiat, et ipsi Dei servi liberius meliusque deinceps, Deo famulari queant, atque pro statu sanctæ Dei Ecclesiæ sedulas fundere preces. Unde monemus omnes qui nobis in regno a Deo commisso successuri sunt; ut, sicut sua statuta a suis successoribus conservari velint, ita hanc nostram constitutionem privilegii inviolabilem conservare studeant ad communem nostrorum omnium salutem. Et huic hæc auctoritas firmior habeatur, vel nostris et futuris temporibus melius conservetur, manu nostra eam corroboravimus, et anuli nostri impressione sigillavimus.

Signum Caroli gloriosissimi regis.

Rado ad vicem Hitherii recognovit.

Actum Theodonis villa palatio publico, in Dei nomine feliciter. Amen.

XXX.

Præceptum Caroli Magni pro Angelramno episcopo Mettensi (anno 775).

(Ex Historia Metensi, tom III.)

Carolus Dei gratia rex Francorum et Longobardorum vir illustris, ducibus, comitibus, domesticis, vel omnibus agentibus tam ultra quam citra Renum, Rodanum et Ligerim consistentibus, tam præsentibus, quam et futuris. Juvante Domino, qui nos in solium regni instituit, illud ad augmentum vel stabilitatem regni nostri procul dubio credimus in Dei nomine pertinere, si petitiones sacerdotum et Ecclesiarum Dei de rectis postulationibus, quas in nostris auribus patefecerint, perducimus ad effectum. Ideoque vir apostolicus domnus et Pater noster Angilramnus episcopus S. Ecclesiæ Mettensis præceptiones regum prædecessorum nostrorum, eorum manibus roboratas, nobis protulit recensendas; ubi generaliter cognovimus esse insertum quod antecessoribus suis tale fuisset jam a longo tempore indultum beneficium, ut nullus ex judicibus publicis in curtes Ecclesiæ Mettensis et domni Stephani patroni nostri, seu basilicas infra ipsam urbem constructas, vel infra ipsam parochiam, tam monasteria, vicos vel castella ad eandem aspicientia ingredi non præsumeret, aut aliquod ibidem generare detrimentum : nec homines eorum per mallos byrgo publicos, nec per audientias nullus deberet admallare, aut per aliqua iniqua ingenia præsumeret condemnare, nec freta vel teloneos exactare, aut aliquas paratas facere : sed in eorum privatas audientias agentes ipsius Ecclesiæ unicuique de reputatis conditionibus directum facerent, et ab aliis simulque perciperent veritatem, et ubi fredum ipsi agentes aut reliqui homines memoratæ Ecclesiæ acciperent; et freda ad ipsa loca sanctorum deberent Christo præsule proficere in augmentum. Pari modo et si homines eorum pro quolibet excessu cujuscumque fredum dissolvebant, fretus qui exinde in publicum sperari potuerit, ad ipsas ecclesias fuisset concessus. Unde petit suprascriptus pontifex ut eum suamque Ecclesiam, vel monasteria, castella, vel vicos ad eandem pertinentes vel aspicientes, de hac re plenius nostra auctoritas in Dei nomine confirmaret. Cujus postulationem pro divino intuitu, vel reverentia ipsorum locorum sanctorum, seu fidei suæ respectu, vel mercedis nostræ augmento, gratanti animo præstitisse, et in omnibus confirmasse, et a novo concessisse cognoscite. Jubemus namque ut quidquid constat tam in villis, domibus, ædificiis, mancipiis, vineis, silvis, campis, pratis, pascuis, aquis aquarumve decursibus, accolabus utriusque generis, sexus vel ætatis, cum integris terminis, solidoque statu eorum, tam ex munificentia regum et reginarum, quam id quod per venditiones, donationes, commutationes cessionesque titulis vel per qualibet instrumenta cartarum, aut quælibet ingenia legibus ad ipsam Ecclesiam domni Stephani, vel alias ecclesias, quæ sub ipsa urbe Mettensi, vel in parochiis ipsius pontificis constructæ esse videntur, fuit delegatum, et ad præsens pars ipsarum ecclesiarum cernitur possidere vel dominari, per hanc auctoritatem nostram, id ipsis ecclesiis, vel memorato pontifici, vel abbatibus suis eorumque successoribus plenius in Dei nomine confirmatum atque concessum esse cognoscite. Præcipientes enim jubemus, ut neque vos, neque juniores, seu successores vestri in curtes ipsius ecclesiæ, vel memorati pontificis, aut abbatum suorum, vel monasteriorum, castellorum, vicorum tam ultra quam citra Renum, Rodanum et Ligerim, vel præfatam civitatem Mettensem, aut in pagos vel parochias suas, et monasteria, ceu cellas, cum omnibus ecclesiis ad eandem pertinentibus vel aspicientibus, nulla freta, nec teloneos, vel conjectos, aut summutas [sunniatas], vel aliquas paratas faciendum, vel qualecumque ingenium ad aliquod detrimentum generare, penitus ingredi non deberetis, si gratiam meam vobis in omnibus oblatis habere propiciam. Illud addi placuit scribendum, ut de tribus causis, de

hoste publico, hoc est de banno nostro, quando publicitus promovetur, et wacta vel pont s componendum, illi homines bene ingenui, qu de suo capite bene ingenui immunes esse viden ur, qui super terras ipsius ecclesiæ, vel ipsius ntificis, vel abbatis sui commanere noscuntur ; si aliquo exinde de istis tribus causis negligentes app ruerint, exinde cum judicibus nostris deducant tiones ; sed non amplius vel minus : in reliquo ero pro mercedis nostræ augmento sub emunitate psi sint conservati, ut ad ipsam casam proficiant in ugmentis. Et ipsa emunitas, quæ a nobis vel ab antecessoribus patribus nostris fuit concessa circ memoratam Ecclesiam domni Stephani, vel pr ata monasteria, vel castella, vicos, pagos, paro hias vel abbatias, quæ ad ipsum pontificem aspice e videntur, perenniter maneat inconvulsa vel con ervata : qualiter ipsum pontificem seu clerum, vel auperes ibidem alimoniam sperantes, plenius dele tet Domini misericordiam attentius exorare. Et d mmodo per anteriores præceptiones a longo temp re ipsa emunitas circa ipsam Ecclesiam, vel basili as, seu monasteria, vicos vel parochias sub temp re præcedentium regum semper fuit conservata et nos ad præsens pro animæ nostræ remedio, l retributione æterna, id in ipsa Ecclesia domni tephani, ubi suus sacratissimus sanguis vivus esse videtur, per nostram præceptionem firmavimus at ue concessimus, ut quicumque hoc de judicibu nostris aut quislibet refragare aut irrumpere vel i mutare voluerit, iram trinæ Majestatis vel omni im sanctorum, ubi ipse pontifex vel abbates s i deserviunt, incurrat, et gratiam nostram nullo umquam tempore possit habere. Sed magis a vobi vel successoribus vestris sub integra emunitate o ni tempore modis omnibus conservetur ; qualite gratiam nostram, ut diximus, valeatis habere, p piciam. Quam vero auctoritatem pro rei totius firi itate, ut omni tempore maneat inconvulsa, manu nostræ signaculis infra decrevimus in Dei nomine oborare.

Data xi Cal. Febr. anno vij et 1 regni no tri.

Actum Carisiaco, etc.

XXXI.

Caroli Magni diploma, quo confirmat privile ium Salonæ contra episcopum Mettensem (anno 75).

(Ex Mabill., de Re diplomatica.)

Carolus gratia Dei rex Francorum et L ngobardorum, atque patricius Romanorum. Oport t serenitas nostra ut ea quæ a fidelibus nostris ostulata fuerint, juste et rationabiliter pro servitio t fidelitate, quæ circa genitorem meum Pippinum egem et circa me habere videntur, eis impertire d beamus. Notum sit omnibus fidelibus nostris, tam et præsentibus quam et futuris, qualiter veniens Folr dus capellanus palatii nostri et abba sancti Diony ii nobis retulit privilegium a partibus sancti Diony i, quam senodalis consilius anno nono ad Patris-B unna ex promisso Angalramno episcopo et Wilhar o archiepiscopo constituerunt de res proprietatis uæ, in loco qui dicitur Salona, quæ est constructus in honore sanctæ Dei genitricis et beatorum martyrum et confessorum et virginum : ubi sanctus Privatus martyr, et sanctus Illarius confessor requiescere videntur : et meo in privilegio insertum invenimus, ut neque Angalramnus episcopus, neque successores sui, neque archidiaconus, neque missus ecclesiæ suæ Mediomatricus ibi in ipso cœnobio pontificium habere non debeant, nisi si abbas sancti Dionysii expetierit ordinationes faciendi, chrismetandi, et tabulas benedicendi. Interrogavimus Angalramnum episcopum, si ipsum privilegium consentire debuisset. Et ipse nullatenus denegavit, nisi sicut et chnenodale consilio constituerunt coepiscopi sui, sic consentivit sicut ipse privilegius clariter innotuit. Propterea talem præceptum et confirmationem permanere præcipimus ad partibus sancti Dionysii, ut post hunc diem nullus quislibet episcoporum, neque Angalramnus aut successores sui ipso cœnobio non contingat nisi sit sub emunitate et privilegio sancti Dionysii regulariter, sicut cæteras ecclesias, quas de ipsa casa sancti Dionysii aspicere videntur, et terrolas quas Angalramnus et Folradus infra ipso agro Salona et fine commutaverunt...... Simile modo ex nostrum permissum et confirmationem absque episcoporum Mettensis ecclesiæ impedimentum pars sancti Dionysii una cum ipso cœnubio Salona sub nostram tuitionem et defensionem procerumque nostrorum partibus sancti Dionysii debeant respicere, et quicquid per commutationes regum aut donationem, aut collata ibidem populi additum, aut censatum, et Folradus de suas res ipso cœnubio ditavit sub emunitate et defensione sancti Dionysii omnique tempore permanere debeant, ex nostra auctoritate confirmatum : ut melius delectet ipsam congregationem sancti Dionysii et sancti Privati, et sancti Illarii pro nobis et pro eis uxoreque nostra Domini misericordiam attentius deprecare. Et ut hæc, auctoritas firmior habeatur, vel per tempora melius conservetur, manu nostra propria subter eam firmavimus, et de anulo nostro sigillavimus.

Signum Caroli gloriosissimi regis.

Nomen et signum cancellarii omissum.

Datum quod ficit Decembris dies... anno x regnante domno nostro Carolo rege.

Actum Aquis palatio publico, in Dei nomine feliciter. Amen.

XXXII.

Diploma Caroli Magni pro monasterio Vrumiensi (anno 775).

(Ex D. Calmet, Hist. de Lorraine.)

Karolus gratia Dei rex Francorum et Langobardorum, necnon et patricius Romanorum. Omnibus episcopis, abbatibus, ducibus, comitibus, vicariis, centenariis, vel reliquis fidelibus nostris, tam præsentibus quam futuris, notum sit qualiter domnus et genitor noster bonæ memoriæ Pippinus quondam rex, monasterium, quod vocatur Prumia, in honore sancti Salvatoris a novo fundamine visus fuit ædificare, et res fiscalis ac proprietatis ad ipsum sanctum locum visus fuit delegasse, et in omnibus confirmasse, ubi venerabilem virum Asuerum abbatem una cum monachorum [turma] rectorem præesse constituit, et secundum ordinem sanctum illud locum gubernare præcepit. Unde prædictus abba et monachi in ipso cœnobio consistentes, clementiæ regni nostri petierunt, ut ipsi homines, quem domnus et genitor noster bonæ memoriæ Pippinus quondam rex ad ipsum monasterium concessit vel delegavit, in ipsa tenore et consuetudine, sicut antea fuerunt, et ceteri fiscalini sunt nostri, absque alicujus contradictione ad jam dicto loco debeant permanere, tam de causas eorum in responsis, quamque aliam legem vel consuetudinem, sicut reliqui infra regna nostra habuerint fiscalini, et antea in unumquemque pago habuerunt consuetudinem. Cujus nos, propter nomen Domini et animæ nostræ remedium, eorum petitionibus nequivimus denegare, sed in omnibus præstitisse et confirmasse cognoscite. Præcipientes ergo jubemus atque præcipimus, ut nullus quislibet de fidelibus nostris, neque de judiciaria potestate, qui jam fata casa Dei vel rectores ejus, nec homines ad ipsum sanctum locum deservientes, quem domnus ac genitor noster ibi concessit, de hac re inquietare, nec calumniam generare nullatenus præsumatis, nisi, ut diximus, nostris et futuris temporibus, sicut antequam domnus ac genitor noster eos ad superscripta casa Dei delegasset, partibus suis deservierunt. Ita simili modo ad eundem sanctum locum in ea tenore deservire debeant, tam in responsis dando, quamque et reliquam legem ac consuetudinem, sicut ceteri fiscalini habere videntur. Et ut hæc præceptio firmior habeatur, ac per tempora melius conservetur, manu propria subterfirmavimus, et anulo nostro sigillare jussimus.

Signum Karoli gloriosissimi regis.

Data mense Novembrio, anno octavo, et vi regni nostri.

Actum Theodonis villa publice, in Dei nomine feliciter. Amen.

XXXIII.

[a] *Placitum Caroli Magni regis Francorum, quo monasterio Hohaugiensi ascribit bona in Osthoven et Hohgœfft, quæ sibi vindicaverat abbatia.* [b] *Corbeiensis (actum desinente anno 775).*

(Ex Grandidier, Hist. de l'Eglise de Strasb.)

Carolus gratia Dei rex Francorum et Langobardorum, atque patricius Romanorum, vir inluster. Tunc

---

[a] Hæc placiti charta est sine die et anno. Cum vero Carolus titulo regis Longobardorum in ea utatur, indubium est post annum 774 ponendam esse. Schœpflinus ex corrupto Urstisii manuscripto legit notam chronicam : *Datum regni Caroli regis anno decimo*, ad quem annus 778 respondet. Sed nullum vestigium nobis prodit, imo rerum circumstantiæ omnino negant in Alsatia tunc commoratum Carolum, gravi sua Hispanica expeditione distentum.

[b] Hanc chartam corruptam et mutilam dederunt Mabillon., Annal. ord. S. Benedicti, tom. II, pag. 699, et Eccardus, Orig. Habsburg., pag. 105, atque multo corruptiorem Schœpflinus, Alsat. diplom., tom. I, pag. 51, ex codice manuscripto Christiani Urstisii.

regalis celsitudo sui culminis sublimatur, quando A ut homo memorati monasterii Corbeiæ Agisericus cunctorum jurgia juxta propositionis vel responsionis ad ipsum Dei judicium ad ipsam crucem tr pidus et eloquia inter alternrum salubre deliberat sentencia, convictus apparuit. Et tunc ipse et Aldradu in prequatenus sub Deo in rege manet potestas quomodo sentia nostra vel procerum nostrorum ipsas res per cuncta terribilia debeant ordinare. Cum nos in Dei loca nominata Ostlova et Gehlida per eorum f wadia nomine a Selalistati villa in palacio nostro ad uni- una cum legibus fidefacta, ipsius advocat sancti versorum causas audiendum, vel recto judicio ter- Michaelis vel Beati abbatis nomine Otliberto isi sunt minandum resederimus, ibique veniens advocatus reddidisse, vel revestisse, et per illorum g estucam S. Michaelis, vel b Beati abbatis nomine Othbertus exinde in omnibus duxisse exitum. Proinde nos taterjellaba) homines aliquos nomine Agissericum et liter una cum fidelibus nostris, id sunt, W drigo, Aldradum advocatos monasterii Corbeiæ, et repete- Odrigo, h Theodrico, i Bernhardo, i Albuit o, Ghebat eis, eo quod ipsi illas res in loco, qui dicitur rardo, k Beringario comitibus, et l Anshelm comite e Osthova et d Gehlida, quas Imnio ad monasterium palatii nostri, vel reliquis quam plurimis vi fuimus Sancti Michaelis per suum instrumentum tradidisset judicasse m : ut dum ipsi in presenti adstab nt Agisin eorum potestate injuste retinuissent. Sed et ipsi sericus et Aldradus, et hanc caussam n illatenus Agissericus et Aldradus de presente astabant, et ta- B poterant denegare, et ipse Agissericus ad i sum Dei liter dederunt in responsis, quod ipsas res predictas, judicium ad crucem trepidus et convictus ap aruerit, nunquam tulissent malo ordine injuste, pro eo quod et ipsi de presenti per eorum wadia una cu legibus dixerunt quod eas Gerbriga per suum instrumentum fide facta, ipsius advocato sancti Michaelis el Beati condonasset; unde et ipsum instrumentum præ ma- abbatis nomine Otherberto visi sunt reddid sse, vel nibus se habere affirmabant, et ipsas in præsenc a revestisse, et per eorum festucam sibi in omnibus n stra protulerunt recensendas; etiam et de hac duxisse exitum. Propterea jubemus, ut d m hanc causa ad utrasque partes nihil certi cognovimus : caussam sic actam vel perpetratam esse cog ovimus, unde ad divina mysteria, Christi misericordia con- ut superius scriptus abbas Beatus, vel pars monastespirante, sicut longa consuetudo exposcit, et ipsi vo- rii Honogie jam dictas res in loco qui dicitu Osthova luntarie consenserunt, jubemus emanare judicium; et Gehlida, citra supradictos Agissericum t Aldraut dum per ipsa instrumenta de utraque parte certa- dum eorumque heredes, vel citra omnes ill s res inmen non declaratur, ut recto tramite ad Dei judicium juste retinere tentantes, omni tempore hal eant eliad e crucem Othbertus de parte Sancti Michaelis vel dicatas et evindicatas, et sit inter ipsos in postmoBeati abbatis et Agissericus de parte monasterii Cor- dum absque ulla repeticione omni tempor sublata beiæ exire atque stare deberent: Quod et ita visi fuerunt C atque definita, seu et indulta causatio. The degarius stetisse; et ea hora, protegente divina dextera Dei, recognovit n. Deus omnipotens suum justum judicium declaravit.

a De antiquo regio Selestadii palatio consule Schœpflinum, Alsat. illustr. tom. I, pag. 699.

b Beatus tunc erat abbas monasterii sancti Michaelis in Hohenaugia.

c Hodie vicus Osthofen, tertio ab Argentorato lapide, feodum episcopatus Argentinensis dominis de Zuckmantel concessum.

d Hodie vicus Folgaffi, feudum episcopatus Argentinensis, quod possident comites Leiningenses.

e Crucis probatio, quam judicium Dei dicebant, agebatur missæ tempore : duo adversarii ad crucem stabant brachiis expansis. Qui prior lassus brachia deponebat aut titubantia habebat, censebatur victus. Multa hac de re habent Gretzerus, de Cruce, lib. II, cap. 21, Ebelingius, de provocatione ad judicium B Dei, cap. 7, et Schilterus, Glossarii Teutonici, pag. 100. Exstat Georgii Althamner dissertatio de judicio crucis dissertatio historico-politica Ulmæ an. 1677 impressa.

f Scilicet pignora, Gallice gage. Consulatur Ducange, in Glossario, tom. VI, pag. 1579.

g Festuca est signum et symbolum traditionis, vel translatæ possessionis, quam tradebat emptor venditor, aut qui modo quovis rei possessionem in alium transferebat; et quidem ejusmodi chartis, ut legitimæ essent, inserebantur stipula seu festuca, quæ in quibusdam autographis adhuc insertæ videntur, Ducange, in Glossario, tom. III, pag. 410.

h Theodericus comes in annalibus Francorum dictis Loiselianis, apud Bouquetum, tom. V, pag. 60, memoratur ad annum 811 inter primores Francorum, qui pacem inter Carolum et Hemmingum concordiam sacramento firmarunt.

i Bernhardus comes inter eosdem quoque memoratur.

j Legitur quidam Albinus, quem deliciosum fuisse regis Caroli testatur Anastasius, in vita Adriani papæ, apud Bouquetum, tom. V, pag. 450.

k Beringarius comes memoratur ad annum 768, in continuatore Chronici Fredegariani, apud Bouquetum, tom. V, pag. 8.

l Anselmus comes palatii ex Hispania r diens in montibus Pyreneis anno 778 interfectus sc ibitur ab Eginhardo, in Vita Caroli Magni, cap. 9, a ud Bouquetum, tom. V, pag. 93.

m Credit Cangius, in dissertat. sua de pinvilla, pag. 228, comitem palatii semper egisse officium præsidis in illis judiciis, quibus interera t reges. Sed ex hoc diplomate constat sententiam fui se latam a rege ipso ad relationem comitis palatii. Officium comitis palatini ita describit D. Goezmann, magrammatico nomine D. Zemganno larvatus in o ere, cui titulus : Les quatre âges de la Pairie d France, tom. I, pag. 6. : Sous Charlemagne et ses premiers successeurs, le comte du palais instruisait l s affaires dont le jugement était réservé au prince, et celles des personnes considérables; enfin il connaissait de toutes les affaires de la maison du monarque tant p r le civil que pour le criminel, et il avait la grande et etite police dans le lieu où séjournait la cour.

n Exstat apud Mabillonem, de Re diplomatica, pag. 408, Bouquetum, tom. V, pag. 734, et Hartzheim, Conciliorum Germaniæ tom. 1, ag. 255. Placitum Caroli Magni similis fere styli pro monasterio sancti Dionysii, datum in Duria villa an o septimo regni sui, id est, 775. Theudegarius ha chartam quoque recognovit, et ibidem occurrit Ans lmus comes palatii cum comitibus Gherardo, Ber ardo, et aliis, qui in comitatu regis erant, unde ru sus patet

XXXIV.

Præceptum Caroli Magni, pro Paulino artis grammaticæ magistro (anno 776).

(Ex D. Bouquet, Recueil des Hist.)

Carolus gratia Dei rex Francorum et Longobardorum, et patricius Romanorum, omnibus episcopis, abbatibus, ducibus, comitibus, castaldis, vel omnibus fidelibus nostris, præsentibus et futuris. Merito quidem a nobis sublevantur muneribus, qui nostris fideliter obsequiis famulantur. Et ideo si petitiones eorum, pro quibus nostras pulsaverint aures, ad effectum perducimus, regiam consuetudinem exercemus, atque illorum animum nobis deserviendo provocamus. Igitur notum sit omnium vestrum magnitudini, qualiter cedimus et donamus a nobis viro valde venerabili Paulino artis grammaticæ magistro, hoc est, res quondam et facultates tales quæ fuerunt Waldandii filii quondam Mimoni de Laberiano, quæ ad nostrum devenerunt palatium, pro eo quod in campo cum Forticauso inimico nostro a nostris fidelibus fuerit interfectus, Casa videlicet in Laberiano cum omni integritate et soliditate sua, id est, cum terris, domibus, ædificiis, accolabus, mancipiis, casis, massaritiis, cum servis et Aldionibus, vineis, sylvis, campis, pratis, pascuis, aquis, aquarumve decursibus, mobilibus, et immobilibus, omnia et ex omnibus, quantumcumque prædictus Waldandius ibi aut alicubi habere visus fuit, tam ex dono regum, aut judicum, seu de comparato, aut de qualibet adtracto, prædicto Paulino a die præsenti tradimus atque cedimus perpetualiter ad possidendum; ita ut ab hac die prædicta Paulinus suprascriptis de rebus quieto ordine teneat et possideat, et quicquid exinde facere voluerit, liberum in omnibus perfruatur arbitrium. Præcipientes ergo jubemus ut nullus quislibet de fidelibus aut successoribus nostris prædicto Paulino de jam dictis rebus ullo umquam tempore inquietare, aut calumniam generare præsumat, sed omni tempore ex dono largitatis nostræ ipsas res juræ proprietario valeat possidere firmissimo. Et ut hæc perceptio firmior habeatur, vel nostris vel futuris temporibus melius conservetur, manu propria in æternum decrevimus roborare, ac de anulo nostro jussimus sigillare.

Data xv Kalend. Julii, anno octavo regni nostri, e ª Loreia civitate, in Dei nomine feliciter.

XXXV.

Præceptum ᵇ *Caroli Magni quo renovantur amissa Honaugiensis monasterii chartarum instrumenta (an. 776, die 9 Junii).*

(Ex Grandidier, ibid.)

Karolus gratia Dei rex Francorum et Longobardo-

ª Loreia, vulgo *Loredo*, in ducatu Veneto ad Athesim.
ᵇ Charta hæc exstat apud Mabillonem, Annal. Ord. S. Bened. tom. II, pag. 698, et Eccardum; Orig. Habsburg. Austriacar. pag. 104, sed vitiose; correctius in Schœpflini Alsatia diplomatica, tom. I, p. 49.
ᶜ Mabillon pro anno 8 legit 13, qui incidit in au-

rum, omnibus fidelibus nostris tam præsentibus quam futuris. A regale enim necesse est relevantur clementia, qui damnitatem passi sunt per injuriam. Igitur venerabilis vir Beatus abbas ex monasterio Scotorum, quod vocatur Onogia, quod Benedictus episcopus in honore S. Michabelis novo construxit opere, ubi prevenerabilis pater corpore requiescit, clementiæ nostri regni suggessit, eo quod instrumenta chartarum ipsius monasterii ante hos annos, per negligentiam, per quas infra regna Francorum Christo propitio ipsum monasterium aliquid possidebat, tam per precepta regum ac reginarum, quam reliquorum Deum timentium hominum, ibidem collatum ac confirmatum fuit, perdita devenissent; et asserit se ipse abbas ipsas res ad partem jam dicti monasterii quieto ordine, sicut antea fecit, moderno tempore possidere. Sed pro firmitatis studio petiit celsitudinem nostram, dum hec causa per negligentiam ita contigisset, ut ab omnibus notum sit, ut denuo per nostram auctoritatem omnes res ejusdem ecclesiæ, quicquid cum equitatis ordine possidere videtur, confirmare deberemus. Cujus petitionem denegare noluimus, sed ita prestitisse vel confirmasse cognoscite. Precipientes enim jubemus, ut quicquid ante dictum monasterium Sancti Michabelis nunc temporis juste possidet, unde ipsa Dei casa vestita est, deinceps per nostram confirmationem, quicquid per precepta regum ac reginarum, seu reliquorum Deum timentium hominum ibidem collatum ac confirmatum fuit, tam præfatus Beatus abbas, quam qui successores ejus fuerint futuri, vel rectores ejusdem ecclesiæ sancti loci teneant et possideant, atque ad ipsam casam Dei diuturnis temporibus in augmentis proficiant. Et ut hæc auctoritas firmior sit, manu nostra subter firmavimus, et anulo nostro sigillare jussimus.

Signum † Karoli gloriosissimi regis.

Wigbaldus ad vicem Hitherii recognovit.

Datum quinto Idus Junias, anno ᶜ octavo regni nostri. Actum ᵈ Carisiago palatio publico, in Dei nomine feliciter.

XXXVI.

Diploma Caroli Magni, pro Salonensi monasterio (anno 777).

(Ex D. Calmet., Hist. de Lorr.)

Carolus gratia Dei rex Francorum et Langobardorum, atque patricius Romanorum. Oportet serenitas nostra, ut ea quæ a fidelibus nostris postulata fuerint, juste et rationabiliter pro servitio et fidelitate, quæ circa genitorem meum Pippinum regem et circa me habere videntur, eis impertire debeamus. Notum sit omnibus fidelibus nostris, tam et præsentibus quam et futuris, qualiter veniens Folradus capellanus pa-

num 781. Cum vero Hitherius, quem Schœpflinus male scribit Ritherius, non amplius legatur cancellarius in chartis post annum 776, sed Rado, eumdem prætulimus.
ᵈ Carisiagum, vicus ad Isaram hactenus vocabulum Chiersi, sive Kiersi retinens. De Carisiaco et ejus vero situ lege quæ multis tradit in disquisitione Michael Germanus, apud Mabillonem, de Re diplomatica, lib. v, pag. 258-268.

latii nostri, et abba sancti Dionysii; nobis retulit privilegium a patribus sancti Dionysii, quam senodalis consilius anno nono ad Patris Brunna ex promisso Angelramno episcopo et Willhario archiepiscopo constituerunt de res proprietatis suæ, in loco qui dicitur Salona, quæ est constructus in honore sanctæ Dei Genitricis, et beatorum martyrum, et confessorum et virginum : ubi sanctus Privatus, et sanctus Illarius confessor requiescere videntur : et meo in privilegio insertum invenimus, ut neque Angelramnus episcopus, neque successores sui, neque archidiaconus, neque missus ecclesiæ suæ Mediomatricus, ibi in ipso coenobio pontificium habere non debeant, nisi si abbas sancti Dionysii expetierit, ordinationes faciendi, chrismetandi, et tabulas benedicendi. Interrogavimus Angelramnum episcopum, si ipsum privilegium consentire debuisset? Et ipse nullatenus denegavit, nisi sicut et chnenodale [synodale] consilio constituerunt coepiscopi sui; sic consentivit, sicut ipse privilegius clariter innotuit. Propterea talem præceptum et confirmationem permanere præcipimus ad partibus sancti Dionysii, ut post hunc diem nullus quislibet episcoporum, neque Angelramnus, aut successores sui, ipso coenobio non contingat, nisi sit sub emunitate et privilegio sancti Dionysii, sicut cæteras ecclesias, quas de ipsa casa sancti Dionysii aspicere videntur. Et terrolas quas Angelrampus et Folradus infra ipso agro Salona, et fine commutaverunt..... Simile modo ex nostrum permissum et confirmationem absque episcoporum Metensis Ecclesiæ impedimentum, pars S. Dionysii una cum ipso coenobio Salona sub nostram tuitionem et deffensionem, procerumque nostrorum, partibus sancti Dionysii debeant respicere, et quicquid per commutationes regum, aut donationem, aut collata ibidem populi additum, aut censatum, et Folradus de sua res ipso coenobio ditavit, sub emunitate et deffensione sancti Dionysii, omnique tempore permanere debeant, ex nostra authoritate confirmatum : ut melius delectet ipsam congregationem sancti Dionysii et sancti Privati, et sancti Illarii, pro nobis et pro eis, uxoreque nostra, Domini misericordiam attentius deprecare. Et ut hæc authoritas firmior habeatur, vel per tempora melius conservetur, manu nostra propria subter eam firmavimus, et de annulo nostro sigillavimus.

Signum Caroli gloriosissimi regis.

Nomen et signum cancellarii omissum.

Datum quod fecit Decembris dies..... anno x. Regnante domno nostro Carolo rege. Actum Aquis palatio publico, in Dei nomine feliciter. Amen.

XXXVII.

a *Caroli Magni præceptum, quo omnes Dionysiani monasterii immunitates confirmat (anno 778).*

(Ex Mabill., de Re diplomatica.)

Carolus gratia Dei rex Francorum et Longobardo-

a **Observa** in hoc diplomate confirmari a Carolo Magno donationes eorum qui vel se servos Ecclesiæ vovebant, vel qui ad monasticum institutum convolantes, se suaque omnia conferebant; unde maxime

rum ac patricius Romanorum. Incipientia re ni nostri affectum de nostra erectione integro auxiliant Domino vigilavi, et pro ipsa bona opera auctum cur consilium pontificum vel seniorum optimatum n strorum emunitate pro nostro confirmandum regnum et mercede vel inepiscendum vitam æternam reno are deliberemus, quod ita et fecimus. Ergo oportet c ementiæ principale inter ceteras petitiones illud quod ro salute adscribitur, et pro divino nomine postulat r, placabile auditum suscepere, et procul dubio ad effectum perducere : quatenus de caducis rebus præs nis sæculi æterna conquiritur juxta præceptum D mini dicentes : Facite vobis amicus de mamona iniquitatis. Ergo de mamone iniquitatis juxta ipsius di tum nos oportet mercare æterna cælestia : quum sa erdotum congruum impertimus beneficia, retributore Domino ex hoc habere mereamur in æterna tabernac la. Igitur venerabilis vir Folradus abba de basilica ecularis patroni nostri domni Dionisii marthyris, ubi ipse preciosus domnus in corpore requiescit, cleme tia regni nostri supplicavit, eo quod ab antecessoribu regibus a longo tempore omnis emunitas de villa prælatæ sanctæ basilicæ fuit concessum. Unde et i sas præceptiones manus roboratas et bonæ memo iæ genetore meo Pippini condam regis se præ ma ibus habere adfirmat, et hoc usque nunc inviolabili r asserit esse conservatum. Unde petiit ut hoc pe nostram auctoritatem denuo pro re firmitate circa ip o sancto loco, vel homines qui se cum substantia orum ad ipsa basilica tradunt vel condonant, juxta q od anterioris regis per eorum auctoritates ad ips basilica hoc præstiterunt et confirmarunt, hoc ite tis circa ipso abbate concedere et confirmare d beremus. Ideo cognuscat magnetudo seu utilitas ve ra, quod nos pro reverentia ipsius sancti loci vel pr quietim domino famulantium prumtissimam volun atem denuo concessisse et in omnibus confirmas e vestra cognuscat solertia. Quapropter per hanc p æceptus, quod specialius decernimus et in perpetuu volumus esse mansurum, jubemus, ut neque vos, eque juniores, seu successores vestri, nec quislibe de judiciaria potestate accinctus, in curtis præfat basilicæ domni Dionisii ubi et ubi, in quascumqu pagos in regno Deo propitio nostro, quod ad die p rs ipsius monasterii possedere vel dominare videtur, vel quod a Deo timentibus hominibus per legitima in trumenta ibidem fuit concessum, aut inantea fuerit additum, atque delegatum, nec ad causas audiendum, nec ad fidejussores tollendum, nec ad freda exier um, nec ad mansionis faciendum, nec paratas, nec t llas redibitiones requirendum ingredi nec exiger quoque tempore penitus non præsumatur, nisi quicquid fiscus noster exinde poturit sperare, omnia et ir omnibus pro mercedis nostræ compendium cum om is fredus ad integrum sibimet concessus (ut dictum e t) inspec-

monasteriorum facultates accreverunt. N ta etiam vocem *genitore meo*, qua Carolus utitur, ut n alio diplomate eruto ex archivo sancti Michaelis d Mosam, tametsi plurali modo in textu loquitur.

tas ipsas præceptiones anteriorum regum, vel juxta quod præsens nostra contenere videtur auctoritas, quicquid ipse sanctus locus ad die præsente (ut diximus) habere videtur, quam quod in postmodum a Deo timentibus hominibus vel a nobis ibidem fuerit additum vel conlatum, seu quibuscumque juste et rationabiliter cum omne substancia sua ad ipsos monasterio se tradiderit, et res suas per legitima stramenta ibidem delegaverit vel firmaverit, sub integra emunitate ad die præsente valeat resedere quietius atque securus, et (ut dictum est) quicquid exinde forsitan fiscus noster sperare potuerat, in luminaribus vel in stipendiis seu et in elimoniis pauperum ipsius monasterii perenniter pro nostris oraculis ad integrum in omnia et ex omnibus sit concessum atque indultum : ut eis melius delectet pro stabilitate regni nostri vel pro quietim quibuslibet Liudis nostris Domini misericordiam adtencius deprecare. Et ut hæc auctoritas nostris et futuris temporibus circa ipso sancto loco perenniter firma et inviolata permaneat vel per tempora inlæsa custodiatur atque conservetur, et ab omnibus judicis melius credatur, propria manu annotatione studuimus adumbrare.

Signum Caroli gloriosissimi regis.

Giltbertus ad vicem Radonis recognovi et subscripsi.

Data in mense Octub. anno XI et quinto regni nostri.

Actum Goddinga villa in Dei homine feliciter.

XXXVIII.

* *Diploma Caroli Magni, quo confirmat bona et possessiones monasterii Honaugiensis (an. 778, mense Januario.)*

(Ex Graudidier, *Hist. de l'Eglise de Strasbourg.*)

Carolus gratia Dei rex Francorum et Longobardorum, ac patricius Romanorum, omnibus episcopis, abbatibus, ducibus, comitibus, domesticis, vicariis, centenariis, vel omnibus missis nostris discurrentibus presentibus scilicet et futuris. Maximum regni nostri in hoc augere credimus munimentum, si beneficia opportuna locis ecclesiarum benivola deliberatione concedimus, ac Domino protegente stabiliter perdurare confidimus. Igitur noverit solertia vestra, quia nos ad petitionem venerabilis viri Beati abbatis tale pro eterna retributione beneficium visi sumus indulsisse, ut in villas vel res ecclesie sancti Michahelis archangeli de monasterio quod est constructum in insula Rheni que vocatur Hohenaugia, quas presenti tempore, aut nostro, aut cujuslibet munere habere videtur, vel quas deinceps in jure ipsius sancti loci voluerit divina pietas ampliare, nullus judex publicus ad causas audiendum, vel freda undique exigendum quoque tempore non presumat ingredi : sed predictus Beatus, vel successores

sui propter nomen Domini vel sancti Michaelis sub integre emunitatis nomine ipsas res valeat dominare. Precipientes ergo jubemus, ut neque vos, neque juniores, aut successores vestri, nec ulla publica judiciaria potestas quocumque tempore in villas ubicumque in regno nostro, ipsi ecclesie aut regia, aut privatorum vel bonorum hominum largitate collatas, vel que inantea per Deum timentes fuerint collate, ad audiendas altercationes ingredi, aut freda de qualibet causa exigere, nec mansiones, aut paratas, vel fidejussores tollere presumatis ; sed quidquid exinde deservientibus, qui sunt infra agros vel. vineas, seu super terras predicte ecclesie S. Michaelis commanentes, vel qui alicubi commanent, et ibidem legitimo ordine aspicere videntur, fiscus noster aut de freda, aut undicumque poterit sperare ex nostra indulgentia pro futura salute in luminaribus ipsius ecclesie per manum agentium eorum ad ipsam ecclesiam proficiat in perpetuum ; et quod nos propter nomen Domini et anime nostre remedium, seu nostram subsequentem progeniem plena devotione indulsimus, nec regalis sublimitas, nec quorumlibet judicum sera cupiditas refragare temptet. Et ut hec auctoritas firmior habeatur, vel per tempora melius conservetur, manu propria subter eam decrevimus roborare, et de anulo nostro jussimus sigillare.

Signum Caroli gloriosissimi regis.

Erchambaldus ad vicem Radonis recognovi et subscripsi.

Datum in mense Januario, anno decimo regni nostri. Actum [b] Aristellio, palatio publico, in Dei nomine feliciter. Amen.

XXXIX.

Præceptum Caroli Magni pro Nimfridio abbate monasterii Crassensis (ann. 779).

(Ex D. Bouquet, *Recueil des Hist.*)

Carolus gratia Dei rex Francorum et Longobardorum, ac patricius Romanorum. Omnibus episcopis, abbatibus, ducibus, comitibus, vicariis, centenariis, et universis fidelibus sanctæ Dei ecclesiæ et nostris; præsentibus et futuris; notum sit qualiter vir venerabilis Nimfridius abbas serenitati nostræ suggessit eo quod ipse una cum monachis suis intra eremum in territorio narbonense super fluvium Orobionem, in loco nuncupante Novalias, monasterium in honore sanctæ Dei genitricis semperque virginis Mariæ novo opere construxisset, ibique domos, ecclesias et alias habitationes ædificasset, et vineas plantasset, et campos ad laborandum, et prata de censu nostrorum fidelium, etc. . . . . hominum accepisset. Quod usque nunc, sicut asserit, cum æqualitatis ordine absque ullius contrarietate se habere et possidere profitetur. Ideoque petiit celsitudini nostræ ut nos ei et monachis suis supradictum locum, quo multa protulerunt Germanus apud Mabillonem, de Re diplomatica, lib. IV, pag. 286, et Paullini, de Pagis Germaniæ, pag. 84.

---

[a] Chartam hanc jam ediderunt Mabillon, in Annalibus ord. sancti Benedicti, tom. II, pag. 699, Eccard, Origin. Habsburg. Austriac. pag. 103; Bouquetus, in Scriptorib. rer. Franc., tom. V, pag. 759, et Schœpflinus, Alsat. diplom. tom. I, pag. 50, sed incorrecte.

[b] Hodie Herstal ad Mosam prope Leodium; de

[b] Mabillonius lib. XXIV Annal. Bened., n. 86, legit, atque prata a fiscalibus et dominis locorum accepisset.

cum omni adjacentia seu pertinentia, undecumque ipse et monachi sui ad præsens juste et rationabiliter vestiti esse noscuntur, deinceps indulgentia nostra in eleemosyna nostra concedere et confirmare deberemus. Cujus petitionem denegare noluimus, sed pro mercedis nostræ augmento ita concessisse, et in omnibus confirmasse cognoscite. Præcipientes ergo jubemus, ut neque vos, neque juniores seu successoresque vestri memorato viro venerabili Nimfridio abbati aut successoribus suis de supradictis locis, unde ad præsens ipse et monachi sui cum æquitatis ordine ac juste ac rationabiliter vestiti esse noscuntur, inquietatem [*Forte*, inquietare] aut calumniam generare, nec aliquid exinde [per injustitiam [a]] abstrahere aut minuere quoquo tempore præsumatis. Sed per hanc nostram authoritatem et confirmationem habeant in eleemosina nostra omnique tempore concessum; ita ut melius eis delectet pro nobis et filiis et filiabus nostris, seu cuncta familia domus nostræ, ... Domini misericordiam adtentius deprecare. Et huc hæc auctoritas firmior habeatur, et [per tempora] melius conservetur, manus nostræ signaculis subter eam roborare decrevimus, et de annulo nostro sigillare jussimus [b].

XL.

Præceptum Caroli Magni pro monasterio S. Germani a Pratis (ann. 779).

(Ex D. Bouquet, ibid.)

Carolus gratia Dei rex Francorum et Longobardorum, atque patricius Romanorum, omnibus episcopis, abbatibus, comitibus, seu junioribus nostris. Si oportuna beneficia ad loca sanctarum ecclesiarum, vel sacerdotibus præstare non desinimus, hoc nos procul dubio ad æternam beatitudinem retribuere confidimus. Igitur cognoscat magnitudo seu utilitas vestra qualiter venerabilis vir Hrobertus abbas de basilica sancti Vincentii vel domni Germani, ubi ipse pretiosus corpore requiescit, clementiæ regni nostri suggessit, et præceptionem domni et genitoris nostri bonæ memoriæ Pippini quondam regis nobis ostendit relegendam, ubi repperimus insertum qualiter propter nomen Domini et ejus merita, compellentibus beneficium præstitisse cognoscitur, ut annis singulis ubicumque in regno nostro negociantes ipsius sancti loci pergere vellent, sicut ipse Hrobertus abbas megeare videtur, tam ad luminaria comparanda, vel pro reliqua necessitate discurrentes, tam ultra Ligere quam citra Ligere, vel in Burgundia, etiam in Provincia vel in Francia, quam et in Austria, ubicumque in regno, Christo propitio, nostra pergere vellent, nullo theloneo, nec de saumas, nec de carrigine; neque de navigio, neque de qualibet redibitione exinde ad partem fisci nostri missi, sui discurrentes dissolvere non debeant. Propterea per præsentem præceptum decernimus, quod perpetualiter mansurum esse jubemus, ut per ullos portos, neque per civitates tam in Rodomo quam et in Wicus, neque in mbianis, neque in Trejecto, neque in Dorstadæ, n ue per omnes portus, ac sanctam Maxantiam, neq alicubi; neque in Parisiaco, neque in Ambianis, neque in Burgundia, in pago Trigasino, neque in eiionico, per omnes civitates similiter, ubicumque in regno, propitio Christo, nostra, aut pagis vel erriturris Theloneus exigatur, nec de navale, nec de carrale, neque de saumas, neque de trava evectioni, nec rotatico, nec pontatico, nec pulveratico, n salutatico, nec cespitatico, nec ulla redibitione, quod fiscus noster exinde poterat sperare, nec vo nec juniores successoresque vestri eisdem non equiratis nec coactetis; sed omnia in omnibus propt r nomen Domini ipse abbas, vel successores sui, aut memorata ecclesia sancti Vincentii vel domni Ge mani habeant indultum, ut vel ad luminaria ipsius ancti loci proficiat in augmentis. Adjungimus etiam t eloneum illum quem Gerardus comis de Villæ N væ curte sancti Germani visus fuit recepisse, ut dein eps pars sancti Germani ipso theloneo cum omni i tegritate in nostra elemosina ad luminaria ipsius ecclesiæ recipere debeant absque alicujus contrarie ate, quacumque auctoritate perpetuis temporibus valitura, manu nostra propria decrevimus roborare.

Signum Caroli gloriosissimi regis.

Optatus ad vicem Radonis recognovi.

Data VI Cal. Aprilis, anno XI et v regni ostri.

Actum Haristallio palatio publico.

XLI.

Diploma Caroli Magni pro Gabilonensi S. Marcelli monasterio (anno 779).

(Ex D. Bouquet, ibid.)

Carolus Dei gratia rex Francorum et ongobardorum, ac patricius Romanorum, omnibus gentibus [*Forte*, agentibus] nostris tam præsentibus quam futuris. Juvante Domino, qui nos in solii m regni constituit, principale quidem clementiæ n stræ est, cunctorum accommodare aurem benigna i utilitatibus, præcipue quæ pro compendio an marum a prædecessoribus nostris regibus ad loca ec lesiarum probamus esse indulta, devota mente deb mus pendere, et congrua beneficia, ut mereamu ad mercedem esse participes, non negare; sed rob re majori pro nostris oraculis confirmare. Igitur agnificus Huebertus episcopus rectorque basilicæ sa cti Marcelli, quæ ponitur sub oppidum Cabilonicæ rbis, ubi ipse preciosus Domini martyr in corpore quiescit, nostræ celsitudini intulit suggestionem, eo q od antecessores nostri anteriores reges, vel bonæ memoriæ domnus et genitor noster Pipinus quonda rex, per eorum præceptiones integras immunitates i si mona-

[a] Quæ uncinis includuntur legi non potuerunt.

[b] Cætera deesse in autographo fere exeso testatur primus editor Mabillonius, tamen loco jam citato tradit hoc præceptum datum fuisse in pal tio regio Compendio, xv Kalendas Februarii, anno regni Caroli undecimo. Hæ notæ chronologicæ conciliari nequeunt cum iis quæ narrat annalista aureshamensis : « Rex de Haristallio, ubi hiemaverat, et ubi Natalem Domini ac sanctum Pascha celebraverat, prima veris tempore movens Compendium venit. »

sterio concessissent, ut in villas aut super terras ipsius monasterii nullus judex publicus, nec ulla potestas ad causas audiendum, vel freda exigendum, aut fidejussores tollendum, aut mansiones aut paratas faciendum, nec ullas requisitiones [redibitiones] requirendum, ibidem ingredi non deberent. Unde et ipsas præceptiones antecessorum regum, et confirmationes eorum jam dictus Hucbertus episcopus nobis ostendit relegendas, et ipsa beneficia moderno tempore asserit esse conservata: [a] Sed per confirmationis studium petiit clementiæ regni nostri, ut hoc denuo ipsi monasterio nostra deberet auctoritas confirmare. Propterea jubemus ut inspectis ipsis priorum principum auctoritatibus, neque vos neque juniores successores vestri, nec ullus quilibet de judiciaria potestate in villas ipsius monasterii, quas præsenti tempore habere videtur, aut inantea a Deum timentibus hominibus fuerint conlata, aut conlaturæ, nullus judex publicus ad causas audiendas, vel freda exigenda, aut fidejussores tollendum, vel mansiones aut paratas faciendum, nec ullas redibitiones requirendum, ingredi non præsumatis, nisi integra immunitate, se l [sicut [beneficium] nostrorum antecessorum regum ipsi monasterio usque nunc fuit conservatum, ita et deinceps per nostram auctoritatem generaliter maneat inconvulsum: et si anteactis temporibus per aliquam negligentiam ablatum, aut tepiditatem rectorum, aut præsumptionem judicum, de ipsis immunitatibus fuerit immutatum aut raptum, evulsumque aut extractum, nostris auctoritatibus et beneficiis restauretur. Et ulterius quod concessimus, nec vos, neque juniores vestri infringere vel violare præsumatis. Si quis autem fuerit aut dominus, aut comes, domesticus, vicarius, seu quilibetcumque, judiciaria potestate succinctus, indulgentia bonorum, aut bonitate piorum christianorum aut regum, qui ipsas irrumpere et violare præsumpserit, solidorum sexcentorum munere se cognoscat culpabilem, ita ut duas partes in archivium ipsius monasterii reddat, et tertiam partem ad fiscum

nostro sacello componat, ut non delectet, quod nostri antecessores aut boni christiani concesserint vel indulserint, ab impiis hominibus lacerari, et quicquid exinde fiscus noster potuerit sperare, in hominibus ipsius ecclesiæ sancti Marcelli martyris, pro stabilitate regni nostri, seu nostra subsequente progenie, proficiat in augmentum. Et ut hæc auctoritas firma stabilitate debeat perdurare, subter eam signaculis propria manu decrevimus roborari.

Signum [Caroli] gloriosissimi regis.

Data pridie Cal. Maias, anno undecimo et quinto regnorum nostrorum.

Actum [b] Haristallio.

XLII.

Diploma Caroli Magni, quo Fulrado abbati sancti Dionysii Lepraliam et alia bona ejusdem abbatiæ confirmat (Datum Aquisgrani, 29 Aprilis 781).

(Ex chartulario abbatiæ San Dionysianæ edidit Doublet, [c] Antiquités et Recherches de l'abbaye de Saint-Denis, livre III, pag. 713.)

XLIII.

[d] Diploma Caroli Magni, quo abbatiæ sancti Dionysii confirmat omnia bona et privilegia, quæ ipsi concesserat Fulradus abbas, præsertim in pago Alsacincé cellam sancti Alexandri, ubi ipse corpore requiescit, cum omnibus appendiciis et pertinencia, cum rebus et mancipiis utriusque sexus ibi consistentibus. (Datum Duria, 16 Septemb. 781).

(Ex chartulario tabularii San Dionysiani edidit Doublet, ibid.)

XLIV.

Diploma interpolatum Caroli Magni, quo ecclesiæ Lebrahensi decimas terrarum ad ipsam spectantium concedit (anno 781).

(Ex Grandidier, Histoire de l'Eglise de Strasbourg.)

Carolus Dei gratia rex Francorum et Longobardorum, ac patricius Romanorum, omnibus fidelibus nostris tam præsentibus quam futuris. Quicquid enim locis venerabilibus ob amorem Dei et opportunitatem servorum Dei benivola deliberatione concedimus, hoc nobis procul dubio ad æternam beatitudinem, vel remedium animæ hostiæ pertinere confidimus. Noscat igitur universitas fidelium tam præsentium quam posteriorum, quod venerabilis abbas nepos noster [e] Ful-

---

[a] Apud Sammarthanos, qui illud quoque præceptum ediderunt tomo II Galliæ Christianæ, pro confirmationis studio.

[b] Wigbaldus ad vicem Radonis hoc diploma recognovit, ut tradit Mabillonius lib. XXIV Annal. Bened., num. 99, qui addit tunc missæ in basilica S. Marcelli clericos sæculares, ibique perstitisse usque ad sæculum decimum, quo hæc basilica monachis restituta est sub S. Maioli abbatis Cluniacensis disciplina.

[c] De sinceritate hujus diplomatis, quod ex ipso autographo, seu potius chartulario, deduxisse testatur Doubletus, nihil dicimus: dubia forsitan illi danda fides, cum illius meminere nec Mabillon, nec Felibien, nec Bouquetus, in investigandis chartis SanDionysianis maxime studiosi. Illud esse apertissimo commentitium pronuntiat Cointius, Annal. Ecclesiast. tom. VI, pag. 214. « Non negaverim, ait Mabillon, de Re diplomatica lib. III, cap. 2, pag. 225, quædam esse apud Dubletum vel omnino falsa, vel interpolata, vel dubia.... Bonus ac simplex erat Dubletus, qui quodlibet incidit in manus, sine dolo malo in publicos oculos produxit, etc. » Mabilloni assentiunt auctores Gallici novæ Diplomaticæ, dum scribunt, tom. III, pag. 655. « Ce bon homme (Doublet) n'a composa sa collection sur d'autres monuments que sur des copies souvent fautives sur les cartulaires où les copistes ont quelquefois mal rendu les originaux; » et tom. IV, pag. 415, note, « Doublet, homme simple et sans critique, a fait entrer dans sa collection quelques pièces interpolées et prises sur de mauvaises copies. » GRANDIDIER.

[d] Idem judicandum est de hoc diplomate quod de præcedenti diximus. Æra præsertim falsa est, cum dicatur: Datum anno XXII et VI, regante domno nostro Carolo gloripsissimo rege. Annus 22 regnantis Caroli apud Francos erat 17 regnantis apud Longobardos. Annus 22 incidit in annum Christi 790, quo jam obierat Fulradus, ad cujus petitionem datum fuit hoc diploma. Unde legendus forsitan annus XIII, qui coincidit cum anno Christi 781, et anno octavo Caroli regnantis in Longobardia. GRANDIDIER.

[e] Fulradus filius Riculfi et Ermengardis, ut ex suo liquet testamento anni 777, nunquam fuit nepos Caroli Magni. Id adjecit interpolator, qui forsitan confundit illum cum altero Fulrado, qui fuit abbas S. Quintini apud Augustam Veromandorum, et in Caroli

radus cum monachis de basilica domni Dionysii martyris sociorumque ejus Rustici et Eleutherii, ad nos accedens, petivit ut ecclesiæ Lebrahæ, quæ sita est in pago Alsacensi, ubi domnus et sanctus Alexander martyr corpore requiescit, cui multa beneficia pro salute animæ nostræ contulimus, omnium terrarum ad ipsam ecclesiam pertinentium decimas ei concederemus. Quorum piæ petitioni annuentes, quod a nobis petierunt eis concessimus, nostroque sigillo signatam tradidimus eis chartam : cui quicumque contradicere praesumpserit, perpetuo subjaceat anathemati.

Signum Karoli gloriosissimi regis.

Actum Wormatia civitate, in anno decimo tertio regnante domino nostro Carolo gloriosissimo rege Francorum et Longobardorum, ac patricio Romanorum [b].

XLV.

[c] *Diploma Caroli Magni, quo monasterium Honaugiense immune declarat a teloneis* (anno 782, 17 Nov.).

(Ex Grandidier, ibid.)

Carolus Dei gratia rex Francorum et Longobardorum, ac patricius Romanorum, omnibus episcopis, abbatibus, ducibus, comitibus, vicariis, centenariis, teloneariis, vel omnibus curam publicam agentibus. Si opportuna beneficia ad loca sanctarum ecclesiarum, vel servis Dei præstare non desinemus, hoc nobis procul dubio ad eternam beatitudinem pertinere confidimus. Igitur cognoscat magnitudo, seu utilitas vestra, quod nos ad petitionem venerabilis viri Beati abbatis, qui est rector monasterii Honaugie, quod est in honore S. Michahelis constructum, tale propter nomen Domini beneficium eis pro meritis compellentibus prestitisse voluimus, ut ubicumque homines ipsius monasterii infra regnum nostrum ad negotiandum pervenerint, nullum telonium, nec quamlibet redhibucionem, que ad partem fisci nostri spectare videtur, solvere, nec dare debeant. Propterea per presentem preceptionem decrevimus, quod perpetualiter mansurum esse jubemus, ut nullo telonio, nec [d] navigale, nec [e] carrale, [f] evectione, nec [g] rotatico, nec [h] pontatico, nec [i] salutatico, nec [j] pulveratico, nec [k] cispitatico, nec ulla reddi-

bucione, quod fiscus noster exinde poterit sperare, nec vos, nec juniores, aut successores vestri eisdem requirere, nec exactare faciatis, sed omnia e in omnibus propter nomen Domini, vel S. Michhelis archangeli ipse Beatus abbas vel successor uus, aut memoratum monasterium habeant induli m, atque concessum, quatenus in luminaribus ipsi s sancti loci proficiat in augmentum. Et ut hec auc ritas firmior habeatur, vel a fidelibus nostris mel us servetur, de annulo nostro eam decrevimus robo are.

Wigbaldus ad vicem Radonis recognov t et subscripsit.

Data XVI Kalendas Novembris, anno deci o quarto regni nostri. Actum [l] Clipiaco palatio pub ico.

XLVI.

Caroli Magni præceptum pro confirmatione c mutationis quorumdam prædiorum in pago Met nsi, imt inter Fulradum abbatem Dionysianum et nsemiam abbatissam parthenonis sancti Petri in ur e Metensi (anno 782).

(Ex Mabill de Re diplom.)

Carolus gratia Dei rex Francorum et angobardorum ac patricius Romanorum. Notum si fidelibus nostris tam præsentibus quam et futuris, s hoc quod inter se commutaverint nostris oraculis ce irmamus, regum consuetudinem exercemus, et ide posimodum jure firmissimum mansurum esse cre imus. Igitur compertum sit omnium vestrorum m gnitudini, qualiter venerabilis vir Fulradus abba de onasterio sancti Dionysii seu archipresbyter, atqu Eufimia abbatissa de monasterio superiore que es constructus in honore [m] sancti Petri, infra muro ellis civitate, pro oportunitate amborum partium es aliquas inter se commutasse. Unde et ipsas com iutationes bonorum hominum manibus roboratas i præsenti ostendiderunt relegendas : ubi cognovim s qualiter dedit Eufimia abbatissa ad parte Folrado bbate una cum consensu ancillarum Dei ibidem co sistentium locella duo infra pago Salminse, super uvium Salona, in Conpendio, id sunt in Filicione-c te, seu in Victerneia-curte, quantumcumque in ipsas curtes fuit ratio sancti Petri in integritate, et quiccu d ad ipsa loca aspicit. Simile modo Folradus dedi ad parte Eufimianæ abbatissa et illa congregatione sancti Pe-

Magni et Ludovici Pii aulis comparuit. Hic Caroli Magni propinquum patrem habuerat Hieronymum; qui erat filius naturalis Caroli Martelli et frater Pipini regis.
[a] Stylus hic chartis Carlovingicis plane est ignotus.
[b] Mos tunc erat ut vel archicapellani, vel cancellarii, vel alii sua nomina subscriberent pro stabilienda diplomatis firmitate, qui mos in hac Caroli Magni charta non usurpatus, præter alia interpolationis signa, illam maxime suspectam reddit, quod et firmat ipse Felibien, qui prætensi hujus diplomatis auctoritate in historia sua San Dionysiana nequaquam uti voluit. Prædictam chartam supposititiam sibi videri asserit Cointius, Annal. ecclesiast. tom. VI, pag. 244.
[c] Exstat hæc charta apud Mabillonem, Annal. ord. S. Bened. tom. II, pag. 699, Eccardum, Orig. Habsburg. Austriac. pag. 104, Bouquetum, in scriptor. rer. Franc. tom. V, pag. 745, et Schœpflinum, Alsat. diplom. tom. I, pag. 52, sed non satis correcte.

[d] Est teloneum pro navibus, *naulage.*
[e] Teloneum pro carris, *droit de charroi.*
[f] Teloneum pro equis vel equitaturis.
[g] *Droit de rouage.*
[h] *Droit de pontage.*
[i] *Droit d'heureux abord.*
[j] Vide supra, col. 958, nota [t].
[k] Vide supra, col. 958, nota [u].
[l] Mabillon et alii male legunt *Cispliaco.* Clipiacum fuit palatium regium, Gallice *Clichy,* d quo lege Germanum, apud Mabillonem, de Re di lomatica, lib. IV, pag. 275.
[m] Monasterium virginum sub nomine s ncti Petri hactenus existit apud Divodurum Mediom tricorum. De Petro, melius Petrone episcopo Virdunensi qui regnante Carolo Magno isti Ecclesiæ pr fuit, lege historiani episcoporum Virdunensium in Spicilegii tomo XI, pag. 259.

tri res proprietatis suæ in pago Scarponinse in loco que dicitur Basigunde-curte, quantumcumque cum Petrone episcopo Virduninse, seu et Annone abbate commutavit; et quicquid ad ipso loco aspicere videtur, totum et ad integrum dedit ad parte Eufimianæ abbatissa. Sed pro integra firmitate petierunt ipse abbas et abbatissa celsitudini nostræ, ut hoc per nostram auctoritatem confirmare deberemus : quorum petitionibus gratanti animo ita præstitisse vel in omnibus confirmasse cognoscite. Præcipientes ergo jubemus, ut quicquid pars contullit parti, aut e contra in conpensu recepit, inspectas ipsas commutationes, sicut per eas declaratur, ab hac die per hanc nostram auctoritatem habendi, tenendi, dandi, commutandi, vel quicquid exinde unusquisque quod a jure suo accepit ad profectum earumdem ecclesiarum exercere voluerit, liberam ac firmissimam in omnibus habiant potestatem : ut neque a prædicto abbate et abbatissa, neque ab eorum successoribus ullum umquam tempore ipsas commutationes violentur. Unde duas confirmationes uno tenore conscriptas fieri jussimus, quas et manu propria firmavimus et de anulo nostro sigillare jussimus.

Signum Caroli gloriosissimi regis.

Widolaicus ad vicem Radonis recognovi.

Data in mense Octobris anno XIII et VIII regni nostri. Actum Haristalio palatio publico in Dei nomine feliciter.

XLVII.

Placitum sub Carolo Magno habitum, in quo Sonarciaga-villa pagi Tellau Dionysiano monasterio vindicatur (anno 782).

(Ex Mabill., ibid.)

Carolus gratia Dei rex Francorum et Langobardorum ac patricius Romanorum. Cum nos in Dei nomine Carisiaco villa palatio nostro ad universorum causas audiendas et recto judicio terminandas resideremus ; ibique veniens advocatus sancti Dionisi vel Fulradi abbatis, nomine Ado, nobis suggerebat, dicens, eo quod inter Riferonem comitem et suos escapinios in pago Tellao, in mallo publico qui vocatur Turcarias, advenisset, et homines aliquos his nominibus Goduinum, et germanum suum Flodoinum, et germanam eorum Damascianam, sed et Andgarium et Ercammarum et Jonatham interpellasset, repetens ab eis et dicens, eo quod rem sancti Dionisii in ipso pago Tellao, in loco qui dicitur Sonarciaga-villa super fluvium Itta, quem sanctus Dionisius per suum brachium conquisivit, post se retinebant in sua potestate malo ordine. Sed ipsi Flodoinus et Goduinus et eorum germana Damascia, sed et Antgarius et Ercammarus et Jonathas in præsenti aderant : et cum interrogaretur ab eis utrum quid de hac causa contra hominem nomine Adonem advocatum sancti Dionisii dicere vellent; numquam potuerunt tradere vel deducere rationem, per quam ipsam rem sancti Dionisii Sonarciagam-villam habere potuissent : sed ipsi per suos vuadios ibidem in præsenti præfatum Adonem advocatum sancti Dionisii investiverunt, et fidem exinde, sicut lex continuit, ibidem fecerunt. Proinde oportunum fuit ipsi Adoni advocato sancti Dionisii, ut talem notitiam bonorum hominum manu firmatam, vel ipsius comitis nomine Riferii, seu qui ibidem fuerunt sedentes, prendere et accipere deberet, quod ita et fecit, ut ad longum tempus ipsam rem Sonarciagam-villam contra jam dictos homines ad partem sancti Dionisii habeat evindicatam et elidigatam. Unde et advocatus sancti Dionisii vel Fulradi abbatis videlicet Ado suam notitiam quam se proposuit habere ante nos legibus optulit vel ad præsentavit ad religendum. Relecta ipsa notitia, interrogatum fuit ipso Rifero comite, si hæc causa vel ipsa notitia vera et verax erat aut non. Sed ipse Riferus comes nobis taliter suum præbuit testimonium, quod hæc causa vel ipsa notitia vera et verax esset. Proinde nos taliter una cum fidelibus nostris, id est cum Richardo comite, Gunthardo comite, Teudbaldo comite, Grifone, Geroldo, Nortboldo, Winegiso, Walberto, Gisoldo, Arbino, Teutholdo, Constabili, Woraldo comite palatii nostro, vel reliquis quampluribus visi fuimus judicasse, ut dum ipse Riferus comes taliter nobis suum tribuit testimonium, quod hæc causa vel ipsa notitia vera et verax esset ; propterea jubemus, ut quia hanc causam sic actam vel perpetratam esse cognovimus, suprascriptus advocatus sancti Dionisii contra sæpe dictos homines inspecta sua notitia jam dictam villam Sonarciagam ad partem sancti Dionisii omni tempore habeat evindicatam atque elidigatam, et sit inter ipsos in postmodum ex hac re omni tempore sopita et definita atque inconvulsa causa ̄io.

[a] Witherius notarius ad vicem Chrotardi recognovi.

Data mense Decembri die XVI, anno XIV regni nostri in Dei nomine feliciter.

XLVIII.

Præceptum Caroli Magni regis pro Turonensi sancti Martini monasterio (anno 782).

(Ex D. Bouquet, *Recueil des Hist.*)

Carolus gratia Dei rex Francorum et Longobardorum, ac patricius Romanorum, omnibus abbatibus, virisque illustribus, ducibus, comitibus, domesticis, grafionibus, vicariis, centenariis, junioribusque nostris, atque missis nostris discurrentibus, præsentibus videlicet et futuris. Decet enim regalis clementiæ dignitatem cuncta quæ a sacerdotibus rationabilia postulata fuerint, solleriti cura prospicere, et opportuna vel congrua eis beneficia non denegare, anteriorumque regum acta plenius quæ pro Dei sunt intuitu, confirmare. Igitur venerabilis vir Itherius abba de basilica peculiaris patroni nostri S. Martini, ubi

---

[a] Dubium est an Witherius notarius tum ordinarius fuerit. Witherius quippe numeratur quidem inter notarios Caroli Magni imperatoris, sed non regis :

nec Chrotardum archicancellarium alibi invenio : quod officium Hitherius ad annum 12 regni Caroli exercuit.

ipse pretiosus domnus in corpore requiescit, emunitates gloriosorum regum antecessorum nostrorum manibus eorum roboratas, atque domni genitoris nostri Pippini bonæ memoriæ quondam regis, nobis protulit ad relegendas [ubi continebatur insertum] qualiter prædicti reges pro reverentia ipsius beatissimi S. Martini de rebus ipsius in regna, Deo propitio, nostra, Austria, Neustria, Burgundia, Aquitania et Provincia, de omnibus rebus et facultatibus ipsius beatissimi S. Martini, quiete in regna superius scripta, quibuscumque locis majoribus vel minoribus, tam quod per præceptiones vel indulgentias seu emunitates regum, vel a christianis hominibus atque diversis contractibus (quam quod per) instrumenta cartarum ad præfatam casam Dei confessoris S. Martini fuit collatum vel delegatum, aut in futuris temporibus addendum vel delegandum, confirmaverunt, ut sub emunitate nostra ipsas res vel ipsi homines S. Martini vivere debeant. Idcirco supra dictus Itherius abba serenitatem regni nostri petiit, ut in id ipsum roborandi beneficium largiri deberemus. Cujus nos petitionem consentientes, et patrocinia S. Martini venerantes, sicut præcessores reges singulariter explerunt, et nos hoc indulgentiæ donum gratanter præstitisse cognoscite. Præcipientes quippe ut omnes res ipsius beatissimi S. Martini, quantumcumque in regna, Deo propitio, nostra, tam in villas et prædia majora vel modica, seu vel omnes facultates beatissimi S. Martini sub emunitatis titulo consistere debeant, ut nullus judex publicus fisci nostri in jam dictas villas vel facultates ipsius sancti ad agendum, vel causas ad audiendum, seu freda vel inferendas exactandum, vel teloneum tollendum, aut nullum ingressum seu introitum in villas S. Martini habere præsumat : sed quicquid exinde ab antiquis temporibus fiscus noster, tam præterito quam et præsente tempore accipere vel exactare consueverat, omnia et ex omnibus ex fisco nostro cedimus, ut in luminaribus ipsius beatissimi S. Martini, vel in alimonia pauperum, seu stipendia monachorum proficiat in augmentum. Et nullam potestatem judex publicus fisci nostri super præfatas villas vel facultates S. Martini per qualecumque ingenium habere se recognoscat : sed ab omni fiscali potestate, atque de prædictis rebus S. Martini semper extraneus et remotus sit, et nec aliquis umquam occasiones inquirere, unde homines S. Martini dispendium facere debeant, sit ausus præsumere : sed inspectæ emunitates anteriorum regum, vel nostra in omnibus conserventur. Et si aliquis fuerit comes, domesticus, seu grafio, vicarius, vel tribunus, seu qualicumque judiciaria potestate succinctus, qui indulgentiam et bonitatem piorum et patrum nostrorum regum, vel nostram præceptionem irrumpere ac violare præsumpserit, sexcentorum solidorum auri ad purum excocti numerum se cognoscat ad ipsam casam sancti Martini vel abbates suos multandum : ita ut ipse abba, vel monachi, vel casa sancti Martini duas partes recipiant, tertia vero pars in fiscum nostri sacelli veniat, ut non delectet quæ p o divino intuitu sacerdotibus sunt indulta, vel a teriorum regum emunitates vel nostram ab impiis hominibus lacerari. Sed undecumque ad præsens psa casa S. Martini vestita esse videtur, vel inantea quibuscumque Deo timentes [Deum timentibus] el bonis hominibus datum vel collatum fuerit, sub munitatis titulo resideat : et quicumque ad ipsam sam Dei aliquid dare voluerit, ex nostra auctoritat habeant licentiam faciendi, et sub emunitatis titulo a sque ulla fiscali potestate quiete resideat : et quicq id fiscus consuetudinis habuit recipiendi, in luminari us ipsius sancti pro nostra eleemosyna ad præsens in recisa computetur, cum ipsa subsequentia tam ip e abba, quam et successores sui omnes res ipsi s sancti Martini, sub integra emunitate perpetualit debeant habere et possidere. Et si ante-actis temp ribus per aliquam negligentiam vel tepiditatem ab atum aut præsumptionem judicum de ipsa emunitate uicquam minuatum, irruptum, convulsumque aut e nfractum fuit, omnimodis his nostris auctoritatibus et beneficiis restauretur. Et ulterius nullum nostrum, ullusque juniorum nostrorum aut successorum i frangere quod consensimus, aut violare non præsu at : sed; sicut superius dictum est, cum plenissima munitate (pacifice) cum Dei adjutorio vel nostra gr tia omnia valeant, quæ sibi data vel danda fuerint, ossidere. Et huc hæc præceptio circa ipsam casam a venerabilem ecclesiam sancti Martini pro futuris t mporibus valeat perdurare, manu propria eam subt firmavimus, et anuli nostri impressione signavim s.

Signum Caroli gloriosissimi regis.

Rado relegit et suscripsit.

Data in mense Aprili, anno X et ª VIII re ni nostri. Actum ᵇ Casiaco palatio regio, in Dei non ine feliciter. Amen.

XLIX.

Donatio Hildegardæ reginæ pro monast io sancti Arnulfi (anno 783).

(Ex dom. Calmet., ibid.)

Hildegarda gratia Dei Francorum regina Quidquid enim locis sanctorum venerabilium ob am rem Domini nostri Jesu Christi concedimus vel coi firmamus, hoc nobis procul dubio ad mercedem ani narum, et salutem credimus pervenire corporum. Igitur notum sit omnium fidelium nostrorum m gnitudini, præsentium et futurorum, qualiter nos cu consilio, voluntate et permissu domni et gloriosi m gni imperatoris Caroli, ad basilicam quæ est coi structa in honore sancti Jacobi apostoli, vel cætero m beatorum apostolorum, ubi scilicet Arnulphu pretiosus corpore requiescit, partem dotalicii nost i, ab ipso piissimo imperatore nobis concessi, hoc es Vacarias, et subtus curtem sitam in ducatu Mosling , in comitatu Metensi, una cum appendiciis et excl ia in honore pretiosi Arnulphi in prædicta vill Vacarias Pascha Carolus celebravit, ut testant r Annales Eginhardi.

ª Corrigendum VIII.
ᵇ Forte legendum, *Carisiago*; nam in ea villa

constructa, cum omni integritate, tam terris, domibus, ædificiis, accolabus, mancipiis, sylvis, campis, pratis, pascuis, aquis, aquarumve decursibus, omnia et ex omnibus, per hanc nostram authoritatem concedimus et condonamus perpetualiter ad possidendum, quæ omnia cum adjacentiis suis, ideo specialiter in ipso loco concedimus, quia ibi, Deo favente, corpore quiescere volumus. Et quia scimus multa quæ prius studiose fiunt, postea refrigescente charitate, in negligentiam devenire, ideo interdicimus omnibus abbatibus, seu custodibus ejusdem venerabilis loci, et per divinum eos obtestamur examen, ut jam dictas res nunquam præsumant alicui beneficio tribuere, nec per precariam, ut fieri solet, præbere, nec ad nullum omnino istius sæculi usum inflectere, sed semper in eodem venerabili loco ad usus Deo ibi servientium perpetuali jure subdita permaneant. Si quis autem ex abbatibus venerandi illius loci hanc nostram voluntatem violare præsumpserit, æternam hoc valeat effugere damnationem, et beatum adversum se Arnulphum, non adjutorem, sed potius sentiat accusatorem. Omnes autem nostros qui futuri sunt, per Christum Dei Filium redemptorem omnium adjuramus, et exposcimus successores, sive cujuscumque ordinis judices, ut nullus hoc quod statuimus audeat irrumpere, et quolibet modo aliter quam voluimus, immutare. Quod si quis eorum facere tentaverit, quidquid ipse statuerit, a suo sentiat adversario convelli, et insuper judicium sit habiturus nobiscum, coram justissimo judice. Et ut hæc authoritas firmior habeatur, vel diuturnis temporibus melius conservetur, domnus noster et piissimus Imperator Carolus nostris libentissime annuens precibus, manu propria subteradnotavit, et de annulo suo sigillari jussit.

Data tertio idus mensis Martii, anno quinto decimo domni et piissimi imperatoris Caroli, ab Incarnatione autem Domini nostri Jesu Christi anno septingentesimo octogesimo tertio.

Acta Metis in Dei nomine feliciter, indictione sexta.

L.

Diploma Caroli Magni pro monasterio sancti Arnulfi Metensis (anno 783).

(Ex dom. Calmet., *Hist. de Lorr.)*

Carolus gratia Dei rex Francorum et Langobardorum ac patricius Romanorum. Quidquid enim locis sanctorum venerabilium ob amorem Domini nostri Jesu Christi concedimus vel confirmamus, hoc nobis proculdubio ad mercedem vel stabilitatem regni nostri, in Dei nomine pertinere confidimus.

Igitur notum sit omnium fidelium nostrorum magnitudini, præsentium et futurorum, qualiter nos in elemosina dilectissimæ conjugis nostræ Hildegarde reginæ, ad basilicam quæ est constructa in honore S. Jacobi [*Forte Joannis*] apostoli, vel ceterorum beatorum, ubi scilicet Arnulfus pretiosus corpore requiescit, villam nostram nuncupatam Camenetum, sitam in ducato Moslinse in comitato Metense, una cum appenditiis, ecclesiis quæ ad ipsam villam pertinere videntur, cum omni integritate, tam terris, domibus, ædificiis, accolabus, mancipiis, vineis, silvis, campis, pratis, pascuis, aquis, aquarumve decursibus ; omnia et ex omnibus per hanc nostram authoritatem concedimus, vel condonamus perpetualiter ad possidendum : quam villam cum omnibus suis adjacentiis ideo specialiter in ipso sancto loco concedimus, ut exinde pro remedio prædictæ conjugis nostræ, continue die noctuque luminaria ad ejus sepulchrum fieri debeant. Et quia scimus multa quæ prius studiose fiunt, postea refrigescente charitate, in negligentiam devenire, idcirco interdicimus omnibus abbatibus sive custodibus ejusdem venerabilis loci, et per divinum eos obtestamur examen, ut jam fatam villam nunquam præsumant alicui beneficio tribuere, nec per precariam, ut fieri assolet, præbere, nec ad nullum omnino istius sæculi usum inflectere ; sed, ut diximus, pro remedio animæ ipsius dilectæ conjugis nostræ Hildegarde, ad ipsum sanctum locum luminaria incessabiliter fiant ; et quod ex iisdem luminaribus superfuerit, illi exinde præordinati ab ipsis custodibus alantur, qui pro sæpe fatæ dilectæ nostræ conjugis anima [a] missas quotidie faciant, vel psalmodiam et preces in conspectu Domini jugiter effundant. Si quis autem ex abbatibus venerandi illius loci hanc nostram voluntatem violare præsumpserit, æternam effugere non valeat damnationem ; et beatum adversum se Arnulphum, non adjutorem, sed potius sentiat accusatorem ; sed et servos Dei, qui ad hoc opus præordinati fuerint, per individuum sanctæ Trinitatis nomen adjuramus, ut nullam negligentiam faciant ; quin, ut præmissum est, continue in orationibus et missarum solemniis et psalmodiis studiose instent. Omnes autem nostros qui futuri sunt, per Christum Dei Filium redemptorem omnium, adjuramus et exposcimus successores, sive cujuscumque ordinis judices, ut nullus hoc quod statuimus, audeat irrumpere, et quolibet modo aliter quam volumus immutare. Quod si quis eorum facere tentaverit, quidquid ipse statuerit, a suo sentiat adversario convelli : et insuper judicium sit nobiscum habiturus coram justissimo judice. Et ut hæc authoritas firmior habeatur, vel diuturnis temporibus melius conservetur, manu propria subtus adnotavimus, et de annulo nostro sigillare jussimus. Datum calend.s Maii anno quinto decimo regni nostri, ab Incarnatione Domini nostri anno septingentesimo octogesimo tertio, in die Ascensionis Dominicæ, in cujus vigiliis, ipsa dulcissima conjux nostra obiit in anno tertio decimo conjunctionis no tr.æ Actum Theodonisvillæ palatio nostro, in Dei nomine feliciter, indictione sexta.

LI.

Præceptum Caroli Magni pro monasterio Saugermani a Pratis (anno 786).

(Ex D. Bouquet, *Recueil des Hist. de Fr.)*

Carolus gratia Dei rex Francorum et Longobardo-

---

[a] On fondait des messes du temps de Charlemagne, puisque lui-même en fonde pour le soulagement de l'âme de sa femme Hildegarde.

rum ac patricius Romanorum, omnibus fidelibus nostris præsentibus et futuris. Quicquid enim locis venerabilibus ob amorem Domini et oportunitate servorum Dei benevola deliberatione concedimus, hæc nobis ad æternam beatitudinem vel remedium animæ nostræ pertinere confidimus. Quapropter compertum sit omnium vestrorum magnitudini, qualiter donamus ad monasterium sancti Germani, quod est prope Parisius civitatem constructum, ubi ipsius pretiosum corpus quiescit humatum, quod venerabilis vir Hrobertus abba in regimine habere videtur, donatumque ad eumdem sanctum locum et f atribus ibidem degentibus esse volumus, hoc est villam nostram, nuncupatam Madriolas [Maroles], in pago Meledunense super fluvium Sequana, cum omni integritate sua ad se pertinente vel aspiciente, sicuti a longo tempore et nunc juste rationabiliter ad eumdem visum est pertinuisse, vel sicut moderno tempore Autbertus comes per nostrum beneficium tenere videtur, id est, cum terris, domibus, ædificiis, accolabus, mancipiis, vineis, sylvis, campis, pratis, pascuis, aquarumve decursibus, mobilibus et immobilibus, et portum quod est inter pagum Senonicum et Melodunensem, ab Alsiaco villa præfati sancti Germani usque monasteriolum sancti Mauricii ex utraque ripa fluminis Sequanæ, cujuscumque sit terra; ita ut nullus inibi portum vel aquam habeat, nisi jam dicta potestas almi Germani; neque theloneum, aut rotaticum, seu vultaticum, cespitaticum, ripaticum, vel salutaticum cuiquam, accipere liceat; mercatum quoque, omniaque ex omnibus, quicquid dici aut nominari potest, ad integrum ad ipsum sanctum locum ejusque rectoribus ac monachis a die præsente tradimus perpetualiter possidendum. Propterea hanc præceptionem auctoritatis nostræ conscribere jussimus, per quam omnino statuentes decrevimus, quod circa ipsum abbatem vel rectores ipsius ecclesiæ perpetualiter volumus esse mansurum, ut nullus quilibet de judiciaria potestate, aut de parte fisci nostri, aut qualiscumque persona de prædicta villa Madriolis, vel quicquid ad eam aspicit, ipsum abbatem et monachos in eodem monasterio consistentes in mietare, vel contra rationis ordinem aut columnia facere non præsumat; sed ab hodierna die rectore ipsius monasterii eam habeant, teneant atque pos ideant : quatinus melius delectet jam dictum abba em vel ipsos monachos pro nobis uxoreque nostra t filiis, necnon pro stabilitate regni nostri Domini misericordiam attentius deprecari. Et huc hæc a ctoritas firma habeatur, vel nostris et futuris te poribus melius conservetur, manu propria subter ea decrevimus roborare, et de anulo nostro jussimus igillari.

Signum Caroli gloriosissimi regis.

Wigbaldus ad vicem Radonis recognovi.

Data Non. Novembris, anno nono decimo t tertio decimo regni nostri. Actum Warmasia pa atio, in Dei nomine feliciter.

LII.

Præceptum Karoli regis de venatione sil arum (anno 788).

(Ex Mabill., de Re diplom.)

Karolus Dei gratia rex Francorum et L ngobardorum ac patricius Romanorum. Quicquid nim ad loca sanctorum venerabilium pro oportuni ate servorum Dei concedimus vel confirmamus, h c nobis proculdubio ad æternam beatitudinem ertinere confidimus. Igitur notum sit omnium fide ium nostrorum magnitudini, præsentium scilicet et futurorum, qualiter concessimus Autlando bati et monachis ex monasterio [a] Sithiu, quod st constructum in honore Dei omnipotentis et sa cti Petri principis apostolorum vel ceterorum san torum, ubi sancti Audomarus atque Bertinus Ch sti confessores corpore requiescunt, ut ex nost a indulgentia in eorum propriis silvis licentiam aberent eorum homines venationem exercere, unde fratres consolationem habere possint, tam ad olumina librorum tegenda, quamque et manicias et d zonas faciendas, salvas forestes nostras, quas ad opus nostrum constitutas habemus. Propterea pr sentem auctoritatem fieri jussimus, per quam omn o præ-

---

[a] Caroli Magni principatu varia cœnobio Sithiensi prædia concessa sunt, in quibus memoranda Deodati clerici donatio. Quippe « Odlando abbati Deodatus clericus concedit res suas sitas in locis in Sanctum, et in Ascio super fluvio Witbaci, et in Fresinnio super fluvio Capruino, et Hildwalcurt, et in Lonasto super fluvio Albumfontana in pago Terwaninse, nimirum fabricaturas ecclesiarum auro argentoque, drappalia diversæ faciei, speciei, libros diversos, etc., ea ratione, ut res cunctæ comprehensæ ad opus monachorum in monasterio Sithiu degentium vestimenta comparentur, id est drappos ad kamisias ultromarinas, quæ vulgo berniscrist vocitantur. Actum Sanctis publice. Datum mense Augusto, die III, anno XXXII regni domni nostri Karoli gloriosissimi regis. Gunabertus diaconus scripsit. » — Odlandum abbatem Sithiensem excepit Nantharius, eo nomine secundus, cui Erlharius vendit mansum unum in loco nuncupante Fletrino, in pago Isserctio. Venditionis charta sic incipit : « Domino venerabili in Christo Patri Nanthario abbati de monasterio Sithiu, sive de cella quæ dicitur Bebrona, ubi Ebrogerus præpositus esse videtur..... Actum Bebrona in mense Octobrio, anno XXXVIII regnante Karolo rege, anno VI

imperii ipsius. » Eidem Nanthario abbati bdrudis vidua tradit omnem rem suæ proprietatis in loco nuncupante Gisna sive Totingetune, in pa o Bononiensi, super fluvium Wasconigawalla, « pro qua donatione, inquit, et vestra pietate expetiv a vobis terram aliquam monasterii vestri in loco nu cupante Æcloum in ipso pago Bononiensi, ea ratione ut ipsas terras ego et tres infantes mei, bis nominib s, Hildberta, Nidlebus et Erpsuid, dum advivi us, per vestro beneficio ad usumfructum possider debeamus. Unde quoque pro eodem usu annis si gulis ad festivitatem sancti Audomari Kal. Novemb is pensas II de formaticis transsolvere debeamus et non habeam pontificium ipsas res alienare. Act m Gisna villa publice, quando fecit mensis October dies XI, anno XL regni, et VIII imperii domni nost i Karoli imperatoris. Signum Wendelgeri centenarii . Gumbertus sacerdos scripsit. » Is ipse forsan Gu bertus monachus, cujus pater Goibertus, mater E rtruda, quæ concessit monasterio Sithiensi mon sterium quoddam; quod ipse Goibertus in propri ate sua in honorem Salvatoris nostri construxerat, nomine Benetlant.

cipimus atque demandamus, ut neque vos, neque juniores vestri seu successores, memorato viro venerabili Audlando abbati, aut successoribus suis, seu hominibus eorum, pro hac causa inquietare, aut calumniam generare : aut aliquid pro hoc requirere ab eis, aut exactare, nec omnino contradicere præsumatis : nisi liceat eorum hominibus ut supra diximus ex nostra indulgentia in eorum proprias silvas venationem exercere. Et ut hæc auctoritas firmior habeatur, et per tempora melius conservetur, de anulo nostro subtersigillari jussimus.

Signum domni Karoli gloriosissimi regis.

Data vii Kal. Aprilis, anno xx regni nostri. Actum in supradicto loco Sithiu, in atrio sancti Bertini in Dei nomine feliciter. Amen.

LIII.
Caroli Magni præceptum de bonis a Hrodhardo comite monasterio Dionysiano venditis, quæ bona eidem loco rex confirmat (anno 790).

(Ex Mabill., ibid.)

Carolus gratia Dei rex Francorum et Langobardorum ac patricius Romanorum. Notum esse universis nostris credimus fidelibus qualiter tempore genitoris nostri bonæ memoriæ Pippini quondam regis, seu et avunculi nostri Carolomanni, res aliquæ in ducatu Alamanniæ fisci ditionibus redactæ fuerunt, quas modo diversi homines quasi jure proprio possidebant injuste, et aliquis exinde jam per venditiones, donationes, seu diversos quoslibet modos habebant dispersas : ex quibus Hrodhardus comis quondam ab Hunnido seu ab aliis hominibus per cartas vinditionis exinde res aliquas visus fuit comparasse quæ ponuntur in pago Brisigavia, in loca nuncupantes Binuzluim, sive et Romaningahoba, vel in ceteris locis, cum eorum adjacentiis et appendiciis, quæ partibus sancti Dionysii martyris, ubi ejus preciosum corpus requiescit, inlicito ordine visus fuit vendidisse, vel delegasse : unde Mainarius abba per suos vuadios legibus nobis visus est revestisse. Sed nobis considerantibus ob amorem Dei et reverentiam sancti Dionysii, pro mercedis augmentum et animæ nostræ remedium seu stabilitatem regni nostri deinceps per nostrum præceptum præfatas res ad ipsa casa Dei promptissimo animo et voluntate benigna concedere ac delegare decrevimus. Propterea hoc nostræ firmitatis præceptum jussimus conscribi, ut memoratas res cum omni integritate, cum terris, domibus, ædificiis, mancipiis, vineis, silvis vel cunctis ibidem adjacentiis, vel appendiciis in quibuslibet locis, sicut antea ipsa casa Dei visa fuit possedere, ita et deinceps per nostrum præceptum plenius in Dei nomine confirmatum, et ab ac die præfatæ basilicæ sancti Dionysii habeat teneat atque possedeat, et in nostra ælemosyna ibidem omni tempore in augmentis proficere. Et ut hæc auctoritas firmior habeatur, vel per tempora melius conservetur, manu propria firmavimus, et de anulo nostro sigillare jussimus.

ª Et hic deest epocha regni Langobardici. Actum est alias de Copsistanio seu Copsistanio palatio, quod in suburbio Moguntiæ ponitur.

Signum Caroli gloriosissimi regis

Erkembaldus ad vicem Radonis subscripsi.

ª Data pridie Kal. Septemb. anno xxii regnum domni nostri Caroli excellentissimi regis. Actum Copsistaino in Dei nomine feliciter.

LIV.
Præceptum Caroli Magni pro Massiliensi sancti Victoris monasterio (anno 790).

(Ex dom. Bouq., *Recueil des Hist. de Fr.*)

Carolus gratia Dei rex Francorum et Langobardorum ac patricius Romanorum. Maximum regni nostri in hoc augere credimus munimentum, si petitionibus sacerdotum vel servorum Dei, in quo nostris auribus fuerint prolatæ, liberiori animo obtemperamus, atque in Dei nomine ad effectum perducimus. Quapropter notum sit omnium fidelium nostrorum magnitudini, qualiter nos ob honorem Domini ad monasterium Massiliense, quod est in honore B. semperque virginis Mariæ, vel sancti Victoris martyris, tale beneficium visi sumus concessisse, ut in villis vel rebus in quibuslibet locis quæ donorum omnium largitate ibidem largitæ vel delegatæ fuerint, vel inantea a Deo [Deum] timentibus hominibus ibidem datum vel traditum fuerit, quicquid ibidem juste ac rationabiliter pertinere videtur, nullus judex publicus ad causam audiendum, vel freda exigenda, seu mansiones vel paratas faciendum, nec homines ipsius Ecclesiæ distringendum, atque fidejussores tollendum, nec ullas redhibitiones publicas requirendum, ibidem quoquo tempore ingredere, nec exactare penitus non præsumat, sed sub emunitatis nomine deberent consistere. Propterea, hanc præceptionem auctoritatis nostræ conscribere jussimus, per quam specialiter decernimus et ordinamus ut nullus quislibet de veteribus nec junioribus viris amodo et deinceps in villis vel rebus præfatæ Ecclesiæ infra regna, Christo propitio, nostra ad causas audiendum, vel freda exigendum, vel mansiones vel paratas faciendum, aut homines ipsius Ecclesiæ distringendum, vel fidejussores tollendum, nec ullas redhibutiones publicas requirendum ibidem, ut diximus, ullo umquam tempore ingredere, nec exactare penitus non præsumant : sed sub emunitatis nomine liceat illis, qui nunc tempore ibidem rectores esse videntur, suique successores cum omnibus fredis concessis quiete vivere et residere, et quicquid ibidem nunc ad præsens juste et rationabiliter pertinet, vel inantea a Deum timentibus hominibus ad ipsa loca traditum vel delegatum fuerit, ex nostra caritate ibidem proficiat in augmentis, quatinus melius delectet ipsam congregationem pro nobis vel stabilitate regni nostri Domini misericordiam attentius exorare. Et huc hæc præceptio nostris et futuris temporibus melius conservetur, manu propria decrevimus roborare, et de anulo nostro infra sigillare præcepimus.

Signum Caroli gloriosissimi regis.

Data in [a] mense Martio, anno xxii et xvii regni domni Caroli. Actum [b] Quamarcia civitate.

LV.

Præceptum Caroli Magni regis pro Turonensi sancti Martini monasterio (anno 790).

(Ex D. Bouquet, ibid.)

Carolus gratia Dei rex Francorum et Langobardorum ac patricius Romanorum. Notum esse universis nostris credimus fidelibus, qualiter tempore genitoris nostri bonæ memoriæ Pippini quondam regis, seu et avunculi nostri Karlomanni res aliquæ in ducatu Alamanniæ fisci ditionibus redactæ fuerint, quas modo diversi homines, quasi jure proprio possidebant injuste, et aliquas exinde jam per venditiones, donationes, seu diversos quoslibet modos habebant dispersas, ex quibus Fulridus quondam alamannus per cartam vinditionis partibus basilicæ S. Martini, quo pretiosum requiescit corpus, aliquam rem in Stamaconstat in Brisigavia, illicito ordine delegavit. Unde Itherius abba per suos vadios legibus nobis visus est revestisse. Sed nobis considerantibus ob amorem Dei et reverentiam sancti Martini per mercedis augmentum, et animæ nostræ remedium, seu stabilitatem regni nostri, deinceps per nostrum præceptum præfatam rem ad ipsam casam Dei promptissimo animo ac voluntate benigna concedere ac delegare decrevimus. Propterea hoc nostræ firmitatis præceptum jussimus conscribi, ut memoratam rem cum omni integritate, cum ecclesia, terris, domibus, ædificiis, mancipiis, vineis, sylvis, vel cunctis ibidem adjacentiis et appendiciis, in quibuslibet locis, sicut antea ipsa casa Dei visa fuit possedisse: ita et deinceps per nostrum præceptum plenius in Dei nomine confirmatum ab hac die pa s præfatæ basilicæ sancti Martini habeat, teneat atque possideat, et in nostra eleemosyna ibidem omni tempore in augm ntis proficiat. Et huc hæc auctoritas firmior hab atur, vel per tempora melius conservetur, manu pr pria firmavimus, et de anulo nostro sigillare jussi us.

Signum Caroli gloriosissimi regis.

Ercambaldus ad vicem Radoni.

Data ii calendas Septembris, anno xxii omni Caroli excellentissimi regis. Actum Copsistai o, in Dei nomine feliciter. Amen.

LVI.

Caroli Magni præceptum, quo Aniani abba s rogatu monasteria sancti Joannis et sancti Laurent i in suam tuitionem suscipit, et villam Caunas eidei attribuit (anno 793).

(Ex Mabillon., de Re diplomatica.)

Carolus gratia Dei rex Francorum et Lar gobardorum, ac patricius Romanorum, omnibu fidelibus nostris præsentibus et futuris. Rectum e t regalis potestas illis tuitionem impertiat, quorum ecessitas comprobatur. Idcirco cognuscat magnitud seu utilitas vestra, quia vir venerabilis [c] Anianu abba ex monastheria sancti Johannis et sancti Laur nti, quod sunt constructi in locis nuncupantibus Ext rio [vulgo Citou] et Olibegio, nostro synedali concilii veniens una cum monachis suis, et in nostro mu ndeburde cum omnibus rebus vel hominibus monast erii sui, quas moderno tempore videtur possidere, e plenius commendavit, et nos sub nostram tuitione eum et monachis suis cum omnibus rebus atque ominibus suis recepimus ac retinemus, quatenus d ebus vitæ suæ sub nostram tuitionem valeant quieti ivere vel residere. Propterea has litteras nostros pr firmitatis studium eis dedimus, per quas omnino ju emus ut nullus quislibet de vobis neque de juniori us vestris

---

[a] Ab hoc mense desumendum est initium regni Caroli in Italia. Et hæc est prior regni ejus epocha; posterior a mense Maio proficiscitur. Priorem epocham confirmat concilium Forojuliense, quod S. Paulinus celebravit anno 796, *anno felicissimo principatus eorum* (Caroli nempe ac Pippini Italiæ regis) xxiii *et* xv, ut initio ejusdem concilii legitur. Hoc itaque anno mense Aprili annum regni sui Italici 23 jam auspicatus erat Carolus, qui annum tantum 22 numerasset, si posteriorem epocham adhibuisset. Igitur cum, teste Anastasio, Carolus ante captam Papiam diversas civitates subegerit, a parte Longobardiæ devicta sese regem vocare cœpit.

[b] Corrig. *Wormacia*, in qua civitate Carolus solemnitatem paschalem egit hoc anno 790.

[c] Anianus seu Anianus abbas, in hoc diplomate laudatus, is est quem celebrat Theodulfus Aurelianorum episcopus in carmine ad Benedictum Anianensem abbatem. Quæ hic memorantur monasteria duo ab eodem Anniano constructa, alterum sancti Joannis *in Extorio*, alterum sancti Laurentii *in Olibegio* sita, sæpius recurrunt in his actis. Monasterium Montis Olivi, quod Caunensi vicinum est, per id tempus dicebatur *sancti Johannis Baptistæ in castro Mallasti*, ex actis ejusdem loci inferius referendis. At diversum videtur ab illo Anniani: cujus alterum sancti Laurentii nomine insignitum, nunc vocatur sancti Anniani, vulgo *Saint-Chinion*, sancto Anniano confessori primitus sacrum, ex diplomate Ludovici et Lotharii imperatorum. Caunense situm est inter hoc monasterium et aliud mox dictum Montis-Olivi, *de Mont-Oliou*, in diœcesi arcassonensi. Daniel Caunensis abb s Cannas sul jecit Anniano abbati, testante præcepto Caroli Ca vi postea edendo. De monasterio sancti Laurenti consule Baluzianas notas ad Capitularia, et ad co cilia provinciæ Narbonensis. Redeo ad monasteri m sancti Joannis, quod *sancti Johannis Exæquaurien* is dicitur in alio autographo Caunensi inedito; q o limites villæ et cænobii Caunensis jussu Magna ii comitis designantur « anno xxxiiii regnante dom o nostro Carolo rege Francorum et Langobardorun et patricio Romanorum, » id est anno Christi 80 , ubi agitur de Anniano abbate hic memorato, qui cum monachis suis deserviebat a sancti Joha nis Exæquauriensis vel sancti Petri et Pauli m nasteriis, quæ ædificavit supra dicius Anianus cum fratribus suis supra ribo Argentodublo in villa aunense, quæ ab antiquo dicebatur Bufintis, quam erdonabit rex Carolus ad ipso abbate cum fratrib s su s. » Unde lis oria erat inter Magnarium comit m et Annianum abbatem de finibus disterminandis. Cæterum in superiori diplomate observanda est fori ula, qua Carolus Magnus confirmat donationem vil æ Caunarum, Anniano a Milone factam. « Similite concessimus ei villa Caonas, sicut Milo ad suum mo asterium per suas litteras delegavit. » Frequentes unt ejusmodi formulæ in litteris confirmatoris re um, ut in præcepto Ludovici Balbi pro ecclesia N vernensi, quasi rex tunc primum rem concederet, c jus donationem confirmabat.

prædicto Aniano abbati seu monachis suis, nec rebus vel hominibus illorum contangere nec inquietare; aut contra rationis ordinem calumniam generare non præsumatis, nisi (ut diximus) cum omnibus rebus vel hominibus illorum sub nostram tuitionem valeant quieti vivere, vel residere. Similiter concessimus ei villa Caonas, sicuti Milo ad suum monastherium per suas litteras delegavit, cum omnibus appendiciis suis, quatenus melius delectet ipsis servis Dei pro nobis vel stabilitatem regni nostri Domini misericordia exorare. Et si aliquas causas adversus eos vel hominibus illorum surrexerint aut ortas fuerint, quas in provintia absque illorum gravi dispendio diffinire non potueritis, usque in nostra præsentia reserventur, quatenus ante nos secundum legis ordinem accipiant finitivam sententiam. Et ut hæc auctoritas firmior habeatur, vel a fidelibus nostris melius conservetur, de anulo nostro subter sigillare jussimus.

Widolaicus ad vicem Radonis recognovi et subscripsi.

Data tertio decimo Kalendas Augustas anno xxvi et xx regni nostri. Actum Franconofurd palatio in Dei nomine feliciter.

LVI bis.

Præceptum Caroli Magni de omnibus rebus ecclesiæ Cenomannicæ. (anno 796).

(Ex D. Bouquet, *Recueil des Hist.*)

In [a] nomine Patris, et Filii et Spiritus sancti, Carolus gratia Dei rex Francorum et Longobardorum ac patricius Romanorum. Si sacerdotum ac servorum Dei petitiones, quas nobis pro suis necessitatibus innotuerint, ad effectum perducimus, non solum legalem consuetudinem exercemus, verum etiam ad beatitudinem æternæ retributionis talia nobis facta profutura confidimus. Igitur omnibus episcopis, abbatibus, ducibus, comitibus, vicedominis, vicariis, centenariis, actionariis, missis nostris discurrentibus, sive cunctis fidelibus sanctæ Dei Ecclesiæ et nostris, præsentibus atque futuris, notum esse volumus quia vir venerabilis Franco, Cenomannicæ urbis episcopus, adiens Serenitatem nostram, suppliciter deprecatus e t ut ei præceptum de omnibus rebus ecclesiæ sibi commissæ facere præcepissemus: et nominatim cellulas vel vicos seu villas, quas sub sua, sive canonicorum, vel vassalorum suorum ac aliorum sibi vel ecclesiæ suæ devote famulantium, tam liberorum quam et servorum, potestate vel dominatione præsenti tempore habere noscitur, ut futuris temporibus ipse, sive ejus successores, sub jure et dominatione, prædictæ Cenomannicæ ecclesiæ, firmius, nostra fulti auctoritate, et absque ulla pulsatione vel contrarietate habere vel regere mereretur. Cujus petitioni libenter assensum præbuimus, et nominatim cellulas vel villas sive vicos in hoc præcepto, sicut deprecatus est inserere jussimus, id est cellulam sancti Vincentii cum omnibus ad se pertinentibus, et cellulam sancti Albini, seu cellulam sancti Audoeni, et cellulam san-

[a] Insolita invocatio ac omnino resecanda.

cti Rigomeri, et cellulam sancti Almiri, et cellulam sancti Ulfacii, et cellulam sancti Baomadi, hæc omnia cum omnibus ad se pertinentibus, cum vicis canonicis quatuor, id est Salica, et Montiniacum, et Flaciacum, et Oxellum, cum villis duodecim, et aliis villulis ad eas pertinentibus, sicut in plenariis jam dictæ ecclesiæ continetur, id est Rupiacum, Cavania, Culturas, Balian, Aloncion, Colonicam vetus vicum, et Celsiacum vicum canonicum, et villam sancti Gervasii, Aloniacum, Asinarias, Vodebris, Callemarcium, sive alias villulas, quarum nomina in promptu non recordantur. Hæc autem omnia cum omnibus ad se pertinentibus, cum omni integritate, sub emunitatis tuitione nostro præcepto inserere jussimus. Alterum enim prædicto episcopo, vel suis canonicis præceptum olim facere jussimus de monasteriis vel cellulis, sive vicis atque villis, quas nostri fideles nostra largitione habere noscuntur; ibi nominatim eas in nostro præcepto scribere præcipissemus, sub legitimo censu, et nonas et decimas persolvendas, seu restaurationes ecclesiæ faciendas; quæ omnia jubemus atque præcipimus ut a nostris fidelibus ita conserventur, sicut in ipso præcepto sunt inserta: de quibus prædictam ecclesiam et jam dictum pontificem, quandocunque Dominus posse et locum dederit, consolari et augmentari cupimus. Præsentaliter vero hoc concedimus, ut quando quisque de illis qui sæpe dictæ ecclesiæ beneficia nostra largitione habent, de hoc sæculo, infantibus masculis non natis, vel nobis non commendatis, migraverint; jam dictus pontifex, vel sui successores, sive eorum ministri atque canonici, in potestatem et dominationem præfixæ ecclesiæ absque ullius consignatione revocare faciant. Et quandocunque locus evenerit jam dicta beneficia cum nostris fidelibus, qui ea nostro beneficio habent, commutare, volumus ea præfatæ ecclesiæ reddere, ut ipsius ecclesiæ pontificibus, vel sacerdotibus, sive Dei servis, pro nobis vel omni populo nobis a Deo commisso, sive pro stabilitate regni et pace totius populi, melius exorare delectetur.

Insuper detulit nobis immunitates prædecessorum nostrorum, regum scilicet Francorum, in quibus continebatur quomodo prædictam sedem, una cum rebus omnibus vel hominibus ibidem aspicientibus, propter amorem Dei et reverentiam sanctorum, quorum reliquiæ ibi venerantur, sub plenissima semper defensione et immunitatis tuitione habuissent. Pro firmitatis ergo studio petiit prædictus pontifex ut circa ipsum sanctum locum denuo pro mercedis nostræ augmento concedere et confirmare deberemus. Cujus petitionem pro divino amore renuere noluimus; sed in omnibus et præsentes et futuri fideles sanctæ Dei Ecclesiæ et nostri ita concessum atque perpetualiter a nobis confirmatum esse cognoscant. Præcipientes ergo jubemus ut nullus judex publicus, neque quislibet ex judiciaria potestate, nec aliquis ex fidelibus nostris in ecclesias aut loca, vel agros, seu reliquas possessiones memoratæ ecclesiæ, quas moderno tempore in quibuslibet pagis et territoriis infra ditionem regni nostri juste habere ac possidere cognoscitur, quæque etiam deinceps in jure ipsius sancti loci divina voluerit pietas augeri, nemo ad causas audiendas, vel inferendas requirendas, aut tributa vel freda exigenda, aut mansiones vel paratas faciendas, aut teloneum exigendum, nec fidejussores tollendos, aut homines ipsius ecclesiæ, tam ingenuos quam et servos, qui super terram ejusdem residere videntur, injuste distringendos, nec ullas redhibitiones aut inlicitas occasiones requirendas, ullo umquam tempore ingredi audeat, vel exactare prædicta ex ipsis rebus quodam in loco præsumat : et quidquid ex rebus jam dictæ ecclesiæ fiscus sperare poterat, totum nos memoratæ ecclesiæ concedimus. Insuper et illud in hoc præcepto inserere jussimus, ut nullus judex, aut comes, aut aliquis liber homo, aut quælibet persona prædictæ ecclesiæ ministros, vel advocatos in mallo publico accusare præsumat, sed prius conveniat ministros rerum, et judices villarum atque hominum a quibus læsus est, ut ab eis familiarem et justam accipiat justitiam ; quam si accipere non voluerit, tunc conveniat episcopum jam dictæ ecclesiæ, ut ab ipso suam justitiam familiarem et bonam atque justam accipiat. Et si ab ipso episcopo, neque a suis ministris suam justitiam accipere nequiverit, postmodum licentiam habeat ut in mallo publico suas querelas juste et rationabiliter atque legaliter quærat. Sed si antea quam prædicta fecerit, jam dictæ sedis ecclesiæ episcopum et suos ministros vel advocatos accusare aut pulsare præsumpserit : quia nostram jussionem atque nostrum indictum et præceptum contempsit, sive prævaricavit, bannum nostrum ex hoc nobis componat, et prædictæ ecclesiæ episcopo vel suis ministris c sol. argenti componat, et suam justitiam postmodum absque lege aut aliqua compositione recipiat. Prædictas enim causas memoratæ ecclesiæ pontificibusque atque Dei servis inibi Domino famulantibus pro Dei amore et reverentia sanctorum concessimus, concessumque futuris temporibus esse volumus, sicut a nostris antecessoribus, regibus videlicet Francorum, suis prædecessoribus factum esse scrutando cognovimus : quatenus supra memorato pontifici suisque successoribus, una cum servis Dei inibi Deo famulantibus, pro nobis atque pro stabilitate regni totius a Deo nobis concessi atque conservandi, cum clero populoque sibi subjecto Domini misericordiam exorare delectetur. Et ut hæc præcepti nostri auctoritas firmior habeatur, et per futura tempora conservetur, manu propria subter firmavimus, et impressione nostri annuli subter eam roborari decrevimus.

Signum Caroli gloriosissimi regis.

Genesius ad vicem Erchembaldi recognov et subs. Datum in mense Decembrio XVI Kalend. anuarii, anno regni nostri XXIX.

Actum Grani-Aquis palatio nostro, in De nomine feliciter. Amen.

LVII.

Charta Ghiselæ, Caroli Magni sororis, qua onasterio *Dionysiano multa confert prædia quæ a* arentibus *acceperat (anno* 798).

(Ex Mabillon., de Re diplom.)

. . . .

. . . .

beatorum martyrum Dionysii, ubi ipse preci sus corpore quiescit cum suis sanctis sociis, de eo um prædio et facultates ipse locus sanctus ditatus et bene fundatus fuit, et est, et concedente Domin erit in perpetuum ; ita nunc in Dei nomine De sacrata Christique semper devota Ghysela nobilissi a regis filia Pippini, et Bertradanæ reginæ olim , pro Dei intuitu et desiderio cœlestis regni et ani æ meæ remedio, donamus ad ipsum sanctum locu , donatumque præsentaliter esse volumus, sicut nim admonet nos sancta scriptura ut homo du vivit in corpore, cogitet de æternitate vitæ, ut de tr nsitoria meretur æterna , Domino dicente in E\ ngelio : *Facite vobis thesauros in cœlo quæ non de iunt, et de iniquo mammona comparate vobis æterna abernacula*, juxta sententiam beati doctoris Augus ini, ubi ait : « Perit mundus et ea quæ in mundo sunt. » Illud vero numquam perit , quod in eccles is vel in pauperibus erogatur, sed unicuique quod ad ternam beatitudinem pro justitia reputatur. Ideo ob ejus amorem donamus ad ipsum sanctum locum uperius denominatum, ubi præsenti tempore Fardul us abba cum norma plurima monachorum conversar , regere vel gubernare videtur : villa nostra nuncup nte Putialis in pago [a] Adratinse , cum illas eccle ias quæ sunt constructæ in honore sancti Vedasti , et ceterorum sanctorum cum appendiciis suis , id sunt Gunbodecurte, seu Postonevillare, vel Berti ocurte, necnon et in Linarias , seu et in Hodricio in jam dicio pago Adratinse ; et in Magrastovillá in pago Vermandinse ; Frisinnecurte seu et Agnon curte in pago Ambianense ; Vvalliu in pago Cama acinse ; ipsa loca superius prænotata cum omni in egritate vel soliditate earum, id est una cum terris, mansis, domibus, superpositis, ædificiis, præsidiis, m nciplis, inquilinis, accolabus, libertis, servis tam ib demque oriundis, quam et aliunde translatis, campi , pratis, pascuis, aquis, aquarumve decursibus, mob libus et immobilibus, grægis cum pastoribus, perviis, publicis psaltis atquæ subjunctis, vel omnique præsi ium et universum meritum , et ad prædicta loca uperius archiepiscopi, ubi Ludovicum juniorem *nobi ssimum* d cit. Confer diploma Caroli Magni proxime equens, datum ad confirmandam Giselæ sororis suæ onationem. Cum lego hac in charta locum ex Au ustino, videre mihi videor Gisalam illam , in cujus gratiam Alcuinus Augustini commentarios super Eva igelium Joannis in compendium redegit.

---

[a] Adratensis pagus hic est Atrabatensis, ut notavi ad Vitam sancti Leodegarii in sæculo secundo Benedictino. Adverte hic titulum *nobilissimi*, quem sibi unum tribuunt regii liberi. Nec mirum, quando ipsi reges, imo et imperatores, hoc nomine olim gloriati sunt. Lege Gabrielis Trivorii observationem apologeticam, capite 10, et chartam Sansonis Rhemensis

nominata aspicere vel pertinere videntur, et præsenti tempore ibidem possedeo, quicquid infra terminos aut extra terminos, tam de alode aut de comparato vel de qualibet adtracto ad me legibus obvenit, a die præsente ac præfata casa Dei in alemoniis vel substantia monachorum ibidem habitantium Christo protegente proficiat in augmentum, et de jure meo in jure et dominatione ipsius basilicæ trado atque transfundo : ita ut ab ac die vos vel successores vestri habeatis, teneatis, possedeatis, vel quicquid exinde facere volueritis, liberam et firmissimam auxiliante Domino in omnibus habeatis potestatem. Et ut hæc donatio a me facta omni tempore firma et inconvulsa valeat perdurare.

Signum † Ghyselæ nobilissima filia Pippini regis, qui hanc donationem fieri rogavi.

Signum † Caroli nobilissimi filii domni Caroli regis præcellentissimi.

Signum † Pippini nobilissimi filii domni Caroli præcellentissimi regis.

Signum † Chlodoici nobilissimi filii domni Caroli præcellentissimi regis.

Wineradus Cancellarius jussus a prædictæ domnæ Ghyselæ scripsi et subscripsi.

Data Id. Jun. anno xxxi, et xxvi regnum domni nostri. Actum Aquis palatio in Dei nomine feliciter. Amen.

LVIII.

Diploma Caroli Magni donationes factas monasterio Dionysiano a Gisla sorore sua confirmantis (anno 799).

(Ex D. Bouquet, *Recueil des Hist.*)

Carolus Dei gratia rex Francorum et Longobardorum ac patricius Romanorum. Si ea, quæ a Deum timentibus hominibus parentibusque nostris ad loca sanctorum venerabilium largita vel condonata esse noscuntur, oraculis nostris confirmamus, hoc nobis proculdubio ad æternam beatitudinem et mercedis augmentum, seu stabilitatem regni nostri pertinere confidimus. Ideoque notum sit omnium fidelium nostrorum magnitudini, præsentium scilicet et futurorum, qualiter illustris Deo sacrata Gisla, dilectissima soror nostra, serenitati nostræ suggessit eo quod ipsa, inspirante divina potentia, aliquas res proprietatis suæ ad monasterium sanctorum martyrum Dionysii, Rustici et Eleutherii, ubi ipsi corpore requiescunt, et ubi præest venerabilis [a] Fulradus

[a] Jam obierat Fulradus ab anno 784 ; legendum *Fardulfus*, ut in superiori charta ipsius Gislæ donationes continente.
[b] in præcedenti charta, *Gundbodocurte seu Postonevillare, vel Bertinocurte.*
[c] Ibid. *Magastrovilla. . . . Frisionecurte seu et Agnonocurte.*
[d] Legendum, *Fardulfus.*
[e] Hoc diploma, quod anno Christi 798 concessum est, duo nos docet : primo Argubium situm, de quo Alcuinus in hymno de sancto Richario

Tu fundasti cœnobium
Loco prope Argubium :
Et aliud in Centulo,
Ambo perenni merito.

In observationibus ad Vitam sancti Richarii conjecabba, tam pro se quam etiam pro salute animarum videlicet domni ac genitoris nostri Pippini quondam gloriosissimi regis, et dominæ Bertradanæ genitricis nostræ plenissima deliberatione delegasset, et unde et ipsum testamentum donationis suæ nobis ostendit ad relegendum, ubi continebatur qualiter dedit ad ipsum locum villam nuncupatam Puciales, sitam in pago Adrapatensi, cum ecclesiis ibi constructis in honore sancti Vedasti vel aliorum sanctorum, vel omnibus appendiciis suis ad se pertinentibus infra pagum ipsum, [b] Gundbodocurte, Postinevillare, Berninocurte, et in Linarias seu et in Hodricio : in pago vero Vermandensi [c] Imnagrastuilla, et in pago Ambianensi Frisionecurte et Magnonecurte; necnon in pago Cameracensi loco qui dicitur Walin. Sed pro integra firmitate petiit a celsitudine nostra ut quicquid ipsa cum æquitatis ordine in supradictis locis ad præfatum monasterium sanctorum martyrum juste et rationabiliter delegavit, pro communi mercede, et pro æterna remuneratione nostris oraculis cedere et confirmare deberemus. Cujus petitionem pro divino intuitu denegare noluimus, sed in eleemosyna nostra ita nos quod perpetualiter mansurum esse volumus, ut inspecto ipso testamento donationis suæ, sicut inibi declaratur, deinceps per hanc nostram auctoritatem atque confirmationem supra scriptus vir venerabilis [d] Fulradus abba, suique in perpetuum successores, qui fuerint rectores per tempora ipsius sancti loci, jure firmissimo teneant atque possideant, quatinus in luminaribus ipsius ecclesiæ seu stipendia servorum Dei omnia, sicut supra diximus, perhenniter proficiant in augmentis. Et ut hæc auctoritas firmior habeatur, et per tempora melius conservetur, manu propria subter firmavimus, et annulo nostro signari jussimus.

Signum Caroli gloriosissimi regis.

Genesius ad vicem Ercanbaldi scripsit et recognovit.

Datum Idus Junii, anno xxxi et xxvi regni domni nostri Caroli. Actum Aquis palatio in Dei nomine feliciter. Amen.

LIX.

[e] *Caroli Magni diploma pro monasterio Centulensi (anno 798).*

(Ex Mabill., *Act. ord. S. Benedicti.*)

Carolus gratia Dei rex Francorum et Langobardorum ac patricius Romanorum. Quicquid enim ob ctaveram Argubium situm fuisse prope silvam Crisciacensem [de Cressi], in qua condita cella Forestensis. Conjecturam meam probat hoc diploma ubi legimus, quod sanctus Richarius in silva quæ vocatur Forestis, prope cisternam quæ est juxta locum nuncupante Argubium, in ipso pago Pontivo, sibi ad habitandum elegerit. At vero Forestense monasterium hactenus conspicitur non longe a dextra Someæ ripa, inter abbatisvillam et oppidum sancti Walarici. Alterum notabile est quod Carolus ad diploma hoc concedendum inductus sit Angilberti « servitio et meritis compellentibus. » Acceptis his litteris Forestense monasterium Centulensi subditum mansit per longum tempus : ibique collocati tum monachi, tum canonici, sub potestate abbatis Centulensis : donec procedente tempore denuo in abbatiæ titulum hæc

amorem Domini nostri Jesu Christi et opportunitate servorum Dei ad loca sanctorum benivola deliberatione cedimus vel confirmamus, hoc nobis ad augmentum mercedis seu stabilitatem regni nostri pertinere confidimus. Quapropter notum sit omnium fidelium nostrorum magnitudini, præsentium scilicet et futurorum, qualiter Anghilbertus venerabilis abbas ex monasterio Centulo, quod est constructum in honore Domini et Salvatoris nostri Jesu Christi, ejusque sanctæ genitricis semper virginis Mariæ et sancti Petri, ceterorumque omnium apostolorum et multorum Sanctorum, in quo etiam sanctus Richarius præclarissimus Christi confessor corpore requiescit, situm in pago Pontivo; ad notitiam serenitatis nostræ perduxit, eo quod ipse sanctus Richarius adhuc in præsenti sæculo vivens, in ipsa silva quæ vocatur Forestis, prope cisternam quæ est juxta locum nuncupante Argubium, in ipso pago Pontivo, sibi ad habitandum locum elegisset: et circa ipsam cisternam bina vel terna bunuaria [*Leg.* bunuariis, etc.] secundum ejus petitionem a regali dignitate accepta, satis vile tugurium amatores servorum Dei ei ad militandum omnipotenti Deo ædificare studuerunt, ibique divina vocatione ex hoc mundo ad Dominum migrasset. Et non post multum tempus fratres a præfato monasterio Centulo tulerunt sacrum ejus corpus, et sepelierunt illud cum magna reverentia in prædicto monasterio: per cujus merita, omnipotente Deo cooperante, in ipsa duo loca multa declarata sunt magnalia. Nam et sub unius abbatis dominio multis temporibus una fuisset Fratrum concors in Dei laudibus digna conversatio. Qua ex re petiit clementiam regni nostri, ut in amore Domini nostri Jesu Christi et sancti Richarii, ceterorumque sanctorum, pro augmento mercedis nostræ, ipsam cellam, in qua Deo sanctus Richarius militare studuit, per præceptum auctoritatis nostræ ad supra scriptum monasterium Centulum, ubi ejus sacrum requiescit corpus, plenissima deliberatione cedere et condonare deberemus. Cujus petitionem ejus servitio et meritis compellentibus denegare noluimus: sed pro honore et amore Domini et Salvatoris nostri Jesu Christi, vel pro æterna remuneratione ita concessisse et in omnibus confirmare cognoscite. Statuentes ergo jubemus, quod perpetualiter circa memoratum monasterium Centulum jure firmissimo mansurum esse volumus, ut supra scriptus Anghilbertus, suique in perpetuum successores, qui fuerint per tempora rectores ipsius monasterii, supradictam cellam Foreste cum omni ornatu ecclesiæ et omnibus rebus vel appendiciis seu adjacentiis suis, quicquid ad præsens juste et rationabiliter possidere videtur, aut inantea Domino tribuente ibidem additum vel delegatum cum justitia et æquitatis ordine fuerit; per hoc nostræ serenicella erecta est, quo in statu hactenus persistit, licet tenuissimi reditus sit, pauculis monachis ibi residentibus, corruentibus ædificiis. In descriptione censuum monasterii Centulensis ab Ilerico abbate facta: « In Foresti-cella habentur tres ecclesiæ, pritatis, concessionis, atque confirmationis præceptum teneant atque possideant: ita ut a modo et einceps laus Dei et concordia servorum Domini, pro mercede animæ nostræ, sub norma rectitudinis t unius abbatis nomine, nostris, Deo favente, fu urisque temporibus perenniter maneat inconvulsum; quatinus melius delectet ipsos servos Dei, qui ibidem Deo famulari videntur, pro nobis et liberis seu cuncta domu nostra et pro stabilitate regni nostri jugiter Domini misericordiam exorare. Et ut hæc auctoritas firmior habeatur, et diuturnis temporibus melius conservetur; manu propria subter roborare decrevimus, et de anulo nostro sigillari jussimus.

Signum Caroli gloriosissimi regis.

Eranbaldus relegi et subscripsi.

Data iii Kal. Maii anno xxviii et xxv regni nostri. Actum Aquis palatio publico, in Dei nomine feliciter. Amen

LX.

Diploma Caroli Magni quo Cellam novam confirmat monasterio Anianensi (anno 799).

(Ex D. Bouquet, *Recueil des Hist.*)

Karolus gratia Dei rex Francorum et Longobardorum ac patricius Romanorum, omnibus episcopis, abbatibus, ducibus, comitibus, vicariis, centenariis, seu cunctis fidelibus sanctæ Dei Ecclesiæ et nostris, præsentibus et futuris. Notum sit qualiter vir venerabilis Benedictus abba et monasterio sanctæ Dei genitricis semperque virginis Mariæ, quod est constructum in loco nuncupante Aniano, in pago cujus vocabulum est Magdalonense, serenitati nostræ suggessit eo quod ipse una cum monachis suis loca aliqua erema infra fiscum nostrum nuncupante Juviniacum, antiquo vero vocabulo vocatur Fonte-Agricolæ, nunc autem Novacella appellatur, quam ipsi proprio opere ædificaverunt; etiam et molina duo infra ipsius terminum fisci super fluvium Leto visi sunt construxisse, et inter mare et stagnum loco, qui vocatur Porcarias, una cum consensu comitum et ceterorum Christianorum ibi circumquaque habitantium de loca herema accepisset. Similiter in loco qui dicitur Asogrado cellam ædificasset, cum omni adjacentia sua: etiam et alia loca Comajacas et Caucino super fluvium Ararem, ubi dicitur Ad-Salices, ad pascua armentorum et alenda pecora, cum aliis usibus suis hactenus habeant. Et asserit se hæc omnia cum æquitatis ordine absque illius inlicita contrarietate possidere. Sed pro integra firmitate petiit Celsitudini nostræ ut quicquid nunc tempore ipse cum monachis suis juste et rationabiliter ad supra dicta loca habere dinoscitur, denuo per nostræ auctoritatis præceptum ei et monachis suis inibi sub sancta regula consistentibus plenissima deliberatione pro mercede animæ nostræ ad præfatum monasterium cedere et confirmare deberemus. Cujus petitionema sanctæ Mariæ, secunda sancti Petri, tertia sancti Richarii, ubi sunt altaria auro argentoque parata quinque, etc. Sunt ibi Canonici triginta, qui habent ad stipendia villas quatuor, » etc., in Chronici Centulensis lib. iii, cap. 5.

denegare noluimus, sed in elemosina nostra ita concessisse, et in omnibus confirmasse cognoscite. Præcipientes ergo jubemus ut neque vos, neque juniores successoresque memorato viro venerabili Benedicto abbati aut successoribus suis de supra dicta loca, undecumque ad præsens ipse et monachi sui cum æquitatis ordine ac juste et rationabiliter vestiti esse noscuntur, inquietare aut calumniam generare, nec aliquid exinde contra justitiam abstrahere aut minuare quoquo tempore præsumatis; sed per hanc nostram auctoritatem atque confirmationem habeant in elemosyna nostra omnique tempore concessum, ita ut eis melius delectet pro nobis et filiis ac filiabus nostris seu cuncta familia domus nostræ, et omni populo gentis nostræ attentius Domini misericordiam exorare. Et ut hæc auctoritas firmior habeatur, et diuturnis temporibus melius conservetur, manus nostræ signaculis subter eam decrevimus roborare, et de anulo nostro jussimus sigillare.

Signum Caroli gloriosissimi regis.

Data in mense Junio, anno XXXI et XXVI regni nostri. Actum Aquis palatio nostro, in Dei nomine feliciter. Amen.

LXI.
Præceptum Caroli Magni de immunitate monasterii Corrofensis [Charroux] *(anno 799).*

(Ex D. Bouquet, ibid.)

Carolus gratia Dei Francorum rex et Longobardorum et patricius Romanorum. Maximum regni nostri in hoc augeri credimus munimentum, si beneficia oportuna locis ecclesiarum benevola devotione concedimus, ac Domino protegente stabiliter perdurare conscribimus. Igitur notum sit omnibus fidelibus nostris, præsentibus scilicet et futuris, qualiter vir illustris Rotgerius comes fidelis noster ad nostram accessit clementiam, et monasterium proprietatis, quod ipse novo opere in honore Domini et Salvatoris nostri in loco nuncupato Karrofum super fluvium Karante in pago Pictavense construxit, cum omnibus rebus et ornamentis ecclesiæ, seu voluminibus librorum, et cum omnibus appenditiis suis vel adjacentiis, in manibus nostris plenissima deliberatione visus est delegare, ubi virum venerabilem David constituit abbatem. Idcirco ad ejus petitionem tale pro æterna retributione beneficium erga ipsum sanctum locum visi fuimus indulsisse, ut in ecclesiis et locis vel agris seu reliquis possessionibus ipsius monasterii, quas moderno tempore juste et rationabiliter possidere videtur, vel quod deinceps in jure ipsius sancti loci voluerit divina pietas ampliare, nullus judex publicus ad causas audiendum, vel freda undique exigendum quoque tempore [ingredi] non præsumat : sed hoc ipse abbas, vel successores sui, seu congregatio ipsius monasterii propter nomen Domini sub integræ emunitatis nomine valeant dominari. Statuentes ergo jubemus ut neque vos, neque juniores seu successoresque vestri, vel quislibet ex judiciaria potestate in ecclesiis vel locis vel agris seu reliquis possessionibus suprascripti monasterii nostri ad causas audiendum, vel freda undique exigendum, nec mansiones aut paratas faciendum, vel fidejussores tollendum, aut homines ipsius ecclesiæ distringendum, nec ullas redibitiones requirendum ullo umquam tempore ingredi aut exactare præsumatis. Sed quod nos propter nomen Domini et æterna remuneratione indulsimus ad jam præfatum monasterium, perennis temporibus proficiat in augmentum : quatenus avidius delectet ipsos servos Dei, qui ibidem Deo famulari videntur, pro nobis uxoreque ac liberis nostris attentius Domini misericordiam exorare. Et ut hæc præsensa uctoritas nostris et futuris temporibus inviolata perdurare valeat, manus nostræ signaculis eam decrevimus roborari, et de anulo nostro jussimus sigillari [a].

LXII.
[b] *Præceptum Caroli Magni pro monachis S. Martini Turonensis (anno 799).*

(Apud Martenium, tom. I Thes. Anecd. col. 13.)

Carolus gratia Dei rex Francorum et Longobardorum ac patricius Romanorum, omnibus episcopis, abbatibus, viris que illustribus, ducibus, comitibus, domesticis, grafionibus, vicariis, centenariis, junioribusque nostris, atque missis nostris discurrentibus, præsentibus videlicet et futuris. Decet etenim regalis clementiæ dignitatem, cuncta quæ a sacerdotibus rationabilia postulata fuerint, solerti cura prospicere, et opportuna vel congrua beneficia non denegare, circa anteriorum regum acta, plenius quæ pro Dei sunt intuitu concessa confirmare. Igitur venerabilis vir Alchuinus abbas de basilica peculiaris patroni nostri S. Martini, ubi ipse pretiosus domnus corpore requiescit, immunitates gloriosorum regum antecessorum nostrorum, manibus eorum roboratas, atque genitoris nostri Pipini bonæ memoriæ quondam regis, nobis protulit ad relegendas (ubi continebatur insertum), qualiter prædicti reges pro reverentia beatissimi S. Martini, de rebus ipsius sancti in regno, Deo propitio, nostro, Austria, Neustria et Burgundia, Aquitania, et Provincia, de omnibus rebus et facultate ipsius beatissimi Martini, quiete in regna superius scripta quibuscumque locis majoribus vel minoribus, tam quod per præceptiones vel indulgentias seu immunitates regum, vel a Christianis hominibus atque diversis contractibus, per quæcumque instrumenta cartarum ad præfatam casam S. Martini fuit conlatum, vel delegatum, aut adhuc inantea futuris temporibus addendum vel delegandum, confirmaverunt, ut sub emunitate nostra ipsæ res, vel ipsi homines S. Martini vivere debeant. Idcirco suprascriptus Alchuinus abba a serenitate regni nostri petiit ut in idipsum corroborandum, bonitatis beneficium crucis particulam tradidit, Corrofensi monasterio consignandam. Ita Mabillonius lib. XXVI Annal. Bened., num. 82.

---

[a] Hoc diploma notis chronologicis caret, at cum Carolus in eo se tantum regem ac patricium dicat, haud serius anno 799 datum videtur, et forte quidem Aq isgrani, dum Carolus Rotgerio comiti Dominicæ

[b] Forte ad an. 800 referendum hoc diploma.

largiri deberemus. Cujus nos petitioni consentientes, et patrocinia S. Martini venerantes, sicut prædecessores reges singulariter expleverunt, et nos hoc indulgentiæ donum grantanter præstitisse cognoscite. Præcipientes quippe ut omnes res ipsius beatissimi S. Martini quantumcumque in regno, Deo propitio, nostro, tam in villas et prædia majora vel modica, seu in omnes facultates beatissimi sancti Martini sub emunitatis titulum consistere debeant, ut aliquis judex publicus fisci nostri in jam dictas villas vel facultates ipsius sancti ad agendum, vel, causas audiendum, seu freda vel inferendas exactandum, vel teloneum tollendum, seu mansiones faciendum, nec fidejussores tollendum, nullum ingressum nec introitum in ipsas villas S. Martini habere præsumat; sed quidquid exinde ab antiquis temporibus fiscus noster tam præterito quam et præsenti tempore accipere vel exactare consueverat, omnia et omnibus ex fisco nostro cedimus, et in luminaribus ipsius S. Martini, vel alimenta pauperum, seu stipendia monachorum, proficiat in augmentum: Et nullam potestatem judex publicus fisci nostri super prædictas villas vel facultates sancti Martini per qualecumque ingenium ibidem habere se cognoscat ; sed ab omni fiscali potestate de prædictis rebus S. Martini semper extraneus sit atque remotus, ut nec aliquas umquam occasiones inquirere, unde dispendium ad homines S. Martini facere debeat, sit ausus præsumere ; sed inspectæ emunitates anteriorum regum vel præceptiones nostræ in omnibus conserventur. Et si quis fuerit comes vel domesticus, seu graffio, vicarius, vel tribunus, seu qualicumque judiciaria potestate succinctus, qui indulgentiam et bonitatem priorum ac posteriorum regum vel nostram præceptionem irrumpere aut violare præsumserit, sexcentorum solidorum usque ad finem auri cocti vel purissimi numerum, se cognoscat mulctandum contra ipsam casam S. Martini, et alia tertia pars in fisci nostri sacellum veniat : et non delectet quæ pro divino intuitu indulta sunt sacerdotibus, vel anteriorum regum emunitates vel nostras præceptiones ab impiis hominibus lacerari : sed undecumque ad præsens ipsa casa S. Martini vestita esse videtur, vel antea a quibuscumque Deum timentibus vel bonis hominibus datum vel collatum fuerit, sub emunitatis titulum resideat. Et quicumque ad ipsam casam Dei res eorum dare voluerint, ex nostra auctoritate habeant licentiam faciendi, et sub emunitatis titulum absque ulla fiscali potestate quieti resideant ; quidquid fiscus consuetudinem habuit recipiendi, in luminaribus ipsius S. Martini in nostra eleemosyna ad præsens intercisa computetur cum ipsa subsequentia ; tam et ipse abbas quam et successores sui omnes res ipsius S. Martini sub integra emunitate perpetualiter debeant habere et possidere. Et si ante actis temporibus per aliquam negligentiam vel tepiditatem abbatum, aut præsumtionem judicum, de ipsa emunitate quicquam minutum, irruptum, con-

[a] Delenda hæc invocatio.

visum aut confractum fuerit, omnimodis ipsis auctoritatibus nostris et beneficiis restaureur. Et ulterius ullus vestrum, ullusque juniorum vestrorum aut successorum, infringere aut violare quod consensimus non præsumat, sed sicut superius dictum est, cum plenissima emunitate in pace im Dei adjutorio vel nostra gratia valeant quæ s bi data fuerunt possidere. Et ut præceptio circa ipsa casam ac venerabilem ecclesiam S. Martini pro futuris temporibus valeat perdurare, manu propria ea subterfirmavimus, et annuli nostri impressione signavimus.

Signum Caroli gloriosissimi regis.

Actum castro Lauduno, in Dei nomine eliciter. Amen.

LXIII.

Præceptum Caroli Magni pro monasterio, Cormaricensi (anno 800).

[In nomine [a] Domini Dei nostri Jesu Christi] Carolus Dei gratia Francorum rex, patri jus Romanorum. Omnibus fidelibus sancti Martini, qui præsenti tempore Deo serviunt in loco s ncto ubi pretiosus confessor Christi corpore requiescit, vel etiam futuri sunt temporibus posteris, abbatibus, presbyteris, diaconibus, et omnibus ecclesiasticæ dignitatis gradibus, senioribus seu juniorib, æternam in Christi charitate salutem et prosperitatem. Notum sit fraternitati vestræ quod dilectus magister noster Albinus pia devotione postulavit nobis, ut licitum haberet monachos constituere in cella sancti Pauli quæ rustico nomine cormaricus dicitur, qui regulariter secundum sancti Benedicti statuta in ea viverent. Quem locum Iterius abba antecessor illius ex comparato adquisivit, et construxit, et tradidit sancto Martino. Nos vero tam piæ devotioni illius annuere ratum duximus, eamque literis l sigillo nominis nostri confirmari fecimus, ne ulla ost dies illius unquam disruptio fieri potuisset a quoquam successorum illius. Nam si divina parentibus nostris nobisque pietas potestatem contulit totius monasterii sancti Martini, rerumque illius facultates m dandi cui voluissemus, quanto magis nobis pot stas tribuendi ad Dei servitium perpetualiter pr dictum locum ? Nec fas est cuiquam regalis benignit tis spernere donationem vel confirmationem, maxime in tam pio et salubri præcepto. Idcirco omnino jubemus ut hæc donatio nostra et jussio rata et invio ta temporibus perpetuis permaneat ; nec locum il lum auferri volumus de potestate sancti Martini sed ut ibi pleniter sub regula sancti Benedicti vi ant degentes monachi, et habeant protectionem t subsidium ab abbatibus monasterii sancti Martin . Si hoc nostrum, quod absit, quisquam abbatum preverit præceptum temporibus posteris, sciat se ationem reddere præsumptionis ejus Domino no ro Jesu Christo in die magni adventus sui. Et similiter qui aliquid minuet de rebus quas beatæ memori Iterius abba, acquisivit, comparavit, aut de reb s sancti Martini quas ecclesiæ sancti Pauli tradid t, vel si quid idem abbas Albinus, ad cujus petitionem hanc confirmationem scribi fecimus, addiderit, vel si quislibet inantea addere voluerit in eleemosynam animæ suæ, recto ordine perpetualiter serviat fratribus illius loci. Quicumque legerit hanc chartulam, sub timore Dei hanc rationabilem scripturam diligenter conservare studeat, ut habeat gratiam Domini nostri Jesu Christi in æternum. Et ut firmius esset hoc nostrum præceptum, manu propria subter roborare decrevimus, et de annulo nostro sigillari jussimus.

Signum Caroli gloriosissimi regis.

Data III nonas Junii, anno XXXII et XXVII regni nostri. Actum Turonis civitate in monasterio sancti Martini, ubi ipse corpore requiescit feliciter.

LXIV.

Præceptum Caroli Magni pro monasterio Cormaricensi (anno 800).

(Ex D. Bouquet, *Recueil des Hist.*)

Karolus gratia Dei rex Francorum et Longobardorum ac patricius Romanorum. Omnibus episcopis, comitibus, domesticis, vicariis, centenariis seu reliquis fidelibus nostris, præsentibus et futuris, notum sit quia petitione dilectissimi fidelis nostri Albini venerabilis monasterii sancti Martini, ubi ipse pretiosus corpore requiescit, abbatis, taliter concessimus, ut monachi qui sub regula sancti Benedicti conversari videntur, in monasterio, quod est constructum in honore sancti Pauli apostoli; in loco qui dicitur Cormaricus, licentiam haberent naves duas per Ligerim fluvium et Meduanam sive Sartam et Ledum vel Vigennam Viennam huc illucque pro necessitatibus dirigendi, ut nullum theloneum neque de sale nec de ullis quibuslibet rebus in ullo omnino loco ipsi aut homines eorum solvere aut dare debeant. Propterea præsentem auctoritatem fieri jussimus, per quam perpetualiter jubemus ut neque nos neque juniores seu successores nostri memorato viro venerabili Albino abbati aut successoribus suis sive monachis aut hominibus eorum de suprascripto monasterio sancti Pauli pro ipsis navibus inquietare, aut calumniam generare, nec teloneum aut ripaticum ab eis nec salutaticum nec portaticum nec ullas redhibitiones requirere aut exactare ullo modo præsumant : sed ad illum sanctum locum Cormaricum et ad fratres ipsos in eleemosyna nostra nostris futurisque temporibus perpetualiter proficiat in augmentum. Et ut hæc auctoritas firmior habeatur, et per tempora melius conservetur, de annulo nostro subter sigillare jussimus.

Genesius ad vicem Hercamboldi.

Data III Nonas Junii, anno XXXII et XXVII regni nostri.

Actum Turonis in monasterio sancti Martini.

LXV.

Præceptum Caroli Magni pro Aurelianensi sancti Aniani monasterio (anno 800).

(Ex D. Bouquet, ibid.)

Karolus gratia Dei rex Francorum et Longobardorum ac patricius Romanorum. Comperiat omnium fidelium solertia quia Fulco abbas monasterii sancti Aniani postulabat, ut stipendia et res præfati monasterii canonicis attributas auctoritatis præcepto ipsis canonicis perpetuo possidendas et ordinandas confirmaremus. Cujus petitionibus assensum præbuimus. Unde hoc altitudinis nostræ præceptum fieri jussimus, per quod præcipimus atque jubemus ut, sicut institutum est circa canonicos inibi Deo famulantes, ita nostris futurisque temporibus a rectoribus præfati monasterii observetur, et canonicus ordo teneatur. Res quoque quæ sunt in pago Aurelianensi, in villa Apponiaco et Herbiliaco, cum villulis et appendiciis suis; et in Bercillis, mansi tres, et in villis Sucaranæ mansus unus, et in pago Blesensi in Turmo cum appendiciis suis; areæ etiam intra citraque civitatem ad luminaria in dormitorio eorumdem fratrum concinnanda, et ad ligna, unde panis eorum quotidie coquatur, emenda. Si aliquis futurorum abbatum, pro amore Dei et reverentia ipsius sancti, ipsis canonicis quippiam addere voluerit, id cum gratia Dei peragat, et nihil auferre præsumat; numerus canonicorum ejusdem monasterii ultra citraque sexagenarium numerum non progrediatur aut minuatur, etc.

LXVI.

Præceptum Caroli Magni pro ecclesia Cenomannica (anno 802).

(Ex D. Bouquet, ibid.)

In nomine Patris, et Filii, et Spiritus sancti, Carolus serenissimus Augustus a Deo coronatus, magnus et pacificus imperator, Romanum gubernans imperium, qui et per misericordiam Dei rex Francorum atque Longobardorum. Si precibus sacerdotum ac servorum Dei libenter aurem accommodamus, et ad ministerium eorum exsequendum auxilium præstamus, hoc nobis proculdubio ad statum regni corroborandum, et ad æternæ vitæ beatitudinem adipiscendam profuturum esse credimus. Idcirco omnibus fidelibus sanctæ Dei Ecclesiæ et nostris, tam præsentibus quam et futuris, notum esse volumus, quia cum in Dei nomine nos in Aquis palatio nostro ad universorum causas audiendas, vel recta judicia terminanda resideremus, sacerdotes et canonici clerici sancti Gervasii, sive Dei servi de Cenommannica urbe, cum consensu et licentia Joseph eorum metropolitani, ac proprii pontificis Franconis prædictæ urbis episcopi, sive cæterorum comprovincialium episcoporum, in nostram advenerunt præsentiam, et conquesti sunt quod nonas et decimas, sive census unde necessarios sumtus habere debeant, fideles nostri, qui res sancti Gervasii beneficiario munere possidebant, aut negligenter persolverent, aut penitus reddere differrent. Petieruntque ac suppliciter deprecati sunt ut nostra imperialis potestas efficeret, qualiter de hisdem rebus decimæ et nonæ partibus præscriptæ ecclesiæ pleniter et absque ulla dilatione persolverentur; et ædificia ejusdem ecclesiæ, sive domus episcopalis ac fratrum, inibi Deo degentium, refacta et restauratæ fierent. Insuper humiliter flagitantes postulaverunt, ut villarum nomina, ex quibus nonæ et decimæ ad supradictam ecclesiam persolvi debent, in nostræ auctoritatis præcepto nominatim adscribi præcipissemus, ne aliquo malo ingenio, aut qualibet calliditate, aut potentia alicujus divitis vel potentis, hæ villæ vel hæ res a jure ejusdem Ecclesiæ alienatæ futuris fierent temporibus, aut nonæ vel decimæ, sive census vel restaurationes jam dictæ ecclesiæ ablatæ fieri possent. Quorum deprecationes propter amorem Dei libenter audivimus, et sicut deprecati sunt, monasteria vel cellulas, seu vicos vel villas, quas nostra largitione ex jure præfixæ ecclesiæ nostri fideles habere dinoscuntur, nominatim in hoc præcepto inserere jussimus, ut futuris temporibus in jure et dominatione jam dictæ ecclesiæ cum omni integritate permaneant, id est monasterium sancti Petri, quod Bertramnus episcopus ædificavit, cum monasterio vel synodochio sancti Martini in Ponteleva, et monasterium sancti Victurii; in quo ipse domnus Victurius requiescit in corpore, et monasterium sanctæ Mariæ, quod est constructum intra murum civitatis et fluvium Sartæ, cum monasteriolo sancti Ricmiri ultra fluvium Sartæ ad eum pertinente, et monasterium sanctæ Scolasticæ, et monasteriolum sancti Germani ultra fluvium Sartæ, et monasteriolum vel synodochium sanctæ Mariæ, in quo domnus Paduinus requiescit in corpore; et monasteriolum sancti Juliani, in quo ipse requiescit in corpore; et cellulam sancti Victurii infra civitatem, et monasterium sancti Kariſeſii, in quo ipse domnus requiescit in corpore; et monasterium sancti Georgii, et monasterium Tillidi, et monasterium Tussiaco, et monasterium sancti Johannis et sancti Trechii in Buxido, et monasteriolum sancti Martini in Diablentico, et monasterium sanctæ Mariæ in Aurionno, et monasteriolum Buxidi, et cellulam Scuviliaco. Hæc omnia, sicut diligenter inquisitum habemus, cum omnibus ad se pertinentibus, et in scriptis authenticis sancti Gervasii invenimus, juste et legaliter pertinent. Ex quibus præcipimus, ut festivitatibus illorum sanctorum, in quorum memoriis ipsa cœnobia dicata esse noscuntur, per singulos annos ad præfixam matrem et civitatis Ecclesiam, census ab ipsis, qui eadem cœnobia nostro beneficio tenent, libenter ad opus episcopi, vel fratrum ibi degentium, et ad ipsam ecclesiam restaurandam, et nunc et futuris temporibus persolvantur; et refectio canonicis sanctæ Mariæ et sancti Gervasii optima ab eodem abbate, qui ipsum cœnobium tunc temporis habere videtur, in prædicta festivitate libenti animo fiat, si nostram gratiam et ipsa beneficia habere voluerit: ut nobis seu decessoribus, vel primogenitoribus nostris propter ablationes vel minorationem harum rerum jam dictæ ecclesiæ aliquod detrimentum aut periculum regni non adcrescat; sed perennibus temporibus sub jure ecclesiæ permaneant. De vicis vero publicis vel villulis jam dictæ ecclesiæ, quas fideles nostri nostra largitione habent, omnino præcipimus, ut nonæ et decimæ partibus præscriptæ matris ecclesiæ, ab eisdem fidelibus nostris libenter et plenite persolvantur, et ædificia ejusdem ecclesiæ sive omorum ad eam infra civitatem pertinentium ibi restaurare faciant. Idest de villa Taleida, de villa Lu dono, de villa Baladon, de villa Quebrolius, quæ Nova-Villa nuncupatur, de villa Pradellis, de Morniaco de villa Quilis, de tertia parte de cella sancti Almir, et tertia parte de cella sancti Ulfacii, et tertia parte de cella sancti Ricmiri, de villa Bonlido, de An ono, de Solemnis villa et vico, et cella Jurmero, et de villa Apiliaco, et de Alnido, et Daucido, de No iliaco et Farisnonia et Campo, Sirigico, Luciaco, t Monte, et de Comnis, cella sancti Leodegarii, ngon, et Bonlir, de vico Gabron cum suis appendici, et Balino vico publico, et de villa Viviriaco, e de villa Longa aqua, et de Campaniaco, et de C ne ralio, et de Geneda vicis publicis, et de villa Clidi, et Tredendo, et Vithlena, Turniaco, Cassano, et Villare, et Adilavite, et Vigra, et Fontanas, et Sai muro, et Braflalo, Felcaria, Domno-Jorio, et partem e Fraxinedo, et Maundaria, Drogieco, Villare, de erno, de Juricio, et Camiliaco, de Taxinarias, et Coetiaco vico publico, et villa Antoniaco, de villa B nalfa, et de omnibus villis, quæ ad cellam sancti M rtini infra murum civitatis pertinent, et Cangiaco vico publico, et de villa Limbriaco, et Verincella, et Verniaco, et de vico Diablentico, et de cella Arciacus, et de villa Camariaco, et Civriaco, et Cal a, et Comoriaco, et de villa Andoliaco, et de villa Griviaco, et Martiniaco, et Linerolas, et Sisciaco, e de cella Domno-Regis et de pago Ardunense, in quo sunt manentes mille sancti Gervasii, et de Curt -Basanæ, et de Noviomo, et Scomiaco, et Camiliac, et Comiaco, et Corma, et Novi-Vico et Hosti iaco vicis publicis. Hæc autem omnia, quæ nomina im supra inserta sunt, ut jam dictum est, enucleati et diligenter investigatum habemus, et in authen icis ejusdem ecclesiæ scriptis ipsis clericis nobis o tendentibus reperimus, sive alias villas, quas pr pter prolixitatem, vel propter ignorantiam villarum nominum in hoc præcepto non sunt insertæ, ad j m dictam tamen ecclesiam juste et legaliter pertine e cognoscuntur. Super quibus has nostras auctori atis litteras fieri decrevimus, per quas statuentes omnibus, qui in præsenti tempore aut futuris tem oribus ex memoratæ matris ecclesiæ rebus beneficia asseculi sunt, aut adsequi potuerint, præcipimus, t de omnibus conlaborationibus terræ tam fesci, quam et annonæ omnium generum, tam de sua d minicata, quam et de vassalorum suorum, de vineric s quoque et perdonato, de pastionibus et pascuariis, de herbaticis et pullis, de piscationibus et pasti naticis, id est de glandiaicis, de melle et conlabo ationibus, quæ in hortis fiunt de nutriminibus ani alium, et caseis qui fiunt, de vaccariciis dominica is, ac de omnibus redhibitionibus, quæ ab hominis memoratæ matris ecclesiæ recipiuntur, excepto iostilense, id est de bobus, et conjecte ad carros con truendos,

De his autem omnibus præcipimus, ut censum legitimum et nonas et decimas annis singulis partibus præscriptæ matris ecclesiæ absque ulla maritione vel dilatione reddere, aut minoratione pleniter persolvere faciant. Insuper restaurationes tam in præfixa ecclesia, quam domibus juxta eam adjacentibus, in teguminibus et restaurationibus pro possibilitate rerum, quas in beneficium exinde possident, facere non negligant, si gratiam nostram et eadem beneficia unusquisque habere voluerit. Præscripta vero beneficia volo ut fideles nostri sub prædicto censu cum consensu et benevolentia ejusdem ecclesiæ episcopi teneant, usque dum illa cum eis, qui ea nostra datione videntur habere, mutuare possimus; et sæpe dictæ ecclesiæ, cui juste et legitime (ut inquisitum habemus) debentur, auxiliante Domino restitui atque reddere mereamur. Et hoc omnibus vobis notum sit, quod si aliquis vestrum exstiterit, qui hanc jussionem nostram, aut contemnendo, aut negligendo adimplere distulerit, volumus atque præcipimus ut præscriptæ urbis episcopus in jure ejusdem ecclesiæ, sive in suam vel canonicorum suorum potestatem vel dominationem easdem res revocare faciat, usque dum illi, qui jam dictæ ecclesiæ res vel beneficia nostra largitione habebant, in nostram veniant præsentiam. Qui negligit censum perdat agrum ; et per hanc auctoritatem, sive eorum negligentia, vel contemptu, ipsa perdant beneficia. Et huc hæc jussio nostra verius credatur, et diligentius conservetur, atque per omnia a nobis perficiatur, et firmius futuris temporibus teneatur, manu propria subter firmavimus, et de anulo nostro sigillare jussimus.

Signum Caroli gloriosissimi imperatoris.

Genesius ad vicem Erchembaudi recognovi et subscripsi.

Data in mense Aprilis, viii Kalend. Maii, anno 2 Christo propitio gloriosi imperii nostri, et 34 regni nostri in Francia, et 29 in Italia, in Dei nomine feliciter. Amen.

LXVII.

Præceptum Caroli Magni, quo immunitatis privilegium a Pippino patre Novientensi monasterio concessum confirmat (anno 810).

(Ex D. Bouquet, ibid.)

In nomine Patris, et Filii, et Spiritus sancti, Carolus serenissimus Augustus, a Deo coronatus, magnus, pacificus imperator, Romanum gubernans imperium, qui et per misericordiam Dei rex Francorum et Langobardorum. Regni nostri honores credimus, si justas petitiones sacerdotum, vel ministrorum Dei, cum nostris auribus probatæ fuerint, perducimus ad effectum. Ipsi enim pro stabilitate regni nostri, vel animæ nostræ salute, Dei misericordiam frequentius exorant. Quapropter noverit omnium præsentium futurorumque industria, qualiter Thietbaldus abbas de monasterio cujus vocabulum est Noviento, situm in pago Alsatiense super fluvium Illa, quod vir illuster Adalricus, sive Atticus dux, et conjux eius Bersvinda in Christi nomine, et in honore sanctorum apostolorum Petri et Pauli et sancti Mauritii sociorumque ejus a novo in suo proprio fundo construxerunt, nostram adiit Serenitatem, deprecans ut privilegia quæ piæ memoriæ genitor noster Pippinus, ejusque antecessores reges Francorum eidem cœnobio, locisque quæ ad sustentationem fratrum ibidem Deo sub regulari disciplina servientium pertinent (contulerunt), renovemus. Præcipimus ergo per regiæ majestatis imperium, prædecessorum nostrorum statuta confirmantes, et in villas supradicti cœnobii, id est Wiswirle, quæ sita est in pago Brisgaugiensi, super ripam Rheni fluminis ; cum ecclesia et omnibus appenditiis suis, in Sulzha, in Egensheim, in Sigalthesheim, in Burcheim, in Lagelenheim, in Gruzenheim, in Hundensheim, in Northusen, in Hollasvirle, quæ præfatus dux eidem venerabili loco delegavit, vel quæ adhuc donata fuerint, nullus judex publicus, nulla judiciaria potestas, spiritalis seu secularis, ingredi violenter audeat, nec ecclesiasticas possessiones contra justitiam sibi vindicare præsumat : sed prædictus abbas Thietbaldus, ejusque successores easdem res augmentando et meliorando potestative possideant. Et ut hæc nostra auctoritas stabilis permaneat, et per futura tempora melius conservetur, hanc cartam jussu nostro conscriptam manu propria confirmantes, annuli nostri impressione sigillari jussimus.

Signum Karoli gloriosissimi regis [imperatoris].

Ego Ibbo ad vicem Erchambaldi relegi et subscripsi.

Data pridie Idus Augusti, anno x Christo propitio imperii nostri, et xlii regni nostri in Francia, et xxxvii in Italia, indictione tertia.

Actum Ferdi in Saxonia in Dei nomine feliciter. Amen.

II. — PRIVILEGIA QUÆ AD PARTES ITALIÆ SPECTANT.

I.

Immunitatum confirmatio facta Frodoeno abbati Novaliciensi a Carolo Magno (anno 773).

(Ex Muratorio, Antiquitates Ital. med. ævi.)

Carolus gratia Dei rex Francorum, vir illustris, hominibus fidelibus nostris. Cognoscatis : maximum regni nostri augere credimus monumentum, si beneficia opportuna locis sanctorum ad quietem monachorum benivola deliberatione concedimus, ac Domino protegente stabilitatem nostri in Dei nomen pertinere confidimus. Igitur noverit solertia vestra quia venerabilis vir Frodoenus abba nobis suggessit, eo quod monasteriolo in honore beatorum germanorum apostolorum Petri et Andrei, vel ceterorum sanctorum, quem Abbo quondam visus fuit edificasse in loco nuncupante Novalicis in valle Sigosina, et ibidem congregatione monachorum sub sancta regula sancti Benedicti, seu ceterorum sanctorum

Patrum degentibus sub cinobitali ordine conlocasset, ubi presenti tempore venerabilis vir Frodoenus abba præesse videtur: et nos totidem pro æternam retributionem beneficium ad ipso sancto loco visi fuimus indulsisse, ut in loca vel curtis ipsius monasterii, quem jam dictus Abbo quondam, vel a quibuslibet hominibus Deo timentibus ibidem fuit conlatum, aut in antea ad ipsum sanctum locum voluerit pietas divina amplificare, nullus judex publicus ad causas audiendum, aut freda undique exactandum, quoquo tempore non præsumat ingredere: sed hoc abba de ipso monasterio una cum congregatione propter nomen Domini et reverentia sanctorum sub integra emunitate valeat dominare. Statuentes ergo ut neque vos, neque juniores, aut successoresque vestri, nec nulla publica judiciaria potestas [a] quoquo tempore in loco vel curtis tam in ipsa valle Sigusina, quam Brientina, Aquense, seu Aquinari, Mannate, uti in Burgundia, aut ubicumque in regno nostro ipsius monasterii, aut nostris, seu et privatorum largitatis munere, aut quod in antea de cujuscumque hominibus fuerit additum vel conlatum, ad audiendas altercationes ingredere, aut freda de quacumque libet causa vel hominibus, qui ad ipsa casa aspicere videtur, exigere, nec mansiones, aut paratas, nec fidejussores tollendum, sed quidquid exinde aut de ingenuis vel de servitutibus publicis, ceterisquecumque rationibus, quæ sunt infra locis, vel curtis, seu terminis ipsorum prædicti monachi commanentes, vel ibidem aspicientes, vel in antea, auxiliante Domino, augumentare, aut atrahere potuerat fiscus, aut de freda, vel functionibus undiquecumque potuerat sperare, ex nostra indulgentia pro futura salute in luminaribus ipsius monasterii per manus agentium ipsorum proficiat in perpetuum: et quod nos propter sanctum nomen Domini, et reverentia ipsius sancti loci, vel pro animæ nostræ remedium, seu nostra subsequenti progenie, plena devotione indulsisse, nec regalis sublimitas, nec cujuslibet judicibus cupiditas refragare tenet. Et ut præsens auctoritas tam præsentibus quam futuris temporibus inviolata, adjuvante Domino, permaneat, manus nostræ propriæ signavimus, et de annulo nostro sigillavimus.

Signum † Caroli gloriosissimi regis.

Testis recognovi et subscripsi

Data vIII Kalendas Aprilis, anno quinto regni nostri.

Actum Carisiaco, palatio publico, in Dei nomine.

II.

Donatio sylvæ et curtis de Monte Longo a Carolo Magno facta monasterio Bobiensi ejusque abbati Guinibaldo (anno 774).

(Ex Muratorio, ibid.)

[b] Carolus gratia Dei rex Francorum et Longobardorum. Si enim ex his quæ divina pieta eterna fluenter tribuit, pro opportunitate servorum Dei locis venerabilibus concedimus, hoc nobis a mercedis augumentum ac stabilitatem regni nost i pertinere confidimus. Quapropter donamus ad onasterium Ebobiense, ubi sanctus Columbanus corpore requiescit, et Guinibaldus abbas præesse idetur, secundum amplius in futurum petitionem, d natumque in perpetuo ad eundem sanctum loc m esse volumus : hoc est silva nostra una con cort illa ibidem scita, quorum vocabulum est Monte Longo, cum omnibus adjacentiis vel appenditiis ad i sa silva vel ad ipsa curte aspicientibus vel pertinen bus ibidem, una cum terris, domibus, edifitiis, ncipiis, vineis, campis, pratis, pascuis, aquis, aqu rumque decursibus, mobilibus et immobilibus, omn a et ex omnibus, ut diximus, quidquid ad eandem foresten vel curtem nostram aspicere videatur, pl nissima voluntate a die presente indulsimus. Simil ter adjungimus a prefato monasterio Ebobiens alpem aliquam, que vocatur ad Montem, incipiens etim de rivo de Casa Veteri, ascendens per costam n summitate Guchari minoris super Casalegri in egra via pertransiens versus Incerasiolam, ubi Ban ola vocatur, quo terminus fixus est: aqua inde descendente in Caput Sirtarim usque ad mare ex alio latere habens rivum finalem descendentem d Montelongo intrantem in mare, vergiturque abhi c finis a petra Corice per summitatem Coste in via publica, ibique terminum stat, descenditque p finem montis Petroni per summam costam a valli ula que nuncupatur Castanetum, descendens in v am que educit ad petram Corici juxta montem in 'avasco, caditque in aliam viam publicam, que vadi ad Castellionem, indeque repricat se in susum ju ta montem in cervice insignitum cruce, et pertra sit versum in finem sancti Michaelis exeuntem de flumine Petrurio ad fines montis Harimannorum sup r Olivetum, quod est via publica juxta mentem r Caunetum usque a Pirum agrestem. Et earum hec omnia per hoc nostre auctoritatis pragmaticun donamus atque concedimus tenentia capite uno n mare, et alio capite a fines Harimannorum, e uno

---

[a] Attamen præeundum non est, ut ut in diplomatis sæpenumero eximantur Deo militantes, imo et eorum servi et coloni, a jurisdicione comitum aliorumque reipublicæ ministrorum, attamen a judicio regiorum missorum, ipsorumque regum et Augustorum, non fuisse reipsa immunes. Cum res confirmatione indigere neutiquam videatur, id unum ostendam, diu perdurasse ejusmodi consuetudinem. Doctissimus vir Hubertus Benvoglientus Senensis, cum viveret, ad me misit diploma Henrici VI regis, et inter imperatores quinti, in quo præcipitur, ne monachos sancti Salvatoris de Insula, « præsumat ad placita trahere, vel distringere, aut judic re, nisi in nostra imperiali præsentia. » Ita ejus filiu et successor Fridericus II privilegia confirmans ionasterio Vangadiciensi ad Athesim parvum sito, monachis indulget « ut nulli inde responderetur, nisi nobis aut certe misso nostro, ad hoc sp cialiter destinato. » Fuerunt etiam tempora quibus imperatores et reges causas criminales sibi reser arunt in sacrorum hominum castellis et agris.

[b] Desideratur in exordio titulus *patrici Romanorum*, quod in aliis diplomatibus occurrit. Sed nihili faciendus hic defectus. Nondum enim anno 774

latere Greganiam, et de altero latere Montelongo, una con pascuis suis atque curtiferis et olivetis; sicut ad Eduardo possessa fuisse dinoscitur. Propterea per hanc preceptionem nostram jubemus, ut nullus quislibet ab hodierna die ex judiciaria potestate, aut quislibet persona prefato monasterio suisque rectoribus de ipsa foreste et de curte supradicta seu etiam alpe prenominata, inquietare aut calumniam generare presumat; sed abbas prefatus Guinebaldus, suique successores, denominatas res teneant cum integritate, sicut de palatio possessa sunt, tenere ac denominare vel regere debeant, et quidquid a prefato jam dicto Monasterio pro mercedis nostre augmento, vel pro luminariis ejusdem ecclesie facere elegerint, liberum perfruantur arbitrium. Et ut hæc auctoritas firmior habeatur, vel nostris futuris temporibus melius conservetur, manu propria subter eam decrevimus roborare.

Signum † manus Charoli gloriosissimi regis.

Carolus ejusmodi titulum usurpare cœperat, uti exempla a Mabillonio producta satis ostendunt. Potius notæ chronologicæ negotium facessant. Actum Diploma dicitur *Papiæ, anno sexto..... regni nostri.* Epocham regni Francici exhibere hic potest a morte Pippini patris. Verum cur non et regni Langobardici fit mentio, cum Ticini scriptum diploma dicatur, et Carolus inscribatur *Langobardorum quoque rex?* Attamen et hic respondeas, lacunæ interpositæ causa subductum nobis fuisse annum primum regni Langobardici. Sed insuetum est illud *signum manus Charoli*, cum in aliis Diplomatibus *signum Caroli* tantummodo scribatur; et *Carolus*, non *Charolus Francorum et Langobardorum;* non *Franchorum et Longobardorum* in aliis occurrat. Cum tamen hic deapographo agatur, levia hæc uni librario tribuenda videntur. Præterea in vetustissimis chartis vidi ego interdum *Longobardorum* et *Longobardia* scriptum. Quamobrem fidei chartæ hujus detrahere ego nondum ausim. Interea nos ad annum 774 habemus *Guinibaldum abbatem Bobiensem,* quem Ughellius in episcop. Bobiensib., tom. IV Ital. Sacræ, et Mabillonius in Annalib. Benedictinis ignorarunt. Quo tempore urbem Ticinensem victor Carolus ingressus fuerit, investigabat Pagius in Critic. Baron. ad annum 774, atque id evenisse eo anno *post diem nonum mensis Maii, sed ante decimum tertium mensis Junii,* recte statuit. Propiores scopo diploma istud (dum legitimum fetum agnoscere velis) nos facit, indicans Carolum illa jam urbe potitum ante *Nonas Junias.* Vidi etiam in Lucensis archiepiscopii tabulario chartam exaratam *regnante domno nostro Carulo gratia Dei rex Francorum et Langobardorum, ac patricius Romanorum, anno regni ejus, quo Langobardiam cepit, vigesimo quinto, et filio ejus domno nostro Pippino rege, anno regni ejus octavo decimo, iv Idus Junias, indictione 6. Manifestum est mihi Atripaldo presbitero filio quondam Raperti de loco Rocca, quia per hanc cartula pro remedio anime mee tali ordine, ut subter decrevero, offerre previdi Deo, et tibi ecclesie venerabili viro Johanni episcopo, ecclesiam meam sancti Quirici, edificata a parentibus meis in suprascripto loco Rocca, una cum casis, etc.* Scripta fuit charta anno Christi 798, die 10 Junii. Ergo eodem die decimo Junii anno 774 *Langobardia* atque adeo regia Ticinensi urbe potitus jam fuerat Carolus Magnus. Contra dubitare licet, an decurrente Maio regiam illam ad deditionem coëgerit, cum in eodem Lucensi archivo altera charta asservetur, scripta *anno. 23 Caroli regis, et. 17 Pippini regis, mense Maio, indictione quinta,* hoc

Sub die Nonas Junias, anno sesto...... regni nostri. Actum Papiam civitatem, in Dei nomine feliciter. Enrichus recognovit et dedit.

III.

Charta donationis bonorum immanis, a Carolo Magno factæ Nonantulano monasterio, ejusque abbati Anselmo (circa annum 774).

(Ex Muratorio, ibid.)

Venerabile cenobio sanctorum apostolorum sito in castro Nonantule territorii Mutinensis, ubi domnus Anselmus........ nobis Karolus rege Francorum et Saxio........ et Longobardorum, una cum Nortepertus dux, damus, simulque offerimus omnia nostra cortes, et donica in comitatu Fossolano, in comitatu Pistoriense, atque in comitatu Lucardo, et in comitatu Lucense, et in comitatu Rigenses, atque in comitatu Senensi. In primis omnia do ego dompno Carolus duo gualdos mea donica in comitatu Fossolano super fluvio....... jacentes cum ecclesias suas, idest est anno Christi 797. Quod et in aliis ejus ævi chartis, ac præcipue Langobardicis, animadverti, dies mensis minime adnotatus est. Ad hæc in chartario monasterii Veronensis sancti Zenonis pergamena mihi visa est, scripta *regnante domno nostro Carolo excellentissimo rege in Italia anno septimo, mensis Magii, per indictione 3, feliciter. Dulcissima adque amantissima mihi, et cum omni honore nominanda et felicia puella filia mea ego Felix Clericus filius bone memorie Johanni, etc.* Ei multa donat. Itaque exarata fuit charta illa anno Christi 780, ex qua uti ex supra indicata, elucere videtur nondum mense Maio anni 774, epocham Langobardicam Caroli Magni exordium cepisse.

Quisquis chartam hanc legerit, animoque intento consideraverit, aut continuo eam ad apocrypha amandet, aut anceps dubiusque in ejus contemplatione considat oportet. Et ego hæsi, atque adhuc hæreo. Fidem pene excedit tanta bonorum, villarum atque ecclesiarum effusio, uno tenore ac die facta in unum abbatem unumque monasterium. Deinde nulla est chartæ huic germani diplomatis facies; et quisque novit, quibus verbis, et formulis reges, atque imperatores donationes ac privilegia sua concipere consuerunt. Mirari etiam subeat cur sese cum rege Nortepertus dux immisceat in ejusmodi donatione facienda. Hæc profecto atque alia, fateor, meæ quoque menti observabantur, cum chartam descripsi, cujus authenticam originem præstare certe nolo, sed quæ mea sit de illa opinio, tantum exponere. Supposititium fetum affirmare non ausim : si enim antiqui monachi animum adjecissent ad confingendam adeo magnificam donationem; longe minus negotium fuisset diploma comminisci, cum et sibi ad manum essent, et ubique facile haberentur diplomata a regibus emissa, quæ imitari potuissent. Deinde subsequentibus temporibus nulla superacant, uti videtur, vestigia tantarum opum Nonantulano cœnobio in Tuscia collatarum : ac proinde quem quæso in usum imposturæ huic indulsissent monachi? Ad hæc quis comitatum illum Lucardum, de quo mihi sermo fuit alias, posterioribus sæculis excogitasset, quando ne unum quidem verbum de illo antiqua historia habet? Quamobrem justus opinandi locus relinquitur, nil figmenti in ea charta haberi, ipsamque fuisse privatam veluti scripturam a Carolo rege ac Norteperto duce factam. Sed cur tanta tamque (pene dixi) enormis insuetaque donatio facta Nonantulano cœnobio? Veniam a lectoribus peto, si fortasse facilius quam par sit in quamdam suspicionem inclino, eamque etiam referre nunc audeo. Suspicor, inquam, tantam Carol

sancta Maria in Advena, et sancta in Maria Manum, quod est per singulos gualdos foriestos meas massaricias C: una cum selvas ad ipsius pertinentes. Seu et monasterium in civitate Fossolana sanctos Michael atque monasterium sancti Miniati in ipsius civitate, cum cellis suis in ipsius civitate vel foris ad ipsas pertinentes. Seu et curte Viselle, et corte Bibiano, plebe sancti Gavini, et fundo Justiniano, Mocolidula, et Colle Fenario, et corte Tigano, plebe sancte Marie Villole, et plebe sancte Hierusalim, seu plebe sancti Romuli, et in loco Bernardi, seu in Grave, et sancti Illarii, et corte Pretorio, et sancti Michaelis, et corte Sobelinario, et Monte Miniano, Turiniano, et Gorzano, Geneaticlo, et Spaloti, Plebe Sancti Panchrati, et Corte Bergovigiano, et Sculeta, Fugnana, et sancti Petri in Mauriciani, et corte Axsinia, corte nostra Spandola, corte nostra Meledo, cum ecclesia in Musello, in Caprilia, ... niano, et furri in Pineta, seu in Sexa, atque corte nostra de vole, et corte de Fumaria atque Calcinaria, et Valvigne, Arzana........... corte Monachorum, et Simbriano, corte Elsa, corte Pesa, Campi, Ingone, Quinto, Melego, Aproniano, Susicana, ... ano, l'opponi, Grappena Sancti Benedicti, Sancti Georgii in Plebe sancti Petri in Perimone : Seu in Pistoriense, corte .... Pinsingo, plebe Sancti Petri de Groppina, et plebe Sancti Laurentii de Petriolo loco, qui vocatur Bocina. Seu in comitatu Aretino, plebe Sancti Stephani, sita in Classe, et loco Pissinale juxta fluvio Classe. In comitatu Lucardo corte nostra sancti Petri in Mercato, seu corte nostra Monte Calvo, et corte Campane, et corte Petroniano, plebe Sancti

A munificentiam in Anselmum Nonantulanum abbatem inde ortam fuisse, quod Anselmus ipse auxiliares manus porrexerit Carolo ad arripiendam coronam Langobardici regni, fructumque ceperit operæ bene navatæ magnificam illam tot bonorum donationem. At, inquies, Anselmus genere Langobardus fuit : quis credat hominem a gentis suæ amore defecisse, ut in Francos translatum vellet regnum Langobardorum? Equidem id minime certum statuam ; attamen non desunt, quæ mihi rem ea ratione processisse suadere videntur. Uti constat ex opusculo de Fundat. monast. Nonantul., Anselmi soror Giseltruda nupta fuit Aistulpho Langobardorum regi. Is autem Anselmus, ut fertur, ducis titulo For julii præerat, cum abjurato sæculo monasticæ vitæ sese addixit, ac Nonantulanum aliaque cœnobia construxit. Aistulphi liberalitate adeo insigni corroboratus, ut Anonymus Salernitanus in Paralipom. Chronici sui dignum duxerit hanc etiam inter laudes illius regis recensere, scribens : « Idemque etiam fecit monasterium in finibus Æmiliæ, ubi dicitur Mutina, in loco qui nuncupatur Nonantula : nam pro ejus cognato abbate Arsenio (Anselmo restituendum est) ibi virorum cœnobium fundatum est ; nec non sibi ad sacra monachorum cœnobia ædificanda per certas provincias (quæ scilicet Nonantulano deinde supposita fuere) multa est dona largitus. » Sublato e vivis Aistulpho, Desiderius Langobardorum rex est renuntiatus, sed repugnante Ratchis, germano Aistulphi, eo videlicet qui regnum ante Aistulphum tenuerat, et monachus in Casinensi cœnobio degebat. Quid Ratchis egerit, quantoque conatu bonus monachus novo regi obstiterit, accipe ab Anastasio in Vita Stephani II papæ, et ab eodem Anonymo Salernitano, qui hic Anastasium excripsit : « Hujus (Desiderii) personam despectui habens Ratchis dudum rex, et postmodum monachus, germanus præfati Aistulphi, sed et alii plures Langobardorum optimates cum eo, eumdem Desiderium spernentes, plurimam Transalpinæ, vel cæterorum Langobardorum exercituum multitudinem aggregantes, ad dimicandum contra eum profecti sunt. » Intercessit tot motibus ad Desiderii preces Stephanus II, et pacem inter dissidentes composuit. At Desiderius, exulceratum deinde animum gerens, pro more conditionis humanæ adversus eos, quos contra se conjuratos senserat, in Anselmum quoque desæviit, quippe illum, ut justa conjectura suadet, Ratchisio sororii sui fratri conjunctum, sibique adversantem, deprehendit. In Catal. abbat. Nonantul. Anselmus dicitur rexisse « abbatiam Nonantulanam annis quinquaginta ; et ex his septem passus est exsilium a Desiderio apud Casinum, sicut multorum seniorum relatione didicimus, pro eo quod nescio quid deliquerit in Desiderio ; et Vigilantius presbyter in prædicto tempore feliciter Nonantulanum gubernavit

B cœnobium. » Quod hic dicitur de Vigilantio presbytero nescio an certo fundamento nitatur. Inter vetustiora diplomata eidem monasterio concessa unum sic se habet : « Privilegium in papyro Adelchis regis in Silvestro abbate, confirmans omnia privilegia superius annotata, » etc. Ergo non tantummodo in exsilium actus est Anselmus, sed ejus loco substitutus fuit alter abbas, nempe Silvester, ad regimen Nonantulani monasterii. Simul autem hinc discimus, nisi post debellatum Desiderium Anselmo abbati restitutum fuisse cœnobium suum ; nihque obstare quin suspicemur Anselmum ipsum, quantis potuit viribus, apertis aut occultis, curasse, ut venientem Carolum Langobardi proni amplecterentur, dejectoque Desiderio sibi infesto, Francorum principem in suum regem lubenter acciperent. Neque Anselmi singularem pietatem huc arcessas velim. Summæ quoque

C pietas fuit Adriano I summo pontifici ; at nemo in illum injurius sit, si reputet, et ipsum minui e indiligentem fuisse, ut in Langobardorum ditione regi inviso rex amicissimus succederet : ex qua victoria in ipsum quoque pontificem ejusque successores emolumenta non modica redundarent. Quis ve o' fuerit Norteperus dux in charta nuper evulgata m moratus, ignotum est mihi. Attamen Norteperti duci mentio est in charta quadam Bononiensi commenti ia, isque floruisse dicitur, regnante Rachisio Lango ardorum rege, atque inter duces ejus gentis refertur. Vetustus illius chartæ artifex vetustiora forsitan m numenta præ oculis habuit, e quibus promere potu t Norteperti illius notitiam. Magni ergo nominis r Anselmus abbas, et singularis apud gentem suam xistimationis, multum contulisse non immerito edendus est, ut Carolo Magno tam prospere proce eret bellum, per quod avitis regnis Italicum nob lissimum adjecit. Neque plura pro hujusmodi conjec ra affe-

D ram. Ad Romanos tamen quantopere quo atinet, bene quidem eis cessit sub Pippino Franco um rege, ejusque filio Carolo Magno ; tunc enim non exarchatui tantum, sed et Romæ ejusque ducatui ominari cœperunt. Plura etiam tunc eis promissa videntur quam effectus ostenderit. At procedente tempore, quanquam ab ipsis imperialis coronatio pen eret, per quam titulus et jus imperatoribus tribuebatu , et quam nonnulli multis donis emebant, parum ta en emolumenti inde in Ecclesiam Romanam mana it. Scilicet nihil novæ ditionis ei additum fuit, in antiqua etiam imminuta atque subtracta videntur. I ineunte sæculo XIII, sub Innocentio III, grandis ani i pontifice, ac uberius etiam sub Nicolao III, Ro nana res feliciter promoveri cœpta est, ita ut partii liberalitate regum et imperatorum, partim armorum subsidio, in illum Romana eadem Ecclesia statum progressa fuerit quem nunc cernimus, eique perpetu n et pacatum semper optamus.

Leonardi, corte a Furno, et castro Giliano, atque Monte Boniei, et sancti Petri cum corte Quintolo, et juxta fluvio Gofintia corte Dominici, et sancti Donati corte Decimo, plebe sancte Cecilie, corte Penite, plebe Sancte Marie, corte Meleto, corte Monacile, Vadolongo, Quarte, plebe sancti Petri, Rabuciona cum capella sancti Petri, cortem Sepi cum ecclesia sancta Maria, corte Caracle cum ecclesia Sancti Martini, corte Casentino, Corticella nostra una, qui vocatur Satri, corte Pinseingno cum cella sancti Apostoli prope fluvio Selice. In Comitatu Lucense sancta Maria cum corte Pulinacho, seu et alias omnes cortes nostras in predictis comitatibus, territorio Tuscia, in donico nostrorum, quod est....... duo millia quingentorum. Et si amplius de nostro domnico invene in pagina ista permaneat una cum omnia capidalia et censoaria, seu et decima qui ad ipsas cortes pertinet, ut sit in victo pauperorum atque monachorum pro veneratione religia, et ne subeant ipsi monachi, vel monasterio nisi ad Ecclesiam Romanam. Omnia ipsas cortes cum adjacentia et pertinentia sua, seu cum appendiciis suis quanto ad nostras cortes depertinet infra ipsius comitatibus, tantis una cum selvas ad ipsas depertinentes una cum olivetis et vinetis, arbustis, arboribus pomiferis, fructiferis et infructiferis diversisque generibus, jura fluviorum, qui decurrit per de ipsos comitatos, alpibus et collibus, omnia a sibi pertinentia et adjacentia in integrum. Et si qui de hominibus qui precepta nostra neglexerit, vel......... daverit, fit sibi pena compositura bona ejus publicetur, et in exilio mitteremus. Hanc vero paginam Artuino notario a scrivere tolli et robariada con testibus tradita complevi et absolsi.

Ego Mericho clericus rogatus.
Ego Raimpret rogatus.
Ego Aldoinus rogatus.
Ego Joseph a rogatus.
Melchione medicus a rogatus.
Signa † † † † de contestibus Warnifret, Artoinus, Mechois, Josephus, Stravius, Aripret, Johannes, Paulinus, Basingus, Mauro, Leo, Gumperto, Stamperto, Stabile, Da Villa, Vanielei.

IV.

Diploma quo Carolus Magnus monasterio [a] *Vulturnensi quædam privilegia ac jura concedit. (anno 774).*

(Ex Muratorio, Script. rer. Italic.)

Carolus gratia Dei rex Francorum, et Longobardorum, atque patricius Romanorum, omnibus episcopis, abbatibus, ducibus, comitibus, vicariis, domesticis et centenariis, vel omnibus missis nostris discurrentibus. Quidquid enim ob amorem Ecclesiarum et quietem servorum Dei exercemus, hoc nobis procul dubio, Domino adjuvante, ad æternam beatitudinem pertinere confidimus. Igitur comperiat magnitudo, seu utilitas vestra, qualiter venerabilis vir Probatus abbas monasterii quod est constructum in honorem beatissimæ Dei genitricis semperque virginis Mariæ, quod vocatur Acutianus, in ducatu Spoletano, vel fundato in territorio Sabinensi, missa p titione clementiæ regni nostri, dixit suggerendo, ut pro mercedis nostræ augmento taliter ei, vel ipsi monasterio concedere deberemus, qualiter ipsa casa Dei sub tali privilegio esse deberet, sicut cetera monasteria [b] Lirinehsium, Agaunensium, et Luxoviensium, ubi prisca Patrum Basilii, Benedicti, Columbani, vel ceterorum

---

[a] Vulturnensis monasterii initia sic narrat Chronicon Farsense : « Crescente itaque nominis fama sancti Thomæ abbatis [Farfensis], et hujus substantiis monasterii in peregrinis et hospitibus suscipiendis, secundum Domini præceptum, honestissime ampliatis, cœperunt multi ex diversis nationibus istum frequentare locum, vel gratia visitationis, vel causa hospitalitatis, vel ad Deum amore convertendi. Quo tempore de Benevento progressi sunt tres viri nobiles, et consanguinei, sanctus Paldo, Taso, et Tato, qui, sæculum et sua omnia pro Christo relinquentes, peregrinationis iter assumpserunt, et ad prædictum virum domnum Thomam hic pervenerunt. At vero venerabilis Thomas cum eis Romam perrexit, eosque secum benignissime refovens, huc reduxit, et quamquam extra usum fuerit monasterii, propter ardorem tamen laudabilis eorum desiderii intrinsecus recepit, et cum fratribus communiter participari fecit, et conversationis normam docere in paucis diebus curavit. Post hæc ad beati Vincentii martyris in provincia Samnii super ripam Vulturni fluminis sanctum oratorium, in quo tunc nulla erat habitatio hominum, præter ferarum latibula, vel latronum, eundi eis indicium dedit; et se ad eos illuc citissime iturum promisit. Non multo post autem vir Domini Thomas Beneventum profectus est pedester, et ad curiam perrexit Gisulfi ducis, spectabilis viri. Tunc vero quadam nocte sancta Dei genitrix Maria, cum præfato viro venerabile Thoma, eidem duci per visionem apparens præcepit dicens : « Vide, ut quicquid a te « iste postulaverit Peregrinus, ei neque negare de« beas, quia vir sanctus est, et orabit pro te; » et hæc dicens abscessit. Mane autem facto, idem dux per suos ministros ad se introductum, prout viderat in visione, illum cognovit; et continuo suo de solio surrexit, et omni in terra prostrato corpore adorans dixit ei : « Alma Dei genitrix, Maria, te mihi hac nocte « per visionem ostendit : nunc vero quicquid pla« cuerit pete a me; et ego devotus tuæ libentissime « tribuam sanctitati. » At ille : « Unam, inquit, par« vulam vestræ celsitudinis pietati postulo petitio« nem : locum quemdam in Samnii provincia super « Vulturni fluminis ripam in solitudinem redactum, « ubi in beati Vincentii honorem habetur oratorium « constructum, obsecro, ut mihi pietatis vestræ lar« gitio concedere dignetur, quatenus ibidem habitatio « debeat esse monasterii. » Quam petitionem ipsa dux libenter accipiens, hilari vultu respondit dicens : « Ecce, Pater, ipse, de quo postulas, locus ab hac « hora in tua permaneat potestate, et firmitatis ex « eo accipe præceptum : » quod mox scribere jussit, roboratumque ejus tradidit potestati. Præfatos vero viros vir Domini Thomas in gratiam ejusdem revocavit ducis, et cum eis festinanter ad eumdem locum pervenit, ubi aliquantis demoratus diebus, multa dedit eis monita salutis, et in quo loco refectorium, dormitorium, atque hospitum susceptionem, et omnia opportuna habitacula construere deberent, ostendit. Paldonem quoque, qui his omnibus mitior erat, ut præesset illis in regimine, elegit. » etc.

[b] Omnium celeberrima monasteria in regno Francorum, qualia et in Italia fuere Casinense, Nonantulanum, Farfense, etc.

Patrum regula custodiri videtur : ut nullus episcoporum pro electione abbatis dationem accipere debeat, et potestatem non habeat de ipso monasterio auferendi cruces, calices, patenas, codices, vel reliquias, vel quaslibet res de ministerio ecclesiæ, nec ipsum monasterium ponere sub tributo principum potestatem haberet, nec demum tributum, aut censum in supradicto monasterio eorum exigere debeat, sed ipsa casa Dei, sicut suprascripta monasteria, quæ infra regna nostra sunt, sub eo privilegio et norma Patrum consistat. Cujus petitionem pro divino respectu, vel mercedis nostræ augmento noluimus denegare; sed ob amorem Domini nostri Jesu Christi ita confirmasse vel de novo concessisse cognoscite. Præcipientes ergo jubemus, ut nullus episcopus, abbas, dux, Castaldus, vel quislibet de fidelibus nostris, seu [a] juniores, aut successores vestri, prædictum abbatem, aut monachos suos, vel agentes ipsius ecclesiæ de rebus præfati monasterii, quæ ibidem ex munificentia regum aut reginarum, vel de collatis populi, vel pontificum, vel quæ ad ipsum monasterium pervenerunt, aut in antea, Deo adjuvante, largita fuerint, tam per venditionis, quam et donationis, aut cessionis et reliqua instrumenta chartarum, inquietare, aut contra rationis ordinem quoquo tempore gerere præsumatis; sed sub nostro privilegio quieto ordine resideant. Et si quandoque abbas ipsius monasterii de hac luce migraverit, inter se ipsi monachi, quem digniorem invenerint secundum regulam sancti Benedicti, et sicut eorum ordo edocet, et rectum est, vel eis in unum consentientibus, quem unanimiter elegerint licentiam habeant eligendi Abbatem, et neque a nobis, neque a successoribus nostris regibus, id quod pro mercede nostra indulsimus, irruptum, aut confractum aliquando sit, sed de proprio valeant semper gaudere patrimonio, quatenus melius delectet ipsam Congregationem sanctæ Mariæ, pro nobis, vel stabilitate regni nostri, Domini misericordiam attentius deprecari. Et ut hæc præceptio nostris, et futuris temporibus firmior habeatur, vel per tempora melius conservetur, manu nostra propria subter firmavimus, et de anulo nostro sigillari jussimus.

Signum Caroli invictissimi regis.
Guichaldus ad vicem Hitherii recognovi.
Datum sub die VIII Kal. Jun. an. VII et primo regni nostri domni Caroli gloriosissimi regis. Actum Carilego palatio publico, in Dei nomine feliciter.

V.

Diploma Caroli Magni pro ecclesia Regiensi (anno 781).

(Ex Ughellio, Italia Sacra.)

Carolus gratia Dei rex Francorum et Longobardorum et patritius Romanorum. Quicquid enim locis sanctorum venerabilium ob amorem Dei nostris auctoritatibus confirmamus, donamus, et reg am consuetudinem exercemus, et id in posterum m nsurum esse credimus. Igitur comperiat omnium fidelium nostrorum industria, qualiter venerabilis vi [b] Apollinaris Ecclesiæ Regiensis episcopus pietati nostræ clementiam adjerit, ut omnes res ipsius iscopii, quas antiquitus, vel modernis temporibus, tam de dationibus regum, quam reginarum, seu re iquorum Deum timentium, vel quos in antea additu vel delegatum fuerit, vel quicquid juste, et rati nabiliter possidere dignoscitur, sub immunitatis n stræ tuitione per nostram auctoritatem prædicto l eo sacro corroboraremus. Quatenus nullus judex publicus ibidem causas audiendas, vel froda exige da, seu mansionaticas, vel paratas faciendas, ne fidejussiones tollendas, neque ullas redhibitione publicas requirendas, seu etiam per Padum sursum, et deorsum navigando ripaticum tollendo, sicut st Ferrariam, aut Comaclim; ubi suprædictus lo cu sacer salinas dinoscitur habere. Insuper etiam te oneum in nullo foro exigendo, vel ripaticum, aut p rtaticum, vel ubi ullus exactor aliquam oppressione, vel violentiam inferre præsumeret. Petit etiam quandam sylvam juris nostri sitam in comitatu Pa mense in finibus Bismanti in loco, qui dicitur Lam a Fraolaria, cujus fines sunt de uno latere, a flu ine Siclæ sursum per stratam usque; in monte Palar do ascendente per stratam usque in finibus Thus iæ, inde vergente in rivum Albolum usque ad flu en Siclæ, inde quoque juxta Siclam deorsum perveni in flumen Auzolæ. Cujus petitionibus pro divina rem neratione annuentes, suæ Ecclesiæ præfatam sylv m in perpetuum habendam concessimus; atque ex nde ei hoc firmitatis nostræ præceptum fieri jussimu, per quod decernimus, atque statuimus, ut nullus uilibet judex tyrannica potestate in curtis, vel r us ipsius episcopii, aut causis audiendis, nec froda exigenda, seu mansionaticas, aut paraticas faciendas, vel fidejussiones tollendas, neque ullas retribution s publicas requirendas, vel in propriis domibus sa erdotum, vel clericorum suorum potestative, au tyrannice aliquando exerceat. Insuper de omnem ipaticum, sive in salso, sive in dulci, atque teloneu n in omnibus foris nundinum, seu nataticum, aut p tentaticum sæpe dictæ sanctæ Ecclesiæ Regen. a squé ulla contradictione in perpetuum perdonamu. Quod si aliquis, quod minime credimus, contra hoc donationis, vel immunitatis nostræ firmame tum adire contenderit, aut infringere tentaverit, tri inta libras auri optimi coactus exsolvat, medieta em palatio nostro, medietatem Ecclesiæ, cui vim 'l tulit, et si non habet, unde exsolvat, de vita comp nat. Et ut nostræ donationis, vel immunitatis indi tum præ-

---

[a] Ex collatione multorum locorum, tum apud Bignonium in notis ad Marculfum, tum apud Cangium in Glossario, inferri potest hoc nomine designatos fuisse officiales ac ministeriales comitum. Cangio *juniores alii non fuisse videntur nisi judices minores seu pedanei.*

[b] Apollinaris Regiensis episcopus a C rolo Magno tria pretiosa privilegia ad favorem s ecclesiæ meruit obtinere, ubi jura ac confini Regiensis episcopatus recensentur, quæ illis anti uis diebus possidebat.

sentibus, et futuris temporibus inviolabiliter, et inaudacter intactum permaneat, et ab omnibus catholicis diligentius observetur, manu firmitatis nostræ subt. assignavimus, atque annulo impressionis nostræ insigniri jussimus.

Signum † Caroli gloriosissimi regis.

C. Jac. ad vicem Radonis.

Data die vIII Kal. Junias, anno XIII et VII regni nostri. Actum Papiæ civit. In Dei nomine feliciter. Amen.

VI.

Diploma Caroli Magni pro eadem ecclesia Regiensi (anno 781).

(Ex Ughellio, ibid.)

Carolus gratia Dei rex Francorum et Longobardorum, ac patritius Romanorum. Maxima regni nostri in hoc augere credimus munimenta, si beneficia opportuna, quæ pro compendiis servorum Dei locis venerabilibus largita, vel condonata sunt, nostro munimine confirmamus, regiam inquid exercemus consuetudinem, et hoc nobis ad remedium animæ nostræ in Dei nomine pertinere confidimus. Igitur compertum sit omnium vestrorum magnitudini, qualiter venerabilis vir Apollinaris Ecclesiæ Regiensis episcopus una cum clero et populo prædictæ Ecclesiæ clementiam regni nostri petiit, ut electionem ex clero præfatæ suæ Ecclesiæ omni tempore concederemus. Insuper et petiit, ut omnibus rebus ipsius episcopatus, quas moderno tempore tam de datione regum quamque reginarum, seu reliquorum Dei timentium hominum, vel quod in antea additum, vel delegatum fuerit, et juste, et rationabiliter possidere dinoscitur, sub immunitatis nomine per nostram auctoritatem ad prædictum sanctum locum concedere, vel confirmare deberemus. Quatenus nullus judex publicus ibidem ad causas audiendas, vel fodra exigenda, et mansiones, vel paratas faciendas, nec fidejussores tollendos, neque nullas redhibitiones publicas requirendas ingredere, nec exactare penitus non præsumeret. Cujus petitionem pro divino cultu denegare noluimus, sed ita electionem concessisse omni tempore suæ Ecclesiæ, atque in omnibus confirmasse cognoscitur. De cætero, et immunitatem nostram ei conscribere jussimus, per quam omnino jubemus, ut nullus quislibet de vobis, neque de judiciaria potestate in chartis, vel rebus ipsius episcopatus ad causas audiendas, nec fodra exigenda, seu mansiones, aut paratas faciendas, vel fidejussiones tollendas, neque nullas redhibitiones publicas requirendas ingredere, nec exactare ullo unque tempore nullatenus præsumatur, sed sub immunitatis nomine cum omnes fretas concessas valeat memoratus episcopus, suique successores omnique tempore quieti vivere, ac resedere, quatenus melius delectet ipsos servos Domini, qui ibidem Deo famulare videntur, pro nobis, uxorique, nostra etiam prole Domini misericordiam jugiter exorent. Et ut hæc immunitas firmior habeatur, et diuturnis temporibus melius conservetur, manus nostræ subscriptionibus subter etiam annotavimus, et de anulo nostro sigillare jussimus.

Signum † Caroli gloriosissimi regis.

Gilibertus ad invicem Radoni recognovi.

Data in mense Junio die octavo in anno 15 et 7.

Actum Papiæ civitate in Dei nomine feliciter.

VII.

Caroli Magni diploma [a], per quod Apollinari episcopo Regiensi, ejusque ecclesiæ, omnia jura ac privilegia confirmat (anno 781).

(Ex Muratorio, Antiquitates Italicæ med. æv.)

Carolus gratia Dei rex Francorum et Longobar-

---

[a] In mentem fortasse mihi nunquam venisset suspicari de legitimitate hujusce fetus, nisi me remoratus fuisset modus, quo sigillum cereum illic appositum fuit. Nimirum in postica parte minime repercussa ac dilatata erat cera; sed ea ratione in scissuram pergamenæ immissa, ut inde nullo negotio educi posset, suoque ex loco facile elaberetur, nisi circulo ligneo comprehensa, illo etiam adhibito, in charta confirmata fuisset. Id mihi suspicionem ingessit, germanum sigillum aliunde sumptum, in pergamenam hanc potuisse ab aliquo inferri. Tum notas chronologicas in examen revocavi. Datum est diploma *anno tertio decimo et septimo;* quæ epochæ tum regni Francorum, tum regni Langobardorum, rite indicant annum 781, quo quidem anno, ac Junio mense reapse Carolus Magnus Ticini versatus est. Atqui ipso anno decurrebat *indictio quarta:* hic vero signatur *indictio decima;* quem errorem concoquere nullo pacto possis. Ad hæc diserte ibi scriptum est *Longobardorum:* quod nescio, an inter mendas sit referendum. Dicam tamen, in germanis aliis, quæ viderim, Caroli Magni diplomatis haberi *Langobardorum;* Diplomata inquam Caroli: nam in aliis veterum monumentis *Longobardos* etiam invenias, uti in Dissertatione XXI *de Statu Italiæ* ostendi. Minuta hæc etiam diligenter animadvertenda esse critica ars jubet. Sed quod tamdem nulla ratione dealbari potest, mihique postremo persuasit, non de legitimo, sed de spurio diplomate hic agi, ea formula dicendi est: *id nobis ad augustalis excellentiæ culmen proficere credimus.* Datum est diploma a Carolo, quum rex tantummodo foret, ac fortasse tunc ne cogitabat quidem de augustali dignitate consequenda. Fieri ergo non potuit, ut is tanquam *imperator* loqueretur, neque formam dicendi usurpasset, quam postea Lotharius I, Augustus ejus nepos, aliique imperatores adhibuerunt. Ac proinde rursus mirari subit, quæ tam diversa a primo aspectu sententia de hoc diplomate secuta fuerit. Quod ubi confictum statuas, uti ego statuo, certe dicendum est, vetustissimum ejusmodi figmentum esse; ac præcipue cum in tergo membranæ charactere majusculo, et ante plura sæcula efformato scriptum legatur: *Confinia episcopatus Regensis ejusdem Karoli ad Apollenarem episcopum, et quicquid ad eumdem episcopatum pertinet.* Ex hoc autem privilegio Ughellius, ad annum 780 *Petrum episcopum* intulit in catalogum episcoporum *Bononiensium,* oblitus postea alterum *Petrum,* hic itidem memoratum, recensere inter episcopos Parmenses. Verum utriusque Petri existentia e diplomate pendet, cui fidere quisnam velit non video. Ita Mabillonius in Annalib. Benedictin. ad annum 781 hocce documento utitur, tanquam legitimo fœtu, atque ibi *Gerardum ducem* se vidisse sibi persuasit, qui tamen *Goeradus* in membrana appellatur. Hinc autem discas, quanta circumspectione, et quam intentis oculis exploranda sit fides veterum diplomatum. Quare si qui sunt, qui

dorum ac patritius Romanorum. Si ecclesiarum Dei servitoribus largitionis ac benignitatis munificentiam impartimur, eorumque votis libenter annuimus, id nobis ad augustalis excellentiæ culmen proficere credimus: insuper (quod cunctis pretiosius est dignitatibus) æternæ retributionis præmium capessere non diffidimus. Industriam igitur omnium sanctæ Dei ecclesiæ fidelium, nostrorumque, præsentium scilicet ac futurorum nosse volumus, patrem nostrum Apollinarem reverentissimum sanctæ Regiensis ecclesiæ præsulem nostram adiisse clementiam, nobisque retulisse, quod accidente negligentia et incuria, crepitantibus flammis, ecclesiarum ædificia in Regiensi urbe cremata fuerint; cum quibus etiam aliqua instrumenta chartarum et monumenta in favillam redacta sint; habebatque præ manibus præcepta regum Longobardorum, quorum auctoritatibus jam sata ecclesia, ne pravorum hominum oppressiones, aut invasionum detrimenta pateretur, undique fulcita erat ac munita. Postulans siquidem, ut et nos ob divinum amorem eamdem ecclesiam cum omnibus facultatibus, quas hactenus acquisivit, vel deinceps futuris temporibus fidelium oblationibus adquisierit, cum rebus et familiis utriusque sexus, cunctoque clero inibi quotidie famulante, sub nostræ defensionis reciperemus protectione: quod et fecimus, et per hanc nostri præcepti paginam præcipimus et jubemus, ut nulla unquam magna parvaque persona res aut familias ejusdem ecclesiæ, sed neque venerabilem ipsius loci clerum, in aliquo inquietare vel molestare præsumat. Et quia termini ejusdem ecclesiæ in confiniis Mantuanis, Bononiensibus, Mutinensibus, et Lunensibus, vel Parmensibus, seu et Ticinensibus, et Cumanis, res ipsius episcopii conjacent; apologeticum idem pontifex habebat, in quo omni remota dubitatione res jam fatæ ecclesiæ per singula loca et vocabula, terminique et confinia insita erant. Ideoque pro temerariæ præsumptionis invasione cavenda, nec non et pro Francorum gente noviter in Italiam a nobis introducta, petiit excellentiam nostram, ut eosdem terminos huic nostro præcepto inseri juberemus, ne fraudem aliquam eadem ecclesia de suis rebus aut confiniis ab invasoribus patiatur. Cujus dignam ac rationabilem considerantes petitionem, et Lunensium et Parmensium confiniis, sicut in ipso apologetico indicabantur, omnes terminos annotare jussimus. A meridie itaque per montana versus Occidentem, conjacent fines, terminique venientes de Prato Mauri, in Montem de Mensa, inde in Centiocrucis, ac deinde in Alpem marinam, inde in Montem de Posci, descendentes in rivum Niteram, quæ defluit in fluvium Inciam, per fluvium Inciam, sicut ipsa Incia decendit a summa villa Monticulo, decurrens extra sverso in Barcham, et defluit deorsum per Agida ad aquilonarem partem in rivum Campigenem, et exinde in Tegolariani, in fluvium Padum et Zarano, sicut Padus defluit in Burlanam. Item per meridiem ad orientalem plagam incedunt fines per Pratum majorem in Montem Rusulum per Alpem in azolam, deinde per Alpem usque in Thermas Salois. Fines vero, qui sunt inter Tusciam et Regense et Mutinensem de Thermis Salonis perveniunt in Tendam regis, inde ad Fontem Silvani, et inde in Rivum Sanguinarium, et deinde ad Lacum de Capene, et inde in Viam Novam, indeque in locum otivum, deinde in locum, qui dicitur La Verna, deinde per montem Laurentii descendens venit in fluvium Dullum, indeque per Silvam de Mallo, et inde in Gollinam, deinde in Pratumlongum, ac deinde per Rivum, qui decurrit de Lupatio in fluvium Siglam, inde per Siglam usque Dullum, ac deinde ascendit per Dimnaticum in Carciola, et inde descendit per Sarram de Mauriano, et pervenit in fluvium Rasennam, et inde ascendit in Piraniana, indeque in montem super Valles usque in Antiquum; deinde descendens in Piscariolam venit in fluvium Siglam, ac deinde per Cluzam currentem per Montem Cerradi, usque dum venit sub Monte Merelli, et inde venit per Silvanum: deinde decurrit per Sasulam, et inde per Montem Monticulum, indeque per Campum Milatium ad septentrionalem plagam per Paludes

---

quoties sibi offertur aliquod antiquorum regum præceptum sigillo suo adhuc munitum, nihil ultra quærendum putant, ut archetypum judicent, egregie falluntur. Nam ne hoc quidem satis est ad certum eorum criterium, quum cerea sigilla pergamenis infixa e postica parte, attenuata per calorem cera, detrahi potuerint, et in aliam commentitii fetus, chartam transferri. Innocentius quoque III papa, ut est in ejus Vita, num. 43, per sigilli vitium mira sagacitate deprehendit in privilegio producto a Scozulensi abbate: quod Mabillonius animadvertit. Neque sane ejusdem fraudis alia desunt exempla; e quibus alterum adhuc afferre juvat. Protulit Ughellus tomo III Ital. Sacr. in episcop. Clusin. diploma Rachisii Langobardorum regis, a quo conditum traditur monasterium Sancti Salvatoris de Monte Amniato, in eodem agro Clusino situm. Documentum illud veluti gemmam commemoravit quoque Thomasius in Historia Senensi. Alibi vero, hoc est in Dissertatione LXV de Monaster. erect. facienda erit mihi mentio diplomatis ejusdem, inter ridenda commenta amandandi. De eodem etiam Mabillonius in Annalib. Benedictinis ad annum Christi 750 prædixerat: Diploma, refert Ughellus cum narratiuncula de origine monasterii (scilicet Amniatini) uæ fabulam sapit. Annum conditi cœnobii septingentesimum quadragesimum secundum præfert diploma, quod ex authentico Ughellus existimavit: quod omnino sincerum esse pervelim. Ita perquam modeste ar doctissimus, quum alioqui fetus ille a capite calcem ineptissimum falsarium prodat. Commentum hoc autem refrico, ut subdam, quæ in illud adnotavit Titius historicus Senensis, cujus libri ad me manu exarati exstant apud heredes doctissimi quondam amici mei Huberti Benvoglienti. « Hoc pri ilegium, scribit Titius, est munitum Sigillo cereo nucleo ex utraque parte cum duabus imaginibus humanis impressis. Litteræ vero circumscriptæ cum ode legi non valent propter vetustatem. Caput triusque imaginis in sigillo coronatum est, et virg manus utriusque tenet. Atque hoc privilegium est apud abbatiam Sancti Salvatoris in agro Senensi. » Sigillum duorum virorum imagines præferens, duos principes indicat simul regnantes, ac propterea nil commune cum Ratchisio rege habuisse videtur: Attamen facto etiam sigillo vis olim multa fuit ad conciliandam apud imperitos diplomati fidem.

Civitatis Novæ usque Stratam, ac deinde in Aquamlongam, usque dum venit in Burianam.

Infra istos prænominatos fines, sicut a sanctis patribus, et idoneis ac catholicis hominibus antiquitus in ipsa ecclesia constitutum fuisse reperimus, omnia pars ipsius ecclesiæ secure ac quiete nostra regali auctoritate perenniter possideat. Retulit etiam prælibatus pontifex, quod cuidam fratri suo Ansperto nomine quædam oratoria juris sanctæ Regensis ecclesiæ, unum quidem in Luciaria inter Padum et Bundenum in honore sancti Georgii, et aliud in Gabiana similiter inter Padum et Bundenum, in honore sancti Andreæ constructum, cunctis diebus vitæ suæ per decretum concessum habuisset. Sed cum postmodum idem Anspertus monasterii Nonantolensis portum peteret, ipsa oratoria pro suo introitu prædicto monasterio dederat. Prænominatus vero pater Apollenaris episcopus, ne ecclesia sua damnum pateretur, cum suo Advocato in præsentia ducis nostri Goerardi, cum Anselmo jam dicti monasterii abbate in judicium convenit. Dissensio vero, quæ inter duo venerabilia loca creverat, absque vicinorum episcoporum audientia nullatenus diffiniri poterat. Ideoque datis induciis, tres episcopi, Petrus scilicet Bononiensis, Geminianus Mutinensis, et Petrus Parmensis, cum aliis idoneis et catholicis viris convocati sunt. Quibus cum jam fato duce Goerado in judicio residentibus, Apollenaris episcopus, et abbas Anselmus affuerunt : quorum querimoniæ subtiliter discussæ, ecclesia Regiensis, cui debito jure jam fata oratoria subjecta erant, canonico ac legali ordine acquisivit. Et ob firmiorem securitatem, notitiam scriptam testibusque roboratam cum ipso decreto sæpe nominatus pater præsentiæ nostræ obtulit, postulans, ut nos inviolabili nostro præcepto eam firmantes, omnem contentionis nævum abstergeremus. Cujus petitioni annuentes, per hoc nostrum præceptum prædictæ sanctæ ecclesiæ ipsa oratoria confirmamus, atque sine ullo contradictore restituimus. Præterea et Gajum nostrum, quod in eodem loco, juxta res ipsius ecclesiæ in Luciaria conjacet, et nunc noviter excolitur, no postulante, oratorio sancti Georgii per hoc nostrum præceptum jure proprio ob animæ nostræ salutem concedimus cum piscationibus per Padum et Bundenum, paludesque et lacus conjacentibus. Similiter quoque et oratorio sancti Andreæ donamus terram et silvam juris regni nostri, quæ circa res ejusdem ecclesiæ inter Padum et Bundenum in Gabiana consistit, cum piscationibus per Padum et Bundenum, Paludesque et Lacus : ut sæpe nominata sancta Regiensis ecclesia hæc omnia jure proprietario teneat atque possideat, absque alicujus potestatis contradictione. Concedimus etiam, ut si contentio de rebus ac familiis ejusdem ecclesiæ fuerit horta, liceat inquisitio fieri per bonos et ingenuos homines circumquaque manentes usque ad sacramentum. Habeantque sibi pontifices ipsius ecclesiæ advocatos duos vel tres, si necesse fuerit, quos ipsi elegerint, qui causam ipsius ecclesiæ diligenter inquirant et examinent. Ipsi vero advocati ab omni publica exactione sint immunes. Si quis autem hanc nostræ constitutionis auctoritatem irritam facere tentaverit emunitatis mulctam, idest argenti libras triginta parti sanctæ Regiensis ecclesiæ persolvere cogatur. Et ut hoc nostræ largitionis et emunitatis ac defensionis seu inquisitionis vel advocationis præceptum diuturnis temporibus in suo robore permaneat, atque ab omnibus verius credatur et diligentius observetur, manus nostræ subscriptione subter annotavimus, anuloque nostro sigillare jussimus.

Signum Caroli gloriosissimi regis.

Gilibertus ad vicem Radonis recognovi.

Data in mense Junio die octavo in anno tertio decimo et septimo, indictione decima.

Actum Papia civitate, in Dei nomine feliciter. Amen.

VIII.

Diploma Caroli Magni quo privilegium ecclesiæ Arretinæ concedit (anno 783).

(Ex Muratorio, Antiquitates Italicæ med. ævi.)

Carolus gratia Dei rex Francorum et Langobardorum, ac patricius Romanorum. Si petitionibus sacerdotum, vel servorum Dei, in quo nostris fuerint auribus prolatæ libenter obaudimus, et eas in Dei nomine effectui mancipamus, regiam consuetudinem exercemus, et hoc nobis ad mercedem vel stabilitatem regni nostri pertinere confidimus. Igitur notum sit omnium fidelium nostrorum magnitudini, presentium videlicet et futurorum, qualiter venerabilis vir Aribertus, sanctæ Arretinensis ecclesie episcopus quæ est constructa in honore sancti Donati, ad nostram accessit clementiam, et petiit serenitati nostre, ut omnes res ipsius ecclesie, que ibidem a longo tempore et usque nunc visæ sunt pertinuisse, tam monasteria vel senodochia, quamque et ecclesias baptismales, seu reliquas possessiones, quicquid per donationes vel confirmationes regum, sive vinditiones, commutationesque ex bonorum hominum largitate ibidem datæ vel condonate sunt, vel etiam illud monasterium sancti Benedicti, in suprascripta ipsa civitate, quod bone memorie Cunemundus quondam episcopus antecessor suus legibus comparavit, vel suo fundavit opere, una cum rebus suis propriis, quas de jure parentum suorum habuit, et ad ipsam ecclesiam Dei visus fuit delegasse ; inspectas ipsas preceptiones, vel confirmationes, sive vinditiones, vel commutationes, denuo per nostram auctoritatem circa ipsum sanctum locum redere et confirmare deheremus. Cujus petitionem pro reverentia ipsius sancti loci noluimus denegare ; sed in elimosina nostra ita prestitisse et confirmasse cognoscat. Precipientes ergo jubemus, ut sicut constat ipsa ecclesia sancti Donati de predictis rebus a longo tempore juste et rationabiliter legibus vestita fuisse, et presenti tempore memoratus vir venerabilis vir Aribertus episcopus recto tramite possidere videtur, inspectas ipsius preceptiones vel confirmationes regum, ut diximus, seu vinditiones, vel commutationes sive traditiones bonorum hominum ita in antea per hanc nostram auctoritatem atque confirmationem valeat jam fatus Aribertus episcopus, suique successores, qui fuerint rectores ipsius sancti loci, ipsis, ut supra memoravimus, rebus quieto ordine tenere et possidere ; et nullus quidlibet de fidelibus nostris amodo et deinceps sepe dicto episcopo vel successoribus suis de jam suprascriptis rebus inquietare aut calomniam generare quoque tempore non presumat, sed nostris et futuris temporibus ad ipsam casam Dei proficiant in augmentis. Et ut hec auctoritas firmior habeatur, vel per tempora melius conservetur, manu propria subter eam decrevimus roborare et de anulo nostro jussimus sigillari.

Signum Caroli gloriosissimi regis.

Ercambaldus ad vicem Radoni subscripsi.

Datum VII Idus Octobris, anno XVI, et decimo regni nostri.

Actum Vurmasita civitate, in Dei nomine feliciter. Amen.

IX.

Diploma Caroli Magni pro Mutinensi a ecclesia (anno 785).

(Ex Ugbellio, Italia Sacra, tom. II, p. 91.)

Carolus gratia Dei rex Francorum, et Longobardorum, ac patricius Romanus, omnibus episcopis, abbatibus, ducibus, comitibus, gastaldis, atque omnibus monasteriis Deum timentibus, præsentibus et futuris.

Maximum regni nostri in hoc augeri credimus monimentum, si petitionibus sacerdotum, ac servorum Dei, in quo nostris auribus fuerint productæ, libenti animo obtemperamus, atque ad effectum perducimus. Quapropter noverit solertia vestra, qualiter nos ad petitionem venerabilis viri Geminiani sanctæ Mutinensis ecclesiæ episcopi, quæ est constructa in honorem preciosissimi confessoris Christi Geminiani antistitis ipsius ecclesiæ, tale circa ipsum sanctum locum concessisse beneficium, ut in monasteria, et xenodochia, seu ecclesias baptismales, vel reliquas possessiones, quæ ad dictum episcopatum pertinent, tam de donatione regis, quam reginarum, seu reliquorum Deum timentium hominum, unde moderno tempore ipsa casa Dei juste investita est, aut quod divina pietas ibi amplificare voluerit, nullus judex publicus ad causas audiendum, vel fodra undique exigendum ; seu mansiones, aut paratas faciendum, nec fidejussiones tollendum, neque hominibus ipsius episcopatus distringendum, nec ullas redhibitiones publicas requirendum, judiciaria potestas ibidem quoquam tempore ingredi, vel exactare penitus non presumat. Propterea hanc immunitatem conscribere jussimus, per quam specialiter decernimus ordinandum, ut nullus quilibet de vobis, neque de junioribus vestris amodo, et deinceps ut diximus in monasteria, vel xenodochia, seu ec-

---

a Geminianus hoc nomine II, Mutinensis episcopus allectus est anno 785 ; in cujus gratiam Desiderius, rex Longobardorum omnia privilegia præcedentium Regum erga Mutinensem ecclesiam rata habuit. Quem cum postea Carolus Magnus d bellasset, victorque diversa privilegis diversis indulsi set ecclesiis, hoc sequens etiam Geminiano concessi.

---

clesias baptismales, vel reliquas possessio es, quæ ad ipsum episcopatum, ut diximus, de da ione regium, aut reginarum, seu reliquorum Deu timentium aspiciunt, nullus judex publicus ad c usas audiendum, vel fodra undique exigendum, se i mansiones, aut paratas faciendum, nec fidejussio es tollendum, nec ullas redhibitiones publicas req irendum, vel exactandum judiciaria potestas ibide quoquam tempore ingredi vel exactare penitus non ræsumat, sed sub immunitatis nomine cum omni f æda concessa valeant omni tempore rectores ipsi s episcopatus, hominesque eorum quiete vivere, e residere. Et ut hæc auctoritas firmior habeatur, v l diuturnis temporibus cognoscatur, manus pro riæ subscriptione eam decernimus roborari.

Signum Caroli gloriosissimi regis.

V. Vigbaldus ad vicem Radoni recogno i.

Data Sexto Kalend. Octobris, anno XIV t IX regni nostri.

X.

Diploma Caroli Magni pro monasterio sanct Vincentii de Vulturno (anno 787).

(Ex Duchesne, Scriptores Francicarum r rum.)

Carolus rex Francorum et Longobardor m, ac patricius Romanorum. Viro venerabili Paulo bbati seu monachis monasterii sancti Vincentis siti n territorio Beneventano partibus Samniæ..., Et q ia detulit nobis præceptum Desiderii regis, qualiter illa Tritæ sita in finibus Balvense ad ipsum sanctum cœnobium pro utilitate monachorum condonasset. U de, et nos super idem præceptum nostræ confirmati nis edidimus. Sed dum postea aliquas altercatione inter vos et ipsos homines, qui se per cartas ducu dicebant esse liberos, consurrexisse manifestum es Pro quibus nos missos nostros Risnum et Agilb rtum ibidem directos habuimus, per quos omne causam liquidius inquirentes, omnem veritatem e inde cognovimus. Propterea pro mercedis nostræ ugmento, nos ad ipsam causam sancti Vincentii mar yris præfatos homines de memorata villa Tritæ, sicut ab antiquo tempore illorum origo ad servitiu reddendum debiti fuerunt, ita et deinceps remota de medio omni libertate, legitimum servitium et bsequium perpetualiter omni tempore permansurum donationis præceptum, ut perficiant jubemus.

Diploma alterum quo de ordinando abbate si e qualibet cujuscunque molestia, et sibi subjectas c llas ordinandi, judicandi et disponendi, perpetu iter, liberam concessionem largitus est idem im erator et rex Carolus hujusmodi præfati monasterii monachis sancti Vincentii levitæ et martyris.

Carolus gratia Dei rex Francorum, et ongobardorum, ac patricius Romanorum. Omnibus piscopis, abbatibus, ducibus, comitibus, judicibus, astaldeis, autionariis, vicariis, centenariis, vel reli is fidelibus nostris, præsentibus scilicet ac futuris Maxime regni nostri in hoc augeri credimus munimentum, si petitionibus sacerdotum atque servorum Dei, in quo nostris auribus fuerint prolatæ, libenti animo obtemperamus, atque ad effectum perducimus, regiam consuetudinem exercemus, et hoc nobis ad mercedis augmentum, vel stabilitatem regni nostri in Dei nomine pertinere confidimus. Quapropter noverit solertia vestra, qualiter nos ad petitionem religiosi viri Pauli abbatis ex monasterio sancti Vincentii martyris, quod est constructum in locum qui dicitur Samnii super fluvium Vulturnum, tale beneficium circa ipsum monasterium visi fuimus concessisse, ut in monasteriis legitime sibi subjectis, quorum vocabula sunt: monasterium sancti Petri apostoli, quod fundatum est prope muros civitatis nostræ Benevento: et monasterium sanctæ Mariæ, quod situm est in finibus Spoliti, in loco qui dicitur Apinianicæ: insuper et cætera monasteria, vel cellas, sive curtes, vel reliquas possessiones, quæ ex largitate regum, reginarum, sive ducum, vel bonorum hominum, ibi sunt datæ, vel delegatæ, seu etiam excusatos, seu offertos, qui in præfatis monasteriis legitime jam subjecti sunt, vel qui devote offerre se cum suis rebus voluerint, juste et rationabiliter licentiam habere debeant. Necnon et undecumque ipsa casa Dei moderno tempore justo tramite vestita esse cernitur, vel quod inantea a Deum timentibus hominibus ibidem legibus additum, vel delegatum fuerit, ut nullus judex publicus ad causas audiendum, vel freta undique exigendum, seu mansiones aut paratas faciendum, vel fidejussores tollendum, aut homines ipsius monasterii stringendum, nec ullas reddiciones publicas requirendum, ullo unquam tempore ingredere neque exactorare penitus præsumatur. Propterea hanc emunitatem scribere jussimus, per quam specialiter decernimus ordinandum, ut nullus quislibet de vobis, aut a judiciaria potestate, vel quælibet persona, a modo et deinceps in monasteriis, vel cellis, seu curtibus, necnon reliquas possessiones superscriptas, sive undecumque ipsa casa Dei nunc tempore justo tramite vestita esse dignoscitur, infra regnum Christo propitio nostrum, nemo ibidem ad causas audiendum ut diximus, vel freta undique exigendum, seu mansiones aut paratas faciendum, vel fidejussores tollendum, aut homines ipsius monasterii distringendum, sive ullam novam consuetudinem ponendum, nec ullas reddiciones publicas requirendum ingredere, vel exactorare quoquo tempore præsumat. Similiter in Dei nomine concessimus, vel confirmavimus erga ipsum sanctum locum, sicut habet humana fragilitas, ut quandoquidem abbas ex ipso monasterio de hac luce migraverit, licentiam habeant secundum regulam sancti Benedicti qualem meliorem ac digniorem et sapientiorem invenerint, absque cujuslibet inquietudine, vel contradictione, inter se eligendi abbatem, et sub emunitatis nomine...... omnes fructus concessos valeant, omnique tempore rectores ipsius monasterii sancti Vincentii, tam ipsi, quam et successores eorum, quamque ipsi fratres qui ibidem Deo famulari videntur, quiete regulariter vivere, ac residere: quatenus eis melius delectet pro nobis uxoribusque nostris, ac liberis, vel cuncto populo nostro misericordiam Dei attentius exorare. Et ut hæc auctoritas firmior habeatur, ac diurnis temporibus inviolata Deo adjutore conservetur, manu propria subter eam roborare decrevimus, et annulo nostro sigillare jussimus. Signum Caroli gloriosissimi regis. Signum Jacob ad vicem Radonis. Data ix Kal. Aprilis anno decimo nono, et decimo quarto regni nostri. Actum Capuæ civitatis nostræ, in Dei nomine feliciter amen.

XI.

Diploma Caroli Magni, pro ecclesia Beneventina
(anno 783).

(Ex Ughellio, Italia Sacra.)

Carolus Dei gratia rex Francorum et Longobardorum, ac patricius Romanorum. Omnibus agentibus nostris, tam præsentibus quam futuris, Domino juvante, qui nos in solium regni nostri instituit. Si petitionibus sacerdotum, atque servorum Dei quod pro eorum quiete, vel juvamine, pertinet libenter obaudimus, vel ad effectum in Dei nomine mancipamus, regiam consuetudinem exercemus, et hæc nobis ad mercedis augmentum, vel stabilitatem regni nostri in Dei nomine pertinere confidimus; ideoque vir venerabilis David episcopus ecclesiæ sanctæ Dei genitricis semperque virginis Mariæ, quæ est sita infra civitatem Beneventanam clementiam regni nostri petiit, ut omnes res quascunque ipsa casa Dei, tam de donationibus regum, quamque reginarum, vel ducum, atque ducissarum, seu Deum timentium hominum, sive causa venditionis, aut emptionis, commutationisque titulo, vel omnes diffinitiones quas de rebus sanctæ ecclesiæ rectores ejus justo tramite in judicio vicerunt, nec non et omnes redditus vel oblationes fidelium diversarum ecclesiarum ipsi sanctæ Beneventanæ ecclesiæ legibus pertinuerint, in integrum ab episcopo Benevent. qui per tempora fuerit suscipiantur, atque canonica sanctione possideantur, sive sint per diversa loca, tam in civitatibus, quam in villis, vel in montibus, atque in planis, sive in aquis, vel etiam in planitie ac possessiones, seu undequaque moderno tempore ipsa casa Dei ordine legitimo possidere, atque dominare videtur, vel quidquid in antea ibidem additum, vel delegatum fuerit sub immunitatis nomine confirmare debemus. Cujus petitionem nolumus denegare, sed ita præstitisse, atque in omnibus confirmasse cognoscat. Propterea hanc immunitatem nostram conscribere jussimus, per quam specialiter decernimus ordinandum, ut nullus quilibet de nobis, aut de judiciaria potestate, vel quælibet persona amodo, et deinceps in monasteria sibi legitime subdita, aut in curtes, vel ecclesias seu in rebus universis suprascriptis unde nunc ipsa casa Dei juste, et rationabiliter vestita esse dignoscitur, vel quod in antea ex largitate bonorum hominum acquirere potuit ad causas audiendum, vel freta undique exigendum, seu mansiones, aut paratas faciendum, vel fidejussores tollendum, aut homines ipsius ecclesiæ contra rationis ordinem destringendum, neque novas consuetudines imponendum, nec ullas redhibitiones publicas requirendum ullo unquam tempore ingerere, aut exactare penitus præsumatis, sed sub immunitatis nomine valeat memoratus David, ejusque successores qui per tempora fuerint quiete Christo propitio vivere, ac residere quatenus sic melius delectet, pro nobis, uxoribusque nostris, ac liberis nostris Domini misericordiam attentius deprecari, et ut hæc authoritatem firmiorem habeant, ac futuris temporibus inviolata conserventur manus propriæ subscriptione eam decrevimus roborare, et de annulo nostro jussimus sigillare.

Signum Caroli gloriosissimi regis.

Datum 11 Kalend. Aprilis anno XVIII et XIV nostri regni.

Actum Capuæ, In Dei nomine feliciter. Amen.

XII.

Diploma Caroli Magni pro ecclesia Mediolanensi (anno 791).

(Ex Ughellio, Italia Sacra.)

Carolus gratia Dei rex Francorum et Longobardorum, atque patricius Romanorum.

Illud namque ad æternam beatitudinem, seu stabilitatem regni nostri, in Dei nomine pertinere confidimus, si justis petitionibus servorum Dei, in quo auribus nostris patefactæ fuerint, libenter obtemperamus, atque ad effectum producimus. Igitur notum sit omnium fidelium nostrorum magnitudini, præsentium scilicet, et futurorum, qualiter vir venerabilis Petrus, sanctæ Mediolanensium urbis ecclesiæ episcopus, serenitati regni nostri successit, qualiter ob amorem Dei, et venerationem sancti Ambrosii, juxta corpora sanctorum martyrum Protasii et Gervasii, seu ipsius beatissimi confessoris Christi, cœnobium institutum habeat, atque monachos ibidem sub regula sancti Benedicti noviter, qui laudes Deo illic sedulas referrent, et pro felicitate regni, ac totius populi christiani sospitate, seu pro statu sanctæ Mediolanensis ecclesiæ exorarent, constituisset, atque inibi venerabilem Benedictum presbiterum abbatem ordinasset, unde petiit clementiam celsitudinis nostræ, ut omnia, quidquid, ipse pro divino intuitu ad jam dictum monasterium ex rebus ecclesiæ suæ Mediolanensis largitus est, vel moderno tempore ibidem justo tramite delegatum fuit, et nunc juste, et rationabiliter partibus ipsius monasterii possidere dignoscitur, vel quod in antea a Deo timentibus hominibus, tribuente Domino, additum, vel delegatum fuerit, nostris oraculis plenissime confirmare deberemus; quatenus sub regimine et potestate rectoribus, qui fuerint, sanctæ Mediolanensis ecclesiæ, sicut ab ipso statutum esse cernitur omni tempore permanere debeat, et quandoquidem divina vocatione abbas ex ipso monasterio de hac luce ad Dominum migraverit, licentiam haberent monachi de ipso monasterio sanctæ Dei ecclesiæ Mediolanensium, nobisque per omnia fidelem super se secundum ordinem sanctum, et regulam sancti Benedicti eligendi abbatem. Cujus petitionem propter nomen Domini, et reverentiam ipsius sancti loci, eritisque sanctis antedicti pontificis compellenti us, noluimus denegare; sed in eleemosyna nostra ita concessisse, atque in omnibus confirmasse eo noscito. Quapropter per præsentem auctoritatem nostram decernimus, ac jubemus ut sicut constat ab eam fato viro, venerabili Petro archiepiscopo, monasterium, ut supra memorabamus, juxta corpora sanctorum martyrum Protasii et Gervasii, seu confessoris Christi Ambrosii, una cum adjacentiis, vel appenditiis ipsius monasterii, stabilitum esse, inspecta ipsius auctoritate per hoc nostrum serenitatis præceptum, atque confirmationis donum perpetuis temporibus jure firmissimo stabiliter permanere habeat: et neque abbas ibidem ordinetur extraneus illo unquam tempore, nisi ex ipsa congregatione ut supra diximus, sanctæ Dei ecclesiæ Mediolanensium, nobisque per omnia fidelis, quem fratres eligere voluerint, qui eos secundum divinas leges et regulam sancti Benedicti valeat gubernare. Et ita censemus, ut nullus de nostris successoribus, seu prædicti pontificis, unquam, hanc nostram dispositionem, quam pro amore beati Christi confessoris Ambrosii seu stabilitate regni nostri, confirmavimus, irrumpere atque destruere præsumat, sed et melius delectet ipsos servos Dei, qui sub norma beatitudinis ibidem vitam per tempora degere videntur, pro nobis uxoreque nostra, ac liberis, seu stabilitate regni nostri, Domini misericordiam jugiter exorare, nostris Deo auspice futurisque temporibus inviolabiliter atque irrefragabiliter perdurare, vel consistere debeat. Et ut hæc auctoritas firmior habeatur vel per tempora conservetur, manu nostra subter eam roborare decrevimus, atque annulo nostro sigillari jussimus.

Signum † Caroli gloriosiss. regis.

Dat. in mense Aprile anno vigesimo secundo, et decimo septimo regni nostri.

Actum Placentiæ ex Palatio nostro publico in Dei nomine felic. Amen.

XIII.

Diploma Caroli Magni pro ecclesia Centensi (anno 794).

(Ex Ughellio, Italia Sacra, tom. V, p. 17.)

Carolus gratia Dei rex Franchorum, et Longobardorum, et Patricius Romanorum. Maximum regni nostri in hoc augere credimus munimentum, si petitionibus sacerdotum, vel servorum Dei, in quo nostri auribus patefecerint, libenter obaudimus, et eas in Dei nomine ad effectum perducimus. Igitur notum sit omnium fidelium nostrorum magnitudini præsentium scilicet, et futurorum, qualiter nos propter nomen Domini ad æternam remunerationem tale confirmationem... ecclesiam sancti Ticiani confessoris Christi, quæ est constructa sub oppido Centdensium castro, ubi ipse pretiosus sanctus corpore requiescit, et ubi preest vir venerabilis Dolcissimus episcopus... concessis, et de omnibus plebibus, vel parochiis cum jurisdictionibus imperii locorum, vel terrarum ipsius episcopi, que in istis comprehenduntur finibus, id est determinatione fluminis Limane, sicut Limana currit in Plave, et Plavis currit usque locum ubi Theba defluit in ipsam, et deinde usque in alium locum, ubi Nigrisalia defluit in Plave, et Plavis currit in mare, et iterum de flumine Limane usque in Celicum montem, et deinde in Lacum mortuum, et dehinc in ecclesiam sancti Floriani, qui primo Opitergine civitatis ejusdem episcopi jura gloriosissime regebat, et inde in aquam ubi oritur Liquentia, et deinde usque in archam traversam; et post hinc flumen Medune, et aqua Medune defluit in Liquentiam, et iterum Liquentia currit in.... Nos igitur dignam ejus petitionem considerantes, tam ipsi, quam successoribus suis per nostri precepti paginam confirmamus, atque corroboramus omnes plebes, atque jurisdictiones locorum, vel terrarum que in prescriptis finibus vel terminationibus comprehenduntur, precipientes itaque mandamus, ut nullus dux, patriarca, archiepiscopus, episcopus, marchio, comes, vicecomes, judex, scaldio, nullaque nostri regni persona parva, vel magna, prelibatum episcopum, vel suos successores de omnibus plebibus, vel jurisdictionibus, quas eis per confirmationem nostri precepti concessimus, atque corroboravimus, sic precepta nostrorum antiquorum regum, vel imperatorum confirmata fuerunt, inquietare, vel divestire presumat, sed omnia potestative teneat, remota omnium interdictione. Si quis autem, quod minime credimus, ad futurum hoc nostre confirmationis preceptum irrumpere tentaverit, sciat se compositurum mille lib. auri, medietatem camere nostre, et medietatem jam dicto episcopo, vel suis successoribus. Quod ut verius credatur, et obnixius imposterum ab omnibus observetur, manu propria subter firmavimus, et impressione nostri sigilli insignini jussimus.

Signum Caroli illustris regis.

Datum pridie Kal. Aprilis anno XXVI et XX regni.

Actum in Francono fruel in Dei nomine feliciter. Amen.

XIV.

Diploma Caroli Magni pro ecclesia Aretina (anno 795).

(Ex Ughellio, Italia Sacra, tom. I, p. 412.)

Carolus gratia Dei rex Francorum, et Romanorum, atque Longobardorum. Quidquid in nostra, et in procerum nostrorum præsentia, justo ac recto tramite diligenti examinatione, secundum justitiam sanctorum Patrum, fuerit terminatum, vel diffinitum, oportet nostris confirmare oraculis; ita ut Christi propositum perpetuis temporibus maneat inconcussum.

Igitur notum sit omnibus episcopis, abbatibus, ducibus, comitibus, guastaldis, seu reliquis tronariis, et cunctis fidelibus nostris, præsentibus, et futuris: Quia dum nos Domino protegente Romam, ad limina sanctorum principum apostolorum, Petri et Pauli, pro quibusdam causis sanctæ Dei ecclesiæ, ac domini Leonis papæ pervenissemus; ibique una cum ipsis ducibus, guastaldiis, seu reliquis fidelibus, ac proceribus nostris residentes.

Pervenit Aribertus sanctæ Aretinæ urbis ecclesiæ venerabilis episcopus, in præsentia nostra suggerendo, ac proclamando, super Andream sanctæ Senensis urbis ecclesiæ venerabilem episcopum dicens:

Quia diœcesis ecclesiæ suæ, quam a priscis temporibus prædecessores sui episcopi, vel ipse tenebat, tempore Adriani quondam papæ, invasisset Rodobertus quondam sanctæ Senensis urbis ecclesiæ episcopus, et postmodum eam detinuisset Haimo, quondam episcopus supradictæ Senensis ecclesiæ, et usque nunc eam detineret præfatus Andreas episcopus ante dictæ Senensis ecclesiæ, id est monasterium sancti Ansani, ubi ipse corpore requiescit, cum reliquis ecclesiis. Et dum inter eos pro ea re maxima verteretur contentio, rogavimus sanctiss. ac reverendiss. dominis et in Christo Patri Leoni summo pontifici, et universali papæ, ut secundum canonicam auctoritatem eos una cum suis sacerdotibus pacificare deberet, sicut et fecit, unde et judicatum, et præceptum auctoritatis suæ, supra nominato Ariberto sanctæ Aretinæ ecclesiæ urbis episcopo quatenus deinceps ad partem ecclesiæ parochiam suam cum omni integritate, sicut ab antiquitus fuit, tenere et possidere debeat.

Sed pro integra firmitate petiit serenitati nostræ memoratus vir ven. Aribertus suprascriptæ sanctæ Aretinæ ecclesiæ episcopus, ut et nos demus, circa ipsam sanctam ecclesiam Dei; secundum quod domnus noster Leo summus pontifex, et venerabilis papa, cum venerabilibus omnibus cæteris fidelibus sanctæ ecclesiæ, justo tramite, et æquitatis ordine diffinimus, et per præceptum authoritatis suæ confirmavit, plenissima deliberatione cedere, et confirmare deberemus. Cujus positionem pro divino cultu, et reverentia ipsius sanctæ ecclesiæ denegare nolumus; sed in omnibus ita concessisse, vel confirmasse cognoscere præcipientes. Ergo jubemus quod perpetualiter dictam commemoratam sanctam Dei ecclesiam jure firmissimo mansuram esse volumus, et inspecta ipsa auctoritate, vel confirmationis, prædicti domni bonæ memoriæ patris Leonis summi pontificis, et universalis papæ sicut per ipsum declaratum, ita deinceps valere supranominatus Aribertus sanctæ Aretinæ ecclesiæ episcopus, suique in perpetuum successores, qui fuerint rectores in sancta Dei Ecclesia sua, et monasteria, et baptisteria, sicut a priscis temporibus tenere et possidere, juxta sanctorum Patrum, et æquitatis ordinem regere et gubernare. Et ut hæc auctoritas firmior habeatur, et per tempora melius conservetur, manu propria supra firmavimus, et de annulo nostro sigillari jussimus.

Signum Caroli Magni † imperatoris.

Data IV Nonas Martias, 33 et 34 anno imperii nostri.

Actum Romæ in ecclesia sancti Petri principis apostolorum, ubi ipse in corpore requiescit feliciter.

XV.

Caroli Magni litteræ, quibus constituit Hildericum missum suum ad cognoscendas ubique locorum causas monasterii Farfensis (anno 797).

(Ex Muratorio, Script. rerum Italiæ.)

Carolus gratia Dei rex Francorum, et Langobardorum, et patricius Romanorum. Omnibus ducibus, castaldis, actionariis, seu reliquis fidelibus nostris ubi ubi consistentibus. Notum vobis sit, quia ad deprecationem venerabilis Mauraldi abbatis ejusque congregationis præcipimus Hilderico fideli nostro, ut causas monasterii sanctæ Mariæ vel ipsius abbatis, diligenter requirere et exaltare debeat in cujuscunque loco, vel ministerio, seu potestate, et ubicunque vestra ministeria vel potestate advenerit, et de justitiis prædicti monasterii, vel ipsius abbatis, suisque monachis vel condixerit vel interpellaverit, diligenter atque puriter ad partem supradicti monasterii justitiam reddere studeatis, absque ulla... vel dilatione, et nullam inquietudinem aut calumniam memorato Hilderico de quibuslibet causis contra rationis ordinem facere præsumatis propter hoc, quia ordinatam nostram justitiam de præfata casa Dei inquirere videtur; sed magis in nostra eleemosina cum justitia ad ipsum astare faciatis, si gratiam Dei et nostram habere vultis. Et ut melius cognoscatis, de sigillo nostro subter signari fecimus.

Dat. v. Kal. Septembris, anno XXIV regni nostri. Actum in Ragenisburg civitate.

XVI.

Diploma Caroli Magni quo donationem a Ludigaro factam pro Asculana ecclesia confirmat (anno 800).

(Ex Ughe'lio, Italia Sacra.)

In nomine Domini Dei Salvatoris nostri Jesu Christi. Regnante domno Carolo, et Pipino filio ejus excellentissimis regibus Francorum et Longobardorum, et Patriciis, seu Romanorum regnorum in Christi nomine, in Italia, Deo propitio, vigesimo sexto, et octavo decimo, iisdemque temporibus viro gloriosissimo Vinigiso summo duce, anno felicissimo ducatus ejus VIII seu a Ludigari comit. civitat. Asculan. mense Junii die II, indic. VI. Ideo constat quod ego Ludigarus comes civitatis Asculanæ considerans me de mea retributione, et pro mercede, et redemptione animæ meæ dono, et ad diem præsentis trado in sanctam matrem ecclesiam in episcopatu Asculano, vel in veneratione viri beatissimi Tustolfi episcopi aliquid de rebus proprietatis meæ, id est in Asculano territorio ipso monte Columnate cum septicenti modiorum, et in Forano modiorum quatuorcenti, e medietate ecclesiæ beati Petri, qui ibidem modo exs are videtur cum dotis, et ornamentis, et in Trisago odiorum sexcenti, et in Lomicciano, et in Velariana p o singulæ petiæ positæ modiorum octocenti, et eccl sia sanctæ Helenæ cum dotis, et ornamentis suis, e in Valveneria trecenti sexaginta, et in Cerro m dia trecenti nonaginta. Omnia ista suprascripta t rra cum pomis, et arboribus suis, et cum vineis, t olivetis, cannetis, salcetis, cum ripis, rivis, cultis, et incultis, servis, ancillis, cartulatis, præstanda is, liberis hominibus, et omnia super se habentem in integrum. Et habet fines de Capo fine Umbrid, et rigo majori, de uno latere fine Britta, de al latere fine Claro, et Clarata, de pede fine Trupti. Is a omnia suprascripta terra est in simul tria millia uingenti quinquaginta modiorum, omnia ista. Script s res sic dono, et ad præsentem diem trado ego supr scriptus Ludigarus.... episcopio Asculano, et tibi, domine, Tustolfe episcope, vel successoribus tuis ad proprietatem dicti episcopii, et possidendum n llo impediente. Unde pro ista subscripta donati ne mea dedisti mihi tu, domine, Tustolfe episcope iquid de rebus episcopii tui, propter stare intra civi atem, et extra, idest in ipsum castellum in Isola um ipsa pertinentia, et ipsa curte de Parignano fori Pontem Solestanum, et ipsa curte de Casale, et ips curte de Prepi, et ipsa curte Lomenia tantum di us, vitæ meæ, quod apud me habere testatus sum, t hoc me repromitto: Ego supradictus Ludigari com s tibi suprascripto Tustolfo episcopo, vel posteris, uccessoribusque tuis : Si autem quoquo tempore, quæsiero removere, vexare, vel causare præsumps o, aut a quolibet homine defendere, vel antestar non potero, ego suprascriptus Ludigari comes, ut lia tanta tale restaurare debeo, quæ dicitur Ferqui em quale in illa die videtur esse in extimatione in ip is suprascriptis locis, vel vocabulis, tibi domno Tustolfo episcopo, vel a posteris successoribus tui ad proprietatem suprascripto episcopio possidend m. Cartula ista in sua permaneat firmitate. Actum in Asculo in loco, qui dicitur Carrufa, anno ab incar . Domini nostri Jesu Christi octocenti septuaginta quatuor. Quæ vero charta ista donationis scripsi e o Elmericus notarius ex rogo Ludigari comes, qu me scribere rogavit.

Ego Ludegari comes in hac charta a me acta propria manu mea, signum sanctæ crucis f i †. Ego Carolus imperator hanc cartulam a me l udatam, et confirmatam de rogo Ludigari come signum crucis feci †. Ego Pippin patricius Roman. mperator signum crucis feci †. Ego Vinigisius dux, e marchio

---

a Sub Tuptolpho Asculano episcopo anno 800 donatio a Ludigaro Asculano urbis comite ad illius ecclesiæ favorem facta fuit, a Carolo Magno Francorum Longobardorumque rege confirmata, atque a Pipino Caroli filio Romanorum patritio, necnon a Vinigisio Spoletano duce, et marchione Saseprundo, Rodelanto, et Astulpho subscripta. Servatur pretiosum donationis monumentum in archivo cathedralis ecclesiæ, scriptura quidem incomp sita, barbaræ locutionis, et a tineis aliquatenus cor osa. Datum Asculi mense Junii die 2, ind. VII; an no Caroli regis in Italia 26, Pipini 18, ducatus vero iri gloriosissimi Vinigesii anno 8, et comitatus Ludj arii anno 8. Hoc diploma v nonnullis suspectum, b erudito Antonello ex autographo desumptum, mihi e transmissum est.

ex rege Ludigari comes, testis sum rogatus, signum crucis feci †. Ego Suseprundus a suprascripto Ludigari comes testis sum rogatus, signum crucis feci †. Ego Rodelantus a ss. Ludigari comes testis sum rogatus, signum crucis feci †. Ego Astolphus a ss. Ludigari comes testis sum rogatus, signum crucis feci † [a].

XVII.

Diploma Caroli Magni, pro ecclesia Concordiensi (anno 802).

(Ex Ughellio, Italia Sacra.)

In nomine sanctæ, et individuæ Trinitatis, Carolus divina favente clementia rex Francorum, et patricius Romanorum. Si religiosis præsidentibus locis divinis cultibus mancipatis juvamen nostri imperii præbemus, inde quanto humanis munimur auxiliis, tanto proclivius juvari divinis minime titubamus. Quocirca omnis sanctæ Ecclesiæ fidelium nostrorum præsentium scilicet ac futurorum concipiat universitas, qualiter propter nomen Domini, et æternam remunerationem, atque interventu Radigen. fidelis nostri nos recipimus Petrum sanctæ Concordiensis ecclesiæ episcopum sub nostri defensione, et tutamine mundiburdii cum tota integritate ipsius episcopatus, oratoriis, domibus, castris, villis, servis, et ancillis, et omnibus rebus, mobilibus, ac immobilibus, quæ dici et nominari possunt ad præfatum Concordiensem episcopatum pertinentibus, vel spectantibus. Insuper concedimus jam dicto Petro episcopo sanctæ Concordiensis ecclesiæ ejusque successoribus parochias cum omnibus plebibus, et decimationibus illorum locorum, quæ in infrascriptis clauduntur finibus, vel eorum determinatione : ubi oritur fluvius, qui dicitur Taliamentum, et defluit in mare, et sicut oritur fluvius Liguentiæ, et defluit in mare. Donamus etiam omne foderum, et exsecutionem, et angariam, et omnem publicam functionem prædicto Petro episcopo, ejusque successoribus de toto ipso episcopatu, ut nullus det foderum, neque collectam, neque aliquam dationem, nec ipse, nec suus colonus, nec aliqui in pertinentiis ipsius episcopatus commorantes, vel laborantes. Præcipimus quoque, ut nullus nostrorum fidelium veniens, ac ingrediens, aut missi discurrentes in ipso episcopatu aut ejus pertinentiis mansionaticum faciant, aut aliquam dationem exigant, sed omnia sint in potestate Petri sanctæ Concordiensis ecclesiæ episcopi, suorumque successorum : et hac nostra auctoritate suffultus libere ac secure disponat cuncta sibi a nobis subjecta. Præcipientes itaque jubemus, ut nullus dux, episcopus, marchio, comes, vicecomes, ac sculdasius, gastaldus, deca-

---

[a] Huc usque donatio, et subscriptiones.

Diu ancipiti cogitatione, et mente dubia distractus sum, utrum, veluti suspectam, barbaramque, ac unaquaque fere linea scatentem solœcismis, exponerem chartulam; illamque veluti spuriam silentio penitus præterirem, an potius in ejus animadversione tempus insumerem. Confusa in ea regnorum, indictionisque supputatio, diversa quoque annorum subscriptio. Si enim quiescimus subscriptioni, donationem a Carolo Calvo, nondum tamen imperatore, sed Galliæ potius tyranno, Italiæque invasore subscriptam, affirmare cogimur : ille namque per ea tempora erat in humanis, annoque sequenti, qui erat ab orbe redempto 875, audito Ludovici II imperatoris obitu, illico regnum Italiæ invasit, et a Joanne papa VIII fuit Romæ coronatus ; ipse tamen nunquam reperitur dictus rex Longobardorum, nec filium Pipinum nomine collegam habuisse in regno. Pipinus namque, et Carolus illius ex Pipino rege fratre nepotes regnum inquietantes, ab ipsomet Carolo Calvo antea capti sub an. 852, ac attonsi detrusi fuerant in monasterium, teste Sigeberto. Cæterum si ad regnorum in Italia, indictionisque tempora, in donationis principio apposita respicimus, eam a Carolo Magno confirmatam fuisse dubio procul credendum est ; nam anno illius regnorum in Italia 26, ut habet donationis chartula, ipsum, dimisso honorifice Leone III iter in Italiam parasse, annoque sequenti fuisse Romæ imperatorem coronatum, Latini omnes testantur historici. Vinigesius insuper Spoletanus dux, testis in donatione adhibitus, hoc eodem anno regnorum scilicet Caroli Magni in Italia 25 cum suo exercitu ivit obviam sanctissimo papæ Leoni, et venerabiliter illum recipiens, perduxit Spoletum, ut inquit Anastasius. Quocirca exploso subscriptionis errore, cur germanam donationem improbemus non video, nec rudissimi scribæ ignorantia vitiabit scripturam. Hinc regnorum confusam supputationem explicarem, dilucidaremque ita.

In nomine Domini Dei Salvatoris Jesu Christi, regnante domno Carolo, et Pipino filio ejus excellentissimis regibus Francorum, et Longobardorum, et patriciis Romanorum, regnorum in Christi nomine in Italia Deo propitio 26 et 18 an. scilicet regnorum Caroli 26, Pipini vero 18, ducatus autem viri gloriosissimi Vinigesii, anno 8, et anno 8 Ludigari comitis civitatis Asculi, mense Junii, die 2, indictione 7 ; hac enim indictione anno Christi 799 habemus, Carolum iter in Italiam instituisse, ad ulciscendam injuriam in sanctum Leonem III a Paschali Primicerio, et Campulo sacellario illatam ; in fine autem, quo dicitur, actum in Asculo, sic restitue : Actum in Asculo, in loco qui dicitur Carrufa, anno ab Incarnatione Domini nostri Jesu Christi septingentesimo nonagesimo nono.

Carrufa, unde illud imperatoris Caroli rescriptum exiit, extremus Asculani comitatus limes est, eaque arx postea Bernardo II ann. 1057 a Gudelmo Odemundi filio concessa est, isque locus, Anastasii IV bulla, an. 1153 celebratur, quæ ad comitatus Aprutinum et Asculanum dirimendos terminus est definitus. Illa arx hodie excisa, eversaque est, ejusque adhuc vestigia in regni Neapolitani limitibus, non leviter impressa exstant. Ex illius ruinis duorum milliarium intervallo excitatum est oppidum Ancaranum, quod ab episcopis Asculanis jus divinum, ac politicum accepit, a quo primum tempore stetit. Sub ejus porta ab annis 15, lapis erutus ac refossus est, cui antiquissimum dictichon incisum legebatur, quo de arcis fundatione constabat. Idque postea erasum est, ut arma gentilitia episcopi Sigismundi Donati insculperentur : sed ne illius memoria penitus exstingueretur, a Joanne Petro Pacifico episcopali cancellario exscriptum est, ac sequentia ferebat :

Carolus hoc castrum rex magnus condidit, illo
Tempore Carrufa diruta terra fuit.

Hoc monumentum scripto comitis Ludigarii auctoritatem conciliabat, cum certissimum videatur iis temporibus Carolum cum arcem obsidione cinxisse, qua expugnata, et mox ab ipso solo adæquata, ut traditione celebratum est, ex ejus ruinis Ancaranum in eo loco consurrexisse, in quo olim magnificentissimum templum Deæ Ancaranæ erat consecratum, quod fictum, adumbratumque numen ab Asculanis progentis tutelari celebrabatur, de quo etiam Tertullianus in Apologetico cap. 25 mentionem expressit.

UGHELLI.

hus, aut aliqua regni nostri magna, vel parva persona jam dictum Petrum sanctae Concordiensis ecclesiae episcopum, suosque successores inquietare, vel molestare audeat, vel de ipso episcopatu aliquid exigere, sed ea jam dictus episcopus, suique successores pacifice, ei quiete teneant omni inquietudine remota. Si quis igitur temerario ausu hanc nostram auctoritatem infringere tentaverit, aut eorum quidquam, quae prohibemus, agere, sciat se compositurum auri optimi libras centum; medietatem camerae nostrae, et medietatem multoties jam dicto Petro sanctae Concordiensis ecclesiae episcopo, suisque successoribus. Quod ut verius credatur, et diligentius ab omnibus observetur, sigilli nostri impressione subter insigniri jussimus, manu propria roborantes.

Signum domni Caroli gloriosissimi regis.

Etrambaldus cancellarius ad vicem......... episcopi archicancellarii recognovit. Anno [a] 54 Franc. regni; et Dominicae Incarnationis 8.2.

Datum pridie Non. Aprilis.

Actum Francofurti, anno XXIX regni.

XVIII.

Caroli Magni diploma, quo omnia bona, privilegia, et jura Farfensi coenobio confirmat. (Anno 80).

(Ex Muratorio, Scriptore rerum Italic.)

Carolus serenissimus augustus, a Deo coronatus, magnus, et pacificus imperator Romanorum gubernans imperium qui et per misericordiam Dei rex Francorum et Langobardorum. Si ea, quae a Deum timentibus hominibus locis sanctorum, ob amorem Domini, et opportunitatem servorum Dei, condonata esse noscuntur, nostris confirmaverimus edictis, non solum regiam exercemus consuetudinem, sed etiam hoc nobis procul dubio ad mercedis augmentum, seu stabilitatem imperii nostri in Dei nomine pertinere confidimus. Quapropter notum sit omnibus episcopis, abbatibus, ducibus, comitibus, castaldiis, vicariis, centenariis, actionariis, vel reliquis fidelibus nostris, praesentibus scilicet, et futuris, quia vir venerabilis Benedictus religiosus abbas monasterii sanctae Mariae semperque virginis, et Genitricis Dei, quod situm est in territorio Sabinensi, loco qui dicitur Acutianus, mansuetudini nostrae suggessit, petens, ut res ipsius monasterii, quae a longo tempore ad ipsum sanctum locum, per diversorum hominum donationes, videlicet regum, reginarum, ducum, pontificum, comitum, castaldiorum, vel collationes populi, vel cessiones, venditiones, comparationes, commutationesque pervenerunt, de quibus ipsa casa Dei moderno tempore, idest ab incarnatione Domini nostri Jesu Christi 803 anno, atque anno imperii nostri III investitum habere, vel quieto ordine possidere videtur; per praeceptum regiae auctoritatis nostrae pro mercedis nostrae augmento, ad eumdem sanctum locum plenius cedere et confirmare juberemus. Cujus petitioni annuentes, ad mercedis nostrae augmentum, pro reverentia ipsius sancti loci, vel propter deprecationem memorati viri venerabilis Benedicti abbatis, ita concessimus, et confirmari jussimus. Praecipientes ergo jubemus, quod perpetualiter circa memoratum locum mansurum esse volumus, ut nullus quilibet de fidelibus nostris nec magno to viro venerabili Benedicto abbati, aut successoribus suis in perpetuum de jam dictis rebus, quas praefata casa Dei moderno tempore, id est ab incarnatione Domini nostri Jesu Christi 803 et III imperii nostri juste et rationabiliter quieto ordine possidere cernitur, aut in ante Domino largiente legitimo ordine acquirere potuerit, inquietare, nec condemnare, nec aliquid exinde injuste abstrahere, aut minuere quoquo tempore praesumat. Sed per hoc nostrae serenitatis atque confirmationis praeceptum, nostris, futurisque temporibus ad ipsam sanctam Dei Ecclesiam proficiat in augmentis; quatenus omni tempore, absque cujuslibet illicita contrarietate; ipsas res superius comprehensas, rectores ipsius monasterii tenere et possidere debeant; ita ut melius delectet praedicto venerabili viro Benedicto abbati, atque ejusdem ecclesiae congregationi in perpetuum pro nobis, et pro stabilitate imperii nostri, seu pro filiis et filiabus nostris, seu pro cuncto populo nobis a Deo dato, attentius jugiter divinam exorare clementiam. Et ut haec auctoritas firmior habeatur, et per tempora diligentius observetur, juxta consuetudinem imperialem subscribere; et de anulo nostro jussimus sigillare.

Datum idibus Junii an III Christo propitio imperii nostri, et XXXV regni nostri in Francia, atque XXIX in Italia; indictione undecima.

Actum Aquis palatio nostro publico, in Dei nomine feliciter. Amen.

XIX.

Diploma Caroli Magni pro ecclesia Gradensi (Anno 803).

(Ex Ughellio, Italia Sacra.)

Carolus serenissimus augustus a Deo coronatus, magnus, et pacificus imperator Romanum gubernans imperium, et per misericordiam Dei rex Francorum et Longobardorum. Maximum regni nostri in haec agere credimus immunitatum, si petitionibus sacerdotum, vel servorum Dei, quae nostris auribus fuerint prolatae, libenter annuamus, et eas in Dei nomine ad effectum perducamus. Igitur notum sit omnibus fidelibus nostris praesentibus, et futuris, qualiter vir venerabilis Fortunatus Gradensis patriarcha, sedis sancti Marci evangelistae, et sanctae Hermacorae episcopus Serenitati nostrae petiit, ut tale beneficium circa dictam memoratam sanctam ecclesiam ex nostra indulgentia concedere et confirmare debeamus, quatenus sub immunitatis nomine, tam ipse, quam sacerdotes, et reliqui, necnon servi coloni, qui in terris suis commanent in Istria, Romandiola, seu in Longobardia, vel ubique quieto tramite vivere, et residere debeant. Cujus petitionem, ejus servitio, et meritis compellentibus, denegare noluimus, sed

[a] Hae notae temporariae videntur amanuensium errore extra ordinem positae.

pro mercedis nostræ augmento concessisse, et in omnibus confirmasse cognoscite, tam episcopia, et xenodochia, et ecclesias baptismales. Præcipientes ergo jubemus, ut in vicis, vel villis, seu rebus, vel reliquis quibuslibet possessionibus undecumque præsenti tempore memoratus patriarcha juste, e rationabiliter vestitus esse dignoscitur, nullus judex publicus injuste ad causas audiendum, vel freuda exigendum, nec mansiones, seu paratas faciendas, nec ullas redibitiones injustas requirendum se ingerere, aut exactare præsumat. Sed dum prædictus Fortunatus patriarcha advixerit, sub immunitatis nomine, tam ipse, quam ejus successores, et coloni, ac servi, qui super terras suas commanent, vel reliqui homines sic valeant ex nostra indulgentia quieto tramite vivere, ac residere, ita ut melius eis delectetur pro nobis, vel pro stabilitate regni nostri jugiter Domini misericordiam exorare. Et ut hæc auctoritas firmiter habeatur, vel per tempora melius conservetur, manu propria subtus firmavimus, et de annulo nostro sigillari jussimus.

In Dei nomine ita delibus nostris memorato Petro episcopo, aut successoribus suis de suprascriptis ecclesiis, vel rebus inibi juste, et rationabiliter pertinentibus inquietare, aut calumniam generare, nec aliquid contra rationis ordinem crescere, aut minuere, neque de suprascriptis rebus quidquam auferre quoque tempore præsumat, sed per nostram Serenitatis, atque confirmationis præceptum ad ipsum sanctum locum in eleemosynæ nostræ simulque Pipini gloriosi regis, et filii nostri perpetualiter proficiant in augmentis æternis. Et ut hæc auctoritas firmior habeatur, et diuturnis temporibus melius conservetur, manu propria subtus firmavimus, et de annulo nostro sigillari jussimus.

Signum Caroli serenissimi † ac piissimi imperatoris.

Datum quinto decimo Kal. Decembris anno tertio Christo propitio imperii nostri, et XXXVI regni nostri in Francia, Ind. XI, [b] anno vero Dominicæ incarnationis 803.

Actum Reguntiburg, palatio publico in Dei nomine feliciter. Amen.

XX.

Caroli Magni diploma pro ecclesia Comensi (anno 803).

(Ex Ughellio, ibid.)

Carolus serenissimus augustus a Deo ordinatus, Magnus, pacificus imperator Romanorum gubernans imperium. qui et per misericordiam Dei rex Francorum et Longobardorum. Si petitionibus sacerdotum, vel servorum Dei, in quo nostris auribus patefecerunt, per onus nostrum Ecclesiam perducimus, hoc nobis procul dubio ad æternam beatitudinem pertinere confidimus. Igitur notum sit omnium fidelium magnitudini, præsentium scilicet, et futurorum, quia dilectissimus filius noster Pipinus rex Longobardorum ad petitionem viri venerabilis Petri [a] episcopi sanctæ Comensium urbis ecclesiæ serenitati nostræ petiit, ut omnes ecclesias, vel res ad ipsum sanctum locum pertinentes, quocunque nunc tempore cum ordine, juste et rationabiliter possideri videtur, per nostrum auctoritatis præceptum inibi confirmare deberemus, et specialiter thelqueum de Meanto, et Gegis, cum ipso loco, et Berinzonam plebem, comitatum, districtum, et ipsum portum. Et comitatum Clavennæ, et clusas, et pontem juris nostri Clavennæ clericis Cumanis in canonicalem usum plenissima deliberatione donare, et confirmare deberemus. Cujus petitionem denegare noluimus, scilicet pro æterna remuneratione sic in omnibus concessisse, vel confirmasse cognoscite. Præcipientes ergo jubemus, quod perpetualiter circa memoratum sanctum locum mansurum esse volumus, ut nullus quislibet de fi-

XXI.

Diploma Caroli Magni, pro monasterio sanctæ Mariæ de Organo (anno 805).

(Ex Ughellio, ibid.)

In nomine Domini nostri Jesu Christi Domini Dei æterni, imperante domno Carolo Magno imp. an. IV de mense Novembris, indictione XIII feliciter. Si erga venerabilium commoditatem locorum justa provisione curam impendimus, cœlestibus superni suffragii ventura subsidia procul dubio speramus. Idcirco universorum sanctæ Dei Ecclesiæ fidelium, nostrorumque præsentium scilicet, ac futurorum animadvertat solertia, qualiter obsecrationis Guadelberti venerabilis abbatis cœnobii beatæ illuminationis mundi semper virginis Mariæ, quod situm est in suburbio Veronensi, loco qui dicitur Organo, præclara serenitate faventes, concedimus eidem reverendo cœnobio, ut per omnia loca sub nostri regimine imperii constituta naves, et plaustra ejusdem monasterii libere et absolute, absque ullius refragatione, vel contradictione incedant. Ita ut neque navalia telonia, quæ ripaticos vocant, atque terrestria, neque in transitibus portarum, vel pontis urbis Veronæ, vel cujuslibet alterius civitatis, aut oppidi aliquid dare, seu persolvere cogantur. Alius autem nullus omnino episcopus, comes, vel guastaldius, aut actionarius, sed nec quælibet ecclesiastici ordinis, seu publicæ administrationis persona ab hominibus ejusdem sacrosancti cœnobii exigere præsumat. Addimus etiam, et pro stabilimento imperii, atque remedio animæ nostræ sancimus, ut ubicumque ad

---

[a] Petrus primus Gallorum fuit, qui, jubente Carolo Magno, ad hanc Comensem sedem pervenit, ejusdem civitatis politica succinctus potestate, atque omnium privilegiorum ratificatione. Bellezonensisque agri iterata donatione. Idem imperator exoratus a Petro, canonicis Cathedralis dedit dono comitatum Clavennæ anno 803 XV Kal. Decembris, imperii anno III. Hoc diploma ex archivio cathedralis exem-

platum est.

[b] Si in indictionis numero error non cubat, ut pro XI scribendum sit XII in hoc diplomate indictionis initium non sumitur a Kalendis Septembris. Locum vero, in quo datum est diploma, *Reguntiburg* appellatum, quæ nomenclatio in tabulis geographicis nullibi reperitur, Ratisbonam, quæ et hodie a Germanis Regenspurg vocitatur, esse conjicit Tattus.

præfatum aliquid pertinet monasterium, sive in montibus, seu in planitiebus secundum legum promulgationes Romanarum, si quælibet inde particula diminuta fuerit, requiratur, ita ut per circum manentes boni testimonii, bonæque famæ homines inquisitio de rebus ejusdem fiat cœnobii, sicque ad jus, et dominium, atque possessionem perpetuam ipsius monasterii devolvatur. Permutationes vero immobilium rerum ejusdem monasterii, quæ factæ sunt; tam cum prædiis potestatis nostræ quam cum aliis hominibus, ita firmas, et stabiles perenniter fore decernimus, ac si ab initio constitutionis ejus, ipsæ res eidem collatæ fuissent cœnobio. Si quis igitur temerarius aliquid contra hujus nostræ sanctionis pragmaticum machinari, vel peragere præsumpserit, sciat se xxx librarum communitatis nostræ pœnam persoluturum, medietatem parti palatii nostri et medietatem sæpedicto sancto cœnobio. Et ut certius credatur, seu ab omnibus inviolabiliter observetur, annulo nostro subter sigillavimus.

Signum.

XXII.

a *Diploma* b *Caroli Magni et Leonis III pro monasterio Triumpontium (anno 805).*

(Ex Ughellio, Italia Sacra.)

In nomine Domini Dei Salvatoris nostri Christi. Leo episcopus, servus servorum Dei, et Carolus Magnus et Pius rex, hac die, nullo prohibente, nec contradicente, sed propria nostra voluntate concedimus, tradimus, et per paginam æream. Exauratam in perpetuum donamus tibi, beate martyr Christi Anastaxi; ut pro te, tuoque monasterio, quod est positum ad Aquam Salviam, id est, totam, et integram civitatem, quæ ab omnibus vocatur Ansidonia insimul cum portu qui vocatur Bænilia, item et portum, qui dicitur Herculi, necnon, et montem totum, qui vocatur Gilium, infra mare milliaria centum, et montem qui vocatur Jannuti, et totum montem qui vocatur Argentarium insimul cum mare juxta se habentem milliaria centum infra pelagus, qui est infra ejus aqua. Præfatum montem, qui vo atur Gilium; et Jannuti; item, et castrum, quo vocatur Orbitello, cum stag nio, et piscaria juxta se et cum suo saline, vel cum omnibus suis pertinenti s. Item, et Maxiliano, cum omnibus suis pertinentii, similiter, et montem; qui vocatur Euti, cum omn bus suis pertinentiis, qui est inter affines ad totam c vitatem præfatam. A primo latere est mare magnum, et infra vero aquas maris, quæ sunt milliaria ce tum, et montem Gilio, et montem, qui vocatur Jann ti, quæ sunt juris præfati vestri monasterii, et a ecundo latere est fluvius, qui vocatur Alvenia, et tertio vero latere pergit aqua, quæ dicitur Elza, deinde pergit usque ad locum, qui vocatur Serpe a, et a quarto latere sicuti evenit per Serpenia, et p rgit per pedem montis Arsitii, et vadit per piscia, et venit in Buranum, et sicuti evenit per Buranum, t revertitur usque ad præfatum mare magnum, mnia in jam dicti vestri sancti monasterii juris con edimus, et irrevocabiliter tradimus, qui sunt montib s, collibus, plagis et planitiis suis, pratis, pascui, silvis, pantanis, puteis, fontibus, rivis aquæ pleni, et parietinis actiguis, et vineis, vel cum omni ua utilitate, et usu, vel pertinentiis, et insuper co cedimus tibi præfate martyr Christi Anastaxi tuisqu succesoribus in perpetuum omnes ecclesias, q as infra comitatum et assignationem hujus territ rii sunt, vel usque in finem mundi erunt; uti exind satiatis quodcunque volueritis vos, et servitores estri in perpetuum ponendo rectores, dejiciendo, o meritis eos clericos mittere, et ad vestram tilitatem omni tempore tenere, et nullus alius, isi solus summus pontifex, et in præfatis ecclesii interdictum ponere, vel aliquem clericum excom unicare, nisi rector jam dictæ ecclesiæ sancti Ana taxi possit, et nulli licitum sit infra terminos c nstruere, vel ædificare nisi pro voluntate abbatis sa cti Anastaxi, consecrationes altarium, chrisma, rdinationes de clericis vestris petatis ab episcopo diœcesano, si gratis, et absque ulla calumnia dare voluerit,

---

a « In nomine Domini, Amen. Hoc est exemplum, seu transumptum cujusdam scripturæ seu privilegii concessionis et donationis infrascriptorum sitorum in quadam tabula ænea inventa, et reperta in scripto monasterio sancti Anastasii ad Aquas Salvias, prope urbem sito in sacristia et archivo dicti monasterii juxta altare, et per me Antonium Goioli Petri Sirete civem Romanum, Dei gratia apostolica auctoritate notarium publicum infrascriptum exemplatum, et feliciter transcriptum de verbo ad verbum, et coram reverendo Jacobo Dei gratia episcopo Aretino, et domini nostri papæ in alma Urbe, ejusque suburbiis, et ejus districtu vicario, seu commissario generali, et Infrascript.s Joanni Stephano Maffaronis, Joanne Pauli Alictii, et dicto Petro Berte civibus Romanis, primis notariis apostolicis, et testibus litteratis, per me Antonium notarium infrascriptum coram eis lectum, et diligenter auscultatum : cujus quidem scripturæ, seu privilegii concessionis, et donationis tenor per omnia est talis. »

b Nobilem hanc Caroli imperatoris, Leonisque III papæ donationem, causamque expressit lexander IV in privilegio eidem monasterio concess . Meritis namque et auxilio sancti martyris Anast sii, cujus sacræ reliquiæ ibidem asservantur, solaqu ejusdem sancti capitis ostensione, Ansedoniam Thu ciæ civitatem antiquissimam ab infidelibus occupa am, idem ipse Carolus, Leoque pontifex expugnaru t, funditusque destruxerunt, propter quod ad tant victoria perennitatem, ecclesiæ prædicti martyris, præfatam civitatem, castrum Orbetelli, portum Herc lis, montem Argentarium, insulam Gilii, aliaque castra, et oppida obtulerunt, donoque dederunt in p rpetuum. Ansidoniæ expugnatæ, Caroli Leonisque xpugnantium, ac in sanctum martyrem nobile fac nus penicillo ad vivum ante 400 annos express m, adhuc (a) visitur sub porticu ejusdem martyris dis extra urbem ad Aquas Salvias, seu ad Tres F ntes, ubi antiquum Cisterciensium monachorum cœ obium exstat, cujus nunc, quamquam immeriti, ab atis titulo fungimur.

(a) Post Ughellii obitum vecordi albo deletum fuit. Lcc.

si non potestatem habeant ire ad quemcunque voluerint, episcopum tamen catholicum pro eo, quia Dominus noster Jesus Christus per angelum suum in visione nobis videri fecit ut caput prædicti martyris ad ejus pugnam, quam nos ad præfatam civitatem habebamus cum Dei laudibus adveniret; nostris vero inimicis dicebat, ut vincebamus, et nos ita talia fecimus, et nunc auxiliante Deo, et isto præfato martyre adveniente ejus capite terræ motus venit super nostris inimicis, et tremor apprehendit eos, et parietes irruerunt, inimici vero nostri in nostris manibus devenerunt, et omnes interfecti fuerunt. Idcirco, ut dictum est, tradimus, concedimus, et in præfato monasterio sancti Anastaxi perpetuo largimur, ut de præsenti die habeant tui servitores potestatem in præfatis omnibus ad utilitatem sancti Anastaxi introeundi, utendi, tenendi, fruendi, et usque in sæculum sæcüli possidendi, quatenus per te, glorioso martyr mereamur nos audire illam vocem, quam Dominus dixit in Evangelio: *Euge, serve bone, et fidelis*, etc., *supra multa te constituam; intra in gaudium Domini Dei tui*. De qua Dei promissione multum confidimus nos, et omnes sperantes in te. Et si quis nos vel alius qualiscunque homo, tam presbyteri, quam laici præfata omnia, quæ dicta sunt, ab eadem monasterio subtrahere, vel alienare voluerit, non valeat, sed ex parte omnipotentis Dei, et beatæ Mariæ semper virginis, ac beatorum apostolorum Petri et Pauli, et istius præfati martyris excommunicatus, maledictus, anathematizatus maneat in perpetuum, et cum Anna, Caipha, et Herode, atque Pilato, et Juda Scariote traditore Domini nostri Jesu Christi particeps efficiatur, et a limitibus universarum ecclesiarum extraneus existat hic, et in perpetuum; observantibus sit pax Domini nostri Jesu Christi, Amen. Ego Carolus imperator augustus, auctoritate omnipotentis Dei, et nostri imperii decretum decernimus, ut nullius personæ hominum sit facultas præfata omnia quovis modo ingenii præfato monasterio sancti Anastaxi auferre, vel ablata retinere, aut aliquam molestiam irrogare, nisi de perpetrata iniquitate congrua satisfactione infra xv dies, emendaverit, componat pro pœna Romano imperio quinquaginta lib. auri purissimi.

Actum est hoc, et traditum anno Dominicæ incarnationis octingentesimo quinto, indictione decima, et domini Leonis summi papæ III anno decimo, et domini Caroli imperatoris anno quinto.

Ego Leo episcopus Romanæ ecclesiæ subscripsi.
Ego Carolus imperator augustus subscripsi.
Ego Petrus episcopus Ostiensis subscripsi.
Ego Guillelmus sanctæ Sabinæ card. subscripsi.
Issæ episc. Abien. [*Al.* Sabinen.] subscripsi.
Robertus Aquisgranis subscripsi, etc.
Et ego Hugo dux Luxoviensis [*Al.* Lugdu.] subsc.
Anastasius scriniarius S. R. E. de mandato domini Leonis papæ tertii, et domini Caroli Magni et pii regis hanc paginam æream exauratam complevi, et absolvi.

Ego Jacobus Dei gratia episcopus Aretinus domini mei papæ in Urbe, et ejus districtu, vicarius generalis et commissarius ad compellendum notarios, et alias personas habentes scripturas, instrumenta, et alia monumenta originalia, atque actu quamdam cedulam æneam et ponderosam, in dicto monasterio existentem, prius interfui auscultationi hujus exempli, seu transumpti scripti exemplari de dicta tabula ænea fideliter translati, et exemplati per infra scriptum Antonium Gojoli Petri Sirete, civem Romanum publicum notarium apostolicum, et diligenter coram me auscultati una cum ipso Antonio, ac infra scriptis Joanne Stephani Mafferoni, Joanne Pauli Alictii, et Santolo Petri Berte, civibus romanis, ac publicis notariis apostolicis, et testibus infra scriptarum litterarum; et quia hujusmodi dictum exemplum cum dicto suo originali concordat, nil addito vel diminuto, quod intellectum vitiet, seu immutet, ut huic exemplo, vel transumpto adhibeatur de cætero plena fides ab omnibus ad perpetuam rei memoriam me subscribo, meumque decretum, et auctoritatem ordinariam pro tribunali sedens interpono, et signum mei majoris sigilli feci appendi, sive muniri, sub anno Domini 1369, pontificatus sanctissimi in Christo patris, et domini nostri, domini Urbani divina providentia papæ V, anno ejus 7, ind. viii, mensis Junii, die 27.

Et ego Joannes Stephani Mafferon, civis romanus, Dei gratia S. R. E. et apostolica auctoritate notarius, habens fidem hujusmodi instrumento, seu transumpto fideliter scripto, et translato de dicta tabula ænea per Antonium Gojoli Petri Sirete civem romanum publicum notarium apostolicum infra scriptum, et diligenter per me auscultato coram supra dicto domno Jacobo, Dei gratia episcopo Aretino, et domini nostri papæ in Urbe, et ejus districtu vicario generali, et commissario ad prædicta una cum Joanne Pauli Alictii, et Santolo Petri Berte, civibus romanis publicis notariis apostolicis infra scriptis, et testibus. Et quia dictum exemplum, seu transumptum cum dicto suo originali in omnibus et per omnia de verbo ad verbum concordare inveni nihilo addito, vel diminuto, quod substantiam mutet, vel variet intellectum, ut huic exemplo, seu transumpto adhibeatur ab omnibus de cætero plena fides, ad perpetuam rei memoriam me in testem subscribo, et meum signum apposui consuetum, anno Domini, pontificatus, indictione, mense, ac die prædictis, et infrascriptis.

Et ego Santulus Petri Berte, civis Romanus, publicus apostolica auctoritate notarius habens fidem, etc., ut sup., etc.

Et ego Antonius Gojoli Petri Sirete civis Romanus Dei gratia, et apostolica auctoritate notarius publicus supradictum exemplum, seu transumptum supradictarum litterarum seu privilegii, concessionis, et donationis supradictæ de dicta tabula ænea fideliter scripsi, et exemplavi nil addito vel diminuto, quod substantiam mutet, vel variet intellectum, et ipsum diligenter auscultavi, et legi coram supradicto domino Jacobo episcopo, vicario, et commissario supradicto, ac supradictis Joanne Stephani Maffaronis, Joanne Pauli Alictii, et Santolo Petri Berte civibus Romanis publicis notariis apostolicis, et testibus litteratis, et ut huic exemplo, seu transumpto adhibeatur ab omnibus de cætero plena fides, ad perpetuam rei memoriam subscribo, et meum signum apposui consuetum, sub anno Domini 1569, pontificatus sanctis. in Christo patris ac domini nostri, domini Urbani divina providentia papæ V, anno ejus 7, Ind. 7, mens. Julii, die 27 de mandato dicti domini Jacobi episcopi vicarii, et commissarii supradicti.

XXIII.

Renovatio testamenti Abbonis patricii pro cœnobio Novaliciensi [a], facta per Carolum Magn. (an. 805).

(Ex D. Bouq., Recueil des Histor.)

In nomine Patris, et Filii et Spiritus sancti. Carolus imperator Augustus piissimus, a Deo coronatus, magnus, pacificus imperator, Romanum gubernans imperium, qui et per misericordiam Dei rex Francorum et Langobardorum. Igitur notum sit omnium fidelium nostrorum magnitudini, præsentium scilicet et futurorum, quia vir venerabilis Frodinus abba ex monasterio quod est constructum in honore sanctorum principum apostolorum, loco nuncupato Novaliciis, missa petitione per religiosos monachos, Gislarannum scilicet et Agabertum, serenitati nostræ suggessit qualiter Abbo quondam vir Deo devotus per testamentum donationis suæ aliquas res ad ipsum sanctum locum Novaliciis delegasset, unde ipsa casa Dei et monachi ibidem consistentes, seu pauperes et peregrini, euntes et redeuntes, maximam consolationem habere videntur: et ipsum testamentum nostris detulerunt obtutibus ad relegendum. Sed quia sæpissime per placita comitum, per diversos pagos, necessitate cogente, ipsum ad relegendum detulerunt, jam ex parte valde dirutum esse videbatur. Et ideo quia per se non fuerunt ausi ipsum testamentum renovare, petierunt celsitudini nostræ ut per nostram jussionem denuo fuisset renovatum, eo tenore, sicut ipse ad hoc relegi melius potuisset. Nos autem considerantes eorum necessitatem et mercedis nostræ augmentum, jussimus per fideles notarios nostros infra palatium ipsum testamentum denuo renovare: ita ut deinceps pro mercedis nostræ augmento, inspecto ipso testamento, sicut inibi declaratur, ad ipsam casam Dei nostris futurisque temporibus in augmentis proficiat. Non enim ex consuetudine anteriorum regum hoc facere decrevimus, sed solummodo propter necessitatem et mercedis augmentum transcribere præcipimus hoc modo, et subter plumbum sigillari jussimus.

[a] Oppidum Novaliciense veterrimo monasterio illustre, situm est inter montem Cinisium, le Mont

XXIV.

Caroli Magni diploma pro ecclesia Placentina (anno 803).

(Ex Ughelli, Italia Sacra, tom. II, p. 199.)

In nomine Patris, et Filii, et Spiritus sancti. Carolus excellentissimus Augustus, a Domino coronatus, magnus et pacificus imperator, Romanorum gubernans imperium, per misericordiam Dei rex Francorum et Langobardorum. Omnibus igitur nobilibus catholicis nostro in regno consistentibus, tam de sacerdotali ordine quam et laicali scire volumus, quoniam nihil aliud, ut ait Apostolus, in hunc mundum intulimus, nec quidquam ex eo nobiscum auferre poterimus, nisi quod ab animæ salutem locis sanctorum devote Domino offerentes impertiri videmur; et hoc nobis procul dubio ad æternam beatitudinem pertinere confidimus. Idcirco cognoscat magnitudo, seu utilitas omnium fidelium Dei, nostrorumque scilicet præsentium et futurorum; qualiter vir venerabilis Julianus sanctæ Placentinæ urbis ecclesiæ episcopus, quæ est constructa in honore sanctorum Antonini et Victoris, necnon et Justinæ virginis, nostram deprecatus est clementiam, petens ut ob amorem Dei, et animæ nostræ salutem omnem judiciariam, vel omne teloneum de curte jam dictæ ecclesiæ nuncupante Gusiano cum suis adjacentiis, quæ est sita in montaneis Placentinis per fines subtus denominatas, tam de arimannis quam et de aliis liberis hominibus per memoratas fines, vel infra consistentibus, omnia quæ a publico exigebantur pr mercedis nostræ augmentum in ipsa ecclesia sanctorum prædictorum concedere visi essemus: quod nos propter nomen Domini, et reverentiam ipsius sancti loci ad ipsam ecclesiam secundum præfati episcopi petitionem, sicut a publico hactenus exigebantur, sic promptissima devotione cum omni integritate prædictam judiciariam, vel omne teloneum de supradicta curte Gusiano, vel ejus adjacentiis per has denominatas fines, et cohærentias: id est, ex uno latere de summa costa, ubi dividitur inter monasterio Tollæ, et sanctæ ecclesiæ Placentinæ, descendente usque in rivo Garli; de rivo Garli percurrente usque in fluvio Cario: inde vero per ipsius fluvii alveum descendente usque in capite subtus costa Maurenasca, deinde ascendente usque in summa costa ipsius Maurenascæ, qui dividitur inter ipsam, et Saderiano. Inde quoque percurrente usque in la Vegiola; ex alia vero parte de la Vegiola usque Castellioni, de Castellioni usque in summa Serra, de summa Serra usque Fabricio: inde enim usque ad prædictam Costam, qui dividitur inter Tolla monasterio, et prædictæ ecclesiæ Placentinæ visi sumus concessisse. Quapropter per præsentem auctoritatem nostram decernimus, quod nos in Dei nomine perpetualiter hac nostra concessione mansurum esse volumus; ut ipsam judiciariam, vel teloneum, ut supra ex integro per suprascriptas fines, et infra tam ipse pontifex,

Cenis, et oppidum Segusium. Nunc vicus est, quem vulgo vocant *la Novalèze*.

quam successores sui habeant, teneant, et possideant, vel quidquid exinde ad profectum ecclesiæ suæ facere voluerint, ex permisso nostro liberam in omnibus habeant potestatem; ita ut deinceps nullus dux, gastaldius, vel actionarius, nec quilibet ex ministris reipublicæ de jam dicta judiciaria aliquid præsumere, vel de ipso teloneo aliquid contingere audeant; sed per hanc nostram auctoritatem sub emunitatis nomine, nostris Deo auxiliante temporibus, et futuris memoratus vir venerabilis Julianus episcopus, suique in perpetuum, qui fuerint rectores in ipsa sancta ecclesia, ut supra diximus, valeant quieto tramite tenere, et possidere et pro nobis, ac superstites nostri Domini misericordiam jugiter exorare: et ut præsens auctoritas tam præsentibus, quam futuris temporibus inviolabiliter Domino adjuvante permaneat, manibus nostris subter scribendo roborare decrevimus, et de annulo nostro sigillare jussimus.

Signum † domni Caroli piissimi imperatoris.
Altifredus ad vicem Ercambaldi subscripsi.

Data vii Kalen. Junii, anno 8, Christo propitio imperii nostri, 40 regni nostri in Francia, atque 34 in Italia, indictione I.

Actum Aquisgrani palatio nostro, in Dei nomine feliciter. Amen.

XXV.

Præceptum [a] *Caroli Magni Augusti, quo Manfredum Langobardum civem Regiensem restituit in possessionem omnium fortunarum suarum (anno 808).*

(Ex Muratorio, Antiquitates Italiæ medii ævi.)

In nomine Patris, et Filii, et Spiritus sancti. Carolus serenissimus Augustus, a Deo coronatus, pacificus imperator, Romanum gubernans imperium, qui et per misericordiam Dei rex Francorum et Langobardorum. Notum sit omnium fidelium nostrorum magnitudini, præsentium scilicet et futurorum, qualiter nos Deo favente, et sanctorum principum apostolorum merita inter...... Regnum Langobardorum adquesivimus, et pro credendis aliquos Langobardos foras patriam in Francia ductos habuimus, quos inpostmodum ad deprecationem dilecti filii nostri Pippini gloriosi regis ad patriam remisimus, et eorum legitimam hæreditatem, quam habuimus, in scripto revocatam reddere aliquibus jussimus. Ex quibus unus ex illis nomine Manfredus de civitate regia ad nostram accedens clementiam, serenitati nostræ petiit, ut per præceptum auctoritatis nostræ omnes res quascumque tunc temporis juste et rationabiliter in hereditate legitima possidere videbatur, quando in Francia ductus est, et nos ei inpostmodum reddere jussimus, denuo plenissima deliberatione reddere et confirmare deberemus. Cujus petitionem denegare noluimus, sed pro mercedis nostræ augmentum, et ælimosina antedicti filii nostri ita concessisse, et in omnibus confirmasse cognoscite. Præcipientes ergo jubemus, quod perpetualiter circa eum manere volumus, ut quandiu nobis ac dilecto filio nostro fideliter deservierit, omnes res, ut diximus, proprietatis suæ, undecumque tunc tempore juste tramite vestitus fuit, quando in Francia per jussionem nostram ductus est, et nos ei inpostmodum reddere jussimus, deinceps per hanc nostram auctoritatem jure firmissimo teneat atque possideat: ut vel quidquid exinde facere voluerint, liberum in omnibus perfruatur arbitrium. Et ut hæc præceptio atque confirmatio nostris futurisque temporibus inviolata permaneat, manu propria subtus corroborare decrevimus, et de annulo nostro sigillari jussimus.

Signum domni Caroli piissimi ac serenissimi imperatoris.
Hado ad vicem E...... anbaldi scripsi et subscripsi.

Data xvi Kalendas Augustas, anno viii, Christo propitio imperii nostri, et xL anno regni nostri in Francia, et xxxviii in Italia, indictione prima.

Actum Aquisgrani palatio nostro, in Dei nomine feliciter. Amen.

XXVI.

Privilegium Caroli Magni pro ecclesia Mediolanensi (anno 809).

(Ex Ughelli, Ital. sacr., tom. V, p. 70.)

In nomine sanctissimæ et individuæ Trinitatis. Carolus divino nutu coronatus, Romanum regens imperium, ac per misericordiam Dei rex Francorum, et Longobardorum serenissimus, catholicus, pacificus, Augustus, omnibus comitibus, castaldiis, seu cunctis reipublicæ per provinciam Italiæ nostra mansuetudine præpositis, sempiternam in Domino salutem. Noverint omnes, et singuli, quemadmodum venerabilis [b] Petrus Oldradus ecclesiæ Medio-

---

[a] Præfert pergamena diplomatis hujus notas fere omnes germani antiquæ autographi privilegii, videlicet characteres illi convenientes ævo, et signa cancellariæ imperialis, locum quoque sigilli cerei deperditi. Unum tamen restat, quod suspicionem falsi ingerit. Nimirum consentit quidem annus octavus imperii Caroli cum indictione prima. Congruit et annus quadragesimus regni Francici: sed annus trigesimus octavus regni Italici a recta chronologia discordat, cum anno 808 decurreret annus trigesimus quartus, non vero trigesimus octavus. Ad hæc ultra morem subtilis mihi visa est eadem pergamena. Quare dubius hærere cogor, atque opinari, tutius petendum esse a sæculis posterioribus Manfredum, Piæ, Picæ, Papazonæ, Pedochæ, aliarumque familiarum propagatorem.

[b] Petrus Oldradus, civis Mediolanensis, Adriani pontificis ab epistolis e primaria ejus civitatis nobilitate, Thomæ Crasso suffectus est in archiepiscopum circa annum 783, cumque Leone III pontifice iterum in Galliam profectus est, reversusque Romam, ibidem interfuit, cum pontifex idem Leo Carolum Magnum Augustumque imperatoremque ac c'amasset. A quo deinceps Oldradus amplissima retulit privilegia Mediolanensi ecclesiæ favorabilia, in quibus illud enituit, quo ab eodem politico Mediolanensi principatu munificentia plane regia donatus est: Petrus vero Arianos hæreticos, qua scriptis, qua ferro, opportune perdomuit: quamobrem Malleum hæreticorum a Carolo Magno honorificum tulit cognomen. Ejusdem Petri exstat epistola ad Carolum Magnum de translatione corporis sancti Augustini, cum e Sardinia Papiam fuit delatum.

lanensis archiepiscopus nostram adiit celsitudinem petens, ut pro amore Dei et salute animæ nostræ omnia sanctæ Mediolanensis ecclesiæ in honorem sancti Amsii confessoris Christi, et sanctæ ecclesiæ dicatæ a prædecessoribus nostris imperatoribus, atque religiosis omnibus a felicis Constantini Magni, et aliorum imperatorum recordatione collata, postea a perfidia regum Longobardorum turbata, et sublata nostra imperiali auctoritate restituere, redintegrare, et confirmare vellemus. Cujus piæ postulationi assentientes ejusdem beatissimi Ambrosii episcopi, et Christi confessoris implorandam semper opem statuentes, hoc decretum, et præceptum fieri mandavimus Petro Oldrado archiepiscopo. Quo ei concedimus, et successoribus ejus legitime intrantibus, quidquid ad nostram jurisdictionem pertinere in urbe Mediolani videtur, terras scilicet atque omnem districtum, domos publicas murumque ipsius urbis cum fisco, et teloneo integro et cum omni jure civili, intus, et foris in circuitu usque ad fines. Cortes etiam ipsius civitatis, ac civitatem propriam, castella, villas, manses, servos, et ancillas, criminos, et criminas, domos, possessiones, piscationes, campos, montes, silvas, aquas, aquarumque decursus, et paludes habitas, et possessas a prædecessoribus ejus archiepiscopi ante perfidiam et tyrannidem regum Longobardorum; atque omnia jura aliquo inscriptionis titulo, seu investituræ adhuc donata, et tradita, oblata, seu præsentata sanctæ Mediolanensi ecclesiæ a quibuscunque imperatoribus, seu piis hominibus, donamus, concedimus, confirmamus. Item donamus venerabili archiepiscopo Petro, et successoribus ejus legitime intrantibus omnia quæ vocata sunt, fiscalia comitilia, aut vicecomitilia, quæ posita sunt, aut constructa in comitatu Mediolani, tam intus quam foris in circuitu, usque ad fines prædictos suos, ita ut venerabilis Petrus Oldradus archiepiscopus, et successores ejus legitime intrantes potestatem illic habeant per se, aut per missos suos judicandi, distringendi, placitum tenendi jura ligandi, jura solvendi, et quidquid eorum utilitas, et commodum tulerit, faciendi ad incrementum, et honorem ipsius sanctæ ecclesiæ mediolanensis in perpetuum duraturæ. Præcipientes igitur jubemus, ut nullus noster dux, marchio, comes, vicecomes, sculdasio, gastaldius, procuratorve ullus, hanc sanctam Dei ecclesiam inquietet, aut mansionaticum faciat, teloneum districtum, placitum, aut aliam quamlibet publicam functionem exigat. Sin minus, sciat se soluturum auri optimi libras ducentum: centum fisco nostro, et centum ipsi archiepiscopo. Quod ut verius credant, et diligentius observetur, manu propria roborantes, annuli nostri impressione jussimus insigniri, et convalidari.

Dat. Dertonæ Kal. Maii anni incarnat. Domini nostri Jesu Christi 809, indict. III, imperii autem nostri anno 9, regnorum vero nostrorum 42.

Longinus cancellarius ad vicem Odonis episcopi, et archicancellarii domini nostri Caroli Magni, et invictissimi imperatoris semper Augusti: rogavi, et subscripsi.

XXVII.

Præceptum Caroli imperatoris pro monasterio Cassinensi, (anno 810).

(Ex Tosti, Storia della badia del Monte Casino.)

In nomine Domini nostri Jesu Christi Dei æterni. Carolus gratia Dei rex Francorum et Longobardorum, ac patricius Romanorum, omnibus episcopis, abbatibus, ducibus, comitibus, judicibus, gastaldiis, actionariis, vicariis, centenariis, vel reliquis fidelibus nostris præsentibus scilicet et futuris. Maximum regni nostri in hoc augere credimus munimentum, si petitionibus sacerdotum atque servorum Dei, in quo nostris auribus fuerint prolatæ, libenti animo obtemperamus, atque ad affectum perducimus, regiam consuetudinem exercentes; et hoc nobis ad mercedis augmentum, vel stabilitatem regni nostri in Dei nomine pertinere confidimus. Igitur cunctorum fidelium sanctæ Dei Ecclesiæ nostrorumque cognoscat solertia, quia venerabilis vir Theodemar abbas sancti Benedicti de castro Casino, ubi ipse corporis sepulturæ locum veneratione dicavit, cum cuncta congregatione quæ in eodem loco sub regula almifici confessoris omnipotentis Dei Benedicti veraciter militare cognovimus, miserunt ad nostram præsentiam Benjamin monachum, postulantes nostram celsitudinem, ut ob Jesu Christi Domini nostri, sanctique Benedicti reverentia et animæ nostræ mercede, ad augmentum suprascripti monasterii, et supplementum ejusdem loci confirmaremus in eodem sancto cœnobio monasterium sanctæ Mariæ in Maurinis, sicut Ildebrandus duæ in eodem cœnobio Casinensi offerint. Quorum petitiones nos ob animæ nostræ mercedem, ad augmentum tanti loci proficuum esse recolentes, libenter audimus, et prætaxatum monasterium sanctæ Mariæ in Maurinis in eodem beati Benedicti cœnobio perenniter mansurum volumus cum ecclesiis, cellis, villis, capellis, titulis, casis, servis et ancillis, cartulatis, præferendariis, colonis et colonabus, aldionibus et aldiabus, terris cultis, incultis, agris, campis, pratis, pascuis, silvis, vineis, salicetis, cannetis, aquis aquarumque decursibus, piscationibus, molendinis, molendinisque locis, montibus, planitiebus, vallibus, paludibus quæsitis vel inquirendis, mobilibus et immobilibus, quæ adipisci poterit, prætaxatæ ecclesiæ beati Benedicti, et Theodemario abbati ejusque successoribus, qui pro tempore fuerint pastores, atque rectores ejusdem monasterii ex integro confirmamus ac roboramus, et per nostræ auctoritatis præceptum stabiliemus ut jure ecclesiastico habeant, teneant, firmiterque possideant, omnium hominum contradictione remota. Statuimus videlicet, ut nullus dux, marchio, comes, vicecomes, seu quilibet reipublicæ exactor, homines ejusdem ecclesiæ injuste angariare vel flagellare; seu res ejusdem ecclesiæ tollere, aut illam disvestire audeat. Et si aliquis per falsas cartulas res ecclesiæ alienare desiderat, vel alienavit, liceat rectoribus jam dictæ ecclesiæ per sacramentum et testimonium bonorum hominum circummanentium se defendere juste et legaliter, illam res ecclesiam pertinere, et sic easdem res ad jus et dominium ecclesiæ reddat. Si quis autem hujus nostræ confirmationis præceptum infringere, vel violare temptaverit, et prædictæ ecclesiæ beati Benedicti rectores vel pastores, vel eorum missos, seu aliquos homines ipsis pertinentes distringerit, aut aliquam violentiam fecerit, sciat se compositurum auri optimi libras centum, medietatem cameræ nostræ, et medietatem præfato venerabili abbati, et suis successoribus, qui pro tempore fuerint rectores ejusdem ecclesiæ. Quod ut verius credatur, et diligentius ab omnibus observetur, jussimus inde hoc præsens præceptum conscribi, annuloque nostro sigillari, manu propria subter firmavimus.

Signum Caroli gloriosissimi regis.

Jacob ad vicem Radonis.

Data octavo Kalendas Maias, anno decimo, et quarto decimo regni nostri, indictione undecima.

Actum civitate Capua, in Dei nomine feliciter, Amen. — Carolus gratia Dei imperator Augustus.

XXVIII.

Præceptum Caroli Magni pro eodem Cassinensi monasterio (anno 810).

(Ex Tosti, ibid.)

In nomine Domini nostri Jesu Christi Dei æterni. Carolus gratia Dei rex Francorum, atque Longobardorum, ac patricius Romanorum, omnibus episcopis, abbatibus, ducibus, comitibus, judicibus, castaldeis, actionariis, vicariis, centenariis, vel reliquis fidelibus nostris præsentibus atque futuris. Maximum regni nostri in hoc augere credimus munimentum, si petitionibus sacerdotum atque servorum Dei, in quo nostris auribus fuerint prolatæ, libenti animo obtemperamus, atque ad effectum perducimus, regiam consuetudinem exercemus ; et hoc nobis ad mercedis augmentum vel stabilitatem regni nostri in Dei nomine pertinere confidimus. Quapropter noverit solertia vestra qualiter ob reverentiam sancti confessoris Christi Benedicti ad petitionem religiosi Theodemari abbatis ex monasterio Casinensi tale beneficium in ipso monasterio visi fuimus concessisse ; unde monachi Deo servientes pro nobis et pro cuncto populo Christiano exorantes vivere valeant, id est, res pertinentes sacro nostro palatio per diversa loca, quæ genitor noster Pipinus una cum fratre suo Carulo in eodem sancto cœnobio obtulerunt. Igitur sicut ab illis eodem loco oblata et confirmata sunt, et nos in perpetuum habendum tenendum, et dominandum concedimus et confirmamus. Ecclesiam S. Jacobi in Tremiti ; S. Joannis in Veneri, quæ a Martino monacho ejusdem ecclesiæ constructore beato Benedicto oblata est. Dehinc ecclesiam S. Liberatoris supra fluvium Laentum ; S. Angeli in monte Glano, castellum S. Angeli ; castellum S. Petri, curtem S. Januarii, cum pertinentiis suis inter has fines ; ab uno latere crypta latronis, quæ est sub monticello Sarracenisco, et inde ascendit in stafilum de Majella ; de alio latere quomodo descendit in aquam Frassiningam, et inde mittit in rivum Bacinnum, et vadit in puteum de Capetano ; inde fossatum S. Januaril, et in rosentem. De alio latere finis Bisara in viam. quæ vadit in lacuna supra S. Donatum ; hinc in Ficarium, inde in fossatum de S. Lucia ; et ascendit per aquam frigidam in limite de monte plano, et sicut vadit sub ipsius limitibus in fossato Garifuli, et ita vadit in Alento. Inter quos fines nulli homini aliquid dedimus ; sed fischo regali pertinebat ; omnia in eodem cœnobio obtulimus, dehinc ecclesiæ S. Mariæ in Bacinno ; S. Felicis in Pastoricio ; S. Benedicti in Turri ; S. Viti supra flumen Lavinium ; S. Heliæ in Sclangario ; S. Comitii juxta rivum Arulum ; S. Felici in pulverio ; S. Culisti in Iliano, S. Manumetis ibidem ; S. Mariæ in Poljano ; S. Marci ibidem. S. Eleutherii in Rupi ; S. Pauli ibidem, una cum castro Calcaria ; S. Erasmi in ceritu planu ; S. Salvatoris, et S. Martini ibidem ; S. Benedicti ; S. Mariæ, et S. Comitii in Orno ; S. Calisti ; S. Petri in Albianellu ; S. Mauri, et S. Renati in Taratolano, et piezu Corvarium ; S. Calisti in valle supra Lœntum ; S. Mariæ supra fara de Lœntum ; S. Sabini in Trevanico ; S. Clementi in Piumbata ; S. Mariæ in fluvio foro ; sancti Petri in Lolliano ; monasterium S. Severini ; S. Menne in Ripe ; S. Andreæ in colle de Alba ; S. Petri in Ari ; S. Angeli ante civitatem Ortonam ; castellum de Ungo ; castellum de Prata ; S. Crucis in castro Casale ; monasterium S. Pancratii ; S. Petri in civitate Textina vetere ; S. Pauli ibidem ; S. Tecle in civitate Teatina nova ; S. Theodori, et S. Salvatoris in Aternu cum portu suo, in comitatu Pennensi ecclesiam S. Felicis in Stabulo ; S. Benedicti in Lauriano, S. Scholasticæ juxta fluvium Tabe ; S. Angeli in Galbanico ; S. Felicis in Rosicole ; S. Mariæ ad Paternum ; S. Martini in Genestrula ; S. Petri, et Ceciliæ in Castroulamo ; S. Petrus in Termule ; S. Benedicti, et S. Mariæ in Maurino cum portu suo ; S. Victoris in silva plana ; S. Benedicti, et S. Scolasticæ in Pinne ; S. Mariæ, et S. Benedicti, et S. Columbæ in Alarino ; S. Mariæ in Cosentia, et S. Benedicti in Bari ; S. Severi in Sorrentu ; S. Benedicti, et S. Andreæ in Caudi ; S. Sophiæ in Benevento ; S. Ceciliæ in Neapolim ; S. Benedicti in Salerno ; S. Benedicti in Gajeta ; S. Salvatoris ibidem ; S. Laurentii in Majolifli ; S. Mauri in Maranisi, S. Mariæ in Maritendulo ; S. Agapiti ; S. Scolasticæ in Teano ; S. Joannis in Irpinisi ; S. Reparatæ ; S. Maximi in rivo Bulanu Campufriddu ; S. Martini in Vulturnu cum portu suo ; S. Mariæ in Turcinu ; S. Benedicti in Benevento ; S. Angeli in Alefrid ; in Comina S. Victorini ; S. Erasmi ; S. Mariæ, et S. Quirici in Arci ; S. Comitii in Piscaria ; S. Petri in Ceceanu ; S. Liberatoris in Puscalle ; S. Leopardi et S. Petri in Teczania ; S. Angeli in Lalana ; S. Benedicti in Casigenzana ; S. Benedicti in Lauriano ; S. Benedicti in Cicilia: S. Petri in Conca; S. Benedicti in Pantenu; S. Vigilii in monte S. Angeli; S. Mariæ in Calvo; S. Mauri in Gualdo Liburiæ; S. Scolasticæ in Padule; S. Martini in Cupali; S. Benedicti in Atine, In comitatu Mutinense monasterium S. Benedicti in Adili; monasterium S. Martini justam stratam petrosam; monasterium S. Joannis in curte Trassenetula; monasterium S. Domnini in curte Argele; S. Vitalis in curte Calderaria; S. Mariæ in Laurentiatico cum omnibus pertinentiis eorum in quibuscumque locis positis seu casalibus aut fundoris tam domnicatum villis, cum rusticis et colonis, et cum famulis utriusque sexu, per singulas curtes, et per singula monasteria quæ superius leguntur una cum terris, vineis, pratis, pascuis, silvis, piscationibus, aucupationibus, cultum, et incultum, divisum et indivisum, arboribus fructiferis et infructiferis, et pomiferis ex diversis generis, et cum omnibus super se et infra se habentibus in integrum in eodem monasterio Casinensi concessimus in perpetuum semper habendum. Pariter etiam in eodem loco concedimus cunctas vel quæ in eodem loco oblatæ sunt per omnes regni nostri fines, seu et quæ amodo in antea qualiscumque homo donare vel offerre ex rebus suis; id est, terris, vineis, casis, molendinis, in prædicto monasterio sancto et venerabili loco voluerint, licentiam et potestatem habeant donare et offerre cum quali ratione voluerint suorum sint licentiam sine contrarietate principis, archiepiscopis, comitibus, episcopis gastaldeis, judicibus, ut quemadmodum ad eumdem venerabilem monasterium B. Benedicti possessæ fuere per hanc nostræ confirmationis auctoritatem nostris, futurisque temporibus abbas ipsius loci S. Benedicti firmiterque, inviolabiterque teneat, et possideat, prout facultas vel utilitas ipsius venerabilis loci exigerit. Ita ut nullus judex publicus quislibet ex judicialia potestate in cellas et villas, aut agros seu loca, sive reliquas possessiones nostri cœnobii S. Benedicti, quas moderno tempore in quibuscumque paginis, et territorio infra nostri regni ditione juste et legaliter possidet, vel quidquid etiam deinceps divina pietas ipso loco voluerit augere; ad causas audiendas vel fredi, aut tributa exigenda, vel mansiones aut paratas faciendas, vel fidejussores, jussores tollendos, aut homines ipsius monasterii tam liberos, quam servos, seu cartulatos vel affertos, et qui super terram earumdem ecclesiarum resident; nulli liceat distringi redibitiones, vel illicitas occasiones in perpetuum requirere. Si quis autem hoc contradixerit, et hanc nostram oblationem infringere conaverit, sciat se pœnam persolviturum abatibus ipsius monasterii. Et ut hæc nostra auctoritas firmior habeatur, ac Deo auctore inviolata conservetur, manu propria subter roborare decrevimus, et annulo nostro sigillare jussimus.

Signum Caroli gloriosissimi regis.

Carolus gratiæ Dei imperator augustus, Jacob ad vicem Radonis.

Data octavo decimo Kalendas Martias anno tricesimo regni nostri. Indictione septima.

Actum civitate Papia, in Dei nomine feliciter. Amen.

XXIX.
Præceptum Caroli Magni pro eodem monasterio
(anno 810).
(Ex Tosti, ibid.)

In nomine Domini nostri Jesu Christi Dei æterni. Carolus gratia Dei rex Francorum et Langobardorum, ac patricius Romanorum : omnibus episcopis, abatibus, ducibus, comitibus, judicibus, castaldeis, actionariis, omnibusque subjectis nostris præsentibus scilicet et futuris. Maximum regni nostri, in hoc augere tam petitionibus sacerdotum atque servorum Dei, in quo nostris auribus fuerint prolatæ, libenti animo nos obtemperare curamus, atque ad effectum perducimus, regiam consuetudinem exercemus, et hoc nobis ad mercedis augmentum, vel stabilitatem regni nostri in Dei nomine pertinere confidimus. Quapropter noverit sollertia vestra qualiter ad petitione nos religioso viro Theuthmaro abati ex monasterio sancti confessoris Christi Benedicti, quod est constructum in loco qui dicitur castrum Casinum, ubi sacratissimum corpus ejus humatum est, tale beneficium circa ipsum monasterium visi fuimus concessisse, ut ubicumque fuerit aqua conjuncta cum terris ipsius monasterii, eadem aqua cum alveo suo, et cum ripis ex utrisque partibus in eodem monasterio concessimus, atque libenti animo confirmamus : ut pro nobis, uxoreque nostra ac liberis, seu cuncto populo nostro, Domini misericordiam attentius deprecari, et de auctoritatis firmitate habeatur; ac diuturnis temporibus Deo adjutore inviolata conservetur, manu propria subter roborare decrevimus, et annulo nostro sigillare jussimus.

Signum Caroli gloriosissimi regis.

XXX.
Diploma [a] *Caroli Magni, pro Ecclesia Aquileiensi.*
(anno 811).
(Ex Ughelli, Italia Sacra.)

In nomine Patris, et Filii, et Spiritus sancti. Carolus serenissimus, augustus, a Deo coronatus, magnus pacificus imperator, Romanorum gubernans imperium qui per misericordiam, Dei rex Francorum et Longobardorum. Notum sit omnium fidelium nostrorum magnitudini præsentium, et futurorum, qualiter viri venerabiles Ursus sanctæ ecclesiæ Aquihæ potuit suscitari vivente Paulino, agitari sub ejus successore Urso, ac tandem definiri tempore Maxentii, Urso subrogati. Vel lis forsan composita fuit semel vivente Paulino, sed iterum mota ab ejus successore Urso.

---

[a] Diploma Caroli datum est anno 811, ut ex notis chronologicis colligitur, quo Paulinus jam obierat; ideoque videtur obstare auctoritati scriptorum asserentium disceptationem hanc sopitam fuisse vivente Paulino anno 798. Verum plus fidei attribuendum diplomati, quam Megisero, et aliis. Deinde lis

ieiensis patriarcha, et Arno Juvavensis ecclesiæ archiepiscopus ad nostram venientes præsentiam non minimam inter se contentionem habuerunt de Carantana provincia, quod ad utriusque illorum diœcesim pertinere deberet. Nam Ursus patriarcha antiquam se auctoritatem habere asserebat, et quod tempore, antequam Italia a Longobardis fuisset invasa, per synodalia gesta, quæ tunc temporis ab antecessoribus suis Aquileiensis ecclesiæ rectoribus agebantur, ostendi posse prædictæ Carantanæ provinciæ civitates ad Aquileiam esse subjectas. Arno vero episcopus asserebat se habere auctoritates pontificum sanctæ Romanæ Ecclesiæ Zachariæ, Stephani, atque Pauli, quorum præceptis, et confirmationibus prædicta provincia tempore antecessorum suorum ad Juvavensis ecclesiæ diœcesim fuisset adjuncta. Nos autem audita, atque discussa eorum contentione, ut in unam eos charitatem, et concordiam revocaremus, et ut in futurum tam inter ipsos, quam et successores eorum omnis controversia atque disceptatio fuisset penitus ablata, prædictam provinciam Carantanam ita inter eos dividere jussimus, ut Dravus fluvius, qui per media illam provinciam currit, terminus ambarum diœcesum esset, et a ripa australi, ad Aquileiensis ecclesiæ rectorem, ab aquilonari vero ripa, ad Juvavensis ecclesiæ præsulem pars ipsius provinciæ pertineret. Ecclesiæ vero, quæ in utraque ripa fuissent constructæ, ubicumque possessiones suas, juste sibi collatas, habere noscerentur absque contradictione, et contentione ambarum partium haberent, quia compertum habemus, quod quædam ecclesiæ in una ripa fluminis prædicti sunt constructæ.

Hac igitur definitione promulgata, a nobis præcipimus, atque jubemus, ut tam præsentes viri venerabiles Maxentius videlicet, qui in locum nuper viri venerabilis Ursi patriarchæ subrogatus est, et Arnonem virum venerabilem [legendum est: *Arno vir venerabilis*, etc.] Juvavensis ecclesiæ archiepiscopum decernere in futurum nulla controversia, aut quæstio moveatur, sed contenti sint ex utraque parte nostro judicio, quod inter eos secundum rectitudinis normam, propter charitatem, et pacem, quæ inter tales viros decet, conservandam judicavimus ; neque enim justior nobis super hujusmodi disceptatione sententia proferenda videbatur, quam ut divisio inter eos illius provinciæ fieret, cujus ambo se auctoritatem habere asserebant ; quia nos eorundem auctoritatem neutiquam falsam, neutiquam infirmam facere volumus, quia una antiquitate, altera sanctæ Romanæ ecclesiæ sublimitate, præcellebat. Hanc nostræ auctoritatis jussionem, ut majora per tempora vigorem sortiretur, firmiorque ab iis, qui post nos futuri sunt hominibus haberetur, more nostro eam subscribere, et de bulla nostra jussimus sigillare.

Datum xviii Kalend. Junii, anno xi, Christo propitio, imperii nostri, xlii regni nostri in Francia, atque xxxvii, in Italia. Indictione quarta.

Actum Aquisgrani palatii, in Dei nomine Amen.

XXXI.

Judicatum Adalardi [a] *abbatis missi imperialis et aliorum, in quo abbas monasterii sancti Bartholomæi Pistoriensis a publicis oneribus immunis decernitur, factum (anno* 812)

(Ex Muratorio, Antiquitates Italiæ medii ævi.)

Dum in Dei nomine ego Adalardus abbas, vassus domni Caroli imperatoris, residissem in civitate Pistoria, singulorum hominum causas audiendum vel deliberandum, sedentes illic insimul Willeradus episcopus, Bonifatius dux (sic), Poto et Leo judices, et Bonifredus notarius domni regis, Adaprant, et Christianus abatibus, Fredo, Mauro, et Petrus dux, missi domni Leoni pape, Ermenfridus et Audo scabinus de Camarino, vel reliqui plures illic adstantibus. Veniens ibi Ildepertus abbas ex monasterio sancti Bartholomei, fundato a quodam Gaidualdo medico prope muro ipsius civitatis Pistoriensi : et detulit nobis ad relegendum monimen et missum ab ipso quondam Gaidualdo medico, qui continebatur, qualiter manifestaverat suprascripto monasterio in suo propria edificasse, et res nominative ibi contulisset. Et statuit eam, ut sub nullius hominis potestatem vel ordinationem, nec matris Ecclesie, ipsum monasterium subjaceret, nisi semper de ipsa congregatione ibi inter se abbatem elegerent ; nam non de extranei, neque de alia monasteria ; et filio aut heredes ejus nullam ibi a se dominatione nec potestatem, nisi se oporteret esse causas defensandas. Et dum relectum fuisset munimen ipsum, affatus est ipse abbas, quod tempore domini Pipini regis, dum adhuc Rotcheldo viveret, pervasionem malorum hominum ab eodem Rotchildo de ipso monasterio ejectus fuisset, et in exilio missus sine ulla culpa, et absque judicio, et ipso monasterio tunc datus fuisset in beneficio Nebulunko genere Bavario. Et dum per monachis ipsius monasterii reclamatio exinde facta fuisset ad Paulinum patriarcham, Arnone archiepiscopo, Fardulfo abbate, et Echerigus comes palatii ; vel reliqui locu eorum, qui tunc hic in Italia missi fuerunt, duodecim insimul sic ipsi causa inquisierant, quod suprascriptum munimen in suis relegi fecerunt presentia, quod illos cognoscerint, quod injuste mihi ipsum monasterium ablatum fuisset, et non ibi aliunde debet fieri ordinatione, nisi de ipssa congregatione, sicut ipsse Gaidualdo medico statuere. Tunc fecerunt me de ipsso exilio revocare, et prefato Nebulungo de heodem monasterio foris ejecerunt, et me inibi in antea intromiserunt. Postea per illa mala consuetudine, que per eodem Nebulungo facto est, ab illo die faciunt meire in hoste, et omnes paratas et conjectos facere ad missos, ac donatione ad palatio ; que cum lege sancti Benedicti, et non semel Italici regni administer.....

[a] *Adalhardus*, qui judicio huic præfuit, celeberrimus ille est Corbeiæ abbas, sanctitate vitæ, rerumque gestarum fama notus in Annalibus ordinis

cere non debeo, quia quod Gaidualdo, qui in ipso monasterio construxit, heredes reliquid, qui hostem faciunt. Hec nos audientes atque cognoscentes, quomodo ipse abbas inuste de ipso monasterio fuerat ejectus, et per judicium de suprascripti missi inibi fuerat vocatus, paruit nobis ut justa statuta ipsius, quod Gaidualdo medico, dum ipse heredes reliquid, qui hostem facerent, ut abbas ipsius monasterii hostes faceret nondum bene, nec nulla paratam ad missos dominico, nec conjecto, nec aliqua dationem per conditione ad palatio. Ideoque ego, cui supra Adalardus missus domni imperatoris comendavi, et ipsius Domni nostri auctoritate, et de sua jussione, ut admodo liceat ipso abbate vel posteris ejus ad ipsum monasterium cum supra scripta congregatione servorum Dei ibi degentibus, Domino famulari, et pro salute domnis nostris Domini misericordiam exorare, et ab hoste, et parata, seo conjecta, aut dationes per contradictionem a palatio solutos manerent, ante posito, si aliter fuerit, jussio regalis. Unde quale actum est pro securitatem ipsius Ildiperti abbati, ei ad ejus successores fieri jussimus.

Quidem et ego Paulus notarius ex dictato Bonifridi scripsi, anno regni domni Caroli in Italia tricesimo octavo, mense Martio, indictio quinta.

Ego Adalardus.

Signum † manum suprascripto Bonifatius ducx in is actis interfui.

Ego Willerado episcopo in is actis interfui.

† Leo vasso domni regi concordans subscripsi.

† Ego Poto causindo regi in is actis interfui.

† Bonifridus notarius in is actis interfui.

Quidem ego Petrus notarius autenticum illud vidi et legi et hoc exemplar exemplavi, et manu mea scripsi.

III. — PRIVILEGIA QUÆ AD PARTES GERMANIÆ SUPERIORIS ET INFERIORIS SPECTANT.

I.

Confirmatio Caroli Magni donationum a prædecessoribus factarum Ultrajectino monasterio (an. 770).

(Ex Heda, Historia episcopatus Ultrajecti.)

Karolus Dei gratia rex Francorum, vir illuster. Si petitionibus sacerdotum in omnibus non negamus, Dominum exinde retributorem habere confidimus. Ideoque venerabilis vir Gregorius episcopus confirmationem bonæ memoriæ domini genitoris nostri Pippini, quondam regis, de rebus Ecclesiæ suæ S. Martini, quæ est constructa in vico Trajecto, super fluvium Rheni, nobis protulit relegendam de rebus quas antecessores nostri Pippinus anterior, seu Karolus vel Karolomannus, itemque et præfatus genitor noster ad ipsam casam Dei concesserunt, vel ad illum episcopatum, ut omnem decimam de terris, seu de mancipiis, aut de teloneis, vel de negociis, aut undecunque ad partes fisci censsus spectare videbatur, sicut diximus omnem decimam partem ad ipsam casam Dei S. Martini condonaverunt, vel confirmaverunt, ut in luminariis seu stipendiis monachorum atque canonicorum, qui ibidem gentiles ad Christianitatem convertunt: et Domini misericordia ipsos conversos, quos habent, doceant, justa quod Christiani eorum Christianitatem conservant. Unde et præfatus Gregorius nobis expetiit ut ipsam confirmationem renovare deberemus, quod et libenti animo visi fuimus fecisse. Propterea per hanc præceptionem nostram decernimus atque jubemus, ut quicquid antecessores nostri sæpe dicti ad ipsam casam Dei per eorum testamenta condonaverunt juste et rationabiliter, per nostram denuo confirmationem absque alicujus contradictionibus memoratus pontifex Gregorius ad ipsam casam Dei habeat indultum atque concessum. Et huc hæc authoritas confirmationis nostræ firmior habeatur, vel per tempora melius conservetur, manus nostræ signaculis subtus eam decrevimus roborare.

Signum Karoli gloriosissimi regis.

Data Kalend. Martii. Actum Aquis palatio publico.

II.

Præceptum evindicatorium Caroli Magni datum monasterio Laureshamensi super impetitione Heimerici filii Cancronis comitis (anno 771).

(Ex Helvich, Antiquitates Laureshamenses.)

Karolus gratia Dei rex Francorum, vir illustris. Veniens ad nos Haristellio palatio vir venerabilis Gundelaudus abba de monasterio Lauresham, ubi sanctus Nazarius martyr in corpore requiescit, nobis innotuit, eo quod homo aliquis nomine Heimricus de ipso monasterio calumnias generare voluisset, dum diceret quod suus pater Cancor eum de ipso monasterio vestitum dimisisset. Et ipse Gundelaudus præsens astabat, et causam in omnibus denegabat, dum diceret, quod avia ipsius Heimerici nomine Williswinda, vel genitor suus Cancor germano domino suo Ruodgango episcopo, archiepiscopo tradidisset vel confirmasset, et talem chartam nobis exinde protulit ad relegendum. Tunc ipse Heimricus ante nos taliter fuit professus, quod de hac causa, vel de ipso monasterio superius nominato in antea numquam tempore debeat calumniam generare, sed per festucam ante nos exinde dixit exitum. Tunc nos una cum fidelibus nostris, id est, Hagino, Rothlando, Wichingo, Frodegario comitibus: nec non et vassis nostris Theodorico, Berthaldo, Alburino, Frodberto, Gunthmaro taliter visi fuimus indicavisse, ut de hac causa omni tempore ipse abbas habeat evindicatum atque elitigatum, et sit illis in postmodum ex hac re sublata causatio.

III.

Carolus Magnus imperator possessiones et bona monasterii Laureshamensis confirmat (anno 772).

(Ex Helvich, ibid.)

Karolus gratia Dei rex Francorum et Longobardorum, ac patricius Romanorum. Notum sit omnibus fidelibus nostris, tam præsentibus, quam et futuris, qualiter veniens Helmericus abba in præsentiam nostram nobis innotuit, eo quod cartæ per diversa loca ecclesiæ sancti Nazarii perditæ fuissent et naufragatæ, et res eorum per diversa loca habuissent, unde ad præsens vestiti essent in regno nostro Deo propitio, et ubicumque ad præsens vestiti fuissent. Nos pro ejus petitione tale præceptum ei emisimus, atque prædecessoribus suis, dum ipsa casa Dei vestita fuit ad præsens omnia et ex omnibus ex nostra auctoritate absque refragatione cujuscunque quieto ordine, quicquid juste et rationabiliter antea tenuerunt per dationes aut commutationes, ex nostra auctoritate habeant et defensore valeant secundum legem, sicut per apertam cartam usque nunc auctoritas regum defensavit et denuo confirmavit. Et ut hæc auctoritas firmior habeatur, vel per tempora melius conservetur, de annulo nostro subter sigillavimus.

Signum Karoli gloriosissimi regis.

Giltbertus ad vicem Radonis recognovi.

IV.

a Caroli Magni præceptum Weomado archiepiscopo Trevirensi traditum (anno 773).

(Ex Honteim, Historia Trevirensis.)

In nomine Domini Dei æterni et Salvatoris nostri Jesu Christi. Carolus divina ordinante providentia rex Francorum. Si liberalitatis nostræ munere locis Deo dicatis quiddam conferimus beneficii, et necessitates ecclesiasticas ad petitiones sacerdotum nostrorum relevamus juvamine, atque regali tuemur munimine, id nobis et ad mortalem vitam transigendam, et æternam feliciter obtinendam, profuturum liquido credimus. Proinde noverit omnium fidelium nostrorum tam præsentium, quam et futurorum, sagacitas, quia vir venerabilis Weomadus sanctæ Trevirensis ecclesiæ archiepiscopus obtulit obtulibus nostris præceptum domini et genitoris bonæ memoriæ Pipini regis, in quo erat insertum, quod non solum idem genitor noster, verum etiam prædecessores ejus, reges videlicet Francorum, omnes res, quascunque boni et sancti viri pro divinæ contemplationis intuitu ad partem S. Petri Trevirensis ecclesiæ delegaverunt, suorumque authoritatibus confirmaverunt, quatenus eorum regnum superno auxilio tueretur, et postmodum cum Christo Rege regum regnarent in cælis. Pro rei vero firmitate idem præfatus præsul postulavit celsitudinem nostram, ut paternum seu prædecessorum regum morem sequentes, hujuscemodi nostræ authoritatis præceptum ob amorem Dei et reverentiam S. Petri, de eisdem rebus fieri juberemus; cujus petitioni libenter assensum præbuimus, et hoc nostræ autoritatis præceptum erga ipsam ecclesiam pro divini cultus amore et animæ nostræ remedio fieri decrevimus, per quod præcipimus atque jubemus, ut omnes res vel facultates ad ecclesiam S. Petri Trevericæ urbis pertinentes; ut scilicet cellam S. Maximini, quæ est in territorio S. Petri principis apostolorum constructa, et cellam S. Paulini, et S. Eucharii, et monasterium S. Mariæ, quod dominus Modoaldus pontifex ejusdem ecclesiæ in territorio S. Petri a fundamento construxit, quod vocatur Horrea, et ecclesiam S. Martini sitam in pago Meginense, et cæteras basilicas, castella, vicos, villas, vineas, silvas, homines, vel quidquid Deo donante ad eandem augmentatur ecclesiam, circa Rhenum et Ligerim fluvium, omniaque in regno nostro consistentia, sub jure et potestate S. Petri Trevirensis ecclesiæ ejusque pontificis perpetualiter mancipata permaneant. Præterea pari modo statuimus, ut nullus ex publicis judicibus, vel aliquis ex judiciali potestate in monasteria, ecclesias, castella, vicos et agros, loca, seu reliquas possessiones prædictæ ecclesiæ, tam ultra quam juxta Rhenum vel Ligerim fluvium in pagis vel territoriis, quæ infra potestatem regni nostri memorata possidet ecclesia, vel quæ deinceps in jure ipsius sancti loci voluerit divina potestas augeri, ad causas audiendas, vel freda, aut tributa, aut conjectos aliquos exigendos, aut mansiones vel paratas faciendas, aut fidejussores tollendos, vel homines ipsius ecclesiæ distringendos, aut injustas exactiones requirendas, vel telonium exigendum, nostris et futuris temporibus ingredi audeat, vel ea quæ supra memorata sunt, penitus exigere præsumat; sed liceat memorato præsuli, suisque successoribus, omnia præfata monasteria, villas, vicos et castella; cum suis adjacentibus, in integrum perpetuo tempore pro remedio animæ nostræ seu parentum nostrorum, ut in præcepto piissimi genitoris nostri continetur, quieto ordine possidere, et nostro fideliter parere imperio. Ut hoc itaque nostræ autoritatis præceptum pleniorem in Dei nomine obtineat vigorem, et a fidelibus sanctæ Dei Ecclesiæ, nostris videlicet præsentibus, et futuris temporibus, verius

---

a Hoc præceptum per omnia relativum est ad Pipinianum anni 761, quod, quantum ad formam, suspectum aut saltem interpolationibus conspurcatum nobis apparuit. Neque aliter de præsenti sentiemus; exemplo Mabillonii de Re dipl. lib. II, c. 5, § 7, et Annal. Benedict. tom. II, p. 229; Eckhardi. Rer. Franc. lib. XXIV, n. 149; Heumanni de Re dipl., cap. 2, p. 148. Nempe, initium : « In nomine Domini Dei æterni et Salvatoris nostri Jesu Christi. Carolus divina ordinante providentia rex Francorum, » imitatur formulas Ludovici Pii et Lotharii. Monogramma diplomatis apud Browerum, p. 381, crucem decussatam referens, Carolo non convenit; uti nec indictio apposita. Suavis et Ercanbaldus diu post hunc, de quo agimus, annum, in cancellaria Caroli cœperunt ministrari. Cæterum substantiam diplomatis ejusque argumentum a stylo curiæ Caroli Magni minime aliena esse, etiam observarunt Mabillon. et Heumann loc. cit.

credatur, et diligentius a successoribus nostris conservetur, manu propria firmavimus, et annuli nostri impressione signari jussimus.

Suavis ad vicem Ercanbaldi recognovi.

Data Kalend. Septembr. anno vi regnante Carolo piissimo rege, indict 9. Aristalio palatio, in Dei nomine amen.

V.

[a] *Præceptum Caroli Magni regis quo Hamalum Saxoniæ oppidum cum suis attinentiis ecclesiæ Fuldensi donat (anno 774).*

(Ex Schannat., Historia Fuldensis.)

Carolus gratia Dei Francorum et Langobardorum rex ac Romanorum patricius. Quicquid enim ob amorem Dei et oportunitatem servorum Dei, locis venerabilibus concedimus, hoc nobis ad mercedis augmentum et stabilitatem regni nostri pertinere confidimus, quapropter compertum sit omnium fidelium nostrorum magnitudini qualiter donamus ad monasterium Fulta, quod est in honore beatorum apostolorum Petri et Pauli, in pago Graphelt constructum, ubi preciosum corpus Bonefacy martyris requiescit, quaem venerabilis Hurmio abba in regimine habere videtur, quasdam res proprietatis nostræ, id est Hamalo nuncupatum situm in pago Saxoniæ cum omni integritate sua, hoc est cum omnibus adjacentiis en conpertinentiis suis tam terris quam edificiis cultis et incultis, silvis, pratis pascuis viis et inviis, aquis aquarumque decursibus, mancipiis utriusque sexus, animalibus et cum omnibus hominum substantiis mobilibus et immobilibus. Donamus et contradimus atque in perpetuum donatum esse volumus et nostræ auctoritatis præcepto confirmamus eandem nostræ proprietatis rem ad prædictum Fultense monasterium, in honore sancti Salvatoris et sanctissimi Bonifacii martyris in perpetuam proprietatem, ad utilitatem monasterii et venerabilium fratrum Deo ibidem devote servientium. Propterea etiam nostræ preceptionis et auctoritatis cartam inde conscribi fecimus, per quam decernimus et in perpetuum ab hac die decretum esse volumus ut præfato loco et omnibus sibi attinentibus nullus hominum aliquam injuriam seu violentiam irrogare præsumat, sed abbas præfati monasterii suique successores ac fratres sub eis regulariter degentes prædictas res de nostra proprietate in suam ditionem transigant, possideant et excolant, et ad suam utilitatem qualicunque modo velint redigant, ut eo magis delectet nos in eorum orationibus Deo commendare frequentius, et ut hæc nostræ donationis et confirmationis auctoritas in futuris temporibus firmior habeatur et a cunctis fidelibus diligentius observetur; hanc cartam inde A conscribi et anuli nostri impressione jussimus insignari.

VI.

Præceptum Caroli Magni regis quo ecclesiæ Fuldensi [a] *donat monasterium Holzkirichen (anno 775).*

(Ex Schannat., ibid.)

Carolus gratia Dei rex Francorum et Longobardorum ac patricius Romanorum. Quicquid enim ad loca sanctorum venerabilium congruenter ob amorem Dei concedimus vel confirmamus, hoc nobis ad mercedem vel stabilitatem regni nostri provenire confidimus, ideoque notum sit omnium fidelium nostrorum magnitudini qualiter nos propter nomen Domini et animæ salutem donamus donatumque in perpetuum esse volumus ad monasterium sancti Bonifacii quod est constructum in pago Graffelt super fluvium Fulta ubi preciosus domnus Bonefacius martyr corpore requiescit et vir venerabilis Hurmio abba turbæ monachorum præesse videtur, hoc est, monasteriolum cognominatum Holzkiricha in pago Vualdsassin super fluvium Albstat, quod Troandus a novo fundamine jure proprietatis suæ visus fuit edificasse, in honore gloriosissimæ Virginis nec non et aliorum sanctorum martyrum et res proprietatis suæ ad ipsum locum visus fuit delegasse et in postmodum manu potestativa ipsum monasteriolum cum omni integritate, appendiciis vel adjacenciis quicquid ipse vel alii homines ad prædictum monasteriolum delegaverunt, nobis tradidit vel in omnibus confirmavit, id est, terris, domibus, edificiis, mancipiis, vineis, silvis, campis, pratis, pascuis, aquis aquarumve decursibus, mobilibus et immobilibus, pecuniis, presidiis, farinariis, adjacenciis, appendiciis, quicquid dici aut nominari potest totum et integrum, sicut diximus, quod prefatus Troandus nobis tradidit, partibus sancti Bonifacii donavimus tradidimus, atque in omnibus concessum esse volumus ea ratione ut ab hac die ecclesia sancti Bonifacii vel rectores illius ipsum monasteriolum cum omni integritate habeant, teneant atque possideant pro opportunitate ecclesiæ libero perfruantur arbitrio qualiter nostris et futuris temporibus ad ipsum sanctum locum proficiat in augmentum, et ut melius ipsam congregationem delectet pro nobis uxore etiam et prole nostra Domini misericordiam attentius exorare, et ut hæc auctoritas firmior habeatur vel per tempora melius conservetur, manu propria subter eam firmavimus et de anolo nostro sigillari jussimus.

Signum Caroli gloriosissimi regis.

Rado ad vicem Hitterii recognovi et subscripsi.

Dat. in mense Novembrio anno octavo regni nostri. Actum Dura palacio publico feliciter. Amen.

---

[a] Hujus insignis donationis autographum non ita pridem in archivo Fuldensi adhuc exstitisse servatum, is optime novit qui apographum hoc juxta illud aliquando confecit et emendavit, omissis tamen, quod maxime intererat, notis chronicis, quarum defectu statuendum, nonnisi post primam Caroli Magni in Saxoniam expeditionem, nec ante annum Christi 774 quo se regem Longobardorum ac patricium Romanorum nuncupavit, hoc in Fuldensem ecclesiam redundasse munus.

VII.

Immunitas monasterio Prumiensi concessa a Carolo Magno (anno 775);

(Ex Hontheim, Historia Trevirensis.)

Carolus gratia Dei Francorum rex et Longobardorum, ac patricius Romanorum, etc. Omnibus episcopis, abbatibus, ducibus, comitibus, domesticis, vicariis, centenariis, vel omnes missos nostros discurrentes. Maximum augere credimus regni nostri munimentum, si beneficia opportuna [ad] loca sanctorum vel ecclesiarum benevola deliberatione concedimus, ac, Domino protegente, feliciter perdurare confidimus. Igitur noverit solertia vestra, qualiter nos ad monasterium, quod dicitur Prumia, quod bonæ memoriæ dominus et genitor noster Pipinus quondam rex in honore S. Salvatoris a novo construxit opere, ubi Assuerus abba præesse videtur, tale beneficium pro æterna remuneratione visi fuimus ibidem indulsisse, et villas ipsius sancti loci, quas moderno tempore, aut nostro, aut cujuslibet munere habere videtur, vel quas deinceps in jure ipsius monasterii, ejusque rectoribus voluerit diva pietas amplificare, nullus judex publicus absque jussione nostra, vel hæredum nostrorum ad causas audiendo, aut [a] freda undique exigendo, nec [b] fidejussores tollendo, nec [c] scaras, vel [d] mansionaticos, seu [e] conjectos, tam [f] de carrigio, quamque [g] de parafredos, judiciaria potestas quoque tempore non præsumat ingredere; sed hoc ad ipsum monasterium, ejusque rectoribus concessimus, ut sub emunitatis nomine, vel defensione nostra, seu bæredum nostrorum debeant quieti residere. Similiter concessimus ad eumdem sanctum locum, ut homines, qui super terram ipsius monasterii tam, [h] Franci, quam et ecclesiastici, commanere videantur, ut nullum [i] heribannum, vel bannum solvere non debeant: sed pro mercedis nostræ augmento ad ipsum sanctum locum sit concessum, atque A indultum. Statuentes ergo jubemus, ut in quo vos, neque juniores, successoresque vestri, neque ulla publica judicia, aut potestas ullo unquam tempore in villis ubicunque in regna nostra ipsius monasterii Prumiensis, aut regia, aut privatorum largitate conlatas, aut quæ in antea fuerunt, Christo propitio, conlaturas, ad audiendas altercationes ingredere, aut freda de quaslibet causas exigere, nec mansiones, aut paratas, vel fidejussores tollendo, nec scaras, vel conjectos tam de carrigio, quamque qui sunt infra agros, vel fines, seu super terram prædicti monasterii commanentes, fiscos, aut freda, aut undecunque potuerat sperare ex nostra indulgentia, pro futura salute in luminaribus ipsius suprascripti monasterii per manus agentium eorum proficiat in B perpetuum. Et quod nos propter nomen Domini, et animæ nostræ remedium, seu nostra subsequenti progenie, plena devotione ad ipsum monasterium in honore sancti Salvatoris indulsimus, nec regalis sublimitas, nec cujuslibet judicum sæva cupiditas refragare temptetur. Et ut hæc authoritas tam præsentibus, quam futuris temporibus inviolata, Deo adjutore, permaneat, manus nostræ subscriptionibus infra roborare decrevimus, atque de annulo nostro sigillare jussimus.

Signum domini gloriosissimi Caroli regis †.

Datum in mense Novembris anno octavo, secundo regni nostri.

Actum Theodonis villa publica, in Dei nomine feliciter amen ‡.

VIII.

Aliud privilegium a Carolo Magno concessum abbatiæ Prumiensi (an. 775).

(Ex Hontheim, ibidem.)

Karolus gratia Dei rex Francorum et Longobardorum, nec non et patricius Romanorum. Omnibus episcopis, abbatibus, ducibus, comitibus, vicariis, centenariis, vel reliquis fidelibus nostris tam præsentibus,

---

[a] *Freda undique exigendo.* Freda mulctæ species, seu tertia compositionis pars, quæ fisco plerumque exsolvebatur, quandoque etiam judicibus. Occurrit ea passim in veteribus chartis apud Marculfum, lib. III, form. 2, 3, etc., ubi, sicuti hic, vigore privilegii et immunitatis a principe indultæ, in ecclesiarum possessionibus freda exigere vetantur judices; ita ut quod ex his fiscus sperare potuerit, in ecclesiarum usus, in luminaria locorum sacrorum, etc., convertatur.

[b] *Fidejussores tollendo.* Judex, qui in jus vocatum, aut de crimine accusatum, vadem dare, ad dictam diem juri se sisturum, cogebat, *Fidejussores tollere* dicebatur. Observat du Fresne hac voce occurrere hanc formulam passim in privilegiis et immunitatibus ecclesiis concessis, eique plerumque addi, quod judices vetentur, earum terras *ad audiendas altercationes ingredi, freda de quibuslibet causis exigere, aut mansiones vel paratas tollere.* Uti apud Marculfum, lib. I, form. 3, 27, 28, etc. Eoque verborum circuitu nihil aliud intelligi, quam ut judex in terris, in quibus immunitas concessa est, jus non dicat, aut justitiam non exerceat.

[c] *Scaras.* Angaria in equis vel aliis servitiis. Hinc Cæsario Heisterbacensi *Scaram facere, est domino, quando ipse jusserit, servire, et nuntium ejus seu litteras ad locum sibi determinatum deferre.*

[d] *Mansionaticos.* Incumbebat provincialibus onus missos et legatos regios, comites, duces, et eorum ministros recipiendi, eisque viaticum pro cujusque dignitate et conditione præstare. Sumuntur autem crebrius *Mansionatici* pro expensis ad horum susceptiones, ut habet Aimonius, lib. v, c. 40, et hospitii jure, quo prædicti gaudebant.

[e] *Conjectos.* Est contributio seu collecta; illa maxime quæ a populo missis regiis in itinere exsolvebatur. Du Fresne, h. v.

[f] *De carrigio.* Vectura cum carro, quam domino præstabant subditi.

[g] *De parafredos.* Equi ad equitandum ministris publicis exhiberi consueti. Capitul. Caroli Magni, lib. II, c. 16: « Qui legationes ad nos directas in suis mansionibus aut male recipiunt, aut constitutam a nobis pecuniam non tribuunt, aut paravreda dare nolunt. »

[h] *Franci.* Hoc loco *Francus*, uti sæpe alias pro homine *libero* et *ingenuo* apud veteres, usurpatur. Vid. Eckhart Rer. Francic., lib. XXII, n. 9, p. 577.

[i] *Heribannum, vel bannum.* Vox composita ex *Heer*, exercitus, et *bannum*, quod est citatio, jussio seu indictio. Usurpatur autem vox *Heribannum* pro mulcta quæ in exercitum pergere, post bannum et submonitionem, contemnenti indicebatur.

[j] Confirmarunt hæc deinde anno 226 Ludovicus et Lotharius impp.

quam futuris, notum sit, qualiter dominus, et genitor noster bonæ memoriæ Pippinus quondam rex monasterium, quod vocatur Prumia, in honore sancti Salvatoris a novo fundamine visus sit ædificare, et res fiscalis ac proprietatis ad ipsum sanctum locum visus fuit delegasse et in omnibus confirmasse, ubi venerabilem virum Assuerum abbatem una cum monachorum turma, rectorem præesse constituit, et secundum ordinem sanctum illud locum gubernare præcepit, unde prædictus abba, et monachi in ipso cœnobio consistentes, clementiæ regni nostri petierunt, ut ipsi homines, quem dominus, et genitor noster bonæ memoriæ Pippinus quondam rex ad ipsum monasterium concessit, vel delegavit, in ipsa tenore, et consuetudine, sicut antea fuerunt, et cæteri [a] fiscalini sunt nostri, absque alicujus contradictione ad jam dicto loco debeant permanere, tam de causas eorum in responsis, quamque aliam, legem vel consuetudinem, sicut reliqui infra regna nostra habuerint fiscalini, et antea in unumquemque pago habuerunt consuetudinem.

Cujus nos propter nomen Domini et animæ nostræ remedium, eorum petitionibus nequivimus denegare, sed in omnibus præstitisse, et confirmasse cognoscite. Præcipientes ergo jubemus, atque præcipimus, ut nullus quislibet de fidelibus nostris, neque de judiciaria potestate, qui jam fata casa Dei vel rectores ejus, nec homines ad ipsum sanctum locum deservientes, quem Dominus ac genitor noster ibi concessit, de hac re inquietare, nec calumniam generare nullatenus præsumatis, nisi, ut diximus, nostris, et futuris temporibus, sicut antequam dominus ac genitor noster eos ad superscripta casa Dei delegasset, partibus suis deservierunt.

Ita simili modo ad eundem sanctum locum in ea tenore deservire debeant, tam in responsis dando, quamque et reliquam legem, ac consuetudinem, sicut cæteri fiscalini habere videntur.

Et ut hæc præceptio firmior habeatur, ac per tempora melius conservetur, manu propria subter firmavimus, et annulo nostro sigillare jussimus.

Signum Caroli gloriosissimi regis.

Data mense Novembris [b] anno VIII et VI regni nostri.

Actum Theodonis villa publice, in Dei nomine feliciter, amen.

IX.

Carolus Magnus monasterio Lauresh., privilegium libertatis concedit una cum libera abbatis electione (anno 775).

(Ex Helvich., Antiquitates Laureshamenses.)

Karolus Dei gratia rex Francorum vir illuster, omnibus episcopis, abbatibus, comitibus, vestrisque junioribus, atque missis nostris discurrentibus: Quicquid pro oportunitate Ecclesiarum vel quiete servorum Dei erexerimus, hoc nobis procul dubio Domino adjuvante ad æternam beatitudinem proficere confidimus. Igitur dum vestræ solertiæ notum est, qualiter bonæ recordationis domnus Ruotgangus archiepiscopus, [episcopus] in monasterio quod vocatur Lauresham, quod ei per traditionem Williswindæ et Cancrini obvenerat, monachorum turmam non modicam propter servitium omnipotentis Dei coadunavit: ubi ob integram devotionem sanctum corpus beatissimi Nazarii recondidit, supra quod etiam Gundelandum monasterii abbatem atque hæredem in eodem sancto loco post se visus est reliquisse. Sed postea dum præfatus Gundelandus abbas cerneret ipsius sancti loci imminere periculum, atque vereretur, ne desolatio propter intentionem iniquorum hominum et ipsis monachis fieret, ad nostram visus est accessisse præsentiam, qui et ipsum monasterium in manu nostra tradidit, etiam et secum omnem congregationem suam in mundeburdem et defensionem nostram plenius commendavit: quem nos gratulanti animo tam propter mercedis augmentum quam et pro eodem grege salvando visi fuimus percepisse. Petiit etiam memoratus abbas suique monachi talem a nobis auctoritatem, ut quotiescumque abbatem jam dicti monasterii ex hoc contigerit seculo migrare ad Dominum, inter se quem dignum honoris hujus invenerint unanimiter ex semetipsis eligere deberent. Quorum petitione ob amorem Dei et nostræ mercedis cumulum nequivimus denegare: sed ita præstitisse vel in omnibus confirmasse cognoscite. Præcipientes enim jubemus, quia cognoscimus quod ipsa congregatio sub recto ordine vivere, et in regula S. Benedicti conversari desiderat, ut nostro quidem permisso super se ex ipsa congregatione, qui Deo acceptabilis sit, eligere valeant abbatem, quatenus inter ipsum gregem, quia boni ibidem congregati in unum præstare, ne quis ex adverso eum diripiendum adveniat, sed de proprio semper gaudere patrono valeant: quia nolumus ut per aliquam occasionem ipsi monachi, quos domnus Ruodgangus etiam et Gundelandus ad opus Dei exercendum congregaverunt, ullo unquam tempore exinde alienati aut dispersi, nec ipsi nec successores eorum esse debeant: sed sicut in testamento illius donationis, quam per Williswindam et Cancrinum adepti sunt, continetur, ita in omnibus circa ipsam congregationem sit conservatum, ut valeant regulam S. Benedicti perpetualiter sicut ordo edocet, et cor-

---

[a] *Fiscalini.* Homines seu servi fiscalini in nonnullis benigniore jure utebantur quam servi privatorum: nempe admittebantur ad testimonii dictionem; injuriæ eis illatæ vindicabantur severius; amplior eis erat potestas de rebus suis inter vivos disponendi, ita tamen, ut non nisi certis quibusdam ecclesiis bona sua donare vel vendere possent, etc. Conf. Pottgießer, de Statu serv., lib. I, cap. 4, n. 7.

[b] *Anno VIII et VI regni nostri.* Recte hoc loco observant Martene et Durand errorem librarii, qui VI

pro II apposuit; quippe quod ita distinguendæ sint notæ chronicæ regni Caroli Magni ut initium regni in Francia sex annis antevertat initium regni sui Longobardici. — Anno 776 consignatur obitus Weomadi metropolitæ Trevirensis, teste Mabillonio Annal. Benedict., tom. II, lib. XXIV, n. 67. Post eum Richbodus ordinatur episcopus, uti in Gestis Trevirorum, cap. 40 legitur; nulla alia ibidem ipsius commemoratione facta.

poris fragilitas permittit, custodire, et sub nostra (ut diximus) mundeburde vel defensione in ipso monasterio quiete vivere vel residere. Propterea hanc præceptionem nostram eis dedimus per quam omnino jubemus, ut nullus quislibet de episcoporum personis, in cujus parochia ipsum monasterium fundatum esse cernitur, aut de cæteris hominibus quis jam dictum Gundelandum abbatem vel monachus ex ipso monasterio et homines, qui ad eos juste et rationabiliter spectare videntur, inquietare aut contingere, vel contra rationis ordinem facere præsumat, sed semper valeant sub nostra defensione, seu sub heredibus nostris omni tempore (ut diximus) quieti residere, et ea quæ illis propter nomen Domini concessimus, bene semper in omnibus perfrui: quatenus delectet abbatem vel monachos ex ipso monasterio pro nobis et nostra subsequente progenie seu gente Francorum, Domini misericordiam attentius deprecari. Et ut hæc auctoritas firmior habeatur, vel per tempora melius servetur, manu propria subter firmavimus, et de annulo nostro sigillari jussimus.

Signum Karoli gloriosissimi regis.
Witigowo recognovi.

X.

Præceptum Caroli Magni, quo ecclesiæ ultdensi Hamalumburc cum attinentiis donat (anno 777).

(Ex Schannat., Hist. Fuldensis.)

Carolus gratia Dei rex Francorum et Longobardorum, ac patricius Romanorum, quicquid enim ob amore Domini et oportunitate servorum Dei, locis venerabilibus concedimus, hoc nobis ad mercedis augmentum vel stabilitatem regni nostri pertinere confidimus: quapropter conpertum sit omnium fidelium nostrorum magnitudini, qualiter donamus ad monasterium Fulta, quod est in honore beatorum Petri et Pauli in Pago Grapfelt constructum, ubi preciosum corpus Bonifatii martyris requiescit, quam vir venerabilis Sturmio abba in regimine habere videtur, id sunt res proprietatis nostræ Hamalumburc situm in pago Salecgavio super fluvio Sala, cum omne integritate vel adjecencys seu appendicys suis Achynebach, Thinpersbach, Itarital, hoc quantumcumque in superius nominata loca habere videmini, id est tam terris, domibus, ædificiis, acolabus, mancipiis, vineis, silvis, campis, pratis, pascuis, aquis aquarumve decursibus, mobilibus et immobilibus, omnia et ex omnibus ad præfatum sanctum locum tradidimus perpetualiter ad possidendum, propterea hanc præceptionem auctoritatis nostræ conscribere jussimus, ut ab hac die tam memoratus Sturmio abbas, quamque sui successoris qui fuerint rectoris ejusdem sancti loci, prædictis rebus ad opus jam dictæ ecclesiæ habeant teneant atque possideant et quicquid exinde ad profectum ipsius sancti loci facere elegerint liberum perfruantur arbitrium, et nullus quislibet de judiciaria potestate aut qualibet persona prædicto Sturmioni abbati, neque auctoritas aut successoribusque suis de memoratis rebus inquietonem vel calumniam generare quoque tempore non presumat, sed per nostrum preceptum, jure hoc valeant possidere firmissimum, quatenus meus delectet ipsa congregationem pro nobis vel stabilitate regni nostri etiam uxore et prolis Domini misericordiam jugiter exorare, et ut hæc auctoritas firmior sit manus nostræ signaculis subter eam decrevimus roborare et de anolo nostro jussimus sigillare.

Signum Caroli gloriosissimi regis.
Vuigbaldus ad vicem Radonis.
Data septimo Idus Januar., anno nono et tertio regni. Actum Haristallio palatio publico, in Dei nomine feliciter [a].

XI.

[b] *Traditio Caroli Magni de Lisiduna Ultrajectino monasterio (anno 777).*

(Ex Heda, Hist. episcop. Traject.)

Karolus Dei gratia rex Francorum et Longobardorum, ac patriciis Romanorum. Si enim ex his quæ divina pietas nobis largiri dignata est, locis venerabilibus concedimus: hoc nobis ad æternam beatitudinem procul dubio pertinere confidimus. Ideo compertum sit omni fidelium nostrorum magnitudini, qualiter donamus ad basilicam S. Martini, quæ est constructa in Trajecto veteri subtus Dorestado, ubi venerabilis vir Albricus presbyter atque electus rector præesse videtur, hoc est, villam nostram nuncupante Lisiduna; in pago qui vocatur Flehite, super alveum Hemi, cum omni integritate vel adjacentiis seu appenditiis suis, id est, cum terris, mansis, domibus, ædificiis, mancipiis, sylvis, campis, pratis, pascuis, aquis aquarumve decursibus, mobilibus et immobilibus, omnia et ex omnibus quantumcumque Wiggerus

---

[a] Rudolfus, Fuldensis monachus percelebris, in Vita Babani apud Brower. Antiq. Fuld. pag. 230, nescio quo seductus errore, villam Hamalburg, olim fiscum regium, nunc oppidum, ex largitate Pippini regis Francorum partibus S. Bonifacii martyris collatam fuisse scribit: hinc forte visum est imperito cuidam, hoc elegans ac optime conservatum Caroli Magni diploma autographam continere donationem villæ *Hamelen* in Saxoniæ partibus, non autem illam villæ *Hamalumburc*: erasit itaque hujus vocis ultimam syllabam *burg* quasi superfluam, quam postmodum alius, non minus temere, restituit; uterque consultius facturus, si membranam, ætate et principis munificentissimi signo venerabilem, reliquisset intactam.

[b] *Traditio Caroli de Lisiduna.* Donatio hæc continet omnem tractum circa Hemum fluvium, ubi Emersfurt, Leusden usque ad Dorestadum, forestas quas Milderuissen et Denen vocant, quæ prope Amerongen, Elst, Wageningen, Ecde, adhuc conspiciuntur; in quibus episcopi Traject., aut eorum donatione præpositus sancti Joannis maxime in Ecde Wageningen et Weelchmourhoutius, decimas, etc. habent. Ad hoc diploma nuper quidam impostor, ut magno alieni viro blandiretur, corrumpere et pervertere non dubitavit; et pro *Lisiduna* Lindinium reponere, qui locus est in Betna quales sane homines pestes sunt in antiqua historia, et odio omnibus veritatis antiquæ amatoribus esse debent.

comes ibidem per nostrum beneficium tenuit etiam et forestas illas, quarum vocabula sunt, Hengestschate, Tornhese, Mokoroth, Widock, quæ sunt de ambabus partibus Ilemi. Similiter donamus ad basilicam S. Martini ecclesiam quæ est super Dorestad constructa, et vocatur ᵃ Ubkirica, de omnique parte centum perticas terræ, ut omni tempore prædicta basilica spacium terræ centum perticas habere debeat, et cum ea ᵇ ripaticum illum super Loekiam et ᶜ insulam illam prope ipsam ecclesiam ad partem orientalem "inter Rhenum et Loekiam: Hæc vero omnia tradimus a die præsenti ad jam præfata sancta loca perpetualiter possidendum. ᵈ Ideo hanc præceptionem authoritatis nostræ scribere jussimus, ut ab hac die jam memoratus Albricus presbyter sive successores, qui fuerint rectores ejusdem sancti loci, prædicta loca ad opus jam dictæ basilicæ habeant, teneant, gubernent, regant, atque disponant, et quicquid exinde ad profectum ipsius sancti loci facere elegerint, libero perfruantur arbitrio. Et nullus quislibet de judiciaria potestate, aut quælibet persona prædicto Albrico presbytero, neque successoribus suis de jam dictis rebus inquietare aut contra rationis ordinem, vel calumniam generare quoquo tempore præsumant, sed per nostrum largitatis præceptum prædicta basilica jure valeat obtinere firmissimo. Et ut hæc authoritas firmior habeatur, vel diuturnis temporibus conservetur, manu propria subter eam decrevimus roborare, et de annulo nostro jussimus sigillari.

Signum Karoli gloriosissimi regis.

Data vii idus Junii, anno nono ejusdem gloriosissimi regis.

Actum Numaga palatio publico, in Dei nomine feliciter.

XII.

Caroli Magni privilegium pro immunitate monasterii Laureshamensis (anno 779).

(Ex Helvich., Antiquitates Laureshamenses.)

Carolus Dei gratia rex Francorum, vir illuster, omnibus fidelibus nostris tam præsentibus quam et futuris. Cum recta petitio sacerdotum pro oportunitatibus locorum sanctorum pertinens ad aures clementiæ nostræ processerit, talem decet esse ob auditam vel effectu in Dei nomine mancipatam, unde æterni retributoris veniam mereamur adipisci, et eos delectet pro stabilitate regni nostri jugiter exorare, vel in omni parte erga nostrum fideliter assistere. Igitur cognoscat magnitudo seu utilitas vestra quod nos ad monasterium quod dicitur Lauresham, quod est constructum in honore beatorum apostolorum Petri et Pauli vel cæterorum sanctorum, et ubi pretiosus domnus et sanctus præclarus martyr Nazarius in corpore requiescit, et in virtute fulgescit, et venerabilis vir Gundelandus abba una cum norma monachorum præesse videtur, infra pagum Rhenensem, super fluvium Wisgoz, integram immunitatem ejus merito compellente plena et integra gratia pro mercedis nostræ augmento, vel pro ejus quiete aut successorum visi fuimus concessisse. Quapropter hoc præceptum specialibus decernimus ordinandum, quod in perpetuum volumus esse mansurum, ut neque vos, neque juniores seu successores vestri nec quislibet de judiciaria potestate accinctus, in curtis vel villis ipsius monasterii aut ecclesiæ suæ aspicientes in quibuslibet pagis atque territoriis tam quod præsenti tempore videtur possidere vel dominicare, quam quod adhuc ex munere regum seu reginarum, seu quod pro collata populi, vel de comparato, vel de quolibet attractu augmentare vel inmeliorare seu attrahere potuerint, ad causas audiendum, vel freda undique exactandum, nec fidejussores tollendum, nec mansiones aut paratas faciendum, nec ad homines suos tam ingenuos quam servientes seu accolas ipsius monasterii distringentum, nec ullas redhibitiones publicas requirendum nec exactandum quod ad partem fisci nostri exinde redhibetur, penitus ingredi judiciaria potestas, aut missi nostri discurrentes non præsumant. Sed omnes villas suas sub immunitatis nomine cum omnibus fredis aut conjectas seu publicas redhibitiones concessas, omnia (sicut superius comprehensum est) tam ipse abbas quam et successores sui in Dei nomine valeant possidere vel dominari: ut nullus quislibet de fidelibus nostris tam præsentibus quam et futuris, hoc quod nos pro nostra mercede vel pro stabilitate (Deo adjuvante) regni Francorum ad ipsam casam Dei indulsimus ullo unquam tempore, vel quolibet ingenio irrumpere videatur, sed (sicut superius meminimus) nostris et futuris temporibus absque ulla contrarietate partibus prædicti monasterii volumus in omnibus esse conservatum atque indultum. Et ut hæc auctoritas firmior habeatur, ad per tempora melius conservetur, manu propria subter decrevimus roborare, et de annulo nostro sigillari præcepimus.

Signum Caroli gloriosissimi regis. Rado ad vicem Riutberti recognovi.

Datum in mense Maio anno quarto regni nostri.

Actum Theodone villa, palatio publico feliciter.

ᵃ *Ubkirika.* Id est superior ecclesia quæ supra Dorestatum erat, quem vero hisce verbis locum proprie designet, equidem ignoro.

ᵇ *Ripaticum illum super Leckium.* Ripaticum esse quod pro conservanda vel munienda ripa debetur vectigal putant.

ᶜ *Insulam illam.* Signantur hic pagi Doorne et Gothen, qui sunt inter alveum antiquum Rheni et Leccæ. Nam cum Rhenus olim a parte orientali oppidi de Dorstad Trajectum versus inter villas Thorne, Wereunde, Odike et Vechte fluxerit, Leeca vero parvo tantum rivulo infra Dorstadum ad occasum perrexerit, tanquam in insula omnes prædictas et adjacentes villas complexus est.

ᵈ *Ideo hanc præceptionem.* Sic post, *nostrum largitatis præceptum* et in Formulis Marculfi, lib. ii, *præceptum denariale*, etc. Greg. Turon., lib. ix Hist.; Aimon., lib. v, cap. 36: *Præceptum de confirmatione totius abbatiæ de more principum fecit.*

XIII.

Caroli Magni privilegium quo monachos sancti Maximini in suam defensionem recipit, et eis liberam abbatis electionem largitur (anno 779).

(Ex Hontheim, Historia Trevirensis.)

In nomine Patris, et Filii, et Spiritus sancti. Notum sit omnibus in Christum fideliter credentibus, regibus, episcopis, ducibus, quod ego Carolus gratia Dei rex Francorum, Longobardorum, ac patricius Romanorum, pro remedio animæ meæ atque stabilitate regni nostri, sanctorum monasteria sub meo regimine constituta taliter volo per successiones temporum manere illæsa, qualiter per antecessoris mei privilegia inveni esse firmata. Proinde quia abbatiam sancti Maximini in [a] privilegio mei genitoris Pipini sub ipsius mundiburdio constitutam repperi, ego quoque delibero testamentum facere, per quod ipse locus, atque monachi ibi conversantes, sub nostra defensione cum quiete valeant vivere, et orationi vacare. Quapropter Verinolfo abbati de eodem monasterio supradicti confessoris Christi, quod est constructum in suburbio Treviris, atque dedicatum in honore sancti Joannis apostoli et evangelistæ, monachisque in eodem loco Christo famulantibus regali auctoritate seu potestate concedimus, ut habeant in sæcula post nos futura liberam potestatem eligendi abbatem inter ipsos monachos ; si autem ibi non potest inveniri, eligant sibi ubicumque voluerint. Insuper nostra præceptione constituimus, atque inconvulse firmamus, ut nullus regum nobis succedentium, vel alia persona aliqua contra eundem locum vel monachos in tota abbatia ullam potestatem exercere præsumat, nec telonium usquam a navibus eorum exigat, seu placitum teneat sine jussione et petitione abbatis, sed secure et cum pace maneat locus ille sub nostrorum mundiburdio. Ut istius chartæ auctoritas firmior per tempora habeatur, nostræ manus signaculis eam affirmare decrevimus, et [b] annulo nostro firmare jussimus.

Signum gloriosissimi regis. Rado relegi.

Data [In *autogr*. Acta] mense Augusto, [c] anno xi regni nostri.

Acta Patresbronna fisco nostro, super ipsa [*Mab*. Lipsa].

XIV.

Præceptum Caroli Magni quo donat ecclesiæ Fuldensi quicquid Otkarius vassalus regis in beneficio habuit (anno 779).

(Ex Schannat., Hist. episc. Fuld.)

Carolus rex Francorum et Langobardorum, ac patricius Romanorum. Quidquid enim ad loca venerabilia sanctorum propter nomen Domini concedimus vel concedendo firmamus hoc nobis ad salutem et

---

[a] *Privilegio mei genitoris Pipini*. Graves suppositionis notas inhærunt huic relato, tum quoad ejus tenorem, tum quoad appensum sigillum. Unde haud leve adversus præsens, tanquam referens, oritur de simili confictione præjudicium; cum non sit probabile, Carolo Magno fuisse exhibitum patris diploma, visibilibus vitiis informe. Cui accedunt plura curiæ Caroli Magni in hoc nostro adversa, de quibus singulatim Heuman. de Re dipl. p. 149, nec non p. 26. seqq. Mabillonius de Re diplom. lib. III, cap. 1, § 4.

[b] *Annulo nostro firmare jussimus*. Appensum sigillum (quod Zillesius accurate expressit) imberbem Caroli Magni vultum sistens, magnum fecit locum controversiæ, num spurium illud sit, an genuinum? Rejiciunt, qui Caroli mentum semper barba ornatum volunt nixi imagine hujus imp. quam e Petavii Gnorismate exhibet Eckhart, Rer. Franc. tom. I, l. xxiv, p. 628; musivo Romano a Sponio et Le Blanc diligenter recognito, ejusd. Eckharti lib. xxv, p. 78 edito: sigillo plumbeo Caroli Magni barbati, quod eidem Le Blanc debetur; aliis Caroli sigillis apud Mabillon. de Re dipl. lib. v, p. 389; Heineccium cit. tract. tab. 4; Struvium, Corp. Hist. Germ. tom. I, tab. 1, n. 1; nummo apud Bunau cit., p. II, p. 307. Sed, an non aliquando saltem a vultu, sigillis et nummis barbam deposuit Carolus? Id equidem mihi videtur nullatenus improbabile. Nam de ipso quidem Carolo Magno imberbem nummum profert Bunau cit., p. 307. Nec sic rem Francis insuetam egit Carolus, patrii moris, teste Eginhardo, observantissimus; siquidem patri ejus Pipino, æque ac Merovingicæ stirpis regibus, familiare fuit, jam comparere barbatis, jam rasis. Et imprimis quidem Pipini mentum, alias vestitum, nudum videre est in achate San-Maximiniano, meis oculis non semel usurpato, quem sistit Eckhart cit., tom. I, p. 597. Item in sigillis ac nummis pluribus apud eumdem p. 599, nec non Mabillon. cit. lib. v, tab. 23. Merovingorum vero regum imberbes imagines bene multas ære expressas conspicimus in laudati Eckharti Rer. Francic. t. I, scilicet Childerici I p. 36, Childeberti I p. 87, Chlotarii I p. 90, Chariberti p. 98, Sigeberti p. 103, Childeberti II et p. 140 et 156, Guntchramni p. 149, Theodorici II, p. 172, Chlotarii II p. 195, Dagoberti I p. 208, Chlodovei II p. 238, Childerici II p. 254, Theodorici III p. 290, Clodovei III p. 303, Childeberti III p. 313. Verum si his locis a Merovingis barbas positas cernimus, etiam a nonnullis eorum, signanter a Dagoberto I et Clodoveo II, aliis in numismatibus, ab eodem Eckharto loc. cit. editis, resumptas intuemur; non dubio alternantis pro placito moris indicio. Nec ad Carolum Magnum usque tantum duravere illæ barbarum vicissitudines, cum Carolomanus quoque, Caroli Magni frater, in numismate apud Menestrierium, Hist. Civil. Lugd. lib. III, p. 249 nuda per omnia facie conspiciatur, et Ludovicus Pius, jam imperator, appareat, modo barbatus apud Mabillon. cit. lib. v, tab. 99; modo imberbis apud Bunau Hist. Germ. part. III, p. 3. Carolus Calvus, barbatus apud Bunau lib. IV, p. 3, imberbis apud Mabillon. de Re dipl. p. 407; Arnulphus imp. mox barbatus, mox imberbis, apud Bunau p. IV. p. 180. Similiter Conradus I ead. p. IV. p. 410, Unde facile concluditur, rasum in San-Maximiniano sigillo Caroli Magni vultum solum pro certa suppositionis nota haberi non posse; dummodo reliquus diplomatis tenor salvus perstaret. Sed quis dubitat, instrumento non legitime nato sigillum bonæ notæ adhiberi posse?

[c] *Anno xl regni nostri*. Sic odit Zyllesius; at Lambecius et Papebrochius in autographo legerunt anno xl. Inde nova suspicionis ansa; cum anno 709 nondum Verinolfus, sed Vothilradus adhuc fuerit abbas Sancti Maximini.

Hæc jam scripseram, cum mense Augusto an. 1745, prodit Treviris viri clarissimi J. Phil. prætorii consiliarii electoralis aulici, Historiarum et Juris publici in Universitate Treverensi professoris ordinarii *Assertio et Vindicatio* hujus nostri San Maximiniani diplomatis, tribus dissertationibus stabilita. Quæ quanquam multa eruditione referta sit; ad mutandam tamen sententiam, de diplomatis suppositione hic expositam, non permovit.

profectum animæ atque ad stabilitatem regni nostri pertinere confidimus, igitur notum sit omnium fidelium nostrorum magnitudini, qualiter nos propter nomen Domini et animæ nostræ salutem donamus atque contradimus ad Fultense monasterium ubi prætiosissimus Christi martyr Bonifacius corporaliter requiescit et vir venerabilis Surmio abba turmæ monachorum præesse videtur donatumque in perpetuum esse volumus quasdam res proprietatis nostræ, hoc est in pago Wormacense, quidquid fidelis noster Otkarius per nostrum beneficium visus est habuisse, hoc est in Mogontia civitate mansos xxv, et mancipia LXVI et XVI, lidos et vineas ad ipsa beneficia pertinentes similiter vero in alio loco infra Renum in loco qui dicitur Lubringouva, in tertio vero loco qui dicitur Nuvenheim quidquid ibidem predictus Ottokart habuit tam terris, agris quam vineis et hortis cultis et incultis; in quarto vero loco videlicet in Gunzinheim sicut ibidem prædictus fidelis noster visus est habuisse et super fluvium Noraha pratum unum. Hæc ergo omnia supra memorata ad sanctum Fultense monasterium in honore sancti Bonifacii martiris donamus atque contradimus et in perpetuum indultum esse volumus ut ibidem Domino annuente nostris et futuris temporibus, fratribus Deo servientibus proficiat in augmentis, quatenus delectet ipsam congregationem pro nobis uxoreque nostra ac prole Dei misericordiam attentius exorare, et ut hæc traditio firmior habeatur et per futura melius tempora conservetur, hanc nostræ præceptionis et auctoritatis cartam inde conscribi jussimus et anuli nostri impressione insignari.

Signum Caroli gloriosissimi regis. [a] Egilbertus cancellarius recognovi.

Data Id. Novemb.

XV.

Præceptum Caroli Magni regis quo ecclesiæ Fuldensi donat campum dictum Hunefeld (anno 761).

(Ex Schannat., Hist. episc. Fuid.)

Carolus gratia Dei rex Francorum et Langobardorum ac patricius Romanorum. Quidquid enim locis venerabilibus ob amore Domini et opportunitate servorum Dei benivola deliberatione concedimus hoc nobis procul dubio ad eternam beatitudinem vel remedium animæ nostre pertinere confidimus: igitur compertum sit omnium fidelium nostrorum magnitudini qualiter donamus ad monasterium sancti Salvatoris, quod est constructum infra Vasta Bochonia super fluvium Fulda ubi corpus sancti Bonifacii quiescit humatum et vir venerabilis Baovulfus in regimine habere videtur. Campo qui dicitur Unofeld cum silvis suis tradimus perpetualiter ad possedendum : propterea hanc auctoritatem nostram conscribere jussimus, per quam specialiter decernimus ordinandum ut nullus quislibet de fidelibus aut successoribus nostris predicto Baovulfo abbate vel successoribus suis de jam dicto loco inquietare, aut contra rationes ordinare vel calomniam generare non presumat, sed nostris futuris temporibus ad ipsa casa Dei perpetualiter proficiat in augmentis, et ut hæc auctoritas firmior sit manu nostra subter firmavimus et de anolo nostro sigillare jussimus

[b] Signum Caroli gloriosissimi regis. Widolaicus ad vicem Radonis recognovi.

Data in mense Decembri, anno quarto decimo et octavo regni nostri.

Actum Carisiago palatio.

XVI.

Caroli Magni donatio variorum prædiorum facta abbatiæ Prumiensi (anno 790).

(Ex Hontheim, Historia Trevirensis).

Carolus gratia Dei rex Francorum et Longobardorum et patricius Romanorum. Quidquid enim locis sanctorum venerabilium ob amorem Domini, vel opportunitate servorum Dei, benevola deliberatione cedimus, vel condonamus, hoc nobis ad mercedis augmentum, vel stabilitatem regni nostri in Dei nomine pertinere confidimus.

Igitur notum sit omnium fidelium nostrorum magnitudini, præsentium scilicet et futurorum, qualiter nos pro divino intuitu, et æterna remuneratione donamus ad monasterium Domini et Salvatoris nostri Jesu Christi, quod bona memoria domnus ac genitor noster Pipinus quondam rex, nec non domna, ac genetrix nostra Berterada regina novo opere a fundamentis, pro futura salute, in loco, qui dicitur Prumia, visi sunt construxisse, ubi præest vir venerabilis Asoarius abba, donatumque ad eadem sanctum locum in perpetuum esse volumus res aliquas proprietatis nostræ, [c] in pago nuncupante Longonahe, et in pago, qui dicitur Heinrichi, et in Angrisgowe, quas antedictus abba, et Ahardus missi nostri justo tramite secundum legem in causa nostra, super hominem aliquem nomine Alpadum acquisissent, [d] per loca denominata Nasongæ, in Squalbach, et Haonstat, in Caldenbach, et in Boumhaim, atque in Tabernæ, nec non in Heringæ, sive Aendrichæ, et quem modo tenent Nassovii Dillenburgenses, Diezenses, Carimelibocenses et Ilsteinenses.

---

[a] Hunc Egilbertum eumdem puto cum eo, qui apud Mabillon. de Re dipl. VI, num. 53, recognovit præceptum Caroli Magni datum anno 778, diciturque Giltbertus.

[b] Ex hoc autographo sigillum avulsum est.

[c] *In pago nuncupante Longonahe, et in pago, qui dicitur Heinrichi, et in Angrisgowe.* Pagi hi omnes transrhenani sunt : Angrisgowe inter Rhenum et Siginam situs, ex adversa parte Andernaci, ubi hodie comitatus Seynensis; Logonahe circa fluvium Loganam seu Lahnam late protensus; Einriche qui et pars Loganensis pagi, eum tractum occupans,

[d] *Per loca denominata Nasongæ,* etc. Ex locis hic nominatis nota sunt Nassonga, hodie Naßau ad Lahnam. Squalbach seu Schwalbach ab acidulis notissimum, Heringæ, alias Heigrehe nunc Hayger supra Dillenburg; Willare, quod etiam occurrit in charta Waltradæ de anno 821, in Corp. Tradit Fulden. p. 154, forsan Weil ad fluviolum Wilniam infra Reifenbergam, Larheim, inter Catimelibocum et Diezlam.

Villare, seu in Theodissa, vel in Abothisscheid, atque Larheim; et super Hrenum [Rhenum] portionem, sicut suprascripti missi nostri recto ordine super jam dictum Alpadum ad opus nostrum visi sunt evindicasse, tam terris, domibus, ædificiis, accolabus, mancipiis, vineis, campis, silvis, pratis, pascuis, aquis, aquarumve decursibus, mobile, et immobile totum, et ad integrum, ad præfatum monasterium in eleemosyna nostra jure firmissimo perpetuis temporibus ad possidendum concessimus. Quapropter per præsentem auctoritatem nostram decernimus, ac jubemus, quod perpetualiter mansurum esse volumus, ut memoratus vir venerabilis Asoarius abba suique successores, qui fuerint per tempora rectores monasterii sancti Salvatoris, suprascriptis rebus cum omni integritate, sicut supra memoravimus, ad partem ipsius sancti loci nostri, Deo haospice, futurisque temporibus teneant, atque possideant; et nullus quislibet de fidelibus, aut successoribus regni nostri, agentes ipsius monasterii, de præscriptis rebus aliquam calumniam generare, aut diminorationem facere ullo unquam tempore præsumatur: sed ut melius delectet ipsos servos Dei, qui ibidem Deo famulare videntur, pro nobis, exoriusque, ac liberis, seu pro stabilitate regni nostri attentius Domini misericordiam exorare : hoc quod nostro largitionis munere pro æterna retributione ad sæpedictum monasterium Domini Salvatoris induxsimus per hoc nostræ serenitatis præceptum atque confirmationis donum, Christo propitio, in luminaribus ipsius ecclesiæ, seu stipendia servorum Dei, perpetuis temporibus proficiat in augmentis.

Et ut hæc auctoritas firmior habeatur, vel per tempora, Domino auxiliante, melius conservetur, manu propria subterfirmavimus, et de anulo nostro sigillari jussimus. Et quod supra intimare debueramus, omnem legem, et compositionem, quam prædictus Alpad pro ipsis rebus solvere debuit, ad ipsum sanctum locum perdonavimus.

Signum Caroli gloriosi regis. Ercambolt ad vicem Radonis recognovit.

Data v idus Junii, anno XXII et XVII regni nostri.

Actum Mogontia civitate, in Dei nomine feliciter. Amen.

XVII.

Privilegium Caroli Magni, pro monasterio Cremifanensi (anno 791).

(Ex Rettenpacher, Annales Cremifanenses.)

Carolus Dei gratia rex Francorum et Langobardorum, et patricius Romanorum. Si petitionibus sacerdotum vel servorum Dei, in quo nostris auribus fuerint prolatæ, libenter obaudimus, et eas in Dei nomine ad effectum perducimus, regiam consuetudinem exercemus, et hoc nobis ad mercedem vel stabilitatem regni nostri pertinere confidimus. Igitur notum sit omnibus fidelibus nostris, præsentibus et futuris, qualiter vir venerabilis Fater abbas clementiæ regni nostri suggessit, eo quod Thassilo dudum Waioariorum dux monasterium in honore sancti Salvatoris infra waldam nostram, in loco qui dicitur Chremifa, in pago nuncupato Traungæv, novo opere construere fecisset, atque per chartulam donationis loca aliqua ad ipsum sanctum locum concessisset in supradicto pago, vel infra memoratam waldam, id est Sulzpach, et Syppach, Liubilinpach, et quidquid inter duo flumina, quæ vocantur Ipfæ, esse cernitur; nec non decaniam unam de illis sclavis, super quos fuerunt actores Taliub et Sparuna, nec non secus fluvium qui dicitur Todicha, triginta sclavos, et territorium, sicut ad supradictam decaniam pertinet, veluti Physso conjuravit, et Arno episcopus, seu Fater abbas simul cum Hleodro comite et Chuniberto judice circuierunt, insuper etiam terram illam ad Todicham et Sirnicham, quam illi slavi sine licentia Thassilonis ducis stirpaverunt. Similiter et in alio loco, qui dicitur Eporestal, terram illam, quæ simili modo absque licentia Thassilonis fuit stirpata, quam circuierunt ejus missi Saluhho, et Wanilo, et Gaerbertus. Homines tamen in ipso Eporestal supra ipsam terram commanentes, si voluerint jam fatam terram tenere ad serviendum commemoratæ casæ Dei, teneant; si vero voluerint, liberi discedant. Dedit etiam ad Petenpach de illa fontana usque ad fluvium qui dicitur Albina, sicut ille Thassilo consignavit, et inde usque ad Alpes, ubi eis pasturam concesserat : similiter et villam nuncupatam Alinchofa, cum integritate una cum appendiciis vel adjacentiis suis, et ad Albarch capellam in honore sancti Martini constructam, cum rebus illuc pertinentibus, et ad Sulzpach aliam ecclesiam cum omnibus ad eam pertinentibus, et ad Nordfilusa tertiam ecclesiam cum rebus ad eam pertinentibus in Tonahgaæ. In suprascripto vero pago Drungæ in loco qui nuncupatur Aschaha vineas duas, cum viniatoribus duobus, et in alio loco qui dicitur Raotola, vineas tres cum tribus viniatoribus, nec non piscatores duos, et insuper alios homines duos, qui apes provident, et fabros sex. Hæc omnia suprascripta asserit se præfatus Fater abbas ad partem antedicti monasterii quieto ordine tenere, et possidere, sed quia jam prædicti Thassilonis traditio firma, et stabilis minime poterat permanere, idcirco petiit a serenitate nostra, ut denuo in nostra eleemosyna per nostram auctoritatem plenius hoc circa ipsum sanctum locum cedere, atque confirmare deberemus, sicuti et fecimus. Præcipientes ergo jubemus, ut inspecta ipsa traditione Tassilonis, sicut per eam declaratur, ita deinceps valeat sæpedictus Fater abbas suique successores, qui fuerint rectores ipsius monasterii sancti Salvatoris, per hoc nostræ serenitatis præceptum, atque confirmationis donum cum omni integritate absque ullius impedimento, quieto tramite tenere et possidere, quatenus nostris sive futuris temporibus, pro mercedis nostræ augmento ad ipsam casam Dei perenniter proficiat in augmentis. Et ut hæc auctoritas firmior habeatur, vel per tempora Christo propitio melius conservetur, manu propria subter firmavimus, et de annulo nostro sigillari jussimus. Signum Caroli gloriosissimi regis.

Data iii Non. Januarii, indictione xiv, anno 25 regni domini Caroli serenissimi regis.

Actum Wormatiæ, in Dei nomine feliciter. Amen.

XVIII.

Diploma Caroli Magni quo donationem abbatiæ Epternacensi a germano suo Karolomanno factam confirmat (anno 794).

(Ex Hontheim, Historia Trevirensis.)

Carolus gratia Dei rex Francorum et Longobardorum, ac patricius Romanorum. Quidquid enim locis sanctorum venerabilium ob amorem Domini cedimus vel confirmamus, hoc nobis ad mercedem vel retributionem æternam pertinere confidimus.

Idcirco notum sit omnibus fidelibus nostris, præsentibus scilicet, et futuris, qualiter vir venerabilis [a] Berneradus sanctæ Senonensis ecclesiæ archiepiscopus, qui est rector monasterii, ubi sanctus Willibrordus corpore requiescit, quod est situm in loco Epternaco, clementiæ regni nostri innotuit, eo quod bonæ memoriæ Karolomannus quondam germanus noster, pro mercedis suæ augmento, villas aliquas in pago Bedense, in loco nuncupante Droise [*Dreyls*] super fluvium Salmana, et [b] Officinas super Lisera, una cum terris, domibus, ædificiis, accolabus, mancipiis, vineis, sylvis, campis, pratis, pascuis, aquis, aquarumve decursibus totum, et ad integrum, quidquid ad ipsa loca legibus pertinere videtur, ad prædictum monasterium visus fuit condonare; sed negligentia eveniente, nequaquam cartula concessionis ipsius germani nostri exinde accepta fuisset. Unde asserit jam dictus Berneradus archiepiscopus ipsas res quieto ordine ad partes jam dicti monasterii tenere: sed pro rei totius firmitate, petiit a celsitudine nostra, ut hoc nos denuo in eleemosyna nostra, et jam dicti germani nostri per nostram auctoritatem erga ipsum sanctum locum concedere atque confirmare deberemus.

Cujus petitionem pro divino intuitu et reverentia ipsius sancti loci nolumus denegare, sed in omnibus pro mercedis nostræ augmento, hoc concessisse atque confirmasse cognoscite. Quapropter per præsens decrevimus, atque jubemus præceptum, ut nullus quislibet de fidelibus nostris, neque ex judiciaria potestate ullo unquam tempore ante memorato Bernerado archiepiscopo, neque successoribus, qui fuerint rectores monasterii sancti Willibrordi, de jam dictis rebus inquietare, aut calumniam generare, aut aliquid abstrahere, nec minuere ullo unquam tempore præsumatur, sed pro mercedis nostræ augmento, et animæ germani nostri Karolomanni regis ad jam dictum sanctum locum nostris, futurisque temporibus, Christo auspice, per manum legentium eorum in luminaribus ipsius ecclesiæ, seu stipendiis servorum Dei, qui ibidem Deo famulare videntur, perenniter proficiant in augmentis.

Et ut hæc auctoritas inviolata, Deo adjutore, omni tempore valeat perdurare, manu propria subter roborare decrevimus, et de anulo nostro sigillare.

Signum Caroli gloriosi regis.

XIX.

Caroli Magni donatio qua monasterio Prumiensi concedit villas Lauriacum et Catiacum in pago Andegavensi (anno 797).

(Ex Hontheim, ibid.)

Karolus gratia Dei rex Francorum et Longobardorum. Quidquid enim in nostra vel procerum nostrorum præsentia recto tramite agitur, ac juste terminatur, oportet propter futurorum hominum notitiam per scripturarum seriem roborare, ut in postmodum jure firmissimo maneat inconvulsum. Ideoque notum sit omnium fidelium nostrorum magnitudini, præsentium scilicet et futurorum, qualiter Asoarius abba ex monasterio sancti Salvatoris, quod domnus et genitor noster sanctæ recordatio Pippinus quondam gloriosissimus rex, ac domna et genitrix nostra bona memoria Bertrada regina, in loco qui dicitur Prumia, novo opere construxerunt, Serenitati nostræ multoties deprecatus est, pro aliquibus rebus sitas in Andecavo, villas nuncupatas Lauriaco et Catiaco, adserentes, quod de parte genitricis suæ Wilharanæ, et avæ suæ Teodildæ ei legibus pertinere debuissent, et a retroactis temporibus cum aliis rebus, quæ propter infidelitatem aliquorum hominum parentumque suorum in fisco redactæ fuerant, malo ordine et injuste usurpatæ devenissent. Nos quidem ejus considerantes sacerdotium, et fideli servitio, ita per omnia verum esse credidimus, ac de ipsis rebus pleniter revestire jussimus, et per præceptum auctoritatis nostræ eidem confirmare decrevimus. Transacto vero aliquo tempore inventum est manifeste per Odilhardum sanctæ Nannelicæ urbis ecclesiæ episcopum, et alios veraces homines infra patriam habitantes, de prædicta villa Lauriaco, quod nostræ hæreditati legibus ac juste deberetur, et nullam inibi Asoarius abba deberet habere justitiam. Qui in conspectu nostro ac plurimorum, procerumque nostrorum præsentia stans in judicio, secundum quod [c] lex Romana edocet, et sui scabinii ei judicaverunt, prædictas villas partibus nostris simulque et præceptum confirmationis nostræ reddidit. De quibus nos unum, quæ vocatur Lauriacum, pro futura salute in eleemosyna domni ac genitoris nostri bonæ memoriæ Pippini quondam gloriosissimi regis ad jam fatum mo-

---

[a] *Berneradus sanctæ Senonensis ecclesiæ archiepiscopus.* Berneradus hic (cui Vitam sancti Willibrordi inscripsit Alcuinus) tertius a sancto Willibrordo ab anno 777 ad annum 798 monasterium rexisse dicitur in brevi Chronico ms. Epternacensi, a Theoderico circa annum 1490 exarato. Cum autem inter Senonenses præsules circa hæc tempora legatur præfuisse Berardus ab anno 793 usque 795, sic unum hunc eumdemque esse, conjicimus. Add. Heuman. de Re Diplom., cap. 2, § 66, n. 11.

[b] *Officinas super Lisura.* Martene, Calmet et Bertholet legunt *Officinas*, sed perperam.

[c] *Lex Romana.* Per legem Romanam hic intelligitur Codex Theodosianus; Pandectæ enim et Jus Justinianæum nondum in Occidente innotuerant. Estque hoc primum vestigium, quod inter nostra mihi occurrit, Juris Romani in Francia jam usurpati.

nasterium sancti Salvatoris per præceptum auctoritatis nostræ delegavimus, et aliam, quæ vocatur Catiaco, quia ipsi pagenses testati sunt vidisse eam habere, aviæ ipsius Asoarii Teodildæ in alode per nostram confirmavimus auctoritatem. Iterum autem post aliquantos annos orta est intentio [contentio] exinde pro aliquibus appendiciis, quæ ad ipsam villam pertinent, inter jam dictum Asoarium abbatem et Nunonem comitem nostrum, qui ad nostram altercando accedentes præsentiam, repperimus certissime, tam per veraces homines, quam per strumenta, qualiter ante dicta avia sua Theodelhildis supra scriptam villam Catiacum cum aliis rebus proprietatis suæ domno et genitori nostro tradiderat, et ideo nostra plus legibus cum justitia esse deberet, quam Asuarii abbatis de parte genitricis suæ Wilharanæ. His itaque gestis placuit celsitudini nostræ, ut ob amorem Dei et reverentiam ipsius, quia vir Dei esse dinoscitur, ex corde puro et sincera voluntate, quia aliud pro aliud, quam vir simpliciter, nobis retulit et culpabilis atque convictus apparuit, in eleemosyna nostra ei omnia indulgere, et insuper ipsas villas superius nominatas Lauriaco et Catliaco cum suis appendiciis pro salute animarum domni ac genitoris nostri seu genitricis, ad prædictum monasterium ex nostro largitatis munere plenissima deliberatione cedere et in omnibus confirmare. Statuentes ergo jubemus, quod perpetualiter mansurum esse volumus, ut amodo et deinceps sæpe memoratus vir venerabilis Asuarius abbas suique in perpetuum successores, qui fuerint pastores suprascripti monasterii sancti Salvatoris, jam dictas villas Lauriaco et Catliaco, una cum terris, domibus, ædificiis, accolabus, mancipiis, vineis, campis, silvis, pratis, pascuis, aquis aquarumque decursibus, mobilibus et immobilibus, appenditiis, adjacentiis, omnia et ex omnibus, sicut ad ipsa loca aspicere videtur, et nostra, Deo donante, legitima videtur esse possessio, per hoc nostrum auctoritatis et cessionis, atque confirmationis præceptum ad partem ipsius sancti loci in eleemosyna nostra teneant atque possideant, et ad ipsam casam Dei nostris futurisque temporibus proficiant in augmentis, quatenus melius delectet ipsos servos Dei, qui ibidem Deo famulantur, pro nobis et liberis nostris, seu pro stabilitate regni nostri, et pro animabus genitoris ac genitricis nostræ jugiter Domini misericordiam exorare. Et ut hæc auctoritas inviolata Deo auctori valeat permanere, manu propria firmavimus, et de anulo nostro sigillare jussimus.

Signum Caroli gloriosissimi regis. Ercanbaldus ad vicem.... recognovi.

Data XIII Kalend. Martias, anno XXVIII [XXIX] et XXIV regni nostri.

Actum Aquisgrani palatio nostro publice, in Dei nomine feliciter. Amen.

XX.

Caroli Magni imperatoris donatio qua confert archiepiscopo et ecclesiæ Trevirensi Cerviam cum foresta (anno 802).

(Ex Hontheim, ibid.)

In nomine sancte et individue Trinitatis. Carolus divina favente clementia imperator augustus et Francorum patricius. Comitibus, ducibus tam ultra quam circa Rhenum et Ligerim degentibus, tam præsentibus quam futuris. Id nobis ad augmentum et stabilitatem regni nostri procul dubio in Dei nomine credimus pertinere, si petitionibus sacerdotum et ecclesiarum Dei fidelium rectis petitionibus assensum prebemus. Itaque vir apostolicus [a] Weomadus et frater ejus Basinus et missus noster Aufericus ad nos venientes retulerunt nobis, quod predecessores nostri reges ob edificationem suarum animarum quasdam res ad fiscum publicum pertinentes tradiderunt sancto Petro ad Trevericam ecclesiam, videlicet Valeniacum cum omnibus appendiciis suis, excepto loco Cerviam (Cerff) nominato, et Serviaco cum foreste regia, ipsa autem retinuerunt, sed causa venationis. Quapropter deprecati sunt predicti fideles nostri, ut predicta loca Cerviam et Serviacum pariter cum foreste, que ad fiscum respiciebat, traderemus ad sanctum Petrum, ne sua occasione ipsius forestis circumjacentes res sancti Petri vastarentur. Igitur nos eorum petitionibus annuentes, legali jure tradidimus ad Trevericam ecclesiam sancti Petri supra dicta loca, Cerviam videlicet et Serviacum, cum omnibus ad ipsa loca pertinentibus, campis, pratis, pascuis, aquis aquarumque decursibus, silvis, cultis et incultis, viis et inviis, exitibus et reditibus, cum foreste, quemadmodum ad fiscum nostrum pertinebat, cum omni integritate tradidimus et sanximus his locis determinatam: ex eo loco, ubi Premantia (Brimbs) fluvii oritur usque ad Bischoffsvelt, et sic via publica usque ad Marciacum (Merzig ad Saram) et sic inde usque Sarova (Sára seu Saravum fl.) in Mosellam fluit; inde ad locum Lyve (Leyen ad Mosellam) nominatum; a

---

[a] *Weomadus et frater ejus Basinus.* Præsens charta, quoad rem ipsam et substantiam mihi minime suspecta, quoad formam certe talis videtur. Præterquam enim, quod Caroli titulus Francorum patricius (qui deberet esse Francorum Rex, Romanorum patricius) truncatus appareat, Weomadi et Basini coæva vita non convenit cum anno regiminis 34 Caroli Magni. Convixere utique Basinus et Weomadus, ambo successive sancti Maximini abbates, et deinde Trevirorum præsules: at citius: neque enim potuit tam sero superfuisse Basinus, qui jam sub finem sæculi VII præfuit. Juvat hic audire Alex. Wilthemium Annal. sancti Maxim. ms. Lib. II in fine ad ann. 729, ubi ita: « Basinus autem quousque imposterum munia abbatis gesserit, haud facile dixerim. Hoc satis constat, Wiomadum, quem Mediolacensibus quoque abbatibus acta Leodwini inseruere, serius citius habuisse successorem. Cui an Basinus religionis modestiæque ergo, an ætate jam diuturnis laboribus devexa ad otium decesserit, arduum sane explicatu. Ex Pipini tabulis compertum habeo, Basinum ad annum usque sexagesimum secundum hujus sæculi vivendo processisse. Unde apparet aut ad fungendum munus ætate inhabilem, ex antistite monasterii inter privatos redactum, aut, quo magis inclinat animus, quemadmodum nuper pontificatum, sic modo abbatis dignitatem suapte sponte deseruisse. Atque ita more noctu gradientium manu propemodum explorandum, qua tuto citraque lapsum, caliginosam prætervehamur antiquitatem. »

Lyve autem illuc ubi Budelschica in Troganum (*Drohn*) fluvium cadit in directo tramite ad ortum fluminis Premantie. Hanc ergo forestem, quam legali more sancto Petro tradidimus, per bannum nostrum omnibus prohibemus, ut nemo successorum nostrorum regum, vel quelibet alia persona, bestiam in ipsa capere quacunque venationis arte, absque licentia Treverensis ecclesie pontificis, presumat; quod si quis fecerit, bannum nostrum solvere cogatur. Et ut hoc nostre authoritatis preceptum absque transgressione servetur, hoc preceptum scribi jussimus et manu propria firmavimus, atque annuli nostri impressione sigillari fecimus.

Signum Caroli serenissimi imperatoris. Servatius Arcamboldi cancell. ad vicem recognovit.

Data Kalendis Septembris, anno trigesimo quarto, indictione ix.

Actum Haristallo palatio, in Dei nomine. Amen.

XXI.

Caroli Magni imperatoris diploma quo sancto Lutgero primo episcopo Monasteriensi, fundatori abbatiæ Werdinensis ord. sancti Bened. in diœcesi Coloniensi, assignat in dotem ejusdem monasterii fiscum suum in Luthosa, quod est Hannoniæ oppidum; unde dein exsurrexit collegium canonicorum (anno 802).

(Ex Auberto Miræo, Opera diplomatica.)

In nomine sanctæ individuæ Trinitatis, Carolus divina donante clementia Imperator Augustus. Si sacerdotum ac servorum petitionibus, quas nobis pro necessitatibus suis insinuaverunt aurem accommodamus, et ad effectum perducimus, non solum regiam et imperialem consuetudinem exercemus, verum etiam æternæ retributionis præmia nobis profutura non dubitamus. Comperiat itaque omnium fidelium nostrorum, præsentium scilicet, et futurorum industria, qualiter b. m. Ludgerus Mimigerdefordensis (Vulgo *Munster*) episcopus postulavit celsitudinem nostram, ut cum licentia et auxilio pietatis nostræ sibi liceret in propria sua hæreditate in pago Ruricho, in loco qui dicitur Werthina, super fluvium Ruræ in silva Wenneswalt, ecclesiam ædificare in honorem sancti Salvatoris, et sanctæ Mariæ virginis, nec non sanctarum reliquiarum, quas ab apostolico papa de Roma transtulit, et si facultas daretur, quandoque monasterium ædificare, et monachos se velle congregare, manifestissime testificatus est. Cujus rationabili et justæ petitioni libentissime assentimus, imperantes, ut eadem ecclesia in nostram tuitionem suscepta, et non solum ea, quæ moderno tempore, verum etiam, quæ postmodum a fidelibus Dei collata fuerint, firmius ac solidius possidere absque ullius injusta valeat infestatione.

Ad perficiendum autem in eodem loco monasterium, et ad congregandum cœnobium, suggerente sæpe dicto fideli nostro episcopo, ad easdem reliquias proprias res nostras, id est, Fiscum nostrum, qui vocatur Suthosa (Vulgo *Leuse*), in pago Brabant, cum omni integritate in proprietatem donamus, et in perpetuum perdurare Deo præstante jubemus, cum omnibus ad se pertinentibus, terris et sylvis, mansis, et mancipiis, aquis, et pratis, ædificiis, cultis, et incultis, imperiali more, ad sæpe dictas reliquias, quæ in Werthina venerantur, jure hæreditario præstamus, et condonamus.

Et ut hæc auctoritatis nostræ robore futuris temporibus, Deo protegente, inconvulsa maneant, manu nostra subterfirmamus, et annuli nostri impressione signari jussimus.

Signum domini Caroli serenissimi imperatoris Augusti.

Hildegrinus notarius ad vicem Alcuini, archicapellani recognovi.

Data vi Kal. Maii anno incarnat. Domini 802. Anno autem regni ejus xxxiv, et in Italia xxvii, Imperii vero iii, indictione x.

Actum Wormatiæ in Dei nomine

XXII.

Caroli Magni imperatoris diploma de fundatione episcopatus Osnaburgensis in Westphalia (anno 801).

(Ex Auberto Miræo, Opera diplomatica.)

In nomine sanctæ et individuæ Trinitatis, Carolus Imperator Augustus, Romanorum gubernans imperium, dominus et rex Francorum et Longobardorum, nec non dominator et Saxonum.

Notum sit omnibus sanctæ ecclesiæ fidelibus, n strisque præsentibus et futuris, quod nos, ob nostræ mercedis augmentum, Wihoni episcopo [a] Osnaburgensi, et suæ ecclesiæ, quam nos primam in omni Saxonia in honore sancti Petri, principis apostolorum, et sanctorum martyrum Crispini et Crispiniani, construximus [b] quoddam nemus vel forestum, intra hæc loca situm, Farnewinckel, Rusteinstein, Angara, Osningsenethe, Dershouet, Egestervelt, innumera collaudatione illius regionis potentum, cum omni integritate, in porcis silvestribus, cervis, avibus, et piscibus, omnique venatione; quæ sub banno usuali ad forestum deputatur, ad similitudinem foresti nostri Aquisgrani pertinentes, in silva Osmugi in perpetuum proprietatis usum donavimus.

Ea videlicet ratione, quod si quisquam hoc idem nemus nostro banno munitum, sine prædictæ sedis episcopi licentia, studio venandi, vel silvam extirpandi, vel aliud agendi unquam introierit, sciat se tam divinæ quam regiæ ultionis vindictam incursurum, nec non pro delicto lx solidos nostri pon

---

[a] Osnaburgensium primus episcopus fuit sanctus Wiho, quem Bernardus Furmerius, in Annalibus suis Frisicis, Leovardiæ in Frisia occidentali natum fuisse scribit.

[b] Carolus Magnus imperator novas episcopis sedes novem in Germania posuit, Monasteriensem, Mindensem, Halberstadiensem, Osnaburgensem, Paderbornensem, Verdensem, Hamburgensem, et Hildesheimensem: duas ad dignitatem archiepiscopalem provexit, Juvavensem, et Hamburgensem.

deris, quos nobis pro banno violato deberi statuimus, redditurum.

Insuper vero eidem episcopo, ejusque successoribus perpetuam concedimus libertatem, et ab omni regali imperio absolutionem : nisi forte contingat, ut imperator Romanorum, et Rex Græcorum conjugalia fœdera inter filios eorum contrahere disponant ; tunc ecclesiæ illius episcopus, cum sumptu a rege vel imperatore adhibito, laborem simul et honorem illius legationis assumet.

Et ea de caussa statuimus, quod in eodem loco Græcas et Latinas [a] scholas in perpetuum manere ordinavimus, nec unquam clericos utriusque linguæ gnaros deesse confidimus.

Et ut hæc autoritas firmior habeatur, et diuturnis temporibus melius conservetur, manu propria subter eo roborare decrevimus, et annulo nostro sigillari jussimus.

Datum XIII Kalend. Januarii, anno quarto, Christo propitio, imperii nostri, tricesimo septimo regni nostri in Francia, atque tricesimo primo in Italia.

Actum Aquisgrani, in palatio feliciter. Amen.

XXIII.

Caroli Magni imperatoris diploma quo monasterio Prumiensi donat Walemaris-villam (anno 806).

(Ex Hontheim, Historia Treverensis.)

In nomine Patris, et Filii, et Spiritus sancti. Carolus serenissimus Augustus, a Deo coronatus, magnus, pacificus imperator, Romanorum gubernans imperium, qui et per misericordiam Dei rex Francorum et Longobardorum. Quidquid igitur locis venerabilibus ob amorem Domini nostri Jesu Christi cedimus et condonamus, hoc nobis procul dubio ad mercedis augmentum seu stabilitatem imperii nostri pertinere confidimus. Notum sit omnibus fidelibus nostris præsentibus et futuris, qualiter donamus ad monasterium sancti Salvatoris, quod dominus ac genitor noster Pippinus bonæ memoriæ novo opere construxit in loco qui dicitur Prumia, donatumque in perpetuum esse volumus, mansum unum in villa, quæ vocatur Walemaresdorpf (*Wallersheim*), una cum servo nomine Williario cum omni peculiare (*peculio*), vel acquisitu suo, et totam legem, quam pro ipso manso vel pro ipso servo ipse [b] Tancradus venerabilis abba et ejus advocatus [c] rewadiavit, pro eo quod Meginfredus quondam servus noster, non habens partem, ad ipsam casam Dei antea delegaverat, et missus noster, Remicarius comes, in causa nostra legibus super eum evindicavit. Idcirco in eleemosyna nostra denuo ad ipsum sanctum locum plenius ex nostra largitate concessimus. Propterea præsentem nostram auctoritatem fieri jussimus, per quam specialiter decernimus atque jubemus, ut memoratus Tancradus abba suique in perpetuum successores, qui fuerint rectores in ipso sancto loco, suprascriptum locum vel mansum in Wallemaresdorp et prædictum servum per hanc nostram auctoritatem teneant atque possideant ; qu tenus dein-

---

[a] *Scholas.* Lector notet, in palatiis episcoporum, itemque ecclesiis cathedralibus ac monasteriis præsertim Benedictinis, celebres olim scholas seu gymnasia exstitisse. De Benedictinorum scholis egi in originalibus monasticis, Coloniæ excusis. De Notgero Leodicensi episcopo, qui an. 1007 obiit, hæc legimus, in manusc. Vitæ ejus historia, ab Anselmo tom. I Hist. Leod., pag. 217, edita.

« Quanta fuerit Notgero in educandis pueris, scholaribusque disciplinis instruendis sollicitudo, hinc probatur, quod semper, dum in via pergeret, longe sui prope, scholares adolescentes secum ducebat, qui uni ex capellanis suis, sub arctissima parerent disciplina : quibus etiam librorum copiam, cum cæteris scholarium utensilibus, circumferri faciebat. Sicque fiebat, ut quos plerumque rudes et illitteratos a claustro abduxisset, ipsos, quos prius magistros habuerant in litteraria eruditione, redeuntes superarent. Cujus eruditionis occasione, plurimi eorum etiam in religionis ac sanctitatis disciplina circa eum in tantum profecerunt, ut idonei fierent rectores ecclesiarum. Ex illis quippe multæ civitates gavisæ sunt se habere pastores : quarum Salisburgensis ecclesia archiepiscopum habuit Gontherum ; Cameracensis duos, alterum alteri succedentem, Rothardum et Erluinum ; Virdunensis Haimonem, qui Haimo, magistrum sequens, in urbe Virdunensi monasterium beatæ Mariæ Magdalenæ et sancti Mauri postea construxit. Tullensis ecclesia Hezelonem, et Trajectensis Adelboldum.

Licet a multis etiam aliis, episcopalem gradum non assecutis, qui sub eo nihilominus coaluissent, quam plurimi correctæ sunt ecclesiæ : ex quibus, Durandus, postea Leodiensis episcopus, Babembergensem ecclesiam religionis et artium disciplina illustravit. Ogbertus, cum quibusdam aliis secum hinc abductis, Aquensium clericorum vitam, perniciosæ licentiæ contagio depravatam, ad sanctæ religionis statum pro posse reduxit.

Quid de Hulbodo dicamus ? qui Parisios veniens, sanctæ Genovefæ canonicis adhæsit, et in brevi multarum scholarum instructor fuit. Idem postea sub pontifice Baldrico Pragam, Bohemiæ civitatem, transmissus, cum nonnulla ibidem Christianæ religionis documenta dedisset, ad nos iterum cum honore remeavit.

Multi quoque alii sub tanto patre educati, religione ac studiis liberalibus diversa illustravere loca : quorum vita religiosis moribus et doctrinis insignita, paternæ probitatis evidens est documentum. » Hactenus ex manusc. Notgeri Vita.

Liethertus episcopus Cameracensis rexit scholas Cameraci, lib. III, cap. 61, in Chron. Cameracensi.

De Eraclio episcopo Leodiensi scholarum promotore eximio, qui et episcopus existens solitus est docere tom. I Hist. Leod., pag. 188.

Ulteriores notationes auctoris vide in Notitia ecclesiarum ad summarium, cap. 26.

[b] *Tancradus venerabilis abba.* Cum Asuerus, primus abbas Prumiensis, adhuc in cartis anni 804 occurrat, sic apparet Tancradum ei anno eodem vel sequenti successisse. De hoc Tancrado pauca Mabillonius Annal. Benedict. Tom. II, lib. XXVII, n. 67. Plura Knauff De'ens. abbat. Prumien., pag. 43, nempe hæc : « Abbas Tancradus ex principibus de Parma, magnarum virtutum operator, et cultus divini zelator, inter cætera reginæinis sui præclara gesta tres constituit religiosorum cellas (seu prioratus), unam in pago seu territorio Spirensi sancti Medardi, alteram sancti Petri in Kesseling, tertiam beatæ Mariæ virginis in Reving supra Mosam, quæ monasterio Prumiensi incorporatæ, et earum religiosis subjectæ essent. Magnus hic abbas Carolo Magno et Ludovico Pio imprimis charus fuit, cujus consilio et industria in negotiis arduis utebatur. Præfuit et profuit annis 24. »

[c] *Rewadiavit.* Id est, oppignoravit.

ceps in eleemosyna nostra, ut diximus, in luminaribus ecclesiæ proficiat in augmentis, ut melius delectet ipsam sanctam congregationem pro nobis et pro liberis nostris, seu pro omni populo nobis a Deo concesso, divinam jugiter exorare clementiam. Et ut hæc auctoritas firmior habeatur et diuturnis temporibus melius conservetur, manus nostræ siguaculis subter eam roborare decrevimus, et de anulo nostro sigillare jussimus.

Signum Caroli serenissimi imperatoris.
Amalbertus ad vicem Ercambaldi scripsi.

Data xiii Kalendas Februarii, anno sexto, Christo propitio, imperii nostri, 38 regni nostri in Francia, et 33 in Italia, indictione xiv.

Actum Theodone villa palatio nostro, in Dei nomine feliciter. Amen.

XXIV.

Caroli Magni imperatoris diploma quo monasterio Prumiensi concedit varias res in pago Andegavensi (anno 807).

(Ex Hontheim, ibid.)

In nomine Patris, et Filii, et Spiritus sancti. Carolus serenissimus Augustus, a Deo coronatus, magnus, pacificus imperator, Romanorum gubernans imperium, qui et per misericordiam Dei rex Francorum et Longobardorum. Quidquid enim ob amorem Domini nostri Jesu Christi ad loca sanctorum venerabilium cedimus vel condonamus, hoc nobis procul dubio ad æternam beatitudinem seu stabilitatem imperii nostri.... confidimus. Igitur notum sit omni fidelium nostrorum magnitudini, præsentium scilicet et futurorum, qualiter donamus ad monasterium, quod piæ memoriæ domnus ac genitor noster Pippinus, quondam gloriosus rex, suo opere construxit in honore Domini et Salvatoris nostri Jesu Christi, in loco qui dicitur Prumia, ubi præest venerabilis Tancradus abba, donatumque in perpetuum esse volumus res aliquas nostras sitas in pago Andecavino, in loco qui dicitur Laniaco, nec non in pago Rodonico, in loca nuncupantes Stivale, sive Caucina, et in Turicas, et in villa nova, et intra tota illa locella, manentes xix una cum terris, domibus, ædificiis, accolabus, mancipiis, vineis, campis, silvis, pratis, aquis aquarumque decursibus, totum et ad integrum, quantumcunque in suprascripta Godebertus quondam tenuit, et [a] pro incestuosa vel alia illicita opera legibus perdidit, vel ad fiscum nostrum legibus devenerunt, et Hugo comes una cum prædicto Tancrado venerabili abbate, vel aliis quam pluris fidelibus nostris [b] secundum judicium, legitimo ordine, ac juste et rationabiliter partibus nostris acquisivit vel evindicavit, pro mercedis nostræ augmentum ad supradictum sanctum locum plenissima deliberatione concessisse atque confirmasse cognoscite. Statuentes ergo jubemus, quod perpetualiter circa memoratum sanctum jure firmissimo mansurum esse volumus, ut memoratus Tancradus abba suique in perpetuum successores, qui fuerint rectores antedicti monasterii sancti Salvatoris, et monachi ibidem sub sancta regula consistentes, suprascriptas res cum omni integritate, sicut partibus nostris legibus devenerunt, inspecto judicato memorati Hugoni comitis fidelis nostri, manibusque bonorum hominum roboratum, sicut inibi declaratur, qualiter cum justitia et æquitate ad partem nostram vindicatæ devenerunt, per hanc nostram auctoritatem teneant atque possideant, ita ut in luminaribus ipsius sanctæ ecclesiæ Dei, seu stipendia servorum Dei, pro animæ nostræ remedio, nostris futurisque temporibus, perpetualiter proficiant in augmentis. Et ut hæc auctoritas firmior habeatur et diuturnis temporibus melius conservetur, manu propria firmavimus et de anulo nostro subter sigillare jussimus.

Signum Caroli imperatoris. Amalbertus ad vicem Erchambaldi scripsi.

Data iv Kal. Maij, anno vii, Christo, propitio imperii nostri, atque anno 39 regni nostri in Francia, et 34 in Italia, indictione xv.

Actum Aquis palatio nostro publico, in Dei nomine feliciter. Amen.

XXV.

Caroli Magni regis donatio villæ Vargalaha, monasterio Fuldensi (anno 809).

(Ex Schannat., Hist. episc. Fuldens.)

Carolus Dei gratia Francorum et Langobardorum rex et patricius Romanorum. Noverint omnes nostri Christique fideles qualiter ob æternam nostri memoriam et parentum nostrorum piam recordationem donamus et contradimus Domino nostro Salvatori Jesu Christo sanctoque Bonifacio martyri, qui in Fuldensi requiescit monasterio, terram conceptionis nostræ, hoc est, totam comprovinciam circa flumen Unstrut, ipsamque curtem nostram in Vargalaha, cum omnibus compertinentiis suis, et cum omnibus villis, longe vel prope positis, quæ ad eam respiciunt, cum omni proprietate, sicut nos eam a parentibus nostris in proprietatem accepimus: præcipimus etiam super hoc ne aliquis hominum eadem bona a Fuldensi monasterio auferat, sed sint in æterna subsidia fratribus inibi Deo militantibus, ad memoriam nostræ recordationis.

XXVI.

Diploma Caroli Magni, quo piam vir illustris dispositionem in gratiam Fuldensis ecclesiæ factam confirmat (anno 810).

(Ex Schannat., Historia episcopatus Fuld.)

Carolus serenissimus Augustus, a Deo coronatus, cio, quo Godebertus bonis suis exutus est, Tancradum missum regium fuisse autumo. Reliqua de scabinis intelligo, quorum electio penes missos erat. Et sic demum legitimo judicio processum dicebatur, quando comes cum suis scabinis, interveniente etiam nonnunquam misso, in mallo sedebat.

---

[a] *Pro incestuosa vel alia illicita opera legibus perdidit.* Nimirum leges Francorum incestuosis exsilium et bonorum publicationem irrogant. Leg. Ripuar. Tit. 69, § 2.

[b] *Secundum judicium, legitimo ordine.* Eo quod Hugo comes cum abbate Tancrado præsederit judi-

magnus, pacificus imperator, Romanum gubernans imperium, qui et per misericordiam Dei rex Francorum et Langobardorum, omnibus fidelibus nostris presentibus et futuris notum sit quia Bennit fidelis noster innotuit serenitati nostræ eo quod pater illius Amalangus dum cæteri Saxones parentes illius contra nos infideliter egissent, præfatus Amalungus mallens fidem suam servare, quam cum cæteris infidelibus perseverare, relinquens locum nativitatis suæ, veniens ad nos, et dum in nostro esset obsequio, venit ad villam cujus est vocabulum Unsvisangar quam tum temporis Franci et Saxones inhabitare videbantur, cupiens ibi cum eis manere, sed minime potuit: tum pergens ad locum qui dicitur Unaldisbecchi inter Viseraa et Fuldaa proprisit sibi partem quandam de silva quæ vocatur Bocchonia [a], quam moriens dereliquit filio suo Bennit qui ad nostram accedens clementiam postulavit celsitudini nostræ ut nostræ auctoritatis preceptum circa eum confirmare deberemus, quatenus ipse quoad viveret absque ullius præjudicio tenere et possidere a quieto ordine deberet, post mortem vero suam al Fuldense monasterium quod construxit sanctus Bonifacius, transiret, cujus petitionem denegare noluimus, sed ita concessisse atque in omnibus confirmasse cognoscite. Precipientes ergo jubemus ut nullus fidelium nostrorum presentium scilicet et futurorum prefatum Bennit vel heredes illius de hoc propriso, quod in lingua eorum dicitur Bivane expoliare, aut inquietare ullo modo presumatis; sed liceat, sicut diximus, ei per hoc nostrum preceptum ipsam terram quantumcunque pater illius proprio et ei in hereditate dimisit tenere atque possidere ut prescriptum est, et ut hæc auctoritas firmior habeatur vel per tempora melius conservetur, de anulo nostro subter sigillare jussimus.

Suavius ad vicem Ercanbaldi recognovi.

Data Kal. Decemb. Anno XI, Christo propitio, imperii nostri, et 44 regni in Francia, atque 37 in Italia.

Actum Aquisgrani palatio regio, in Dei nomine feliciter. Amen.

[a] Aliam hujus donationis chartam nobis ignotam vidisse oportet Browerum, siquidem Antiq. Fuld. pag. 247, ex ea observavit hanc Bennithi hæreditatem habuisse soli culti tantum ut duas in longum, totidem in latum, et in circuitu sex leucas circa Visurgim ambiret, cujusmodi fuit illa Adalrici, apud Mabillon. de Re dipl., lib. VI, pag. 512.

APPENDIX AD PRIVILEGIA B. CAROLI MAGNI.

TESTAMENTUM ET DIPLOMATA QUÆDAM CAROLO MAGNO SUPPOSITA.

I.

Caroli Magni imperatoris atque Francorum regis testamentum quo thesauros suos distribuit (anno 811).

(Ex Auberto Miræo, Opp. diplom.)

In nomine Domini Dei omnipotentis Patris, Filii, et Spiritus sancti. Incipit descriptio atque divisio quæ facta est a gloriosissimo atque piissimo domno Karolo, imperatore Augusto, anno ab incarnatione Domini nostri Jesu Christi 811, anno vero regni ejus in Francia XLIII, et in Italia XXXVI, imperii autem XI, indictione quarta; quam pia et prudenti consideratione facere decrevit, et Domino annuente perfecit, de thesauris suis atque pecunia quæ in illa die in camera ejus inventa est. In qua illud præcipue præcavere voluit, ut non solum eleemosynarum largitio, quæ solemniter apud Christianos de possessionibus eorum agitur, pro se quoque de sua pecunia ordine atque ratione perficeretur, sed etiam ut hæredes sui, omni ambiguitate remota, quid ad se pertinere deberet liquido cognoscerent, et sine lite atque contentione sua inter se competenti partitione dividere potuissent. Hac igitur intentione atque proposito omnem substantiam atque supellectilem suam, quæ in auro et argento gemmisque et ornatu regio in illa, ut dictum est, die in camera ejus inveniri poterat, primo quidem trina divisione partitus est; deinde easdem partes subdividendo, de duabus partibus viginti et unam partem fecit, tertiam integram reservavit. Et duarum quidem partium in viginti et unam partem facta divisio tali ratione consistit, ut quia in regno illius metropolitanæ civitates viginti et una esse noscuntur, unaquæque illarum partium ad unamquamque metropolim per manus hæredum et amicorum suorum eleemosynæ nomine perveniat, et archiepiscopus qui tunc illius Ecclesiæ rector exstiterit, partem quæ ad suam Ecclesiam data est suscipiens, cum suis suffraganeis partiatur, eo scilicet modo ut tertia pars suæ sit Ecclesiæ, duæ vero partes inter suffraganeos dividantur. Harum divisionum, quæ ex duabus primis partibus factæ sunt; et juxta metropoleorum civitatum numerum viginti et una esse noscuntur, unaquæque ab altera sequestrata, semotim in suo repositorio cum superscriptione civitatis ad quam perferenda est, recondita jacet. Nomina vero metropoleorum ad quas eadem eleemosyna sive largitio facienda est, hæc sunt: Roma, Ravenna, Mediolanum, Forum Julii, Gradus, Colonia, Moguntiacus, Juvavum, quæ et Saltzburgus, Treveris, Senonas, Vesontion, Lugdunum, Rotomagus, Remis, Arelas, Vienna, Tarantasia, Ebrodunum, Burdegala, Turones, Bituricas. Unius autem partis, quam integram reservari voluit, talis est ratio ut illis duabus in supradictas divisiones distributis, et sub sigillo reconditis, hæc tertia in usu quotidiano servaretur, velut res quam nulla voti obligatione a dominio possidentis alienatam esse constaret; et hoc tandiu quoadusque vel ille mansisset in corpore, vel usum ejus sibi necessarium judicaret. Post obitum vero suum aut voluntariam secularium rerum carentiam, eadem pars quatuor subdivisionibus secaretur; et una quidem earum supradictis viginti et unæ partibus adderetur; altera vero a filiis ac filiabus suis, filiisque ac filiabus filiorum suorum, assumpta, justa et rationabili inter eos partitione divideretur; tertia vero consueto Christianis more in usum pauperum fuisset erogata; quarta simili modo nomine eleemosynæ in servorum et ancillarum usibus palatii famulantium substentatione distributa veniret. Ad hanc tertiam totius summæ portionem, quæ similiter ut cæteræ ex auro et argento constat, adjungi voluit omnia ex ære et ferro aliisque metallis vasa atque utensilia, cum armis et vestibus, alioque aut pretioso aut vili ad varios usus facto, supellectili, ut sunt cortinæ, stragula, tapetia, filtra, coria, sagmata, et quicquid in camera atque vestiario ejus eo die fuisset inventum; ut ex hoc majores illius partis divisiones fierent; et erogatio eleemosynæ ad plures pervenire potuisset. Capellam, id est ecclesiasticum ministerium, tam id quod ipse fecit atque congregavit, quam quod ad eum ex paterna hæreditate pervenit, ut integrum esset, neque ulla divisione scinderetur, ordinavit. Si qua autem invenirentur aut vasa aut libri, aut alia ornamenta quæ liquido constaret eidem capellæ ab eo conlata non fuisse, hæc qui habere vellet, dato justæ æstimationis pretio emeret et haberet. Similiter et de libris, quorum magnam in bibliotheca sua copiam congregavit, statuit ut ab his qui eos habere vellent justo pretio fuissent redempti, pretiumque in pauperes erogatum. Inter cæteros thesauros atque pecuniam tres mensas argenteas et unam auream præcipuæ magnitudinis et ponderis esse constat. De quibus statuit atque decrevit ut una ex eis, quæ forma quadrangula descriptionem urbis Constantinopolitanæ continet, præter cætera donaria quæ ad hoc deputata sunt, Romam ad basilicam beati Petri apostoli deferatur; et altera, quæ forma rotunda Romanæ urbis effigie figurata est, episcopo Ravennatis Ecclesiæ conferatur; tertiam, quæ cæteris et operis pulchritudine et ponderis gravitate multum excellit, quæ ex tribus orbibus connexa totius mundi descriptionem subtili ac minuta figuratione complectitur, et auream illam, quæ quarta esse dicta est, in tertiæ illius et inter hæredes suos atque in eleemosynam dividendæ partis augmentum esse constituit. Hanc constitutionem atque ordinationem coram episcopis, abbatibus comitibusque, qui tunc præsentes esse potuerunt, quorumque hic nomina descripta sunt, fecit atque constituit.

Episcopi. Hildebaldus [archiepiscopus Coloniensis], Richolfus [archiepiscopus Moguntinus], Arno [Rhemensis archiepiscopus], Wolfarius [Salisburgensis archiepiscopus], Bernoinus [Vesuntinensis archiepiscopus], Laidradus [Lugdunensis episcopus], Joannes [Arelatensis archiepiscopus], Theodulfus [Aurelianensis episcopus], Jesse [Ambianensis episcopus], Hatto [Basileensis episcopus], Huvalcaudus [Al. Vaicandus, Leod. episc.].

Abbates. Fridegisus [abbas S. Martini Turon.], Adalungus [abbas S. Vedasti Atrebatensis], Engilbertus [abbas Centulensis], Irmino [abbas S. Germani Paris.].

Comites. Walach, Meginher, Othulfus, Stephanus, Hunruocus, Burchardus, Maginhardus, Hatto, Richuinus, Eddo, Erchangarius, Geroldus, Bero, Hildegernus, Brocholfus.

Hæc omnia filius ejus Ludovicus, qui divina ei jussione successit, inspecto eodem breviario, quam celerrime poterat, post ejus obitum summa devotione adimplere curavit.

---

[a] Diploma hoc inter adulterina merito recensuit Schæpflinus, *Alsat. diplomat.* tom. I, pag. 104. Illud esse a falsario effictum liquide probavit Grandidier, *Histoire de l'Eglise de Strasbourg,* tom. I, dissert. 4, pag. 99-101, ad quem lector recurrat.

[b] Anno 770 non Thiothbaldus, sed Isenhardus abbatiæ Ebersheimensi præfuit. Annis tantum 803, 810 et 830 eamdem rexit abbas Theothbaldus.

[c] Damus hoc diploma post Dumbletum, qui illud edidit in *Antiquités et Recherches de l'Abbaye de*

II.

[a] *Diploma Caroli Magni regis, quo confirmat possessiones abbatiæ Ebersheimensis (anno 770).*

(Ex Grandidier, Histoire de l'Eglise de Strasbourg.)

In nomine sancte et individue Trinitatis, Carolus præcedente Dei misericordia et subsequente rex Francorum, omnibus regni fidelibus tam præsentibus quam futuris. Quod Scriptura teste didicimus, quod rex qui sedet in solio regni dissipat omne malum intuitu suo, per nos credimus impleri, qui tanti nominis curam administramus, si venerabilia ecclesiarum Dei loca alicujus doni commodo ditare ac sublimare studuerimus, et nobis id regnique nostri statui profuturum minime dubitamus. Quapropter noverit omnium Christi fidelium nostrorumque universitas, qualiter Thiothbaldus abbas [b] de monasterio cujus vocabulum Noviendo sive Ebersheim in pago Alsacience super fluvium Illam, quod vir illuster Adalricus, sive Athicus dux, et conjux ejus Bersvinda in Christi nomine, et in honore sanctorum apostolorum Petri et Pauli, sancti Mauricii martyris et sociorum ejus a novo in suo proprio construxerunt fundo, nostram adiit serenitatem, deprecans ut privilegia, quæ piæ memoriæ genitor noster Pipinus, ejusque antecessores, reges videlicet Francorum, eidem monasterio, loeisque, quæ ad sustentacionem fratrum ibidem Deo servientium pertinent, renovemus. Præcipimus ergo per nostri principatus auctoritatem prædecessorum nostrorum constituta firmantes, ut, etc. (Et reliqua ut in diplomate supra relato ipsius Carolomanni regis.) Sed prædictus abbas Thicothbaldus, ejusque successores, easdem res aucmentando ac meliorando potestative possideant. Et ut hæc nostræ ingenuitatis auctoritas stabilis et inconvulsa permaneat, hanc chartam jussu nostro conscriptam, manu propria confirmantes sigilli nostri impressione roboravimus.

Signum Caroli gloriosissimi regis.

Actum Ingelenheim palacio publico, anno Dominicæ incarnationis 770, regnante Carolo Magno, anno octavo regni ejus. In Dei nomine feliciter.

Data Nonas Idus Marcii. Ego Durandus cancellarius scripsi et subscripsi.

III.

[c] *Diploma Caroli Magni régis Francorum pro prioratu Lebrahensi in diœcesi Argentinensi (anno 791).*

(Ex Grandidier, ibid.)

In nomine summi Dei et Salvatoris nostri Jhesu Christi, Karolus Dei gratia rex Francorum et Longobardorum, ac patricius Romanorum, vir illuster. Si petitionibus servorum Dei et utilitatibus ecclesiarum consulimus, et hoc ad effectum perducimus, retributionem exinde maximam a Deo in die necessitatis habere confidimus. Igitur cognoscat unitas, seu sagacitas omnium fidelium nostrorum tam præsentium quam futurorum, quia venerabilis abbas et fidelis nepos noster Fotradus cum suis monachis de Basilica peculiaris nostri patroni domni Dionysii martyris et sociorum ejus Rustici et Eleutherii, ubi ipsi corpore requiescunt, timens ne post nostrum decessum ecclesia Lebrahæ, quæ sita est in pago Alsacinse, ubi ipse domnus et sanctus Alexander martyr corpore quiescit, et ejus possessiones, quas nos ex beneficiis nostris pro salute animæ nostre ipsi sancto

Saint-Denys, liv. III, pag. 722, et qui in opere suo typis anno 1625 edito multa falsa veris intermiscuit. Id senserat ipse Felibien, qui in historia sua Gallica abbatiæ sancti Dionysii nonnisi authentica allegans ea omnia suppressit, quæ falsitatem redolebant. Illud jam interpolatum, aut falsum declaravit Mabillon., *de Re diplomatica,* pag. 72. De falsitatis notis consulatur *Histoire de l'Eglise de Strasbourg,* tom. I, dissert. 4, pag. 107-109.

contulimus, ab impiis et persecutoribus destruantur, accessit ad nostram clementiam deprecans et petens, ut præceptum auctoritatis et confirmationis nostræ ei tale fieri et affirmari ex omnibus rebus pertinentibus ad ipsam ecclesiam dignaremur; quatinus prædicta sancta ecclesia perhenni tempore in nostra et sua eleemosyna perpetua observatione ipsas res et possessiones, tenere et possidere valeat. Quorum juste peticioni sicut justum est, annuentes et ecclesiæ ipsi pro remedio animæ nostræ in quantum possumus, consulentes, consensu præfati abbatis et optimatum nostrorum consilio, ipsius ecclesiæ et possessionum ejus Lotharingiæ ducem advocatum constituimus per Deum omnipotentem et præcepti nostri auctoritatem obtestantes, ut nec ipsæ, nec aliqui successorum ejus per succedentia tempora quid in ea injustæ consuetudinis usurpent. Ita tamen ex regali fisco et sub tali conditione ei concedimus, ut si præpositus ipsius ecclesiæ de hominibus suis, vel alienis res ecclesiæ injuste auferentibus per se plenam justitiam facere non potuerit, advocatum secum adducet, et exinde ambo judiciariam causam, prout recta justitia poposcerit, deducant. Quod si homines illi extrajudiciaria causa aliquid persolverint, quod nos leges vocamus, in tres partes dividetur, quarum duas præpositus et tertiam advocatus habebit. Quod si dux ipse aliquem advocationis hujus participem et coadjutorem sub se habere voluerit, ut quod unus facere non poterit alter compleat, unum solum tantum concedimus, ita tamen ut ille liber sit et legalis. Hoc etiam notum sit advocato, quia ter in anno ad curiam præpositi ex debito, si admonitus fuerit a præposito, venerit, non plus quam duodecim homines, et equos tredecim in comitatu suo adducens determinatis scilicet temporibus, id est, post festivitatem S. Martini, et ad festivitatem S. Hilarii, et in mense Maio; et dum venerit tale ei, a præposito servitium ad mensam præparabitur. Ad festivitatem S. Martini et ad festivitatem S. Hilarii idem erit servitium, panis scilicet de modio frumenti, et ªfrescinga admodum laudabilis, et mensura vini; ad pabulum vero equorum ejus duo modii avenæ dabuntur. In mense vero Maio præfata erit mensura panis et vini et aries duorum annorum : tribus vero equis solummodo pabulum præbebitur. Ad hanc vero mensam præpositus et advocatus pariter sedebunt; et si quid ibi plus necessarium fuerit quam quod determinatum est, ex communi persolvent, præpositus scilicet duas partes et advocatus tertiam. Et ne ei parum videatur hujusmodi servitium, magna quidem erit retributio a Deo in de necessitatis et augustiæ. Si recte et fideliter erga casam Dei et ejus possesiones egerit, ex beneficiis, quæ ipsi ecclesiæ pro remedio animæ nostræ et regni nostri stabilitate obtuleramus, nonaginta mansos terræ concedimus. Si vero ipse advocatus, vel ejus successores, vel aliqua magna parvave persona temerario ausu contra hoc nostrum decretum agere præsumpserit, vel alias consuetudines, extra quam in cathalogo cartæ hujus determinatum est, super casam Dei et ejus possesiones imposuerint, sciant se anathematis vinculo esse innodatos et a regno Dei alienos, et cum omnibus impiis æterni incendii supplicio condemnatos. At vero qui observatores extiterint præcepti hujus, gratiam atque misericordiam, vitamque æternam a misericordissimo Domino consequi mereantur. Et ut hæc petitio, quam a nobis prædictus abbas et ejus monachi postulaverunt, firmior habeatur et stabilior, manu propria subter eam decrevimus roborare et de annulo nostro sigillare.

Actum Romæ palatio publico, xvi. Kal. Octobris in præsentia domni Leonis papæ, anno vero xxiii et viii regnante domno nostro Karolo gloriosissimo rege.

Ego Leo apostolicæ sedis pontifex laudans et confirmans subscripsi. Signum domini Leonis papæ. Signum Caroli gloriosissimi regis. Wibodus ad vicem Hitherii recognovit.

b *Diploma Caroli Magni imperatoris pro monasterio Lebrahensi, datum anno 803, insertum diplomati Caroli IV, imperatoris anni 1348.*

(Ex Grandidier, ibid.)

In nomine Dei, Amen. Carolus Dei gratia rex Francorum et Longobardorum, vir illuster ac patricius Romanorum. Quidquid enim ad loca sanctorum venerabilium ob amorem Dei concedimus, hoc nobis ad laudem et stabilitatem regni nostri et procerum nostrorum absque impedimento, alienatione, aut distractione cujuscunque perpetuis temporibus libere pertinere confidimus, volumus et jubemus. Igitur notum sit omnibus fidelibus nostris tam presentibus quam futuris, qualiter monasterio Lebrahæ in pago Alsatiæ, in saltu Vosagii, quod fidelis nepos noster Fulraddus abbas in sua proprietate ædificavit in honorem beatorum martyrum Dionysii, Rustici et Eleutherii, atque beati Alexandri papæ, ubi ipse sanctus Papa corpore quiescit, concedimus fratribus ibi Deo servientibus quicquid eis oportunum fuit, et habere dignoscimus in valle Lebrahæ, usque ad marcam magni et excelsi montis Vosagii, qui vulgariter nuncupatur *die Rierst*, et in villa quæ ad sanctum Hippolytum vocatur, in pascuis, pratis, molendinis, hominibus, censibus, decimis, aquis, aquarum decursibus, montibus et sylvis cum aliis juribus ac pertinentiis; sylvam quoque Colonmensem, et montem quercus cum eorum collibus, terris cultis et incultis, pratis, aquis, pascuis, circumadjacentibus etiam locis planis et nemorosis, quæ omnia et singula ad usum et profectum prædictorum fratrum nunc et in futuris temporibus confirmamus. Nulli etiam liceat in prædictis montibus, sylvis et locis, totiusque vallis confinio domos struere, terras sylvas, aut alias possessiones sibi de jure vindicare sine consensu abbatis ac loco sui substituti, cui talia sub annuali censu ut Dominis fundi competit præstare. In sylvis etiam sancti Hippolyti et fluviis usque ad marcam magni montis prædicti usum et captationem ferarum, volucrum, piscium, lignorum habebunt, et semper de jure possidebunt. In villis vero prædictis scilicet et locis, et in ᶜEnisheim omnimodam justitiam temporalem ex fisco regio eis tribuimus. Unde advocatis, qui omnium jurium ejusdem monasterii defensores esse tenebuntur, pro retributione tertia pars cedet emendarum, exceptis in criminalibus et confiscationibus furti et homicidii et aliorum delictorum, pro quibus ad mortem quis condemnatur, cujus omnia bona confiscata ad ipsum abbatem perveniant, cum regimine ecclesiarum parochialium Lebrahæ, sancti Hippolyti, Anholzheim. Quod si loco sui aliquem idoneum, ut regat populum, destinaverit, et necessario convenienter provisum sit, cætera ad utilitatem fratrum volumus devenire. Insuper in ducatu Alamanniæ super Eslingen et Hartbertlingen plaustrum unum quantitatis consuetæ cum sex bobus admodum laudabilibus plenum et oneratum lino puro et mundificato, unumque sextarium usualis monetæ recipere et possidere concedimus, et volumus ad prædictum monasterium devehi perpetuis temporibus annuatim. Quæ etiam prædicta venerabilis nepos noster Fulradus ipsi casæ Dei contulit in ᵈGemar, ᵉAnholzheim, ᶠLumersheim, ᵍEnisheim, ʰWolcksheim, ⁱFirdenheim, ʲIgmarsheim, ᵏWittenwir, ˡMarckelsheim, ᵐGrussenheim, cum eorum juribus, jurisdictionibus, curiis dominicalibus corroboramus. Ab ipsis vero fratribus, vel hominibus eorum super terram, seu per aquam quidquid vehentibus, vel deducentibus in civitatibus, in villis, in oppidis, campis, vel aliis quibuscunque locis vendentibus, aut ementibus telonium, ⁿpodacium, pulveraticum, rotaticum, pontaticum, pasnagium, consuetudines, aut alias tribuendas subventiones exigere et recipere prohibemus. Familiares etenim eorumdem in curiis et domibus ipsorum commorantes, terras et possesiones eorum colentes et eis communicantes, styras non dabunt, nec alia servitia, ipsis

---

ª Frescinga est vox in antiquis chartis Alemannicis et Gallicis frequens, quæ ordinarie designatur porcus anniulus. Apud Aurelianenses, teste Menagio, Gallice *Fresungenu* appellatur porcus nondum plane adultus, porcello tamen lactente fortior.

b Falsitatis notas hujus diplomatis exhibet jam allatum opus. *Histoire de l'église de Strasbourg*, tom. I, dissert. 4, pag. 109-111.

ᶜ *Ensheim*, vicus duabus ab Argentorato leucis.

ᵈ Oppidulum *Gemar*.

ᵉ *Anolsheim*, vicus prope Colmariam.

ᶠ *Leimersheim*, vicus tribus ab Argentina leucis d'stans, pertinens ad episcopum Argentinensem.

ᵍ Hodie *Ensheim*, bihorio Argentina distans.

ʰ Hodie *Wolcksheim*, pertinens ad episcopum Argentinensem.

ⁱ Hodie *Firdenheim*, vicus Alsatiæ in terris ordinis equestris.

ʲ *Ingmarsheim*, vicus olim prope Oberehnheimium, sæculo decimo tertio destructus.

ᵏ *Wittenweiler*, vicus trans Rhenum pertinens ad DD. de Boëckel et de Franckenstein.

ˡ *Marckosheim*, oppidum pertinens ad episcopum Argentinensem.

ᵐ *Grusenheim*, vicus pertinens ad dominos de Rathsamhausen.

ⁿ Consule notas superioris diplomatis Caroli Magni pro Argentinensi ecclesia, col. 938.

invitis, dominis, aut advocatis locorum non præstabunt, neque pro delictis, præter abbatem, judicem temporalem recognoscent, in his maxime, quibus justitia temporalis judicare consuevit. In ipsis namque curiis confugientes libertate et munitione ecclesiarum gaudebunt, commorantesque in villis vendere, emere, aut alios contractus facere licitum erit, contradictorio præcepto non obstante. Et ne nostra donatio prædictorum et aliarum rerum, prout in chartis et aliis nostris præceptis continetur, periclitetur, animaque nostra simul et anima nostrorum predecessorum regum et futurorum aliquid sibi pro salute sua offerentium fraudulenter ob diminutionem divini cultus, ipsaque casa Dei patiatur detrimentum bonorum, quæ omnia libera et absque servitute, et penitus ab omni jure alieno soluta concessimus; sed et sepe dicta nostra abbaciola, sive casa Dei perenni tempore illibata permaneat, præcipimus ut nullus cujuscunque conditionis existat magna, parvave persona audeat, nec presumat bona et personas ejus quacunque occasione invadere, arrestare, occupare, impedire, alienare, vendere, emere, distrahere, vel obligare super his styris, aut aliud jus petere, nec extorquere, consuetudines in præjudicium imponere. Dato vero in futurum aliquo importuno ignium, aquarum, tempestatum, quod Christus minime permittat, ad restaurationem et reparationem damni, ne fiat error pejor priore, auctoritate superioris petita et obtenta, hi, qui pro tempore in Lebrahæ monasterio residerint, aliquid ab alienis recipere valebunt cum assecuratione bonorum, ita tamen quod ipsis creditoribus de principali sorte ad integrum persolutis amplius debitores in bonis nostris et suis vexare prohibemus.

[a] Hæc præmittit Carolus IV imperator in suo diplomate an. 1548 : « Nos vero prædictorum abbatis et conventus sancti Dionysii precibus inclinati, vidimus et perlegimus

A Quod si contra hoc præceptum attentare præsumpserint, et ultra justam et datam summam usurpaverint, ipsos sacrilegos ad judicium divinum appellamus, simulque pro pœna corporali ab eorum judicibus ordinariis ad restitutionem compellantur, et ad emendam arbritrariam condemnentur rationabiliter, volentesque ex nostro proprio contulimus pro nostra nostrorumque salute cum usuris violenter aut indebite, aut alias quovis modo per manus alienas et vel sacrilegas distrahantur. Vobis igitur nostris fidelibus præsentibus et futuris in villis et civitatibus nostri imperii præsentibus magistratibus, advocatis, consulibus et civibus nostram sanctam et dilectam abbaciolam in Labraha cum personis et bonis ejusdem nunc et per succedentia tempora protegere et defendere jubemus. Timentes namque post decessum nostrum in his non servare fidem, misimus Romæ corroborandum præceptum auctoritatis nostræ. Et ut hæc donatio cum statuto præscriptorum stabilior habeatur, protectiones etiam ipsa casa Dei percipere glorietur, Lotharingiæ ducem advocatum et defensorem esse constituimus. Venerabiles archiepiscopos Moguntinensem et Trevirensem et eorum suffraganeos cum eorum successoribus coadjutores et conservatores ex causa rationali omnium prædictorum esse a sancta sede apostolica meminimus impetrare nunc et futuris temporibus duraturis. Præceptum igitur presenti manu propria subtersignavimus, et annulo nostro insigniri jussimus.

Datum Aquisgrani anno Domini 803, primo anno imperii nostri, quinto decimo regni nostri, regnante Domino nostro Jesu Christo in sæcula sæculorum. Amen [a].

præceptum invictissimi principis Carolis regis non ruptum, nec in aliqua sui parte vitiatum, signo suæ autoritatis in filo serico signatum in forma subscripta. »

ORDO RERUM
QUÆ IN HOC TOMO CONTINENTUR.

BEATUS CAROLUS COGNOMENTO MAGNUS IMPERATOR AUGUSTUS.

Prolegomena in Vitam beati Caroli Magni.	9
Einhardi præfatio in eamdem Vitam.	23
VITA B Caroli Magni imperatoris, auctore Einhardo.	27
OPERUM OMNIUM PARS PRIMA.—CODEX DIPLOMATICUS.	63
SECTIO PRIMA. — CAPITULARIA.	Ibid.
Prolegomena.	Ibid.
Stephani Baluzii Tutelensis præfatio.	Ibid.
Georgii Henrici Pertz præfatio.	107
D. Bouquet monitum.	119
Capitularia Caroli Magni.	121
Capitulare generale (an. 769-771).	Ibid.
Capitulare de banno dominico (Circ. an. 772).	123
Capitulare an. 779 (Mart., Haristallio).	Ibid.
Capitulare episcoporum (an. 779).	133
Capitulare Mantuanum (an. 781. Mart.?).	135
Capitulare Langobardicum Pippini regis (an. 782).	137
Capitulare generale (an. 785).	139
Capitulare Padebrunnense (an. 785).	143
Capitulare Langobardicum (an. 786).	147
Encyclica de litteris colendis.	149
Capitulare ecclesiasticum an. 789.	Ibid.
Capitulare monasticum (an. 789).	183
Capitulare generale (an. 789).	185
Capitulare quem Pippinus rex instituit cum suis judicibus in Papia (an. 789, vel 790).	189
Capitulare Francofurtense (an. 794).	191
Capitulare Saxonicum (an. 797, Oct. 28, Aquis).	199
Statuta Rhispacensia et Frisingensia (an. 799).	203
Statuta Salisburgensia (an. 799).	207
Edictum pro episcopis (an. 800).	209
Capitulum pro pago Cenomanico (an. 800).	Ibid.
Capitulare Ticinense (an. 801, Jun.).	211
Capitulare Aquisgranense (an. 801, Nov.).	217
Mandatum de Saxonibus obsidibus imperatori Moguntiæ præsentandis (802 Jan. aut Febr., Aquis).	221
Capitulare Aquisgranense an. 802 (Mart., Aquis).	Ibid.
Capitula missis dominicis data (an. 802. Ma t.).	231
Capitula excerpta (an. 802, Mart., Aquis).	257
Admonitio generalis.	239
Capitulare Langobardicum (an. 802, Mart., Aquis).	243
Capitulare generale Aquense (an. 803, Oct., Aquis).	245
Capitulare Langobardicum duplex (803, vere).	251
Capitula quæ in lege Salica mittenda sunt.	255
Capitula minora.	259
Capitulare Langobardicum.	261
Capitula quæ in lege Ribuaria mittenda sunt.	263
Capitulare de exercitu promovendo.	265
Capitula alia addenda.	267
Capitula misso cuidam data.	269
Capitula a missis dominicis edita.	Ibid.
Capitulare ad Salz (an. 803, æstate).	271
Capitulare metropolitani cujusdam in synodo.	275
Capitula data presbyteris.	Ibid.
Capitula legi Bajoariorum addita (an. 803).	277
Capitulare Bajoaricum (an. 803, Sept., vel Nov.).	Ibid.
Capitulare de latronibus (an. circ. 804).	279
Capitula ecclesiastica (an. circ. 804).	Ibid.
Capitulare Aquisgranense (an. 805, vere, A uis).	281
Capitulare duplex in Theodonis villa (an. 805).	Ibid.
Capitula missorum dominicorum (an. 806).	291
Capitula presbyterorum.	293
Divisio imperii (an. 806, Febr. 8).	295
Capitulare duplex ad Niumagam (an. 806, Mart.).	301
Encyclica de placito generali habendo.	303
Capitulare Aquense (an. 806, Aquis).	Ibid.
Capitulare excerpta de canone.	Ibid.
Capitulare Langobardicum (an. 806).	307
Capitulare Aquense (an. 807, Mart. circ.).	Ibid.
Epistola ad Pippinum regem Italiæ.	309
Capitulare Ingelheimense (an. 807, Aug.).	Ibid.
Capitulare Noviomagense duplex (an. 808, April).	311
Capitulare Langobardicum (an. 808).	313
Capitulare Aquisgranense (an. 808).	315
Capitulare Aquisgranense (an. 809).	Ibid.
Capitulare Langobardicum (an. 809).	319
Capitulare de disciplina palatii Aquisgr. (an. 809).	Ibid.
Capitulare de moneta.	321
Capitulare ecclesiasticum (an. 809, Nov., Aquis).	323
Capitula de presbyteris.	325
Capitulare Aquisgranense (an. 810).	Ibid.
Capitulare de instructione missorum (Aquis).	327
Encyclica de jejuniis generalib s.	329
Capitulare duplex Aquisgranense (an. 811).	Ibid.
Capitulare de expeditione exercitali (an. 811).	333

QUÆ IN HOC TOMO CONTINENTUR.

Capitulare de exercitalibus (an. 811).	535
Encyclica ad archiepiscopos de doctrina.	535
Capitulare Bononiense (Octob.).	Ibid.
Capitulare Aquisgranense (an. 812).	537
Beneficiorum fiscorumque regalium formulæ.	539
Capitulare de villis imperialibus (an. 812).	549
Capitulare Aquisgranense (an. 813, Aug., Sept.).	559
Capitula Langobardica (an. 813).	565
Capitula de Judæis (an. 814).	569
Capitularia Ludovici I et Lotharii.	571
Capitulare (an. 816).	Ibid.
Constitutio de liberis et vassallis.	Ibid.
Constitutiones Aquisgranenses (an. 817, Jul.).	573
I. — Divisio imperii (an. 817, Jul.).	Ibid.
II. — Capitula monachorum (an. 817).	579
III. — Capitulare Aquisgr. generale (an. 817).	595
IV. — Encyclica ad archiepiscopos (an. 817).	417
V.—Constitutio de servitio monasteriorum (an. 817).	425
Capitula legi Salicæ addita (an. 819).	437
Responsa misso cuidam data (an. 819).	439
Capitula Langobardica (an. 819).	441
Capitulare Aquisgranense (an. 820, Jan., Aquis).	Ibid.
Capitulare ad Theodonis villam (an. 821, Oct.).	443
Capitulare Attiniacense (an. 822, Aug.).	445
Lotharii I constitutiones Olonnenses (an. 823).	447
Capitulare episcopis datum.	455
Episcoporum ad Ludovicum imp. relatio (an. 824).	Ibid.
Lotharii I constitutio Romana (an. 824, Nov.).	457
Lotharii constitutiones in Maringo (an. 825).	461
Capitularia Aquisgranensia (an. 825).	465
Lotharii constitutiones olonnenses (an. 825).	473
Capitula excerpta (an. 826, Jul., Ingelheim.).	481
Capitulare Ludovici et Lotharii (an. 826, Oct.).	487
Caroli Magni Ludovici, et Lotharii imperatorum capitularia ab Ansegiso abbate Fontanellensi collecta.	489
Pertz monitum.	Ibid.
Incipit præfatio.	503
Incipiunt capitula libelli primi.	505
Incipit præfatio domni Caroli imperatoris.	507
Incipiunt capitula suprascripta et eorum textus.	509
Incipit præfatiuncula libelli secundi.	535
Incipiunt capitula.	Ibid.
Incipiunt prædicta capitula et eorum textus.	535
Incipit tertii prælocutiuncula libelli.	549
Incipiunt capitula.	Ibid.
Incipiunt prædicta capitula et eorum textus.	551
Incipit quarti præfatiuncula libelluli.	565
Incipiunt capitula.	Ibid.
Incipiunt suprascripta capitula et textus eorum.	567
Appendix prima.	583
Appendix secunda.	585
Appendix tertia.	589
Capitularia Aquisgranensia (an. 828, Dec.).	Ibid.
Epistola quæ generaliter populo Dei est legenda.	597
Constitutiones Wormatienses (an. 829, Aug.).	601
Capitularia Wormatiensia.	631
Lotharii I constitutio ecclesiastica (circ. an. 830).	641
Divisio imperii (an. 830, Nov.).	Ibid.
Lotharii constitutiones Papienses (an. 832).	647
Lotharii imp. conventus Compendiensis (an. 833).	659
Ludovici I imp. conventus Compendiensis (an. 833).	665
Capitulorum fragmenta.	667
Lotharii I imperatoris capitula Langobardica.	Ibid.
Lotharii I excerpta canonum (an. 835).	Ibid.
Divisio imperii (an. 839, Jun.).	669
Appendix ad capitularia. — Capitularia spuria.	671
Caroli M. constitutio Scabiningensis (an. 784).	Ibid.
Caroli M. decretum de expeditione Romana (an. 790)	673
Caroli M. et Lud. I capitul. apud Theodonis villam.	675
Ludovici imp. pactum cum Paschali papa (an. 817).	679
Eugenii II concilium Romanum (an. 826, Nov).	683
Benedicti diaconi capitularium collectio.	697
Pertz monitum.	Ibid.
Incipit sequentium capitulorum præfatio.	699
Liber primus.	701
Liber secundus.	755
Liber tertius.	805
Additio prima.	861
Additio secunda.	Ibid.
Additio tertia.	873
Additio quarta.	887
SECTIO SECUNDA. — PRIVILEGIA.	913
1° *Privilegia quæ ad partes Galliæ spectant.*	Ibid.
I.—Diploma Caroli M. pro Gorziensi mon. (an. 768).	Ibid.
II. — Diploma Caroli Magni quo prioratum sancti Deodati donat monasterio sancti Dionysii (an. 769).	914
III.—Dipl. Caroli M. pro mon. Corbeiensi (an. 769).	915
IV. — Diploma Caroli Magni pro Andegavensi sancti Albini monasterio (an. 769).	916
V. — Diploma Caroli Magni pro immunitate cœnobii S. thiensis (an. 769).	917
VI. — Diploma Caroli Magni pro Andegavensi sancti Stephani ecclesia (an. 770).	918
VII.—Dipl. Caroli M. pro mon. Honaugiensi (a. 770).	919
VIII. — Charta Carolomanni regis, qua villas Faberolas et Norontem cœnobio Dionysiano confert (an. 771).	920
IX. — Præceptum Caroli Magni de libertate monasterii sancti Michaelis (an. 772).	921
X. — Præceptum Caroli Magni pro monasterio sancti Germani a Pratis (an. 772).	922
XI.—Præceptum Caroli M. pro mon. Morbac.(an. 772).	923
XII. — Caroli Magni charta immunitatis Morbacensi abbatiæ data sub Hariberto abbate (an. 772).	925
XIII. — Diploma Caroli Magni concessum Heddoni episcopo Argentinensi (an. 773).	926
XIV. — Præceptum Caroli M. de facienda restitutione ablatorum ecclesiæ Honaugiensi (circ. an. 773).	927
XV. — Diploma Caroli Magni ut nullus simoniace ecclesiam Argentinensem ingrediatur, et de electione episcopi, et de divisione reddituum (an. 774).	928
XVI. — Præceptum Caroli Magni pro monasterio Anisolensi (an. 774).	930
XVII. — Præceptum Caroli Magni regis Francorum pro sancti Martini monasterio Turonensi (an. 774).	931
XVIII. — Caroli Magni charta pro monasterio Dionysiano (an. 774).	933
XIX. — Diploma Caroli Magni pro Lebrahensi monast. (an. 774).	935
XX. — Diploma Caroli Magni concessum Heddoni episcopo Argentinensi (an. 775).	937
XXI. — Præceptum Caroli Magni quo monachis Dionysianis donat villam Lusarcham (an. 775).	939
XXII. — Diploma Caroli Magni de immunitate cœnobii Dionysiani (an. 775).	940
XXIII. — Præceptum Caroli Magni de immunitate monasterii San-Dionysiani (an. 775).	941
XXIV. — Caroli M. præceptum pro monasterio Dionysiano (an. 775).	943
XXV.—Caroli Magni placitum pro monasterio S. Dionysii (an. 775).	945
XXVI. — Præceptum Caroli Magni quædam prædia donantis monasterio sancti Dionysii (an. 775).	946
XXVII. — Præceptum Caroli Magni pro Morbacensi monasterio.	947
XXVIII. — Præceptum Caroli Magni pro monasterio Flaviniacensi (an. 775).	948
XXIX. — Præceptum Caroli Magni pro Turonensi sancti Martini monasterio (an. 775).	949
XXX. — Præceptum Caroli Magni pro Angelranno episcopo Mettensi (an. 775).	950
XXXI. — Caroli M. diploma quo confirmat privilegium Salonæ contra episcopum Mettensem (an. 775).	952
XXXII. — Diploma Caroli Magni pro monasterio Vrumiensi (an. 775).	953
XXXIII. — Placitum Caroli M. pro monast Honaugiensi (an. 775).	954
XXXIV. — Præceptum Caroli Magni pro Paulino artis grammaticæ magistro (an. 776).	957
XXXV.—Præceptum Caroli Magni quo renovantur amissa Honaugiensis monasterii chartarum instrumenta (an. 776, Jun. 9).	Ibid.
XXXVI. — Diploma Caroli Magni pro Salonensi monasterio (an. 777).	958
XXXVII. — Caroli Magni præceptum quo omnes Dionysiani monasterii immunitates confirmat (an. 778).	959
XXXVIII. — Diploma Caroli Magni quo confirmat bona et possessiones monasterii Honaugiensis (an. 778).	961
XXXIX. — Præceptum Caroli Magni pro Nimfridio abbate monasterii Crassensis (an. 779).	962
XL. — Præceptum Caroli Magni pro monasterio sancti Germani a Pratis (an. 779).	964
XLI. — Diploma Caroli Magni pro Cabilonensi sancti Marcelli monasterio (an. 779).	965
XLII.—Diploma Caroli M. pro Fulrado abbate S. Dionysii (an. 781).	966
XLIII. — Diploma Caroli Magni pro abbatia sancti Dionysii (an. 781).	Ibid.
XLIV. — Diploma interpolatum Caroli Magni pro ecclesia Lebrahensi (an. 781).	Ibid.
XLV. — Diploma Caroli M. pro monasterio Honaugiensi (an. 782).	967
XLVI. — Caroli Magni præceptum pro confirmatione commutationis quorumdam prædiorum in pago Metensi (an. 782).	968
XLVII.—Placitum sub Carolo M. habitum in quo Sonar-	

ciaga villa Dionysiano monast. vindicatur (an. 782). 969
XLVIII. — Præceptum Caroli Magni regis pro Turonensi sancti Martini monasterio (an. 782). 970
XLIX. — Donatio Hildegardæ reginæ pro monasterio sancti Arnulfi (an. 783). 972
L. — Diploma Caroli Magni pro monasterio sancti Arnulfi Metensis (an. 783). 973
LI. — Præceptum Caroli Magni pro monasterio Sangermani a Pratis (an. 786). 974
LII. — Præceptum Caroli de venat. Silv. (an. 788). 976
LIII. — Caroli Magni præceptum de bonis a Hrodhardo comite monasterio Dionysiano venditis (an. 790). 977
LIV. — Præceptum Caroli Magni pro Massiliensi sancti Victoris monasterio (an. 790). 978
LV. — Præceptum Caroli Magni regis pro Turonensi sancti Martini monasterio (an. 790). 979
LVI. — Caroli M. præceptum quo Aniano abbati villam Caunas attribuit, et monast. S. Joannis et S. Laurentii in suam tuitionem suscipit (an. 795). 980
LVI bis. — Præceptum Caroli Magni de omnibus rebus ecclesiæ Cenomannicæ (an. 796). 981
LVII. — Charta Ghiselæ pro monasterio Dionysiano (an. 798). 984
LVIII. — Diploma Caroli Magni pro eodem monasterio (an. 799). 985
LIX. — Caroli Magni diploma pro monasterio Centulensi (an. 798). 986
LX. — Diploma Caroli Magni quo Cellam-Novam confirmat monasterio Anianensi (an. 799). 988
LXI. — Præceptum Caroli Magni de immunitate monasterii Corrofensis [Charroux] (an. 799). 989
LXII. — Præceptum Caroli Magni pro monachis sancti Martini Turonensis (an. 799). 990
LXIII. — Præceptum Caroli Magni pro monasterio Cormaricensi (an. 800). 992
LXIV. — Præceptum Caroli Magni pro monasterio Cormaricensi (an. 800). 995
LXV. — Præceptum Caroli Magni pro Aurelianensi sancti Aniani monasterio (an. 800). Ibid.
LXVI. — Præceptum Caroli M. pro Novientensi monast. (an. 810). 994
2° Privilegia quæ ad partes Italiæ spectant. 997
I. — Immunitatum confirmatio facta Frodoeno abbati Novaliciensi a Carolo Magno (an. 775). Ibid.
II. — Donatio a Carolo Magno facta monasterio Bobiensi (an. 774). 1000
III. — Charta donationis a Carolo M. factæ Nonantulano monasterio (circ. ann. 774). 1002
IV. — Diploma quo Carolus M. monasterio Vulturnensi quædam privilegia ac jura conc. dit (an. 774). 1006
V. — Diploma Caroli M. pro eccl. Regiensi (an. 781). 1007
VI. — Diploma Caroli M. pro eadem eccl. (an 781). 1009
VII. — Caroli M. diploma pro Apollinari episcopo Regiensi, ejusque ecclesia (an. 781). 1010
VIII. — Diploma Caroli Magni quo privilegium ecclesiæ Aretinæ concedit (an. 785). 1014
IX. — Diploma Caroli Magni pro Mutinensi ecclesia (an. 785). 1015
X. — Diploma Caroli Magni pro monasterio sancti Vincentii de Vulturno (an. 787). 1016
Diploma alterum pro eodem monasterio. Ibid.
XI. — Diploma Caroli Magni pro ecclesia Beneventina (an. 785). 1018
XII. — Diploma Caroli Magni pro ecclesia Mediolanensi (an. 791). 1019
XIII. — Diploma Caroli Magni pro ecclesia Cenetensi (an. 791). 1020
XIV. — Diploma Caroli Magni pro ecclesia Aretina (an. 795). 1021
XV. — Caroli Magni litteræ, quibus constituit Hildericum missum suum (an. 797). 1023
XVI. — Diploma Caroli M. quo donationem a Ludigaro factam pro Asculana ecclesia confirmat (an. 800). Ibid.
XVII. — Diploma Caroli Magni pro ecclesia Concordiensi (an. 802). 1025
XVIII. — Caroli M. diploma quo omnia bona, privilegia et jura, Farfensi cœnobio confirmat (an. 803). 1027
XIX. — Diploma Caroli Magni pro ecclesia Gradensi (an. 803). 1028
XX. — Caroli Magni diploma pro ecclesia Comensi (an. 803). 1029
XXI. — Diploma Caroli Magni pro monasterio sanctæ Mariæ de Organo (an. 805). 1030
XXII. — Diploma Caroli Magni et Leonis III pro monasterio Triumfontium (an. 805). 1031
XXIII. — Renovatio testamenti Abbonis patricii pro cœnobio Novaliciensi (an. 805). 1035
XXIV. — Caroli Magni Diploma pro ecclesia Placentina (an. 808). 1036
XXV. — Præceptum Caroli Magni Augusti, pro Manfredo (an. 808). 1037
XXVI. — Privilegium Caroli Magni pro ecclesia Mediolanensi (an. 809). 1038
XXVII. — Præceptum Caroli imperatoris pro monasterio Cassinensi (an. 810). 1040
XXVIII. — Præceptum Caroli Magni pro eodem monasterio Cassinensi (an. 810). 1041
XXIX. — Præceptum Caroli Magni pro eodem monasterio (an. 810). 1044
XXX. — Diploma Caroli Magni pro ecclesia Aquileiensi (an. 811). Ibid.
XXXI. — Judicatum Adalardi abbatis (an. 812). 1046
3° Privilegia quæ ad partes Germaniæ superioris et inferioris spectant. 1047
I. — Confirmatio Caroli Magni donationum a prædecessoribus factarum Ultrajectino monasterio (an. 770). Ibid.
II. — Præceptum evindicatorium Caroli Magni datum monasterio Laureshamensi (an. 772). 1048
III. — Carolus Magnus imperator possessiones et bona monasterii Laureshamensis confirmat (an. 772). 1049
IV. — Caroli Magni præceptum Weomado archiepiscopo Trevirensi traditum (an. 775). Ibid.
V. — Præceptum Caroli Magni regis pro ecclesia Fuldensi (an. 774). 1051
VI. — Præceptum Caroli Magni regis quo ecclesiæ Fuldensi donat monasterium Holzkirichen (an. 775). 1052
VII. — Immunitas monasterio Prumiensi concessa a Carolo Magno (an. 775). 1053
VIII. — Aliud privilegium a Carolo Magno concessum abbatiæ Prumiensi (an. 775). 1054
IX. — Carolus Magnus monasterio Laureshamensi privilegium libertatis concedit (an. 775). 1055
X. — Præceptum Caroli Magni quo ecclesiæ Fuldensi Hamalumburc cum attinentiis donat (an. 777). 1057
XI. — Traditio Caroli Magni de Lisiduna Ultrajectino monasterio (an. 777). 1058
XII. — Caroli Magni privilegium pro immunitate monasterii Laureshamensis (an. 779). 1059
XIII. — Caroli Magni privilegium pro monachis sancti Maximini (an. 779). 1061
XIV. — Præceptum Caroli Magni pro ecclesia Fuldensi (an. 779). 1062
XV. — Præceptum Caroli Magni regis quo ecclesiæ Fuldensi donat campum dictum Hunefeld. (an. 761). 1063
XVI. — Caroli Magni donatio variorum prædiorum facta abbatiæ Prumiensi (an. 790). 1064
XVII. — Privilegium Caroli Magni pro abbatia Chremifanensi (an. 791). 1065
XVIII. — Diploma Caroli Magni pro abbatia Epternacensi (an. 794). 1067
XIX. — Caroli Magni donatio facta monasterio Prumiensi (an. 797). 1068
XX. — Caroli Magni donatio facta archiepiscopo et ecclesiæ Trevirensi (an. 802). 1070
XXI. — Caroli Magni imperatoris diploma pro sancto Lutgero (an. 802). 1071
XXII. — Caroli Magni diploma de fundatione episcopatus Osnaburgensis in Westphalia (an. 804). 1072
XXIII. — Caroli Magni imperatoris diploma quo monasterio Prumiensi donat Walemaris villam (an. 806). 1075
XXIV. — Caroli Magni imperatoris diploma pro monasterio Prumiensi (an. 807). 1075
XXV. — Caroli Magni regis donatio villæ Vargalaha monasterio Fuldensi (an. 809). 1076
XXVI. — Diploma Caroli Magni quo piam vir illustris dispositionem in gratiam Fuldensis ecclesiæ factam confirmat (an. 810). Ibid.
Appendix ad privilegia beati Caroli Magni. — Testamentum et diplomata quædam Carolo Magno supposita. 1077
I. — Caroli Magni imperatoris atque Francorum regis testamentum quo thesauros suos distribuit (an. 811). Ibid.
II. — Diploma Caroli Magni regis, quo confirmat possessiones abbatiæ Ebersheimensis (an. 770). 1080
III. — Caroli Magni Caroli Magni regis Francorum pro prioratu Lebrahensi in diœcesi Argentinensi (an. 791). Ibid.
IV. — Diploma Caroli Magni imperatoris pro monasterio Lebrahensi, datum anno 805, insertum diplomati Caroli IV imperatoris anni 1348. 1082

FINIS TOMI NONAGESIMI SEPTIMI.

www.ingramcontent.com/pod-product-compliance
Lightning Source LLC
Chambersburg PA
CBHW071410230426
43669CB00010B/1503